☐ 85. Tag	1. Samuel 16-18
☐ 86. Tag	1. Samuel 19-21
☐ 87. Tag	1. Samuel 22-24
☐ 88. Tag	1. Samuel 24-27
☐ 89. Tag	1. Samuel 25-27
☐ 90.Tag	2. Samuel 1-3
☐ 91. Tag	2. Samuel 4-6
☐ 92. Tag	2. Samuel 7-10
☐ 93. Tag	2. Samuel 11-13
☐ 94. Tag	2. Samuel 14-16
☐ 95. Tag	2. Samuel 17-19
☐ 96. Tag	2. Samuel 20-22
☐ 97. Tag	2. Samuel 23-25
☐ 98.Tag	1. Könige 1-2
☐ 99. Tag	1. Könige 3-4
☐ 100. Tag	1. Könige 5-6
☐ 101. Tag	1. Könige 7-9
☐ 102. Tag	1. Könige 10-11
☐ 103. Tag	1. Könige 12-14
☐ 104. Tag	1. Könige 15-17
☐ 105. Tag	1. Könige 18-20
☐ 106. Tag	1. Könige 21-22
☐ 107. Tag	2. Könige 1-3
☐ 108. Tag	2. Könige 4-6
☐ 109. Tag	2. Könige 7-9
☐ 110. Tag	2. Könige 10-12
☐ 111. Tag	2. Könige 13-15
☐ 112. Tag	2. Könige 16-18
☐ 113. Tag	2. Könige 19-22
☐ 114. Tag	2. Könige 23-25
☐ 115.Tag	1. Chronik 1-3
☐ 116. Tag	1. Chronik 4-6
☐ 117. Tag	1. Chronik 7-9
☐ 118. Tag	1. Chronik 10-12
☐ 119. Tag	1. Chronik 13-15
☐ 120. Tag	1. Chronik 16-19
☐ 121. Tag	1. Chronik 20-23
☐ 122. Tag	1. Chronik 24-26
☐ 123. Tag	1. Chronik 27-30
☐ 124.Tag	2. Chronik 1-3
☐ 125.Tag	2. Chronik 4-7
☐ 126.Tag	2. Chronik 8-11
☐ 127. Tag	2. Chronik 12-15
☐ 128. Tag	2. Chronik 16-20
☐ 129. Tag	2. Chronik 21-24
☐ 130. Tag	2. Chronik 25-28
☐ 131. Tag	2. Chronik 29-31
☐ 132. Tag	2. Chronik 32-36
☐ 133. Tag	Esra 1-3
☐ 134. Tag	Esra 4-7
☐ 135. Tag	Esra 8-10
☐ 136.Tag	Nehemia 1-4
☐ 137. Tag	Nehemia 5-7
☐ 138. Tag	Nehemia 8-10
☐ 139. Tag	Nehemia 11-13
☐ 140.Tag	Esther 1-4
☐ 141. Tag	Esther 5-10
☐ 142.Tag	Hiob 1-4
☐ 143. Tag	Hiob 5-8
☐ 144. Tag	Hiob 9-12
☐ 145. Tag	Hiob 13-16
☐ 146. Tag	Hiob 17-20
☐ 147. Tag	Hiob 21-24
☐ 148. Tag	Hiob 25-29
☐ 149. Tag	Hiob 30-32
☐ 150. Tag	Hiob 33-36
☐ 151. Tag	Hiob 37-39
☐ 152. Tag	Hiob 40-42
☐ 153.Tag	Psalmen 1-4
☐ 154. Tag	Psalmen 5-8
☐ 155. Tag	Psalmen 9-11
☐ 156. Tag	Psalmen 12-15
☐ 157. Tag	Psalmen 16-18
☐ 158. Tag	Psalmen 19-21
☐ 159. Tag	Psalmen 22-24
☐ 160. Tag	Psalmen 25-27
☐ 161. Tag	Psalmen 28-31
☐ 162. Tag	Psalmen 32-34
☐ 163. Tag	Psalmen 35-37
☐ 164. Tag	Psalmen 38-39
☐ 165. Tag	Psalmen 40-42
☐ 166. Tag	Psalmen 43-45
☐ 167. Tag	Psalmen 46-48
☐ 168. Tag	Psalmen 49-51
☐ 169. Tag	Psalmen 52-54
☐ 170. Tag	Psalmen 55-57
☐ 171. Tag	Psalmen 58-60
☐ 172. Tag	Psalmen 61-64
☐ 173. Tag	Psalmen 65-68
☐ 174. Tag	Psalmen 69-71
☐ 175. Tag	Psalmen 72-73
☐ 176. Tag	Psalmen 74-76
☐ 177. Tag	Psalmen 77-78
☐ 178. Tag	Psalmen 79-82
☐ 179. Tag	Psalmen 83-86
☐ 180. Tag	Psalmen 87-89
☐ 181. Tag	Psalmen 90-91
☐ 182. Tag	Psalmen 92-94
☐ 183. Tag	Psalmen 95-98
☐ 184. Tag	Psalmen 99-102

☐ 185. Tag	Psalmen 103-104
☐ 186. Tag	Psalmen 105-106
☐ 187. Tag	Psalmen 107-109
☐ 188. Tag	Psalmen 110-113
☐ 189. Tag	Psalmen 114-118
☐ 190. Tag	Psalmen 119
☐ 191. Tag	Psalmen 120-124
☐ 192. Tag	Psalmen 125-131
☐ 193. Tag	Psalmen 132-135
☐ 194. Tag	Psalmen 136-138
☐ 195. Tag	Psalmen 139-141
☐ 196. Tag	Psalmen 142-145
☐ 197. Tag	Psalmen 146-150
☐ 198.Tag	Sprüche 1-2
☐ 199. Tag	Sprüche 3-5
☐ 200. Tag	Sprüche 6-8
☐ 201. Tag	Sprüche 9-11
☐ 202. Tag	Sprüche 12-14
☐ 203. Tag	Sprüche 15-17
☐ 204. Tag	Sprüche 18-20
☐ 205. Tag	Sprüche 21-23
☐ 206. Tag	Sprüche 24-27
☐ 207. Tag	Sprüche 28-31
☐ 208. Tag	Prediger 1-3
☐ 209. Tag	Prediger 4-8
☐ 210. Tag	Prediger 9-12
☐ 211. Tag	Das Hohelied 1-8
☐ 212 .Tag	Jesaja 1-4
☐ 213. Tag	Jesaja 5-9
☐ 214. Tag	Jesaja 10-13
☐ 215. Tag	Jesaja 14-19
☐ 216. Tag	Jesaja 20-24
☐ 217. Tag	Jesaja 25-28
☐ 218. Tag	Jesaja 29-32
☐ 219. Tag	Jesaja 33-37
☐ 220. Tag	Jesaja 38-40
☐ 221. Tag	Jesaja 41-44
☐ 222. Tag	Jesaja 45-49
☐ 223. Tag	Jesaja 50-54
☐ 224. Tag	Jesaja 55-60
☐ 225. Tag	Jesaja 61-66
☐ 226. Tag	Jeremia 1-3
☐ 227. Tag	Jeremia 4-6
☐ 228. Tag	Jeremia 7-9
☐ 229. Tag	Jeremia 10-12
☐ 230. Tag	Jeremia 13-16
☐ 231. Tag	Jeremia 17-20
☐ 232. Tag	Jeremia 21-24
☐ 233. Tag	Jeremia 25-27
☐ 234. Tag	Jeremia 28-31
☐ 235. Tag	Jeremia 32-34
☐ 236. Tag	Jeremia 35-37
☐ 237. Tag	Jeremia 38-40
☐ 238. Tag	Jeremia 41-43
☐ 239. Tag	Jeremia 44-46
☐ 240. Tag	Jeremia 47-49
☐ 241. Tag	Jeremia 50-52
☐ 242.Tag	Klagelieder 1-5
☐ 243. Tag	Hesekiel 1-4
☐ 244. Tag	Hesekiel 5-8
☐ 245. Tag	Hesekiel 9-12
☐ 246. Tag	Hesekiel 13-16
☐ 247. Tag	Hesekiel 17-20
☐ 248. Tag	Hesekiel 21-23
☐ 249. Tag	Hesekiel 24-26
☐ 250. Tag	Hesekiel 27-29
☐ 251. Tag	Hesekiel 30-33
☐ 252. Tag	Hesekiel 34-36
☐ 253. Tag	Hesekiel 37-39
☐ 254. Tag	Hesekiel 40-42
☐ 255. Tag	Hesekiel 43-45
☐ 256. Tag	Hesekiel 46-48
☐ 257. Tag	Daniel 1-2
☐ 258. Tag	Daniel 3-4
☐ 259. Tag	Daniel 5-7
☐ 260. Tag	Daniel 8-12
☐ 261. Tag	Hosea 1-3
☐ 262. Tag	Hosea 4-9
☐ 263. Tag	Hosea 10-14
☐ 264. Tag	Joel 1-3
☐ 265. Tag	Amos 1-4
☐ 266. Tag	Amos 5-9
☐ 267. Tag	Obadja, Jona 1-4
☐ 268. Tag	Micha 1-4
☐ 269. Tag	Micha 5-7
☐ 270. Tag	Nahum 1-3
☐ 271. Tag	Habakuk 1-3
☐ 272. .Tag	Zefanja 1-3
☐ 273. Tag	Haggai 1-2
☐ 274.Tag	Sacharja 1-5
☐ 275. Tag	Sacharja 6-10
☐ 276. Tag	Sacharja 11-14
☐ 277. Tag	Maleachi 1-4
☐ 278. Tag	Matthäus 1-4
☐ 279. Tag	Matthäus 5-7
☐ 280. Tag	Matthäus 8-9
☐ 281. Tag	Matthäus 10-12
☐ 282. Tag	Matthäus 13-14
☐ 283. Tag	Matthäus 15-17
☐ 284. Tag	Matthäus 18-20

☐ 285. Tag	Matthäus 21-22
☐ 286. Tag	Matthäus 23-25
☐ 287. Tag	Matthäus 26-28
☐ 288. Tag	Markus 1-3
☐ 289. Tag	Markus 4-5
☐ 290. Tag	Markus 6-7
☐ 291. Tag	Markus 8-10
☐ 292. Tag	Markus 11-12
☐ 293. Tag	Markus 13-14
☐ 294. Tag	Markus 15-16
☐ 295. Tag	Lukas 1-2
☐ 296. Tag	Lukas 3-4
☐ 297. Tag	Lukas 5-6
☐ 298. Tag	Lukas 7-8
☐ 299. Tag	Lukas 9-10
☐ 300. Tag	Lukas 11-12
☐ 301. Tag	Lukas 13-14
☐ 302. Tag	Lukas 15-16
☐ 303. Tag	Lukas 17-19
☐ 304. Tag	Lukas 20-21
☐ 305. Tag	Lukas 22-24
☐ 306. Tag	Johannes 1-2
☐ 307. Tag	Johannes 3-4
☐ 308. Tag	Johannes 5-6
☐ 309. Tag	Johannes 7-8
☐ 310. Tag	Johannes 9-10
☐ 311. Tag	Johannes 11-12
☐ 312. Tag	Johannes 13-14
☐ 313. Tag	Johannes 15-17
☐ 314. Tag	Johannes 18-19
☐ 315. Tag	Johannes 20-21
☐ 316. Tag	Apostelgeschichte 1-3
☐ 317. Tag	Apostelgeschichte 4-6
☐ 318. Tag	Apostelgeschichte 7-9
☐ 319. Tag	Apostelgeschichte 10-11
☐ 320. Tag	Apostelgeschichte 12-13
☐ 321. Tag	Apostelgeschichte 14-16
☐ 322. Tag	Apostelgeschichte 17-18
☐ 323. Tag	Apostelgeschichte 19-20
☐ 324. Tag	Apostelgeschichte 21-23
☐ 325. Tag	Apostelgeschichte 24-26
☐ 326. Tag	Apostelgeschichte 27-28
☐ 327. Tag	Römer 1-5
☐ 328. Tag	Römer 6-8
☐ 329. Tag	Römer 9-11
☐ 330. Tag	Römer 12-16
☐ 331. Tag	1. Korinther 1-3
☐ 332. Tag	1. Korinther 4-7
☐ 333. Tag	1. Korinther 8-11
☐ 334. Tag	1. Korinther 12-14
☐ 335. Tag	1. Korinther 15-16
☐ 336.Tag	2. Korinther 1-3
☐ 337. Tag	2. Korinther 4-7
☐ 338. Tag	2. Korinther 8-13
☐ 339. Tag	Galater 1-3
☐ 340. Tag	Galater 4-6
☐ 341.Tag	Epheser 1-3
☐ 342. Tag	Epheser 4-6
☐ 343. Tag	Philipper 1-4
☐ 344. Tag	Kolosser 1-4
☐ 345. Tag	1. Thessalonicher 1-2
☐ 346. Tag	1. Thessalonicher 3-5
☐ 347. Tag	2. Thessalonicher 1-3
☐ 348. Tag	1. Timotheus 1-6
☐ 349. Tag	2. Timotheus 1-4
☐ 350. Tag	Titus, Philemon
☐ 351. Tag	Hebräer 1-4
☐ 352. Tag	Hebräer 5-7
☐ 353. Tag	Hebräer 8-10
☐ 354. Tag	Hebräer 11-13
☐ 355. Tag	Jakobus 1-5
☐ 356. Tag	1. Petrus 1-3
☐ 357. Tag	1. Petrus 4-5
☐ 358. Tag	2. Petrus 1-3
☐ 359. Tag	1. Johannes 1-5
☐ 360. Tag	2. & 3. Johannes, Judas
☐ 361. Tag	Offenbarung 1-4
☐ 362. Tag	Offenbarung 5-8
☐ 363. Tag	Offenbarung 9-13
☐ 364. Tag	Offenbarung 14-18
☐ 365. Tag	Offenbarung 19-22

Die Bibel ist wie eine Schatzkiste, gefüllt mit guten Gedanken darüber, wie Gott sich die Liebe zwischen den Menschen vorgestellt hat.

Gary Chapman

30 Bibeltexte, in denen Sie mehr über Gott erfahren

Wenn Sie die folgenden Abschnitte aus der Bibel durchlesen, werden Sie Gottes Herrlichkeit, seine Macht und seine Liebe zu seinem Volk besser verstehen.

☐ 1. Tag	Gott, der Schöpfer	1. Mose 1,1-2,3
☐ 2. Tag	Gott, der Erhalter	1. Mose 2,4-24
☐ 3. Tag	Der Gott der Verheißung	1. Mose 15,1-21
☐ 4. Tag	Der heilige Gott	2. Mose 3,1-22
☐ 5. Tag	Der siegende Gott	2. Mose 15,1-21
☐ 6. Tag	Der Gott der Reinheit	2. Mose 20,1-26
☐ 7. Tag	Der Gott der Herrlichkeit	2. Mose 33,7-23
☐ 8. Tag	Der Gott des Segens	5. Mose 28,1-68
☐ 9. Tag	Der Gott des Gerichts	Richter 10,6-16
☐ 10. Tag	Der einzig wahre Gott	1. Könige 18,16-46
☐ 11. Tag	Der majestätische Gott	Psalm 8,1-10
☐ 12. Tag	Der Gott des Lebens	Psalm 16,1-11
☐ 13. Tag	Der höchste Gott	Psalm 19,1-15
☐ 14. Tag	Gott, der gute Hirte	Psalm 23,1-6
☐ 15. Tag	Der Gott des Friedens	Psalm 29,1-11
☐ 16. Tag	Der große Gott	Psalm 48,1-15
☐ 17. Tag	Gott, der Beschützer	Psalm 91,1-16
☐ 18. Tag	Der Gott der Zuflucht	Psalm 94,1-23
☐ 19. Tag	Der Gott der Befreiung	Psalm 118,1-29
☐ 20. Tag	Der Gott, der einen Plan hat	Jesaja 42,1-9
☐ 21. Tag	Der Gott der Vergebung	Jesaja 43,22-44,5
☐ 22. Tag	Der dienende Gott	Johannes 13,1-17
☐ 23. Tag	Der dreieinige Gott	Johannes 14,1-31
☐ 24. Tag	Der Leben schenkende Gott	Johannes 15,1-16,16
☐ 25. Tag	Gott, der Retter	Johannes 19,1-37
☐ 26. Tag	Der Gott der Auferstehung	Markus 16,1-20
☐ 27. Tag	Gott, unser Freund	1. Johannes 1,1-2,14
☐ 28. Tag	Der anbetungswürdige Gott	Offenbarung 4,1-5,14
☐ 29. Tag	Der Gott des Heils	Offenbarung 19,1-10
☐ 30. Tag	Der Gott, der uns nahe sein will	Offenbarung 22,1-21

Der Herr ist der ewige Gott. Er ist der Schöpfer der Erde.

Jesaja 40,28

30 Bibeltexte, mit denen Sie im Glauben wachsen können

In der Bibel steht vieles darüber, wie unser Glaube wachsen kann. Die folgenden Abschnitte helfen Ihnen, Ihre Beziehung zu Gott zu vertiefen.

☐ 1. Tag	Glauben heißt: Gott in allem vertrauen	1. Mose 22,1-14
☐ 2. Tag	Glauben heißt: sich Gott im Gebet anvertrauen	1. Samuel 1,7-20
☐ 3. Tag	Glauben heißt: auf Gottes Schutz vertrauen	2. Chronik 20,20-30
☐ 4. Tag	Glauben heißt: Gott bis zum Ende vertrauen	Daniel 3,1-30
☐ 5. Tag	Glaube an Gottes Macht	Matthäus 8,1-13; 9,18-31
☐ 6. Tag	Glaube an die Kraft, die von Gott ausgeht	Matthäus 14,34-36; 15,21-28
☐ 7. Tag	Glaube in Aktion	Matthäus 17,14-20; 21,18-22; Markus 5,21-43
☐ 8. Tag	Glaube wächst	Jesaja 40,27-31; Markus 10,13-16
☐ 9. Tag	Glaube an Gottes Herrlichkeit	Johannes 7,38-39; 20,24-31
☐ 10. Tag	Glaube als eine bewusste Entscheidung	Römer 10,17-21; 2. Korinther 5,6-7
☐ 11. Tag	Glaube trotz Zweifeln	Galater 3,1-14
☐ 12. Tag	Glaube trotz Problemen	Philipper 3,7-11
☐ 13. Tag	Sich Gott im Glauben nähern	Hebräer 4,16; 10,19-25
☐ 14. Tag	Glaube an unsere zukünftige Heimat	Hebräer 11,1-40
☐ 15. Tag	Glaube bringt gute Taten hervor	Jakobus 2,14-26
☐ 16. Tag	Glaube an den Heiligen Geist	Johannes 15,26-16,15; 1. Johannes 3,21-24
☐ 17. Tag	Glaube an das ewige Leben	1. Johannes 5,1-12
☐ 18. Tag	Gottes Gebote befolgen	1. Johannes 2,3-6; 2. Johannes 1,6-9
☐ 19. Tag	Gott gehorchen ist wichtiger als Opfer	1. Samuel 15,12-23
☐ 20. Tag	Gott gehorchen heißt: Gottes Heiligkeit anerkennen	Psalm 119,1-10
☐ 21. Tag	Gott gehorchen bringt Segen	Psalm 119,56-62; Jakobus 2,10-13
☐ 22. Tag	Gott gehorchen führt in die Freiheit	Römer 6,17-18; Josua 22,1-5
☐ 23. Tag	Gott gehorchen, der uns am Leben erhält	Johannes 15,1-17

☐ 24. Tag Gott gehorchen schenkt Kraft	Lukas 6,46-49; Apostelgeschichte 4,18-21
☐ 25. Tag Der Wahrheit gehorchen	Psalm 1,1-6; Apostelgeschichte 5,28-32
☐ 26. Tag Gott gehorchen, ohne ihn in Frage zu stellen	1. Mose 12,1-4; 5. Mose 11,1-15
☐ 27. Tag Gott gehorchen beschert den Menschen Gutes	3. Mose 26,1-13
☐ 28. Tag Gott gehorchen ist äußerst wichtig	Hesekiel 5,7-8; Johannes 14,12-24
☐ 29. Tag Wachstum im Glauben durch die Verheißungen Gottes	Jeremia 11,3-5; 2. Petrus 1,3-8
☐ 30. Tag Wachstum im Glauben, indem wir Jesus ähnlicher werden	Philipper 1,27; Epheser 5,1; 1. Petrus 1,13-22

Denn Gott hat nur an den Menschen Gefallen, die ihm fest vertrauen.
Ohne Glauben ist das unmöglich.
Hebräer 11,6

Die BIBEL für Paare

MIT ANDACHTEN VON GARY CHAPMAN

francke

In der Übersetzung
»Hoffnung für alle«

Über den Autor der Andachten:
Gary Chapman ist zwar im Pensionsalter, will aber nichts von Ruhestand wissen. Er lebt mit seiner Frau Karolyn in North Carolina, arbeitet als Seelsorger seiner Gemeinde, hälr Ehe-Seminare und ist Autor zahlreicher Bücher. Mit seinem Buch „Die fünf Sprchen der Liebe“ hat er einen neuen Schlüssel zur Kommunikation gefunden und ein Millionenpublikum erreicht.

Bibliografische Information Der Deutschen Bibliothek
Die Deutsche Bibliothek verzeichnet diese Publikation in der
Deutschen Nationalbibliografie; detaillierte bibliografische Daten sind im
Internet über http://dnb.ddb.de abrufbar.

ISBN 978-3-86827-436-3

This book was first published in the United States by Northfield Publishing, 820 N. LaSalle Blvd., Chicago, IL 60610 with the title **Love Languages Devotional Bible**

Deutsch von Anja Findeisen-MacKenzie
Umschlagbilder: Gunnar Assmy, Elena Moiseeva © www.fotolia.de
iStockphoto.com / Chris Gramly, wragg, Peter Zelei
Umschlaggestaltung: Verlag der Francke-Buchhandlung GmbH /
Sven Gerhardt
Satz: Verlag der Francke-Buchhandlung GmbH
Druck und Bindung: L.E.G.O., Italien

www.francke-buch.de

Inhaltsverzeichnis

Die Bücher des Alten Testaments

Die Bücher des Neuen Testaments

Anhang

Einführung

Die Bibel für Paare

Die tiefste Weisheit in der ganzen Menschheitsgeschichte finden wir auf den Seiten der Bibel. Die Heilige Schrift ist wie eine Schatzkiste, gefüllt mit guten Gedanken darüber, wie Gott sich die Liebe zwischen den Menschen vorgestellt hat. Schon seit langem bin ich davon überzeugt: Wenn Paare einander lieben und sich gegenseitig unterstützen und dabei dem Vorbild Jesu Christi folgen, dann können sie in Harmonie miteinander leben, Konflikte lösen und das Beste in ihrem Partner hervorbringen.

So möchte ich Sie dazu einladen, auf den folgenden Seiten zu erforschen, was die Bibel über Liebe, Selbstlosigkeit, Vergebung, Treue und vieles andere sagt. In dieser Bibelausgabe gibt es zahlreiche Besonderheiten:

- 260 Impulse für den Alltag. Für jeden Tag der Woche (Montag bis Freitag) gibt es einen Impuls, der Sie zum täglichen Lesen der Bibel ermutigen möchte. Er bezieht sich jeweils auf eine bestimmte Bibelstelle. Es wäre schön, wenn Sie die Zeit finden, die Stelle zu lesen. Danach folgen eine kleine Auslegung sowie Anregungen zum Gebet und zum Nachdenken. In einem gesonderten Kasten stehen weitere Fragen zum Nachdenken und Bibelverse für ein vertiefendes Studium, wenn Sie noch mehr Zeit haben.

- 52 Impulse zum gemeinsamen Austausch über die Bibel für das Wochenende. Diese Impulse können Sie entweder allein oder als Paar gemeinsam durchgehen. Ich hoffe, Sie schlagen die Verse nach, gehen die sechs Fragen durch und nehmen sich die Aufforderung am Ende des Abschnittes zu Herzen.

- 14 Impulse zum Thema „Was braucht sie – was braucht er". Gott hat Männer und Frauen unterschiedlich geschaffen, deshalb gibt es keine allgemeingültigen Antworten, wenn es um Themen wie „Kommunikation", „Sexualität", „Freundschaft" oder „Freizeit" geht. Diese Artikel helfen Ihnen, sich besser zu verstehen. Sie schaffen eine gemeinsame Basis für das Gespräch über die Unterschiede zwischen Mann und Frau.

- Themenverzeichnis. Das Themenverzeichnis am Ende gibt Ihnen Informationen zu über hundert Themen aus dem Bereich der „Kommunikation in der Ehe“. Sie entdecken dort eine wahre Fundgrube an Bibelstellen und Artikeln zu den verschiedensten Themen. Wenn Sie wissen möchten, was die Bibel zu einem bestimmten Thema sagt, sollten Sie dort mit Ihrer Suche beginnen.

Ich möchte Sie als Paar dazu ermutigen, die Gelegenheit zum gemeinsamen Gebet zu ergreifen, während Sie diese Bibel lesen. Meiner Meinung nach gehört das gemeinsame Gebet zu dem Wichtigsten, was ein Mann und eine Frau für ihre Ehe tun können. Wenn dies bei Ihnen noch nicht zur regelmäßigen Gewohnheit geworden ist, dann wird diese besondere Bibel hoffentlich dazu beitragen.

Grundlage dieser Bibelausgabe ist die Übersetzung „Hoffnung für alle“. Sie ist deshalb so gut geeignet, weil sie sowohl genau als auch verständlich ist. Ganz gleich, ob Sie sich die Bibeltexte gegenseitig laut vorlesen oder ob jeder für sich alleine liest – die Bibel wird auf diese Weise lebendig und leicht zugänglich.

Es gibt kein „richtig“ oder „falsch“ beim Gebrauch dieser Bibel. Sie können sie jeder für sich lesen oder sich verabreden, um sie gemeinsam aufzuschlagen. Nicht immer werden Sie die Zeit finden, sie als Paar zu lesen. Wichtig ist nur, dass Sie beide darin lesen, über Ihre Beziehung sprechen und lernen, einander noch tiefer zu lieben – indem Sie dem Vorbild Christi folgen.

Egal ob Ihre Beziehung intakt ist oder in einer Krise steckt: Wenn Sie Zeit mit Gott verbringen, sein Wort lesen und intensive Gespräche miteinander führen, wird das Ihre Ehe ein großes Stück voranbringen. Ich bete dafür, dass Gott diese Bibel dazu gebraucht, Sie näher zu ihm und näher zueinander zu bringen.

Gary Chapman

Das Alte Testament

Das erste Buch Mose (Genesis)

Gott erschafft die Welt

1 Am Anfang schuf Gott Himmel und
Erde. 2 Noch war die Erde leer und
ohne Leben, von Wassermassen bedeckt.
Finsternis herrschte, aber über dem Was-
ser schwebte der Geist Gottes.
3 Da sprach Gott: »Licht soll entste-
hen!«, und es wurde hell. 4 Gott sah, dass
es gut war. Er trennte das Licht von der
Dunkelheit 5 und nannte das Licht »Tag«
und die Dunkelheit »Nacht«. Es wurde
Abend und wieder Morgen: Der erste
Tag war vergangen.
6 Und Gott befahl: »Im Wasser soll sich
ein Gewölbe bilden, das die Wassermas-
sen voneinander trennt!« 7 So geschah es:
Er machte ein Gewölbe und trennte da-
mit das Wasser darüber von dem Wasser,
das die Erde bedeckte. 8 Das Gewölbe
nannte er »Himmel«. Es wurde Abend
und wieder Morgen: Der zweite Tag war
vergangen.
9 Dann sprach Gott: »Die Wassermas-
sen auf der Erde sollen zusammenflie-
ßen, damit das Land zum Vorschein
kommt!« So geschah es. 10 Gott nannte
das trockene Land »Erde« und das Was-
ser »Meer«. Was er sah, gefiel ihm, denn
es war gut. 11 Und Gott sprach: »Auf der
Erde soll es grünen und blühen: Alle Ar-
ten von Pflanzen und Bäumen sollen
wachsen und Samen und Früchte tra-
gen!« So geschah es. 12 Die Erde brachte
Pflanzen und Bäume in ihrer ganzen
Vielfalt hervor. Gott sah es und freute
sich, denn es war gut. 13 Es wurde
Abend und Morgen: Der dritte Tag war
vergangen.
14 Da befahl Gott: »Am Himmel sollen
Lichter entstehen, die den Tag und die
Nacht voneinander trennen und nach de-
nen man die Jahreszeiten und auch die
Tage und Jahre bestimmen kann! 15 Sie
sollen die Erde erhellen.« Und so ge-
schah es. 16 Gott schuf zwei große Lichter,
die Sonne für den Tag und den Mond für
die Nacht, dazu alle Sterne. 17 Er setzte
sie an den Himmel, um die Erde zu erhel-
len, 18 Tag und Nacht zu bestimmen und
Licht und Finsternis zu unterscheiden.
Gott sah es und freute sich, denn es war
gut. 19 Wieder wurde es Abend und Mor-
gen: Der vierte Tag war vergangen.
20 Dann sprach Gott: »Im Wasser soll es
von Leben wimmeln, und Vögel sollen
am Himmel fliegen!« 21 Er schuf die gro-
ßen Seetiere und alle anderen Lebewe-
sen im Wasser, dazu die Vögel. Gott sah,
dass es gut war. 22 Er segnete sie und sag-
te: »Vermehrt euch, und füllt die Meere,
und auch ihr Vögel, vermehrt euch!« 23 Es
wurde Abend und wieder Morgen: Der
fünfte Tag war vergangen.
24 Darauf befahl er: »Die Erde soll Le-
ben hervorbringen: Vieh, wilde Tiere und
Kriechtiere!« So geschah es. 25 Gott schuf
alle Arten von Vieh, wilden Tieren und
Kriechtieren. Auch daran freute er sich,
denn es war gut.
26 Dann sagte Gott: »Jetzt wollen wir
den Menschen machen, unser Ebenbild,
das uns ähnlich ist. Er soll über die ganze
Erde verfügen: über die Tiere im Meer,
am Himmel und auf der Erde.« 27 So schuf
Gott den Menschen als sein Ebenbild, als
Mann und Frau schuf er sie. 28 Er segnete
sie und sprach: »Vermehrt euch, bevöl-
kert die Erde, und nehmt sie in Besitz!
Ihr sollt Macht haben über alle Tiere:
über die Fische, die Vögel und alle ande-
ren Tiere auf der Erde! 29 Ihr dürft die
Früchte aller Pflanzen und Bäume essen;
30 den Vögeln und Landtieren gebe ich

1,1–2 Hiob 26,7; 38; Ps 8; 33,6–9; 104; Joh 1,1–4; Kol 1,15–17; Hebr 11,3; Offb 4,11; 21,1
1,3 2 Kor 4,6 **1,26** Ps 8,6–9 **1,27** 9,6; Mt 19,4; Kol 3,10 **1,28** 9,7 **1,29** 9,2–3

Gras und Blätter zur Nahrung.« [31] Dann
betrachtete Gott alles, was er geschaffen
hatte, und es war sehr gut! Es wurde
Abend und wieder Morgen: Der sechste
Tag war vergangen.

2 So waren nun Himmel und Erde er-
schaffen, und nichts fehlte mehr.
[2/3] Am siebten Tag hatte Gott sein Werk
vollendet und ruhte von seiner Arbeit
aus. Darum segnete er den siebten Tag
und sagte: »Dies ist ein ganz besonderer,
heiliger Tag! Er gehört mir.«

[4] So entstanden Himmel und Erde, so
wurden sie geschaffen.

Im fruchtbaren Garten

Als Gott, der Herr, Himmel und Erde
gemacht hatte, [5] wuchsen zunächst keine
Gräser und Sträucher, denn Gott hatte
es noch nicht regnen lassen. Außerdem
war niemand da, der den Boden bebau-
en konnte. [6] Nur aus der Tiefe der Erde
stieg Wasser auf und tränkte den Boden.
[7] Da nahm Gott Erde, formte daraus den
Menschen und blies ihm den Lebens-
atem in die Nase. So wurde der Mensch
lebendig.

[8] Dann legte Gott, der Herr, einen Gar-
ten im Osten an, in der Landschaft Eden,
und brachte den Menschen, den er ge-
formt hatte, dorthin. [9] Viele verschiedene
Bäume ließ er im Garten wachsen. Sie
sahen prachtvoll aus und trugen köstliche
Früchte. In der Mitte des Gartens stan-
den zwei Bäume: der Baum, dessen
Frucht Leben schenkt, und der Baum,
der Gut und Böse erkennen lässt. [10] Ein
Fluss entsprang in Eden und bewässerte
den Garten. Dort teilte er sich in vier Ar-
me: [11/12] Der erste Fluss heißt Pischon, er
fließt rund um das Land Hawila. Dort
gibt es reines Gold, wertvolles Harz und
den Edelstein Karneol. [13] Der zweite ist
der Gihon, er fließt rund um das Land
Äthiopien. [14] Der dritte heißt Tigris, er
fließt östlich von Assyrien. Der vierte ist
der Euphrat.

[15] Gott, der Herr, setzte den Menschen
in den Garten von Eden. Er gab ihm die
Aufgabe, den Garten zu bearbeiten und
zu schützen. [16] Dann schärfte er ihm ein:
»Von allen Bäumen im Garten darfst du
essen, [17] nur nicht von dem Baum, der
dich Gut und Böse erkennen lässt. So-
bald du davon isst, musst du sterben!«

[18] Gott, der Herr, dachte sich: »Es ist
nicht gut, dass der Mensch allein lebt. Er
soll eine Gefährtin bekommen, die zu
ihm passt!« [19] Er formte aus dem Erdbo-
den die Landtiere und die Vögel und
brachte sie zu dem Menschen, um zu se-
hen, wie er sie nennen würde. Genauso
sollten sie dann heißen. [20] Der Mensch
betrachtete die Tiere und benannte sie.
Für sich selbst aber fand er niemanden,
mit dem er leben konnte und der zu ihm
passte.

[21] Da ließ Gott, der Herr, einen tiefen
Schlaf über ihn kommen, entnahm ihm
eine Rippe und verschloss die Stelle wie-
der mit Fleisch. [22] Aus der Rippe formte
er eine Frau und brachte sie zu dem Men-
schen. [23] Da rief dieser: »Endlich gibt es
jemanden wie mich! Sie wurde aus einem
Teil von mir gemacht – wir gehören zu-
sammen!«[a] [24] Darum verlässt ein Mann
seine Eltern und verbindet sich so eng
mit seiner Frau, dass die beiden eins sind
mit Leib und Seele. [25] Der Mann und die
Frau waren nackt, sie schämten sich aber
nicht.

Der Mensch zerstört die Gemeinschaft mit Gott

3 Die Schlange war listiger als alle an-
deren Tiere, die Gott, der Herr, ge-
macht hatte. »Hat Gott wirklich gesagt,
dass ihr von keinem Baum die Früchte

---

[a] Wörtlich: Diese ist endlich Gebein von meinem Gebein und Fleisch von meinem Fleisch. Darum soll sie Männin heißen, weil sie vom Mann genommen wurde. – Im Hebräischen ist dies ein Wortspiel: Isch = Mann, Ischah = Frau.

1,31 1 Tim 4,4 **2,2–3** 2 Mo 20,8–11*; 31,16–17; Hebr 4,9–10 **2,7** 3,19; Hiob 34,14–15; Ps 139,13–16; 1 Kor 15,47–49 **2,9** 3,22; Offb 2,7; 22,14.19 **2,17** Röm 6,23 **2,24** Mt 19,5–6; 1 Kor 6,16; Eph 5,28.31–32 **3,1** Offb 12,9; 20,2

Die Ehe – eine Partnerschaft

Lesen Sie 1. Mose 1,26-31

In der Ehe geht es um Partnerschaft, nicht um Besitz. Eine Frau ist keine Trophäe, die man mühsam errungen hat und dann zur Schau stellt, damit alle sie bewundern können – gleich neben dem stattlichen Hirschgeweih. Und einen Mann kann man nicht zähmen und ihn in einen netten, fügsamen Ernährer verwandeln.

Ein liebevoller Ehemann sieht in seiner Frau eine Partnerin, eine lebendige Person, zu der er eine Beziehung hat. Sie ist nicht dazu da, von ihm beherrscht und gesteuert zu werden, damit sie seine Wünsche erfüllt. Nein, sie ist eine Person, die man gut kennen sollte und von der man etwas lernen kann.

Schon in der ältesten Literatur der Menschheit kommt der Gedanke vor, dass die Frau die Partnerin des Mannes ist. Im Schöpfungsbericht der Bibel heißt es, die Frau sei aus einer Rippe des Mannes geschaffen worden. Das bringt ihre Rolle als Partnerin anschaulich zum Ausdruck. Mann und Frau erhielten den Auftrag, die Erde zu bevölkern und über Fische, Vögel und alle anderen Tiere zu herrschen. Der Mann wurde nicht angewiesen, die Frau zu unterdrücken, sondern sich mit ihr zu verbinden, sodass sie eins wurden.

Natürlich sind Mann und Frau sehr verschieden, doch Gott wollte, dass sie sich in ihrer Unterschiedlichkeit ergänzten. Ein Mann, der in seiner Frau eine Partnerin sieht, hat den ersten Schritt getan, um in seiner Ehe ein liebevoller Leiter zu werden.

Nehmen Sie sich Zeit, um allein oder als Paar gemeinsam zu beten. Bitten Sie Gott darum, dass er ...

- Ihre Ehe in eine liebevolle Beziehung zwischen gleichwertigen Partnern verwandelt;
- Ihnen hilft, sich gegenseitig zu ergänzen und Ihre Unterschiede als Bereicherung zu sehen;
- Sie beide so miteinander verbindet, dass Sie eins werden.

Wenn Sie noch mehr Zeit haben ...

Besprechen Sie miteinander folgende Fragen oder denken Sie darüber nach:

- In welchen Bereichen gelingt es uns gut, als gleichwertige Partner zu leben? Betrachten Sie dabei die verschiedenen Seiten des Zusammenlebens als Paar: dem andern ein Freund sein, Geliebte/Geliebter sein, zusammen wohnen, finanzielle Fragen, Eltern sein (falls das zutrifft).
- Was bedeutet es Ihrer Meinung nach, wenn ein Mann in der Ehe ein „liebevoller Leiter" ist?
- Was kann ich ganz konkret tun, damit du dich als mein Partner/meine Partnerin wertgeschätzt fühlst?

Lesen Sie auch die folgenden Abschnitte zum Thema Ehe:

Epheser 5,22-23; Kolosser 3,18-25; 1. Petrus 3,1-7.

Tiefe Verbundenheit

Lesen Sie 1. Mose 2,4-25

Wir Menschen sehnen uns von ganzem Herzen nach Gemeinschaft. Denn wir sind Geschöpfe, die Gesellschaft brauchen. Gott selbst sagte im Blick auf Adam: „Es ist nicht gut, dass der Mensch allein lebt" (1. Mose 2,18). Diese Feststellung kam noch vor dem Sündenfall. Der Mann konnte schon die herzliche, persönliche Gemeinschaft mit Gott genießen. Trotzdem kam Gott zu dem Schluss: „Das genügt nicht!"

Gottes Antwort auf das Bedürfnis des Mannes nach Gemeinschaft war die Erschaffung der Frau (siehe 1. Mose 2,18). Der hebräische Begriff, der hier verwendet wird, bedeutet wörtlich „von Angesicht zu Angesicht". Gott schuf also ein Wesen, mit dem der Mann eine Beziehung von Angesicht zu Angesicht eingehen konnte, eine tiefe, persönliche Verbindung. So wurden die beiden zu einer untrennbaren Einheit, durch die sich die tiefste menschliche Sehnsucht erfüllte. Die Ehe war Gottes Antwort auf das größte Bedürfnis des Menschen: nach einer lebenslangen Verbindung.

Diese Einheit umfasst das gesamte Leben in geistiger, gesellschaftlicher, geistlicher, seelischer und körperlicher Hinsicht. Eine solche Verbindung gelingt nur in der tiefen, dauerhaften Hingabe, die Gott für die Ehe vorgesehen hat. Die Ehe ist kein Vertrag, mit dem eine sexuelle Beziehung legitimiert wird. Sie ist keine gesellschaftliche Einrichtung, die nur der Versorgung von Kindern dient. Und sie ist mehr als eine psychologische Praxis, in der wir den seelischen Beistand bekommen, den wir brauchen. Die Ehe ist auch nicht einfach dazu da, einen bestimmten gesellschaftlichen Status oder wirtschaftliche Sicherheit zu erlangen. Ihr eigentliches Ziel ist noch nicht einmal dann erreicht, wenn sie der Förderung von Liebe und Gemeinschaft dient, so wertvoll das auch ist.

Nein, der Sinn der Ehe besteht darin: Zwei Menschen verbinden sich miteinander auf der tiefsten Ebene, die möglich ist, und dies bringt dem Paar die größte Erfüllung und dient dazu, dass Gottes Plan für ihr Leben zum Ziel kommt.

Nehmen Sie sich Zeit, um einzeln oder als Paar gemeinsam für eine tiefe Verbundenheit in Ihrer Ehe zu beten.

Wenn Sie noch mehr Zeit haben ...

Besprechen Sie miteinander folgende Fragen oder denken Sie darüber nach:

- Warum ist eine tiefe, dauerhafte Hingabe die Voraussetzung für wahre Gemeinschaft in der Ehe?
- Denken Sie an ein Ehepaar, das für Sie ein Vorbild ist und in dessen Beziehung eine tiefe Verbundenheit sichtbar wird. Was gelingt in dieser Ehe besonders gut?
- In welchen Bereichen empfinden Sie in Ihrer Ehe Einsamkeit oder Trennendes anstelle einer tiefen Verbundenheit? Diese Gefühle zeigen Ihnen, wo Sie in Ihrer Beziehung noch wachsen können.

Lesen Sie auch die folgenden Abschnitte zum Thema Ehe:
Sprüche 18,22; Prediger 4,12; 1. Korinther 7,1-40.

Den nächsten Impuls finden Sie auf S. 10 a

essen dürft?«, fragte sie die Frau. [2]»Na-
türlich dürfen wir«, antwortete die Frau,
[3]»nur von dem Baum in der Mitte des
Gartens nicht. Gott hat gesagt: ›Esst
nicht von seinen Früchten, ja – berührt
sie nicht einmal, sonst müsst ihr ster-
ben!‹« [4]»Unsinn! Ihr werdet nicht ster-
ben«, widersprach die Schlange, [5]»aber
Gott weiß: Wenn ihr davon esst, werden
eure Augen geöffnet – ihr werdet sein
wie Gott und wissen, was Gut und Böse
ist.«

[6]Die Frau schaute den Baum an. Er sah
schön aus! Seine Früchte wirkten ver-
lockend, und klug würde sie davon wer-
den! Sie pflückte eine Frucht, biss hinein
und reichte sie ihrem Mann, und auch er
aß davon. [7]Plötzlich gingen beiden die
Augen auf, und ihnen wurde bewusst,
dass sie nackt waren. Hastig flochten sie
Feigenblätter zusammen und machten
sich einen Lendenschurz.

[8]Am Abend, als ein frischer Wind auf-
kam, hörten sie, wie Gott, der Herr, im
Garten umherging. Ängstlich versteckten
sie sich vor ihm hinter den Bäumen.
[9]Aber Gott rief: »Adam[a], wo bist du?«
[10]Adam antwortete: »Ich hörte dich im
Garten und hatte Angst, weil ich nackt
bin. Darum habe ich mich versteckt.«
[11]»Wer hat dir gesagt, dass du nackt
bist?«, fragte Gott. »Hast du etwa von
den verbotenen Früchten gegessen?«
[12]»Ja«, gestand Adam, »aber die Frau,
die du mir gegeben hast, reichte mir eine
Frucht – deswegen habe ich davon geges-
sen!« [13]»Warum hast du das getan?«,
wandte der Herr sich an die Frau. »Die
Schlange hat mich dazu verführt!«, ver-
teidigte sie sich.

[14]Da sagte Gott, der Herr, zur Schlan-
ge: »Das ist deine Strafe: Verflucht sollst
du sein – verstoßen von allen anderen
Tieren! Du wirst auf dem Bauch kriechen
und Staub schlucken, solange du lebst!
[15]Von nun an werden du und die Frau
Feinde sein, auch zwischen deinem und
ihrem Nachwuchs soll Feindschaft herr-
schen. Er wird dir den Kopf zertreten,
und du wirst ihn in die Ferse beißen!«

[16]Dann wandte Gott sich zur Frau: »Du
wirst viel Mühe haben in der Schwanger-
schaft. Unter Schmerzen wirst du deine
Kinder zur Welt bringen. Du wirst dich
nach deinem Mann sehnen, aber er wird
dein Herr sein!« [17]Zu Adam sagte er:
»Deiner Frau zuliebe hast du mein Ver-
bot missachtet. Deshalb soll der Acker-
boden verflucht sein! Dein ganzes Leben
lang wirst du dich abmühen, um dich von
seinem Ertrag zu ernähren. [18]Du bist auf
ihn angewiesen, um etwas zu essen zu ha-
ben, aber er wird immer wieder mit Dor-
nen und Disteln übersät sein. [19]Du wirst
dir dein Brot mit Schweiß verdienen
müssen, bis du stirbst. Dann wirst du
zum Erdboden zurückkehren, von dem
ich dich genommen habe. Denn du bist
Staub von der Erde, und zu Staub musst
du wieder werden!«

[20]Adam gab seiner Frau den Namen
Eva (»Leben«), denn sie sollte die
Stammmutter aller Menschen werden.
[21]Gott, der Herr, machte für die beiden
Kleider aus Fell. [22]Dann sagte er: »Nun
ist der Mensch geworden wie wir, weil er
Gut und Böse erkennen kann. Auf kei-
nen Fall darf er jetzt von dem Baum es-
sen, dessen Frucht Leben schenkt – sonst
lebt er für immer!« [23]Darum schickte er
die beiden aus dem Garten Eden fort und
gab ihnen den Auftrag, den Ackerboden
zu bebauen, aus dem er sie gemacht hat-
te. [24]An der Ostseite des Gartens stellte
er Engel mit flammenden Schwertern
auf. Sie sollten den Weg zu dem Baum
bewachen, dessen Frucht Leben schenkt.

Neid und seine Folgen

4 Adam schlief mit seiner Frau Eva, sie
wurde schwanger und brachte einen
Sohn zur Welt. »Mit Hilfe des Herrn habe
ich einen Sohn geboren!«, rief sie aus. Da-
rum nannte sie ihn Kain (»Gewinn«). [2]Ih-
ren zweiten Sohn nannte sie Abel (»Ver-

---

[a] Adam ist das hebräische Wort für »Mensch«, hier gleichzeitig Eigenname des ersten Menschen.

3,8 Ps 139,7–10; Jer 23,24 **3,16** Eph 5,22–23 **3,19** Ps 103,14; Pred 3,20; 12,7

gänglichkeit«). Abel wurde ein Hirte,
Kain ein Bauer. Die beiden wuchsen
heran.
3 Zur Zeit der Ernte opferte Kain dem
Herrn von dem Ertrag seines Feldes.
4 Abel schlachtete eines von den ersten
Lämmern seiner Herde und brachte die
besten Fleischstücke dem Herrn als Op-
fer dar. Abels Opfer nahm der Herr an,
5 das von Kain aber nicht. Darüber wurde
Kain zornig und starrte mit finsterer Mie-
ne vor sich hin. 6 »Warum bist du so zornig
und blickst so grimmig zu Boden?«, frag-
te ihn der Herr. 7 »Wenn du Gutes im Sinn
hast, kannst du doch jedem offen ins Ge-
sicht sehen. Wenn du jedoch Böses planst,
dann lauert die Sünde dir auf. Sie will dich
zu Fall bringen, du aber beherrsche sie!«
8 Kain schlug seinem Bruder vor:
»Komm, wir gehen zusammen aufs
Feld!«[a] Als sie dort ankamen, fiel er über
Abel her und schlug ihn tot.
9 Da fragte der Herr: »Wo ist dein Bru-
der Abel?« »Woher soll ich das wissen?«,
wich Kain aus. »Ist es etwa meine Auf-
gabe, ständig auf ihn aufzupassen?«
10 Aber der Herr entgegnete: »Warum
hast du das getan? Das vergossene Blut
deines Bruders schreit von der Erde zu
mir! 11 Darum bist du von nun an ver-
flucht: Weil du in diesem Land einen
Mord begangen hast, musst du von hier
fort. 12 Und wenn du ein Feld bebauen
willst, wird es dir keinen Ertrag mehr
bringen. Gejagt und gehetzt musst du
von jetzt an umherirren!« 13 »Meine Stra-
fe ist zu hart – ich kann sie nicht ertra-
gen!«, erwiderte Kain. 14 »Du verstößt
mich aus meiner Heimat, und auch vor
dir muss ich mich verstecken! Gejagt
und gehetzt werde ich umherirren, und
jeder, der mich sieht, kann mich unge-
straft töten!« 15 »Nein«, sagte der Herr,
»wenn dich jemand tötet, wird er dafür
siebenfach bestraft werden!« Er machte
ein Zeichen an Kain, damit jeder, der
ihm begegnete, wusste: Kain darf man
nicht töten. 16 Dann verließ Kain die Nä-
he des Herrn und wohnte im Land Nod
(»Land des ruhelosen Lebens«), östlich
von Eden.

Kains Nachkommen

17 Kains Frau wurde schwanger und be-
kam einen Sohn: Henoch (»Gründung«).
Kain baute eine Stadt und benannte sie
nach ihm. 18 Henoch hatte einen Sohn na-
mens Irad, Irads Sohn war Mehujaël, des-
sen Sohn hieß Metuschaël, der war der
Vater von Lamech. 19 Lamech hatte zwei
Frauen: Ada und Zilla. 20 Ein Sohn Adas
war Jabal – von ihm stammen alle ab, die
mit ihren Herden umherziehen und in
Zelten wohnen. 21 Sein Bruder hieß Jubal
– auf ihn gehen alle die zurück, die Zither
und Flöte spielen. 22 Auch Zilla bekam
einen Sohn: Tubal-Kain; er war der Erste,
der Bronze- und Eisengeräte benutzte.
Seine Schwester hieß Naama.
23 Lamech sagte zu seinen Frauen:
»Ada und Zilla, meine Frauen, hört mich
an: Wenn ein Mann mich verwundet, er-
schlage ich ihn – sogar einen Jungen töte
ich für eine einzige Strieme! 24 Wenn
schon ein Mord an Kain siebenfach be-
straft wird – für Lamech wird alles sie-
benundsiebzigmal gerächt!«

Set und Enosch

25 Adam und Eva bekamen noch einen
Sohn. Eva nannte ihn Set (»Ersatz«).
»Gott hat mir einen anderen Sohn ge-
schenkt!«, sagte sie. »Er wird mir Abel
ersetzen, den Kain erschlagen hat!«
26 Auch Set bekam später einen Sohn
und nannte ihn Enosch (»Mensch«). Zu
dieser Zeit begannen die Menschen,
zum Herrn zu beten.

---

[a] »Komm … Feld!« ist nach der griechischen, syrischen und lateinischen Übersetzung ergänzt. Im hebräischen Text fehlt dieser Satz.

4,4 Hebr 11,4 **4,7** Röm 6,12 **4,8** 1 Joh 3,12–15 **4,10** Hebr 12,24 **4,11** 4 Mo 35,33 **4,23** 3 Mo 24,19–20

Von Adam bis Noah

5 Dies ist das Verzeichnis der Nachkommen Adams:

Als Gott die Menschen schuf, machte er sie nach seinem Ebenbild. 2 Er schuf sie als Mann und Frau, segnete sie und nannte sie »Mensch«.

3 Adam war 130 Jahre alt, als er einen Sohn zeugte, der ihm in jeder Hinsicht ähnlich war. Er nannte ihn Set. 4 Danach lebte er noch 800 Jahre; ihm wurden noch weitere Söhne und Töchter geboren, 5 bis er im Alter von 930 Jahren starb.

6 Set war 105 Jahre alt, als er Enosch zeugte. 7 Danach lebte er noch 807 Jahre; ihm wurden noch weitere Söhne und Töchter geboren, 8 bis er im Alter von 912 Jahren starb.

9 Enosch war 90 Jahre alt, als er Kenan zeugte. 10 Danach lebte er noch 815 Jahre; ihm wurden noch weitere Söhne und Töchter geboren, 11 bis er im Alter von 905 Jahren starb.

12 Kenan war 70 Jahre alt, als er Mahalalel zeugte. 13 Danach lebte er noch 840 Jahre; ihm wurden noch weitere Söhne und Töchter geboren, 14 bis er im Alter von 910 Jahren starb.

15 Mahalalel war 65 Jahre alt, als er Jered zeugte. 16 Danach lebte er noch 830 Jahre; noch weitere Söhne und Töchter wurden ihm geboren, 17 bis er im Alter von 895 Jahren starb.

18 Jered war 162 Jahre alt, als er Henoch zeugte. 19 Danach lebte er noch 800 Jahre; noch weitere Söhne und Töchter wurden ihm geboren, 20 bis er im Alter von 962 Jahren starb.

21 Henoch war 65 Jahre alt, als er Metuschelach zeugte. 22 Danach lebte er noch 300 Jahre; ihm wurden noch weitere Söhne und Töchter geboren. 23/24 Henoch lebte in enger Gemeinschaft mit Gott. Er wurde 365 Jahre alt. Dann war er plötzlich nicht mehr da – Gott hatte ihn zu sich genommen!

25 Metuschelach war 187 Jahre alt, als er Lamech zeugte. 26 Danach lebte er noch 782 Jahre; ihm wurden noch weitere Söhne und Töchter geboren, 27 bis er im Alter von 969 Jahren starb.

28 Lamech war 182 Jahre alt, als er einen Sohn zeugte. 29 »Der wird uns Trost bringen bei all der harten Arbeit auf dem Acker, den Gott verflucht hat!«, sagte er. Darum nannte er ihn Noah (»Trost«). 30 Danach lebte er noch 595 Jahre; ihm wurden noch weitere Söhne und Töchter geboren, 31 bis er im Alter von 777 Jahren starb.

32 Noah war 500 Jahre alt, als er Sem, Ham und Jafet zeugte.

Gott greift ein

6 1/2 Die Menschen wurden immer zahlreicher und breiteten sich auf der Erde aus. Da bemerkten die Engel[a], wie schön die Töchter der Menschen waren. Sie wählten die Schönsten aus und nahmen sie zu Frauen. 3 Da sagte der Herr: »Die Menschen sollen nicht mehr so alt werden, ich werde ihnen meinen Lebensatem nicht für immer geben. Sie lassen sich immer wieder zum Bösen verleiten. Ich werde ihre Lebenszeit auf hundertzwanzig Jahre begrenzen.« 4 Aus der Verbindung der Engel mit den Menschentöchtern gingen die Riesen hervor. Sie lebten damals – und auch später noch – auf der Erde und waren als die berühmten Helden bekannt.

5 Der Herr sah, dass die Menschen voller Bosheit waren. Jede Stunde, jeden Tag ihres Lebens hatten sie nur eines im Sinn: Böses planen, Böses tun. 6 Der Herr war bekümmert und wünschte, er hätte die Menschen nie erschaffen. 7 »Ich werde die Menschen und mit ihnen die Tiere wieder vernichten!«, sagte er. »Es wäre besser, ich hätte sie gar nicht erst erschaffen.«

---

[a] Wörtlich: Gottessöhne.

5,23–24 Hebr 11,5 **6,5** 8,21; Ps 14,3; 51,7; Mt 24,37–39; Röm 1,28–32; 3,23

Noah soll verschont werden

8 Nur Noah fand Gnade beim Herrn.
9 Dies ist seine Geschichte:
Noah lebte so, wie es Gott gefiel, und hörte auf ihn. Er tat nur, was in Gottes Augen gut war. Die Menschen, die ihn kannten, wussten, dass er ein vorbildliches Leben führte.
10 Er hatte drei Söhne: Sem, Ham und Jafet.
11/12 Die übrige Menschheit aber war vollkommen verdorben. Keiner wollte von Gott etwas wissen, niemand beachtete das Recht und die Gesetze. Es gab nur ein Gesetz: Grausamkeit.
13 Da sprach Gott zu Noah: »Ich habe beschlossen, die gesamte Menschheit zu vernichten, denn wo man auch hinsieht, herrscht Grausamkeit. Darum werde ich alles auslöschen!
14–16 Bau dir ein Schiff aus Holz, und dichte es außen und innen mit Pech ab! Drei Stockwerke soll es haben und jedes Stockwerk mehrere Räume. Es muss 150 Meter lang, 25 Meter breit und 15 Meter hoch sein. Setz ein Dach darauf, das einen halben Meter hoch ist, und bau an einer Schiffsseite eine Tür ein!
17 Mit einer großen Wasserflut werde ich die Erde überschwemmen. Kein Lebewesen soll verschont bleiben.
18 Nur dir gebe ich ein Versprechen: Du sollst überleben. Geh mit deiner Frau, deinen Söhnen und Schwiegertöchtern ins Schiff!
19 Nimm von allen Tieren ein Männchen und ein Weibchen mit, damit keine Tierart ausstirbt.
20 Jede Art der Vögel, des Viehs und aller anderen Landtiere soll mit ins Schiff kommen, damit sie alle erhalten bleiben.
21 Leg genug Vorräte an, dass es für euch und die Tiere ausreicht!«
22 Noah führte alles so aus, wie Gott es ihm aufgetragen hatte.
7 Dann sagte der Herr zu ihm: »Geh nun mit deiner ganzen Familie in das Schiff! Denn du bist der Einzige, der noch vor mir bestehen kann!
2 Nimm von allen reinen Tieren je sieben Paare mit und von allen unreinen nur je ein Männchen und ein Weibchen!
3 Bring auch je sieben Paare von allen Vogelarten mit! So können sich die verschiedenen Tierarten nach der Flut wieder vermehren und weiterbestehen.
4 Noch eine Woche, dann werde ich es vierzig Tage und vierzig Nächte regnen lassen, damit alle Lebewesen umkommen, die ich geschaffen habe!«

Die große Flut

5 Noah befolgte alles genau so, wie der Herr es befohlen hatte.
6 Er war 600 Jahre alt, als die Wasserflut über die Erde hereinbrach.
7 Noah und seine Frau, seine Söhne und Schwiegertöchter gingen in das Schiff, um sich vor den Wassermassen in Sicherheit zu bringen.
8 Sie nahmen die verschiedenen Tierarten mit – die reinen und unreinen –, von den Vögeln bis zu den Kriechtieren.
9 Paarweise kamen sie in das Schiff, so wie Gott es angeordnet hatte.
10 Nach sieben Tagen brach die Flut herein.
11 Es war im 600. Lebensjahr Noahs, am 17. Tag des 2. Monats. Alle Quellen in der Tiefe brachen auf, und die Schleusen des Himmels öffneten sich.
12 Vierzig Tage und vierzig Nächte regnete es in Strömen.
13 Aber Noah und seine Frau, seine Söhne und Schwiegertöchter waren genau an diesem Tag in das Schiff gegangen,
14 zusammen mit den verschiedenen Tieren.
15/16 Sie waren paarweise gekommen, ein Männchen und ein Weibchen. Niemand fehlte, alle waren an Bord, genau wie Gott es befohlen hatte, und der Herr schloss hinter ihnen zu.
17 Vierzig Tage lang fiel das Wasser vom Himmel. Die Flut stieg ständig an und hob das Schiff vom Boden ab.
18 Die Wassermassen nahmen immer mehr zu, bis das Schiff auf dem Wasser schwimmen konnte.
19 Bald waren sämtliche Berge bedeckt,
20 das Wasser stand sieben Meter über ihren höchsten Gipfeln.
21/22 Alle Lebewesen ertranken: das Vieh,

6,8 Hebr 11,7 **6,13** 9,11 **6,18** 9,9–11 **7,2–3** 3 Mo 11; 5 Mo 14,3–21 **7,7** 1 Petr 3,20 **7,9** 6,19–20

die wilden Tiere, Vögel, Kriechtiere und
auch die Menschen. 23 Gott löschte das
Leben auf der Erde aus. Niemand konnte
sich retten. Nur Noah und seine Familie
kamen mit dem Leben davon.
24 Hundertfünfzig Tage lang blieb das
Wasser auf seinem höchsten Stand[a].

Gott denkt an Noah

8 Aber Gott hatte Noah und die Tiere
auf dem Schiff nicht vergessen. Er
sorgte dafür, dass ein Wind aufkam, der
das Wasser zurückgehen ließ. 2 Die Quel-
len in der Tiefe versiegten, und die
Schleusen des Himmels wurden ver-
schlossen, so dass kein Regen mehr fiel.
3 Nach den hundertfünfzig Tagen ging das
Wasser allmählich zurück, 4 und plötzlich
– am 17. Tag des 7. Monats – saß das
Schiff auf einem der Berge von Ararat
fest. 5 Schon bis zum 1. Tag des 10. Mo-
nats war das Wasser so weit gesunken,
dass die Berggipfel sichtbar geworden
waren.
6 Nach weiteren vierzig Tagen öffnete
Noah das Fenster 7 und ließ einen Raben
hinaus. Der flog so lange ein und aus, bis
das Wasser abgeflossen war. 8 Noah ließ
eine Taube fliegen, um zu sehen, ob das
Wasser versickert war. 9 Aber die Taube
fand keinen Platz zum Ausruhen, denn
die Flut bedeckte noch das ganze Land.
Darum kehrte sie zu Noah zurück. Er
streckte seine Hand aus und holte sie
wieder ins Schiff.
10 Dann wartete er noch weitere sieben
Tage und ließ die Taube erneut hinaus.
11 Sie kam gegen Abend zurück, mit dem
frischen Blatt eines Ölbaums im Schna-
bel. Da wusste Noah, dass das Wasser fast
versickert war.
12 Eine Woche später ließ er die Taube
zum dritten Mal fliegen, und diesmal
kehrte sie nicht mehr zurück.
13 Im 601. Lebensjahr Noahs, am 1. Tag
des 1. Monats, war das Wasser abgeflos-
sen. Noah entfernte das Dach vom Schiff
und hielt Ausschau. Tatsächlich – das
Wasser war verschwunden! 14 Am 27. Tag
des 2. Monats war der Erdboden wieder
trocken.

Wieder auf festem Boden

15 Da sagte Gott zu Noah: 16 »Verlass mit
deiner Frau, deinen Söhnen und Schwie-
gertöchtern das Schiff! 17 Lass alle Tiere
frei, die bei dir sind: die Vögel und alle
großen und kleinen Landtiere. Sie sollen
sich vermehren und sich auf der Erde
ausbreiten!« 18/19 Also verließ Noah mit
seiner Familie und allen Tieren das
Schiff.
20 Dann baute er für den Herrn einen
Altar und brachte von allen reinen Vö-
geln und den anderen reinen Tieren je
eines als Brandopfer dar. 21 Der Herr
wurde durch das Opfer gnädig gestimmt
und sagte sich: »Nie mehr will ich wegen
der Menschen die Erde vernichten, ob-
wohl sie von frühester Jugend an voller
Bosheit sind. Nie wieder will ich alles Le-
ben auslöschen, wie ich es getan habe!
22 Solange die Erde besteht, soll es immer
Saat und Ernte, Kälte und Hitze, Som-
mer und Winter, Tag und Nacht geben.«

Gottes Bund mit Noah

9 Gott segnete Noah und seine Söhne
und sprach: »Vermehrt euch, damit
die Erde wieder bevölkert wird! 2 Alle
Tiere werden sich vor euch fürchten müs-
sen, denn ich gebe sie in eure Hand. 3 Von
jetzt an könnt ihr euch von ihrem Fleisch
ernähren, nicht nur von Obst und Getrei-
de. 4 Aber esst kein Fleisch, in dem noch
Blut ist, denn im Blut ist das Leben.
5 Niemand darf einen anderen Men-
schen ermorden! Wer dies tut – ob
Mensch oder Tier –, muss mit dem Tod
dafür büßen. Ich selbst werde ihn zur Re-
chenschaft ziehen. 6 Wer einen Menschen

---

a Wörtlich: schwoll das Wasser an.

7,23 2 Petr 2,5; 3,5–6 **8,17** 1,22 **8,21** 6,5* **9,1–3** 1,28–29 **9,4** 3 Mo 17,11–14; Apg 15,20–21; Kol 2,16
9,5–6 2 Mo 20,13*; 1 Mo 1,27

tötet, darf selbst nicht am Leben bleiben;
er soll hingerichtet werden. Denn ich
habe den Menschen als mein Ebenbild
geschaffen.
7 So seht nun zu, dass eure Nachkom-
men zahlreich sind. Bevölkert die Erde,
und nehmt sie in Besitz!«
8 Dann sagte Gott zu Noah und seinen
Söhnen: 9 »Ich schließe einen Bund mit
euch und mit allen euren Nachkommen,
10 dazu mit allen Tieren, die auf dem
Schiff waren. 11 Das ist mein Versprechen:
Nie wieder werde ich durch eine Wasser-
flut die Erde und was auf ihr lebt vernich-
ten. 12/13 Das gilt für alle Zeiten. Ich
schließe diesen Bund mit euch und allen
Lebewesen. Der Regenbogen soll ein
Zeichen für dieses Versprechen sein.
14 Wenn er in den Wolken erscheint,
15 dann werde ich an meinen Bund den-
ken, den ich mit euch und den anderen
Lebewesen geschlossen habe: Nie wieder
eine Wasserflut! Nie wieder soll das Le-
ben vernichtet werden! 16/17 Diese Zusage
bleibt für alle Zeiten bestehen, der Re-
genbogen ist das Erinnerungszeichen.
Wenn er zu sehen ist, werde ich daran
denken.«

Noahs Söhne

18 Zusammen mit Noah hatten auch seine
drei Söhne Sem, Ham und Jafet das
Schiff verlassen. Ham wurde der Stamm-
vater der Kanaaniter. 19 Von diesen drei-
en stammen alle Völker der Erde ab.
20 Noah bebaute die Felder, legte aber
auch einen Weinberg an. 21 Als er von
dem Wein trank, wurde er betrunken
und lag nackt in seinem Zelt. 22 Ham, der
Stammvater der Kanaaniter, entdeckte
ihn so und lief sofort nach draußen, um
es seinen beiden Brüdern zu erzählen.
23 Da nahmen Sem und Jafet einen Man-
tel, legten ihn über ihre Schultern und
gingen rückwärts ins Zelt. Sie ließen ihn
mit abgewandtem Gesicht über ihren Va-
ter fallen, um ihn nicht nackt zu sehen.
24 Als Noah aus seinem Rausch auf-
wachte, erfuhr er, was sein zweiter Sohn
ihm angetan hatte. 25 »Verflucht sei Ka-
naan!«, rief er. »Er soll für seine Brüder
der niedrigste aller Knechte sein!«
26 Weiter sagte er: »Gelobt sei der Herr,
der Gott Sems! Er mache Kanaan zu
Sems Knecht! 27 Gott gebe Jafet viel
Land, damit er sich ausbreiten kann. Sein
eigenes Gebiet soll sich in das Gebiet
Sems erstrecken! Er mache Kanaan zu
Jafets Knecht!«
28 Noah lebte nach der Flut noch 350
Jahre 29 und starb im Alter von 950 Jahren.

Völker entstehen aus Noahs Nachkommen

10 Dies ist der Stammbaum der drei
Söhne Noahs, Sem, Ham und Ja-
fet. Ihre Söhne wurden nach der Flut ge-
boren.
2 Jafets Söhne hießen: Gomer, Magog,
Madai, Jawan, Tubal, Meschech und Ti-
ras. 3 Von Gomer stammen Aschkenas,
Rifat und Togarma ab; 4 von Jawan: Eli-
scha, Tarsis, die Kittäer und die Rodani-
ter. 5 Jawans Nachkommen breiteten sich
in den Küstenländern und auf den Inseln
aus. Sie wuchsen zu Völkern heran, die in
Sippen zusammenlebten. Jedes Volk hat-
te sein eigenes Gebiet und redete eine ei-
gene Sprache.
6 Hams Söhne waren: Kusch, Mizrajim,
Put und Kanaan. 7 Von Kusch stammen
ab: Seba, Hawila, Sabta, Ragma und Sab-
techa; von Ragma: Saba und Dedan.
8 Kusch hatte noch einen Sohn mit Na-
men Nimrod. Er war der erste Herrscher,
der sich andere Völker mit Gewalt unter-
warf. 9 Vor dem Herrn galt er als ein un-
erschrockener Jäger. Darum gibt es noch
heute das Sprichwort: »Er gilt vor dem
Herrn als ein unerschrockener Jäger wie
Nimrod.« 10 Den Ausgangspunkt seines
Reiches bildeten die Städte Babylon,
Erech, Akkad und Kalne, die im Land
Schinar liegen. 11 Von da aus drang er

9,7 1,28 **9,9–11** 6,18 **9,26** Ri 1,28

nach Assyrien vor und vergrößerte sein
Reich. Dort ließ er die große Stadt Nini-
ve bauen sowie Rehobot-Ir, Kelach
[12]und Resen, das zwischen Ninive und
Kelach liegt.
[13]Von Mizrajim stammen ab: die Ludi-
ter, die Anamiter, die Lehabiter, die Naf-
tuhiter, [14]die Patrositer, die Kasluhiter,
auf die die Philister zurückgehen, und
die Kaftoriter.
[15]Kanaans ältester Sohn hieß Sidon,
außerdem stammen von ihm ab: Het
[16]sowie die Jebusiter, Amoriter, Girga-
schiter, [17]Hiwiter, Arkiter, Siniter, [18]Ar-
waditer, Zemariter und die Hamatiter.
Später breiteten sich die Sippen der Ka-
naaniter immer mehr aus, [19]so dass ihr
Gebiet von Sidon südwärts bis nach Ge-
rar und Gaza reichte und ostwärts bis
nach Sodom und Gomorra, Adma, Zebo-
jim und Lescha.
[20]Diese alle sind Hams Nachkommen.
Sie wuchsen zu Völkern heran, die in Sip-
pen zusammenlebten. Jedes Volk hatte
sein eigenes Gebiet und eine eigene
Sprache.
[21]Auch Sem, der ältere Bruder Jafets,
hatte Söhne. Er ist der Stammvater aller
Nachkommen Ebers. [22]Sems Söhne hie-
ßen: Elam, Assur, Arpachschad, Lud und
Aram. [23]Von Aram stammen Uz, Hul,
Geter und Masch ab. [24]Arpachschads
Sohn hieß Schelach, und Schelach war
der Vater Ebers. [25]Eber hatte zwei Söhne:
Der eine hieß Peleg (»Teilung«), weil sich
damals die Menschen auf der Erde ver-
teilten; der andere hieß Joktan. [26]Von
Joktan stammen ab: Almodad, Schelef,
Hazarmawet, Jerach, [27]Hadoram, Usal,
Dikla, [28]Obal, Abimaël, Saba, [29]Ofir, Ha-
wila und Jobab. Sie alle sind seine Söhne.
[30]Ihr Gebiet erstreckte sich von Mescha
über Sefar bis zum Gebirge im Osten.
[31]Diese alle sind Sems Nachkommen.
Sie wuchsen zu Völkern heran, die in Sip-
pen zusammenlebten. Jedes Volk hatte
sein eigenes Gebiet und eine eigene
Sprache.
[32]Die genannten Männer sind Nach-
kommen Noahs. Von ihnen stammen alle
Völker ab, die nach der großen Flut auf
der Erde lebten.

Der Wunsch nach Unabhängigkeit

11 Damals sprachen die Menschen
noch eine einzige Sprache, die al-
len gemeinsam war.
[2]Als sie von Osten weiterzogen, fan-
den sie eine Talebene im Land Schinar.
Dort ließen sie sich nieder [3]und fassten
einen Entschluss. »Los, wir formen und
brennen Ziegelsteine!«, riefen sie einan-
der zu. Die Ziegel wollten sie als Bautei-
ne benutzen und Teer als Mörtel. [4]»Auf!
Jetzt bauen wir uns eine Stadt mit einem
Turm, dessen Spitze bis zum Himmel
reicht!«, schrien sie. »Dadurch werden
wir überall berühmt. Wir werden nicht
über die ganze Erde zerstreut, weil der
Turm unser Mittelpunkt ist und uns zu-
sammenhält[a]!«
[5]Da kam der Herr vom Himmel herab,
um sich die Stadt und das Bauwerk anzu-
sehen, das sich die Menschen errichteten.
[6]Er sagte: »Sie sind ein einziges Volk mit
einer gemeinsamen Sprache. Was sie ge-
rade tun, ist erst der Anfang, denn durch
ihren vereinten Willen wird ihnen von
jetzt an jedes Vorhaben gelingen! [7]Wir
werden hinuntersteigen und ihre Sprache
verwirren, damit keiner mehr den ande-
ren versteht!«
[8]So zerstreute der Herr die Menschen
über die ganze Erde; den Bau der Stadt
mussten sie abbrechen. [9]Darum wird die
Stadt Babylon (»Verwirrung«) genannt,
weil dort der Herr die Sprache der
Menschheit verwirrte und alle über die
ganze Erde zerstreute.

Von Sem bis Abram

[10]Dies ist das Verzeichnis von Sems
Nachkommen:
Sem war 100 Jahre alt, als er Arpach-

---

a »weil … zusammenhält« ist sinngemäß ergänzt.

schad zeugte. Das war zwei Jahre nach
der Wasserflut. 11 Danach lebte er noch
500 Jahre und bekam weitere Söhne und
Töchter.
12 Arpachschad war 35 Jahre alt, als er
Schelach zeugte. 13 Danach lebte er noch
403 Jahre und bekam weitere Söhne und
Töchter.
14 Schelach war 30 Jahre alt, als er Eber
zeugte. 15 Danach lebte er noch 403 Jahre
und bekam weitere Söhne und Töchter.
16 Eber war 34 Jahre alt, als er Peleg
zeugte. 17 Danach lebte er noch 430 Jahre
und bekam weitere Söhne und Töchter.
18 Peleg war 30 Jahre alt, als er Regu
zeugte. 19 Danach lebte er noch 209 Jahre
und bekam weitere Söhne und Töchter.
20 Regu war 32 Jahre alt, als er Serug
zeugte. 21 Danach lebte er noch 207 Jahre
und bekam weitere Söhne und Töchter.
22 Serug war 30 Jahre alt, als er Nahor
zeugte. 23 Danach lebte er noch 200 Jahre
und bekam weitere Söhne und Töchter.
24 Nahor war 29 Jahre alt, als er Terach
zeugte. 25 Danach lebte er noch 119 Jahre
und bekam weitere Söhne und Töchter.
26 Terach war 70 Jahre alt, als er Ab-
ram, Nahor und Haran zeugte.
27 Dies ist das Verzeichnis von Terachs
Nachkommen: Terachs Söhne waren Ab-
ram, Nahor und Haran. Haran war der
Vater Lots, 28 er starb noch vor seinem
Vater Terach in seiner Heimat Ur in Ba-
bylonien.
29 Abram heiratete Sarai, und Nahor
heiratete Milka, die Tochter Harans und
Schwester Jiskas. 30 Sarai bekam keine
Kinder.
31 Terach verließ mit seinem Sohn Ab-
ram, seinem Enkel Lot und seiner
Schwiegertochter Sarai Ur in Babylo-
nien, um in das Land Kanaan auszuwan-
dern. Sie kamen nach Haran und schlu-
gen dort ihre Zelte auf. 32 Dort starb
Terach im Alter von 205 Jahren.

Gott erwählt Abram

12 Der Herr sagte zu Abram: »Geh
fort aus deinem Land, verlass dei-
ne Heimat und deine Verwandtschaft,
und zieh in das Land, das ich dir zeigen
werde! 2 Deine Nachkommen sollen zu
einem großen Volk werden; ich werde
dir viel Gutes tun; deinen Namen wird
jeder kennen und mit Achtung ausspre-
chen. Durch dich werden auch andere
Menschen am Segen teilhaben. 3 Wer dir
Gutes wünscht, den werde ich segnen.
Wer dir aber Böses wünscht, den werde
ich verfluchen! Alle Völker der Erde sol-
len durch dich gesegnet werden.«
4 Abram gehorchte und machte sich auf
den Weg. Er war zu diesem Zeitpunkt 75
Jahre alt. 5 Mit ihm kamen seine Frau Sa-
rai, sein Neffe Lot, alle Knechte und
Mägde und ihr ganzer Besitz. Sie erreich-
ten Kanaan 6 und durchzogen das Land,
das damals von den Kanaanitern be-
wohnt wurde. Bei Sichem ließen sie sich
nieder, in der Nähe des Orakelbaums.
7 An dieser Stätte zeigte der Herr sich
Abram und versprach ihm: »Ich werde
dieses Land deinen Nachkommen ge-
ben!« Abram schichtete Steine auf als
Opferstätte für Gott, dort, wo der Herr
ihm erschienen war. 8 Dann zog er weiter
nach Süden zu dem Gebirge östlich von
Bethel. Zwischen Bethel im Westen und
Ai im Osten schlugen Abram und die Sei-
nen ihre Zelte auf, und auch hier schich-
tete er Steine auf als Opferstätte für den
Herrn. Dort betete er den Herrn an.
9 Abram blieb nicht lange, weil er wei-
ter nach Süden wollte.

Abram fürchtet um sein Leben

10 Im Land Kanaan brach eine Hungers-
not aus. Abram zog nach Ägypten, um
während dieser Zeit dort zu leben.

11,30 16,1–2; 17,15–17 **11,31** Jos 24,2; Neh 9,7 **12,1** Apg 7,3; Hebr 11,8 **12,2** 13,16; 15,5; 17,2.4–6; 22,17; 26,4; 28,14*; 2 Mo 32,13; 5 Mo 1,10; Röm 4,17–18; Hebr 11,12 **12,3** 18,18; 28,14; 4 Mo 24,9; Apg 3,25; Gal 3,8 **12,7** 13,15; 15,18–21; 17,8; 26,2–3; 28,13*; 2 Mo 6,8; Jos 21,43 **12,10–20** 20,1–18; 26,7–11

Meine Rolle, deine Rolle

Lesen Sie 1. Mose 3,16-19

Nachdem Adam und Eva gesündigt hatten, bestrafte Gott jeden von ihnen auf eine besondere Weise. Bei Eva waren es Schmerzen bei der Geburt ihrer Kinder. Das Gericht Gottes traf sie also in der Aufgabe, die allein ihr zugedacht war. Der Mann war im Blick auf seine Rolle bei der Fortpflanzung nicht vom Gericht Gottes betroffen. Seine Strafe bestand in mühevoller Arbeit. Dornen und Disteln erschwerten von nun an den Anbau der Nahrung, für die Adam als Bauer zu sorgen hatte.

Beide Strafgerichte sollten die Menschen für immer daran erinnern, welche Folgen die Sünde hatte. Die Strafe war genau auf das jeweilige Geschlecht zugeschnitten. Eva wurde in der Rolle getroffen, die ihr in besonderer Weise zukam (verbunden mit dem ersten Teil des Auftrages, den Gott den Menschen in 1. Mose 1,28 gegeben hatte: „Vermehrt euch, bevölkert die Erde!"). Adam erlebte das Gericht Gottes jeden Tag auf dem Feld, wenn er seine Familie mit Nahrung versorgen wollte (verbunden mit dem zweiten Teil des Auftrages Gottes: „Nehmt die Erde in Besitz!").

Hier werden also in besonderer Weise die Aufgabe der Frau als Mutter und die Aufgabe des Mannes als Ernährer der Familie hervorgehoben. Allerdings bedeutet das nicht, dass die beiden damit auf eine bestimmte Rolle festgelegt wurden. In einer Agrargesellschaft trägt die Frau des Bauern wesentlich zum Erfolg des eigenen Hofes bei, und mit Sicherheit hatte Adam auch Pflichten bei der Erziehung der Kinder. Wenn es um Erziehung geht, ist in der Bibel immer von den Eltern die Rede, nicht allein von der Mutter. Dieses Kapitel möchte uns aufzeigen, dass wir in der Ehe zwar unterschiedliche Verantwortungsbereiche haben, jedoch als Team gemeinsam die Ziele erreichen sollen, die Gott uns gesteckt hat.

Nehmen Sie sich ein paar Minuten Zeit, um einzeln oder als Paar gemeinsam zu beten. Bitten Sie Gott darum, dass Sie Ihre jeweilige Rolle in Ihrer Ehe annehmen können und als Team gemeinsam die Ziele erreichen, die Gott für Sie vorgesehen hat.

Wenn Sie noch mehr Zeit haben ...

Besprechen Sie miteinander folgende Fragen oder denken Sie darüber nach:

- Wie haben Sie als Mann oder als Frau auf besondere Weise das Gericht Gottes erlebt?
- Wie empfinden Sie Ihre jeweilige Rolle in der Ehe? Fühlen Sie sich darin festgelegt, oder überschneiden sich Ihre Verantwortungsbereiche? In welchem Bereich liegt die Verantwortung in besonderer Weise beim Mann/bei der Frau/bei beiden?

Lesen Sie auch die folgenden Abschnitte zum Thema Ehe:
Sprüche 31,10-31; Titus 2,1-13.

Ein schwelender Konflikt

Lesen Sie 1. Mose 13,5-18

Der Konflikt schwelte schon eine ganze Weile und drohte zu einem Flächenbrand zu werden. Die Herden von Abram und Lot waren so groß geworden, dass die Weideflächen nicht für die vielen Tiere reichten. In der Folge gab es Streit zwischen den Hirten, und dies kam Abram und Lot zu Ohren.

Abram hätte die Hirten weiter streiten lassen können; er hätte auch auf seine Rechte als der Ältere und als Familienoberhaupt pochen können. Stattdessen machte er vor, wie man einen Konflikt auf geschickte Weise löst. Er trat Lot gegenüber bescheiden auf, schlug eine brauchbare Lösung vor und handelte einen Kompromiss aus. Dabei behandelte er Lot mit so viel Respekt, dass er ihm sogar gestattete, das saftige, fruchtbare Land für sich selbst zu behalten.

Der drohende Flächenbrand war damit abgewendet – ganz einfach durch Abrams innere Einstellung. Wenn zwei Menschen gleichzeitig reden – egal ob es streitende Hirten, Familienmitglieder oder Eheleute sind –, dann hört keiner zu. Folglich gibt es keine Kommunikation. Damit ein Gespräch gelingt, müssen beide Seiten reden und zuhören können. Das klingt einfach, doch die meisten geschiedenen Paare sagen, ihr größtes Problem sei es gewesen, dass sie nicht miteinander kommunizieren konnten.

Zuhören beginnt mit unserer inneren Einstellung. Wenn ich davon ausgehe, dass jeder Mensch ein Ebenbild Gottes ist, dass seine Gedanken und Gefühle wichtig sind, dann bin ich auch bereit zuzuhören. Wenn ich aber denke, die ganze Welt drehe sich um mich und nur meine Vorstellungen seien wichtig, warum sollte ich dann anderen Menschen zuhören? Viele Paare haben in Wirklichkeit kein Kommunikationsproblem, sondern ein Problem mit ihrer inneren Einstellung.

Nehmen Sie sich Zeit, um einzeln oder als Paar gemeinsam zu beten. Bitten Sie Gott, dass er …

- Ihnen in dieser Woche hilft, bei Konflikten bescheiden aufzutreten;
- Ihnen hilft, in jedem Menschen eine wertvolle Person zu sehen, der man zuhören **sollte;**
- Ihnen zeigt, wie Sie Konflikte in Ihrer Ehe lösen können.

Wenn Sie noch mehr Zeit haben …

Besprechen Sie miteinander folgende Fragen oder denken Sie darüber nach:

- Was gefällt Ihnen an der Art, wie Abram diesen heiklen Konflikt gelöst hat?
- Was bedeutet Ihrer Meinung nach die Aussage, viele Paare hätten ein Problem mit ihrer inneren Einstellung?
- Wie können Sie sich darin üben, einander respektvoll und aufmerksam zuzuhören?

Lesen Sie auch die folgenden Abschnitte zum Thema Konflikte: Sprüche 15,1; Matthäus 5,38-39; Jakobus 4,1-2.

Den nächsten Impuls finden Sie auf S. 12 a

11 Kurz vor der ägyptischen Grenze sagte
er zu seiner Frau Sarai: »Weil du so schön
bist, wirst du bei den Männern Aufsehen
erregen. 12 Wenn dich die Ägypter sehen,
sagen sie bestimmt: ›Das ist seine Frau.
Wenn wir ihn töten, haben wir sie für
uns!‹ 13 Sag doch einfach, du seist meine
Schwester, dann werden sie mich be-
stimmt gut behandeln und leben lassen!«

14 Tatsächlich zog Sarai die Aufmerk-
samkeit der Ägypter auf sich. 15 Selbst
die Beamten des Pharaos waren beein-
druckt und lobten Sarais Schönheit vor
ihm. Da ließ er Sarai in seinen Palast ho-
len 16 und überhäufte Abram ihretwegen
mit Geschenken: Diener, Schafe, Ziegen,
Rinder, Esel und Kamele.

17 Aber der Herr bestrafte den Pharao
und seine Familie mit Krankheiten, weil
er sich Sarai zur Frau genommen hatte.
18 Da rief der Pharao Abram zu sich und
stellte ihn zur Rede: »Was hast du mir da
angetan? Warum hast du mir nicht ge-
sagt, dass sie deine Frau ist? 19 Warum
hast du behauptet, sie sei deine Schwes-
ter, so dass ich sie mir zur Frau nahm?
Hier, nimm sie zurück! Macht, dass ihr
wegkommt!« 20 Er beauftragte Soldaten,
die Abram und seine Frau mit ihrem gan-
zen Besitz zur ägyptischen Grenze zu-
rückbrachten.

Abram und Lot trennen sich

13 Abram kehrte in den Süden des
Landes Kanaan zurück und mit
ihm seine Frau und sein Neffe Lot. Ihren
ganzen Besitz führten sie mit sich.

2 Abram war sehr reich. Er besaß viele
Viehherden, dazu Silber und Gold. 3 Sie
blieben aber nicht im Süden, sondern zo-
gen in Tagesmärschen nach Bethel – zu
jener Stelle, wo sie ihr Zelt zuerst auf-
geschlagen hatten, zwischen Bethel und
Ai. 4 Bei der Opferstätte, die Abram da-
mals aus Steinen erbaut hatte, betete er
nun zum Herrn.

5 Wie Abram war auch Lot sehr reich:
Er besaß viele Schafe, Ziegen und Rinder
und eine große Anzahl Diener und Mäg-
de. 6 Darum gab es nicht genug Weide-
plätze für alle Viehherden. Sie konnten
unmöglich zusammenbleiben, 7 zumal die
Kanaaniter und die Perisiter noch im
Land wohnten. Immer wieder gerieten
Abrams und Lots Hirten aneinander.
8 Abram besprach das mit Lot: »Es soll
kein böses Blut zwischen unseren Hirten
geben! Wir sind doch Verwandte und soll-
ten uns nicht streiten! 9 Es ist besser, wenn
wir uns trennen. Das Land ist groß genug.
Entscheide du, wo du dich niederlassen
möchtest! Wenn du den Westen wählst,
gehe ich nach Osten. Wenn du lieber nach
Osten ziehst, gehe ich nach Westen.«

10 Lot betrachtete das Land genau und
sah die fruchtbare Jordanebene – überall
reich bewässert, bis nach Zoar hin. Spä-
ter veränderte sich die Landschaft, nach-
dem der Herr Sodom und Gomorra ver-
nichtet hatte. Die Jordanebene sah aus
wie der Garten des Herrn oder das Niltal
in Ägypten. 11 Darum wählte Lot diese
Gegend. Er verabschiedete sich von Ab-
ram und machte sich auf den Weg nach
Osten. 12 Abram blieb im Land Kanaan,
während Lot sich bei den Städten in der
Jordanebene aufhielt und mit seinen Zel-
ten umherzog, bis er an die Stadt Sodom
herankam. 13 Die Menschen in dieser
Stadt waren schlecht. Was sie taten, ver-
abscheute der Herr.

Gott wiederholt seine Zusage

14 Nachdem die beiden sich getrennt hat-
ten, sagte der Herr zu Abram: »Schau
dich nach allen Seiten um! 15 Das ganze
Land, alles, was du jetzt siehst, will ich
dir und deinen Nachkommen geben –
für immer! 16 Ich will dir so viele Nach-
kommen schenken, dass sie unzählbar
sind wie der Staub auf der Erde! 17 Mach
dich auf den Weg, und durchziehe das
Land nach allen Richtungen, denn dir
will ich es geben!«

18 Abram zog also weiter und schlug
seine Zelte bei den Terebinthen von

13,3 12,8 **13,10** 19,24–25 **13,15** 12,7* **13,16** 12,2*

Mamre auf, nahe bei Hebron. Dort baute
er aus Steinen eine Anbetungsstätte für
den Herrn.

Abram setzt sich für Lot ein

14 Im Land Kanaan brach Krieg aus:
Amrafel, König von Schinar, Ar-
joch, König von Ellasar, Kedor-Laomer,
König von Elam, und Tidal, König von
Gojim, 2 kämpften gegen Bera, König
von Sodom, Birscha, König von Gomor-
ra, Schinab, König von Adma, Scheme-
ber, König von Zebojim, und gegen den
König von Bela, das später Zoar hieß.
3 Diese zuletzt genannten fünf Könige
hatten sich verbündet und zogen mit ihren
Truppen zum Tal Siddim, wo später das
Tote Meer entstand. 4 Zwölf Jahre lang
hatte Kedor-Laomer die Oberherrschaft
über sie ausgeübt, aber im dreizehnten
Jahr lehnten sie sich gegen ihn auf.
5 Jetzt, ein Jahr später, marschierten
Kedor-Laomer und seine Verbündeten
auf, und der Krieg begann. Zuerst schlu-
gen sie folgende Völkerstämme: die Re-
faïter bei Aschterot-Karnajim, die Susiter
bei Ham, die Emiter in der Ebene von
Kirjatajim 6 und die Horiter im Gebirge
Seïr bis nach El-Paran am Rande der
Wüste. 7 Danach kehrten sie zurück nach
En-Mischpat, dem späteren Kadesch. Sie
verwüsteten das ganze Gebiet der Amale-
kiter und auch die Gegend um Hazezon-
Tamar, die von den Amoritern bewohnt
wurde. 8 Doch dann stellten sich ihnen im
Tal Siddim die Heere der abtrünnigen
Könige entgegen: der Könige von Sodom,
von Gomorra, von Adma, von Zebojim
und von Bela, dem späteren Zoar. 9 Diese
kämpften nun gegen Kedor-Laomer und
seine Verbündeten, vier Könige gegen
fünf. 10 Das Tal war voller Asphaltgruben.
Als die Könige von Sodom und Gomorra
in die Flucht geschlagen wurden, stürzten
sie hinein, die anderen entkamen ins Ge-
birge. 11 Die Sieger plünderten Sodom
und Gomorra, sie raubten wertvolle Ge-
genstände und die Lebensmittelvorräte.
12 Auch Lot, den Neffen Abrams, der in
Sodom wohnte, verschleppten sie, dazu
seinen gesamten Besitz.
13 Ein Flüchtling aber konnte sich zu
Abram[a] durchschlagen, der zu der Zeit
bei den Terebinthen des Amoriters
Mamre wohnte. Mamre und seine Brüder
Eschkol und Aner waren mit Abram ver-
bündet. 14 Als Abram erfuhr, dass Lot
verschleppt worden war, bewaffnete er
alle kampferprobten Leute, die in seinem
Lager geboren waren – 318 Männer –,
und jagte den vier Königen hinterher.
Bei Dan im Norden holte er sie ein,
15 teilte seine Leute in zwei Gruppen auf
und überfiel die Feinde bei Nacht. Er
schlug sie in die Flucht und verfolgte sie
bis nach Hoba, nördlich von Damaskus.
16 Das Erbeutete nahm er ihnen wieder
ab; er befreite Lot, die Frauen und alle
anderen Gefangenen.

Begegnung mit dem König von Salem

17 Als Abram von seiner siegreichen
Schlacht gegen Kedor-Laomer und des-
sen Verbündete zurückkehrte, zog ihm
der König von Sodom ins Schawetal ent-
gegen, das jetzt Königstal genannt wird.
18 Ebenso kam Melchisedek, der König
von Salem, dorthin und brachte Brot
und Wein mit. Er war Priester des höchs-
ten Gottes. 19 Melchisedek sagte zu Ab-
ram: »Der höchste Gott, der Himmel
und Erde geschaffen hat, schenke dir sei-
nen Segen, Abram! 20 Gepriesen sei der
höchste Gott, denn er gab dir Macht über
deine Feinde.« Da gab Abram Melchise-
dek den zehnten Teil von allen Gütern,
die er den Königen abgenommen hatte.
21 Der König von Sodom bat Abram:
»Gib mir nur meine Leute zurück – alles
andere kannst du behalten!« 22 Abram
entgegnete ihm: »Ich schwöre bei dem
Herrn, dem höchsten Gott, der Himmel
und Erde geschaffen hat: 23 Nicht einmal
einen Schuhriemen behalte ich von dem,

---

[a] Wörtlich: zu Abram, dem Hebräer.

14,18–20 Ps 110,4; Hebr 5,6.10; 7,1–10 **14,20** 28,22; 3 Mo 27,30–33*

Ein Freund Gottes

Lesen Sie 1. Mose 15,1-21

In Jakobus 2,23 wird Abraham als ein Freund Gottes bezeichnet: „Abraham glaubte Gott, und so fand er seine Anerkennung. Ja, er wurde sogar der ‚Freund Gottes' genannt."

Was für eine vielseitige Beziehung Abraham doch zu Gott hatte! Er begegnete ihm mit tiefem Respekt und bezeichnete ihn als „den Herrn, den höchsten Gott, der Himmel und Erde geschaffen hat" (1. Mose 14,22). Abraham ordnete sich Gott als seinem Herrn unter und gehorchte seinen oft rätselhaften Anweisungen. Doch es war keine oberflächliche, einseitige Beziehung. Gott betrachtete Abraham als seinen Freund – etwas ganz Persönliches, Liebevolles und eine große Ehre.

Auch in ihren Gesprächen miteinander können wir ihre Freundschaft erkennen. Gott sprach oft sehr persönlich mit Abraham. 1. Mose 15 berichtet von einer ausführlichen Unterhaltung, in der Abraham Gott zwar ehrerbietig, aber doch hartnäckig befragt. Und bevor Gott sein Gericht über die verruchte Stadt Sodom kommen ließ, sagte er: „Soll ich wirklich vor Abraham verbergen, was ich mit Sodom und Gomorra vorhabe?" (1. Mose 18,17). Gott verbarg seine Absichten nicht, sondern besprach sie mit Abraham. Er hörte geduldig zu, als Abraham ihn davon überzeugen wollte, nicht die Schuldlosen zusammen mit den Schuldigen zu vernichten. Sie verhandelten miteinander, und Gott ließ sich darauf ein, die Stadt zu verschonen, wenn wenigstens zehn unschuldige Menschen dort gefunden wurden. Und als es dort keine zehn Schuldlosen gab, rettete Gott zuerst Abrahams Neffen Lot und dessen Familie, bevor Sodom zerstört wurde.

Gottes Freundschaft gilt auch uns. Die Psalmen erzählen oft von der Liebe Gottes zu seinen Geschöpfen und von seinem Wunsch, ihnen nahe zu sein und Zeit mit ihnen zu verbringen. „Der Herr ist denen nahe, die zu ihm beten und es ehrlich meinen" (Psalm 145,18).

Beginnen Sie ein echtes Gespräch mit Gott. Reden Sie aufrichtig mit ihm, und verbringen Sie auch Zeit in der Stille, um auf seine Antworten zu hören. Danken Sie ihm, dass Sie jederzeit zu ihm kommen dürfen und er Ihnen nahe sein will.

Wenn Sie noch mehr Zeit haben ...

Besprechen Sie miteinander folgende Fragen oder denken Sie darüber nach:

- Wie können Sie sich Gott nähern mit der nötigen Ehrfurcht und doch so vertraut wie gute Freunde?
- Würden Sie sich selbst als Freund oder Freundin Gottes bezeichnen? Warum?
- Haben Sie das Gefühl, dass Gott Ihnen nahe ist?

Lesen Sie auch die folgenden Abschnitte, in denen es um die Beziehung zu Gott geht:
Johannes 6,55-59; Römer 6,23; 12,1-21.

Gemeinsam sind wir stark

Die folgenden Fragen können Sie entweder allein oder als Paar gemeinsam durchgehen. Wenn jeder für sich darüber nachdenkt, verabreden Sie sich in der kommenden Woche zu einem Austausch darüber, was Sie herausgefunden haben.

1. Lesen Sie 1. Mose 17,15-22. Oft sprechen wir von der Verheißung, die Gott Abraham gegeben hat. Doch in welcher Weise hat Gott auch Sara in dieses Versprechen mit eingebunden?

2. Welche besonderen Zusagen macht Gott Sara in diesen Versen?

3. Wie müssten Abraham und Sara Ihrer Meinung nach zusammenarbeiten, damit sich Gottes Verheißungen an ihnen erfüllen können?

4. Abraham und Sara standen als älteres Ehepaar vor der Herausforderung, Eltern zu sein. Wie hätte ihre gemeinsame Vision und Zielsetzung ihnen dabei helfen können?

5. In jeder Ehe gibt es Dinge, die es uns schwer machen, als Team zusammenzuarbeiten. Welche Probleme erschweren die Teamarbeit in Ihrer Ehe?

6. Was können Sie gemeinsam tun, um den Teamgeist in Ihrer Ehe zu fördern?

1. Mose 17,15-16

Gott sagte: „Auch deine Frau soll einen anderen Namen erhalten: Nenne sie nicht mehr Sarai, denn von nun an heißt sie Sara. Ich werde sie reich beschenken, sie soll einen Sohn von dir empfangen. Mein Segen bedeutet noch mehr: Sie soll die Stammmutter zahlreicher Völker werden, und Könige werden von ihr abstammen!"

KONKRET:

Schreiben Sie in der kommenden Woche in ein oder zwei Sätzen ein gemeinsames Ziel auf, das Gott Ihnen und Ihrem Ehepartner gegeben hat. Wahrscheinlich gibt es hier mehr als eine Antwort. Sie brauchen nicht unbedingt eine perfekte Formulierung dafür zu finden. Sehen Sie es einfach als Übung an, bei der Sie sich immer mehr bewusst machen, welche Pläne Gott für Ihre Ehe hat.

Den nächsten Impuls finden Sie auf S. 16 a

was dir gehört! Du sollst niemals sagen können: ›Ich habe Abram reich gemacht!‹ [24] Nur was meine Männer verzehrt haben, gebe ich dir nicht zurück. Außerdem sollen meine Verbündeten Aner, Eschkol und Mamre ihren Beuteanteil bekommen. Ich aber will nichts davon!«

Gottes Bund mit Abram

15 Danach redete der Herr zu Abram in einer Vision: »Hab keine Angst, Abram, ich selbst beschütze dich, ich werde dich auch reich belohnen!«

[2/3] Aber Abram entgegnete: »Ach Herr, mein Gott, was willst du mir denn schon geben? Ich habe keinen Sohn, und ohne einen Nachkommen sind alle Geschenke wertlos. Ein Diener meines Hauses – Eliëser von Damaskus – wird meinen ganzen Besitz erben.« [4] »Nein«, erwiderte der Herr, »nicht dein Diener, sondern dein eigener Sohn wird den ganzen Besitz übernehmen!« [5] Er führte Abram aus dem Zelt nach draußen und sagte zu ihm: »Schau dir den Himmel an, und versuche, die Sterne zu zählen! Genauso werden deine Nachkommen sein – unzählbar!«

[6] Abram nahm dieses Versprechen ernst. Er setzte sein ganzes Vertrauen auf den Herrn, und so fand er Gottes Anerkennung.

[7] Daraufhin sagte der Herr zu ihm: »Ich bin der Herr, der dich aus der Stadt Ur in Babylonien herausgeführt hat, um dir dieses Land zu geben.« [8] »Herr, mein Gott«, erwiderte Abram, »woher kann ich wissen, dass dieses Land einmal mir gehört?« [9/10] Da sagte der Herr: »Bring mir eine dreijährige Kuh, eine dreijährige Ziege, einen dreijährigen Schafbock, eine Turteltaube und eine junge Taube; schneide sie mittendurch, und lege die Hälften einander gegenüber. Nur die Tauben zerteile nicht!« Abram tat, was der Herr ihm befohlen hatte; [11] und als Raubvögel sich auf die Tiere stürzten, verscheuchte er sie.

[12] Bei Sonnenuntergang wurde Abram müde und fiel in einen tiefen Schlaf. Eine schreckliche Angst überkam ihn, und dunkle Vorahnungen beunruhigten ihn sehr. [13] Da sagte Gott zu ihm: »Ich vertraue dir jetzt etwas an, das in der Zukunft geschehen wird: Deine Nachkommen werden in einem fremden Land unterdrückt. Sie arbeiten dort als Sklaven – vierhundert Jahre lang. [14] Aber ich werde das Volk bestrafen, das sie dazu gezwungen hat. Mit großen Reichtümern werden sie von dort wegziehen; [15/16] nach vier Generationen kehren sie in das Land Kanaan zurück. Bis dahin leben die Amoriter in diesem Land, denn sie sind noch nicht reif für das Gericht. Du selbst wirst ein hohes Alter erreichen, in Frieden sterben und begraben werden.«

[17] Die Sonne war inzwischen untergegangen, und es war dunkel geworden. Da sah Abram einen rauchenden Ofen, und eine Feuerflamme fuhr zwischen den Fleischstücken hindurch.

[18] So schloss der Herr einen Bund mit Abram und versprach ihm: »Ich gebe deinen Nachkommen dieses Land, von der ägyptischen Grenze bis zum Euphrat – [19] das ganze Land, in dem jetzt die Keniter, Kenasiter und die Kadmoniter, [20] die Hetiter, Perisiter und die Refaïter, [21] die Amoriter, Kanaaniter, Girgaschiter und die Jebusiter wohnen.«

Abram und Sarai werden ungeduldig

16 [1/2] Abram und Sarai bekamen keine Kinder. Da schlug Sarai ihrem Mann vor: »Der Herr hat mir keine Kinder geschenkt. Aber nach den geltenden Gesetzen kannst du mir durch eine Sklavin Kinder schenken.[a] Ich habe doch eine ägyptische Sklavin, die heißt Hagar.

---

[a] »Aber … schenken« ist sinngemäß ergänzt.

15,5 12,2* **15,6** Röm 4,3; Gal 5,6; Jak 2,23 **15,9–10** Jer 34,18–19 **15,13** 2 Mo 1,11–14* **15,14** 2 Mo 12,35–36; Ps 105,37 **15,15–16** 25,7; 5 Mo 9,4–5 **15,17** Jer 34,18–19 **15,18–21** 12,7* **16,1–2** 30,3

Ich überlasse sie dir, vielleicht wird mir durch sie ein Kind geboren!«

Abram war einverstanden, 3 und Sarai gab ihm Hagar zur Nebenfrau. Sie lebten zu der Zeit schon zehn Jahre im Land Kanaan. 4 Er schlief mit Hagar, und sie wurde schwanger. Als Hagar wusste, dass sie schwanger war, sah sie auf ihre Herrin herab. 5 Da beklagte Sarai sich bei Abram: »Jetzt, wo Hagar weiß, dass sie ein Kind bekommt, verachtet sie mich – dabei war ich es, die sie dir überlassen hat! Du bist schuld, dass ich jetzt so gedemütigt werde! Der Herr soll darüber urteilen!« 6 »Sie ist dein Eigentum«, erwiderte Abram, »ich lasse dir freie Hand – mach mit ihr, was du willst!«

In der folgenden Zeit behandelte Sarai Hagar so schlecht, dass sie davonlief. 7 Der Engel des Herrn fand sie an einer Quelle in der Wüste auf dem Weg nach Schur 8 und fragte sie: »Hagar, Sklavin Sarais, woher kommst du, und wohin gehst du?« »Ich bin meiner Herrin Sarai davongelaufen«, antwortete sie. 9 Da sagte der Engel zu ihr: »Geh zu ihr zurück. Bleib ihre Sklavin! 10 Der Herr wird dir so viele Nachkommen schenken, dass man sie nicht mehr zählen kann! 11 Du wirst einen Sohn bekommen. Nenne ihn Ismael[a], denn der Herr hat gehört, wie du gelitten hast. 12 Dein Sohn wird wie ein wildes Tier sein, das niemand bändigen kann. Er wird mit jedem kämpfen und jeder mit ihm. Aber niemand kann ihn wegjagen. Er wird in der Nähe seiner Verwandten wohnen.«

13 Da rief Hagar aus: »Den, der mich angeschaut hat, habe ich tatsächlich hier gesehen!« Darum gab sie dem Herrn, der mit ihr gesprochen hatte, den Namen: »Der Gott, der mich anschaut.« 14 Seitdem wurde diese Quelle »Quelle des Lebendigen, der mich anschaut« genannt. Sie liegt zwischen Kadesch und Bered.

15 Hagar ging wieder zurück. Sie bekam einen Sohn, und Abram nannte ihn Ismael. 16 Abram war zu der Zeit 86 Jahre alt.

Das Zeichen des Bundes: Die Beschneidung

17 Als Abram 99 Jahre alt war, erschien ihm der Herr und sagte zu ihm: »Ich bin Gott, der Macht hat über alles. Wo du auch bist, lebe mit mir, und tu, was recht ist. 2 Ich will einen Bund mit dir schließen, und ich sichere dir zu: Du wirst unzählbar viele Nachkommen haben.«

3 Da warf sich Abram zu Boden, und Gott sprach weiter zu ihm: 4/5 »Du wirst Stammvater vieler Völker werden. Darum sollst du von nun an nicht mehr Abram[b] heißen, sondern Abraham[c]. 6 Ich werde dir so viele Nachkommen geben, dass zahlreiche Völker daraus entstehen – sogar Könige sollen von dir abstammen! 7 Dieser Bund gilt für alle Zeiten, für dich und für deine Nachkommen. Es ist ein Versprechen, das niemals gebrochen wird: Ich bin dein Gott und der Gott deiner Nachkommen, 8 und ich gebe euch das ganze Land Kanaan, wo ihr bisher nur Fremde seid. Ihr werdet es für immer besitzen, und ich werde euer Gott sein.

9 Doch auch du, Abraham, musst dich bei unserem Bund zu etwas verpflichten, und deine Nachkommen sollen sich ebenfalls daran halten: 10/11 Alle Männer unter euch sollen an der Vorhaut ihres Gliedes beschnitten werden – als Zeichen dafür, dass ich mit euch einen Bund geschlossen habe. 12/13 Bei allen männlichen Neugeborenen soll die Beschneidung am achten Tag durchgeführt werden. Das gilt auch für Sklaven, die ihr von den Ausländern gekauft habt, und für Sklaven, die bei euch geboren wurden. So tragt ihr an eurem Körper das Zeichen des Bundes, der nie aufhören wird. 14 Wer sich nicht beschneiden lassen

---

[a] Ismael bedeutet »Gott hört«.

[b] Abram bedeutet »erhabener Vater«.

[c] Abraham bedeutet »Vater der Völkermenge«.

16,4 30,23; 1 Sam 1,6; Jes 4,1 **16,10–12** 17,20; 21,13; 25,12–18 **17,2** 12,2* **17,4–6** 12,2* **17,8** 12,7* **17,9–14** 21,4; 3 Mo 12,3; Jos 5,2–3; Lk 2,21; Röm 4,10–12

will, der muss aus dem Volk ausgeschlos-
sen werden und sterben, denn er hat den
Bund mit mir gebrochen.«
[15] Dann sagte Gott: »Auch deine Frau
soll einen anderen Namen erhalten: Nen-
ne sie nicht mehr Sarai, denn von nun an
heißt sie Sara[a]. [16] Ich werde sie reich be-
schenken, sie soll einen Sohn von dir
empfangen. Mein Segen bedeutet noch
mehr: Sie soll die Stammmutter zahlrei-
cher Völker werden, und Könige werden
von ihr abstammen!«
[17] Da warf Abraham sich erneut zu Bo-
den – aber im Stillen lachte er in sich hi-
nein. Er dachte: »Wie kann ich mit hun-
dert Jahren noch einen Sohn zeugen?
Und Sara ist schon neunzig, wie kann sie
da noch Mutter werden?« [18] Laut sagte er
dann zu Gott: »Ja, erhalte doch Ismael
am Leben!«
[19] »Du hast mich nicht verstanden«, ent-
gegnete Gott, »deine Frau Sara wird einen
Sohn bekommen! Gib ihm den Namen
Isaak[b]! Mit ihm werde ich meinen Bund
aufrechterhalten, und für seine Nachkom-
men wird der Bund ebenfalls gelten.
[20] Aber auch deine Bitte für Ismael will
ich erfüllen. Ich werde ihn segnen und
ihm viele Nachkommen schenken. Zwölf
Fürsten sollen von ihm abstammen, und
er wird der Stammvater eines großen Vol-
kes werden. [21] Trotzdem werde ich meinen
Bund mit Isaak schließen; nächstes Jahr
um diese Zeit wird Sara Mutter werden.«
[22] Nachdem Gott dies gesagt hatte,
erhob er sich zum Himmel.
[23] Kurz darauf, noch am selben Tag, be-
schnitt Abraham seinen Sohn Ismael und
alle männlichen Sklaven, die bei ihm
geboren oder von Ausländern gekauft
worden waren – so wie Gott es ihm auf-
getragen hatte. [24] Auch Abraham ließ sich
beschneiden. Er war 99 Jahre alt [25] und
Ismael 13 Jahre. [26] Beide wurden am sel-
ben Tag beschnitten, [27] zusammen mit al-
len, die bei ihnen wohnten.

»Nächstes Jahr wirst du einen Sohn haben«

18 Abraham wohnte bei den Terebin-
then von Mamre, da erschien ihm
der Herr wieder. Abraham saß in der hei-
ßen Mittagszeit am Eingang seines Zel-
tes, [2] als er plötzlich drei Männer bemerk-
te, die auf ihn zukamen. Sofort sprang er
auf, lief ihnen entgegen, verneigte sich
bis zur Erde und bat: [3–5] »Mein Herr, bitte
schenk mir deine Aufmerksamkeit, und
geh nicht einfach weiter! Ich lasse Wasser
holen für eure Füße, ruht euch solange
unter dem Baum aus; ich sorge für das
Essen, damit ihr gestärkt weitergehen
könnt! Ihr sollt nicht umsonst bei mir
vorbeigekommen sein!« »Einverstan-
den«, sagten die drei, »tu, was du dir vor-
genommen hast!«
[6] Abraham lief ins Zelt zurück und rief
Sara zu: »Schnell! Nimm eine große
Schüssel vom besten Mehl, das wir ha-
ben, und backe davon einige Brotfla-
den!« [7] Er lief weiter zu seiner Rinderher-
de, wählte ein zartes, gesundes Kalb aus
und befahl seinem Knecht, es so schnell
wie möglich zuzubereiten. [8] Den fertigen
Braten bot er dann seinen Gästen mit
Sauerrahm und Milch an. Sie saßen im
Schatten des Baumes, und während sie
aßen, bediente Abraham sie.
[9] »Wo ist denn deine Frau Sara?«, frag-
ten sie ihn. »Hier im Zelt«, antwortete
Abraham. [10] Da sagte der Herr: »Nächs-
tes Jahr um diese Zeit komme ich wieder
zu euch, und dann wird Sara einen Sohn
haben.«
Sara stand hinter ihnen im Zelteingang
und lauschte. [11/12] Sie lachte heimlich.
Denn Abraham und sie waren beide sehr
alt, und Sara konnte gar keine Kinder
mehr bekommen. Darum dachte sie: »Ich
bin verbraucht, und meinem Mann geht es
genauso – er ist kraftlos geworden. Nein,
die Zeit der Liebe ist längst vorbei!«

---

a Sara bedeutet »Fürstin«.
b Isaak bedeutet »Gelächter«.
17,17 18,10–15; 21,3.6–7 **17,20** 21,13.18; 25,12–18 **17,21** 21,12 **18,10–15** 17,17; 21,3.6–7

13 Da sagte der Herr zu Abraham: »Wa-
rum lacht Sara? Warum zweifelt sie an
meinen Worten, dass sie noch ein Kind
bekommen wird? 14 Für mich ist nichts
unmöglich! Nächstes Jahr um diese Zeit
komme ich wieder zu euch – dann hat Sa-
ra ihren Sohn!« 15 Sara fürchtete sich und
log: »Ich habe nicht gelacht!« Aber der
Herr erwiderte ihr: »Doch, du hast ge-
lacht!«

Abraham bittet für Sodom und Gomorra

16 Danach machten sich die drei auf den
Weg nach Sodom, und Abraham begleite-
te sie noch ein Stück. 17 »Soll ich wirklich
vor Abraham verbergen, was ich mit So-
dom und Gomorra vorhabe?«, dachte der
Herr. 18 »Wenn er durch mich zum Stamm-
vater eines großen und mächtigen Volkes
wird, dann kann ich es ihm nicht vorent-
halten. Schließlich soll sogar allen Völ-
kern der Erde durch ihn Gutes zuteil wer-
den. 19 Ich selbst habe ihn auserwählt; und
er soll seine Nachkommen auffordern, so
zu leben, wie es mir gefällt. Sie sollen das
Recht achten und Gerechtigkeit üben, da-
mit ich meine Zusage einlösen kann, die
ich Abraham gegeben habe.«

20 Darum sagte der Herr laut: »Harte
Anschuldigungen habe ich über die Men-
schen von Sodom und Gomorra vernom-
men: Sie sollen ein abscheuliches Leben
führen. 21 Ich gehe jetzt dorthin, um selbst
nachzusehen, ob die schweren Vorwürfe
wirklich zutreffen.«

22 Die zwei anderen Männer gingen wei-
ter in Richtung Sodom, nur der Herr blieb
noch mit Abraham zurück. 23 Abraham
trat näher heran und fragte: »Willst du
wirklich Unschuldige und Schuldige zu-
sammen vernichten? 24 Vielleicht findest
du ja fünfzig Leute in der Stadt, die nichts
Böses getan haben und dir dienen. Willst
du die Stadt nicht um ihretwillen verscho-
nen? 25 Es wäre unrecht von dir, Sodom
ganz zu vernichten! Denn dann tötest du
ohne Unterschied den Schuldlosen und
den Schuldigen und behandelst beide
gleich. Das wäre nicht recht! Du bist der
Richter der ganzen Welt und willst gegen
die Gerechtigkeit verstoßen?«

26 Da erwiderte der Herr: »Wenn ich in
Sodom fünfzig Unschuldige finde, werde
ich um ihretwillen den ganzen Ort ver-
schonen.«

27 Abraham aber ließ nicht locker: »Ich
habe es nun einmal gewagt, mit dem
Herrn zu sprechen, obwohl ich nur ein
vergänglicher Mensch bin. 28 Angenom-
men, es gibt bloß fünfundvierzig Men-
schen, die kein Unrecht getan haben –
willst du wegen der fehlenden fünf die
ganze Stadt zerstören?« »Nein«, sagte
der Herr, »wenn ich fünfundvierzig finde,
verschone ich die Stadt.«

29 Abraham tastete sich noch weiter
vor: »Und wenn es nur vierzig sind?«
Der Herr versprach: »Auch dann ver-
nichte ich die Stadt nicht.«

30 »Bitte werde nicht zornig, wenn ich
weiterrede«, bat Abraham, »vielleicht
gibt es nur dreißig dort?« »Selbst dann
werde ich es nicht tun.«

31 Abraham setzte zum fünften Mal an:
»Ich habe es nun einmal gewagt, Herr,
mit dir zu reden! Angenommen, es sind
nur zwanzig?« Und der Herr sprach:
»Dann werde ich die Stadt trotzdem ver-
schonen.«

32 »Mein Herr«, sagte Abraham, »bitte
werde nicht zornig, wenn ich zum Schluss
noch einmal spreche: Was wirst du tun,
wenn dort nur zehn unschuldige Men-
schen wohnen?« Wieder antwortete der
Herr: »Die zehn werden verschont blei-
ben und ebenso die ganze Stadt.«

33 Nachdem er dies gesagt hatte, ging er
weiter, und Abraham kehrte zu seinem
Zelt zurück.

Sodom und Gomorra werden ausgelöscht

19 Am Abend kamen die beiden En-
gel nach Sodom. Lot saß gerade
beim Stadttor. Als er sie sah, ging er

18,14 21,1; Hiob 42,2* **18,18** 12,3* **18,23–26** 4 Mo 16,22; Jes 65,8 **18,32** Jer 5,1

Die Liebe genießen

Lesen Sie 1. Mose 18,1-15

In 1. Mose 18 erhielten Abraham und Sara eine Ankündigung, die ihr ganzes Leben verändern sollte. Der Bote Gottes teilte ihnen mit, dass sie einen Sohn bekommen würden. Ein schöner Gedanke, doch Abraham war schon hundert und Sara neunzig! Als Sara zufällig hörte, was der Engel sagte, lachte sie insgeheim: „Ich bin verbraucht, und meinem Mann geht es genauso – er ist kraftlos geworden. Nein, die Zeit der Liebe ist längst vorbei!" (1. Mose 18,12).

Saras erste Reaktion gilt nicht dem Wunder, einen Sohn zu bekommen, sondern dem körperlichen Vergnügen. Das hebräische Wort, das hier mit „Liebe" wiedergegeben wird, kommt im Alten Testament nur an dieser Stelle vor. Sara denkt über die lustvollen Gefühle des Liebesakts nach. Sie ist alt. Der hormonelle Zustand ihres Körpers ist zwar ganz anders als früher, aber trotz ihres Alters hat sie ihre schönen Erfahrungen nicht vergessen.

Das Hohelied ist voller bildhafter Vergleiche, in denen die Freude an der ehelichen Sexualität zum Ausdruck kommt (siehe Hoheslied 6,1-9; 7,1-10). Die Bilderwelt mag für unsere Kultur fremd sein, doch was ausgedrückt werden soll, ist klar: Eheleute sollen ihre Männlichkeit und Weiblichkeit genießen.

Wenn Menschen sich lieben, möchten sie sich gegenseitig Freude bereiten. Darum ist der Sex in der Ehe ein besonders wichtiger Ausdruck der Liebe. Hier spricht die Liebe eine ganz deutliche Sprache. Der Mann soll seiner Frau diese Freude bereiten und die Frau ihrem Mann. In der gegenseitigen Hingabe findet die Liebe ihren höchsten Ausdruck.

Bitten Sie Gott, dass er Ihnen eine gesunde Einstellung zur Sexualität schenkt, dass Sie in ihr einen schönen Ausdruck der Liebe innerhalb der Ehe sehen können und eine Gelegenheit, Ihrem Ehepartner Freude zu bereiten.

Wenn Sie noch mehr Zeit haben ...

Besprechen Sie miteinander folgende Fragen oder denken Sie darüber nach:

- Warum ist das Genießen der Sexualität etwas Gutes?
- Wie sind sexuelle Lust und Liebe miteinander verbunden?
- Wie können Sie offener miteinander über Sex reden und darüber, wie Sie sich gegenseitig Freude bereiten?

Lesen Sie auch die folgenden Abschnitte, in denen es um Sexualität geht:
Sprüche 5,19; Hoheslied 7,1-10;
1. Korinther 7,1-7.

Einander bereichern

Lesen Sie 1. Mose 20,1-18

Die Bibel scheut sich nicht, auch die weniger schmeichelhaften Seiten ihrer „Glaubenshelden" zu zeigen. Ein Beispiel dafür ist der Bericht über Abraham in 1. Mose 20. Abraham erzählte König Abimelech, Sara sei seine Schwester. Er wollte Abimelech nicht sagen, dass Sara seine Frau war, denn er hatte Angst, Abimelech würde ihn umbringen, um Sara heiraten zu können. Mit anderen Worten: Abraham setzte seine Beziehung zu Sara aufs Spiel, um seine eigene Haut zu retten. Damit tat er genau das Gegenteil von dem, was Gott wollte: Gottes Wille ist, dass Ehepartner füreinander sorgen. Er will, dass wir liebevoll miteinander umgehen.

Eine Frau sagte mir einmal: „Ich möchte, dass es meinem Mann gut geht. Ich will tun, was immer ich kann, um sein Leben zu bereichern und ihm dabei zu helfen, seine Ziele zu erreichen." Wenn ihr Mann ihr gegenüber dieselbe Einstellung hat, dann werden sie für ihre Konflikte gemeinsam Lösungen finden, die für sie beide gut sind. Egoismus ist das genaue Gegenteil davon. Egoistische Menschen drängen anderen ihren Willen auf. Für sie ist nur wichtig, dass sie ihren Kopf durchsetzen. Liebende Menschen dagegen versuchen das zu tun, was ihrem Ehepartner am meisten hilft.

Nehmen Sie sich Zeit, um einzeln oder gemeinsam zu beten.

- Danken Sie Gott, dass er Ihnen jemanden geschenkt hat, der Sie davon abhält, sich nur um sich selbst zu drehen.
- Bitten Sie ihn, Ihnen zu zeigen, in welchen Bereichen Sie es versäumt haben, Ihren Ehepartner zu bereichern.
- Bitten Sie ihn, Ihre Bemühungen zu segnen, wenn Sie sich gegenseitig Gutes tun möchten.

Wenn Sie noch mehr Zeit haben ...

Besprechen Sie miteinander folgende Fragen oder denken Sie darüber nach:

- Liegt Ihnen das Wohlergehen Ihres Ehepartners am Herzen? Auf welche Weise zeigen Sie das?
- Glauben Sie, dass Ihrem Partner Ihr Wohlergehen am Herzen liegt? Auf welche Weise zeigt er/sie Ihnen das?
- Welche konkreten Schritte können Sie in dieser Woche unternehmen, um das Leben Ihres Ehepartners zu bereichern und sein Wohlergehen zu fördern?

Lesen Sie auch die folgenden Abschnitte, in denen es um Egoismus geht:

Psalm 119,36; Römer 2,8;
1. Korinther 13,4-6.

Den nächsten Impuls finden Sie auf S. 24 a

ihnen entgegen, verneigte sich tief und
sagte: [2]»Ich bin euer Diener! Kommt
doch mit in mein Haus, und seid meine
Gäste! Ruht euch aus,[a] und bleibt über
Nacht! Morgen könnt ihr dann eure Rei-
se fortsetzen.« »Nein danke, wir möchten
lieber im Freien übernachten«, antworte-
ten die beiden. [3]Aber Lot drängte sie
mitzukommen, bis sie schließlich einwil-
ligten. Zu Hause brachte er ihnen ein gu-
tes Essen und frisches Brot.

[4]Danach wollten sie sich schlafen le-
gen, doch in der Zwischenzeit waren
alle Männer Sodoms, junge und alte,
herbeigelaufen und hatten Lots Haus
umstellt. [5]Sie brüllten: »Lot, wo sind
die Männer, die heute Abend zu dir ge-
kommen sind? Gib sie raus, wir wollen
sie vergewaltigen!«

[6]Lot zwängte sich durch die Tür nach
draußen und schloss sofort wieder hinter
sich zu. [7]»Freunde, ich bitte euch, begeht
doch nicht so ein schweres Verbrechen!«,
rief er. [8]»Ich habe zwei unverheiratete
Töchter, die gebe ich euch heraus. Mit
ihnen könnt ihr machen, was ihr wollt!
Nur lasst die Männer in Ruhe, sie stehen
unter meinem Schutz, denn sie sind mei-
ne Gäste!«

[9]»Hau ab!«, schrien sie. »Du bist nur
ein Ausländer und willst uns Vorschrif-
ten machen? Pass bloß auf, mit dir wer-
den wir es noch schlimmer treiben als
mit den beiden anderen!« Sie überwäl-
tigten Lot und wollten gerade die Tür
aufbrechen, [10]da streckten die beiden
Männer die Hand aus, zogen Lot ins
Haus und verschlossen die Tür. [11]Sie
schlugen die Männer von Sodom mit
Blindheit, so dass sie die Tür nicht mehr
finden konnten.

[12]Zu Lot sagten sie: »Hast du irgend-
welche Verwandte hier in der Stadt? Sei-
en es Schwiegersöhne, Söhne, Töchter
oder sonst jemand von deiner Familie –
bring sie alle von hier fort! [13]Der Herr
hat uns nämlich geschickt, die Stadt zu
vernichten, er hat von dem abscheulichen
Verhalten der Einwohner Sodoms ge-
hört. Deshalb werden wir diese Stadt zer-
stören.«

[14]Sofort eilte Lot zu den Verlobten sei-
ner Töchter und rief ihnen zu: »Schnell,
verschwindet aus dieser Stadt, denn der
Herr wird sie vernichten!« Aber sie lach-
ten ihn nur aus.

[15]Bei Tagesanbruch drängten die Män-
ner Lot zur Eile: »Schnell, nimm deine
Frau und deine beiden Töchter, bevor
ihr in den Untergang der Stadt mit hi-
neingerissen werdet!« [16]Weil er noch zö-
gerte, fassten die Engel ihn, seine Frau
und seine beiden Töchter bei der Hand,
führten sie hinaus und ließen sie erst au-
ßerhalb der Stadt wieder los, denn der
Herr wollte sie verschonen.

[17]»Lauft um euer Leben!«, sagte einer
der beiden Engel. »Schaut nicht zurück,
bleibt nirgendwo stehen, sondern flieht
ins Gebirge! Wer zurückbleibt, muss
sterben!«

[18]»Ach bitte nicht, Herr«, flehte Lot,
[19]»du warst so gnädig und hast uns das
Leben gerettet! Aber bis ins Gebirge
schaffen wir es nicht mehr, bevor das Un-
glück auch uns packt und vernichtet.
[20]Die kleine Stadt dort ist nah genug, die
können wir noch gut erreichen. Bitte lass
uns dorthin laufen, dann sind wir geret-
tet. Verschone sie – siehst du nicht, wie
klein sie ist?«

[21]»Gut«, sagte der Engel, »auch diesen
Wunsch will ich dir erfüllen. Ich zerstöre
die Stadt nicht. [22]Flieht schnell dorthin,
denn ich kann nichts tun, bevor ihr dort
in Sicherheit seid!« Von da an wurde die
Stadt Zoar genannt, was »kleine Stadt«
bedeutet.

[23]Die Sonne ging auf, als Lot in Zoar
ankam. [24]Da ließ der Herr Feuer und
Schwefel vom Himmel auf Sodom und
Gomorra herabfallen. [25]Er vernichtete
sie völlig, zusammen mit den anderen
Städten der Jordanebene. Er löschte alles
Leben aus – Menschen, Tiere und Pflan-
zen. [26]Lots Frau drehte sich auf der

---

a Wörtlich: Lasst euch die Füße waschen.

19,9 2 Petr 2,6–8 **19,24–25** 5 Mo 29,21–25; Ps 11,6; Jes 1,9–10; Am 4,11; Lk 17,28–29; 2 Petr 2,6

Flucht um und schaute zurück. Sofort erstarrte sie zu einer Salzsäule.

27 Am selben Morgen stand Abraham früh auf und eilte zu der Stelle, wo er mit dem Herrn geredet hatte. 28 Er sah hinunter auf die Jordanebene: Dort, wo Sodom und Gomorra einmal standen, stiegen dichte Rauchwolken auf, wie aus einem großen Ofen.

29 Gott hatte an Abrahams Bitte gedacht: Er zerstörte zwar die Städte, in denen Lot gewohnt hatte, Lot selbst aber brachte er vorher in Sicherheit.

Lots Töchter

30 Lot hatte Angst, länger in Zoar zu bleiben. Er ging mit seinen beiden Töchtern ins Gebirge hinauf; dort fanden sie eine Höhle, in der sie von nun an lebten.

31/32 Eines Tages sagte die ältere Tochter zur jüngeren: »In dieser verlassenen Gegend gibt es keinen Mann, der uns heiraten könnte. Und unser Vater ist schon so alt, dass er bestimmt nicht mehr heiraten wird. Wenn unser Geschlecht nicht aussterben soll, dann müssen wir etwas unternehmen. Deshalb habe ich mir einen Plan ausgedacht: Wir machen ihn mit Wein betrunken und legen uns zu ihm.«

33 Noch am selben Abend machten sie ihren Vater betrunken, und die ältere Tochter legte sich zu ihm. Lot schlief mit seiner Tochter. In seiner Trunkenheit merkte er nichts, und am nächsten Morgen konnte er sich nicht mehr erinnern. 34 Die ältere Schwester ging zur jüngeren und sagte: »Ich habe diese Nacht mit unserem Vater geschlafen. Das Beste ist, wir machen ihn heute wieder betrunken, und du schläfst auch mit ihm, damit es sicher ist, dass unsere Familie erhalten bleibt.« 35 Am Abend gaben sie ihrem Vater erneut viel Wein zu trinken, und die Jüngere ging zu ihm. Lot bemerkte wieder nichts.

36 So wurden beide Töchter von ihrem eigenen Vater schwanger. 37 Die Ältere bekam einen Sohn und nannte ihn Moab (»von meinem Vater«). Er wurde der Stammvater der Moabiter. 38 Auch die Jüngere bekam einen Sohn und nannte ihn Ben-Ammi (»Sohn meines Verwandten«). Er wurde der Stammvater der Ammoniter.

Abraham und der Philisterkönig Abimelech

20 Abraham zog südwärts in die Landschaft Negev und wohnte eine Zeit lang zwischen dem Brunnengebiet Kadesch und der Wüste Schur. Danach ließ er sich in der Stadt Gerar nieder. 2 Dort gab er seine Frau als seine Schwester aus.

Abimelech, der König von Gerar, fand Gefallen an Sara und ließ sie in sein Haus holen. 3 In der Nacht erschien Gott Abimelech im Traum und sagte: »Du musst sterben! Die Frau, die du dir genommen hast, ist verheiratet!«

4 Abimelech aber hatte noch nicht mit Sara geschlafen. Er entgegnete: »Herr, willst du mich wirklich töten? Ich bin unschuldig! 5 Abraham hat zu mir gesagt, sie sei seine Schwester, und sie hat es bestätigt. Also habe ich es nicht anders wissen können, ich bin unschuldig!« 6 »Ja, ich weiß«, antwortete Gott, »deshalb habe ich dich auch davor zurückgehalten, an mir schuldig zu werden. Ich habe dafür gesorgt, dass du keine Gelegenheit hattest, mit ihr zu schlafen. 7 Und nun gib sie ihrem Mann zurück! Er ist ein Prophet; er soll für dich beten, dann wirst du am Leben bleiben. Wenn du sie ihm aber nicht zurückgibst, musst du auf jeden Fall sterben, und alle, die zu dir gehören, werden umkommen.«

8 Am nächsten Morgen stand Abimelech früh auf, rief alle seine Untergebenen zusammen und erzählte ihnen, was vorgefallen war. Die Männer bekamen große Angst. 9 Dann rief er Abraham zu sich und stellte ihn zur Rede: »Warum hast du uns das angetan? Was haben wir verbrochen, dass du mich und mein Volk in solch gro-

---

20,1–18 12,10–20; 26,7–11

ße Schuld hineinziehst? Ich verstehe dein
hinterhältiges Verhalten nicht. 10 Was hast
du dir nur dabei gedacht?«

11 Abraham erwiderte: »Ich glaubte,
die Leute in dieser Stadt hätten keine
Ehrfurcht vor Gott und kümmerten sich
nicht um Gut und Böse. Ich dachte: ›Sie
wollen bestimmt meine Frau haben und
werden mich deshalb töten!‹ 12 Außer-
dem ist sie wirklich meine Schwester:
Wir haben nämlich beide denselben Va-
ter, nur nicht dieselbe Mutter – darum
konnte ich sie heiraten. 13 Als Gott mir
befahl, meine Heimat zu verlassen, sag-
te ich zu ihr: ›Tu mir den Gefallen und
gib dich überall als meine Schwester
aus!‹«

14 Da gab Abimelech Abraham seine
Frau zurück und ließ ihm großzügige Ge-
schenke zukommen: Knechte, Mägde,
Schafe, Ziegen und Rinder. 15 »Mein
Land steht dir offen – du kannst wohnen,
wo es dir gefällt!«, bot er Abraham an.
16 Danach wandte er sich an Sara: »Ich ge-
be deinem Bruder tausend Silberstücke
als Entschädigung. Daran können die
Leute sehen, dass deine Ehre nicht ge-
raubt worden ist. Niemand soll dir etwas
nachsagen können!«

17/18 Dann betete Abraham für Abime-
lech. Gott, der Herr, erhörte ihn und
hob die Strafe wieder auf, die er über
das ganze Haus Abimelechs verhängt
hatte. Abimelechs Frau und alle seine
Sklavinnen waren nämlich unfruchtbar
geworden, weil er Abrahams Frau zu sich
geholt hatte. Aber nun konnten sie wie-
der Kinder bekommen.

Isaak

21 Der Herr hielt sein Versprechen,
das er Sara gegeben hatte: 2 Sie
wurde schwanger und bekam einen Sohn.
Abraham wurde trotz seines hohen Al-
ters Vater, genau zu der Zeit, die Gott
angegeben hatte.

3 Abraham nannte seinen Sohn Isaak
(»Gelächter«). 4 Als Isaak acht Tage alt
war, beschnitt Abraham ihn, so wie Gott
es ihm aufgetragen hatte. 5 Er war zur
Zeit der Geburt 100 Jahre alt. 6 Sara rief:
»Gott lässt mich wieder lachen! Jeder,
der das erfährt, wird mit mir lachen!
7 Denn kein Mensch konnte sich vorstel-
len, dass ich in meinem Alter noch Mut-
ter werde! Abraham hat Jahrzehnte da-
rauf warten müssen, aber jetzt habe ich
ihm einen Sohn geboren!«

8 Isaak wuchs heran, und als Sara auf-
hörte, ihn zu stillen, feierte Abraham mit
seinen Leuten ein großes Fest.

Hagar und Ismael müssen gehen

9 Eines Tages bemerkte Sara, wie Ismael
– der Sohn, den die Ägypterin Hagar für
Sara geboren hatte – sich über Isaak lus-
tig machte. 10 Darüber wurde sie sehr zor-
nig und bedrängte Abraham: »Jag diese
Sklavin und ihren Sohn fort! Ich will
nicht, dass mein Sohn Isaak mit ihm das
Erbe teilen muss!«

11 Abraham war damit gar nicht einver-
standen, denn schließlich war auch Isma-
el sein Sohn. 12 Aber Gott sagte zu ihm:
»Sträube dich nicht dagegen, den Jungen
und die Sklavin wegzuschicken! Tu alles,
was Sara von dir fordert, denn nur die
Nachkommen deines Sohnes Isaak wer-
den das auserwählte Volk sein! 13 Aber
auch Ismaels Nachkommen werde ich zu
einem großen Volk machen, weil er von
dir abstammt!«

14 Am nächsten Morgen stand Abra-
ham früh auf. Er holte etwas zu essen
und einen Ledersack voll Wasser, hängte
Hagar alles über die Schulter und schick-
te sie mit ihrem Sohn weg. Hagar irrte
ziellos in der Wüste von Beerscheba um-
her. 15 Bald ging ihnen das Wasser aus. Da
ließ sie den Jungen unter einem Strauch
zurück 16 und setzte sich etwa hundert
Meter davon entfernt auf die Erde. »Ich
kann nicht mit ansehen, wie das Kind
stirbt!«, weinte sie.

21,2 18,10 **21,3** 17,17; 18,10–15 **21,4** 17,10–13 **21,6–7** 17,17; 18,10–15 **21,12** 17,19.21 **21,13** 17,20
21,14–19 16,6–12

17 Aber Gott hörte den Jungen schreien.
Der Engel Gottes rief Hagar vom Him-
mel herab zu: »Warum weinst du, Hagar?
Hab keine Angst – Gott hat das Schreien
des Kindes dort unter dem Strauch ge-
hört! 18 Geh zu dem Jungen, und heb ihn
auf, denn aus seinen Nachkommen will
ich ein großes Volk machen!«
19 Dann ließ Gott sie einen Brunnen se-
hen. Sie füllte ihren Ledersack mit Was-
ser und gab dem Jungen zu trinken.
20/21 Gott kümmerte sich auch weiterhin
um Ismael. Er wuchs heran und wurde
ein guter Bogenschütze. Er lebte in der
Wüste Paran, und seine Mutter gab ihm
eine Ägypterin zur Frau.

Abraham und Abimelech schließen einen Vertrag

22 Um diese Zeit kam Abimelech mit sei-
nem Heerführer Pichol zu Abraham und
sagte zu ihm: »Gott lässt dir alles, was du
tust, gelingen. 23 Darum schwöre jetzt bei
Gott, dass du weder mich noch meine
Nachkommen hintergehen wirst! Ich ha-
be dir nur Gutes getan, darum erweise
mir deine Freundschaft – mir und dem
ganzen Land, in dem du zu Gast bist!«
24 »Ich schwöre«, antwortete Abraham.
25 Er beschwerte sich aber bei Abimelech
darüber, dass dessen Knechte einen sei-
ner Brunnen weggenommen hatten.
26 »Das höre ich jetzt zum ersten Mal!«,
erwiderte Abimelech. »Auch du hast mir
bisher nichts davon erzählt! Ich weiß
nicht, wer das getan hat!«
27 Abraham gab Abimelech Schafe,
Ziegen und Rinder, und sie schlossen
einen Vertrag miteinander. 28 Dann wähl-
te Abraham noch sieben Lämmer von
seiner Herde aus. 29 »Was soll das bedeu-
ten?«, fragte Abimelech. 30 »Die sollst du
von mir annehmen. Damit bestätigst du,
dass der Brunnen mir gehört«, antworte-
te Abraham. 31 Seit dieser Zeit wurde der
Ort Beerscheba (»Brunnen des Schwö-
rens«) genannt, weil Abraham und Abi-
melech dort ihren Vertrag mit einem
Schwur bekräftigt hatten.
32 Danach kehrten Abimelech und sein
Heerführer Pichol wieder in das Land
der Philister zurück. 33 Abraham pflanzte
in Beerscheba eine Tamariske und betete
dort zum Herrn, dem ewigen Gott.
34 Noch lange Zeit hielt er sich im Land
der Philister auf.

Eine schwere Prüfung für Abraham

22 Nach diesen Ereignissen vergin-
gen einige Jahre. Da stellte Gott
Abraham auf die Probe. »Abraham!«,
rief er. »Ja, Herr?« 2 »Geh mit deinem
einzigen Sohn Isaak, den du liebst, in das
Land Morija. Dort zeige ich dir einen
Berg. Auf ihm sollst du deinen Sohn
Isaak töten und als Opfer für mich ver-
brennen!«
3 Am nächsten Morgen stand Abraham
früh auf und spaltete Holz für das Opfer-
feuer. Dann belud er seinen Esel und
nahm seinen Sohn Isaak und zwei seiner
Knechte mit. Gemeinsam zogen sie los zu
dem Berg, den Gott Abraham genannt
hatte. 4 Nach drei Tagesreisen war er in
der Ferne zu sehen. 5 »Ihr bleibt hier und
passt auf den Esel auf!«, sagte Abraham
zu den beiden Knechten. »Der Junge und
ich gehen auf den Berg, um Gott anzube-
ten; wir sind bald wieder zurück.«
6 Abraham legte das Holz auf Isaaks
Schultern, er selbst nahm das Messer
und eine Schale, in der Holzstücke glüh-
ten. Gemeinsam bestiegen sie den Berg.
7 »Vater?«, fragte Isaak. »Ja, mein Sohn.«
»Feuer und Holz haben wir – aber wo ist
das Lamm für das Opfer?« 8 »Gott wird
schon dafür sorgen, mein Sohn!« –
Schweigend gingen sie weiter.
9 Als sie die Stelle erreichten, die Gott
angegeben hatte, errichtete Abraham aus
Steinen einen Altar und schichtete das
Brandholz auf. Er fesselte Isaak und leg-
te ihn oben auf den Holzstoß. 10 Dann
griff er nach dem Messer, um seinen

21,17 2 Mo 2,23* **21,18** 17,20 **22,1** 2 Mo 16,4; 20,20; 5 Mo 8,2; 13,4; Ri 2,22; Ps 81,8; Jak 1,13
22,10 Hebr 11,17–19

Sohn zu töten. 11»Abraham, Abraham!«,
rief da der Engel des Herrn vom Himmel.
»Ja, Herr?« 12»Leg das Messer beiseite,
und tu dem Jungen nichts! Jetzt weiß ich,
dass du Gott gehorsam bist – du bist so-
gar bereit, deinen geliebten Sohn für
mich zu opfern!«

13Plötzlich entdeckte Abraham einen
Schafbock, der sich mit den Hörnern im
Dickicht verfangen hatte. Er tötete das
Tier und opferte es anstelle seines Soh-
nes auf dem Altar. 14Den Ort nannte er:
»Der Herr versorgt.« Noch heute sagt
man darum: »Auf dem Berg des Herrn
ist vorgesorgt.«

15Noch einmal rief der Engel des
Herrn vom Himmel Abraham zu: 16»Ich,
der Herr, schwöre bei mir selbst: Weil du
gehorsam warst und mir deinen einzigen
Sohn als Opfer geben wolltest, 17werde
ich dich überreich beschenken und dir so
viele Nachkommen geben, wie es Sterne
am Himmel und Sand am Meer gibt. Sie
werden ihre Feinde besiegen. 18Alle Völ-
ker der Erde werden mich bitten, sie so
zu segnen, wie ich dich segnen werde.
Das alles werde ich dir geben, weil du be-
reit warst, meinen Willen zu tun.«

19Danach verließen sie den Berg, hol-
ten die Diener ab und machten sich auf
den Weg zurück nach Beerscheba. Dort
blieb Abraham wohnen.

20Bald darauf erreichte ihn die Nach-
richt, dass Milka, die Frau seines Bruders
Nahor, acht Söhne geboren hatte: 21–23Uz,
den ältesten, Bus, Kemuël (Vater von
Aram), Kesed, Haso, Pildasch, Jidlaf
und Betuël (Vater von Rebekka).
24Rëuma, die Nebenfrau Nahors, hatte
vier Söhne geboren: Tebach, Gaham, Ta-
hasch und Maacha.

Abraham kauft Grundbesitz in Kanaan

23 1/2Als Sara 127 Jahre alt war, starb
sie in Hebron, das damals Kirjat-
Arba hieß. Abraham trauerte um sie und
weinte an ihrem Totenbett. 3Dann ging
er zu den Hetitern und bat sie: 4»Ich bin
nur ein Fremder bei euch und besitze
kein eigenes Land. Überlasst mir ein
kleines Grundstück für ein Familiengrab,
ich will es euch bezahlen!« 5»Natürlich«,
antworteten die Hetiter, 6»du bist ein
Mann, vor dem wir Achtung haben, denn
Gott ist mit dir, und er hat dich reich und
mächtig gemacht. Darum ist es für uns
alle eine Ehre, wenn du dir das beste un-
serer Gräber aussuchst und dort deine
Frau beerdigst!«

7Abraham stand auf und verneigte sich
vor ihnen. 8»Wenn ihr also damit einver-
standen seid«, sagte er, »dann legt bei
Efron, dem Sohn Zohars, ein gutes Wort
für mich ein, 9dass er mir die Höhle von
Machpela verkauft, die am Ende seines
Grundstücks liegt. Ich bezahle, was er
verlangt, damit ich in eurem Land ein Fa-
miliengrab besitze.«

10Efron saß nun gerade unter den He-
titern, die sich beim Stadttor versammelt
hatten. Vor allen Anwesenden sagte er zu
Abraham: 11»Herr, bitte höre mich an!
Ich schenke dir das Grundstück und die
Höhle. Alle Anwesenden sind Zeugen:
Du brauchst nichts zu bezahlen. Begrabe
deine Frau in der Höhle von Machpela!«

12Erneut verneigte sich Abraham vor
den Hetitern und sagte zu Efron: 13»Ich
bitte dich – lass mich für das Grundstück
bezahlen! Nimm das Geld von mir an,
dann werde ich dort meine Frau beerdi-
gen!« 14/15»Mein Herr, das Land ist vier-
hundert Silberstücke wert«, antwortete
Efron, »aber für dich ist das ja nicht viel!
Du kannst deine Frau dort begraben!«

16Abraham wog die Geldmenge ab, die
Efron ihm vor allen Hetitern genannt
hatte – vierhundert Silberstücke nach
dem damals üblichen Gewicht. 17/18Von
da an gehörte ihm das Grundstück bei
Machpela, östlich von Mamre, und die
Höhle am Ende des Grundstücks sowie
alle Bäume, die dort standen. Die anwe-
senden Männer waren Zeugen dafür,

22,16 Hebr 6,13–14 **22,17** 12,2* **22,18** Jak 2,21 **23,4** Hebr 11,9.13 **23,17–20** 25,9–10; 49,29–32; 50,12–13; Apg 7,15–16

dass das Land rechtmäßig in den Besitz
Abrahams überging. 19 In dieser Höhle
begrub er seine Frau Sara. 20 Seitdem war
es von den Hetitern als Familiengrab
anerkannt.

Eine Frau für Isaak

24 Abraham war mittlerweile sehr alt
geworden. Der Herr hatte sein Le-
ben gesegnet und ihm in jeder Hinsicht
Gutes getan. 2 Eines Tages sagte Abra-
ham zu seinem Hausverwalter, der sein
ältester Knecht war: »Als Zeichen des
Schwures lege die Hand auf meinen Un-
terleib, 3 und schwöre bei Gott, dem
Herrn, der Himmel und Erde geschaffen
hat, dass du meinen Sohn Isaak nicht mit
einer Kanaaniterin verheiratest! Er soll
keine Frau aus dieser Gegend nehmen.
4 Geh in meine Heimat, und such in mei-
ner Verwandtschaft eine Frau für ihn
aus!« 5 »Aber was ist, wenn die Frau nicht
mitkommen will?«, fragte der Knecht.
»Soll ich dann deinen Sohn in deine Hei-
mat zurückbringen?« 6 »Auf keinen
Fall!«, erwiderte Abraham. 7 »Denn der
Herr des Himmels hat mir aufgetragen,
meine Heimat und mein Elternhaus zu
verlassen, und er hat mir versprochen,
meinen Nachkommen dieses Land zu ge-
ben. Er wird seinen Engel vor dir herschi-
cken und dafür sorgen, dass du eine Frau
für meinen Sohn findest. 8 Nur wenn die
Frau unter gar keinen Umständen mit-
kommen will, bist du nicht mehr an die-
sen Schwur gebunden. Niemals aber
darfst du Isaak in meine Heimat zurück-
bringen!«

9 Da legte der Knecht seine Hand auf
Abrahams Unterleib und schwor ihm, al-
les zu tun, was Abraham gesagt hatte.
10 Er belud zehn Kamele Abrahams mit
wertvollen Geschenken und ritt nach
Mesopotamien in die Stadt, in der die Fa-
milie von Abrahams Bruder Nahor lebte.

11 Als er ankam, hielt er an einem
Brunnen kurz vor der Stadt und ließ dort
die Kamele lagern. Es war gegen Abend
– etwa die Zeit, in der die Frauen aus der
Stadt kommen, um Wasser zu schöpfen.
12 »Ach, Herr, du Gott meines Herrn
Abraham«, betete er, »du bist immer gut
zu Abraham gewesen, erfülle auch dies-
mal den Wunsch meines Herrn, und lass
meinen Plan gelingen! 13 Ich stehe hier
am Brunnen, und gleich kommen die
Mädchen aus der Stadt, um Wasser zu ho-
len. 14 Ich werde eine von ihnen fragen,
ob sie mir zu trinken gibt. Wenn sie dann
antwortet: ›Natürlich, trink nur; ich will
auch deinen Kamelen Wasser geben!‹,
dann bin ich überzeugt, dass sie es ist,
die du für Isaak ausgesucht hast! So weiß
ich, dass du den Wunsch meines Herrn
erfüllt hast.«

15/16 Kaum hatte er das Gebet zu Ende
gesprochen, da kam ein Mädchen aus der
Stadt mit einem Wasserkrug auf der
Schulter und füllte ihn am Brunnen. Es
war Rebekka, die Tochter Betuëls und
Enkelin Milkas, der Frau von Abrahams
Bruder Nahor. Sie war noch unverhei-
ratet und sehr schön.

17 Rasch ging der Knecht auf sie zu und
bat sie um einen Schluck Wasser. 18 »Na-
türlich, Herr!«, antwortete sie, nahm so-
fort den Krug von der Schulter und gab
ihm zu trinken. 19 Dann sagte sie: »Ich will
auch deinen Kamelen Wasser geben, bis
sie sich satt getrunken haben.« 20 Sie goss
das Wasser aus ihrem Krug in die Tränk-
rinne, lief zum Brunnen und schöpfte so
lange, bis alle Kamele genug hatten.

21 Schweigend stand der Knecht dane-
ben und beobachtete sie. Er war ge-
spannt, ob der Herr sein Gebet erhört
hatte und ob seine Reise erfolgreich sein
würde. 22 Als Rebekka die Kamele ver-
sorgt hatte, schenkte er ihr einen wertvol-
len goldenen Nasenring, der 6 Gramm
wog, und zwei goldene Armreife zu je
120 Gramm.

23 »Wer ist dein Vater?«, fragte er.
»Habt ihr in eurem Haus noch Platz für
uns zum Übernachten?« 24 »Mein Vater
ist Betuël, seine Eltern heißen Milka
und Nahor«, antwortete sie. 25 »Ja, wir ha-

24,3–4 26,34–35; 27,46; 28,1–2.6–9; 5 Mo 7,3–4* **24,7** 12,1.7*

ben genug Platz für euch, und Futter für
eure Kamele ist auch vorhanden.« 26 Da
warf sich der Knecht zu Boden und bete-
te: 27 »Danke, Herr, du Gott meines Herrn
Abraham, danke, dass du so gut zu ihm
bist und all das erfüllst, was du ihm ver-
sprochen hast! Du hast mich direkt zu
den Verwandten meines Herrn geführt!«
28 Rebekka lief nach Hause und erzähl-
te, was vorgefallen war. 29/30 Als ihr Bruder
Laban den Ring und die Armreife an sei-
ner Schwester sah und ihre Geschichte
hörte, lief er sofort hinaus zum Brunnen.
Der Knecht stand immer noch bei sei-
nen Kamelen. 31 Laban rief ihm zu: »Dich
schickt der Herr! Warum stehst du noch
hier draußen? In unserem Haus habe ich
schon alles für dich vorbereitet. Auch für
deine Kamele ist genug Platz!« 32 Da ging
der Knecht mit. Man sattelte die Kamele
ab und gab ihnen Stroh und Futter. Den
Gästen wurde Wasser gebracht, damit sie
sich die Füße waschen konnten.
33 Vor dem Abendessen aber sagte der
Knecht: »Ich esse erst, wenn ich erzählt
habe, warum ich hier bin!« »Einverstan-
den«, sagte Laban, »erzähl!« 34 »Ich bin
Abrahams Knecht«, stellte er sich ihnen
vor. 35 »Der Herr hat meinen Herrn reich
beschenkt. Er ist sehr wohlhabend ge-
worden: Ihm gehören Schafe, Ziegen
und Rinder, Kamele und Esel, dazu Sil-
ber und Gold und viele Sklaven. 36 Seine
Frau Sara bekam noch im hohen Alter
einen Sohn. Dieser wird einmal den gan-
zen Besitz erben. 37 Nun will mein Herr,
dass sein Sohn Isaak keine Kanaaniterin
zur Frau nimmt. Ich musste ihm schwö-
ren, dass ich das nicht zulassen werde.
38 Er hat mich hierher geschickt, um aus
seiner Verwandtschaft eine Frau zu su-
chen. 39 ›Aber was ist, wenn sie nicht mit-
kommen will?‹, fragte ich ihn. 40 ›Sie wird
mitkommen‹, antwortete er, ›denn Gott,
der Herr, dem mein Leben gehört, wird
dir seinen Engel vorausschicken, so dass
dir alles gelingt. Du wirst eine Frau aus
dem Haus meines Vaters finden. 41 Falls
meine Familie ihr nicht erlaubt mit-
zukommen, dann – und nur dann – bist
du von deinem Schwur entbunden!‹ 42 Ja,
und so kam ich heute zu eurem Brunnen
vor der Stadt; dort betete ich: Herr, du
Gott meines Herrn Abraham! Wenn du
willst, dass ich meinen Auftrag erfolg-
reich ausführe, dann lass meinen Plan ge-
lingen: 43 Ich warte hier am Brunnen.
Gleich werden die Mädchen kommen,
um Wasser zu schöpfen. Ich werde auf
eine von ihnen zugehen und sie bitten,
mir einen Schluck Wasser aus ihrem Krug
zu geben. 44 Wenn sie dann antwortet:
›Natürlich – und auch deinen Kamelen
will ich Wasser geben!‹, dann ist sie es,
die du für den Sohn meines Herrn aus-
gesucht hast!
45 Kaum hatte ich dies Gebet gespro-
chen, da kam Rebekka mit einem Krug
auf ihrer Schulter. Sie lief zum Brunnen
hinunter und füllte den Krug mit Wasser.
›Bitte gib mir etwas zu trinken!‹, bat ich
sie. 46 Sofort nahm sie den Krug von ihrer
Schulter und sagte: ›Trink, mein Herr, –
und auch deinen Kamelen will ich Wasser
geben!‹ Als sie damit fertig war, 47 fragte
ich sie nach ihrem Vater. ›Mein Vater ist
Betuël‹, antwortete sie, ›seine Eltern hei-
ßen Nahor und Milka!‹ Da schenkte ich
ihr den Ring und die Armreife. 48 Ich warf
mich zu Boden und lobte den Gott mei-
nes Herrn Abraham, weil er mich direkt
zum Bruder meines Herrn gebracht hatte.
Und jetzt bitte ich euch: Gebt eure Re-
bekka dem Sohn Abrahams zur Frau!
49 Wenn mein Herr euer Vertrauen und
euer Wohlwollen gefunden hat, dann wil-
ligt in diese Heirat ein; wenn ihr aber
nicht wollt, sagt es mir nur, dann werde
ich anderswo suchen.«
50 Laban und Betuël antworteten: »Das
hat der Herr so geführt. Wie er will, so
soll es geschehen! 51 Wir geben dir Re-
bekka, sie soll den Sohn deines Herrn
heiraten, wie der Herr es bestimmt hat!«
52 Als der Knecht das hörte, warf er sich
zu Boden und dankte dem Herrn.
53 Dann holte er aus den Satteltaschen
die mitgebrachten Geschenke hervor.
Rebekka gab er Silber- und Gold-
schmuck und schöne Kleider, und auch
ihrem Bruder und ihrer Mutter über-
reichte er viele wertvolle Geschenke.

[54]Danach begann das Abendessen. Als die Gäste gegessen und getrunken hatten, legten sie sich schlafen. Am nächsten Morgen sagte der Knecht: »Ich möchte zurück zu meinem Herrn. Mit eurer Erlaubnis wollen wir schon heute aufbrechen.« [55]»So plötzlich trennen wir uns nicht gern von Rebekka, lass sie noch zehn Tage bei uns bleiben, dann kann sie mit dir kommen!«, baten ihr Bruder und ihre Mutter. [56]Er entgegnete: »Haltet mich nicht auf! Der Herr hat meine Reise gelingen lassen, und jetzt möchte ich so schnell wie möglich zu meinem Herrn zurück!« [57]»Am besten, sie entscheidet selbst«, sagten die beiden.

[58]Sie riefen Rebekka herbei und fragten: »Bist du einverstanden, heute schon mit diesem Mann fortzuziehen?« »Ja, das bin ich!«, antwortete sie. [59]Da willigten sie ein und ließen Rebekka gehen. Der Knecht, seine Leute, Rebekka und ihr früheres Kindermädchen machten sich für die Reise fertig. [60]Der Bruder und die Mutter verabschiedeten sich von ihr mit einem Segenswunsch: »Unsere Schwester, du sollst die Stammmutter eines großen und mächtigen Volkes werden! Mögen deine Nachkommen alle ihre Feinde besiegen!« [61]Danach bestiegen Rebekka und ihre Dienerinnen die Kamele und machten sich mit Abrahams Knecht auf den Weg.

[62]Isaak wohnte zu der Zeit im Süden des Landes. Er kam gerade zurück von dem Brunnen, der den Namen »Brunnen des Lebendigen, der mich sieht« trägt, [63]und machte abends noch einen Spaziergang, um nachzudenken und zu beten. Da sah er auf einmal Kamele kommen. [64]Auch Rebekka hatte Isaak entdeckt. Schnell sprang sie vom Kamel herunter und fragte den Knecht: [65]»Wer ist dieser Mann, der uns da entgegenkommt?« »Er ist der Sohn meines Herrn«,[a] antwortete er. Da verhüllte sie ihr Gesicht mit dem Schleier.

[66]Der Knecht erzählte Isaak vom Verlauf der Reise. [67]Isaak brachte Rebekka in das Zelt, in dem seine Mutter gelebt hatte. Er nahm sie zur Frau und gewann sie sehr lieb. So wurde er über den Verlust seiner Mutter getröstet.

Weitere Nachkommen Abrahams

25 Abraham heiratete noch einmal; seine Frau hieß Ketura. [2]Sie bekamen viele Söhne: Simran, Jokschan, Medan, Midian, Jischbak und Schuach. [3]Jokschans zwei Söhne hießen Saba und Dedan. Von Dedan stammen die Aschuriter, die Letuschiter und die Leümmiter ab. [4]Midians Söhne waren Efa, Efer, Henoch, Abida und Eldaa. Sie alle sind die Nachkommen von Abraham und Ketura.

[5]Abraham vermachte Isaak seinen ganzen Besitz; [6]den anderen Söhnen, die er von den Nebenfrauen hatte, gab er Geschenke und schickte sie noch zu seinen Lebzeiten in den Osten, damit sie sich nicht in Isaaks Nähe ansiedelten.

Abrahams Tod

[7]Abraham wurde 175 Jahre alt; [8]dann starb er nach einem erfüllten Leben. [9/10]Seine Söhne Isaak und Ismael begruben ihn in der Höhle von Machpela, östlich von Mamre. Es war das Grundstück, das Abraham von dem Hetiter Efron, dem Sohn Zohars, gekauft hatte. Er wurde neben Sara begraben.

[11]Nach Abrahams Tod segnete Gott Isaak. Ihm galt jetzt, was Gott Abraham versprochen hatte. Isaak wohnte bei dem Brunnen, der den Namen trägt: »Brunnen des Lebendigen, der mich sieht.«

Ismaels Nachkommen

[12]Es folgt der Stammbaum Ismaels, des Sohnes Abrahams und der Ägypterin Hagar. [13]Die Namen der Söhne sind nach

---

[a] Wörtlich: Er ist mein Herr.

24,60 26,4 **24,62** 16,14 **25,9–10** 23,17–20* **25,11** 12,2*.7*; 17,19; 16,14 **25,12–18** 16,10–12; 21,13.18

Die Erblast der Lüge

Lesen Sie 1. Mose 26,1-11; 27,1-46

Um sich selbst zu schützen, log Abraham Abimelech an und behauptete, Sara sei nicht seine Frau, sondern seine Schwester (siehe 1. Mose 20). Um sich selbst zu schützen, log auch Abrahams Sohn Isaak und behauptete ebenfalls, Rebekka sei nicht seine Frau, sondern seine Schwester (siehe 1. Mose 26). Um sich selbst zu bereichern, log Jakob seinen Vater Isaak an und behauptete, Esau zu sein. So erschlich er sich den Segen des Erstgeborenen (siehe 1. Mose 27).

Haben diese Ereignisse alle nichts miteinander zu tun? Oder kommt hier eine unehrliche Haltung zum Ausdruck, die sich wie ein roter Faden durch das Leben dieser Familie zieht? Zwar war jeder dieser Männer letztendlich für seine Lügen selbst verantwortlich, aber er hatte auch jeweils ein schlechtes Vorbild gehabt und hatte sich an das Klima des Betrugs gewöhnt.

Wie machen sich diese Muster in unserer eigenen Ehe bemerkbar? Wir alle sind vom Vorbild unserer Eltern beeinflusst. Meistens wissen wir ganz genau, in welchen Punkten unsere Eltern versagt haben. Bewusst oder unbewusst versuchen wir mit aller Kraft, es anders zu machen. Wir wollen die Fehler unserer Eltern nicht wiederholen. Doch diese Bemühungen führen nicht selten dazu, dass wir ins andere Extrem verfallen. Wenn sich beim Vater ständig alles nur um die Arbeit drehte, neigt der Sohn eher zur Nachlässigkeit. Wenn eine Mutter dauernd ihre Partner wechselte, legt sich die Tochter vielleicht eine besonders strenge Einstellung zur Sexualität zu.

Je besser wir uns selbst und unseren Ehepartner verstehen, umso eher können wir positive Schritte unternehmen und eine Veränderung zum Guten herbeiführen. Es hilft auch, sich klarzumachen, dass unser Verhalten größtenteils durch unsere seelischen Bedürfnisse bestimmt wird – dem Bedürfnis nach Liebe, Freiheit, Geltung, Erholung und Frieden mit Gott. Wenn wir unsere unerfüllten Bedürfnisse und die Vorbildfunktion unserer Eltern nicht erkennen, verfallen wir unbewusst in zerstörerische Gewohnheiten und Verhaltensmuster.

Beten Sie gemeinsam und bitten Sie Gott, dass er Ihnen das über Generationen weitergegebene sündhafte Verhalten in Ihrer Familie deutlich macht.

Wenn Sie noch mehr Zeit haben …

Besprechen Sie miteinander folgende Fragen oder denken Sie darüber nach:

- Welche Stärken und Schwächen haben Ihre Eltern?
- Auf welche Weise wiederholen Sie diese Verhaltensmuster unbewusst oder lehnen sich dagegen auf?
- Wie können Sie sich gegenseitig helfen, sich selbst klarer zu sehen?

Lesen Sie auch die folgenden Abschnitte, in denen es um das Thema Eltern geht:
Sprüche 13,22; 22,6; Titus 2,1-10.

Von Gott berührt

Lesen Sie 1. Mose 32,22-32

In der Bibel gibt es immer wieder Hinweise darauf, dass Gott die Liebessprache der Berührung spricht. In 1. Mose 32 wird berichtet, wie Jakob sich auf den Weg macht, um seinem Bruder Esau zu begegnen, von dem er seit vielen Jahren entfremdet war. Jakob dachte darüber nach, wie schlecht er seinen Bruder behandelt hatte, und fürchtete sich vor seinem Zorn. So fing er an zu beten. Da kam plötzlich ein Mann auf ihn zu und begann, mit ihm zu kämpfen. Jakob spürte, dass der Fremde ein Bote Gottes war. Darum hielt er ihm stand und flehte ihn um seinen Segen an. Die geheimnisvolle Person segnete Jakob tatsächlich, doch vorher schlug sie ihm im Kampf so heftig auf das Hüftgelenk, dass es ausgerenkt wurde. Jakob merkte, dass er Gott begegnet war, denn er sagte: „Ich habe Gott gesehen, und trotzdem lebe ich noch!" Am nächsten Morgen hinkte Jakob – für ihn der Beweis, dass sein Erlebnis kein Traum gewesen war. Er war von Gott angerührt worden, und diese Begegnung wurde zu einem Wendepunkt in seinem Leben.

Wenn manche Menschen behaupten, von Gott berührt worden zu sein so wie Jakob, dann reagieren andere oft skeptisch. Doch sobald auch sie eine solche Erfahrung machen, wird selbst aus dem größten Zweifler ein überzeugter Gläubiger, denn er hat Gottes Berührung am eigenen Leib erfahren. Seit dem ersten Jahrhundert sind Tausende von Männern und Frauen so von Gott angerührt worden. Nun rühren sie im Namen Christi auch andere Menschen an. Sie arbeiten in Krankenhäusern, baden die Kranken und wischen den Fiebernden den Schweiß von der Stirn. Sie begeben sich auf Rettungsmissionen und nehmen Obdachlose tröstend in die Arme. Sie begrüßen die Gottesdienstbesucher mit einem Handschlag und einem aufmunternden Schulterklopfen. Durch sie fließt Gottes Liebe hindurch, in der Sprache einer freundlichen Berührung.

Verbringen Sie Zeit im Gebet und bitten Sie Gott ...

- dass er zu Ihnen in der Ihnen vertrauten Sprache der Liebe spricht;
- dass Sie seine Liebe annehmen können;
- dass Sie Liebe durch eine freundliche Berührung ausdrücken können, wenn Menschen in Ihrer Umgebung sich danach sehnen.
- dass Sie in der Berührung einen schönen Ausdruck der Liebe innerhalb der Ehe sehen können und eine Gelegenheit, Ihrem Ehepartner Freude zu bereiten.

Wenn Sie noch mehr Zeit haben ...

Besprechen Sie miteinander folgende Fragen oder denken Sie darüber nach:

- Haben Sie selbst schon einmal Gottes Berührung am eigenen Leib erfahren?
- Warum ließ Gott Ihrer Meinung nach Jakob eine direkte körperliche Berührung erfahren anstelle einer Vision oder eines Traums?

Lesen Sie auch die folgenden Abschnitte, in denen es um die Liebe Gottes geht:
Matthäus 8,1-4; 20,29-34;
Markus 1,40-42.

Den nächsten Impuls finden Sie auf S. 36 a

der Geburtsfolge angegeben: Nebajot, Kedar, Adbeel, Mibsam, [14]Mischma, Duma, Massa, [15]Hadad, Tema, Jetur, Nafisch und Kedma.

[16]Diese zwölf Söhne waren die Begründer von zwölf Stämmen, die nach ihnen benannt wurden. [17]Ismael starb im Alter von 137 Jahren. [18]Seine Nachkommen wohnten in dem Gebiet von Hawila bis Schur, das östlich der ägyptischen Grenze in Richtung Assyrien liegt. Was Gott über Ismael gesagt hatte, traf auch auf sie zu: Niemand konnte sie vertreiben. Sie wohnten in der Nähe ihrer Verwandten.

Esau und Jakob

[19]Hier beginnt die Familiengeschichte Isaaks:

Isaak war Abrahams Sohn. [20]Er war 40 Jahre alt, als er Rebekka heiratete. Sie war die Tochter des Aramäers Betuël, die Schwester Labans, und sie stammte aus Mesopotamien. [21]Rebekka blieb kinderlos. Isaak betete für sie zum Herrn, und der Herr erhörte seine Bitte. Rebekka wurde schwanger. [22]Als sie merkte, dass es Zwillinge waren, die sich im Mutterleib stießen, seufzte sie: »Jetzt bin ich endlich schwanger. Und warum bekämpfen sich nun meine Kinder?« Sie fragte den Herrn, [23]und er antwortete ihr: »Von den zwei Söhnen in deinem Leib werden einmal zwei verfeindete Völker abstammen. Eins wird mächtiger sein als das andere, der Ältere wird dem Jüngeren dienen!«

[24]Und tatsächlich – als die Stunde der Geburt kam, brachte Rebekka Zwillinge zur Welt. [25]Der Erste war am ganzen Körper mit rötlichen Haaren bedeckt, wie ein Tierfell. Darum nannten ihn seine Eltern Esau (»der Behaarte«). [26]Dann kam sein Bruder; er hielt bei der Geburt Esau an der Ferse fest, und so nannten sie ihn Jakob (»Fersenhalter«). Isaak war 60 Jahre alt, als die beiden geboren wurden.

[27]Die Jungen wuchsen heran. Esau wurde ein erfahrener Jäger, der gern im Freien herumstreifte. Jakob dagegen war ein ruhiger Mann, der lieber bei den Zelten blieb. [28]Isaak mochte Esau mehr als Jakob, weil er gern sein gebratenes Wild aß; Jakob war Rebekkas Lieblingssohn.

Esau verkauft sein Vorrecht als ältester Sohn

[29]Eines Tages – Jakob hatte gerade ein Linsengericht gekocht – kam Esau erschöpft von der Jagd nach Hause. [30]»Lass mich schnell etwas von der roten Mahlzeit da essen, ich bin ganz erschöpft!«, rief er. Darum bekam er auch den Beinamen Edom (»Roter«). [31]»Nur wenn du mir dafür dein Vorrecht als ältester Sohn überlässt!«, forderte Jakob. [32]»Was nützt mir mein Vorrecht als ältester Sohn, wenn ich am Verhungern bin!«, rief Esau. [33]Jakob ließ nicht locker. »Schwöre erst!«, sagte er. Esau schwor es ihm und verlor damit das Erbe und den besonderen Segen seines Vaters.

[34]Jakob gab ihm das Brot und die Linsensuppe. Esau schlang es hinunter, trank noch etwas und ging wieder weg. So gleichgültig war ihm sein Vorrecht als ältester Sohn.

Isaak fürchtet um sein Leben

26 Wieder einmal brach eine Hungersnot im Land aus, wie schon damals zur Zeit Abrahams. Darum zog Isaak in die Stadt Gerar, wo der Philisterkönig Abimelech lebte. [2/3]Dort erschien ihm der Herr. »Geh nicht nach Ägypten«, sagte er, »sondern bleib in diesem Land! Ich werde dir immer beistehen und dich reich beschenken. Du bist hier ein Fremder, aber deinen Nachkommen werde ich das ganze Land Kanaan schenken, denn ich halte mein Versprechen, das ich deinem Vater Abraham gegeben habe. [4]Ich mache deine Nachkommen so

---

25,20 24,2–67 **25,23** Mal 1,2–3; Röm 9,10–13 **25,33** Hebr 12,16 **26,2–3** 12,7*; 28,13* **26,4** 26,24; 24,60; 12,2*; 28,14*; 22,18

zahlreich wie die Sterne am Himmel und
überlasse ihnen dieses Land. Alle Völker
der Erde werden mich bitten, sie so zu
segnen, wie ich dich segnen werde. 5 Das
will ich tun, weil Abraham auf mich ge-
hört hat und meinen Geboten und Wei-
sungen gehorsam war.« 6 So blieb Isaak
in Gerar.

7 Als die Männer aus der Stadt Rebek-
ka sahen und sich nach ihr erkundigten,
sagte er: »Sie ist meine Schwester.« Er
hatte Angst, ihnen die Wahrheit zu sa-
gen, denn er dachte: »Rebekka ist sehr
schön. Am Ende töten die Männer mich,
nur um sie zu bekommen!«

8 Als Isaak schon längere Zeit in Gerar
lebte, schaute der Philisterkönig Abime-
lech eines Tages zufällig zum Fenster hi-
naus und sah, wie Isaak und Rebekka
sich küssten und zärtlich miteinander wa-
ren. 9 Sofort rief er Isaak zu sich: »Sie ist
ja deine Frau!«, fuhr er ihn an. »Wie
kannst du nur behaupten, sie sei deine
Schwester?« »Ich hatte Angst, ihr würdet
mich töten, um sie zu bekommen«, ant-
wortete Isaak. 10 Abimelech brauste auf:
»Kein Grund, uns anzulügen! Wie leicht
hätte einer meiner Männer mit Rebekka
schlafen können, dann hättest du große
Schuld auf uns geladen!« 11 Abimelech
ließ dem ganzen Volk bekannt geben:
»Jeder, der diesem Mann oder seiner
Frau etwas zuleide tut, wird zum Tod ver-
urteilt!«

Streit mit den Philistern

12 In jenem Jahr erntete Isaak das Hun-
dertfache von dem, was er ausgesät hatte,
denn der Herr segnete ihn. 13 Sein Besitz
wuchs ständig, so dass er bald ein sehr
reicher Mann war. 14 Er besaß große Rin-
derherden, zahlreiche Schafe und Ziegen
und viele Knechte. Darum beneideten
ihn die Philister. 15 Sie schütteten alle
Brunnen, die Abrahams Knechte einmal
gegraben hatten, mit Erde zu.

16 Sogar Abimelech forderte Isaak auf,
wegzuziehen. »Siedle dich woanders an,
denn du bist uns zu mächtig geworden!«,
sagte er.

17 Also verließ Isaak die Stadt und
schlug sein Lager im Tal von Gerar auf.
18 Dort hatten die Philister nach Abra-
hams Tod alle Brunnen, die er graben
ließ, mit Erde zugeschüttet. Isaak ließ
die Brunnen wieder ausgraben und gab
ihnen dieselben Namen, die sein Vater
ihnen damals gegeben hatte.

19 Während die Knechte Isaaks im Tal
gruben, stießen sie auf eine unterirdische
Quelle. 20 Sofort waren die Hirten von
Gerar zur Stelle und beanspruchten sie
für sich. »Das Wasser gehört uns!«, riefen
sie. Darum nannte Isaak den Brunnen
Esek (»Streit«). 21 Seine Leute gruben an
einer anderen Quelle einen Brunnen,
und erneut gerieten sie mit den Hirten
von Gerar aneinander. Darum nannte
Isaak den Brunnen Sitna (»Anfein-
dung«). 22 Danach zog er weiter und ließ
zum dritten Mal einen Brunnen aus-
heben. Diesmal gab es keinen Streit.
»Jetzt können wir uns ungehindert aus-
breiten, denn der Herr hat uns genug
Raum gegeben«, sagte er. Deshalb nann-
te er den Brunnen Rechobot (»freier
Raum«).

23 Von dort zog Isaak weiter nach Beer-
scheba. 24 In der Nacht nach seiner An-
kunft erschien ihm der Herr und sprach:
»Ich bin der Gott deines Vaters Abra-
ham. Hab keine Angst, denn ich bin bei
dir! Ich will dich segnen und dir viele
Nachkommen geben, weil ich es meinem
Diener Abraham so versprochen habe!«

25 An dieser Stelle baute Isaak aus Stei-
nen einen Altar und betete den Herrn an.
Er schlug dort auch seine Zelte auf, und
seine Knechte gruben einen Brunnen.

Ein Bündnis mit dem König

26 Eines Tages kam König Abimelech von
Gerar zu ihm, zusammen mit seinem Be-
rater Ahusat und seinem Heerführer Pi-
chol. 27 »Was wollt ihr?«, fragte Isaak.
»Ihr habt mich doch wie einen Feind fort-

26,5 Jak 2,21 **26,7–11** 12,10–20; 20,1–18 **26,24** 12,2*

gejagt!« 28 »Wir haben erkannt, dass der
Herr auf deiner Seite steht«, antworteten
sie. »Darum wollen wir gerne mit dir in
Frieden leben. Lass uns ein Bündnis
schließen und es mit einem Schwur be-
kräftigen. 29 Versprich uns, dass du uns
nichts Böses tust, so wie wir dir nichts an-
getan haben. Wir haben dich immer gut
behandelt und dich in Frieden wegziehen
lassen. Wir wissen ja, dass du ein Mann
bist, dem der Herr sehr viel Gutes tut.«

30 Da ließ Isaak ein Festessen zuberei-
ten, und sie aßen und tranken zusammen.
31 Früh am nächsten Morgen schworen sie
sich gegenseitig: »Wir wollen einander
keinen Schaden zufügen.« So trennten
sie sich in Frieden.

32 Am selben Tag kamen Isaaks Knech-
te und meldeten: »Wir haben Wasser ge-
funden!« 33 Isaak nannte den Brunnen
Schiba (»Schwur«). Darum heißt die
Stadt bis heute Beerscheba (»Brunnen
des Schwurs«).

Esaus Frauen

34 Als Esau 40 Jahre alt war, heiratete er
zwei Hetiterinnen: Jehudit, die Tochter
Beeris, und Basemat, die Tochter Elons.
35 Das bereitete Isaak und Rebekka gro-
ßen Kummer.

Jakob gebraucht eine List

27 Isaak war alt geworden und konn-
te nichts mehr sehen. Eines Tages
rief er seinen ältesten Sohn Esau zu sich.
»Was ist, Vater?«, fragte Esau. 2 »Ich bin
alt und weiß nicht, wie lange ich noch le-
be«, sagte Isaak. 3 »Deshalb erfülle mir
noch einen Wunsch: Nimm deinen Bo-
gen, und jage ein Stück Wild für mich!
4 Du weißt ja, wie ich es gern habe – be-
reite es mir so zu, und bring es her! Ich
möchte davon essen, und bevor ich ster-
be, will ich dich segnen.«

5 Rebekka aber hatte das Gespräch der
beiden belauscht. Kaum war Esau zur
Jagd hinausgegangen, 6/7 da rief sie Jakob
herbei und erzählte ihm, was sie gehört
hatte. 8 »Jetzt pass genau auf, was ich dir
sage!«, forderte sie ihn auf. 9 »Lauf
schnell zur Herde, und such zwei schöne
Ziegenböckchen aus! Ich bereite sie dann
so zu, wie dein Vater es gern hat. 10 Und
du bringst ihm den Braten, damit er da-
von isst und dir vor seinem Tod den Se-
gen gibt.«

11 »Hast du denn nicht daran gedacht,
dass Esaus Haut behaart ist, aber meine
ganz glatt?«, entgegnete Jakob. 12 »Wenn
mein Vater mich berührt, merkt er den
Unterschied. Der Betrug fliegt auf, und
er verflucht mich, anstatt mich zu seg-
nen!« 13 Rebekka aber ließ sich nicht beir-
ren: »Dann soll der Fluch mich treffen!«,
erwiderte sie. »Jetzt tu, was ich dir gesagt
habe! Hol mir die Ziegenböckchen!«

14 Jakob brachte sie, und Rebekka be-
reitete ein schmackhaftes Essen zu, so
wie Isaak es gern hatte. 15 Sie nahm die
besten Kleider Esaus, die sie im Haus
aufbewahrte, und befahl Jakob, sie anzu-
ziehen. 16 Die Felle der Böckchen wickel-
te sie ihm um die Hände und um den glat-
ten Hals. 17 Dann gab sie ihm den Braten
und frisch gebackenes Brot.

18 Jakob ging damit zu seinem Vater
und begrüßte ihn. Isaak fragte: »Wer ist
da, Esau oder Jakob?« 19 »Ich bin dein äl-
tester Sohn Esau«, antwortete Jakob.
»Ich habe getan, worum du mich gebeten
hast. Komm, setz dich auf und iss, damit
du mir nachher den Segen geben
kannst!« 20 Verwundert fragte Isaak: »Wie
konntest du nur so schnell ein Stück Wild
erlegen, mein Sohn?« »Der Herr, dein
Gott, hat es mir über den Weg laufen las-
sen!«, erwiderte Jakob.

21 »Komm näher«, forderte Isaak ihn
auf, »ich will mich davon überzeugen, ob
du wirklich mein Sohn Esau bist oder
nicht!« 22 Jakob ging zu ihm hin, und
Isaak betastete ihn. »Die Stimme ist zwar
die von Jakob«, sagte er, »aber den Hän-
den nach ist es Esau!« 23 Er erkannte Ja-
kob nicht, weil er behaarte Hände hatte
wie Esau. Darum entschloss er sich, ihn

26,34–35 24,3–4* **27,3** 25,27–28 **27,11** 25,25

zu segnen, [24]doch vorher fragte er noch einmal nach: »Bist du wirklich mein Sohn Esau?« »Ja, ich bin's!«, log Jakob. [25]»Dann gib mir das Essen, damit ich von dem Wild esse und dir den Segen gebe!«, sagte Isaak. Jakob reichte es ihm, und sein Vater aß; dann gab er ihm Wein, und Isaak trank. [26]»Komm und küss mich, mein Sohn!«, bat Isaak. [27]Jakob ging zu ihm und küsste ihn. Als Isaak den Duft der Kleider roch, sprach er den Segen:

»Mein Sohn, deine Kleider tragen den Geruch der Felder, die der Herr mit Regen getränkt hat!

[28]Gott gebe dir viel Regen und mache dein Land fruchtbar, Getreide und Wein sollst du im Überfluss ernten!

[29]Viele Völker und Volksstämme sollen dir dienen. Herrsche über deine Brüder; in Ehrfurcht müssen sie sich vor dir beugen! Verflucht sei, wer dir Böses tut; wer dir aber wohlgesinnt ist, soll gesegnet werden!«

[30]Isaak hatte gerade diesen Segen ausgesprochen und Jakob war weggegangen, da kam Esau von der Jagd zurück. [31]Auch er bereitete das Essen zu, wie es sein Vater so gerne aß, und brachte es ihm. »Setz dich auf, und iss von meinem Wild, Vater, damit du mir den Segen geben kannst!«, sagte er. [32]»Wer bist denn du?«, fragte Isaak verwundert. »Dein ältester Sohn Esau!«, bekam er zur Antwort.

[33]Da erschrak Isaak heftig und fing an zu zittern. »Aber gerade eben hat mir jemand schon einmal gebratenes Wild zu essen gegeben!«, rief er. »Ich habe alles gegessen und ihn gesegnet, bevor du kamst. Ich kann mein Wort nicht mehr rückgängig machen!«

[34]Als Esau das hörte, schrie er voll Bitterkeit laut auf. »Segne mich, Vater, segne mich!«, flehte er. [35]Aber Isaak entgegnete: »Dein Bruder hat dich betrogen und um den Segen gebracht.« [36]»Ja, nicht umsonst trägt er den Namen Jakob[a]«, sagte Esau. »Jetzt hat er mich schon zum zweiten Mal überlistet! Zuerst hat er sich meine Rechte als ältester Sohn erschlichen, und jetzt bringt er mich auch noch um den Segen, der mir zusteht! Hast du denn keinen Segen mehr für mich übrig?« [37]Isaak antwortete: »Ich habe ihn zum Herrscher über dich gemacht, und alle seine Stammesverwandten müssen ihm dienen. Getreide und Wein habe ich ihm versprochen – was kann ich dir da noch geben, mein Sohn?« [38]Aber Esau ließ nicht locker: »Hast du wirklich nur diesen einen Segen, Vater? Segne doch auch mich!« Er fing laut an zu weinen. [39]Da sagte Isaak:

»Dort wo du wohnst, wird es keine fruchtbaren Felder geben, kein Regen wird dein Land bewässern!

[40]Durch dein Schwert musst du dich ernähren, und deinem Bruder wirst du dienen. Doch eines Tages wirst du sein Joch abschütteln!«

Jakob muss fliehen

[41]Esau hasste Jakob, weil dieser ihn betrogen hatte. Er nahm sich vor: »Wenn mein Vater gestorben ist und die Trauertage vorbei sind, dann werde ich Jakob umbringen!«

[42]Aber Rebekka erfuhr von seinem Plan und ließ Jakob zu sich rufen. »Dein Bruder will sich an dir rächen und dich umbringen!«, flüsterte sie ihm zu. [43]»Darum befolge meinen Rat: Flieh zu meinem Bruder nach Haran, [44]und bleib so lange dort, bis sich Esaus Zorn wieder gelegt hat. [45]Wenn er nicht mehr daran denkt, was du ihm angetan hast, schicke ich dir diese Nachricht: ›Du kannst zurückkommen.‹ Schließlich will ich nicht beide Söhne an einem Tag verlieren!«

[46]Dann ging sie zu Isaak. »Ich habe keine Freude mehr am Leben, weil Esau

---

a Jakob bedeutet »der Fersenhalter« (Kapitel 25,26), dann aber auch sinnbildlich »der Hinterlistige«, weil man beim Ringen den Gegner zu Fall bringen wollte, indem man seine Ferse packte.

27,29 25,23; Mal 1,2–3; Röm 9,10–13 **27,35** Hebr 11,20 **27,38** Hebr 12,17 **27,46** 24,3–4*

diese Hetiterinnen geheiratet hat!«, klag-
te sie. »Wenn ich auch noch mit ansehen
muss, dass Jakob eine solche Frau hei-
ratet, möchte ich lieber sterben!«
28 Da ließ Isaak seinen Sohn Jakob
zu sich kommen. Er segnete ihn
und schärfte ihm ein: »Heirate niemals
eine Einheimische, nimm dir keine Ka-
naaniterin zur Frau! 2 Es ist besser, du
gehst nach Mesopotamien zur Familie
deines Großvaters Betuël und heiratest
eine Tochter deines Onkels Laban!
3 Gott, der alle Macht besitzt, wird dich
reich beschenken und dir so viele Nach-
kommen geben, dass von dir viele Völker
abstammen werden. 4 Gott segnete Abra-
ham; dieser Segen ging auf mich über,
und jetzt gilt er dir und deinen Nachkom-
men: Ihr werdet das Land in Besitz neh-
men, in dem du jetzt noch ein Fremder
bist. Das hat Gott deinem Großvater
Abraham versprochen!«
5 Mit diesen Worten verabschiedete
Isaak seinen Sohn. So ging Jakob nach
Mesopotamien zu Laban, dem Bruder
seiner Mutter, der ein Sohn des Aramä-
ers Betuël war.
6/7 Esau hörte davon; die Leute sagten
ihm: »Dein Vater hat Jakob gesegnet
und nach Mesopotamien geschickt, um
dort eine Frau zu suchen. Jakob soll keine
Kanaaniterin heiraten. Er hat auf seine
Eltern gehört und ist zu seinem Onkel
nach Mesopotamien gegangen.« 8 Da be-
griff Esau, dass sein Vater die Kanaa-
niterinnen als Ehefrauen ablehnte. 9 Da-
rum ging er zu seinem Onkel Ismael und
nahm sich zu seinen beiden Frauen noch
eine dritte dazu. Sie hieß Mahalat und
war die Tochter Ismaels, des Sohnes
Abrahams, und die Schwester Nebajots.

Gott begegnet Jakob

10 Jakob verließ Beerscheba und machte
sich auf den Weg nach Haran. 11 Als die
Sonne unterging, blieb er an dem Ort,
wo er gerade war, um zu übernachten.
Unter seinen Kopf legte er einen der
Steine, die dort herumlagen.
12 Während er schlief, hatte er einen
Traum: Er sah eine Treppe, die auf der
Erde stand und bis zum Himmel reichte.
Engel Gottes stiegen hinauf und herab.
13 Oben auf der Treppe stand der Herr
und sagte zu ihm: »Ich bin der Herr, der
Gott Abrahams und Isaaks. Das Land,
auf dem du liegst, werde ich dir und dei-
nen Nachkommen geben! 14 Sie werden
unzählbar sein wie der Staub auf der Er-
de, sich in diesem Land ausbreiten und
alle Gebiete bevölkern. Und durch dich
soll allen Völkern der Erde Gutes zuteil
werden. 15 Ich stehe dir bei; ich behüte
dich, wo du auch hingehst, und bringe
dich heil wieder in dieses Land zurück.
Niemals lasse ich dich im Stich; ich stehe
zu meinem Versprechen, das ich dir gege-
ben habe.«
16/17 Jakob erwachte. Entsetzt blickte er
um sich. »Tatsächlich – der Herr wohnt
hier, und ich habe es nicht gewusst!«, rief
er. »Wie furchterregend ist dieser Ort!
Hier ist die Wohnstätte Gottes und das
Tor zum Himmel!«
18 Am nächsten Morgen stand er früh
auf. Er nahm den Stein, auf den er seinen
Kopf gelegt hatte, stellte ihn als Gedenk-
stein auf und goss Öl darüber, um ihn Gott
zu weihen. 19 Er nannte den Ort Bethel
(»Haus Gottes«). Früher hieß er Lus.
20 Dann legte Jakob ein Gelübde ab:
»Wenn der Herr mir beisteht und mich
auf dieser Reise beschützt, wenn er mir
genug Nahrung und Kleidung gibt 21 und
mich wieder heil zu meiner Familie zu-
rückbringt, dann soll er mein Gott sein!
22 An der Stelle, wo ich den Stein auf-
gestellt habe, soll der Herr verehrt und an-
gebetet werden. Von allem, was er mir
schenkt, will ich ihm den zehnten Teil zu-
rückgeben!«

28,1–2 24,3–4* **28,3** 28,14*; 12,2*; 26,4 **28,4** 12,7* **28,5** 24,10; 27,43 **28,6–9** 24,3–4* **28,12** Joh 1,51 **28,13** 35,12; 12,7*; 26,2–3 **28,14** 28,3; 35,11; 46,3; 47,27; 12,2*; 26,4 **28,18–22** 31,13; 35,1.14–15 **28,20** 31,3 **28,22** 14,20; 3 Mo 27,30–33*

Jakob in Haran

29 Danach brach Jakob auf und ging weiter nach Osten zu dem Gebiet, aus dem seine Mutter stammte. [2/3] Eines Tages erreichte er einen Brunnen mitten in der Steppe. Die Hirten dieser Gegend tränkten daraus ihre Schafe und Ziegen. Schon drei Herden lagerten bei dem Brunnen, aber der große Stein auf dem Brunnenloch war noch nicht weggeschoben worden. Es war üblich, dass man so lange wartete, bis alle Hirten mit ihrem Vieh da waren; dann erst wälzten die Hirten gemeinsam den Stein vom Loch, tränkten das Vieh und verschlossen die Brunnenöffnung wieder mit dem Stein.

[4] »Woher kommt ihr?«, fragte Jakob die Hirten. »Von Haran«, war die Antwort. [5] »Kennt ihr dann vielleicht Laban, den Sohn Nahors?« »Sicher, den kennen wir«, erwiderten sie. [6] »Geht es ihm gut?«, wollte Jakob wissen. »Es geht ihm gut. Da vorne kommt gerade seine Tochter Rahel mit ihrer Herde!« [7] »Weshalb wartet ihr eigentlich hier?«, fragte Jakob weiter. »Es ist doch noch viel zu früh, um die Schafe und Ziegen zusammenzutreiben! Tränkt sie, und lasst sie wieder auf die Weide!« [8] »Nein, das geht nicht«, entgegneten sie. »Wir warten so lange, bis alle Hirten mit ihren Herden eingetroffen sind. Dann wälzen wir den Stein gemeinsam vom Brunnenloch und tränken unsere Tiere.«

[9] Inzwischen war Rahel mit den Schafen und Ziegen ihres Vaters herangekommen, denn auch sie war eine Hirtin. [10] »Das ist also die Tochter meines Onkels, und das ist sein Vieh«, dachte Jakob. Er ging zum Brunnen, wälzte den Stein vom Loch und tränkte Labans Herde. [11] Dann küsste er Rahel und weinte laut vor Freude. [12] »Ich bin mit deinem Vater verwandt«, erklärte er ihr, »deine Tante Rebekka ist meine Mutter!« Als sie das hörte, lief sie zu ihrem Vater und erzählte es *ihm*.

[13] Da eilte Laban Jakob entgegen. Er umarmte und küsste ihn und nahm ihn mit in sein Haus. Dort erzählte Jakob seinem Onkel, weshalb er von zu Hause weggegangen war und was er unterwegs erlebt hatte. [14] »Es ist wahr – du bist mein Blutsverwandter!«, sagte Laban.

Jakob muss sich seine Frauen verdienen

Jakob blieb bei seinem Onkel und half mit bei der Arbeit. Nach einem Monat [15] sagte Laban zu ihm: »Du bist mein Verwandter, aber deshalb sollst du nicht umsonst für mich arbeiten! Sag mir, welchen Lohn willst du haben?« [16] Laban hatte zwei Töchter; die ältere hieß Lea und ihre jüngere Schwester Rahel. [17] Lea hatte glanzlose Augen, Rahel aber war eine sehr schöne Frau. [18] Jakob liebte sie. Darum antwortete er: »Ich will sieben Jahre für dich arbeiten, wenn du mir Rahel gibst!« [19] »Einverstanden«, sagte Laban, »ich gebe sie lieber dir als einem fremden Mann. Bleib solange bei mir!«

[20] Die sieben Jahre vergingen für Jakob wie im Flug. Dass er so lange für Rahel arbeiten musste, störte ihn nicht, weil er sie sehr liebte. [21] Danach ging er zu Laban: »Die Zeit ist um! Gib mir Rahel, für die ich gearbeitet habe!« [22] Laban lud alle Leute des Ortes zu einer großen Hochzeitsfeier ein. [23] Am Abend, als es dunkel war, brachte er aber nicht Rahel, sondern Lea zu Jakob, und er schlief mit ihr. [24] Laban gab ihr seine Magd Silpa zur Dienerin.

[25] Am nächsten Morgen entdeckte Jakob entsetzt, dass Lea neben ihm lag. Sofort stellte er Laban zur Rede: »Was hast du mir da angetan? Warum hast du mich betrogen? Ich habe doch für dich gearbeitet, um Rahel zu bekommen!« [26] »Es ist bei uns nicht Sitte, die jüngere Tochter vor der älteren zu verheiraten«, entgegnete Laban. [27] »Verbring mit Lea die Hochzeitswoche, dann bekommst du Rahel noch dazu – allerdings musst du weitere sieben Jahre für mich arbeiten!«

29,1 24,10

28 Jakob willigte ein. Eine Woche später
bekam er auch Rahel zur Frau. 29 Ihr wur-
de die Magd Bilha als Dienerin mitgege-
ben. 30 Jakob schlief auch mit Rahel, und
er liebte sie mehr als Lea. Er blieb noch
einmal sieben Jahre bei Laban.

Jakobs Kinder

31 Als der Herr sah, dass Lea nicht geliebt
wurde, schenkte er ihr Kinder, während
Rahel kinderlos blieb.
32 Lea nannte ihren ersten Sohn Ruben
(»Seht, ein Sohn«), denn sie sagte sich:
»Der Herr hat mein Elend gesehen; jetzt
wird mein Mann mich lieben, weil ich
ihm einen Sohn geboren habe.«
33 Danach brachte Lea den zweiten
Sohn zur Welt. »Der Herr hat gehört,
dass ich nicht geliebt werde. Darum hat
er mir noch einen Sohn geschenkt!«, rief
sie und gab ihm den Namen Simeon
(»Der Herr hat gehört«).
34 Sie wurde wieder schwanger und
brachte erneut einen Sohn zur Welt.
»Jetzt wird sich Jakob mir endlich zuwen-
den, weil ich ihm drei Söhne geboren ha-
be!«, sagte sie. Deshalb nannte sie ihn
Levi (»Zuwendung«).
35 Schließlich wurde ihr vierter Sohn
geboren. »Ich will den Herrn preisen!«,
sagte sie und nannte ihn Juda (»Lob-
preis«). Danach bekam sie keine Kinder
mehr.

30 Weil Rahel keine Kinder bekam,
wurde sie eifersüchtig auf ihre
Schwester. Sie bestürmte Jakob mit Vor-
würfen: »Verschaff mir endlich Kinder,
sonst will ich nicht länger leben!« 2 Jakob
wurde wütend und rief: »Bin ich denn
Gott? Er hat dir Kinder versagt und dich
unfruchtbar gemacht, nicht ich!« 3 »Dann
gebe ich dir eben meine Magd Bilha«,
entgegnete Rahel. »Geh zu ihr, und mach
sie schwanger! Wenn es so weit ist, soll
sie das Kind auf meinem Schoß gebären,
dann ist es wie mein eigenes.«[a]
4 Jakob war einverstanden, und Rahel
gab ihm Bilha zur Nebenfrau. Er schlief
mit ihr, 5 sie wurde schwanger und brach-
te einen Sohn zur Welt. 6 Da sagte Rahel:
»Gott hat mir Recht gegeben! Er hat auf
meine Bitte gehört und mir einen Sohn
geschenkt!« Darum nannte sie ihn Dan
(»Einer, der zum Recht verhilft«).
7 Bilha wurde erneut schwanger und
bekam einen zweiten Sohn. 8 »Ich habe
mit meiner Schwester einen Kampf aus-
gefochten, bei dem Gott mir geholfen hat
– und ich habe gewonnen!«, sagte Rahel
und gab ihm den Namen Naftali (»mein
Erkämpfter«).
9 Als Lea merkte, dass sie keine Kinder
mehr bekam, gab sie ihre Magd Silpa
Jakob zur Nebenfrau. 10 Silpa wurde
schwanger und brachte einen Sohn zur
Welt. 11 »Mein Glück kehrt zurück!«, freu-
te sich Lea und nannte ihn Gad (»Glück«).
12 Als Silpa Jakob einen zweiten Sohn
gebar, sagte Lea: 13 »Ich Glückliche! Alle
Frauen werden mich beglückwünschen!«
Darum nannte sie ihn Asser (»glück-
lich«).
14 Zur Zeit der Weizenernte fand Ru-
ben auf einem Feld Alraunfrüchte, auch
Liebesäpfel[b] genannt; er nahm sie mit
nach Hause und gab sie seiner Mutter
Lea. Rahel sah das und bat Lea: »Gib
mir ein paar davon ab!« 15 Aber Lea fuhr
sie an: »Reicht es dir nicht, dass du mir
meinen Mann weggenommen hast?
Musst du mir auch noch die Liebesäpfel
wegnehmen, die mein Sohn gefunden
hat?« »Ich mache dir einen Vorschlag«,
entgegnete Rahel, »du gibst mir die Lie-
besäpfel, und dafür schläft Jakob diese
Nacht bei dir.«
16 Am Abend, als Jakob vom Feld nach
Hause kam, ging Lea ihm entgegen. »Du
schläfst heute Nacht bei mir«, sagte sie,

---

[a] Eine damalige Sitte: Wenn eine Magd auf den Knien ihrer Herrin ein Kind zur Welt brachte, galt es als das Kind der Herrin.

[b] Die Früchte wurden auch »Liebesäpfel« genannt, weil sie als Mittel zur Förderung der Fruchtbarkeit angesehen wurden.

30,3 16,1–2

»ich habe mir dieses Vorrecht von Rahel
erkauft. Sie hat dafür die Liebesäpfel be-
kommen, die Ruben gefunden hat.«

Jakob verbrachte die Nacht mit ihr,
17 und Gott erhörte Leas Gebete; sie wur-
de schwanger und bekam ihren fünften
Sohn. 18 Da sagte sie: »Gott hat mich da-
für belohnt, dass ich meinem Mann die
Magd gegeben habe!« Darum nannte sie
ihn Issaschar (»Belohnung«).

19 Als Lea erneut schwanger wurde und
ihren sechsten Sohn bekam, 20 rief sie:
»Gott hat mich reich beschenkt! Jetzt
wird mich mein Mann anerkennen und
bei mir wohnen, weil ich ihm sechs Söhne
geboren habe!« Sie gab ihm den Namen
Sebulon (»Wohnung«).

21 Danach brachte sie eine Tochter zur
Welt, die nannte sie Dina.

22 Gott dachte nun auch an Rahel und
erhörte ihre Gebete. 23 Sie wurde schwan-
ger und bekam einen Sohn. »Endlich hat
Gott die Schande von mir genommen!
24 Hoffentlich gibt der Herr mir noch
einen Sohn dazu!«, sagte sie und nannte
ihn Josef (»hinzufügen«).

Jakobs Handel mit Laban

25 Nach der Geburt Josefs ging Jakob zu
seinem Onkel Laban. »Lass mich in
meine Heimat zurückkehren!«, bat er.
26 »Überlass mir meine Frauen und meine
Kinder; um sie zu bekommen, habe ich
hart für dich gearbeitet. Du weißt ja
selbst, was ich geleistet habe – jetzt lass
mich bitte gehen!«

27 Aber Laban erwiderte: »Tu mir doch
den Gefallen und bleib hier! Vor einiger
Zeit sagte mir jemand die Zukunft vo-
raus. Durch ihn weiß ich, dass der Herr
mir nur deshalb so viel Besitz geschenkt
hat, weil du bei mir bist. 28 Bleib und be-
stimm den Lohn – ich gebe dir alles, was
du verlangst!«

29 Aber Jakob entgegnete: »Du weißt
genau, wie viel ich für dich getan habe
und wie deine Herden in dieser Zeit ge-
wachsen sind. 30 Als ich kam, hattest du
nur eine kleine Herde, aber inzwischen
sind deine Viehbestände sehr gewachsen.
Der Herr wollte, dass mir alles gelang,
was ich für dich unternahm; er hat dich
reich gemacht. Aber was habe ich davon?
Ich muss jetzt endlich einmal für meine
eigene Familie sorgen!«

31 »Nenn mir deinen Lohn!«, wieder-
holte Laban. »Ich will keinen Lohn«, sag-
te Jakob und schlug vor: »Ich werde mich
sogar wieder um dein Vieh kümmern,
wenn du mir diese eine Bedingung er-
füllst: 32 Ich gehe heute durch deine Her-
den und sondere für mich alle schwarz
gefleckten, schwarz gesprenkelten und
schwarzen Schafe aus sowie alle weiß ge-
fleckten und weiß gesprenkelten Ziegen.
33 Und alle Tiere mit diesen Farben, die in
Zukunft geworfen werden, sollen eben-
falls mir gehören. An der Farbe meiner
Tiere kannst du dann jederzeit prüfen,
ob ich dir gegenüber ehrlich bin oder ob
ich dich betrüge.« 34 »Abgemacht«, sagte
Laban, »ich bin mit deinem Vorschlag
einverstanden.«

35 Am selben Tag noch sonderte Laban
alle Ziegen aus, an denen etwas Weißes
war, und alle Schafe, an denen etwas
Schwarzes war, und schickte seine Söhne
mit ihnen fort. 36 Sie sollten so weit weg-
ziehen, dass sie von Jakob drei Tagesrei-
sen entfernt waren. Dann gab er seine
Herde Jakob zur Aufsicht.

37 Jakob holte sich frische Zweige von
Weißpappeln, Mandelbäumen und Plata-
nen und schälte einige Streifen von ihrer
Rinde ab. 38 Die weiß gestreiften Stäbe
stellte er in die Tränkrinnen, so dass die
Tiere sie vor sich sahen, wenn sie zum
Trinken kamen. Dies war nämlich der
Ort, an dem sie sich paarten; 39 dabei hat-
ten sie die Stäbe vor Augen.[a] In der fol-
genden Zeit wurden gestreifte, gefleckte
und gesprenkelte Junge geworfen. 40 Ja-
kob sonderte sie aus und ließ sie im

---

[a] Hier lag die Ansicht zugrunde, dass sichtbare Eindrücke im Augenblick der Empfängnis bei Tieren großen Einfluss auf das Aussehen der Jungen hätten.

30,23 16,4; 1 Sam 1,6; Jes 4,1 **30,26** 29,20.30

Blickfeld der übrigen Herde weiden.
Wenn nun die Tiere der Herde brünstig
wurden und sich paarten, hatten sie Ja-
kobs Herde vor Augen. Deshalb warfen
auch sie gestreifte, gefleckte und ge-
sprenkelte Jungtiere. Daraus bildete er
seine eigene Herde. 41 Die gestreiften Stä-
be legte er aber nur dann in die Tränkrin-
nen, wenn die kräftigen Tiere sich paar-
ten. 42 Bei den schwachen ließ er es sein.
Dadurch bekam Laban die schwachen
und Jakob die kräftigen Jungtiere.
43 So wurde Jakobs Viehbestand stark
vergrößert, außerdem besaß er Kamele
und Esel sowie Sklaven und Sklavinnen.

Die Flucht

31 Eines Tages erfuhr Jakob, dass La-
bans Söhne über ihn schimpften:
»Der Kerl ist ein Dieb! Alles hat er sich
vom Vater unter den Nagel gerissen. Auf
unsere Kosten ist er reich geworden!«
2 An Labans finsterer Miene bemerkte
Jakob, dass auch sein Onkel nicht mehr
so auf seiner Seite stand wie früher. 3 Da
sprach der Herr zu Jakob: »Geh wieder
zurück in das Land deiner Väter und zu
deinen Verwandten! Ich bin mit dir, ich
werde dich beschützen!«
4 Daraufhin ließ Jakob Rahel und Lea
zu sich auf die Weide holen. 5 Er sagte zu
ihnen: »Ich merke es eurem Vater an, er
ist nicht mehr so freundlich zu mir wie
früher. Aber der Gott meiner Väter hält
zu mir! 6 Ihr wisst, wie ich für euren Vater
gearbeitet habe; meine ganze Kraft habe
ich für ihn eingesetzt. 7 Trotzdem hat er
mich betrogen und mir immer wieder
einen anderen Lohn gegeben, als wir ver-
einbart hatten. Aber Gott hat nicht zuge-
lassen, dass er mir Schaden zufügen
konnte. 8 Wenn Laban zu mir sagte: ›Die
Gesprenkelten sind dein Lohn‹, dann
warf die ganze Herde gesprenkelte Tiere.
Und wenn er dann sagte: ›Du bekommst
doch lieber die Gestreiften‹ – dann gab es
nur Gestreifte! 9 Dadurch hat Gott eurem
Vater die Tiere genommen und sie mir
gegeben. 10 Zu der Zeit, als die Tiere
brünstig waren, hatte ich einen Traum.
Ich sah, dass nur gestreifte, gesprenkelte
und gescheckte Böcke die Tiere besprran-
gen. 11 Ich hörte auch eine Stimme. Der
Engel Gottes rief meinen Namen, und
als ich ihm antwortete, 12 sagte er: ›Sieh
zur Herde! Alle Böcke, die die Tiere be-
springen, sind gestreift, gesprenkelt oder
gescheckt. Das habe ich für dich bewirkt,
denn ich habe gesehen, wie Laban dich
betrügen wollte. 13 Ich bin der Gott, der
dir in Bethel erschienen ist; du hast dort
den Gedenkstein mit Öl begossen und
mir ein Gelübde abgelegt. Verlass jetzt
dieses Land, und kehr in deine Heimat
zurück!‹«
14 Rahel und Lea erwiderten: »Wir be-
kommen ja doch kein Erbe mehr von un-
serem Vater! 15 Er hat das Familienrecht
verletzt und uns wie Fremde behandelt!
Denn alles Geld, das er damals für uns
bekam, hat er für sich allein verbraucht;
er hat uns also verkauft! 16 Der ganze
Reichtum, den Gott unserem Vater weg-
genommen hat, gehört rechtmäßig uns
und unseren Kindern! Wir halten zu dir!
Tu alles, was Gott dir gesagt hat!«
17 Da setzte Jakob seine beiden Frauen
und seine Kinder auf die Kamele 18 und
zog Richtung Kanaan, in das Land seines
Vaters Isaak. Er nahm mit, was er sich in
Mesopotamien erarbeitet hatte: seinen
ganzen Besitz und alle seine Viehherden.
19 Kurz bevor sie aufbrachen, nutzte Ra-
hel die Gelegenheit und stahl die kleinen
Götterfiguren ihres Vaters. Laban war
nicht zu Hause, er war mit der Schafschur
beschäftigt.
20 Ohne Laban zu benachrichtigen,
21 floh Jakob mit seinem ganzen Besitz.
Er überquerte den Euphrat und zog in
Richtung Gilead.
22 Erst nach drei Tagen erfuhr Laban
von der Flucht; 23 sofort rief er alle Män-
ner aus der Verwandtschaft zusammen
und jagte Jakob hinterher. Sieben Tage
dauerte die Verfolgungsjagd, dann stellte
er Jakob im Gebirge Gilead. 24 In der

31,3 28,20 **31,13** 28,19–22; 35,1.14–15 **31,19** 35,2

Nacht davor aber hatte Laban einen
Traum: Er sah, wie Gott zu ihm kam und
ihn warnte: »Hüte dich davor, Jakob zu
bedrohen!«
25 Laban holte Jakob ein, als dieser sei-
ne Zelte im Gebirge Gilead aufgeschla-
gen hatte. Laban und seine Verwandten
schlugen dort ebenfalls ihre Zelte auf.
26 Dann stellte er Jakob zur Rede: »Wa-
rum hast du mich hinters Licht geführt
und meine Töchter wie Kriegsgefangene
fortgeschleppt? 27 Warum hast du dich
heimlich davongeschlichen? Du hättest
doch ruhig etwas sagen können, dann wä-
ren wir fröhlich auseinander gegangen.
Mit Gesang und mit Musik hätten wir
euch verabschiedet und wären noch ein
Stück Weg mitgegangen. 28 Aber du hast
mir nicht einmal erlaubt, meine Töchter
und Enkel zum Abschied zu küssen. Das
war dumm von dir! 29 Ich könnte es euch
heimzahlen, aber der Gott eures Vaters
hat letzte Nacht zu mir gesagt: ›Hüte dich
davor, Jakob zu bedrohen!‹ 30 Na schön,
du bist losgezogen, weil das Heimweh
dich nach Hause treibt. Aber warum hast
du meine Götterfiguren gestohlen?«
31 »Ich habe dich heimlich verlassen,
weil ich Angst hatte, du würdest deine
Töchter nicht mit mir gehen lassen«, ant-
wortete Jakob. 32 »Und was deine Götter-
figuren betrifft: Bei wem du sie findest,
der soll sterben! Durchsuch alles, und
nimm, was dir gehört – die Männer hier
sind Zeugen!« Jakob wusste nämlich
nicht, dass Rahel die Götterfiguren ge-
stohlen hatte.
33 Laban durchsuchte zuerst das Zelt
Jakobs, danach Leas Zelt und das der bei-
den Mägde. 34/35 In der Zwischenzeit hatte
Rahel die Götterfiguren unter ihren Ka-
melsattel gestopft und sich darauf ge-
setzt. Als ihr Vater in das Zelt kam, sagte
sie zu ihm: »Sei mir nicht böse, Vater, es
ist kein Mangel an Respekt, dass ich vor
dir nicht aufstehe; ich habe gerade meine
Tage.« Laban durchsuchte alles, fand
aber nichts.
36 Da packte Jakob der Zorn, und er
überhäufte Laban mit Vorwürfen: »Was
habe ich dir getan, dass du mir nachhetzt
wie einem Verbrecher? 37 Du hast meinen
ganzen Besitz durchwühlt. Und? – Hast
du irgendetwas gefunden, was dir ge-
hört? Dann leg es hier in die Mitte, damit
es alle Männer sehen und beurteilen kön-
nen, wer von uns beiden im Recht ist!
38 Zwanzig Jahre bin ich bei dir gewesen,
und in dieser Zeit habe ich so gut für dei-
ne Herden gesorgt, dass weder deine
Schafe noch deine Ziegen Fehlgeburten
hatten. Ich habe nie ein Tier aus deiner
Herde gestohlen und für mich geschlach-
tet. 39 Wenn ein Schaf von einem Raubtier
gerissen wurde, dann hast du keine Ent-
schuldigung gelten lassen; ich musste für
den Schaden aufkommen – es war dir
ganz egal, ob das Tier bei Tag oder bei
Nacht geraubt worden war! 40 Ich bekam
die ganze Härte des Hirtenlebens zu spü-
ren: am Tag die Hitze und in der Nacht
die Kälte, und oft konnte ich nicht schla-
fen. 41 Insgesamt bin ich zwanzig Jahre bei
dir gewesen; davon habe ich vierzehn
Jahre für deine beiden Töchter gearbeitet
und dann noch einmal sechs Jahre, um
die Herde zu bekommen. Doch du hast
mir immer wieder einen anderen Lohn
gegeben, als wir vereinbart hatten. 42 Du
hättest mir sogar jetzt alles weggenom-
men und mich mit leeren Händen davon-
gejagt, wenn mir nicht der Gott meines
Großvaters Abraham geholfen hätte,
dem auch mein Vater Isaak mit Ehrfurcht
gedient hat. Gott hat mit angesehen, wie
ich mich für dich abgearbeitet habe und
wie schlecht du mich behandelt hast. Da-
rum hat er mir letzte Nacht zu meinem
Recht verholfen!«

Jakob und Laban einigen sich

43 Laban entgegnete: »Die Frauen sind
meine Töchter und ihre Kinder meine
Kinder, die Herde ist meine Herde, und
alles, was du hier siehst, gehört mir! Aber
jetzt kann ich doch nichts mehr für meine
Töchter und Enkelkinder tun! 44 Komm,

31,41 29,20.30; 30,31–34

wir schließen ein Abkommen miteinander und stellen ein Zeichen auf, das uns beide daran erinnert!«

45 Jakob wälzte einen großen Stein heran und richtete ihn als Gedenkstein auf. 46 Er befahl seinen Dienern, Steine zu sammeln und sie zu einem Hügel aufzuschütten. Auf dem Steinhügel versammelten sie sich und aßen gemeinsam. 47 Laban nannte den Ort Jegar-Sahaduta, und Jakob nannte ihn Gal-Ed.[a] 48 »Dieser Hügel ist jetzt Zeuge für unser Abkommen«, sagte Laban. Deswegen nannte auch er ihn Gal-Ed. 49 Man gab dem Gedenkstein noch einen anderen Namen: Mizpa (»Wachturm«), denn Laban sagte zu Jakob: »Der Herr soll darüber wachen, dass wir unsere Abmachung einhalten, wenn wir uns getrennt haben. 50 Niemals darfst du meine Töchter schlecht behandeln oder dir noch andere Frauen dazunehmen! Ich werde es zwar nicht erfahren, aber Gott ist unser Zeuge!«

51/52 Laban fuhr fort: »Dieser Hügel und dieser Gedenkstein, die ich errichtet habe, sind Zeugen für unsere gegenseitige Übereinkunft: Keiner von uns darf diese Grenze je in feindlicher Absicht überschreiten! 53 Der Gott Abrahams und der Gott Nahors – der Gott ihres gemeinsamen Vaters – soll jeden bestrafen, der sich nicht daran hält!«

Jakob schwor bei dem Gott, dem sein Vater Isaak mit Ehrfurcht diente, sich an dieses Abkommen zu halten. 54 Danach schlachtete er ein Opfertier und lud seine Verwandten zum Opfermahl ein. Dort im Bergland blieben sie auch über Nacht.

Jakob bereitet sich auf die Begegnung mit Esau vor

32 Früh am nächsten Morgen küsste Laban seine Töchter und seine Enkel zum Abschied und segnete sie. Dann kehrte er wieder nach Hause zurück.

2 Auch Jakob setzte seine Reise fort. Unterwegs begegnete ihm eine Schar von Engeln. 3 »Das ist ein Heer Gottes!«, rief er erstaunt. Darum nannte er den Ort Mahanajim (»Doppelheer«)[b].

4 Jakob schickte Boten zu seinem Bruder Esau, der sich gerade in Edom im Land Seïr aufhielt. 5 Sie sollten Esau diese Nachricht überbringen: »Ich, Jakob, dein Diener, bin bis jetzt bei Laban gewesen. 6 Dort habe ich mir viele Rinder, Esel, Schafe und Ziegen sowie Sklaven und Sklavinnen erworben. Jetzt sende ich dir, meinem Herrn, diese Nachricht und hoffe, dass du uns großzügig aufnimmst!«

7 Die Boten kamen zurück und meldeten: »Esau ist schon auf dem Weg zu dir! Vierhundert Mann begleiten ihn!«

8 Jakob wurde von Angst gepackt. Schnell teilte er seine Leute und das Vieh in zwei Gruppen ein, 9 weil er sich dachte: »Wenn Esau eine Gruppe angreift und alles niedermacht, können wenigstens die anderen entkommen!« 10 Dann betete er: »Du Gott meines Großvaters Abraham und meines Vaters Isaak, du hast zu mir gesagt: ›Kehr zurück in deine Heimat zu deinen Verwandten, ich werde dafür sorgen, dass es dir gut geht!‹ 11 Ich habe es nicht verdient, dass du so viel für mich getan und immer wieder deine Versprechen eingehalten hast! Als ich damals den Jordan hier überquerte, besaß ich nur einen Wanderstock – und nun komme ich mit zwei großen Herden an! 12 Bitte rette mich vor meinem Bruder Esau! Ich habe große Angst, dass er uns alle umbringt, die Frauen und auch die Kinder! 13 Du hast mir doch versprochen: ›Ich will dafür sorgen, dass es dir gut geht, und dir viele Nachkommen schenken, unzählbar wie der Sand am Meer!‹«

---

[a] »Jegar-Sahaduta« ist aramäisch, »Gal-Ed« hebräisch; beides bedeutet: »Hügel, der als Zeuge dient.«

[b] »Doppelheer« wahrscheinlich, weil das Heer Gottes zu Jakobs Heer dazukam, um ihn zu schützen.

31,48 Jos 24,27 **32,5** 31,38 **32,10** 31,3.13 **32,13** 28,14*

14 Über Nacht blieb Jakob noch im La-
ger. Er bereitete ein Geschenk für Esau
vor, um es vorauszuschicken: 15 200 Zie-
gen, 20 Ziegenböcke, 200 Schafe, 20
Schafböcke, 16 30 säugende Kamele mit
ihren Jungen, 40 Kühe, 10 Stiere, 20 Ese-
linnen und 10 Esel. 17 Er stellte sie in Her-
den zusammen und übergab jedem seiner
Knechte eine. Sie sollten vorausziehen
und zwischen den einzelnen Herden Ab-
stand lassen.

18 Dem, der die erste anführte, befahl
er: »Wenn du Esau begegnest und er dich
fragt: ›Wer ist dein Herr? Wohin willst
du? Wem gehört das Vieh, das du vor dir
hertreibst?‹, 19 dann antworte: ›Es gehört
deinem Diener Jakob. Er hat es als Ge-
schenk vorausgeschickt für dich, Esau,
seinen Herrn; er selbst kommt auch
schon hinter uns her!‹«

20 Dasselbe sagte Jakob zu allen übri-
gen, die eine Herde anführten. Er schärf-
te ihnen ein: »Haltet euch an das, was ihr
Esau antworten sollt. 21 Sagt ihm: ›Dein
Knecht Jakob kommt auch gleich!‹« Ja-
kob dachte nämlich: »Ich will ihn milde
stimmen mit dem Geschenk, das ich vo-
rausschicke, erst dann will ich ihn selbst
sehen. Vielleicht nimmt er mich freund-
lich auf!« 22 Er schickte also die Viehher-
den schon voraus, blieb aber selbst über
Nacht im Lager.

Jakob muss kämpfen

23 Mitten in der Nacht stand Jakob auf
und überquerte den Jabbokfluss an einer
seichten Stelle, zusammen mit seinen bei-
den Frauen, den beiden Mägden und den
elf Kindern. 24 Auch seinen Besitz brachte
er auf die andere Seite. 25 Nur er blieb
noch allein zurück.

Plötzlich stellte sich ihm ein Mann ent-
gegen und kämpfte mit ihm bis zum Mor-
gengrauen. 26 Als der Mann merkte, dass
er Jakob nicht besiegen konnte, gab er
ihm einen so harten Schlag auf das Hüft-
gelenk, dass es ausgerenkt wurde. 27 Dann
bat er: »Lass mich los, der Morgen däm-
mert schon!«

Aber Jakob erwiderte: »Ich lasse dich
nicht eher los, bis du mich gesegnet
hast!« 28 »Wie heißt du?«, fragte der
Mann. Als Jakob seinen Namen nannte,
29 sagte der Mann: »Von jetzt an sollst du
nicht mehr Jakob heißen. Du hast schon
mit Gott und mit Menschen gekämpft
und immer gesiegt. Darum heißt du von
jetzt an Israel[a].«

30 »Wie ist denn dein Name?«, fragte
Jakob zurück. »Warum fragst du?«, ent-
gegnete der Mann nur, dann segnete er
ihn.

31 »Ich habe Gott gesehen, und trotz-
dem lebe ich noch!«, rief Jakob. Darum
nannte er den Ort Pnuël (»Gesicht Got-
tes«). 32 Die Sonne ging gerade auf, als
Jakob weiterzog. Er hinkte, weil seine
Hüfte ausgerenkt war.

33 Bis heute essen die Israeliten bei ge-
schlachteten Tieren nicht den Muskel
über dem Hüftgelenk, weil Jakob auf die-
se Stelle geschlagen wurde.

Die Versöhnung

33 Kaum war Jakob weitergezogen,
da sah er auch schon Esau, wie
er mit vierhundert Mann anrückte. So-
fort stellte er seine Kinder zu ihren
Müttern. 2 Die beiden Mägde mit ihren
Kindern mussten vorangehen, dahinter
kam Lea mit ihren und ganz zum Schluss
Rahel mit Josef. 3 Er selbst lief an die
Spitze des Zuges und verbeugte sich
siebenmal, bis sie seinen Bruder erreicht
hatten. 4 Der rannte Jakob entgegen, fiel
ihm um den Hals und küsste ihn. Beide
weinten.

5 Dann betrachtete Esau die Frauen
und die Kinder. »Wer sind sie?«, fragte
er. »Das sind die Kinder, die Gott deinem

---

[a] Israel bedeutet »Gotteskämpfer«. – Von hier an wird Jakob im hebräischen Text gelegentlich Israel genannt.

32,29 35,10 **32,30** Ri 13,17–18 **32,31** 2 Mo 33,20–23*

Die Chance zur Vergebung

Lesen Sie 1. Mose 33,1-15

Schon bevor Esau die großen Herden Jakobs kommen sah, hatte er bereits beschlossen, seinem hinterhältigen Bruder zu vergeben. Jakob hatte Esau so tief verletzt, dass dieser ihm nach dem Leben trachtete. Also musste Jakob aus seiner Heimat fliehen, und die Brüder hatten viele Jahre keinen Kontakt mehr zueinander.

Natürlich hatte Jakob mit dem Schlimmsten gerechnet: mit einem zornerfüllten Bruder, der ihn und seine ganze Sippe umbringen würde. Jakob näherte sich Esau vorsichtig, verbeugte sich vor ihm und bot ihm Geschenke an, um ihn zu besänftigen. Doch diese Gesten waren überflüssig, denn Esau hatte sich bereits zur Vergebung entschlossen. Ohne auf Jakobs Entschuldigung zu warten, lief er ihm entgegen, fiel ihm um den Hals und küsste ihn. Die Entscheidung zur Vergebung hatte Esau aus freien Stücken getroffen, doch es war sicherlich nicht leicht für ihn gewesen.

Warum fällt es uns so schwer zu vergeben? Wir sind nach dem Ebenbild Gottes geschaffen und haben deshalb einen tief verwurzelten Sinn für Gerechtigkeit. Auch wenn Gott uns seine Vergebung schenkt, so hatte sie doch einen hohen Preis. Weil Christus unsere Strafe am Kreuz bezahlt hat, kann Gott uns vergeben und trotzdem gerecht sein.

Wenn andere gegen uns sündigen, hat die Vergebung auch einen hohen Preis. Unser Gerechtigkeitssinn verlangt, dass sie für ihre Sünden bezahlen. Zwar möchten wir uns versöhnen, doch wir können nicht über das Unrecht hinwegsehen. Wenn wir aber daran denken, dass Gott uns vergab, obwohl wir es nicht verdient haben, dann können auch wir uns dafür entscheiden, anderen zu vergeben. Die Liebe ist immer bereit zur Vergebung.

Auch unsere Ehe sollte von dieser Bereitschaft geprägt sein. Oft verletzen wir einander tief, und wenn wir nicht ebenso voneinander entfremdet werden wollen wie die beiden Brüder, dann müssen auch wir vergeben.

Denken Sie gemeinsam im Gebet über Vergebung nach. Bitten Sie den Heiligen Geist, Ihnen zu zeigen, welche ungeklärten Probleme zwischen Ihnen beiden stehen. Bitten Sie Gott um die Kraft, sich gegenseitig aus tiefstem Herzen zu vergeben.

Wenn Sie noch mehr Zeit haben ...

Besprechen Sie miteinander folgende Fragen oder denken Sie darüber nach:

- Wie kann sich seelische Entfremdung in der Ehe zeigen?
- Was erschwert Ihnen die gegenseitige Vergebung?
- Was steht unbereinigt zwischen Ihnen?

Lesen Sie auch die folgenden Abschnitte, in denen es um das Thema Vergebung geht:
Lukas 17,3-4; Epheser 4,32; Kolosser 3,13.

Kommunikation – keine Einbahnstraße!

Die folgenden Fragen können Sie entweder allein oder als Paar gemeinsam durchgehen. Wenn jeder für sich darüber nachdenkt, verabreden Sie sich in der kommenden Woche zu einem Austausch darüber, was Sie herausgefunden haben.

1. Lesen Sie 1. Mose 35,9-14. Diese Verse beschreiben ein Gespräch zwischen Gott und Jakob. Was sagt Gott? Wie reagiert Jakob?

2. Was erfahren wir aus diesem Abschnitt über Gott?

3. Wie lässt sich an Jakobs Reaktion ablesen, dass er Gottes Botschaft verstanden hat?

4. Auf welche Weise spricht Gott zu Ihnen?

5. Viele Christen sehen in Bibellese und Gebet zwei völlig unterschiedliche Erfahrungen. Wir lesen in der Bibel, dann schlagen wir sie zu und fangen an zu beten. Dabei dreht sich unser Gebet um ganz andere Dinge als um das, was wir gelesen haben. Wie können Sie Ihre Kommunikation mit Gott verbessern, damit sie keine Einbahnstraße bleibt?

6. Wir können mit Gott auf vielerlei Weise kommunizieren: bitten, danken, loben, klagen oder ihm einfach etwas erzählen. Welche Art der Kommunikation fällt Ihnen am leichtesten? Welche vernachlässigen Sie eher?

1. Mose 35,14

„Jakob errichtete an der Stelle einen Gedenkstein."

KONKRET:

Arbeiten Sie als Paar gemeinsam daran, Ihre Kommunikation mit Gott zu verbessern. Nehmen Sie sich einen Abschnitt aus der Bibel vor (zum Beispiel 1. Mose 35,11-13) und sprechen Sie miteinander darüber, was Sie aus diesem Text über Gott erfahren. Überlegen Sie, was Ihre Erkenntnisse für Ihre Ehe bedeuten könnten. Verbringen Sie schließlich noch Zeit im gemeinsamen Gebet über die Einsichten, die Sie gewonnen haben. Bitten Sie Gott, dass er sie tief in Ihrem Herzen und in Ihrem Verstand verankert.

Den nächsten Impuls finden Sie auf S. 42 a

Diener geschenkt hat«, antwortete Jakob. 6 Die beiden Mägde mit ihren Kindern kamen näher und verbeugten sich vor Esau, 7 ebenso Lea mit ihren Kindern und schließlich Rahel mit Josef.

8 »Warum hast du mir diese großen Herden entgegengeschickt?«, fragte Esau. »Sie sind ein Geschenk für dich, meinen Herrn, damit du dich mit mir versöhnst«, erklärte Jakob. 9 Aber Esau erwiderte: »Ach, mein Bruder, ich habe schon selbst genug, behalte es doch!« 10 »Nein, bitte nimm mein Geschenk an«, bat Jakob, »als Zeichen, dass du auch mich wieder annimmst. Als ich dir ins Gesicht schaute, war es, als würde ich Gott selbst sehen, so freundlich bist du mir begegnet! 11 Nimm es also an! Ich habe es von Gott geschenkt bekommen, und ich habe wirklich alles, was ich brauche!«

So drängte Jakob, und Esau gab schließlich nach. 12 »Jetzt können wir zusammen weiterziehen«, schlug Esau vor, »ich gehe mit meinen Leuten voraus und zeige euch den Weg.« 13 Aber Jakob entgegnete: »Mein Herr, du siehst, dass ich kleine Kinder bei mir habe. Auch bei meinen Herden gibt es viele säugende Schafe, Ziegen und Rinder. Wenn ich die Tiere nur einen Tag überanstrenge, sterben sie! 14 Darum ist es besser, wenn du schon vorausziehst und wir später nachkommen. Dann kann ich mich nach dem langsamen Tempo der Kinder und der Jungtiere richten und dich in Seïr wiedertreffen!« 15 »Aber ich lasse wenigstens einige meiner Männer zum Schutz bei dir!«, erwiderte Esau. »Nein, das ist nicht nötig!«, wehrte Jakob ab. »Wichtig ist für mich nur, dass du mich wieder angenommen hast!«

16 Dann machten sich beide auf den Weg: Esau kehrte nach Seïr zurück, 17 und Jakob zog nach Sukkot. Dort baute er ein Haus, und für seine Herden fertigte er Hütten an. Darum trägt der Ort den Namen Sukkot (»Hütten«).

Jakob in Sichem

18 Schließlich kam Jakob nach Sichem im Land Kanaan. Die lange Reise, die in Mesopotamien begonnen hatte, war nun zu Ende. Vor der Stadt schlug er seine Zelte auf 19 und kaufte den Lagerplatz für hundert Silberstücke von der Familie Hamors, des Gründers der Stadt[a]. 20 Dort errichtete er einen Altar und nannte ihn »Gott ist Israels Gott«.

Ein Verbrechen wird gerächt

34 Eines Tages wollte Dina, die Tochter Leas und Jakobs, die kanaanitischen Mädchen kennen lernen und verließ das Zeltlager. 2 Als Sichem, der Sohn des Hiwiters Hamor, sie sah, fiel er über sie her und vergewaltigte sie. 3 Er verliebte sich in sie und redete ihr freundlich zu, um sie für sich zu gewinnen. 4 Dann ging er zu seinem Vater Hamor. »Sorg dafür, dass ich dieses Mädchen heiraten kann!«, bat er ihn.

5 Sehr bald erfuhr auch Jakob, dass Dina vergewaltigt worden war. Er wollte sofort etwas unternehmen, aber weil seine Söhne noch auf dem Feld bei seiner Herde waren, hielt er sich zurück und wartete ab, bis sie wiederkamen.

6 In der Zwischenzeit kam Sichems Vater Hamor zu ihm, um über die Sache zu reden. 7 Kaum war er dort, da kehrten auch schon Jakobs Söhne vom Feld zurück. Als sie hörten, was geschehen war, tobten sie vor Wut. Sie fühlten sich in ihrer Familienehre gekränkt, denn eine solche Tat galt bei den Israeliten als Schande. 8 Hamor wollte sie besänftigen: »Mein Sohn Sichem hat sich in Dina verliebt. Erlaubt doch, dass er sie heiratet! 9 Lasst uns ein Abkommen schließen: Unsere Völker sollen sich durch gegenseitige Heirat verbinden. 10 Ihr könnt euch bei uns niederlassen – unser Land steht euch

---

[a] Oder: des Vaters Sichems.
33,8 32,14–17 **33,19** Jos 24,32

offen! Ihr könnt euch ansiedeln und Be-
sitz erwerben.« 11 Auch Sichem bat Dinas
Vater und ihre Brüder: »Erfüllt mir mei-
nen Wunsch – ich gebe euch dafür alles,
was ihr verlangt! 12 Hochzeitsgeld und
Brautpreis können so hoch sein, wie ihr
wollt, ich werde alles bezahlen. Nur lasst
mich Dina heiraten!«

13 Jakobs Söhne aber wollten sich an Si-
chem und seinem Vater rächen. Sie ant-
worteten scheinheilig: 14 »Darauf können
wir uns nicht einlassen! In unserem Volk
gilt es als eine Schande, wenn wir unsere
Schwester einem Mann geben, der nicht
beschnitten ist! 15 Nur unter einer Bedin-
gung könnten wir sie dir geben: Ihr müsst
alle männlichen Einwohner beschneiden.
16 Nur dann können wir uns bei euch an-
siedeln und durch gegenseitige Heirat zu
einem Volk werden. 17 Wenn ihr davon
nichts wissen wollt, nehmen wir Dina
und gehen!«

18 Der Vorschlag gefiel Hamor und Si-
chem. 19 Sichem verlor keine Zeit: Er
kümmerte sich um alles, denn er liebte
Dina, und in seiner Familie hatte er das
letzte Wort. 20 Hamor und Sichem gingen
zum Versammlungsplatz beim Stadttor,
um die Männer der Stadt von der Sache
zu überzeugen. 21 »Diese Männer sind
friedlich«, sagten sie, »wir sollten sie bei
uns wohnen lassen, dann können sie
selbst Besitz erwerben. Unser Land ist
doch groß genug. Wir können uns durch
gegenseitige Heirat mit ihnen verbinden.
22 Allerdings stellen sie eine Bedingung:
Wir müssen alle männlichen Einwohner
beschneiden, so wie es bei ihnen üblich
ist. 23 Überlegt doch mal: Ihr ganzer Be-
sitz würde uns gehören! Lasst uns auf
ihren Vorschlag eingehen, damit sie bei
uns bleiben!«

24 Die Männer der Stadt stimmten zu,
und alle männlichen Einwohner wurden
beschnitten. 25 Drei Tage später lagen sie
im Wundfieber. Da nahmen Dinas Brü-
der Simeon und Levi ihr Schwert und
überfielen die Stadt, ohne auf Wider-
stand zu stoßen. Sie brachten alle männ-
lichen Einwohner um, 26 auch Hamor und
Sichem. Dina holten sie aus Sichems
Haus, dann verschwanden sie wieder.

27 Die anderen Söhne Jakobs plünder-
ten die Stadt aus. Sie rächten sich dafür,
dass Sichem ihre Schwester dort ver-
gewaltigt hatte. 28 Alles Vieh – Schafe,
Ziegen, Esel und Rinder – nahmen sie
mit und was sie sonst in der Stadt oder
auf dem Feld fanden. 29 Auch die Frauen
und Kinder sowie allen Besitz aus den
Häusern schleppten sie fort.

30 Als Jakob davon erfuhr, warf er Si-
meon und Levi vor: »Ihr stürzt mich ins
Unglück! Jetzt bin ich allen Bewohnern
des Landes verhasst! Die Zahl unserer
Leute ist verschwindend klein gegen die
Menge der Kanaaniter und der Perisiter.
Wenn sie sich zusammentun, ist es aus
mit uns! Dann wird keiner von uns am
Leben bleiben!« 31 Aber Simeon und Levi
erwiderten nur: »Konnten wir es zulas-
sen, dass Sichem unsere Schwester wie
eine Hure behandelt hat?«

Jakob in Bethel

35 Gott sprach zu Jakob: »Mach dich
auf, und zieh wieder nach Bethel!
Bleib dort, und bau mir einen Altar.
Denn an diesem Ort bin ich dir erschie-
nen, als du auf der Flucht vor deinem
Bruder Esau warst.« 2 Jakob befahl seiner
Familie und denen, die zu ihm gehörten:
»Werft alle Götterfiguren weg, die ihr
noch bei euch habt! Wascht euch, und
zieht saubere Kleidung an! 3 Wir gehen
jetzt nach Bethel. Dort will ich für Gott
einen Altar bauen, denn er hat in der Not
meine Gebete erhört. Während meiner
ganzen Reise bis hierher hat er mir im-
mer geholfen!« 4 Sie gaben Jakob alle
Götterfiguren und Ohrringe[a], und er ver-
grub sie unter der Terebinthe bei Sichem.
5 Dann machte die ganze Familie sich auf
den Weg. Gott versetzte die Einwohner
der Städte ringsum in so große Angst,

---

[a] Wahrscheinlich wurden die Ohrringe als Amulette getragen.

34,14 17,9–14* **35,1** 28,19–22; 31,13 **35,2** 31,19

dass sie es nicht wagten, Jakob und seine
Söhne anzugreifen.
6 So erreichten sie Lus im Land Ka-
naan, das heute Bethel heißt. 7 Dort baute
Jakob einen Altar. Er nannte ihn »Gott
von Bethel«, weil Gott ihm an dieser
Stelle erschienen war, als er vor seinem
Bruder Esau fliehen musste.
8 Während sie dort waren, starb Debo-
ra, die früher Rebekkas Kindermädchen
war. Sie wurde unter der Eiche im Tal
von Bethel begraben, die seitdem »Trä-
neneiche« heißt.
9 Gott erschien Jakob erneut. Es war
das zweite Mal seit seiner Rückkehr aus
Mesopotamien. 10 »Von jetzt an sollst du
nicht mehr Jakob heißen, sondern Israel.
Das ist dein neuer Name!«, sagte er.
11 »Ich bin Gott, der alle Macht besitzt.
Ich werde dir so viele Nachkommen
schenken, dass nicht nur ein Volk, son-
dern zahlreiche Völker daraus entstehen
– sogar Könige sollen von dir abstam-
men! 12 Dir und deinen Nachkommen ge-
be ich das Land, das ich Abraham und
Isaak versprochen habe.«
13 Nachdem Gott dies gesagt hatte, er-
hob er sich wieder zum Himmel, 14 und
Jakob errichtete an der Stelle einen Ge-
denkstein. Er schüttete Wein als ein
Trankopfer darüber und begoss ihn mit
Öl, um ihn Gott zu weihen. 15 Weil Gott
an diesem Ort zu ihm gesprochen hatte,
nannte er ihn Bethel (»Haus Gottes«).

Rahels Tod

16 Danach verließen sie Bethel und zogen
weiter. Als sie nur noch ein kurzes Stück
von Efrata entfernt waren, setzten bei
Rahel starke Geburtswehen ein. 17 Sie
krümmte sich vor Schmerzen, doch die
Hebamme rief ihr zu: »Nur Mut, du hast
wieder einen Sohn!« 18 Aber Rahel spür-
te, dass sie sterben musste. Darum nannte
sie den Jungen Benoni (»Schmerzens-
kind«), Jakob jedoch gab ihm den Namen
Benjamin (»Glückskind«). 19 Rahel starb,
und Jakob begrub sie an der Straße nach
Efrata, das jetzt Bethlehem heißt. 20 Er
errichtete einen Gedenkstein auf ihrem
Grab, der heute noch als Rahels Grabmal
bekannt ist.
21 Von dort zog Jakob mit seiner Fami-
lie weiter und schlug seine Zelte hinter
Migdal-Eder auf. 22 Damals schlief Ruben
mit Bilha, der Nebenfrau seines Vaters,
und Jakob erfuhr davon.

Jakobs Söhne

Inzwischen hatte Jakob zwölf Söhne:
23 Von Lea stammten der älteste Sohn
Ruben sowie Simeon, Levi, Juda, Issa-
schar und Sebulon; 24 Rahel brachte Josef
und Benjamin zur Welt; 25 Rahels Magd
Bilha bekam Dan und Naftali, 26 und von
Leas Magd Silpa stammten Gad und
Asser. Alle wurden in Mesopotamien ge-
boren.

Isaaks Tod

27 Jakob zog weiter zu seinem Vater Isaak
nach Mamre bei Kirjat-Arba, das heute
Hebron heißt. Dort hatte schon Abra-
ham gewohnt. 28/29 Isaak starb im Alter
von 180 Jahren nach einem langen und
erfüllten Leben. Esau und Jakob begru-
ben ihn.

Esaus Nachkommen

36 Es folgt der Stammbaum von
Esau, der auch Edom genannt
wird:
2/3 Esau hatte drei Frauen aus Kanaan
geheiratet: Ada, eine Tochter des Heti-
ters Elon; Oholibama, eine Tochter Anas
und Enkelin des Horiters Zibon, und Ba-
semat, eine Tochter Ismaels und Schwes-
ter Nebajots. 4 Ada hatte einen Sohn mit
Namen Elifas; Basemats Sohn hieß Re-
guël, 5 und Oholibamas Söhne waren
Jëusch, Jalam und Korach. Alle wurden
im Land Kanaan geboren.

35,10 32,29 **35,11** 28,14*; 12,2* **35,12** 28,13*; 12,7*; 26,2–3 **35,14–15** 28,18–19 **35,27** 13,18
35,28–29 25,7–10 **36,1** 25,30

[6]Später verließ Esau das Land. Seine
Frauen, Kinder und alle, die zu ihm
gehörten, nahm er mit; dazu seine Vieh-
herden und den Besitz, den er in Kanaan
erworben hatte. Er zog in das Land Seïr,
fort von seinem Bruder Jakob. [7]Sie besa-
ßen beide so große Viehherden, dass es
im Land Kanaan nicht genug Weideflä-
che für sie gab. [8]Deshalb ließ sich Esau,
der Stammvater der Edomiter, im Berg-
land Seïr nieder.

[9]Dies ist die Liste der Nachkommen
Esaus; es sind die Edomiter, die im Land
Seïr leben. [10]Die Söhne Esaus: Von sei-
nen beiden Frauen Ada und Basemat
hatte Esau je einen Sohn; Ada brachte
Elifas zur Welt und Basemat Reguël.
[11]Die Söhne des Elifas waren Teman,
Omar, Zefo, Gatam, Kenas [12]und Ama-
lek. Amalek war der Sohn von Elifas' Ne-
benfrau Timna. [13]Reguël hatte vier Söh-
ne: Nahat, Serach, Schamma und Misa.
[14]Oholibama, die Tochter Anas und En-
kelin Zibons, bekam drei Söhne: Jëusch,
Jalam und Korach.

[15/16]Esaus Söhne wurden zu Oberhäup-
tern verschiedener Stämme. Von Esaus
ältestem Sohn Elifas stammen die Fürs-
ten Teman, Omar, Zefo, Kenas, Korach,
Gatam und Amalek. Sie gehen auf Esaus
Frau Ada zurück. [17]Von Esaus Sohn Re-
guël stammen die Fürsten Nahat, Serach,
Schamma und Misa. Sie gehen auf Esaus
Frau Basemat zurück. [18]Von Esaus Frau
Oholibama stammen die Fürsten Jëusch,
Jalam und Korach. [19]Diese Fürsten sind
Nachkommen Esaus und bilden das Volk
der Edomiter.

Seïrs Nachkommen

[20/21]Die Einwohner im Land Edom gehen
auf den Horiter Seïr zurück. Seine Söhne
waren: Lotan, Schobal, Zibon, Ana,
Dischon, Ezer und Dischan. Sie waren
die Oberhäupter von den verschiedenen
Stämmen der Horiter.

[22]Lotans Söhne hießen Hori und He-
mam, seine Schwester hieß Timna.
[23]Schobals Söhne waren Alwan, Mana-
hat, Ebal, Schefi und Onam. [24]Zibons
Söhne waren Aja und Ana. Ana fand
eine heiße Quelle in der Wüste, als er
dort die Esel seines Vaters Zibon weide-
te. [25]Ana hatte einen Sohn namens
Dischon und eine Tochter mit Namen
Oholibama. [26]Dischons Söhne hießen
Hemdan, Eschban, Jitran und Keran.
[27]Ezers Söhne waren Bilhan, Saawan
und Akan. [28]Dischans Söhne hießen Uz
und Aran.

[29/30]Aus diesen entstanden die Stämme
der Horiter, denen die Stammesfürsten
Lotan, Schobal, Zibon, Ana, Dischon,
Ezer und Dischan als Oberhäupter vor-
standen.

Könige und Stämme der Edomiter

[31]Noch bevor die Israeliten einen König
hatten, regierten im Land Edom nach-
einander folgende Könige:

[32]König Bela, der Sohn Beors, in der
Stadt Dinhaba; [33]König Jobab, der Sohn
Serachs, in der Stadt Bozra; [34]König Hu-
scham aus dem Gebiet der Temaniter;
[35]König Hadad, der Sohn Bedads, in der
Stadt Awit; sein Heer schlug die Midia-
niter im Gebiet von Moab; [36]König Sam-
la in der Stadt Masreka; [37]König Schaul
in der Stadt Rehobot am Fluss; [38]König
Baal-Hanan, der Sohn Achbors; [39]König
Hadar in der Stadt Pagu; seine Frau hieß
Mehetabel, eine Tochter Matreds und
Enkelin Me-Sahabs.

[40–43]Folgende Oberhäupter der Edo-
miter stammen von Esau ab: Timna, Al-
wa, Jetet, Oholibama, Ela, Pinon, Kenas,
Teman, Mibzar, Magdiël und Iram. Nach
ihnen werden die verschiedenen Stämme
und ihre Gebiete benannt.

Josef und seine Brüder

37 Jakob wurde im Land Kanaan
sesshaft, in dem auch schon sein

36,7 13,5–6 **36,20–21** 5 Mo 2,12.22

Vater Isaak gelebt hatte, [2]und so geht seine Geschichte weiter:

Jakobs Sohn Josef war inzwischen 17 Jahre alt. Seine Aufgabe war es, die Schaf- und Ziegenherden seines Vaters zu hüten, zusammen mit seinen Halbbrüdern, den Söhnen Bilhas und Silpas. Hinter ihrem Rücken verleumdete er sie bei seinem Vater und verriet ihm alles, was sie trieben.

[3]Jakob liebte Josef mehr als die anderen Söhne, weil er ihn noch im hohen Alter bekommen hatte. Darum ließ er für ihn ein besonders vornehmes und prächtiges Gewand anfertigen. [4]Natürlich merkten Josefs Brüder, dass ihr Vater ihn bevorzugte. Sie hassten ihn deshalb und redeten kein freundliches Wort mehr mit ihm.

[5]Eines Nachts hatte Josef einen Traum, den er gleich am nächsten Morgen seinen Brüdern erzählte. Das machte sie nur noch zorniger. [6]»Hört mal, was ich geträumt habe!«, rief er. [7]»Wir waren auf dem Feld und banden das Getreide in Garben zusammen. Da richtete meine sich auf und blieb aufrecht stehen. Eure dagegen bildeten einen Kreis darum und verbeugten sich tief vor meiner Garbe.« [8]»Was, du willst also König werden und dich als Herrscher über uns aufspielen?«, schrien seine Brüder. Sie hassten ihn nun noch mehr, weil er ihnen von diesem Traum berichtet hatte.

[9]Bald darauf hatte Josef wieder einen Traum, und auch diesen erzählte er seinen Brüdern. »Ich sah, wie die Sonne, der Mond und elf Sterne sich tief vor mir verbeugten«, beschrieb er. [10]Diesmal erzählte er den Traum auch seinem Vater. »Was soll das?«, schimpfte der. »Bildest du dir etwa ein, dass wir alle – dein Vater, deine Mutter und deine Brüder – uns dir unterwerfen?« [11]Josefs Brüder waren eifersüchtig auf ihn, aber seinem Vater ging der Traum nicht mehr aus dem Kopf.

Josef soll verschwinden

[12]Eines Tages trieben Josefs Brüder die Viehherden ihres Vaters nach Sichem, um sie dort weiden zu lassen. [13/14]Da sagte Jakob zu Josef: »Geh zu deinen Brüdern nach Sichem, und erkundige dich, wie es ihnen und dem Vieh geht! Dann komm wieder, und berichte mir!« »Gut«, sagte Josef. Er verließ das Tal von Hebron und machte sich auf den Weg nach Sichem.

[15]Dort irrte er auf den Weideplätzen umher, bis er einen Mann traf. »Wen suchst du?«, fragte der. [16]»Meine Brüder mit ihren Herden. Hast du sie vielleicht gesehen?«, entgegnete Josef. [17]»Ja, sie sind von hier weitergezogen«, antwortete der Mann, »ich habe gehört, wie sie sagten, sie wollten nach Dotan ziehen.« Josef ging nach Dotan und fand sie dort.

[18]Seine Brüder erkannten ihn schon von weitem. Noch bevor er sie erreichte, beschlossen sie, ihn umzubringen. [19]»Da kommt ja der Träumer!«, spotteten sie untereinander. [20]»Los, wir erschlagen ihn und werfen ihn in einen tiefen Brunnen! Unserem Vater erzählen wir, ein wildes Tier hätte ihn gefressen. Dann werden wir ja sehen, was aus seinen Träumen wird!«

[21]Nur Ruben wollte ihn retten. »Wir dürfen ihn nicht töten!«, rief er. [22]»Vergießt kein Blut! Werft ihn doch lebend in den Brunnen hier in der Steppe!« Ruben wollte ihn später heimlich wieder herausziehen und zu seinem Vater zurückbringen.

[23]Kaum hatte Josef sie erreicht, da entrissen sie ihm sein vornehmes Gewand [24]und warfen ihn in den leeren Brunnenschacht. [25]Dann setzten sie sich, um zu essen. Auf einmal bemerkten sie eine Karawane mit ismaelitischen Händlern. Ihre Kamele waren beladen mit wertvollen Gewürzen und Harzsorten[a]. Sie kamen von Gilead und waren unterwegs nach Ägypten. [26]Da sagte Juda: »Was haben

---

[a] Wörtlich: mit Tragakant, Balsamharz und Ladanum.

37,12 33,18–19 **37,21–22** 42,22

wir davon, wenn wir unseren Bruder tö-
ten und den Mord auch noch verheimli-
chen? Nichts! 27 Los, wir verkaufen ihn an
die Ismaeliter! Schließlich ist er immer
noch unser Bruder!«
Die anderen stimmten zu, 28 und so hol-
ten sie Josef aus dem Brunnen und ver-
kauften ihn für zwanzig Silberstücke an
die ismaelitischen Händler, die ihn mit
nach Ägypten nahmen.[a]
29 Ruben aber war nicht dabei gewesen.
Als er nun zum Brunnen zurückkam und
bemerkte, dass Josef verschwunden war,
erschrak er und zerriss entsetzt seine
Kleider. 30 »Der Junge ist weg!«, schrie er
auf. »Wie kann ich jetzt noch meinem Va-
ter in die Augen schauen?« 31 Sie schlach-
teten einen Ziegenbock, wälzten Josefs
Gewand in dem Blut 32 und gingen damit
zu ihrem Vater. »Das haben wir unter-
wegs gefunden«, sagten sie, »kannst du
es erkennen? Ist es Josefs Gewand oder
nicht?«
33 Jakob erkannte es sofort. »Das Ge-
wand meines Sohnes!«, rief er. »Ein wil-
des Tier hat ihn gefressen! Josef ist tot!«
34 Er zerriss seine Kleider, wickelte als
Zeichen der Trauer ein grobes Tuch um
seine Hüften und weinte viele Tage um
Josef. 35 Alle seine Söhne und Töchter ka-
men, um ihn zu trösten, aber keinem ge-
lang es. »Bis zu meinem Tod werde ich
um ihn trauern!«, weinte er.
36 Die Händler[b] verkauften Josef in
Ägypten an Potifar, einen Hofbeamten
des Pharaos, den Oberbefehlshaber der
königlichen Leibwache.

Tamar kämpft um ihr Recht

38 Um diese Zeit ging Juda von zu
Hause fort. Er zog hinunter zur
Stadt Adullam und wohnte bei einem
Mann namens Hira. 2 Dort lernte er die
Tochter des Kanaaniters Schua kennen
und heiratete sie. 3–5 Die beiden bekamen
drei Söhne: Er, Onan und Schela. Bei
Schelas Geburt wohnten sie gerade in
Kesib.
6 Als der Älteste erwachsen war, ver-
heiratete Juda ihn mit einem Mädchen
namens Tamar. 7 Aber der Herr ver-
abscheute, wie dieser sein Leben führte,
darum ließ er ihn sterben. 8 Da ging Juda
zu seinem Sohn Onan. »Du musst Tamar
heiraten!«, forderte er ihn auf. »Das ist
deine Pflicht als ihr Schwager, damit sie
noch einen Sohn bekommt. Er soll als der
Sohn deines Bruders gelten!« 9 Aber
Onan wollte keinen Sohn zeugen, der
nicht ihm gehörte. Jedes Mal, wenn er
mit Tamar schlief, ließ er seinen Samen
zu Boden fallen. 10 Aber das missfiel dem
Herrn, und er ließ auch ihn sterben. 11 Da
sagte Juda zu seiner Schwiegertochter:
»Geh in dein Elternhaus zurück, und
bleib so lange Witwe, bis Schela erwach-
sen ist!« Weil er aber befürchtete, dass
auch Schela sterben könnte wie seine
Brüder, dachte er gar nicht daran, die
beiden zu verheiraten. Tamar ging in ihr
Elternhaus zurück.
12 Einige Zeit später starb Judas Frau,
die Tochter Schuas. Als die Trauerzeit
vorüber war, ging Juda mit seinem
Freund Hira nach Timna, wo gerade sei-
ne Schafe geschoren wurden. 13 Tamar er-
fuhr, dass ihr Schwiegervater auf dem
Weg nach Timna war, 14 und fasste einen
Plan. Denn inzwischen hatte sie gemerkt,
dass Schela, der längst erwachsen war, sie
nicht heiraten sollte. Sie zog ihre Wit-
wenkleider aus, verhüllte sich mit einem
Schleier und setzte sich an den Ortsein-
gang von Enajim, das auf dem Weg nach
Timna liegt.
15 Als Juda vorbeikam, hielt er sie für
eine Prostituierte, weil ihr Gesicht
verhüllt war. 16 Er ging zu ihr an den Weg-
rand. »Lass mich mit dir schlafen!«,
forderte er sie auf – ohne zu wissen, wen
er vor sich hatte. »Was bekomme ich da-

---

[a] Wörtlich: Als midianitische Händler kamen, zogen sie Josef aus dem Brunnen und verkauften ihn an die ismaelitischen Händler, die ihn mit sich nach Ägypten nahmen.
[b] Wörtlich: Die Midianiter.

38,2 24,3–4* **38,8** 5 Mo 25,5–6 **38,16** 3 Mo 18,15

Lieblingskinder leben gefährlich

Lesen Sie 1. Mose 37,1-36

In Jakobs Familie zeigt sich deutlich, welche hässlichen Auswirkungen die Rivalität unter Geschwistern haben kann. „Natürlich merkten Josefs Brüder, dass ihr Vater ihn bevorzugte. Deshalb hassten sie ihn und wechselten kein freundliches Wort mehr mit ihm" (1. Mose 37,4). Hier herrschen Hass, Eifersucht, Rivalität und das ausgeprägte Bewusstsein, nur Halbbrüder zu sein. Doch die jungen Leute traf daran keine Schuld, jedenfalls nicht am Anfang. Das Unheil nahm vor allem deshalb seinen Lauf, weil Jakob seinen Sohn Josef bevorzugte. In dieser zerrütteten Familie lässt sich klar erkennen, wohin die Bevorzugung einzelner Kinder führen kann.

Eine Grundregel der Erziehung – egal ob man leibliche Kinder oder Stiefkinder hat – lautet: Alle Kinder sollen gleich behandelt werden, unabhängig von ihrem Alter. Manchmal sind Eltern von einem Kind aufgrund seines Alter, seines Aussehens oder seines Benehmens besonders eingenommen. Dennoch ist es wichtig, dass sie ihre Liebe und Aufmerksamkeit so gerecht wie möglich auf alle ihre Kinder verteilen. Menschen vergessen es niemals – selbst wenn sie schon erwachsen sind –, wenn ihre Eltern ein Kind immer vorgezogen und verwöhnt hatten. Das führt oft zu Konflikten zwischen den Geschwistern. Darüber hinaus spürt das Lieblingskind, dass etwas aus dem Lot geraten ist, und weiß die bevorzugte Behandlung nicht so zu schätzen, wie die Eltern es sich vorgestellt haben.

Wenn es Ihnen schwerfällt, die besonderen Vorzüge jedes einzelnen Kindes zu verstehen oder zu schätzen, dann lesen Sie das Buch „Die fünf Sprachen der Liebe für Kinder". Es wird Ihnen helfen, jedes Ihrer Kinder als einzigartige Person zu sehen und eine Beziehung zu ihm aufzubauen. Stiefkinder sollten Sie genau wie Ihre leiblichen Kinder behandeln. Sie werden überrascht sein, wie Sie mit der Zeit eine größere Nähe zu ihnen empfinden.

Verbringen Sie einige Minuten im Gebet und bitten Sie Gott, Ihnen dabei zu helfen, dass Sie ...

- die Bevorzugung, mit der Sie aufgewachsen sind, erkennen und benennen;
- Ihre Kinder gleich behandeln;
- jedes Kind als einzigartige Person lieben und schätzen.

Wenn Sie noch mehr Zeit haben ...

Besprechen Sie miteinander folgende Fragen oder denken Sie darüber nach:

- Wie haben Sie selbst bei Ihren Geschwistern Situationen der Bevorzugung erlebt?
- Worin fühlen Ihre Kinder sich ungleich behandelt?
- Wie können Sie als Paar eine enge Beziehung zwischen Ihren Kindern fördern, statt sie zur Rivalität zu verleiten?

Lesen Sie auch die folgenden Abschnitte, in denen es um Ihre Aufgaben als Eltern geht:
Galater 3,28; Epheser 6,4; Jakobus 2,9.

Sex – eine göttliche Angelegenheit

Lesen Sie 1. Mose 39,1-23

Josef hätte gute Gründe gehabt, sich auf eine Affäre einzulassen. Man kann sich vorstellen, wie einsam und verlassen er sich fühlte, fern von seiner Familie, von Gott im Stich gelassen. Doch statt gedankenlos in den Armen von Potifars Frau Trost zu suchen, entschloss Josef sich, vor der sexuellen Versuchung zu fliehen. In seiner Entscheidung spiegelt sich nicht nur sein Respekt vor Gott und vor Potifar wider, sondern auch seine Ehrfurcht vor der Sexualität als etwas Heiligem, Unantastbarem.

Im krassen Gegensatz dazu steht die weit verbreitete Auffassung, Sex sei ein biologisches Bedürfnis, das in etwa auf derselben Stufe stehe wie der Durst. Wenn du durstig bist, trink Wasser. Wenn du Hunger hast, iss etwas. Wenn du ein sexuelles Bedürfnis verspürst, dann erfüll es dir. Auf diese Weise wird die Sexualität zum reinen Geschlechtsakt. Doch nur die wenigsten Menschen glauben das wirklich. Wir können in jedem Restaurant im Land Wasser trinken oder etwas essen; doch zu jeder Zeit an wahllosen Orten mit irgendwelchen Leuten Sex zu haben, das erfüllt nicht die tiefe Sehnsucht des Menschen nach einer festen, von Treue geprägten sexuellen Beziehung.

Darum hat der christliche Glaube, wie auch die meisten großen Weltreligionen, enorme Achtung vor der menschlichen Sexualität. Er sieht in ihr nicht einen biologischen Trieb, sondern ein Geschenk Gottes. Mann und Frau, im Bund der Ehe miteinander vereint, dürfen dieses Geschenk rundum und in aller Freiheit genießen. Jede gesellschaftswissenschaftliche, anthropologische und psychologische Forschung der letzten fünfzig Jahre hat diese Sicht der menschlichen Sexualität bestätigt.

Wie Josef stehen auch wir vor einer Entscheidung: Wollen wir unsere Sexualität ungehindert ausleben oder heben wir sie für den einen Menschen auf, mit dem wir eine lebenslange Beziehung eingehen wollen? Das ist keine unwichtige Entscheidung. Sie wirkt sich viele Jahre lang auf unsere körperliche und seelische Gesundheit sowie auf unsere sexuelle Zufriedenheit aus.

Beten Sie gemeinsam als Antwort auf diese Geschichte. Danken Sie Gott für das Geschenk der Sexualität. Bitten Sie ihn, dass er Ihnen die Augen öffnet für die sexuellen Versuchungen, in denen Sie sich möglicherweise befinden, und dass er Ihnen hilft, vor diesen zu fliehen.

Wenn Sie noch mehr Zeit haben …

Besprechen Sie miteinander folgende Fragen oder denken Sie darüber nach:

- Wie verändert sich Ihr Erleben von Sexualität, je nachdem, ob Sie darin einen biologischen Trieb sehen oder ein göttliches Geschenk?
- Was gefällt Ihnen an Josefs Entscheidungen in dieser Geschichte?
- Wie können Sie sich so wie Josef vor sexuellen Versuchungen schützen?

Lesen Sie auch die folgenden Abschnitte, in denen es um das Thema Sexualität geht:
Sprüche 5,1-23; 1. Korinther 6,12-20; Hebräer 13,4.

Den nächsten Impuls finden Sie auf S. 52 a

für?«, wollte Tamar wissen. 17 »Ich werde
dir einen Ziegenbock aus meiner Herde
bringen«, versprach Juda. »Nur wenn du
mir ein Pfand dalässt, bis du ihn
bringst!«, bekam er zur Antwort. 18 »Gut,
was soll ich dir geben?«, fragte er. »Dei-
nen Siegelring mit der Schnur und deinen
Stab!« Er gab ihr, was sie verlangte. Dann
schlief er mit ihr, und sie wurde von ihm
schwanger. 19 Danach ging Tamar nach
Hause, legte ihren Schleier ab und zog
die Witwenkleider wieder an.

20 Juda schickte seinen Freund Hira, um
der Frau den Ziegenbock zu bringen und
das Pfand zurückzuholen. Aber Hira
konnte sie nicht finden. 21 Er fragte die
Leute in Enajim: »Wo ist die Hure, die
an der Straße saß?« »Hier gibt es keine
Huren!«, antworteten sie.

22 Da ging er zu Juda zurück und er-
zählte ihm alles. 23 »Dann soll sie das
Pfand eben behalten!«, sagte Juda. »Wir
setzen uns nur dem Gespött der Leute
aus, wenn wir noch weiter nachforschen.
Schließlich habe ich mein Bestes ver-
sucht!«

24 Etwa drei Monate später wurde Juda
berichtet: »Deine Schwiegertochter Ta-
mar ist schwanger. Sie hat sich mit einem
Mann eingelassen!« »Bringt sie sofort aus
dem Dorf heraus!«, schrie Juda. »Sie soll
verbrannt werden!« 25 Als man sie hinaus-
schleppte, ließ sie Juda ausrichten: »Der
Mann, dem dieser Siegelring und dieser
Stab gehören, ist der Vater meines Kin-
des. Erkennst du sie wieder?« 26 Juda er-
kannte seine Sachen sofort. »Tamar ist
mir gegenüber im Recht«, gab er zu, »ich
hätte sie meinem Sohn Schela zur Frau
geben müssen!« Juda schlief nie mehr
mit ihr.

27 Kurz vor der Entbindung stellte sich
heraus, dass Tamar Zwillinge bekam.
28 Bei der Geburt streckte ein Kind die
Hand heraus. Die Hebamme hielt sie fest
und band einen roten Faden um das
Handgelenk. 29 Aber das Kind zog seine
Hand wieder zurück, und der andere
kam zuerst. »Warum erzwingst du dir
den Durchbruch?«, rief die Hebamme.
Darum wurde er Perez (»Durchbruch«)
genannt. 30 Dann erst wurde sein Bruder
mit dem roten Faden ums Handgelenk
geboren. Er bekam den Namen Serach
(»Rotglanz«).

Josef bei Potifar

39 Die Ismaeliter hatten Josef nach
Ägypten gebracht. Sie verkauften
ihn an den Ägypter Potifar, den Hof-
beamten des Pharaos und Oberbefehls-
haber der königlichen Leibwache. 2 Der
Herr half Josef: Ihm glückte alles, was er
unternahm. Er durfte im Haus arbeiten,
3 und Potifar sah, dass der Herr ihm Er-
folg schenkte. 4 Deshalb bevorzugte er
ihn vor allen anderen Sklaven und mach-
te ihn zu seinem persönlichen Diener. Er
setzte Josef zum Hausverwalter ein und
vertraute ihm seinen ganzen Besitz an.
5 Von da an ließ der Herr bei Potifar alles
besonders gut gelingen. Die Arbeiten im
Haus waren erfolgreich, es gab eine gute
Ernte, und die Viehherden vergrößerten
sich. 6 Potifars Vertrauen wuchs: Er ließ
Josef freie Hand und kümmerte sich
selbst um nichts mehr, außer um seine ei-
genen Speisen.

Josef sah sehr gut aus. 7 Das bemerkte
auch Potifars Frau. »Schlaf mit mir!«, for-
derte sie ihn auf. 8 Aber Josef weigerte
sich: »Mein Herr braucht sich im Haus
um nichts zu kümmern – alles hat er mir
anvertraut. 9 Ich habe genauso viel Macht
wie er. Nur dich hat er mir vorenthalten,
weil du seine Frau bist. Wie könnte ich da
ein so großes Unrecht tun und gegen
Gott sündigen?«

10 Potifars Frau ließ nicht locker. Jeden
Tag redete sie auf Josef ein, er aber hörte
nicht darauf und ließ sich nicht von ihr
verführen.

11 Einmal kam Josef ins Haus, um wie
gewöhnlich seine Arbeit zu tun. Von den
Sklaven war gerade niemand anwesend.
12 Da packte sie ihn am Gewand. »Komm
mit mir ins Bett!«, drängte sie. Josef riss
sich los, ließ sein Gewand in ihrer Hand
und floh nach draußen. 13/14 Potifars Frau
schrie auf, rief nach ihren Dienern und
zeigte ihnen Josefs Gewand. »Seht«, rief

sie, »mein Mann hat uns einen Hebräer
ins Haus gebracht, der jetzt mit uns um-
springt, wie er will! Er wollte mich ver-
gewaltigen, aber ich habe laut geschrien.
15 Da lief er schnell davon, doch dieses
Gewand hat er bei mir zurückgelassen!«
16 Sie behielt Josefs Gewand und wartete,
bis ihr Mann nach Hause kam. 17/18 Ihm
erzählte sie dieselbe Geschichte.

Im Gefängnis

19 Als Potifar das hörte, geriet er in Zorn
20 und ließ Josef ins Staatsgefängnis wer-
fen. 21 Aber der Herr war auf Josefs Seite
und sorgte dafür, dass der Gefängnisver-
walter ihm wohlgesinnt war. 22 Josef wur-
de zum Aufseher über die Gefangenen
ernannt; er war nun verantwortlich für al-
les, was im Gefängnis geschah. 23 Der
Verwalter brauchte sich um nichts mehr
zu kümmern. Er vertraute Josef völlig,
weil er sah, dass der Herr ihm half und
ihm Erfolg schenkte.

Josef deutet Träume

40 Einige Zeit später hatten zwei Be-
amte des Königs ihren Herrn ver-
ärgert: der Mundschenk und der oberste
Bäcker. 2 Der Pharao war zornig auf sie.
3 Er warf sie in das Gefängnis, dem der
Oberbefehlshaber der königlichen Leib-
wache vorstand und in dem sich Josef
aufhielt. 4 Der Oberbefehlshaber beauf-
tragte Josef damit, sie zu versorgen.

Nach einiger Zeit 5 hatten beide in der-
selben Nacht einen besonderen Traum.
6 Als Josef am nächsten Morgen zu ihnen
kam, fielen ihm ihre niedergeschlagenen
Gesichter auf. 7 »Was ist los mit euch?
Warum seid ihr so bedrückt?«, fragte er.
8 »Wir haben beide einen seltsamen
Traum gehabt, aber hier gibt es nieman-
den, der uns die Träume deuten kann!«,
klagten sie. »Nur Gott kann Träume deu-
ten«, entgegnete Josef, »doch wenn ihr
wollt, erzählt sie mir!«

9 Der Mundschenk begann: »Ich sah
einen Weinstock 10 mit drei Ranken. Als
er Knospen trieb, waren sofort die Blüten
da, und dann auch schon die reifen Trau-
ben. 11 In meiner Hand hielt ich den Be-
cher des Pharaos. Ich nahm die Trauben,
presste ihren Saft in den Becher und gab
dem König zu trinken.«

12 »Ich weiß, was der Traum bedeutet!«,
sagte Josef. »Die drei Ranken sind drei
Tage. 13 In drei Tagen wird der Pharao
dich aus dem Gefängnis herausholen
und dich wieder in dein Amt als Mund-
schenk einsetzen. 14 Aber denk an mich,
wenn es dir wieder gut geht! Erzähl dem
Pharao von mir, und bitte ihn, mich hier
herauszuholen! 15 Ich wurde aus dem
Land der Hebräer entführt, und auch
hier in Ägypten habe ich nichts Verbote-
nes getan. Ich sitze unschuldig im Ge-
fängnis!«

16 Als der oberste Bäcker merkte, dass
der Traum des Mundschenks eine gute
Bedeutung hatte, fasste er Mut. »In mei-
nem Traum trug ich drei Brotkörbe auf
dem Kopf«, erzählte er. 17 »Im obersten
Korb lag viel feines Gebäck für den Pha-
rao, aber Vögel kamen und fraßen alles
auf.«

18 »Die drei Körbe bedeuten drei Ta-
ge«, erklärte Josef. 19 »In drei Tagen wird
der Pharao dich aus dem Gefängnis he-
rausholen und an einem Baum erhängen.
Die Vögel werden dein Fleisch fressen!«

20 Drei Tage später hatte der Pharao
Geburtstag. Er gab ein großes Fest für
seine Hofbeamten und ließ den Mund-
schenk und den obersten Bäcker aus
dem Gefängnis holen. 21 Den Mund-
schenk setzte er wieder in sein Amt ein,
22 aber den obersten Bäcker ließ er auf-
hängen – genau wie Josef es vorausgesagt
hatte.

23 Doch der Mundschenk dachte nicht
mehr an Josef, er vergaß ihn einfach.

Der Pharao weiß nicht weiter

41 Zwei Jahre waren inzwischen ver-
gangen. Eines Nachts hatte der

40,15 37,27–28

Pharao einen Traum: Er stand am Nil-
ufer, 2 als sieben schöne, dicke Kühe aus
dem Wasser stiegen und im Ufergras wei-
deten. 3 Danach kamen sieben magere
und hässliche Kühe aus dem Fluss und
stellten sich neben die anderen. 4 Plötz-
lich stürzten die mageren sich auf die di-
cken Kühe und verschlangen sie. Der
Pharao wachte auf, 5 schlief aber sofort
wieder ein und hatte einen zweiten
Traum: Sieben volle, reife Ähren wuch-
sen an einem Halm. 6 Danach wuchsen
sieben kümmerliche Ähren, die vom hei-
ßen Wüstenwind verdorrt waren. 7 Die
dürren fielen über die vollen her und fra-
ßen sie auf. Der Pharao erwachte und
merkte, dass es nur ein Traum gewesen
war.

8 Aber auch am nächsten Morgen lie-
ßen die Träume ihn nicht los. Beunruhigt
rief er alle Wahrsager und Gelehrten
Ägyptens zu sich. Er erzählte ihnen, was
er geträumt hatte, aber keiner konnte es
deuten.

9 Da meldete sich der Mundschenk
beim König: »Heute muss ich mich an
ein Unrecht erinnern, das ich begangen
habe. 10 Vor einiger Zeit warst du, Pharao,
zornig über den obersten Bäcker und
über mich. Darum hast du uns ins Ge-
fängnis geworfen. 11 Dort hatte jeder von
uns einen seltsamen Traum. 12 Wir erzähl-
ten ihn einem jungen Hebräer, der mit
uns im Gefängnis saß, einem Sklaven
von Potifar, dem Oberbefehlshaber der
königlichen Leibwache. Er konnte unse-
re Träume für jeden richtig deuten. 13 Was
er vorausgesagt hatte, traf ein: Ich wurde
wieder in mein Amt eingesetzt, und der
oberste Bäcker wurde erhängt.«

Josef kann helfen

14 Sofort ließ der Pharao Josef aus dem
Gefängnis holen. Josef ließ sich die Haa-
re schneiden, zog schöne Kleider an und
trat vor den Pharao.

15 »Letzte Nacht hatte ich einen
Traum«, begann der König, »und keiner
kann ihn deuten. Aber ich habe erfahren,
dass du Träume auslegen kannst, sofort
nachdem du sie gehört hast.« 16 »Ich
selbst kann das nicht«, erwiderte Josef,
»aber Gott wird dir sicher etwas Gutes
ankündigen!«

17 Der Pharao begann: »In meinem
Traum stand ich am Nilufer. 18 Da stiegen
sieben schöne, dicke Kühe aus dem Fluss.
Sie weideten im Ufergras. 19 Nach ihnen
kamen sieben hässliche Kühe aus dem
Nil. Sie waren dürr und abgemagert –
noch nie habe ich in Ägypten so hässliche
Kühe gesehen! 20 Die mageren fraßen die
dicken auf, 21 aber hinterher sahen sie
noch genauso dünn aus! Ich wachte auf,
22 dann schlief ich wieder ein und träumte,
dass an einem Halm sieben volle, reife
Ähren wuchsen. 23 Danach wuchsen sie-
ben kümmerliche heran, vom heißen
Wüstenwind verdorrt. 24 Sie verschlangen
die sieben vollen Ähren. Ich erzählte al-
les meinen Wahrsagern, aber keiner
wusste eine Deutung.«

25 »Beide Träume bedeuten dasselbe«,
erklärte Josef, »Gott sagt dir, was er vor-
hat: 26 Sowohl die sieben dicken Kühe als
auch die sieben vollen Ähren bedeuten
sieben Jahre, in denen es eine überreiche
Ernte gibt. 27 Die sieben mageren Kühe
und die sieben verdorrten Ähren bedeu-
ten sieben Jahre Missernte und Hunger.
28 Gott lässt dich wissen, was er tun will:
29 In den nächsten sieben Jahren wird es
in ganz Ägypten mehr als genug zu essen
geben. 30/31 Aber danach kommen sieben
Jahre Hungersnot. Dann ist der Über-
fluss schnell vergessen, der Hunger wird
das Land auszehren. 32 Dass du sogar zwei
Träume hattest, zeigt dir: Gott hat dies
fest beschlossen! 33 Darum empfehle ich
dir, einen klugen Mann zu suchen, der fä-
hig ist, ganz Ägypten zu regieren. 34 Setz
noch weitere Verwalter ein, die in den
fruchtbaren Jahren ein Fünftel der Ernte
als Steuern erheben. 35 Den Ertrag sollen
sie in den Städten in Kornspeichern sam-
meln, damit er dir zur Verfügung steht.
36 So haben wir genug Vorrat für die sie-

41,16 40,8 **41,34** 47,26

ben dürren Jahre und müssen nicht verhungern.«

Josef wird der Stellvertreter des Pharaos

37 Josefs Vorschlag gefiel dem Pharao und
seinen Hofbeamten. 38 »Wir finden für
diese Aufgabe keinen besseren Mann als
Josef«, sagte der König, »denn in ihm
wohnt Gottes Geist!« 39 Er wandte sich
an Josef: »Gott hat dir dies gezeigt, darum bist du der Klügste und für die Aufgabe am besten geeignet. 40 Meine Hof-
beamten und das ganze Volk sollen auf
dein Wort hören, nur ich selbst stehe
noch über dir. 41 Ich ernenne dich zu meinem Stellvertreter, der über ganz Ägypten herrscht!«
42 Er nahm den Siegelring mit dem königlichen Wappen von seinem Finger und
steckte ihn Josef an. Dann gab er ihm
kostbare Kleidung und legte eine goldene Kette um seinen Hals. 43 Er ließ ihn
den Wagen des zweiten Staatsoberhaupts
besteigen. Wo immer Josef sich sehen
ließ, wurde vor ihm ausgerufen: »Werft
euch vor ihm nieder, und ehrt ihn!«
So setzte der Pharao ihn zu seinem
Stellvertreter über ganz Ägypten ein.
44 »Ich bin der König«, sagte er zu ihm,
»und ich bestimme, dass ohne deine Einwilligung niemand etwas unternehmen
darf!« 45 Er gab Josef den ägyptischen Namen Zafenat-Paneach (»Gott lebt, und er
redet«) und verheiratete ihn mit Asenat.
Sie war eine Tochter Potiferas, des Priesters von Heliopolis.
46 Josef war 30 Jahre alt, als der Pharao
ihn zu seinem Stellvertreter machte. Er
verließ den Königshof und reiste durch
ganz Ägypten.

Die Regierungsmaßnahmen Josefs

47 Die folgenden sieben Jahre brachten
dem Land überreiche Ernten. 48 Josef verlangte, dass das überflüssige Getreide abgegeben und in den Städten gesammelt
wurde. In jede Stadt ließ er den Ertrag
der sie umgebenden Felder bringen.
49 Die Getreideberge waren nicht mehr
zu wiegen – ja, nicht einmal mehr schätzen konnte man die riesigen Mengen!
50 In den Jahren vor der Hungersnot bekamen Josef und Asenat zwei Söhne.
51 »Gott hat mich mein Elternhaus und
meine Sorgen vergessen lassen!«, rief Josef und nannte den ältesten Manasse
(»Der vergessen lässt«). 52 Den zweiten
nannte er Ephraim (»Kindersegen«),
denn er sagte: »Gott hat mir im Ausland
Kinder geschenkt!«
53 Nach den sieben fruchtbaren Jahren
54 begann die Hungersnot – wie Josef es
vorausgesagt hatte. Alle Länder ringsum
waren betroffen, nur Ägypten besaß genug Vorräte. 55 Doch auch hier hungerten
die Menschen und flehten den Pharao
um Brot an. »Wendet euch an Josef«, antwortete er ihnen, »und tut, was er euch
sagt!« 56/57 Als die Hungersnot immer drückender wurde, öffnete Josef die Kornspeicher und verkaufte Getreide an die
Ägypter und an Leute aus anderen Ländern.

Josefs Brüder in Ägypten

42 Auch Jakob erfuhr, dass es in Ägypten Getreide zu kaufen gab.
»Warum zögert ihr noch?«, fragte er seine Söhne. 2 »In Ägypten gibt es Getreide
zu kaufen! Los, beeilt euch, und besorgt
etwas, bevor wir verhungern!«
3 Alle Brüder Josefs machten sich auf
den Weg; 4 nur sein jüngster Bruder Benjamin blieb zu Hause, weil Jakob befürchtete, ihm könnte etwas zustoßen.
5 Zusammen mit vielen anderen kamen
sie nach Ägypten, denn die Hungersnot
wütete überall.
6 Weil Josef über ganz Ägypten regierte, mussten alle zu ihm kommen, die Getreide kaufen wollten. Als seine Brüder
vor ihn traten, verbeugten sie sich tief.

41,38 2 Mo 28,3; 31,3; 4 Mo 11,25–26; 24,2; 5 Mo 34,9; Ri 3,10* **41,39** Apg 7,10 **41,42** Est 8,2; Dan 5,29 **41,46** 37,2 **42,6** 37,7

7/8 Josef erkannte sie sofort, ließ sich aber
nichts anmerken. »Woher kommt ihr?«,
fuhr er sie an. »Aus Kanaan, um Getreide
zu kaufen«, gaben sie ahnungslos zur
Antwort. 9 Josef erinnerte sich an seine
Träume von damals. »Ihr seid Spione!«,
beschuldigte er sie. »Ihr seid nur gekom-
men, um zu erkunden, wo unser Land
schwach ist!« 10 »Nein, nein, Herr!«, rie-
fen sie. »Wir möchten nur Getreide kau-
fen! 11 Wir sind Brüder und ehrliche Leu-
te. Wir sind keine Spione!« 12 »Das glaube
ich nicht«, entgegnete Josef, »ihr wollt
unser Land ausforschen!«

13 »Herr«, antworteten sie, »unser Va-
ter lebt in Kanaan. Wir waren zwölf Brü-
der. Der jüngste ist bei ihm geblieben,
und einer von uns lebt nicht mehr.«
14 Aber Josef wiederholte: »Ich bleibe bei
dem, was ich gesagt habe – Spione seid
ihr! 15 Ich werde eure Aussage überprü-
fen. Beim Leben des Pharaos schwöre
ich: Ihr kommt hier nicht eher heraus,
bis ich euren jüngsten Bruder gesehen
habe! 16 Einer von euch soll ihn holen.
Die anderen bleiben in Haft, bis ich weiß,
ob man sich auf eure Worte verlassen
kann. Wenn nicht, dann seid ihr Spione –
beim Leben des Pharaos!«

17 Er sperrte sie alle für drei Tage ein.
18 Am dritten Tag sagte er zu ihnen: »Ich
bin ein Mann, der Ehrfurcht vor Gott
hat. Darum lasse ich euch unter einer Be-
dingung am Leben: 19 Um eure Ehrlich-
keit zu beweisen, bleibt einer von euch
hier in Haft. Ihr anderen geht zurück, da-
mit eure Familien nicht mehr hungern
müssen. 20 Aber bringt mir euren jüngsten
Bruder herbei! Dann weiß ich, dass ihr
die Wahrheit gesagt habt, und lasse euch
am Leben.«

Die Brüder willigten ein. 21 Sie sagten
zueinander: »Jetzt müssen wir das aus-
baden, was wir Josef angetan haben! Wir
sahen seine Angst, als er uns um sein
Leben anflehte, aber wir haben nicht
gehört.« 22 »Habe ich euch damals nicht
gesagt, ihr solltet den Jungen in Ruhe las-
sen?«, warf Ruben den anderen vor.
»Aber ihr habt nicht gehört. Jetzt müssen
wir für seinen Tod büßen!«

23 Sie ahnten nicht, dass Josef sie ver-
stand, denn vorher hatte er durch einen
Dolmetscher mit ihnen geredet. 24 Josef
verließ den Raum, damit sie nicht merk-
ten, dass er weinen musste. Als er sich
wieder gefasst hatte, kam er zurück und
ließ Simeon festnehmen. 25 Dann befahl
er seinen Dienern, die Säcke der anderen
mit Getreide zu füllen und ihnen Verpfle-
gung mitzugeben. Heimlich gab er die
Anweisung, jedem auch sein Geld oben
in den Sack zu stecken. 26 Die Brüder be-
luden ihre Esel mit den Getreidesäcken
und machten sich auf den Weg.

27 Über Nacht blieben sie in einer Her-
berge. Als einer von ihnen seinen Sack
öffnete, um seinen Esel zu füttern, be-
merkte er das Geld. 28 »Ich habe mein
Geld gefunden!«, rief er. »Seht, hier im
Sack!« Da bekamen sie es mit der Angst
zu tun. »Was hat Gott uns angetan?«, rie-
fen sie.

29 Zu Hause in Kanaan erzählten sie al-
les ihrem Vater Jakob: 30 »Der ägyptische
Herrscher war sehr unfreundlich und
nannte uns Spione, die das Land aus-
kundschaften wollen. 31 Wir versicherten
ihm, dass wir ehrliche Menschen und kei-
ne Spione sind. 32 ›Wir waren zwölf Brü-
der‹, erzählten wir ihm, ›aber einer ist tot
und der jüngste zu Hause bei unserem
Vater.‹ 33 Da antwortete er: ›Ich werde
überprüfen, ob ihr die Wahrheit sagt.
Lasst einen von euch bei mir zurück, und
nehmt das Getreide mit zu euren Famili-
en nach Hause. 34 Aber ihr müsst euren
jüngsten Bruder zu mir bringen! Daran
will ich erkennen, dass ihr keine Spione,
sondern ehrliche Menschen seid. Ich wer-
de euch euren Bruder zurückgeben, und
ihr könnt euch im Land frei bewegen!‹«

35 Als die Brüder ihre Säcke ausleeren
wollten, entdeckten sie die anderen
Geldbeutel. Sie erstarrten vor Schreck.
36 »Ihr raubt mir meine Kinder!«, rief Ja-
kob verzweifelt. »Josef lebt nicht mehr,
Simeon ist zurückgeblieben, und Benja-

42,9 37,5–11 **42,22** 37,21–22

min wollt ihr mir auch noch nehmen!
Nichts bleibt mir erspart!« [37]Da griff Ru-
ben ein: »Wenn ich dir Benjamin nicht
zurückbringe, kannst du meine beiden
Söhne töten«, sagte er. »Ich übernehme
die Verantwortung!« [38]»Nein«, rief Ja-
kob, »das kommt nicht in Frage! Sein
Bruder Josef ist schon tot, und er ist der
letzte von Rahels Söhnen. Ich bin schon
ein alter Mann, und wenn ihm unterwegs
etwas zustößt, würde mich das ins Grab
bringen! Daran wärt allein ihr schuld!«

Zweite Reise nach Ägypten

43 Die Hungersnot wurde immer
drückender. [2]Bald war das Getrei-
de aufgebraucht, das sie aus Ägypten
mitgebracht hatten. »Geht wieder nach
Ägypten, und kauft etwas!«, bat Jakob
seine Söhne. [3–5]Juda erwiderte: »Der
Mann hat uns ausdrücklich gesagt: ›Lasst
euch nicht mehr hier blicken, außer ihr
bringt euren Bruder mit!‹ Wir können al-
so nur gehen und Getreide kaufen, wenn
du Benjamin mit uns kommen lässt!
Sonst hat unsere Reise keinen Sinn.«
[6]»Warum habt ihr dem Mann überhaupt
erzählt, dass ihr noch einen Bruder habt?
Musstet ihr mir das antun?«, fragte Ja-
kob. [7]»Der Mann hat sich genau nach un-
serer Familie erkundigt«, entgegneten
sie. »Er wollte wissen, ob unser Vater
noch lebt und ob wir noch einen Bruder
haben. Konnten wir denn ahnen, dass er
sagen würde: ›Bringt euren Bruder
mit!‹?« [8]Juda schlug vor: »Vertrau mir
den Jungen an! Dann können wir loszie-
hen, und keiner von uns muss verhun-
gern. [9]Ich übernehme für ihn die volle
Verantwortung. Wenn ich ihn dir nicht
gesund zurückbringe, will ich mein Leben
lang die Schuld dafür tragen! [10]Wir könn-
ten schon zweimal wieder hier sein, wenn
wir nicht so lange gezögert hätten!«

[11]Da gab Jakob nach: »Wenn es sein
muss, dann nehmt Benjamin mit. Bringt
dem Mann etwas von den besten Erzeug-
nissen unseres Landes: kostbare Harze,[a]
außerdem Honig, Pistazien und Man-
deln. [12]Nehmt doppelt so viel Geld mit,
wie ihr braucht, und gebt den Betrag
zurück, der oben in euren Säcken lag.
Vielleicht war es ja nur ein Versehen.
[13]Macht euch mit Benjamin auf den Weg.
[14]Gott besitzt Macht über alles. Ich bete
zu ihm, dass der ägyptische Herrscher
Mitleid mit euch hat und Simeon und
Benjamin freigibt. Und wenn ich meine
Kinder verliere, dann muss es wohl so
sein!«

[15]Die Brüder nahmen die Geschenke
und den doppelten Geldbetrag und zo-
gen mit Benjamin nach Ägypten. Dort
meldeten sie sich bei Josef. [16]Als Josef
sah, dass Benjamin dabei war, sagte er
zu seinem Hausverwalter: »Diese Män-
ner werden heute Mittag mit mir essen.
Führe sie in meinen Palast, schlachte ein
Tier, und bereite ein gutes Essen vor!«

[17]Als der Verwalter die Brüder auffor-
derte, ihm in Josefs Palast zu folgen, [18]er-
schraken sie. »Sicher werden wir dort hi-
neingeführt, weil das Geld in unseren
Säcken war!«, dachten sie. »Jetzt werden
sie uns überwältigen, die Esel wegneh-
men und uns zu Sklaven machen!«

[19]Am Eingang zum Palast sagten sie zu
dem Verwalter: [20]»Herr, wir waren schon
einmal hier, um Getreide zu kaufen.
[21]Auf dem Rückweg übernachteten wir
in einer Herberge. Als wir dort unsere
Getreidesäcke öffneten, lag in jedem das
Geld, mit dem wir bezahlt hatten. Jetzt
haben wir es wieder mitgebracht, [22]zu-
sammen mit neuem Geld, um noch ein-
mal Getreide zu kaufen. Wir können
wirklich nicht sagen, wer das Geld in un-
sere Säcke gelegt hat!«

[23]»Macht euch keine Sorgen«, beruhig-
te sie der Hausverwalter, »euer Gott
muss es heimlich hineingelegt haben,
denn ich habe euer Geld bekommen!«

Dann brachte er Simeon zu ihnen
[24]und führte sie in den Palast. Dort gab
er ihnen Wasser, damit sie sich die Füße

---

[a] Wörtlich: Balsamharz, Tragakant und Ladanum.
43,3–5 42,15.34 **43,23** 42,25

waschen konnten, und fütterte ihre Esel.
25 Sie nutzten die Zeit, um ihre Geschen-
ke für Josef zurechtzulegen; inzwischen
hatten sie nämlich erfahren, dass sie mit
ihm essen würden.
26 Als Josef eintrat, überreichten sie
ihm die Geschenke und warfen sich vor
ihm nieder. 27 Er erkundigte sich, wie es
ihnen ging. »Was macht euer alter Vater,
von dem ihr mir erzählt habt?«, fragte er.
»Lebt er noch?« 28 »Ja«, antworteten sie,
»und es geht ihm gut.« Dann warfen sie
sich erneut vor ihm nieder.
29 Josef sah seinen Bruder Benjamin an,
den Sohn seiner eigenen Mutter, und
fragte: »Das ist also euer jüngster Bruder,
von dem ihr mir erzählt habt? Gott segne
dich!« 30 Der Anblick Benjamins bewegte
ihn so sehr, dass ihm die Tränen kamen.
Er lief hinaus und weinte in seinem Zim-
mer. 31 Dann wusch er sein Gesicht und
ging wieder zurück. Mühsam beherrschte
er sich und befahl seinen Dienern, das
Essen aufzutragen.
32 Josef hatte einen eigenen Tisch, die
Brüder aßen an einem anderen, und an
einem dritten saßen die Ägypter, die mit
dabei waren. Es war nämlich streng ver-
boten, als Ägypter mit Hebräern an
einem Tisch zu essen. 33 Josefs Brüder sa-
ßen ihm gegenüber. Jeder hatte seinen
Platz zugewiesen bekommen, und zwar
genau nach der Reihenfolge ihres Alters.
Sie blickten sich erstaunt an. 34 Als Zei-
chen der besonderen Ehre ließ Josef
ihnen von den Gerichten auftragen, die
auf seinem Tisch standen. Benjamin be-
kam einen sehr großen Anteil – fünfmal
so viel wie seine Brüder! Dazu tranken
sie Wein. Es war eine fröhliche Feier.

Der verhängnisvolle Becher

44 Nach dem Essen gingen die Brü-
der in ihre Unterkunft. Als sie fort
waren, sagte Josef zu seinem Hausver-
walter: »Füll jeden Sack mit so viel Ge-
treide, wie sie tragen können. Dann leg
heimlich bei jedem das Geld wieder hi-
nein. 2 Meinen silbernen Becher verstau
in Benjamins Sack, zusammen mit sei-
nem Geld!« Der Verwalter führte den
Befehl aus.
3 Früh am nächsten Morgen reisten die
Brüder mit ihren voll bepackten Eseln
wieder ab. 4 Sie waren noch nicht lange
fort, da befahl Josef seinem Hausverwal-
ter: »Schnell, jag den Männern hinterher!
Wenn du sie eingeholt hast, frag sie: ›Wa-
rum habt ihr dieses Unrecht begangen,
obwohl ihr so gut behandelt worden
seid? 5 Warum habt ihr den silbernen
Trinkbecher meines Herrn gestohlen,
mit dessen Hilfe er die Zukunft voraus-
sagt? Das ist ein Verbrechen!‹«
6 Der Verwalter eilte den Brüdern
nach, und als er sie erreicht hatte, wieder-
holte er die Worte seines Herrn. 7 »Wie
kannst du so etwas behaupten!«, antwor-
teten sie entrüstet. »Niemals würden wir
das tun! 8 Du weißt doch, dass wir das
Geld zurückgebracht haben, das wir nach
unserer ersten Reise in den Säcken fan-
den. Warum sollten wir jetzt Silber oder
Gold aus dem Palast deines Herrn steh-
len? 9 Wenn du bei einem von uns den
Becher findest, dann soll er sterben!
Und wir anderen werden für immer dei-
nem Herrn als Sklaven dienen!«
10 »Gut«, erwiderte der Verwalter,
»aber nur der wird ein Sklave, bei dem
der Becher gefunden wird, die anderen
sind frei.« 11 Hastig stellte jeder seinen
Sack auf die Erde und öffnete ihn. 12 Der
Verwalter durchsuchte alle Säcke sorg-
fältig, er ging der Reihe nach vom Ältes-
ten bis zum Jüngsten, und schließlich
fand er den Becher bei Benjamin. 13 Da
zerrissen die Brüder ihre Kleider vor
Verzweiflung, beluden ihre Esel und
kehrten in die Stadt zurück.
14 Josef war noch in seinem Palast, als
sie dort ankamen. Sie warfen sich vor
ihm nieder. 15 »Warum habt ihr das ver-
sucht?«, stellte Josef sie zur Rede. »Ihr
hättet wissen müssen, dass ein Mann wie
ich den Schuldigen herausfindet!« 16 Juda
antwortete: »Was sollen wir jetzt noch zu

44,1 42,25 **44,8** 43,21

unserer Verteidigung vorbringen? Gott
hat eine Schuld von uns bestraft. Darum
sind wir alle deine Sklaven – nicht nur
der, bei dem dein Becher gefunden wur-
de!« [17]»Nein, auf keinen Fall!«, entgeg-
nete Josef. »Nur der ist mein Sklave, der
den Becher gestohlen hat, ihr anderen
seid frei und könnt zu eurem Vater zu-
rückkehren!«
[18]Da trat Juda vor und sagte: »Herr,
bitte höre mich an! Ich weiß, dass man
dir nicht widersprechen darf, weil du der
Stellvertreter des Pharaos bist. Bitte wer-
de nicht zornig, wenn ich es trotzdem wa-
ge! [19]Herr, du hattest uns gefragt, ob wir
noch einen Vater oder einen anderen
Bruder haben. [20]Wir antworteten: ›Wir
haben einen alten Vater und einen Bru-
der, der ihm noch im hohen Alter gebo-
ren wurde. Er ist der Jüngste von uns.
Sein Bruder ist gestorben. Ihre Mutter
war die Lieblingsfrau unseres Vaters und
hatte nur diese zwei Söhne. Darum liebt
unser Vater den Jüngsten besonders!‹
[21]Da hast du von uns verlangt, ihn herzu-
bringen, um ihn mit eigenen Augen zu
sehen. [22]Wir entgegneten: ›Herr, sein Va-
ter würde sterben, wenn er ihn verließe!‹
[23]Du gingst nicht darauf ein und sagtest:
›Ohne ihn dürft ihr euch nicht mehr hier
sehen lassen!‹ [24]Wir kehrten zu unserem
Vater zurück und erzählten ihm alles.
[25]Als er uns einige Zeit später aufforder-
te, wieder Getreide zu kaufen, [26]antwor-
teten wir: ›Das geht nur, wenn du unse-
ren jüngsten Bruder mitkommen lässt.
Sonst können wir dem ägyptischen Herr-
scher nicht unter die Augen treten!‹ [27]Da
sagte mein Vater zu uns: ›Ihr wisst doch,
dass meine Lieblingsfrau nur zwei Söhne
bekommen hat. [28]Der eine ist verschwun-
den – ich habe ihn nie wieder gesehen.
Sicher hat ein wildes Tier ihn zerrissen!
[29]Jetzt wollt ihr mir den anderen auch
noch wegnehmen. Wenn ihm etwas zu-
stößt, bringt ihr mich ins Grab!‹
[30]Darum, Herr«, fuhr Juda fort, »wenn
wir jetzt zu unserem Vater kommen ohne
den Jungen, an dem er so hängt, [31]dann
wird er vor Kummer sterben – und wir
sind schuld daran! [32]Herr, ich habe bei
meinem Vater die volle Verantwortung
für den Jungen übernommen und gesagt:
›Wenn ich ihn dir nicht gesund zurück-
bringe, will ich mein Leben lang die
Schuld dafür tragen!‹ [33]Darum bitte ich
dich, Herr: Lass mich an seiner Stelle als
dein Sklave hier bleiben, und lass ihn mit
seinen Brüdern zurückziehen! [34]Wie soll
ich ohne den Jungen meinem Vater be-
gegnen? Ich könnte seinen Schmerz nicht
mit ansehen!«

Josef gibt sich zu erkennen

45 Da konnte Josef sich nicht län-
ger beherrschen. »Verlasst den
Raum!«, befahl er seinen Hofbeamten er-
regt. Nun war er mit seinen Brüdern al-
lein. [2]Er brach in Tränen aus und weinte
so laut, dass die Ägypter es hörten. Auch
am Hof des Pharaos sprachen bald alle
davon. [3]»Ich bin Josef!«, sagte er zu sei-
nen Brüdern. »Lebt mein Vater noch?«
Fassungslos standen die Brüder vor
ihm. Sie brachten keinen Ton heraus.
[4]»Kommt doch näher!«, sagte Josef.
Sie kamen zu ihm heran, und er wieder-
holte: »Ich bin euer Bruder Josef, den ihr
nach Ägypten verkauft habt. [5]Aber ihr
braucht euch nicht zu fürchten. Macht
euch keine Vorwürfe, dass ihr mich hier-
her verkauft habt, denn Gott wollte es so!
Er hat mich vorausgeschickt, um euch zu
retten. [6]Schon seit zwei Jahren hungern
die Menschen, und auch in den nächsten
fünf Jahren wird man kein Feld bestellen
und keine Ernte einbringen können.
[7]Gott hat mich euch vorausgesandt, da-
mit ihr mit euren Familien überlebt. Nur
so kann ein großes Volk aus euren Nach-
kommen entstehen. [8]Nicht ihr habt mich
hierher geschickt, sondern Gott! Er hat
mir diese hohe Stellung gegeben: Ich bin
der Berater des Pharaos, und ganz Ägyp-
ten hört auf das, was ich sage. [9]Schnell,
kehrt zu meinem Vater zurück! Sagt ihm:
›Dein Sohn Josef lässt dir ausrichten:

44,23 42,15.34 **44,27** 35,24 **44,28** 37,33 **44,29** 42,38 **44,32** 43,9 **45,5–8** 50,20; Ps 105,17 **45,8** 41,41

Gott hat mich zum Herrn über ganz
Ägypten gemacht. Komm sofort zu mir!
[10] Du kannst im Gebiet Goschen wohnen,
dann bist du ganz in meiner Nähe. Bring
deine Familie, deinen Besitz und dein
Vieh mit! [11] Die Hungersnot wird noch
fünf Jahre dauern. Ich werde für euch sor-
gen, und keiner wird mehr hungern müs-
sen.‹ [12] Ihr seht doch mit eigenen Augen,
dass ich wirklich euer Bruder bin«, fuhr
Josef fort. »Benjamin, auch du hast mich
gesehen. [13] Darum erzählt meinem Vater
von meiner hohen Stellung und von al-
lem, was ihr erlebt habt, und bringt ihn
schnell hierher!«

[14] Er fiel Benjamin um den Hals und
weinte. Auch Benjamin begann zu wei-
nen. [15] Dann umarmte er die anderen
und küsste sie. Endlich fanden die Brü-
der ihre Sprache wieder und redeten mit
ihm.

[16] Bald wusste jeder am Hof des Phara-
os: »Josefs Brüder sind gekommen!« Der
Pharao und seine Beamten freuten sich.
[17] Er sagte zu Josef: »Richte deinen Brü-
dern aus, sie sollen ihre Tiere beladen
und nach Kanaan ziehen. Sag ihnen:
[18] ›Holt euren Vater und eure Familien
hierher! Ihr könnt in unserem fruchtbars-
ten Gebiet wohnen und das Beste essen,
was es in Ägypten gibt!‹ [19] Sie sollen eini-
ge Wagen mitnehmen und damit euren
Vater, die Frauen und die Kinder holen.
[20] Ihrem Besitz zu Hause brauchen sie
nicht nachzutrauern. Hier bekommen sie
das Beste, was wir haben!«

[21] Josef gab seinen Brüdern die Wagen
und Verpflegung für die Reise. [22] Jedem
schenkte er ein schönes Gewand, nur
Benjamin gab er fünf Gewänder und
dreihundert Silberstücke. [23] Seinem Vater
schickte er zehn Esel mit den besten Wa-
ren Ägyptens sowie zehn Eselinnen mit
Getreide und anderen Nahrungsmitteln
für die Reise. [24] Dann schickte er seine
Brüder los und ermahnte sie: »Streitet
euch nicht unterwegs!«

[25] Kaum waren die Brüder bei ihrem
Vater angekommen, [26] da riefen sie: »Jo-
sef lebt! Er ist sogar Herrscher über ganz
Ägypten!« Jakob war wie betäubt – er
glaubte ihnen kein Wort. [27] Sie bestürm-
ten ihn und erzählten alles, was Josef
ihnen aufgetragen hatte. Sie zeigten ihm
die Wagen, die Josef geschickt hatte, um
ihn zu holen. Da kam wieder Leben in
ihn. [28] »Tatsächlich – mein Sohn Josef lebt
noch!«, rief er. »Ich will zu ihm und ihn
sehen, bevor ich sterbe!«

Jakobs Familie zieht nach Ägypten

46 Jakob packte seinen ganzen Besitz
zusammen und machte sich auf
den Weg. Als er nach Beerscheba kam,
schlachtete er ein Tier und opferte es
dem Gott seines Vaters Isaak. [2] Nachts
hörte er Gottes Stimme: »Jakob! Jakob!«
»Ja, Herr?« [3] »Ich bin Gott«, antwortete
die Stimme, »der Gott deines Vaters.
Hab keine Angst davor, nach Ägypten
zu ziehen! Dort will ich deine Nachkom-
men zu einem großen Volk machen. [4] Ich
gehe mit dir nach Ägypten, und deine
Nachkommen bringe ich wieder hierher
zurück. Josef wird bei dir sein und dir
die Augen zudrücken, wenn du stirbst.«

[5] Danach setzten Jakobs Söhne ihn und
ihre Familien in die Wagen, die sie vom
Pharao bekommen hatten. [6/7] Ihr Vieh
und ihren Besitz nahmen sie mit. So er-
reichte Jakob mit allen Verwandten
Ägypten.

[8] Es folgt das Verzeichnis der Familie
Jakobs, die mit ihm nach Ägypten zog.

Nachkommen von Jakob und Lea: Ru-
ben, der Älteste, [9] und seine Söhne He-
noch, Pallu, Hezron und Karmi; [10] Sime-
on und seine Söhne Jemuël, Jamin,
Ohad, Jachin, Zohar und Schaul; Schauls
Mutter war eine Kanaaniterin; [11] Levi
und seine Söhne Gerschon, Kehat und
Merari; [12] Juda und seine Söhne Er,
Onan, Schela, Perez und Serach; Er und
Onan waren schon in Kanaan gestorben;
Perez hatte zwei Söhne: Hezron und Ha-
mul; [13] Issaschar und seine Söhne Tola,
Puwa, Jaschub und Schimron; [14] Sebulon

46,1 26,23–25 **46,3** 28,14*; 47,27; 2 Mo 1,7

und seine Söhne Sered, Elon und Jachleel. 15 Männliche Nachkommen von Jakob und Lea: 33; dazu kommt ihre Tochter Dina.

16–18 Nachkommen von Jakob und der Magd Silpa – Laban hatte sie damals seiner Tochter Lea gegeben –: Gad und seine Söhne Zifjon, Haggi, Schuni, Ezbon, Eri, Arod und Areli; Asser und seine Söhne Jimna, Jischwa, Jischwi und Beria sowie seine Tochter Serach; Beria hatte zwei Söhne: Heber und Malkiël. Nachkommen von Jakob und Silpa: 16.

19–22 Nachkommen von Jakob und Rahel: Josef und seine Söhne Manasse und Ephraim. Sie wurden ihm in Ägypten von Asenat geboren. Asenat war die Tochter Potiferas, des Priesters von Heliopolis. Benjamin und seine Söhne Bela, Becher, Aschbel, Gera, Naaman, Ehi, Rosch, Muppim, Huppim und Ard. Nachkommen von Jakob und Rahel: 14.

23–25 Nachkommen von Jakob und der Magd Bilha – Laban hatte sie damals seiner Tochter Rahel mitgegeben –: Dan und sein Sohn Schuham; Naftali und seine Söhne Jachzeel, Guni, Jezer und Schillem. Nachkommen von Jakob und Bilha: 7.

26 Insgesamt zogen 66 Kinder und Enkel mit Jakob nach Ägypten – dazu noch die Frauen seiner Söhne. 27 Zählt man Jakob, Josef und dessen zwei Söhne hinzu, die ihm in Ägypten geboren wurden, so kamen 70 männliche Familienangehörige nach Ägypten.[a]

Das Wiedersehen

28 Jakob schickte Juda voraus. Er sollte Josef ausrichten, dass sie nach Goschen ziehen würden. 29 Josef ließ sofort seinen Wagen anspannen und fuhr ihnen entgegen. Er fiel seinem Vater um den Hals und weinte lange. 30 Jakob sagte: »Jetzt bin ich bereit zu sterben! Ich habe dich gesehen und weiß, dass du lebst!«

31 Josef wandte sich an die ganze Familie: »Ich gehe zum Pharao und erzähle ihm, dass ihr von Kanaan hierher gekommen seid. 32 Ich sage ihm: ›Diese Männer sind Viehhirten. Sie haben ihre Rinder, Schafe und Ziegen sowie ihren ganzen Besitz mitgebracht!‹ 33 Wenn der Pharao euch nach eurem Beruf fragt, 34 dann antwortet: ›Schon seit vielen Generationen sind wir Viehhirten.‹ Wenn ihr ihm das sagt, wird er euch hier in Goschen wohnen lassen!« Die Ägypter wollten nämlich mit Viehhirten nichts zu tun haben, weil dieser Beruf bei ihnen verachtet war.

Jakob beim Pharao

47 1/2 Zusammen mit fünf seiner Brüder ging Josef zum Pharao. »Mein Vater und meine Brüder sind von Kanaan hierher gekommen«, sagte er, »ihren Besitz und ihre Viehherden haben sie mitgebracht. Jetzt sind sie in Goschen.« Er stellte seine Brüder vor. 3 »Welchen Beruf übt ihr aus?«, fragte der Pharao. »Wir sind Hirten – wie schon unsere Vorfahren«, antworteten sie. 4 »Wir möchten uns gern vorübergehend in Ägypten niederlassen. Die Hungersnot in Kanaan wird immer unerträglicher, alle Weideplätze für unsere Herden sind vertrocknet. Bitte gib deine Zustimmung, dass wir in Goschen wohnen können!«

5/6 Der Pharao wandte sich an Josef: »Goschen ist der beste Teil unseres Landes. Gern dürfen dein Vater und deine Brüder dort wohnen bleiben! Und wenn unter ihnen geschickte Männer sind, kannst du sie zu Aufsehern über meine Herden ernennen.«

7 Dann brachte Josef seinen Vater Jakob herein. Jakob begrüßte den Pharao mit einem Segenswunsch. 8 »Wie alt bist du?«, fragte der Pharao. 9 »Ich lebe nun 130 Jahre als Gast auf dieser Erde«, antwortete Jakob, »das ist keine lange Zeit –

---

[a] Wörtlich: Die Söhne Josefs, die ihm in Ägypten geboren wurden, waren zwei. Insgesamt kamen von Jakobs Familie 70 Personen nach Ägypten.

46,16–25 29,31 – 30,24; 35,16–18; 38,6–30; 41,45 **46,27** 2 Mo 1,1–5 **46,30** 45,28 **47,3** 46,33–34

Unsere Eltern ehren

Lesen Sie 1. Mose 45,1-28

Nachdem Josef seinen schockierten Brüdern eröffnet hatte: „Ich bin Josef!", da folgte auch schon die Frage, die ihn am meisten beschäftigte: „Lebt mein Vater noch?" Obwohl er ihn seit Jahrzehnten nicht mehr gesehen hatte, war Josef tief und aufrichtig um ihn besorgt. Schnell lässt er Jakob eine dringliche Einladung überbringen: „Komm sofort zu mir ... Ich werde für euch sorgen."

Wenn Kinder erwachsen und die Eltern älter werden, finden die erwachsenen Kinder neue, ganz praktische Wege, um ihre Eltern zu ehren. Josef sorgte dafür, dass sein Vater eine Heimat und Nahrung fand. Man kann seine Eltern auch durch Besuche, Anrufe, Briefe und Fürsorge für das leibliche Wohl ehren. Am besten ist es, wenn Geschwister gemeinsam für ihre Eltern sorgen. Wer finanziell bessergestellt ist, kann seine Eltern auf diesem Gebiet unterstützen, während die in der Nähe wohnenden Kinder sie öfter besuchen können.

Schlussendlich ehren Kinder ihre Eltern auch durch ihren Lebensstil. Die unglücklichsten Eltern sind diejenigen, deren Kinder sich für Drogen, Alkohol, Verbrechen und andere unverantwortliche Lebensweisen entschieden haben. Die glücklichsten Eltern sind diejenigen, deren Kinder sie durch einen selbstlosen Lebensstil ehren, indem sie ihr Leben für Gott und für das Gute in der Welt einsetzen. Solche Eltern werden am höchsten geehrt.

Beten Sie gemeinsam für Ihre älter werdenden Eltern und für die veränderte Rolle, die Sie dadurch in deren Leben spielen.

Wenn Sie noch mehr Zeit haben ...

Besprechen Sie miteinander folgende Fragen oder denken Sie darüber nach:

- Was bedeutet es für Sie, Ihre Eltern in ihrer jetzigen Lebensphase zu ehren?
- Wodurch fühlen sich Ihre Eltern geehrt?
- Welche neuen, praktischen Wege finden Sie als Paar, um Ihren Eltern zu zeigen, dass Sie sie ehren?

Lesen Sie auch die folgenden Abschnitte, in denen es um das Thema Eltern geht:
Sprüche 20,20; 23,22; Kolosser 3,20.

Gemeinsam trauern

Lesen Sie 1. Mose 50,1-13

Trauern braucht Zeit – diesen wichtigen Gedanken hatten die Ägypter gut verstanden. In 1. Mose 50,3 heißt es, dass die Ägypter siebzig Tage trauerten, als Jakob starb. Gemeinsam zu trauern oder dem Ehepartner in der Trauer zu helfen, gehört untrennbar zum Eheleben dazu. Es ist unvermeidlich, dass wir von geliebten Menschen Abschied nehmen müssen, doch wenn das geschehen ist, wie können wir uns dann gegenseitig in der Trauer helfen und uns vor Depressionen schützen?

Wer klug ist, informiert sich in Büchern oder im Internet. Wenn man als Ehepartner über Depressionen Bescheid weiß und seinem Mann oder seiner Frau den Prozess des Trauerns erleichtern kann, dann ist das in Krisenzeiten eine große Hilfe. Ein Ehepartner, der diesen Prozess nicht versteht, kann das Leid des anderen noch verstärken.

Wie also können Sie Ihrem Mann oder Ihrer Frau durch die Trauer hindurchhelfen? Ein paar einfache Grundsätze sind hier zu beachten. Lassen Sie die Trauer zu, indem Sie sich auch Ihre eigenen Gefühle eingestehen. Stellen Sie direkte Fragen, mit denen sich ein Gespräch eröffnen lässt, und helfen Sie Ihrem Partner auf diese Weise, über den Verlust zu sprechen. Hören Sie einfühlsam zu und versuchen Sie nicht selbst, die Wunden zu heilen. Bestätigen Sie die Gefühle Ihres Partners und vermeiden Sie verurteilende Aussagen. Hören Sie zu. Stellen Sie immer wieder Fragen. Machen Sie sich klar, dass Sie die traurigen Gefühle Ihres Partners nicht ändern können, dass Sie aber beim Trauern helfen können, indem Sie Gespräche anbieten. Nutzen Sie Ihre Liebe als mächtiges Instrument, mit dem Sie zur Heilung Ihres Partners beitragen können. Wenn wir Menschen beim Trauern helfen, indem wir mit ihnen über ihren Verlust sprechen, dann geben wir ihnen damit eine Art „vorbeugende Medizin“. Oft hilft das, eine ernste Depression abzuwenden.

Beten Sie gemeinsam und bitten Sie Gott darum, dass er ...

- Ihnen die Kraft gibt, Ihren Partner in den dunkelsten Stunden zu unterstützen;
- Ihnen die Weisheit schenkt, einander beim Trauern zu helfen, ohne sich gegenseitig die Trauerarbeit abzunehmen;
- Sie beide vereint, damit Sie die dunklen Täler gemeinsam durchschreiten können.

Wenn Sie noch mehr Zeit haben ...

Besprechen Sie miteinander folgende Fragen oder denken Sie darüber nach:

- Welches ist der schwerste Verlust, den Sie bisher erlitten haben? Wie war der Prozess des Trauerns für Sie?
- Stellen Sie sich gegenseitig die Frage: „Wie kann ich Dich dann am besten unterstützen, wenn Du jemanden verloren hast?“

Lesen Sie auch die folgenden Abschnitte, in denen es um das Thema Trauer geht:

Matthäus 11,28-30; 2. Korinther 1,3-12; Offenbarung 21,4.

Den nächsten Impuls finden Sie auf S. 58 a

meine Vorfahren sind viel älter geworden –, und es waren harte Jahre.« 10 Dann verabschiedete Jakob sich wieder mit einem Segenswunsch.

11 Josef gab seinem Vater und seinen Brüdern Grundbesitz im fruchtbarsten Gebiet Ägyptens, wie der Pharao gesagt hatte. Es war die Gegend nahe bei der Stadt Ramses. 12 Er versorgte jede Familie nach der Zahl ihrer Kinder mit so viel Lebensmitteln, wie sie brauchten.

Die Verwaltung des Landes

13 Die Hungersnot wurde immer drückender, weil auf den Feldern nichts mehr wuchs. Nicht nur in Kanaan, auch in Ägypten litten die Menschen schwer darunter.

14 Josef verkaufte Getreide und übergab dem Pharao das Geld. Er nahm so gut wie alles Geld ein, das es in Kanaan und Ägypten gab. 15 Deshalb hatten die Ägypter auch nichts mehr, womit sie bezahlen konnten. Sie kamen zu Josef und flehten: »Sollen wir sterben, nur weil wir kein Geld mehr haben? Bitte gib uns Brot!« 16 »Gebt mir euer Vieh«, entgegnete Josef, »dann bekommt ihr Brot dafür!« 17 Sie brachten ihr Vieh zu ihm, und er gab ihnen Getreide. Bald waren alle Pferde, Schafe, Ziegen, Rinder und Esel Ägyptens im Besitz des Pharaos.

18 Ein Jahr später kamen die Ägypter wieder zu Josef und sagten: »Herr, wir haben kein Geld mehr, und das Vieh gehört auch schon dir! Wir können dir nur noch uns selbst und unsere Felder geben! 19 Lass uns nicht sterben! Kauf uns und unser Land, wir wollen uns mitsamt unserem Grundbesitz dem Pharao als Leibeigene zur Verfügung stellen. Nur gib uns Getreide zum Leben und Saatgut, damit unsere Felder nicht verwildern!«

20 Josef kaufte das ganze Land auf. Weil die Hungersnot so groß war, musste jeder seinen Grundbesitz dem König überlassen. 21 Alle Bewohner Ägyptens wurden zu Sklaven des Pharaos.[a] 22 Nur das Eigentum der Priester kaufte Josef nicht. Sie bekamen ein festes Einkommen vom Pharao und brauchten deshalb ihren Besitz nicht zu verkaufen.

23 Josef ließ allen Ägyptern melden: »Ich habe euch und eure Felder an den König verkauft. Ihr bekommt Saatgut, das ihr aussäen sollt. 24 Wenn die Ernte kommt, gehört der fünfte Teil davon ihm. Vom Rest könnt ihr euch und eure Familien ernähren und wieder neue Saat aufsparen.« 25 »Du hast uns das Leben gerettet«, antworteten sie, »wir sind gerne Diener des Pharaos.«

26 Josef machte es zu einem Gesetz in Ägypten, dass ein Fünftel der Ernte dem Pharao gehören sollte. Diese Verordnung gilt dort noch heute. Nur der Grundbesitz der Priester wurde nicht Eigentum des Pharaos.

Jakobs letzter Wunsch

27 Die Israeliten[b] ließen sich in Goschen nieder. Sie wurden zu einem großen Volk.

28 Jakob lebte noch siebzehn Jahre in Ägypten. Er wurde 147 Jahre alt. 29 Als er merkte, dass er bald sterben würde, rief er Josef zu sich. »Bitte erfüll mir meinen letzten Wunsch!«, bat er. »Leg die Hand auf meinen Unterleib, und versprich mir, dass du mich nicht in Ägypten begräbst! 30 Wenn ich gestorben bin, bring mich von hier fort, und begrab mich neben meinen Vorfahren!« »Das verspreche ich dir!«, antwortete Josef. 31 »Schwöre!«, bat Jakob. Josef schwor. Da betete Jakob auf seinem Bett Gott an.

---

a So mit der griechischen Übersetzung. Der hebräische Text lautet: Das Volk ließ er in die Städte ziehen, von einem Ende Ägyptens zum anderen.

b Wörtlich: Israel. – Der neue Name Jakobs steht hier für seine Nachkommen, die später das Volk Israel bildeten.

47,26 41,34 **47,29** 24,2 **47,30** 23,17–20; 25,9–10; 49,29–32; 50,12–13; Apg 7,15–16

Jakob segnet Ephraim und Manasse

48 Kurze Zeit später erhielt Josef die
Nachricht: »Dein Vater ist krank.«
Sofort eilte er mit seinen Söhnen Ephra-
im und Manasse zu ihm.

2 Als Jakob hörte, dass Josef gekom-
men war, setzte er sich mit letzter Kraft
im Bett auf. 3 Er sagte zu Josef: »Der all-
mächtige Gott ist mir bei Lus im Land
Kanaan erschienen. 4 Er hat mich geseg-
net und mir versprochen: ›Aus dir wird
ein großes Volk entstehen. Deinen Nach-
kommen gebe ich dieses Land für im-
mer.‹ 5 Josef, ich möchte Ephraim und
Manasse als meine Söhne annehmen!«,
fuhr Jakob fort. »Sie wurden in Ägypten
geboren, bevor ich hierher kam, und wer-
den nun Ruben und Simeon gleich-
gestellt. 6 Die Söhne aber, die du nach
ihnen bekommen hast, gelten als deine
eigenen. Sie sollen kein Erbe bekommen,
sondern zu Ephraim und Manasse ge-
zählt werden. 7 Dies tue ich, weil ich dei-
ne Mutter Rahel immer besonders ge-
liebt habe[a]. Als wir aus Mesopotamien
zurückkamen, starb sie in Kanaan, nicht
weit von Efrata, dem heutigen Bethle-
hem. Dort begrub ich sie.«

8 Jakob blickte Ephraim und Manasse
an. »Wer sind sie?«, fragte er. 9 »Das sind
die beiden Söhne, die Gott mir in Ägyp-
ten geschenkt hat«, antwortete Josef.
»Bring sie zu mir, ich will sie segnen!«,
bat Jakob. 10 Jakobs Augen waren im Al-
ter schwach geworden, er konnte kaum
noch sehen. Darum brachte Josef die bei-
den nah an ihn heran. Jakob umarmte
und küsste sie. 11 Dann wandte er sich
wieder an Josef und sagte: »Ich hätte
nicht geglaubt, dich jemals wiederzuse-
hen. Jetzt lässt Gott mich sogar deine
Kinder noch erleben!«

12 Josef nahm Ephraim und Manasse
von Jakobs Knien und verbeugte sich tief
vor ihm. 13 Dann nahm er die beiden an
die Hand und stellte Ephraim an Jakobs
linke, Manasse an seine rechte Seite.
14 Aber Jakob kreuzte seine Hände und
legte seine rechte Hand auf Ephraims
Kopf, obwohl er der Jüngere war; seine
linke legte er auf Manasses Kopf, obwohl
er der Ältere war. 15 Er segnete Josef und
seine Söhne und sagte: »Gott, dem meine
Väter Abraham und Isaak dienten, hat
mein Leben lang für mich gesorgt. 16 Sein
Engel hat mich aus vielen Gefahren ge-
rettet. Dieser Gott erweise Ephraim und
Manasse Gutes! Sie sollen weitertragen,
was er mit Abraham, Isaak und mir be-
gonnen hat![b] Ihre Nachkommen sollen
zahlreich werden und das verheißene
Land bevölkern!«

17 Josef gefiel es nicht, dass Jakob seine
rechte Hand auf Ephraims Kopf gelegt
hatte. Er nahm sie, um sie auf Manasse
zu legen. 18 »Er ist der Älteste!«, sagte er.
»Leg deine rechte Hand auf ihn!« 19 Aber
sein Vater ging nicht darauf ein. »Ich
weiß, mein Sohn, ich weiß!«, erwiderte
er. »Auch von Manasse wird ein großes
Volk abstammen, aber Ephraims Nach-
kommen sollen noch zahlreicher und
mächtiger werden!«

20 Schließlich segnete Jakob die beiden:
»Euer Name soll sprichwörtlich sein,
wenn man sich in Israel Gutes wünscht.
Dann wird man sagen: ›Gott erweise dir
Gutes wie Ephraim und Manasse!‹« 21 Zu
Josef sagte er: »Ich muss sterben. Gott
wird euch helfen und euch nach Kanaan
zurückbringen, in das Land eurer Vorfah-
ren. 22 Du sollst deinen Brüdern etwas vo-
raushaben: Ich verspreche dir das Berg-
land, das ich den Amoritern im Kampf
mit Schwert und Bogen abgenommen
habe.«

Jakobs Segen für seine Söhne

49 Danach ließ Jakob alle seine Söh-
ne herbeirufen. »Kommt an mein

---

[a] »weil … habe« ist sinngemäß ergänzt.
[b] Wörtlich: In ihnen soll mein Name weiterleben und der von Abraham und Isaak.

48,3 28,12–19 **48,4** 28,13*.14* **48,7** 35,19–20 **48,16** 28,13*.14* **48,19** 4 Mo 1,32–43; 5 Mo 33,17; Jos 17,14; Jer 31,20; 1 Mo 27,1–33 **48,22** Joh 4,5

Bett«, forderte er sie auf, »ich sage euch,
was in Zukunft mit euch geschehen wird.
2 Hört, was euer Vater Israel sagt!

3 Ruben, du bist mein erster Sohn, ge-
boren in der Zeit meiner größten Kraft.
Du nimmst den höchsten Rang ein, ge-
nießt das größte Ansehen. 4 Aber du
kannst dich nicht im Zaum halten – da-
rum wirst du nicht der Erste bleiben. Mit
einer meiner Frauen hast du geschlafen
und mich dadurch beleidigt.

5 Simeon und Levi, sie beide verfolgen
dieselben Ziele:[a] Ihre Schwerter haben
sie zu Mord und Totschlag missbraucht.
6 Mit ihren finsteren Plänen will ich nichts
zu tun haben, von ihren Vorhaben halte
ich mich fern. In blinder Wut brachten sie
Menschen um, mutwillig schnitten sie
Stieren die Sehnen durch. 7 Weil sie im
Zorn so hart und grausam waren, müssen
sie die Folgen tragen: Ihre Nachkommen
erhalten kein eigenes Gebiet, sondern
wohnen verstreut in ganz Israel.

8 Juda, dich loben deine Brüder! Deine
Feinde schlägst du in die Flucht, darum
verehren dich alle Söhne deines Vaters.
9 Mein Sohn, du bist wie ein junger Löwe,
der gerade seine Beute gerissen hat.
Majestätisch legt er sich daneben, und
niemand wagt es, ihn zu stören. 10 Juda,
immer behältst du das Zepter in der
Hand, Könige gehen aus deinem Stamm
hervor – bis ein großer Herrscher
kommt,[b] dem alle Völker dienen. 11 Juda
wäscht sein Gewand in Wein – im Über-
fluss kann er ihn genießen; er bindet sei-
nen Esel am Weinstock an – denn es
wächst genug davon in seinem Land.[c]
12 Seine Augen sind dunkler als Wein und
seine Zähne weißer als Milch.

13 Sebulon – nah beim Meer wird er
wohnen, sein Ufer ist ein Hafen für Schif-
fe. Bis nach Sidon erstreckt sich sein Ge-
biet.

14 Issaschar gleicht einem knochigen
Esel, der träge zwischen den Sattelta-
schen ruht. 15 Sein schönes Land und sei-
ne Ruhe möchte er nicht verlieren. Da-
rum lässt er sich unterjochen und gibt
seine Freiheit auf, anstatt für sie zu
kämpfen.

16 Dan verhilft seinem Volk zum Recht
– darum wird er geachtet, obwohl er nur
ein kleiner Stamm ist. 17 Listig ist er wie
eine kleine, aber gefährliche Schlange,
die am Wegrand liegt. Sie greift ein Pferd
an, und nach ihrem Biss fällt der Reiter
zu Boden.

18 O Herr, ich warte darauf, dass du uns
rettest!

19 Gad wird von plündernden Horden
bedrängt, aber er treibt sie zurück und
schlägt sie in die Flucht.

20 Assers Land bringt reiche Ernte;
köstliche Früchte wachsen dort, es sind
wohlschmeckende Speisen sogar für Kö-
nige.

21 Naftali gleicht einer Hirschkuh, die
leichtfüßig umherläuft und schöne Käl-
ber wirft.

22 Josef, du bist wie ein fruchtbarer
Baum, der an einer Quelle wächst und
dessen Zweige eine Mauer überragen.
23 Feindliche Truppen greifen dich an,
verfolgen dich mit Pfeil und Bogen,
24 aber dein Bogen bleibt unzerbrechlich.
Deine Arme und Hände sind stark, weil
Jakobs mächtiger Gott dir hilft. Er sorgt
für Israel wie ein Hirte, gibt dem Volk
Sicherheit wie ein starker Fels. 25 Der
Gott, dem schon dein Vater gedient hat,
wird dir beistehen. Er ist allmächtig und
wird dir seinen Segen schenken: Regen
bewässert dein Land von oben, und das
Wasser aus den Tiefen der Erde macht
deine Felder fruchtbar; Menschen und
Tiere vermehren sich und breiten sich
aus. 26 Stell dir die Berge vor, deren Gip-

---

[a] Wörtlich: Simeon und Levi, die Brüder.

[b] Wörtlich: bis Schilo kommt. – Das Wort ist nicht sicher zu deuten, wahrscheinlich bezeichnet es einen großen Herrscher.

[c] Wörtlich: Er bindet seinen Esel an den Weinstock, an die Rebe das Junge der Eselin; er wäscht sein Gewand in Wein, sein Kleid im Blut der Trauben.

49,4 35,22 **49,5–6** 34,24–26 **49,7** 5 Mo 18,1; Jos 19,1–9; 21,1–42 **49,8** Ri 1,1–2 **49,10** 1 Chr 5,2; 2 Sam 7,16; Hebr 7,14; Offb 5,5

fel bis in den Himmel ragen: Dein Wohlstand wird noch viel größer sein![a] Dies steht dir zu, denn du nimmst einen besonderen Platz unter deinen Brüdern ein.

[27] Benjamin gleicht einem reißenden Wolf, der morgens seine Feinde verschlingt und abends seine Beute teilt.«

[28] Jedem seiner zwölf Söhne sagte Jakob ein besonderes Segenswort. Es galt zugleich für die zwölf Stämme Israels, die von ihnen abstammen sollten. [29/30] »Ich muss bald sterben«, sagte er dann zu seinen Söhnen, »begrabt mich in unserem Familiengrab! Es ist die Höhle in Kanaan, bei Machpela, östlich von Mamre. Abraham hat sie dem Hetiter Efron abgekauft. [31] Dort sind schon Abraham und Sara, Isaak und Rebekka begraben, und dort habe ich Lea beigesetzt. [32] Die Höhle mit dem Grundstück gehört uns. Begrabt auch mich dort!«

[33] Nachdem Jakob seinen letzten Willen erklärt hatte, legte er sich aufs Bett zurück und starb.

Trauer um Jakob

50 Josef warf sich über seinen Vater, küsste ihn und weinte laut. [2] Er beauftragte seine Ärzte, den Körper einzubalsamieren. [3] Das dauerte wie gewohnt vierzig Tage, und ganz Ägypten trauerte siebzig Tage lang um Jakob.

[4] Als die Trauerzeit vorüber war, bat Josef die königlichen Hofbeamten, dem Pharao auszurichten: [5] »Ich habe meinem Vater geschworen, ihn in Kanaan zu bestatten. Dort ist unser Familiengrab. Lass mich meinen Vater nach Kanaan bringen! Danach komme ich wieder zurück!« [6] Der Pharao ließ ihm sagen: »Du kannst deinen Vater bestatten, wie du es ihm versprochen hast.«

[7] Josef machte sich auf den Weg. Mit ihm zogen die obersten Beamten Ägyptens, [8] seine eigene Familie und die Familien seiner Brüder sowie alle anderen Angehörigen Jakobs. Nur die kleinen Kinder und das Vieh ließen sie in Goschen zurück. [9] Zu ihrem Schutz wurden sie von Kriegswagen und Reitern begleitet. Es war ein sehr großer Trauerzug.

[10] Als sie nach Goren-Atad östlich des Jordan kamen, ließ Josef die Totenklage für seinen Vater halten, sieben Tage lang. [11] Die einheimischen Kanaaniter beobachteten sie und staunten: »Seht, wie groß die Trauer der Ägypter ist!« Darum heißt der Ort Abel-Mizrajim (»Trauer der Ägypter«). [12/13] Jakobs Söhne erfüllten den Wunsch ihres Vaters und brachten ihn nach Kanaan. Sie bestatteten ihn in der Höhle bei Machpela, östlich von Mamre, in dem Familiengrab, das Abraham damals von dem Hetiter Efron gekauft hatte.

[14] Danach kehrten Josef und seine Brüder mit dem Trauerzug nach Ägypten zurück.

Was Gott beschlossen hat, das steht fest

[15] Weil ihr Vater nun tot war, bekamen Josefs Brüder Angst. »Was ist, wenn Josef sich jetzt doch noch rächen will und uns alles Böse heimzahlt, was wir ihm angetan haben?« [16] Sie schickten einen Boten zu Josef mit der Nachricht: »Bevor dein Vater starb, beauftragte er uns, dir zu sagen: [17] ›Vergib deinen Brüdern das Unrecht von damals!‹ Darum bitten wir dich jetzt: Verzeih uns! Wir dienen doch demselben Gott wie du und unser Vater!«

Als Josef das hörte, musste er weinen. [18] Danach kamen die Brüder selbst zu ihm, warfen sich zu Boden und sagten: »Wir sind deine Diener!« [19] Aber Josef erwiderte: »Habt keine Angst! Ich maße mir doch nicht an, euch an Gottes Stelle zu richten! Was er beschlossen hat, das steht fest! [20] Ihr wolltet mir Böses tun, aber Gott hat Gutes daraus entstehen lassen. Durch meine hohe Stellung konnte

---

[a] So mit der griechischen Übersetzung. Der hebräische Text lautet: Die Segnungen deines Vaters sind reicher als die Segnungen meiner Erzeuger der Urzeit.

49,29–32 23,17–20* **50,5** 47,29–31 **50,12–13** 23,17–20* **50,15** 27,41

ich vielen Menschen das Leben retten.
[21] Ihr braucht also nichts zu befürchten.
Ich werde für euch und eure Familien sorgen.«

So beruhigte Josef seine Brüder, und sie vertrauten ihm.

Josefs Tod

[22] Josef, seine Brüder und ihre Familien blieben in Ägypten wohnen. Josef wurde
110 Jahre alt. [23] Er sah noch Ephraims Kinder und Enkel. Auch erlebte er noch die Kinder von Machir, dem Sohn Manasses, und nahm sie in seine Familie auf.[a]

[24] Als Josef merkte, dass er bald sterben würde, sagte er zu seinen Brüdern: »Gott sorgt für euch. Er wird euch aus Ägypten herausführen und in das Land bringen, das er Abraham, Isaak und Jakob versprochen hat.
[25] Schwört mir, dass ihr meine Gebeine mitnehmt, wenn Gott euch nach Kanaan bringt!« Die Brüder schworen es.

[26] Josef starb im Alter von 110 Jahren. Sein Körper wurde einbalsamiert und in einen Sarg gelegt.

---

[a] Wörtlich: Die Kinder von Manasses Sohn Machir wurden auf Josefs Knien geboren. – Wahrscheinlich ist gemeint, dass Machirs Söhne von Josef adoptiert wurden. Vgl. Kapitel 30,3

50,24–25 2 Mo 13,19; Jos 24,32; Apg 7,15–16; Hebr 11,22

Das zweite Buch Mose (Exodus)

Das Volk Israel in Ägypten

1 Dies sind die Namen der Israeliten, die mit ihrem Vater Jakob und ihren Familien nach Ägypten gekommen waren: 2–4 Ruben, Simeon, Levi, Juda, Issachar, Sebulon, Benjamin, Dan, Naftali, Gad und Asser. 5 Insgesamt waren es siebzig Personen, und alle stammten von Jakob ab. Josef, auch ein Sohn Jakobs, hatte bereits vorher in Ägypten gelebt.

6 Nach und nach waren Josef und seine Brüder gestorben, und schließlich lebte von ihrer Generation niemand mehr. 7 Ihre Nachkommen aber wurden zu einem großen Volk und ließen sich überall in Ägypten nieder.

8 Dann trat ein neuer König die Herrschaft an, der Josef nicht mehr kannte. 9 Er sagte zu den Ägyptern: »Ihr seht, dass die Israeliten zahlreicher und mächtiger sind als wir. 10 Wir müssen etwas dagegen unternehmen! Denn wenn dieses Volk weiter wächst, laufen sie im Krieg womöglich zu unseren Feinden über, kämpfen gegen uns und bringen dann das Land in ihre Gewalt[a].«

11 So zwang man die Israeliten zur Sklavenarbeit und setzte Aufseher über sie ein. Sie mussten für den Pharao die Vorratsstädte Pitom und Ramses bauen. 12 Doch je mehr die Israeliten unterdrückt wurden, desto zahlreicher wurden sie. Sie breiteten sich im ganzen Land aus, so dass die Ägypter Angst bekamen. 13 Darum zwangen sie die Israeliten erbarmungslos zu harter Arbeit 14 und machten ihnen das Leben schwer: Sie mussten aus Lehm Ziegel herstellen und auf den Feldern arbeiten. Mit Gewalt wurden sie dazu gezwungen.

15 Den israelitischen Hebammen Schifra und Pua befahl der ägyptische König: 16 »Wenn ihr von den hebräischen Frauen zur Geburt gerufen werdet und seht, dass ein Junge zur Welt kommt, dann tötet ihn sofort! Ist es ein Mädchen, könnt ihr es am Leben lassen!« 17 Aber aus Ehrfurcht vor Gott hielten sich die Hebammen nicht an den königlichen Befehl, sondern ließen die Jungen am Leben.

18 Als der König sie deswegen zur Rede stellte, 19 erklärten sie: »Die hebräischen Frauen sind viel kräftiger als die Ägypterinnen. Ehe wir zu ihnen kommen, haben sie ihr Kind schon geboren!«

20/21 Weil die Hebammen Ehrfurcht vor Gott hatten, tat er ihnen Gutes und schenkte ihnen viele Kinder. Das Volk Israel wurde immer größer und mächtiger.

22 Schließlich befahl der Pharao den Ägyptern: »Werft alle neugeborenen Jungen der Hebräer in den Nil, nur die Mädchen lasst am Leben!«

Mose wird geboren

2 Ein Mann vom Stamm Levi heiratete eine Frau aus demselben Stamm. 2 Sie wurde schwanger und bekam einen Sohn. Als sie sah, wie schön der Junge war, hielt sie ihn drei Monate lang versteckt. 3 Doch schließlich konnte sie ihn nicht mehr verbergen. Sie nahm einen Korb aus Schilfrohr und dichtete ihn mit Erdharz und Pech ab. Dann legte sie das Kind hinein und setzte es im Schilf am Nilufer aus. 4 Die Schwester des Jungen blieb in einiger Entfernung stehen, um zu beobachten, was mit ihm geschehen würde.

5 Irgendwann kam die Tochter des Pharaos zum Baden an den Fluss. Ihre Dienerinnen gingen am Ufer hin und her und

---

[a] Oder: kämpfen gegen uns und verlassen dann das Land.

1,5 1 Mo 46,8–27 **1,11–14** 12,40; 1 Mo 15,13; Apg 7,6 **1,12** Apg 7,17 **2,1** 6,20 **2,2** Hebr 11,23

Das Risiko der Aufrichtigkeit

Lesen Sie 2. Mose 1,15-21

Die hebräischen Hebammen riskierten ihr Leben, um die ihnen anvertrauten kleinen Jungen zu retten. Sie wogen die Vorteile, die ein „sicherer“ Weg mit sich bringen würde, gegen die Folgen ab, wenn sie etwas taten, was nicht richtig war. Sie entschieden sich dazu, das Richtige zu tun, egal was es kostete. Damit hinterließen sie ein Vermächtnis, das bis zum heutigen Tag Auswirkungen hat.

Das Wichtigste, was wir anderen hinterlassen können, ist unser persönlicher Charakter und unsere Aufrichtigkeit. Dieses Vermächtnis hat den größten Einfluss darauf, welche Erinnerungen unsere Kinder und die folgenden Generationen mit uns verbinden. Früher wurde oft in den Todesanzeigen der Charakter der verstorbenen Person beschrieben. Heute geht daraus nur noch selten hervor, ob der oder die Verstorbene ein freundlicher, bescheidener oder großzügiger Mensch war. Doch unser Charakter ist heute genauso entscheidend wie damals, als unsere Großeltern noch jung waren. Ganz gleich wie sehr jemand sein wahres Wesen zu verbergen versucht, die Wahrheit kommt immer ans Licht.

Der Kampf um die eigene Aufrichtigkeit endet nie, zumindest nicht in diesem Leben. Jeder Tag bringt neue Hindernisse, neue Versuchungen und neue Herausforderungen mit sich. Oder, wenn man es positiv ausdrücken möchte: Jeden Tag bieten sich auch neue Chancen, unseren Charakter zu bewähren und Fehler der Vergangenheit zu korrigieren. Dies alles fügen wir dann dem Vermächtnis hinzu, das wir weitergeben.

Beten Sie jeder für sich oder gemeinsam. Bitten Sie Gott um Weisheit, damit Sie die Herausforderungen erkennen, die Ihren aufrichtigen Charakter gefährden wollen. Bitten Sie um die Kraft, die richtigen Entscheidungen zu treffen, egal welche Folgen dies nach sich zieht.

Wenn Sie noch mehr Zeit haben …

Besprechen Sie miteinander folgende Fragen oder denken Sie darüber nach:

- Was würden Sie jemandem antworten, der behauptet, das Streben nach einem aufrichtigen Charakter sei nur Schwarz-Weiß-Denken in einer Welt, die hauptsächlich aus Grauzonen besteht?
- Wie zeigt sich in Ihren täglichen Entscheidungen – zu Hause, im Beruf, unter Freunden, in der Gemeinde – Ihre Entschlossenheit, aufrichtig zu sein?
- Welche Schritte können Sie unternehmen, um unaufrichtiges Verhalten aus der Vergangenheit zu korrigieren?

Lesen Sie auch die folgenden Abschnitte, in denen es um die Frage eines aufrichtigen Charakters geht:
Psalm 15,1-5; Sprüche 16,11; Titus 2,1-8.

Er sieht dich

Die folgenden Fragen können Sie entweder allein oder als Paar gemeinsam durchgehen. Wenn jeder für sich darüber nachdenkt, verabreden Sie sich in der kommenden Woche zu einem Austausch darüber, was Sie herausgefunden haben.

1. Stellen Sie sich vor, Sie wären ein Sklave in Ägypten. Wie würden Sie Gott gegenüber empfinden? Wären Sie davon überzeugt, dass er Sie liebt, für Sie sorgt und Sie beschützt?

2. Haben Sie schon einmal das Gefühl gehabt, dass Gott Ihnen nicht zuhört, dass er nicht weiß – oder es ihm egal ist –, was Sie gerade durchmachen?
Was brachte Sie auf den Gedanken, er schenke Ihnen keine Aufmerksamkeit?

3. Was haben Sie in dieser Situation unternommen?

4. Benennen Sie eine Situation in der Bibel, in der Gott ein bestimmtes Gebet nicht erhört hat. Warum hat er Ihrer Meinung nach dieser Person nicht das gegeben, was sie sich gewünscht hat?

5. Wie wirkt sich der Gedanke, dass Gott Ihnen nicht das gibt, was Sie von ihm erbitten, auf Ihr Gebet aus?

6. In der Bibel heißt es, Gottes Weisheit sei vollkommen. Wie können Sie sich das ins Gedächtnis rufen, wenn Sie Zweifel haben?

2. Mose 3,7

„Der Herr sagte: ‚Ich habe gesehen, wie schlecht es meinem Volk in Ägypten geht, und ich habe auch gehört, wie sie über ihre Unterdrückung klagen. Ich weiß, was sie dort erleiden müssen.'"

KONKRET:

Überlegen Sie, ob Sie nicht gemeinsam ein Gebetstagebuch führen möchten. Schreiben Sie jeden Tag auf, worum Sie Gott gebeten haben. Wenn Sie Ihr Tagebuch zu einem späteren Zeitpunkt wieder aufschlagen, werden Sie feststellen, wie viele Gebete Gott beantwortet hat. Mit der Zeit werden Sie im Rückblick auch verstehen, warum er manche Gebete nicht erhört hat.

Den nächsten Impuls finden Sie auf S. 62 a

warteten. Plötzlich entdeckte die Tochter des Pharaos den Korb im Schilf. Sie schickte eine Dienerin hin und ließ ihn holen. [6] Als sie den Korb öffnete, sah sie den weinenden Jungen darin liegen. Sie bekam Mitleid und sagte: »Das ist bestimmt eins von den hebräischen Kindern.«

[7] Da ging die Schwester des Jungen zu ihr und erzählte: »Ich kenne eine hebräische Frau, die gerade stillt. Soll ich sie rufen? Dann kann sie das Kind für dich stillen.« [8] »Ja, ruf sie her!«, antwortete die Tochter des Pharaos. Und so lief das Mädchen los und holte seine Mutter. [9] Die Tochter des Pharaos forderte die Frau auf: »Nimm dieses Kind mit, und still es für mich! Ich werde dich dafür bezahlen.« Da nahm die Frau ihren Sohn wieder zu sich und stillte ihn.

[10] Als das Kind größer wurde, brachte sie es zur Tochter des Pharaos, die es als ihren eigenen Sohn annahm. »Ich habe ihn aus dem Wasser geholt«, sagte sie, und darum nannte sie ihn Mose[a].

Mose flieht nach Midian

[11] Mose war erwachsen geworden. Einmal ging er los, um zu sehen, wie seine israelitischen Brüder zu harter Arbeit gezwungen wurden. Dabei wurde er Zeuge, wie ein Ägypter einen Hebräer schlug, einen Mann aus seinem Volk! [12] Mose sah sich nach allen Seiten um, und als er sich überzeugt hatte, dass außer ihnen niemand in der Nähe war, schlug er den Ägypter tot und verscharrte ihn im Sand.

[13] Am nächsten Tag ging er wieder dorthin und sah zwei Hebräer miteinander streiten. »Warum schlägst du einen Mann aus deinem eigenen Volk?«, fragte Mose den, der im Unrecht war. [14] Der Mann erwiderte: »Was geht dich das an? Bist du unser Aufseher oder Richter? Willst du mich jetzt auch umbringen wie gestern den Ägypter?« Mose erschrak. »Es ist also doch herausgekommen!«, dachte er.

[15] Als der Pharao von Moses Tat erfuhr, wollte er ihn hinrichten lassen. Doch Mose flüchtete nach Midian. Dort machte er an einem Brunnen Rast. [16] In Midian gab es einen Priester, der sieben Töchter hatte. Sie hüteten seine Schafe und Ziegen und kamen gerade zum Brunnen, um Wasser zu schöpfen. Als sie die Tränkrinnen für die Tiere gefüllt hatten, [17] kamen andere Hirten und drängten die Mädchen weg. Da stand Mose auf und half den Mädchen, ihre Herde zu tränken.

[18] Als sie wieder nach Hause zu ihrem Vater Reguël kamen, fragte er erstaunt: »Warum kommt ihr heute schon so früh zurück?« [19] Die Töchter erzählten: »Ein Ägypter hat uns gegen die anderen Hirten verteidigt. Er half uns sogar, Wasser zu schöpfen und die Tränkrinnen zu füllen.« [20] »Wo ist er denn?«, fragte Reguël. »Warum habt ihr ihn nicht mitgebracht? Bittet ihn, hereinzukommen und mit uns zu essen!«

[21] So kam Mose zu Reguël. Der lud ihn ein, bei ihnen zu bleiben, und Mose willigte ein.

Reguël gab ihm seine Tochter Zippora zur Frau.[b] [22] Sie brachte einen Sohn zur Welt. Bei seiner Geburt sagte Mose: »Er soll Gerschom (›ein Fremder dort‹) heißen, weil ich hier in einem fremden Land Schutz gesucht habe.«

[23] Viele Jahre später starb der König von Ägypten. Aber die Israeliten stöhnten weiter unter der Zwangsarbeit und schrien zu Gott um Hilfe. [24] Er hörte ihr Klagen und dachte an den Bund, den er einst mit Abraham, Isaak und Jakob geschlossen hatte. [25] Ja, Gott hatte die Israeliten nicht vergessen, er kam ihnen zu Hilfe.

---

[a] Der Name Mose klingt im Hebräischen so ähnlich wie das Wort für »herausziehen«.

[b] Moses Schwiegervater Reguël wird im Folgenden Jitro genannt.

2,11–15 Apg 7,23–29.35; Hebr 11,24–27 **2,21–22** 18,1–3; 4 Mo 12,1 **2,23–25** 3,16; 4,31; 6,5; 1 Mo 21,17; Ri 2,18 **2,24** 1 Mo 15,13–14

Gott gibt Mose einen Auftrag

3 Mose hütete damals die Schafe und
Ziegen seines Schwiegervaters Jitro,
des Priesters von Midian. Eines Tages
trieb er die Herde von der Steppe hinauf
in die Berge und kam zum Horeb, dem
Berg Gottes. 2 Dort erschien ihm der En-
gel des Herrn in einer Flamme, die aus
einem Dornbusch schlug. Als Mose ge-
nauer hinsah, bemerkte er, dass der Busch
zwar in Flammen stand, aber nicht nieder-
brannte. 3 »Merkwürdig«, dachte Mose,
»warum verbrennt der Busch nicht? Das
muss ich mir aus der Nähe ansehen.«

4 Der Herr sah, dass Mose sich dem
Feuer näherte, um es genauer zu betrach-
ten. Da rief er ihm aus dem Busch zu:
»Mose, Mose!« »Ja, Herr«, antwortete
er. 5 »Komm nicht näher!«, befahl Gott.
»Zieh deine Sandalen aus, denn du stehst
auf heiligem Boden! 6 Ich bin der Gott
deiner Vorfahren, der Gott Abrahams,
Isaaks und Jakobs.« Mose verhüllte sein
Gesicht, denn er hatte Angst davor, Gott
anzuschauen.

7 Der Herr sagte: »Ich habe gesehen, wie
schlecht es meinem Volk in Ägypten geht,
und ich habe auch gehört, wie sie über ihre
Unterdrückung klagen. Ich weiß, was sie
dort erleiden müssen. 8 Darum bin ich ge-
kommen, um sie aus der Gewalt der Ägyp-
ter zu retten. Ich will sie aus diesem Land
herausführen und in ein gutes, großes
Land bringen, in dem Milch und Honig
fließen. Jetzt leben dort noch die Kanaa-
niter, Hetiter, Amoriter, Perisiter, Hiwiter
und Jebusiter. 9 Ja, ich habe die Hilfe-
schreie der Israeliten gehört; ich habe ge-
sehen, wie die Ägypter sie quälen. 10 Da-
rum geh nach Ägypten, Mose! Ich sende
dich zum Pharao, denn du sollst mein Volk
Israel aus Ägypten herausführen!«

11 Aber Mose erwiderte: »Ich soll zum
Pharao gehen und die Israeliten aus
Ägypten herausführen? Wer bin ich
schon?« 12 Der Herr antwortete: »Ich ste-
he dir bei und gebe dir ein Zeichen, an
dem du erkennst, dass ich dich gesandt
habe: Wenn du mein Volk aus Ägypten
herausgeführt hast, werdet ihr mir an die-
sem Berg hier Opfer darbringen!« 13 Mo-
se entgegnete: »Wenn ich zu den Israeli-
ten komme und ihnen sage, dass der Gott
ihrer Vorfahren mich zu ihnen gesandt
hat, werden sie mich nach seinem Namen
fragen. Was sage ich dann?«

14 Gott antwortete: »Ich bin euer Gott,
der für euch da ist.[a] Darum sag den Israe-
liten: ›Ich bin für euch da‹ hat mich zu
euch gesandt. 15 Ja, der Herr hat mich ge-
schickt, der Gott eurer Vorfahren, der
Gott Abrahams, Isaaks und Jakobs. –
Denn das ist mein Name für alle Zeiten.
Alle kommenden Generationen sollen
mich mit diesem Namen anreden, wenn
sie zu mir beten.

16 Geh nun nach Ägypten, versammle
die Oberhäupter der Sippen Israels, und
sag ihnen: Der Herr ist mir erschienen,
der Gott eurer Vorfahren, der Gott
Abrahams, Isaaks und Jakobs. Er lässt
euch ausrichten: Ich habe euch nicht ver-
gessen und habe gesehen, was man euch
in Ägypten antut. 17 Darum verspreche
ich, dass ich eurem Elend ein Ende ma-
che: Ich werde euch aus Ägypten heraus-
führen und in das Land der Kanaaniter,
Hetiter, Amoriter, Perisiter, Hiwiter und
Jebusiter bringen, ein Land, in dem
Milch und Honig fließen. 18 Die Sippen-
oberhäupter Israels werden auf dich hö-
ren. Du sollst dann mit ihnen zum Pharao
gehen und sagen: Der Herr, der Gott der
Hebräer, ist uns erschienen. Bitte erlaube
uns, drei Tagesreisen weit in die Wüste zu
ziehen, um ihm dort Opfer darzubringen!

19 Ich weiß aber: Der König von Ägyp-
ten wird euch das nie erlauben, wenn ihn
nicht eine starke Hand dazu zwingt[b]!

---

[a] Wörtlich: Ich bin, der ich bin.

[b] *So mit der griechischen Übersetzung.* Der hebräische Text lautet: selbst dann nicht, wenn ihn eine starke Hand dazu zwingt.

3,1–10 Apg 7,30–35 **3,5** Jos 5,15 **3,6** 1 Mo 17,1; 28,4; 28,13; 2 Mo 33,20–23*; Mk 12,26 **3,7** 2,23–25* **3,8** 4 Mo 13,27* **3,10** Jer 1,4–19 **3,11–12** Jer 1,6–8 **3,14** 6,2–3; Offb 1,8 **3,16** 2,25; 4,31; 6,5 **3,18** 5,1*

20 Darum werde ich meine Hand erheben
und die Ägypter strafen. Mit gewaltigen
Taten werde ich ihnen zusetzen, bis der
Pharao euch ziehen lässt. 21 Ich will euch
bei den Ägyptern Achtung verschaffen.
Ihr werdet das Land nicht mit leeren
Händen verlassen. 22 Jede Israelitin soll
von ihrer Nachbarin Gold- und Silberschmuck und schöne Kleider verlangen.
Eure Kinder sollen dies alles bekommen;
es wird eure Beute sein.«

Moses Einwände

4 Mose wandte ein: »Die Israeliten
werden mir nicht glauben und nicht
auf mich hören. Sie werden sagen: ›Der
Herr ist dir gar nicht erschienen!‹« 2 Da
fragte ihn der Herr: »Was hast du da in
der Hand?« »Einen Stab«, erwiderte Mose. 3 »Wirf ihn auf den Boden!«, befahl
der Herr. Mose gehorchte, und sofort
verwandelte sich der Stab in eine Schlange. Voller Entsetzen lief Mose weg. 4 Der
Herr aber forderte ihn auf: »Pack die
Schlange beim Schwanz!« Mose griff
nach ihr, und sie wurde in seiner Hand
wieder zum Stab.

5 Der Herr sagte: »Tu dies vor den Augen der Israeliten! Dann werden sie dir
glauben, dass ich, der Herr, dir erschienen bin, der Gott ihrer Vorfahren, der
Gott Abrahams, Isaaks und Jakobs. 6 Und
nun steck deine Hand in den Bausch deines Gewandes!« Mose gehorchte, und als
er die Hand wieder herauszog, war sie
schneeweiß – sie war aussätzig. 7 »Steck
die Hand noch einmal in den Bausch!«,
befahl der Herr. Als Mose sie dann wieder herauszog, war sie gesund.

8 Der Herr sagte: »Wenn die Israeliten
dir nicht glauben und das erste Zeichen
nicht beachten, werden sie sicher nach
dem zweiten Zeichen auf dich hören.
9 Wollen sie dir aber trotz dieser beiden
Zeichen nicht glauben und deine Botschaft nicht beachten, dann schöpfe Wasser aus dem Nil, und gieß es auf das Land.
Dieses Wasser wird zu Blut werden!«

10 »Ach Herr«, entgegnete Mose, »ich
bin noch nie ein guter Redner gewesen.
Auch jetzt, wo du mit mir sprichst, hat
sich daran nichts geändert. Ich rede nicht
gerne, die Worte kommen mir nur schwer
über die Lippen.« 11 Aber der Herr sagte:
»Habe nicht ich, der Herr, den Menschen
einen Mund gegeben? Kann ich sie nicht
stumm oder taub, sehend oder blind machen? 12 Geh jetzt! Ich bin bei dir und sage dir, was du reden sollst.«

13 Doch Mose bat: »Herr, sende doch
lieber einen anderen!«

14 Da wurde der Herr zornig und erwiderte: »Ich weiß, dass dein Bruder Aaron
vom Stamm Levi sehr gut reden kann. Er
ist schon unterwegs und kommt dir entgegen. Er wird sich von Herzen freuen,
wenn er dich wiedersieht. 15 Sag ihm, was
er den Israeliten ausrichten soll. Ich will
bei euch sein, wenn ihr reden müsst, und
ich werde euch zeigen, was ihr tun sollt.
16 Aaron soll an deiner Stelle zu den Israeliten sprechen. Was du ihm aufträgst,
soll er ausrichten, als hätte ich selbst es
ihm gesagt. 17 Vergiss auch deinen Stab
nicht, denn mit ihm wirst du die Zeichen
tun, die deinen Auftrag bestätigen!«

Mose kehrt nach Ägypten zurück

18 Mose ging zu seinem Schwiegervater Jitro und sagte: »Ich möchte gerne zu meinen Verwandten nach Ägypten ziehen,
um zu sehen, ob sie noch leben.« Jitro
antwortete: »Geh nur, ich wünsche dir
alles Gute!«

19 Noch während Mose in Midian war,
sagte der Herr: »Du kannst jetzt ohne Gefahr nach Ägypten zurückkehren, denn
inzwischen sind alle gestorben, die dich
töten wollten!« 20 Mose ließ seine Frau
und die Söhne auf einen Esel steigen und
machte sich auf den Weg zurück nach
Ägypten; den Stab Gottes nahm er mit.

3,21–22 12,35–36; 1 Mo 15,14 **4,3–4** 7,10 **4,9** 7,17–21 **4,10** 6,12.30; Jer 1,6 **4,11** Hes 33,22; Mt 12,22; Lk 1,19–22 **4,16** 7,1–2 **4,20** 2,21–22

[21] Der Herr sprach zu ihm: »Wenn du in Ägypten bist, dann sollst du alle Zeichen vor dem Pharao tun, zu denen ich dich bevollmächtigt habe! Aber ich werde dafür sorgen, dass der Pharao unnachgiebig bleibt und mein Volk nicht ziehen lässt. [22] Dann sollst du ihm ausrichten: So spricht der Herr: Das Volk Israel ist mein erstgeborener Sohn. [23] Ich befehle dir: Lass meinen Sohn ziehen, denn er soll mir dienen! Weigerst du dich, werde ich deinen ältesten Sohn töten!«

[24] Als Mose und seine Familie unterwegs in einer Herberge übernachteten, fiel der Herr über Mose her und wollte ihn töten. [25] Da nahm Zippora rasch einen scharfen Stein, schnitt die Vorhaut am Glied ihres Sohnes ab und berührte damit Moses Füße. Dann sagte sie zu ihm: »Du bist mein Blutsbräutigam!« [26] Da verschonte Gott Moses Leben. Zippora hatte Mose »Blutsbräutigam« genannt, weil sie ihren Sohn beschnitten hatte.

[27] Inzwischen hatte der Herr auch zu Aaron geredet: »Geh Mose entgegen in die Wüste!« Da brach Aaron auf. Er begegnete Mose am Berg Gottes und begrüßte ihn mit einem Kuss. [28] Mose berichtete Aaron, was der Herr zu ihm gesagt hatte, und erzählte ihm von den Wundern, die er tun sollte.

[29] Gemeinsam zogen sie dann nach Ägypten; dort versammelten sie die Sippenoberhäupter der Israeliten. [30] Aaron teilte ihnen Wort für Wort mit, was der Herr zu Mose gesagt hatte, und Mose tat die Wunder vor aller Augen. [31] Die versammelten Israeliten glaubten ihnen. Als sie hörten, dass der Herr ihr Elend gesehen hatte und ihnen helfen wollte, warfen sie sich nieder und beteten ihn an.

Mose und Aaron vor dem Pharao

5 Mose und Aaron gingen zum König von Ägypten und sagten: »So spricht der Herr, der Gott Israels: ›Lass mein Volk ziehen! Es soll mir zu Ehren ein Fest in der Wüste feiern!‹« [2] »Wer ist denn dieser ›Herr‹?«, fragte der Pharao. »Weshalb sollte ich ihm gehorchen und Israel gehen lassen? Ich kenne den Herrn nicht und lasse sein Volk nicht frei!«

[3] Mose und Aaron erwiderten: »Der Herr ist der Gott der Hebräer. Er ist uns begegnet. Erlaube uns, dass wir drei Tagesreisen weit in die Wüste ziehen und dort dem Herrn, unserem Gott, Opfer darbringen! Sonst straft er uns mit Seuchen und Krieg.«

[4] Doch der ägyptische König blieb unnachgiebig: »Warum wollt ihr beide, Mose und Aaron, das Volk von seinen Pflichten abhalten? Was soll das? Geht zurück an die Arbeit! [5] In meinem Land gibt es sowieso schon genug von euch Israeliten. Wollt ihr sie jetzt auch noch von ihren Aufgaben abhalten?«

[6] Noch am selben Tag gab der Pharao den ägyptischen Aufsehern und ihren israelitischen Vorarbeitern folgenden Befehl: [7] »Ab sofort wird den Israeliten kein Stroh mehr für die Herstellung von Lehmziegeln geliefert! Schickt sie los, sie sollen selbst Stroh sammeln! [8] Trotzdem müssen sie täglich genauso viele Ziegel abliefern wie bisher. Diese Leute sind faul geworden, nur deshalb jammern sie nach einem Opferfest für ihren Gott! [9] Lasst sie noch härter arbeiten, und haltet sie auf Trab! Dann haben sie keine Zeit mehr, auf falsche Versprechungen zu hören.«

Die Unterdrückung wird härter

[10] Die Aufseher und ihre israelitischen Vorarbeiter gingen zu den Israeliten und gaben den Erlass des Pharaos bekannt: »Ihr erhaltet ab sofort kein Stroh mehr. [11] Zieht selbst los, und seht zu, wo ihr es herbekommt! Aber lasst euch ja nicht einfallen, heute Abend weniger Ziegel abzuliefern!«

[12] Daraufhin zogen die Israeliten durch

4,21 7,13*; 9,12* **4,22** 5 Mo 1,31; 14,1; 32,6; Jes 63,16; Jer 3,19; Hos 11,1; Mal 1,6 **4,23** 12,29* **4,31** 2,25; 3,16; 6,5 **5,1** 3,18; 10,7; 6,11; 7,16.26; 8,16; 9,1.13; 10,3; 12,33 **5,3** 3,18; 8,23

Die Schwiegereltern ehren

Lesen Sie 2. Mose 4,1-18

Dass Mose in seinem Leben vor einer wichtigen Weichenstellung stand, ist eine gelinde Untertreibung. Der Auftrag, den Gott ihm erteilte, sollte nicht nur sein eigenes Leben verändern, sondern den Lauf der gesamten Menschheitsgeschichte – für jeden wäre das eine schwere Bürde. Verständlicherweise war Mose durcheinander, fürchtete sich und fühlte sich der Sache nicht gewachsen.

Um besser einschätzen zu können, was ihm bevorstand, suchte Mose einen Ratgeber, mit dem man nicht unbedingt rechnen würde: Jitro, den Vater seiner Frau. Mose hatte offenbar eine gesunde Beziehung zu Jitro. Als Mose seinem Schwiegervater nämlich erzählte, dass Gott ihn dazu berufen habe, Midian zu verlassen und die Israeliten aus Ägypten herauszuführen, antwortete dieser: „Geh nur, ich wünsche dir alles Gute!" (2. Mose 4,18).

Moses enge Beziehung zu seinem Schwiegervater hatte wahrscheinlich auch einen positiven Einfluss auf die Beziehung seiner Frau zu ihrem Vater Jitro. Die Ehefrau oder der Ehemann spielen eine wichtige Rolle, wenn es darum geht, die Beziehung des Partners zu dessen Eltern zu verbessern. Der Schlüssel dazu ist eine positive Grundeinstellung.

Es wirkt sich nie gut aus, wenn Sie Ihre Schwiegereltern gegenüber Ihrem Ehepartner kritisieren. Die Verantwortung Ihres Mannes oder Ihrer Frau besteht darin, die Eltern zu ehren. Wenn Sie die Eltern kritisieren, erschweren Sie Ihrem Ehepartner diese Aufgabe. Umgekehrt gilt auch: Wenn Ihr Partner sich über die Schwächen seiner Eltern äußert, dann sollten Sie auf deren Stärken hinweisen. Betonen Sie ihre guten Eigenschaften und ermutigen Sie Ihren Mann oder Ihre Frau darin, die eigenen Eltern zu ehren.

Nehmen Sie sich Zeit, um allein oder als Paar gemeinsam zu beten. Danken Sie Gott für das Geschenk der Familie. Bitten Sie ihn, dass er Sie dazu gebraucht, die Beziehung Ihres Ehepartners zu dessen Eltern zu fördern und zu heilen.

Wenn Sie noch mehr Zeit haben ...

Besprechen Sie miteinander folgende Fragen oder denken Sie darüber nach:

- Wenn Sie eine wichtige Entscheidung in Ihrem Leben zu treffen hätten, welche Rolle würden dabei Ihre Schwiegereltern spielen? Würden Sie bei ihnen Rat und Trost suchen? Warum?
- Was beeinflusst Ihre Beziehung zu den Schwiegereltern am stärksten?
- Welche konkreten Schritte können Sie unternehmen, um die Beziehung Ihres Mannes oder Ihrer Frau zu den Eltern zu verbessern oder zu erleichtern?

Lesen Sie auch die folgenden Abschnitte, in denen es darum geht, die Eltern zu ehren:
2. Mose 20,12; Sprüche 23,22-25; 1. Timotheus 5,1-2.

Eine gute Versicherung

Lesen Sie 2. Mose 6,1-13

Mose muss sich unglaublich verloren vorgekommen sein, als er von dem gewaltigen Plan Gottes für sein Volk erfuhr. Gottes Berufung brachte ihn auf Kollisionskurs mit seiner eigenen Vergangenheit. Wie sagte Gott doch zu ihm in 2. Mose 6,11: „Geh zum Pharao, dem König von Ägypten!“ Die Reise nach Ägypten war für Mose wie eine Rückkehr nach Hause, und das machte alles zweifellos noch schwieriger für ihn.

Mose war im Palast des Pharaos aufgewachsen. Seine Lebensbestimmung waren der Reichtum und Ruhm gewesen, den Ägypten zu bieten hatte. Doch nach Gottes Plan war er dazu berufen, seine israelitischen Volksgenossen zu befreien. Folglich sollte Mose nun dem Volk, das er von klein auf kannte und liebte, den Kampf ansagen.

Im Glauben entschloss Mose sich, den Weg mit Gott zu gehen. Die einzige Versicherung, dass alles sich zum Guten wenden würde, war die Verheißung Gottes. Das ist auch für uns die einzige Versicherung. Brauchen wir noch mehr?

Auch Sie und Ihr Ehepartner sind auf einer gemeinsamen Reise. Wohin wird sie führen? Welche Menschenleben werden Sie unterwegs verändern? Welche Höhen und Tiefen liegen vor Ihnen? Gott lässt uns selten einen Blick auf seine Landkarte werfen. Aber er verspricht uns, dass er jeden Schritt mit uns geht. Genügt Ihnen das?

Nehmen Sie sich Zeit zum Gebet, allein oder als Paar gemeinsam. Danken Sie Gott für die vielen Berichte in der Bibel, in denen sich seine Treue zeigt. Bitten Sie ihn um seinen Segen, wenn Sie gemeinsam als Paar im Glauben losziehen und dem Beispiel von Mose auf Ihre Weise folgen.

Wenn Sie noch mehr Zeit haben …

Besprechen Sie miteinander folgende Fragen oder denken Sie darüber nach:

- Wenn Sie lesen, was Gott mit Mose vorhatte, gibt Ihnen das Trost oder beunruhigt es Sie? Erklären Sie, warum.
- Wie hat Gott in Ihrem Leben bisher gewirkt – bei jedem Einzelnen von Ihnen und bei Ihnen gemeinsam als Paar?
- Was sind Ihre größten Sorgen, wenn Sie an den vor Ihnen liegenden Weg denken?

Lesen Sie auch die folgenden Abschnitte, in denen es um den Glauben geht:
1. Mose 15,1-6; Klagelieder 3,22-24; Lukas 17,5-6.

Den nächsten Impuls finden Sie auf S. 80 a

das ganze Land, um Stroh für die Her-
stellung von Ziegeln zu sammeln. 13 Die
Aufseher trieben sie unerbittlich an: »Be-
eilt euch, denn ihr müsst genauso viele
Ziegel abliefern wie früher, als ihr noch
Stroh bekommen habt!« 14 Die ägyp-
tischen Aufseher prügelten die israeliti-
schen Vorarbeiter, die sie eingesetzt hat-
ten, und schrien sie an: »Warum habt ihr
gestern und heute nicht genug Ziegel
hergestellt?«

15 Darauf gingen die israelitischen Vor-
arbeiter zum Pharao und beschwerten
sich: »Herr, weshalb behandelst du uns
so? 16 Wir bekommen kein Stroh mehr ge-
liefert, und gleichzeitig verlangt man von
uns die gleiche Menge an Ziegeln wie frü-
her! Das schaffen wir nicht und werden
zur Strafe auch noch geschlagen. Dein
Volk tut uns großes Unrecht!« 17 Der Pha-
rao aber rief: »Faul seid ihr und arbeits-
scheu! Nur deshalb wollt ihr wegziehen
und dem Herrn Opfer darbringen! 18 Und
jetzt geht wieder an die Arbeit! Alles
bleibt, wie es ist: Ihr bekommt kein Stroh
mehr und müsst trotzdem so viele Lehm-
ziegel abliefern wie früher.«

19 Da merkten die israelitischen Vor-
arbeiter, in welch auswegloser Lage sie
sich befanden: Die Arbeit wurde ihnen
nicht erleichtert, sie mussten Tag für Tag
die frühere Menge an Ziegeln herstellen.
20 Als sie den Königspalast verließen, tra-
fen sie Mose und Aaron, die draußen auf
sie warteten. 21 »Das soll euch der Herr
heimzahlen!«, schimpften die Vorarbei-
ter. »Ihr habt den Pharao und seine Be-
amten gegen uns aufgebracht. Ihr habt
ihnen das Schwert in die Hand gegeben,
mit dem sie uns töten werden!«

22 Da rief Mose zum Herrn: »Ach, Herr,
warum hast du meinem Volk das ange-
tan? Und warum hast du mich überhaupt
hierher gesandt? 23 Denn seit ich in dei-
nem Auftrag mit dem Pharao geredet ha-
be, unterdrückt er mein Volk nur noch
härter. Und du unternimmst nichts, um
uns zu helfen!«

6 Der Herr antwortete Mose: »Bald
wirst du sehen, was ich mit dem Pha-
rao mache! Ich werde ihn dazu zwingen,
mein Volk gehen zu lassen. Wenn er mei-
ne Macht spürt, wird er sogar froh sein,
euch loszuwerden!«

Gott wiederholt seinen Auftrag an Mose

2 Gott sprach noch einmal zu Mose: »Ich
bin der Herr! 3 Euren Vorfahren Abra-
ham, Isaak und Jakob bin ich als ›der all-
mächtige Gott‹ erschienen, aber meinen
Namen ›der Herr‹ habe ich ihnen nicht
offenbart. 4 Ich habe mit ihnen meinen
Bund geschlossen und versprochen,
ihnen das Land Kanaan zu geben, in
dem sie als Fremde gelebt haben. 5 Nun
habe ich gehört, wie die Israeliten als
Sklaven der Ägypter stöhnen. Ich habe
an meinen Bund mit ihnen gedacht. 6 Da-
rum richte den Israeliten aus: Ich bin der
Herr! Ich will euch von eurer schweren
Arbeit erlösen und euch von der Unter-
drückung durch die Ägypter befreien.
Mit starker Hand werde ich die Ägypter
strafen und mein Urteil an ihnen vollstre-
cken. Euch aber werde ich retten. 7 Ich
nehme euch als mein Volk an, und ich
will euer Gott sein. Ja, ihr sollt erkennen,
dass ich der Herr, euer Gott, bin, der
euch aus der Sklaverei Ägyptens befreit!
8 Ich bringe euch in das Land, das ich
Abraham, Isaak und Jakob mit einem
Eid versprochen habe. Ich will es euch
für immer schenken, denn ich bin der
Herr!«

9 Mose berichtete den Israeliten, was
der Herr gesagt hatte, aber sie hörten
nicht auf ihn. Sie waren erschöpft von
der schweren Arbeit. Ihr Mut war gebro-
chen, ihre Hoffnung erloschen. 10 Da sag-
te der Herr zu Mose: 11 »Geh zum Pharao,
dem König von Ägypten! Er soll die Is-
raeliten aus dem Land ziehen lassen!«
12 »Ach, Herr«, wandte Mose ein, »wenn
mir schon die Israeliten nicht geglaubt

6,1 11,1.8; 12,31–33; Ps 105,38 **6,3** 3,14 **6,4** 1 Mo 12,7*; 26,2–3; 28,13*; 15,18–21 **6,5** 2,25; 3,16; 4,31 **6,6–8** 5 Mo 4,34*; Hes 20,5–6 **6,12** 4,10; Jer 1,6

haben, wie sollte dann der Pharao auf
mich hören? Ich bin einfach ein zu
schlechter Redner!«
13 Doch der Herr sprach erneut mit
Mose und Aaron und beauftragte sie,
noch einmal mit den Israeliten und dem
ägyptischen König zu reden; denn sie
sollten das Volk Israel aus Ägypten he-
rausführen.

Moses und Aarons Herkunft

14 Dies sind die Sippenoberhäupter Isra-
els, die in Ägypten lebten: Ruben, der äl-
teste Sohn Jakobs, war der Vater von He-
noch, Pallu, Hezron und Karmi. Von
ihnen stammten vier Sippen ab, die sich
nach ihnen nannten.
15 Die Sippen des Stammes Simeon gin-
gen auf Simeons Söhne zurück: Jemuël,
Jamin, Ohad, Jachin, Zohar und Schaul,
dessen Mutter eine Kanaaniterin war.
16 Die Söhne Levis – in der Reihenfolge
ihrer Geburt – waren: Gerschon, Kehat
und Merari. Ihr Vater Levi wurde 137
Jahre alt.
17 Gerschon hatte zwei Söhne: Libni
und Schimi; von ihnen stammen die
gleichnamigen Sippen ab. 18 Kehats Söh-
ne hießen Amram, Jizhar, Hebron und
Usiël. Kehat wurde 133 Jahre alt. 19 Mera-
ri hatte zwei Söhne: Machli und Muschi.
Dies waren die Sippen des Stammes Le-
vi, nach ihrer Herkunft geordnet.
20 Amram heiratete Jochebed, die
Schwester seines Vaters; sie hatten zwei
Söhne: Aaron und Mose. Amram wurde
137 Jahre alt. 21 Jizhars Söhne hießen Ko-
rach, Nefeg und Sichri. 22 Usiëls Söhne
waren Mischaël, Elizafan und Sitri.
23 Aaron heiratete Elischeba, eine
Tochter Amminadabs und Schwester
Nachschons. Sie hatten vier Söhne: Na-
dab, Abihu, Eleasar und Itamar. 24 Ko-
rachs Söhne waren Assir, Elkana und
Abiasaf. Nach ihnen wurden die Sippen
der Korachiter benannt. 25 Aarons Sohn
Eleasar heiratete eine Tochter Putiëls;
sie hatten einen Sohn namens Pinhas.
Dies waren die Familienoberhäupter
der Leviten, nach Sippen geordnet.
26 Mose und Aaron, die Söhne Amrams,
waren es, denen der Herr befahl: »Führt
die Israeliten aus Ägypten heraus, nach
Stammesverbänden geordnet!« 27 Diese
beiden Männer redeten mit dem König
von Ägypten, damit er die Israeliten frei-
ließ.

Gott sendet Mose und Aaron

28/29 Der Herr sprach zu Mose in Ägyp-
ten: »Ich bin der Herr! Richte dem Pha-
rao, dem König von Ägypten, alles aus,
was ich dir sage!« 30 Mose wandte ein:
»Ach, Herr, ich bin so ein schlechter
Redner! Wie sollte da der Pharao auf
mich hören?«
7 Doch der Herr entgegnete: »Ich habe
dich als meinen Botschafter einge-
setzt. Wenn du zum Pharao gehst, ist das
so, als würde ich selbst zu ihm sprechen!
Außerdem wird dein Bruder Aaron für
dich reden. 2 Sag Aaron alles, was ich dir
befohlen habe! Er soll den Pharao auffor-
dern, die Israeliten aus seinem Land
ziehen zu lassen. 3 Aber ich werde dafür
sorgen, dass der Pharao unnachgiebig
bleibt, und dann will ich meine Macht
durch viele Wunder zeigen! 4 Weil der
Pharao nicht auf mich hört, strafe ich die
Ägypter mit starker Hand und vollstrecke
mein Urteil an ihnen. Dann werde ich
mein Volk Israel wie ein siegreiches Heer
aus dem Land herausführen. 5 Wenn ich
meine Hand gegen die Ägypter erhebe
und Israel aus ihrem Land befreie, werden
sie erkennen, dass ich der Herr bin.«
6 Mose und Aaron taten, was ihnen der
Herr befohlen hatte. 7 Als sie mit dem
Pharao redeten, war Mose 80 Jahre und
Aaron 83 Jahre alt.

Der Pharao bleibt hart

8 Der Herr sagte zu Mose und Aaron:
9 »Wenn euch der Pharao auffordert, euch
durch ein Wunder auszuweisen, dann soll

6,14–16 1 Mo 46,9–11 **6,20** 2,1 **6,30** 4,10; Jer 1,6 **7,3** 7,13* **7,5** 5 Mo 4,34*

Aaron seinen Stab vor dem König auf
den Boden werfen, und der Stab wird zu
einer Schlange werden.«
10 Mose und Aaron taten, was der Herr
ihnen befohlen hatte. Sie gingen zum
Pharao, und Aaron warf seinen Stab vor
ihm und den Hofbeamten auf den Boden.
Der Stab verwandelte sich in eine Schlan-
ge. 11 Da ließ der Pharao seine weisen
Männer und Zauberer rufen. Mit Hilfe
ihrer Magie vollbrachten sie genau das-
selbe: 12 Jeder warf seinen Stab hin, und
sofort wurden Schlangen daraus. Doch
Aarons Schlange fraß alle anderen auf.
13 Der König aber zeigte sich unbe-
eindruckt und hörte nicht auf Mose und
Aaron. So hatte der Herr es voraus-
gesagt.

Das erste Strafgericht: Wasser wird zu Blut

14 Da sagte der Herr zu Mose: »Das Herz
des Pharaos ist verhärtet. Er weigert sich,
mein Volk ziehen zu lassen. 15 Darum geh
morgen früh zu ihm, wenn er zum Nil hi-
nunterkommt. Nimm deinen Stab mit,
der zu einer Schlange geworden ist, und
warte am Flussufer auf den König!
16 Dann sollst du ihm sagen: Der Herr,
der Gott der Hebräer, hat mich zu dir ge-
sandt; schon oft hat er dir befohlen, sein
Volk ziehen zu lassen, damit es ihm in der
Wüste Opfer darbringen kann. Doch bis
heute hast du nicht auf ihn gehört. 17 Da-
rum sollst du an dem, was nun geschieht,
erkennen, dass er der Herr ist: Ich schla-
ge jetzt mit diesem Stab in den Nil, und
das Wasser wird zu Blut werden. 18 Die
Fische sterben, und das Nilwasser wird
eine stinkende Brühe, so dass dein Volk
nicht mehr davon trinken kann.«
19 Der Herr sagte zu Mose: »Aaron soll
seinen Stab nehmen und ihn über alle
Gewässer in Ägypten ausstrecken – über
alle Flüsse, Kanäle, Sümpfe und Wasser-
stellen. Dann wird das Wasser in ihnen zu
Blut werden. Ja, im ganzen Land soll Blut
sein, sogar in den Wasserkrügen aus Holz
und Stein!«
20 Mose und Aaron gehorchten: Vor
den Augen des Pharaos und seiner Hof-
beamten erhob Aaron seine Hand mit
dem Stab und schlug in den Nil. Da
wurde das Wasser zu Blut. 21 Die Fische
starben, und der Fluss wurde eine stin-
kende Brühe, so dass die Ägypter sein
Wasser nicht mehr trinken konnten.
Überall in Ägypten war das Wasser zu
Blut geworden.
22 Doch die ägyptischen Zauberer
konnten mit ihrer Magie dasselbe bewir-
ken, und so blieb der Pharao starrsinnig.
Er hörte nicht auf Mose und Aaron, wie
der Herr es vorausgesagt hatte. 23 Er
drehte sich um und ging in den Palast zu-
rück, ohne die Warnung ernst zu nehmen.
24 Die Ägypter gruben am Ufer des Flus-
ses nach Grundwasser; denn sie konnten
das Nilwasser nicht mehr trinken, 25 das
der Herr in Blut verwandelt hatte. So ver-
gingen sieben Tage.

Das zweite Strafgericht: Frösche

26 Der Herr sprach zu Mose: »Geh zum
Pharao, und sag ihm: Der Herr befiehlt
dir: Lass mein Volk ziehen, es soll mir
dienen! 27 Wenn du dich weigerst, werde
ich dein ganzes Reich mit einer Frosch-
plage strafen. 28 Der Nil wird von Frö-
schen wimmeln. Sie werden an Land
kriechen und in deinen Palast kommen;
bis in dein Schlafzimmer und auf dein
Bett werden sie hüpfen. Sie werden in
die Häuser deiner Hofbeamten und dei-
nes ganzen Volkes eindringen, in Back-
öfen und Schüsseln werdet ihr sie finden.
29 Du, deine Beamten und dein ganzes
Volk – ihr alle werdet unter ihnen lei-
den!«
8 Der Herr sagte zu Mose: »Aaron soll
seinen Stab über die Flüsse, Kanäle
und Sümpfe ausstrecken! Dann werden
unzählige Frösche über Ägypten herfal-
len.« 2 Aaron streckte seinen Arm mit

7,10 4,3–4 **7,11** 7,22; 8,3.14; 2 Tim 3,8 **7,13** 4,21; 7,3; 8,11.15.28; 9,7.34–35; 14,5; Ps 95,8; 2 Mo 9,12* **7,16** 5,1* **7,17–21** Offb 11,6 **7,22** 7,11; 8,3.14; 2 Tim 3,8 **7,26** 5,1*

dem Stab über die Wasserläufe in ganz
Ägypten aus; da kamen von überallher
Frösche und breiteten sich im ganzen
Land aus. 3 Doch den Zauberern des Kö-
nigs gelang mit ihrer Magie dasselbe:
Auch sie ließen Frösche über Ägypten
kommen.
4 Nun rief der König Mose und Aaron
zu sich und sagte: »Bittet den Herrn, dass
er mich und mein Volk von den Fröschen
befreit! Dann will ich die Israeliten zie-
hen lassen, damit sie dem Herrn Opfer
darbringen können.«
5 Mose erwiderte: »Bestimme die Zeit,
wann ich für dich, deine Beamten und
dein ganzes Volk beten soll! Dann wird
die Froschplage aufhören, und die Frö-
sche werden nur noch im Nil zu finden
sein.« 6 »Bete morgen für mich«, antwor-
tete der Pharao. Mose sagte: »Ich will
deine Bitte erfüllen. Du sollst erkennen,
dass keiner dem Herrn, unserem Gott,
gleich ist! 7 Die Frösche werden aus dei-
nem Palast verschwinden, sie werden
dich, deine Beamten und dein ganzes
Volk in Ruhe lassen. Nur im Fluss wer-
den sie noch zu finden sein.«
8 Mose und Aaron verließen den Pha-
rao, und Mose flehte den Herrn an, der
Froschplage ein Ende zu machen. 9 Der
Herr erhörte seine Bitte. In den Häusern,
Gehöften und auf den Feldern starben
die Frösche. 10 Man kehrte sie zu großen
Haufen zusammen, und das ganze Land
stank nach Verwesung.
11 Sobald der Pharao sah, dass er die
Frösche los war, änderte er seine Mei-
nung und hörte nicht auf Mose. Genau
so hatte es der Herr vorausgesagt.

Das dritte Strafgericht: Stechmücken

12 Der Herr sprach zu Mose: »Aaron soll
seinen Stab ausstrecken und damit in den
Staub schlagen. Dann wird der Staub im
ganzen Land zu Stechmücken.«
13 Mose und Aaron gehorchten: Aaron
streckte seinen Arm mit dem Stab aus
und schlug ihn auf die Erde. Da wurde
der Staub im ganzen Land zu Stechmü-
cken, die Menschen und Tiere plagten.
14 Die ägyptischen Zauberer versuchten,
mit Hilfe ihrer Magie ebenfalls Stechmü-
cken hervorzubringen, aber sie hatten
keinen Erfolg. Sie konnten auch nichts
dagegen unternehmen, dass Menschen
und Tiere unter der Plage litten. 15 »Da
hat Gott seine Hand im Spiel«, warnten
die Zauberer den Pharao. Doch er blieb
stur und ließ sich nichts sagen, wie der
Herr es angekündigt hatte.

Das vierte Strafgericht: Fliegen

16 Der Herr befahl Mose: »Mach dich
morgen früh auf den Weg, und tritt dem
Pharao entgegen, wenn er zum Fluss hi-
nuntergeht! Richte ihm in meinem Na-
men aus: Lass mein Volk ziehen, es soll
mir dienen! 17 Wenn du dich weigerst,
werde ich Schwärme von Fliegen auf dich
und deine Beamten loslassen. Sie werden
dein Volk plagen und kein Haus verscho-
nen. Ja, eure Häuser werden voller Flie-
gen sein, und das ganze Land ist von
ihnen übersät! 18 Nur die Provinz Go-
schen, in der mein Volk wohnt, werde
ich verschonen. Dort wird keine einzige
Fliege zu finden sein. Daran sollst du er-
kennen, dass ich der Herr bin, auch hier
in diesem Land! 19 Ich werde mein Volk
von den Fliegenschwärmen verschonen,
die dein Volk plagen werden. Schon mor-
gen soll dies geschehen!«
20 Der Herr tat, was er gesagt hatte.
Er ließ riesige Fliegenschwärme kom-
men, die den Königspalast, die Häuser
der Hofbeamten und ganz Ägypten
überzogen und schweren Schaden an-
richteten.
21 Da rief der Pharao Mose und Aaron
zu sich und sagte: »Ihr dürft losziehen
und eurem Gott Opfer darbringen –
bleibt aber hier im Land!« 22 »Das geht
nicht«, erwiderte Mose, »es wäre für die

8,3 7,11.22; 2 Tim 3,8 **8,4** 8,24; 9,28; 10,17; 12,31–33 **8,11** 7,13* **8,14** 7,11.22; 2 Tim 3,8 **8,15** 7,13*
8,16 5,1* **8,18** 9,4.7.26; 10,23; 11,7; 12,23; 5 Mo 4,34*

Ägypter unerträglich und abscheulich zu
sehen, wie wir dem Herrn, unserem Gott,
opfern. Sie würden uns vor Empörung
steinigen! 23 Darum wollen wir drei Ta-
gesreisen weit in die Wüste ziehen, dort
Tiere schlachten und sie dem Herrn, un-
serem Gott, als Opfer darbringen. Das
hat er uns befohlen!« 24 »Gut«, lenkte
der Pharao ein, »ihr dürft in die Wüste
gehen und dort dem Herrn, eurem Gott,
opfern. Nur entfernt euch nicht zu weit,
und betet auch für mich!« 25 Mose ver-
sprach: »Sobald ich den Palast verlassen
habe, werde ich zum Herrn beten. Ab
morgen werden die Fliegenschwärme
euch nicht mehr quälen, weder dich noch
deine Beamten, noch dein Volk. Doch
täusche uns nicht wieder! Du hast uns er-
laubt, loszuziehen und dem Herrn Opfer
darzubringen. Das darfst du nicht wieder
zurücknehmen!«

26 Mose verließ den Pharao und betete
zum Herrn. 27 Der Herr erhörte seine Bit-
te und befreite den Pharao, seine Hof-
beamten und das ganze ägyptische Volk
von der Plage. Nicht eine Fliege blieb
übrig.

28 Doch auch dieses Mal änderte der
Pharao seine Meinung und ließ die Israe-
liten nicht gehen.

Das fünfte Strafgericht: Viehpest

9 Der Herr sprach zu Mose: »Geh noch
einmal zum Pharao, und sag ihm: Der
Herr, der Gott der Hebräer, verlangt,
dass du sein Volk freilässt; es soll ihm die-
nen! 2 Wenn du die Israeliten weiter fest-
hältst und dich weigerst, sie ziehen zu las-
sen, 3 bekommst du seine mächtige Hand
zu spüren: Er wird eine schlimme Seuche
unter euren Viehherden ausbrechen las-
sen, die Pferde, Esel, Kamele, Rinder,
Schafe und Ziegen dahinrafft. 4 Und auch
hier wird er zwischen euch und den Israe-
liten unterscheiden: Ihr Vieh wird er ver-
schonen, kein einziges Tier werden sie
verlieren. 5 Bereits morgen kommt der
Zeitpunkt, an dem der Herr die Viehpest
ausbrechen lässt!«

6 Am nächsten Morgen machte der
Herr seine Drohung wahr: Das Vieh der
Ägypter begann zu sterben, doch die Is-
raeliten verloren kein einziges Tier. 7 Der
Pharao sandte Diener los, die sich davon
überzeugen sollten. Sie stellten fest, dass
in den Herden der Israeliten nicht ein
einziges Tier fehlte! Doch der Pharao
blieb unnachgiebig und ließ das Volk
nicht ziehen.

Das sechste Strafgericht: Geschwüre

8 Der Herr befahl Mose und Aaron:
»Nehmt ein paar Hand voll Ruß aus
einem Ofen! Mose soll den Ruß vor den
Augen des Pharaos in die Luft werfen.
9 Der Ruß wird zu einer schwarzen Wol-
ke, die sich über Ägypten ausbreitet! Der
Staub wird im ganzen Land an Menschen
und Tieren bösartige Geschwüre ausbre-
chen lassen.«

10 Mose und Aaron holten Ruß aus
einem Ofen und traten vor den Pharao.
Mose warf den Ruß in die Luft, und nach
kurzer Zeit litten Menschen und Tiere an
bösartigen Geschwüren. 11 Die königli-
chen Zauberer konnten Mose nicht mehr
entgegentreten, denn auch sie waren von
Geschwüren befallen wie alle anderen
Ägypter. 12 Doch der Herr ließ den Pha-
rao starrsinnig bleiben. Er hörte nicht auf
Mose und Aaron, wie der Herr es voraus-
gesagt hatte.

Das siebte Strafgericht: Hagel

13 Der Herr sprach zu Mose: »Geh mor-
gen früh zum Pharao, und richte ihm aus:
So spricht der Herr, der Gott der Hebrä-
er: Lass mein Volk ziehen, es soll mir
dienen! 14 Wenn du nicht auf mich hörst,
werde ich solche Strafen über dich, deine
Hofbeamten und dein ganzes Volk ver-
hängen, dass du einsehen musst: Nie-
mand auf der Welt ist so mächtig wie ich!

8,23 3,18; 5,3 **8,24** 8,4; 9,28; 10,17; 12,31–33 **8,28** 7,13* **9,1** 5,1* **9,4** 8,18* **9,7** 7,13* **9,10** 5 Mo 28,27
9,12 4,21; 7,3; 10,1.20.27; 11,9–10; 14,4.8.17.27; Röm 9,17–23; 2 Mo 7,13* **9,13** 5,1*

15 Es wäre leicht für mich, jetzt schon mei-
ne Hand auszustrecken, dich und dein
ganzes Volk mit der Pest zu bestrafen
und vom Erdboden zu vertilgen! 16 Aber
ich habe dich am Leben gelassen, um dir
meine Macht zu zeigen und meinen Na-
men in der ganzen Welt bekannt zu ma-
chen. 17 Immer noch bist du hochmütig
und weigerst dich, mein Volk ziehen zu
lassen. 18 Darum schicke ich morgen um
diese Zeit den schlimmsten Hagel, den
Ägypten in seiner Geschichte je gesehen
hat! 19 Sorg dafür, dass deine Knechte sich
selbst und deine Viehherden draußen auf
dem Land in Sicherheit bringen! Alle
Menschen und Tiere, die nicht in Häu-
sern oder Ställen Schutz gesucht haben,
werden vom Hagel erschlagen.«

20 Einige der ägyptischen Hofbeamten
nahmen die Drohung des Herrn ernst.
Sie ließen ihre Knechte und das Vieh
schleunigst in die Häuser und Ställe brin-
gen. 21 Andere dagegen beachteten die
Warnung nicht; ihre Knechte und ihr
Vieh blieben draußen auf den Weiden.

22 Der Herr sprach zu Mose: »Streck
deine Hand zum Himmel aus – dann wird
ein Hagelsturm auf ganz Ägypten nieder-
gehen, auf Menschen, Tiere und Pflan-
zen!« 23 Als Mose seinen Stab zum Him-
mel ausstreckte, schickte der Herr ein
gewaltiges Gewitter; es hagelte, blitzte
und donnerte. 24 Der Hagel prasselte auf
das Land nieder, und überall schlugen
Blitze ein. Es war das schlimmste Unwet-
ter, das Ägypten in seiner Geschichte je
erlebt hatte; 25 es hatte im ganzen Land
furchtbar gewütet: Auf den Feldern wa-
ren Menschen und Tiere vom Hagel er-
schlagen worden, die Äcker waren ver-
wüstet, die Bäume zerschmettert. 26 Nur
das Gebiet Goschen, in dem die Israeli-
ten wohnten, war verschont geblieben.

27 Da ließ der Pharao Mose und Aaron
rufen. »Diesmal habe ich mich schuldig
gemacht«, gab er zu. »Der Herr ist im
Recht, ich und mein Volk sind im Un-
recht. 28 Bittet den Herrn, dass er Gewit-
ter und Hagel aufhören lässt! Ich ver-
spreche euch: Ihr dürft aus meinem
Land fortziehen! Niemand wird euch zu-
rückhalten.«

29 Mose antwortete: »Sobald ich die
Stadt verlassen habe, will ich meine Hän-
de erheben und zum Herrn beten. Dann
werden Donner und Hagel aufhören. So
sollst du erkennen, dass die Erde dem
Herrn allein gehört. 30 Aber ich weiß: Du
und deine Hofbeamten, ihr habt immer
noch keine Ehrfurcht vor Gott, dem
Herrn!«

31 Das Unwetter hatte Flachs und Gers-
te vernichtet, denn die Gerste stand in
Ähren, und der Flachs blühte. 32 Aber
Weizen und Emmer[a] blieben unbeschä-
digt, weil sie später gesät und geerntet
werden.

33 Mose verließ den Pharao, ging zur
Stadt hinaus und betete dort mit erhobe-
nen Händen zum Herrn. Da hörten Re-
gen, Donner und Hagel auf. 34/35 Als der
Pharao sah, dass das Unwetter vorüber
war, änderte er seinen Entschluss und
blieb starrsinnig, ebenso seine Beamten.
Er weigerte sich, die Israeliten ziehen zu
lassen, und lud so weiter Schuld auf sich.
Genau so hatte es Mose im Auftrag des
Herrn vorausgesagt.

Das achte Strafgericht: Heuschrecken

10 Der Herr befahl Mose: »Geh zum
Pharao! Ich habe dafür gesorgt,
dass er und seine Hofbeamten unnach-
giebig bleiben. Denn ich will mitten unter
ihnen Wunder und Zeichen vollbringen,
2 damit ihr euren Kindern und Enkeln er-
zählen sollt, wie ich mit den Ägyptern
umgegangen bin und welche Wunder ich
unter ihnen getan habe. So werdet ihr er-
kennen, dass ich der Herr bin!«

3 Mose und Aaron gingen wieder zum
Pharao und sagten: »So spricht der Herr,
der Gott der Hebräer: ›Wie lange wei-
gerst du dich noch, dich mir zu unterwer-

---

a Das hebräische Wort ist nicht sicher zu deuten. Emmer ist eine dem Dinkel verwandte Weizenart.
9,26 8,18* **9,28** 8,4.24; 10,17; 12,31–33 **9,34–35** 7,13* **10,1** 9,12* **10,2** 5 Mo 4,9* **10,3** 5,1*

fen? Lass mein Volk ziehen, es soll mir
dienen! 4 Sonst lasse ich morgen Heu-
schreckenschwärme über dein Land her-
fallen. 5 Dann wird man vor lauter Heu-
schrecken den Boden nicht mehr sehen!
Sie werden alles kahl fressen, was den
Hagel überstanden hat, auch die Bäume.
6 Sie dringen in deinen Palast ein, in die
Häuser deiner Hofbeamten und in alle
anderen Häuser in Ägypten. Diese Heu-
schreckenplage wird die schlimmste sein,
die ihr Ägypter je erlebt habt, seit ihr in
diesem Land wohnt!‹« Mose drehte sich
um und verließ den Palast.

7 Da drängten die Hofbeamten den
Pharao: »Wie lange soll uns dieser Mann
noch Schaden zufügen? Lass die Leute
doch gehen und dem Herrn, ihrem Gott,
dienen! Merkst du nicht, dass unser Land
Ägypten zugrunde geht?«

8 Der Pharao ließ Mose und Aaron zu-
rückholen und sagte: »Zieht los, und op-
fert dem Herrn, eurem Gott! Wer von
euch soll denn mitgehen?« 9 Mose ant-
wortete: »Wir wollen mit Jung und Alt
losziehen, mit unseren Söhnen und Töch-
tern, mit unseren Schaf-, Ziegen- und
Rinderherden, um ein Fest zu Ehren des
Herrn zu feiern!«

10 Da spottete der Pharao: »O ja, geht
nur mit dem Segen des Herrn! Ich werde
euch aber niemals mit euren Familien
ziehen lassen. Ihr führt Böses im Schilde!
11 Nein, nur ihr Männer dürft das Land
verlassen, um dem Herrn, eurem Gott,
zu opfern. Das ist es doch, was ihr wollt!«
Darauf ließ der König Mose und Aaron
hinauswerfen.

12 Der Herr befahl Mose: »Streck deine
Hand über Ägypten aus! Dann werden
Heuschrecken über das Land herfallen
und alle Pflanzen kahl fressen, die vom
Hagel verschont geblieben sind.«

13 Mose streckte seinen Stab aus, und
der Herr ließ einen Ostwind aufkommen,
der den ganzen Tag und die folgende
Nacht wehte. Am nächsten Morgen hatte
der Wind riesige Schwärme von Heu-
schrecken herangetrieben. 14 Sie fielen
über ganz Ägypten her und ließen sich
in allen Teilen des Landes nieder. Es war
eine Heuschreckenplage, wie sie vorher
noch nie da gewesen war und auch nicht
wieder auftreten sollte. 15 Die Heuschre-
cken verfinsterten den Himmel und be-
deckten den Erdboden im ganzen Land.
Sie fraßen alles Grüne am Boden und an
den Bäumen ab, alles, was vom Hagel
verschont geblieben war. In ganz Ägyp-
ten fand sich an den Bäumen kein ein-
ziges grünes Blatt und auf den Feldern
kein einziger Halm.

16 Schnell ließ der Pharao Mose und
Aaron zu sich rufen. »Ich habe gegen
den Herrn, euren Gott, gesündigt und
auch gegen euch«, gab er zu. 17 »Vergebt
mir noch dieses eine Mal meine Schuld!
Betet zum Herrn, eurem Gott, und bittet
ihn, dass er uns von dieser tödlichen Pla-
ge befreit!«

18 Mose verließ den Palast und betete
zum Herrn. 19 Da ließ der Herr einen star-
ken Westwind aufkommen, der die Heu-
schrecken wegblies und ins Schilfmeer
trieb. Im ganzen Land blieb keine einzige
mehr übrig. 20 Doch auch dieses Mal sorg-
te der Herr dafür, dass der Pharao hart
blieb und die Israeliten nicht ziehen ließ.

Das neunte Strafgericht: Finsternis

21 Der Herr sprach zu Mose: »Streck dei-
ne Hand zum Himmel aus! Dann wird
sich eine Dunkelheit über Ägypten aus-
breiten, die man mit Händen greifen
kann.« 22 Mose erhob seine Hand zum
Himmel, und eine völlige Finsternis kam
über ganz Ägypten. Drei Tage lang blieb
es so dunkel, 23 dass keiner den anderen
sehen und niemand sein Haus verlassen
konnte. Nur wo die Israeliten wohnten,
war es hell.

24 Wieder ließ der Pharao Mose zu sich
rufen und sagte: »Zieht los, und dient
dem Herrn, eurem Gott! Ihr dürft auch
eure Familien mitnehmen. Nur eure
Schafe, Ziegen und Rinder sollen hier
bleiben.« 25 Aber Mose widersprach:

10,9 5,1* **10,12** 9,32; Joel 1,1 – 2,11 **10,17** 8,4.24; 9,28; 12,31–33 **10,20** 9,12* **10,23** 8,18*

»Selbst wenn du uns Tiere mitgeben wür-
dest, die wir dem Herrn, unserem Gott,
als Schlacht- und Brandopfer darbringen
könnten, 26 muss unser Vieh trotzdem mit
uns gehen. Kein einziges Tier darf zu-
rückbleiben! Denn wir müssen die Opfer-
tiere für den Herrn, unseren Gott, aus
unseren Herden nehmen. Und solange
wir noch nicht in der Wüste sind, wissen
wir gar nicht, welche Tiere wir für das
Opfer brauchen.«
27 Doch der Herr ließ den Pharao starr-
sinnig werden, so dass er den Israeliten
die Erlaubnis verweigerte. 28 »Verschwin-
de von hier!«, rief der König. »Ich will
dich nicht mehr sehen. Wenn du mir noch
einmal unter die Augen kommst, bist du
ein toter Mann!« 29 Da antwortete Mose:
»Du hast Recht, ich werde nie wieder vor
dir erscheinen!«

Das zehnte Strafgericht wird angekündigt

11 Der Herr sprach zu Mose: »Nun
werde ich den Pharao und sein
Volk noch ein letztes Mal strafen. Da-
nach wird er euch von hier wegziehen las-
sen, ja, er wird euch regelrecht fortjagen!
2 Sag den Israeliten: Jeder Mann und jede
Frau soll die Nachbarn um silberne und
goldene Schmuckstücke und Gefäße
bitten.« 3 Der Herr hatte den Israeliten
hohes Ansehen bei den Ägyptern ver-
schafft. Auch Mose war in Ägypten hoch
geachtet, bei den Hofbeamten des Phara-
os wie bei der Bevölkerung.
4 Mose sagte zum Pharao: »So spricht
der Herr: ›Um Mitternacht werde ich
durch dein Land gehen 5 und alle ältesten
Söhne der Ägypter töten – angefangen
bei deinem Sohn, der dir auf den Thron
folgen soll, bis hin zum ältesten Sohn
einer Sklavin, die mit der Handmühle
Korn mahlt. Auch jedes erstgeborene
Tier wird sterben. 6 Überall im Land soll
man die Menschen klagen und weinen
hören, wie es noch nie war und auch nie
wieder sein wird. 7 Die Israeliten und ihre
Tiere aber werden verschont bleiben,
nicht einmal ein Hund bellt sie an. Daran
wirst du erkennen, dass ich die Israeliten
anders behandle als die Ägypter.‹ 8 Wenn
der Herr dies tut, werden alle deine Be-
amten zu mir kommen, vor mir niederfal-
len und mich anflehen, zusammen mit
den Israeliten das Land zu verlassen.
Und dann werden wir fortziehen!« Glü-
hend vor Zorn verließ Mose den Pharao.
9 Der Herr hatte zu Mose gesagt: »Ich
will den Pharao dazu bringen, dass er
nicht auf euch hört, damit ich in Ägypten
mächtige Wunder tun kann.« 10 Mose und
Aaron hatten all diese Wunder vor den
Augen des Pharaos vollbracht. Aber der
Herr ließ den König hart bleiben, so dass
die Israeliten das Land nicht verlassen
durften.

Das Passahfest

12 Noch in Ägypten sagte der Herr
zu Mose und Aaron:
2 »Dieser Monat soll für euch von nun
an der erste Monat des Jahres sein.
3 Richtet den Israeliten aus: Am 10. Tag
dieses Monats soll jeder für seine Familie
ein Lamm auswählen. 4 Wenn eine Fami-
lie aber für ein ganzes Lamm zu klein ist,
soll sie sich mit ihren nächsten Nachbarn
zusammentun. Es sollen so viele Men-
schen von dem Lamm essen, dass es für
alle reicht und nichts davon übrig bleibt.
5 Sucht einjährige, männliche Tiere ohne
Fehler aus; es können Schafe oder Ziegen
sein.
6 Bis zum 14. Tag des 1. Monats müsst
ihr sie gesondert halten. Dann sollen alle,
die zur Gemeinschaft der Israeliten ge-
hören, die Passahlämmer in der Abend-
dämmerung schlachten. 7 Sie sollen etwas
vom Blut der Tiere in einer Schale auf-
fangen und es an die Pfosten und oberen
Türbalken der Häuser streichen, in de-

10,27 9,12* **11,1** 6,1; 11,8; 12,31–33; Ps 105,38 **11,2–3** 12,35–36 **11,4–5** 12,29* **11,6** 12,30 **11,7** 8,18* **11,8** 6,1; 11,1; 12,31–33; Ps 105,38 **11,9–10** 9,12* **12,1–14** 4 Mo 9,5; 5 Mo 16,1–7; 2 Chr 35,18; Lk 22,15–16 **12,5** 5 Mo 17,1

nen sie das Lamm essen. [8]Noch in derselben Nacht müssen sie das Fleisch über dem Feuer braten. Dazu sollen sie bittere Kräuter essen und Brot, das ohne Sauerteig gebacken ist. [9]Ihr dürft das Fleisch nicht roh oder gekocht essen; es muss über dem Feuer gebraten sein, und zwar das ganze Tier mit Kopf, Unterschenkeln und Eingeweiden. [10]Lasst nichts bis zum nächsten Morgen übrig, sondern verbrennt das restliche Fleisch! [11]Beeilt euch beim Essen! Ihr sollt für die Reise angezogen sein, Sandalen tragen und eure Wanderstäbe in der Hand halten. So sollt ihr das Passahfest für mich, den Herrn, feiern.

[12]In dieser Nacht werde ich durch Ägypten gehen und jeden ältesten Sohn einer Familie töten und auch jedes erstgeborene Tier. Ich werde mein Urteil an allen Göttern Ägyptens vollstrecken, denn ich bin der Herr! [13]Das Blut an den Türpfosten eurer Häuser aber wird ein Zeichen sein, das euch schützt. Wenn ich das Blut sehe, will ich euch verschonen. Ich werde die Ägypter strafen, doch an euch wird das Unheil vorübergehen. [14]Diesen Tag sollt ihr niemals vergessen! Feiert an ihm jedes Jahr ein Fest für mich, den Herrn! Dies gilt jetzt und für alle kommenden Generationen.«

Das Fest der ungesäuerten Brote

[15]»Esst sieben Tage lang nur Brot, das ohne Sauerteig gebacken wurde! Bereits am ersten Tag sollt ihr alle Sauerteigreste aus euren Häusern entfernen. Wer in diesen sieben Tagen doch Sauerteigbrot isst, muss aus dem Volk Israel ausgeschlossen werden und sterben. [16]Versammelt euch am ersten und am siebten Tag zu einem heiligen Fest! An diesen beiden Tagen sollt ihr nicht arbeiten; ihr dürft nur eure Mahlzeiten zubereiten. [17]So müsst ihr das Fest der ungesäuerten Brote feiern, denn genau an diesem Tag habe ich euch wie ein siegreiches Heer aus Ägypten herausgeführt. Darum sollt ihr diesen Tag Jahr für Jahr feiern, jetzt und in allen kommenden Generationen. [18]Esst im 1. Monat vom Abend des 14. bis zum Abend des 21. Tages nur ungesäuertes Brot! [19]Sieben Tage lang dürft ihr keinen Sauerteig in euren Häusern haben. Wer mit Sauerteig gebackenes Brot isst, muss aus der Gemeinschaft der Israeliten ausgeschlossen werden und sterben, ganz gleich, ob er ein Fremder oder Einheimischer ist. [20]Esst also kein Brot, das mit Sauerteig gebacken ist, sondern nur ungesäuertes, wo immer ihr wohnt!«

Das zehnte Strafgericht: die Tötung der Erstgeborenen

[21]Dann rief Mose die Sippenoberhäupter der Israeliten und befahl: »Geht los, sucht euch je nach der Größe eurer Familien eines oder mehrere Lämmer aus, und schlachtet sie als Passahopfer! [22]Fangt das Blut in einer Schale auf, taucht ein Büschel Ysop hinein, und streicht das Blut an den oberen Balken und an die beiden Pfosten eurer Haustüren. Bis zum nächsten Morgen darf niemand von euch sein Haus verlassen! [23]Wenn der Herr durchs Land geht, um die Ägypter zu töten, und das Blut an den Pfosten und Balken sieht, wird er an diesen Türen vorübergehen; er wird dem Todesengel nicht erlauben, in eure Häuser einzudringen und euch zu töten.

[24]Haltet euch für immer an den Brauch dieses Festes; er gilt für euch und alle eure Nachkommen! [25]Wenn ihr in das Land kommt, das euch der Herr versprochen hat, sollt ihr auch dort diesen Brauch bewahren. [26]Eure Kinder werden euch einst fragen, was dieses Fest bedeutet; [27]dann erklärt ihnen: ›Dies ist das Passahopfer, das wir dem Herrn darbringen. Denn als er damals die Ägypter tötete, ging er an unseren Häusern vorüber und verschonte uns.‹«

Da warfen sich die Israeliten nieder

12,10 29,34; 3 Mo 7,15 **12,11** Jes 52,12 **12,12** 4 Mo 33,4 **12,13** Hebr 11,28 **12,15–20** 13,3–7; 23,15; 34,18; 4 Mo 28,17–25; 5 Mo 16,8 **12,23** Hebr 11,28 **12,26–27** 5 Mo 4,9*; 6,20–25

und beteten den Herrn an. 28 Dann gingen
sie nach Hause und bereiteten alles vor,
wie der Herr es ihnen durch Mose und
Aaron befohlen hatte.

29 Um Mitternacht tötete der Herr alle
ältesten Söhne der Ägypter, angefangen
vom Sohn des Pharaos, der ihm auf den
Thron folgen sollte, bis hin zum ältesten
Sohn eines Häftlings im Gefängnis; auch
jedes erstgeborene Tier ließ er sterben.
30 Der Pharao wachte auf, seine Hof-
beamten fuhren aus dem Schlaf, ja, ganz
Ägypten schreckte hoch in dieser Nacht.
Überall im Land hörte man lautes Kla-
gen und Weinen. In jeder Familie gab es
einen Toten!

31 Noch in derselben Nacht ließ der
Pharao Mose und Aaron rufen und sagte
zu ihnen: »Zieht so schnell wie möglich
los, und verlasst unser Land, ihr und die
anderen Israeliten! Geht, und opfert dem
Herrn, wie ihr es verlangt habt! 32 Nehmt
eure Ziegen- und Schafherden mit, auch
eure Rinder, ganz wie ihr wollt! Nur zieht
los, und bittet euren Gott auch um Segen
für mich!« 33 Die Ägypter drängten die Is-
raeliten zur Eile, damit sie schleunigst
das Land verließen. »Wenn ihr noch län-
ger hier bleibt«, sagten sie, »kommen wir
alle um!«

Die Israeliten verlassen Ägypten

34 Die Israeliten nahmen ihre Backschüs-
seln mit dem ungesäuerten Teig, schlugen
sie in ihre Gewänder ein und trugen sie
auf den Schultern. 35 Auf Moses Befehl
hatten sie sich von den Ägyptern silberne
und goldene Schmuckstücke und Gefäße
sowie Gewänder geben lassen. 36 Der
Herr hatte dem Volk Israel ein so großes
Ansehen bei den Ägyptern verschafft,
dass sie auf ihre Bitten eingegangen wa-
ren. So nahmen die Israeliten von den
Ägyptern reiche Beute mit.

37 Sie brachen auf und zogen zu Fuß
von Ramses nach Sukkot; es waren etwa
600 000 Männer mit ihren Frauen und
Kindern. 38 Auch viele Nichtisraeliten
verließen mit ihnen das Land. Die Israe-
liten nahmen ihre großen Ziegen-, Schaf-
und Rinderherden mit. 39 Unterwegs
backten sie aus dem ungesäuerten Teig,
den sie mitgenommen hatten, Fladenbro-
te. Weil man sie so plötzlich aus Ägypten
vertrieben hatte, war keine Zeit geblie-
ben, den Teig durchsäuern zu lassen und
sich mit Proviant zu versorgen.

40 Insgesamt hatten die Israeliten 430
Jahre in Ägypten gelebt. 41 Auf den Tag
genau nach 430 Jahren zogen sie wie ein
siegreiches Heer aus Ägypten fort. 42 In
dieser Nacht hielt der Herr selbst Wache,
um sein Volk sicher aus Ägypten heraus-
zuführen. Darum sollen alle kommenden
Generationen der Israeliten in der Pas-
sahnacht dem Herrn zu Ehren wachen.

Vorschriften für das Passahfest

43 Der Herr sagte zu Mose und Aaron:
»Für das Passahfest gebe ich euch folgen-
de Anordnungen:

Kein Ausländer darf am Passahmahl
teilnehmen. 44 Wenn ihr einen Sklaven ge-
kauft habt, darf er nur von dem Lamm
essen, wenn ihr ihn vorher beschnitten
habt; 45 Fremde, die nur vorübergehend
bei euch leben, und ausländische Lohn-
arbeiter dürfen jedoch nicht an der Mahl-
zeit teilnehmen. 46 Ihr müsst das Passah-
lamm in demselben Haus essen, in dem
ihr es zubereitet habt. Bringt nichts von
seinem Fleisch nach draußen, und zer-
brecht keinen einzigen Knochen! 47 Die
ganze Gemeinschaft der Israeliten soll
das Passahfest feiern. 48 Und wenn ein
Fremder, der bei euch lebt, mir zu Ehren
mitfeiern will, soll er jeden Mann und je-
den Jungen in seinem Haus beschneiden
lassen. Dann kann er am Fest teilnehmen
wie jeder, der zu eurem Volk gehört. Ein
Unbeschnittener aber darf auf keinen
Fall vom Passahlamm essen. 49 Für die

12,29 1,22; 4,22–23; 11,5; 13,15–16; 4 Mo 8,17–18; 33,4 **12,30** 2,24; 11,6 **12,31–33** 6,1; 11,1.8; Ps 105,38 **12,32** 10,24 **12,35–36** 3,21–22; 11,2–3; 1 Mo 15,14; Ps 105,37 **12,40** 1 Mo 15,13 **12,46** 4 Mo 9,12; Joh 19,36 **12,48** 1 Mo 17,10–14 **12,49** 3 Mo 24,22*

Einheimischen und für die Fremden, die
bei euch leben, soll ein und dasselbe
Recht gelten.«
[50]Die Israeliten folgten den Weisun-
gen, die Mose und Aaron vom Herrn
empfangen hatten. [51] An diesem Tag führ-
te der Herr die Israeliten wie ein siegrei-
ches Heer aus Ägypten fort.

Ein Fest zur Erinnerung an die Befreiung

13 Der Herr sprach zu Mose: [2]»Die
Israeliten sollen mir ihre ältesten
Söhne weihen und jedes männliche Tier,
das zuerst geboren wird. Sie gehören
mir!«
[3]Mose sagte zum Volk: »Behaltet die-
sen Tag in Erinnerung, denn heute wer-
det ihr aus der Sklaverei in Ägypten be-
freit! Der Herr führt euch mit starker
Hand hinaus. Esst darum kein Brot, das
mit Sauerteig gebacken wurde! [4]Heute,
im Monat Abib, zieht ihr aus Ägypten
fort. [5]Der Herr hat euren Vorfahren ge-
schworen, euch das Land der Kanaaniter,
Hetiter, Amoriter, Hiwiter und Jebusiter
zu geben. Wenn er euch in dieses reiche
und fruchtbare Land gebracht hat, sollt
ihr auch weiterhin im ersten Monat die-
sen Brauch beibehalten: [6]Esst sieben Ta-
ge lang nur Brot, das ohne Sauerteig ge-
backen wurde, und am siebten Tag feiert
ein Fest zu Ehren des Herrn. [7]Ja, sieben
Tage lang sollt ihr nur ungesäuertes Brot
essen! Im ganzen Land darf es kein Sau-
erteigbrot und keinen Sauerteig mehr
geben!
[8]Erklärt zu Beginn des Festes euren
Söhnen, dass ihr es feiert, weil der Herr
euch geholfen und euch aus Ägypten
herausgeführt hat. [9]Das Fest soll euch
wie ein Zeichen an eurer Hand oder
ein Band um eure Stirn daran erinnern,
dass ihr stets die Weisungen des Herrn
befolgen sollt. Denn er hat euch mit
starker Hand aus Ägypten befreit. [10]Fei-
ert das Fest Jahr für Jahr zur festgesetz-
ten Zeit, und haltet euch dabei an diese
Vorschriften!«

Die Erstgeborenen gehören dem Herrn

[11]»Der Herr wird euch ins Land der Ka-
naaniter bringen und es euch für immer
schenken. So hat er es euch und euren
Vorfahren geschworen. Wenn er euch
das Land gegeben hat, [12]dann sollt ihr
dem Herrn eure ältesten Söhne weihen
und ihm jedes männliche Tier opfern,
das von seiner Mutter als erstes zur Welt
gebracht wird. [13]Anstelle jedes zuerst ge-
borenen Esels sollt ihr ein Lamm opfern
und ihn so auslösen. Wollt ihr das nicht,
dann brecht dem jungen Esel das Ge-
nick! Eure ältesten Söhne aber müsst ihr
auf jeden Fall auslösen.
[14]Wenn eure Söhne eines Tages fragen,
was dieser Brauch bedeutet, dann erklärt
ihnen: ›Der Herr hat uns mit starker Hand
aus der Sklaverei in Ägypten befreit.
[15]Als der Pharao sich hartnäckig weigerte,
uns ziehen zu lassen, hat der Herr jeden
ältesten Sohn und jedes erstgeborene
männliche Tier in Ägypten getötet. Da-
rum opfern wir dem Herrn unsere erst-
geborenen männlichen Tiere, unsere
ältesten Söhne aber kaufen wir frei.
[16]Dieser Brauch soll uns wie ein Zeichen
an der Hand oder ein Band um die Stirn
daran erinnern, dass der Herr uns mit star-
ker Hand aus Ägypten befreit hat.‹«

Der Herr führt sein Volk

[17]Nachdem der Pharao die Israeliten hat-
te ziehen lassen, führte Gott sie nicht auf
der Straße in Richtung des Philisterlan-
des, obwohl das der kürzeste Weg gewe-
sen wäre. Gott dachte: »Das Volk könnte
seinen Sinn ändern und nach Ägypten
zurückkehren, wenn es merkt, dass ihm
Kämpfe bevorstehen!« [18]Darum ließ
Gott sie einen Umweg machen, auf der
Wüstenstraße, die zum Schilfmeer führt.

13,2 13,12–16* **13,3** 5 Mo 4,34* **13,5** 1 Mo 12,7* **13,8** 5 Mo 4,9* **13,12–16** 13,2; 22,28–29; 34,19–20; 3 Mo 18,21*; 4 Mo 3,12–13; 8,16–18; 18,15–17; 5 Mo 15,19; Lk 2,23 **13,15–16** 12,29*

So zogen die Israeliten zum Kampf ge-
rüstet aus Ägypten fort. 19 Mose nahm
den Sarg mit den Gebeinen Josefs mit.
Josef hatte nämlich den Israeliten ein
Versprechen abgenommen und gesagt:
»Gott wird euch bestimmt eines Tages
aus Ägypten herausführen und nach
Hause bringen. Dann nehmt auch meine
Gebeine von hier mit!«[a]

20 Nachdem die Israeliten von Sukkot
aufgebrochen waren, lagerten sie bei
Etam am Rande der Wüste. 21 Tagsüber
zog der Herr in einer Wolkensäule vor
ihnen her, um ihnen den Weg zu zeigen,
und nachts war er in einer Feuersäule bei
ihnen, die ihren Weg erhellte. So konnten
sie bei Tag und Nacht wandern. 22 Tags-
über sahen sie die Wolkensäule vor sich
und nachts die Feuersäule.

Gott bahnt einen Weg durchs Meer

14 Der Herr sprach zu Mose: 2 »Sag
den Israeliten, sie sollen ihre Rich-
tung ändern und bei Pi-Hahirot Halt ma-
chen, zwischen Migdol und dem Meer.
Schlagt das Lager direkt am Ufer des Ro-
ten Meeres auf, gegenüber von Baal-Ze-
fon! 3 Der Pharao wird denken, ihr irrt
ziellos im Land umher und habt euch in
der Wüste verlaufen. 4 Ich werde dafür
sorgen, dass er seine Meinung wieder än-
dert und euch verfolgt. Doch dann werde
ich ihn und sein Heer besiegen und zei-
gen, wie mächtig und erhaben ich bin. So
werden die Ägypter erkennen, dass ich
der Herr bin!« Die Israeliten befolgten
den Befehl des Herrn.

5 Als der König von Ägypten erfuhr,
dass die Israeliten wirklich geflohen wa-
ren, änderten er und seine Hofbeamten
ihre Meinung: »Was haben wir bloß ge-
tan? Warum haben wir die Israeliten aus
der Sklaverei entlassen?«

6 Der Pharao ließ seine Streitwagen an-
spannen und zog mit seinen Soldaten los.
7 600 seiner besten Streitwagen bot er auf,
dazu noch zahlreiche andere aus ganz
Ägypten. Auf jedem Wagen fuhr neben
dem Wagenlenker und dem Bogenschüt-
zen auch noch ein Schildträger mit. 8 Der
Herr hatte den König wieder starrsinnig
gemacht. Darum jagte der Pharao den Is-
raeliten nach, die Ägypten ungehindert
verlassen hatten. 9 Die Soldaten des Pha-
raos mit ihren Streitwagen holten die
Israeliten ein, während diese bei Pi-Hahi-
rot am Meer, gegenüber von Baal-Zefon,
lagerten.

10 Als die Israeliten den Pharao und sei-
ne Truppen heranziehen sahen, packte
sie das Entsetzen, und sie schrien zum
Herrn um Hilfe. 11 Zugleich machten sie
Mose bittere Vorwürfe: »Gibt es etwa in
Ägypten nicht genug Gräber für uns?
Warum führst du uns hierher? Wir sollen
wohl hier in der Wüste sterben! Was hast
du uns nur angetan! Warum hast du uns
aus Ägypten herausgeholt? 12 Haben wir
dir nicht schon dort gesagt, du solltest
uns in Ruhe lassen? Wir hätten bleiben
und den Ägyptern dienen sollen. Lieber
wären wir ihre Sklaven geblieben, als hier
in der Wüste umzukommen!«

13 Doch Mose antwortete: »Habt keine
Angst! Verliert nicht den Mut! Ihr wer-
det erleben, wie der Herr euch heute ret-
tet. Die Ägypter werden euch nie wieder
bedrohen. 14 Der Herr selbst wird für
euch kämpfen, wartet ihr nur ruhig ab!«

15 Der Herr aber sagte zu Mose: »Wa-
rum schreist du zu mir um Hilfe? Sag
den Israeliten lieber, dass sie aufbrechen
sollen! 16 Heb deinen Stab hoch, und
streck ihn aus über das Meer! Es wird
sich teilen, und ihr könnt trockenen Fu-
ßes mitten hindurchziehen. 17 Ich werde
die Ägypter so starrsinnig machen, dass
sie euch auch dort noch verfolgen. Ich
will meine Macht und Herrlichkeit zei-
gen und den Pharao und sein Heer mit
den Streitwagen und Reitern vernichten.

---

[a] 1. Mose 50,24–25

13,19 1 Mo 50,24–25* **13,21–22** 40,34–38; 4 Mo 9,15–23; 1 Kor 10,1 **14,4.8** 9,12* **14,11–12** 15,24; 16,2–3.7; 17,2–3; 4 Mo 11,1–6; 14,1–4; 20,2–5; 21,5; Ps 78,40–42 **14,14** 15,3; 5 Mo 1,29–30; 9,3; 20,1–4; 1 Sam 17,45; 2 Chr 20,15.20.29 **14,17** 9,12*

18 Die Ägypter sollen erkennen, dass ich
der Herr bin. Ja, mein Sieg über den Pha-
rao, seine Streitwagen und Reiter wird
mir Ehre bringen!«
19 Der Engel Gottes, der bisher den Is-
raeliten vorangezogen war, stellte sich
nun ans Ende des Zuges. Auch die Wol-
kensäule, die sonst vor ihnen herzog,
stand jetzt hinter ihnen, 20 genau zwischen
den Ägyptern und den Israeliten. Sie ver-
sperrte dem ägyptischen Heer wie eine
dunkle Wand die Sicht, für die Israeliten
aber leuchtete sie die ganze Nacht. So ka-
men die Ägypter während der Nacht
nicht an die Israeliten heran.
21 Mose streckte seine Hand über das
Wasser aus; da ließ der Herr einen star-
ken Ostwind aufkommen, der das Meer
die ganze Nacht hindurch zurücktrieb
und den Meeresboden zu trockenem
Land machte. Das Wasser teilte sich,
22 und die Israeliten konnten trockenen
Fußes mitten durchs Meer ziehen. Links
und rechts von ihnen türmten sich die
Wassermassen wie Mauern auf.
23 Die Ägypter jagten den Israeliten
nach. Mit allen Streitwagen, Pferden und
Reitern stürmten sie ins Meer hinein.
24 Kurz vor Tagesanbruch blickte der
Herr aus der Wolken- und Feuersäule
auf das ägyptische Heer hinab und brach-
te es in Verwirrung. 25 Er ließ die Räder
ihrer Streitwagen abspringen, so dass sie
nur mühsam vorankamen. »Der Herr
steht auf der Seite der Israeliten«, riefen
die Ägypter, »er kämpft gegen uns!
Kehrt um! Flieht!«
26 Da sprach der Herr zu Mose: »Streck
deine Hand noch einmal über das Meer
aus, damit das Wasser zurückkehrt und
die Wagen und Reiter der Ägypter über-
flutet!« 27 Mose gehorchte: Bei Tages-
anbruch streckte er seine Hand über das
Meer aus. Da strömte das Wasser wieder
zurück, den fliehenden Ägyptern ent-
gegen. So trieb der Herr die Ägypter mit-
ten ins Meer hinein. 28 Die Wassermassen
flossen zurück und überfluteten die
Streitwagen und Reiter des Pharaos, die
den Israeliten ins Meer hinein gefolgt wa-
ren. Kein einziger Ägypter blieb am Le-
ben! 29 Die Israeliten aber waren trocke-
nen Fußes durchs Meer gezogen,
während das Wasser wie eine Mauer zu
beiden Seiten stand.
30 So rettete der Herr die Israeliten an
diesem Tag vor den Ägyptern; sie sahen,
wie die Leichen ihrer Feinde ans Ufer ge-
schwemmt wurden. 31 Als die Israeliten
erkannten, dass der Herr die Ägypter
mit großer Macht besiegt hatte, wurden
sie von Ehrfurcht ergriffen. Sie vertrau-
ten ihm und seinem Diener Mose.

Das Lied Moses

15 Damals sangen Mose und die Is-
raeliten dieses Lied zu Ehren des
Herrn:

»Ich will dem Herrn singen, denn er ist
mächtig und erhaben, Pferde und Reiter
warf er ins Meer!

2 Der Herr hat mir Kraft gegeben und
mich froh gemacht; nun kann ich wieder
singen. Er hat mich gerettet! Er ist mein
Gott, ihn will ich preisen! Er ist der
Gott meines Vaters, ihn allein will ich
ehren.
3 Der Herr ist ein mächtiger Kämpfer;
sein Name ist ›der Herr‹.
4 Die Streitwagen des Pharaos und sein
Heer hat er ins Meer geschleudert. Die
besten Wagenkämpfer sind im Schilf-
meer ertrunken.
5 Wasserfluten haben sie bedeckt, wie
Steine sind sie in der Tiefe versunken.

6 Herr, deine Hand tut große Wunder, ja,
deine gewaltige Hand zerschmettert den
Feind!
7 Du bist mächtig und erhaben. Du stürzt
zu Boden, die sich gegen dich erheben.
Dein glühender Zorn trifft sie und ver-
brennt sie wie Stroh.

14,21–22 14,29; Jos 4,22–23; Ps 66,6; 77,20; 106,9; 114,3; Hebr 11,29 **14,24–25** 23,27–28* **14,27** 14,17 **14,28** Jes 43,17 **15,1** Offb 15,3 **15,3** 14,14*

8 Zornerfüllt hast du aufs Meer geblasen,
da türmten sich die Wassermassen, die
Fluten standen wie ein Wall, die Meeres-
tiefen wie eine Mauer!
9 Der Feind prahlte: ›Los, wir verfolgen
sie! Wir holen sie ein und machen reiche
Beute! Jeder bekommt, was er haben
will. Wir ziehen das Schwert und rotten
sie aus!‹
10 Aber als dein Atem blies, verschlang sie
das Meer. Wie Blei versanken sie in den
mächtigen Wogen.

11 Herr, wer unter allen Göttern ist dir
gleich? Wer ist wie du, herrlich und hei-
lig? Wer vollbringt so große, furchterre-
gende Taten? Wer tut Wunder – so wie
du?
12 Als du deinen rechten Arm ausstreck-
test, verschlang die Erde unsere Feinde.
13 Voller Liebe hast du uns geführt, dein
Volk, das du gerettet hast! Mit großer
Macht hast du uns geleitet bis zu dem
heiligen Ort, an dem du wohnst.
14 Als die anderen Völker hörten, was ge-
schehen war, erschraken sie. Angst über-
fiel die Philister,
15 und die Fürsten Edoms waren entsetzt.
Moabs Herrscher fingen an zu zittern,
und die Bewohner Kanaans verloren al-
len Mut.
16 Furcht und Schrecken packte sie.
Sie sahen deine große Macht und standen
wie versteinert da, bis dein Volk vorbei-
gezogen war, ja, bis das Volk, das dir ge-
hört, vorbeigezogen war!
17 Du bringst sie zu deinem Berg und
pflanzt sie dort ein, an dem Ort, den du
dir als Wohnung gewählt hast. Dort ist
dein Heiligtum, o Herr, das du mit eige-
ner Hand errichtet hast!
18 Der Herr ist König für immer und
ewig!«

19 Die Soldaten des Pharaos waren den Is-
raeliten mit Pferden und Streitwagen ins
Meer gefolgt. Da hatte der Herr das Was-
ser zurückfluten lassen, und die Wogen
hatten sie verschlungen. Die Israeliten
aber waren trockenen Fußes mitten
durchs Meer gezogen. 20 Die Prophetin
Mirjam, Aarons Schwester, nahm ihr
Tamburin zur Hand. Auch die anderen
Frauen schlugen ihr Tamburin, und zu-
sammen tanzten sie im Reigen. 21 Mirjam
sang ihnen vor:

»Singt dem Herrn, denn er ist mächtig
und erhaben! Pferde und Reiter warf er
ins Meer!«

Ich bin der Herr, der euch heilt!

22 Mose ließ die Israeliten vom Schilfmeer
aufbrechen. Sie zogen los und kamen in
die Wüste Schur. Drei Tage lang waren
sie hier unterwegs, ohne Wasser zu fin-
den. 23 Als sie endlich die Oase von Mara
erreichten, war das Wasser dort so bitter,
dass sie es nicht trinken konnten. Darum
heißt dieser Ort Mara (»Bitterkeit«).
24 »Was sollen wir nun trinken?«, frag-
ten die Leute Mose vorwurfsvoll. 25 Mose
flehte den Herrn um Hilfe an, und der
Herr zeigte ihm ein Stück Holz. Als Mo-
se es ins Wasser warf, wurde das Wasser
genießbar.
In Mara gab der Herr seinem Volk Ge-
setze, nach denen sie leben sollten, und
stellte sie auf die Probe. 26 Er sagte zu ih-
nen: »Hört auf mich, den Herrn, euren
Gott, und lebt so, wie es mir gefällt! Hal-
tet euch an meine Gebote und Weisun-
gen! Wenn ihr das tut, werdet ihr keine
der Krankheiten bekommen, mit denen
ich die Ägypter bestraft habe. Denn ich
bin der Herr, der euch heilt!«
27 Dann brachen die Israeliten wieder
auf und erreichten Elim, eine Oase mit
zwölf Quellen und siebzig Palmen. Dort
schlugen sie ihr Lager auf.

Gott sorgt für sein Volk

16 Die Israeliten zogen von Elim
weiter. Am 15. Tag des 2. Monats

15,11 8,6; 18,11; 5 Mo 3,24; Mi 7,18–19 **15,14–16** 23,27–28*; Jos 2,9–11 **15,24** 14,11–12*
15,25 1 Mo 22,1* **15,26** 5 Mo 32,39; Hos 6,1

nachdem sie Ägypten verlassen hatten,
erreichten sie die Wüste Sin, die zwischen
Elim und dem Berg Sinai liegt. 2 Bald fin-
gen die Israeliten wieder an, sich bei Mo-
se und Aaron zu beschweren. 3 Sie stöhn-
ten: »Ach, hätte der Herr uns doch in
Ägypten sterben lassen! Dort hatten wir
wenigstens Fleisch zu essen und genug
Brot, um satt zu werden. Ihr habt uns
doch nur in diese Wüste gebracht, damit
wir alle verhungern!«

4 Da sprach der Herr zu Mose: »Ich las-
se Brot vom Himmel für euch regnen!
Die Israeliten sollen morgens losgehen
und so viel einsammeln, wie sie für den
Tag brauchen, mehr nicht. Denn ich will
sie auf die Probe stellen und herausfin-
den, ob sie mir gehorchen. 5 Wenn sie am
sechsten Tag die eingesammelte Nahrung
zubereiten, werden sie entdecken, dass es
doppelt so viel ist wie sonst.«

6 Darauf sagten Mose und Aaron zu
den Israeliten: »Heute Abend werdet ihr
erfahren, dass der Herr es war, der euch
aus Ägypten herausgeführt hat, 7 und
morgen früh werdet ihr seine Macht und
Herrlichkeit sehen. Er hat eure Vorwür-
fe gehört. Denn mit eurem Klagen lehnt
ihr euch nicht gegen uns auf, sondern ge-
gen ihn! 8 Trotzdem wird er euch abends
Fleisch zu essen geben und am Morgen
Brot genug. Er hat gehört, wie ihr ihn
anklagt! Euer Murren richtet sich ja
nicht gegen uns, sondern gegen den
Herrn!«

9 Mose beauftragte Aaron: »Ruf die
ganze Gemeinschaft der Israeliten zu-
sammen! Sie sollen vor den Herrn treten,
denn er hat ihre Vorwürfe gehört.« 10 Aa-
ron richtete dies den Israeliten aus. Als
sie sich versammelt hatten und zur Wüste
hinüberschauten, erschien von dort die
Herrlichkeit des Herrn in einer Wolke.
11 Der Herr sprach zu Mose: 12 »Ich habe
die Klagen der Israeliten gehört. Darum
sag ihnen: Heute Abend werdet ihr
Fleisch zu essen bekommen und morgen
früh so viel Brot, wie ihr braucht. Daran
werdet ihr erkennen, dass ich der Herr,
euer Gott, bin!«

13 Am selben Abend zogen Schwärme
von Wachteln heran und ließen sich über-
all im Lager nieder. Und am nächsten
Morgen lag Tau rings um das Lager.
14 Als er verdunstet war, blieben auf dem
Wüstenboden feine Körner zurück, die
aussahen wie Reif. 15 Die Israeliten ent-
deckten sie und fragten sich: »Was ist das
bloß?« Nie zuvor hatten sie so etwas ge-
sehen. Mose erklärte ihnen: »Dies ist das
Brot, das euch der Herr zu essen gibt.
16 Der Herr hat angeordnet: Jeder von
euch soll so viel sammeln, wie er für seine
Familie braucht, ein Krug von zweiein-
halb Litern für jede Person, die in seinem
Zelt lebt.«

17 Die Israeliten hielten sich daran und
lasen die Körner auf, einer mehr, der an-
dere weniger. 18 Doch als sie es zu Hause
maßen, hatte der nicht zu viel, der viel
eingesammelt hatte, und wer nur wenig
aufgelesen hatte, dem fehlte nichts. Jeder
hatte genauso viel, wie er brauchte.
19 Mose befahl: »Hebt nichts davon bis
zum nächsten Morgen auf!«

20 Einige Israeliten aber hielten sich
nicht daran und ließen etwas übrig. Am
nächsten Morgen war es voller Würmer
und stank. Mose wurde zornig auf sie.

21 So lasen die Israeliten jeden Morgen
die Körner auf, jeder so viel, wie er zum
Essen brauchte. Später, wenn es heiß
wurde, schmolz der Rest am Boden und
verschwand.

22 Als sie am sechsten Tag die einge-
sammelte Nahrung zubereiten wollten,
war es doppelt so viel wie sonst – fünf
Liter für jeden. Die führenden Männer
Israels gingen zu Mose und berichteten
ihm davon. 23 Mose erklärte ihnen: »Der
Herr hat angeordnet: Morgen sollt ihr
den Sabbat feiern, den Ruhetag, der ganz
dem Herrn geweiht ist. Backt heute aus
den Körnern Brot, oder kocht sie, ganz
wie ihr wollt. Was übrig bleibt, hebt für
morgen auf!«

16,2–3 14,11–12* **16,4** 1 Mo 22,1* **16,7–8** 14,11–12* **16,13** 4 Mo 11,18–34 **16,14–15** 16,31; 4 Mo 11,7–9; 5 Mo 8,3.16; Joh 6,30–35 **16,18** 2 Kor 8,15 **16,23** 20,8–11*

24 Das taten die Israeliten. Und diesmal
war die Speise nicht verdorben wie sonst
und enthielt auch keine Würmer. 25 Mose
befahl: »Esst heute, was von gestern übrig ist, denn heute halten wir den Ruhetag, der dem Herrn geweiht ist. In der
Wüste werdet ihr nichts finden! 26 Sechs
Tage lang könnt ihr die Körner sammeln, aber am siebten Tag, dem Sabbat, wird nichts da sein.«

27 Trotzdem versuchten einige Israeliten, am siebten Tag Körner zu sammeln.
Doch sie fanden nichts. 28 Da sagte der
Herr zu Mose: »Wie lange weigert ihr euch noch, meine Gebote und Weisungen zu befolgen? 29 Ich habe euch den
siebten Tag als Ruhetag gegeben; darum versorge ich euch am sechsten Tag mit der doppelten Menge Nahrung. Geht also am Sabbat nicht los, um Körner zu sammeln! Bleibt in euren Zelten!«

30 Daraufhin hielt das Volk den siebten
Tag als Ruhetag ein.

31 Die Israeliten nannten die Körner
»Manna«. Sie waren weiß wie Koriandersamen und schmeckten gebacken wie Honigkuchen.

32 Mose sagte zu den Israeliten: »Der
Herr hat befohlen, einen Krug voll Manna für eure Nachkommen aufzubewahren. Sie sollen sehen, womit der Herr euch in der Wüste ernährt hat, nachdem er euch aus Ägypten befreit hatte.«
33 Dann wies er Aaron an: »Füll zweieinhalb Liter Manna in einen Krug, und bewahre es im Heiligtum des Herrn auf, damit es für die kommenden Generationen erhalten bleibt!« 34 Aaron gehorchte und
stellte den Krug mit dem Manna ins Heiligtum vor die Bundeslade.

35 Die Israeliten lebten vierzig Jahre
lang von Manna, bis sie an der Grenze Kanaans besiedeltes Land erreichten.
36 Damals benutzte man als Hohlmaß ein
Fass von fünfundzwanzig Litern und einen Krug, in den ein Zehntel davon passte – zweieinhalb Liter.

Wasser aus dem Felsen
(4. Mose 20,2–13)

17 Die Israeliten brachen aus der Wüste Sin auf und zogen von einem Lagerplatz zum nächsten, wie der Herr es ihnen befahl. Als sie in Refidim ihr Lager aufschlugen, fanden sie kein
Trinkwasser. 2 Da machten sie Mose bittere Vorwürfe und verlangten: »Gib uns Wasser zum Trinken!« Mose erwiderte: »Warum beschwert ihr euch bei mir? Warum stellt ihr den Herrn auf die Probe?«
3 Aber die Israeliten quälte der Durst, und
sie klagten Mose an: »Warum hast du uns nur aus Ägypten herausgeholt? Willst du uns mit unseren Kindern und all unseren Herden hier verdursten lassen?«

4 Da rief Mose zum Herrn: »Was soll
ich jetzt mit diesem Volk tun? Es fehlt
nicht viel, und sie steinigen mich!« 5 Der
Herr antwortete: »Ruf einige von den Sippenoberhäuptern Israels, und geh mit ihnen dem Volk voran! Nimm den Stab in die Hand, mit dem du in den Nil geschlagen
hast! 6 Am Berg Horeb werde ich vor
dir auf einem Felsen stehen. Schlag mit dem Stab an den Felsen! Dann wird Wasser aus dem Stein herausströmen, und das Volk kann trinken.«

Vor den Augen der Sippenoberhäupter Israels tat Mose, was der Herr ihm befohlen hatte. 7 Er nannte diesen Ort Massa
und Meriba (»Herausforderung« und »Vorwurf«), weil die Israeliten dort dem Herrn Vorwürfe gemacht und ihn herausgefordert hatten. Denn sie hatten gefragt: »Kümmert sich der Herr um uns oder nicht?«

Der Kampf gegen die Amalekiter

8 Als die Israeliten bei Refidim lagerten,
rückten die Amalekiter an, um Israel anzugreifen.
9 Mose befahl Josua: »Wähle
kampferprobte Männer aus, und zieh mit ihnen in die Schlacht gegen die Ama-

16,35 4 Mo 14,34; Jos 5,12 **17,2–3** 14,11–12* **17,4** 4 Mo 14,10 **17,6** 1 Kor 10,4 **17,7** 5 Mo 6,16; Ps 95,8–9 **17,8** 17,14–16* **17,9** 4 Mo 27,18–23

lekiter! Ich selbst werde mich morgen auf
den Hügel stellen, den Stab Gottes in der
Hand.«
10 Josua gehorchte und zog mit seinen
Soldaten in den Kampf, wie Mose es be-
fohlen hatte. Mose, Aaron und Hur stie-
gen auf den Hügel. 11 Solange Mose seine
Hände mit dem Stab erhoben hatte, be-
hielten die Israeliten im Kampf die Ober-
hand; ließ er die Hände sinken, waren die
Amalekiter überlegen. 12 Mit der Zeit
wurden Mose die Arme schwer. Da hol-
ten Aaron und Hur einen großen Stein,
auf den er sich setzen konnte; sie selbst
stellten sich links und rechts neben ihn
und stützten seine Arme, bis die Sonne
unterging. 13 So konnte Josua das Heer
der Amalekiter besiegen.
14 Danach sagte der Herr zu Mose:
»Schreib zur Erinnerung auf, was heute
geschehen ist, und präge Josua die Worte
ein! Denn ich werde die Amalekiter völ-
lig vernichten, niemand wird sich mehr
an sie erinnern.« 15 Mose errichtete einen
Altar und nannte ihn: »Der Herr ist mein
Feldzeichen.« 16 Er sagte: »Kommt her,
und schwört dem Herrn Treue![a] Der
Herr führt Krieg gegen die Amalekiter
für alle Zeiten!«

Jitro besucht Mose

18 Moses Schwiegervater Jitro, der
Priester von Midian, hörte, dass
Gott Mose und dem ganzen Volk Israel
geholfen und sie aus Ägypten heraus-
geführt hatte. 2 Da machte er sich auf
den Weg, gemeinsam mit Moses Frau
Zippora, die Mose zu ihm zurückgesandt
hatte, 3 und mit ihren beiden Söhnen. Der
ältere hieß Gerschom (»ein Fremder
dort«), weil Mose bei seiner Geburt ge-
sagt hatte: »Wir wollen ihn Gerschom
nennen, denn ich habe hier in einem
fremden Land Schutz gesucht.« 4 Der
zweite Sohn hieß Eliëser (»Mein Gott ist
Hilfe«), denn Mose hatte gesagt: »Der
Gott meines Vaters ist meine Hilfe gewe-
sen. Er hat mich vor dem Schwert des
Pharaos gerettet.«
5 Nun kam Jitro mit Zippora und ihren
beiden Söhnen zu Mose. Die Israeliten
lagerten in der Wüste, am Berg Gottes.
6 Jitro ließ Mose ausrichten: »Dein
Schwiegervater Jitro ist zusammen mit
deiner Frau und deinen beiden Söhnen
angekommen.«
7 Da ging Mose seinem Schwiegervater
entgegen, verneigte sich vor ihm und
küsste ihn. Sie fragten einander nach
ihrem Wohlergehen und gingen dann in
Moses Zelt. 8 Mose erzählte Jitro, was
der Herr mit dem Pharao und den Ägyp-
tern getan hatte, um die Israeliten zu ret-
ten. Er verschwieg nicht die vielen
Schwierigkeiten auf ihrer Reise, berichte-
te aber auch, wie der Herr ihnen immer
wieder geholfen hatte.
9 Jitro freute sich sehr, dass der Herr
den Israeliten so viel Gutes getan und
sie aus Ägypten herausgeführt hatte. 10 Er
rief: »Gelobt sei der Herr, der euch aus
der Gewalt der Ägypter und ihres Königs
gerettet hat! Ja, er hat dieses Volk aus der
Sklaverei befreit! 11 Jetzt weiß ich: Der
Herr ist größer als alle anderen Götter.
Als die Ägypter sich besonders stark
fühlten, hat er ihnen seine Macht ge-
zeigt.« 12 Dann brachte Jitro ein Brand-
und ein Schlachtopfer für Gott dar.
Aaron und die Sippenoberhäupter der
Israeliten nahmen an der Opfermahlzeit
teil, um den Herrn zu ehren.

Mose bekommt Hilfe
(5. Mose 1,9–17)

13 Am nächsten Tag setzte Mose sich hin,
um Streitigkeiten zu schlichten und
Recht zu sprechen. Die Leute drängten
sich um ihn vom Morgen bis zum Abend.
14 Als Jitro sah, wie viel Mose zu tun hat-
te, sagte er: »Du hast so viel Arbeit mit
den Leuten! Du sitzt den ganzen Tag da,

---

[a] Wörtlich: Die Hand an den Thron des Herrn!

17,10–13 4 Mo 14,41–45 **17,14–16** 1 Mo 36,12; 4 Mo 24,20; 5 Mo 25,17–19; 1 Sam 15,2–3
17,14 24,4* **18,1–3** 2,21–22

um Streitfälle zu schlichten, und die Leu-
te stehen um dich herum, vom Morgen
bis zum Abend. Warum tust du das alles
allein?«
15 Mose antwortete: »Die Leute kom-
men zu mir, um Weisung von Gott zu er-
halten. 16 Wenn sie einen Rechtsstreit ha-
ben, fragen sie mich um Rat, und ich
muss zwischen ihnen schlichten. Ich teile
ihnen Gottes Weisungen und Entschei-
dungen mit.«
17 Sein Schwiegervater entgegnete: »So
wie du es machst, ist es nicht gut! 18 Die
Aufgabe ist für dich allein viel zu groß.
Du reibst dich nur auf, und auch die Leu-
te sind überfordert. 19 Hör zu! Ich gebe
dir einen guten Rat, und Gott möge dir
helfen: Du sollst das Volk vor Gott ver-
treten und ihre Streitfälle vor ihn brin-
gen. 20 Schärf ihnen Gottes Gebote und
Weisungen ein, sag ihnen, wie sie ihr Le-
ben führen und was sie tun sollen! 21 Sieh
dich aber zugleich in deinem Volk nach
zuverlässigen Männern um. Sie müssen
Ehrfurcht vor Gott haben, die Wahrheit
lieben und unbestechlich sein. Übertrag
ihnen die Verantwortung für jeweils tau-
send, hundert, fünfzig oder zehn Per-
sonen. 22 Sie sollen die alltäglichen kleine-
ren Streitigkeiten schlichten. Zu dir
sollen sie nur mit den größeren Fällen
kommen. So helfen sie dir, die Verant-
wortung zu tragen, und du wirst entlastet.
23 Wenn mein Rat Gottes Willen ent-
spricht und du dich daran hältst, wirst du
deine Aufgabe bewältigen; die Leute
können in Frieden nach Hause gehen,
weil ihre Streitfälle geschlichtet sind.«
24 Mose nahm den Rat seines Schwie-
gervaters an und setzte ihn in die Tat um:
25 Er wählte unter den Israeliten zuverläs-
sige Männer aus und übertrug ihnen die
Verantwortung für jeweils tausend, hun-
dert, fünfzig oder zehn Personen. 26 Von
nun an konnten sie jederzeit Recht spre-
chen und die einfachen Streitigkeiten
selbst schlichten. Nur mit den schwierigen
Fällen kamen sie zu Mose.
27 Danach verabschiedete Mose seinen
Schwiegervater, und Jitro kehrte wieder
in seine Heimat zurück.

Die Ankunft am Berg Sinai

19 Genau am 1. Tag des 3. Monats
nachdem die Israeliten Ägypten
verlassen hatten, erreichten sie die Wüste
Sinai. 2 Sie waren von Refidim aufgebro-
chen und schlugen nun in der Wüste, am
Fuß des Berges Sinai, ihr Lager auf.
3 Mose bestieg den Berg, um Gott zu
begegnen. Der Herr rief ihm vom Berg
aus zu: »Richte den Israeliten, den Nach-
kommen Jakobs, diese Botschaft von mir
aus: 4 Ihr habt selbst gesehen, was ich mit
den Ägyptern gemacht habe. Ich habe
euch sicher hierher zu mir gebracht, wie
ein Adler, der seine Jungen trägt. 5 Wenn
ihr nun auf mich hört und euch an den
Bund haltet, den ich mit euch schließen
will, dann werde ich euch aus allen Völ-
kern auserwählen. Mir gehört die ganze
Welt, aber ihr seid in besonderer Weise
mein Eigentum. 6 Ja, ihr sollt ein heiliges
Volk sein, das allein mir gehört. Als kö-
nigliche Priester sollt ihr mir dienen! Sag
dies den Israeliten weiter!«
7 Mose ging zurück, rief die Sippen-
oberhäupter des Volkes zusammen und
erzählte ihnen, was der Herr ihm auf-
getragen hatte. 8 Das ganze Volk Israel
war sich einig: »Wir wollen alles tun, was
der Herr befiehlt!« Mose überbrachte
ihre Entscheidung dem Herrn. 9 Nach-
dem er berichtet hatte, was die Israeliten
geantwortet hatten, sagte der Herr zu
Mose: »Ich werde in einer dichten Wolke
zu dir kommen und so mit dir sprechen,
dass auch das Volk es hört. Es soll nie
wieder einen Zweifel geben, dass du in
meinem Auftrag redest.
10 Geh nun wieder zurück! Die Israeli-
ten sollen sich heute und morgen darauf
vorbereiten, mir zu begegnen. Sie sollen
ihre Kleider waschen 11 und sich am drit-
ten Tag bereithalten. Denn dann werde

19,4 5 Mo 32,11–12 **19,5–6** 3 Mo 19,2*; 20,26; 5 Mo 7,6–8; Jos 24,19; Jes 61,6; 1 Petr 2,9; Offb 5,10 **19,5** 5 Mo 7,6–8; Ps 135,4 **19,8** 24,3; Jos 24,15–18 **19,10** Jos 3,5

Ratschläge annehmen

Lesen Sie 2. Mose 18,1-27

Mose erkannte, wie weise Jitros Rat war, und nahm ihn an (siehe 2. Mose 18,2-26). Darin zeigte sich seine eigene Reife. Er musste sich nicht gegen eine gute Idee sträuben, nur weil sie von seinem Schwiegervater kam. Er war selbstsicher genug, um einen guten Gedanken aufzugreifen, ganz gleich, aus welcher Quelle dieser stammte.

Den Vorschlägen der Schwiegereltern mit Respekt zu begegnen und über sie nachzudenken, ist ein Zeichen von Reife, nicht von Schwäche. Letztendlich liegt die Entscheidung allerdings bei uns.

Wenn Sie von Ihren Schwiegereltern einen Rat bekommen und dann den Eindruck haben, bei Ihrer Entscheidung von ihnen unter Druck gesetzt zu werden, dann gehört es zu Ihrer Verantwortung, sich den Vorschlag genau anzuhören; denken Sie gründlich darüber nach, und treffen Sie dann die Entscheidung, die Sie für sich und Ihre Familie für die beste halten. Wenn Ihre Schwiegereltern sich darüber ärgern, dass Sie ihrem Vorschlag nicht gefolgt sind, zeigen Sie ihnen, dass Sie ihren Rat durchaus zu schätzen wissen. Erklären Sie ihnen, dass Sie über ihre Idee nachgedacht und sich dann für den Weg entschieden haben, den Sie für den besten hielten. Ihre Vorschläge zu respektieren, heißt nicht unbedingt, ihnen auch zu folgen.

Nehmen Sie sich Zeit, um allein oder als Paar gemeinsam zu beten. Danken Sie Gott für die Weisheit Ihrer Familienmitglieder. Bitten Sie ihn, dass Sie den Stolz und die Verbitterung ablegen können, die Ihre Beziehung zu Ihren Schwiegereltern belasten.

Wenn Sie noch mehr Zeit haben …

Besprechen Sie miteinander folgende Fragen oder denken Sie darüber nach:

- Welches ist das größte Hindernis, um eine gute Beziehung zu den Schwiegereltern aufzubauen?
- Auf welchen Gebieten könnten Ihre Schwiegereltern Ihnen wertvolle Ratschläge geben?
- Wie würden Ihre Schwiegereltern reagieren, wenn Sie und Ihr Ehepartner ihren Rat zwar hören, sich dann aber anders entscheiden würden?

Lesen Sie auch die folgenden Abschnitte, in denen es um weise Ratschläge geht:
Sprüche 11,14; 12,15; 19,20-21.

Partner des Bundes werden

Lesen Sie 2. Mose 19,1-8

Gott versammelte die Israeliten am Berg Sinai, um ihnen seine Pläne zu offenbaren. Er wollte aus Israel ein Königreich von Priestern und ein heiliges Volk machen. Gott widerrief seinen Bund nicht, als Israel seine Gebote nicht beachten wollte. Allerdings konnten die Israeliten auch nicht die Wohltaten des Bundes mit Gott genießen, wenn sie nicht bereit waren, mit ihm zusammenzuarbeiten. Gottes Verheißungen aus seinem Bund mit Israel waren nicht an Bedingungen geknüpft. Dennoch konnte Israel die Früchte aus diesem Bund nur dann genießen, wenn es bereit war, sich auch selbst an den Bund zu halten.

Dieser Grundsatz gilt auch für die Beziehung in einer Ehe. Ein Mann könnte zum Beispiel erkennen, dass er seiner Frau bisher zu wenig gemeinsame Zeit geschenkt hat – ihr nicht zugehört hat, wenn sie ihm von ihren Sorgen, Freuden und Problemen berichtet hat. Er schließt also eine Art Bund und verspricht, ein aufmerksamer Zuhörer zu werden, sich für die Gedanken und Gefühle seiner Frau zu interessieren und sie kennenzulernen, um besser für sie da sein zu können. Wenn seine Verpflichtung an keine Bedingungen geknüpft ist, dann wird er seiner Frau zuhören, ganz gleich in welcher Stimmung sie gerade ist, wie sie redet oder was sie ihm erzählt. Er wird ihr zuhören, egal unter welchen Bedingungen. Wenn seine Frau jedoch in den Genuss der Vorteile dieses Bundes kommen möchte, muss sie bereit sein, mit ihrem Mann zu sprechen und ihm ihre Gedanken und Vorstellungen mitzuteilen.

Nehmen Sie sich Zeit, um allein oder als Paar gemeinsam zu beten. Danken Sie Gott dafür, dass er seine Verheißungen Ihnen gegenüber treu erfüllt. Bitten Sie ihn um seinen Segen und seine Führung, damit Sie sich gegenseitig die Versprechen erfüllen können, die sich aus Ihrem gemeinsamen Bund ergeben.

Wenn Sie noch mehr Zeit haben …

Besprechen Sie miteinander folgende Fragen oder denken Sie darüber nach:

- Warum fällt es Ihrer Meinung nach vielen Paaren so schwer, die Verpflichtungen aus ihrem gemeinsamen Bund zu erfüllen?
- Was können Sie aus dem Bund Gottes mit Israel über Treue lernen?
- Welchen Bund würden Sie sich von Ihrem Ehepartner wünschen?

Lesen Sie auch die folgenden Abschnitte, in denen es um den Bund der Ehe geht:
1. Mose 8,20-22; Psalm 65,2-9; Prediger 4,9-12.

Den nächsten Impuls finden Sie auf S.82 a

ich vor aller Augen auf den Berg Sinai
herabkommen. 12 Zieh eine Grenze rings
um den Berg, und warne die Leute davor,
sie zu überschreiten! Sie dürfen ihn nicht
besteigen und sich auch nicht am Fuß des
Berges aufhalten. Wer dem Berg zu nahe
kommt, muss sterben: 13 Man soll diesen
Menschen steinigen oder mit Pfeilen er-
schießen. Das Gleiche gilt für die Tiere,
sie dürfen nicht am Leben bleiben! Erst
wenn das Widderhorn lang anhaltend er-
tönt, dürfen die Israeliten auf den Berg
kommen.«

14 Wieder stieg Mose vom Berg herun-
ter; er sorgte dafür, dass die Leute ihre
Kleider wuschen und sich darauf vor-
bereiteten, dem Herrn zu begegnen.
15 »Haltet euch am dritten Tag bereit«, be-
fahl er ihnen, »und so lange soll niemand
von euch mit seiner Frau schlafen!«

Der Herr erscheint

16 Früh am Morgen des dritten Tages be-
gann es zu donnern und zu blitzen. Dich-
te Wolken umhüllten den Berg, und man
hörte den lauten Klang eines Widder-
horns. Die Israeliten im Lager zitterten
vor Angst. 17 Mose führte sie aus dem La-
ger, Gott entgegen, und sie stellten sich
am Fuß des Berges auf. 18 Der Berg Sinai
war in dichten Rauch gehüllt, denn der
Herr war im Feuer herabgekommen.
Rauch stieg auf wie aus einem Schmelz-
ofen, und der ganze Berg bebte. 19 Das
Horn ertönte immer lauter. Mose redete,
und Gott antwortete ihm mit lauter
Stimme.

20 So kam der Herr herab auf den Gip-
fel des Berges Sinai. Von dort rief er Mo-
se zu sich, und Mose stieg auf den Berg.
21 Doch der Herr befahl ihm: »Geh sofort
wieder hinunter, und schärfe dem Volk
ein, sie sollen ja nicht die Grenze über-
schreiten, um mich zu sehen! Wenn sie
es trotzdem tun, werden viele von ihnen
sterben. 22 Auch die Priester sollen sich
reinigen, bevor sie sich mir nähern, sonst
ist ihr Leben in Gefahr!«

23 Mose erwiderte: »Das Volk kann gar
nicht auf den Berg Sinai steigen. Du hast
uns ja schon gewarnt und befohlen, eine
Grenze um den Berg zu ziehen, weil er
heilig ist.« 24 Doch der Herr befahl: »Steig
trotzdem hinunter, und komm zusammen
mit Aaron wieder herauf. Die Priester
und das Volk dürfen die Grenze nicht
überschreiten, sonst bricht mein Zorn ge-
gen sie los!«

25 Da stieg Mose vom Berg hinunter
und erklärte dem Volk, was der Herr ge-
sagt hatte.

Die Zehn Gebote
(5. Mose 5,1–33)

20 Dann redete Gott. Er sprach:
2 »Ich bin der Herr, dein Gott; ich
habe dich aus der Sklaverei in Ägypten
befreit. 3 Du sollst außer mir keine ande-
ren Götter verehren!

4 Fertige dir keine Götzenstatue an,
auch kein Abbild von irgendetwas am
Himmel, auf der Erde oder im Meer.
5 Wirf dich nicht vor solchen Götterfigu-
ren nieder, bring ihnen keine Opfer dar!
Denn ich bin der Herr, dein Gott. Ich
dulde keinen neben mir! Wer mich ver-
achtet, den werde ich bestrafen. Sogar
seine Kinder, Enkel und Urenkel wer-
den die Folgen spüren! 6 Doch denen,
die mich lieben und sich an meine
Gebote halten, bin ich gnädig. Über
Tausende von Generationen werden
auch ihre Nachkommen meine Liebe er-
fahren.

7 Du sollst meinen Namen nicht miss-
brauchen, denn ich bin der Herr, dein
Gott! Ich lasse keinen ungestraft, der
das tut!

19,12–13 Hebr 12,20 **19,20** Apg 7,38 **20,2** 6,6–7; 29,45–46; 3 Mo 11,45; 26,13.45 **20,3–5** 23,24; 32,1–4; 5 Mo 4,15–19; 6,4.14; Jes 45,5–6; Jer 25,6; 35,15; Hos 13,4; 1 Kor 8,5–6 **20,5–6** 34,7; 4 Mo 14,18; 5 Mo 5,9–10; 7,9; Hiob 21,19; Jer 31,29–30; Hes 18,20 **20,7** 22,27; 3 Mo 19,12; 24,10–16

8 Achte den Sabbat als einen Tag, der
mir allein geweiht ist! 9 Sechs Tage sollst
du deine Arbeit verrichten, 10 aber der
siebte Tag ist ein Ruhetag, der mir, dem
Herrn, deinem Gott, gehört. An diesem
Tag sollst du nicht arbeiten, weder du
noch deine Kinder, weder dein Knecht
noch deine Magd, auch nicht deine Tiere
oder der Fremde, der bei dir lebt.
11 Denn in sechs Tagen habe ich, der
Herr, den Himmel, die Erde und das
Meer geschaffen und alles, was lebt.
Aber am siebten Tag ruhte ich. Darum
habe ich den Sabbat gesegnet und für
heilig erklärt.

12 Ehre deinen Vater und deine Mutter,
dann wirst du lange in dem Land leben,
das ich, der Herr, dein Gott, dir gebe.

13 Du sollst nicht töten!

14 Du sollst nicht die Ehe brechen!

15 Du sollst nicht stehlen!

16 Sag nichts Unwahres über deinen
Mitmenschen!

17 Begehre nicht, was deinem Mitmen-
schen gehört: weder sein Haus noch seine
Frau, seinen Knecht oder seine Magd,
Rinder oder Esel oder irgendetwas ande-
res, was ihm gehört.«

18 Als die Israeliten den Donner und
den Klang des Horns hörten, als sie die
Blitze und den rauchenden Berg sahen,
zitterten sie vor Angst und zogen sich
vom Fuß des Berges zurück. 19 Sie sagten
zu Mose: »Rede nur du mit uns, wir wol-
len auf dich hören! Gott selbst aber soll
nicht mehr zu uns sprechen, sonst sterben
wir noch!«

20 Doch Mose beruhigte sie: »Habt kei-
ne Angst! Gott ist gekommen, um euch
auf die Probe zu stellen. Er will, dass ihr
Ehrfurcht vor ihm habt und keine Schuld
auf euch ladet.« 21 Das Volk blieb in eini-
ger Entfernung vom Berg stehen. Nur
Mose näherte sich der dunklen Wolke, in
der Gott war.

Vorschriften für das Errichten von Altären

22 Der Herr sprach zu Mose: »Sag den Is-
raeliten: Ihr habt selbst gesehen, wie ich
vom Himmel her zu euch geredet habe.
23 Macht euch keine Götterfiguren aus
Silber oder Gold, die ihr außer mir noch
anbetet! 24 Errichtet für mich einen Altar
aus Erde, und bringt auf ihm Schafe, Zie-
gen oder Rinder als Brand- und Dank-
opfer dar! Ich werde euch zeigen, wo ihr
mir zu Ehren opfern sollt. Dann will ich
zu euch kommen und euch segnen.

25 Wenn ihr mir einen Altar aus Steinen
errichtet, so verwendet dazu nur unbe-
hauene Feldsteine. Denn ihr würdet den
Altar entweihen, sobald ihr ihn mit dem
Meißel bearbeitet. 26 Baut den Altar ohne
Stufen, damit man euch nicht unter das
Gewand sehen kann, wenn ihr hinauf-
steigt!«

Rechte israelitischer Sklaven und Sklavinnen
(5. Mose 15,12–18)

21 »Gib den Israeliten folgende Ge-
setze weiter:

2 Wenn ein Israelit sich wegen seiner
Armut als Sklave an einen anderen Israe-
liten verkauft hat, soll er sechs Jahre lang
für ihn arbeiten. Im siebten Jahr soll er
freigelassen werden, ohne dass ihn je-
mand freikaufen muss.

3 Ist er unverheiratet gekommen, soll er
auch als Lediger wieder gehen. Ist er als
Verheirateter gekommen, soll er zusam-
men mit seiner Frau wieder gehen. 4 Hat
ihm jedoch sein Herr während dieser Zeit
eine Frau gegeben, mit der er nun Kinder
hat, dann bleiben die Frau und die Kinder
Eigentum des Herrn. Nur der Sklave
selbst wird im siebten Jahr wieder frei.

5 Doch wenn er an seinem Herrn hängt,

20,8–11 16,23–26; 23,12; 31,13–17; 4 Mo 15,32–36; Mt 12,1–13; Mk 2,27 **20,11** 1 Mo 2,2–3
20,12–17 Röm 13,7–10 **20,12** 21,15.17; 5 Mo 21,18–21; 27,16; Mt 15,4–6; Lk 2,51; Eph 6,1–3
20,13 21,12–14; 1 Mo 9,5–6; 3 Mo 24,17–18; Mt 5,21–22 **20,14** 3 Mo 20,10; Mt 5,27–28
20,15 Eph 4,28 **20,16** 23,1–3; 3 Mo 19,15–16; 5 Mo 1,16–17; 19,16–19 **20,17** Mi 2,2
20,18–21 Hebr 12,18–21 **20,20** 1 Mo 22,1* **20,26** 28,42 **21,2** 3 Mo 25,39–43.54–55; 5 Mo 15,12–18;
Jer 34,13–17

Sind Sie „ehr-würdig"?

Lesen Sie 2. Mose 20,12

„Ehre deinen Vater und deine Mutter" – dieses Gebot ist viel komplizierter, als es den Anschein hat. Jemanden zu ehren, setzt schließlich voraus, dass derjenige auch der Ehre würdig ist. Als Gott Mose die Zehn Gebote mitteilte, übergab er die Verantwortung des Ehrens an die Kinder. Es ist das erste der Zehn Gebote, das mit einer Verheißung verbunden ist. Die Kinder sollen ihre Eltern bedingungslos ehren, doch wenn man genau hinsieht, erkennt man: Von den Eltern wird erwartet, dass sie die anderen neun Gebote in die Tat umsetzen. Wenn sie das tun, dann sind sie tatsächlich ehr-würdig. Die Herausforderung für uns Eltern heute besteht darin, so zu leben, dass wir den Respekt unserer Kinder verdient haben und es ihnen somit leichtfällt, uns zu ehren.

Das ist nicht immer einfach. Wir schlagen uns mit Stress im Beruf, Staus auf den Straßen, Streit mit den Nachbarn und ungesunden Lebensgewohnheiten herum. Ehr-Würdigkeit ist für uns ein hoher Maßstab, den wir kaum erreichen können. Der Schlüssel dazu liegt in Fleiß, Weisheit und Zielstrebigkeit. Wenn wir es wirklich ernst nehmen, ehr-würdige Eltern zu sein, steht uns dieses Ziel auch beständig vor Augen. Dann sind unsere Reaktionen im Alltag davon bestimmt, unsere Ehrwürdigkeit zu erhalten. Wir lernen, uns die Frage zu stellen: „Was wäre in dieser Situation ein ehrenwertes Verhalten?"

Nehmen Sie sich Zeit, um allein oder als Paar gemeinsam zu beten. Danken Sie Gott für die Chance, das Leben Ihrer Kinder positiv zu beeinflussen. Bitten Sie ihn um Weisheit und Selbstbeherrschung, damit Sie in Ihrem Leben ehrenwerte Entscheidungen treffen können.

Wenn Sie noch mehr Zeit haben ...

Besprechen Sie miteinander folgende Fragen oder denken Sie darüber nach:

- Wie können Sie feststellen, welche Art von Einfluss Sie auf das Leben Ihrer Kinder haben?
- Was sind Ihrer Meinung nach Ihre drei größten Schwierigkeiten bei dem Versuch, ein ehr-würdiges Leben zu führen? Würde Ihr Mann oder Ihre Frau das genauso sehen?
- Mit welchen konkreten Schritten können Sie sich gegenseitig helfen, ehr-würdigere Eltern zu werden?

Lesen Sie auch die folgenden Abschnitte, in denen es um das Thema Eltern geht:
Sprüche 22,4-6; 31,25-31;
Kolosser 3,20-21.

Ein Gespräch über unsere Sexualität

Die folgenden Fragen können Sie entweder allein oder als Paar gemeinsam durchgehen. Wenn jeder für sich darüber nachdenkt, verabreden Sie sich in der kommenden Woche zu einem Austausch darüber, was Sie herausgefunden haben.

1. Lesen Sie 1. Mose 1,26-27.31. Welche Schlüsse können Sie aus diesen Versen über den Ursprung und das Wesen der Sexualität ziehen?

2. Gott hat Sie beide als Mann und Frau geschaffen und Ihnen auch im Bereich Ihrer sexuellen Beziehung Richtlinien gegeben. Lesen Sie 2. Mose 20,14 und Hebräer 13,4. Welche Grenzen sind Ihnen durch diese Verse gesetzt?

3. Lesen Sie 1. Korinther 6,15-20. Warum verbietet Gott sexuelle Zügellosigkeit?

4. Wie trägt Sex dazu bei, einem Paar Einigkeit zu schenken?

5. Sex soll eine schöne Erfahrung für Sie sein. Fällt es Ihnen eher leicht oder eher schwer, mit Ihrem Ehepartner über Ihre sexuellen Bedürfnisse und Vorlieben zu sprechen? Warum ist das so?

6. Wo könnte Ihr Mann oder Ihre Frau noch besser werden in dem, was Sie miteinander über Ihre sexuellen Bedürfnisse, Interessen oder Probleme besprochen haben?

2. Mose 20,14

„Du sollst nicht die Ehe brechen!"

KONKRET:

Wenn sich in dieser Woche eine gute Gelegenheit ergibt, sprechen Sie miteinander über einen Punkt, der Ihr jeweiliges sexuelles Erleben bereichern würde.

Den nächsten Impuls finden Sie auf S. 92 a

wenn er seine Frau und die Kinder liebt und darum nicht frei sein will, [6] soll sein Herr mit ihm zum Heiligtum kommen und die Entscheidung dort bestätigen lassen. Danach soll er den Sklaven an den Türpfosten stellen und einen Pfriem durch sein Ohrläppchen ins Holz bohren. Nun muss der Sklave auf Lebenszeit bei seinem Herrn bleiben.

[7] Wenn jemand seine Tochter als Sklavin verkauft hat, darf sie im siebten Jahr nicht zu denselben Bedingungen freigelassen werden wie ein Sklave. [8] Wenn ihr Herr sie für sich als Ehefrau bestimmt hatte, sie ihm aber nicht gefällt, muss er ihren Verwandten anbieten, sie freizukaufen. Er hat nicht das Recht, sie an Ausländer weiterzuverkaufen, denn er hat sein Eheversprechen nicht gehalten.

[9] Hat er sie für seinen Sohn als Frau bestimmt, muss er sie rechtlich einer Tochter gleichstellen.

[10] Wenn er nach ihr noch eine zweite Frau heiratet, darf er die erste nicht benachteiligen. Er muss ihr Nahrung und Kleidung geben und darf den ehelichen Verkehr nicht verweigern. [11] Wenn er diese drei Verpflichtungen ihr gegenüber nicht erfüllt, muss er sie freilassen, ohne Geld für sie zu bekommen.«

Strafen für schwere Verbrechen

[12] »Wer einen Menschen vorsätzlich so schwer verletzt, dass er stirbt, muss mit dem Tod bestraft werden. [13] Hat er ihn aber nicht mit Absicht getötet, sondern es geschah durch einen Zufall, den ich, der Herr, geschehen ließ, dann soll er an einen Ort fliehen, den ich bestimmen werde. [14] Doch wer einen Menschen vorsätzlich und heimtückisch umbringt, muss sterben. Selbst wenn er an meinem Altar Schutz sucht, sollt ihr ihn von dort wegholen und töten.

[15] Wer seinen Vater oder seine Mutter schlägt, soll mit dem Tod bestraft werden.

[16] Wer einen Menschen entführt, muss ebenfalls getötet werden, ganz gleich, ob der Entführte schon als Sklave verkauft wurde oder sich noch in der Gewalt des Entführers befindet.

[17] Wer seinen Vater oder seine Mutter verflucht, soll sterben.«

Körperverletzungen

[18] »Wenn ein Mann einen anderen im Streit mit einem Stein oder der Faust so verletzt, dass er zwar nicht stirbt, aber bettlägerig wird, dann soll der Schuldige bestraft werden. [19] Er kann nur dann straffrei bleiben, wenn der Verletzte wieder aufstehen und am Stock umhergehen kann. Er muss ihn aber gesund pflegen lassen und für die Zeit entschädigen, in der er nicht arbeiten konnte.

[20/21] Schlägt ein Herr seinen Sklaven mit einem Stock so sehr, dass er auf der Stelle stirbt, muss der Besitzer bestraft werden. Bleibt der Sklave aber noch ein bis zwei Tage am Leben, soll der Besitzer nicht bestraft werden; der Verlust seines Eigentums ist Strafe genug. Dasselbe gilt für Sklavinnen.

[22] Wenn sich Männer streiten und dabei eine schwangere Frau so stoßen, dass sie eine Fehlgeburt[a] hat, aber sonst nichts weiter erleidet, soll dem Schuldigen eine Geldstrafe auferlegt werden. Die Höhe der Strafe wird vom Ehemann festgelegt und muss durch ein Gericht bestätigt werden.

[23] Wenn die Frau aber noch weiteren Schaden erleidet, dann wird die Strafe nach dem Grundsatz festgelegt: Leben um Leben, [24] Auge um Auge, Zahn um Zahn, Hand um Hand, Fuß um Fuß, [25] Brandmal um Brandmal, Wunde um Wunde, Strieme um Strieme.

[26] Wenn ein Herr seinen Sklaven so schlägt, dass er dabei ein Auge verliert, soll er ihn zur Entschädigung freilassen. [27] Schlägt er ihm einen Zahn aus, soll er

---

[a] Oder: Frühgeburt.

21,12 20,13* **21,13–14** 4 Mo 35,10–15* **21,15.17** 20,12* **21,23–25** 1 Mo 4,23–24; 3 Mo 24,17–22; 5 Mo 19,16–21; Mt 5,38–39

ihn dafür ebenfalls freilassen. Dasselbe
gilt für Sklavinnen.«

Schadenersatz

28 »Wenn ein Rind einen Mann oder eine
Frau so stößt, dass sie sterben, muss das
Rind gesteinigt werden, und niemand
darf von seinem Fleisch essen; der Besit-
zer aber geht straffrei aus. 29 Falls aber
das Rind schon vorher auf Menschen los-
gegangen ist und der Besitzer es trotz
Warnung nicht eingesperrt hat, muss das
Tier gesteinigt werden, und auch der Be-
sitzer soll sterben. 30 Ihr könnt ihm aber
die Möglichkeit geben, sich durch ein
Sühnegeld freizukaufen. Dieses Geld
muss er in voller Höhe zahlen.

31 Das gilt auch dann, wenn das Tier
einen Jungen oder ein Mädchen tödlich
verletzt hat. 32 Tötet das Rind einen Skla-
ven oder eine Sklavin, muss der Besitzer
ihrem Herrn 30 Silberstücke bezahlen,
und das Tier soll gesteinigt werden.

33 Wenn jemand die Abdeckung von
einer Zisterne wegnimmt oder eine Zis-
terne neu aushebt und die Öffnung nicht
zudeckt, und ein Rind oder Esel fällt
hinein, 34 dann muss der Besitzer der Zis-
terne Schadenersatz leisten. Er soll dem
Besitzer des Tieres den Wert erstatten,
das tote Tier aber gehört ihm.

35 Wenn ein Rind das eines anderen
niederstößt und tötet, sollen beide Besit-
zer das lebende Rind verkaufen und sich
den Erlös teilen; ebenso sollen sie das to-
te Tier unter sich aufteilen. 36 Wenn aber
das Rind schon vorher auf andere Tiere
losgegangen ist und sein Besitzer es trotz
Warnung nicht eingesperrt hat, dann
muss er das tote Rind durch eines seiner
Tiere ersetzen; das getötete Tier aber ge-
hört ihm.«

Gesetze zum Schutz des Eigentums

37 »Hat jemand ein Rind oder Schaf ge-
stohlen und es geschlachtet oder ver-
kauft, dann soll er für ein gestohlenes
Rind fünf Rinder erstatten und für ein
gestohlenes Schaf vier Schafe.

22 Wenn ein Einbrecher bei Nacht
auf frischer Tat ertappt und so ge-
schlagen wird, dass er stirbt, dann ist der,
der ihn getötet hat, kein Mörder. 2 Wenn
es aber schon hell war, gilt die Tat als
Mord.

Ein Dieb muss das Gestohlene erstat-
ten; besitzt er nichts, soll er als Sklave
verkauft werden. Das Geld steht dem Be-
stohlenen als Entschädigung zu.

3 Wenn sich ein gestohlenes Tier – ob
Rind, Esel, Schaf oder Ziege – noch le-
bend im Besitz des Diebes befindet, muss
er doppelten Ersatz leisten.

4 Wenn jemand sein Feld oder seinen
Weinberg abweiden lässt und das Vieh
nicht beaufsichtigt, so dass es das Feld
eines anderen abgrast, soll er den Scha-
den ersetzen: Die besten Früchte seines
Weinbergs und das beste Getreide von
seinen Feldern muss er dem Geschädig-
ten geben.

5 Entzündet sich durch ein Feuer Ge-
strüpp, und die Flammen greifen auf ein
benachbartes Feld über und vernichten
dort Garben, stehendes Getreide oder
junge Ähren, dann muss der Schaden-
ersatz leisten, der das Feuer angezündet
hat.

6 Wenn jemand einem anderen Geld
oder wertvolle Gegenstände zur Auf-
bewahrung anvertraut und sie aus dessen
Haus gestohlen werden, soll der Dieb –
falls er gefasst wird – das Gestohlene
doppelt ersetzen. 7 Wird der Dieb nicht
gefasst, muss derjenige, der die Wert-
gegenstände aufbewahrte, vor mir, dem
Herrn, erscheinen, damit herauskommt,
ob er selbst die ihm anvertrauten Dinge
unterschlagen hat.

8 Wenn sich zwei Leute um etwas Wert-
volles streiten – ganz gleich, ob um ein
Rind, einen Esel, ein Schaf oder eine Zie-
ge, um Kleider oder um etwas anderes –
und jeder behauptet, dass es ihm gehört,
dann soll ihr Streitfall vor mich gebracht
werden. Wen ich für schuldig erkläre, der

21,28 1 Mo 9,5 **21,37** 2 Sam 12,6

soll dem rechtmäßigen Besitzer sein Eigentum doppelt zurückerstatten.

[9] Wenn jemand einem anderen Israeliten einen Esel, ein Rind, ein Schaf, eine Ziege oder sonst ein Tier anvertraut und es dort stirbt, sich verletzt oder gestohlen wird, ohne dass es Zeugen gibt, [10] dann soll der Streit zwischen beiden durch einen Eid vor mir, dem Herrn, geschlichtet werden: Der Beschuldigte soll schwören, dass er sich nicht selbst am Eigentum des anderen vergriffen hat. Der Besitzer muss diese Erklärung gelten lassen, und der Beschuldigte braucht keinen Ersatz zu leisten. [11] Wenn ihm das Tier aber nachweislich gestohlen wurde, soll er es dem Besitzer ersetzen. [12] Hat ein wildes Tier es gerissen, soll er die Überreste als Beweis herbringen; dann muss er keinen Schadenersatz leisten.

[13] Wenn sich jemand ein Arbeitstier ausleiht, und es verletzt sich oder stirbt, muss er Schadenersatz leisten, sofern der Besitzer nicht dabei gewesen ist. [14] War der Besitzer dabei, braucht derjenige, der das Tier geliehen hat, keinen Ersatz zu leisten. Hatte er das Tier gemietet, so ist der Schaden mit dem Mietpreis abgegolten.«

Verführung eines Mädchens

[15] »Wenn ein Mann ein Mädchen, das noch nicht verlobt ist, verführt und mit ihr schläft, muss er den Brautpreis für sie bezahlen und sie heiraten. [16] Falls sich ihr Vater aber weigert, sie ihm zur Frau zu geben, muss der Mann ihm dennoch den Brautpreis bezahlen, der einer Jungfrau angemessen ist.«

Vergehen, die mit dem Tod bestraft werden

[17] »Eine Zauberin sollt ihr nicht am Leben lassen!

[18] Jeder, der mit einem Tier verkehrt, muss mit dem Tod bestraft werden.

[19] Wer anderen Göttern Opfer darbringt und nicht mir, dem Herrn, allein, soll aus dem Volk Israel ausgestoßen werden und sterben.«

Schutzbestimmungen für die Schwachen

[20] »Unterdrückt die Fremden nicht, und beutet sie nicht aus! Denn ihr selbst seid einmal Fremde in Ägypten gewesen.

[21] Benachteiligt die Witwen und Waisen nicht! [22] Wenn ihr es doch tut und sie zu mir um Hilfe schreien, werde ich sie ganz sicher erhören. [23] Mein Zorn wird losbrechen, und ich lasse euch von euren Feinden töten. Dann werden eure Frauen Witwen sein und eure Kinder Waisen!

[24] Wenn ihr einem Armen aus meinem Volk Geld leiht, sollt ihr euch nicht daran bereichern. Verlangt keine Zinsen von ihm!

[25] Wenn ihr den Mantel eures Schuldners als Pfand nehmt, müsst ihr ihn vor Sonnenuntergang zurückgeben, [26] denn er ist seine einzige Decke für die Nacht. Womit soll er sich sonst zudecken? Wenn ihr den Mantel nicht zurückgebt und der Mann zu mir um Hilfe ruft, werde ich ihn erhören, denn ich bin barmherzig.«

Verpflichtungen gegenüber Gott

[27] »Mich, den Herrn, sollt ihr nicht verhöhnen, und einen Fürsten aus eurem Volk sollt ihr nicht verfluchen!

[28] Gebt mir rechtzeitig die Opfergaben vom Ertrag eurer Getreidefelder und Weingärten! Auch eure ältesten Söhne sollt ihr mir weihen. [29] Eure erstgeborenen Rinder, Schafe und Ziegen dürfen sieben Tage lang bei ihrer Mutter blei-

---

22,17 3 Mo 19,31; 20,6–7.27 **22,18** 3 Mo 18,23 **22,19** 20,3–5* **22,20** 23,9; 3 Mo 19,33–34; 5 Mo 10,18–19; 14,28–29; 24,17–22 **22,21–22** 5 Mo 10,18–19; 24,17–22; 27,19; Ps 68,6; Jes 1,17; Jer 49,11; Jak 1,27 **22,25–26** 5 Mo 24,10–13; Am 2,8 **22,27** 1 Kön 21,10.13; Mt 26,65–66; Joh 18,22; Apg 23,5 **22,28–29** 13,12–16*

ben; am achten Tag sollt ihr sie mir als Opfer darbringen.

30 Ihr seid heilige Menschen, die allein mir gehören. Esst darum kein Fleisch von einem Tier, das von Raubtieren gerissen wurde! Wenn ihr einen Kadaver findet, werft ihn den Hunden vor!«

Gerechtigkeit vor Gericht und Feindesliebe

23 »Verbreite kein falsches Gerücht! Weißt du aber sicher, dass jemand Unrecht getan hat, dann darfst du ihn nicht durch eine falsche Aussage entlasten. 2 Folge nicht der Mehrheit, wenn sie im Unrecht ist! Musst du vor Gericht aussagen, sollst du nicht der Mehrheit nach dem Mund reden und so ein gerechtes Urteil verhindern. 3 Du darfst aber auch einen Armen vor Gericht nicht begünstigen!

4 Wenn du ein Rind oder einen Esel deines Feindes umherirren siehst, dann bring das Tier auf jeden Fall zurück! 5 Wenn der Esel eines Menschen, der dich hasst, unter einer Last zusammengebrochen ist, dann geh nicht einfach vorüber! Hilf deinem Feind, das Tier wieder auf die Beine zu bringen.[a]

6 Verweigere einem Armen vor Gericht nicht sein Recht! 7 Wenn vor Gericht gelogen wird, beteilige dich nicht daran! Verurteile den Unschuldigen nicht zum Tode, denn ich sorge dafür, dass der Schuldige kein Recht bekommt. 8 Nimm keine Bestechungsgeschenke an, denn sie machen die Sehenden blind und verleiten dazu, das Recht zu beugen.

9 Unterdrückt die Fremden nicht! Ihr wisst ja, wie ihnen zumute sein muss, denn ihr seid selbst einmal Fremde in Ägypten gewesen.«

Sabbatgebote

10 »Sechs Jahre lang sollt ihr eure Felder bewirtschaften und die Ernte einbringen. 11 Aber im siebten Jahr lasst sie brachliegen, sät und erntet nicht! Was dann noch auf ihnen wächst, soll den Armen gehören, und den Rest mag das Wild fressen. Dasselbe gilt für eure Weinberge und Olivenhaine.

12 Sechs Tage lang sollt ihr eure Arbeit tun, aber am siebten Tag sollt ihr ruhen, damit eure Rinder und Esel sich erholen und auch eure Sklaven und die Fremden bei euch sich ausruhen können.

13 Haltet euch an alles, was ich euch befohlen habe! Betet nicht zu anderen Göttern, ich will ihre Namen aus eurem Mund nicht hören!«

Die drei Jahresfeste

14 »Dreimal im Jahr sollt ihr mir zu Ehren ein Fest feiern: 15 Feiert als erstes das Fest der ungesäuerten Brote! Sieben Tage im Monat Abib sollt ihr Brot essen, das ohne Sauerteig gebacken wurde, wie ich es euch befohlen habe. Denn in diesem Monat seid ihr aus Ägypten fortgezogen. Keiner soll mit leeren Händen zu meinem Heiligtum kommen! 16 Feiert dann das Erntefest, wenn ihr das erste Getreide einbringt, das ihr ausgesät habt. Als drittes sollt ihr das Fest der Wein- und Obsternte am Ende des Jahres[b] feiern, wenn ihr die Früchte aus den Weinbergen und Gärten geerntet habt. 17 Dreimal im Jahr sollen sich alle Männer Israels vor mir, dem Herrn, versammeln.

18 Wenn ihr ein Tier schlachtet und opfert, dürft ihr sein Blut nicht zusammen mit Brot darbringen, das Sauerteig enthält. Vom Fett der Tiere, die ihr mir an den Festtagen opfert, darf nichts bis zum nächsten Morgen übrig bleiben.

---

[a] So mit der griechischen Übersetzung. Der hebräische Text lautet: Du musst ihn auf jeden Fall bei ihm lassen.

[b] Gemeint ist das Ende des landwirtschaftlichen Jahres im September/Oktober.

22,30 5 Mo 14,21 **23,1–3** 20,16* **23,4–5** Spr 25,21–22; Lk 6,27 **23,9** 22,20* **23,10–11** 3 Mo 25,1–7* **23,13** 20,3–5* **23,14–17** 34,18–24; 3 Mo 23; 5 Mo 16,1–17 **23,16** 4 Mo 28,26–31* **23,18** 29,34; 3 Mo 7,15

19 Bringt das Beste vom Ertrag eurer Felder als Gabe in mein Heiligtum!

Kocht ein Ziegenböckchen nicht in der Milch seiner Mutter!«

Der Engel des Herrn wird Israel führen

20 »Ich werde einen Engel vor euch hersenden, der euch auf dem Weg bewahrt und in das versprochene Land bringt. 21 Hört zu, und achtet auf seine Worte! Widersetzt euch ihm nicht! Er wird euch nicht vergeben, wenn ihr euch gegen ihn auflehnt, denn ich selbst bin in ihm gegenwärtig. 22 Wenn ihr aber bereitwillig auf das hört, was ich euch durch ihn mitteile, dann werden eure Feinde auch meine Feinde sein und eure Gegner meine Gegner.

23 Denn mein Engel wird vor euch herziehen und euch in das Land der Amoriter, Hetiter, Perisiter, Kanaaniter, Hiwiter und Jebusiter bringen. Diese Völker werde ich ausrotten. 24 Werft euch nicht vor ihren Götterstatuen nieder, und betet sie nicht an! Übernehmt auch nicht die heidnischen Bräuche dieser Völker! Ihr müsst ihre Götterfiguren zerstören und ihre heiligen Steinsäulen zerschlagen. 25 Dient mir, dem Herrn, eurem Gott! Dann werde ich euch reichlich Essen und Trinken geben und alle Krankheiten von euch fern halten. 26 In eurem Land wird keine Frau Fehlgeburten haben, keine wird unfruchtbar sein; ich werde euch ein langes Leben schenken.

27 Den Völkern, zu denen ihr kommt, werde ich Angst und Schrecken einjagen; aus lauter Verwirrung werden eure Feinde Hals über Kopf vor euch fliehen. 28 Wohin ihr auch kommt, wird die Angst herrschen; die Hiwiter, Kanaaniter und Hetiter werden entsetzt davonlaufen, wenn ihr heranzieht. 29 Aber ich werde sie nicht alle auf einmal vertreiben, sonst ist das Land menschenleer und öde, und die wilden Tiere vermehren sich so sehr, dass sie euch schaden. 30 Ich werde die Bewohner des Landes nach und nach vertreiben, bis euer Volk so groß geworden ist, dass ihr ganz Kanaan in Besitz nehmen könnt.

31 Euer Land wird vom Roten Meer bis zum Mittelmeer reichen und von der Wüste im Süden bis zum Euphrat. Die Menschen, die jetzt dort wohnen, gebe ich in eure Hand. Ihr werdet sie vertreiben, während ihr immer weiter vordringt. 32 Schließt keinen Bund mit ihnen und ihren Göttern! 33 Sie dürfen nicht in eurem Land bleiben, sonst verführen sie euch noch zum Götzendienst. Denn wenn ihr ihre Götter verehrt, geratet ihr in eine tödliche Falle!«

Der Herr schließt einen Bund mit Israel

24 Der Herr sprach zu Mose: »Steig zu mir auf den Berg, zusammen mit Aaron, Nadab, Abihu und siebzig von den Sippenoberhäuptern Israels. Bleibt in einiger Entfernung stehen, und werft euch vor mir nieder! 2 Nur du allein darfst dich mir nähern, die anderen müssen sich fern halten. Das Volk darf auf keinen Fall mit dir den Berg besteigen!«

3 Mose trat vor die Israeliten und teilte ihnen die Gebote und Bestimmungen des Herrn mit. Sie antworteten einmütig: »Wir wollen alles tun, was der Herr befohlen hat!«

4 Danach schrieb Mose die Worte des Herrn auf. Früh am nächsten Morgen errichtete er einen Altar am Fuß des Berges, dazu zwölf Steinsäulen, je eine für jeden Stamm Israels. 5 Dann rief er einige junge Israeliten zu sich und befahl ihnen, dem Herrn zu opfern. Sie brachten Brandopfer dar und schlachteten junge Stiere für das Dankopfer. 6 Mose fing die

---

23,19 4 Mo 18,8–19*; Neh 10,36 **23,20–21** 33,2–3 **23,24** 20,3–5*; 5 Mo 12,2–3* **23,25–26** 15,26 **23,27–28** 14,24–25; 5 Mo 2,25; 7,20; 11,25; Jos 2,9; 10,10; 24,12; Ri 4,15; 1 Sam 5,11; 7,10; 14,15 **23,30** 5 Mo 7,22; Ri 2,1–3 **23,31** 1 Mo 12,7* **23,32–33** 20,3–5* **24,2** 19,12 **24,4** 17,14; 34,27–28; 4 Mo 33,1–2; 5 Mo 31,9.24

Hälfte des Blutes der Opfertiere in Scha-
len auf, die andere Hälfte goss er an den
Altar.
[7] Dann nahm er die Buchrolle, in der er
die Gesetze des Bundes aufgeschrieben
hatte, und las sie den Israeliten vor. Sie
antworteten: »Alles, was der Herr befoh-
len hat, wollen wir tun! Wir wollen ihm
gehorchen!« [8] Da besprengte Mose das
Volk mit dem Blut aus den Schalen und
sagte: »Das Blut besiegelt den Bund, den
der Herr mit euch geschlossen hat. Die-
ser Bund beruht auf seinen Zusagen und
Geboten.«
[9] Mose, Aaron, Nadab, Abihu und die
siebzig Sippenoberhäupter stiegen auf
den Berg Sinai, [10] und sie sahen den Gott
Israels. Der Boden unter seinen Füßen
leuchtete wie mit Saphiren bedeckt, blau
und klar wie der Himmel. [11] Die aus-
gewählten Männer, die mit Mose auf
dem Berg waren, durften Gott sehen,
ohne dass er sie tötete. Dann aßen und
tranken sie in seiner Gegenwart.

Gott spricht mit Mose auf dem Berg

[12] Nachdem sie wieder hinabgestiegen
waren,[a] sagte der Herr zu Mose: »Komm
noch einmal zu mir auf den Berg, und
bleib einige Zeit hier! Ich will dir zwei
Steintafeln geben, auf denen meine Ge-
bote stehen. Ich selbst habe das Gesetz
aufgeschrieben, um Israel zu unter-
weisen.«
[13] Mose und sein Diener Josua machten
sich auf den Weg, und Mose bestieg den
Berg Gottes. [14] Vorher hatte er zu den
Sippenoberhäuptern Israels gesagt:
»Wartet hier auf uns, bis wir zu euch zu-
rückkehren! Aaron und Hur bleiben bei
euch. Wer einen Streitfall hat, soll sich an
sie wenden!«
[15/16] Als Mose hinaufstieg, kam die
Herrlichkeit des Herrn in einer dichten
Wolke auf den Berg Sinai herab. Sechs
Tage lang bedeckte sie den Berg. Am
siebten Tag rief der Herr aus der Wolke
Mose zu sich. [17] Die Herrlichkeit des
Herrn auf dem Berg erschien den Israeli-
ten wie ein loderndes Feuer. [18] Mose aber
ging weiter hinauf zum Gipfel, mitten in
die Wolke hinein. Vierzig Tage und
Nächte blieb er dort.

Gott will bei seinem Volk wohnen

25 Der Herr sprach zu Mose: [2] »Sag
den Israeliten, sie sollen für mich
eine Abgabe entrichten! Jeder, der es
gerne tut, soll mir etwas geben. [3] Sammle
von den Israeliten ein, was sie dir brin-
gen: Gold, Silber und Bronze, [4] violette,
purpurrote und karmesinrote Wolle, fei-
nes Leinen, Ziegenhaar, [5] rot gefärbte
Felle von Schafböcken, Tachasch-Le-
der[b], Akazienholz, [6] Öl für den Leuchter,
wohlriechende Gewürze für das Salböl
und die Weihrauchmischung, [7] Onyx-
Steine und andere Edelsteine, die auf
dem Schurz und der Brusttasche des
Priesters eingesetzt werden können.
[8] Die Israeliten sollen mir aus diesen Ma-
terialien ein Heiligtum bauen, denn ich
will bei ihnen wohnen. [9] Fertigt das heili-
ge Zelt und alles, was dazugehört, genau
so an, wie ich es dir jetzt zeigen werde!«

Die Bundeslade

[10] »Die Israeliten sollen einen Kasten aus
Akazienholz bauen, eineinviertel Meter
lang, einen drei viertel Meter breit und
ebenso hoch. [11] Innen und außen sollen
sie ihn mit reinem Gold überziehen und
auf der Oberseite ringsum eine goldene
Zierleiste anbringen. [12] Lass vier Ringe
aus massivem Gold gießen und sie an
den vier unteren Ecken des Kastens be-
festigen, je zwei Ringe an jeder Längssei-

---

[a] »Nachdem … waren« ist sinngemäß ergänzt.
[b] *Vermutlich handelt es sich beim* Tachasch um einen Meeressäuger wie Delphin, Seehund oder Seekuh.

24,7–8 19,5; 34,10–17; Jos 24,25–27; 2 Kön 23,2–3; Mt 26,27–28; Lk 22,20; Hebr 9,15–22 **24,11** 33,20–23* **24,12** 31,18* **24,17** 3 Mo 9,23; 5 Mo 4,24; 9,3; Hebr 12,29 **25,2** 35,21–29; 36,3–7; 2 Chr 31,4–8; Esr 2,68–69; 2 Kor 9,7 **25,7** 28,17–21 **25,9** 26,30; Apg 7,44; Hebr 8,5 **25,10–20** 37,1–9

te. 13 Dann sollen Tragstangen aus Akazienholz angefertigt und mit Gold überzogen werden. 14 Sie werden durch die Ringe an den Längsseiten des Kastens gesteckt, damit man ihn daran tragen kann. 15 Die Tragstangen müssen stets an ihrem Ort bleiben und dürfen nicht mehr aus den Ringen herausgezogen werden. 16 In die Bundeslade sollst du die beiden Steintafeln legen, die ich dir geben werde. Auf ihnen sind meine Gebote und Weisungen niedergeschrieben.

17 Lass eine Deckplatte aus reinem Gold für den Kasten gießen, eineinviertel Meter lang und einen drei viertel Meter breit. 18/19 Dann sollen zwei Engelfiguren aus massivem Gold geschmiedet werden, die an den beiden Enden der Deckplatte stehen. Die Platte und die beiden Engel sollen aus einem Stück gearbeitet sein. 20 Die Engel breiten ihre Flügel nach oben aus und beschirmen die Deckplatte, die Gesichter sind einander zugewandt und ihre Augen auf die Platte gerichtet.

21 Die Deckplatte soll die Bundeslade verschließen, in der die beiden Steintafeln mit den Geboten liegen, die ich dir geben werde. 22 An dieser Stelle, über der Bundeslade zwischen den beiden Cherub-Engeln, will ich mich dir offenbaren und dir alles sagen, was du den Israeliten weitergeben sollst.«

Der Tisch für die Gott geweihten Brote

23 »Lass einen Tisch aus Akazienholz anfertigen, einen Meter lang, einen halben Meter breit und einen drei viertel Meter hoch. 24 Er soll mit reinem Gold überzogen sein und ringsum eine goldene Zierleiste haben. 25 Auf die Tischplatte soll eine acht Zentimeter hohe Umrandung aus Gold aufgesetzt werden, die auch wieder ringsum mit einer goldenen Leiste verziert wird. 26 Lass vier Ringe aus massivem Gold gießen und sie an den vier Seiten anbringen, wo die Tischbeine anfangen. 27 Die Ringe sollen unterhalb der Goldumrandung befestigt sein; sie müssen die Stangen halten, mit denen man den Tisch trägt. 28 Auch die Stangen sollen aus Akazienholz gefertigt und mit Gold überzogen sein.

29 Lass Schüsseln und Schalen, Kannen und Opferschalen machen, alles aus reinem Gold. Aus ihnen soll man das Trankopfer ausgießen. 30 Auf dem Tisch sollen stets die Brote liegen, die mir geweiht sind.«

Der siebenarmige Leuchter

31 »Lass einen Leuchter aus reinem Gold anfertigen. Fuß und Schaft sollen geschmiedet sein, und aus dem Schaft sollen Kelche – Knospen und Blüten – hervorgehen, ebenfalls aus massivem Gold. 32 Vom Schaft gehen sechs Seitenarme aus, drei nach jeder Seite. 33 Jeder Arm soll mit drei Kelchen verziert sein, die wie Knospen und Blüten des Mandelbaumes aussehen, 34 der Schaft selbst mit vier Kelchen. 35 Drei davon sollen jeweils unter den Ansätzen der Seitenarme angebracht werden. 36 Die Seitenarme und Kelche sollen wie der ganze Leuchter aus einem einzigen Stück reinem Gold geschmiedet sein.

37 Lass sieben Lampen anfertigen und sie mit dem Docht nach vorne auf die Arme des Leuchters setzen, damit sie den Raum erhellen. 38 Die Dochtscheren und Schalen für das Öl sollen ebenfalls aus reinem Gold sein. 39 Aus 36 Kilogramm reinem Gold sollst du den Leuchter und alle diese Gegenstände herstellen lassen. 40 Achte genau darauf, dass alles nach dem Vorbild angefertigt wird, das ich dir hier auf dem Berg zeige!«

Decken und Wände für das heilige Zelt

26 »Für das heilige Zelt sollst du zehn Bahnen Zelttuch weben lassen.

25,16.21 31,18; 1 Kön 8,9 **25,22** 3 Mo 16,2; 4 Mo 7,89; 1 Sam 4,4 **25,23–30** 37,10–16 **25,30** 3 Mo 24,5–9; 1 Sam 21,7 **25,31–39** 37,17–24 **25,40** 26,30; Apg 7,44; Hebr 8,5 **26,1** 25,4

Verwendet dazu violette, purpurrote und
karmesinrote Wolle sowie feines Leinen.
Auf den Zeltbahnen sollen Engelfiguren
dargestellt sein. 2 Die einzelnen Bahnen
müssen 14 Meter lang und 2 Meter breit
sein. 3 Jeweils fünf von ihnen sollen an
den Längsseiten aneinander genäht wer-
den, so dass zwei große Zeltdecken ent-
stehen. 4 Um diese beiden Decken ver-
binden zu können, müssen an einer
Längsseite jeder Decke 50 Schlaufen aus
violett gefärbter Wolle angebracht wer-
den, 5 also 50 Schlaufen an der einen und
ebenso viele an der anderen Zeltdecke.
Legt die beiden Decken so aneinander,
dass die Schlaufen einander gegenüber-
stehen. 6 Dann lass 50 goldene Haken
schmieden, die jeweils zwei gegenüber-
liegende Schlaufen verbinden und so die
beiden Decken zu einem Stück zusam-
menfügen.

7/8 Lass außerdem elf Zeltbahnen aus
Ziegenhaar weben, 15 Meter lang und 2
Meter breit! Sie sollen über das erste Zelt
gelegt werden und es überdachen. 9 Fünf
dieser Bahnen werden an den Längssei-
ten zu einem Stück verbunden, die übri-
gen sechs zu einem zweiten. Die sechste
Bahn des zweiten Zeltstücks soll doppelt
gelegt werden. Sie bildet später an der
Vorderseite des Zeltes die Überdachung
des Eingangs.

10 Um die beiden Zeltstücke verbinden
zu können, müssen jeweils an einer
Längsseite 50 Schlaufen angebracht wer-
den. 11 Dann lass 50 Bronzehaken herstel-
len und mit ihnen die beiden Zeltstücke
zusammenfügen. 12 Diese zweite Zelt-
decke reicht an der Rückwand des Hei-
ligtums einen Meter über die erste Decke
hinaus. 13 An den Längsseiten überragt
die Ziegenhaardecke die darunter liegen-
de wollene Decke jeweils um einen hal-
ben Meter.

14 Als Schutz für die beiden Zeltdecken
sollst du ein Dach aus rot gefärbten Fel-
len von Schafböcken nähen lassen und
darüber legen. Über dieses Felldach muss
noch eine Schutzdecke aus Tachasch-Le-
der gespannt werden.

15 Lass Platten aus Akazienholz fer-
tigen, die – aufrecht gestellt – die Wände
des Heiligtums bilden sollen. 16 Jede Plat-
te soll fünf Meter lang und einen drei
viertel Meter breit sein. 17 Alle Platten
müssen an der kurzen Seite zwei Zapfen
haben, die parallel angeordnet sind. 18 Es
werden 20 Platten für die südliche
Längsseite des Zeltes benötigt, 19 dazu
40 silberne Sockel, auf denen die Platten
stehen. Zwei Sockel gehören unter jede
Platte, für jeden Zapfen einer. 20 Für die
nördliche Längsseite des Zeltes werden
ebenfalls 20 Platten benötigt 21 und 40
silberne Sockel, auf denen die Platten
stehen, je zwei Sockel unter jeder Platte.
22 Für die schmale Rückseite im Westen
sollst du 6 Platten fertigen lassen,
23 2 weitere Wandteile werden für die
Ecken an der Rückseite des Zeltes ge-
braucht. 24 Sie sollen auf ganzer Länge
gewinkelt und an ihrem oberen Ende
durch Ringe befestigt sein, um so die
Eckkonstruktion der Wände zu bilden.
25 Die Rückseite besteht also insgesamt
aus 8 Platten mit 16 silbernen Sockeln,
jeweils zwei Sockel unter einer Platte.

26/27 Lass außerdem Querbalken aus
Akazienholz anfertigen, jeweils fünf
Stück für jede Längsseite und die west-
liche Querseite. Diese Balken sollen die
aufrecht stehenden Platten zusammen-
halten. 28 Der mittlere Balken soll genau
auf halber Höhe an der ganzen Wand
entlanglaufen, von vorn bis hinten. 29 Die
Querbalken werden durch goldene Rin-
ge gesteckt, die in den Platten verankert
sind. Platten und Querbalken müssen
vollständig mit Gold überzogen sein.

30 Aus all diesen Platten, Sockeln, Rin-
gen und Stoffen sollst du mein Heiligtum,
in dem ich wohnen will, errichten, ganz
so, wie ich es dir hier auf dem Berg
zeige.«

26,1–29 36,8–34 **26,30** 25,9.40; Apg 7,44; Hebr 8,5

Vorhänge für das heilige Zelt

31 »Lass einen Vorhang weben aus violet-
ter, purpurroter und karmesinroter Wolle
und feinem Leinen, kunstvoll verziert mit
Engelfiguren. 32 Er soll mit goldenen Ha-
ken an vier Säulen aus Akazienholz auf-
gehängt werden. Die Säulen müssen mit
Gold überzogen sein und auf silbernen
Sockeln stehen. 33 Der Vorhang trennt
den heiligen Vorraum vom Allerheiligs-
ten, in dem die Bundeslade stehen soll.

Sobald der Vorhang an den Haken auf-
gehängt ist, bring die Bundeslade mit den
Steintafeln hinein. 34 Wenn sie im Aller-
heiligsten steht, dann lass die Deckplatte
darauf legen.

35 Der Tisch mit den Broten, die mir
geweiht sind, soll vor dem Vorhang im
heiligen Vorraum an der Nordseite des
Zeltes aufgestellt werden. Gegenüber,
an der Südseite im Vorraum, hat der gol-
dene Leuchter seinen Platz.

36 Ein weiterer Vorhang wird für den
Zelteingang benötigt, ebenfalls aus vio-
letter, purpurroter und karmesinroter
Wolle sowie aus feinem Leinen, bunt
und kunstvoll gewebt. 37 Lass diesen Vor-
hang mit goldenen Haken an fünf Aka-
zienholzsäulen aufhängen, die mit Gold
überzogen sind und auf Bronzesockeln
stehen.«

Der Brandopferaltar

27 »Lass einen Altar aus Akazien-
holz anfertigen; er soll quadratisch
sein: zweieinhalb Meter lang und ebenso
breit. Die Höhe beträgt eineinhalb Me-
ter. 2 An den vier oberen Ecken sollen
Hörner hervorragen. Die Hörner dürfen
nicht aufgesetzt, sondern müssen Teil der
Seitenwände sein. Der ganze Altar soll
mit Bronze überzogen werden. 3 Auch
die dazugehörigen Gefäße und Werkzeu-
ge müssen aus Bronze sein: die Aschen-
kübel, Schaufeln, Fleischgabeln, Feuer-
becken und Schalen zum Auffangen des
Blutes.

4 Lass einen Gitterrahmen aus Bronze
anfertigen, und bring an den vier Ecken
je einen Ring aus Bronze an. 5 Der Gitter-
rahmen soll unter dem Altar befestigt
werden können und ihn ringsum bis zur
halben Höhe umschließen. 6 Dazu müs-
sen noch Akazienholzstangen angefertigt
werden, die mit Bronze überzogen sind.
7 Die Stangen sollen für den Transport
durch die Ringe an beiden Seiten des Al-
tars gesteckt werden.

8 Der Altar soll ganz aus Holz sein,
aber innen hohl. Die Handwerker müs-
sen ihn genau so bauen, wie ich es dir hier
auf dem Berg zeige.«

Der Vorhof

9 »Um das heilige Zelt herum soll ein Vor-
hof abgegrenzt werden. Die Abgrenzung
an der Südseite muss 50 Meter lang sein
und aus Vorhängen von feinem Leinen
bestehen. 10 Die Vorhänge werden mit sil-
bernen Haken und Stangen an 20 Holz-
pfosten befestigt, die auf Bronzesockeln
stehen. 11 Die Abgrenzung auf der Nord-
seite soll ebenfalls 50 Meter lang sein; sie
besteht aus den gleichen Vorhängen, die
mit silbernen Haken und Stangen an 20
Holzpfosten mit Bronzesockeln hängen.
12 An der Westseite des Vorhofs sollen
auf einer Breite von 25 Metern die Vor-
hänge an 10 Holzpfosten hängen, deren
Sockel aus Bronze bestehen.

13 Auch auf der Ostseite, in Richtung
Sonnenaufgang, soll der Vorhof 25 Meter
breit sein. 14–16 An dieser Seite befindet
sich sein Eingang. Links und rechts vom
Eingang hängen Vorhänge auf einer
Breite von je 7,5 Metern an jeweils drei
Holzpfosten auf Bronzesockeln. Vor
dem Eingang hängt ebenfalls ein Vor-
hang, 10 Meter breit, bunt und kunstvoll
gewebt aus violetter, purpurroter und
karmesinroter Wolle und feinem Leinen.

26,31–32 36,35–36 **26,33** 2 Chr 3,14; Mt 27,51; Hebr 6,19 **26,36–37** 36,37–38 **27,1–8** 38,1–7 **27,2** 30,10; 3 Mo 16,18; 1 Kön 1,50 **27,8** 25,9.40; 26,30 **27,9–19** 38,9–20 **27,14–16** 35,23

Ihn halten vier Holzpfosten auf Bronze-
sockeln.
[17] Alle Pfosten stehen auf Sockeln aus
Bronze, und die Vorhänge sind mit silber-
nen Haken und Stangen an den Pfosten
befestigt. [18] Die Länge des Vorhofs be-
trägt 50 Meter, seine Breite 25 Meter.
Die Vorhänge sind 2,5 Meter hoch, als
Vorhangstoff soll feines Leinen verwen-
det werden. Die Sockel der Pfosten müs-
sen aus Bronze sein. [19] Alle Gefäße und
Werkzeuge für den Dienst im heiligen
Zelt sollen aus Bronze hergestellt sein,
auch die Pflöcke für das heilige Zelt und
für die Vorhänge des Vorhofs.«

Das Öl für den Leuchter
(3. Mose 24,1–4)

[20] »Sag den Israeliten, sie sollen dir reines
Öl aus gepressten Oliven für den Leuch-
ter bringen, damit die Lampen ständig
brennen. [21] Im heiligen Zelt, vor dem
Vorhang zum Allerheiligsten und der
Bundeslade, müssen Aaron und seine
Söhne den Leuchter aufstellen. Sie sollen
immer wieder Öl nachfüllen, damit er
vom Abend bis zum Morgen brennt und
mein Heiligtum erhellt. Diese Weisung
gilt für euch und alle kommenden Gene-
rationen!«

Die Kleidung der Priester

28 »Ruf deinen Bruder Aaron und
seine Söhne Nadab, Abihu, Elea-
sar und Itamar herbei! Von allen Israeli-
ten habe ich sie ausgewählt, mir als Pries-
ter zu dienen. [2] Lass für deinen Bruder
Aaron Kleider anfertigen, würdevoll
und prächtig, seinem heiligen Priester-
amt angemessen! [3] Gib diesen Auftrag
an alle aus deinem Volk weiter, die ich
dazu begabt und mit Weisheit erfüllt ha-
be. Sie sollen die Gewänder anfertigen,
in denen Aaron zum Priester geweiht
wird und mir dient.
[4] Die Priesterkleidung besteht aus fol-
genden Teilen: der Brusttasche, dem
Priesterschurz, dem Obergewand, dem
gewebten Untergewand, dem Turban
und dem Gürtel. Diese heiligen Klei-
dungsstücke sollen für deinen Bruder
Aaron und seine Nachfolger angefertigt
werden. Dann kann er mir als Priester
dienen. [5] Die Stoffe für die Priesterklei-
dung sind die gleichen wie für das Zelt:
violette, purpurrote und karmesinrote
Wolle, feines Leinen und Goldfäden.«

Der Priesterschurz

[6] »Der Priesterschurz soll aus Goldfäden,
aus violetter, purpurroter und karmesin-
roter Wolle sowie aus feinem Leinen
angefertigt werden, bunt und kunstvoll
gewebt. [7] Er soll zwei Bänder haben, die
über die Schultern gelegt und vorn und
hinten an ihm befestigt werden. [8] Lass au-
ßerdem einen Gürtel weben, mit dem der
Schurz zusammengebunden wird; er soll
aus den gleichen Stoffen sein: aus Gold-
fäden, violetter, purpurroter und karme-
sinroter Wolle sowie aus feinem Leinen.
[9] Dann such zwei kostbare Onyx-Stei-
ne aus, und lass die Namen der zwölf
Stämme Israels darauf eingravieren: [10] je-
weils sechs Namen auf einen Stein, in der
Reihenfolge, in der die Stammväter ge-
boren wurden. [11] So wie man ein Siegel
in Stein eingraviert, sollen die Namen
der Stämme in die Edelsteine eingraviert
werden. Dann lass die Steine in Gold fas-
sen [12] und auf die Schulterstücke des
Priesterschurzes aufsetzen. Wenn Aaron
in das Heiligtum geht, trägt er die Namen
der Israeliten auf seinen Schultern, und
ich, der Herr, werde dann stets an sie
denken.
[13] Lass zwei goldene Spangen schmie-
den, [14] dazu zwei Kettchen aus reinem
Gold, wie Schnüre gedreht. Die Kettchen
sollen mit den Spangen verbunden wer-
den.«

27,21 25,31–39 **28,1** 6,23 **28,3** 1 Mo 41,38* **28,6–14** 39,1–7 **28,9** 28,21; 35,27 **28,10** 1 Mo 29,32–30,24; 35,18

Wahre Liebe macht frei

Lesen Sie 2. Mose 22,15-22

Die Gesetze, die in 2. Mose 22,15-22 aufgeführt werden, zeigen, wie wichtig Gott die Würde und der Respekt vor den Menschen ist. Unser Bedürfnis, gewürdigt zu werden und anderen wichtig zu sein, bringt in der Beziehung zu unserem Ehepartner sowohl Chancen als auch Probleme mit sich.

Wenn wir uns von unserer Frau oder unserem Mann geliebt fühlen, können wir uns ganz entspannen, denn wir wissen, dass uns nichts Böses geschehen wird. Wir fühlen uns in ihrer oder seiner Gegenwart sicher. In unserem Beruf mag es viele Unwägbarkeiten geben. In anderen Bereichen unseres Lebens haben wir vielleicht sogar Gegner. Doch bei unserem Mann oder unserer Frau fühlen wir uns geborgen.

Unser Selbstwertgefühl wird gestärkt, wenn unser Partner uns liebt. Denn wenn er oder sie uns so sehr mag, dann muss ja auch etwas Liebenswertes an uns sein. Von unseren Eltern haben wir vielleicht negative oder keine eindeutigen Signale bekommen, was unseren Wert als Mensch betrifft. Doch unser Ehepartner kennt uns als Erwachsene und liebt uns. Das stärkt unser Selbstwertgefühl.

Liebe ist nicht die Antwort auf alle Fragen, aber sie schafft ein Klima der Geborgenheit, das es uns ermöglicht, nach Antworten auf die uns bedrängenden Fragen zu suchen. In der Geborgenheit der Liebe kann ein Paar miteinander über seine Unterschiedlichkeit diskutieren, ohne sich gegenseitig zu verurteilen. Konflikte lassen sich lösen. Zwei so ganz verschiedene Menschen können lernen, in Harmonie zusammenzuleben. Wir entdecken, wie wir das Beste in unserem Partner hervorbringen können.

Nehmen Sie sich Zeit, um allein oder als Paar gemeinsam zu beten.
Danken Sie Gott, dass er Ihnen jemanden geschenkt hat, der Ihnen hilft zu erkennen, wie wertvoll Sie sind.
Bitten Sie ihn, dass Sie dasselbe für Ihren Mann oder Ihre Frau tun können.
Bitten Sie Gott um seinen Segen für Ihre Ehe, damit Sie gemeinsam für ihn Frucht bringen können.

Wenn Sie noch mehr Zeit haben ...

Besprechen Sie miteinander folgende Fragen oder denken Sie darüber nach:
- Worauf gründet sich Ihr Selbstwertgefühl?
- Worauf gründet Ihr Ehepartner sein Selbstwertgefühl?
- Wie können Sie sich gegenseitig vor Situationen oder Menschen schützen, die Ihr Selbstwertgefühl untergraben?

Lesen Sie auch die folgenden Abschnitte, in denen es um unser Selbstwertgefühl geht:
Psalm 139,13-15; Kolosser 3,12-14; Titus 3,5.

Eine Freundschaft fürs Leben

Lesen Sie 2. Mose 33,11-17

Was bedeutet „Freundlichkeit"? Wir verstehen darunter meistens, dass jemand gute Manieren hat und ein höflicher Mensch ist – anderen die Tür aufhält, Danke und Bitte sagt. Doch in der Bibel hat das Wort eine noch umfangreichere Bedeutung. Das griechische Wort aus dem Neuen Testament, das oft mit „Freundlichkeit" übersetzt wird, ist aus zwei Begriffen zusammengesetzt, die „Freund" und „Gedanken" bedeuten. Gott denkt also an uns als seine Freunde!

Wir sehen das bei Mose, als er das Volk Israel durch die Wüste führt. In der Bibel heißt es, er ging in das heilige Zelt und „der Herr sprach mit Mose von Angesicht zu Angesicht, wie Freunde miteinander reden" (2. Mose 33,11). Wir können Gott zwar nicht von Angesicht zu Angesicht sehen, aber wir wissen trotzdem, dass er gern unser Freund sein möchte.

Auch Jesus hat seine Jünger „Freunde" genannt: „Ich nenne euch nicht mehr Knechte … Ihr seid meine Freunde; denn ich habe euch alles anvertraut, was ich vom Vater gehört habe" (Johannes 15,15). Jesus verkörperte die Freundlichkeit Gottes.

Vielleicht ist Gott in Ihren Augen weit weg und kümmert sich um nichts, vielleicht ist er für Sie nur ein strenger Vater. Aber er möchte Ihr Freund sein, in einer persönlichen Beziehung zu Ihnen stehen. Und er wartet auf Sie.

Nehmen Sie sich Zeit, um allein oder als Paar gemeinsam zu beten. Danken Sie Gott für die persönliche Beziehung und die Freundschaft, die er Ihnen anbietet. Bitten Sie ihn, dass Sie noch viel besser verstehen und zu schätzen wissen, was seine Freundschaft für Sie bedeutet. Bitten Sie ihn auch darum, dass er Ihnen zu Ihrem Ehepartner eine ebenso vertrauensvolle Freundschaft schenkt bzw. sie erhält.

Wenn Sie noch mehr Zeit haben …

Besprechen Sie miteinander folgende Fragen oder denken Sie darüber nach:

- Wenn Sie Gott als Ihren Freund sehen – wie verändert das Ihre Haltung ihm gegenüber?
- Was hindert Sie daran, Gottes Freundschaft zu genießen?
- Wie wirkt sich Ihre Freundschaft zu Gott auf Ihre Beziehung zueinander als Paar aus?

Lesen Sie auch die folgenden Abschnitte, in denen es um unsere Beziehung zu Gott geht:
Sprüche 3,31-32; Johannes 15,9-15; Jakobus 2,23-24.

Den nächsten Impuls finden Sie auf S. 102 a

Die Brusttasche

15 »Lass eine Brusttasche anfertigen; in
ihr sollen die Lose aufbewahrt werden,
mit denen ihr meinen Willen erfragt. Sie
soll aus den gleichen Stoffen gewebt wer-
den wie der Priesterschurz: aus Gold-
fäden, violetter, purpurroter und karme-
sinroter Wolle sowie aus feinem Leinen.
16 Die Tasche soll quadratisch sein, jede
Seite 25 Zentimeter lang; der Stoff muss
doppelt gelegt sein.

17 Lass sie mit vier Reihen goldgefass-
ter Edelsteine besetzen. Die erste Reihe
besteht aus einem Karneol, Topas und
Smaragd, 18 die zweite Reihe aus einem
Rubin, Saphir und Jaspis, 19 die dritte
Reihe aus einem Hyazinth, Achat und
Amethyst, 20 die vierte Reihe aus einem
Türkis, Onyx und Nephrit. 21 Die zwölf
Steine stehen für die zwölf Stämme Isra-
els; auf jedem Stein soll ein Stammes-
name eingraviert werden, auf dieselbe
Art, wie man ein Siegel herstellt.

22 An der Brusttasche sollen die golde-
nen, gedrehten Kettchen angebracht wer-
den. 23/24 Zur Befestigung dienen zwei gol-
dene Ringe an den beiden oberen Ecken
der Tasche. 25 Die anderen Enden der bei-
den Kettchen führen zu den goldenen
Spangen vorn an den Schulterbändern
des Priesterschurzes. 26 Auch an den unte-
ren Ecken der Tasche sollen zwei golde-
ne Ringe befestigt werden, und zwar auf
der Innenseite, die dem Priesterschurz
zugewandt ist. 27 Zwei weitere Ringe wer-
den mit den Schulterstücken des Priester-
schurzes verbunden, an deren unterem
Ende, dicht bei dem Gürtel, der den
Priesterschurz hält. 28 Die Ringe der
Brusttasche sollen mit Schnüren aus vio-
lettem Purpur mit den Ringen am Pries-
terschurz verbunden werden. So liegt die
Brusttasche oberhalb des Gürtels und
kann nicht verrutschen.

29 Wenn Aaron dann ins Heiligtum
geht, trägt er die Steine mit den Namen
der Stämme Israels an seinem Herzen. So
werde ich immer an mein Volk erinnert.

30 In der Brusttasche sollen die beiden
Lose ›Urim‹ und ›Tummim‹ aufbewahrt
werden. Aaron soll sie an seinem Herzen
tragen, wenn er zu mir in das Heiligtum
kommt. Mit diesen Losen soll er meinen
Willen erfragen; darum soll er sie bei sich
haben, wenn er vor mich tritt.«

Das Obergewand

31 »Lass ein Obergewand aus violetter
Wolle weben, das der Priester unter dem
Priesterschurz tragen soll! 32 Der Saum
der Halsöffnung muss mit einem geweb-
ten Kragen verstärkt werden, damit er
nicht einreißt, ähnlich wie bei einem le-
dernen Panzerhemd. 33/34 Am unteren
Saum des Gewandes werden ringsum
Granatäpfel aus violettem, purpurrotem
und karmesinrotem Stoff angebracht
und dazwischen kleine goldene Glöck-
chen, immer abwechselnd.

35 Aaron soll das Gewand tragen, wenn
er seinen Dienst ausübt. Man soll das
Klingeln hören, wenn er zu mir ins Hei-
ligtum hereinkommt und wenn er wieder
hinausgeht. Dann wird er nicht sterben.«

Das Schild auf der Stirn, das Untergewand und der Turban

36 »Lass auch ein kleines Schild aus rei-
nem Gold anfertigen und die Worte ein-
gravieren: ›Dem Herrn geweiht‹! 37 Mit
einer Schnur aus violettem Purpur soll es
vorn am Turban befestigt werden, 38 so
dass es auf Aarons Stirn liegt. Er soll es
immer tragen, wenn er in das Heiligtum
geht. Wenn die Israeliten die Gaben brin-
gen, die sie mir weihen, und dabei Gebo-
te übersehen und Schuld auf sich laden,
dann soll Aaron mit dem Schild auf der
Stirn vor mich treten, damit ich ihre
Schuld vergebe.

39 Das Untergewand soll aus feinem

28,15–30 39,8–21 **28,21** 28,9–12; Offb 21,12–21 **28,30** 4 Mo 27,21; 1 Sam 10,20–21; 14,41; 28,6; Esr 2,63; Neh 7,65 **28,31–35** 39,22–26 **28,35** 30,20–21; 3 Mo 16,2 **28,36–39** 39,27–31 **28,36** 29,6; Sach 14,20

Leinen gewebt werden, ebenfalls der Turban. Schließlich sollst du noch den bunten Gürtel machen lassen.«

Die Ausstattung der Priester

40 »Auch Aarons Söhne erhalten Gewänder, Gürtel und Turbane, damit sie würdevoll und schön aussehen. 41 Leg deinem Bruder Aaron und seinen Söhnen ihre Gewänder an! Salbe sie, indem du Öl auf ihren Kopf gießt! Setze sie so in ihr Amt ein! Sie allein sollen mir als Priester dienen.

42 Lass noch leinene Hosen für sie anfertigen, die von der Hüfte bis zu den Oberschenkeln hinabreichen, damit sie unter ihrem Gewand nicht nackt sind. 43 Aaron und seine Söhne sollen die Hosen tragen, wenn sie in das heilige Zelt oder zum Altar kommen, um mir zu opfern. Dann werden sie keine Schuld auf sich laden und müssen nicht sterben. Diese Ordnung gilt Aaron und seinen Nachkommen für alle Zeiten!«

Anweisungen für die Einsetzung der Priester

29 »Wenn Aaron und seine Söhne in ihr Amt eingesetzt werden, um mir als Priester zu dienen, sollst du Folgendes tun:

Such einen jungen Stier und zwei fehlerlose Schafböcke aus! 2 Lass ungesäuertes Brot aus feinem Weizenmehl backen, Kuchen aus ungesäuertem Teig, mit Öl vermengt, außerdem Fladenbrot, das mit Öl bestrichen ist. 3 Leg die Brote und Kuchen in einen Korb, und bring sie zusammen mit dem Stier und den Schafböcken zum heiligen Zelt! 4 Führe Aaron und seine Söhne an den Eingang des Heiligtums, und wasche sie dort mit Wasser! 5 Dann leg Aaron die Priestergewänder an: das Untergewand, das Obergewand und den Priesterschurz mit der Brusttasche. *Binde ihm den Gürtel um*, der den Priesterschurz hält, 6 setz ihm den Turban auf, und befestige daran das goldene Schild. 7 Nimm das Salböl, und weihe Aaron, indem du es über seinen Kopf gießt!

8 Dann hol auch seine Söhne herbei, und lass sie ihre Gewänder anziehen, 9 leg ihnen den Gürtel an, und binde ihnen die Turbane um! So sollst du Aaron und seine Söhne in ihr Amt einsetzen; sie und ihre Nachkommen sollen mir für alle Zeiten als Priester dienen.

10 Dann bring den jungen Stier zum Eingang des heiligen Zeltes! Aaron und seine Söhne sollen ihre Hände auf seinen Kopf legen. 11 Schlachte den Stier am Altar vor dem Eingang zum Heiligtum. 12 Fang das Blut in einer Schale auf, und streich etwas davon mit dem Finger an die vier Hörner des Altars! Das restliche Blut sollst du an den Fuß des Altars gießen. 13 Das Fett, das die Eingeweide bedeckt, den Fettlappen über der Leber und die beiden Nieren mit ihrem Fett sollst du auf dem Altar verbrennen. 14 Das Fleisch des Stieres, sein Fell und die Innereien samt Inhalt musst du außerhalb des Lagers verbrennen. Dieses Opfer ist ein Sündopfer.

15 Danach hol den ersten Schafbock! Aaron und seine Söhne sollen wieder die Hände auf seinen Kopf legen. 16 Schlachte den Schafbock, fang das Blut in einer Schale auf, und spreng etwas davon ringsum an den Altar! 17 Zerleg den Schafbock, und wasch seine Eingeweide und Schenkel. Leg sie zu den Fleischstücken und dem Kopf. 18 Dann verbrenn den ganzen Schafbock auf dem Altar! Dies ist ein Brandopfer, das mir, dem Herrn, geweiht ist. Über ein solches Opfer freue ich mich.

19 Danach hol den zweiten Schafbock! Auch auf seinen Kopf sollen Aaron und seine Söhne die Hände legen. 20 Schlachte den Schafbock, und fang das Blut in einer Schale auf! Streich ein wenig davon Aaron und seinen Söhnen auf ihr rechtes Ohrläppchen, den rechten Daumen und die rechte große Zehe. Dann spreng das

---

28,42 20,26 **29,1–37** 3 Mo 8,1–36 **29,7** 30,23–25 **29,13** 3 Mo 7,23–25* **29,14** 3 Mo 4,3 – 5,13 **29,18** 3 Mo 1,2–17

Blut ringsum an den Altar, 21 vermisch
einen Teil davon mit dem Salböl, und be-
spreng Aaron und seine Kleider damit!
Tu das Gleiche mit Aarons Söhnen und
ihren Kleidern. So werden sie mit ihren
Kleidern für ihren Dienst geweiht.

22 Der Schafbock ist für das Ein-
setzungsopfer bestimmt. Du sollst ihn
zerlegen und das Fett herauslösen: den
Fettschwanz, das Fett über den Einge-
weiden, den Lappen an der Leber, die
beiden Nieren und ihr Fett, dazu die
rechte Keule. 23 Hol aus dem Korb am
Eingang des Heiligtums ein ungesäuer-
tes Brot, einen Ölkuchen und einen Fla-
den! 24 Leg das Fett, die Keule, das Brot
und den Kuchen Aaron und seinen Söh-
nen in die Hände; sie sollen es vor dem
heiligen Zelt hin- und herschwingen und
mir, dem Herrn, weihen. 25 Dann nimm
alles wieder an dich, und verbrenn es
auf dem Altar! Dieses Opfer ist ein
Brandopfer, das mir, dem Herrn, gefällt.

26 Dann nimm das Bruststück des Schaf-
bocks, der für Aarons Amtseinsetzung
dargebracht wird, und schwing es vor
dem heiligen Zelt hin und her! Dieses
Stück ist dein Anteil. 27 Jedes Mal, wenn
ein Priester in sein Amt eingesetzt wird,
soll das Bruststück des Schafbocks vor
dem Heiligtum hin- und hergeschwungen
und die Keule vor mir hochgehoben und
so mir geweiht werden. Sie sind der
Anteil, den die Priester erhalten. 28 Auch
wenn die Israeliten mir künftig ihre
Dankopfer darbringen, gehören diese
beiden Stücke Aaron und seinen Söhnen.
Diese Ordnung gilt für alle Zeiten!

29/30 Aarons heilige Gewänder sollen
nach seinem Tod einem seiner Söhne
übergeben werden, und zwar dem, der
das Priesteramt Aarons übernimmt und
mir im Heiligtum dient. Sieben Tage lang
soll er sie tragen. Dann wird er mit Öl
gesalbt und in sein Amt eingesetzt.

31 Das Fleisch des Schafbocks, der zur
Einsetzung geschlachtet wurde, musst du
beim Heiligtum kochen. 32 Am Eingang
zum heiligen Zelt sollen Aaron und seine
Söhne das Fleisch sowie die Brote und
Kuchen aus dem Korb essen. 33 Außer
ihnen darf niemand von diesem Fleisch
essen, denn es ist heilig. Durch das Opfer
werden sie mit mir, dem Herrn, versöhnt
und in ihr Amt eingesetzt. 34 Was vom
Brot oder Fleisch noch bis zum nächsten
Morgen übrig bleibt, muss verbrannt
werden. Es ist heilig und darf nicht mehr
gegessen werden.

35 Halte dich bei der Amtseinführung
Aarons und seiner Söhne ganz genau an
meine Anweisungen! Die Einsetzungs-
feier soll sieben Tage lang dauern! 36 Je-
den Tag sollst du einen jungen Stier als
Sündopfer schlachten und mit seinem
Blut den Altar von aller Schuld reinigen,
die auf ihm lastet. Besprenge ihn außer-
dem mit Salböl, und weihe ihn so mir,
dem Herrn! 37 Sieben Tage lang musst du
den Altar mit Blut und Salböl bespren-
gen. Dann wird er in besonderem Maße
heilig sein, und jeder, der ihn berührt, ist
ebenfalls heilig.«

Das tägliche Opfer
(4. Mose 28,3–8)

38 »Lass täglich zwei einjährige Lämmer
auf dem Altar verbrennen, 39 eins am
Morgen, das andere am Abend! 40 Mit
dem ersten Lamm soll ein Speiseopfer
von eineinhalb Kilogramm Mehl dar-
gebracht werden, vermengt mit einem Li-
ter bestem Olivenöl, dazu als Trankopfer
ein Liter Wein. 41 Für das zweite Lamm,
das abends verbrannt wird, sollen diesel-
ben Speise- und Trankopfer dargebracht
werden. Ein solches Opfer gefällt mir,
dem Herrn.

42 Alle künftigen Generationen sollen
mir dieses Brandopfer regelmäßig am
Eingang zum heiligen Zelt darbringen.
Dort werde ich euch begegnen und mit
euch reden. 43 Ja, ich selbst will euch be-
gegnen und mein Heiligtum mit meiner
Herrlichkeit erfüllen! 44 Darum wird die-
ses Zelt heilig sein, ebenso der Altar.
Auch Aaron und seine Söhne werden

29,29–30 4 Mo 20,25–28 **29,34** 12,10; 3 Mo 7,15 **29,37** 30,29; 2 Sam 6,6–8 **29,43** 1 Kön 8,10–11

durch meine Gegenwart zu heiligen Priestern, die mir dienen.

[45] Ich will bei euch Israeliten wohnen und euer Gott sein. [46] Ihr werdet erkennen, dass ich der Herr, euer Gott, bin. Ich habe euch aus Ägypten herausgeführt, um bei euch zu wohnen. Ja, ich bin der Herr, euer Gott!«

Der Räucheropferaltar

30 »Lass einen Altar aus Akazienholz bauen, auf dem man das Räucheropfer darbringen kann. [2] Er soll quadratisch sein: einen halben Meter lang und ebenso breit. Seine Höhe beträgt einen Meter. An den vier oberen Ecken sollen Hörner hervorragen. Die Hörner sollen nicht aufgesetzt, sondern Teil der Seitenwände sein. [3] Die obere Platte, die Seitenwände und die vier Hörner sollen mit reinem Gold überzogen werden, und an der Oberseite soll ringsum eine Goldleiste verlaufen. [4] Lass zwei Paar goldene Ringe schmieden, die an beiden Seiten des Altars unterhalb der Zierleiste angebracht werden! Durch diese Ringe werden Stangen gesteckt, damit man den Altar tragen kann. [5] Lass die Stangen aus Akazienholz anfertigen und mit Gold überziehen!

[6] Stell den Altar im heiligen Zelt auf, vor dem Vorhang, hinter dem sich die Bundeslade mit den Gesetzestafeln und der Deckplatte befindet, wo ich euch begegne. [7] Jeden Morgen, wenn Aaron die Lampen des Leuchters mit Öl füllt, soll er auf dem Altar eine wohlriechende Weihrauchmischung verbrennen. [8] In der Abenddämmerung, wenn er wiederum die Lampen versorgt, soll er ebenfalls Weihrauch verbrennen. Die Räucheropfer sollen regelmäßig im Heiligtum verbrannt werden. Dies gilt für alle Zeiten!

[9] Auf dem Altar dürfen nur die von mir erlaubten Duftstoffe verbrannt werden – keine anderen! Auch Tieropfer sowie Speise- und Trankopfer dürft ihr dort nicht darbringen. [10] Einmal im Jahr, am großen Versöhnungstag, muss Aaron den Altar von aller Schuld reinigen, die auf ihm lastet: Er soll etwas von dem Blut des Opfertieres an die Hörner des Altars streichen. Auch diese Anweisung gilt für alle künftigen Generationen. Der Altar ist in besonderem Maße heilig, er gehört mir, dem Herrn!«

Eine Abgabe für das Heiligtum

[11] Der Herr sagte zu Mose: [12] »Wenn du die wehrfähigen Männer in Israel zählst, sollen alle Gemusterten mir, dem Herrn, ein Lösegeld für ihr Leben geben, damit ich sie nicht durch eine Seuche sterben lasse. [13] Jeder, der bei der Musterung erfasst wird, soll ein halbes Silberstück geben, gewogen nach dem Gewicht, das im Heiligtum gilt. Ein Silberstück wiegt zwölf Gramm; die Abgabe für mich beträgt also sechs Gramm Silber. [14] Sie muss von allen entrichtet werden, die zwanzig Jahre und älter sind. [15] Ein Reicher soll nicht mehr als ein halbes Silberstück geben und ein Armer nicht weniger; denn es ist ein Lösegeld, das ihr für euer Leben zahlt und das mir geweiht wird. [16] Dieses Geld sollst du für den Dienst im heiligen Zelt verwenden. Dann werde ich stets an euch Israeliten denken und euer Leben bewahren.«

Das bronzene Wasserbecken

[17] Der Herr sprach zu Mose: [18] »Lass ein Gestell mit einem Becken darauf aus Bronze für die Waschungen anfertigen! Stell es zwischen dem heiligen Zelt und dem Brandopferaltar auf! Füll es mit Wasser, [19] damit Aaron und seine Söhne sich die Hände und Füße waschen können. [20/21] Bevor sie das heilige Zelt betreten oder auf dem Brandopferaltar ein Opfer darbringen, müssen sie sich die

29,45–46 1 Kön 8,27; Hes 37,27; Offb 21,3 **30,1–5** 37,25–28 **30,6** 25,21–22 **30,10** 3 Mo 16,18–19 **30,12–13** 38,25–26; 2 Sam 24,1–14 **30,17–19** 38,8

Hände und Füße waschen, damit sie nicht
sterben. Dies ist eine ewige Ordnung für
Aaron und alle seine Nachkommen.«

Das heilige Salböl

22 Der Herr sagte zu Mose: 23 »Lass dir
kostbare Gewürze und Duftstoffe brin-
gen: 6 Kilogramm Myrrhe, 3 Kilogramm
wohlriechenden Zimt, 3 Kilogramm Kal-
mus, 24 6 Kilogramm Kassia – alles gewo-
gen nach dem Gewicht, das im Heiligtum
gilt –, dazu 5 Liter Olivenöl. 25 Lass da-
raus ein wohlriechendes Öl zubereiten.
Es soll heilig sein und nur dann gebraucht
werden, wenn ein Gegenstand oder eine
Person mir geweiht wird.

26 Besprenge damit die Bundeslade und
das heilige Zelt, 27 den Tisch mit allen sei-
nen Gegenständen, den Leuchter und die
Öllampen, den Räucheropferaltar, 28 den
Brandopferaltar mit allen Gefäßen und
Werkzeugen und das Wasserbecken mit
dem Untergestell. 29 So sollst du alle diese
Dinge weihen. Sie werden dann beson-
ders heilig sein, und jeder, der sie be-
rührt, wird heilig werden.

30 Auch Aaron und seine Söhne sollst
du mit dem Öl besprengen. Dadurch wer-
den sie heilig und können mir als Priester
dienen. 31 Erkläre den Israeliten, dass die-
ses Öl heilig ist und für immer ausschließ-
lich mir, dem Herrn, gehört. 32 Darum
darf niemand es für sich selbst oder für
einen anderen Menschen verwenden!
Ihr dürft auch kein Öl für euren eigenen
Gebrauch zusammenmischen, das aus
den gleichen Zutaten besteht. Dieses Öl
ist heilig, und darum soll es auch euch als
heilig gelten. 33 Wer dennoch ein solches
Öl herstellt oder irgendeinen Menschen
mit diesem Öl salbt, muss aus meinem
Volk ausgestoßen werden und sterben.«

Das Räucheropfer

34/35 Der Herr sagte zu Mose: »Besorge dir
wohlriechendes Harz, Galbanum, reinen
Weihrauch und würzige Räucherklaue!
Misch alles zu gleichen Teilen zusammen,
und gib etwas Salz dazu; verwende nur
reine Zutaten! Von dieser Mischung sollst
du mir immer das Räucheropfer darbrin-
gen. 36 Zerstoße etwas davon zu feinem
Pulver, und streu es im heiligen Zelt vor
die Bundeslade, wo ich dir begegne!

Diese Weihrauchmischung ist beson-
ders heilig. 37 Ich habe sie allein für mich,
den Herrn, bestimmt, und deshalb soll sie
auch euch heilig sein. Darum dürft ihr
keine solche Weihrauchmischung für
euch selbst zusammenstellen. 38 Wer es
doch tut, um sich an dem Duft zu erfreu-
en, soll aus meinem Volk ausgestoßen
werden und sterben.«

Die Kunsthandwerker

31 Dann sprach der Herr zu Mose:
2 »Ich habe Bezalel, den Sohn Uris
und Enkel Hurs vom Stamm Juda, aus-
gewählt, den Bau des heiligen Zeltes zu
leiten. 3 Mit meinem Geist habe ich ihn
erfüllt; ich habe ihm Weisheit und Ver-
stand gegeben und ihn befähigt, alle für
den Bau erforderlichen handwerklichen
und künstlerischen Arbeiten auszufüh-
ren. 4 Er kann Pläne entwerfen und nach
ihnen Gegenstände aus Gold, Silber oder
Bronze anfertigen; 5 er hat die Fähigkeit,
Edelsteine zu schleifen und in Gold zu
fassen; er versteht sich auf das Bearbei-
ten von Holz und auf viele andere Arten
von Kunsthandwerk.

6 Ich habe Oholiab, den Sohn Ahisa-
machs vom Stamm Dan, ausgesucht, ihm
bei allen Arbeiten zu helfen. Auch allen
anderen Kunsthandwerkern, die am hei-
ligen Zelt arbeiten, habe ich Weisheit
und Verstand gegeben, damit alles nach
meinem Befehl angefertigt wird: 7 das
heilige Zelt, die Bundeslade für die stei-
nernen Gesetzestafeln und ihre Deck-
platte, die heiligen Gefäße und Werkzeu-
ge, die im Zelt gebraucht werden, 8/9 den
Tisch für die Brote, den goldenen Leuch-
ter, den Räucheropferaltar und den
Brandopferaltar mit allem, was zu ihnen

30,25–30 3 Mo 8,10–12 **30,29** 29,37; 2 Sam 6,6–8 **31,1–6** 35,30–35

gehört, das Wasserbecken und sein Un-
tergestell, [10] die heilige Amtskleidung für
Aaron, die Priestergewänder für seine
Söhne, [11] das heilige Salböl und die wohl-
riechende Weihrauchmischung für das
Heiligtum. Die Kunsthandwerker sollen
alles genau so anfertigen, wie ich es dir
befohlen habe.«

Der Sabbat

[12] Der Herr sagte zu Mose: [13] »Schärfe den
Israeliten ein, dass sie jeden Sabbat als
Ruhetag achten! Denn er ist ein Zeichen:
Jeder soll daran erkennen, dass ich der
Herr bin und dass ich euch dazu aus-
erwählt habe, mir allein zu dienen. Dieses
Zeichen zwischen mir und euch bleibt für
alle Generationen bestehen. [14] Darum
achtet den Sabbat als einen heiligen Tag!
Wer ihn entweiht, muss sterben. Jeder,
der am Sabbat irgendeine Arbeit verrich-
tet, soll aus meinem Volk ausgestoßen
und getötet werden. [15] Sechs Tage könnt
ihr arbeiten, aber der siebte Tag ist ein
Ruhetag, der mir, dem Herrn, geweiht ist.
Wer an diesem Tag arbeitet, muss sterben.
[16] Alle Israeliten – heute und in allen
künftigen Generationen – sollen sich da-
ran halten. Sie sollen den Sabbat feiern
als Zeichen des Bundes, den ich mit
ihnen geschlossen habe. [17] Dieses Zeichen
bleibt bestehen, für alle Zeiten! Denn in
sechs Tagen habe ich, der Herr, den Him-
mel und die Erde geschaffen. Doch am
siebten Tag habe ich mich von meiner
Arbeit ausgeruht.«

Die Übergabe der Gesetzestafeln (5. Mose 9,9–11)

[18] Nachdem der Herr dies alles zu Mose
gesagt hatte, übergab er ihm auf dem
Berg Sinai die Steintafeln, auf denen die
Gesetze des Bundes festgehalten waren.
Gott selbst hatte alle seine Worte auf die-
se Tafeln geschrieben.

Das goldene Kalb

32 Als Mose so lange Zeit nicht vom
Berg herabkam, versammelten
sich die Israeliten bei Aaron und forder-
ten ihn auf: »Mach uns eine Götterfigur,
die uns den Weg zeigt! Wer weiß, was die-
sem Mose zugestoßen ist, der uns aus
Ägypten herausgeführt hat!«
[2] Aaron schlug vor: »Eure Frauen und
Kinder sollen ihre goldenen Ohrringe ab-
ziehen und zu mir bringen!« [3] Da nahmen
alle Israeliten ihre Ohrringe ab und
brachten sie Aaron. [4] Er nahm den
Schmuck entgegen, schmolz ihn ein und
goss daraus ein goldenes Kalb. Anschlie-
ßend gab er ihm mit dem Meißel die end-
gültige Form. Als es fertig war, schrien
die Israeliten: »Das ist unser Gott, der
uns aus Ägypten befreit hat!«
[5] Daraufhin errichtete Aaron einen Al-
tar vor der Götterfigur und ließ bekannt
geben: »Morgen feiern wir ein Fest zu
Ehren des Herrn!« [6] Am nächsten Mor-
gen standen alle früh auf und brachten
Brand- und Dankopfer dar. Danach lie-
ßen sie sich nieder, um zu essen und zu
trinken. Sie feierten ein rauschendes, aus-
schweifendes Fest.

Mose bittet für sein Volk (5. Mose 9,12–14.25–29)

[7] Da sprach der Herr zu Mose: »Steig
schnell hinab, denn dein Volk, das du aus
Ägypten herausgeführt hast, hat etwas
Abscheuliches getan! [8] Wie schnell haben
sie sich von meinen Geboten abgewandt!
Sie haben sich ein goldenes Kalb gegos-
sen, sie sind vor ihm niedergefallen,
haben ihm Opfer dargebracht und geru-
fen: ›Das ist unser Gott, der uns aus
Ägypten befreit hat!‹ [9] Ich kenne dieses
Volk genau und weiß, wie stur es ist.
[10] Versuch mich jetzt nicht aufzuhalten,
denn ich will meinem Zorn freien Lauf
lassen und sie vernichten! An ihrer Stelle

31,12–17 20,8–11* **31,18** 24,12; 25,21; 32,15–16.19; 34,1.28; 2 Kor 3,3 **32,1–4** Ps 106,19–23; 1 Kön 12,26–30*; Hos 8,5 **32,7–8** 20,2*.3–5* **32,9–10** 33,3–5; 34,9; 4 Mo 14,11–12; 5 Mo 9,6; 31,27; Jer 7,26

werde ich deine Nachkommen zu einem
großen Volk machen.«
11 Doch Mose flehte: »Herr, mein Gott,
du hast dein Volk aus Ägypten befreit
und dabei deine ganze Macht gezeigt!
Warum willst du es jetzt im Zorn vernich-
ten? 12 Sollen die Ägypter etwa sagen:
›Der Herr hat die Israeliten nur aus unse-
rem Land geholt, um sie in den Bergen zu
töten und vom Erdboden verschwinden
zu lassen!‹? Sei nicht länger zornig über
dein Volk! Lass das Unheil nicht über sie
hereinbrechen! 13 Denk daran, dass du
deinen Dienern Abraham, Isaak und Ja-
kob bei deinem Namen geschworen hast:
›Ich lasse eure Nachkommen so zahlreich
werden wie die Sterne am Himmel. Sie
werden das Land, das ich euch verspro-
chen habe, für immer in Besitz nehmen!‹«
14 Da lenkte der Herr ein und ließ das
angedrohte Unheil nicht über sie herein-
brechen.

Die Folgen des Götzendienstes (5. Mose 9,15–21)

15 Mose wandte sich um und stieg vom
Berg herab. In seinen Händen hielt er
die beiden Steintafeln mit den Gesetzen,
die Gott dem Volk beim Bundesschluss
gegeben hatte. Sie waren auf beiden Sei-
ten beschrieben. 16 Gott selbst hatte die
Tafeln gemacht und die Schrift einge-
meißelt.
17 Als Josua das Volk lärmen hörte,
sagte er zu Mose: »Unten im Lager muss
ein Kampf ausgebrochen sein!« 18 Mose
erwiderte: »Das klingt weder wie Sieges-
geschrei noch wie die Klage nach einer
Niederlage; nein, es ist ein lautes Singen!«
19 Als Mose sich dem Lager näherte,
sah er das Volk um das goldene Kalb tan-
zen. Da packte ihn der Zorn, er schleu-
derte die Tafeln fort und zerschmetterte
sie am Fuß des Berges. 20 Das goldene
Kalb, das die Israeliten gemacht hatten,
schmolz er ein und zerrieb es zu Staub;
den Staub streute er ins Wasser und gab
es den Israeliten zu trinken.
21 Dann stellte er Aaron zur Rede:
»Was hat dir dieses Volk getan, dass du
sie zu einer so großen Sünde verführt
hast?« 22 Aaron verteidigte sich: »Sei
nicht zornig, mein Herr, du weißt doch
selbst, dass dieses Volk immer auf Böses
aus ist! 23 Sie forderten mich auf: ›Mach
uns eine Götterfigur, die uns den Weg
zeigt! Wer weiß, was diesem Mose zuge-
stoßen ist, der uns aus Ägypten heraus-
geführt hat!‹ 24 Ich fragte sie: ›Wer hat
Gold?‹ Da haben sie ihren Schmuck ab-
genommen und ihn mir gegeben. Ich ha-
be das Gold eingeschmolzen, und dabei
ist dann dieses Kalb entstanden.«
25 Mose sah, dass die Israeliten jede Be-
herrschung verloren hatten, denn Aaron
ließ sie tun, was sie wollten. Nun hatten
Israels Feinde Grund zum Spott. 26 Mose
stellte sich an den Eingang des Lagers
und rief: »Wer noch zum Herrn gehört,
soll zu mir kommen!« Da versammelten
sich alle Leviten bei ihm. 27 Er sagte zu
ihnen: »Der Herr, der Gott Israels, be-
fiehlt euch: ›Legt eure Schwerter an, und
geht durch das ganze Lager, von einem
Ende zum anderen. Jeder soll seinen
Bruder, seinen Freund oder Verwandten
töten!‹«
28 Die Leviten gehorchten, und an die-
sem Tag starben etwa dreitausend Män-
ner. 29 Mose sagte zu den Leviten: »Heute
seid ihr für den Dienst des Herrn geweiht
worden,[a] denn ihr wart sogar bereit, eure
eigenen Söhne und Brüder zu töten. Da-
rum wird der Herr euch segnen!«
30 Am nächsten Tag sprach Mose zu
den Israeliten: »Ihr habt große Schuld
auf euch geladen. Doch ich will noch ein-
mal zum Herrn auf den Berg steigen;
vielleicht kann ich erreichen, dass er euch
vergibt.«
31 Mose ging zum Herrn zurück und
sagte: »Ach, dieses Volk hat eine schwere
Sünde begangen! Einen Gott aus Gold

---

[a] Oder: Weiht euch heute für den Dienst des Herrn!

32,11–14 4 Mo 14,13–20 **32,13** 1 Mo 12,2*; 26,4; 28,14* **32,16** 31,18* **32,29** 5 Mo 33,9

haben sie sich gemacht! 32 Bitte, vergib ih-
nen! Wenn du ihnen aber nicht vergeben
willst, dann streich auch mich aus deinem
Buch, in dem du die Namen der Men-
schen aufgeschrieben hast, die zu dir ge-
hören[a].« 33 Der Herr erwiderte: »Ich
streiche nur den aus meinem Buch, der
gegen mich sündigt. 34 Und nun geh wie-
der! Führe das Volk in das Land, von
dem ich gesprochen habe! Mein Engel
wird vor dir hergehen. Ich werde die Is-
raeliten für ihre Schuld zur Rechenschaft
ziehen, wenn die Zeit dazu gekommen
ist.«

35 Der Herr ließ eine Seuche unter den
Israeliten ausbrechen, denn sie hatten
das Kalb verehrt, das Aaron gemacht
hatte.

Ohne Gott ins verheißene Land?

33 Der Herr befahl Mose: »Verlass
diesen Ort! Geh mit dem Volk,
das du aus Ägypten herausgeführt hast,
in das Land, das ich Abraham, Isaak
und Jakob versprochen habe! Damals
habe ich ihnen geschworen: ›Euren
Nachkommen werde ich das Land ge-
ben!‹ 2 Und nun will ich einen Engel
vor euch hersenden und die Kanaaniter,
Amoriter, Hetiter, Perisiter, Hiwiter
und Jebusiter vertreiben. 3 Ja, zieht nur
in das Land, in dem Milch und Honig
fließen! Ich aber werde nicht mit euch
kommen, weil ihr ein so starrsinniges
Volk seid; ich würde euch sonst unter-
wegs vernichten!«

4 Als die Israeliten diese harten Worte
hörten, trauerten sie, und keiner von
ihnen legte mehr Schmuck an. 5 Denn
der Herr hatte Mose befohlen, ihnen zu
sagen: »Ihr seid ein starrsinniges Volk!
Wenn ich auch nur einen Augenblick mit
euch käme, würde ich euch vernichten!
Legt nun euren Schmuck ab, dann will
ich entscheiden, was mit euch geschehen
soll!«

6 Da legten die Israeliten am Berg
Horeb ihren Schmuck ab.

Das Zelt der Begegnung

7 Wenn die Israeliten irgendwo ihr Lager
aufschlugen, stellte Mose jedes Mal au-
ßerhalb des Lagers ein Zelt auf. Er nann-
te es: »Zelt der Begegnung.« Jeder Israe-
lit, der den Herrn befragen wollte, musste
dorthin gehen. 8 Immer wenn Mose das
Lager verließ und zum Zelt ging, traten
alle Israeliten an die Eingänge ihrer Zel-
te und blieben dort stehen. Sie schauten
Mose nach, bis er im Zelt der Begegnung
verschwunden war.

9 Kaum hatte Mose es betreten, kam die
Wolkensäule herab und blieb über dem
Eingang stehen, während der Herr mit
Mose sprach. 10 Sobald die Israeliten die
Wolkensäule beim Zelteingang sahen,
standen sie auf und warfen sich vor ihren
Zelten nieder. 11 Der Herr sprach mit Mo-
se von Angesicht zu Angesicht, wie Freun-
de miteinander reden. Danach kehrte
Mose wieder ins Lager zurück. Doch sein
junger Diener Josua, der Sohn Nuns, ver-
ließ das Zelt der Begegnung nicht.

Mose tritt für sein Volk ein

12 Mose sagte zum Herrn: »Du befiehlst
mir, dieses Volk nach Kanaan zu bringen,
aber du hast mir noch nicht gezeigt, wen
du mit mir senden willst. Du hast gesagt,
dass du mich ganz genau kennst und ich
deine Gunst gefunden habe. 13 Wenn du
nun wirklich mit mir bist, dann lass mich
deine Pläne erkennen! Ich möchte dich
besser verstehen und weiter deine Hilfe
erfahren. Denke doch daran: Dieses Volk
ist dein Volk!«

14 Der Herr antwortete: »Ich selbst wer-
de dir vorangehen und dich in ein Land
bringen, in dem du in Frieden leben
kannst!« 15 Mose erwiderte: »Wenn du
nicht selbst voranziehst, dann schick uns

---

[a] »in dem du … gehören« ist sinngemäß ergänzt.

32,32 Röm 9,3 **33,1** 1 Mo 12,7*; 26,2–3; 28,13* **33,2–3** 23,20–23 **33,3** 4 Mo 13,27* **33,4–5** 32,9–10* **33,9** 13,21–22* **33,11** 4 Mo 12,8; 5 Mo 34,10

nicht von hier fort! 16 Woran soll man denn
erkennen, dass du zu mir und diesem Volk
hältst? Doch nur daran, dass du mit uns
gehst! Was sonst sollte uns unterscheiden
von allen Völkern auf der Erde?«

17 Der Herr antwortete Mose: »Auch
diesen Wunsch, den du gerade ausgespro-
chen hast, will ich erfüllen, denn ich habe
dich gnädig angenommen und kenne dich
ganz genau!«

18 Mose bat: »Lass mich dich in deiner
Herrlichkeit sehen!« 19 Der Herr erwider-
te: »Ich will an dir vorüberziehen, damit
du sehen kannst, wie gütig und barmher-
zig ich bin. Meinen eigenen Namen ›der
Herr‹ werde ich vor dir aussprechen. Ich
erweise meine Güte, wem ich will. Und
über wen ich mich erbarmen will, über
den werde ich mich erbarmen. 20 Mein
Gesicht darfst du nicht sehen, denn kein
Mensch, der mich gesehen hat, bleibt am
Leben! 21 Aber du kannst hier bei mir auf
dem Felsen stehen. 22 Wenn ich dann in
meiner Herrlichkeit vorüberziehe, stelle
ich dich in eine Felsspalte und halte mei-
ne Hand schützend über dich, bis ich vo-
rübergegangen bin. 23 Dann ziehe ich
meine Hand zurück, und du kannst mir
hinterherschauen; mein Gesicht aber
darf niemand sehen!«

Gott erneuert den Bund mit seinem Volk
(5. Mose 10,1–5; 7,1–5.25–26)

34 Der Herr befahl Mose: »Meißle
dir zwei Steintafeln zurecht wie
die ersten beiden, die du zerschmettert
hast! Dann will ich noch einmal diesel-
ben Worte darauf schreiben. 2 Mach dich
bereit, morgen früh auf den Berg Sinai zu
steigen! Stell dich dort auf dem Gipfel
vor mich hin! 3 Keiner darf dich begleiten,
auf dem ganzen Berg darf sich niemand
sonst sehen lassen. Auch keine Schafe,
Ziegen oder Rinder dürfen am Fuß des
Berges weiden.«

4 Mose fertigte zwei neue Steintafeln
an, die wie die ersten aussahen. Früh am
Morgen stand er auf und stieg auf den
Berg Sinai, wie der Herr es ihm befohlen
hatte. In seinen Händen hielt er die bei-
den Steintafeln. 5 Da kam der Herr in der
Wolke herab, trat zu Mose und rief sei-
nen Namen »der Herr« aus. 6 Er zog an
Mose vorüber und rief: »Ich bin der Herr,
der barmherzige und gnädige Gott. Mei-
ne Geduld ist groß, meine Liebe und
Treue kennen kein Ende! 7 Ich lasse Men-
schen meine Liebe erfahren über Tausen-
de von Generationen. Ich vergebe die
Schuld und die Bosheit derer, die sich ge-
gen mich aufgelehnt haben, doch ich stra-
fe auch. Wenn jemand mich verachtet,
dann muss er die Folgen tragen, und nicht
nur er, sondern auch seine Kinder, Enkel
und Urenkel!«

8 Schnell warf Mose sich zu Boden und
betete den Herrn an: 9 »Herr, wenn ich
wirklich in deiner Gunst stehe, dann zieh
bitte mit uns, obwohl dieses Volk so starr-
sinnig ist! Vergib uns unsere Schuld, und
lass uns wieder zu dir gehören!«

10 Der Herr antwortete: »Ich schließe
einen Bund mit euch. Vor den Augen dei-
nes ganzen Volkes will ich Wunder voll-
bringen, wie sie bisher bei keinem Volk
auf der Welt geschehen sind. Wenn die
Israeliten sehen, was ich mit dir tue, wer-
den sie große Ehrfurcht vor mir haben!
11 Merkt euch genau, was ich euch heute
befehle! Ich werde die Amoriter, Kanaa-
niter, Hetiter, Perisiter, Hiwiter und Je-
busiter vertreiben und euch ihr Gebiet
geben. 12 Schließt keinen Bund mit den
Bewohnern des Landes, in das ihr
kommt! Ihr geratet sonst durch sie in
eine tödliche Falle. 13 Reißt ihre Altäre
nieder, zertrümmert ihre heiligen Stein-
säulen, und schlagt die Pfähle ihrer Göt-
tin Aschera um!

14 Betet keinen anderen Gott an, denn
ich, der Herr, dulde keinen neben mir!
Ihr sollt mir allein gehören. 15 Schließt

33,18 2 Kor 3,18 **33,20–23** 3,6; 24,11; Ri 13,22–23; 1 Kön 19,11–13; Joh 1,18; 6,46; 1 Tim 6,16
34,1 31,18* **34,3** 19,12–13 **34,5** 3,14–15 **34,6–7** 20,5–6*; 4 Mo 14,18; Klgl 3,22–23*
34,13 5 Mo 12,2–3*

niemals einen Bund mit den Bewohnern
des Landes! Denn sie haben sich ihren
Götzen an den Hals geworfen und brin-
gen ihnen Opfer dar. Sie könnten euch
einladen, an ihren Opfermahlzeiten teil-
zunehmen. 16 Ihr würdet vielleicht eure
Söhne mit ihren Töchtern verheiraten,
und diese Frauen würden eure Söhne da-
zu verführen, den anderen Göttern nach-
zulaufen.
17 Gießt euch keine Götterfiguren aus
Metall!«

Die jährlichen Feste

18 »Feiert das Fest der ungesäuerten Bro-
te! Sieben Tage im Monat Abib sollt ihr
ungesäuertes Brot essen, wie ich es euch
befohlen habe. Denn in diesem Monat
seid ihr aus Ägypten fortgezogen.
19 Eure ältesten Söhne sollt ihr mir wei-
hen, ebenso jedes männliche Tier, das zu-
erst geboren wird – ob Rind, Schaf oder
Ziege. 20 Anstelle jedes zuerst geborenen
Esels sollt ihr ein Lamm opfern und ihn
so auslösen. Wollt ihr dies nicht, dann
brecht dem jungen Esel das Genick. Eure
ältesten Söhne aber müsst ihr auf jeden
Fall auslösen. Zum Fest soll keiner mit
leeren Händen zu meinem Heiligtum
kommen!
21 Ihr sollt sechs Tage arbeiten und am
siebten Tag ruhen! Das gilt auch für die
Zeit, in der ihr pflügt und erntet.
22 Feiert das Erntefest, wenn ihr den ers-
ten Weizen einbringt, und schließlich das
Fest der Wein- und Obsternte am Ende
des Jahres[a]! 23 Dreimal im Jahr sollen sich
alle Männer Israels vor mir, dem Herrn,
eurem Gott, versammeln. 24 Ich will ganze
Völker vertreiben und euer Gebiet immer
größer werden lassen. Niemand wird in
euer Land einfallen, während ihr dreimal
jährlich zum Heiligtum kommt, um mir,
dem Herrn, eurem Gott, zu begegnen.
25 Wenn ihr ein Tier schlachtet und op-
fert, dürft ihr sein Blut nicht zusammen
mit Brot darbringen, das Sauerteig ent-
hält! Vom Fleisch der Tiere, die ihr am
Passahfest opfert, darf nichts bis zum
nächsten Morgen übrig bleiben.
26 Bringt das Beste vom Ertrag eurer
Felder als Gabe in mein Heiligtum!
Kocht ein Ziegenböckchen nicht in der
Milch seiner Mutter!«

Der Glanz auf Moses Gesicht

27 Der Herr befahl Mose: »Schreib alles
auf, was ich dir gesagt habe, denn es ist
die Grundlage für den Bund, den ich mit
dir und den Israeliten schließe!«
28 Vierzig Tage und Nächte blieb Mose
auf dem Berg in der Gegenwart des
Herrn. Während dieser Zeit aß und trank
er nichts. Er schrieb auf die Steintafeln
die Zehn Gebote, auf die sich der Bund
des Herrn mit den Israeliten gründete.
29 Als Mose mit den beiden Tafeln in
der Hand vom Berg Sinai herabstieg, lag
ein Glanz auf seinem Gesicht, denn er
hatte mit dem Herrn gesprochen; Mose
selbst merkte nichts davon. 30 Aaron und
die anderen Israeliten aber sahen sein
leuchtendes Gesicht und fürchteten sich,
in seine Nähe zu kommen. 31 Doch Mose
rief sie zu sich. Da traten Aaron und die
führenden Männer des Volkes zu ihm,
und Mose redete mit ihnen. 32 Danach ka-
men auch die anderen Israeliten, und
Mose gab ihnen alle Gebote weiter, die
ihm der Herr auf dem Berg Sinai mit-
geteilt hatte.
33 Als Mose ihnen alles gesagt hatte,
verhüllte er sein Gesicht mit einem Tuch.
34 Immer wenn Mose ins Zelt der Begeg-
nung ging, um mit dem Herrn zu reden,
nahm er das Tuch ab, bis er das Zelt wieder
verließ. Draußen teilte er den Israeliten
mit, was ihm der Herr aufgetragen hatte,

---

[a] Gemeint ist das Ende des landwirtschaftlichen Jahres im September/Oktober.

34,18–23 23,14–17 **34,18** 12,15–20* **34,19–20** 13,12–16* **34,21** 20,8–11* **34,22** 4 Mo 28,26–31* **34,25** 29,34; 3 Mo 7,15 **34,26** 4 Mo 18,8–19*; Neh 10,36 **34,27–28** 24,4* **34,28** 31,18* **34,33–35** 2 Kor 3,13 **34,34** 33,8–9

Die Wunden der Vergangenheit

Lesen Sie 2. Mose 34,1-9

In diesem Abschnitt der Bibel spricht Gott von dem ständigen Kreislauf „Gehorsam-Segen-Ungehorsam-Strafe“, durch den die Beziehung der Israeliten zu ihm geprägt war. Obwohl das Volk Gottes immer wieder in Sünde verfiel, gab der Herr es nie auf.

Die Geduld und Vergebungsbereitschaft Gottes gegenüber Israel ist ein Vorbild für alle, die gegenüber nahestehenden Menschen einen Groll hegen, vor allem, wenn diese Menschen die eigenen Eltern sind. Die Entfremdung von unseren Eltern kann unser ganzes Leben negativ beeinflussen und uns massiv daran hindern, selbst als Eltern nach dem Willen Gottes zu handeln. Ungelöste Probleme müssen angegangen werden.

Der lange Weg der Heilung beginnt mit einem offenen Gespräch und Vergebung. Sobald wir unseren Eltern die Fehler der Vergangenheit vergeben haben, werden wir frei und können selbst Vertrauen entwickeln und Freundschaften erneuern. Doch was geschieht, wenn unsere Eltern in dem offenen Gespräch leugnen, Fehler gemacht zu haben? Oder wenn sie bereits verstorben sind? In beiden Fällen gilt dasselbe: Wir vertrauen unsere Eltern Gott an, der ein gerechter Richter ist, und wir geben unseren Zorn und unsere Bitterkeit an ihn ab, denn er kennt und versteht uns.

Wir können nicht alle Narben früherer Verletzungen beseitigen, doch wir können von den Fesseln der Bitterkeit befreit werden. Die Freiheit erfahren wir dann, wenn wir unseren Eltern vergeben. Vergebung ist ein Höhenweg, der uns zu Versöhnung und Nähe führt; er macht uns frei von Bitterkeit.

Nehmen Sie sich etwas Zeit, um allein oder als Paar gemeinsam zu beten. Bringen Sie die ungelösten Probleme, die Sie mit Ihren Eltern haben, vor Gott. Bitten Sie ihn um die Kraft, diese Themen anzugehen, Unrecht aus der Vergangenheit zu vergeben und das Fundament für die Versöhnung zu legen.

Wenn Sie noch mehr Zeit haben ...

Besprechen Sie miteinander folgende Fragen oder denken Sie darüber nach:

- Wie haben sich ungelöste Probleme aus der Vergangenheit auf Ihre Ehe ausgewirkt? Wie haben sie die Beziehung zu Ihren Kindern beeinflusst?
- Was können Sie aus dem Vorbild der Geduld und Vergebungsbereitschaft Gottes für Ihre Beziehung zu Ihren Eltern (oder zu anderen Familienmitgliedern) lernen?
- Welche konkreten Schritte können Sie unternehmen, um eine gesunde Beziehung zwischen Ihrem Ehepartner und seinen Eltern zu fördern?

Lesen Sie auch die folgenden Abschnitte, in denen es um das Thema Vergebung geht:
Psalm 103,8-12; Matthäus 5,22-24; Epheser 4,31-32.

Die richtige Arbeitsmoral

Lesen Sie 2. Mose 36,8-38

Von Anfang an gehört die Arbeit zur Schöpfung Gottes. Wie die Kunsthandwerker in 2. Mose 36 haben auch wir bestimmte Begabungen und sind so geschaffen, dass wir Erfüllung darin finden, diese Gaben einzusetzen. In unserer Einstellung zur Arbeit lässt sich erkennen, dass wir Ebenbilder Gottes sind.

Leider ist unsere Arbeitsmoral oft durch das Streben nach Gewinn verdorben. Zu viele Berufsentscheidungen werden nur im Blick darauf getroffen, wie viel Geld sich verdienen lässt.

Christliche Paare, die sich auch im Berufsleben an die ethischen Maßstäbe der Bibel halten wollen, wissen, dass sie nicht nur für sich und ihre Familie arbeiten, sondern auch für Gott. Paulus schreibt: „Denkt bei allem daran, dass ihr für den Herrn und nicht für die Menschen arbeitet. Als Lohn dafür wird Gott euch das Erbe geben, das er versprochen hat. Das wisst ihr ja. Denn Jesus Christus ist euer wahrer Herr!" (Kolosser 3,23-24).

Manche Paare werden von Gott berufen, ihr Leben ganz in den Dienst eines christlichen Werkes zu stellen. Diese Berufung führt sie dann in eine Gemeinde oder in eine andere christliche Organisation. Fast alle diese Menschen treffen die bewusste Entscheidung, mit weniger Geld zu leben, damit sie ihre Arbeitskraft im vollzeitlichen Dienst einsetzen können, zu dem sie berufen wurden. Der Entschluss, Gott mehr zu vertrauen als dem Geld, wenn es um den Sinn ihres Lebens geht, hat auch enorme Auswirkungen auf ihre Ehe.

Nehmen Sie sich Zeit, um allein oder als Paar gemeinsam zu beten. Danken Sie Gott für die Gaben, die er Ihnen beiden geschenkt hat. Bitten Sie ihn um Hilfe, diese Gaben so einzusetzen, dass Sie ihn damit ehren, selbst Erfüllung darin finden und Ihre Familie versorgen können.

Wenn Sie noch mehr Zeit haben …

Besprechen Sie miteinander folgende Fragen oder denken Sie darüber nach:

- Welche Einstellung zur Arbeit wurde Ihnen in Ihrem Elternhaus vermittelt?
- Wie hat dies Ihre eigene Arbeitsmoral beeinflusst?
- Finden Sie Erfüllung in Ihrer derzeitigen beruflichen Tätigkeit? Was müsste sich gegebenenfalls ändern?

Lesen Sie auch die folgenden Abschnitte, in denen es um das Thema Arbeit geht:

1. Mose 2,15; 2. Mose 35,35; Sprüche 12,14.

Den nächsten Impuls finden Sie auf S. 112 a

35 und sie sahen den Glanz auf seinem Gesicht. Dann verhüllte er sich wieder mit dem Tuch, bis er das nächste Mal das Lager verließ, um mit dem Herrn zu reden.

Der Sabbat als Ruhetag

35 Mose versammelte alle Israeliten und sagte zu ihnen: »Der Herr hat euch befohlen: 2 Sechs Tage sollt ihr eure Arbeit verrichten, aber den siebten Tag sollt ihr als einen heiligen Tag achten. Er ist der Sabbat, der Ruhetag, der allein dem Herrn geweiht ist. Wer am Sabbat arbeitet, muss sterben! 3 An diesem Tag dürft ihr noch nicht einmal ein Feuer anzünden, wo auch immer ihr lebt!«

Freiwillige Gaben für den Bau des Heiligtums

4 Mose sagte zu den Israeliten: »Der Herr hat uns befohlen, 5 eine Abgabe für ihn zu entrichten. Jeder, der es gerne tut, soll etwas geben: Gold, Silber und Bronze, 6 violette, purpurrote und karmesinrote Wolle, feines Leinen, Ziegenhaar, 7 rot gefärbte Felle von Schafböcken, Tachasch-Leder[a], Akazienholz, 8 Öl für den Leuchter, wohlriechende Gewürze für das Salböl und die Weihrauchmischung, 9 Onyx und andere Edelsteine, die auf dem Schurz und der Brusttasche des Priesters eingesetzt werden sollen.

10 Wer von euch dazu begabt ist, soll mitarbeiten, damit wir alles anfertigen können, was der Herr uns aufgetragen hat: 11 das heilige Zelt mit seinen verschiedenen Dächern, Haken, Platten, Querbalken, Säulen und Sockeln, 12 die Bundeslade mit den Tragstangen, die Deckplatte und den Vorhang vor der Bundeslade, 13 den Tisch für die Gott geweihten Brote mit seinen Tragstangen und allem, was dazugehört, 14 den Leuchter mit seinen Gefäßen und Werkzeugen, die Lampen und das Öl, 15 den Räucheropferaltar mit den Tragstangen, das Salböl, die Weihrauchmischung, den Vorhang für den Eingang zum heiligen Zelt, 16 den Brandopferaltar mit seinem Bronzegitter, seinen Tragstangen und allen Gefäßen und Werkzeugen, das Wasserbecken und sein Untergestell, 17 die Vorhänge, die den Vorhof abgrenzen, mit ihren Pfosten und Sockeln, den Vorhang für den Eingang zum Vorhof, 18 die Pflöcke und Seile für das heilige Zelt und für die Abgrenzung des Vorhofs 19 sowie die gewobenen Priestergewänder für den Dienst im Heiligtum, die Aaron und seine Söhne tragen sollen.«

20 Daraufhin gingen die Israeliten wieder auseinander. 21 Alle, die gern etwas geben wollten, kamen mit einer Opfergabe für das heilige Zelt, seine Ausstattung und die Priestergewänder. 22 Männer und Frauen holten bereitwillig ihre Spangen, Ohrringe, Ringe, Halsketten und anderen Goldschmuck als Gabe für den Herrn. 23 Wer violette, purpurrote und karmesinrote Wolle besaß, feines Leinen, Ziegenhaar, rot gefärbte Felle von Schafböcken oder Tachasch-Leder[a], der brachte es ebenfalls zu Mose. 24 Auch Silber, Bronze und Akazienholz wurden als Gabe für das Heiligtum gespendet. 25/26 Alle Frauen, die dazu begabt waren, spannen Ziegenhaarfäden, Leinenfäden und Wolle, die mit violettem und rotem Purpur oder mit Karmesin gefärbt war. 27 Die führenden Männer des Volkes brachten Onyx und andere Edelsteine für den Schurz und die Brusttasche des Priesters, 28 außerdem Balsamöl und Olivenöl für den Leuchter, für das Salböl und die Weihrauchmischung.

29 So kamen die israelitischen Männer und Frauen mit ihren freiwilligen Gaben für den Herrn herbei. Sie alle wollten etwas zum Bau des Heiligtums beitragen. Der Herr hatte sie durch Mose dazu aufgefordert.

---

a Vermutlich handelt es sich beim Tachasch um einen Meeressäuger wie Delphin, Seehund oder Seekuh.

35,1–3 20,8–11* **35,3** 16,23.25 **35,4–9** 25,1–7 **35,5** 25,2* **35,21–29** 25,2*

Die Kunsthandwerker Bezalel und Oholiab

[30]Mose sagte zu den Israeliten: »Hört mir
genau zu! Der Herr hat Bezalel, den
Sohn Uris und Enkel Hurs vom Stamm
Juda, ausgewählt, den Bau des heiligen
Zeltes zu leiten. [31]Er hat ihn mit seinem
Geist erfüllt und ihm Weisheit und Ver-
stand gegeben; er hat ihn befähigt, alle
für den Bau erforderlichen handwerk-
lichen und künstlerischen Arbeiten aus-
zuführen. [32]Bezalel kann Pläne entwer-
fen und nach ihnen Gegenstände aus
Gold, Silber oder Bronze anfertigen; [33]er
hat die Fähigkeit, Edelsteine zu schleifen
und in Gold zu fassen; er versteht sich auf
das Bearbeiten von Holz und auf viele
andere Arten von Kunsthandwerk. [34]Der
Herr hat ihn und Oholiab, den Sohn Ahi-
samachs vom Stamm Dan, dazu begabt,
andere anzuleiten. [35]Er hat die beiden
mit Weisheit erfüllt und sie fähig ge-
macht, alle Arbeiten eines Kunsthand-
werkers, Stickers oder Buntwebers aus-
zuführen. Sie können mit violettem,
purpurrotem und karmesinrotem Stoff
und mit feinem Leinen umgehen, sie
können weben und auch alles selbst ent-
werfen und ausführen.

36 Bezalel, Oholiab und die anderen
Kunsthandwerker, denen der Herr
Weisheit und Verstand für den Bau des
Heiligtums gegeben hat, sollen alles ge-
nau so machen, wie es der Herr befohlen
hat!«

Die Opferbereitschaft der Israeliten

[2]Mose rief Bezalel, Oholiab und alle an-
deren Kunsthandwerker zu sich, denen
Gott Weisheit und Geschick gegeben
hatte. Sie waren bereit, ans Werk zu ge-
hen, [3]und nahmen von Mose entgegen,
was das Volk für den Bau des Heiligtums
herbeigebracht hatte.

Morgen für Morgen kamen die Israeli-
ten mit weiteren freiwilligen Gaben. [4]Da
ließen die Kunsthandwerker, die das
Heiligtum errichten sollten, ihre Arbeit
liegen, [5]gingen zu Mose und sagten: »Die
Leute bringen zu viel! Wir haben mehr
als genug Material für die Arbeit, die
der Herr uns aufgetragen hat.« [6]Mose
ließ im ganzen Lager ausrufen: »Ihr
Männer und Frauen, ihr braucht nichts
mehr für den Bau des Heiligtums herzu-
bringen!«

Da brachten die Israeliten keine wei-
teren Gaben. [7]Denn es war bereits mehr
als genug Material für die Arbeiten vor-
handen, die getan werden mussten.

Decken und Wände für das heilige Zelt

[8]Die Kunsthandwerker fertigten das hei-
lige Zelt an: Unter der Leitung von Beza-
lel webten sie zehn Bahnen Zelttuch und
verwendeten dazu violette, purpurrote
und karmesinrote Wolle sowie feines Lei-
nen. Auf die Zeltbahnen stickten sie En-
gelfiguren. [9]Die einzelnen Bahnen waren
14 Meter lang und 2 Meter breit. [10]Je-
weils fünf von ihnen wurden an den
Längsseiten aneinander genäht, so dass
zwei große Zeltdecken entstanden. [11]Um
diese beiden Decken verbinden zu kön-
nen, ließ Bezalel an einer Längsseite
jeder Decke 50 Schlaufen aus violett ge-
färbter Wolle anbringen, [12]also 50
Schlaufen an der einen und ebenso viele
an der anderen Zeltdecke. Die Decken
wurden so aneinander gelegt, dass die
Schlaufen einander gegenüberstanden.
[13]Dann schmiedete Bezalel 50 goldene
Haken, die jeweils zwei gegenüberliegen-
de Schlaufen verbanden und so die bei-
den Decken zu einem Stück zusammen-
fügten.

[14/15]Außerdem ließ er elf Zeltbahnen
aus Ziegenhaar weben, 15 Meter lang
und 2 Meter breit. Sie sollten als Dach
über das erste Zelt gelegt werden. [16]Fünf
dieser Bahnen wurden an den Längssei-
ten zu einem Stück verbunden, die übri-
gen sechs zu einem zweiten. [17]Um die
beiden Zeltstücke verbinden zu können,

35,30–35 31,1–6 **36,3–7** 25,2* **36,8–34** 26,1–29

brachte Bezalel jeweils an einer Längs-
seite 50 Schlaufen aus violett gefärbter
Wolle an. 18 Er stellte 50 Bronzehaken
her und fügte mit ihnen die beiden Zelt-
stücke zu einem zusammen.
19 Als Schutz für die beiden Zeltdecken
ließ er ein Dach aus rot gefärbten Fellen
von Schafböcken nähen. Über dieses
Felldach wurde noch eine Schutzdecke
aus Tachasch-Leder gespannt.
20 Als Nächstes ließ Bezalel Platten aus
Akazienholz zusägen, die als Wände für
das Zelt dienen sollten. 21 Jede Platte war
fünf Meter lang und einen drei viertel
Meter breit. 22 Alle Platten hatten an der
kurzen Seite zwei Zapfen, die parallel an-
geordnet waren. 23 Für die südliche Längs-
seite des Zeltes wurden 20 Platten ange-
fertigt, 24 dazu 40 silberne Sockel, auf
denen die Platten stehen sollten. Zwei So-
ckel gehörten unter jede Platte, für jeden
Zapfen einer. 25 Für die nördliche Längs-
seite des Zeltes ließ Bezalel ebenfalls 20
Platten fertigen 26 und 40 silberne Sockel
gießen, auf denen die Platten stehen soll-
ten, je zwei Sockel unter jeder Platte.
27 Für die schmale Rückseite im Westen
wurden 6 Platten gefertigt 28/29 und 2 wei-
tere Wandteile für die Ecken an der
Rückseite des Zeltes. Sie waren auf gan-
zer Länge gewinkelt und an ihrem oberen
Ende durch einen Ring befestigt, um so
die Eckkonstruktion der Wände zu bil-
den. 30 Die Rückseite bestand also ins-
gesamt aus 8 Platten mit 16 silbernen So-
ckeln, jeweils zwei Sockel unter einer
Platte.
31/32 Nun fertigte Bezalel Querbalken
aus Akazienholz an, jeweils fünf Stück
für jede Längsseite und die westliche
Querseite. Diese Balken sollten die auf-
recht stehenden Platten zusammenhal-
ten. 33 Der mittlere Balken verlief genau
auf halber Höhe an der ganzen Wand
entlang. 34 Alle Platten und Querbalken
wurden vollständig mit Gold überzogen.
Schließlich schmiedete Bezalel noch die
goldenen Ringe, die in den Platten ver-
ankert werden sollten. Durch sie wurden
später die Querbalken gesteckt.

Vorhänge für das heilige Zelt

35 Bezalel ließ einen Vorhang weben aus
violetter, purpurroter und karmesinroter
Wolle und feinem Leinen, kunstvoll ver-
ziert mit Engelfiguren. 36 Dann wurden
unter seiner Leitung für den Vorhang
vier Säulen aus Akazienholz angefertigt,
außerdem goldene Haken und silberne
Sockel. Die Säulen wurden mit Gold
überzogen.
37 Einen weiteren Vorhang ließ Bezalel
für den Zelteingang herstellen, ebenfalls
aus violetter, purpurroter und karmesin-
roter Wolle sowie aus feinem Leinen,
bunt und kunstvoll gewebt. 38 Der Vor-
hang wurde mit Haken an fünf Akazien-
holzsäulen befestigt, deren Kapitelle und
Verbindungsstangen mit Gold überzogen
waren. Sie standen auf bronzenen So-
ckeln.

Die Bundeslade

37 Bezalel fertigte einen Kasten aus
Akazienholz an, eineinviertel Me-
ter lang, einen drei viertel Meter breit
und ebenso hoch. 2 Innen und außen
überzog er ihn mit reinem Gold und
brachte auf der Oberseite ringsum eine
goldene Zierleiste an. 3 Dann goss er vier
Ringe aus massivem Gold und befestigte
sie an den vier unteren Ecken des Kas-
tens, je zwei Ringe an jeder Längsseite.
4 Außerdem fertigte er Tragstangen aus
Akazienholz an und überzog sie mit rei-
nem Gold. 5 Sie wurden durch die Ringe
an den Längsseiten des Kastens gesteckt,
damit man ihn daran tragen konnte.
6 Bezalel stellte auch die Deckplatte
aus reinem Gold für den Kasten her, ein-
einviertel Meter lang und einen drei vier-
tel Meter breit. 7/8 Er schmiedete zwei En-
gelfiguren aus massivem Gold, die an den
beiden Enden der Deckplatte stehen soll-

36,35–36 26,31–32 **36,37–38** 26,36–37 **37,1–9** 25,10–22

ten. Die Platte und die beiden Engel wa-
ren aus einem Stück gearbeitet. 9 Die En-
gel breiteten ihre Flügel nach oben aus
und beschirmten die Deckplatte, ihre Ge-
sichter waren einander zugewandt.

Der Tisch für die Gott geweihten Brote

10 Als Nächstes fertigte Bezalel einen
Tisch aus Akazienholz an: einen Meter
lang, einen halben Meter breit und einen
drei viertel Meter hoch. 11 Er überzog ihn
mit reinem Gold und brachte ringsum
eine goldene Zierleiste an. 12 An die
Tischplatte setzte er eine 8 Zentimeter
hohe Umrandung aus Gold, die auch
ringsum mit einer goldenen Leiste ver-
ziert war. 13 Nun goss er vier Ringe aus
massivem Gold und brachte sie an den
vier Seiten an, wo die Tischbeine anfin-
gen. 14 Er befestigte sie unterhalb der
Goldumrandung. Die Ringe sollten die
Stangen halten, mit denen man den Tisch
trug. 15 Auch die Stangen fertigte Bezalel
aus Akazienholz an und überzog sie mit
Gold.

16 Schließlich stellte er noch die Gefäße
her, die auf dem Tisch stehen sollten: die
Schüsseln, Schalen, Opferschalen und
Kannen, alle ebenfalls aus reinem Gold.
Sie sollten beim Trankopfer verwendet
werden.

Der siebenarmige Leuchter

17 Dann fertigte Bezalel den Leuchter aus
reinem Gold an. Fuß und Schaft waren
geschmiedet, und aus dem Schaft gingen
Kelche – Knospen und Blüten – hervor,
ebenfalls aus massivem Gold. 18 Vom
Schaft gingen sechs Seitenarme aus, drei
nach jeder Seite. 19 Jeder Arm war mit
drei Kelchen verziert, die wie Knospen
und Blüten des Mandelbaumes aussahen,
20 der Schaft selbst mit vier Kelchen.
21 Drei davon waren jeweils unter den
Ansätzen der Seitenarme angebracht.
22 Die Seitenarme und Kelche waren wie
der ganze Leuchter aus einem Stück rei-
nem Gold geschmiedet.

23 Aus reinem Gold fertigte Bezalel
auch die sieben Lampen, die Dochtsche-
ren und die Schalen für das Öl an. 24 Für
diese Gegenstände und den Leuchter
brauchte er 36 Kilogramm Gold.

Der Räucheropferaltar, das Salböl und die Weihrauchmischung

25 Nun baute Bezalel den Räucheropfer-
altar aus Akazienholz. Der Altar war
quadratisch: einen halben Meter lang
und ebenso breit. Seine Höhe betrug
einen Meter. An den vier oberen Ecken
ragten Hörner hervor. Sie waren nicht
aufgesetzt, sondern Teil der Seitenwände.
26 Die obere Platte, die Seitenwände und
die vier Hörner überzog Bezalel mit rei-
nem Gold, und an der Oberseite brachte
er ringsum eine Goldleiste an. 27 Er
schmiedete zwei Paar goldene Ringe
und befestigte sie an beiden Seiten des
Altars unterhalb der Zierleiste. Durch
diese Ringe wurden Stangen gesteckt,
damit man den Altar tragen konnte.
28 Die Stangen wurden aus Akazienholz
angefertigt und mit Gold überzogen.

29 Bezalel bereitete auch die wohlrie-
chende Weihrauchmischung für das Räu-
cheropfer zu sowie das Salböl, das ge-
braucht wurde, wenn ein Gegenstand
oder eine Person dem Herrn geweiht
wurde.

Der Brandopferaltar und das bronzene Wasserbecken

38 Bezalel fertigte den Brandopfer-
altar aus Akazienholz an; der Al-
tar war quadratisch: zweieinhalb Meter
lang und ebenso breit. Die Höhe betrug
eineinhalb Meter. 2 An den vier oberen
Ecken ragten Hörner hervor. Sie waren
nicht aufgesetzt, sondern Teil der Seiten-
wände. Der ganze Altar wurde mit Bron-
ze überzogen. 3 Auch die dazugehörigen
Gefäße und Werkzeuge ließ Bezalel aus

37,10–16 25,23–30 **37,17–24** 25,31–39 **37,25–28** 30,1–5 **38,1–7** 27,1–8

Bronze herstellen: die Aschenkübel, Schaufeln, Fleischgabeln, Feuerbecken und Schalen zum Auffangen des Blutes.

4 Er fertigte einen Gitterrahmen aus Bronze an, der unter dem Altar befestigt wurde und ihn ringsum bis zur halben Höhe umschloss. 5 Dann goss er vier bronzene Ringe und brachte sie jeweils an den vier Ecken des Gitters an. Sie sollten als Halterung für die Tragstangen dienen. 6 Die Stangen fertigte Bezalel aus Akazienholz und überzog sie mit Bronze. 7 Er steckte sie durch die Ringe an den Seiten des Altars, damit man den Altar tragen konnte. Der Brandopferaltar war ganz aus Holz, aber innen hohl.

8 Bezalel fertigte auch das Wasserbecken mit seinem Gestell aus Bronze an. Dazu verwendete er die Bronze aus den Spiegeln der Frauen, die am Eingang des Zeltes der Begegnung ihren Dienst taten.

Der Vorhof

9 Dann ließ Bezalel die Vorhänge aus feinem Leinen nähen, die als Abgrenzung des Vorhofs dienen sollten. Die Abgrenzung an der Südseite sollte 50 Meter lang werden. 10 Außerdem wurden silberne Haken und Stangen angefertigt sowie 20 Holzpfosten mit Bronzesockeln, an denen die Vorhänge befestigt werden sollten. 11 Für die 50 Meter lange Nordseite wurden die gleichen Vorhänge, silberne Haken und Stangen sowie 20 Holzpfosten mit Bronzesockeln hergestellt. 12 Für die Westseite des Vorhofs ließ Bezalel Vorhänge mit insgesamt 25 Metern Breite nähen, hinzu kamen 10 Holzpfosten und ebenso viele Bronzesockel sowie die dazugehörigen silbernen Haken und Stangen. 13 Auch auf der Ostseite, in Richtung Sonnenaufgang, wurden Vorhänge für eine Breite von 25 Metern benötigt. 14/15 Links und rechts vom Eingang im Osten sollten die Vorhänge auf einer Breite von je 7,5 Metern an jeweils drei Holzpfosten hängen, die auf Bronzesockeln standen. 16 Für alle diese Vorhänge wurde feines Leinen verwendet, 17 die Pfosten standen auf Sockeln aus Bronze, und die Vorhänge waren mit silbernen Haken und Stangen an den Pfosten befestigt. Auch die Kapitelle der Pfosten waren mit Silber überzogen.

18 Für den Eingang selbst ließ Bezalel einen 10 Meter breiten Vorhang machen, bunt und kunstvoll gewebt aus violetter, purpurroter und karmesinroter Wolle und feinem Leinen. Wie die anderen Vorhänge des Vorhofs war er 2,5 Meter hoch. 19 Für ihn wurden vier Holzpfosten mit Bronzesockeln sowie silberne Haken und Stangen angefertigt. Das obere Ende dieser Pfosten war mit Silber überzogen. 20 Die Pflöcke für das heilige Zelt und für die Vorhänge des Vorhofs ließ Bezalel aus Bronze herstellen.

Das Baumaterial

21 Es folgt eine Liste des Materials, das für den Bau des Heiligtums verwendet wurde. Mose hatte den Priester Itamar, den Sohn Aarons, beauftragt, die Liste zusammen mit den Leviten aufzustellen. 22 Bezalel, der Sohn Uris und Enkel Hurs vom Stamm Juda, hatte alle Arbeiten so ausgeführt, wie der Herr es befohlen hatte, 23 und Oholiab, der Sohn Ahisamachs vom Stamm Dan, hatte ihn dabei unterstützt. Oholiab war ein Kunsthandwerker, der sticken und weben konnte. Er verarbeitete violetten, purpurroten und karmesinroten Stoff und feines Leinen.

24 Das Gold aus den freiwilligen Opfergaben, das zur Arbeit am Heiligtum verwendet wurde, wog etwa 1000 Kilogramm, nach dem Gewicht, das im Heiligtum gilt.

25 Das Silber war durch eine Abgabe zusammengekommen, die jeder gemusterte Israelit zu entrichten hatte. Es wog rund 3620 Kilogramm, nach dem Gewicht, das im Heiligtum gilt. 26 Alle wehrfähigen Männer, die zwanzig Jahre und älter waren, mussten ein halbes Silber-

---

38,8 30,17–19 **38,9–20** 27,9–19 **38,25–26** 30,11–16

stück geben; insgesamt waren es 603 550 Männer. 27 Aus dem Silber wurden 100 Sockel für die Wandplatten und für die Säulen des heiligen Zeltes gegossen, an denen die Vorhänge befestigt wurden; jeder Sockel wog 36 Kilogramm. 28 Aus den restlichen 20 Kilogramm Silber wurden die Haken und Stangen für die Vorhangpfosten des Vorhofs gegossen und die Kapitelle der Pfosten versilbert.

29 Die Bronze, die durch die freiwilligen Gaben zusammenkam, wog etwa 2550 Kilogramm. 30 Daraus ließ Bezalel die Sockel für den Eingang des heiligen Zeltes herstellen, den Brandopferaltar mit seinem Gitterrahmen und den dazugehörigen Gefäßen und Werkzeugen, 31 die Sockel für die Abgrenzung des Vorhofs, die Sockel für den Eingang zum Vorhof sowie alle Pflöcke für das heilige Zelt und für die Vorhänge des Vorhofs.

Der Priesterschurz

39 Aus violetter, purpurroter und karmesinroter Wolle fertigten die Kunsthandwerker die bunt gewebten, heiligen Gewänder an, die Aaron beim Dienst im Heiligtum tragen sollte. Sie hielten sich dabei an alle Weisungen, die Mose vom Herrn empfangen hatte. 2 Den Priesterschurz webten sie aus Goldfäden, aus violetter, purpurroter und karmesinroter Wolle und feinem Leinen. 3 Sie hämmerten Goldbleche zurecht, zerschnitten sie zu Fäden und arbeiteten die Fäden in den violetten, purpurroten und karmesinroten Stoff und in das Leinen ein. 4 Dann fertigten sie zwei Bänder an, die über die Schultern gelegt und vorn und hinten am Schurz befestigt werden konnten. 5 Der Gürtel, mit dem der Schurz zusammengebunden wurde, war aus den gleichen Stoffen gewebt: aus Goldfäden, violetter, purpurroter und karmesinroter Wolle sowie aus feinem Leinen. So hatte der Herr es Mose befohlen. 6 Als Nächstes fassten sie zwei Onyx-Steine in Gold und gravierten die Namen der zwölf Stämme Israels ein, so wie man ein Siegel in Stein eingraviert. 7 Die Steine wurden auf die Schulterstücke des Priesterschurzes aufgesetzt und sollten den Herrn an sein Volk Israel erinnern. So hatte der Herr es Mose befohlen.

Die Brusttasche

8 Dann fertigten die Kunsthandwerker die Brusttasche an. Sie war aus denselben Stoffen gemacht wie der Priesterschurz: aus Goldfäden, violetter, purpurroter und karmesinroter Wolle sowie aus feinem Leinen. 9 Die Tasche war quadratisch, jede Seite 25 Zentimeter lang, und der Stoff war doppelt gelegt. 10 Die Kunsthandwerker besetzten sie mit vier Reihen von Edelsteinen. Die erste Reihe bestand aus einem Karneol, Topas und Smaragd, 11 die zweite Reihe aus einem Rubin, Saphir und Jaspis, 12 die dritte Reihe aus einem Hyazinth, Achat und Amethyst, 13 die vierte Reihe aus einem Türkis, Onyx und Nephrit. Alle Steine waren in Gold eingefasst. 14 Sie standen für die zwölf Stämme Israels; auf jedem Stein war ein Stammesname eingraviert, auf dieselbe Art, wie man ein Siegel herstellt.

15 Nun fertigten die Kunsthandwerker für die Brusttasche zwei Kettchen aus reinem Gold an, wie Stricke gedreht, 16 dazu zwei goldene Spangen und zwei goldene Ringe. Sie befestigten die Ringe an den beiden oberen Ecken der Brusttasche. 17 Dann wurden die Kettchen mit den Ringen verbunden. 18 Die Spangen brachte man vorn an den Schulterbändern des Priesterschurzes an und befestigte die anderen Enden der beiden Kettchen daran. 19 Auch an den unteren Ecken der Tasche wurden zwei goldene Ringe angebracht, und zwar auf der Innenseite, die dem Priesterschurz zugewandt war. 20 Zwei weitere Ringe wurden mit den Schulterstücken des Priesterschurzes verbunden, an deren unterem Ende, dicht bei dem Gürtel, der den

---

39,1–7 28,6–14 **39,8–21** 28,15–30

Priesterschurz hielt. [21]Die Ringe der Brusttasche verbanden die Kunsthandwerker mit Schnüren aus violettem Purpur mit den Ringen am Priesterschurz. So lag die Brusttasche direkt oberhalb des Gürtels und konnte nicht verrutschen. Genau so hatte der Herr es angeordnet.

Das Obergewand

[22]Aus violetter Wolle webten die Kunsthandwerker das Obergewand, das der Priester unter dem Priesterschurz tragen sollte. [23]Den Saum der Halsöffnung verstärkten sie mit einem gewebten Kragen, damit er nicht einriss, ähnlich wie bei einem ledernen Panzerhemd. [24–26]Am unteren Saum des Gewandes brachten sie ringsum Granatäpfel aus violettem, purpurrotem und karmesinrotem gezwirntem Stoff an, und dazwischen kleine goldene Glöckchen, immer abwechselnd. Dieses Gewand sollte Aaron tragen, wenn er seinen Dienst ausübte. So hatte der Herr es Mose befohlen.

Die Ausstattung der Priester

[27]Als Nächstes fertigten die Kunsthandwerker die Leinengewänder für Aaron und seine Söhne an, [28]dazu die leinenen Turbane und Hosen [29]und den bunt gewebten Gürtel aus feinem Leinen, violetter, purpurroter und karmesinroter Wolle. Alles war so, wie der Herr es Mose befohlen hatte.

[30]Dann fertigten sie ein kleines Schild aus reinem Gold an, das heilige Diadem, und gravierten darauf die Worte ein: »Dem Herrn geweiht.« [31]Sie befestigten es mit einer Schnur aus violettem Purpur vorne an Aarons Turban, wie der Herr es angeordnet hatte.

Die Arbeit am Heiligtum ist beendet

[32]Schließlich waren die Arbeiten am Heiligtum beendet. Die Israeliten hatten alles genau so ausgeführt, wie der Herr es Mose befohlen hatte. [33]Sie brachten die einzelnen Teile zu Mose: das heilige Zelt mit allem, was dazugehörte, die Haken, Wandplatten, Querbalken, Säulen und Sockel, [34]die Zeltdächer aus rot gefärbten Fellen von Schafböcken und aus Tachasch-Leder, den Vorhang vor der Bundeslade, [35]die Bundeslade für die Gesetzestafeln, die Tragstangen und die Deckplatte, [36]den Tisch für die Gott geweihten Brote mit allem, was zu ihm gehörte, [37]den goldenen Leuchter mit seinen Gefäßen und Werkzeugen, die Lampen und das Öl, [38]den goldenen Altar, das Salböl, die wohlriechende Weihrauchmischung, den Vorhang für den Eingang zum heiligen Zelt, [39]den Bronzealtar mit seinem Gitterrahmen, seinen Tragstangen und allen Gefäßen und Werkzeugen, das Wasserbecken und sein Untergestell, [40]die Vorhänge, die den Vorhof abgrenzen sollten, mit ihren Pfosten und Sockeln, den Vorhang für den Eingang zum Vorhof, die Seile und Zeltpflöcke sowie alle übrigen Gegenstände, die für den Dienst im Heiligtum gebraucht wurden. [41]Außerdem brachten die Israeliten die heiligen gewobenen Priestergewänder für den Dienst im Heiligtum, die Aaron und seine Söhne tragen sollten.

[42]Die gesamte Arbeit war nach dem Befehl des Herrn ausgeführt worden. [43]Mose überprüfte die einzelnen Teile und sah, dass alles so war, wie der Herr es angeordnet hatte. Da segnete Mose die Israeliten.

Anweisungen für die Errichtung des Heiligtums

40 Der Herr sprach zu Mose: [2]»Am 1. Tag des 1. Monats sollst du das heilige Zelt errichten. [3]Stell die Bundeslade mit den Gesetzestafeln hinein, und häng den Vorhang davor! [4]Dann bring den Tisch für die geweihten Brote hinein, und stell die Gefäße darauf, die zu ihm

39,22–26 28,31–35 **39,27–31** 28,36–39

gehören. Auch den Leuchter sollst du hi-
neintragen und die Lampen darauf set-
zen. 5 Stell den goldenen Räucheropfer-
altar vor die Bundeslade, und häng den
Vorhang vor den Zelteingang! 6 Der
Brandopferaltar muss draußen vor dem
Eingang zum heiligen Zelt stehen. 7 Das
Wasserbecken sollst du zwischen dem
heiligen Zelt und dem Altar aufstellen
und mit Wasser füllen. 8 Lass die Abgren-
zung des Vorhofs errichten, und häng den
Vorhang am Eingang des Vorhofs auf!
9 Dann sollst du mit dem Salböl das hei-
lige Zelt und alle Gegenstände darin be-
sprengen. So werden sie mir geweiht und
sind heilig. 10 Besprenge außerdem den
Brandopferaltar und alles, was dazuge-
hört! Dann wird er besonders heilig sein.
11 Auch das Wasserbecken und sein Un-
tergestell soll auf diese Weise mir ge-
weiht werden.
12 Nun führe Aaron und seine Söhne an
den Eingang des Heiligtums, und wasche
sie dort mit Wasser! 13 Leg Aaron die hei-
ligen Priestergewänder an, und salbe ihn,
damit er mir geweiht wird und mir als
Priester dient. 14 Dann lass seine Söhne
herantreten und ihre Leinengewänder
anziehen. 15 Auch sie müssen gesalbt wer-
den wie Aaron, um ihr Priesteramt aus-
üben zu können. Durch die Salbung
werden sie und später auch alle ihre
Nachkommen für immer zu Priestern
geweiht!«

Das Heiligtum wird errichtet

16 Mose führte alles so aus, wie der Herr
es ihm befohlen hatte. 17 Am 1. Tag des
1. Monats, genau ein Jahr nachdem die
Israeliten Ägypten verlassen hatten, wur-
de das heilige Zelt errichtet. 18 Mose ließ
die Sockel aufstellen und die Platten da-
rauf setzen. Dann brachte man die Quer-
balken an und stellte die Säulen für die
Vorhänge auf. 19 Die Zeltdecke wurde
über die Wände gespannt und mit den
anderen Decken überdacht, genau nach
der Anweisung des Herrn.
20 Mose legte die Gesetzestafeln in die
Bundeslade, steckte die Tragstangen
durch die Ringe und legte die Deckplatte
darauf. 21/22 Er ließ die Bundeslade ins
Zelt bringen und hängte den Vorhang da-
vor, wie der Herr es angeordnet hatte. An
die Nordseite des Zeltes, vor den Vor-
hang, der die Bundeslade verdeckte,
stellte man den Tisch. 23 Mose legte die
Brote, die dem Herrn geweiht waren, auf
den Tisch, wie der Herr es befohlen hat-
te. 24 Gegenüber, an der Südseite, stellte
er den Leuchter auf 25 und setzte die Lam-
pen darauf, ganz nach der Anweisung des
Herrn. 26 Den goldenen Altar ließ er im
Zelt vor dem Vorhang aufstellen 27 und
verbrannte ein wohlriechendes Räucher-
opfer darauf. So hatte es der Herr ange-
ordnet.
28 Dann hängte Mose den Vorhang am
Zelteingang auf. 29 Draußen vor den Ein-
gang stellte man den Brandopferaltar,
und Mose brachte auf ihm ein Brand-
und ein Speiseopfer dar, wie der Herr es
befohlen hatte.
30 Zwischen dem heiligen Zelt und dem
Altar ließ Mose das Becken aufstellen
und goss Wasser hinein, 31 damit er, Aa-
ron und dessen Söhne sich darin die Hän-
de und Füße waschen konnten. 32 Jedes
Mal wenn sie das Zelt betreten oder auf
dem Altar ein Opfer darbringen wollten,
wuschen sie sich. Sie befolgten damit die
Weisung des Herrn.
33 Schließlich wurde auch noch die Ab-
grenzung des Vorhofs rings um das heili-
ge Zelt und den Altar errichtet, und Mo-
se hängte den Vorhang am Eingang zum
Vorhof auf. So vollendete Mose den Bau
des Heiligtums.

Gottes Herrlichkeit erfüllt das Heiligtum

34/35 Da kam die Wolke auf das heilige
Zelt herab, und die Herrlichkeit des
Herrn erfüllte das Heiligtum, so dass Mo-
se nicht hineingehen konnte.
36 Immer wenn sich die Wolke vom Zelt

40,9–11 29,36–37 **40,34–35** 1 Kön 8,10–11 **40,36–38** 14,19–20; 4 Mo 9,15–23

erhob, brachen die Israeliten auf. 37 Er-
hob sie sich nicht, blieben die Israeliten,
wo sie waren, bis die Wolke weiterzog.
38 Tagsüber stand die Wolke über dem
heiligen Zelt, und nachts leuchtete sie vor den Augen aller Israeliten wie Feuer. So blieb es während der ganzen Zeit, in der das Volk Israel umherzog.

Das dritte Buch Mose (Leviticus)

Das Brandopfer

1 Der Herr rief Mose zum heiligen Zelt
und sprach dort mit ihm. 2 Er befahl
ihm, den Israeliten diese Botschaft aus-
zurichten:
»Wenn jemand von euch mir, dem
Herrn, ein Opfer darbringen will, dann
soll er dafür ein Rind, ein Schaf oder eine
Ziege aussuchen.
3 Wählt er ein Rind für ein Brandopfer,
muss er ein männliches, fehlerloses Tier
nehmen, damit mir seine Gabe gefällt.
Er soll es zum Eingang des heiligen Zel-
tes bringen 4 und dort seine Hand auf den
Kopf des Tieres legen. Dann werde ich,
der Herr, seine Gabe annehmen und ihm
seine Schuld vergeben. 5 Vor meinem
Heiligtum muss er das Rind schlachten.
Die Priester, die Nachkommen Aarons,
sollen das Blut auffangen und ringsum
an den Altar sprengen, der am Eingang
zum heiligen Zelt steht. 6 Der Israelit,
der das Tier gebracht hat, zieht ihm das
Fell ab und zerlegt es. 7 Die Priester zün-
den auf dem Altar ein Feuer an und
schichten Holz darüber. 8 Dann legen sie
die Fleischstücke, den Kopf und das Fett
des Tieres auf den brennenden Holzstoß.
9 Die Eingeweide und Unterschenkel
muss der Opfernde vorher mit Wasser
abwaschen, und der Priester verbrennt
das ganze Tier auf dem Altar. Ein solches
Brandopfer gefällt mir, dem Herrn, gut.
10 Will jemand ein Schaf oder eine Zie-
ge als Brandopfer darbringen, dann muss
er ein männliches, fehlerloses Tier aus-
suchen 11 und es an der nördlichen Altar-
seite vor dem Heiligtum schlachten. Die
Priester sprengen das Blut ringsum an
den Altar. 12/13 Der Opfernde zerlegt das
Tier und wäscht die Eingeweide und Un-
terschenkel mit Wasser ab. Die Priester
legen die Fleischstücke, den Kopf und
das Fett auf einen brennenden Holzstoß
auf dem Altar. So wird das ganze Tier
verbrannt. Dies ist ein Brandopfer, das
mir, dem Herrn, gefällt.
14 Will mir jemand einen Vogel als
Brandopfer darbringen, dann soll er eine
Turteltaube oder eine andere Taube neh-
men. 15 Der Priester bringt sie zum Altar,
trennt ihren Kopf ab und verbrennt ihn.
Das Blut lässt er an der Altarwand aus-
laufen. 16 Er entfernt ihren Kropf mitsamt
Inhalt und wirft ihn auf den Aschenhau-
fen an der Ostseite des Altars. 17 Ihre Flü-
gel soll er nur einreißen, nicht ganz ab-
trennen. Dann verbrennt der Priester die
Taube auf dem Holzstoß oben auf dem
Altar. Ein solches Brandopfer gefällt mir,
dem Herrn, gut.«

Das Speiseopfer

2 »Wenn jemand mir, dem Herrn, ein
Speiseopfer darbringen will, dann
soll er feines Weizenmehl nehmen, Oli-
venöl darüber gießen und auch etwas
Weihrauch bereithalten. 2 Er bringt es
den Priestern, den Nachkommen Aarons.
Einer von ihnen nimmt eine Hand voll
vom Mehl und vom Öl sowie den ganzen
Weihrauch. Dieser Teil gehört mir, und
der Priester verbrennt ihn auf dem Altar.
Ein solches Opfer gefällt mir, dem Herrn,
gut. 3 Das restliche Mehl und Öl steht den
Priestern zu. Auch ihr Anteil ist beson-
ders heilig, denn er gehört zum Opfer,
das mir dargebracht wurde.
4 Will jemand ein Speiseopfer darbrin-
gen, das im Ofen gebacken wird, dann
soll es aus feinem Mehl zubereitet sein:
mit Olivenöl gebackene Kuchen oder
mit Olivenöl bestrichene Brotfladen. Da-
bei dürft ihr keinen Sauerteig verwenden.

1,1 2 Mo 33,7–11 **2,3.10** 4 Mo 18,8–19*

Unser Bestes geben

Lesen Sie 3. Mose 2,1-16

Für die Speiseopfer, die in 3. Mose 2,1-16 beschrieben werden, gibt es sehr unterschiedliche Anweisungen, die aber eines gemeinsam haben: Gott bekommt nur das Beste. Wenn das Opfer aus gebackenem Brot bestand, dann sollte nur feinstes Mehl dafür verwendet werden. Wenn das Opfer Getreide war, dann musste es das erste der Ernte sein.

Ein altes hebräisches Sprichwort besagt: „Ehre den Herrn mit deinen Opfergaben: Schenke ihm das Beste deiner Ernte. Dann wird er deine Vorratskammern füllen und deine Weinfässer überfließen lassen" (Sprüche 3,9-10).

Der Apostel Paulus bestätigt diesen Grundsatz im Neuen Testament. Den Christen in Philippi, die Geld für seinen Dienst gesammelt haben, schreibt er: „Ich habe alles bekommen, was mir Epaphroditus von euch überbrachte. Nun habe ich alles, was ich brauche, ja, mehr als das! Eure Gabe ist wie ein wohlriechendes Opfer, das Gott gefällt. Aus seinem Reichtum wird euch Gott, dem ich gehöre, durch Jesus Christus alles geben, was ihr zum Leben braucht" (Philipper 4,18-19).

Unsere Gaben sind Gott wichtig, denn in ihnen zeigt sich unsere Dankbarkeit ihm gegenüber und unsere Liebe zu den Menschen. Die Frage lautet also nicht, ob wir etwas geben sollen, sondern wie viel und für wen.

Nehmen Sie sich Zeit, um allein oder als Paar gemeinsam zu beten. Denken Sie darüber nach, was Gott Ihnen geschenkt hat. Machen Sie eine Liste davon, wenn das für Sie hilfreich ist. Sie sollte möglichst vollständig sein. Denken Sie dabei auch an Ihre Familie und Ihre Gesundheit. Bringen Sie all diese Geschenke vor Gott, danken Sie ihm immer wieder für seine enorme Großzügigkeit.

Wenn Sie noch mehr Zeit haben ...

Besprechen Sie miteinander folgende Fragen oder denken Sie darüber nach:

- Was ist das „Beste" in Ihrem Leben, das Sie Gott geben können (zum Beispiel Ihr Geld, Ihre Zeit, Ihre Aufmerksamkeit)? Welche Dinge enthalten Sie ihm vor?
- Wenn sich im Geben Ihre Dankbarkeit Gott gegenüber zeigt – wie dankbar sind Sie Gott dann?
- Was sollte sich an Ihrer Einstellung zum Geben und an Ihrer Praxis des Spendens ändern?

Lesen Sie auch die folgenden Abschnitte zum Thema Geben:
Sprüche 11,24-25; Lukas 6,38; Jakobus 1,17-18.

Barmherzigkeit für unabsichtliche Sünden

Die folgenden Fragen können Sie entweder allein oder als Paar gemeinsam durchgehen. Wenn jeder für sich darüber nachdenkt, verabreden Sie sich in der kommenden Woche zu einem Austausch darüber, was Sie herausgefunden haben.

1. Lesen Sie 3. Mose 4,27-35. In diesen Versen geht es um unabsichtliche Sünden. Nennen Sie einige.

2. Warum beschäftigt sich Gott überhaupt mit unabsichtlichen Sünden?

3. Erzählen Sie sich von Situationen, in denen jemand Sie unabsichtlich verletzt hat.

4. Wie haben Sie darauf reagiert?

5. Welche unabsichtlichen Sünden begehen Sie selbst manchmal?

6. Wie können Sie diese Sünden zukünftig vermeiden?

3. Mose 4,35

„Dann löst er alles Fett des Tieres ab – wie bei einem Schaf, das als Dankopfer dargebracht wird – und verbrennt es zusammen mit den anderen Opfern auf dem Altar. So versöhnt der Priester den Schuldigen mit mir, dem Herrn, und ich werde ihm vergeben."

KONKRET:

Wenn Sie jemanden verletzt haben – auch wenn es unabsichtlich war –, was können Sie tun, um es wiedergutzumachen?

Den nächsten Impuls finden Sie auf S. 126 a

5 Wird die Opfergabe auf einem Back-
blech zubereitet, dann soll ungesäuertes
feines Mehl mit Olivenöl vermengt wer-
den. 6 Brecht den fertigen Kuchen in Stü-
cke, und übergießt ihn mit Olivenöl! So
ist auch dies ein Speiseopfer.

7 Wenn das Speiseopfer in der Pfanne
gebacken wird, muss ebenfalls feines
Weizenmehl und Olivenöl verwendet
werden.

8 Bereitet das Speiseopfer immer so zu,
und bringt es dann mir, dem Herrn, dar!
Überreicht es dem Priester, damit er es
zum Altar bringt. 9 Den Teil, der mir ge-
hört, soll er dort verbrennen. Dies ist ein
Opfer, das mir, dem Herrn, gefällt. 10 Der
Rest steht den Priestern zu. Auch ihr An-
teil ist besonders heilig, denn er gehört
zum Opfer, das mir dargebracht wurde.

11 Kein Speiseopfer für mich darf mit
Sauerteig gebacken sein; ihr dürft weder
Sauerteig noch Honig auf meinem Altar
verbrennen! 12 Zwar könnt ihr sie mir zu-
sammen mit den Gaben der ersten Feld-
früchte bringen, aber sie dürfen nicht auf
meinem Altar verbrannt werden! 13 Jedes
Speiseopfer muss mit Salz gewürzt sein!
Niemals darf das Salz fehlen, denn es ist
ein Zeichen für meinen bleibenden Bund
mit euch! Verwendet Salz bei jeder Op-
fergabe!

14 Wenn ihr mir, dem Herrn, ein Speise-
opfer von den ersten Feldfrüchten bringt,
dann nehmt dafür am Feuer geröstete
Ähren oder zerriebene Körner. 15 Gießt
noch Olivenöl darüber, und legt etwas
Weihrauch dazu! So ist es ein Speise-
opfer. 16 Der Priester soll von den Kör-
nern und vom Öl den Anteil, der mir
gehört, zusammen mit dem ganzen Weih-
rauch auf dem Altar verbrennen als Op-
fer für mich, den Herrn.«

Das Dankopfer

3 »Will jemand mir, dem Herrn, ein
Dankopfer darbringen und wählt er
ein Rind dafür aus, so muss es ein fehler-
loses Tier sein, männlich oder weiblich.
Er soll es zum heiligen Zelt bringen, 2 sei-
ne Hand auf den Kopf des Tieres legen
und es am Zelteingang schlachten. Die
Priester, die Nachkommen Aarons,
sprengen das Blut ringsum an den Altar.
3 Zum Anteil, der mir als Opfer dar-
gebracht wird, gehören die Fettstücke
über den Eingeweiden, alles Fett an den
Eingeweiden, 4 die Nieren mit dem Fett,
das sie bedeckt und an den Lenden sitzt,
sowie das Fettstück an der Leber. Dieses
Fett soll bei den Nieren abgetrennt wer-
den. 5 Die Priester schichten auf dem Al-
tar einen Holzstoß auf und verbrennen
das ganze Fett zusammen mit dem
Brandopfer. Dies ist ein Opfer, das mir,
dem Herrn, gefällt.

6 Wählt jemand für sein Dankopfer ein
Schaf oder eine Ziege aus, dann muss es
ein fehlerloses Tier sein, männlich oder
weiblich.

7 Opfert er ein Schaf, soll er es zum hei-
ligen Zelt bringen, 8 seine Hand auf den
Kopf des Tieres legen und es am Zeltein-
gang schlachten. Die Priester sprengen
das Blut ringsum an den Altar. 9 Zum
Anteil, der mir als Opfer dargebracht
wird, gehört alles Fett des Schafes: der
Fettschwanz, dicht beim Schwanzwirbel
abgetrennt, die Fettstücke über den Ein-
geweiden, alles Fett an den Eingeweiden,
10 die Nieren mit dem Fett, das sie be-
deckt und an den Lenden sitzt, sowie das
Fettstück an der Leber. Dieses Fett soll
bei den Nieren abgetrennt werden. 11 Der
Priester verbrennt alles auf dem Altar; es
ist mein Anteil am Opfer.

12 Will jemand eine Ziege opfern, dann
soll er sie ebenfalls zum heiligen Zelt
bringen, 13 ihr die Hand auf den Kopf le-
gen und sie am Zelteingang schlachten.
Die Priester sprengen das Blut ringsum
an den Altar. 14 Zum Anteil, der mir,
dem Herrn, als Opfer dargebracht wird,
gehören die Fettstücke über den Einge-
weiden, alles Fett an den Eingeweiden,
15 die Nieren mit dem Fett, das sie be-
deckt und an den Lenden sitzt, sowie das
Fettstück an der Leber. Dieses Fett soll

2,12 4 Mo 18,12–13 **3,14–17** 7,23–25*

bei den Nieren abgetrennt werden. 16 Der
Priester verbrennt alles auf dem Altar,
denn dieser Anteil gehört mir, dem
Herrn. Es ist ein Opfer, das mir gefällt.
Von den Opfertieren, die ihr darbringt,
müsst ihr alles Fett für mich verbrennen!
17 Ihr selbst dürft kein Fett und kein Blut
verzehren! Dies ist eine ewige Ordnung,
die für euch und all eure Nachkommen
gilt. Wo ihr auch wohnt, sollt ihr euch da-
ran halten.«

Das Sündopfer

4 Der Herr sprach zu Mose: 2 »Richte
den Israeliten aus:
Wenn jemand unabsichtlich gegen
eines meiner Gebote verstößt, dann muss
ein Opfer dargebracht werden.«

Das Sündopfer für den Priester

3 »Wenn der Hohepriester gegen mich
sündigt und so Schuld über das ganze
Volk bringt, dann muss er einen jungen,
fehlerlosen Stier als Opfer für seine Sün-
den darbringen. 4 Er soll den Stier zum
Eingang des heiligen Zeltes führen, seine
Hand auf den Kopf des Tieres legen und
es dort schlachten. 5 Dann nimmt er etwas
von dem Blut und bringt es in das Heilig-
tum. 6 Er taucht seinen Finger hinein und
sprengt siebenmal etwas davon gegen
den Vorhang zum Allerheiligsten. 7 An-
schließend streicht er Blut an die vier
Hörner des Räucheropferaltars im heili-
gen Zelt. Alles restliche Blut gießt er
draußen an den Fuß des Brandopfer-
altars beim Zelteingang. 8 Dann ent-
nimmt er dem Stier alles Fett: die Fettstü-
cke über den Eingeweiden, alles Fett an
den Eingeweiden, 9 die Nieren mit dem
Fett, das sie bedeckt und an den Lenden
sitzt, sowie das Fettstück an der Leber.
Dieses Fett soll bei den Nieren abge-
trennt werden. 10 Es sind genau die glei-
chen Fettstücke, die dem Rind beim
Dankopfer entnommen werden. Der
Priester soll alles auf dem Brandopfer-
altar verbrennen. 11 Das Fell des Stieres,
sein ganzes Fleisch, Kopf und Schenkel,
die Eingeweide und den Darminhalt
12 muss man aus dem Lager entfernen.
An einem abgesonderten Ort, wo man
auch die Asche vom Opfer hinschüttet,
soll alles auf einem Holzfeuer verbrannt
werden.«

Das Sündopfer für das Volk

13 »Wenn das ganze Volk Israel unabsicht-
lich gegen eines meiner Gebote verstößt,
dann lädt es Schuld auf sich, selbst wenn
es sich dessen nicht bewusst ist. 14 Erken-
nen sie dann aber ihre Sünde, sollen sie
einen jungen Stier zum heiligen Zelt
bringen. 15 Dort legen die führenden
Männer Israels ihre Hände auf den Kopf
des Tieres und schlachten es. 16 Der Ho-
hepriester bringt etwas von dem Blut in
das heilige Zelt, 17 taucht seinen Finger
hinein und sprengt siebenmal etwas da-
von gegen den Vorhang zum Allerheilig-
sten. 18 Anschließend streicht er Blut an
die Hörner des Räucheropferaltars im
heiligen Zelt. Alles restliche Blut gießt
er draußen an den Fuß des Brandopfer-
altars beim Zelteingang. 19/20 Dann ent-
nimmt er dem Stier alles Fett und geht
dabei genauso vor wie bei dem Opfer für
die Schuld des Priesters. Er verbrennt al-
les Fett auf dem Brandopferaltar. So soll
der Priester das Volk mit mir, dem Herrn,
versöhnen, und ich werde ihnen die
Schuld vergeben. 21 Was von dem Stier
übrig bleibt, muss – wie beim Sündopfer
für den Priester – aus dem Lager ge-
bracht und verbrannt werden. Dies ist
das Sündopfer für das Volk.«

Das Sündopfer für ein Stammesoberhaupt

22 »Wenn das Oberhaupt eines Stammes
unabsichtlich gegen eines meiner Gebote
verstößt und so Schuld auf sich lädt,
23 dann soll er, sobald ihm seine Sünde be-
wusst wird, einen fehlerlosen Ziegenbock

3,17 1 Mo 9,4* **4,2** 5,17–19 **4,8–10** 7,23–25* **4,11–12** 6,23 **4,12** 6,4 **4,19–20** 7,23–25* **4,21** 4,11–12

als Opfer darbringen. 24 Er legt seine
Hand auf den Kopf des Bockes und
schlachtet ihn dort, wo auch die Tiere
für das Brandopfer geschlachtet werden:
am Eingang des Heiligtums. Dies ist ein
Sündopfer. 25 Der Priester taucht seinen
Finger in das Blut des Ziegenbocks und
streicht es an die Hörner des Brandopfer-
altars. Das restliche Blut gießt er an den
Fuß des Altars. 26 Alles Fett des Tieres
verbrennt er wie beim Dankopfer auf
dem Altar. So versöhnt er das Oberhaupt
des Stammes mit mir, dem Herrn, und ich
werde seine Schuld vergeben.«

Das Sündopfer für den Einzelnen aus dem Volk

27 »Wenn sonst jemand unabsichtlich ge-
gen eines meiner Gebote verstößt und so
Schuld auf sich lädt, 28 dann soll er, sobald
er seine Sünde erkannt hat, eine fehler-
lose Ziege als Opfer für seine Sünde dar-
bringen. 29 Er legt seine Hand auf den
Kopf der Ziege und schlachtet sie vor
dem heiligen Zelt, wo auch die Tiere für
das Brandopfer geschlachtet werden.
30 Wieder taucht der Priester seinen Fin-
ger in das Blut und streicht es an die Hör-
ner des Brandopferaltars, das restliche
Blut gießt er an den Fuß des Altars.
31 Dann löst er alles Fett des Tieres ab –
genau wie beim Dankopfer – und ver-
brennt es auf dem Brandopferaltar. So
versöhnt der Priester den Schuldigen mit
mir, dem Herrn, und ich werde ihm ver-
geben. Ein solches Opfer gefällt mir, dem
Herrn, gut.
32 Will der Mann ein Schaf als Sünd-
opfer darbringen, dann soll er ein fehler-
loses, weibliches Tier aussuchen. 33 Er
muss die Hand auf den Kopf des Schafes
legen und es dann vor dem heiligen Zelt
schlachten, wo auch die Tiere für das
Brandopfer geschlachtet werden. 34 Der
Priester taucht seinen Finger in das Blut
und streicht es an die Hörner des Brand-
opferaltars, alles übrige Blut gießt er an
den Fuß des Altars. 35 Dann löst er alles
Fett des Tieres ab – wie bei einem Schaf,
das als Dankopfer dargebracht wird –
und verbrennt es zusammen mit den an-
deren Opfern auf dem Altar. So versöhnt
der Priester den Schuldigen mit mir, dem
Herrn, und ich werde ihm vergeben.«

Besondere Bestimmungen für das Sündopfer

5 »Ein Sündopfer muss dargebracht
werden, wenn jemand auf folgende
Weise Schuld auf sich lädt:
Jemand hört, wie ein Verbrecher ver-
flucht wird, und er meldet sich nicht als
Zeuge, obwohl er das Verbrechen gese-
hen oder davon erfahren hat;
2 jemand berührt unbeabsichtigt den
Kadaver eines wilden oder zahmen Tie-
res oder eines Kriechtieres und verunrei-
nigt sich so vor mir, dem Herrn;
3 jemand bemerkt zu spät, dass er einen
Menschen berührt hat, der aus irgend-
einem Grund unrein ist;
4 jemand spricht unüberlegt einen
Schwur aus – so wie man schnell einmal
etwas unbedacht sagt und erst später die
Folgen merkt –, ganz gleich, ob er mit
dem Schwur etwas Gutes oder Schlechtes
bewirken wollte.
5 In allen diesen Fällen muss der Be-
treffende zuerst seine Schuld bekennen.
6 Dann soll er ein weibliches Schaf oder
eine Ziege als Sündopfer darbringen,
und der Priester soll ihn mit mir, dem
Herrn, versöhnen.
7 Wenn er sich ein Schaf oder eine Zie-
ge nicht leisten kann, soll er mir zwei Tur-
teltauben oder zwei andere Tauben als
Opfer darbringen, eine als Sündopfer
und die andere als Brandopfer. 8 Er soll
sie dem Priester geben. Der Priester
bringt die erste Taube als Sündopfer dar.
Er bricht ihr das Genick, ohne den Kopf
abzutrennen. 9 Etwas von ihrem Blut
spritzt er an die Altarwand, den Rest
lässt er am Fuß des Altars auslaufen.

4,26 7,23–25* **4,27–28** 4 Mo 15,27–29 **4,31.35** 7,23–25* **5,2** 11,10–31.39–44 **5,3** 12,2–5; 13,45–46; 15,2–28

Dies ist das Sündopfer. 10 Die zweite Tau-
be bringt er als Brandopfer dar, so wie es
vorgeschrieben ist. Auf diese Weise soll
der Priester den Schuldigen mit mir,
dem Herrn, versöhnen, und ich werde
ihm vergeben.
11 Wenn der Betreffende sich auch zwei
Turteltauben oder zwei andere Tauben
nicht leisten kann, darf er als Opfergabe
für seine Sünde eineinhalb Kilogramm
feines Mehl darbringen. Er soll aber we-
der Öl noch Weihrauch dazugeben, denn
es ist ein Sündopfer. 12 Er bringt das Mehl
dem Priester; dieser nimmt eine Hand
voll als meinen Anteil und verbrennt ihn
mit den anderen Opfern auf dem Altar.
Auch dies ist ein Sündopfer. 13 So ver-
söhnt der Priester den Schuldigen mit
mir, dem Herrn, und ich werde ihm ver-
geben. Das übrige Mehl soll wie beim
Speiseopfer dem Priester gehören.«

Das Schuldopfer

14 Der Herr sprach zu Mose: 15 »Wenn
jemand ohne Absicht versäumt, die
Abgaben für das Heiligtum zu entrichten,
dann soll er einen fehlerlosen Schafbock
als Schuldopfer darbringen. Das Opfer-
tier muss einen angemessenen Wert
haben. Als Maßstab gelten Silberstücke,
gewogen nach dem Gewicht, das im
Heiligtum gilt. 16 Der Schuldige muss
erstatten, was er dem Heiligtum vorent-
halten hat. Außerdem soll er ein Fünftel
des Wertes zusätzlich bezahlen und alles
dem Priester geben. Dieser bringt den
Schafbock als Schuldopfer dar und ver-
söhnt den Schuldigen mit mir, dem
Herrn; dann werde ich ihm vergeben.
17 Wenn jemand unabsichtlich gegen
eines meiner Gebote verstößt, so ist er
doch schuldig und muss sich für seine
Schuld verantworten. 18 Er soll einen feh-
lerlosen Schafbock als Schuldopfer zum
Priester bringen. Vorher wird bestimmt,
welchen Wert das Tier haben soll. Dann
soll der Priester den Schuldigen mit mir,
dem Herrn, versöhnen, und ich werde
ihm vergeben, was er unabsichtlich getan
hat. 19 Dies ist ein Schuldopfer für jeman-
den, der an mir schuldig geworden ist.«
20 Der Herr sprach zu Mose: 21 »Jeder,
der einem anderen Israeliten Schaden zu-
fügt, sündigt gegen mich, den Herrn. Wer
etwas als seinen Besitz beansprucht, was
ein anderer ihm anvertraut oder ausgelie-
hen hat, wer einen anderen beraubt oder
ihn durch Erpressung zwingt, ihm sein
Eigentum zu überlassen, 22 wer etwas fin-
det und es unrechtmäßig behält oder wer
einen Meineid schwört, um seine Lügen
glaubhaft zu machen, der lädt Schuld auf
sich. 23 Wenn einer auf solche Weise sün-
digt, muss er alles zurückgeben: was er
geraubt oder durch Erpressung gewon-
nen hat, was ihm anvertraut wurde, was
er gefunden hat 24 oder was er durch
einen Meineid an sich gebracht hat. Alles
muss er vollständig erstatten und noch
ein Fünftel dazugeben. An dem Tag, an
dem er sein Schuldopfer darbringt, soll
er alles dem rechtmäßigen Besitzer zu-
rückgeben. 25 Als Schuldopfer für mich,
den Herrn, bringt er dem Priester einen
fehlerlosen Schafbock. Vorher wird be-
stimmt, welchen Wert das Tier haben
soll. 26 Der Priester versöhnt den Schuldi-
gen mit mir, dem Herrn, und ihm wird
alles vergeben, was er getan hat.«

Weitere Anweisungen für das Brandopfer

6 Der Herr sprach zu Mose: 2 »Richte
Aaron und seinen Söhnen diese An-
weisungen für das Brandopfer aus:
Ein Brandopfer muss die ganze Nacht
hindurch bis zum Morgen auf der Feuer-
stelle des Altars bleiben, und das Feuer
darf nicht verlöschen. 3 Am Morgen soll
der Priester ein Gewand und Hosen aus
Leinen anziehen und die Asche wegräu-
men, die vom Brandopfer übrig geblie-
ben ist. Er schüttet sie neben den Altar,
4 wechselt dann die Kleider und bringt die
Asche aus dem Lager hinaus an einen ab-
gesonderten, reinen Ort. 5 Das Feuer auf

5,13 4 Mo 18,8–19* **5,24** 4 Mo 5,6–8

dem Brandopferaltar muss immer bren-
nen, es darf niemals verlöschen! Jeden
Morgen soll der Priester Holz nachlegen.
Darauf soll er das Brandopfer zurichten
und die Fettstücke der Dankopfer ver-
brennen. 6 Das Feuer auf dem Altar darf
nicht verlöschen!«

Weitere Anweisungen für das Speiseopfer

7 »Dieses Gesetz gilt für das Speiseopfer:
Der Priester, ein Nachkomme Aarons,
soll das Speiseopfer auf dem Altar mir,
dem Herrn, darbringen. 8 Er nimmt eine
Hand voll feines Mehl, mit einer Hand
voll Öl vermengt, und den ganzen Weih-
rauch, der zum Speiseopfer dazugegeben
wurde. Dieser Anteil gehört mir, und der
Priester verbrennt ihn auf dem Altar. Es
ist ein Opfer, das mir, dem Herrn, gefällt.
9 Alles Übrige dürfen die Priester verzeh-
ren; mit ungesäuertem Teig gebacken,
sollen sie es an heiliger Stätte essen: im
Vorhof des Heiligtums. 10 Es darf kein
Sauerteig verwendet werden! Ich habe
diesen Anteil für sie bestimmt. Er gehört
zum Opfer, das mir dargebracht wird,
und ist deshalb besonders heilig, genauso
wie das Fleisch des Sünd- und Schuld-
opfers. 11 Jeder männliche Nachkomme
Aarons darf davon essen. Diese Ordnung
gilt für alle Generationen. Wer die Op-
fergaben berührt, ist heilig.«

Das Speiseopfer der Priester

12 Weiter sprach der Herr zu Mose:
13 »Wenn ein Nachkomme Aarons zum
Priester geweiht wird, soll er mir von da
an jeden Tag eineinhalb Kilogramm fei-
nes Mehl als Speiseopfer darbringen, die
eine Hälfte am Morgen, die andere am
Abend. 14 Die Opfergabe soll auf einem
Backblech zubereitet werden, dazu wird
Olivenöl in das Mehl gerührt. Die Fladen
sollen in Stücke gebrochen und dann als
Speiseopfer dargebracht werden. So ge-
fällt es mir, dem Herrn. 15 Der Priester,
der sein Amt antritt, muss das Opfer
selbst darbringen, es soll ganz verbrannt
werden. Diese Ordnung gilt für alle Zei-
ten. 16 Jedes Speiseopfer eines Priesters
gehört vollständig mir, man darf nichts
davon essen.«

Weitere Anweisungen für das Sündopfer

17 Der Herr sprach zu Mose: 18 »Gib Aa-
ron und seinen Söhnen diese Anweisun-
gen für das Sündopfer:
Das Tier für das Sündopfer soll wie die
Tiere für das Brandopfer am Eingang des
heiligen Zeltes geschlachtet werden. Das
Fleisch des Opfertieres ist besonders hei-
lig. 19 Der Priester, der es darbringt, darf
es an heiliger Stätte, im Vorhof des Hei-
ligtums, essen. 20 Wer das Fleisch berührt,
ist heilig. Wenn Blut vom Opfertier auf
ein Gewand spritzt, muss man es an
einem reinen Ort wieder auswaschen.
21 Wurde das Fleisch in einem Tontopf ge-
kocht, dann soll dieser zerbrochen wer-
den; wenn es ein Bronzetopf war, muss
man ihn scheuern und mit Wasser aus-
spülen. 22 Alle männlichen Angehörigen
der Priester dürfen von dem Fleisch es-
sen, das besonders heilig ist. 23 Aber kein
Opfertier, von dessen Blut etwas ins Hei-
ligtum gebracht worden ist, um dort die
Schuld zu sühnen, darf verzehrt werden;
man muss das Fleisch verbrennen!«

Weitere Anweisungen für das Schuldopfer

7 »Dieses Gesetz gilt für das besonders
heilige Schuldopfer:
2 Das Tier für das Schuldopfer soll an
derselben Stelle wie die Tiere für das
Brandopfer geschlachtet werden. Sein
Blut wird ringsum an den Altar gesprengt.
3 Alles Fett muss mir, dem Herrn, dar-
gebracht werden: der Fettschwanz, das
Fett über den Eingeweiden, 4 die Nieren

6,9.11 4 Mo 18,8–19* **6,11** 2 Mo 29,37; 30,10.29 **6,19.22** 4 Mo 18,8–19* **6,20** 2 Mo 29,37; 30,10.29
7,3–5 7,23–25*

mit dem Fett, das sie bedeckt und an den
Lenden sitzt, sowie das Fettstück an der
Leber. Dieses Fett soll bei den Nieren ab-
getrennt werden. 5 Der Priester verbrennt
alles auf dem Altar, es ist ein Schuldopfer
für mich, den Herrn. 6 Alle männlichen
Angehörigen der Priester dürfen von
dem Fleisch essen. Sie sollen es im Be-
reich des Heiligtums verzehren, denn es
gehört zum Opfer und ist darum beson-
ders heilig.
7 Für das Sünd- und für das Schuld-
opfer gilt ein und dasselbe: Der Priester
bringt das Opfer dar, um die Schuld zu
sühnen. Ihm gehört das Fleisch. 8 Darü-
ber hinaus steht ihm das Fell jedes Tieres
zu, das er als Brandopfer für jemanden
darbringt. 9 Alle Speiseopfer, die im Ofen
gebacken, im Topf oder auf dem Back-
blech zubereitet werden, sollen dem
Priester gehören, der sie darbringt. 10 Je-
des andere Speiseopfer – ganz gleich, ob
das Mehl mit oder ohne Öl dargebracht
wird – sollen alle Priester, die Nachkom-
men Aarons, unter sich aufteilen.«

Weitere Anweisungen für das Dankopfer

11 »Dieses Gesetz gilt für das Dankopfer,
das jemand mir, dem Herrn, darbringt:
12 Ist es ein Dankopfer, dann sollen au-
ßer dem Tier noch Kuchen dargebracht
werden, ohne Sauerteig und mit Öl ver-
mengt gebacken, dazu ungesäuerte, mit
Öl bestrichene Brotfladen sowie feines
Mehl, ebenfalls mit Öl vermengt. 13 Dazu
kommen noch Brotkuchen aus Sauerteig.
14 Von jeder Gabe soll der Opfernde
einen Teil zurückhalten, ihn mir, dem
Herrn, weihen und dann dem Priester
geben. Ihm soll es gehören. Der Priester
sprengt das Blut des Opfertieres an den
Altar. 15 Das Fleisch muss noch am sel-
ben Tag verzehrt werden, an dem das
Tier geschlachtet wurde; nichts davon
darf bis zum nächsten Morgen übrig
bleiben.
16 Nur wenn das Opfer freiwillig dar-
gebracht wird oder um ein Gelübde ein-
zulösen, kann das Fleisch auch noch am
nächsten Tag gegessen werden. 17 Am
dritten Tag aber müssen die Fleischreste
verbrannt werden. 18 Wer am dritten Tag
doch noch davon isst, wird meine Gnade
nicht erfahren, denn ich, der Herr, werde
sein Opfer nicht annehmen. Es ist dann
unrein, und wer davon isst, lädt Schuld
auf sich. 19 Kommt das Fleisch mit irgend-
etwas Unreinem in Berührung, darf es
nicht verzehrt werden; man soll es ver-
brennen. Doch sonst darf jeder davon es-
sen, der rein ist. 20 Wenn jemand, der vor
mir als unrein gilt, vom Fleisch des Dank-
opfers isst, das mir, dem Herrn, geweiht
ist, muss er aus der Gemeinschaft der Is-
raeliten ausgestoßen werden und ster-
ben. 21 Wenn jemand mit etwas Unreinem
in Berührung gekommen ist – mit einem
unreinen Menschen, einem unreinen Tier
oder mit irgendetwas, das ich, der Herr,
verabscheue – und dann vom Fleisch des
Dankopfers isst, muss er aus der Gemein-
schaft der Israeliten ausgestoßen werden
und sterben.«

Verbot von Fett- und Blutgenuss

22 Weiter sagte der Herr zu Mose: 23 »Rich-
te den Israeliten aus:
Ihr dürft kein Fett von Rindern, Scha-
fen oder Ziegen essen! 24 Das Fett ver-
endeter oder gerissener Tiere könnt ihr
zu jedem Zweck verwenden, nur verzeh-
ren dürft ihr es nicht! 25 Wer das Fett von
Tieren isst, die man mir, dem Herrn, als
Opfer darbringt, verdient den Tod. 26 Ihr
dürft auch kein Blut verzehren, weder
vom Vieh noch von Vögeln, wo immer
ihr auch wohnt. 27 Jeder, der das Blut isst,
muss aus der Gemeinschaft der Israeliten
ausgestoßen werden und sterben!«

7,6–10 4 Mo 18,8–19* **7,15–17** 2 Mo 29,34 **7,18** 19,6–8 **7,21** 5,2–3; 12,2–5; 15,2–28 **7,23–25** 3,14–17; 4,8–10; 4,19–20; 4,26.31.35; 7,3–5; 2 Mo 29,13; 1 Sam 2,12–17 **7,26–27** 1 Mo 9,4*

Der Anteil der Priester an den Opfergaben

28 Der Herr befahl Mose, 29 den Israeliten
dies weiterzusagen:
»Wer ein Dankopfer darbringt, soll
einen Teil davon mir, dem Herrn, wei-
hen: 30 das Fett des Tieres und das Brust-
stück. Beides muss er zum Altar bringen
und dort hin- und herschwingen. 31 Das
Bruststück überlässt er den Priestern.
Dann verbrennt ein Priester das Fett auf
dem Altar. 32 Ihm soll die rechte hintere
Keule des Opfertieres gehören. 33 Sie ist
sein festgesetzter Anteil, wenn er das
Blut und Fett des Tieres darbringt.

34 Von allen Dankopfern der Israeliten
habe ich das Bruststück und die rechte
hintere Keule den Priestern gegeben.
Dieser Anteil steht ihnen für alle Zeiten
zu, 35 und zwar vom Tag ihrer Priesterwei-
he an. 36 Ich, der Herr, habe befohlen,
dass sie von den Israeliten diese Abgabe
bekommen sollen, sobald sie ihren
Dienst als Priester beginnen. Das gilt für
alle Generationen.«

37 Dies sind die Bestimmungen für das
Brand-, Speise-, Sünd- und Schuldopfer,
das Einweihungs- und Dankopfer. 38 Der
Herr gab sie Mose auf dem Berg Sinai in
der Wüste und forderte die Israeliten auf,
ihre Opfergaben ihm, dem Herrn, zu
bringen.

Mose weiht Aaron und seine Söhne zum Priesterdienst

8 Der Herr sprach zu Mose: 2/3 »Lass
Aaron und seine Söhne zum Eingang
des heiligen Zeltes kommen. Bringt die
Priesterkleider mit, das Salböl, einen jun-
gen Stier für das Sündopfer, zwei Schaf-
böcke und einen Korb mit Broten, die
ohne Sauerteig gebacken sind. Das ganze
Volk soll sich beim Heiligtum versam-
meln.«

4 Mose gehorchte, und als die Israeliten
zusammengekommen waren, 5 sagte er zu
ihnen: »Nun werde ich tun, was der Herr
befohlen hat.« 6 Mose ließ Aaron und sei-
ne Söhne herantreten und sich waschen.
7 Dann zog er Aaron das leinene Gewand
an und band ihm den Gürtel um; darüber
kamen das Obergewand und der Priester-
schurz, der mit dem gewebten Gürtel zu-
sammengebunden wurde. 8 Anschließend
hängte er Aaron die Brusttasche um und
legte die beiden Lose »Urim« und »Tum-
mim« hinein. 9 Er setzte ihm den Turban
auf und befestigte an dessen Vorderseite
ein goldenes Schild, das heilige Diadem.
So hatte der Herr es ihm befohlen.

10 Dann nahm Mose das Salböl, be-
sprengte damit das Heiligtum und alle
Gegenstände darin und weihte es so dem
Herrn. 11 Er sprengte etwas vom heiligen
Salböl siebenmal an den Brandopfer-
altar, an die dazugehörigen Gefäße und
Werkzeuge, an das Wasserbecken und
sein Untergestell, um alles dem Herrn zu
weihen. 12 Dann goss er Salböl auf Aarons
Kopf und setzte ihn dadurch zum Priester
ein.

13 Als Nächstes ließ Mose die Söhne
Aarons herantreten, er bekleidete sie
mit dem leinenen Gewand und band
ihnen den Gürtel um. Jedem setzte er
einen Turban auf, so wie der Herr es an-
geordnet hatte.

14 Nun ließ er den jungen Stier für das
Sündopfer herbeiführen; Aaron und sei-
ne Söhne legten ihm die Hände auf den
Kopf. 15 Mose schlachtete den Stier und
strich mit dem Finger etwas von seinem
Blut an die vier Hörner des Altars; so rei-
nigte er den Altar von aller Schuld, die
auf ihm lastete. Das restliche Blut schüt-
tete er am Fuß des Altars aus, um ihn
dem Herrn zu weihen und von aller Un-
reinheit zu befreien. 16 Alle Fettstücke
des Opfertieres, das Fett an den Einge-
weiden, das Fettstück an der Leber und
die Nieren mit ihrem Fett verbrannte
Mose auf dem Altar. 17 Die Überreste –
das Fell, das Fleisch und die Eingewei-
de – ließ er außerhalb des Lagers ver-

7,34–36 4 Mo 18,8–19* **8,1–36** 2 Mo 29,1–37 **8,2–3** Hebr 5,4 **8,8** 2 Mo 28,30* **8,9** 2 Mo 28,36–39 **8,10–12** 2 Mo 30,25.30 **8,17** 6,23

brennen, so wie der Herr es ihm befohlen
hatte.
18 Als Nächstes wurde der Schafbock
für das Brandopfer geholt. Aaron und
seine Söhne legten ihre Hände auf den
Kopf des Schafbocks. 19 Mose schlachtete
ihn und sprengte das Blut ringsum an den
Altar. 20 Er zerlegte den Schafbock und
verbrannte die Stücke samt dem Kopf
und dem Fett. 21 Er wusch die Eingeweide
und Schenkel mit Wasser ab und ver-
brannte auch sie auf dem Altar, wie der
Herr es angeordnet hatte. Dieses Brand-
opfer gefiel dem Herrn, und er nahm es
an.
22 Dann ließ Mose den zweiten Schaf-
bock holen, der als Opfer für die Einset-
zung der Priester bestimmt war. Wieder
legten Aaron und seine Söhne ihre Hän-
de auf den Kopf des Tieres. 23 Mose
schlachtete es, nahm etwas von dem Blut
und strich es auf Aarons rechtes Ohr-
läppchen, seinen rechten Daumen und
die rechte große Zehe. 24 Anschließend
ließ er Aarons Söhne herantreten. Auch
ihnen strich er Blut auf das rechte Ohr-
läppchen, den rechten Daumen und die
rechte große Zehe. Das übrige Blut
sprengte er ringsum an den Altar. 25 Er
entnahm das Fett des Schafbocks: den
Fettschwanz, die Fettstücke über den
Eingeweiden, das Fettstück an der Leber,
die Nieren mit ihrem Fett sowie die rech-
te hintere Keule. 26 Aus dem Korb am
Eingang des heiligen Zeltes nahm er ein
ungesäuertes Brot, einen Ölkuchen und
einen Brotfladen; diese legte er auf die
Fettstücke und auf die rechte Keule.
27 Dann gab er alles Aaron und seinen
Söhnen, und sie schwangen es vor dem
Heiligtum hin und her, um es dem Herrn
zu weihen. 28 Danach nahm Mose es wie-
der zurück und verbrannte alles auf dem
Altar, wo vorher das Brandopfer dar-
gebracht worden war. Dieses Opfer zur
Priesterweihe gefiel dem Herrn, und er
nahm es an.
29 Mose nahm das Bruststück des
Schafbocks und schwang es vor dem Hei-
ligtum hin und her, um es dem Herrn zu
weihen. Es war sein Anteil am Ein-
setzungsopfer. So hatte es der Herr be-
fohlen.
30 Dann nahm Mose Salböl und Blut
vom Altar und besprengte damit Aaron,
seine Söhne und ihre Kleider. So weihte
er sie und ihre Kleider dem Herrn.
31 Mose sagte ihnen: »Kocht das Opfer-
fleisch am Eingang zum heiligen Zelt,
und esst es dort mit dem Brot, das ihr im
Korb für das Einsetzungsopfer findet!
Denn so hat der Herr es mir befohlen.
32 Was vom Fleisch und Brot übrig bleibt,
sollt ihr verbrennen! 33 Verlasst sieben
Tage lang nicht den Eingangsbereich des
Zeltes, bis zu dem Tag, an dem eure
Priesterweihe beendet ist! 34/35 Der Herr
will, dass an allen sieben Tagen dieselben
Opfer dargebracht werden, damit ihr von
aller Schuld befreit werdet. Bleibt in die-
ser Zeit Tag und Nacht im Eingangs-
bereich des heiligen Zeltes! Folgt den
Anweisungen des Herrn, dann werdet
ihr nicht sterben. So hat er es mir gesagt.«
36 Aaron und seine Söhne befolgten al-
les, was ihnen der Herr durch Mose auf-
getragen hatte.

Aaron opfert für sich und das Volk

9 Nachdem die sieben Tage der Pries-
terweihe vorüber waren, rief Mose
Aaron, seine Söhne und die führenden
Männer Israels zusammen. 2 Er befahl
Aaron: »Hol ein junges Kalb für das
Sündopfer und einen Schafbock für das
Brandopfer, beides fehlerlose Tiere, und
bring sie dem Herrn dar! 3 Sag den Israe-
liten, sie sollen einen Ziegenbock für das
Sündopfer sowie ein einjähriges Kalb
und ein einjähriges Schaf für das Brand-
opfer holen, ebenfalls fehlerlose Tiere!
4 Als Dankopfer müssen sie dem Herrn
einen Stier und einen Schafbock darbrin-
gen. Auch ein Speiseopfer, mit Öl ver-
mengt, soll dargebracht werden. Denn
heute wird euch der Herr erscheinen.«
5 Die Israeliten brachten alles, was Mo-

8,32 7,15–18; 2 Mo 29,34 **9,1** 8,33

se verlangt hatte, zum Eingang des heili-
gen Zeltes. Das ganze Volk kam und ver-
sammelte sich vor dem Heiligtum. 6 Mose
sagte zu ihnen: »Heute wird euch der
Herr in seiner Herrlichkeit erscheinen.
Darum tut, was er euch befohlen hat.«
7 Dann forderte er Aaron auf: »Tritt an
den Altar, und bring dein Sündopfer und
dein Brandopfer dar, damit deine Sünden
und die des Volkes vergeben werden!
Bring dann die Opfergaben des Volkes
dar zur Vergebung ihrer Schuld, wie der
Herr es befohlen hat.«
8 Aaron trat an den Altar und schlach-
tete das Kalb, das als Sündopfer für ihn
selbst bestimmt war. 9 Seine Söhne reich-
ten ihm das Blut, er tauchte den Finger
hinein und bestrich damit die Hörner
des Altars, das übrige Blut goss er an
den Fuß des Altars. 10 Das Fett, die Nie-
ren und das Fettstück an der Leber ver-
brannte er auf dem Altar, wie der Herr es
Mose befohlen hatte. 11 Das Fleisch und
das Fell verbrannte er außerhalb des
Lagers.
12 Dann schlachtete er den Schafbock
für das Brandopfer. Seine Söhne gaben
ihm das Blut, und er sprengte es ringsum
an den Altar. 13 Sie brachten ihm die ein-
zelnen Stücke des Schafbocks, zusammen
mit dem Kopf, und Aaron verbrannte sie
auf dem Altar. 14 Anschließend wusch er
die Eingeweide und die Unterschenkel
und verbrannte auch sie auf dem Altar.
15 Nun brachte er die Opfergaben des
Volkes dar: Er holte den Ziegenbock für
das Sündopfer, schlachtete ihn und opfer-
te ihn so dem Herrn, wie er es vorher bei
seinem Sündopfer getan hatte. 16 Auch
das Brandopfer brachte er nach der Wei-
sung des Herrn dar. 17 Er holte das Speise-
opfer, nahm eine Hand voll davon und
verbrannte es auf dem Altar, zusätzlich
zu dem Speiseopfer, das am Morgen zu-
sammen mit dem Brandopfer dar-
gebracht worden war. 18 Dann schlachtete
er den Stier und den Schafbock für das
Dankopfer des Volkes. Seine Söhne
reichten ihm das Blut, und er sprengte es
ringsum an den Altar. 19 Sie entnahmen
die Fettstücke des Stieres und des Schaf-
bocks – den Fettschwanz, das Fett über
den Eingeweiden, die Nieren und das
Fettstück an der Leber – 20 und legten sie
zu den Bruststücken. Das Fett verbrann-
te Aaron auf dem Altar, 21 doch die Brust-
stücke und die rechten Hinterkeulen
schwang er vor dem Heiligtum hin und
her, um sie dem Herrn zu weihen. So hat-
te der Herr es Mose befohlen.
22 Nachdem Aaron das Sündopfer, das
Brandopfer und das Dankopfer dar-
gebracht hatte, erhob er die Hände und
segnete das Volk. Danach stieg er vom
Brandopferaltar herab 23 und ging mit
Mose in das heilige Zelt. Als sie wieder
herauskamen, segneten sie die Israeliten.
Da erschien der Herr in seiner Herrlich-
keit dem ganzen Volk. 24 Feuer ging von
ihm aus, es verzehrte das Brandopfer
und die Fettstücke auf dem Altar. Als
die Israeliten das sahen, jubelten sie und
warfen sich voller Ehrfurcht zu Boden.

Das eigenmächtige Opfer Nadabs und Abihus

10 Zwei Söhne Aarons, Nadab und
Abihu, nahmen ihre Räucherpfan-
nen, legten glühende Holzkohle hinein
und streuten Weihrauch darüber. Damit
gingen sie ins heilige Zelt, um es dem
Herrn darzubringen. Aber sie taten es ei-
genmächtig, denn der Herr hatte es ihnen
nicht befohlen. 2 Da tötete der Herr die
beiden durch ein Feuer. So starben sie
dort im Heiligtum.
3 Mose sagte zu Aaron: »Jetzt geht in
Erfüllung, was der Herr gesagt hat:
›Denen, die meine Nähe suchen, zeige
ich meine Heiligkeit, das ganze Volk
sieht meine Hoheit und Macht.‹«
Aaron schwieg. 4 Mose rief Mischaël
und Elizafan, die Söhne von Aarons On-
kel Usiël, und forderte sie auf, ihre toten
Verwandten aus dem Heiligtum hinaus

9,8 4,3–12; Hebr 7,26–28 **9,10.19–20** 7,23–25* **9,21** 7,34 **9,23** 2 Mo 24,17; 4 Mo 6,22–27 **9,24** 1 Kön 18,38; 1 Chr 21,26; 2 Chr 7,1 **10,1–2** 16,1–16 **10,4** 2 Mo 6,20–22

vor das Lager zu bringen. [5]Die beiden
kamen und trugen die Leichen mitsamt
ihren Priestergewändern hinaus vor das
Lager.

[6]Mose sagte zu Aaron und dessen Söh-
nen Eleasar und Itamar: »Lasst nicht
euer Haar als Zeichen eurer Trauer un-
gekämmt, und zerreißt auch nicht eure
Kleider! Denn sonst werdet ihr sterben,
und Gottes Zorn trifft das ganze Volk.
Die übrigen Israeliten mögen die Toten
beweinen, die der Herr durch das Feuer
getötet hat! [7]Verlasst nicht den Eingang
zum heiligen Zelt, sonst sterbt auch ihr,
denn ihr seid mit dem heiligen Öl zu
Priestern des Herrn geweiht worden!«
Die drei befolgten, was Mose ihnen be-
fohlen hatte.

Anweisungen für die Priester

[8]Der Herr sprach zu Aaron: [9]»Du und
deine Nachkommen, ihr sollt weder Wein
noch andere berauschende Getränke
trinken, wenn ihr das heilige Zelt betre-
tet; sonst werdet ihr sterben! Diese Ord-
nung gilt euch und euren Nachkommen
für alle Zeiten. [10]Ihr müsst unterscheiden
zwischen dem, was Gott geweiht ist und
was nicht, was als rein und was als unrein
gilt. [11]Erklärt den Israeliten alle Ordnun-
gen, die ich euch durch Mose gegeben
habe!«

[12]Mose sagte zu Aaron und dessen
Söhnen Eleasar und Itamar, die ihm ge-
blieben waren: »Was vom Speiseopfer
nicht für den Herrn verbrannt wird,
könnt ihr für euch nehmen und daraus
ungesäuertes Brot backen. Es ist beson-
ders heilig, darum esst es neben dem
Brandopferaltar! [13]An diesem heiligen
Ort dürft ihr es essen, denn es ist euer
Anteil. Euch und euren Nachkommen
steht er zu; so hat der Herr es mir gesagt.
[14]Von den Opfern, bei denen das Brust-
stück und die rechte Hinterkeule des Tie-
res dem Herrn besonders geweiht wer-
den, stehen euch Priestern diese beiden
Stücke zu. Ihr dürft sie zusammen mit eu-
ren Familien essen. Verzehrt das Fleisch
an einem reinen Ort! Es ist euer Anteil
an den Dankopfern der Israeliten. [15]Vor-
her jedoch sollen die Priester die Keule
und das Bruststück zusammen mit dem
Fett vor dem Heiligtum hin- und her-
schwingen, um es dem Herrn zu weihen.
Danach gehören diese Stücke euch und
euren Nachkommen. Der Herr hat be-
fohlen, dass dies für alle Zeiten gelten
soll.«

[16]Mose erkundigte sich, was mit dem
Fleisch des Ziegenbocks geschehen war,
den man als Sündopfer dargebracht hat-
te. Als er hörte, dass auch das Fleisch ver-
brannt worden war, wurde er sehr zornig
auf Aarons Söhne Eleasar und Itamar
und stellte sie zur Rede: [17]»Warum habt
ihr das Sündopferfleisch nicht im Heilig-
tum gegessen? Es ist doch euer Anteil,
der besonders heilig ist. Der Herr hat es
euch gegeben, damit ihr davon esst.
Wenn ihr das nicht tut, ist das Opfer un-
vollständig! Ihr befreit das Volk dann
nicht von seiner Schuld, es wird nicht
mit Gott versöhnt! [18]Das gilt für jedes
Tieropfer, bei dem kein Blut ins heilige
Zelt gebracht wird. Ihr hättet also unbe-
dingt von dem Fleisch essen müssen. Das
hatte ich euch doch befohlen!«

[19]Aaron entgegnete: »Heute hat das
Volk dem Herrn sein Sündopfer und sein
Brandopfer dargebracht, und mir ist so
etwas Schreckliches zugestoßen! Hätte
es da dem Herrn gefallen, wenn wir heute
vom Sündopfer gegessen hätten?« [20]Als
Mose das hörte, gab er sich zufrieden.

Reine und unreine Tiere
(5. Mose 14,3–21)

11 Der Herr gab Mose und Aaron
den Auftrag, [2]den Israeliten dies
mitzuteilen:

»Das Fleisch von folgenden Tieren
dürft ihr essen: Von den Landtieren [3]sind
euch alle erlaubt, die vollständig gespal-
tene Hufe oder Pfoten haben und wieder-
käuen. [4–6]Das Kamel, den Klippdachs

10,6–7 21,10–12 **10,11** 5 Mo 33,10 **10,12–18** 4 Mo 18,8–19* **10,16** 9,15 **11,1–23** 1 Mo 7,2–3

und den Hasen dürft ihr aber nicht essen.
Denn sie sind zwar Wiederkäuer, haben
aber keine gespaltenen Hufe oder Pfo-
ten. Sie müssen bei euch als unrein gel-
ten. 7 Das Schwein hat zwar vollständig
gespaltene Hufe, aber es ist kein Wieder-
käuer; darum ist es für euch unrein. 8 Esst
das Fleisch dieser Tiere nicht, und be-
rührt auch nicht ihre Kadaver! Sie sind
für euch unrein!

9 Von den Tieren im Meer, in den Flüs-
sen und Seen dürft ihr alle essen, die
Flossen und Schuppen haben. 10 Aber alle
Lebewesen im Wasser ohne Flossen oder
Schuppen sind unrein! 11/12 Ihr dürft sie
nicht essen und auch nicht ihre Kadaver
berühren. Von allem, was im Wasser lebt
und keine Flossen oder Schuppen hat,
sollt ihr euch voller Abscheu fern halten!

13 Folgende Vögel sollt ihr nicht anrüh-
ren und erst recht nicht essen: Gänsegei-
er, Lämmergeier, Mönchsgeier, 14 Gabel-
weihe und die verschiedenen Arten der
Königsweihe, 15 alle Arten des Raben,
16 Strauß, Falke, Seemöwe, alle Habicht-
arten, 17 Steinkauz, Fischeule, Waldohr-
eule, 18 Schleiereule, Wüstenkauz, Aasgei-
er, 19 Storch, alle Reiherarten, Wiedehopf
und Fledermaus.[a]

20 Auch alle krabbelnden und fliegen-
den Insekten sollt ihr verabscheuen,
21 außer denen, die Sprungbeine haben
und am Boden hüpfen. 22 Ihr dürft also al-
le Heuschreckenarten essen. 23 Aber alle
anderen Insekten sollt ihr verschmähen!

24–28 Folgende Tiere dürft ihr nicht be-
rühren, wenn sie verendet sind: jedes
Tier, das geteilte, aber nicht vollständig
gespaltene Hufe oder Pfoten hat und
nicht wiederkäut, sowie alle Vierbeiner
mit Pfoten. Sie alle sind unrein, und wer
ihren Kadaver berührt, wird unrein bis
zum Abend. Wenn jemand ihren Kadaver
wegträgt, muss er seine Kleider waschen
und ist bis zum Abend unrein.

29/30 Von den kleinen Tieren, die am Bo-
den kriechen, sind für euch verboten:
Maulwurf, Springmaus, alle Eidechsen-
arten, Gecko, Salamander und Chamäle-
on. 31 Sie alle sind unrein, und wer ihre
Kadaver berührt, ist bis zum Abend un-
rein. 32 Jeder Gegenstand, auf den der Ka-
daver eines dieser Tiere fällt, wird un-
rein, ganz gleich, ob er aus Holz, Stoff,
Fell oder Sackleinen gemacht ist, und
ganz gleich, wofür er gebraucht wird.
Legt ihn ins Wasser; bis zum Abend
bleibt er unrein. 33 Fällt ein totes Tier die-
ser Art in einen Tontopf, wird alles darin
unrein, und den Topf müsst ihr zerschla-
gen. 34 Jedes Essen, das mit Wasser aus
solch einem Tonkrug zubereitet wurde,
ist unrein, ebenso jedes Getränk aus
solch einem Gefäß. 35 Alles, was mit
einem Kadaver dieser Tiere in Berüh-
rung kommt, wird unrein. Handelt es sich
um einen Backofen oder um einen klei-
nen Herd, muss er niedergerissen wer-
den. 36 Nur eine Quelle oder eine Zister-
ne, in der man das Wasser sammelt, bleibt
rein. Doch wer das tote Tier berührt, das
hineingefallen ist, wird unrein. 37 Fällt der
Kadaver eines dieser Kriechtiere auf
Saatgut, das gerade ausgesät werden soll,
so bleibt dies rein. 38 Wurden die Samen
aber mit Wasser befeuchtet und es fällt
dann ein totes Tier darauf, so werden sie
unrein.

39 Wenn ein Tier, das ihr essen dürft,
verendet, wird jeder bis zum Abend un-
rein, der den Kadaver anfasst. 40 Wer von
dem Fleisch isst oder den Tierkörper
wegträgt, soll seine Kleider waschen und
gilt bis zum Abend als unrein.

41 Alle kleinen Tiere, die sich am Bo-
den fortbewegen, sollt ihr verabscheuen
und sie auf keinen Fall essen, 42 ganz
gleich, ob sie auf dem Bauch kriechen
oder auf vier oder mehr Füßen umherlau-
fen. 43 Hütet euch davor, sie zu essen,
denn sonst verabscheue ich euch, weil
ihr in meinen Augen unrein seid! 44 Ich
bin der Herr, euer Gott. Ihr sollt heilig
sein, denn ich bin heilig! Verunreinigt
euch nicht durch diese kleinen Tiere, die
am Boden kriechen! 45 Ich bin der Herr,

---

[a] Nicht alle der in den Versen 13–19 genannten Tiere sind eindeutig zu bestimmen.

11,22 Mt 3,4 **11,24–40** 5,2

ich habe euch aus Ägypten herausge-
führt, um euer Gott zu sein! Ihr sollt hei-
lig sein, weil ich heilig bin!
46 Dies ist das Gesetz über das Vieh,
die Vögel, die Wassertiere und die Klein-
tiere am Boden. 47 Mit seiner Hilfe sollt
ihr unterscheiden können zwischen rei-
nen Tieren, die man essen kann, und un-
reinen Tieren, die nicht gegessen werden
dürfen.«

Reinheitsvorschriften für Wöchnerinnen

12 Der Herr befahl Mose, 2 den Israe-
liten diese Weisungen weiterzu-
geben:
»Wenn eine Frau einen Jungen zur
Welt bringt, ist sie sieben Tage lang un-
rein wie bei ihrer monatlichen Blutung.
3 Am achten Tag soll der Junge beschnit-
ten werden. 4 Die Mutter muss wegen
ihrer Blutungen noch weitere 33 Tage zu
Hause bleiben und als unrein gelten. In
dieser Zeit darf sie nichts Heiliges anfas-
sen und das Heiligtum nicht betreten.
5 Hat sie ein Mädchen geboren, ist sie
zwei Wochen unrein wie bei ihrer monat-
lichen Blutung. Danach soll sie weitere
66 Tage zu Hause bleiben und als unrein
gelten.
6 Wenn die Zeit vorüber ist – ganz
gleich, ob sie einen Jungen oder ein Mäd-
chen bekommen hat –, soll sie dem Pries-
ter ein einjähriges Lamm als Brandopfer
und eine Turteltaube oder andere Taube
als Sündopfer zum Eingang des heiligen
Zeltes bringen. 7 Der Priester bringt ihr
Opfer mir, dem Herrn, dar, damit die Un-
reinheit der Blutung von ihr genommen
wird und sie wieder rein ist. Diese Wei-
sung gilt für eine Frau, die einen Jungen
oder ein Mädchen geboren hat.
8 Wenn sie sich kein Lamm als Opfer-
tier leisten kann, darf sie stattdessen zwei
Turteltauben oder zwei andere Tauben
nehmen, eine als Brandopfer und eine
als Sündopfer. Damit soll der Priester sie
von ihrer Unreinheit befreien, damit sie
in Gottes Augen wieder rein ist.«

Gesetze über die Feststellung von Aussatz

13 Der Herr sagte zu Mose und Aa-
ron: 2 »Wenn jemand auf seiner
Haut eine Schwellung, einen Ausschlag
oder einen hellen Fleck entdeckt und da-
rum Verdacht auf Aussatz besteht, dann
soll er zum Priester gebracht werden, zu
Aaron oder zu einem seiner Söhne. 3 Der
Priester untersucht die erkrankte Stelle:
Ist das Haar dort weiß geworden und er-
scheint die Haut tiefer als ringsum, dann
ist es Aussatz, und der Priester muss den
Kranken für unrein erklären. 4 Wenn der
Fleck zwar weiß ist, aber nicht tiefer liegt
als die Haut ringsum und sich das Haar
auch nicht weiß verfärbt hat, soll der
Priester den Betreffenden für sieben Ta-
ge an einen abgesonderten Ort schicken.
5 Am Ende dieser Woche untersucht ihn
der Priester erneut. Sieht er, dass der wei-
ße Fleck sich auf der Haut nicht weiter
ausgebreitet hat, soll er den Betreffenden
ein weiteres Mal für sieben Tage an einen
abgesonderten Ort schicken. 6 Danach
begutachtet ihn der Priester noch einmal.
Sieht er, dass die Haut wieder die norma-
le Farbe angenommen und die Krankheit
sich somit nicht weiter ausgebreitet hat,
soll er ihn für rein erklären; denn der
Fleck ist nur ein Hautausschlag. Der
Kranke muss lediglich seine Kleider wa-
schen, dann ist er wieder rein. 7 Wenn sich
aber der Ausschlag wider Erwarten doch
noch ausbreitet, nachdem der Priester
ihn untersucht und für rein erklärt hat,
soll der Mann sich erneut dem Priester
zeigen. 8 Stellt dieser dann fest, dass der
Ausschlag doch weiter um sich greift,
muss er den Kranken für unrein erklären,
weil es Aussatz ist.
9 Wenn bei einem Menschen Verdacht
auf Aussatz besteht, soll er zum Priester
gebracht werden. 10 Sieht dieser eine wei-

12,2 15,19–23 **12,3** 1 Mo 17,9–14* **12,8** 5,8–10; Lk 2,22–24

ße Schwellung mit weiß verfärbten Haa-
ren und wild wucherndem Fleisch, 11 dann
ist es weit fortgeschrittener Aussatz. Der
Priester muss den Kranken sofort für un-
rein erklären, ohne ihn vorher noch zur
Beobachtung an einen abgesonderten
Ort zu schicken. 12 Wenn sich aber der
Aussatz rasch auf der Haut ausbreitet
und den Kranken von Kopf bis Fuß be-
deckt, 13 wenn also der Priester sieht, dass
der Aussatz die Haut ganz erfasst hat, er-
klärt er den Betreffenden für rein. Weil
die Haut dann ganz weiß ist, gilt er als
rein. 14 Zeigt sich aber wucherndes
Fleisch, ist er unrein. 15 Der Priester muss
ihn, sobald er es sieht, für unrein erklä-
ren. Wild wucherndes Fleisch ist in jedem
Fall unrein, denn es handelt sich um Aus-
satz. 16 Bildet sich aber das wuchernde
Fleisch zurück und wird die Stelle wieder
weiß, soll der Betreffende den Priester
aufsuchen. 17 Sieht dieser, dass die Haut
dort tatsächlich wieder weiß geworden
ist, erklärt er ihn für rein.

18 Wenn sich auf der Haut eines Men-
schen ein Geschwür bildet und wieder
abheilt, 19 dann aber an dieser Stelle eine
weiße Schwellung oder ein weißlich-roter
Fleck entsteht, soll der Kranke sich dem
Priester zeigen. 20 Stellt dieser eine Ver-
tiefung der Haut und weiß gewordenes
Haar fest, erklärt er den Kranken für un-
rein. Denn dann hat sich an der Stelle, wo
vorher das Geschwür war, Aussatz gebil-
det. 21 Sieht der Priester aber, dass sich
das Haar nicht weiß verfärbt hat, die Stel-
le nicht tiefer liegt als die Haut ringsum
und auch die normale Farbe hat, dann
schickt er den Betreffenden für sieben
Tage an einen abgesonderten Ort. 22 Brei-
tet sich der Hautausschlag in dieser Zeit
weiter aus, erklärt der Priester den Kran-
ken für unrein, denn es handelt sich um
Aussatz. 23 Wird aber der Fleck nicht grö-
ßer, dann ist es die Narbe des abgeheilten
Geschwürs. Der Priester soll den Betref-
fenden für rein erklären.

24 Wenn jemand eine Brandwunde hat
und sich dort ein weiß-roter oder weißer
Fleck bildet, 25 muss er den Priester auf-
suchen. Stellt dieser fest, dass sich das
Haar dort weiß verfärbt hat und die Stelle
tiefer liegt als die Haut ringsum, dann
handelt es sich um Aussatz, der in der
Brandwunde ausgebrochen ist. Der Pries-
ter erklärt den Kranken für unrein, weil
er aussätzig ist. 26 Bemerkt der Priester
aber keine weißen Haare im Bereich des
Flecks und auch keine Vertiefung oder
Verfärbung der Haut, dann soll er den
Kranken für sieben Tage an einen abge-
sonderten Ort schicken. 27 Stellt er am
siebten Tag fest, dass sich der Fleck aus-
gebreitet hat, muss er den Kranken für
unrein erklären, denn es handelt sich um
Aussatz. 28 Wenn aber der Fleck nicht grö-
ßer wird und die Haut wieder die normale
Farbe angenommen hat, ist es nur die
Narbe der Brandwunde. Darum erklärt
der Priester ihn für rein.

29 Bekommt jemand auf der Kopfhaut
oder auf der Haut unter dem Bart einen
Ausschlag, 30 soll der Priester die Stelle
untersuchen. Sieht er eine Vertiefung
der Haut mit schütterem, gelblichem
Haar, erklärt er ihn für unrein. Es han-
delt sich um Aussatz an Kopf oder Kinn.
31 Stellt der Priester fest, dass die be-
fallene Stelle nicht tiefer liegt als die
umliegende Haut, die Haare sich aber
trotzdem verfärbt haben, soll er den
Kranken für sieben Tage an einen abge-
sonderten Ort schicken. 32 Sieht der Pries-
ter am siebten Tag, dass der Ausschlag
sich nicht ausgebreitet hat, kein gelb-
liches Haar dort zu finden ist und die
Stelle auch nicht tiefer liegt, 33 dann soll
der Kranke sich rasieren, aber die befal-
lene Stelle aussparen. Der Priester
schickt ihn für weitere sieben Tage an
einen abgesonderten Ort. 34 Stellt er da-
nach fest, dass sich der Ausschlag nicht
weiter ausgebreitet hat und die Haut dort
auch nicht tiefer liegt als ringsum, soll er
den Betreffenden für rein erklären. Die-
ser wäscht seine Kleider und gilt dann als
rein. 35 Wenn sich der Ausschlag wider Er-
warten doch noch ausbreitet, 36 soll der
Priester den Kranken erneut unter-
suchen und ihn, sobald er es sieht, für un-
rein erklären. Er braucht gar nicht erst
nach gelblichen Haaren zu suchen.

37 Sieht er aber, dass der Ausschlag zum Stillstand gekommen und schwarzes Haar nachgewachsen ist, dann ist der Betreffende wieder gesund, und der Priester erklärt ihn für rein.

38 Bilden sich auf der Haut eines Mannes oder einer Frau weiße Flecken, 39 soll der Priester sie untersuchen. Sind die Flecken nur weißlich-blass, dann handelt es sich um einen gutartigen Ausschlag, und der Betreffende ist rein.

40/41 Verliert ein Mann die Haare auf seinem Kopf, sei es am Hinterkopf oder an der Stirnseite, bleibt er trotzdem rein. 42/43 Wenn aber an der Glatze ein weißrötlicher Ausschlag entsteht, muss der Priester den Mann gründlich untersuchen. Stellt er fest, dass sich eine weißrötliche Schwellung bildet, die genau wie Aussatz am Körper aussieht, 44 dann hat der Mann Aussatz, und der Priester soll ihn für unrein erklären.«

Das Verhalten von Aussätzigen

45 »Ein Aussätziger soll zerrissene Kleider tragen, das Haar ungeschnitten und ungekämmt lassen, den Bart verhüllen und immer wieder rufen: ›Unrein, unrein!‹ 46 Solange er vom Aussatz befallen ist, gilt er als unrein. Er soll außerhalb des Lagers wohnen, abgesondert von allen anderen.«

Schimmelbefall an Kleidungsstücken

47–49 »Wenn an einem Kleidungsstück oder Gewebe aus Wolle oder Leinen, an einem Stück Leder oder an irgendetwas anderem, das aus Leder gemacht ist, ein grünlicher oder rötlicher Fleck auftritt, dann ist das Kleidungsstück von Schimmel befallen, und man soll es dem Priester zeigen. 50 Dieser begutachtet die Stelle und schließt das Kleidungsstück sieben Tage lang ein. 51 Stellt er am siebten Tag fest, dass sich der Befall ausgebreitet hat, dann ist es fressender Schimmel. Das Kleidungsstück ist unrein 52 und muss verbrannt werden. Weil der Schimmel sich immer weiter ausbreiten würde, muss das betreffende Kleidungsstück restlos beseitigt werden, ganz gleich, ob es aus Wolle, Leinen oder Leder gemacht ist. 53 Stellt der Priester aber fest, dass der Schimmelfleck nicht größer geworden ist, 54 ordnet er an, dass man das Kleidungsstück wäscht und weitere sieben Tage einschließt. 55 Sieht der Priester nach dieser Zeit, dass der Fleck zwar nicht größer geworden ist, aber immer noch so aussieht wie vorher, ist das Kleidungsstück unrein und muss verbrannt werden. Denn der Schimmel hat sich tief eingefressen. Dabei spielt es keine Rolle, ob die Außenseite oder die Innenseite befallen ist. 56 Bemerkt der Priester aber, dass die Stelle durch das Waschen blass geworden ist, soll er sie aus dem Stoff oder Leder heraustrennen. 57 Falls nun wiederum Schimmel an einer anderen Stelle auftritt, muss das Kleidungsstück verbrannt werden, denn der Schimmel hat es bereits ganz befallen. 58 Ist der Schimmel jedoch nach dem Waschen verschwunden, wäscht man die Kleidung noch einmal. Danach ist sie rein.

59 Dies ist das Gesetz über Schimmelbefall an einem Kleidungsstück oder Gewebe aus Wolle oder Leinen, an einem Stück Leder oder an irgendetwas anderem, das aus Leder gemacht ist. Mit Hilfe dieses Gesetzes soll entschieden werden, ob der befallene Gegenstand rein oder unrein ist.«

Reinigungsopfer für vom Aussatz Geheilte

14 Der Herr sprach zu Mose: 2 »Wenn ein Aussätziger gesund geworden ist und für rein erklärt werden will, dann gilt folgende Ordnung: Er muss zum Priester gebracht werden, 3 der ihn außerhalb des Lagers untersuchen soll. Ist der Kranke wirklich wieder gesund geworden, 4 lässt der Priester für ihn zwei lebende, reine Vögel bringen sowie Zedernholz, karmesinrote Wolle und ein

13,45–46 4 Mo 5,2–4; 2 Kön 7,3; Lk 17,12 **14,2–32** Mt 8,2–4 **14,4** 11,13–19

Eine kluge Investition

Lesen Sie 3. Mose 8,1-36

3. Mose 8 zeigt uns, wie wichtig es ist, Gott etwas zu geben, das ihm gefällt. Wenn Ihnen die Beziehung zu Ihrem Mann oder Ihrer Frau am Herzen liegt, sollten Sie wissen, wie wichtig es ist, dem anderen etwas zu schenken, das ihm oder ihr gefällt.

Wenn Sie mit Ihren Geschenken etwas Gutes erreichen wollen, müssen Sie vielleicht Ihre Einstellung zum Geld ändern. Die einen fühlen sich gut, wenn sie Geld ausgeben. Die anderen wiederum möchten lieber sparen und investieren. Sie fühlen sich wohl, wenn sie Geld sparen und es klug anlegen.

Wenn Sie jemand sind, bei dem das Geld locker sitzt, wird es Ihnen nicht schwerfallen, Ihrem Ehepartner Geschenke zu kaufen. Wenn Sie aber jemand sind, der lieber spart, regt sich in Ihnen vielleicht Widerstand gegen den Gedanken, Ihre Liebe durch das Ausgeben von Geld zum Ausdruck zu bringen. Sie kaufen sich selbst nichts, warum sollten Sie dann Ihrem Mann oder Ihrer Frau etwas kaufen? Doch mit dieser Einstellung verkennen Sie, dass Sie in Wirklichkeit etwas für sich selbst kaufen.

Sie investieren in Ihre Beziehung und füllen den „Liebestank" Ihres Ehepartners wieder auf. Mit vollem Tank wird der andere viel eher Ihre Liebe erwidern, und zwar in der Liebessprache, die Sie am besten verstehen. Und wenn die seelischen Bedürfnisse beider Partner erfüllt werden, wird Ihre Ehe sich grundlegend verändern.

Nehmen Sie sich Zeit, um allein oder als Paar gemeinsam zu beten. Danken Sie Gott, dass er Sie auch materiell versorgt. Bekennen Sie ihm, wo Sie seine Gaben in dieser Hinsicht nicht richtig eingesetzt haben. Bitten Sie ihn, dass er Ihnen hilft, die richtigen Entscheidungen zu treffen, wenn Sie in Ihre Beziehung investieren wollen.

Wenn Sie noch mehr Zeit haben …

Besprechen Sie miteinander folgende Fragen oder denken Sie darüber nach:

- Wie würden Sie Ihre Einstellung zum Geld beschreiben? Woher kommt Ihrer Meinung nach diese Haltung?
- Womit können Sie den „Liebestank" Ihres Mannes oder Ihrer Frau wieder auffüllen?
- In welchen Punkten müssten Sie sich ändern, damit der Liebestank Ihres Ehepartners gefüllt bleibt?

Lesen Sie auch die folgenden Abschnitte zum Thema Schenken:
Sprüche 3,27; Apostelgeschichte 20,35; 2. Korinther 9,6.

Unterschiede verstehen lernen

Lesen Sie 3. Mose 19,33-34

Wenn Gott uns dazu auffordert, andere so zu lieben wie uns selbst (siehe 3. Mose 19,34), dann bedeutet das nicht, dass wir sie auf die Weise lieben sollen, wie wir selbst geliebt werden möchten. Die Liebessprache, die uns am meisten entspricht, muss für andere Menschen nicht dieselbe sein. Es ist gut, wenn wir nicht nur wissen, welche Sprache bei unserem Gegenüber am besten ankommt, sondern auch, welche am wenigsten wirkt.

Wenn zum Beispiel Lob und Anerkennung zu den weniger wichtigen Liebessprachen eines Menschen gehören, dann können wir ihn damit nicht erreichen, egal wie sehr wir ihn loben. Der andere fühlt sich dann nicht unbedingt ermutigt oder wertgeschätzt, wenn wir ihm Komplimente machen, anerkennende Briefe schreiben oder ihn im Beisein anderer loben.

Für unsere Beziehungen ist es von großer Bedeutung, dass wir verstehen und akzeptieren, auf wie unterschiedliche Weise sich andere wertgeschätzt und ermutigt fühlen. Wenn wir diese Tatsache nicht begreifen und sie in unseren Beziehungen nicht in die Tat umsetzen, verschwenden wir viel Zeit und Energie mit dem Versuch, andere auf eine Weise zu ermutigen, die bei ihnen so gut wie gar nicht ankommt. Vielleicht nehmen wir ihnen irgendwann sogar übel, dass sie eine ganz andere Liebessprache sprechen. Wir meinen, sie seien undankbar, hätten eine negative Einstellung und wüssten nicht zu schätzen, was wir alles für sie tun. Wenn wir aber wissen, welche Liebessprache beim andern nicht ankommt, ist das der erste Schritt auf dem Weg, diesem Menschen unsere Wertschätzung zu vermitteln.

Nehmen Sie sich Zeit, um allein oder als Paar gemeinsam zu beten. Sprechen Sie mit Gott über Ihre Beziehungen zu Hause, bei der Arbeit, in der Gemeinde und im Bekanntenkreis. Bitten Sie ihn, dass er Ihnen die Weisheit schenkt zu erkennen, mit welcher Liebessprache Sie die Menschen in Ihrer Umgebung am besten und wie Sie sie gar nicht erreichen können.

Wenn Sie noch mehr Zeit haben ...

Besprechen Sie miteinander folgende Fragen oder denken Sie darüber nach:

- Welche Liebessprache ist bei Ihnen selbst am unwirksamsten? Welche kommt bei Ihrem Ehepartner gar nicht an?
- Wie hat sich das auf Ihre Ehe ausgewirkt?
- Wie können Sie entdecken – und sich merken –, auf welche Liebessprache bestimmte Menschen reagieren und auf welche nicht?

Lesen Sie auch die folgenden Abschnitte zum Thema Liebe zeigen: Johannes 13,34-35; Römer 12,9-10; 1. Johannes 4,7-21.

Den nächsten Impuls finden Sie auf S. 140 a

Büschel Ysop. 5 Auf Anweisung des Pries-
ters wird ein Vogel über einem Tongefäß
mit frischem Quellwasser getötet, um das
Blut des Tieres aufzufangen. 6 Den leben-
den Vogel nimmt der Priester in die Hand
und taucht ihn zusammen mit dem Ze-
dernholz, der karmesinroten Wolle und
dem Ysop in das Blut des ersten Vogels,
das sich mit dem frischen Quellwasser
vermischt hat. 7 Siebenmal besprengt er
mit dem blutvermischten Wasser den Ge-
heilten und erklärt ihn für rein. Den le-
benden Vogel lässt er fliegen. 8 Der Ge-
heilte wäscht seine Kleider, rasiert alle
seine Haare und wäscht sich; danach ist
er rein. Er darf wieder ins Lager kommen,
soll aber sieben Tage sein Zelt nicht betre-
ten. 9 Am siebten Tag rasiert er noch ein-
mal den Kopf, den Bart, die Augenbrauen
und alle anderen Haare. Nachdem er sei-
ne Kleider gewaschen und selbst gebadet
hat, ist er endgültig rein.

10 Am achten Tag sucht er zwei männ-
liche Lämmer und ein einjähriges weibli-
ches Schaf aus, alles fehlerlose Tiere; zu-
sätzlich bringt er für das Speiseopfer vier
Kilogramm feines Mehl, mit Öl ver-
mengt, sowie einen halben Liter Öl.
11 Der Priester führt den Mann mit seinen
Opfergaben zum Eingang des heiligen
Zeltes, in meine Gegenwart. 12 Eines der
Lämmer und das Öl sind für das Schuld-
opfer bestimmt. Der Priester weiht sie
mir, dem Herrn, indem er sie vor dem
Heiligtum hin- und herschwingt. 13 Dann
schlachtet er das Lamm am Eingang des
heiligen Zeltes, wo auch die Tiere für das
Sündopfer und für das Brandopfer ge-
schlachtet werden. Wie das Sündopfer
steht das Schuldopfer dem Priester zu; es
ist besonders heilig. 14 Der Priester nimmt
etwas vom Blut des Opfertieres und
streicht es dem, der gereinigt werden
möchte, an das rechte Ohrläppchen, den
rechten Daumen und die rechte große
Zehe. 15 Nun gießt er etwas Öl in die linke
Hand, 16 taucht seinen rechten Zeigefin-
ger hinein und besprengt damit sieben-
mal den Altar. 17 Von dem Öl in seiner
Hand streicht er dem Geheilten etwas
auf das rechte Ohrläppchen, den rechten
Daumen und die rechte große Zehe, wo
er zuvor das Blut des Opfertieres hin-
gestrichen hat. 18 Das restliche Öl streicht
der Priester auf den Kopf des Mannes.
So soll er ihn mit mir, dem Herrn, ver-
söhnen.

19 Dann bringt er das Sündopfer dar,
um den Geheilten von aller Schuld zu be-
freien. Anschließend schlachtet er das
Tier für das Brandopfer 20 und verbrennt
das Speise- und das Brandopfer auf dem
Altar. So bewirkt er, dass der Betreffen-
de in meinen Augen wieder rein ist.

21 Wenn jemand zu arm ist und sich die
Opfergaben nicht leisten kann, bringt er
nur ein Lamm für das Schuldopfer. Es
soll mir, dem Herrn, geweiht werden, da-
mit ich dem Geheilten alle Schuld ver-
gebe. Als Speiseopfer genügen in einem
solchen Fall eineinhalb Kilogramm fei-
nes, mit Öl vermengtes Mehl sowie ein
halber Liter Öl. 22 Wenn der Mann es auf-
bringen kann, kommen noch zwei Turtel-
tauben oder zwei andere Tauben dazu,
eine für das Sündopfer, die andere für
das Brandopfer. 23 Am achten Tag, wenn
er gereinigt werden möchte, bringt er die-
se Opfergaben zum Priester an den Ein-
gang des heiligen Zeltes, in meine Ge-
genwart. 24 Der Priester nimmt das
Lamm und den halben Liter Öl entgegen
und schwingt sie vor dem Heiligtum hin
und her, um sie mir, dem Herrn, zu wei-
hen. 25 Dann schlachtet er das Lamm für
das Schuldopfer und streicht dem Geheil-
ten etwas von dem Blut an das rechte
Ohrläppchen, den rechten Daumen und
die rechte große Zehe. 26 Anschließend
gießt er Öl in die linke Hand 27 und
sprengt etwas davon mit seinem rechten
Zeigefinger siebenmal an den Altar.
28 Von dem Öl in seiner Hand streicht er
dem Geheilten etwas auf das rechte Ohr-
läppchen, den rechten Daumen und die
rechte große Zehe, wo er zuvor das Blut
des Opfertieres hingestrichen hat. 29 Das
restliche Öl streicht der Priester auf den

14,12 5,15–26 **14,19** 5,1–13; 6,2–6

Kopf des Mannes. So soll er ihn mit mir, dem Herrn, versöhnen. 30/31 Dann bringt er eine der beiden Tauben als Sündopfer und die andere als Brandopfer dar, zusammen mit den Speiseopfergaben. So befreit der Priester ihn von seiner Unreinheit und sorgt dafür, dass ich, der Herr, ihm alle Schuld vergebe. 32 Diese Ordnung gilt für einen vom Aussatz Geheilten, der die volle Opfergabe für seine Reinigung nicht aufbringen kann.«

Schimmelpilzbefall an Häusern

33 Der Herr sprach zu Mose und Aaron: 34 »Wenn ihr ins Land Kanaan kommt, das ich euch als euer Eigentum schenken will, und ich lasse dort an einem Haus einen Schimmelpilz entstehen, 35 dann soll der Besitzer seinen Verdacht dem Priester melden. 36 Dieser ordnet an, das Haus auszuräumen, ehe er kommt, um den Befall zu untersuchen. Denn sonst müsste, falls es ein Pilzbefall ist, der ganze Hausrat für unrein erklärt werden. Nun kommt der Priester, um sich das Haus anzusehen. 37 Entdeckt er im Mauerwerk rötliche oder grünliche Vertiefungen, 38 verlässt er das Haus und verschließt es für sieben Tage. 39 Wenn er am siebten Tag wiederkommt und sieht, dass sich der Befall am Mauerwerk ausgebreitet hat, 40 dann muss er anordnen, die befallenen Steine auszubrechen und außerhalb der Stadt an einen unreinen Ort zu werfen. 41 Die Innenwände des Hauses lässt er abkratzen und den Lehm ebenfalls außerhalb der Stadt an einen unreinen Ort schütten. 42 Dann werden die herausgebrochenen Steine durch andere ersetzt, und das Haus wird mit neuem Lehm verputzt. 43 Wenn aber der Befall wieder auftritt, nachdem man die alten Steine herausgebrochen, den Lehm abgekratzt und das Haus neu verputzt hat, 44 kommt der Priester und schaut es sich erneut an. Stellt er fest, dass sich der Befall ausgebreitet hat, dann handelt es sich um einen hartnäckigen Schimmelpilz, der nicht wieder verschwindet; das Haus bleibt unrein. 45 Man muss es abreißen und den Schutt – die Steine, die Balken und den Lehm – an einen unreinen Ort außerhalb der Stadt bringen.

46 Wer das Haus betritt, während es verschlossen bleiben soll, ist unrein bis zum Abend. 47 Wer in dem Haus schläft oder isst, muss danach seine Kleider waschen. 48 Wenn aber der Priester sieht, dass sich der Pilzbefall am Haus nicht ausgebreitet hat, nachdem es neu verputzt wurde, soll er das Haus für rein erklären, denn der Schimmelpilz ist verschwunden. 49 Er holt dann zwei Vögel, Zedernholz, karmesinrote Wolle und ein Büschel Ysop, um das Haus von seiner Unreinheit zu befreien. 50 Den einen Vogel tötet er über einem Tongefäß mit frischem Quellwasser, um das Blut des Tieres aufzufangen. 51 Dann nimmt er das Zedernholz, den Ysop, die karmesinrote Wolle und den lebenden Vogel und taucht alles in das Blut des ersten Vogels, das sich mit dem Wasser vermischt hat. Siebenmal besprengt er mit dem blutvermischten Wasser das Haus. 52 So befreit er es von aller Unreinheit, die auf ihm lastet. 53 Den lebenden Vogel lässt er aus der Stadt hinaus ins Freie fliegen. So sorgt er dafür, dass das Haus in meinen Augen wieder rein ist.

54–56 Dieses Gesetz gilt für jede Art von krankhaftem oder schädlichem Befall, nämlich für Hautkrankheiten wie Aussatz, Geschwüre, Ausschläge und Flecken sowie für Schimmelpilz an Kleidung und Häusern. 57 Mit Hilfe dieser Bestimmungen soll entschieden werden, wann ein Mensch oder Gegenstand unrein oder rein ist.«

Unreinheit bei Männern

15 Der Herr sprach zu Mose und Aaron: 2 »Richtet den Israeliten aus: Wenn ein Mann an einem krankhaften Ausfluss aus seinem Glied leidet, ist er unrein, 3 ganz gleich, ob der Ausfluss dickflüssig ist oder nicht. 4 Alles, worauf

---

15,2–3 4 Mo 5,2–4

der Kranke liegt oder sitzt, wird unrein. 5/6 Jeder, der sein Bett oder etwas, worauf er gesessen hat, berührt, muss sich und seine Kleidung waschen und bleibt bis zum Abend unrein. 7–11 Dasselbe gilt, wenn jemand den Kranken berührt, mit seinem Speichel in Kontakt kommt, etwas nimmt oder wegträgt, worauf dieser gesessen hat, oder wenn der Kranke jemanden anfasst, ohne sich vorher die Hände gewaschen zu haben. In allen diesen Fällen muss der Betreffende sich und seine Kleider waschen und ist bis zum Abend unrein. Auch jeder Sattel, auf dem der Kranke sitzt, ist unrein. 12 Jedes Tongefäß, das er berührt, muss zerbrochen werden, ein Holzgefäß soll ausgespült werden.

13 Ist der Ausfluss abgeheilt, wartet der Genesene sieben Tage. Dann wäscht er seine Kleider und sich selbst mit frischem Wasser und gilt wieder als rein. 14 Am achten Tag geht er mit zwei Turteltauben oder zwei anderen Tauben zum Eingang des Heiligtums, in meine Gegenwart, und gibt sie dort dem Priester. 15 Dieser bringt die eine Taube als Sündopfer und die andere als Brandopfer dar und befreit den Mann so von der Unreinheit seines Ausflusses, damit er vor mir, dem Herrn, wieder als rein gilt.

16 Wenn ein Mann einen Samenerguss hat, soll er seinen ganzen Körper waschen; bis zum Abend ist er unrein. 17 Alle Kleidung und jedes Stück Leder, das mit dem Samen in Berührung gekommen ist, muss gewaschen werden und ist bis zum Abend unrein. 18 Wenn ein Mann mit einer Frau schläft, sollen sich beide waschen; sie sind unrein bis zum Abend.«

Unreinheit bei Frauen

19 »Wenn eine Frau ihre monatliche Blutung hat, ist sie sieben Tage unrein; wer sie berührt, ist ebenfalls bis zum Abend unrein. 20 Alles, worauf sie sich in dieser Zeit legt oder setzt, wird unrein. 21/22 Jeder, der ihr Bett oder etwas, worauf sie gesessen hat, berührt, muss sich und seine Kleider waschen; bis zum Abend bleibt er unrein. 23 Liegt etwas auf ihrem Bett oder Sitz und jemand fasst es an, so wird auch er unrein bis zum Abend. 24 Wenn ein Mann während dieser Zeit mit ihr schläft, so ist auch er sieben Tage unrein, ebenso jedes Bett, auf dem er liegt.

25 Hat eine Frau Blutungen über die normale Zeit hinaus oder außerhalb ihrer monatlichen Regel, dann ist sie während dieser Tage unrein wie zur Zeit ihrer Monatsblutung. 26 Jedes Bett, auf dem sie liegt, und jeder Gegenstand, auf dem sie sitzt, wird unrein. 27 Wer eines dieser Dinge berührt, wird ebenfalls unrein. Er muss sich und seine Kleider waschen und bleibt bis zum Abend unrein. 28 Wenn die Blutungen aufgehört haben, wartet die Frau noch weitere sieben Tage, bis sie wieder rein ist. 29 Am achten Tag geht sie mit zwei Turteltauben oder zwei anderen Tauben zum Eingang des heiligen Zeltes und gibt sie dort dem Priester. 30 Dieser bringt die eine als Sündopfer und die andere als Brandopfer dar und befreit so die Frau von der Unreinheit ihrer Blutung, damit sie vor mir, dem Herrn, wieder als rein gilt.

31 Ihr, Mose und Aaron, sollt die Israeliten davor warnen, sich zu verunreinigen und das Heiligtum, in dem ich mitten unter euch wohne, zu entweihen! Denn sonst müssen sie sterben!

32 Dieses Gesetz gilt für Männer, die an einem krankhaften Ausfluss leiden oder einen Samenerguss haben, der sie unrein macht, 33 für Frauen, die ihre monatliche Blutung haben, und für einen Mann, der mit einer Frau schläft während ihrer monatlichen Regel.«

Der große Versöhnungstag

16 Nach dem Tod der beiden Söhne Aarons, die dem Herrn eigenmächtig ein Räucheropfer dargebracht hatten, 2 sprach der Herr zu Mose:

15,16–18 5 Mo 23,11–12 **15,25** Mt 9,20 **16,1** 10,1–2 **16,2** 2 Mo 25,22; 4 Mo 7,89; Hebr 9,6–7

»Sag deinem Bruder Aaron, dass er nur zu festgesetzten Zeiten das Allerheiligste im heiligen Zelt betreten und sich dort vor die Deckplatte der Bundeslade stellen darf. Hält er sich nicht daran, muss er sterben! Denn ich, der Herr, erscheine in einer Wolke über der Deckplatte. 3 Aaron darf nur ins Allerheiligste gehen, wenn er sich genau an folgende Anweisungen hält:

Er soll einen jungen Stier für das Sündopfer und einen Schafbock für das Brandopfer darbringen. 4 Vorher wäscht er sich und zieht heilige Priesterkleider an: ein Gewand, Hosen, einen Gürtel und einen Turban, alles aus Leinen. 5 Die Israeliten sollen ihm zwei Ziegenböcke für das Sündopfer und einen Schafbock für das Brandopfer geben. 6 Erst bringt er den jungen Stier als Sündopfer für sich selbst und für seine Familie dar, 7 dann führt er die beiden Ziegenböcke an den Eingang des heiligen Zeltes, in meine Gegenwart. 8 Durch das Los wird entschieden, welcher der beiden für mich, den Herrn, und welcher für Asasel bestimmt ist. 9 Den Ziegenbock, der mir gehört, bringt Aaron als Sündopfer dar. 10 Der andere Bock, der durch das Los dem Asasel zugefallen ist, wird zum Heiligtum gebracht. Von dort aus soll er in die Wüste zu Asasel geschickt werden, damit das Volk mit mir, dem Herrn, versöhnt wird.

11 Zuvor aber muss Aaron den jungen Stier als Sündopfer darbringen, damit er und seine Familie von aller Schuld befreit werden. Wenn er das Tier geschlachtet hat, 12 nimmt er eine Räucherpfanne voll glühender Kohlen vom Altar im heiligen Zelt und zwei Hand voll zerstoßene, wohlriechende Weihrauchmischung. Dies alles bringt er hinter den inneren Vorhang des Zeltes ins Allerheiligste. 13 Dort, in meiner Gegenwart, legt er die Weihrauchmischung auf die glühenden Kohlen. Der aufsteigende Rauch verhüllt die Deckplatte auf der Bundeslade, so dass Aaron sie nicht sieht und nicht sterben muss. 14 Er taucht einen Finger in das Blut des jungen Stieres und sprengt etwas davon auf die Vorderseite der Deckplatte sowie siebenmal vor der Deckplatte auf den Boden. 15 Dann schlachtet er den Ziegenbock für das Sündopfer des Volkes, bringt das Blut ins Allerheiligste und sprengt es auf die Deckplatte und davor auf den Boden, wie er es mit dem Blut des jungen Stieres getan hat. 16 So befreit er das Allerheiligste von aller Unreinheit und von aller Schuld, die das Volk Israel auf sich geladen hat. Auch das heilige Zelt reinigt er auf diese Weise; denn es steht mitten im Lager, das die Israeliten durch ihre Sünden immer wieder unrein machen.

17 Kein Mensch darf sich im heiligen Zelt aufhalten, wenn Aaron hineingeht, um sich, seine Familie und das ganze Volk mit mir, dem Herrn, zu versöhnen. 18 Anschließend verlässt Aaron das Allerheiligste, geht zum Altar im heiligen Zelt und befreit ihn von aller Schuld, die auf ihm lastet. Dazu streicht er etwas vom Blut des jungen Stieres und des Ziegenbocks an die Hörner des Altars. 19 Mit dem Finger sprengt er siebenmal Blut an den Altar und reinigt ihn von den Sünden der Israeliten, damit er wieder heilig ist.

20 Wenn Aaron das Allerheiligste und das Heiligtum sowie den Altar gereinigt hat, holt er den zweiten Ziegenbock, 21 legt die Hände auf seinen Kopf und bekennt alle Vergehen und alle Schuld des Volkes. So lädt er die Sünden der Israeliten auf den Kopf des Ziegenbocks und lässt ihn durch einen Mann, den er dazu bestimmt hat, in die Wüste treiben. 22 Der Ziegenbock trägt alle Schuld mit sich hinaus in die Wüste.

23 Aaron geht nun wieder ins heilige Zelt, zieht seine Leinengewänder aus, in denen er das Heiligtum betrat, und lässt sie dort zurück. 24 Er wäscht sich, zieht die Amtskleidung des Hohenpriesters an, geht hinaus und bringt das Brandopfer für sich und für das Volk dar. So wird ganz Israel wieder mit mir, dem Herrn, ver-

---

16,11 Hebr 7,26–27 **16,12** 2 Mo 30,34–37 **16,16** Hebr 13,11 **16,18–19** 2 Mo 30,1–2.10

söhnt. 25 Auch die Fettstücke der Sünd-
opfertiere verbrennt er auf dem Altar.
26 Der Mann, der den Sündenbock für
Asasel fortgetrieben hat, darf erst wieder
ins Lager zurückkehren, wenn er sich und
seine Kleider gewaschen hat.
27 Den jungen Stier und den Ziegen-
bock, die als Sündopfer dargebracht wur-
den und deren Blut versprengt wurde, um
das Heiligtum von aller Unreinheit zu be-
freien, soll man hinaus vor das Lager
bringen. Dort müssen sie vollständig
verbrannt werden, mit Fell, Fleisch und
Eingeweiden. 28 Jeder, der daran beteiligt
ist, darf erst wieder ins Lager zurück-
kehren, wenn er sich und seine Kleider
gewaschen hat.
29 Dies alles soll am 10. Tag des 7. Mo-
nats geschehen. Zusätzlich gelten für die-
sen Tag noch folgende Ordnungen, die
ihr stets einhalten müsst:
Ihr sollt fasten und keinerlei Arbeit
verrichten, weder ihr noch die Ausländer,
die bei euch wohnen. 30 Denn an diesem
Tag werdet ihr mit mir, dem Herrn, ver-
söhnt und von aller Schuld befreit, die
auf euch lastet. 31 Der ganze Tag muss
ein Ruhetag sein, an dem ihr fasten sollt.
Haltet euch für alle Zeiten daran!
32 Der Hohepriester, der als Nachfolger
seines Vaters gesalbt und in sein Amt ein-
gesetzt worden ist, soll euch an diesem
Tag mit mir versöhnen. Dazu zieht er die
heiligen Priestergewänder aus Leinen an.
33 Er befreit das Allerheiligste, das ganze
heilige Zelt und den Altar von aller
Schuld, ebenso die anderen Priester und
das ganze Volk. 34 Diese Ordnung soll bei
euch für alle Zeiten gelten. Einmal im
Jahr sollen alle Israeliten von ihren Sün-
den befreit werden.«
Aaron führte alles so aus, wie der Herr
es Mose befohlen hatte.

Alle Opfer gehören dem Herrn

17 Der Herr befahl Mose: 2 »Richte
Aaron, seinen Söhnen und dem
ganzen Volk aus:
3 Jeder Israelit, der innerhalb oder au-
ßerhalb des Lagers ein Rind, ein Schaf
oder eine Ziege schlachtet 4 und das Tier
nicht zum Eingang des heiligen Zeltes
bringt, um es mir, dem Herrn, als Gabe
darzubringen, lädt Schuld auf sich. Er
hat Blut vergossen, darum soll er aus sei-
nem Volk ausgestoßen werden und ster-
ben! 5 Diese Weisung dient dazu, dass die
Israeliten ihre Opfertiere, die sie auf frei-
em Feld schlachten, von nun an mir, dem
Herrn, darbringen. Sie sollen die Tiere zu
meiner Ehre am Eingang des heiligen
Zeltes dem Priester übergeben und sie
dann als Dankopfer für mich schlachten.
6 Der Priester sprengt das Blut an den
Brandopferaltar vor dem Eingang des
heiligen Zeltes und verbrennt anschlie-
ßend die Fettstücke auf dem Altar. Ein
solches Opfer gefällt mir, dem Herrn.
7 Kein Israelit soll mir die Treue brechen,
indem er weiterhin den Dämonen sein
Schlachtopfer darbringt! Diese Ordnung
gilt für alle Zeiten.
8/9 Jeder Israelit und auch jeder Frem-
de, der bei euch wohnt, wird aus dem
Volk ausgestoßen und muss sterben,
wenn er seine Brand- oder Schlachtopfer
nicht zum Eingang des heiligen Zeltes
führt, um sie dort mir, dem Herrn, zu
weihen.«

Verbot von Blutgenuss

10 »Wenn ein Israelit oder ein Fremder
unter euch Fleisch verzehrt, das nicht
völlig ausgeblutet ist, werde ich, der
Herr, mich gegen ihn wenden! Ich versto-
ße ihn aus seinem Volk und töte ihn.
11 Denn im Blut ist das Leben, und ich
selbst habe angeordnet, dass es auf dem
Altar dargebracht wird, um euch von eu-
rer Schuld zu befreien. Weil im Blut das
Leben ist, darum werdet ihr durch das
Blut mit mir, dem Herrn, versöhnt.
12 Niemand darf es also verzehren, weder
ein Israelit noch ein Fremder, der bei
euch lebt!
13 Wer auf der Jagd ein Stück Wild oder

16,27 6,23; Hebr 13,11–12 **16,29–31** 23,26–32 **16,34** Hebr 9,25–26 **17,10–14** 1 Mo 9,4*

einen Vogel erlegt – ein Tier, das man es-
sen darf –, der soll es ausbluten lassen
und das Blut mit Erde bedecken. [14]Denn
im Blut ist das Leben eines jeden Tieres.
Deshalb habe ich den Israeliten ver-
boten, Blut zu verzehren. Alles Leben
ist im Blut, und wer davon isst, muss ge-
tötet werden!
[15]Jeder, der Fleisch von einem ver-
endeten oder gerissenen Tier isst, wird
bis zum Abend unrein. Er soll sich und
seine Kleider waschen; dann ist er wieder
rein. [16]Wer sich nicht daran hält, muss die
Folgen seiner Schuld tragen!«

Verbotene sexuelle Beziehungen

18 Der Herr befahl Mose, [2]den Israe-
liten dies weiterzusagen:
»Ich bin der Herr, euer Gott. [3]Lebt
nicht nach den Sitten der Ägypter, in de-
ren Land ihr gewohnt habt! Richtet euch
auch nicht nach den Bräuchen der Be-
wohner Kanaans, wohin ich euch bringen
werde! Nehmt sie nicht zum Vorbild!
[4]Handelt nach meinen Weisungen, lebt
nach meinen Ordnungen! Ich bin der
Herr, euer Gott. [5]Richtet euch nach mei-
nen Geboten! Jedem, der sie befolgt,
bringen sie Leben. Ich bin der Herr.
[6]Niemand von euch darf mit einer
Blutsverwandten schlafen. Dies sage ich,
der Herr.
[7]Du sollst nicht mit deiner Mutter
schlafen, denn dadurch entehrst du dei-
nen Vater.[a] Darum tu es nicht, denn sie
ist deine Mutter!
[8]Du sollst auch nicht mit einer anderen
Frau deines Vaters schlafen, denn auch
damit entehrst du deinen Vater.
[9]Schlaf nicht mit deiner Schwester,
auch nicht mit deiner Halbschwester
oder Stiefschwester![b]
[10]Du darfst nicht mit deiner Enkelin
schlafen, dem Kind deines Sohnes oder
deiner Tochter, denn dadurch entehrst
du dich selbst.
[11]Auch sollst du nicht mit deiner Halb-
schwester schlafen, die von einer Frau
deines Vaters geboren wurde.
[12/13]Das Gleiche gilt für Blutsverwand-
te deiner Eltern: Schlafe nie mit der
Schwester deines Vaters oder der
Schwester deiner Mutter!
[14]Du sollst einen Bruder deines Vaters
nicht entehren, indem du mit seiner Frau
schläfst, denn sie ist deine Tante.
[15]Auch mit deiner Schwiegertochter
darfst du nicht schlafen, denn sie ist die
Frau deines Sohnes.
[16]Du sollst nicht mit deiner Schwägerin
schlafen, sonst entehrst du deinen Bruder.
[17]Wenn du mit einer Frau schläfst,
darfst du nicht auch noch mit ihrer Toch-
ter oder ihrer Enkelin schlafen. Dies
wäre eine Schande, weil sie ihre Bluts-
verwandten sind.
[18]Heirate nicht die Schwester deiner
Frau, solange deine Frau lebt.
[19]Du sollst nicht mit einer Frau schla-
fen, wenn sie ihre monatliche Blutung
hat, denn in dieser Zeit ist sie unrein.
[20]Schlafe nicht mit der Frau eines an-
deren Mannes, denn damit machst du
dich selbst unrein!
[21]Lass keines deiner Kinder für den
Götzen Moloch als Opfer verbrennen,
denn damit entweihst du meinen Namen!
Ich bin der Herr, dein Gott.
[22]Ein Mann darf nicht mit einem ande-
ren Mann schlafen, denn das ver-
abscheue ich.
[23]Kein Mann und keine Frau darf mit
einem Tier verkehren. Wer es tut, macht
sich unrein und lädt große Schande auf
sich.

---

[a] Oder: Keine Frau darf mit ihrem Vater und kein Mann mit seiner Mutter schlafen.
[b] Wörtlich: Schlaf nicht mit deiner Schwester, der Tochter deines Vaters oder der Tochter deiner Mutter, ob im Haus oder draußen geboren.

17,15 2 Mo 22,30 **18,3** 2 Mo 23,24 **18,5** Lk 10,25–28; Röm 10,5; Gal 3,10–12 **18,8** 1 Mo 49,4; 5 Mo 23,1; 27,20; 1 Kor 5,1 **18,9.11** 5 Mo 27,22 **18,16** 20,21; Mk 6,17–18 **18,17** 5 Mo 27,23 **18,18** 5 Mo 25,5–6 **18,21** 20,2–5; 2 Mo 13,12–16*; 5 Mo 18,10; 2 Kön 17,17; 23,10; Jer 19,5; Mi 6,7 **18,22** 20,13; 1 Mo 19,5; Ri 19,22; Röm 1,26–27; 1 Kor 6,9 **18,23** 2 Mo 22,18; 5 Mo 27,21

24 Macht euch nicht unrein, indem ihr
gegen diese Gebote verstoßt! Denn so
haben sich die Völker Kanaans verunrei-
nigt. Ich vertreibe sie und gebe euch das
Land. 25 Sie haben ihr Land unrein ge-
macht; doch ich lasse sie nicht ungestraft
davonkommen, sondern sorge dafür, dass
das Land seine Bewohner ausspuckt.
26 Lebt nach meinen Weisungen und Ge-
boten, tut nichts, was ich verabscheue!
Das gilt für euch Israeliten und auch für
alle Ausländer, die dann bei euch woh-
nen. 27 Die Bewohner des Landes, die
vor euch dort lebten, haben alle diese ab-
scheulichen Dinge getan und so das Land
unrein gemacht. 28 Wenn auch ihr dies tut,
wird das Land euch ausspucken – so wie
die Völker, die vor euch dort wohnten.
29 Jeder, der eine dieser abscheulichen
Sünden begeht, soll aus dem Volk Israel
ausgestoßen werden und sterben. 30 Rich-
tet euch nach meinen Geboten, und hütet
euch davor, diese abscheulichen Bräuche
zu übernehmen, die bei den anderen Völ-
kern in diesem Land üblich sind. Ver-
unreinigt euch nicht durch sie! Ich bin
der Herr, euer Gott!«

Weisungen und Gebote für Gottes heiliges Volk

19 Der Herr befahl Mose, 2 dem gan-
zen Volk Israel dies mitzuteilen:
»Ihr sollt heilig sein, denn ich, der
Herr, euer Gott, bin heilig!
3 Jeder von euch soll seine Mutter und
seinen Vater achten und den Sabbat als
Ruhetag einhalten. Ich bin der Herr, euer
Gott!
4 Ihr sollt nicht anderen Göttern dienen
und euch keine Götzenstatuen anfer-
tigen, denn ich bin der Herr, euer Gott!
5 Wenn ihr mir ein Dankopfer dar-
bringt, dann tut es so, dass ich Gefallen
an euch und eurem Opfer habe. 6 Das
Fleisch des Opfertieres müsst ihr am sel-
ben oder am folgenden Tag verzehren.
Was am dritten Tag noch übrig ist, muss
verbrannt werden, 7 denn dann ist es un-
rein. Wenn doch noch jemand davon isst,
nehme ich das Opfer nicht an. 8 Er muss
die Folgen tragen, denn er hat etwas ent-
weiht, das für mich, den Herrn, bestimmt
war. Darum muss er aus seinem Volk aus-
gestoßen werden und sterben.
9 Wenn ihr die Getreideernte einbringt,
sollt ihr eure Felder nicht ganz bis an den
Rand abmähen und keine Nachlese hal-
ten. 10 Auch in euren Weinbergen soll es
keine Nachlese geben. Sammelt die Trau-
ben am Boden nicht ein, sondern über-
lasst sie den Armen und Fremden! Ich
bin der Herr, euer Gott.
11 Ihr sollt nicht stehlen, nicht lügen
und einander nicht betrügen!
12 Ihr sollt meinen Namen nicht durch
einen Meineid entweihen. Ich bin der
Herr, euer Gott.
13 Unterdrückt und beraubt einander
nicht! Wenn ihr jemanden tageweise be-
schäftigt, müsst ihr ihm jeden Abend sei-
nen Lohn auszahlen.
14 Beschimpft einen Tauben nicht, und
legt einem Blinden kein Hindernis in den
Weg! Begegnet mir, eurem Gott, mit
Ehrfurcht, denn ich bin der Herr.
15 Vor Gericht dürft ihr das Recht nicht
beugen! Begünstigt weder den Armen
noch den Einflussreichen, wenn ihr ein
Urteil fällt. Jeder soll zu seinem Recht
kommen.
16 Verleumdet einander nicht, und tut
nichts, was das Leben anderer gefährdet!
Ich bin der Herr.
17 Hege keinen Hass gegenüber deinem
Mitmenschen! Wenn du etwas gegen je-
manden hast, dann weise ihn zurecht,
sonst lädst du Schuld auf dich.
18 Räche dich nicht, und sei nicht nach-
tragend! Liebe deinen Mitmenschen wie
dich selbst! Ich bin der Herr.
19 Haltet euch an das, was ich euch sage.

18,24–25 1 Mo 15,15–16; 5 Mo 9,4–5 **19,2** 2 Mo 19,5–6*; 5 Mo 26,19; Mt 5,48; 1 Petr 1,15–16 **19,3** 2 Mo 20,8–11*.12* **19,4** 2 Mo 20,3–5* **19,6–8** 7,15–18 **19,9–10** 2 Mo 22,21–22*; 5 Mo 24,19–21 **19,12** 24,10–16; 2 Mo 20,7; 22,27 **19,13** 5 Mo 24,14–15; Mt 20,8; Jak 5,4 **19,14** 5 Mo 27,18 **19,15–16** 2 Mo 20,16* **19,17–18** Mt 5,43–48 **19,19** 5 Mo 22,9–11

Kreuzt nicht verschiedene Arten eures
Viehs miteinander; besät eure Felder
nicht mit zweierlei Saatgut; tragt keine
Kleidung aus Mischgewebe!

20 Wenn ein Mann mit einer Sklavin
schläft, die mit einem anderen Mann ver-
lobt ist, aber noch nicht freigekauft oder
freigelassen wurde, dann muss der Mann
Schadenersatz leisten. Die beiden müssen
aber nicht getötet werden, denn die Frau
war nicht frei. 21 Der Mann soll einen
Schafbock als Schuldopfer zu mir, dem
Herrn, an den Eingang des heiligen Zel-
tes bringen. 22 Der Priester opfert das Tier,
damit der Mann von seiner Schuld befreit
wird. Dann werde ich, der Herr, seine
Sünde vergeben. 23 Wenn ihr ins Land Ka-
naan kommt und Obstbäume pflanzt,
dann sind ihre Früchte in den ersten drei
Jahren für euch verboten; ihr dürft sie
nicht essen. 24 Im vierten Jahr bringt ihr
mir, dem Herrn, alle Früchte als Ernte-
dankopfer dar. 25 Vom fünften Jahr an
dürft ihr die Früchte essen. Wenn ihr euch
daran haltet, wird eure Ernte umso rei-
cher sein. Ich bin der Herr, euer Gott.

26 Esst kein Fleisch, das nicht völlig aus-
geblutet ist! Treibt keine Wahrsagerei
und Zauberei!

27/28 Wenn ihr um einen Toten trauert,
dann schneidet nicht euer Haupthaar
rundum ab; stutzt auch nicht eure Bärte,
ritzt euch nicht in die Haut, und macht
euch keine Tätowierungen! Ich bin der
Herr.

29 Entehrt eure Töchter nicht, indem
ihr sie zur Prostitution anstiftet! Sonst
wird das ganze Land zu einer Stätte des
Treuebruchs, und ich verabscheue alles,
was dort geschieht.

30 Haltet den Sabbat als Ruhetag ein,
und habt Ehrfurcht vor meinem Heilig-
tum! Ich bin der Herr.

31 Sucht niemals Hilfe bei Toten-
beschwörern und Wahrsagern, denn
sonst seid ihr in meinen Augen unrein.
Ich bin der Herr, euer Gott.

32 Begegnet alten Menschen mit Ach-
tung und Respekt, und ehrt mich, den
Herrn, euren Gott!

33 Unterdrückt die Fremden nicht, die
bei euch leben, 34 sondern behandelt sie
wie euresgleichen. Liebt sie wie euch
selbst, denn auch ihr seid Fremde in
Ägypten gewesen! Ich bin der Herr, euer
Gott.

35 Beugt nicht das Recht vor Gericht,
betrügt nicht mit falschen Maßen und
Gewichtsangaben, 36 verwendet genaue
Waagen und richtige Gewichtssteine! Eu-
re Hohlmaße für Getreide und Flüssig-
keiten dürfen nicht gefälscht sein. Ich
bin der Herr, euer Gott, der euch aus
Ägypten befreit hat.

37 Lebt nach allen meinen Ordnungen
und Geboten, und befolgt sie! Ich bin
der Herr.«

Strafen für schwere Vergehen

20 Der Herr befahl Mose, 2 den Israe-
liten dies weiterzusagen:
»Wer von euch oder von den Fremden,
die bei euch leben, eines seiner Kinder
dem Götzen Moloch opfert, muss ster-
ben! Das Volk soll ihn steinigen. 3 Ich
selbst werde mich gegen ihn wenden, ihn
aus seinem Volk ausstoßen und töten.
Denn er hat mein Heiligtum entweiht
und meinen heiligen Namen beschmutzt,
indem er eines seiner Kinder dem Göt-
zen Moloch geopfert hat. 4 Wenn die Is-
raeliten die Augen davor verschließen
und ihn nicht hinrichten, 5 strafe ich selbst
diesen Mann und seine Familie. Ich ver-
stoße ihn aus seinem Volk und töte ihn –
zusammen mit allen, die mir, dem Herrn,
die Treue gebrochen und den Götzen
Moloch angebetet haben.

6 Mein Zorn trifft auch jeden, der bei
Totenbeschwörern und Wahrsagern Hilfe
sucht und mir so die Treue bricht: Ich ver-
stoße ihn aus seinem Volk und lasse ihn
sterben. 7 Dient nur mir allein, und lebt

19,26 1 Mo 9,4* **19,29** 5 Mo 23,18 **19,31** 2 Mo 22,17; 5 Mo 18,10–11 **19,33–34** 2 Mo 22,20*
19,35–36 Spr 16,11* **20,2–5** 18,21* **20,6–7.27** 2 Mo 22,17; 5 Mo 18,10–11; 1 Sam 28,3–19

als mein heiliges Volk, denn ich bin der
Herr, euer Gott! 8 Richtet euch nach mei-
nen Ordnungen, und befolgt sie! Ich bin
der Herr, der euch heilig macht.
9 Wer seinen Vater oder seine Mutter
verflucht, muss getötet werden! Er hat
für sein Verbrechen nichts anderes ver-
dient.
10 Wenn ein Mann mit der Frau eines
anderen Israeliten die Ehe bricht, sollen
beide getötet werden.
11 Schläft ein Mann mit der Frau seines
Vaters, dann entehrt er seinen Vater. Er
und die Frau müssen sterben, sie sind
selbst schuld an ihrem Tod.
12 Wenn ein Mann mit seiner Schwie-
gertochter schläft, sollen beide mit dem
Tod bestraft werden. Sie haben etwas
Abscheuliches getan und müssen die Fol-
gen tragen.
13 Wenn ein Mann mit einem anderen
Mann schläft, ist dies eine widerliche Tat.
Beide sollen mit dem Tod bestraft wer-
den, ihre Schuld fällt auf sie zurück.
14 Heiratet ein Mann eine Frau und
dann noch ihre Mutter, ist das ein
schändliches Vergehen. Man soll ihn und
die beiden Frauen verbrennen, damit so
etwas nie wieder bei euch geschieht.
15 Wenn ein Mann mit einem Tier ver-
kehrt, soll er hingerichtet werden, und
auch das Tier soll man töten. 16 Verkehrt
eine Frau mit einem Tier, muss man die
Frau und das Tier töten. Beide müssen
sterben, denn ihre Schuld fällt auf sie zu-
rück.
17 Heiratet ein Mann seine Schwester
oder Halbschwester, ist das eine Schande.
Beide müssen öffentlich hingerichtet
werden. Weil der Mann mit seiner
Schwester geschlafen hat, ist er selbst
schuld an seinem Tod.
18 Wenn ein Mann mit einer Frau wäh-
rend der Zeit ihrer monatlichen Blutung
schläft, so machen beide sich damit un-
rein. Sie müssen aus dem Volk ausgesto-
ßen werden und sterben.
19 Niemand darf mit der Schwester sei-
ner Mutter oder seines Vaters schlafen.
Das ist Blutschande, und beide müssen
die Folgen tragen.
20 Wer mit der Frau seines Onkels
schläft, entehrt seinen Onkel. Er und die
Frau werden die Folgen tragen und ohne
Nachkommen sterben.
21 Wenn ein Mann die Frau seines Bru-
ders heiratet, ist das eine Schande. Weil
er seinen Bruder damit entehrt, werden
er und die Frau kinderlos bleiben.
22 Haltet euch an meine Ordnungen,
lebt nach meinen Geboten! Dann werdet
ihr nicht aus dem Land Kanaan versto-
ßen, in das ich euch bringe und in dem
ihr wohnen sollt. 23 Richtet euch nicht
nach den Sitten und Bräuchen der Völker
im Land! Ich werde sie verstoßen, weil
sie alle diese Dinge getan haben, die in
meinen Augen abscheulich sind. Darum
werde ich euch das Land geben. 24 Ich ha-
be es euch zugesagt und versprochen,
dass ihr es in Besitz nehmen könnt, ein
Land, in dem Milch und Honig fließen.
Ich bin der Herr, euer Gott; euch habe
ich unter allen Völkern zu einem beson-
deren Volk gemacht. 25 Deshalb müsst ihr
unterscheiden zwischen reinem und un-
reinem Vieh, zwischen reinen und unrei-
nen Vögeln. Verunreinigt euch nicht, in-
dem ihr Vieh, Vögel oder Kriechtiere
esst, die ich für unrein erklärt habe! 26 Ihr
sollt heilig sein und mir allein dienen,
denn ich, der Herr, bin heilig. Euch habe
ich als einziges Volk zu meinem Eigen-
tum erwählt.
27 Ein Totenbeschwörer oder Wahr-
sager muss getötet werden, ganz gleich,
ob Mann oder Frau. Man soll sie steini-
gen, sie sind selbst schuld an ihrem Tod.«

Anweisungen für die Priester

21 Der Herr befahl Mose, folgende
Anweisungen den Priestern, den
Nachkommen Aarons, weiterzugeben:

20,8 19,2* **20,10** 2 Mo 20,14; 5 Mo 22,22 **20,11** 1 Mo 49,4; 5 Mo 23,1; 27,20; 1 Kor 5,1
20,12-21 18,9-23 **20,23** 1 Mo 15,15-16; 5 Mo 9,4-5 **20,24** 4 Mo 13,27* **20,25** 11,2-30
20,26 19,2*; 2 Mo 19,5-6*

»Ein Priester darf sich nicht verunrei-
nigen, indem er eine Leiche berührt.
2/3 Er darf sich nur unrein machen, wenn
jemand von seinen engsten Familien-
angehörigen stirbt – der Vater, die Mut-
ter, ein Sohn, eine Tochter, ein Bruder
oder eine unverheiratete Schwester, die
in seinem Haus gewohnt hat. 4 War seine
Schwester aber verheiratet, darf er ihre
Leiche nicht berühren, denn er würde
sich sonst verunreinigen.[a]

5 Kein Priester darf sich bei einem
Trauerfall eine Glatze scheren, den Bart
stutzen oder sich die Haut einritzen.

6 Ein Priester soll mir allein dienen und
meinen Namen nicht entweihen. Denn er
bringt mir, dem Herrn, seinem Gott, die
Opfer dar. Sie sind meine Speise, darum
muss er darauf achten, dass er sich nicht
verunreinigt. 7 Er darf weder eine Hure
heiraten noch ein Mädchen, das keine
Jungfrau mehr ist, noch eine geschiedene
Frau. Denn er ist mir, seinem Gott, ge-
weiht. 8 Ein Priester soll als ein heiliger
Mann geachtet werden, denn er bringt
die Opfer für mich dar. Betrachtet ihn
als heilig, denn ich, der Herr, bin heilig,
und ich habe euch dazu bestimmt, mir al-
lein zu dienen.

9 Wenn die Tochter eines Priesters zu
einer Hure wird, entehrt sie sich und ihren
Vater. Darum soll sie verbrannt werden.

10 Der Hohepriester wurde mit Öl ge-
salbt und in sein Amt eingesetzt. Er trägt
die heiligen Gewänder. Deshalb darf er
nicht als Zeichen der Trauer seine Haare
ungekämmt lassen oder seine Kleidung
zerreißen. 11 Er darf keine Leiche berüh-
ren, nicht einmal die seines Vaters oder
seiner Mutter. Denn sonst würde er sich
verunreinigen. 12 Solange ein Toter in sei-
nem Haus liegt, soll er den Bereich des
Heiligtums nicht verlassen und nach
Hause gehen. Er würde sonst das Heilig-
tum entweihen, denn er ist mit dem heili-
gen Öl zum Priester geweiht worden. Ich
bin der Herr! 13 Der Hohepriester darf
nur eine Jungfrau heiraten, 14 keine Wit-
we, keine Geschiedene und keine Hure,
sondern nur ein Mädchen aus seinem
Stamm. 15 Denn sonst würden seine Kin-
der unrein. Ich bin der Herr, und ich habe
ihn dazu bestimmt, mir allein zu dienen!«

16 Weiter sagte der Herr zu Mose:
17 »Dies sollst du Aaron ausrichten: Wenn
einer seiner Nachkommen eine Krank-
heit oder eine Behinderung hat, darf er
mir keine Opfergaben auf dem Altar dar-
bringen. Dies gilt für alle Generationen.
18 Kein Blinder oder Gelähmter darf den
Dienst im Heiligtum verrichten, auch
kein Verstümmelter oder Entstellter,
19 niemand mit einem gebrochenen Fuß
oder einer gebrochenen Hand, 20 mit Bu-
ckel oder Muskelschwund[b] oder einem
weißen Fleck im Auge, niemand, der an
Krätze oder an einer Hautkrankheit lei-
det oder verletzte Hoden hat. 21 Kein
Nachkomme Aarons mit einer Krankheit
oder Behinderung darf zum Altar treten,
um mir, dem Herrn, die Opfer darzubrin-
gen, die meine Speise sind. 22 Er darf zwar
von den heiligen, ja sogar von den beson-
ders heiligen Opfergaben essen, die den
Priestern zustehen, 23 aber er soll nicht
an den Vorhang zum Allerheiligsten und
an den Brandopferaltar treten! Er würde
sonst mein Heiligtum entweihen. Ich bin
der Herr, und mein Heiligtum soll heilig
bleiben!«

24 Mose gab diese Weisungen Aaron,
seinen Söhnen und allen Israeliten weiter.

Anweisungen für das Essen von Opferfleisch

22 Der Herr sprach zu Mose: 2 »Sag
Aaron und seinen Söhnen, sie sol-
len sorgfältig mit den Opfergaben der Is-
raeliten umgehen, sonst entweihen sie
meinen heiligen Namen. Ich bin der
Herr. 3 Für alle künftigen Generationen
soll gelten: Wenn ein Priester unrein ist
und trotzdem die mir geweihten Opfer-

---

a Der hebräische Text ist nicht sicher zu deuten.
b Oder: Kleinwuchs.

21,10–12 10,6–7 **22,2** 10,16–18

gaben der Israeliten berührt, werde ich ihn verstoßen, und er muss sterben. Ich bin der Herr.

[4]Kein Nachkomme Aarons, der an Aussatz oder Ausfluss leidet, darf seinen Anteil an den heiligen Opfergaben essen, bevor er wieder rein ist. Hat er etwas berührt, das durch einen Toten verunreinigt worden ist, hat er einen Samenerguss gehabt, [5]ein unreines Kriechtier angefasst oder einen Menschen, der gerade unrein ist, [6]dann gilt er selbst als unrein bis zum Abend. Er kann erst wieder von den heiligen Opfergaben essen, wenn er sich gewaschen hat. [7]Erst nach Sonnenuntergang ist er wieder rein. Dann darf er seinen Anteil an den heiligen Opfergaben essen, denn sie sind sein Lebensunterhalt. [8]Er soll aber kein Fleisch von verendeten oder gerissenen Tieren verzehren, denn dadurch wird er unrein. Ich bin der Herr.

[9]Die Priester müssen meine Weisungen beachten. Sonst laden sie Schuld auf sich und müssen sterben, weil sie heilige Dinge entweiht haben. Ich bin der Herr, und ich habe sie dazu bestimmt, mir allein zu dienen.

[10]Nur wer zur Familie des Priesters gehört, darf von den heiligen Opfergaben essen. Wer lediglich in seinem Haus wohnt oder tageweise bei ihm Arbeit findet, darf dies nicht! [11]Ein Sklave aber, den ein Priester kauft, kann von den Gaben essen, ebenso jeder Sklave, der im Haus des Priesters geboren wurde. [12]Heiratet die Tochter eines Priesters einen Mann, der nicht zu den Nachkommen Aarons gehört, darf sie nicht mehr von den heiligen Abgaben essen. [13]Wenn sie aber als Witwe oder Geschiedene in das Haus ihres Vaters zurückkehrt und keine Kinder hat, darf sie von den Anteilen am Opfer essen, die ihr Vater erhält. Wer nicht zur Priesterfamilie gehört, darf auf keinen Fall davon essen!

[14]Wenn jemand versehentlich etwas vom Anteil eines Priesters isst, muss er ihm alles erstatten und noch ein Fünftel dazugeben. [15]Die Priester dürfen die heiligen Abgaben für den Herrn nicht entweihen, die sie von den Israeliten empfangen. [16]Wenn sie dem Volk erlauben, davon zu essen, würden sie zulassen, dass es große Schuld auf sich lädt. Ich bin der Herr, und die Opfergaben der Israeliten sind allein mir geweiht.«

Bestimmungen über die Opfertiere

[17]Der Herr befahl Mose: [18]»Sag Aaron, seinen Söhnen und allen Israeliten:

Wenn ein Israelit oder ein Fremder bei euch mir, dem Herrn, ein Brandopfer darbringen will – sei es freiwillig oder um ein Gelübde einzulösen –, [19]dann muss er ein fehlerloses, männliches Tier aussuchen, ein Rind, ein Schaf oder eine Ziege. Nur dann werde ich die Gabe gnädig annehmen. [20]Opfert kein Tier, das einen Fehler hat, denn ich, der Herr, werde es nicht annehmen! [21]Wer mir, dem Herrn, ein Dankopfer darbringt, weil er ein Gelübde erfüllen oder eine freiwillige Gabe bringen will, soll dafür ein fehlerloses Tier aussuchen, ein Rind, ein Schaf oder eine Ziege. Dann nehme ich das Opfer gnädig an. [22]Ihr dürft kein Tier auf dem Altar für mich, den Herrn, verbrennen, das blind ist, gebrochene Gliedmaßen hat, verstümmelt ist, Geschwüre, Krätze oder eine Flechte hat. [23]Ein Rind, ein Schaf oder eine Ziege mit einem überlangen oder unterentwickelten Körperteil könnt ihr als freiwillige Opfergabe bringen; ich nehme es aber nicht an, wenn ihr damit ein Gelübde erfüllen wollt. [24]Kastrierte Tiere, deren Hoden zerquetscht, zerstoßen, abgerissen oder abgeschnitten wurden, dürft ihr mir nicht darbringen! Ihr sollt in eurem Land weder Tiere kastrieren [25]noch solche Tiere von einem Ausländer kaufen, um sie mir, dem Herrn, zu opfern. Sie sind nicht unversehrt und makellos, deshalb werde ich ein solches Opfer nicht gnädig annehmen.«

[26]Weiter sagte der Herr zu Mose:

22,4-9 13,1–44; 15,2–3.16–17; 21,1–4 **22,10-16** 4 Mo 18,8–19* **22,18-25** Mal 1,6–14

[27]»Wenn ein Kalb, ein Lamm oder ein Zicklein geboren wird, soll es die ersten sieben Tage bei seiner Mutter bleiben. Erst vom achten Tag an nehme ich, der Herr, es als Opfergabe an. [28]Ihr dürft das Muttertier nicht am selben Tag wie das Junge schlachten. [29]Wenn ihr mir, dem Herrn, ein Dankopfer darbringen wollt, dann tut es so, dass ich es gnädig annehmen kann: [30]Das Fleisch muss noch am selben Tag gegessen werden, nichts darf bis zum nächsten Morgen übrig bleiben. Das befehle ich, der Herr.

[31]Haltet meine Gebote, lebt danach, denn ich bin der Herr! [32]Entweiht nicht meinen heiligen Namen! Alle Israeliten sollen mich als ihren heiligen Gott verehren. Ich bin der Herr, und ich habe euch dazu bestimmt, mir allein zu dienen. [33]Aus Ägypten habe ich euch befreit, um euer Gott zu sein, ich, der Herr!«

Der Sabbat

23 Der Herr befahl Mose, [2]den Israeliten Folgendes weiterzusagen: »Dies sind die Feste, an denen sich das ganze Volk zu meiner Ehre versammeln soll, um mich anzubeten.

[3]Sechs Tage sollt ihr arbeiten, aber der siebte Tag ist ein ganz besonderer Ruhetag. Dann sollt ihr euch zum Gottesdienst versammeln. Es ist der Sabbat, der mir, dem Herrn, geweiht ist. An diesem Tag dürft ihr keinerlei Arbeit verrichten, wo immer ihr auch wohnt.«

Das Passahfest und das Fest der ungesäuerten Brote (4. Mose 28,16–25)

[4]»Auch an den folgenden Festen, die ihr einmal im Jahr zu meiner Ehre feiert, sollt ihr euch versammeln, um mich anzubeten:

[5]Am 14. Tag des 1. Monats in der Abenddämmerung wird das Passahfest für mich, den Herrn, gefeiert. [6]Am darauf folgenden Tag beginnt das Fest der ungesäuerten Brote. Feiert es mir zu Ehren! Sieben Tage lang sollt ihr Brot essen, das ohne jeden Sauerteig gebacken wurde. [7]Am ersten dieser sieben Tage sollt ihr keine Arbeit verrichten, sondern gemeinsam mich, den Herrn, anbeten. [8]Bringt mir sieben Tage lang Opfer dar! Am letzten Tag sollt ihr euch wieder zum Gottesdienst versammeln; auch dann dürft ihr nicht arbeiten.«

Das Fest der ersten Garbe

[9]Der Herr sagte zu Mose: [10]»Wenn ihr in das Land kommt, das ich euch geben werde, und dort die Getreideernte einbringt, sollt ihr die erste Garbe dem Priester geben. [11]Dieser schwingt sie am Tag nach dem folgenden Sabbat vor dem heiligen Zelt hin und her. So weiht er eure Gabe mir, dem Herrn, und ich werde sie gnädig annehmen. [12]Am selben Tag müsst ihr mir ein fehlerloses, einjähriges Lamm als Brandopfer darbringen, [13]dazu als Speiseopfer zweieinhalb Kilogramm feines Mehl, mit Öl vermengt. Verbrennt alles für mich auf dem Altar; dann nehme ich es gnädig an. Gebt als Trankopfer noch einen Liter Wein dazu. [14]Erst wenn ihr mir, eurem Gott, diese Gaben dargebracht habt, dürft ihr die frischen Körner rösten, Brot daraus backen und von dem Getreide essen. Diese Ordnung gilt für alle Generationen, wo immer ihr auch wohnt.«

Das Wochenfest (4. Mose 28,26–31)

[15]»Vom Tag nach dem Sabbat, an dem ihr die ersten Ähren mir, dem Herrn, geweiht habt, zählt ihr genau sieben Wochen. [16]Am fünfzigsten Tag, nach dem siebten Sabbat, sollt ihr mir ein Speiseopfer von der neuen Ernte darbringen. [17]Jede Familie gibt zwei Brote, die jeweils aus zweieinhalb Kilogramm feinem Wei-

---

22,27 2 Mo 22,29 **22,30** 7,15–18 **22,32–33** 2 Mo 20,3–5* **23,3** 2 Mo 20,8–11* **23,5** 2 Mo 12,1–14* **23,6–8** 2 Mo 12,15–20* **23,15–21** 4 Mo 28,26–31*

zenmehl mit Sauerteig gebacken wurden.
Diese Opfergaben, die ihr mir weihen
sollt, müssen vom ersten Getreide ge-
nommen werden. [18] Zusätzlich bringt ihr
sieben fehlerlose, einjährige Lämmer,
einen Jungstier und zwei Schafböcke als
Brandopfer dar. Dazu kommen noch die
üblichen Speise- und Trankopfer. Ein sol-
ches Opfer gefällt mir, dem Herrn, gut,
und ich nehme es an. [19] Sucht auch einen
Ziegenbock für das Sündopfer und zwei
einjährige Lämmer für das Brandopfer
aus! [20] Der Priester weiht mir alle diese
Opfergaben, zusammen mit dem Brot
der ersten Ernte und den beiden Läm-
mern. Sie gehören mir, und der Priester
darf sie als seinen Anteil am Opfer behal-
ten. [21] An diesem Tag sollt ihr euch ver-
sammeln, um mich anzubeten. Ihr dürft
dann keinerlei Arbeit verrichten! Diese
Ordnung gilt für alle künftigen Genera-
tionen, wo immer ihr auch wohnt.

[22] Wenn ihr die Getreideernte ein-
bringt, sollt ihr eure Felder nicht ganz
bis an den Rand abmähen und auch keine
Nachlese halten. Überlasst die Reste den
Armen und Fremden! Ich bin der Herr,
euer Gott.«

Das Neujahrsfest
(4. Mose 29,1–6)

[23] Weiter sagte der Herr zu Mose: [24] »Der
1. Tag des 7. Monats soll ein Ruhetag für
euch sein, an dem ihr euch mir zu Ehren
versammelt. Zur Erinnerung daran sol-
len die Posaunen laut geblasen werden.
[25] Lasst an diesem Tag alle Arbeit ruhen,
und bringt mir, dem Herrn, eure Opfer
auf dem Altar dar!«

Der große Versöhnungstag
(4. Mose 29,7–11)

[26] Der Herr sagte zu Mose: [27] »Der 10. Tag
des 7. Monats ist der Tag der Versöh-
nung. Dann sollt ihr fasten, euch zu mei-
ner Ehre versammeln und eure Opfer auf
dem Altar verbrennen. [28] Ihr dürft keiner-
lei Arbeit verrichten, denn an diesem Tag
werdet ihr mit mir, dem Herrn, eurem
Gott, versöhnt und von all euren Sünden
befreit. [29] Wer an diesem Tag nicht fastet,
muss aus seinem Volk ausgestoßen wer-
den und sterben. [30] Ich selbst lasse jeden
umkommen, der an diesem Tag irgend-
eine Arbeit verrichtet. [31] Arbeitet auf
keinen Fall am Versöhnungstag! Diese
Ordnung gilt für alle künftigen Genera-
tionen, wo immer ihr auch wohnt. [32] Der
Versöhnungstag ist ein ganz besonderer
Feiertag, an dem ihr fasten sollt und nicht
arbeiten dürft. Er dauert vom Abend des
9. Tages bis zum folgenden Abend.«

Das Laubhüttenfest
(4. Mose 29,12–39)

[33] Der Herr sagte zu Mose: [34] »Am 15. Tag
des 7. Monats beginnt das Laubhütten-
fest, das sieben Tage dauert. Feiert es zu
meiner Ehre! [35] Am ersten Tag sollt ihr
euch versammeln, um mich, den Herrn,
anzubeten. Dann dürft ihr nicht arbeiten.
[36] Sieben Tage lang bringt ihr mir eure Op-
fer dar; am achten Tag kommt ihr wieder
zu einem Festgottesdienst zusammen und
opfert mir eure Gaben. Auch an diesem
Tag dürft ihr keine Arbeit verrichten.

[37] Dies sind die jährlichen Feste zu
meiner Ehre, an denen ihr euch zum
Gottesdienst versammelt und mir eure
Brand-, Speise-, Schlacht- und Trank-
opfer darbringt, wie es für den jeweiligen
Tag vorgeschrieben ist. [38] Dazu kommen
die wöchentlichen Sabbatfeiern, eure
Geschenke sowie die versprochenen und
freiwilligen Gaben, die ihr mir, dem
Herrn, bringt.

[39] Am 15. Tag des 7. Monats, wenn ihr
die Ernte eingebracht habt, sollt ihr sie-
ben Tage lang das Laubhüttenfest zu mei-
ner Ehre feiern. Der erste und der achte
Tag sind Ruhetage. [40] Am ersten Tag sam-
melt ihr schöne Baumfrüchte, Palm-
wedel, Zweige von Laubbäumen und von

23,22 2 Mo 22,21–22* **23,26–32** 16,2–34 **23,33–43** 5 Mo 16,13–15; Neh 8,13–18; Sach 14,16–19; Joh 7,2

Bachpappeln. Feiert sieben Tage lang ein
fröhliches Fest für mich, den Herrn, eu-
ren Gott. 41 Jedes Jahr sollt ihr im siebten
Monat eine Woche lang feiern! Diese
Ordnung gilt für alle Generationen, wo
immer ihr auch lebt. 42 Während der Fest-
woche sollt ihr in Laubhütten wohnen;
das gilt für alle Israeliten im Land. 43 So
behalten eure Nachkommen für alle Zei-
ten im Gedächtnis, dass ich, der Herr,
euch Israeliten in Laubhütten wohnen
ließ, als ich euch aus Ägypten führte. Ich
bin der Herr, euer Gott!«

44 Mose gab den Israeliten alle Anwei-
sungen für die jährlichen Feste weiter,
die zur Ehre des Herrn gefeiert werden
sollten.

Der Leuchter und die Gott geweihten Brote

24 Der Herr sprach zu Mose: 2 »Sag
den Israeliten, sie sollen dir reines
Öl aus zerstoßenen Oliven für den
Leuchter bringen, damit die Lampen
ständig brennen. 3 Aaron soll den Leuch-
ter im heiligen Zelt aufstellen – vor dem
Vorhang zum Allerheiligsten, in dem die
Bundeslade steht. Vom Abend bis zum
Morgen soll das Licht brennen und mein
Heiligtum erhellen. Diese Weisung gilt
für euch und alle kommenden Generatio-
nen. 4 Aaron muss dafür sorgen, dass die
Lampen auf dem goldenen Leuchter im
Heiligtum nicht verlöschen!

5 Backt zwölf Fladenbrote, jedes aus
zweieinhalb Kilogramm Weizenmehl,
6 und legt sie in zwei Stapeln zu je sechs
Broten auf den goldenen Tisch in mei-
nem Heiligtum! 7 Auf die Brote sollt ihr
reinen Weihrauch streuen. Anschließend
müsst ihr den Weihrauch – anstelle der
Brote – auf dem Altar verbrennen. 8 An
jedem Sabbat werden neue Brote im Hei-
ligtum aufgeschichtet. Diese Weisung
sollen die Israeliten für alle Zeiten be-
achten! 9 Nur Aaron und seine Söhne dür-
fen von den Broten im Bereich des Hei-
ligtums essen. Sie stehen ihnen für alle
Zeiten als Anteil an den besonders heili-
gen Gaben zu.«

Strafen für Gotteslästerung, Mord und Körperverletzung

10/11 Im Lager der Israeliten lebte ein
Mann, der eine israelitische Mutter und
einen ägyptischen Vater hatte. Seine
Mutter hieß Schelomit, sie war eine
Tochter Dibris und gehörte zum Stamm
Dan. Dieser Mann geriet eines Tages mit
einem Israeliten in Streit. Dabei fluchte
er und verhöhnte den Herrn. Man brach-
te ihn zu Mose 12 und nahm ihn dann in
Gewahrsam, um auf eine Weisung des
Herrn zu warten.

13 Der Herr sprach zu Mose: 14 »Führe
den Mann, der mich verhöhnt hat, aus
dem Lager hinaus! Alle Zeugen, die sein
Fluchen gehört haben, sollen ihm die
Hand auf den Kopf legen. Dann müssen
alle Versammelten ihn steinigen. 15 Sag
den Israeliten: Jeder, der seinen Gott ver-
flucht, muss die Folgen seiner Sünde tra-
gen: 16 Wer den Namen des Herrn ver-
höhnt, muss mit dem Tod bestraft
werden. Alle Israeliten sollen ihn steini-
gen, ganz gleich, ob er ein Fremder oder
ein Einheimischer ist!

17 Wer einen anderen Menschen um-
bringt, muss ebenfalls sterben. 18 Wer ein
Stück Vieh tötet, muss es ersetzen. Es gilt
der Grundsatz: Leben für Leben! 19 Wenn
jemand seinem Mitmenschen Schaden zu-
fügt und ihn verletzt, soll er dasselbe am
eigenen Leib zu spüren bekommen. 20 Bei
der Festlegung jeder Strafe sollt ihr euch
nach dem Grundsatz richten: Auge um
Auge, Zahn um Zahn, Knochenbruch um
Knochenbruch. Was jemand einem ande-
ren angetan hat, muss ihm selbst zugefügt
werden. 21 Wer ein Stück Vieh tötet, soll es
ersetzen. Wer einen Menschen umbringt,
muss sterben. 22 Für alle, ob Einheimische
oder Fremde, soll das gleiche Recht gel-
ten. Ich bin der Herr, euer Gott.«

24,2–4 2 Mo 27,20–21 **24,5–8** 2 Mo 25,30 **24,9** 1 Sam 21,5–7 **24,10–16** 2 Mo 20,7; 22,27 **24,17–21** 2 Mo 20,13*; 21,23–25* **24,22** 2 Mo 12,49; 4 Mo 15,15–16; 5 Mo 24,17; 27,19; Jer 22,3; Röm 2,11

Ein Symbol der Liebe

Lesen Sie 3. Mose 23,1-44

Die Feste, die in 3. Mose 23 beschrieben werden, gaben den Israeliten die Gelegenheit, Gott ihre Liebe durch Opfergaben zu zeigen. Das Schenken ist nach wie vor ein starkes Symbol für die Liebe.

Bei den meisten Trauungen schenken sich die Brautleute gegenseitig einen Ring. Während der Zeremonie wird darauf hingewiesen, dass die Ringe ein äußeres, sichtbares Zeichen für die innere, geistliche Verbindung sind, mit der zwei Herzen in nie endender Liebe vereint werden.

Sichtbare Zeichen der Liebe sind manchen Menschen besonders wichtig. Darum gibt es auch sehr unterschiedliche Haltungen gegenüber dem Ehering. Manche nehmen ihren Ring niemals ab. Andere tragen ihn nur ganz selten. Das hat meistens auch mit der Liebessprache zu tun. Wenn das Empfangen von Geschenken Ihre „Muttersprache der Liebe" ist, dann ist Ihnen der Ehering besonders wichtig und Sie fühlen sich verletzt, wenn Ihr Partner das nicht genauso sieht. Auch von anderen Geschenken, die Ihr Mann oder Ihre Frau Ihnen macht, sind Sie sehr berührt, denn Sie sehen in ihnen einen Ausdruck der Liebe. Ohne diese sichtbaren Symbole erscheint Ihnen die Liebe Ihres Partners fraglich.

Wenn Ihr Mann oder Ihre Frau sich tief verletzt fühlt, weil Sie das Geburtstagsgeschenk vergessen haben, dann können Sie davon ausgehen, dass das Empfangen von Geschenken die Liebessprache Ihres Partners ist. Lernen Sie diese Sprache sprechen, und füllen Sie damit den Liebestank Ihres Partners auf.

Nehmen Sie sich Zeit, um allein oder als Paar gemeinsam zu beten. Danken Sie Gott für die Vielfalt in seiner Schöpfung, besonders für die verschiedenen Sprachen der Liebe, die er Ihnen gegeben hat. Bitten Sie ihn, Ihre Bemühungen um die richtige Liebessprache füreinander und für Ihre Kinder zu segnen.

Wenn Sie noch mehr Zeit haben …

Besprechen Sie miteinander folgende Fragen oder denken Sie darüber nach:

- Wie fühlen Sie sich, wenn Ihnen jemand etwas ganz Besonderes schenkt? Warum ist das so?
- Welche Geschenke, die Sie sich gegenseitig gemacht haben, waren Ihnen besonders wichtig? Warum haben Sie das so empfunden?
- Was bedeutet Ihnen Ihr Ehering?

Lesen Sie auch die folgenden Abschnitte zum Thema Schenken: Lukas 6,38; Apostelgeschichte 20,35; 2. Korinther 9,10.

Zur Treue gehören immer zwei

Lesen Sie 3. Mose 26,1-13

Gott weiß, wie wichtig Belohnungen und Anreize sind. In 3. Mose 26,1-13 versprach er den Israeliten, sofern sie ihm gehorsam waren, Wohltaten, die ihr Leben verändern würden. Wenn sie seine Richtlinien beachteten, brachten sie dadurch ihr Vertrauen zu ihm zum Ausdruck. Im Gegenzug würde er sie mit Geschenken seiner Liebe geradezu überschütten. Diese Vereinbarung war die Grundlage für den Bund Gottes mit seinem Volk.

Mose sagte von Gott: „Er wird euch lieben und segnen, euch viele Kinder schenken und euer Volk wachsen lassen. In dem Land, das er euren Vorfahren für euch versprochen hat, werdet ihr Getreide, Weintrauben und Oliven in Hülle und Fülle ernten. Eure Rinder, Schafe und Ziegen werden sich stark vermehren" (5. Mose 7,13).

Israels Anteil am Bund mit Gott beschreibt Mose mit den folgenden Worten: „Hört genau auf die Gebote, die ich euch heute gebe! Liebt den Herrn, euren Gott! Dient ihm von ganzem Herzen und mit aller Hingabe! Dann lässt er es in eurem Land immer rechtzeitig im Herbst und im Frühling regnen, und ihr könnt Getreide, Weintrauben und Oliven ernten. Immer habt ihr reichlich zu essen, und euer Vieh grast auf saftigen Weiden" (5. Mose 11,13-15).

Nehmen Sie sich Zeit, um allein oder als Paar gemeinsam zu beten. Danken Sie Gott, dass er einen Bund mit seinem Volk geschlossen hat, trotz unserer Untreue. Danken Sie ihm für all das Gute, das Ihre Familie von ihm aus lauter Güte empfangen hat. Bitten Sie ihn um die Kraft und das Durchhaltevermögen, ihm treu zu bleiben.

Wenn Sie noch mehr Zeit haben ...

Besprechen Sie miteinander folgende Fragen oder denken Sie darüber nach:

- Was sind Ihre größten Herausforderungen, wenn es um die Treue zu Gott geht?
- Mit welchen Strategien gelingt es Ihnen am besten, Ihrem Mann oder Ihrer Frau treu zu sein?
- Wie könnten Sie diese Strategien auf Ihre Beziehung zu Gott übertragen?

Lesen Sie auch die folgenden Abschnitte zum Thema Treue:
2. Mose 19,5-6; 5. Mose 7,12-15; Jeremia 7,23.

Den nächsten Impuls finden Sie auf S. 144 a

[23]Mose richtete den Israeliten alle Worte des Herrn aus. Daraufhin führten sie den Mann, der den Herrn verhöhnt hatte, aus dem Lager hinaus und steinigten ihn. So befolgten sie die Weisung, die Mose vom Herrn bekommen hatte.

Das Ruhejahr für Äcker und Weinberge

25 Auf dem Berg Sinai sprach der Herr zu Mose: [2/3]»Dies sollst du den Israeliten weitersagen:

Wenn ihr in das Land kommt, das ich euch schenken will, sollen nach jedem sechsten Jahr alle Äcker und Weinberge ein Jahr lang zu meiner Ehre brachliegen. Bestellt eure Felder, beschneidet eure Weinberge, und erntet die Früchte eurer Arbeit sechs Jahre lang! [4]Im siebten Jahr aber soll das Land ruhen und sich erholen. Dieses Jahr ist mir, dem Herrn, geweiht. Dann dürft ihr weder eure Felder bestellen noch eure Weinstöcke beschneiden. [5]Bringt auch keine Ernte ein, weder vom Getreide, das wild auf den Feldern wächst, noch von den Trauben an euren unbeschnittenen Weinstöcken! Das Land soll ein Ruhejahr haben. [6]Jeder darf aber einsammeln, was er für sich selbst zum Leben braucht, ihr, eure Sklaven und Sklavinnen, eure Lohnarbeiter und die Fremden, die bei euch leben. [7]Euer Vieh und die wilden Tiere finden genug zu essen.«

Das Erlassjahr

[8]»Nach sieben Ruhejahren, also nach 49 Jahren, [9]sollt ihr im 50. Jahr am Versöhnungstag, am 10. Tag des 7. Monats, die Signaltrompeten im ganzen Land blasen lassen. [10]Das 50. Jahr soll für euch ein heiliges Jahr sein! Es ist ein Erlassjahr. Gebt dann allen Bewohnern des Landes, die sich hoch verschuldet haben und so zu Sklaven wurden, ihre Freiheit wieder. Jeder erhält seinen verpfändeten Grundbesitz zurück und kann zu seiner Sippe zurückkehren. [11]Alle Schulden müssen in diesem Jahr erlassen werden. Streut kein Saatgut aus! Bringt keine Ernte ein – auch nicht von dem, was auf den Feldern von selbst nachwächst –, und haltet keine Weinlese! [12]Das Erlassjahr soll für euch heilig sein. Jeder darf täglich nur das einsammeln, was er zum Leben braucht. [13]In diesem Jahr soll auch jeder von euch seinen alten Grundbesitz zurückbekommen.

[14]Übervorteilt einander nicht beim Kauf oder Verkauf von Land! [15]Weil im Erlassjahr jedes Stück Land wieder dem alten Besitzer zufällt, soll beim Kaufpreis berücksichtigt werden, wie viele Jahre der Käufer das Land noch bewirtschaften kann: [16]Je höher die Anzahl der Ertragsjahre ist, desto höher ist auch der Kaufpreis. Umgekehrt mindert sich der Preis umso mehr, je näher das Erlassjahr kommt. Der Preis des Landes hängt ab von der Zahl der Ernten bis zum nächsten Erlassjahr.

[17]Betrügt einander nicht! Habt Ehrfurcht vor mir, denn ich bin der Herr, euer Gott!

[18]Haltet euch an meine Ordnungen, richtet euch nach meinen Geboten! Wenn ihr danach lebt, werdet ihr sicher in eurem Land wohnen. [19]Es wird reichen Ertrag bringen, und ihr habt genug zu essen. In Ruhe und Frieden könnt ihr dort leben. [20]Wenn ihr euch fragt, was ihr im siebten Jahr essen sollt, weil ihr nicht sät und erntet, [21]dann sollt ihr wissen: Ich schenke euch im sechsten Jahr genug Ertrag für drei Jahre. [22]Wenn ihr im achten Jahr wieder aussät, werdet ihr euch noch bis zur kommenden Ernte vom Ertrag des sechsten Jahres ernähren können.«

Verkauf und Rückgabe von Grundbesitz

[23]»Ihr dürft euren Grund und Boden nicht endgültig verkaufen, denn das Land

---

25,1–7 26,34–35; 2 Mo 23,10–11; 5 Mo 15,1–2; 31,10–11 **25,9** 16,29 **25,10** 27,16–24; 4 Mo 36,4; Jes 61,2; Lk 4,19 **25,20–22** 2 Mo 16,5.22–26 **25,23** 1 Chr 29,15; Eph 2,19; Hebr 11,13

gehört nicht euch, sondern mir! Ihr wohnt hier als Gäste. 24 Im ganzen Land sollt ihr ein Rückkaufsrecht auf Grund und Boden gewähren.

25 Wenn ein Israelit verarmt und deshalb einen Teil seines Grundbesitzes verkauft, muss sein nächster Verwandter das Grundstück zurückerwerben. 26 Hat er keinen Verwandten, der es an seiner Stelle kauft, bringt aber selbst nach einiger Zeit die erforderliche Summe auf, 27 dann soll er die Jahre seit dem Verkauf auf den Wert anrechnen und den Restwert dem Käufer auszahlen. So kommt das Grundstück wieder in seinen Besitz. 28 Wenn er aber das Geld für den Rückkauf nicht aufbringen kann, bleibt das Grundstück bis zum nächsten Erlassjahr im Besitz des Käufers. Dann wird es wieder Eigentum des ursprünglichen Besitzers.

29 Wenn jemand ein Wohnhaus in einer ummauerten Stadt verkauft, gilt das Rückkaufsrecht nur für ein volles Jahr vom Verkaufsdatum an. 30 Wird das Haus innerhalb dieses Jahres nicht zurückgekauft, bleibt es für immer im Besitz des Käufers und seiner Nachkommen und wird auch im Erlassjahr nicht zurückgegeben. Dies gilt nur für Wohnhäuser in ummauerten Städten.

31 Wohnhäuser in Dörfern ohne Stadtmauern werden rechtlich wie Land behandelt: Man kann sie immer zurückkaufen, und im Erlassjahr müssen sie zurückgegeben werden.

32 Die Leviten haben jederzeit das Recht, die Häuser in den ihnen zugeteilten Städten zurückzukaufen. 33 Nimmt ein Levit dies nicht in Anspruch, so fällt sein Eigentum im Erlassjahr wieder an ihn zurück. Denn die Häuser der Leviten in ihren Städten sind ihr einziger Besitz. 34 Das dazugehörige Weideland darf nie verkauft werden, denn es gehört ihnen für immer.

35 Wenn ein Israelit, den du kennst, seinen Besitz verliert und verarmt, musst du ihn unterstützen, damit er weiterhin bei euch leben kann. Auch einem Fremden oder einem Gast, der vorübergehend bei euch wohnt, sollst du helfen. 36 Verlange keine Zinsen und keinen Aufpreis! Hab Ehrfurcht vor mir, deinem Gott, und hilf dem Verarmten in deiner Nachbarschaft! 37 Leih ihm zinslos Geld und Nahrungsmittel! 38 Ich bin der Herr, euer Gott, der euch aus Ägypten geführt hat, um euch das Land Kanaan zu geben. Ich will euer Gott sein!«

Die Rechte israelitischer Sklaven

39 »Wenn ein Israelit aus deiner Nachbarschaft sich dir wegen Armut als Sklave verkauft, dann sollst du ihn keine Sklavenarbeit verrichten lassen! 40 Behandle ihn wie einen Lohnarbeiter oder wie einen Fremden, der vorübergehend bei dir lebt. Er darf höchstens bis zum nächsten Erlassjahr für dich arbeiten. 41 Dann schenk ihm und seinen Kindern die Freiheit! So können sie wieder zu ihrer Sippe und ihrem Land zurückkehren, das sie von ihren Vorfahren geerbt haben. 42 Denn die Israeliten sind mein Eigentum, ich habe sie aus Ägypten herausgeführt. Ist einer von ihnen dein Sklave geworden, dann darfst du ihn nicht verkaufen! 43 Du sollst keinen Israeliten mit Gewalt zum Sklavendienst zwingen. Hab Ehrfurcht vor mir, deinem Gott!

44 Sklaven und Sklavinnen könnt ihr von den umliegenden Völkern kaufen, 45 ebenso die im Land geborenen Kinder der Fremden, die bei euch leben. Sie sind dann euer Eigentum, 46 und ihr könnt sie euren Kindern als bleibenden Besitz vererben. Fremde dürft ihr als Sklaven erwerben, aber die Israeliten – Menschen aus eurem eigenen Volk – dürft ihr nicht zu Sklaven machen!

47 Wenn ein Fremder, der bei euch lebt, zu Wohlstand kommt und einen armen Israeliten für sich oder seine Nachkommen als Sklave kauft, 48 dann muss es für den israelitischen Sklaven ein Rückkaufsrecht geben. Einer seiner nächsten Verwandten soll ihn zurückkaufen, 49 entwe-

25,25 Ruth 4,1–6 **25,36–38** 2 Mo 22,24 **25,39–55** 2 Mo 21,2–11; 5 Mo 15,12–18; Jer 34,13–17

der sein Onkel, dessen Sohn oder ein anderer naher Verwandter aus seiner Sippe. Hat der Sklave selbst wieder Besitz erworben, kann er sich auch selbst freikaufen.
[50] In diesem Fall muss er mit dem, der ihn gekauft hat, den Rückkaufspreis nach der Anzahl der Jahre berechnen, die zwischen dem Jahr des Kaufs und dem nächsten Erlassjahr liegen. Der Kaufpreis soll mit dem Lohn seiner Dienstjahre verrechnet werden, wobei die Arbeitszeit eines Lohnarbeiters zugrunde gelegt wird.
[51] Wenn es bis zum nächsten Erlassjahr noch viele Jahre sind, muss er für seinen Loskauf einen entsprechend höheren Restanteil des ursprünglichen Kaufpreises zahlen.
[52] Sind es nur wenige Jahre bis zum nächsten Erlassjahr, fällt der Loskaufpreis entsprechend niedriger aus.
[53] Der israelitische Sklave soll von seinem Herrn den Lohn eines Arbeiters bekommen, solange er bei ihm ist. Sorgt dafür, dass er nicht wie ein Sklave behandelt wird!
[54] Wenn er nun nicht losgekauft werden kann, muss er im Erlassjahr auf jeden Fall zusammen mit seinen Kindern freigelassen werden!
[55] Denn ihr Israeliten seid mein Eigentum, ich habe euch aus Ägypten befreit. Ich bin der Herr, euer Gott.«

Segen und Fluch

26 »Ihr sollt euch keine Götzen machen, weder Götterstatuen noch geweihte Steinsäulen, noch Steine mit eingeritzten Bildern. Ihr dürft euch vor keinem Götzen niederwerfen und ihn anbeten, denn ich allein bin der Herr, euer Gott!
[2] Haltet den Sabbat als Ruhetag ein, und habt Ehrfurcht vor meinem Heiligtum! Ich bin der Herr.

[3] Wenn ihr nach meinen Weisungen lebt und meine Gebote beachtet,
[4] werde ich es zur rechten Zeit regnen lassen, damit das Land reichen Ertrag bringt und die Bäume viele Früchte tragen.
[5] Dann dauert die Dreschzeit bis zur Weinlese und die Weinlese bis zur Aussaat. Ihr habt reichlich zu essen und wohnt sicher in eurem Land.

[6] Ich, der Herr, schenke euch Frieden. Wenn ihr euch zur Ruhe legt, braucht ihr nicht zu befürchten, dass euch jemand aufschreckt. Die wilden Tiere vertreibe ich aus dem Land, und kein feindliches Heer wird bei euch einfallen.
[7] Ihr werdet eure Feinde vertreiben, ja, sie werden durch euer Schwert umkommen.
[8] Fünf von euch schlagen hundert Feinde in die Flucht und hundert von euch ein Heer von zehntausend Soldaten. Ihr werdet sie mit dem Schwert töten.

[9] Ich sorge für euch, ich schenke euch viele Kinder und stehe für immer treu zu dem Bund, den ich mit euch geschlossen habe.
[10] Ihr werdet zu Beginn einer neuen Ernte immer noch vom Getreide des Vorjahrs essen und noch so viel übrig haben, dass ihr altes Getreide wegwerfen müsst, um Platz für das neue zu bekommen.
[11] Ich selbst werde in meinem Heiligtum unter euch wohnen und mich nie wieder von euch abwenden.
[12] Ja, bei euch will ich leben, ich will euer Gott sein, und ihr sollt mein Volk sein.

[13] Ich bin der Herr, euer Gott. Aus Ägypten habe ich euch befreit, denn ich wollte nicht, dass ihr dort länger Sklaven seid. Das harte Joch, das dort auf euch lastete, habe ich zerbrochen. Aufrecht und frei dürft ihr nun gehen!

[14] Wenn ihr mir aber nicht gehorcht und euch nicht an alle diese Gebote haltet,
[15] wenn ihr meine Ordnungen missachtet und meine Weisungen verabscheut, brecht ihr den Bund, den ich mit euch geschlossen habe.
[16] Dann werdet ihr die Folgen zu spüren bekommen! Ich lasse plötzlich schweres Unheil über euch hereinbrechen, Fieber und unheilbare Krankheiten, die euch erblinden und zugrunde gehen lassen. Vergeblich werdet ihr eure Saat aussäen, denn die Feinde werden die ganze Ernte rauben.
[17] Ich selbst werde mich gegen euch wenden,

26,1 2 Mo 20,3–5* **26,2** 2 Mo 20,8–11* **26,3–12** 5 Mo 7,12–15*; 11,13–15; 28,1–14
26,11–12 2 Kor 6,16 **26,13** 2 Mo 20,2*

ihr werdet von euren Feinden geschlagen
und unterdrückt. Ständig seid ihr auf der
Flucht, selbst wenn euch niemand ver-
folgt!

[18]Wenn ihr dann immer noch nicht auf
mich hört, werde ich euch noch härter für
eure Sünden bestrafen. [19]Euren unbeug-
samen Stolz will ich dann brechen. Ich
lasse es nicht mehr regnen; der Himmel
über euch wird verschlossen sein, als wä-
re er aus Eisen, und der Ackerboden hart
wie Stein[a]. [20]Vergeblich werdet ihr eure
Kraft einsetzen: Die Felder bringen euch
keinen Ertrag und die Bäume keine
Frucht.

[21]Wenn ihr mir dann immer noch den
Rücken kehrt und nicht auf mich hören
wollt, werde ich euch noch härter be-
strafen, so wie ihr es für eure Sünden ver-
dient. [22]Ich lasse wilde Tiere auf euch los;
sie fallen eure Kinder an, reißen euer
Vieh und töten so viele von euch, dass
die Straßen einsam und leer sind.

[23]Wenn ihr euch dadurch immer noch
nicht zurechtbringen lasst, sondern wei-
terhin nichts von mir wissen wollt, [24]dann
werde auch ich mich von euch abwenden
und euch noch härter für eure Sünden
bestrafen. [25]Ich lasse Krieg in eurem
Land ausbrechen und räche mich dafür,
dass ihr meinen Bund mit euch gebro-
chen habt. Wenn ihr dann in euren Städ-
ten Schutz sucht, schicke ich euch die
Pest, und ihr fallt euren Feinden in die
Hände. [26]Eure Lebensmittelvorräte lasse
ich zu Ende gehen. Zehn Frauen werden
ihr Brot in nur einem Ofen backen und es
anschließend genau abwiegen und auftei-
len. Von dem wenigen, das euch bleibt,
werdet ihr nicht satt!

[27]Hört ihr danach immer noch nicht
auf mich und kehrt mir weiter den Rü-
cken, [28]dann werde ich mich voller Zorn
gegen euch wenden und euch noch här-
ter wegen eurer Sünden bestrafen. [29]Vor
Hunger werdet ihr eure eigenen Kinder
essen. [30]Ich lasse eure Höhenheiligtümer
zerstören, eure Räucheropferaltäre zer-
schlagen und eure Leichen bei den leb-
losen Figuren eurer Götter verrotten.
Ich werde euch verabscheuen, [31]eure
Städte in Schutt und Asche legen und
eure Heiligtümer zerstören! Kein Opfer
wird euch mehr retten können. [32]Euer
Land mache ich zu einer menschenlee-
ren Wüste; sogar eure Feinde, die sich
dort niederlassen, werden entsetzt darü-
ber sein. [33]Euch selbst vertreibe ich in
fremde Länder und ziehe noch dort
mein Schwert, um euch zu vernichten.
Euer Land wird zur Einöde und eure
Städte zu Trümmerhaufen. [34]Während
ihr im Land eurer Feinde wohnen müsst,
liegt euer Land brach. Dann bekommt
es endlich die Ruhejahre, [35]die ihr im-
mer missachtet habt, solange ihr dort
wohntet. Nun kann das Land endlich
ausruhen.

[36]Diejenigen, die meine Strafen über-
leben und in fremden Ländern wohnen
müssen, mache ich so verzagt, dass schon
das Rascheln verwelkter Blätter sie da-
vonlaufen lässt, als ginge es um ihr Le-
ben. Sie werden fliehen und stürzen, auch
wenn niemand sie verfolgt. [37]Einer stol-
pert über den anderen; sie fliehen, als
jagte ein ganzes Heer ihnen nach. Euren
Feinden werdet ihr nicht standhalten
können. [38]Bei fremden Völkern werdet
ihr zugrunde gehen, ja, das Land eurer
Feinde bringt euch den Tod!

[39]Die Übriggebliebenen siechen in fer-
nen Ländern dahin wegen ihrer Schuld
und der Schuld ihrer Vorfahren. [40]Dann
werden sie bekennen, dass sie und ihre
Vorfahren mir die Treue gebrochen ha-
ben und nichts mehr von mir wissen woll-
ten. [41]Darum habe auch ich mich von
ihnen abgewandt und sie ins Land ihrer
Feinde gebracht.

Doch wenn ihr stolzes Herz sich vor
mir demütigt und ihre Schuld genug be-
straft ist, [42]dann werde ich an meinen
Bund mit Jakob, Isaak und Abraham den-

---

[a] Wörtlich: wie Bronze.

26,19–20 5 Mo 11,17; 1 Kön 17,1 **26,26** Jes 3,1 **26,29** 5 Mo 28,53; 2 Kön 6,28–29; Jer 19,9; Klgl 2,20; 4,10; Hes 5,10 **26,33–35** 2 Chr 36,21 **26,42** 1 Mo 12,7*; 26,2–3; 28,13*

Zuverlässige Verwalter

Lesen Sie 3. Mose 27,30

Gottes Anweisung in 3. Mose 27,30 zeigt uns klar und deutlich, dass Gott ganz konkrete Erwartungen hat, wie wir mit dem, was er uns anvertraut, umgehen sollen. Je mehr er uns schenkt, desto mehr erwartet er von uns.

Jesus drückt diesen Gedanken in Lukas 12,48 so aus: „So wird von jedem, der viel bekommen hat, auch viel erwartet; denn wem viel anvertraut wurde, von dem verlangt man umso mehr."

Unser Geld so einzusetzen, dass Gott dadurch geehrt wird, kann für manche von uns eine große Herausforderung sein. Egal, ob wir viel oder wenig zur Verfügung haben – mit unseren Finanzen können wir unglaublich viel Gutes bewegen. Vernünftig planen, kaufen, sparen, ausgeben und schenken – all das gehört zu unseren Aufgaben als Verwalter. Zuverlässiges Verwalten bedeutet auch, Gott etwas zu schenken, indem wir seine Gemeinde oder christliche Organisationen unterstützen. Im Alten Testament wurde das Volk Gottes dazu aufgefordert, Gott den Zehnten zu geben, also ein Zehntel des eigenen Einkommens direkt für das Werk Gottes zur Verfügung zu stellen – eine Vorgehensweise, die auch im Neuen Testament empfohlen wird.

Viel wichtiger als die Höhe oder der Prozentsatz unserer Spenden ist jedoch unsere innere Einstellung. In der Bibel heißt es, dass wir mit bereitwilligem Herzen schenken sollen (siehe 2. Korinther 9,5). Wenn Christen etwas geben, dann geschieht es aus freien Stücken und aus Liebe zu Gott, nicht weil es vorgeschrieben ist oder sie sich damit bei Gott Anerkennung verdienen wollen.

Nehmen Sie sich Zeit, um allein oder als Paar gemeinsam zu beten. Danken Sie Gott, dass er Ihnen mit seiner Großzügigkeit ein Vorbild gegeben hat, dem Sie folgen können. Bitten Sie ihn, dass er Ihnen (weiterhin) ein bereitwilliges Herz schenkt und Sie gerne geben. Bitten Sie ihn, Ihre Gaben zu segnen und für seine Ziele einzusetzen.

Wenn Sie noch mehr Zeit haben …

Besprechen Sie miteinander folgende Fragen oder denken Sie darüber nach:

- Was hindert Sie daran, in Ihrem Haushalt zuverlässige Verwalter zu sein?
- Welche Schritte können Sie unternehmen, um diese Hindernisse zu überwinden?
- Wie können Sie Ihren Kindern dabei helfen, zuverlässige Verwalter zu werden?

Lesen Sie auch die folgenden Abschnitte zum Thema Verwalten der Gaben Gottes:

1. Mose 14,17-20; 1. Chronik 29,15-17; Matthäus 25,14-30.

Wofür steht Ihre Familie?

Die folgenden Fragen können Sie entweder allein oder als Paar gemeinsam durchgehen. Wenn jeder für sich darüber nachdenkt, verabreden Sie sich in der kommenden Woche zu einem Austausch darüber, was Sie herausgefunden haben.

1. Die Israeliten ließen bestimmte Banner über ihren Sippen und Familien wehen, um sie voneinander unterscheiden zu können. Was ist das Kennzeichen, das Ihre Familie von anderen Familien unterscheidet?

2. Denken Sie an Familien in Ihrem Bekanntenkreis, die einen bestimmten Ruf haben. Ist dieser Ruf gut oder schlecht? Was bewundern Sie an den Familien, die einen guten Ruf haben?

3. Was wünschen Sie sich als „Markenzeichen“ für Ihre Familie?

4. Was, denken Sie, wünscht Gott sich als „Markenzeichen“ für Ihre Familie?

5. Lesen Sie Josua 24,15. Wofür stand Josuas Familie?

6. Was würden Sie an Ihrer Familie oder am Ruf Ihrer Familie gerne ändern?

4. Mose 2,1.34

„Der Herr sprach zu Mose und Aaron: ‚Die Israeliten sollen ihr Lager in einigem Abstand rings um das heilige Zelt aufschlagen, jeder bei den Feldzeichen seines Heeresverbands und seiner Sippe.‘ … Die Israeliten führten alles so aus, wie der Herr es Mose befohlen hatte: Ob sie lagerten oder weiterzogen, jeder von ihnen blieb bei seiner Familie, seiner Sippe und seiner Abteilung.“

KONKRET:

Die Gewohnheiten einer Familie zu verändern, ist eine große Herausforderung. Dazu braucht es ein gewisses Maß an Anstrengung und Teamgeist. Einigen Sie sich auf eine ganz bestimmte Aktion, mit der Sie Ihre Familie näher an Ihr Ziel bringen. Wie können Sie sich gegenseitig dabei unterstützen?

Den nächsten Impuls finden Sie auf S. 152 a

ken. Ich will mich daran erinnern, dass ich ihren Nachkommen das Land für immer versprochen habe. [43]Vorher aber müssen die Israeliten das Land verlassen, damit es brachliegt und seine Ruhejahre bekommt. Alle Bewohner müssen für ihre Schuld bestraft werden, weil sie meine Gebote abgelehnt und meine Weisungen verworfen haben. [44]Doch selbst wenn sie im Land ihrer Feinde leben müssen, will ich mich nicht völlig von ihnen abwenden und sie nicht verabscheuen. Ich lasse sie nicht alle zugrunde gehen, meinen Bund mit ihnen breche ich nicht, denn ich bin der Herr, ihr Gott! [45]Nein, um ihretwillen denke ich an den Bund, den ich mit ihren Vorfahren geschlossen habe. Ich habe ihre Vorfahren vor den Augen aller Völker aus Ägypten befreit, um ihr Gott zu sein, ich, der Herr!«

[46]Dies sind die Gebote, Weisungen und Ordnungen, die der Herr den Israeliten durch Mose auf dem Berg Sinai gegeben hat.

Der Rückkauf von Gott geweihten Gaben

27 Der Herr befahl Mose: [2]»Sag den Israeliten:
Wenn jemand mir einen anderen Menschen mit einem Gelübde geweiht hat, kann er ihn mit einer bestimmten Summe wieder loskaufen.

[3]Für einen Mann zwischen 20 und 60 Jahren sind 50 Silberstücke zu zahlen, gemessen nach dem Gewicht, das im Heiligtum gilt; [4]für eine Frau im gleichen Alter müssen 30 Silberstücke gezahlt werden, [5]für einen Jungen zwischen 5 und 20 Jahren 20 Silberstücke und für ein Mädchen im gleichen Alter 10 Silberstücke. [6]Ein Kleinkind zwischen einem Monat und 5 Jahren kann mit 5 Silberstücken losgekauft werden, wenn es ein Junge ist; für ein kleines Mädchen sind 3 Silberstücke zu bezahlen. [7]Für einen Mann über 60 müssen 15, für eine Frau 10 Silberstücke entrichtet werden.

[8]Kann derjenige, der das Gelübde abgelegt hat, den festgesetzten Betrag nicht aufbringen, soll er mit dem Betreffenden zum Priester gehen. Dieser legt einen Schätzwert fest, den der Mann bezahlen kann.

[9]Hat jemand mir, dem Herrn, ein Tier geweiht, das auch als Opfergabe geeignet ist, dann gilt es als heilig [10]und darf nicht eingetauscht werden, weder ein gutes gegen ein schlechtes noch ein schlechtes gegen ein gutes Tier. Tauscht dennoch jemand ein Tier gegen ein anderes ein, dann sollen beide Tiere mir gehören!

[11]Wird mir ein unreines Tier geweiht, das nicht als Opfergabe geeignet ist, dann soll der Besitzer es dem Priester zeigen. [12]Dieser schätzt den Wert des Tieres nach dessen Vorzügen und Mängeln. An diesen festgelegten Preis soll man sich halten. [13]Will der Eigentümer das Tier wieder zurückkaufen, muss er zum Schätzwert noch ein Fünftel dazugeben.

[14]Wenn jemand mir sein Haus weihen will, soll zunächst der Priester den Wert feststellen. Diese Schätzung ist rechtsgültig. [15]Wenn der Besitzer sein Haus dann doch wieder zurückkaufen will, muss er zusätzlich zum Schätzwert ein Fünftel bezahlen. Dann gehört das Haus wieder ihm.

[16]Will jemand ein geerbtes Stück Land mir, dem Herrn, weihen, soll man den Wert nach dem erforderlichen Saatgut festlegen. Für ein Feld, auf dem man drei Zentner Gerste aussäen kann, müssen 50 Silberstücke gezahlt werden, [17]vorausgesetzt, der Besitzer weiht mir sein Feld vom Erlassjahr an. [18]Übereignet er das Grundstück erst danach, soll der Priester berechnen, wie viele Jahre noch bis zum nächsten Erlassjahr bleiben, und den Schätzwert entsprechend verringern. [19]Wenn aber der Besitzer sein Feld wieder zurückkaufen will, muss er ein Fünftel zum Schätzwert dazugeben. Dann gehört es wieder ihm. [20]Wenn er das Feld, das er mir, dem Herrn, geweiht hat, an einen anderen verkauft, ohne es vorher

---

26,44 Klgl 3,31–33 **26,45** 2 Mo 20,2* **27,16–24** 25,10*

von mir zurückzukaufen, dann verliert er
für immer das Recht auf Rückkauf. 21 In
diesem Fall wird das Feld im nächsten Er-
lassjahr frei und ist dann für alle Zeiten
mir geweiht. Es bleibt mein Eigentum
und ist somit auch Eigentum der Priester.

22 Wenn jemand mir, dem Herrn, ein
Stück Land weiht, das er nicht geerbt,
sondern gekauft hat, 23 berechnet der
Priester den Wert des Grundstücks nach
der Zahl der Jahre bis zum nächsten Er-
lassjahr. Diesen Betrag zahlt der Betref-
fende noch am selben Tag als heilige Ga-
be für mich, den Herrn. 24 Im nächsten
Erlassjahr fällt das Land wieder an den
ursprünglichen Besitzer zurück, der es
verkauft hatte.

25 Die Silberstücke für den Rückkauf
werden gewogen nach dem Gewicht, das
im Heiligtum gilt. Ein Silberstück wiegt
zwölf Gramm.

26 Das erstgeborene Jungtier von allen
Rindern, Schafen und Ziegen kann mir
grundsätzlich nicht geweiht werden, weil
es mir ohnehin gehört. 27 Die erstgebore-
nen Jungen von unreinen Tieren stehen
mir ebenfalls zu. Der ursprüngliche Be-
sitzer kann ein solches Tier jedoch los-
kaufen, wenn er ein Fünftel des Schätz-
wertes zusätzlich bezahlt. Erwirbt er es
nicht zurück, soll es zum festgesetzten
Preis an jemand anders verkauft werden.

28 Hat jemand nun etwas von seinem
Besitz unwiderruflich mir, dem Herrn, ge-
weiht, ganz gleich, ob Mensch, Tier oder
Land, darf er nichts davon zurückerwer-
ben oder an einen anderen verkaufen. Al-
les, was mir unwiderruflich geweiht wur-
de, ist besonders heilig. 29 Werden mir
Kriegsgefangene oder Verbrecher mit
einem heiligen Bann übereignet, dann
kann niemand sie loskaufen. Sie müssen
getötet werden!

30 Ein Zehntel jeder Ernte vom Getrei-
de und von allen Früchten gehört mir,
dem Herrn, und ist heilig. 31 Will jemand
den zehnten Teil seines Ertrags zurück-
kaufen, muss er zum festgesetzten Preis
noch ein Fünftel dazugeben. 32 Auch von
den Rindern, Schafen und Ziegen gehört
mir jedes zehnte Tier. Wenn die Tiere ab-
gezählt werden, 33 darf der Hirte sie nicht
so vorbeiziehen lassen, dass nur die
schwachen ausgewählt werden. Er darf
auch kein gesundes gegen ein krankes
austauschen. Sonst gehören beide Tiere
mir, dem Herrn.«

34 Diese Gebote hat der Herr den Israeli-
ten am Berg Sinai durch Mose gegeben.

27,26–27 2 Mo 13,12–16* **27,28** 4 Mo 18,14 **27,30–33** 1 Mo 14,20; 28,22; 4 Mo 18,21–24*; 5 Mo 14,22–23; Mal 3,10; Mt 23,23

Ein Akt der Liebe

Als ich frisch verheiratet war, hatte ich keine Ahnung von weiblicher Sexualität. Und meine Frau wusste nur wenig über die männliche Sexualität. Wir beide hatten eine Menge zu lernen – was die Auffassung aus der Bibel bestätigt, dass frisch verheiratete Paare sich ein Jahr Zeit nehmen sollten, um sich miteinander vertraut zu machen: „Wenn ein Mann frisch verheiratet ist, darf er nicht zum Kriegsdienst oder zu anderen Aufgaben herangezogen werden. Er soll ein Jahr lang davon befreit sein, damit er ein Zuhause schaffen und seine Frau glücklich machen kann“ (5. Mose 24,5).

Ich wünschte, ich hätte damals schon gewusst, dass für eine Frau die Beziehung das Allerwichtigste ist. Wenn die Beziehung durch harte Worte oder unbedachtes Verhalten beschädigt ist, dann hat eine Frau kein Interesse an Sex. Denn dieser ist für sie ein Akt tiefster Vertrautheit, der sich aus einer liebevollen Beziehung entwickelt. (Paradoxerweise meinen Männer dagegen, dass der Geschlechtsakt an sich alle Beziehungsprobleme löst.)

Wenn ein Mann erwartet, dass seine Frau sich nach einer Auseinandersetzung oder bei dauerhaften Spannungen in der Ehe für ein sexuelles Erlebnis erwärmen kann, dann erwartet er das Unmögliche. Ein Mann geht davon aus, körperliche Intimität würde „alles besser machen“. Nicht so eine Frau. Für sie muss dem „Liebesakt“ eine aufrichtige Entschuldigung und echte Vergebung vorausgehen.

Für eine Frau beginnt der Sex nämlich in der Küche, nicht im Schlafzimmer. Wenn ihr Mann sich – bildlich gesprochen – eine Schürze umbindet und sie bei ihrer Arbeit in der Küche unterstützt, dann wird sie viel offener für körperliche Intimität sein, wenn die beiden ins Schlafzimmer gehen. Wenn der eheliche Verkehr als Akt der Liebe betrachtet wird, der auf tiefste Weise unsere Hingabe zueinander zum Ausdruck bringt, dann führt er auch zu gegenseitiger sexueller Erfüllung.

Den nächsten Artikel zum Thema „Was braucht sie – was braucht er“ finden Sie auf S. 264 a

Das vierte Buch Mose (Numeri)

Die Israeliten werden gemustert

1 Vor mehr als einem Jahr hatten die
Israeliten Ägypten verlassen. Noch
immer befanden sie sich in der Wüste Si-
nai. Am 1. Tag des 2. Monats sprach der
Herr im heiligen Zelt zu Mose:
2/3 »Zähle zusammen mit Aaron die
ganze Gemeinschaft der Israeliten! Mus-
tert ihre Truppen! Schreibt die Namen
aller wehrfähigen Männer ab zwanzig
Jahren auf, nach Sippen und Familien ge-
ordnet. 4 Aus jedem Stamm soll euch ein
Sippenoberhaupt dabei helfen:
5 Elizur, der Sohn Schedëurs vom Stamm
Ruben,
6 Schelumïel, der Sohn Zurischaddais
vom Stamm Simeon,
7 Nachschon, der Sohn Amminadabs vom
Stamm Juda,
8 Netanel, der Sohn Zuars vom Stamm Is-
saschar,
9 Eliab, der Sohn Helons vom Stamm Se-
bulon,
10 Elischama, der Sohn Ammihuds vom
Stamm Ephraim, Gamliël, der Sohn Pe-
dazurs vom Stamm Manasse – Ephraim
und Manasse waren Söhne Josefs –,
11 Abidan, der Sohn Gidonis vom Stamm
Benjamin,
12 Ahiëser, der Sohn Ammischaddais vom
Stamm Dan,
13 Pagiël, der Sohn Ochrans vom Stamm
Asser,
14 Eljasaf, der Sohn Deguëls vom Stamm
Gad,
15 und Ahira, der Sohn Enans vom Stamm
Naftali.«

16 Die ausgewählten Männer waren die
Stammesfürsten und Oberhäupter des
Volkes Israel. 17 Mose und Aaron holten
sie herbei 18 und riefen noch am selben
Tag das ganze Volk zusammen. Jeder Is-
raelit ab zwanzig Jahren wurde in ein
Verzeichnis eingetragen, das nach Sippen
und Familien geordnet war.
19 So ließ Mose das Volk in der Wüste
Sinai mustern, wie der Herr es ihm auf-
getragen hatte. 20–31 Und dies war das
Ergebnis: Der Stamm Ruben, die Nach-
kommenschaft des ältesten Sohnes Isra-
els, hatte 46 500 Mann im wehrfähigen
Alter. Sie wurden nach Sippen und Fa-
milien gemustert und in ein Verzeichnis
eingetragen. Der Stamm Simeon hatte
59 300 Mann, Gad 45 650, Juda 74 600,
Issaschar 54 400 und Sebulon 57 400.
32–43 Der Stamm Ephraim zählte 40 500,
der Stamm Manasse 32 200 Mann. Ephra-
im und Manasse waren Söhne Josefs
gewesen. Benjamin hatte 35 400, Dan
62 700, Asser 41 500 und Naftali 53 400
Leute im wehrfähigen Alter.
44 All diese Männer wurden von Mose,
Aaron und den zwölf Stammesoberhäup-
tern Israels gemustert. 45 Die Gesamtzahl
der wehrfähigen Israeliten ab zwanzig
Jahren 46 betrug 603 550 Mann.

Die Aufgabe des Stammes Levi

47 Die wehrfähigen Männer des Stammes
Levi wurden nicht mitgezählt, 48 denn der
Herr hatte zu Mose gesagt: 49 »Die Levi-
ten sollst du nicht mustern und sie nicht
zu den anderen Israeliten dazurechnen.
50 Sie haben die Aufgabe, für das heilige
Zelt zu sorgen, in dem das Bundesgesetz
aufbewahrt wird, und für alles, was an
Gefäßen, Werkzeugen und sonstigen
Dingen noch dazugehört. Rings um das

1,1–46 26,2–51 **1,1** 2 Mo 13,4; 19,1 **1,2–3** 2 Mo 30,12–16 **1,32–43** 1 Mo 48,19; 5 Mo 33,17; Jos 17,14
1,46 2 Mo 12,37 **1,49** 3,14–15 **1,50–51** 4,1–49

Heiligtum sollen sie lagern und die Arbeit darin verrichten. 51 Wenn das Volk weiterzieht, sollen sie das Zelt abbauen. Unterwegs müssen sie es tragen, und wenn Halt gemacht wird, sollen sie es wieder aufstellen. Nur die Leviten dürfen sich dem Heiligtum nähern. Wer es sonst tut, muss getötet werden. 52 Die anderen Israeliten sollen jeweils bei dem Feldzeichen des Heeresverbands lagern, zu dem sie gehören. 53 Die Leviten aber sollen ihre Zelte rings um das Heiligtum aufschlagen, damit kein anderer zu nahe herankommt und meinen Zorn über euch alle herausfordert. Sie sind verantwortlich für den Dienst im heiligen Zelt, in dem das Bundesgesetz aufbewahrt wird.«

54 Die Israeliten führten alles so aus, wie der Herr es Mose aufgetragen hatte.

Lager- und Marschordnung

2 Der Herr sprach zu Mose und Aaron: 2 »Die Israeliten sollen ihr Lager in einigem Abstand rings um das heilige Zelt aufschlagen, jeder bei den Feldzeichen seines Heeresverbands und seiner Sippe.«

3 Im Osten sollte das Banner der Abteilung stehen, die vom Stamm Juda geführt wurde. Ihr Oberhaupt war Nachschon, der Sohn Amminadabs. 4 Seine Truppen zählten 74600 Mann. 5/6 Daneben lagerten die 54400 Mann des Stammes Issaschar unter dem Befehl von Netanel, dem Sohn Zuars, 7/8 und die 57400 Mann vom Stamm Sebulon mit ihrem Fürsten Eliab, dem Sohn Helons. 9 Zusammen waren das 186400 wehrfähige Männer. Sie alle gehörten zum Heeresverband von Juda. Sie sollten den Zug des Volkes anführen.

10 Im Süden stand das Feldzeichen der Abteilung, die vom Stamm Ruben geführt wurde. Ihr Oberhaupt war Elizur, der Sohn Schedëurs. 11 Seine Truppen zählten 46500 Mann. 12/13 Neben ihnen schlugen die 59300 Mann des Stammes Simeon ihr Lager auf. Sie standen unter dem Befehl von Schelumiël, dem Sohn Zurischaddais. 14 Zu dieser Abteilung gehörte auch der Stamm Gad mit seinem Oberhaupt Eljasaf, dem Sohn Deguëls. 15 Seine Truppen zählten 45650 Mann. 16 Der Heeresverband von Ruben umfasste also insgesamt 151450 Mann. Sie brachen an zweiter Stelle auf.

17 Ihnen folgten die Leviten mit dem heiligen Zelt, die sich in der Mitte des Lagers befanden. Die Stämme zogen in der Reihenfolge los, in der sie lagerten, jeder unter seinem Feldzeichen.

18 Im Westen stand das Banner der Abteilung von Ephraim. Ihr Oberhaupt war Elischama, der Sohn Ammihuds. 19 Seine Truppen zählten 40500 Mann. 20/21 Daneben lagerten die 32200 Mann des Stammes Manasse unter dem Befehl von Gamliël, dem Sohn Pedazurs, 22/23 und die 35400 Mann vom Stamm Benjamin mit ihrem Oberhaupt Abidan, dem Sohn Gidonis. 24 Der Heeresverband von Ephraim umfasste 108100 Mann und brach als Dritter auf.

25 Im Norden stand das Feldzeichen der Abteilung von Dan. Ihr Oberhaupt war Ahiëser, der Sohn Ammischaddais. 26 Seine Truppen zählten 62700 Mann. 27/28 Neben ihnen lagerten die 41500 Mann vom Stamm Asser unter dem Befehl von Pagiël, dem Sohn Ochrans, 29/30 und die 53400 Mann des Stammes Naftali mit ihrem Oberhaupt Ahira, dem Sohn Enans. 31 Der ganze Heeresverband Dans umfasste 157600 Mann und bildete das Ende des Zuges.

32 Die Gesamtzahl der gemusterten Israeliten in allen Abteilungen und Lagern betrug 603550 Mann. 33 Nur die Leviten wurden nach der Anweisung des Herrn nicht dazugerechnet.

34 Die Israeliten führten alles so aus, wie der Herr es Mose befohlen hatte: Ob sie lagerten oder weiterzogen, jeder von ihnen blieb bei seiner Familie, seiner Sippe und seiner Abteilung.

1,53 2,17; Jer 23,19 **2,32** 2 Mo 12,37 **2,33** 1,49

Gott bestimmt die Leviten zum Dienst am Heiligtum

3 Zu der Zeit, als der Herr am Berg
Sinai mit Mose sprach, hatte Aaron[a]
2 vier Söhne. Der Älteste war Nadab, die
anderen hießen Abihu, Eleasar und Ita-
mar. 3 Sie waren zu Priestern gesalbt
und in ihr Amt eingeführt worden.
4 Doch Nadab und Abihu starben im
Heiligtum in der Wüste Sinai, weil sie
dem Herrn ein unerlaubtes Opfer dar-
brachten. Sie hatten keine Söhne. So
blieben nur noch Eleasar und Itamar,
die zusammen mit Aaron den Priester-
dienst versahen.
5 Der Herr sprach zu Mose: 6 »Ruf die
Männer vom Stamm Levi zusammen,
und lass sie zu Aaron kommen. Ich
möchte, dass sie ihm helfen. 7 Sie sollen
für ihn und das ganze Volk der Israeliten
die Arbeiten erledigen, die beim heili-
gen Zelt anfallen: 8 Sie haben die Auf-
gabe, die Werkzeuge und Gefäße in
Ordnung zu halten und die Dienste zu
verrichten, die ich den Israeliten auf-
getragen habe. 9 Als einziger von allen
Stämmen Israels sollen die Leviten Aa-
ron und seinen Nachkommen zur Ver-
fügung stehen. 10 Aber das Priesteramt
selbst dürfen nur Aaron und seine Nach-
kommen ausüben. Jeder andere, der es
eigenmächtig übernehmen will, muss ge-
tötet werden!«
11 Weiter sagte der Herr zu Mose:
12 »Du siehst, ich habe von allen Stäm-
men die Leviten ausgesucht. Ich nehme
sie anstelle eurer ältesten Söhne, damit
sie ganz für mich da sind. 13 Denn ei-
gentlich gehören mir alle Menschen
und Tiere in Israel, die als Erste zur
Welt kommen. Ich habe sie zu meinem
Eigentum erklärt, als ich den ältesten
Söhnen der Ägypter das Leben nahm.
Eure Erstgeborenen gehören mir, dem
Herrn!«

Die Leviten werden gezählt

14 Dann sprach der Herr zu Mose in der
Wüste Sinai: 15 »Zähle alle männlichen
Leviten, die älter als einen Monat sind,
und schreibe sie nach Sippen und Famili-
en geordnet auf!«
16 Mose tat, was der Herr ihm befohlen
hatte.
17 Der Stammvater Levi hatte drei Söh-
ne gehabt: Gerschon, Kehat und Merari.
18 Gerschons Söhne waren Libni und
Schimi, 19 Kehats Söhne hießen Amram,
Jizhar, Hebron und Usiël, 20 und Meraris
Söhne waren Machli und Muschi. Von
ihnen allen stammen die Sippen der Le-
viten ab.
21 Die Libniter und Schimiter, die
Nachkommen Gerschons, 22 zählten 7500
Männer und Jungen, die älter als einen
Monat waren. 23 Sie sollten im Westen
hinter dem heiligen Zelt lagern. 24 Ihr
Oberhaupt war Eljasaf, der Sohn Laëls.
25 Die Gerschoniter bekamen die Verant-
wortung für das heilige Zelt, für die De-
cke, den Vorhang am Zelteingang, 26 für
die Vorhänge zur Abgrenzung des Vor-
hofs rings um Zelt und Altar, den Vor-
hang am Eingang des Vorhofs und die
Seile. Ihnen wurden alle Arbeiten über-
tragen, die damit zusammenhingen.
27 Von Levis Sohn Kehat stammen die
Sippen Amram, Jizhar, Hebron und Usiël
ab. 28 Die Zahl ihrer Männer und Jungen,
die älter als einen Monat waren und im
Heiligtum dienen sollten, betrug 8600.
29 Sie lagerten an der Südseite des heili-
gen Zeltes. 30 Ihr Oberhaupt war Eliza-
fan, der Sohn Usiëls. 31 Den Kehatitern
wurde die Verantwortung für die Bun-
deslade, den Tisch, den Leuchter und die
Altäre übertragen, ebenso für den Vor-
hang zum Allerheiligsten und für die Ge-
fäße und Werkzeuge, die im Heiligtum
gebraucht wurden. Sie sollten alle Arbei-
ten erledigen, die damit zusammenhin-

---

[a] Wörtlich: … hatten Aaron und Mose diese Nachkommen: Die Namen der Söhne Aarons waren …

3,1 2 Mo 19,1–2 **3,3** 3 Mo 8,1–36 **3,4** 3 Mo 10,1–2 **3,10** 16,10–11; 18,7 **3,12–13** 2 Mo 13,12–16* **3,17** 2 Mo 6,16 **3,25–26** 4,21–28 **3,30–31** 4,1–20

gen. 32 Das höchste Oberhaupt der Leviten war Eleasar, der Sohn des Priesters Aaron. Er hatte die Aufsicht über alle, die im Heiligtum dienten.

33 Von Levis Sohn Merari stammen die Sippen Machli und Muschi ab. 34 Sie zählten 6200 Jungen und Männer. 35 Ihr Oberhaupt war Zuriël, der Sohn Abihajils. Sie sollten an der Nordseite des Heiligtums lagern. 36/37 Den Nachkommen von Merari übertrug man die Verantwortung für die Holzplatten des Zeltes, die Querbalken, die Säulen, die Sockel, alle dazugehörigen Werkzeuge, für die Pfosten der Abgrenzung des Vorhofs, ihre Sockel, Pflöcke und Seile und für alle Arbeiten, die damit zusammenhingen.

38 Vor dem Eingang des heiligen Zeltes im Osten lagerten Mose und Aaron mit seinen Söhnen. Sie sollten den Dienst im Heiligtum ausüben, wie der Herr es den Israeliten befohlen hatte. Wer sich aber dem heiligen Zelt unerlaubt näherte, musste sterben.

39 Nach der Zählung, die Mose und Aaron im Auftrag des Herrn durchführten, gab es insgesamt 22000 männliche Leviten, die einen Monat und älter waren.

Die Leviten ersetzen die Erstgeborenen

40 Dann sprach der Herr zu Mose: »Zähle alle ältesten Söhne in Israel, die älter als einen Monat sind, und schreib ihre Namen auf. 41 Du sollst an ihrer Stelle die Leviten zu meinem Eigentum erklären, und anstelle der erstgeborenen Tiere der Israeliten sollst du mir das Vieh der Leviten geben.« 42 Mose tat, was der Herr ihm befohlen hatte, und ließ alle erstgeborenen Israeliten zählen, 43 die einen Monat und älter waren. Ihre Zahl betrug 22273.

44 Der Herr sprach zu Mose: 45 »Die Leviten und ihr Vieh gehören nun mir, dem Herrn – anstelle der erstgeborenen Söhne der anderen Israeliten und ihrer erstgeborenen Tiere. 46 Da es nun mehr Erstgeborene als Leviten gibt, sollen die 273 überzähligen Erstgeborenen freigekauft werden. 47 Nimm für jeden von ihnen fünf Silberstücke zu je 12 Gramm, nach dem Gewicht, das im Heiligtum gilt! 48 Dieses Geld, das aus dem Loskauf der überzähligen Erstgeborenen zusammenkommt, sollen Aaron und seine Söhne erhalten.«

49/50 Mose ließ sich das Silber von den erstgeborenen Israeliten geben. Es waren 1365 Silberstücke, die zusammen etwa 16 Kilogramm wogen. 51 Er gab das Silber Aaron und seinen Söhnen, wie der Herr es ihm aufgetragen hatte.

Die Aufgabe der Kehatiter

4 Der Herr sprach zu Mose und Aaron: 2 »Zählt die Nachkommen Kehats vom Stamm Levi, und schreibt sie nach Sippen und Familien geordnet auf. 3 Alle Männer zwischen 30 und 50 Jahren sollen zur Arbeit im Heiligtum verpflichtet werden. 4 Sie sind für das Allerheiligste verantwortlich.

5 Wenn das Lager abgebrochen wird, müssen Aaron und seine Söhne in das heilige Zelt gehen, den Vorhang zum Allerheiligsten abnehmen und ihn über die Bundeslade legen. 6 Dann sollen sie eine Decke aus Tachasch-Leder[a] und zuletzt ein Tuch aus violettem Purpur darüber breiten und die Tragstangen anbringen.

7 Auch über den Tisch für die mir geweihten Brote sollen sie ein violettes Tuch legen. Darauf kommen die Brote, die Schüsseln, die Schalen und Opferschalen sowie die Kannen für das Trankopfer. 8 Über dies alles sollen Aaron und seine Söhne ein rotes Tuch und eine Decke aus Tachasch-Leder ausbreiten. Zum Schluss müssen auch hier Tragstangen angebracht werden.

9 Weiter sollen sie den Leuchter und die Öllampen zusammen mit den Dochtscheren, den Pfannen und Schalen für das

---

a Vermutlich handelt es sich beim Tachasch um einen Meeressäuger wie Delphin, Seehund oder Seekuh.

3,36–37 4,29–33 **3,45–48** 2 Mo 13,12–16*

Öl in violetten Stoff hüllen, [10]in eine Ta-
chasch-Decke einwickeln und auf eine
Trage legen.
[11]Dann sollen Aaron und seine Söhne
ein violettes Tuch über den goldenen Räu-
cheropferaltar breiten, eine Tachasch-
Decke darüber legen und die Tragstangen
anbringen. [12]Alle Gefäße und Werkzeuge,
die im Heiligtum verwendet werden, müs-
sen Aaron und seine Söhne in violettes
Tuch hüllen, mit Tachasch-Leder umwi-
ckeln und auf Tragen laden.
[13]Sie sollen die Asche vom Brandopfer-
altar fegen und ein purpurrotes Tuch über
ihn breiten. [14]Darauf kommen die Gefäße
und Werkzeuge, die am Altar verwendet
werden: Feuerbecken, Fleischgabeln,
Schaufeln und Schalen zum Auffangen
des Blutes. Alles wird mit Tachasch-Le-
der bedeckt, und dann werden die Trag-
stangen befestigt.
[15]Diese Teile des heiligen Zeltes sollen
die Kehatiter tragen. Sie dürfen aber erst
kommen und sie mitnehmen, nachdem
Aaron und seine Söhne alles, was zum hei-
ligen Zelt gehört, verhüllt haben. Denn
wenn die Kehatiter die heiligen Dinge
selbst berühren, müssen sie sterben.
[16]Die Aufsicht über das heilige Zelt
und alles, was darin ist, hat Eleasar, der
Sohn des Priesters Aaron. Er ist auch
verantwortlich für das Lampenöl, das
Salböl, für die wohlriechende Weih-
rauchmischung und für die täglichen
Speiseopfer.«
[17]Weiter sprach der Herr zu Mose und
Aaron: [18]»Sorgt dafür, dass die Kehatiter
vom Stamm Levi nicht sterben müssen,
[19]wenn sie sich dem Allerheiligsten nä-
hern! Aaron und seine Söhne sollen je-
den Einzelnen von ihnen zu seiner Trag-
last führen und so verhindern, dass sie
mit dem Tod bestraft werden. [20]Lasst sie
nicht allein hineingehen! Denn wenn sie
das Heilige nur einen Augenblick sehen,
müssen sie sterben!«

Die Aufgabe der Gerschoniter

[21]Dann sprach der Herr zu Mose: [22]»Er-
stelle auch eine Liste von den Nachkom-
men Gerschons, geordnet nach Sippen
und Familien. [23]Alle Männer zwischen
30 und 50 Jahren sollen zur Arbeit am
Heiligtum verpflichtet werden. [24]Ihre
Aufgabe ist es, [25]die Zeltdecken zu tra-
gen: das Dach, die Schutzdecke aus Ta-
chasch-Leder und den Vorhang vom
Zelteingang, [26]außerdem die Vorhänge
zur Abgrenzung des Vorhofs rings um
das Zelt und den Altar, den Vorhang am
Eingang des Vorhofs, die Seile und das
dazugehörige Werkzeug. Sie sind für alle
Arbeiten zuständig, die damit zusam-
menhängen. [27]Bei allem sollen sie sich
an die Weisungen Aarons und seiner
Söhne halten. Achtet darauf, dass sie
ihren Dienst gewissenhaft ausüben. [28]Bei
der Erfüllung dieser Aufgaben soll Ita-
mar, der Sohn des Priesters Aaron, sie
anleiten.«

Die Aufgabe der Merariter

[29]Der Herr befahl: »Zählt auch die Nach-
kommen Meraris, und schreibt sie nach
Sippen und Familien geordnet auf. [30]Alle
Männer zwischen 30 und 50 Jahren sollen
mir im Heiligtum dienen. [31]Ihre Aufgabe
ist es, folgende Teile des heiligen Zeltes
zu tragen: die Wandplatten, die Querbal-
ken, die Säulen und die Sockel, [32]außer-
dem die Pfosten und Sockel für die Ab-
grenzung des Vorhofs, die Pflöcke, Seile
und das dazugehörige Werkzeug. Sagt je-
dem Einzelnen genau, was er zu tragen
hat. [33]Die Merariter sollen unter der Lei-
tung von Itamar arbeiten, dem Sohn des
Priesters Aaron.«
[34]Mose, Aaron und die führenden
Männer des Volkes zählten die Kehatiter
mit ihren Familien und Sippen, [35]alle
Männer zwischen 30 und 50 Jahren, die
im Heiligtum dienen sollten: [36/37]Es wa-
ren 2750. [38–41]Bei den Gerschonitern wa-
ren es 2630 [42–45]und bei den Meraritern
3200 Mann. [46–48]Insgesamt zählten Mose,
Aaron und die führenden Männer Israels
8580 Leviten, die im Heiligtum dienen
und es tragen sollten, wenn das Volk un-
terwegs war.
[49]Unter der Aufsicht Moses erfuhr

jeder Einzelne genau, was er zu tun hatte
und was er tragen sollte. So hatte der
Herr es Mose befohlen.

Wer unrein ist, muss das Lager verlassen

5 Der Herr sprach zu Mose: 2»Befiehl
den Israeliten, jeden aus dem Lager
zu schicken, der aussätzig ist, eine Haut-
krankheit hat oder an einem Ausfluss
leidet. Es darf auch niemand dableiben,
der einen Toten berührt hat und da-
durch unrein geworden ist. 3Ganz gleich,
ob es Männer oder Frauen sind, sie sol-
len das Lager verlassen, damit es nicht
verunreinigt wird. Denn ich selbst woh-
ne hier mitten unter euch!« 4Die Israeli-
ten gehorchten dem Herrn und schick-
ten alle aus dem Lager, die nicht rein
waren.

Rückgabe von fremdem Eigentum

5Der Herr sprach zu Mose: 6»Ich gebe dir
eine Anweisung, die für alle Israeliten
gelten soll, ganz gleich, ob Männer oder
Frauen: Wer einen anderen um sein Ei-
gentum betrügt, lehnt sich gegen mich,
den Herrn, auf und macht sich schuldig.
7Er soll sein Vergehen zugeben und alles
zurückerstatten, was er dem anderen
schuldet, ja, sogar noch ein Fünftel des
Wertes hinzufügen. 8Wenn der Geschä-
digte aber inzwischen gestorben ist und
keine Erben hat, die sein Eigentum an
seiner Stelle zurücknehmen können, fällt
es mir, dem Herrn, zu. Es soll den Pries-
tern gehören, so wie der Schafbock, den
der Priester für den Schuldigen opfern
muss, damit ich seine Sünde vergebe.
9/10Im Übrigen erhalten die Priester
einen Anteil an allen Opfergaben, die
von den Israeliten zum Heiligtum ge-
bracht werden. Diese Anteile sollen al-
lein den Priestern gehören.«

Bei Verdacht auf Ehebruch entscheidet Gott

11Der Herr befahl Mose: 12»Sag den Is-
raeliten: Stellt euch vor, eine verheiratete
Frau gerät auf Abwege. Sie wird ihrem
Mann untreu 13und schläft mit einem an-
deren. So hat sie Schuld auf sich geladen.
Ihr Mann hat sie nicht dabei gesehen,
weil es heimlich geschehen ist. Niemand
hat sie ertappt, es gibt keine Zeugen.
14Aber der Mann hat eine böse Ahnung.
Die Eifersucht packt ihn, weil er meint,
dass seine Frau ihm untreu war. Doch
weiß er es nicht sicher, sie könnte auch
unschuldig sein.

15In einem solchen Fall soll der Mann
seine Frau zum Priester bringen. Er soll
für sie eine Opfergabe von eineinhalb Ki-
logramm Gerstenmehl mitnehmen. Das
Mehl darf nicht mit Öl übergossen oder
mit Weihrauch bestreut werden, denn es
dient als Eifersuchtsopfer, das verborge-
ne Schuld aufdeckt. 16Der Priester lässt
die Frau näher kommen und vor den Al-
tar treten. 17Er füllt geweihtes Wasser in
ein Tongefäß und streut Erde vom Boden
des Heiligtums hinein. 18Dann löst er das
Haar der Frau, die vor dem Altar steht,
und legt das Eifersuchtsopfer in ihre
Hände. Er selbst hält das Wasser, das
Fluch und Qual bringt.

19Dann spricht der Priester eindring-
lich zu der Frau und sagt: ›Wenn du dei-
nem Mann nicht untreu warst und nicht
mit einem anderen geschlafen hast, soll
dir dieses Wasser des Fluches und der
Qual nichts anhaben. 20Aber wenn du
Schuld auf dich geladen und als verhei-
ratete Frau mit einem anderen Mann ge-
schlafen hast, 21/22dann soll der Herr dich
unfruchtbar machen[a] und deinen Un-
terleib anschwellen lassen! Dieses
fluchbringende Wasser wird in deine
Eingeweide eindringen. Es wird dich
unfruchtbar machen und deinen Bauch
aufblähen. Mit Schrecken und Abscheu
werden die Leute auf dich zeigen!‹ So

[a] Wörtlich: deine Hüfte schwinden lassen. – So in den Versen 21, 22 und 27.

5,2–4 3 Mo 13,45–46; 15,2–6 **5,3** 35,34; 2 Mo 25,8; 1 Kön 9,3* **5,6–8** 3 Mo 5,24 **5,9–10** 18,21–24*

Vergebung und Gerechtigkeit

Lesen Sie 4. Mose 5,5-10

Richtlinien für eine Wiedergutmachung oder Rückzahlung sind ein notwendiger Bestandteil einer gerechten und fairen Gesellschaft. Die Regeln, die in 4. Mose 5,5-10 festgehalten sind, waren für Mose sicherlich eine große Hilfe, wenn er Konflikte zwischen den Israeliten lösen musste.

In unseren persönlichen Beziehungen kann das Streben nach Gerechtigkeit jedoch so großen Schaden anrichten, dass er nicht wiedergutzumachen ist. Niemand von uns ist vollkommen. Wir alle haben schon einmal unseren Ehepartner oder andere Menschen, die wir lieben, mit Worten und Taten verletzt. Vergangenes können wir nicht ungeschehen machen, wir können es aber als Schuld bekennen. Wir können um Vergebung bitten und versuchen, es in Zukunft besser zu machen. Erst dann sollten wir versuchen, den Schaden wiedergutzumachen. „Kann ich etwas tun, das deinen Schmerz lindert, den ich verursacht habe?" So könnte eine liebevolle Frage lauten.

Wenn jemand Ihnen Unrecht getan, seine Schuld bekannt und Sie um Verzeihung gebeten hat, dann liegt es an Ihnen, ob Sie vergeben möchten oder Gerechtigkeit fordern. Wenn Sie sich für Gerechtigkeit und Wiedergutmachung entscheiden, machen Sie sich selbst zum Richter und die andere Person zum Angeklagten. Entschließen Sie sich aber zur Vergebung, dann ist Versöhnung möglich.

Viele Menschen bestehen darauf, die Fehler von gestern ins Heute zu tragen. Somit verderben sie den Tag, der eigentlich schön sein könnte. Das Beste, was wir mit Fehlern der Vergangenheit tun können – vor allem in der Ehe – ist: sie Vergangenheit sein lassen.

Nehmen Sie sich Zeit, um allein oder als Paar gemeinsam zu beten. Bitten Sie Gott, dass er Ihnen hilft ...

- zu verstehen, wie das Streben nach Gerechtigkeit Ihre Beziehung zerstören kann;
- den Schaden wiedergutzumachen, der durch das frühere Streben nach Gerechtigkeit in Ihrer Beziehung entstanden ist;
- wahre Vergebung zu erfahren und sie weiterzugeben.

Wenn Sie noch mehr Zeit haben ...

Besprechen Sie miteinander folgende Fragen oder denken Sie darüber nach:

- Wann haben Sie das letzte Mal für etwas Gerechtigkeit gefordert, das Ihr Mann oder Ihre Frau getan hat?
- Wie wirkte sich das auf Ihre Haltung gegenüber Ihrem Ehepartner aus?
- Wie wirkte es sich auf die Haltung Ihres Ehepartners Ihnen gegenüber aus?

Lesen Sie auch die folgenden Abschnitte zum Thema Wiedergutmachung:

2. Mose 22,1-15; Sprüche 6,30-31; Joel 2,12-14.

Alles geschenkt!

Lesen Sie 4. Mose 7,1-11

Was würden Sie sagen, wenn auch Ihr Zehnter und Ihre Spenden in 4. Mose 7 aufgelistet wären? Wie stünden Ihre Gaben da im Vergleich zu denen der Stammesoberhäupter Israels?

In alttestamentlicher Zeit ging das Spenden ziemlich einfach. Man brachte seine Gaben zum heiligen Zelt (und später zum Tempel), wo sie von den Leviten und Priestern verwaltet wurden. Als Christen können wir diesem Beispiel folgen, indem wir der Gemeinde unseren Zehnten geben. Für viele Christen bedeutet das, dass sie ihrer eigenen Gemeinde zehn Prozent ihres Einkommens geben, dazu weitere Spenden an andere Organisationen, je nachdem, wie sie dazu in der Lage sind und wie Gott sie führt.

Wichtig ist, daran zu denken, dass wir nicht der Gemeinde etwas geben, sondern Gott durch die Gemeinde. Wir geben auch nicht den christlichen Organisationen etwas, sondern Gott durch die christlichen Organisationen.

Als Christen wissen wir: Alles, was wir haben, kommt von Gott. Das zeigen wir dadurch, dass wir etwas von dem, was wir empfangen haben, weitergeben. Geben ist also ein Ausdruck der Dankbarkeit. Wie viel wir geben und in welche Kanäle es geht, kann sehr unterschiedlich sein; doch unsere Haltung ist immer dieselbe: „Danke, Vater, dass du so gütig zu uns bist."

Nehmen Sie sich Zeit, um allein oder als Paar gemeinsam zu beten. Danken Sie Gott für seine Güte Ihnen und Ihrer Familie gegenüber. Benennen Sie bestimmte Gebiete, auf denen Sie in letzter Zeit Gottes Segen erfahren haben. Bitten Sie den Herrn, dass er Ihnen hilft, ein Vorbild der Freigebigkeit für Ihre Kinder zu sein.

Wenn Sie noch mehr Zeit haben ...

Besprechen Sie miteinander folgende Fragen oder denken Sie darüber nach:

- Was sagt Ihre Einstellung zum Geben über Ihre Beziehung zu Gott aus?
- Was haben Ihre Kinder (oder andere Familienmitglieder) aus Ihrem Vorbild der Freigebigkeit gelernt?
- Wo müssen Sie an sich arbeiten, wenn Sie etwas an Ihrer Vorbildrolle beim Spenden ändern möchten?

Lesen Sie auch die folgenden Abschnitte zum Thema Den Zehnten geben:
1. Mose 28,20-22; 3. Mose 27,30; Maleachi 3,6-10.

Den nächsten Impuls finden Sie auf S. 162 a

warnt der Priester die Frau vor der dro-
henden Strafe. Und die Frau soll antwor-
ten: ›Ja, so soll es sein!‹

[23]Dann schreibt der Priester den Fluch
auf ein Blatt und taucht es in das Wasser,
bis die Schrift sich auflöst. [24]Dieses Was-
ser muss die Frau später trinken, damit es
in ihren Körper gelangt und der Fluch sie
treffen kann. [25]Vorher nimmt der Pries-
ter das Eifersuchtsopfer aus ihren Hän-
den. Er schwingt es vor dem heiligen Zelt
hin und her, um zu zeigen, dass es mir,
dem Herrn, gehören soll; dann geht er
damit zum Altar. [26]Hier lässt er eine
Hand voll Mehl in Rauch aufgehen.
Schließlich gibt er der Frau das Wasser
zu trinken. [27]Wenn sie schuldig ist und
ihrem Mann untreu war, wird sie schwer
erkranken. Das Wasser wird sie unfrucht-
bar machen und ihren Unterleib aufblä-
hen. Voller Schrecken und Abscheu wer-
den die Leute sich von ihr fern halten.
[28]Hat die Frau aber keine Schuld auf sich
geladen, dann wird das Fluchwasser ihr
nicht schaden, und sie wird weiter Kinder
bekommen können.

[29/30]Dieses Gesetz gilt für den Fall, dass
ein Mann seine Frau des Ehebruchs ver-
dächtigt. Wenn ihn die Eifersucht packt
und er glaubt, dass seine Frau sich schuldig
gemacht hat und ihm untreu geworden ist,
soll er sie zum Heiligtum bringen. Dann
soll der Priester alles so ausführen, wie
dieses Gesetz es vorschreibt. [31]Den Mann
trifft in einem solchen Fall keine Schuld.
Hat aber die Frau tatsächlich die Ehe ge-
brochen, muss sie die Folgen tragen.«

Bestimmungen für Menschen, die sich Gott weihen

6 Der Herr sprach zu Mose: [2]»Sag den
Israeliten: Wenn ein Mensch, gleich
ob Mann oder Frau, ein Gelübde abge-
legt hat, sich eine Zeit lang ganz mir,
dem Herrn, zu weihen, [3]dann soll er we-
der Wein noch sonst ein berauschendes
Getränk, noch Essig zu sich nehmen. Er
darf auch keinen Traubensaft trinken und
weder frische noch getrocknete Trauben
essen. [4]Solange sein Versprechen gilt,
soll er nichts verzehren, was aus Trauben
zubereitet wird, auch nicht die Kerne
oder die Haut der Trauben. [5]Während
der ganzen Zeit, in der er sich mir ge-
weiht hat, dient er allein mir. Als Zeichen
dafür soll er sein Haar in dieser Zeit nicht
schneiden, sondern frei wachsen lassen.
[6]Er darf auch nicht in die Nähe eines
Toten kommen, solange er mir geweiht
ist. [7]Selbst wenn sein Vater, seine Mutter,
sein Bruder oder seine Schwester stirbt,
darf er sich nicht dadurch verunreinigen,
dass er in ihre Nähe kommt. Denn er
dient mir, dem Herrn, [8]und soll rein blei-
ben, solange sein Versprechen gilt.

[9]Wenn jemand unvorhergesehen
stirbt, während er in der Nähe ist, wird
er unrein und entweiht sein Haar, das er
als Zeichen seiner Weihe wachsen ließ.
Sieben Tage später soll er sich reinigen
und die Haare abschneiden lassen. [10]Am
achten Tag muss er mit zwei Turteltauben
oder zwei anderen jungen Tauben zum
Eingang des heiligen Zeltes gehen und
sie dem Priester geben. [11]Dieser bringt
die eine Taube als Sündopfer und die an-
dere als Brandopfer dar. So erwirkt der
Priester Sühne für den, der durch die Nä-
he eines Toten unrein geworden ist; noch
am selben Tag soll der Priester ihn erneut
weihen. [12]Dann soll der Geweihte ein
einjähriges Lamm zur Vergebung seiner
Schuld opfern. Die Zeit, die er mir ver-
sprochen hat, muss nun noch einmal von
vorn beginnen. Die Tage vorher zählen
nicht, weil er sich durch die Verunrei-
nigung entweiht hat.«

Die Opfer am Ende der Weihe

[13]»Weiter gilt für den Menschen, der sich
mir, dem Herrn, geweiht hat:

Wenn die Zeit um ist, in der er ganz für
mich da war, soll man ihn zum Eingang
des heiligen Zeltes führen. [14]Er soll mir
drei gesunde, fehlerlose Tiere opfern:
zwei einjährige Lämmer – ein männliches

6,2–8 Ri 13,3–5; 1 Sam 1,11; Lk 1,15; Apg 21,23–25 **6,9** 19,11–13 **6,10** 3 Mo 5,2.5–7

für das Brandopfer und ein weibliches für das Sündopfer – und einen Schafbock für das Dankopfer; [15] außerdem die dazugehörigen Speise- und Trankopfer sowie einen Korb voll Kuchen und Fladenbrote, die aus Feinmehl ohne Sauerteig gebacken sind. Die Kuchen sollen aus mit Öl vermengtem Mehl zubereitet und die Fladen mit Öl bestrichen sein.

[16] Der Priester nimmt alles mit zum Altar und bringt mir das Sündopfer und das Brandopfer dar. [17] Dann folgen der Schafbock als Dankopfer, der Korb mit den ungesäuerten Kuchen und Fladen sowie die übrigen Speise- und Trankopfer. [18] Während der Opferung soll der Gottgeweihte am Eingang des heiligen Zeltes sein langes Haar abschneiden lassen und ins Feuer unter dem Dankopfer werfen.

[19] Wenn dies geschehen ist, holt der Priester eine gekochte Schulter des Schafbocks, einen Kuchen und einen Fladen aus dem Korb und legt alles in die Hände des Geweihten. [20] Dann nimmt er es wieder zurück, hält es in Richtung des Altars hoch und schwingt es hin und her, um zu zeigen, dass es mir, dem Herrn, gehören soll. Dieses Schwingopfer behält der Priester. Er bekommt außerdem als seinen Anteil die Brust und einen Schenkel des Dankopfers, die er ebenfalls hin- und herschwingt. Wenn die Opfer dargebracht sind, darf der Geweihte wieder Wein trinken.

[21] Diese Bestimmungen gelten für jeden, der mir, dem Herrn, in besonderer Weise dienen will. Er muss alle Opfer darbringen, die dieses Gesetz vorschreibt. Er kann auch noch mehr geben. Auf jeden Fall aber soll er das einhalten, was er versprochen hat und was dieses Gesetz verlangt.«

Der priesterliche Segen

[22] Der Herr sprach zu Mose: [23] »Sag Aaron und seinen Söhnen, sie sollen die Israeliten mit diesen Worten segnen:

[24] ›Der Herr segne dich und bewahre dich!
[25] Der Herr wende sich dir in Liebe zu und zeige dir sein Erbarmen!
[26] Der Herr sei dir nah und gebe dir Frieden!‹
[27] So sollen sie in meinem Namen zu den Israeliten sprechen, und ich selbst werde mein Volk dann segnen.«

Geschenke zur Einweihung des Heiligtums

7 Als das Heiligtum fertig gestellt war, weihte Mose es ein. Er besprengte das Zelt und alles, was darin war, mit Salböl, dann den Altar und alle dazugehörigen Gefäße und Werkzeuge. So weihte er alles dem Herrn. [2/3] Danach kamen die zwölf führenden Männer Israels mit Geschenken für das Heiligtum. Es waren die Stammesoberhäupter, die Mose bei der Zählung der wehrfähigen Israeliten geholfen hatten. Sie brachten sechs Planwagen zum heiligen Zelt, die von zwölf Rindern gezogen wurden. Jedes Stammesoberhaupt schenkte ein Rind, und je zwei brachten zusammen einen Wagen.

[4] Der Herr forderte Mose auf: [5] »Nimm diese Geschenke an! In den Wagen soll das heilige Zelt transportiert werden. Gib sie jenen Leviten, die sie für ihre Aufgaben brauchen.« [6] Mose tat, was der Herr ihm befohlen hatte. [7] Den Gerschonitern gab er zwei Wagen und vier Rinder für ihren Dienst. [8] Die Merariter unter der Leitung von Itamar, dem Sohn des Priesters Aaron, hatten mehr zu tragen und erhielten deshalb vier Planwagen und acht Rinder. [9] Den Kehatitern gab Mose keinen Wagen; sie waren für jene Gegenstände verantwortlich, die nur auf den Schultern getragen werden durften.

[10] Zur Einweihung des Altars brachten die Stammesoberhäupter Geschenke und Opfertiere vor den Altar. [11] Der Herr wies Mose an: »Lass sie ihre Opfer nacheinander darbringen, an jedem Tag soll ein Stammesoberhaupt kommen!«

6,22–27 3 Mo 9,23 **6,25** 2 Mo 34,6–7; 5 Mo 7,7–8 **7,1** 2 Mo 40,1–11 **7,7** 4,22–26 **7,8** 4,31–33 **7,9** 4,2–15

12 Am ersten Tag übergab Nachschon, der Sohn Amminadabs vom Stamm Juda, seine Geschenke: 13 eine silberne Schüssel, nach dem Gewicht, das im Heiligtum gilt, etwa eineinhalb Kilogramm schwer, und eine silberne Opferschale von etwa 800 Gramm; beide waren für das Speiseopfer mit feinem Mehl gefüllt, das mit Öl vermengt war; 14 weiter brachte Nachschon ein Schälchen aus 120 Gramm Gold voll wohlriechender Weihrauchmischung, 15 außerdem einen jungen Stier, einen Schafbock und ein einjähriges Lamm für das Brandopfer, 16 einen Ziegenbock für das Sündopfer, 17 dazu zwei Rinder, fünf Schafböcke, fünf Ziegenböcke und fünf einjährige Lämmer für das Dankopfer.

18–23 Die anderen Stammesoberhäupter brachten an den nächsten elf Tagen die gleichen Geschenke zum Heiligtum. Auf Nachschon folgte Netanel, der Sohn Zuars vom Stamm Issaschar. 24–29 Am dritten Tag war Eliab, der Sohn Helons vom Stamm Sebulon, an der Reihe. 30–47 Dann kamen Elizur, der Sohn Schedëurs vom Stamm Ruben, Schelumiël, der Sohn Zurischaddais vom Stamm Simeon, und Eljasaf, der Sohn Deguëls vom Stamm Gad. 48–53 Am siebten Tag opferte Elischama, der Sohn Ammihuds vom Stamm Ephraim. 54–71 Darauf folgten Gamliël, der Sohn Pedazurs vom Stamm Manasse, Abidan, der Sohn Gidonis vom Stamm Benjamin, und Ahiëser, der Sohn Ammischaddais vom Stamm Dan. 72–83 Am Schluss kamen Pagiël, der Sohn Ochrans vom Stamm Asser, und Ahira, der Sohn Enans vom Stamm Naftali.

84 Insgesamt stifteten die Stammesoberhäupter Israels zur Einweihung des Altars zwölf silberne Schüsseln, zwölf silberne Opferschalen und zwölf goldene Schälchen. 85 Die Schüsseln wogen je eineinhalb Kilogramm und die Opferschalen je 800 Gramm. Zusammen waren es etwa 28 Kilogramm Silber. 86 Die goldenen Schälchen für die Weihrauchmischung wogen je 120 Gramm, zusammen also fast eineinhalb Kilogramm. 87 Zum Brandopfer gaben die Stammesoberhäupter insgesamt zwölf Stiere, zwölf Schafböcke und zwölf einjährige Lämmer mit den dazugehörigen Speiseopfern; für das Sündopfer brachten sie zwölf Ziegenböcke 88 und für das Dankopfer vierundzwanzig Stiere, sechzig Schafböcke, sechzig Ziegenböcke und sechzig einjährige Lämmer. All diese Tiere wurden zur Einweihung des Altars geopfert.

Der Herr redet im Heiligtum

89 Dann ging Mose in das heilige Zelt, um mit dem Herrn zu sprechen. Er hörte die Stimme Gottes zwischen den beiden Cherub-Engeln, die auf der Deckplatte der Bundeslade standen. Hier sprach der Herr von nun an zu Mose.

Das Licht im Heiligtum

8 1/2 Der Herr ließ Aaron durch Mose sagen: »Wenn du die sieben Öllampen des Leuchters anzündest, achte darauf, dass sie zur vorderen Seite hin scheinen!«

3 Aaron gehorchte dem Herrn und setzte die Lampen mit dem Docht nach vorn auf den Leuchter. 4 Der Leuchter war ganz aus Gold geschmiedet, vom Fuß bis hinauf zu den Blütenornamenten. Mose hatte ihn so anfertigen lassen, wie der Herr es ihm gezeigt hatte.

Die Leviten werden zum Dienst geweiht

5 Der Herr sprach zu Mose: 6 »Versammle die Leviten an einem besonderen Ort, abseits vom übrigen Volk. Du sollst sie für ihren Dienst im Heiligtum reinigen 7 und dabei so vorgehen: Besprenge sie mit Wasser zur Reinigung von aller Schuld; lass sie ihren ganzen Körper rasieren und ihre Kleider waschen, damit sie rein werden. 8 Dann sollen sie einen

---

7,89 2 Mo 25,22; 3 Mo 16,2 **8,4** 2 Mo 25,31–40

jungen Stier bringen und dazu als Speise-
opfer feines, mit Öl vermengtes Mehl,
außerdem einen zweiten Jungstier zum
Sündopfer.

9 Ruf die Leviten zum heiligen Zelt,
und versammle dort alle Israeliten!
10 Nun sollen sich die Leviten vor dem
heiligen Zelt aufstellen, und die anderen
Israeliten sollen die Hände auf sie legen.
11 Dann muss Aaron mir die Leviten wei-
hen als ein Opfer[a], das die Israeliten mir
bringen. Denn sie geben die Leviten aus
ihrer Mitte her, damit sie mir im Heilig-
tum dienen. 12 Danach sollen die Leviten
ihre Hände auf den Kopf der beiden Stie-
re legen. Lass den einen als Sündopfer,
den anderen als Brandopfer darbringen.
So wird den Leviten alle Schuld ver-
geben.

13 Wenn du die Leviten zu Aaron
bringst und er sie mir wie eine Opfergabe
darbietet, 14 dann trennst du sie damit von
den anderen Israeliten und übergibst sie
mir. 15 Du reinigst sie und weihst sie mir
wie ein Opfer, damit sie von jetzt an den
Dienst im heiligen Zelt verrichten. 16 Von
allen Israeliten sind sie nun ganz und gar
mein Eigentum. Ich habe sie anstelle eu-
rer ältesten Söhne ausgewählt. 17 Denn
mir gehört jeder erstgeborene israeliti-
sche Sohn und jedes eurer Tiere, das als
Erstes von seiner Mutter zur Welt ge-
bracht wurde. Als ich die Erstgeborenen
der Ägypter sterben ließ, habe ich die äl-
testen Söhne der Israeliten zu meinem
Eigentum erklärt. 18 Doch nun nehme ich
an ihrer Stelle die Leviten 19 und gebe sie
Aaron und seinen Söhnen. Sie sollen die
Dienste im Heiligtum verrichten, die ich
den Israeliten aufgetragen habe, und sie
sollen für das ganze Volk die Vergebung
seiner Schuld erwirken. Die anderen Is-
raeliten aber dürfen sich dem heiligen
Zelt nicht nähern, sonst kommt Unheil
über euer Volk.«

20 Mose, Aaron und das ganze Volk Is-
rael führten alles so aus, wie der Herr es
befohlen hatte. 21 Die Leviten reinigten
sich und wuschen ihre Kleider. Aaron
bot sie dem Herrn als Gabe dar und op-
ferte die Stiere zur Vergebung ihrer Sün-
de. 22 Dann begannen die Leviten unter
der Leitung von Aaron und seinen Söh-
nen ihren Dienst am Heiligtum.

23 Weiter sprach der Herr zu Mose:
24 »Die Leviten sollen ihren Dienst im
heiligen Zelt mit 25 Jahren beginnen
25 und mit 50 Jahren beenden. Wer älter
ist, soll nicht mehr zu den Arbeiten ein-
geteilt werden. 26 Er kann den jüngeren
Leuten jederzeit helfen, soll aber keine
Pflichten mehr haben. So sollst du den
Dienst der Leviten ordnen!«

Das erste Passahfest in der Wüste

9 Im 1. Monat des 2. Jahres, nachdem
die Israeliten Ägypten verlassen hat-
ten, sprach der Herr in der Wüste Sinai
zu Mose:

2 »Ihr sollt das Passahfest zur vor-
geschriebenen Zeit feiern: 3 am Abend
des 14. Tages in diesem Monat. Haltet
euch an alle Bestimmungen und Vor-
schriften für das Fest!« 4 Mose teilte es
den Israeliten mit. 5 So feierten sie am
Abend des 14. Tages im 1. Monat das
Passahfest in der Wüste Sinai. Sie befolg-
ten dabei alle Anweisungen des Herrn.

6 Einige Männer aber hatten zuvor eine
Leiche berührt. Dadurch waren sie am
Tag des Passahfestes unrein und konnten
nicht mitfeiern. Sie fragten daher Mose
und Aaron um Rat: 7 »Wir haben einen
Toten berührt und sind dadurch unrein
geworden. Sollen wir deshalb vom Fest
ausgeschlossen werden? Wir würden
auch gerne dabei sein, wenn alle Israeli-
ten dem Herrn ihre Opfer darbringen!«
8 Mose antwortete: »Wartet hier! Ich will
hören, was der Herr dazu sagt.«

9 Der Herr sprach zu Mose: 10 »Was ich
dir jetzt sage, soll für immer gelten: Wer
sich durch die Berührung eines Toten ver-

[a] Wörtlich: Schwingopfer. – So auch in den Versen 13, 15 und 21.

8,13–19 2 Mo 12,29*; 13,12–16* **9,6.10** 19,11–13

unreinigt hat oder auf einer Reise ist und deshalb nicht am Fest teilnehmen kann, [11] der soll es genau einen Monat später nachholen. Dann soll er das Passahlamm mit bitteren Kräutern essen und mit Brot, das ohne Sauerteig gebacken ist. [12] Er darf nichts davon bis zum nächsten Morgen übrig lassen und dem Lamm keinen Knochen brechen. Er muss alle Bestimmungen und Vorschriften für das Passahfest genau befolgen. [13] Aber wenn jemand das Fest im 1. Monat nicht feiert, obwohl er rein ist und sich auch nicht auf Reisen befindet, soll er getötet werden. Er hat mir, dem Herrn, sein Opfer nicht zur festgelegten Zeit dargebracht und muss die Folgen dieser Sünde tragen. [14] Wenn ein Ausländer, der bei euch wohnt, zu meiner Ehre das Passahfest feiern will, muss auch er dabei alle Vorschriften beachten. Für Einheimische und Ausländer soll dasselbe Recht gelten!«

Der Herr führt sein Volk

[15] Als man das heilige Zelt aufgestellt hatte, in dem die Gesetzestafeln aufbewahrt wurden, kam die Wolke des Herrn und bedeckte es. In der folgenden Nacht leuchtete sie wie Feuer. [16] Sie blieb von nun an über dem Heiligtum. Am Tag glich sie einer Wolke und nachts einem Feuer. [17] Wenn sie aufstieg, brachen die Israeliten auf und folgten ihr. Und wo sie sich niederließ, schlugen sie ihr Lager wieder auf. [18] Durch die Wolke gab ihnen der Herr das Zeichen zum Weiterziehen oder Haltmachen. Solange die Wolke auf dem Heiligtum ruhte, ließen die Israeliten ihre Zelte stehen. [19] Das dauerte manchmal sehr lange. Auch dann hielten sie sich an die Weisung des Herrn und brachen nicht auf. [20] Es kam auch vor, dass sie nur wenige Tage an einem Ort blieben, ganz wie der Herr es befahl. [21] Manchmal ließ die Wolke sich am Abend nieder und stieg schon am nächsten Morgen wieder auf. Dann zogen die Israeliten sofort los. Die Wolke konnte einen Tag und eine Nacht bleiben, [22] aber auch zwei Tage, einen Monat oder noch länger. Immer wenn die Wolke auf dem heiligen Zelt ruhte, schlugen die Israeliten ihre Zelte auf und blieben so lange, bis die Wolke sich wieder erhob. [23] Sie folgten bei ihrem Zug durch die Wüste den Weisungen des Herrn und taten, was er ihnen durch Mose sagte.

Die Signaltrompeten

10 Der Herr sprach zu Mose: [2] »Schmiede dir zwei Trompeten aus Silber! Mit ihnen sollst du das Volk zusammenrufen oder zum Aufbruch blasen. [3] Wenn beide Trompeten mit langen, kräftigen Stößen geblasen werden, soll sich die ganze Gemeinschaft der Israeliten bei dir am Eingang des heiligen Zeltes versammeln. [4] Wird eine allein geblasen, sollen nur die Stammesoberhäupter Israels zu dir kommen. [5] Erklingen aber beide Trompeten mit kurzen Tönen, ist dies das Zeichen zum Aufbruch. Beim ersten Signal ziehen die Stämme los, die im Osten lagern, [6] beim zweiten Signal brechen die Stämme im Süden auf. [7] Wenn ihr aber das Volk zusammenrufen wollt, sollt ihr – anders als beim Aufbruch – die Trompeten mit lang anhaltenden Tönen blasen.

[8] Für das Blasen der Trompeten sind die Nachkommen Aarons, die Priester, zuständig. So soll es für immer bleiben. [9] Das kurze Signal sollt ihr auch dann geben, wenn ihr gegen Feinde in den Kampf zieht, die euer Land angreifen. Ich, der Herr, euer Gott, werde es hören und euch vor ihnen retten.

[10] Blast die Trompeten außerdem bei euren Festen und Gottesdiensten, am Anfang jedes Monats und immer, wenn ihr eure Brandopfer und Dankopfer darbringt. Ich werde es hören und mich euch zuwenden, denn ich bin der Herr, euer Gott!«

9,12 2 Mo 12,46 **9,14** 2 Mo 12,48; 3 Mo 24,22* **9,15–23** 2 Mo 13,21–22*

Aufbruch vom Sinai

11 Am 20. Tag des 2. Monats – die Israeli-
ten hatten Ägypten vor gut einem Jahr
verlassen – erhob sich die Wolke vom
heiligen Zelt. 12 Da brachen die Stämme
Israels der Reihe nach auf, verließen die
Wüste Sinai und folgten der Wolke in die
Wüste Paran. Dort machten sie Halt.
13 Zum ersten Mal zogen sie in der Ord-
nung los, die der Herr durch Mose befoh-
len hatte. 14 An der Spitze gingen die
Verbände des Stammes Juda unter der
Leitung von Nachschon, dem Sohn Am-
minadabs. 15 Zu dieser Abteilung gehör-
ten auch der Stamm Issaschar unter sei-
nem Fürsten Netanel, dem Sohn Zuars,
16 und der Stamm Sebulon, geführt von
Eliab, dem Sohn Helons. 17 Dann folgten
die levitischen Sippen Gerschon und Me-
rari mit dem heiligen Zelt, das sie vorher
abgebaut hatten. 18 Hinter den Leviten
kamen die Verbände des Stammes Ru-
ben, die von Elizur, dem Sohn Schedëurs,
geführt wurden. 19 Ihm unterstanden auch
der Stamm Simeon mit seinem Fürsten
Schelumiël, dem Sohn Zurischaddais,
20 und der Stamm Gad unter der Leitung
von Eljasaf, dem Sohn Deguëls. 21 Dann
brach die levitische Sippe Kehat auf. Sie
trug die Gegenstände aus dem Inneren
des heiligen Zeltes. Die Leviten aus den
Sippen Gerschon und Merari waren be-
reits mit der Abteilung Juda vorange-
zogen, um das Heiligtum aufzubauen, be-
vor die anderen eintrafen. 22 Als Nächstes
folgten die Verbände des Stammes
Ephraim unter der Führung von Elischa-
ma, dem Sohn Ammihuds. 23 Dazu gehör-
ten auch der Stamm Manasse mit seinem
Fürsten Gamliël, dem Sohn Pedazurs,
24 und der Stamm Benjamin, dem Abidan,
der Sohn Gidonis, vorstand. 25 Den
Schluss bildeten die Verbände des Stam-
mes Dan. Sie wurden von Ahiëser, dem
Sohn Ammischaddais, angeführt 26 und
umfassten neben Dan den Stamm Asser
mit seinem Fürsten Pagiël, dem Sohn
Ochrans, 27 und den Stamm Naftali unter
der Leitung von Ahira, dem Sohn Enans.
28 In dieser Reihenfolge zogen die Ver-
bände der Israeliten los.

Mose bittet Hobab mitzuziehen

29 Mose sagte zu seinem Schwager Hobab,
dem Sohn seines Schwiegervaters Reguël
aus Midian: »Wir machen uns jetzt auf
den Weg in das Land, das der Herr uns
versprochen hat. Komm doch mit! Du
wirst es gut bei uns haben, denn der Herr
hat gesagt, dass es uns gut gehen wird.«
30 Aber Hobab lehnte ab: »Nein, ich
möchte nicht mit euch gehen, sondern
wieder zurück in meine Heimat, zu mei-
nen Verwandten.« 31 Da bat ihn Mose:
»Lass uns bitte nicht im Stich! Du weißt,
wo man in der Wüste lagern kann. Wir
brauchen dich, um uns zurechtzufinden!
32 Wenn du mit uns kommst, werden wir
dich reich beschenken. Du sollst an dem
Guten teilhaben, das der Herr uns geben
wird.«

Die Wolke des Herrn geht den Israeliten voran

33/34 Die Israeliten brachen vom Berg Si-
nai auf und zogen drei Tagesreisen lang
durch die Wüste. An der Spitze des Zu-
ges wurde die Bundeslade getragen, und
die Wolke des Herrn war den ganzen Tag
über ihnen. Sie führte das Volk bis zum
nächsten Lagerplatz. 35 Immer wenn die
Leviten mit der Bundeslade aufbrachen,
rief Mose: »Steh auf, Herr! Schlag deine
Feinde in die Flucht! Verjag alle, die dich
hassen!« 36 Und wenn sie mit der Bundes-
lade Halt machten, rief er: »Komm zu-
rück, Herr, zu den vielen tausend Men-
schen deines Volkes Israel!«

Das Volk ist unzufrieden

11 Die Israeliten waren wegen der
Wanderung durch die Wüste unzu-
frieden und begannen sich zu beklagen.
Als der Herr das hörte, wurde er sehr zor-

10,29 2 Mo 18,1–2.13–27 **10,33–34** 2 Mo 13,21–22* **11,1–3** 3 Mo 10,2

nig. Er ließ am Rand des Lagers ein Feuer ausbrechen, das Zelt um Zelt zerstörte. 2 Die Israeliten rannten zu Mose und schrien um Hilfe. Da betete er für sie zum Herrn, und das Feuer erlosch. 3 Den Ort nannte man Tabera (»Brand«).

4 Doch das Jammern nahm kein Ende. Unter den Israeliten waren viele Fremde, die sich dem Volk angeschlossen hatten, als es Ägypten verließ. Sie forderten nun besseres Essen, und schon fingen auch die Israeliten wieder an zu klagen: »Niemand gibt uns Fleisch zu essen! 5 In Ägypten war das anders! Da bekamen wir umsonst so viel Fisch, wie wir wollten, da gab es Gurken, Melonen, Lauch, Zwiebeln und Knoblauch. 6 Aber hier haben wir nichts. Wir hungern! Alles, was es hier gibt, ist dieses Manna!«

7 Das Manna bestand aus kleinen Körnern, ähnlich dem Koriandersamen, und war durchsichtig wie Bedellion-Harz. 8/9 Jede Nacht fiel es mit dem Tau auf das Lager. Die Israeliten sammelten es ein und zerkleinerten es mit Handmühlen oder Mörsern. Sie kochten es oder backten Fladenbrot davon, das wie Ölkuchen schmeckte.

Moses Klage

10 Die israelitischen Familien saßen vor ihren Zelten und klagten. Als Mose das hörte, geriet er außer sich, denn er wusste, dass sie erneut den Zorn des Herrn herausforderten. 11 »Warum tust du mir das an?«, fragte er den Herrn. »Ich bin zwar dein Diener! Aber musst du mir wirklich die Verantwortung für dieses ganze Volk aufhalsen? Hast du denn kein Erbarmen mit mir? 12 Bin ich etwa die Mutter dieser Menschen? Habe ich sie zur Welt gebracht? Oder bin ich ihr Pflegevater? Soll ich sie wie einen Säugling auf meinen Armen in das Land tragen, das du ihren Vorfahren versprochen hast? 13 Sie weinen und flehen mich an: ›Gib uns Fleisch zu essen!‹ Woher soll ich denn Fleisch für Hunderttausende von Menschen nehmen? 14 Ich kann die Verantwortung für dieses Volk nicht länger allein tragen. Ich halte es nicht mehr aus! 15 Wenn es so weitergehen soll, bring mich lieber gleich um! Wenn dir aber etwas an mir liegt, dann erspar mir dieses Elend!«

Mose bekommt Hilfe

16 Der Herr antwortete Mose: »Such unter den Ältesten Israels siebzig Männer aus! Nimm Leute, die als zuverlässige Anführer des Volkes bekannt sind. Bring sie zum heiligen Zelt, und stell dich mit ihnen dort auf! 17 Denn ich will herabkommen und mit dir sprechen. Ich werde etwas von meinem Geist, der auf dir ruht, nehmen und auf sie legen. Sie sollen von nun an die Last mit dir teilen. Du musst die Verantwortung für das Volk nicht mehr allein tragen. 18 Und dem Volk Israel sollst du sagen: ›Reinigt euch, und macht euch bereit! Denn morgen wird euch der Herr Fleisch zu essen geben. Er hat euer Gejammer gehört, mit dem ihr ihm in den Ohren liegt. Er weiß, dass ihr Fleisch essen wollt und am liebsten wieder in Ägypten wärt! Nun, morgen werdet ihr Fleisch bekommen! 19 Und das nicht nur ein, zwei Tage lang, auch nicht fünf oder zehn oder zwanzig Tage, 20 nein, einen ganzen Monat lang, bis es euch zum Hals heraushängt und ihr euch davor ekelt! Denn ihr habt den Herrn, der mitten unter euch wohnt, verachtet und ihm bittere Vorwürfe gemacht, weil er euch aus Ägypten befreit hat.‹«

21 Mose erwiderte: »Dieses Volk hat allein 600 000 wehrfähige Männer, und du willst uns Fleisch für einen ganzen Monat geben? 22 Wie viele Schafe, Ziegen und Rinder sollen denn geschlachtet werden, damit es für alle reicht? Oder willst du alle Fische im Meer fangen, damit jeder etwas bekommt?«

23 Der Herr entgegnete: »Traust du mir

11,4–6 2 Mo 14,11–12* **11,6–9** 2 Mo 16,14–15* **11,15** 2 Mo 32,32 **11,16** 2 Mo 24,1
11,18–34 2 Mo 16,13 **11,21** 2,32; 2 Mo 12,37

das etwa nicht zu? Du wirst bald sehen,
ob ich mein Wort halte oder nicht!«
24 Da berichtete Mose den Israeliten,
was der Herr ihm aufgetragen hatte. Er
suchte unter den Ältesten des Volkes
siebzig Männer aus und befahl ihnen, sich
im Halbkreis vor dem Heiligtum auf-
zustellen. 25 Dann sahen sie, wie der Herr
in der Wolke herabkam. Er sprach mit
Mose und legte etwas von dem Geist,
der auf Mose ruhte, auf die siebzig Ältes-
ten. Im selben Augenblick begannen sie
zu reden, was der Herr ihnen eingab. Das
geschah jedoch nur dieses eine Mal.
26 Zwei der siebzig Männer, deren Na-
men Mose aufgeschrieben hatte, waren
nicht zum heiligen Zelt gekommen, son-
dern im Lager geblieben. Der eine hieß
Eldad, der andere Medad. Auch auf sie
kam der Geist des Herrn, und auch sie
begannen zu reden, was der Herr ihnen
eingab. 27 Ein junger Mann lief zu Mose
und meldete ihm: »Eldad und Medad
führen sich mitten im Lager wie Prophe-
ten auf!«
28 Das hörte Josua, der Sohn Nuns, ein
Mann, der von Jugend an Mose gedient
hatte. Er sagte zu Mose: »Verbiete es ih-
nen!« 29 Doch Mose erwiderte: »Hast du
Angst, dass mir jemand meinen Platz
streitig macht? Ich wünschte, der Herr
würde seinen Geist auf das ganze Volk le-
gen und alle wären Propheten!« 30 Dann
ging er mit den Ältesten zurück ins Lager.
31 Der Herr ließ einen starken Wind
aufkommen und trieb gewaltige Schwär-
me Wachteln vom Meer herbei. Sie fielen
in der Nähe des Lagers zu Boden und
blieben im Umkreis von etwa dreißig Ki-
lometern bis zu einem Meter hoch liegen.
32 Die Israeliten brauchten den ganzen
Tag, die Nacht und auch noch den nächs-
ten Tag, um die Vögel aufzulesen. Jeder
hatte hinterher mindestens zehn große
Körbe voll. Dann wurde das Fleisch der
Vögel rings um das Lager ausgebreitet,
damit es in der Sonne trocknen konnte.
33 Doch kaum hatten die Israeliten sich
die ersten Fleischstücke in den Mund ge-
schoben, da entlud sich der Zorn des
Herrn. Sehr viele starben 34 zur Strafe für
ihre Gier. Man begrub die Toten in der
Nähe des Lagers und nannte den Ort
Kibrot-Hattaawa (»Gräber der Gier«).
35 Dann zog das Volk Israel weiter nach
Hazerot und schlug dort sein Lager auf.

Mirjam und Aaron lehnen sich gegen Mose auf

12 Mirjam und Aaron machten Mose
Vorwürfe, weil er eine Äthiopierin
geheiratet hatte. 2/3 Sie sagten auch:
»Spricht der Herr etwa nur durch Mose?
Hat er nicht auch durch uns geredet?«
Mose schwieg dazu. Er war ein zurück-
haltender Mann, demütiger als alle ande-
ren Menschen auf der Welt. Aber der
Herr hatte gehört, was Aaron und Mir-
jam gesagt hatten. 4 Darum befahl er den
beiden und Mose: »Geht zum heiligen
Zelt!«
Die drei gehorchten. 5 Der Herr kam in
der Wolkensäule herab und stellte sich an
den Eingang des Zeltes. Er rief Aaron
und Mirjam, und sie traten vor. 6 Dann
wies er sie zurecht: »Hört, was ich euch
sage! Wenn ich einem Propheten unter
euch etwas mitteilen will, erscheine ich
ihm in einer Vision oder spreche im
Traum zu ihm. 7 Mit Mose aber rede ich
anders. Denn er ist mein treuer Diener,
ihm habe ich mein Volk anvertraut. 8 Ich
rede mit ihm von Angesicht zu Ange-
sicht, nicht in geheimnisvollen Bildern,
sondern in klaren Worten. Er kann mich
sogar sehen. Wie könnt ihr es da wagen,
ihn anzugreifen?«
9 Nach diesen Worten entfernte sich
der Herr voller Zorn, 10 und die Wolke
verschwand vom heiligen Zelt. Als Aa-
ron sich zu Mirjam umdrehte, war ihre
Haut weiß wie Schnee, denn sie war aus-
sätzig geworden! 11 Aaron flehte Mose
an: »Bitte, vergib uns! Wir haben unrecht
gehandelt und Schuld auf uns geladen.

11,25 2 Mo 34,5 **11,26–27** 1 Mo 41,38*; 1 Sam 10,6.10 **11,28** 27,18–23* **11,33** Jer 23,19
12,1 2 Mo 2,15–21 **12,5** 2 Mo 34,5 **12,8** 5 Mo 34,10

[12]Aber lass Mirjam nicht wie eine Tot-
geburt aussehen, die halb verwest aus
dem Mutterleib kommt!«
[13]Da rief Mose zum Herrn: »O Gott,
mach sie bitte wieder gesund!« [14]Der
Herr antwortete ihm: »Wenn ihr Vater
ihr verächtlich ins Gesicht gespuckt hät-
te, würde sie sich da nicht eine Woche
lang schämen? Deshalb soll sie sieben
Tage außerhalb des Lagers festgehalten
werden. Danach könnt ihr sie wieder bei
euch aufnehmen.«
[15]So musste Mirjam eine Woche außer-
halb des Lagers bleiben. In dieser Zeit
zog das Volk nicht weiter. Erst als sie wie-
der zurückgekehrt war, [16]brachen die Is-
raeliten von Hazerot auf und lagerten
dann in der Wüste Paran.

Mose sendet Kundschafter nach Kanaan
(5. Mose 1,19–28)

13 Der Herr sprach zu Mose: [2]»Sen-
de Kundschafter nach Kanaan! Sie
sollen sich in dem Land umsehen, das ich
euch Israeliten geben will. Such dazu aus
jedem Stamm einen angesehenen Mann
aus!«
[3]Mose tat, was der Herr ihm befohlen
hatte. Alle, die er in der Wüste Paran aus-
wählte, gehörten zu den führenden Män-
nern ihrer Stämme.
[4]Es waren Schammua, der Sohn Sakkurs
vom Stamm Ruben,
[5]Schafat, der Sohn Horis vom Stamm Si-
meon,
[6]Kaleb, der Sohn Jefunnes aus Juda,
[7]Jigal, der Sohn Josefs vom Stamm Issa-
schar,
[8]Hoschea, der Sohn Nuns aus Ephraim,
[9]Palti, der Sohn Rafus aus Benjamin,
[10]Gaddiël, der Sohn Sodis vom Stamm
Sebulon,
[11]Gaddi, der Sohn Susis vom Stamm Ma-
nasse,
[12]Ammiël, der Sohn Gemallis aus Dan,
[13]Setur, der Sohn Michaels aus Asser,
[14]Nachbi, der Sohn Wofsis vom Stamm
Naftali,
[15]und Gëuël, der Sohn Machis vom
Stamm Gad.

[16]Diese Männer beauftragte Mose, das
Land zu erkunden. Hoschea, dem Sohn
Nuns, gab er einen neuen Namen: Josua
(»Der Herr ist Rettung«).
[17]Bevor Mose die Kundschafter los-
schickte, sagte er zu ihnen: »Nehmt den
Weg durch die Wüste Negev, und geht
ins Gebirge hinauf! [18]Seht euch das Land
an und die Menschen, die dort leben. Fin-
det heraus, ob sie stark oder schwach
sind, zahlreich oder wenig, [19]ob sie in un-
geschützten Siedlungen oder in befestig-
ten Städten wohnen. Seht, ob das Land
gut oder schlecht ist, [20]fruchtbar oder
karg, und ob es dort Bäume gibt. Habt
keine Angst! Und bringt uns etwas von
den Früchten mit, die dort wachsen.« Zu
der Jahreszeit reiften nämlich gerade die
ersten Trauben.
[21]Die Männer brachen auf und erkun-
deten das Land Kanaan von der Wüste
Zin im Süden bis zur Stadt Rehob im
Norden, die an der Straße nach Hamat
liegt. [22]Zunächst durchquerten sie die
Wüste Negev und erreichten Hebron.
Dort lebten die Sippen Ahiman, Sche-
schai und Talmai vom Volk der Anakiter.
Ihre Stadt war sieben Jahre früher als das
ägyptische Zoan gegründet worden.
[23]Dann kamen die Kundschafter ins
Eschkoltal. Dort pflückten sie Granat-
äpfel und Feigen. Sie schnitten eine
Weinrebe ab, die so schwer war, dass zwei
Männer sie an einer Stange tragen muss-
ten. [24]Darum nannte man dieses Tal spä-
ter Eschkol (»Traube«).
[25]Vierzig Tage lang erkundeten die
zwölf Männer das Land. Dann kehrten
sie zurück. [26]Als die Kundschafter in Ka-
desch in der Wüste Paran eintrafen, be-
richteten sie Mose, Aaron und dem gan-
zen Volk, was sie gesehen hatten, und
zeigten ihnen die Früchte aus Kanaan.

13,8 11,28

27 Sie sagten zu Mose: »Wir sind in dem
Land gewesen, in das du uns geschickt
hast. Du hattest Recht: Dort fließen Milch
und Honig. Sieh dir nur diese Früchte an!
28 Allerdings leben mächtige Völker dort,
und ihre Städte sind gewaltige Festungen.
Wir haben Anakiter gesehen. 29 Und in
der Wüste Negev siedeln die Amalekiter,
im Gebirge die Hetiter, Jebusiter und
Amoriter. Außerdem wohnen am Mittel-
meer und am Jordan die Kanaaniter.«
30 Da machten die Israeliten Mose wie-
der Vorwürfe. Kaleb versuchte, sie zu be-
ruhigen, und rief: »Wir sind stark genug,
das Land zu erobern. Wir müssen nur los-
ziehen und es in Besitz nehmen!« 31 Aber
die anderen Kundschafter widerspra-
chen: »Gegen diese Völker können wir
auf keinen Fall antreten. Sie sind viel
stärker als wir.« 32 Und sie erzählten den
Israeliten die schlimmsten Geschichten
über ihre Reise: »Wir haben das Land
durchzogen, wir wissen, wie es dort aus-
sieht. Glaubt uns, dort herrschen Mord
und Totschlag! Alle Menschen, die wir
gesehen haben, sind groß und kräftig.
33 Die Anakiter, die wir getroffen haben,
sind Riesen. In deren Augen waren wir
klein wie Heuschrecken, und so haben
wir uns auch gefühlt!«

Die Israeliten wollen nicht nach Kanaan
(5. Mose 1,26–40)

14 Die Israeliten schrien entsetzt auf
und weinten die ganze Nacht. 2 Al-
le schimpften auf Mose und Aaron. »Wä-
ren wir doch in Ägypten oder hier in der
Wüste gestorben!«, riefen sie. 3 »Warum
bringt uns der Herr in solch ein Land? Da-
mit man uns tötet und unsere Frauen und
Kinder als Gefangene verschleppt? Lie-
ber kehren wir nach Ägypten zurück!«
4 Dann legten sie sich einen Plan zurecht:
»Lasst uns einen neuen Anführer wählen
und zurück nach Ägypten gehen!«
5 Da warfen sich Mose und Aaron vor
dem versammelten Volk zu Boden. 6 Jo-
sua, der Sohn Nuns, und Kaleb, der Sohn
Jefunnes, zerrissen entsetzt ihre Gewän-
der 7 und riefen den Israeliten zu: »Das
Land, das wir erkundet haben, ist sehr
gut! 8 Dort gibt es alles im Überfluss!
Wenn der Herr Gefallen an uns hat, wird
er uns dorthin bringen und uns das Land
schenken. 9 Lehnt euch nicht gegen ihn
auf! Ihr müsst keine Angst vor den Leu-
ten dort haben. Wir werden sie leicht
überwältigen, denn sie haben keinen
Schutz mehr. Ihr braucht euch nicht vor
ihnen zu fürchten, der Herr ist auf unse-
rer Seite!«
10 Aber die Israeliten schrien: »Steinigt
sie!« Da erschien der Herr in seiner
Macht und Herrlichkeit am heiligen Zelt,
so dass alle es sehen konnten. 11 Er sprach
zu Mose: »Dieses Volk hört nicht auf,
mich zu beleidigen. Wie viele Wunder
habe ich vor ihren Augen getan, und sie
vertrauen mir noch immer nicht! Doch
damit ist jetzt Schluss, 12 denn ich werde
sie durch eine Seuche ausrotten. An ihrer
Stelle will ich deine Nachkommen zu
einem Volk machen, das größer und
mächtiger ist als sie.«
13 Doch Mose wandte ein: »Wenn das
geschieht, werden es die Ägypter erfah-
ren. Sie haben erlebt, wie du unser Volk
mit gewaltigen Taten aus ihrem Land be-
freit hast. 14 Auch die Bewohner von Ka-
naan haben gehört, dass du, Herr, mitten
unter uns bist und dich uns sogar zeigst.
Sie wissen, dass deine Wolke über uns
steht, dass du uns bei Tag in der Wolken-
säule vorangehst und bei Nacht in der
Feuersäule. 15 Wenn du nun ganz Israel
auf einen Schlag tötest, dann werden alle
diese Völker, die schon so viel von dir
gehört haben, davon erfahren und sagen:
16 ›Der Herr konnte dieses Volk nicht in
das Land bringen, das er ihnen mit
einem Eid versprochen hat. Er hat sie
in der Wüste abgeschlachtet.‹ 17 Darum

13,27 14,8; 16,14; 2 Mo 3,8.17; 33,3; 3 Mo 20,24; 5 Mo 26,15; Jer 11,5; Hes 20,6 **13,30** 14,6–9.29–38; 26,63–65; 32,12; Jos 14,6–13 **14,1–4** 2 Mo 14,11–12* **14,6–9** 13,30*; 13,27* **14,10** 2 Mo 16,10; 17,4 **14,11–12** 2 Mo 32,9–10* **14,13–20** 2 Mo 32,11–14

Der Aufgabe nicht gewachsen

Lesen Sie 4. Mose 13,1-33

Mose schickte zwölf Spione nach Kanaan. Die Mehrzahl von ihnen (zehn von zwölf) berichteten: „Die Anakiter, die wir getroffen haben, sind Riesen. In deren Augen waren wir klein wie Heuschrecken, und so haben wir uns auch gefühlt!" (4. Mose 13,33). Die Spione sahen sich nicht nur selbst als Heuschrecken, sondern schlossen daraus, dass auch andere sie als Schwächlinge betrachteten.

Die „Heuschrecken-Mentalität" ist typisch für Menschen, die sich minderwertig fühlen. Wie viele Frauen haben schon von sich gesagt: „Ich fühle mich hässlich, und ich weiß, dass die anderen mich auch so sehen." Doch diese Frauen waren nicht hässlich. Sie meinten nur, die anderen würden sie so wahrnehmen, wie sie sich selbst wahrnahmen.

Wenn Sie mit Minderwertigkeitsgefühlen zu kämpfen haben, dann machen Sie sich klar, dass 99 Prozent der Menschen, die Sie kennen, Sie für klüger, attraktiver und wichtiger halten als Sie selbst.

Sie sind nach Gottes Ebenbild geschaffen. Sie haben viele Fähigkeiten. Sie besitzen zahllose Eigenschaften, die andere an Ihnen bewundern. Sicherlich haben Sie auch schon Versagen erlebt. Doch das bedeutet nicht, dass Sie ein Versager sind. Der Apostel Paulus schreibt: „Ich bin ganz sicher, dass Gott sein Werk, das er bei euch begonnen hat, zu Ende führen wird, bis zu dem Tag, an dem Jesus Christus kommt" (Philipper 1,6). Trotz Ihrer Fehler hat Gott große Pläne mit Ihrem Leben. Sagen Sie sich das immer wieder und verhalten Sie sich entsprechend.

Nehmen Sie sich Zeit, um allein oder als Paar gemeinsam zu beten. Bitten Sie Gott, dass er ...

- Ihnen einen Sinn dafür schenkt, was er alles durch Sie vollbringen kann;
- Ihren Blick weglenkt von Ihren Minderwertigkeitsgefühlen und Ihnen hilft, sich selbst so zu sehen, wie er Sie sieht;
- Ihnen den Mut gibt, sich endlich aufzumachen und die Dinge anzupacken, die er Ihnen aufgetragen hat.

Wenn Sie noch mehr Zeit haben ...

Besprechen Sie miteinander folgende Fragen oder denken Sie darüber nach:

- Was bedeutet es für Sie, dass Sie nach Gottes Ebenbild geschaffen sind?
- Welchen Wert haben Sie für Gott? Für Ihren Partner oder Ihre Partnerin? Für Ihre Kinder? Für Ihre anderen Angehörigen? Für Ihren Arbeitgeber? Für Ihre Freunde?
- Was sagt Ihr Verhalten über Ihr Selbstbild aus?

Lesen Sie auch die folgenden Abschnitte zum Thema Selbstbild: Jeremia 9,22-23; 2. Korinther 3,4-5; 11,30.

Konsequent sein

Lesen Sie 4. Mose 16,1-50

Immer wieder erzählt das Alte Testament davon, dass Gottes Volk die Folgen des eigenen Handelns zu spüren bekam. Wie Eltern manchmal mit ihren Kindern konsequent sein müssen, so musste Gott auch bei seinen Kindern konsequent sein – das erfuhren Korach und seine Mitläufer in 4. Mose 16. Konsequent zu sein, ist ein notwendiger Bestandteil der Erziehung. Besonders wichtig ist dabei, dass Eltern sich im Durchsetzen der Konsequenzen einig sind.

Wenn wir unseren Kindern beibringen, die Folgen ihrer Taten richtig einzuschätzen, dann helfen wir ihnen, später im Leben weise Entscheidungen zu treffen. Ob wir als Erwachsene im Leben Erfolg oder Misserfolg haben, hängt nämlich zum großen Teil von der Fähigkeit ab, kluge Entscheidungen zu treffen. Doch wie können unsere Kinder das lernen? Es beginnt damit, dass wir ihnen die Freiheit geben, innerhalb gewisser Grenzen eigenständig Entscheidungen zu treffen.

Wenn sie zwischen zwei Alternativen wählen können, lernen sie dabei, wie wertvoll kluge Entscheidungen sind. Stellen wir unsere Kinder vor die Wahl, tun wir ihnen also einen großen Gefallen und zugleich ersparen wir uns selbst eine Menge Frust. Zwingen wir unsere Kinder zum Beispiel dazu, sich bei jemandem zu bedanken, dann erreichen wir damit nur ihren Gehorsam. Doch wenn sie selbst erleben, wie sich das Nicht-Bedanken auswirkt, dann lernen sie von sich aus, Danke zu sagen. Geben Sie Ihrem Kind die Chance, innerhalb bestimmter Grenzen Entscheidungen zu treffen, respektieren Sie dadurch seine Würde. Sie erkennen an, dass Ihr Kind eine Person ist, keine Maschine. Menschen können sich entscheiden, und Entscheidungen wirken sich immer auf uns selbst und auf andere aus. Das ist eine ungeheuer wichtige Lektion.

Nehmen Sie sich Zeit, um allein oder als Paar gemeinsam zu beten. Danken Sie Gott dafür, dass er Ihnen zeigt, wie ein liebevoller Vater seine Kinder erzieht und genau abwägt, welche Konsequenzen er ihnen zumutet. Bitten Sie ihn darum, Ihnen Weisheit und Entschlossenheit zu schenken, damit Sie Ihren Kindern beibringen können, welche Folgen falsches Verhalten nach sich zieht.

Wenn Sie noch mehr Zeit haben ...

Besprechen Sie miteinander folgende Fragen oder denken Sie darüber nach:

- Welche Fehler haben Sie gemacht, als es darum ging, Ihren Kindern die Folgen ihres Tuns deutlich zu machen?
- Wer von Ihnen beiden lässt es eher zu, dass Ihre Kinder auch die Konsequenzen ihrer Entscheidungen tragen? Warum ist das so?
- Was können Sie beide dazu beitragen, dass Sie sich in der Erziehung der Kinder einig sind?

Lesen Sie auch die folgenden Abschnitte zum Thema Erziehung:
5. Mose 6,6-9; Sprüche 3,11-12; Hebräer 12,5-11.

Den nächsten Impuls finden Sie auf S. 170 a

bitte ich dich, Herr: Zeige deine Macht auf andere Weise. Du hast gesagt: [18]›Meine Geduld ist groß, und meine Liebe kennt kein Ende. Ja, ich vergebe die Schuld, doch ich strafe auch. Wer sündigt, muss die Folgen tragen, aber nicht nur er, sondern auch seine Kinder, Enkel und Urenkel!‹ [19]Herr, weil deine Liebe so groß ist, bitte ich dich: Vergib diesem Volk, wie du es auf dem ganzen Weg von Ägypten bis hierher immer wieder getan hast.«

[20]Da antwortete der Herr: »Ich will dem Volk vergeben, weil du mich darum bittest. [21]Aber ich sage dir: So wahr ich lebe und so wahr die ganze Welt meine Herrlichkeit erkennen wird: [22/23]Diese Leute hier werden das Land nicht sehen, das ich ihren Vorfahren versprochen habe. Keiner, der mich beleidigt hat, wird hineinkommen. Zehnmal haben sie mich nun schon herausgefordert. Obwohl sie meine Macht und die Wunder in Ägypten und hier in der Wüste mit eigenen Augen gesehen haben, wollen sie einfach nicht auf mich hören. [24]Nur eine Ausnahme gibt es: Kaleb, meinen Diener, der mir immer treu gefolgt ist. Ihn werde ich in das Land bringen, das er bereits gesehen hat. Seine Nachkommen sollen es besitzen. [25]Die Amalekiter und die Kanaaniter jedoch werden in der Ebene wohnen bleiben. Aber zuvor werdet ihr alle in die Wüste zurückkehren. Morgen sollt ihr wieder in Richtung Schilfmeer aufbrechen.«

Vierzig Jahre in der Wüste
(5. Mose 1,34–40)

[26]Der Herr sprach zu Mose und Aaron: [27]»Ich habe gehört, was die Israeliten mir vorwerfen. Soll ich ihre Bosheit noch weiter dulden? Sie haben sich lange genug gegen mich aufgelehnt! [28]Darum richtet ihnen aus: Ich habe genau gehört, was ihr gesagt habt. Ich schwöre, so wahr ich lebe, dass ich euren Wunsch erfüllen werde! [29]Hier in der Wüste werdet ihr sterben, und zwar jeder wehrfähige Mann, der heute zwanzig Jahre oder älter ist. Weil ihr euch gegen mich aufgelehnt habt, [30]werdet ihr niemals in das Land kommen, das ich euch mit einem Eid versprochen habe. Nur Kaleb, den Sohn Jefunnes, und Josua, den Sohn Nuns, [31]werde ich dorthin bringen, und auch eure Kinder, die ihr schon in der Gewalt eurer Feinde gesehen habt. Sie werden das Land kennen lernen, das ihr nicht haben wolltet. [32]Aber eure Leichen werden in der Wüste verwesen. [33]Eure Kinder sollen vierzig Jahre mit euch umherziehen, bis ihr alle tot seid. So lange müssen sie mit darunter leiden, dass ihr mir untreu wart. [34]Vierzig Tage lang habt ihr das Land erkundet – vierzig Jahre lang werdet ihr nicht hineinkommen. Für jeden Tag, den ihr dort unterwegs wart, werdet ihr ein Jahr lang die Folgen eurer Sünde tragen. Ihr sollt erleben, was es heißt, wenn ich mich abwende. [35]Das verspreche ich, der Herr, und ich werde es auch tun. Ja, ich schwöre euch: Alle, die sich gegen mich verbündet haben, werden in der Wüste umkommen. Dieses ganze boshafte Volk wird hier sterben!«

[36/37]Die Männer aber, die Mose als Kundschafter losgeschickt hatte, tötete der Herr sofort. Denn sie hatten die schlimmen Gerüchte über das Land verbreitet und das Volk in Aufruhr gebracht. [38]Nur zwei von ihnen blieben am Leben: Josua, der Sohn Nuns, und Kaleb, der Sohn Jefunnes.

Auf eigene Faust nach Kanaan
(5. Mose 1,41–44)

[39]Als Mose den Israeliten die Worte des Herrn ausgerichtet hatte, fingen sie an zu weinen und zu klagen. [40]Am nächsten Morgen machten sie sich bereit, ins nördliche Bergland vorzurücken. Sie sagten: »Wir wollen unseren Fehler wieder gutmachen! Wir gehorchen jetzt und ziehen hinauf in das Land, von dem der Herr gesprochen hat!«

14,18 2 Mo 20,5–6* **14,19** 2 Mo 34,6–7 **14,24** Jos 14,6–14 **14,25** Ri 1,19 **14,29–38** 13,30*

41 Aber Mose rief: »Warum widersetzt
ihr euch schon wieder dem Befehl des
Herrn? Das kann nicht gut gehen!
42 Bleibt hier! Der Herr ist nicht mit euch,
er schützt euch nicht vor euren Feinden.
43 Dort drüben erwarten euch die Amale-
kiter und Kanaaniter, und sie werden
euch umbringen. Der Herr wird euch
nicht helfen, denn ihr habt euch von ihm
abgewandt!«
44 Doch die Israeliten hörten in ihrem
Stolz nicht zu, sondern zogen ins Berg-
land hinauf. Mose ging nicht mit, und
auch die Bundeslade des Herrn blieb un-
ten im Lager. 45 Da kamen ihnen die
Amalekiter und Kanaaniter aus dem
Bergland entgegen, besiegten die Israeli-
ten und jagten sie bis nach Horma.

Vorschriften für die Opfer im Land Kanaan

15 Der Herr sprach zu Mose: 2 »Eines
Tages werde ich diesem Volk das
versprochene Land geben, und ihr wer-
det dort leben. Sag den Israeliten, dass
sie dann diese Anweisungen beachten
sollen:
3/4 Immer wenn ihr mir ein Rind, eine
Ziege oder ein Schaf als Brand- oder
Schlachtopfer darbringt, dann sollt ihr
eineinhalb Kilogramm Mehl, mit einem
Liter Öl vermengt, als Speiseopfer dazu-
geben, ganz gleich, ob ihr damit ein Ge-
lübde erfüllt, ob ihr es freiwillig darbringt
oder bei euren Festen mir zur Freude op-
fert.
5 Wer ein Schaf opfert, soll dazu ein
Trankopfer von einem Liter Wein dar-
bringen. 6 Wer einen Schafbock opfert,
soll zweieinhalb Kilogramm Mehl dazu-
tun, vermengt mit anderthalb Litern Öl.
7 Und als Trankopfer soll er eineinhalb
Liter Wein geben. Dann wird sein Opfer
mir gefallen.
8–10 Wenn jemand von euch ein Rind
darbringt, soll er ein Trankopfer von zwei
Litern Wein dazugeben und ein Speise-
opfer von vier Kilogramm Mehl, das mit
zwei Litern Öl vermengt ist. So gefällt
mir seine Gabe. Diese Vorschrift gilt un-
abhängig davon, ob er das Rind als
Brand- oder Schlachtopfer darbringt und
ob er damit ein Gelübde erfüllt oder ein
Dankopferfest feiert. 11 Dies alles sollt ihr
jedes Mal tun, wenn ihr ein Rind, einen
Schafbock, ein Schaf oder eine Ziege op-
fert.
12 Bringt ihr mehrere Tiere dar, dann
gehören zu jedem Tier die entsprechen-
den Speise- und Trankopfer.
13 Diese Vorschriften soll jeder Israelit
beachten, der mir zu Ehren ein Feuer-
opfer darbringt. 14 Auch die Ausländer,
die unter euch leben oder bei euch zu
Gast sind, sollen sich daran halten, wenn
sie mir ein Tier opfern. 15 Für alle, die im
Land Kanaan leben – ob Einheimische
oder Ausländer –, sollen die gleichen Ge-
setze gelten. Denn vor mir sind alle Men-
schen gleich. Dies gilt für alle Zeiten und
für alle eure Nachkommen. 16 Ausländer,
die bei euch leben, haben dieselben
Rechte und Pflichten wie ihr selbst.«

Dankopfer für die Ernte

17 Der Herr befahl Mose: 18 »Sag den Is-
raeliten: Wenn ich euch in das verspro-
chene Land gebracht habe 19 und ihr dort
Getreide erntet, sollt ihr mir einen Teil
davon als Opfer darbringen. 20 Backt mir
vom ersten gemahlenen Korn ein Brot,
21 und gebt mir auch etwas vom ersten ge-
droschenen Getreide! Diese Vorschrift
soll für immer gelten.«

Das Sündopfer für unbeabsichtigte Vergehen

22 Weiter sprach der Herr: »Es kann ge-
schehen, dass ihr aus Versehen gegen
meine Gebote verstoßt 23 und nicht alles
beachtet, was ich euch bis heute durch
Mose befohlen habe und was ich noch in
Zukunft anordnen werde.
24 Wenn dies ohne Absicht und unbe-
wusst geschehen ist, soll das ganze Volk

14,41–45 2 Mo 17,10–13 **15,15–16** 3 Mo 24,22* **15,22–26** 3 Mo 4,13–21

Israel einen jungen Stier als Brandopfer darbringen, zusammen mit dem vorgeschriebenen Speise- und Trankopfer. Außerdem muss ein Ziegenbock als Sündopfer geschlachtet werden. [25] Der Priester soll die Opfer darbringen, um das Volk wieder mit mir zu versöhnen. Dann werde ich euch vergeben, weil ihr meine Gebote nicht absichtlich verletzt habt und weil ihr mir ein Brandopfer und ein Sündopfer dargebracht habt. [26] Dem ganzen Volk will ich vergeben, auch den Ausländern unter euch. Denn sie gehören zu eurer Gemeinschaft und sind für die Sünden mit verantwortlich, die ihr aus Versehen begeht.

[27] Wenn aber ein einzelner Mensch unabsichtlich meine Gebote übertritt, soll er eine einjährige Ziege als Sündopfer darbringen. [28] Der Priester soll dies für ihn tun und so seine Schuld sühnen. Dann werde ich ihm die Sünde vergeben. [29] Das gilt auch für die Ausländer unter euch: Wenn einer von ihnen unabsichtlich gesündigt hat, soll er das gleiche Opfer darbringen wie ein Einheimischer.«

Wer absichtlich sündigt, muss sterben

[30] »Wenn aber jemand aus eurem Volk oder ein Ausländer, der bei euch lebt, mit Absicht eins meiner Gebote übertritt, dann beleidigt er mich und muss sterben. [31] Er hat mein Wort verachtet und mein Gesetz gebrochen. Darum muss er die Folgen tragen und mit seinem Leben dafür bezahlen.«

[32] Während des Zuges durch die Wüste wurde einmal ein Israelit dabei gesehen, wie er am Sabbat Holz sammelte. [33/34] Man brachte ihn zu Mose und Aaron, und vor dem ganzen Volk wurde beraten, was mit ihm geschehen sollte. Da niemand genau wusste, welche Strafe er verdiente, wurde er zunächst eingesperrt.

[35] Dann sprach der Herr zu Mose: »Dieser Mann muss sterben! Das ganze Volk soll ihn draußen vor dem Lager steinigen.« [36] Da führten die Israeliten ihn aus dem Lager und steinigten ihn, wie der Herr es durch Mose angeordnet hatte.

Gottes Gebote immer vor Augen

[37] Der Herr sprach zu Mose: [38] »Sag den Israeliten, dass sie und alle ihre Nachkommen an die Zipfel ihrer Gewänder Quasten nähen sollen, die mit einem Stück Schnur aus violettem Purpur zusammengebunden sind. [39] Die Quasten sollen euch daran erinnern, meinen Geboten zu gehorchen. Immer wenn ihr sie seht, sollt ihr an meine Weisungen denken. Das wird euch helfen, nicht mit euren Gedanken oder Blicken umherzuschweifen und eure eigenen Ziele zu verfolgen. [40] Ich möchte, dass ihr meine Gebote im Herzen bewahrt und sie befolgt. Ihr sollt ganz mir gehören. [41] Denn ich bin euer Gott. Ich habe euch aus Ägypten befreit, um euch zu zeigen: Ich, der Herr, bin euer Gott!«

Korach hetzt das Volk auf

16 [1/2] Der Levit Korach, ein Sohn Jizhars aus der Sippe Kehat, wollte das Volk gegen Mose aufhetzen. Drei Männer vom Stamm Ruben schlossen sich ihm an: Datan und Abiram, die Söhne Eliabs, und On, ein Sohn Pelets. Sie brachten 250 Israeliten auf ihre Seite, führende und einflussreiche Männer. [3] Gemeinsam gingen sie zu Mose und Aaron und sagten zu ihnen: »Wir haben jetzt genug von euch! Wer gibt euch das Recht, euch über die Gemeinde des Herrn zu stellen? Der Herr ist mitten unter uns! Wir alle sind heilig, nicht nur ihr!«

[4] Als Mose das hörte, warf er sich zu Boden und betete. [5–7] Dann sagte er zu Korach und den anderen: »Morgen wird der Herr zeigen, wer zu ihm gehört und

---

15,27–29 3 Mo 4,27–28 **15,32–36** 2 Mo 20,8–11* **15,40–41** 2 Mo 19,5–6* **16,1–2** 2 Mo 6,16; Ps 106,16–18 **16,4** 14,5

heilig ist. Darum kommt morgen zum
Heiligtum, du, Korach, und alle deine
Leute. Bringt Räucherpfannen mit, und
zündet Weihrauch darin an. Dann wer-
den wir sehen, wer heilig ist, denn der
Herr wird nur den in die Nähe des Heilig-
tums lassen, den er dazu bestimmt hat.
Reicht euch das, ihr Leviten?«

8 Dann wandte er sich noch einmal an
Korach und seine Leute und mahnte sie:
»Hört zu, ihr Leviten! 9 Der Gott Israels
hat aus diesem ganzen Volk allein euch
dazu ausgewählt, in seine Nähe zu kom-
men. Er hat euch beauftragt, die Arbei-
ten an seinem Heiligtum zu verrichten
und damit dem ganzen Volk zu dienen.
Ist euch das noch zu wenig? 10 Du und
deine Verwandten vom Stamm Levi, ihr
dürft doch immer in der Nähe des Herrn
sein! Aber das reicht euch offenbar nicht!
Ihr wollt auch noch Priester werden.
11 Doch denkt daran: Wenn ihr Aaron
sein Amt als Priester streitig macht, lehnt
ihr euch gegen den Herrn auf! Ja, gegen
ihn habt ihr euch zusammengerottet!«

12 Dann ließ Mose Datan und Abiram
zu sich rufen. Die beiden aber lehnten
ab: »Wir kommen nicht! 13 Du hast uns
aus einem schönen, fruchtbaren Land he-
rausgeholt, damit wir in der Wüste ver-
enden. Ist das noch nicht genug? Musst
du dich auch noch als Herrscher aufspie-
len? 14 Wo ist denn das verheißene Land,
in dem Milch und Honig fließen? Wo
sind die Felder und Weinberge, die wir
bekommen sollten? Du willst die Leute
wohl für dumm verkaufen! Nein, wir
kommen nicht!«

15 Da wurde Mose sehr zornig und bat
den Herrn: »Nimm ihr Opfer nicht an!
Ich habe keinem von ihnen je etwas ge-
tan. Nicht einmal einen Esel habe ich
ihnen weggenommen.«

Der Herr greift ein

16 Dann forderte Mose Korach auf: »Mor-
gen sollst du mit deinen 250 Leuten vor
dem Herrn erscheinen! Auch Aaron wird
da sein. 17 Jeder soll eine Pfanne mit
Weihrauch für den Herrn mitbringen,
auch du selbst und Aaron.« 18 So kamen
die Männer Korachs am folgenden Tag
mit ihren glühenden Räucherpfannen
zum Eingang des heiligen Zeltes. Auch
Mose und Aaron waren dort, 19 und die
übrigen Israeliten versammelten sich
ebenfalls. Es war Korach gelungen, das
ganze Volk gegen Mose und Aaron auf-
zuwiegeln.

Da erschien der Herr in seiner Macht
und Herrlichkeit, und alle Israeliten sa-
hen es. 20 Er befahl Mose und Aaron:
21 »Verlasst dieses Volk, denn ich werde
es auf einen Schlag vernichten!« 22 Doch
die beiden warfen sich zu Boden und rie-
fen: »O Gott, du hast doch alles, was lebt,
geschaffen! Willst du ein ganzes Volk
ausrotten, nur weil ein einziger Mann ge-
sündigt hat?«

23 Der Herr antwortete Mose: 24 »Dann
befiehl den Israeliten, sich von den Zel-
ten Korachs, Datans und Abirams zu-
rückzuziehen!« 25 Mose stand auf und
ging zu Datan und Abiram. Die Ältesten
Israels folgten ihm. 26 Dann rief Mose den
Israeliten zu: »Geht weg von den Zelten
dieser gottlosen Menschen, und fasst
nichts an, was ihnen gehört, sonst kommt
ihr mit ihnen um!« 27 Da entfernten sich
die Israeliten vom Lager der Aufrührer.

Als Datan und Abiram aus ihren Zel-
ten kamen und mit ihren Frauen und
Kindern davor standen, 28 rief Mose:
»Nun sollt ihr sehen, dass der Herr mich
gesandt hat und ich nicht tue, was ich will,
sondern was er will. 29 Wenn diese Men-
schen in Frieden alt werden und sterben
wie alle anderen, dann hat der Herr mich
nicht gesandt. 30 Wenn er aber etwas tut,
was es noch nie gab, dann werdet ihr mer-
ken, dass sie den Herrn beleidigt haben.
Ich sage euch: Der Erdboden wird sich
öffnen und sie mit allem, was sie haben,
verschlingen. Der Herr wird sie mitten
aus dem Leben ins Totenreich hinab-
reißen.«

31 Kaum hatte Mose das gesagt, da spal-

16,9 1,47–53 **16,10–11** 3,10; 18,7 **16,13–14** 13,27* **16,21** 2 Mo 32,9–10* **16,22** 1 Mo 18,23; Jes 65,8

tete sich die Erde. [32]Der Boden öffnete sich und verschlang Datan, Abiram und alle Anhänger Korachs mit ihren Familien und ihrem ganzen Besitz. [33]Mitten aus dem Leben wurden sie ins Totenreich hinabgerissen und von der Erde begraben, die sich über ihnen wieder schloss. So verschwanden sie aus der Mitte ihres Volkes. [34]Als die anderen Israeliten ihre Todesschreie hörten, flohen sie nach allen Seiten und riefen: »Weg von hier! Sonst verschlingt die Erde auch uns!«

[35]Im selben Moment schickte der Herr Feuer und verbrannte die 250 Männer, die ihm Weihrauch darbringen wollten.

17 Dann sprach der Herr zu Mose: [2]»Befiehl dem Priester Eleasar, dem Sohn Aarons, dass er die Räucherpfannen aus der Asche sammeln und die Glut ausschütten soll. Diese Pfannen gehören mir, [3]weil man sie mir dargebracht hat. Ihr sollt Bleche daraus hämmern und den Brandopferaltar damit überziehen. Das wird die Israeliten in Zukunft daran erinnern, wie sich diese Menschen durch ihre Sünde selbst ins Verderben gestürzt haben.«

[4]Der Priester Eleasar sammelte die bronzenen Räucherpfannen der verbrannten Männer ein und ließ daraus eine Verkleidung für den Altar anfertigen, [5]wie der Herr es ihm durch Mose aufgetragen hatte. Diese Altarverkleidung sollte die Israeliten daran erinnern, dass nur Aaron und seine Nachkommen sich dem Heiligtum nähern und Räucheropfer darbringen durften. Jeder andere, der es versuchte, würde enden wie Korach und seine Leute.

Das Volk hat nichts begriffen

[6]Am nächsten Tag machten die Israeliten Mose und Aaron schwere Vorwürfe und riefen: »Ihr habt Menschen umgebracht, die der Herr erwählt hat!« [7]Das ganze Volk stellte sich gegen sie. Da drehten sich die beiden zum heiligen Zelt um. Im selben Augenblick wurde es von der Wolke Gottes bedeckt, und der Herr erschien in seiner Herrlichkeit. [8]Mose und Aaron traten vor den Eingang, [9]und der Herr sprach zu Mose: [10]»Geht weg von diesen Leuten! Ich werde sie auf einen Schlag vernichten!« Da warfen sich die beiden zu Boden, [11]und Mose sagte zu Aaron: »Nimm eine Räucherpfanne, fülle sie mit Glut vom Altar, und streu Weihrauch darüber! Bring es zu den Leuten, und versöhne sie mit dem Herrn! Beeil dich, denn der Herr ist zornig; er hat schon begonnen, die Menschen zu töten.«

[12]Aaron tat, was Mose gesagt hatte, und lief mit der Räucherpfanne mitten in die versammelte Menge. Viele Menschen waren bereits gestorben. Aaron verbrannte den Weihrauch und versöhnte durch dieses Opfer das Volk mit Gott. [13]So konnte er das Verderben aufhalten. Der Ort, an dem Aaron stand, war die Grenze zwischen den Toten und den Lebenden. [14]14700 Menschen waren umgekommen, die Leute Korachs nicht mitgerechnet.

[15]Als das Sterben aufgehört hatte, kehrte Aaron zurück zu Mose an den Eingang des heiligen Zeltes.

Der Herr bestätigt das Priesteramt der Familie Aarons

[16]Der Herr sprach zu Mose: [17]»Sag den Israeliten, dass jedes Stammesoberhaupt dir einen Stab geben soll, also insgesamt zwölf Stäbe, einen für jeden Stamm. Auf die Stäbe sollst du die Namen dieser Männer schreiben, [18]denn jeder Stab steht für das Oberhaupt eines Stammes. Aber auf den Stab des Stammes Levi schreib den Namen Aaron! [19]Leg die Stäbe im heiligen Zelt vor die Bundeslade, wo ich euch begegne! [20]Dann wird Folgendes geschehen: Der Stab des Mannes, den ich auswähle, wird Blätter treiben. So werde ich alle eure Widersacher zum Schweigen bringen.«

16,35 3 Mo 10,1–2 **17,5** 3,10 **17,6** 2 Mo 14,11–12* **17,7** 11,25; 2 Mo 34,5 **17,10** 16,21–22
17,18 2 Mo 6,16–20 **17,19** 2 Mo 25,22; 3 Mo 16,2

21 Mose berichtete den Israeliten, was
der Herr gesagt hatte, und die Oberhäup-
ter der Stämme brachten jeder einen
Stab, insgesamt zwölf. Darunter war auch
der von Aaron. 22 Mose legte die Stäbe im
heiligen Zelt vor der Bundeslade nieder.
23 Am nächsten Tag ging er wieder hinein,
und tatsächlich: Aarons Stab hatte Blät-
ter und Blüten getrieben und sogar Man-
deln reifen lassen.

24 Da brachte Mose die Stäbe aus dem
Zelt und zeigte sie den Israeliten. Jedes
Stammesoberhaupt erhielt seinen Stab
zurück. 25 Dann sprach der Herr zu Mose:
»Leg Aarons Stab wieder vor die Bun-
deslade, und bewahre ihn dort auf. Wenn
sich die Israeliten wieder einmal gegen
euch stellen, dann zeig ihnen den Stab,
um sie von ihrer Auflehnung abzubrin-
gen und so ihr Leben zu retten.«

26 Mose tat, was der Herr ihm befohlen
hatte. 27 Die Israeliten aber riefen: »Es ist
aus mit uns! Wir kommen um! Wir wer-
den alle vernichtet! 28 Wer dem heiligen
Zelt zu nahe kommt, der stirbt. Sollen
wir denn völlig ausgelöscht werden?«

Die Verantwortung der Priester und Leviten

18 Der Herr sprach zu Aaron: »Du
trägst zusammen mit deinen Söh-
nen und dem ganzen Stamm Levi die
Verantwortung für das heilige Zelt.
Wenn dort gegen meine Gebote versto-
ßen wird, trifft euch die Schuld. Und
wenn ihr beim Priesterdienst meine An-
weisungen missachtet, ziehe ich euch da-
für zur Rechenschaft. 2 Denn diese Auf-
gaben sind allein euch anvertraut. Die
anderen Leviten dürfen sich zusammen
mit euch dem Heiligtum nähern. Sie sol-
len euch begleiten und euch helfen, wenn
ihr dort euren Dienst verrichtet. 3 Was ihr
ihnen auftragt, sollen sie tun und alle Ar-
beiten erledigen, die beim heiligen Zelt
anfallen. Nur den heiligen Gefäßen und
Werkzeugen und dem Altar dürfen sie
sich nicht nähern, sonst müssen sie ster-
ben und ihr mit ihnen. 4 Sie sollen immer
dicht bei euch bleiben, wenn sie ihre Ar-
beiten im Heiligtum ausführen. Außer
ihnen darf niemand in den Vorhof kom-
men. 5/6 Eure levitischen Brüder sind
mein Geschenk an euch. Ich habe sie aus
allen Stämmen Israels ausgewählt, damit
sie mir im Heiligtum dienen. Aber für
den Altar und das heilige Zelt selbst seid
allein ihr Priester zuständig. Wenn sich
andere Israeliten in euer Amt ein-
mischen, wird mein Zorn sie treffen.
7 Das Priestertum ist nur dir und deinen
Söhnen anvertraut. Ihr allein dürft die
Opfer auf dem Altar darbringen und das
Allerheiligste hinter dem Vorhang betre-
ten. Das sind ausschließlich eure Auf-
gaben. Das Priestertum ist mein Ge-
schenk an euch. Jeder andere, der sich in
euer Amt drängt, muss sterben.«

Der Anteil der Priester an den Opfern

8 Weiter sprach der Herr zu Aaron: »Du
weißt, dass ich euch Priestern von jedem
Opfer einen Anteil als Lohn geben wer-
de. Dies soll für alle Zeiten so bleiben.
9 Außerdem habe ich die heiligsten Ga-
ben, die mir die Israeliten darbringen,
für euch bestimmt: alle Speiseopfer,
Sündopfer und Schuldopfer. Alles, was
nicht auf dem Altar verbrannt wird, ge-
hört dir und deinen Söhnen. Achtet es
als etwas besonders Heiliges! 10 Ihr Män-
ner sollt es im Vorhof des Heiligtums
essen!

11 Der Anteil, den ihr als Lohn für eu-
ren Dienst erhaltet, ist für alle eure An-
gehörigen bestimmt, Männer, Frauen
und Kinder. Jeder aus eurer Sippe darf
davon essen, wenn er rein ist. Euer An-
spruch auf den Anteil am Opfer soll für
immer bestehen bleiben. 12 Außerdem ge-
be ich euch das Beste von Öl, Most und
Getreide, die erste Ernte, die man mir
darbringt. 13 Auch die ersten Früchte, die

17,25 Hebr 9,4 **17,28** 1,51 **18,3** 17,5 **18,5–6** 3,12–13 **18,7** 3,10; 16,9–11 **18,8–19** 3 Mo 2,3; 6,9–11.22–23; 7,6–10.14; 10,12–18; 22,10–16; 5 Mo 18,3–5 **18,13** 2 Mo 23,19; Neh 10,36

im Land wachsen und die man im Heilig-
tum abgibt, gehören euch. Jeder aus eu-
rer Sippe, der rein ist, darf davon essen.
14 Ihr erhaltet alles, was die Israeliten mir
unwiderruflich weihen. 15 Darüber hinaus
gehört euch jeder älteste Sohn in Israel
und jedes männliche Tier, das als Erstes
geboren und mir dargebracht wird. Aller-
dings sollt ihr die Kinder freikaufen las-
sen, ebenso die unreinen Tiere, die nicht
als Opfer in Frage kommen.
16 Sobald der älteste Sohn einer Familie
einen Monat alt ist, sollen für ihn fünf
Silberstücke zu je 12 Gramm bezahlt
werden, nach dem im Heiligtum gültigen
Gewicht. 17 Aber reine Tiere wie Rinder,
Schafe und Ziegen sollt ihr nicht freikau-
fen lassen, denn sie gehören allein mir.
Besprengt den Altar mit ihrem Blut, und
lasst ihr Fett als Feueropfer in Rauch auf-
gehen, um mich damit zu ehren. 18 Das
Fleisch dieser Tiere aber soll euch Pries-
tern gehören, so wie bei den Opfern, wo
ihr den rechten Hinterschenkel und die
Brust vor dem Eingang des heiligen Zel-
tes hin- und herschwingt, um zu zeigen,
dass sie mir geweiht sind.
19 Alle diese Anteile an den Opfertie-
ren gebe ich euch und euren Angehöri-
gen, Männern, Frauen und Kindern. So
soll es für alle Zeiten bleiben. Darauf ge-
be ich euch mein Wort, und ich werde es
niemals brechen![a] «

Der Anteil der Leviten

20 Dann sprach der Herr zu Aaron: »Dein
Stamm wird in Kanaan kein Land erhal-
ten und kein eigenes Gebiet besitzen wie
die anderen Israeliten. Denn ich selbst
bin euer Anteil und Erbe. 21 Als Lohn für
euren Dienst gebe ich euch den zehnten
Teil der Ernte, den die Israeliten zum
Heiligtum bringen. 22 Außer euch Pries-
tern und Leviten darf sich keiner dem
heiligen Zelt nähern. Das wäre eine Sün-
de, für die er mit dem Leben bezahlen
muss. 23 Nur ihr Leviten dürft die Arbei-
ten am Heiligtum verrichten, ihr allein
seid dort für alles verantwortlich. So soll
es immer bleiben, bei euch und bei euren
Nachkommen. Ihr erhaltet also kein ei-
genes Stammesgebiet in Israel, 24 sondern
bekommt stattdessen den zehnten Teil
der Ernte, den die Israeliten mir als Ab-
gabe bringen.«

Die Leviten sollen mit den Priestern teilen

25/26 Weiter ließ der Herr den Leviten
durch Mose ausrichten: »Ich habe euch
den zehnten Teil von allem zugesagt,
was in Israel geerntet wird. Davon sollt
ihr mir wiederum den zehnten Teil ge-
ben. 27 Dieses Opfer zählt für mich ge-
nauso, als hättet ihr das Getreide selbst
gedroschen und den Wein selbst gekel-
tert. 28 Wie die anderen Israeliten sollt
auch ihr Leviten mir einen Teil von allem
geben, was ihr bekommt. Bringt es dem
Priester Aaron. 29 Das Beste von eurem
Anteil sollt ihr mir überlassen, denn es
ist heilig und gehört mir. 30 Wenn ihr das
tut, dann nehme ich eure Gabe an, als
hättet ihr Getreide und Wein aus eurer
eigenen Ernte dargebracht. 31 Euren An-
teil könnt ihr dann mit euren Familien
essen, wo immer ihr wollt. Dies ist der
Lohn für eure Arbeit am heiligen Zelt.
32 Wenn ihr vorher das Beste abgegeben
habt, ladet ihr keine Schuld auf euch. So
sorgt ihr dafür, dass die heiligen Gaben
der Israeliten nicht entweiht werden und
ihr nicht sterben müsst.«

Das Reinigungswasser

19 Der Herr sprach zu Mose und Aa-
ron: 2 »Ich gebe euch jetzt eine be-
sondere Anweisung: Lasst euch von den
Israeliten eine junge, rotbraune Kuh

---

a Wörtlich: Es ist ein ewiger Salzbund zwischen dem Herrn und dir und deinen Nachkommen. – Bündnisse wurden durch das Essen von Salz besiegelt.

18,14 3 Mo 27,28 **18,15–17** 2 Mo 13,12–16* **18,20** 5 Mo 10,9; 12,12; 18,1–2; Jos 13,14; 18,7; Hes 44,28 **18,21–24** 5 Mo 14,28–29; 26,12–15; 3 Mo 27,30–33* **18,22–23** 1,51 **18,25–26** Neh 10,38–39

bringen, die gesund und ohne Fehler ist
und noch kein Joch getragen hat. 3 Gebt
sie dem Priester Eleasar. Er soll sie vor
das Lager führen und dort schlachten las-
sen. 4 Dann soll er seinen Finger in ihr
Blut tauchen und es siebenmal in Rich-
tung der Vorderseite des heiligen Zeltes
sprengen. 5 Die Kuh soll in seiner Gegen-
wart ganz verbrannt werden, mit Fell,
Fleisch, Blut und Eingeweiden. 6 In das
Feuer wirft der Priester etwas Zedern-
holz, ein Büschel Ysop und rote Wolle.
7 Danach wäscht er seine Kleidung und
seinen Körper mit Wasser. Nun kann er
ins Lager zurückkehren, ist aber bis zum
Abend unrein.

8 Auch der Mann, der die Kuh ver-
brannt hat, soll seine Kleider und sich
selbst mit Wasser waschen. Er ist eben-
falls bis zum Abend unrein.

9 Ein anderer Mann, der nicht unrein
ist, soll die Asche der Kuh nehmen und
an einen reinen Ort außerhalb des Lagers
bringen. Dort soll sie aufbewahrt werden.
Mit der Asche wird das Reinigungswas-
ser zubereitet, das die Israeliten von Un-
reinheit befreit. 10 Auch der Mann, der
die Asche getragen hat, soll seine Klei-
dung und seinen Körper waschen; er ist
ebenfalls bis zum Abend unrein.

Was ich euch jetzt sage, gilt für alle
Zeiten und für alle Menschen in Israel,
für die Einheimischen ebenso wie für die
Ausländer: 11 Wer einen Toten berührt, ist
sieben Tage lang unrein, ganz gleich, wer
der Verstorbene war. 12 Am dritten Tag
soll er sich mit dem Reinigungswasser be-
sprengen lassen, so dass er nach sieben
Tagen wieder rein ist. Wenn er dies nicht
tut, dann ist er nach einer Woche immer
noch unrein. 13 Da er eine Leiche berührt
hat und sich nicht reinigen lässt, be-
schmutzt er die Wohnung des Herrn. Er
darf nicht weiter unter euch leben, son-
dern muss getötet werden.

14 Wenn jemand in einem Zelt stirbt,
dann ist jeder, der sich gerade dort auf-
hält oder hineingeht, sieben Tage lang
unrein. 15 Auch jedes Gefäß im Zelt, das
nicht fest verschlossen ist, wird unrein.
16 Sieben Tage unrein ist auch jeder, der
im Freien einen Toten berührt, ganz
gleich, ob dieser umgebracht wurde oder
auf natürliche Weise gestorben ist. Das-
selbe gilt, wenn jemand mit den Gebei-
nen oder dem Grab eines Menschen in
Berührung kommt.

17 In all diesen Fällen müsst ihr zur Rei-
nigung die Asche der rotbraunen Kuh
verwenden. Streut etwas davon in ein
Gefäß, und gießt frisches Wasser dazu.
18 Dann soll ein Mann, der sich nicht ver-
unreinigt hat, ein Büschel Ysop in das
Wasser tauchen und damit alle Menschen
und Gegenstände besprengen, die unrein
geworden sind: das Zelt sowie die Leute
und Gefäße, die darin gewesen sind, oder
denjenigen, der einen Toten, mensch-
liche Gebeine oder ein Grab berührt hat.
19 Die Besprengung soll am dritten und
am siebten Tag nach der Verunreinigung
geschehen. So wird der Mensch von sei-
ner Unreinheit befreit. Er soll dann seine
Kleidung und seinen Körper waschen
und ist am Abend des siebten Tages wie-
der rein.

20 Wer unrein geworden ist und sich
nicht reinigen lässt, beschmutzt das Hei-
ligtum des Herrn. Er muss aus eurer Ge-
meinschaft ausgeschlossen werden und
sterben. Denn ohne die Besprengung
mit dem Reinigungswasser bleibt er un-
rein. 21 Dies soll in Israel für alle Zeiten
gelten. Auch der Mann, der das Reini-
gungswasser versprengt hat, muss seine
Kleidung waschen. Denn wer mit dem
Wasser in Berührung kommt, wird bis
zum Abend unrein. 22 Ebenso ist alles,
was ein unreiner Mensch berührt, und je-
der, der in Kontakt mit ihm kommt, bis
zum Abend unrein.«

Mirjam stirbt in Kadesch

20 Im 1. Monat des Jahres kam das
Volk Israel in die Wüste Zin und
schlug das Lager in Kadesch auf. Dort
starb Mirjam und wurde begraben.

19,13 5,2–3 **19,17–19** Hebr 9,13

Die Beherrschung verlieren

Lesen Sie 4. Mose 20,1-13

Zorn an sich ist noch keine Sünde – doch er kann zur Sünde führen, wenn wir nicht richtig mit ihm umgehen. Mose ist ein Beispiel dafür. Er verlor das Vorrecht, das verheißene Land zu betreten, nachdem er in der Wüste wütend geworden war und mit seinem Stab auf den Felsen geschlagen hatte (siehe 4. Mose 20,11).

Zorn ist die Reaktion auf ein Ereignis oder eine Situation in unserem Leben, die in uns Ärger, Frust, Schmerz oder anderes Unbehagen hervorruft. Es gibt unzählige Ereignisse und Situationen, die Zorn auslösen können. Eine ältere Verwandte macht eine taktlose Bemerkung über das Gewicht unseres Kindes. Der Kerl hinter uns auf der Autobahn fährt zu dicht auf. Als wir noch klein waren, fand unser Vater immer einen Anlass, wütend auf uns zu sein, und jetzt fällt es uns selbst schwer, unseren Zorn zu beherrschen. Der Zorn wird gespeist durch Gefühle der Enttäuschung, Verletzung, Ablehnung und Bloßstellung. Er bringt uns gegen die Person, den Ort oder die Sache auf, durch die diese Emotion in uns ausgelöst wurde. Er ist das Gegenteil von Liebe. Die Liebe zieht uns zu einer Person hin; der Zorn bringt uns gegen eine Person in Stellung.

Es ist wichtig, dies im Gedächtnis zu behalten, wenn wir in unserem Leben dem Zorn begegnen. Ziehe ich die Menschen zu mir, oder lasse ich mich gegen sie aufbringen?

Nehmen Sie sich Zeit, um allein oder als Paar gemeinsam zu beten. Danken Sie Gott für die Weisungen, die er Ihnen in seinem Wort anbietet, um richtig mit den Gefühlen von Zorn umzugehen. Bitten Sie ihn, dass Sie Ihren Kindern ein gutes Vorbild darin sind, wie Sie Ihre eigenen Gefühle von Zorn verarbeiten und zum Ausdruck bringen.

Wenn Sie noch mehr Zeit haben ...

Besprechen Sie miteinander folgende Fragen oder denken Sie darüber nach:

- Wie wurde in der Familie, in der Sie aufwuchsen, Zorn zum Ausdruck gebracht?
- Wie wirkte sich das auf Ihre eigene Fähigkeit aus, Ihren Zorn auszudrücken?
- Wie können Sie und Ihr Mann oder Ihre Frau sich gegenseitig helfen, damit Sie im Umgang mit Zorn für Ihre Kinder ein Vorbild werden?

Lesen Sie auch die folgenden Abschnitte zum Thema Zorn:
Psalm 4,5; Sprüche 16,32; Jakobus 1,19-20.

Wie ist Gott?

Die folgenden Fragen können Sie entweder allein oder als Paar gemeinsam durchgehen. Wenn jeder für sich darüber nachdenkt, verabreden Sie sich in der kommenden Woche zu einem Austausch darüber, was Sie herausgefunden haben.

1. Lesen Sie 4. Mose 23,16-20. Gott kann nicht lügen. Warum ist es für gläubige Menschen wichtig, dies zu verstehen?

2. Gott bereut seine Versprechen nicht. Wie kann uns diese Tatsache in unserem Glauben stärken?

3. Wie können Sie in Ihrem Alltag die Treue Gottes für andere Menschen sichtbar machen?

4. Gott hat selbst nie gelogen, versagt oder auch nur ein einziges seiner Versprechen gebrochen. Und doch vergibt er Ihnen, wenn Sie lügen, versagen und Ihre Versprechen nicht halten. Wie sollten Sie reagieren, wenn Ihr Ehepartner versagt?

5. Lesen Sie Kolosser 3,13. Warum sollten Sie sich gegenseitig so schnell wie möglich vergeben?

6. Vergebung fällt nicht immer leicht. Warum ist es für Sie beide oft so schwer, sich gegenseitig zu vergeben?

4. Mose 23,19

„Gott ist kein Mensch, der lügt. Er ist nicht wie einer von uns, der seine Versprechen bald wieder bereut. Was er sagt, das tut er, und was er ankündigt, das führt er aus."

KONKRET:
Schreiben Sie jeder für sich die Eigenschaften Gottes auf, die Sie besonders an ihm schätzen. Dann beten Sie gemeinsam und danken Sie ihm für diese Eigenschaften.

Den nächsten Impuls finden Sie auf S. 186 a

Mose und Aaron enttäuschen den Herrn (2. Mose 17,1–7)

2 In Kadesch fanden die Israeliten kein
Wasser. Darum gingen sie zu Mose und
Aaron 3 und machten ihrem Unmut Luft:
»Ach, wären wir doch auch ums Leben
gekommen, als der Herr unsere Brüder
getötet hat! 4 Wozu habt ihr das Volk des
Herrn in diese Wüste geführt? Doch nur,
um uns und unser Vieh verdursten zu las-
sen! 5 Warum habt ihr uns aus Ägypten
geholt und an diesen schrecklichen Ort
gebracht? Hier wächst nichts: kein Ge-
treide, keine Feigen, keine Trauben und
keine Granatäpfel. Nicht einmal Wasser
gibt es!«

6 Mose und Aaron verließen die ver-
sammelte Menge, gingen zum Eingang
des heiligen Zeltes und warfen sich dort
zu Boden. Da erschien ihnen der Herr in
seiner Herrlichkeit. 7 Er sprach zu Mose:
8 »Nimm deinen Stab! Ruf mit deinem
Bruder Aaron das Volk vor dem Felsen
dort zusammen! Sprecht laut zu dem
Stein, so dass alle es hören! Dann wird
Wasser aus ihm herausfließen, und ihr
könnt den Menschen und Tieren zu trin-
ken geben.«

9 Mose gehorchte und nahm den Stab,
der im Heiligtum lag. 10 Gemeinsam mit
Aaron versammelte er die Israeliten vor
dem Felsen und rief: »Passt gut auf, ihr
widerspenstigen Menschen! Sollen wir
euch Wasser aus diesem Felsen holen?«
11 Er hob den Stab und schlug zweimal da-
mit gegen das Gestein. Da strömte eine
große Menge Wasser heraus. Das ganze
Volk und alle Tiere konnten ihren Durst
stillen.

12 Aber der Herr sprach zu Mose und
Aaron: »Ihr habt mir nicht vertraut und
meinen heiligen Namen nicht geehrt,
sondern euch selbst in den Mittelpunkt
gestellt. Deshalb dürft ihr mein Volk
nicht in das Land bringen, das ich ihnen
geben werde.«

13 Von nun an nannte man die Quelle
Meriba (»Vorwurf«), denn die Israeliten
hatten hier dem Herrn Vorwürfe ge-
macht, und er hatte ihnen seine Macht
gezeigt.

Die Edomiter verweigern Israel den Durchzug

14 Von Kadesch aus schickte Mose Boten
zum König von Edom und ließ ihm sagen:
»Wir Israeliten sind euer Brudervolk, da-
rum hör uns an! Wie du weißt, haben wir
viel Leid erlebt: 15 Unsere Vorfahren sie-
delten nach Ägypten über und lebten
dort lange Zeit. Aber die Ägypter unter-
drückten uns. 16 Da schrien wir zum
Herrn um Hilfe, und er erhörte uns. Er
sandte einen Engel und befreite uns aus
Ägypten. Nun sind wir hier, bei der Stadt
Kadesch an eurer Grenze. 17 Lass uns bit-
te durch euer Land ziehen. Wir werden
keinen Acker und keinen Weinberg be-
treten, ja, nicht einmal Wasser aus euren
Brunnen trinken. Wir versprechen, dass
wir auf der großen Straße bleiben und
sie an keiner Stelle verlassen, bis wir euer
Gebiet durchquert haben.«

18 Die Edomiter aber antworteten: »Ihr
werdet nicht durch unser Land ziehen,
sonst kommen wir euch mit Schwertern
bewaffnet entgegen!« 19 Die Israeliten
versicherten noch einmal: »Wir wollen
wirklich nur die Straße durch euer Land
benutzen. Und wenn wir oder unser Vieh
von eurem Wasser trinken, dann werden
wir es bezahlen. Wir möchten nur durch
euer Land hindurch, weiter nichts.«

20 Doch die Edomiter ließen nicht mit
sich reden. Im Gegenteil: Sie zogen den
Israeliten mit einer großen Streitmacht
entgegen.

Aaron stirbt, und Eleasar wird Hoherpriester

21 Weil die Edomiter den Weg nicht frei-
geben wollten, schlugen die Israeliten

20,2–5 2 Mo 14,11–12* **20,6** 2 Mo 15,25; 17,4 **20,9** 17,16–25 **20,10–12** 27,13–14; 5 Mo 1,37*; 32,49–52; Ps 106,32–33 **20,14** 1 Mo 36,6–8; 5 Mo 23,8

eine andere Richtung ein. 22/23 Sie brachen
von Kadesch auf und zogen an der Gren-
ze Edoms entlang zum Berg Hor. Dort
sprach der Herr zu Mose und Aaron:
24 »An diesem Ort wird Aaron sterben.
Er soll nicht in das Land kommen, das
ich den Israeliten geben werde, denn ihr
habt an der Meribaquelle gegen meine
Anweisung gehandelt.«

25 Dann sagte der Herr zu Mose: »Steig
mit Aaron und seinem Sohn Eleasar auf
den Berg Hor! 26 Nimm Aaron dort sein
Priestergewand ab, und zieh es seinem
Sohn an! Danach wird Aaron sterben.«

27 Mose gehorchte und stieg mit den
beiden vor den Augen der Israeliten auf
den Berg Hor. 28 Als sie auf dem Gipfel
angekommen waren, nahm er Aaron das
Gewand des Hohenpriesters ab und zog
es Eleasar an. Dann starb Aaron. Mose
und Eleasar kamen ohne ihn zurück.
29 Als die Israeliten von Aarons Tod er-
fuhren, trauerten sie dreißig Tage lang
um ihn.

Der König von Arad greift an

21 Der König von Arad im Süden Ka-
naans hörte, dass die Israeliten auf
dem Weg nach Atarim herankamen. Er
griff sie mit seinem Heer an und nahm
etliche von ihnen gefangen. 2 Da schwo-
ren die Israeliten dem Herrn: »Wenn du
dieses Volk in unsere Gewalt gibst, wer-
den wir an ihren Städten dein Urteil voll-
strecken.« 3 Der Herr erhörte sie und gab
ihnen den Sieg über die Kanaaniter. Die
Israeliten töteten ihre Feinde und zer-
störten deren Städte. Den Ort des Kamp-
fes nennt man daher Horma (»Vernich-
tung«).

Die bronzene Schlange

4 Danach brachen die Israeliten vom Berg
Hor auf und zogen zunächst wieder nach
Süden in Richtung des Schilfmeers, um
das Land Edom zu umgehen. Doch un-
terwegs verloren sie die Geduld 5 und
klagten Gott und Mose an: »Warum habt
ihr uns aus Ägypten geholt? Damit wir in
der Wüste sterben? Es gibt kein Brot, es
gibt kein Wasser, nur immer dieses arm-
selige Manna. Das hängt uns zum Hals
heraus!«

6 Da schickte der Herr ihnen Schlan-
gen, deren Gift wie Feuer brannte. Viele
Menschen wurden gebissen und starben.
7 Die Israeliten liefen zu Mose und riefen:
»Wir haben uns schuldig gemacht! Es war
falsch, dass wir uns gegen dich und den
Herrn aufgelehnt haben. Bitte den Herrn,
uns von den Schlangen zu befreien!«

Da betete Mose für das Volk, 8 und der
Herr antwortete ihm: »Mach dir eine
bronzene Giftschlange, und befestige sie
am Ende einer Stange. Dann sag den Is-
raeliten: Jeder, der gebissen wird und sie
ansieht, bleibt am Leben.« 9 Mose fertigte
eine Schlange aus Bronze an und befes-
tigte sie an einer Stange. Nun musste nie-
mand mehr durch das Gift der Schlangen
sterben. Wer gebissen wurde, brauchte
nur auf die bronzene Schlange zu sehen
und war gerettet.

Die Lagerplätze im Ostjordanland

10 Die Israeliten setzten ihren Weg fort.
Als Nächstes schlugen sie ihr Lager in
Obot auf, 11 dann in Ije-Abarim, das in
der Wüste östlich von Moab liegt. 12 Da-
nach machten sie am Seredbach Halt.
13 Von dort ging es weiter in die Wüste
südlich des Arnon. Dieser Fluss ent-
springt in dem Gebiet, wo die Amoriter
lebten; er bildete die Grenze zwischen
ihnen und den Moabitern, die weiter süd-
lich wohnten. 14 Über den Vorstoß der Is-
raeliten in diese Gegend[a] heißt es im
»Buch der Kriege des Herrn«:

»... Waheb in Sufa und die Zuflüsse

---

[a] »Über ... Gegend« ist sinngemäß ergänzt.

20,24 20,9–12 **20,25–29** 33,38–39; 2 Mo 29,29–30 **21,2–3** 14,45; 3 Mo 27,29 **21,5** 2 Mo 14,11–12*
21,6 1 Kor 10,9–10 **21,8–9** 2 Kön 18,4; Joh 3,14–15

des Arnon, 15 die Wasser, die an Moabs Grenze zur Stadt Ar hinunterfließen.«

16 Von dort zogen die Israeliten weiter zum Beerbrunnen. Hier sprach der Herr zu Mose: »Ruf das Volk zusammen! Ich will euch Wasser geben.« 17 Damals entstand dieses Lied:

»Brunnen, fülle dich mit Wasser! Dich besingen wir.
18 Fürsten haben dich gegraben, Herrscher haben hier mit dem Zepter in der Hand dich gebohrt durch Stein und Sand.«

Von Beer in der Wüste ging es weiter nach Mattana. 19 Danach lagerten die Israeliten in Nahaliël und Bamot-Baal. 20 Schließlich erreichten sie die Ebene im Land der Moabiter, aus der sich der Berg Pisga erhebt. Von dort aus konnte man weit ins untere Jordantal hinabsehen.

Der Amoriterkönig Sihon greift Israel an
(5. Mose 2,24–36)

21 Die Israeliten sandten Boten zu Sihon, dem König der Amoriter, und baten ihn: 22 »Lass uns durch euer Land ziehen. Wir werden eure Felder und Weinberge nicht betreten und kein Wasser aus euren Brunnen trinken. Wir bleiben auf der großen Straße, bis wir euer Gebiet wieder verlassen haben.« 23 Aber Sihon erlaubte es ihnen nicht, sondern rief sein Heer zusammen und zog Israel in der Wüste entgegen. Bei Jahaz kam es zur Schlacht. 24 Die Israeliten töteten die Amoriter mit dem Schwert und eroberten das ganze Land zwischen den Flüssen Arnon im Süden und Jabbok im Norden. Am Jabbok begann das Gebiet der Ammoniter, deren Grenze gut gesichert war. 25 Die Israeliten nahmen nach und nach alle Städte der Amoriter ein und ließen sich dort nieder, vor allem in Heschbon und den umliegenden Orten.

26 Heschbon war die Stadt des amoritischen Königs Sihon gewesen. Er hatte einst den moabitischen König, dem das Land vorher gehörte, angegriffen und das ganze Gebiet bis hinunter zum Arnon besetzt. 27 Daher heißt es in einem Gedicht:

»Kommt nach Heschbon, zur Stadt Sihons! Baut sie wieder auf, errichtet ihre Mauern neu!
28 Einst brachen Sihons Truppen aus Heschbon hervor wie ein Feuer, sie zerstörten die Stadt Ar-Moab hoch über dem Arnontal, die Stadt, in der die Herrscher Moabs lebten.
29 Ihr seid verloren, ihr Moabiter! Es ist euch schlecht ergangen! Euer Gott Kemosch hat euch aus der Heimat vertrieben. Er hat eure Frauen und Mädchen in die Gewalt des Amoriterkönigs Sihon gegeben.
30 Doch dann sind wir gekommen und haben die Amoriter besiegt. Jetzt ist Heschbon vernichtet, Dibon zerstört. Bis nach Nofach haben wir ihre Städte verwüstet, bis nach Medeba haben wir sie verbrannt.«

31 So wohnten die Israeliten nun in dem Gebiet, das vorher den Amoritern gehört hatte. 32 Von hier aus ließ Mose Jaser erkunden, wo ebenfalls Amoriter lebten. Die Israeliten vertrieben auch sie und nahmen ihre Stadt und die umliegenden Orte ein.

Die Schlacht gegen König Og von Baschan
(5. Mose 3,1–11)

33 Dann zogen die Israeliten nach Norden in Richtung Baschan. Auf dem Weg kam ihnen Og, der König von Baschan, mit seinem ganzen Heer entgegen. Bei Edreï trafen sie aufeinander. 34 Da sprach der Herr zu Mose: »Hab keine Angst vor ihm! Ich werde Og, sein ganzes Heer und sein Land in deine Gewalt geben. Vernichte ihn so wie Sihon, den Amoriterkönig aus Heschbon.« 35 Die Israeliten töteten den König, seine Söhne und das ganze Heer. Sie ließen niemanden entkommen und nahmen das Land Baschan ein.

22 Danach zogen sie ins Jordantal hi-
nab und lagerten in der moabiti-
schen Steppe gegenüber von Jericho.

Bileam soll Israel verfluchen

2–4 Die Moabiter und ihr König Balak, der
Sohn Zippors, hörten, wie die Israeliten
die Amoriter vernichtet hatten. Da pack-
te sie die Angst vor dem gewaltigen Heer
der Israeliten. Sie berieten sich mit den
führenden Männern von Midian und sag-
ten zu ihnen: »Bald werden diese Horden
auch unsere Ländereien abfressen, wie
das Vieh die Weiden abgrast.«
5 Balak sandte Boten nach Petor, einer
Stadt am Euphrat im Land des Volkes
Amaw[a]. Von dort sollten sie Bileam,
den Sohn Beors, zu Hilfe holen. Balak
ließ ihm ausrichten: »Ein Volk ist aus
Ägypten gekommen und hat sich in unse-
rer Gegend breit gemacht. Sein Heer
steht an unserer Grenze und bedroht uns.
6 Wir sind ihm völlig unterlegen. Deshalb
brauchen wir deine Hilfe. Komm doch
und verfluche dieses Volk! Denn wir wis-
sen: Wenn du jemanden segnest, dann ge-
lingt ihm alles, und wenn du jemanden
verfluchst, dann ist er verloren. Mit dei-
ner Hilfe können wir sie vielleicht besie-
gen und aus dem Land vertreiben.«
7 Die führenden Männer der Moabiter
und Midianiter zogen also zu Bileam,
und sie brachten seinen Lohn gleich mit.
Als sie ihm Balaks Botschaft ausgerichtet
hatten, 8 antwortete Bileam: »Bleibt heu-
te Nacht hier. Morgen werde ich euch
mitteilen, was der Herr mir sagt.« Da
blieben die Fürsten aus Moab bis zum
nächsten Tag in Petor.
9 In der Nacht erschien Gott Bileam
und fragte: »Was sind das für Männer bei
dir?« 10 Bileam erwiderte: »Sie kommen
vom moabitischen König Balak, dem
Sohn Zippors. 11 Ein Volk aus Ägypten
ist bei ihnen eingefallen und hat das gan-
ze Land besetzt. Nun soll ich hingehen
und diese Leute verfluchen. Balak hofft,
dass er sie dann besiegen und vertreiben
kann.« 12 Gott befahl Bileam: »Geh nicht
mit! Verfluche dieses Volk nicht, denn
ich habe es gesegnet!«
13 Am Morgen stand Bileam auf und
sagte zu den Abgesandten Balaks: »Ihr
müsst allein in euer Land zurückkehren.
Der Herr erlaubt mir nicht, mit euch zu
gehen.« 14 So brachen die führenden
Männer der Moabiter ohne ihn auf und
trafen unverrichteter Dinge wieder bei
Balak ein. Sie erklärten ihm: »Bileam
wollte nicht mitkommen.« 15 Da sandte
Balak wieder Boten nach Petor, diesmal
noch mehr und noch bedeutendere Män-
ner. 16 Sie reisten zu Bileam und sagten zu
ihm: »Balak, der Sohn Zippors, bittet
dich: Lass dich nicht abhalten, zu mir zu
kommen. 17 Ich werde dich reich beloh-
nen und alles tun, was du willst. Komm
doch, und verfluche dieses Volk für
mich!«
18 Bileam erwiderte: »Selbst wenn Ba-
lak mir seinen Palast voll Gold und Silber
gibt, kann ich nichts tun, was der Herr,
mein Gott, mir verbietet, ganz gleich,
wie wichtig oder unwichtig es ist. 19 Doch
bleibt auch ihr über Nacht hier. Ich will
sehen, was der Herr mir sagt.«
20 In der Nacht erschien Gott Bileam
wieder und forderte ihn auf: »Geh mit
den Männern, die dich holen wollen!
Aber tu nur das, was ich dir sage.«

Bileam und die sprechende Eselin

21 Am Morgen stand Bileam auf, sattelte
seine Eselin und zog mit den moabiti-
schen Fürsten los. 22 Zwei Diener beglei-
teten ihn.
Gott aber war zornig, dass Bileam mit-
ging, und der Engel des Herrn stellte sich
ihm in den Weg, um ihn aufzuhalten.
23 Die Eselin sah den Engel, der mit dem
Schwert in der Hand mitten auf der Stra-
ße stand. Sie brach zur Seite aus und lief
ins Feld. Bileam schlug sie, um sie wieder
auf den Weg zurückzubringen.

---

a Oder: einer Stadt am Euphrat in seinem Heimatland.

22,5 31,8; Jos 13,22; 24,9; Neh 13,2; Mi 6,5; 2 Petr 2,15–16 **22,18** 24,13 **22,20** 23,11–12

24 Nun stellte sich der Engel des Herrn
auf einen engen Weg, der zwischen Wein-
bergen hindurchführte. Die Straße war
hier von Mauern eingefasst. 25 Wieder
sah die Eselin den Engel und drängte sich
ganz an die Seite, so dass Bileams Bein an
die Mauer gedrückt wurde. Wieder
schlug er sie.

26 Der Engel des Herrn ging nochmals
ein Stück weiter und versperrte Bileam
nun an einer anderen Stelle den Weg,
die so eng war, dass man weder rechts
noch links vorbeikommen konnte. 27 Als
die Eselin den Engel sah, legte sie sich
auf den Boden. Bileam wurde wütend
und schlug sie mit seinem Stock.

28 Da ließ der Herr das Tier sprechen.
Es sagte zu Bileam: »Was habe ich dir ge-
tan? Warum hast du mich jetzt schon zum
dritten Mal geschlagen?« 29 Bileam
schrie: »Weil du mich zum Narren hältst!
Hätte ich nur ein Schwert zur Hand, ich
würde dich töten!« 30 Das Tier erwiderte:
»Bin ich nicht deine Eselin, auf der du
schon immer geritten bist? Habe ich je-
mals so etwas getan wie heute?« Bileam
sagte: »Nein.«

31 Da öffnete der Herr ihm die Augen,
und er sah den Engel mit dem Schwert in
der Hand auf dem Weg stehen. Bileam
verneigte sich vor ihm bis zum Boden.
32 Der Engel des Herrn sprach: »Warum
hast du deine Eselin dreimal geschlagen?
Ich war es, der dich aufgehalten hat, weil
dein Weg sonst ins Verderben führt.
33 Deine Eselin hat mich gesehen und ist
mir dreimal ausgewichen. Hätte sie es
nicht getan, dann hätte ich dich mit dem
Schwert getötet und sie am Leben ge-
lassen.«

34 Da sagte Bileam zum Engel des
Herrn: »Ich habe Schuld auf mich gela-
den. Ich wusste nicht, dass du mir den
Weg versperrt hast. Wenn du gegen diese
Reise nach Moab bist, kehre ich sofort
um.« 35 Doch der Engel des Herrn erwi-
derte: »Geh mit den Männern! Aber sag
nur das, was ich dir auftrage!« So zog Bi-
leam mit den Abgesandten Balaks weiter.

36 Als Balak von Bileams Kommen er-
fuhr, ging er ihm bis zur Grenze Moabs
entgegen und traf ihn in der Stadt Ar am
Arnonfluss. 37 Balak machte Bileam Vor-
würfe: »Warum bist du nicht sofort ge-
kommen? Habe ich dir nicht gesagt, dass
ich dich dringend brauche? Du meinst
wohl, ich kann dich nicht angemessen be-
lohnen?« 38 Bileam entgegnete: »Nun bin
ich ja hier. Aber ich kann nicht einfach
sagen, was ich will, sondern nur, was Gott
mir eingibt.«

39 Danach zogen Balak und Bileam
nach Kirjat-Huzot. 40 Dort opferte der
König Rinder, Schafe und Ziegen, und
mit einem Teil des Fleisches ließ er Bile-
am und die führenden Männer der Moa-
biter bewirten. 41 Am nächsten Morgen
führte Balak Bileam auf die Baal-Höhe.
Von hier aus konnte man den Rand des
israelitischen Lagers sehen.

Segen statt Fluch

23 Bileam forderte Balak auf: »Bau
mir sieben Altäre, und bring mir
sieben Stiere und sieben Schafböcke!«
2 Balak tat, was Bileam verlangte. Ge-
meinsam brachten sie auf jedem Altar
einen Stier und einen Schafbock als
Brandopfer dar. 3 Dann sagte Bileam zu
Balak: »Bleib du hier bei deinen Opfern!
Ich will gehen und sehen, ob der Herr zu
mir kommt. Wenn er mir etwas zeigt,
werde ich es dir berichten.«

Bileam stieg auf eine kahle Anhöhe,
4 und dort begegnete ihm Gott. Bileam
sagte: »Ich habe sieben Altäre für dich
aufgebaut und auf jedem einen Stier und
einen Schafbock geopfert.« 5 Da ließ Gott
ihn wissen, was er reden sollte, und for-
derte ihn auf: »Nun geh wieder zu Balak
und richte ihm meine Botschaft aus.«
6 Bileam kehrte zu Balak zurück, der ne-
ben dem Brandopfer wartete. Bei ihm
standen die führenden Männer der Moa-
biter. 7 Bileam fing an zu reden:

»Aus dem Land der Aramäer hat Balak

22,31 2 Kön 6,17 **22,35** 23,11–12

mich geholt, aus den Bergen im Osten
hat mich der König Moabs gerufen:
›Komm, und verfluche für mich das Volk
Israel, bring Unheil über die Nachkom-
men Jakobs.‹
8 Aber wie kann ich jemanden verfluchen,
den Gott nicht verflucht? Wie kann ich
jemandem Unheil bringen, dem Gott
nichts antun will?
9 Von diesem Berg aus kann ich Israel se-
hen, ich habe es genau im Blick: Dieses
Volk ist wirklich etwas Besonderes, es
unterscheidet sich von allen anderen
Völkern.
10 Wer kann die unendliche Schar der
Nachkommen Jakobs zählen? Nicht
einmal ein Viertel von Israel lässt sich
erfassen! Wenn ich nur eines Tages so
in Frieden sterben könnte wie diese
aufrichtigen Menschen, wenn mein En-
de nur dem ihren gleichen würde!«

11 Da rief Balak: »Was tust du mir an? Ich
habe dich geholt, damit du meine Feinde
verfluchst. Und nun segnest du sie!« 12 Bi-
leam erwiderte: »Muss ich nicht genau
das sagen, was der Herr mir aufträgt?«
13 Balak forderte ihn auf: »Komm mit,
wir gehen an einen anderen Ort. Von
dort kannst du das Volk Israel auch se-
hen, aber nur den äußersten Rand des
Lagers. Du sollst es von dort aus verflu-
chen.« 14 Er brachte Bileam auf den Gip-
fel des Berges Pisga, wo die Wachposten
standen. Wieder baute er sieben Altäre
und opferte auf jedem einen Stier und
einen Schafbock. 15 Bileam sagte zu Ba-
lak: »Warte hier bei den Altären, ich will
ein Stück weggehen, um dem Herrn zu
begegnen.«

Der zweite Segen

16 Wieder kam der Herr zu Bileam und
ließ ihn wissen, was er sagen sollte. Dann
schickte er ihn zu Balak zurück, 17 der mit
den führenden Männern Moabs bei den
Altären wartete. Balak fragte Bileam:
»Was hat der Herr dir gesagt?« 18 Bileam
antwortete:

»Steh auf, Balak, Sohn Zippors, und hör
zu; achte auf meine Worte!
19 Gott ist kein Mensch, der lügt. Er ist
nicht wie einer von uns, der seine Ver-
sprechen bald wieder bereut. Was er sagt,
das tut er, und was er ankündigt, das führt
er aus.
20 Darum habe ich den Auftrag zu segnen.
Wenn Gott jemanden segnen will, kann
ich es nicht verhindern.
21 Er entdeckt keine Schuld bei den Nach-
kommen Jakobs, er findet nichts Schlech-
tes an den Israeliten. Der Herr, ihr Gott,
ist bei ihnen, sie feiern ihn als ihren König.
22 Er hat sie aus Ägypten hierher geführt,
er macht sie stark wie einen wilden Stier.
23 Gegen die Nachkommen Jakobs hilft
keine Verwünschung, kein Zauberspruch
kann Israel etwas anhaben. Gott spricht
mit diesem Volk, wann er es will, und
zeigt ihm, was er vorhat.
24 Israel steht auf wie ein Löwe, es erhebt
sich wie eine Löwin. Dieses Volk ruht
nicht, bevor es seine Beute verzehrt und
das Blut seiner Opfer getrunken hat.«

25 Da rief Balak: »Jetzt ist es genug! Wenn
du sie schon nicht verfluchst, dann hör we-
nigstens auf, sie zu segnen!« 26 Doch Bile-
am erwiderte: »Habe ich dir nicht erklärt,
dass ich nur das weitergeben werde, was
der Herr mir sagt?«
27 Balak antwortete: »Komm, ich brin-
ge dich an einen anderen Ort. Vielleicht
gefällt er Gott besser, und er lässt dich
den Fluch endlich aussprechen.« 28 Er
nahm Bileam mit auf die Spitze des Ber-
ges Peor, von wo aus man die Jordanebe-
ne überblicken konnte. 29 Auch hier for-
derte Bileam den König auf, sieben
Altäre zu bauen und ebenso viele Stiere
und Schafböcke bereitzustellen. 30 Balak
gehorchte und opferte die Tiere.

23,10 1 Mo 12,2* **23,11–12** 22,20.35 **23,19** 1 Sam 15,29; Mal 3,6; Röm 11,29 **23,21–22** 2 Mo 6,6–7; 5 Mo 4,34* **23,26** 22,20.35

Der dritte Segen

24 Bileam wusste nun, dass der Herr
Israel segnen wollte. Deshalb ver-
suchte er nicht, ihn durch Zauberei zu be-
fragen, wie er es vorher getan hatte. Er
wandte sich der Steppe zu 2 und richtete
seinen Blick auf die Israeliten, die dort
nach Stämmen geordnet lagerten. Der
Geist Gottes kam über ihn, und er be-
gann seine Rede:

3 »Dies sagt Bileam, der Sohn Beors, dies
sagt der, dem Gott die Augen öffnet, 4 der
Gottes Worte hört. Der Allmächtige gibt
ihm Visionen, und er fällt zu Boden und
sieht verborgene Dinge.
5 Wie schön sind eure Zelte, ihr Nach-
kommen Jakobs! Wie prächtig sind eure
Wohnungen, ihr Israeliten!
6 Wie weite Täler liegen sie da, wie Gär-
ten am Fluss, sie stehen wie Aloebäume,
die der Herr gepflanzt hat, und wie Ze-
dern am Bach.
7 Eure Brunnen werden stets voll Wasser
sein, eure Saat wird auf fruchtbaren
Feldern gedeihen. Euer König wird
mächtiger sein als Agag, er herrscht über
ein gewaltiges Reich.
8 Gott hat euch aus Ägypten hierher
geführt, er macht euch stark wie einen
wilden Stier. Ihr verschlingt die Völker,
die sich euch entgegenstellen; ihr zer-
brecht ihnen die Knochen und tötet sie
mit euren Pfeilen.
9 Israel liegt da wie ein Löwe, es ruht wie
eine Löwin. Wer wagt es, sie zu reizen?
Wer euch segnet, wird selbst gesegnet,
und wer euch verflucht, wird selbst ver-
flucht.«

10 Nun wurde Balak wütend auf Bileam.
Er ballte die Fäuste und schrie: »Ich habe
dich hierher geholt, damit du meine Fein-
de verfluchst! Und was tust du? Du seg-
nest sie, und das gleich dreimal! 11 Ver-
schwinde, mach, dass du nach Hause
kommst! Ich hatte versprochen, dich
reich zu belohnen. Doch daraus wird
nichts. Der Herr hat es nicht gewollt.«
12 Bileam erwiderte: »Du weißt, dass ich
schon zu deinen Boten gesagt habe:
13 ›Selbst wenn Balak mir seinen eigenen
Palast voller Gold und Silber gibt, kann
ich nichts tun, was der Herr mir verbietet.
Ich kann nicht eigenmächtig einen Segen
oder einen Fluch aussprechen, sondern
nur das sagen, was der Herr mir aufträgt.‹
14 So kehre ich jetzt wieder in meine Hei-
mat zurück. Aber vorher will ich dir noch
zeigen, was Israel schließlich mit deinem
Volk machen wird. Komm und hör zu!«

Die vierte Rede Bileams

15 Dann begann Bileam noch einmal:

»Dies sagt Bileam, der Sohn Beors, dies
sagt der, dem Gott die Augen öffnet,
16 der Gottes Worte hört und den Höchs-
ten kennt. Der Allmächtige gibt ihm Vi-
sionen, und er fällt zu Boden und sieht
verborgene Dinge:
17 Ich sehe jemanden in weiter Ferne.
Noch ist er nicht da, aber ich kann ihn
schon erkennen. Ein Stern steigt auf von
den Nachkommen Jakobs, ein Zepter er-
hebt sich in Israel. Es zerschmettert Mo-
ab den Schädel und zerschlägt sein wildes
Kriegsvolk.
18 Es unterwirft seine edomitischen Fein-
de und nimmt ihr Land Seïr in Besitz, ja,
Israel vollbringt Gewaltiges!
19 Ein Herrscher steht auf unter den
Nachkommen Jakobs und vertreibt den
Rest der Edomiter aus ihren Städten.«

20 Dann sah Bileam die Amalekiter vor
sich und sagte:

»Als erstes Volk trat Amalek den Israeli-
ten entgegen, am Ende jedoch wird es für
immer untergehen.«

21 Nun sah Bileam die Keniter. Über sie
sagte er:

24,2 2,1–34 **24,9** 1 Mo 12,3* **24,13** 22,18 **24,17–19** 1 Mo 49,10*; 2 Sam 8,2.13–14; Obd 17–18
24,20 2 Mo 17,14–16* **24,21** Ri 1,16; 1 Sam 15,6

»Eure Städte sind sicher wie ein Adler-
nest hoch oben in den Felsen.
[22]Und doch werdet ihr vernichtet wer-
den, wenn die Assyrer euch gefangen
fortschleppen.
[23]Wer wird am Leben bleiben, wenn Gott
das alles tut?
[24]Kriegsschiffe kommen vom Mittel-
meer, sie unterwerfen die Assyrer und
die Nachkommen Ebers und werden
dann selbst vernichtet.«

[25]Nach diesen Worten brach Bileam in
seine Heimat auf, und auch Balak ging
davon.

Die Moabiter und Midianiter verleiten Israel zum Götzendienst

25 Als die Israeliten in Schittim lager-
ten, ließen sie sich mit moabiti-
schen Frauen ein. [2/3]Sie wurden von
ihnen zu Opferfesten eingeladen, aßen
dort das Fleisch der Opfertiere und bete-
ten Baal-Peor an, den Gott der Moabiter.
Ganz Israel verehrte ihn und warf sich
vor ihm nieder. Da wurde der Herr zor-
nig auf sein Volk. [4]Er sprach zu Mose:
»Nimm die führenden Männer des Vol-
kes gefangen, und häng sie am helllichten
Tag auf! Sonst wird mein glühender Zorn
das ganze Volk treffen.« [5]Mose befahl
den Richtern Israels: »Tötet jeden von
euren Leuten, der Baal-Peor als seinen
Gott verehrt hat!«
[6]Das Volk hatte sich inzwischen bei
Mose vor dem heiligen Zelt versammelt.
Alle weinten und klagten. Da kam ein Is-
raelit mit einer midianitischen Frau ins
Lager. Vor aller Augen brachte er sie zu
den Zelten seiner Sippe. [7]Als Pinhas, der
Sohn Eleasars und Enkel des Priesters
Aaron, das sah, stand er auf, verließ die
versammelte Menge und nahm sich eine
Lanze. [8]Er folgte den beiden in den hin-
teren Teil des Zeltes, in dem sie ver-
schwunden waren; dort stieß er ihnen
die Lanze durch den Unterleib. Da griff
die Seuche nicht mehr weiter um sich, die
unter den Israeliten ausgebrochen war.
[9]24 000 Menschen waren bereits tot.
[10]Der Herr sprach zu Mose: [11]»Pinhas,
der Sohn Eleasars und Enkel des Pries-
ters Aaron, hat die Israeliten vor meiner
Strafe gerettet. Er hat sich mit aller Kraft
für mich eingesetzt und so verhindert,
dass ich die Israeliten in meinem Zorn
vernichte. [12]Darum richte ihm aus: Ich
will einen besonderen Bund mit ihm
schließen: [13]Er und seine Nachkommen
sollen für immer meine Priester sein.
Das verspreche ich ihm, weil er sich für
mich eingesetzt und das Volk Israel mit
mir versöhnt hat.«
[14]Der Israelit, der zusammen mit der
Midianiterin getötet worden war, hieß
Simri. Er war ein Sohn Salus und das
Oberhaupt einer Sippe vom Stamm Si-
meon. [15]Die Frau hieß Kosbi und war
eine Tochter von Zur, dem Oberhaupt
einer midianitischen Sippe.
[16]Der Herr befahl Mose: [17]»Greift die
Midianiter an, und vernichtet sie! [18]Sie
haben euch heimtückisch in die Falle
gelockt mit ihrem Götzen Peor und
ihrer Fürstentochter Kosbi, die getötet
wurde, als ich euch wegen Peor ausrot-
ten wollte.«

Die Israeliten werden zum zweiten Mal gezählt

[19]Als die Seuche vorüber war,
26 sprach der Herr zu Mose und zum
Priester Eleasar, dem Sohn Aa-
rons:
[2]»Zählt das ganze Volk Israel, alle
wehrfähigen Männer ab zwanzig Jahren,
und schreibt sie nach Sippen geordnet
auf.«
[3/4]Mose und Eleasar berichteten den
Israeliten, was der Herr ihnen befohlen
hatte. In der moabitischen Steppe östlich
des Jordan, gegenüber von Jericho, zähl-

25,4 5 Mo 21,22–23* **25,5** 2 Mo 32,27 **25,6–9** 31,14–16; 5 Mo 7,3–4*; Ps 106,28–29; 1 Kor 10,8
25,11–13 Esr 7,1–5; Ps 106,30–31 **25,16–18** 31,1–8 **26,2–51** 1,1–46; 2 Mo 30,12–16

ten sie alle wehrfähigen Männer ab zwanzig Jahren. Dies sind die Nachkommen der Israeliten, die einst aus Ägypten fortgezogen waren:

[5–7]Der Stamm Ruben umfasste 43 730 Männer und bestand aus den Sippen der Henochiter, Palluiter, Hezroniter und Karmiter. Sie waren die Nachkommen von Rubens Söhnen Henoch, Pallu, Hezron und Karmi. Ruben war der älteste Sohn Israels gewesen. [8]Rubens Sohn Pallu war der Vater von Eliab gewesen, [9]dessen Söhne Nemuël, Datan und Abiram hießen.

Datan und Abiram waren die Männer, die vom Volk zu Anführern ernannt worden waren und einen Aufruhr gegen Mose und Aaron angezettelt hatten. Als sie sich gemeinsam mit Korachs Leuten gegen den Herrn auflehnten, [10]öffnete sich die Erde und verschlang sie zusammen mit Korach. Die 250 Männer, die den Aufstand unterstützt hatten, verbrannten. Sie alle wurden für Israel zu einem abschreckenden Beispiel. [11]Die Söhne Korachs jedoch überlebten.

[12–14]Der Stamm Simeon zählte 22 200 Männer und teilte sich in die Sippen der Jemuëliter, Jaminiter, Jachiniter, Serachiter und Schauliter. Sie waren die Nachkommen von Simeons Söhnen Jemuël, Jamin, Jachin, Serach und Schaul.

[15–18]Der Stamm Gad hatte 40 500 Männer und bestand aus den Sippen der Zifjoniter, Haggiter, Schuniter, Osniter, Eriter, Aroditer und Areliter. Sie waren die Nachkommen von Gads Söhnen Zifjon, Haggi, Schuni, Osni, Eri, Arod und Areli.

[19–22]Zum Stamm Juda gehörten 76 500 Männer. Er setzte sich aus den Sippen der Schelaniter, Pereziter und Serachiter zusammen. Sie stammten von Judas Söhnen Schela, Perez und Serach ab.

Juda hatte noch zwei andere Söhne gehabt, Er und Onan. Sie waren noch in Kanaan gestorben. Perez hatte zwei Söhne gehabt, Hezron und Hamul, die Vorfahren der Hezroniter und Hamuliter.

[23–25]Der Stamm Issaschar zählte 64 300 Mann. Er bestand aus den Sippen der Tolaiter, Puwaniter, Jaschubiter und Schimroniter, den Nachkommen von Issaschars Söhnen Tola, Puwa, Jaschub und Schimron.

[26/27]Der Stamm Sebulon umfasste 60 500 Männer und setzte sich aus den Sippen der Serediter, Eloniter und Jachleeliter zusammen. Sie waren die Nachkommen von Sebulons Söhnen Sered, Elon und Jachleel.

[28]Josef hatte zwei Söhne gehabt: Manasse und Ephraim. Ihre Nachkommen bildeten zwei Stämme:

[29–34]Der Stamm Manasse zählte 52 700 Mann und bestand aus den Sippen der Machiriter, Gileaditer, Ieseriter, Helekiter, Asriëliter, Sichemiter, Schemidaiter und Heferiter. Machir war der Sohn Manasses und Vater Gileads gewesen. Gileads Söhne hießen Ieser, Helek, Asriël, Sichem, Schemida und Hefer. Hefer war der Vater von Zelofhad. Dieser hatte keinen Sohn, sondern fünf Töchter: Machla, Noa, Hogla, Milka und Tirza.

[35–37]Zum Stamm Ephraim gehörten 32 500 Männer. Er setzte sich aus den Sippen der Schutelachiter, Becheriter, Tahaniter und Eraniter zusammen. Schutelach, Becher und Tahan waren Söhne Ephraims gewesen, Eran war der Sohn von Schutelach.

[38–41]Der Stamm Benjamin zählte 45 600 Mann. Er bestand aus den Sippen der Belaiter, Aschbeliter, Ahiramiter, Schufamiter, Hufamiter, Arditer und Naamaniter. Bela, Aschbel, Ahiram, Schufam und Hufam waren Söhne Benjamins gewesen, Ard und Naaman Söhne Belas.

[42/43]Der Stamm Dan hatte 64 400 Mann. Sie stammten alle von Dans Sohn Schuham ab und bildeten die Sippe der Schuhamiter.

[44–47]Der Stamm Asser besaß 53 400 Männer und setzte sich aus den Sippen der Jimniter, Jischwiter, Beriiter, Heberiter und Malkiëliter zusammen. Jimna,

---

26,9–10 16,1–35

Jischwi und Beria waren Söhne Assers
gewesen. Er hatte auch eine Tochter na-
mens Serach gehabt. Beria war der Vater
von Heber und Malkiël.
48–50 Zum Stamm Naftali gehörten
45 400 Mann. Er bestand aus den Sippen
der Jachzeeliter, Guniter, Jezeriter und
Schillemiter. Sie waren die Nachkommen
von Naftalis Söhnen Jachzeel, Guni, Je-
zer und Schillem.
51 Die Gesamtzahl der israelitischen
Männer betrug 601 730.
52 Der Herr sprach zu Mose: 53 »Diese
Zahlen sollst du zugrunde legen, wenn
du das Land unter den Israeliten auf-
teilst. 54 Gib den großen Stämmen mehr
Grundbesitz als den kleinen! Jeder
Stamm soll so viel Land erhalten, wie es
seiner Größe entspricht. 55/56 In welchem
Gebiet ein Stamm Land erhält, soll das
Los entscheiden. Aber die Ausdehnung
des Gebiets soll sich nach der Größe des
Stammes richten.«

Auch die Leviten werden gezählt

57 Der Stamm Levi bestand aus den
Sippen der Gerschoniter, Kehatiter
und Merariter – sie waren die Nach-
kommen Gerschons, Kehats und Mera-
ris – 58 und aus den Sippen der Libniter,
Hebroniter, Machliter, Muschiter und
Korachiter. Kehat war der Vater von
Amram gewesen. 59 Dieser heiratete Jo-
chebed, eine Levitin, die in Ägypten
geboren worden war. Sie brachte drei
Kinder zur Welt: Aaron, Mose und de-
ren Schwester Mirjam. 60 Aarons Söhne
hießen Nadab, Abihu, Eleasar und
Itamar. 61 Nadab und Abihu mussten ster-
ben, weil sie dem Herrn ein unerlaubtes
Räucheropfer dargebracht hatten. 62 Die
Zahl aller männlichen Leviten, die min-
destens einen Monat alt waren, betrug
23 000. Sie wurden unabhängig von
den anderen Israeliten gezählt, weil
sie kein eigenes Stammesgebiet erhal-
ten sollten.

Die erste Generation aus Ägypten ist tot

63 Mose und der Priester Eleasar zählten
die Israeliten in der moabitischen Ebene
östlich des Jordan gegenüber von Jericho.
64 Dabei stellte sich heraus, dass niemand
mehr lebte, der bei der ersten Volkszäh-
lung aufgeschrieben worden war. Alle
Männer, die Mose und der Priester Aa-
ron damals in der Wüste Sinai gemustert
hatten, 65 waren inzwischen gestorben,
wie der Herr es ihnen angekündigt hatte.
Nur Kaleb, der Sohn Jefunnes, und Josua,
der Sohn Nuns, lebten noch.

Wer erbt, wenn kein Sohn da ist?

27 1/2 Als sich das Volk beim heiligen
Zelt versammelte, kamen auch die
Töchter Zelofhads. Sie gehörten zur Sip-
pe Machir vom Stamm Manasse und hie-
ßen Machla, Noa, Hogla, Milka und Tir-
za. Ihr Vater war ein Sohn Hefers und
Enkel Gileads gewesen. Die Frauen gin-
gen zu Mose, zum Priester Eleasar und zu
den Stammesoberhäuptern und sagten:
3 »Unser Vater ist in der Wüste gestorben.
Er war nicht an dem Aufstand beteiligt,
den Korach mit seinen Leuten gegen
den Herrn angezettelt hat, und er war
nicht schlechter als jeder andere. Nun
hat unser Vater aber keine Söhne gehabt.
4 Soll unsere Familie deshalb kein Land
erhalten und der Name unseres Vaters in
Vergessenheit geraten? Wir möchten
auch Land bekommen, so wie die Män-
ner aus unserer Sippe.«
5 Da sagte Mose dem Herrn, was die
Frauen wollten, 6 und der Herr antworte-
te ihm: 7 »Die Töchter Zelofhads haben
Recht. Sie sollen auf jeden Fall Grund-
besitz erhalten, genauso wie die Männer
aus ihrer Sippe. Ein Stück Land soll auf
den Namen ihres Vaters eingetragen wer-
den und ihnen als seinen Erben gehören.
8 Sag den Israeliten: Wenn jemand stirbt
und keinen Sohn hinterlässt, soll seine

26,55–56 Jos 14,1–2 **26,57–62** 3,14–39 **26,61** 3 Mo 10,1–2 **26,63–65** 13,30* **27,1–7** Jos 17,3–6

Tochter das Erbe bekommen. [9]Hat er überhaupt keine Nachkommen, geht sein Eigentum auf seine Brüder über. [10]Sind auch keine Brüder da, so sollen die Brüder seines Vaters ihn beerben. [11]Hat der Vater keine Brüder, soll der nächste leibliche Verwandte aus der Sippe das Erbe erhalten.« Diese Vorschrift, die der Herr den Israeliten durch Mose mitgeteilt hatte, war von nun an geltendes Recht.

Josua wird Moses Nachfolger

[12]Der Herr sprach zu Mose: »Steig auf den Berg Abarim, und sieh dir von dort aus das Land an, das ich den Israeliten geben will! [13]Du wirst nicht mit hineingehen, sondern vorher sterben wie dein Bruder Aaron, [14]weil ihr in der Wüste Zin eigenmächtig und gegen meine Anordnung gehandelt habt. Als sich die Israeliten dort über ihre Lage beschwerten, habt ihr so getan, als könntet ihr ihnen Wasser geben; mich, den heiligen Gott, habt ihr nicht geehrt.« Das war an der Meribaquelle bei Kadesch in der Wüste Zin geschehen.

[15]Mose antwortete dem Herrn: [16]»Herr, alles Leben ist in deiner Hand. Beruf doch einen Mann, [17]der die Israeliten anführt, einen, der ihnen vorangeht und das Zeichen zum Aufbruch und zum Halt gibt. Lass nicht zu, dass sie wie Schafe ohne Hirten sind!«

[18/19]Der Herr erwiderte: »Hol Josua, den Sohn Nuns, denn mein Geist ist in ihm. Lass ihn vor den Priester Eleasar und vor das ganze Volk treten! Leg deine Hand auf ihn, und übertrag ihm seine Aufgabe vor aller Augen! [20]Sag den Israeliten, sie sollen ihn genauso achten wie dich. Alle haben ihm zu gehorchen. [21]Er selbst muss sich nach dem heiligen Los richten. Er soll den Priester Eleasar bitten, meinen Willen damit zu erfragen. Das Los bestimmt, wann das Volk aufbricht und wann es Halt macht. Josua und alle Israeliten sollen ihm gehorchen.«

[22]Mose tat, was der Herr ihm befohlen hatte. Er rief Josua und ließ ihn vor den Priester Eleasar und das versammelte Volk treten. [23]Dann legte er die Hände auf ihn und übertrug ihm seine Aufgabe, wie der Herr es befohlen hatte.

Die täglichen, wöchentlichen und monatlichen Opfer

28 Der Herr sprach zu Mose: [2]»Achtet darauf, dass ihr mir meine Opfer zur richtigen Zeit darbringt. Sie sind meine Speise und erfreuen mich. Sag das den Israeliten! [3]Für ein Opfer, das mir gefällt, gelten folgende Anweisungen:

Jeden Tag sollt ihr zwei fehlerlose, einjährige Lämmer für mich, den Herrn, verbrennen, [4]eins am Morgen, das andere am Abend. [5]Bringt mit jedem Lamm ein Speiseopfer dar von eineinhalb Kilogramm Mehl, vermengt mit einem Liter bestem Olivenöl. [6–8]Dies ist das tägliche Brandopfer, wie ihr es mir zum ersten Mal am Berg Sinai dargebracht habt. Diese Gaben gefallen mir, dem Herrn. Gießt außerdem bei jedem Opfer morgens und abends ein Trankopfer von einem Liter Wein am Altar aus.

[9]An jedem Sabbat sollt ihr zwei weitere Lämmer opfern. Auch sie sollen ein Jahr alt und fehlerlos sein; sie werden mit den dazugehörigen Gaben von eineinhalb Kilogramm Mehl und zwei Litern Wein dargebracht. [10]Dieses Sabbatopfer kommt zum täglichen Opfer hinzu.

[11]Am Anfang jedes Monats sollt ihr mir, dem Herrn, zwei junge Stiere, einen Schafbock und sieben fehlerlose, einjährige Lämmer darbringen. [12]Zu jedem Stier gehören als Speiseopfer vier Kilogramm Mehl, das mit Öl vermengt ist, zum Schafbock zweieinhalb [13]und zu den Lämmern je eineinhalb Kilogramm. Mit diesen Gaben erfreut ihr mich, den Herrn. [14/15]Als Trankopfer sollt ihr zu jedem Stier zwei Liter, zum Schafbock anderthalb und zu jedem Schaf einen Liter

---

27,13–14 20,10–12.25–29; 5 Mo 1,37; 32,49–52; Ps 106,32–33 **27,18–23** 11,28; 14,6; 2 Mo 24,13; 5 Mo 1,38; 31,23; 34,9; Jos 1,1–2 **27,21** 2 Mo 28,30*; 1 Sam 10,20–21; 14,40–42; 23,9–12

Wein am Altar ausgießen. Außerdem müsst ihr als Sündopfer einen Ziegenbock schlachten. Alle diese Gaben sollt ihr am Anfang jedes Monats zusätzlich zu den täglichen Opfern darbringen.«

Die Opfer am Passahfest

16 »Am 14. Tag des 1. Monats sollt ihr für
mich das Passahfest feiern. 17 Anschlie-
ßend beginnt die Festwoche, in der ihr nur Brot essen dürft, das ohne Sauerteig zubereitet wurde. 18 Am ersten Tag sollt
ihr nicht arbeiten, sondern euch versammeln und allein mir, dem Herrn, dienen.
19 Bringt mir zwei junge Stiere, einen Schafbock und sieben einjährige Lämmer als Brandopfer dar. Alle Tiere sollen
fehlerlos sein. 20 Auch hier sollt ihr Spei-
seopfer dazugeben: zu jedem Stier vier Kilogramm Mehl, das mit Öl vermengt ist, zum Schafbock zweieinhalb Kilo-
gramm 21 und zu den Lämmern je eineinhalb Kilogramm. 22 Opfert außerdem einen Ziegenbock als Sündopfer, damit
ich euch vergebe. 23/24 Ihr sollt alle diese Gaben an jedem Tag der Festwoche zusätzlich zu den täglichen Morgen- und Abendopfern darbringen. Mit diesen Gaben erfreut ihr mich, den Herrn; sie sind
meine Speise. 25 Auch am letzten Tag der Woche sollt ihr nicht arbeiten, sondern euch versammeln und allein mir dienen.«

Die Opfer am Erntefest

26 »Auch am Erntefest, wenn ihr mir, dem Herrn, eure ersten Früchte darbringt, sollt ihr nicht arbeiten, sondern mir ge-
meinsam dienen. 27–29 Opfert an diesem Tag zwei junge Stiere, einen Schafbock und sieben einjährige Lämmer als Brandopfer. Bringt dazu die gleichen Speise- und Trankopfer dar wie am Passahfest.
Damit erfreut ihr mich, den Herrn. 30 Au-
ßerdem müsst ihr einen Ziegenbock als Sündopfer schlachten.

31 Alle diese Gaben sollt ihr mir zusätzlich zum täglichen Opfer darbringen.«

Die Opfer am Neujahrsfest und am Versöhnungstag
(3. Mose 23,23–32)

29 »Auch der 1. Tag des 7. Monats soll ein Feiertag sein, an dem ihr nicht arbeitet, sondern euch versammelt, um mir zu dienen. An diesem Tag sollt
ihr die Hörner blasen 2 und zu meiner Eh-
re einen jungen Stier, einen Schafbock und sieben einjährige, fehlerlose Läm-
mer opfern. 3 Bringt zusätzlich zum Stier vier Kilogramm Mehl dar, das mit Öl vermengt ist, zum Schafbock zweieinhalb
4 und zu jedem Lamm eineinhalb Kilo-
gramm. 5 Opfert einen Ziegenbock als
Sündopfer, damit ich euch vergebe. 6 Ver-
gesst auch nicht das tägliche und das monatliche Brandopfer mit den dazugehörigen Gaben an Mehl und Wein. Denn diese Opfer gefallen mir.
7 Am 10. Tag des 7. Monats sollt ihr euch wieder versammeln, um mir zu dienen. Arbeitet an diesem Tag nicht, son-
dern fastet! 8–11 Erfreut mich mit den glei-
chen Gaben wie am 1. Tag des Monats. Ihr sollt jedoch nicht nur einen, sondern zwei Ziegenböcke als Sündopfer darbringen, damit ich euch vergebe.«

Die Opfer am Laubhüttenfest
(3. Mose 23,33–43)

12 »Auch am 15. Tag des 7. Monats sollt ihr nicht arbeiten, sondern euch versammeln und mir dienen. Feiert mir zu Ehren
eine Woche lang ein Fest! 13 Erfreut mich am ersten Tag mit einem Brandopfer von dreizehn jungen Stieren, zwei Schafböcken und vierzehn einjährigen Lämmern.
Alle Tiere sollen fehlerlos sein 14/15 und mit den dazugehörigen Speise- und
Trankopfern dargebracht werden. 16 Au-
ßerdem müsst ihr wieder einen Ziegen-

28,16 2 Mo 12,1–14* **28,17–25** 2 Mo 12,15–20* **28,26–31** 2 Mo 23,16; 34,22; 3 Mo 23,15–21; 5 Mo 16,9–12 **29,7–11** 3 Mo 16,1–34; 23,26–32 **29,12–39** 3 Mo 23,33–43*

bock als Sündopfer schlachten; und auch
die täglichen Brandopfer mit den vor-
geschriebenen Gaben an Mehl und Wein
dürft ihr nicht vergessen. 17–34 Bringt an
den anderen sechs Festtagen die gleichen
Opfer dar. Verbrennt aber an jedem Tag
einen Stier weniger, also am zweiten Tag
zwölf, am dritten elf, am vierten zehn, am
fünften neun, am sechsten acht und am
siebten sieben Stiere. Vergesst nicht die
Sündopfer und die täglichen Opfer!
35 Am achten Tag sollt ihr euch wieder
zum Feiern versammeln und nicht arbei-
ten. 36 Verbrennt mir zu Ehren auf dem
Altar einen jungen Stier, einen Schaf-
bock und sieben einjährige, fehlerlose
Lämmer 37 mit den vorgeschriebenen Ga-
ben an Mehl und Wein. 38 Bringt außer-
dem einen Ziegenbock als Sündopfer
dar, und vergesst nicht, jeden Tag ein
Lamm am Morgen und eines am Abend
zu opfern und die Speise- und Trankopfer
dazuzugeben. 39 Diese Gaben sollt ihr
mir, dem Herrn, an euren Festen darbrin-
gen, und zwar zusätzlich zu allen Brand-,
Speise-, Trank- oder Dankopfern, die ihr
mir freiwillig oder wegen eines Gelübdes
gebt.«

30 Alle diese Bestimmungen teilte
Mose den Israeliten mit.

Wann sind Gelübde von Frauen gültig?

2 Danach gab Mose den Oberhäuptern
der Stämme Israels erneut eine Weisung
vom Herrn weiter:

3 »Wenn jemand dem Herrn etwas ver-
spricht oder sich mit einem Eid verpflich-
tet, auf irgendetwas zu verzichten, darf er
sein Wort nicht brechen. Er muss alles
tun, was er gesagt hat.

4 Gibt eine junge Frau, die noch bei
ihren Eltern lebt, dem Herrn ein Ver-
sprechen 5 und ihr Vater lässt sie gewäh-
ren, so hat sie sich daran zu halten. 6 Er-
hebt aber ihr Vater am selben Tag, an
dem er davon hört, Einwände gegen ihr
Gelübde, wird es ungültig. Dann wird
der Herr ihr verzeihen, dass sie es nicht
einhält.

7 Wenn eine Frau sich vor ihrer Heirat
durch ein Gelübde oder ein leichtfertiges
Versprechen zu irgendetwas verpflichtet
hat 8 und ihr Mann dazu schweigt, muss
sie ihr Wort halten. 9 Erhebt er jedoch
am selben Tag Einspruch, an dem er da-
von erfährt, ist sie nicht mehr an ihr Ver-
sprechen gebunden. Der Herr wird ihr
vergeben, wenn sie in diesem Fall ihr
Wort nicht hält. 10 Ist aber die Frau, die
dem Herrn ein Versprechen gibt, ver-
witwet oder geschieden, so muss sie es er-
füllen.

11 Legt eine verheiratete Frau ein Ge-
lübde ab 12 und ihr Mann sagt nichts dage-
gen, muss sie tun, was sie versprochen
hat. 13 Der Mann kann das Gelübde je-
doch am selben Tag aufheben, an dem er
davon hört. Der Herr wird der Frau ver-
zeihen, dass sie es nicht einhält. 14 Der
Mann hat das Recht, alles für ungültig zu
erklären oder zu bestätigen, was seine
Frau versprochen hat, ganz gleich, ob sie
etwas tun oder auf etwas verzichten woll-
te. 15 Wenn er sich am Tag, an dem er da-
von erfährt, nicht dazu äußert, bestätigt
er ihr Gelübde. Durch sein Schweigen
wird es verbindlich. 16 Hebt er das Gelüb-
de nach dem ersten Tag auf, trifft ihn al-
lein die Schuld, wenn es gebrochen
wird.«

17 Diese Weisungen erhielt Mose vom
Herrn. Sie regeln den Umgang mit Ge-
lübden von verheirateten und unverhei-
rateten Frauen und bestimmen, welchen
Einfluss Väter und Ehemänner auf die
Gelübde haben.

Rache an den Midianitern

31 Der Herr sprach zu Mose: 2 »Rächt
euch an den Midianitern für das,
was sie euch angetan haben! Danach
wirst du sterben.«

3 Mose rief das Volk zusammen und
sagte: »Rüstet eure Truppen zum Kampf!
Wir greifen die Midianiter an! Jetzt be-

30,3 3 Mo 27,1–29; 5 Mo 23,22–24; Ri 11,35; 1 Sam 1,11.26–28; Ps 22,26; 50,14 **31,1–8** 25,16–18

kommen sie vom Herrn, was sie verdie-
nen. 4 Jeder Stamm soll tausend Soldaten
bereitstellen.«

5 Da wählten die israelitischen Stämme
insgesamt 12000 Männer aus. 6 Mose
sandte sie unter der Führung von Pinhas
los, dem Sohn des Priesters Eleasar. Er
hatte Gegenstände aus dem Heiligtum
und die Signaltrompeten bei sich. 7 Wie
der Herr es befohlen hatte, kämpften die
Israeliten gegen die Midianiter und töte-
ten alle Männer, 8 darunter auch die fünf
midianitischen Könige Ewi, Rekem, Zur,
Hur und Reba. Außerdem brachten sie
Bileam, den Sohn Beors, mit dem Schwert
um.

9 Die Frauen und Kinder nahmen sie
gefangen, dazu erbeuteten sie die Vieh-
herden und den ganzen Besitz der Midia-
niter. 10 Sie verbrannten die Städte und
Zeltdörfer 11 und brachten alle Men-
schen, Tiere und den erbeuteten Besitz
12/13 zum Lager Israels in der moabiti-
schen Steppe am Jordan, gegenüber von
Jericho. Mose, der Priester Eleasar und
die führenden Männer des Volkes kamen
ihnen aus dem Lager entgegen.

14 Mose ärgerte sich über die Heerfüh-
rer, die den Befehl über hundert oder
tausend Mann hatten. 15 Er fragte sie:
»Habt ihr etwa die Frauen am Leben ge-
lassen? 16 Dabei sind sie es doch gewesen,
die unser Volk mit ihrem Götzen Peor
vom Herrn weggelockt haben! Sie waren
es, die Bileams bösen Plan in die Tat um-
gesetzt haben! Sie sind schuld daran, dass
der Herr unser Volk so hart gestraft hat!
17 Tötet sie! Tötet auch alle männlichen
Kinder! 18 Lasst nur die Mädchen am Le-
ben, die noch unberührt sind. Sie sollen
euch gehören. 19 Jeder von euch, der
einen Menschen getötet oder eine Leiche
berührt hat, muss sieben Tage lang drau-
ßen vor dem Lager bleiben. Er soll sich
am dritten und siebten Tag mit geweih-
tem Wasser von seiner Sünde reinigen.
Das gilt sowohl für euch als auch für die
Gefangenen. 20 Reinigt auch eure Klei-
dung und alles, was aus Fell, Ziegenhaut
oder Holz ist!«

21 Dann erklärte der Priester Eleasar
den heimgekehrten Männern noch ein-
mal die Reinigungsvorschriften, die Mo-
se vom Herrn empfangen hatte. Er sagte:
22 »Alles, was aus Gold, Silber, Bronze,
Eisen, Zinn oder Blei ist 23 und deshalb
nicht verbrennen kann, müsst ihr ins Feu-
er halten, damit es rein wird. Besprengt
es danach mit Reinigungswasser. Alles
andere, das im Feuer verbrennen würde,
sollt ihr in Wasser tauchen. 24 Wascht am
letzten Tag der Woche auch eure Klei-
dung. Dann seid ihr wieder rein und dürft
ins Lager zurückkommen.«

Die Beute wird verteilt

25 Der Herr sprach zu Mose: 26 »Zähl die
Gefangenen und die Tiere, die ihr erbeu-
tet habt. Der Priester Eleasar und die
Stammesoberhäupter sollen dir dabei
helfen. 27 Gib die Hälfte der Beute den
Männern, die gekämpft haben, die ande-
re Hälfte dem übrigen Volk. 28 Von bei-
den Hälften sollst du je einen Anteil für
mich zurückbehalten. Ich möchte von
dem, was die Soldaten erhalten, je einen
von 500 Menschen und je ein Tier von
500 Rindern, Eseln, Schafen und Ziegen
bekommen. 29 Dieser Anteil an der Beute
soll ein Opfer für mich sein und den
Priestern gehören; übergib ihn Eleasar!
30 Von der anderen Hälfte, die das übrige
Volk bekommt, soll je einer von 50 Men-
schen und je eins von 50 Tieren für mich
zurückbehalten werden. Gib sie den Le-
viten, die den Dienst im heiligen Zelt ver-
richten.«

31 Mose und der Priester Eleasar taten,
was der Herr gesagt hatte. 32–34 Sie zählten
insgesamt 675000 Schafe und Ziegen,
72000 Rinder und 61000 Esel. 35 Außer-
dem waren 32000 Mädchen, die noch un-
berührt waren, gefangen genommen
worden. 36–40 Die Soldaten erhielten von
allem die Hälfte, also 337500 Schafe oder

31,8 22,5* **31,9** 5 Mo 20,13–14 **31,14–16** 25,6–9; 5 Mo 7,3–4* **31,19** 19,11–13 **31,27** Jos 22,8; 1 Sam 30,24–25

Ziegen, 36000 Rinder und 30500 Esel;
von den Mädchen bekamen sie 16000.
Dem Herrn überließen sie 675 Schafe
und Ziegen, 72 Rinder, 61 Esel, dazu 32
Mädchen. 41 Diesen Anteil gab Mose dem
Priester Eleasar, wie der Herr es befoh-
len hatte. 42–47 Die andere Hälfte der Beu-
te bekam das übrige Volk, das nicht ge-
kämpft hatte. Mose gab je eins von 50
Mädchen und Tieren den Leviten, die
den Dienst im Heiligtum verrichteten.
So hatte es der Herr angeordnet.

Die Heerführer bringen ein Opfer dar

48 Die Heerführer, die den Befehl über
hundert oder tausend Soldaten hatten,
kamen zu Mose 49 und berichteten ihm:
»Herr, wir haben unsere Leute durch-
gezählt und festgestellt, dass nicht ein
einziger Mann fehlt. 50 Wir wollen dem
Herrn dafür mit einem Opfer danken
und ihm alles geben, was uns an Gold-
schmuck in die Hände gefallen ist: Arm-
bänder, Armreife, Siegelringe, Ohrringe
und Halsschmuck. Wir hoffen, dass der
Herr uns dann unsere Schuld vergibt.«
51 Mose und Eleasar nahmen das Gold
entgegen. Es waren kunstvoll gearbeitete
Schmuckstücke, 52 die insgesamt rund 200
Kilogramm wogen. Die Heerführer hat-
ten sie selbst erbeutet. 53 Auch die ande-
ren Soldaten hatten Gold aus dem Krieg
mitgebracht, sie behielten es jedoch für
sich. 54 Mose und Eleasar brachten das
Gold, das die Heerführer opfern wollten,
ins Heiligtum. Es sollte ein Zeichen dafür
sein, dass der Herr sich an sein Volk erin-
nerte.

Die Stämme Ruben und Gad wollen im Ostjordanland bleiben
(5. Mose 3,18–20)

32 Die Stämme Ruben und Gad be-
saßen große Viehherden. Als sie
das gute Weideland der Gebiete Jaser
und Gilead östlich des Jordan sahen, 2 ka-
men sie zu Mose, zum Priester Eleasar
und zu den führenden Männern des Vol-
kes und sagten: 3/4 »Das Land, das wir mit
der Hilfe des Herrn schon erobert haben,
hat gute Weidegebiete: Atarot, Dibon,
Jaser, Nimra, Heschbon, Elale, Sibma,
Nebo und Beon. Wir können es gut ge-
brauchen, denn wir haben viel Vieh.
5 Wenn ihr es erlaubt, würden wir dieses
Land gern in Besitz nehmen und nicht
mit über den Jordan ziehen.«
6 Mose erwiderte: »Ihr wollt hier blei-
ben und eure Brüder allein kämpfen las-
sen? 7 Wenn ihr das tut, wird bald kein
Israelit mehr in das Land wollen, das der
Herr ihnen versprochen hat! 8 Ihr be-
nehmt euch wie eure Väter: Als ich sie
von Kadesch-Barnea losschickte, um das
Land auszukundschaften, 9 drangen sie
bis zum Eschkoltal vor und sahen sich al-
les an. Dann kamen sie zurück und hiel-
ten die Israeliten davon ab, das Land zu
betreten, das der Herr ihnen geben woll-
te. 10 Darüber wurde der Herr zornig, und
er schwor ihnen: 11 ›Keiner von euch, die
ich aus Ägypten befreit habe, wird dieses
Land jemals betreten! Keiner, der jetzt
zwanzig Jahre oder älter ist, wird das
Land sehen, das ich euren Vorfahren
Abraham, Isaak und Jakob versprochen
habe. Ich habe genug von eurer Untreue!
12 Nur Kaleb, der Sohn Jefunnes aus der
Sippe Kenas, und Josua, der Sohn Nuns,
werden das Land in Besitz nehmen, denn
sie haben mir die Treue gehalten.‹ 13 Ja,
der Herr war voller Zorn über die Isra-
eliten. Er ließ sie vierzig Jahre lang in der
Wüste umherirren, bis alle tot waren, die
sich ihm widersetzt hatten. 14 Und nun
folgt ihr dem schlechten Vorbild eurer
Väter! Ihr lehnt euch wie sie gegen den
Herrn auf, ja, ihr fordert seinen Zorn
noch mehr heraus! 15 Wenn ihr ihm den
Rücken kehrt, wird er unser Volk so lan-
ge in der Wüste festhalten, bis alle tot
sind. Und ihr seid schuld daran!«
16 Die Männer von Ruben und Gad
wandten sich erneut an Mose und sagten:
»Wir wollen doch nur Zäune für unsere

32,8–12 13,30* **32,13** 26,64–65 **32,16–18** Jos 1,12–15

Herden aufstellen und einige der zerstör-
ten Orte wieder aufbauen, in denen wir
unsere Familien zurücklassen können.
[17] Das wird schnell gehen. Dann werden
wir Männer uns zum Kampf rüsten. Wir
werden an der Spitze des Heeres in den
Krieg ziehen und die Israeliten in ihr
Land bringen. Aber unsere Familien
möchten wir in befestigten Städten zu-
rücklassen, die vor den Bewohnern des
Landes Schutz bieten. [18] Wir versprechen,
dass wir nicht eher hierher zurückkehren,
bis jeder Israelit seinen Grundbesitz er-
halten hat. [19] Wir selbst aber wollen nicht
wie die anderen Stämme westlich des Jor-
dan Land bekommen, sondern hier im
Osten unseren Anteil erhalten.«

[20] Mose antwortete: »Ich bin damit ein-
verstanden, wenn ihr das tut, was ihr sagt.
Rüstet euch zum Kampf, und stellt euch
an die Spitze des Heeres! [21] Eure Sol-
daten sollen unter der Führung des
Herrn den Jordan überqueren und nicht
eher zurückkehren, bis der Herr seine
Feinde vertrieben hat [22] und das Land für
ihn erobert ist. Danach könnt ihr hierher
zurückkommen, ohne dass ihr euch am
Herrn oder am Volk Israel schuldig
macht. Der Herr wird euch dann dieses
Land hier zum Eigentum geben. [23] Wenn
ihr aber euer Wort brecht, sündigt ihr ge-
gen den Herrn, und er wird euch be-
strafen. Darauf könnt ihr euch verlassen!
[24] Baut nun einige Orte für eure Familien
wieder auf, und errichtet Zäune für euer
Kleinvieh! Aber haltet euch an euer Ver-
sprechen!«

[25] Die Leute von Gad und Ruben ant-
worteten Mose: »Wir gehorchen dir und
werden tun, was du befiehlst. [26] Wir brin-
gen unsere Kinder, unsere Frauen und all
unser Vieh in den Städten von Gilead in
Sicherheit. [27] Dann nehmen wir unsere
Waffen und ziehen unter der Führung
des Herrn in den Kampf, wie du es ange-
ordnet hast.«

[28] Daraufhin wies Mose den Priester
Eleasar, Josua und die Oberhäupter der
Stämme Israels an: [29] »Wenn die Soldaten
von Gad und Ruben euch unter der Füh-
rung des Herrn geholfen haben, das Land
westlich des Jordan zu erobern, sollt ihr
ihnen das Gebiet von Gilead zum Eigen-
tum geben. [30] Wenn sie euch aber nicht im
Kampf unterstützen, sollen sie zusam-
men mit euch im Land Kanaan wohnen.«

[31] Die Leute von Gad und Ruben ver-
sicherten: »Wir werden tun, was der Herr
uns befohlen hat. [32] Wir werden uns be-
reitmachen und das Volk unter der Füh-
rung des Herrn ins Land Kanaan bringen.
Nur möchten wir hier östlich des Jordan
unsere Stammesgebiete bekommen.«

[33] Da erklärte Mose das ganze Land, in
dem vorher der amoritische König Sihon
und König Og von Baschan geherrscht
hatten, zum Eigentum der Stämme Gad
und Ruben und des halben Stammes Ma-
nasse. Alle Städte und Ländereien der
beiden früheren Königreiche gehörten
nun ihnen.

Die Eroberung des Ostjordanlands (5. Mose 3,12–17)

[34] Die Männer vom Stamm Gad bauten
einige der zerstörten Städte wieder auf:
Dibon, Atarot, Aroër, [35] Atrot-Schofan,
Jaser, Jogboha, [36] Bet-Nimra und Bet-
Haram. Sie errichteten Häuser, zogen
Mauern hoch und stellten Zäune für ihre
Herden auf. [37] Die Männer vom Stamm
Ruben taten das Gleiche in den Städten
Heschbon, Elale und Kirjatajim, [38] in
Nebo und Baal-Meon, denen sie neue
Namen gaben[a], und in Sibma. Manche
Namen änderten sie, andere behielten
sie bei.

[39] Die Männer der Sippe Machir vom
Stamm Manasse zogen nach Gilead, er-
oberten es und vertrieben die Amoriter,
die dort lebten. [40] Mose erklärte das
Land, das sie eingenommen hatten, zu
ihrem Eigentum, und sie ließen sich dort

---

[a] Oder: und Baal-Meon, das (zur Vermeidung des Götzennamens Baal beim Vorlesen) anders zu nennen ist.

32,33 Jos 13,8–13

Partner für ein ganzes Leben?

Lesen Sie 4. Mose 30,1-16

Wenn wir in der Bibel Hilfe für Ehestreitigkeiten suchen, finden wir dort zwei Wegweiser: Der eine trägt die Aufschrift „falscher Weg", der andere die Aufschrift „Umleitung". Scheidung ist der falsche Weg. In der Bibel wird die Ehescheidung das erste Mal in den Schriften des Mose erwähnt (siehe 4. Mose 30,10). Später erklärte Jesus, dass Mose die Scheidung nur wegen der „Hartherzigkeit" der Israeliten zugelassen hatte (Matthäus 19,8), dies am Anfang jedoch nicht zu Gottes Plan gehörte. Jesus betonte: Gott wünscht sich die Ehe als eine lebenslange Beziehung mit dem einen geliebten Menschen.

Andererseits kann der Wegweiser mit der Aufschrift „Umleitung" Sie dazu führen, dass Sie sich vorübergehend trennen, um dann wieder zueinanderzufinden. Wenn Sie diesen Weg gehen, haben Sie weder das Ziel aus den Augen verloren, noch sind Sie vom Weg abgekommen. Sie nehmen den Umweg der Trennung, weil die Brücke, die Sie zueinanderführt, eingestürzt ist. Der Pfad, auf dem die Harmonie wiederhergestellt wird, ist keine kurze, gerade Route mehr. Das Umleitungsschild bringt Ihnen zwar vorübergehend Kummer, doch am Ende des Weges wartet die Hoffnung. Immer wieder gibt es Schilder, die Ihnen zeigen, wie Sie zum eigentlichen Weg zurückfinden können – zu einer neuen Einheit zwischen Ihnen als Ehepaar. Wenn Sie den Schildern aufmerksam folgen, stehen die Chancen gut, dass Sie Ihren Weg wiederfinden.

Nehmen Sie sich Zeit, um allein oder als Paar gemeinsam zu beten. Danken Sie Gott, dass er Ihnen einen Partner/eine Partnerin fürs Leben geschenkt hat, jemanden, der Ihnen zur Seite steht, egal was kommt. Bitten Sie Gott, dass er Ihnen hilft, in einer Gesellschaft, die kurzfristige Partnerschaften bevorzugt, für eine lebenslange eheliche Beziehung einzustehen.

Wenn Sie noch mehr Zeit haben ...

Besprechen Sie miteinander folgende Fragen oder denken Sie darüber nach:

- Inwieweit ist Ihre (erweiterte) Familie von Scheidung betroffen? Wie hat das Ihre Meinung zum Thema Scheidung beeinflusst?
- Wie können Sie vermeiden, dass die Unstimmigkeiten in Ihrer Ehe unüberbrückbar werden?
- Welches Erfolgsgeheimnis hat Ihre Ehe?

Lesen Sie auch die folgenden Abschnitte zum Thema Ehescheidung:
3. Mose 21,13-15; 5. Mose 24,1-4; Römer 7,1-3.

Männer und Frauen

Lesen Sie 4. Mose 36,1-13

Gottes Gesellschaftssystem war anders als das der Israeliten. Darum setzte er sich in 4. Mose 36 für die Töchter Zelofhads ein. Er macht dadurch deutlich, dass Frauen ihm besonders wichtig sind und dass sie den Respekt und die Ehrerbietung der Männer verdienen.

Wenn Paulus in Epheser 5,23 den Mann als das Haupt der Frau bezeichnet, dann bedeutet das nicht, dass der Mann mehr wert ist als die Frau. Beide – Männer wie Frauen – sind nach Gottes Ebenbild geschaffen und somit unendlich wertvoll. Wenn ein Mann zu Gott findet, dann freuen sich die Engel im Himmel nicht mehr darüber, als wenn eine Frau zum Glauben kommt. In Christus sind wir alle eins, und es ist nicht mehr wichtig, ob wir Männer oder Frauen sind (Galater 3,28). Das Haupt der Frau zu sein, bedeutet für den Mann nicht, dass er sich wie ein Diktator benehmen kann, der seine eigenen Entscheidungen trifft und der Frau sagt, was sie zu tun hat. So mancher christliche Diktator hat sich schon selbst Magengeschwüre bereitet, weil er glaubte, die ganze Last der Verantwortung allein tragen zu müssen. Gott wollte nicht, dass der Mann alle Entscheidungen alleine trifft. Vergessen wir nicht: Die Frau sollte ihm eine Hilfe sein. Doch wie kann sie ihm helfen, wenn er sie nicht einmal um Rat fragt? Was wir in unseren Familien heute wirklich brauchen, sind keine Diktatoren, sondern christliche Führungspersönlichkeiten.

Nehmen Sie sich Zeit, um allein oder als Paar gemeinsam zu beten. Bitten Sie Gott, dass er Ihnen hilft ...

- die Verantwortung zu übernehmen, die Sie als Mann oder als Frau in Ihrer Beziehung haben;
- Ihren Ehepartner bei seinen jeweiligen Aufgaben zu unterstützen;
- für Ihre Kinder ein Vorbild zu sein, wenn es darum geht, als Christen in der Ehe zu leben.

Wenn Sie noch mehr Zeit haben ...

Besprechen Sie miteinander folgende Fragen oder denken Sie darüber nach:

- Wie empfinden Sie die Rolle, die Sie nach dem Alten und Neuen Testament in Ihrer Beziehung haben?
- Was an dieser Rolle bereitet Ihnen die größten Schwierigkeiten?
- Wie kann Ihr Mann/Ihre Frau Ihnen dabei helfen, mit dieser Rolle besser klarzukommen?

Lesen Sie auch die folgenden Abschnitte zur Rolle von Mann und Frau:

Sprüche 12,4; 31,10-31;
1. Korinther 11,3.

Den nächsten Impuls finden Sie auf S. 198 a

nieder. 41 Jaïr, ein Mann aus dem Stamm
Manasse, eroberte in diesem Gebiet eini-
ge Ortschaften und nannte sie »Dörfer
Jaïrs«. 42 Ein anderer Mann namens No-
bach nahm Kenat und die umliegenden
Orte ein. Auch er benannte die Stadt
nach seinem Namen.

Die Lagerplätze Israels beim Zug durch die Wüste

33 1/2 Mose hatte auf Anweisung des
Herrn alle Lagerplätze der Israeli-
ten aufgeschrieben, seit sie unter seiner
und Aarons Führung von Ägypten auf-
gebrochen waren. An folgenden Orten
hatten sie, nach Heeresverbänden geord-
net, das Lager aufgeschlagen:
3 Am 15. Tag des 1. Monats, am Mor-
gen nach der Passahfeier, zogen die Is-
raeliten von Ramses los. Die Ägypter
mussten zusehen, wie das Volk unter
dem Schutz des Herrn das Land ver-
ließ. 4 Der Herr hatte die ägyptischen
Götter als machtlose Götzen entlarvt
und die ältesten Söhne der Ägypter
umgebracht.
Während man die Toten begrub, 5 zo-
gen die Israeliten von Ramses nach Suk-
kot. Hier schlugen sie ihr erstes Lager
auf. 6 Dann ging es weiter nach Etam am
Rand der Wüste. 7 Dort bogen sie nach
Pi-Hahirot bei Baal-Zefon ab und lager-
ten vor Migdol. 8 Von hier aus zogen sie
mitten durchs Meer. Auf der anderen
Seite führte ihr Weg drei Tagesreisen
lang durch die Wüste Etam bis nach Ma-
ra, dem nächsten Lagerplatz. 9 Von dort
ging es weiter nach Elim, einer Oase mit
zwölf Quellen und siebzig Palmen. Nach-
dem sie hier gelagert hatten, 10 brachen
sie zum Ufer des Roten Meers auf. 11 Da-
nach kamen sie in die Wüste Sin.
12 Ihre nächsten Haltepunkte waren:
Dofka, 13 Alusch, 14 Refidim, wo sie kein
Trinkwasser hatten, 15 dann die Wüste Si-
nai, 16 Kibrot-Hattaawa, 17 Hazerot, 18 Rit-
ma, 19 Rimmon-Perez, 20 Libna, 21 Rissa,
22 Kehelata, 23 der Berg Schefer, 24 Hara-
da, 25 Makhelot, 26 Tahat, 27 Tarach, 28 Mit-
ka, 29 Haschmona, 30 Moserot, 31 Bene-Jaa-
kan, 32 Hor-Gidgad, 33 Jotbata, 34 Abrona,
35 Ezjon-Geber, 36 Kadesch in der Wüste
Zin 37 und der Berg Hor an der Grenze
des Landes Edom.
38 Der Herr befahl dem Priester Aaron,
auf den Berg Hor zu steigen. Dort starb
Aaron am 1. Tag des 5. Monats, vierzig
Jahre nachdem die Israeliten Ägypten
verlassen hatten. 39 Er wurde 123 Jahre
alt.
40 Um diese Zeit erfuhr der Kanaaniter-
könig, der in Arad im Süden von Kanaan
regierte, dass die Israeliten auf sein Land
zukamen.
41 Vom Berg Hor zogen sie nach Zal-
mona weiter. 42 Ihre nächsten Lagerplät-
ze waren Punon, 43 Obot, 44 Ije-Abarim
im Gebiet von Moab, 45 Dibon-Gad,
46 Almon-Diblatajim 47 und das Gebirge
Abarim nahe der Stadt Nebo. 48 Von hier
aus stiegen sie ins Jordantal hinab und
schlugen in der moabitischen Steppe ge-
genüber von Jericho ihr Lager auf. 49 Es
erstreckte sich von Bet-Jeschimot bis
nach Abel-Schittim.

Alle Bewohner Kanaans sollen vertrieben werden

50 Dort sprach der Herr zu Mose: 51 »Sag
den Israeliten: Wenn ihr ins Land Ka-
naan eindringt, 52 sollt ihr alle Bewohner
vertreiben. Zerstört ihre Götterfiguren
aus Stein und Metall! Reißt die Altäre
ab, die sie auf den Hügeln und Bergen
gebaut haben! 53 Nehmt das ganze Land
in Besitz, und lasst euch dort nieder! Ich
schenke es euch für immer. 54 Teilt es
durch das Los unter euch auf! Dabei sollt
ihr den großen Stämmen mehr Land ge-
ben als den kleinen. 55 Wenn ihr aber

33,1–2 2 Mo 24,4* **33,3** 2 Mo 12,51 **33,4** 2 Mo 12,12 **33,5** 2 Mo 12,37 **33,6** 2 Mo 13,20 **33,7** 2 Mo 14,2 **33,8** 2 Mo 15,22–23 **33,9** 2 Mo 15,27 **33,10–11** 2 Mo 16,1 **33,12–14** 2 Mo 17,1 **33,15** 2 Mo 19,1 **33,16–17** 11,34–35 **33,38–39** 20,22–29; 5 Mo 10,6–7 **33,40** 21,1 **33,41–49** 21,10–13; 22,1 **33,51–53** 2 Mo 23,23–24; 5 Mo 7,1–5 **33,55–56** Ri 2,1–3

nicht alle Bewohner des Landes vertreibt, werden euch die Zurückgebliebenen hart unterdrücken. Sie werden euch quälen wie Splitter im Auge und Dornen unter den Füßen. [56]Dann werde ich mit euch tun, was ich mit ihnen vorhatte.«

Die Grenzen des Landes Kanaan

34 Der Herr sprach zu Mose: [2]»Erkläre den Israeliten, wie die Grenzen des Landes Kanaan verlaufen sollen, das ich ihnen geben will.

[3/4]Die Südgrenze beginnt am Toten Meer und führt zunächst am Gebiet Edoms entlang. Südlich des Passes von Akrabbim wendet sie sich nach Westen zur Wüste Zin. Hier verläuft sie südlich von Kadesch-Barnea nach Hazar-Addar und weiter nach Azmon. [5]Sie erreicht den ägyptischen Grenzfluss und folgt ihm bis zum Mittelmeer. [6]Die Mittelmeerküste bildet die Westgrenze. [7]Die Nordgrenze führt vom Meer zum Berg Hor, [8]kreuzt die Straße von Hamat und geht durch Zedad [9]und Sifron nach Hazar-Enan. [10]Hier beginnt die Ostgrenze. Sie verläuft über Schefam [11]nach Ribla, das im Osten von Ajin liegt. Dann führt sie an den Berghängen östlich vom See Genezareth entlang, [12]geht hinab zum Jordan und folgt ihm bis zum Toten Meer. Das ganze Land, das in diesen Grenzen liegt, soll euch gehören.«

[13]Mose sagte dies den Israeliten und fuhr fort: »Der Herr will, dass ihr dieses Land durch das Los unter den neuneinhalb Stämmen aufteilt, die noch keine Gebiete haben. [14/15]Denn die Stämme Ruben, Gad und der halbe Stamm Manasse haben schon hier, östlich des Jordan gegenüber von Jericho, Land bekommen.«

[16]Dann sprach der Herr zu Mose: [17]»Folgende Männer sollen das Land verteilen:
der Priester Eleasar, Josua, der Sohn Nuns,
[18]dazu je ein führender Mann aus jedem Stamm,
[19]nämlich Kaleb, der Sohn Jefunnes vom Stamm Juda,
[20]Schemuël, der Sohn Ammihuds vom Stamm Simeon,
[21]Elidad, der Sohn Kislons vom Stamm Benjamin,
[22]Bukki, der Sohn Joglis vom Stamm Dan,
[23]Hanniël, der Sohn Efods vom Stamm Manasse,
[24]Kemuël, der Sohn Schiftans vom Stamm Ephraim,
[25]Elizafan, der Sohn Parnachs vom Stamm Sebulon,
[26]Paltiël, der Sohn Asans vom Stamm Issaschar,
[27]Ahihud, der Sohn Schelomis vom Stamm Asser,
[28]und Pedahel, der Sohn Ammihuds vom Stamm Naftali.«

[29]Diesen Männern gab der Herr den Auftrag, das Land Kanaan unter den Israeliten aufzuteilen.

Die Städte der Leviten und die Zufluchtsorte für Totschläger (5. Mose 19,1–13)

35 Die Israeliten lagerten in der moabitischen Steppe östlich des Jordan gegenüber von Jericho. Dort ließ der Herr ihnen durch Mose sagen:

[2/3]»Gebt den Leviten in euren Stammesgebieten Städte, in denen sie wohnen können! Überlasst ihnen mit den Städten auch Weideland für ihre Viehherden! [4]Die Weidefläche soll sich auf jeder Seite der Stadt fünfhundert Meter weit ins Land erstrecken, [5]so dass jede ihrer vier Seiten mindestens einen Kilometer lang ist. [6/7]Gebt den Leviten 48 Städte! Sechs davon sollen als Zufluchtsorte für Menschen dienen, die ohne Absicht jemanden getötet haben. [8]Achtet darauf, dass es bei der Auswahl der Städte gerecht zugeht.

34,13 Jos 14,1–2 **34,14–15** 32,33; Jos 13,8–13 **35,2–7** Jos 21,1–8

Die Stämme mit großen Gebieten sollen mehr Städte abtreten als die Stämme mit weniger Land.«

9 Weiter sprach der Herr zu Mose: 10 »Sag den Israeliten:

Wenn ihr den Jordan überquert und ins Land Kanaan kommt, 11 sollt ihr Zufluchtsstädte bestimmen, in die jeder von euch fliehen kann, der ohne Absicht einen Menschen getötet hat. 12 Dort ist er vor der Blutrache sicher, bis ihr den Fall vor Gericht untersucht habt. 13 Wählt dazu sechs Städte aus, 14 drei hier im Osten und drei drüben im Land Kanaan. 15 Sie bieten jedem von euch Schutz, auch den Ausländern, die bei euch zu Gast sind oder ständig bei euch leben. Jeder, der unabsichtlich einen Menschen getötet hat, soll dorthin fliehen.

16–18 Wer einen anderen aber vorsätzlich mit einem Gegenstand aus Metall, Stein oder Holz erschlägt, ist ein Mörder und muss sterben. 19 Der nächste Verwandte des Ermordeten soll ihn töten, sobald er ihn findet. 20/21 Denn wer aus Hass und Feindschaft einen Menschen absichtlich erschlägt oder mit einem Wurfgeschoss oder mit der Faust tödlich verletzt, muss auf jeden Fall mit dem Tod bestraft werden.

22 Anders ist es, wenn jemand nicht aus Feindschaft, sondern zufällig und unabsichtlich einen Menschen tötet, indem er ihn zu Boden stößt, mit einem Wurfgeschoss trifft 23 oder einen Stein auf ihn fallen lässt. 24 In diesem Fall sollt ihr vor Gericht darüber urteilen, ob der Bluträcher ihn töten darf. Haltet euch dabei an dieses Gesetz! 25 Ist der Angeklagte unschuldig, dann sollt ihr ihn vor der Rache schützen und in die Zufluchtsstadt zurückbringen, in die er geflohen war. Dort muss er bleiben, bis der Hohepriester stirbt, der gerade im Amt ist. 26 Wenn der Totschläger aber die Stadt verlässt, in die er geflohen ist, verliert er seinen Schutz. 27 Trifft der Bluträcher ihn außerhalb der Stadt an, darf er ihn töten, ohne sich schuldig zu machen. 28 Denn der Totschläger soll bis zum Tod des Hohenpriesters an seinem Zufluchtsort bleiben. Erst danach kann er nach Hause zurückkehren. 29 Dieses Gesetz gilt für euch und eure Nachkommen überall, wo ihr lebt.

30 Ein Mörder muss zum Tod verurteilt werden, wenn mindestens zwei Zeugen gegen ihn aussagen. Eine einzelne Zeugenaussage reicht dazu nicht aus.

31 Ein Mörder kann sich nicht freikaufen. Ihr dürft kein Geld von ihm annehmen, sondern müsst ihn auf jeden Fall töten. 32 Nehmt auch kein Geld von einem Totschläger an! Er darf sich nicht das Recht erkaufen, seine Zufluchtsstadt zu verlassen und nach Hause zurückzukehren, bevor der Hohepriester gestorben ist.

33 Ihr sollt das Land, in dem ihr lebt, nicht entweihen. Entweiht wird es, wenn jemand darin einen Menschen tötet. Es kann nur dadurch wieder rein werden, dass der Mörder selbst sein Leben lässt. 34 Euer Land soll rein sein, denn ich, der Herr, wohne mitten unter euch Israeliten!«

Grundstücke dürfen nur innerhalb eines Stammes vererbt werden

36 Die führenden Männer der Sippe Gilead kamen zu Mose und zu den Oberhäuptern der Stämme Israels. Die Sippe Gilead stammte von Machir ab, einem Nachkommen von Josefs Sohn Manasse. 2 Sie sagten zu Mose: »Der Herr hat dir befohlen, das Land durch das Los unter uns Israeliten zu verteilen. Er hat außerdem angeordnet, dass die Töchter unseres Verwandten Zelofhad den Grundbesitz ihres Vaters erben sollen. 3 Was ist nun, wenn sie Männer aus anderen Stämmen heiraten? Dann wird ihr Land Eigentum der Stämme, in die sie einheiraten. Uns aber geht es verloren,

35,10–15 2 Mo 21,13–14; 5 Mo 4,41–43; 19,1–10; Jos 20,1–9 **35,16–29** 2 Mo 21,12–14; 5 Mo 19,4–5.11–13 **35,30** 5 Mo 19,15*; Hebr 10,28 **35,31** 1 Mo 9,5–6 **35,33** 1 Mo 4,11; 3 Mo 24,17–18 **35,34** 2 Mo 29,45 **36,2** 27,1–11

und unser Stammesgebiet wird kleiner.
4 Und selbst wenn wir das Land zurück-
kaufen könnten, würde es beim nächsten
Erlassjahr wieder dem anderen Stamm
gegeben, in den die Frauen eingeheiratet
haben. So würden wir es endgültig ver-
lieren.«

5 Mose fragte den Herrn und sprach
dann mit den Israeliten: »Die Männer
von Gilead haben Recht. 6 Deshalb lässt
der Herr euch sagen: Die Töchter Zelof-
hads dürfen heiraten, wen sie möchten;
nur sollen es Männer aus ihrem eigenen
Stamm sein, 7 damit nicht Landbesitz von
ihrem Stamm an einen anderen übergeht.
Jeder Stamm soll sein Gebiet vollständig
behalten.
8 Wenn eine Frau Land erbt, soll sie
einen Mann aus ihrem eigenen Stamm
heiraten, damit ihr Grundstück im Stam-
mesbesitz bleibt. 9 Grundstücke dürfen
nicht das Eigentum eines anderen Stam-
mes werden.«

10/11 Die Töchter Zelofhads, Machla,
Tirza, Hogla, Milka und Noa, taten, was
der Herr zu Mose gesagt hatte. Sie hei-
rateten ihre Vettern, 12 die ebenfalls zum
Stamm Manasse gehörten. So blieb ihr
Grundbesitz beim Stamm ihres Vaters.

13 Diese Gesetze und Vorschriften gab
der Herr den Israeliten durch Mose, als
sie in der moabitischen Steppe, östlich
des Jordan gegenüber von Jericho, la-
gerten.

36,4 3 Mo 25,10*

Das fünfte Buch Mose (Deuteronomium)

Mose spricht zu den Israeliten

1 In diesem Buch ist aufgeschrieben,
was Mose den Israeliten sagte, als sie
östlich des Jordan ihr Lager aufgeschla-
gen hatten, in der Steppe gegenüber von
Suf, zwischen Paran, Tofel, Laban, Haze-
rot und Di-Sahab. 2 Vom Berg Horeb aus
konnte man auf der Straße, die zum Ge-
birge Seïr führt, in elf Tagesmärschen
Kadesch-Barnea erreichen.
3–5 Unter der Führung von Mose hatten
die Israeliten den Amoriterkönig Sihon
aus Heschbon besiegt. Sie hatten auch
König Og geschlagen, der das Land Ba-
schan von den Städten Aschtarot und
Edreï aus regiert hatte. Nun lagerten
sie im Gebiet der Moabiter östlich des
Jordan.

Hier sagte Mose den Israeliten noch
einmal alles, was der Herr ihm aufge-
tragen hatte. Im 40. Jahr nachdem sie
Ägypten verlassen hatten, am 1. Tag des
11. Monats, begann er, ihnen das Gesetz
zu erklären. Dies waren seine Worte:

Die Einsetzung von Richtern am Berg Horeb (2. Mose 18,13–27)

6 Am Berg Horeb hat der Herr zu uns ge-
sprochen. Er sagte: »Jetzt seid ihr lange
genug hier gewesen. 7 Brecht eure Zelte
ab, und macht euch auf den Weg ins Land
Kanaan: zu den Amoritern im Bergland
und zu ihren Nachbarvölkern im Jordan-
tal, in den Bergen, im Südland, im west-
lichen Hügelland, an der Mittelmeer-
küste und im Libanongebirge bis zum
Euphrat! 8 Dieses ganze Land gebe ich
euch. Ihr werdet sehen: Es liegt offen
vor euch. Ihr braucht nur hineinzugehen
und es einzunehmen. Euren Vorfahren
Abraham, Isaak und Jakob habe ich Ka-
naan versprochen, ihnen und ihren Nach-
kommen.«
9 Bevor wir aufbrachen, sagte ich zu eu-
ren Eltern: »Ich kann nicht mehr allein
die Verantwortung für euch tragen.
10 Der Herr, euer Gott, hat euch so zahl-
reich werden lassen wie die Sterne am
Himmel. 11 Und ich wünsche euch, dass
der Herr, der Gott eurer Vorfahren, euer
Volk noch tausendmal größer werden
lässt und euch reich beschenkt, so wie er
es versprochen hat. 12 Aber ich kann nicht
mehr allein die ganze Last tragen und all
eure Probleme und Streitigkeiten lösen.
13 Wählt deshalb erfahrene, kluge und an-
gesehene Männer aus euren Stämmen
aus, die ich als Oberhäupter über euch
einsetzen kann.«
14 Euren Eltern gefiel dieser Vorschlag.
15 So ernannte ich kluge und bewährte
Männer zu Oberhäuptern eurer Stämme
und übertrug ihnen jeweils die Verant-
wortung für tausend, für hundert, für fünf-
zig oder für zehn Menschen. 16/17 Sie soll-
ten auch als Richter in Streitfällen
entscheiden. Ich befahl ihnen: »Seid un-
parteiisch und gerecht! Behandelt jeden
Menschen gleich, egal, ob er Israelit oder
Ausländer ist, angesehen oder unbe-
kannt. Lasst euch von niemandem ein-
schüchtern! Ihr handelt in Gottes Auf-
trag. Und wenn euch ein Fall zu schwierig
ist, dann kommt damit zu mir.« 18 Ich habe
euren Eltern damals noch viele andere
Anweisungen gegeben und ihnen genau
gesagt, wie sich unser Volk verhalten soll.

1,3–5 4 Mo 21,21–35 **1,6** 4 Mo 10,11 **1,8** 1 Mo 12,7* **1,9** 2 Mo 18,18; 4 Mo 11,14 **1,10** 1 Mo 15,5
1,15 2 Mo 18,25; 4 Mo 11,24 **1,16–17** 16,19; 2 Mo 23,6; 3 Mo 19,15

Kanaan zum Greifen nah
(4. Mose 13–14)

[19] Auf Befehl des Herrn verließen wir
dann den Horeb und machten uns auf
den Weg zum Bergland der Amoriter.
Wir durchquerten die große, schreckliche
Wüste, die ihr ja auch kennt, und erreich-
ten Kadesch-Barnea. [20] Dort sagte ich zu
euren Eltern: »Wir sind da! Hier beginnt
das amoritische Bergland, das der Herr,
unser Gott, uns schenken will. [21] Ja, er
gibt das Land in eure Gewalt! Erobert
es, und nehmt es in Besitz! Denn so hat
es euch der Herr, der Gott eurer Vorfah-
ren, befohlen. Habt keine Angst! Lasst
euch nicht entmutigen!«

[22] Darauf entgegnete das ganze Volk:
»Wir würden lieber einige Männer vo-
rausschicken, die das Land erkunden.
Sie können herausfinden, auf welchem
Weg wir am besten hineinkommen und
welche Städte es dort gibt.« [23] Der Vor-
schlag gefiel mir, und ich wählte zwölf
Männer aus, einen aus jedem Stamm.
[24] Sie zogen ins Bergland hinauf und er-
kundeten es bis zum Eschkoltal. [25] Als
sie zurückkamen, brachten sie uns Früch-
te von dort mit und erklärten: »Das Land
ist gut, das der Herr, unser Gott, uns
gibt.«

[26] Aber eure Eltern wollten es nicht er-
obern. Sie weigerten sich, dem Herrn,
ihrem Gott, zu gehorchen. [27] Ängstlich
hockten sie in ihren Zelten und klagten:
»Der Herr hasst uns! Er hat uns nur aus
Ägypten geholt, damit die Amoriter uns
angreifen und vernichten! [28] Warum soll-
ten wir ihnen freiwillig in die Arme lau-
fen? Die Kundschafter haben uns allen
Mut genommen. Sie haben gesagt, dass
die Menschen dort stärker und größer
sind als wir. Ihre Städte sind Festungen,
die bis zum Himmel reichen! Auch die
Anakiter leben dort; sie sind Riesen!«

[29] Ich erwiderte: »Lasst euch doch kei-
ne Angst einjagen! Fürchtet euch nicht
vor ihnen! [30] Der Herr, euer Gott, geht
vor euch her! Er selbst kämpft für euch,
genau wie er es in Ägypten getan hat. Ihr
habt es doch mit eigenen Augen gesehen!
[31] Und ihr habt auch erlebt, wie der Herr,
euer Gott, euch auf dem Weg durch die
Wüste geholfen hat. Bis hierher hat er
euch getragen wie ein Vater sein Kind.«
[32] Trotzdem haben eure Eltern dem
Herrn, ihrem Gott, nicht vertraut. [33] Da-
bei ist er doch sichtbar vor unserem Volk
hergegangen und hat uns von einem La-
gerplatz zum nächsten geführt! Nachts
hat er mit seinem Feuer unseren Weg er-
leuchtet, und am Tag war er in der Wolke
bei uns.

[34] Dem Herrn war das Geschrei eurer
Eltern nicht entgangen. Er wurde zornig
und schwor ihnen: [35] »Keiner aus dieser
widerspenstigen Generation wird das gu-
te Land sehen, das ich euren Vorfahren
versprochen habe. [36] Nur Kaleb, der Sohn
Jefunnes, wird hineinkommen. Ihm und
seinen Nachkommen werde ich das Ge-
biet geben, das er erkundet hat. Denn er
hat treu zu mir gehalten.«

[37] Auch auf mich wurde der Herr euret-
wegen zornig und sagte zu mir: »Du wirst
das Land ebenfalls nicht betreten. [38] An
deiner Stelle wird Josua hineingehen,
der Sohn Nuns, der dir bei deinen Auf-
gaben geholfen hat. Ermutige ihn! Denn
er soll Kanaan unter den Israeliten auf-
teilen.« [39] Zu euren Eltern sagte der Herr:
»Eure Kinder, die heute noch nicht Gut
und Böse unterscheiden können, werden
in das Land hineingehen. Ja, eure kleinen
Kinder, die ihr schon in den Händen eu-
rer Feinde gesehen habt, werden es ein-
nehmen! Ihnen will ich das Land geben.
[40] Ihr aber sollt wieder umkehren und
in die Wüste in Richtung Schilfmeer
ziehen.«

[41] Da antworteten eure Väter: »Wir ha-
ben gegen den Herrn, unseren Gott, ge-
sündigt. Jetzt wollen wir doch in das Land
gehen und kämpfen, wie er es uns befoh-
len hat.« Sie nahmen ihre Waffen und
dachten, sie könnten das Bergland mit

1,31 2 Mo 4,22*; 19,4; Hos 11,3 **1,33** 2 Mo 13,21–22* **1,36** 4 Mo 13,30* **1,37** 4 Mo 20,12; 5 Mo 3,23–27; 4,21; 32,50–52 **1,38** 4 Mo 27,18–23*; 5 Mo 34,9 **1,39** 4 Mo 14,3

Leichtigkeit erobern. 42 Der Herr aber
sprach zu mir: »Warne sie davor, ins
Bergland zu gehen und zu kämpfen! Ich
stehe ihnen nicht bei! Sie werden den
Kampf verlieren!«

43 Ich sagte es ihnen, aber sie hörten
nicht auf mich und widersetzten sich
dem Befehl des Herrn. Vermessen, wie
sie waren, zogen sie ins Bergland hinauf.
44 Da kamen ihnen die Amoriter, die dort
leben, entgegen. Wie ein Bienenschwarm
fielen sie über eure Väter her und trieben
sie auseinander. Sie jagten sie durch das
Gebirge Seïr bis nach Horma.

45 Schließlich kamen eure Väter zu-
rück, weinten und riefen zum Herrn um
Hilfe. Aber er hörte nicht auf ihr Klagen
und gab ihnen keine Antwort. 46 Danach
blieb unser Volk noch längere Zeit in Ka-
desch.

Zurück in die Wüste

2 Wir machten kehrt und zogen wieder
in die Wüste in Richtung Schilfmeer,
wie der Herr es mir befohlen hatte. Lan-
ge Zeit wanderten wir in der Gegend des
Gebirges Seïr umher.

2 Schließlich sprach der Herr zu mir:
3 »Ihr seid nun lange genug hier umherge-
zogen. Geht jetzt nach Norden, 4 und
durchquert das Gebirge Seïr, das Gebiet
der Edomiter! Sie sind euer Brudervolk,
weil sie von Esau abstammen. Sie haben
zwar Angst vor euch, 5 aber hütet euch
davor, gegen sie Krieg zu führen! Ich
werde euch keinen Fußbreit von ihrem
Land geben, denn das Gebirge Seïr ge-
hört ihnen. Sie haben es von mir bekom-
men. 6 Wenn ihr von ihnen etwas zu essen
und zu trinken wollt, dann nehmt es nicht
mit Gewalt, sondern kauft es ihnen ab.«

7 Denn der Herr, euer Gott, hat immer
dafür gesorgt, dass es euch an nichts
fehlt. Er hat euch gesegnet und all eure
Arbeit gelingen lassen. Durch diese weite
Wüste hat er euch begleitet und ist die
ganzen vierzig Jahre bei euch gewesen.

8 Wir verließen dann die Straße, die
von Elat und Ezjon-Geber durch die
Araba-Ebene nach Norden führt, und zo-
gen durch das Gebirge Seïr, wo unser
Brudervolk Edom wohnt, die Nachkom-
men Esaus. Dann zogen wir die Wüsten-
straße in Richtung Moab. 9 Dort sprach
der Herr zu mir: »Lasst auch die Moabi-
ter in Frieden! Sie sind die Nachkommen
Lots. Fangt keinen Krieg mit ihnen an!
Ich werde euch nichts von ihrem Gebiet
geben, denn ich habe ihnen das Land Ar
geschenkt.«

10 Früher hatten dort die Emiter gelebt,
ein mächtiges und großes Volk von hoch
gewachsenen Menschen. 11 Man hielt sie
für Riesen – wie die Anakiter. Den Na-
men Emiter (»die Schrecklichen«) gaben
ihnen die Moabiter.

12 Auch im Gebirge Seïr hatte früher
ein anderes Volk gelebt, die Horiter.
Doch die Edomiter vertrieben und ver-
nichteten die Horiter und ließen sich an
ihrer Stelle dort nieder, so wie die Israe-
liten die Gebiete in Besitz nahmen, die
der Herr ihnen gegeben hatte.

Die ältere Generation ist tot

13 Der Herr befahl: »Macht euch auf, und
überquert den Seredbach!« Wir gehorch-
ten. 14 Seit unserem Aufbruch von Ka-
desch-Barnea waren achtunddreißig Jah-
re vergangen. Inzwischen lebte keiner
mehr von der Generation, die damals im
wehrfähigen Alter gewesen war. Sie wa-
ren alle gestorben, wie der Herr es ge-
schworen hatte. 15 Der Herr hatte sich ge-
gen sie gewandt und sie vernichtet, bis
keiner von ihnen mehr übrig blieb. 16 Als
sie alle tot waren, 17 sprach der Herr zu
mir: 18 »Ihr durchquert jetzt das Moabiter-
land bei Ar, 19 bis ihr das Gebiet der Am-
moniter erreicht. Auch sie sind Nachkom-
men Lots. Greift sie nicht an, sondern
lasst sie in Frieden! Ich werde euch nichts
von ihrem Land geben, denn es gehört
ihnen. Sie haben es von mir bekommen.«

1,46 4 Mo 20,1 **2,1** 4 Mo 21,4 **2,4–8** 4 Mo 20,14–21 **2,5** 1 Mo 36,8 **2,9** 1 Mo 19,37 **2,12** 1 Mo 14,6; 36,20–30 **2,14** 4 Mo 14,29 **2,19** 1 Mo 19,38

20 Auch in diesem Land sollen einmal
Riesen gelebt haben. Die Ammoniter
nannten sie Samsummiter. 21 Sie waren
ein mächtiges und großes Volk von hoch
gewachsenen Menschen wie die Anaki-
ter. Doch der Herr half den Ammoni-
tern, sie aus ihrem Land zu vertreiben
und sich an ihrer Stelle dort niederzulas-
sen. 22 Genauso haben die Edomiter mit
der Hilfe des Herrn die Horiter vernich-
tet und sich im Gebirge Seïr angesiedelt,
wo sie bis heute leben. 23 Das Gleiche
machten die Kaftoriter mit den Awitern
in den Dörfern um Gaza. Als sie aus Kaf-
tor kamen, töteten sie die Awiter und sie-
delten sich an ihrer Stelle dort an.

Der Kampf gegen König Sihon
(4. Mose 21,21–31)

24 Der Herr befahl uns: »Brecht auf! Über-
quert den Arnonfluss! Ihr werdet sehen:
Ich gebe Sihon, den Amoriterkönig aus
Heschbon, und sein Reich in eure Gewalt.
Greift ihn an! Erobert sein Land! 25 Ab
heute lasse ich weit und breit die Völker
vor euch zittern. Alle, die von euch hören,
werden große Angst bekommen.«

26 Da sandte ich von der Wüste Kede-
mot aus Boten zu König Sihon nach
Heschbon. Sie sollten ihn freundlich bit-
ten, 27 uns durch sein Land ziehen zu las-
sen. Wir versprachen ihm: »Wir werden
immer auf der Straße bleiben und sie nir-
gends verlassen. 28 Was wir von euch zu
essen und zu trinken bekommen, werden
wir bezahlen. Wir wollen nur euer Land
durchqueren, 29 so wie wir es bei den Edo-
mitern im Gebirge Seïr und bei den Moa-
bitern im Land Ar durften. Wir möchten
auf die andere Seite des Jordan. Dort
liegt das Land, das der Herr, unser Gott,
uns schenken will.«

30 Aber König Sihon aus Heschbon wei-
gerte sich, uns durchzulassen. Der Herr,
euer Gott, ließ ihn hart und unnachgiebig
bleiben, denn er wollte ihn in unsere Ge-
walt geben. So geschah es dann auch.
31 Der Herr sprach zu mir: »Heute begin-
ne ich damit, euch Sihon und sein Land
auszuliefern. Zieht los, erobert sein Ge-
biet, und nehmt es in Besitz!«

32 Sihon kam uns mit seinem ganzen
Heer entgegen, um bei Jahaz mit uns zu
kämpfen. 33 Aber der Herr ließ uns sie-
gen. Wir töteten Sihon, seine Söhne und
seine Soldaten. 34 Dann eroberten wir alle
seine Städte und vollstreckten an ihnen
Gottes Urteil. Wir töteten die ganze Be-
völkerung, Männer, Frauen und Kinder,
niemanden ließen wir am Leben. 35 Als
Beute behielten wir nur das Vieh und al-
les Wertvolle aus den Städten.

36 Zwischen Aroër am Rand des Ar-
nontals, der Stadt unten am Fluss und
dem Gebiet Gilead gab es keine Ort-
schaft, die uns standhalten konnte. Über-
all ließ uns der Herr, unser Gott, siegen.
37 Wir haben aber nicht versucht, das
Land der Ammoniter in unsere Gewalt
zu bringen, weder das Ostufer des Jab-
bokflusses noch die Städte im Gebirge.
Denn der Herr hatte es uns verboten.

König Og wird besiegt
(4. Mose 21,33–35)

3 Wir zogen dann auf der Straße nach
Baschan weiter. Von dort kam uns
König Og mit seinem ganzen Heer ent-
gegen, um bei Edreï mit uns zu kämpfen.
2 Der Herr sprach zu mir: »Hab keine
Angst vor ihm! Ich gebe ihn, sein ganzes
Heer und sein Land in eure Gewalt. Ihr
sollt ihn vernichten wie den Amoriterkö-
nig Sihon aus Heschbon.«
3 Mit der Hilfe des Herrn, unseres Got-
tes, besiegten wir auch König Og. Wir tö-
teten ihn und seine Soldaten, keiner von
ihnen entkam. 4 Das ganze Königreich
Baschan nahmen wir ein: das Gebiet von
Argob mit den sechzig Städten König
Ogs. Keine Stadt blieb verschont. 5 Jede
von ihnen war eine Festung mit hohen
Mauern und verriegelbaren Toren. Dazu
kamen noch sehr viele Ortschaften ohne

2,24 4 Mo 21,13 **2,25** 2 Mo 23,27–28* **2,34** 7,2*

schützende Mauern. [6]Wir vollstreckten
an ihnen Gottes Urteil, wie wir es im
Land König Sihons von Heschbon getan
hatten. Die ganze Bevölkerung, Männer,
Frauen und Kinder, töteten wir. [7]Nur das
Vieh und alles Wertvolle aus den Städten
behielten wir für uns.

[8]So entrissen wir den beiden amoriti-
schen Königen das Land östlich des Jor-
dan zwischen dem Arnonfluss im Süden
und dem Berg Hermon im Norden.
[9]Diesen Berg nennen die Sidonier Sirjon
und die Amoriter Senir. [10]Wir eroberten
alle Städte der Hochebene, ganz Gilead
und ganz Baschan bis zu den Städten Sal-
cha und Edreï, die zu Ogs Reich gehört
hatten.

[11]König Og war der letzte lebende Rie-
se gewesen. In Rabba, der ammoniti-
schen Hauptstadt, steht noch sein eiser-
ner Sarg. Er ist viereinhalb Meter lang
und zwei Meter breit.

Die Verteilung des Ostjordanlands (4. Mose 32)

[12]Als wir das Ostjordanland eingenom-
men hatten, gab ich den Stämmen Ruben
und Gad die südliche Hälfte mit allen
Städten. Dieses Gebiet erstreckt sich
von Aroër am Arnonfluss im Süden über
das halbe Bergland von Gilead nach Nor-
den. [13]Die nördliche Hälfte von Gilead
und das Land Baschan habe ich dem hal-
ben Stamm Manasse gegeben. Im Land
Baschan liegt das Gebiet von Argob, wo
früher König Og geherrscht hat. Man
nennt Baschan das Land der Riesen.
[14]Jaïr, ein Nachkomme Manasses, und
seine Sippe hatten Argob bis dorthin er-
obert, wo es im Osten an das Land der
Geschuriter und Maachatiter grenzt. Die
Ortschaften in ihrem Gebiet nannten sie
nach ihrer Sippe »Dörfer Jaïrs«. So hei-
ßen sie noch heute.

[15]Das nördliche Gilead habe ich der
Sippe Machir gegeben. [16]Ihr Gebiet
reicht im Süden bis zum Jabbokfluss.
Dort beginnt der Teil von Gilead, der
den Stämmen Ruben und Gad gehört.
Das Gebiet von Ruben und Gad wird im
Osten vom Oberlauf des Jabbok be-
grenzt. Auf der anderen Seite leben die
Ammoniter. Die Südgrenze bildet der
Arnonfluss. [17]Im Westen reicht das Land
Gilead bis ins Jordantal hinab. Die Gren-
ze folgt dem Fluss vom See Genezareth
bis zur Einmündung ins Tote Meer unter-
halb der Berghänge des Pisga.

[18]Damals sagte ich zu den Stämmen
Ruben, Gad und Manasse: »Der Herr,
euer Gott, schenkt euch dieses Land für
immer. Trotzdem sollt ihr mit euren Bru-
derstämmen den Jordan überqueren und
ihnen helfen, Kanaan zu erobern. Eure
wehrfähigen Männer sollen bewaffnet an
der Spitze der Israeliten hinüberziehen.
[19]Nur eure Frauen und Kinder dürft ihr
hier lassen. Sie sollen in den Städten blei-
ben, die ich euch zugeteilt habe. Das gilt
auch für das Vieh, denn ich weiß, dass ihr
große Herden besitzt. [20]Erst wenn der
Herr, euer Gott, euren Brüdern das Land
westlich des Jordan gegeben hat und sie
dort in Frieden leben können, so wie ihr
jetzt hier, erst dann dürft ihr in eure Ge-
biete zurückkehren.«

[21]Zu Josua sagte ich damals: »Du hast
mit eigenen Augen gesehen, wie der
Herr, euer Gott, die beiden Könige Sihon
und Og vernichtet hat. Dasselbe wird mit
allen Königreichen geschehen, in die ihr
kommt. [22]Habt keine Angst! Der Herr,
euer Gott, kämpft für euch!«

Mose will nach Kanaan

[23]In dieser Zeit flehte ich den Herrn an:
[24]»Herr, mein Gott, dem ich diene! Du
hast gerade erst begonnen, mir deine
Größe und Macht zu zeigen! Wo ist ein
Gott im Himmel oder auf der Erde, der
solche Werke vollbringen kann und der
so mächtig ist wie du? [25]Ich bitte dich:
Lass mich mit hinübergehen und das gute
Land jenseits des Jordan sehen, das schö-
ne Bergland und den Libanon.«

[26]Aber der Herr war euretwegen zor-

3,6 2,34 **3,11** 2,10–11.20–21 **3,26–27** 1,37*

nig auf mich und erfüllte meine Bitte nicht. Er sagte zu mir: »Genug damit! Ich will von dieser Sache nichts mehr hören! [27] Steig auf den Gipfel des Berges Pisga, und schau nach Westen, Norden, Süden und Osten! Sieh dir das Land von dort aus an! Aber den Jordan wirst du nicht überschreiten. [28] Josua wird die Israeliten hinüberbringen und das Land unter ihnen aufteilen. Sag ihm, was er tun soll, stärke und ermutige ihn!«

[29] Wir blieben dann hier im Tal unterhalb der Stadt Bet-Peor.

Gottes Gebote sind gerecht

4 Hört mir zu, ihr Israeliten! Ich erkläre euch jetzt noch einmal die Gebote und Weisungen, nach denen ihr handeln sollt. Dann werdet ihr am Leben bleiben und das Land einnehmen, das der Herr, der Gott eurer Vorfahren, euch gibt. [2] Fügt meinen Worten nichts hinzu, und lasst nichts davon weg! Haltet euch an alle Gebote des Herrn, eures Gottes, die ich euch weitergebe. [3] Ihr habt mit eigenen Augen gesehen, wie der Herr, euer Gott, alle aus eurem Volk getötet hat, die dem Götzen Baal-Peor nachgelaufen sind. [4] Ihr aber habt dem Herrn die Treue gehalten, deshalb seid ihr noch alle am Leben.

[5] Ich habe euch die Gebote und Weisungen gegeben, die ich vom Herrn, meinem Gott, empfangen habe. Ihr sollt danach leben, wenn ihr in das Land kommt, das der Herr euch schenken will. [6] Haltet euch an diese Gebote, und befolgt sie; dann werden die anderen Völker sehen, wie weise und klug ihr seid. Wenn sie von euren Gesetzen hören, werden sie sagen: »Dieses große Volk besitzt Weisheit und Verstand!« [7] Denn kein anderes Volk, ganz gleich wie groß, hat Götter, die ihm so beistehen, wie der Herr, unser Gott, uns beisteht! Wann immer wir zu ihm rufen, hört er uns. [8] Wo ist ein Volk, groß wie wir, das so gerechte Gebote und Weisungen hat, wie ich sie euch heute gebe?

[9] Hütet euch davor, etwas von dem, was ihr gesehen habt, zu vergessen! Erinnert euch euer Leben lang daran, und erzählt es euren Kindern und Enkeln weiter! [10] Denkt daran, wie ihr euch am Berg Horeb in der Gegenwart des Herrn, eures Gottes, versammelt habt. Damals forderte der Herr mich auf: »Lass die Israeliten hier bei mir zusammenkommen, ich will zu ihnen sprechen. Sie sollen lernen, mich zu achten und ihren Kindern meine Worte weiterzusagen.«

[11] Da seid ihr alle zum Fuß des Berges gekommen. Der Berg brannte, Feuer loderte bis zum Himmel, und dunkle Wolken umhüllten ihn. [12] Aus dem Feuer sprach der Herr, euer Gott, zu euch. Seine Gestalt habt ihr nicht gesehen, nur seine Stimme konntet ihr hören. [13] Er sagte, dass er einen Bund mit euch schließen wollte, an den ihr euch halten solltet. Er gab euch die Zehn Gebote und schrieb sie auf zwei Steintafeln. [14] Mir befahl er, euch seine Gebote und Weisungen zu erklären. Sie sollen euer Leben in dem Land bestimmen, in das ihr nun zieht und das ihr in Besitz nehmen werdet.

Macht euch kein Bild von Gott!

[15] Als der Herr, euer Gott, am Berg Horeb aus dem Feuer zu euch sprach, habt ihr seine Gestalt nicht gesehen. Hütet euch deshalb davor, [16] euch eine Götzenstatue anzufertigen. Denn damit stürzt ihr euch ins Verderben! Macht euch kein Abbild von einem männlichen oder weiblichen Lebewesen: [17] von einem Landtier, einem Vogel, [18] einem Kriechtier oder einem Fisch. [19] Lasst euch auch nicht dazu verleiten, die Sonne, den Mond und die Sterne am Himmel anzubeten und zu ver-

---

3,28 4 Mo 27,18–23*; 5 Mo 34,9 **4,1** 5,32–33; 6,24; 8,1; 30,16.19–20; 3 Mo 18,5 **4,2** 13,1; Offb 22,18–19 **4,3** 4 Mo 25,1–9 **4,6** Jes 2,3 **4,7** Ps 50,15; 145,18 **4,9** 2 Mo 10,2; 13,8; 5 Mo 6,7; 11,19; 31,12–13; 32,45–46; Ps 78,2–8; 145,4 **4,11** 2 Mo 19,17–18 **4,13** 2 Mo 20,1–17; 31,18 **4,15–18** 2 Mo 20,3–5* **4,19** 2 Kön 17,16

ehren. Sollen die anderen Völker ihnen
doch dienen! Gott hat sie dazu bestimmt.
20 Euch aber hat der Herr aus Ägypten
gerettet wie aus einem glühenden Ofen,
damit ihr sein Volk werdet, wie ihr es ja
heute seid.

21 Euretwegen war der Herr zornig auf
mich und schwor: »Du wirst den Jordan
nicht überqueren und nicht in das gute
Land kommen, das ich, der Herr, euer
Gott, euch schenken will.« 22 Ich werde
also hier in diesem Land sterben und
den Jordan nicht überschreiten. Ihr aber
geht hinüber und nehmt das gute Land
dort ein. 23 Vergesst auf keinen Fall den
Bund, den der Herr, euer Gott, mit euch
geschlossen hat. Macht euch keine
Götzenfiguren in Gestalt irgendeines
Lebewesens. Der Herr hat es verboten.
24 Denn der Herr, euer Gott, ist ein Feuer,
dem nichts standhalten kann. Er duldet
keine anderen Götter neben sich.

25 Wenn ihr dann schon längere Zeit im
Land Kanaan lebt und Kinder und Enkel
habt, geratet ihr womöglich auf Abwege:
Ihr fertigt euch eine Götzenstatue in Ge-
stalt irgendeines Lebewesens an und tut
damit, was der Herr, euer Gott, ver-
abscheut! Ihr fordert seinen Zorn heraus.
26 So rufe ich heute Himmel und Erde als
Zeugen an: In diesem Fall werdet ihr mit
Sicherheit schnell aus dem Land ver-
schwinden, das ihr jetzt erobert. Ihr
werdet nicht lange dort bleiben, sondern
völlig vernichtet werden. 27 Der Herr wird
euch vertreiben, und nur wenige von euch
werden in den fremden Ländern über-
leben, in die er euch bringen wird. 28 Dort
müsst ihr Göttern dienen, die von Men-
schen gemacht sind, Götzen aus Holz und
Stein, die nicht sehen, nicht hören, nicht
essen und nicht riechen können.

29 Dann werdet ihr den Herrn, euren
Gott, suchen. Und ihr werdet ihn finden,
wenn ihr ehrlich und von ganzem Herzen
nach ihm fragt. 30 Wenn euch all dies am
Ende der Zeit zustößt, werdet ihr in eurer
Not zum Herrn, eurem Gott, zurückkeh-
ren und wieder auf ihn hören. 31 Denn der
Herr, euer Gott, ist barmherzig. Er gibt
euch nicht auf und lässt euch niemals un-
tergehen. Für immer hält er an dem Bund
fest, den er mit euren Vorfahren geschlos-
sen hat. Denn das hat er geschworen.

Vergesst nicht, was Gott für euch getan hat!

32 Denkt doch an die vergangenen Zeiten!
Ist jemals etwas so Wunderbares gesche-
hen wie das, was ihr erlebt habt? Wird
irgendwo Ähnliches berichtet, seit Gott
den Menschen geschaffen hat? Auf der
ganzen Erde werdet ihr nichts Vergleich-
bares finden! 33 Hat je ein Volk Gottes
Stimme aus dem Feuer gehört wie ihr,
ohne dabei zu sterben? 34 Oder hat ein
Gott jemals versucht, ein ganzes Volk
mitten aus einem fremden Land heraus-
zuholen und es zu seinem Eigentum zu
machen – so wie der Herr, euer Gott, es
mit euch in Ägypten getan hat? Vor eu-
ren Augen bewies er seine Macht durch
große Wunder, er versetzte eure Feinde
in Angst und Schrecken und kämpfte
selbst für euch. So habt ihr seine große
Stärke erfahren.

35 Dies alles habt ihr gesehen, damit ihr
erkennt: Der Herr allein ist Gott; es gibt
keinen außer ihm. 36 Vom Himmel her
ließ er euch seine Stimme hören, um euch
zu sagen, was er von euch will. Auf der
Erde hat er euch sein Feuer gezeigt und
aus den Flammen zu euch gesprochen.
37 Schon eure Vorfahren hat er geliebt
und euch, ihre Nachkommen, als sein
Volk auserwählt. Deshalb hat er selbst
euch mit Macht aus Ägypten befreit.
38 Und jetzt vertreibt er ganze Völker,
die größer und stärker sind als ihr, und
gibt euch für immer ihr Land.

39 So begreift doch endlich, und nehmt

4,20 2 Mo 19,5–6*; 20,2* **4,21** 1,37* **4,24** 9,3; Hebr 12,29 **4,26** 30,19; 31,28; 32,1; Jes 1,2 **4,28** 28,64; Ps 115,4–7 **4,29–31** 30,1–10; Jer 29,13–14 **4,33** 2 Mo 20,19 **4,34** 2 Mo 7,3–5; 5 Mo 7,19; 11,2; 26,8; 29,2; 34,11–12; 1 Sam 17,46; 1 Kön 20,28 **4,35** 6,4; 32,39; 1 Kön 8,60; Ps 86,10; 96,5; Jes 44,6*.9–20*; Hos 13,4; Mk 12,32 **4,36** 2 Mo 19,16–18

euch zu Herzen, was ich sage: Der Herr
ist Gott im Himmel und auf der Erde, er
allein! 40 Haltet euch an seine Gebote und
Weisungen, die ich euch heute gebe.
Dann wird es euch und euren Nachkommen gut gehen, und ihr werdet lange in dem Land leben, das der Herr, euer Gott, euch für immer gibt.

Zufluchtsorte für Totschläger

41 Zu dieser Zeit bestimmte Mose drei
Städte östlich des Jordan 42 als Zufluchts-
orte für Totschläger. Wenn jemand einen anderen versehentlich und nicht aus Feindschaft getötet hatte, konnte er in eine dieser Städte fliehen und so sein Le-
ben retten. 43 Mose wählte die Stadt Be-
zer in der Steppe der Hochebene für den Stamm Ruben aus, die Stadt Ramot in Gilead für den Stamm Gad und die Stadt Golan im Land Baschan für den Stamm Manasse.

Mose legt Israel Gottes Gesetz vor

44 Nun folgt das Gesetz, das Mose den Is-
raeliten gab. 45 All diese Gebote, Ordnun-
gen und Weisungen legte Mose dem Volk vor, als sie auf dem Weg von Ägypten her
46 im östlichen Jordantal angekommen waren. Sie lagerten gegenüber von Bet-Peor im Land des Amoriterkönigs Sihon. Sihon hatte in Heschbon gewohnt und war von den Israeliten besiegt worden, als sie unter Moses Führung aus Ägypten
kamen. 47 Nachdem sie das Königreich Si-
hons unterworfen hatten, eroberten sie auch das Land Baschan, das König Og regiert hatte. Damit gehörte ihnen das ganze Gebiet östlich des Jordan, über das die beiden amoritischen Könige geherrscht
hatten. 48 Es reichte von der Stadt Aroër
am Ufer des Arnonflusses im Süden bis zum Berg Sihon, dem Hermon, im Nor-
den 49 und umfasste das östliche Jordantal
bis hinab zu den Berghängen des Pisga am Toten Meer.

Die Zehn Gebote
(2. Mose 20,1–17)

5 Mose rief das ganze Volk zusammen und sagte:
Hört mir zu, ihr Israeliten! Ich gebe euch jetzt die Gebote und Weisungen des Herrn. Prägt sie euch ein, und lebt
nach ihnen! 2 Der Herr, unser Gott, hat am Berg Horeb einen Bund mit uns ge-
schlossen. 3 Er galt nicht unseren Vorfah-
ren, sondern uns, die wir heute leben.
4 Der Herr ist euch am Horeb begegnet und hat aus dem Feuer zu euch gespro-
chen. 5 Ich stand zwischen ihm und euch,
um euch seine Worte weiterzugeben. Denn ihr seid aus Angst vor dem Feuer nicht selbst auf den Berg gestiegen. Der Herr sprach:
6 »Ich bin der Herr, dein Gott; ich habe
dich aus der Sklaverei in Ägypten befreit.
7 Du sollst außer mir keine anderen
Götter verehren! 8 Fertige dir keine Göt-
zenstatue an, auch kein Abbild von irgendetwas am Himmel, auf der Erde oder
im Meer. 9 Wirf dich nicht vor solchen
Götterfiguren nieder, bring ihnen keine Opfer dar! Denn ich bin der Herr, dein Gott. Ich dulde keinen neben mir! Wer mich verachtet, den werde ich bestrafen. Sogar seine Kinder, Enkel und Urenkel
werden die Folgen spüren! 10 Doch denen,
die mich lieben und sich an meine Gebote halten, bin ich gnädig. Sie und ihre Nachkommen werden meine Liebe erfahren über Tausende von Generationen.
11 Du sollst meinen Namen nicht miss-
brauchen, denn ich bin der Herr, dein Gott! Ich lasse keinen ungestraft, der das tut.
12 Achte den Sabbat als einen Tag, der
mir allein geweiht ist! So habe ich es dir
befohlen. 13 Sechs Tage sollst du deine Ar-
beit verrichten, 14 aber der siebte Tag ist
ein Ruhetag, der mir, dem Herrn, deinem Gott, gehört. An diesem Tag sollst du nicht arbeiten, weder du noch deine Kinder, weder dein Knecht noch deine

---

4,41–43 19,1–13; 4 Mo 35,9–28 **4,46** 4 Mo 21,24 **4,47** 4 Mo 21,35 **5,2** 2 Mo 24,1–8 **5,5** 2 Mo 20,18

Die Eltern ehren

Lesen Sie 5. Mose 5,16

Das Gebot, unsere Eltern zu ehren, ist nie aufgehoben worden. Es gilt, solange sie leben.

Das Wort „ehren" bedeutet „Respekt erweisen". Dazu gehört, die Eltern mit Freundlichkeit und Würde zu behandeln. Nicht alle Eltern führen ein ehrenwertes Leben. Es mag sein, dass ihr Verhalten keinen Respekt verdient. Dennoch sind sie nach dem Ebenbild Gottes geschaffen, und das macht sie aller Ehre wert. Wir können ihnen Respekt erweisen für ihr Menschsein und ihre Stellung als unsere Eltern, auch wenn wir mit ihrem Verhalten nicht einverstanden sind. Es ist auf jeden Fall immer richtig, unsere eigenen Eltern und die unseres Ehepartners zu ehren. Wenn wir die Eltern „verlassen", um zu heiraten, entbindet uns das nicht von der Verantwortung, ihnen Ehre zu erweisen.

Wie aber können wir diese Ehrerbietung im Alltag zum Ausdruck bringen? Wir ehren die Eltern ganz praktisch, indem wir sie besuchen, anrufen, ihnen schreiben. Dadurch zeigen wir ihnen, dass wir sie immer noch lieben und unser Leben mit ihnen teilen möchten. „Verlassen" ist nicht gleichbedeutend mit „im Stich lassen". Regelmäßiger Kontakt gehört zur Ehrerbietung gegenüber den Eltern. Wenn wir nicht mehr mit unseren Eltern kommunizieren, sagen wir ihnen dadurch: „Du bist mir gleichgültig."

Nehmen Sie sich Zeit, um allein oder als Paar gemeinsam zu beten. Danken Sie Gott für Ihre Eltern (oder andere Personen, die für Sie wie Vater und Mutter waren) und für ihren Einfluss auf Ihr Leben. Bekennen Sie Gott auch die ungelösten Probleme, die Sie mit Ihren Eltern haben. Bitten Sie ihn, dass er Ihnen dabei hilft, Ihre Eltern zu ehren, und dass er die Beziehung zu Ihren Eltern stärkt.

Wenn Sie noch mehr Zeit haben …

Besprechen Sie miteinander folgende Fragen oder denken Sie darüber nach:

- Welches Vorbild geben Sie Ihren Kindern im Umgang mit Ihren Eltern?
- Wie hat Ihre eigene Einstellung zu Ihren Eltern die Beziehung Ihres Ehepartners und Ihrer Kinder zu ihnen beeinflusst?
- Was hindert Sie daran, ein besseres Verhältnis zu Ihren Eltern aufzubauen und sie mehr zu ehren?

Lesen Sie auch die folgenden Abschnitte zum Thema Die Eltern ehren:

2. Mose 20,12; Jeremia 35,1-16; Epheser 6,1-3.

An einem Tisch vereint

Lesen Sie 5. Mose 6,4-9

Wo finden wir in unserer schnelllebigen Zeit Gelegenheit, die Beziehungen in unserer Familie bewusst zu stärken und unseren Kindern die Gebote Gottes weiterzugeben, wie Gott es in 5. Mose 6,6-7 anordnet? Versuchen Sie es doch einmal am Esstisch.

Wenn Sie ein wenig planen, etwas kreativ und flexibel sind, kann das gemeinsame Abendbrot die Zeit werden, in der man miteinander redet, Familie lebt und einander zuhört, wenn Erlebnisse, Gefühle und Probleme zur Sprache kommen. Der Esstisch wird zu dem Ort, an dem sich unsere Beziehung zueinander vertieft.

Manchmal (vor allem wenn man Kinder im Teenager-Alter hat) ist es schier unmöglich, einen Termin für die gemeinsame Mahlzeit zu finden. Das Abendbrot wird dann wohl immer zu unterschiedlichen Zeiten irgendwann zwischen 16 und 21 Uhr stattfinden müssen, je nachdem, ob jemand gerade Überstunden machen muss, Basketball-Training, eine Theaterprobe oder Klavierunterricht hat. Doch es lohnt sich, eine gemeinsame Zeit zu finden. Wahrscheinlich wird dies später zu Ihren schönsten Erinnerungen an die Familie gehören.

Wenn es mit dem gemeinsamen Abendessen nicht klappt, dann reden Sie doch miteinander, wenn Sie unterwegs sind. Nutzen Sie die Zeiten im Auto, während Sie zur Schule, zur Gemeinde, zum Einkaufen oder zum Training fahren. Es sind hervorragende Gelegenheiten, als Familienmitglieder miteinander ins Gespräch zu kommen. Es ist vielleicht nicht immer ideal, um die Kinder zu unterweisen, doch man kann hier ganz praktisch anwenden, wozu Gott uns in 5. Mose 6,6-7 auffordert. Das kann Ihre Familie nachhaltig verändern.

Nehmen Sie sich Zeit, um allein oder als Paar gemeinsam zu beten. Bitten Sie Gott, dass er Ihnen hilft ...

- Zeiten zu finden, in denen Sie als Familie regelmäßig zusammenkommen und Ihre Beziehung zueinander stärken;
- in diesen Zeiten Gottes Weisungen weiterzugeben;
- Ihre ganze Familie für dieses Vorhaben zu gewinnen.

Wenn Sie noch mehr Zeit haben ...

Besprechen Sie miteinander folgende Fragen oder denken Sie darüber nach:

- Welche Erinnerungen aus Ihrer Jugend haben Sie an gemeinsame Mahlzeiten in Ihrer Familie?
- Haben Sie den Eindruck, dass Sie über den Alltag Ihrer Familienmitglieder ausreichend informiert sind? Erläutern Sie Ihre Eindrücke näher.
- Was finden Sie besser: zu einem bestimmten Thema zusammenzukommen (bzw. es unterwegs zu besprechen) oder dem Gespräch freien Lauf zu lassen? Begründen Sie Ihre Meinung.

Lesen Sie auch die folgenden Abschnitte zum Thema Familie:
5. Mose 4,9-10; Psalm 78,3-8; Epheser 6,4.

Den nächsten Impuls finden Sie auf S. 202 a

Magd, weder dein Rind noch dein Esel, noch ein anderes deiner Tiere, auch nicht der Fremde, der bei dir lebt. Dein Knecht und deine Magd sollen genauso ausruhen wie du. 15 Vergiss nicht, dass auch du einmal Sklave in Ägypten warst und dass ich, der Herr, dein Gott, dich von dort mit gewaltigen Taten und großer Macht befreit habe. Deshalb habe ich dir befohlen, den Sabbat als einen Tag zu achten, der mir gehört.

16 Ehre deinen Vater und deine Mutter! Das befehle ich, der Herr, dein Gott. Dann wird es dir gut gehen, und du wirst lange in dem Land leben, das ich dir gebe.

17 Du sollst nicht töten.

18 Du sollst nicht die Ehe brechen.

19 Du sollst nicht stehlen.

20 Sag nichts Unwahres über deinen Mitmenschen!

21 Du sollst nicht die Frau eines anderen Mannes begehren!

Begehre auch nichts von dem, was deinem Mitmenschen gehört: weder sein Haus noch sein Feld, seinen Knecht oder seine Magd, Rinder, Esel oder irgendetwas anderes, was ihm gehört.«

22 Diese Worte sprach der Herr am Berg Horeb zu euch allen. Ihr habt dort seine gewaltige Stimme aus dem Feuer und aus der dunklen Wolke gehört. Anschließend schrieb er die Gebote auf zwei Steintafeln und gab sie mir.

Israel will Gott gehorchen (2. Mose 20,18–21)

23 Als ihr die Stimme des Herrn aus der dunklen Wolke hörtet und den Berg in Flammen saht, kamen die Oberhäupter eurer Stämme und Sippen zu mir 24 und sagten: »Der Herr, unser Gott, hat uns seine Macht und Herrlichkeit gezeigt! Heute haben wir seine Stimme aus dem Feuer gehört und erlebt, dass Menschen nicht sterben müssen, wenn Gott mit ihnen redet. 25 Trotzdem haben wir Angst, dass uns dieses gewaltige Feuer umbringt! Wenn wir weiter die Stimme des Herrn, unseres Gottes, hören, werden wir mit Sicherheit umkommen! 26 Hat schon jemals ein Mensch den lebendigen Gott aus einem Feuer reden hören wie wir und ist am Leben geblieben? 27 Darum geh du allein hin und höre, was der Herr, unser Gott, uns zu sagen hat; teil uns dann alles mit! Wir werden uns genau daran halten.«

28 Der Herr hörte eure Bitte und sprach zu mir: »Was die Israeliten vorschlagen, ist gut. 29 Mögen sie immer so große Achtung vor mir haben und stets bereit sein, nach meinen Geboten zu leben! Dann wird es ihnen und ihren Nachkommen für alle Zeiten gut gehen. 30 Geh und sag ihnen, sie sollen zu ihren Zelten zurückkehren. 31 Du aber bleib hier bei mir! Ich will dir alle Gebote, Weisungen und Ordnungen mitteilen, und du sollst sie dann den Israeliten erklären. Sie sollen sich danach richten, wenn sie in dem Land leben, das ich ihnen schenken will.«

32 Darum haltet euch an die Gebote des Herrn, eures Gottes, und weicht nicht davon ab! 33 Folgt immer dem Weg, den der Herr, euer Gott, euch gewiesen hat! Dann werdet ihr am Leben bleiben. Es wird euch gut gehen, und ihr werdet für immer in eurem Land wohnen können.

Ihr sollt Gott von Herzen lieben!

6 Dies sind die Gebote, Ordnungen und Weisungen, die ich euch im Auftrag des Herrn, eures Gottes, weitergeben soll. Ihr sollt euch daran halten, wenn ihr das Land besitzt, in das ihr nun hinüberzieht. 2 Euer ganzes Leben lang sollt ihr und eure Nachkommen Ehrfurcht vor dem Herrn, eurem Gott, haben. Befolgt seine Ordnungen und Gebote, die ihr von mir bekommt! Dann werdet ihr lange leben. 3 Hört also gut zu, ihr Israeliten, und tut, was der Herr euch sagt! Dann wird es euch gut gehen: Ihr werdet in einem Land wohnen, in

---

5,15 15,15; 16,12; 24,18.22 **5,22–27** Hebr 12,18–19 **5,26** 4,33 **5,32–33** 4,1* **6,3** 4 Mo 13,27*; 1 Mo 12,2*; 2 Mo 3,8

dem Milch und Honig fließen, und ihr
werdet dort viele Kinder haben. Das hat
euch der Herr, der Gott eurer Vorfahren,
versprochen.
[4]Hört, ihr Israeliten! Der Herr ist un-
ser Gott, der Herr allein. [5]Ihr sollt ihn
von ganzem Herzen lieben, mit ganzer
Hingabe, mit all eurer Kraft. [6]Bewahrt
die Worte im Herzen, die ich euch heute
sage! [7]Prägt sie euren Kindern ein! Re-
det immer und überall davon, ob ihr zu
Hause oder unterwegs seid, ob ihr euch
schlafen legt oder aufsteht. [8]Schreibt
euch diese Worte zur Erinnerung auf ein
Band, und bindet es um die Hand und die
Stirn! [9]Ritzt sie ein in die Pfosten eurer
Haustüren und Stadttore!
[10]Der Herr, euer Gott, wird euch nun
in das Land bringen, das er euren Vorfah-
ren Abraham, Isaak und Jakob mit einem
Eid versprochen hat. Er wird euch dort
große und schöne Städte geben, die ihr
nicht erbaut habt, [11]Häuser voller Güter,
für die ihr nicht arbeiten musstet, Zister-
nen, die ihr nicht ausgehoben habt, und
Weinberge und Olivenhaine, die ihr nicht
angelegt habt. Ihr werdet essen können,
soviel ihr wollt.
[12]Aber achtet darauf, dass ihr den
Herrn nicht vergesst, euren Gott, der
euch aus der Sklaverei in Ägypten befreit
hat. [13]Nur vor ihm sollt ihr Ehrfurcht ha-
ben, nur ihm dienen und nur bei seinem
Namen schwören! [14]Verehrt nicht die
Götter eurer Nachbarvölker! [15]Sonst
wird der Herr, euer Gott, zornig und ver-
nichtet euch. Denn er wohnt mitten unter
euch, und er duldet keinen anderen Gott
neben sich. [16]Fordert den Herrn, euren
Gott, nicht heraus, wie ihr es in Massa
getan habt![a] [17]Beachtet genau seine Ge-
bote, Weisungen und Ordnungen! [18]Tut,
was in seinen Augen gut und gerecht ist!
Dann wird es euch gut gehen, und ihr
werdet das schöne Land in Besitz neh-
men, das der Herr euren Vorfahren ver-
sprochen hat. [19]Alle eure Feinde wird er
vertreiben. So hat er es euch zugesagt.
[20]Später werden euch eure Kinder fra-
gen: »Warum hat der Herr, unser Gott,
euch all diese Gesetze, Weisungen und
Ordnungen gegeben?« [21]Dann sollt ihr
ihnen antworten: »Früher mussten wir
als Sklaven für den Pharao in Ägypten
arbeiten. Aber der Herr hat uns mit star-
ker Hand befreit. [22]Vor unseren Augen
hat er große Wunder getan und schreck-
liches Unglück über Ägypten, den Pha-
rao und seine Familie gebracht. [23]Der
Herr hat uns dort herausgeholt, um uns
in das Land zu bringen, das er unseren
Vorfahren versprochen hatte. [24]Dann
gab er uns alle diese Ordnungen, damit
wir uns daran halten und Ehrfurcht vor
ihm haben. So wird er dafür sorgen, dass
es uns gut geht und wir lange leben.
[25]Wenn wir alle diese Gebote befolgen,
die uns der Herr, unser Gott, gegeben
hat, können wir vor ihm bestehen.«

Lasst euch nicht mit den Völkern Kanaans ein!
(2. Mose 34,11–17)

7 Der Herr, euer Gott, wird euch in das
Land bringen, das ihr in Besitz neh-
men sollt. Dort wird er mächtige Völker
vertreiben und euch ihr Land geben: die
Hetiter, Girgaschiter, Amoriter, Kanaa-
niter, Perisiter, Hiwiter und Jebusiter –
sieben Völker, die größer und stärker
sind als ihr. [2]Der Herr, euer Gott, wird
sie euch ausliefern. Ihr sollt sein Urteil
an ihnen vollstrecken und sie töten. Ver-
bündet euch nicht mit ihnen, und schont
sie nicht! [3]Geht keine Ehen mit ihnen
ein! Verheiratet eure Töchter nicht mit
ihren Söhnen, und nehmt ihre Töchter
nicht als Frauen für eure Söhne! [4]Sonst
werden sie eure Kinder dazu verführen,

---

[a] Vgl. 2. Mose 17,1–7

6,4–5 4,35*; 10,12; 11,13.22; 13,4; 30,6.20; Jos 22,5; Mt 22,37–38 **6,6–9** 11,18–20; 30,11–14 **6,7** 4,9* **6,13** Mt 4,10 **6,16** Mt 4,7 **6,20** 2 Mo 12,26; 13,14 **6,24** 4,1* **6,25** Röm 2,13 **7,2** 2,34; 3,6; 13,16; 20,16–18; Jos 6,17; 10,40; Ri 1,17 **7,3–4** 1 Mo 24,3–4*; Jos 23,12–13; Ri 3,6–7; 1 Kön 11,1–2; Esr 9–10; Neh 13,23–30

dem Herrn den Rücken zu kehren und
anderen Göttern zu dienen. Darüber
würde der Herr in Zorn geraten und euch
bald vernichten. 5 Darum reißt ihre Altä-
re nieder, zerschmettert ihre heiligen
Steinsäulen, haut die Statuen der Göttin
Aschera um, und verbrennt alle anderen
Götzenfiguren!

6 Denn ihr seid ein heiliges Volk – ihr
gehört ganz dem Herrn, eurem Gott. Un-
ter allen Völkern der Welt hat er euch als
sein Volk ausgewählt. 7 Das hat er nicht
etwa getan, weil ihr zahlreicher wärt als
die anderen Völker. Denn ihr seid ja das
kleinste von allen Völkern. 8 Nein, aus
Liebe hat er sich euch zugewandt und
weil er das Versprechen halten wollte,
das er euren Vorfahren gegeben hat. Da-
rum hat er euch mit großer Macht aus der
Sklaverei in Ägypten herausgeholt, er hat
euch aus der Gewalt des Pharaos, des Kö-
nigs von Ägypten, befreit. 9 So erkennt
doch: Der Herr, euer Gott, ist der wahre
und treue Gott! Über Tausende von Ge-
nerationen steht er zu seinem Bund und
erweist allen seine Güte, die ihn lieben
und sich an seine Gebote halten. 10 Die
ihn aber hassen, bestraft er sofort mit
dem Tod. Er wartet nicht, sondern gibt
ihnen gleich, was sie verdienen.

11 Darum lebt nach den Weisungen,
Ordnungen und Geboten, die ich euch
heute gebe! 12 Wenn ihr sie befolgt, wird
der Herr sich an seinen Bund mit euch
halten. Ihr werdet weiter seine Güte er-
fahren, wie er es euren Vorfahren zu-
gesagt hat. 13 Er wird euch lieben und
segnen, euch viele Kinder schenken und
euer Volk wachsen lassen. In dem Land,
das er euren Vorfahren für euch verspro-
chen hat, werdet ihr Getreide, Weintrau-
ben und Oliven in Hülle und Fülle ern-
ten. Eure Rinder, Schafe und Ziegen
werden sich stark vermehren. 14 Ihr wer-
det reicher gesegnet sein als alle anderen
Völker. Niemand von euch wird un-
fruchtbar sein, kein Mann, keine Frau
und auch keines eurer Tiere. 15 Der Herr
wird euch vor jeder Krankheit bewahren.
Die schrecklichen Seuchen, die ihr in
Ägypten kennen gelernt habt, wird er
von euch fern halten und sie denen schi-
cken, die euch hassen.

16 Alle Völker, die der Herr in eure Ge-
walt gibt, sollt ihr auslöschen! Habt kein
Mitleid mit ihnen! Dient niemals ihren
Göttern, sonst geratet ihr in eine tödliche
Falle!

17 Vielleicht denkt ihr: »Diese Völker
sind mächtiger als wir. Wie können wir
sie vertreiben?« 18 Fürchtet euch nicht
vor ihnen! Erinnert euch nur daran, was
der Herr, euer Gott, mit dem Pharao und
den Ägyptern gemacht hat! 19 Ihr habt
doch mit eigenen Augen das Unglück
gesehen, das über Ägypten hereingebro-
chen ist. Durch große Wunder und ge-
waltige Taten hat der Herr, euer Gott,
seine Macht gezeigt und euch mit starker
Hand in die Freiheit geführt. Genauso
wird er seine Macht den Völkern zeigen,
vor denen ihr euch jetzt fürchtet. 20 Der
Herr wird Angst und Schrecken vor euch
verbreiten und auch diejenigen umkom-
men lassen, die zunächst übrig bleiben
und sich vor euch verstecken. 21 Lasst
euch also nicht von ihnen einschüchtern!
Der Herr, euer Gott, ist mitten unter
euch, ein großer Gott, den man fürchten
muss. 22 Nach und nach wird er diese Völ-
ker vertreiben. Ihr werdet sie nicht sofort
besiegen können, denn sonst würden sich
die wilden Tiere zu stark vermehren und
euch schaden.

23 Der Herr, euer Gott, liefert diese
Völker an euch aus. Er versetzt sie in
Angst und Schrecken, bis ihr sie besiegt
habt. 24 Ihre Könige gibt er in eure Ge-
walt, und ihr löscht jede Spur von ihnen
aus. Keiner wird euch standhalten. Ihr
werdet sie restlos vernichten.

25 Ihre Götzenstatuen sollt ihr verbren-
nen! Behaltet nichts von dem Silber und
Gold, mit dem sie überzogen sind. Lasst
euch davon nicht verführen! Sonst wer-
det ihr in den Götzendienst mit hinein-

7,5 12,2–3* **7,6** 2 Mo 19,5–6* **7,7** 9,4–5 **7,9** 2 Mo 20,6 **7,12–15** 11,13–15; 15,4–6; 28,1–14; 3 Mo 26,3–13 **7,17** 4 Mo 13,31 **7,19** 4,34* **7,20** 2 Mo 23,27–28* **7,22** 2 Mo 23,29

gezogen, und das hasst der Herr, euer
Gott. 26 Bringt die abscheulichen Götzen
nicht in eure Häuser, sonst trifft euch
Gottes Zorn, und ihr werdet wie sie ver-
nichtet. Wendet euch mit Ekel und Grau-
en von ihnen ab, denn Gott hat sein Ur-
teil über sie gesprochen!

Gott prüft und erzieht sein Volk

8 Haltet euch genau an alle Gebote, die
ich euch heute weitergebe! Dann wer-
det ihr am Leben bleiben, viele Kinder ha-
ben und das Land einnehmen, das der
Herr euren Vorfahren versprochen hat.
2 Erinnert euch an den langen Weg, den
der Herr, euer Gott, euch bis hierher ge-
führt hat, an die vierzig Jahre in der Wüs-
te. Er ließ euch in Schwierigkeiten gera-
ten, um euch auf die Probe zu stellen. So
wollte er sehen, wie ihr euch entscheiden
würdet: ob ihr nach seinen Geboten leben
würdet oder nicht. 3 Er legte euch Entbeh-
rungen auf und ließ euch hungern. Dann
gab er euch das Manna zu essen, das we-
der ihr noch eure Vorfahren kanntet. Er
wollte euch damit zeigen, dass der
Mensch nicht allein von Brot lebt, son-
dern von allem, was der Herr ihm zusagt.
4 In diesen vierzig Jahren ist eure Klei-
dung nicht verschlissen, und eure Füße
sind nicht geschwollen. 5 Daran könnt ihr
erkennen, dass der Herr, euer Gott, es
gut mit euch meint. Er erzieht euch wie
ein Vater seine Kinder. 6 Beachtet des-
halb seine Weisungen! Lebt so, wie es
ihm gefällt, und habt Ehrfurcht vor ihm!
7 Der Herr, euer Gott, bringt euch in
ein gutes Land. Es ist reich an Grundwas-
ser, an Quellen und Bächen, die in den
Bergen und Tälern entspringen. 8 Es gibt
dort Weizen und Gerste, Weintrauben
und Feigen, Granatäpfel, Oliven und Ho-
nig. 9 Ihr werdet nicht von karger Kost le-
ben müssen, es wird euch an nichts feh-
len. Das Gestein des Landes enthält
Eisen, und in den Bergen könnt ihr Kup-
fer gewinnen.
10 Wenn ihr dann reichlich zu essen
habt, preist den Herrn, euren Gott, für
das gute Land, das er euch geschenkt hat!
11 Hütet euch davor, ihn zu vergessen und
seine Gebote, Weisungen und Ordnun-
gen zu missachten, die ich euch heute
weitergebe. 12 Denn das könnte gesche-
hen, wenn ihr genug zu essen habt, schö-
ne Häuser baut und bewohnt, 13 wenn eu-
re Herden wachsen und ihr reich werdet
an Gold, Silber und anderen Gütern.
14 Dann könntet ihr überheblich werden
und den Herrn, euren Gott, vergessen.
Dabei hat er euch aus der Sklaverei in
Ägypten befreit. 15 Er war es, der euch
durch die große, schreckliche Wüste ge-
führt hat, wo Giftschlangen und Skorpio-
ne lauerten. In diesem ausgedörrten
Land ließ er für euch Wasser aus dem
harten Fels hervorquellen 16 und gab euch
Manna zu essen, das eure Vorfahren
nicht kannten. Durch diese schwere Zeit
wollte er euch auf die Probe stellen, um
euch danach umso mehr mit Gutem zu
beschenken.
17 Wenn dieses Gute nun kommt, sagt
nicht: »Das haben wir aus eigener
Kraft geschafft, es ist unsere Leistung!«
18 Denkt vielmehr an den Herrn, euren
Gott, der euch die Kraft gibt, Reich-
tum zu erwerben! Denn er hält sich
an den Bund, den er mit euren Vorfah-
ren geschlossen hat und der heute auch
für euch gilt.
19 Wenn ihr aber den Herrn, euren
Gott, vergesst und anderen Göttern
nachlauft, ihnen dient und sie anbetet,
werdet ihr zugrunde gehen, das versiche-
re ich euch! 20 Wenn ihr nicht auf den
Herrn, euren Gott, hört, werdet ihr ge-
nauso umkommen wie die Völker, die
der Herr für euch vernichtet.

Warnung vor Überheblichkeit

9 Hört, ihr Israeliten! Ihr werdet jetzt
den Jordan überqueren und das Land
auf der anderen Seite in Besitz nehmen.

7,26 Jos 7,1.11 **8,1** 4,1* **8,2** 1 Mo 22,1* **8,3** 2 Mo 16,13–15*; Mt 4,4 **8,5** Spr 3,11–12; Hebr 12,7
8,15 2 Mo 17,6 **9,1** 7,1; 11,23

Liebe setzt Grenzen

Lesen Sie 5. Mose 8,19-20

Die Grenze, auf die wir in 5. Mose 8,19 stoßen („Wenn ihr aber den Herrn, euren Gott, vergesst und anderen Göttern nachlauft, ihnen dient und sie anbetet, werdet ihr zugrunde gehen, das versichere ich euch!"), wird von manchen Menschen als unchristlich und lieblos empfunden. Dabei zeigt sich gerade in ihr wahre Liebe. Denn ohne Grenzen wird unser Leben haltlos. Die Liebe ist bereit, Grenzlinien zu ziehen, und sie weigert sich, ein bestimmtes Verhalten als normal anzusehen.

Manche Christen meinen, Liebe bestünde darin, dem Partner alle Wünsche zu erfüllen, egal wie er sich verhält. Doch das tut Gott nicht. Er liebt uns zwar bedingungslos, doch er verhält sich uns gegenüber unterschiedlich, je nachdem, ob wir auf ihn hören oder uns ihm widersetzen. Er hat Grenzen gezogen, und wenn wir uns an diese halten, erfahren wir seinen Segen. Wenn wir die Grenzen aber überschreiten oder uns dagegen auflehnen, liebt er uns zu sehr, als dass er dazu schweigen könnte.

Aus falsch verstandener Liebe oder auch aus Angst finden wir uns manchmal mit einer zerstörerischen Verhaltensweise unseres Partners ab, bis wir anfangen, ihn zu hassen. Sich mit sündhaftem Verhalten abzufinden, ist nicht der Weg Gottes. Dafür liebt er uns zu sehr. Je eher wir Grenzen ziehen und auch reagieren, sobald diese verletzt werden, desto besser. Wir können nur dann eine herzliche, liebevolle Beziehung genießen, wenn wir bereit sind, für unser eigenes Verhalten geradezustehen.

Nehmen Sie sich Zeit, um allein oder als Paar gemeinsam zu beten. Danken Sie Gott für die Grenzen, die er gesetzt hat, und dafür, dass er Sie zu sehr liebt, um Sie diese Grenzen übertreten zu lassen. Bitten Sie ihn um seine Hilfe, damit Sie gerne auf ihn hören und von ganzem Herzen bereit sind, seine Gebote zu befolgen.

Wenn Sie noch mehr Zeit haben ...

Besprechen Sie miteinander folgende Fragen oder denken Sie darüber nach:

- Warum ist es manchmal so schwierig, Gottes Liebe auch darin zu sehen, dass er uns Grenzen setzt?
- Wie merken Sie, ob Sie eine Grenze, die Gott gesetzt hat, übertreten haben? Woran sehen Sie, dass Ihr Mann oder Ihre Frau eine solche Grenze verletzt?
- Wie kann Ihr Partner Sie am besten darauf aufmerksam machen, dass Sie eine Grenze überschritten haben?

Lesen Sie auch die folgenden Abschnitte, in denen es um die Grenzen geht, die Gott Ihnen setzt:
5. Mose 7,12-13; Psalm 119,1-11; Matthäus 6,24.

Gefällt Gott Ihr Leben?

Die folgenden Fragen können Sie entweder allein oder als Paar gemeinsam durchgehen. Wenn jeder für sich darüber nachdenkt, verabreden Sie sich in der kommenden Woche zu einem Austausch darüber, was Sie herausgefunden haben.

1. Lesen Sie 5. Mose 10,12-21. In Matthäus 22,37-38 sagt Jesus, dass die Liebe zu Gott das wichtigste Gebot ist. Warum ist das so?

2. Was bedeutet es, den Herrn zu achten? (Siehe dazu auch Sprüche 28,14.)

3. Wie können Sie sicherstellen, dass Sie eine gesunde Ehrfurcht vor dem Herrn haben? Wie vermeiden Sie Selbstgefälligkeit?

4. Was bedeutet es, so zu leben, wie es Gott gefällt?

5. Wie würde es sich auf Ihre Ehe auswirken, wenn Sie täglich das Ziel vor Augen hätten, Gott zu gefallen?

6. Wenn Sie eine Sache über Gott stellen, wenn Sie so leben, als ob Ihnen etwas anderes wichtiger ist als Gott, dann ist das Götzendienst. Stellen Sie Gott immer an die erste Stelle? Wenn nicht, was steht zwischen ihm und Ihnen?

5. Mose 10,12

„Nun, ihr Israeliten! Was verlangt der Herr, euer Gott, von euch? Nichts anderes, als dass ihr ihn achtet und immer seinen Wegen folgt, dass ihr ihn liebt und ihm von ganzem Herzen mit aller Hingabe dient."

KONKRET:

So zu leben, wie es Gott gefällt, ist mühevoll. Es geschieht nicht von selbst. Nehmen Sie sich jetzt ein paar Minuten Zeit und schreiben Sie etwas auf, was Sie in dieser Woche tun wollen, um Gott zu gefallen. Tauschen Sie sich darüber aus.

Den nächsten Impuls finden Sie auf S. 208 a

Ihr werdet Völker von dort vertreiben,
die größer und mächtiger sind als ihr. Sie
wohnen in gewaltigen Festungen mit
himmelhohen Mauern. 2 Unter ihnen ist
auch ein mächtiges Volk von hoch ge-
wachsenen Menschen, die Anakiter. Ihr
wisst, dass man sagt: »Anakiter sind un-
besiegbar!« 3 Aber ihr werdet sehen, dass
der Herr, euer Gott, vor euch herzieht
und wie ein Feuer alles zerstört. Er be-
siegt diese Völker und gibt sie in eure
Gewalt. Mit seiner Hilfe könnt ihr sie
schnell vertreiben und vernichten. So hat
er es euch versprochen.

4 Wenn der Herr, euer Gott, dies für
euch tut, dann denkt nicht: »Wir bekom-
men dieses Land, weil wir so leben, wie es
dem Herrn gefällt.« Nein, er vertreibt
diese Völker, weil sie von ihm nichts wis-
sen wollen. 5 Nicht wegen eurer Vollkom-
menheit und Aufrichtigkeit kommt ihr
hinein! Die Bewohner Kanaans müssen
euch weichen, weil sie gottlos sind und
weil der Herr ihr Land euren Vorfahren
Abraham, Isaak und Jakob mit einem
Eid versprochen hat.

6 Begreift doch: Ihr habt dieses gute
Land nicht verdient! Im Gegenteil, ihr
seid ein widerspenstiges Volk. 7 Denkt
nur daran, und vergesst nie, wie ihr in
der Wüste den Zorn des Herrn, eures
Gottes, herausgefordert habt. Auf dem
ganzen Weg von Ägypten bis hierher
habt ihr euch gegen ihn aufgelehnt.

Das goldene Kalb
(2. Mose 31,18 – 32,10.15–18)

8 Am Berg Horeb habt ihr den Herrn so
zornig gemacht, dass er euch vernichten
wollte. 9 Ich war gerade auf den Berg ge-
stiegen, um dort vom Herrn die Stein-
tafeln mit den Geboten des Bundes zu
empfangen, den er mit euch geschlossen
hatte. Vierzig Tage und Nächte blieb
ich oben, ohne etwas zu essen und zu
trinken.

10/11 Danach übergab der Herr mir die
beiden Tafeln. Er selbst hatte die Worte
darauf geschrieben, die er aus dem Feuer
zu euch gesprochen hatte, als ihr am Fuß
des Berges versammelt wart. 12 Er sagte
zu mir: »Steig schnell hinab, denn dein
Volk, das du aus Ägypten herausgeführt
hast, hat große Schuld auf sich geladen.
Wie schnell haben sie sich von meinen
Geboten abgewandt! Sie haben sich eine
Götzenfigur aus Metall gegossen! 13 Ich
weiß jetzt, dass dieses Volk sich immer
wieder gegen mich auflehnt. 14 Versuch
nicht, mich aufzuhalten, denn ich will sie
vernichten und jede Spur von ihnen aus-
löschen. Deine Nachkommen aber werde
ich zu einem Volk machen, das noch grö-
ßer und mächtiger ist als sie.«

15 Da wandte ich mich um und stieg
vom Berg herab, der immer noch in
Flammen stand. In meinen Händen hielt
ich die beiden Steintafeln mit den Gebo-
ten des Bundes. 16 Ich erkannte sofort,
dass ihr am Herrn, eurem Gott, schuldig
geworden wart: Ihr hattet euch ein golde-
nes Kalb gegossen. So schnell hattet ihr
euch von den Geboten des Herrn abge-
wandt!

Mose bittet für sein Volk
(2. Mose 32,11–14.19–20)

17 Da schleuderte ich die beiden Stein-
tafeln zu Boden und zerschmetterte sie
vor euren Augen. 18/19 Ich warf mich vor
dem Herrn nieder und betete noch ein-
mal vierzig Tage und Nächte lang, ohne
zu essen und zu trinken. Ihr hattet große
Schuld auf euch geladen und getan, was
der Herr hasst. Nun war er so zornig auf
euch, dass ich fürchtete, er würde euch
vernichten. Aber auch diesmal erhörte
er mich. 20 Ich betete auch für Aaron,
denn der Herr war voller Zorn über ihn
und wollte ihn töten.

21 Das Kalb, dieses abscheuliche Zei-
chen eurer Sünde, das ihr euch angefer-
tigt hattet, schmolz ich ein. Ich zerrieb
und zermalmte es zu Staub und streute

9,2 4 Mo 13,32–33 **9,3** 4,24 **9,4–5** 7,7 **9,6** 2 Mo 32,9 **9,7** 2 Mo 14,11–12 **9,9–11** 2 Mo 24,12.18; 31,18 **9,18** 2 Mo 34,28

ihn in den Bach, der vom Berg herabfließt.

22 Auch in Tabera, in Massa und in Kibrot-Hattaawa habt ihr den Zorn des Herrn herausgefordert, 23 ebenso in Kadesch-Barnea. Dort hatte der Herr euch befohlen: »Zieht los, und nehmt das Land ein, das ich euch geben will!« Ihr aber wolltet seinem Befehl nicht folgen. Ihr habt ihm nicht vertraut und nicht auf ihn gehört. 24 Seit ich euch kenne, lehnt ihr euch gegen den Herrn auf!

25 Am Berg Horeb warf ich mich vor dem Herrn auf den Boden und betete vierzig Tage und Nächte lang für euch. Denn er hatte angedroht, euch zu vernichten. 26 Ich flehte ihn an: »Herr, mein Gott, bitte bring dein Volk nicht um! Es gehört doch dir! Du hast es durch deine Macht befreit, mit starker Hand hast du es aus Ägypten herausgeführt. 27 Denk an Abraham, Isaak und Jakob, die dir gedient haben! Rechne diesem Volk seine Widerspenstigkeit, seine Bosheit und seine große Schuld nicht an! 28 Sonst werden die Ägypter behaupten: ›Der Herr konnte sie nicht in das Land bringen, das er ihnen versprochen hat. Vielleicht hat er sie auch nur aus unserem Land herausgeholt, weil er sie hasste und in der Wüste töten wollte.‹ 29 Herr, sie sind doch das Volk, das dir gehört! Du hast sie mit großer Macht und mit starker Hand befreit.«

Gott schreibt die Gebote auf neue Tafeln
(2. Mose 34,1–4)

10 Der Herr antwortete mir: »Meißle dir zwei Steintafeln zurecht, wie die ersten beiden, die du zerschmettert hast, und komm damit zu mir auf den Berg! Fertige auch einen Kasten aus Holz an, 2 in den du sie legen kannst. Ich werde noch einmal dasselbe auf die Steintafeln schreiben wie beim ersten Mal.«

3 Ich fertigte den Kasten aus Akazienholz an; dann meißelte ich aus Stein zwei Tafeln zurecht, mit denen ich auf den Berg stieg. 4 Der Herr schrieb noch einmal die Zehn Gebote darauf, die er euch gegeben hatte, als ihr unten am Berg versammelt wart und er aus dem Feuer zu euch sprach. Dann gab er mir die Tafeln, 5 und ich kehrte damit zu euch zurück und legte sie in den Kasten, den ich gebaut hatte. Dort sind sie noch immer, wie der Herr es befohlen hat.

Aarons Tod

6 Die Israeliten brachen auf und zogen von Beerot-Bene-Jaakan nach Moser. Dort starb Aaron und wurde begraben. Sein Sohn Eleasar wurde an seiner Stelle Hoherpriester. 7 Dann zog das Volk weiter nach Gudgoda und von dort nach Jotbata, wo es viele Bäche gibt.

Die Leviten sollen dem Herrn dienen

8 Damals wählte der Herr den Stamm der Leviten für eine besondere Aufgabe aus: Sie sollten den Kasten mit den Steintafeln – die Bundeslade – tragen, dem Herrn im Heiligtum dienen und die Israeliten in seinem Namen segnen. So ist es bis heute geblieben. 9 Deshalb bekommen die Leviten kein eigenes Gebiet wie die anderen Stämme. Der Herr selbst ist ihr Anteil und Erbe; er sorgt für sie, wie er es ihnen versprochen hat.

10 Als ich zum zweiten Mal vierzig Tage und Nächte auf dem Berg war, erhörte mich der Herr und beschloss, euch nicht zu vernichten. 11 Er forderte mich auf: »Gib den Israeliten den Befehl zum Aufbruch, und geh ihnen voran! Sie sollen nun in das versprochene Land ziehen und es einnehmen. Ich will es ihnen jetzt geben, wie ich es ihren Vorfahren zugesagt habe.«

9,22 2 Mo 17,7; 4 Mo 11,1–3.33–34 **9,23** 4 Mo 13,2.31–33; 14,1–4 **9,28** 4 Mo 14,15–16; Ps 115,1–2
10,5 2 Mo 37,1–9; 40,20 **10,6** 4 Mo 20,21–29; 33,38–39 **10,8** 4 Mo 3,5–8; 8,5–22 **10,9** 4 Mo 18,20*

Wir haben einen großen Gott!

12 Nun, ihr Israeliten! Was verlangt der
Herr, euer Gott, von euch? Nichts ande-
res, als dass ihr ihn achtet und immer sei-
nen Wegen folgt, dass ihr ihn liebt und
ihm von ganzem Herzen mit aller Hinga-
be dient. 13 Richtet euch nach seinen Ge-
boten und Ordnungen, die ich euch heute
gebe! Dann wird es euch gut gehen.
14 Dem Herrn, eurem Gott, gehört der
weite Himmel, die Erde und alles, was
dort lebt. 15 Doch euren Vorfahren wandte
er seine besondere Liebe zu. Euch, ihre
Nachkommen, hat er aus allen Völkern
auserwählt, sein Volk zu sein. Das seid
ihr heute noch! 16 Deshalb wendet euch
von ganzem Herzen dem Herrn zu[a], und
gebt euren hartnäckigen Widerstand auf!
17 Denn der Herr, euer Gott, ist größer
als alle Götter und mächtiger als alle
Herrscher! Er ist der große und starke
Gott, den man fürchten muss. Er ist ge-
recht und unbestechlich. 18 Den Waisen
und Witwen verhilft er zu ihrem Recht.
Er liebt die Ausländer und gibt ihnen
Nahrung und Kleidung. 19 Zeigt auch ihr
den Ausländern eure Liebe! Denn ihr
habt selbst einmal als Ausländer in Ägyp-
ten gelebt.
20 Habt Ehrfurcht vor dem Herrn, eu-
rem Gott! Dient ihm, und haltet ihm die
Treue! Schwört nur bei seinem Namen!
21 Ihr könnt stolz darauf sein, dass er euer
Gott ist! Welch gewaltige und furchterre-
gende Taten hat er vor euren Augen voll-
bracht! 22 Als eure Vorfahren nach Ägyp-
ten zogen, waren sie nur siebzig Leute.
Heute hat der Herr, euer Gott, ein großes
Volk aus euch gemacht, so zahlreich wie
die Sterne am Himmel.

Gott hat seine Macht gezeigt

11 Ihr sollt den Herrn, euren Gott,
lieben und auf ihn hören! Lebt
nach seinen Ordnungen, Weisungen und
Geboten! 2 Denkt daran, was er getan
hat, um euch zu erziehen! Die Älteren
unter euch waren noch dabei, als der
Herr, euer Gott, in Ägypten seine Macht
und Stärke gezeigt hat. Eure Kinder
haben es nicht miterlebt, 3 aber ihr habt
gesehen, welche gewaltigen und unfass-
baren Taten der Herr in Ägypten voll-
bracht hat, was er mit dem Pharao, dem
König von Ägypten, und mit seinem Volk
getan hat. 4 Als das ägyptische Heer euch
mit Reitern und Kriegswagen nachjagte,
ließ er sie im Schilfmeer untergehen. Er
hat sie vollständig vernichtet. Bis heute
hat sich Ägypten nicht von diesem Schlag
erholt.
5 Denkt auch an alles, was der Herr
euch auf dem Weg durch die Wüste erle-
ben ließ. 6 Ihr wart dabei, als er Datan
und Abiram, die Söhne Eliabs vom
Stamm Ruben, bestraft hat: Mitten in eu-
rem Lager öffnete sich der Erdboden und
riss die beiden in die Tiefe, mitsamt ihren
Familien, ihren Zelten und allen, die sich
ihnen angeschlossen hatten.
7 Mit eigenen Augen habt ihr diese ge-
waltigen Taten des Herrn gesehen. 8 Lebt
darum nach seinen Geboten, die ich euch
heute gebe! Dann werdet ihr stark sein
und das Land einnehmen, in das ihr jetzt
zieht; 9 ihr werdet lange dort leben. Der
Herr hat es euren Vorfahren und euch
versprochen, es ist das Land, in dem
Milch und Honig fließen.
10 In Ägypten musstet ihr jedes Feld
nach der Aussaat mühsam mit dem
Schöpfrad bewässern wie einen Gemüse-
garten. 11 Das Land aber, in das ihr nun
geht, wird vom Regen bewässert, der
reichlich auf die Berge und Täler fällt.
12 Der Herr sorgt das ganze Jahr über für
dieses Land, sein Blick ist stets darauf ge-
richtet.

---

[a] Wörtlich: Deshalb beschneidet die Vorhaut eures Herzens.

10,12 6,4–5*; Mi 6,8 **10,15** 7,6; Am 3,2 **10,16** 30,6; Jer 4,4 **10,18–19** 14,28–29; 24,17–18; 2 Mo 22,20*.21–22* **10,22** 1 Mo 46,27 **11,2** 4,34* **11,3** 2 Mo 7,8 – 11,10; 12,29–30 **11,4** 2 Mo 14,26–28 **11,6** 4 Mo 16,23–34 **11,9** 4 Mo 13,27* **11,10–12** 15,6; 28,12

Wählt zwischen Segen und Fluch

13 Hört genau auf die Gebote, die ich euch heute gebe! Liebt den Herrn, euren Gott! Dient ihm von ganzem Herzen und mit aller Hingabe! 14 Dann lässt er es in eurem Land immer rechtzeitig im Herbst und im Frühling regnen, und ihr könnt Getreide, Weintrauben und Oliven ernten. 15 Immer habt ihr reichlich zu essen, und euer Vieh grast auf saftigen Weiden.

16 Gebt Acht! Lasst euch nicht dazu verführen, dem Herrn den Rücken zu kehren! Dient keinen anderen Göttern, betet sie nicht an! 17 Sonst wird der Herr zornig auf euch und lässt es nicht mehr regnen, so dass auf den Feldern nichts mehr wächst. In kurzer Zeit werdet ihr umkommen und nichts mehr von dem guten Land haben, das der Herr euch jetzt gibt.

18 Bewahrt deshalb diese Worte im Herzen! Denkt immer daran! Schreibt sie zur Erinnerung auf ein Band, und bindet es um die Hand und die Stirn! 19 Bringt die Gebote euren Kindern bei! Redet immer und überall davon, ob ihr zu Hause oder unterwegs seid, ob ihr euch schlafen legt oder aufsteht! 20 Ritzt sie ein in die Pfosten eurer Haustüren und Stadttore!

21 Solange Himmel und Erde bestehen, werdet ihr und eure Nachkommen dann in dem Land bleiben können, das der Herr euren Vorfahren versprochen hat. 22 Darum sollt ihr euch genau nach allen Geboten richten, die ich euch heute gebe. Liebt den Herrn, euren Gott! Folgt immer seinen Wegen, und haltet ihm die Treue! Wenn ihr das tut, 23 wird der Herr alle Völker Kanaans vertreiben und euch ihr Land geben. Ihr werdet es erobern, obwohl diese Völker größer und stärker sind als ihr. 24 Das ganze Gebiet zwischen der Wüste im Süden und dem Libanongebirge im Norden, zwischen dem Mittelmeer im Westen und dem Euphrat im Osten wird euch gehören. Ihr werdet dort jeden Flecken Erde erobern, den ihr betretet. 25 Niemand wird euch standhalten können. Überall wird der Herr die Menschen vor euch in Angst und Schrecken versetzen. Das hat er versprochen.

26 Nun müsst ihr euch entscheiden: Wählt zwischen Segen und Fluch! 27/28 Der Herr, euer Gott, wird euch segnen, wenn ihr auf seine Gebote achtet. Doch sein Fluch trifft euch, wenn ihr nicht darauf hört, sondern vom Weg abweicht, den ich euch heute zeige, wenn ihr anderen Göttern nachlauft, die ihr bisher nicht einmal kanntet.

29 Der Herr wird euch jetzt in euer neues Land bringen. Dann sollt ihr die Segensworte auf dem Berg Garizim ausrufen und die Fluchandrohungen auf dem Berg Ebal. 30 Beide Berge liegen drüben am Rand der Jordanebene, in der die Kanaaniter leben, westlich des Hauptwegs beim Orakelbaum, gegenüber von Gilgal. 31 Ja, ihr überquert jetzt den Jordan und nehmt das Land drüben ein. Der Herr gibt es euch, und ihr werdet von nun an dort leben. 32 Haltet euch deshalb genau an alle Gebote und Ordnungen, die ich euch heute sage!

Gottes Gebote für das Leben im neuen Land

12 Bald werdet ihr in dem Land wohnen, das der Herr, der Gott eurer Vorfahren, euch gibt. Ich teile euch nun die Ordnungen und Gebote mit, die ihr dort euer Leben lang befolgen sollt.

Gott will an einem besonderen Ort verehrt werden

2 Zerstört alle Stätten, an denen die Völker, die ihr vertreibt, ihre Götter verehrt haben: auf den Berggipfeln und Hügeln und unter allen dicht belaubten Bäumen. 3 Reißt die Altäre nieder, zerschlagt die heiligen Säulen! Verbrennt die Pfähle der Göttin Aschera, und zerschmettert

---

11,13–15 7,12–15* **11,13** 6,4–5* **11,18–20** 6,6–9 **11,19** 4,9* **11,25** 2 Mo 23,27–28* **11,26–28** 28,1–68; 3 Mo 26,3–45 **11,29** 27,12–13; Jos 8,33–35 **12,2–3** 7,5; 2 Mo 23,24; 34,13; 2 Kön 17,9–12; Jer 2,20

alle Götzenstatuen! Löscht jede Spur davon aus!

4 Ihr dürft den Herrn, euren Gott, nicht auf die gleiche Weise verehren wie diese Völker ihre Götter. 5 Der Herr wird mitten in Israel einen Ort auswählen, an dem er wohnen will. Nur dort sollt ihr dann 6 eure Brand- und Schlachtopfer darbringen. Auch den zehnten Teil eurer Ernte, eure Abgaben für die Opfer und die erstgeborenen Tiere könnt ihr dort abliefern sowie alles, was ihr dem Herrn versprochen habt oder ihm freiwillig darbringen wollt. 7 Denn dort wohnt der Herr. In seiner Gegenwart sollt ihr mit euren Familien feiern, essen und euch an allem freuen, was ihr erarbeitet und von ihm geschenkt bekommen habt.

8 Es soll dann anders sein als heute. Denn bisher opfert jeder von euch, wo er es für richtig hält. 9 Ihr seid ja auch noch nicht am Ziel und habt das Land noch nicht bekommen, das der Herr, euer Gott, euch für immer schenken will. 10 Aber nun werdet ihr den Jordan überqueren und in dem Land wohnen, das euch der Herr, euer Gott, anvertraut. Er wird dafür sorgen, dass die Feinde ringsum euch in Ruhe lassen und ihr in Frieden leben könnt. 11 Dann wird der Herr, euer Gott, sich einen Ort auswählen, an dem er wohnen will. Dorthin sollt ihr alles bringen, was ich euch vorschreibe: eure Brand- und Schlachtopfer, den zehnten Teil eurer Ernte, die Abgaben für die Opfer sowie alle besonderen Gaben, die ihr dem Herrn versprochen habt. 12 In der Gegenwart des Herrn sollt ihr fröhlich feiern, zusammen mit euren Söhnen und Töchtern, euren Sklaven und Sklavinnen. Ladet auch die Leviten aus euren Städten dazu ein, denn sie besitzen keine eigenen Ländereien.

13 Hütet euch davor, eure Brandopfer an jeder beliebigen Stelle darzubringen! 14 Opfert allein an dem Ort, den der Herr in einem eurer Stammesgebiete aussuchen wird, und haltet euch an meine Weisungen!

15 Nur wenn ihr für euch selbst ein Tier zum Essen schlachten wollt, könnt ihr das an eurem Wohnort tun. Ihr dürft dazu alle Tiere nehmen, die euch der Herr, euer Gott, geschenkt hat. Ihr könnt sie essen, so wie Hirsche und Gazellen, die nicht geopfert werden dürfen[a]. Es ist auch gleichgültig, ob ihr gerade rein oder unrein seid. Jeder darf an der Mahlzeit teilnehmen. 16 Nur das Blut der Tiere sollt ihr nicht mitessen. Schüttet es auf die Erde wie Wasser!

17 Doch was dem Herrn geweiht ist, dürft ihr nicht in euren Städten verzehren, weder den zehnten Teil von Getreide, Weintrauben und Oliven noch die erstgeborenen Rinder, Schafe und Ziegen, auch nicht eure Abgaben für das Heiligtum oder etwas, was ihr dem Herrn aufgrund eines Versprechens oder freiwillig gebt. 18 All dies sollt ihr in der Gegenwart des Herrn, eures Gottes, essen, an dem Ort, den er auswählen wird. Dort sollt ihr zusammenkommen mit euren Söhnen und Töchtern, euren Sklaven und Sklavinnen und den Leviten aus euren Städten. So könnt ihr fröhlich die Früchte eurer Arbeit genießen. 19 Achtet darauf, dass ihr die Leviten immer mit versorgt, solange ihr in eurem Land lebt.

20/21 Viele von euch werden dann weit entfernt von dem Ort leben, an dem der Herr wohnen will. Deshalb ordne ich an, dass ihr an euren Wohnorten schlachten dürft. Wenn ihr Fleisch essen wollt, könnt ihr eure Rinder, Schafe und Ziegen schlachten. Dies dürft ihr an jedem beliebigen Ort tun. 22 Ihr könnt die Tiere essen, so wie Hirsche und Gazellen, die nicht geopfert werden dürfen[a]. Es ist auch gleichgültig, ob ihr gerade rein oder unrein seid. Jeder darf an der Mahlzeit teilnehmen. 23 Nur das Blut der Tiere sollt ihr nicht mitessen! Denn im Blut ist das Leben. Ihr sollt es nicht zusammen mit

---

a »die … dürfen« ist sinngemäß ergänzt.

12,5 14,22–23; 15,20; 16,2.16; 17,8; 26,2; 31,10–11; 1 Kön 9,3* **12,7** 12,12.18; 14,26; 16,11.14; 26,11; 27,7 **12,9–10** 1 Kön 8,56 **12,12** 12,7*; 4 Mo 18,20* **12,14** 12,5* **12,16.23** 1 Mo 9,4* **12,18** 12,7* **12,19** 14,27

dem Fleisch verzehren. 24 Schüttet es auf
die Erde wie Wasser! 25 So verhaltet ihr
euch in den Augen des Herrn richtig. Er
wird dann dafür sorgen, dass es euch und
euren Nachkommen gut geht.

26 Eure Opfergaben aber und alles, was
ihr dem Herrn versprochen habt, müsst
ihr an den Ort bringen, den er auswählt!
27 Auf seinem Altar sollt ihr eure Brand-
opfer mit Fleisch und Blut verbrennen.
Das Blut eurer Schlachtopfertiere gießt
an den Altar, bevor ihr das Fleisch esst!

28 Beachtet alle Weisungen, die ich
euch gebe! Dann wird es euch und euren
Nachkommen für immer gut gehen; denn
ihr tut, was in den Augen des Herrn, eu-
res Gottes, gut und richtig ist.

Lasst euch nicht zum Götzendienst verführen!

29 Der Herr, euer Gott, wird die Völker
ausrotten, zu denen ihr nun kommt. Ihr
werdet sie aus ihrem Land vertreiben
und euch selbst dort ansiedeln. 30 Aber
lasst euch nicht zum Götzendienst verfüh-
ren, nachdem ihr diese Völker besiegt
habt. Versucht nicht herauszufinden, wie
sie ihre Götter verehrt haben. Sagt nicht:
»Wir wollen es so machen wie sie!« 31 Das
dürft ihr dem Herrn, eurem Gott, nicht
antun! Denn diese Völker haben getan,
was der Herr verabscheut. Sogar ihre Kin-
der haben sie für ihre Götter verbrannt.

Falsche Propheten

13 Haltet euch genau an alle Weisun-
gen, die ich euch gebe! Fügt nichts
hinzu, und lasst nichts weg!

2 In eurem Volk werden sich Leute als
Propheten ausgeben oder behaupten,
durch Träume Offenbarungen zu emp-
fangen. Sie werden besondere Ereignisse
oder Wunder ankündigen, 3 die tatsäch-
lich eintreffen. Zugleich werden sie euch
auffordern: »Kommt, wir folgen anderen
Göttern, die ihr noch nicht kennt! Wir
wollen ihnen dienen.«

4 Hört nicht auf sie! Der Herr, euer
Gott, stellt euch durch solche Menschen
auf die Probe. Er will sehen, ob ihr ihn
von ganzem Herzen und mit aller Hinga-
be liebt. 5 Ihm sollt ihr nachfolgen, vor
ihm sollt ihr Ehrfurcht haben. Nur nach
seinen Geboten sollt ihr leben und allein
auf ihn hören. Ihr sollt ihm dienen und
die Treue halten! 6 Denn er hat euch aus
der Sklaverei in Ägypten befreit. Solche
Propheten und Träumer aber versuchen,
euch gegen ihn aufzuwiegeln. Sie wollen
euch von dem Weg abbringen, den er
euch vorgegeben hat. Deshalb müssen
sie sterben. Ihr dürft das Böse in eurem
Volk nicht dulden!

7 Das gilt selbst dann, wenn der Verfüh-
rer dein eigener Bruder oder dein Sohn,
deine Tochter, deine geliebte Frau oder
dein bester Freund ist. Vielleicht sagt
einer von ihnen heimlich zu dir: »Komm,
lass uns anderen Göttern dienen!« Es
werden Götter sein, die du nicht kennst
und von denen auch deine Vorfahren
nichts wussten, 8 Götter von nahen oder
fernen Völkern, ja, selbst Götter, die
man am anderen Ende der Welt verehrt.
9 Hör nicht auf ihn, und geh nicht darauf
ein! Du darfst den Vorfall nicht ver-
tuschen und deinen Freund oder Ver-
wandten nicht schonen. Hab kein Erbar-
men mit ihm! 10 Wirf selbst den ersten
Stein, um ihn zu töten, und nach dir sol-
len die anderen aus deinem Volk ihn stei-
nigen. 11 Er muss unbedingt sterben!
Denn er wollte, dass du dem Herrn die
Treue brichst, deinem Gott, der euch
doch aus der Sklaverei in Ägypten befreit
hat. 12 Ganz Israel soll davon erfahren,
damit alle gewarnt sind und so etwas Ab-
scheuliches nicht wieder vorkommt.

13/14 Es kann auch geschehen, dass ge-
wissenlose Menschen aus eurem Volk
eine ganze Stadt, die der Herr euch gibt,
zum Götzendienst verführen. Wenn ihr
davon hört, 15 sollt ihr genau nachfor-
schen, Zeugen befragen und der Sache
auf den Grund gehen. Beruht das Gerücht
auf Tatsachen, und stellt sich heraus, dass

12,31 3 Mo 18,21* **13,1** 4,2 **13,4** 6,4–5* **13,6** 18,20; 1 Kor 5,12–13 **13,9** 19,13.21 **13,10** 17,7; Joh 8,7

Zeit für Geschichten

Lesen Sie 5. Mose 11,18-19

Viele Eltern haben entdeckt, dass sie Gottes Weisungen aus 5. Mose 11,18-19 am besten in die Tat umsetzen können, wenn sie ihren Kindern Geschichten erzählen. Kinder lieben Geschichten, denn sie rufen Gefühle in ihnen hervor. Wenn wir unsere Kinder fragen: „Wie ging es dir dabei? Was hast du dabei empfunden?", helfen wir ihnen, ihre Gefühle zum Ausdruck zu bringen. Kinder hören auch gerne Geschichten aus unserer Kindheit. Auf diese Weise können wir als Eltern und Großeltern den Kindern ein Gefühl der Zugehörigkeit vermitteln. Sie bekommen ein Gespür für die Geschichte ihrer Familie.

Wenn Sie Kinder haben, denken Sie daran, dass Vorlesen und Erzählen wertvolle Zeit gemeinsam mit Ihren Kindern ist. In diesen kurzen Augenblicken bekommt das Kind Ihre ungeteilte Aufmerksamkeit. Und wenn gerade das für Ihr Kind die Muttersprache der Liebe ist, dann gibt es keinen besseren Weg, ihm Ihre Liebe zu zeigen. Erfüllen Sie also das Bedürfnis Ihres Kindes nach Liebe und legen Sie damit das Fundament für eine helle Zukunft.

Geschichten, die vom Glauben erzählen, sind für Sie beide eine ganz große Hilfe, wenn Sie Ihren Kindern etwas über Gott beibringen wollen. Egal ob Sie Begebenheiten aus der Bibel nacherzählen oder ob Sie berichten, wie Gott in Ihrem eigenen Leben gewirkt hat: Sie schaffen auf diese Weise eine stabile Grundlage für den Glauben Ihrer Kinder. Ihre ganze Familie wird davon profitieren.

Wenn Sie noch keine Kinder haben, dann können Sie sich jetzt schon darin üben, Geschichten aus Gottes Wort zu erzählen. Wenn Gott Ihnen einmal eigene Kinder schenkt, dann werden sie in eine Familie hineingeboren, in der es ganz natürlich ist, über geistliche Dinge zu sprechen.

Nehmen Sie sich Zeit, um allein oder als Paar gemeinsam zu beten. Bitten Sie Gott, dass er Ihnen hilft, mit Ihren Kindern im Gespräch zu bleiben. Bitten Sie ihn, dass Sie die Zeit finden, mit Ihren Kindern zu reden, die Beziehung zu ihnen aufrechtzuerhalten, Geschichten zu erzählen und vor allem, ihnen von ihm zu berichten.

Wenn Sie noch mehr Zeit haben …

Besprechen Sie miteinander folgende Fragen oder denken Sie darüber nach:

- Was ist Ihre Lieblingsgeschichte in der Bibel? Warum?
- Woran müssen Sie arbeiten, um für Ihre Kinder ein noch besserer Geschichtenerzähler zu werden?
- Welche Gaben können Sie und Ihr Mann oder Ihre Frau jeweils beisteuern, damit Sie beide ein gutes Erzählteam werden?

Lesen Sie auch die folgenden Abschnitte, in denen es um die Weitergabe des Wortes Gottes geht:
2. Mose 10,2; 5. Mose 6,6-9; Jesaja 38,19.

Gemeinsam dienen

Lesen Sie 5. Mose 15,7-11

Die Worte aus 5. Mose 15,7-11 sind für alle Gläubigen eine Herausforderung. Auf welche Weise Sie beide als Paar diese Herausforderung annehmen – wie Sie also denen helfen, die es am dringendsten brauchen –, hängt sehr von Ihrer Liebessprache ab. Wenn Sie dieselbe Liebessprache haben, finden Sie vielleicht viele Möglichkeiten, gemeinsam zu dienen. Wenn Ihre Liebessprachen jedoch völlig verschieden sind, müssen Sie unter Umständen Kompromisse finden, um gemeinsam Not lindern zu können.

Ganz gleich zu welcher Aufgabe Sie sich entschließen, die Worte und Taten von Mutter Teresa könnten Ihnen dabei eine Hilfe sein. Wenn wir in Mutter Teresa nur eine außergewöhnlich selbstlose Frau sehen, verkennen wir die zentrale Botschaft ihres Lebens. Sie hat selbst einmal erklärt: „Wer auch immer die Ärmsten der Armen sind, für uns sind sie Christus – Christus im Gewand des menschlichen Leids. Die Missionarinnen der Nächstenliebe sind fest davon überzeugt: Jedes Mal wenn wir einem Armen Hilfe anbieten, dann helfen wir in Wahrheit Christus."

Welchen besseren Anreiz könnte es geben, sich der Menschen anzunehmen, die Ihre Hilfe dringend brauchen? „Der König wird ihnen dann antworten: ‚Das will ich euch sagen. Was ihr für einen meiner geringsten Brüder getan habt, das habt ihr für mich getan'" (Matthäus 25,40).

Nehmen Sie sich Zeit, um allein oder als Paar gemeinsam zu beten. Sprechen Sie mit Gott darüber …

- welche Vorbehalte Sie gegenüber dem Dienst an Bedürftigen haben;
- welche Chance es ist, ihm zu dienen, indem Sie sich der „geringsten" seiner Brüder und Schwestern annehmen;
- wie Sie durch Ihren Einsatz ein Vorbild für Ihre Kinder und andere Familienmitglieder sein können.

Wenn Sie noch mehr Zeit haben …

Besprechen Sie miteinander folgende Fragen oder denken Sie darüber nach:

- Müssen Sie ein Herz für eine bestimmte Gruppe von Menschen haben, um ihnen besonders wirksam helfen zu können? Begründen Sie Ihre Meinung.
- Welche Übereinstimmungen gibt es zwischen Ihnen und Ihrem Mann oder Ihrer Frau, wenn Sie über den Dienst an bedürftigen Menschen nachdenken? Was können Sie mit diesen Gemeinsamkeiten anfangen?
- Welche Unterschiede gibt es zwischen Ihnen beiden im Blick auf Ihre Hilfe für Bedürftige? Wie können Sie diese Unterschiede überbrücken, um gemeinsam dienen zu können?

Lesen Sie auch die folgenden Abschnitte, in denen es um die Hilfe für Bedürftige geht:
3. Mose 19,9-10; 1. Samuel 2,7-8; Hiob 29,11-17.

Den nächsten Impuls finden Sie auf S. 220 a

wirklich etwas so Abscheuliches in eurem
Land geschehen ist, 16 dann tötet alle Ein-
wohner dieser Stadt mit dem Schwert. Ihr
müsst Gottes Strafe an ihnen und an al-
lem, was es in der Stadt gibt, vollstrecken.
Tötet auch die Tiere! 17 Tragt das Eigen-
tum der Einwohner auf einem Platz mit-
ten im Ort zusammen, und brennt dann
die ganze Stadt nieder! Alles in ihr soll
als Opfer für den Herrn verbrannt wer-
den. Sie soll für immer ein Schutthaufen
bleiben und nie wieder aufgebaut werden.
18/19 Behaltet nichts vom Eigentum der
Einwohner, das nach Gottes Urteil ver-
nichtet werden muss! Dann wird er nicht
länger zornig auf euch sein, sondern euch
von neuem seine Liebe zeigen. Hört ge-
nau auf seine Worte! Gehorcht all seinen
Weisungen, die ich euch heute gebe! Ver-
haltet euch so, wie es dem Herrn, eurem
Gott, gefällt! Dann wird er euch gnädig
sein und euer Volk weiter wachsen las-
sen, wie er es euren Vorfahren verspro-
chen hat.

Israel soll sich von den anderen Völkern unterscheiden
(3. Mose 11)

14 Ihr seid Kinder des Herrn, eures
Gottes! Deshalb sollt ihr euch
nicht die Haut einritzen oder das Haar
über der Stirn abrasieren, wenn ihr um
einen Verstorbenen trauert. 2 Denn ihr
seid ein heiliges Volk, ihr gehört ganz
dem Herrn, eurem Gott. Er hat euch
aus allen Völkern der Welt zu seinem
Eigentum erwählt.
3 Esst keine Tiere, die der Herr verab-
scheut und euch verboten hat!
4 Essen dürft ihr Rinder, Schafe, Ziegen,
5 Hirsche, Gazellen, Damwild, Steinböcke,
Antilopen, Wildschafe und Gämsen.[a]
6 Alle Tiere, die wiederkäuen und voll-
ständig gespaltene Hufe oder Pfoten ha-
ben, sind für euch erlaubt. 7 Nicht essen
sollt ihr Tiere, die zwar wiederkäuen, aber
keine ganz gespaltenen Hufe oder Pfoten
haben, wie Kamel, Hase und Klippdachs.
Sie sind unrein für euch. 8 Dasselbe gilt für
das Schwein, das zwar gespaltene Hufe
hat, aber nicht wiederkäut. Esst kein
Fleisch von solchen unreinen Tieren, und
berührt auch nicht ihre Kadaver!
9 Von den Tieren im Wasser dürft ihr
jedes essen, das Flossen und Schuppen
hat. 10 Alle anderen sind unrein für euch.
11 Auch von den Vögeln sollt ihr nur die
reinen essen. 12 Nicht essen dürft ihr
Gänsegeier, Lämmergeier, Mönchsgeier,
13 Gabelweihe, Königsweihe und alle an-
deren Arten des Geiers, 14 alle Arten des
Raben, 15 Strauß, Falke, Seemöwe, alle
Habichtarten, 16 Steinkauz, Ibis, Schleier-
eule, 17 Wüstenkauz, Aasgeier, Fischeule,
18 Storch, alle Reiherarten, Wiedehopf
und Fledermaus. 19 Ihr sollt auch keine
geflügelten Insekten essen. All diese Tie-
re sind unrein für euch. 20 Esst nur Vögel,
die rein sind!
21 Esst auch kein verendetes Tier! Ihr
könnt es den Ausländern geben, die in eu-
ren Städten wohnen, oder an andere
Fremde verkaufen. Sie dürfen es essen.
Aber ihr selbst sollt nichts davon nehmen,
weil ihr ein heiliges Volk seid und ganz
dem Herrn, eurem Gott, gehört.
Kocht ein Ziegenböckchen nicht in der
Milch seiner Mutter!

Vorschriften für den zehnten Teil der Ernte

22/23 Bringt jedes Jahr den zehnten Teil
eurer Getreide-, Weintrauben- und Oli-
venernte sowie eure erstgeborenen Käl-
ber, Lämmer und Ziegenböckchen an
den Ort, wo der Herr, euer Gott, wohnt.
Dort sollt ihr die Opfermahlzeit halten.
Auf diese Weise werdet ihr lernen, euer
Leben lang Ehrfurcht vor dem Herrn zu
haben.
24 Wenn ihr aber weit vom Heiligtum
entfernt wohnt und der Herr euch sehr

---

[a] Nicht alle der in den Versen 4–18 genannten Tiere sind eindeutig zu bestimmen.

13,16–19 7,2* **13,18–19** Jos 7 **14,1** 2 Mo 4,22*; 3 Mo 19,27–28; Jer 47,5 **14,2** 2 Mo 19,5–6* **14,21** 2 Mo 22,30 **14,22–23** 3 Mo 27,30–33*; 5 Mo 12,5*

reich beschenkt hat, könnt ihr den zehn-
ten Teil der Ernte vielleicht nicht dorthin
bringen. 25 Dann verkauft ihn, und kommt
mit dem Geld an den Ort, den der Herr,
euer Gott, auswählt. 26 Hier kauft euch al-
les, was ihr gern hättet: Rinder, Schafe,
Ziegen, Wein oder ein anderes berau-
schendes Getränk und was ihr euch sonst
noch wünscht. Feiert mit euren Familien
in der Gegenwart des Herrn ein fröhli-
ches Fest, esst und trinkt! 27 Vergesst da-
bei nicht die Leviten, die in euren Städten
wohnen, denn sie besitzen keine eigenen
Ländereien.
28 In jedem dritten Jahr sollt ihr den
zehnten Teil eurer Ernte in euren Städ-
ten und Dörfern sammeln und lagern.
29 Er ist für die Leviten bestimmt, die kein
eigenes Land haben, und für die Auslän-
der, die Waisen und die Witwen. Sie kön-
nen sich davon nehmen, was sie brau-
chen. Wenn ihr sie gut versorgt, wird der
Herr, euer Gott, euch segnen und all eure
Arbeit gelingen lassen.

Maßnahmen gegen die Armut

15 Am Ende jedes siebten Jahres
sollt ihr einander eure Schulden
erlassen. 2 Wenn ihr jemandem aus eurem
Volk etwas geliehen habt, dann fordert es
nicht mehr zurück, und zwingt eure
Schuldner nicht zur Rückzahlung! Denn
zur Ehre des Herrn wurde das Jahr des
Schuldenerlasses bestimmt. 3 Nur wenn
Ausländer euch etwas schulden, dürft ihr
es zurückverlangen. Euren Landsleuten
aber sollt ihr alles erlassen, 4 damit keiner
von euch verarmt.

Der Herr, euer Gott, will euch in dem
Land, das er euch für immer gibt, reich
beschenken. 5 Aber dazu müsst ihr auf
ihn hören und die Gebote genau beach-
ten, die ich euch heute gebe. 6 Dann wird
der Herr, euer Gott, euch segnen, wie er
es versprochen hat. Ihr werdet so reich
sein, dass ihr Menschen aus vielen Völ-
kern etwas leihen könnt und selbst nichts
borgen müsst. Ihr werdet Macht über sie
gewinnen und selbst unabhängig sein.
7 Seid nicht hartherzig gegenüber den
Armen, die mit euch in dem Land leben,
das der Herr, euer Gott, euch schenkt.
Sie sind eure Nachbarn und Landsleute!
Verschließt euch nicht vor ihrer Not!
8 Seid großzügig, und leiht ihnen, soviel
sie brauchen, 9 auch wenn das siebte Jahr
nahe ist. Denkt dann nicht: »Was ich jetzt
verleihe, bekomme ich nicht mehr zu-
rück!« Seid nicht geizig! Verweigert den
Armen aus eurem Volk nicht die nötige
Hilfe! Sonst werden sie zum Herrn um
Hilfe rufen, und ihr macht euch schuldig.
10 Gebt ihnen gern, was sie brauchen,
ohne jeden Widerwillen. Dafür wird euch
der Herr, euer Gott, bei all eurer Arbeit
segnen und alles gelingen lassen, was ihr
euch vornehmt. 11 Es wird immer Arme in
eurem Land geben. Deshalb befehle ich
euch: Helft den Menschen großzügig, die
in Armut und Not geraten sind!

Rechte israelitischer Sklaven (2. Mose 21,2–6)

12 Wenn israelitische Männer oder Frauen
sich wegen ihrer Armut als Sklaven an
euch verkaufen, sollen sie sechs Jahre
lang für euch arbeiten. Im siebten Jahr
müsst ihr sie wieder freilassen. 13 Und
lasst sie nicht mit leeren Händen gehen!
14 Gebt ihnen reichlich von dem mit, was
der Herr euch geschenkt hat: Schafe und
Ziegen, Getreide und Wein. 15 Denkt da-
ran, dass auch ihr einmal Sklaven in
Ägypten wart und der Herr euch von
dort befreit hat. Deshalb gebe ich euch
heute diese Anweisung.
16 Vielleicht aber will dein Sklave bei
dir bleiben, weil er an dir und deiner Fa-
milie hängt und es ihm gut bei euch geht.
17 Dann nimm einen Pfriem, und bohre
ihn durch sein Ohrläppchen in einen Tür-
pfosten deines Hauses. Von nun an muss

14,26 12,7* **14,27** 4 Mo 18,20* **14,28–29** 26,12–15; 4 Mo 18,21–24* **15,1–2** 3 Mo 25,1–7* **15,3** 23,20–21 **15,4–6** 7,12–15* **15,7–8** 3 Mo 25,35; Jak 2,15–16; 1 Joh 3,17 **15,10** Lk 6,35; 2 Kor 9,6–7 **15,11** Mt 26,11 **15,12** Jer 34,8–16 **15,15** 5,15*

der Sklave auf Lebenszeit bei dir bleiben. Das Gleiche gilt für Sklavinnen.

[18] Aber wenn ein Sklave nach sechs Jahren gehen will, dann nimm es nicht zu schwer! Er hat dir die ganze Zeit doppelt so viel eingebracht wie ein Tagelöhner. Lass ihn frei! Dann wird der Herr, dein Gott, dich segnen und alles gelingen lassen, was du tust.

Die erstgeborenen Tiere gehören dem Herrn

[19] Alle männlichen Rinder, Schafe und Ziegen, die als erste von ihrer Mutter geboren werden, sollt ihr dem Herrn geben. Nehmt kein erstgeborenes Rind als Zugtier, und schert kein erstgeborenes Schaf! [20] Bringt sie jedes Jahr an den Ort, den der Herr auswählen wird! Dort, in seiner Gegenwart, sollt ihr sie mit euren Familien essen.

[21] Ist ein Tier lahm oder blind oder hat es einen anderen schweren Fehler, dann sollt ihr es nicht dem Herrn, eurem Gott, opfern. [22] Schlachtet es bei euch zu Hause. Dort könnt ihr es essen, so wie Hirsche und Gazellen, die nicht geopfert werden dürfen[a]. Es ist auch gleichgültig, ob ihr gerade rein oder unrein seid. Jeder darf an der Mahlzeit teilnehmen. [23] Nur das Blut der Tiere sollt ihr nicht mitessen. Schüttet es auf die Erde wie Wasser!

Das Passahfest und das Fest der ungesäuerten Brote

16 Im Monat Abib sollt ihr das Passahfest für den Herrn, euren Gott, feiern! Denn in diesem Monat hat er euch nachts aus Ägypten befreit. [2] Kommt an den Ort, den der Herr auswählen wird, um dort zu wohnen! Bringt ihm Schafe, Ziegen oder Rinder als Passahopfer dar! [3] Esst dazu Brot, das ohne Sauerteig gebacken wurde! Sieben Tage lang sollt ihr nur ungesäuertes Brot essen, so wie damals, als ihr in großer Eile aus Ägypten geflohen seid. Solange ihr lebt, soll euch dieses Brot daran erinnern, wie ihr in Ägypten Not leiden musstet und wie der Herr euch an jenem Tag befreit hat. [4] In dieser Woche soll in eurem ganzen Land nirgendwo Sauerteig zu finden sein.

Schlachtet das Passahopfer an dem Abend, mit dem der erste Festtag beginnt, und esst es vor dem nächsten Morgen auf. Ihr sollt nichts davon übrig lassen! [5] Auch dürft ihr das Passahopfer nicht in jeder beliebigen Stadt darbringen, [6] sondern nur an dem Ort, den der Herr erwählt, um dort zu wohnen. Schlachtet das Tier bei Sonnenuntergang, wie damals, als ihr Ägypten verlassen habt. [7] Bereitet es zu, und esst es beim Heiligtum des Herrn, eures Gottes! Am nächsten Tag könnt ihr wieder nach Hause gehen. [8] An den sechs folgenden Tagen sollt ihr weiterhin nur ungesäuertes Brot essen. Am siebten Tag nach dem Passahfest lasst alle Arbeit ruhen, und feiert zusammen ein Fest zur Ehre des Herrn, eures Gottes!

Das Wochenfest

[9] Sieben Wochen nach Beginn der Getreideernte [10] sollt ihr zur Ehre des Herrn, eures Gottes, das Wochenfest feiern. Opfert ihm, soviel ihr möchtet, je nachdem, wie reich er euch beschenkt hat! [11] Kommt dazu wieder an den Ort, den er auswählt, um dort zu wohnen. Feiert in der Gegenwart des Herrn ein fröhliches Fest, zusammen mit euren Söhnen und Töchtern, euren Sklaven und Sklavinnen, mit euren levitischen Nachbarn, mit den Ausländern und den Waisen und Witwen, die bei euch leben. [12] Denkt daran, dass auch ihr einmal Sklaven in Ägypten wart! Deshalb haltet euch genau an diese Ordnungen!

---

[a] »die … dürfen« ist sinngemäß ergänzt.

15,19 2 Mo 13,12–16* **15,20** 12,5* **15,21** 3 Mo 22,19–20 **15,22** 12,15.22 **15,23** 1 Mo 9,4* **16,1–8** 2 Mo 12,1–20 **16,1** 2 Mo 12,2; 13,4 **16,2** 12,5* **16,3** 2 Mo 12,11.34.39 **16,8** 2 Mo 12,15–20* **16,9–12** 4 Mo 28,26–31* **16,11** 12,7* **16,12** 5,15*

Das Laubhüttenfest

13 Wenn ihr im Herbst das Korn von der
Tenne einsammelt und die Weintrauben
erntet, dann feiert eine Woche lang das
Laubhüttenfest! 14 Es soll ein fröhliches
Fest werden. Feiert zusammen mit euren
Kindern und euren Sklaven, mit den Le-
viten und den Ausländern, mit Witwen
und Waisen! 15 Kommt zum Heiligtum
des Herrn, eures Gottes, und feiert sie-
ben Tage lang zu seiner Ehre! Freut euch
von Herzen, dass er eure Arbeit gesegnet
und euch eine gute Ernte geschenkt hat.
16 Dreimal im Jahr sollen alle Männer
Israels am Heiligtum des Herrn zusam-
menkommen: am Fest der ungesäuerten
Brote, am Wochenfest und am Laubhüt-
tenfest. Keiner von euch darf mit leeren
Händen kommen! 17 Jeder soll so viel ge-
ben, wie er kann, je nachdem, wie reich
der Herr ihn beschenkt hat.

Israel braucht unbestechliche Richter und Beamte

18 Ernennt in euren Stammesgebieten
Richter und Beamte, in allen Städten,
die der Herr, euer Gott, euch gibt! Sie
sollen für euch Recht sprechen. 19 Sie dür-
fen das Recht nicht beugen, niemanden
bevorzugen und keine Bestechungs-
geschenke annehmen. Denn solche Ge-
schenke machen die Weisen blind und
verleiten dazu, das Recht zu beugen.
20 Setzt euch mit ganzer Kraft für die Ge-
rechtigkeit ein! Dann werdet ihr am Le-
ben bleiben und das Land behalten, das
der Herr, euer Gott, euch gibt.

Strafen für den Götzendienst

21 Stellt keine Pfähle für die Göttin
Aschera oder andere Götzenstatuen aus
Holz neben den Altar, den ihr für den
Herrn, euren Gott, baut! 22 Richtet auch
keine geweihten Steinsäulen für andere
Götter auf! Denn das hasst der Herr,
euer Gott.

17 Er verabscheut es auch, wenn ihr
ihm kranke und minderwertige
Rinder, Schafe oder Ziegen opfert.
2/3 Es kann geschehen, dass in einer der
Städte, die der Herr, euer Gott, euch gibt,
ein Mann oder eine Frau andere Götter
verehren. Sie beten die Sonne, den Mond
oder die Sterne an und widersetzen sich
damit meinen Weisungen. Sie handeln
gegen den Willen des Herrn und verlet-
zen den Bund, den er mit uns geschlossen
hat. 4 Wenn ihr davon hört, dann forscht
genau nach, ob es wahr ist. Stellt sich he-
raus, dass tatsächlich etwas so Abscheuli-
ches in Israel geschehen ist, 5 dann sollt
ihr den Mann oder die Frau außerhalb
der Stadt steinigen. 6 Für ein Todesurteil
sind jedoch mindestens zwei oder drei
Zeugen nötig. Eine einzelne Aussage ge-
nügt nicht. 7 Die Zeugen sollen die ersten
Steine werfen, um den Verurteilten zu tö-
ten, danach sollen alle anderen ihn steini-
gen. Ihr müsst das Böse aus eurem Volk
beseitigen!

Das oberste Gericht beim Heiligtum

8 Wenn den Richtern in eurer Stadt ein
Fall zu schwierig ist, dann kommt zum
Heiligtum – ganz gleich, ob es dabei um
Tötung, Körperverletzung oder etwas an-
deres geht. 9 Wendet euch dort an die
Priester vom Stamm Levi und an den
Richter, der gerade im Amt ist, und legt
ihnen den Fall vor. Sie werden ein Urteil
sprechen. 10 Daran müsst ihr euch halten.
Was sie entscheiden, gilt. Denn sie üben
ihr Amt an dem Ort aus, wo der Herr
wohnt. 11 Befolgt ihre Anweisungen und
Vorschriften genau! Weicht in keiner
Hinsicht davon ab!
12 Wenn jemand so vermessen ist,
dass er nicht auf den Richter oder

16,13–15 3 Mo 23,33–43* **16,14** 12,7* **16,16** 12,5* **16,18** 1,9–17 **16,19** 2 Mo 23,8 **16,21–22** 12,2–3*; 3 Mo 26,1; 2 Kön 23,4 **17,1** 3 Mo 22,20–25; Mal 1,6–8 **17,2–3** 4,19 **17,5** 13,11 **17,6** 19,15* **17,9** 2 Chr 19,8.11

den Priester hört, der im Auftrag des
Herrn, eures Gottes, sein Amt ausübt,
dann soll er getötet werden. Ihr müsst
das Böse aus Israel beseitigen! 13 Alle
sollen davon hören, damit sie gewarnt
sind und niemand mehr so vermessen
handelt.

Weisungen für den König

14 Bald werdet ihr das Land in Besitz
nehmen, das der Herr, euer Gott, euch
geben will. Vielleicht werdet ihr dort
eines Tages sagen: »Wir wollen einen
König haben, so wie alle anderen Völker
ringsum!« 15 Dann ernennt aber nur den
zum König, den der Herr, euer Gott, er-
wählt! Er soll aus eurem Volk stammen.
Ihr dürft keinen Ausländer einsetzen,
sondern nur einen Israeliten! 16 Wenn er
König geworden ist, soll er kein großes
Reiterheer aufbauen. Er darf auch nie-
manden von euch nach Ägypten schi-
cken, um von dort noch mehr Pferde zu
holen. Denn der Herr hat euch ver-
boten, je wieder nach Ägypten zu ge-
hen. 17 Euer König soll auch nicht viele
Frauen haben, denn das würde ihn dazu
verleiten, dem Herrn untreu zu werden.
Er darf auch kein Gold und Silber an-
häufen.

18 Wenn er den Thron seines Reiches
besteigt, soll man ihm eine Abschrift
von diesem Gesetz geben, das bei den
Priestern aus dem Stamm Levi auf-
bewahrt wird. 19 Er muss sie immer bei
sich haben und täglich darin lesen, solan-
ge er lebt. So wird er lernen, Ehrfurcht
vor dem Herrn, seinem Gott, zu haben
und alle Ordnungen dieses Gesetzes ge-
nau zu befolgen. 20 Das wird ihn davor
bewahren, sich für wichtiger zu halten
als die anderen Menschen aus seinem
Volk. Wenn er in keiner Hinsicht von
diesen Geboten abweicht, werden er
und seine Nachkommen lange Zeit in Is-
rael Könige sein.

Der Herr versorgt die Priester und Leviten

18 Die Priester und der ganze Stamm
Levi sollen kein eigenes Gebiet
bekommen wie die anderen Israeliten.
Sie sollen sich von den Abgaben und Op-
fern ernähren, die dem Herrn dar-
gebracht werden. 2 Anstelle des Landes
haben die Leviten einen besonderen
Reichtum: Der Herr selbst ist ihr Anteil
und Erbe! Er versorgt sie, wie er es ihnen
versprochen hat.

3 Die Priester haben Anspruch auf be-
stimmte Teile der Opfertiere. Wenn je-
mand aus eurem Volk ein Rind, ein Schaf
oder eine Ziege als Schlachtopfer dar-
bringt, dann soll der Priester davon die
Schulter, die Kinnlade und den Magen
bekommen. 4 Ihr müsst den Priestern
auch jedes Jahr den ersten Teil eurer Ern-
te geben, von eurem Getreide, Most und
Öl. Auch die erste Schur eurer Schafe ge-
hört ihnen. 5 Denn der Herr, euer Gott,
hat aus eurem Volk die Männer vom
Stamm Levi zum Dienst in seinem Hei-
ligtum erwählt. Sie und ihre Nachkom-
men haben für immer diese Aufgabe.

6 Viele Leviten werden jedoch nicht
beim Heiligtum leben, sondern in ver-
schiedenen Städten in ganz Israel. Wenn
einer von ihnen gern an den Ort kommen
möchte, den der Herr auswählen wird,
7 kann er dort Aufgaben im Heiligtum
seines Gottes übernehmen, genau wie
die anderen Leviten, die dort bereits
dem Herrn dienen. 8 Er soll die gleichen
Anteile von den Opfern und Abgaben
bekommen wie sie, unabhängig davon,
wie viel er durch den Verkauf seines el-
terlichen Besitzes erworben hat.

Verbot von Magie und Wahrsagerei

9 Wenn ihr jetzt in das Land kommt, das
der Herr, euer Gott, euch gibt, dann
übernehmt von den Völkern dort keinen

17,13 13,12 **17,14** 1 Sam 8,5 **17,15** 1 Sam 10,24; 16,1 **17,16** 1 Kön 10,26–29; Jes 31,1; Hes 17,15 **17,17** 1 Kön 11,1–10; 10,14–22.27 **17,18** 12,1 – 26,15; 31,9 **17,19** 2 Kön 23,1–3 **18,1–2** 4 Mo 18,20* **18,1** 1 Sam 2,28; 1 Kor 9,13 **18,3** 4 Mo 18,8–19* **18,4** 2 Mo 23,19

ihrer abscheulichen Bräuche! 10 Niemand
von euch darf seinen Sohn oder seine
Tochter als Opfer verbrennen, niemand
soll wahrsagen, zaubern, Geister be-
schwören oder Magie treiben. 11 Keiner
darf mit Beschwörungen Unheil abwen-
den, Totengeister befragen, die Zukunft
vorhersagen oder mit Verstorbenen Ver-
bindung suchen. 12 Wer so etwas tut, ist
dem Herrn zuwider. Gerade wegen die-
ser abscheulichen Bräuche vertreibt er
die anderen Völker und gibt euch ihr
Land. 13 Ihr aber gehört zum Herrn, eu-
rem Gott. Darum haltet ihm die Treue!

Hört auf Gottes Propheten!

14 Die Völker, die ihr vertreibt, hören auf
Magier und Wahrsager. Doch euch hat
der Herr, euer Gott, dies verboten. 15 Er
wird euch einen Propheten wie mich sen-
den, einen Mann aus eurem Volk. Auf
den sollt ihr hören!

16 Ihr selbst habt euch dies am Berg Ho-
reb vom Herrn gewünscht. Als ihr dort
versammelt wart, habt ihr gesagt: »Wenn
wir weiter die Stimme des Herrn, unseres
Gottes, hören, gehen wir zugrunde. Wir
können auch dieses gewaltige Feuer nicht
länger ertragen, sonst sterben wir!« 17 Der
Herr antwortete mir damals: »Die Israe-
liten haben Recht. 18 Ich will ihnen auch
in Zukunft einen Propheten senden wie
dich, einen Mann aus ihrem Volk. Ihm
werde ich meine Worte eingeben, und er
wird sie den Israeliten mitteilen. 19 Wer
nicht auf das hört, was er in meinem Na-
men sagt, den werde ich dafür zur Re-
chenschaft ziehen. 20 Wenn aber der Pro-
phet überheblich wird und etwas in
meinem Namen sagt, was ich ihm nicht
befohlen habe, oder wenn er im Namen
anderer Götter spricht, dann muss er
sterben.«

21 Ihr fragt euch vielleicht: Woher wis-
sen wir, ob jemand im Auftrag des Herrn
spricht? 22 Nun, wenn ein Prophet im Na-
men des Herrn etwas ankündigt und es
trifft nicht ein, dann waren seine Worte
nicht vom Herrn. Er hat eigenmächtig
geredet, und ihr braucht ihn nicht ernst
zu nehmen.

Zufluchtsstädte für Totschläger
(4. Mose 35,9–34)

19 1/2 Der Herr wird die Völker in
dem Land, das er euch gibt, ver-
nichten. Ihr werdet sie mit seiner Hilfe
vertreiben und in ihren Städten und Häu-
sern leben. Drei von diesen Städten sollt
ihr zu Zufluchtsorten erklären. 3 Sie sol-
len in drei verschiedenen Teilen des Lan-
des liegen und gut erreichbar sein. Dort-
hin kann jeder fliehen, der einen anderen
Menschen unabsichtlich getötet hat. 4 Er
ist in diesen Städten vor der Blutrache si-
cher, wenn er nicht vorsätzlich und aus
Hass gehandelt hat.

5 So etwas kann geschehen, wenn zwei
Männer im Wald Bäume fällen. Der eine
holt mit der Axt aus, das Eisen löst sich
und trifft den anderen tödlich. In diesem
Fall kann der Totschläger sein eigenes
Leben durch Flucht in eine der Zu-
fluchtsstädte retten. 6 Der Weg dorthin
darf nicht zu lang sein. Denn der nächste
Verwandte des Getöteten wird den Tot-
schläger voller Zorn verfolgen, um den
Tod zu rächen. Holt er ihn ein, dann
bringt er ihn um. Dabei war der Verfolgte
unschuldig, denn er hat nicht aus Hass ge-
tötet. 7 Darum sollt ihr drei gut erreich-
bare Zufluchtsorte bestimmen.

8 Später wird der Herr, euer Gott, euer
Gebiet erweitern. Das hat er euren Vor-
fahren geschworen. Ihr werdet dann das
ganze Land besitzen, das er ihnen ver-
sprochen hat. 9 Er schenkt es euch, wenn
ihr alle seine Gebote genau beachtet, die
ich euch heute weitergebe. Liebt den
Herrn, euren Gott, und lebt so, wie es
ihm gefällt. In dem neu dazugewonnenen
Gebiet sollt ihr drei weitere Zufluchts-
städte bestimmen. 10 Denn in dem Land,
das der Herr, euer Gott, euch schenken

18,10 3 Mo 18,21*; 19,26.31 **18,11** 1 Sam 28,3–20 **18,12** 9,4–5 **18,15** 34,10; Mk 9,7; Joh 5,46–47 **18,16** 2 Mo 20,19 **18,19** Apg 3,23 **18,20–22** Jer 14,13–15; 28,7–9.15–17 **19,1–10** 4 Mo 35,10–15*

will, soll kein Unschuldiger getötet wer-
den. Sonst trägt euer ganzes Volk dafür
die Verantwortung.
11 Es kann aber auch sein, dass jemand
aus Hass einem anderen auflauert, ihn er-
mordet und anschließend in einer der
Zufluchtsstädte Schutz sucht. 12 Dann sol-
len die führenden Männer seiner Hei-
matstadt ihn holen lassen und an den
Bluträcher ausliefern, damit dieser ihn
tötet. 13 Habt kein Mitleid mit einem
Mörder! Lasst niemanden ungestraft,
der vorsätzlich einen Unschuldigen getö-
tet hat! Wenn ihr euch daran haltet, wird
es euch gut gehen.

Geht aufrichtig miteinander um!

14 Wenn ihr das Land besitzt, das der Herr,
euer Gott, euch geben will, dann stehlt eu-
ren Nachbarn keinen Grund und Boden.
Lasst die Grundstücksgrenzen so, wie eu-
re Vorfahren sie gezogen haben!
15 Ihr dürft niemanden verurteilen,
wenn nur ein einziger Zeuge gegen ihn
aussagt. Um welches Unrecht oder Ver-
brechen es auch geht, immer sind min-
destens zwei oder drei Zeugen für einen
Schuldspruch nötig.
16 Wenn der Angeklagte seine Schuld
bestreitet und einen Zeugen der Lüge be-
zichtigt, 17 dann sollen beide ins Heilig-
tum vor den Herrn kommen und dort
ihren Fall den Priestern und Richtern
vorlegen. 18 Die sollen die Angelegenheit
genau untersuchen. Stellt sich heraus,
dass der Zeuge tatsächlich gelogen und
den anderen zu Unrecht beschuldigt hat,
19 dann sollt ihr genau die Strafe über ihn
verhängen, die er dem anderen zuge-
dacht hat. Duldet keine solche Hinterhäl-
tigkeit in eurem Volk!
20 *Ganz Israel* soll von der Bestrafung
erfahren, damit alle gewarnt sind und so
eine Verleumdung nicht wieder bei euch
vorkommt. 21 In einem solchen Fall dürft
ihr kein Erbarmen zeigen! Zur Fest-
legung der Strafe gilt der Grundsatz: Le-
ben um Leben, Auge um Auge, Zahn um
Zahn, Hand um Hand, Fuß um Fuß.

Bestimmungen für das israelitische Heer

20 Wenn ihr in den Krieg zieht und
seht, dass eure Feinde zahlreicher
sind als ihr und sogar Reiter und Streit-
wagen besitzen, dann fürchtet euch nicht
vor ihnen! Der Herr, euer Gott, der euch
aus Ägypten befreit hat, steht euch bei!
2 Vor der Schlacht soll der Priester zu eu-
ren Truppen sprechen. 3 Er soll ihnen sa-
gen: »Hört, ihr Israeliten! Ihr werdet
heute gegen eure Feinde kämpfen. Habt
keine Angst! Fürchtet euch nicht! Weicht
nicht vor ihnen zurück, und lasst euch
nicht einschüchtern! 4 Der Herr, euer
Gott, zieht mit euch in die Schlacht! Er
kämpft auf eurer Seite und gibt euch den
Sieg über eure Feinde!«
5 Dann sollen die Männer, die für die
Aufstellung des Heeres verantwortlich
sind, fragen: »Ist jemand hier, der sich ge-
rade ein neues Haus gebaut hat und es
noch nicht einweihen konnte? Er soll ge-
hen und in das Haus einziehen. Sonst
stirbt er vielleicht, und ein anderer wohnt
darin. 6 Hat einer von euch gerade einen
Weinberg angelegt, konnte aber noch
nichts davon ernten? Er soll hier bleiben,
damit er nicht im Kampf fällt und ein an-
derer die Ernte bekommt. 7 Ist jemand
verlobt, aber noch nicht verheiratet? Er
darf auch nach Hause gehen, damit er
nicht stirbt und ein anderer seine Verlob-
te heiratet.«
8 Weiter sollen die Männer eure Sol-
daten auffordern: »Jeder, der sich fürch-
tet und mutlos ist, soll umkehren. Sonst
steckt er vielleicht die anderen mit seiner
Angst an.« 9 Danach sollen die Soldaten
bestimmt werden, die eure Truppen in
die Schlacht führen.
10 Bevor ihr eine Stadt angreift, fordert

19,14 27,17; 1 Kön 21; Spr 22,28; 23,10 **19,15** 17,6; 4 Mo 35,30; Mt 18,16; Joh 8,17; 2 Kor 13,1; 1 Tim 5,19 **19,19** 1 Kor 5,12–13 **19,20** 13,12 **19,21** 2 Mo 21,23–25* **20,1–4** 2 Mo 14,14* **20,7** 24,5 **20,8** Ri 7,3

ihre Einwohner auf, sich kampflos zu ergeben! [11] Gehen sie darauf ein und öffnen euch die Tore, dann müssen sie sich unterwerfen und für euch arbeiten. [12] Wollen sie aber keinen Frieden schließen, sondern Krieg mit euch führen, so belagert sie. [13] Wenn der Herr, euer Gott, euch dann die Stadt erobern lässt, müsst ihr alle Männer dort mit dem Schwert töten. [14] Nur die Frauen und Kinder lasst am Leben. Ihr dürft sie zusammen mit dem Vieh und allem, was euch in der Stadt in die Hände fällt, als Beute behalten. Ihr könnt auch die Vorräte essen, die der Herr, euer Gott, euch dort finden lässt. [15] So sollt ihr im Kampf gegen die Städte in euren Nachbarländern vorgehen.

[16] Anders ist es bei Städten in dem Gebiet, das der Herr, euer Gott, euch schenken will. Denn von den Völkern, die hier bisher gelebt haben, dürft ihr niemanden am Leben lassen. [17] An allen müsst ihr Gottes Urteil vollstrecken: an den Hetitern, Amoritern, Kanaanitern, Perisitern, Hiwitern und Jebusitern. Der Herr hat euch dies befohlen, [18] damit sie euch nicht zu ihrem abscheulichen Götzendienst verführen und ihr euch vom Herrn, eurem Gott, abwendet.

[19] Wenn ihr eine Stadt längere Zeit belagert, dann zerstört nicht die Bäume in der Umgebung! Sonst habt ihr nichts mehr von ihren Früchten! Darum fällt sie nicht! Oder wollt ihr gegen die Bäume kämpfen? [20] Fällt nur die Bäume, die ganz sicher keine Frucht tragen. Aus ihrem Holz könnt ihr Vorrichtungen für die Belagerung bauen, um die Stadt damit einzunehmen.

Die Sühnung eines ungeklärten Mordes

21 Wenn ihr in dem Land, das der Herr, euer Gott, euch gibt, draußen auf dem Feld einen Toten findet und den Mörder nicht kennt, [2] dann ist Folgendes zu tun: Zunächst sollen die führenden Männer und die Richter der umliegenden Städte kommen und feststellen, welche Stadt dem Fundort am nächsten liegt. [3] Hat man die Stadt bestimmt, dann müssen ihre führenden Männer eine junge Kuh holen, die noch kein Joch getragen und keinen Pflug gezogen hat. [4] Sie bringen sie an einen Bach, der das ganze Jahr Wasser führt, an dessen Ufer aber keine Felder angelegt wurden. Dort brechen sie der Kuh das Genick.

[5] Dann kommen die Priester vom Stamm Levi dazu, die der Herr, euer Gott, erwählt hat, ihm zu dienen und in seinem Namen zu segnen. Ihr Wort entscheidet bei jedem Rechtsstreit und Verbrechen. [6] Vor ihren Augen waschen sich die führenden Männer der Stadt über der toten Kuh die Hände [7] und sagen: »Wir haben diesen Menschen nicht getötet und wissen auch nicht, wer es getan hat. [8] Herr, vergib uns! Wir sind doch dein Volk Israel, das du befreit hast! Bitte zieh uns nicht für den Tod dieses Unschuldigen zur Rechenschaft!« Wenn die Männer dies befolgen, wird den Einwohnern der Stadt dieser Mord nicht angerechnet.

[9] So sollt ihr die Schuld sühnen, wenn jemand aus eurem Volk ermordet wurde. Dann handelt ihr so, wie es in den Augen des Herrn richtig ist.

Heirat mit einer kriegsgefangenen Frau

[10] Wenn ihr Krieg führt und der Herr, euer Gott, euch siegen lässt, kann es geschehen, dass ihr Gefangene macht. [11] Vielleicht sieht jemand von euch unter ihnen eine schöne Frau, die ihm so gut gefällt, dass er sie heiraten will. [12] Er darf sie mit nach Hause nehmen. Dort soll sie sich den Kopf kahl scheren, die Nägel schneiden [13] und die Kleider wechseln, die sie als Gefangene getragen hat. Einen Monat soll sie Zeit haben, um ihren Vater und ihre Mutter zu betrauern. Danach kann der Mann sie zur Frau nehmen.

[14] Gefällt sie ihm irgendwann nicht

20,16–18 7,2* **20,19** 2 Kön 3,19.25 **21,5** 10,8; 17,8–11 **21,6–8** Mt 27,24–25 **21,9** 4 Mo 35,33

mehr, dann muss er sie gehen lassen, wo-
hin sie will. Weil er sie zur Ehe gezwun-
gen hatte, darf er sie auf keinen Fall als
Sklavin behandeln oder verkaufen.

Die Rechte des ältesten Sohnes

15 Wenn ein Mann zwei Frauen hat, kann
es vorkommen, dass er die eine liebt und
die andere nicht. Beide haben einen Sohn
geboren, die Ungeliebte zuerst.
16 Wenn
der Mann später das Erbe aufteilt, darf
er nicht den Sohn der geliebten Frau
zum Erstgeborenen erklären und den Äl-
teren benachteiligen.
17 Er muss den Sohn
der ungeliebten Frau als Erstgeborenen
anerkennen und ihm doppelt so viel von
seinem Eigentum vererben wie dem jün-
geren Sohn. Sein ältester Sohn besitzt für
immer alle Rechte des Erstgeborenen.

Bestrafung ungehorsamer Söhne

18 Gesetzt den Fall, ein Sohn ist wider-
spenstig und stur; er hört nicht mehr auf
seinen Vater und seine Mutter. Soviel sie
ihn auch ermahnen und bestrafen, es
nützt nichts. Er macht, was er will.
19 Dann sollen seine Eltern ihn zu den
führenden Männern bringen, die am
Stadttor Gericht halten.
20 Sie sollen zu
ihnen sagen: »Unser Sohn hier gehorcht
uns nicht. Er ist unverbesserlich und hört
nicht auf, zu schlemmen und zu saufen.«
21 Darauf sollen alle Männer der Stadt ihn
steinigen. Denn ihr müsst alles Böse aus
eurem Volk beseitigen! Alle Israeliten
sollen von der Bestrafung hören, damit
sie gewarnt sind.

Hingerichtete müssen am selben Tag begraben werden

22 Wenn ihr jemanden für ein Verbrechen
hinrichtet und seinen Leichnam an einem
Pfahl oder Baum aufhängt,
23 sollt ihr ihn
nicht über Nacht dort lassen. Begrabt ihn
auf jeden Fall noch am selben Tag! Denn
wer so aufgehängt wurde, ist von Gott
verflucht. Wenn ihr seinen Leichnam
nicht am selben Tag begrabt, verunrei-
nigt ihr das Land, das der Herr, euer
Gott, euch schenkt.

Seid hilfsbereit!

22 Seht nicht untätig zu, wenn sich
ein Rind, ein Schaf oder eine Zie-
ge eines Israeliten verirrt! Bringt das Tier
auf jeden Fall zurück!
2 Wohnt der Besit-
zer weit weg von euch oder kennt ihr ihn
nicht, dann nehmt das Tier mit nach Hau-
se, und versorgt es, bis man nach ihm
fragt. Dann gebt es zurück.
3 Das Gleiche
gilt, wenn ihr einen entlaufenen Esel fin-
det oder einen Mantel, den jemand hat
liegen lassen. Immer wenn ihr jemandem
helfen könnt, etwas Verlorenes zurück-
zubekommen, dann tut es! Verweigert
niemandem eure Hilfe!
4 Wenn ihr seht, dass der Esel oder das
Rind eines anderen Israeliten auf der
Straße gestürzt ist, dann geht nicht vor-
bei, sondern helft, das Tier wieder auf
die Beine zu bringen!

Bewahrt die natürliche Ordnung!

5 Eine Frau soll keine Männerkleidung
tragen und ein Mann keine Frauenklei-
dung. Wer so etwas tut, den verabscheut
der Herr, euer Gott.
6 Wenn ihr unterwegs in einem Baum
oder am Boden ein Nest entdeckt, in
dem ein Vogel brütet oder seine Jungen
füttert, dann fangt ihn nicht!
7 Nur die
Jungen dürft ihr euch nehmen. Die Mut-
ter lasst frei! Haltet euch daran, dann
wird es euch gut gehen, und ihr werdet
lange leben.
8 Wenn ihr ein neues Haus baut, dann
sichert das Flachdach mit einem Gelän-
der! Sonst seid ihr schuld, wenn jemand
abstürzt und ums Leben kommt.
9 Wenn ihr einen Weinberg anlegt,
dann pflanzt dort außer den Weinstöcken

21,15 1 Mo 29,30–32 **21,18** 27,16; 2 Mo 21,17 **21,21** 13,12 **21,22–23** 4 Mo 25,4; Jos 8,29; 10,26–27; 2 Sam 21,6.9; Mt 27,57–58; Joh 19,31; Gal 3,13 **22,1–4** 2 Mo 23,4–5 **22,9–11** 3 Mo 19,19

nichts anderes an! Sonst müsst ihr alles
im Heiligtum abliefern, was ihr an Trau-
ben und anderen Früchten erntet.
10 Spannt nicht Rind und Esel zusam-
men vor den Pflug!
11 Tragt keine Kleidung, in der Wolle
und Leinen zusammengewebt sind!
12 Näht Quasten an die vier Enden eu-
rer Obergewänder!

Schutz vor Verleumdung und Vergewaltigung

13 Es kann geschehen, dass ein verheirate-
ter Mann schon nach kurzer Zeit nichts
mehr von seiner Frau wissen will. 14 Er
bringt sie in Verruf und behauptet: »Als
ich mit meiner Braut geschlafen habe,
stellte sich heraus, dass sie keine Jungfrau
mehr war!« 15 Dann sollen die Eltern der
Frau zu den führenden Männern gehen,
die am Stadttor Gericht halten, und
ihnen das Bettlaken aus der Hochzeits-
nacht[a] zeigen. 16 Der Vater soll erklären:
»Ich habe meine Tochter diesem Mann
zur Frau gegeben. Aber jetzt liebt er sie
nicht mehr. 17 Deshalb verleumdet er sie
und behauptet, sie habe schon vorher
mit jemandem geschlafen. Aber die Fle-
cken auf diesem Tuch beweisen, dass sie
noch Jungfrau war.« Die Eltern sollen das
Laken vor den führenden Männern der
Stadt ausbreiten.
18 Dann soll der Mann dafür aus-
gepeitscht werden, 19 dass er eine junge
israelitische Frau verleumdet hat. Außer-
dem hat er 100 Silberstücke an seinen
Schwiegervater zu zahlen. Er muss seine
Frau behalten und darf sich sein Leben
lang nicht von ihr trennen.
20 Hat er aber die Wahrheit gesagt und
hat die Frau tatsächlich schon mit einem
anderen geschlafen, 21 dann soll man sie
vor die Tür ihres Elternhauses bringen,
und die Männer der Stadt sollen sie dort
steinigen. Sie muss sterben, weil sie sich
im Haus ihrer Eltern wie eine Hure ver-
halten hat. Das ist eine Schande für ganz
Israel. Ihr müsst alles Böse aus eurem
Volk beseitigen!
22 Wenn ein Mann mit der Frau eines
anderen schläft und man ertappt sie,
dann müssen beide sterben. Duldet kei-
nen Ehebruch in Israel!
23 Trifft ein Mann in der Stadt eine jun-
ge Frau, die mit einem anderen verlobt
ist, und er schläft mit ihr, 24 dann sollt ihr
die zwei aus der Stadt bringen und steini-
gen. Beide müssen sterben: die junge
Frau, weil sie nicht um Hilfe gerufen hat,
obwohl sie in der Stadt war, und der
Mann, weil er sich an der Braut eines an-
deren vergriffen hat. Ihr müsst das Böse
aus eurem Volk beseitigen!
25 Wenn aber ein Mann draußen auf
dem Feld ein verlobtes Mädchen ver-
gewaltigt, soll nur er getötet werden.
26 Der jungen Frau soll nichts gesche-
hen, denn sie hat nichts getan, was den
Tod verdient! Sie ist wie von einem Mör-
der überfallen worden. 27 Wahrscheinlich
hat sie geschrien, aber niemand hat es
dort draußen gehört und ihr geholfen.
28 Wenn herauskommt, dass ein Mann
eine junge Frau vergewaltigt hat, die
noch nicht verlobt ist, 29 muss er ihrem
Vater 50 Silberstücke zahlen und sie hei-
raten. Er darf sich sein Leben lang nicht
von ihr trennen, weil er sie gezwungen
hat, mit ihm zu schlafen.

23 Niemand darf mit der Frau seines
Vaters schlafen. Sonst entehrt er
seinen Vater.

Wer darf sich beim Herrn versammeln?

2 Wenn sich die Israeliten beim Heiligtum
des Herrn versammeln, darf niemand un-
ter ihnen sein, der verletzte Hoden hat
oder dessen Glied abgeschnitten ist. 3 Ei-
ner, dessen Eltern nicht verheiratet wa-
ren, muss der Versammlung ebenfalls
fernbleiben. Auch seine Nachkommen

---

[a] Wörtlich: das Zeichen der Jungfräulichkeit.

22,12 4 Mo 15,37–39; Mt 23,5 **22,22** 2 Sam 12,13 **22,28–29** 2 Sam 13,16 **23,1** 27,20; 3 Mo 18,7–8; 2 Sam 16,21 **23,2** Jes 56,3–5

dürfen nicht dabei sein, selbst zehn Ge-
nerationen später nicht.
[4]Für immer ausgeschlossen sind auch
alle, die ammonitische oder moabitische
Vorfahren haben, selbst wenn sie seit
zehn Generationen in Israel leben.
[5]Denn diese Völker haben euch nicht
herzlich aufgenommen; sie haben euch
nicht mit Brot und Wasser versorgt, als
ihr aus Ägypten kamt. Im Gegenteil: Sie
haben Bileam, den Sohn Beors, aus Petor
in Mesopotamien geholt und ihm Geld
gegeben, damit er euch verflucht. [6]Aber
der Herr, euer Gott, hat nicht auf Bileam
gehört, sondern aus Liebe zu euch den
Fluch in Segen verwandelt. [7]Darum ver-
sucht nicht, diesen Völkern zu helfen!
Setzt euch auch in Zukunft nie für sie ein!
[8]Die Edomiter aber sollt ihr nicht ab-
lehnen. Sie sind euer Brudervolk. Stellt
euch auch nicht gegen die Ägypter, denn
ihr habt einmal in ihrem Land gelebt.
[9]Wer von ihnen in der dritten Generation
bei euch wohnt, darf dazukommen, wenn
ihr euch beim Heiligtum des Herrn ver-
sammelt.

Das Heerlager soll heilig sein

[10]Wenn ihr Krieg gegen eure Feinde
führt, dann achtet darauf, dass es nichts
in eurem Lager gibt, was euch in den Au-
gen des Herrn unrein macht. [11]Wenn ein
Mann nachts im Schlaf einen Samen-
erguss hatte, ist er unrein und muss das
Lager verlassen. Er darf es am nächsten
Tag nicht betreten. [12]Erst bei Sonnen-
untergang kann er zurückkommen, wenn
er sich vorher gewaschen hat.
[13]Außerhalb des Lagers sollt ihr einen
Platz haben, wo ihr austreten könnt.
[14]Wenn jemand dort sein Geschäft erle-
digt, soll er vorher ein Loch graben und
es danach wieder mit Erde füllen. Nehmt
dazu in eurem Gepäck eine kleine Schau-
fel mit.
[15]Der Herr, euer Gott, ist mitten unter
euch in eurem Lager! Er beschützt euch
und gibt euch den Sieg über eure Feinde.
Deshalb muss euer Lager heilig sein.
Wenn der Herr dort etwas sieht, was er
verabscheut, wendet er sich von euch ab.

Helft entflohenen Sklaven!

[16]Wenn ein entflohener Sklave bei euch
Schutz sucht, dann liefert ihn nicht an sei-
nen Herrn aus! [17]Nehmt ihn bei euch auf!
Er soll für sich entscheiden, in welcher
Stadt er bleiben will. Lasst ihn dort woh-
nen, wo es ihm gefällt, und beutet ihn
nicht aus!

Verbot kultischer Prostitution

[18]Keine Frau und kein Mann aus eurem
Volk soll im Namen eines Gottes der
Prostitution nachgehen. [19]Was Frauen
oder Männer damit verdient haben, darf
niemals als Opfergabe in das Haus des
Herrn, eures Gottes, gebracht werden,
um ein Gelübde zu erfüllen. Denn so et-
was verabscheut der Herr.

Nehmt keine Zinsen von Landsleuten!

[20]Wenn ihr jemandem aus eurem Volk
Geld, Lebensmittel oder irgendetwas an-
deres leiht, dann nehmt keine Zinsen!
[21]Nur von Ausländern dürft ihr Zinsen
verlangen, nicht von Israeliten. Wenn ihr
euch daran haltet, wird der Herr, euer
Gott, euch segnen und eure Arbeit gelin-
gen lassen in dem Land, das ihr in Besitz
nehmt.

Die Gelübde für den Herrn müssen erfüllt werden

[22]Wenn ihr dem Herrn, eurem Gott, et-
was versprochen habt, dann haltet es auf
jeden Fall ein! Er wird es mit Sicherheit
von euch fordern! Verweigert ihr es ihm,

23,4 1 Mo 19,37–38; Neh 13,1–3 **23,5–6** 4 Mo 22,2 – 24,19 **23,7** Esr 9,12 **23,8** 1 Mo 36,1–8; Jes 19,18–25 **23,11–12** 3 Mo 15,16–18 **23,16–17** Phlm 12–16 **23,18** 3 Mo 19,29; 1 Kön 14,24 **23,20–21** 15,3 **23,22–24** 4 Mo 30,3*

so ladet ihr Schuld auf euch. [23]Ihm gar nichts zu versprechen, ist keine Sünde. [24]Doch wenn ihr freiwillig ein Gelübde abgelegt habt, dann müsst ihr es auf jeden Fall erfüllen. Was ihr versprochen habt, müsst ihr halten.

Verhalten in fremden Weinbergen und Feldern

[25]Wenn ihr an einem Weinberg vorbeikommt, dürft ihr dort so viel Trauben essen, wie ihr wollt, bis ihr satt seid. Ihr sollt aber nichts in ein Gefäß sammeln! [26]In einem Getreidefeld könnt ihr mit der Hand Ähren pflücken. Ihr dürft aber keine Sichel benutzen!

Gegen leichtfertige Ehescheidung

24 Es kann geschehen, dass ein verheirateter Mann an seiner Frau etwas auszusetzen hat und er sie deswegen nicht mehr liebt. Er schreibt ihr eine Scheidungsurkunde und schickt sie weg. [2]Sie heiratet einen anderen. [3]Aber auch dieser Mann liebt sie irgendwann nicht mehr und schickt sie mit einer Scheidungsurkunde fort. Es kann aber auch geschehen, dass der zweite Ehemann stirbt. [4]In beiden Fällen kann der erste Mann die Frau nicht wieder heiraten. Sie ist unrein für ihn, weil sie mit einem anderen geschlafen hat. So etwas verabscheut der Herr. Lasst niemals zu, dass eine solche Sünde in dem Land geschieht, das der Herr, euer Gott, euch schenkt.

Schutz von Ehe, Leben, Freiheit und Gesundheit

[5]Wenn ein Mann frisch verheiratet ist, darf er nicht zum Kriegsdienst oder zu anderen Aufgaben herangezogen werden. Er soll ein Jahr lang davon befreit sein, damit er ein Zuhause schaffen und seine Frau glücklich machen kann.

[6]Wenn euch jemand etwas schuldet, dann fordert nicht seine Handmühle oder seinen Mühlstein als Pfand! Denn damit würdet ihr ihm nehmen, was er zum Leben braucht.

[7]Findet ihr heraus, dass jemand einen anderen Israeliten entführt und ihn zu seinem Sklaven macht oder verkauft, dann tötet ihn! Duldet keine Verbrechen unter euch!

[8]Wenn ihr an Aussatz erkrankt, so befolgt genau die Anweisungen der Priester vom Stamm Levi! Haltet euch an alles, was der Herr ihnen befohlen hat! [9]Denkt daran, wie der Herr, euer Gott, Mirjam aussätzig gemacht und sie wieder geheilt hat, als ihr aus Ägypten kamt![a]

Die Rechte der Armen

[10]Wenn ihr jemandem etwas leiht, dann geht nicht in sein Haus, um euch dort selbst ein Pfand auszusuchen. [11]Wartet draußen vor der Tür, bis er euch etwas herausbringt. [12]Ist er so arm, dass er nur seinen Mantel verpfänden kann, dann behaltet das Kleidungsstück nicht über Nacht. [13]Gebt es ihm auf jeden Fall noch am selben Abend zurück! Er braucht es nachts als Decke. Dafür wird er euch segnen, denn ihr tut, was in den Augen des Herrn, eures Gottes, gut und richtig ist.

[14]Beutet die armen Tagelöhner nicht aus, ganz gleich, ob es Israeliten sind oder Ausländer, die bei euch leben! [15]Sie sind dringend auf ihren Lohn angewiesen. Darum gebt ihnen jeden Tag noch vor Sonnenuntergang ihr Geld. Sonst werden sie sich beim Herrn über euch beklagen, und ihr habt Schuld auf euch geladen.

[16]Eltern sollen nicht für die Verbre-

---

[a] Vgl. 4. Mose 12

23,26 Mt 12,1 **24,1** Mt 5,31–32; 19,7 **24,5** 20,7 **24,7** 2 Mo 21,16 **24,8** 3 Mo 13,1–46; 14,1–32 **24,12–13** 2 Mo 22,25–26 **24,14–15** 3 Mo 19,13; Mt 20,8; Jak 5,4 **24,16** 2 Kön 14,5–6; Jer 31,29–30; Hes 18,20

Liebe ist geduldig

Lesen Sie 5. Mose 24,5

Sich gegenseitig sexuelle Erfüllung in der Ehe zu schenken, braucht Zeit. Das ist einer der Gründe, warum Gott die jungen Leute in Israel anwies, sich ein Jahr für die Flitterwochen freizunehmen: „Wenn ein Mann frisch verheiratet ist, darf er nicht zum Kriegsdienst oder zu anderen Aufgaben herangezogen werden. Er soll ein Jahr lang davon befreit sein, damit er ein Zuhause schaffen und seine Frau glücklich machen kann" (5. Mose 24,5).

Tatsächlich findet kaum ein Paar in weniger als einem Jahr zur sexuellen Erfüllung. So wie die beiden geistig, seelisch und geistlich erst noch zusammenwachsen müssen, so müssen sie es auch im sexuellen Bereich. Es ist ein Prozess, der Zeit braucht.

Warum aber dauert es so lange, bis wir in sexueller Hinsicht zueinandergefunden haben? Weil Männer und Frauen in jedem denkbaren Bereich völlig verschieden sind – körperlich, seelisch und geistig. Es gibt grundlegende Unterschiede in Bezug auf den Geschlechtstrieb, hinsichtlich der Auslöser, die uns zum Sex bereit machen, und sogar im Blick auf unsere Reaktionen während des Geschlechtsverkehrs. In der Ehe müssen ein Mann und eine Frau diese Unterschiede entdecken und annehmen, bevor sie einander sexuelle Erfüllung schenken können.

Doch mit Gottes Führung lohnt sich diese Mühe.

Nehmen Sie sich Zeit, um allein oder als Paar gemeinsam zu beten.

- Danken Sie Gott für das Geschenk der Sexualität.
- Bitten Sie ihn um Vergebung, wo Sie dieses Geschenk missbraucht oder als selbstverständlich angesehen haben.
- Bitten Sie ihn, dass Sie mit Ihrem Ehepartner zutiefst vertraut werden und Gott dadurch geehrt wird.

Wenn Sie noch mehr Zeit haben …

Besprechen Sie miteinander folgende Fragen oder denken Sie darüber nach:

- Was möchten Sie Ihrem Mann oder Ihrer Frau über Ihre sexuellen Bedürfnisse mitteilen?
- Wie schaffen Sie in Ihrer Beziehung eine Atmosphäre, die Intimität ermöglicht?
- Auf welche Weise verhindern Sie – bewusst oder unbewusst – Intimität?

Lesen Sie auch die folgenden Abschnitte zum Thema Sexualität:
Hoheslied 5,1-7; 1. Korinther 7,3-5; Hebräer 13,4.

Mehr als nur der Marktwert

Lesen Sie 5. Mose 26,18

Ist Ihr Ehepartner arbeitssüchtig? Wenn ja, dann sollten Sie unbedingt Folgendes wissen: Der Wunsch, wichtig und wertvoll zu sein, gehört zu den grundlegenden seelischen Bedürfnissen, die manche Menschen zum Handeln antreiben. Viele arbeitswütige Menschen erkennen nicht, woher ihr wahrer Wert kommt, nämlich daher, dass sie Gottes Kinder sind und nach seinem Plan leben sollen. Immerhin bezeichnet Gott uns, seine Kinder, in 5. Mose 26,18 als sein eigenes Volk, seinen kostbaren Besitz. Unser himmlischer Vater liebt uns, und zwar nicht für das, was wir sind oder tun, sondern weil er uns geschaffen hat. Wir können nichts tun, um unseren Wert in seinen Augen zu steigern oder zu mindern.

Arbeitssüchtige vergessen das leicht. Folglich stecken sie ihre ganze Energie in den beruflichen Erfolg und vernachlässigen häufig sogar ihre nächsten Angehörigen. Vielleicht hat ein Mann von seinem Vater zu hören bekommen: „Aus dir wird nie etwas werden." Und nun verbringt dieser Mann sein ganzes Leben damit zu beweisen, dass sein Vater sich geirrt hat. Ein bitterer, nie endender Teufelskreis.

Wenn Sie mit einem Arbeitssüchtigen verheiratet sind, kritisieren Sie nicht seine Arbeit. Bringen Sie ihm Lob, Bewunderung und Ermutigung entgegen. Sagen Sie, wie stolz Sie auf ihn sind. Je mehr Sie ihn loben und für das schätzen, was er ist, statt für das, was er tut, desto wahrscheinlicher wird es, dass er die Arbeit öfter einmal ruhen lässt und mehr Zeit mit Ihnen verbringt.

Nehmen Sie sich Zeit, um allein oder als Paar gemeinsam zu beten. Danken Sie Gott, dass er Sie bedingungslos liebt und schätzt. Bitten Sie ihn, Sie immer wieder daran zu erinnern, dass Ihr Wert letztendlich nur von ihm kommt und nicht von dem, was Sie erreicht haben.

Wenn Sie noch mehr Zeit haben …

Besprechen Sie miteinander folgende Fragen oder denken Sie darüber nach:

- Wie geht es Ihnen mit Ihrem Beruf – oder mit dem Beruf Ihres Mannes/Ihrer Frau?
- Wie gehen Sie beide normalerweise mit Spannungen um, die durch berufliche Probleme entstehen?
- Wie können Sie Ihrem Mann oder Ihrer Frau in dieser Woche konkret zeigen, wie sehr Sie ihn/sie schätzen?

Lesen Sie auch die folgenden Abschnitte zum Thema Arbeit:
Psalm 90,17; Sprüche 14,23; Prediger 3,13.

Den nächsten Impuls finden Sie auf S. 228 a

chen ihrer Kinder hingerichtet werden
und Kinder nicht für die Schuld ihrer El-
tern. Jeder soll nur für seine eigene Sün-
de bestraft werden.
17 Verweigert den Ausländern und Wai-
sen vor Gericht nicht ihr Recht! Einer
Witwe dürft ihr nicht den Mantel als
Pfand wegnehmen. 18 Denkt daran, dass
ihr früher Sklaven der Ägypter wart und
der Herr, euer Gott, euch aus ihrer Hand
befreit hat. Deshalb gebe ich euch diese
Gebote.
19 Wenn ihr bei der Ernte eine Garbe
auf dem Feld vergesst, geht nicht zurück,
um sie zu holen. Lasst sie den Auslän-
dern, Waisen und Witwen! Dann wird
der Herr, euer Gott, euch bei all eurer
Arbeit segnen. 20 Wenn ihr Oliven von
den Bäumen schlagt, dann sucht die
Zweige danach nicht mehr ab. Der Rest
soll den Ausländern, Waisen und Witwen
gehören! 21 Auch bei eurer Traubenernte
haltet keine Nachlese! Überlasst sie den
Ausländern, Waisen und Witwen. 22 Ver-
gesst nicht, dass ihr einmal Sklaven in
Ägypten wart. Darum haltet euch an
diese Gebote!

Strafe mit Maß

25 Können sich Männer bei einem
Rechtsstreit nicht einigen, so soll
ein Gericht feststellen, wer im Unrecht
ist. 2 Wird der Schuldige zu Stockhieben
verurteilt, so soll man ihn vor dem Rich-
ter auf den Boden legen und ihm so viele
Schläge geben, wie er verdient. 3 Es dür-
fen aber auf keinen Fall mehr als vierzig
sein, denn der Verurteilte gehört ja zu eu-
rem Volk. Ihr sollt nicht die Achtung vor
ihm verlieren!

Wer arbeitet, darf auch essen

4 Wenn ihr mit einem Ochsen Getreide
drescht, dann bindet ihm nicht das Maul
zu!

Bestimmungen zur Schwagerehe

5 Wenn ein verheirateter Mann kinderlos
stirbt und in der Nähe ein Bruder von
ihm lebt, muss dieser die Witwe zur Frau
nehmen. Sie soll keinen Mann außerhalb
der Familie heiraten, sondern ihren
Schwager. 6 Der erste Sohn, den sie dann
zur Welt bringt, soll als Sohn des Verstor-
benen gelten, damit sein Name in Israel
weiterlebt.
7 Will aber der Bruder seine Schwäge-
rin nicht heiraten, dann soll sie zu den
führenden Männern gehen, die am Stadt-
tor Gericht halten. Sie soll sagen: »Mein
Schwager weigert sich, mich zu heiraten.
Er will nicht dafür sorgen, dass der Name
seines Bruders weiterlebt.« 8 Die führen-
den Männer der Stadt sollen ihn rufen
und ihn zur Rede stellen. Bleibt er bei
seiner Ablehnung, 9 dann soll seine
Schwägerin ihm dort vor den führenden
Männern einen Schuh ausziehen, ihm ins
Gesicht spucken und sagen: »So behan-
delt man jemanden, der die Familie sei-
nes Bruders nicht am Leben erhalten
will.« 10 Ganz Israel soll es erfahren und
ihn und seine Familie von da an »Barfü-
ßer« nennen.

Unerlaubte Übergriffe

11 Wenn zwei Männer sich schlagen und
die Frau des Unterlegenen kommt ihrem
Mann zu Hilfe und greift dem anderen an
die Geschlechtsteile, 12 soll man ihr ohne
Mitleid die Hand abhauen.

Seid ehrlich, und betrügt einander nicht!

13 Steckt euch nicht zwei verschieden
schwere Gewichtssteine in die Tasche,
um beim Wiegen zu betrügen! 14 Haltet
in eurem Haus nicht zwei verschieden
große Getreidemaße bereit! 15 Benutzt
die richtigen Gewichtssteine und Getrei-

24,17–18 10,17–19; 3 Mo 24,22* **24,18** 5,15* **24,19–21** 3 Mo 19,9–10 **24,22** 5,15* **25,3** 2 Kor 11,24 **25,4** 1 Kor 9,9 **25,5–6** 1 Mo 38,8; Ruth 3,1–4.12; Mt 22,24 **25,13–16** 3 Mo 19,35–36; Spr 11,1*; Mi 6,10–12

demaße! Dann werdet ihr lange in dem
Land leben, das der Herr, euer Gott,
euch gibt. 16 Denn er verabscheut jeden,
der andere betrügt.

Bestraft die Amalekiter!

17 Vergesst nicht, was euch die Amaleki-
ter angetan haben, als ihr aus Ägypten
gekommen seid! 18 Sie haben eure Er-
schöpfung ausgenutzt und euch von hin-
ten überfallen. Ohne jede Ehrfurcht vor
Gott haben sie die Schwachen am Ende
eures Zuges getötet. 19 Denkt daran, sie
zu bestrafen, wenn ihr in dem Land
wohnt, das der Herr, euer Gott, euch für
immer schenkt. Sobald der Herr dafür
gesorgt hat, dass ihr nicht mehr ringsum
von Feinden bedroht seid, sollt ihr jede
Spur von den Amalekitern auslöschen!

Dankt Gott für seine Gaben!

26 Ihr werdet nun in das Land gehen,
das der Herr, euer Gott, euch
schenkt. Ihr werdet es einnehmen und
euch darin niederlassen. 2 Wenn ihr dort
eure Ernte einbringt, dann legt die ersten
Früchte in einen Korb, und kommt damit
an den Ort, den der Herr, euer Gott, aus-
wählt, um dort zu wohnen. 3 Geht zum
Priester, der gerade Dienst hat, und sagt
zu ihm: »Der Herr, dein Gott, hat Wort
gehalten: Wir leben heute in dem verhei-
ßenen Land, wie er es unseren Vorfahren
geschworen hat.«
4 Der Priester soll den Korb nehmen
und ihn vor den Altar des Herrn, eures
Gottes, stellen. 5 Dann sollt ihr beten:
»Herr, unser Gott! Unsere Vorfahren
waren Aramäer, die umherzogen und
keine Heimat hatten. Sie gingen nach
Ägypten und siedelten sich in diesem
fremden Land an. Zu Anfang waren sie
nur wenige, doch dann wurden sie ein
großes und mächtiges Volk. 6 Die Ägyp-
ter behandelten uns schlecht. Sie unter-
drückten uns und zwangen uns zu harter
Arbeit. 7 Da schrien wir zu dir, dem Gott
unserer Vorfahren. Und du hast uns ge-
hört. Du hast gesehen, wie sehr wir miss-
handelt wurden und litten. 8 Mit starker
Hand und großer Macht hast du uns be-
freit. Du hast unsere Feinde in Angst und
Schrecken versetzt, große Wunder und
gewaltige Taten vollbracht.
9 Dann hast du uns hierher geführt und
uns dieses Land gegeben, in dem Milch
und Honig fließen. 10 Hier sind wir nun
und bringen dir die ersten Früchte des
Landes, das du, Herr, uns geschenkt
hast.«
Legt die Früchte vor dem Herrn, eu-
rem Gott, nieder, und betet ihn an!
11 Freut euch mit euren Familien an allen
Gaben, die der Herr euch geschenkt hat.
Ladet zu eurem Fest auch die Leviten
und Ausländer ein, die bei euch leben.

Ein Teil der Ernte gehört den Armen

12 Jedes dritte Jahr sollt ihr den gesamten
zehnten Teil eurer Ernte den Leviten,
den Ausländern, den Waisen und Witwen
in euren Städten geben, damit sie genug
zu essen haben. 13 Dann sollt ihr beten:
»Herr, mein Gott! Alles, was dir ge-
hört, habe ich aus meinem Haus weg-
gebracht und es den Leviten, Auslän-
dern, Waisen und Witwen gegeben, wie
du es mir befohlen hast. Ich habe mich
genau an deine Anweisungen gehalten
und nichts vergessen. 14 Diese heiligen
Gaben habe ich nie angerührt, wenn ich
unrein war. Ich habe nichts davon in das
Grab eines Toten gelegt oder in der Zeit
der Trauer gegessen. Herr, mein Gott, ich
habe alles getan, was du befohlen hast.
15 Sieh doch herab vom Himmel, wo du
wohnst! Segne dein Volk Israel, und seg-
ne das Land, das wir von dir bekommen
haben, wie du es unseren Vorfahren ver-
sprochen hast, das Land, in dem Milch
und Honig fließen!«

25,17–18 2 Mo 17,8–13 **25,19** 2 Mo 17,14–16; 1 Sam 15,2–3 **26,2** 2 Mo 23,19; 5 Mo 12,5* **26,5–9** 6,20–25; Jos 24,2–13 **26,8** 4,34* **26,9** 4 Mo 13,27* **26,11** 12,7* **26,12–15** 4 Mo 18,21–24*

Ihr seid Gottes Volk

16 Heute befiehlt euch der Herr, euer
Gott, dass ihr seine Gebote und Ordnun-
gen beachtet. Haltet euch daran! Befolgt
seine Weisungen von ganzem Herzen
und mit aller Hingabe!

17 Ihr habt heute dem Herrn gesagt, dass
er euer Gott sein soll und dass ihr seinem
Weg folgen wollt. Ihr habt versprochen,
ihm zu gehorchen und seine Gebote, Wei-
sungen und Ordnungen zu beachten.
18 Und der Herr hat heute erklärt, dass
ihr sein eigenes Volk seid, wie er es ver-
sprochen hat. Er verlangt, dass ihr nach
seinen Geboten lebt. 19 Er will euch zum
bedeutendsten aller Völker machen, die
er geschaffen hat. Ja, berühmt und ange-
sehen sollt ihr sein! Ihr werdet ein heili-
ges Volk sein, das ganz dem Herrn ge-
hört. So hat er es versprochen.

Das ganze Gesetz auf Gedenksteinen

27 Gemeinsam mit den Sippenober-
häuptern forderte Mose die Israe-
liten auf: »Haltet euch genau an alle Ge-
bote, die ich euch heute gebe! 2 Wenn ihr
den Jordan überquert und in das Land
zieht, das der Herr, euer Gott, euch gibt,
dann richtet dort große Gedenksteine
auf. Streicht sie weiß an, 3 und schreibt
das ganze Gesetz Wort für Wort darauf.
Wenn ihr das tut, werdet ihr das Land in
Besitz nehmen, in dem Milch und Honig
fließen. So hat es der Herr, der Gott eu-
rer Vorfahren, versprochen. 4 Nachdem
ihr den Jordan überquert habt, sollt ihr
die Gedenksteine weiß bestreichen und
auf dem Berg Ebal aufrichten.

5 Baut dort auch einen Altar für den
Herrn, euren Gott! Verwendet dazu nur
unbehauene Steine, 6 die nicht bearbeitet
worden sind. Bringt auf dem Altar
Brandopfer dar! 7 Schlachtet Tiere für
das Dankopfer, esst sie, und feiert in der
Gegenwart des Herrn ein fröhliches Fest!
8 Der Altar soll bei den Steintafeln ste-
hen, auf die ihr alle Gebote sorgfältig
mit deutlicher Schrift geschrieben habt.«

9 Das ganze Volk war versammelt, als
Mose und die Priester vom Stamm Levi
sagten: »Seid still, und hört zu, ihr Israe-
liten! Von heute an seid ihr das Volk des
Herrn. Ihr gehört nun allein eurem Gott.
10 Darum gehorcht ihm! Lebt nach seinen
Geboten und Ordnungen, die ihr heute
hört.«

Segen und Fluch

11 Am selben Tag befahl Mose den Israe-
liten: 12 »Wenn ihr den Jordan überquert
habt, sollen sich sechs eurer Stämme auf
dem Berg Garizim versammeln: Simeon,
Levi, Juda, Issaschar, Josef und Benja-
min. Sie sollen dort die Segensworte aus-
rufen. 13 Die Stämme Ruben, Gad, Asser,
Sebulon, Dan und Naftali versammeln
sich auf dem Berg Ebal und rufen von
dort die Fluchworte.

14 Dann sollen die Leviten mit lauter
Stimme allen Israeliten zurufen:

15 ›Verflucht ist, wer aus Holz oder Me-
tall eine Götzenstatue anfertigt und sie
heimlich aufstellt. Denn sie ist ein Werk
von Menschenhand, das der Herr ver-
abscheut.‹

Und das ganze Volk soll antworten:
›So soll es sein!‹

16 Nun rufen die Leviten: ›Verflucht ist,
wer seinen Vater oder seine Mutter ver-
achtet!‹

Und das Volk antwortet: ›So soll es
sein!‹

17 In dieser Weise sollen die Leviten
und das Volk weiter im Wechsel spre-
chen:

›Verflucht ist, wer seinem Nachbarn
Land wegnimmt!‹ –

›So soll es sein!‹ –

18 ›Verflucht ist, wer einen Blinden in
die Irre führt!‹ –

›So soll es sein!‹ –

26,17–19 29,11–12 **26,19** 2 Mo 19,5–6*; 3 Mo 19,2* **27,2–8** Jos 8,30–32 **27,3** 4 Mo 13,27* **27,5–6** 2 Mo 20,25 **27,7** 12,7* **27,9** 26,16–19 **27,11–13** 11,29; Jos 8,33–35 **27,15** 2 Mo 20,3–5*; 34,17 **27,16** 2 Mo 20,12*; 21,17 **27,17** 19,14 **27,18** 3 Mo 19,14

19 ›Verflucht ist, wer Ausländern, Wai-
sen oder Witwen vor Gericht ihr Recht
verweigert!‹ –
›So soll es sein!‹ –
20 ›Verflucht ist, wer mit der Frau seines
Vaters schläft und ihn damit entehrt!‹ –
›So soll es sein!‹ –
21 ›Verflucht ist, wer mit einem Tier ver-
kehrt!‹ –
›So soll es sein!‹ –
22 ›Verflucht ist, wer mit seiner Schwes-
ter oder Halbschwester schläft!‹ –
›So soll es sein!‹ –
23 ›Verflucht ist, wer mit seiner Schwie-
germutter schläft!‹ –
›So soll es sein!‹ –
24 ›Verflucht ist, wer heimlich jemanden
ermordet!‹ –
›So soll es sein!‹ –
25 ›Verflucht ist, wer für Geld einen Un-
schuldigen umbringt!‹ –
›So soll es sein!‹ –
26 ›Verflucht ist, wer sich nicht an dieses
ganze Gesetz hält und danach lebt!‹ –
›So soll es sein!‹«

Der Herr will euch segnen

28 »Der Herr, euer Gott, wird euch
zum bedeutendsten aller Völker
machen, wenn ihr auf ihn hört und nach
allen seinen Geboten lebt, die ich euch
heute gebe. 2 Wenn ihr ihm gehorcht, wer-
det ihr seinen ganzen Segen erfahren. 3 Er
beschenkt euch zu Hause und draußen
auf dem Feld: 4 Ihr werdet viele Kinder
haben, reiche Ernten einbringen und eu-
re Rinder-, Schaf- und Ziegenherden
wachsen sehen. 5 Eure Körbe werden vol-
ler Früchte und eure Backtröge voll Mehl
sein. 6 Der Herr wird euch segnen, wenn
ihr nach Hause kommt und wenn ihr wie-
der aufbrecht.
7 Wenn eure Feinde euch angreifen,
hilft euch der Herr, sie in die Flucht zu
schlagen. In alle Himmelsrichtungen
werdet ihr sie auseinander jagen.
8 Der Herr, euer Gott, wird euch mit
reichen Vorräten beschenken und alles
gelingen lassen, was ihr euch vornehmt.
Er wird euch in dem Land segnen, das er
euch schenkt. 9 Wenn ihr seine Gebote
beachtet und so lebt, wie es ihm gefällt,
macht er euch zu einem Volk, das ihm
allein gehört. So hat er es versprochen.
10 Alle Völker der Welt werden sich vor
euch fürchten, weil sie sehen, dass ihr
das Volk des Herrn seid und seinen
Namen tragt.
11 Der Herr wird euch mit vielen Kin-
dern beschenken, eure Herden vermeh-
ren und eure Felder fruchtbar machen.
Überreich wird er euch in dem verheiße-
nen Land segnen, das er euch geben will.
12 Der Herr wird euch seine Schatz-
kammer, den Himmel, aufschließen und
eurem Land zur richtigen Zeit Regen
schicken. Alle eure Arbeit lässt er gelin-
gen, so dass ihr Menschen aus vielen Völ-
kern etwas leihen könnt und selbst nie
etwas borgen müsst. 13 Ihr werdet das
bedeutendste aller Völker sein, und euer
Aufstieg ist unaufhaltsam.
Dies alles wird sich erfüllen, wenn ihr
den Geboten des Herrn, eures Gottes,
gehorcht, die ich euch heute gebe.
14 Weicht niemals von dem ab, was ich
euch befohlen habe. Ihr dürft nie anderen
Göttern nachlaufen und ihnen dienen.«

Gottes Fluch

15 »Wenn ihr aber nicht auf den Herrn, eu-
ren Gott, hört und nicht all seine Gebote
und Ordnungen befolgt, die ich euch
heute gebe, dann wird sein Fluch euch
treffen: 16 Verflucht werdet ihr sein, wenn
ihr zu Hause seid und wenn ihr draußen
auf dem Feld arbeitet. 17 In euren Körben
werden keine Früchte und in den Back-
trögen wird kein Mehl sein. 18 Ihr werdet
keine Kinder bekommen. Eure Rinder,
Schafe und Ziegen werden sich nicht ver-
mehren. Auf euren Feldern wird nichts

27,19 2 Mo 22,20–21; 3 Mo 24,22* **27,20** 23,1 **27,21** 2 Mo 22,18; 3 Mo 18,23 **27,22** 3 Mo 18,9.11 **27,23** 3 Mo 18,17 **27,25** Mt 27,4 **27,26** Gal 3,10 **28,1–14** 7,12–15* **28,1** 26,19 **28,9** 7,6–8 **28,12** 11,10–12; 15,6 **28,15–68** 3 Mo 26,14–39

mehr wachsen. 19 Verflucht werdet ihr sein, wenn ihr nach Hause kommt und wenn ihr wieder aufbrecht. 20 Der Herr wird euch ins Unglück stürzen und alles misslingen lassen, was ihr euch vornehmt. Er wird euch in die Verzweiflung treiben. Ihr werdet bald zugrunde gehen und umkommen, wenn ihr euch in eurer Bosheit von ihm abwendet.

21 Der Herr wird euch die Pest schicken, bis keiner von euch mehr in dem Land lebt, das ihr jetzt einnehmen sollt. 22 Er wird euch mit Schwindsucht, Fieber und Entzündungen plagen. Euer Getreide vernichtet er durch Dürre und Pilze. Das Unheil wird euch bis in den Tod verfolgen. 23 Der Himmel über euch wird verschlossen sein, als wäre er aus Eisen, und der Ackerboden hart wie Stein[a]. 24 Statt Regen wird der Herr Staub und Sand auf euer Land fallen lassen, bis ihr umgekommen seid.

25 Der Herr wird euch euren Feinden ausliefern. Sie werden euch in alle Himmelsrichtungen auseinander jagen. Mit Grauen werden alle Völker der Welt euer Schicksal verfolgen. 26 Eure Leichen wird man nicht begraben, sondern den Vögeln und wilden Tieren zum Fraß überlassen. 27 Der Herr wird euch mit den gleichen Krankheiten plagen wie damals die Ägypter. Eure Haut wird von unheilbaren Geschwüren, Ausschlägen, Beulen und Wunden befallen sein. 28 Der Herr wird euch in den Wahnsinn treiben, in geistige Umnachtung und Verwirrung. 29 Am helllichten Tage werdet ihr wie Blinde umhertappen. Alles, was ihr in Angriff nehmt, wird scheitern.

Man wird euch ständig unterdrücken und berauben, und niemand wird euch helfen. 30 Wenn einer von euch sich mit einer Frau verlobt, wird ein anderer mit ihr schlafen. Wenn ihr ein Haus baut, werdet ihr nicht darin wohnen; und wenn ihr einen Weinberg pflanzt, könnt ihr keine Trauben ernten. 31 Man wird eure Rinder vor euren Augen schlachten und euch nichts davon abgeben. Man wird eure Esel wegnehmen und nie wieder zurückbringen. Feinde werden eure Schafe und Ziegen stehlen, und keiner wird euch beistehen. 32 Eure Söhne und Töchter wird man als Sklaven ins Ausland verschleppen, und ihr könnt nur hilflos zusehen. Tag und Nacht wird euch die Sehnsucht nach ihnen quälen, aber ihr werdet nichts tun können, um sie wiederzubekommen.

33 Ein fremdes Volk wird euch alle Ernteerträge nehmen, für die ihr mühsam arbeiten musstet. Euer Leben lang werdet ihr unterdrückt und ausgebeutet.

34 Das Leid, das ihr erlebt, wird euch in den Wahnsinn treiben. 35 Der Herr wird euch mit bösartigen, unheilbaren Geschwüren plagen. Sie werden an euren Knien und Schenkeln ausbrechen und euren ganzen Körper von Kopf bis Fuß befallen.

36 Der Herr bringt euch und den König, den ihr eingesetzt habt, zu einem Volk, das weder ihr noch eure Vorfahren gekannt habt. Dort dient ihr anderen Göttern aus Holz und Stein. 37 Wohin ihr auch vertrieben werdet, bei allen Völkern wird man über euer Unglück entsetzt sein und euch verspotten. Wer einen anderen verhöhnen will, wird ihm das gleiche Schicksal wünschen, das euch getroffen hat.

38 Auf euren Feldern werdet ihr viel aussäen und wenig ernten, weil die Heuschrecken alles abfressen. 39 Ihr werdet Weinberge anlegen und pflegen, aber keine Trauben lesen und keinen Wein trinken, weil Schädlinge die Pflanzen vernichten. 40 Im ganzen Land werdet ihr Ölbäume haben und doch kein Öl gewinnen, mit dem ihr euch salben könnt, denn die Oliven fallen zu früh ab.

41 Ihr werdet Söhne und Töchter zur Welt bringen, aber ihr könnt sie nicht behalten. Ihr müsst zusehen, wie man sie in fremde Länder verschleppt. 42 Heuschre-

---

[a] Wörtlich: wie Eisen.

28,23 11,17 **28,25** 4,27–28; 2 Kön 15,29; 17,5–6; 24,15; 25,7.11 **28,26** Jer 7,33; 16,4 **28,27** 2 Mo 9,8–10 **28,37** Jer 24,9 **28,38–40** Joel 1,4; Mi 6,15

cken werden über alle eure Bäume und
Felder herfallen. 43 Die Ausländer unter
euch werden reich und angesehen sein,
ihr selbst aber hilflos und arm. 44 Nicht
sie werden von euch etwas leihen, son-
dern ihr von ihnen. Sie werden über
euch herrschen, und ihr müsst euch un-
terwerfen.

45 Wenn ihr nicht auf den Herrn, euren
Gott, hört und nicht seine Gebote und
Ordnungen beachtet, die ich euch heute
gebe, werden alle diese Flüche euch tref-
fen. Sie werden euch verfolgen, bis ihr
umgekommen seid. 46 Das Unheil, das
über euch und eure Nachkommen he-
reinbricht, wird den anderen Menschen
für immer ein abschreckendes Beispiel
sein.

47 Wenn ihr dem Herrn nicht fröhlich
dienen wollt, weil er euch so reich be-
schenkt hat, 48 werdet ihr euren Feinden
dienen müssen, die er euch schicken
wird. Ihr werdet Hunger und Durst lei-
den, es wird euch an Kleidung und allem
anderen fehlen. Der Herr sorgt dafür,
dass ihr grausam unterdrückt werdet, bis
ihr umgekommen seid.

49 Ein Volk vom Ende der Welt, dessen
Sprache ihr nicht versteht, lässt er über
euch herfallen. Wie ein Adler stürzt es
sich auf euch 50 und kennt kein Erbarmen.
Selbst die alten Leute und Kinder wer-
den von ihnen getötet. 51 Sie nehmen sich
euer Vieh und euer Brot, so dass euch
nichts mehr zum Leben bleibt. Nichts las-
sen sie euch übrig, kein Getreide, keinen
Most, kein Öl, kein Kalb und kein Lamm.
Sie richten euch völlig zugrunde. 52 Jede
Stadt in dem Land, das der Herr, euer
Gott, euch gibt, belagern sie. Die hohen
und starken Mauern, auf die ihr euch ver-
lasst, bestürmen sie so lange, bis sie ein-
stürzen. Keine einzige Ortschaft lassen
sie in Frieden.

53 In den eingeschlossenen Städten ist
die Not dann so groß, dass ihr vor Hunger
eure eigenen Söhne und Töchter esst, die
der Herr euch geschenkt hat. 54/55 Der
feinste und vornehmste Mann unter euch
wird sein eigenes Kind verzehren, weil er
sonst keine Nahrung findet. Und er wird
nicht bereit sein, seinem Bruder, seiner
Frau oder seinen übrigen Kindern etwas
davon abzugeben – so groß ist seine Ver-
zweiflung in der Zeit der Belagerung.
56/57 Die feinste Frau unter euch, die sich
ihr Leben lang in der Sänfte herumtragen
ließ, wird heimlich ihre Nachgeburt und
ihr Neugeborenes essen. Sie wird nicht
bereit sein, mit ihrem Mann oder ihren
anderen Kindern zu teilen, weil sie sonst
verhungern müsste. So groß wird die Not
sein, wenn die Feinde eure Städte bela-
gern.

58/59 Deshalb haltet euch an alle Ord-
nungen dieses Gesetzes, und lebt nach
dem, was in diesem Buch steht. Habt
Ehrfurcht vor dem Herrn, eurem Gott!
Denn er hat die Macht, unfassbare und
schreckliche Dinge zu tun. Wenn ihr
nicht auf den Herrn hört, straft er euch
und eure Nachkommen unbeschreiblich
hart. Er wird euch schlimme, unheilbare
Krankheiten schicken. 60 Bei euch werden
sich die gleichen Seuchen ausbreiten wie
bei den Ägyptern. Alle Leiden, vor de-
nen ihr euch fürchtet, werden euch stän-
dig plagen. 61 Und die in diesem Buch ge-
nannten Krankheiten und Seuchen sind
bei weitem nicht alles, was euch erwartet.
Noch ganz andere Nöte wird der Herr
euch schicken, damit ihr zugrunde geht.

62 Wenn ihr nicht auf den Herrn, euren
Gott, hört, werden nur wenige von euch
überleben, selbst wenn ihr vorher so zahl-
reich wart wie die Sterne am Himmel.
63 Früher hat der Herr euch mit Freude
Gutes getan und ein großes Volk aus
euch gemacht, dann aber wird er euch
mit Freude vernichten und aus dem Land
vertreiben, das ihr bald einnehmen wer-
det. 64 Er wird euch fortjagen zu fremden
Völkern, bis in die fernsten Länder der
Erde. Dort werdet ihr fremden Göttern
aus Holz und Stein dienen, die euch und
euren Vorfahren unbekannt waren.

28,44 28,12–13 **28,47** 8,12–14 **28,48** Jer 28,13–14 **28,49–52** Jer 5,15–17 **28,53** 3 Mo 26,29*
28,60 2 Mo 15,26 **28,62** 1,10; 1 Mo 15,5 **28,64** 4,28

[65] In diesen Ländern werdet ihr nicht
zur Ruhe kommen und kein neues Zu-
hause finden. Der Herr wird euch in
Angst, Dunkelheit und Verzweiflung
stürzen. [66] Ständig wird euer Leben am
seidenen Faden hängen. Nie fühlt ihr
euch sicher, sondern Tag und Nacht habt
ihr Todesangst. [67] Morgens sagt ihr: ›Ach,
wäre es doch schon Abend!‹ Und abends
sagt ihr: ›Ach, wäre es doch schon Mor-
gen!‹ So sehr graut es euch vor allem,
was ihr erleben müsst.

[68] Auf Schiffen wird euch der Herr wie-
der nach Ägypten zurückbringen, ob-
wohl er versprochen hat, dass ihr dieses
Land nie wiedersehen solltet. Dort wer-
det ihr euch euren Feinden als Sklaven
und Sklavinnen zum Verkauf anbieten,
aber niemand will euch haben.«

Gott erneuert seinen Bund mit Israel

[69] Im Land Moab erneuerte der Herr sei-
nen Bund mit den Israeliten, den er am
Berg Horeb mit ihnen geschlossen hatte.
Dies sind die Worte, die er dem Volk
durch Mose weitergeben ließ.

29 Mose rief alle Israeliten zusam-
men und sagte zu ihnen:

»Ihr habt mit eigenen Augen gesehen,
was der Herr in Ägypten mit dem Pha-
rao, seinen Hofbeamten und seinem gan-
zen Land gemacht hat. [2] Ihr seid Zeugen
der großen und unfassbaren Wunder, mit
denen der Herr dort seine Macht gezeigt
hat. [3] Und doch hat er euch bis heute
noch nicht wirklich erkennen lassen, wer
er ist und was er für euch getan hat. Ihr
habt zwar Augen, aber ihr seht es nicht.
Ihr habt Ohren, aber ihr versteht es nicht.

[4] Vierzig Jahre habe ich euch durch die
Wüste geführt, und eure Kleider und
Sandalen sind immer noch nicht ver-
schlissen. [5] Zwar gab es kein Brot und
keinen Wein oder sonst ein berauschen-
des Getränk, aber der Herr hat euch mit
allem versorgt, was ihr brauchtet. Ihr
solltet erkennen, dass er euer Gott ist.

[6] Als wir hier ankamen, griffen uns die
Könige Sihon von Heschbon und Og von
Baschan mit ihren Truppen an. Wir
schlugen sie [7] und nahmen ihr Land ein.
Es gehört jetzt unseren Stämmen Ruben,
Gad und dem halben Stamm Manasse.
[8] Darum haltet euch an alle Gebote
dieses Bundes, dann wird euch alles
gelingen, was ihr tut.

[9] Ihr steht heute alle vor dem Herrn,
eurem Gott. Eure Stammesoberhäupter
sind da, eure Sippenoberhäupter und
Richter, alle Männer aus Israel, [10] eure
Kinder, eure Frauen und die Ausländer,
die bei euch leben, auch die Holzfäller
und Wasserträger. [11] Ihr habt euch hier
versammelt, um den Bund mit dem
Herrn zu erneuern. Er schließt ihn mit
euch und besiegelt ihn mit einem Schwur.
[12] Heute erklärt er euch, dass ihr zu ihm
gehört. Ihr seid sein Volk, und er ist euer
Gott, wie er es euch und euren Vorfahren
Abraham, Isaak und Jakob versprochen
hat. [13] Er schließt diesen Bund nicht nur
mit euch, [14] sondern auch mit euren Nach-
kommen. Sie gehören genauso zu ihm
wie wir, die wir heute vor ihm stehen.«

Gott bestraft den Götzendienst

[15] »Ihr wisst, wie wir in Ägypten gelebt
haben, und erinnert euch auch an die
Völker, denen wir auf dem Weg hierher
begegnet sind. [16] Ihr habt die abscheuli-
chen Götzen gesehen, die diese Men-
schen verehren, ihre Statuen aus Holz,
Stein, Silber und Gold. [17] Aber aus eurem
Volk soll sich von heute an niemand
mehr vom Herrn, unserem Gott, abwen-
den und den Göttern dieser Völker nach-
laufen – kein Mann, keine Frau, keine
Sippe und kein Stamm. Wer Götzen ver-
ehrt, ist wie eine giftige, schädliche Pflan-
ze unter euch.

[18] Vielleicht hört mancher von euch
heute von den Strafen, die der Herr an-
droht, und redet sich ein: ›Es wird mir
weiterhin gut gehen, auch wenn ich nicht

28,68 Hos 8,13; 9,3–4 **28,69** 5,2 **29,2** 4,34* **29,3** Röm 11,8 **29,4–5** 8,2–5 **29,6** 4 Mo 21,21–35 **29,7** 4 Mo 32,33 **29,11–12** 26,17–19 **29,13–14** 5,3 **29,17** 13,7.13–14; Hebr 12,15

bereit bin, die Gebote des Herrn zu befolgen.‹ Doch er irrt sich! Er wird sterben und das ganze Volk mit sich ins Verderben reißen. 19 Der Herr ist nicht bereit, diesem Menschen zu vergeben; seinen ganzen Zorn wird er an ihm auslassen. Alle Fluchworte, die in diesem Buch stehen, werden ihn treffen. Der Herr wird jede Spur von ihm auslöschen. 20 Er wird ihn aus der Gemeinschaft der Israeliten verstoßen und ins Unglück stürzen. Alle Flüche des Bundes, die in diesem Gesetzbuch stehen, werden diesen Menschen treffen.

21 Vielleicht werden eines Tages eure Nachkommen und Menschen aus fremden Völkern sehen, wie euer Land völlig verwüstet und von Seuchen heimgesucht worden ist. 22 Der Boden wird dann ganz verbrannt sein, bedeckt mit Schwefel und Salz. Man wird nichts mehr dort aussäen können, weil nichts mehr wächst, nicht einmal Unkraut. Es sieht aus wie nach dem Untergang der Städte Sodom und Gomorra, Adma und Zebojim, die der Herr voller Zorn in Schutt und Asche gelegt hat. 23 Die Völker werden sich fragen: ›Warum hat der Herr das getan? Was hat ihn so zornig gemacht?‹ 24 Und man wird ihnen antworten: ›Die Menschen dieses Landes haben den Bund gebrochen, den der Herr, der Gott ihrer Vorfahren, mit ihrem Volk schloss, als er es aus Ägypten herausführte. 25 Sie verehrten Götter, die sie vorher nicht kannten, und beteten sie an, obwohl der Herr es ihnen nicht erlaubt hatte. 26 Deshalb wurde er sehr zornig auf sie und setzte alle Fluchandrohungen in die Tat um, die in diesem Buch aufgeschrieben sind. 27 In seinem großen Zorn verstieß er sie aus ihrer Heimat und vertrieb sie in ein anderes Land, wo sie heute noch leben.‹

28 Vieles, was der Herr, unser Gott, tut, bleibt uns verborgen. Doch seinen Willen hat er uns eindeutig mitgeteilt. Er hat uns seine Gebote gegeben, die in diesem Gesetzbuch aufgeschrieben sind. Ihnen sollen wir und unsere Nachkommen für alle Zeiten gehorchen.«

Ihr könnt zum Herrn zurückkehren

30 »Was ich euch gesagt habe, lässt euch die Wahl zwischen Segen und Fluch. Wenn der Herr, euer Gott, euch straft und euch in fremde Länder vertreibt, kommt ihr dort vielleicht zur Besinnung 2 und kehrt zu ihm zurück. Wenn ihr auf das hört, was er euch heute durch mich sagt, wenn ihr und eure Kinder ihm von ganzem Herzen und mit aller Hingabe gehorcht, 3 dann wird der Herr euer Schicksal zum Guten wenden. Er wird sich über euch erbarmen und euch aus allen Ländern zurückbringen, in die er euch vertrieben hat. 4 Selbst wenn ihr bis zum Ende der Welt verschleppt worden seid, wird der Herr, euer Gott, euch von dort zurückholen. 5 Dann bringt er euch wieder in das Land, das euren Vorfahren gehört hat, und ihr könnt es neu in Besitz nehmen. Er tut euch Gutes und lässt euch zahlreicher werden als je zuvor.

6 Der Herr, euer Gott, wird euch und eure Kinder im Herzen verändern. Er wird euch fähig machen, ihn aufrichtig und mit ganzer Hingabe zu lieben. Dann bleibt ihr am Leben. 7 Und alles, was der Herr euch angedroht hat, lässt er über eure Feinde hereinbrechen, die euch hassen und euch verfolgt haben. 8 Denn ihr werdet zu ihm zurückkehren und ihm gehorchen. Ihr werdet euch an alle seine Gebote halten, die ich euch heute gebe. 9 Dann segnet der Herr, euer Gott, euch bei eurer Arbeit und schenkt euch alles im Überfluss. Ihr werdet viele Kinder haben und große Herden besitzen. Eure Felder werden beste Erträge bringen, und es wird euch gut gehen. Der Herr wird euch beschenken, weil er sich über euch genauso freut wie über eure Vorfahren.

29,19 28,15–68 **29,22** 1 Mo 10,19; 19,24–25; Hos 11,8 **29,23–24** Jer 22,8–9 **29,27** 2 Kön 17,6 **29,28** 30,11–14 **30,1** 28,1–68 **30,3** Jer 23,3; 29,14; Hes 11,17; 28,25 **30,4** Neh 1,9 **30,6** 6,4–5*; Röm 2,29

Gerechter Zorn

Lesen Sie 5. Mose 30,15-16

Weil Gott heilig ist und weil Gott Liebe ist, empfindet er folglich auch Zorn. Seine Liebe sucht für seine Geschöpfe nur das Beste. Seine Heiligkeit steht der Sünde für immer entgegen. Gott möchte, dass die Menschen das Richtige tun und die Früchte ihres Handelns genießen. Zu den Israeliten sagte er: „Und nun hört gut zu! Heute stelle ich euch vor die Entscheidung zwischen Glück und Unglück, zwischen Leben und Tod. Ich fordere euch auf: Liebt den Herrn, euren Gott! Geht den Weg, den er euch zeigt, und beachtet seine Gebote, Weisungen und Ordnungen! Dann werdet ihr am Leben bleiben und zu einem großen Volk werden. Der Herr, euer Gott, wird euch segnen in dem Land, das ihr jetzt einnehmen wollt" (5. Mose 30,15-16).

Weil Gott die zerstörerischen Folgen der menschlichen Sünde kennt, wird sein Zorn hervorgerufen. Recht und Gerechtigkeit liegen ihm am Herzen (und beides erwächst aus seiner Heiligkeit und Liebe), und daher rührt sein Zorn. Wenn Gott das Böse sieht, empfindet er Zorn. Es ist die folgerichtige Reaktion auf Unrecht oder Ungerechtigkeit.

So sollte es bei uns auch sein. Unser Zorn sollte sich nicht gegen uns nahestehende Menschen oder gegen Dinge richten, die uns ärgern. Er sollte vielmehr gegen das Unrecht und die Ungerechtigkeit gerichtet sein, die auch Gott zornig machen. Unser Zorn sollte aus der Beziehung zu Gott entspringen.

Nehmen Sie sich Zeit, um allein oder als Paar gemeinsam zu beten. Bitten Sie Gott, dass Sie ...

- Themen, die Sie ärgern, loslassen können;
- nur über das zornig werden, was auch ihn zornig macht;
- Ihren Kindern ein Vorbild darin sind, wie Sie mit Zorn umgehen und ihn zum Ausdruck bringen.

Wenn Sie noch mehr Zeit haben ...

Besprechen Sie miteinander folgende Fragen oder denken Sie darüber nach:

- Wie gut konnten Sie als Kind mit Zorn umgehen? Was löste bei Ihnen Ärger aus?
- Wann haben Sie das letzte Mal im Zorn etwas gesagt oder getan, das Sie später bereut haben?
- Wie haben Sie das Geschehene wiedergutgemacht? Und wenn nicht, was gedenken Sie zu tun?

Lesen Sie auch die folgenden Abschnitte zum Thema Zorn:

5. Mose 19,4-7; Jeremia 25,15-29; Matthäus 5,21-22.

Die Furcht besiegen

Die folgenden Fragen können Sie entweder allein oder als Paar gemeinsam durchgehen. Wenn jeder für sich darüber nachdenkt, verabreden Sie sich in der kommenden Woche zu einem Austausch darüber, was Sie herausgefunden haben.

1. Lesen Sie 5. Mose 31,3-8. Als Mose Josua darauf vorbereitete, die Israeliten in das verheißene Land zu führen, forderte er ihn auf, „mutig und stark" zu sein. Warum hat er das Ihrer Meinung nach gesagt?

2. Tauschen Sie sich darüber aus, wovor Sie sich fürchten.

3. Lesen Sie Hiob 42,1-2 und Epheser 1,11. Was erfahren Sie aus diesen Versen über Gott? Was lernen Sie daraus über Gottes Plan mit Ihrem Leben?

4. Was meinte Mose damit, als er sagte: „Der Herr selbst geht vor dir her?"

5. Wenn Sie sich vor etwas fürchten, wie kann Ihnen dabei die Erkenntnis helfen, dass Gott bei Ihnen ist und Sie nie im Stich lassen wird?

6. Lesen Sie Psalm 34,5. Wie kann dieser Vers in Zeiten der Angst für Sie eine Hilfe sein?

5. Mose 31,6

„Seid mutig und stark! Habt keine Angst, und lasst euch nicht von ihnen einschüchtern! Der Herr, euer Gott, geht mit euch. Er hält immer zu euch und lässt euch nicht im Stich!"

KONKRET:

Gott erhört die Gebete seines Volkes gern. Nennen Sie eine Angst, von der Sie frei sein möchten. Beten Sie füreinander, dass jeder von Ihnen davon befreit wird.

Den nächsten Impuls finden Sie auf S. 234 a

10 Dies alles wird geschehen, wenn ihr
wieder auf den Herrn, euren Gott, hört
und euch an seine Gebote und Ordnun-
gen haltet, die in diesem Buch auf-
geschrieben sind, ja, wenn ihr aufrichtig
und von ganzem Herzen zu ihm zurück-
kehrt.
11 Die Gebote, die ich euch heute gebe,
sind ja nicht zu schwer für euch oder uner-
reichbar fern. 12 Sie sind nicht oben im
Himmel, so dass ihr sagen müsstet: ›Wer
steigt hinauf und bringt uns die Gebote
herunter, damit wir sie hören und befol-
gen können?‹ 13 Sie sind auch nicht auf
der anderen Seite des Meeres, so dass ihr
fragen müsstet: ›Wer fährt für uns hinüber
und holt sie?‹ 14 Im Gegenteil: Die Gebote
sind nahe bei euch! Ihr kennt sie auswen-
dig, ihr könnt sie aufsagen und befolgen.«

Ihr habt die Wahl zwischen Leben und Tod

15 »Und nun hört gut zu! Heute stelle ich
euch vor die Entscheidung zwischen
Glück und Unglück, zwischen Leben
und Tod. 16 Ich fordere euch auf: Liebt
den Herrn, euren Gott! Geht den Weg,
den er euch zeigt, und beachtet seine Ge-
bote, Weisungen und Ordnungen! Dann
werdet ihr am Leben bleiben und zu
einem großen Volk werden. Der Herr,
euer Gott, wird euch segnen in dem
Land, das ihr jetzt einnehmen wollt.
17 Ganz anders wird es euch ergehen,
wenn ihr dem Herrn den Rücken kehrt
und eure Ohren vor ihm verschließt,
wenn ihr euch dazu verführen lasst, ande-
ren Göttern zu dienen und sie anzubeten.
18 Dann werdet ihr nicht lange in dem
Land bleiben, in das ihr jetzt kommt,
wenn ihr den Jordan überquert. Das sage
ich euch klar und deutlich. Ihr werdet
zugrunde gehen.
19 Himmel und Erde sind meine Zeu-
gen, dass ich euch heute vor die Wahl
gestellt habe zwischen Leben und Tod,
zwischen Segen und Fluch. Wählt das
Leben, damit ihr und eure Kinder nicht
umkommt! 20 Liebt den Herrn, euren
Gott, und hört auf ihn! Haltet ihm die
Treue! Dann werdet ihr am Leben blei-
ben und in dem Land wohnen, das der
Herr euren Vorfahren Abraham, Isaak
und Jakob versprochen hat.«

Mose ermutigt die Israeliten und Josua

31 Mose sagte zu den Israeliten:
2 »Ich bin jetzt 120 Jahre alt und
kann euch nicht länger führen. Der Herr
hat mir verboten, den Jordan zu überque-
ren. 3 Er selbst, der Herr, euer Gott, wird
vor euch hergehen. Er wird die Völker,
auf die ihr trefft, vernichten und euch
helfen, ihr Land einzunehmen. Josua
wird dabei die Führung übernehmen,
wie der Herr es bestimmt hat. 4 Der Herr
löscht die Völker dort genauso aus wie
hier die Amoriter mit ihren Königen Si-
hon und Og. 5 Wenn er sie in eure Gewalt
gibt, dann behandelt sie, wie er es euch
durch mich befohlen hat. 6 Seid mutig
und stark! Habt keine Angst, und lasst
euch nicht von ihnen einschüchtern! Der
Herr, euer Gott, geht mit euch. Er hält
immer zu euch und lässt euch nicht im
Stich!«
7 Dann rief Mose Josua zu sich und sag-
te vor allen Israeliten zu ihm: »Sei mutig
und stark! Denn du wirst dieses Volk in
das Land bringen, das der Herr euch gibt,
wie er es euren Vorfahren versprochen
hat. Du wirst dieses Land unter den Is-
raeliten aufteilen. 8 Der Herr selbst geht
vor dir her. Er steht dir zur Seite und ver-
lässt dich nicht. Immer hält er zu dir. Hab
keine Angst, und lass dich von nieman-
dem einschüchtern!«

Alle sieben Jahre wird das Gesetz vorgelesen

9 Mose hatte das ganze Gesetz aufge-
schrieben und überreichte es nun den

30,11–14 6,6–9; 29,28; Röm 10,6–8 **30,15** 11,26–28 **30,16** 4,1* **30,19** 4,26* **30,20** 6,4–5* **31,2** 1,37* **31,3** 4 Mo 27,18–23*; 5 Mo 34,9 **31,4–5** 4 Mo 21,21–35 **31,7–8** Jos 1,5–6.9

führenden Männern Israels und den
Priestern vom Stamm Levi, die für die
Bundeslade verantwortlich waren. 10/11 Er
sagte zu ihnen: »Lest dieses Gesetz alle
sieben Jahre, im Ruhejahr, den Israeliten
vor, wenn sie sich am Laubhüttenfest
beim Heiligtum des Herrn versammeln.
12 Ruft dann das ganze Volk zusammen,
Männer, Frauen und Kinder und auch
die Ausländer, die bei euch leben. Sie alle
sollen das Gesetz hören. Sie sollen ler-
nen, was darin steht, damit sie Ehrfurcht
vor dem Herrn, eurem Gott, haben und
alle Gebote genau befolgen. 13 Auch die
Kinder, die das Gesetz noch nicht ken-
nen, sollen genau zuhören, damit sie stets
dem Herrn, eurem Gott, in Ehrfurcht be-
gegnen. Die Gebote sollen euer Leben in
dem Land jenseits des Jordan bestim-
men, das ihr nun in Besitz nehmt.«

Ein Lied soll an Gottes Bund erinnern

14 Der Herr sprach zu Mose: »Du wirst
nun bald sterben. Ruf Josua, und komm
mit ihm in mein heiliges Zelt! Ich will
ihm jetzt Anweisungen für seine neue
Aufgabe geben.«
Mose und Josua gingen zum Heilig-
tum, 15 und der Herr erschien am Eingang
in der Wolkensäule. 16 Er sprach zu Mose:
»Nach deinem Tod werden die Israeliten
mich verlassen und den Bund brechen,
den ich mit ihnen geschlossen habe. Sie
werden sich mit fremden Göttern einlas-
sen, die sie in ihrem neuen Land kennen
lernen. 17 Doch damit fordern sie meinen
Zorn heraus. Ich werde mich von ihnen
abwenden und sie im Stich lassen. Ihre
Schuld müssen sie teuer bezahlen, Not
und Elend wird über sie hereinbrechen.
Sie werden sich fragen: ›Hat der Herr,
unser Gott, uns verlassen? Ist das der
Grund für unsere Not?‹ 18 Ich aber werde
ihnen nicht mehr helfen, weil sie gegen
mich gesündigt haben und anderen Göt-
tern nachgelaufen sind.
19 Und nun sollt ihr ein Lied für die Is-
raeliten aufschreiben. Sie sollen es lernen
und singen. Dann können sie nicht sagen,
sie hätten nicht gewusst, was ich von
ihnen wollte. 20 Ich bringe die Israeliten
jetzt in das Land, das ich ihren Vorfahren
versprochen habe, ein Land, in dem
Milch und Honig fließen. Sie werden dort
essen, bis sie satt sind, ja, bis sie fett wer-
den! Sie werden mich verachten und sich
anderen Göttern zuwenden. Den Bund
mit mir werden sie brechen und den Göt-
zen dienen. 21 Wenn dann großes Unheil
über sie hereinbricht, wird dieses Lied
ihnen zeigen, dass sie selbst schuld daran
sind. Sie werden das Lied nie vergessen,
jede Generation wird es der nächsten
beibringen. Ich gebe es den Israeliten
mit auf den Weg, denn ich weiß genau,
was schon heute in ihnen vorgeht, bevor
sie das versprochene Land überhaupt be-
treten haben.«
22 Mose schrieb das Lied noch am sel-
ben Tag auf und brachte es den Israeliten
bei.
23 Dann redete der Herr auch mit Jo-
sua, dem Sohn Nuns: »Sei stark und mu-
tig! Denn du wirst die Israeliten in das
Land bringen, das ich ihnen versprochen
habe. Ich selbst werde dir helfen.«
24 Nachdem Mose das ganze Gesetz auf
eine Buchrolle geschrieben hatte, 25 sagte
er zu den Leviten, die für die Bundeslade
des Herrn verantwortlich waren: 26 »Legt
die Buchrolle neben die Bundeslade des
Herrn, eures Gottes. Sie zeigt euch Israe-
liten, was Gott von euch erwartet. 27 Ich
weiß, wie widerspenstig und eigensinnig
ihr seid. Solange ich bei euch war, habt
ihr euch immer wieder gegen den Herrn
aufgelehnt. Wie wird es erst sein, wenn
ich gestorben bin! 28 Alle führenden Män-
ner eurer Sippen und Stämme sollen zu
mir kommen. Ich will mit ihnen sprechen.
Himmel und Erde sind dabei meine Zeu-
gen. 29 Denn ich weiß, dass ihr nach mei-
nem Tod ins Verderben lauft und den
Weg verlasst, den ich euch gewiesen ha-
be. Am Ende werdet ihr ins Unglück stür-

31,10–13 Neh 8,1–12 **31,10–11** 3 Mo 25,1–7*; 5 Mo 16,13–15 **31,12–13** 4,9* **31,15** 2 Mo 19,9; 33,9
31,17 Ri 6,13 **31,20** 8,12–14 **31,23** Jos 1,6 **31,27** 2 Mo 32,9–10* **31,28** 4,26*

zen, weil ihr tut, was der Herr ver-
abscheut, und damit seinen Zorn heraus-
fordert.«
30 Dann trug Mose den versammelten
Israeliten das ganze Lied vor, das der
Herr ihn aufschreiben ließ.

Das Lied von der Untreue Israels und der Treue Gottes

32 Der Himmel höre, was ich sage,
die Erde achte auf mein Lied!
2 Wie Regen soll es Leben spenden, erfri-
schen soll es wie der Tau und Wachstum
bringen wie ein Schauer, der auf Gras
und Kräuter fällt.
3 Ich rufe laut den Namen des Herrn!
Gebt unserem großen Gott die Ehre!
4 Vollkommen und gerecht ist alles, was
er tut. Er ist ein Fels – auf ihn ist stets
Verlass. Er hält, was er verspricht; er ist
gerecht und treu.

5 Und was seid ihr? Ein falsches Volk, das
keine Treue kennt! Ist es nicht eine
Schande, wie ihr Gott beleidigt? Und ihr
wollt seine Kinder sein? Nein, nie und
nimmer seid ihr das!
6 Soll das der Dank sein für all das Gute,
das er für euch tat? Wie dumm und blind
ihr seid! Ist er nicht euer Vater? Hat er
euch nicht geschaffen? Ja, er ist euer
Schöpfer, euer Leben kommt aus seiner
Hand.

7 Denkt zurück an ferne Zeiten, an Jahre,
die längst vergangen sind! Fragt eure El-
tern, was damals geschah! Die alten Leu-
te werden es euch sagen.
8 Der höchste Gott gab jedem Volk ein
Land und teilte die Erde unter ihnen auf.
Er zog die Grenzen dabei so, dass Israel
genügend Land bekam.[a]
9 Denn dieses Volk, die Nachkommen
von Jakob, sind Eigentum des Herrn. Er
selbst hat sie dazu erwählt.
10 Er fand sie in der öden Wüste, wo
nachts die wilden Tiere heulten. Er
schloss sie fest in seine Arme, bewahrte
sie wie seinen Augapfel.
11 Er ging mit ihnen um wie ein Adler, der
seine Jungen fliegen lehrt: Der wirft sie
aus dem Nest, begleitet ihren Flug, und
wenn sie fallen, ist er da, er breitet seine
Schwingen unter ihnen aus und fängt sie
auf.
12 So hat der Herr sein Volk geführt, der
Herr allein, kein anderer Gott.

13 Er machte sie zu Herrschern eines wei-
ten, guten Landes und schenkte ihnen
reiche Ernten. Wo sie zuerst nur Felsen
sahen, entdeckten sie bald Honig, und
wo bisher nur Steine lagen, da wuchsen
nun Olivenbäume.
14 Die Israeliten hatten Sahne, Butter, sie
tranken Milch von Ziegen, aßen gutes
Fleisch vom Lamm und Schafböcke aus
dem Lande Baschan, sie hatten Ziegen-
böcke, besten Weizen und edlen roten
Wein.

15 Da wurden diese ehrenwerten Leute
fett. Sie wurden richtig rund und dick
und meinten, Gott nicht mehr zu brau-
chen. Sie wandten sich von ihrem Schöp-
fer ab und lachten über ihren Retter, auf
den sie sich zuvor noch fest verlassen
hatten.
16 Sie reizten ihn zur Eifersucht mit
fremden Göttern, abscheulich war ihr
Götzendienst, beleidigend für ihren
Gott.
17 Sie brachten den Dämonen Opfer dar,
den Göttern, die doch keine sind, die we-
der sie noch ihre Eltern kannten, weil
man sie gerade erst erfand.

18 Ihr habt den Fels verlassen, der euch
stützt und trägt. Ihr habt den Gott ver-
gessen, der euch zur Welt gebracht hat.
19 Obwohl ihr seine Kinder seid, habt ihr

---

a Wörtlich: Er zog die Grenzen der Völker nach der Zahl der Söhne Israels. – Einige alte Überset-zungen lauten: … nach der Zahl der Söhne Gottes. – Möglicherweise lautete auch so der ursprüng-liche hebräische Text.

32,1 4,26* **32,5** Jes 1,2–4 **32,6** 2 Mo 4,22* **32,8** 1 Mo 10,1–32; Apg 17,26 **32,9** 2 Mo 19,5–6*; 5 Mo 9,26.29 **32,10** Hes 16,6; Hos 13,5 **32,11** 2 Mo 19,4 **32,15** 31,20 **32,17** Jer 2,11 **32,18** Jes 51,1

ihn so gekränkt. Als er das sah, verstieß
er euch
20 und sprach: »Ich werde mich vor ihnen
jetzt verbergen und sehen, was aus ihnen
wird. Denn sie sind durch und durch verdorben. Sie kennen keine Treue.
21 Sie haben mich herausgefordert mit
Göttern, die doch keine sind. Sie haben
mich zum Zorn gereizt mit diesen toten
Götzen. So werde nun auch ich sie reizen
mit einem Volk, das keines ist. Ich werde
sie herausfordern mit einer Schar von
Narren.
22 Der helle Zorn hat mich gepackt. Er ist
ein Feuer, das die Erde frisst mit allem,
was darauf gewachsen ist. Es lodert hinab
bis in das Totenreich und setzt das Fundament der Welt in Brand.

23 Ich werde Israel ins Unglück stürzen
und alle meine Pfeile auf sie schießen.
24 Ich lasse sie verhungern, ich töte sie
durch Fieber und durch Pest. Raubtiere
hetze ich auf sie und schicke ihnen
Schlangen mit mörderischem Gift.
25 Wer auf die Straße geht, wird mit dem
Schwert getötet. Und wer zu Hause
bleibt, stirbt dort vor Angst, ob Mann
oder Frau, ob Säugling oder Greis.

26 Ich bin nah daran, sie völlig zu vernichten und jede Spur von ihnen auszulöschen.
27 Ich tue es nur deshalb nicht, weil ihre
Feinde es falsch deuten und behaupten
könnten: ›Wir haben sie allein besiegt,
ganz ohne Gott!‹
28 Israel ist ein Volk ohne Einsicht und
Verstand.
29 Wenn sie auch nur ein bisschen weise
wären, dann würden sie bedenken, dass
dies ein schlimmes Ende nimmt. Auch
müssten sie sich fragen:
30 ›Wie kann ein einziger unserer Feinde
eintausend Israeliten verjagen? Wie können zwei von ihnen zehntausend Mann
von uns vertreiben? Das ist nur möglich,
weil der Herr uns, sein Volk, in ihre Hände gibt, weil er uns nicht mehr beschützt.‹
31 Die Feinde wissen ganz genau, dass ihre
Götter bei weitem nicht so viel Macht besitzen wie euer Gott, der starke Fels.
32 Sie sind ein Weinstock, der aus Sodom
und Gomorra stammt – er trägt nur bittere, giftige Früchte.
33 Der Wein aus diesen Trauben ist das
reinste Schlangengift.

34 Ich vergesse nichts von dem, was sie
euch antun; alles halte ich fest.
35 Und schon bald werde ich euch rächen.
Ich werde ihnen alles vergelten. Es dauert nicht mehr lange, dann bringe ich sie
ins Wanken und lasse sie ins Unglück
stürzen. Ihr Schicksal ist bereits besiegelt.«

36 Mit allen aber, die ihm dienen, wird der
Herr Erbarmen haben. Er wird ihnen
zum Recht verhelfen und es nicht länger
dulden, dass sein Volk immer schwächer
wird, dass weder freier Mensch noch
Sklave überlebt.
37 Er wird sie fragen: »Wo sind nun eure
Götter, auf die ihr euch so felsenfest verlassen habt?
38 Die besten Opfertiere habt ihr ihnen
dargebracht und guten Wein vor ihnen
ausgegossen. Wo bleiben sie denn bloß?
Ja, warum helfen und beschützen sie euch
nicht?
39 Erkennt doch: Ich allein bin Gott, und
es gibt keinen außer mir. Ich ganz allein
bestimme über Tod und Leben, über
Krankheit und Gesundheit. Niemand
kann euch meiner Macht entreißen.

40 Ich hebe meine Hand zum Schwur und
sage euch, so wahr ich lebe:
41 Ich werde mich an meinen Feinden rä-

32,21 Röm 10,19 **32,27** 9,28; Jes 10,13–14 **32,28** Jes 1,3; Jer 4,22 **32,30** Ri 2,14–15; Jes 30,17
32,32 1 Mo 18,20; Jes 5,1–7; Jer 2,21 **32,35** Röm 12,19; Hebr 10,30 **32,37–38** Ri 10,14; Jer 2,28
32,39 Jes 45,6–7; 1 Sam 2,6

chen. Ich zahle es allen heim, die mich
hassen! Sobald mein blankes Schwert
geschärft ist, bekommen sie, was sie ver-
dienen.
42 Ich nehme meine Feinde gefangen und
töte sie und ihre Führer. Mein Schwert
wird sie verschlingen, bis es satt gewor-
den ist, meine Pfeile werden ihr Blut trin-
ken, bis ihr Durst gestillt ist.«

43 Ihr Völker, jubelt Israel zu! Der Herr
nimmt Rache für den Tod der Menschen,
die ihm dienten. Er zahlt es ihren Fein-
den heim. Und seinem eigenen Volk ver-
gibt er alle Sünden. Er nimmt die Schuld
von ihrem Land.

44 Dieses Lied trugen Mose und Josua,
der Sohn Nuns, den Israeliten vor.
45/46 Danach sagte Mose: »Nehmt euch al-
les zu Herzen, was ich euch heute weiter-
gesagt habe! Lehrt auch eure Kinder alle
Gebote aus diesem Gesetz, damit sie sich
genau daran halten. 47 Es sind keine lee-
ren Worte, sie sind euer Leben. Richtet
euch danach, und ihr werdet lange in
dem neuen Land jenseits des Jordan blei-
ben, das ihr jetzt in Besitz nehmt.«

Mose soll auf dem Berg Nebo sterben

48 Am selben Tag sprach der Herr zu Mo-
se: 49 »Steig auf den Berg Nebo im Gebir-
ge Abarim! Er liegt gegenüber von Jeri-
cho auf dieser Seite des Jordan, im Land
der Moabiter. Sieh dir von dort aus das
Land Kanaan an, das ich den Israeliten
schenke. 50 Danach wirst du dort oben
sterben, wie Aaron, der auf dem Berg
Hor gestorben ist. 51 Denn ihr beide habt
mir die Treue gebrochen. An der Quelle
Meriba bei Kadesch in der Wüste Zin
habt ihr meinen heiligen Namen nicht ge-
ehrt, sondern euch selbst in den Mittel-
punkt gestellt.[a] 52 Deshalb sollst du das
Land, das ich den Israeliten schenke, nur
von weitem sehen und nicht selbst hi-
neinkommen.«

Mose segnet die Stämme Israels

33 Vor seinem Tod segnete Mose, der
Mann Gottes, die Israeliten mit
diesen Worten:
2 »Der Herr kam vom Berg Sinai, wie die
Sonne erhob er sich über dem Gebirge
Seïr. Über den Bergen von Paran zeigte
er sich in seinem Glanz. Unzählige Engel
begleiteten ihn, und Feuer fuhr aus seiner
rechten Hand.[b]
3 Der Herr liebt die Stämme Israels, er
beschützt alle Menschen, die zu ihm ge-
hören. Sie werfen sich vor ihm nieder und
achten auf seine Worte.
4 Ich habe euch, den Nachkommen Ja-
kobs, das Gesetz gegeben, es ist unser rei-
ches Erbe.
5 Die führenden Männer und alle Stäm-
me Israels versammelten sich, und der
Herr wurde König seines geliebten
Volkes.«

6 Zuerst segnete Mose den Stamm Ru-
ben:
»Ruben soll leben und nie untergehen,
aber auch nicht zu groß werden.«

7 Dann segnete er den Stamm Juda:
»Herr, erhöre die Leute von Juda, wenn
sie zu dir beten! Denn sie kämpfen für
Israel. Hilf ihnen gegen ihre Feinde, und
bring sie aus jedem Kampf sicher nach
Hause zurück.«

8 Über den Stamm Levi sagte Mose:
»Sie haben die heiligen Lose, weil sie dir,
Herr, treu geblieben sind. Du hast sie in
Massa herausgefordert und in Meriba auf
die Probe gestellt.

---

[a] Vgl. 4. Mose 20,2–13
[b] Der hebräische Text ist nicht sicher zu deuten.

32,43 Offb 6,10; 19,2 **32,45–46** 4,9* **32,47** 4,1* **32,48–52** 4 Mo 27,12–14 **32,50** 4 Mo 20,22–29
33,2 Ri 5,4–5 **33,6–25** 1 Mo 49,2–27 **33,8** 2 Mo 28,30*; 4 Mo 20,13

9 Sie haben dein Wort bewahrt und befolgt. Am Bund mit dir haben sie treu festgehalten, um deinetwillen stellten sie sich gegen ihre Eltern, Geschwister und Kinder.[a]
10 Sie sollen den Israeliten immer wieder deine Gebote nahe bringen, dein Gesetz den Nachkommen Jakobs weitergeben. Sie bringen dir Opfer dar auf dem Altar und verbrennen Weihrauch zu deiner Ehre.
11 Herr, segne die Leviten, stärke sie! Freu dich über alles, was sie tun! Wer sie hasst und angreift, den zerschmettere, dass er nie wieder aufstehen kann.«

12 Dann segnete Mose den Stamm Benjamin:
»Der Herr liebt die Benjaminiter besonders! Sie leben sicher in den Bergen. Der Herr wohnt bei ihnen und beschützt sie Tag und Nacht.«

13 Zum Stamm Josef sagte Mose:
»Der Herr segne euer Land mit kostbarem Regen vom Himmel und mit Quellwasser aus der Tiefe.
14 Er segne euch mit den reichen Gaben, die das ganze Jahr über im Sonnenlicht wachsen.
15 Er segne euch mit den herrlichsten Wäldern oben auf den uralten Bergen und Höhen.
16 Er beschenke euch mit all den Schätzen und dem ganzen Reichtum, den die Erde hervorbringt. Ich bitte den Gott, der mir im Dornbusch erschien, dass er sich über euch freut und euch seine Liebe zeigt. Ihr vom Stamm Josef gehört ihm in besonderer Weise.
17 Stark seid ihr wie ein Stier, gefährlich wie ein wilder Büffel, der mit den Hörnern um sich stößt. Ihr Tausende aus Manasse und Zehntausende aus Ephraim, ihr besiegt alle Völker auf der ganzen Welt.«

18 Zu den Stämmen Sebulon und Issaschar sagte Mose:
»Ihr vom Stamm Sebulon, freut euch an euren Fahrten auf dem Meer! Und ihr vom Stamm Issaschar, freut euch über eure schönen Zelte!
19 Ihr ladet Völker ein zum heiligen Berg und bringt dort mit aufrichtigem Herzen Opfer dar. Auf See werdet ihr reichen Handel treiben und am Strand verborgene Schätze heben.«

20 Dann segnete Mose den Stamm Gad:
»Ich lobe Gott dafür, dass er euer Gebiet erweitert. Wie eine Löwin lauert euer Stamm auf Beute. Und hat er sie gepackt, dann reißt er ihr den Kopf und den Arm ab.
21 Ihr habt euch an die Spitze Israels gestellt und euer Volk so in den Kampf geführt. Die Befehle des Herrn habt ihr befolgt und zusammen mit den anderen Israeliten sein Gericht vollstreckt. Weil ihr die Anführer im Kampf wart, habt ihr auch das Gebiet bekommen, das zuerst erobert wurde. So habt ihr es euch selbst gewünscht.«

22 Über den Stamm Dan sagte Mose:
»Dan ist wie ein junger Löwe, der aus dem Dickicht von Baschan hervorspringt.«

23 Zum Stamm Naftali sagte er:
»Ihr von Naftali habt die ganze Liebe des Herrn erfahren und seid reich von ihm beschenkt worden. Euch gehört das Land, das sich vom See nach Süden erstreckt!«

24 Dann segnete Mose den Stamm Asser:
»Asser soll der beliebteste Stamm in Israel sein und noch reicher gesegnet werden als die anderen. Möge es in seinem Land Olivenbäume im Überfluss geben![b]

---

a Zu den Versen 8–9 vgl. 2. Mose 17,1–7; 32,25–29
b Wörtlich: Er tauche seinen Fuß in Öl.
33,9 Mt 10,37 **33,10** 3 Mo 10,11 **33,16** 2 Mo 3,2–4 **33,21** 4 Mo 32,29–32

Lieber Gott ...

Lesen Sie 5. Mose 32,9-10

Gott ist sein Volk wichtig. In 5. Mose 32,10 heißt es, dass Gott uns bewahrt „wie seinen Augapfel". Unser Gespräch mit ihm sollte also etwas davon widerspiegeln. Nicht nur sollte es ein wichtiger Bestandteil unseres Alltags sein, wir sollten darüber hinaus auch unseren Kindern (oder zukünftigen Kindern) etwas davon weitergeben können.

In den vergangenen Jahren haben sich Gesellschaftswissenschaftler ernsthaft mit der Frage beschäftigt, welchen Einfluss Gebete haben. In zahlreichen Studien zeigte sich, dass bei erkrankten Personen, die in ärztlicher Behandlung sind, der Heilungsprozess wirksamer voranschreitet, wenn die Behandlung von Gebeten begleitet ist. Die Forscher entdeckten, was Christen schon immer gewusst haben – das Gebet verändert Situationen und Menschen.

Das Gebet setzt die Existenz eines persönlichen und unendlichen Gottes voraus, der sich seiner Geschöpfe annimmt und sie dazu einlädt, seine Liebe zu erwidern. Christen glauben: Gottes Liebe zeigt sich darin, dass er seinen Sohn, Jesus von Nazareth, auf die Erde gesandt hat, als Opfer für die Sünden der Menschen. Diese Beziehung, die auf gegenseitiger Liebe beruht, betrachten viele Menschen als die am meisten erfüllende Beziehung überhaupt, und sie wirkt sich intensiv auf das Familiengefüge aus.

Das Beste, was Sie Ihren Kindern vererben können, ist nichts Materielles, sondern etwas Geistliches. Wenn Sie täglich für Ihre Kinder beten, ist das ein lebendiges Vermächtnis, mit dem Sie das Verhalten Ihrer Kinder jetzt und in den kommenden Jahren beeinflussen können. Betende Eltern sind nicht nur weiser, sondern können lange Zeit auf das Leben ihrer Kinder Einfluss nehmen.

Nehmen Sie sich Zeit, um allein oder als Paar gemeinsam zu beten. Danken Sie Gott, dass er immer für Sie da ist und Sie immer zu ihm rufen dürfen. Bitten Sie ihn, dass das Gebet in Ihrer Familie zu einem Vermächtnis wird, das Sie Ihren Kindern weitergeben können.

Wenn Sie noch mehr Zeit haben ...

Besprechen Sie miteinander folgende Fragen oder denken Sie darüber nach:

- Was ist das größte Hindernis in Ihrem Gebetsleben?
- Wie könnte das gemeinsame Gebet als Ehepaar Ihr Gebetsleben bereichern?
- Wenn Ihr Kind Sie fragt: „Warum ist Beten so wichtig?", was antworten Sie dann?

Lesen Sie auch die folgenden Abschnitte zum Thema Gebet:
Psalm 95,2; Matthäus 6,9-13; 1. Thessalonicher 5,17.

Worauf vertrauen wir?

Lesen Sie Josua 1,1-9

Manche Paare, die auf Gott vertrauen, haben es zu großem finanziellem Reichtum gebracht, den sie unter Gottes Führung zum Wohl ihrer Familie und zum Wohl der Gesellschaft einsetzen. Andere Paare wiederum, die ebenfalls auf Gott vertrauen, müssen sich mit einem kleinen Einkommen begnügen, sind aber trotzdem nicht unzufrieden, denn sie investieren ihr Leben so, dass es im Einklang mit Gottes Weisungen steht. Es geht nicht darum, wie viel Geld wir haben, sondern auf wen wir unser Vertrauen setzen.

Kurz bevor Josua, der Nachfolger von Mose, die Israeliten in das verheißene Land führte, gab Gott ihm diese Anweisungen: „Sag dir die Gebote immer wieder auf! Denke Tag und Nacht über sie nach, damit du dein Leben ganz nach ihnen ausrichtest. Dann wird dir alles gelingen, was du dir vornimmst. Ja, ich sage es noch einmal: Sei mutig und entschlossen! Lass dich nicht einschüchtern, und hab keine Angst! Denn ich, der Herr, dein Gott, bin bei dir, wohin du auch gehst" (Josua 1,8-9).

Erfolg und Wohlstand beruhen hier auf dem Gehorsam gegenüber Gott, auf Mut und auf dem Erleben der Gegenwart Gottes – nicht auf dem Anhäufen von Geld. Wie schnell werden wir doch zum Geld hingezogen! Als Ehepaar werden wir es nie bereuen, wenn wir unser Vertrauen auf Gott setzen. Viele Paare haben ihr Vertrauen jedoch auf ihr Geld gesetzt – ob sie wohlhabend sind oder nicht – und haben darin letztendlich keine Befriedigung gefunden, sondern sind leer geblieben und haben ihr Verhalten bereut. Wenn wir Gott vertrauen, sehen wir im Geld nur ein Instrument, das wir nach den Anweisungen Gottes einsetzen, um Gutes damit zu bewirken. Unser größter Wunsch ist es dann, Gott als gute Verwalter der Schätze, die er uns anvertraut hat, zu gefallen.

Nehmen Sie sich Zeit, um allein oder als Paar gemeinsam zu beten. Bitten Sie Gott ...

- Sie von der Liebe zum Geld zu befreien;
- dass Sie ihm vertrauen können, egal wie viel Geld Sie haben.

Wenn Sie noch mehr Zeit haben ...

Besprechen Sie miteinander folgende Fragen oder denken Sie darüber nach:

- Lesen Sie Josuas Aufforderung an sein Volk in Josua 24,15. Er möchte, dass die Israeliten sich bewusst entscheiden, ob sie Gott dienen wollen. Dennoch gibt es viele christliche Paare, die durch ihr Leben schlendern und ihre Entscheidungen aufgrund von Versäumnissen treffen. Welche Entscheidungen haben Sie als Familie auf der Grundlage eines festen Glaubens getroffen?
- Was bedeutet es, wenn jemand sein Vertrauen auf Geld setzt?
- Ist es immer von Vorteil, wenn man Geld hat? Wenn ja, warum; wenn nein, warum nicht? Wie definiert Gott Reichtum?

Lesen Sie auch die folgenden Abschnitte zum Thema Geld:
Psalm 119,36; Matthäus 6,19-24; Hebräer 13,5.

Den nächsten Impuls finden Sie auf S. 244 a

gibst, wird getötet. Sei mutig und ent-
schlossen!«

Josua schickt Kundschafter nach Jericho

2 Die Israeliten lagerten zu dieser Zeit
in der Gegend von Schittim. Von dort
schickte Josua, der Sohn Nuns, heimlich
zwei Männer los. Sie sollten das vor
ihnen liegende Land auskundschaften,
besonders die Stadt Jericho. Die beiden
machten sich auf den Weg und erreichten
gegen Abend die Stadt. Auf der Suche
nach einer Bleibe für die Nacht kamen
sie in das Haus einer Prostituierten na-
mens Rahab.
2 Kurz darauf erhielt der König von Je-
richo die Nachricht: »Heute Abend sind
israelitische Männer eingetroffen, die un-
ser Land erkunden sollen. Sie halten sich
bei Rahab auf.« 3 Der König schickte so-
fort Soldaten zu Rahab. Sie befahlen ihr:
»Bring die Männer heraus! Sie wollen
unser Land auskundschaften.«
4 Rahab aber hatte die beiden Israeli-
ten versteckt und stellte sich ahnungslos:
»Ja, diese Männer sind bei mir gewesen.
Ich wusste aber nicht, wo sie herkamen.
5 Sie brachen wieder auf, als es dunkel
wurde und das Stadttor geschlossen wer-
den sollte. Ich kann nicht sagen, wohin
sie gegangen sind. Wenn ihr ihnen schnell
nachlauft, holt ihr sie bestimmt ein.«
6 Rahab hatte die Israeliten auf ihr Flach-
dach gebracht und unter Flachsstängeln
versteckt, die dort aufgeschichtet waren.
7 Die Soldaten des Königs nahmen die
Verfolgung auf und eilten in Richtung
des Jordanübergangs davon. Unmittel-
bar hinter ihnen wurde das Stadttor ge-
schlossen.
8 Bevor die beiden Israeliten sich schla-
fen legten, stieg Rahab zu ihnen auf das
Dach 9 und sagte: »Ich weiß, dass der
Herr eurem Volk dieses Land geben
wird. Wir haben große Angst. Jeder hier
zittert vor euch. 10 Wir haben gehört, dass
der Herr euch einen Weg durch das
Schilfmeer gebahnt hat, als ihr aus Ägyp-
ten gekommen seid. Wir wissen auch, was
ihr mit den Amoritern und ihren Königen
Sihon und Og auf der anderen Jordansei-
te gemacht habt: Ihr habt sie ausgelöscht.
11 Als wir das hörten, waren wir vor Angst
wie gelähmt. Jeder von uns hat den Mut
verloren. Der Herr, euer Gott, ist der
wahre Gott oben im Himmel und hier
unten auf der Erde. 12 Deshalb flehe ich
euch an: Schwört mir jetzt beim Herrn,
dass ihr meine Familie und mich ver-
schont, denn ich habe auch euch das Le-
ben gerettet. Bitte gebt mir einen Beweis
dafür, dass ich euch vertrauen kann.
13 Lasst meine Eltern und Geschwister
und alle ihre Angehörigen am Leben.
Rettet uns vor dem Tod!«
14 Die Männer antworteten ihr: »Wenn
ihr uns nicht verratet, stehen wir mit un-
serem Leben dafür ein, dass euch nichts
getan wird. Wenn der Herr uns dieses
Land gibt, werden wir unser Versprechen
einlösen und euch verschonen.«
15 Rahabs Haus lag an der Stadtmauer.
So konnte sie die Männer durch eines
ihrer Fenster mit einem Seil hinunter-
lassen, um ihnen zur Flucht zu verhel-
fen. 16 Sie riet ihnen: »Lauft erst ins
Bergland, damit euch die Verfolger
nicht finden! Versteckt euch dort drei
Tage, bis sie zurückgekehrt sind. Da-
nach geht, wohin ihr wollt.«
17 Die beiden Männer sagten zu ihr:
»Der Eid, den wir dir gegeben haben,
bindet uns nur unter diesen Bedingun-
gen: 18 Wenn unsere Soldaten hier eintref-
fen, musst du das rote Seil, an dem du uns
jetzt hinablässt, an dein Fenster binden.
Und deine Eltern, deine Geschwister
und alle Verwandten müssen hier bei dir
im Haus sein. 19 Jeder, der nach draußen
geht, ist selbst verantwortlich für seinen
Tod. Wer aber bei dir im Haus bleibt
und trotzdem angegriffen wird, für den
stehen wir mit unserem Leben ein.
20 Solltest du uns aber verraten, ist unser

2,1 6,23.25; Mt 1,5; Hebr 11,31; Jak 2,25 **2,9** 2 Mo 23,27–28* **2,10** 2 Mo 14,21–29; 4 Mo 21,21–35 **2,11** 5 Mo 4,39 **2,12–14** 6,22–23.25 **2,15** 1 Sam 19,12; 2 Kor 11,33

Eid ungültig!« 21 »Einverstanden«, ant-
wortete Rahab. Dann half sie ihnen, ins
Freie zu gelangen. Als sie fort waren,
band Rahab das rote Seil ans Fenster.
22 Die beiden Männer liefen ins Berg-
land und versteckten sich dort drei Tage.
Ihre Verfolger suchten die ganze Stre-
cke bis zum Jordan ab, fanden aber
niemanden und kehrten schließlich nach
Jericho zurück. 23 Da verließen die bei-
den Israeliten ihr Versteck, stiegen von
den Bergen herab und durchquerten die
Jordanebene. Als sie wieder bei Josua
waren, berichteten sie ihm, was sie er-
lebt hatten. 24 »Der Herr gibt das ganze
Land in unsere Gewalt«, erklärten sie,
»alle Menschen, die dort leben, haben
große Angst vor uns.«

Israel überquert trockenen Fußes den Jordan

3 Frühmorgens befahl Josua dem Volk,
von Schittim aufzubrechen. Sie er-
reichten den Jordan, überquerten ihn
aber noch nicht, sondern schlugen zu-
nächst ihre Zelte am östlichen Ufer auf.
2 Nach drei Tagen ließ Josua die führen-
den Männer durch das Lager gehen. 3 Sie
sollten ausrufen: »Sobald ihr seht, dass
die Priester vom Stamm Levi die Bundes-
lade des Herrn, eures Gottes, tragen,
brecht euer Lager ab, und folgt ihnen!
4 Haltet aber einen Abstand von tausend
Metern zwischen euch und den Priestern,
damit ihr der Bundeslade nicht zu nahe
kommt. Sie zeigt euch den Weg, den ihr
gehen sollt, denn ihr kennt ihn ja noch
nicht.« 5 Dann sprach Josua selbst zum
Volk: »Reinigt euch, und bereitet euch
darauf vor, Gott zu begegnen! Morgen
wird er vor euren Augen Wunder tun.«
6 Am nächsten Tag forderte Josua die
Priester auf: »Nehmt die Bundeslade,
und tragt sie vor dem Volk her!« Sie folg-
ten seinem Befehl.
7 Darauf sprach der Herr zu Josua: »Ich
will heute damit beginnen, dir bei allen
Israeliten Achtung zu verschaffen. Sie
sollen wissen, dass ich dir helfe, so wie
ich Mose geholfen habe. 8 Befiehl den
Priestern mit der Bundeslade anzuhalten,
sobald ihre Füße das Wasser des Jordan
berühren.«
9 Josua ließ die Israeliten zusammen-
kommen und rief ihnen zu: »Hört, was
der Herr, euer Gott, euch sagt: 10 Ihr sollt
wissen, dass der lebendige Gott bei euch
ist und dass er ganz sicher für euch alle
Völker eures neuen Landes vertreiben
wird: die Kanaaniter, Hetiter, Hiwiter,
Perisiter, Girgaschiter, Amoriter und Je-
busiter. 11 Seht, hier ist die Bundeslade
des Herrn, dem die ganze Welt gehört!
Die Priester werden sie vor euch her in
den Jordan tragen. 12/13 Sobald ihre Füße
den Jordan berühren, wird das Wasser
sich flussaufwärts stauen und wie ein
Wall stehen bleiben. Wenn das geschehen
ist, brauche ich zwölf Männer von euch.
Wählt aus jedem Stamm einen aus!«
14 Das Volk brach seine Zelte ab und
war bereit, den Fluss zu überqueren. Vor
ihnen gingen die Priester mit der Bundes-
lade. 15 Der Jordan war wie jedes Jahr zur
Erntezeit über die Ufer getreten. Als nun
die Träger der Bundeslade das Wasser
berührten, 16 staute es sich. Es stand wie
ein Wall sehr weit flussaufwärts in der
Nähe des Ortes Adam, der bei Zaretan
liegt. Das Wasser unterhalb des Walles
lief zum Toten Meer hin ab. So konnte
das Volk durch das Flussbett gehen. Vor
ihnen lag die Stadt Jericho. 17 Die Priester
mit der Bundeslade des Herrn standen
auf festem Grund mitten im Jordan, und
die Israeliten zogen trockenen Fußes an
ihnen vorüber ans andere Ufer.

Josua errichtet zwei Denkmäler

4 Als das ganze Volk durch den Jordan
gezogen war, sprach der Herr zu Jo-
sua: 2 »Ruf jetzt die zwölf Männer, die das
Volk aus seinen Stämmen ausgewählt
hat. 3 Befiehl ihnen, zwölf große Steine
aus dem Jordan zu holen, genau an der
Stelle, wo die Priester stehen. Sie sollen

3,3 5 Mo 10,8 **3,4** 2 Sam 6,6–7 **3,7** 4,14 **3,16** 2 Mo 14,21–22*; Ps 114,3.5 **4,3–9** 2 Mo 24,4

die Steine zu dem Ort bringen, an dem ihr heute übernachten werdet.« [4]Josua rief die zwölf Männer [5]und wies sie an: »Geht zurück in den Jordan, bis an die Stelle, wo die Priester mit der Bundeslade des Herrn, eures Gottes, stehen. Jeder von euch soll sich dort einen großen Stein auf die Schulter laden, damit wir zwölf Steine haben, für jeden Stamm Israels einen. [6]Aus ihnen soll ein Denkmal gebaut werden. Wenn euch eure Kinder später einmal fragen, was diese Steine bedeuten, [7]dann erklärt ihnen: ›Als man hier die Bundeslade hindurchtrug, staute sich das Wasser des Jordan, und wir konnten durch das Flussbett ziehen. Daran soll dieses Denkmal die Israeliten zu allen Zeiten erinnern.‹«

[8]Die zwölf Männer taten, was Josua ihnen befohlen hatte. Sie hoben zwölf Steine aus dem Flussbett, für jeden Stamm Israels einen, und trugen sie bis an den Ort, wo sie übernachten sollten.

[9]Josua nahm weitere zwölf Steine und richtete mitten im Jordan ein Denkmal auf, genau dort, wo die Priester mit der Bundeslade standen. Diese Steine sind noch heute dort. [10]Die Priester mit der Bundeslade standen noch immer in der Mitte des Flussbetts. Sie blieben dort, bis Josua und das Volk alle Weisungen des Herrn ausgeführt hatten, so wie es dem Willen Moses entsprach. Die Israeliten hatten den Fluss so schnell wie möglich durchquert. [11]Erst als alle auf der anderen Seite waren, brachen auch die Priester mit der Bundeslade auf und nahmen ihren Platz an der Spitze des Zuges wieder ein.

[12]Die Stämme Ruben und Gad und der halbe Stamm Manasse zogen bewaffnet vor den anderen Israeliten her, wie Mose es befohlen hatte. [13]Insgesamt waren es etwa 40000 kampfbereite Soldaten, die unter der Führung des Herrn in die Ebene von Jericho einmarschierten. [14]An diesem Tag sorgte der Herr dafür, dass ganz Israel vor Josua Achtung bekam. Das Volk hatte nun den gleichen Respekt vor ihm wie früher vor Mose; und so blieb es sein Leben lang.

[15]Der Herr hatte zu Josua gesagt: [16]»Befiehl den Priestern, die die Bundeslade mit dem Gesetz tragen, ans Ufer zu kommen.« [17]Josua forderte die Priester dazu auf, [18]und sie stiegen mit der Bundeslade aus dem Jordan. Kaum berührten sie mit ihren Füßen das Land, da strömte das Wasser mit gleicher Gewalt wie zuvor, und der Jordan trat wieder über die Ufer.

[19]Dies ereignete sich am 10. Tag des 1. Monats. Das Volk schlug sein Lager bei Gilgal auf, an der östlichen Grenze des Gebietes von Jericho. [20]Dort errichtete Josua ein Denkmal aus den zwölf Steinen, die er vom Jordan hatte mitbringen lassen. [21]Er sagte zu den Israeliten: »Wenn eure Nachkommen euch eines Tages fragen werden, was diese Steine bedeuten, [22]dann sollt ihr ihnen erklären: ›Hier hat Israel trockenen Fußes den Jordan durchquert.‹ [23]Denn der Herr, euer Gott, hat diesen Fluss vor euren Augen aufgestaut, damit ihr hindurchziehen konntet, so wie er euch damals einen Weg durch das Schilfmeer gebahnt hat. [24]Er tat es, um allen Völkern der Welt seine Macht zu zeigen. Und auch ihr sollt dem Herrn, eurem Gott, zu allen Zeiten mit Ehrfurcht begegnen!«

Beschneidung der männlichen Israeliten

5 Die Amoriter westlich des Jordan und die Kanaaniter am Mittelmeer hörten, dass Gott den Jordan aufgestaut hatte, damit die Israeliten ans andere Ufer gelangen konnten. Da fuhr ihnen der Schreck in die Glieder, und sie waren vor Angst wie gelähmt.

[2]Zu dieser Zeit gab Gott Josua den Auftrag: »Fertige Messer aus Stein an, und beschneide alle männlichen Israeliten!« [3]Josua tat, was der Herr ihm befoh-

---

4,12 4 Mo 32,6–32 **4,14** 3,7 **4,23** 2 Mo 14,21–22* **5,1** 2,9–11 **5,2–3** 1 Mo 17,9–14*

len hatte. Am Hügel Aralot (»Beschneidungshügel«) wurden die Israeliten beschnitten. 4–6 Denn als das Volk Ägypten verließ, waren noch alle männlichen Israeliten beschnitten gewesen. Doch inzwischen lebte niemand mehr, der damals im wehrfähigen Alter gewesen war. Gott hatte ihnen geschworen: »Weil ihr nicht auf mich gehört habt, werdet ihr das reiche Land niemals sehen, das ich euren Vorfahren versprochen habe, das Land, in dem Milch und Honig fließen.« Israel musste deshalb vierzig Jahre in der Wüste verbringen, bis von dieser ersten Generation keiner mehr lebte. Während die Israeliten die Wüste durchzogen, hatten sie ihre neugeborenen Söhne nicht beschneiden lassen. 7 Nun aber wurden alle männlichen Nachkommen, die der Herr dem Volk in dieser Zeit geschenkt hatte, beschnitten.

8 Das Volk blieb einige Zeit an seinem Lagerplatz, bis die Wunden der Beschnittenen verheilt waren. 9 Da sprach der Herr zu Josua: »Heute habe ich dem Spott der Ägypter ein Ende gemacht.«[a] Deshalb nennt man diesen Ort bis heute Gilgal (»beenden«[b]).

Passahfeier bei Gilgal und Ausbleiben des Manna

10 Bei Gilgal, in der Ebene von Jericho, feierten die Israeliten am 14. Tag des 1. Monats abends das Passahfest. 11 Am nächsten Tag aßen sie zum ersten Mal etwas aus ihrem neuen Land: Brot, das ohne Sauerteig gebacken war, und geröstetes Getreide. 12 Und genau an diesem ersten Tag nach dem Passah, an dem sie etwas vom Ertrag des Landes gegessen hatten, blieb das Manna[c] aus. Von nun an ernährten sich die Israeliten nicht mehr vom Manna, sondern vom Ertrag des Landes Kanaan.

Josua begegnet dem Befehlshaber über das Heer Gottes

13 In der Nähe von Jericho sah Josua sich plötzlich einem Mann mit gezücktem Schwert gegenüber. Josua ging auf ihn zu und rief: »Gehörst du zu uns oder unseren Feinden?« 14 »Zu keinem von beiden«, erklärte der Fremde, »ich bin hier als Befehlshaber über das Heer Gottes.« Da warf sich Josua vor ihm zu Boden und betete ihn an. »Ich gehorche dir, Herr!«, sagte er. »Was befiehlst du?« 15 »Zieh deine Schuhe aus«, antwortete der Befehlshaber über das Heer Gottes, »denn du stehst auf heiligem Boden.« Josua gehorchte.

Israel erobert Jericho

6 In Jericho hatte man aus Angst vor den Israeliten sämtliche Tore fest verriegelt. Niemand kam mehr heraus oder hinein. 2 Da sprach der Herr zu Josua: »Ich gebe die Stadt, ihren König und seine Soldaten in eure Gewalt. 3 Sechs Tage lang sollt ihr jeden Tag einmal mit allen kampffähigen Männern um die Stadt ziehen. 4 Nehmt die Bundeslade mit! Lasst sieben Priester mit Widderhörnern in der Hand vor ihr hergehen! Am siebten Tag sollt ihr siebenmal um die Stadt ziehen, und die Priester sollen die Hörner blasen. 5 Wenn der lang gezogene Signalton des Widderhorns ertönt, so stimmt ein lautes Kampfgeschrei an! Dann wird die Stadtmauer einstürzen, und ihr könnt von allen Seiten nach Jericho eindringen.«

6 Josua, der Sohn Nuns, rief die Priester zusammen und wies sie an: »Nehmt die Bundeslade des Herrn! Sieben von euch sollen mit Widderhörnern vor ihr herziehen.« 7 Dem ganzen Volk befahl er: »Macht euch bereit, und geht um Jericho herum, die Soldaten vorn, dahinter die

---

[a] Wörtlich: Heute habe ich die Schande Ägyptens von euch abgewälzt.
[b] Wörtlich: abwälzen.
[c] Vgl. 2. Mose 16

5,4–6 4 Mo 14,22–23 **5,10** 2 Mo 12,2–6 **5,11** 2 Mo 12,15–20 **5,12** 2 Mo 16,31.35 **5,15** 2 Mo 3,5

Priester mit der Bundeslade und am Schluss alle anderen!«

8/9 Nachdem Josua dem Volk seine Anweisungen gegeben hatte, stießen die Priester in die Hörner, und alle brachen auf. An der Spitze des Zuges marschierten die Soldaten. Hinter ihnen gingen die sieben Priester, die nun unablässig ihre Hörner bliesen, und die anderen Priester mit der Bundeslade. Den Schluss bildete das übrige Volk. 10 Zuvor hatte Josua angeordnet: »Macht keinen Lärm! Verhaltet euch ganz still, bis ich euch befehle, ein lautes Kampfgeschrei anzustimmen. Dann aber schreit, so laut ihr könnt!« 11 So zogen sie mit der Bundeslade einmal um Jericho herum und kehrten anschließend wieder in ihr Lager zurück, wo sie übernachteten.

12 Früh am nächsten Morgen ließ Josua sie wieder aufbrechen: Die Priester trugen die Bundeslade, 13 sieben von ihnen gingen vor der Bundeslade her und bliesen immerzu die Hörner, die Soldaten marschierten voraus, und alle übrigen folgten. 14 Wie am Vortag zogen die Israeliten einmal um Jericho herum und kehrten dann in ihr Lager zurück. Das taten sie insgesamt sechs Tage lang.

15 Am siebten Tag brachen sie bereits bei Sonnenaufgang auf und zogen wie zuvor um die Stadt herum, an diesem Tag jedoch siebenmal. 16 Beim siebten Mal, als die Priester die Hörner bliesen, rief Josua dem Volk zu: »Schreit, so laut ihr könnt! Der Herr gibt euch Jericho! 17 Gottes Zorn wird die ganze Stadt treffen. Alles in ihr muss vernichtet werden. Nur die Prostituierte Rahab soll am Leben bleiben und jeder, der bei ihr im Haus ist, denn sie hat unsere Kundschafter versteckt. 18 Hütet euch davor, irgendetwas für euch zu behalten, worüber Gott sein Urteil verhängt hat! Ihr dürft nicht die Strafe Gottes vollstrecken und euch zugleich selbst schuldig machen. Sonst wird Gottes Zorn auch uns treffen und Unheil über unser Volk bringen. 19 Das Silber und Gold und die Gegenstände aus Bronze und Eisen gehören dem Herrn. Sie sollen in der Schatzkammer des heiligen Zeltes aufbewahrt werden.« 20 Die Priester bliesen ihre Hörner, und das Volk stimmte das Kriegsgeschrei an. Da stürzte die Mauer von Jericho ein. Die Israeliten stürmten die Stadt von allen Seiten und eroberten sie. 21 Mit ihren Schwertern vernichteten sie alles Leben darin: Männer und Frauen, Kinder und Greise, Rinder, Schafe und Esel.

22 Den beiden Männern, die Jericho erkundet hatten, befahl Josua: »Geht zum Haus der Prostituierten, und holt sie und ihre Angehörigen heraus, wie ihr es geschworen habt!« 23 Die beiden liefen zu Rahabs Haus, brachten sie zusammen mit ihren Eltern, Geschwistern und allen Verwandten aus der Stadt und führten sie an einen Ort außerhalb des israelitischen Lagers.

24 Schließlich steckte man Jericho in Brand. Nur das Silber, das Gold und die bronzenen und eisernen Gegenstände nahmen die Israeliten mit und brachten sie in die Schatzkammer des heiligen Zeltes. 25 Von den Einwohnern der Stadt ließ Josua niemanden am Leben außer der Prostituierten Rahab, der Familie ihres Vaters und ihren anderen Verwandten. Denn sie hatte die israelitischen Kundschafter versteckt, die Josua nach Jericho gesandt hatte. Noch heute leben in Israel Menschen, die von Rahabs Familie abstammen.

26 Als Jericho niederbrannte, sprach Josua einen Fluch aus: »Die Strafe des Herrn soll den treffen, der diese Stadt wieder aufbaut. Wenn er das Fundament legt, stirbt sein erster Sohn, und wenn er die Tore einsetzt, verliert er seinen jüngsten.« 27 Der Herr stand Josua zur Seite. Im ganzen Land sprach man von ihm.

Achans Diebstahl und Israels Niederlage bei Ai

7 Ein Israelit verstieß gegen das Verbot, sich etwas von den Reichtümern

6,17 5 Mo 7,2*; Jos 2,1* **6,18** 5 Mo 13,18–19 **6,20** Hebr 11,30 **6,25** 2,1–21 **6,26** 1 Kön 16,34 **7,1** 6,18

Jerichos anzueignen: Achan, der Sohn
Karmis. Er war ein Nachkomme Sabdis
und Serachs aus dem Stamm Juda. Achan
nahm etwas von dem mit, was vernichtet
werden sollte. Darum wurde der Herr
sehr zornig über die Israeliten.

2 Josua sandte von Jericho aus einige
Männer zur Stadt Ai, die bei Bet-Awen
östlich von Bethel liegt. »Geht hin«, sag-
te er, »und erkundet die Gegend.« Die
Männer führten den Auftrag aus. 3 Als
sie wieder zurückgekehrt waren, erstatte-
ten sie Josua Bericht und rieten: »Lass
nicht das ganze Heer gegen die Stadt zie-
hen. Zwei- oder dreitausend Mann rei-
chen völlig aus, um Ai zu erobern. Es
hat nur wenige Einwohner. Du brauchst
nicht alle Soldaten einzusetzen.« 4 Josua
folgte ihrem Rat und sandte 3000 Mann
los, um Ai einzunehmen. Doch sie wur-
den in die Flucht geschlagen. 5 Die Män-
ner von Ai verfolgten die Israeliten von
der Stadt bis zum Abhang von Schebarim
und töteten dort 36 Soldaten.

Da packte die Israeliten die Angst.
6 Josua zerriss entsetzt sein Gewand und
warf sich mit den Ältesten des Volkes vor
der Bundeslade zu Boden. Voller Ver-
zweiflung streuten sie sich Erde auf den
Kopf und blieben bis zum Abend liegen.

7 Dann betete Josua: »Ach, Herr, wa-
rum hast du uns über den Jordan geführt?
Etwa damit uns die Amoriter besiegen
und umbringen? Wären wir doch geblie-
ben, wo wir waren! 8 Ich frage dich, Herr:
Was kann ich jetzt noch sagen, nachdem
Israel vor seinen Feinden fliehen musste?
9 Die Kanaaniter und alle anderen Völker
dieses Landes werden davon hören. Sie
werden uns umbringen und jede Spur
von uns für immer auslöschen. Wie willst
du deine Ehre dann noch retten?«

10 Der Herr antwortete: »Steh auf! Wa-
rum liegst du hier am Boden? 11 Die Is-
raeliten haben Schuld auf sich geladen
und den Bund verletzt, den ich mit ihnen
schloss. Sie haben etwas von dem an sich
genommen, worüber ich mein Urteil ge-
sprochen habe. Sie haben es gestohlen
und heimlich bei sich versteckt. 12 Des-
halb seid ihr euren Feinden unterlegen
und müsst vor ihnen fliehen. Ihr selbst
seid jetzt dem Untergang geweiht! Ich
werde euch nicht mehr helfen, wenn ihr
nicht das aus eurem Volk beseitigt, worü-
ber ich mein Urteil verhängt habe.

13 Steh jetzt auf, und sprich zum Volk!
Sag ihnen: ›Unter euch befindet sich et-
was, worüber Gott sein Urteil gespro-
chen hat und was allein ihm gehört. Ihr
werdet euren Feinden so lange unterle-
gen sein, bis ihr es entfernt habt. Der
Herr, der Gott Israels, befiehlt, dass ihr
euch reinigt und darauf vorbereitet, ihm
morgen früh zu begegnen! 14 Dann sollt
ihr euch nach euren Stammesverbänden
geordnet versammeln. Der Herr wird uns
den Schuldigen zeigen: Wir werden das
Los werfen, und der Stamm, den es trifft,
soll vortreten. Dann entscheidet das Los
zwischen den Sippen dieses Stammes. Ist
die Sippe gefunden, wird in ihr die Fami-
lie durch das Los ermittelt. Diese Fami-
lie, die der Herr uns zeigen wird, soll
dann vortreten, Mann für Mann. 15 Derje-
nige, bei dem man etwas findet, das Gott
gehört, muss verbrannt werden, zusam-
men mit seiner Familie und seinem Be-
sitz. Denn er hat den Bund mit dem
Herrn gebrochen und durch seine ab-
scheuliche Tat Schande über Israel ge-
bracht.‹«

16 Früh am nächsten Morgen ließ Josua
das Volk nach Stammesverbänden geord-
net zu sich kommen. Das Los wurde ge-
worfen und traf den Stamm Juda. 17 Er
musste vortreten. Aus diesem Stamm
wurde die Sippe Serach ermittelt, und in
ihr fiel das Los auf die Familie Sabdis.
18 Unter dessen Angehörigen traf es
schließlich Achan, den Sohn Karmis und
Nachkommen Sabdis und Serachs. 19 Jo-
sua sagte zu ihm: »Mein Sohn, beug dich
vor dem Herrn, dem Gott Israels. Zeig,
dass du ihn achtest, und gestehe, was du
getan hast; verschweig mir nichts!«

7,3–4 5 Mo 32,30 **7,6** Hiob 2,12 **7,7–9** 2 Mo 32,11–13 **7,7** 2 Mo 14,11–12* **7,13** 2 Mo 19,10 **7,14** 1 Sam 10,20–21; 14,40–42

20 Achan antwortete: »Es ist wahr, ich
bin es gewesen, ich habe das Gebot des
Herrn, des Gottes Israels, verletzt. 21 Un-
ter der Beute sah ich einen wertvollen
Mantel aus Babylonien, zwei Kilo Silber
und einen Goldbarren, ein Pfund schwer.
Ich konnte einfach nicht widerstehen und
nahm es mit. Ich habe alles im Boden
meines Zeltes vergraben, das Silber zu-
unterst.«

22 Josua schickte einige Männer zu
Achans Zelt. Sie fanden das Gestohlene
dort vergraben, das Silber zuunterst, ge-
nau wie Achan es beschrieben hatte. 23 Sie
holten alles heraus und brachten es da-
hin, wo Josua und das Volk warteten.
Dort legten sie es vor der Bundeslade
auf die Erde. 24 Josua nahm Achan von
der Sippe Serach samt seinen Söhnen
und Töchtern gefangen und ließ seine
Rinder und Esel, seine Schafe und Zie-
gen, sein Zelt und seine gesamte Habe
herbeiholen. Begleitet vom ganzen Volk,
brachte er Achan, seine Kinder, seinen
ganzen Besitz und das gestohlene Gut
ins Tal Achor.

25 Dort sagte Josua zu ihm: »Du hast Is-
rael ins Unglück gestürzt! Darum stürzt
der Herr heute dich ins Unglück!« Das
ganze Volk steinigte Achan und seine Fa-
milie, und anschließend wurden sie mit
ihrem ganzen Besitz verbrannt. 26 Man
begrub sie unter einem großen Steinhau-
fen, der sich noch immer dort befindet.
Da legte sich der Zorn des Herrn.

Dem Tal gaben die Israeliten den Namen Achor (»Unglück«), und so wird es noch heute genannt.

Israel erobert Ai

8 1/2 Der Herr sprach zu Josua: »Hab
keine Angst, und lass dich nicht ein-
schüchtern! Zieh mit dem ganzen Heer
nach Ai, und leg einen Hinterhalt auf der
anderen Seite der Stadt! Ich gebe den Kö-
nig von Ai in deine Gewalt und mit ihm
sein Volk, seine Stadt und sein Land. Du
sollst mit Ai und seinem König das Glei-
che tun wie mit Jericho und seinem König.
Dieses Mal dürft ihr jedoch die Beute und
das Vieh für euch behalten.«

3 Josua brach mit dem ganzen Heer auf
und rückte in die Nähe von Ai vor. Er
wählte 30 000 erfahrene Soldaten aus,
und in der Nacht befahl er ihnen: 4 »Legt
euch auf der Rückseite der Stadt in den
Hinterhalt, nicht weit von ihr entfernt.
Haltet euch zum Angriff bereit! 5 Mit
dem Hauptheer werden wir uns von vorn
der Stadt nähern. Die Soldaten von Ai
werden dann wie beim letzten Mal die
Stadt verlassen, um uns anzugreifen, und
wir werden scheinbar vor ihnen fliehen.
6 Sie werden meinen, dass wir erneut vor
ihnen davonlaufen, und werden uns ver-
folgen. Wenn wir sie auf diese Weise he-
rausgelockt haben, 7 brecht ihr aus eurem
Hinterhalt hervor, und nehmt die Stadt
ein. Der Herr, euer Gott, wird euch zum
Sieg verhelfen. 8 Nach der Eroberung legt
ihr dort Feuer. So hat es der Herr befoh-
len. Haltet euch an meine Anweisun-
gen!«

9 Dann schickte Josua die Männer los.
Sie umgingen die Stadt und legten sich
im Westen zwischen Ai und Bethel in
den Hinterhalt. Josua verbrachte die
Nacht beim Hauptheer. 10 Früh am Mor-
gen ließ Josua seine Truppen antreten.
Dann brachen sie in Richtung Ai auf. Jo-
sua und die Ältesten Israels führten das
Heer an. 11 Sie näherten sich der Stadt
von Norden her und hielten auf einer An-
höhe, nur noch durch ein Tal von ihrem
Ziel getrennt.

12 Josua hatte weitere 5 000 Mann in
den Hinterhalt westlich der Stadt gelegt,
zwischen Ai und Bethel. 13 So stand das
Hauptheer nördlich von Ai und der Hin-
terhalt im Westen. Es war immer noch
dunkel, als Josua sein Heer schließlich in
das Tal hinabführte.

14 In aller Frühe entdeckte der König
von Ai die Israeliten. Sofort gab er den
Befehl zum Angriff und verließ mit sei-
nen Soldaten die Stadt, um auf dem
Schlachtfeld in der Ebene gegen Israel

7,26 Jes 65,10; Hos 2,17 **8,1–2** 6,21 **8,6** 7,4–5

zu kämpfen. Er wusste nichts von dem
Hinterhalt. [15] Wie Josua angeordnet hat-
te, ließ sich Israel von den Männern aus
Ai zunächst in die Flucht schlagen und
floh vor ihnen in Richtung Wüste.
[16] Da rief man die in der Stadt verblie-
benen Männer zusammen, um gemein-
sam den Feind zu verfolgen. Sie jagten
Josuas Heer nach und entfernten sich im-
mer weiter von ihrer Stadt. [17] In Ai und in
Bethel blieb kein einziger Mann mehr zu-
rück. Alle verfolgten die fliehenden Israe-
liten. Die Stadt Ai war ohne jeden Schutz.
[18] Da sprach der Herr zu Josua: »Heb
dein Schwert hoch, und richte es gegen
Ai! Die Stadt gehört euch.« Josua streckte
sein Schwert aus. [19] Das war das verabre-
dete Zeichen für die Truppen im Hinter-
halt. Sie brachen aus ihrem Versteck her-
vor, fielen in die Stadt ein, eroberten sie
und steckten alles schnell in Brand.
[20] Die Männer von Ai wandten sich um
und sahen Rauch aus ihrer Stadt aufstei-
gen. Sie erkannten, dass sie in eine Falle
geraten waren. Denn die eben noch flie-
henden Israeliten machten nun kehrt und
griffen an. [21] Sie hatten den Rauch eben-
falls gesehen und wussten, dass die Stadt
erobert war. Nun stürmten Josua und sei-
ne Soldaten den Männern von Ai ent-
gegen. [22] Diese waren plötzlich von zwei
Seiten eingeschlossen. Denn jetzt kamen
auch die israelitischen Soldaten aus der
Stadt heran. Es gab kein Entrinnen. Alle
Männer von Ai wurden getötet. [23] Nur
den König fasste man lebendig und
brachte ihn zu Josua.
[24] Als die Israeliten ihre Gegner auf
dem Schlachtfeld in der Ebene besiegt
hatten, drangen sie erneut in die Stadt
ein und brachten alle Einwohner mit
dem Schwert um. [25] Insgesamt starben an
jenem Tag etwa 12 000 Männer und Frau-
en. [26] Josua ließ seine Hand mit dem
Schwert erst sinken, als alle Einwohner
Ais tot waren und so das Urteil des Herrn
vollstreckt war. [27] Das Vieh und die übri-
ge Beute nahmen die Israeliten diesmal
mit, wie der Herr es Josua befohlen hatte.
[28] Dann ließ Josua die Stadt nieder-
brennen, so dass nur noch ein Trümmer-
haufen von ihr übrig blieb. Bis heute ist
sie nicht wieder aufgebaut worden.
[29] Den König von Ai erhängte Josua an
einem Baum. Am Abend ließ er die Lei-
che abnehmen, vor das Stadttor werfen
und unter einem großen Steinhaufen be-
graben, den man noch heute dort findet.

Israel erneuert seinen Bund mit dem Herrn

[30] Josua errichtete auf dem Berg Ebal
einen Altar für den Herrn, den Gott Isra-
els. [31] So hatte es Mose, der Diener des
Herrn, den Israeliten in seinem Gesetz-
buch befohlen. Es sollten Steine ver-
wendet werden, die man nicht mit dem
Meißel bearbeitet hatte. Die Israeliten
brachten dem Herrn auf diesem Altar
Brand- und Dankopfer dar.
[32] Dann schrieb Josua in Gegenwart des
Volkes die Gesetze des Mose auf die Stei-
ne des Altars. [33] Die levitischen Priester
standen bei der Bundeslade des Herrn.
Auf beiden Seiten der Bundeslade hatte
sich das ganze Volk versammelt, Israeli-
ten und Ausländer, auch die Ältesten, die
führenden Männer und Richter. Sie alle
waren der Bundeslade zugewandt, die
eine Hälfte des Volkes stand mit dem Rü-
cken zum Berg Garizim, die andere zum
Berg Ebal. Mose hatte befohlen, dies zu
tun und das Volk zu segnen, sobald es im
Land Kanaan angelangt war.
[34] Josua las das ganze Gesetzbuch des
Mose vor, auch die Segensverheißungen
und Fluchandrohungen. [35] Nicht ein Wort
ließ er aus. Alle Israeliten, Männer, Frau-
en und Kinder, und alle Ausländer in
ihrer Mitte hörten es Wort für Wort.

Die Einwohner von Gibeon überlisten Israel

9 Die Nachricht von der Zerstörung Je-
richos und Ais erreichte alle Könige
westlich des Jordan – ob im Bergland, in

8,26 5 Mo 7,2* **8,29** 5 Mo 21,22–23* **8,30–32** 5 Mo 27,4–8 **8,33–35** 5 Mo 27,11–26

Fürbitte halten

Lesen Sie Josua 7,1-26

Fürbitte ist ein Akt der Liebe. Sie bedeutet, im Gebet für andere Menschen einzustehen. Alle großen Persönlichkeiten der Bibel kannten die Macht der Fürbitte. In unserer Geschichte aus Josua 7 rief Josua verzweifelt zum Herrn, nachdem die Israeliten in Ai eine vernichtende militärische Niederlage erlitten hatten. Gott zeigte ihm den Grund für die verlorene Schlacht: Sünde. Josua sorgte dafür, dass der Sünder bestraft wurde, und Gottes Segen kehrte wieder zu den Israeliten zurück. Wie Josua geht es auch vielen anderen geistlichen Leitern: Wenn sie in großer Not sind, beten sie demütig zu Gott. Sehen wir uns noch ein paar Beispiele dafür an.

Im 1. Buch Mose wird von einem außergewöhnlichen Gespräch mit Gott berichtet: Abraham flehte Gott an, die Städte Sodom und Gomorra zu verschonen, wenn sich dort fünfzig, fünfundvierzig, vierzig, dreißig, zwanzig oder zehn Menschen finden ließen, die kein Unrecht begangen hatten. Gott ließ sich darauf ein. Als nicht einmal zehn Unschuldige gefunden werden konnten, rettete Gott immerhin Abrahams Neffen Lot und dessen zwei Töchter (siehe 1. Mose 18,16-19,29).

Nachdem die Israeliten das goldene Kalb angebetet hatten, war Gott in seinem heiligen Zorn entschlossen, sie alle zu vernichten. Mose trat für sein Volk ein, flehte Gott um Erbarmen an und Gott lenkte ein (siehe 2. Mose 32,7-14.30-35).

Während der babylonischen Gefangenschaft tat Daniel Buße in Sack und Asche. Er betete zu Gott, bekannte seine Sünden und die des Volkes Israel und bat um Gnade (siehe Daniel 9,1-19).

Jesus bat für Petrus, dass er seinen Glauben nicht verlor, wenn dieser auf die Probe gestellt wurde (siehe Lukas 22,31-32), und Jesus betete sogar für uns (siehe Johannes 17,20-22).

Fürbitte kommt überall in der Bibel vor. Wir können daraus lernen, wie viel das liebevolle Gebet für andere Menschen bewirken kann.

Nehmen Sie sich Zeit, um allein oder als Paar gemeinsam Fürbitte zu halten. Nehmen Sie vor Gott eine demütige Haltung ein. Bringen Sie zum Ausdruck, dass Sie ganz von ihm abhängig sind. Beten Sie nun für andere Menschen, die dringend Trost, Heilung oder eine Veränderung in ihrem Leben brauchen. Warten Sie wie Josua demütig auf Gottes Antwort.

Wenn Sie noch mehr Zeit haben …

Besprechen Sie miteinander folgende Fragen oder denken Sie darüber nach:

- Was können Sie aus der Geschichte von Achans Sünde über Gott lernen?
- Warum ist Fürbitte ein Akt der Liebe?
- Wer hat in bestimmten Zeiten in Ihrem Leben für Sie gebetet? Für wen haben Sie gebetet?

Lesen Sie auch die folgenden Abschnitte zum Thema Gebet:
Epheser 6,18; 1. Timotheus 2,1-5; Jakobus 5,13-16.

Wunder erwünscht

Lesen Sie Josua 10,1-15

Josuas Truppen waren die ganze Nacht durchmarschiert. Nun standen sie fünf feindlichen Königen und deren Truppen gegenüber und hatten eine schwere Schlacht vor sich. Josua tat, was wir alle tun sollten, wenn wir unsere schlimmsten Kämpfe zu bestehen haben: Er wandte sich an Gott um Hilfe und bat ihn um Kraft. Wenn wir in eine Schlacht ziehen müssen, können wir nicht mit eigener Kraft gewinnen; wenn wir aber im Glauben beten und fest darauf vertrauen, dass Gott Wunder tun kann, dann werden unsere Augen geöffnet und wir sehen Gottes schöpferisches, unerwartetes Handeln.

Wir haben vielleicht keine militärischen Schlachten vor uns, aber vielleicht müssen wir um unsere Ehe kämpfen. Wenn in einer Ehe große Spannungen herrschen, kann uns das auch wie ein Krieg vorkommen. Es gibt drei radikale und durchweg negative „Lösungen" für solche Ehekrisen: Selbstmord, Mord und Scheidung. Die ersten beiden sind für geistig gesunde Menschen undenkbar. Scheidung dagegen wird oft als ein humaner Weg angesehen, um das Leiden an einer gescheiterten Ehe zu beenden. Manche haben zwei, drei oder mehr Scheidungen hinter sich und sind immer noch auf der Suche nach einer glücklichen Ehe.

Aber die Scheidung löst unsere Probleme nicht immer; sie schafft oft nur neue, tiefere Probleme, die nicht von selbst verschwinden. In vielen Fällen ist es besser, aus vergangenen Fehlern zu lernen, anstatt voreinander wegzulaufen. Jeder Ehepartner kann lernen zu durchschauen, was hinter dem negativen Verhalten des anderen steht. Dann können wir so wie Josua Gott bitten, uns Weisheit zu schenken und uns die richtige Reaktion zu zeigen. Auf diese Weise können wir aktiv zur Lösung unserer Probleme beitragen – und wer weiß, vielleicht sehen wir sogar die Sonne stillstehen.

Nehmen Sie sich Zeit, um allein zu beten.

- Danken Sie Gott für seine schöpferische, heilende Kraft. Er ist ein Gott, der Wunder tut.
- Bitten Sie Gott, dass Sie ihm vertrauen können, eine Lösung für Ihre Eheprobleme zu finden.
- Wenn Sie in Ihrer Ehe gerade eine Krise durchmachen, beten Sie kühn im Glauben, dass Gott die Wunden in Ihrer Beziehung heilt.

Wenn Sie noch mehr Zeit haben ...

Besprechen Sie miteinander folgende Fragen oder denken Sie darüber nach:

- Wenn eine Ehe vor dem Scheitern steht, warum erscheint die Scheidung dann so verlockend? Und warum löst eine Scheidung unsere Probleme nicht unbedingt?
- Für welches Problem in Ihrer Ehe brauchen Sie Gottes Hilfe, anstatt auf Ihre eigene Kraft und Ihre Strategien zu bauen?

Lesen Sie auch die folgenden Abschnitte zum Thema Ehekrise:
Maleachi 2,15-16; Matthäus 19,8-9; Epheser 5,21-33.

Den nächsten Impuls finden Sie auf S. 252 a

der Ebene oder an der Mittelmeerküste
bis hin zum Libanon –, die Könige der
Hetiter, Amoriter, Kanaaniter, Perisiter,
Hiwiter und Jebusiter. [2]Sie verbündeten
sich, um gemeinsam gegen Josua und die
Israeliten Krieg zu führen.

[3]Auch die Einwohner der Stadt Gibe-
on vom Volk der Hiwiter hörten, was mit
Jericho und Ai geschehen war. [4/5]Da
dachten sie sich eine List aus: Sie wollten
verkleidete Boten zu den Israeliten schi-
cken, um mit ihnen zu verhandeln. Einige
ihrer Männer zogen sich abgenutzte Klei-
der und geflickte Schuhe an, packten ein
paar Habseligkeiten in schäbigen Säcken
auf ihre Esel, hängten alte, rissige Wein-
schläuche daran und versorgten sich mit
trockenem, zerbröckeltem Brot.

[6]So gingen sie zum israelitischen Lager
in Gilgal. »Wir kommen von weit her«,
erklärten sie Josua und den führenden
Männern Israels, »unser Volk möchte
sich mit euch verbünden.« [7]Die Israeliten
antworteten den Hiwitern: »Woher sollen
wir wissen, dass ihr nicht aus diesem
Land stammt? Wir können doch nicht
einfach ein Bündnis mit euch schließen!«

[8]Die Boten wandten sich an Josua:
»Wir bitten dich unterwürfig um Hilfe!«
Josua fragte: »Wer seid ihr, und wo
kommt ihr her?« [9]»Wir kommen aus
einem fernen Land«, antworteten sie.
»Wir möchten den Herrn, deinen Gott,
kennen lernen. Wir haben gehört, was er
in Ägypten vollbracht hat. [10]Wir wissen
auch, was er mit den amoritischenKöni-
gen östlich des Jordan getan hat, mit Si-
hon von Heschbon und Og von Baschan,
der in Aschtarot regierte. [11]Unsere Ältes-
ten und unser Volk gaben uns den Auf-
trag: ›Versorgt euch mit Proviant, und
geht zu ihnen! Bittet sie unterwürfig,
einen Bund mit uns zu schließen!‹ [12]Hier,
seht euch das Brot an! Es war noch warm,
als wir zu Hause aufbrachen; jetzt ist es
vertrocknet und zerbröckelt. [13]Diese
Weinschläuche hier waren neu und voll;
jetzt sind sie rissig. Auch unsere Kleidung
und die Schuhe sind durch die lange Rei-
se verschlissen.«

[14]Die führenden Männer Israels unter-
suchten das vertrocknete Brot. Aber sie
fragten nicht den Herrn um Rat. [15]So
schloss Josua Frieden mit den Fremden
und sicherte zu, sie am Leben zu lassen.
Die Führer des Volkes bekräftigten das
Bündnis mit einem Eid.

[16]Drei Tage später erfuhren die Israeli-
ten, dass die Männer, mit denen sie gera-
de ein Bündnis geschlossen hatten, aus
Kanaan stammten und ganz in der Nähe
wohnten. [17]Mittlerweile hatten die Israe-
liten nämlich mit ihrem Heer die hiwiti-
schen Städte Gibeon, Kefira, Beerot und
Kirjat-Jearim erreicht, die zum Gebiet
der Gibeoniter gehörten. [18]Weil aber die
führenden Männer des Volkes im Namen
des Herrn, ihres Gottes, den Gibeonitern
einen Eid geschworen hatten, vernich-
teten sie keine der vier Städte. Darüber
ärgerte sich ganz Israel und beschwerte
sich über seine Führer. [19]Die riefen das
Volk zusammen und erklärten: »Wir sind
durch einen Eid gebunden, den wir im
Namen des Herrn, unseres Gottes, gege-
ben haben. Deshalb dürfen wir diese
Menschen nicht töten. [20]Wir werden un-
ser Versprechen halten und sie leben las-
sen; wenn wir unseren Eid brechen, for-
dern wir Gottes Zorn heraus. [21]Sie sollen
am Leben bleiben und dem ganzen Volk
als Holzfäller und Wasserträger dienen.«
So geschah es später auch.

[22]Dann stellte Josua die Boten aus Gi-
beon zur Rede: »Warum habt ihr uns be-
trogen? Wie konntet ihr behaupten, dass
ihr aus einem fernen Land stammt, ob-
wohl ihr von hier seid? [23]Weil ihr das ge-
tan habt, wird euch ein Fluch treffen: Ihr
und euer Volk werdet zu allen Zeiten als
Sklaven für das Heiligtum meines Gottes
Holz hauen und Wasser schleppen!« [24]Sie
antworteten Josua: »Uns wurde berich-
tet, dass der Herr, dein Gott, seinem Die-
ner Mose versprochen hat, euch dieses
ganze Land zu geben und alle seine Be-

9,3 6,20–21; 8,26.28 **9,7** 2 Mo 23,32–33; 34,12 **9,10** 4 Mo 21,21–35 **9,15** 11,19 **9,19** 2 Sam 21,1–9
9,24 5 Mo 7,1–5

wohner zu vernichten. Wir fürchteten um
unser Leben. Deshalb haben wir so ge-
handelt. [25] Jetzt sind wir in deiner Hand.
Mach mit uns, was du für richtig hältst.«
[26] Josua stand zu seinem Wort und be-
wahrte die Gibeoniter davor, von den Is-
raeliten getötet zu werden. [27] Er bestimm-
te sie zu Holzfällern und Wasserträgern
für das Volk und für den Opferdienst am
Altar des Herrn. Sie sollten diesen
Dienst auch später versehen, wenn der
Herr sich einen Ort für seinen Tempel er-
wählen würde. Noch heute dienen die
Gibeoniter den Israeliten.

Die Amoriter wollen Gibeon bestrafen

10 Wie ein Lauffeuer verbreitete sich
die Nachricht von der Eroberung
und Zerstörung Ais. Auch Adoni-Zedek,
der König von Jerusalem, erfuhr, dass die
Stadt Ai und ihr König dasselbe Schicksal
erlitten hatten wie Jericho. Man berichte-
te ihm, die Einwohner Gibeons hätten
mit den Israeliten Frieden geschlossen
und lebten nun in ihrem Gebiet. [2] Diese
Neuigkeiten lösten große Angst aus.
Denn Gibeon war eine bedeutende
Stadt, so wie die anderen Königsstädte.
Sie war noch größer als Ai und besaß ein
starkes Heer.
[3] Da sandte Adoni-Zedek Boten von
Jerusalem zu den benachbarten Amori-
terkönigen Hoham von Hebron, Piram
von Jarmut, Jafia von Lachisch und Debir
von Eglon. Er ließ ihnen sagen: [4] »Die
Leute von Gibeon haben mit Israel Frie-
den geschlossen. Kommt und helft mir,
sie anzugreifen!« [5] Die vier Könige folg-
ten der Aufforderung und schlossen sich
mit ihren Truppen dem Heer Adoni-Ze-
deks an. Sie zogen nach Gibeon, belager-
ten die Stadt und erklärten ihr den Krieg.
[6] Die Einwohner Gibeons schickten
sofort Boten zu Josua in das Lager bei
Gilgal. »Wir flehen dich an«, sagten sie
zu ihm, »lass uns nicht im Stich! Komm
schnell und hilf uns! Alle Amoriterköni-
ge aus dem Bergland haben sich gegen
uns verschworen. Ihre Heere belagern
unsere Stadt!«
[7] Da brach Josua mit seinem ganzen
Heer auf. [8] Der Herr sprach zu Josua:
»Hab keine Angst vor ihnen; ich gebe sie
in deine Gewalt. Keiner von ihnen kann
dir standhalten.«

Israel besiegt die Amoriter

[9] Josua führte seine Truppen noch in der
Nacht von Gilgal nach Gibeon. Die Geg-
ner waren von ihrem Angriff völlig über-
rascht. [10] Der Herr ließ unter den Amori-
tern heillose Verwirrung ausbrechen, und
so konnten die Israeliten ihnen bei Gibe-
on eine schwere Niederlage zufügen. Sie
verfolgten die zurückweichenden Trup-
pen entlang dem Weg, der nach Bet-Ho-
ron hinabführt, und weiter bis Aseka und
Makkeda. [11] Als die Fliehenden bei Bet-
Horon ins Tal liefen, ließ der Herr sie
durch ein schweres Hagelunwetter er-
schlagen. Durch den Hagel starben mehr
Amoriter als durch die Schwerter der
Israeliten.
[12] An jenem Tag, als der Herr die Amo-
riter in die Gewalt der Israeliten gab, hat-
te Josua vor dem ganzen Volk laut zum
Herrn gebetet:
»Sonne, bleib stehen über Gibeon,
und Mond über dem Tal Ajalon!«
[13] Da waren die Sonne und der Mond
stehen geblieben, bis die Israeliten sich
an ihren Feinden gerächt hatten.
Dieses Ereignis wird auch im »Buch
des Rechtschaffenen« beschrieben. Die
Sonne stand fast einen Tag lang hoch am
Himmel und lief nicht nach Westen.
[14] Weder vorher noch nachher hat es je
einen Tag gegeben, an dem der Herr auf
eine so außergewöhnliche Bitte gehört
hätte. Damals aber tat er es, denn er
kämpfte auf der Seite Israels.
[15] Schließlich kehrte Josua mit dem
ganzen Heer ins Lager bei Gilgal zurück.

9,27 5 Mo 29,10 **10,1** 8,26.28; 9,15 **10,6** 9,15 **10,11** 2 Mo 9,22–25 **10,13** 2 Sam 1,18
10,14 2 Mo 14,14*

Das Ende der fünf Amoriterkönige

16 Den fünf Amoriterkönigen aber war
die Flucht gelungen. Sie versteckten sich
in einer Höhle in der Nähe der Stadt
Makkeda. 17 Die Israeliten entdeckten
sie jedoch und meldeten es Josua. 18 Er
befahl: »Wälzt große Felsbrocken vor
den Eingang der Höhle, und sichert ihn
mit einigen Wachposten. 19 Ihr übrigen
aber sollt nicht dort bleiben. Jagt wieder
euren Feinden nach, und versucht, ihre
Nachhut zu schlagen! Lasst sie nicht in
ihre Städte entkommen! Der Herr, euer
Gott, gibt sie in eure Hand.«
20 Die Israeliten brachten den Amori-
tern an jenem Tag eine vernichtende Nie-
derlage bei. Ihre Heere waren vollständig
besiegt. Nur wenige Überlebende konn-
ten sich in die befestigten Städte retten.
21 Nach der Schlacht kehrten die israeliti-
schen Soldaten ungehindert zu Josua ins
Lager von Makkeda zurück. Kein Feind
wagte sich mehr an sie heran.
22 Josua befahl: »Öffnet den Eingang
der Höhle! Holt die fünf Könige heraus,
und bringt sie zu mir!« 23 Man wälzte die
Steine beiseite und holte die fünf aus
ihrem Versteck: die Könige von Jerusa-
lem, Hebron, Jarmut, Lachisch und
Eglon. 24 Sie wurden zu Josua gebracht.
Der rief alle Israeliten zusammen und
forderte seine Heerführer auf: »Kommt
her! Setzt diesen Königen den Fuß auf
den Nacken!« Sie gehorchten.
25 Dann rief Josua ihnen zu: »Ihr
braucht euch vor niemandem zu fürch-
ten; lasst euch nicht einschüchtern! Seid
mutig und entschlossen! Jetzt seht ihr,
was der Herr mit allen Feinden machen
wird, gegen die ihr kämpft!«
26 Darauf tötete Josua die Könige und
ließ ihre Leichen an fünf Bäumen auf-
hängen. Dort blieben sie bis zum Abend.
27 Als die Sonne unterging, befahl er, sie
herabzunehmen und in die Höhle zu wer-
fen, in der sie sich versteckt hatten. Der
Eingang wurde mit großen Steinen ver-
schlossen, die noch heute dort liegen.

Israel erobert das südliche Kanaan

28 Am selben Tag eroberte Josua die Stadt
Makkeda. Er vollstreckte Gottes Strafe
an ihrem König und an allen Einwoh-
nern, indem er sie mit dem Schwert um-
bringen ließ. Niemand entkam. Der Kö-
nig von Makkeda fand das gleiche Ende
wie der König von Jericho.
29 Dann führte Josua das israelitische
Heer nach Libna und griff auch diese
Stadt an. 30 Wieder verhalf der Herr den
Israeliten zum Sieg. Alle Einwohner wur-
den getötet, niemand konnte fliehen. Der
König von Libna fand das gleiche Ende
wie der König von Jericho.
31 Von Libna zog Josua mit dem Heer
nach Lachisch. Er belagerte die Stadt
und griff an. 32 Nach zwei Tagen schenkte
der Herr ihm den Sieg. Josua eroberte die
Stadt und ließ, wie schon in Libna, alle
Einwohner umbringen. 33 Horam, der Kö-
nig von Geser, war Lachisch mit seinem
Heer zu Hilfe geeilt. Doch Josua vernich-
tete auch ihn und seine Truppen, kein
Soldat überlebte.
34 Von Lachisch führte Josua das israe-
litische Heer weiter nach Eglon. Er ließ
die Stadt umzingeln und angreifen.
35 Noch am selben Tag eroberte er sie
und vollstreckte Gottes Strafe an allen
Einwohnern. Wie zuvor in Lachisch ließ
er niemanden am Leben.
36 Dann zogen die Israeliten weiter
nach Hebron. Sie eröffneten den Kampf
gegen die Stadt 37 und nahmen sie ein.
Wie in Eglon töteten sie den König und
alle Einwohner mit dem Schwert, ohne
einen einzigen entkommen zu lassen.
Auch die Städte, die zu Hebron gehörten,
wurden vernichtet.
38 Darauf wandten sich die Israeliten
nach Debir, griffen es an 39 und bemäch-
tigten sich der Stadt, ihres Königs und der
umliegenden Orte. Alle Menschen dort
wurden mit dem Schwert getötet. Wieder
gab es kein Entrinnen. Debir traf das
gleiche Schicksal wie Hebron und Libna.
40 Josua besiegte alle Könige des südli-

10,26–27 5 Mo 21,22–23* **10,28** 5 Mo 7,2* **10,40** 5 Mo 20,16–17

chen Kanaan und eroberte ihr ganzes
Land: die Berge im Landesinnern, die
Wüste Negev im Süden, das Hügelland
im Westen und die Gebirgsausläufer im
Osten. Niemand, der dort lebte, entging
dem Gericht Gottes; Josua ließ sämtliche
Bewohner töten, so wie es der Herr, der
Gott Israels, angeordnet hatte.
41 Das eingenommene Gebiet erstreck-
te sich von Kadesch-Barnea bis Gaza und
von Goschen bis Gibeon. 42 Alle König-
reiche dort eroberte Josua in einem ein-
zigen Feldzug, denn Gott kämpfte auf
Israels Seite.
43 Schließlich kehrte Josua mit dem
ganzen Heer ins Lager bei Gilgal zurück.

Israel besiegt die Königreiche des nördlichen Kanaan

11 Als Jabin, der König von Hazor,
hörte, was geschehen war, sandte
er Boten zu allen Herrschern des nördli-
chen Kanaan, um sich mit ihnen gegen
Israel zu verbünden: zu König Jobab von
Madon, zu den Königen von Schimron
und Achschaf, 2 zu den Königen im nörd-
lichen Bergland, in den Niederungen
südlich von Genezareth, im westlichen
Hügelland und im Küstengebiet von Dor.
3 Weitere Boten schickte er zu den Ka-
naanitern im Osten und Westen, den
Amoritern, Hetitern und Perisitern, den
Jebusitern im Bergland und den Hiwitern
am Berg Hermon im Gebiet von Mizpa.
4 Alle diese Könige brachen mit ihren
Truppen auf; es war ein riesiges Heer
mit unzähligen Soldaten, Pferden und
Kriegswagen. 5 Sie versammelten sich an
der Quelle bei Merom und schlugen ihr
Lager auf, um von dort gegen Israel in
den Kampf zu ziehen.
6 Der Herr aber sprach zu Josua: »Hab
keine Angst vor ihnen! Ich helfe euch,
morgen um diese Zeit werdet ihr sie be-
reits besiegt haben. Dann sollt ihr den
Pferden die Sehnen durchschneiden und
die Kriegswagen verbrennen.«
7 Josua führte sein Heer unbemerkt zur
Quelle Meron, dicht an das feindliche
Lager heran, und überraschte die Kanaa-
niter mit einem Angriff. 8 Der Herr ver-
half den Israeliten zum Sieg: Sie schlugen
ihre Feinde und verfolgten sie nach Nor-
den bis zur großen Stadt Sidon, bis Mis-
refot-Majim und östlich bis in das Tal von
Mizpa. Keiner der Fliehenden entkam.
9 Den erbeuteten Pferden ließ Josua die
Sehnen durchschneiden, und die Streit-
wagen ließ er verbrennen, wie es der
Herr befohlen hatte.

Israel nimmt das nördliche Kanaan ein

10 Nach der Schlacht führte Josua sein
Heer nach Hazor, der Hauptstadt aller
Königreiche, deren Truppen sie gerade
besiegt hatten. Die Israeliten eroberten
die Stadt und töteten ihren König. 11 Dann
vollzogen sie Gottes Strafe und brachten
alle Einwohner mit dem Schwert um. Nie-
manden ließen sie am Leben. Zuletzt
brannten sie Hazor nieder.
12 Alle Städte der Könige, die sich ge-
gen Israel verbündet hatten, nahm Josua
ein und vollstreckte an ihnen Gottes Ge-
richt: Er vernichtete sie, wie es Mose, der
Diener des Herrn, angeordnet hatte.
13 Niederbrennen ließ er jedoch nur Ha-
zor. Die anderen Städte auf den Hügeln
ließ er stehen. 14 Alles Gut und Vieh, das
dort zu finden war, behielten die Israeli-
ten als Beute. Die Menschen aber töteten
sie mit dem Schwert, bis alle vernichtet
waren; keinen einzigen ließen sie am Le-
ben. 15 So hatte der Herr es Mose befoh-
len, und Mose hatte es an Josua weiterge-
geben, der sich genau daran hielt. Er
befolgte alle Weisungen, die Mose von
Gott bekommen hatte.
16 Josua nahm ganz Kanaan ein: das
Gebirge, die gesamte Wüste Negev, das
ganze Gebiet von Goschen, das Hügel-
land zwischen dem Mittelmeer und dem
judäischen Bergland, die Jordanebene

11,1–11 Ri 4,1–24 **11,9** 2 Sam 8,4 **11,11** 10,40 **11,12–15** 5 Mo 7,1–5

und die Berge Israels, [17] alles Land zwischen dem kahlen Gebirge bei Seïr im Süden und Baal-Gad in der Ebene vor dem Libanon am Fuß des Hermon. Sämtliche Könige, die dort regierten, besiegte und tötete er. [18] Der Krieg mit ihnen dauerte jedoch lange Zeit. [19] Denn keine Stadt ergab sich den Israeliten freiwillig, außer den Hiwitern von Gibeon. Alle anderen Städte mussten mit Gewalt erobert werden. [20] Denn der Herr hatte es so gefügt, dass die Bewohner des Landes sich Israel unnachgiebig widersetzten. Er wollte sie dem Untergang weihen, es sollte keine Gnade für sie geben. Israel musste sie vernichten, wie der Herr es Mose befohlen hatte.

[21] Josua brach mit seinen Truppen auf und rottete auch die Anakiter in Hebron, Debir, Anab und allen anderen Städten aus, die sie im Bergland von Juda und Israel bewohnten. [22] Im gesamten eroberten Gebiet wurden die Anakiter vernichtet. Nur in Gaza, Gat und Aschdod blieben sie am Leben.

[23] Als das ganze Land in der Hand der Israeliten war, wie der Herr es Mose versprochen hatte, teilte Josua die Gebiete den Stämmen und Sippen zu. Der Krieg war vorbei, und das Land kam zur Ruhe.

Zusammenfassung der Eroberungen unter Mose

12 Östlich des Jordan hatten die Israeliten das ganze Gebiet erobert, das zwischen dem Fluss Arnon im Süden und dem Hermongebirge im Norden liegt, einschließlich des gesamten Ostjordantals. Zwei Könige hatten sie dort besiegt: [2] Einer von ihnen war Sihon, der König der Amoriter, der in Heschbon regierte. Sein Reich erstreckte sich von der Mitte des Arnontals, an dessen Rand die Stadt Aroër liegt, über das halbe Land Gilead bis an den Fluss Jabbok, der die Grenze zu den Ammonitern bildete. [3] Es umfasste das östliche Jordantal vom See Genezareth bis hinab nach Bet-Jeschimot am Toten Meer. Von dort zog es sich noch weiter bis zu den Abhängen des Berges Pisga.

[4] Der andere Herrscher, dessen Gebiet die Israeliten erobert hatten, war Og, der König von Baschan. Er gehörte zu den Refaïtern, den letzten Riesen, die es noch im Land gab, und regierte in Aschtarot und Edreï. [5] Sein Reich umschloss das Hermongebirge im Norden, die Stadt Salcha im Osten und das ganze Gebiet von Baschan bis an die Grenzen der Geschuriter und Maachatiter. Ihm gehörte auch die nördliche Hälfte Gileads bis an die Grenzen von König Sihons Herrschaftsgebiet.

[6] Unter Moses Führung hatte Israel beide Könige besiegt. Das eroberte Land gab Mose, der Diener des Herrn, den Stämmen Ruben, Gad und dem halben Stamm Manasse.

Zusammenfassung der Eroberungen unter Josua

[7] Unter Josuas Führung besiegten die Israeliten die Könige westlich des Jordan zwischen Baal-Gad im Libanontal und dem kahlen Gebirge im Süden, das sich in Richtung Seïr erhebt. Dieses Gebiet teilte Josua später unter die übrigen Stämme und ihre Sippen auf: [8] das Hügelland zwischen dem Mittelmeer und dem judäischen Bergland, das judäische Bergland und seine östlichen Ausläufer, das Jordantal, die Steppe und die Wüste Negev im Süden, das gesamte Gebiet der Hetiter, Amoriter, Kanaaniter, Perisiter, Hiwiter und Jebusiter. [9] Deren Könige hatten in folgenden Städten regiert: Jericho und Ai, das bei Bethel liegt, [10] Jerusalem, Hebron, [11] Jarmut, Lachisch, [12] Eglon, Geser, [13] Debir, Geder, [14] Horma, Arad, [15] Libna, Adullam, [16] Makkeda, Bethel, [17] Tappuach, Hefer, [18] Afek, Saron, [19] Madon, Hazor, [20] Schimron-Meron, Achschaf, [21] Taanach, Megiddo,

---

11,19 9,15 **11,21–22** 5 Mo 9,1–3 **11,22** 1 Sam 17,4–7; 2 Sam 21,22 **12,1–6** 4 Mo 21,21–35 **12,4** 5 Mo 3,11; 9,1–3 **12,6** 4 Mo 32,33

22 Kedesch, Jokneam am Karmel, 23 Dor
an der Küste, Gojim in Galiläa[a] 24 und
Tirza. Insgesamt waren es einunddreißig
Könige.

Gott ordnet die Verteilung des Landes an

13 Josua war inzwischen alt geworden. Da sprach der Herr zu ihm:
»Du bist nun schon sehr alt, aber es ist
noch viel Land zu erobern. 2/3 Dazu gehö-
ren sämtliche Bezirke der Philister mit
ihren fünf Königsstädten Gaza, Aschdod,
Aschkelon, Gat und Ekron sowie die Ge-
gend von Geschur. Dieser Landstrich be-
ginnt beim Wadi Schihor östlich von
Ägypten und zieht sich von dort in nörd-
licher Richtung bis nach Ekron. Er ge-
hört zum Gebiet der Kanaaniter. Auch
die Gegend der Awiter im Süden ist noch
nicht eingenommen, 4 ebenso der hohe
Norden Kanaans von der Sidonierstadt
Meara bis zur Stadt Afek und zum Ge-
biet der Amoriter. 5 Zudem wird euch
das Land der Gebaliter gehören und im
Osten der ganze Libanon von Baal-Gad
am Fuße des Berges Hermon bis hinab
zur Straße nach Hamat, 6 auch die Region
des Libanon bis hinab nach Misrefot-Ma-
jim. Alle Sidonier dort werde ich selbst
vertreiben, um euch ihr Gebiet zu geben.
Verlose das ganze Land unter den Israe-
liten, wie ich es dir befohlen habe; 7 gib es
den neun Stämmen und dem halben
Stamm Manasse zum Besitz!«

Rückblick auf die Verteilung des Ostjordanlandes

8 Der anderen Hälfte des Stammes Ma-
nasse und den Stämmen Ruben und Gad
hatte Mose, der Diener des Herrn, be-
reits das Land östlich des Jordan zu-
gewiesen. Er überließ ihnen 9/10 alle Städ-
te des amoritischen Königs Sihon von
Heschbon, von Aroër am Rand des Ar-
nontals im Süden und der Stadt am Fluss
Arnon bis zur ammonitischen Grenze im
Norden, einschließlich der Hochebene
zwischen Dibon und Medeba. 11 Diesen
Stämmen gehörte auch das Land Gilead
und das Gebiet der Geschuriter und
Maachatiter, das ganze Gebirge Hermon
und das gesamte Land Baschan bis zur
Stadt Salcha.
12 Dieses Gebiet hatte vorher König Og
von Baschan gehört, der in Aschtarot
und Edreï regierte und einer der letzten
Riesen war. Die Israeliten hatten diese
Gegenden unter Moses Führung erobert
und sämtliche Bewohner vertrieben,
13 außer den Geschuritern und Maachati-
tern. Sie leben bis heute unter den Israe-
liten.
14 Der Stamm Levi erhielt als einziger
keinen Grundbesitz. Er sollte von den
Opfergaben leben, die das Volk Israel
seinem Gott darbringt. So hatte der Herr
es Mose befohlen.

Das Gebiet des Stammes Ruben

15 Dem Stamm Ruben mit seinen Sippen
hatte Mose folgendes Gebiet gegeben:
16 von Aroër am Rand des Arnontals und
der Stadt am Fluss Arnon über die ganze
Hochebene bis Medeba 17 und Heschbon.
Dazu gehörten die Städte des Hochlan-
des: Dibon, Bamot-Baal, Bet-Baal-Meon,
18 Jahaz, Kedemot, Mefaat, 19 Kirjatajim,
Sibma, Zeret-Schahar im Hügelland öst-
lich des Toten Meeres, 20 Bet-Peor, die
Siedlungen an den Abhängen des Berges
Pisga und Bet-Jeschimot. 21 Alle Ort-
schaften der Hochebene wurden den Ru-
benitern zugeteilt, das ganze frühere
Reich des Amoriterkönigs Sihon, das er
von Heschbon aus regiert hatte. Er war
von den Israeliten auf Befehl des Mose
getötet worden. Mit Sihon hatten sie
auch die midianitischen Fürsten Ewi, Re-
kem, Zur, Hur und Reba hingerichtet,
die er in seinem Gebiet als Herrscher ein-

---

a So mit der griechischen Übersetzung. Der hebräische Text lautet: bei Gilgal.

13,6 4 Mo 33,54 **13,8** 4 Mo 32,33 **13,9–10** 4 Mo 21,21–32 **13,11–12** 4 Mo 21,33–35
13,14 4 Mo 18,20*.21–24

gesetzt hatte. [22] Unter denen, die damals mit dem Schwert getötet wurden, war auch der Wahrsager Bileam, Beors Sohn.
[23] Der untere Jordan und seine Uferlandschaft bildeten die nordwestliche Grenze des Gebietes, dessen Städte und Dörfer der Stamm Ruben mit seinen Sippen in Besitz nahm.

Das Gebiet des Stammes Gad

[24] Dem Stamm Gad und seinen Sippen hatte Mose folgendes Gebiet gegeben:
[25] Jaser und alle Städte Gileads, das halbe Land der Ammoniter bis zur Stadt Aroër
bei Rabba, [26/27] den nördlichen Rest des Reiches Sihons von Heschbon, also die Gegenden zwischen Heschbon, Ramat-Mizpe und Betonim sowie zwischen Mahanajim und dem Gebiet von Debir[a], außerdem das östliche Jordantal mit Bet-Haram, Bet-Nimra, Sukkot und Zafon, bis hinauf zum Südufer des Sees Genezareth.
reth. [28] Dieses Land mit seinen Städten und Dörfern erhielt der Stamm Gad für seine Sippen.

Das Gebiet des halben Stammes Manasse

[29] Das Gebiet, das Mose dem halben Stamm Manasse und seinen Sippen zugeteilt hatte,
teilt hatte, [30] erstreckte sich von Mahanajim nach Norden über das gesamte Reich König Ogs. Es umschloss das Land Baschan und die sechzig Ortschaften, die
Jaïr dort erobert hatte. [31] Das halbe Gebiet Gilead mit den beiden Städten Aschtarot und Edreï, in denen Og regiert hatte, wurde der Hälfte der Nachkommen Machirs zugesprochen, einem Sohn Manasses.

[32] Die Verteilung des Landes hatte Mose in den Ebenen von Moab vorgenommen, östlich des Jordan, gegenüber von Jericho.

[33] Den Leviten hatte Mose jedoch kein eigenes Stammesgebiet gegeben. Der Herr, der Gott Israels, war ihr Anteil und Erbe und sorgte für sie, wie er es ihnen versprochen hatte.

Die Verteilung des Landes Kanaan

14 [1/2] Das Land Kanaan westlich des Jordan wurde unter die übrigen neuneinhalb Stämme aufgeteilt. Der Priester Eleasar, Josua und die Stammesoberhäupter losten aus, welcher Stamm welches Gebiet erhalten sollte. So hatte
es der Herr durch Mose befohlen. [3] Zweieinhalb Stämme hatten bereits östlich des Jordan Grundbesitz erhalten. Nur den Leviten wurde kein Land zugeteilt.
[4] Sie bekamen jedoch eigene Städte, in denen sie wohnen konnten. Auch gab man ihnen Weideplätze für ihr Vieh. Die Nachkommen Josefs hatten zwei Stämme
gebildet: Ephraim und Manasse. [5] Bei der Verteilung Kanaans hielten sich die Israeliten an die Weisungen, die Mose von Gott bekommen hatte.

Kaleb bittet um Hebron

[6] In Gilgal kamen die Männer des Stammes Juda zu Josua. Unter ihnen war auch Kaleb, der Sohn Jefunnes, aus der Sippe Kenas. Er sagte zu Josua: »Du weißt, was der Herr bei Kadesch-Barnea zu Mose, dem Mann Gottes, über mich und dich
gesagt hat. [7] Ich war damals 40 Jahre alt. Mose, der Diener des Herrn, hatte mich von Kadesch-Barnea als Kundschafter in dieses Land hier gesandt. Als ich ihm dann Bericht erstatten musste, war ich zuversichtlich, dass wir das Land einnehmen
men könnten. [8] Aber die Männer, die mit mir zusammen dieses Gebiet erkundet hatten, jagten dem Volk Angst ein. Ich dagegen vertraute ganz dem Herrn, meinem
nem Gott. [9] Mose hat mir damals ge-

---

[a] Vermutlich: Lo-Dabar.

13,22 4 Mo 22,5* **13,29–31** 5 Mo 3,13–15 **13,33** 4 Mo 18,20* **14,1–2** 4 Mo 34,16–18 **14,3–4** 4 Mo 32,33; 35,2–8 **14,6** 4 Mo 13,30*; 14,24.30 **14,7–8** 4 Mo 13,1–33; 14,6–9

schworen: ›Das Land, in das du vorgedrungen bist, wird dir und deinen Nachkommen für immer gehören, weil du dich fest auf den Herrn, meinen Gott, verlassen hast.‹ 10 Nun hat mich der Herr tatsächlich am Leben erhalten, wie er es versprochen hat. Fünfundvierzig Jahre sind vergangen, seit der Herr dies zu Mose gesagt hat. In dieser langen Zeit sind wir Israeliten in der Wüste umhergezogen. Heute bin ich 85 Jahre alt 11 und noch genauso stark wie damals als Kundschafter. Ich habe die gleiche Kraft und kann immer noch kämpfen und Kriegszüge unternehmen. 12 Teile mir das Bergland zu, das der Herr mir damals versprochen hat! Du weißt, dass dort Anakiter in großen Städten leben, die sie zu Festungen ausgebaut haben. Vielleicht wird der Herr mir helfen, sie zu vertreiben, wie er es zugesagt hat.«

13 Da segnete Josua Kaleb, den Sohn Jefunnes, und erklärte Hebron zu seinem Besitz. 14/15 Früher nannte man Hebron Kirjat-Arba (»Stadt des Arba«). Arba war der größte Mann im Volk der Anakiter gewesen. Heute gehört die Stadt den Nachkommen Kalebs, weil er dem Herrn, dem Gott Israels, völlig vertraut und gehorcht hatte. Der Krieg war beendet, und das Land kam zur Ruhe.

Die Grenzen des Gebietes von Juda

15 Als das Land durch das Los verteilt wurde, erhielten die Sippen des Stammes Juda das südliche Kanaan. Ihr Gebiet reichte bis an das Land Edom und an die Wüste Zin im äußersten Süden.

2 Die Südgrenze Judas verlief vom unteren Ende des Toten Meeres 3 in südlicher Richtung zum Pass von Akrabbim. Von dort führte sie hinüber nach Zin, südlich um Kadesch-Barnea herum und durch Hezron hinauf nach Addar, wo sie einen Bogen nach Karka machte. 4 Sie ging weiter durch Azmon bis an den Bach an der Grenze zu Ägypten, dem sie bis zur Mündung ins Mittelmeer folgte. Dies war die südliche Landesgrenze.

5 Im Osten verlief die Grenze Judas am Toten Meer entlang bis zur Jordanmündung.

Die Nordgrenze führte von der Jordanmündung 6 hinauf nach Bet-Hogla, dann nördlich von Bet-Araba weiter bergauf zum Stein Bohans, des Rubeniters, 7 abwärts in das Tal Achor und wieder aufwärts nach Debir. Hier wandte sie sich in nördlicher Richtung nach Gilgal, gegenüber dem Pass von Adummim, der südlich des Baches verläuft. Dann erreichte die Grenze die Quelle En-Schemesch und die Quelle En-Rogel. 8 Sie führte durch das Hinnomtal, südlich um den Abhang, auf dem die Jebusiterstadt – das heutige Jerusalem – liegt, zur Spitze des Berges, der sich westlich des Hinnomtals am Nordrand der Refaïmebene erhebt. 9 Dort machte die Grenze einen Bogen in Richtung der Quelle Neftoach, führte dann zu den Städten des Berglandes Efron und weiter nach Baala, dem heutigen Kirjat-Jearim. 10 Von Baala wandte sie sich westlich zum Gebirge Seïr, zog dann am Nordhang des Berges Jearim (Kesalon) hinab nach Bet-Schemesch und hinüber nach Timna. 11 Sie verlief an der nördlichen Seite von Ekron in einem Bogen nach Schikkaron, hinüber zum Berg Baala, und endete bei Jabneel an der Küste des Mittelmeeres.

12 Das Meer bildete die Westgrenze des Landes Juda. Dies war das Gebiet, das der Stamm Juda für seine Sippen erhielt.

Die Eroberung von Hebron und Debir

13 Kaleb, dem Sohn Jefunnes, überließ Josua einen Teil des Stammesgebiets von Juda. Der Herr hatte Josua befohlen, Kaleb die Stadt Hebron zu geben. Sie hieß damals noch »Stadt des Arba«, nach dem Stammvater der Anakiter. 14 Dort lebten drei Anakiter namens Scheschai, Ahiman und Talmai mit ihren Sippen. Kaleb

---

14,13–15 15,13–14; Ri 1,20 **15,7** 2 Sam 17,17 **15,8** 15,63* **15,10** Ri 14,1 **15,13–14** 14,13–15

Apropos Glauben …

Lesen Sie Josua 14,6-15

Kaleb war ein mutiger Krieger, der ganz dem Herrn, seinem Gott, vertraute (Josua 14,8.9.14). Selbst mit 85 Jahren war er immer noch vital, furchtlos, der Gegenwart Gottes gewiss und zum Kampf bereit. Sein Glaube, über den er offen sprach, ist ein Vorbild für uns. So wie Kaleb sollten auch wir offen über unseren Glauben sprechen.

Dass Religion etwas „Persönliches" ist, über das man nicht redet, ist ebenso ein Irrtum wie die Behauptung, Gefühle seien persönlich und man dürfe nicht darüber sprechen. Wenn wir uns aber grundsätzlich weigern, über unsere geistlichen Wahrnehmungen zu sprechen, dann blenden wir einen ganzen Bereich unseres Menschseins aus und schränken die vertrauensvolle Gemeinschaft in unserer Ehe ein. Geistlich miteinander vertraut zu sein, bedeutet nicht, in allen Einzelheiten dieselbe Meinung zu haben. Es geht nicht um Übereinstimmung, sondern um Verständnis füreinander.

Wenn wir im Kern dieselben Überzeugungen teilen, wird es auf geistiger Ebene viel Übereinstimmung geben. Doch selbst dann sind unsere Erfahrungen und unsere Deutung geistlicher Zusammenhänge nicht immer identisch. Zum Beispiel könnte der eine Partner sich die Woche über mit einem besonderen Aspekt von Gottes Wesen beschäftigen und versuchen, diesen zu verstehen, während der andere intensiv über einen ganz anderen Wesenszug Gottes nachdenkt. Wenn beide bereit sind, sich zu öffnen und einander an diesem Bereich ihres Lebens Anteil zu geben, bereichern sie sich gegenseitig und vertiefen ihre geistliche Gemeinschaft.

Nehmen Sie sich Zeit, um allein oder als Paar gemeinsam zu beten. Bitten Sie Gott …

- Sie daran zu erinnern, dass Sie beim Austausch über geistliche Fragen nicht einer Meinung sein müssen, sondern Verständnis für den anderen aufbringen sollen;
- dass Sie Ihrem Ehepartner offen zuhören können, damit Sie von ihm lernen und ihn besser kennenlernen;
- Ihre geistliche Gemeinschaft zu vertiefen.

Wenn Sie noch mehr Zeit haben …

Besprechen Sie miteinander folgende Fragen oder denken Sie darüber nach:

- Warum fühlen sich manche Paare unwohl, wenn sie über ihren Glauben sprechen, und halten sich lieber zurück?
- Wie kann der offene Austausch über geistliche Themen die Gemeinschaft eines Ehepaars vertiefen?
- Wie offen sprechen Sie als Paar über Ihren Glauben? Um ein Gespräch über geistliche Themen anzuregen, erzählen Sie sich gegenseitig, worüber Sie nachgedacht haben, und fragen Sie Ihren Partner, was Gott ihm oder ihr gezeigt hat.

Lesen Sie auch die folgenden Abschnitte, in denen es um Kommunikation geht:
Psalm 73,28; Apostelgeschichte 20,24; Hebräer 4,12.

Immer Wort gehalten

Die folgenden Fragen können Sie entweder allein oder als Paar gemeinsam durchgehen. Wenn jeder für sich darüber nachdenkt, verabreden Sie sich in der kommenden Woche zu einem Austausch darüber, was Sie herausgefunden haben.

1. Lesen Sie Josua 21,43-45. Was bedeuten die Verheißungen, die Gott dem Volk Israel gegeben hat, für Sie und Ihre Familie?

2. Nennen Sie einige der Verheißungen Gottes, die Ihnen persönlich wichtig sind.

3. Lesen Sie Römer 8,28. Was verspricht Gott Ihnen in diesem Vers?

4. Sprechen Sie miteinander über eine Zeit in Ihrem Leben, die schwierig war und die sich im Nachhinein betrachtet positiv für Sie ausgewirkt hat.

5. Manchmal sieht es für uns nicht so aus, als ob Gott eine Situation wirklich in seiner Hand hat. Josef saß zwei Jahre lang unschuldig im Gefängnis (siehe 1. Mose 39,6-20; 41,1). Wie hat er sich während dieser Zeit vermutlich gefühlt? Ging es Ihnen auch schon einmal so?

6. In 1. Mose 50,20 zeigt sich, dass Josef wirklich verstanden hat: Gott hält seine Versprechen und bewirkt Gutes für sein Volk. Verlassen Sie sich auf Gottes Verheißungen im Blick auf die Probleme, die Sie gerade haben?

Josua 21,45

„Kein Versprechen des Herrn blieb unerfüllt - alles war eingetroffen!"

KONKRET:

Schreiben Sie einige der Verheißungen auf, die Gott Ihnen in seinem Wort gegeben hat. Hängen Sie die Liste irgendwo in Ihrer Wohnung auf.

Den nächsten Impuls finden Sie auf S. 260 a

vertrieb sie aus der Stadt. 15 Dann zog er
in Richtung Debir, das damals noch Kir-
jat-Sefer hieß. 16 »Wer Kirjat-Sefer er-
obert«, versprach er seinen Männern,
»der erhält meine Tochter Achsa zur
Frau!« 17 Kalebs Bruder Otniël, dem
Sohn des Kenas, gelang es, die Stadt ein-
zunehmen. Dafür sollte er Achsa zur
Frau bekommen.
18 Achsa drängte Otniël, Kaleb um
einen Acker zu bitten. Als sie am Tag der
Hochzeit mit ihrem Vater auf dem Weg zu
Otniël war, sprang sie plötzlich vom Esel
ab. »Was willst du?«, fragte Kaleb. 19 »Gib
mir zum Abschied deinen Segen und ein
Geschenk!«, bat sie. »Du lässt mich in tro-
ckenes Südland ziehen, darum gib mir bit-
te ein Grundstück mit Wasserstellen!« Da
schenkte er ihr von seinem Besitz die obe-
ren und unteren Quellen.

Die Städte des Stammes Juda

20 Zum Land, das dem Stamm Juda und
seinen Sippen zugeteilt wurde, 21 gehör-
ten die folgenden Städte:
Im Süden in Richtung der Grenze von
Edom: Kabzeel, Eder, Jagur, 22 Kina, Di-
mona, Adada[a], 23 Kedesch, Hazor, Jitnan,
24 Sif, Telem, Bealot, 25 Hazor-Hadatta,
Kerijot-Hezron – das heutige Hazor –,
26 Amam, Schema, Molada, 27 Hazar-Gad-
da, Heschmon, Bet-Pelet, 28 Hazar-Schu-
al, Beerscheba und Bisjotja,[b] 29 Baala,
Ijim, Ezem, 30 Eltolad, Kesil, Horma,
31 Ziklag, Madmanna, Sansanna, 32 Bet-
Lebaot, Schilhim[c], Ajin und Rimmon[d].
Es waren insgesamt neunundzwanzig
Städte mit den dazugehörigen Dörfern.
33 In der Gegend zwischen dem Mittel-
meer und dem judäischen Bergland:
Eschtaol, Zora, Aschna, 34 Sanoach, En-
Gannim, Tappuach, Enam, 35 Jarmut,
Adullam, Socho, Aseka, 36 Schaarajim,
Aditajim, Gedera und Gederotajim. Es
waren vierzehn Städte mit ihren Dörfern.
37 Zu ihrem Besitz gehörten auch Ze-
nan, Hadascha, Migdal-Gad, 38 Dilan,
Mizpe, Jokteel, 39 Lachisch, Bozkat,
Eglon, 40 Kabbon, Lachmas, Kitlisch,
41 Gederot, Bet-Dagon, Naama und Mak-
keda. Es waren sechzehn Städte mit den
umliegenden Dörfern.
42 Außerdem Libna, Eter, Aschan,
43 Jiftach, Aschna, Nezib, 44 Keïla, Achsib
und Marescha; neun Städte mit ihren
Dörfern.
45 Dazu kamen Ekron mit seinen Toch-
terstädten und Dörfern 46 und von dort an
alle Städte und Dörfer westwärts in Rich-
tung Aschdod: 47 Aschdod selbst und Ga-
za mit ihren Tochterstädten und Dörfern,
bis hinab an den Bach an der Grenze zu
Ägypten und an die Mittelmeerküste.
48 Im Bergland: Schamir, Jattir, Socho,
49 Danna, Kirjat-Sanna[e] – das heutige
Debir –, 50 Anab, Eschtemo, Anim, 51 Go-
schen, Holon und Gilo; insgesamt elf
Städte mit ihren Dörfern.
52 Dazu noch Arab, Duma, Eschan,
53 Janum, Bet-Tappuach, Afeka, 54 Hum-
ta, Kirjat-Arba – das jetzige Hebron –
und Zior: neun Städte mit den dazuge-
hörigen Dörfern.
55 Dann Maon, Karmel, Sif, Jutta, 56 Jes-
reel, Jokdeam, Sanoach, 57 Kajin, Gibea
und Timna. Es waren zehn Städte mit
ihren Dörfern.
58 Dann Halhul, Bet-Zur, Gedor,
59 Maarat, Bet-Anot und Eltekon; sechs
Städte und ihre Dörfer.
60 Außerdem Kirjat-Baal – das heutige
Kirjat-Jearim – sowie Rabba: zwei Städte
mit ihren Dörfern.
61 In der Steppe: Bet-Araba, Middin,
Sechacha, 62 Nibschan, Ir-Hammelach –
die Salzstadt – und En-Gedi; sechs Städte
samt ihren Dörfern.

---

[a] Vermutlich: Arara.
[b] Bei leicht veränderter Schreibweise des hebräischen Textes: Beerscheba und seine Tochterstädte.
[c] Vermutlich: Scharuchen.
[d] Vermutlich: En-Rimmon.
[e] Vermutlich: Kirjat-Sefer.

15,15–17 10,38–39; 11,21; Ri 1,12–13 **15,33** Ri 13,25 **15,45** 1 Sam 5,10

63 Die Judäer konnten jedoch die Jebu-
siter nicht aus Jerusalem vertreiben. Ihre
Nachkommen wohnen noch heute dort
inmitten des Stammes Juda.

Die Südgrenze der Stämme Ephraim und Manasse

16 Für die Nachkommen Josefs be-
stimmte das Los folgendes Gebiet:
Die Grenze begann am Jordan auf der
Höhe von Jericho und führte über die
Quellen östlich der Stadt durch die Wüs-
te hinauf ins Bergland von Bethel. 2 Sie
verlief weiter durch Lus zum Gebiet der
Arkiter nach Atarot. 3 Dann führte sie in
westlicher Richtung hinab in die Gegend
der Jafletiter und durch das untere Bet-
Horon, bis sie hinter Geser das Mittel-
meer erreichte. 4 Dies war die Südgrenze
des Gebiets, das den Stämmen Ephraim
und Manasse, den Nachkommen Josefs,
zugeteilt wurde.

Das Gebiet des Stammes Ephraim

5 Der Stamm Ephraim mit seinen Sippen
erhielt folgendes Gebiet: Seine Südgren-
ze führte über Atrot-Addar und das obere
Bet-Horon 6–8 bis zum Mittelmeer. Die
nördliche Grenze verlief vom Mittelmeer
entlang dem Bach Kana hinauf nach Tap-
puach. Von dort führte sie ein Stück nord-
wärts nach Michmetat, wo sie sich wieder
in Richtung Osten nach Taanat-Silo und
Janoach wandte. Die Ostgrenze ging von
Janoach über Atarot ins westliche Jordan-
tal hinab, folgte dem Talverlauf über Naa-
ra bis Jericho und endete dort am Jordan.
Diese Grenzen umschlossen das Gebiet
Ephraims und seiner Sippen. 9 Dazu ka-
men noch die Städte und Dörfer, die
dem Stamm zugesprochen wurden, ob-
wohl sie im Gebiet Manasses lagen. 10 Die
Männer von Ephraim vertrieben die Ka-
naaniter nicht, die in Geser wohnten. Ihre
Nachkommen leben noch heute dort,
müssen jedoch für die Israeliten Fron-
arbeit leisten.

Das Gebiet des Stammes Manasse

17 Die Nachkommen von Manasse,
dem ältesten Sohn Josefs, er-
hielten zwei Gebiete. Östlich des Jordan
hatte man der Sippe von Machir, dem
ältesten Sohn Manasses und Vater Gile-
ads, die Gegenden Gilead und Baschan
zugeteilt. Die Nachkommen Machirs wa-
ren gute Soldaten. 2 Nun bestimmte das
Los die Bezirke westlich des Jordan, die
von den Nachkommen der übrigen Söh-
ne Manasses besiedelt werden sollten. Es
waren die Sippen Abiëser, Helek, Asriël,
Sichem, Hefer und Schemida.

3 Zelofhad, der Sohn Hefers und Enkel
Gileads, aus der Sippe Machir vom
Stamm Manasse, hatte keine Söhne, son-
dern nur Töchter: Sie hießen Machla,
Noa, Hogla, Milka und Tirza. 4 Diese
Frauen kamen zum Priester Eleasar, zu
Josua, dem Sohn Nuns, und zu den füh-
renden Männern des Volkes und sagten:
»Der Herr hat Mose befohlen, auch uns
einen Anteil am Stammesgebiet zu ge-
ben.« Josua gehorchte dem Gebot des
Herrn und gab ihnen Land neben den
Sippen der männlichen Nachkommen
Manasses. 5 So kam es, dass der Stamm
Manasse zehn Anteile westlich des Jor-
dan besaß, dazu im Osten die Länder Gi-
lead und Baschan. 6 Im Westen erhielten
sowohl die Sippen der männlichen als
auch der weiblichen Nachkommen Ma-
nasses ein Gebiet, das Land Gilead im
Osten dagegen wurde nur unter die
männlichen Nachkommen aufgeteilt.

7 Die Grenze des Gebiets von Manasse
verlief von Asser nach Michmetat östlich
von Sichem und dann zum Siedlungs-
gebiet von En-Tappuach. 8 Die Gegend
um Tappuach lag im Land Manasses, die
grenznahe Stadt selbst gehörte jedoch zu
Ephraim. 9 Von dort führte die Grenze hi-

15,63 15,8; 18,28; Ri 1,21; 19,10–11; 2 Sam 5,6–9 **16,10** Ri 1,29; 1 Kön 9,16 **17,1** 13,29–31
17,3–4 4 Mo 27,1–11

nab zum Bach Kana. Nördlich des Ba-
ches begann das Gebiet Manasses, im
Westen reichte es bis ans Mittelmeer.
Die Städte südlich dieses Baches lagen
zwar auch noch im Stammesgebiet von
Manasse, sie gehörten aber zum Stamm
Ephraim. 10 Der Bach Kana bildete also
die Grenze zwischen Ephraim und Ma-
nasse. Das Mittelmeer war für beide die
Westgrenze. Im Norden stieß das Land
Manasses an das Stammesgebiet von As-
ser und im Osten an das von Issaschar.
11 In beiden Gebieten besaß Manasse
einige Städte: Bet-Schean, Jibleam und
Dor mit ihren Dörfern, dazu das Dreihü-
gelland mit En-Dor, Taanach und Megid-
do, ebenfalls mit ihren Dörfern. 12 Der
Stamm Manasse konnte jedoch die Ka-
naaniter dort nicht vertreiben, und so
blieben sie dort wohnen. 13 Selbst als die
Israeliten mächtiger geworden waren,
vertrieben sie die Kanaaniter nicht, son-
dern machten sie zu Fronarbeitern.

Die Stämme Ephraim und Manasse fordern mehr Land

14 Die Nachkommen Josefs, die westlich
des Jordan Land erhalten hatten, kamen
zu Josua und fragten ihn: »Warum hast du
nur ein Stammesgebiet für uns ausgelost?
Wir sind so viele Leute! Der Herr hat uns
gesegnet und zu einem großen Volk ge-
macht!« 15 Josua antwortete: »Wenn ihr
so viele seid und euch das Bergland von
Ephraim nicht reicht, dann zieht hinauf
in die Wälder! Rodet dort Land im Ge-
biet der Perisiter und Refaïter.«
16 Die Nachkommen Josefs sagten:
»Das Bergland ist zu klein für uns; und
unten in der Ebene wohnen die Kanaa-
niter. Im ganzen Tal Jesreel bis hinab
nach Bet-Schean mit seinen Dörfern be-
sitzen sie eiserne Kriegswagen.«
17 Da machte Josua den Männern von
Ephraim und Manasse Mut: »Ihr seid ein
so großes und starkes Volk, dass es nicht
bei dem Gebiet bleiben wird, das euch
jetzt zugeteilt ist. 18 Das Gebirge soll euch
gehören, den Wald dort werdet ihr roden.
Auch das Hügelland werdet ihr erobern
und die Kanaaniter vertreiben, selbst
wenn sie stark sind und eiserne Kriegs-
wagen besitzen.«

Die sieben übrigen Stämme erhalten Gebiete

18 Als das Land erobert war, versam-
melten sich alle Israeliten in Silo
und errichteten dort das heilige Zelt, in
dem Gott ihnen begegnen wollte.
2 Sieben Stämme hatten noch keine
Gebiete erhalten. 3 Josua ermahnte sie:
»Wie lange wollt ihr noch so träge sein?
Wann endlich werdet ihr das Land in Be-
sitz nehmen, das euch der Herr, der Gott
eurer Väter, gegeben hat? 4 Wählt drei
Männer aus jedem Stamm! In meinem
Auftrag sollen sie im Land umherziehen,
die Städte und Gebiete, in denen sie woh-
nen möchten, in Listen eintragen und
dann wieder zu mir kommen. 5 Sie sollen
das Land in sieben Abschnitte aufteilen,
dabei aber die Grenzen von Juda im Sü-
den und von Josef im Norden unverletzt
lassen. 6 Sie schreiben auf, wo die Gren-
zen der sieben neuen Stammesgebiete
verlaufen, und bringen mir die Verzeich-
nisse. Dann werde ich hier vor den Augen
des Herrn, eures Gottes, das heilige Los
werfen und euch das Land zuteilen. 7 Nur
die Leviten bleiben ohne Gebiet. Dafür
dürfen sie Priester des Herrn sein. Auch
die Stämme Gad und Ruben und der hal-
be Stamm Manasse bekommen nichts
mehr zugeteilt, denn sie haben bereits
östlich des Jordan Land erhalten. Mose,
der Diener des Herrn, hat es ihnen ge-
geben.«
8 Die Männer, die man ausgesucht hat-
te, machten sich zum Aufbruch fertig. Jo-
sua befahl ihnen: »Geht durch das ganze
Land, und schreibt alle Städte auf! Wenn
ihr fertig seid, bringt eure Verzeichnisse
zu mir. Ich werde dann hier in Silo vor

17,11–13 Ri 1,27–28 **17,14** 1 Mo 48,19–20 **17,16.18** Ri 1,19; 4,13 **18,1** Ri 18,31; 21,19; 1 Sam 1,3; 4,4; Ps 78,60; Jer 7,12 **18,7** 4 Mo 18,20*; 32,33

dem Herrn das Los für euch werfen.«
9 Die Männer brachen auf, durchzogen
das Land und fertigten eine Liste aller
Städte an. Sie teilten das Land in sieben
Gebiete auf und verzeichneten alles auf
einer Buchrolle, die sie Josua im Lager
bei Silo übergaben. 10 Dort warf Josua
vor den Augen des Herrn das Los und
teilte den restlichen sieben Stämmen
und ihren Sippen die Gebiete zu.

Das Gebiet des Stammes Benjamin

11 Das erste Los fiel auf den Stamm Ben-
jamin. Er erhielt für seine Sippen ein Ge-
biet zwischen den Stämmen Juda und
Josef. 12 Seine Nordgrenze begann am
Jordan, führte zum Höhenzug nördlich
von Jericho hinauf und in westlicher
Richtung durch die Berge bis zur Steppe
von Bet-Awen. 13 Von dort ging sie nach
Lus, dem heutigen Bethel, auf den Hö-
henzug südlich an der Stadt vorbei, nach
Atrot-Addar hinab und bis zu dem Hü-
gel, der südlich des unteren Bet-Horon
liegt. 14 Dort wandte sie sich nach Süden
und führte als Westgrenze bis nach Kir-
jat-Baal, dem heutigen Kirjat-Jearim,
das zu Juda gehörte. 15 Die Südgrenze
verlief vom westlichen Stadtrand Kirjat-
Jearims bis zur Quelle Neftoach. 16 Dann
führte sie zum Fuß des Berges hinab, der
westlich vom Hinnomtal und nördlich
der Refaïmebene liegt. Sie durchquerte
das Hinnomtal südlich der Jebusiterstadt
und erreichte die Rogelquelle. 17 Dort
wandte sie sich nördlich zur Schemesch-
quelle, weiter nach Gelilot gegenüber
dem Adummimpass und hinab zum Stein
Bohans, des Rubeniters. 18 Sie verlief
nördlich über den Bergrücken am Rande
der Jordanebene, führte dann hinab
19 durch die Ebene bis zum Hügel bei Bet-
Hogla, ging nördlich daran vorbei und
endete am Nordufer des Toten Meeres,
wo der Jordan einmündet. 20 Die Ostgren-
ze bildete der Jordan. Dies war das Ge-
biet, das dem Stamm Benjamin und sei-
nen Sippen gegeben wurde.
21 Folgende Städte gehörten dazu: Jeri-
cho, Bet-Hogla, Emek-Keziz, 22 Bet-Ara-
ba, Zemarajim, Bethel, 23 Awim, Para,
Ofra, 24 Kefar-Ammoni, Ofni und Geba.
Es waren zwölf Städte mit ihren Dörfern.
25 Dazu kamen Gibeon, Rama, Beerot,
26 Mizpe, Kefira, Moza, 27 Rekem, Jirpeel,
Tarala, 28 Zela, Elef, die Jebusiterstadt
(das heutige Jerusalem), Gibea und Kir-
jat-Jearim: zusammen vierzehn Städte
mit ihren Dörfern. Diese Städte gehörten
dem Stamm Benjamin und seinen Sippen.

Das Gebiet des Stammes Simeon

19 Das zweite Los fiel auf den Stamm
Simeon mit seinen Sippen. Er er-
hielt seinen Anteil mitten im Stammes-
gebiet von Juda. 2 Ihm gehörten: Beer-
scheba, Scheba[a], Molada, 3 Hazar-Schual,
Baala, Ezem, 4 Eltolad, Betul, Horma,
5 Ziklag, Bet-Markabot, Hazar-Susa,
6 Bet-Lebaot und Scharuhen. Es waren
dreizehn Städte mit den dazugehörigen
Dörfern. 7 Dazu kamen Ajin, Rimmon,
Eter und Aschan; zusammen vier Städte
mit ihren Dörfern. 8 Zu diesen Städten
gehörten alle Ortschaften in ihrem Um-
kreis bis nach Baalat-Beer, dem Rama
des Südens. Dies war das Gebiet des
Stammes Simeon und seiner Sippen. 9 Es
wurde vom Land des Stammes Juda ge-
nommen, das für ihn allein zu groß war.
Daher liegt das Gebiet Simeons mitten in
Juda.

Das Gebiet des Stammes Sebulon

10–12 Das dritte Los fiel auf den Stamm Se-
bulon mit seinen Sippen. Seine Südgren-
ze verlief vom Bach bei Jokneam ost-
wärts über Dabbeschet, Marala und
Sarid bis zum Gebiet von Kislot-Tabor.
Dann wandte sie sich als Ostgrenze nach
Daberat und hinauf nach Jafia. 13 Von

---

a Vermutlich: Schema.

18,28 15,63* **19,1** 1 Mo 49,5–7 **19,2–9** 15,20–32

dort führte sie weiter östlich über Gat-
Hefer, Et-Kazin und Rimmon bis nach
Nea. 14 Die Nord- und Westgrenze verlief
durch Hannaton und endete im Tal
Jiftach-El. 15 Zwölf Städte mit ihren
Dörfern gehörten zu Sebulon, darunter
Kattat, Nahalal, Schimron, Jidala und
Bethlehem. 16 Dieses Gebiet erhielt der
Stamm Sebulon für seine Sippen.

Das Gebiet des Stammes Issaschar

17 Das vierte Los fiel auf den Stamm Issa-
schar und seine Sippen. 18 Sein Gebiet er-
streckte sich von Jesreel nach Norden
und umfasste folgende Städte: Kesullot,
Schunem, 19 Hafarajim, Schion, Anaha-
rat, 20 Rabbit[a], Kischjon, Ebez, 21 Remet,
En-Gannim, En-Hadda und Bet-Pazzez.
22 Die Nordgrenze führte vom Berg Tabor
über Schahazajim und Bet-Schemesch
zum Jordan hinab. Insgesamt sechzehn
Städte mit ihren Dörfern gehörten zum
Stamm Issaschar. 23 Dieses ganze Gebiet
bekam er für seine Sippen.

Das Gebiet des Stammes Asser

24 Das fünfte Los fiel auf den Stamm As-
ser und seine Sippen. 25 Sein Gebiet um-
fasste die Städte Helkat, Hali, Beten,
Achschaf, 26 Alammelech, Amad und Mi-
schal. Die Grenze verlief entlang dem
Mittelmeer um das Karmelgebirge bis hi-
nab zum Fluss Libnat. 27 Dort wandte sie
sich ostwärts nach Bet-Dagon, erreichte
das Gebiet Sebulons und folgte dessen
Westgrenze bis zum Tal Jiftach-El im
Norden. Sie zog sich weiter durch Bet-
Emek und Negiël, machte einen Bogen
links nach Kabul 28 und führte über Ab-
don, Rehob, Hammon und Kana bis zur
großen Stadt Sidon. 29 Dann wandte sich
die Grenze nach Rama und erreichte die
befestigte Stadt Tyrus. Hier machte sie
einen Bogen in Richtung Hosa und ende-
te in der Umgebung von Achsib am Mit-
telmeer. 30 Zu Asser gehörten zweiund-
zwanzig Städte mit ihren Dörfern,
darunter Umma, Afek und Rehob.
31 Diesen Teil des Landes erhielt Asser
für seine Sippen.

Das Gebiet des Stammes Naftali

32 Das sechste Los entschied darüber, wel-
ches Gebiet der Stamm Naftali und seine
Sippen bekommen sollten. 33/34 Die Süd-
grenze begann bei Lakkum am Jordan
und verlief westwärts über Jabneel, Ada-
mi-Nekeb, Elon-Zaanannim und Helef
bis nach Asnot-Tabor. Von dort aus führ-
te sie als Westgrenze nach Hukkok. Im
Süden stieß das Gebiet Naftalis an das
Land Sebulons, im Westen an das Land
Assers. Im Osten bildete der Jordan die
Grenze zum Gebiet Judas[b]. 35 Folgende
befestigten Städte gehörten zu Naftali:
Ziddim, Zer, Hammat, Rakkat, Kinne-
ret, 36 Adama, Rama, Hazor, 37 Kedesch,
Edreï, En-Hazor, 38 Jiron, Migdal-El,
Horem, Bet-Anat und Bet-Schemesch:
neunzehn Städte mit ihren Dörfern.
39 Dieses Gebiet bekam der Stamm Naf-
tali für seine Sippen.

Das Gebiet des Stammes Dan

40 Das siebte Los fiel auf den Stamm Dan
mit seinen Sippen. 41 Zu seinem Gebiet
gehörten die Städte Zora, Eschtaol, Ir-
Schemesch, 42 Schaalbim, Ajalon, Jitla,
43 Elon, Timna, Ekron, 44 Elteke, Gibbe-
ton, Baalat, 45 Jehud, Bene-Berak, Gat-
Rimmon, 46 Me-Jarkon und Rakkon mit
dem Gebiet gegenüber Jafo. 47 Später er-
weiterte der Stamm Dan sein Gebiet.
Seine Männer griffen die Stadt Leschem
an, eroberten sie und töteten die Einwoh-
ner mit dem Schwert. Dann ließen sie
sich dort nieder und gaben Leschem den
Namen ihres Stammvaters: Dan. 48 Diese

---

[a] Vermutlich: Daberat.

[b] Gemeint ist vielleicht das Land Baschan, das zwar im Gebiet Manasses lag, jedoch von der Sippe des Judäers Jaïr erobert worden war.

19,29–30 Ri 1,31 **19,38** Ri 1,33 **19,47** Ri 18,1.27–29

Städte und ihre Dörfer gehörten zu dem Gebiet, das der Stamm Dan mit seinen Sippen bekam.

Josuas Anteil

49 Als das ganze Land verteilt war, gaben die Israeliten auch Josua, dem Sohn Nuns, ein Stück Land in ihrer Mitte. 50 Wie der Herr es befohlen hatte, wiesen sie ihm die Stadt Timnat-Serach im Gebirge Ephraims zu, um die Josua gebeten hatte. Er baute sie aus und siedelte sich mit seiner Sippe dort an.

51 Der Priester Eleasar, Josua und die Stammesoberhäupter hatten die Stammesgebiete in Silo vor dem Eingang zum Zelt des Herrn verteilt. Dabei hatten sie das Los entscheiden lassen. So war nun die Verteilung des Landes Kanaan abgeschlossen.

Sechs Zufluchtsorte für Totschläger

20 Der Herr sprach zu Josua: 2 »Befiehl dem Volk, Städte auszuwählen, die als Zufluchtsorte dienen sollen, wie ich es euch schon durch Mose gesagt habe. 3 Sie sollen jedem Schutz bieten, der ohne Absicht einen Menschen getötet hat. An diesen Orten ist man vor der Blutrache sicher. 4 Wer dorthin flieht, muss sich gleich am Stadttor dem Ältestenrat stellen und seinen Fall schildern. Dann soll er in die Stadt aufgenommen werden und eine Unterkunft erhalten. 5 Wenn jemand ihn verfolgt, um den Getöteten zu rächen, dürfen die Einwohner der Stadt ihn nicht ausliefern. Denn er hat die Tat nicht vorsätzlich, sondern aus Versehen begangen. 6 Er soll an dem Zufluchtsort in Sicherheit sein, bis ein Gericht über ihn entschieden hat. Wird er freigesprochen, soll er bis zum Tod des Hohenpriesters in der Stadt bleiben. Erst dann darf der Totschläger in seine Heimatstadt zurückkehren, aus der er fliehen musste.«

7 Die Israeliten wählten folgende Zufluchtsstädte aus: Kedesch im Bergland von Naftali in Galiläa, Sichem im Bergland von Ephraim und Kirjat-Arba, das heutige Hebron, im Bergland von Juda. 8 Östlich des Jordan bestimmten sie Bezer, das in der Steppe der Hochebene weit im Osten von Jericho liegt und zum Stamm Ruben gehört, dann Ramot im Land Gilead im Stammesgebiet von Gad und schließlich Golan im Land Baschan im Gebiet Manasses.

9 Diese Städte wurden für alle Israeliten und für alle Ausländer, die unter ihnen lebten, als Zufluchtsorte festgelegt. Dorthin konnte jeder fliehen, der unabsichtlich einen Menschen getötet hatte. Hier war er vor der Blutrache sicher, bis ein Gericht über ihn entschieden hatte.

Die Leviten erhalten Städte und Weidegebiete

21 1/2 Noch während das Volk Israel in Silo im Land Kanaan lagerte, kamen die führenden Männer aus den Sippen der Leviten zum Priester Eleasar, zu Josua, dem Sohn Nuns, und zu den Oberhäuptern der Stämme Israels. Sie sagten: »Der Herr hat durch Mose befohlen, dass wir Städte bekommen sollen, in denen wir wohnen können, und Weideland für unser Vieh.« 3 Die Israeliten gehorchten dem Gebot des Herrn und gaben den Leviten Städte und Weideplätze aus ihren Gebieten.

4 Das heilige Los wurde geworfen und traf zunächst die levitische Sippe Kehat. Zu ihr gehörten die Nachkommen des Priesters Aaron. Sie erhielten als Erste ihren Anteil: dreizehn Städte in den Gebieten der Stämme Juda, Simeon und Benjamin. 5 Den übrigen Nachkommen Kehats fielen zehn Städte in den Gebieten von Ephraim und Dan und im westlichen Gebiet von Manasse zu.

6 Die Sippe Gerschon bekam dreizehn Städte in den Gebieten von Issaschar,

---

19,49–50 24,30 **19,51** 14,1–2; 18,1* **20,1–9** 4 Mo 35,10–15* **20,8** 5 Mo 4,41–43 **21,1–2** 4 Mo 35,1–8 **21,4–7** 2 Mo 6,16–25; 4 Mo 3,17–37

Asser, Naftali und im Land Baschan, das
dem halben Stamm Manasse östlich des
Jordan gehörte.
7 Die Sippe Merari erhielt zwölf Städte
bei den Stämmen Ruben, Gad und Sebu-
lon.
8 Die Israeliten teilten den Leviten die-
se Städte mit den umliegenden Weide-
plätzen zu, wie es das Los bestimmte. So
hatte es der Herr durch Mose befohlen.

Die Städte der Sippe Kehat

9/10 Das erste Los traf die Nachkommen
Aarons von der levitischen Sippe Kehat.
Sie erhielten von den Stämmen Juda und
Simeon folgende Städte: 11 zunächst Kir-
jat-Arba, die Stadt des Stammvaters der
Anakiter, die im judäischen Bergland
liegt und jetzt Hebron heißt, mit ihren
Weideflächen. 12 Die Äcker und Dörfer
rings um Hebron blieben jedoch im Be-
sitz Kalebs, der ein Sohn Jefunnes war.
13 Die Nachkommen Aarons bekamen
die unmittelbar an Hebron grenzenden
Weiden und die Stadt selbst, die auch als
Zufluchtsort für Totschläger diente. Wei-
ter gab man ihnen die Städte Libna, 14 Jat-
tir, Eschtemoa, 15 Holon, Debir, 16 Ajin,
Jutta und Bet-Schemesch. Insgesamt er-
hielten sie neun Städte mit den dazuge-
hörigen Weideplätzen von den Stämmen
Juda und Simeon. 17/18 Dazu kamen vom
Stamm Benjamin die vier Städte Gibeon,
Geba, Anatot und Almon mit ihren
Weiden. 19 Damit besaß das Priesterge-
schlecht Aarons dreizehn Städte. 20 Die
übrigen Familien der Sippe Kehat vom
Stamm Levi erhielten durch das Los eini-
ge Städte im Stammesgebiet Ephraims.
21 Ihnen gehörte nun Sichem im Bergland,
ein Zufluchtsort für Totschläger, außer-
dem Geser, 22 Kibzajim und Bet-Horon:
vier Städte mit den dazugehörigen Wei-
deplätzen. 23/24 Der Stamm Dan gab ihnen
ebenfalls vier Städte mit Weiden: Elteke,
Gibbeton, Ajalon und Gat-Rimmon.
25 Im westlichen Gebiet des Stammes Ma-
nasse bekamen sie die beiden Städte Taa-
nach und Gat-Rimmon[a] mit ihren Wei-
den. 26 Insgesamt gehörten den übrigen
Familien der Sippe Kehat zehn Städte.

Die Städte der Sippe Gerschon

27 Der Sippe Gerschon vom Stamm Levi
wurden im östlichen Gebiet des Stammes
Manasse zwei Städte mit Weiden zuge-
teilt: im Land Baschan die Stadt Golan,
einer der Zufluchtsorte für Totschläger,
und Beëschtera[b]. 28/29 Im Gebiet von
Issaschar erhielten sie vier Städte mit
Weiden: Kirschjon, Daberat, Jarmut und
En-Gannim, 30/31 und im Gebiet von Asser
die vier Städte: Mischal, Abdon, Helkat
und Rehob. 32 Der Stamm Naftali gab
drei Städte mit Weiden: den Zufluchtsort
Kedesch in Galiläa sowie Hammot-Dor
und Kartan. 33 Insgesamt besaß die Sippe
Gerschon dreizehn Städte mit Weide-
flächen.

Die Städte der Sippe Merari

34/35 Die Sippe Merari, zu der alle übrigen
Leviten gehörten, bekam vier Städte mit
Weiden im Gebiet Sebulons: Jokneam,
Karta, Dimna und Nahalal. 36/37 Weitere
vier Städte mit Weideplätzen teilte man
ihnen im Gebiet des Stammes Ruben zu:
Bezer, Jahaz, Kedemot und Mefaat.
38/39 Vom Stamm Gad erhielten sie Ramot
im Land Gilead, den Zufluchtsort für
Totschläger, Mahanajim, Heschbon und
Jaser, ebenfalls vier Städte mit Weiden.
40 Insgesamt besaßen die restlichen Sip-
pen des Stammes Levi, die Nachkommen
Meraris, zwölf Städte.
41 Alle Leviten erhielten zusammen
achtundvierzig Städte in den verschiede-
nen Stammesgebieten Israels. 42 Jede die-
ser Städte war von Weideland umgeben.

---

a Vermutlich ein Abschreibfehler. Ursprünglich hieß es vielleicht: Jibleam. Vgl. 1. Chronik 6,55
b Vermutlich ein anderer Name für Aschtarot. Vgl. 1. Chronik 6,56

21,12 14,13–15; 15,13 **21,21** 20,7 **21,27** 20,8 **21,32** 20,7 **21,38–39** 20,8

Gott hat Wort gehalten

43 So gab der Herr den Israeliten das gan-
ze Land, wie er es ihren Vorfahren ver-
sprochen hatte. Sie nahmen es in Besitz
und wohnten darin. 44 Der Herr hielt sein
Wort und sorgte dafür, dass sie in Frieden
leben konnten. Mit seiner Hilfe hatten
die Israeliten alle Feinde besiegt. 45 Kein
Versprechen des Herrn blieb unerfüllt –
alles war eingetroffen!

Die Oststämme dürfen nach Hause zurückkehren

22 Josua rief die Männer von Ruben,
Gad und dem halben Stamm Ma-
nasse zu sich 2 und sagte zu ihnen: »Ihr
habt alles getan, was euch Mose, der Die-
ner des Herrn, befohlen hat, und auch
mir seid ihr immer gehorsam gewesen.
3 Bis heute habt ihr eure Bruderstämme
nicht im Stich gelassen. Während dieser
langen Zeit habt ihr genau das getan,
was der Herr von euch wollte. 4 Der Herr,
euer Gott, hat euren Bruderstämmen das
versprochene Land gegeben, in dem sie
jetzt in Frieden leben. Kehrt nun zurück
in euer eigenes Land auf der anderen Sei-
te des Jordan, das euch Mose, der Diener
des Herrn, dort gegeben hat. 5 Aber ach-
tet darauf, dass ihr tut, was euch Mose im
Auftrag des Herrn befohlen hat: Liebt
den Herrn, euren Gott! Lebt so, wie es
ihm gefällt, und haltet euch an seine Ge-
bote! Seid ihm treu! Dient ihm aufrichtig
und von ganzem Herzen!« 6 Dann seg-
nete Josua die Männer, und sie machten
sich auf den Heimweg.

7 Die eine Hälfte des Stammes Manas-
se hatte von Mose östlich des Jordan im
Land Baschan ihr Gebiet bekommen.
Die andere Hälfte Manasses erhielt von
Josua westlich des Jordan ihr Land, wo
sich auch die übrigen Stämme nieder-
gelassen hatten. Als Josua die Männer
nun entließ, segnete er sie 8 und sagte:
»Ihr kommt mit reichen Schätzen nach
Hause: mit großen Viehherden, mit Gold
und Silber, Bronze und Eisen und mit
vielen Kleidern. Teilt diese Kriegsbeute
mit denen, die zu Hause geblieben sind!«

9 Die Männer von Ruben, Gad und
dem halben Stamm Manasse verließen
die übrigen Israeliten bei Silo im Land
Kanaan und zogen in Richtung des Lan-
des Gilead, das östlich des Jordan liegt.
Dort besaßen sie ihre eigenen Gebiete,
in denen sich ihre Stämme angesiedelt
hatten, wie es der Herr durch Mose be-
fohlen hatte.

Die Oststämme bauen einen Altar

10 Als die Männer das Westufer des Jor-
dan, das noch im Land Kanaan lag, er-
reichten, bauten sie dort einen großen
Altar. 11 Bald schon verbreitete sich unter
den übrigen Israeliten die Nachricht:
»Die Stämme Ruben, Gad und der halbe
Stamm Manasse haben unten im Jordan-
tal einen Altar errichtet; er steht noch auf
der Seite, die zu unserem Land gehört!«

12 Da versammelten sie sich in Silo, um
gemeinsam gegen die Oststämme Krieg
zu führen. 13 Sie schickten Pinhas, den
Sohn des Priesters Eleasar, ins Land Gi-
lead zu den Stämmen Ruben, Gad und
Manasse. 14 Ihn begleiteten zehn Männer,
aus jedem der zehn Stämme einer. Jeder
von ihnen war das Oberhaupt einer gan-
zen Sippe.

15 In Gilead angekommen, stellten sie
die Oststämme zur Rede: 16 »Die ganze
Gemeinde des Herrn fragt euch, warum
ihr dem Gott Israels die Treue gebrochen
habt. Warum wendet ihr euch vom Herrn
ab? Was für einen Altar habt ihr euch da
gebaut? Wollt ihr euch damit gegen den
Herrn auflehnen? 17 Reicht es denn nicht,
dass wir uns damals mit dem Götzen Peor
schuldig gemacht haben? Der Herr hat
unser Volk deswegen schon schwer be-
straft, wir leiden bis heute noch unter

21,43 1 Mo 12,7* **21,44** 1,5 **21,45** 23,14 **22,1–6** 1,12–18 **22,5** 5 Mo 6,4–5* **22,7** 13,29–31; 17,1–13
22,8 4 Mo 31,27 **22,12** 18,1* **22,13** 2 Mo 6,25; 4 Mo 25,6–8 **22,16** 3 Mo 17,8–9; 5 Mo 12,13–14
22,17 4 Mo 25,1–9

Mit bestem Dank

Lesen Sie Josua 22,1-6

Bevor Josua die Oststämme entließ, versammelte er sie, lobte und segnete sie und dankte ihnen. Statt sie einfach nur in ihre neue Heimat zu entlassen, führte er sich voller Dankbarkeit ihre Verdienste vor Augen. Genauso wichtig ist es für uns, die Menschen um uns herum wahrzunehmen und zu schätzen, ihnen gegenüber unsere Dankbarkeit zu äußern, statt sie zu übersehen und ihr Tun für selbstverständlich zu halten.

Wann haben Sie Gott das letzte Mal für die Menschen, die er in Ihr Leben geschickt hat, gedankt? Versuchen Sie es doch einmal. Sie werden staunen, für wie viele Menschen Sie Danke sagen können. Beginnen Sie mit Ihrer eigenen Familie und erweitern Sie dann den Kreis. (Vielleicht können Sie für bestimmte Familienmitglieder nicht uneingeschränkt dankbar sein. Dann denken Sie doch an etwas Gutes, das dieser Mensch getan oder gesagt hat, und danken Sie Gott dafür.) Wenn Sie Ihren erweiterten Familienkreis bedacht haben, rufen Sie sich als Nächstes die Menschen in Erinnerung, von denen Sie geprägt wurden – wie zum Beispiel Lehrer, Ausbilder, Pastoren. Oder Menschen aus Ihrer Nachbarschaft, die Ihnen jahrelang Gutes getan haben, alte Klassenkameraden, Freunde aus dem Hauskreis und Menschen, die Ihnen auf irgendeine Weise dienen.

Wenn wir so wie Josua innehalten und die Menschen würdigen, die unser Leben bereichern, erkennen wir den Wert jedes einzelnen an und bringen Gott und ihnen unseren Dank.

Beten Sie gemeinsam oder jeder für sich und danken Sie Gott für die Menschen in Ihrem Leben.

- Erstellen Sie eine Liste mit den Namen der Menschen, für die Sie dankbar sind.
- Schreiben Sie zu jeder Person etwas Bestimmtes auf, worüber Sie sich freuen, und danken Sie Gott für diese Person.
- Bitten Sie Gott, Ihnen zu helfen, dass Sie die Menschen in Ihrer Umgebung wahrnehmen und schätzen.

Wenn Sie noch mehr Zeit haben …

Besprechen Sie miteinander folgende Fragen oder denken Sie darüber nach:

- Wenn Sie innehalten, um Gott für seine Gaben zu danken, auf welche Weise vertieft das Ihre Beziehung zu ihm?
- Wie wirkt sich Dankbarkeit darauf aus, wie Sie andere sehen und sich ihnen gegenüber verhalten?

Lesen Sie auch die folgenden Abschnitte zum Thema Dankbarkeit:
Psalm 50,23; Epheser 1,15-18; 1. Timotheus 2,1.

Liebe, auf die man sich verlassen kann

Lesen Sie Josua 24,14-15

Die meisten Frauen haben ein Bedürfnis nach Sicherheit. Zunächst im physischen Sinn – Sicherheit vor Gefahren innerhalb und außerhalb des Hauses. Doch eine verheiratete Frau sehnt sich vor allem nach der Sicherheit zu wissen, dass ihr Mann immer zu ihr steht.

Wenn ein Mann seiner Frau mit Scheidung droht oder solche Kommentare von sich gibt wie „Mit einem anderen Partner wärst du besser dran" oder „Ich finde schon eine andere", dann legt er damit ein zerstörerisches Verhalten an den Tag.

Als Josua die Israeliten in das verheißene Land führte, forderte er sie auf, dem Herrn mit ganzer Hingabe zu dienen. Sie konnten nicht dem Herrn dienen und zugleich noch ihre alten Götter verehren. Sie mussten sich entscheiden. In der Ehe stehen wir vor einer ähnlichen Frage. Wollen wir jeden Gedanken an Scheidung und jede Anspielung darauf ablegen und voll und ganz zu unserem Ehepartner stehen?

Wenn ein Mann klug ist, dann wird er sich darum bemühen, seiner Frau deutlich zu machen: Egal was kommt, ich bleibe bei dir. Wenn es Streitigkeiten gibt, wird er sich die Zeit nehmen, zuzuhören, zu verstehen und eine Lösung zu suchen. Wenn sie körperlich oder seelisch leidet, wird er ihr zur Seite stehen. Jede Ehefrau sollte sagen können: „Ich weiß, dass mein Mann immer bei mir bleibt, egal was geschieht. Er steht zu unserer Ehe." Und jeder Ehemann sollte sich ebenso auf seine Frau verlassen können.

Nehmen Sie sich Zeit, um allein oder als Paar gemeinsam zu beten. Bitten Sie Gott, Ihnen zu helfen, dass Sie voll und ganz zueinander stehen können.

Wenn Sie noch mehr Zeit haben ...

Besprechen Sie miteinander folgende Fragen oder denken Sie darüber nach:

- Erzählen Sie sich gegenseitig von einer Situation, in der Sie gespürt haben, dass Ihr Partner voll und ganz zu Ihnen steht.
- Was könnte Ihr Mann oder Ihre Frau noch tun, um Ihnen das Gefühl zu geben, dass Sie sich ganz auf ihn/sie verlassen können?
- Welche Aussagen oder welches Verhalten Ihres Partners führt dazu, dass Sie sich unsicher fühlen?

Lesen Sie auch die folgenden Abschnitte zum Thema verlässliche Liebe:
Epheser 5,25; 1. Petrus 3,7; 1. Johannes 4,18.

Den nächsten Impuls finden Sie auf S. 266 a

den Folgen! 18 Und was tut ihr? Ihr wendet euch schon wieder vom Herrn ab! Wenn ihr euch gegen ihn auflehnt, wird sich sein Zorn bald gegen die ganze Gemeinschaft der Israeliten richten! 19 Wenn man den Herrn in eurem Land nicht anbeten kann, dann kommt doch zu uns herüber in das Land, das dem Herrn gehört und wo sein heiliges Zelt steht, und siedelt euch bei uns an! Nur lehnt euch nicht gegen den Herrn auf! Und auch nicht gegen uns! Ihr dürft keinen anderen Altar haben als den des Herrn, unseres Gottes. 20 Denkt daran, was mit Achan, dem Sohn Serachs, geschah! Als er etwas von der Beute stahl, die dem Herrn allein gehörte, da bestrafte Gott die ganze Gemeinschaft der Israeliten. Achans Sünde hat nicht nur ihn selbst, sondern auch viele andere das Leben gekostet!«

21 Die Männer von Ruben, Gad und dem halben Stamm Manasse antworteten den Abgesandten der Israeliten: 22 »Gott, der Herr, ist der einzige und wahre Gott! Er weiß es, und Israel soll es auch wissen: Wir sind dem Herrn nicht untreu geworden und lehnen uns nicht gegen ihn auf! Das schwören wir! Wenn wir lügen, dann tötet uns! 23 Wir haben den Altar nicht gebaut, um uns vom Herrn abzuwenden. Wir wollten auf ihm keine Opfer darbringen, weder Brandopfer noch Speiseopfer, noch Dankopfer. Sagen wir nicht die Wahrheit, dann soll der Herr uns zur Rechenschaft ziehen. 24 Aber es ist wahr: Wir haben es aus Sorge um unsere Nachkommen getan. Wir fürchteten, eure Kinder würden eines Tages unsere Kinder fragen: ›Was habt ihr Rubeniter und Gaditer denn schon mit dem Herrn, dem Gott Israels, zu schaffen? 25 Schließlich hat er den Jordan als Grenze zwischen uns und euch gesetzt! Ihr habt keinen Anspruch darauf, dem Herrn zu dienen!‹ So würden eure Nachkommen unsere davon abbringen, den Herrn zu verehren. 26 Darum haben wir diesen Altar gebaut. Nicht für Brandopfer oder Schlachtopfer, 27 sondern als Denkmal für uns und für euch und die Generationen nach uns. Er soll uns daran erinnern, dem Herrn zu dienen und vor seinem Heiligtum unsere Opfer darzubringen: Brandopfer, Schlachtopfer und Dankopfer. Dann können eure Nachkommen nicht zu unseren sagen: ›Ihr dürft dem Herrn nicht dienen.‹ 28 Und wenn sie es eines Tages doch einmal behaupten, dann können unsere Kinder sagen: ›Seht euch diese Nachbildung vom Altar des Herrn an! Unsere Väter haben sie gemacht, nicht für Brand- oder Schlachtopfer, sondern um uns und euch daran zu erinnern, dass wir gemeinsam dem Herrn dienen sollen.‹ 29 Niemals soll es so weit kommen, dass wir uns gegen den Herrn auflehnen und ihm den Rücken kehren. Wir haben den Altar nicht für Brandopfer, Speiseopfer oder Schlachtopfer gebaut. Nur auf dem Altar vor dem heiligen Zelt des Herrn, unseres Gottes, wollen wir unsere Opfer darbringen.«

30 Als der Priester Pinhas und die Sippenoberhäupter, die als Leiter der israelitischen Gemeinde nach Gilead gekommen waren, hörten, was die Männer von Ruben, Gad und dem halben Stamm Manasse vorbrachten, waren sie beruhigt. 31 Pinhas, der Sohn des Priesters Eleasar, sagte zu den Oststämmen: »Nun wissen wir, dass der Herr weiter in unserer Mitte bleibt, denn ihr habt ihm nicht die Treue gebrochen. Ihr habt die Israeliten vor der Strafe des Herrn bewahrt.«

32 Dann ließen Pinhas und die israelitischen Führer die Stämme Ruben, Gad und den halben Stamm Manasse im Land Gilead zurück und machten sich auf den Weg ins Land Kanaan. Dort erzählten sie, was geschehen war. 33 Die Israeliten freuten sich und lobten Gott. Sie wollten nun nicht mehr in den Krieg ziehen, um das Land der Oststämme zu verwüsten. 34 Die Rubeniter und Gaditer nannten den Altar »Zeuge«, weil er allen Stämmen im Westen und im Osten bezeugen sollte, dass der Herr Gott ist.

22,20 7,1–26 **22,27** 24,27 **22,29** 3 Mo 17,8–9

Josuas letzte Mahnungen an die führenden Männer Israels

23 Seit langer Zeit lebten die Israeliten nun in Frieden und Sicherheit. Der Herr sorgte dafür, dass die Völker ringsum sie nicht bedrohten. Josua war inzwischen sehr alt geworden. [2]Eines Tages rief er die Ältesten, die Sippenoberhäupter, die Richter und die führenden Männer Israels zusammen. Er sagte zu ihnen: »Ich bin schon sehr alt und werde bald sterben. [3]Ihr habt mit eigenen Augen gesehen, was der Herr mit allen Völkern in dieser Gegend getan hat. Er selbst, der Herr, euer Gott, hat für euch gekämpft. [4]Ich habe das Land zwischen dem Jordan im Osten und dem Mittelmeer im Westen euren Stämmen durch das Los zugeteilt. Viele Völker habe ich hier besiegt, einige sind noch übrig geblieben. [5]Doch der Herr, euer Gott, wird auch sie verstoßen und vertreiben. Ihr werdet ihr Land in Besitz nehmen, wie er es versprochen hat.

[6]Bemüht euch darum, alles zu befolgen, was im Gesetzbuch des Mose aufgeschrieben ist! Weicht nicht davon ab! [7]Vermischt euch nicht mit den Völkern, die noch in eurem Land wohnen! Nehmt die Namen ihrer Götter nicht in den Mund, und schwört nicht bei ihnen! Dient ihnen nicht, und betet sie nicht an! [8]Dem Herrn, eurem Gott, sollt ihr treu bleiben, wie ihr es bis heute wart.

[9]Der Herr hat große und mächtige Völker euretwegen vertrieben. Niemand konnte euch standhalten. [10]Ein einziger von euch verjagt tausend Feinde! Denn der Herr, euer Gott, kämpft selbst für euch, wie er es versprochen hat. [11]Liebt den Herrn, euren Gott, bemüht euch immer wieder darum, denn es geht um euer Leben! [12]Wenn ihr euch von ihm abwendet und euch mit den Völkern einlasst, die noch in eurem Land sind, wenn ihr euch mit ihnen verheiratet und vermischt, [13]dann wird der Herr, euer Gott, diese Völker ganz gewiss nicht mehr aus eurem Land vertreiben. Dann werden sie für euch zum Fallstrick. Sie werden euch quälen wie Peitschenhiebe und wie Dornenzweige, die man euch ins Gesicht schlägt. Am Ende wird keiner von euch in diesem guten Land bleiben, das der Herr, euer Gott, euch gegeben hat.

[14]Bald werde ich sterben. Ihr aber könnt zuversichtlich sein, denn ihr wisst: Kein Versprechen des Herrn, eures Gottes, blieb unerfüllt – alles ist eingetroffen! [15/16]Aber genau so, wie der Herr, euer Gott, jedes Versprechen gehalten hat, so wird er auch jede Drohung wahr machen, wenn ihr den Bund brecht, den er mit euch geschlossen hat. Wenn ihr anderen Göttern dient und sie anbetet, dann wird sich der Herr voller Zorn gegen euch wenden und euch bald aus dem guten Land vertreiben, das er euch gegeben hat.«

Josua erneuert den Bund zwischen Gott und Israel

24 Josua versammelte alle Stämme Israels bei Sichem. Er rief die führenden Männer zu sich, die Sippenoberhäupter, die Richter und die Ältesten. Gemeinsam traten sie vor Gott.

[2]Dann redete Josua zum Volk: »So spricht der Herr, der Gott Israels: ›Vor langer Zeit lebten eure Vorfahren auf der anderen Seite des Euphrat: Terach mit seinen Söhnen Abraham und Nahor. Sie verehrten dort andere Götter. [3]Ich brachte euren Stammvater Abraham aus dem Land jenseits des Euphrat hierher und ließ ihn durch ganz Kanaan ziehen. Ich schenkte ihm viele Nachkommen; ich gab ihm Isaak, [4]und Isaak gab ich Jakob und Esau. Esau erhielt das Gebirge Seïr, und Jakob siedelte sich mit seinen Söhnen in Ägypten an.

[5]Später sandte ich Mose und Aaron

23,1 21,44; 13,1 **23,5** 4 Mo 33,53 **23,6** 5 Mo 5,32 **23,7** 2 Mo 23,13 **23,10** 3 Mo 26,8 **23,12** 5 Mo 7,3–4* **23,13** 2 Mo 23,33; 34,12; 5 Mo 8,19 **23,14** 21,45 **23,15–16** 5 Mo 28,15–68 **24,2** 1 Mo 11,26; 31,19; 35,2–4 **24,3** 1 Mo 12,1–9; 21,1–3 **24,4** 1 Mo 25,24–26; 36,8; 46,6–7 **24,5** 2 Mo 3–11; 12,29–33

nach Ägypten und strafte das Land mit
schweren Plagen. Ich führte euer Volk in
die Freiheit 6 und brachte es von Ägypten
bis zum Schilfmeer. Die Ägypter aber
verfolgten es mit Kriegswagen und Rei-
tern. 7 Eure Väter schrien zu mir um Hil-
fe. Da ließ ich zwischen ihnen und ihren
Verfolgern Dunkelheit hereinbrechen.
Die Ägypter jagten ihnen nach bis ins
Schilfmeer, und dort ließ ich sie in den
Wellen untergehen. Mit eigenen Augen
haben eure Vorfahren gesehen, wie ich
die Ägypter bestrafte!

Danach habt ihr lange Zeit in der Wüs-
te gelebt, 8 bis ich euch in das Land der
Amoriter östlich des Jordan brachte. Sie
kämpften gegen euch, und ich gab sie in
eure Gewalt. Überall, wo ihr hinzogt,
vernichtete ich sie und überließ euch ihr
Land. 9 Auch der Moabiterkönig Balak,
Zippors Sohn, stellte sich euch als Feind
in den Weg. Er ließ Bileam, den Sohn Be-
ors, rufen, um euch zu verfluchen. 10 Aber
ich wollte nicht auf Bileam hören, darum
musste er euch segnen, und ich bewahrte
euch vor den Moabitern.

11 Dann habt ihr den Jordan durchquert
und seid nach Jericho gekommen. Die
Einwohner dieser Stadt führten Krieg ge-
gen euch, ebenso die anderen Völker des
Landes: die Amoriter, Perisiter, Kanaa-
niter, Hetiter, Girgaschiter, Hiwiter und
Jebusiter. Sie alle gab ich in eure Gewalt.
12 Die beiden Amoriterkönige flohen vol-
ler Entsetzen vor euch.

Das verdankt ihr nicht euren Schwer-
tern und Bogen, sondern allein mir. 13 Ich
gab euch ein Land, das ihr nicht mehr ur-
bar machen musstet, und Städte, die ihr
nicht erbaut habt. Ihr esst die Früchte
von Weinbergen und Ölbäumen, die ihr
nicht gepflanzt habt.‹«

14 Josua fuhr fort: »Deshalb habt Ehr-
furcht vor dem Herrn! Dient ihm aufrich-
tig und mit ganzer Hingabe! Trennt euch
von den Göttern, die eure Vorfahren jen-
seits des Euphrat und in Ägypten verehrt
haben. Dient allein dem Herrn! 15 Wenn
es euch aber nicht gefällt, dem Herrn zu
dienen, dann entscheidet euch heute,
wem ihr gehören wollt: den Göttern, die
eure Vorfahren jenseits des Euphrat ver-
ehrt haben, oder den Göttern der Amori-
ter, in deren Land ihr lebt. Ich aber und
meine Familie, wir wollen dem Herrn
dienen.«

16 Da antwortete das Volk: »Niemals
wollen wir den Herrn verlassen und ande-
ren Göttern dienen! 17 Denn der Herr, un-
ser Gott, war es, der unsere Väter aus der
Sklaverei in Ägypten befreit hat. Er hat
große Wunder vor den Augen unseres
Volkes vollbracht. Er hat uns auf dem
ganzen Weg beschützt, als wir die Gebie-
te vieler Völker durchqueren mussten.
18 Der Herr war es, der die Amoriter und
alle anderen Völker vertrieben hat, die
hier früher gelebt haben. Auch wir wollen
ihm dienen: Der Herr ist unser Gott!«

19 Josua erwiderte: »Meint ihr, es sei
leicht, dem Herrn zu dienen? Täuscht
euch nicht: Er ist ein heiliger Gott und
will, dass ihr ihm allein gehört. Er wird
euch nicht vergeben, wenn ihr ihm un-
treu werdet und gegen ihn sündigt!
20 Wenn ihr den Herrn verlasst und frem-
den Göttern dient, wird er sich gegen
euch wenden. Er wird euch Böses antun
und euch vernichten, obwohl er euch vor-
her Gutes erwiesen hat.«

21 Da sagte das Volk: »Wir wollen trotz-
dem dem Herrn dienen!« 22 Josua antwor-
tete: »Ihr selbst seid Zeugen dafür, dass
ihr euch für den Herrn entschieden habt
und ihm gehören wollt.« Sie riefen: »Ja,
wir sind Zeugen!« 23 Da forderte Josua
sie auf: »Werft alle Götzenfiguren weg,
die ihr noch besitzt. Wendet euch ganz
dem Herrn, dem Gott Israels, zu!« 24 Das
Volk antwortete: »Wir wollen dem
Herrn, unserem Gott, dienen und auf
ihn hören!«

25 Da schloss Josua noch am selben Tag
in Sichem einen Bund zwischen Gott und

24,6–7 2 Mo 14,1–31 **24,8** 4 Mo 21,21–35 **24,9** 4 Mo 22,5–6 **24,10** 4 Mo 23,8.11.20 **24,11** 3,14–17; 6,1–21 **24,12** 2 Mo 23,27–28* **24,13** 5 Mo 6,10–11 **24,14** 1 Mo 31,19; 35,2–4 **24,17** 2 Mo 20,2* **24,19** 2 Mo 20,5; 3 Mo 19,2* **24,21** 2 Mo 24,3.7

den Israeliten. Er gab ihnen Gebote und
Rechtsbestimmungen 26 und schrieb alles
im Buch des Gesetzes Gottes auf. Dann
nahm er einen großen Stein und richtete
ihn unter der Terebinthe beim Heiligtum
des Herrn auf. 27 Josua rief dem Volk zu:
»Seht diesen Stein! Er ist Zeuge! Denn er
hat alles gehört, was der Herr zu uns ge-
sagt hat. Er soll euch mahnen, euren Gott
nicht zu verleugnen.«

28 Dann schickte Josua das Volk nach
Hause, jeden in sein Gebiet.

Josua und Eleasar sterben

29 Einige Zeit später starb Josua, der Sohn
Nuns, der Diener des Herrn. Er wurde
110 Jahre alt. 30 Man begrub ihn auf dem
Grundstück, das ihm und seinen Nach-
kommen gehören sollte; es lag in Timnat-
Serach nördlich des Berges Gaasch im
Gebirge Ephraim.

31 Israel blieb dem Herrn treu, solange
Josua und nach ihm die Ältesten lebten,
die noch alles mit eigenen Augen gese-
hen hatten, was der Herr für Israel getan
hatte.

32 Die Israeliten begruben auch die Ge-
beine Josefs, die sie aus Ägypten mit-
geführt hatten. Man bestattete sie im Ge-
biet des Stammes Josef bei Sichem, auf
dem Feld, das Jakob von den Nachkom-
men Hamors, des Vaters von Sichem, für
hundert Silberstücke gekauft hatte.
33 Auch Eleasar, der Sohn Aarons, starb.
Er wurde in der Stadt Gibea beigesetzt,
die seinem Sohn Pinhas im Gebirge
Ephraim gehörte.

24,26 1 Mo 12,6; 35,4 **24,27** 22,26–28; 1 Mo 31,45–52 **24,29–31** Ri 2,7–9 **24,30** 19,49–50
24,32 1 Mo 33,19; 50,24–25* **24,33** 5 Mo 10,6; Jos 14,1–2; 19,51

Seine Gaben, ihre Gaben

Vor allem in den ersten Ehejahren müssen Paare sich mit einem wichtigen Thema beschäftigen: Wer erledigt was, wenn es um Hausarbeit, Finanzen, Einkäufe oder andere Aufgaben geht, die in einem Haushalt anfallen? Heutzutage gehört die strikte Rollentrennung natürlich der Vergangenheit an. Trotzdem sind viele Paare davon geprägt, wie ihre Eltern die Aufgaben verteilt hatten. Der Vater war vielleicht ein toller Handwerker, und die Mutter war stolz auf ihren wunderschönen Blumengarten. Doch was passiert, wenn Ihr Mann handwerklich nicht so geschickt ist oder Ihre Frau keinen grünen Daumen hat? Trotzdem muss die Arbeit ja erledigt werden! Einen Schlüssel zur Lösung dieses Problems finden wir in 1. Korinther 12. Dort vergleicht Paulus die Gemeinde mit einem Leib, der verschiedene Glieder besitzt. Jedes erfüllt innerhalb der Gemeinschaft eine bestimmte Aufgabe: „So unterschiedlich auch die Aufgaben in der Gemeinde sind, so dienen wir doch alle dem einen Herrn. ... Gott hat jedem einzelnen Glied des Körpers seine besondere Aufgabe gegeben, so wie er es wollte" (1. Korinther 12,5.18).

Die Realität ist doch: Mann und Frau haben unterschiedliche Begabungen. Der eine geht im Supermarkt am liebsten auf Schnäppchenjagd, während der andere einfach nur das kauft, was er für die nächste Mahlzeit braucht. Der eine kann gut grillen, der andere gut backen. Der eine ist ein Computerfreak, der andere weiß gerade einmal, wie man E-Mails verschickt. In manchen Ehen mäht die Frau gerne den Rasen, während der Mann seit Jahren vor allem den Einkauf erledigt. Die frischverheiratete Ehefrau kocht nicht gern, dafür kennt sie sich aber in finanziellen Fragen gut aus. Ihr Mann dagegen hält sich am liebsten mit Staubsaugen fit.

Wir müssen nicht alle dieselben Gaben haben. Wichtig ist nur, dass wir unsere verschiedenen Fähigkeiten oder Begabungen anerkennen und sie in den Dienst unserer Partnerschaft stellen.

Den nächsten Artikel zum Thema „Was braucht sie – was braucht er" finden Sie auf S. 298 a

Seine Gaben, ihre Gaben

Das Buch über die Richter

Israel erobert einen Teil des südlichen Kanaan

1 Als Josua gestorben war, fragten
die Israeliten den Herrn: »Welcher
Stamm soll als erster losziehen und die
Kanaaniter angreifen?« 2 Der Herr ant-
wortete: »Der Stamm Juda soll beginnen!
Ich gebe das Land in seine Gewalt.«
3 Da forderten die Männer von Juda
den Stamm Simeon auf: »Kommt mit!
Helft uns, die Kanaaniter aus dem Gebiet
zu vertreiben, das uns zugeteilt wurde!
Dann werden auch wir euch helfen, euer
Gebiet einzunehmen.« Die Männer von
Simeon schlossen sich denen von Juda
an. 4 Sie zogen in den Kampf, und der
Herr schenkte ihnen den Sieg über die
Kanaaniter und Perisiter. Bei Besek
schlugen sie das feindliche Heer, das
10000 Mann stark war.
5 Dort stießen sie auch auf Adoni-Be-
sek, den Herrscher über dieses Gebiet,
und kämpften mit ihm. Als er merkte,
dass die Kanaaniter und Perisiter die
Schlacht verloren, 6 ergriff er die Flucht.
Doch die Israeliten jagten ihm nach und
fassten ihn. Sie hieben ihm die Daumen
und die großen Zehen ab. 7 Da sagte Ado-
ni-Besek: »Siebzig Königen habe ich die
Daumen und die großen Zehen abha-
cken lassen. Sie mussten die Abfälle un-
ter meinem Tisch aufsammeln. Nun zahlt
Gott mir heim, was ich getan habe.« Man
brachte ihn nach Jerusalem, und dort
starb er.
8 Die Männer des Stammes Juda griffen
Jerusalem an und eroberten es. Sie töte-
ten die Bewohner mit dem Schwert und
steckten die Stadt in Brand. 9 Danach zo-
gen sie weiter und kämpften gegen die
Kanaaniter im judäischen Bergland, in
der südlichen Steppe und in der Gegend
zwischen dem Mittelmeer und dem judäi-
schen Bergland. 10 Sie griffen Hebron an,
das früher Kirjat-Arba hieß, und besieg-
ten dort die Kanaaniter Scheschai, Ahi-
man und Talmai mit ihren Sippen.
11 Dann zogen sie zur Stadt Debir, die
man damals noch Kirjat-Sefer nannte.
12 Kaleb, der judäische Heerführer, ver-
sprach seinen Männern: »Wer Kirjat-Se-
fer erobert, der erhält meine Tochter
Achsa zur Frau!« 13 Kalebs jüngerem Bru-
der Otniël, dem Sohn des Kenas, gelang
es, die Stadt einzunehmen. Dafür sollte
er Achsa zur Frau bekommen. 14 Achsa
drängte Otniël, Kaleb um einen Acker
zu bitten, aber ohne Erfolg. Als sie dann
am Tag der Hochzeit mit ihrem Vater auf
dem Weg zu Otniël war, sprang sie plötz-
lich vom Esel ab. »Was willst du?«, fragte
Kaleb. 15 »Gib mir zum Abschied deinen
Segen und ein Geschenk!«, bat sie. »Du
lässt mich in trockenes Südland ziehen,
darum gib mir bitte ein Grundstück mit
Wasserstellen!« Da schenkte er ihr von
seinem Besitz die oberen und unteren
Quellen.
16 Die Keniter, die Nachkommen von
Moses Schwiegervater, waren einst mit
dem Stamm Juda aus der Palmenstadt[a]
in die Wüste Juda südlich von Arad ge-
kommen und hatten sich dort angesie-
delt.
17 Die Männer der Stämme Juda und
Simeon zogen nun weiter und nahmen
die kanaanitische Stadt Zefat ein. Sie
vernichteten alle Bewohner nach Gottes
Befehl und gaben dem Ort den Namen
Horma (»Vernichtung«). 18 Dann erober-
ten die judäischen Soldaten die Städte

---

[a] Vielleicht die Stadt Tamar, die 140 Kilometer südlich von Arad im Negev liegt.

1,1–2 2 Mo 28,30* **1,8** Jos 15,63*; 2 Sam 5,6–9 **1,10–15** Jos 15,13–19 **1,16** 2 Mo 2,16–22; 4 Mo 10,29–32; 5 Mo 34,3 **1,17** 5 Mo 7,2*

Gaza, Aschkelon und Ekron mit den
umliegenden Gebieten. 19 Der Herr half
ihnen, das Bergland einzunehmen. Es
gelang ihnen jedoch nicht, die Bewohner
der Küstenebene zu vertreiben, denn
diese besaßen eiserne Streitwagen. 20 Ka-
leb erhielt die Stadt Hebron, wie Mose
es befohlen hatte. Er vertrieb von dort
die drei Nachkommen Anaks mit ihren
Sippen.
21 Der Stamm Benjamin ließ die Jebusi-
ter in Jerusalem wohnen. Bis heute leben
sie dort neben den Benjaminitern.

Der Norden Kanaans wird nur zum Teil erobert

22/23 Die Stämme Ephraim und Manasse
brachen auf und zogen nach Bethel, das
früher Lus hieß. Als sie die Gegend aus-
kundschaften wollten, um die Stadt zu er-
obern, half der Herr ihnen: 24 Ihre Späher
entdeckten einen Mann, der gerade die
Stadt verließ. Sie hielten ihn an und sag-
ten: »Zeig uns, wie wir nach Bethel hi-
neinkommen! Dafür werden wir dich ver-
schonen.« 25 Da zeigte er ihnen einen
unbewachten Zugang zur Stadt. Sie dran-
gen ein und töteten alle Einwohner mit
dem Schwert. Nur den Mann und seine
Verwandten ließen sie am Leben. 26 Er
ging ins Land der Hetiter und gründete
dort eine Stadt namens Lus, die es heute
noch gibt.
27 Die Einwohner der Städte Bet-Sche-
an, Taanach, Dor, Jibleam, Megiddo und
der umliegenden Orte vertrieb der
Stamm Manasse nicht, und so konnten
die Kanaaniter dort weiterhin wohnen.
28 Als das Volk Israel mächtig wurde,
machte es sie zu Fronarbeitern, doch es
gelang ihm immer noch nicht, sie zu ver-
treiben.
29 Die Ephraimiter gestatteten den Ka-
naanitern aus Geser, in ihrem Gebiet zu
bleiben.
30 Der Stamm Sebulon vertrieb die Ka-
naaniter nicht aus Kitron und Nahalol.
Sie blieben als Fronarbeiter dort.
31 Der Stamm Asser schickte weder die
Einwohner von Akko fort noch die von
Sidon, Mahaleb, Achsib, Helba, Afek
und Rehob. 32 So lebte Asser mitten unter
den Kanaanitern, die das Land schon vor-
her bewohnt hatten.
33 Der Stamm Naftali vertrieb die Ein-
wohner von Bet-Schemesch und Bet-
Anat nicht, sondern siedelte sich unter
den Einheimischen an. Er verpflichtete
die beiden Städte aber zum Frondienst.
34 Die Daniter versuchten, die Ebene in
Besitz zu nehmen, wurden aber von den
Amoritern in die Berge zurückgedrängt.
35 Die Amoriter weigerten sich, aus Har-
Heres, Ajalon und Schaalbim zu wei-
chen. Doch die Stämme Ephraim und
Manasse gewannen die Oberhand und
zwangen sie zur Fronarbeit.
36 Die Grenze der Amoriter begann am
Pass von Akrabbim und führte von dort
über den Felsen und weiter hinauf.

Der Engel des Herrn tadelt Israel

2 Der Engel des Herrn kam von Gilgal
nach Bochim und sagte zu den Israeli-
ten: »Ich habe euch aus Ägypten befreit
und in das Land gebracht, das ich euren
Vorfahren versprochen habe. Damals
schwor ich, meinen Bund mit euch nie-
mals zu brechen. 2 Ich befahl: ›Lasst euch
nicht mit den Bewohnern dieses Landes
ein! Zerstört ihre Götzenaltäre!‹ Doch
was habt ihr getan? Ihr habt nicht auf mich
gehört! 3 Darum werde ich diese Völker
nicht mehr aus eurem Gebiet vertreiben.
Mein Entschluss steht fest! Sie werden
euch großes Leid zufügen und euch mit
ihren Götzen ins Verderben stürzen.«
4 Als der Engel des Herrn dies gesagt
hatte, begannen die Israeliten laut zu
weinen. 5 Sie brachten dem Herrn Opfer
dar und nannten den Ort Bochim (»Wei-
nende«).

1,19 Jos 17,16.18 **1,20** Jos 14,13–15; 15,13–14 **1,21** Jos 15,63* **1,27–28** Jos 17,11–13 **1,29** Jos 16,10; 1 Kön 9,16 **1,34** Jos 19,47; Ri 18,1.27–29 **2,2** 5 Mo 12,2–3* **2,3** Jos 23,12–13

Vom Reden und Zuhören

Lesen Sie Richter 1,1-10

Zur Kommunikation gehören immer zwei. Wir reden nicht nur mit Gott, sondern er redet auch mit uns. Das wird in Richter 1 deutlich, wo das Volk Gott eine Frage stellt und er antwortet. Viele Menschen kennen das Gebet nur als einen Monolog, bei dem sie zu Gott sprechen, aber kaum jemand je die Stimme Gottes hört. Gottes Stimme ist nicht unbedingt hörbar, doch durch die Bibel spricht er ganz persönlich zu denen, die sich die Zeit zum Zuhören nehmen. Manche Menschen meinen, Bibellesen und Beten seien einfach nur religiöse Rituale. Doch in Wirklichkeit sind es Wege, auf denen der Mensch eine intensive Gemeinschaft mit Gott erfährt. Während wir in der Bibel lesen, spricht Gott mit uns über sich selbst und über unser Leben. Die Bibel hat uns mehr über zwischenmenschliche Beziehungen zu sagen als jedes andere Buch, denn in ihr spricht Gott, der Schöpfer zu uns Menschen, seinen Geschöpfen.

Ihre Beziehung zu Gott wird nur in dem Maß wachsen, wie Sie lernen, mit ihm zu kommunizieren. Überlegen wir einmal, wie das ganz praktisch gehen kann. Da die Bibel Gottes Wort an uns ist, sollten wir sie mit offenen Ohren lesen, bereit sein, seine Stimme zu hören. Bei anderen Büchern, die wir lesen, unterstreichen wir oftmals die wichtigen Gedanken in jedem Kapitel. Warum sollten wir das nicht auch bei der Bibel tun? Wenn Sie die Heilige Schrift lesen, werden Ihnen in jedem Kapitel bestimmte Formulierungen, Sätze und Gedanken ins Auge springen. Das könnten die Gedanken sein, die Gott Ihnen vermitteln will; hören Sie also gut zu. Sie befinden sich dann nämlich in einem kostbaren, vertrauensvollen Gespräch.

Nehmen Sie sich Zeit, um allein oder als Paar gemeinsam zu beten.

- Wenn Sie heute in der Bibel lesen, schreiben *Sie sich die Einzelheiten* und Gedanken sorgfältig auf, die Gott für Sie besonders hervorhebt. Sprechen Sie mit ihm über die Themen, die er Ihnen zeigt.
- Nehmen Sie sich Zeit, um im Gebet auf Gottes Stimme zu hören. Bleiben Sie in der Stille und warten Sie hoffnungsvoll.

Wenn Sie noch mehr Zeit haben …

Besprechen Sie miteinander folgende Fragen oder denken Sie darüber nach:

- Was hindert Sie daran, Gottes Stimme zu hören?
- Ist Ihre Kommunikation mit Gott eher wie ein Monolog oder wie ein Dialog? Warum?
- Erinnern Sie sich an eine Gelegenheit, bei der Gott Ihnen etwas ganz klar gezeigt hat. Was hat er Ihnen da gesagt?
- Was sagt die Tatsache, dass Gott mit Ihnen im Gespräch sein möchte, über seine Gefühle Ihnen gegenüber aus?

Lesen Sie auch die folgenden Abschnitte, in denen es um Ihre Beziehung zu Gott geht:
Psalm 95,7-8; Johannes 10,27-28; Epheser 3,12.

Die fünf Sprachen des Verzeihens

Lesen Sie Richter 2,1-5

Als der Engel des Herrn bei den Israeliten erschien, erinnerte er sie an ihren Bund, zeigte ihnen ihren Ungehorsam auf, stellte ihr Verhalten infrage und verkündete ihnen die Strafe: Leid und Verderben. Die Bewohner des Landes würden den Israeliten künftig großes Leid zufügen und sie mit ihren Götzen ins Verderben stürzen – eine qualvolle, heimtückische Situation für das Volk Israel.

Und die Antwort der Israeliten? Sie weinten und brachten Gott Opfer dar, Zeichen der wahren Reue. Obwohl sie gesündigt hatten und die Folgen tragen mussten, kehrten sie wieder zu Gott um.

Wenn wir sündigen, verletzen wir Beziehungen – unsere Beziehung zu Gott und zu anderen Menschen. Wie die Israeliten können auch wir das Vergangene nicht ungeschehen machen, aber wir haben die Wahl, wie wir darauf reagieren.

Es gibt fünf Möglichkeiten, wie Menschen sich entschuldigen: (1) Bedauern ausdrücken. „Was ich getan habe, tut mir leid." (2) Verantwortung übernehmen. „Ich hatte unrecht." (3) Wiedergutmachung. „Was kann ich tun, um das wieder in Ordnung zu bringen?" (4) Echte Reue. „Ich möchte so etwas nie wieder tun." (5) Bitte um Vergebung. „Kannst du mir bitte verzeihen?"

Wenn Sie diese Sprachen des Verzeihens lernen, hilft Ihnen das, zerbrochene Beziehungen wiederherzustellen. Vielleicht bevorzugt Ihr Ehepartner eine dieser Sprachen; dann ist das für ihn die „Muttersprache" des Verzeihens, durch die er Ihre Worte als aufrichtig empfindet. Wenn Sie also diese Sprache sprechen, wird es Ihrem Mann/Ihrer Frau leichter fallen, Ihnen zu vergeben.

Wie die Israeliten brechen auch wir unseren Bund; wir versagen gegenüber unserem Ehepartner. Doch wenn das geschehen ist, sollten wir so schnell wie möglich Reue zeigen und uns entschuldigen.

Nehmen Sie sich Zeit, um allein oder als Paar gemeinsam zu beten. Bitten Sie Gott, dass er Ihnen hilft, wenn Sie gesündigt haben: es einzusehen, es einzugestehen, es zu bereuen und *Ihre Beziehungen so schnell wie möglich* und mit Demut wiederherzustellen.

Wenn Sie noch mehr Zeit haben ...

Besprechen Sie miteinander folgende Fragen oder denken Sie darüber nach:

- Welche der fünf Sprachen des Verzeihens ist für Sie die aufrichtigste?
- Welche ist Ihnen am geläufigsten?
- Wenn Sie Ihren Mann oder Ihre Frau verletzt haben, welche Sprache des Verzeihens verwenden Sie dann normalerweise?

Lesen Sie auch die folgenden Abschnitte zum Thema Konflikte:
1. Mose 50,14-21; Matthäus 18,21-35; Lukas 17,3-4.

Den nächsten Impuls finden Sie auf S. 280 a

Israel bricht dem Herrn die Treue

6 Vor seinem Tod hatte Josua das Volk verabschiedet, und jeder Stamm war in sein Gebiet gezogen, um es in Besitz zu nehmen. 7 Die Israeliten blieben dem Herrn treu, solange Josua lebte und nach ihm die Ältesten, die noch selbst gesehen hatten, wie der Herr ihrem Volk mit machtvollen Taten geholfen hatte. 8 Josua, der Sohn Nuns, der Diener des Herrn, starb im Alter von 110 Jahren. 9 Man begrub ihn auf dem Grundstück, das ihm und seinen Nachkommen gehören sollte; es lag in Timnat-Heres nördlich des Berges Gaasch im Gebirge Ephraim.

10 Als von seiner Generation keiner mehr lebte, gab es eine neue Generation, die den Herrn weder kannte noch wusste, was er für Israel getan hatte. 11 Sie taten, was der Herr verabscheute: Sie dienten anderen Göttern 12 und wandten sich ab vom Herrn, dem Gott ihrer Vorfahren, der ihr Volk aus Ägypten befreit hatte. Den Götzen der Völker ringsum liefen sie nach und beteten sie an. Damit forderten sie den Zorn des Herrn heraus. 13 Sie kehrten ihm den Rücken und dienten dem Gott Baal und der Göttin Aschera. 14 Der Herr war zornig auf die Israeliten. Er sorgte dafür, dass Räuberbanden sie ausplünderten und ihre Nachbarvölker mächtiger wurden als sie. Nun konnten die Israeliten sich nicht mehr behaupten. 15 Was sie auch unternahmen, um sich zu verteidigen – der Herr ließ es ihnen misslingen. Sie gerieten in große Bedrängnis, so wie er es ihnen angekündigt hatte.

16 Da berief der Herr Männer zu Führern seines Volkes, die es aus der Gewalt der Feinde befreiten. Sie wurden Richter genannt. 17 Aber auch auf die Richter hörten die Israeliten nicht, sondern warfen sich fremden Göttern an den Hals und beteten sie an. So kamen sie bald wieder von dem Weg ab, den ihre Vorfahren gegangen waren. Damals hatten die Israeliten sich noch an die Gebote des Herrn gehalten, doch nun taten sie, was sie wollten. 18 Wenn sie dann aber verzweifelt klagten, weil ihre Feinde sie hart bedrängten und unterdrückten, hatte der Herr Erbarmen mit ihnen. Er berief einen Richter und half ihm, das Volk zu retten.

Solange der Richter lebte, waren die Israeliten in Sicherheit. 19 Nach seinem Tod aber schlugen sie wieder ihre alten Wege ein. Sie verehrten andere Götter, dienten ihnen und warfen sich vor ihnen nieder. Dabei trieben sie es noch schlimmer als ihre Vorfahren. Stur hielten sie an ihren Machenschaften fest und ließen sich durch nichts davon abbringen. 20 Da wurde der Herr wieder zornig auf sie und sprach: »Dieses Volk hat den Bund gebrochen, den ich mit ihren Vorfahren geschlossen habe. Sie wollen nicht auf mich hören. 21 Darum werde ich die Völker, die seit Josuas Tod noch im Land sind, nicht vertreiben; sie sollen dort bleiben. 22 Durch sie will ich die Israeliten auf die Probe stellen und sehen, ob sie sich an meine Gebote halten wie ihre Vorfahren oder nicht.«

23 So vertrieb der Herr die Völker, die Josua nicht besiegen konnte, nicht sofort aus dem Land, sondern ließ sie dort wohnen.

Gott prüft Israel durch die anderen Völker Kanaans

3 Der Herr ließ einige Völker im Land Kanaan bleiben, um Israel auf die Probe zu stellen. 2 Auch wollte er die neue Generation lehren, wie man Krieg führt. Denn sie hatte die Eroberung Kanaans nicht miterlebt.

Folgende Völker wohnten weiter im Land: 3 die Philister mit ihren fünf Fürsten, die Kanaaniter und Sidonier und alle Hiwiter im Libanongebirge zwischen dem Berg Baal-Hermon und der Gegend

---

2,6 Jos 24,28 **2,7–9** Jos 24,29–31 **2,14–15** 3 Mo 26,17; 5 Mo 28,20 **2,18** 2 Mo 2,23–25* **2,21–22** 3,1.4 **3,1–2** 2,21–22 **3,3** Jos 13,2–5

von Hamat. [4]Durch sie wollte der Herr die Israeliten prüfen und sehen, ob sie seine Gebote befolgten, die er ihren Vorfahren durch Mose gegeben hatte.

Der Richter Otniël

[5]Die Israeliten lebten mitten unter den Kanaanitern, Hetitern, Amoritern, Perisitern, Hiwitern und Jebusitern. [6]Sie vermischten sich mit diesen Völkern und dienten ihren Göttern. [7]Sie taten, was der Herr verabscheute, vergaßen ihn und verehrten die Götzen Baal und Aschera.

[8]Da wurde der Herr zornig auf sein Volk und gab es in die Gewalt Kuschan-Rischatajims, des Königs von Nord-Mesopotamien. Acht Jahre lang wurde es von ihm unterdrückt.

[9]Als die Israeliten zum Herrn um Hilfe schrien, schenkte er ihnen einen Befreier: Otniël, den Sohn des Kenas, den jüngeren Bruder Kalebs. [10]Otniël wurde vom Geist des Herrn erfasst, er stellte sich an die Spitze des israelitischen Heers und führte es in die Schlacht. Der Herr half ihm, Kuschan-Rischatajim, den König von Nord-Mesopotamien, zu besiegen.

[11]Vierzig Jahre lang herrschte Frieden. Dann starb Otniël, der Sohn des Kenas, [12]und die Israeliten taten wieder, was der Herr verabscheute. Darum ließ er Eglon, den König von Moab, zu einem mächtigen Feind Israels werden. [13]Eglon verbündete sich mit den Ammonitern und Amalekitern, führte Krieg gegen die Israeliten und besiegte sie. Er nahm die Palmenstadt Jericho ein [14]und unterwarf Israel achtzehn Jahre lang.

Die List des Richters Ehud

[15]Die Israeliten schrien zum Herrn um Hilfe, und wieder gab er ihnen einen Befreier: Ehud, den Sohn Geras, vom Stamm Benjamin, einen Linkshänder. Ihn sandten die Israeliten zum Moabiterkönig Eglon, um den Tribut zu entrichten. [16]Ehud fertigte ein zweischneidiges Schwert an, das etwa dreißig Zentimeter lang war, und versteckte es unter seinem Gewand an der rechten Seite. [17]Er brachte den Tribut zu König Eglon, der ein sehr dicker Mann war. [18]Dann schickte er die Männer fort, die ihn als Lastträger begleitet hatten. [19/20]Auch er verließ den Palast und ging in Richtung Gilgal. Als er dort die Stelle erreichte, wo die Götterstatuen standen, kehrte er noch einmal zu Eglon zurück.

Der König saß gerade im kühlen Obergemach, das nur für ihn bestimmt war. Ehud trat ein und sagte zu ihm: »Ich habe eine geheime Botschaft für dich!« »Lasst uns allein!«, befahl der König seinen Dienern. Als sie hinausgegangen waren, sagte Ehud: »Die Botschaft, die ich für dich habe, ist von Gott!« Eglon stand auf. [21]Da packte Ehud mit der linken Hand das Schwert, das er an der rechten Seite trug, zog es hervor und stieß es Eglon in den Bauch. [22]Die Klinge drang so tief ein, dass das Fett den Griff umschloss und die Spitze zwischen den Beinen wieder herauskam. Ehud ließ das Schwert stecken [23]und trat in die Halle hinaus. Er schloss die Tür, sperrte sie zu und floh.[a]

[24]Bald darauf kamen Eglons Diener und merkten, dass der Raum verschlossen war. »Der König muss sicher gerade austreten«, sagten sie zueinander [25]und warteten eine Weile, doch die Tür ging nicht auf. Schließlich kam es ihnen merkwürdig vor. Sie holten den Schlüssel und öffneten das Obergemach. Dort fanden sie den König tot am Boden liegen.

[26]Ehud aber war entkommen, während die Diener gewartet hatten. Er hatte bereits die Götterstatuen bei Gilgal hinter sich gelassen und floh weiter nach Seïra. [27]Dort im Gebirge Ephraim ließ er das Horn blasen, um die Israeliten zur Schlacht zu versammeln. Sie folgten ihm ins Jordantal. [28]»Mir nach!«, rief er. »Der

---

[a] Die Verse 22 und 23 sind nicht sicher zu deuten.

3,6–7 5 Mo 7,3–4* **3,9** 1,13 **3,10** 6,34; 11,29; 13,25; 14,6.19; 15,14; 1 Sam 10,6; 11,6

Herr gibt euch den Sieg über die Moabiter!« Sie zogen mit Ehud hinab und besetzten die Jordanübergänge, um den Feinden den Fluchtweg abzuschneiden. [29] Dann kämpften sie gegen die Moabiter und töteten an die 10000 gute, erfahrene Soldaten, keiner entkam.

[30] So mussten sich die Moabiter der Macht der Israeliten beugen, und achtzig Jahre lang herrschte Frieden.

Der Richter Schamgar

[31] Nach Ehud gab es einen weiteren Befreier Israels: Schamgar, den Sohn Anats. Er tötete 600 Philister mit einem Ochsenstecken.

Die Richterin Debora und der Heerführer Barak

4 Als Ehud gestorben war, taten die Israeliten erneut, was der Herr verabscheute. [2/3] Da ließ der Herr ihr Gebiet vom Kanaaniterkönig Jabin erobern, der regierte in Hazor und besaß 900 eiserne Streitwagen. Sein Heerführer hieß Sisera, er hatte sein Truppenlager in Haroschet-Gojim aufgeschlagen. Zwanzig Jahre lang quälte und unterdrückte Jabin die Israeliten. Da schrien sie zum Herrn um Hilfe.

[4] Zu jener Zeit war die Prophetin Debora Israels Richterin. Sie war mit einem Mann namens Lappidot verheiratet [5] und wohnte bei der nach ihr benannten Debora-Palme zwischen Rama und Bethel im Gebirge Ephraim. Dorthin kamen die Israeliten, um sich von ihr Recht sprechen zu lassen. [6] Eines Tages ließ Debora Barak, den Sohn Abinoams, aus Kedesch im Stammesgebiet von Naftali zu sich kommen. Sie sagte zu ihm: »Der Herr, der Gott Israels, befiehlt dir: ›Rufe 10000 Soldaten aus den Stämmen Naftali und Sebulon zusammen, und zieh mit ihnen auf den Berg Tabor! [7] Ich werde dafür sorgen, dass Sisera, der Heerführer Jabins, mit seinen Wagen und seinem Heer zum Fluss Kischon kommt. Dort gebe ich ihn in deine Gewalt.‹«

[8] Barak antwortete: »Ich werde nur gehen, wenn du mitkommst. Ohne dich unternehme ich nichts.« [9] »Ich komme mit«, willigte Debora ein, »aber der Ruhm dieses Feldzugs wird nicht dir gehören, denn der Herr wird einer Frau den Sieg über Sisera schenken!«

Zusammen mit Barak machte sich Debora auf den Weg nach Kedesch. [10] Dort rief Barak die Stämme Sebulon und Naftali zusammen. 10000 Mann folgten ihm auf den Berg Tabor, und Debora begleitete sie.

[11] Zu jener Zeit schlug ein Keniter namens Heber seine Zelte bei dem großen Baum von Zaanannim in der Nähe von Kedesch auf. Die Keniter waren Nachkommen von Hobab, dem Schwager des Mose. Heber hatte sich von seiner Sippe getrennt und war allein weitergezogen.

[12] Man meldete Sisera, dass Barak, der Sohn Abinoams, ein Heer auf den Berg Tabor geführt hatte. [13] Da brach er von Haroschet-Gojim auf und zog mit den 900 eisernen Streitwagen und seinem ganzen Heer zum Fluss Kischon. [14] »Greif an«, forderte Debora Barak auf. »Der Herr wird euch vorangehen und euch noch heute den Sieg über Sisera geben!« Da stieg Barak mit seinen 10000 Soldaten vom Berg Tabor herab. [15] Als sie mit dem Schwert in der Hand angriffen, ließ der Herr das ganze Heer der Kanaaniter in Panik geraten. Sisera sprang vom Wagen und floh zu Fuß.

[16] Baraks Männer verfolgten die fliehenden Truppen und ihre Wagen bis nach Haroschet-Gojim. Sie töteten alle Soldaten, nicht einer kam mit dem Leben davon.

Das Ende Siseras

[17] Sisera floh zu Fuß zum Zelt Jaëls, der Frau des Keniters Heber. Denn zwischen Heber und Jabin, dem König von Hazor, herrschte Frieden. [18] Jaël trat aus dem

---

3,31 5,6 **4,2–3** Jos 11,1–11 **4,11** 1,16 **4,15** 2 Mo 14,24

Zelt, lief Sisera entgegen und rief:
»Komm herein, mein Herr! Hier bist du
sicher!« Da ging er in ihr Zelt und legte
sich hin. Jaël deckte ihn zu.
[19]»Gib mir bitte etwas Wasser«, sagte
er, »ich habe Durst.« Jaël öffnete den
Milchschlauch und ließ Sisera trinken.
Dann deckte sie ihn wieder zu. [20]»Stell
dich an den Eingang!«, bat er sie. »Wenn
einer kommt und fragt, ob jemand im
Zelt ist, sag nein!«
[21]Erschöpft fiel er in einen tiefen
Schlaf. Jaël nahm einen Zeltpflock und
einen Hammer, schlich sich an Sisera he-
ran und schlug den Pflock durch seine
Schläfen in den Boden. So starb er.
[22]Kurz darauf traf Barak ein, der Sisera
verfolgte. Jaël ging ihm entgegen und
sagte: »Komm, ich will dir den Mann zei-
gen, den du suchst.« Barak trat in das
Zelt und sah Sisera mit dem Zeltpflock
in der Schläfe tot am Boden liegen.
[23]An diesem Tag fügte Gott dem Ka-
naaniterkönig Jabin durch die Israeliten
eine schwere Niederlage zu. [24]Danach
gewannen sie immer mehr Macht über
Jabin, und schließlich vernichteten sie
ihn ganz.

Das Siegeslied Deboras und Baraks

5 Am Tag des Sieges sangen Debora
und Barak, der Sohn Abinoams, die-
ses Lied:

[2]Preist den Herrn für Israels Helden, die
ihre Stärke bewiesen, und für das Volk,
das freiwillig kämpfte!
[3]Hört her, ihr Könige, gebt Acht, ihr
Herrscher: Für den Herrn will ich singen,
ja, singen und musizieren will ich für den
Herrn, den Gott Israels!

[4]Herr, du stiegst herab vom Gebirge Seïr,
aus den Steppen Edoms kamst du herbei.
Da bebte die Erde, und Regen fiel vom
Himmel, das Wasser strömte aus den
Wolken nieder.
[5]Die Berge gerieten ins Wanken, als der
Herr kam, als der Gott Israels sich am
Sinai zeigte.

[6]Zur Zeit Schamgars, des Sohnes Anats,
und in den Tagen Jaëls waren die Straßen
leer: Wer auf Reisen war, ging auf gut
versteckten Pfaden.
[7]Felder und Dörfer lagen verwaist, bis
ich mich erhob, ja, bis ich, Debora, auf-
stand, die Mutter Israels.
[8]Mein Volk hatte sich neue Götter er-
wählt, und dann brach der Feind durch
die Tore herein. Bei vierzigtausend Män-
nern in Israel fand sich kein Schild und
kein Speer!
[9]Doch nun bin ich stolz auf die Heerfüh-
rer Israels und auf alle Soldaten, die frei-
willig kämpften. Ja, preist den Herrn,
[10]singt, die ihr auf weißen Eseln reitet
und dabei auf kostbaren Decken sitzt,
singt auch ihr, die ihr zu Fuß gehen
müsst!
[11]Hört, dort am Brunnen, wo man das
Vieh tränkt, rühmen sie die mächtigen
Taten des Herrn! Sie erzählen, wie er sei-
nem Volk geholfen hat. Israel konnte die
Berge wieder verlassen und ist in seine
Städte zurückgekehrt.

[12]Auf, Debora, auf, sing ein Lied! Steh
auf, Barak, du Sohn Abinoams, und führe
die Gefangenen fort!

[13]Die letzten mutigen Soldaten kamen
herab vom Gebirge und schlossen sich
den Führern Israels an. Das Volk des
Herrn kam zu mir, bereit zum Kampf:
[14]Die Ephraimiter rückten an aus Ama-
leks Land, gefolgt von den Männern aus
Benjamin. Machirs Sippe kam mit ihren
Oberhäuptern und Sebulon mit seinen
Truppenführern.
[15]Auch Issaschars Fürsten halfen Debo-
ra, und seine Soldaten folgten Barak ins
Tal. Der Stamm Ruben aber blieb in sei-
nem Gebiet und beriet ohne Ende, ob er
mitkommen sollte.

5,4–5 5 Mo 33,2; Ps 68,8–9; Hab 3,3–15 **5,6** 3,31; 4,17

16 Warum bist du bei deinen Herden geblieben? Um den Flöten der Hirten zu lauschen? Der Stamm Ruben blieb in seinem Gebiet und beriet ohne Ende, ob er mitkommen sollte.
17 Die Sippen aus Gilead ruhten sich jenseits des Jordan aus. Warum ist der Stamm Dan bei seinen Schiffen geblieben? Die Soldaten von Asser saßen am Ufer des Meeres, untätig blieben sie an seinen Buchten.
18 Doch Sebulon wagte sein Leben, zusammen mit Naftali zog er aufs Schlachtfeld, ohne Furcht vor dem Tod.

19 Könige kamen und kämpften, Kanaans Könige führten Krieg gegen Israel bei Taanach am Fluss von Megiddo. Doch sie brachten kein Silber als Beute zurück.
20 Vom Himmel her griffen die Sterne Sisera an, von ihren Bahnen aus kämpften sie gegen ihn und sein Volk!
21 Der Fluss Kischon, der schon seit Urzeiten fließt, riss die Feinde mit sich fort. Sei stark, Debora, verlier nicht den Mut!
22 Die Pferde der Feinde galoppierten davon, unter ihren Hufen dröhnte die Erde.

23 »Verflucht sei die Stadt Meros!«, rief der Engel des Herrn. Ja, Unheil soll ihre Bewohner treffen! Denn sie kamen dem Herrn nicht zu Hilfe, sie standen den Soldaten Israels nicht bei.

24 Preist Jaël, die Frau des Keniters Heber, rühmt sie mehr als jede andere Frau! Möge Gott sie reicher beschenken als alle Frauen, die in Zelten zu Hause sind.
25 Als Sisera um Wasser bat, reichte sie Milch, gab ihm Sahne im kostbaren Gefäß.
26 Doch dann fasste sie mit der Linken den Pflock und mit der Rechten den wuchtigen Hammer. Sie erschlug Sisera, zertrümmerte seinen Schädel und durchbohrte ihm die Schläfe.[a]
27 Er krümmte sich zu ihren Füßen, geschlagen lag er da. Er krümmte sich zu ihren Füßen und starb.
28 Zu Hause hielt seine Mutter Ausschau nach ihm. Sie blickte aus dem Fenster und rief voller Sorge: »Warum sehe ich seinen Streitwagen noch nicht? Was hält seine Pferde bloß auf?«
29 Ihre weisen Beraterinnen beruhigten sie, und sie klammerte sich an ihre Worte:
30 »Unser Volk macht gewiss Beute und teilt sie auf: ein oder zwei Mädchen für jeden Mann und bunte Gewänder für Sisera. Ja, bunte Kleider bringen sie mit und zwei kostbare Tücher als Schmuck um deinen Hals!«

31 Herr, mögen all deine Feinde sterben wie Sisera! Doch wer dich liebt, gleicht der Sonne, die aufgeht in ihrer Pracht!

Nach dem Sieg Baraks über die Kanaaniter herrschte vierzig Jahre lang Frieden im Land.

Die Midianiter unterdrücken Israel

6 Die Israeliten taten, was der Herr verabscheute. Da ließ er die Midianiter sieben Jahre lang über sie herrschen.
2 Die Israeliten wurden von ihnen so schwer unterdrückt, dass sie sich in Felsklüften, in Höhlen und auf den Bergen verstecken mussten.
3 Immer wenn sie ihre Felder in der Ebene bestellt hatten, kamen die Midianiter, die Amalekiter und die Beduinenstämme aus dem Osten,
4 machten sich im Land breit und vernichteten die ganze Ernte bis nach Gaza am Mittelmeer. Sie ließen nichts übrig, wovon das Volk Israel sich ernähren konnte, und raubten auch alle Schafe, Ziegen, Rinder und Esel.
5 Mit ihren Herden und Zelten fielen sie wie ein Heuschreckenschwarm über Israel her. Niemand konnte sie und ihre Kame-

---

[a] Vgl. Richter 4,17–21.

5,21 4,7 **6,1** 1 Mo 25,1–6; 2 Mo 2,15–22 **6,3–4** 5 Mo 28,33

le zählen. So drangen sie immer wieder
ins Land ein und verwüsteten es.
[6/7] Die Israeliten gerieten dadurch tief
ins Elend. Als sie zum Herrn um Hilfe
schrien, [8] sandte er einen Propheten zu ih-
nen, der verkündete: »So spricht der Herr,
der Gott Israels: Ich habe euch aus der
Sklaverei in Ägypten befreit und hierher
gebracht. [9] Aus der Gewalt der Ägypter
und aller anderen Unterdrücker habe ich
euch gerettet. Ich vertrieb sie und gab
euch ihr Land. [10] Damals sagte ich zu euch:
›Ich bin der Herr, euer Gott. Verehrt nicht
die Götter der Amoriter, in deren Land
ihr wohnt.‹ Aber ihr habt nicht auf mich
gehört!«

Der Herr beruft Gideon

[11] Der Engel des Herrn kam nach Ofra
und setzte sich unter eine Terebinthe auf
dem Grundstück, das Joasch gehörte,
einem Mann aus der Sippe Abiëser. Jo-
aschs Sohn Gideon drosch gerade Wei-
zen in einer Kelter, um das Getreide vor
den Midianitern in Sicherheit zu bringen.
[12] Da erschien ihm der Engel des Herrn
und sagte: »Der Herr steht dir bei, du
starker Kämpfer!«
[13] Gideon erwiderte: »Ach, mein Herr,
wenn Gott uns wirklich beisteht, warum
geht es uns dann so schlecht? Wo sind all
die Wunder, von denen unsere Eltern uns
erzählt haben? Sie sagen, der Herr habe
uns aus Ägypten befreit. Aber was ist
jetzt? Er hat uns verlassen und den Mi-
dianitern ausgeliefert!«
[14] Der Herr sah Gideon an und sagte:
»Ich gebe dir einen Auftrag: Geh, und ret-
te Israel aus der Gewalt der Midianiter!
Du hast die Kraft dazu!« [15] »Aber wie soll
ich Israel denn retten?«, rief Gideon.
»Meine Sippe ist die kleinste in Manasse,
und ich bin der Jüngste in unserer Fami-
lie.« [16] Der Herr versprach: »Ich helfe dir!
Du wirst die Midianiter schlagen, als hät-
test du es nur mit einem einzigen Mann
zu tun.« [17] Gideon entgegnete: »Ich habe
es nicht verdient, dass du mich anhörst.
Aber wenn du willst, dann gib mir bitte
ein Zeichen, dass du Gott bist, der jetzt
mit mir spricht. [18] Ich möchte dir eine Ga-
be holen. Bitte geh nicht weg, bis ich wie-
derkomme.« Der Herr antwortete: »Ich
bleibe, bis du zurück bist.«
[19] Gideon ging ins Haus, nahm gut zehn
Kilogramm Mehl und backte ungesäuer-
te Brote. Danach schlachtete er einen
jungen Ziegenbock und bereitete ihn zu;
das Fleisch legte er in einen Korb, und die
Brühe goss er in einen Topf. Nun brachte
er das Essen hinaus zur Terebinthe und
bot es dem Engel an.
[20] Doch der Engel sagte zu ihm: »Nimm
das Fleisch und das Brot, und leg es auf
den Felsen hier! Die Brühe gieß aus!« Gi-
deon gehorchte. [21] Der Engel des Herrn
streckte seinen Stab aus und berührte da-
mit das Fleisch und das Brot. Da kam
Feuer aus dem Felsen und verzehrte das
Essen. Zugleich verschwand der Engel.
[22] Nun hatte Gideon keinen Zweifel
mehr, er rief: »Herr, ich muss sterben,
denn ich habe deinen Engel mit eigenen
Augen gesehen!« [23] Da sprach der Herr
zu ihm: »Hab keine Angst! Du wirst
nicht sterben. Ich schenke dir Glück
und Frieden.«
[24] Gideon baute einen Altar und gab
ihm den Namen: »Der Herr ist Friede.«
Er steht bis heute bei Ofra, der Stadt der
Abiësriter.

Gideon zerstört den Altar Baals

[25] In der folgenden Nacht sprach der Herr
zu Gideon: »Nimm den siebenjährigen
Stier deines Vaters, das zweitbeste Tier
aus seiner Herde![a] Reiß den Altar Baals
nieder, der deinem Vater gehört, und hau
die Götterstatue der Aschera um, die
dort steht! [26] Dann bau für mich, den

---

[a] Dieser zweitgeborene Stier war der wertvollste, nachdem der erste geopfert worden war. Vgl. 2. Mose 13,11–16

6,8–10 2,1–3 **6,10** 2 Mo 20,2*.3–5*; Jos 24,15 **6,15** 2 Mo 3,11; 1 Sam 9,21 **6,16** 2 Mo 3,12; Jos 1,6 **6,17** 2 Kön 20,8–11; Jes 7,10–14 **6,18** 1 Mo 18,3–5 **6,19–21** 13,15–20 **6,22** 13,22; 2 Mo 33,20–23*

Herrn, deinen Gott, einen Altar an der höchsten Stelle eurer Bergfestung. Schichte das Holz der Statue darauf, und bring den Stier als Brandopfer dar!«

[27] Gideon nahm zehn seiner Knechte mit und führte aus, was der Herr ihm befohlen hatte. Er tat es jedoch nicht am Tag, sondern in der Nacht, weil er Angst vor der Familie seines Vaters und vor den Männern der Stadt hatte.

[28] Am frühen Morgen entdeckten die Bewohner der Stadt, dass der Altar Baals niedergerissen und die Statue der Aschera umgehauen war. Sie sahen auch den neuen Altar, auf dem Gideon den Stier geopfert hatte. [29] »Wer hat das getan?«, fragten sie einander. Man forschte nach und fand schließlich heraus: »Gideon, der Sohn Joaschs, war es!«

[30] Da forderten die Männer der Stadt von Joasch: »Liefere uns deinen Sohn aus! Er muss sterben, denn er hat den Altar Baals niedergerissen und die Götterstatue umgehauen.« [31] Joasch antwortete den Versammelten: »Wollt ihr etwa Baal verteidigen? Wollt ihr ihn retten? Wer für Baal kämpft, wird noch in dieser Nacht getötet! Wenn Baal wirklich ein Gott ist, dann soll er sich doch selbst dafür rächen, dass sein Altar zerstört worden ist.«

[32] Weil Gideon den Altar Baals niedergerissen hatte, nannte man ihn von da an Jerubbaal (»Baal soll sich an ihm rächen«).

Gideon bittet Gott um ein Zeichen

[33] Alle Midianiter, Amalekiter und die Beduinen aus dem Osten versammelten sich, überquerten den Jordan und schlugen ihr Lager in der Ebene Jesreel auf. [34] Da wurde Gideon vom Geist des Herrn ergriffen. Er blies das Horn und rief die Männer der Sippe Abiëser auf, ihm zu folgen. [35] Er sandte auch Boten zum ganzen Stamm Manasse und zu den Stämmen Asser, Sebulon und Naftali. Sie folgten dem Aufruf und schlossen sich Gideons Truppe an.

[36] Gideon betete: »Bitte gib mir ein Zeichen, dass du Israel wirklich durch mich befreien willst, wie du es angekündigt hast. [37] Ich lege frisch geschorene Wolle auf den Dreschplatz. Lass doch morgen früh die Wolle vom Tau nass sein, den Boden ringsum aber trocken! Dann weiß ich, dass du Israel durch mich retten möchtest, wie du es gesagt hast.«

[38] Was Gideon erbeten hatte, geschah. Als er am nächsten Morgen früh aufgestanden war, presste er den Tau aus der Wolle. Das Wasser füllte eine ganze Schale.

[39] Da sagte Gideon zu Gott: »Sei nicht zornig, wenn ich dich noch einmal um etwas bitte! Ich möchte es nur noch dies eine Mal mit der Wolle versuchen. Lass sie trocken bleiben und den ganzen Boden nass vom Tau sein.« [40] In der folgenden Nacht erhörte Gott wieder sein Gebet: Die Wolle allein blieb trocken, und auf dem Boden ringsum lag Tau.

Gott wählt Gideons Soldaten aus

7 In aller Frühe führte Gideon, den man auch Jerubbaal nannte, sein Heer zur Quelle Harod. Dort schlugen sie ihr Lager auf. Nördlich von ihnen im Tal lagerten die Midianiter am Fuß des Hügels More.

[2] Der Herr sprach zu Gideon: »Du hast zu viele Soldaten! Diesem großen Heer will ich nicht den Sieg über die Midianiter schenken! Sonst werden die Israeliten mir gegenüber prahlen: ›Wir haben uns aus eigener Kraft befreit!‹ [3] Ruf deshalb im Lager aus, dass alle, die Angst haben, umkehren sollen!« So verkleinerte Gideon sein Heer.[a] 22000 Mann machten kehrt, und 10000 blieben zurück.

---

[a] Dieser Sinn ergibt sich, wenn der hebräische Text etwas geändert wird. Wörtlich heißt es: »Wer sich fürchtet und Angst hat, soll umkehren und sich vom Gebirge Gilead abwenden.« Das Gebirge Gilead liegt weit entfernt auf der anderen Seite des Jordan.

6,31 1 Kön 18,27 **6,34** 3,10* **6,39** 1 Mo 18,30.32 **7,1** 6,32 **7,2** 5 Mo 8,17–18 **7,3** 5 Mo 20,8

[4]Doch der Herr sagte zu Gideon: »Es
sind immer noch zu viele! Führ sie zur
Quelle hinab. Ich will dort selbst noch ein-
mal auswählen. Ich werde dir sagen, wer
mit dir ziehen soll und wer nicht.« [5]Gide-
on ging mit den Männern an die Quelle.
Der Herr befahl ihm: »Alle, die das Was-
ser mit der Hand schöpfen und es dann
auflecken wie ein Hund, stell auf die eine
Seite! Auf die andere Seite lass alle ge-
hen, die sich zum Trinken hingekniet ha-
ben.« [6]300 Mann führten das Wasser mit
der Hand zum Mund, alle anderen knie-
ten zum Trinken nieder.

[7]Da sprach der Herr zu Gideon:
»Durch die 300 Männer, die das Wasser
aus der Hand getrunken haben, werde
ich Israel befreien und die Midianiter in
deine Gewalt geben! Alle anderen sollen
nach Hause gehen.« [8]Gideon entließ die
Männer und behielt nur die 300 bei sich.
Sie übernahmen die Vorräte und die Sig-
nalhörner der anderen. All dies geschah
oberhalb der Talebene, in der die Midia-
niter lagerten.

Gideon schlägt die Midianiter in die Flucht

[9]In der Nacht sprach der Herr zu Gideon:
»Greif die Midianiter an! Ich gebe ihr La-
ger in deine Gewalt! [10]Wenn du aber
Angst hast, dann geh vorher mit deinem
Diener Pura hinunter [11]und hör dir an,
was sie dort reden. Das wird dir Mut ge-
ben, sie anzugreifen!«

Da ging Gideon mit Pura zum Lager
hinab und schlich sich an die bewaffneten
Vorposten heran. [12]Die Midianiter, Ama-
lekiter und die vielen Beduinen aus dem
Osten hatten sich im Tal ausgebreitet wie
ein Heuschreckenschwarm. Ihre Kamele
waren so zahlreich wie der Sand am Meer.

[13]Gideon kam ganz nahe an die feind-
lichen Soldaten heran und hörte, wie ein
Mann zu seinem Kameraden sagte: »Ich
muss dir etwas erzählen! Ich habe ge-
träumt, dass ein riesiges Gerstenbrot in
unser Lager gerollt ist. Es hat ein Zelt ge-
troffen und umgerissen. Alles flog durch-
einander und stürzte zu Boden.« [14]Der
andere erwiderte: »Das kann nur eins be-
deuten: das Schwert des Israeliten Gide-
on, des Sohnes Joaschs! Gott wird ihm
den Sieg über uns Midianiter und unser
ganzes Lager schenken!«

[15]Als Gideon den Traum und die Deu-
tung gehört hatte, warf er sich nieder und
betete Gott an. Dann kehrte er ins israe-
litische Lager zurück und rief: »Los! Der
Herr gibt die Midianiter in eure Gewalt!«

[16]Er teilte seine 300 Soldaten in drei
Gruppen und gab jedem Mann ein Sig-
nalhorn und einen Krug mit einer Fackel
darin. [17/18]»Stellt euch rings um das ganze
Heerlager auf«, befahl er, »und achtet ge-
nau auf das, was ich tue! Wenn ich mit
meinen Leuten zu den Wachposten kom-
me, blasen wir die Hörner. Sobald ihr das
hört, tut ihr das Gleiche und schreit laut:
›Wir kämpfen für den Herrn und für Gi-
deon!‹«

[19]Gideon erreichte mit seinen 100
Mann den Rand des Lagers, als die mitt-
lere Nachtwache begann und die Posten
gerade abgelöst worden waren. Da blie-
sen sie die Hörner und zerschlugen ihre
Krüge. [20]Sofort taten die Männer der
beiden anderen Abteilungen das Glei-
che. In der rechten Hand hielten sie die
Hörner, in der linken die Fackeln und
riefen: »Wir kämpfen für den Herrn und
für Gideon!« [21]Dabei blieben sie rings
um das Heerlager stehen. Die feind-
lichen Soldaten liefen durcheinander,
schrien und versuchten zu entkommen.
[22]Während die 300 Israeliten die Hörner
bliesen, ließ der Herr überall im Lager
Kämpfe unter den Verbündeten ausbre-
chen. Schließlich floh das ganze Heer in
Richtung Bet-Schitta, Zereda[a], Abel-
Mehola und Tabbat.

[23]Gideon rief die Männer der Stämme
Naftali, Asser und Manasse zusammen,

---

[a] So mit einigen hebräischen Handschriften und 1. Könige 11,26. Der hebräische Text lautet: Zerera.
7,22 Ps 83,10; Jes 9,3

um die Midianiter zu verfolgen. 24 Er
sandte auch Boten zum Stamm Ephraim
im Gebirge und ließ den Männern dort
ausrichten: »Kommt herab, und stellt
euch den Midianitern in den Weg! Be-
setzt die Wasserstellen bis nach Bet-Bara
und die Übergänge des Jordan!«
Die Ephraimiter folgten der Anord-
nung, 25 sie nahmen zwei midianitische
Fürsten, Oreb und Seeb, gefangen und
töteten sie. Die Orte, wo dies geschah,
nannten sie Oreb-Fels und Seeb-Kelter.
Danach nahmen sie die Verfolgung der
Midianiter wieder auf. Als sie den Jordan
überquert hatten, trafen sie auf Gideon
und übergaben ihm die abgeschlagenen
Köpfe der beiden Fürsten.

Der Stamm Ephraim fühlt sich übergangen

8 Die Männer vom Stamm Ephraim
machten Gideon heftige Vorwürfe:
»Warum hast du uns nicht zu Hilfe geru-
fen, als du zum Kampf gegen die Midia-
niter losgezogen bist? Wie konntest du
uns das antun?« 2 »Wart ihr nicht viel er-
folgreicher als ich?«, erwiderte Gideon.
»Ist eure Nachlese nicht besser als die
ganze Ernte meiner Sippe? 3 Zwei Fürs-
ten der Midianiter hat Gott in eure Hand
gegeben, Oreb und Seeb! Ihr habt weit
mehr erreicht als ich!« Mit diesen Worten
gelang es ihm, die Ephraimiter zu besänf-
tigen.

Die Bewohner von Sukkot und Pnuël helfen Gideon nicht

4 Gideon hatte mit seinen 300 Mann den
Jordan überquert. Immer noch verfolg-
ten sie die Feinde und waren sehr er-
schöpft. 5 Deshalb bat Gideon die Be-
wohner der nahen Stadt Sukkot: »Gebt
doch meinen Soldaten etwas Brot! Sie
sind übermüdet, denn wir verfolgen die
midianitischen Könige Sebach und Zal-
munna!« 6 Doch die führenden Männer
von Sukkot antworteten: »Warum sollten
wir deiner Truppe Brot geben? Habt ihr
Sebach und Zalmunna etwa schon ge-
fasst?« 7 Gideon erwiderte: »Sobald der
Herr die beiden Könige in meine Gewalt
gegeben hat, werde ich euch mit Dornen
und Disteln auspeitschen lassen!«
8 Dann zog er mit seinen Soldaten nach
Pnuël weiter und bat auch dort um Brot.
Er erhielt die gleiche Antwort wie in
Sukkot. 9 »Wenn ich heil zurückkomme,
reiße ich den Turm eurer Stadt nieder!«,
drohte Gideon.

Gideon besiegt die Midianiter

10 Sebach und Zalmunna hatten mit ihren
Truppen in Karkor Halt gemacht. Nur
noch 15 000 Soldaten waren vom großen
Heer aus dem Osten übrig geblieben,
120 000 waren gefallen. 11 Gideon folgte
den Midianitern auf dem Beduinenweg
östlich von Nobach und Jogboha. Dann
griff er ihr Heerlager an, während sie sich
noch in Sicherheit wähnten. 12 Die Feinde
gerieten in Angst und Schrecken. Sebach
und Zalmunna flohen, doch Gideon jagte
ihnen nach und nahm sie gefangen.
13 Nach der Schlacht machte er sich auf
den Rückweg. Als er den Pass von Heres
hinabstieg, 14 traf er einen jungen Mann
aus Sukkot. Gideon packte ihn und be-
fahl ihm, die Namen der führenden Män-
ner und Ältesten der Stadt aufzuschrei-
ben. Es waren 77. 15 Gideon ging zu
ihnen und erklärte: »Hier sind Sebach
und Zalmunna! Ihr habt mich ihretwegen
verspottet und gesagt, ihr würdet meiner
erschöpften Truppe kein Brot geben, so-
lange wir die Könige nicht gefasst hät-
ten.« 16 Er nahm die führenden Männer
fest und ließ sie mit Dornen und Disteln
auspeitschen. 17 Dann ging er nach Pnuël,
tötete die Männer der Stadt und riss
ihren Turm nieder.
18 Schließlich wandte sich Gideon an
Sebach und Zalmunna; er fragte: »Wie
sahen die Männer aus, die ihr am Berg
Tabor umgebracht habt?« »Es waren
Männer wie du«, antworteten sie, »je-

7,25 Jes 10,26 **8,1** 12,1–6 **8,2** 6,15

der sah aus wie ein Königssohn.« [19]Da
rief Gideon: »Sie waren meine Brüder,
die Söhne meiner Mutter! Ich schwöre
euch beim Herrn: Wenn ihr sie am Le-
ben gelassen hättet, würde ich euch
nicht töten!«
[20]Dann befahl er seinem ältesten Sohn
Jeter: »Steh auf und stich sie nieder!«
Doch Jeter zögerte, sein Schwert zu zie-
hen, denn er war noch jung und hatte
Angst. [21]Da sagten Sebach und Zalmun-
na zu Gideon: »Töte du uns! Dazu
braucht es einen Mann!« Gideon stand
auf und erstach die beiden. Die Halb-
monde, die als Amulette an den Hälsen
ihrer Kamele hingen, nahm er mit.

Gideon verführt Israel zum Götzendienst

[22]Die Israeliten kamen zu Gideon und
sagten: »Du hast uns von den Midia-
nitern befreit! Du sollst über uns herr-
schen und nach dir dein Sohn und dein
Enkel!«
[23]Er entgegnete: »Ich will nicht über
euch herrschen, und mein Sohn darf es
auch nicht tun. Der Herr allein soll euch
regieren. [24]Nur eine Bitte habe ich an
euch«, fügte er hinzu, »gebt mir die Rin-
ge, die ihr erbeutet habt!« Ihre Feinde
hatten nämlich goldene Ringe getragen,
weil sie Ismaeliter waren.
[25]»Das tun wir gern!«, antworteten die
Israeliten. Sie breiteten einen Mantel aus
und warfen alle erbeuteten Ringe darauf.
[26]Das Gold wog insgesamt etwa zwanzig
Kilogramm. Außerdem hatten die Israe-
liten Halbmonde, Ohrgehänge und kö-
nigliche Purpurgewänder erbeutet, dazu
den kostbaren Halsschmuck der Kamele.
[27]Gideon fertigte aus dem Gold eine
Götzenstatue an und stellte sie in seiner
Heimatstadt Ofra auf. Sie wurde ihm und
seiner Familie zum Verhängnis. Ganz Is-
rael betete die Statue an und brach damit
dem Herrn die Treue.
[28]Die Midianiter hatten eine schwere
Niederlage erlitten, nun forderten sie die
Israeliten nicht mehr heraus. Vierzig Jah-
re, solange Gideon noch lebte, herrschte
Frieden im Land.
[29]Gideon[a], der Sohn Joaschs, wohnte
weiterhin in Ofra. [30]Er hatte viele Frauen
und siebzig Söhne. [31]Eine seiner Neben-
frauen wohnte in Sichem. Sie brachte
einen Sohn zur Welt, den er Abimelech
nannte. [32]Gideon starb in hohem Alter
und wurde neben seinem Vater Joasch in
Ofra begraben, der Stadt der Abiësriter.
[33]Sobald Gideon nicht mehr lebte,
wandten sich die Israeliten wieder den
Götzen zu. Sie verehrten Baal-Berit
[34]und vergaßen den Herrn, ihren Gott,
der sie aus der Gewalt ihrer Feinde rings-
um befreit hatte. [35]Auch der Familie Gi-
deons erwiesen die Israeliten keinen
Dank für all das Gute, das er für sie getan
hatte.

Abimelech wird König

9 Eines Tages ging Gideons Sohn Abi-
melech nach Sichem zu den Brüdern
seiner Mutter und ihren anderen Ver-
wandten. Er bat sie: [2]»Fragt die Leute
von Sichem, ob sie lieber von den siebzig
Söhnen Gideons regiert werden möchten
oder von einem einzigen Mann. Erinnert
sie daran, dass ich mit euch verwandt
bin.« [3]Die Brüder seiner Mutter erzähl-
ten allen Einwohnern Sichems, was Abi-
melech ihnen aufgetragen hatte. Die Si-
chemiter dachten: »Er ist einer von uns«
und entschieden sich für ihn. [4]Sie gaben
ihm siebzig Silberstücke aus dem Tem-
pelschatz des Götzen Baal-Berit.
Mit dem Geld heuerte Abimelech eine
Bande gewissenloser Männer an [5]und
zog mit ihnen nach Ofra, wo die Familie
seines Vaters lebte. Dort ermordete er
seine eigenen Brüder, die siebzig Söhne
Gideons. Er tötete sie alle auf ein und
demselben Felsblock. Nur Jotam, der

---

a Im hebräischen Text wird Gideon von nun an nur noch Jerubbaal genannt.

8,19 4 Mo 35,31 **8,21** Ps 83,12 **8,23** 1 Sam 8,6–7 **8,24–27** 2 Mo 32,2–4 **8,32** 6,11 **8,33** 9,4 **8,35** 9,3–5 **9,1** 8,31 **9,2** 8,30 **9,4** 8,33

jüngste Sohn Gideons, blieb am Leben, weil er sich versteckt hatte. [6] Danach versammelten sich alle Einwohner Sichems und die Bewohner der Festung bei dem Baum, der als Denkmal diente. Dort ernannten sie Abimelech zum König.

Jotam verflucht Abimelech und die Einwohner Sichems

[7] Als Jotam davon erfuhr, stieg er auf den Gipfel des Berges Garizim und rief mit lauter Stimme: »Hört mich an, Einwohner von Sichem, dann wird Gott auch auf euch hören! [8] Einst beschlossen die Bäume, sich einen König zu wählen. Sie baten den Ölbaum: ›Sei unser König!‹ [9] Aber der Ölbaum lehnte ab: ›Soll ich etwa mein Öl aufgeben, das die Götter und die Menschen so sehr an mir schätzen, nur um über die Bäume zu regieren?‹ [10] Da wandten die Bäume sich an den Feigenbaum: ›Komm du, und werde unser König!‹ [11] Der Feigenbaum entgegnete: ›Soll ich aufhören, süße und herrliche Früchte zu tragen, nur um von nun an über euch zu herrschen?‹ [12] Als Nächstes forderten die Bäume den Weinstock auf, ihr König zu werden. [13] Doch der Weinstock sagte nur: ›Dann könnte ich ja keinen Most mehr geben, der die Götter und die Menschen erfreut! Das kommt nicht in Frage!‹ [14] Schließlich baten die Bäume das Dorngestrüpp: ›Sei du unser König!‹ [15] Das Dorngestrüpp fragte sie: ›Wollt ihr wirklich, dass ich über euch regiere? Dann kommt, und vertraut euch mir an, stellt euch in meinen Schatten! Sonst lasse ich aus meinen Dornen ein Feuer hervorbrechen, das sogar die Zedern auf dem Libanon verbrennt!‹

[16] Sagt mir«, fuhr Jotam fort, »war es gut und richtig, dass ihr Abimelech zum König gemacht habt? Habt ihr Gideon und seiner Familie damit einen Dienst getan? Habt ihr ihm den Dank erwiesen, den er verdient hat? [17] Mein Vater hat für euch gekämpft und sein Leben aufs Spiel gesetzt, um euch von den Midianitern zu befreien! [18] Aber ihr seid heute über seine Familie hergefallen. Ihr habt seine Söhne auf einem Felsblock abgeschlachtet, siebzig Mann! Abimelech, den Sohn seiner Sklavin, habt ihr zum König von Sichem gemacht, weil er mit euch verwandt ist. [19] Wenn es gut und richtig war, was ihr Gideon und seiner Familie angetan habt, dann wünsche ich euch viel Freude mit Abimelech, und ihm mit euch! [20] Wenn es aber ein Unrecht war, dann soll Feuer von Abimelech ausgehen und euch verzehren, ihr Einwohner von Sichem und ihr Bewohner der Festung. Und danach soll das Feuer von euch auf Abimelech übergreifen und auch ihn vernichten!«

[21] Nachdem Jotam das gerufen hatte, floh er aus Angst vor seinem Bruder Abimelech nach Beer und wohnte dort.

Die Sichemiter lehnen sich gegen Abimelech auf

[22] Abimelech herrschte drei Jahre über Israel. [23] Dann schickte Gott einen bösen Geist, der dafür sorgte, dass es zwischen Abimelech und den Sichemitern zum Bruch kam und sie sich von nun an gegen ihn auflehnten. [24] Denn er sollte bestraft werden für das Verbrechen an seinen eigenen Brüdern, den siebzig Söhnen Gideons. Auch die Einwohner Sichems, die ihn zu diesen Morden ermutigt hatten, mussten jetzt dafür büßen.

[25] Bei den Gebirgspässen legten die Sichemiter einen Hinterhalt und lauerten Abimelech auf; sie raubten jeden aus, der vorüberkam. Das wurde Abimelech berichtet.

[26] Zu dieser Zeit kam Gaal, der Sohn Ebeds, mit seinen Brüdern nach Sichem und gewann das Vertrauen der Menschen dort. [27] Gemeinsam zogen sie auf die Felder hinaus, hielten Lese in den Weinbergen und kelterten die Trauben. Sie feierten ein rauschendes Fest im Tempel ihres Gottes, aßen, tranken und verfluchten Abimelech. [28] Gaal rief: »Wer ist denn dieser Abimelech schon? Warum sollen

---

9,6 1 Mo 12,6; 35,4; Jos 24,26 **9,24** 1 Mo 9,6 **9,28** 1 Mo 34,2

wir Sichemiter ihm dienen, diesem Sohn
Jerubbaals? Meint er etwa, wir würden
uns Sebul unterwerfen, den er uns als
Aufseher vorgesetzt hat? Was glaubt er
eigentlich, wer wir sind? Gehorcht lieber
den Männern aus der Sippe Hamors, der
diese Stadt gegründet hat! 29 Wenn ich
hier das Sagen hätte, würde ich Abime-
lech beseitigen. Ja, Abimelech, sammle
deine Truppen, und stell dich zum
Kampf!«

Abimelech kämpft gegen Sichem

30 Als Sebul, der führende Mann Sichems,
hörte, was Gaal gesagt hatte, packte ihn
der Zorn. 31 Er sandte heimlich Boten zu
Abimelech und ließ ihm ausrichten:
»Gaal, der Sohn Ebeds, ist mit seinen
Brüdern nach Sichem gekommen und
wiegelt die ganze Stadt gegen dich auf!
32 Bring deine Truppen im Schutz der
Dunkelheit hierher. Haltet euch bis zum
Morgen in der Umgebung versteckt!
33 Bei Sonnenaufgang greift an! Wenn
Gaal dir dann mit seinen Männern ent-
gegenzieht, kannst du mit ihm tun, was
du willst.« 34 Abimelech brach mit seinem
Heer in der Nacht auf. Er teilte es in vier
Gruppen ein, die sich an verschiedenen
Stellen um Sichem in den Hinterhalt
legten.

35 Als Gaal am Morgen ins Stadttor
trat, kamen Abimelech und seine Sol-
daten aus ihren Verstecken. 36 Gaal ent-
deckte sie und sagte zu Sebul: »Siehst du
das? Da steigen doch Truppen von den
Bergen herab!« Sebul entgegnete: »Was
du für Männer hältst, sind nur Schatten
auf den Bergen.« 37 Doch Gaal blieb da-
bei: »Nein, es sind Truppen, die vom Ga-
rizim[a] herunterkommen! Und dort nä-
hert sich eine Abteilung auf der Straße
zum Orakelbaum!« 38 Da sagte Sebul zu
ihm: »Du hast den Mund zu voll genom-
men mit deinen Sprüchen. ›Wer ist schon
Abimelech? Warum sollen wir ihm die-
nen?‹, hast du gesagt. Dort kommen die
Leute, die du verspottet hast. Nun geh,
und kämpf mit ihnen!«

39 Da rückte Gaal mit den Männern
von Sichem aus und kämpfte gegen Abi-
melech. 40 Der aber trieb sie zurück in die
Stadt. Viele kamen bei der Schlacht ums
Leben, bis ans Tor war alles mit Leichen
übersät. 41 Dann machte Abimelech kehrt
und zog mit seinen Soldaten nach Aru-
ma. Sebul jagte Gaal und seine Brüder
noch am selben Tag aus der Stadt.

42 Am nächsten Morgen wollten die
Einwohner von Sichem aufs Feld gehen.
Als Abimelech davon erfuhr, 43/44 teilte er
sein Heer in drei Verbände auf, die sich
wieder rings um Sichem in den Hinter-
halt legten. Er wartete, bis die Menschen
aus der Stadt kamen. Dann brach er mit
seiner Abteilung aus dem Versteck her-
vor und versperrte das Stadttor. Die bei-
den anderen Gruppen fielen über die
Leute auf dem Feld her und töteten alle.
45 Danach griff Abimelech die Stadt an.
Den ganzen Tag dauerten die Kämpfe,
schließlich nahm er Sichem ein und
brachte alle Einwohner um. Er zerstörte
die Stadt und streute als Zeichen ihrer
endgültigen Vernichtung Salz auf die
Trümmer.

46 Als die Bewohner der Festung das sa-
hen, verschanzten sie sich im Kellerge-
wölbe unter dem Tempel des Götzen
Baal-Berit. 47 Das wurde Abimelech ge-
meldet. 48 Da stieg er mit seinen Männern
auf den Berg Zalmon, hieb mit einer Axt
von einem Baum einen großen Ast ab
und legte ihn sich auf die Schulter.
»Schnell!«, befahl er. »Macht es wie ich!«
49 Die Männer schlugen Äste ab und
kehrten damit zur Festung zurück. Sie
warfen das Holz auf die Decke des Ge-
wölbes, in das sich die Bewohner der Fes-
tung geflüchtet hatten, und zündeten es
an. Alle Menschen im Gewölbe kamen
ums Leben, etwa tausend Männer und
Frauen.

---

[a] Wörtlich: Nabel der Welt.
9,46 8,33

Abimelechs Tod

50 Von dort zog Abimelech nach Tebez. Er belagerte die Stadt und eroberte sie. 51 Mitten in Tebez aber stand eine starke Festung. Dorthin flohen alle Bewohner, Männer und Frauen. Sie verriegelten die Tore und stiegen aufs Dach.

52 Abimelech kämpfte sich an die Festung heran und versuchte, das Tor in Brand zu stecken. 53 Da warf ihm eine Frau von oben einen Mühlstein auf den Kopf und zerschmetterte ihm den Schädel. 54 Abimelech rief seinen jungen Waffenträger zu sich und befahl ihm: »Zieh dein Schwert, und töte mich! Sonst heißt es: ›Eine Frau hat ihn umgebracht.‹« Da erstach ihn der junge Mann. 55 Als die Soldaten sahen, dass Abimelech tot war, gingen sie nach Hause.

56 So strafte Gott Abimelech dafür, dass er seine siebzig Brüder ermordet und damit seinem Vater Böses zugefügt hatte. 57 Auch die Sichemiter mussten für ihr Verbrechen büßen: Gott ließ den Fluch wahr werden, den Gideons Sohn Jotam über sie ausgesprochen hatte.

Die Richter Tola und Jaïr

10 Nach dem Tod Abimelechs befreite Tola, der Sohn Puwas, Israel von seinen Feinden. Er war ein Nachkomme Dodos aus dem Stamm Issaschar und wohnte in der Stadt Schamir im Gebirge Ephraim. 2 Dreiundzwanzig Jahre war er Richter in Israel. Dann starb er und wurde in Schamir begraben.

3 Nach ihm führte Jaïr, ein Mann aus Gilead, Israel zweiundzwanzig Jahre lang. 4 Er hatte dreißig Söhne, die dreißig Esel besaßen und denen dreißig Ortschaften im Gebiet von Gilead gehörten. Noch heute nennt man diese Ortschaften die »Dörfer Jaïrs«. 5 Als Jaïr gestorben war, begrub man ihn in Kamon.

Israel wendet sich wieder vom Herrn ab

6 Nach Jaïrs Tod taten die Israeliten wieder, was der Herr verabscheute. Sie verehrten Baal und Astarte, ebenso die Götter der Syrer und Sidonier, der Moabiter, Ammoniter und Philister. Vom Herrn wollten sie nichts wissen und dienten ihm nicht mehr. 7 Da wurde er zornig und lieferte sie den Philistern und Ammonitern aus. 8 Noch im selben Jahr eroberten diese Völker das Gebiet der Israeliten in Gilead östlich des Jordan, wo früher die Amoriter gelebt hatten. Achtzehn Jahre lang unterdrückten und verfolgten sie die Israeliten. 9 Sie überquerten den Jordan und griffen auch die Stämme Juda, Benjamin und Ephraim an.

So gerieten die Israeliten in große Not. 10 Sie schrien zum Herrn und bekannten: »Wir haben gegen dich gesündigt! Wir haben dich verlassen und anderen Göttern gedient!« 11 Der Herr antwortete ihnen: »Von so vielen Feinden habe ich euch schon befreit: von den Ägyptern, den Amoritern, den Ammonitern und den Philistern. 12 Ich habe euch auch geholfen, als die Sidonier, die Amalekiter und die Maoniter[a] euch aus eurem Land verdrängen wollten und ihr zu mir um Hilfe schriet. 13 Trotzdem habt ihr mir immer wieder den Rücken gekehrt und andere Götter verehrt! Darum werde ich euch jetzt nicht mehr helfen! 14 Warum fleht ihr nicht die Götter an, die ihr euch selbst ausgesucht habt? Sollen sie euch doch retten aus eurer Not!«

15 Aber die Israeliten gaben nicht auf; sie beteten zum Herrn: »Wir sind schuldig! Du kannst mit uns tun, was du für richtig hältst. Nur rette uns noch dies eine Mal!« 16 Sie beseitigten die fremden Götter und dienten wieder dem Herrn. Da konnte er ihr Elend nicht länger ertragen.

---

[a] Gemeint sind wohl die Midianiter.

9,53 2 Sam 11,21 **9,54** 1 Sam 31,4 **9,57** 9,15.20 **10,1** 1 Mo 46,13 **10,4** 4 Mo 32,41 **10,14** 5 Mo 32,37–38; Jer 2,28 **10,16** Jos 24,23

Jeftah wird Anführer der Israeliten aus Gilead

17 Die Ammoniter zogen ihre Truppen zu-
sammen und schlugen ihr Lager im Ge-
biet Gilead auf. Darauf versammelten
sich auch die Israeliten, die dort lebten,
und lagerten in Mizpa. 18 Ihre führenden
Männer überlegten: »Wir brauchen je-
manden, der unserem Heer voran in den
Kampf zieht. Wer es tut, den ernennen
wir zum Oberhaupt aller Bewohner Gi-
leads.«

11 Es gab damals unter den Einwoh-
nern von Gilead einen Mann na-
mens Jeftah, der sich als ausgezeichneter
Soldat bewährt hatte. Sein Vater hieß Gi-
lead, seine Mutter war eine Prostituierte.
2 Gilead hatte von seiner Ehefrau noch
andere Söhne. Als sie erwachsen waren,
sagten sie zu Jeftah: »Wir wollen unser
Erbe nicht mit dir teilen! Du bist der
Sohn einer fremden Frau.« Sie jagten ihn
fort, 3 und er floh vor ihnen ins Gebiet
von Tob. Dort scharte er zwielichtige
Männer um sich und durchstreifte mit
ihnen das Land.

4 Einige Zeit später rückten die Ammo-
niter mit ihrem Heer gegen Israel an. 5 Da
gingen die Ältesten Gileads ins Gebiet
von Tob, um Jeftah zurückzuholen. 6 Sie
baten ihn: »Komm! Führ uns im Kampf
gegen die Ammoniter!« 7 Doch Jeftah er-
widerte: »Ihr habt mich so sehr gehasst,
dass ihr mich von zu Hause vertrieben
habt. Und jetzt, wo ihr in Not seid,
kommt ihr ausgerechnet zu mir?«

8 »Wir haben dich aufgesucht, damit du
uns im Kampf gegen die Ammoniter
hilfst. Du sollst Herrscher über ganz Gi-
lead werden!«, versprachen die Ältesten.
9 Jeftah fragte: »Werdet ihr mich wirklich
zu eurem Oberhaupt machen, wenn ich
mit euch gegen die Ammoniter kämpfe
und der Herr mich siegen lässt?« 10 Sie
antworteten: »Der Herr ist Zeuge! Er
soll uns strafen, wenn wir unser Wort
brechen.«

11 Da ging Jeftah mit den Ältesten Gi-
leads nach Mizpa. Dort machte ihn das
Volk zu seinem Oberhaupt und Heerfüh-
rer, und er wiederholte vor Gott und den
Menschen, was er mit den Ältesten ver-
einbart hatte.

Jeftah versucht, den Krieg abzuwenden

12 Danach sandte Jeftah Boten zum König
der Ammoniter und ließ ihn fragen: »Was
liegt zwischen uns vor, dass du mit dei-
nem Heer gegen mein Land anrückst?«
13 Der König antwortete: »Ihr Israeliten
habt mir mein Land weggenommen, als
ihr aus Ägypten hierher gekommen seid:
das ganze Gebiet zwischen den Flüssen
Arnon, Jabbok und dem Jordan. Gebt es
mir freiwillig zurück!«

14 Da sandte Jeftah nochmals Boten
zum ammonitischen König; 15 sie sagten:
»Jeftah lässt dir ausrichten, dass Israel
weder den Moabitern noch den Ammo-
nitern ihr Land weggenommen hat. 16 Es
war vielmehr so: Als unser Volk Ägyp-
ten verlassen hatte, durchquerte es die
Wüste bis zum Schilfmeer und erreichte
Kadesch. 17 Von dort schickten sie Boten
zum König der Edomiter und baten ihn:
›Lass uns durch dein Land ziehen!‹
Aber er verweigerte es ihnen. Sie frag-
ten den König von Moab, doch er er-
laubte es ihnen auch nicht. Da blieb
unser Volk zunächst in Kadesch 18 und
kehrte dann in die Wüste zurück. Es
zog südlich der Länder Edom und Moab
vorbei und kam dann von Osten her
wieder an Moabs Gebiet heran, wo der
Fluss Arnon die Grenze bildet. Sie dran-
gen jedoch nicht in Moab ein, sondern
lagerten östlich des Flusses. 19 Von dort
schickten sie Boten zum amoritischen
König Sihon nach Heschbon und baten
ihn: ›Lass uns durch dein Land nach Ka-
naan ziehen.‹ 20 Doch Sihon glaubte
nicht, dass sie sein Land tatsächlich nur
durchqueren wollten. Er versammelte

11,2 1 Mo 21,9–10 **11,3** 1 Sam 22,2 **11,4** 10,7 **11,8** 10,18 **11,11** 10,17 **11,15** 5 Mo 2,9.19 **11,17** 4 Mo 20,14–20 **11,18** 4 Mo 21,13 **11,19–22** 4 Mo 21,21–26

Redlichkeit und stabile Fundamente

Lesen Sie Richter 10,6-16

Diese kurze Geschichte führt uns vor Augen, wie die Israeliten als ganzes Volk in Sünde fielen. Sie alle hatten sich von Gott abgewandt. Doch der Entschluss, ein redliches und aufrichtiges Leben zu führen, beginnt immer bei jedem einzelnen Menschen.

Was bedeutet es, wenn wir in unserem Leben gern Charakter zeigen und uns redlich verhalten wollen? Unser Charakter ist all das, was wir im tiefsten Inneren wirklich sind: was wir denken, fühlen und tun, wofür wir tatsächlich stehen.

Redlichkeit gehört zu unserem Charakter und zeigt sich am deutlichsten in drei Verhaltensweisen: (1) die Wahrheit sagen; (2) unsere Versprechen halten; (3) Verantwortung für unser Verhalten übernehmen. In dieser Geschichte leiden die Menschen darunter, dass sie ihr Versprechen, Gott zu folgen, nicht eingehalten haben. Dennoch erweisen sie sich als redlich, indem sie die Verantwortung für ihr Verhalten übernehmen. Öffentlich bekennen sie ihre Sünden und sind ohne Gott zutiefst unglücklich.

Wir alle versagen, doch wir sollten deshalb nicht in Selbstmitleid versinken. Wir sündigen zwar, doch wir bleiben redlich und versuchen unser Bestes, um die zerbrochenen Beziehungen wiederherzustellen.

Unsere Redlichkeit schützt nicht nur uns selbst, sondern gibt auch unseren Kindern ein stabiles Fundament mit auf den Weg. Kinder beobachten ihre Eltern genau und lernen von ihnen. Deshalb ist es so ungeheuer wichtig, dass wir über viele Jahre hinweg gute Entscheidungen treffen. Wenn unsere Kinder dann erwachsen sind und selbst Probleme haben, kommt ihnen das stabile Fundament zugute. Sie werden sich fragen: „Was würden Mutter und Vater jetzt tun? Welchen Rat würden sie bei anderen einholen? Wie lange würden sie sich mit ihrer Entscheidung Zeit lassen? Wie würden sie darüber beten?“ Auf diese Weise bleibt unsere Redlichkeit auch in der nächsten Generation lebendig.

Nehmen Sie sich Zeit, um allein oder als Paar gemeinsam zu beten. Bitten Sie Gott, Sie zu einem redlichen Menschen zu machen, der seinen Kindern und anderen, auf die er Einfluss hat, ein stabiles Fundament geben kann.

Wenn Sie noch mehr Zeit haben ...

Besprechen Sie miteinander folgende Fragen oder denken Sie darüber nach:

- Haben Sie selbst ein stabiles Fundament von zu Hause mitbekommen? Ob ja oder nein, welche Beobachtungen haben Sie hinsichtlich des Umgangs mit schwierigen Situationen in Ihrer Herkunftsfamilie gemacht?
- Welche der drei redlichen Verhaltensweisen ist Ihre größte Stärke? An welcher müssen Sie noch arbeiten?
- Welches stabile Fundament möchten Sie an die nächste Generation weitergeben?

Lesen Sie auch die folgenden Abschnitte zum Thema Redlichkeit:
Psalm 25,21; Sprüche 20,7; Titus 2,6-8.

Umkehr erforderlich

Die folgenden Fragen können Sie entweder allein oder als Paar gemeinsam durchgehen. Wenn jeder für sich darüber nachdenkt, verabreden Sie sich in der kommenden Woche zu einem Austausch darüber, was Sie herausgefunden haben.

Richter 10,16

„Sie beseitigten die fremden Götter und dienten wieder dem Herrn. Da konnte er ihr Elend nicht länger ertragen."

1. Lesen Sie Richter 10,15-17. Was bekannten die Israeliten, bevor sie sich von den fremden Göttern trennten?

2. Buße tun bedeutet, sich umbesinnen und in Zukunft anders handeln. Was taten die Israeliten, um ihre Reue zu bekunden?

3. In welcher Hinsicht fiel es den Israeliten Ihrer Meinung nach schwer, die fremden Götter zu beseitigen?

4. Warum fällt es Menschen so schwer, Buße zu tun?

5. Erklären Sie den Unterschied zwischen Sündenbekenntnis und Buße.

6. Manchmal fallen wir, nachdem wir Buße getan haben, wieder in alte Gewohnheiten zurück. Ist Ihnen das auch schon passiert? Tauschen Sie sich über Ihre Erfahrungen aus.

KONKRET:

Um auf dem richtigen Weg zu bleiben, ist es oft am besten, wenn wir uns bewusst vornehmen, im Glauben zu wachsen. Schlagen Sie jeder seinen Terminkalender auf und vereinbaren Sie, sich in dieser Woche zum Kaffee oder Tee zu treffen. Dort sprechen Sie dann miteinander darüber, auf welche Weise Sie Christus besser nachfolgen können.

Den nächsten Impuls finden Sie auf S. 284 a

seine Truppen bei Jahaz und kämpfte
gegen die Israeliten.
21 Der Herr, unser Gott, aber schenkte
unserem Volk den Sieg. Sie schlugen Si-
hons Truppen und nahmen sein ganzes
Land in Besitz. Es gehörte damals also
nicht euch, sondern den Amoritern!
22 Vom Fluss Arnon im Süden bis zum
Jabbok im Norden und von der Wüste
im Osten bis zum Jordan im Westen ha-
ben wir es erobert. 23 Der Herr, der Gott
Israels, hat die Amoriter vertrieben, um
uns ihr Gebiet zu geben, und da willst du
uns, sein Volk, wieder fortjagen? 24 Du
betrachtest doch auch jedes Land als dei-
nen Besitz, das dir dein Gott Kemosch
gibt. Genauso beanspruchen wir die Ge-
biete, deren Bewohner der Herr, unser
Gott, vertrieben hat, damit wir darin
wohnen können. 25 Hältst du dich etwa
für mächtiger als den Moabiterkönig Ba-
lak, den Sohn Zippors? Er hat es nicht
gewagt, mit Israel einen Streit anzufan-
gen, geschweige denn einen Krieg! 26 Seit
dreihundert Jahren wohnen die Israeliten
nun schon in den Städten Heschbon und
Aroër mit ihren umliegenden Dörfern
und in den Städten entlang dem Fluss Ar-
non. Warum habt ihr diese Orte in all den
Jahren nicht zurückerobert? 27 Ich sage
dir: Nicht wir haben euch Unrecht getan,
sondern du tust uns Unrecht, wenn du
ohne Grund einen Krieg anzettelst. Der
Herr ist Richter. Er soll zwischen Israel
und Ammon entscheiden!«
28 Doch der ammonitische König hörte
nicht auf die Botschaft, die Jeftah ihm
überbringen ließ.

Jeftahs Sieg

29 Da wurde Jeftah vom Geist des Herrn
erfasst. Er durchzog das ganze Ostjor-
danland von Gilead im Süden bis zum
Stammesgebiet Manasses im Norden,
um seine Truppen zu sammeln[a]. Dann
kehrte er nach Mizpa in Gilead zurück
und führte das Heer in die Schlacht ge-
gen die Ammoniter.
30 Zuvor legte er vor dem Herrn ein
Gelübde ab: »Wenn ich die Ammoniter
mit deiner Hilfe besiege 31 und heil zu-
rückkehre, dann soll dir gehören, was
mir bei meiner Ankunft als Erstes von
daheim entgegenkommt. Ich will es dir
opfern.«
32 Dann zog Jeftah in den Kampf gegen
die Ammoniter, und der Herr schenkte
ihm den Sieg. 33 Jeftah schlug die feindli-
chen Truppen in Aroër und in zwanzig
weiteren Städten bis nach Minnit und
Abel-Keramim. So fügten die Israeliten
den Ammonitern eine vernichtende Nie-
derlage zu und unterwarfen sie.

Jeftahs Heimkehr

34 Dann kehrte Jeftah nach Mizpa zurück.
Als er sich seinem Haus näherte, kam sei-
ne Tochter heraus. Sie schlug das Tambu-
rin und lief ihm tanzend entgegen. Sie
war sein einziges Kind, er hatte sonst kei-
ne Tochter und keinen Sohn. 35 Als er sie
sah, zerriss er entsetzt sein Gewand und
rief: »Meine Tochter, du brichst mir das
Herz! Ausgerechnet du stürzt mich ins
Unglück! Ich habe vor dem Herrn ein
Gelübde abgelegt – es gibt kein Zurück!«
36 Da sagte sie zu ihm: »Mein Vater,
wenn du dem Herrn etwas versprochen
hast, musst du es halten. Schließlich hat
er dir geholfen, die Ammoniter zu besie-
gen. Mach mit mir, was du dem Herrn ge-
schworen hast. 37 Nur eine Bitte habe ich
noch: Gib mir zwei Monate Zeit. Ich
möchte mit meinen Freundinnen in die
Berge gehen und darüber trauern, dass
ich nie heiraten werde.«
38 Jeftah erlaubte es ihr. Sie ging mit
ihren Freundinnen in die Berge und be-
weinte ihr Schicksal. 39 Als die zwei Mo-
nate um waren, kehrte sie zu ihrem Vater
zurück, und er erfüllte sein Gelübde. Sie
hatte nie mit einem Mann geschlafen.

---

[a] »um ... sammeln« ist sinngemäß ergänzt.

11,24 4 Mo 21,29 **11,25** 4 Mo 22,2–6 **11,29** 3,10* **11,34** 1 Sam 18,6 **11,35** 4 Mo 30,3*

Seitdem herrscht in Israel der Brauch, 40 dass die jungen Frauen jedes Jahr zusammen weggehen und vier Tage lang die Tochter Jeftahs besingen.

Die Ephraimiter greifen Jeftah an

12 Die Männer des Stammes Ephraim versammelten sich und gingen gemeinsam nach Zafon, wo Jeftah sich aufhielt. Sie fuhren ihn an: »Warum bist du ohne uns gegen die Ammoniter in den Krieg gezogen? Warum hast du uns nicht um Hilfe gebeten? Aus Rache werden wir dir jetzt das Dach über dem Kopf anzünden!«

2 Jeftah erwiderte: »Mein Volk und ich gerieten in einen schweren Streit mit den Ammonitern. Ich rief euch, aber ihr habt mir nicht geholfen. 3 Als mir klar wurde, dass ich nicht auf euch zählen konnte, bin ich auf eigene Faust gegen die Ammoniter in den Kampf gezogen und habe sie mit der Hilfe des Herrn besiegt. Warum kommt ihr jetzt und wollt mich angreifen?«

4 Jeftah rief alle Männer von Gilead zusammen. Denn die Ephraimiter hatten sie beschimpft: »Ihr aus Gilead seid doch nur entlaufenes Gesindel aus den Stämmen Ephraim und Manasse!« Die Gileaditer kämpften gegen die Männer Ephraims und besiegten sie.

5 Dann besetzten sie die Jordanübergänge und schnitten ihren Gegnern den Fluchtweg ab. Immer wenn ein Ephraimiter hinüberwollte, fragten sie ihn: »Bist du aus Ephraim?« Verneinte er, 6 so forderten sie ihn auf: »Sag einmal ›Schibbolet‹[a]!« Wenn er das Wort nicht richtig aussprechen konnte und stattdessen »Sibbolet« sagte, dann packten sie ihn und brachten ihn an Ort und Stelle um. Damals wurden 42 000 Ephraimiter getötet.

7 Jeftah führte Israel sechs Jahre. Als er starb, wurde er in einer Stadt im Gebiet von Gilead begraben.

Die Richter Ibzan, Elon und Abdon

8 Nach Jeftah wurde Ibzan aus Bethlehem Richter von Israel. 9 Er hatte dreißig Söhne und ebenso viele Töchter. Seine Töchter waren alle verheiratet und wohnten nicht mehr zu Hause. Dafür hatte er dreißig Frauen für seine Söhne gefunden, die nun in seiner Familie lebten. Sieben Jahre lang führte er Israel, 10 dann starb er und wurde in Bethlehem begraben.

11 Nach ihm übernahm Elon aus dem Stamm Sebulon die Führung. Er war zehn Jahre lang Richter von Israel. 12 Als er starb, begrub man ihn in Ajalon im Gebiet Sebulons.

13 Sein Nachfolger wurde Abdon, der Sohn Hillels aus Piraton. 14 Er hatte vierzig Söhne und dreißig Enkel, die siebzig Esel besaßen. Abdon führte Israel acht Jahre. 15 Dann starb auch er, und man begrub ihn in Piraton im Amalekitergebirge, das zum Gebiet Ephraims gehört.

Der Engel des Herrn kündigt Simsons Geburt an

13 Wieder taten die Israeliten, was der Herr verabscheute. Deshalb ließ er zu, dass die Philister sie vierzig Jahre lang unterdrückten. 2 Zu dieser Zeit lebte ein Mann namens Manoach. Er kam aus Zora und gehörte zum Stamm Dan. Manoach war verheiratet, aber er hatte keine Kinder, weil seine Frau unfruchtbar war.

3 Eines Tages erschien der Engel des Herrn seiner Frau und sagte: »Du konntest bisher keine Kinder bekommen. Aber nun wirst du schwanger werden und einen Sohn zur Welt bringen. 4 Trinke keinen Wein oder andere berauschende Getränke. Iss nichts, was der Herr für unrein erklärt hat! 5 Denn der Sohn, den du bekommst, wird schon im Mutterleib Gott geweiht sein. Niemals dürfen seine Haare geschnitten werden! Er wird be-

---

[a] Strom, Flusslauf.

12,1 8,1–3 **13,4–5** 4 Mo 6,2–8

ginnen, Israel von den Philistern zu be-
freien.«
[6]Da lief die Frau zu Manoach und er-
zählte ihm: »Ein Bote Gottes ist bei mir
gewesen. Er sah aus wie ein Engel! Ich
hatte solche Angst! Ich habe ihn nicht
einmal gefragt, woher er kommt. Er hat
sich auch nicht vorgestellt. [7]Er sagte zu
mir, ich würde schwanger werden und
einen Sohn bekommen. Deshalb soll ich
keinen Wein oder andere berauschende
Getränke mehr trinken und nichts essen,
was der Herr für unrein erklärt hat. Denn
das Kind soll von Mutterleib an bis zu
seinem Tod Gott geweiht sein.«
[8]Da betete Manoach: »Bitte, Herr,
schick doch deinen Boten noch einmal
zu uns, damit er uns genau sagt, was wir
mit dem Jungen tun sollen, den wir be-
kommen.« [9]Gott erhörte ihn und sandte
seinen Engel zum zweiten Mal zu der
Frau. Sie war gerade ohne ihren Mann
auf dem Feld. [10]Schnell lief sie zu Mano-
ach und rief: »Komm! Der Mann, der
neulich bei mir war, ist wieder da.«
[11]Manoach ging mit ihr zu dem Engel
und sagte zu ihm: »Bist du der Mann, der
mit meiner Frau gesprochen hat?« »Ja, ich
bin es«, antwortete er. [12]Da fragte Mano-
ach: »Wenn deine Ankündigung eintrifft,
wie sollen wir dann mit dem Jungen um-
gehen? Wie müssen wir uns verhalten?«
[13]Der Engel des Herrn erwiderte:
»Deine Frau soll alles meiden, was ich
ihr genannt habe. [14]Sie darf nichts essen,
was aus Trauben zubereitet ist, und kei-
nen Wein oder andere berauschende Ge-
tränke trinken. Außerdem soll sie nichts
essen, was Gott für unrein erklärt hat. Sie
muss alle meine Anweisungen befolgen.«
[15]»Bitte, bleib noch da«, bat Manoach
den Engel. »Wir möchten dir einen jun-
gen Ziegenbock zum Essen zubereiten!«
[16]Denn er wusste nicht, wen er vor sich
hatte. Der Engel des Herrn antwortete:
»So sehr du mich auch drängst, ich werde
nichts essen. Aber wenn du willst, dann
bring es dem Herrn als Brandopfer dar!«
[17]»Wie heißt du?«, fragte Manoach.
»Wir würden uns gern bei dir bedanken,
wenn deine Ankündigung eintrifft.«
[18]Der Engel erwiderte: »Du fragst nach
meinem Namen? Er ist ein Geheimnis!«
[19]Manoach nahm den jungen Ziegen-
bock und andere Speisen und brachte sie
dem Herrn auf einem Felsblock als Opfer
dar. Da ließ der Herr vor ihren Augen ein
Wunder geschehen: [20]Als das Feuer zum
Himmel aufloderte, stieg der Engel des
Herrn in der Flamme empor und ver-
schwand. Manoach und seine Frau war-
fen sich erschrocken zu Boden. [21]Es war
ihre letzte Begegnung mit dem Engel.
Nun begriff Manoach, mit wem sie ge-
sprochen hatten. [22]»Wir müssen ster-
ben!«, rief er. »Wir haben Gott gesehen!«
[23]Doch seine Frau entgegnete: »Wenn der
Herr uns töten wollte, hätte er bestimmt
nicht unser Opfer angenommen. Dann
hätte er uns auch nicht dies alles sehen las-
sen und uns so etwas nicht angekündigt.«
[24]Einige Zeit später brachte Manoachs
Frau einen Sohn zur Welt und nannte ihn
Simson. Der Junge wuchs heran, und der
Herr segnete ihn. [25]In Mahane-Dan zwi-
schen Zora und Eschtaol wurde er zum
ersten Mal vom Geist Gottes erfasst.

Simson will eine Philisterin heiraten

14 Als Simson sich einmal bei den
Philistern in Timna aufhielt, sah
er dort eine junge Frau, die ihm beson-
ders gefiel. [2]Er kehrte nach Hause zu-
rück und erzählte seinen Eltern von ihr:
»Ich habe in Timna eine junge Philisterin
gesehen. Sorgt dafür, dass ich sie heiraten
kann!« [3]Seine Eltern erwiderten: »Gibt
es denn keine Mädchen hier in unserem
Stamm oder unserem Volk? Musst du
wirklich zu den Philistern gehen und dir
bei diesen unbeschnittenen Heiden eine
Frau suchen?« Doch Simson blieb hart-
näckig: »Ich will sie und keine andere!
Sie gefällt mir!«
[4]Seine Eltern wussten nicht, dass der

13,15–20 6,19–21 **13,17–18** 1 Mo 32,30 **13,22** 2 Mo 33,20–23* **13,25** 3,10* **14,3** 1 Mo 24,3–4*; 2 Mo 34,16; 5 Mo 7,3–4*

Herr dabei seine Hand im Spiel hatte,
weil er den Philistern schaden wollte.
Denn zu dieser Zeit herrschten die Philis-
ter über die Israeliten.
5 Simson brach mit seinen Eltern nach
Timna auf. Als er bei den Weinbergen
der Stadt ein Stück allein abseits des We-
ges[a] lief, stand ihm plötzlich ein junger,
brüllender Löwe gegenüber. 6 Simson
wurde vom Geist des Herrn ergriffen. Er
zerriss den Löwen mit bloßen Händen,
als wäre es eine kleine Ziege. Seinen El-
tern erzählte er nichts davon. 7 Er besuch-
te die Philisterin und sprach mit ihr. Sie
gefiel ihm gut.
8 Einige Zeit später gingen sie wieder
nach Timna, um die Hochzeit zu feiern.
Vor der Stadt bog Simson vom Weg ab
und sah nach dem toten Löwen. In dem
Kadaver entdeckte er einen Schwarm
Bienen und Honigwaben. 9 Er nahm den
Honig heraus und begann ihn im Weiter-
gehen zu essen. Als er wieder bei seinen
Eltern war, gab er auch ihnen davon, sag-
te ihnen aber nicht, dass er den Honig
aus dem Körper des toten Löwen geholt
hatte.
10 In Timna ging sein Vater zur Familie
der jungen Frau, während Simson als
Bräutigam das Fest vorbereitete. So war
es damals Sitte.

Die Philister betrügen Simson

11 Als die Angehörigen der Braut sahen,
dass Simson in Timna eingetroffen war,
schickten sie ihm dreißig junge Männer,
die mit ihm zusammen feiern sollten.
12 Simson sagte zu ihnen: »Ich möchte
euch ein Rätsel stellen. Wenn ihr es in
der Festwoche löst, gebe ich euch dreißig
wertvolle Leinenhemden und dreißig
kostbare Gewänder. 13 Aber wenn ihr es
nicht herausbekommt, müsst ihr mir drei-
ßig Hemden und Gewänder geben.«
»Lass dein Rätsel hören!«, antworteten
sie.
14 Da fragte Simson: »Was bedeutet das:
Von dem, der frisst, bekam ich zu essen,
und der Starke gab mir Süßes?«
Drei Tage vergingen, ohne dass die
Männer das Rätsel lösen konnten. 15 Am
vierten[b] Tag drohten sie Simsons Braut:
»Verleite deinen Mann dazu, dir die Lö-
sung zu verraten, und sag sie uns! Sonst
werden wir dich und die Familie deiner
Eltern verbrennen! Oder habt ihr uns
bloß eingeladen, um uns zu berauben?«
16 Die Frau ging zu Simson und brach in
Tränen aus: »Du liebst mich nicht! In
Wirklichkeit hasst du mich nur! Du stellst
den Männern meines Volkes ein Rätsel
und verschweigst mir die Lösung.« Er
antwortete: »Nicht einmal meinen Eltern
habe ich sie verraten, und da sollte ich sie
bei dir ausplaudern?« 17 Während der
ganzen Festwoche weinte sie, wenn sie
bei ihm war.
Am siebten Tag schließlich flehte sie
ihn so lange an, bis er ihr die Lösung an-
vertraute, und sie erzählte es den Philis-
tern. 18 Bevor die Sonne unterging, sagten
die Männer zu Simson: »Was ist süßer als
Honig und stärker als ein Löwe?« Er er-
widerte: »Hättet ihr nicht mit meinem
Kalb gepflügt, dann hättet ihr das Rätsel
nicht gelöst.« 19 Da wurde er vom Geist
des Herrn ergriffen. Er ging nach Asch-
kelon, tötete dreißig Philister, nahm ihre
Gewänder und brachte sie den Männern,
die sein Rätsel gelöst hatten.
Dann kehrte er voller Zorn ins Haus
seiner Eltern zurück. 20 Seine Frau aber
wurde mit dem Brautführer, einem der
dreißig Männer, verheiratet.

Simson rächt sich an den Philistern

15 Zur Zeit der Weizenernte wollte
Simson seine Frau besuchen. Als
Geschenk hatte er ihr einen jungen Zie-
genbock mitgebracht. Er bat ihren Vater:
»Lass mich zu meiner Frau ins Zimmer!«
Doch der Vater verweigerte es ihm:

---

a »ein Stück ... Weges« ist sinngemäß ergänzt.
b So mit der griechischen Übersetzung. Der hebräische Text lautet: am siebten Tag.
14,6 3,10*; 1 Sam 17,34–37 **14,17** 16,16–17 **14,19** 3,10*

Das Einmaleins des Elternseins

Lesen Sie Richter 13,1-14

Schon bevor Simson geboren wurde, fühlten seine Eltern sich mit der Aufgabe der Erziehung überfordert. Manoach bat Gott, den Engel noch einmal zu ihnen zu schicken, um ihnen hilfreiche Anweisungen zu geben. Sicherlich war Simson ein ganz besonderes Kind, doch die Befürchtungen, die seine Eltern hatten, kennen alle anderen Eltern auch.

Viele Mütter und Väter fühlen sich auf die Geburt ihres ersten Kindes nicht besonders gut vorbereitet. Sie haben kaum pädagogische Erfahrung, fühlen sich unfähig und haben vor dieser großen Herausforderung sogar Angst.

Die gute Nachricht lautet: Es gibt Hilfe. Man muss dafür zwar Zeit und manchmal auch Geld investieren, doch viele Eltern können bezeugen, dass es sich lohnt, sich gründlich auf die Erziehung und Unterweisung von Kindern vorzubereiten. Volkshochschulen oder Familienbildungsstätten bieten zum Beispiel Kurse an, wie Kinder sich entwickeln und wie man mit Teenagern umgeht. Manchmal geht es dort auch um ganz praktische Dinge: Kindern gewisse Fähigkeiten zu vermitteln oder sich in bestimmten Entwicklungsphasen des Kindes richtig zu verhalten, vom Topftraining bis zur ersten Liebe. Solche Kurse sind für verantwortungsbewusste Eltern eine große Hilfe. Auch Schulen oder Kirchengemeinden bieten hin und wieder Informationsabende und Vorträge an.

Sich mit anderen Eltern auszutauschen, kann geradezu überlebensnotwendig für das gesunde Zusammenleben in der Familie sein. Die Kämpfe, die Sie als Eltern durchzustehen haben, kennen andere Familien nämlich auch. Nur wenn Sie sich allein abmühen, meinen Sie, die einzigen Betroffenen zu sein. Gemeinsame Kurse oder Gesprächsgruppen verschaffen Eltern die Gelegenheit, selbst etwas dazuzulernen und Gedanken und Problemlösungen mit anderen auszutauschen.

Nehmen Sie sich Zeit, um allein oder als Paar gemeinsam zu beten. Sprechen Sie mit Gott offen über Ihre Gefühle gegenüber dem Elternsein. Gestehen Sie Ihre Unzulänglichkeiten ein und bitten Sie ihn um Hilfe.

Wenn Sie noch mehr Zeit haben …

Besprechen Sie miteinander folgende Fragen oder denken Sie darüber nach:

- Welche Themen sind für Sie als Eltern problematisch und entmutigend?
- Wo können Sie sich informieren, um besser gerüstet zu sein?
- Wenn Sie mehr darüber wüssten, wie Kinder lernen, wie könnte Ihnen das helfen, mit Kindern außerhalb Ihrer eigenen Familie besser umzugehen (z.B. in der Kinderarbeit Ihrer Gemeinde, zur Unterstützung von Freunden, die Kinder haben, oder im Umgang mit Nichten, Neffen oder Patenkindern)?

Lesen Sie auch die folgenden Abschnitte zum Thema Elternsein:
5. Mose 6,6-9; Sprüche 22,6; Epheser 6,4.

Auf Abwegen

Lesen Sie Richter 16,4-22

Simson hatte einen zweifelhaften Geschmack, was Frauen betraf: eine Philisterin, die ihn verriet (siehe Richter 14), eine Prostituierte (16,1) und schließlich die niederträchtige Delila (16,4). Seine Eltern, die ihn von Geburt an Gott geweiht hatten, waren damit gar nicht einverstanden (14,3). Geschichten wie diese kennen wir. Auch christliche Eltern kommen manchmal mit dem Sexualverhalten ihrer Kinder in Konflikt. Was können sie tun? Manche Eltern versuchen es mit der Vogel-Strauß-Politik, stecken den Kopf in den Sand und tun so, als ob nichts passiert wäre. Das verschafft zwar vorübergehend Frieden, doch früher oder später muss man sich der Realität stellen.

Andere Eltern schießen verbale Waffen gegen die jungen Leute ab und verurteilen ihr Verhalten. Eine solche Reaktion schwächt jedoch die elterliche Autorität. Auch wenn es Eltern schwerfallen mag, sich gegenüber dem Partner ihres Kindes höflich zu verhalten – eine unfreundliche Reaktion ist ein schwerer Fehler und treibt das Kind nur noch tiefer in die Arme des anderen.

Besser ist es, wenn man es auf dem Weg der Höflichkeit versucht – den Partner des Kindes als liebenswerte Person behandelt und sich ihm gegenüber freundlich verhält. Auch wenn das schwierig aussehen mag, mit Gottes Hilfe können Sie sich liebevoll und gütig verhalten, auch wenn Sie das Verhalten der jungen Leute nicht billigen. Gleichzeitig können Sie vorsichtig warnen und Ihrem Kind Fragen stellen, um zu zeigen, dass Sie sich Sorgen machen und über die Beziehung nicht glücklich sind.

Dasselbe gilt, wenn wir Freunde haben, die sich in selbstzerstörerische sexuelle Beziehungen stürzen. Hier können wir uns ähnlich verhalten. Wir müssen einen Weg finden, Liebe zu vermitteln, ohne das fragliche Verhalten zu billigen. Nur so können wir einen positiven Einfluss ausüben.

Nehmen Sie sich Zeit, um allein oder als Paar gemeinsam zu beten. Bitten Sie Gott, dass Sie Ihrem Kind bedingungslose Liebe zeigen können, egal wie es sich verhält. Sprechen Sie mit Gott über die besondere Situation Ihres Kindes. Teilen Sie ihm Ihre Träume für Ihr Kind mit und bitten Sie ihn, ein Wunder im Leben Ihres Kindes zu tun – und in Ihrem eigenen Herz.

Wenn Sie noch mehr Zeit haben ...

Besprechen Sie miteinander folgende Fragen oder denken Sie darüber nach:

- Wenn ein Kind oder jemand aus dem Freundeskreis auf Abwege gerät, warum ist es dann so wichtig, die Beziehung offen zu halten und zugleich die eigenen Überzeugungen nicht über Bord zu werfen?
- Neigen Sie eher zur Wahrheit oder zur Güte? Besteht die Gefahr, dass Sie eine Seite zu stark betonen? Wie können Sie das Gleichgewicht zwischen beiden halten?

Lesen Sie auch die folgenden Abschnitte zum Thema Elternsein: Sprüche 13,24; 29,15; Kolosser 3,21.

Den nächsten Impuls finden Sie auf S. 294 a

2 »Das geht nicht! Ich habe sie dem Brautführer zur Frau gegeben. Glaub mir, ich habe wirklich gedacht, dass du sie nicht mehr liebst. Heirate doch ihre jüngere Schwester! Sie ist noch viel schöner!«

3 »Das werde ich euch Philistern heimzahlen!«, rief Simson. »Und diesmal bin ich wirklich im Recht!« 4 Er zog los, fing dreihundert Füchse, band sie paarweise an den Schwänzen zusammen und befestigte Fackeln daran. 5 Dann zündete er die Fackeln an und jagte die Tiere in die Felder der Philister. Sie setzten das Getreide auf den Äckern, die Garbenhaufen, die Weinberge und die Olivengärten in Brand.

6 Die Philister fragten: »Wer hat das getan?« Und bald fand man heraus: »Es war Simson! Sein Schwiegervater in Timna hat ihm die Frau weggenommen und sie dem Brautführer gegeben.« Die Philister zogen nach Timna und verbrannten die Frau und ihren Vater. 7 Da ging Simson zu ihnen und rief: »Was habt ihr getan! Das schreit nach Rache! Jetzt werde ich euch nicht mehr verschonen!« 8 Er schlug auf die Philister ein, bis sie alle am Boden lagen. Dann floh er zum Berg Etam und versteckte sich dort in einer Felsspalte.

Simson kämpft gegen die Philister

9 Die Philister marschierten mit ihrem Heer ins Stammesgebiet von Juda ein und schlugen ihr Lager bei Lehi auf. 10 Die Bewohner von Juda fragten: »Warum zieht ihr gegen uns in den Krieg?« »Wir wollen Simson gefangen nehmen«, erwiderten die Philister. »Wir haben mit ihm eine Rechnung zu begleichen.«

11 Da gingen dreitausend Judäer zur Felsspalte am Berg Etam und stellten Simson zur Rede: »Warum hast du uns das angetan? Du weißt doch, dass die Philister uns beherrschen!« »Ich habe ihnen nur mit gleicher Münze heimgezahlt, was sie mir angetan haben«, antwortete er.

12 Die Männer von Juda erwiderten: »Wir sind hergekommen, um dich zu fesseln und den Philistern auszuliefern.« »Schwört mir, dass ihr mich nicht umbringt!«, bat Simson. 13 Sie versprachen: »Wir wollen dich wirklich nur fesseln und ausliefern. Auf keinen Fall werden wir dich töten!« Nun ließ er sich von ihnen mit zwei neuen Stricken binden, aus der Felsspalte herausführen und nach Lehi bringen.

14 Als die Philister Simson sahen, stimmten sie ein Triumphgeschrei an. Da wurde er vom Geist des Herrn ergriffen. Er zerriss die Stricke an seinen Armen, als wären sie angesengte Bindfäden. 15 Dann entdeckte er den Unterkieferknochen eines Esels, packte ihn und erschlug damit tausend Philister.

16 »Mit dem Kiefer des Esels mähte ich sie nieder!«, sang er. »Mit dem Kiefer des Esels schlug ich tausend Mann!« 17 Danach warf er den Knochen weg. Seither heißt der Ort, an dem dies geschehen ist, Ramat-Lehi (»Kinnbacken-Höhe«).

18 Simson hatte großen Durst. Er betete zum Herrn: »Ich habe für dich gekämpft, und du hast mir diesen großen Sieg geschenkt! Aber jetzt muss ich verdursten und werde doch noch diesen unbeschnittenen Heiden in die Hände fallen!« 19 Da ließ Gott aus einer Bodensenke in der Nähe von Lehi Wasser hervorbrechen. Simson trank davon und kam wieder zu Kräften. Man nennt die Quelle daher En-Hakore (»Quelle des Rufenden«); sie ist noch heute dort.

20 Zwanzig Jahre lang führte Simson das Volk Israel, während die Philister das Land beherrschten.

Simson befreit sich aus Gaza

16 Einmal kam Simson nach Gaza. Dort sah er eine Prostituierte und ging zu ihr ins Haus. 2 Schnell sprach es sich unter den Bewohnern der Stadt herum: »Simson ist hier!« Die Philister umstellten das Haus und legten sich die

---

15,2 14,20 **15,14** 3,10*

Nacht über am Stadttor auf die Lauer. Sie
beschlossen: »Solange es dunkel ist, un-
ternehmen wir nichts. Erst im Morgen-
grauen bringen wir ihn um!«
3 Simson lag bis Mitternacht im Bett.
Dann stand er auf und ging zum Stadttor.
Er packte die Torflügel, riss sie mit Pfos-
ten und Querbalken heraus, nahm sie auf
die Schultern und trug sie auf den Gipfel
des Berges, der in Richtung Hebron liegt.

Die Philister stellen Simson eine Falle

4 Einige Zeit später verliebte sich Simson
in eine Frau namens Delila, die im Tal
Sorek wohnte. 5 Einige Fürsten der Philis-
ter kamen zu ihr und forderten sie auf:
»Du weißt, dass Simson dich liebt. Nutz
das doch aus, und frag ihn, woher seine
große Kraft stammt, damit wir ihn über-
wältigen können. Finde heraus, womit
man ihn fesseln kann! Jeder von uns gibt
dir dafür 1100 Silberstücke.«
6 Delila fragte Simson: »Willst du mir
nicht anvertrauen, warum du so stark
bist? Gibt es Fesseln, die du nicht zerrei-
ßen kannst?« 7 Er antwortete: »Wenn
man mich mit sieben frischen Sehnen
bindet, die noch nicht trocken sind, dann
bin ich schwach wie jeder andere.« 8 Die
Fürsten besorgten sieben solcher Sehnen,
und Delila fesselte Simson damit, 9 wäh-
rend einige Philister im Nebenzimmer
lauerten. Dann rief sie: »Simson! Die
Philister kommen!« Da zerriss er die Seh-
nen, als wären sie angesengte Bindfäden.
Das Geheimnis seiner Kraft hatte er
nicht verraten.
10 Delila warf ihm vor: »Du hast mich
getäuscht und belogen! Sag mir, wie
man dich wirklich fesseln kann!« 11 Er
antwortete: »Wenn man mich mit neuen
Seilen bindet, die noch nie gebraucht
worden sind, habe ich so wenig Kraft
wie jeder andere.« 12 Delila nahm solche
Seile und fesselte Simson damit. Wieder
lauerte man ihm nebenan auf. Aber als
sie rief: »Simson! Die Philister kom-
men!«, riss er die Seile von seinen Ar-
men wie Fäden.
13 »Immer täuschst du mich«, klagte
Delila, »ständig belügst du mich! Verrate
mir endlich, womit man dich binden
kann!« Simson erwiderte: »Du musst
meine sieben Haarflechten im Webstuhl
einweben!« 14 Als er schlief, wob Delila
sein Haar hinein und befestigte es mit
dem Pflock. Dann rief sie: »Simson! Die
Philister!« Er sprang auf und riss das Ge-
webe samt dem Pflock heraus.
15 Erneut machte Delila ihm Vorwürfe:
»Wie kannst du noch behaupten, dass du
mich liebst? In Wahrheit gehört dein
Herz mir gar nicht! Dreimal hast du mich
belogen und mir immer noch nicht ver-
raten, warum du so stark bist.« 16 Tag für
Tag redete sie auf ihn ein. Sie drängte ihn
so sehr, dass er es zuletzt nicht mehr er-
tragen konnte 17 und sein Geheimnis
preisgab: »Ich bin von Mutterleib an
Gott geweiht, niemals hat man mir die
Haare geschnitten. Ohne sie würde ich
meine Kraft verlieren und schwach wer-
den wie jeder andere.«
18 Delila wusste, dass er ihr jetzt die
Wahrheit gesagt hatte. Sie benachrichtig-
te die Fürsten der Philister: »Kommt! Er
hat mir alles anvertraut!« Da kamen sie
und brachten die versprochenen Silber-
stücke mit.
19 Delila ließ Simson in ihrem Schoß
einschlafen. Dann winkte sie einen Mann
herbei und schnitt Simsons sieben Haar-
flechten ab. Während sie es tat, verlor er
seine Kraft. 20 »Simson«, rief sie dann,
»die Philister sind da!« Er wachte auf
und meinte, er könne sich wieder befrei-
en und losreißen. Er wusste nicht, dass
der Herr sich von ihm abgewandt hatte.
21 Die Philister packten Simson und sta-
chen ihm die Augen aus. Dann brachten
sie ihn nach Gaza, legten bronzene Ket-
ten um seine Arme und Beine und war-
fen ihn ins Gefängnis. Dort musste er die
Kornmühle drehen.
22 Allmählich begann sein Haar wieder
zu wachsen.

16,16 14,17 **16,17** 13,5; 4 Mo 6,5

Simsons letzte Rache

23 Die Fürsten der Philister versammelten
sich zu einem großen Fest. Sie brachten
ihrem Gott Dagon viele Schlachtopfer
dar und feierten ihren Sieg. Dabei sangen
sie:
»Unserm Dagon sei's gedankt:
Simson ist in unsrer Hand!«
24/25 Als sie richtig in Stimmung waren,
riefen sie: »Holt Simson! Er soll uns et-
was vorführen!« So wurde Simson aus
dem Gefängnis herbeigebracht, und sie
trieben ihren Spott mit ihm. Sie priesen
ihren Gott und stimmten von neuem ihr
Lied an:
»Unserm Dagon sei's gedankt:
Simson ist in unsrer Hand!
Wie viel Mann hat er vernichtet!
Was alles hat er angerichtet!«
Dann stellten sie Simson zwischen die
Säulen des Gebäudes. 26 Er bat den Jun-
gen, der ihn an der Hand führte: »Lass
mich einmal kurz los! Ich möchte nach
den Säulen tasten, die das Dach tragen,
und mich etwas an sie lehnen.« 27 Das
Gebäude war voller Menschen. Auch
die Fürsten der Philister waren alle
gekommen. Allein vom Dach aus hatten
etwa dreitausend Leute zugesehen, wie
Simson verspottet wurde.
28 Simson betete: »Herr, mein Gott, er-
innere dich an mich! Bitte gib mir noch
dies eine Mal so viel Kraft wie früher!
Ich will mich dafür rächen, dass sie mir
meine Augen ausgestochen haben.«
29 Dann fasste Simson die beiden mitt-
leren Säulen, auf denen das Dach ruhte,
eine mit der rechten Hand, eine mit der
linken, und stemmte sich dagegen.
30 »Sollen die Philister mit mir sterben!«,
schrie er und riss die Säulen mit aller
Kraft um. Das Gebäude brach über den
Philistern und ihren Fürsten zusammen.
Dabei starben mehr Menschen, als Sim-
son in seinem ganzen Leben getötet
hatte.
31 Simsons Brüder und seine übrigen
Angehörigen kamen, hoben seinen
Leichnam auf und brachten ihn zum
Grab seines Vaters Manoach. Dort, zwi-
schen Zora und Eschtaol, begruben sie
ihn. Zwanzig Jahre lang hatte Simson
das Volk Israel geführt.

Michas Götzendienst

17 Im Gebirge Ephraim lebte ein
Mann namens Micha. 2 Eines Ta-
ges sagte er zu seiner Mutter: »Dir sind
doch 1100 Silberstücke gestohlen wor-
den. Ich habe gehört, wie du damals den
Dieb verflucht hast. Nun, das Geld ist bei
mir. Ich selbst habe es genommen!« Da
rief seine Mutter: »Der Herr möge den
Fluch in Segen verwandeln!« 3 Micha gab
ihr das Gestohlene zurück, und sie er-
klärte: »Das Silber soll dem Herrn gehö-
ren! Ich werde dir davon ein Gottesbild
herstellen lassen, aus Holz geschnitzt
und mit Silber überzogen. So wirst du
doch noch etwas von dem Silber haben.«
4 Sie brachte 200 der Silberstücke zum
Goldschmied und ließ eine Götzenfigur
aus Holz mit einem silbernen Guss anfer-
tigen. Micha stellte die Figur bei sich auf,
5 denn er besaß ein eigenes Heiligtum. Er
ließ noch andere Götzenstatuen und ein
Priestergewand anfertigen und ernannte
einen seiner Söhne zum Priester. 6 Da-
mals gab es keinen König in Israel, und
jeder tat, was er für richtig hielt.
7 Zu jener Zeit lebte ein junger Mann
aus dem Stamm Levi in Bethlehem, das
im Stammesgebiet von Juda liegt. 8 Er
verließ die Stadt, um sich an einem ande-
ren Ort niederzulassen. Auf seiner Reise
durchs Gebirge Ephraim kam er an Mi-
chas Haus vorbei. 9 »Woher kommst
du?«, fragte Micha ihn. Der junge Mann
antwortete: »Ich bin ein Levit aus Bethle-
hem in Juda. Ich möchte mich woanders
niederlassen.« 10 »Bleib hier bei mir!«,
forderte Micha ihn auf. »Du kannst mein
Ratgeber und Priester werden. Ich gebe
dir dafür zehn Silberstücke im Jahr und

16,23 1 Sam 5,1–5 **16,31** 13,2.25; 15,20 **17,3–4** 5 Mo 27,15 **17,5** 1 Mo 31,19; 2 Mo 28,40–41
17,6 18,1; 19,1; 21,25

so viel Kleidung und Nahrung, wie du
brauchst.«
11 Der Levit willigte ein und blieb. Mi-
cha nahm ihn auf wie einen seiner Söhne,
12 er ernannte ihn zum Priester und dach-
te: 13 »Jetzt wird der Herr mir sicher Gu-
tes tun, denn ich habe einen Leviten als
Priester!«

Der Stamm Dan sucht Land

18 Zu dieser Zeit hatte Israel keinen
König. Der Stamm Dan besaß
noch kein eigenes Land und suchte des-
halb nach einem Gebiet, in dem er sich
ansiedeln konnte. 2 In Zora und Eschtaol
wählten die Daniter aus ihren Sippen
fünf bewährte Soldaten aus und schick-
ten sie los, um das Land auszukundschaf-
ten. Die Männer zogen durch das Gebir-
ge Ephraim und kamen zu Michas Haus.
Als sie dort übernachteten, 3 fiel ihnen
der Levit durch seinen Dialekt auf. Sie
gingen zu ihm und fragten: »Wie bist du
hierher gekommen? Was machst du
hier?« 4 Der junge Mann erzählte ihnen
seine Geschichte. »Micha hat mich ange-
stellt«, sagte er, »ich bin sein Priester.«
5 Da baten sie ihn: »Frag doch Gott, ob
wir bei unserer Erkundungsreise Erfolg
haben werden!« 6 Der Levit ermutigte
sie: »Macht euch keine Sorgen! Der Herr
weiß, was ihr vorhabt, und er wird euch
beistehen.«
7 Da zogen die fünf Männer weiter und
kamen nach Lajisch. Sie sahen, dass die
Menschen dort von niemandem unter-
drückt und ausgebeutet wurden. Sie leb-
ten ruhig und sicher wie die Sidonier. Die
Stadt Sidon aber war zu weit entfernt, um
ihnen helfen zu können, und in der Nähe
hatten sie keine Verbündeten. 8 Die fünf
Kundschafter kehrten zu ihrem Stamm
nach Zora und Eschtaol zurück, wo man
sie schon gespannt erwartete. 9 »Lasst uns
in den Kampf ziehen!«, riefen sie. »Wir
haben ein ausgezeichnetes Gebiet gefun-
den! Was steht ihr noch herum? Schnell,
wir wollen aufbrechen und zuschlagen!
10 Die Bewohner dort sind auf keinen An-
griff vorbereitet. Es ist ein großes und
fruchtbares Gebiet. Dort wächst einfach
alles, was ihr euch vorstellen könnt! Gott
schenkt euch dieses Land!«

Die Daniter nehmen Michas Götzen und den Priester mit

11 Mit 600 bewaffneten Männern brachen
die Daniter von Zora und Eschtaol auf.
12 Sie zogen nach Kirjat-Jearim in Juda
und schlugen im Westen der Stadt ihr La-
ger auf. Daher nennt man diesen Ort bei
Kirjat-Jearim bis heute Mahane-Dan
(»Dans Lager«). 13 Von dort gingen sie
ins Gebirge Ephraim und kamen zu Mi-
chas Haus.
14 Die fünf Männer, die das Gebiet von
Lajisch erkundet hatten, erzählten den
anderen: »Stellt euch vor, in einem dieser
Häuser gibt es eine Götzenstatue aus
Holz, die mit Silber überzogen ist, außer-
dem noch andere Figuren und ein Pries-
tergewand. Lassen wir uns diese Gele-
genheit nicht entgehen!«
15 Die fünf betraten das Haus Michas
und begrüßten den jungen Leviten,
16 während die 600 Bewaffneten draußen
am Tor warteten. 17 Als dann der Levit zu
ihnen hinausging, schlichen sich die fünf
in das Heiligtum und stahlen die Götzen-
statue, die anderen Figuren und das
Priestergewand.
18 Der Levit aber sah sie damit heraus-
kommen und rief: »Was soll das?« 19 »Sei
still!«, gaben sie zurück. »Komm mit, und
werde unser Ratgeber und Priester! Bei
uns bist du Priester für einen ganzen israe-
litischen Stamm, das ist doch viel besser
als nur für eine Familie!« 20 Da freute sich
der Levit. Er nahm die Götzenstatue, die
anderen Figuren und das Gewand und
schloss sich den Danitern an. 21 Dann bra-
chen sie auf; ihre Frauen und Kinder, ihr
Vieh und alles Wertvolle, was sie besaßen,
stellten sie an die Spitze des Zuges.
22 Sie hatten sich schon ein ganzes
Stück vom Haus entfernt, bis Micha end-

18,1 17,6; 19,1; 21,25; 1,34 **18,3–4** 17,7–13 **18,5** 2 Mo 28,30* **18,14** 17,5 **18,19** 17,10

lich seine Nachbarn zusammengerufen und die Verfolgung aufgenommen hatte. [23]Als sie nahe genug an die Fliehenden herangekommen waren, schrien sie ihnen nach. Die Daniter drehten sich um und riefen Micha zu: »Was ist los? Was willst du mit all den Leuten?« [24]»Ihr habt meine Götter gestohlen, die ich selbst angefertigt habe!«, gab Micha zurück. »Und auch meinen Priester habt ihr mir genommen! Ich bin von euch ausgeraubt worden, und da fragt ihr noch: ›Was ist los?‹!« [25]Sie riefen: »Mach, dass du wegkommst! Sonst verlieren wir die Beherrschung und bringen dich und deine Familie um!«

[26]Dann setzten sie ihren Weg fort. Micha sah ein, dass er unterlegen war, und kehrte nach Hause zurück. [27]Seine Götzenstatuen behielten die Daniter, und auch der Priester blieb bei ihnen.

Die Eroberung von Lajisch und der Götzendienst der Daniter

Die Daniter zogen nach Lajisch und überfielen seine Einwohner, die sorglos und friedlich dort gelebt hatten. Sie töteten alle mit dem Schwert und brannten die Stadt nieder. [28]Keiner half den Bewohnern. Denn Sidon war zu weit entfernt, und sonst hatten sie keine Verbündeten. Lajisch lag einsam in der Ebene bei Bet-Rehob. Die Daniter bauten die Stadt wieder auf und ließen sich dort nieder. [29]Sie nannten sie aber nicht mehr Lajisch, sondern Dan nach ihrem Stammvater, einem der Söhne Israels.

[30]Sie stellten dort die geschnitzte Götzenstatue auf und ernannten den Leviten Jonatan zum Priester, einen Nachkommen von Moses Sohn Gerschom. Als Jonatan starb, wurde sein Sohn Priester und nach ihm seine Nachkommen, bis das Volk in die Gefangenschaft verschleppt wurde.

[31]Michas Götzenbild stand ebenso lange in Dan wie das Heiligtum Gottes in Silo.

Ein Levit holt seine Frau zurück

19 Zu der Zeit, als es noch keinen König in Israel gab, nahm sich ein Levit, der am äußersten Ende des Gebirges Ephraim wohnte, eine Nebenfrau aus Bethlehem in Juda. [2]Doch eines Tages war die Frau wütend über ihren Mann und lief ihm weg, sie kehrte zurück zu ihrem Vater nach Bethlehem. Vier Monate später [3]nahm der Levit zwei Esel und ritt mit seinem Knecht nach Bethlehem. Er wollte mit der jungen Frau sprechen und sie zurückgewinnen.

Als er sie gefunden hatte, lud sie ihn in ihr Elternhaus ein. Ihr Vater freute sich sehr, seinen Schwiegersohn zu sehen, [4]und wollte ihn gar nicht wieder gehen lassen. Drei Tage lang blieben sie zusammen, sie aßen und tranken. [5]Am vierten Tag stand der Levit früh auf, um sich mit seiner Nebenfrau auf den Heimweg zu machen. Aber sein Schwiegervater hielt ihn zurück: »Iss erst einmal einen Bissen Brot, und stärk dich, dann könnt ihr losziehen.« [6]Die beiden Männer setzten sich hin und aßen und tranken miteinander.

»Tu mir doch den Gefallen«, bat der Schwiegervater, »und bleib noch eine Nacht hier. Lass es dir bei mir gut gehen!« [7]Aber der Levit wollte aufbrechen. Da drängte ihn der Vater der Frau, noch einmal bei ihm zu übernachten, bis der Levit schließlich nachgab.

[8]Am Morgen des fünften Tages stand er wieder früh auf, um abzureisen. »Stärke dich noch etwas«, ermunterte ihn sein Schwiegervater, »bis heute Nachmittag könnt ihr euch wirklich noch Zeit lassen.« Wieder setzten sich die beiden hin und aßen.

[9]Am Nachmittag erhob sich der Levit, um sich mit seiner Nebenfrau und seinem Knecht auf den Weg zu machen. »Sieh doch«, wandte sein Schwiegervater ein, »der Tag geht zu Ende, bald wird es dunkel. Bleib über Nacht, und mach es dir hier bequem! Morgen früh könnt ihr dann aufbrechen und nach Hause zu-

18,27–29 Jos 19,47 **18,30** 2 Mo 2,22; 2 Kön 15,29 **18,31** Jos 18,1* **19,1** 17,6; 18,1; 21,25

rückkehren.« 10/11 Aber der Levit wollte
nun abreisen. Er ließ die Esel satteln
und machte sich mit seiner Nebenfrau
und seinem Knecht auf den Heimweg.

Gegen Abend erreichten sie Jebus, das
heutige Jerusalem. Da schlug der Knecht
seinem Herrn vor: »Komm, lass uns in die
Stadt gehen und dort eine Unterkunft su-
chen.« 12 Doch der Levit erwiderte: »Ich
will nicht bei diesen Fremden übernach-
ten, die keine Israeliten sind. Wir gehen
besser hinüber nach Gibea. 13 Wenn wir
uns beeilen, können wir Gibea oder sogar
noch Rama erreichen! In einem dieser
Orte werden wir übernachten.«

14 So zogen sie weiter, und bei Sonnen-
untergang waren sie kurz vor Gibea im
Gebiet des Stammes Benjamin. 15 Sie bo-
gen vom Weg ab und gingen in die Stadt.
Doch dort wollte sie niemand über Nacht
aufnehmen, und so blieben sie an einem
großen Platz in der Stadt sitzen.

16 Spät am Abend kam ein alter Mann
von der Feldarbeit zurück. Er stammte
aus dem Gebirge Ephraim und lebte als
Fremder unter den Benjaminitern in Gi-
bea. 17 Als er den Leviten auf dem Platz
sitzen sah, fragte er ihn: »Wo kommst du
her, und wo willst du hin?« 18 Der Levit
erklärte: »Wir kommen gerade aus Beth-
lehem in Juda und wollen zum äußersten
Ende des Gebirges Ephraim, wo mein
Zuhause ist. Von dort aus habe ich diese
Reise nach Bethlehem unternommen.
Aber hier in Gibea will uns niemand auf-
nehmen, 19 obwohl wir Stroh und Futter
für die Esel und Brot und Wein für uns
selbst mitgenommen haben. Wir sind
wirklich mit allem versorgt.«

20 »Ihr seid mir herzlich willkommen!«,
lud der alte Mann sie ein. »Bitte lasst mich
für euch sorgen. Hier draußen sollt ihr auf
keinen Fall übernachten!« 21 Er nahm sie
mit in sein Haus und gab ihren Eseln Fut-
ter. Dann wuschen die Gäste sich die Fü-
ße, aßen und tranken.

Das Verbrechen der Männer von Gibea

22 Während sie fröhlich zusammensaßen,
umstellten skrupellose Männer aus Gi-
bea das Haus. Sie schlugen gegen die
Tür und riefen dem Hausherrn zu: »Gib
den Mann, der bei dir ist, heraus. Wir
wollen ihn vergewaltigen!« 23 Der alte
Mann ging zu ihnen hinaus und beschwor
sie: »Das könnt ihr doch nicht tun, denn
dieser Fremde ist mein Gast! Eine solche
Schandtat dürft ihr auf keinen Fall bege-
hen! 24 Eher gebe ich euch meine Tochter,
die noch Jungfrau ist, und die Nebenfrau
des Fremden. Vergewaltigt sie, und
macht mit ihnen, was ihr wollt. Aber mei-
nem Gast dürft ihr so etwas Fürchterli-
ches nicht antun!«

25 Doch die Männer von Gibea ließen
nicht mit sich reden. Da führte der Levit
seine Nebenfrau nach draußen. Die Män-
ner fielen über sie her und vergingen sich
die ganze Nacht an ihr. Erst im Morgen-
grauen ließen sie von ihr ab. 26 Die Frau
schleppte sich noch bis zum Eingang des
Hauses, in dem ihr Mann war. Dort brach
sie zusammen und blieb liegen.

Als es hell wurde, 27 stand der Levit auf,
um sich wieder auf den Weg zu machen.
Er öffnete die Haustür und fand seine
Nebenfrau davor liegen, die Hände auf
der Schwelle. 28 »Steh auf«, sagte er zu ihr,
»wir wollen weiter!« Aber sie antwortete
nicht. Da legte er sie auf den Esel und zog
in seine Heimatstadt.

29 Dort angekommen, nahm er ein
Messer und zerteilte die Leiche der Frau
in zwölf Stücke. Dann ließ er die Teile
überall in Israel den Menschen zeigen.
30 Alle, die es sahen, waren entsetzt und
sagten: »So ein Verbrechen hat es noch
nie bei uns gegeben. Seit wir aus Ägypten
hierher gekommen sind, ist so etwas
nicht geschehen. Wir müssen genau über-
legen, was wir jetzt tun sollen.«

19,10–11 Jos 15,63* **19,22** 1 Mo 19,4–5; 3 Mo 18,22 **19,29** 1 Sam 11,7 **19,30** Hos 9,9; 10,9

Gibea soll bestraft werden

20 Alle Männer Israels aus dem Ge-
biet von Dan im Norden bis Beer-
scheba im Süden und aus Gilead im
Osten gingen nach Mizpa und versam-
melten sich dort in der Gegenwart des
Herrn. [2] Auch die Oberhäupter der israe-
litischen Stämme waren gekommen. Sie
stellten ein Heer von 400 000 Soldaten
auf, die alle mit Schwertern bewaffnet
waren. [3] Im Stammesgebiet von Benja-
min wusste man von diesem Treffen.

Die Israeliten fragten: »Wie konnte die-
ses schreckliche Verbrechen nur gesche-
hen?« [4] Der Levit, dessen Frau ermordet
worden war, berichtete: »Ich kam mit
meiner Nebenfrau nach Gibea im Gebiet
von Benjamin. Wir wollten dort über-
nachten. [5] Die Männer der Stadt versuch-
ten, mich in ihre Gewalt zu bekommen.
Sie umstellten in der Nacht das Haus mei-
nes Gastgebers und wollten mich töten.
Meine Nebenfrau haben sie so brutal ver-
gewaltigt, dass sie gestorben ist. [6] Ich habe
ihre Leiche zerteilt und die Stücke überall
in Israel herumzeigen lassen. Jeder sollte
sehen, was für ein abscheuliches Verbre-
chen in unserem Land geschehen ist.
[7] Darum seid ihr alle hier versammelt.
Männer von Israel, bildet euch ein Urteil,
und entscheidet, was zu tun ist!«

[8] Da standen alle Israeliten auf und er-
klärten einstimmig: »Keiner von uns wird
nach Hause zurückkehren, [9] bevor Gibea
seine gerechte Strafe bekommen hat. Wir
müssen sofort gegen die Stadt vorgehen.
Lasst uns auslosen, [10] wer Verpflegung für
unser Heer besorgt. Dafür reicht jeder
Zehnte von uns, alle anderen sollen
gleich mit nach Gibea kommen. Wir wer-
den die Bewohner dort zur Rechenschaft
ziehen für das Verbrechen, das sie in un-
serem Land begangen haben.«

[11] So zogen die Israeliten geschlossen
nach Gibea, um die Stadt anzugreifen.
[12] Unterwegs sandten sie Boten zu allen
Sippen des Stammes Benjamin und lie-
ßen ihnen ausrichten: »Bei euch ist eine
abscheuliche Tat verübt worden. [13] Lie-
fert uns die Männer von Gibea aus. Wir
werden diese skrupellosen Kerle töten.
Eine solche Schandtat darf in Israel nicht
geduldet werden!«

Doch dazu waren die Benjaminiter
nicht bereit. [14] Aus dem ganzen Stammes-
gebiet zogen sie nach Gibea, um der
Stadt im Kampf gegen die Israeliten zu
helfen. [15] Noch am selben Tag stellten sie
ein Heer von 26 000 Mann auf, alle mit
Schwertern bewaffnet. Dazu kamen wei-
tere 700 erfahrene Soldaten aus Gibea
selbst. [16] Im ganzen Stamm Benjamin gab
es 700 Männer, die sogar mit der linken
Hand Steine schleudern konnten und nie
ihr Ziel verfehlten. [17] Die Israeliten hat-
ten ohne den Stamm Benjamin 400 000
kampferprobte Soldaten aufgeboten, die
mit Schwertern bewaffnet waren.

[18] Sie zogen nach Bethel und fragten
Gott: »Welcher Stamm soll uns in der
Schlacht gegen Benjamin anführen?« Der
Herr antwortete: »Juda soll vorangehen!«

Der Krieg zwischen Israel und Benjamin

[19] Am nächsten Morgen zogen die Isra-
eliten nach Gibea und schlugen in der
Nähe ihr Heerlager auf. [20] Sie machten
sich zum Angriff bereit und stellten sich
in Schlachtordnung vor die Stadt. [21] Da
stürmten die Benjaminiter heraus und tö-
teten an jenem Tag 22 000 von ihnen.

[22/23] Die Israeliten flohen nach Bethel
zum Heiligtum des Herrn und weinten
dort bis zum Abend. Sie fragten den
Herrn: »Sollen wir noch einmal gegen
unsere Brüder vom Stamm Benjamin
kämpfen?« Der Herr antwortete: »Ja,
greift sie an!« Nun fassten die Israeliten
wieder Mut. Sie stellten sich am nächsten
Tag an derselben Stelle auf, [24] um Gibea
anzugreifen. [25] Doch die Benjaminiter ka-
men ihnen erneut zuvor und brachten
18 000 israelitische Soldaten um.

[26] Da zog das ganze Heer der Israeliten
wieder zum Heiligtum des Herrn nach

20,1 1 Sam 7,5 **20,4** 19,14 **20,13** 4 Mo 35,33 **20,18** 2 Mo 28,30*

Bethel; dort weinten und fasteten sie bis
zum Abend. Sie brachten dem Herrn
Brand- und Dankopfer dar [27] und fragten
ihn, was sie tun sollten. Zu dieser Zeit
stand in Bethel die Bundeslade Gottes,
[28] und Pinhas, ein Nachkomme Eleasars
und Aarons, übte das Priesteramt aus.
»Sollen wir noch einmal gegen unsere
Stammesbrüder von Benjamin kämpfen,
oder sollen wir aufgeben?«, fragten die
Israeliten. »Greift sie an«, antwortete
der Herr, »morgen schenke ich euch den
Sieg über sie.«

Die Benjaminiter werden beinahe ausgelöscht

[29] Diesmal legten sich einige israelitische
Soldaten rings um Gibea in den Hinter-
halt. [30] Die anderen stellten sich wie an
den zwei ersten Tagen vor der Stadt zum
Kampf auf. [31] Wieder stürmten die Benja-
miniter heraus und griffen an. Auf den
Wegen, die nach Bethel und nach Gibea
führten, und auf dem offenen Land töte-
ten sie etwa dreißig Israeliten. Dabei ent-
fernten sie sich immer weiter von der
Stadt. [32] »Jetzt schlagen wir sie wie die
letzten Male!«, riefen sie.

Doch die Männer Israels hatten sich
einen Plan zurechtgelegt: »Wir fliehen
vor ihnen und locken sie von der Stadt
weg auf die Wege!« [33] Sie rannten vor
den Benjaminitern davon, bei Baal-Ta-
mar aber kehrten sie um und stellten sich
ihren Verfolgern entgegen. Die anderen
Israeliten, die sich rings um Gibea auf
freiem Feld versteckt gehalten hatten,
kamen nun hervor. [34] Plötzlich sahen sich
die Benjaminiter von Gibea 10000 der
besten Soldaten aus ganz Israel gegen-
über, und es entbrannte eine heftige
Schlacht. Unerwartet brach das Unglück
über die Stadt herein. [35] Die Israeliten
siegten mit der Hilfe des Herrn und töte-
ten an jenem Tag 25100 benjaminitische
Soldaten. [36] Erst ganz zuletzt begriffen
die Benjaminiter, dass sie verloren wa-
ren. Das israelitische Heer hatte sie
durch seine Flucht von Gibea fort-
gelockt. Die Männer, die rings um Gibea
im Hinterhalt lagen, [37] brachen aus ihren
Verstecken hervor, überfielen die Stadt
und töteten alle Menschen dort mit dem
Schwert. [38] Dann legten sie Feuer und lie-
ßen eine große Rauchwolke aufsteigen.
Dies war das Zeichen für die anderen
Soldaten, [39] die zum Schein vor den Ben-
jaminitern geflohen waren.

Die Benjaminiter hatten etwa dreißig
Israeliten getötet und gerufen: »Wir wer-
den sie besiegen wie gestern und vorges-
tern!« [40] Plötzlich stieg hinter ihnen der
Rauch aus der Stadt auf. Die Benjamini-
ter drehten sich um und sahen, dass ganz
Gibea in Flammen stand. [41] In diesem
Augenblick machten die fliehenden Is-
raeliten kehrt und griffen ihre Feinde an.

Da packte die Benjaminiter die Angst.
Sie merkten, dass sie verloren waren,
[42/43] und versuchten nach Osten in Rich-
tung Wüste zu entkommen. Nun ver-
folgten auch diejenigen Soldaten sie, die
vorher Gibea aus dem Hinterhalt ange-
griffen hatten. Die Israeliten holten die
Fliehenden ein, umzingelten sie und
brachten sie um. [44] 18000 Benjaminiter,
alles erfahrene Soldaten, fielen in der
Schlacht. [45] Die Überlebenden versuch-
ten, weiter in Richtung Wüste zum Rim-
monfelsen zu fliehen. Doch die Israeliten
überwältigten unterwegs 5000 von ihnen
und stachen sie nieder. Weitere 2000 tö-
teten sie bei Gidom. [46] Insgesamt ver-
loren die Benjaminiter in dieser Schlacht
25000 gute und kampferprobte Soldaten.

[47] Nur 600 erreichten den Rimmon-
felsen und versteckten sich dort vier
Monate. [48] Die Israeliten brachen die Ver-
folgung ab und kehrten in das Stammes-
gebiet Benjamins zurück. Hier töteten sie
alle Menschen und Tiere, die sie fanden,
und brannten die Städte nieder.

Frauen für die Benjaminiter

21 Als die Israeliten in Mizpa ver-
sammelt gewesen waren, hatten

20,28 4 Mo 25,10–13 **20,29** Jos 8,12 **20,31** Jos 8,16 **20,48** 5 Mo 7,2* **21,1** 20,1

sie geschworen: »Keiner von uns wird jemals seine Tochter einem Benjaminiter zur Frau geben!« 2 Nun gingen sie zum Heiligtum des Herrn nach Bethel und blieben bis zum Abend dort. Sie weinten laut und beteten: 3 »Herr, du Gott Israels, unser Volk hat einen ganzen Stamm verloren! Warum musste das geschehen?«

4 Am nächsten Morgen standen sie früh auf, errichteten einen Altar und brachten darauf Brand- und Dankopfer dar. 5 Sie fragten einander: »Gibt es Leute aus unserem Volk, die nicht zu unserer Versammlung nach Mizpa gekommen sind?« Damals hatten sie nämlich geschworen: »Wer nicht erschienen ist, muss sterben!« 6 Es tat den Israeliten leid um die Benjaminiter. »Ein ganzer Stamm ist ausgelöscht«, klagten sie, 7 »wie können wir nur den wenigen Überlebenden zu Frauen verhelfen? Wir haben ja vor dem Herrn geschworen, ihnen keine von unseren Töchtern zu geben. 8 Vielleicht ist ja wirklich irgendeine Sippe nicht zu unserer Versammlung in Mizpa gekommen. Wir wollen es nachprüfen!« Sie stellten fest, dass die Einwohner der Stadt Jabesch im Gebiet von Gilead nicht dabei gewesen waren, 9 denn als sie ihre Truppen musterten, fehlten die Männer aus Jabesch.

10 Da wählten sie 12000 Soldaten aus und befahlen ihnen: »Geht nach Jabesch in Gilead, und tötet alle Einwohner, auch die Frauen und Kinder. 11 Vollstreckt an ihnen Gottes Strafe! Nur die unverheirateten Mädchen lasst leben.«

12 Die Soldaten fanden unter den Einwohnern von Jabesch 400 Mädchen, die noch nicht verheiratet waren, und brachten sie in das israelitische Lager bei Silo im Land Kanaan. 13 Von dort schickten die Israeliten Boten zu den Benjaminitern am Rimmonfelsen und schlossen Frieden mit ihnen. 14 Da kehrten die 600 Männer aus der Wüste zurück und bekamen die Mädchen aus Jabesch, die man am Leben gelassen hatte. Aber es waren nicht genug für sie alle.

15 Die Israeliten waren traurig, dass der Herr einen ihrer Stämme fast ausgelöscht hatte. Sie hatten großes Mitleid mit den Benjaminitern. 16 Wieder fragten die Ältesten: »Woher bekommen wir Frauen für die übrigen Männer von Benjamin? Sie haben ja alle Frauen ihres Stammes verloren! 17 Ihr Gebiet wollen wir ihnen gern lassen. Sie sollen nicht aussterben, nur weil sie kein Land mehr haben. 18 Aber wir dürfen ihnen keine von unseren Töchtern zur Frau geben, denn wir haben geschworen: ›Wer seine Tochter mit einem Mann aus Benjamin verheiratet, den soll Gottes Strafe treffen.‹«

19 Schließlich schlugen sie vor: »Bald findet doch das jährliche Fest für den Herrn hier in Silo statt. Dieser Ort liegt sehr günstig: nördlich von Bethel, südlich von Lebona und östlich der Straße, die von Bethel nach Sichem führt. 20 Ihr Benjaminiter, legt euch in den Weinbergen auf die Lauer! 21 Wenn die Mädchen aus Silo herauskommen, um zu tanzen, springt ihr hervor, und jeder von euch packt eine von ihnen. Dann nehmt sie mit in euer Stammesgebiet. 22 Wenn ihre Väter und Brüder zu uns kommen und uns Vorwürfe machen, werden wir antworten: ›Lasst ihnen die Mädchen. Sie haben beim Krieg gegen Jabesch nicht genug Frauen bekommen. Ihr macht euch nicht schuldig, denn ihr habt sie ihnen ja nicht freiwillig gegeben.‹«

23 Die Benjaminiter befolgten den Rat und raubten so viele Frauen, wie ihnen fehlten. Sie nahmen sie mit in ihr Stammesgebiet, bauten dort die zerstörten Städte wieder auf und wohnten darin. 24 Auch die anderen Israeliten machten sich auf den Heimweg und kehrten in die Gebiete zurück, aus denen sie stammten.

25 In jener Zeit gab es keinen König in Israel, und jeder tat, was er für richtig hielt.

21,2 20,18.22–23.26 **21,10–11** 4 Mo 31,17–18; 5 Mo 7,2* **21,13** 20,45.47 **21,19** Jos 18,1* **21,25** 17,6; 18,1; 19,1

Das Buch Ruth

»Dein Gott ist mein Gott!«

1 [1/2]Zu der Zeit, als das Volk Israel von
Männern geführt wurde, die man
»Richter« nannte, brach im Land eine
Hungersnot aus. Darum verließ ein
Mann namens Elimelech von der Sippe
Efrat die Stadt Bethlehem in Juda, wo er
gewohnt hatte. Er ging mit seiner Frau
Noomi und seinen beiden Söhnen Mach-
lon und Kiljon ins Land Moab und ließ
sich dort nieder.
[3]Doch dann starb Elimelech, und Noo-
mi blieb mit ihren Söhnen allein zurück.
[4]Die beiden heirateten zwei Frauen aus
Moab, sie hießen Orpa und Ruth. Nach
etwa zehn Jahren [5]starben auch Machlon
und Kiljon. Nun hatte Noomi keinen
Mann und keine Söhne mehr.
[6/7]Bald darauf erfuhr sie, dass der Herr
sich über sein Volk erbarmt und ihm wie-
der eine gute Ernte geschenkt hatte. So-
fort brach sie auf, um in ihre Heimat Juda
zurückzukehren. Ihre Schwiegertöchter
begleiteten sie.
Unterwegs [8]sagte Noomi zu ihnen:
»Geht doch wieder zurück in euer El-
ternhaus, kehrt um! Möge der Herr euch
so viel Liebe erweisen, wie ihr sie den
Verstorbenen und mir entgegengebracht
habt! [9]Er gebe euch ein neues Zuhause
an der Seite eines zweiten Mannes!«
Sie küsste ihre Schwiegertöchter. Die
beiden fingen an zu weinen [10]und wider-
sprachen ihr: »Nein, wir wollen mit dir zu
deinem Volk gehen!« [11]Doch Noomi ent-
gegnete: »Kehrt doch um, meine Töch-
ter! Warum wollt ihr mich unbedingt be-
gleiten? Ich werde keine Söhne mehr zur
Welt bringen, die eure Männer werden
könnten.[a] [12]Kehrt um, meine Töchter,
geht! Ich bin zu alt, um wieder zu hei-
raten. Und selbst wenn ich die Hoffnung
nicht aufgäbe, ja, wenn ich noch heute
Nacht einen Mann bekäme und dann
Söhne zur Welt brächte: [13]Wollt ihr etwa
so lange warten, bis sie erwachsen sind?
Wollt ihr euch bis dahin von allen Män-
nern fern halten und jede Gelegenheit
ausschlagen, noch einmal zu heiraten?
Nein, meine Töchter! Der Herr hat sich
gegen mich gewandt, euch jedoch möchte
ich das harte Schicksal ersparen, das
mich getroffen hat.«
[14]Da weinten die beiden noch mehr.
Orpa küsste ihre Schwiegermutter zum
Abschied, Ruth aber wollte sie auf kei-
nen Fall verlassen. [15]Da forderte Noomi
sie auf: »Deine Schwägerin kehrt zu
ihrem Volk und zu ihrem Gott zurück.
Geh doch mit ihr!«
[16]Aber Ruth erwiderte: »Besteh nicht
darauf, dass ich dich verlasse! Ich will
mich nicht von dir trennen. Wo du hin-
gehst, da will auch ich hingehen. Wo du
bleibst, da bleibe ich auch. Dein Volk ist
mein Volk, und dein Gott ist mein Gott.
[17]Wo du stirbst, will ich auch sterben und
begraben werden. Nur der Tod kann
mich von dir trennen; wenn ich dieses
Versprechen nicht halte, soll Gott mich
hart bestrafen!«
[18]Noomi merkte, dass Ruth darauf be-
stand, mit ihr zu gehen, und so versuchte
sie nicht mehr, sie zur Umkehr zu über-
reden. [19]Die beiden machten sich auf den
Weg nach Bethlehem. Als sie dort anka-
men, ging es wie ein Lauffeuer durch die
Stadt. »Ist das nicht Noomi?«, riefen die
Frauen.

---

[a] Vgl. 5. Mose 25,5–10

1,1–2 Ri 2,16; 1 Sam 17,12; 22,3–4; Mi 5,1 **1,16** 2 Sam 15,21

In Harmonie mit den Schwiegereltern

Lesen Sie Ruth 1,1-22

Nach dem Willen Gottes gehören in der Ehe zwei Dinge untrennbar zusammen: die Ablösung von den Eltern und die Fürsorge für die Eltern. Einerseits sollen wir von unseren Eltern unabhängig werden und uns nur an unseren Ehepartner binden, andererseits sind wir in gewisser Weise für sie verantwortlich.

Ruth und Noomi sind ein gutes Beispiel für die innige Beziehung einer Schwiegertochter zu ihrer Schwiegermutter. Entschlossen versprach Ruth Noomi: „Wo du hingehst, da will ich auch hingehen; wo du bleibst, da bleibe ich auch. Dein Volk ist mein Volk, und dein Gott ist mein Gott" (Ruth 1,16). Es muss für Ruth unglaublich hart gewesen sein, ihr Leben in Moab hinter sich zu lassen und bei ihrer Schwiegermutter zu leben. Trotzdem sorgte sie stets liebevoll für Noomi: Sie begegnete Noomi mit Respekt, selbst als diese zutiefst deprimiert war (siehe Ruth 1,20-22); sie kümmerte sich um Noomis Bedürfnisse, indem sie Getreide für sie beide sammelte (2,23); und sie beherzigte Noomis freundlichen Ratschlag (3,3-6). Gott belohnte Ruth dafür, indem er ihr einen liebevollen Mann schenkte und aus ihren Nachkommen den Messias hervorgehen ließ.

Liebevolle Harmonie, das sind die biblischen Ideale für die Beziehung zwischen Schwiegereltern und Schwiegerkindern. Außer Ruth lassen sich auch noch Mose und Petrus anführen, die ebenfalls eine gesunde Beziehung zu ihren Schwiegereltern hatten. Als Moses Schwiegervater Jitro zu Besuch kam, empfing Mose ihn herzlich, und Jitro gab ihm den äußerst wichtigen Ratschlag, Aufgaben zu delegieren (siehe 2. Mose 18). Dass Mose für diesen Rat offen war, zeigt, was für eine gute Beziehung die beiden zueinander hatten. Jesus tat an der Schwiegermutter von Petrus ein Wunder, und sie wiederum sorgte für Jesus und seine Jünger (siehe Matthäus 8,14-15).

Nehmen Sie sich Zeit, um allein oder als Paar gemeinsam zu beten. Bitten Sie Gott ...

- Ihnen zu zeigen, wie Sie ein gutes Gleichgewicht zwischen Ablösung von den Eltern und Verantwortung für sie finden können;
- Ihnen zu helfen, liebevoll mit Ihren Eltern und Schwiegereltern umzugehen;
- die Beziehung zu Ihren Schwiegereltern oder Schwiegerkindern zu segnen.

Wenn Sie noch mehr Zeit haben ...

Besprechen Sie miteinander folgende Fragen oder denken Sie darüber nach:

- Welche besonderen Herausforderungen bringt die Beziehung zu den Schwiegereltern mit sich?
- Was gefällt Ihnen am besten an Ruths Einstellung und ihrem Verhalten gegenüber Noomi?
- An welchen Punkten könnte die Beziehung zu Ihren Schwiegereltern noch wachsen?

Lesen Sie auch die folgenden Abschnitte zum Thema Schwiegereltern:

2. Mose 20,12; Matthäus 19,4-6; 1. Timotheus 5,8.

Den Schwiegereltern mit Respekt begegnen

Lesen Sie Ruth 2,2-12

Respekt ist einer der wichtigsten Bausteine für eine gute Beziehung zu den Schwiegereltern. Er entsteht, wenn wir die Menschen aus einem bestimmten Blickwinkel betrachten: Wir halten sie für wertvoll, weil sie nach Gottes Ebenbild geschaffen sind. Die Entscheidung, unseren Schwiegereltern mit Respekt zu begegnen, hängt nicht von ihrem Charakter ab, sondern davon, dass sie Ebenbild Gottes sind.

Ruth begegnete Noomi mit unerschütterlichem Respekt. Obwohl Noomi in dieser Phase ihres Lebens nicht gerade in bester Verfassung war und ihre Beziehung an diesem Punkt eher einseitig ist (Ruth kümmert sich um Noomi, nicht umgekehrt), nimmt Ruth es ihrer Schwiegermutter nicht übel und begegnet ihr immer noch mit Respekt.

Wenn wir diese respektvolle Haltung einnehmen, zeigt sich das auch in unserem Tun. Respekt führt dazu, dass wir unseren Schwiegereltern dieselbe Freiheit zugestehen, die Gott auch uns und allen anderen Menschen schenkt – die Freiheit des Andersseins. Wenn Sie Respekt vor Ihren Schwiegereltern haben, werden Sie ihnen nicht Ihren Willen aufzwingen. Und selbst wenn es zwischen Ihnen nicht gerade zum Besten steht, versuchen Sie dennoch eine Lösung zu finden, bei der Ihre Unterschiedlichkeit berücksichtigt wird. Statt Ihre Schwiegereltern beherrschen zu wollen oder von ihnen beherrscht zu werden, haben Sie die Chance, ihnen denselben Respekt zu erweisen, den Sie sich auch von ihnen wünschen.

Nehmen Sie sich Zeit, um allein oder als Paar gemeinsam zu beten. Bitten Sie Gott …

- dass Sie Ihre Schwiegereltern als wertvolle Menschen betrachten können, die nach dem Ebenbild Gottes geschaffen sind;
- dass er Ihnen zeigt, wie Sie Ihren Schwiegereltern durch Ihre Einstellung und Ihr Tun Respekt erweisen können;
- dass Sie Ihren Schwiegereltern die Freiheit zuerkennen, anders zu sein.

Wenn Sie noch mehr Zeit haben …

Besprechen Sie miteinander folgende Fragen oder denken Sie darüber nach:

- Wie leicht fällt es Ihnen, Ihren Schwiegereltern mit Respekt zu begegnen? Wo haben Sie Probleme damit?
- Manche Menschen haben ein Machtproblem. Sie versuchen entweder, ihre Schwiegereltern zu beherrschen, oder sie lassen zu, von ihnen beherrscht zu werden. Wann haben Sie in der Beziehung zu Ihren Schwiegereltern derartige Spannungen erlebt?
- Ruth erweist ihrer Schwiegermutter Respekt durch ihre Einstellung (Gedanken und Worte) und durch ihr Tun. In welchen Bereichen könnte Ihr Respekt vor Ihren Schwiegereltern noch wachsen?

Lesen Sie auch die folgenden Abschnitte zum Thema Schwiegereltern:

1. Mose 1,26-27; 3. Mose 19,3;
1. Timotheus 5,1-2.

Den nächsten Impuls finden Sie auf S. 302 a

20 »Nennt mich nicht länger Noomi[a]«,
erwiderte sie, »nennt mich Mara[b], denn
Gott, der Allmächtige, hat mir ein schwe-
res Schicksal auferlegt: 21 Als ich von hier
fortzog, hatte ich alles, was man sich nur
wünschen kann. Jetzt lässt mich der Herr
mit leeren Händen zurückkehren. Wa-
rum nennt ihr mich also noch Noomi?
Der Herr hat sein Urteil gegen mich ge-
sprochen; er, der Allmächtige, hat mir
bitteres Leid zugefügt.«

22 Als Noomi mit ihrer moabitischen
Schwiegertochter Ruth nach Bethlehem
kam, begann gerade die Gerstenernte.

Ruth lernt Boas kennen

2 In Bethlehem wohnte ein Mann na-
mens Boas, der aus derselben Sippe
stammte wie Noomis verstorbener Mann
Elimelech. Boas war wohlhabend und
einflussreich.

2 Eines Tages sagte Ruth zu ihrer
Schwiegermutter: »Ich möchte auf die
Felder gehen und dort die Ähren auf-
lesen, die von den Erntearbeitern nicht
mitgenommen wurden. Irgendjemand
wird es mir sicher erlauben.« »Ja«, ant-
wortete Noomi, »geh nur!« 3 Auf einem
der Felder ging Ruth hinter den Ernte-
arbeitern her und sammelte die Ähren
auf, die sie liegen ließen. Sie wusste nicht,
dass gerade dieses Feld Boas aus der Sip-
pe Elimelechs gehörte.

4 Als Boas nun von Bethlehem zu sei-
nen Arbeitern aufs Feld kam, begrüßte
er sie: »Der Herr sei mit euch!« Sie ant-
worteten: »Der Herr segne dich!« 5 Boas
erkundigte sich bei dem Mann, der die
Arbeiter beaufsichtigte: »Zu wem gehört
diese junge Frau da?« 6 »Sie ist eine Moa-
biterin, die mit Noomi aus Moab zurück-
gekehrt ist«, erwiderte der Mann. 7 »Sie
hat mich gefragt, ob sie dort, wo deine
Männer schon waren, die liegen geblie-
benen Ähren auflesen darf. Seit dem frü-
hen Morgen ist sie bereits da und hat sich
noch kaum in den Schatten gesetzt.«

8 Da sagte Boas zu Ruth: »Ich mache
dir einen Vorschlag: Du brauchst nicht
auf ein anderes Feld zum Ährenlesen zu
gehen; bleib hier bei meinen Mägden,
9 die die Garben binden! Sammle immer
dort, wo die Arbeiter gerade das Korn
abmähen. Ich habe ihnen verboten, dich
zu belästigen. Wenn du Durst hast, dann
geh ruhig zu den Krügen dort, und trink
von dem Wasser, das meine Männer ge-
schöpft haben!«

10 Da warf Ruth sich vor ihm nieder
und fragte: »Womit habe ich das ver-
dient? Warum beachtest du mich, obwohl
ich eine Ausländerin bin?« 11 Boas ant-
wortete: »Man hat mir berichtet, wie du
seit dem Tod deines Mannes deiner
Schwiegermutter beigestanden hast. Dei-
ne Eltern und dein Land hast du verlas-
sen und dich einem Volk angeschlossen,
das du vorher nicht gekannt hast. 12 Du
bist zum Herrn, dem Gott Israels, ge-
kommen, um bei ihm Schutz und Zu-
flucht zu finden. Möge er alle deine Taten
reich belohnen!« 13 Da sagte sie: »Mein
Herr, ich danke dir für deine große
Freundlichkeit! Deine Worte geben mir
Mut und Hoffnung. Du schenkst mir dei-
ne Gunst, obwohl ich doch viel geringer
als deine Mägde bin.«

14 Als es Zeit zum Essen war, rief Boas
Ruth zu sich. »Komm hierher, und iss et-
was Brot!«, forderte er sie auf. »Du
kannst es auch in den Weinessig tunken.«
Ruth setzte sich zu seinen Leuten, und
Boas reichte ihr geröstete Getreidekör-
ner. So konnte sie sich satt essen und be-
hielt sogar noch etwas übrig. 15 Als sie
aufstand, um weiterzuarbeiten, befahl
Boas seinen Männern: »Lasst sie auch
dort sammeln, wo die Garben noch nicht
weggeräumt sind, und macht ihr deshalb
keine Vorwürfe! 16 Zieht immer wieder
Ähren aus den Bündeln heraus, und lasst

---

[a] Noomi bedeutet »die Fröhliche«.
[b] Mara bedeutet »die Betrübte«.
2,2 3 Mo 19,9–10; 23,22; 5 Mo 24,19–21 **2,11** 1,16–17; 1 Mo 12,1

sie dort für sie liegen. Kein böses Wort
soll sie von euch hören!«
17 Bis zum Abend arbeitete Ruth auf
dem Feld. Als sie die Ähren ausklopfte,
hatte sie etwa 15 Kilogramm Gerste bei-
sammen. 18 Sie brachte das Getreide nach
Hause und zeigte es ihrer Schwiegermut-
ter. Dann gab sie ihr die gerösteten Kör-
ner, die sie vom Mittagessen übrig behal-
ten hatte. 19 »Wo hast du nur so viel
sammeln können?«, fragte Noomi. »Er-
zähl mir, wo du gewesen bist. Gott segne
den, der so freundlich zu dir war!«
Ruth berichtete: »Der Mann, der mich
auf sein Feld gelassen hat, hieß Boas.«
20 »Der Herr segne ihn!«, rief Noomi er-
freut. »Er ist ein naher Verwandter von
uns und darum nach dem Gesetz ver-
pflichtet, uns zu helfen.[a] Jetzt sehe ich:
Gott hat uns nicht unserem Schicksal
überlassen, der Name unserer Männer
wird nicht vergessen werden[b]!«
21 Ruth erzählte weiter: »Boas hat mir
angeboten, immer in der Nähe seiner
Arbeiter die Ähren aufzulesen, bis die
ganze Ernte eingebracht ist!« 22 »Es ist
gut, wenn du mit seinen Mägden hinaus-
gehst«, meinte Noomi, »auf einem ande-
ren Feld würde man dich vielleicht beläs-
tigen.«
23 So arbeitete Ruth während der gan-
zen Gersten- und Weizenernte zusam-
men mit den Mägden des Boas. Sie
wohnte weiter bei ihrer Schwiegermutter.

Ruth wagt einen mutigen Schritt

3 Eines Tages sagte Noomi zu Ruth:
»Ich möchte dir helfen, einen Mann
und ein neues Zuhause zu finden. 2 Du
hast doch mit Boas' Mägden zusammen-
gearbeitet, er ist ja unser Verwandter.
Nun hör gut zu: Heute Abend ist er auf
seiner Tenne und trennt die Spreu von
der Gerste. 3 Nimm ein Bad, verwende
duftende Salben, zieh dein schönstes
Kleid an, und geh dorthin! Pass auf, dass
er dich nicht entdeckt, bevor er gegessen
und getrunken hat. 4 Merk dir genau die
Stelle, wo er sich hinlegt. Wenn er dann
eingeschlafen ist, schlüpf am Fußende
unter seine Decke! Alles Weitere wird er
dir schon sagen.«
5 »Gut«, erwiderte Ruth, »ich will dei-
nen Rat befolgen.« 6 Sie bereitete alles so
vor, wie ihre Schwiegermutter es ihr vor-
geschlagen hatte, und ging zur Tenne.
7 Als Boas gegessen und getrunken hatte,
legte er sich zufrieden am Rand eines
Getreidehaufens schlafen. Ruth schlich
leise zu ihm und schlüpfte am Fußende
seines Lagers unter die Decke.
8 Um Mitternacht fuhr Boas aus dem
Schlaf hoch. Er beugte sich vor und ent-
deckte eine Frau, die zu seinen Füßen
lag. 9 »Wer bist du?«, fragte er. »Ich bin
Ruth«, antwortete sie. »Ich habe eine Bit-
te: Als naher Verwandter von mir bist du
dafür verantwortlich, dass ich keine Not
leide. Breite dein Gewand über mich aus
als Zeichen dafür, dass du mich heiraten
wirst.«
10 »Der Herr segne dich!«, rief Boas.
»Jetzt zeigst du noch viel mehr als bisher,
wie sehr dir die Familie deiner Schwie-
germutter am Herzen liegt! Du bist nicht
den jungen Männern nachgelaufen, ob-
wohl du sicher auch einen wohlhabenden
hättest finden können. 11 Du brauchst dir
keine Sorgen zu machen, ich werde deine
Bitte erfüllen. Jeder hier in Bethlehem
weiß, dass du eine ehrbare junge Frau
bist. 12 Du hast Recht, ich bin ein naher
Verwandter von euch und habe die
Pflicht, für dich zu sorgen. Aber es gibt
einen Mann, der noch näher mit dir ver-
wandt ist. 13 Bleib heute Nacht hier! Mor-
gen soll sich der Mann entscheiden, ob er
sich deiner annehmen will. Wenn nicht,
werde ich es tun. Das schwöre ich dir, so
wahr der Herr lebt! Du kannst bis zum
Morgen hier bleiben.«

---

[a] Vgl. 3. Mose 25,25 und 5. Mose 25,5–6
[b] Wörtlich: … überlassen, und auch die Toten nicht.
3,1 1,9 **3,9** Hes 16,8 **3,10** 2,11 **3,12** 2,20; 4,1

14 Ruth schlief die Nacht über am Fuß-
ende seines Lagers; doch bevor es so hell
wurde, dass andere sie hätten erkennen
können, stand sie auf. Denn Boas hatte
gesagt: »Niemand darf erfahren, dass
eine Frau bei mir war.« 15 Bevor Ruth die
Tenne verließ, forderte Boas sie auf:
»Nimm dein Umschlagtuch ab, und halte
es auf!« Er schüttete gut 25 Kilogramm
Gerste hinein, lud ihr das Bündel auf die
Schulter und ging dann zurück in die
Stadt.

16 Als Ruth zu Hause ankam, fragte
Noomi sie: »Wie ist es dir ergangen, mei-
ne Tochter?« Ruth berichtete, was Boas
ihr geantwortet hatte. 17 »Und diesen
halben Zentner Gerste hat er mir ge-
schenkt«, erzählte sie weiter, »er sagte:
›Du sollst nicht mit leeren Händen zu
deiner Schwiegermutter zurückkehren!‹«
18 Noomi machte ihr Mut: »Warte jetzt
einfach ab, wie es sich entwickelt. Dieser
Mann wird nicht eher ruhen, bis er alles
zu Ende gebracht hat – ganz sicher wird
es noch heute geschehen!«

Wer nimmt Ruth zur Frau?

4 Boas ging zum Versammlungsplatz
am Stadttor und setzte sich dorthin.
Da kam jener Verwandte vorbei, von
dem er Ruth erzählt hatte. Boas sprach
ihn an: »Komm doch herüber, und setz
dich!«

Als der Mann Platz genommen hatte,
2 rief Boas zehn Männer aus dem Ältes-
tenrat von Bethlehem und bat sie: »Setzt
euch zu uns!« 3 Dann sagte er zu seinem
Verwandten: »Noomi, die aus dem Land
der Moabiter zurückgekehrt ist, will das
Grundstück Elimelechs verkaufen, der
ja zu unserer Sippe gehört hat. 4 Nun
schlage ich dir vor: Kauf du das Grund-
stück. Die Ältesten von Bethlehem und
die anderen Versammelten hier sollen
Zeugen sein. Sag uns, ob du es erwerben
willst, damit es im Besitz unserer Sippe
bleibt. Du hast das Vorkaufsrecht, weil
du der nächste Verwandte bist. Ich kom-
me erst nach dir.« Der Mann antwortete:
»Gut, ich will es tun.« 5 Boas aber er-
widerte: »Wenn du von Noomi das
Grundstück erwirbst, musst du auch die
Moabiterin Ruth heiraten und einen
Sohn zeugen, der als Nachkomme ihres
verstorbenen Mannes gilt. Er wird eines
Tages das Feld erben, und so bleibt es im
Besitz dieser Familie.«

6 »Wenn das so ist«, meinte der andere,
»trete ich meine Rechte auf das Grund-
stück an dich ab. Ich würde ja sonst etwas
kaufen, was später nicht mehr meiner
Familie gehört. Nimm du es!«

7 Wer zu dieser Zeit in Israel sein Be-
sitzrecht einem anderen übertrug oder
einen Tauschhandel abschloss, zog als
Zeichen dafür seinen Schuh aus und
gab ihn dem anderen. Damit war der
Handel rechtsgültig. 8 Als nun Ruths
nächster Verwandter Boas das Grund-
stück überlassen wollte, zog er seinen
Schuh aus und gab ihn Boas. 9 Der
wandte sich an die Ältesten von Bethle-
hem und an die übrigen Versammelten:
»Ihr seid heute meine Zeugen, dass ich
von Noomi alles erworben habe, was
ihrem Mann Elimelech und seinen Söh-
nen Kiljon und Machlon gehörte.

10 Damit habe ich auch die Verpflich-
tung übernommen, Machlons Witwe,
die Moabiterin Ruth, zu heiraten und
einen Sohn zu zeugen, der als Nachkom-
me Machlons gilt. So wird der alte Erb-
besitz in der Familie des Verstorbenen
bleiben. Sein Name soll in unserer Sippe
und bei den Einwohnern von Bethlehem
niemals vergessen werden. Dafür seid
ihr Zeugen!«

11 Die Ältesten und alle Männer auf
dem Versammlungsplatz bestätigten: »Ja,
wir bezeugen es! Möge der Herr deine
Frau so reich beschenken wie Rahel und
Lea, von denen alle Israeliten abstam-
men. Wir wünschen dir, dass du immer
mehr Ansehen gewinnst und dein Name
hier in Bethlehem berühmt wird! 12 Der

4,1–4 3 Mo 25,25 **4,5** 5 Mo 25,5–6 **4,11** 1 Mo 29,20 – 30,24 **4,12** 1 Mo 38,29

Herr möge dir und deiner Frau so viele
Nachkommen schenken wie der Familie
von Perez, dem Sohn Tamars und Ju-
das.[a]«

13 So wurde Ruth Boas' Frau, er schlief
mit ihr, und der Herr ließ sie schwanger
werden. Als sie einen Sohn zur Welt
brachte, 14 sagten die Frauen von Bethle-
hem zu Noomi: »Gelobt sei der Herr! Er
hat dir mit diesem Kind jemanden gege-
ben, der für dich sorgen wird. Möge dein
Enkel berühmt werden bei den Israeli-
ten! 15 Er wird dir viel Freude schenken
und sich um dich kümmern, wenn du alt
geworden bist. Deine Schwiegertochter,
die dich liebt, hat ihn geboren; sie ist
mehr wert für dich als sieben Söhne!«

16 Noomi nahm das Kind auf ihren
Schoß als Zeichen dafür, dass sie es als
ihr eigenes annahm. 17 Ihre Nachbarinnen
gaben ihm den Namen Obed (»Diener
des Herrn«) und erzählten überall: »Noo-
mi hat einen Sohn bekommen!« Obed
wurde der Vater Isais, und dessen Sohn
war König David.

18 Dies ist der Stammbaum des Perez:
Perez war der Vater Hezrons, 19 und auf
ihn folgten in direkter Linie Ram, Ammi-
nadab, 20 Nachschon, Salmon[b], 21 Boas,
Obed, 22 Isai und David.

---

[a] Vgl. 4. Mose 26,19–22
[b] So mit der griechischen Übersetzung. Der hebräische Text lautet: Salma.
4,18–22 1 Chr 2,5.9–15; Mt 1,3–6

Das erste Buch Samuel

Hanna betet um einen Sohn

1 In Ramatajim-Zofim (kurz: Rama), einem Ort im Bergland von Ephraim, wohnte ein Mann namens Elkana. Sein Vater hieß Jeroham, sein Großvater Elihu; Elihu wiederum stammte von Tohu ab, der ein Sohn Zufs war. Elihu hatte seinerzeit schon im Gebiet von Ephraim gelebt. 2 Elkana hatte zwei Frauen: die eine hieß Hanna, die andere Peninna. Peninna hatte schon einige Kinder, Hanna aber keine.

3 Jedes Jahr reiste Elkana mit seiner ganzen Familie zum Heiligtum nach Silo, um dem allmächtigen Gott ein Opfer darzubringen und ihn anzubeten. Zu jener Zeit versahen Hofni und Pinhas in Silo den Priesterdienst. Sie waren Söhne Elis, des alten Priesters. 4 Jedes Mal wenn Elkana sein Opfer dargebracht hatte, kam die ganze Familie zu einem Festessen zusammen. Elkana schnitt das Fleisch der geopferten Tiere in gleiche Stücke und teilte sie aus. Peninna erhielt Fleisch für sich und jedes ihrer Kinder, 5 Hanna aber bekam die doppelte Portion. Denn Elkana liebte sie sehr, obwohl der Herr ihr bisher Kinder versagt hatte. 6 Stets begann Peninna dann, Hanna mit Sticheleien zu kränken, weil sie kinderlos war. 7 Das wiederholte sich jedes Jahr, wenn sie zum Heiligtum des Herrn zogen: Peninna verletzte Hanna mit ihrem Spott so sehr, dass sie vor Ärger und Traurigkeit nur noch weinte und nichts mehr essen wollte. 8 »Hanna, warum weinst du?«, fragte Elkana dann. »Du isst ja gar nichts. Bist du so traurig, weil du keine Kinder hast? Bin ich dir denn nicht viel mehr wert als zehn Söhne?«, versuchte er sie zu trösten.

9 Eines Tages, als Hanna wieder einmal nur mit Mühe einige Bissen heruntergebracht hatte, zog sie sich von den anderen zurück und ging zum Heiligtum; dort saß der alte Priester Eli auf einem Stuhl neben der Tür. 10 Vor lauter Verzweiflung weinte Hanna hemmungslos. 11 Unter Tränen betete sie und versprach dem Herrn: »Allmächtiger Gott, du siehst doch mein Elend. Wenn du Erbarmen mit mir hast und mich nicht vergisst, sondern mir einen Sohn schenkst, will ich ihn dir zurückgeben. Sein ganzes Leben soll dann dir, Herr, gehören. Als Zeichen dafür werde ich ihm nie die Haare schneiden.«

12 Hanna betete sehr lange. Das fiel Eli auf, und er beobachtete sie. 13 Ihre Lippen bewegten sich, die Worte aber waren nicht zu hören, weil Hanna leise betete. Eli hielt sie für betrunken 14 und fuhr sie an: »Wie lange willst du eigentlich noch betrunken hier herumlungern? Geh, und schlaf erst einmal deinen Rausch aus!«

15 »Aber nein, mein Herr, ich bin nicht betrunken«, widersprach Hanna. »Ich bin nur sehr, sehr traurig und habe dem Herrn mein Herz ausgeschüttet. 16 Halte mich bitte nicht für eine heruntergekommene Frau. Wirklich, ich habe nur aus lauter Verzweiflung so lange gebetet.«

17 Da antwortete Eli: »Geh getröstet und in Frieden nach Hause! Der Gott Israels wird dir geben, worum du gebeten hast.« 18 Hanna verabschiedete sich und sagte: »Behalte mich in guter Erinnerung!« Erleichtert ging sie zu den anderen zurück. Sie konnte wieder essen, und man sah ihr an, wie glücklich sie war.

Samuels Geburt und frühe Kindheit

19 Am nächsten Morgen standen Elkana und seine Familie früh auf. Sie beteten

---

1,2 1 Mo 25,21; 29,31; Lk 1,7 **1,3** Jos 18,1* **1,11** 4 Mo 6,5; Ri 13,5

noch einmal im Heiligtum und kehrten dann nach Rama zurück. Als Elkana mit Hanna schlief, erhörte der Herr ihr Gebet. 20 Sie wurde schwanger und brachte noch im selben Jahr einen Sohn zur Welt. »Ich habe Gott um einen Sohn gebeten«, sagte sie und nannte ihn daher Samuel (»von Gott erbeten«).

21 Im nächsten Jahr zog Elkana wieder mit der ganzen Familie nach Silo. Er wollte ein besonderes Opfer darbringen, das er dem Herrn versprochen hatte. 22 Nur Hanna blieb zu Hause. Sie sagte zu ihrem Mann: »Sobald ich den Jungen nicht mehr stillen muss und er etwas selbständiger geworden ist, werde ich ihn mitnehmen zum Heiligtum des Herrn und ihn für immer dort lassen.« 23 »Tu, was du für richtig hältst«, erwiderte Elkana. »Bleib ruhig zu Hause, bis der Junge etwas größer ist. Hoffen wir, dass der Herr dann auch einlöst, was er dir für unseren Sohn versprochen hat.« So blieb Hanna zu Hause und stillte ihren Sohn, bis er entwöhnt war.

24 Als Samuel einige Jahre alt war, nahm seine Mutter ihn mit nach Silo. Obwohl er noch sehr jung war, wollte sie ihn nun im Heiligtum Gottes lassen. Als Opfergaben brachte sie drei Stiere mit, dazu einen Sack Mehl und einen Schlauch Wein. 25 Nachdem Elkana und Hanna einen der Stiere geopfert hatten, brachten sie den Jungen zu Eli. 26 »Herr, erinnerst du dich noch an mich?«, fragte Hanna. »Ich bin die Frau, die vor einigen Jahren hier stand und gebetet hat. 27 Um diesen Jungen habe ich damals gefleht, und der Herr hat mein Gebet erhört. Er gab mir, worum ich bat. 28 So will auch ich nun mein Versprechen halten: Ich gebe Samuel dem Herrn zurück. Sein ganzes Leben lang soll er Gott gehören.« Danach warfen sie sich nieder und beteten den Herrn an.

Hannas Loblied

2 Hanna sang ein Loblied:

»Der Herr erfüllt mein Herz mit großer Freude, er richtet mich auf und gibt mir neue Kraft! Laut lache ich über meine Feinde und freue mich über deine Hilfe!

2 Niemand ist so heilig wie du, denn du bist der einzige und wahre Gott. Du bist ein Fels, keiner ist so stark und unerschütterlich wie du.
3 Lasst eure stolzen Reden und frechen Worte! Wisst ihr denn nicht, dass der Herr alles hört, was ihr sagt, und ihm nichts entgeht, was ihr tut?
4 Die Waffen starker Soldaten sind zerbrochen, doch die Schwachen bekommen neue Kraft.
5 Wer immer satt geworden ist, muss nun für ein Stück Brot hart arbeiten. Doch wer damals Hunger litt, hat heute genug zu essen. Die unfruchtbare Frau bringt sieben Kinder zur Welt, die kinderreiche jedoch welkt dahin!

6 Der Herr tötet und macht wieder lebendig. Er schickt Menschen hinab ins Totenreich und ruft sie wieder herauf.
7 Manche macht er arm, andere dagegen reich. Er erniedrigt und erhöht Menschen, wie er es für richtig hält[a].
8 Dem Verachteten hilft er aus seiner Not. Er zieht den Armen aus dem Schmutz und stellt ihn dem Fürsten gleich, ja, er gibt ihm einen Ehrenplatz. Dem Herrn gehört die ganze Welt. Er hat sie auf ein festes Fundament gegründet, damit sie niemals wankt.

9 Er beschützt jeden, der ihm vertraut, doch wer von ihm nichts wissen will, der wird in Finsternis enden. Denn aus eigener Kraft erringt keiner den Sieg.

---

a »wie … hält« ist sinngemäß eingefügt.

1,24 4 Mo 15,8–10 **1,26–28** 4 Mo 30,3* **2,1–10** Lk 1,46–55 **2,2** 5 Mo 4,35; Ps 18,32; Jes 44,8 **2,6** 5 Mo 32,39 **2,7** Ps 75,8 **2,8** Ps 113,7–8 **2,9** Ps 1,6

10 Wer es wagt, mit dem Herrn zu streiten, der verliert. Er geht zugrunde, wenn Gott seinen schrecklichen Donner gegen ihn grollen lässt. Der Herr wird über die ganze Welt Gericht halten. Macht und Ehre gibt er seinem König, den er selbst auserwählt und eingesetzt hat.«

11 Danach reisten Elkana und Hanna wieder zurück nach Rama. Der Junge aber blieb beim Priester Eli und wurde unter seiner Aufsicht ein Diener Gottes.

Das gottlose Leben der Söhne Elis

12 Hofni und Pinhas, die Söhne Elis, waren gewissenlose Männer. Sie wollten nichts vom Herrn wissen 13 und gaben sich nicht zufrieden mit dem Anteil, der ihnen vom Fleisch der geopferten Tiere zustand. Immer wenn jemand ein Opfer darbrachte und dann das Fleisch für das Festmahl kochte, schickten sie ihren Diener mit einer großen dreizinkigen Gabel zur Kochstelle. 14 Er stach damit in den Fleischtopf und brachte alles, was er aufgespießt hatte, Elis Söhnen, den Priestern.

So machten sie es bei allen Israeliten, die zum Opfern nach Silo kamen. 15 Oft stand der Diener sogar schon da, bevor das Fett des Opfertiers auf dem Altar verbrannt war. Dann forderte er: »Gib mir das Fleisch für den Priester! Er will es nicht gekocht von dir, sondern roh, damit er es braten kann.« 16 Wenn der Mann, der das Opfer darbrachte, einzuwenden wagte: »Zuerst muss doch das Fett für den Herrn verbrannt werden! Nachher kannst du meinetwegen nehmen, so viel du willst«, dann fuhr der Diener ihn an: »Ich will es sofort haben! Gibst du es nicht freiwillig, dann nehme ich es mit Gewalt.« 17 So luden die jungen Männer schwere Schuld auf sich, denn sie behandelten die für den Herrn bestimmten Opfergaben mit Verachtung.

Samuel erhält Besuch von seinen Eltern

18 Der junge Samuel diente am Heiligtum des Herrn und trug bereits das leinene Priestergewand. 19 Jedes Jahr nähte ihm seine Mutter ein neues Obergewand und brachte es mit, wenn sie mit ihrem Mann zum jährlichen Opfer nach Silo kam. 20 Bevor sie wieder heimkehrten, segnete Eli die Eltern Samuels. Er sagte zu Elkana: »Möge der Herr dir und deiner Frau noch weitere Kinder schenken als Ersatz für diesen Jungen, den ihr ihm zurückgegeben habt.« 21 Und wirklich: Der Herr schenkte Hanna noch drei Söhne und zwei Töchter. Samuel aber wuchs auf als Diener des Herrn.

Elis Söhne lassen sich von ihrem Vater nichts sagen

22 Eli war inzwischen sehr alt geworden. Er hörte, wie unverschämt Hofni und Pinhas die Israeliten behandelten, und wusste auch, dass sie oft mit den Frauen schliefen, die beim Eingang zum Heiligtum ihre Arbeit verrichteten. 23/24 Da sagte er zu ihnen: »Ganz Israel beschwert sich bei mir über euch. Warum treibt ihr es auch so schlimm? Man erzählt sich die schrecklichsten Geschichten! Ihr verführt durch eure Machenschaften das Volk Gottes zur Sünde. 25 Wenn jemand an einem Menschen schuldig wird, nimmt Gott ihn vielleicht noch in Schutz. Wenn jemand sich aber direkt gegen den Herrn versündigt, wie ihr es ständig tut, dann kann niemand mehr als Vermittler für ihn einspringen.«

Doch die Söhne wollten nicht auf ihren Vater hören, denn der Herr hatte ihren Tod schon fest beschlossen.

26 Je älter Samuel wurde, desto mehr Ansehen fand er beim Herrn und bei den Menschen.

2,10 Ps 96,13 **2,12–17** 3 Mo 7,23–25*.28–36; 4 Mo 18,8–19* **2,20** 1,28 **2,26** Lk 2,52

Gott kündigt Eli die Strafe an

27 Eines Tages kam ein Prophet zu Eli und sagte: »So spricht der Herr: ›Hast du vergessen, wie deutlich ich damals zu deinem Stammvater Aaron gesprochen habe, als die Israeliten noch in Ägypten unter der Herrschaft des Pharaos litten? 28 Aus allen Stämmen Israels habe ich ihn und seine Nachkommen als meine Priester erwählt. Sie sollten auf meinem Altar Opfer darbringen, Weihrauch verbrennen und in meinem Heiligtum das Priestergewand tragen. Schon deine Vorfahren durften von allen Opfern der Israeliten einen bestimmten Anteil für sich zum Essen behalten. 29 Warum setzt ihr euch jetzt über meine Gebote hinweg und greift gierig nach den Opfergaben, die für mich allein bestimmt sind? Und du, Eli, warum ehrst du deine Söhne mehr als mich? Warum duldest du, dass sie die fettesten und schönsten Fleischstücke der Opfertiere für sich nehmen, damit ihr alle euch damit mästen könnt?

30 Darum sage ich, der Herr, der Gott Israels: Ich habe dir versprochen, dass die Priester für alle Zeiten aus deiner Sippe kommen. Doch heute muss ich dieses Versprechen zurücknehmen. Denn ich ehre nur die, die auch mich verehren. Wer mir aber verächtlich den Rücken kehrt, der wird selbst auch verachtet. 31 In Zukunft soll die Lebenskraft deiner Nachkommen gebrochen sein: Nie mehr wird ein Mann deiner Sippe über seine besten Jahre hinauskommen. 32 Verbittert und voller Neid werdet ihr auf das Glück und den Wohlstand blicken, den ich ganz Israel gebe, während in eurer Familie Not und Elend herrschen. Keiner von euch wird je ein hohes Alter erreichen. 33 Trotzdem soll deine Familie nicht ganz aussterben: Manche werden noch vor meinem Altar dienen, dir selbst aber bleibt nur Trauer und Leid. Denn alle deine Nachkommen werden im besten *Mannesalter sterben.* 34 *Ich* will dir mit einem Zeichen bestätigen, dass jedes dieser Worte eintreffen wird: Deine Söhne Hofni und Pinhas werden beide am selben Tag sterben!

35 Dann setze ich einen Priester ein, der treu zu mir steht. Er wird mir dienen und tun, was mir gefällt. Ich schenke ihm viele Nachkommen, und sie werden für alle Zeiten im Dienst des Königs stehen, den ich einsetzen will. Auch den Priesterdienst werden sie ausüben. 36 Wer dann von deinen Nachkommen noch lebt, wird zu diesem Priester kommen und auf den Knien um etwas Geld und Brot betteln. Er wird flehen: Bitte lass mich ein Gehilfe der Priester werden, damit ich wenigstens etwas zu essen habe.‹«

Gott redet mit Samuel

3 Der junge Samuel wohnte bei Eli und diente dem Herrn. Zu jener Zeit geschah es sehr selten, dass der Herr den Menschen durch Worte oder Visionen etwas mitteilte. 2 Der alte Eli war inzwischen fast erblindet. Eines Nachts war er wie gewohnt zu Bett gegangen. 3 Auch Samuel hatte sich hingelegt. Er schlief im Heiligtum in der Nähe der Bundeslade. Die Lampe im Heiligtum brannte noch.

4/5 Da rief der Herr: »Samuel, Samuel!« »Ja«, antwortete der Junge, »ich komme!«, und lief schnell zu Eli. »Hier bin ich. Du hast mich doch gerufen.«

Aber Eli sagte: »Nein, ich habe dich nicht gerufen. Geh nur wieder schlafen.« So legte Samuel sich wieder ins Bett.

6 Aber der Herr rief noch einmal: »Samuel, Samuel!« Und wieder sprang Samuel auf und lief zu Eli. »Ich bin schon da, du hast mich doch gerufen!«, sagte er. Eli verneinte wieder: »Ich habe dich nicht gerufen, mein Junge. Geh jetzt und leg dich ins Bett!«

7 Samuel wusste nicht, dass der Herr ihn gerufen hatte, denn er hatte ihn noch nie reden hören. 8 So rief der Herr zum

---

2,28 2 Mo 28,1–4; 3 Mo 7,34–36 **2,33** 22,18.20–21 **2,34** 4,11 **2,35** 1 Kön 2,26–27.35
3,3 2 Mo 27,20–21

Der nächste Schritt

Lesen Sie 1. Samuel 3,1-16

Fast alle Teenager beschäftigen sich mit der Frage: „Was soll ich mit meinem Leben anfangen?" Zwar beinhaltet diese Frage auch die Wahl des künftigen Berufs, aber sie geht noch tiefer. Letztendlich ist dies eine geistliche Frage: „Was ist so wertvoll, dass ich mein Leben dafür einsetzen will? Wo finde ich das größte Glück? Und wo kann ich mich am besten einbringen?" So philosophisch diese Fragen auch auf den ersten Blick aussehen mögen, sind sie für Teenager doch sehr konkret. Noch dichter sind für Teenager die folgenden Fragen: „Soll ich studieren, und wenn ja, wo? Soll ich zum Militär gehen, und wenn ja, in welchen Bereich? Soll ich eine Ausbildung machen, und wenn ja, welche?"

Als Eltern können und sollen Sie keine einfachen Antworten liefern, doch Sie können dem Teenager bei seiner Suche helfen und ihn mit Menschen aus verschiedenen Berufen bekannt machen, die ihm von ihrem eigenen Werdegang erzählen. Machen Sie dem Jugendlichen Mut, sich an der Schule oder an der Universität von einem Berufsberater helfen zu lassen. Doch in erster Linie sollten Sie Ihr Kind ermutigen, dem Beispiel von Samuel zu folgen. Der Prophet aus dem alten Israel hörte als Jugendlicher die Stimme Gottes und antwortete: „Sprich, Herr, ich höre" (1. Samuel 3,10). Er hatte einen Sinn für die Berufung Gottes und lebte sie durch seinen Beruf aus.

Nehmen Sie sich Zeit, um allein oder als Paar gemeinsam zu beten. Danken Sie Gott, dass er Ihnen in Samuel ein Vorbild des Hörens auf Gott gegeben hat. Danken Sie ihm auch, dass er die Zukunft in seiner Hand hält und für Ihr Kind einen einzigartigen Plan hat. Bitten Sie ihn um Weisheit und Geduld, damit Sie Ihr Kind durch die kommenden Jahre begleiten können.

Wenn Sie noch mehr Zeit haben ...

Besprechen Sie miteinander folgende Fragen oder denken Sie darüber nach:

- Wie können Sie einem jungen Menschen helfen, der über seine Zukunft nachdenkt?
- Was wünschen Sie sich aus tiefstem Herzen für die Zukunft Ihres Kindes?
- Was können Sie tun, um Ihr Kind auf die Zukunft vorzubereiten?

Lesen Sie auch die folgenden Abschnitte zum Thema Zukunft:
Psalm 39,5-8; Sprüche 6,6-11; Hebräer 13,8.

Ein Denkmal für die Familie: Kraft aus der Vergangenheit

Die folgenden Fragen können Sie entweder allein oder als Paar gemeinsam durchgehen. Wenn jeder für sich darüber nachdenkt, verabreden Sie sich in der kommenden Woche zu einem Austausch darüber, was Sie herausgefunden haben.

1. Lesen Sie 1. Samuel 7,3-14. Warum stellte Samuel Ihrer Meinung nach ein Denkmal auf, nachdem Gott die Israeliten von den Philistern befreit hatte?

2. Warum war es für die Israeliten so wichtig, zu erkennen und daran erinnert zu werden, wie oft Gott ihnen schon geholfen hatte?

3. Tauschen Sie sich aus über eine Zeit in Ihrem Leben, in der Gott Ihnen geholfen hat.

4. Wenn Sie an jene Zeit zurückdenken, was empfinden Sie dann?

5. Wie wird Gott verherrlicht, wenn er seinen Kindern hilft?

6. Sprechen Sie oft darüber, wie Gott Ihnen geholfen hat? Könnten Sie das noch öfter tun und noch mehr Menschen davon erzählen? Wie würde es Ihr Leben verändern, wenn Sie sich das zur Priorität machen würden?

1. Samuel 7,12

„Nach diesem Sieg stellte Samuel zwischen Mizpa und Schen einen großen Stein als Denkmal auf. ‚Bis hierher hat der Herr geholfen!', sagte er und nannte den Stein Eben-Eser (‚Stein der Hilfe')."

KONKRET:

Stellen Sie in oder bei Ihrem Haus eine Art „Denkmal" auf, das Sie an ein Ereignis erinnert, bei dem Gott Ihnen geholfen hat. Sie können zum Beispiel einen Baum im Garten pflanzen oder eine besondere Vase kaufen, in die Sie Blumen stellen – was auch immer Sie an Gottes Treue erinnern kann.

Den nächsten Impuls finden Sie auf S. 312 a

dritten Mal: »Samuel, Samuel!« Und
noch einmal lief der Junge zu Eli und sag-
te: »Hier bin ich! Jetzt hast du mich aber
gerufen!« Da erkannte Eli, dass der Herr
mit Samuel reden wollte. 9 Darum wies er
ihn an: »Geh, und leg dich wieder hin!
Und wenn dich noch einmal jemand ruft,
dann antworte: ›Sprich, Herr, ich höre.‹«

Also ging Samuel wieder zu Bett. 10 Da
kam der Herr zu ihm und rief wie vorher:
»Samuel, Samuel!« Der Junge antworte-
te: »Sprich, Herr, ich höre.« 11 Darauf sag-
te der Herr: »Ich will in Israel etwas so
Schreckliches tun, dass keiner es ertragen
kann, davon zu hören. 12 Bald werde ich
Eli und seine Familie schwer bestrafen.
Genauso wie ich es mir vorgenommen
habe, lasse ich das Unglück über sie kom-
men. 13 Ich habe es Eli schon gesagt.
Denn er wusste genau, dass seine Söhne
durch ihre Machenschaften meinen Zorn
auf sich ziehen. Trotzdem ließ er sie tun,
was sie wollten. Darum sollen sie und
ihre Nachkommen für alle Zeiten unter
meinem Fluch stehen. 14 Ich habe ge-
schworen: Weder durch Tieropfer noch
durch andere Opfergaben sollen die
Nachkommen Elis diese Schuld je wieder
gutmachen können!«

15 Samuel blieb bis zum Morgen im
Bett und öffnete dann wie gewohnt die
Türen des Heiligtums. Er scheute sich,
Eli von Gottes Botschaft zu erzählen.
16/17 Doch Eli rief ihn zu sich. »Mein Jun-
ge, was hat Gott dir gesagt?«, wollte er
wissen. »Du musst mir alles genau berich-
ten! Gott soll dich schwer bestrafen,
wenn du mir auch nur ein Wort verheim-
lichst.« 18 Da erzählte Samuel ihm alles,
ohne etwas zu verschweigen. »Es ist der
Wille des Herrn«, sagte Eli darauf, »er
soll tun, was er für richtig hält.«

19 Samuel wuchs heran. Der Herr stand
ihm bei und ließ keine Ankündigung
Samuels unerfüllt bleiben. 20 Ganz Israel,
von Dan im Norden bis Beerscheba im
Süden, erkannte, dass der Herr ihn zum
Propheten erwählt hatte. 21 In den folgen-
den Jahren redete Gott immer wieder in
Silo zu Samuel und gab ihm Weisungen,
4 die Samuel dem ganzen Volk Israel
bekannt machte.

Israels Niederlage und der Verlust der Bundeslade

Die Israeliten führten Krieg gegen die
Philister. Sie hatten ihr Lager bei Eben-
Eser aufgeschlagen, die Philister das ihre
bei Afek. 2 Dann griffen die Philister an.
Nach einem langen und erbitterten
Kampf gewannen sie die Oberhand und
besiegten Israel. Etwa 4000 Israeliten
fielen auf dem Schlachtfeld.

3 Als nach der Schlacht alle Überleben-
den wieder ins Lager zurückgekehrt wa-
ren, berieten sich die Ältesten Israels:
»Warum haben die Philister uns geschla-
gen? Warum hat der Herr es nicht verhin-
dert? Lasst uns die Bundeslade des
Herrn zu uns ins Lager holen! Dann ist
der Herr selbst bei uns und verhilft uns
sicher zum Sieg über unsere Feinde.«

4 So wurde die Bundeslade, auf der
Gott, der Allmächtige, unsichtbar zwi-
schen den beiden Cherub-Engeln thront,
von Silo nach Eben-Eser gebracht. Elis
Söhne, die Priester Hofni und Pinhas, be-
gleiteten sie.

5 Als die Bundeslade im Heerlager an-
kam, fingen die Israeliten zu jubeln an.
Sie lärmten so laut, dass die Erde dröhn-
te. 6 Die Philister hörten natürlich das
Geschrei. »Was ist da drüben los?«, frag-
ten sie einander. »Was ist in die Israeliten
gefahren?« Als sie erfuhren, dass die
Bundeslade des Herrn ins Lager gebracht
worden war, 7 packte sie die Angst. »Ihr
Gott ist zu ihnen ins Lager gekommen!«,
schrien sie. 8 »So etwas hat es bisher noch
nie gegeben. Jetzt sind wir verloren, denn
wer kann uns noch retten vor diesem
mächtigen Gott der Israeliten? Es ist
derselbe, der damals in der Wüste die
Ägypter mit schrecklichen Plagen ver-
nichtete.« 9 Doch dann spornten die

3,12 2,27–36 **3,18** 2 Sam 15,26 **4,1** 29,1 **4,3** 4 Mo 10,35–36 **4,4** 2 Mo 25,22; Jos 18,1* **4,9** Ri 13,1

Heerführer ihre Soldaten an: »Auf, ihr Philister, seid Männer! Zeigt ihnen, wer ihr seid! Kämpft wie die Löwen! Wenn wir verlieren, ist es um unsere Freiheit geschehen! Dann müssen wir den Hebräern dienen, so wie sie bisher uns dienen mussten.«

[10]In der Schlacht kämpften die Philister verbissen. Und wieder schlugen sie ihre Feinde vernichtend. 30 000 Israeliten fielen, die übrigen flohen und verkrochen sich in ihren Zelten. [11]Unter den Gefallenen waren auch Hofni und Pinhas, die beiden Söhne Elis. Die Bundeslade Gottes nahmen die Philister als Beute mit.

Der Schreck über den Verlust der Bundeslade

[12]Ein Mann aus dem Stamm Benjamin eilte vom Schlachtfeld nach Silo und kam dort noch am selben Tag an. Als Zeichen der Trauer hatte er seine Kleider zerrissen und sich Erde auf den Kopf gestreut. [13–15]Eli war inzwischen 98 Jahre alt und völlig erblindet. Er saß wie gewohnt draußen auf seinem Stuhl und wartete gespannt auf eine Meldung über den Ausgang der Schlacht, denn er machte sich große Sorgen um die Bundeslade.

Als der Mann in der Stadt ankam und seine Schreckensnachricht meldete, schrien alle, die es hörten, laut auf. Eli hörte den Lärm und fragte: »Was bedeutet dieses Geschrei?« Da war der Bote auch schon bei ihm angelangt und erzählte ihm: [16]»Ich bin einer der Soldaten und konnte den Feinden entrinnen. Ich komme gerade vom Schlachtfeld.« »Und, wie steht es, mein Sohn?«, wollte Eli wissen. [17]Der Bote antwortete: »Die Israeliten sind vor den Philistern geflohen. Tausende unserer Männer sind gefallen. Auch deine Söhne, Hofni und Pinhas, sind tot. Und die Bundeslade Gottes ist als Beute weggeschleppt worden.«

[18]Als Eli hörte, dass die Bundeslade in die Hände der Philister gefallen war, stürzte er rückwärts von seinem Stuhl am Eingang des Heiligtums. Weil er schon so alt war und ein recht schwerer Mann, brach er sich bei dem Sturz das Genick und starb. Vierzig Jahre lang war er Israels Führer und Richter gewesen.

[19]Elis Schwiegertochter, die Frau des Pinhas, war gerade hochschwanger. Als sie vom Raub der Bundeslade und vom Tod ihres Mannes und ihres Schwiegervaters hörte, brach sie zusammen, und der Schock löste die Wehen aus. [20]Es wurde eine sehr schwere Geburt.

Als sie schon im Sterben lag, versuchten die Frauen, die bei ihr waren, sie aufzumuntern: »Es wird alles gut werden! Freu dich, du hast einen Sohn geboren.« Doch sie antwortete nicht mehr und lag völlig teilnahmslos da. [21/22]Voller Trauer dachte sie nur an den Tod ihres Mannes und ihres Schwiegervaters und an den Verlust der Bundeslade. Sie sagte: »Nennt den Jungen Ikabod[a], denn mit der Bundeslade Gottes sind auch Glanz und Herrlichkeit aus Israel verschwunden!«

Die Bundeslade bei den Philistern

5 Die Philister brachten die erbeutete Bundeslade von Eben-Eser nach Aschdod [2]in den Tempel ihres Gottes Dagon und stellten sie neben seinem Standbild auf. [3]Als die Einwohner von Aschdod am nächsten Morgen in den Tempel kamen, lag das Standbild Dagons mit dem Gesicht nach unten vor der Bundeslade des Herrn am Boden. Sie stellten es wieder zurück auf seinen Platz. [4]Doch am nächsten Morgen lag es wieder vor der Bundeslade. Kopf und Hände der Statue lagen abgeschlagen auf der Türschwelle. Nur der Rumpf war unbeschädigt. [5]Deshalb tritt noch heute kein Priester des Gottes Dagon und kein Besucher seines Tempels in Aschdod auf diese Türschwelle.

[6]Der Herr ließ die Einwohner von

---

[a] Ikabod bedeutet »Nicht-Herrlichkeit«.

4,11 2,34; Ps 78,61 **4,13–15** 3,2 **4,20** 1 Mo 35,17 **4,21–22** 14,2–3 **5,2** Ri 16,23 **5,6.9.12** 2 Mo 9,8–11

Aschdod und den umliegenden Dörfern
seine Macht spüren, indem er sie mit
einer Krankheit plagte: Viele litten plötz-
lich an sehr schmerzhaften Geschwüls-
ten. 7 Als sie erkannten, warum es ihnen
so schlecht ging, sagten sie: »Wir wollen
die Bundeslade des Gottes Israels keinen
Tag länger bei uns haben, denn wir ertra-
gen es nicht mehr, wie er uns und unseren
Gott Dagon quält.«

8 Sie riefen alle Fürsten der Philister
zusammen und fragten: »Was soll mit der
Bundeslade geschehen?«

»Bringt sie in die Stadt Gat«, schlugen
die Fürsten vor. Sofort führten die Ein-
wohner von Aschdod diesen Beschluss
aus. 9 Doch nachdem sie die Bundeslade
in Gat zurückgelassen hatten, zeigte der
Herr auch dort den Menschen seine
Macht: Junge und Alte litten an schmerz-
haften Geschwüren, die ganze Stadt ge-
riet in Aufruhr. 10 Darum schickten sie
die Bundeslade weiter nach Ekron.

Als die Ekroniter sie kommen sahen,
bekamen sie schreckliche Angst. »Sie ha-
ben die Bundeslade des Gottes Israels zu
uns gebracht, um uns alle umzubringen!«,
schrien sie durcheinander. 11 Noch einmal
wurden alle Fürsten der Philister zusam-
mengerufen. Die Ekroniter forderten:
»Die Bundeslade des Gottes Israels muss
unbedingt fort von hier! Schickt sie doch
dorthin zurück, wo sie herkommt. Sonst
bringt sie noch unser ganzes Volk um.«
Die harte Strafe des Herrn hatte die gan-
ze Stadt in Todesangst versetzt. 12 Wer
nicht starb, litt schwer an den Geschwü-
ren. Überall war lautes Klagen und
Schreien zu hören.

Die Bundeslade kommt nach Israel zurück

6 Die Bundeslade war nun schon sie-
ben Monate bei den Philistern.
2 Schließlich riefen die Philister alle ihre
Priester und Wahrsager zusammen und
fragten sie: »Was sollen wir nun mit der
Bundeslade des Gottes Israels machen?
Lasst uns überlegen, wie wir sie wieder
in ihr Land zurückschaffen können!«

3 »Wenn ihr sie wirklich loswerden
wollt«, antworteten die Priester und
Wahrsager, »dann dürft ihr sie auf keinen
Fall allein zurückschicken. Ihr müsst un-
bedingt eine Opfergabe dazulegen, die
eure Schuld wieder gutmachen soll.
Wenn ihr dann wieder gesund werdet,
wisst ihr, dass der Gott der Israeliten
euch durch diese Plagen bestraft hat.«

4 »Was für ein Sühnegeschenk sollen
wir ihm denn geben?«, fragten sie. Da
schlugen die Priester und Wahrsager vor:
»Fünf Fürsten stehen an der Spitze der
Philister. Stellt also fünf goldene Abbil-
der der Geschwülste, die euch quälen,
und fünf goldene Feldmäuse her. Denn
ihr alle, Fürsten und Volk, habt unter
der gleichen Plage gelitten. 5 Sendet dann
die Nachbildungen eurer Geschwüre und
der Mäuse, die euer ganzes Land kahl
fressen, dem Gott der Israeliten. Damit
erweist ihr ihm die Ehre. Vielleicht wird
er euch und euren Gott dann nicht mehr
quälen. 6 Seid nicht so verbohrt wie da-
mals die Ägypter und der Pharao. Es
nützt ja doch nichts! Sie mussten die Is-
raeliten schließlich ziehen lassen, weil
der Herr ihnen durch schreckliche Pla-
gen keine andere Möglichkeit ließ.

7 Baut nun einen Wagen, und spannt
zwei säugende Kühe davor, die vorher
noch nie einen Wagen gezogen haben.
Ihre Kälber nehmt ihnen weg, und bringt
sie in den Stall zurück. 8 Stellt dann die
Bundeslade des Herrn auf den Wagen.
Legt die goldenen Geschenke, mit denen
ihr eure Sünde wieder gutmachen wollt,
in ein Kästchen daneben. Dann lasst die
Kühe laufen, wohin sie wollen. 9 Laufen
sie in Richtung Bet-Schemesch in Israel,
dann hat wirklich der Herr so viel Un-
glück und Leid über uns gebracht. Lau-
fen sie aber in eine andere Richtung,
dann hat nicht der Gott der Israeliten
uns bestraft, sondern alles war nur ein
Zufall.«

10 Die Philister befolgten den Rat ihrer

6,4 Jos 13,2–3 **6,6** 2 Mo 7,3.13; 12,31–33 **6,7** 4 Mo 19,2; 5 Mo 21,3

weisen Männer. Sie spannten zwei Kühe,
deren Kälber sie eingesperrt hatten, vor
einen neuen Wagen 11 und luden die Bun-
deslade und das Kästchen mit den golde-
nen Geschwüren und Mäusen darauf.
12 Die Kühe zogen geradewegs in Rich-
tung Bet-Schemesch los. Sie wichen nie
vom Weg ab, brüllten aber die ganze
Zeit. Die Fürsten der Philister folgten
ihnen von weitem bis zur Grenze in der
Nähe von Bet-Schemesch.
13 Die Einwohner von Bet-Schemesch
waren gerade unten im Tal bei der Wei-
zenernte. Als sie die Bundeslade kom-
men sahen, freuten sie sich sehr. 14 Der
Wagen fuhr bis zu einem Feld, das einem
Mann namens Joschua aus Bet-Sche-
mesch gehörte. Neben einem großen
Felsblock hielt er an. Dort zerhackten
die Leute den Wagen und schichteten
das Holz auf. Dann schlachteten sie die
Kühe und verbrannten sie als Opfer für
den Herrn. 15 Einige Männer aus dem
Stamm Levi hatten die Bundeslade und
das Kästchen mit den goldenen Gegen-
ständen vom Wagen genommen und
stellten sie nun auf den Felsblock. An
diesem Tag schlachteten die Leute von
Bet-Schemesch noch viele Tiere, um sie
dem Herrn als Opfer darzubringen.
16 Nachdem die Fürsten der Philister
den Israeliten eine Weile zugesehen hat-
ten, kehrten sie noch am selben Tag nach
Ekron zurück. 17 Nach der Zahl ihrer
Hauptstädte hatten die Philister dem
Herrn zur Wiedergutmachung fünf gol-
dene Abbilder ihrer Geschwüre ge-
schenkt: je eines für Aschdod, Gaza,
Aschkelon, Gat und Ekron. 18 Außerdem
hatten sie ihm für jede Stadt und jedes
Dorf in ihrem Land je eine goldene Maus
als Sühnegeschenk mitgegeben. Der gro-
ße Felsblock, auf den damals die Bundes-
lade gestellt wurde, ist noch heute auf
dem Feld Joschuas von Bet-Schemesch
zu sehen.
19 Aber der Herr bestrafte die Einwoh-
ner von *Bet-Schemesch*, weil sie die Bun-
deslade ohne die nötige Ehrfurcht ange-
schaut hatten. Siebzig von ihnen mussten
sterben. Dies löste im ganzen Volk große
Trauer aus. 20 »Kann überhaupt jemand in
der Nähe des Herrn, dieses heiligen Got-
tes, leben?«, fragten sie. »Wir können die
Bundeslade nicht länger hier bei uns be-
halten. Doch zu wem sollen wir sie schi-
cken?« 21 Schließlich sandten sie Boten
nach Kirjat-Jearim und ließen den Ein-
wohnern dieser Stadt ausrichten: »Stellt
euch vor, die Philister haben die Bundes-
lade des Herrn zurückgebracht! Kommt
doch, und holt sie zu euch!«
7 Da kamen die Männer von Kirjat-
Jearim nach Bet-Schemesch und hol-
ten die Bundeslade. Sie stellten sie im
Haus Abinadabs auf, das auf einem Hü-
gel stand. Seinen Sohn Eleasar beauftrag-
ten sie, die Bundeslade zu bewachen. Sie
weihten ihn feierlich für diesen besonde-
ren Dienst.

Die Israeliten wollen wieder dem Herrn dienen

2 Zwanzig Jahre waren vergangen, seit die
Bundeslade des Herrn nach Kirjat-Jea-
rim gebracht worden war. In dieser Zeit
litten die Israeliten große Not, weil der
Herr sich von ihnen abwandte. Laut
schrien sie zu ihm um Hilfe. 3 Da sagte
Samuel zum Volk: »Wenn ihr euch wirk-
lich wieder dem Herrn zuwenden wollt,
dann werft erst einmal die anderen Göt-
ter und Göttinnen weg. Setzt euer ganzes
Vertrauen auf den Herrn, und gehorcht
ihm allein, so wird er euch von den Phi-
listern befreien.«
4 Da warfen die Israeliten ihre Götter-
figuren von Baal und Astarte weg und
verehrten nur noch den Herrn. 5 Danach
rief Samuel alle Israeliten nach Mizpa zu
einer Volksversammlung zusammen und
kündigte an: »Dort will ich für euch zum
Herrn um Hilfe beten.« 6 Da kamen sie
alle in Mizpa zusammen und wollten wie-
der ganz dem Herrn dienen. Als Zeichen
dafür schöpften sie Wasser aus einem
Brunnen und schütteten es vor dem

6,19 2 Sam 6,7 **7,1** 2 Sam 6,1–4 **7,3** 1 Mo 35,2; Jos 24,14.23 **7,5** Ri 20,1

Herrn aus. Auch fasteten sie den ganzen
Tag und bekannten: »Wir haben mit un-
serem Götzendienst gegen den Herrn ge-
sündigt.« Dort in Mizpa schlichtete
Samuel die Streitfälle der Israeliten.
7 Die Philister erfuhren, dass sich die
meisten Israeliten in Mizpa versammelt
hatten. Ihre fünf Fürsten riefen schnell
das ganze Heer zusammen und rückten
gegen Israel aus. Als die Israeliten in
Mizpa davon hörten, packte sie die
Angst. 8 »Bete doch, Samuel!«, baten sie
eindringlich. »Hör nicht auf, den Herrn,
unseren Gott, anzuflehen und ihn zu bit-
ten, dass er uns den Sieg über die Philis-
ter gibt!« 9 Da nahm Samuel ein Lamm
und verbrannte es als Opfer für den
Herrn. Dabei rief er zu ihm um Hilfe für
Israel, und der Herr erhörte sein Gebet.
10 Während Samuel das Opfer dar-
brachte, waren die Philister schon nahe
an Israel herangerückt und wollten den
Kampf beginnen. Doch plötzlich versetz-
te der Herr die Philister mit einem lauten
Donner in Angst und Schrecken. Und so
schlugen die Israeliten sie in die Flucht
11 und verfolgten sie von Mizpa bis hinter
Bet-Kar. Die Philister erlitten eine große
Niederlage.
12 Nach diesem Sieg stellte Samuel zwi-
schen Mizpa und Schen einen großen
Stein als Denkmal auf. »Bis hierher hat
der Herr geholfen!«, sagte er und nannte
den Stein Eben-Eser (»Stein der Hilfe«).
13 Nachdem der Herr die Philister so
gedemütigt hatte, fielen sie nicht mehr
ins Gebiet der Israeliten ein. Der Herr
hielt sie davon ab, solange Samuel lebte.
14 Die Israeliten eroberten alle Städte zu-
rück, die die Philister ihnen abgenom-
men hatten, von Ekron bis Gat samt den
umliegenden Gebieten. Auch mit den
Amoritern lebte Israel zu dieser Zeit in
Frieden.
15 Samuel war sein ganzes Leben lang
Israels Führer und Richter. 16 Jedes Jahr
besuchte er der Reihe nach die Orte
Bethel, Gilgal und Mizpa. Dort schlichte-
te er die Streitfälle der Israeliten. 17 Dann
kehrte er wieder nach Rama zurück, wo
er wohnte und als Richter tätig war. Dort
hatte er auch einen Altar gebaut, um dem
Herrn Opfer darzubringen.

Das Volk will einen König

8 Als Samuel alt wurde, übergab er sei-
nen beiden Söhnen das Richteramt.
2 Joel, der ältere, und Abija, sein jüngerer
Bruder, waren Richter in Beerscheba.
3 Doch sie folgten nicht dem Vorbild ihres
Vaters, sondern waren nur darauf aus,
sich zu bereichern. Sie ließen sich beste-
chen und beugten das Recht.
4 Da versammelten sich die Ältesten Is-
raels und gingen gemeinsam zu Samuel
nach Rama. 5 »Samuel«, sagten sie, »du
bist zu alt geworden, um das Volk noch
richtig führen zu können, und deine Söh-
ne folgen nicht deinem Vorbild. So setz
doch einen König als Herrscher über uns
ein, wie auch alle unsere Nachbarvölker
einen haben.«
6 Samuel war nicht damit einverstan-
den, dass sie plötzlich einen König haben
wollten. Er zog sich zurück, um den
Herrn um Rat zu fragen. 7 Der Herr ant-
wortete: »Gib ihnen, was sie wollen! Mit
ihrer Forderung lehnen sie ja nicht dich
ab, sondern mich. Sie wollen mich nicht
mehr als ihren König anerkennen. 8 Das
passt zu ihnen! Seit ich sie damals aus
Ägypten herausführte, war es immer das-
selbe: Immer wieder haben sie mich ver-
gessen und sind anderen Göttern nach-
gelaufen. Genauso machen sie es nun
auch mit dir. 9 Erfüll ihre Forderung!
Doch warne sie vorher, und sag ihnen
ausdrücklich, welche Rechte ein König
besitzt und was es bedeutet, einen König
zu haben.«

Die Rechte des Königs

10 Samuel berichtete dem Volk alles, was
der Herr ihm gesagt hatte. 11 Er erklärte

7,10 2 Mo 23,27–28* **7,17** 1,1; 2,11 **8,2** 1 Chr 6,13 **8,3** 2,12–17; 5 Mo 16,19 **8,4** 7,17
8,5 5 Mo 17,14–20 **8,6** Ri 8,23 **8,7** 2 Mo 15,18; 5 Mo 33,5; Ps 22,29*

ihnen: »Ihr müsst bedenken, welche
Rechte dieser König haben wird: Er wird
eure Söhne in seinen Dienst nehmen, da-
mit sie sich um seine Wagen kümmern,
seine Pferde pflegen und als Leibwächter
vor dem königlichen Wagen herlaufen.
12 Einige von euch wird er als Hauptleute
oder als Truppenführer einsetzen. Ande-
re müssen seine Felder bearbeiten und
für ihn die Ernte einbringen. Handwer-
ker werden für ihn Waffen und Wagen
anfertigen. 13 Eure Töchter holt er zu sich
an den Königshof. Sie werden für ihn Sal-
ben mischen, für ihn kochen und backen.
14 Eure besten Felder, Weinberge und
Olivengärten wird er für sich beanspru-
chen und von seinen Knechten bearbei-
ten lassen. 15 Vom Ertrag eurer Äcker
und Weinberge zieht er ein Zehntel als
Steuern ein, um damit seine Hofleute
und Beamten zu bezahlen. 16 Eure
Knechte und Mägde wird er überneh-
men, die kräftigsten und besten jungen
Männer müssen ihm dienen. Auch eure
Lasttiere wird er benutzen. 17 Er verlangt
von euch ein Zehntel eurer Schafe und
Ziegen, und ihr selbst seid alle seine Un-
tertanen.

18 Dann werdet ihr bereuen, dass ihr
euch je einen König gewünscht habt.
Doch wenn ihr dann zum Herrn um Hil-
fe schreit, wird er euch keine Antwort
geben.«

19 Aber das Volk ließ sich von Samuel
nicht umstimmen und weigerte sich, auf
ihn zu hören. »Wir wollen einen König
haben!«, riefen sie. 20 »Wir wollen nicht
anders sein als unsere Nachbarvölker!
Unser König soll uns Recht und Gesetz
geben und als Anführer in den Krieg vo-
rausziehen!«

21 Samuel hörte sich ihre Wünsche an
und berichtete sie dem Herrn. 22 »Erfüll
ihre Forderung«, antwortete der Herr,
»und setz einen König über sie ein!«

Danach verabschiedete Samuel sich
von den Männern und schickte sie nach
Hause.

Saul sucht die Eselinnen seines Vaters

9 Im Gebiet des Stammes Benjamin
lebte ein wohlhabender und angese-
hener Mann namens Kisch. Sein Vater
hieß Abiël, sein Großvater Zeror. Zeror
wiederum stammte von Bechorat ab,
einem Sohn Afiachs, der ebenfalls aus
dem Stamm Benjamin kam. 2 Kisch hatte
einen Sohn mit Namen Saul. Der sah gut
aus, war stattlich und kräftig gebaut und
einen Kopf größer als alle Israeliten.

3 Eines Tages liefen die Eselinnen sei-
nes Vaters davon. Da befahl Kisch seinem
Sohn: »Mach dich mit einem der Knechte
auf die Suche nach den Eselinnen!« 4 Die
beiden durchstreiften das Bergland von
Ephraim und die Gegend von Schalischa,
doch ohne Erfolg. Dann suchten sie die
Gegend von Schaalim ab, fanden die Tie-
re aber nicht. Auch im Gebiet Benjamin
waren die Eselinnen nicht zu sehen. 5 Als
sie schließlich in die Nähe von Zuf kamen,
sagte Saul zu seinem Knecht: »Komm, lass
uns nach Hause umkehren! Sicher macht
sich mein Vater inzwischen mehr Sorgen
um uns als um die Eselinnen.«

6 Doch der Knecht wandte ein: »Warte
noch! In der Stadt da oben wohnt ein
Prophet. Er genießt hohes Ansehen beim
Volk, denn alles, was er sagt, trifft ein.
Komm, lass uns doch zu ihm gehen! Viel-
leicht kann er uns sagen, wo wir die Tiere
finden.«

7 »Aber was sollen wir ihm denn mit-
bringen?«, entgegnete Saul. »Unsere
ganzen Vorräte sind aufgegessen, und
auch sonst haben wir nichts dabei, was
wir ihm schenken könnten.«

8 »Doch, ich habe noch ein kleines Sil-
berstück in der Tasche«, sagte der
Knecht. »Das will ich dem Propheten ge-
ben, damit er uns zeigt, welchen Weg wir
nehmen sollen.« 9–11 »Einverstanden«,
meinte Saul, »gehen wir.«

So schlugen sie den Weg zur Stadt ein,
um den Propheten aufzusuchen. Als sie

8,20 12,12 **9,2** 10,23–24; 16,7

die Straße zur Stadt hinaufgingen, kamen
ihnen ein paar Mädchen entgegen, die
gerade Wasser holen wollten. Die zwei
Männer fragten sie: »Wisst ihr, ob der Se-
her in der Stadt ist?« Früher wurden die
Propheten nämlich »Seher« genannt.
Wer damals etwas von Gott wissen woll-
te, sagte: »Komm, wir gehen zum Seher
und fragen ihn.« 12 Die Mädchen antwor-
teten: »Ja, er ist da. Gerade ist er zum
Opferfest gekommen, das heute gefeiert
wird. 13 Wenn ihr euch beeilt, trefft ihr ihn
noch in der Stadt, bevor er zum Hügel
hinaufsteigt, auf dem das Opfer darge-
bracht und das Festessen gehalten wird.
Alle warten mit dem Essen auf ihn, denn
erst wenn er das Mahl gesegnet hat, dür-
fen die Gäste essen. Geht nur in die
Stadt. Ihr habt wirklich Glück, dass ihr
ihn gerade heute dort antrefft.«

14 Da gingen die beiden weiter zur
Stadt hinauf. Am Stadttor begegnete
ihnen Samuel, der gerade unterwegs
zum Festplatz war.

Saul als Gast bei Samuel

15 Der Herr hatte Samuel schon einen Tag
zuvor gesagt: 16 »Morgen um diese Zeit
werde ich einen Mann aus dem Gebiet
Benjamin zu dir schicken. Ihn sollst du
zum König über mein Volk salben. Er
wird Israel von den Philistern befreien,
denn ich habe die Not meines Volkes ge-
sehen und seine Hilfeschreie gehört.«
17 Als nun Saul durch das Stadttor kam,
sagte der Herr zu Samuel: »Sieh, das ist
der Mann, von dem ich dir gestern gesagt
habe: Er soll über mein Volk herrschen.«

18 Noch beim Tor ging Saul auf Samuel
zu und fragte ihn: »Kannst du mir sagen,
wo hier der Seher wohnt?« 19 »Ich selbst
bin der Seher«, antwortete Samuel.
»Kommt doch mit mir zum Festplatz hi-
nauf. Es ist mir eine Ehre, euch heute als
meine Gäste zum Festessen einzuladen.
Morgen früh werde ich dir alle deine Fra-
gen beantworten, und dann könnt ihr
weiterziehen. 20 Wegen der Esel, die vor
drei Tagen verschwunden sind, brauchst
du dir keine Sorgen mehr zu machen. Sie
sind gefunden. Außerdem gehört alles
Wertvolle in Israel ohnehin dir und dei-
nen Verwandten.« 21 Erstaunt erwiderte
Saul: »Wie kommst du darauf? Ich bin
doch nur ein Benjaminiter, ich gehöre
zum kleinsten und unbedeutendsten
Stamm Israels, und meine Sippe ist eine
der kleinsten von ganz Benjamin.«

22 Samuel nahm Saul und seinen
Knecht mit in die Halle, in der das Fest-
mahl nach dem Opfer aufgetragen wur-
de. Er ließ sie als Ehrengäste oben am
Tisch Platz nehmen. Insgesamt waren et-
wa dreißig Gäste zu dem Essen einge-
laden. 23 Samuel befahl dem Koch: »Bring
nun das Fleisch herbei, das du zurück-
behalten musstest.« 24 Da holte der Koch
das saftigste Stück Fleisch und gab es
Saul. »Das ist noch übrig geblieben«, sag-
te Samuel, »lass es dir schmecken. Ich ha-
be es schon für dich beiseite gelegt, als
noch kein Gast hier war.« So war Saul an
diesem Tag Samuels Gast.

25 Nach dem Fest gingen sie zusammen
in die Stadt zurück. Sie setzten sich auf
das flache Dach von Samuels Haus und
redeten miteinander. 26 Früh am nächsten
Morgen, noch vor Sonnenaufgang, rief
Samuel zu Saul hinauf: »Es ist Zeit auf-
zubrechen! Ich begleite dich noch ein
Stück.« Saul stand auf, und sie machten
sich zusammen auf den Weg. 27 Am Stadt-
rand sagte Samuel zu Saul: »Schick dei-
nen Knecht voraus! Ich will dir noch et-
was unter vier Augen sagen.« Als der
Knecht gegangen war, fuhr Samuel fort:
»Bleib stehen, ich habe dir eine Botschaft
von Gott mitzuteilen!«

Saul wird zum König gesalbt

10 Da nahm Samuel ein Horn[a] mit
Olivenöl, goss das Öl über Sauls
Kopf aus, küsste ihn und sagte: »Im Auf-
trag des Herrn habe ich dich nun mit die-

---

[a] Hohle Hörner von Rindern wurden als Ölbehälter benutzt.

9,16 2 Mo 3,7–8 **9,17** 16,3.12 **9,21** Ri 6,15 **10,1** 9,16

sem Öl gesalbt als Zeichen dafür, dass du
der König seines Volkes Israel werden
sollst. 2 Wenn du nun wieder nach Hause
gehst, wirst du beim Grab Rahels in der
Nähe von Zelzach im Gebiet Benjamin
zwei Männern begegnen, die dir sagen:
›Die Eselinnen, die du gesucht hast, sind
gefunden! Dein Vater ist jetzt um euch
besorgt und fragt sich: Wie soll ich nur
meinen Sohn wiederfinden?‹

3 Wenn du dann zur großen Terebinthe
von Tabor kommst, werden dir drei Män-
ner begegnen, die unterwegs sind nach
Bethel, um Gott dort anzubeten. Einer
von ihnen trägt drei junge Ziegenböcke,
ein anderer drei runde Brotlaibe, und der
dritte hat einen Schlauch Wein dabei.
4 Sie werden dich freundlich grüßen und
dir zwei Brote anbieten, die du ruhig an-
nehmen kannst.

5 Dann wirst du nach Gibea kommen,
wo Wachposten der Philister stehen.
Gleich am Stadtrand begegnest du einer
Gruppe von Propheten, sie kommen ge-
rade vom Hügel herunter. Ihnen voran
gehen Leute, die auf Harfen, Tamburi-
nen, Flöten und Gitarren spielen. Die
Propheten selbst werden in Ekstase sein
und Prophezeiungen aussprechen. 6 Der
Geist des Herrn wird über dich kommen.
Du gerätst wie sie in Ekstase und redest
prophetisch. Von da an wirst du ein ganz
anderer Mensch sein.

7 Wenn alle diese Zeichen eintreffen,
dann tu einfach, was dir in den Sinn
kommt, denn Gott ist mit dir. 8 Geh hi-
nunter nach Gilgal, und warte dort eine
Woche auf mich. Ich werde dir nachkom-
men, um ein Opfer darzubringen. Dort
sage ich dir, wie es weitergehen soll und
welche Aufgaben dich erwarten.«

9 Saul verabschiedete sich von Samuel
und ging fort. Da veränderte Gott ihn
vollkommen, und alles, was Samuel vo-
rausgesagt hatte, traf noch am selben
Tag ein. 10 Als Saul und sein Knecht
schließlich nach Gibea kamen, begegnete
ihnen die Gruppe von Propheten. Da
kam der Geist Gottes über Saul, so dass
er wie sie in Ekstase geriet und mit ihnen
Prophezeiungen aussprach. 11 Als ihn ei-
nige Leute, die ihn von klein auf kannten,
in diesem Zustand sahen, fragten sie ei-
nander ganz erstaunt: »Was ist denn mit
Saul los? Gehört er auch zu den Prophe-
ten?« 12 Einer der Herumstehenden ant-
wortete: »Ach, von denen weiß man ja
nicht einmal, wer ihr Vater ist!« So ent-
stand die Redensart: »Gehört Saul auch
zu den Propheten?«

13 Als Sauls Ekstase vorüber war, stieg
er zum Altar auf den Hügel hinauf. 14 »Wo
seid ihr gewesen?«, fragte Sauls Onkel,
als er ihn und seinen Knecht kommen
sah. »Wir waren auf der Suche nach den
weggelaufenen Eselinnen«, antwortete
Saul, »und als wir sie nirgends finden
konnten, gingen wir zu Samuel, um ihn
zu fragen.« 15 »Was hat er euch denn ge-
sagt?«, wollte der Onkel wissen. 16 »Nun,
er teilte uns mit, dass die Esel inzwischen
gefunden sind«, antwortete Saul nur. Er
erwähnte nicht, dass Samuel mit ihm
über das Königtum gesprochen hatte.

Saul wird als König anerkannt

17/18 Samuel rief das Volk noch einmal zu
einer Versammlung zusammen. Wieder
kamen alle Israeliten nach Mizpa, und
dort, in der Gegenwart des Herrn, teilte
Samuel ihnen folgende Botschaft mit:
»So spricht der Herr, der Gott Israels:
›Ich habe euch damals aus Ägypten he-
rausgeführt und euch von den Ägyptern
und von allen anderen Feinden befreit,
die euch in die Enge trieben. 19 Ich, euer
Gott, habe euch seither immer wieder
aus euren Nöten und Bedrängnissen he-
rausgeholfen, und doch lehnt ihr nun
meine Führung ab und verlangt, dass ich
einen König über euch einsetzen soll.
Gut, ihr sollt bekommen, was ihr wollt!‹
Stellt euch nun geordnet nach Stämmen
und Sippen vor dem Herrn auf.«

20 Zuerst ließ Samuel die Vertreter der

10,2 1 Mo 35,19 **10,6** Ri 3,10* **10,8** 13,8 **10,10–12** 19,20–24 **10,17–18** Ri 20,1 **10,19** 8,5–9
10,20–21 2 Mo 28,30*; Jos 7,14–18

zwölf Stämme vortreten, um durch das Los zu bestimmen, aus welchem Stamm der König kommen sollte. Es traf den Stamm Benjamin. [21] Dann traten alle Sippenoberhäupter Benjamins vor. Das Los fiel auf die Sippe Matri und unter deren Männern schließlich auf Saul, den Sohn Kischs. Doch als man ihn nach vorne rufen wollte, war er nicht zu finden.

[22] Da fragten sie den Herrn: »Ist der Mann überhaupt hierher gekommen?« Der Herr antwortete: »Ja, er ist da. Aber er hat sich im Lager versteckt.« [23] Schnell liefen einige ins Lager und holten ihn. Als er dann in der versammelten Menge stand, überragte er sie alle, denn er war ein gutes Stück größer als sie.

[24] Samuel sagte: »Seht ihr jetzt, wen der Herr als König ausgesucht hat? Im ganzen Volk gibt es keinen wie ihn.« Da brachen alle in lauten Jubel aus und riefen: »Lang lebe unser König!« [25] Samuel erklärte dem Volk noch einmal die Rechte und Pflichten eines Königs. Dieses »Königsgesetz« schrieb er in ein Buch und bewahrte es im Heiligtum des Herrn auf. Dann entließ er die Leute nach Hause.

[26] Auch Saul ging zurück nach Gibea. Ihn begleitete eine Gruppe von Soldaten, die Gott dazu bereit gemacht hatte. [27] Einige niederträchtige Männer aber spotteten: »Was, der soll uns helfen können?« Sie verachteten Saul und brachten ihm keine Geschenke. Doch Saul tat, als hörte er sie nicht.

Saul handelt und siegt

11 Kurze Zeit später zog Nahasch, der König der Ammoniter, mit seinem Heer zur israelitischen Stadt Jabesch in der Gegend von Gilead und belagerte sie. Da machten die Einwohner von Jabesch Nahasch folgendes Angebot: »Schließ einen Vertrag mit uns ab: Du lässt uns am Leben, und wir unterwerfen uns dir.« [2] »Einverstanden«, antwortete König Nahasch. »Ich will den Vertrag mit euch schließen, doch nur unter einer Bedingung: Jedem Einwohner eurer Stadt werde ich das rechte Auge ausstechen, damit ihr zu einem Schandfleck für ganz Israel werdet.« [3] »Gib uns eine Woche Bedenkzeit«, baten die führenden Männer von Jabesch König Nahasch. »Wir wollen Boten in alle Gegenden Israels schicken und unser Volk um Unterstützung bitten. Sollte uns niemand helfen, ergeben wir uns.«

[4] Die Boten kamen auch nach Gibea, der Heimatstadt Sauls, und überbrachten den Einwohnern ihre Botschaft. Da brach die ganze Stadt in Tränen aus. [5] Saul kam gerade mit seinen Rindern vom Feld zurück, wo er gearbeitet hatte. Er fragte erstaunt: »Was ist denn los? Warum weinen die Leute?« Man erzählte ihm, was die Boten aus Jabesch berichtet hatten. [6] Da kam der Geist Gottes über Saul, und er wurde vom Zorn gepackt. [7] Er schlachtete zwei seiner Rinder und zerstückelte sie. Dann schickte er Boten mit den Fleischstücken in alle Gebiete Israels und ließ überall ausrichten: »Wer nicht mit Saul und Samuel gegen die Ammoniter in den Krieg zieht, dessen Rinder sollen genauso zerstückelt werden!«

Als das Volk merkte, dass der Herr durch Saul sprach, erschrak es und meldete sich geschlossen zum Kampf. [8] In der Nähe von Besek musterte Saul das Heer: Es waren insgesamt 300 000 Mann aus den israelitischen Stämmen und 30 000 Männer aus dem Stamm Juda.

[9] Die Boten aus Jabesch schickte man mit der Nachricht zurück: »Noch vor morgen Mittag seid ihr befreit!« Diese Botschaft löste in der ganzen Stadt große Freude aus. [10] Sofort schickten die führenden Männer von Jabesch Abgesandte zu ihren Feinden und ließen ihnen sagen: »Morgen ergeben wir uns! Wir werden zu euch herauskommen, und dann könnt ihr mit uns machen, was ihr wollt.«

[11] Sehr früh am nächsten Morgen teilte Saul das Heer in drei Abteilungen auf. Noch vor Sonnenaufgang griffen sie an und drangen von drei Seiten mitten in

---

10,23–24 9,2 **10,25** 8,11–17; 5 Mo 17,14–20 **10,27** 9,21 **11,6** Ri 3,10* **11,7** Ri 19,29

das feindliche Lager ein. Schon gegen
Mittag war die Schlacht entschieden:
Die Ammoniter hatten schwere Verluste
erlitten. Die wenigen Überlebenden wur-
den in alle Himmelsrichtungen auseinan-
der gejagt, so dass nicht einmal zwei bei-
einander blieben.

Saul wird als König bestätigt und eingesetzt

12 Nach diesem Sieg kamen einige Israeli-
ten zu Samuel und wollten wissen: »Wer
sind die Herumtreiber, die Saul damals
als König ablehnten? Los, gebt sie he-
raus, wir wollen sie umbringen!« 13 Doch
Saul wehrte ab: »Heute soll niemand von
uns sterben, denn der Herr selbst hat Is-
rael befreit.« 14 Dann forderte Samuel das
Volk auf: »Versammelt euch in Gilgal.
Dort wollen wir Saul noch einmal als Kö-
nig bestätigen.«

15 Alle Israeliten zogen nach Gilgal.
Feierlich krönten sie Saul in der Gegen-
wart des Herrn zum König. Anschließend
feierten sie ein großes Fest. Als Zeichen
ihrer Freude brachten sie dem Herrn vie-
le Dankopfer dar.

Samuels Abschiedsrede

12 Noch einmal hielt Samuel eine
Rede vor den versammelten Israe-
liten: »Ihr wisst genau, dass ich immer ein
offenes Ohr für euch hatte. Auch habe
ich euren Wunsch nach einem König er-
füllt. 2 Er wird euch von jetzt an voran-
gehen und euch führen. Ich aber stehe
hier als ein alter Mann mit grauen Haa-
ren. Meine Söhne sind erwachsene Män-
ner und leben mitten unter euch. Seit
meiner Jugend bin ich euch vorangegan-
gen. 3 Nun will ich, dass ihr mir vor Gott
selbst und vor dem König, den er einge-
setzt hat, folgende Fragen beantwortet:
Habe ich je von jemandem ein Rind oder
einen Esel genommen? Habe ich mir
auch nur ein einziges Mal durch Beste-
chungsgelder den Blick trüben lassen
und dann ein ungerechtes Urteil gespro-
chen? Wenn ja, dann will ich alles zurück-
erstatten.«

4 Die Volksmenge antwortete: »Nein,
niemals hast du uns betrogen oder unter-
drückt. Du hast dich auch nie bestechen
lassen.« 5 Darauf sagte Samuel: »Der
Herr und sein gesalbter König sind heute
Zeugen dafür, dass ihr keinen Grund zur
Anklage gegen mich gefunden habt.« »Ja,
so ist es«, stimmte die Menge ihm zu.

6 Samuel fuhr fort: »Es war der Herr,
der einst Mose und Aaron dazu berufen
hat, eure Vorfahren aus dem Land Ägyp-
ten hierher nach Kanaan zu führen. 7 Und
nun hört mir zu: In der Gegenwart des
Herrn erinnere ich euch an alle Wohl-
taten, die der Herr in seiner Treue euch
und euren Vorfahren immer wieder er-
wiesen hat:

8 Nachdem euer Stammvater Jakob
nach Ägypten gekommen war, riefen eu-
re Vorfahren in äußerster Not zum Herrn
um Hilfe. Da schickte er ihnen Mose und
Aaron, um das ganze Volk aus Ägypten
heraus in dieses Land zu führen. 9 Doch
schon bald vergaßen sie den Herrn, ihren
Gott, und alles, was er für sie getan hatte.
Darum gab der Herr sie in die Gewalt
ihrer Feinde. Sisera, der Heerführer des
Königs von Hazor in Kanaan, die Philis-
ter und der König der Moabiter kämpf-
ten gegen sie. 10 Dann schrien eure Vor-
fahren jedes Mal zum Herrn um Hilfe
und bekannten: ›Wir haben gesündigt,
denn wir haben dich, Herr, verlassen
und die kanaanitischen Götter Baal und
Astarte verehrt! Bitte befrei uns doch
von unseren Feinden! Dann wollen wir
dir allein dienen.‹ 11 Da schickte der Herr
ihnen erst Gideon[a], ein anderes Mal Ba-
rak[b], dann Jeftah und schließlich mich,
Samuel. Durch diese Männer half Gott

---

[a] *Wörtlich: Jerubbaal. Vgl. Richter 6,32*
[b] So mit der griechischen Übersetzung. Im hebräischen Text steht der Name Bedan.

11,12 10,27 **11,13** 14,45; 2 Sam 19,23 **11,14** 10,8 **12,1** 8,7.22; 10,24 **12,3** 4 Mo 16,15; Apg 20,33–35 **12,6** 2 Mo 6,13 **12,8** 1 Mo 46,1–7; 2 Mo 2,23–25*; 6,26 **12,9** Ri 4,2–3; 10,7; 13,1; 3,12 **12,10** Ri 10,10 **12,11** Ri 7,1; 4,6; 11,29; 1 Sam 7,3

Veränderung der Herzen

Lesen Sie 1. Samuel 10,9

Durch den Stress, den unsere überfüllten Terminkalender und unser schnelllebiger Alltag mit sich bringen, bleiben manchmal die Leidenschaft für unseren Partner und die Bereitschaft, für die Kinder da zu sein, auf der Strecke. Wenn wir dem nicht entgegentreten, kann das zu schwerwiegenden Problemen in unserem Familienleben führen. Leider können wir die notwendigen Veränderungen jedoch nicht selbst bewirken. Wir brauchen Gott, der unsere Herzen verändern kann. Glücklicherweise sieht er es als seine Aufgabe an, zerbrochene Beziehungen in der Familie wieder zu heilen.

Man hört viel über zerrüttete Familien, doch was ist mit den intakten? Wie sieht eine gesunde Familie aus? Das deutlichste Anzeichen für eine intakte Familie ist die Bereitschaft zu dienen und für den anderen da zu sein. Der Mann dient seiner Frau und die Frau ihrem Mann. Gemeinsam dienen sie ihren Kindern und die Kinder lernen, ihren Eltern zu dienen und für sie da zu sein. Ist das in Ihrer Familie auch so?

Wir müssen keine warmen Gefühle für unseren Partner haben, um ihm oder ihr dienen zu können, aber wir brauchen eine persönliche Beziehung zu Gott. Gott möchte nicht, dass wir nur aus Pflichtbewusstsein dienen, sondern mit einem Herzen, das von seiner Liebe berührt wurde. Durch Sie fließt Gottes Liebe in Ihre Familie hinein. Und es fängt alles mit einem Gebet an: „Vater, bitte schenke mir die innere Einstellung, die Jesus hatte, für meine Familie."

Nehmen Sie sich Zeit, um allein oder als Paar gemeinsam zu beten. Danken Sie Gott, dass er Sie mit Ihrem Mann oder Ihrer Frau zusammengeführt hat. Bitten Sie ihn um Weisheit, damit Sie Ihre Gefühle gegenüber Ihrem Ehepartner verstehen können. Bitten Sie ihn, dass er durch Sie seine Liebe in Ihre Familie hineinfließen lässt.

Wenn Sie noch mehr Zeit haben …

Besprechen Sie miteinander folgende Fragen oder denken Sie darüber nach:

- Gibt es in Ihrer Familie die Bereitschaft zu dienen?
- Was ist der Unterschied zwischen Liebe und Verliebtsein?
- Warum ist es wichtig, das eigene Verhalten gegenüber dem Ehepartner nicht von Gefühlen bestimmen zu lassen?

Lesen Sie auch die folgenden Abschnitte, in denen es um Gottes Liebe geht:
Zefanja 3,17; Römer 8,37-39; 1. Johannes 4,7-8.

Füreinander einstehen

Lesen Sie 1. Samuel 12,23

In der Nacht, in der Jesus verraten wurde, sagte er voraus, dass Simon Petrus, sein engster Freund auf der Erde, ihn dreimal verleugnen würde. Und er wusste: Die Schuld des Verrats würde so schwer auf Petrus lasten, dass sein schwacher Glaube daran zerbrechen könnte. Sehen wir uns an, was Jesus in Lukas 22,31-32 zu Petrus sagte: „Simon, Simon! Der Satan ist hinter euch her, die Spreu vom Weizen zu trennen. Aber ich habe für dich gebetet, damit du den Glauben nicht verlierst."

Etwas Ähnliches sagte im Alten Testament der Prophet Samuel: „Ich werde weiterhin für euch beten. Denn wenn ich damit aufhörte, würde ich Schuld auf mich laden" (1. Samuel 12,23). Diese beiden Texte – und viele andere – betonen, wie wichtig die Fürbitte für unsere Mitchristen ist.

Wenn die Fürbitte ein so wichtiges Mittel ist, um anderen Menschen in ihrem Leben zu helfen, warum übersehen wir dabei so oft unseren Ehepartner? Was könnte in Ihrer Ehe geschehen, wenn Sie jeden Tag, sooft Ihnen Ihr Partner in den Sinn kommt, für ihn beten würden? Was hindert Sie daran, das einmal auszuprobieren?

Gott sorgt sich um das Innenleben unserer Ehebeziehung. Wenn wir mehr füreinander beten würden, vielleicht kämen wir uns dann geistlich viel näher und es gäbe weniger Zündstoff in unseren Ehen.

Nehmen Sie sich Zeit, um allein oder als Paar gemeinsam zu beten. Konzentrieren Sie Ihr Gebet dieses Mal besonders auf die Bedürfnisse anderer. Denken Sie an Menschen in Ihrer Umgebung, die leiden oder Hilfe brauchen. Beginnen Sie mit Ihrem Mann oder Ihrer Frau. Formulieren Sie Ihre Bitten so konkret wie möglich. Überlegen Sie, welches Wirken Gottes Sie jedem dieser Menschen wünschen.

Wenn Sie noch mehr Zeit haben …

Besprechen Sie miteinander folgende Fragen oder denken Sie darüber nach:

- Welchen Anteil hat die Fürbitte in Ihren Gebeten?
- Was sind die Schlüssel zu einer wirksamen Fürbitte?
- Welche fünf Menschen in Ihrem Leben brauchen im Moment dringend Gottes Hilfe?

Lesen Sie auch die folgenden Abschnitte zum Thema Gebet:
Johannes 15,7; 1. Timotheus 2,1; Jakobus 5,13.

Den nächsten Impuls finden Sie auf S. 324 a

euren Vorfahren und jetzt auch euch:
Vorher wart ihr von Feinden umgeben,
jetzt könnt ihr ruhig und sicher in eurem
Land wohnen.
12 Doch als der Ammoniterkönig Na-
hasch gegen euch in den Krieg zog, da
kamt ihr zu mir mit der Forderung: ›Wir
wollen einen König haben!‹ Dabei wuss-
tet ihr genau, dass Gott, der Herr, euer
König ist. 13 Nun gut, hier ist der König,
den ihr wolltet! Der Herr hat euren
Wunsch erfüllt und ihn über euch einge-
setzt. 14 Jetzt ehrt den Herrn, und dient
ihm, gehorcht ihm, und widersetzt euch
nicht seinen Geboten. Wenn ihr und euer
König dem Herrn treu seid, dann wird er
euch beistehen. 15 Gehorcht ihr ihm aber
nicht, sondern widersetzt euch seinen
Geboten, so wird der Herr sich auch ge-
gen euch stellen wie damals gegen eure
Vorfahren.
16 Und nun passt auf! Vor euren Augen
wird der Herr ein großes Wunder voll-
bringen: 17 Jetzt ist die Zeit der Weizen-
ernte. Ihr wisst, dass es normalerweise in
dieser Jahreszeit nicht regnet.[a] Ich will
nun den Herrn bitten, ein Gewitter mit
starkem Regen zu schicken. Das soll
euch zeigen, wie falsch in den Augen des
Herrn euer Wunsch nach einem König
war.«
18 Samuel betete laut zum Herrn, und
noch am selben Tag schickte der Herr
ein Gewitter; es donnerte laut und regne-
te heftig. Da bekam das ganze Volk gro-
ße Angst vor dem Herrn und vor Samuel.
19 Sie flehten Samuel an: »Bete doch für
uns zum Herrn, deinem Gott, dass wir
nicht sterben! Wir haben schon so viele
Sünden begangen, und jetzt haben wir
es auch noch gewagt, einen König zu
verlangen!«
20 »Ihr müsst keine Angst haben«, beru-
higte Samuel das Volk. »Ihr habt zwar ein
Unrecht begangen. Doch seid von jetzt
an dem Herrn treu, und dient ihm von
ganzem Herzen! 21 Kehrt ihm nie mehr
den Rücken! Lauft nicht toten Götzen
nach, die es überhaupt nicht gibt! Sie nüt-
zen euch nichts und können euch nicht
helfen. 22 Der Herr aber hält sein Ver-
sprechen: Er lässt euch nicht im Stich,
denn er hat gerade euch zu seinem Volk
erwählt. 23 Auch ich werde weiterhin für
euch beten. Denn wenn ich damit aufhör-
te, würde ich Schuld auf mich laden.
Auch in Zukunft will ich euch lehren,
was gut und richtig ist. 24 Ehrt den Herrn,
und dient ihm treu von ganzem Herzen!
Vergesst nie, wie viel er schon für euch
getan hat! 25 Wenn ihr euch aber wieder
von ihm abwendet, werdet ihr und euer
König umkommen!«

Beginn des Krieges gegen die Philister

13 Saul war … Jahre alt,[b] als er König
wurde. Nachdem er zwei Jahre
lang über Israel regiert hatte, 2 stellte er
ein Heer von 3000 Mann zusammen.
Die übrigen wehrfähigen Israeliten ent-
ließ er nach Hause. 2000 Soldaten behielt
Saul bei sich in Michmas und auf dem
Gebirge Bethel, die übrigen 1000 stan-
den unter dem Befehl Jonatans, eines
Sohnes Sauls, in Gibea im Gebiet des
Stammes Benjamin.
3 Eines Tages überfiel Jonatan die
Wachposten der Philister in Geba und tö-
tete sie. Rasch verbreitete sich diese
Nachricht bei den Philistern. Auch Saul
schickte Boten durch ganz Israel. Sie soll-
ten die Hörner blasen und überall die
Heldentat Jonatans verkünden. 4 Wie ein
Lauffeuer ging es durch das ganze Land:
»Habt ihr schon gehört? Saul hat die
Wachposten der Philister geschlagen!
Nun sind die Philister sicher zornig und
wollen sich rächen.« Saul rief die Männer
Israels nach Gilgal zusammen, und alle
kamen.

---

[a] »Ihr … regnet.« ist sinngemäß eingefügt.
[b] Im hebräischen Text fehlt die Altersangabe.

12,12 11,1–2; 8,5–7 **12,15** Ri 2,11–15 **12,21** Ps 115,4–8; Jes 41,29 **12,22** 5 Mo 7,6–8; Röm 11,2
12,23 7,8

5 Auch die Philister rüsteten sich zum
Krieg. Ihr Heer umfasste 3000 Streitwa-
gen, 6000 Mann Besatzung und eine un-
geheure Menge Fußsoldaten, unzählbar
wie der Sand am Meer. Sie lagerten in
der Nähe von Michmas, östlich von Bet-
Awen. 6 Als die Israeliten die Übermacht
der Philister sahen, der ihr eigenes Heer
niemals gewachsen sein konnte, verkro-
chen sie sich in Höhlen, Dickichte und
Felsspalten, in Grabhöhlen und Zister-
nen. 7 Einige flohen sogar über den Jor-
dan in die Gebiete von Gad und Gilead.

Saul verliert die Geduld

Saul war immer noch in Gilgal. Die Män-
ner, die bei ihm waren, zitterten vor
Angst. 8 Samuel hatte Saul befohlen, eine
Woche auf ihn zu warten. Doch als Samu-
el nach einer Woche immer noch nicht in
Gilgal erschienen war, verlor Saul die
Geduld, denn seine Leute begannen
schon davonzulaufen. 9 Er ließ die Tiere
für das Brand- und das Dankopfer holen
und brachte selbst das Opfer dar.

10 Kaum war er fertig, da kam Samuel.
Saul ging ihm entgegen, um ihn zu begrü-
ßen. 11 Doch Samuel stellte ihn sofort zur
Rede: »Was hast du getan?« Saul ver-
suchte sich zu rechtfertigen: »Die Sol-
daten begannen schon davonzulaufen,
weil du nicht pünktlich zur abgemachten
Zeit hier warst. Die Philister haben sich
in Michmas zum Kampf aufgestellt, 12 und
ich musste befürchten, dass sie uns jeden
Moment in Gilgal angreifen. Ich wollte
aber auf jeden Fall den Herrn um seine
Hilfe bitten. Deshalb habe ich es gewagt,
selbst das Brandopfer darzubringen.«
13 »Das war sehr dumm von dir!«, erwi-
derte Samuel. »Du hast dem Befehl des
Herrn, deines Gottes, nicht gehorcht. Er
wollte dir und deinen Nachkommen für
alle Zeiten die Königsherrschaft über Is-
rael geben. 14 Du aber hast sie durch dein
voreiliges Handeln verspielt. Der Herr
hat schon einen Nachfolger ausgesucht
und ihn dazu bestimmt, das Volk zu re-
gieren. Es ist ein Mann, der ihm Freude
machen wird. Du aber hast dem Befehl
des Herrn nicht gehorcht.«

15 Dann verließ Samuel Gilgal.

Die Philister sind den Israeliten überlegen

Die zurückgebliebenen Israeliten zogen
hinter Saul her dem Feind entgegen. Sie
kamen[a] von Gilgal nach Gibea. Dort
musterte Saul das restliche Heer: Es wa-
ren nur etwa 600 Mann!

16 Saul, Jonatan und die Soldaten lager-
ten bei Geba in Benjamin, die Philister
bei Michmas. 17 Schon bald schickten die
Philister drei Abteilungen von Soldaten
in verschiedene Gebiete Israels. Sie soll-
ten israelitische Dörfer ausplündern und
verwüsten. Eine Truppe zog nach Norden
in Richtung Ofra, in das Gebiet von
Schual, 18 die zweite nach Westen auf Bet-
Horon zu und die dritte nach Osten zu
dem Hügelzug, von dem aus man das Ze-
boïmtal und die Wüste überblicken kann.

19 Damals gab es im ganzen Land Israel
keinen einzigen Schmied. Das kam den
Philistern gerade recht, denn so konnten
die Israeliten keine Schwerter und Spie-
ße herstellen. 20 Wenn nun ein israeliti-
scher Bauer seine Pflugschar, einen Spa-
ten, eine Axt oder eine Hacke schärfen
lassen wollte, musste er die Werkzeuge
zu einem Schmied der Philister bringen.
21 Das Schärfen von Pflugscharen, Spa-
ten, Gabeln und Äxten kostete zwei Drit-
tel eines Silberstücks, ebenso das Einset-
zen eines Ochsenstachels[b]. 22 Daher gab
es in jenen Tagen im ganzen Heer Sauls
keine Schwerter und Speere außer den
Waffen Sauls und seines Sohnes Jonatan.

---

[a] »Die zurückgebliebenen … Sie kamen« ist nur in der griechischen Übersetzung überliefert.

[b] Der Ochsenstachel war ein Metallstachel, der auf einen Stab gesteckt wurde. Damit trieb man die Ochsen an.

13,8 10,8 **13,14** 16,1; Apg 13,22 **13,19** Ri 5,8

Jonatan vertraut auf Gottes Hilfe

23 Die Philister hatten auch den Pass bei
Michmas mit einem Posten besetzt.

14 Eines Tages sagte Jonatan zu
seinem jungen Waffenträger:
»Komm, wir wollen zum Posten der Phi-
lister dort drüben gehen!« Seinem Vater
erzählte er nichts davon.

2/3 Saul saß gerade unter dem großen
Granatapfelbaum bei Migron nahe Gi-
bea; 600 Mann waren bei ihm, darunter
der Priester Ahija. Er war der Sohn von
Ikabods Bruder Ahitub. Sein Großvater
war Pinhas, sein Urgroßvater Eli, der frü-
her in Silo als Priester des Herrn gedient
hatte. Ahija war in jener Zeit der Priester
und trug das Priestergewand. Von Sauls
Leuten hatte niemand bemerkt, dass Jo-
natan sich aus dem Lager geschlichen
hatte.

4/5 Um zu dem Posten der Philister hinü-
berzugelangen, wählte Jonatan einen
schmalen Weg zwischen zwei hohen Fels-
zacken hindurch. Wie riesige Säulen rag-
ten sie in die Höhe, die eine im Norden auf
der Seite von Michmas – man nannte sie
Bozez –, die andere im Süden gegenüber
von Geba – sie hieß Senne. 6 Jonatan sagte
nun zu seinem jungen Waffenträger:
»Komm, wir wollen hinübergehen zum
Wachposten dieser unbeschnittenen Hei-
den! Vielleicht hilft uns der Herr, denn für
ihn spielt es keine Rolle, ob wir viele oder
wenige sind.« 7 »Tu, was du für richtig
hältst«, antwortete sein Waffenträger.
»Ich bin dabei! Du kannst auf mich zäh-
len.« 8 »Pass auf«, fuhr Jonatan fort, »wir
nähern uns unseren Feinden, bis sie uns
sehen. 9 Wenn sie uns dann zurufen: ›Halt,
keinen Schritt weiter!‹ oder: ›Wir kom-
men und töten euch!‹, dann lassen wir un-
seren Plan fallen und gehen nicht zu ihnen
hinauf. 10 Wenn sie aber rufen: ›Kommt
doch herauf zu uns!‹, dann wollen wir hi-
naufsteigen. Denn das soll für uns ein Zei-
chen sein, dass der Herr uns den Sieg über
unsere Feinde schenken wird.«

11 So näherten sich die beiden ohne De-
ckung dem feindlichen Posten, bis sie
gesehen wurden. »Sieh mal einer an«,
begannen die Philister zu spotten, »die
Hebräer kommen aus den Löchern her-
vorgekrochen, in denen sie sich versteckt
haben!« 12 Die Wachen forderten die bei-
den auf: »Kommt nur herauf, wir werden
es euch zeigen!« »Los, mir nach!«, rief
Jonatan seinem Waffenträger zu. »Der
Herr hat sie in unsere Hand gegeben!«
13 Rasch kletterten sie auf allen vieren
den steilen Hang hinauf, Jonatan voraus,
sein Diener hinterher. Kaum war Jonatan
oben, da fielen die Philister vor Schreck
zu Boden, und der Waffenträger tötete
einen nach dem anderen.

14 Die beiden brachten bei diesem ers-
ten Überfall etwa zwanzig Männer um.
Die Leichen lagen in einem Umkreis
von wenigen Metern. 15 Nun brach im
ganzen Heer der Philister Panik aus: im
Hauptlager, bei den Vorposten und sogar
bei den Truppen, die die israelitischen
Dörfer ausplündern und zerstören soll-
ten. Und dann bebte die Erde. So versetz-
te der Herr alle Philister im Lager in
Angst und Schrecken.

Der Herr schenkt den Sieg

16 Die Späher Sauls in Gibea bemerkten,
dass im Lager der Philister großer Lärm
und ein wildes Durcheinander herrsch-
ten. 17 Sofort befahl Saul: »Lasst alle
Leute antreten, um herauszufinden, wer
von uns das Lager verlassen hat!« Da
stellte sich heraus, dass nur Jonatan und
sein Waffenträger fehlten. 18 Saul befahl
dem Priester Ahija, die Bundeslade zu
holen. Sie war in jenen Tagen bei den
Israeliten im Feldlager. 19 Doch während
er noch mit Ahija redete, nahmen der
Lärm und das Getümmel im feindlichen
Lager immer mehr zu. Da sagte Saul
zum Priester: »Wir haben keine Zeit
mehr, den Herrn zu befragen.«[a] 20 Sofort
stürmten Saul und seine 600 Männer los

---

[a] Wörtlich: Zieh deine ausgestreckte Hand zurück.

14,2–3 1,3; 4,19–22 **14,6** Ri 7,7 **14,11** 13,6 **14,15** 2 Mo 23,27–28* **14,18** 14,2–3

und begannen den Kampf gegen die Phi-
lister. Die aber waren so verwirrt, dass
sie wild um sich schlugen und sich ge-
genseitig umbrachten.
21 Schon lange hatten die Philister Is-
raeliten als Söldner in ihr Heer auf-
genommen. Viele waren auch jetzt mit
den Philistern in die Schlacht gezogen.
Nun liefen sie zu ihren Landsleuten unter
Sauls und Jonatans Führung über. 22 So-
gar die Israeliten, die sich bisher im Berg-
land von Ephraim versteckt gehalten
hatten, nahmen die Verfolgung der Phi-
lister auf, als sie von deren Flucht hörten.
23 Der Kampf tobte bis über Bet-Awen
hinaus. So befreite der Herr an diesem
Tag die Israeliten aus ihrer ausweglosen
Lage.

Sauls unbedachter Fluch und seine Folgen

24 An diesem Tag mussten die israeliti-
schen Truppen hart kämpfen und gerie-
ten zeitweise in große Bedrängnis. Saul
drohte ihnen: »Verflucht sei, wer vor
dem Abend irgendetwas isst, bevor ich
mich an meinen Feinden gerächt habe!«
So aß den ganzen Tag hindurch niemand
auch nur den kleinsten Bissen. 25 Dabei
gab es in dieser bewaldeten Gegend viele
wilde Bienenvölker, so dass überall Ho-
nig zu finden war. 26 Gerade zu dieser
Zeit flossen die Waben über. Doch kein
Israelit wagte, von dem Honig zu essen,
zu sehr fürchteten sie Sauls Drohung.
27 Jonatan aber wusste nichts von die-
sem Fluch, denn er war nicht dabei gewe-
sen, als sein Vater ihn ausgesprochen hat-
te. So tauchte er die Spitze seines Stockes
einmal kurz in eine Honigwabe und aß
von dem Honig. Sofort fühlte er sich viel
besser. 28 Ein Soldat bemerkte es und sag-
te zu Jonatan: »Dein Vater, der König,
hat gesagt, dass jeder verflucht sein soll,
der an diesem Tag etwas isst. Darum sind
wir alle so erschöpft.« 29 Da antwortete
Jonatan: »Mein Vater stürzt unser ganzes
Land ins Unglück! Seht doch, wie viel
besser ich mich fühle, nur weil ich ein
bisschen von dem Honig gegessen habe.
30 Stellt euch vor, wie wir kämpfen wür-
den, wenn unser Heer sich gestärkt hätte
an dem, was die Feinde zurückgelassen
haben! Doch so konnten wir den Philis-
tern unmöglich eine große Niederlage
beibringen.«
31 An diesem Tag schlugen die Israeli-
ten die Philister von Michmas bis nach
Ajalon zurück. Doch am Abend waren
die Soldaten erschöpft. 32 Sie fielen gierig
über die Tiere her, die sie von den Philis-
tern erbeutet hatten. Hastig schlachteten
sie Schafe, Rinder und Kälber. Sie nah-
men sich nicht einmal die Zeit, das Blut
ganz abfließen zu lassen. Die geschlach-
teten Tiere ließen sie einfach am Boden
in ihrem Blut liegen und aßen sie dann
gleich an Ort und Stelle.[a]
33 Jemand lief zu Saul und berichtete
ihm: »Das Volk sündigt gegen den Herrn,
denn sie essen das Fleisch noch am
Schlachtort, ohne es ganz ausbluten zu
lassen.« Da rief Saul laut: »Ihr habt ein
großes Unrecht begangen!« Er befahl
den Männern in seiner Nähe: »Wälzt so-
fort einen großen Stein zu mir her! 34 Ver-
teilt euch im ganzen Lager und weist alle
an, sie sollen ihre Tiere zu mir bringen,
hier auf diesem Stein töten und ganz aus-
bluten lassen. Dann können sie das
Fleisch essen. Damit will ich verhindern,
dass ihr gegen den Herrn sündigt, wenn
ihr die Tiere in ihrem Blut liegen lasst
und das Fleisch dann an Ort und Stelle
mit dem Blut verzehrt.«
Alle gehorchten dem Befehl Sauls.
Noch in derselben Nacht kam jeder mit
seinen Tieren zu dem Stein und schlach-
tete sie dort so, wie es vorgeschrieben
war. 35 Saul baute einen Altar für den
Herrn. Es war der erste, den er selbst auf-
richtete.
36 Dann sagte er zu den Männern:
»Kommt, wir wollen noch heute Nacht
den Philistern nachjagen und sie ausplün-

---

[a] Vgl. 1. Mose 9,4 und 3. Mose 17,10–14
14,22 13,6

dern! Bis zum Morgengrauen soll keiner
von ihnen mehr am Leben sein.« Die Sol-
daten antworteten: »Tu nur, was du für
richtig hältst!« Doch der Priester wandte
ein: »Lasst uns zuerst Gott fragen.« 37 So
stellte Saul die Frage: »Soll ich den Philis-
tern nachjagen? Wirst du uns helfen, sie
vollständig zu besiegen?« Doch dieses
Mal gab Gott ihm keine Antwort.
38 Da rief Saul alle Truppenführer zu
sich und sagte: »Irgendjemand muss heu-
te Schuld auf sich geladen haben. Ver-
sucht herauszufinden, wer es war. 39 Bei
dem Herrn, der Israel geholfen hat,
schwöre ich: Der Schuldige muss sofort
sterben, selbst wenn es mein Sohn Jona-
tan wäre.« Aber keiner aus dem Volk gab
ihm eine Antwort.
40 Da ergriff Saul wieder das Wort:
»Das ganze Heer soll sich auf der einen
Seite aufstellen, Jonatan und ich auf der
anderen.« »Tu, was du für richtig hältst«,
antworteten alle. 41 Dann betete Saul zum
Herrn, dem Gott Israels: »O Herr, wa-
rum hast du heute nicht auf meine Frage
geantwortet? Zeig uns, ob die Schuld bei
mir und bei meinem Sohn Jonatan liegt.
Wenn ja, dann lass uns das Los ›Urim‹
ziehen. Hat aber jemand von meinen
Leuten gesündigt, so zeig uns das durch
das Los ›Tummim‹.«[a]
Das Los fiel auf Saul und Jonatan, und
das übrige Volk war freigesprochen. 42 Da
sagte Saul: »Werft das Los jetzt auch noch
zwischen mir und meinem Sohn.« Da traf
es Jonatan. 43 »Was hast du getan?«, woll-
te Saul von ihm wissen. Jonatan gestand:
»Ich steckte die Spitze meines Stockes in
eine Honigwabe und kostete von dem
Honig. Das ist alles. Doch wenn es sein
muss: Ich bin bereit zu sterben.« 44 »Ja, es
muss sein!«, erwiderte Saul. »Gott soll
mich schwer bestrafen, wenn ich dich für
diese Tat nicht töten lasse.« 45 Doch da
schritten die Soldaten ein: »Jonatan, der
Israel heute durch seinen mutigen Vor-
stoß gerettet hat, soll sterben? Niemals
lassen wir das zu! So wahr der Herr lebt:
Nicht ein einziges Haar soll ihm ge-
krümmt werden, denn er hat diesen Sieg
heute mit Gottes Hilfe errungen.« So ret-
teten die Israeliten Jonatan vor dem Tod.
46 Saul verfolgte die Philister nicht mehr
weiter, sondern zog nach Hause. Auch die
Philister kehrten in ihr Land zurück.

Sauls Kriege

47 Während Saul König von Israel war,
führte er Krieg gegen alle Feinde rings
um Israel: gegen die Moabiter, die Am-
moniter und die Edomiter, gegen die Kö-
nige von Zoba und gegen die Philister. In
allen Feldzügen trug er den Sieg davon.
48 Er war ein sehr mutiger Soldat. Auch
die Amalekiter schlug er und befreite
Israel von allen Feinden, die das Land
immer wieder überfallen hatten.

Die Familie Sauls

49 Saul hatte drei Söhne: Jonatan, Jischwi
und Malkischua. Seine Töchter hießen
Merab und Michal, Michal war die jünge-
re. 50 Sauls Ehefrau hieß Ahinoam. Sie
war eine Tochter des Ahimaaz. Sauls
oberster Heerführer war Abner, ein Sohn
von Sauls Onkel Ner. 51 Sauls Vater Kisch
und Abners Vater Ner waren Brüder. Ihr
Vater hieß Abiël.
52 Solange Saul lebte, nahm der Krieg
gegen die Philister kein Ende. Immer
wieder brachen erbitterte Kämpfe aus.
Darum stellte Saul jeden mutigen und
kampferprobten Mann, dem er begegne-
te, in seinen Dienst.

Saul soll die Amalekiter ausrotten

15 Eines Tages kam Samuel zu Saul
und sagte: »Der Herr hat mich da-
mals beauftragt, dich als König über sein

---

[a] »warum hast du … Tummim« nach der griechischen Übersetzung. Der hebräische Text lautet: Gib rechten Entscheid.

14,37 28,6; 2 Mo 28,30* **14,38–39** Jos 7,11–15 **14,41** 2 Mo 28,30* **14,45** 11,13 **14,49** 18,17–20.26–27; 31,2 **14,50** 17,55–57; 20,25; 26,7.14–15; 2 Sam 2,8–32; 3,6–39 **15,1** 10,1

Volk Israel einzusetzen. Nun ist es an dir,
dem Befehl zu gehorchen, den der Herr
dir heute gibt. 2 Der Herr, der allmächtige
Gott, hat gesagt: ›Ich habe noch nicht
vergessen, was die Amalekiter meinem
Volk angetan haben. Als die Israeliten
damals unterwegs waren von Ägypten
nach Kanaan, versperrten die Amalekiter ihnen den Weg. 3 Darum sollst du nun
gegen dieses Volk in den Kampf ziehen.
Du sollst es restlos auslöschen! Verschone nichts und niemanden, sondern töte
Männer und Frauen, Kinder und Säuglinge, Rinder und Schafe, Kamele und
Esel.‹«

4 Saul rief seine Truppen zusammen
und musterte sie in Telem. Es waren
200 000 Mann Fußvolk, dazu kamen
10 000 Mann aus Juda. 5 Saul rückte mit
ihnen bis zur Hauptstadt der Amalekiter vor. Einen Teil des Heeres schickte
er als Hinterhalt in das Tal nahe der
Stadt. 6 Vor dem Angriff ließ Saul den
Kenitern eine Botschaft zukommen:
»Trennt euch von den Amalekitern!
Verlasst sofort dieses Gebiet, sonst
kommt ihr mit ihnen um, wenn wir sie
vernichten! Denn ihr Keniter seid damals den Israeliten freundlich begegnet
und habt ihnen geholfen, als sie von
Ägypten wegzogen und in der Wüste
unterwegs waren.«

Da verließen die Keniter schleunigst
das Gebiet der Amalekiter. 7 Saul griff
die Amalekiter an und schlug sie vernichtend, von Hawila bis nach Schur an
der Ostgrenze Ägyptens. 8 Das ganze
Volk wurde mit dem Schwert niedergemetzelt. Nur Agag, ihren König, nahm
Saul lebend gefangen. 9 Ihn verschonten
Saul und seine Soldaten. Auch die besten Schafe und Ziegen, Lämmer, Rinder
und das Mastvieh ließen sie am Leben.
Alle gesunden und kräftigen Tiere waren ihnen zu schade zum Schlachten.
Sie töteten nur das schwächliche Vieh,
von dem sie sich keinen Nutzen versprachen.

Gehorsam ist wichtiger als Opfer

10 Da sagte der Herr zu Samuel: 11 »Ich bereue es, dass ich Saul zum König gemacht
habe, denn er hat mir den Rücken gekehrt und meinen Befehl nicht ausgeführt.« Samuel wurde sehr zornig und
betete die ganze Nacht laut und eindringlich zum Herrn. 12 Früh am nächsten Morgen machte er sich auf den Weg zu Saul.
Ihm wurde berichtet: »Der König ist in
die Stadt Karmel gegangen und hat dort
ein Siegesdenkmal aufgestellt. Dann ist
er weiter nach Gilgal gezogen.« 13 Als
Samuel in Gilgal ankam, begrüßte Saul
ihn fröhlich und sagte: »Ich habe den Befehl des Herrn ausgeführt.« 14 »Woher
kommt dann das Gebrüll und Geblöke,
das ich höre?«, fragte Samuel. »Das hört
sich an, als ob viele Rinder, Schafe und
Ziegen hier in der Nähe seien.« 15 »Die
haben wir von den Amalekitern mitgebracht«, antwortete Saul. »Die Soldaten wollten die besten Rinder, Schafe
und Ziegen nicht einfach niedermetzeln.
Sie haben die Tiere verschont, um sie
dem Herrn, deinem Gott, als Opfer darzubringen. Doch sonst haben wir alles
und jeden umgebracht.«

16 Da unterbrach ihn Samuel: »Hör auf
damit! Der Herr hat in der letzten Nacht
mit mir geredet. Ich habe dir etwas auszurichten.« »Sprich nur, ich höre!«, sagte
Saul, 17 und Samuel fuhr fort: »Als du zum
Oberhaupt über das ganze Volk wurdest,
kamst du dir selbst klein und unwürdig
vor. Und doch hat der Herr gerade dich
als König über Israel eingesetzt. 18 Er hat
dich zu den Amalekitern geschickt und
dir befohlen: ›Vollstrecke an ihnen mein
Urteil. Kämpfe gegen sie, bis du sie völlig
vernichtet hast, denn sie sind ein gottloses Volk.‹ 19 Warum hast du dem Herrn
nicht gehorcht? Warum hast du dich gierig auf die Beute gestürzt und gerade das
getan, was der Herr dir verboten hatte?«

20 »Aber ich habe dem Herrn doch gehorcht!«, versuchte Saul sich zu rechtfer-

---

15,2 2 Mo 17,8–16; 5 Mo 25,17–19 **15,3** 5 Mo 7,2* **15,6** Ri 1,16 **15,11** 1 Mo 6,6 **15,17** 9,21

tigen. »Ich bin dorthin gegangen, wohin
er mich geschickt hat. Agag, den König
von Amalek, habe ich gefangen hierher
gebracht, und die anderen Amalekiter
ließ ich alle umbringen. 21 Meine Leute
haben bloß einige Schafe und Rinder als
Beute mitgenommen, und ich kann dir
sagen: Es sind nur die besten von all den
Tieren, die vernichtet werden sollten.
Das Volk ließ sie leben, um sie hier in
Gilgal dem Herrn, deinem Gott, zu op-
fern.«

22 Doch Samuel erwiderte: »Was denkst
du, worüber freut sich der Herr mehr:
über viele Brand- und Schlachtopfer oder
über Gehorsam gegenüber seinen Wei-
sungen? Ich sage dir eines: Gehorsam ist
wichtiger als das Schlachten von Opfer-
tieren. Es ist besser, auf den Herrn zu
hören, als ihm das beste Opfer zu bringen.
23 Auflehnung ist ebenso schlimm wie
Zauberei, und Eigensinn ist nichts ande-
res als Götzendienst. Weil du es abgelehnt
hast, den Befehl des Herrn auszuführen,
hat er dich als König abgesetzt: Du wirst
nicht mehr lange regieren!«

24 Da bekannte Saul: »Ich habe gesün-
digt! Ich habe den Befehl des Herrn und
deine Anweisungen nicht befolgt; denn
ich hatte Angst, mich meinen Soldaten
zu widersetzen, und ließ ihnen daher
ihren Willen. 25 Vergib mir bitte diese
Sünde, und komm mit mir zu den ande-
ren zurück, damit ich in deiner Gegen-
wart den Herrn anbete!« 26 Doch Samuel
antwortete: »Ich kehre nicht mit dir zu-
rück, denn du hast es abgelehnt, den Be-
fehl des Herrn auszuführen; darum hat er
dich als König abgesetzt.«

27 Als Samuel sich umdrehte und weg-
gehen wollte, packte Saul ihn am Mantel,
um ihn zurückzuhalten. Dabei riss er ein
Stück Stoff ab. 28 Da sagte Samuel: »Ge-
nauso hat der Herr dir heute die Herr-
schaft über Israel entrissen, um sie einem
zu geben, der würdiger ist als du. 29 Israels
mächtiger Gott wird diesen Entschluss
nicht zurücknehmen, er lügt niemals. Er
ist nicht wie ein Mensch, der bereut, was
er gesagt hat.«

30 »Ich habe gesündigt«, wiederholte
Saul. »Aber bitte stell mich jetzt nicht
bloß vor den Ältesten meines Volkes
und vor ganz Israel! Komm mit mir zu-
rück, damit ich in deiner Anwesenheit
den Herrn, deinen Gott, anbete.«

31 Da gab Samuel nach und kehrte mit
Saul zu den anderen zurück. Nachdem
Saul zum Herrn gebetet hatte, 32 befahl
Samuel: »Bringt König Agag von Ama-
lek zu mir!« Furchtlos schritt Agag auf
Samuel zu, denn er sagte sich: »Die größ-
te Gefahr ist jetzt wohl vorüber!« 33 Aber
Samuel empfing ihn mit den Worten:
»Durch dein Schwert haben viele Mütter
ihre Söhne verloren. Genauso soll nun
auch deine Mutter kinderlos werden.«
Dann stach er Agag vor dem Altar in Gil-
gal nieder und hieb ihn in Stücke.

34 Anschließend kehrte er nach Rama
zurück, und Saul ging in sein Haus nach
Gibea. 35 Samuel traf Saul den Rest seines
Lebens nicht mehr. Doch er war traurig,
dass der Herr es bereute, Saul zum König
über Israel gemacht zu haben.

Gott zeigt Samuel den neuen König

16 Schließlich sprach der Herr zu
Samuel: »Wie lange willst du noch
um Saul trauern? Ich habe ihn verstoßen!
In meinen Augen ist er nicht mehr König
von Israel. Nimm dein Horn, füll es mit
Öl, und mach dich auf den Weg nach
Bethlehem. Dort such Isai auf, denn ich
habe einen seiner Söhne zum neuen Kö-
nig auserwählt.« 2 Doch Samuel wandte
ein: »Wie kann ich dorthin gehen und so
etwas tun? Saul bringt mich um, wenn er
davon erfährt!« Da antwortete der Herr:
»Nimm eine junge Kuh mit und sag, du
seist zum Opfern gekommen. 3 Lade Isai
zu dem Opferfest ein. Was du weiter tun
sollst, lasse ich dich rechtzeitig wissen.
Ich werde dir genau zeigen, welchen
Sohn du zum König salben sollst.«

15,22 Ps 50,7–14; Jes 1,11–17; Jer 7,22–23; Hos 6,6; Am 5,21–24; Mi 6,6–8; Mt 9,13 **15,23** 13,13–14
15,26 1 Kön 11,11 **15,28** 28,17 **15,29** 4 Mo 23,19 **15,34** 7,17 **16,1** 13,14; 15,23.35; Lk 3,32

4 Samuel gehorchte dem Befehl des
Herrn. Seine Ankunft in Bethlehem er-
regte Aufsehen. Erschrocken kamen die
führenden Männer ihm entgegen und
fragten: »Dein Besuch bedeutet doch
hoffentlich nichts Schlimmes?« 5 »Nein,
nein«, beruhigte er sie, »es ist alles in
Ordnung. Ich bin gekommen, um dem
Herrn ein Opfer darzubringen. Macht
euch bereit, und kommt dann mit mir
zum Opferfest.« Auch Isai und seine Söh-
ne lud Samuel ein und forderte sie auf,
sich für das Opfer zu reinigen.
6 Als Isai und seine Söhne eintrafen,
fiel Samuels Blick sofort auf Eliab, und
er dachte: »Das ist bestimmt der, den
der Herr als König ausgesucht hat.«
7 Doch der Herr sagte zu ihm: »Lass dich
von seinem Aussehen und von seiner
Größe nicht beeindrucken. Er ist es
nicht. Denn ich urteile nach anderen
Maßstäben als die Menschen. Für die
Menschen ist wichtig, was sie mit den Au-
gen wahrnehmen können; ich dagegen
schaue jedem Menschen ins Herz.«
8 Danach rief Isai seinen Sohn Abina-
dab und stellte ihn Samuel vor. Doch der
Prophet musste sagen: »Auch diesen hat
der Herr nicht ausgewählt.« 9 Als Nächs-
tes ließ Isai Schamma vortreten, und wie-
der sagte Samuel: »Auch ihn hat der Herr
nicht erwählt.« 10 Und so ließ Isai seine
sieben Söhne an Samuel vorbeigehen.
Zuletzt sagte Samuel zu Isai: »Der Herr
hat keinen von ihnen auserwählt. 11 Aber
sind das wirklich alle deine Söhne?«
»Nein, der jüngste fehlt noch«, antworte-
te Isai. »Er ist auf den Feldern und hütet
unsere Schafe und Ziegen.« Da forderte
Samuel ihn auf: »Lass ihn sofort herho-
len! Wir werden uns nicht ohne ihn an
die Festtafel setzen.«
12 So ließ Isai David holen. Er war ein
gut aussehender junger Mann, braun ge-
brannt und mit schönen Augen. »Das ist
er«, sagte der Herr zu Samuel, »salbe
ihn!« 13 Da nahm Samuel das Horn mit
dem Öl und goss es vor den Augen seiner
Brüder über Davids Kopf aus. Sogleich
kam der Geist des Herrn über David
und verließ ihn von da an nicht mehr.
Samuel kehrte wieder nach Rama zu-
rück.

David kommt zu Saul an den Königshof

14 Der Geist des Herrn hatte Saul verlas-
sen. Stattdessen schickte Gott einen bö-
sen Geist, der den König immer wieder
überfiel und ihm Furcht und Schrecken
einjagte. 15 Eines Tages kamen einige
Diener Sauls mit einem Vorschlag zu ihm:
»Du weißt selbst, dass ein böser Geist,
den Gott geschickt hat, dich quält«,
sagten sie. 16 »Lass uns einen guten Har-
fenspieler suchen! Jedes Mal wenn dieser
böse Geist dich überfällt, wird der Mann
seine Harfe zur Hand nehmen und darauf
spielen. Das wird dich beruhigen und auf-
muntern. Du brauchst nur zu befehlen,
dann handeln wir.«
17 »Ja«, antwortete Saul. »Sucht mir
einen guten Harfenspieler und holt ihn
an den Hof.« 18 Einer der Männer sagte:
»Ich denke da an einen jungen Mann,
den ich einmal gesehen habe, einen Sohn
Isais aus Bethlehem. Er ist nicht nur ein
ausgezeichneter Harfenspieler, sondern
auch mutig und kampferprobt. Er findet
in jeder Situation das treffende Wort und
sieht gut aus. Der Herr steht ihm bei.«
19 Sofort sandte Saul Boten zu Isai und
ließ ihm ausrichten: »Schick deinen Sohn
David, den Schafhirten, zu mir an den
Königshof!« 20 Da schickte Isai seinen
Sohn zu Saul und gab ihm Geschenke
für den König mit: einen Esel, beladen
mit Broten, einen Schlauch Wein und
einen jungen Ziegenbock.
21 So kam David an Sauls Hof. Der Kö-
nig mochte ihn bald sehr gern und mach-
te ihn zu seinem Waffenträger. 22 Darum
bat er Isai: »Lass doch David endgültig in
meinen Dienst treten, denn ich hätte ihn
sehr gerne bei mir am Königshof!«

16,7 9,2; Ps 17,3* **16,10** 1 Chr 2,13–15 **16,11** 2 Sam 7,8; Ps 78,70–71 **16,12** 17,42 **16,13** 2 Sam 2,4; 5,3; 1 Sam 7,17 **16,14** 18,10–11; 19,9

23 Immer wenn der böse Geist über
Saul herfiel, griff David zur Harfe und
begann zu spielen. Und immer wieder
brachte die Musik Saul Erleichterung.
Er fühlte sich besser, und der böse Geist
ließ ihn in Ruhe.

Ein einziger Philister schüchtert Israels Heer ein

17 Die Philister sammelten ihre
Truppen bei Socho im Gebiet des
Stammes Juda zum Krieg. Sie schlugen
ihr Lager bei Efes-Dammim auf, zwi-
schen Socho und Aseka. 2 Auch Saul rief
seine Soldaten zusammen. Sie lagerten
im Tal der Terebinthen und stellten sich
in Schlachtordnung auf. 3 An einem Berg-
kamm standen die Philister, am Hang ge-
genüber die Israeliten. Zwischen ihnen
lag das Tal.
4–7 Da trat aus dem Heer der Philister
ein einzelner Soldat heraus: Goliat aus
der Stadt Gat. Er war über drei Meter
groß. Gerüstet war er mit einem Helm,
einem schweren Schuppenpanzer und
mit Beinschienen, alles aus Bronze. Auf
der Schulter trug er eine bronzene Lanze.
Sein Brustpanzer wog 60 Kilogramm,
sein Speer war so dick wie ein kleiner
Baum[a], und allein die Eisenspitze des
Speeres war über 7 Kilogramm schwer.
Vor ihm her marschierte sein Schildträ-
ger mit einem riesigen Schild.
8 Goliat stellte sich den israelitischen
Schlachtreihen gegenüber auf und brüll-
te: »Was wollt ihr hier eigentlich mit eu-
rem ganzen Heer? Ich bin ein Philister,
und ihr seid nur Knechte Sauls. Los,
wählt euren besten Mann aus, und
schickt ihn herunter zu mir! 9 Wenn er
mich töten kann, dann werden wir eure
Sklaven sein. Aber wenn ich ihn erschla-
ge, dann sollt ihr uns als Sklaven dienen.
10 Ja, ich fordere heute alle Israeliten
heraus. Wo ist der Mann, der es mit mir
aufnehmen kann?« 11 Als Saul und seine
Soldaten das hörten, erschraken sie und
bekamen große Angst.

David besucht seine Brüder im Heer

12 David, der Sohn Isais, aus Bethlehem in
der Gegend von Efrata in Juda hatte sie-
ben Brüder. Isai war zu jener Zeit, als
Saul König wurde, schon zu alt für den
Kriegsdienst. 13/14 Seine drei ältesten Söh-
ne jedoch waren Sauls Aufruf gefolgt und
mit in den Kampf gezogen. Der älteste
hieß Eliab, der zweite Abinadab und der
dritte Schamma; David war der jüngste.
15 Hin und wieder kehrte er von Sauls Kö-
nigshof nach Hause zurück, um in Beth-
lehem wieder die Schafe und Ziegen sei-
nes Vaters zu hüten. 16 Der Riese Goliat
stellte sich schon seit fast sechs Wochen
jeden Morgen und jeden Abend zwischen
den beiden Heeren auf und forderte die
Israeliten heraus.
17 Eines Tages sagte Isai zu David:
»Schau doch einmal nach deinen Brü-
dern, die in den Krieg gezogen sind.
Bring ihnen diesen Sack gerösteten Wei-
zen und zehn Brote mit. 18 Ihrem Haupt-
mann kannst du diese zehn Stücke Käse
geben. Erkundige dich, wie es ihnen geht,
und bring mir ein Lebenszeichen von
ihnen. 19 Sie sind mit Saul und den Israeli-
ten immer noch im Tal der Terebinthen
und kämpfen gegen die Philister.«
20 David überließ die Herde einem Hir-
tenjungen und machte sich mit allem, was
Isai ihm mitgegeben hatte, frühmorgens
auf den Weg. Als er das Heer erreichte,
zogen die Soldaten gerade unter lautem
Kriegsgeschrei zum Kampfplatz 21 und
gingen in Stellung. Ihnen gegenüber stan-
den die Philister, auch sie bereit zum
Kampf. 22 David ließ sein Gepäck bei der
Wache des Lagers zurück und eilte den
Soldaten nach, um seine Brüder zu se-
hen. Als er sie gefunden hatte, fragte er
sie, wie es ihnen gehe.
23 Noch während sie sich unterhielten,

---

[a] Wörtlich: wie ein Weberbaum.

17,4–7 Jos 11,22; 2 Sam 21,15–22 **17,12** 16,1 **17,15** 16,11.19

kam Goliat von Gat wieder aus den
Schlachtreihen der Philister hervor, und
David hörte, wie er die Israeliten zum
Zweikampf herausforderte. 24 Kaum hat-
ten die Israeliten Goliat erblickt, packte
sie die Angst, und sie ergriffen die Flucht.
25 »Hast du gesehen? Dort kommt er wie-
der!«, riefen sie einander zu. »Hör nur,
wie er uns wieder verspottet. Der König
hat eine hohe Belohnung ausgesetzt für
den, der diesen Kerl umbringt, ja, er will
ihm sogar seine Tochter zur Frau geben.
Dazu soll seine ganze Familie sofort von
den Steuern befreit werden.«

26 David fragte einige Soldaten in sei-
ner Nähe: »Welche Belohnung soll der
Mann erhalten, der diesen Philister da er-
schlägt und die Schande von unserem
Volk abwendet? Wir können doch nicht
dulden, dass dieser unbeschnittene Phi-
lister sich über das Heer des lebendigen
Gottes lustig macht!« 27 Sie erzählten Da-
vid noch einmal, welche Belohnung der
König ausgesetzt hatte.

28 Als Eliab, Davids ältester Bruder, ihn
so mit den Soldaten reden hörte, wurde
er zornig. »Was hast du überhaupt hier
zu suchen?«, fuhr er ihn an. »Und wer
hütet jetzt die paar Schafe und Ziegen in
der Steppe? Ich weiß doch genau, wie
hochnäsig und eingebildet du bist! Du
bist nur zu uns gekommen, um dir eine
Schlacht anzusehen.« 29 »Was habe ich
denn getan?«, entgegnete David. »Ich ha-
be doch nur eine Frage gestellt!« 30 Er
drehte sich zu einem anderen um und
fragte noch einmal nach der Belohnung.
Und wieder erhielt er dieselbe Antwort.

Die Wahl der Waffen

31 Als die Soldaten merkten, worauf Da-
vid hinauswollte, meldete es jemand
dem König. Der ließ ihn sofort zu sich ru-
fen. 32 »Mein König«, sagte David zu Saul,
»von diesem Kerl müssen wir uns doch
nicht einschüchtern lassen! Ich will den
Kampf *mit ihm aufnehmen.*« 33 »Das ist
unmöglich!«, antwortete Saul. »Wie soll
ein junger Mann wie du den Zweikampf
mit diesem Philister gewinnen? Du bist ja
fast noch ein Kind, er aber ist ein erfah-
rener Soldat, der von Jugend auf gelernt
hat, mit Waffen umzugehen.«

34 Doch David ließ nicht locker: »Als
ich die Schafe und Ziegen meines Vaters
hütete, kam es immer wieder vor, dass
ein Löwe oder ein Bär die Herde über-
fiel, ein Schaf packte und es wegschlep-
pen wollte. 35 Dann lief ich ihm nach,
schlug auf ihn ein und riss ihm seine
Beute aus dem Maul. Stürzte er sich dann
wütend auf mich, packte ich ihn an der
Mähne oder am Fell und schlug ihn tot.
36 So habe ich mehrere Löwen und Bären
erschlagen. Und diesem Philister soll es
nicht anders ergehen, denn er hat sich
über das Heer des lebendigen Gottes lus-
tig gemacht. 37 Der Herr, der mich aus
den Klauen von Löwen und Bären geret-
tet hat, der wird mich auch vor diesem
Philister beschützen.«

Schließlich gab Saul nach: »Gut, du
sollst mit ihm kämpfen. Möge der Herr
dir beistehen.« 38 Dann gab er David sei-
ne eigene Rüstung. Eigenhändig setzte er
ihm den Helm aus Bronze auf und zog
ihm den Brustpanzer an. 39 Zuletzt
schnallte David sich den Gürtel mit dem
Schwert um. Mühsam versuchte er einige
Schritte zu gehen, denn er hatte noch nie
zuvor eine Rüstung getragen. »Das geht
nicht! Ich kann mich ja kaum darin bewe-
gen«, sagte er und zog die Rüstung wie-
der aus. 40 Stattdessen nahm er seinen
Hirtenstock und seine Steinschleuder,
holte fünf flache Kieselsteine aus einem
Bach und steckte sie in seine Hirtenta-
sche. Mit Stock und Schleuder in der
Hand schritt er dann auf den Riesen zu.

Davids Sieg

41 Auch Goliat rückte immer weiter vor,
zusammen mit seinem Schildträger, der
vorausging. 42 Plötzlich bemerkte er Da-
vid. »Ach, jetzt schicken sie schon Kinder
in den Krieg!«, spottete er, weil David

17,25 18,27; Jos 15,16 **17,42** 16,12

noch sehr jung war, braun gebrannt und
gut aussehend. 43 »Bin ich denn ein Hund,
dass du mir nur mit einem Stock entgegenkommst?«, brüllte Goliat ihn an und verfluchte David im Namen sämtlicher Götter, die er kannte. 44 Dann schrie
er: »Komm nur her! Ich werde dein Fleisch den Geiern und den wilden Tieren zu fressen geben.«
45 Doch David rief zurück: »Du, Goliat, trittst gegen mich an mit Schwert, Lanze und Wurfspieß. Ich aber komme mit der Hilfe des Herrn. Er ist der Herr, der allmächtige Gott, und der Gott des israelitischen Heeres. Ihn hast du eben verspottet. 46 Heute noch wird der Herr dich
in meine Gewalt geben, ich werde dich besiegen und dir den Kopf abschlagen. Dann werfe ich die Leichen deiner Leute, der Philister, den Geiern und Raubtieren zum Fraß vor. Die ganze Welt soll erfahren, dass wir Israeliten einen mächtigen Gott haben. 47 Und alle Soldaten hier sol-
len sehen, dass der Herr weder Schwert noch Speer nötig hat, um uns zu retten. Er selbst führt diesen Krieg und wird euch in unsere Gewalt geben.«
48 Als Goliat sich in Bewegung setzte und auf David losstürzen wollte, lief auch David ihm entgegen. 49 Im Laufen nahm
er einen Stein aus seiner Tasche, legte ihn in die Steinschleuder und schleuderte ihn mit aller Wucht gegen den Feind. Der Stein traf Goliat am Kopf und bohrte sich tief in seine Stirn. Sofort fiel der Riese zu Boden auf sein Gesicht. 50/51 So überwäl-
tigte David den mächtigen Philister mit einer einfachen Steinschleuder und einem Kieselstein. Da er kein eigenes Schwert hatte, lief er schnell zu dem Riesen, zog dessen Schwert aus der Scheide und schlug ihm den Kopf ab.

Als die Philister sahen, dass ihr stärkster Mann tot war, ergriffen sie die Flucht.
52 Die Männer von Israel und Juda
stimmten ein lautes Siegesgeschrei an und jagten hinter den fliehenden Feinden her. Sie verfolgten die Philister bis in die Ebene hinunter, bis vor die Tore der Stadt Ekron. Auf dem ganzen Weg von Schaarajim bis nach Gat und Ekron sah man die Leichen der Philister liegen.
53 Schließlich kehrten die Israeliten von
ihrer Verfolgungsjagd zurück und plünderten das verlassene Lager der Philister.
54 Den Kopf Goliats brachte David
später nach Jerusalem, die Waffen des Riesen legte er in das heilige Zelt.

Saul erkundigt sich nach der Familie Davids

55 Während Saul zuschaute, wie David
dem Riesen entgegenging, fragte er seinen Heerführer Abner: »Weißt du, aus welcher Familie dieser junge Mann kommt?« »Ich weiß es nicht, o König«, antwortete Abner. 56 »Dann versuch es
herauszufinden!«, forderte Saul ihn auf.
57 Als David von seinem Zweikampf mit
Goliat zurückkam, führte Abner ihn sofort zum König. Immer noch trug David den Kopf Goliats in der Hand. 58 Saul
fragte ihn: »Aus welcher Familie kommst du?« »Ich bin ein Sohn Isais aus Bethlehem«, antwortete David.

David und Jonatan werden Freunde

18 Nach diesem Gespräch traf David Jonatan, den Sohn des Königs. Vom ersten Augenblick an liebte Jonatan David sehr, ja, er liebte ihn mehr als sein eigenes Leben. 2 Saul behielt David nun
am Königshof und ließ ihn nicht mehr nach Hause zurückkehren. 3 David und
Jonatan schlossen einen Bund und schworen sich ewige Freundschaft. 4 Jo-
natan sagte: »David, du bist mir so lieb wie mein eigenes Leben!« Dann zog er den Mantel und die Waffenrüstung aus und schenkte sie David, dazu noch sein Schwert, den Bogen und den Gürtel.
5 David unternahm unter Sauls Befehl
verschiedene Feldzüge. Wohin Saul ihn auch schickte, überall war er erfolgreich

---

17,45 2 Mo 14,14*; Ps 20,8 **17,46** 5 Mo 4,34* **17,47** 2 Mo 14,14*; Sach 4,6 **17,54** 21,10 **17,55** 14,50* **18,2** 17,15 **18,3** 19,1–2; 20,8.17; 23,16–18; 2 Sam 1,26; 21,7 **18,5** 18,14.16.30

und kam als Sieger zurück. So machte
Saul ihn schließlich zum Oberbefehls-
haber seiner Truppen. Im ganzen Volk
war David beliebt, und auch alle Unter-
gebenen des Königs schätzten ihn.

Sauls Eifersucht auf David

6 Als David und die Israeliten nach dem
Sieg über die Philister zurückkehrten, zo-
gen Frauen aus allen Städten König Saul
entgegen. Sie sangen und tanzten, schlu-
gen die Tamburine und empfingen die Sie-
ger mit Jubel und Freudenliedern. 7 Im-
mer wieder sangen die Frauen den Vers:
»Saul hat tausend Mann erschlagen,
David aber zehntausend!«
8 Saul hörte dieses Lied nicht gern, er
wurde sehr zornig. »David trauen sie zu,
dass er zehntausend erschlägt; und sie
glauben, dass ich nur mit tausend fertig
werde!«, dachte er voller Missmut. »Jetzt
fehlt nur noch, dass sie ihn zum König
machen!« 9 Seitdem war Saul eifersüchtig
auf David.
10/11 Schon am nächsten Tag ließ Gott
wieder einen bösen Geist über Saul kom-
men, so dass er wie ein Wahnsinniger in
seinem Haus tobte. David begann wie ge-
wohnt, auf seiner Harfe zu spielen, um
ihn zu beruhigen. Plötzlich schleuderte
Saul den Speer, den er in der Hand hielt,
nach David. »Jetzt spieße ich diesen Kerl
an die Wand!«, dachte er in seiner Wut.
Doch David sprang zur Seite und konnte
dem Speer ausweichen, auch als der Kö-
nig es ein zweites Mal versuchte.
12 Da begann Saul, sich vor David zu
fürchten, denn er merkte, dass der Herr
sich von ihm abgewandt hatte und auf
Davids Seite war. 13 Schließlich entfernte
Saul David aus seiner Umgebung, indem
er ihn als Hauptmann über tausend Sol-
daten einsetzte. An der Spitze dieser
Truppe unternahm David seine Feldzüge.
14 Und wieder war er erfolgreich bei al-
lem, was er tat, denn der Herr stand ihm
bei. 15 Als Saul merkte, dass David ein-
fach alles gelang, fürchtete er sich noch
mehr vor ihm. 16 David war in ganz Israel
und Juda sehr beliebt; durch seine sieg-
reichen Feldzüge wurde er im ganzen
Land bekannt.

David wird Sauls Schwiegersohn

17 Eines Tages sagte Saul zu David: »Ich
bin bereit, dir meine älteste Tochter Me-
rab zur Frau zu geben. Doch vorher
musst du dich noch als Soldat bewähren.
Du sollst im Auftrag des Herrn in den
Krieg ziehen.« Im Stillen aber dachte
Saul: »Ich selbst kann und will ihn nicht
umbringen. Das sollen die Philister be-
sorgen!« 18 Aber David wandte ein: »Wer
bin ich schon? Warum sollte gerade ich
der Schwiegersohn des Königs werden?
Ich komme aus einfachen Verhältnissen,
und meine Familie ist in Israel kaum be-
kannt.« 19 Doch als die Hochzeit von Da-
vid und Merab gefeiert werden sollte, gab
Saul seine Tochter einem Mann namens
Adriël aus Mehola zur Frau.
20 Inzwischen aber hatte Sauls jüngere
Tochter Michal sich in David verliebt. Als
Saul davon hörte, war es ihm gerade recht.
21 »Das ist meine letzte Gelegenheit, Da-
vid noch einmal eine Falle zu stellen«,
dachte er. »Diesmal werden die Philister
ihn bestimmt umbringen!« Zu David sag-
te er: »Ich biete dir nun noch einmal an,
mein Schwiegersohn zu werden.«
22 Er befahl seinen Dienern, David
heimlich zuzuflüstern: »Du weißt doch,
dass der König dich sehr schätzt. Auch
alle seine Untergebenen haben dich gern.
Willst du nicht sein Schwiegersohn wer-
den?« 23 Doch David erwiderte: »Glaubt
ihr eigentlich, dass man so ohne weiteres
der Schwiegersohn des Königs wird? Ich
bin doch nur ein armer und einfacher
Mann!«
24 Die Diener richteten dem König Da-
vids Antwort aus, 25 und Saul schickte sie
mit folgendem Angebot zurück: »Der
König verlangt von dir kein Geld als

18,7 21,12; 29,5 **18,10–11** 16,14; 19,9–10; 20,33 **18,16** 2 Sam 5,2 **18,17** 14,49 **18,18** 16,1; 2 Sam 7,18
18,20 14,49

Wenn die Flitterwochen vorüber sind ...

Lesen Sie 1. Samuel 18,25

Die Bräuche, die in 1. Samuel 18 beschrieben sind, mögen uns fremd sein, doch die Gefühle, die dahinterstehen, sind uns durchaus vertraut. David wollte unbedingt Sauls Tochter heiraten. Wie die meisten Menschen, die kurz vor der Heirat stehen, konnte er es kaum erwarten, in die Ehe zu starten. Die Frage ist nur, wie lange seine Begeisterung anhielt? Viele Paare kämpfen darum, ihrer Beziehung neuen Schwung zu geben, wenn der Überschwang der Flitterwochen abgeflaut ist.

Der Schlüssel dazu ist: Geben Sie Ihrem Partner das Gefühl, geliebt zu werden. Herauszufinden, auf welche Weise Ihr Mann oder Ihre Frau sich geliebt und wertgeschätzt fühlt – und dies dann auch konsequent umzusetzen –, mag eine ganze Weile dauern. Doch Sie können es schaffen!

Beginnen Sie, indem Sie zu Ihrem Partner sagen: „Ich möchte mich bemühen, der Ehepartner zu werden, den du verdient hast. Womit könnte ich dir heute Abend eine Freude machen?“ Was auch immer Ihr Mann oder Ihre Frau dann vorschlägt – setzen Sie es, so gut Sie können, in die Tat um, und schreiben Sie es außerdem noch auf, damit Sie sich später daran erinnern und es irgendwann wiederholen können. Mit der Zeit können Sie ähnliche Fragen in anderen Zusammenhängen stellen („Was könnte ich in der Gemeinde anders machen, damit du mehr davon profitieren kannst?“).

Der Wille zu geben, der Wille, Opfer zu bringen – das ist wahre Liebe, und aus ihr entsteht zwischen Eheleuten eine vertrauensvolle Nähe.

Nehmen Sie sich Zeit, um allein oder als Paar gemeinsam zu beten. Danken Sie Gott für das Geschenk, eine dauerhafte, erfüllende Beziehung zu Ihrem Ehepartner aufbauen zu können. Bitten Sie ihn um seinen Segen, wenn Sie versuchen, Ihrer Liebe Ausdruck zu verleihen und so zu einer tieferen Vertrautheit zueinander zu finden.

Wenn Sie noch mehr Zeit haben ...

Besprechen Sie miteinander folgende Fragen oder denken Sie darüber nach:

- Nennen Sie fünf Möglichkeiten, wie Ihr Mann oder Ihre Frau sich von Ihnen geliebt fühlt. Wie konsequent bemühen Sie sich darum, Ihrem Partner auf diese Weise Ihre Liebe zu zeigen?
- Nennen Sie fünf Möglichkeiten, wie Sie selbst sich geliebt fühlen. Wie konsequent bemüht sich Ihr Partner darum, Ihnen auf diese Weise seine Liebe zu zeigen?
- Wie können Sie noch weitere fünf Möglichkeiten herausfinden, wie Ihr Partner sich geliebt fühlt?

Lesen Sie auch die folgenden Abschnitte zum Thema Vertrautheit: Sprüche 5,15-19; Epheser 5,1-3.31-32.

Radikale Liebe

Lesen Sie 1. Samuel 20,1-42

Eine gelungene Beziehung, egal ob es sich dabei um eine Freundschaft – wie die zwischen Jonatan und David – oder um die Ehe handelt, setzt voraus, dass uns das Wohlergehen unseres Gegenübers am Herzen liegt. Wir lassen unseren natürlichen Wunsch, unsere eigenen Bedürfnisse zu befriedigen, in den Hintergrund treten und richten uns auf die andere Person aus. Wir investieren dieselbe Energie, um deren Bedürfnisse zu erfüllen.

Denken Sie an die Zeit, als Sie und Ihr Ehepartner verliebt waren. Hätten Sie nicht alles getan, um dem anderen eine Freude zu machen – den höchsten Berg besteigen, durch den tiefsten Ozean schwimmen, mit dem Rauchen aufhören, tanzen lernen? Sie haben diesem Menschen jeden Wunsch von den Augen abgelesen. Warum waren Sie so offen für Veränderungen? Weil Ihr Bedürfnis nach Liebe vollkommen erfüllt wurde. Liebe bringt Liebe hervor.

Mit der Zeit ließ die anfängliche Begeisterung füreinander nach, und dann übernahm Ihr Ego wieder die Führung. Nun kümmerten Sie beide sich wieder in erster Linie um Ihre eigenen Bedürfnisse. Doch paradoxerweise führte das dazu, dass keiner von Ihnen zufrieden war.

Damit sich das ändern kann, müssen wir wieder zur Liebe zurückkehren – zu der bewussten Entscheidung, das Wohl eines anderen Menschen in den Vordergrund zu stellen. Die Liebe erfordert einen grundlegenden Wechsel unserer Perspektive. Das widerstrebt unserem Hang zum Egoismus, aber es ist das stärkste Mittel, um in dieser Welt Gutes zu bewirken.

Nehmen Sie sich Zeit, um allein oder als Paar gemeinsam zu beten. Bitten Sie Gott ...

- Sie für die Bedürfnisse anderer Menschen, besonders für die Ihres Partners, sensibel zu machen;
- Sie mit tiefer Dankbarkeit für Ihren Mann/Ihre Frau zu erfüllen;
- Ihnen seine übernatürliche Liebe zu schenken, damit Sie diese an Ihren Ehepartner weitergeben können.

Wenn Sie noch mehr Zeit haben ...

Besprechen Sie miteinander folgende Fragen oder denken Sie darüber nach:

- Wenn Sie sich von Natur aus nicht für das Wohlergehen anderer Menschen interessieren, wie können Sie das ändern?
- Wann haben sich Ihre Gefühle für Ihren Ehepartner verändert?
- Wie würden Sie die Beziehung zu Ihrem Mann/Ihrer Frau im Moment beschreiben?

Lesen Sie auch die folgenden Abschnitte zum Thema Liebe:
Johannes 15,13; 1. Korinther 13,1-8; Philipper 2,3-10.

Den nächsten Impuls finden Sie auf S. 336 a

Brautpreis, sondern Rache an seinen
Feinden. Darum sollst du ihm die Vor-
häute von hundert Philistern bringen.«
Saul hoffte, David im Kampf gegen die
Philister loszuwerden.
26 Die Diener überbrachten David das
Angebot, und er nahm es an, denn er
wollte der Schwiegersohn des Königs
werden. Noch bevor die festgesetzte Frist
abgelaufen war, 27 zog er mit seinen Män-
nern in den Kampf gegen die Philister.
Sie erschlugen zweihundert von ihnen.
David kehrte mit den Vorhäuten zurück
und ließ sie dem König vollzählig ablie-
fern. Damit wollte er zeigen, dass er die
Bedingung für die Hochzeit erfüllt hatte.
Da gab Saul ihm Michal zur Frau.
28 Wieder musste Saul einsehen, dass
der Herr auf Davids Seite war und ihn
beschützte. Der König merkte auch, dass
seine Tochter David liebte. 29 Darum
fürchtete er sich immer mehr vor David
und sah in ihm von da an seinen erbit-
tertsten Feind. 30 Immer wieder griffen
die Philisterkönige Israel an. In jedem
dieser Kriege war David erfolgreicher
als alle anderen Heerführer Sauls. Da-
rum wurde sein Name weit über das
Land hinaus bekannt.

Jonatan setzt sich bei Saul für David ein

19 1/2 Saul machte vor seinem Sohn
Jonatan und vor allen Bediens-
teten kein Geheimnis daraus, dass er Da-
vid ermorden wollte. Jonatan aber liebte
David sehr. Darum warnte er ihn: »Sei
vorsichtig, mein Vater will dich umbrin-
gen! Es ist besser, wenn du dich morgen
früh hier nicht zeigst. Such dir draußen
ein gutes Versteck, und verhalte dich ru-
hig! 3 Ich selbst will morgen meinen Vater
aufs freie Feld hinaus begleiten. Sobald
wir in der Nähe deines Verstecks sind,
will ich mit ihm über dich sprechen und
versuchen herauszufinden, wie die Dinge
stehen. Was er mir sagt, will ich dir be-
richten.«
4 Als Jonatan am nächsten Morgen mit
seinem Vater sprach, legte er ein gutes
Wort für David ein und warnte den Kö-
nig, sich an seinem Diener zu vergreifen.
»David hat dir doch noch nie irgendeinen
Schaden zugefügt«, versuchte er seinem
Vater klarzumachen. »Im Gegenteil: Er
hat dir nur genutzt. 5 Hast du vergessen,
wie er sein Leben aufs Spiel setzte, als er
den Philister tötete? Und wie der Herr
durch ihn den Israeliten zu einem großen
Sieg über die Philister verhalf? Du warst
doch damals dabei und hast dich mit al-
len anderen gefreut. Warum willst du
diesen unschuldigen Mann nun ermor-
den? Du lädst schwere Schuld auf dich,
wenn du David ohne jeden Grund um-
bringst.«
6 Da ließ Saul sich von Jonatan umstim-
men. Er schwor: »So wahr der Herr lebt:
David soll nicht getötet werden.« 7 Jo-
natan rief David aus seinem Versteck
heraus und berichtete ihm alles. Zusam-
men gingen sie zu Saul, und David diente
dem König wie vorher.

Sauls zweiter Mordversuch an David

8 Beim nächsten Krieg gegen die Philister
zog David mit seiner Truppe aus. Auch
diesmal schlug er die Feinde vernichtend,
so dass ihnen nur noch die Flucht übrig
blieb. 9 Eines Tages, als Saul zu Hause
mit seinem Speer in der Hand saß und
dem Harfenspiel Davids zuhörte, ließ
der Herr wieder einen bösen Geist über
ihn kommen. 10 Wütend schleuderte Saul
den Speer nach David, um ihn an die
Wand zu spießen. Doch David sprang
zur Seite, die Waffe flog an ihm vorbei
und blieb in der Wand stecken. Er floh
in sein Haus und beschloss, noch in der-
selben Nacht die Stadt zu verlassen.
11 Saul ließ Davids Haus sofort von
Wachposten umstellen. Sie sollten David
töten, sobald er am Morgen das Haus
verließ. Davids Frau Michal warnte ihren
Mann: »Wenn du dich heute Nacht nicht
in Sicherheit bringst, bist du morgen früh

18,29 18,12 **18,30** 18,5 **19,1–2** 18,3* **19,5** 17,50–51 **19,9–10** 16,14; 18,10–11; 20,33 **19,11** Ps 59,1

tot.« 12 Sie ließ ihn aus einem Fenster an
der Hausmauer hinunter. David floh, so
schnell er konnte, und entkam seinen
Mördern.

13 Michal legte eine Götterfigur in Da-
vids Bett, deckte sie sorgsam zu und legte
ihr ein Geflecht aus Ziegenhaaren auf
den Kopf. 14 Als Sauls Männer David ho-
len wollten, sagte Michal ihnen: »Er liegt
krank im Bett.« 15 Darauf befahl der Kö-
nig: »Dann bringt ihn eben samt Bett zu
mir! Ich werde ihn umbringen!«

16 Die Diener gingen noch einmal zu
Davids Haus und fanden in Davids Bett
die Götterfigur mit dem Geflecht aus
Ziegenhaaren. 17 »Warum hast du mich
betrogen und meinem Feind zur Flucht
verholfen?«, stellte Saul seine Tochter
zur Rede. Sie antwortete: »Er drohte:
›Ich bringe dich um, wenn du mich nicht
gehen lässt.‹«

Gehört Saul auch zu den Propheten?

18 Durch seine Flucht war David den
Händen Sauls entronnen. Er floh zu
Samuel nach Rama und erzählte ihm al-
les, was Saul ihm angetan hatte. Danach
gingen die beiden zur Siedlung der Pro-
pheten und blieben dort. 19 Sobald Saul
hörte, dass David sich in der Propheten-
siedlung in Rama aufhielt, 20 schickte er
Männer hin, die David gefangen nehmen
sollten. Als sie dort ankamen, waren alle
Propheten in Ekstase und weissagten un-
ter der Leitung Samuels. Kaum sahen die
Boten Sauls die Propheten, kam der
Geist Gottes über sie, so dass auch sie in
Ekstase gerieten und prophetisch zu re-
den begannen. 21 Als Saul davon erfuhr,
schickte er sogleich andere Boten nach
Rama. Doch es ging ihnen nicht anders
als den ersten. Und auch die dritte Grup-
pe, die der König nach Rama sandte, ge-
riet schon bei der Ankunft in Ekstase.

22 Schließlich machte Saul sich selbst
auf den Weg. Als er zu der großen Zister-
ne in Sechu kam, fragte er jemanden:
»Wo sind Samuel und David?« »In der
Prophetensiedlung in Rama«, bekam er
zur Antwort.

23 Schon auf dem Weg dorthin kam
Gottes Geist auch auf Saul. Er geriet in
Ekstase wie die Propheten und erreichte
so ihre Siedlung in Rama. 24 Dort zog er
sein Obergewand aus, tanzte vor Samuel
umher und weissagte, bis er schließlich
hinfiel. Den ganzen Tag und auch die
ganze folgende Nacht blieb er halb nackt
am Boden liegen. Durch dieses Ereignis
entstand die Redensart: »Gehört Saul
auch zu den Propheten?«

David und Jonatan schwören einander Treue

20 Nun floh David aus der Siedlung
der Propheten in Rama. Heimlich
suchte er Jonatan auf und fragte ihn:
»Was habe ich nur falsch gemacht? Was
habe ich verbrochen gegen deinen Vater?
Warum will er mich umbringen?«

2 »Wie kommst du darauf?«, versuchte
Jonatan seinen Freund zu beruhigen.
»Niemand will dich töten! Du weißt ge-
nau, dass mein Vater nichts unternimmt,
ohne es vorher mit mir zu besprechen, sei
es wichtig oder unwichtig. Warum sollte
er mir ausgerechnet seine Mordabsichten
verheimlichen? Nein, David, das siehst
du falsch.«

3 Doch David widersprach: »Natürlich
weißt du nichts davon, denn dein Vater
hat längst gemerkt, dass du mein Freund
bist. Darum will er dich nicht damit be-
lasten. Doch ich sage dir: So gewiss der
Herr lebt und so gewiss du selbst lebst:
Mein Leben hängt an einem seidenen
Faden!«

4 Jonatan erklärte: »Ich will alles für
dich tun.« 5 Darauf sagte David: »Morgen
beginnt doch das Neumondfest. Da sollte
ich eigentlich als Gast beim königlichen
Festmahl erscheinen. Doch ich komme
wohl besser nicht, sondern verstecke
mich bis übermorgen Abend irgendwo in
der Nähe. 6 Wenn dein Vater nach mir
fragt, dann sag ihm: ›David hat mich

19,12 Jos 2,15; 2 Kor 11,33 **19,18** 7,17 **19,22–24** 10,10–12 **20,1** 24,12; 26,18 **20,5** 4 Mo 28,11–15

dringend gebeten, ihn für kurze Zeit in seine Heimatstadt Bethlehem gehen zu lassen, weil seine Familie das jährliche Opferfest feiern will.‹ 7 Ist dein Vater einverstanden, dann weiß ich, dass mir keine Gefahr droht. Wird er aber zornig, so bedeutet es, dass er Böses im Schilde führt. 8 Bitte tu mir diesen Gefallen! Denk an den Freundschaftsbund, den du mit mir vor dem Herrn geschlossen hast. Doch wenn ich wirklich etwas verbrochen habe, so töte du mich, nur liefere mich nicht deinem Vater aus.«

9 Jonatan wehrte ab: »So etwas werde ich nie tun! Sobald ich merke, dass mein Vater deine Ermordung beschlossen hat, werde ich es dir sagen.« 10 David fragte: »Aber wie erfahre ich, ob dein Vater zornig geworden ist oder nicht?«

11 Jonatan schlug vor: »Komm, wir gehen zusammen hinaus auf das Feld!« Als sie draußen waren, 12 fuhr er fort: »Ich verspreche dir vor dem Herrn, dem Gott Israels, bis übermorgen um diese Zeit herauszufinden, wie mein Vater über dich denkt. Wenn er dir freundlich gesinnt ist und ich vergesse, es dir zu melden, 13 dann soll der Herr mich schwer und lange dafür bestrafen. Wenn ich aber merke, dass mein Vater dich töten will, so will ich dir auch das mitteilen und dich nicht zurückhalten, damit du dich in Sicherheit bringen kannst. Möge der Herr dir helfen, wie er früher meinem Vater geholfen hat! 14 Doch ich habe auch eine Bitte an dich: Sei mein Leben lang so gütig zu mir, wie der Herr es dir gegenüber ist! Bring mich nicht um, wenn du einmal König bist! 15 Mehr noch: Verschone auch meine Nachkommen, und entziehe ihnen niemals deine Gunst, selbst dann nicht, wenn der Herr alle deine Feinde restlos beseitigt hat.«

16 So schloss Jonatan mit David einen Bund für die Zeit, wenn der Herr sich an Davids Feinden rächen würde. 17 Er bat David: »Schwör mir, dass du dich so sicher daran halten wirst, wie du mich heute als deinen Freund liebst.« Jonatan liebte David nämlich wie sein eigenes Leben.

18 Dann erklärte Jonatan seinen Plan: »Morgen ist das Neumondfest. Natürlich wird man dich vermissen, wenn dein Platz leer bleibt. 19 Geh deshalb am Tag nach dem Fest hinunter auf das Feld, wo du dich schon einmal versteckt hast. Setz dich dort hinter den großen Stein, den man Asel nennt. 20 Ich werde dann wie zufällig herauskommen und drei Pfeile in deine Richtung schießen, als wollte ich ein bestimmtes Ziel treffen. 21 Wie gewohnt werde ich dann meinen Diener losschicken, um die Pfeile wieder zusammenzusuchen. Und nun pass auf! Sage ich zu dem Jungen: ›Die Pfeile liegen nicht weit weg von mir, bring sie her!‹, dann kannst du ruhig aus deinem Versteck hervorkommen. Du weißt dann, dass du nichts zu befürchten hast, so wahr der Herr lebt. 22 Sage ich meinem Diener aber: ›Die Pfeile liegen weiter weg‹, dann heißt das, dass du sofort fliehen musst, ja, dass der Herr selbst dich von hier wegschickt. 23 Was wir jedoch heute ausgemacht haben, das soll für immer gelten. Der Herr selbst ist Zeuge unseres gegenseitigen Versprechens.«

David muss endgültig fliehen

24 Wie verabredet versteckte David sich auf dem Feld. Am Tag des Neumondfestes setzte sich der König zum Festmahl an den Tisch. 25 Er saß wie gewohnt an seinem Platz an der Wand neben Abner und gegenüber von Jonatan. Davids Platz aber blieb leer.

26 Saul sagte an diesem Tag nichts dazu, denn er dachte: »David kann sicher aus irgendeinem Grund den Reinheitsvorschriften nicht genügen.«

27 Doch als Davids Platz auch am zweiten Feiertag leer blieb, fragte Saul seinen Sohn: »Weißt du, warum dieser Sohn Isais weder gestern noch heute zum Essen gekommen ist?« 28/29 Jonatan erwiderte: »Er hat mich dringend gebeten, ihn zu

---

20,8 18,3* **20,15** 2 Sam 9,1–13 **20,17** 18,3* **20,19** 19,1–2 **20,25** 14,50* **20,26** 3 Mo 7,20; 22,4–7

entschuldigen, damit er nach Bethlehem
gehen kann. Er sagte mir: ›Wir feiern zu
Hause das jährliche Opferfest unserer
Familie. Mein ältester Bruder wollte
mich unbedingt dabeihaben. Willst du
mir einen Gefallen tun, dann befreie
mich von meinen Verpflichtungen, damit
ich meine Verwandten besuchen kann.‹
Ich habe es ihm erlaubt, und darum war
er gestern und heute nicht hier.«
30 Als Saul das hörte, packte ihn der
Zorn, und er brüllte Jonatan an: »Du Hu-
rensohn! Meinst du eigentlich, ich habe
noch nicht gemerkt, dass du mit diesem
Sohn Isais unter einer Decke steckst?
Schämen solltest du dich! Und auch dei-
ne Mutter, die einen solchen Nichtsnutz
zur Welt gebracht hat! 31 Solange dieser
Kerl noch lebt, bist du deines Lebens
nicht sicher. Und Hoffnungen auf den
Königsthron brauchst du dir auch keine
zu machen. Los, lass ihn sofort hierher
bringen, denn er muss sterben!«
32 »Was hat er eigentlich getan?«, fragte
Jonatan. »Warum soll er hingerichtet wer-
den?« 33 Als Antwort schleuderte Saul
wütend seinen Speer nach seinem Sohn,
um ihn damit zu durchbohren. Da merk-
te Jonatan, dass Saul fest entschlossen
war, David zu töten. 34 Voller Zorn stand
er vom Tisch auf und aß an diesem Tag
keinen Bissen mehr. Er war tief getrof-
fen, weil sein Vater seinen Freund David
so beschimpft hatte.
35 Am nächsten Morgen ging Jonatan
wie verabredet auf das Feld hinaus. Ein
junger Sklave begleitete ihn. 36 »Lauf
schon mal los!«, befahl Jonatan. »Du
sollst die Pfeile suchen, die ich gleich ab-
schieße.« Der Junge rannte los, und Jona-
tan schoss seinen ersten Pfeil weit über
ihn hinaus. 37/38 Als der Junge dort ankam,
wo er den Pfeil zu finden meinte, rief Jo-
natan: »Lauf nur, der Pfeil muss noch
weiter geflogen sein. Los, beeil dich!«
Schließlich fand der Sklave den Pfeil und
brachte ihn seinem Herrn zurück. 39 Na-
türlich verstand er nicht, was sein Herr
mit diesen Worten beabsichtigt hatte,
denn nur David und Jonatan wussten Be-
scheid.
40 Jonatan übergab seinem Diener Bo-
gen und Pfeile und schickte ihn damit in
die Stadt zurück. 41 Sobald der Junge ver-
schwunden war, kam David aus seinem
Versteck am südlichen Ende des Feldes
hervor. Er warf sich vor Jonatan zu Bo-
den und verbeugte sich dreimal. Sie küss-
ten sich zum Abschied, und beiden ka-
men die Tränen. Noch während David
heftig weinte, 42 sagte Jonatan: »Geh in
Frieden, David! Vergiss nie, was wir ei-
nander im Namen des Herrn geschworen
haben. Es soll für immer gelten, auch für
deine und meine Nachkommen. Der
Herr selbst ist unser Zeuge.«
21 Danach trennten sie sich. David
machte sich auf den Weg, und Jo-
natan kehrte in die Stadt zurück.

David flieht zum Priester Ahimelech nach Nob

2 David floh zum Priester Ahimelech
nach Nob. Der kam ihm erschrocken ent-
gegen und fragte: »Warum kommst du al-
lein, ohne Begleiter?« 3 David erklärte:
»Der König hat mir einen streng gehei-
men Auftrag gegeben. Er hat mir einge-
schärft, dass kein Mensch auch nur das
Geringste davon erfahren darf. Darum
habe ich meine Leute an einen bestimm-
ten Ort geschickt und bin allein hierher
gekommen. 4 Könntest du mir etwas zu
essen geben, vielleicht fünf Brote oder
was du sonst gerade vorrätig hast?«
5 Der Priester antwortete: »Gewöhnli-
ches Brot ist keines da. Ich könnte dir
höchstens heilige Brote geben, die Gott
geweiht sind. Doch das darf ich nur, wenn
sich deine Männer in den letzten Tagen
von Frauen fern gehalten haben.« 6 »Da
kannst du unbesorgt sein!«, beruhigte
David ihn. »Schon seit vorgestern hatten
wir keine Gelegenheit mehr, mit Frauen
zusammen zu sein. Meine Leute haben
außerdem schon den Reinheitsvorschrif-
ten genügt, als wir loszogen, obwohl wir

20,33 18,10–11; 19,9–10 **21,5** 3 Mo 24,5–9

nicht zu einem Opferfest gehen wollten.
Also sind sie heute ganz bestimmt rein.«
7 Da gab der Priester ihm einige der
heiligen Brote, weil er keine anderen hat-
te. Diese Brote werden nur dann aus dem
Heiligtum genommen, wenn sie durch
frische ersetzt werden. Das hatte man ge-
rade getan. 8 An diesem Tag hielt sich
auch der Edomiter Doëg, der Aufseher
über alle Hirten des Königs, im Heilig-
tum auf, weil er ein bestimmtes Gesetz
erfüllen musste[a].
9 David fragte Ahimelech: »Hast du
einen Speer oder ein Schwert für mich?
Der Auftrag des Königs war so dringend,
dass ich in der Eile nicht einmal mein
Schwert und die Waffen mitnehmen
konnte.« 10 »Ja«, antwortete Ahimelech,
»das Schwert des Philisters Goliat, den
du im Tal der Terebinthen getötet hast,
ist noch hier. Es liegt dort hinter meinen
Priestergewändern, in einen Mantel ge-
wickelt. Wenn du es willst, dann nimm
es. Andere Waffen sind keine da.« »Und
ob ich es will!«, rief David. »Ein solches
Schwert gibt es kein zweites Mal.«

David beim Philisterkönig

11 Noch am selben Tag eilte David weiter,
um Saul zu entfliehen. Er verließ Israel
und kam in die Philisterstadt Gat zu Kö-
nig Achisch. 12 Doch die Hofbeamten
warnten den König: »Ist das nicht David,
der Anführer der Israeliten, für den sie
tanzten und sangen:
›Saul hat tausend Mann erschlagen,
David aber zehntausend!‹?«
13 Diese Worte jagten David Angst ein;
er fürchtete sich vor Achisch, dem König
von Gat. 14 In seiner Verzweiflung stellte
er sich wahnsinnig. Er schlug wild um sich,
als man ihn festhalten wollte, er trommel-
te[b] an die Torflügel und ließ seinen Spei-
chel in den Bart laufen.
15 Da fuhr Achisch seine Diener an:
»Warum habt ihr diesen Kerl zu mir ge-
bracht? Ihr seht doch selbst, dass er
wahnsinnig ist. 16 Glaubt ihr, in meiner
Stadt sind Verrückte so selten, dass ihr
mir diesen vorführt und hier herumtoben
lasst? Denkt ihr, ich will so einen Gast
haben?«

In der Adullamhöhle und in Moab

22 So floh David aus Gat und ver-
steckte sich in der Adullamhöhle.
Als seine Brüder und die ganze Ver-
wandtschaft erfuhren, wo er sich aufhielt,
kamen sie alle und schlossen sich ihm an.
2 Bald scharten sich noch andere um ihn:
Menschen, die sich in einer ausweglosen
Lage befanden, die Schulden hatten oder
verbittert waren. Schließlich war es eine
Gruppe von etwa 400 Mann, und David
wurde ihr Anführer.
3 Von Adullam aus zog David weiter
nach Mizpe im Land Moab. Er bat den
moabitischen König: »Gewähre meinen
Eltern Unterschlupf, bis ich weiß, was
Gott mit mir vorhat.« 4 Er brachte seine
Eltern an den Königshof, und sie wohn-
ten dort, solange David sich im Bergland
versteckt hielt.
5 Eines Tages sagte der Prophet Gad zu
David: »Bleib nicht hier in den Bergen!
Geh wieder zurück in das Gebiet des
Stammes Juda!« David gehorchte und
kam in den Wald von Heret.

Sauls grausame Rache an den Priestern von Nob

6 Bald wurde es Saul gemeldet, dass Da-
vid und seine Anhänger wieder im Land
gesehen wurden. Saul saß gerade unter
der Tamariske auf dem Hügel bei der
Stadt Gibea und hielt seinen Speer in
der Hand. Er war umringt von seinen
Hofleuten. 7 »Hört mir zu, ihr Leute vom
Stamm Benjamin!«, rief er. »Glaubt ihr

---

a Wörtlich: Er war vor dem Herrn eingeschlossen.
b So mit der griechischen Übersetzung. Der hebräische Text lautet: er kritzelte.

21,7 Mt 12,3–4 **21,8** 22,9.18.22 **21,10** 17,54 **21,11** Ps 56,1 **21,12** 18,7; 29,5 **21,14** Ps 34,1
22,1 Ps 57,1; 142,1 **22,2** Ri 11,3 **22,5** 2 Sam 24,11–13.18–19 **22,7** 8,12.14

etwa, dieser Sohn Isais wird ausgerechnet euch Felder und Weinberge geben und euch zu Hauptleuten und Oberbefehlshabern machen? 8 Oder warum sonst habt ihr euch alle gegen mich verschworen? Keiner von euch hat mir gesagt, dass Jonatan sich mit diesem Kerl zusammengetan hat! Euch allen ist egal, was mit mir passiert. Ihr habt es nicht nötig, mir zu melden, dass mein eigener Sohn einen meiner Untergebenen gegen mich aufhetzt! Offensichtlich hatte er Erfolg: Dieser Verräter lauert mir nun heimlich auf!«

9 Da meldete sich Doëg aus Edom zu Wort, der jetzt auch bei Sauls Leuten stand: »Ich habe ihn gesehen, als ich in Nob war. Er kam zu Ahimelech, dem Sohn Ahitubs. 10 Der Priester fragte den Herrn, was David als Nächstes tun sollte. Dann versorgte er ihn mit Essen und gab ihm sogar das Schwert Goliats.«

11 Sofort ließ Saul den Priester Ahimelech vorführen. Er und seine ganze Sippe – alle Priester aus Nob – mussten vor dem König erscheinen. 12 »Ich habe etwas mit dir zu besprechen, Sohn des Ahitub!«, begann Saul, als sich alle vor ihm versammelt hatten. »Ja, Herr, ich höre«, erwiderte dieser. 13 »Warum habt ihr euch gegen mich verschworen, du und dieser Sohn Isais? Warum hast du ihm Brot gegeben und ein Schwert? Warum hast du Gott um Weisung für seinen weiteren Weg gebeten? Dadurch hast du ihn geradezu ermutigt, mir aufzulauern und mich umzubringen. Dass er das im Schilde führt, ist ja längst ein offenes Geheimnis!«

14 Ahimelech versuchte sich zu verteidigen: »Hast du einen treueren Gefolgsmann als David? Er steht treu zu dir, er ist dein Schwiegersohn, er ist der Aufseher deiner Leibwache und genießt am ganzen Hof hohes Ansehen. 15 Es war doch nicht das erste Mal, dass ich für ihn die göttliche Weisung eingeholt habe. Ich *soll ein Verschwörer sein*? Nein, niemals! Mein König möge mich, seinen ergebenen Diener, und meine ganze Sippe nicht verdächtigen, ein solches Verbrechen begangen zu haben. Ich hatte nicht die leiseste Ahnung von einer Verschwörung.«

16 Doch der König ging nicht darauf ein; er sagte nur: »Ahimelech, das wirst du mit dem Tod büßen, du und deine Sippe!« 17 Er wandte sich seinen Wächtern zu und befahl: »Los, umstellt diese Priester des Herrn, und tötet sie! Denn sie haben Hand in Hand mit David gearbeitet. Natürlich wussten sie, dass er auf der Flucht war. Trotzdem haben sie es mir nicht gemeldet.«

Doch die Wachen weigerten sich, die Priester des Herrn umzubringen. 18 Da drehte der König sich zu Doëg um und sagte: »Komm her, schlag du sie tot!« Ohne Zögern führte Doëg, der Edomiter, den königlichen Befehl aus. Er tötete an jenem Tag 85 Männer, die alle das Priestergewand getragen hatten. 19 Dann ließ Saul alle Einwohner der Priesterstadt Nob mit dem Schwert ermorden, Männer und Frauen, Kinder und Säuglinge. Auch ihr Vieh – Rinder, Esel, Schafe und Ziegen – wurde getötet.

20/21 Nur ein Sohn Ahimelechs mit Namen Abjatar konnte entkommen. Er floh zu David und berichtete ihm, dass Saul alle Priester des Herrn umgebracht hatte. 22 »Ich wusste es gleich, dass dieser Doëg ein Verräter ist, als ich ihn damals in Nob sah«, rief David. »Ich allein bin schuld am Tod deiner Verwandten. 23 Bleib jetzt bei mir! Dann brauchst du keine Angst zu haben. Derselbe, der mich umbringen will, hat es auch auf dich abgesehen. Bei mir bist du sicher!«

David in der Stadt Keïla

23 Eines Tages erreichte David folgende Nachricht: »Die Philister greifen die Stadt Keïla an und stehlen das Getreide von den Dreschplätzen.« 2 Da fragte David den Herrn: »Soll ich

---

22,8 18,3* **22,9** 21,8; Ps 52,2 **22,14** 18,27 **22,19** 21,2 **22,20–21** 23,6.9; 30,7; 2 Sam 8,17; 15,24.27; 19,12; 1 Kön 1,7; 2,22.26–27 **22,22** 21,8 **23,1** Jos 15,44

der Stadt zu Hilfe eilen? Kann ich die Philister schlagen?« Der Herr antwortete: »Ja, geh! Verjag die Philister, und befrei die Stadt!«

[3] Doch Davids Leute zögerten: »Schon hier in Juda müssen wir um unser Leben fürchten. Und nun sollen wir auch noch nach Keïla ziehen und die Truppen der Philister angreifen?« [4] Darum fragte David den Herrn noch einmal, und wieder erhielt er die Antwort: »Geh nach Keïla! Ich helfe dir, die Philister zu besiegen.«

[5] Da zog David mit seiner Truppe nach Keïla, griff die Philister an und brachte ihnen eine schwere Niederlage bei. Ihr Vieh trieb er als Beute weg. So befreite er die Einwohner der Stadt. [6] Dort in Keïla schloss sich Abjatar, der Sohn Ahimelechs, David an. Er brachte seine Priesterkleidung mit.

[7] Als Saul hörte, dass David sich in der Stadt aufhielt, dachte er: »Jetzt hat Gott ihn im Stich gelassen und mir ausgeliefert! Jetzt ist die Falle zugeschnappt. David hat sich selbst gefangen in einer Stadt mit Mauern und Toren.« [8] Saul setzte sogleich sein ganzes Heer in Bewegung, um David und seine Männer in Keïla einzukesseln.

[9] Als David Sauls bösen Plan bemerkte, rief er den Priester Abjatar zu sich und befahl ihm, die Tasche mit den Losen zu holen. [10] Dann betete er: »Herr, du Gott Israels, ich habe erfahren, dass Saul Keïla angreifen und vernichten will, nur weil ich hier bin. [11] Werden die Einwohner der Stadt mich an Saul ausliefern? Ist es überhaupt sicher, dass Saul kommt? Herr, du Gott Israels, sag mir, ob es stimmt, was ich gehört habe!« »Ja, er wird kommen«, lautete die Antwort. [12] David wollte noch mehr wissen: »Werden die führenden Männer der Stadt mich und meine Leute an Saul ausliefern?« Der Herr sagte: »Ja, sie werden dich ausliefern.«

[13] Da verließen David und seine Männer die Stadt Keïla, es waren etwa 600 Mann. Sie streiften durch das Land, von Versteck zu Versteck. Als Saul erfuhr, dass David aus Keïla entkommen war, brach er seinen Feldzug ab.

Jonatan besucht David

[14/15] In der darauf folgenden Zeit hielt David sich in den unzugänglichen Bergen der Wüste Sif versteckt. Er wusste genau, dass Saul ihn verfolgte, um ihn umzubringen. Saul suchte ihn, ohne sich eine Pause zu gönnen, doch Gott ließ nicht zu, dass er David fand.

Eines Tages, als David sich gerade in Horescha in der Wüste Sif aufhielt, [16] kam Jonatan zu ihm. Er ermutigte David, nicht aufzugeben, sondern auf die Hilfe Gottes zu vertrauen. [17] »Hab keine Angst«, redete er ihm zu, »mein Vater wird dich nicht finden! Eines Tages wirst du König über Israel sein, und ich bin dann dein Stellvertreter. Das weiß auch Saul, mein Vater.« [18] Danach schworen sie einander erneut ewige Treue und riefen den Herrn als Zeugen an. David blieb in Horescha, Jonatan aber kehrte wieder nach Hause zurück.

David wird verraten, doch Gott rettet ihn

[19] Einige Bewohner der Wüste Sif gingen zu Saul nach Gibea. »Wir wissen, wo David sich verborgen hält«, verrieten sie dem König. »Sein Versteck liegt ganz in unserer Nähe, in den Bergen bei Horescha. Dort gibt es einen Hügel mit Namen Hachila, südlich von Jeschimon. [20] Wenn du einverstanden bist, mit uns dorthin zu ziehen, o König, dann liefern wir dir David aus.« [21] Saul antwortete: »Der Herr belohne euch für euer Mitleid mit mir. [22] Geht nun zurück, und forscht gründlich nach, bis ihr genau wisst, wo er sich aufhält und wer ihn dort gesehen hat. Ich habe nämlich gehört, dass er sehr listig ist. [23] Spürt jeden Schlupfwinkel auf, in dem er sich verstecken könnte. Sobald ihr Genaues wisst, kommt wieder zu mir.

23,6 22,20–21* **23,9** 2 Mo 28,30* **23,16–18** 18,3* **23,17** 20,30–31; 24,21 **23,19** 26,1; Ps 54,2

Dann will ich mit euch gehen. Wenn er dann noch im Land ist, werde ich ihn finden, und wenn ich ganz Juda durchkämmen müsste!«

24/25 Mit diesem Auftrag kehrten die Männer zurück nach Sif. Saul folgte bald darauf mit seiner Truppe, um David zu suchen. David und seine Leute waren inzwischen in der Wüste Maon, südlich von Jeschimon. Als er hörte, dass Saul ihn wieder verfolgte, zog er sich noch weiter in den Süden der Wüste Maon zurück, bis zu dem großen Felsblock, der dort aus dem Tal herausragt. Doch Saul erfuhr davon und jagte David sogleich nach.

26 Schon lag nur noch ein Höhenzug zwischen den beiden: Saul auf der einen, David und seine Leute auf der anderen Seite. David versuchte verzweifelt, Saul zu entkommen, während der König und seine Soldaten immer näher rückten. Gerade wollten sie ihn umzingeln und ergreifen, 27 da kam ein Bote zu Saul und meldete: »Die Philister sind wieder bei uns eingefallen! Du musst uns sofort zu Hilfe kommen!« 28 Saul blieb nichts anderes übrig, als die Verfolgung Davids abzubrechen und den Philistern entgegenzuziehen. Seitdem heißt dieser Höhenzug »Fels der Trennung«.

David weigert sich, Saul zu töten

24 Auch David zog weiter und blieb in den unzugänglichen Bergen bei En-Gedi. 2 Kaum hatte Saul die Philister wieder aus dem Land vertrieben, da wurde ihm gemeldet: »David ist jetzt in der Wüste von En-Gedi!« 3/4 Saul wählte 3000 Elitesoldaten aus ganz Israel aus und machte sich auf die Suche nach David und seinen Leuten.

Als sie bei den eingezäunten Schafweiden in der Nähe des Steinbockbergs vorbeikamen und eine Höhle fanden, ging der König hinein, um seine Notdurft zu verrichten. Ausgerechnet im hintersten Winkel dieser Höhle hatten David und seine Männer sich versteckt. 5 »Das ist die Gelegenheit, David!«, flüsterten einige von ihnen ihrem Anführer zu. »Der Herr hat doch versprochen, dir eines Tages deinen Feind auszuliefern, damit du dich an ihm rächen kannst. Jetzt ist es so weit!« Da schlich sich David nach vorne und schnitt unbemerkt einen Zipfel von Sauls Mantel ab. 6 Doch er hatte ein schlechtes Gewissen dabei, und sein Herz klopfte wild. 7 Als er wieder zu seinen Männern kam, sagte er: »Der Herr bewahre mich davor, meinem König etwas anzutun, denn er ist vom Herrn ernannt worden! Nein, niemals werde ich Saul töten, denn der Herr hat ihn zum König eingesetzt.« 8 David verbot seinen Männern, sich an Saul zu vergreifen.

Nach einer Weile verließ Saul die Höhle wieder, um seine Suche fortzusetzen. 9 David ließ ihm einen kleinen Vorsprung, trat dann zum Ausgang und rief: »Mein Herr und König!« Saul drehte sich um; David verneigte sich tief vor ihm und warf sich zu Boden. 10 Dann begann David zu reden:

»Warum glaubst du dem Geschwätz einiger Leute, die behaupten, ich wolle dich ins Verderben stürzen? 11 Heute kannst du mit eigenen Augen sehen, dass es nicht wahr ist! Vorhin in der Höhle hat der Herr dich mir ausgeliefert. Meine Leute wollten mich dazu verleiten, dich umzubringen. Doch ich habe dich verschont. Ich dachte: ›Niemals kann ich meinem König etwas antun, denn er ist vom Herrn selbst eingesetzt worden.‹ 12 Schau, mein Vater, was ich hier in der Hand halte: einen Zipfel deines Mantels! Den habe ich abgeschnitten, anstatt dich zu töten. Glaubst du jetzt, dass ich kein Verräter bin und nichts Böses gegen dich im Schilde führe? Ich habe dir nichts getan, und trotzdem verfolgst du mich und willst mich beseitigen. 13 Der Herr soll Richter sein und entscheiden, wer von uns beiden im Recht ist. Er soll dich für das Unrecht bestrafen, das du mir antust. Ich aber werde dir kein Haar krümmen. 14 Schon ein altes Sprichwort sagt: ›Nur

24,7 26,9.23; 2 Sam 1,14 **24,12** 20,1; 26,18

ein Gottloser begeht Verbrechen.‹ Nein,
ich werde dir kein Haar krümmen. 15 Wer
bin ich schon, König von Israel, dass du
mich verfolgst? Du jagst einen völlig un-
bedeutenden Mann! 16 Der Herr soll un-
ser Richter sein. Er soll entscheiden, wer
von uns im Unrecht ist. Möge er mein
Fürsprecher sein und mir zu meinem
Recht verhelfen.«
17 Da begann Saul laut zu weinen und
rief: »Bist du es wirklich, mein Sohn Da-
vid? 18 Du bist ein besserer Mensch als
ich. Du bist gut zu mir, obwohl ich dich
schlecht behandelt habe. 19 Gerade heute
hast du wieder bewiesen, wie großmütig
du bist: Obwohl der Herr mich dir aus-
geliefert hat, hast du mich nicht umge-
bracht. 20 Wer lässt schon seinen Feind
unbehelligt laufen, wenn er ihn einmal in
seiner Gewalt hat? Der Herr möge dich
für deine Großzügigkeit belohnen! 21 Ich
weiß genau, dass du König sein wirst und
deine Familie in Israel für alle Zeiten re-
gieren wird. 22 Darum bitte ich dich:
Schwöre mir vor dem Herrn, dass du mei-
ne Familie nicht auslöschen wirst. Bitte
lass nicht zu, dass mein Geschlecht aus-
stirbt.«
23 David schwor es. Danach kehrte Saul
nach Hause zurück, während David und
seine Leute wieder in die Berge hinauf-
stiegen.

Samuels Tod

25 In dieser Zeit starb Samuel. Ganz
Israel kam nach Rama, wo er ge-
wohnt hatte, und hielt für ihn die Toten-
klage. Danach beerdigten sie ihn in sei-
nem Familiengrab.

Nabal schlägt Davids Bitte ab

David zog in die Wüste Paran hinab. 2–4 In
Maon lebte ein Mann namens Nabal, ein
Nachkomme Kalebs. Er war sehr reich:
Ihm gehörten 3000 Schafe und 1000 Zie-
gen. Seine Viehweiden lagen beim Nach-
bardorf Karmel. Er hatte eine Frau na-
mens Abigajil, die sehr schön und klug
war. Nabal aber war grob und nieder-
trächtig. Eines Tages kam Nabal nach
Karmel, um seine Schafe zu scheren.
Als David in der Wüste davon erfuhr,
5 schickte er zehn junge Männer nach
Karmel hinauf. Sie sollten Nabal freund-
lich von ihm grüßen und ihm ausrichten:
6 »Ich wünsche dir und deiner Familie
Glück und ein langes Leben! Mögen dei-
ne Herden immer größer werden! 7 Ich
habe gehört, dass du deine Schafe sche-
ren lässt. In Karmel waren deine Hirten
und die Herden immer mit uns zusam-
men. Nie haben wir ihnen etwas zuleide
getan, kein einziges Tier haben wir ge-
stohlen. 8 Frag deine Leute, sie werden es
dir bestätigen! Heute ist für dich ein Fest-
tag. Darum bitte ich dich: Empfange mei-
ne Leute freundlich! Sie und auch ich
sind deine ergebenen Diener. Bitte gib
ihnen an Lebensmitteln mit, was du ent-
behren kannst.«
9 Davids Leute kamen nach Karmel,
richteten Nabal alles aus und warteten
gespannt auf seine Antwort. 10 Doch Na-
bal schimpfte: »Was ist das für einer, die-
ser David, der Sohn Isais? Heutzutage
gibt es haufenweise solche davongelaufe-
nen Sklaven! 11 Und da sollte ich Essen
und Trinken und sogar das Fleisch mei-
ner Schafe, die ich für die Scherer ge-
schlachtet habe, solchen dahergelaufe-
nen Landstreichern geben? Ich weiß ja
nicht einmal, woher sie kommen!«
12 Die Männer kehrten zu David zurück
und erzählten ihm, was geschehen war.
13 Da befahl David: »Holt eure Schwer-
ter!« Alle schnallten ihre Schwerter um,
auch David. Dann zog er mit 400 Mann in
Richtung Karmel. Die restlichen 200
blieben als Wachen im Lager zurück.

Abigajil verhindert ein Blutbad

14 Inzwischen hatte einer von Nabals
Knechten dessen Frau Abigajil berichtet:
»David hat aus der Wüste Boten zu Na-
bal gesandt, um ihm alles Gute zu wün-

24,16 Ps 43,1 **24,21** 20,30–31; 23,17 **24,22** 20,15 **25,1** 7,17

schen; der aber hat sie nur angebrüllt!
15 Dabei waren diese Männer sehr gut zu
uns. Als wir mit unseren Herden umher-
zogen, haben sie uns nie etwas zuleide ge-
tan; kein einziges Tier haben sie uns ge-
stohlen. 16 Im Gegenteil: Tag und Nacht
umgaben sie uns wie eine schützende
Mauer, solange wir unsere Herden in
ihrer Nähe hüteten. 17 Nun überleg doch,
was zu tun ist! Unternimm etwas, sonst
gibt es ein Unglück! Dann ist Nabal ver-
loren und wir alle mit ihm. Du weißt ja,
wie niederträchtig er ist. Man kann mit
ihm nicht reden!«

18 So schnell wie möglich holte Abigajil
200 Brote, 2 Schläuche Wein, 5 fertig zu-
bereitete Schafe, einen Sack geröstetes
Getreide, 100 Rosinenkuchen und 200
Feigenkuchen. Sie ließ alles auf Esel la-
den 19 und befahl den Knechten: »Geht
voraus, ich komme hinterher!« Ihrem
Mann sagte sie nichts von ihrem Plan.
20 Im Schutz des Berges ritt sie auf einem
Esel den Bergpfad hinunter. David und
seine Leute waren schon in der Nähe; bald
musste sie ihnen begegnen. 21 David war
immer noch wütend. »Für nichts und wie-
der nichts habe ich die Herden beschützt,
die dieser Schuft in der Wüste weiden
ließ! Sorgfältig habe ich darauf geachtet,
dass ihm nichts gestohlen wurde. Und was
ist der Dank? Eine unverschämte Abfuhr!
22 Gott soll mich hart bestrafen, wenn ich
bis morgen früh auch nur einen seiner
Männer am Leben lasse!«

23/24 Als Abigajil David auf sich zukom-
men sah, stieg sie schnell von ihrem Esel
und warf sich David zu Füßen. Sie ver-
neigte sich, bis ihr Gesicht den Boden be-
rührte. Dann begann sie: »Ich allein bin
schuld, mein Herr. Bitte lass deine Die-
nerin reden, und hör, was ich dir sagen
will! 25 Ärgere dich nicht über diesen bos-
haften Menschen! Er ist genau das, was
sein Name bedeutet: Nabal, ein unver-
besserlicher Dummkopf. Leider habe ich
die Boten nicht gesehen, die du, mein
Herr, zu uns geschickt hast. 26 Doch so ge-
wiss der Herr lebt und so gewiss du le-
bendig vor mir stehst: Der Herr selbst
hat dich aufgehalten. Er will nicht zulas-
sen, dass du dich rächst und so zum Mör-
der wirst. Nabal wird seine gerechte Stra-
fe schon bekommen. Und wie ihm soll es
auch deinen Feinden ergehen und allen,
die Böses gegen dich im Schilde führen.
27 Sieh doch, ich habe dir Geschenke mit-
gebracht, mein Herr. Deine Leute sollen
sie mitnehmen und unter sich aufteilen.
28 Vergib uns, dass wir dich so schlecht be-
handelt haben. Gewiss wird der Herr dei-
ne königliche Familie nie aussterben las-
sen, denn du kämpfst gegen die Feinde
Gottes. Er bewahre dich dein Leben lang
vor großen Fehlern. 29 Der Herr wird dich
beschützen, wenn dich jemand verfolgt
und umbringen will. Er wird dich behü-
ten wie einen kostbaren Schatz. Das Le-
ben deiner Feinde aber wird er weg-
schleudern wie einen Stein. 30 Wenn der
Herr alle seine Versprechen erfüllt und
dich zum König über Israel macht,
31 dann sollst du nichts bereuen müssen.
Du wirst ein reines Gewissen haben, weil
du dich nicht gerächt hast und nicht zum
Mörder geworden bist. Und wenn der
Herr es dir einmal gut gehen lässt, dann
denke bitte auch an mich, deine ergebene
Dienerin.«

32 David rief: »Ich danke dem Herrn,
dem Gott Israels, dass er dich gerade in
diesem Augenblick zu mir geschickt hat!
33 Wie froh bin ich über deine Klugheit!
Ich danke dir, dass du mich heute davon
abgehalten hast, mich auf eigene Faust zu
rächen und einen Mord zu begehen.
34 Vor dem lebendigen Herrn und Gott Is-
raels, der meinen bösen Plan durchkreuzt
hat, muss ich gestehen: Keiner von Na-
bals Männern hätte den nächsten Mor-
gen erlebt, wenn du nicht so schnell ge-
handelt hättest.«

35 David nahm die Lebensmittel von
Abigajil entgegen und verabschiedete
sich von ihr. »Du kannst beruhigt nach
Hause zurückkehren«, sagte er, »ich habe

25,28 2 Sam 7,16*; 1 Sam 18,16 **25,30** 24,21

mich von dir überzeugen lassen und wer-
de deine Bitte erfüllen.«

Der Herr bestraft Nabal

36 Als Abigajil nach Hause kam, hatte
Nabal ein großes Festessen aufgetischt,
wie es sonst nur Könige haben. Er war
in bester Laune und schon völlig betrun-
ken. Darum sagte Abigajil ihm vorerst
kein Wort von ihrer Begegnung mit Da-
vid.
37 Erst am nächsten Morgen, als er sei-
nen Rausch ausgeschlafen hatte, erzählte
sie ihm alles. Da erlitt Nabal einen
Schlaganfall und wurde völlig gelähmt.
38 Nach etwa zehn Tagen ließ der Herr
ihn sterben. 39 Als David von Nabals Tod
erfuhr, rief er: »Gelobt sei der Herr! Er
hat mir zu meinem Recht verholfen und
Nabal für seine Beleidigungen bestraft.
Mich hat er vor einem schweren Ver-
gehen bewahrt, ihm dagegen hat er seine
Bosheit heimgezahlt!«

Abigajil wird Davids Frau

Bald darauf schickte David Boten zu
Abigajil und ließ sie bitten, seine Frau zu
werden. 40 Die Diener Davids kamen zu
Abigajil nach Karmel und sagten: »David
schickt uns. Er möchte dich heiraten.«
41 Ohne zu zögern, stand sie auf, verbeug-
te sich tief und antwortete: »Ich stehe
ihm ganz zu Diensten. Ich bin bereit,
den Boten meines Herrn die Füße zu wa-
schen.«
42 Dann packte sie schnell ihre Sachen
zusammen, setzte sich auf einen Esel und
ritt mit den Boten zu David. Fünf Diene-
rinnen begleiteten sie. So wurde sie Da-
vids Frau.
43 David hatte nun zwei Frauen, denn
schon früher hatte er Ahinoam aus Jes-
reel geheiratet. 44 Saul hatte ihm Michal
weggenommen und sie Palti aus Gallim,
einem Sohn Lajischs, zur Frau gegeben.

David verschont Saul zum zweiten Mal

26 Eines Tages kamen wieder einige
Bewohner der Wüste Sif zu Saul
nach Gibea. »Wir wissen, wo David sich
versteckt hält!«, meldeten sie dem König.
»Er lagert auf dem Hachilahügel, gegen-
über dem Wüstenstreifen von Jeschi-
mon.« 2 Sofort rief Saul die 3000 besten
Soldaten Israels zusammen und mar-
schierte mit ihnen in die Wüste Sif, um
David aufzuspüren. 3 Auf dem Hachila-
hügel gegenüber von Jeschimon schlug
er entlang der Straße sein Lager auf. Da-
vid versteckte sich immer noch in der
Wüste. Als er hörte, dass Saul ihn wieder
verfolgte, 4 schickte er sofort einige
Kundschafter los. Sie kehrten mit der
Nachricht zurück, der König sei tatsäch-
lich mit einem Heer in der Wüste. 5 Da
schlich sich David selbst heimlich an das
Lager Sauls heran. Er sah gleich, wo der
König und sein Heerführer Abner, ein
Sohn Ners, übernachteten: Das Lager
war kreisförmig aufgebaut, außen herum
hatten die Soldaten sich niedergelassen,
im innersten Ring aber war die Schlaf-
stelle Sauls.
6 David hatte zwei Begleiter bei sich:
den Hetiter Ahimelech und Abischai,
den Sohn seiner Schwester Zeruja und
Bruder Joabs. »Heute Nacht schleiche
ich mich an das Lager heran«, sagte Da-
vid. »Wer von euch kommt mit?« »Ich ge-
he mit!«, antwortete Abischai. 7 Mitten in
der Nacht machten sie sich auf den Weg.
Sie schlichen an den schlafenden Sol-
daten und an Abner vorbei und drangen
bis in den innersten Ring vor. Dort lag
Saul und schlief fest. Sein Speer steckte
neben seinem Kopfkissen im Boden.
8 »Heute hat Gott dir deinen Feind aus-
geliefert!«, flüsterte Abischai David zu.
»Lass mich ihn mit seinem Speer an den
Boden spießen! Ich brauche nur einen
einzigen Stoß; ein zweiter wird nicht nötig
sein! Darauf kannst du dich verlassen.«

25,39 24,16 **25,42–43** 2 Sam 3,2–3 **25,44** 18,27; 2 Sam 3,14–16 **26,1** 23,19; Ps 54,2 **26,6** 2 Sam 16,9; 18,2; 19,22; 20,6; 21,17; 23,18–19

9 David wehrte ab: »Das wirst du nicht
tun! Keiner kommt ungestraft davon, der
sich an dem König vergreift, den der Herr
eingesetzt hat. 10 So gewiss der Herr lebt:
Er selbst wird festlegen, wann Saul ster-
ben muss – ganz gleich, ob eines natürli-
chen Todes oder in einer Schlacht. 11 Der
Herr bewahre mich davor, seinem König
etwas anzutun. Doch komm, nimm sei-
nen Speer und seinen Wasserkrug; und
dann lass uns hier verschwinden!« 12 Sie
nahmen beides mit und schlichen wieder
fort. Niemand im Lager hatte etwas gese-
hen oder gehört. Keiner war aufgewacht.
Alle schliefen fest, denn der Herr hatte
sie in einen tiefen Schlaf fallen lassen.

13 David und Abischai eilten ins Tal hi-
nunter und stiegen auf der anderen Tal-
seite wieder hinauf. In sicherer Entfer-
nung zu Sauls Lager stellten sie sich
oben auf den Berg. 14 Dann schrie David
zu den Soldaten und zu Abner hinüber:
»Abner, hörst du schlecht?« Abner rief
zurück: »Was ist das für ein Lärm? Wer
weckt hier mit seinem Geschrei den Kö-
nig?« 15 David spottete: »Du bist mir ein
schöner Held, Abner! In ganz Israel gibt
es wohl keinen pflichtbewussteren Mann
als dich! Doch warum bewachst du dei-
nen Herrn, den König, nicht besser? Vor-
hin hat sich jemand ins Lager eingeschli-
chen. Ohne weiteres hätte er den König
umbringen können. 16 Das war wirklich
kein Glanzstück von dir! Ich schwöre bei
dem lebendigen Gott: Für dich und alle
deine Soldaten hat die letzte Stunde ge-
schlagen! Denn ihr habt euren König,
den der Herr eingesetzt hat, nicht be-
schützt! Schau doch einmal nach, ob der
Speer des Königs und sein Wasserkrug
noch da sind! Sie lagen beide neben sei-
nem Kopfkissen.«

17 Da erkannte Saul Davids Stimme
und rief: »Bist du das nicht, mein Sohn
David?« »Ja, mein König!«, antwortete
David und fragte dann: 18 »Warum ver-
folgst du mich eigentlich, mein Herr?
Was habe ich verbrochen? Wo liegt mei-
ne Schuld? 19 Ich bitte dich, mein König,
hör mich an! Irgendjemand muss dich ge-
gen mich aufgehetzt haben. War es der
Herr, so will ich ihm ein wohlriechendes
Opfer darbringen, damit sein Zorn sich
legt. Sind es aber Menschen gewesen, so
möge der Fluch des Herrn sie treffen.
Denn sie vertreiben mich aus dem Volk
Gottes und wollen mich damit zwingen,
anderen Göttern zu dienen. 20 Du, o Kö-
nig, kannst verhindern, dass ich in der
Fremde umkomme – weit weg vom Hei-
ligtum des Herrn. Überleg doch, was du
tust: Wie man zur Rebhuhnjagd in die
Berge geht, so jagt der König von Israel
einem Mann nach, der so unbedeutend
ist wie ein Floh!«

21 Da gestand Saul: »Ich bin im Un-
recht. Komm wieder zurück, David, mein
Sohn! Nie mehr werde ich dir etwas an-
tun, denn du hast heute mein Leben hoch
geachtet und mich nicht umgebracht. Ich
habe eine große Dummheit begangen
und dir schweres Unrecht getan.«

22 David rief hinüber: »Ich halte hier
den Speer des Königs in meiner Hand.
Einer seiner Soldaten soll herüberkom-
men und ihn holen. 23 Der Herr belohnt
jeden, der ihm gehorcht und treu zu ihm
steht. Heute hat der Herr dich in meine
Gewalt gegeben. Doch ich wollte mich
nicht an dem König vergreifen, den der
Herr eingesetzt hat. 24 Aber eines ist si-
cher: So kostbar wie dein Leben in mei-
nen Augen ist, so kostbar ist dem Herrn
auch mein Leben. Eines Tages wird er
mir aus allen Schwierigkeiten heraushel-
fen.« 25 Saul antwortete: »Der Herr steht
dir bei und hilft dir, mein Sohn David.
Deshalb wird dir alles gelingen, was du
dir vornimmst.«

Daraufhin verschwand David, und
Saul kehrte wieder nach Hause zurück.

David bringt sich in eine schwierige Lage

27 Doch auch nach dieser Begeg-
nung blieb David misstrauisch
und dachte: »Irgendwann wird Saul mich

26,9 24,7 **26,14–15** 14,50* **26,18** 20,1; 24,12 **27,1** 23,23

Das Wirken des Heiligen Geistes

Lesen Sie 1. Samuel 26,23

Davids Antwort an König Saul in 1. Samuel 26,23 macht deutlich, dass Gott Treue und Gehorsam ihm gegenüber belohnt. Eine der Grundlagen für Treue und Gehorsam ist das Gebet. Je mehr wir beten, desto näher kommen wir Gott. Je näher wir Gott kommen, desto mehr zeigt er uns Bereiche in unserem Leben, an denen wir noch arbeiten müssen.

In der Ehe ist das Gebet absolut wichtig – für uns selbst und auch für unseren Partner –, auch wenn es uns Mühe bereitet. Jesus sagt über den Heiligen Geist: „Ist er erst gekommen, wird er den Menschen die Augen für ihre Sünde öffnen, für Gottes Gerechtigkeit und sein Gericht" (Johannes 16,8). Wenn Sie Ihren Ehepartner lieben, werden Sie dafür beten, dass der Heilige Geist auf diese besondere Weise in seinem Leben wirkt. Bitten Sie darum, dass der Heilige Geist tiefe Sündenerkenntnis schenkt, den Sinn für das, was in Gottes Augen richtig ist, und ein Verständnis für die Wirklichkeit des kommenden Gerichts.

Wenn wir so beten, sind wir in Übereinstimmung mit dem, was wir über das Wirken des Heiligen Geistes wissen. Vielleicht möchten Sie für sich selbst um dieselbe Kraft bitten. Wenn ein Ehepartner bereit ist, sich seiner eigenen Schuld zu stellen, dann ist der andere oft ebenso offen dafür. Es gibt keine Versöhnung ohne Buße.

Nehmen Sie sich Zeit, um allein oder als Paar gemeinsam zu beten. Danken Sie Gott, dass er Ihnen immer vergibt, wenn Sie ihn aufrichtig um Vergebung bitten. Beten Sie darum, dass Gott Ihnen Bereiche in Ihrem Leben zeigt, in denen Sie Buße und Vergebung nötig haben. Bitten Sie Gott auch, dass er Sie zu einem Werkzeug der Vergebung im Leben Ihres Mannes/Ihrer Frau macht.

Wenn Sie noch mehr Zeit haben ...

Besprechen Sie miteinander folgende Fragen oder denken Sie darüber nach:

- Warum ist es so wichtig, dass Sie auf Ihre Sünden hingewiesen werden?
- Was hindert Menschen daran, Schuldgefühle zu empfinden?
- Was können Sie tun, um Ihrem Ehepartner dabei zu helfen, Sünde in seinem Leben zu erkennen?

Lesen Sie auch die folgenden Abschnitte zum Thema Gebet:
Hiob 42,10; Römer 8,26-27; Epheser 6,18.

Die Güte Gottes weitergeben

Die folgenden Fragen können Sie entweder allein oder als Paar gemeinsam durchgehen. Wenn jeder für sich darüber nachdenkt, verabreden Sie sich in der kommenden Woche zu einem Austausch darüber, was Sie herausgefunden haben.

1. Lesen Sie 1. Samuel 19. Immer wieder versuchte Saul, David zu töten. Warum war es dann für David so wichtig, dass Saul ein anständiges Begräbnis erhielt (siehe 2. Samuel 2,4-5)?

2. Heute kommt es nicht oft vor, dass man ein Schwert zieht und einen Gegner durchs ganze Land jagt. Wie sehen die Gegner von heute aus?

3. Wie fühlen Sie sich, wenn Ihrem Gegner etwas Schlimmes zustößt?

4. Jesus sagt uns, wir sollen unsere Feinde lieben und zu denen gütig sein, die uns verfolgen. Was würde es für Sie konkret bedeuten, jemanden zu lieben, der Ihr Feind ist?

5. Menschen, die Gott nicht kennen, erfahren etwas über ihn, indem sie die Gläubigen beobachten. Wie kann dieses Wissen Ihnen bei der Entscheidung helfen, wie Sie Ihre Feinde behandeln sollen?

6. Warum fällt es Ihnen manchmal schwer, für Ihre Feinde zu beten?

2. Samuel 2,6

„Ohne Ende möge der Herr euch Gutes tun und euch seine Liebe erweisen. Aber auch ich will euch für diese gute Tat belohnen."

KONKRET:

Sprechen Sie unter vier Augen über eine Person, die sich Ihnen gegenüber unfreundlich verhalten hat. Verpflichten Sie sich, für diese Person mindestens eine Woche lang zu beten.

Den nächsten Impuls finden Sie auf S. 350 a

doch noch umbringen. Es wird das Beste sein, wenn ich schnell von hier verschwinde und zu den Philistern gehe. Dann habe ich endlich Ruhe vor Saul. Denn solange ich in Israel bin, wird er nicht aufhören, nach mir zu suchen.« 2 So zog David mit seinen 600 Männern über die Grenze zu König Achisch, dem Sohn Maochs; er herrschte über die Philisterstadt Gat. 3 Ihre Familien nahmen sie mit. Auch die beiden Frauen Davids waren dabei: Ahinoam aus Jesreel und Abigajil aus Karmel, die Witwe Nabals. Ihnen allen erlaubte König Achisch, in Gat zu wohnen. 4 Als Saul davon erfuhr, hörte er auf, nach David zu suchen.

5 Nach einiger Zeit bat David König Achisch: »Wenn du es gut mit mir meinst, dann lass mich in eine Stadt auf dem Land ziehen! Warum soll ich bei dir, mein König, in der Hauptstadt bleiben?« 6 Achisch war einverstanden und überließ David noch am selben Tag die Stadt Ziklag. Daher gehört Ziklag noch heute den Königen von Juda. 7 David wohnte ein Jahr und vier Monate bei den Philistern.

8 Von Ziklag aus unternahmen David und seine Männer Raubzüge. Mal fielen sie bei dem Nomadenstamm der Geschuriter ein, dann wieder bei den Girsitern oder bei den Amalekitern. Alle diese Stämme wohnten südlich von Juda bis hinunter nach Schur und an die Grenze zu Ägypten. 9 Bei diesen Überfällen ließen sie weder Männer noch Frauen am Leben. Doch die Schafe, Rinder, Esel, Kamele und auch die Kleider nahmen sie als Beute mit.

Wenn David zurückkam, 10 fragte Achisch ihn jedes Mal: »Wo bist du heute eingefallen?« »In das südliche Gebiet Judas«, log David dann oder: »Bei der jüdischen Sippe der Jerachmeeliter« oder: »Ins südliche Gebiet der Keniter.« 11 Um nicht als Lügner entlarvt zu werden, brachte David bei seinen Raubzügen alle Menschen um, anstatt sie nach Gat auf den Sklavenmarkt zu bringen. Denn er wollte verhindern, dass sie ihn verrieten und dem König sein Doppelspiel aufdeckten.

So handelte David während seiner ganzen Zeit bei den Philistern. 12 Achisch glaubte ihm alles. Er dachte: »Jetzt muss David in meinem Dienst bleiben, denn er hat sich bei seinen Landsleuten verhasst gemacht!«

28 In dieser Zeit zogen die Philister wieder ihre Truppen zusammen, um Israel anzugreifen. Achisch sagte zu David: »Ich erwarte von dir, dass du und deine Männer mit uns in den Kampf ziehen!«

2 »Einverstanden«, antwortete David, »du wirst selbst sehen, was ich fertig bringe.« »Gut«, fuhr Achisch fort, »ich will, dass du für die ganze Zeit dieses Feldzugs mein Leibwächter bist.«

Saul sucht Rat bei einer Totenbeschwörerin

3 Samuel war gestorben und in seiner Heimatstadt Rama beerdigt worden. Ganz Israel hatte für ihn die Totenklage gehalten.

Als Saul König geworden war, hatte er alle Totenbeschwörer und Wahrsager aus Israel vertrieben.

4 Nun hatten die Philister ihre Truppen zusammengezogen und ihr Lager bei Schunem aufgeschlagen. Auch Saul ließ die israelitischen Soldaten antreten. Ihr Lager befand sich auf dem Gilboagebirge. 5 Als Saul das riesige Heer der Philister sah, packte ihn die Angst. 6 Er fragte den Herrn um Rat, erhielt aber keine Antwort, weder durch Träume noch durch das Los, noch durch einen Propheten. 7 In seiner Verzweiflung befahl Saul seinen Dienern: »Geht los, und sucht eine Totenbeschwörerin! Ich will zu ihr gehen und sie um Rat fragen.« Die Diener antworteten: »In En-Dor ist eine Frau, die Tote beschwören kann.«

27,2 21,11–16 **27,3** 25,42–43 **27,6** Jos 15,31 **27,8** 2 Mo 17,14–16* **28,3** 25,1; 3 Mo 19,31 **28,6** 14,37; 2 Mo 28,30*

8 Saul verhüllte sein Gesicht, zog andere Kleider an und machte sich mit zwei Männern auf den Weg nach En-Dor.

Es war Nacht, als er bei der Frau ankam. »Ich möchte, dass du mir durch den Geist eines Verstorbenen die Zukunft voraussagst«, begann Saul. »Ich will mit einem ganz bestimmten Menschen reden. Bitte beschwör seinen Geist, damit er aus dem Totenreich heraufkommt!« 9 Doch die Frau entgegnete: »Du weißt doch, dass König Saul das verboten hat. Hast du vergessen, mit welcher Härte er alle Totenbeschwörer und Wahrsager aus Israel vertrieben hat? Warum stellst du mir diese Falle? Willst du mich töten?« 10 Da legte Saul einen Eid ab: »Ich schwöre dir beim Herrn, dass du dafür nicht bestraft wirst!« 11 »Wen soll ich dir heraufholen?«, wollte die Frau wissen. »Ruf Samuel herauf!«, antwortete Saul.

12 Als die Totenbeschwörerin Samuel kommen sah, schrie sie laut auf und fuhr Saul an: »Warum hast du mich hereingelegt? Du selbst bist Saul!« 13 Saul beruhigte sie: »Du brauchst deswegen keine Angst zu haben. Sag, was siehst du?« »Ich sehe einen Geist aus der Erde heraufsteigen«, antwortete sie. 14 »Wie sieht er aus?«, fragte Saul. »Es ist ein alter Mann. Er ist in einen Prophetenmantel gehüllt.«

Da wusste Saul, dass es Samuel war. Voller Ehrfurcht verbeugte er sich, bis sein Gesicht die Erde berührte, und warf sich dann zu Boden. 15 »Warum störst du meine Ruhe und lässt mich wieder heraufkommen?«, fragte Samuel ihn. Saul antwortete: »Weil ich keinen Ausweg mehr sehe. Die Philister führen Krieg gegen mich, und Gott hat mich verlassen. Er gibt mir keine Antwort mehr, weder durch Propheten noch durch Träume. Darum habe ich dich rufen lassen, damit du mir weiterhilfst und mir sagst, was ich tun soll.«

16 Samuel entgegnete: »Warum fragst du mich, wenn du doch genau weißt, dass *der Herr sich von dir abgewandt* hat und dein Feind geworden ist? 17 Er führt ja nur aus, was er dir längst durch mich ausrichten ließ: Er nimmt dir die Herrschaft und gibt sie David. 18 Der Herr bestraft dich, weil du ihm damals nicht gehorcht hast, als er dir befahl, sein Urteil an den Amalekitern zu vollstrecken. 19 Aber das ist noch nicht alles: Der Herr wird dich und mit dir ganz Israel in die Gewalt der Philister geben. Morgen schon werden du und deine Söhne bei mir im Totenreich sein. Außerdem wird der Herr dein ganzes Heer den Philistern ausliefern.«

20 Als Saul das hörte, fuhr ihm der Schreck in die Glieder, und er brach zusammen. Er war ohnehin schon geschwächt, weil er den ganzen Tag und die ganze Nacht nichts gegessen hatte.

21 Als die Totenbeschwörerin sah, wie bestürzt Saul war, trat sie zu ihm und sagte: »Mein König, ich habe vorhin auf dich gehört. Ich habe mein Leben aufs Spiel gesetzt und getan, was du von mir verlangt hast. 22 Nun lass dir auch von mir etwas sagen: Ich will dir schnell etwas zu essen machen. Du musst dich jetzt stärken für den Rückweg.« 23 Doch Saul wehrte ab: »Ich kann jetzt nichts essen!« Aber seine Diener und die Frau bedrängten ihn so sehr, dass er schließlich nachgab und sich aufs Bett setzte. 24 Die Frau hatte im Stall ein gemästetes Kalb. Das schlachtete sie in aller Eile. Dann nahm sie etwas Mehl, knetete einen Teig und backte schnell einige Brotfladen. 25 Das alles reichte sie dem König und seinen Begleitern. Sie aßen und machten sich noch in derselben Nacht auf den Rückweg.

Die Philister misstrauen David

29 Während das Heer der Israeliten bei der Quelle in der Nähe von Jesreel lagerte, sammelten die Philister ihre Truppen bei Afek. 2 Bei der Musterung marschierten alle Könige der Philister mit ihren Heeresabteilungen auf, als letzter Achisch mit David und seinen Leuten.

28,14 15,27 **28,15** 16,14 **28,17** 15,28 **28,18** 15,1–9.18–19 **28,19** 31,1–7 **29,1** 4,1

3 »Was haben denn diese Hebräer hier
verloren?«, wollten die Heerführer der
Philister wissen. Achisch antwortete:
»Das ist David, der früher im Dienste
König Sauls von Israel stand. Er ist nun
schon lange bei mir. Seit er zu mir über-
gelaufen ist, hatte ich noch nie etwas an
ihm auszusetzen.«
4 Doch die Heerführer wurden zornig
und befahlen Achisch: »Schick ihn gefäl-
ligst nach Hause! Er kann ja in der Stadt
bleiben, die du ihm überlassen hast. Aber
auf keinen Fall darf er mit uns gegen Is-
rael in den Krieg ziehen. Stell dir vor, er
würde mitten in der Schlacht nicht mehr
mit, sondern gegen uns kämpfen! Könnte
er sich wohl die Gunst seines Königs Saul
besser zurückerobern als mit den Köpfen
unserer Soldaten? 5 Das ist doch der Da-
vid, für den sie tanzten und sangen:
›Saul hat tausend Mann erschlagen,
David aber zehntausend.‹«
6 Da rief Achisch David zu sich und
sagte zu ihm: »Ich schwöre dir beim
Herrn, dass ich dich für ehrlich halte. Ich
hätte es sehr gern gesehen, wenn du mit
mir in diese Schlacht gezogen wärst.
Denn seit du in meinen Dienst getreten
bist, habe ich nichts Schlechtes von dir
gehört. Aber leider trauen die anderen
Heerführer der Philister dir nicht. 7 Da-
rum musst du wohl oder übel umkehren,
damit du nicht etwas tust, was sie ver-
ärgert.«
8 »Womit habe ich das verdient?«, woll-
te David wissen. »Hast du je etwas an mir
auszusetzen gehabt, seit ich in deinen
Diensten stehe? Warum darf ich nicht
mit in die Schlacht ziehen und gegen dei-
ne Feinde kämpfen, mein König?«
9 »Ich verstehe es ja auch nicht!«, ant-
wortete Achisch. »Soweit ich dich kenne,
bist du treu wie ein Engel Gottes. Aber
die Heerführer der Philister bestehen da-
rauf, dass du diesen Feldzug nicht mit-
machst. 10 Packt also morgen bei Tages-
anbruch eure Sachen – du und alle
früheren Untertanen Sauls –, und kehrt
in die Stadt zurück, die ich euch als
Wohnort überlassen habe. Macht euch in
aller Frühe fertig, und brecht auf, sobald
es hell wird!«
11 So packten David und seine Männer
früh am nächsten Morgen ihre Sachen
und kehrten ins Land der Philister zurück.
Die Philister aber zogen nach Jesreel.

David rächt sich an den Amalekitern

30 Zwei Tage später kamen David
und seine Männer nach Ziklag zu-
rück. Inzwischen waren die Amalekiter
im Südland eingefallen und hatten Ziklag
in Schutt und Asche gelegt. 2 Sie hatten
niemanden getötet, sondern alle Frauen
und Kinder gefangen genommen und
verschleppt. 3 David und seine Leute ka-
men zurück zu dem rauchenden Trüm-
merhaufen, der einmal Ziklag gewesen
war, und sahen, dass ihre Frauen, Söhne
und Töchter alle verschleppt worden wa-
ren. 4 Da schrien sie vor Schmerz laut auf
und weinten, bis sie völlig erschöpft wa-
ren. 5 Auch Davids Frauen – Ahinoam
aus Jesreel und Abigajil aus Karmel, die
Witwe Nabals – waren entführt worden.
6 David befand sich in einer schwieri-
gen Lage. Seine Leute sprachen schon
davon, ihn zu steinigen, denn alle waren
erbittert über den Verlust ihrer Söhne
und Töchter. Da suchte David Zuflucht
bei seinem Gott, und das Vertrauen auf
den Herrn gab ihm wieder Mut und
Kraft. 7 Er befahl dem Priester Abjatar,
dem Sohn Ahimelechs, die Tasche mit
den Losen zu holen. Als Abjatar mit den
Losen kam, 8 fragte David den Herrn:
»Soll ich dieser Räuberbande nachjagen?
Werde ich sie einholen?« Die Antwort
lautete: »Ja, verfolg sie! Du wirst sie ein-
holen und alle Gefangenen befreien.«
9/10 Da brachen David und seine 600 Män-
ner wieder auf. Beim Besorbach blieben
etwa 200 von ihnen zurück, denn sie wa-
ren so erschöpft, dass sie nicht mehr wei-
ter konnten. Die restlichen 400 Soldaten

29,3 27,7 **29,4** 27,6 **29,5** 18,7; 21,12 **29,9** 2 Sam 14,17.20; 19,28 **30,1** 27,6.8; 2 Mo 17,14–16*
30,5 25,42–43 **30,7** 22,20–21*

überquerten den Bach und setzten die
Verfolgung fort.
11 Unterwegs fanden sie einen jungen
Mann aus Ägypten, der auf freiem Feld
am Boden lag. Sie trugen ihn zu David
und gaben ihm erst einmal Brot und Was-
ser, 12 ein Stück Feigenkuchen und zwei
Hand voll gepresster Rosinen. Nachdem
er sich gestärkt hatte, kam er langsam
wieder zu Kräften. Er hatte drei Tage
lang nichts gegessen und getrunken.
13 »Zu wem gehörst du, und woher
kommst du?«, wollte David von ihm wis-
sen. Der Mann antwortete: »Ich bin ein
Ägypter, der Sklave eines Amalekiters.
Mein Herr hat mich hier liegen gelassen,
als ich vor drei Tagen krank wurde. 14 Wir
hatten vorher das südliche Stammes-
gebiet der Philister überfallen, dann auch
Gebiete von Juda, besonders den Süden,
wo die Nachkommen Kalebs wohnen.
Die Stadt Ziklag haben wir in Schutt
und Asche gelegt.«
15 David fragte: »Kannst du mir sagen,
wohin diese Räuberbande gezogen ist?«
Der Ägypter antwortete: »Wenn du mir
bei Gott schwörst, dass du mich nicht um-
bringst oder an meinen Herrn auslieferst,
dann führe ich dich zu ihnen.« 16 Und so
zeigte er David den Weg zum Lager der
Amalekiter. Die hatten sich über die gan-
ze Gegend zerstreut. Sie aßen und tran-
ken und feierten ein Freudenfest, denn
sie hatten bei ihren Raubzügen durch
das Land der Philister und durch Juda
reiche Beute gemacht.
17 Früh am nächsten Morgen, als es ge-
rade hell wurde, griff David mit seinen
Männern an. In einer langen Schlacht,
die bis zum Abend dauerte, schlugen sie
ihre Feinde. Bis auf 400 junge Männer,
die auf Kamelen flohen, konnte niemand
entrinnen. 18/19 David befreite die Gefan-
genen, auch seine beiden Frauen, und er-
oberte alles zurück, was die Amalekiter
erbeutet hatten. Seine Soldaten sahen
ihre Familien gesund wieder, niemand
wurde vermisst. Auch ihren Besitz gab
David ihnen zurück. 20 Die Rinder, Scha-
fe und Ziegen der Amalekiter nahm Da-
vid mit. Seine Leute trieben sie vor ihrem
eigenen Vieh her und sagten: »Das ist
Davids Beute!«

Die Verteilung der Beute

21 Die 200 Männer, die David vor Er-
schöpfung nicht mehr folgen konnten
und am Besorbach zurückgeblieben wa-
ren, liefen ihm und seinen Männern ent-
gegen, als diese zurückkehrten. David
ging auf sie zu und begrüßte sie freund-
lich. 22 Von denen, die mit David in den
Kampf gezogen waren, dachten einige
Männer jedoch nur an ihren eigenen Vor-
teil. Sie forderten: »Die hier haben uns in
der Schlacht im Stich gelassen. Also sol-
len sie auch nichts von der Beute bekom-
men, die wir unter Lebensgefahr den
Feinden entrissen haben! Ihre Frauen
und Kinder dürfen sie wieder mitneh-
men. Weiter haben sie hier nichts mehr
verloren.«
23 Doch da schritt David ein: »Nein,
meine Freunde, so machen wir es nicht!
Denn alles hat uns der Herr geschenkt!
Er hat uns bewahrt und uns über diese
Räuberhorde siegen lassen! 24 Und da
sollte jemand eurem Vorschlag zustim-
men? Wer zurückbleibt und das Lager
bewacht, soll genauso viel erhalten wie
jene, die in den Kampf ziehen. Alle sollen
die Beute miteinander teilen.«
25 Von da an wurde es immer so ge-
handhabt. David machte es zu einem Ge-
setz im israelitischen Recht, das noch
heute in Kraft ist.
26 Als David wieder in Ziklag war,
schickte er einen Teil der Beute an die
führenden Männer von Juda, die seine
Freunde waren; er ließ ihnen ausrichten:
»Diese Gabe ist für euch. Sie ist ein Teil
der Beute, die David den Feinden des
Herrn abgenommen hat.« 27 Er sandte
Geschenke an die Städte Betul, Rama
im Süden, Jattir, 28 Aroër, Sifmot, Eschte-
moa, 29–31 Karmel, Horma, Bor-Aschan,
Atach und Hebron, außerdem an die

30,24 4 Mo 31,27

Städte der Jerachmeeliter und der Keni-
ter und an alle anderen Orte, wo er sich
mit seinen Leuten aufgehalten hatte.

Der Tod Sauls und seiner Söhne
(1. Chronik 10,1–12)

31 Mittlerweile hatte zwischen den
Philistern und den Israeliten auf
dem Gilboagebirge die Schlacht begon-
nen. Die Israeliten versuchten zu fliehen,
aber die meisten von ihnen fielen.
[2]Die Philister hatten Saul und seine
Söhne eingekesselt. Jonatan, Abinadab
und Malkischua waren bereits getötet
worden, [3]um Saul tobte noch ein erbitter-
ter Kampf. Er wurde von den Pfeilen der
Bogenschützen getroffen und verwundet.
[4]Da flehte er seinen Waffenträger an:
»Zieh dein Schwert, und töte mich! Sonst
bringen mich diese unbeschnittenen Hei-
den um und treiben ihren Spott mit mir.«
Doch der Waffenträger weigerte sich. Er
wagte es nicht, den König umzubringen.
Da nahm Saul selbst sein Schwert und
stürzte sich hinein.
[5]Als der Diener sah, dass sein Herr tot
war, ließ auch er sich in sein Schwert fal-
len und starb zusammen mit dem König.
[6]So fielen an diesem Tag Saul, seine drei
Söhne, sein Waffenträger und alle seine
Männer.
[7]Als die Bewohner der Jesreelebene
und der umliegenden Gegend hörten,
dass die Israeliten geflohen und Saul und
seine Söhne gefallen waren, ergriffen
auch sie die Flucht. Die Philister nahmen
die verlassenen Städte in Besitz und
wohnten darin.
[8]Am Tag nach der Schlacht kehrten
die Philister noch einmal zum Schlacht-
feld auf dem Gilboagebirge zurück, um
die Gefallenen auszuplündern. Dabei
fanden sie die Leichen Sauls und seiner
drei Söhne, die immer noch dort lagen.
[9]Sie schlugen Saul den Kopf ab und zo-
gen ihm die Rüstung aus. Beides zeigten
sie durch Boten im ganzen Land herum
und verkündeten allen Bewohnern und
den Götzen die Nachricht vom Sieg.
[10]Schließlich legten sie Sauls Waffen im
Tempel der Göttin Astarte nieder. Seine
Leiche und die Leichen seiner Söhne
hängten sie an der Stadtmauer von Bet-
Schean auf.
[11]Als die Einwohner von Jabesch-Gile-
ad hörten, was die Philister mit Sauls Lei-
che getan hatten, [12]machten sich sofort
alle wehrfähigen Männer der Stadt auf
den Weg. Sie marschierten die ganze
Nacht hindurch nach Bet-Schean. Dort
holten sie die Leichen Sauls und seiner
Söhne von der Stadtmauer herunter,
brachten sie nach Jabesch und verbrann-
ten sie dort. [13]Die Gebeine begruben sie
unter der großen Tamariske in Jabesch.
Danach trauerten und fasteten sie eine
Woche lang.

31,1–7 28,19 **31,4** Ri 9,54 **31,9** 17,54 **31,13** 2 Sam 1,12

Das zweite Buch Samuel

David erfährt von Sauls und Jonatans Tod

1 König Saul war in der Schlacht gegen die Philister umgekommen. Nachdem David von seinem Vergeltungsschlag gegen die Amalekiter nach Ziklag zurückgekehrt war, [2]erschien zwei Tage später bei ihm ein Mann aus Sauls Heer. Als Zeichen der Trauer waren seine Kleider zerrissen und sein Haar voller Erde. Er warf sich ehrerbietig vor David zu Boden. [3]»Woher kommst du?«, fragte David. Der Mann antwortete: »Ich habe im israelitischen Heer gekämpft und konnte den Feinden entkommen.« [4]»Wie ist die Lage?«, wollte David wissen. »Erzähl es mir!« Da berichtete der Mann: »Viele unserer Soldaten liegen gefallen oder schwer verwundet auf dem Schlachtfeld, und der Rest ist geflohen. Auch Saul und sein Sohn Jonatan sind tot.«

[5]»Woher weißt du, dass Saul und Jonatan tot sind?«, unterbrach David ihn. [6]Der junge Mann fuhr fort: »Ich kam zufällig ins Bergland von Gilboa. Dort entdeckte ich Saul, der sich auf seinen Speer stützte. Die feindlichen Wagen und Reiter schlossen den Kreis um ihn immer enger. [7]Er drehte sich um, sah mich und rief mir zu, ich solle herkommen. [8]Als ich bei ihm war, fragte er: ›Wer bist du?‹ ›Ich bin ein Amalekiter‹, antwortete ich. [9]Da bat er mich: ›Komm und töte mich, denn ich bin schwer verwundet und schon ganz schwach, aber immer noch bei vollem Bewusstsein.‹ [10]Ich erfüllte ihm seine letzte Bitte: Ich erstach ihn, denn ich wusste ja, dass der Kampf verloren war und Saul sowieso sterben würde. Dann nahm ich ihm die Krone und den Armreif ab, um sie dir, meinem Herrn und Gebieter, zu überbringen.«

[11]Da zerrissen David und die Männer, die bei ihm standen, ihre Gewänder. [12]Sie weinten und trauerten um Saul, seinen Sohn Jonatan und um das ganze Volk des Herrn, weil so viele Israeliten in der Schlacht umgekommen waren. Bis zum Abend fasteten sie.

[13]David fragte den jungen Mann, der ihm die Nachricht überbracht hatte: »Woher kommst du?« »Ich bin der Sohn eines Einwanderers aus Amalek«, antwortete er. [14]Da fuhr David ihn an: »Wie konntest du es wagen, den König umzubringen, den der Herr auserwählt hat?« [15]Er befahl einem der jungen Männer, die bei ihm standen: »Komm her und töte ihn!« Der Mann gehorchte und stach den Amalekiter nieder. Bevor er starb, [16]sagte David noch zu ihm: »Das ist die gerechte Strafe für dein Verbrechen! Du selbst hast dich zum Tod verurteilt, als du sagtest: ›Ich habe den König umgebracht, den der Herr erwählt hat.‹«

Davids Klagelied

[17]David dichtete ein Klagelied über Sauls und Jonatans Tod. [18]Er ordnete an, dass alle Bewohner von Juda es auswendig lernen sollten. Es wird das »Bogenlied« genannt und steht im »Buch des Rechtschaffenen«:

[19]Ach, Israel, erschlagen liegen sie auf deinen Hügeln, die Soldaten, die dein ganzer Stolz und deine Freude waren! Deine Helden sind tot, im Kampf gefallen.

1,1 1 Sam 31,6; 30,26 **1,6** 1 Sam 31,1–3 **1,10** 1 Sam 31,4 **1,14** 1 Sam 24,7; 26,9 **1,15** 4,10–12
1,18 Jos 10,13

[20]Verheimlicht es den Städten Gat und
Aschkelon, verkündet diese Nachricht
nicht in ihren Gassen! Die Mädchen der
Philister sollen keine Freudenlieder sin-
gen, die Frauen dieser Heiden keine Rei-
gen tanzen.
[21]Ihr Berge von Gilboa, kein Tau soll
euch bedecken und kein Regen fallen,
nie mehr soll Korn auf euren Äckern
wachsen, weil dort die blutverschmierten
Schilde liegen, die einst unseren besten
Soldaten gehörten. Sauls Schild hat sei-
nen Glanz verloren, sein Leder wird
nicht mehr mit Öl gepflegt.

[22]Die Pfeile Jonatans verfehlten nie das
Ziel, nie schlug das Schwert von König
Saul daneben. Stets trieften ihre Waffen
vom Blut der Durchbohrten, sie glänzten
vom Fett der erstochenen Helden.
[23]Saul und Jonatan – jeder liebte und ver-
ehrte sie! Unzertrennlich waren sie im
Leben, und nun sind sie auch im Tod ver-
eint. Sie waren schneller noch als Adler,
stärker als der stärkste Löwe.
[24]Ihr Frauen von Israel, trauert und weint
um König Saul, der euch Kleider aus Pur-
pur gab und euch mit goldenem Schmuck
beschenkte!

[25]Die Helden sind tot, im Kampf gefal-
len. Durchbohrt liegt Jonatan auf deinen
Bergen, Israel.
[26]Mein Bruder Jonatan, wie schmerzt
mich dein Verlust! Du warst mir lieber
als der größte Schatz der Welt. Niemals
kann die Liebe einer Frau ersetzen, was
deine Freundschaft mir bedeutet hat.
[27]Die Helden sind tot, im Kampf gefal-
len, unsere besten Männer haben wir ver-
loren.

David wird König von Juda

2 Danach fragte David den Herrn:
»Soll ich nach Juda zurückkehren?«
»Ja«, antwortete der Herr, »geh wieder
dorthin.« »In welcher Stadt soll ich mich
niederlassen?« fragte David weiter. »In
Hebron«, sagte der Herr. [2]So zog David
nach Hebron im judäischen Bergland.
Seine beiden Frauen, Ahinoam aus Jes-
reel und Abigajil aus Karmel, die Witwe
Nabals, gingen mit ihm. [3]David wollte
seine Soldaten in der Nähe behalten, des-
halb siedelte er sie mit ihren Familien in
den umliegenden Ortschaften an. [4]Eines
Tages kamen die Männer von Juda zu
David nach Hebron und salbten ihn zu
ihrem König.

Als David hörte, dass die Einwohner
der Stadt Jabesch im Gebiet von Gilead
Saul beerdigt hatten, [5]ließ er ihnen durch
Boten sagen: »Der Herr möge euch dafür
belohnen, dass ihr eurem Herrn, König
Saul, diese letzte Ehre erwiesen und ihn
begraben habt! [6]Ohne Ende möge der
Herr euch Gutes tun und euch seine Lie-
be erweisen. Aber auch ich will euch für
diese gute Tat belohnen. [7]Seid stark, und
lasst euch nicht entmutigen! Euer König
Saul ist zwar gestorben, aber der Stamm
Juda hat mich zu seinem Nachfolger er-
nannt.«

Isch-Boschet wird König von Israel

[8]Sauls Heerführer Abner, ein Sohn Ners,
hatte Isch-Boschet[a], einen Sohn Sauls,
nach Mahanajim in Sicherheit gebracht
[9]und ihn dort zum König ausgerufen.
Sein Herrschaftsgebiet umfasste die
Landstriche von Gilead und Jesreel, die
Gebiete der Stämme Asser, Ephraim
und Benjamin und das restliche Israel.
[10]Nur der Stamm Juda stand hinter Da-
vid. Isch-Boschet wurde mit 40 Jahren
König und regierte zwei Jahre. [11]David
herrschte siebeneinhalb Jahre in Hebron
als König über Juda.

---

[a] Isch-Boschet hieß ursprünglich Isch-Baal. Die Schreiber wollten den Namen Baal (kanaanitische Gottheit) nicht nennen und änderten ihn deshalb in Boschet (»Schande«).

1,26 1 Sam 18,3* **2,1** 1 Sam 30,7–8 **2,2** 1 Sam 25,42–43 **2,4** 5,3; 1 Sam 31,11–13 **2,8** 1 Sam 14,50*

Beginn des Bürgerkriegs zwischen Israel und Juda

12 Abner marschierte mit den Soldaten Isch-Boschets, des Sohnes Sauls, von Mahanajim nach Gibeon. 13 Davids Heer zog ihm unter der Führung Joabs, des Sohnes von Davids Schwester Zeruja, entgegen. Beim Teich von Gibeon trafen sie aufeinander. Abner und seine Truppen lagerten auf der einen Seite des Teiches, Joabs Männer auf der anderen. 14 Abner schlug Joab vor: »Lass uns Kampfspiele veranstalten, die jungen Soldaten sollen gegeneinander antreten!« Joab war einverstanden, 15 und so stellte jede Seite ihre Kämpfer: zwölf für Isch-Boschet und den Stamm Benjamin und zwölf für David. 16 Als der Kampf begann, packten die Gegner einander an den Haaren, und jeder stieß dem anderen das Schwert in die Seite. Alle vierundzwanzig waren auf einen Schlag tot. Später nannte man diesen Platz bei Gibeon Helkat-Hazzurim (»Felsenfeld«).

17 Nun kam es zwischen den Truppen zum erbitterten Kampf. Abner und seine israelitischen Soldaten unterlagen dem Heer Davids und ergriffen die Flucht. 18 Auch Joabs Brüder Abischai und Asaël, die Söhne von Davids Schwester Zeruja, nahmen an der Schlacht teil. Asaël war schnell und flink wie eine Gazelle. 19 Er jagte dem fliehenden Abner nach und ließ sich durch niemanden aufhalten. 20 Plötzlich drehte Abner sich um und rief: »Bist du es, Asaël?« »Ja, ich bin es«, antwortete er. 21 Abner schrie: »Hör auf, mich zu verfolgen! Kämpf doch lieber mit einem der jungen Soldaten, an denen du vorbeigerannt bist. Ihm kannst du Rüstung und Waffen abnehmen.«

Aber Asaël ließ sich nicht umstimmen und lief weiter. 22 »Ich warne dich!«, drohte Abner. »Verfolge mich nicht länger, sonst zwingst du mich, dich zu töten. Wie könnte ich dann deinem Bruder Joab *noch in die Augen sehen?*« 23 Doch Asaël hörte nicht auf ihn. Da stieß Abner ihm das hintere Ende seines Speeres mit solcher Wucht in den Bauch, dass es am Rücken wieder herauskam. Asaël brach zusammen und starb. Jeder, der vorbeikam und ihn dort liegen sah, blieb entsetzt stehen.

24 Auch Joab und Abischai jagten Abner nach. Als die Sonne unterging, kamen sie zum Hügel Amma; er liegt gegenüber von Giach an der Straße, die von Gibeon in die Wüste führt. 25 Die Männer vom Stamm Benjamin sammelten sich um Abner und folgten ihm auf einen Hügel. 26 Abner rief zu Joab hinüber: »Wie lange soll das Schwert noch morden? Denkst du nicht daran, dass dieser Krieg nur Leid und Hass mit sich bringt? Befiehl deinen Leuten endlich, uns, ihre Brüder, nicht weiter zu verfolgen!«

27 Joab erwiderte: »Ich schwöre dir, so wahr der Herr lebt: Hättest du das nicht gesagt, dann hätten meine Leute euch noch die ganze Nacht gejagt.« 28 Er blies das Horn, und seine Soldaten machten halt; sie gaben die Verfolgung der Israeliten auf und stellten den Kampf ein.

29 In der Nacht traten Abner und seine Truppen den Rückzug an. Sie marschierten durch die Jordanebene, überquerten den Jordan und gelangten schließlich durch die Schlucht wieder nach Mahanajim.

30 Nachdem Joab die Verfolgung Abners abgebrochen hatte, sammelte er seine Männer um sich. Außer Asaël waren weitere 19 Soldaten gefallen. 31 Doch ihre Gegner hatten viel größere Verluste zu beklagen: 360 Mann aus Abners Heer waren umgekommen, die meisten gehörten zum Stamm Benjamin. 32 Joab und seine Männer nahmen die Leiche Asaëls mit und begruben sie auf dem Rückweg im Grab seines Vaters in Bethlehem. Noch in derselben Nacht zogen sie weiter und erreichten im Morgengrauen Hebron.

3 Nun begann ein langer Krieg zwischen den Anhängern von Sauls Sohn Isch-Boschet und Davids Anhängern.

2,13 3,23–27; 8,16; 17,25; 18,10–15; 19,2–8; 20,8–10; 24,2; 1 Kön 1,7; 2,5–6.28–34 **2,18** 1 Sam 26,6*

Mit der Zeit wurde David immer stärker
und mächtiger, während die andere Seite
an Macht und Ansehen verlor.

Die Familie Davids in Hebron

2 Als David in Hebron wohnte, wurden
ihm einige Söhne geboren: Der älteste
hieß Amnon, seine Mutter war Ahinoam
aus Jesreel. 3 Danach kam Kilab, seine
Mutter war Abigajil aus Karmel, die Wit-
we Nabals. Der dritte Sohn war Absalom,
seine Mutter hieß Maacha und war eine
Tochter Talmais, des Königs von Ge-
schur. 4 Der vierte Sohn hieß Adonija,
seine Mutter war Haggit. Der fünfte war
Schefatja, seine Mutter hieß Abital. 5 Ji-
tream, der sechste, war der Sohn von Da-
vids Frau Egla. Diese sechs Söhne wur-
den in Hebron geboren.

Abner und Isch-Boschet geraten aneinander

6 Während des Krieges zwischen Isch-Bo-
schet und David hielt Abner treu zum
Königshaus Sauls.
7 Eines Tages aber stellte Isch-Boschet
Abner zur Rede, weil er mit einer Neben-
frau des verstorbenen Königs Saul ge-
schlafen hatte. Die Frau hieß Rizpa und
war eine Tochter Ajjas. 8 Abner wurde
wütend und beschimpfte Isch-Boschet:
»Was denkst du eigentlich, wer ich bin?
Ein Verräter, der zum Stamm Juda hält?
Die ganze Zeit schon kämpfe ich mit al-
ler Kraft für das Königshaus deines Va-
ters, ich helfe seinen Verwandten und
Freunden. Dich habe ich beschützt, da-
mit du David nicht in die Hände fällst.
Und was ist der Dank? Wegen einer
Frauengeschichte führst du dich nun so
auf! 9/10 Ich habe genug von dir! Von jetzt
an unterstütze ich David. Der Herr hat
schließlich geschworen, dass er Sauls Fa-
milie vom Thron stoßen und David die
Herrschaft geben wird. Gott soll mich
hart bestrafen, wenn ich nicht dafür sor-
ge, dass David bald König ist über ganz
Israel und Juda, von Dan im Norden bis
Beerscheba im Süden!«
11 Isch-Boschet brachte kein Wort mehr
heraus, denn er hatte große Angst vor
Abner.

Abner verhandelt mit David

12 Abner schickte Boten zu David und ließ
ihm sagen: »Ich weiß so gut wie du, wem
die Herrschaft über unser Land zusteht.
Darum mache ich dir einen Vorschlag:
Verbünde dich mit mir! Ich stelle mich
auf deine Seite und sorge dafür, dass ganz
Israel dich als König anerkennt.«
13 »Gut«, antwortete David, »ich werde
mich mit dir verbünden, doch nur unter
einer Bedingung: Du musst mir meine
Frau Michal, die Tochter Sauls, mitbrin-
gen. Sonst verhandle ich nicht mit dir.«
14 Zugleich sandte David Boten zu Sauls
Sohn Isch-Boschet mit der Forderung:
»Gib mir meine Frau Michal zurück! Ich
habe für sie einen Brautpreis bezahlt: die
Vorhäute von hundert Philistern.« 15 Isch-
Boschet ließ Michal von ihrem zweiten
Mann Paltiël, einem Sohn Lajischs, weg-
holen. 16 Der Mann konnte sich aber nicht
von ihr trennen. Weinend lief er ihr nach
bis Bahurim. Schließlich fuhr Abner ihn
an: »Geh endlich zurück!« Da erst kehrte
er um.
17 Abner hatte vorher mit den Ältesten
Israels eine Unterredung gehabt und
ihnen gesagt: »Ihr wolltet doch schon lan-
ge, dass David euer König wird. 18 Jetzt ist
der Augenblick zum Handeln gekommen!
Der Herr selbst hat ja versprochen:
›Durch meinen Diener David will ich
mein Volk aus der Gewalt der Philister
und aller anderen Feinde befreien.‹«
19 Das Gleiche sagte Abner auch den füh-
renden Männern des Stammes Benjamin.
Danach reiste er nach Hebron, um David
zu melden, was die Ältesten von Israel und
vom Stamm Benjamin beschlossen hatten.
20 Eine Abordnung von zwanzig Män-
nern begleitete Abner nach Hebron.
Dort gab David ein Festessen für sie.

3,2–3 1 Sam 25,42–43 **3,7** 21,8 **3,9–10** 1 Sam 13,14; 15,28 **3,14** 1 Sam 18,27 **3,15** 1 Sam 25,44

21 Bevor Abner sich wieder verabschiede-
te, sagte er zu David: »Ich gehe nun zu-
rück und lasse die Vertreter des ganzen
Volkes zu einer Versammlung kommen,
an der auch du, mein Herr, teilnehmen
sollst. Ich werde dafür sorgen, dass sie
dich als ihren neuen König anerkennen
und einen Bund mit dir schließen. Dann
bist du König über das ganze Land, wie
du es dir schon lange gewünscht hast!«
David verabschiedete Abner und ließ
ihn unbehelligt gehen.

Abners Ermordung

22 Kurz darauf kam Joab mit Davids Sol-
daten von einem Streifzug zurück. Sie
hatten reiche Beute gemacht. 23 Kaum
waren sie in der Stadt, wurde Joab be-
richtet: »Abner, der Sohn Ners, ist beim
König gewesen, und der ließ ihn unbehel-
ligt wieder ziehen.« 24 Sofort lief Joab
zum König und rief: »Was habe ich da ge-
hört? Abner war hier, und du hast ihn
einfach wieder gehen lassen? 25 Du
kennst ihn doch, er heuchelt dir nur et-
was vor! In Wirklichkeit wollte er aus-
spionieren, was du tust und vorhast.«

26 Joab schickte einige Boten hinter
Abner her, die ihn zurückbringen sollten.
Bei der Zisterne von Sira holten sie ihn
ein, und er kehrte mit ihnen um; der Kö-
nig aber wusste nichts davon. 27 Als Ab-
ner in Hebron angekommen war, nahm
Joab ihn beiseite und führte ihn in einen
Raum im Stadttor, als wollte er heimlich
etwas mit ihm besprechen. Doch plötz-
lich zog er sein Schwert und stieß es Ab-
ner in den Bauch. So brachte Joab ihn um
und rächte sich dafür, dass er seinen Bru-
der Asaël getötet hatte.

28 Als David davon erfuhr, rief er: »Ich
schwöre vor dem Herrn, dass ich unschul-
dig bin an Abners Tod, und auch meine
Nachfolger sollen niemals dafür büßen
müssen! 29 Joab allein trägt die Verant-
wortung. Ihn und seine Familie wird die
gerechte Strafe treffen: Von jetzt an sol-
len immer einige seiner Nachkommen
eine Geschlechtskrankheit haben, aussät-
zig oder lahm sein, ermordet werden
oder Hunger leiden.« 30 So rächten sich
Joab und sein Bruder Abischai an Abner.
Sie ermordeten ihn, weil er in der
Schlacht bei Gibeon ihren Bruder Asaël
getötet hatte.

David trauert um Abner

31/32 David befahl Joab und den anderen,
die bei ihm waren: »Zerreißt eure Ge-
wänder, hüllt euch in Trauerkleider aus
Sacktuch, und haltet die Totenklage um
Abner!« Die Beerdigung fand in Hebron
statt. Im Trauerzug ging David direkt
hinter der Bahre her. Am Grab begann
er laut zu weinen, und alle Versammelten
weinten mit. 33 Dann stimmte David die-
ses Klagelied für Abner an:

34 »Abner, warum musstest du wie ein
Verbrecher sterben? Deine Hände waren
nicht gebunden, deine Füße lagen nicht
in Ketten. Nein, Mördern fielst du in die
Hände, du warst ihnen schutzlos aus-
geliefert.«

Da weinten alle noch lauter um den To-
ten. 35 Den ganzen Tag über wollten die
Leute David dazu überreden, etwas zu
essen. Doch er schwor: »Gott soll mich
hart bestrafen, wenn ich vor Sonnen-
untergang auch nur einen Bissen Brot
esse!« 36 Die Leute beobachteten, wie
David sich verhielt, und es gefiel ihnen.
Ja, an allem, was der König tat, fand das
Volk Gefallen. 37 Wer bei der Beerdigung
gewesen war, war überzeugt, dass David
nichts mit dem Mord an Abner zu tun
hatte, und alle Israeliten dachten ebenso.
38 David sagte zu seinen Hofleuten:
»Heute ist ein großer und bedeutender
Mann aus Israel umgebracht worden.
39 Ich bin erst vor kurzem zum König ge-
salbt worden und besitze noch nicht ge-
nug Macht, um gegen meine beiden Nef-
fen Joab und Abischai vorzugehen. Möge
der Herr sie für ihre Bosheit bestrafen!«

3,23 2,13* **3,27** 2,23; 1 Kön 2,5 **3,29** 1 Kön 2,31–34 **3,33–34** 1,17–27 **3,39** 1 Chr 2,13–16

Isch-Boschet wird ermordet

4 Als Isch-Boschet, der Sohn Sauls, hörte, dass Abner in Hebron ermordet worden war, verlor er jeden Mut. Auch das ganze Volk war entsetzt. [2] Isch-Boschet ernannte zwei Brüder zu seinen Heerführern: Baana und Rechab, die Söhne Rimmons. Sie kamen aus Beerot im Gebiet des Stammes Benjamin. [3] Die Einwohner von Beerot mussten später aus ihrer Heimat fliehen und siedelten sich in Gittajim an, wo sie bis heute als Ausländer wohnen.

[4] Zu dieser Zeit lebte noch ein Enkel von König Saul: Mefi-Boschet[a], ein Sohn Jonatans. Er war 5 Jahre alt gewesen, als die schreckliche Nachricht von Sauls und Jonatans Tod aus Jesreel eintraf. Seine Amme hatte den Jungen genommen und war geflohen. Doch in der Hetze hatte sie ihn fallen lassen, und seither konnte er nicht mehr richtig laufen.

[5] Eines Tages nun kamen Rechab und Baana, die Söhne Rimmons aus Beerot, am Mittag zu Isch-Boschets Haus. Es war sehr heiß, und Isch-Boschet hatte sich zum Schlafen hingelegt. [6/7] Die beiden gingen ins Haus, unter dem Vorwand, sie wollten einen Sack Weizen aus der Vorratskammer holen. Sie schlichen sich in Isch-Boschets Zimmer und erstachen den Schlafenden auf seinem Bett. Dann schlugen sie ihm den Kopf ab und machten sich damit auf und davon.

Die ganze Nacht durchquerten sie die Jordanebene, [8] bis sie schließlich in Hebron ankamen. Dort zeigten sie König David den Kopf und sagten: »Hier bringen wir dir den Kopf Isch-Boschets, dessen Vater Saul dein Feind war und dir nach dem Leben trachtete. Heute nun hat sich der Herr für dich an Saul und an seiner Familie gerächt.«

David bestraft die Mörder

[9] Aber David antwortete den Söhnen Rimmons, Rechab und Baana, aus Beerot: »So wahr der Herr lebt, der mir in allen Schwierigkeiten geholfen hat: [10] Der Mann, der mir damals in Ziklag Sauls Tod meldete, glaubte auch, er würde mir eine gute Nachricht bringen. Aber ich richtete ihn hin – so bekam er den verdienten Lohn. [11] Wie viel schlimmer noch ist euer Verbrechen: Ihr gottlosen Mörder habt einen rechtschaffenen Mann zu Hause in seinem Bett ermordet. Ist es da nicht erst recht meine Pflicht, euch für diese Bluttat zu bestrafen? Mit dem Tod sollt ihr dafür büßen!«

[12] David befahl, die beiden hinzurichten. Seine Diener töteten sie, schlugen ihnen Hände und Füße ab und hängten ihre Leichen beim Teich von Hebron auf. Den Kopf Isch-Boschets begruben sie in Abners Grab in Hebron.

David wird König über ganz Israel
(1. Chronik 11,1–3)

5 Aus allen Stämmen Israels kamen Gesandte zu David nach Hebron und sagten zu ihm: »Wir sind dein Volk und gehören zu dir. [2] Schon damals, als Saul noch König war, bist du es gewesen, der Israels Heer in den Kampf geführt und siegreich wieder zurückgebracht hat. Zu dir hat der Herr gesagt: ›Du bist der Mann, der mein Volk Israel weiden soll wie ein Hirte seine Schafe. Dich habe ich zum neuen König über Israel bestimmt.‹« [3] Dann versammelten sich alle Ältesten Israels in Hebron. König David schloss mit ihnen einen Bund, und sie riefen den Herrn als Zeugen an. Sie salbten David und setzten ihn zum König über Israel ein.

[4] David war 30 Jahre alt, als er König wurde; er regierte insgesamt vierzig Jahre lang: [5] zunächst siebeneinhalb Jahre in

---

[a] Mefi-Boschet hieß ursprünglich Mefi-Baal. Die Schreiber wollten den Namen Baal (kanaanitische Gottheit) nicht nennen und änderten ihn deshalb in Boschet (»Schande«).

4,1 2,8–9; 3,27 **4,4** 9,1–13 **4,10** 1,15 **5,2** 1 Sam 18,13–16 **5,3** 2,4; 1 Sam 16,13 **5,5** 2,11; 1 Chr 3,4

Hebron als König über Juda und dann dreiunddreißig Jahre in Jerusalem als König über Israel und Juda.

David erobert Jerusalem
(1. Chronik 11,4–9)

6 Nachdem David König geworden war, unternahm er mit seinen Soldaten einen Feldzug gegen die Stadt Jerusalem. In dieser Gegend wohnte immer noch der kanaanitische Stamm der Jebusiter. Die Einwohner verhöhnten David: »In unsere Stadt wirst du nie hereinkommen! Selbst unsere Lahmen und Blinden könnten dich in die Flucht schlagen.« Sie waren sicher, dass es David nicht gelingen würde, die Stadt einzunehmen.

7 Doch David und seine Truppen eroberten die Festung Zion, die später
»Stadt Davids« genannt wurde. 8 An dem
Tag, als sie Jerusalem angriffen, sagte er zu seinen Soldaten: »Wer durch den Wasserschacht in die Stadt gelangt und die Jebusiter überwältigt, soll sie umbringen, diese Blinden und Lahmen, denn ich hasse sie!« So entstand die Redensart: »Blinde und Lahme dürfen nicht ins Haus des Herrn kommen.«

9 Nach der Eroberung machte David die Festung zu seiner Residenz und nannte sie »Stadt Davids«. Ringsum baute er die Stadt weiter aus. Er begann damit bei den Verteidigungsanlagen und ging dann nach innen vor bis zur Festung.

10 So wurde Davids Macht immer größer, denn der Herr, der allmächtige Gott, stand ihm bei.

David baut seine Macht aus
(1. Chronik 14,1–7)

11 Eines Tages schickte König Hiram von Tyrus eine Gesandtschaft zu David. Es waren Maurer und Zimmerleute dabei, sie brachten Zedernholz mit und bauten
David einen Palast. 12 So erlebte er, wie
der *Herr ihn als König bestätigte* und ihn aus Liebe zu seinem Volk zu großem Ruhm gelangen ließ.

13 Nachdem David von Hebron nach Jerusalem gezogen war, heiratete er noch weitere Frauen und Nebenfrauen und bekam noch mehr Söhne und Töchter.
14 Die Söhne, die in Jerusalem zur Welt
kamen, hießen: Schammua, Schobab, Nathan, Salomo, 15 Jibhar, Elischua, Nefeg,
Jafia, 16 Elischama, Eljada und Elifelet.

Siege über die Philister
(1. Chronik 14,8–17)

17 Als die Philister hörten, dass David zum König von Israel gekrönt worden war, zogen sie mit ihrem Heer nach Israel, um ihn gefangen zu nehmen. Doch David wurde rechtzeitig gewarnt und verschanzte sich in einer Bergfestung.

18 Die Philister schlugen ihr Lager in
der Refaïmebene auf. 19 David fragte den
Herrn: »Soll ich die Philister angreifen? Wirst du mir den Sieg geben?« Der Herr antwortete: »Greif an! Ich verspreche dir,
dass du sie schlagen wirst.« 20 David zog
mit seinen Soldaten nach Baal-Perazim und besiegte die Philister. Nach der Schlacht bezeugte er: »Wie Wassermassen einen Damm durchbrechen, so hat der Herr heute die Schlachtreihen der Feinde vor meinen Augen durchbrochen.« Deshalb nannte David den Ort der Schlacht Baal-Perazim (»Herr des
Durchbruchs«). 21 Auf der Flucht ließen
die Philister ihre Götzenfiguren zurück. David und seine Soldaten nahmen sie als Beute mit.

22 Doch die Philister gaben nicht auf. Sie zogen noch einmal nach Israel und lagerten auch diesmal in der Refaïmebene.
23 Wieder bat David den Herrn um Wei-
sung, und er antwortete ihm: »Greift sie diesmal nicht von vorne an, sondern umgeht sie, und fallt ihnen bei den Balsam-
stauden in den Rücken! 24 Sobald du in
den Wipfeln der Balsamsträucher ein Geräusch wie von Schritten hörst, greif

---

5,6–9 Jos 15,63* **5,8** 3 Mo 21,18; Mt 21,14 **5,10** 3,1 **5,11** 1 Kön 5,15 **5,13** 3,2–5 **5,19.23** 2,1; 1 Sam 30,7–8

sofort an! Denn dann weißt du, dass ich
selbst dir vorausgegangen bin, um das
Heer der Philister zu schlagen.«
25 David tat, was der Herr ihm befohlen
hatte. Unter seiner Führung schlugen die
Israeliten die Philister und verfolgten sie
von Gibeon bis weit in die Ebene hinun-
ter nach Geser.

David holt die Bundeslade nach Jerusalem
(1. Chronik 13; 15,25 –16,3)

6 Noch einmal ließ David alle führen-
den Männer Israels zusammenkom-
men, es waren 30 000 Mann. 2 Gemeinsam
mit ihnen zog er nach Baala[a] im Stam-
mesgebiet von Juda, um die Bundeslade
von dort nach Jerusalem zu bringen. Sie
war dem Herrn geweiht, dem allmächti-
gen Gott, der über den beiden Cherub-
Engeln thronte. 3/4 Man holte sie aus dem
Haus Abinadabs auf dem Hügel und lud
sie auf einen neuen Wagen, der von Rin-
dern gezogen wurde. Die beiden Söhne
Abinadabs, Usa und Achjo, lenkten ihn.
Achjo ging vor dem Gespann, 5 David
und alle Israeliten liefen hinterher. Sie
tanzten und lobten den Herrn mit Lauten
und Harfen, mit Tamburinen, Rasseln
und Zimbeln.
6 Bei dem Dreschplatz, der einem
Mann namens Nachon gehörte, brachen
die Rinder plötzlich aus, und der Wagen
drohte umzustürzen. Schnell streckte
Usa seine Hand aus und hielt die Bundes-
lade fest. 7 Da wurde der Herr sehr zornig
über ihn, weil er es gewagt hatte, die
Bundeslade zu berühren, und er ließ Usa
auf der Stelle tot zu Boden fallen. 8 David
war entsetzt, dass der Herr ihn so aus
dem Leben gerissen hatte. Seitdem heißt
der Dreschplatz Perez-Usa (»Entreißen
Usas«).
9 David bekam Angst vor dem Herrn.
»Wie kann ich es jetzt noch wagen, die
Bundeslade des Herrn zu mir zu neh-
men?«, fragte er sich. 10 Er beschloss, sie
nicht nach Jerusalem zu bringen, sondern
sie im Haus Obed-Edoms, eines Leviten[b]
aus Gat, abzustellen. 11 Dort blieb sie drei
Monate lang.

In dieser Zeit ging es Obed-Edom und
seiner ganzen Familie sehr gut, denn der
Herr segnete sie. 12 Eines Tages berichte-
te jemand David: »Seit die Bundeslade
bei Obed-Edom ist, hat der Herr ihn, sei-
ne Familie und allen seinen Besitz reich
gesegnet.« Da ging David voller Freude
zum Haus Obed-Edoms, um die Bundes-
lade nach Jerusalem zu holen. 13 Als die
Männer, die sie trugen, die ersten sechs
Schritte auf dem Weg nach Jerusalem
zurückgelegt hatten, ließ David sie anhal-
ten und opferte dem Herrn einen Stier
und ein Mastkalb. 14 Als der Zug sich
wieder in Bewegung setzte, tanzte David
voller Hingabe neben der Bundeslade
her, um den Herrn zu loben. Er war nur
mit einem leichten Leinenschurz beklei-
det, wie ihn sonst die Priester trugen.
15 Jubelnd brachten David und alle Israe-
liten, die ihn begleiteten, die Bundeslade
nach Jerusalem, und die Musiker bliesen
ihre Hörner.
16 Als die Menge in der »Stadt Davids«
ankam, schaute Davids Frau Michal, die
Tochter Sauls, aus dem Fenster. Sie sah,
wie der König hüpfte und tanzte, und ver-
achtete ihn dafür.
17 Man trug die Bundeslade in das Zelt,
das David für sie errichtet hatte, und
stellte sie auf den vorgesehenen Platz in
der Mitte. Dann ließ David dem Herrn
Brand- und Dankopfer darbringen. 18 Er
segnete das Volk im Namen des allmäch-
tigen Gottes. 19 Alle Israeliten, Männer
und Frauen, erhielten einen Laib Brot,
einen Rosinen- und einen Dattelkuchen.
Dann machten sie sich auf den Heimweg.
20 Auch David ging nach Hause, um sei-
ne Familie zu sehen. Er war noch nicht im

---

[a] Das ist ein anderer Name für Kirjat-Jearim. Vgl. 1. Samuel 7,1
[b] »eines Leviten« ist ergänzt nach 1. Chronik 16,4–5.

6,2 2 Mo 25,22; Ps 99,1 **6,3–4** 1 Sam 7,1 **6,7** 4 Mo 4,15; 1 Sam 6,19 **6,9–10** 1 Sam 5,7–12; 6,20 **6,11** 1 Chr 26,4–8 **6,14** 2 Mo 28,6; 1 Sam 2,18

Palast, als ihm Michal schon entgegenkam. »Ach, wie würdevoll ist heute der Herr König vor seinem Volk aufgetreten!«, spottete sie. »Bei deiner halb nackten Tanzerei hast du dich vor den Sklavinnen deiner Hofbeamten schamlos entblößt. So etwas tut sonst nur das Gesindel!« 21 David erwiderte: »Ich habe dem Herrn zu Ehren getanzt. Er hat deinem Vater und seinen Nachkommen die Herrschaft genommen und sie mir anvertraut. Mich hat er zum König über sein Volk Israel eingesetzt, und ihm zu Ehren will ich auch künftig tanzen. 22 Ja, ich wäre sogar bereit, mich noch tiefer zu erniedrigen als heute. Du magst mich verachten,[a] aber die Sklavinnen, über die du eben so herablassend gesprochen hast, sie werden mich schätzen und ehren.«

23 Michal aber bekam ihr Leben lang keine Kinder.

Der Herr verheißt David die ewige Königsherrschaft
(1. Chronik 17,1–14)

7 König David konnte in Frieden in seinem Palast wohnen, denn der Herr sorgte dafür, dass ihn die feindlichen Völker ringsum nicht angriffen. 2 Eines Tages sagte David zu dem Propheten Nathan: »Während ich hier in meinem Palast aus kostbarem Zedernholz wohne, steht die Bundeslade Gottes immer noch in einem dürftigen Zelt. So kann es nicht weitergehen!«

3 Nathan ermutigte den König: »Was immer du vorhast – tu es! Der Herr wird dir dabei helfen.«

4 Doch in der folgenden Nacht sprach der Herr zu Nathan: 5 »Geh zu David, meinem Diener, und sag ihm: So spricht der Herr: Du willst ein Haus für mich bauen? 6 Bis heute habe ich noch nie in einem Tempel gewohnt. Seit ich mein Volk Israel aus Ägypten befreit habe, wohnte ich immer nur in einem Zelt und zog von einem Ort zum anderen. 7 Während dieser ganzen Zeit habe ich von den führenden Männern Israels nur eines verlangt: Sie sollten mein Volk weiden wie ein Hirte seine Herde. Nie habe ich einem von ihnen vorgeworfen: Warum habt ihr mir noch keinen Tempel aus Zedernholz gebaut?

8 Darum sollst du meinem Diener David diese Botschaft weitergeben: Gott, der Herr über die ganze Welt, lässt dir sagen: Ich war es, der dich von deiner Schafherde weggeholt hat, um dich zum König über mein Volk Israel zu machen. 9 Was du auch unternommen hast – ich habe dir immer geholfen. Ich habe alle deine Feinde ausgerottet und dich berühmt gemacht. Du bist in aller Welt bekannt. 10 Auch habe ich meinem Volk Israel eine Heimat gegeben, ein Land, in dem es bleiben und sich niederlassen kann. Keine fremden und gottlosen Völker dürfen euch mehr so unterdrücken wie zu der Zeit, 11 als ich Richter über euch eingesetzt hatte. Alle deine Feinde habe ich zum Schweigen gebracht und dafür gesorgt, dass sie dich in Frieden lassen. Ich, der Herr, sage dir: Nicht du sollst mir ein Haus bauen, sondern ich werde dir ein Haus bauen.

12 Wenn du alt geworden und gestorben bist, will ich einen deiner Söhne als deinen Nachfolger einsetzen und seine Herrschaft festigen. 13 Er wird mir einen Tempel bauen, und ich werde seinem Königtum Bestand geben für alle Zeiten. 14 Ich will sein Vater sein, und er wird mein Sohn sein. Wenn er sich gegen mich auflehnt, werde ich ihn strafen wie ein Vater seinen Sohn. 15 Doch nie werde ich meine Güte von ihm abwenden, wie ich es bei Saul getan habe. Ihn habe ich damals abgesetzt und dir an seiner Stelle die Herrschaft anvertraut. 16 Deine Nachkommen aber werden für alle Zeiten Kö-

---

[a] *So mit der griechischen Übersetzung.* Der hebräische Text lautet: … als heute und noch geringer zu werden in meinen Augen.

7,1 5 Mo 12,10 **7,6** 2 Mo 40,34–38; Jos 18,1 **7,8** 1 Sam 16,11 **7,11** Ri 2,16–18 **7,12** 1 Kön 8,20 **7,13** 1 Kön 5,19; 6,12–13; Ps 89,4–5; Jes 9,6 **7,14** 1 Chr 22,10; 28,6–7; Ps 2,7; 89,27–28; Hebr 1,5; Offb 21,7 **7,15** 1 Sam 15,23 **7,16** 1 Sam 25,28; 1 Kön 2,45; 11,38; Ps 89,36–38

Eine lebendige Beziehung

Lesen Sie 2. Samuel 6,16

Keine Beziehung ist wichtiger als unsere Beziehung zu Gott. Allerdings kann sie im Lauf der Zeit lau oder zur Routine werden. Wir lieben Gott zwar, doch wir tun das auf immer dieselbe Weise, Woche für Woche, und so ist unsere Beziehung zu ihm zu einem Ritual verkommen. Wir engagieren uns bei der Tafel für Bedürftige oder geben eine Spende und denken dabei nicht einmal an Gott. Unser Einsatz ist zu einer alltäglichen Verpflichtung geworden, zu einem Punkt auf unserer To-do-Liste – zu etwas, das wir erledigen müssen.

Wenn Sie Ihre Beziehung zu Gott frisch und lebendig erhalten wollen, dann versuchen Sie es doch einmal mit einer neuen Liebessprache. In 2. Samuel 6,16 heißt es, dass König David seine Liebe zu Gott im Tanz zum Ausdruck brachte. Wenn Ihnen dieser Gedanke gefällt, können Sie es auch einmal ausprobieren; wenn nicht, versuchen Sie auf anderen Wegen, Ihre Beziehung zu Gott neu zu beleben. Statt immer auf demselben Stuhl zu sitzen, wenn Sie beten, stehen Sie auf, knien Sie nieder oder legen Sie sich auf den Fußboden. Schreiben Sie Ihre Gedanken in einem Psalm nieder und singen Sie ihn Gott vor. Nutzen Sie die Kreativität, die Gott Ihnen geschenkt hat, um die gemeinsam verbrachte Zeit mit neuem Leben zu füllen. Gott möchte jedenfalls nicht, dass unsere Beziehung zu ihm nur noch Routine ist.

Nehmen Sie sich Zeit, um allein oder als Paar gemeinsam zu beten. Verändern Sie den Ablauf Ihres Gebetes, um es lebendig zu halten. Versuchen Sie es einmal mit einem gemeinsam gesungenen Lied oder lesen Sie zu Beginn einen Psalm. Begeben Sie sich an einen anderen Ort. Beten Sie, während Sie spazieren gehen oder Fahrrad fahren. Bitten Sie den Herrn, dass er Ihnen hilft, die Beziehung zu ihm so frisch und lebendig wie möglich zu erhalten.

Wenn Sie noch mehr Zeit haben …

Besprechen Sie miteinander folgende Fragen oder denken Sie darüber nach:

- Woran erkennen Sie, ob Ihre Beziehung zu Gott lau geworden ist?
- Welche Gewohnheiten beim Gebet oder in der Stillen Zeit möchten Sie verändern?
- Wie können Sie sich als Ehepaar gegenseitig helfen, die Beziehung zu Gott lebendig zu erhalten?

Lesen Sie auch die folgenden Abschnitte, in denen es um Ihre Beziehung zu Gott geht:
Psalm 29,2; Sprüche 3,5-6; Offenbarung 5,9.

Gütig sein

Lesen Sie 2. Samuel 9,1-13

David, der König Israels, wird als ein Mann beschrieben, der Gott Freude machte. In 2. Samuel 9,1-13 sehen wir, dass David Gott zutiefst ehrte und sein Herz von Güte erfüllt war. Wenn wir auch gerne so einen guten Ruf hätten wie David, sollten wir die Güte mitten in unser Herz hineinlassen.

Vieles, was aus Freundlichkeit und Güte geschieht, hat den Anschein von Zufälligkeit. Doch warum machen wir die Güte nicht zu unserem Lebensstil – in der Ehe, im Büro, auf der Straße? Güte bedeutet, die Bedürfnisse anderer zu sehen und ihnen Hilfe anzubieten. Der erste Schritt besteht darin, die Augen offenzuhalten für so manche freundliche Tat, die wir Tag für Tag erleben.

Die Frau oder der Mann kocht für den Ehepartner einen Kaffee und handelt damit aus Güte. Wer die Betten macht, die Spülmaschine ausräumt, das Gras mäht oder dem Baby die Windeln wechselt, erweist anderen Güte. Wenn eine andere Autofahrerin Sie in eine Lücke lässt, ist das eine freundliche Geste. Der Kollege, der Ihnen hilft, den Computer wieder in Gang zu bringen, ist Ihnen gegenüber freundlich. Wenn wir die Güte als Lebensstil wiederentdecken könnten, würden wir alle Menschen in unserer Umgebung mit unserem Tun bereichern.

Nehmen Sie sich Zeit, um allein oder als Paar gemeinsam zu beten. Bitten Sie Gott, Ihnen die Augen zu öffnen für die Güte, von der Sie umgeben sind. Und wenn das geschehen ist, danken Sie ihm dafür. Bitten Sie ihn, dass Sie selbst zu einer Quelle der Güte werden für Ihren Ehepartner, Ihre Familie, die Kollegen, die Nachbarn und auch für Menschen, die Ihnen zufällig begegnen oder Ihnen ganz fremd sind.

Wenn Sie noch mehr Zeit haben …

Besprechen Sie miteinander folgende Fragen oder denken Sie darüber nach:

- Wie viele zufällige freundliche Gesten haben Sie heute erlebt?
- Wie viele davon haben Sie bemerkt und sich dafür bedankt?
- Welchen ersten Schritt können Sie unternehmen, um die Güte zu Ihrem Lebensstil zu machen?

Lesen Sie auch die folgenden Abschnitte zum Thema Güte:
Sprüche 11,17; Lukas 6,35; Epheser 4,32.

Den nächsten Impuls finden Sie auf S. 358 a

nige sein. Niemand wird sie je vom Thron
stoßen.«

Davids Dankgebet
(1. Chronik 17,15–27)

17 Nathan berichtete David alles, was der
Herr ihm in der Nacht gesagt hatte. 18 Da
ging David in das heilige Zelt, kniete vor
dem Herrn nieder und begann zu beten:
»Gott, mein Herr, wer bin ich, dass du
gerade mich und meine Familie so weit
gebracht hast? Ich bin es nicht wert.
19 Und nun willst du mir sogar noch mehr
schenken, mein Herr und mein Gott! Du
hast mir ein Versprechen gegeben, das
bis in die ferne Zukunft reicht. Deine
große Güte habe ich doch gar nicht ver-
dient![a] 20 Doch was soll ich weiter davon
reden? Ich weiß, dass du mich, deinen
Diener, auch ohne Worte verstehst.
21 Weil du es versprochen hast und weil
du es so wolltest, hast du all dies Große
getan und hast es mich erkennen lassen.
22 Herr, mein Gott, wie mächtig bist du!
Keiner ist dir gleich. Nach allem, was wir
gehört haben, sind wir überzeugt: Es gibt
keinen Gott außer dir. 23 Welches Volk
auf der Erde hat solche Wunder erlebt
wie wir? Ist je ein anderes Volk von sei-
nem Gott aus der Sklaverei befreit wor-
den, weil er es zu seinem Volk machen
wollte? Große und furchterregende Din-
ge hast du für Israel getan, und so wurde
dein Name überall berühmt. Du hast uns
von der Unterdrückung der Ägypter be-
freit. Andere Völker und ihre Götter hast
du unseretwegen vertrieben. 24 Für alle
Zeiten hast du Israel zu deinem Volk ge-
macht; und du selbst, Herr, bist sein Gott
geworden. 25 So bitte ich dich nun, Herr,
mein Gott: Lass deine Zusage für mich
und meine Familie ewig gelten, und löse
dein Versprechen ein! 26 So wird dein Na-
me für alle Zeiten berühmt sein, und man
wird bekennen: ›Der Herr, der allmächti-
ge Gott, ist Israels Gott.‹ Dann wird auch
mein Königshaus für ewig bestehen.
27 Du, der allmächtige Herr und Gott
Israels, hast zu mir gesprochen. Du hast
mir zugesagt: ›Ich werde deinem Kö-
nigshaus Bestand geben.‹ Nur darum
habe ich es gewagt, so zu dir zu beten.
28 Herr, du bist der wahre Gott, auf dein
Wort kann man sich verlassen. Du hast
mir, deinem Diener, so viel Gutes
verheißen. 29 Bitte segne mich und mein
Königshaus. Lass für alle Zeiten einen
meiner Nachkommen König sein. Herr,
mein Gott, weil du meine Familie geseg-
net hast, wird sie in Ewigkeit gesegnet
sein, denn du selbst hast es mir verspro-
chen.«

Kriegszüge Davids
(1. Chronik 18,1–13)

8 David griff mit seinem Heer die Phi-
lister an. Er besiegte sie und machte
ihrer Vorherrschaft im Gebiet Israels ein
Ende.
2 Auch die Moabiter schlug David. Die
Gefangenen mussten sich alle neben-
einander auf den Boden legen. Dann ging
David mit einer Messschnur an der Reihe
entlang. Er maß jeweils zwei Schnurlän-
gen ab, und alle, die innerhalb dieses Be-
reiches lagen, wurden hingerichtet. Dann
maß er jeweils eine Schnurlänge ab, und
diese Gefangenen durften am Leben
bleiben. Sie mussten sich aber David un-
terwerfen und ihm regelmäßig Tribut
zahlen.
3 Als König Hadad-Eser, der Sohn Re-
hobs aus Zoba in Nordsyrien, mit seinen
Truppen auszog, um am Euphrat seine
Macht wiederherzustellen, griff David
ihn an und besiegte ihn. 4 Davids Heer
nahm 1700 Reiter und 20 000 Fußsol-
daten gefangen. Von den Zugpferden
der Streitwagen behielt David 100 für
sich, allen anderen ließ er die Fußsehnen
durchschneiden.
5 Die Syrer aus Damaskus wollten Kö-
nig Hadad-Eser von Zoba zu Hilfe kom-
men. Da griff David auch sie an. In dieser

---

[a] Wörtlich: Ist dies das Gesetz des Menschen?

7,22 5 Mo 4,35 **7,23** 5 Mo 4,7 **8,2** 4 Mo 24,17; 2 Kön 1,1 **8,3** 1 Sam 14,47 **8,4** Jos 11,6.9

Schlacht fielen 22 000 von ihnen. 6 David ließ das Gebiet um Damaskus besetzen und machte die Syrer zu seinen Untertanen. Sie mussten ihm Tribut zahlen. Der Herr half David bei allen seinen Kriegszügen und schenkte ihm den Sieg. 7 David erbeutete auch die goldenen Schilde von Hadad-Esers Soldaten und brachte sie nach Jerusalem. 8 Aus den Städten Tebach und Berotai, die beide Hadad-Eser gehört hatten, nahm er eine große Menge Bronze mit.

9 Als König Toï von Hamat hörte, dass David das Heer Hadad-Esers besiegt hatte, 10 sandte er seinen Sohn Joram[a] zu David. Er sollte ihm Grüße ausrichten und ihm zu seinem Sieg gratulieren. Denn Hadad-Eser und Toï waren verfeindet und hatten schon gegeneinander Krieg geführt. Joram brachte David Geschenke mit: Gefäße aus Gold, Silber und Bronze. 11/12 David brachte sie in das Heiligtum und weihte sie dem Herrn, ebenso die Schätze aus Gold und Silber, die er bei seinen Eroberungszügen gegen die Edomiter, Moabiter, Ammoniter, Philister, Amalekiter und gegen König Hadad-Eser aus Zoba, den Sohn Rehobs, erbeutet hatte.

13 David wurde noch berühmter, als er die Edomiter in einer Schlacht im Salztal besiegte. 18 000 von ihnen kamen dabei um. 14 David setzte im ganzen Land Edom Statthalter ein und machte die Bewohner zu seinen Untertanen. Der Herr half ihm bei allen Kriegszügen und schenkte ihm stets den Sieg.

Die obersten Beamten Davids (1. Chronik 18,14–17)

15 Solange David König über ganz Israel war, verhalf er jedem im Volk zu seinem Recht. 16 Joab, der Sohn von Davids Schwester Zeruja, war der oberste Befehlshaber über das Heer. Joschafat, ein Sohn Ahiluds, war Berater des Königs. 17 Zadok, ein Sohn Ahitubs, und Ahimelech, ein Sohn Abjatars, waren die obersten Priester. Seraja war Hofsekretär. 18 Benaja, ein Sohn Jojadas, hatte den Befehl über die Leibwache des Königs. Alle Söhne Davids hatten den Rang von Priestern.

David beschenkt den Sohn Jonatans

9 David begann nachzuforschen, ob noch jemand von Sauls Familie lebte. »Ich möchte ihm Gutes tun und so mein Versprechen einlösen, das ich Jonatan gegeben habe«,[b] sagte er.

2 Am Königshof Sauls hatte ein Diener namens Ziba gearbeitet. Er wurde zu David gerufen, und der König fragte ihn: »Bist du Ziba?« »Ja, mein Herr«, antwortete der Mann. 3 David erkundigte sich: »Weißt du, ob noch jemand von Sauls Familie lebt? Ich möchte ihm Gutes tun, damit er Gottes Güte durch mich erfährt.« Ziba erwiderte: »Ein Sohn Jonatans lebt noch. Er kann nicht mehr richtig laufen.« 4 »Wo ist er?«, wollte David wissen. Ziba antwortete: »Er wohnt bei Machir, einem Sohn Ammiëls, in Lo-Dabar.« 5/6 Sofort ließ David ihn an den Königshof holen.

Als Mefi-Boschet, der Sohn Jonatans und Enkel Sauls, vor den König trat, verbeugte er sich tief und warf sich vor ihm zu Boden. »Du also bist Mefi-Boschet«, sagte David. »Ja, ich bin dein ergebenster Diener«, antwortete er. 7 David ermutigte ihn: »Du brauchst keine Angst zu haben. Dein Vater Jonatan war mein bester Freund, und ich will dir, seinem Sohn, etwas Gutes tun. Ich gebe dir nun alle Felder zurück, die deinem Großvater Saul gehörten. Außerdem möchte ich, dass du täglich als mein Gast bei mir am Tisch isst.«

8 Erneut warf sich Mefi-Boschet vor dem König zu Boden und rief: »Womit

---

[a] Joram ist die jüdische Form von Hadoram. Vgl. 1. Chronik 18,10
[b] Vgl. 1. Samuel 20,14–17

8,13–14 4 Mo 24,18 **8,13** Ps 60,2 **8,16–18** 1 Kön 4,1–6 **8,16** 2,13* **8,17** 1 Sam 22,20–21* **8,18** 20,23; 23,20; 1 Kön 1,8.38; 2,25.34–35.46 **9,2** 16,1–4 **9,3** 4,4 **9,4** 17,27 **9,8** 1 Sam 18,18

habe ich deine Freundlichkeit verdient?
Ich bin es doch überhaupt nicht wert!«
9 David rief Ziba, den Diener Sauls, wie-
der zu sich und erklärte ihm: »Ich habe
den ganzen Besitz Sauls und seiner Fami-
lie seinem Enkel Mefi-Boschet ver-
macht! 10/11 Du sollst nun zusammen mit
deinen Söhnen und Knechten für ihn die
Felder bestellen. Bring ihm die Ernte ein,
damit seine Familie von dem Ertrag le-
ben kann. Mefi-Boschet selbst aber, der
Enkel deines früheren Herrn, soll täglich
mein Gast sein und bei mir am Tisch es-
sen, als wäre er mein Sohn.«
Ziba, der fünfzehn Söhne und zwanzig
Knechte hatte, antwortete dem König:
»Ich bin dein ergebener Diener. Ich wer-
de alles ausführen, was du, mein Herr,
mir befohlen hast.« 12/13 So wurden alle,
die zu Zibas Familie gehörten, Mefi-Bo-
schets Diener. Mefi-Boschet, der nicht
mehr richtig laufen konnte, wohnte in
Jerusalem und aß jeden Tag mit König
David zusammen. Er hatte einen kleinen
Sohn namens Micha.

König Hanun beleidigt die Gesandten Davids
(1. Chronik 19,1–5)

10 Einige Zeit später starb Nahasch,
der König der Ammoniter, und
sein Sohn Hanun trat die Nachfolge an.
2 David dachte: »König Nahasch war mir
immer wohlgesinnt. Darum will ich mich
nun seinem Sohn Hanun gegenüber
freundlich verhalten.« Er schickte eine
Gesandtschaft zu Hanun, um ihm sein
Beileid auszusprechen.
Als aber die Boten Davids zum ammo-
nitischen Königshof kamen, 3 sagten die
Fürsten des Landes zu König Hanun:
»Glaubst du wirklich, David hat diese
Männer nur zu dir gesandt, um deinem
Vater die letzte Ehre zu erweisen und dir
sein Beileid auszusprechen? Das ist doch
nur ein Vorwand! Spione sind sie, die un-
sere Hauptstadt auskundschaften sollen,
weil David sie bald angreifen und er-
obern will!« 4 Da nahm Hanun die Ge-
sandten Davids gefangen, ließ ihnen den
Bart auf einer Seite abrasieren und die
Kleider bis über das Gesäß abschneiden.
Dann jagte er sie davon.
5 Als David das erfuhr, schickte er sei-
nen Gesandten Boten entgegen und ließ
ihnen ausrichten: »Bleibt in Jericho, bis
euer Bart wieder nachgewachsen ist, und
kommt erst dann heim.« David wollte
ihnen die Schande ersparen, ohne Bart
zurückkehren zu müssen.

Der Krieg mit den Ammonitern
(1. Chronik 19,6–15)

6 Die Ammoniter wussten genau, dass sie
David durch diese Tat schwer beleidigt
hatten. Darum warben sie 20000 syrische
Söldner aus Bet-Rehob und Zoba an, au-
ßerdem den König von Maacha mit
einem Heer von 1000 Mann und schließ-
lich noch 12000 Soldaten aus Tob. 7 David
hörte davon und befahl Joab, sofort mit
dem ganzen Heer gegen die Feinde aus-
zurücken. 8 Die Ammoniter stellten sich
vor den Toren ihrer Hauptstadt Rabba
zur Schlacht auf, während die verbünde-
ten Syrer aus Zoba, Rehob, Tob und
Maacha in einiger Entfernung auf offe-
nem Feld Stellung bezogen.
9 Als Joab merkte, dass ihm von vorne
und von hinten ein Angriff drohte, teilte
er sein Heer. Er selbst wollte mit den bes-
ten Soldaten den Kampf gegen die Syrer
aufnehmen. 10 Den Rest des Heeres über-
gab er dem Kommando seines Bruders
Abischai, der gegen die Ammoniter
kämpfen sollte. 11 Bevor die beiden Heere
sich trennten, sagte Joab zu seinem Bru-
der: »Wenn die Syrer uns überlegen sind,
dann komm uns mit deiner Truppe zu
Hilfe. Sind die Ammoniter stärker als ihr,
dann helfe ich dir mit meinen Soldaten.
12 Sei mutig und entschlossen! Wir wollen
für unser Volk kämpfen und für die Städ-
te, die Gott uns gegeben hat. Der Herr
aber möge tun, was er für richtig hält.«
13 Dann griff Joab mit seinem Heer die

10,1 1 Sam 11,1 **10,7** 2,13* **10,10** 1 Sam 26,6*

Syrer an und schlug sie in die Flucht.
[14] Als das die Ammoniter sahen, flohen
auch sie vor Abischai und zogen sich in
die Stadt zurück. Da stellte Joab den
Kampf gegen die Ammoniter ein und
kehrte nach Jerusalem um.

Der Krieg gegen die Syrer
(1. Chronik 19,16–19)

[15] Die Syrer wollten sich mit der Nieder-
lage gegen die Israeliten nicht abfinden,
darum riefen sie noch einmal alle ihre
Truppen zusammen. [16] Hadad-Eser ließ
auch die syrischen Stämme, die jenseits
des Euphrat in Mesopotamien wohnten,
zum Kampf ausrücken. Schobach, der
oberste Heerführer Hadad-Esers, führte
die syrischen Truppen nach Helam. [17] Als
David es erfuhr, zog er alle wehrfähigen
Israeliten ein, überquerte mit seinem
Heer den Jordan und marschierte bis
nach Helam. Die Syrer stellten sich zum
Kampf auf, und eine heftige Schlacht be-
gann. [18] Wieder wurden die Syrer in die
Flucht geschlagen. Doch diesmal erlitten
sie schwere Verluste: 700 Wagenlenker
und 40 000 Reiter fielen. David hatte den
Heerführer Schobach so schwer verwun-
det, dass er noch auf dem Schlachtfeld
starb.

[19] Die besiegten syrischen Könige, die
bis dahin Hadad-Esers Untertanen gewe-
sen waren, schlossen Frieden mit den Is-
raeliten und stellten sich in ihren Dienst.
Von da an wagten die Syrer nicht mehr,
die Ammoniter zu unterstützen.

David begeht Ehebruch

11 Als der Frühling kam, begann wie-
der die Zeit, in der die Könige ihre
Feldzüge unternahmen. Auch König Da-
vid ließ seine Soldaten ausrücken: Unter
der Führung Joabs zogen seine Offiziere
mit dem ganzen Heer Israels in den Krieg
gegen die Ammoniter. Sie verwüsteten
das Land der Feinde und belagerten die
Hauptstadt Rabba. David selbst blieb in
Jerusalem.

[2] Eines Nachmittags, als David seine
Mittagsruhe beendet hatte, ging er auf
dem flachen Dach seines Palasts spazie-
ren. Da fiel sein Blick auf eine Frau, die
im Hof eines Nachbarhauses ein Bad
nahm. Sie war sehr schön. [3] David wollte
unbedingt wissen, wer sie war, und
schickte einen Diener los, der es heraus-
finden sollte. Man berichtete ihm: »Die
Frau heißt Batseba. Sie ist eine Tochter
Eliams und verheiratet mit Uria, einem
Hetiter.« [4] David sandte Boten zu ihr
und ließ sie holen. Batseba kam, und er
schlief mit ihr. Danach kehrte sie in ihr
Haus zurück. Gerade vorher hatte sie
die Reinigung vorgenommen, die das
Gesetz nach der monatlichen Blutung
vorschreibt.[a]

[5] Nach einiger Zeit merkte Batseba,
dass sie schwanger war. Sie schickte
einen Boten zu David, der es ihm sagen
sollte. [6] Kaum hatte der König das gehört,
ließ er Joab melden: »Schickt sofort den
Hetiter Uria zu mir!« Joab gehorchte und
schickte den Mann zu David. [7] Als Uria
ankam, erkundigte sich David zunächst,
ob es Joab und den Soldaten gut gehe
und wie weit die Belagerung der Stadt
schon vorangeschritten sei.

[8] Schließlich forderte er Uria auf: »Geh
nun nach Hause zu deiner Frau, bade
dich und ruh dich aus!« Uria war noch
nicht weit gekommen, als ihn ein Diener
einholte und ihm ein Geschenk des Kö-
nigs überreichte. [9] Doch Uria ging nicht
nach Hause, sondern zur königlichen
Leibwache am Tor des Palasts. Dort
übernachtete er.

[10] David hörte davon und ließ Uria
gleich am nächsten Morgen zu sich rufen.
»Warum hast du nicht zu Hause bei dei-
ner Frau übernachtet?«, fragte er ihn.
»Du warst doch jetzt so lange von ihr ge-
trennt!« [11] Uria antwortete: »Die Bundes-
lade steht nur in einem Zelt, und auch die
Soldaten Israels und Judas müssen mit

---

[a] Vgl. 3. Mose 15,19.29
11,1 2,13*; 1 Chr 20,1 **11,3** 23,39

Zelten auskommen. Selbst der Heerführer Joab und seine Offiziere übernachten auf offenem Feld am Boden. Und da sollte ich nach Hause gehen, essen, trinken und mit meiner Frau schlafen? So wahr du, mein Herr, lebst: Niemals könnte ich so etwas tun!«

12 David bat ihn: »Bleib heute noch hier, Uria. Morgen lasse ich dich dann wieder ziehen.« So blieb Uria noch in Jerusalem.

13 Am Abend lud David ihn zum Essen ein und machte ihn völlig betrunken. Doch auch diesmal ging Uria nicht nach Hause, sondern schlief wieder bei der Leibwache am Palast.

Uria muss sterben

14 Am nächsten Morgen schrieb David einen Brief an Joab und gab ihn Uria mit. 15 Darin befahl er seinem Heerführer: »Stell Uria an die vorderste Front, wo der Kampf am härtesten tobt! Keiner von euch soll ihm Deckung geben. Zieht euch mitten in der Schlacht von ihm zurück, damit er getroffen wird und stirbt.«

16 Joab hatte die Feinde in der belagerten Stadt schon länger beobachtet, und so wusste er, wo ihre gefährlichsten Leute standen. Genau dort setzte er nun Uria ein. 17 Als nun die Ammoniter aus der Stadt herausstürmten und angriffen, wurden einige Israeliten getötet, und auch der Hetiter Uria war unter den Gefallenen.

18 Joab ließ David über den Ablauf des Kampfes genau unterrichten. 19 Er sagte dem Boten, der die Nachricht überbringen sollte: »Wenn du dem König über das Geschehene berichtest, 20 wird er vielleicht zornig und hält dir vor: ›Warum seid ihr so nah an die Stadtmauer herangerückt? Habt ihr denn nicht daran gedacht, dass die Feinde von der Mauer aus auf euch schießen würden? 21 Wisst ihr nicht mehr, wie es damals in Tebez Gideons Sohn[a] Abimelech erging? Von einer Frau wurde er umgebracht! Sie warf von der Mauer der Festung einen Mühlstein und erschlug ihn damit.[b] Warum also habt ihr so nahe an der Stadtmauer gekämpft?‹ Wenn David dir solche Vorwürfe macht, dann erwidere ihm, dass auch der Hetiter Uria gefallen ist.«

22 Der Bote machte sich auf den Weg und ging in Jerusalem als Erstes zum König. Er richtete David alles aus, was Joab ihm aufgetragen hatte. 23 »Die Feinde waren stärker als wir«, erzählte er, »sie stürmten aus der Stadt und griffen uns auf freiem Feld an. Wir konnten sie bis unmittelbar vor die Tore der Stadt zurückdrängen. 24 Doch da schossen die Bogenschützen von der Mauer auf uns herunter. Einige deiner Soldaten wurden tödlich getroffen. Auch der Hetiter Uria ist gefallen.« 25 Da antwortete David: »Geh zurück und melde Joab: Lass dich durch diese Niederlage nicht entmutigen! Der Krieg ist eben so grausam: Mal trifft es diesen, mal jenen. Kämpfe entschlossen weiter gegen die Stadt, bis du sie zerstört hast. Nur Mut, Joab!«

26 Als Batseba hörte, dass Uria gefallen war, hielt sie die Totenklage für ihren Mann. 27 Gleich nach der Trauerzeit ließ David sie zu sich in den Palast holen und heiratete sie. Bald darauf brachte sie einen Sohn zur Welt.

Der Herr aber verabscheute, was David getan hatte.

Du bist der Mann!

12 Der Herr sandte den Propheten Nathan zu David.

Als Nathan vor dem König stand, sagte er zu ihm: »Ich muss dir etwas erzählen: Ein reicher und ein armer Mann lebten in derselben Stadt. 2 Der Reiche hatte sehr viele Schafe und Rinder, 3 der Arme aber besaß nichts außer einem kleinen Lamm, das er erworben hatte. Er ver-

---

[a] Wörtlich: Jerubbaals Sohn. – Gideon wurde auch Jerubbaal genannt. Vgl. Richter 7,1
[b] Vgl. Richter 9,51–53
11,15 2 Mo 20,13* **12,1** 7,2; Ps 51,2

sorgte es liebevoll und zog es zusammen
mit seinen Kindern groß. Es durfte sogar
aus seinem Teller essen und aus seinem
Becher trinken, und nachts schlief es in
seinen Armen. Es war für ihn wie eine
Tochter. [4]Eines Tages bekam der reiche
Mann Besuch. Er wollte seinem Gast,
der einen weiten Weg hinter sich hatte,
etwas zu essen anbieten. Aber er brachte
es nicht über sich, eines seiner eigenen
Schafe oder Rinder zu schlachten. Da-
rum nahm er dem Armen sein einziges
Lamm weg und bereitete es für seinen
Besucher zu.«

[5]David wurde vom Zorn gepackt und
brauste auf: »So wahr der Herr lebt: Die-
ser Mann hat den Tod verdient! [6]Dem
Armen soll er vier Lämmer geben für
das eine, das er ihm rücksichtslos weg-
genommen hat.«

[7]Da sagte Nathan zu David: »Du bist
dieser Mann! Der Herr, der Gott Israels,
lässt dir sagen: ›Ich habe dich zum König
von Israel erwählt und dich beschützt, als
Saul dich umbringen wollte. [8]Den gesam-
ten Reichtum Sauls und auch seine Frau-
en habe ich dir gegeben. Ganz Israel und
Juda gehören dir. Und sollte dir das noch
zu wenig sein, würde ich dir sogar noch
mehr schenken. [9]Warum also missachtest
du meinen Willen? Warum hast du getan,
was ich verabscheue? Den Hetiter Uria
hast du ermordet und dann seine Frau
geheiratet. Ja, du, David, bist der Mörder
Urias, denn du hast angeordnet, dass
Uria im Kampf gegen die Ammoniter fal-
len sollte! [10]Von mir hast du dich abge-
wandt und Uria die Frau weggenommen.
Darum sollen von nun an in jeder Gene-
ration einige deiner Nachkommen einen
grausamen Tod erleiden.

[11]Ich, der Herr, sage dir: Jemand aus
deiner eigenen Familie wird dich ins Un-
glück stürzen. Ich selbst werde dafür sor-
gen. Du musst erleben, wie ein Mann, der
dir sehr nahe steht, dir deine Frauen weg-
nimmt und in aller Öffentlichkeit mit
ihnen schläft. [12]*Was du, David,* heimlich
getan hast, das lasse ich am helllichten
Tag geschehen. Ganz Israel soll Zeuge
sein.‹«

[13]Da bekannte David: »Ich habe gegen
den Herrn gesündigt.« Nathan erwiderte:
»Der Herr hat dir vergeben, du wirst
nicht sterben. [14]Doch wegen deiner Tat
spotten die Feinde Gottes noch mehr
über ihn. Darum muss der Sohn, den Bat-
seba dir geboren hat, sterben.«

[15]Nach diesen Worten ging Nathan
wieder nach Hause.

Davids Sohn stirbt

Der Herr ließ das Kind, das Urias Frau
geboren hatte, todkrank werden. [16]David
zog sich zurück, um für seinen Sohn zu
beten. Er fastete tagelang und schlief
nachts auf dem Fußboden. [17]Seine Hof-
beamten kamen und versuchten, ihn
zum Aufstehen zu bewegen, doch ohne
Erfolg. Auch zum Essen ließ er sich nicht
überreden.

[18]Am siebten Tag starb das Kind. Kei-
ner der Diener wagte es David mitzutei-
len, denn sie befürchteten das Schlimms-
te. »Schon als das Kind noch lebte, ließ er
sich durch nichts aufmuntern«, sagten sie
zueinander. »Wie wird er sich erst verhal-
ten, wenn er erfährt, dass es tot ist? Er
könnte sich etwas antun!«

[19]Doch als David merkte, wie die Hof-
leute miteinander flüsterten, ahnte er,
was geschehen war. »Ist der Junge tot?«,
fragte er, und sie antworteten: »Ja, er ist
gestorben.«

[20]Da stand David auf, wusch sich,
pflegte sich mit wohlriechenden Salben
und zog frische Kleider an. Dann ging er
ins Heiligtum und warf sich nieder, um
den Herrn anzubeten. Danach kehrte er
in den Palast zurück und ließ sich etwas
zu essen bringen. [21]»Wir verstehen dich
nicht«, sagten seine Diener, »als das Kind
noch lebte, hast du seinetwegen gefastet
und geweint. Doch jetzt, wo es gestorben
ist, stehst du auf und isst wieder.« [22]David

12,6 2 Mo 21,37 **12,7** 1 Sam 16,13 **12,8** 2,4; 5,3 **12,9** 11,15.24.27 **12,11** 16,21–22 **12,13** 3 Mo 20,10 **12,14** 11,27

erwiderte: »Solange mein Sohn lebte, ha-
be ich gefastet und geweint, weil ich
dachte: Vielleicht hat der Herr Erbarmen
mit mir und lässt ihn am Leben. 23 Doch
nun ist er gestorben – warum soll ich jetzt
noch fasten? Kann ich ihn damit etwa zu-
rückholen? Nein, er kehrt nicht mehr zu
mir zurück, ich aber werde eines Tages zu
ihm gehen!«
24 Dann ging David zu seiner Frau Bat-
seba und tröstete sie. Er schlief mit ihr,
und sie brachte wieder einen Sohn zur
Welt. David nannte ihn Salomo (»der
Friedliche«). Der Herr liebte das Kind,
25 darum gab er dem Propheten Nathan
den Auftrag, hinzugehen und dem Jun-
gen einen zweiten Namen zu geben: Je-
didja (»Liebling des Herrn«).

Die Eroberung der Stadt Rabba
(1. Chronik 20,1–3)

26 Noch immer belagerte Joab mit dem is-
raelitischen Heer Rabba, die Hauptstadt
der Ammoniter. Es gelang ihm, einen
Bezirk zu erobern, der »Königsstadt« ge-
nannt wurde. 27 Er schickte Boten zu Da-
vid und ließ ihm ausrichten: »Ich habe
Rabba angegriffen und nun schon den
Stadtteil unten am Fluss eingenommen.
28 Darum sammle jetzt den Rest deines
Heeres und stürme die Stadt. Du sollst
sie einnehmen, nicht ich. Sonst werde
ich als Eroberer gefeiert!«
29 Da zog David mit den übrigen Sol-
daten nach Rabba. Er griff die Stadt an
und eroberte sie. 30 Die Israeliten mach-
ten reiche Beute und schafften sie aus
Rabba fort. David nahm König Hanun
die Krone ab und setzte sie selbst auf.
Sie wog 36 Kilogramm, war aus reinem
Gold und mit einem kostbaren Edelstein
besetzt. 31 Die Einwohner von Rabba ver-
schleppte David und verurteilte sie zur
Zwangsarbeit mit Steinsägen, eisernen
Pickeln und Äxten; außerdem mussten
sie Ziegel brennen. Ebenso erging es
den Einwohnern der anderen ammoniti-
schen Städte.
Als der Krieg vorüber war, kehrten
David und sein Heer nach Jerusalem zu-
rück.

Tamar wird vergewaltigt

13 Absalom, einer der Söhne Davids,
hatte eine schöne Schwester na-
mens Tamar. Eines Tages verliebte sich
ihr Halbbruder Amnon in sie. Er war Da-
vids ältester Sohn. 2 Amnon begehrte Ta-
mar so sehr, dass er krank wurde. Er sah
keine Möglichkeit, an sie heranzukom-
men, denn die unverheirateten Töchter
des Königs wurden gut behütet.
3 Amnon war mit Jonadab befreundet,
einem Sohn von Davids Bruder Scham-
ma. Jonadab war ein sehr schlauer Mann.
4 Er fragte Amnon: »Was ist los mit dir,
Königssohn? Jeden Morgen siehst du
trauriger aus! Willst du es mir nicht sa-
gen?« Da gestand Amnon: »Ich habe
mich in Absaloms Schwester Tamar ver-
liebt.« 5 Jonadab riet seinem Freund:
»Leg dich doch ins Bett, und stell dich
krank! Wenn dein Vater dich besucht,
dann frag ihn, ob nicht deine Schwester
Tamar dir etwas zu essen bringen könnte.
Sag ihm: ›Wenn ich zuschauen kann, wie
sie mir etwas Gutes kocht, dann bekom-
me ich bestimmt wieder Appetit und esse
etwas. Sie selbst soll es mir reichen.‹«
6 So legte Amnon sich ins Bett und
stellte sich krank. Als der König kam,
um nach ihm zu sehen, bat Amnon:
»Könnte nicht meine Schwester Tamar
zu mir kommen? Sie soll vor meinen Au-
gen zwei Kuchen in der Pfanne backen
und sie mir bringen.«
7 Sofort schickte David einen Diener zu
dem Haus, wo Tamar wohnte, und ließ ihr
sagen: »Dein Bruder Amnon ist krank.
Geh doch zu ihm, und mach ihm etwas
zu essen!« 8 Tamar kam zu Amnon. Wäh-
rend sie einen Teig knetete, die Kuchen
formte und sie in der Pfanne backte, lag
er da und schaute ihr zu. 9 Als sie ihm die
fertigen Kuchen bringen wollte, weigerte
Amnon sich zu essen. Stattdessen befahl

12,26 11,1 **13,1** 3,2–3 **13,3** 1 Sam 16,9

er: »Alle Diener sollen das Zimmer verlassen!« Danach
10 sagte er zu Tamar: »Ich will nur von dir bedient werden! Bring mir das Essen ins Schlafzimmer!« Tamar nahm die Kuchen und brachte sie ihrem Bruder ans Bett.

11 Als sie ihm das Essen reichen wollte, packte er sie und sagte: »Komm, meine Schwester, leg dich doch zu mir!«
12 Sie rief: »Nein, Amnon, zwing mich nicht zu so etwas. Das ist in Israel doch verboten. Ein solches Verbrechen darfst du nicht begehen!
13 Was soll dann aus mir werden? Denk doch, welche Schande das für mich wäre! Und du würdest in ganz Israel als gewissenloser Kerl dastehen. Warum redest du nicht mit dem König? Bestimmt erlaubt er dir, mich zu heiraten.«
14 Doch Amnon wollte nicht auf sie hören. Er stürzte sich auf sie und vergewaltigte sie.

15 Aber dann schlug seine große Liebe in glühenden Hass um. Ja, er hasste Tamar nun mehr, als er sie vorher geliebt hatte. »Mach, dass du fortkommst!«, schrie er sie an.
16 »Nein«, flehte sie, »tu das nicht! Wenn du mich jetzt wegjagst, ist das noch viel schlimmer als das, was du mir vorhin angetan hast.« Aber auch jetzt ließ er sich nichts von ihr sagen.
17 Er rief seinen Kammerdiener und befahl: »Jag die da hinaus, und verriegle die Tür hinter ihr!«
18 Der Diener warf sie hinaus und verschloss die Tür.

Tamar trug ein weites Gewand mit langen Ärmeln. So kleideten sich die Töchter des Königs, die noch Jungfrauen waren.
19 In ihrer Verzweiflung zerriss sie ihr Gewand, streute sich Asche auf den Kopf und legte die Hand darauf. Laut weinend lief sie davon.
20 Zu Hause fragte Absalom sie: »Hat dieser Amnon dich belästigt? Sag niemandem etwas davon, denn er ist dein Bruder. Nimm die Sache nicht zu schwer!« Von da an wohnte Tamar einsam im Haus ihres Bruders Absalom.

21 Als König David davon erfuhr, wurde er sehr zornig. *Doch* er brachte es nicht übers Herz, Amnon zu bestrafen, denn er war sein ältester Sohn, und David liebte ihn besonders.
22 Absalom sprach kein Wort mehr mit Amnon, er machte ihm keine Vorwürfe, aber er grüßte ihn auch nicht. Er hasste seinen Bruder, weil er seine Schwester Tamar vergewaltigt hatte.

Absaloms Rache

23 Zwei Jahre vergingen. Absalom ließ in Baal-Hazor in der Nähe der Stadt Ephraim seine Schafe scheren. Bei dieser Gelegenheit wollte er einmal alle Söhne des Königs zu einem Fest einladen.
24 Er ging zu König David und sagte zu ihm: »Mein Vater, ich lasse gerade meine Schafe scheren. Und da wäre es mir eine Ehre, wenn der König und sein Hofstaat meine Einladung zu einem Fest annehmen würden.«

25 Doch David wehrte ab: »Nein, mein Sohn, wir können nicht alle kommen. Wir würden dir nur zur Last fallen!« Absalom versuchte seinen Vater zu überreden, aber David nahm die Einladung nicht an. Er segnete seinen Sohn und verabschiedete sich von ihm.

26 Schließlich bat Absalom: »Wenn du selbst schon nicht willst, dann lass doch wenigstens meinen Bruder Amnon mitkommen.« »Warum gerade Amnon?«, fragte David.
27 Doch Absalom ließ nicht locker, und so gestattete David Amnon und seinen anderen Söhnen, mit nach Baal-Hazor zu gehen.

28 Ehe das Fest begann, befahl Absalom seinen Dienern: »Sobald Amnon vom Wein etwas angeheitert ist, gebe ich euch ein Zeichen. Dann bringt ihn um! Ihr habt nichts zu befürchten, denn ich habe es euch befohlen und trage die volle Verantwortung dafür. Nur Mut, erweist euch als tapfere Männer!«

29 Die Diener führten den Befehl aus und ermordeten Amnon. Entsetzt sprangen die anderen Königssöhne auf und flohen auf ihren Maultieren.
30 Noch bevor sie in Jerusalem ankamen, war ihnen das

13,12 3 Mo 18,9 **13,16** 5 Mo 22,28–29

Kritische Rückmeldung

Lesen Sie 2. Samuel 12,1-25

Der Prophet Nathan war der Einzige, der Probleme in Davids Leben ansprechen konnte, denn er war sein Freund (siehe 2. Samuel 12,1-25). Freunde können uns helfen, besser zu werden – sogar in unserer Ehe.

Sprechen Sie doch einmal mit Freunden, die Sie und Ihre Ehe gut kennen. Sagen Sie ihnen, dass Sie an einem besseren Miteinander in Ihrer Ehe arbeiten. Bitten Sie Ihre Freunde um eine ehrliche Rückmeldung über das, was sie in Ihrem Leben beobachtet haben, vor allem über Ihren Umgang mit Ihrem Ehepartner.

Eine Freundin sagte zu einer Frau, die sie um eine Einschätzung gebeten hatte: „Du kritisierst deinen Mann vor anderen Leuten. Das ist peinlich für ihn. Er hat mir oft leidgetan." Und ein Freund erklärte einem Ehemann: „Ich beobachte oft, dass du deine Frau beherrschen willst. Letzte Woche zum Beispiel stand sie im Eingangsbereich unserer Kirche und unterhielt sich mit einer anderen Frau. Du bist hingegangen und hast gesagt: ‚Wir müssen jetzt gehen.' Es wirkte so, als ob du ihr Vater wärst, der ihr sagt, was sie zu tun hat." Die Wahrheit mag vielleicht schmerzlich sein, aber wenn wir sie nicht hören wollen, werden wir wahrscheinlich nie die notwendigen Veränderungen angehen. Freunde geben uns häufig eine Einschätzung, die wir nie für möglich gehalten hätten.

Nehmen Sie sich Zeit, um allein oder als Paar gemeinsam zu beten.

- Danken Sie Gott für die gläubigen Freunde, die er Ihnen geschenkt hat.
- Bitten Sie ihn, dass Sie die Demut haben, Ihre Freunde um ihre Einschätzung zu bitten, und *darum, dass Sie diese Einschätzung* so aufnehmen, wie sie gemeint ist.
- Bitten Sie Gott, dass Sie gute Ratschläge von schlechten unterscheiden können und hilfreiche Beobachtungen von schädlichen.

Wenn Sie noch mehr Zeit haben ...

Besprechen Sie miteinander folgende Fragen oder denken Sie darüber nach:

- Wie schwierig wäre es für Sie, Freunde und andere nahestehende Personen um eine Einschätzung Ihrer Beziehung zu Ihrem Mann/Ihrer Frau zu bitten?
- Wann sollte die Meinung anderer nicht zu ernst genommen werden?
- Wessen Meinung möchten Sie in dieser Woche einholen? Wie möchten Sie das Thema anschneiden?

Lesen Sie auch die folgenden Abschnitte, in denen es um weise Ratschläge geht:

Sprüche 11,14; 12,15; 19,20-21.

Konsequenzen

Lesen Sie 2. Samuel 15,1-37

In jeder intakten Beziehung spielt die Vergebung eine große Rolle, aber sie kann nicht alle Folgen einer unrechten Tat ungeschehen machen. Nehmen wir als Beispiel eine Mutter, die für eine wichtige Anschaffung Geld angespart hat. Ihr Sohn stiehlt es und gibt es für Drogen aus. Er mag sich zwar aufrichtig dafür entschuldigen, und die Mutter kann ihm vergeben – aber das Geld ist trotzdem weg. Oder ein Mann verlässt seine Frau und die Kinder. Zwanzig Jahre später kommt er zurück und entschuldigt sich dafür. Seine Familie kann ihm zwar vergeben – doch die zwanzig verlorenen Jahre lassen sich nicht zurückholen. Jedes Verhalten hat Konsequenzen. Positives Verhalten hat positive Folgen, negatives Verhalten hat negative Folgen. Vergebung kann nicht alle Konsequenzen von Fehlverhalten beseitigen.

Diese schreckliche Wahrheit musste auch David nach seiner Affäre mit Batseba erkennen. Gott vergab ihm zwar seinen Verrat und Ehebruch, doch die Konsequenzen seiner Sünde – wozu auch der Aufstand seines Sohnes Absalom gehörte (siehe 2. Samuel 15) – verfolgten ihn für den Rest seines Lebens.

Vergebung kann nicht alle Verletzungen beseitigen, und sie stellt auch nicht automatisch Gefühle der Liebe wieder her. Aber sie ist der erste Schritt auf dem Weg zur Verarbeitung von Verletzungen und zur Wiederherstellung der Liebe. Es gibt keine intakte Ehe ohne aufrichtige Entschuldigungen und echte Vergebung. Wenn Sie lernen, wie man sich entschuldigt und wie man dem anderen vergibt, besitzen Sie schon zwei wichtige Bausteine für eine gelingende Ehe.

Nehmen Sie sich Zeit, um allein oder als Paar gemeinsam zu beten. Danken Sie zunächst Gott für die Vergebung, die er Ihnen geschenkt hat. Bitten Sie ihn, dass er zwischen Ihnen und Ihrem Mann/Ihrer Frau eine Atmosphäre der Vergebung schafft. Bitten Sie ihn um Geduld und *Kraft, damit dadurch die Folgen* zerbrochenen Vertrauens gemildert werden können.

Wenn Sie noch mehr Zeit haben …

Besprechen Sie miteinander folgende Fragen oder denken Sie darüber nach:
- Wann mussten Sie die Folgen aus dem Fehlverhalten eines anderen Menschen tragen?
- Wie wirkte sich diese Erfahrung auf Sie aus?
- Woran erkennen Sie, ob Ihr Partner es mit seiner Entschuldigung ernst meint?

Lesen Sie auch die folgenden Abschnitte, in denen es um die Folgen Ihres Tuns geht:
Matthäus 6,14-15; Römer 6,23; Galater 6,7-8.

Den nächsten Impuls finden Sie auf S. 372 a

Gerücht vorausgeeilt. Man berichtete
dem König: »Absalom hat alle deine Söh-
ne umgebracht, kein einziger hat über-
lebt!«
[31] Der König fuhr auf, zerriss seine
Kleider und warf sich auf den Boden.
Sprachlos standen seine Diener um ihn
herum, auch sie hatten ihre Gewänder
zerrissen. [32] Schließlich ergriff Davids
Neffe Jonadab das Wort: »Mein Herr«,
versuchte er den König zu beruhigen,
»noch weißt du nicht sicher, ob wirklich
alle deine Söhne ermordet worden sind.
Ich nehme an, dass nur Amnon tot ist.
Denn seit er Tamar vergewaltigte, war
Absalom fest entschlossen, sich zu rä-
chen. [33] Darum, mein Herr und König,
nimm das Gerücht nicht allzu ernst, dass
alle deine Söhne umgekommen seien.
Bestimmt wurde nur Amnon getötet.«
[34] Absalom war nach seiner Tat geflo-
hen. Einer der Wächter auf der Stadt-
mauer von Jerusalem erblickte plötzlich
in der Ferne eine große Gruppe von
Menschen. Sie kamen auf der Straße von
Horonajim den Hügel herunter. [35] Da
sagte Jonadab zu David: »Siehst du,
schon kommen deine Söhne zurück. Ich
habe es doch gleich gewusst!« [36] Kaum
hatte er ausgeredet, da liefen die Söhne
Davids herein. Sie fingen alle an zu wei-
nen, auch der König und seine Diener
brachen in Tränen aus.
[37] David trauerte noch lange um seinen
ältesten Sohn. Absalom aber floh zum
König von Geschur, zu Talmai, dem
Sohn Ammihuds. [38] Dort blieb er drei
Jahre lang. [39] Allmählich fand David sich
mit dem Tod Amnons ab, und so legte
sich mit der Zeit auch sein Zorn gegen
Absalom.

Joab setzt sich für Absalom ein

14 Joab, der Sohn von Davids Schwes-
ter Zeruja, merkte, dass der König
seinen Sohn Absalom vermisste. [2] Da ließ
er eine Frau aus Tekoa holen, die für ihre
Klugheit bekannt war. Joab trug ihr auf:
»Tu so, als würdest du schon lange um je-
manden trauern. Zieh Trauerkleider an,
und benutze keine wohlriechenden Sal-
ben. [3] Du sollst für mich zum König gehen
und mit ihm reden.« Dann sagte Joab ihr
Wort für Wort, was sie dem König erzäh-
len sollte.
[4] Als die Frau vor David trat, verbeugte
sie sich und warf sich vor ihm zu Boden.
»Mein König, bitte steh mir bei!«, flehte
sie ihn an. [5] »Was bedrückt dich?«, wollte
David wissen, und sie antwortete: »Ach,
ich bin Witwe, mein Mann ist gestorben.
[6] Ich hatte zwei Söhne. Eines Tages strit-
ten sie draußen auf dem Feld heftig mit-
einander. Leider war weit und breit kein
Mensch, der hätte eingreifen können,
und so schlug der eine den anderen tot.
[7] Seitdem, o König, ist die ganze Ver-
wandtschaft meines Mannes hinter mir
her. Sie verlangen, dass ich ihnen meinen
Sohn ausliefere, weil er seinen Bruder
umgebracht hat. Sie wollen ihn töten
und so den Mord rächen. Ja, umbringen
wollen sie ihn, damit er nicht das Erbe
seines Vaters antreten kann! So rauben
sie mir noch den letzten Funken Hoff-
nung. Wenn nämlich mein zweiter Sohn
auch umkommt, dann gibt es im ganzen
Land niemanden mehr, der den Namen
meines Mannes weiterträgt; und so stirbt
seine Familie aus.« [8] Da sagte der König
zu der Frau: »Ich werde die Sache in die
Hand nehmen. Geh ruhig nach Hause.«
[9] Doch die Frau wandte ein: »Mein Kö-
nig, ich befürchte, dass die Verwandten
meines verstorbenen Mannes mich trotz-
dem nicht in Ruhe lassen. Sie werden
mich und meine Familie dafür verant-
wortlich machen, wenn der Tod meines
Sohnes nicht gerächt wird. Dir werden
sie es sicher nicht vorwerfen.« [10] David er-
widerte: »Wer dir Schwierigkeiten macht,
den zeige bei mir an! Ich werde dafür sor-
gen, dass er dich in Ruhe lässt.« [11] Die
Frau aber gab sich immer noch nicht zu-
frieden; sie bat: »Mein König, schwöre
mir doch bei dem Herrn, deinem Gott,
die Blutrache zu verhindern und nicht zu-

13,37 3,3 **14,7** 5 Mo 19,11–13

zulassen, dass man meinen Sohn um-
bringt. Das erste Verbrechen soll nicht
ein schlimmeres nach sich ziehen.« Da
sagte David: »Ich schwöre dir, so wahr
der Herr lebt: Deinem Sohn wird kein
Haar gekrümmt werden.«
12 Die Frau fragte: »Nun habe ich noch
etwas auf dem Herzen. Darf ich es vor-
bringen?« »Sprich!«, forderte David sie
auf. 13 Da sagte sie: »Warum begehst du
gegen jemanden aus dem Volk Gottes ge-
nau das Unrecht, das du eben verurteilt
hast? Indem du dieses Urteil fällst,
sprichst du dich selbst schuldig, denn du
hast deinen Sohn verstoßen und lässt ihn
nicht wieder zurückkehren. 14 Zwar müs-
sen wir alle einmal sterben. Wir sind wie
Wasser, das auf den Boden geschüttet
wird: Es verrinnt und versickert unwie-
derbringlich. Aber Gott löscht das Leben
nicht einfach so aus. Er will den Verbann-
ten zurückholen, damit er nicht für im-
mer von ihm verstoßen bleibt. 15 Ja, mein
König, ich bin mit meinem Anliegen hier-
her gekommen, weil ich keinen anderen
Ausweg mehr sah: Meine Verwandten
haben mir große Angst eingejagt. Da
dachte ich: Ich wage es, dem König mei-
nen Fall vorzulegen; vielleicht nimmt er
sich meiner an. 16 Gewiss wirst du, mein
König, mich vor dem Mann beschützen,
der mich und meinen Sohn um das Erbe
bringen will, das Gott uns in Israel gege-
ben hat. 17 Wenn der König die Sache für
mich in die Hand nimmt, so dachte ich,
dann kann ich endlich wieder in Frieden
leben. Denn du bist wie der Engel Got-
tes: Du kannst Recht und Unrecht unter-
scheiden. Der Herr, dein Gott, möge dir
helfen.«
18 Darauf sagte David: »Eine Frage
möchte ich dir noch stellen. Beantworte
sie ehrlich, verheimliche mir nichts!« »Ja,
ich höre«, antwortete sie. David fragte:
»Hat Joab hier die Hand im Spiel?« 19 Da
rief die Frau: »Es ist tatsächlich wahr:
Der König lässt sich einfach nichts vor-
machen! Ja, es war dein Heerführer Joab,
der mich hergeschickt hat. Er hat mir
Wort für Wort aufgetragen, was ich er-
zählen soll, 20 denn er wollte es dir nicht
direkt ins Gesicht sagen. Aber mein
Herr, der König, ist so klug wie ein Engel
Gottes. Er hat alles sofort durchschaut,
nichts entgeht ihm!«

Absaloms Rückkehr

21 David ließ Joab zu sich rufen und sagte
zu ihm: »Ich will dir deinen Wunsch er-
füllen. Lass meinen Sohn Absalom zu-
rückholen!« 22 Joab verneigte sich, warf
sich vor David zu Boden und rief: »Nun
weiß ich, dass du, mein König, mir deine
Gunst geschenkt hast, denn du erfüllst
meine Bitte! Der Herr segne dich dafür!«
23 Joab reiste nach Geschur und holte
Absalom zurück. 24 Doch als sie in Jerusa-
lem ankamen, befahl der König: »Er darf
wieder in seinem Haus wohnen, aber mir
soll er nicht unter die Augen kommen!«
So lebte Absalom wieder in seinem Haus,
den König durfte er jedoch nicht sehen.
25 In ganz Israel gab es keinen Mann,
der so schön war wie Absalom. Er war
von Kopf bis Fuß vollkommen, und alle
Leute bewunderten ihn. 26 Einmal im Jahr
ließ er sich die Haare schneiden, weil sie
ihm zu schwer wurden. Sie wogen mehr
als zwei Kilogramm[a]. 27 Absalom hatte
drei Söhne und eine Tochter, die Tamar
hieß. Sie war ein sehr hübsches Mädchen.
28 Inzwischen wohnte Absalom schon
zwei Jahre wieder in Jerusalem, den Kö-
nig aber durfte er noch immer nicht besu-
chen. 29 Da ließ er eines Tages Joab zu
sich rufen. Der sollte beim König ein gu-
tes Wort für ihn einlegen. Doch Joab wei-
gerte sich zu kommen. Absalom bat ihn
ein zweites Mal zu sich, aber wieder
erschien er nicht. 30 Da befahl Absalom
seinen Knechten: »Los, geht zu Joabs
Gerstenfeld, das an mein Land angrenzt,
und steckt es in Brand!«
31 Als das Feld in Flammen stand, eilte
Joab zu Absalom und stellte ihn zur Re-

---

[a] Wörtlich: 200 Schekel nach königlichem Gewicht.

14,17.20 1 Sam 29,9 **14,23** 13,37 **14,25** 1 Sam 9,2 **14,27** 18,18

de: »Warum haben deine Knechte mein
Gerstenfeld angezündet?« 32 »Weil du
nicht gekommen bist, als ich dich rufen
ließ«, erwiderte Absalom. »Du solltest
für mich zum König gehen und ihn fra-
gen, warum man mich überhaupt aus Ge-
schur geholt hat. Ich hätte lieber dort
bleiben sollen. Entweder der König emp-
fängt mich jetzt endlich, oder er lässt
mich hinrichten, falls er mich immer noch
für schuldig hält!«
33 Joab berichtete dem König, was Ab-
salom gesagt hatte. Da ließ David seinen
Sohn zu sich rufen. Absalom kam herein,
verneigte sich und warf sich vor dem Kö-
nig zu Boden. David aber umarmte sei-
nen Sohn und küsste ihn.

Absalom plant eine Verschwörung

15 Absalom beschaffte sich einen
Wagen mit Pferden und eine fünf-
zig Mann starke Leibwache. 2 Er stellte
sich jeden Morgen in aller Frühe an das
Tor zum Palast. Alle, die mit einer Streit-
sache kamen, um sie dem König als
oberstem Richter vorzulegen, fragte er
nach ihrer Heimatstadt. Wenn jemand
zu einem der Nordstämme Israels gehör-
te, 3 sagte Absalom zu ihm: »Zweifellos
würdest du den Prozess gewinnen, denn
du bist im Recht. Aber man wird dich
gar nicht erst bis zum König vorlassen.«
4 Und er fügte noch hinzu: »Ach, wäre
doch ich der oberste Richter in unserem
Land! Ich würde mir Zeit nehmen für je-
den, der mit seinem Fall zu mir kommt.
Allen würde ich zu ihrem Recht verhel-
fen.« 5 Wenn der andere sich dann voller
Ehrfurcht vor Absalom zu Boden werfen
wollte, kam der ihm zuvor, umarmte und
küsste ihn. 6 So verhielt Absalom sich ge-
genüber allen Leuten aus Israel, die mit
ihren Streitigkeiten zum König nach Je-
rusalem kamen. Dadurch machte er sich
bei ihnen beliebt.
7 Das ging vier[a] Jahre lang so. Eines Ta-
ges sagte Absalom zu David: »Ich möchte
gern nach Hebron gehen, um ein Gelüb-
de zu erfüllen, das ich vor dem Herrn ab-
gelegt habe. 8 Denn als ich in Geschur in
Syrien war, schwor ich ihm: ›Wenn du
mich wieder nach Jerusalem heimkehren
lässt, bringe ich dir ein Opfer dar.‹«
9 »Geh nur und erfülle dein Gelübde«,
antwortete der König. Absalom ging
nach Hebron 10 und sandte heimlich Bo-
ten in alle Stammesgebiete Israels. Sie
sollten überall verkünden: »Sobald ihr
die Hörner hört, ruft, so laut ihr könnt:
›Absalom ist unser König! In Hebron
wurde er gekrönt.‹« 11 Absalom hatte 200
Männer aus Jerusalem zu seinem Opfer-
fest nach Hebron eingeladen. Sie wussten
nichts von seinen Plänen und gingen
ahnungslos mit.
12 Als die Opfertiere geschlachtet wa-
ren, schickte Absalom noch eine Ein-
ladung an Ahitofel, einen Berater des
Königs, der in Gilo wohnte. Ahitofel
kam und schloss sich ihm an. So sammel-
te Absalom immer mehr Leute um sich,
die seine Verschwörung unterstützten.

Davids Flucht aus Jerusalem

13 Ein Bote kam zu David nach Jerusalem
und meldete: »Absalom hat eine Ver-
schwörung angezettelt! Die meisten Is-
raeliten sind auf seiner Seite.« 14 »Dann
gibt es für uns nur eines: fliehen, damit
wir ihm nicht in die Hände fallen«, sagte
David zu seinen Anhängern. »Wir müs-
sen sofort aufbrechen, beeilt euch! Sonst
überwältigt er uns hier in der Stadt, und
dann sind wir und alle Einwohner ver-
loren. Denn bestimmt würde er ein gro-
ßes Blutbad anrichten.« 15 Davids Leute
antworteten: »Wir stehen zu unserem Kö-
nig. Tu, was du für richtig hältst!«
16 David floh mit seiner Familie und al-
len Anhängern aus der Stadt. Nur zehn
seiner Nebenfrauen ließ er zurück, damit
der Palast nicht unbeaufsichtigt blieb.

---

[a] So mit der griechischen Übersetzung. Der hebräische Text lautet: vierzig.

15,1 1 Kön 1,5–6 **15,7** 5 Mo 23,22–24 **15,8** 13,37–38 **15,10** 1 Kön 1,39 **15,12** 15,31–34; 16,20–21.23; 17,1.7.14.23 **15,14** Ps 3,1 **15,16** 16,21–22; 20,3

[17] Er ging mit seinem Gefolge bis zum
letzten Haus am Stadtrand und machte
dort Halt. [18] Dann ließ er alle, die mit-
gekommen waren, an sich vorüberzie-
hen: zuerst die königliche Leibwache,
dann die 600 Mann, die ihm aus Gat
gefolgt waren, und schließlich alle ande-
ren, die zu ihm hielten. [19] Als Ittai, ein
Philister aus Gat, an David vorüberging,
sprach der König ihn an: »Warum möch-
test du mit uns ziehen? Es ist besser für
dich, wenn du umkehrst und dich dem
neuen König anschließt. Du bist als Ein-
wanderer nach Israel gekommen, weil du
deine Heimat verlassen musstest. [20] Erst
vor kurzem hast du dich hier angesiedelt,
und jetzt solltest du schon wieder vertrie-
ben werden? Nein, ich kann nicht verlan-
gen, dass du bei mir bleibst. Wer weiß,
wohin ich noch fliehen muss. Darum
kehr um, und geh mit deinen Lands-
leuten zurück in die Stadt. Der Herr
möge dir Gutes tun und dir seine Liebe
erweisen.«

[21] Doch Ittai entgegnete: »So wahr der
Herr lebt und so wahr du lebst: Ich werde
dich, meinen König, niemals im Stich las-
sen, und wenn es mich das Leben kostet!
Das schwöre ich dir!« [22] Da gab David
nach und sagte: »Gut, dann komm mit
uns!« Und so zog Ittai mit seinen Beglei-
tern und ihren Familien an David vorbei.
[23] Schließlich überquerte David den Bach
Kidron und schlug den Weg in Richtung
Wüste ein. Die Leute von Jerusalem
weinten laut, als sie den König und sein
Gefolge fliehen sahen.

[24] Auch der Priester Zadok und die Le-
viten hatten mit David die Stadt verlas-
sen. Die Leviten trugen die Bundeslade
und stellten sie außerhalb der Stadt ab.
Der Priester Abjatar brachte Opfer dar,
bis alle Leute vorbeigezogen waren.
[25] David sagte zu Zadok: »Tragt die Bun-
deslade zurück in die Stadt! Wenn der
Herr Erbarmen mit mir hat, bringt er
auch mich eines Tages wieder dorthin
und lässt mich die Bundeslade und das
Zelt, in dem sie steht, wiedersehen.
[26] Wenn er aber sagt: ›Du sollst nicht län-
ger König sein‹, so will ich auch das an-
nehmen. Er soll mit mir tun, was er für
richtig hält.

[27] Du aber, Zadok, gehst besser nach
Jerusalem zurück. Nimm deinen Sohn
Ahimaaz mit, und auch Abjatar und sein
Sohn Jonatan sollen sich euch anschlie-
ßen. [28] Ich selbst werde am Rand der
Wüste am Jordanübergang warten, bis
ich von euch Nachricht über die Lage in
Jerusalem erhalte.«

[29] Da brachten die Priester Zadok und
Abjatar die Bundeslade Gottes zurück
nach Jerusalem und blieben dort. [30] Da-
vid und die Menschen, die mit ihm ge-
gangen waren, stiegen weinend den
Ölberg hinauf. Als Zeichen der Trauer
hatten sie ihre Gesichter verhüllt und
liefen barfuß. [31] Unterwegs wurde David
gemeldet: »Dein Berater Ahitofel unter-
stützt Absalom bei der Verschwörung.«
Da betete er: »Herr, sorge dafür, dass
man die klugen Ratschläge Ahitofels für
Unsinn hält.«

[32] Als David den Gipfel erreicht hatte,
wo man zu Gott betete, kam ihm sein
alter Freund, der Arkiter Huschai,
entgegen. Auch er hatte sein Gewand
zerrissen und sich Erde auf den Kopf
gestreut. [33] David sagte zu ihm: »Wenn
du in deinem Alter mit uns ziehst, fällst
du uns nur zur Last. [34] Gehst du aber zu-
rück in die Stadt, dann kannst du mir
einen großen Dienst erweisen. Sag zu
Absalom: ›Mein Herr und König, ich ste-
he dir zur Seite! Früher diente ich deinem
Vater, jetzt aber bist du mein Herr.‹ So
kannst du mir helfen, die Pläne zu ver-
eiteln, die Ahitofel sich ausdenkt. [35/36] Du
bist nicht allein: Auch die Priester Zadok
und Abjatar bleiben in Jerusalem. Be-
richte ihnen alles Wichtige aus dem kö-
niglichen Palast. Zadoks Sohn Ahimaaz
und Abjatars Sohn Jonatan werden es
mir dann weitersagen. Auch sie bleiben
vorerst noch in der Stadt.«

15,18 8,18; 1 Sam 27,2 **15,24** 1 Sam 22,20–21* **15,26** 1 Sam 3,18 **15,31** 15,12* **15,34** 17,7
15,35–36 17,15–21

37 Da kehrte Davids Freund und Be-
rater Huschai um. Er kam gerade nach
Jerusalem, als Absalom wie ein König
einzog.

Ziba verleumdet Mefi-Boschet

16 Als David den Gipfel des Ölbergs
verlassen hatte und seinen Weg
fortsetzen wollte, kam ihm Ziba, der Die-
ner von Sauls Enkel Mefi-Boschet, ent-
gegen. Er führte zwei gesattelte Esel mit
sich, denen er 200 Brote, 100 Rosinenku-
chen, 100 frische Früchte und einen
Weinschlauch aufgeladen hatte.
2 »Was
hast du damit vor?«, wollte der König
wissen. Ziba antwortete: »Die Esel sind
als Reittiere für deine Familie gedacht,
das Brot und das Obst für deine Leute
und der Wein zur Stärkung für alle, die
auf dem Weg durch die Wüste müde wer-
den.«
3 »Und wo ist Mefi-Boschet, der
Enkel deines früheren Herrn?«, fragte
der König. Ziba antwortete: »Der wollte
in Jerusalem bleiben. Er hat behauptet:
›Heute werden mich die Israeliten zum
König von Israel krönen, denn ich bin
der Nachkomme Sauls.‹«
4 Da erwiderte
David: »Ab sofort gehört dir, Ziba, der
ganze Besitz Mefi-Boschets!« Ziba sagte:
»Ich bin dir ergeben, mein Herr und Kö-
nig! Für mich zählt nur eines: dass du mir
deine Gunst schenkst.«

Schimi beschimpft David

5 Als König David nach Bahurim kam,
lief ihm ein Mann aus dem Ort entgegen
und beschimpfte ihn. Es war Schimi, ein
Sohn Geras, der mit Saul verwandt war.
6 Schimi ließ sich von der Leibwache und
den Elitesoldaten, die den König umga-
ben, nicht abschrecken und warf mit Stei-
nen nach David und seinem Gefolge.
7 Dabei fluchte er und schrie: »Verschwin-
de, du Verbrecher, du Mörder!
8 Ja, du
bist schuld daran, dass Saul und seine
Familie umgekommen sind, du hast die
Herrschaft einfach an dich gerissen! Jetzt
aber straft dich der Herr für das unschul-
dig vergossene Blut: Er hat deinen Sohn
Absalom an deiner Stelle zum König ge-
macht und dich ins Unglück gestürzt. Et-
was Besseres hast du auch nicht verdient,
du Mörder!«

9 Da sagte Abischai, der Sohn von Da-
vids Schwester Zeruja, zum König: »Wie
kommt dieser Nichtsnutz dazu, dich so zu
beschimpfen? Lass mich hingehen und
ihm den Kopf abschlagen!«
10 Doch Da-
vid bremste ihn: »Wie oft muss ich es dir
und deinem Bruder Joab noch sagen: Ich
halte nichts von euren Racheakten! Soll
dieser Schimi mich doch beschimpfen!
Wenn der Herr es ihm befohlen hat –
können wir es ihm dann verbieten?«
11 Nun wandte David sich an seine Sol-
daten, die um ihn standen: »Wenn schon
mein eigener Sohn mir nach dem Leben
trachtet, dann ist es doch von diesem Ver-
wandten Sauls erst recht zu erwarten!
Lasst ihn nur schimpfen und fluchen! Be-
stimmt hat der Herr es ihm befohlen.
12 Doch ich hoffe, dass der Herr mich
nicht allein lässt in meinem Elend. Viel-
leicht verwandelt er die Flüche Schimis
in Segen.«

13 David und seine Leute setzten ihren
Weg fort. Schimi lief ihnen am Berghang
entlang nach, fluchte und warf mit Stei-
nen und Erdklumpen nach dem König.
14 Erschöpft erreichten sie schließlich
den Jordan und ruhten sich dort aus.

Absalom in Jerusalem

15 Inzwischen waren Absalom und seine
Anhänger in Jerusalem eingezogen.
Auch Ahitofel hatte sich ihnen ange-
schlossen.
16 Bald darauf kam Davids
Freund und Berater Huschai zu Absalom
und rief ihm zu: »Hoch lebe der König!
Hoch lebe der König!«
17 Da spottete Ab-
salom: »Und so einer nennt sich Freund
des Königs! Ist deine Liebe zu ihm schon
erloschen? Warum bist du nicht mit dei-

16,1 9,1–13 **16,3–4** 19,25–31 **16,5** 19,17–24; 1 Kön 2,8–9.36–46 **16,9** 1 Sam 26,6* **16,10** 3,39
16,16 15,34.37

nem Freund gegangen?« [18]Huschai ant-
wortete: »Ich stehe zu dem König, den
der Herr und sein Volk auserwählt ha-
ben! Der und kein anderer ist mein Herr!
[19]Und wem sollte ich dienen, wenn nicht
dem Sohn des früheren Königs? Ich wer-
de dir ergeben sein, so wie ich deinem
Vater treu ergeben war.«

[20]Danach wandte Absalom sich an
Ahitofel und fragte: »Was sollen wir nun
weiter unternehmen? Gib mir einen
Rat!« [21]Ahitofel erwiderte: »Dein Vater
hat doch einige Nebenfrauen hier gelas-
sen, damit der Palast nicht unbeaufsich-
tigt bleibt. Hol sie dir, und schlaf mit ih-
nen! Dann sieht ganz Israel, dass du dich
bei deinem Vater verhasst gemacht hast,
und deine Anhänger werden noch ent-
schlossener zu dir halten.« [22]Da schlug
man auf dem Dach des Palasts für Absa-
lom ein Zelt auf. Ganz Israel wurde Zeu-
ge, als er mit den Nebenfrauen seines
Vaters dort hineinging, um mit ihnen zu
schlafen.

[23]Damals wurden Ahitofels Ratschläge
bereitwillig befolgt, als kämen sie von
Gott. So war es schon bei David gewesen,
und daran änderte sich auch bei Absalom
nichts.

Ahitofel und Huschai beraten Absalom

17 Ahitofel machte Absalom noch
einen Vorschlag: »Erlaube mir,
dass ich sofort ein Heer von 12 000 Mann
aufstelle und noch heute Nacht die Ver-
folgung Davids aufnehme. [2]Ich will ihn
überraschen, solange er erschöpft und
entmutigt ist. Wir werden seine Leute in
Angst und Schrecken versetzen, sie wer-
den fliehen, und dann bringe ich den Kö-
nig um. [3]So wird nur er allein getötet,
und ich kann dir ganz Israel als dein Volk
zuführen. Dann herrscht wieder Frieden
im Land!«

[4]Dieser Vorschlag gefiel Absalom, und
auch *die Ältesten Israels stimm*ten zu.
[5]Trotzdem sagte Absalom: »Wir wollen
erst noch hören, was der Arkiter Huschai
dazu meint. Jemand soll ihn holen!« [6]Als
Huschai da war, erklärte Absalom ihm
den Plan Ahitofels und fragte: »Was
denkst du, sollen wir so vorgehen, oder
hast du eine bessere Idee?«

[7]Huschai antwortete: »Mir scheint,
diesmal hat Ahitofel dir keinen guten
Rat gegeben. [8]Du kennst doch deinen
Vater und seine Männer: Sie alle sind
kampferprobte Soldaten. Sie werden er-
bittert kämpfen wie eine Bärin, der man
die Jungen weggenommen hat. Dein Va-
ter ist ein erfahrener Heerführer, er wird
kaum bei seinen Leuten übernachten.
[9]Wahrscheinlich hat er sich längst in
einer Höhle oder sonst irgendwo ver-
steckt. Wenn gleich am Anfang einige
deiner Soldaten fallen und es überall
heißt: ›Absaloms Heer hat eine Nieder-
lage erlitten!‹, [10]dann bekommen alle
deine Männer es mit der Angst zu tun,
selbst wenn sie tapfer sind wie Löwen.
Da kannst du sicher sein! Denn in Israel
weiß jeder, dass dein Vater ein erfahre-
ner Heerführer ist und die besten Sol-
daten um sich hat.

[11]Darum rate ich dir: Berufe alle wehr-
fähigen Israeliten ein, von Dan im Nor-
den bis Beerscheba im Süden; dann
kannst du ein riesiges Heer aufstellen,
mit Soldaten so zahlreich wie der Sand
am Meer. Du musst sie aber selbst anfüh-
ren. [12]Dann spüren wir David auf, egal
wo er sich versteckt. Du wirst sehen: Wir
fallen über seine Soldaten her und ver-
schonen niemand, so wie Tau am frühen
Morgen auf die Erde fällt und alles be-
deckt. Keiner wird mit dem Leben da-
vonkommen, auch er selbst nicht. [13]Hat
David sich aber in einer Stadt verschanzt,
dann sollen deine Männer Seile an der
Mauer befestigen und die ganze Stadt
ins Tal schleifen. Kein Stein wird auf
dem anderen bleiben!«

[14]Da waren sich Absalom und die füh-
renden Israeliten einig: »Huschais Vor-
schlag ist besser als Ahitofels.« Sie wuss-
ten nicht, dass der Herr hier seine Hand

16,20 15,12* **16,21–22** 12,11–12; 15,16; 20,3 **17,1** 15,12* **17,5** 16,16 **17,14** 15,31

im Spiel hatte: Er vereitelte den Plan
Ahitofels, obwohl er eigentlich der bes-
sere war. Denn der Herr wollte Absalom
ins Unglück stürzen.

David erfährt von Absaloms Plan

15 Huschai berichtete den Priestern Za-
dok und Abjatar, was Ahitofel Absalom
und den Ältesten Israels geraten hatte.
Auch von seinem eigenen Vorschlag er-
zählte er ihnen. 16 Dann sagte er: »Schickt
nun sofort einen Boten zu David. Er soll
ihm alles mitteilen und ihn warnen:
›Übernachte auf keinen Fall am Rand
der Wüste! Du musst unbedingt heute
noch den Jordan überqueren, sonst bist
du verloren und mit dir alle deine Be-
gleiter.‹«
17 Jonatan und Ahimaaz warteten in-
zwischen außerhalb von Jerusalem bei
der Rogelquelle, denn sie durften sich in
der Stadt nicht sehen lassen. Eine Magd
überbrachte ihnen die Nachricht für Da-
vid. 18 Doch sie wurden von einem jungen
Mann gesehen, der gleich zu Absalom
ging und es ihm meldete. Schnell brachen
die beiden auf; unterwegs fanden sie bei
einem Mann in Bahurim Unterschlupf.
Sie versteckten sich in der Zisterne in sei-
nem Hof. 19 Die Frau des Mannes breitete
eine Decke über die Öffnung und streute
Getreidekörner zum Trocknen darauf
aus, damit niemand etwas merkte.
20 Bald kamen Soldaten Absaloms zu
dem Haus und fragten die Frau: »Wo sind
Ahimaaz und Jonatan?« Sie antwortete:
»Die beiden sind fortgegangen, sie woll-
ten den Bach dort überqueren.« Die
Männer suchten weiter. Als sie nichts
fanden, kehrten sie unverrichteter Dinge
nach Jerusalem zurück.
21 Kaum waren Absaloms Leute ver-
schwunden, kletterten Ahimaaz und Jo-
natan aus der Zisterne und eilten zu Da-
vid, um ihm Bericht zu erstatten. »Ihr
müsst sofort den Jordan überqueren!«,
sagten sie zu ihm und erzählten, was Ahi-
tofel Absalom geraten hatte. 22 Schnell
brachen David und alle seine Begleiter
auf und überquerten noch in derselben
Nacht den Jordan. Beim Morgengrauen
war auch der letzte von ihnen am ande-
ren Ufer angelangt.
23 Als Ahitofel merkte, dass Absalom
nicht auf seinen Rat hörte, sattelte er sei-
nen Esel und ritt in seine Heimatstadt zu-
rück. Zu Hause regelte er noch die letz-
ten Dinge, dann erhängte er sich. Man
begrub ihn in seinem Familiengrab.
24 David war schon in Mahanajim ange-
kommen, während Absalom mit dem is-
raelitischen Heer den Jordan überquerte.
25 Absalom hatte Amasa zu seinem Heer-
führer ernannt, denn Joab war bei David.
Amasa war der Sohn eines Ismaeliters[a]
namens Jeter; seine Mutter hieß Abigal,
sie war eine Tochter Isais[b] und die
Schwester von Joabs Mutter Zeruja.
26 Absalom und die Israeliten schlugen
ihr Heerlager bei Gilead auf.
27 David war noch nicht lange in Maha-
najim, als drei Männer zu ihm kamen:
Schobi, ein Sohn Nahaschs, aus Rabba,
der Hauptstadt der Ammoniter, Machir,
ein Sohn Ammiëls, aus Lo-Dabar, und
Barsillai aus Roglim in Gilead. 28/29 Die
drei brachten David und seinen Männern
Schlafmatten mit, Töpfe und Schüsseln,
Weizen, Gerste, Mehl, geröstete Getrei-
dekörner, Bohnen und Linsen, Honig,
Butter und Käse sowie einige Schafe und
Ziegen. Denn sie dachten: »Bestimmt
sind sie hungrig, durstig und erschöpft
von ihrem Marsch durch die Wüste.«

Vorbereitungen für die Schlacht

18 David musterte seine Truppen, er
ließ sie Abteilungen zu je 1000
und Unterabteilungen zu je 100 Mann
bilden und setzte Hauptleute über sie ein.

---

[a] So mit 1. Chronik 2,17 und einigen Handschriften der griechischen Übersetzung. Der hebräische Text lautet: eines Israeliten.
[b] So mit 1. Chronik 2,13–16. Im hebräischen Text steht hier der Name Nahasch.

17,17 15,35–36 **17,23** 15,12*; Mt 27,5 **17,24** 1 Mo 32,2–3 **17,25** 2,13* **17,27** 19,32–40; 1 Kön 2,7

2 Das Heer sollte in drei Verbänden los-
ziehen, die von Joab, dessen Bruder Abi-
schai und von Ittai aus Gat angeführt
wurden.
»Ich selbst werde mit euch ziehen«,
sagte David zu seinen Soldaten. 3 Doch
sie wandten ein: »Tu das nicht! Wenn wir
vor den Feinden fliehen müssen oder so-
gar die Hälfte von uns im Kampf fällt,
bedeutet ihnen das nicht so viel wie dein
Tod. Denn du bist für sie wichtiger als
zehntausend von uns! Bleib lieber in der
Stadt, und komm uns im Notfall mit Ver-
stärkung zu Hilfe.«
4 »Ich will euren Rat befolgen«, ant-
wortete David. Dann stellte er sich ans
Stadttor, und das Heer zog in Abteilun-
gen geordnet an ihm vorbei. 5 Den drei
Heerführern Joab, Abischai und Ittai
schärfte er ein: »Sorgt dafür, dass mei-
nem Sohn Absalom nichts zustößt!«
Auch alle Soldaten hörten den Befehl.

Absaloms Niederlage

6 Davids Truppen zogen den Israeliten
entgegen, und im Wald von Ephraim
kam es zur Schlacht. 7 Die Soldaten Da-
vids schlugen das feindliche Heer ver-
nichtend: 20000 Israeliten fielen an die-
sem Tag. 8 Die Kämpfe breiteten sich
über das ganze umliegende Gebiet aus.
Der Wald dort aber war so unwegsam
und gefährlich, dass er noch mehr Opfer
forderte als die Schlacht selbst.
9 Einige Soldaten Davids verfolgten
Absalom, der auf seinem Maultier floh.
Doch als er unter einer großen Terebin-
the durchritt, verfingen sich seine Haare
in den dichten Ästen. Sein Maultier lief
weiter, er aber blieb am Baum hängen.
10 Einer der Männer, die es beobachtet
hatten, meldete Joab: »Ich habe Absalom
gesehen! Er hängt an den Ästen einer Te-
rebinthe.«
11 Joab rief: »Was, du hast ihn gesehen
und ihn nicht auf der Stelle umgebracht?
Ich hätte dir zehn Silberstücke und einen
wertvollen Gürtel dafür gegeben!«
12 Doch der Mann entgegnete: »Auch
wenn du mir tausend Silberstücke bieten
würdest – dem Sohn des Königs könnte
ich nichts antun. Ich habe doch genau ge-
hört, wie der König dir, Abischai und It-
tai befohlen hat: ›Sorgt dafür, dass mei-
nem Sohn Absalom nichts zustößt!‹
13 Und wenn ich ihn unbemerkt getötet
hätte – dem König wäre sowieso zu Oh-
ren gekommen, wer es war, denn früher
oder später erfährt er doch alles. Dann
würdest du mir bestimmt keine Rücken-
deckung geben!«
14 »Ich will meine Zeit nicht länger mit
dir vergeuden!«, unterbrach Joab ihn. Er
nahm drei Speere und stieß sie Absalom,
der immer noch am Baum hing, ins Herz.
15 Dann umringten die zehn Waffenträger
Joabs den Sohn Davids und töteten ihn
vollends.
16 Nun blies Joab das Horn als Zeichen
dafür, dass der Kampf beendet war. Da
kehrten seine Soldaten um, 17 und die Is-
raeliten flohen nach Hause. Joabs Män-
ner warfen die Leiche Absaloms in eine
Grube im Wald und errichteten darüber
einen großen Steinhaufen.
18 Schon zu seinen Lebzeiten hatte Ab-
salom im Königstal einen Gedenkstein
für sich errichten lassen. Er hatte ihn
nach sich selbst benannt, denn er dachte:
»Ich habe keinen Sohn, der meinen Na-
men weiterträgt.« Noch heute nennt man
diesen Stein das »Denkmal Absaloms«.

David erfährt von Absaloms Tod

19 Ahimaaz, der Sohn Zadoks, bat Joab:
»Gestatte mir, zum König nach Mahana-
jim zu laufen und ihm die gute Nachricht
zu bringen, dass der Herr ihm den Sieg
über seine Feinde geschenkt hat.«
20 Doch Joab wehrte ab: »Was du dem Kö-
nig melden musst, ist keine Freudenbot-
schaft für ihn, denn sein Sohn ist tot. Ein
anderes Mal schicke ich dich gern als Bo-
ten zu ihm, aber heute nicht.« 21 Dann

18,2 2,13*; 15,19–22; 1 Sam 26,6* **18,3** 21,17 **18,5** 18,12.29; 19,7 **18,13** 14,20 **18,19** 15,35–36; 17,17 **18,20** 4,10

wandte er sich an seinen äthiopischen Sklaven und befahl ihm: »Geh du zum König, und berichte, was du gesehen hast!« Der Sklave verneigte sich vor Joab und machte sich auf den Weg.

22 Doch Ahimaaz gab nicht nach. »Egal, was geschieht – ich laufe ihm hinterher!« Noch einmal versuchte Joab ihn zurückzuhalten: »Mein Sohn, warum brennst du darauf, dem König die schlechte Nachricht zu bringen? Er wird dich dafür sicher nicht belohnen!« 23 »Egal, was passiert – ich will auf jeden Fall zu ihm!«, gab Ahimaaz zurück. Da ließ Joab ihn gehen. Ahimaaz schlug den Weg durch die Jordanebene ein und kam schneller voran als der Äthiopier.

24 David saß zwischen dem inneren und dem äußeren Stadttor und wartete. Als der Wächter wieder einmal auf den Turm stieg, um Ausschau zu halten, sah er einen Mann, der allein auf Mahanajim zulief. 25 Er meldete es sofort dem König. David sagte: »Wenn er allein kommt, bringt er uns bestimmt eine gute Nachricht!« Während der Bote immer näher kam, 26 entdeckte der Wächter einen zweiten Mann, der in Richtung Stadt unterwegs war. Er rief zum Torwächter hinunter: »Ich sehe noch jemanden kommen; auch er ist allein.« David meinte dazu: »Sicher wird er uns ebenfalls eine frohe Botschaft bringen.« 27 Dann meldete der Wächter: »Ich glaube, der erste ist Ahimaaz, der Sohn Zadoks. Ich erkenne ihn an seinem Gang.« Erleichtert sagte David: »Er ist ein zuverlässiger Mann. Bestimmt meldet er uns Erfreuliches!«

28 Schon von weitem rief Ahimaaz: »Die Schlacht ist gewonnen!« Als er vor dem König stand, warf er sich zu Boden und sagte: »Gepriesen sei der Herr, dein Gott! Er hat dir den Sieg geschenkt über *die Feinde*, die sich gegen dich, mein Herr und König, aufgelehnt haben.« 29 »Und wie geht es meinem Sohn Absalom?«, erkundigte David sich. »Es ist ihm doch hoffentlich nichts zugestoßen?« Ahimaaz antwortete: »Als Joab deinen äthiopischen Sklaven und mich, deinen ergebenen Diener, zu dir schickte, herrschte noch ein großes Durcheinander. Ich konnte leider nicht erkennen, was im Einzelnen geschehen war.« 30 »Stell dich neben mich!«, befahl David. Ahimaaz gehorchte und blieb neben dem König stehen.

31 In diesem Augenblick kam der Äthiopier an und berichtete: »Mein König, höre, was für eine gute Nachricht ich dir zu überbringen habe: Der Herr hat den Aufstand niedergeschlagen, den deine Feinde gegen dich geplant haben! Er hat dir heute zu deinem Recht verholfen.« 32 »Und wie geht es meinem Sohn?«, fragte David auch ihn. »Ihm ist doch hoffentlich nichts zugestoßen?« Der Sklave antwortete: »So wie ihm möge es allen deinen Feinden ergehen, allen, die sich gegen dich auflehnen und dir schaden wollen!«

19 Diese Worte gaben David einen Stich ins Herz. Er stieg hinauf ins Turmzimmer des Stadttors und weinte. Dabei klagte er ununterbrochen: »Mein Sohn Absalom! Mein Sohn, mein Sohn, ach Absalom! Wäre ich doch an deiner Stelle gestorben! Ach Absalom, mein Sohn, mein Sohn!«

Joab weist David zurecht

2 Jemand meldete Joab: »Der König weint und trauert um Absalom.« 3 Auch bei den Soldaten hatte sich schnell herumgesprochen, dass David über den Tod seines Sohnes verzweifelt war. Ihre Freude über den Sieg war auf einmal wie weggeblasen, Trauer und Niedergeschlagenheit machten sich breit. 4 Bedrückt schlichen die Männer in die Stadt zurück – wie Verlierer, die sich schämen, weil sie vom Schlachtfeld geflohen sind.

5 David aber saß noch immer im Turmzimmer, er hatte sein Gesicht verhüllt und klagte laut: »Mein Sohn Absalom! Ach Absalom, mein Sohn, mein Sohn!« 6 Da ging Joab zu ihm und wies ihn zurecht: »Deine Soldaten haben dir heute das Leben gerettet, und nicht nur dir, sondern auch deinen Söhnen und Töchtern, deinen Frauen und Nebenfrauen.

Und was ist der Dank? Du benimmst
dich so, dass sie sich für ihre große Tat
nur schämen können! [7]Du liebst alle, die
dich hassen, und hasst alle, die dich lie-
ben. Deine Heerführer und Soldaten be-
deuten dir offenbar überhaupt nichts. Es
hätte dir nichts ausgemacht, wenn wir
heute alle in der Schlacht gefallen wären
– Hauptsache Absalom wäre noch am
Leben! [8]Du musst dich jetzt zusammen-
nehmen und zu deinen Männern hinaus-
gehen, um sie wieder zu ermutigen. Sonst
laufen sie dir alle noch heute Nacht da-
von. Das schwöre ich dir, so wahr der
Herr lebt! Etwas Schlimmeres könnte
dir gar nicht passieren. Es wäre schreck-
licher als alles, was du bisher erleiden
musstest.«

[9]Da stand David auf und ging hinunter
zum Stadttor. Seinen Soldaten wurde ge-
meldet, dass der König wieder dort saß.
Sofort kamen sie und versammelten sich
vor ihm.

Davids Rückkehr nach Jerusalem

Inzwischen waren die Israeliten in ihre
Heimatorte geflohen. [10]In allen Stäm-
men des Landes warfen sie sich gegensei-
tig vor: »Wir sind schuld daran, dass Kö-
nig David vor Absalom fliehen und das
Gebiet Juda verlassen musste. Dabei hat
er uns doch immer von unseren Feinden
befreit, und auch die Macht der Philister
hat er gebrochen. [11]Absalom, den wir
zum neuen König gekrönt haben, ist in
der Schlacht gefallen. Warum unter-
nimmt niemand etwas, um David zurück-
zuholen?«

[12]David sandte die beiden Priester Za-
dok und Abjatar zu den Ältesten des
Stammes Juda. Sie sollten ihnen im Na-
men des Königs ausrichten: »Wollt ihr
die Letzten sein, die mich, euren König,
wieder in seinen Palast zurückholen? Die
Israeliten haben dies schon lange ge-
plant, wie ich gehört habe. [13]Ihr seid doch
meine Stammesbrüder und viel näher mit
mir verwandt. Warum kommt ihr ihnen
nicht zuvor?« [14]Amasa, dem Heerführer
Absaloms, sollten die beiden Priester von
David ausrichten: »Ich schwöre dir, dass
ich dich heute an Joabs Stelle zu meinem
obersten Heerführer ernenne, denn du
bist mein Neffe. Gott soll mich hart be-
strafen, wenn ich mein Versprechen nicht
halte.«

[15]So gelang es David, alle Judäer zu-
rückzugewinnen. Sie ließen ihm sagen:
»Komm mit deinem Gefolge wieder nach
Jerusalem!« [16]Da trat David den Rück-
weg an und erreichte den Jordan. Die
Männer aus dem Stamm Juda kamen
ihm auf der anderen Seite bis nach Gilgal
entgegen, um ihn über den Fluss zu ge-
leiten.

David begnadigt Schimi

[17]Zur gleichen Zeit lief auch der Benja-
miniter Schimi, ein Sohn Geras, aus Ba-
hurim, zum Jordan, um David dort zu
treffen. [18]Tausend Mann vom Stamm
Benjamin waren bei ihm. Auch Ziba, der
frühere Diener Sauls, hatte sich mit sei-
nen fünfzehn Söhnen und zwanzig
Knechten dem Zug angeschlossen. Sie er-
reichten den Jordan vor dem König.
[19]Dann brachten sie ein Boot an das ge-
genüberliegende Ufer, um David mit sei-
nem Gefolge über den Fluss zu setzen
und ihm ihren Dienst anzubieten.

Als David den Jordan überqueren woll-
te, ging Schimi zu ihm, warf sich vor ihm
zu Boden [20]und flehte: »Mein König, ver-
gib mir, was ich dir angetan habe, als du
Jerusalem verlassen musstest. Bitte rech-
ne mir diese große Schuld nicht an. [21]Ich
weiß, dass es ein schwerer Fehler war.
Aber bedenke, mein König: Ich bin heute
als Erster aus den Nordstämmen hierher
gelaufen, um dich zu empfangen.«

[22]Da mischte sich Davids Neffe Abi-
schai ein: »Schimi verdient den Tod! Er
hat den König, den der Herr eingesetzt
hat, aufs übelste beschimpft.« [23]Doch

19,7 18,5 **19,10** 5,17–25 **19,11** 15,10 **19,13** 5,1 **19,14** 17,25 **19,17–24** 16,5–13; 1 Kön 2,8–9.36–46
19,18 16,1–4 **19,22** 1 Sam 26,6* **19,23** 3,39; 16,10

David wies ihn zurecht: »Von dir und dei-
nem Bruder lasse ich mir nichts vor-
schreiben! Ihr könnt mich nicht zu so
einer Tat verleiten. Von jetzt an bin ich
wieder König, darum soll heute kein
Israelit hingerichtet werden!« 24 Dann
wandte der König sich an Schimi und ver-
sprach ihm: »Du musst nicht sterben, ich
gebe dir mein Wort!«

Die Begegnung mit Mefi-Boschet

25 Auch Sauls Enkel Mefi-Boschet kam
dem König entgegen. Seit David aus Je-
rusalem fliehen musste, hatte er als Zei-
chen der Trauer seine Füße nicht mehr
gewaschen, den Bart nicht mehr gepflegt
und keine frischen Kleider mehr angezo-
gen. So wollte er warten, bis David wohl-
behalten zurückkehren würde. 26 Als er
nun dem König entgegenkam, fragte die-
ser ihn: »Warum bist du nicht mit mir
gekommen, Mefi-Boschet?«

27 Er antwortete: »Mein König, dafür ist
mein Knecht Ziba verantwortlich, denn er
hat mich betrogen! Ich wollte dich beglei-
ten und dafür meinen Esel satteln lassen,
weil ich ja nicht mehr richtig laufen kann.
28 Doch Ziba ist zu dir gegangen und hat
mich bei dir verleumdet. Du aber bist klug
und weise wie ein Engel Gottes. Tu mit
mir, was du für richtig hältst! 29 Die Fami-
lie meines Großvaters hatte den Tod ver-
dient nach allem, was sie dir angetan hat.
Trotzdem hast du mich, deinen ergebenen
Diener, als Gast an deinem Tisch essen
lassen. Da kann ich es nicht wagen, noch
mehr von dir zu erwarten!«

30 »Reden wir nicht mehr davon«, sagte
David. »Ziba und du, ihr sollt euch Sauls
Besitz teilen.« 31 »Ziba kann auch alles
haben«, erwiderte Mefi-Boschet, »das
Wichtigste für mich ist, dass der König
heute unversehrt in seinen Palast zurück-
kehrt.«

David und Barsillai

32 Barsillai, ein Mann aus Gilead, war von
Roglim gekommen, um den König über
den Jordan zu begleiten und sich dann
von ihm zu verabschieden. 33 Barsillai
war 80 Jahre alt. Er hatte David in Maha-
najim mit allem versorgt, was dieser zum
Leben brauchte, denn er war sehr reich.
34 Jetzt lud der König ihn ein: »Komm mit
mir nach Jerusalem an meinen Hof! Es
wird dir dort an nichts fehlen.«

35 Doch Barsillai lehnte ab: »Ich habe
nicht mehr lange zu leben, warum soll-
te ich da noch nach Jerusalem ziehen!
36 80 Jahre bin ich nun schon alt, und es
fällt mir schwer, klare Gedanken zu fas-
sen[a]. Ich schmecke kaum noch, was ich
esse oder trinke, und den Gesang deiner
Sänger und Sängerinnen höre ich nicht
mehr gut. Ich würde dir, mein König,
doch nur zur Last fallen. 37 Nein, deine
Einladung kann ich nicht annehmen. Ich
will dich nur noch über den Jordan be-
gleiten, 38 und dann lass mich zurückkeh-
ren! Ich möchte in meiner Heimatstadt
sterben, dort, wo schon mein Vater und
meine Mutter begraben sind. Doch mein
Sohn Kimham kann ja mit dir ziehen und
dir dienen. Setz ihn dort ein, wo du ihn
gebrauchen kannst.«

39 Da antwortete David: »Ja, Kimham
soll mit mir kommen. Ich werde alles für
ihn tun, was du wünschst. Und wenn ich
dir sonst noch Gutes erweisen kann, dann
sag es ruhig! Ich erfülle dir jede Bitte.«

40 Dann überquerte David mit allen Be-
gleitern den Jordan. Er küsste Barsillai
zum Abschied und segnete ihn. Der alte
Mann kehrte in seine Heimatstadt zu-
rück, 41 während David weiter nach Gil-
gal zog. Kimham ging mit ihm. Der König
wurde begleitet von den Männern des
Stammes Juda und von der Hälfte der üb-
rigen Israeliten.

---

a Wörtlich: Gut und Böse zu unterscheiden.

19,25 9,5–6 **19,27–28** 16,1–3 **19,28** 1 Sam 29,9 **19,29** 9,7 **19,32–40** 17,27

Israel und Juda streiten um den König

42 Unterwegs kamen die Israeliten zum
König und beklagten sich: »Warum haben
ausgerechnet die Judäer dich, deine Fa-
milie und deine Truppen aus Mahanajim
abgeholt und über den Jordan geleitet?
Dazu hatten sie doch gar kein Recht!«
43 »Die Antwort ist ganz einfach«, sag-
ten die Judäer zu den Israeliten, »schließ-
lich steht der König dem Stamm Juda
näher. Was regt ihr euch darüber auf?
Denkt ihr, wir hätten auf Kosten des
Königs gelebt oder uns von ihm beschen-
ken lassen?«
44 Die Israeliten hielten dagegen: »Un-
ser Anrecht auf den König ist zehnmal
größer als eures! Warum habt ihr uns ein-
fach übergangen? Haben nicht wir zuerst
daran gedacht, unseren König zurück-
zuholen?« Die Judäer aber gaben nicht
nach und behielten das letzte Wort.

Schebas Aufstand

20 Unter den Streitenden war ein nie-
derträchtiger Mann namens Sche-
ba aus dem Stamm Benjamin, ein Sohn
Bichris. Laut blies er das Horn und rief:
»Ihr Männer von Israel, was geht uns die-
ser David noch an? Wir wollen nichts
mehr mit ihm zu tun haben! Los, geht
nach Hause!« 2 Da sagten sich alle Israe-
liten von David los und schlossen sich
Scheba an. Nur die Männer vom Stamm
Juda blieben bei ihrem König und beglei-
teten ihn vom Jordan bis nach Jerusalem.
3 Als David in seinem Palast angekom-
men war, ordnete er an, was mit den zehn
Nebenfrauen geschehen sollte, die er in
Jerusalem zurückgelassen hatte: Sie
mussten von jetzt an in einem bewachten
Haus wohnen und durften es nicht verlas-
sen. Der König versorgte sie mit allem
Nötigen, aber er schlief nie mehr mit ih-
nen. Sie waren für immer eingeschlossen
und lebten einsam wie Witwen.
4 Dann befahl David seinem Heerfüh-
rer Amasa: »Ruf alle Soldaten aus Juda
zusammen! In spätestens drei Tagen will
ich dich und die Truppen hier in Jerusa-
lem sehen!« 5 Amasa machte sich sofort
auf den Weg. Als er aber nach der fest-
gesetzten Zeit nicht erschienen war,
6 sagte David zu Abischai: »Jetzt wird
Scheba für uns noch gefährlicher als Ab-
salom. Nimm mit meinen Männern die
Verfolgung Schebas auf. Er darf nicht
die befestigten Städte in seine Gewalt
bringen, denn damit würde er großen
Schaden anrichten.« 7 Da verließen die
Soldaten Joabs sowie die königliche
Leibwache und die Elitetruppe des Kö-
nigs Jerusalem, um Scheba, dem Sohn
Bichris, nachzujagen.
8 Als sie den großen Stein bei Gibeon
erreichten, trafen sie Amasa, der kurz
vor ihnen dort angekommen war. Joab
hatte sein langes Gewand zum Kampf
hochgebunden. Um die Hüfte trug er
einen Gürtel mit einem Dolch. Während
er auf Amasa zuging, nahm er unbemerkt
den Dolch in die linke Hand. 9 »Wie geht
es dir, mein Freund?«, begrüßte er Ama-
sa und fasste mit der rechten Hand des-
sen Bart, als wolle er ihm einen Kuss ge-
ben. 10 Amasa aber hatte den Dolch nicht
gesehen, den Joab in der anderen Hand
hielt. Da stieß Joab ihm die Waffe mit
solcher Wucht in den Bauch, dass die
Därme heraushingen. Er brauchte kein
zweites Mal zuzustechen, denn Amasa
war sofort tot.
Joab und sein Bruder Abischai nahmen
die Verfolgung Schebas wieder auf. 11 Ei-
ner von Joabs Männern blieb bei der Lei-
che und rief allen Soldaten, die vorbeika-
men, zu: »Hältst du zu Joab? Bist du auf
Davids Seite? Dann folge Joab!« 12 Doch
einer nach dem anderen blieb erschüttert
stehen, als er Amasas blutüberströmte
Leiche mitten auf dem Weg liegen sah.
Da schleifte der Soldat den Toten weg
auf ein Feld und warf einen Mantel über
ihn, damit die Männer sich nicht durch
seinen Anblick aufhalten ließen. 13 Nach-
dem die Leiche weg war, eilten alle Joab

20,1 1 Kön 12,16 **20,3** 15,16; 16,21–22 **20,4** 17,25; 19,14 **20,6** 1 Sam 26,6* **20,10** 3,27; 1 Kön 2,5

nach, um unter seiner Führung Scheba,
den Sohn Bichris, zu verfolgen.
14 Scheba war inzwischen durch ganz Is-
rael bis zur Stadt Abel-Bet-Maacha im
Norden des Landes gezogen. Die Män-
ner der Sippe Bichri hatten sich ihm an-
geschlossen und folgten ihm dorthin.
15 Als nun Joab und seine Soldaten die
Stadt erreicht hatten und hörten, dass
Scheba sich dort aufhielt, begannen sie
mit der Belagerung. Sie schütteten einen
Wall auf und gelangten so über die Vor-
mauer. Dann fingen sie an, die Haupt-
mauer zu untergraben, um sie zum Ein-
sturz zu bringen.
16 In der Stadt wohnte eine sehr kluge
Frau. Von der Mauer aus rief sie den Be-
lagerern zu: »Hört her! Ruft bitte Joab zu
mir, ich möchte mit ihm reden!« 17 Als er
an die Mauer gekommen war, fragte sie:
»Bist du Joab?« »Ja, der bin ich«, antwor-
tete er. Sie bat: »Ich muss mit dir spre-
chen, bitte hör mich an!« »Gut«, erwider-
te er, 18 und sie brachte ihr Anliegen vor:
»Früher sagte man bei uns: ›Hol dir Rat
in Abel, und du bist gut beraten!‹ 19 Un-
sere Stadt ist eine der friedlichsten Städte
Israels, immer konnte man auf sie zählen.
Sie wird sogar ›Mutter in Israel‹ genannt.
Und nun willst du sie zerstören? Wie
kannst du es wagen, das Eigentum des
Herrn zu vernichten!«
20 Joab entgegnete: »Nie wollte ich eure
Stadt zerstören! 21 Ich bin aus einem an-
deren Grund hier: Ein Mann vom Gebir-
ge Ephraim hat einen Aufstand gegen
unseren König angezettelt. Er heißt
Scheba und ist ein Sohn Bichris. Ihn al-
lein suchen wir. Liefert ihn uns aus – und
wir lassen die Stadt in Ruhe!«
»Einverstanden, man wird dir seinen
Kopf über die Mauer zuwerfen!«, erwi-
derte die Frau. 22 Sie redete mit den Ein-
wohnern Abel-Bet-Maachas und setzte
mit ihrer Klugheit ihren Plan durch:
Man enthauptete Scheba und warf seinen
Kopf zu Joab hinaus. Dieser blies das
Horn als Zeichen zum Aufbruch, und
die Soldaten kehrten in ihre Heimatorte
zurück. Joab aber ging nach Jerusalem zu
König David.

Die obersten Beamten Davids
(1. Chronik 18,14–17)

23 Joab war der oberste Befehlshaber über
das ganze israelitische Heer. Benaja, ein
Sohn Jojadas, hatte den Befehl über die
Leibwache des Königs. 24 Adoniram war
Aufseher über die Zwangsarbeiter. Jo-
schafat, ein Sohn Ahiluds, war Berater
des Königs, 25 Schewa war Hofsekretär.
Zadok und Abjatar waren die obersten
Priester, 26 und auch Ira aus Jaïr hatte
den Rang eines Priesters.

Ein Verbrechen Sauls wird gesühnt

21 Während der Regierungszeit Da-
vids brach im Land eine Hungers-
not aus, die drei Jahre dauerte. David
fragte den Herrn nach dem Grund, und
der Herr antwortete: »Die Hungersnot
hört nicht auf, weil Saul damals so viele
Gibeoniter umgebracht hat.«
2 Da ließ der König die Gibeoniter zu
sich kommen, um mit ihnen zu reden.
Sie waren keine Israeliten, sondern ge-
hörten zu den Amoritern, die früher das
Land bewohnt hatten. Als die Israeliten
Kanaan in Besitz nahmen, hatten sie den
Gibeonitern geschworen, sie am Leben
zu lassen.[a] Saul aber, der sich voller Eifer
für Juda und Israel einsetzte, hatte ver-
sucht, sie auszurotten.
3 David fragte die Gibeoniter: »Wie
kann ich das Unrecht sühnen, das ihr er-
leiden musstet? Was soll ich für euch tun,
damit ihr das Land wieder segnet, das der
Herr uns für immer geschenkt hat?« 4 Sie
erwiderten: »Mit Silber und Gold lässt
sich nicht wieder gutmachen, was Saul
und seine Familie uns angetan haben;
und wir haben auch nicht das Recht, ir-
gendjemanden aus Israel dafür umzu-
bringen.« »Was kann ich dann für euch

---

[a] Vgl. Josua 9
20,23–26 8,16–18 **21,2** Jos 9,15.19

tun?«, wollte David wissen. 5 Da sagten
die Gibeoniter: »Saul plante unseren Un-
tergang, er wollte uns vernichten, damit
es in ganz Israel niemanden mehr von
uns gibt. 6 Darum liefere nun sieben
männliche Nachkommen Sauls an uns
aus. Wir wollen sie aufhängen, um den
Zorn des Herrn abzuwenden,[a] und zwar
in Gibea, der Heimatstadt Sauls, den der
Herr damals als König erwählt hat.«

»Ich werde sie euch ausliefern«, ver-
sprach David ihnen. 7 Er hatte aber Sauls
Sohn Jonatan im Namen des Herrn ge-
schworen, seine Nachkommen nie aus-
zurotten. Darum wollte er Mefi-Boschet,
den Sohn Jonatans, auf jeden Fall ver-
schonen. 8 David suchte Armoni und Me-
fi-Boschet aus, die beiden Söhne von
Sauls Nebenfrau Rizpa, einer Tochter Aj-
jas, und die fünf Söhne von Sauls Tochter
Merab, die mit Adriël aus Mehola, einem
Sohn Barsillais, verheiratet war. 9 Er
übergab sie den Gibeonitern.

Alle sieben wurden am selben Tag auf
dem Berg bei Gibea aufgehängt, um den
Zorn des Herrn abzuwenden.[b] Man rich-
tete sie hin, als die Gerstenernte gerade
begonnen hatte.

10 Rizpa, die Tochter Ajjas, ging zu dem
Felsen, auf dem die sieben gestorben wa-
ren, breitete dort einen Sack auf dem Bo-
den für sich aus und bewachte die Toten.
Tagsüber verscheuchte sie die Raubvö-
gel, und nachts hielt sie die wilden Tiere
von den Leichen fern. Vom Anfang der
Ernte im Frühjahr bis zum ersten Regen
im Herbst harrte sie dort aus.

11 Als David erfuhr, was Sauls Neben-
frau Rizpa tat, 12–14 ließ er die Gebeine
Sauls und seines Sohnes Jonatan aus
Jabesch in Gilead holen, um sie im Fami-
liengrab von Sauls Vater Kisch beizuset-
zen. Bei der Schlacht auf dem Gilboa-
gebirge hatten die Philister die Israeliten
besiegt und die Leichen Sauls und Jona-
tans auf dem Marktplatz von Bet-Schean
aufgehängt. Die Bürger von Jabesch in
Gilead waren dann heimlich gekommen
und hatten die Toten mitgenommen.
Auch die sieben Erhängten ließ David
vom Berg holen und im Familiengrab be-
statten. Das Grab lag in Zela, einem Dorf
im Stammesgebiet von Benjamin.

Als alle Befehle Davids ausgeführt wa-
ren, erhörte Gott die Gebete für das
Land und machte der Hungersnot ein
Ende.

Kriege gegen die Philister

15 Wieder einmal herrschte Krieg zwi-
schen den Philistern und Israel. David
zog mit seinem Heer aus, und es kam zur
Schlacht. Als David vom Kampf er-
schöpft war, 16 griff ein Philister namens
Jischbi-Benob ihn an und wollte ihn
umbringen. Jischbi-Benob war ein Nach-
komme Rafas, ein Riese. Er war bewaff-
net mit einem neuen Schwert und mit
einem Speer, dessen bronzene Spitze
allein fast vier Kilogramm wog. 17 Doch
Abischai, der Sohn von Davids Schwester
Zeruja, kam David zu Hilfe und tötete
den Philister. Nach dieser Schlacht muss-
te David seinen Männern versprechen, in
Zukunft nicht mehr selbst in den Krieg
zu ziehen. Sie sagten zu ihm: »Wir wollen
dich nicht verlieren, denn du bist die
Hoffnung unseres Volkes.«

18 Kurze Zeit später kämpften die Israeli-
ten in der Nähe von Gob gegen die Phi-
lister. Dabei tötete Sibbechai, der Hu-
schatiter, den Riesen Saf. 19 In einer
weiteren Schlacht bei Gob gegen die
Philister erschlug Elhanan aus Bethle-
hem, der Sohn Jaïrs[c], Goliat aus Gat;
Goliats Speer war so dick wie ein kleiner
Baum[d]. 20 Einmal kam es bei Gat zum
Kampf. Einer der Philister, ein Nach-

---

[a] Wörtlich: Wir wollen sie vor dem Herrn aufhängen.
[b] *Wörtlich: wurden … vor dem Herrn aufgehängt.*
[c] So mit 1. Chronik 20,5. Im hebräischen Text steht der Name Jaare-Oregim.
[d] Wörtlich: wie ein Weberbaum.

21,6 5 Mo 21,22–23* **21,7** 1 Sam 20,15 **21,8** 3,7; 1 Sam 18,19 **21,12–14** 1 Sam 31,8–13
21,17 1 Sam 26,6*; 2 Sam 18,3 **21,18–22** 1 Chr 20,4–8

Treu bis zum Ende

Lesen Sie 2. Samuel 22,17-20

Die Geschichte ist voller Beispiele von Männern und Frauen, die geduldig Schmerz und Leid ertrugen – und trotzdem viel erreichten. Die große Indien-Missionarin Amy Carmichael war jahrelang wegen Krankheit ans Bett gefesselt. Beethoven verlor sein Gehör. Der amerikanische Präsident Franklin D. Roosevelt musste mit einer Lähmung leben. Weniger bekannt ist vielleicht die Geschichte des französischen Malers Pierre Auguste Renoir, ein Vertreter des Impressionismus, berühmt für seine lebendige Farbgebung. Renoir hatte mit einer schmerzhaften Arthrose zu kämpfen, sodass er bei der Arbeit sogar den Pinsel an seine Finger schnüren musste, weil er sie nicht mehr bewegen konnte. Als sein Freund Henri Matisse ihm dabei zusah, fragte er ihn: „Warum malst du immer noch weiter, wenn du solche schrecklichen Schmerzen hast?"

Renoir antwortete: „Die Schönheit bleibt, der Schmerz geht vorüber."

Wenn wir durch die Kraft Gottes unser Leid geduldig ertragen – ob körperlich oder seelisch –, können wir Renoirs Aussage nur bestätigen. In 2. Samuel 22,17-20 lobt David in einem Lied Gott, weil er ihn vor seinen Feinden gerettet und in Sicherheit gebracht hat. In allen Schwierigkeiten, sogar als sein Leben in Gefahr war, blieb David Gott treu, er vertraute ihm und wusste, dass er in Gottes Augen wertvoll war.

Auch unser Schmerz geht vorüber. Aber die Schönheit Gottes, die er durch uns erkennen lässt – sie bleibt.

Nehmen Sie sich Zeit, um allein oder als Paar gemeinsam zu beten.

- Danken Sie Gott für die Geduld, die er Ihnen entgegenbringt.
- Bitten Sie ihn um die Kraft, Enttäuschung und Schmerz zu ertragen.
- Bitten Sie ihn auch, dass Sie in der Beziehung zu Ihrem Mann/Ihrer Frau und zu anderen Menschen ein Vorbild der Geduld sein können.

Wenn Sie noch mehr Zeit haben ...

Besprechen Sie miteinander folgende Fragen oder denken Sie darüber nach:

- Wo würden Sie auf einer Skala zwischen eins und zehn Ihre Fähigkeit zur Geduld einordnen? Wie würde Ihr Ehepartner das sehen?
- In welchen Situationen wird Ihnen die meiste Geduld abverlangt? Warum?
- Wie könnte Ihr Mann/Ihre Frau Ihnen helfen, die Schönheit des Wirkens Gottes in Ihnen zu erkennen? Wie könnten Sie dasselbe für ihn oder sie tun?

Lesen Sie auch die folgenden Abschnitte zum Thema Geduld:
Psalm 37,7-9; 40,2; Römer 12,12.

Mutig reden und demütig zuhören

Die folgenden Fragen können Sie entweder allein oder als Paar gemeinsam durchgehen. Wenn jeder für sich darüber nachdenkt, verabreden Sie sich in der kommenden Woche zu einem Austausch darüber, was Sie herausgefunden haben.

1. Lesen Sie 2. Samuel 24,1-17. Warum wurde Gott Ihrer Meinung nach zornig, als David eine Volkszählung durchführte?

2. Wie würden Sie Mut definieren?

3. Joab war der oberste Befehlshaber von Davids Armee. Wenn Sie an Joabs Stelle gewesen wären, hätten Sie Davids Worte infrage gestellt? Überlegen Sie gemeinsam, warum dieser Schritt von Joab mutig war.

4. Denken Sie an eine Situation, in der Sie jemandem hätten widersprechen sollen und es nicht getan haben. Warum war das so? Was hat Sie gehindert?

5. Wie würden Sie Demut definieren? Nahm David Joabs Einwand demütig auf?

6. Wie demütig sind Sie, wenn jemand Sie infrage stellt?

2. Samuel 24,3

„Mein König, ich wünsche dir ja, dass der Herr, dein Gott, das Volk noch zu deinen Lebzeiten hundertmal größer werden lässt! Aber ich verstehe nicht, warum du nun so etwas verlangst."

KONKRET:

Überlegen Sie im Gebet, ob es jemanden in Ihrer Umgebung gibt, dem ein sanfter Widerspruch guttun würde. Wenn das so ist, dann besprechen Sie miteinander, wie Sie diese Person mit Liebe und Respekt ermahnen können.

Den nächsten Impuls finden Sie auf S. 386 a

komme Rafas, war sehr groß. An jeder Hand hatte er sechs Finger und an jedem Fuß sechs Zehen.
21 Er machte sich über die Israeliten lustig, doch Jonatan, ein Sohn von Davids Bruder Schamma, tötete ihn.
22 Diese vier Riesen waren Nachkommen Rafas und kamen aus Gat. Sie wurden von David und seinen Soldaten umgebracht.

Davids Dankgebet
(Psalm 18)

22 Nachdem der Herr ihn aus der Gewalt aller Feinde und auch aus der Hand Sauls befreit hatte, sang König David folgendes Danklied:

2 Der Herr ist mein Fels, meine Festung und mein Erretter,
3 mein Gott, meine Zuflucht, mein sicherer Ort. Er ist mein Schild, mein starker Helfer, meine Burg auf unbezwingbarer Höhe. Du, Gott, bewahrst mich vor den Angriffen meiner Feinde.
4 Ich lobe dich, Herr! Wenn ich zu dir um Hilfe rufe, dann werde ich vor meinen Feinden gerettet.

5 Ich war in Lebensgefahr, der Tod drohte mich zu verschlingen wie eine mächtige Woge.
6 Hilflos musste ich zusehen, wie die tödliche Falle schon zuschnappte.
7 In äußerster Verzweiflung schrie ich zum Herrn. Ja, zu meinem Gott rief ich um Hilfe. Da hörte er mich in seinem Tempel, mein Notschrei drang durch bis an sein Ohr.

8 Plötzlich erbebte die Erde, selbst der Himmel geriet ins Wanken, denn glühender Zorn hatte Gott gepackt.
9 Schwarzer Rauch quoll aus seiner Nase, aus seinem Mund loderten Flammen, und glühende Kohlen wurden herausgeschleudert.
10 In dunklen Wolken kam Gott zur Erde.
11 Auf einem Cherub-Engel flog er daher und schwebte herab, vom Sturm getragen.
12 Er verhüllte sich in Finsternis, verbarg sich in dichten und dunklen Regenwolken.
13 Dann ging ein Lichtglanz von ihm aus, und glühende Kohlen prasselten nieder.
14 Ein Donnerschlag folgte dem anderen, und darin dröhnte die Stimme des höchsten Gottes.
15 Er schoss seine Pfeile ab, und die Feinde stoben auseinander. Grelle Blitze zuckten und verwirrten das feindliche Heer.
16 Sogar den Meeresboden konnte man sehen; offen lagen die Fundamente der Erde da, als der Herr meine Feinde bedrohte und vor Entrüstung schnaubte.

17 Der Herr streckte mir seine Hand von oben entgegen und riss mich aus den tosenden Fluten.
18 Er befreite mich von der Übermacht meiner Feinde, von allen, die mich hassten, denn sie waren viel stärker als ich.
19 Sie hatten mich überfallen – was war das für ein schrecklicher Tag! Aber der Herr hielt mich fest
20 und half mir aus Angst und Gefahr. Er befreite mich. So viel bin ich ihm wert!

21 Weil ich im Recht war, half mir der Herr; er wusste, dass ich unschuldig war, und darum rettete er mich.
22 Denn ich war ihm gehorsam, nie habe ich meinem Gott die Treue gebrochen.
23 Seine Gebote hielt ich mir immer vor Augen, und seine Befehle schlug ich nicht in den Wind.
24 Ich lebte so, dass er mir nichts vorwerfen konnte, und mied das Unrecht wie die Pest.
25 So half mir der Herr, weil ich ihm die Treue hielt, er sah, dass ich unschuldig war.

26 Wer dich liebt, Herr, den liebst auch du; wer ehrlich ist, den enttäuschst du nicht.
27 Den Aufrichtigen gegenüber bist auch du aufrichtig, doch falsche Menschen führst du hinters Licht.
28 Du hilfst denen, die sich helfen lassen und sich selbst nicht überschätzen. Die

Überheblichen aber stößt du von ihrem Thron.

29 Herr, du machst die Finsternis um mich hell, du bist mein Licht.
30 Mit dir kann ich die Feinde angreifen; mit dir, mein Gott, kann ich über Mauern springen.
31 Was für ein Gott! Sein Handeln ist vollkommen, und was er sagt, ist wahr. Er beschützt alle, die zu ihm flüchten.
32 Gott allein ist der Herr über alles! Gibt es außer ihm noch einen, der so stark und unerschütterlich ist wie ein Fels?
33 Nein! Gott allein ist meine Burg, in der ich Zuflucht finde. Er ebnet mir den Weg, den ich gehen muss.
34 Er macht mich gewandt und schnell, lässt mich laufen und springen wie ein Hirsch. Selbst auf steilen Felsen gibt er mir festen Halt.
35 Er lehrt mich, die Waffen zu gebrauchen, und zeigt mir, wie ich auch den stärksten Bogen noch spannen kann.

36 Herr, du hast mich beschützt und mir geholfen. Du hast dich zu mir herabgebeugt und mich groß gemacht.
37 Du hast mir alle Hindernisse aus dem Weg geräumt, nie bin ich beim Laufen gestürzt.
38 Ich jagte meinen Feinden nach und überwältigte sie, ich kehrte erst um, als auch der Letzte von ihnen gefallen war.
39 Mit Wucht schlug ich sie nieder, bis sie nicht mehr aufstehen konnten und tot zu meinen Füßen lagen.
40 Du, Herr, hast mir die Kraft für diesen Kampf gegeben, du hast mir zum Sieg über meine Gegner verholfen.
41 Dass sie fliehen mussten, verdanke ich dir; alle, die mich hassten, konnte ich umbringen.
42 Sie suchten nach Hilfe, doch weit und breit war kein Retter. Sie schrien zum Herrn, aber er hörte nicht mehr auf sie.
43 Ich rieb sie auf, zermalmte sie zu Staub, ich zertrat sie wie Dreck auf der Straße.
44 Als ein Aufstand meines Volkes mich bedrohte, hast du mir geholfen, und heute bin ich der Herrscher vieler Völker. Sogar Völker, die ich nicht kannte, haben sich mir unterworfen.
45 Fremde sind mir ergeben und gehorchen mir aufs Wort.
46 Zitternd kamen sie aus ihren Festungen heraus und gaben ihren Widerstand auf.

47 Der Herr lebt! Er ist mein schützender Fels – ich preise ihn! Ihn allein will ich rühmen, denn er ist mein Gott, mein Fels, bei dem ich Rettung fand.
48 Er hat sich an meinen Feinden gerächt, ganze Völker hat er mir unterworfen
49 und mich der Gewalt meiner grausamen Gegner entrissen. So ist mein Gott! Du gabst mir den Sieg über meine Feinde, von diesen brutalen Menschen hast du mich befreit.

50 Darum will ich dich loben, Herr. Alle Völker sollen es hören! Zu deiner Ehre will ich singen.
51 Der Herr hat David, den König, aus großen Gefahren errettet. Ihm erweist er seine Liebe, und auch seine Nachkommen wird er nicht im Stich lassen.[a]

Davids letzte Worte

23 Die letzten Worte Davids lauten:
»Dies sagt David, der Sohn Isais, der Mann, den der Gott Jakobs mit großer Ehre bedacht und zum König erwählt hat, der Mann, der für das Volk Israel die schönsten Lieder schrieb.
2 Der Geist des Herrn hat durch mich geredet und mir seine Worte in den
Mund gelegt. 3 Der Gott Israels, der
schützende Fels meines Volkes, hat zu mir gesprochen: Ein König, der gerecht regiert und Gott mit Ehrfurcht begegnet,
4 gleicht der Morgensonne, die nach einem Regenschauer am wolkenlosen Himmel steht: Unter ihren warmen

[a] Man vergleiche bei 2. Samuel 22,1–51 sämtliche Parallelstellen von Psalm 18!

Strahlen sprießen die Pflanzen aus der
Erde hervor.
5 So sieht Gott mich und mein Königs-
haus an: Er hat einen Bund mit mir
geschlossen, den er niemals brechen
wird, seine Zusage gilt für alle Zeiten.
Ihm allein verdanke ich Wohlergehen
und Erfolg.
6 Aber alle, die von Gott nichts wissen
wollen, sind wie entwurzeltes Dornen-
gestrüpp, das der Wind wegweht: Nie-
mand rührt es mit bloßen Händen an.
7 Mit Schaufel und Speer sammelt man
es ein und wirft die Dornen an Ort und
Stelle ins Feuer.«

Die berühmtesten Soldaten Davids
(1. Chronik 11,10–41)

8 Dies ist das Verzeichnis der berühmtes-
ten Offiziere des Königs:
Jischbaal[a], ein Nachkomme Hachmo-
nis, war der Befehlshaber der Elitetrup-
pe. Er tötete in einer Schlacht 800 Mann
mit seinem Speer.[b]
9 An zweiter Stelle kam Eleasar, der
Sohn Dodos, ein Nachkomme Ahoachs.
Er gehörte zu den »drei Helden«, den be-
rühmtesten Soldaten Davids. Sie kämpf-
ten an Davids Seite gegen die Philister. In
einer Schlacht, als die Israeliten schon
die Flucht ergriffen,
10 stürzte Eleasar sich
mit dem Schwert auf die Feinde. Er
schlug so lange auf sie ein, bis er keine
Kraft mehr im Arm hatte und seine Hand
sich so verkrampfte, dass er sie kaum
noch vom Schwertgriff lösen konnte.
Der Herr schenkte den Israeliten einen
großen Sieg. Sie kehrten wieder um und
plünderten die Gefallenen aus.
11 Der dritte war der Harariter Scham-
ma, der Sohn Ages. Einmal kämpften die
Philister auf einem Linsenfeld in der Nä-
he von Lehi gegen Israel. Die Israeliten
flohen vor den Feinden,
12 doch Schamma
drang auf das Feld vor, trieb die Philister
zurück und schlug sie in die Flucht. So
errangen die Israeliten mit der Hilfe des
Herrn einen großen Sieg.
13/14 Ein anderes Mal hielten die Philis-
ter in der Erntezeit die Refaïmebene be-
setzt. In Bethlehem hatten sie einen Pos-
ten aufgestellt. David aber hatte sich in
einer Bergfestung verschanzt, in der
Adullamhöhle. Dort suchten ihn drei sei-
ner dreißig Offiziere auf.
15 David hatte
großen Durst und sagte zu ihnen: »Wer
holt mir einen Schluck Wasser aus dem
Brunnen am Tor von Bethlehem?«
16 Da
drangen die drei Offiziere ins Heerlager
der Philister ein, schöpften Wasser aus
dem Brunnen bei Bethlehem und brach-
ten es David. Doch er wollte es nicht trin-
ken, sondern schüttete es aus als Trank-
opfer für den Herrn
17 und sagte: »Der
Herr bewahre mich vor einer solchen
Tat! Da könnte ich ja gleich das Blut die-
ser Männer trinken, die ihr Leben aufs
Spiel gesetzt haben, um mir das Wasser
zu holen!« Darum wollte er nichts davon
trinken. So setzten sich diese drei Män-
ner für den König ein.
18/19 Joabs Bruder Abischai, der Sohn
von Davids Schwester Zeruja, führte die
drei an. Einmal erstach er mit seinem
Speer im Kampf 300 Mann. Er war der
berühmteste dieser drei Offiziere, aber
er gehörte nicht zu den »drei Helden«.
20 Benaja aus Kabzeel, ein Sohn Joja-
das, war ein starker Mann, der große Ta-
ten vollbrachte. Er tötete die beiden ge-
fürchteten Soldaten der Moabiter, die
»Löwen aus Moab« genannt wurden. Als
es einmal geschneit hatte, stieg er in eine
Zisterne hinunter und tötete einen Lö-
wen, der dort hineingefallen war.
21 Ein
anderes Mal brachte er einen riesigen
Ägypter um, der mit einem Speer be-
waffnet war, während er selbst nur einen
Stock in der Hand hatte. Benaja ging auf

---

a So mit der griechischen Übersetzung. Im hebräischen Text lautet der Name Joscheb-Baschebet.
b Vermutlicher Text nach 1. Chronik 11,11. Der hebräische Text lautet: Adino, der Ezniter, tötete in einer Schlacht 800 Mann.

23,5 7,16* **23,13–14** 1 Sam 22,1 **23,18–19** 1 Sam 26,6* **23,20** 8,18*

den Ägypter zu, riss ihm den Speer aus
der Hand und erstach ihn damit. 22 Weil
Benaja, der Sohn Jojadas, solche Taten
vollbrachte, war er als einer jener drei
Offiziere bekannt. 23 Er war der berühm-
teste unter den dreißig Offizieren, aber
er gehörte nicht zu den »drei Helden«.
David machte ihn zum Befehlshaber sei-
ner Leibwache.
24 Folgende Männer gehörten zu den
dreißig Offizieren des Königs:
Asaël, der Bruder Joabs;
Elhanan, der Sohn Dodos, aus Bethle-
hem;
25 Schamma aus Harod;
Elika aus Harod;
26 Helez aus Pelet;
Ira, der Sohn Ikkeschs, aus Tekoa;
27 Abiëser aus Anatot;
Sibbechai[a] aus Huscha;
28 Zalmon aus Ahoach;
Mahrai aus Netofa;
29 Heled, der Sohn Baanas, aus Netofa;
Ittai, der Sohn Ribais, aus Gibea im
Stammesgebiet von Benjamin;
30 Benaja aus Piraton;
Hiddai aus dem Gaaschtal;
31 Abialbon aus Arba;
Asmawet aus Bahurim;
32/33 Eljachba aus Schaalbon;
die Söhne Jaschens;
Jonatan, der Sohn Schammas,[b] aus Harar;
Ahiam, der Sohn Scharars, aus Harar;
34 Elifelet, der Sohn Ahasbais, aus Ma-
acha;
Eliam, der Sohn Ahitofels, aus Gilo;
35 Hezro aus Karmel;
Paarai aus Arab;
36 Jigal, der Sohn Nathans, aus Zoba;
Bani aus Gad;
37 der Ammoniter Zelek;
Nachrai, der Waffenträger Joabs, des
Sohnes der Zeruja, aus Beerot;
38 Ira und Gareb aus Jattir
39 und der Hetiter Uria.
Insgesamt waren es siebenunddreißig be-
rühmte Soldaten.

Davids Volkszählung
(1. Chronik 21,1–27)

24 Der Herr wurde zornig über die
Israeliten. Darum verleitete er
David dazu, sie ins Unglück zu stürzen.
Er brachte den König auf den Gedanken,
eine Volkszählung durchzuführen.
2 David befahl Joab, seinem obersten
Heerführer: »Reise durch alle Stammes-
gebiete Israels, von Dan im Norden bis
Beerscheba im Süden, und zähl alle
wehrfähigen Männer! Ich möchte wissen,
wie viele es sind.« 3 Doch Joab wandte
ein: »Mein König, ich wünsche dir ja, dass
der Herr, dein Gott, das Volk noch zu
deinen Lebzeiten hundertmal größer
werden lässt! Aber ich verstehe nicht,
warum du nun so etwas verlangst.«
4 Doch der König blieb bei seinem Ent-
schluss, trotz aller Einwände Joabs und
der Offiziere. Und so machten sie sich
auf den Weg, um die Volkszählung durch-
zuführen.
5 Sie überquerten den Jordan und be-
gannen ihre Arbeit in Aroër, südlich der
Stadt, die mitten im Arnontal liegt. Von
dort zogen sie weiter in das Stammes-
gebiet von Gad und nach Jaser, 6 dann
nach Gilead und bis nach Kadesch, das
schon zum Land der Hetiter gehört[c].
Weiter kamen sie nach Dan-Jaan, in die
Gegend von Sidon, 7 in die befestigte
Stadt Tyrus und in alle Städte der Hiwiter
und Kanaaniter. Schließlich zogen sie
durch den Süden Judas bis nach Beer-
scheba.
8 So reisten sie durch das ganze Land
und kehrten nach neun Monaten und
zwanzig Tagen wieder nach Jerusalem
zurück. 9 Dort legte Joab dem König das
Ergebnis vor: In Israel gab es 800 000

---

[a] *So mit 1. Chronik 11,29* und der griechischen Übersetzung. Im hebräischen Text lautet der Name Mebunnai.
[b] So mit der griechischen Übersetzung. Der hebräische Text lautet: Jonatan, Schamma.
[c] So mit der griechischen Übersetzung. Der hebräische Text lautet: bis nach Tachtim-Hodschi.

23,24 2,18–23 **23,34** 15,12* **23,39** 11,3–27

wehrfähige Männer, davon kamen
500000 aus dem Stamm Juda.
10 Doch nun bereute David, was er ge-
tan hatte. Er betete zum Herrn: »Meine
Schuld ist groß. Bitte, Herr, vergib mir!
Ich habe einen schweren Fehler be-
gangen.«
11 Am nächsten Morgen, als David ge-
rade aufgestanden war, befahl der Herr
dem Propheten Gad, der im Dienst des
Königs stand: 12 »Geh zu David, und sag
ihm: Drei Strafen legt der Herr dir vor.
Wähl dir eine davon aus.« 13 Gad ging zu
David und gab ihm die Botschaft des
Herrn weiter. Er fragte ihn: »Was wählst
du? Sieben Jahre Hungersnot in ganz Is-
rael? Oder drei Monate, in denen du vor
deinen Feinden fliehen musst? Oder soll
drei Tage lang die Pest in deinem Land
wüten? Überleg dir, was ich dem antwor-
ten soll, der mich zu dir geschickt hat!«
14 David entgegnete: »Ich habe große
Angst. Aber ich will lieber dem Herrn
als den Menschen in die Hände fallen,
denn er ist sehr barmherzig.«
15 Da ließ der Herr in Israel die Pest
ausbrechen, sie begann noch am selben
Morgen und wütete drei Tage lang. In
ganz Israel, von Dan im Norden bis Beer-
scheba im Süden, kamen 70000 Men-
schen dabei um. 16 Doch als der Todes-
engel vor Jerusalem stand und auch
diese Stadt auslöschen wollte, da hatte
der Herr Mitleid mit den Menschen in
ihrem Elend, und er befahl: »Genug da-
mit! Hör auf, das Volk zu vernichten!«
Der Engel des Herrn stand gerade auf
dem Dreschplatz des Jebusiters Arauna.
17 Als David den Engel sah, rief er zum
Herrn: »Ich allein habe gesündigt und
einen schweren Fehler begangen, aber
das Volk trifft keine Schuld! Darum,
Herr, bestrafe nur mich und meine Ver-
wandten!«
18 Am selben Tag kam der Prophet Gad
zu David und forderte ihn auf: »Geh zum
Dreschplatz des Jebusiters Arauna, und
bau dort einen Altar für den Herrn!«
19 David machte sich auf den Weg, um
den Befehl auszuführen, den der Herr
ihm durch Gad gegeben hatte.
20 Als Arauna den König und sein Ge-
folge kommen sah, lief er ihm entgegen,
warf sich ihm zu Füßen und berührte mit
seinem Gesicht den Boden. 21 Dann frag-
te er: »Warum kommt mein Herr und Kö-
nig zu einem so geringen Mann wie mir?«
David antwortete: »Ich möchte deinen
Dreschplatz kaufen, um hier einen Altar
für den Herrn zu bauen, damit die Pest
nicht länger wütet.«
22 »Mein König, nimm dir doch, was du
zum Opfern brauchst!«, erwiderte Arau-
na. »Ich gebe dir die Rinder für das
Brandopfer. Als Brennholz kannst du
meinen Dreschschlitten und das Joch der
Rinder verwenden. 23 Ich schenke dir al-
les. Möge der Herr, dein Gott, dein Op-
fer gnädig annehmen!«
24 Doch der König wandte ein: »Nein,
ich will alles zum vollen Preis kaufen.
Ich möchte dem Herrn, meinem Gott,
nicht ein Opfer darbringen, das mich
nichts gekostet hat.«
Und so bezahlte David für den Dresch-
platz und die Rinder 50 Silberstücke. 25 Er
baute dort einen Altar für den Herrn und
brachte auf ihm Brand- und Dankopfer
dar. Der Herr erhörte Davids Gebet und
machte der Pest in Israel ein Ende.

24,10 1 Sam 24,6 **24,11–13** 1 Sam 22,5 **24,17** 4 Mo 16,22 **24,22** 1 Sam 6,14 **24,24** 3 Mo 27,16

Das erste Buch über die Könige

Adonijas Verschwörung

1 König David war sehr alt geworden. Obwohl seine Diener ihn in viele Decken hüllten, fror er ständig. 2 Da schlugen sie ihm vor: »Gestatte uns, dass wir für unseren Herrn, den König, eine junge, unberührte Frau suchen. Sie soll immer bei ihm sein und ihn liebevoll pflegen. Bestimmt wird dem König wieder warm, wenn sie in seinen Armen liegt.« 3 So suchte man in ganz Israel nach einem schönen Mädchen. Schließlich wurde Abischag, eine sehr schöne junge Frau aus Schunem, ausgewählt und zum König gebracht. 4 Abischag blieb von nun an immer bei ihm und pflegte ihn. Doch David schlief nicht mit ihr.

5/6 Von seiner Frau Haggit hatte David einen Sohn namens Adonija. Er war ein Halbbruder Absaloms und nach dessen Tod der älteste Sohn Davids. Er war ein schöner junger Mann. Von Kind auf hatte sein Vater ihn nie getadelt oder zurechtgewiesen. So war Adonija stolz und überheblich geworden, und er beschloss: »Ich werde der nächste König sein – ich und kein anderer!« Er beschaffte sich einen Wagen mit Pferden und eine fünfzig Mann starke Leibwache. 7 Es gelang ihm, Joab, den Sohn von Davids Schwester Zeruja, und den Priester Abjatar für seine Pläne zu gewinnen, und die beiden unterstützten ihn. 8 Aber der Priester Zadok, Benaja, ein Sohn Jojadas, und der Prophet Nathan schlossen sich ihm nicht an, und auch Schimi, Reï und die Elitetruppe Davids standen nicht auf seiner Seite.

9 Eines Tages feierte Adonija ein Opferfest bei der Rogelquelle am Soheletstein. Er ließ Schafe, Rinder und gemästete Kälber schlachten. Alle Königssöhne und die Hofbeamten des Königs aus dem Stamm Juda hatte er eingeladen, 10 aber nicht seinen Bruder Salomo, den Propheten Nathan, Benaja und die Elitesoldaten Davids.

David ernennt Salomo zum Nachfolger

11 Da eilte Nathan zu Salomos Mutter Batseba und fragte sie: »Hast du schon gehört? Adonija, der Sohn der Haggit, ist König geworden! Und David, unser Herr, weiß es nicht einmal! 12 Dein Leben ist in Gefahr und auch das deines Sohnes Salomo. Darum folge jetzt meinem Rat: 13 Geh zu König David und sag ihm: ›Mein Herr und König, du hast mir doch geschworen, dass mein Sohn Salomo dein Nachfolger wird. Du hast gesagt: Ich will, dass er einmal auf meinem Königsthron sitzt! Aber warum ist Adonija nun König geworden?‹ 14 Und dann, während du noch mit dem König sprichst, komme ich dazu und sage dasselbe noch mal.«

15 Sofort ging Batseba zum König, der sich jetzt meistens im innersten Zimmer des Palasts aufhielt. Er war ja inzwischen sehr alt geworden, und Abischag aus Schunem pflegte ihn. 16 Batseba betrat den Raum, verneigte sich und warf sich vor dem König zu Boden. Er fragte sie: »Was willst du?« 17 Da brachte sie ihr Anliegen vor: »Mein Herr, du selbst hast mir doch bei Gott, deinem Herrn, geschworen, dass mein Sohn Salomo dein Nachfolger wird. Du hast gesagt: ›Ich will, dass er einmal auf meinem Königsthron sitzt!‹ 18 Aber was ist nun geschehen? Adonija ist König geworden, und du, mein Herr und König, weißt es nicht einmal! 19 Er ließ sehr viele Stiere, gemästete Kälber

---

1,5–6 2 Sam 3,4 **1,7–8** 4,1–6; 2 Sam 8,16–18 **1,7** 1 Sam 22,20–21*; 2 Sam 2,13* **1,8** 2 Sam 8,18*; 12,1.7–12; 15,24–29.35 **1,11** 2 Sam 3,20–21 **1,13** 1 Chr 28,5–10

und Schafe schlachten und hat alle Kö-
nigssöhne zu einem Fest eingeladen.
Auch der Priester Abjatar und dein
Heerführer Joab sind dabei, nicht aber
dein Sohn Salomo, der treu zu dir steht.
20 Und nun, mein Herr und König, wartet
ganz Israel gespannt darauf, dass du öf-
fentlich deinen Nachfolger bestimmst.
21 Wenn du jetzt nicht handelst, dann wer-
den mein Sohn Salomo und ich umge-
bracht, sobald du gestorben bist. Denn
der neue König wird seine Herrschaft
durch uns bedroht sehen.«

22/23 Während Batseba noch mit David
sprach, meldete man dem König den Be-
such des Propheten Nathan. Der Prophet
betrat den Raum und verneigte sich vor
dem König, bis sein Gesicht den Boden
berührte. 24 Dann sagte er: »Mein Herr
und König, du hast nun wohl entschie-
den, wer dein Nachfolger wird. Sicher
hast du angeordnet, dass Adonija auf dei-
nem Königsthron sitzen soll! 25 Auf jeden
Fall ist er heute zur Rogelquelle hinun-
tergegangen und ließ dort sehr viele Stie-
re, gemästete Kälber und Schafe schlach-
ten. Er hat alle Prinzen, alle Heerführer
und den Priester Abjatar zu einem Op-
ferfest eingeladen. Und nun feiern sie
dort ein rauschendes Fest. Sie essen und
trinken und rufen: ›Hoch lebe König
Adonija!‹ 26 Mich aber, deinen ergebenen
Knecht, Priester Zadok, Benaja, den
Sohn Jojadas, und deinen Sohn Salomo,
der treu zu dir hält, hat er nicht einge-
laden. 27 Hast du, mein Herr und König,
das wirklich so befohlen? Hast du über
die Köpfe deiner engsten Vertrauten hin-
weg deinen Nachfolger bestimmt?«

28 Bevor der König antwortete, ließ er
Batseba wieder hereinrufen. Sie kam
und trat vor den König. 29/30 Er sagte zu
ihr: »Ja, ich habe dir versprochen, dass
dein Sohn Salomo mein Nachfolger wird.
Ich habe gesagt: Ich will, dass er einmal
auf meinem Königsthron sitzt. Dies habe
ich dir sogar mit einem Eid vor dem
Herrn, dem Gott Israels, bekräftigt. Heu-
te noch will ich dieses Versprechen ein-
lösen, so gewiss der Herr lebt, der mich
aus jeder Not gerettet hat!« 31 Da verneig-
te Batseba sich vor dem König, bis ihr
Gesicht den Boden berührte, warf sich
vor ihm nieder und rief: »Lang lebe mein
Herr, der König David!«

32 Dann befahl David: »Ruft den Pries-
ter Zadok, den Propheten Nathan und
Benaja, den Sohn Jojadas, her!« Bald
standen die drei vor dem König. 33 Er sag-
te zu ihnen: »Nehmt meine Leibwache
mit, und begleitet meinen Sohn Salomo
hinunter zur Gihonquelle! Salomo soll
auf meinem eigenen Maultier reiten.
34 Zadok und Nathan, ihr beide werdet
ihn dort unten zum König über Israel sal-
ben. Und dann blast Trompeten und ruft:
›Hoch lebe König Salomo!‹ 35 Danach ge-
leitet ihn wieder zurück zum Palast! Er
soll sich auf meinen Thron setzen, denn
er ist mein Nachfolger. Ihn habe ich zum
neuen Herrscher über Israel und Juda be-
stimmt.«

36 »Ja, so soll es geschehen«, antwortete
Benaja, der Sohn Jojadas, »möge der
Herr, der Gott unseres Königs, seinen
Segen dazu geben. 37 So wie der Herr
unserem König David geholfen hat, so
möge er nun Salomo helfen; ja, er möge
ihn noch mächtiger machen als meinen
Herrn, den König David!« 38 So geleiteten
der Priester Zadok, der Prophet Nathan,
Benaja, der Sohn Jojadas, und die könig-
liche Leibgarde Salomo hinunter zur Gi-
honquelle. Salomo ritt auf dem Maultier
des Königs. 39 Vorher hatte Zadok das
Horn mit Öl aus dem Heiligtum geholt.
Er salbte Salomo zum neuen König. Sie
bliesen die Trompeten, und das Volk ju-
belte: »Hoch lebe König Salomo!« 40 Da-
nach zogen sie wieder hinauf zum Palast,
und viele Menschen folgten ihnen; sie
spielten auf Flöten und jubelten vor
Freude so laut, dass die Erde bebte.

Adonija gibt auf

41 Adonija und seine Gäste hatten gerade
ihr Festmahl beendet, da drangen auch

1,34 1,25

schon die Jubelrufe aus der Stadt an ihre
Ohren. Als auch noch die Trompeten zu
hören waren, fragte Joab erstaunt: »Was
soll dieser Lärm in der Stadt?« [42]Joab
hatte noch nicht ausgeredet, da erschien
Jonatan, der Sohn des Priesters Abjatar.
»Komm, setz dich zu uns!«, lud Adonija
ihn ein. »Du bist ein zuverlässiger Mann;
bestimmt bringst du uns gute Nachrich-
ten!«

[43]»Nein, leider nicht!«, entgegnete Jo-
natan. »Unser Herr, König David, hat Sa-
lomo als seinen Nachfolger eingesetzt!
[44]Er hat ihn auf seinem Maultier reiten
lassen, und der Priester Zadok, der Pro-
phet Nathan, Benaja, der Sohn Jojadas,
und die ganze königliche Leibwache
mussten ihn begleiten. [45]Unten bei der
Gihonquelle haben Zadok und Nathan
ihn zum König gesalbt. Dann sind sie alle
mit lautem Jubel wieder zum Palast hi-
naufgezogen. Die ganze Stadt ist auf den
Beinen. Das ist der Lärm, den ihr hört.
[46]Und stellt euch vor, Salomo hat sich be-
reits auf den Königsthron gesetzt! [47]Alle
Getreuen des Königs sind zu unserem
Herrn, dem König David, hineingegan-
gen, um ihn zu dieser Entscheidung zu
beglückwünschen: ›Dein Gott mache Sa-
lomo noch berühmter als dich‹, sagen sie.
›Möge er noch mächtiger werden als du!‹
Der König aber betet auf seinem Bett
den Herrn an. Er hat den Kopf geneigt
[48]und ruft: ›Gepriesen sei der Herr, der
Gott Israels! Heute hat er einen meiner
Söhne als meinen Nachfolger auf den
Thron gesetzt. Ich preise den Herrn, dass
ich diesen Augenblick noch erleben
darf!‹«

[49]Da packte die Gäste Adonijas der
Schreck. Sie sprangen auf und liefen in
alle Richtungen davon. [50]Auch Adonija
bekam es mit der Angst zu tun. Er fürch-
tete die Rache Salomos. Darum flüchtete
er zum Brandopferaltar und hielt sich an
dessen Hörnern fest.[a] [51]Jemand ging zu
Salomo und berichtete ihm: »Adonija
hat große Angst vor dem König Salomo.
Darum hält er sich an den Hörnern des
Altars fest und ruft: ›Hier bleibe ich, bis
König Salomo mir schwört, dass er mich
nicht hinrichten lässt.‹« [52]Salomo ver-
sprach: »Solange Adonija mir treu erge-
ben bleibt, soll ihm kein Haar gekrümmt
werden. Doch sobald er sich etwas zu-
schulden kommen lässt, wird er hinge-
richtet!«

[53]Darauf ließ der König Adonija vom
Altar wegholen. Adonija ging sogleich
zu Salomo und warf sich ihm zu Füßen.
Salomo aber sagte zu ihm: »Geh jetzt
nach Hause!«

Davids letzte Anweisungen an Salomo und sein Tod

2 Als David merkte, dass er bald ster-
ben würde, gab er seinem Sohn Salo-
mo noch einige Anweisungen mit auf den
Weg: [2]»Ich weiß, dass ich bald sterben
werde. Jetzt musst du deinen Mann ste-
hen. Sei stark, mein Sohn! [3]Richte dein
ganzes Leben nach dem Herrn, deinem
Gott, aus, und lebe, wie es ihm gefällt!
Befolge das Gesetz Gottes, achte auf
jedes Gebot, jeden Befehl und jede Wei-
sung, die im Gesetzbuch des Mose auf-
geschrieben sind. Dann wird dir alles,
was du unternimmst, gelingen; wohin du
auch gehst – der Erfolg ist dir sicher!
[4]Dann wird der Herr auch sein Verspre-
chen einlösen, das er mir gegeben hat. Er
hat nämlich zu mir gesagt: ›Wenn deine
Nachkommen ein Leben führen, das mir
gefällt, wenn sie mir von ganzem Herzen
die Treue halten, dann wird immer einer
von ihnen König über Israel sein.‹

[5]Nun habe ich noch einige Bitten an
dich: Du kennst Joab, den Sohn meiner
Schwester Zeruja, und du weißt auch,
was er mir angetan hat. Die beiden israe-
litischen Heerführer Abner, den Sohn
Ners, und Amasa, den Sohn Jeters, hat
er mitten im Frieden kaltblütig ermordet.

---

[a] Der Altar galt als Asylort für Verbrecher. An diesem heiligen Ort durften sie nicht umgebracht werden.

2,1–3 3,3; 11,1–6; 5 Mo 6,4–5* **2,4** 2 Sam 7,16* **2,5** 2 Sam 2,13*; 3,27; 20,8–10

Dadurch hat er seine Kleider mit un-
schuldigem Blut besudelt. 6 Du bist doch
ein weiser Mann, Salomo. Joab ist inzwi-
schen recht alt geworden. Sorge du nun
dafür, dass er für seine Verbrechen hin-
gerichtet wird, bevor er eines natürlichen
Todes stirbt! 7 Die Nachkommen Barsil-
lais aus Gilead dagegen sollst du freund-
lich behandeln! Lass sie immer als Gäste
an deinem Tisch essen. Denn sie haben
mich damals versorgt, als ich vor deinem
Bruder Absalom fliehen musste. 8 Dann
ist da noch Schimi, der Sohn Geras, aus
Bahurim im Stammesgebiet von Benja-
min. Als ich damals nach Mahanajim
floh, hat er mich mit schrecklichen Flü-
chen beschimpft. Doch bei meiner Rück-
kehr kam er mir bis an den Jordan ent-
gegen und flehte um Gnade[a]. Da schwor
ich ihm bei dem Herrn, dass ich ihn nicht
mit dem Schwert umbringen würde.
9 Deshalb bestrafe du ihn nun für seine
Untat! Du bist ein weiser Mann und wirst
schon Mittel und Wege finden. Auch er
ist schon alt und könnte bald sterben.
Sieh zu, dass du ihn so schnell wie mög-
lich hinrichtest.«

10 Kurze Zeit später starb David. Er
wurde in seiner Stadt, in Jerusalem, be-
graben.[b] 11 Insgesamt hatte er vierzig Jah-
re lang als König über Israel regiert, sie-
ben Jahre in Hebron und dreiunddreißig
Jahre in Jerusalem. 12 Salomo wurde der
Nachfolger seines Vaters David. Er hatte
die Zügel fest in der Hand und wurde ein
mächtiger König.

Salomo lässt Adonija hinrichten

13 Eines Tages kam Adonija, der Sohn
von Davids Frau Haggit, zu Salomos
Mutter Batseba. »Kommst du in friedli-
cher Absicht?«, wollte Batseba von ihm
wissen. »Ja«, sagte er, »ich habe nichts
Böses im Sinn. 14 Ich möchte nur etwas
mit dir besprechen.«

»Gut, dann rede!«, forderte sie ihn auf,
15 und er begann: »Du weißt ja, dass ei-
gentlich ich das Recht auf den Königs-
thron hätte. So hat es auch ganz Israel
erwartet. Doch nun ist alles anders ge-
kommen: Die Krone ist meinem Bruder
zugefallen, denn der Herr wollte es so.
16 Jetzt habe ich nur eine einzige Bitte an
dich; darf ich sie vorbringen?« »Sprich
nur!«, ermutigte sie ihn. 17 »Ich möchte
gern Abischag aus Schunem heiraten«,
sagte er. »Könntest du nicht König Salo-
mo für mich um ihre Hand bitten, denn
dich wird er bestimmt nicht abweisen.«
18 »Einverstanden«, versprach Batseba,
»ich will beim König ein gutes Wort für
dich einlegen.«

19 So ging Batseba zu König Salomo,
um mit ihm wegen Adonija zu reden.
Als sie den Thronsaal betrat, stand der
König auf, kam ihr entgegen und ver-
beugte sich. Dann setzte er sich wieder
auf seinen Thron und ließ auch für seine
Mutter einen Thronsessel aufstellen. Sie
nahm zu seiner Rechten Platz 20 und
brachte gleich ihr Anliegen vor: »Ich ha-
be nur eine einzige kleine Bitte. Willst du
mir zuhören?« »Sprich nur, liebe Mutter,
dir werde ich nichts abschlagen!«, ant-
wortete ihr der König. 21 Sie fragte ihn:
»Könnte man nicht Abischag aus Schu-
nem deinem Bruder Adonija zur Frau
geben?«

22 Da brauste Salomo zornig auf: »So,
du möchtest, dass Adonija und Abischag
aus Schunem heiraten! Wie kommst du
dazu? Warum bittest du mich nicht
gleich, mein Amt als König an Adonija
abzutreten?[c] Schließlich ist er ja mein äl-
terer Bruder. Bestimmt hätten auch der
Priester Abjatar und der Heerführer Jo-
ab, der Sohn von Davids Schwester Zeru-

---

[a] »und flehte um Gnade« ist sinngemäß ergänzt.

[b] Wörtlich: Er wurde in der »Stadt Davids« begraben. Hier und in den folgenden Angaben über die Königsgräber ist mit der »Stadt Davids« ein Stadtteil auf dem südöstlichen Hügel Jerusalems gemeint.

[c] Im alten Orient war es üblich, dass der neue König den Harem seines Vorgängers übernahm. Daher reagierte Salomo so heftig auf Batsebas Bitte.

2,7 2 Sam 17,27–29 **2,8** 2 Sam 16,5–13 **2,17** 1,1–4 **2,22** 2 Sam 16,20–22

ja, nichts dagegen, wenn sie durch ihn wieder an die Macht kämen!« 23 Dann schwor Salomo: »Das wird er mit dem Leben bezahlen! Der Herr soll mich schwer bestrafen, wenn ich Adonija dafür nicht hinrichten lasse. 24 Gott, der Herr, hat mich zum Nachfolger meines Vaters David gemacht, er hat mich als König bestätigt und mir und meinen Nachkommen die Königsherrschaft anvertraut, wie er es versprochen hat. Ich schwöre bei dem Herrn, dem lebendigen Gott: Noch heute muss Adonija sterben!«

25 Dann befahl König Salomo Benaja, dem Sohn Jojadas, Adonija hinzurichten. Benaja ging hinaus und stach ihn nieder.

Salomo rechnet mit Joab und Abjatar ab

26 Zum Priester Abjatar sagte Salomo: »Geh zurück in deine Heimatstadt Anatot, und bewirtschafte dein Land. Eigentlich hast auch du den Tod verdient, doch ich will dich nicht hinrichten, denn du hast zu Lebzeiten meines Vaters David die Bundeslade getragen. Alle Demütigungen, denen mein Vater ausgesetzt war, hast du mit ihm zusammen erlitten.« 27 So entzog Salomo Abjatar das ehrenvolle Amt des Priesters. Damit erfüllte sich, was der Herr in Silo über die Nachkommen Elis vorausgesagt hatte.[a]

28 Bald erfuhr Joab, was geschehen war. Damals bei Absaloms Verschwörung hatte er sich den Aufständischen nicht angeschlossen, doch diesmal hatte er sich auf die Seite Adonijas geschlagen. Darum ergriff er nun schnell die Flucht. Er floh in das heilige Zelt des Herrn und hielt sich an den Hörnern des Altars fest.[b] 29 Salomo erhielt die Nachricht: »Joab ist ins Heiligtum geflohen und steht jetzt dort beim Altar.« Als Salomo das hörte, befahl er Benaja, dem Sohn Jojadas: »Geh, stich Joab nieder!«

30 Benaja ging ins Heiligtum und sagte zu Joab: »Der König befiehlt: Du sollst sofort herauskommen!« Doch Joab erwiderte: »Nein, ich komme nicht! Wenn schon, dann will ich hier sterben.«

Benaja kehrte um und teilte dem König Joabs Antwort mit. 31 Da ordnete Salomo an: »Gut, wie er will! Stich ihn nieder, und begrab ihn! Dann sind weder ich noch meine Nachkommen weiter verantwortlich für das Blut, das Joab ohne Grund vergossen hat. 32 So wird der Herr ihn für den Mord an zwei Männern bestrafen, die weit ehrenhafter und besser waren als er: Abner, der Sohn Ners und oberste Heerführer der Truppen Israels, und Amasa, der Sohn Jeters und oberste Heerführer der Truppen Judas. Joab hat sie ohne Wissen meines Vaters mit dem Schwert erstochen. 33 Diese Blutschuld soll für immer auf Joab und seinen Nachkommen lasten. Davids Thronfolgern aber und allen seinen Nachkommen wird der Herr ewig Frieden schenken.«

34 Da ging Benaja wieder hinauf zum Heiligtum und erstach Joab. Man begrub ihn auf seinem Grundstück in der judäischen Steppe. 35 Der König ernannte Benaja, den Sohn Jojadas, an Joabs Stelle zum obersten Heerführer, und dem Priester Zadok übergab er das Amt des abgesetzten Priesters Abjatar.

Schimi verwirkt sein Leben

36 Danach ließ König Salomo Schimi zu sich rufen und befahl ihm: »Bau dir hier in Jerusalem ein Haus! Darin sollst du wohnen. Nie wieder darfst du die Stadt verlassen, ganz gleich wohin. 37 Du kannst sicher sein: Sobald du durch das Stadttor gehst und den Bach Kidron überquerst, wirst du hingerichtet! Ich habe dich gewarnt – sollte es so weit kommen, dann bist du selbst schuld an deinem Tod.« 38 Schimi antwortete: »Ich habe verstan-

---

[a] Vgl. 1. Samuel 2,30–33

[b] Der Altar galt als Asylort für Verbrecher. An diesem heiligen Ort durften sie nicht umgebracht werden.

2,29 2 Mo 21,12–14

den und werde den Befehl meines Herrn und Königs genau befolgen.«

Schimi hielt sich lange an das Verbot des Königs. 39 Doch eines Tages – etwa drei Jahre später – liefen ihm zwei Sklaven davon und suchten Zuflucht bei König Achisch von Gat, dem Sohn Maachas. Als Schimi erfuhr, dass seine Sklaven sich dort aufhielten, 40 sattelte er seinen Esel und machte sich auf den Weg zu König Achisch, um die beiden zurückzuholen. Er fand sie und brachte sie zurück nach Jerusalem.

41 Als Salomo hörte, dass Schimi in Gat gewesen war, 42 ließ er ihn zu sich rufen und stellte ihn zur Rede: »Habe ich dir nicht verboten, dich aus Jerusalem zu entfernen, und dich gewarnt: ›Verlass dich drauf: Sobald du aus der Stadt weggehst, wirst du hingerichtet, ganz gleich, wohin du gehst?‹ Und wie war deine Antwort? Du sagtest: ›Ich habe verstanden!‹ Dann hast du sogar bei dem Herrn geschworen, dem Befehl zu gehorchen. 43 Warum hast du nun den Eid gebrochen und gegen meine Anordnung verstoßen? 44 Schon meinem Vater hast du schwer zu schaffen gemacht. Du weißt ganz genau, mit welcher Frechheit du ihm damals begegnet bist. Nun ist der Tag gekommen, an dem der Herr dich für deine Bosheit bestraft! 45 Mich aber, den König Salomo, wird er segnen. Ja, der Herr wird dafür sorgen, dass Davids Nachkommen für alle Zeiten die Königsherrschaft gehört.«

46 Danach gab König Salomo Benaja den Befehl, Schimi hinzurichten. Benaja führte Schimi hinaus und erstach ihn auf der Stelle.

Nun hatte Salomo die Zügel der Herrschaft fest in der Hand.

Salomo bittet um Weisheit
(2. Chronik 1,1–13)

3 Salomo heiratete die Tochter des Pharaos und wurde der Schwiegersohn des ägyptischen Königs. Seine junge Frau wohnte in Jerusalem zunächst in dem Stadtteil, den David erobert und aufgebaut hatte. Der neue Palast, den Salomo errichten ließ, war noch im Bau, ebenso der Tempel und die Stadtmauer.

2 Damals gab es noch keinen Tempel für den Herrn, und so brachten die Israeliten ihre Opfer an verschiedenen Opferstätten auf den Bergen und Hügeln dar. 3 Salomo liebte den Herrn und lebte genau nach den Anweisungen seines Vaters David. Doch auch er opferte an solchen Orten. Er schlachtete Tiere und verbrannte Weihrauch.

4 Einmal ging er nach Gibeon und brachte tausend Brandopfer dar, denn dort befand sich damals die wichtigste Opferstätte. 5 Über Nacht blieb er in Gibeon. Da erschien ihm der Herr im Traum. »Erbitte von mir, was du willst!«, sagte Gott zu ihm.

6 Salomo antwortete: »Schon meinem Vater David hast du sehr viel Gutes getan, weil er dir nie etwas vorheuchelte, sondern dir treu diente und dir immer gehorchte. Sogar über seinen Tod hinaus hast du ihm deine Güte erwiesen, denn du hast einem seiner Söhne den Thron gegeben. 7 Herr, mein Gott, du selbst hast mich zum Nachfolger meines Vaters David gemacht. Ich aber bin noch jung und unerfahren. Ich weiß nicht, wie ich diese große Aufgabe bewältigen soll. 8 Hier stehe ich mitten in einem Volk, das du, Herr, als dein Volk angenommen hast. Es ist so groß, dass man es weder zählen noch schätzen kann. 9 Darum bitte ich dich: Gib mir ein Herz, das auf dich hört, damit ich gerechte Urteile fällen und zwischen Recht und Unrecht unterscheiden kann. Denn wie könnte ich sonst ein so riesiges Volk richtig führen?«

10 Es gefiel dem Herrn, dass Salomo gerade eine solche Bitte ausgesprochen hatte. 11 Darum antwortete Gott: »Ich freue mich, dass du dir nicht ein langes

---

2,45 2 Sam 7,16* **3,1** 5 Mo 7,3–4* **3,2** 1 Sam 9,12–13 **3,3** 11,4–6 **3,4** 1 Chr 16,39–42; 21,29; 2 Chr 33,17 **3,6** 2,1–4; 2 Sam 7,16* **3,8** 1 Mo 12,2*; 2 Mo 19,5–6* **3,9** 5,9–14; Spr 8,12–21

Leben gewünscht hast, auch nicht
Reichtum oder den Tod deiner Feinde.
Du hast mich um Weisheit gebeten, weil
du ein guter Richter sein willst. 12 Du
sollst bekommen, was du dir wünschst!
Ich will dich so weise und einsichtsvoll
machen, wie es vor dir noch niemand
war und auch nach dir niemand mehr
sein wird. 13 Aber ich will dir auch das
geben, worum du nicht gebeten hast:
Reichtum und Macht. Solange du lebst,
soll kein König so groß sein wie du.
14 Wenn du so lebst, wie es mir gefällt,
wenn du mir gehorchst und meine Ge-
bote befolgst wie dein Vater David,
dann werde ich dir auch ein langes Le-
ben schenken.«

15 Da erwachte Salomo und merkte,
dass er geträumt hatte. Am nächsten
Morgen ging er nach Jerusalem zurück.
Dort trat er vor die Bundeslade des
Herrn und brachte Brand- und Dank-
opfer dar. Danach lud er seinen ganzen
Hofstaat zu einem Festessen ein.

Das weise Urteil Salomos

16 Eines Tages kamen zwei Prostituierte
zum König. 17 »Mein Herr«, begann die
eine, »wir beide wohnen zusammen im
selben Haus. Vor einiger Zeit habe ich in
diesem Haus ein Kind bekommen. 18 Nur
zwei Tage nach mir bekam auch diese
Frau ein Kind. In dieser Zeit waren wir
ganz allein im Haus, niemand war bei
uns. 19 Eines Nachts legte sie sich ver-
sehentlich im Schlaf auf ihren Jungen
und erdrückte ihn. 20 Als sie es merkte,
stand sie mitten in der Nacht auf und
nahm mir meinen Sohn aus den Armen,
während ich fest schlief. Mir legte sie den
toten Jungen in die Arme und nahm mein
Kind zu sich. 21 Als ich morgens aufwach-
te und meinen Sohn stillen wollte, merkte
ich, dass er tot war. Sobald es hell wurde,
sah ich ihn mir genauer an. Und was ent-
deckte ich? Es war gar nicht der Junge,
den ich geboren hatte!«

22 »Nein«, unterbrach die andere Frau,
»das stimmt nicht! Mein Sohn lebt, und
deiner ist tot.« »Falsch«, schrie die erste
sie an, »ich sage die Wahrheit: Dein Sohn
ist tot, und meiner lebt!« So zankten sie
vor dem König.

23 Da sagte Salomo: »Ihr streitet euch
also darum, wem das lebende Kind ge-
hört. Beide sagt ihr: ›Der Junge, der lebt,
gehört mir, der tote ist deiner.‹« 24 Dann
befahl er: »Bringt mir ein Schwert!« Als
man die Waffe gebracht hatte, 25 gab Salo-
mo den Befehl: »Teilt das lebendige Kind
in zwei gleiche Teile, und gebt dann jeder
der beiden Frauen eine Hälfte!« 26 Als die
wirkliche Mutter des Jungen das hörte,
brach es ihr schier das Herz, und sie bat
den König: »Bitte, Herr, tötet das Kind
nicht, ich flehe Euch an! Lieber soll sie
es bekommen!« Die andere aber sagte:
»Doch, zerschneidet es nur, es soll weder
mir noch dir gehören!«

27 Da befahl der König: »Tötet den
Säugling nicht, sondern gebt ihn der
Frau, die ihn um jeden Preis am Leben
erhalten will, denn sie ist die Mutter!«
28 Bald wusste man in ganz Israel, wie
weise König Salomo geurteilt hatte, und
alle hatten große Ehrfurcht vor ihm.
Denn sie merkten, dass Gott ihm Weis-
heit schenkte und ihm half, gerechte Ur-
teile zu fällen.

Verzeichnis der Beamten und Bezirksverwalter Salomos

4 Salomo herrschte nun über ganz Isra-
el als König. 2–6 Und dies waren seine
obersten Beamten:
Oberster Priester: Asarja, ein Sohn Za-
doks;
Hofsekretäre: Elihoref und Ahija, beides
Söhne Schischas;
Berater des Königs: Joschafat, ein Sohn
Ahiluds;
Oberbefehlshaber über das Heer: Bena-
ja, ein Sohn Jojadas;
Priester: Zadok und Abjatar;
Vorgesetzter der Bezirksverwalter: Asar-
ja, ein Sohn Nathans;

3,13 5,1–5; 10,4–29; Mt 6,33 **4,1–6** 2 Sam 8,16–18

Persönlicher Ratgeber des Königs: der
Priester Sabud, ein Sohn Nathans;
Palastverwalter: Ahischar;
Aufseher über die Zwangsarbeiter: Ado-
niram, ein Sohn Abdas.

[7]Salomo hatte das Land Israel in zwölf
Bezirke aufgeteilt und über jeden Bezirk
einen Verwalter gesetzt. Diese Bezirks-
verwalter waren verantwortlich für die
Versorgung des königlichen Hofes. Jeder
musste einen Monat im Jahr für die Aus-
gaben am Hof aufkommen. [8–19]Es folgt
die Liste der Bezirksverwalter und ihrer
Gebiete:
der Sohn Hurs: das Gebirge Ephraim;
der Sohn Dekers: die Gegend der Städte
Makaz, Schaalbim, Bet-Schemesch und
Elon Bet-Hanan;
der Sohn Heseds: die Stadt Arubbot, So-
cho und die Gegend von Hefer;
der Sohn Abinadabs, verheiratet mit
Salomos Tochter Tafat: das hügelige
Gebiet, das zur Küstenstadt Dor gehört;
Baana, ein Sohn Ahiluds: das Gebiet der
Städte Taanach, Megiddo und Bet-Sche-
an (die Nachbarstadt von Zaretan unter-
halb von Jesreel), das ganze Gebiet von
Bet-Schean bis Abel-Mehola einschließ-
lich der Stadt Jokneam;
der Sohn Gebers: die Gegend von Ramot
in Gilead einschließlich der so genannten
»Dörfer Jaïrs, des Sohnes von Manasse«
sowie das Gebiet von Argob in Baschan
mit sechzig befestigten Städten, die Mau-
ern und Tore mit bronzenen Riegeln
hatten;
Ahinadab, ein Sohn Iddos: Mahanajim;
Ahimaaz, verheiratet mit Salomos Toch-
ter Basemat: das Gebiet des Stammes
Naftali;
Baana, ein Sohn Huschais: das Gebiet
des Stammes Asser und die Gegend von
Bealot;
Joschafat, ein Sohn Paruachs: das Gebiet
des Stammes Issaschar;
Schimi, ein Sohn Elas: das Gebiet des
Stammes Benjamin;
Geber, ein Sohn Uris: die Gegend von Gi-
lead, wo früher der Amoriterkönig Sihon
und König Og von Baschan geherrscht
hatten. Trotz der Größe dieses Gebiets
war Geber allein dafür verantwortlich.

Salomos Macht und Weisheit

[20]In Juda und Israel gab es damals so vie-
le Menschen wie Sand am Meer. Das
ganze Volk hatte genug zu essen und zu
trinken und war zufrieden.

5 Salomo herrschte über alle Königrei-
che vom Euphrat über das Gebiet der
Philister bis zur ägyptischen Grenze. So-
lange er lebte, waren diese Völker ihm
unterworfen und mussten ihm Steuern
zahlen.

[2]Für den Unterhalt seines Hofstaates
brauchte Salomo täglich etwa 4 Tonnen
feines Weizenmehl und 8 Tonnen ande-
res Mehl, [3]10 gemästete Rinder, 20 Rin-
der von der Weide und 100 Schafe. Dazu
kamen noch Hirsche, Gazellen, Rehe und
gemästetes Geflügel.

[4]Salomo hatte die Macht über das gan-
ze Gebiet westlich des Euphrat. Von der
Stadt Tifsach bis nach Gaza herrschte er
über alle Königreiche. Er lebte mit den
Völkern ringsum in Frieden. [5]Zu Lebzei-
ten Salomos ging es ganz Israel und Juda
gut. Von Dan im Norden bis Beerscheba
im Süden lebte das Volk in Frieden. Jeder
konnte ungestört in seinem Weinberg
arbeiten und unter seinem Feigenbaum
sitzen.

[6]Salomo besaß 4000[a] Stallplätze für
die Pferde seiner Streitwagen, dazu
12000 Pferde. [7]Die zwölf Bezirksverwal-
ter versorgten Salomo regelmäßig mit al-
len Lebensmitteln, die er für sich und die
Gäste an seinem Tisch brauchte. Jeder
musste einen Monat lang dafür aufkom-
men. Sie ließen es an nichts fehlen.

---

[a] So mit 2. Chronik 9,25 und der griechischen Übersetzung. Der hebräische Text lautet: 40000 Stallplätze.

5,5 Mi 4,4

8 Gerste und Stroh für die Reit- und Wa-
genpferde gaben sie direkt in den Stal-
lungen ab, wo es gerade gebraucht wurde.
So entsprach es den Vorschriften.
9 Gott schenkte Salomo große Weis-
heit, einen scharfen Verstand und ein un-
vorstellbar breites Wissen. 10 Ja, Salomo
übertraf mit seiner Weisheit sowohl die
Gelehrten aus dem Osten als auch die
Ägypter. 11 Er war weiser als alle anderen
Menschen, weiser sogar als Etan, der Es-
rachiter, als Heman, Kalkol und Darda,
die Söhne Mahols. Man kannte seinen
Namen bei allen Nachbarvölkern, so be-
rühmt war er. 12 Er verfasste 3000 Sprich-
wörter und dichtete 1005 Lieder. 13 Er
konnte alle Arten von Pflanzen genau
beschreiben: von den hohen Zedern im
Libanon bis zu den unscheinbaren Ysop-
Pflanzen, die in Mauerrissen wachsen.
Auch die Tierwelt war ihm nicht fremd:
Er konnte über Säugetiere, Vögel,
Kriechtiere und Fische sprechen. 14 Aus
allen Völkern kamen Menschen, um Sa-
lomo zuzuhören, und alle Könige der Er-
de schickten ihre Gesandten zu ihm.

Salomo schließt mit König Hiram einen Vertrag ab
(2. Chronik 1,18 – 2,17)

15 König Hiram von Tyrus war schon im-
mer ein guter Freund von David gewe-
sen. Als er hörte, dass man Salomo zum
Nachfolger Davids gesalbt hatte, schickte
er eine Gesandtschaft zu dem jungen Kö-
nig, um ihm zu gratulieren. 16 Darauf
sandte Salomo Boten zu Hiram und ließ
ihm sagen: 17 »Du weißt ja, dass mein Va-
ter David gern einen Tempel für den
Herrn, seinen Gott, gebaut hätte. Er
konnte es aber nicht, weil er immer wie-
der gegen befeindete Nachbarvölker in
den Krieg ziehen musste, bis der Herr
ihm endlich den Sieg über sie gab. 18 Mir
aber hat der Herr, mein Gott, Frieden ge-
schenkt: Weit und breit habe ich keine
Feinde, mir droht von nirgends Gefahr.
19 Darum möchte ich nun für den Herrn,
meinen Gott, einen Tempel bauen. Schon
damals hat der Herr meinem Vater ver-
sprochen: ›Dein Sohn, den ich zu deinem
Nachfolger machen werde, der soll ein-
mal für mich den Tempel bauen.‹ 20 So
bitte ich dich nun: Lass deine Arbeiter
auf dem Libanon Zedern für mich fällen.
Meine Leute könnten mit ihnen zusam-
menarbeiten. Natürlich werde ich den
Lohn deiner Arbeiter zahlen; du musst
nur sagen, wie viel ich ihnen geben soll.
Du weißt ja selbst, dass wir keine so gu-
ten Holzfäller haben, wie die Sidonier es
sind.«
21 Hiram freute sich sehr über diese Bit-
te Salomos. »Ich danke dem Herrn«, rief
er, »dass er David einen so weisen Sohn
geschenkt hat! Er wird dieses große Volk
bestimmt gut regieren.« 22 An Salomo
schickte Hiram folgende Antwort: »Ich
habe deine Anfrage erhalten und erfülle
gerne deine Wünsche nach Zedern- und
Zypressenholz. 23 Meine Arbeiter werden
die gefällten Bäume zum Meer hinunter-
bringen. Ich lasse die Stämme zu Flößen
zusammenbinden und an der Küste ent-
lang nach Israel bringen. An dem Ort,
den du mir angibst, lasse ich die Flöße
dann wieder auseinander nehmen. Dort
kann das Holz von deinen Leuten abge-
holt werden. Ich schlage vor, dass du mir
als Gegenleistung dafür Lebensmittel für
meinen Hof gibst.«
24 So lieferte Hiram Salomo Zedern-
und Zypressenholz, wie er es bestellt
hatte. 25 Salomo sandte Hiram als Bezah-
lung jährlich 2640 Tonnen Weizen und
4500 Liter bestes Olivenöl. 26 Außerdem
schlossen Salomo und Hiram einen Frie-
densvertrag ab. Der Herr schenkte Salo-
mo Weisheit, wie er es ihm versprochen
hatte.

Die ersten Vorbereitungen für den Bau des Tempels
(2. Chronik 1,18 – 2,17)

27/28 König Salomo zog in ganz Israel
30000 Mann zur Fronarbeit heran und er-

5,14 10,1–13 **5,17** 5 Mo 12,5*; 1 Chr 22,8 **5,19** 2 Sam 7,13 **5,27–29** 9,20–21

Der große Geber aller Gaben

Lesen Sie 1. Könige 3,3-15

Salomo hatte eine persönliche, auf Gegenseitigkeit beruhende Liebesbeziehung zu Gott, die in unserem Bibeltext mit der Liebessprache des Schenkens zum Ausdruck gebracht wird. Aus Liebe zu Gott brachte Salomo tausend Brandopfer dar, und in der darauffolgenden Nacht erschien Gott ihm in einem Traum und wollte ihm auch etwas schenken. Gott ließ ihn auswählen: „Erbitte von mir, was du willst!" (1. Könige 3,5).

Salomos Antwort zeigt seine Bescheidenheit. Noch ganz neu in seiner Rolle als König, fühlte er sich „jung und unerfahren" und wusste nicht, wie er die große Aufgabe bewältigen sollte. Darum bat er Gott um ein „Herz, das auf dich hört", damit er Recht von Unrecht unterscheiden konnte (1. Könige 3,7-9).

Gott, der große Geber aller Gaben, freute sich über Salomo. Diese Geschichte zeigt uns Gottes Großzügigkeit: Er gab Salomo nicht nur das, worum er gebeten hatte – ein weises, einsichtiges Herz –, sondern er gab es ihm auch noch in so reichem Maße, dass Salomo mehr Weisheit besaß als alle anderen Menschen. Dazu schenkte er ihm noch Reichtum und Ehre im Überfluss.

Auch an anderen Stellen in der Bibel wird Gott als der großzügig Schenkende beschrieben, zum Beispiel in Psalm 5,13: „Wer dir treu bleibt, den beschenkst du mit Frieden und Glück, den umgibst du mit deiner schützenden Liebe." Und Jesus erzählt von der Großzügigkeit Gottes in Matthäus 7,11: „Wenn schon ihr hartherzigen Menschen euren Kindern Gutes gebt, wie viel mehr wird euer Vater im Himmel denen Gutes schenken, die ihn darum bitten!" Der große Geber tut nichts lieber, als gute Gaben zu schenken.

Nehmen Sie sich Zeit, um allein oder als Paar gemeinsam zu beten. Danken Sie Gott für seine Großzügigkeit; er ist der große Geber. Bitten Sie ihn, dass er Ihnen die Augen öffnet für alle guten Gaben, die er Ihnen schenkt.

Wenn Sie noch mehr Zeit haben ...

Besprechen Sie miteinander folgende Fragen oder denken Sie darüber nach:

- Lesen Sie Matthäus 7,7-12. Was erfahren Sie aus der Beschreibung Jesu über den Charakter Gottes?
- Wenn Gott Sie so wie Salomo wählen lassen würde, was Sie von ihm bekommen möchten, worum würden Sie ihn bitten? In welcher Hinsicht nimmt Matthäus 7,7 die Einladung Gottes aus 1. Könige 3,5 auf?
- Dankbarkeit verändert Ihre Sicht auf das Leben und auf Gott. Gott schenkt Ihnen so vieles im Überfluss, doch wie oft kommt Ihnen das ganz selbstverständlich vor? Schreiben Sie auf, was Gott Ihnen am heutigen Tag alles schenkt.

Lesen Sie auch die folgenden Abschnitte, in denen es um die Gaben Gottes geht:
Psalm 118,24; Sprüche 20,12;
1. Korinther 4,7.

Egal wie es aussieht ...

Lesen Sie 1. Könige 8,23

In 1. Könige 8,23 erfahren wir, dass Gott uns liebt, egal wie wir uns fühlen. Punkt. Unsere Lebensumstände können nichts daran ändern, dass wir einem wunderbaren Gott dienen, der uns über alle Maßen liebt. Folglich muss unsere Lebenssituation auch nicht unsere innere Einstellung bestimmen.

Heutzutage glauben viele Menschen, sie seien hilflose Opfer ihrer Umwelt: „Wenn ich in einer zerrütteten Familie aufgewachsen bin, werde ich mit Sicherheit in meinen Beziehungen versagen." „Wenn mein Mann Alkoholiker ist, werde ich ein miserables Leben führen."

Diese Einstellung macht jeden zu einem hilflosen Opfer in einer feindlichen Umgebung. Sie fördert das Gefühl der Hoffnungslosigkeit und führt nicht selten zu Depressionen. In einer zerrütteten Ehe bringt die Opferhaltung den Ehepartner dahin, dass er denkt: „Mein Leben ist schrecklich, und meine einzige Hoffnung besteht darin, dass mein Ehepartner stirbt oder ich mich scheiden lasse."

Natürlich wirkt sich unsere Umgebung auf unser Wesen aus, aber sie hat uns nicht völlig unter Kontrolle. Statt die Rolle des hilflosen Opfers einzunehmen, können wir die Probleme überwinden, die unsere äußeren Umstände mit sich bringen: sei es Blindheit (siehe Helen Keller), eine Behinderung (siehe Franklin Roosevelt) oder alkoholabhängige Eltern, die uns vielleicht misshandelt und so unsere Einstellung zur Ehe beeinflusst haben. Unsere Umgebung übt zwar Einfluss auf uns aus, aber sie kann nicht unsere Ehe und unser Leben bestimmen und zerstören.

Nehmen Sie sich Zeit, um allein oder als Paar gemeinsam zu beten. Danken Sie Gott für Ihre Lebensumstände, egal wie sie aussehen. Bitten *Sie ihn um Weisheit und Kraft*, damit Sie über Ihre Situation hinauswachsen und Dinge für Gott vollbringen können, die Sie nie für möglich gehalten hätten.

Wenn Sie noch mehr Zeit haben ...

Besprechen Sie miteinander folgende Fragen oder denken Sie darüber nach:

- Schreiben Sie einige persönliche Lebensumstände aus der Gegenwart und der Vergangenheit auf, die Ihre Beziehung beeinflusst haben – zum Guten oder zum Schlechten.
- Warum entscheiden sich manche Menschen dafür, Opfer ihrer Vergangenheit oder ihrer jetzigen Lebenssituation zu sein?
- Wie können Sie sicherstellen, dass Ihre Lebensumstände Ihre innere Einstellung nicht beeinflussen?

Lesen Sie auch die folgenden Abschnitte, in denen es um das Überwinden von Hindernissen geht:
Johannes 16,33; Philipper 4,8; 1. Petrus 4,12-13.

Den nächsten Impuls finden Sie auf S. 406 a

nannte Adoniram zu ihrem Vorgesetzten. Er schickte jeden Monat abwechselnd 10000 von ihnen in den Libanon hinauf. Jeder Arbeiter war also jeweils einen Monat lang dort im Einsatz und danach für zwei Monate zu Hause. [29]Salomo hatte 80000 Männer verpflichtet, die im Steinbruch in den Bergen arbeiteten, sowie 70000, die für den Transport der gewonnenen Steinblöcke verantwortlich waren. [30]Über diese Arbeiter waren 3300 Aufseher eingesetzt, die ihrerseits den Bezirksverwaltern unterstanden. [31]Salomo gab den Auftrag, aus dem Fels mächtige Blöcke von bester Qualität herauszubrechen, um mit ihnen das Fundament des Tempels zu legen. [32]Die Bauleute Salomos und Hirams arbeiteten mit den Handwerkern aus der Stadt Byblos zusammen. Sie hieben die Steinblöcke und Holzstämme zurecht und bereiteten so das Baumaterial für den Tempel vor.

Der Bau des Tempels
(2. Chronik 3,1–4)

6 480 Jahre waren vergangen, seit die Israeliten Ägypten verlassen hatten. Es war das 4. Regierungsjahr König Salomos. Im Monat Siw, dem 2. Monat des Jahres, begann König Salomo mit dem Bau des Tempels für den Herrn.

[2]Das Gebäude war 30 Meter lang, 10 Meter breit und 15 Meter hoch. [3]An der Vorderseite baute Salomo eine Vorhalle an; sie war genauso breit wie der Tempel und 5 Meter lang. [4]In die Tempelmauer ließ Salomo Fenster mit Rahmen und Gitterstäben einsetzen. [5]Um die beiden Seitenwände und die Hinterwand baute er einen dreistöckigen Rundgang, der in einzelne Kammern unterteilt war. [6]Das untere Stockwerk war 2,5 Meter breit, das mittlere 3 Meter und das oberste 3,5 Meter. Mit jedem höher gelegenen Stockwerk trat die Tempelmauer etwas mehr zurück. Dadurch entstanden Mauervorsprünge, auf denen man die tragenden Querbalken der Stockwerke abstützen konnte. So mussten die Balken nicht in der eigentlichen Tempelmauer verankert werden.

[7]Die Steine für den Bau des Tempels wurden vorher im Steinbruch schon fertig behauen. Daher brauchte man sie am Bauplatz nur noch zusammenzufügen und hörte dort keinen Lärm von Hämmern, Meißeln und anderen Eisenwerkzeugen.

[8]In das untere Stockwerk[a] des Rundgangs kam man durch eine Tür an der rechten Tempelseite. Von dort führte eine Wendeltreppe zum mittleren und oberen Stockwerk hinauf. [9]Nachdem das Mauerwerk errichtet war, ließ Salomo das Gebäude mit einem Flachdach versehen, das mit Balken und Brettern aus Zedernholz gedeckt wurde. [10]Den Rundgang verband er durch Zedernbalken mit der Tempelmauer. Die drei Stockwerke waren jeweils 2,5 Meter hoch.

[11]Eines Tages sprach der Herr zu Salomo: [12]»Du baust mir diesen Tempel. Wenn du nun so lebst, wie es mir gefällt, wenn du mein Gesetz befolgst und auf jedes Gebot achtest, dann will ich mein Versprechen halten, das ich schon deinem Vater David gegeben habe. [13]Dann will ich mitten unter den Israeliten in diesem Tempel wohnen und mein Volk nie verlassen.«

Der Innenausbau des Tempels
(2. Chronik 3,5–14)

[14]Als der Rohbau des Tempels fertig gestellt war, [15]ließ Salomo das ganze Gebäude innen mit Holz auskleiden. Die Wände täfelte er von oben bis unten mit Zedernholz, und den Fußboden belegte er mit Zypressenholz. [16]Zehn Meter vor der Rückwand zog er vom Boden bis zur Decke eine Wand aus Zedernbrettern hoch. Auf diese Weise entstand ein Hinterraum. Aus ihm sollte die Wohnung des Herrn, das »Allerheiligste«, werden.

---

[a] So mit der griechischen Übersetzung. Der hebräische Text lautet: in das mittlere Stockwerk.

6,12–13 2 Mo 29,45–46; 2 Sam 7,12–16

17 Der davor liegende Hauptraum, das »Heiligtum«, war also noch 20 Meter lang. 18 Der Tempel war innen ganz mit Zedernholz ausgekleidet, nicht ein Mauerstein war mehr zu sehen. In die Wände wurden Blätter- und Blütenornamente geschnitzt.

19 Im hinteren Raum sollte später die Bundeslade des Herrn stehen. 20 Dieser Teil des Tempels war 10 Meter lang, 10 Meter breit und 10 Meter hoch. Salomo ließ den ganzen Raum mit reinem Gold auskleiden. Vor dem Allerheiligsten stand ein Altar aus Zedernholz. Auch er wurde mit Gold überzogen, 21 ebenso der gesamte Innenraum des Heiligtums. Vor dem Eingang zum Allerheiligsten ließ Salomo goldene Ketten aufhängen. 22 So wurde also der ganze Innenraum des Tempels mit Gold überzogen, ebenso der Altar, der vor dem Allerheiligsten stand.

23 Dann ließ Salomo zwei Cherub-Engel aus Olivenholz schnitzen, die im Allerheiligsten stehen sollten. Sie waren 5 Meter hoch. 24 Jeder ihrer ausgespannten Flügel maß 2,5 Meter, so dass ein Cherub-Engel von der einen Flügelspitze zur anderen 5 Meter breit war. 25/26 Beide Cherub-Engel waren gleich groß, nämlich 5 Meter, und sahen genau gleich aus. 27 Salomo ließ sie mitten im Allerheiligsten aufstellen, und zwar so, dass sich ihre ausgebreiteten Flügel in der Mitte berührten. Mit ihrer äußeren Flügelspitze berührten sie die Seitenwände. 28 Auch die Engel wurden ganz mit Gold überzogen.

29 In die Innenwände des Heiligtums und des Allerheiligsten ließ Salomo Cherub-Engel, Palmwedel und Blütenkelche schnitzen. 30 Den Fußboden der beiden Räume überzog er mit Gold. 31 Für den Eingang zum Allerheiligsten wurde eine Tür mit zwei Flügeln aus Olivenholz hergestellt. Der Türrahmen war fünffach abgestuft. 32 Die Türflügel wurden mit Schnitzereien von Cherub-Engeln, Palmwedeln und Blüten verziert. Die Cherub-Engel und Palmwedel ließ Salomo mit Gold überziehen. 33 Auch für den Eingang zum Heiligtum ließ Salomo einen Türrahmen aus Olivenholz anfertigen. Er war vierfach abgestuft. 34 Die Tür hatte zwei Flügel aus Zypressenholz. Jeder der beiden Flügel war aus zwei drehbaren Teilen zusammengesetzt. 35 Auch in diese Tür wurden Ornamente von Cherub-Engeln, Palmenzweigen und Blütenkelchen geschnitzt. Danach wurde sie sorgfältig mit Gold überzogen; man achtete darauf, dass der Überzug genau auf die Schnitzereien passte.

36 Um das Gebäude herum wurde der innere Vorhof angelegt und mit einer Mauer eingegrenzt. Sie bestand aus drei Lagen behauener Steine und einer Lage Zedernbalken.

37 Im 4. Regierungsjahr Salomos, im Monat Siw, dem 2. Monat des Jahres, war das Fundament für den Tempel gelegt worden. 38 Im 11. Regierungsjahr Salomos, im Monat Bul, dem 8. Monat des Jahres, war der Tempel fertig. Insgesamt hatte man also sieben Jahre daran gebaut. Jede Einzelheit stimmte genau mit den Bauplänen überein.

Salomo baut sich einen Palast

7 An seinem Palast baute Salomo dreizehn Jahre.

2/3 Eines seiner neuen Gebäude war das so genannte »Libanonwaldhaus«. Es war 50 Meter lang, 25 Meter breit und 15 Meter hoch. Das unterste Stockwerk war eine Halle mit drei Säulenreihen aus Zedernholz, 15 Säulen in jeder Reihe, also 45 insgesamt. Darüber lagen Balken aus Zedernholz, die als Boden für ein oberes Stockwerk dienten. Dies war in mehrere Kammern unterteilt, die ebenfalls mit Zedernbalken überdacht waren.[a] 4 In die beiden Längswände des Palasts wurden drei übereinander liegende Reihen von je drei Fenstern eingelassen, und zwar

[a] Die Verse 2 und 3 sind nach der griechischen Übersetzung wiedergegeben. Der hebräische Text ist nicht sicher zu deuten.

so, dass die Fenster einander genau ge-
genüberlagen. 5 Auch die Türen lagen
einander jeweils gegenüber. Es waren
insgesamt sechs Türen mit vierfach abge-
stuften Rahmen.
6 Außerdem baute Salomo eine Säulen-
halle, die 25 Meter lang und 15 Meter
breit war. Davor ließ er eine weitere Säu-
lenhalle mit einem Vordach errichten.
7 Er baute sich auch eine Halle, in der sein
Thron stand und wo er Gericht hielt.
Vom Fußboden bis zur Decke war dieser
Raum mit Zedernholz getäfelt. 8 Der
Wohnpalast Salomos befand sich in
einem Hof, der weiter innen lag als die
Thronhalle, und war von der gleichen
Bauart. Auch das Haus für seine Frau,
die Tochter des Pharaos, war im gleichen
Stil wie die Thronhalle gehalten.
9 Für alle Gebäude wurden Quader-
steine bester Qualität verwendet. Sie wa-
ren vorher mit Steinsägen genau zurecht-
geschnitten worden. Alle Mauern dieser
Gebäude – angefangen bei den äußeren
Palästen bis hinein zum großen Innenhof
– bestanden aus solchen Steinen. 10 Für
die Fundamente benutzte man besonders
große Quadersteine; sie waren vier bis
fünf Meter lang. 11 Darüber wurden Mau-
ern von Quadersteinen bester Qualität
errichtet. Zwischen den einzelnen Mau-
erreihen waren immer wieder Zedern-
balken eingefügt. 12 Den großen Hof rings
um den Palast und den Tempel umgab
eine Mauer, die abwechselnd aus drei La-
gen Quadersteinen und einer Lage Ze-
dernbalken bestand. Die Mauer um den
inneren Vorhof, der den Tempel umgab,
war genauso gebaut, ebenso die Mauer
um die Tempelvorhalle.

Die beiden Säulen am Eingang des Tempels
(2. Chronik 3,15–17)

13 König Salomo ließ einen Bronzegießer
aus Tyrus an den Hof holen. Er hieß Hi-
ram, 14 seine Mutter war eine verwitwete
Israelitin aus dem Stamm Naftali und sein
Vater ein Bronzegießer aus Tyrus. Hiram
war sehr begabt, ein Meister seines Fachs,
der alles nur Erdenkliche aus Bronze her-
stellen konnte. Er kam zu König Salomo
an den Hof und arbeitete für ihn.
15 Als Erstes goss er zwei Säulen aus
Bronze. Beide waren 9 Meter hoch und
hatten einen Umfang von 6 Metern.
16 Auf jede Säule setzte er ein 2,5 Meter
hohes Kapitell, aus Bronze gegossen.
17 Jedes Kapitell war mit sieben Reihen
geflochtener Ketten geschmückt 18–20 so-
wie mit 200 Granatäpfeln, die in zwei
Reihen oberhalb der Flechtornamente
angebracht wurden. Die Kapitelle ruhten
auf den Säulen. Sie waren wie Lilienblü-
ten geformt, und ihre Blütenkelche wa-
ren 2 Meter hoch.[a] 21 Hiram ließ die bei-
den Säulen vor der Eingangshalle des
Tempels aufstellen. Die rechte nannte er
Jachin (»Er wird aufrichten«) und die lin-
ke Boas (»In ihm ist Stärke«). 22 Die bei-
den Kapitelle in Form von Lilienblüten
wurden auf die Säulen gesetzt. Damit
war diese Arbeit abgeschlossen.

Das Becken aus Bronze
(2. Chronik 4,2–5)

23 Danach fertigte Hiram ein rundes
Bronzebecken an, »das Meer« genannt.
Seine Höhe betrug 2,5 Meter, sein
Durchmesser 5 Meter und sein Umfang
15 Meter. 24 Unterhalb des Randes war
es ringsum mit zwei Reihen von Früchten
verziert, jeweils 10 auf einen halben Me-
ter. Sie und das Becken waren aus einem
Guss. 25 Das Becken stand auf zwölf Rin-
derfiguren, von denen drei nach Norden
gewandt waren, drei nach Westen, drei
nach Süden und drei nach Osten. Ihre
Hinterbeine zeigten nach innen, und das
Becken ruhte auf ihren Rücken. 26 Sein
Rand war nach außen gewölbt wie der
Kelch einer Lilienblüte. Das Becken hat-

[a] Der hebräische Text in den Versen 18–20 ist nicht sicher zu deuten.

te eine Wandstärke von knapp 8 Zentimetern und fasste etwa 44 000 Liter.

Die zehn Kesselwagen

[27] Als Nächstes stellte Hiram zehn Kesselwagen aus Bronze her. Der Wagenkasten eines jeden war 2 Meter lang, 2 Meter breit und 1,5 Meter hoch. [28] Seine Wände wurden oben und unten durch waagerechte Leisten eingerahmt und durch senkrechte und waagerechte Stäbe verstärkt. [29] Alle Leisten und Stäbe verzierte Hiram mit aufgehämmerten Löwenfiguren, mit Rindern und Cherub-Engeln. Über und unter den Löwen und Rindern wurden Kranzornamente angebracht. [30] Jeder Kesselwagen hatte unter dem Wagenkasten ein Fahrgestell mit vier Rädern und zwei Achsen aus Bronze. Jede Achse war an beiden Enden durch zwei schräg aufwärts laufende Streben mit der untersten Leiste des Wagenkastens verbunden. Diese Streben stützten den Wagenkasten, der den Wasserkessel tragen musste. [31] Für den Wasserkessel wurde ein runder Aufsatz auf den Kasten gesetzt. Er stand auf einem viereckigen Rahmen, und sein Rand war mit eingravierten Bildern verziert. Aufsatz und Rahmen waren zusammen 75 Zentimeter hoch. [32] Die Räder der Fahrgestelle besaßen einen Durchmesser von 75 Zentimetern. Sie standen genau unter den Seitenwänden des Wagenkastens und waren an den Füßen der vier Seitenpfosten befestigt. Eine Achse verlief durch jeweils zwei Pfosten. [33] Die Räder waren gebaut wie die Räder von Streitwagen. Ihre Achsen, Felgen, Naben und Speichen waren ganz aus Bronze. [34] Die vier Eckpfosten und der Wagenkasten waren aus einem Guss. [35] Der stützende Rahmen, auf dem der Aufsatz für den Kessel ruhte, war 25 Zentimeter hoch. Er war am Wagenkasten durch Halter und Platten befestigt. [36] Wo auf Seitenwänden, Haltern oder Platten noch Platz frei war, ließ Hiram Cherub-Engel, Löwen und Palmen eingravieren und alles mit Kränzen umrahmen. [37] Hiram benutzte für alle zehn Kesselwagen dieselbe Gussform. So sahen alle zehn gleich aus.

[38] Für jeden Wagen goss Hiram einen Kessel aus Bronze. Die Gefäße hatten einen Durchmesser von 2 Metern und fassten 900 Liter. [39] Man brachte die Kesselwagen an ihren vorgesehenen Platz: Fünf standen auf der rechten Tempelseite, fünf auf der linken. Das große Wasserbecken stellte man in der Südostecke des Vorhofs auf.

Liste der Gegenstände, die Hiram herstellte
(2. Chronik 4,11–18)

[40] Zuletzt stellte Hiram noch Kübel und Schaufeln zum Beseitigen der Asche her sowie Schalen, in denen das Blut der Opfertiere aufgefangen wurde.[a] Damit beendete er die Arbeiten für den Tempel des Herrn, die König Salomo ihm aufgetragen hatte.

[41–45] Insgesamt hatte er folgende Gegenstände hergestellt:
2 Säulen;
2 Kapitelle, die oben auf den Säulen ruhten;
2 geflochtene Ketten zur Verzierung der beiden Kapitelle;
für jedes Kapitell 200 Granatäpfel, die in zwei Reihen über den Ketten angebracht waren;
10 Kesselwagen;
10 Wasserkessel, die auf die Wagen gesetzt wurden;
das große Wasserbecken, genannt »das Meer«;
12 Rinderfiguren, auf denen das Becken stand;
Kübel, Schaufeln und Schalen.

Alle Gegenstände, die Hiram im Auftrag Salomos für den Tempel des Herrn herstellte, wurden aus Bronze gegossen und anschließend blank poliert. [46] König Salomo ließ sie in der Jordanebene zwischen

[a] Wörtlich: Hiram stellte Kübel, Schaufeln und Schalen her.

Sukkot und Zaretan gießen. Dort gab es
Gießereien mit großen Gussformen aus
Tonerde. [47] Für diese Gegenstände wurde
so viel Bronze gebraucht, dass König Sa-
lomo ihr Gewicht gar nicht mehr feststel-
len ließ. Dies wäre auch kaum möglich
gewesen.

Die Inneneinrichtung des Tempels
(2. Chronik 4,19 – 5,1)

[48–50] Für das Innere des Tempels ließ Salo-
mo folgende Gegenstände aus Gold her-
stellen:
einen Altar;
einen Tisch, auf dem die Gott geweihten
Brote liegen sollten;
10 Leuchter, die vor dem Allerheiligsten
stehen sollten, fünf auf der rechten und
fünf auf der linken Seite der Tür;
Blumenornamente für die Leuchter;
Lampen, Dochtscheren und Messer zum
Reinigen der Lampen;
Becken und Schüsseln;
Schalen und Eimer zum Tragen der glü-
henden Kohlen;
Türangeln für den Eingang zum Allerhei-
ligsten und zum Heiligtum.

Alle diese Gegenstände wurden aus Gold
angefertigt.
[51] Als König Salomo den Bau des Tem-
pels vollendet hatte, brachte er alle Sil-
ber- und Goldschätze, die sein Vater
David Gott geweiht hatte, in die Schatz-
kammern des Tempels.

Die Einweihung des Tempels
(2. Chronik 5,2 – 6,2)

8 Salomo rief alle Ältesten von Israel
und alle Stammes- und Sippenober-
häupter zu sich nach Jerusalem. Sie soll-
ten dabei sein, wenn die Bundeslade des
Herrn aus der »Stadt Davids«, dem
Stadtteil Jerusalems auf dem Berg Zion,
zum Tempel gebracht wurde. [2] Und so
kamen im Monat Etanim, dem 7. Monat
des Jahres, alle führenden Männer aus Is-
rael in Jerusalem zusammen. In diesem
Monat wurde auch das Laubhüttenfest
gefeiert.
[3] Als alle versammelt waren, hoben die
Priester die Bundeslade des Herrn hoch
[4] und trugen sie hinauf zum Tempel. Zu-
sammen mit den Leviten brachten sie
auch das heilige Zelt hinauf, mit all sei-
nen dem Herrn geweihten Gegenstän-
den. [5] König Salomo und die Israeliten,
die zu diesem Fest gekommen waren,
hatten sich bei der Bundeslade versam-
melt. Sie opferten so viele Schafe und
Rinder, dass man sie nicht mehr zählen
konnte.
[6] Die Priester brachten die Bundeslade
an den vorgesehenen Platz in den hin-
teren Raum des Tempels. Dort im Aller-
heiligsten stellten sie die Bundeslade
unter die beiden Cherub-Engel. [7] Ihre
ausgebreiteten Flügel beschirmten nun
die Bundeslade samt ihren Tragstangen.
[8] Die beiden Stangen waren so lang, dass
man sie vom Heiligtum aus sehen konnte,
wenn man direkt vor dem Allerheiligsten
stand. Doch vom Vorhof aus sah man sie
nicht. Noch heute befindet sich die Bun-
deslade an diesem Ort. [9] Damals lagen
nur die beiden Steintafeln darin, die Mo-
se am Berg Horeb hineingelegt hatte, als
der Herr mit den Israeliten nach dem
Auszug aus Ägypten einen Bund schloss.
[10/11] Als die Priester den Tempel wieder
verließen, da erfüllte die Wolke der Herr-
lichkeit Gottes das ganze Haus, so dass
sie ihren Dienst im Tempel nicht mehr
verrichten konnten. [12] Salomo betete:
»Du, Herr, hast gesagt, dass du im Dun-
kel einer Wolke wohnen willst. [13] Nun
aber habe ich dieses prachtvolle Haus
für dich gebaut. Möge es ein Ort sein, an
dem du, Herr, für alle Zeiten wohnen
wirst.«

7,48–50 2 Mo 25,23–40; 30,1–10 **8,3–4** 2 Mo 40,1–33 **8,6** 2 Mo 25,10–22 **8,9** 2 Mo 31,18*; Offb 11,19 **8,10–11** 2 Mo 19,9; 24,15–17; 40,34–35 **8,12** 2 Mo 20,21; 5 Mo 5,22

Salomos Ansprache zur Einweihung des Tempels
(2. Chronik 6,3–11)

14 Nach diesem Gebet wandte sich der König zu den Israeliten um, die sich vor dem Tempel zusammengefunden hatten. Er segnete sie und sagte:

15 »Ich preise den Herrn, den Gott Israels! Nun hat er das Versprechen eingelöst, das er meinem Vater David gab. 16 Eines Tages sagte Gott zu ihm: ›Seit ich mein Volk aus Ägypten in dieses Land geführt habe, habe ich nie angeordnet, dass man irgendwo in Israel für mich einen Tempel bauen sollte. Aber ich habe dich, David, zum König über mein Volk Israel bestimmt.‹

17 Mein Vater David hatte schon lange einen großen Wunsch: Er wollte dem Herrn, dem Gott Israels, einen Tempel bauen. 18 Doch der Herr sagte zu ihm: ›Ich freue mich zwar, dass du mir einen Tempel bauen möchtest. 19 Aber nicht du, David, sollst ihn bauen, sondern erst dein Sohn.‹

20 Der Herr hat Wort gehalten: Ich bin als Nachfolger meines Vaters David König von Israel geworden, genau wie der Herr es vorausgesagt hat. Und nun habe ich auch den Tempel für den Herrn, den Gott Israels, gebaut 21 und darin einen Raum für die Bundeslade eingerichtet. In dieser Lade liegen die beiden Gesetzestafeln. Sie sind die Wahrzeichen des Bundes, den der Herr mit unseren Vorfahren schloss, als er sie aus Ägypten führte.«

Salomos Gebet zur Einweihung des Tempels
(2. Chronik 6,12–42)

22 Dann trat Salomo vor den Augen der versammelten Israeliten an den Altar des Herrn, erhob seine Hände zum Himmel 23 und betete:

»Herr, du Gott Israels! Es gibt keinen Gott wie dich – weder im Himmel noch auf der Erde. Du hältst den Bund, den du mit deinem Volk geschlossen hast, und erweist allen deine Güte und Liebe, die dir von ganzem Herzen dienen. 24 Und so hast du auch deine Zusage eingehalten, die du meinem Vater David gegeben hast. Was du ihm damals versprachst, hast du nun in die Tat umgesetzt, wie wir alle heute sehen. 25 Herr, du Gott Israels, ich bitte dich: Halte auch das andere Versprechen, das du meinem Vater David gegeben hast. Du sagtest zu ihm: ›Immer wird einer deiner Nachkommen König über Israel sein, solange sie mir dienen, wie du mir gedient hast.‹ 26 Ja, du Gott Israels, bitte erfüll alles, was du meinem Vater David, deinem Diener, versprochen hast!

27 Jedoch – kann Gott überhaupt auf der Erde wohnen? Ist nicht sogar der Himmel zu klein, dich zu fassen, geschweige denn dieses Haus, das ich gebaut habe? 28 Trotzdem bitte ich dich, Herr, mein Gott: Höre mein Rufen, und weise meine Bitten nicht zurück! Erhöre das Gebet, das ich heute in aller Demut an dich richte! 29 Bitte, wache Tag und Nacht über dieses Haus! Es ist ja der Ort, von dem du selbst gesagt hast: ›Hier will ich wohnen.‹ Darum erhöre das Gebet, das ich, dein ergebener Diener, an diesem Ort an dich richte. 30 Nimm meine Gebete an und auch die meines Volkes, wenn wir zum Tempel gewandt mit dir reden! Hör unser Rufen im Himmel, dort wo du thronst, und vergib uns!

31 Wenn jemand beschuldigt wird, einem anderen etwas angetan zu haben, und er hier vor deinem Altar schwören muss, dass er unschuldig ist, 32 dann höre du im Himmel, was er sagt, und sorge für Recht: Entlarve und bestrafe ihn, wenn er schuldig ist; wenn er aber unschuldig ist, verschaffe ihm Gerechtigkeit!

8,16–20 2 Sam 7,2–13 **8,21** 2 Mo 24,7–8*; 31,18* **8,23** 5 Mo 4,35*; Jes 44,6* **8,25** 5 Mo 6,4–5*; 2 Sam 7,16* **8,27** Jes 66,1; Apg 17,24 **8,29–30** 9,3* **8,31–32** 2 Mo 22,6–10*

33/34 Wenn die Israeliten von Feinden
besiegt werden, weil sie gegen dich ge-
sündigt haben, wenn sie dann ihre Schuld
einsehen und dich wieder als ihren Gott
loben, so höre sie im Himmel! Vergib
deinem Volk Israel die Schuld, wenn sie
hier im Tempel zu dir beten und dich um
Hilfe anflehen! Bring sie wieder zurück
in das Land, das du einst ihren Vorfahren
geschenkt hast!
35/36 Wenn es einmal lange Zeit nicht
regnet, weil sie gegen dich gesündigt ha-
ben, wenn sie dann zu diesem Tempel ge-
wandt beten und dich wieder als ihren
Gott loben, so höre sie im Himmel!
Wenn sie von ihren falschen Wegen um-
kehren, weil du sie bestraft hast, dann
vergib deinem Volk und seinen Königen
ihre Schuld! Denn du zeigst ihnen, wie sie
ein Leben führen können, das dir gefällt.
Lass es wieder regnen auf das Land, das
du deinem Volk als bleibenden Besitz ge-
geben hast!
37 Wenn im Land Hungersnot herrscht
oder die Pest wütet, wenn das Getreide
durch Glutwind, Pilzbefall oder Ungezie-
fer vernichtet wird, wenn Feinde kom-
men und israelitische Städte belagern –
wenn also das Land von irgendeinem Un-
glück oder einer Seuche heimgesucht
wird –, 38/39 dann höre auf jedes Gebet,
das an dich gerichtet wird, sei es von ein-
zelnen Menschen oder vom ganzen Volk!
Erhöre im Himmel, wo du thronst, die
Bitten aller, die in ihrer Not dich suchen
und die Hände flehend zu diesem Tempel
hin ausstrecken. Gib jedem, was er ver-
dient, denn du kennst sein Herz! Vergib
ihm oder bestrafe ihn, je nach seinen Ta-
ten! Denn du allein kennst alle Menschen
durch und durch. 40 So werden sie dich als
ihren Gott achten und ehren, solange sie
in dem Land leben, das du unseren Vor-
fahren gegeben hast.
41 Wenn Ausländer, die nicht zu deinem
Volk Israel gehören, deinetwegen aus fer-
nen Ländern hierher kommen, 42 weil sie
von deiner Herrlichkeit und deinen mäch-
tigen Taten für dein Volk gehört haben,
43 dann erhöre auf deinem Thron im Him-
mel auch ihre Gebete, die sie vor diesem
Tempel sprechen! Erfülle die Bitten die-
ser Menschen, damit alle Völker auf der
Erde dich als den wahren Gott erkennen!
Dann werden sie dich achten und ver-
ehren, wie dein Volk Israel dich verehrt,
und sie werden erkennen, dass du in die-
sem Tempel wohnst, den ich gebaut habe.
44 Wenn die Israeliten Krieg führen und
auf deinen Befehl gegen ihre Feinde aus-
ziehen, wenn sie dann zur Stadt blicken,
die du erwählt hast, und zum Tempel, den
ich für dich gebaut habe, 45 dann höre im
Himmel ihr Flehen, und verhilf ihnen
zum Recht!
46 Wenn sie sich aber von dir abwenden
– es gibt ja keinen Menschen, der nicht
sündigt – und du zornig wirst und sie an
ihre Feinde auslieferst, die sie als Gefan-
gene in ihr Land verschleppen, sei es fern
oder nah, 47–49 dann höre sie doch im Him-
mel, wo du wohnst, wenn sie dort in der
Fremde ihre Schuld bereuen und zu dir
umkehren! Wenn sie dann zu dir um Hilfe
flehen und dir bekennen: ›Wir haben
Schuld auf uns geladen und gegen dich ge-
sündigt, als wir dir den Rücken kehrten‹,
dann erhöre ihr Flehen, wenn sie sich wie-
der von ganzem Herzen dir zuwenden!
Hilf ihnen, wenn sie im Gebiet ihrer Fein-
de zu dir beten und zum Land blicken, das
du ihren Vorfahren gegeben hast, zur
Stadt, die du für dich erwählt hast, und
zum Tempel, den ich für dich gebaut habe.
50 Vergib deinem Volk alles, was sie dir an-
getan haben, auch ihre Auflehnung gegen
dich! Lass ihre Unterdrücker Erbarmen
mit ihnen haben! 51 Denn trotz allem sind
sie noch dein Volk, dein Eigentum, das du
aus Ägypten herausgeholt hast wie aus
dem Feuer eines Schmelzofens.
52 Bitte, verschließ deine Ohren nicht

8,33–34 5 Mo 28,25*; Jer 24,5–7; 29,11–14; Dan 9,4–19 **8,35–36** 5 Mo 28,23–24 **8,37** 5 Mo 28,22 **8,38–39** Ps 26,2* **8,46–49** 8,33–34; Dan 9,4–19 **8,50** 2 Chr 36,22–23 **8,52** 2 Mo 2,23–25*

vor meinem Flehen und vor den Gebeten deines Volkes Israel! Erhöre uns, wann immer wir zu dir um Hilfe rufen! [53] Denn du, Herr, hast Israel aus allen anderen Völkern der Erde zu deinem Volk erwählt. Dies hast du durch deinen Diener Mose schon unseren Vorfahren versprochen, als du sie aus Ägypten herausführtest, Herr, du großer Gott.«

Schlussgebet und Segen

[54] Als Salomo sein Gebet beendet hatte, stand er wieder auf. Er war zum Beten vor dem Altar des Herrn auf die Knie gefallen und hatte die Hände flehend zum Himmel erhoben. [55] Nun trat er vor die versammelten Israeliten und segnete sie. Mit lauter Stimme rief er der Versammlung zu:

[56] »Lasst uns den Herrn preisen! Denn er hat sein Versprechen gehalten und seinem Volk Israel eine Heimat gegeben, in der es in Frieden leben kann. Was er damals unseren Vorfahren durch seinen Diener Mose sagen ließ, ist eingetroffen. Jede einzelne seiner Zusagen ist in Erfüllung gegangen. [57] Der Herr, unser Gott, stehe uns bei, wie er schon unseren Vorfahren beigestanden hat! Möge er uns nie verlassen oder gar verstoßen! [58] Er gebe uns den Wunsch, so zu leben, wie es ihm gefällt, damit wir seine Gebote befolgen und auf alle Weisungen und Gesetze achten, die er unseren Vorfahren gegeben hat!

[59] Möge der Herr, unser Gott, dieses Gebet nie mehr vergessen; ja, Tag und Nacht soll er an meine Bitten denken. Er möge mir, seinem Diener, und auch seinem Volk Israel zum Recht verhelfen und uns jeden Tag geben, was wir brauchen. [60] Daran werden alle Völker erkennen, dass der Herr Gott ist und dass es außer ihm keinen Gott gibt.

[61] Ihr aber, haltet dem Herrn, unserem Gott, von ganzem Herzen die Treue; lebt immer nach seinen Weisungen und befolgt seine Gebote, so wie ihr es heute tut!«

Ein Opferfest zur Einweihung des Tempels
(2. Chronik 7,4–10)

[62/63] Mit einem großen Opferfest weihte der König und mit ihm ganz Israel den Tempel des Herrn ein. Salomo ließ 22000 Rinder und 120000 Schafe als Dankopfer schlachten. [64] Am ersten Tag des Festes wurde die Mitte des Tempelvorhofs zur Opferstätte geweiht, weil der bronzene Altar viel zu klein war für die vielen Opfer. Denn unzählige Brand- und Speiseopfer wurden dargebracht, und auch das Fett der Tiere, die man für das Opfermahl schlachtete, wurde verbrannt.

[65] Vierzehn Tage lang feierten König Salomo und die Israeliten: in der ersten Woche die Einweihung des Tempels und in der zweiten Woche das Laubhüttenfest. Sehr viele Israeliten nahmen daran teil. Von weit her waren sie nach Jerusalem gekommen: vom äußersten Norden des Landes aus Lebo-Hamat bis zu dem Bach, der im Süden die Grenze nach Ägypten bildet. [66] Nach diesen zwei Wochen beendete Salomo das Fest. Die Israeliten jubelten ihrem König zu und zogen wieder nach Hause. Voller Freude und Dankbarkeit dachten sie an das Gute, das der Herr seinem Diener David und seinem Volk Israel erwiesen hatte.

Gott spricht mit Salomo
(2. Chronik 7,11–22)

9 Als Salomo den Tempel des Herrn und den Königspalast vollendet und alle seine Ziele erreicht hatte, [2] da erschien ihm der Herr erneut, wie schon in Gibeon. [3] Er sagte zu Salomo:

»Ich habe dein Flehen erhört. Diesen Tempel, den du gebaut hast, habe ich als einen heiligen Ort erwählt, an dem ich für immer wohnen will. Mein Blick wird

---

8,53 2 Mo 19,5–6* **8,61** 5 Mo 6,4–5* **9,2** 3,5–15 **9,3** 2 Mo 29,46; 1 Kön 8,29–30; Ps 132,13–17; 48,2–3; 68,16–17; 78,68–69

stets auf ihm ruhen, denn mein Herz
hängt an ihm. 4 Und du, Salomo, lebe wie
dein Vater David, aufrichtig und ohne
Falschheit! Befolge alles, was ich dir be-
fohlen habe! Lebe nach meinen Gebo-
ten, und achte auf meine Weisungen!
5 Dann wird immer ein Nachkomme Da-
vids auf dem Thron Israels sitzen, so wie
ich es deinem Vater versprochen habe.
Dein Königtum wird für alle Zeiten fort-
bestehen.

6 Doch wenn ihr oder eure Nachkom-
men mir den Rücken kehrt und meine
Gebote und Weisungen nicht mehr be-
folgt, wenn ihr anderen Göttern nach-
lauft und sie anbetet, 7 dann werde ich
euch aus diesem Land vertreiben, das
ich euch gegeben habe. Israels Unglück
wird sprichwörtlich sein. Alle Völker
werden euch verspotten. Auch von dem
Tempel, den ich jetzt zu einer heiligen
Stätte erklärt habe, werde ich mich wie-
der abwenden. 8 Nur ein Trümmerhaufen
wird von ihm übrig bleiben.[a] Wer an ihm
vorübergeht, wird verächtlich lachen und
zugleich entsetzt sein über das, was er
sieht. Erstaunt wird er fragen: ›Warum
hat der Herr dieses Land und diesen
Tempel so furchtbar zerstört?‹ 9 Und
man wird ihm antworten: ›Weil die Israe-
liten den Herrn, ihren Gott, verlassen ha-
ben. Er hat ihre Vorfahren aus Ägypten
herausgeführt, und doch sind sie fremden
Göttern nachgelaufen, haben sie ange-
betet und ihnen gedient. Darum hat
der Herr sie nun in dieses Unglück ge-
stoßen.‹«

Salomos Handel mit Hiram von Tyrus

10/11 Salomo hatte zwanzig Jahre lang am
Tempel des Herrn und am Königspalast
gebaut. König Hiram von Tyrus lieferte
ihm das nötige Baumaterial: Zedern-
und Zypressenholz und Gold, so viel er
brauchte. Als die Bauarbeiten beendet
waren, gab Salomo Hiram als Gegenleis-
tung zwanzig Städte in Galiläa. 12 König
Hiram kam von Tyrus nach Galiläa, um
sich die Städte anzusehen. Aber sie gefie-
len ihm nicht. 13 Deshalb stellte er Salomo
zur Rede: »Mein lieber Freund, was für
Städte hast du mir da gegeben! Sie sind
überhaupt nichts wert!« Darum heißt
das Gebiet dieser zwanzig Städte heute
noch »die Gegend Kabul«, das bedeutet
»nichts wert«. 14 Hiram hatte dem König
von Israel immerhin über vier Tonnen
Gold geliefert.

Salomos Amtsführung
(2. Chronik 8)

15 Salomo setzte bei allen Bauarbeiten
Fronarbeiter ein: beim Tempel, bei sei-
nem Palast, beim Ausbau der Stadtmauer
und der Verteidigungsanlagen Jerusa-
lems. Sie mussten ihm die Städte Hazor,
Megiddo und Geser ausbauen.

16 Die Stadt Geser hatte der Pharao,
König von Ägypten, auf einem seiner
Feldzüge eingenommen, ihre Einwohner,
die Kanaaniter, umgebracht und schließ-
lich alles niedergebrannt. Das Gebiet
hatte er seiner Tochter als Mitgift in die
Ehe gegeben, als Salomo sie heiratete.
17 Salomo baute die Stadt Geser nun wie-
der auf. Außerdem erweiterte er das un-
tere Bet-Horon, 18 Baalat und die Wüs-
tenstadt Tamar.

19 Die Fronarbeiter Salomos mussten
Städte bauen, in denen Vorratshallen,
Hallen für die Streitwagen und Pferde-
ställe untergebracht wurden. Alles, was
Salomo bauen wollte, sei es in Jerusalem,
im Libanon oder sonst irgendwo in sei-
nem Reich, ließ er durch Fronarbeit er-
richten.

20/21 Die Fronarbeiter, die Salomo he-
ranzog, waren keine Israeliten, sondern
die Nachkommen der Amoriter, Hetiter,
Perisiter, Hiwiter und Jebusiter, die frü-
her das Land Israel bewohnt hatten. Bei
der Eroberung des Landes hatten die Is-

---

[a] So mit einigen alten Übersetzungen. Der hebräische Text lautet: Dieses Haus wird hoch sein.

9,5 2 Sam 7,16* **9,7–9** 5 Mo 28,25*; Ps 74,1–7; Jer 7,13–15 **9,20–21** 5 Mo 7,1; Jos 16,10; 17,13; Ri 1,27–35

raeliten diese Völker nicht ganz aus-
löschen können. Bis heute müssen ihre
Nachkommen für Israel Fronarbeit leis-
ten. 22 Die Israeliten selbst aber blieben
davon verschont. Sie dienten Salomo als
Beamte und Soldaten, als seine Befehls-
haber, Streitwagenkämpfer und Offizie-
re. 23 Salomo setzte 550 Aufseher ein. Sie
unterstanden den Bezirksverwaltern und
sollten darauf achten, dass die Fronarbei-
ter auf Salomos Bauten gute Arbeit leis-
teten.

24 Als die Tochter des Pharaos aus dem
alten Stadtkern Jerusalems in den Palast
gezogen war, den Salomo für sie gebaut
hatte, begann der König mit dem Ausbau
der Verteidigungsanlagen Jerusalems.

25 Nachdem Salomo den Bau des Tem-
pels vollendet hatte, brachte er auf dem
Altar, den er für den Herrn gebaut hatte,
dreimal im Jahr Brand- und Dankopfer
dar und verbrannte wohlriechenden
Weihrauch.

26 In Ezjon-Geber, einem Ort in der
Nähe von Elat am Roten Meer, im Ge-
biet der Edomiter, baute Salomo eine
Flotte auf. 27 König Hiram von Tyrus stell-
te ihm erfahrene Seeleute zur Verfügung,
die zusammen mit Salomos Männern
28 nach Ofir segelten, um von dort Gold
zu holen. Sie brachten Salomo über fünf-
zehn Tonnen Gold mit.

Die Königin von Saba besucht Salomo
(2. Chronik 9,1–12)

10 Die Königin von Saba hatte schon
viel von Salomos Ruhm und seiner
Liebe zum Herrn gehört. Deshalb be-
schloss sie, diesen König zu besuchen
und sich mit schwierigen Rätseln selbst
von seiner Weisheit zu überzeugen. 2 Mit
großem Gefolge reiste sie nach Jerusa-
lem. Die Kamele ihrer Karawane waren
schwer beladen mit wohlriechenden
Ölen, mit Gold und mit kostbaren Edel-
steinen.

Als die Königin vor Salomo stand,
stellte sie ihm die Rätsel, die sie sich aus-
gedacht hatte. 3 Salomo konnte ihr alle
Fragen beantworten und blieb ihr selbst
bei den schwierigsten Rätseln die Ant-
wort nicht schuldig. 4 Die Königin von
Saba war tief beeindruckt von Salomos
umfassendem Wissen und von seinem Pa-
last. 5 Sie sah, welche ausgefallenen Spei-
sen und Getränke auf der königlichen Ta-
fel standen und wie weise die Plätze der
königlichen Beamten angeordnet waren.
Sie staunte über die gute Bedienung bei
Tisch und die kostbaren Gewänder der
Diener. Und als sie miterlebte, wie Salo-
mo im Tempel ein Brandopfer darbrin-
gen ließ, da verschlug es ihr vollends den
Atem.

6 »Es ist tatsächlich alles wahr, was man
in meinem Reich von deinen Taten und
deiner Weisheit berichtet!«, sagte sie zu
Salomo. 7 »Ich konnte es einfach nicht
glauben. Darum bin ich hierher gekom-
men, ich wollte mich mit eigenen Augen
davon überzeugen. Und nun sehe ich:
Man hat mir nicht einmal die Hälfte ge-
sagt! Dein Wissen und dein Reichtum
übertreffen alles, was ich je über dich
gehört habe. 8 Wie gut haben es deine
Beamten, und wie glücklich sind deine
Bediensteten zu schätzen, die ständig in
deiner Nähe sind und deinen weisen
Worten zuhören können. 9 Ich preise den
Herrn, deinen Gott, der dich erwählt und
dir die Herrschaft über Israel gegeben
hat. Weil er sein Volk unendlich liebt,
hat er dich zum König gemacht. Du sollst
dem Recht zum Sieg verhelfen und als
ein gerechter König regieren.«

10 Dann schenkte sie Salomo über vier
Tonnen Gold, eine Menge wohlriechen-
der Öle und kostbarer Edelsteine. Nie
wieder wurde je so viel duftendes Öl
nach Israel gebracht wie durch die Köni-
gin von Saba.

11 Die Handelsschiffe Hirams beförder-
ten nicht nur Gold von Ofir nach Israel,
sondern auch Edelholz und kostbare
Edelsteine in Hülle und Fülle. 12 So viel
Edelholz wie damals wurde bis heute

9,22 12,4 **9,25** 2 Mo 23,14–17 **10,1** Mt 12,42

nicht mehr nach Israel geliefert. Der Kö-
nig ließ aus diesem Holz Geländer für
den Tempel des Herrn und für seinen ei-
genen Palast anfertigen. Man baute da-
raus auch Zithern und Harfen für die
Sänger.
13 König Salomo erfüllte der Königin
von Saba jede Bitte und beschenkte sie
noch reich darüber hinaus. Danach reiste
sie mit ihrem Gefolge in ihre Heimat zu-
rück.

Salomos Reichtum und Ansehen
(2. Chronik 9,13–28; 1,14–17)

14 In einem einzigen Jahr gingen bei Salo-
mo fast 24 Tonnen Gold ein. 15 Dazu ka-
men die Steuern der Händler und Kauf-
leute und die Abgaben der arabischen
Könige und der Bezirksverwalter.
16/17 Salomo ließ 200 Langschilde und
300 kleine Rundschilde herstellen und
sie mit gehämmertem Gold überziehen.
Für einen Langschild brauchte man rund
7 Kilo Gold, für einen Rundschild etwa 2
Kilo. Salomo bewahrte sie im Libanon-
waldhaus auf.
18 Außerdem ließ er sich einen großen
Königsthron anfertigen, der mit Elfen-
beinornamenten verziert und mit reinem
Gold überzogen war. 19/20 Der Thronses-
sel hatte eine Rückenlehne, die oben
rund war, und neben jeder Armlehne
stand eine Löwenfigur. Auch auf allen
sechs Stufen, die zum Sessel hinaufführ-
ten, stand rechts und links jeweils ein Lö-
we. In keinem anderen Land hat sich je-
mals ein König einen so prunkvollen
Thron anfertigen lassen.
21 Alle Trinkgefäße Salomos waren aus
Gold, und die Gegenstände im Libanon-
waldhaus waren sogar alle aus reinem
Gold. Silber war zu Salomos Zeiten gera-
dezu wertlos. 22 Der König besaß eine ei-
gene Handelsflotte, die zusammen mit
den Schiffen Hirams auslief. Alle drei
Jahre kehrten sie zurück, schwer beladen
mit Gold, Silber und Elfenbein, mit Af-
fen und Pfauen.
23 Salomo übertraf alle Könige der Er-
de an Reichtum und Weisheit. 24 Men-
schen aus aller Welt kamen zu ihm, um
etwas von der Weisheit zu hören, die
Gott ihm gegeben hatte. 25 Alle brachten
ihm Geschenke mit: silberne und goldene
Gefäße, kostbare Gewänder, Waffen,
duftende Öle, Pferde und Maultiere. So
ging es Jahr für Jahr.
26 Salomo besaß 1400 Streitwagen und
12000 Pferde. Teils brachte er sie in den
eigens dafür erbauten Städten unter, teils
am königlichen Hof in Jerusalem. 27 Sil-
ber war zu Salomos Zeiten in Jerusalem
so gewöhnlich wie Steine, und das kost-
bare Zedernholz gab es in so großen
Mengen wie das Holz der Maulbeerfei-
genbäume im jüdischen Hügelland. 28 Sa-
lomo kaufte seine Pferde in Ägypten und
in Zilizien, wo seine Händler sie abholten
und gleich bezahlten. 29 Auch Streitwagen
kaufte Salomo in Ägypten. Für einen
Wagen bezahlte er 600 Silberstücke, für
ein Pferd 150 Silberstücke. Seine Händler
belieferten auch die Könige der Hetiter
und der Syrer.

Salomo wendet sich vom Herrn ab

11 Neben der Tochter des Pharaos
heiratete König Salomo noch viele
andere ausländische Frauen, darunter
Moabiterinnen, Ammoniterinnen und
Edomiterinnen, Frauen aus Sidon und
aus dem Volk der Hetiter. 2 Er tat es, ob-
wohl der Herr den Israeliten ausdrück-
lich verboten hatte, sich mit diesen Völ-
kern zu vermischen. Sie sollten nicht
untereinander heiraten, weil die Israeli-
ten von ihren ausländischen Ehepartnern
zum Götzendienst verführt werden
könnten. Salomo aber hing mit großer
Liebe an seinen Frauen. 3 Er hatte 700
Frauen, die aus fürstlichen Häusern ka-
men, und 300 Nebenfrauen. Er ließ sich
von ihnen immer mehr beeinflussen.
4 Und so verführten sie Salomo im Alter
dazu, auch ihre Götter anzubeten. Der
Herr, sein Gott, war ihm nicht mehr

10,28–29 5 Mo 17,16 **11,1–4** 2 Mo 34,15–16; 5 Mo 7,3–4*; 17,17

wichtiger als alles andere in seinem Le-
ben, wie es noch bei seinem Vater David
gewesen war. [5] Salomo verehrte nun auch
Astarte, die Göttin der Sidonier, und Mil-
kom, den schrecklichen Götzen der Am-
moniter. [6] So tat er, was Gott verabscheu-
te. Er diente nicht mehr dem Herrn allein
wie sein Vater David.

[7] Auf einem Hügel östlich von Jerusa-
lem baute er ein Heiligtum für Kemosch,
den widerlichen Götzen der Moabiter,
und ein anderes für Moloch[a], den
schrecklichen Götzen der Ammoniter.
[8] Für alle seine ausländischen Frauen bau-
te Salomo solche Tempel, damit sie dort
ihren Göttern Opfer darbringen und
Weihrauch verbrennen konnten.

[9] Da wurde der Herr sehr zornig über
Salomo, weil er ihm, dem Gott Israels,
den Rücken gekehrt hatte. Dabei war
der Herr ihm zweimal erschienen [10] und
hatte ihm ausdrücklich verboten, andere
Götter zu verehren. Doch nun schlug Sa-
lomo dies einfach in den Wind. [11] Darum
sagte der Herr zu ihm: »Du wusstest ge-
nau, was ich von dir wollte, und trotzdem
hast du meinen Bund gebrochen und
meine Gebote missachtet. Darum werde
ich dir die Macht entreißen und sie
einem deiner Beamten übergeben. Mein
Entschluss steht fest. [12] Nur weil dein Va-
ter David mir so treu gedient hat, tue ich
es noch nicht zu deinen Lebzeiten. Aber
sobald dein Sohn die Nachfolge antritt,
mache ich meine Drohung wahr. [13] Ich
werde ihn jedoch nicht ganz entmachten:
Einen der zwölf Stämme darf dein Sohn
noch regieren, weil ich es meinem
Knecht David versprochen habe und
weil Jerusalem die Stadt ist, die ich er-
wählt habe.«

Hadad und Reson – zwei erbitterte Feinde Salomos

[14] Der Herr ließ Hadad aus der königli-
chen Familie von Edom zu einem erbit-
terten Feind Salomos werden. [15] Und so
war es dazu gekommen: Unter König
David herrschte Krieg zwischen Edom
und Israel. Eines Tages zog Davids Heer-
führer Joab nach Edom hinauf, um die
gefallenen Israeliten zu begraben. Dabei
rächte er sich an den Edomitern, indem
er alle Männer umbrachte. [16] Ein halbes
Jahr blieb er mit seiner Truppe dort, bis
sie auch den letzten Edomiter getötet
hatten. [17] Hadad war damals fast noch
ein Kind. Zusammen mit einigen ande-
ren Edomitern, Knechten seines Vaters,
gelang ihm die Flucht in Richtung
Ägypten.

[18] Ihr Weg führte sie über das Land
Midian in die Wüste Paran. Dort schlos-
sen sich ihnen einige ortskundige Män-
ner an, und gemeinsam gelangten sie
nach Ägypten. Hadad ging zum Pharao,
dem König des Landes, der ihm ein
Haus, ein Stück Land und Nahrungsmit-
tel zuteilte. [19] Der Pharao lernte Hadad
so schätzen, dass er ihm die Schwester
seiner Frau, der Königin Tachpenes, zur
Frau gab. [20] Sie und Hadad bekamen
einen Sohn namens Genubat. Tachpenes
nahm ihn zu sich in den königlichen Pa-
last, wo er zusammen mit den Söhnen
des Pharaos aufwuchs.

[21] Als Hadad erfuhr, dass David und
sein Heerführer Joab tot waren, bat er
den Pharao: »Ich möchte in meine Hei-
mat zurückkehren. Bitte, lass mich ge-
hen!« [22] Der Pharao aber entgegnete ihm:
»Du hast doch hier alles, was du
brauchst! Warum willst du nun plötzlich
in dein Land zurück?« Hadad gab zu:
»Es ist wahr, mir fehlt nichts. Trotzdem
möchte ich gerne heimkehren!«

[23] Auch Reson, den Sohn Eljadas, ließ
Gott zu einem erbitterten Feind Salomos
werden. Reson stand früher im Dienst
Hadad-Esers, des Königs von Zoba, war
aber eines Tages seinem Herrn davon-
gelaufen. [24] Als David seinerzeit die
syrischen Verbündeten Hadad-Esers

---

[a] Ein anderer Name für Milkom.

11,6–10 2 Mo 20,3–5* **11,9** 3,5; 9,2 **11,12** 11,29–37; 12,16–19 **11,14–17** 2 Sam 8,13–14

umbrachte,[a] sammelte Reson eine Schar
von Männern um sich und wurde der An-
führer einer gewalttätigen Bande. Sie
zogen nach Damaskus, ließen sich in der
syrischen Hauptstadt nieder und be-
herrschten sie wie Könige. [25]Später wur-
de Reson König über ganz Syrien. Er
hasste die Israeliten und war während Sa-
lomos Regierungszeit ein erklärter Feind
Israels. Wie Hadad brachte auch er viel
Unheil über das Land.

Jerobeam und der Prophet Ahija

[26]Auch ein Beamter Salomos zettelte
einen Aufstand gegen den König an: Je-
robeam, ein Sohn Nebats, aus Zereda in
Ephraim. Seine Mutter war eine Witwe
namens Zerua. [27]Zu der Zeit, als Salomo
die Befestigungsanlage Jerusalems aus-
baute und das letzte Stück der Stadt-
mauer schloss, [28]fiel ihm Jerobeam als
ein fleißiger und geschickter Arbeiter
auf. Darum machte Salomo ihn zum Vor-
gesetzten aller Bauarbeiter aus den
Stämmen Ephraim und Manasse.

[29]Eines Tages, als Jerobeam aus der
Stadt hinausging, begegnete er unterwegs
dem Propheten Ahija aus Silo. Ahija trug
einen neuen Mantel. Außerhalb der
Stadt, wo weit und breit kein Mensch
mehr war, [30]nahm er seinen Mantel, riss
ihn in zwölf Stücke [31]und sagte zu Jero-
beam:

»Nimm dir zehn davon! Denn der
Herr, der Gott Israels, lässt dir sagen:
›Ich werde Salomo die Herrschaft über
das Königreich Israel entreißen und dir
zehn Stämme geben. [32]Nur der Stamm
Juda soll ihm bleiben, weil ich es meinem
Diener David versprochen habe und weil
Jerusalem die Stadt ist, die ich aus allen
Stämmen Israels erwählt habe. [33]So stra-
fe ich Salomo dafür, dass er sich von mir
abgewandt hat und nun andere Götter
anbetet. Er verehrt Astarte, die Göttin
der Sidonier, Kemosch, den Gott der
Moabiter, und Milkom, den Gott der
Ammoniter. Er lebt nicht mehr so, wie
es mir gefällt. Meine Weisungen und Ge-
bote befolgt er nicht, wie sein Vater Da-
vid es noch getan hat.

[34]Doch weil mein Diener David, den
ich erwählt habe, meine Gebote und Wei-
sungen befolgt hat, will ich Salomo die
Herrschaft nicht entreißen. Er darf regie-
ren, solange er lebt. [35]Seinem Sohn aber
werde ich das Königreich nehmen und dir
die Herrschaft über zehn Stämme anver-
trauen. [36]Nur ein Stamm soll Salomos
Sohn bleiben, damit weiterhin ein Nach-
komme meines Dieners David in Jerusa-
lem regiert. Denn in dieser Stadt soll man
mich anbeten. [37]Dir aber will ich deinen
lange gehegten Wunsch erfüllen: Du
sollst König über Israel werden. [38]Wenn
du dich nach dem richtest, was ich dir sa-
ge, wenn du mir gehorchst und tust, was
mir gefällt, wenn du meine Gebote und
Weisungen befolgst, wie mein Diener
David es getan hat, dann werde ich dir
helfen. Was ich David versprochen habe,
gilt dann auch für dich: Immer wird einer
deiner Nachkommen als König über Isra-
el herrschen. Dir und deinen Söhnen ge-
be ich heute das Reich Israel.

[39]So will ich Davids Nachkommen da-
für bestrafen, dass sie mir den Rücken
gekehrt haben. Doch das wird nicht für
immer so bleiben.‹«

[40]Salomo wollte Jerobeam umbringen
lassen, doch Jerobeam floh zu König
Schischak nach Ägypten und blieb dort,
bis Salomo gestorben war.

Salomos Tod
(2. Chronik 9,29–31)

[41]Weitere Begebenheiten aus Salomos
Leben, seine weisen Gedanken und seine
Taten sind in der Chronik Salomos fest-
gehalten. [42]Salomo regierte vierzig Jahre
in Jerusalem als König über ganz Israel.
[43]Als er starb, wurde er dort in der »Stadt

---

[a] Vgl. 2. Samuel 8,3

11,36 9,3*; 5 Mo 12,5* **11,39** Hes 34,23–24; 37,15–28

Davids« begraben. Sein Sohn Rehabeam
wurde sein Nachfolger.

Die Teilung Israels in zwei Reiche: Das Nordreich Israel und das Südreich Juda

Israel sagt sich vom Königshaus David los (2. Chronik 10)

12 Rehabeam reiste nach Sichem,
denn dort wollte ganz Israel ihn
zum König krönen. 2 Jerobeam, der Sohn
Nebats, erfuhr noch in Ägypten davon,
wohin er vor König Salomo geflohen war.
Er kam sofort zurück,[a] 3 und die Israeli-
ten schickten Abgesandte zu ihm, um ihn
nach Sichem zu holen. Dort angekom-
men, traten sie vor Rehabeam und sagten
zu ihm: 4 »Dein Vater war ein strenger
Herrscher. Schonungslos hat er uns das
Äußerste an Steuern und Frondiensten
abverlangt. Wir erkennen dich nur als
König an, wenn du uns nicht so schwer
unterdrückst wie dein Vater!«
5 Rehabeam antwortete: »Gebt mir
drei Tage Bedenkzeit, und dann kommt
wieder!« Da wurde die Versammlung für
drei Tage unterbrochen.
6 In der Zwischenzeit rief Rehabeam
die alten königlichen Berater zu sich, die
schon im Dienst seines Vaters gestanden
hatten, und fragte sie: »Was ratet ihr mir?
Welche Antwort soll ich dem Volk ge-
ben?« 7 Sie antworteten: »Sei freundlich
zu ihnen, und gib ihnen, was sie fordern!
Wenn du heute bereit bist, auf dein Volk
zu hören und ihm zu dienen, dann wird
dein Volk morgen auf dich hören und dir
dienen.«
8 Aber der Ratschlag der alten Männer
gefiel Rehabeam nicht. Darum fragte er
seine jungen, gleichaltrigen Berater:
9 »Was soll ich dem Volk antworten? Sie
verlangen von mir, dass ich sie nicht so
hart unterdrücke wie mein Vater.« 10 Die
jungen Männer rieten ihm: »Diese Leu-
te beschweren sich über deinen Vater
und wollen, dass du sie sanfter anfasst?
Sag ihnen: ›Im Vergleich zu mir war
mein Vater ein Weichling! 11 Er hat euch
zwar nicht gerade geschont, aber ich
werde noch ganz anders durchgreifen!
Er ließ euch mit Peitschen antreiben,
ich aber werde Peitschen mit Stacheln
nehmen!‹«
12 Drei Tage später sprachen Jerobeam
und die Abgesandten des Volkes wieder
bei Rehabeam vor. 13 Der König gab
ihnen eine harte Antwort. Er hörte nicht
auf den Rat der Alten, 14 sondern schleu-
derte dem Volk die Worte an den Kopf,
die ihm seine jungen Altersgenossen vor-
gesagt hatten: »Es stimmt, mein Vater
war nicht gerade zimperlich mit euch,
aber ich werde noch ganz anders mit
euch umspringen! Er ließ euch mit Peit-
schen antreiben, ich aber werde Peit-
schen mit Stacheln nehmen!« 15 Der Herr
hatte Rehabeam für die Bitten des Vol-
kes taub gemacht. Denn nun sollte sich
erfüllen, was Ahija aus Silo Jerobeam,
dem Sohn Nebats, im Auftrag des Herrn
vorausgesagt hatte.
16 Als die Israeliten merkten, dass der
König nicht auf sie hören wollte, riefen
sie ihm zu: »Was geht uns Davids Sippe
noch an? Warum geben wir uns noch mit
euch ab? Wir wollen nichts mehr mit
euch zu tun haben! Los, gehen wir heim!«
Und sie zogen fort.
17 Nur die Israeliten aus dem Stammes-
gebiet von Juda erkannten Rehabeam als
König an. 18 Da schickte Rehabeam Ado-
niram, den Aufseher über die Fronarbei-
ter, zu den Nordstämmen, um noch ein-
mal mit ihnen zu verhandeln. Doch die
aufgebrachte Menge steinigte Adoniram
zu Tode. König Rehabeam konnte sich
gerade noch in einen Wagen retten und
nach Jerusalem fliehen. 19 So sagten sich
die Stämme Nordisraels vom Königshaus
David los und sind noch heute von ihm
getrennt.

---

[a] So mit der griechischen Übersetzung. Der hebräische Text lautet: Er blieb in Ägypten.

12,4 9,20–22 **12,15** 11,29–39

20 Als es sich im Nordreich Israel he-
rumgesprochen hatte, dass Jerobeam aus
Ägypten zurückgekehrt war, ließ man
ihn zur Volksversammlung rufen und
krönte ihn dort zum König über das gan-
ze Nordreich Israel. Nur der Stamm Juda
hielt zu Rehabeam, dem Nachkommen
Davids.

Rehabeam soll Israel nicht zurückerobern (2. Chronik 11,1–4)

21 Als Rehabeam nach Jerusalem zurück-
kam, rief er sofort die besten Soldaten
der Stämme Juda und Benjamin zum
Kampf gegen Israel auf. Es waren 180 000
Mann. So wollte Rehabeam, der Sohn
Salomos, die Herrschaft über ganz Israel
zurückgewinnen. 22 Doch da sprach Gott
zum Propheten Schemaja: 23 »Bring Kö-
nig Rehabeam von Juda, dem Sohn
Salomos, und allen Bewohnern der Stam-
mesgebiete Juda und Benjamin diese
Botschaft: 24 So spricht der Herr: Ihr sollt
nicht gegen eure Brüder, die Israeliten,
Krieg führen! Geht wieder nach Hause!
Alles, was geschehen ist, habe ich selbst
so kommen lassen.«
Sie gehorchten dem Befehl des Herrn
und kehrten nach Hause zurück.

Reich Israel

König Jerobeam verführt Israel zum Götzendienst

25 Jerobeam ließ die Stadt Sichem im Ge-
birge Ephraim ausbauen, er machte sie
zur Hauptstadt und wohnte dort. Später
baute er die Stadt Pnuël aus und verlegte
seine Residenz dorthin. 26 Immer mehr
aber fürchtete er, Israel könne sich am
Ende doch wieder König Rehabeam zu-
wenden, weil er ein Nachkomme Davids
war. 27 »Wenn das Volk regelmäßig nach
Jerusalem geht«, so dachte er, »und dort
im Tempel des Herrn seine Opfer dar-
bringt, dann werden sie auch bald wieder
König Rehabeam von Juda als ihren Kö-
nig anerkennen. Ist es aber erst einmal so
weit, dann bringen sie mich um.«
28 Darum ließ er zwei goldene Kälber
herstellen. Dem Volk erklärte er: »Es ist
viel zu umständlich für euch, für jedes
Opfer immer nach Jerusalem zu gehen!
Seht, ihr Israeliten, hier sind eure Götter,
die euch aus Ägypten geführt haben!«
29 Er ließ eine Götzenfigur in Bethel auf-
stellen, die andere in Dan. 30 Als das eine
Kalb nach Dan gebracht wurde, begleite-
ten die Israeliten es in einer feierlichen
Prozession. So brachte Jerobeam das
ganze Volk dazu, gegen den Herrn zu
sündigen.
31 Aber er ging noch weiter: Er ließ auf
vielen Hügeln Heiligtümer errichten und
ernannte auch Israeliten zu Priestern, die
nicht zum Stamm Levi gehörten. 32 Er be-
stimmte einen Tag im Herbst, den 15. Tag
des 8. Monats, an dem ein ähnliches Fest
gefeiert werden sollte wie das Laubhüt-
tenfest in Juda. Er selbst wollte an diesem
Tag in Bethel die Stufen zum Altar hi-
naufsteigen, um den Kälbern, die er hatte
anfertigen lassen, Opfer zu bringen. In
Bethel weihte er auch die Priester, die er
für den Dienst bei den Heiligtümern ein-
setzen wollte.

Ein Prophet mit einer unbequemen Botschaft

33 Am 15. Tag des 8. Monats, dem Tag,
den Jerobeam eigenmächtig festgesetzt
hatte, feierten die Israeliten das angekün-
digte Fest in Bethel. Vor allen Festbesu-
chern stieg Jerobeam die Stufen zum Al-
tar hinauf, um Opfer zu bringen und
Weihrauch zu verbrennen.

13 Als er gerade oben am Altar stand
und opfern wollte, erschien plötz-
lich ein Prophet aus Juda. Der Herr hatte

12,22–24 14,30 **12,26–32** 13,33–34; 2 Mo 20,2–5; 32,1–4; 4 Mo 3,10; 5 Mo 12,5* **12,28** 2 Mo 20,2–5
12,31–32 4 Mo 3,10

ihn nach Bethel gesandt. [2] Mit lauter Stim-
me rief er zum Altar hin, was der Herr
ihm aufgetragen hatte: »Altar! Altar! So
spricht der Herr: ›Der Königsfamilie Da-
vids wird ein Sohn geboren werden mit
Namen Josia. Er wird auf dir die Priester
schlachten, die in den Heiligtümern die-
nen und die auf dir ihre Opfer bringen.
Ja, Menschenknochen wird man auf dir
verbrennen.‹« [3] Dann wandte der Prophet
sich an das Volk und sagte: »Ein Zeichen
soll euch beweisen, dass der Herr durch
mich geredet hat: Dieser Altar hier wird
zerbersten, und seine Asche, die mit dem
Fett der Opfertiere getränkt ist, wird auf
dem Boden verstreut werden.«

[4] König Jerobeam stand immer noch
oben am Altar. Als er hörte, was der Pro-
phet gegen den Altar von Bethel sagte,
streckte er zornig seine Hand gegen den
Boten Gottes aus und befahl seinen Män-
nern: »Packt diesen Kerl!« Da wurde sein
Arm steif, so dass er ihn nicht mehr zu-
rückziehen konnte. [5] Im selben Augen-
blick brach der Altar auseinander, und
die Opferasche wurde auf dem Boden ver-
streut. Alles traf so ein, wie der Prophet es
im Auftrag des Herrn angekündigt hatte.

[6] Da flehte der König: »Bitte, bete für
mich zum Herrn, deinem Gott! Versuch
ihn zu besänftigen, und bitte darum, dass
ich meinen Arm wieder bewegen kann!«
Der Prophet betete für den König, und
sofort war sein Arm wieder gesund.

[7] Da lud König Jerobeam den Boten
Gottes ein: »Komm mit mir in mein
Haus, und iss etwas! Ich möchte dir ein
Geschenk geben.« [8] Doch der Prophet
wehrte ab: »Selbst wenn du mir dein hal-
bes Haus schenken würdest, käme ich
nicht mit! Ich werde hier weder essen
noch trinken, [9] denn der Herr hat mir be-
fohlen: ›Du sollst dort nichts essen und
nichts trinken! Kehre auch nicht auf dem-
selben Weg zurück, auf dem du nach Be-
thel gehst!‹«

[10] So ging er auf einem anderen Weg
nach Hause.

Der Prophet missachtet Gottes Befehl

[11] In der Stadt Bethel lebte ein alter Pro-
phet. Als seine Söhne von dem Fest bei
dem Altar zurückkamen, erzählten sie
ihm, was der Bote Gottes getan und zu
König Jerobeam gesagt hatte. [12] »Und wo-
hin ist er dann gegangen?«, wollte der Va-
ter wissen. Die Söhne beschrieben ihm,
welchen Weg der Prophet aus Juda einge-
schlagen hatte. [13] »Sattelt mir schnell den
Esel!«, befahl der alte Prophet. Als das
Tier gesattelt war, stieg er auf [14] und ritt
dem Boten Gottes nach.

Er holte ihn ein, als er unter einem
Baum Rast machte, und fragte ihn: »Bist
du der Prophet, der aus Juda hierher ge-
kommen ist?« »Ja, der bin ich«, gab der
Angeredete zur Antwort. [15] Da lud der al-
te Mann ihn ein: »Komm doch zu mir
nach Hause, und iss etwas!«

[16] Aber der Bote Gottes lehnte ab: »Ich
kann nicht umkehren und zu dir nach
Hause kommen. Ich darf hier nichts es-
sen und nichts trinken, auch nicht bei dir.
[17] Denn der Herr hat mir befohlen: ›Du
sollst dort nichts essen und nichts trin-
ken! Kehre auch nicht auf demselben
Weg zurück, auf dem du nach Bethel
gehst!‹«

[18] Da entgegnete der alte Mann: »Ich
bin auch ein Prophet wie du! Ein Engel
hat mir eine Botschaft des Herrn aus-
gerichtet. Er sagte zu mir: ›Nimm ihn
mit nach Hause, damit er bei dir essen
und trinken kann!‹« Dies war eine
Lüge. [19] Aber der Bote Gottes nahm da-
raufhin die Einladung des alten Prophe-
ten an und aß und trank bei ihm zu
Hause.

[20] Noch während des Essens gab der
Herr dem alten Propheten eine Botschaft
für den Gast, den er in sein Haus geholt
hatte. [21] Der Prophet sagte zu dem Boten
Gottes aus Juda: »So spricht der Herr:
›Du hast dich meinem Befehl widersetzt
und hast das Verbot missachtet, das ich,

13,2–3 2 Kön 23,15–20

der Herr, dein Gott, dir gegeben habe.
22 Du bist umgekehrt und hast hier am
Ort gegessen und getrunken, obwohl ich
es dir ausdrücklich verboten hatte. Da-
rum wirst du nie in eurem Familiengrab
beerdigt werden!‹«
23 Nach dem Essen ließ der alte Pro-
phet einen seiner Esel satteln und gab
ihn seinem Gast. 24 Der verabschiedete
sich und ritt davon. Unterwegs fiel ein
Löwe über ihn her und tötete ihn. Der
Löwe und der Esel blieben neben dem
Toten stehen.
25 Die Leute, die vorbeikamen, sahen
die Leiche am Boden liegen und den Lö-
wen neben ihr stehen. Schnell gingen sie
weiter und erzählten es in Bethel, wo
auch der alte Prophet wohnte. 26 Als er
davon hörte, sagte er: »Das ist der Bote
Gottes, der sich dem Befehl Gottes wi-
dersetzt hat. Darum ließ der Herr ihn in
die Klauen des Löwen geraten, und der
hat ihn getötet. Es ist alles so eingetrof-
fen, wie der Herr es ihm angekündigt
hat.« 27 Dann befahl er seinen Söhnen,
ihm seinen Esel zu satteln, 28 und ritt los.
Er fand alles so vor, wie man es ihm be-
schrieben hatte: Der Esel und der Löwe
standen immer noch bei der Leiche. Der
Löwe hatte sie nicht gefressen und auch
den Esel nicht zerrissen.
29 Der Prophet hob den Toten auf sei-
nen Esel und brachte ihn nach Bethel.
Dort wollte er die Totenklage um ihn
halten und ihn dann begraben. 30 Er be-
stattete die Leiche in seinem eigenen Fa-
miliengrab. Dabei wurde die Klage »Ach
mein Bruder« angestimmt. 31 Nach der
Beisetzung sagte der alte Prophet zu sei-
nen Söhnen: »Wenn ich einmal sterbe,
sollt ihr mich im selben Grab bestatten,
in dem nun der Bote Gottes liegt. An
seiner Seite möchte ich begraben sein.
32 Denn ich weiß, dass er ein echter Pro-
phet war. Was er im Auftrag des Herrn
gegen den Altar von Bethel und gegen
die Höhenheiligtümer in den Städten Sa-
mariens vorausgesagt hat, wird alles ein-
treffen.«

Jerobeam lässt sich nicht warnen

33 Trotz allem, was geschehen war, ließ Je-
robeam sich nicht von seinen falschen
Wegen abbringen. Er setzte weiterhin
Priester aus dem ganzen Volk zum
Dienst bei den Heiligtümern ein. Wer im-
mer sich darum bewarb, den weihte er
selbst zum Priester. 34 So lud er schwere
Schuld auf sich, und darum wurde später
sein Königshaus vernichtet und sein Ge-
schlecht vollkommen ausgerottet.

Jerobeam wird von Gott gestraft

14 Eines Tages wurde Jerobeams
Sohn Abija schwer krank. 2 Da
sagte Jerobeam zu seiner Frau: »Verklei-
de dich, damit niemand dich als Königin
erkennt, und dann geh nach Silo! Dort
wohnt der Prophet Ahija, der mir damals
vorausgesagt hat, dass ich König über un-
ser Volk werde. 3 Bring ihm zehn Brote,
etwas Gebäck und einen Krug Honig
mit! Dieser Mann kann dir bestimmt sa-
gen, ob unser Sohn wieder gesund wird.«
4 Jerobeams Frau folgte dem Rat ihres
Mannes. Sie ging nach Silo und fand Ahi-
jas Haus. Der war inzwischen sehr alt ge-
worden und hatte sein Augenlicht ver-
loren. 5 Aber der Herr hatte ihn auf den
Besuch von Jerobeams Frau vorbereitet.
»Sie will wissen, ob ihr kranker Sohn wie-
der gesund wird. Doch sie will unerkannt
bleiben und hat sich deshalb verkleidet«,
hatte er zu dem Propheten gesagt und
ihm anschließend aufgetragen, was er
der Königin antworten sollte.
6 Als Ahija ihre Schritte hörte und sie
an der Tür stand, rief er ihr zu: »Komm
nur herein, Frau Jerobeams! Du brauchst
dich gar nicht erst zu verstellen! Ich muss
dir eine schlechte Nachricht überbringen.
7 Geh heim, und berichte Jerobeam, was
der Herr, der Gott Israels, ihm sagen
lässt: ›Ich habe dich aus dem Volk heraus
erwählt und als König über Israel einge-
setzt. 8 Dem Haus David habe ich die
Krone genommen und sie dir gegeben.

13,33–34 12,26–32* **14,2** 11,29–39

Aber leider lebst du nicht so wie mein
Diener David. Er befolgte meine Gebote
und wollte vor allem mir gehorchen und
tun, was mir gefällt. 9 Du aber hast es
schlimmer getrieben als jeder andere vor
dir. Du hast dir Figuren gegossen, die nun
deine Götter sein sollen. Von mir aber
wolltest du nichts mehr wissen. Und so
hast du meinen Zorn herausgefordert.
10 Darum werde ich deine Familie ins Un-
glück stürzen. In ganz Israel werde ich al-
le männlichen Nachkommen Jerobeams
ausrotten, ob jung oder alt. Auch die letz-
te Erinnerung an diese Familie werde ich
auslöschen, so wie man einen Haufen
Mist aus dem Stall hinausfegt, bis keine
Spur mehr übrig bleibt. 11 Wer von euch
in der Stadt stirbt, wird von Hunden zer-
rissen, und wer auf freiem Feld stirbt,
über den werden die Raubvögel herfal-
len.‹ Dies alles wird so eintreffen, denn
der Herr hat es angekündigt!«
12 Dann sagte Ahija zu Jerobeams Frau:
»Geh nun wieder nach Hause! Doch so-
bald du deine Heimatstadt betrittst, wird
dein Sohn sterben. 13 Überall in Israel
wird man um ihn trauern, und viele wer-
den zu seiner Beerdigung kommen. Er
wird als Einziger aus Jerobeams Familie
in ein Grab gelegt, denn er war auch der
Einzige in der Familie, an dem der Herr,
der Gott Israels, noch etwas Gutes fand.
14 Der Herr wird einen neuen König für
Israel erwählen. Dieser wird das Ge-
schlecht Jerobeams ausrotten. Es beginnt
sich schon heute zu erfüllen! 15 Später
wird der Herr ganz Israel bestrafen, denn
sie verehren Holzpfähle, die sie für heilig
halten. Sie fordern den Zorn des Herrn
heraus, darum wird er sie schlagen, dass
sie schwanken wie ein Schilfrohr im Was-
ser. Er wird sie aus diesem fruchtbaren
Land, das er ihren Vorfahren gegeben
hat, herausreißen und sie weit wegschleu-
dern in ein Land jenseits des Euphrat.
16 Ihren Feinden wird er sie ausliefern,
weil Jerobeam gesündigt und ganz Israel
zum Götzendienst verführt hat.«
17 Jerobeams Frau kehrte in ihr Haus
nach Tirza zurück. Gerade als sie zur
Tür hereinkam, starb ihr Sohn. 18 Er wur-
de beerdigt, und in ganz Israel trauerte
man um ihn. Es traf alles so ein, wie der
Herr es durch seinen Diener, den Pro-
pheten Ahija, vorausgesagt hatte.

Jerobeams Tod

19 Alles Weitere über Jerobeams Leben
steht in der Chronik der Könige von Is-
rael. Dort kann man nachlesen, wie er re-
giert und welche Kriege er geführt hat.
20 Jerobeam war zweiundzwanzig Jahre
lang König. Als er starb, wurde sein Sohn
Nadab sein Nachfolger.

Reich Juda

König Rehabeam von Juda (2. Chronik 12)

21 In Juda regierte Salomos Sohn Reha-
beam; seine Mutter war die Ammonite-
rin Naama. Mit 41 Jahren wurde er König
und herrschte siebzehn Jahre in Jerusa-
lem, der Stadt, die der Herr aus allen
Stämmen Israels erwählt hat, um dort an-
gebetet zu werden.
22 Doch auch die Menschen in Juda ta-
ten, was der Herr verabscheute. Mit
ihrem Götzendienst forderten sie seinen
Zorn heraus. Sie trieben es schlimmer als
jede Generation vor ihnen. 23 Denn wie
die Bewohner Israels bauten auch sie sich
Höhenheiligtümer, sie stellten auf allen
höheren Hügeln und unter allen dicht
belaubten Bäumen heilige Steine oder
Holzpfähle auf, die ihren Göttern ge-
weiht waren. 24 In den Tempeln gab es so-
gar geweihte Männer, die dort der Pros-
titution nachgingen. Sie übernahmen alle
abscheulichen Bräuche der Völker, die
der Herr für sein Volk Israel aus dem
Land vertrieben hatte.
25 Im 5. Regierungsjahr Rehabeams mar-

14,10 15,29–30 **14,15** 5 Mo 28,25*; 2 Kön 17,7–12 Hos 4,12–14 **14,21** 9,3* **14,22–24** 12,26–32*; 5 Mo 23,18–19;

schierte König Schischak von Ägypten mit seinem Heer in Jerusalem ein. [26]Er raubte alle Schätze aus dem Tempel und dem Königspalast, auch die goldenen Schilde, die König Salomo seinerzeit hatte anfertigen lassen. [27]Rehabeam ließ an ihrer Stelle Schilde aus Bronze herstellen und übergab sie dem Befehlshaber der Wache, die am Eingang zum königlichen Palast stand. [28]Immer wenn der König in den Tempel des Herrn ging, mussten die Wächter diese Schilde tragen. Danach brachte man sie wieder zurück in das Waffenlager der Leibwache.

[29]Mehr darüber, wie Rehabeam lebte und regierte, steht in der Chronik der Könige von Juda. [30]Zwischen den Königen Rehabeam und Jerobeam herrschte Krieg, solange sie lebten. [31]Als Rehabeam starb, wurde er in der »Stadt Davids«, einem Stadtteil Jerusalems, im Grab der Königsfamilie beigesetzt. Seine Mutter, eine Ammoniterin, hatte Naama geheißen. Sein Sohn Abija wurde zum Nachfolger ernannt.

König Abija von Juda
(2. Chronik 13)

15 Abija wurde König von Juda im 18. Regierungsjahr König Jerobeams von Israel, des Sohnes Nebats. [2]Er regierte drei Jahre in Jerusalem. Seine Mutter hieß Maacha und war eine Tochter Abischaloms. [3]Abija beging die gleichen Sünden wie sein Vater. Er war dem Herrn, seinem Gott, nicht von ganzem Herzen treu wie sein Vorfahre David. [4]Allein wegen Davids Treue ließ Gott Abija nicht fallen, sondern schenkte ihm einen Sohn, der sein Thronfolger werden sollte, und beschützte die Stadt Jerusalem vor feindlichen Angriffen. [5]Denn der Herr hatte noch nicht vergessen, dass David sich immer an seine Gebote gehalten hatte. Außer seinem Verbrechen an dem Hetiter Uria[a] hatte er sein Leben lang getan, was dem Herrn gefiel.

[6]Der Krieg mit Jerobeam von Israel, der schon die ganze Regierungszeit Rehabeams überschattet hatte, ging auch unter der Herrschaft Abijas weiter. [7]Mehr darüber, wie Abija lebte und regierte, steht in der Chronik der Könige von Juda. [8]Als Abija starb, begrub man ihn in der »Stadt Davids«, einem Stadtteil Jerusalems. Sein Sohn Asa wurde sein Nachfolger.

König Asa von Juda
(2. Chronik 14,1–4; 15,16–19; 16,1–6.11–14)

[9]Asa wurde König von Juda im 20. Regierungsjahr König Jerobeams von Israel. [10]Er regierte einundvierzig Jahre in Jerusalem. Als er König wurde, behielt seine Großmutter Maacha, die Tochter Abischaloms, die einflussreiche Stellung der Königinmutter. [11]Wie sein Vorfahre David tat auch Asa, was dem Herrn gefiel. [12]Er jagte alle aus dem Land, die bei den Heiligtümern der Prostitution nachgingen, und vernichtete die widerlichen Götterfiguren, die sein Vater und sein Großvater angefertigt hatten. [13]Seine Großmutter Maacha entließ er aus ihrer wichtigen Stellung als Königinmutter, weil sie der Göttin Aschera eine Statue aufgestellt hatte. Die Statue ließ er in Stücke hauen und im Kidrontal verbrennen. [14]Leider verbot Asa nicht auch noch das Opfern in den Höhenheiligtümern. Doch sonst diente er dem Herrn von ganzem Herzen, solange er lebte. [15]Alle goldenen und silbernen Gegenstände, die sein Vater dem Herrn geweiht hatte, brachte er in den Tempel, zusammen mit den Geschenken, die er selbst dem Herrn weihte.

[16]Zwischen König Asa von Juda und König Bascha von Israel herrschte Krieg,

---

[a] Vgl. 2. Samuel 11,1–27

14,30 12,24 **15,4** 11,32 **15,6** 12,24 **15,12** 11,4–8; 14,24; 5 Mo 23,18–19 **15,13** 15,2 **15,16** 12,24

solange Bascha lebte. 17 König Bascha fiel
in Juda ein und baute die Stadt Rama zu
einer Festung aus. Mit der Kontrolle über
diesen wichtigen Knotenpunkt konnte er
Juda von der Außenwelt abschneiden.
18 Da schickte König Asa eine Gesandt-
schaft nach Damaskus zu König Ben-Ha-
dad von Syrien, dem Sohn Tabrimmons
und Enkel Hesjons. Asa gab den Gesand-
ten alles Gold und Silber mit, was vom
Tempelschatz noch übrig war, dazu Ge-
schenke aus der königlichen Schatzkam-
mer. Sie sollten Ben-Hadad Folgendes
ausrichten: 19 »Lass uns ein Bündnis mit-
einander schließen! Es soll so fest und
unverbrüchlich sein, als wären schon un-
sere Väter verbündet gewesen. Dieses
Gold und Silber ist mein Geschenk an
dich. Ich bitte dich: Brich dein Bündnis
mit König Bascha von Israel, und greif
ihn an, damit er aus unserem Gebiet wie-
der abzieht.«

20 Ben-Hadad willigte ein und schickte
seine Truppen gegen Israel. Sie nahmen
die Städte Ijon, Dan und Abel-Bet-Maa-
cha ein, die Gegend um Kinneret und das
ganze Stammesgebiet von Naftali. 21 Als
Bascha davon erfuhr, ließ er Rama nicht
weiter ausbauen und kehrte nach Tirza
zurück.

22 König Asa zog alle Männer von Juda
zur Fronarbeit heran; kein einziger wur-
de vom Dienst befreit. Sie mussten die
Steine und Balken, mit denen König Ba-
scha die Stadt Rama befestigen wollte,
wieder wegtragen. Asa ließ mit dem Bau-
material die Städte Geba in Benjamin
und Mizpa ausbauen.

23 Alles Weitere über Asas Leben steht
in der Chronik der Könige von Juda. Man
kann dort nachlesen, wie er seine Herr-
schaft festigte, wie er seine Regierungs-
geschäfte führte und welche Städte er
aufbaute. Im Alter litt er an einer Fuß-
krankheit. 24 Als Asa starb, wurde er in
der »Stadt Davids«, einem Stadtteil Jeru-
salems, im Grab der Königsfamilie bei-
gesetzt. Sein Sohn Joschafat wurde zum
Nachfolger bestimmt.

Reich Israel

König Nadab von Israel

25 Nadab, der Sohn Jerobeams, wurde Kö-
nig von Israel im 2. Regierungsjahr König
Asas von Juda und regierte zwei Jahre.
26 Er tat, was der Herr verabscheute, und
folgte dem schlechten Beispiel seines Va-
ters, der die Israeliten zum Götzendienst
verführt hatte.

27/28 Als Nadab mit dem israelitischen
Heer die Philisterstadt Gibbeton belager-
te, zettelte Bascha, ein Sohn Ahijas aus
dem Stamm Issaschar, eine Verschwö-
rung gegen ihn an und ermordete ihn
dort. Dann wurde er selbst König über
Israel. Dies geschah im 3. Regierungsjahr
König Asas von Juda.

29 Kaum war Bascha an der Macht, ließ
er die ganze Familie Jerobeams umbrin-
gen. Er gab keine Ruhe, bis er auch das
letzte Familienmitglied getötet hatte.
Keiner von ihnen kam mit dem Leben
davon. Damit traf ein, was der Herr
durch seinen Diener Ahija aus Silo vo-
rausgesagt hatte. 30 Denn Jerobeam hatte
durch sein schlechtes Vorbild die Israe-
liten zum Götzendienst verführt und
dadurch den Zorn des Herrn, des Gottes
Israels, herausgefordert.

31 Alles Weitere über Nadabs Leben
steht in der Chronik der Könige von Isra-
el.

König Bascha von Israel

32/33 Bascha, der Sohn Ahijas, wurde Kö-
nig von Israel im 3. Regierungsjahr König
Asas von Juda. Er regierte vierundzwan-
zig Jahre in Tirza. Zwischen ihm und
König Asa von Juda herrschte Krieg, so-
lange er lebte. 34 Auch er tat, was der Herr
verabscheute, und beging die gleiche
Sünde wie Jerobeam, der die Israeliten
zum Götzendienst verführt hatte.

16 Eines Tages schickte der Herr den
Propheten Jehu, einen Sohn Ha-
nanis, mit folgender Botschaft zu Bascha:

15,29 14,10.14 **15,30** 12,26–32* **15,32–33** 12,24 **15,34** 12,26–32*

Guter Rat ist nicht teuer

Lesen Sie 1. Könige 12,1-24

Ratschläge anderer anzunehmen, erfordert Demut und beweist Klugheit. Rehabeam besaß weder das eine noch das andere – und das kostete ihn den Großteil seines Königreichs. Als er vor der ersten wichtigen Entscheidung seiner Regentschaft stand, holte er sich Rat sowohl bei den älteren Beratern als auch bei seinen jungen Freunden. Der Rat der Ältesten war klug, wenn auch hart. Seine jungen Freunde dagegen erzählten ihm genau das, was er hören wollte. Rehabeam verwarf den guten Ratschlag und befolgte den schlechten.

Wir stehen in unseren kleinen Königreichen vor ähnlichen Entscheidungen. Hören wir auf den Rat älterer Christen, auf unsere Eltern, Schwiegereltern und Mentoren? Oder gehen wir eigensinnig und ganz allein unseren Weg? Wenn Ihnen zum Beispiel Ihr Schwiegervater einen richtig guten Vorschlag machen würde, der Ihnen Zeit spart und Ihr Leben einfacher macht – würden Sie ihn annehmen? Oder würden Sie ihn ablehnen, nur weil er von Ihrem Schwiegervater stammt? Wenn Sie dem Beispiel von Mose folgen, werden Sie ihn akzeptieren (siehe 2. Mose 18,13-27). Bringen wir es doch auf den Punkt: Mit zunehmendem Alter werden viele Menschen eben weiser.

Warum diese Weisheit nicht nutzen? Das bedeutet nicht, dass Sie immer das tun müssen, was die Älteren sagen, aber Sie können ihnen immerhin zuhören und ihre Vorschläge abwägen. Wenn die Ratschläge Ihnen und Ihrem Ehepartner klug erscheinen, dann handeln Sie danach. Sie treffen ja trotzdem immer noch Ihre eigene Entscheidung.

Nehmen Sie sich Zeit, um allein oder als Paar *gemeinsam zu beten.* Bitten Sie Gott ...

- dass er Ihnen immer mehr Demut und Weisheit schenkt, damit Sie offen für gute Ratschläge bleiben;
- dass er Ihnen ältere Menschen in Ihrer Umgebung zeigt, von deren Rat Sie sich leiten lassen können, und dass er Ihnen hilft, diese Menschen zu schätzen.

Wenn Sie noch mehr Zeit haben ...

Besprechen Sie miteinander folgende Fragen oder denken Sie darüber nach:

- Wer sind die älteren Christen in Ihrem Leben, deren Rat Sie einholen können?
- Wie offen sind Sie für die Sichtweise anderer Menschen? Wenn eine ältere Person Ihnen ihren Rat anbietet, sind Sie dann ein offener Zuhörer oder machen Sie sich innerlich darüber lustig? Warum reagieren Sie Ihrer Meinung nach so?
- Wenn Sie gerade vor einer Entscheidung stehen, wer könnte Ihnen eine andere Perspektive vermitteln, über die Sie nachdenken können?

Lesen Sie auch die folgenden Abschnitte zum Thema Weise Ratschläge:

Sprüche 13,10; 20,18; Kolosser 3,16.

Wütend auf Gott

Lesen Sie 1. Könige 19,1-18

Ist es richtig, auf Gott wütend zu sein?

Nachdem Elia sich satt gegessen und ausgeruht hatte, sprach Gott mit ihm über seine Gefühlslage, und Elia brachte seinen Zorn Gott gegenüber zum Ausdruck (siehe 1. Könige 19,10). Der Herr fing nicht an, mit Elia zu diskutieren, sondern zeigte ihm seine Macht durch Wind, Erdbeben und Feuer. Allerdings sprach er auch in einem sanften Flüstern zu ihm. Er forderte Elia auf, zwei neue Könige zu salben sowie einen Propheten, der ihn unterstützen sollte. Gott machte Elia deutlich, dass er nicht der Einzige war, der Gott treu nachfolgte. Elia nahm seine neue Berufung von Gott an.

In dieser Geschichte sehen wir, wie wichtig es ist, mit Gott über unseren Ärger zu sprechen. Gott ist unser barmherziger Vater und er möchte auch unsere Klagen hören. Zugleich ist er aber der souveräne Gott, der kein Unrecht tut. Es kann sein, dass er uns seine Sicht auf unsere derzeitige Situation zeigt, so wie er es bei Elia getan hat. Vielleicht bittet er uns jedoch, ihm einfach nur zu vertrauen, ohne große Erklärungen, so wie es bei seinem Diener Hiob war.

Nachdem wir Gott gegenüber unseren Zorn ehrlich zum Ausdruck gebracht haben, sollten wir auf sein „leises Flüstern" hören. Dies kann durch einen christlichen Freund oder eine Freundin geschehen, denen wir vertrauen, durch eine Predigt, einen Liedtext oder durch die Heilige Schrift. Zuhören führt nicht immer dazu, dass wir alles verstehen, aber es hilft uns, unsere Situation ohne Groll gegen Gott anzunehmen.

Nehmen Sie sich Zeit, um allein oder als Paar gemeinsam zu beten. Bitten Sie Gott …

- Ihnen deutlich zu zeigen, dass er Ihr liebevoller, barmherziger Vater ist, dass Sie bei ihm Zuflucht finden, egal wie Sie sich fühlen;
- dass Sie es annehmen können, hier auf der Erde seine Pläne nicht voll und ganz zu begreifen;
- dass Sie ihm vertrauen und das annehmen können, was Ihnen in Ihrem Leben begegnet.

Wenn Sie noch mehr Zeit haben …

Besprechen Sie miteinander folgende Fragen oder denken Sie darüber nach:

- Wann waren Sie wütend auf Gott? Wie sind Sie mit Ihrem Ärger umgegangen?
- Welche Umgangsweisen mit Ihrem Zorn auf Gott sind negativ und ungesund?
- Für welche gesunden Schritte im Umgang mit seinem Zorn ist Elia ein Vorbild? Was können Sie daraus lernen?

Lesen Sie auch die folgenden Abschnitte zum Thema Zorn:
2. Mose 5,22-23; Hiob 7,6-21; Jona 4,1-11.

Den nächsten Impuls finden Sie auf S. 416 a

2 »Aus dem einfachen Volk habe ich dich
erwählt und als König über mein Volk Is-
rael eingesetzt. Aber du bist wie Jero-
beam: Auch du verführst die Israeliten
zum Götzendienst. Wenn ich sehe, wie
sie sich von mir abwenden, werde ich zor-
nig. 3 Darum soll es deiner Familie gehen
wie der Familie Jerobeams, des Sohnes
Nebats: Ich werde dafür sorgen, dass das
Geschlecht Bascha ausgerottet wird.
Kein einziger deiner Nachkommen wird
überleben. 4 Wer von ihnen in der Stadt
stirbt, wird von Hunden zerrissen, und
wer auf freiem Feld stirbt, über den wer-
den die Raubvögel herfallen.«

5 Alles Weitere über Baschas Leben
steht in der Chronik der Könige von Isra-
el. Man kann dort von seinen militäri-
schen Erfolgen erfahren. 6 Als er starb,
wurde er in Tirza begraben. Sein Sohn
Ela wurde sein Nachfolger. 7 Aus zwei
Gründen musste der Prophet Jehu, der
Sohn Hananis, Bascha und seiner Familie
die Strafe des Herrn ankündigen: Zum
einen hatte er den Götzen geopfert und
durch alles, was er tat, den Zorn des Herrn
herausgefordert, so wie die Familie Jero-
beams; und dann hatte er noch Jerobeams
Familie kaltblütig ermorden lassen.

König Ela von Israel

8 Ela, der Sohn Baschas, wurde König von
Israel im 26. Regierungsjahr König Asas
von Juda. Er regierte zwei Jahre in Tirza.
9 Dann zettelte Simri, einer seiner Unter-
gebenen, dem die Hälfte aller Streitwa-
gen unterstand, eine Verschwörung ge-
gen ihn an. König Ela war gerade in
Tirza bei seinem Palastverwalter Arza
eingeladen und hatte sich dort betrun-
ken. 10 Da drang Simri in das Haus ein,
erschlug Ela und ließ sich zum neuen Kö-
nig ausrufen. Dies geschah im 27. Regie-
rungsjahr König Asas von Juda.

11 Kaum hatte Simri seine Herrschaft
gefestigt, brachte er alle männlichen
Nachkommen Baschas um. Keiner kam
mit dem Leben davon. Sogar noch ent-
ferntere Verwandte und Freunde des frü-
heren Königs ließ Simri ermorden. 12 So
traf ein, was der Herr durch den Prophe-
ten Jehu schon Bascha vorausgesagt hat-
te. 13 Denn Bascha und sein Sohn Ela hat-
ten die Israeliten zum Götzendienst
verführt. Sie verehrten tote Götzen und
forderten dadurch den Zorn des Herrn
heraus.

14 Alles Weitere über Elas Leben steht
in der Chronik der Könige von Israel.

König Simri von Israel

15 Simri wurde König von Israel im
27. Regierungsjahr König Asas von Juda.
Er war aber nur eine Woche lang König.
Das israelitische Heer belagerte immer
noch die Philisterstadt Gibbeton. 16 Als
im Feldlager bekannt wurde, dass Simri
eine Verschwörung angezettelt und den
König umgebracht hatte, da riefen die
Soldaten noch am selben Tag ihren Heer-
führer Omri zum neuen König aus. 17 Da-
nach zog das ganze Heer unter der Füh-
rung Omris von Gibbeton gegen die
Stadt Tirza, belagerte sie und nahm sie
ein. 18 Als Simri merkte, dass alles ver-
loren war, zog er sich in die Zitadelle
des Palasts zurück, zündete den Palast
an und starb im Feuer.

19 So wurde er bestraft für seine schwe-
ren Sünden. Denn wie Jerobeam hatte er
getan, was der Herr verabscheute, und
ganz Israel zum Götzendienst verführt.
20 Alles Weitere über Simri und seine Ver-
schwörung steht in der Chronik der Köni-
ge von Israel.

König Omri von Israel

21 Nach dem Tod Simris gab es eine Spal-
tung im Volk: Der eine Teil wollte Tibni,
den Sohn Ginats, zum König machen.
Der andere Teil stand hinter Omri. 22 Die
Anhänger Omris waren den Anhängern
Tibnis aber überlegen, und als Tibni
starb, wurde Omri König über das ganze
Volk.

16,2 12,26–32* **16,3** 15,29; 16,11–12 **16,19.25–26** 12,26–32*

23 Omri wurde König von Israel im
31. Regierungsjahr König Asas von Juda.
Er regierte insgesamt zwölf Jahre. Die
ersten sechs Jahre residierte er in Tirza.
24 Danach kaufte er von Schemer für sieb-
zig Kilogramm Silber den Berg Samaria.
Er baute dort eine Stadt und machte
sie zu seinem neuen Regierungssitz. In
Erinnerung an Schemer, den früheren
Besitzer des Berges, nannte er die Stadt
Samaria.
25 Auch Omri tat, was der Herr ver-
abscheute; er trieb es schlimmer als alle
seine Vorgänger. 26 Er beging genau die-
selben Sünden wie Jerobeam, der Sohn
Nebats, und verehrte wie dieser alle nur
erdenklichen Götzen. Dadurch wurde
das ganze Volk zum Götzendienst ver-
führt und erregte den Zorn des Herrn.
27 Alles Weitere über Omris Leben und
seine militärischen Erfolge steht in der
Chronik der Könige von Israel. 28 Als
Omri starb, wurde er in Samaria begra-
ben. Sein Sohn Ahab wurde sein Nach-
folger.

König Ahab von Israel

29 Ahab, der Sohn Omris, wurde König
von Israel im 38. Regierungsjahr König
Asas von Juda. Er regierte zweiundzwan-
zig Jahre in Samaria. 30 Auch Ahab tat,
was der Herr verabscheute, noch schlim-
mer als alle seine Vorgänger. 31 Nicht
genug, dass er wie Jerobeam, der Sohn
Nebats, am Götzendienst festhielt; er
ging noch weiter und heiratete Isebel,
die Tochter König Etbaals von Sidon. Er
verehrte ihren Götzen Baal und betete
ihn an. 32 Ja, er baute ihm in Samaria
sogar einen Tempel mit einem Altar.
33 Auch für die Göttin Aschera errichtete
Ahab eine Statue. Mit allem, was er tat,
schürte er den Zorn des Herrn, des Got-
tes Israels, so sehr wie kein anderer israe-
litischer König vor ihm.
34 Während der Regierungszeit Ahabs
baute Hiël aus Bethel die Stadt Jericho
wieder auf. Als das Fundament gelegt
wurde, starb sein ältester Sohn Abiram,
und als er die Stadttore einsetzte, verlor
er Segub, seinen jüngsten Sohn. So traf
ein, was der Herr damals durch Josua,
den Sohn Nuns, angedroht hatte.[a]

Der Prophet Elia versteckt sich am Bach Krit

17 Der Prophet Elia aus Tischbe in
Gilead sagte eines Tages zu König
Ahab: »Ich schwöre bei dem Herrn, dem
Gott Israels, dem ich diene: Es wird in
den nächsten Jahren weder Regen noch
Tau geben, bis ich es sage!«
2 Danach befahl der Herr Elia: 3 »Du
musst fort von hier! Geh nach Osten,
überquere den Jordan, und versteck dich
am Bach Krit! 4 Ich habe den Raben be-
fohlen, dich dort mit Nahrung zu versor-
gen, und trinken kannst du aus dem
Bach.« 5 Elia gehorchte dem Herrn und
versteckte sich am Bach Krit, der von Os-
ten her in den Jordan fließt. 6 Morgens
und abends brachten die Raben ihm Brot
und Fleisch, und seinen Durst stillte er
am Bach.

Elia bei der Witwe in Zarpat

7 Nach einiger Zeit vertrocknete der
Bach, denn es hatte schon lange nicht
mehr geregnet. 8 Da sagte der Herr zu
Elia: 9 »Geh nach Phönizien in die Stadt
Zarpat, und bleib dort! Ich habe einer
Witwe den Auftrag gegeben, dich zu ver-
sorgen.« 10 Sogleich machte Elia sich auf
den Weg.
Am Stadtrand von Zarpat traf er eine
Witwe, die gerade Holz sammelte. Er bat
sie um einen Becher Wasser. 11 Als sie da-
voneilte und das Wasser holen wollte, rief
er ihr nach: »Bring mir bitte auch ein
Stück Brot mit!« 12 Da blieb die Frau ste-
hen und sagte: »Ich habe keinen Krümel

[a] Vgl. Josua 6,26

16,30–32 12,26–32*; 21,22–26; 2 Mo 22,19; 5 Mo 7,3–4* **17,1** 8,35–36; Jak 5,17 **17,3** 18,1

Brot mehr, sondern nur noch eine Hand voll Mehl im Topf und ein paar Tropfen Öl im Krug. Das schwöre ich bei dem Herrn, deinem Gott. Gerade habe ich einige Holzscheite gesammelt. Ich will nun nach Hause gehen und die letzte Mahlzeit für mich und meinen Sohn zubereiten. Danach werden wir wohl verhungern.«

13 Elia tröstete sie: »Hab keine Angst, so weit wird es nicht kommen! Geh nur und tu, was du dir vorgenommen hast! Aber back zuerst für mich einen kleinen Brotfladen, und bring ihn mir heraus! Nachher kannst du für dich und deinen Sohn etwas zubereiten. 14 Denn der Herr, der Gott Israels, verspricht dir: ›Das Mehl in deinem Topf soll nicht ausgehen und das Öl in deinem Krug nicht weniger werden, bis ich, der Herr, es wieder regnen lasse.‹«

15 Die Frau ging nach Hause und tat, was Elia ihr gesagt hatte, und tatsächlich hatten Elia, die Frau und ihr Sohn Tag für Tag genug zu essen. 16 Mehl und Öl gingen nicht aus, genau wie der Herr es durch Elia angekündigt hatte.

17 Eines Tages wurde der Sohn der Witwe krank. Es ging ihm zusehends schlechter, und schließlich starb er. 18 Da schrie die Mutter Elia an: »Was hast du eigentlich bei mir zu suchen, du Bote Gottes? Ich weiß genau, du bist nur hierher gekommen, um Gott an alles Böse zu erinnern, was ich getan habe! Und zur Strafe ist mein Sohn jetzt tot!«

19 »Gib mir den Jungen!«, erwiderte Elia nur, nahm das tote Kind vom Schoß der Mutter und trug es hinauf in die Dachkammer, wo er wohnte. Er legte den Jungen auf sein Bett 20 und begann zu beten: »Ach, Herr, mein Gott, warum tust du der Witwe, bei der ich zu Gast *bin*, so etwas an? Warum lässt du ihren Sohn sterben?« 21 Dann legte er sich dreimal auf das tote Kind und flehte dabei zum Herrn: »Herr, mein Gott, ich bitte dich, erwecke diesen Jungen wieder zum Leben!«

22 Der Herr erhörte Elias Gebet, und das Kind wurde lebendig. 23 Elia brachte ihn wieder hinunter, gab ihn seiner Mutter zurück und sagte: »Dein Sohn lebt!« 24 Da antwortete die Frau Elia: »Jetzt bin ich ganz sicher, dass du ein Bote Gottes bist. Alles, was du im Auftrag des Herrn sagst, ist wahr.«

Elia kehrt nach Israel zurück

18 Wochen und Monate vergingen. Nach mehr als zwei Jahren sagte der Herr zu Elia: »Geh jetzt, und zeig dich Ahab! Ich will es wieder regnen lassen.«

2 Elia machte sich auf den Weg nach Samaria, wo die Menschen schwer unter der Hungersnot litten. 3 König Ahab ließ unterdessen seinen Palastverwalter Obadja zu sich rufen, einen Mann, der große Ehrfurcht vor dem Herrn hatte. 4 Als damals Königin Isebel alle Propheten des Herrn beseitigen wollte, hatte er hundert von ihnen in zwei Höhlen versteckt, je fünfzig in einer, und sie mit Wasser und Brot versorgt. 5 Ahab befahl nun Obadja: »Geh durch das Land zu allen Quellen und Bächen! Vielleicht gibt es dort noch etwas Gras, mit dem wir unsere Pferde und Maultiere durchbringen können. Sonst müssen wir die Tiere töten.«

6 Ahab und Obadja sprachen sich ab, wer welche Teile des Landes durchstreifen sollte, und brachen dann auf. 7 Obadja war noch nicht lange unterwegs, als ihm Elia entgegenkam. Obadja erkannte den Propheten sofort, warf sich vor ihm zu Boden und fragte: »Bist du es wirklich, Elia, mein Herr?«

8 »Ja, ich bin es«, antwortete Elia. »Geh sofort zurück, und melde deinem Herrn, dass ich wieder da bin!«

9 Obadja stöhnte: »Was habe ich verbrochen, dass du mir einen solchen Auftrag gibst? Ahab bringt mich um, wenn ich ihm das sage! 10 Bei dem Herrn, deinem Gott, schwöre ich: Er hat dich über-

---

17,14 2 Kön 4,2–4 **17,17–24** 2 Kön 4,20.32–36 **18,1** 17,1–3; Jak 5,18

all suchen lassen. In alle Länder und Kö-
nigreiche schickte er seine Leute. Erhiel-
ten sie zur Antwort: ›Elia ist nicht bei
uns!‹, dann musste das Volk jeweils
schwören, dich nicht gefunden zu haben.
11 Und nun soll ich einfach zum König ge-
hen und ihm sagen: ›Elia ist da!‹? 12 Was
ist, wenn der Geist des Herrn dich in der
Zwischenzeit entrückt, und ich weiß
nicht wohin? Ahab wird mich umbrin-
gen, wenn ich ihm sage, dass ich dich ge-
sehen habe, er dich dann aber nicht fin-
det. Dabei habe ich doch von Jugend an
nur den Herrn als meinen Gott verehrt!
13 Hat dir niemand berichtet, was ich ris-
kiert habe, als Isebel alle Propheten des
Herrn umbringen ließ? In zwei Höhlen
habe ich je fünfzig Propheten versteckt
und sie mit Brot und Wasser versorgt.
14 Und nun soll ich zu Ahab gehen und
ihm melden: ›Elia ist wieder da!‹? Be-
stimmt bringt er mich um!«

15 Da entgegnete Elia: »Ich schwöre dir
bei dem Herrn, dem allmächtigen Gott,
dem ich diene, dass ich mich noch heute
dem König zeige.«

16 Da kehrte Obadja um und brachte
Ahab die Nachricht. Der brach seine Su-
che sofort ab und ging Elia entgegen.

Wer ist der wahre Gott – Baal oder der Herr?

17 Ahab begrüßte den Propheten mit den
Worten: »So, da ist er ja, der Mann, der
Israel ins Verderben gestürzt hat!« 18 Elia
widersprach: »Nicht ich bin an dem Un-
heil schuld, sondern du und deine Fami-
lie! Ihr macht euch nichts mehr aus den
Geboten des Herrn. Du, Ahab, verehrst
lieber den Götzen Baal und seine Statuen
als den Herrn. 19 Aber jetzt fordere ich
dich auf: Schick die 450 Propheten Baals
alle zu mir auf den Berg Karmel! Auch
die 400 Propheten der Aschera, die von
Königin Isebel versorgt werden, sollen
kommen. Sende Boten ins Land, und lass
alle Israeliten zu einer Volksversamm-
lung auf den Karmel rufen!«

20 Da befahl Ahab den Israeliten und
allen Propheten, auf den Karmel zu kom-
men. 21 Als alle versammelt waren, trat
Elia vor die Menge und rief: »Wie lange
noch wollt ihr auf zwei Hochzeiten tan-
zen? Wenn der Herr der wahre Gott ist,
dann gehorcht ihm allein! Ist es aber
Baal, dann dient nur ihm!«

Das Volk sagte kein Wort, 22 und so
fuhr Elia fort: »Ich stehe hier vor euch
als einziger Prophet des Herrn, der noch
übrig geblieben ist; und dort stehen 450
Propheten Baals. 23 Und nun bringt uns
zwei junge Opferstiere. Die Propheten
Baals sollen sich einen aussuchen, ihn in
Stücke schneiden und auf das Brennholz
legen, ohne es anzuzünden. Den anderen
Stier will ich als Opfer zubereiten, und
auch ich werde kein Feuer daran legen.
24 Dann ruft ihr, die Propheten Baals, eu-
ren Gott an, ich aber werde zum Herrn
beten. Der Gott nun, der mit Feuer ant-
wortet, der ist der wahre Gott.« Die gan-
ze Volksmenge rief: »Ja, das ist gut!«

25 Da sagte Elia zu den Propheten
Baals: »Ihr könnt anfangen, weil ihr so
viele seid. Sucht euch einen Stier aus,
und bereitet ihn zu; aber keiner darf das
Opfer anzünden! Und dann bittet euren
Gott, Feuer vom Himmel zu schicken!«
26 Sie schlachteten ihren Stier und berei-
teten ihn für das Opfer zu. Dann began-
nen sie zu beten. Vom Morgen bis zum
Mittag riefen sie ununterbrochen: »Baal,
Baal, antworte uns doch!« Sie tanzten um
den Altar, den man für das Opfer errich-
tet hatte. Aber nichts geschah, es blieb
still.

27 Als es Mittag wurde, begann Elia zu
spotten: »Ihr müsst lauter rufen, wenn
euer großer Gott es hören soll! Bestimmt
ist er gerade in Gedanken versunken,
oder er musste mal austreten. Oder ist er
etwa verreist? Vielleicht schläft er sogar
noch, dann müsst ihr ihn eben auf-
wecken!«

28 Da schrien sie, so laut sie konnten,
und ritzten sich nach ihrem Brauch mit
Messern und Speeren die Haut auf, bis

18,21 Mt 6,24

das Blut an ihnen herunterlief. [29]Am
Nachmittag schließlich gerieten sie voll-
ends in Ekstase. Dieser Zustand dauerte
bis gegen Abend an.[a] Aber nichts ge-
schah, keine Antwort, kein Laut, nichts.

[30]Endlich forderte Elia das Volk auf:
»Kommt jetzt zu mir herüber!« Sie ver-
sammelten sich um ihn, und er baute vor
aller Augen den Altar des Herrn wieder
auf, den man niedergerissen hatte. [31]Er
nahm dazu zwölf Steine nach der Zahl
der Söhne Jakobs, von denen die zwölf
Stämme Israels abstammen. Der Herr
hatte Jakob später den Namen Israel ge-
geben. [32]Mit den zwölf Steinen baute
Elia einen Altar für den Herrn. Rund-
herum zog er einen Graben.[b] [33]Dann
schichtete er das Brennholz auf den Al-
tar, zerteilte den Opferstier und legte
ihn auf das Holz. [34]Zuletzt befahl er:
»Holt vier Eimer Wasser, und gießt sie
über das Opfer und das Holz!« Dies ge-
nügte ihm aber noch nicht, und so gab er
denselben Befehl ein zweites und ein
drittes Mal, [35]bis das Wasser schließlich
auf allen Seiten am Altar herunterlief
und den Graben füllte.

[36]Zur Zeit des Abendopfers trat Elia
vor den Altar und betete laut: »Herr, du
Gott Abrahams, Isaaks und Israels! Heu-
te sollen alle erkennen, dass du allein der
Gott unseres Volkes bist. Jeder soll sehen,
dass ich dir diene und dies alles nur auf
deinen Befehl hin getan habe. [37]Erhöre
mein Gebet, Herr! Antworte mir, damit
dieses Volk endlich einsieht, dass du,
Herr, der wahre Gott bist und sie wieder
dazu bringen willst, dir allein zu dienen.«

[38]Da ließ der Herr Feuer vom Himmel
fallen. Es verzehrte nicht nur das Opfer-
fleisch und das Holz, sondern auch die
Steine des Altars und den Erdboden da-
runter. Sogar das Wasser im Graben leck-
ten die Flammen auf.

[39]Als die Israeliten das sahen, warfen
sie sich zu Boden und riefen: »Der Herr
allein ist Gott! Der Herr allein ist Gott!«
[40]Elia aber befahl: »Packt die Propheten
Baals! Keiner soll entkommen!« Sie wur-
den festgenommen, und Elia ließ sie hi-
nunter an den Fluss Kischon führen und
dort hinrichten.

Endlich Regen!

[41]Dann sagte Elia zu Ahab: »Geh und
lass dir etwas zu essen und zu trinken
bringen, denn gleich fängt es an zu reg-
nen, ich höre es schon rauschen!« [42]Wäh-
rend Ahab aß und trank, stieg Elia zum
Gipfel des Karmel hinauf. Dort oben
kniete er nieder, verbarg das Gesicht zwi-
schen den Knien und betete. [43]Nach einer
Weile befahl er seinem Diener: »Steig auf
den höchsten Punkt des Berges, und blick
über das Meer! Dann sag mir, ob du et-
was Besonderes siehst.«

Der Diener ging, hielt Ausschau und
meldete: »Kein Regen in Sicht!« Doch
Elia schickte ihn immer wieder: »Geh,
sieh noch einmal nach!« [44]Endlich, beim
siebten Mal, rief der Diener: »Jetzt sehe
ich eine kleine Wolke am Horizont, aber
sie ist nicht größer als eine Hand.«

Da befahl Elia: »Lauf schnell zu
Ahab, und sag ihm: ›Lass sofort anspan-
nen, und fahr nach Hause, sonst wirst du
vom Regen überrascht!‹« [45]Da kam
auch schon ein starker Wind auf, und
schwarze Wolken verfinsterten den
Himmel. Es dauerte nicht mehr lange,
und ein heftiger Regen prasselte nieder.
Ahab bestieg hastig seinen Wagen und
fuhr in Richtung Jesreel. [46]Da kam die
Kraft des Herrn über Elia. Der Prophet
band sein Gewand mit dem Gürtel hoch
und lief vor Ahabs Wagen her bis nach
Jesreel.

---

[a] Wörtlich: bis um die Zeit, wenn man das (abendliche) Speiseopfer darbringt.

[b] Wörtlich: Rund um den Altar zog er einen Graben, so breit, dass man 10 Kilogramm Saatgut hätte aussäen können.

18,31 1 Mo 32,29; 2 Mo 24,4 **18,36** 2 Mo 3,15; 19,5–6* **18,40** 2 Mo 22,19

Elia muss fliehen

19 Ahab berichtete Isebel alles, was Elia getan hatte, vor allem, wie er die Propheten Baals mit dem Schwert getötet hatte. [2]Da schickte Isebel einen Boten zu Elia, der ihm ausrichten sollte: »Die Götter sollen mich schwer bestrafen, wenn ich dir nicht heimzahle, was du diesen Propheten angetan hast! Morgen um diese Zeit bist auch du ein toter Mann, das schwöre ich!«

[3]Da packte Elia die Angst. Er rannte um sein Leben und floh bis nach Beerscheba ganz im Süden Judas. Dort ließ er seinen Diener, der ihn bis dahin begleitet hatte, zurück. [4]Allein wanderte er einen Tag lang weiter bis tief in die Wüste hinein. Zuletzt ließ er sich unter einen Ginsterstrauch fallen und wünschte, tot zu sein. »Herr, ich kann nicht mehr!«, stöhnte er. »Lass mich sterben! Irgendwann wird es mich sowieso treffen, wie meine Vorfahren. Warum nicht jetzt?« [5]Er streckte sich unter dem Ginsterstrauch aus und schlief ein.

Plötzlich wurde er wachgerüttelt. Ein Engel stand bei ihm und forderte ihn auf: »Elia, steh auf und iss!« [6]Als Elia sich umblickte, entdeckte er neben seinem Kopf einen Brotfladen, der auf heißen Steinen gebacken war, und einen Krug Wasser. Er aß und trank und legte sich wieder schlafen. [7]Doch der Engel des Herrn kam wieder und rüttelte ihn zum zweiten Mal wach. »Steh auf, Elia, und iss!«, befahl er ihm noch einmal. »Sonst schaffst du den langen Weg nicht, der vor dir liegt.«

[8]Da stand Elia auf, aß und trank. Die Speise gab ihm so viel Kraft, dass er vierzig Tage und Nächte hindurch wandern konnte, bis er zum Berg Gottes, dem Horeb, kam. [9]Dort ging er in eine Höhle, um darin zu übernachten.

Der Herr ermutigt Elia

Plötzlich sprach der Herr zu ihm: »Elia, was tust du hier?« [10]Elia antwortete: »Ach Herr, du großer und allmächtiger Gott, mit welchem Eifer habe ich versucht, die Israeliten zu dir zurückzubringen! Denn sie haben den Bund mit dir gebrochen, deine Altäre niedergerissen und deine Propheten ermordet. Nur ich bin übrig geblieben, ich allein. Und nun trachten sie auch mir nach dem Leben!«

[11]Da antwortete ihm der Herr: »Komm aus deiner Höhle heraus, und tritt vor mich hin! Denn ich will an dir vorübergehen.« Auf einmal zog ein heftiger Sturm herauf, riss ganze Felsbrocken aus den Bergen heraus und zerschmetterte sie. Doch der Herr war nicht in dem Sturm. Als Nächstes bebte die Erde, aber auch im Erdbeben war der Herr nicht. [12]Dann kam ein Feuer, doch der Herr war nicht darin. Danach hörte Elia ein leises Säuseln. [13]Er verhüllte sein Gesicht mit dem Mantel, ging zum Eingang der Höhle zurück und blieb dort stehen. Und noch einmal wurde er gefragt: »Elia, was tust du hier?« [14]Wieder antwortete Elia: »Ach Herr, du großer und allmächtiger Gott, mit welchem Eifer habe ich versucht, die Israeliten zu dir zurückzubringen! Denn sie haben den Bund mit dir gebrochen, deine Altäre niedergerissen und deine Propheten umgebracht. Nur ich bin übrig geblieben, ich allein. Und nun trachten sie auch mir nach dem Leben!«

[15]Da gab der Herr ihm einen neuen Auftrag: »Elia, geh den Weg durch die Wüste wieder zurück und weiter nach Damaskus! Salbe dort Hasaël zum König von Syrien! [16]Danach salbe Jehu, den Sohn Nimschis, zum König von Israel und schließlich Elisa, den Sohn Schafats, aus Abel-Mehola, zu deinem Nachfolger

---

19,4 Hiob 7,15* **19,11–13** 2 Mo 33,20–23* **19,15** 2 Kön 8,7–15 **19,16** 2 Kön 9,1–6

als Prophet. 17 Wer dem Todesurteil Hasaëls entrinnt, den wird Jehu umbringen; und wer ihm entkommt, den wird Elisa töten. 18 Aber 7000 Menschen in Israel lasse ich am Leben, alle, die nicht vor Baal auf die Knie gefallen sind und seine Statue nicht geküsst haben.«

Elia beruft Elisa zum Propheten

19 Als Elia wieder in Israel war, suchte er Elisa, den Sohn Schafats, auf. Elisa pflügte gerade ein Feld. Vor ihm her gingen elf Knechte mit je einem Ochsengespann, und er selbst führte das zwölfte und letzte Gespann. Elia kam ihm über das Feld entgegen, warf ihm seinen Mantel über die Schultern und ging weiter.

20 Elisa ließ seine Rinder stehen, lief hinter Elia her und bat ihn: »Darf ich mich noch von meinen Eltern verabschieden? Danach will ich mit dir kommen.« Elia antwortete: »Geh nur, du musst nichts überstürzen!« 21 Da eilte Elisa nach Hause und bereitete für seine Familie ein Abschiedsessen zu. Er schlachtete die beiden Rinder, mit denen er gepflügt hatte, machte mit dem Holz ihres Jochs ein Feuer und briet das Fleisch daran. Danach schloss er sich Elia an und wurde sein Diener.

Die Syrer belagern Samaria

20
Eines Tages ließ König Ben-Hadad von Syrien sein ganzes Heer mit Pferden und Streitwagen gegen Israel aufmarschieren. Die 32 Könige, die von ihm abhängig waren, mussten ihm ihre Truppen zur Verfügung stellen. Mit diesem Heer belagerte er die Hauptstadt Samaria und erklärte Israel den Krieg. 2 Er schickte Boten in die Stadt mit folgender Nachricht für König Ahab von Israel: 3 »Ben-Hadad lässt dir sagen: ›Ab heute bist du mein Untertan! Dein Silber und Gold, deine Frauen und Söhne gehören nun mir.‹« 4 Der König von Israel ließ Ben-Hadad melden: »Ich unterwerfe mich dir, mein Herr und König, mit allem, was ich habe.«

5 Nach kurzer Zeit kamen die Boten wieder und richteten ihm aus: »Höre, was Ben-Hadad dir sagen lässt: ›Du hast dich bereit erklärt, dich mir zu unterwerfen mit allem, was du hast, mit Silber und Gold, mit Frauen und Kindern. 6 Schon morgen um diese Zeit werde ich meine Soldaten zu dir schicken, damit sie deinen Palast und die Häuser deiner Beamten gründlich von innen anschauen! Eins kann ich dir versprechen: Alles, was euch lieb und teuer ist, werden sie mitnehmen.‹«

7 Da ließ König Ahab alle Sippenoberhäupter Israels zu sich kommen und sagte: »Der König von Syrien will uns zugrunde richten. Erst erhebt er Anspruch auf meine Frauen und Kinder, auf mein Silber und Gold, und ich gestehe ihm alles zu. Und nun das!« 8 Die Ältesten rieten ihm: »Das musst du dir nicht bieten lassen! Gib nicht nach!« 9 Da antwortete der König den Boten: »Richtet meinem Herrn, dem König, aus: ›Ich gestehe dir alles zu, was du in deiner ersten Botschaft von mir verlangt hast. Aber auf deine letzte Forderung kann ich nicht eingehen.‹«

Die Boten überbrachten Ben-Hadad diese Nachricht, 10 und er schickte sogleich seine Antwort an Ahab zurück: »Die Götter sollen mich schwer bestrafen, wenn ich Samaria nicht in Schutt und Asche lege! Von der Stadt wird nicht einmal so viel übrig bleiben, dass meine Soldaten eine Hand voll Staub als Andenken mitnehmen können!« 11 König Ahab antwortete den Boten: »Sagt ihm: ›Nimm den Mund nicht zu voll! Man soll den Tag nicht vor dem Abend loben.‹«

12 Ben-Hadad und seine Verbündeten feierten im Zeltlager gerade ein Trinkgelage, als man ihm die Antwort Ahabs überbrachte. Erbost befahl er: »Greift sie an!« Sofort wurde zum Angriff geblasen, und die Truppen stellten sich auf.

19,18 Röm 11,4

Die erste Schlacht gegen die Syrer

13 Unterdessen war ein Prophet zu König
Ahab von Israel gekommen und richtete
ihm eine Botschaft vom Herrn aus: »Du
weißt, wie mächtig das Heer der Feinde
ist. Und doch gebe ich sie heute in deine
Gewalt. Daran wirst du erkennen, dass
ich der Herr bin.«

14 »Wer soll denn kämpfen?«, fragte
Ahab. »Die Truppe deiner Bezirksver-
walter«, bekam er zur Antwort. »Und
wer soll den Kampf eröffnen?« »Du!«,
antwortete der Prophet.

15 Da ließ der König die Truppe der Be-
zirksverwalter antreten; es waren 232
Soldaten. Danach rief er alle wehrfähi-
gen Israeliten zusammen, ein Heer von
7000 Mann. 16/17 Am Mittag rückten die
Truppen aus, allen voran die Truppe der
Bezirksverwalter. Ben-Hadad und seine
32 Verbündeten zechten immer noch in
ihren Zelten, als man ihnen meldete:
»Aus Samaria kommen Männer!« 18 Ben-
Hadad befahl: »Nehmt sie auf jeden Fall
gefangen, ob sie in friedlicher Absicht
kommen oder nicht!«

19 Doch schon griff die Truppe der Be-
zirksverwalter an, und das übrige israeli-
tische Heer folgte ihr auf dem Fuß.
20/21 Sie überwältigten ihre Gegner und
schlugen sie in die Flucht. Die Israeliten
nahmen die Verfolgung auf und griffen
nun unter dem Oberbefehl König Ahabs
auch die Reiter und die Streitwagen an.
Sie brachten den Syrern eine schwere
Niederlage bei. König Ben-Hadad konn-
te auf seinem Pferd entkommen, ebenso
einige Wagenkämpfer.

Die zweite Schlacht gegen die Syrer

22 Wieder kam der Prophet zu König
Ahab von Israel und riet ihm: »Sei wach-
sam, und überleg dir genau, wie du dich
auf einen neuen Angriff vorbereiten
willst. Denn im nächsten Frühling wird
der König von Syrien wieder gegen dich
in den Krieg ziehen.«

23 Auch der König von Syrien wurde
beraten. Seine hohen Beamten erklärten
ihm: »Die Götter der Israeliten sind
Berggötter. Nur deswegen war ihr Heer
uns überlegen. Das nächste Mal wollen
wir in der Ebene mit ihnen kämpfen;
dann werden wir sie auf jeden Fall besie-
gen! 24 Aber wir geben dir einen guten
Rat: Entzieh den 32 Königen ihre Be-
fehlsgewalt, und ersetze sie durch fähige
Heerführer! 25 Stell ein neues Heer auf; es
soll genauso stark sein wie das vorige!
Besorg dir neue Pferde und Streitwagen,
bis du wieder so viele hast wie vorher.
Dann nehmen wir in der Ebene den
Kampf mit ihnen auf. Verlass dich drauf,
wir werden sie besiegen!«

König Ben-Hadad befolgte ihren Rat.
26 Sobald es Frühling wurde, berief er die
wehrfähigen Syrer ein, zog mit diesem
Heer nach Afek und erklärte Israel wie-
der den Krieg. 27 Auch die Israeliten stell-
ten ihre Truppen auf. Nachdem sie sich
ausreichend mit Verpflegung eingedeckt
hatten, marschierten sie den Syrern ent-
gegen und schlugen ihr Lager in zwei
Gruppen den Feinden gegenüber auf.
Das große Heer der Syrer füllte die ganze
Ebene aus; dagegen wirkten die Israeli-
ten wie zwei kleine Herden.

28 Da kam der Prophet zu König Ahab
und teilte ihm mit: »So spricht der Herr:
›Weil die Syrer behauptet haben, ich, der
Herr, sei ein Berggott, der im Flachland
nichts ausrichten kann, darum gebe ich
ihr riesiges Heer in deine Hand. Daran
werdet ihr erkennen, dass ich der Herr
bin.‹«

29 Eine Woche lang lagerten die Heere
einander gegenüber. Erst am siebten Tag
kam es zur Schlacht. Die Israeliten waren
den Syrern weit überlegen. Sie töteten an
diesem einen Tag 100000 Fußsoldaten.
30 Wer von den Syrern entfliehen konnte,
suchte in der Stadt Afek Zuflucht. Es wa-
ren 27000 Mann. Doch plötzlich fiel die
Stadtmauer ein und begrub sie alle unter
sich.

Ahab verschont König Ben-Hadad

Auch König Ben-Hadad war geflohen. Er
suchte in einem Haus in Afek Zuflucht

und verkroch sich im hintersten Zimmer.
31 Da ermutigten ihn seine Ratgeber:
»Majestät, die Könige von Israel sind
doch für ihre Güte bekannt. Könnten
wir es da nicht wagen, uns dem israeliti-
schen König zu stellen? Wir binden uns
ein grobes Tuch um die Hüften und legen
uns einen Strick um den Hals, damit er
sieht, dass wir uns ihm, dem Sieger, un-
terwerfen[a]. Vielleicht lässt er dich dann
am Leben!«

32 Die Ratgeber Ben-Hadads banden
sich ein grobes Tuch um die Hüften, leg-
ten einen Strick um den Hals und stellten
sich König Ahab. Sie sagten zu ihm:
»Dein ergebener Diener Ben-Hadad bit-
tet dich inständig, ihn am Leben zu las-
sen.« »Er lebt also noch?«, antwortete
Ahab. »Gut, er soll mein Bruder sein!«
33 Die Syrer waren angenehm überrascht
von dieser Antwort. Schnell legten sie
Ahab darauf fest: »Wir nehmen dich
beim Wort: Ben-Hadad ist dein Bruder!«
»Ja«, bestätigte Ahab und befahl ihnen:
»Geht jetzt, und holt ihn hierher!«

Da kam auch Ben-Hadad heraus, und
Ahab ließ ihn zu sich auf den Wagen stei-
gen. 34 Ben-Hadad bot dem König von Is-
rael an: »Ich gebe dir alle Städte zurück,
die mein Vater deinem Vater weggenom-
men hat. Du kannst auch in unserer
Hauptstadt Damaskus Handelsniederlas-
sungen gründen, so wie mein Vater dies
schon in Samaria getan hat.« »Gut«, ant-
wortete der König von Israel, »ich gebe
dir dafür die Freiheit.« Sie schlossen den
Vertrag, und Ahab ließ den syrischen Kö-
nig frei.

Ein Prophet tadelt Ahab

35 Ein Prophetenjünger forderte im Auf-
trag des Herrn seinen Gefährten auf, ihn
zu schlagen. Als der sich weigerte, 36 sagte
der Prophet zu ihm: »Sobald du von hier
weggehst, wird der Herr dich dafür be-
strafen, dass du seinem Befehl nicht
gehorcht hast. Ein Löwe wird dich zerrei-
ßen.« Der Mann war noch nicht weit ge-
kommen, da fiel ihn ein Löwe an und zer-
riss ihn.

37 Der Prophet begegnete einem ande-
ren Mann und forderte ihn auf: »Los,
schlag mich!« Der Mann gehorchte und
schlug ihn blutig. 38 Nun stellte der Pro-
phet sich an den Straßenrand und warte-
te auf König Ahab, der hier vorbeikom-
men sollte. Damit ihn niemand erkannte,
hatte er sich die Augen verbunden.

39 Als Ahab vorbeikam, sprach der Pro-
phet ihn an und erzählte: »Mein König,
ich war in der Schlacht dabei. Mitten im
Kampf brachte einer unserer Soldaten
einen Gefangenen zu mir. Er schärfte
mir ein: ›Bewache ihn gut. Pass auf, dass
er nicht entkommt! Sonst kostet dich das
deinen Kopf, oder du musst einen Zent-
ner Silber bezahlen.‹ 40 Ich hatte noch
dies und das zu tun, und so kam es, dass
der Gefangene auf einmal weg war.« Kö-
nig Ahab erwiderte: »Du hast dein Urteil
selbst gesprochen! Was dich erwartet,
weißt du ja.«

41 Da nahm der Mann schnell seine Au-
genbinde ab, und der König erkannte so-
fort, dass er einer der Propheten war.
42 Der Prophet sagte: »So spricht der
Herr: ›Ich hatte beschlossen, dass Ben-
Hadad sterben muss. Du aber hast ihn
einfach laufen lassen! Er lebt – dafür
musst du sterben! Seinem Volk wird es
gut gehen, über dein Volk wird Leid
kommen.‹«

43 Zornig ging der König weiter und
kam schlecht gelaunt zu Hause in Sama-
ria an.

Isebels Mord an Nabot

21 König Ahab von Samaria besaß in
der Stadt Jesreel einen Palast. Di-
rekt an sein Grundstück grenzte ein
Weinberg, der einem Mann aus Jesreel
gehörte. Er hieß Nabot. 2 Eines Tages sag-
te der König zu Nabot: »Verkaufst du mir
deinen Weinberg? Ich möchte einen Ge-

---

a »damit er sieht … unterwerfen« ist sinngemäß ergänzt.

20,31–42 5 Mo 7,2*

müsegarten anlegen, und dein Grund-
stück wäre am besten dafür geeignet,
weil es gerade neben meinem Palast liegt.
Ich gebe dir dafür einen besseren Wein-
berg, oder ich zahle dich aus. Was ist dir
lieber?«
3 Doch Nabot antwortete: »Niemals
verkaufe ich dir dieses Grundstück, das
Erbe meiner Vorfahren! Der Herr be-
wahre mich davor!«
4 Missmutig ging Ahab in den Palast
zurück. Er war wütend, dass Nabot ihm
den Weinberg nicht verkaufen wollte,
nur weil es ein Erbstück seiner Vorfahren
war. Vor Ärger rührte er sein Essen nicht
an, sondern legte sich ins Bett und drehte
sich zur Wand. 5 Seine Frau Isebel sah
nach ihm und fragte: »Warum bist du so
schlecht gelaunt und willst nichts essen?«
6 »Weil dieser Nabot aus Jesreel mir sei-
nen Weinberg nicht geben will!«, antwor-
tete Ahab. »Ich wollte ihm einen ansehn-
lichen Betrag dafür bezahlen. Ich bot ihm
auch an, den Weinberg gegen einen ande-
ren zu tauschen, falls er das lieber möch-
te. Aber er lehnte stur ab.«
7 Da antwortete Isebel: »Bist du der
König von Israel oder nicht? Gut, dann
steh jetzt auf, iss etwas, und vergiss dei-
nen Ärger! Du sollst deinen Weinberg
haben! Ich nehme die Sache in die
Hand!« 8 Sie schrieb im Namen des Kö-
nigs einige Briefe, verschloss sie mit dem
königlichen Siegel und verschickte sie an
die Ältesten und die einflussreichen
Männer der Stadt Jesreel. 9 In den Brie-
fen stand:
»Ruft einen Tag der Buße aus, und ver-
sammelt das ganze Volk! Weist Nabot
einen Platz ganz vorne zu. 10 Sorgt aber
dafür, dass zwei bestochene Zeugen in
seiner Nähe sitzen. Sie sollen ihn vor al-
ler Augen anschuldigen und rufen: ›Die-
ser Mann hat über Gott und den König
gelästert!‹ Dann führt ihn aus der Stadt
hinaus, und steinigt ihn.«
11 Die Ältesten und die einflussreichen
Männer von Jesreel führten alles aus, was
die Königin in ihrem Brief angeordnet
hatte. 12 Sie riefen einen Tag der Buße
aus und wiesen Nabot in der Versamm-
lung den vordersten Platz zu. 13 Die bei-
den falschen Zeugen setzten sich in seine
Nähe und belasteten ihn schwer mit ihren
Aussagen. »Nabot hat über Gott und den
König gelästert!«, riefen sie der Menge
zu. Da führte man ihn aus der Stadt hi-
naus und steinigte ihn. 14 Die Stadtobers-
ten ließen Isebel ausrichten: »Nabot wur-
de gesteinigt. Er ist tot.«
15 Kaum hatte Isebel diese Nachricht
erhalten, sagte sie zu Ahab: »Der Wein-
berg gehört dir! Nabot aus Jesreel, der
ihn um nichts in der Welt an dich verkau-
fen wollte, ist tot.«
16 Als Ahab das hörte, ging er sogleich
hinaus, um den Weinberg in Besitz zu
nehmen.

Elia kündigt Ahab die Strafe Gottes an

17 Da sagte der Herr zu Elia aus Tischbe:
18 »Elia, geh zu König Ahab aus Samaria.
Du findest ihn in Jesreel, in Nabots Wein-
berg; er ist gerade dorthin gegangen, um
das Grundstück in Besitz zu nehmen.
19 Sag ihm: ›Ist es nicht schon genug, dass
du gemordet hast? Musst du nun auch
noch fremdes Gut rauben? Höre, was ich,
der Herr, dir sage: An der Stelle, wo die
Hunde das Blut Nabots aufgeleckt haben,
werden sie auch dein Blut auflecken!‹«
20 Elia machte sich auf den Weg nach
Jesreel. Als Ahab ihn sah, rief er ihm ent-
gegen: »So, hast du mich aufgespürt,
mein Feind?«
»Ja«, antwortete Elia, »ich komme zu
dir, weil du dich dem Bösen verschrieben
hast. Höre, was der Herr dazu sagt: 21 ›Ich
will Unheil über dich bringen und jede
Erinnerung an dich auslöschen! In ganz
Israel werde ich alle männlichen Nach-
kommen Ahabs ausrotten, ob jung oder
alt. 22 Du hast meinen Zorn geschürt und
die Israeliten zum Götzendienst verführt.

21,3 4 Mo 36,9 **21,10** 3 Mo 24,14–16; 5 Mo 19,15 **21,15** Mi 2,1–2 **21,19** 22,38 **21,22** 15,29; 16,11–12; 2 Kön 9,7–10.24–26; 10,7.10–11

Grün vor Neid

Lesen Sie 1. Könige 21,1-24

Neid tötet. König Ahabs Neid verleitete ihn und seine boshafte Frau Isebel dazu, Nabot umzubringen, dessen prachtvollen, günstig gelegenen Weinberg Ahab unbedingt haben wollte. Mit dem Neid und der Gewalt, die Ahab und Isebel aussäten, ernteten sie Gottes Gericht. Ihre Sünden brachten ihnen keine Befriedigung ihrer unersättlichen Begierden, sondern die Todesstrafe.

Neid zerstört auch die Nähe zwischen Menschen. Wenn ein Ehepartner den anderen beneidet, wird ihre Einigkeit gespalten. Ein Partner denkt, der andere habe die besseren Karten. Die Mutter, die bei den Kindern bleibt, nimmt es ihrem Mann übel, dass er tun und lassen kann, was er will, während sie an das Haus gebunden ist. Der Mann hat das Gefühl, dass er unerträglich hart arbeiten muss, und wenn er nach Hause kommt, trifft er auf eine müde Frau und anstrengende Kinder und hat keine Gelegenheit, das Leben zu genießen. Ein arbeitsloser Ehepartner beneidet den anderen um seinen stabilen Job, während der berufstätige den anderen um die viele Freizeit beneidet. Ein Ehepartner beneidet den anderen um seine Karriere, seine Talente oder seine Chancen.

Die Liebe jedoch ist frei von Eifersucht. Statt Ihren Mann oder Ihre Frau um deren Situation zu beneiden, sollten Sie sich mitfreuen und sich um Einigkeit bemühen. Wenn das Ihr Ziel ist, tun Sie damit zugleich sich selbst etwas Gutes für Seele, Körper, Geist und für Ihr ganzes Umfeld.

Nehmen Sie sich Zeit, um allein oder als Paar gemeinsam zu beten.

- Bitten Sie Gott, Ihnen zu zeigen, wo Sie Ihren Ehepartner um etwas beneiden.
- Bekennen Sie Gott diese eifersüchtigen Gefühle.
- Bitten Sie Gott, dass er Ihnen hilft, Ihren Ehepartner noch tiefer zu lieben und ihm oder ihr nur das Beste zu wünschen.

Wenn Sie noch mehr Zeit haben ...

Besprechen Sie miteinander folgende Fragen oder denken Sie darüber nach:

- Worum beneiden Sie Ihren Ehepartner?
- Auf welche Weise zerstört der Neid die vertrauensvolle Nähe in einer Ehe?
- Warum tun Sie nicht nur Ihrem Ehepartner, sondern auch sich selbst etwas Gutes, wenn Sie in Ihrer Ehe nach Einigkeit streben, statt den Neid zu fördern?
- Wie sollten Sie reagieren, wenn Sie die Saat des Neids entdecken?

Lesen Sie auch die folgenden Abschnitte zum Thema Neid:
Sprüche 14,30; Galater 5,24-26; Jakobus 3,14-16.

Von ganzem Herzen zu Gott gehören

Die folgenden Fragen können Sie entweder allein oder als Paar gemeinsam durchgehen. Wenn jeder für sich darüber nachdenkt, verabreden Sie sich in der kommenden Woche zu einem Austausch darüber, was Sie herausgefunden haben.

1. Warum beseitigte König Joschafat Ihrer Meinung nach nicht die Höhenheiligtümer aus Juda?

2. Der Synkretismus ist eine Weltanschauung, die Elemente aus verschiedenen Religionen miteinander vermischt. Genau das geschah in Juda. Wo kommt das heute in unserer Kultur vor?

3. Lesen Sie 5. Mose 31,16-18. Wie reagiert Gott darauf, wenn Menschen seine Wahrheit mit Elementen vermischen, die ihr widersprechen?

4. Überlegen Sie gemeinsam, wo Sie Gottes Wahrheit mit fremden Elementen vermischt haben. Woher kamen diese?

5. Gott möchte, dass wir von ganzem Herzen zu ihm gehören. Wie zeigt sich in diesem Gebot seine unvorstellbar große Liebe zu uns?

6. Was hindert Sie in Ihrem Leben daran, von ganzem Herzen zu Gott zu gehören?

1. Könige 22,43-44

„Joschafat folgte in allem dem Beispiel seines Vaters Asa und tat wie er, was dem Herrn gefiel, nur die Höhenheiligtümer ließ auch er nicht abschaffen. Das Volk brachte dort weiterhin seine Opfer dar."

KONKRET:

Was können Sie in dieser Woche tun, um Gott den ersten Platz in Ihrem Leben einzuräumen? Zum Beispiel: erst Zeit mit Bibellesen und Gebet verbringen, bevor Sie Ihren Computer einschalten. Oder statt purer Unterhaltung lieber etwas unternehmen, das Sie im Glauben weiterbringt.

Den nächsten Impuls finden Sie auf S. 424 a

Darum soll es deinen Nachkommen so schlecht ergehen wie den Nachkommen Jerobeams, des Sohnes Nebats, und Baschas, des Sohnes Ahijas.‹ 23 Auch über Isebel hat der Herr sein Urteil gesprochen: An der äußeren Stadtmauer von Jesreel werden die Hunde sie fressen! 24 Wer von Ahabs Familie in der Stadt stirbt, wird von Hunden zerrissen, und wer auf freiem Feld stirbt, über den werden die Raubvögel herfallen.«

25 Es gab tatsächlich keinen König, der sich in solchem Maße dem Bösen verschrieben hatte wie Ahab. Seine Frau Isebel hatte ihn dazu verführt. 26 Am abscheulichsten war sein Götzendienst. Er verehrte andere Götter, ebenso wie es die Amoriter getan hatten, die der Herr für die Israeliten aus dem Land vertrieben hatte.

27 Als Ahab dieses harte Urteil hörte, zerriss er entsetzt seinen Mantel. Er hüllte sich in Sacktuch, fastete und ging bedrückt umher. Sein Sackgewand legte er nicht einmal zum Schlafen ab. 28 Da sagte der Herr zu Elia aus Tischbe: 29 »Hast du bemerkt, wie bedrückt Ahab ist? Weil er nun endlich Reue zeigt, lasse ich das Unheil noch nicht zu seinen Lebzeiten über seine Familie hereinbrechen, sondern erst, wenn sein Sohn König ist.«

Wer sagt die Wahrheit – die Propheten Ahabs oder Micha?
(2. Chronik 18, 1–27)

22 Der Krieg zwischen Syrien und Israel war vorbei. Schon seit mehr als zwei Jahren herrschte Frieden. 2 Im dritten Jahr erhielt Ahab Besuch von Joschafat, dem König von Juda. 3 Kurz vorher hatte Ahab mit seinen Beratern gesprochen: »Seid ihr nicht auch der Meinung, dass die Stadt Ramot im Gebiet von Gilead uns gehört? Warum unternehmen wir eigentlich nichts? Warum erobern wir sie nicht von den Syrern zurück?« 4 Er legte Joschafat diesen Plan vor und fragte ihn, ob er mit ihm in den Kampf ziehen wolle.

Joschafat antwortete: »Ja, du kannst auf mich zählen! Ich stelle dir meine Truppen und meine Pferde zur Verfügung. 5 Doch bitte frag zuerst den Herrn, was er zu diesem Feldzug sagt.«

6 Da ließ König Ahab von Israel seine Propheten zu sich rufen – es waren etwa 400 – und fragte sie: »Soll ich Ramot in Gilead angreifen oder nicht?« »Geh nur!«, ermutigten sie ihn. »Gott wird dir zum Sieg über diese Stadt verhelfen.«

7 Aber Joschafat gab sich noch nicht zufrieden. »Gibt es hier in Israel keinen echten Propheten, der für uns den Herrn befragen könnte?«, wollte er wissen. 8 Ahab antwortete: »Doch, es gibt noch einen, durch den man den Herrn befragen kann. Aber ich hasse ihn, denn er kündigt mir immer nur Unglück an, nie etwas Gutes! Es ist Micha, der Sohn Jimlas.« Joschafat entgegnete: »So solltest du als König nicht sprechen!« 9 Da rief König Ahab einen Hofbeamten und befahl ihm: »Hol sofort Micha, den Sohn Jimlas, zu uns!«

10 In ihren königlichen Gewändern setzten sich Ahab und Joschafat auf zwei Thronsessel, die man für sie auf einem großen Platz beim Stadttor von Samaria aufgestellt hatte. Dorthin kamen die 400 Propheten Ahabs. Sie gerieten alle in Ekstase und prophezeiten den Königen nur Gutes. 11 Einer von ihnen, Zedekia, der Sohn Kenaanas, hatte sich eiserne Hörner gemacht und rief: »Höre, was der Herr dir sagen lässt: ›Wie ein Stier mit eisernen Hörnern wirst du die Syrer niederstoßen und nicht eher ruhen, bis du sie in Grund und Boden gestampft hast!‹« 12 Die anderen Propheten redeten ähnlich: »Geh nur nach Ramot in Gilead! Der Herr wird die Stadt in deine Gewalt geben, und dann kommst du als Sieger zurück!«

13 Der Hofbeamte, der Micha holen musste, forderte ihn unterwegs auf: »Alle Propheten haben dem König nur Gutes

---

21,23 2 Kön 9,30–37 **21,25–26** 16,30–33 **21,29** 2 Mo 34,6–7 **22,3** Jos 20,8 **22,4** 2 Kön 3,7

angekündigt. Du weißt also, was du zu
tun hast: Sag auch du dem König den Sieg
voraus!« 14 Doch Micha widersprach: »So
gewiss der Herr lebt: Ich werde nur das
sagen, was der Herr mir aufträgt!«
15 Als Micha vor Ahab stand, fragte ihn
der König: »Micha, sollen wir gegen Ra-
mot in Gilead in den Kampf ziehen oder
nicht?« »Natürlich, greif nur an!«, ant-
wortete der Prophet. »Bestimmt wird
der Herr die Stadt in deine Gewalt ge-
ben, und du kommst als der große Sieger
zurück!« 16 Doch der König hakte nach:
»Wie muss ich dich beschwören, damit
du mir nur die reine Wahrheit sagst?
Was hat der Herr dir gezeigt?«
17 Da antwortete Micha: »Ich sah das
Heer der Israeliten über alle Berge ver-
streut wie Schafe, die keinen Hirten mehr
haben. Der Herr sprach zu mir: ›Diese
Soldaten haben keinen Herrn mehr, der
sie führt. Sie können getrost nach Hause
zurückkehren.‹«
18 »Siehst du?«, wandte der König von
Israel sich nun an Joschafat. »Ich hab es
doch gleich gesagt, dass er mir immer nur
Unglück prophezeit und nie etwas Gu-
tes!«
19 Micha aber fuhr fort: »Hör zu! Ich
will dir erzählen, was der Herr mir ge-
zeigt hat: Ich sah ihn auf seinem Thron
sitzen, umgeben von seinem himmlischen
Hofstaat. 20 Er fragte: ›Wer will Ahab da-
zu verleiten, gegen Ramot in Gilead zu
kämpfen? Der König soll dort ums Leben
kommen.‹ Die Versammelten machten
diesen und jenen Vorschlag, 21 bis schließ-
lich ein Geist vor den Herrn trat und sag-
te: ›Ich werde ihn überlisten!‹ ›Wie willst
du das tun?‹, fragte der Herr. 22 ›Ich lasse
alle Propheten Ahabs Lügen erzählen‹,
antwortete er. ›Ich rede durch sie als ein
Lügengeist.‹ Da sagte der Herr zu dem
Geist: ›Du bist der Rechte, um Ahab in
die Irre zu führen! Es wird dir auch gelin-
gen. Geh und mach es so, wie du vor-
geschlagen hast!‹ 23 Ahab, der Herr hat
beschlossen, *Unheil über dich* zu bringen,
darum hat er diesen Lügengeist zu dei-
nen Propheten geschickt. Dieser Geist
spricht nun aus ihrem Mund.«
24 Jetzt kam Zedekia, der Sohn Kenaa-
nas, nach vorne, gab Micha eine Ohrfeige
und rief: »So, du behauptest, der Geist
Gottes habe mich und die anderen Pro-
pheten verlassen, damit er mit dir reden
kann? Beweis es, wenn du kannst!«
25 »Warte nur«, sagte Micha, »bald kommt
der Tag, an dem du dich vor den Feinden
in die hinterste Kammer deines Hauses
verkriechst. Dann wirst du an meine
Worte denken!«
26 Da befahl König Ahab dem Hof-
beamten: »Bring Micha zu Amon, dem
Stadtobersten, und zu meinem Sohn Jo-
asch! 27 Melde ihnen: ›Befehl des Königs:
Steckt diesen Mann ins Gefängnis, und
gebt ihm eine gekürzte Ration Brot und
Wasser! Dort soll er bleiben, bis ich, Kö-
nig Ahab, unversehrt als Sieger aus dem
Feldzug zurückkomme.‹« 28 Da sagte Mi-
cha zum König: »Alle sollen es hören:
Wenn du je wohlbehalten zurückkehrst,
so hat heute nicht der Herr durch mich
gesprochen.«

König Ahab fällt in der Schlacht bei Ramot (2. Chronik 18,28–34)

29 König Ahab von Israel und König Jo-
schafat von Juda zogen gemeinsam in
den Kampf gegen die Stadt Ramot in Gi-
lead. 30 Vor der Schlacht sagte Ahab zu
Joschafat: »Ich werde mich als einfacher
Soldat verkleiden. Du aber kämpfe ruhig
in deiner königlichen Rüstung!« Er zog
sich einfache Soldatenkleider an und
ging in die Schlacht. 31 Der syrische König
aber hatte seinen 32 Wagenkämpfern be-
fohlen: »Greift in der Schlacht einzig und
allein den König von Israel an. Lasst euch
von keinem ablenken – weder vom Fuß-
volk noch von den hohen Offizieren!«
32 Bald hatten die syrischen Wagen-
kämpfer König Joschafat entdeckt. Sie
hielten ihn für den König von Israel und
griffen ihn von allen Seiten an. Joschafat
schrie laut um Hilfe. 33 Da merkten die Sy-
rer, dass es gar nicht König Ahab war, und
ließen von ihm ab. 34 Einer ihrer Soldaten
schoss auf gut Glück einen Pfeil ab und

16 »Hör, was der Herr dir sagen lässt: ›Du hast Boten nach Ekron gesandt, die Baal-Sebub, den Gott dieser Stadt, um Rat fragen sollten – als ob es in Israel keinen Gott gäbe, den man fragen kann! Weil du das getan hast, wirst du nicht mehr gesund werden, sondern bald sterben.‹«

Ahasjas Tod

17 Was Elia im Auftrag des Herrn vorausgesagt hatte, traf ein: Ahasja starb. Weil er selbst keinen Sohn hatte, wurde sein Bruder[a] Joram sein Nachfolger. Dies geschah im 2. Regierungsjahr König Jorams von Juda, des Sohnes Joschafats. 18 Alles Weitere über Ahasjas Leben steht in der Chronik der Könige von Israel.

Der Herr holt Elia zu sich

2 Der Tag kam, an dem der Herr den Propheten Elia in einem Wirbelsturm zu sich in den Himmel holen wollte. An diesem Tag verließen Elia und Elisa die Stadt Gilgal. 2 Unterwegs sagte Elia zu Elisa: »Willst du nicht hier bleiben? Ich muss nach Bethel, denn der Herr hat mich dorthin geschickt.« Doch Elisa wehrte ab: »So gewiss der Herr lebt und so gewiss du lebst – ich verlasse dich nicht!«

So wanderten sie zusammen hinunter nach Bethel. 3 Dort kamen ihnen einige Prophetenjünger entgegen, die in Bethel zusammen lebten. Sie nahmen Elisa beiseite und fragten ihn: »Weißt du es schon? Der Herr wird heute deinen Lehrer zu sich holen!« »Ja, ich weiß es«, antwortete Elisa, »redet bitte nicht darüber!«

4 Wieder sagte Elia zu seinem Begleiter: »Elisa, willst du nicht hier bleiben? Ich muss weiter nach Jericho, denn der Herr hat mich dorthin geschickt.« Elisa antwortete: »So gewiss der Herr lebt und so gewiss du lebst – ich verlasse dich nicht!«

Sie wanderten gemeinsam weiter und kamen nach Jericho. 5 Auch hier sprachen einige Prophetenjünger, die in der Stadt wohnten, Elisa an und fragten ihn: »Weißt du, dass der Herr deinen Lehrer heute zu sich holen wird?« Und wieder antwortete Elisa: »Ja, ich weiß es. Sprecht bitte nicht darüber!«

6 Elia fragte Elisa zum dritten Mal: »Willst du nicht hier bleiben? Ich muss weiter an den Jordan, denn der Herr hat mich dorthin geschickt.« Doch auch jetzt antwortete Elisa: »So gewiss der Herr lebt und so gewiss du lebst – ich verlasse dich nicht!«

Dann gingen sie gemeinsam weiter. 7 Fünfzig Prophetenjünger aus Jericho folgten ihnen. Als Elia und Elisa den Jordan erreichten, blieben ihre Begleiter in einiger Entfernung stehen. 8 Elia zog seinen Mantel aus, rollte ihn zusammen und schlug damit auf das Wasser. Da teilte es sich, und die beiden konnten trockenen Fußes das Flussbett durchqueren. 9 Am anderen Ufer sagte Elia zu Elisa: »Ich möchte noch etwas für dich tun, bevor ich von dir genommen werde. Hast du einen Wunsch?« Da antwortete Elisa: »Ich möchte als dein Schüler und Nachfolger doppelt so viel von deinem Geist bekommen wie die anderen Propheten!« 10 Elia wandte ein: »Das liegt nicht in meiner Macht. Aber wenn der Herr dich sehen lässt, wie ich von hier weggeholt werde, dann wirst du erhalten, worum du gebeten hast. Wenn nicht, dann geht auch dein Wunsch nicht in Erfüllung.«

11 Während die beiden so in ihr Gespräch vertieft weitergingen, erschien plötzlich ein Wagen aus Feuer, gezogen von Pferden aus Feuer, und trennte die Männer voneinander. Und dann wurde Elia in einem Wirbelsturm zum Himmel hinaufgetragen. 12 Elisa sah es und schrie: »Mein Vater, mein Vater! Du Beschützer und Führer Israels!«[b]

Doch schon war alles vorbei. Aufgewühlt packte Elisa sein Gewand und

---

a In Anlehnung an 2. Könige 3,1 ergänzt.
b Wörtlich: Du Streitwagen Israels und sein (Wagen-)Lenker!
2,1 1 Kön 19,16.19–21 **2,9** 5 Mo 21,17

riss es entzwei. [13]Dann hob er Elias Man-
tel auf, der zu Boden gefallen war, und
ging zum Jordan zurück. [14]Wie vorher
sein Lehrer Elia schlug jetzt er mit dem
Mantel auf das Wasser und rief: »Wo ist
der Herr, der Gott Elias?« Da teilte sich
das Wasser, und Elisa konnte den Fluss
wieder durchqueren.

[15]Als die Prophetenjünger, die den bei-
den Männern aus Jericho gefolgt waren,
Elisa zurückkommen sahen, sagten sie
zueinander: »Der Geist Elias ist nun auf
Elisa übergegangen!« Sie liefen zu ihm
und warfen sich ehrfürchtig vor ihm zu
Boden. [16]»Meister«, sagten sie, »ein Wort
von dir genügt, und wir schicken unsere
fünfzig kräftigsten Männer los, um dei-
nen Lehrer zu suchen! Vielleicht hat der
Geist des Herrn ihn nur von hier weg-
getragen und irgendwo auf einen Berg
oder in ein Tal geworfen.«

Elisa wehrte ab. [17]Doch sie ließen nicht
locker, bis er schließlich nachgab und
sagte: »Meinetwegen schickt sie los.«
Drei Tage lang suchten die fünfzig Män-
ner nach Elia, doch ohne Erfolg. [18]End-
lich kehrten sie zu Elisa zurück, der in
Jericho geblieben war. Er bemerkte nur:
»Ich habe euch ja gleich gesagt, dass ihr
euch die Mühe sparen könnt!«

Was Elisa sagt, trifft ein

[19]Die Bürger der Stadt Jericho kamen zu
Elisa und klagten: »Herr, wie du siehst,
liegt unsere Stadt in einer guten, frucht-
baren Gegend. Aber das Wasser hier ist
schlecht, und darum gibt es bei uns im-
mer wieder Fehlgeburten.«

[20]Elisa befahl: »Bringt mir eine neue
Schüssel, und füllt sie mit Salz!« Sie
brachten ihm die Schüssel mit Salz, [21]und
er ging damit vor die Stadt hinaus zur
Quelle, schüttete das Salz ins Wasser
und rief: »So spricht der Herr: ›Ich mache
dieses Wasser gesund; nie mehr soll es
seinetwegen Tod und Fehlgeburten ge-
ben!‹«

[22]Von diesem Augenblick an war das
Wasser gut und ist es bis heute geblieben,
genau wie Elisa es gesagt hatte.

[23]Von Jericho ging Elisa wieder nach
Bethel. Als er zur Stadt hinaufwanderte,
lief ihm eine Horde kleiner Jungen ent-
gegen. Sie machten sich über ihn lustig
und riefen im Chor: »Glatzkopf, fang
uns doch! Glatzkopf, fang uns doch!«
[24]Elisa blieb stehen, sah sie an und ver-
fluchte sie im Namen des Herrn.

Da kamen zwei Bärinnen aus dem
Wald heraus, fielen über die Kinder her
und zerrissen zweiundvierzig von ihnen.

[25]Elisa wanderte weiter zum Berg Kar-
mel, und von dort kehrte er schließlich
nach Samaria zurück.

König Joram von Israel

3 Joram, der Sohn Ahabs, wurde König
von Israel im 18. Regierungsjahr Kö-
nig Joschafats von Juda. Er regierte zwölf
Jahre in Samaria. [2]Auch er tat, was der
Herr verabscheute, wenn auch nicht in
dem Maße wie sein Vater und seine Mut-
ter. Immerhin entfernte er die Säule, die
sein Vater zu Ehren des Gottes Baal hat-
te aufstellen lassen. [3]Aber wie Jerobeam,
der Sohn Nebats, der die Israeliten zum
Götzendienst verführt hatte, hielt auch
Joram an der Verehrung fremder Götter
fest.

Der Feldzug gegen die Moabiter

[4]Mescha, der König von Moab, besaß gro-
ße Schafherden, und darum hatte er an
den König von Israel immer Schafe als
Tribut entrichtet: insgesamt 100 000 Läm-
mer und 100 000 ungeschorene Schaf-
böcke. [5]Doch nach Ahabs Tod lehnte er
sich gegen die Herrschaft der Israeliten
auf und weigerte sich, weiter zu zahlen.

[6]Da brach König Joram von Samaria
auf und zog alle wehrfähigen Israeliten
ein. [7]Zugleich sandte er Boten nach Juda
zu König Joschafat und ließ ihm mittei-

3,2–3 1 Kön 12,26–32* **3,7** 1 Kön 22,4

len: »Der König von Moab hat sich gegen
uns aufgelehnt und weigert sich, weiter-
hin Tribut zu zahlen. Willst du zusammen
mit mir gegen ihn kämpfen?« Joschafat
antwortete: »Du kannst mit mir rechnen!
Ich stelle dir meine Truppen und meine
Pferde zur Verfügung.« 8 Dann wollte er
wissen, welchen Weg sie nehmen würden.
»Wir ziehen durch die edomitische Wüs-
te!«, meldete Joram zurück.

9 So zogen der König von Israel und der
König von Juda mit ihren Truppen los,
und auch der König von Edom schloss sich
ihnen an. Wie geplant schlugen sie den
Weg durch die Wüste ein. Doch weil sie
einen Umweg machten, konnten sie nach
sieben Tagen kein Wasser mehr finden,
weder für die Soldaten noch für die Tiere.
10 »Hätten wir nur diesen Feldzug nie
unternommen!«, klagte der König von Is-
rael. »Bestimmt hat der Herr uns in eine
Falle gelockt und will uns nun dem König
von Moab ausliefern.« 11 Aber Joschafat
fragte: »Ist denn kein Prophet des Herrn
in der Nähe, durch den wir den Herrn be-
fragen könnten?« »Doch«, antwortete
ein Diener des Königs von Israel, »Elisa,
der Sohn Schafats, ist hier. Er war seiner-
zeit der Diener Elias.« 12 »Dann ist er ein
echter Prophet!«, sagte Joschafat, und so-
gleich gingen er, der König von Israel und
der König von Edom zu Elisa.

13 Doch Elisa war abweisend: »Warum
kommst du denn zu mir, König von Isra-
el? Ich habe nichts mit dir zu schaffen!
Geh doch zu den Propheten, die dein Va-
ter und deine Mutter angeheuert haben!«
Joram erwiderte: »Meine Propheten kön-
nen nichts dafür. In diese Falle hat uns
der Herr gelockt, um uns dem König von
Moab auszuliefern.« 14 Da lenkte Elisa
ein: »Nur weil auch König Joschafat von
Juda hier ist, gebe ich dir eine Antwort.
Wäre er nicht da, würde ich dich nicht
einmal ansehen, geschweige denn irgend-
etwas für dich tun! Das schwöre ich bei
dem Herrn, dem allmächtigen Gott, dem
ich diene. 15 Und nun holt einen Mann,
der Harfe spielen kann!«

Während der Musiker spielte, sprach
der Herr zu Elisa und gab ihm eine
Botschaft für die Könige. Elisa rief:
16 »Hört, was der Herr euch befiehlt:
›Hebt in diesem trockenen Tal überall
Gruben aus. 17 Es wird zwar kein Wind
aufkommen, und es wird auch nicht reg-
nen, aber trotzdem wird dieses Tal sich
mit Wasser füllen. Dann könnt ihr alle
genug trinken, auch eure Pferde und das
Vieh.‹ 18 Aber das ist noch nicht alles!«,
fuhr Elisa fort. »Der Herr will euch noch
mehr geben. Mit seiner Hilfe werdet ihr
die Moabiter besiegen. 19 Ihre schönen
und gut befestigten Städte werdet ihr er-
obern, alle wertvollen Bäume fällen, alle
Quellen im Land zuschütten und die bes-
ten Felder mit Steinen verwüsten.«

20 Am nächsten Morgen, etwa zur Zeit
des Morgenopfers, waren die Gruben im
Tal mit Wasser gefüllt. Es kam von den
Bergen Edoms und überschwemmte die
ganze Gegend.

Der Herr schenkt den Sieg

21 Inzwischen hatten die Moabiter erfah-
ren, dass die drei Könige mit ihren Trup-
pen ausgerückt waren. Alle wehrfähigen
Männer – vom ältesten bis zum jüngsten
– wurden einberufen und an die Grenze
geschickt. 22 Früh am Morgen zogen sie
los zum Angriff. Im Licht der aufgehen-
den Sonne schimmerte das Wasser im Tal
blutrot. 23 »Das ist Blut!«, riefen die Moa-
biter. »Die drei Könige und ihre Soldaten
haben sich gegenseitig umgebracht! Das
gibt eine fette Beute!«

24 Doch als sie sich dem feindlichen La-
ger näherten, stürmten die Israeliten
ihnen entgegen und schlugen sie in die
Flucht. Dann verfolgten sie die Moabiter
bis in ihr Land und brachten ihnen eine
schwere Niederlage bei. 25 Sie machten
die moabitischen Städte dem Erdboden
gleich. Immer wenn sie an einem frucht-
baren Feld vorbeikamen, warf jeder Sol-
dat Steine darauf, bis schließlich alle
Felder vom Schutt bedeckt waren. Die

3,11 1 Kön 19,19–21

Quellen schütteten sie zu und fällten alle
wertvollen Bäume.
Am längsten konnte die Stadt Kir-He-
res Widerstand leisten. Doch die Israeli-
ten umzingelten sie und beschossen sie
mit Steinschleudern. [26]Der König von
Moab sah ein, dass er ohne fremde Hilfe
verloren war. Darum versuchte er, mit
700 Soldaten den Belagerungsring zu
durchbrechen, um zum König von Edom
vorzudringen, doch ohne Erfolg. [27]In sei-
ner Verzweiflung ließ er seinen ältesten
Sohn holen, den Thronfolger, und ver-
brannte ihn als Opfer auf der Stadtmau-
er. Darüber waren die Israeliten so em-
pört, dass sie die Belagerung aufhoben
und nach Israel zurückkehrten.

Elisa hilft einer armen Witwe

4 Eines Tages klagte die Witwe eines
Prophetenjüngers Elisa ihre Not:
»Herr, du hast doch meinen verstorbenen
Mann gekannt. Du weißt, dass er dem
Herrn in allem gehorcht hat. Aber nun
ist einer gekommen, dem wir noch Geld
schulden, und hat gedroht, meine beiden
Söhne als Sklaven zu nehmen, wenn ich
nicht sofort bezahle.«
[2]»Wie kann ich dir nur helfen?«, über-
legte Elisa. »Hast du noch irgendwelche
Vorräte im Haus?« Sie antwortete:
»Mein Herr, außer einem kleinen Krug
mit Öl habe ich gar nichts mehr.«
[3]»Gut«, sagte er, »geh und leih dir von
deinen Nachbarinnen leere Krüge aus,
aber nicht zu wenige! [4]Dann geh mit dei-
nen Söhnen ins Haus, und verriegle die
Tür! Als Nächstes gießt du dein Öl in die
Gefäße. Sobald eins voll ist, stell es zur
Seite!«
[5]Die Witwe tat, was Elisa ihr aufgetra-
gen hatte. Sie verriegelte die Haustür
hinter sich und ihren Söhnen. Die beiden
Jungen reichten ihr die Krüge, und sie
goss das Öl hinein. [6]Bald waren alle Ge-
fäße voll, und als die Mutter rief: »Gebt
mir noch einen Krug!«, antwortete einer
ihrer Söhne: »Wir haben keine leeren
mehr!« Von da an vermehrte sich das Öl
nicht mehr.
[7]Die Frau eilte zu Elisa, dem Boten
Gottes, und erzählte ihm, was geschehen
war. Da forderte er sie auf: »Geh nun und
verkauf das Öl! Von dem Erlös kannst du
deine Schulden bezahlen, und es wird
noch genug übrig bleiben, damit du und
deine Söhne davon leben können.«

Elisa verheißt seinen Gastgebern einen Sohn

[8]Als Elisa einmal nach Schunem kam,
lud ihn eine wohlhabende Frau des Dor-
fes zum Essen ein. Von da an war er jedes
Mal in ihrem Haus zu Gast, wenn er in
Schunem vorbeikam. [9]Eines Tages sagte
die Gastgeberin zu ihrem Mann: »Ich bin
sicher, dass der Mann, der oft zu uns
kommt, ein heiliger Bote Gottes ist!
[10]Wollen wir ihm nicht im oberen Stock-
werk ein kleines Zimmer einrichten? Wir
stellen ihm ein Bett, einen Tisch, einen
Stuhl und eine Lampe hinein. So kann er
sich zurückziehen und etwas ausruhen,
wenn er uns besucht.«
[11]Als Elisa wieder einmal nach Schu-
nem kam, ging er in sein neues Zimmer
hinauf und ruhte sich aus. [12/13]Dann be-
fahl er seinem Diener Gehasi: »Geh zu
unserer Gastgeberin, und sag ihr: ›Du
hast dir für uns so viel Mühe gemacht.
Können wir auch etwas für dich tun? Sol-
len wir vielleicht beim König oder beim
Heerführer ein gutes Wort für dich ein-
legen?‹« Gehasi ging hinunter und rief
nach der Frau. Als er sein Angebot vor-
getragen hatte, wehrte sie ab: »Ach, es
geht mir doch so gut. Ich habe so viele
Verwandte hier in der Stadt.«
[14]Als der Diener mit dieser Antwort
zurückkam, fragte Elisa ihn: »Was könnte
man sonst für diese Frau tun?« Gehasi er-
widerte: »Nun, die Frau hat keine Kinder,
und ihr Mann ist schon ziemlich alt.«
[15]Da sagte der Prophet: »Gut, ruf sie
her!« Gehasi holte die Frau. Sie kam und
blieb in der Tür stehen. [16]Elisa erklärte

3,27 3 Mo 18,21* **4,1** 2 Mo 21,2; 3 Mo 25,39–41; Am 2,6

Überfließende Liebe

Lesen Sie 2. Könige 4,1-7

Gott sorgt sich zutiefst um Witwen, Waisen und Arme. Die Bibel weist uns an zahlreichen Stellen darauf hin, dass wir uns der Notleidenden annehmen sollen, besonders der Schwächsten, Schutzlosesten und Bedürftigsten. Wie der Apostel Jakobus es formulierte: „Witwen und Waisen in ihrer Not zu helfen und sich vom gottlosen Treiben dieser Welt nicht verführen zu lassen: das ist wirkliche Frömmigkeit ..." (Jakobus 1,27).

Elisa zeigt uns Gottes tiefe Barmherzigkeit gegenüber einer Witwe und ihren zwei Söhnen. Ohne Ehemann hatte die Frau kein Einkommen und keinen Schutz, und sie kämpfte verzweifelt darum, ihren Söhnen ein Leben in der Sklaverei zu ersparen. „Wie kann ich dir nur helfen?", fragte Elisa sie. Die Antwort bestand in einem einzigen Krug Olivenöl und einem Akt des Glaubens. Gott vollbrachte damit ein großes Wunder.

Wie können Sie diese große Liebe für die Bedürftigen in Ihrer Ehe und Familie umsetzen? Wie bringen Sie Ihr Herz in Einklang mit dem Herzen Gottes und erreichen durch Ihre Ehe andere Menschen? Überlegen Sie gemeinsam, wie Sie über den engsten Familienkreis hinaus anderen dienen können. Sie könnten zum Beispiel einmal im Monat als Familie gemeinsam ein bestimmtes Projekt in Angriff nehmen. Damit helfen Sie nicht nur anderen, sondern erleben auch als Familie etwas gemeinsam. Ein Freund zieht um, und Ihre Familie bietet an, das Haus zu putzen, wenn der Umzugswagen weg ist. Sie erfahren, dass ein Freund in finanziellen Schwierigkeiten steckt; sie sprechen als Familie darüber und beschließen, ihm mit einem bestimmten Betrag zu helfen. Eine Witwe braucht jemanden, der die Regenrinne säubert, den Rasen mäht oder das Haus streicht. Sie und Ihre Familie kommen zu dem Schluss, dass Sie die Zeit und die Fähigkeiten besitzen, dieser Frau zu helfen. Damit lindern Sie nicht nur die tiefe Not eines anderen Menschen, sondern knüpfen auch ein festes Band zwischen Ihnen als Familienmitgliedern. In Ihrer Hilfe für die Bedürftigen spiegelt sich das liebevolle Herz Gottes wider.

Nehmen Sie sich Zeit, um allein oder als Paar gemeinsam zu beten. Bitten Sie Gott, dass Sie als Ehepaar andere Menschen in ihrer Not erreichen können.

Wenn Sie noch mehr Zeit haben ...

Besprechen Sie miteinander folgende Fragen oder denken Sie darüber nach:

- Welche Menschen in Ihrer Umgebung könnten Hilfe gebrauchen – Witwen, Waisen, Arme?
- Wie können Sie „wirkliche Frömmigkeit" nach Jakobus 1,27 leben?

Lesen Sie auch die folgenden Abschnitte zum Thema Anderen dienen:
Psalm 41,2; Jesaja 1,17;
1. Petrus 4,8-11.

Fehlgeleiteter Zorn

Lesen Sie 2. Könige 5,1-19

Menschen können erkennen, wenn ihr Zorn fehlgeleitet ist, und zu einer positiven Reaktion finden – das zeigt uns die Geschichte von Naaman, einem syrischen Heerführer, der an Aussatz litt. Naaman pilgerte nach Israel, um Heilung zu finden, doch der Prophet Elisa entsprach nicht seinen Erwartungen. Naaman wollte, seinem Status entsprechend, eine große, von Elisa persönlich vollzogene Zeremonie (siehe 2. Könige 5,11-12). Doch der Prophet machte sich nicht einmal die Mühe, ihn an der Tür zu begrüßen. Er gab Naaman durch einen Boten Anweisungen, die dieser beleidigend, absurd und demütigend fand: sich siebenmal im schmutzigen Wasser des Jordan zu waschen.

Naamans Reaktion ist bemerkenswert: Wut. In Naamans Augen tat Elisa ihm Unrecht, und somit hatte er allen Grund, wütend zu sein. Doch in Wirklichkeit hatte der Prophet ihm den Weg zur Heilung für seinen Aussatz gezeigt. Elisa hatte ihm etwas Gutes getan, doch weil Naamans Sicht verzerrt war, empfand er nichts als Wut gegenüber dem Propheten. Von seinem Zorn getrieben, wollte Naaman wieder nach Hause umkehren; seine Mission wäre damit unerfüllt geblieben. Glücklicherweise aber hatten seine Diener eine klarere Sicht der Dinge und brachten ihn zur Vernunft.

Und tatsächlich wurde der große Heerführer geheilt und kehrte zurück, um der Person zu danken, auf die er vorher so zornig gewesen war. Naaman steht stellvertretend für alle, die einen starken, fehlgeleiteten Zorn empfinden, sich aber eines Besseren belehren lassen; sie gebieten ihrer Wut Einhalt und lassen sich von der Vernunft statt vom Zorn leiten.

Nehmen Sie sich Zeit, um allein oder als Paar gemeinsam zu beten. Bitten Sie Gott …

- dass er Sie von dem „Aussatz" des Stolzes befreit, wie er es bei Naaman getan hat;
- dass Sie auf die Stimme der Vernunft hören können, wenn Sie irrationalen Zorn empfinden;
- dass Sie selbst zur Stimme der Vernunft werden für Ihnen nahestehende Menschen, die fehlgeleiteten Zorn empfinden.

Wenn Sie noch mehr Zeit haben …

Besprechen Sie miteinander folgende Fragen oder denken Sie darüber nach:

- Warum hat Gott Ihrer Meinung nach für Naaman einen so demütigenden Weg der Heilung vorgesehen? Wurde Naaman vollständig geheilt (siehe 2. Könige 5,14-15)?
- Wann haben Sie das letzte Mal eine so blinde Wut verspürt wie Naaman? Wie sind Sie damit umgegangen?
- Wie können Sie Ihren fehlgeleiteten Zorn verarbeiten, ohne dass er Sie beherrscht?

Lesen Sie auch die folgenden Abschnitte zum Thema Zorn:
Sprüche 29,8; Prediger 7,9; Kolosser 3,8.

Den nächsten Impuls finden Sie auf S. 450 a

ihr: »Nächstes Jahr um diese Zeit wirst du einen Sohn haben!« »Ach, mein Herr«, rief sie, »belüge mich nicht. Du bist doch ein Bote Gottes!«

17 Doch einige Zeit später wurde die Frau schwanger und brachte ein Jahr nach diesem Gespräch einen Sohn zur Welt, genau wie Elisa es vorausgesagt hatte.

Elisa erweckt den Sohn seiner Gastgeberin wieder zum Leben

18 Inzwischen war der Junge größer geworden. Eines Tages lief er aufs Feld hinaus zu seinem Vater, der dort mit den Arbeitern Getreide erntete. 19 Auf einmal begann der Junge zu jammern: »Mein Kopf tut so weh!« Sofort befahl der Vater einem der Knechte: »Trag ihn schnell nach Hause!« 20 Der Knecht brachte den Jungen nach Hause zu seiner Mutter. Sie setzte sich hin und nahm ihn auf den Schoß. Gegen Mittag aber starb er.

21 Da trug sie das tote Kind ins obere Schlafzimmer hinauf, legte es auf das Bett des Propheten und schloss den Raum ab. Dann eilte sie auf das Feld hinaus 22 und rief ihrem Mann zu: »Ich brauche einen Knecht und eine Eselin! Ich muss sofort zu dem Propheten. Ich bin bald wieder zurück.« 23 Erstaunt fragte ihr Mann: »Warum willst du ihn ausgerechnet heute besuchen? Es ist doch kein Feiertag, weder Neumond noch Sabbat!« Sie ging gar nicht auf die Frage ein, sondern verabschiedete sich kurz 24 und lief zurück, um die Eselin zu satteln. Dann befahl sie ihrem Diener: »Treib das Tier tüchtig an, damit wir schnell vorankommen. Halt erst an, wenn ich es sage!«

25 *So kam sie zum Propheten Elisa* an den Berg Karmel. Als er sie von weitem kommen sah, sagte er überrascht zu seinem Diener Gehasi: »Da kommt ja unsere Gastgeberin aus Schunem! 26 Lauf ihr entgegen, und frag sie, ob es ihr, ihrem Mann und dem Kind gut geht!« »Ja, ja, es geht uns gut«, antwortete sie auf Gehasis Frage. 27 Doch kaum war sie bei Elisa auf dem Berg, da fiel sie vor ihm nieder und umklammerte seine Füße. Gehasi wollte sie wegstoßen, aber Elisa wehrte ab: »Lass sie! Irgendetwas bedrückt sie sehr, aber ich weiß nicht was, denn der Herr hat mir nichts gesagt.«

28 Da brach es aus ihr heraus: »Habe ich dich, mein Herr, etwa um einen Sohn gebeten? Habe ich damals nicht sogar abgewehrt und gesagt, du sollst mir keine falschen Hoffnungen machen?« 29 »Gehasi, mach dich sofort fertig zum Aufbrechen!«, befahl Elisa seinem Diener. »Nimm meinen Stab, und eile so schnell wie möglich nach Schunem. Wenn du unterwegs jemandem begegnest, beginn keine Unterhaltung, und wenn dich einer anredet, gib keine Antwort! Geh und leg meinen Stab auf das Gesicht des Jungen!« 30 Doch die Mutter bestand darauf, dass Elisa selbst mitkam. Sie sagte: »So gewiss der Herr lebt und so gewiss du lebst: Ohne dich gehe ich nicht nach Hause!«

Da gab er nach und ging mit ihr. 31 Gehasi war vorausgeeilt und hatte den Stab auf das Gesicht des toten Jungen gelegt. Doch ohne Erfolg – der Junge bewegte sich nicht und gab auch keinen Laut von sich. Da kehrte Gehasi wieder zurück, um es Elisa zu melden. Unterwegs traf er ihn und berichtete: »Er ist nicht aufgewacht!«

32/33 Als Elisa in Schunem angekommen war, ging er allein hinauf in sein Zimmer und verriegelte die Tür hinter sich. Noch immer lag das Kind regungslos auf dem Bett. Elisa betete zum Herrn. 34 Dann legte er sich so auf den toten Jungen, dass sein Mund auf dem Mund des Kindes lag, seine Augen auf dessen Augen und seine Hände auf dessen Händen. Während er so dalag, wurde der Leib des Toten langsam warm. 35 Der Prophet stand auf, verließ das Zimmer und ging im Haus umher. Schließlich kehrte er zurück und legte sich noch einmal auf den Jungen. Da nieste das Kind siebenmal und schlug die Augen auf.

36 Elisa rief nach Gehasi und befahl ihm: »Hol schnell unsere Gastgeberin!«

Als sie das Zimmer betrat, sagte Elisa
zu ihr: »Hier ist dein Sohn.« 37 Die Frau
warf sich vor dem Propheten zu Boden.
Dann ging sie zusammen mit ihrem
Sohn hinunter.

Elisa lässt ein giftiges Essen genießbar werden

38 Elisa kehrte nach Gilgal zurück. Zu der
Zeit herrschte im Land eine Hungersnot.
Als Elisa einmal vor den Prophetenjün-
gern in Gilgal sprach, befahl er seinem
Diener: »Setz den großen Topf auf, und
koch den Prophetenjüngern etwas zu
essen!«

39 Da ging einer der jungen Männer
hinaus, um auf dem Feld nach etwas Ess-
barem zu suchen. Er fand ein wildes Ran-
kengewächs mit Früchten. Davon pflück-
te er so viele, wie er in seinem Mantel
tragen konnte, und eilte damit zurück.
Er schnitt die Früchte in Stücke und warf
sie in den Topf, obwohl keiner von ihnen
das Gewächs kannte.

40 Das Gemüse wurde an die Männer
verteilt. Doch schon nach ein, zwei Bis-
sen konnten sie nichts mehr essen und
schrien entsetzt: »Elisa, du Bote Gottes,
das Essen ist giftig, wir werden alle ster-
ben!« 41 Elisa befahl: »Bringt mir etwas
Mehl!« Er schüttete das Mehl in den
Topf, rührte um und sagte: »So, nun
könnt ihr es an alle austeilen und essen.«
Jetzt war das Gericht genießbar und rich-
tete keinen Schaden an.

Brot für hundert Leute!

42 Ein anderes Mal kam ein Mann aus
Baal-Schalischa und brachte dem Pro-
pheten einen Beutel frische Getreidekör-
ner und die ersten zwanzig Gerstenbrote
vom Korn der neuen Ernte. Elisa sagte zu
seinem Diener: »Verteile es an die Pro-
phetenjünger, damit sie sich satt essen
können!«

43 »Was!«, rief Gehasi erstaunt. »Diese
paar Brote soll ich hundert hungrigen
Männern vorsetzen?« Doch Elisa blieb
dabei: »Verteile es an alle! Denn der
Herr sagt: ›Man wird sich satt essen und
sogar noch übrig lassen.‹«

44 Da gab der Diener den Männern das
Brot. Sie aßen, so viel sie konnten, und
doch blieb noch davon übrig, genau wie
der Herr es vorausgesagt hatte.

Naaman von Syrien bei Elisa

5 Naaman, der oberste Heerführer von
Syrien, war ein ausgezeichneter Sol-
dat und Stratege. Er genoss hohes An-
sehen, und der König schätzte ihn sehr,
hatte doch der Herr durch Naaman den
Syrern zum Sieg über die Feinde verhol-
fen. Doch Naaman war aussätzig! 2 In
seinem Haus lebte ein israelitisches Mäd-
chen. Syrische Soldaten hatten es auf
einem ihrer Raubzüge in das Land Israel
gefangen genommen und nach Syrien ver-
schleppt. Sie war die Sklavin von Naa-
mans Frau geworden. 3 Eines Tages sagte
das Mädchen zu seiner Herrin: »Wenn
mein Herr doch einmal zu dem Propheten
gehen würde, der in Samaria lebt! Der
könnte ihn von seiner Krankheit heilen.«

4 Naaman ging daraufhin zum König
und berichtete ihm, was das Mädchen
aus Israel gesagt hatte. 5 Der syrische Kö-
nig bestärkte ihn, den Propheten auf-
zusuchen, und gab ihm ein Empfehlungs-
schreiben an den König von Israel mit.
Naaman machte sich auf den Weg. Er
nahm 7 Zentner Silber, 70 Kilogramm
Gold und 10 Festkleider als Geschenke
mit. 6 Das Schreiben an König Joram von
Israel lautete: »Der Mann, der dir diesen
Brief überreicht, ist mein Diener Naa-
man. Ich habe ihn zu dir gesandt, damit
du ihn von seinem Aussatz heilst.«

7 Als Joram den Brief gelesen hatte,
zerriss er entrüstet seine Kleider und rief:
»Bin ich etwa ein Gott, der Macht über
Leben und Tod besitzt? Wie kommt der
Syrer nur darauf, einen Aussätzigen zu
mir zu schicken, damit ich ihn heile? Es
liegt ja auf der Hand, was er will: Krieg

4,42–44 Mt 14,14–21 **4,42** 3 Mo 23,10.20 **5,7** 5 Mo 32,39

will er mit uns! Und das hier ist nur ein Vorwand.«
[8]Schon bald hörte auch der Prophet Elisa, dass der König voller Entrüstung seine Kleider zerrissen hatte. Er schickte einen Boten zum Palast und ließ Joram ausrichten: »Warum bist du so aufgebracht? Schick diesen Mann zu mir! Er soll erkennen, dass es hier in Israel einen Propheten des wahren Gottes gibt.«
[9]Kurze Zeit später fuhr Naaman mit seinem Gespann bei Elisa vor. [10]Der Prophet schickte einen Diener vor das Haus, der dem syrischen Heerführer sagen sollte: »Geh an den Jordan, und tauch siebenmal im Wasser unter! Dann wird dein Aussatz verschwinden, und du wirst gesund sein.«
[11]Da wurde Naaman zornig, kehrte wieder um und schimpfte: »Ich hatte erwartet, der Prophet würde zu mir herauskommen, sich vor mich hinstellen und zum Herrn, seinem Gott, beten. Ich hatte mir vorgestellt, wie er seine Hand über meine kranken Stellen hält und mich von meinem Aussatz befreit. [12]Als ob unsere Flüsse Abana und Parpar, die durch Damaskus fließen, nichts wären! Dabei sind sie viel sauberer als alle Bäche Israels! Kann ich nicht auch darin baden und gesund werden?«

Voller Wut machte er sich auf den Heimweg. [13]Doch seine Diener versuchten ihn zu beschwichtigen: »Herr, wenn der Prophet etwas Schwieriges von dir verlangt hätte, dann hättest du es sicher auf dich genommen. Und nun hat er dir nur befohlen, dich zu baden, damit du gesund wirst. Dann kannst du es doch erst recht tun!« [14]Naaman ließ sich umstimmen und fuhr an den Jordan hinunter. Wie der Bote Gottes es befohlen hatte, stieg er ins Wasser und tauchte siebenmal unter. Und tatsächlich: Seine Haut wurde wieder glatt und rein. Er war gesund.
[15]Da ritt er mit seinem ganzen Gefolge zum Propheten zurück und bekannte ihm: »Jetzt weiß ich, dass es nirgends auf der Welt einen wahren Gott gibt, außer in Israel! Nimm darum ein Dankesgeschenk von mir an.« [16]Doch Elisa wehrte ab: »So gewiss der Herr lebt, dem ich diene, ich nehme keine Geschenke!« Naaman versuchte mit allen Mitteln, ihn zu überreden, aber ohne Erfolg.
[17]Schließlich bat er: »Wenn du schon nichts willst, mein Herr, dann habe ich einen Wunsch: Ich möchte so viel Erde von hier mitnehmen, wie zwei Maultiere tragen können. In Zukunft will ich nämlich keinen anderen Göttern mehr Brand- und Schlachtopfer darbringen, nur noch dem Herrn, dem Gott Israels. Ich möchte ihn auf der Erde aus seinem Land anbeten.[a] [18]Doch eines möge der Herr mir vergeben: Wenn mein König zum Beten in den Tempel unseres Gottes Rimmon geht, dann stützt er sich auf meinen Arm. Und so muss ich mich auch niederwerfen, wenn er sich vor seinem Gott zu Boden wirft. Dies möge der Herr mir vergeben!«
[19]Elisa antwortete nur: »Geh in Frieden!«

Gehasis Geldgier und ihre Folgen

Naaman war schon ein Stück weit entfernt, [20]da dachte Elisas Diener Gehasi: »Mein Herr war wieder einmal zu bescheiden! Er lässt diesen Syrer Naaman einfach laufen, ohne die Geschenke anzunehmen, die er ihm angeboten hat! So gewiss der Herr lebt: Ich werde ihn einholen, und dann soll er wenigstens mir etwas geben.«
[21]Er rannte dem Syrer hinterher. Als Naaman merkte, dass ihm jemand nachlief, sprang er vom Wagen, ging Gehasi entgegen und fragte beunruhigt: »Es ist doch alles in Ordnung?« [22]»Ja, ja«, antwortete Gehasi, »mein Herr schickt mich. Ich soll dir ausrichten, dass soeben zwei Prophetenjünger aus dem Gebirge Ephraim zu ihm gekommen sind. Er lässt dich fragen, ob du mir nicht einen Zent-

---

[a] »dem Gott Israels … anbeten.« ist sinngemäß ergänzt.

ner Silber und zwei Festkleider für sie
mitgeben könntest.« 23 Erfreut sagte Naa-
man: »Ach bitte, nimm doch zwei Zent-
ner!« Er füllte die Silberstücke in zwei
Säcke, legte zwei Festgewänder dazu
und drängte Gehasi, die Geschenke an-
zunehmen. Zwei seiner Diener mussten
mit Gehasi zurückkehren und die Sachen
tragen.

24 Als sie am Fuße des Hügels anka-
men, wo Elisa wohnte, schickte Gehasi
die beiden syrischen Diener weg, schlich
sich ins Haus und versteckte das Silber
und die Kleider. 25 Dann ging er zu sei-
nem Herrn. »Wo bist du gewesen, Geha-
si?«, wollte Elisa von ihm wissen. »Ich
war die ganze Zeit hier, mein Herr!«, ant-
wortete Gehasi.

26 Doch Elisa ließ sich nichts vor-
machen: »Glaub nur nicht, ich hätte
nichts gemerkt! Ich war im Geiste dabei,
als ein Mann vom Wagen stieg und dir
entgegen kam. Gehasi, jetzt ist nicht die
Zeit, sich Geld und schöne Kleider zu be-
sorgen, Olivenbäume und Weinberge zu
kaufen, Rinder, Schafe und Ziegen anzu-
schaffen, Knechte und Mägde anzustel-
len. 27 Der Aussatz, unter dem Naaman
gelitten hat, wird nun dich befallen. Auch
deine Nachkommen werden für immer
unter dieser Krankheit zu leiden haben.«

Als Gehasi das Zimmer verließ, hatte der Aussatz ihn schon befallen. Seine Haut war schneeweiß geworden.

Elisa lässt Eisen schwimmen

6 Einige Prophetenjünger kamen zu Elisa und klagten: »Der Versammlungsraum, in dem wir dir zuhören, ist zu
eng geworden! 2 Könnten wir nicht alle
zum Jordan gehen und Holz schlagen?
Wenn jeder von uns einen Balken mit-
nimmt, können wir unsere Räume so ver-
größern, dass wir alle genügend Platz ha-
ben.« »Geht nur!«, antwortete Elisa. 3 Da
bat einer von ihnen: »Bitte, Herr, tu uns
doch den Gefallen, und begleite uns!«
Der Prophet willigte ein 4 und ging mit
ihnen.

Am Jordan fingen sie sogleich an, Bäu-
me zu fällen. 5 Dabei rutschte einem von
ihnen das Eisen seiner Axt vom Stiel und
fiel ins Wasser. »O nein!«, schrie er ent-
setzt und wandte sich an Elisa: »Herr,
was soll ich machen? Diese Axt war nur
geliehen!« 6 Elisa fragte: »Wohin genau
ist das Eisen gefallen?« Der Mann zeigte
ihm die Stelle. Der Prophet schnitt einen
Zweig von einem Baum ab und warf ihn
dort ins Wasser. Da tauchte das Eisen
plötzlich auf und schwamm an der Was-
seroberfläche. 7 »Willst du es nicht he-
rausfischen?«, forderte Elisa ihn auf. Da
bückte der Mann sich und holte das Ei-
sen heraus.

Elisa bringt den Feldzug der Syrer zum Scheitern

8 Der König von Syrien führte Krieg ge-
gen Israel. Nach ausführlicher Beratung
mit seinen Heerführern entschied er, wo
die syrischen Truppen ihr Lager aufschla-
gen sollten. 9 Zum gleichen Zeitpunkt
schickte der Prophet Elisa einen Boten
nach Samaria. Er warnte König Joram
von Israel davor, sein Heer an diesem
Ort vorbeiziehen zu lassen, weil die Syrer
dort im Hinterhalt lagen. 10 Daraufhin
schickte Joram einen Spähtrupp in die
Gegend und ließ sie sorgfältig beobach-
ten. Dasselbe wiederholte sich mehrmals.

11 Als der König von Syrien davon er-
fuhr, war er äußerst beunruhigt. Er ließ
seine Heerführer zu sich kommen und
stellte sie zur Rede: »Einer von euch
muss heimlich zu den Israeliten halten.
Wer ist es?« 12 »Mein König, keiner von
uns ist ein Verräter!«, entgegnete einer
der Heerführer. »Dieser Prophet Elisa in
Israel ist an allem schuld! Er kann dem
König von Israel sogar sagen, was du in
deinem Schlafzimmer flüsterst.« 13 Der
König befahl: »Versucht auf der Stelle,
diesen Mann zu finden! Dann lasse ich
ihn verhaften und hierher bringen.«

Der König erfuhr, dass Elisa sich in
Dotan aufhielt. 14 Sogleich schickte er ein
großes Heer mit vielen Pferden und
Streitwagen dorthin. Es war schon dun-
kel, als die Truppen Dotan erreichten,

und noch in derselben Nacht umzingel-
ten sie die Stadt. 15 Als Elisas Diener früh
am Morgen aufstand und vor das Haus
trat, da traute er seinen Augen kaum:
Die Stadt war von einem Heer mit Pfer-
den und Streitwagen eingeschlossen!
»Ach, mein Herr, was sollen wir jetzt
bloß tun?«, rief er. 16 Doch Elisa beruhig-
te ihn: »Du brauchst keine Angst zu ha-
ben! Denn auf unserer Seite steht ein
noch größeres Heer.« 17 Dann betete er:
»Bitte, Herr, öffne ihm die Augen!« Da
öffnete der Herr Elisas Diener die Au-
gen, und er konnte sehen, dass der ganze
Berg, auf dem die Stadt stand, von Pfer-
den und Streitwagen aus Feuer beschützt
wurde.

18 Als dann die Syrer vorrückten, bete-
te Elisa: »Herr, lass sie alle blind wer-
den!« Der Herr erhörte Elisas Gebet,
und das ganze syrische Heer konnte
nichts mehr sehen. 19 Da ging der Prophet
zu den Heerführern hinaus und sagte:
»Ihr habt wohl den Weg verfehlt und seid
in der falschen Stadt gelandet! Aber
kommt mit, ich will euch zu dem Mann
bringen, den ihr sucht.« Er führte die
Syrer in die israelitische Hauptstadt
Samaria.

20 Als sie dort angekommen waren, be-
tete Elisa: »Herr, öffne ihnen die Augen,
damit sie wieder sehen können!« Da öff-
nete der Herr ihnen die Augen, und sie
stellten voller Schrecken fest, dass sie
sich mitten in Samaria befanden.

21 Als der König von Israel seine Feinde
sah, fragte er Elisa: »Soll ich sie alle um-
bringen lassen? Soll ich sie erschlagen?«
22 »Nein, das sollst du nicht!«, entgegnete
der Prophet. »Du würdest doch nicht ein-
mal Soldaten erschlagen, die du im
Kampf gefangen genommen hast! Gib
ihnen zu essen und zu trinken, und dann
lass sie zurück zu ihrem Herrn ziehen.«

23 Da ließ der König den Syrern ein
herrliches Festmahl auftischen. Nachdem
sie gegessen und getrunken hatten, durf-
ten sie in ihr Land zurückkehren. Von da
an unternahmen die syrischen Truppen
keine Raubzüge mehr auf israelitisches
Gebiet.

Schwere Hungersnot im belagerten Samaria

24 Einige Zeit später zog König Ben-
Hadad von Syrien alle seine Truppen zu-
sammen, marschierte in Israel ein und
belagerte Samaria. 25 In der eingeschlos-
senen Stadt brach eine große Hungersnot
aus. Schließlich kostete ein Eselskopf 80
Silberstücke, und für eine Hand voll
Taubenmist musste man 5 Silberstücke
bezahlen.

26 Als König Joram einmal auf der
Stadtmauer umherging, flehte eine Frau
ihn an: »Hilf mir doch, mein Herr und
König!« 27 Er entgegnete: »Wenn schon
der Herr dir nicht hilft, wie sollte dann
ich dir helfen können? Kann ich dir etwa
Brot oder Wein geben? 28 Was also willst
du?« Da brach es aus ihr heraus: »Diese
Frau da drüben hat zu mir gesagt: ›Gib du
heute deinen Sohn her, damit wir ihn es-
sen können. Morgen essen wir dann mei-
nen.‹ 29 Also haben wir meinen Sohn ge-
kocht und ihn gegessen. Doch als ich am
nächsten Tag zu ihr kam und sie auffor-
derte, nun ihren Sohn herzugeben, da
hatte sie ihn versteckt.«

30 Als der König das hörte, zerriss er er-
schüttert sein Obergewand. Weil er im-
mer noch oben auf der Stadtmauer stand,
konnten alle sehen, dass er auf dem blo-
ßen Leib nur ein Bußgewand aus grobem
Sacktuch trug. 31 Zornig rief er: »Gott soll
mich schwer bestrafen, wenn ich nicht
heute noch Elisa, den Sohn Schafats, um
einen Kopf kürzer mache!«

32 Er schickte einen Boten voraus und
machte sich dann selbst auf den Weg zu
Elisa. Elisa war zu Hause, und der Ältes-
tenrat der Stadt saß gerade bei ihm. Noch
bevor der königliche Bote angekommen
war, sagte Elisa zu den Männern: »Gera-
de hat der König, dieser Mörder, einen
Boten losgeschickt, der mir den Kopf ab-
schlagen soll! Lasst ihn nicht herein, son-

6,22 Spr 25,21–22 **6,28–29** 3 Mo 26,29*

dern verriegelt die Tür! Der König wird auch gleich hier sein.«

[33] Elisa hatte noch nicht ausgeredet, da waren der Bote und gleich nach ihm der König auch schon herangeeilt. Der König fuhr Elisa an: »Der Herr hat uns in dieses Unglück gestürzt! Warum sollte ich von ihm noch Hilfe erwarten?«

7 Da ergriff Elisa das Wort. »Hört, was der Herr dazu sagt: ›Morgen um diese Zeit könnt ihr beim Stadttor von Samaria für ein Silberstück fünf Kilo feines Weizenmehl oder sogar zehn Kilo Gerste kaufen!‹« [2] Spöttisch antwortete der hohe Offizier, der den König begleitet hatte: »Das ist unmöglich! Sollte der Herr etwa am Himmel ein Fenster öffnen und Getreide herunterschütten?« »Mit eigenen Augen wirst du es sehen«, gab Elisa ihm zurück, »aber essen wirst du nichts davon!«

Das Ende der Hungersnot

[3] Draußen vor dem Stadttor saßen vier aussätzige Männer. Sie sagten zueinander: »Was sollen wir hier sitzen und auf den Tod warten? [4] In der Stadt herrscht Hungersnot. Gehen wir in die Stadt, dann verhungern wir, bleiben wir hier, verhungern wir auch. Warum also nicht ins Lager der Syrer gehen? Wenn sie uns am Leben lassen, dann haben wir noch einmal Glück gehabt. Und wenn sie uns umbringen, ist es auch egal. Hier wären wir ja sowieso gestorben.«

[5] Sobald es dunkel wurde, machten die vier sich auf den Weg zum Heerlager der Syrer. Doch als sie zu den ersten Zelten kamen, konnten sie weit und breit keinen Menschen entdecken. [6] Denn der Herr hatte die Syrer das Donnern von Pferdehufen und den Lärm heranbrausender Streitwagen hören lassen, als ob ein riesiges Heer im Anmarsch wäre. »Das sind die Könige der Hetiter und der Ägypter mit ihren Truppen!«, hatten die Syrer gedacht. »Bestimmt hat der König von Israel sie zu Hilfe gerufen! Gleich greifen sie an!« [7] Hals über Kopf hatten die Syrer in der Abenddämmerung die Flucht ergriffen. Ihre Zelte, die Pferde und Esel, ihr ganzes Hab und Gut – alles hatten sie zurückgelassen und waren um ihr Leben gerannt.

[8] Als nun die vier aussätzigen Männer ins Lager kamen, gingen sie in eines der Zelte, aßen sich erst einmal satt und stillten ihren Durst. Dann rafften sie alles an Silber, Gold und Kleidern zusammen, was sie dort im Zelt finden konnten, und versteckten die Schätze außerhalb des Lagers. Schnell eilten sie zurück, gingen in das nächste Zelt und nahmen auch von dort alles mit, was sie an Kostbarem finden konnten, um es in ihr Versteck zu bringen. [9] Doch dann sagten sie zueinander: »Eigentlich ist es nicht recht, was wir hier tun. Heute ist ein Freudentag! Wir haben eine so gute Nachricht für die Leute in der Stadt und behalten sie für uns. Wenn wir unsere Entdeckung erst morgen früh melden, werden wir bestraft. Kommt, lasst uns zurückgehen und im Königspalast alles berichten!«

[10] Die vier eilten zur Stadt zurück, machten die Torwächter durch lautes Rufen auf sich aufmerksam und erzählten ihnen, wie sie ins syrische Heerlager gekommen waren, aber dort keinen Menschen angetroffen hatten: »Wir sahen und hörten niemanden; Pferde und Esel waren an ihren Pfosten angebunden, und in den Zelten lagen noch alle Habseligkeiten der Syrer herum.«

[11] Die Torwächter verbreiteten die Nachricht sofort in der ganzen Stadt, und auch im Königspalast wurde sie gemeldet. [12] Obwohl es mitten in der Nacht war, stand König Joram auf und ließ seine Berater zu sich kommen. »Ich kann euch sagen, was die Syrer vorhaben«, begann der König. »Sie haben längst gemerkt, dass wir am Verhungern sind. Nun haben sie sich aus dem Lager zurückgezogen und sich in einem Hinterhalt versteckt. Sobald wir aus der Stadt herauskommen, wollen sie uns alle ge-

---

7,3 3 Mo 13,46; 4 Mo 5,2–4 **7,6** 6,17

fangen nehmen, um dann mühelos die
Stadt zu erobern.«
[13] Da schlug einer der Berater vor: »Wir
könnten doch fünf unserer letzten Pferde
anspannen und in das Lager der Syrer fah-
ren! Wir haben ja ohnehin nichts zu ver-
lieren. Irgendwann werden die Tiere ster-
ben, und auch wir halten nicht mehr lange
durch. Lasst uns hinausfahren! Dann
wollen wir einmal sehen, was geschieht!«
[14] Die Pferde wurden vor zwei Streit-
wagen gespannt. Der König gab den Wa-
genlenkern den Auftrag, das Versteck
der Syrer aufzuspüren. [15] Die Kundschaf-
ter machten sich auf und folgten dem
Weg, den das Heer genommen haben
musste. Sie sahen überall Kleider und
Waffen herumliegen, die die Syrer weg-
geworfen hatten, um schneller fliehen zu
können. Beim Jordan kehrten sie um, eil-
ten nach Samaria zurück und berichteten
dem König, was sie gesehen hatten.
[16] Da strömten die Einwohner der Stadt
in das verlassene Lager hinaus und plün-
derten es. Und was der Herr angekündigt
hatte, das traf nun ein: Für ein Silberstück
bekam man fünf Kilo feines Weizenmehl
oder sogar zehn Kilo Gerste!
[17] Der König hatte den hohen Offizier,
mit dem er am Tag zuvor zu Elisa gegan-
gen war, zum Stadttor geschickt, um dort
für Ordnung zu sorgen. Doch die auf-
geregte Volksmenge trampelte ihn zu To-
de. So traf ein, was der Prophet voraus-
gesagt hatte, als der König und sein
Begleiter bei ihm waren. [18] Elisa hatte ja
zum König gesagt, dass man am folgen-
den Tag beim Stadttor für ein einziges
Silberstück fünf Kilo feines Weizenmehl
oder sogar zehn Kilo Gerste kaufen
könnte. [19] Darauf hatte der Offizier spöt-
tisch geantwortet: »Das ist unmöglich!
Sollte der Herr etwa am Himmel ein
Fenster öffnen und Getreide herunter-
schütten?« Da hatte der Prophet ihm er-
widert: »Mit eigenen Augen wirst du es
sehen, aber essen wirst du nichts davon!«
[20] Und so geschah es nun: Die aufgereg-
te Volksmenge trampelte ihn beim Stadt-
tor zu Tode.

König Joram verhilft der Frau aus Schunem zu ihrem Recht

8 Elisa hatte der Frau, deren Sohn er
wieder zum Leben erweckt hatte, ge-
raten: »Zieh mit deiner Familie und mit
deiner ganzen Verwandtschaft weg von
hier, und lass dich vorübergehend irgend-
wo im Ausland nieder! Denn der Herr
lässt eine Hungersnot über das Land
kommen, die sieben Jahre dauern wird.«
[2] Da hatte die Frau ihre Sachen gepackt
und war mit ihren Angehörigen ins
Ausland gezogen, wie der Prophet ihr ge-
raten hatte. Sie hatte sich im Land der
Philister niedergelassen. [3] Als die sieben
Jahre vorüber waren, kehrte sie nach
Israel zurück. Doch inzwischen hatten
andere von ihrem Haus und ihrem Land
Besitz ergriffen. Da wandte sie sich hilfe-
suchend an den König.
[4] Als sie an den Hof kam, unterhielt der
König sich gerade mit Elisas Diener Ge-
hasi. Der König hatte ihn gebeten, ihm
von allen großen Taten des Propheten zu
berichten. [5] Gerade als Gehasi erzählte,
wie Elisa den toten Jungen wieder zum
Leben erweckt hatte, kam die Frau he-
rein und bat den König, ihr im Rechts-
streit um ihr Haus und ihre Felder zu hel-
fen. Da sagte Gehasi: »Mein Herr und
König, das ist die Frau, von der ich dir
eben erzählt habe, und der Junge bei ihr
– das ist ihr Sohn, den Elisa wieder leben-
dig gemacht hat!« [6] »Stimmt das?«, fragte
der König die Frau, und sie erzählte ihm
noch einmal alles. Da gab er ihr einen
Hofbeamten mit und befahl ihm: »Sorge
dafür, dass sie ihren gesamten Besitz wie-
der zurückbekommt! Man soll ihr auch
den ganzen Ertrag vergüten, den die Fel-
der abgeworfen haben, seit dem Tag ihrer
Abreise bis heute.«

8,1 4,8–37

Elisa in Damaskus

7 Eines Tages kam Elisa nach Damaskus.
Zu dieser Zeit lag der syrische König
Ben-Hadad krank im Bett. Als man ihm
berichtete, der Prophet aus Israel sei in
der Stadt, 8 befahl er seinem Diener Ha-
saël: »Geh zu dem Boten Gottes, nimm
Geschenke mit, und frag durch ihn den
Herrn, ob ich wieder gesund werde.«
9 Hasaël ließ vierzig Kamele mit kost-
baren Geschenken aus Damaskus bela-
den, ging zu Elisa und sagte: »Dein er-
gebener Diener, König Ben-Hadad von
Syrien, hat mich zu dir gesandt. Er lässt
dich fragen, ob er wieder gesund wird.«
10 Elisa antwortete: »Geh und richte
ihm aus, dass er wieder gesund wird. Al-
lerdings hat der Herr mir gezeigt, dass er
trotzdem sterben muss!« 11 Bei diesen
Worten wurde Elisas Gesicht sehr ernst,
und er sah Hasaël so durchdringend an,
dass dieser verlegen den Blick senkte.
Plötzlich begann der Prophet zu weinen.
12 »Mein Herr, warum weinst du?«, fragte
Hasaël, und er antwortete: »Weil ich weiß,
welches Leid du den Israeliten zufügen
wirst: Ihre Städte wirst du in Brand setzen
und ihre jungen Männer mit dem Schwert
umbringen. Du wirst ihre Säuglinge zer-
schmettern und den schwangeren Frauen
den Bauch aufschlitzen.« 13 Hasaël erwi-
derte: »Ach mein Herr, wer bin ich schon!
Wann sollte ich je so mächtig sein, dass ich
so etwas tun könnte?« Da sagte Elisa zu
ihm: »Der Herr hat mir gezeigt, dass du
König über Syrien wirst.«
14 Danach ging Hasaël zu seinem Herrn
zurück. Ben-Hadad fragte ihn sofort:
»Was hat Elisa dir gesagt?« »Er hat mir
versichert, dass du wieder gesund wirst«,
antwortete Hasaël. 15 Doch schon am
nächsten Tag nahm der Diener eine De-
cke, tauchte sie ins Wasser und presste sie
dem König so lange aufs Gesicht, bis er
erstickt war. Dann wurde Hasaël an Ben-
Hadads Stelle König.

Reich Juda

König Joram von Juda
(2. Chronik 21,1–20)

16 Joram, der Sohn Joschafats, wurde Kö-
nig von Juda im 5. Regierungsjahr König
Jorams von Israel, des Sohnes Ahabs. Die
erste Zeit regierte er noch zusammen mit
seinem Vater Joschafat. 17 Joram wurde
mit 32 Jahren König und regierte acht
Jahre in Jerusalem. 18 Er war mit einer
Tochter Ahabs verheiratet und folgte in
allem dem schlechten Vorbild seines
Schwiegervaters. Er verehrte Götzen
wie die Könige von Israel und tat, was
der Herr verabscheute. 19 Doch der Herr
wollte Juda nicht vernichten, weil er sei-
nem Diener David versprochen hatte:
»Immer wird einer deiner Nachkommen
König über Juda sein.«
20 Während Jorams Regierungszeit
sagten sich die Edomiter von der Herr-
schaft Judas los und ernannten einen ei-
genen König. 21 Da zog König Joram mit
allen seinen Streitwagen in die Gegend
von Zaïr. Dort umzingelten die edo-
mitischen Truppen ihn und seine Streit-
wagenoffiziere. In der folgenden Nacht
gelang es den Eingeschlossenen zwar,
die Reihen der Edomiter zu durchbre-
chen; doch inzwischen hatten die ande-
ren Israeliten schon die Flucht ergriffen
und waren nach Israel zurückgekehrt.
22 So konnte sich Edom endgültig von
der Herrschaft Judas befreien und ist
bis heute unabhängig geblieben. Zur
gleichen Zeit lehnte sich auch Libna
gegen Juda auf und machte sich unab-
hängig.
23 Alles Weitere über Jorams Leben
steht in der Chronik der Könige von Ju-
da. 24 Als Joram starb, wurde er in der
»Stadt Davids«, einem Stadtteil Jerusa-
lems, im Grab der Königsfamilie bei-
gesetzt. Sein Sohn Ahasja wurde sein
Nachfolger.

8,12 10,32–33; 12,18; 13,3–7.22; Am 1,3–5 **8,18** 1 Kön 12,26–32*; 16,30–33 **8,19** 2 Sam 7,16*; 1 Kön 11,36 **8,20** 1 Kön 22,48

König Ahasja von Juda
(2. Chronik 22,1–6)

25 Ahasja, der Sohn Jorams von Juda, wur-
de König von Juda im 12. Regierungsjahr
König Jorams von Israel, des Sohnes
Ahabs. 26 Seine Mutter hieß Atalja. Sie
war eine Enkelin Omris, des früheren
Königs von Israel. Ahasja wurde mit 22
Jahren König und regierte ein Jahr in Je-
rusalem. 27 Wie Ahab und seine Familie
tat auch er, was der Herr verabscheute.
Denn er war mit dem israelitischen Kö-
nigshaus verschwägert und diente den
Götzen genau wie seine Verwandten.
28 Ahasja zog mit Joram, dem Sohn
Ahabs, in den Krieg gegen König Hasaël
von Syrien. Bei Ramot in Gilead kam es
zur Schlacht. Joram wurde dabei verwun-
det. 29 Deshalb zog er sich nach Jesreel
zurück, um sich von seinen Verletzungen
zu erholen. Dort besuchte ihn König
Ahasja von Juda, der Sohn Jorams.

Reich Israel

Jehu wird zum König gesalbt

9 Eines Tages rief Elisa einen Prophe-
tenjünger zu sich und befahl ihm:
»Mach dich sofort auf nach Ramot in Gi-
lead! Nimm diesen Ölkrug mit! 2 In Ra-
mot sollst du einen gewissen Jehu suchen.
Er ist ein Sohn Joschafats und Enkel
Nimschis. Ruf ihn von den anderen Heer-
führern weg, und geh mit ihm in einen
Raum, wo ihr ungestört miteinander re-
den könnt! 3 Dort hol deinen Ölkrug her-
vor, und gieß Jehu das Öl über den Kopf.
Sag ihm: ›So spricht der Herr: Ich habe
dich zum König über Israel gesalbt.‹ Da-
nach darfst du keinen Augenblick länger
dort bleiben! Du musst sofort fliehen!«
4 Der Prophetenjünger, der ein Diener
Elisas war, machte sich auf den Weg nach
Ramot in Gilead. 5 Als er dort ankam, sa-
ßen gerade alle Heerführer zusammen.
Er ging zu ihnen und sagte: »Ich muss
mit dem Heerführer reden!« »Mit wel-
chem von uns?«, fragte Jehu den Mann,
und er antwortete: »Mit dir!«
6 Da stand Jehu auf und ging mit ihm
ins Haus. Der Prophet goss das Öl über
Jehus Kopf und sagte:
»So spricht der Herr, der Gott Israels:
›Ich habe dich zum König über mein
Volk Israel gesalbt. 7 Du sollst alle Nach-
kommen König Ahabs, deines Herrn,
umbringen, denn sie haben meine Die-
ner, die Propheten, ermordet! So räche
ich mich an ihnen und an Isebel. Sie hat
das Leben von so vielen Menschen auf
dem Gewissen, die mir gedient haben.
8 Keiner aus Ahabs Familie soll über-
leben. In ganz Israel werde ich alle
männlichen Nachkommen von ihm aus-
rotten, ob jung oder alt. 9 Es wird dem
Geschlecht Ahabs ergehen wie den
Geschlechtern Jerobeams, des Sohnes
Nebats, und Baschas, des Sohnes Ahijas.
10 Isebel wird nicht begraben, sondern
die Hunde werden sie fressen auf einem
Grundstück in Jesreel.‹« Nach diesen
Worten verließ der Prophetenjünger das
Haus und floh.
11 Als Jehu wieder herauskam und sich
zu den anderen Heerführern setzte, frag-
ten sie ihn: »Ist alles in Ordnung? Was
wollte dieser Verrückte von dir?« Jehu
antwortete ausweichend: »Ach, ihr kennt
doch diese Sorte Menschen und ihr Ge-
schwätz!« 12 Doch sie gaben sich nicht zu-
frieden: »Mach uns doch nichts vor! Was
wollte er? Los, heraus mit der Sprache!«
Schließlich berichtete Jehu, was der
Mann ihm gesagt hatte und dass er ihn
auf Befehl des Herrn zum König über Is-
rael gesalbt hatte.
13 Da zogen die Heerführer schnell ihre
Mäntel aus und legten sie vor Jehu als
Teppich auf die Treppe. Dann bliesen sie
in das Signalhorn und riefen: »Es lebe
Jehu, unser König!«

9,3 1 Kön 19,16 **9,7–8** 1 Kön 18,4; 21,7–15; 2 Kön 9,24–27; 10,6–17 **9,9** 1 Kön 15,29; 16,11–13
9,10 9,35–37; 1 Kön 21,23 **9,13** Mt 21,7–9

Das Ende der Könige Joram und Ahasja

14 Sofort plante Jehu, König Joram zu stür-
zen. Joram hatte mit seinem ganzen Heer
Ramot in Gilead gegen König Hasaël von
Syrien verteidigt. 15 Die Syrer hatten Jo-
ram im Kampf verwundet, deshalb war er
wieder nach Jesreel zurückgekehrt, um
sich dort von seinen Verletzungen zu er-
holen. Nun sagte Jehu zu den anderen
Heerführern: »Wenn ihr wirklich hinter
mir steht, dann passt auf, dass keiner die
Stadt verlassen kann! Sonst läuft jemand
nach Jesreel und verrät uns.« 16 Dann stieg
er auf seinen Wagen und jagte mit ein paar
Streitwagen zu König Joram nach Jesreel.
In diesen Tagen war König Ahasja von Ju-
da gerade zu Besuch bei Joram.

17 Der Wächter auf dem Turm von Jes-
reel sah die Truppe Jehus auf die Stadt
zukommen und meldete es dem König.
Joram befahl: »Schick ihnen einen Reiter
entgegen! Er soll sie fragen, ob sie in
friedlicher Absicht kommen.« 18 Der Sol-
dat ritt der Truppe entgegen und rief:
»Der König lässt fragen, ob ihr in friedli-
cher Absicht kommt.« »Was geht dich das
an?«, entgegnete Jehu. »Los, schließ dich
meinen Leuten an!« Der Wächter in Jes-
reel meldete dem König: »Der Bote ist zu
der Schar gestoßen, aber er kehrt nicht
mehr zurück!«

19 Da wurde ein zweiter Reiter zu Jehu
geschickt. Als er die Truppe erreicht hat-
te, sagte auch er zu Jehu: »Der König
lässt fragen, ob ihr in friedlicher Absicht
kommt.« »Was geht dich das an?«, fragte
Jehu wieder. »Los, schließ dich meinen
Leuten an!« 20 Und wieder meldete der
Wächter: »Er ist zu ihnen gestoßen, aber
er kehrt nicht mehr zurück! Der Anfüh-
rer der Truppe kann nur Jehu sein, der
Sohn Nimschis, denn er fährt wie ein Ver-
rückter!«

21 Da ließ König Joram sofort seinen
Wagen anspannen und fuhr Jehu selbst
entgegen. König Ahasja von Juda beglei-
tete ihn auf seinem Wagen. Genau auf
dem Grundstück, das Nabot aus Jesreel
gehört hatte, trafen die beiden Könige
mit Jehu zusammen. 22 Sobald Joram sei-
nen Heerführer sah, rief er ihm zu:
»Kommst du in friedlicher Absicht, Je-
hu?« Jehu schrie zurück: »Wie kann Frie-
de sein, solange deine Mutter Isebel
fremden Götzen nachläuft und sich stän-
dig mit Zauberei abgibt!« 23 Da rief Joram
Ahasja zu: »Das ist ein Aufstand, Ahas-
ja!« Er kehrte um und floh.

24 Doch Jehu nahm seinen Bogen, zielte
und traf Joram zwischen die Schulterblät-
ter. Der Pfeil drang dem König ins Herz,
so dass er auf der Stelle tot zusammen-
brach. 25 Jehu sagte zu Bidkar, dem Offi-
zier bei ihm im Wagen: »Nimm ihn vom
Wagen, und wirf ihn auf das Grundstück
Nabots! Erinnerst du dich, wie wir beide
einmal in einem zweispännigen Wagen
hinter Jorams Vater Ahab herfuhren und
wie der Herr ihm durch einen Propheten
sagen ließ: 26 ›Ich habe genau gesehen,
wie du Nabot und seine Söhne hast um-
bringen lassen. Auf dem Grundstück, das
Nabot gehörte, werde ich, der Herr, dich
für die Morde bestrafen.‹ Wirf ihn also
auf dieses Grundstück, damit eintrifft,
was der Herr vorausgesagt hat!«

27 Als König Ahasja von Juda sah, was
geschehen war, floh er in Richtung Bet-
Gan. Jehu jagte ihm nach und befahl sei-
nen Soldaten: »Schießt auch auf ihn!« Bei
der Steigung von Gur in der Nähe von
Jibleam wurde Ahasja getroffen, floh
aber weiter. Er kam noch bis nach Me-
giddo, wo er schließlich starb. 28 Seine
Diener brachten den Leichnam auf
einem Wagen nach Jerusalem und be-
gruben ihn dort in der »Stadt Davids«,
einem Stadtteil Jerusalems, im Grab der
Königsfamilie. 29 Ahasja war im 11. Re-
gierungsjahr Jorams, des Sohnes Ahabs,
König über Juda geworden.

Das Ende Isebels

30 Danach fuhr Jehu nach Jesreel hinein.
Isebel, die von seinem Kommen wusste,

9,25–26 1 Kön 21,19 **9,27–28** 2 Chr 22,6–9

schminkte sich die Augen, frisierte ihr
Haar und lehnte sich aus dem Fenster.
31 Als Jehu zum Palasttor hereinkam, rief
sie hinunter: »Wie fühlt man sich denn so
als Königsmörder? Du bist wie Simri, der
seinen Herrn umgebracht hat!«[a] 32 Jehu
sah hinauf und rief: »Wer im Palast hält
zu mir?« Zwei oder drei Hofbeamte
schauten heraus. 33 »Werft sie herunter!«,
befahl Jehu ihnen.

Da stürzten sie die Königin aus dem
Fenster. Bei ihrem Aufprall spritzte das
Blut an die Mauer und an die Pferde. Je-
hu fuhr über ihre Leiche hinweg, 34 ging in
den Palast und stillte erst einmal seinen
Hunger und Durst. Dann befahl er: »Seht
nach dieser von Gott verfluchten Frau,
und beerdigt sie! Trotz allem war Isebel
die Tochter eines Königs.«

35 Doch die Diener, die sie begraben
wollten, fanden von ihr nur noch den
Schädel, die Füße und die Hände. 36 Sie
kamen zu Jehu zurück und meldeten es
ihm. Da sagte er: »Nun ist alles so einge-
troffen, wie der Herr es durch seinen
Diener Elia aus Tischbe angekündigt hat:
›Auf einem Grundstück in Jesreel sollen
die Hunde Isebels Fleisch fressen. 37 Ja,
auf einem Feld soll ihre Leiche zerfetzt
werden und wie Mist auf dem Acker ver-
streut liegen. Niemand wird sie mehr als
Isebel wiedererkennen.‹«

Jehu rottet die Nachkommen Ahabs aus

10 In Samaria wohnten noch siebzig
Söhne und Enkel Ahabs. Jehu
schickte Briefe nach Samaria an die ein-
flussreichen Männer der Stadt: an die kö-
niglichen Beamten aus Jesreel, an den
Ältestenrat der Stadt und an die Erzieher
der Söhne und Enkel Ahabs. Die Briefe
lauteten:

2 »Ihr wohnt in einer befestigten Stadt
und besitzt Waffen, Streitwagen und
Pferde. Bei euch leben die Nachkommen
eures Königs. Darum fordere ich euch
mit diesem Brief auf: 3 Sucht den tüchtigs-
ten und fähigsten der Königssöhne aus,
und krönt ihn zum Nachfolger seines Va-
ters. Dann kämpft für euren König!«

4 Doch die führenden Männer in Sama-
ria hatten große Angst. Sie überlegten
sich: »Nicht einmal die beiden Könige Jo-
ram und Ahasja konnten Jehu Wider-
stand leisten. Wie sollten wir es dann
können?« 5 Darum schickten der Palast-
verwalter und der Stadtoberste zusam-
men mit den Ältesten und den Erziehern
folgende Antwort an Jehu: »Wir sind dei-
ne Diener und wollen alles tun, was du
von uns verlangst. Wir wollen keinen an-
deren König als dich. Tu, was du für rich-
tig hältst.«

6 Da schickte Jehu einen zweiten Brief
nach Samaria. Darin hieß es: »Wenn ihr
wirklich zu mir halten und meinen Befeh-
len gehorchen wollt, dann kommt mor-
gen um diese Zeit zu mir nach Jesreel,
und bringt mir die Köpfe aller Nachkom-
men König Ahabs!« Die siebzig Söhne
und Enkel Ahabs wohnten nämlich bei
den vornehmsten Bürgern Samarias und
wurden von ihnen erzogen. 7 Als die ein-
flussreichen Männer der Stadt den Brief
gelesen hatten, ließen sie sofort alle sieb-
zig Nachkommen Ahabs enthaupten, leg-
ten die Köpfe in Körbe und schickten sie
zu Jehu nach Jesreel.

8 Ein Diener meldete Jehu, man habe
die Köpfe der Söhne und Enkel Ahabs
gebracht. Da befahl Jehu: »Werft sie bis
morgen früh beim Stadttor auf zwei Hau-
fen!« 9 Am nächsten Morgen ging Jehu
hinaus, stellte sich beim Tor auf und rief
der Volksmenge zu: »Euch trifft keine
Schuld an Jorams Tod. Ich allein habe
die Verschwörung gegen unseren König
angezettelt, und ich habe ihn auch umge-
bracht. Doch seine Söhne und Enkel hier
habe nicht ich enthauptet! 10 Heute kann
jeder von euch sehen: Was der Herr Kö-
nig Ahab und seiner Familie voraus-
gesagt hat, ist nun eingetroffen! Jede ein-
zelne Drohung hat sich erfüllt. Es ist alles

---

[a] Vgl. 1. Könige 16,8–20

9,36 1 Kön 21,23 **10,10.17** 1 Kön 21,18–24

so gekommen, wie der Herr es durch sei-
nen Diener Elia angekündigt hat.« 11 Da-
nach ließ Jehu auch die Angehörigen
Ahabs in Jesreel umbringen, außerdem
alle hohen Beamten und engen Vertrau-
ten des Königs und seine Priester. Nicht
einer von ihnen konnte entkommen.

12 Schließlich machte er sich auf den
Weg nach Samaria. Unterwegs bei Bet-
Eked-Roïm 13 traf er einige Männer, die
mit König Ahasja von Juda verwandt wa-
ren. »Wer seid ihr?«, fragte Jehu, und sie
antworteten: »Wir sind Verwandte König
Ahasjas von Juda und sind unterwegs
nach Samaria. Dort wollen wir die Söhne
von König Ahab und Königin Isebel be-
suchen.« 14 Da befahl Jehu seinen Leuten:
»Packt sie!« Sie nahmen die Männer fest
und brachten sie zur Zisterne von Bet-
Eked. Dort wurden alle hingerichtet. Es
waren zweiundvierzig Männer. Keiner
von ihnen konnte entkommen.

15 Als Jehu seinen Weg nach Samaria
fortsetzte, begegnete ihm Jonadab, ein
Sohn Rechabs. Jehu grüßte ihn und frag-
te: »Du denkst doch so wie ich. Kann ich
dir trauen?« »Ja«, antwortete Jonadab.
»Dann gib mir die Hand darauf!«, sagte
Jehu. Jonadab reichte ihm die Hand, und
Jehu ließ ihn auf seinen Wagen steigen.
16 »Komm mit«, forderte er ihn auf, »und
sieh, wie sehr ich für den Herrn kämpfe!«
So fuhr Jonadab mit Jehu nach Samaria.

17 Jehu brachte alle Angehörigen Ahabs
um, die dort noch zurückgeblieben wa-
ren. Die ganze Familie Ahabs wurde aus-
gelöscht. Dadurch erfüllte sich, was der
Herr damals durch seinen Diener Elia
vorausgesagt hatte.

Jehu rottet die Baalspriester aus

18 Danach rief Jehu das ganze Volk zu-
sammen und kündigte an: »Schon Ahab
hat unseren Gott Baal verehrt, aber ich,
Jehu, diene ihm noch viel eifriger! 19/20 Ich
habe bereits das erste große Opferfest für
ihn vorbereitet. Ruft deshalb alle Pro-
pheten Baals, alle Priester und alle, die
ihm dienen, hierher! Keiner von ihnen
darf fehlen! Wer nicht kommt, wird mit
dem Tode bestraft. Ruft ein großes Op-
ferfest aus!«

So stellte Jehu den Anhängern Baals
eine Falle, um sie alle umzubringen. Das
Fest wurde überall angekündigt. 21 Jehu
schickte seine Boten durch das ganze
Land Israel. Aus allen Gegenden ström-
ten die Leute, die Baal verehrten, zu sei-
nem Tempel, bis er zum Bersten voll war.

22 Vor Beginn des Festes befahl Jehu
dem Verwalter der königlichen Kleider-
kammer, allen Anhängern Baals Fest-
kleider zu geben. 23 Danach gingen Jehu
und Jonadab, der Sohn Rechabs, zusam-
men in den Baalstempel. Jehu sagte zu
den Anhängern Baals: »Schaut noch ein-
mal nach, ob sich wirklich keiner im Tem-
pel aufhält, der den Herrn verehrt. Bei
dem Opfer dürfen nur Leute dabei sein,
die Baal dienen!«

24 Während die beiden nach vorne zum
Altar gingen, um Schlacht- und Brand-
opfer darzubringen, stellten sich rund
um den Tempel achtzig Mann auf. Jehu
hatte sie bestellt und ihnen angedroht:
»Wehe dem, der einen einzigen dieser
Baalsverehrer entkommen lässt! Mit sei-
nem eigenen Leben muss er es bezahlen.
Ich will, dass ihr sie alle umbringt!«

25 Sobald Jehu das Brandopfer dar-
gebracht hatte, befahl er seinen Leib-
wächtern und Offizieren: »Geht hinein,
und tötet sie! Keiner darf entkommen!«
Da stachen die Leibwächter und Offiziere
Jehus alle im Tempel mit ihren Schwer-
tern nieder und warfen die Leichen
hinaus. Dann drangen sie in den innersten
Raum des Tempels ein, 26 holten die ge-
weihten Steinsäulen Baals heraus und
warfen sie ins Feuer. 27 Die Gedenksäule
Baals stürzten sie um und rissen den gan-
zen Tempel nieder. Bis heute wird dieser
Ort als öffentlicher Abort benutzt.

10,11 Hos 1,4

Wie Jehu über Israel regierte

[28]So bereitete Jehu der Verehrung Baals
in Israel ein Ende. [29]Doch er betete wei-
terhin die goldenen Stierfiguren in Be-
thel und Dan an und beging damit die
gleiche Sünde wie Jerobeam, der Sohn
Nebats, der die Israeliten zum Götzen-
dienst verführt hatte.

[30]Eines Tages sprach der Herr zu Jehu:
»Du hast Ahabs Familie ausgelöscht, so
wie ich es für sie vorgesehen hatte. Weil
du damit das getan hast, was ich wollte,
werden deine Nachkommen noch bis zur
vierten Generation über Israel herr-
schen.« [31]Doch Jehu lebte nicht völlig
nach dem Gesetz des Herrn, des Gottes
Israels. Er hielt an dem Götzendienst
fest, mit dem schon Jerobeam, der Sohn
Nebats, die Israeliten zur Sünde verführt
hatte.

[32]Während der Regierungszeit Jehus
begann der Herr, das Gebiet Israels zu
verkleinern: König Hasaël von Syrien er-
oberte das ganze Gebiet [33]östlich des Jor-
dans, angefangen bei Baschan über die
Gebiete der Stämme Gad, Ruben und
Manasse – also ganz Gilead – bis nach
Aroër am Fluss Arnon.

[34]Alles Weitere über Jehus Leben und
seine militärischen Erfolge ist in der
Chronik der Könige von Israel festgehal-
ten. [35/36]Er regierte achtundzwanzig Jahre
in Samaria. Dort wurde er auch begra-
ben. Sein Sohn Joahas wurde sein Nach-
folger.

Reich Juda

Atalja reißt die Herrschaft an sich
(2. Chronik 22,10–12)

11 Als Ahasjas Mutter Atalja erfuhr,
dass ihr Sohn tot war, ließ sie alle
königlichen Nachkommen umbringen.
[2]Nur Ahasjas Sohn Joasch überlebte,
weil seine Tante Joscheba, eine Tochter
König Jorams und Schwester Ahasjas,
ihn rechtzeitig vor Atalja gerettet hatte.
Heimlich hatte sie ihn aus seinem Zim-
mer geholt und ihn zusammen mit seiner
Amme in einer Kammer versteckt, in der
Bettzeug aufbewahrt wurde. [3]Später
nahm sie ihn zu sich[a] und hielt ihn sechs
Jahre im Tempelbereich verborgen. In
dieser Zeit herrschte Atalja als Königin
über Juda.

Atalja wird gestürzt – Joasch wird König
(2. Chronik 23)

[4]Im 7. Regierungsjahr Ataljas ließ der
Priester Jojada alle Offiziere der Palast-
wache und der königlichen Leibwache
zu sich in den Tempel des Herrn kommen
und schloss mit ihnen einen Pakt. Mit
einem Eid ließ er sie bekräftigen, dass
sie seinen Plänen zustimmten. Dann
führte er ihnen Joasch, den rechtmäßigen
König, vor [5]und gab ihnen einige Anwei-
sungen: »Die Abteilung, die am nächsten
Sabbat ihren Dienst antritt, soll sich in
drei Gruppen aufteilen. Die erste soll
wie gewohnt beim Palast Wache halten,
[6]die zweite beim Tor Sur und die dritte
beim Tor, hinter dem die königliche
Leibgarde steht. Auf diese Weise könnt
ihr den Tempel immer im Auge behalten.
[7]Die zwei Abteilungen aber, die am Sab-
bat abtreten, sollen in den Tempel des
Herrn kommen, um König Joasch zu be-
wachen. [8]Sie sollen einen Kreis um ihn
bilden und ihn mit der Hand an der Waf-
fe auf Schritt und Tritt begleiten. Wer in
diesen Kreis eindringen will, wird auf der
Stelle getötet.«

[9]Die Offiziere befolgten die Anweisun-
gen des Priesters Jojada. Am nächsten
Sabbat kamen alle mit ihren Männern zu
ihm – sowohl die Abteilungen, die vom
Dienst abtraten, als auch die Abteilung,
die antrat. [10]Der Priester gab den Offizie-

---

a »Später … zu sich« ist sinngemäß ergänzt. Joscheba war nach 2. Chronik 22,11 die Frau des Hohenpriesters Jojada und wohnte daher im Tempelbereich.

10,29 1 Kön 12,26–32* **10,32–33** 8,12 **11,1** 9,27–28 **11,10** 2 Sam 8,7

ren die Speere und Schilde, die seit König Davids Regierungszeit im Tempel aufbewahrt wurden, und die Offiziere verteilten sie an ihre Soldaten.[a] [11] Dann stellten die Soldaten der Leibgarde sich in einem Halbkreis auf, der von der Südseite des Tempels um den Brandopferaltar herum bis zur Nordseite reichte. Jeder hielt seine Waffe griffbereit. So war Joasch ringsum geschützt. [12] Nun führte Jojada ihn heraus, um ihn zum König zu krönen. Er setzte ihm die Krone auf, gab ihm das Königsgesetz[b] in die Hand und salbte ihn zum König. Da klatschten alle und riefen: »Hoch lebe der König!«

[13] Als Atalja das Freudengeschrei der Leibwächter und der Volksmenge hörte, kam auch sie zum Tempel. [14] Bei der Säule, wo nach altem Brauch der Platz des Königs war, sah sie einen neuen König stehen, umgeben von Offizieren und Trompetern. Aus ganz Juda war das Volk zusammengeströmt. Alle jubelten vor Freude, und die Trompeten erklangen. Entsetzt zerriss Atalja ihr Obergewand und schrie: »Verrat, Verrat!«

[15] Der Priester Jojada sagte zu den Offizieren, die den Befehl über die Abteilungen hatten: »Führt sie aus dem Tempelbereich hinaus! Sie soll nicht hier im Heiligtum getötet werden. Wer ihr aber folgt, den stecht an Ort und Stelle mit dem Schwert nieder!«

[16] Da ergriffen sie Atalja und brachten sie auf dem Weg, den die Reiter immer nahmen, zum Palast. Dort wurde sie getötet.

[17] Inzwischen ließ Jojada den König und das Volk einen Bund mit dem Herrn schließen. Sie bekräftigten darin, dass sie als Volk dem Herrn gehören wollten. Jojada veranlasste auch einen Bund zwischen dem Volk und dem neuen König. [18] Dann stürmten alle in den Tempel Baals und rissen ihn nieder. Sie zertrümmerten die Altäre und Götzenfiguren und töteten Mattan, den Priester Baals, bei den Altären.

Am Tempel des Herrn stellte Jojada Wachen auf. [19] Zugleich befahl er den Offizieren, den Soldaten der Palastwache und der Leibgarde sowie dem ganzen Volk, einen Zug zu bilden. Sie geleiteten den König aus dem Tempel durch das Tor der Leibwächter zum Palast hinab. Dort setzte er sich auf den Königsthron. [20] Die ganze Bevölkerung Judas freute sich mit. In Jerusalem selbst dagegen verhielt man sich ruhig, nachdem Atalja getötet worden war.

König Joasch von Juda
(2. Chronik 24,1–3)

12 Joasch war 7 Jahre alt, als er König von Juda wurde. [2] Er trat die Herrschaft im 7. Regierungsjahr König Jehus von Israel an und regierte vierzig Jahre in Jerusalem. Seine Mutter hieß Zibja und stammte aus Beerscheba. [3] Sein Leben lang tat Joasch, was dem Herrn gefiel, denn der Priester Jojada unterwies ihn. [4] Nur die Höhenheiligtümer ließ er nicht entfernen. Das Volk brachte dort weiterhin seine Opfer dar.

Joasch lässt den Tempel ausbessern
(2. Chronik 24,4–14)

[5] Eines Tages erklärte Joasch den Priestern: »Das Geld, das als heilige Gabe in den Tempel gebracht wird, soll euch Priestern gehören. Das betrifft die Tempelsteuer, das Geld zur Einlösung von Gelübden und die freiwilligen Spenden für den Tempel des Herrn. [6] All diese Gelder sollen die Geldeinnehmer an euch Priester weitergeben. Davon müsst ihr aber auch die Reparaturen bezahlen, die am Tempel anfallen.« [7] Doch als im

---

[a] *»und die …* Soldaten.« ist sinngemäß ergänzt.

[b] Das »Königsgesetz« war ein Buch, in dem alle Rechte und Pflichten des Königs aufgeschrieben waren. Vgl. 1. Samuel 10,25

11,12 5 Mo 17,18–20 **11,17** 2 Mo 24,7–8*; 2 Sam 5,3 **12,4** 5 Mo 12,2–3* **12,5** 2 Mo 25,2*; 3 Mo 27,1–8; 4 Mo 18,15–16; Neh 10,33–34

23. Regierungsjahr König Joaschs am
Tempel immer noch nichts ausgebessert
worden war, 8 rief der König Jojada und
die anderen Priester zu sich und stellte
sie zur Rede: »Warum habt ihr die Schä-
den am Tempel immer noch nicht repa-
rieren lassen? Ab sofort dürft ihr das
Geld, das die Geldeinnehmer euch ge-
ben, nicht mehr für euch selbst behalten,
sondern ihr müsst alles für die Ausbes-
serungsarbeiten am Tempel abgeben.«

9 Die Priester waren einverstanden, auf
die Abgaben des Volkes zu verzichten,
dafür aber auch nicht mehr für die Aus-
besserungen am Tempel verantwortlich
zu sein. 10 Der Priester Jojada nahm einen
Kasten, bohrte ein Loch in seinen Deckel
und stellte ihn neben den Altar rechts
vom Tempeleingang. In diesen Kasten
legten die Priester, die den Eingang be-
wachten, von jetzt an alles Geld, das
zum Tempel des Herrn gebracht wurde.
11 Wenn der Kasten voll war, ließen sie
den Hofsekretär und den Hohenpriester
kommen. Unter deren Aufsicht wurde
das Geld in Beutel abgefüllt und gewo-
gen. 12 Dann wurde das abgezählte Geld
den Bauführern ausgehändigt, die für die
Bauarbeiten am Tempel des Herrn ver-
antwortlich waren. Diese wiederum be-
zahlten damit die Handwerker, die im
Tempel arbeiteten: die Zimmerleute,
13 die Maurer und die Steinhauer. Außer-
dem kauften sie Holz und Bausteine und
was sonst noch gebraucht wurde, um Ris-
se und andere Schäden auszubessern.
14 Von dem Geld aus dieser Kasse wurden
keine goldenen oder silbernen Gegen-
stände hergestellt, keine silbernen Be-
cken, Messer, Schalen oder Trompeten.
15 Alles erhielten die Bauführer für die
Ausbesserungen am Tempel. 16 Dabei
vertraute man auf die Ehrlichkeit der
Bauführer. Sie mussten keine Rechen-
schaft über die Ausgaben ablegen.

17 Nur das Geld, das bei Schuldopfern
und Sündopfern eingenommen wurde,
verwendete man nicht für die Tempel-
arbeiten. Es gehörte den Priestern.

Joasch wendet einen Angriff der Syrer ab
(2. Chronik 24,23–24)

18 König Hasaël von Syrien griff mit seinen
Truppen die Stadt Gat an und nahm sie
ein. Danach wollte er auch Jerusalem er-
obern. 19 Doch König Joasch von Juda
nahm alle Gaben, die seine Vorgänger Jo-
schafat, Joram und Ahasja für das Heilig-
tum gestiftet hatten, und seine eigenen
Weihgeschenke, dazu alles Gold aus den
Schatzkammern des Tempels und des
Königspalasts und ließ es dem syrischen
König als Geschenk überbringen. Da zog
Hasaël seine Truppen von Jerusalem ab.

Joaschs Tod
(2. Chronik 24,25–26)

20 Alles Weitere über Joaschs Leben ist in
der Chronik der Könige von Juda fest-
gehalten. 21/22 Eines Tages verschworen
seine Hofleute sich gegen ihn. Er hielt
sich gerade in einem Gebäude der Ver-
teidigungsanlage Jerusalems auf, von wo
der Weg nach Silla hinabführt. Dort
brachten Josachar, der Sohn Schimats,
und Josabad, der Sohn Schomers, ihn
um. Man begrub ihn in der »Stadt Da-
vids«, einem Stadtteil Jerusalems, im
Grab der Königsfamilie. Sein Sohn
Amazja wurde sein Nachfolger.

Reich Israel

König Joahas von Israel

13 Joahas, der Sohn Jehus, wurde Kö-
nig von Israel im 23. Regierungs-
jahr König Joaschs von Juda, des Sohnes
Ahasjas. Er regierte siebzehn Jahre in Sa-
maria. 2 Joahas tat, was der Herr ver-
abscheute, und ließ nicht davon ab. Er
folgte dem schlechten Beispiel Jero-
beams, der die Israeliten zum Götzen-
dienst verführt hatte. 3 Das erregte den
Zorn des Herrn, und so ließ er zu, dass

12,17 3 Mo 5,15–16; 7,7–10 **13,2** 1 Kön 12,26–32*

die Syrer immer wieder in Israel einfielen. Lange Zeit litten die Israeliten unter der Herrschaft Hasaëls, des Königs von Syrien, und unter seinem Sohn Ben-Hadad.

4 Doch als Joahas zum Herrn um Hilfe schrie, erhörte der Herr sein Gebet, denn er sah, wie grausam der syrische König
Israel unterdrückte. 5 Der Herr schickte den Israeliten einen Retter, der sie von der Herrschaft der Syrer befreite. Nun konnten sie wieder wie früher in Ruhe
und Frieden leben. 6 Dennoch ließen sie nicht vom Götzendienst ab, zu dem Jerobeam und seine Nachkommen das Volk immer wieder verführt hatten. Sie opferten weiterhin fremden Götzen, und auch die Statue der Aschera blieb in Samaria stehen.

7 Vom gesamten Heer des Königs Joahas waren zuletzt nur noch 50 Pferde, 10 Streitwagen und 10000 Fußsoldaten übrig. Den Rest hatte der König von Syrien vernichtet; wie Staub hatte er sie unter seinen Füßen zertreten.

8 Alles Weitere über das Leben des Joahas und seine Feldzüge ist in der Chronik der Könige von Israel beschrie-
ben. 9 Als er starb, wurde er in Samaria begraben. Sein Sohn Joasch wurde sein Nachfolger.

König Joasch von Israel

10 Joasch, der Sohn des Joahas, wurde König von Israel im 37. Regierungsjahr König Joaschs von Juda. Er regierte sech-
zehn Jahre in Samaria. 11 Joasch tat, was der Herr verabscheute, und beging die gleiche Sünde wie Jerobeam, der die Israeliten zum Götzendienst verführt hatte.

12 Alles Weitere über Joaschs Leben steht in der Chronik der Könige von Israel. Man kann dort nachlesen, welche Feldzüge er unternommen hat. Auch sein Krieg gegen König Amazja von Juda wird dort erwähnt.

13 Als Joasch starb, übernahm Jerobeam[a] die Herrschaft. Joasch wurde in Samaria im Grab der Könige von Israel beigesetzt.

Der Prophet Elisa stirbt

14 Elisa wurde schwer krank und lag im Sterben. Da besuchte ihn eines Tages Joasch, der König von Israel. Weinend beugte er sich über den Propheten und rief: »Mein Vater, mein Vater! Du Be-
schützer und Führer Israels!«[b] 15 Elisa be-
fahl ihm: »Hol einen Bogen und Pfeile!«
Joasch holte sie, 16/17 und Elisa forderte ihn auf: »Öffne das Fenster an der Ostseite, und spann den Bogen!« Der König öffnete das Fenster. Als er den Bogen gespannt hatte, legte Elisa seine Hände auf Joaschs Hände und sagte: »Schieß!« Kaum hatte Joasch den Pfeil abgeschossen, rief der Prophet: »Dieser Pfeil ist ein Siegespfeil, ein Zeichen des Herrn, dass er euch gegen die Syrer helfen wird! Bei Afek wirst du sie vernichtend schlagen.«

18 Dann befahl er dem König: »Nimm nun die anderen Pfeile in die Hand!« Joasch nahm sie, und Elisa sagte: »Schlag damit auf den Boden!« Dreimal schlug Joasch auf den Boden, und dann hielt er
inne. 19 Da wurde der Bote Gottes zornig. »Fünf- oder sechsmal hättest du schlagen sollen«, tadelte er ihn, »dann hättest du die Syrer endgültig vernichtet! Jetzt aber wirst du sie nur dreimal besiegen.«

20 Bald darauf starb Elisa und wurde begraben. Als es Frühling wurde, fielen immer wieder Räuberbanden aus Moab
in Israel ein. 21 Eines Tages wollte man in dem Dorf, wo Elisa begraben lag, einen Mann beerdigen. Plötzlich tauchte eine dieser Banden auf. Weil sie schnell fliehen wollten, warfen die Trauernden den

---

a *Dieser König* Jerobeam ist nicht zu verwechseln mit Jerobeam aus 1. Könige, der an der Teilung des Reiches Israel beteiligt war und auf den wegen seines Götzendienstes ständig Bezug genommen wird. Vgl. 1. Könige 12

b Wörtlich: Du Streitwagen Israels und sein (Wagen-)Lenker!

13,5 14,27; Ri 2,18 **13,12** 14,8–16

Toten in Elisas Grab. Kaum aber kam der Tote mit den Gebeinen des Propheten in Berührung, wurde er wieder lebendig und stand auf.

Elisas letzte Worte gehen in Erfüllung

22 Solange König Joahas regierte, wurde Israel schwer bedrängt von dem syrischen König Hasaël. 23 Doch der Herr hatte Erbarmen mit seinem Volk und half ihm, denn er dachte an den Bund, den er mit Abraham, Isaak und Jakob geschlossen hatte. Deshalb hatte er sich noch nicht von den Israeliten abgewandt, er wollte sie nicht vernichten.

24 Als König Hasaël von Syrien starb, trat sein Sohn Ben-Hadad die Nachfolge an. 25 Da eroberte König Joasch, der Sohn des Joahas, die Städte zurück, die Hasaël seinem Vater im Krieg abgenommen hatte. In drei Schlachten besiegte Joasch den syrischen König Ben-Hadad und konnte so die israelitischen Städte zurückgewinnen.

Reich Juda

König Amazja von Juda
(2. Chronik 25,1–4.11–12)

14 Amazja, der Sohn Joaschs, wurde König von Juda im 2. Regierungsjahr König Joaschs von Israel, der ein Sohn von Joahas war. 2 Er wurde mit 25 Jahren König und regierte neunundzwanzig Jahre in Jerusalem. Seine Mutter hieß Joaddan und stammte aus Jerusalem. 3 Amazja tat, was dem Herrn gefiel, obwohl er ihm nicht so treu diente wie sein Vorfahre David. Er folgte zwar dem guten Vorbild seines Vaters Joasch, 4 doch ließ auch er die Höhenheiligtümer nicht entfernen. Das Volk brachte dort weiterhin seine Opfer dar.

5 Sobald Amazja die Herrschaft fest in Händen hatte, ließ er die Diener hinrichten, die seinen Vater, König Joasch, ermordet hatten. 6 Doch ihre Söhne ließ er am Leben und folgte so dem Gebot des Herrn, wie es im Gesetzbuch des Mose steht: »Eltern sollen nicht für die Verbrechen ihrer Kinder hingerichtet werden und Kinder nicht für die Schuld ihrer Eltern. Jeder soll nur für seine eigene Sünde bestraft werden.«[a]

7 Amazja schlug die Edomiter bei einer Schlacht im Salztal. Sie waren mit einem Heer von 10000 Mann gegen ihn angerückt. In diesem Krieg eroberte er die Stadt Sela und nannte sie Jokteel. So heißt sie noch heute.

Amazja führt Krieg gegen König Joasch von Israel
(2. Chronik 25,17–24)

8 Nach diesem Sieg schickte Amazja Boten zu Joasch von Israel, dem Sohn von Joahas und Enkel von Jehu, und ließ ihm sagen: »Lass uns gegeneinander Krieg führen! Dann sehen wir, wessen Heer stärker ist!« 9 Joasch, der König von Israel, ließ ihm antworten: »Ein Dornstrauch auf dem Libanongebirge sagte einmal zu einer mächtigen Zeder: ›Gib meinem Sohn deine Tochter zur Frau!‹ Doch die Tiere auf dem Libanon liefen über den Dornstrauch und zertrampelten ihn. 10 Ist dir der Sieg über die Edomiter zu Kopf gestiegen? Bleib lieber zu Hause, und genieße deinen Sieg! Warum willst du ins Unglück rennen und ganz Juda mit hineinreißen?« 11 Doch Amazja ließ sich nicht warnen. Da zog König Joasch von Israel mit seinem Heer nach Juda, und bei Bet-Schemesch kam es zur Schlacht zwischen ihm und König Amazja. 12 Die Judäer wurden von den Israeliten besiegt und flohen nach Hause. 13 König Amazja von Juda, der Sohn Joaschs und Enkel Ahasjas, wurde vom israelitischen König

---

[a] 5. Mose 24,16

13,23 1 Mo 15,18–21; 26,2–3; 28,13–15 **14,3** 12,3 **14,4** 5 Mo 12,2–3* **14,5** 12,21–22 **14,6** Hes 18,1–4 **14,8** 1 Kön 12,22–24

noch in Bet-Schemesch gefangen genom-
men. Anschließend rückte Joasch bis
nach Jerusalem vor und riss die Stadt-
mauer auf einer Länge von 200 Metern
ein, vom Ephraimtor bis zum Ecktor.
14 Er plünderte alles Gold und Silber und
alle kostbaren Gegenstände aus den
Schatzkammern des Tempels und des
Königspalasts. Mit dieser Beute und
einer Anzahl von Geiseln kehrte er nach
Samaria zurück.

Reich Israel

Joaschs Tod

15 Alles Weitere über Joaschs Leben ist in
der Chronik der Könige von Israel fest-
gehalten. Dort kann man nachlesen, wie
er regierte und welche Feldzüge er unter-
nahm. Auch sein Krieg gegen König
Amazja von Juda ist dort beschrieben.
16 Als Joasch starb, wurde er in Samaria
im Grab der Könige von Israel bei-
gesetzt. Sein Sohn Jerobeam wurde an
seiner Stelle König.

Reich Juda

Amazjas Tod
(2. Chronik 25,25 – 26,2)

17 Nach dem Tod Joaschs, des Königs von
Israel, lebte Amazja, der König von Juda,
noch fünfzehn Jahre. 18 Alles Weitere
über Amazjas Leben steht in der Chronik
der Könige von Juda. 19 Als in Jerusalem
eine Verschwörung gegen ihn angezettelt
wurde, konnte er zwar nach Lachisch ent-
kommen. Aber die Verschwörer ließen
ihn verfolgen, und so wurde er schließlich
in Lachisch umgebracht. 20 Man lud den
Toten auf ein Pferd und brachte ihn zur
»Stadt Davids«, einem Stadtteil Jerusa-
lems. Dort wurde er im Grab der Königs-
familie beigesetzt.
21 Die Judäer ernannten Amazjas Sohn
Asarja zum neuen König. Er war damals
16 Jahre alt. 22 Gleich nach dem Tod sei-
nes Vaters eroberte er die Stadt Elat zu-
rück und baute sie wieder auf.

Reich Israel

König Jerobeam von Israel

23 Jerobeam, der Sohn König Joaschs von
Israel, wurde König von Israel im 15. Re-
gierungsjahr König Amazjas von Juda,
des Sohnes Joaschs. Jerobeam regierte
einundvierzig Jahre in Samaria. 24 Er tat,
was der Herr verabscheute, und behielt
den Götzendienst bei, zu dem Jerobeam,
der Sohn Nebats, die Israeliten verführt
hatte. 25 Jerobeam konnte alle Gebiete
zurückerobern, die früher zu Israel ge-
hört hatten, von Lebo-Hamat bis ans To-
te Meer.

Damit erfüllte sich, was der Herr, der
Gott Israels, angekündigt hatte. Durch
seinen Diener, den Propheten Jona aus
Gat-Hefer, einen Sohn Amittais[a], hatte
er es den Israeliten vorausgesagt. 26 Denn
der Herr hatte gesehen, wie elend es den
Israeliten erging: Freie und Sklaven – alle
mussten leiden, und weit und breit war
niemand, der Israel helfen konnte. 27 Weil
der Herr das Volk Israel nicht auslöschen
wollte, half er ihnen nun durch Jerobeam,
den Sohn Joaschs.
28 Jerobeams weiteres Leben, seine
Feldzüge und militärischen Erfolge sind
in der Chronik der Könige von Israel be-
schrieben. Dort kann man nachlesen, wie
er die Städte Damaskus und Hamat mit
den dazugehörigen Gebieten zurücker-
oberte. Diese beiden Städte hatten zur
Zeit Davids[b] noch zu Israel gehört. 29 Als
Jerobeam starb, wurde er bei den Köni-

---

[a] Vgl. Jona 1,1
[b] »zur Zeit Davids« ist sinngemäß ergänzt.

14,23 Hos 1,1; Am 1,1 **14,24** 1 Kön 12,26–32* **14,26–27** 13,4–5; Ri 2,18 **14,28** 2 Sam 8,5–8

gen von Israel begraben. Sein Sohn Se-
charja wurde zum Nachfolger bestimmt.

Reich Juda

König Asarja von Juda
(2. Chronik 26,1–23)

15 Asarja, der Sohn Amazjas, wurde
König von Juda im 27. Regierungs-
jahr König Jerobeams von Israel. 2 Er re-
gierte zweiundfünfzig Jahre in Jerusalem.
Asarja war 16 Jahre alt, als er König wur-
de. Seine Mutter hieß Jecholja und
stammte aus Jerusalem. 3 Wie sein Vater
Amazja tat auch er, was dem Herrn ge-
fiel. 4 Nur die Höhenheiligtümer ließ
auch er nicht entfernen, und das Volk
brachte dort weiterhin seine Opfer dar.
5 Der Herr bestrafte den König und
ließ ihn an Aussatz erkranken. Bis zu sei-
nem Tod wurde er nicht mehr gesund.
Wegen seiner Krankheit musste Asarja
für den Rest seines Lebens in einem ab-
gesonderten Haus wohnen. Die Regie-
rungsgeschäfte und die Aufsicht über
den Palast übergab er seinem Sohn
Jotam.
6 Alles Weitere über Asarjas Leben
steht in der Chronik der Könige von Ju-
da. 7 Als Asarja starb, wurde er in der
»Stadt Davids«, einem Stadtteil Jerusa-
lems, im Grab der Königsfamilie bei-
gesetzt. Sein Sohn Jotam trat die Nach-
folge an.

Reich Israel

König Secharja von Israel

8 Secharja, der Sohn Jerobeams, wurde
König von Israel im 38. Regierungsjahr
König Asarjas von Juda. Er regierte sechs
Monate in Samaria. 9 Wie seine Vorgän-
ger tat auch er, was der Herr verabscheu-
te, und behielt den Götzendienst bei, zu
dem Jerobeam, der Sohn Nebats, die
Israeliten verführt hatte. 10 Schallum, der
Sohn Jabeschs, zettelte eine Verschwö-
rung gegen ihn an und erschlug ihn in
aller Öffentlichkeit. Dann wurde er an
seiner Stelle König.
11 Alles Weitere über Secharja ist in der
Chronik der Könige von Israel festge-
halten.
12 Der Herr hatte Jehu zugesagt, dass
seine Nachkommen bis in die vierte Ge-
neration hinein als Könige über Israel
herrschen würden. Dieses Versprechen
hatte sich nun erfüllt.

König Schallum von Israel

13 Schallum, der Sohn Jabeschs, wurde
König von Israel im 39. Regierungsjahr
König Asarjas[a] von Juda und regierte ge-
nau einen Monat in Samaria. 14 Dann
kam Menahem, der Sohn Gadis, von Tir-
za nach Samaria, erschlug Schallum in
der Stadt und wurde an seiner Stelle
König.
15 Alles Weitere über Schallum und sei-
ne Verschwörung steht in der Chronik
der Könige von Israel.
16 Menahem eroberte von Tirza aus die
Stadt Tifsach und das dazugehörige Ge-
biet. Denn ihre Bürger wollten sich ihm
nicht freiwillig unterwerfen. Allen
schwangeren Frauen ließ er den Bauch
aufschlitzen.

König Menahem von Israel

17 Menahem, der Sohn Gadis, wurde Kö-
nig von Israel im 39. Regierungsjahr Kö-
nig Asarjas von Juda. Er regierte zehn
Jahre in Samaria. 18 Sein Leben lang tat
er, was der Herr verabscheute. Er behielt
den Götzendienst bei, zu dem Jerobeam,
der Sohn Nebats, die Israeliten verführt
hatte.
19 Während seiner Regierungszeit rück-

---

a Wörtlich: Usijas. – So auch in Vers 30, 32 und 34.

15,3 14,3 **15,4** 12,4; 14,4; 5 Mo 12,2–3* **15,5** 3 Mo 13,46; 4 Mo 5,2 **15,9** 1 Kön 12,26–32*
15,12 10,30

te der assyrische König Tiglat-Pileser[a] mit seinem Heer gegen Israel an. Menahem gab ihm 35 Tonnen Silber. Er wollte sich damit die Unterstützung Tiglat-Pilesers erkaufen, um die eigene Macht zu festigen. Tatsächlich zog Tiglat-Pileser seine Truppen ab und ließ die Israeliten unbehelligt. 20 Das Silber für den König von Assyrien trieb Menahem durch eine Sondersteuer ein. Jeder reiche Israelit musste 50 Silberstücke zahlen.

21 Menahems weiteres Leben ist in der Chronik der Könige von Israel beschrieben. 22 Als er starb, bestieg sein Sohn Pekachja den Thron.

König Pekachja von Israel

23 Pekachja, der Sohn Menahems, wurde König von Israel im 50. Regierungsjahr König Asarjas von Juda. Er regierte zwei Jahre in Samaria. 24 Pekachja tat, was der Herr verabscheute, und behielt den Götzendienst bei, zu dem Jerobeam, der Sohn Nebats, die Israeliten verführt hatte.

25 Pekach, der Sohn Remaljas, einer der höchsten Offiziere Pekachjas, verschwor sich mit fünfzig Männern aus Gilead gegen ihn und erschlug ihn im Königspalast. Bei dem Umsturz kamen auch Argob und Arje ums Leben. Pekach wurde der Nachfolger des ermordeten Königs.

26 Alles Weitere über Pekachjas Leben steht in der Chronik der Könige von Israel.

König Pekach von Israel

27 Pekach, der Sohn Remaljas, wurde König von Israel im 52. Regierungsjahr König Asarjas von Juda. Er regierte zwanzig Jahre in Samaria. 28 Pekach tat, was der Herr verabscheute, und hielt am Götzendienst fest, zu dem Jerobeam, der Sohn Nebats, die Israeliten verführt hatte.

29 Während Pekachs Regierungszeit griff der assyrische König Tiglat-Pileser Israel an. Er eroberte die Städte Ijon, Abel-Bet-Maacha, Janoach, Kedesch und Hazor und nahm die Gebiete von Gilead und Galiläa ein sowie das ganze Stammesgebiet von Naftali. Die Bewohner der eroberten Gebiete verschleppte er nach Assyrien.

30 Im 20. Regierungsjahr Pekachs zettelte Hoschea, der Sohn Elas, eine Verschwörung gegen Pekach an und brachte ihn um. Dann wurde er an seiner Stelle König. Dies geschah im 20. Regierungsjahr König Jotams von Juda, des Sohnes Asarjas.

31 Alles Weitere über Pekachs Leben ist in der Chronik der Könige von Israel festgehalten.

Reich Juda

König Jotam von Juda
(2. Chronik 27)

32 Jotam, der Sohn Asarjas, wurde König von Juda im 2. Regierungsjahr König Pekachs von Israel. 33 Er regierte sechzehn Jahre in Jerusalem. Seine Mutter hieß Jeruscha; sie war eine Tochter Zadoks. Jotam war 25 Jahre alt, als er König wurde. 34 Wie sein Vater Asarja tat er, was dem Herrn gefiel. 35 Nur die Höhenheiligtümer ließ auch er nicht entfernen. Das Volk brachte dort weiterhin seine Opfer dar. Jotam baute das obere Tor des Tempels.

36 Alles Weitere über sein Leben steht in der Chronik der Könige von Juda. 37 Während Jotams Regierungszeit erklärten Rezin, der König von Syrien, und Pekach, der Sohn Remaljas, Juda den Krieg. Der Herr hatte sie dazu gebracht. 38 Als Jotam starb, wurde er in der »Stadt Davids«, einem Stadtteil Jerusalems, im Grab der Königsfamilie beigesetzt. Sein Sohn Ahas wurde sein Nachfolger.

---

[a] Im hebräischen Text steht Pul, der babylonische Name für Tiglat-Pileser.
15,29 17,6; 5 Mo 28,25* **15,34** 15,3 **15,35** 12,4; 14,4; 15,4; 5 Mo 12,2–3*

König Ahas von Juda
(2. Chronik 28,1–4)

16 Ahas, der Sohn Jotams, wurde König von Juda im 17. Regierungsjahr Pekachs, des Sohnes Remaljas. [2] Ahas war 20 Jahre alt, als er König wurde. Er regierte sechzehn Jahre in Jerusalem. Er folgte nicht dem Vorbild seines Vorfahren David und tat nicht, was dem Herrn, seinem Gott, gefiel, [3] sondern er lebte wie die Könige von Israel. Er ging sogar so weit, dass er seinen Sohn als Opfer verbrannte. Diesen schrecklichen Brauch übernahm er von den Völkern, die der Herr aus dem Land vertrieben hatte, um es seinem Volk Israel zu geben. [4] Ahas brachte in den Höhenheiligtümern, auf den Hügeln und unter den dicht belaubten Bäumen seine Opfer dar.

Ahas sucht Hilfe beim König von Assyrien
(2. Chronik 28,5–8.16–21)

[5] Als Ahas regierte, erklärten König Rezin von Syrien und König Pekach von Israel, der Sohn Remaljas, Juda den Krieg. Sie kamen mit ihren Heeren bis vor Jerusalem und belagerten die Stadt, konnten sie aber nicht einnehmen. [6] Gleichzeitig gelang es dem syrischen König Rezin, die Stadt Elat wieder zurückzugewinnen. Er vertrieb alle Judäer aus der Stadt. An ihrer Stelle ließen sich edomitische Siedler in Elat nieder. Bis heute wohnen die Edomiter dort.

[7] Ahas schickte Boten zu Tiglat-Pileser, dem König von Assyrien, und ließ ihm sagen: »Ich unterwerfe mich dir und stelle mich unter deinen Schutz! Die Könige von Syrien und Israel haben mich angegriffen. Komm doch, und befrei mich von ihnen!« [8] Zugleich ließ er dem assyrischen König alles Silber und Gold aus dem Tempel und den Schatzkammern des Palasts als Geschenk überreichen. [9] Tiglat-Pileser willigte ein. Er griff Damaskus an, eroberte die Stadt und führte die Einwohner in die Gefangenschaft nach Kir. König Rezin ließ er töten.

Ahas entweiht den Tempel
(2. Chronik 28,22–27)

[10] König Ahas ging nach Damaskus, weil er dort mit dem assyrischen König Tiglat-Pileser zusammentreffen wollte. In Damaskus sah Ahas einen Altar, der ihm sehr gefiel. Er schickte ein Modell davon an den Priester Uria, gab die genauen Maße an und beschrieb alle Einzelheiten. [11] Uria baute den Altar nach dieser Vorlage und stellte ihn fertig, bevor der König aus Damaskus zurückkehrte.

[12] Wieder in Jerusalem angekommen, sah Ahas sich den neuen Altar an. Er stieg die Stufen hinauf [13] und brachte selbst die ersten Opfer dar: Er verbrannte Brand- und Speiseopfer, goss ein Trankopfer aus und sprengte das Blut eines Dankopfers an den Altar.

[14] Zwischen dem Tempel und dem neuen Altar stand immer noch der bronzene Altar, auf dem die Opfer für den Herrn dargebracht wurden. Ihn ließ der König von der Vorderseite des Tempels wegtragen und hinter den neuen Altar stellen. [15] Dem Priester Uria befahl Ahas: »Von jetzt an wirst du alle Opfer auf dem großen Altar darbringen: sowohl die täglichen Morgen- und Abendopfer als auch die verschiedenen Opfer für den König und für das Volk – die Brandopfer, Speiseopfer und Trankopfer. Auch das Blut der Opfertiere sollst du nur noch an den neuen Altar sprengen. Den alten bronzenen Altar aber werde nur noch ich benutzen, wenn ich von Gott Weisungen einholen will.« [16] Der Priester Uria tat, was der König ihm befohlen hatte.

[17] Doch König Ahas nahm noch weitere Veränderungen im Tempel vor: Er ließ die Leisten an den Kesselwagen entfernen und die Kessel abnehmen. Das große Wasserbecken aus Bronze wurde

---

16,3 3,27; 3 Mo 18,21*; 5 Mo 18,9–12 **16,4** 5 Mo 12,2–3* **16,5–9** Jes 7,1–9 **16,17** 1 Kön 7,23–39

von den Rinderfiguren, die es trugen, heruntergenommen und auf einen Unterbau aus Steinen gesetzt. 18 Auf Wunsch des Königs von Assyrien ließ Ahas aus dem Tempel die Plattform für den Königsthron entfernen und den königlichen Privateingang verschließen.[a]

19 Alles Weitere über das Leben des Ahas steht in der Chronik der Könige von Juda. 20 Als er starb, wurde er in der »Stadt Davids«, einem Stadtteil Jerusalems, im Grab der Königsfamilie beigesetzt. Sein Sohn Hiskia wurde sein Nachfolger.

Reich Israel

Hoschea, der letzte König von Israel

17 Hoschea, der Sohn Elas, wurde König von Israel im 12. Regierungsjahr von König Ahas von Juda. Er regierte neun Jahre in Samaria. 2 Hoschea tat, was der Herr verabscheute, doch nicht in dem Maße wie seine Vorgänger.

3 Salmanassar, der König von Assyrien, unternahm einen Feldzug gegen Israel. Hoschea unterwarf sich und musste den Assyrern von da an Tribut entrichten. 4 Doch nach mehreren Jahren lehnte Hoschea sich gegen die assyrische Herrschaft auf. Er zahlte keinen Tribut mehr und schickte Boten zu König So nach Ägypten, um sich mit ihm zu verbünden[b]. Doch der assyrische König deckte die Verschwörung auf, ließ Hoschea verhaften und ins Gefängnis werfen.

Der Untergang Samarias

5 Salmanassar ließ seine Truppen in Israel einmarschieren. Sie rückten bis nach Samaria vor und belagerten die Stadt drei Jahre lang. 6 Im 9. Regierungsjahr Hoscheas eroberte König Salmanassar Samaria und verschleppte die Israeliten nach Assyrien. Einen Teil der Gefangenen siedelte er in der Gegend von Halach an, andere in der Provinz Gosan am Fluss Habor und in den Städten Mediens.

7 Dies alles war geschehen, weil die Israeliten gegen den Herrn, ihren Gott, gesündigt hatten. Er hatte sie aus der Gewalt des Pharaos befreit und aus Ägypten nach Israel geführt. Doch sie verehrten immer wieder andere Götter 8 und übernahmen die heidnischen Bräuche der Völker, die der Herr aus dem Land vertrieben hatte, um es seinem Volk zu geben. Die Könige von Israel hatten das ganze Volk zum Götzendienst verführt. 9 Die Israeliten taten vieles, was den Herrn beleidigte. Überall errichteten sie Heiligtümer für ihre Götzen, sowohl in den Städten als auch draußen auf dem Land. 10 Auf den Hügeln und unter den dicht belaubten Bäumen stellten sie Steine und Holzpfähle auf und weihten sie ihren Göttern. 11 Sie verbrannten Weihrauch auf den Hügeln wie die Völker, die der Herr aus dem Land vertrieben hatte. Mit all diesen Vergehen forderten sie den Zorn des Herrn heraus. 12 Sie taten genau das, was er ihnen verboten hatte: Sie verehrten tote Götzen.

13 Immer und immer wieder hatte der Herr Propheten und Seher nach Israel und Juda gesandt, um sein Volk zu warnen: »Kehrt um von euren falschen Wegen! Befolgt meine Gebote und Weisungen! Lebt nach dem Gesetz, das ich euren Vorfahren gegeben habe! Meine Knechte, die Propheten, haben es euch immer wieder gesagt.«

14 Aber sie wollten nicht hören. Wie ihre Vorfahren, die sich vom Herrn abgewandt hatten, hielten auch sie stur an ihren Götzen fest. 15 Sie schlugen Gottes

---

a So in Anlehnung an die griechische Übersetzung. Der hebräische Text ist nicht sicher zu deuten.
b »um sich mit ihm zu verbünden« ist sinngemäß ergänzt.

17,2 1 Kön 12,26–32* **17,5–6** 18,9–11 **17,7–8** 2 Mo 20,3–5*; 5 Mo 18,9–12; Jos 24,14–24; Ri 2,20–23 **17,9–11** 5 Mo 12,2–3* **17,15** 2 Mo 24,7–8*

Gebote und Warnungen in den Wind und verachteten den Bund, den er mit ihren Vorfahren geschlossen hatte. Sie betrogen sich selbst und liefen toten Götzen nach; sie wollten sein wie ihre Nachbarvölker, obwohl der Herr es ihnen verboten hatte. 16 Die Gebote des Herrn, ihres Gottes, beachteten sie nicht mehr. Sie gossen sich zwei Stierfiguren und stellten eine Statue der Göttin Aschera auf, sie beteten die Sterne an und verehrten den Gott Baal. 17 Ihre Söhne und Töchter verbrannten sie als Opfer für ihre Götzen, sie trieben Wahrsagerei und Zauberei. Mit Leib und Leben verschrieben sie sich allem, was der Herr verabscheute, und reizten ihn dadurch bis aufs äußerste.

18 Da wurde der Herr sehr zornig über Israel. Er wandte sich von ihnen ab und trieb sie fort. Nur der Stamm Juda blieb im Land zurück.

19 Doch auch die Judäer wollten von den Geboten des Herrn, ihres Gottes, nichts wissen. Sie folgten dem schlechten Vorbild der Bewohner Nordisraels. 20 Da verstieß der Herr das ganze Volk. Er ließ zu, dass feindliche Heere in das Land einfielen und es ausplünderten. So bestrafte er sein Volk und wandte sich von ihm ab.

21 Der Herr selbst hatte vorher dafür gesorgt, dass das Nordreich Israel vom Königshaus David abfiel. Die Stämme des Nordreichs hatten Jerobeam, den Sohn Nebats, zu ihrem König gemacht. Doch Jerobeam hatte Israel davon abgebracht, dem Herrn zu dienen. Er hatte sie zu einer schweren Sünde verführt: zum Götzendienst. 22 Sie folgten dem schlechten Beispiel Jerobeams und ließen nie mehr vom Götzendienst ab.

23 Darum traf ein, was der Herr ihnen durch seine Diener, die Propheten, immer wieder angedroht hatte: Er verstieß die Israeliten. Sie wurden als Gefangene nach Assyrien verschleppt. Dort leben sie heute noch.

Fremde Völker werden in Samarien angesiedelt

24 Der assyrische König ließ Einwohner der Städte Babylon, Kuta, Awa, Hamat und Sefarwajim nach Samarien bringen und sie dort in den verlassenen israelitischen Städten ansiedeln. Sie nahmen das Land und die Städte in Besitz. 25 Doch die neuen Bewohner verehrten nicht den Herrn. Deshalb ließ der Herr Löwen in die Gegend kommen, die viele Menschen töteten.

26 Bald wurde dem assyrischen König gemeldet: »Die Völker, die du in den Städten Samariens angesiedelt hast, wissen nicht, wie der Gott dieses Landes verehrt werden muss. Darum hat er Löwen in das Land geschickt; schon haben sie viele Menschen getötet! Und das nur, weil niemand weiß, was der Gott dieses Landes von ihnen verlangt.« 27 Da befahl der König von Assyrien: »Einer der Priester, die aus Samarien hierher gebracht wurden, soll in seine Heimat zurückkehren und wieder dort wohnen. Er soll den Menschen sagen, wie der Gott des Landes verehrt werden möchte!«

28 Daraufhin kehrte ein Priester aus der Verbannung zurück. Er wohnte in Bethel und erklärte den neuen Bewohnern des Landes, wie sie dem Herrn dienen sollten. 29 Aber die Siedler hielten weiterhin auch an ihren Götzen fest. Jede Volksgruppe machte sich ihre Götzenstatue und stellte sie in eines der Höhenheiligtümer, die von den Israeliten überall gebaut worden waren. 30 Die Siedler aus Babylon errichteten eine Statue des Gottes Sukkot-Benot, die aus Kuta stellten ein Standbild Nergals auf, die aus Hamat eine Statue Aschimas; 31 die Awiter verehrten die Götter Nibhas und Tartak, und die Siedler aus Sefarwajim verbrannten ihre Söhne als Opfer für ihre Götter Adrammelech und Anammelech. 32 Sie alle verehrten den Herrn, aber zugleich weihten sie Männer aus ihren eigenen

---

17,16 5 Mo 4,15–20; 1 Kön 12,26–32* **17,17** 16,3; 3 Mo 18,21*; 5 Mo 18,9–12 **17,21** 1 Kön 11,26–32; 14,7–11

Reihen zu Priestern, die in den Höhenheiligtümern für sie Opfer darbrachten. 33 Sie dienten dem Herrn und gleichzeitig ihren Göttern, wie es in den Ländern Brauch war, aus denen sie gekommen waren.

34 Und so ist es bis heute geblieben: Die Bewohner Samariens leben nach ihren alten Bräuchen, anstatt dem Herrn allein zu dienen. Sie halten sich nicht an seine Weisungen und Gebote, sie beachten das Gesetz nicht, das der Herr den Nachkommen Jakobs, den Israeliten, gegeben hat. Jakob hatte vom Herrn den Namen Israel bekommen.[a] Mit seinen Nachkommen, 35 dem Volk Israel, hatte der Herr einen Bund geschlossen und ihnen befohlen:

»Verehrt keine anderen Götter! Werft euch nicht vor ihnen nieder, um sie anzubeten! Dient ihnen nicht, und bringt ihnen keine Opfer dar! 36 Allein mir, dem Herrn, sollt ihr in Ehrfurcht dienen, denn meiner Macht und meinem Eingreifen verdankt ihr eure Befreiung. Ich habe euch aus Ägypten nach Israel geführt! Werft euch nur vor mir nieder, und bringt allein mir Opfer dar! 37 Befolgt alle Gebote, die ich, der Herr, euch gegeben habe! Haltet euch an jedes Gesetz, jede Weisung und jeden Befehl! Verehrt keine anderen Götter! 38 Vergesst den Bund nicht, den ich mit euch geschlossen habe, und betet keine anderen Götter an! 39 Allein vor mir, dem Herrn, eurem Gott, sollt ihr Ehrfurcht haben. Nur ich kann euch aus der Hand eurer Feinde erretten.«

40 Doch die Bewohner Samariens hörten nicht darauf, sondern lebten weiterhin nach ihren früheren Bräuchen. 41 Sie verehrten zwar den Herrn, aber gleichzeitig dienten sie ihren Göttern, deren Statuen sie aufgestellt hatten. Ihre Nachkommen taten es ihnen gleich, und noch heute leben sie wie ihre Vorfahren.

Reich Juda

König Hiskia von Juda
(2. Chronik 29,1–2; 31,1)

18 Im 3. Regierungsjahr König Hoscheas von Israel, des Sohnes Elas, trat Hiskia, der Sohn des Königs Ahas von Juda, die Herrschaft an. 2 Er wurde mit 25 Jahren König und regierte neunundzwanzig Jahre in Jerusalem. Seine Mutter hieß Abi, sie war eine Tochter Secharjas. 3 Hiskia tat, was dem Herrn gefiel. In allem folgte er dem Beispiel seines Vorfahren David. 4 Er ließ die Heiligtümer auf den Hügeln zerstören, zerschmetterte die Steine, die fremden Göttern geweiht waren, und das Standbild der Göttin Aschera. Er zerschlug auch die bronzene Schlange, die Mose einst gemacht hatte, denn die Israeliten verbrannten vor ihr immer wieder Weihrauch als Opfer. Man nannte sie Nehuschtan.

5 Hiskia vertraute dem Herrn wie kein König von Juda vor ihm und nach ihm. 6 Er liebte den Herrn und diente ihm. Er hielt sich an alle Gebote, die der Herr einst Mose für Israel gegeben hatte. 7 Darum stand der Herr ihm bei und ließ ihm alles gelingen, was er unternahm.

Hiskia konnte sich von der Herrschaft des assyrischen Königs befreien. 8 Er schlug die Philister bis nach Gaza zurück und verwüstete die ganze Gegend – Stadt und Land.

Reich Israel

Die Assyrer erobern Israel

9 Im 4. Regierungsjahr Hiskias, dem 7. Regierungsjahr Hoscheas von Israel, griff Salmanassar, der König von Assyrien, mit seinen Truppen Israel an, umstellte die Stadt Samaria 10 und nahm sie

---

[a] Vgl. 1. Mose 32,23–29

17,34 2 Mo 20,3–5* **17,35** 2 Mo 24,7–8* **17,36** 2 Mo 20,2* **17,39** 2 Mo 14,14* **18,4** 5 Mo 12,2–3*; 1 Kön 16,33; 4 Mo 21,6–9 **18,5** 23,25 **18,9–11** 17,5–6

nach dreijähriger Belagerung ein. Im 6. Regierungsjahr Hiskias, dem 9. Regierungsjahr Hoscheas, des Königs von Israel, wurde Samaria erobert. [11] Der assyrische König verschleppte die Israeliten nach Assyrien in die Verbannung. Er siedelte einen Teil der Gefangenen in der Gegend von Halach an, andere am Fluss Habor in der Provinz Gosan und in den Städten Mediens.

[12] Dies geschah, weil sie dem Herrn, ihrem Gott, nicht mehr gehorchten. Sie befolgten die Gebote nicht, die Mose ihnen im Auftrag des Herrn gegeben hatte, und brachen so den Bund, den der Herr mit ihnen geschlossen hatte. Sie hörten nicht mehr auf den Herrn und taten nicht, was er von ihnen verlangte.

Die Assyrer belagern Jerusalem (2. Chronik 32,1–19; Jesaja 36)

[13] Im 14. Regierungsjahr König Hiskias marschierte der assyrische König Sanherib mit seinen Truppen in Juda ein und eroberte alle befestigten Städte des Landes. [14] Da schickte König Hiskia einen Boten zu dem assyrischen König, der mit seinem Heer vor Lachisch stand, und ließ ihm sagen: »Ich gestehe, dass ich nicht recht gehandelt habe. Ich bin bereit, dir an Abgaben zu zahlen, was du von mir verlangst, wenn du nur wieder von Juda abziehst!«

Sanherib forderte von Hiskia zehn Tonnen Silber und eine Tonne Gold als Tribut. [15] Hiskia gab ihm alles Silber aus dem Tempel des Herrn und den Schatzkammern des Palasts. [16] Um die geforderte Menge an Gold aufzubringen, ließ er die Goldverkleidung der Türen und Pfosten im Tempel abreißen und übergab sie dem König von Assyrien. Hiskia hatte die Türen und Pfosten zuvor selbst vergolden lassen.

[17] Aber der assyrische König schickte drei seiner höchsten Würdenträger – sie trugen die Titel Rabschake, Tartan und Rabsaris – mit einem starken Heer von Lachisch nach Jerusalem. Dort stellte sich das Heer bei der Wasserleitung des oberen Teiches auf. Sie liegt an der Straße zu dem Feld, auf dem die Tuchmacher ihre Stoffe bleichen. [18] Die drei Würdenträger verlangten sofort den König zu sprechen. Hiskia schickte drei seiner Hofbeamten zu ihnen hinaus: den Palastverwalter Eljakim, einen Sohn Hilkijas, den Hofsekretär Schebna und den Berater Joach, einen Sohn Asafs. [19] Der Rabschake gab ihnen eine Botschaft an König Hiskia mit:

»Der mächtige König von Assyrien lässt dir sagen: Worauf vertraust du eigentlich, dass du dich so sicher fühlst? [20] Schöne Worte allein erringen keinen Sieg. Was du brauchst, sind gute Berater und lange Kriegserfahrung. Von wem erhoffst du dir Rückendeckung, dass du es wagst, dich gegen mich aufzulehnen? [21] Ausgerechnet von Ägypten erwartest du Hilfe? Auf diesen zerbrochenen Stab willst du dich stützen? Er hat noch jedem die Hand durchbohrt, der sich auf ihn stützte. So ist nämlich der Pharao: Er lässt alle im Stich, die sich auf ihn verlassen! [22] Vielleicht sagt ihr jetzt: ›Wir vertrauen auf den Herrn, unseren Gott!‹ Aber hast du, Hiskia, nicht alle Altäre und Opferstätten dieses Gottes niedergerissen? Hast du nicht dem Volk in ganz Juda und Jerusalem befohlen, sich nur noch vor dem einen Altar in Jerusalem niederzuwerfen? Und da sollte dieser Gott euch nun noch helfen wollen?[a]

[23] Der König von Assyrien bietet dir folgende Wette an: Er schenkt dir zweitausend Pferde, wenn du die Reiter dafür aufbringen kannst. Wetten, dass es dir nicht gelingt? [24] Ihr könnt doch nicht einmal irgendeinem unbedeutenden Truppenführer meines Herrn die Stirn bieten. Ihr setzt ja eure ganze Hoffnung auf die Ägypter, weil sie viele Streitwagen besitzen. [25] Und noch etwas lässt dir der König sagen: Du denkst wohl, wir seien gegen

---

[a] »Und da … wollen?« ist sinngemäß ergänzt.

18,12 2 Mo 24,7–8* **18,21** Jes 30,1–3; 31,1–3; Hes 29,6–7 **18,22** 5 Mo 12,11–14

den Willen des Herrn hier einmarschiert,
um alles zu verwüsten? Dann irrst du
dich aber! Der Herr selbst hat mir befoh-
len, dieses Land zu erobern und zu zer-
stören.«
26 Hier unterbrachen Schebna, Joach
und Eljakim, der Sohn Hilkijas, den Rab-
schake. »Bitte, rede aramäisch mit uns,
Herr«, baten sie. »Sprich nicht hebräisch!
Die Leute aus dem Volk oben auf der
Mauer verstehen sonst jedes Wort.«
27 Doch der Rabschake erwiderte: »Meint
ihr, mein Herr habe mich mit dieser Bot-
schaft nur zu euch und eurem Herrn ge-
schickt? Nein, gerade die Männer dort
oben auf der Stadtmauer sollen es hören!
Bald schon werden sie so wie ihr den ei-
genen Kot fressen und Harn saufen.«
28 Dann wandte er sich zur Stadtmauer
hin und rief laut auf Hebräisch: »Hört,
was der mächtige König von Assyrien
euch zu sagen hat: 29 Lasst euch von His-
kia nicht täuschen! Der kann euch ja
doch nicht helfen! 30 Er vertröstet euch
auf den Herrn und behauptet: ›Ganz si-
cher wird der Herr uns retten und verhin-
dern, dass der König von Assyrien die
Stadt erobert.‹ Fallt nicht darauf herein!
31 Hört nicht auf Hiskia, sondern hört auf
den König von Assyrien! Er will Frieden
mit euch schließen und lässt euch sagen:
Ihr könnt euch mir getrost ergeben.
Dann werdet ihr wieder die Früchte eu-
rer Weinstöcke und Feigenbäume essen
und das Wasser eurer Brunnen trinken,
32 bis ich euch in ein Land hole, das so
fruchtbar ist wie eures. Dort gibt es Ge-
treidefelder und Weinberge, Brot und
Most, Olivenöl und Honig in Hülle und
Fülle. Wenn ihr euch ergebt, werdet ihr
überleben und kommt nicht um. Des-
halb: Hört nicht auf Hiskia! Lasst euch
von ihm nicht an der Nase herumführen,
wenn er behauptet: ›Der Herr wird uns
helfen!‹ 33 Haben etwa die Götter anderer
Völker sie vor mir retten können? 34 Was
ist mit den Göttern von Hamat und Ar-
pad und mit den Göttern von Sefarwa-
jim, Hena und Awa? Konnten sie ihre
Städte vor meinen Angriffen schützen?
Und wie war es mit Samaria? Haben sie
uns etwa dort zum Abzug gezwungen?
35 Nein, nicht ein einziger Gott konnte
sein Land vor meinen Eroberungen
schützen. Und da sollte ausgerechnet eu-
er Gott, den ihr ›Herr‹ nennt, Jerusalem
vor mir bewahren?«
36 Die Leute auf der Mauer blieben ru-
hig und antworteten ihm nichts. Denn
Hiskia hatte ihnen befohlen, kein Wort
zu sagen. 37 Entsetzt zerrissen Eljakim,
Schebna und Joach ihre Gewänder. Sie
eilten zu Hiskia und wiederholten ihm
die ganze Rede des Rabschake.

Der Herr ermutigt Hiskia
(Jesaja 37,1–7)

19 Als König Hiskia das hörte, zerriss
auch er sein Gewand und hüllte
sich in ein Trauergewand aus Sacktuch.
Dann ging er in den Tempel. 2 Den Palast-
verwalter Eljakim, den Hofsekretär
Schebna und einige führende Priester
schickte er in Trauergewändern zum Pro-
pheten Jesaja, dem Sohn des Amoz.
3 »Wir haben dir etwas von Hiskia aus-
zurichten«, begannen sie. »Er lässt dir sa-
gen: Heute ist ein schrecklicher Tag, die
Assyrer haben uns schwer beleidigt. Das
ist die Strafe für unsere Sünden. Die La-
ge ist so ernst wie bei einer Geburt, wenn
die Mutter keine Kraft mehr hat, ihr
Kind zu gebären. 4 Doch vielleicht hat
der Herr, dein Gott, alle Lästerungen
des Rabschake gehört. Der Gesandte
des assyrischen Königs hat den lebendi-
gen Gott verhöhnt! Sicher hat der Herr
seine Worte gehört und bestraft ihn da-
für. O Jesaja, bete für uns, bete für die
Überlebenden!«
5 Als sie die Botschaft Hiskias aus-
gerichtet hatten, 6 gab Jesaja ihnen gleich
eine Antwort für den König mit: »So
spricht der Herr: ›Hab keine Angst vor
den Drohungen, die du gehört hast. Lass

18,31–32 1 Kön 5,5; Mi 4,4; Sach 3,10 **18,33–35** Jes 10,5–19 **19,4** 18,19–35

Eine zerbrochene Beziehung

Lesen Sie 2. Könige 17,5-23

Die traurige Geschichte aus 2. Könige 17 erzählt von Zerstörung und Gericht. Immer wieder hatte Gott sein Volk gewarnt, es solle seine Sünden bereuen, aber es hatte sich stets geweigert. So beschworen sie genau die Katastrophe herauf, die Gott ihnen angekündigt hatte; das Ergebnis einer zerbrochenen Beziehung zu Gott ist immer Leid.

Eine versöhnte Beziehung zu Gott sollte für uns eigentlich das wichtigste Bedürfnis sein. Gott schenkt uns viele Gelegenheiten, umzukehren und mit ihm versöhnt zu leben. Wir dürfen nicht wie die Israeliten diese Chance ungenutzt verstreichen lassen. Sonst beschwören auch wir unausweichlich harte Konsequenzen herauf.

Auch für unsere zwischenmenschlichen Beziehungen brauchen wir Heilung, die durch denselben Prozess der Buße und Versöhnung geschieht. Es gibt keine Versöhnung ohne Buße. In der Ehe ist fast immer ein gegenseitiges Bekennen von Schuld nötig, denn meistens liegt der Fehler auf beiden Seiten.

Damit sollen nicht der Schmerz, die Verletzungen, der Frust, die Wut, die Bitterkeit, die Einsamkeit und die Enttäuschung, die Sie empfinden, kleingeredet werden. Doch heute ist ein neuer Tag, und dieser ruft nach neuen Entscheidungen. Während Sie sich Ihrem eigenen Versagen stellen und sich mit Gott versöhnen lassen, bitten Sie Gott doch, dass er noch heute denselben positiven Prozess auch in Ihrer Ehe anstößt. Versöhnung geschieht immer schrittweise.

Nehmen Sie sich Zeit, um allein oder als Paar gemeinsam zu beten. Bitten Sie Gott ...

- dass Sie den heilenden Prozess der Buße und Versöhnung annehmen können – zunächst in Ihrer Beziehung zu ihm, dann in Ihrer Ehe;
- dass er Ihnen klar zeigt, wo Sie Schuld bekennen sollten;
- dass er Ihnen dabei hilft, wenn Sie die ersten Schritte zur Versöhnung mit ihm und mit Ihrem Ehepartner gehen.

Wenn Sie noch mehr Zeit haben ...

Besprechen Sie miteinander folgende Fragen oder denken Sie darüber nach:

- Immer wieder wird in der Bibel die Beziehung zwischen Gott und seinem Volk mit einer Ehe verglichen (siehe Offenbarung 19,7-8). Warum hat Gott wohl gerade dieses Bild gewählt?
- Wenn Sie die Geschichte von Israels ständigem Kreislauf der Sünde und von der schlussendlichen Verbannung lesen, mag die Sturheit des Volkes und seine Taubheit gegenüber Gottes deutlichen Warnungen frustrierend sein. Wo entdecken Sie aber ähnliche Verhaltensmuster in Ihrer Beziehung zu Gott? Wo finden Sie solche Muster in Ihrer Ehe?

Lesen Sie auch die folgenden Abschnitte zum Thema Versöhnung: Matthäus 5,23-25; 2. Korinther 5,18; Kolosser 1,19-22.

Fünfzehn Jahre

Lesen Sie 2. Könige 20,1-11

Wenn Menschen, die Gott nachfolgen, körperliches Leid ertragen müssen oder durch eine Krankheit geschwächt werden, taucht oft die quälende Frage auf: Wenn Gott Liebe ist, warum lässt er dann zu, dass seine Kinder so große Schmerzen leiden?

Im Umgang mit dieser Frage sind aufrichtige Christen zu ganz unterschiedlichen Antworten gelangt. Manche sagen, Krankheit und Leid kämen immer vom Satan und es sei niemals Gottes Wille, dass sein Volk krank ist. Wenn also Satan die Krankheit bringt, dann könne sie durch das Gebet des Glaubens geheilt werden. Sicherlich gibt es einerseits seriöse Berichte über göttliche Heilungen, doch andererseits gibt es auch Tausende von Menschen, die zwar „im festen Vertrauen" (Jakobus 5,15) gebetet haben, aber nicht geheilt wurden. Bei manchen hat das ihren Glauben zutiefst erschüttert. In der Bibel werden wir dazu aufgefordert, für die Kranken zu beten (siehe Jakobus 5,14-15). Dennoch hat Gott sich nicht grundsätzlich dazu verpflichtet, jede Person zu heilen, die sich im Glauben an ihn wendet. Die Heilung liegt ganz und gar in der Hand des souveränen Gottes, der allein entscheidet, ob er heilt oder nicht. Oft sehen wir gar nicht das ganze Bild. Hiskia flehte Gott an, sein Leben zu verlängern, und Gott schenkte ihm weitere fünfzehn Jahre. Doch in diesen fünfzehn Jahren zeugte Hiskia einen Sohn namens Manasse, der ein gottloser König wurde (siehe 2. Könige 21,1-18). Zu seinen üblen Machenschaften gehörten zahlreiche Morde, die Verführung seines Volkes zur Sünde und das Opfer seines eigenen Sohnes. Damit brachte er das Gericht Gottes über sein Volk. Wenn Hiskia gewusst hätte, was seine fünfzehn Extra-Jahre an Folgen nach sich zogen, hätte er dann anders gebetet? Das schmerzhafte Erleben von Leid belastet unseren Glauben; wir können nur auf den gütigen Gott vertrauen, der allein Heilung schenkt.

Nehmen Sie sich Zeit, um allein oder als Paar gemeinsam zu beten. Bitten Sie Gott, dass er …

- *Ihnen die Kraft* gibt, Leid zu tragen;
- Ihren Glauben stärkt und auf Leid vorbereitet;
- Ihnen hilft, im Glauben zu beten, nicht nur um Heilung, sondern dass sein Wille geschieht.

Wenn Sie noch mehr Zeit haben …

Besprechen Sie miteinander folgende Fragen oder denken Sie darüber nach:

- Wie wird aus Hiskias Geschichte deutlich, dass körperliches Leid und der Tod nicht unbedingt das Schlimmste ist?
- Wie unterscheidet sich die biblische Sicht von Krankheit und Tod von unserer? Siehe Jesaja 57,1-2; Lukas 22,42; 2. Korinther 12,7-10.
- Wie beantworten Sie die klassische Frage der Skeptiker und der Leidenden: Wenn Gott liebevoll ist, warum lässt er dann zu, dass wir so schrecklich leiden müssen?

Lesen Sie auch die folgenden Abschnitte zum Thema Leid:
Psalm 55,23; Römer 5,3-5; Offenbarung 21,4.

Den nächsten Impuls finden Sie auf S. 456 a

dich nicht einschüchtern, wenn die Boten
des assyrischen Königs über mich lästern!
[7]Ich will ihn dazu bringen, dass er seine
Truppen von hier abzieht. Er wird ein
Gerücht hören und darüber so beunru-
higt sein, dass er umgehend in sein Land
zurückkehrt. Dort lasse ich ihn durch das
Schwert umkommen.‹«

Sanheribs Drohungen – Hiskias Gebet
(Jesaja 37,8–20)

[8]Der Rabschake kehrte zu König Sanhe-
rib zurück, der inzwischen wieder von
Lachisch aufgebrochen war und nun die
Stadt Libna belagerte.
[9]Sanherib hörte, der äthiopische König
Tirhaka sei mit einem Heer unterwegs,
um die Assyrer anzugreifen. Da schickte
er noch einmal eine Gesandtschaft zu
König Hiskia und ließ ihm einen Brief
überbringen. [10]»Überschätze deinen Gott
nicht«, hieß es darin, »lass dich nicht von
ihm täuschen, wenn er dir sagt: ›Jerusa-
lem wird nicht fallen, der assyrische Kö-
nig kann die Stadt nicht einnehmen!‹
[11]Du weißt doch, wie die assyrischen Kö-
nige gegen ihre Feinde vorgehen: Ihre
Länder verwüsten sie, und die Bewohner
metzeln sie nieder. Und da solltest gerade
du verschont bleiben? [12]Wurden denn
Städte wie Gosan, Haran oder Rezef von
ihren Göttern beschützt? Wie war es mit
den Einwohnern von Telassar im Land
Eden? Kein Gott half ihnen, als meine
Vorgänger sie vernichteten! [13]Und wo
sind heute die Könige von Hamat und Ar-
pad, Sefarwajim, Hena und Awa?«
[14]Die Boten überbrachten Hiskia das
Schreiben. Er las es und ging damit in
den Tempel. Dort breitete er den Brief
vor dem Herrn aus [15]und begann zu beten:
»O Herr, du Gott Israels, der du über
den Cherub-Engeln thronst, du allein bist
Gott über alle Königreiche der Welt.
Himmel und Erde hast du geschaffen.
[16]Herr, erhöre mich! Sieh doch, wie
schlimm es um uns steht! Höre, wie San-
herib dich, den lebendigen Gott, ver-
höhnt. [17]Es ist wahr, Herr: Die assyri-
schen Könige haben die Länder aller
ihrer Feinde verwüstet. [18]Sie haben deren
Götter ins Feuer geworfen, denn es wa-
ren ja keine lebendigen Götter, sondern
nur Figuren aus Holz oder Stein, von
Menschen gemacht. Darum konnten die
Assyrer sie verbrennen. [19]Nun bitte ich
dich, Herr, unser Gott: Errette uns aus
der Gewalt des assyrischen Königs! Alle
Länder der Erde sollen erkennen, dass
du allein Gott bist!«

Gottes Antwort auf den Spott des assyrischen Königs
(2. Chronik 32,20–21; Jesaja 37,21–38)

[20]Da schickte Jesaja, der Sohn des Amoz,
einen Boten zu König Hiskia, der ihm sa-
gen sollte: »So spricht der Herr, der Gott
Israels: Ich habe gehört, was du wegen
Sanherib gebetet hast. [21]Hör nun, was
ich zum König von Assyrien sage:
Die Stadt Zion verachtet und verspot-
tet dich. Ganz Jerusalem lacht über dich!
[22]Weißt du überhaupt, wen du verhöhnt
und gelästert hast? Weißt du, mit wem
du dich angelegt hast? Mit dem heiligen
Gott Israels! [23]Durch deine Boten hast
du mich, den Herrn, verspottet. Du
prahlst:
›Mit meinen vielen Streitwagen habe
ich die Berge bezwungen, bis zum höchs-
ten Gipfel des Libanon bin ich vorgesto-
ßen. Seine hohen Zedern habe ich gefällt
und die schönsten Zypressen abgeholzt.
Ich erreichte das entlegenste Versteck
und drang in jedes Dickicht seiner Wäl-
der vor. [24]In fremden Ländern habe ich
mir Brunnen gegraben. Die Nilarme in
Ägypten waren kein Hindernis für mich:
Unter meinen Schritten trockneten sie
aus.‹
[25]Höre, König von Assyrien: Womit du
jetzt prahlst, das habe ich schon in grauer

19,15 2 Mo 25,22; 1 Mo 1,1–2* **19,18** Ps 115,4–8; Jes 44,9–20

Vorzeit geplant, seit langem ist es vor-
bereitet! Nur darum habe ich zugelassen,
dass du befestigte Städte einreißt und sie
in Trümmerhaufen verwandelst. 26 Ihre
Einwohner waren machtlos gegen dich,
du hast Schrecken und Schande über sie
gebracht. Sie waren wie junges Grün auf
dem Feld, wie zartes Gras auf Lehmdä-
chern, das im heißen Ostwind verdorrt.
27 Ich kenne dich ganz genau. Ich weiß,
ob du sitzt oder stehst. Ich sehe, wann du
kommst und wann du gehst. Ich weiß
auch, wie du gegen mich wütest. 28 Dein
Prahlen habe ich gehört. Weil du so ge-
gen mich tobst, will ich dir einen Ring
durch die Nase ziehen und meinen Zaum
ins Maul legen. Dann treibe ich dich den
Weg wieder zurück, den du gekommen
bist.
29 Dir, Hiskia, gebe ich ein Zeichen, an
dem du erkennen kannst, dass ich mein
Versprechen halte: In diesem und im
nächsten Jahr müsst ihr von dem leben,
was auf euren Feldern von allein nach-
wächst. Doch im übernächsten Jahr
könnt ihr wieder säen und ernten, Wein-
berge anlegen und ihre Früchte essen wie
früher. 30 Die Bewohner von Juda, die
diese schwere Zeit überstehen, werden
in Frieden in ihrer Heimat leben können
wie Pflanzen, die Wurzeln schlagen und
Frucht bringen. 31 Denn in Jerusalem
werden Menschen überleben und das
Land wieder bevölkern. Ich, der Herr,
sorge dafür und verfolge mein Ziel be-
harrlich.
32 Ich sage dir auch, was mit dem assyri-
schen König geschehen wird: Seine Trup-
pen werden Jerusalem mit keinem Fuß
betreten. Sie werden keinen einzigen
Pfeil abschießen und nicht im Schutz
ihrer Schilde gegen die Stadtmauer an-
stürmen. Nicht einmal einen Belage-
rungswall werden sie aufschütten. 33 Die
Assyrer werden Jerusalem nicht stürmen,
sondern auf demselben Weg abziehen,
den sie gekommen sind. Darauf gebe ich,
der Herr, mein Wort. 34 Um meiner Ehre
willen beschütze ich diese Stadt. Ich rette
sie, weil ich es meinem Diener David ver-
sprochen habe.«
35 Noch in dieser Nacht schickte der
Herr seinen Engel in das Lager der Assy-
rer. Er tötete 185 000 Soldaten. Am
nächsten Morgen war alles mit Leichen
übersät.
36 Da ließ Sanherib zum Aufbruch bla-
sen, zog seine Truppen ab und kehrte
nach Assyrien zurück. Er blieb in der
Hauptstadt Ninive. 37 Eines Tages, als er
im Tempel seines Gottes Nisroch betete,
stachen ihn seine Söhne Adrammelech
und Sarezer mit dem Schwert nieder.
Die beiden flohen in das Land Ararat,
und Asarhaddon, ein anderer Sohn San-
heribs, wurde sein Nachfolger.

Gott heilt den todkranken König
(2. Chronik 32,24;
Jesaja 38,1–8.21–22)

20 In dieser Zeit wurde Hiskia tod-
krank. Der Prophet Jesaja, der
Sohn des Amoz, besuchte ihn und sagte:
»So spricht der Herr: ›Regle noch die
letzten Dinge, denn du bist unheilbar
krank und wirst bald sterben.‹«
2 Als Hiskia das hörte, drehte er sich
zur Wand und betete: 3 »Ach Herr, denk
doch daran, dass ich mein Leben lang
treu bei dir geblieben bin und mit ganzer
Hingabe getan habe, was dir gefällt.« Er
fing laut an zu weinen.
4/5 Jesaja war inzwischen wieder gegan-
gen. Doch er war noch nicht einmal bis
zum Tor des inneren Vorhofs gekommen,
als der Herr ihn noch einmal mit einer
Botschaft zu Hiskia zurücksandte. Jesaja
ging erneut zum König und sagte: »Du
König meines Volkes, höre, was der Herr,
der Gott deines Vorfahren David, dir sa-
gen lässt: ›Ich habe dein Gebet gehört
und deine Tränen gesehen. Ich will dich
gesund machen. Übermorgen kannst du
wieder in den Tempel des Herrn gehen.
6 Ich verlängere dein Leben um fünfzehn
Jahre. Auch will ich dich und diese Stadt
vor dem assyrischen König bewahren.

19,28 18,19–35; Jes 10,5–19 **19,31** Jes 1,7–9 **19,35** 2 Mo 12,23; 14,14*; 2 Sam 24,14–16

Um meiner eigenen Ehre willen und weil ich es meinem Diener David versprochen habe, beschütze ich Jerusalem.‹«

[7]Dann befahl Jesaja: »Man soll einen Umschlag aus gepressten Feigen machen und ihn auf das Geschwür des Königs legen!« Da wurde Hiskia gesund. [8]Vorher hatte Hiskia Jesaja gefragt: »Woran kann ich erkennen, dass der Herr mich wieder gesund macht und dass ich übermorgen zum Tempel gehen kann?« [9]Jesaja hatte geantwortet: »Der Herr gibt dir ein Zeichen, an dem du erkennen wirst, dass er sein Versprechen hält: Soll der Schatten an der Treppe zehn Stufen vorwärts gehen, oder soll er zehn zurückwandern?« [10]Hiskia antwortete: »Es ist nichts Besonderes, wenn der Schatten zehn Stufen vorangeht. Nein, er soll zehn Stufen zurückwandern!«

[11]Da betete der Prophet Jesaja zum Herrn. Und der Herr ließ den Schatten an der Treppe, die seinerzeit König Ahas gebaut hatte, zehn Stufen zurückgehen.

Hiskia begeht einen großen Fehler
(2. Chronik 32,31; Jesaja 39)

[12]Kurze Zeit später kam eine Gesandtschaft des babylonischen Königs Merodach-Baladan[a] zu Hiskia. Merodach-Baladan war ein Sohn Baladans. Er hatte gehört, dass Hiskia schwer krank gewesen war, und ließ ihm deshalb einen Brief und Geschenke überbringen. [13]Hiskia empfing die Gesandten freundlich und zeigte ihnen sein ganzes Schatzhaus. In alle Kammern ließ er sie schauen. Sie sahen das Silber und das Gold, die kostbaren Öle und Gewürze. Sogar das Waffenlager und die Vorratshäuser zeigte er ihnen. Im ganzen Palast und im ganzen Reich gab es nichts Bedeutendes, was diese Männer nicht zu sehen bekamen.

[14]Da ging der Prophet Jesaja zu König Hiskia. »Woher kamen diese Männer, und was wollten sie von dir?«, fragte er, und Hiskia antwortete: »Aus einem fernen Land sind sie gekommen, aus Babylonien.« [15]»Was haben sie im Palast gesehen?«, wollte Jesaja wissen. Hiskia erwiderte: »Sie haben alles gesehen, was ich besitze. In jede einzelne Schatzkammer ließ ich sie schauen.«

[16]Da sagte Jesaja: »Hör, was der Herr dazu sagt: [17]›Eines Tages wird der ganze Reichtum in deinem Palast – alle Schätze, die du und deine Vorfahren angehäuft haben – nach Babylon fortgebracht werden. Nichts wird übrig bleiben. [18]Auch einige deiner Söhne, die dir noch geboren werden, wird man verschleppen. Sie müssen als Eunuchen im Palast des babylonischen Königs dienen.‹«

[19]Hiskia sagte nur: »Der Herr weiß, was er tut; ich beuge mich seinem Urteil. Wenn nur zu meinen Lebzeiten noch Friede und Ruhe herrschen!«

Hiskias Tod
(2. Chronik 32,32–33)

[20]Hiskias weiteres Leben und seine militärischen Erfolge sind in der Chronik der Könige von Juda beschrieben. Man kann dort nachlesen, wie er den Teich anlegen und die Wasserleitung bauen ließ, um die Stadt mit Wasser zu versorgen. [21]Als Hiskia starb, wurde sein Sohn Manasse zum Nachfolger erklärt.

König Manasse von Juda
(2. Chronik 33,1–20)

21 Manasse wurde mit 12 Jahren König und regierte fünfundfünfzig Jahre in Jerusalem. Seine Mutter hieß Hefzi-Bah. [2]Manasse tat, was der Herr verabscheute, und übernahm die schrecklichen Bräuche der Völker, die der Herr aus dem Land vertrieben hatte, um es seinem Volk Israel zu geben. [3]Er baute die Höhenheiligtümer wieder auf, die sein Vater Hiskia zerstört hatte. Er errichtete

---

[a] So in Anlehnung an Jesaja 39,1. Der hebräische Text lautet: Berodach-Baladan.

20,17 24,13 **20,18** 24,14–15; Dan 1,1–5 **21,2** 3 Mo 18,3–5; 5 Mo 18,9–12; Ri 2,20–23 **21,3** 18,3–4; 5 Mo 4,19; 12,2–3*

Altäre für den Gott Baal und stellte eine Statue der Göttin Aschera auf, genau wie König Ahab von Israel. Er betete die Sterne an und verehrte sie. 4 Sogar im Tempel des Herrn stellte er seine Altäre auf, obwohl der Herr über diesen Ort gesagt hatte: »Hier in Jerusalem will ich für immer wohnen.« 5 Manasse aber errichtete in beiden Vorhöfen des Tempels Altäre, um darauf den Sternen zu opfern. 6 Er verbrannte seinen Sohn als Opfer, trieb Zauberei und Wahrsagerei und ließ sich von Totenbeschwörern und Hellsehern die Zukunft voraussagen.

So tat er vieles, was der Herr verabscheute, und forderte seinen Zorn heraus. 7 Die Statue der Aschera, die er hatte anfertigen lassen, stellte er im Tempel auf. Dabei hatte der Herr zu David und seinem Sohn Salomo gesagt: »In diesem Tempel und in Jerusalem, der Stadt, die ich aus allen Stämmen Israels erwählt habe, will ich für immer wohnen. 8 Ich will die Israeliten nicht mehr aus dem Land vertreiben, das ich ihren Vorfahren gegeben habe, wenn sie nur auf mich hören und die Gebote befolgen, die mein Diener Mose ihnen gegeben hat.« 9 Doch sie gehorchten dem Herrn nicht, und so konnte Manasse sie leicht zum Bösen verführen. Schließlich trieben sie es schlimmer als die Völker, die der Herr ausgerottet hatte, bevor er das Land den Israeliten gab.

10 Da ließ der Herr ihnen durch seine Diener, die Propheten, verkünden: 11 »König Manasse von Juda hat schrecklichere Dinge getan als die Amoriter, die früher im Land wohnten: Alle Bewohner Judas verführte er zum Götzendienst, weil er überall seine Götzenstatuen aufstellen ließ. 12 Darum werde ich, der Herr, der Gott Israels, so großes Unheil über Jerusalem und Juda kommen lassen, dass niemand es ertragen kann, auch nur davon zu hören. 13 Ich messe Jerusalem mit dem gleichen Maß wie Samaria und lege *es auf die* gleiche Waage wie Ahab und seine Nachkommen. Die Einwohner Jerusalems werde ich so gründlich ausrotten, wie man eine Schüssel auswäscht und umdreht, bis auch der letzte Tropfen Wasser verschwunden ist. 14 Alle, die dann noch übrig geblieben sind, werde ich verstoßen. Ich werde sie in die Gewalt ihrer Feinde geben, die sie ausrauben und das Land plündern sollen. 15 Denn sie haben getan, was ich verabscheue, und immer wieder meinen Zorn herausgefordert. So war es schon, als ihre Vorfahren aus Ägypten auszogen, und so ist es bis heute geblieben.«

16 Manasse beging aber nicht nur die Sünde, dass er die Bewohner von Juda zum Götzendienst verführte und sie zu Taten verleitete, die der Herr verabscheute. An seinen Händen klebte das Blut vieler unschuldiger Menschen aus Jerusalem.

17 Alles Weitere über Manasses Leben und seinen Götzendienst steht in der Chronik der Könige von Juda. 18 Als er starb, wurde er im Garten seines Palasts, dem »Garten Usas«, begraben. Sein Sohn Amon wurde sein Nachfolger.

König Amon von Juda
(2. Chronik 33,21–25)

19 Amon wurde mit 22 Jahren König und regierte zwei Jahre in Jerusalem. Seine Mutter hieß Meschullemet, sie war eine Tochter des Haruz aus Jotba. 20 Wie sein Vater Manasse tat auch Amon, was der Herr verabscheute. 21 In allem folgte er dem schlechten Beispiel seines Vaters: Er diente denselben Götzen, die schon sein Vater verehrt hatte, und betete sie an. 22 Vom Herrn, dem Gott seiner Vorfahren, aber wollte er nichts wissen, und seine Gebote befolgte er nicht.

23 Einige seiner Hofbeamten verschworen sich gegen ihn und ermordeten ihn in seinem Palast. 24 Doch das Volk brachte alle Verschwörer um und setzte Amons Sohn Josia als Nachfolger ein.

25 Alles Weitere über Amons Leben findet sich in der Chronik der Könige

---

21,4 1 Kön 9,3* **21,6** 3 Mo 18,21*; 5 Mo 18,9–12 **21,7** 1 Kön 9,3* **21,16** 23,26–27; 24,3–4

von Juda. 26 Man begrub ihn in seinem Familiengrab im »Garten Usas«. Sein Sohn Josia wurde sein Nachfolger.

König Josia von Juda
(2. Chronik 34,1–2.8–13)

22 Josia wurde mit 8 Jahren König und regierte einunddreißig Jahre in Jerusalem. Seine Mutter hieß Jedida; sie war eine Tochter Adajas aus Bozkat. 2 Josia tat, was dem Herrn gefiel. Er folgte dem guten Beispiel seines Vorfahren David und ließ sich durch nichts davon abbringen.

3 In seinem 18. Regierungsjahr sandte König Josia den Hofsekretär Schafan, einen Sohn Azaljas und Enkel Meschullams, mit folgendem Auftrag in den Tempel des Herrn: 4 »Geh zum Hohenpriester Hilkija, und bitte ihn nachzuzählen, wie viel Geld das Volk bisher den Priestern abgeliefert hat, die den Tempeleingang bewachen. 5/6 Dann soll er das abgezählte Geld den Bauführern geben, die für die Ausbesserungen am Tempel des Herrn verantwortlich sind. Diese sollen damit die Handwerker, Bauleute und Maurer bezahlen. Außerdem sollen sie von dem Geld das Holz und die Steine für die Ausbesserungen kaufen. 7 Die Bauführer brauchen über die Ausgaben keine Rechenschaft abzulegen. Man soll auf ihre Ehrlichkeit vertrauen!«

Der Hohepriester Hilkija findet im Tempel ein Gesetzbuch
(2. Chronik 34,14–28)

8 Als der Hofsekretär Schafan zu Hilkija kam, zeigte der Hohepriester ihm eine Buchrolle und sagte: »Dieses Gesetzbuch habe ich im Tempel des Herrn gefunden.« Er gab es Schafan, und der las darin. 9 Danach ging Schafan zum König zurück und meldete ihm: »Wir haben den Opferkasten beim Altar geleert und das Geld den Bauführern ausgehändigt, die für die Arbeiten am Tempel verantwortlich sind.« 10 Dann berichtete er von dem Buch, das der Hohepriester Hilkija ihm gegeben hatte, und las es dem König vor.

11 Als der König hörte, was in dem Gesetzbuch stand, zerriss er betroffen sein Gewand. 12 Er beauftragte den Priester Hilkija, den Hofsekretär Schafan und dessen Sohn Ahikam sowie Achbor, den Sohn Michajas, und Asaja, seinen zuverlässigsten Hofbeamten: 13 »Geht und fragt den Herrn, was wir tun sollen. Denn niemand in ganz Juda – weder ich noch das Volk – hat getan, was in dem Buch steht, das gefunden wurde. Der Herr muss deswegen sehr zornig auf uns sein, denn schon unsere Väter haben nicht darauf gehört und die Weisungen nicht befolgt, die uns gegeben wurden.«

14 Da gingen der Priester Hilkija, Ahikam, Achbor, Schafan und Asaja zu der Prophetin Hulda, um mit ihr zu sprechen. Ihr Mann Schallum, ein Sohn Tikwas und Enkel Harhas, verwaltete die Kleiderkammer. Sie wohnte im neuen Stadtteil von Jerusalem. 15/16 Hulda gab der Gesandtschaft eine Botschaft des Herrn für König Josia. Sie sagte:

»So spricht der Herr, der Gott Israels: ›Alles, was in dem Buch steht, das der König von Juda gelesen hat, wird eintreffen! Das dort angedrohte Unheil will ich über die Stadt und ihre Einwohner hereinbrechen lassen. 17 Denn sie haben mich verlassen und anderen Göttern ihre Räucheropfer dargebracht. Mit ihrem Götzendienst haben sie mich herausgefordert. Mein Zorn über diese Stadt ist wie ein Feuer, das nicht mehr erlöscht.

18 Über den König von Juda sage ich, der Herr und Gott Israels: Du hast nun meine Antwort gehört. 19 Doch du hast dir meine Worte zu Herzen genommen und dich meiner Macht gebeugt. Als du gehört hast, was ich über diese Stadt und ihre Einwohner gesagt habe – dass ein Fluch sie treffen soll und jeden, der es sieht, das Entsetzen packt –, da hast du betroffen dein Gewand zerrissen und bist in Tränen ausgebrochen. Darum will ich

22,3–7 12,10–16 **22,13** 5 Mo 28,15–68

dein Gebet erhören. Das verspreche ich, der Herr. 20 Du sollst in Frieden sterben und im Grab der Königsfamilie beigesetzt werden. Das Unheil, das ich über die Stadt kommen lasse, wirst du nicht mehr erleben.‹«

Die Gesandten überbrachten diese Antwort dem König.

Josia schließt einen Bund mit dem Herrn
(2. Chronik 34,29–33)

23 Danach ließ der König alle Ältesten von Jerusalem und aus dem ganzen Land Juda zusammenrufen. 2 Er ging zum Tempel des Herrn, wo sich eine große Volksmenge versammelt hatte. Alle Männer von Juda waren gekommen, die ganze Bevölkerung Jerusalems, die Priester und Propheten, alle, vom Einfachsten bis zum Vornehmsten. Vor dieser Versammlung wurde nun das ganze Bundesbuch vorgelesen, das im Tempel des Herrn gefunden worden war.

3 Der König stand an seinem Platz bei der Säule. Nach der Lesung des Buches schloss er mit dem Herrn einen Bund und schwor: »Wir wollen wieder dem Herrn gehorchen! Von ganzem Herzen wollen wir nach seinem Gesetz leben und seine Gebote und Weisungen befolgen. Wir wollen alle Bundesbestimmungen einhalten, die in diesem Buch aufgeschrieben sind.« Das ganze Volk schloss sich diesem Versprechen an.

Josia schafft den Götzendienst ab
(2. Chronik 34,3–5)

4 Nun befahl König Josia dem Hohenpriester Hilkija, dessen Stellvertretern und den Priestern, die den Eingang zum Tempel bewachten: »Holt alle Gegenstände aus dem Tempel, die für die Verehrung des Gottes Baal, der Göttin Aschera und der Gestirne gebraucht wurden. Verbrennt alles außerhalb der Stadt auf den Feldern im Kidrontal.« Die Asche ließ Josia später nach Bethel bringen. 5 Er setzte auch die Götzenpriester ab, die von seinen Vorgängern ernannt worden waren. In den Höhenheiligtümern um Jerusalem und in allen Städten Judas hatten sie Opfer dargebracht, nicht nur dem Gott Baal, sondern auch der Sonne, dem Mond, den Sternen und den Tierkreiszeichen. 6 Die Statue der Göttin Aschera ließ Josia aus dem Tempel holen und aus der Stadt schaffen. Er verbrannte sie im Kidrontal, zerrieb die Asche zu feinem Staub und streute diesen auf die Gräber des Armenfriedhofs. 7 Auch die Häuser direkt beim Tempel, wo die Männer wohnten, die der Tempelprostitution nachgingen, ließ er niederreißen. Dort hatten die Frauen Kleider für die Göttin Aschera gewebt.

8 Josia holte alle levitischen Priester aus ganz Juda nach Jerusalem zurück und entweihte alle Höhenheiligtümer, in denen sie bisher geopfert hatten – von Geba im Norden Judas bis Beerscheba im Süden. Auch die beiden Altäre bei dem Stadttor, das nach dem Stadtobersten Joschua benannt war, riss er nieder. Sie standen auf der linken Seite, wenn man zum Tor hereinkam. 9 Die Priester, die in den Höhenheiligtümern geopfert hatten, durften auf dem Altar des Herrn in Jerusalem keine Opfer darbringen. Doch sie durften wie die anderen Priester von dem ungesäuerten Brot essen, das dem Herrn geweiht war. 10 Auch die Opferstätte Tofet im Hinnomtal verwüstete Josia, damit niemand mehr dort seinen Sohn oder seine Tochter für den Götzen Moloch als Opfer verbrennen konnte. 11 Die Pferdestatuen, die seine Vorgänger zu Ehren der Sonnengottheit aufgestellt hatten, riss er nieder, und ihre Wagen verbrannte er. Sie hatten im Vorhof beim Tempeleingang gestanden, auf der Seite, wo die Diensträume des Hofbeamten Netan-Melech lagen. 12 Auch auf dem Dach des Obergeschosses, das Ahas im Königs-

22,20 23,29–30; 24,12–17; 25,8–21 **23,2** 22,8 **23,3** 11,14; 2 Mo 24,7–8*; 5 Mo 6,4–5* **23,4–6** 21,2–7 **23,7** 5 Mo 23,18–19; 1 Kön 14,24 **23,10** 3 Mo 18,21*; Jer 7,31

Im Garten

Lesen Sie 2. Könige 22,8-20

Wenn der Meistergärtner den Garten unserer Seele inspiziert, dann sucht er dort nicht nach Aktivität – nach hektischer geistlicher Betriebsamkeit. Nein, er sucht nach Frucht.

Ein weit verbreiteter Irrtum in christlichen Gemeinden besteht darin, religiöse Aktivitäten mit geistlichem Wachstum gleichzusetzen. Um im Bild vom Garten zu bleiben: Aktivität kann helfen, Frucht hervorzubringen, aber sie ist nicht die Frucht.

Die Geschichte von König Josia zeigt uns dies anschaulich. Josia hatte das Gesetz Gottes nicht befolgt, ja, er hatte noch nicht einmal davon gehört. Doch sobald die Schriftrolle entdeckt und vorgelesen worden war, demütigte Josia sich und bereute seine Schuld. Gott belohnte ihn für sein aufrichtiges Herz, auch wenn Josia zu dem Zeitpunkt noch nicht das Richtige getan hatte.

Die richtige Aktivität kommt aus dem Herzen. Wir können an einem Gottesdienst teilnehmen und dies entweder als Routine-Handlung sehen oder als eine reiche Erfahrung des Lernens, der Gemeinschaft und des Dienens. Wir können unser persönliches Bibellesen entweder als leere Gewohnheit betrachten oder als eine Begegnung mit einer uns verändernden Wahrheit. Wir können mit abgedroschenen Formulierungen beten oder Gott gegenüber unsere Unzulänglichkeit zum Ausdruck bringen und unsere Abhängigkeit von ihm anerkennen. Es ist die innere Einstellung unseres Herzens, die den Unterschied ausmacht.

Nehmen Sie sich Zeit, um allein oder als Paar gemeinsam zu beten. Bitten Sie Gott, dass er ...

- Ihnen hilft, mehr wie Josia zu werden und nach der richtigen Herzenseinstellung zu streben;
- Ihnen ein demütiges, bußfertiges Herz schenkt;
- Sie geistlich wachsen lässt.

Wenn Sie noch mehr Zeit haben ...

Besprechen Sie miteinander folgende Fragen oder denken Sie darüber nach:

- Warum verwechseln wir so gerne geistliche Aktivität mit geistlichem Wachstum?
- Geistliche Aktivität ist nichts Schlechtes, doch sie kann hohl und leer sein. Wie können Sie sicherstellen, dass Ihre geistlichen Aktivitäten Gott gefallen und dass sie Ihr Wachstum im Glauben fördern?
- Wenn Sie einmal von den Aktivitäten in Ihrem Leben absehen – welche geistliche Frucht sehen Sie dann? Wie lässt Gott Sie wachsen?

Lesen Sie auch die folgenden Abschnitte zum Thema Geistliches Wachstum:
Psalm 51,18-19; Sprüche 21,2-3; Kolosser 1,9-10.

Mit allem zum Herrn kommen

Die folgenden Fragen können Sie entweder allein oder als Paar gemeinsam durchgehen. Wenn jeder für sich darüber nachdenkt, verabreden Sie sich in der kommenden Woche zu einem Austausch darüber, was Sie herausgefunden haben.

1. Lesen Sie 2. Könige 22,1-23,25. Was ist Ihr Eindruck von König Josia? Was denken Sie über ihn?

2. Was bedeutet es, sich dem Herrn von ganzem Herzen, mit ganzer Hingabe und mit all seiner Kraft zuzuwenden? Wie würde das in Ihrem Alltag aussehen?

3. Wenn Sie gestorben wären, wie würden dann andere Menschen Ihr Leben zusammenfassen?

4. Was würden andere über das sagen, was Ihnen vor allem am Herzen liegt? Was würden sie über Ihre Beziehung zu Gott sagen?

5. Inwiefern lehrt uns 2. Könige 23,25, dass nichts zu klein oder zu unbedeutend ist, um es vor Gott zu bringen?

6. Überlegen Sie, was sich gerade in Ihrem Leben ereignet. Haben Sie all das schon vor den Herrn gebracht? Was liegt Ihnen heute auf dem Herzen, das Sie vor Gott bringen sollten?

2. Könige 23,25

„Weder vor noch nach Josia hatte sich ein König dem Herrn so zugewandt wie er. Keiner war so wie er darauf bedacht, von ganzem Herzen, mit ganzer Hingabe und mit all seiner Kraft nach dem Gesetz des Mose zu leben."

KONKRET:

Wenn Sie in dieser Woche gemeinsam beten (zum Beispiel bei den Mahlzeiten), bringen Sie immer mindestens eine Sache vor Gott, mit der Sie ihn sonst nicht „belästigen" würden.

Den nächsten Impuls finden Sie auf S. 464 a

palast gebaut hatte, standen Altäre, die
verschiedene Könige von Juda errichtet
hatten. Josia zertrümmerte sie, wie auch
die zwei Altäre, die Manasse in den
beiden Tempelvorhöfen aufgestellt hatte.
Die Trümmer ließ er ins Kidrontal brin-
gen. 13 Schließlich entweihte er die Hö-
henheiligtümer im Osten Jerusalems,
rechts vom Berg des Verderbens[a]. König
Salomo hatte sie seinerzeit errichtet. Er
hatte sie Astarte, der widerlichen Göttin
der Sidonier, geweiht sowie dem moabiti-
schen Götzen Kemosch und Milkom,
dem schrecklichen Götzen der Ammoni-
ter. 14 Josia zertrümmerte die heiligen
Steine und schlug die Gedenksäulen um.
Den Ort, wo sie gestanden hatten, be-
deckte er mit Menschengebeinen.

Josia zerstört die Heiligtümer in Bethel und in Samarien
(2. Chronik 34,6–7)

15/16 In Bethel standen immer noch das
Höhenheiligtum und der Altar, den Jero-
beam, der Sohn Nebats, gebaut hatte. Je-
robeam war es, der die Israeliten zum
Götzendienst verführt hatte. Als Josia
sah, dass an den Hängen des Hügels, auf
dem der Altar stand, viele Gräber lagen,
ließ er alle Gebeine aus den Gräbern ho-
len und auf dem Altar verbrennen. So
wurde der Altar auf genau die Weise ent-
weiht, wie der Herr es damals durch den
Propheten aus Juda vorausgesagt hatte.
Dann zerstörte Josia das Heiligtum; den
Altar ließ er niederreißen und die Göt-
zenstatue der Aschera zermalmen, bevor
er alles in Flammen aufgehen ließ.

17 Als Josia sich umsah, entdeckte er
noch ein Grabmal. »Wer ist hier bestat-
tet?«, fragte er die Bürger der Stadt. Sie
antworteten: »Das ist das Grab des Pro-
pheten aus Juda, der über den Altar von
Bethel genau das vorhergesagt hat, was
du heute getan hast.« 18 Da befahl der Kö-
nig: »Lasst ihn in Frieden! Keiner soll sei-
ne Gebeine anrühren!« Und so wurden
die Gebeine des Propheten verschont,
ebenso wie die Gebeine des Propheten
aus Samaria, der im selben Grab bestat-
tet war.[b]

19 Auf die gleiche Weise wie in Bethel
zerstörte Josia alle Höhenheiligtümer in
den Städten Samarias. Die Könige von Is-
rael hatten sie errichtet und damit den
Zorn des Herrn herausgefordert. 20 Die
Götzenpriester dieser Heiligtümer
schlachtete Josia auf den Altären und
verbrannte ihre Knochen darauf. Danach
kehrte er nach Jerusalem zurück.

Das Passahfest wird wieder gefeiert
(2. Chronik 35,1–19)

21 In Jerusalem befahl der König: »Das
ganze Volk soll zu Ehren des Herrn das
Passahfest feiern, so wie es in unserem
Bundesbuch beschrieben ist!« 22 Seit der
Zeit, als die Richter das Volk führten,
war das Passahfest in Israel nicht mehr
so gefeiert worden, auch nicht in den Jah-
ren, in denen Könige über Israel und Ju-
da herrschten. 23 Erst jetzt wieder, im
18. Regierungsjahr König Josias, wurde
in Jerusalem dieses Fest zu Ehren des
Herrn gefeiert.

Josia – ein König, der ganz dem Herrn diente
(Verse 28–30: 2. Chronik 35,20 – 36,1)

24 Josia hielt sich an alles, was in dem Ge-
setzbuch stand, das der Priester Hilkija
im Tempel des Herrn gefunden hatte. Er
vertrieb die Totenbeschwörer und Wahr-
sager und ließ alle Hausgötter und Göt-
zenstatuen in Jerusalem und in ganz Juda

---

[a] Damit ist wohl der Ölberg gemeint. Die Worte »Salbung« und »Verderben« klingen im Hebräischen sehr ähnlich. Bewusst wird der Ölberg hier in diesem Zusammenhang »Berg des Verderbens« genannt.

[b] Vgl. 1. Könige 13,1–2.31–32

23,13 1 Kön 11,3–8 **23,15–16** 1 Kön 12,26–32*; 13,1–2 **23,17–18** 1 Kön 13,1–32 **23,19** 17,9–12 **23,21** 2 Mo 12,1–14* **23,24** 2 Mo 20,3–5*; 5 Mo 18,9–12; 29,16–17

vernichten. 25 Weder vor noch nach Josia
hatte sich ein König dem Herrn so zuge-
wandt wie er. Keiner war so wie er darauf
bedacht, von ganzem Herzen, mit ganzer
Hingabe und mit all seiner Kraft nach
dem Gesetz des Mose zu leben. 26 Trotz-
dem war der Herr weiterhin voller Zorn
über Juda, denn Manasse hatte ihn über
die Maßen herausgefordert. 27 Darum
sollte die Drohung des Herrn wahr wer-
den: »Was ich mit Israel getan habe, will
ich auch mit Juda tun: Seine Bewohner
werde ich verstoßen. Von meiner erwähl-
ten Stadt Jerusalem wende ich mich ab.
Auch vom Tempel will ich nichts mehr
wissen, von dem ich früher gesagt habe:
›Dort will ich für immer wohnen.‹«

28 Alles Weitere über Josias Leben und
seine Taten ist in der Chronik der Könige
von Juda beschrieben.

29 Während seiner Regierungszeit un-
ternahm der Pharao Necho, der König
von Ägypten, einen Feldzug gegen die
Assyrer und drang bis zum Euphrat vor.
Josia versuchte, die Ägypter mit seinem
Heer aufzuhalten. Doch als es bei Megid-
do zur Schlacht kam, tötete Necho ihn.
30 Josias Diener brachten den Toten auf
einem Wagen von Megiddo nach Jerusa-
lem und begruben ihn dort in seinem Fa-
miliengrab. Das Volk salbte Joahas, den
Sohn Josias, zum König und setzte ihn
als Nachfolger ein.

König Joahas von Juda
(2. Chronik 36,1–4)

31 Joahas wurde mit 23 Jahren König und
regierte drei Monate in Jerusalem. Seine
Mutter hieß Hamutal; sie war eine Toch-
ter Jirmejas aus Libna. 32 Joahas tat, was
der Herr verabscheute, genau wie seine
Vorfahren. 33 Der Pharao Necho nahm
ihn in Ribla in der Provinz Hamat gefan-
gen und machte so seiner Regierung ein
Ende. Das Land Juda musste dem Pharao
70 Zentner Silber und 36 Kilogramm
Gold als Tribut zahlen. 34 Für Joahas setz-
te der Pharao Eljakim, einen anderen
Sohn Josias, auf den Thron und änderte
seinen Namen in Jojakim. Joahas aber
nahm er mit nach Ägypten, wo dieser
später auch starb.

35 Um die geforderte Menge an Gold
und Silber aufbringen zu können, musste
Jojakim dem Volk eine Sondersteuer auf-
erlegen. Jeder in Juda hatte seinem Be-
sitz entsprechend eine bestimmte Summe
für den Pharao abzuliefern. So konnte Jo-
jakim den Tribut an Necho bezahlen.

König Jojakim von Juda
(2. Chronik 36,5–8)

36 Jojakim wurde mit 25 Jahren König und
regierte elf Jahre in Jerusalem. Seine
Mutter hieß Sebuda und war eine Toch-
ter Pedajas aus Ruma. 37 Auch er tat, was
der Herr verabscheute, genau wie seine
Vorgänger.

24 Während der Regierungszeit Joja-
kims schickte König Nebukadne-
zar von Babylonien seine Truppen gegen
Juda und zwang Jojakim, sich ihm zu un-
terwerfen. Doch nach drei Jahren lehnte
Jojakim sich auf und sagte sich von Nebu-
kadnezar los. 2 Da ließ der Herr Räuber-
banden aus Babylonien, Syrien, Moab
und Ammon in Juda einfallen, um Juda
zugrunde zu richten. Es sollte sich erfül-
len, was der Herr durch seine Diener, die
Propheten, angekündigt hatte. 3 Der Herr
selbst ließ dieses Unheil über die Be-
wohner von Juda kommen, weil er sie
verstoßen wollte. Denn Manasses Sün-
den hatten das Maß voll gemacht: seinen
Götzendienst 4 und seinen Mord an vie-
len unschuldigen Menschen – dies alles
wollte der Herr nicht mehr vergeben.

5 Alles Weitere über Jojakims Leben
steht in der Chronik der Könige von Ju-
da. 6 Als er starb, trat sein Sohn Jojachin
die Nachfolge an. 7 Zu dieser Zeit konnte
der König von Ägypten sein Land nicht
mehr verlassen, denn der König von Ba-
bylonien hatte ihm alle zuvor eroberten

23,25 18,5; 5 Mo 6,4–5* **23,26** 21,11–15 **23,27** 1 Kön 9,3* **23,32.37** 1 Kön 12,26–32*
23,33–34 Jer 22,10 **24,2** Jer 20,4–5; 21,4–10 **24,3–4** 21,2–16

Gebiete abgenommen: von dem Bach, der die Grenze zu Ägypten bildet, bis zum Euphrat.

König Jojachin von Juda – Belagerung und Eroberung Jerusalems
(2. Chronik 36,9–10)

8 Jojachin wurde mit 18 Jahren König und
regierte drei Monate in Jerusalem. Seine
Mutter hieß Nehuschta. Sie war eine
Tochter Elnatans aus Jerusalem. 9 Joja-
chin tat, was der Herr verabscheute, ge-
nau wie sein Vater.
10 Während seiner Regierungszeit mar-
schierten die Truppen des babylonischen
Königs Nebukadnezar nach Jerusalem
und bauten einen Wall um die Stadt.
11 Nebukadnezar kam selbst nach Jerusa-
lem, während seine Soldaten die Stadt
noch belagerten. 12 Da ergab sich Jojachin.
Zusammen mit seiner Mutter, seinen Die-
nern, Offizieren und Hofbeamten stellte
er sich dem König von Babylonien, der
ihn sofort gefangen nahm.
Dies geschah im 8. Regierungsjahr Ne-
bukadnezars. 13 Was der Herr angekün-
digt hatte, erfüllte sich nun: Nebukadne-
zar ließ alle Schätze aus dem Tempel des
Herrn und aus dem Palast holen, auch die
goldenen Gefäße, die Salomo, der König
von Israel, hatte anfertigen lassen. 14 Die
Oberschicht von Jerusalem führte er in
die Verbannung: alle Offiziere und er-
fahrenen Soldaten, alle Schmiede und
Schlosser, insgesamt 10000 Gefangene.
Zurück blieb nur das einfache Volk.
15 Auch Jojachin kam als Gefangener
nach Babylonien und mit ihm die Köni-
ginmutter, die Frauen des Königs, seine
Hofbeamten und alle wohlhabenden
Bürger des Landes. 16 Nebukadnezar ließ
7000 Soldaten und 1000 Schmiede und
Schlosser, alles erfahrene und tüchtige
Leute, nach Babylonien verschleppen.
17 In Jerusalem setzte er an Jojachins Stel-
le Mattanja als König ein. Mattanja war
der Onkel Jojachins, der Bruder seines
Vaters. Nebukadnezar änderte seinen
Namen in Zedekia.

König Zedekia von Juda
(2. Chronik 36,11–13)

18 Zedekia wurde mit 21 Jahren König
und regierte elf Jahre in Jerusalem. Seine
Mutter hieß Hamutal, sie war eine Toch-
ter Jirmejas aus Libna. 19 Wie Jojakim tat
auch Zedekia, was der Herr verabscheu-
te. 20 Der Herr war voller Zorn über die
Bewohner von Jerusalem und Juda, und
so wandte er sich von ihnen ab.

Flucht und Gefangennahme Zedekias
(2. Chronik 36,16–17; Jeremia 39,1–7; 52,1–11)

Auch Zedekia lehnte sich gegen die
Herrschaft des babylonischen Königs auf.
25 Darum zog Nebukadnezar erneut
mit seinem ganzen Heer nach Je-
rusalem, um die Stadt anzugreifen.
Im 9. Regierungsjahr Zedekias, am
10. Tag des 10. Monats, begannen die Ba-
bylonier mit der Belagerung Jerusalems.
Rings um die Stadt schütteten sie einen
Wall auf. 2 Bis ins 11. Regierungsjahr Ze-
dekias hielt Jerusalem der Belagerung
stand. 3 Doch schließlich waren alle Vor-
räte aufgebraucht, und die Einwohner lit-
ten unter einer schweren Hungersnot.
Am 9. Tag des 4. Monats 4 schlugen die
Babylonier eine Bresche in die Stadt-
mauer. In der Nacht darauf gelang Zede-
kia mit allen seinen Soldaten die Flucht,
obwohl die Feinde einen geschlossenen
Belagerungsring um die Stadt gebildet
hatten. Sie nahmen den Weg durch das
Tor zwischen den beiden Mauern beim
Garten des Königs und flohen in Rich-
tung Jordanebene. 5 Doch die Babylonier

24,9 23,32.37; Jer 22,24–30 **24,13** 20,17; 25,13–17; Jer 27,19–22 **24,14–16** 20,18; 5 Mo 28,25* **24,17** Jer 37,1–2 **24,18–19** 23,37 **24,20** 13,23; 19,34; 20,6; 23,27; Jer 7,13–15; 38,17–23 **25,1–7** Jer 20,4–5; 21,4–10; 34,1–7; Hes 12,12–13; 17,12–21 **25,3** Klgl 2,11–12.19–20; 4,3–5.8–10

verfolgten Zedekia und holten ihn bei Je-
richo ein. Seine Soldaten liefen in alle
Richtungen davon, und so wurde er allein
gefangen genommen. [6]Die Babylonier
führten ihn zu ihrem König nach Ribla,
dort fällte Nebukadnezar das Urteil über
ihn: [7]Zedekia musste zusehen, wie alle
seine Söhne hingerichtet wurden. Da-
nach stach man ihm die Augen aus und
brachte ihn in Ketten nach Babylon.

Jerusalem und der Tempel werden zerstört
(2. Chronik 36,18–21; Jeremia 39,8–10; 52,12–30)

[8]Im 19. Regierungsjahr König Nebukad-
nezars von Babylonien, am 7. Tag des
5. Monats, traf Nebusaradan in Jerusa-
lem ein. Er war der Oberbefehlshaber
der königlichen Leibwache und kam im
Auftrag Nebukadnezars. [9]Er ließ den
Tempel des Herrn, den Königspalast und
alle großen Häuser in Flammen auf-
gehen. [10]Seine Soldaten rissen die Stadt-
mauer nieder. [11]Nebusaradan ließ alle ge-
fangen nehmen, die in Jerusalem und in
ganz Juda zurückgeblieben waren. Auch
alle, die zu den Babyloniern übergelau-
fen waren, führte er in die Verbannung.
[12]Nur einige der ärmsten Landarbeiter
ließ er zurück, um die Äcker und Wein-
berge zu bestellen.

[13]Im Tempel zerschlugen die Babylo-
nier die beiden Säulen aus Bronze, die
Kesselwagen und das runde Wasser-
becken und brachten die Bronze nach
Babylon. [14]Auch die Eimer, Schaufeln,
Messer, Schalen und alle anderen bron-
zenen Gegenstände für den Tempel-
dienst nahmen sie mit, [15]ebenso die
Aschenkübel und Schüsseln aus reinem
Gold oder Silber. Dies alles ließ der
Oberbefehlshaber der Leibwache nach
Babylon bringen. [16]Auch die Bronze der
beiden Säulen, des runden Wasser-
beckens und der Kesselwagen, die Salo-
mo für den Tempel des Herrn hatte an-
fertigen lassen, wurde mitgenommen. Es
kam so viel Bronze zusammen, dass man
sie gar nicht mehr wiegen konnte. [17]Al-
lein die beiden Säulen waren schon neun
Meter hoch, und auf jeder ruhte noch ein
bronzenes Kapitell von anderthalb Me-
tern Höhe. Die Kapitelle waren ringsum
verziert mit Ketten und Granatäpfeln,
ebenfalls aus Bronze.

[18]Nebusaradan, der Oberbefehlshaber
der königlichen Leibwache, ließ einige
Männer von den Gefangenen ausson-
dern: den Hohenpriester Seraja, seinen
Stellvertreter Zefanja und die drei Pries-
ter, die den Tempeleingang bewachten,
[19]einen Hofbeamten, der die Aufsicht
über die Truppen in der Stadt hatte, fünf
Männer aus Jerusalem, die zu den engs-
ten Vertrauten des Königs gehörten, den
Offizier, der für die Musterung der Trup-
pen verantwortlich war, und schließlich
sechzig Männer aus Juda, die sich gerade
in Jerusalem aufhielten. [20]Sie alle sonder-
te Nebusaradan aus und brachte sie nach
Ribla in der Provinz Hamat zum König
von Babylonien. [21]Dort ließ Nebukadne-
zar sie alle hinrichten.

Die Bevölkerung von Juda wurde aus ihrer Heimat vertrieben.

Statthalter Gedalja
(Jeremia 40,7 – 41,18; 43,1–7)

[22]Über die zurückgebliebene Bevölke-
rung von Juda, die Nebukadnezar nicht
gefangen genommen hatte, setzte er
einen Statthalter ein: Gedalja, einen
Sohn Ahikams und Enkel Schafans.
[23]Als die Offiziere und Soldaten, die ver-
schont geblieben waren, hörten, wen der
babylonische König als Statthalter einge-
setzt hatte, kamen sie zu Gedalja nach
Mizpa. Es waren die Offiziere Jismael,
ein Sohn Netanjas, Johanan, ein Sohn

25,8–11 1 Kön 9,6–9; Hes 24,2–14 **25,11** 5 Mo 28,25*; Jer 24,8–10; Hes 12,1–16
25,13–17 1 Kön 7,13–50; Jer 27,19–22 **25,21** 15,29; 17,6.23; 18,11; 20,18; 24,14–16

Kareachs, Seraja aus Netofa, ein Sohn
Tanhumets, und Jaasanja aus Maacha.
Einige ihrer Soldaten begleiteten sie.
24 Gedalja versprach ihnen: »Ihr braucht
vor den Babyloniern keine Angst zu ha-
ben! Bleibt in Juda, und unterwerft euch
dem babylonischen König! Dann geht es
euch gut. Das schwöre ich euch!«
25 Aber im 7. Monat des Jahres kam Jis-
mael, der Sohn Netanjas und Enkel Eli-
schamas, ein direkter Nachkomme der
Königsfamilie, wieder nach Mizpa. Zehn
Männer begleiteten ihn. Sie töteten Ge-
dalja und alle Judäer und Babylonier, die
bei ihm in Mizpa wohnten. 26 Darauf floh
die ganze Bevölkerung Judas, Arm und
Reich, mit den Offizieren nach Ägypten.
Sie fürchteten die Rache der Babylonier.

Jojachin wird begnadigt
(Jeremia 52,31–34)

27 37 Jahre nach der Gefangennahme Joja-
chins, des früheren Königs von Juda, wur-
de Ewil-Merodach König von Babylo-
nien. Im 1. Jahr seiner Regierung, am
27. Tag des 12. Monats, begnadigte er Jo-
jachin von Juda und holte ihn aus dem
Gefängnis. 28 Er behandelte ihn freund-
lich und gab ihm eine bevorzugte Stellung
unter den Königen, die in Babylon gefan-
gen gehalten wurden. 29 Jojachin durfte
seine Gefängniskleidung ablegen und bis
an sein Lebensende an der königlichen
Tafel essen. 30 Der König sorgte auch
sonst für seinen Unterhalt. Jojachin be-
kam täglich, was er zum Leben brauchte.

25,24 Jer 27,11.17 **25,26** 5 Mo 17,16; 28,68 **25,27** 24,15

Das erste Buch der Chronik

Von Adam bis Abraham

1 Dies ist das Verzeichnis der Nach-
kommen Adams bis Noah:[a]
Adam, Set, Enosch, 2 Kenan, Mahala-
lel, Jered,
3 Henoch, Metuschelach, Lamech,
4 Noah.
Noah hatte drei Söhne: Sem, Ham und
Jafet.
5 Jafets Söhne waren Gomer, Magog,
Madai, Jawan, Tubal, Meschech und Ti-
ras. 6 Gomers Söhne hießen Aschkenas,
Rifat und Togarma, 7 Jawans Söhne Eli-
scha und Tarsis; von ihm stammten auch
die Kittäer und die Rodaniter ab.
8 Hams Söhne waren Kusch, Mizrajim,
Put und Kanaan. 9/10 Kuschs Söhne hießen
Seba, Hawila, Sabta, Ragma und Sabte-
cha. Kusch hatte noch einen Sohn mit
Namen Nimrod. Er war der erste Herr-
scher, der sich andere Völker mit Gewalt
unterwarf. Ragmas Söhne hießen Saba
und Dedan. 11 Von Mizrajim stammten
ab: die Luditer, Anamiter, Lehabiter,
Naftuhiter, 12 Patrositer, Kaftoriter und
Kasluhiter, von denen wiederum die
Philister abstammten. 13 Kanaans Söhne
waren Sidon, sein Ältester, und Het.
14 Außerdem stammten von Kanaan ab:
die Jebusiter, Amoriter, Girgaschiter,
15 Hiwiter, Arkiter, Siniter, 16 Arwaditer,
Zemariter und Hamatiter.
17 Sems Söhne hießen Elam, Assur, Ar-
pachschad, Lud und Aram. Arams Söhne
waren:[a] Uz, Hul, Geter und Masch. 18 Ar-
pachschads Sohn hieß Schelach, und
Schelach war der Vater Ebers. 19 Eber
hatte zwei Söhne: Der eine hieß Peleg
(»Teilung«), weil sich damals die Men-
schen auf der Erde verteilten, der andere
hieß Joktan. 20 Joktan war der Vater von
Almodad, Schelef, Hazarmawet, Jerach,
21 Hadoram, Usal, Dikla, 22 Obal, Abi-
maël, Saba, 23 Ofir, Hawila und Jobab.
24 Dies ist die Linie von Sem bis Abra-
ham:[a] Sem, Arpachschad, Schelach,
25 Eber, Peleg, Regu, 26 Serug, Nahor,
Terach, 27 Abram, der später Abraham
genannt wurde.

Die Nachkommen Abrahams

28 Abrahams Söhne hießen Isaak und Is-
mael. 29 Und dies sind ihre Nachkommen:
Ismaels ältester Sohn hieß Nebajot; die
übrigen Söhne waren: Kedar, Adbeel,
Mibsam, 30 Mischma, Duma, Massa, Ha-
dad, Tema, 31 Jetur, Nafisch und Kedma.
32 Auch mit seiner Nebenfrau Ketura
hatte Abraham Söhne: Sie hießen Sim-
ran, Jokschan, Medan, Midian, Jischbak
und Schuach. Jokschan war der Vater
von Saba und Dedan, 33 Midian der Vater
von Efa, Efer, Henoch, Abida und
Eldaa.
34 Abrahams Sohn Isaak hatte zwei
Söhne: Esau und Israel. 35 Esaus Söhne
hießen Elifas, Reguël, Jëusch, Jalam und
Korach. 36 Elifas war der Vater von Te-
man, Omar, Zefo, Gatam, Kenas, Timna
und Amalek. 37 Reguëls Söhne hießen
Nahat, Serach, Schamma und Misa.

Die Nachkommen Seïrs

38 Seïrs Söhne waren Lotan, Schobal, Zi-
bon, Ana, Dischon, Ezer und Dischan.
39 Lotans Söhne hießen Hori und He-
mam, seine Schwester war Timna.
40 Schobal war der Vater von Alwan, Ma-
nahat, Ebal, Schefi und Onam, Zibon der
Vater von Aja und Ana. 41 Ana hatte

---

[a] Dieser Satz ist sinngemäß ergänzt.

1,1–4 1 Mo 5,1–32 **1,5–23** 1 Mo 10,1–32 **1,24–27** 1 Mo 11,10–26; 17,4–5 **1,28** 1 Mo 16,15; 17,15–21; 21,1–3 **1,34** 1 Mo 25,19–26; 32,29; 35,9–12 **1,35–37** 1 Mo 36,10–14 **1,38–42** 1 Mo 36,20–30

einen Sohn mit Namen Dischon. Di-
schons Söhne hießen Hemdan, Eschban,
Jitran und Keran. [42] Ezers Söhne waren
Bilhan, Saawan und Akan[a]. Dischans
Söhne schließlich hießen Uz und Aran.

Könige und Oberhäupter der Edomiter

[43] Noch bevor die Israeliten einen König
hatten, regierten im Land Edom nach-
einander folgende Könige:
König Bela, der Sohn Beors, in der Stadt
Dinhaba;
[44] König Jobab, der Sohn Serachs, in der
Stadt Bozra;
[45] König Huscham aus dem Gebiet der
Temaniter;
[46] König Hadad, der Sohn Bedads, in der
Stadt Awit; sein Heer schlug die Midia-
niter im Gebiet von Moab;
[47] König Samla in der Stadt Masreka;
[48] König Schaul in der Stadt Rehobot am
Fluss;
[49] König Baal-Hanan, der Sohn Achbors;
[50] König Hadad in der Stadt Pagu; seine
Frau hieß Mehetabel, eine Tochter Ma-
treds und Enkelin Me-Sahabs.
[51] Die Oberhäupter der edomitischen
Stämme hießen Timna, Alwa, Jetet,
[52] Oholibama, Ela, Pinon, [53] Kenas, Te-
man, Mibzar, [54] Magdiël und Iram.

Die Söhne Israels (Jakobs)

2 Israels Söhne hießen Ruben, Simeon,
Levi, Juda, Issaschar, Sebulon, [2] Dan,
Josef, Benjamin, Naftali, Gad und Asser.

Die Nachkommen Judas

[3] Juda war mit einer Kanaaniterin, einer
Tochter Schuas, verheiratet. Sie hatten
drei Söhne: Er, Onan und Schela. Er, der
Älteste, tat, was der Herr verabscheute,
darum ließ der Herr ihn früh sterben.
[4] Juda hatte noch zwei Söhne mit seiner
Schwiegertochter Tamar. Sie hießen Pe-
rez und Serach. Insgesamt hatte Juda also
fünf Söhne.

[5] Die Söhne des Perez hießen Hezron
und Hamul;

[6] Serach hatte fünf Söhne: Simri, Etan,
Heman, Kalkol und Darda. [7] Karmi, ein
Enkel Serachs,[b] hatte einen Sohn na-
mens Achar.[c] Achar brachte Unheil über
Israel, weil er etwas von der Beute ver-
steckte, die Gott geweiht war. [8] Etans
Sohn hieß Asarja.

[9] Hezrons Söhne waren Jerachmeel,
Ram und Kaleb.

Die Nachkommen Rams

[10] Ram war der Vater Amminadabs, und
dessen Sohn hieß Nachschon. Nachschon
war das Oberhaupt des Stammes Juda.
[11] Sein Sohn hieß Salmon und dessen
Sohn Boas; [12] Boas' Sohn war Obed, und
Obeds Sohn hieß Isai. [13] Isais ältester
Sohn hieß Eliab, der zweite Abinadab,
der dritte Schamma, [14] der vierte Netanel,
der fünfte Raddai, [15] der sechste Ozem
und der siebte David. [16] Außerdem hatte
Isai zwei Töchter: Zeruja und Abigal. Ze-
ruja hatte drei Söhne: Abischai, Joab und
Asaël. [17] Abigals Sohn hieß Amasa. Sein
Vater war ein Ismaeliter mit Namen Jeter.

Die Nachkommen Kalebs

[18] Kaleb, der Sohn Hezrons, und seine
Frau Asuba hatten eine Tochter namens
Jeriot. Jeriots Söhne hießen Jescher,
Schobab und Ardon. [19] Nach Asubas Tod
heiratete Kaleb Efrata. Sie hatten einen
Sohn names Hur. [20] Hurs Sohn hieß Uri
und dessen Sohn Bezalel.

---

[a] So mit zahlreichen alten Handschriften und in Angleichung an 1. Mose 36,27. Im hebräischen Text steht der Name Jaakan.

[b] »ein Enkel Serachs« ist sinngemäß eingefügt. Vgl. Josua 7,1

[c] Damit ist Achan gemeint. Vgl. Josua 7,1–26

1,43–54 1 Mo 36,31–43 **2,1–2** 1 Mo 35,23–26 **2,6** 1 Kön 5,11 **2,13–15** 1 Sam 16,1.6–13

21 Mit 60 Jahren heiratete Kalebs Vater
Hezron noch einmal. Seine Frau war eine
Tochter Machirs, des Vaters von Gilead.
Hezron und seine Frau bekamen einen
Sohn mit Namen Segub. 22/23 Segubs Sohn
hieß Jaïr. Er besaß in der Gegend von Gi-
lead dreiundzwanzig Dörfer, die »Dörfer
Jaïrs« genannt wurden. Doch die Geschu-
riter und die Syrer eroberten sie, ebenso
die Stadt Kenat und die umliegenden Or-
te. Insgesamt nahmen sie bei diesem
Feldzug sechzig Städte ein. Alle ihre Ein-
wohner waren Nachkommen Machirs,
des Vaters Gileads. 24 Als Hezron in Ka-
leb-Efrata schon gestorben war, brachte
seine Witwe Abija noch einen Sohn zur
Welt: Er hieß Aschhur und gründete spä-
ter die Stadt Tekoa[a].

Die Nachkommen Jerachmeels

25 Dies sind die Nachkommen Jerach-
meels, des ältesten Sohnes Hezrons: Der
erste Sohn hieß Ram, dann folgten Buna,
Oren, Ozem und Ahija. 26 Jerachmeels
zweite Frau hieß Atara. Sie war die Mut-
ter Onams.
27 Die Söhne Rams, des ältesten Sohnes
Jerachmeels, hießen Maaz, Jamin und
Eker. 28 Onams Söhne waren Schammai
und Jada. Schammais Söhne hießen Na-
dab und Abischur. 29 Abischur und seine
Frau Abihajil hatten zwei Söhne: Achban
und Molid. 30 Nadabs Söhne hießen Seled
und Appajim. Seled starb ohne Kinder;
31 Appajim hatte einen Sohn namens Ji-
schi. Jischi war der Vater von Scheschan,
und dessen Sohn hieß Achlai. 32 Die Söh-
ne Jadas, des Bruders Schammais, waren
Jeter und Jonatan. Jeter hatte keine Kin-
der. 33 Jonatans Söhne hießen Pelet und
Sasa. Das waren die Nachkommen Je-
rachmeels. 34 Scheschan hatte keine Söh-
ne, sondern nur Töchter. 35 Eine dieser
Töchter verheiratete er mit seinem ägyp-
tischen Sklaven Jarha. Ihr gemeinsamer
Sohn hieß Attai. 36 Von ihm stammten in
direkter Linie ab: Nathan, Sabad, 37 Eflal,
Obed, 38 Jehu, Asarja, 39 Helez, Elasa,
40 Sismai, Schallum, 41 Jekamja und Eli-
schama.

Ein weiteres Verzeichnis der Nachkommen Kalebs

42 Dies sind die Nachkommen Kalebs, des
Bruders Jerachmeels: Mescha, sein erster
Sohn, gründete die Stadt Sif. Sein zweiter
Sohn Marescha war der Vater Hebrons
und Gründer der gleichnamigen Stadt.
43 Die Söhne Hebrons hießen Korach,
Tappuach, Rekem und Schema. 44 Sche-
mas Sohn Raham war der Vater Jorko-
ams und gründete eine Stadt mit diesem
Namen. Rekems Sohn hieß Schammai.
45 Schammais Sohn Maon war der Grün-
der von Bet-Zur.
46 Kaleb und seine Nebenfrau Efa hat-
ten drei Söhne: Haran, Moza und Gases.
Harans Sohn hieß Gases. 47 Jahdais Söhne
waren Regem, Jotam, Geschan, Pelet,
Efa und Schaaf.
48 Kaleb und seine zweite Nebenfrau
Maacha hatten folgende Söhne: Scheber
und Tirhana, 49 Schaaf, den Vater Mad-
mannas, Schewa, den Vater Machbenas,
und den Vater Gibeas. Die letzten drei
gründeten je eine Stadt und benannten
sie nach ihren Söhnen. Kalebs Tochter
hieß Achsa.
50 Es folgt ein Verzeichnis der Nach-
kommen Hurs, des ältesten Sohnes von
Efrata: Schobal, der die Stadt Kirjat-Jea-
rim gründete, 51 Salmon, der Gründer von
Bethlehem, und Haref, der Gründer von
Bet-Gader.
52 Von Schobal, dem Gründer von Kir-
jat-Jearim, stammten Reaja und die Hälf-
te der Manahatiter ab. 53 In Kirjat-Jearim
wohnten die Sippen der Jeteriter, Putiter,
Schumatiter und Mischraiter. Von den
Mischraitern stammten die Zoratiter
und die Eschtaoliter ab.
54 Von Salmon stammten ab: die Ein-
wohner von Bethlehem, die Sippe der
Netofatiter, die Einwohner von Atrot-

---

[a] Wörtlich: und war ein Vater Tekoas. – Hier und in den folgenden Kapiteln kann »Vater« auch »Gründer einer Stadt« bedeuten.

Welches Vermächtnis hinterlassen Sie?

Lesen Sie 1. Chronik 1,1-2,55

Wenn man die Stammbäume in der Bibel liest, denkt man unwillkürlich an Vermächtnisse. Die ersten Kapitel der Chronikbücher zeichnen das Leben von geistlichen Giganten wie Noah, Abraham und Kaleb nach. Jeder von ihnen hinterließ seinen Kindern ein beachtliches geistliches Vermächtnis. Wird man dasselbe auch einmal von uns sagen können?

Wir alle sind gerade dabei, unseren Kindern eine geistliche Erbschaft zu hinterlassen. Bei manchen Eltern sieht diese eher negativ aus. Ein junger Mann sagte zu mir: „Mein Vater hat behauptet, er sei Christ. Aber ich habe nie irgendein Anzeichen davon gesehen. Ich sah ihn nie in der Bibel lesen und hörte ihn nie beten. Er ging nicht zur Kirche. Oft fluchte er, und wenn er die Beherrschung verlor, war er alles andere als ein Christ. Meine arme Mutter musste sich mit so vielen Beschimpfungen abfinden, wie man es eigentlich keiner Frau zumuten dürfte. Wenn mein Vater ein Christ war, dann möchte ich keiner sein."

Traurigerweise hinterließ dieser Vater zwar ein geistliches Vermächtnis, doch es war ein negatives. Welches Vermächtnis wir selbst hinterlassen, hängt davon ab, wie sehr unsere Worte und Taten miteinander übereinstimmen. Wenn zwischen ihnen eine Kluft besteht, müssen wir den Heiligen Geist bitten, uns zu helfen, damit wir das korrigieren können. Heute ist der Tag, an dem wir vergangene Fehler bekennen und unserem Leben eine neue Richtung geben können.

Nehmen Sie sich Zeit, um allein oder als Paar gemeinsam zu beten. Bekennen Sie Gott Ihre Fehler aus der Vergangenheit und geben Sie zu, dass Ihr geistliches Vermächtnis für Ihre Kinder an manchen Stellen keine große Inspiration ist. Bitten Sie Gott um Hilfe, damit Sie ein positives Vermächtnis für Ihre Kinder hinterlassen können.

Wenn Sie noch mehr Zeit haben ...

Besprechen Sie miteinander folgende Fragen oder denken Sie darüber nach:

- Wie sieht ein negatives geistliches Vermächtnis aus?
- Was könnte eine Person dazu bringen, (unabsichtlich) ein negatives Vermächtnis zu hinterlassen?
- Welche Schritte können Sie unternehmen, damit Ihr geistliches Vermächtnis ein positives ist?

Lesen Sie auch die folgenden Abschnitte zum Thema Geistliches Vermächtnis:
5. Mose 6,1-3; Sprüche 1,8; Epheser 6,1-2.

Begabt

Lesen Sie 1. Chronik 4,10

Vor einigen Jahren gab es auf dem Buchmarkt einen Bestseller, der sich mit der geistlichen Wahrheit von 1. Chronik 4,10 beschäftigte, nämlich mit dem Gebet des Jabez. Das Gebet erinnert uns daran, dass Gott seine Kinder gerne beschenkt und unsere Gebete erhört.

Wir sollten Gott für seine Großzügigkeit dankbar sein und diese Dankbarkeit bei jeder Gelegenheit im Gebet zum Ausdruck bringen. Doch das ist noch nicht alles. Gott schenkt uns Gaben, mit denen er uns für den Alltag ausrüstet. Er möchte, dass wir diese Gaben in unseren Beziehungen mit anderen Menschen einbringen, vor allem bei unserem Ehepartner.

Gottes reiche Gaben an uns sind Ausdruck seiner Liebe, und wir können diese Liebe widerspiegeln, indem wir andere lieben. Wir empfangen die Gaben der Weisheit, der Einsicht, der Erfahrung, des Könnens und des materiellen Besitzes, um anderen Menschen damit zu dienen. Gott gibt uns seine Gaben nicht, weil wir sie verdient hätten; sie sind allein Ausdruck seiner Liebe zu uns. Darum soll auch das, was wir an andere weitergeben, nicht an deren Verhalten gebunden sein oder an das, was sie für uns tun. Es soll vielmehr aus unserer Liebe zum anderen entspringen.

Welche Gaben können Sie Ihrem Ehepartner und anderen Menschen weitergeben? Wie können Sie dadurch deren Leben zum Guten verändern?

Nehmen Sie sich Zeit, um allein oder als Paar gemeinsam zu beten. Danken Sie Gott für die Liebe, die er Ihnen gezeigt hat. Seien Sie konkret. Nennen Sie Beispiele von Situationen, in denen Sie Gottes Liebe erfahren haben, und danken Sie ihm für jede einzelne. Bitten Sie ihn, Sie zu segnen, bei Ihnen zu sein in allem, was Sie tun, und Sie vor Unglück und Leid zu bewahren.

Wenn Sie noch mehr Zeit haben …

Besprechen Sie miteinander folgende Fragen oder denken Sie darüber nach:

- Welche von Gott geschenkten Gaben, Talente und Fähigkeiten haben andere Menschen in Ihnen entdeckt?
- Welche Gaben sehen Sie selbst bei sich, über die andere vielleicht überrascht wären?
- Was hindert Sie am meisten daran, Ihre Gaben voll zu entfalten und einzusetzen?

Lesen Sie auch die folgenden Abschnitte zum Thema Gottes Gaben: Römer 12,3-8; 1. Korinther 12,1-11; 1. Petrus 4,10.

Den nächsten Impuls finden Sie auf S. 480 a

Bet-Joab, die andere Hälfte der Manahatiter, die Sippe der Zoriter, [55]außerdem die Sippen, aus denen die Schreiber stammten; sie wohnten in Jabez: die Tiratiter, die Schimatiter und die Suchatiter. Sie alle gehörten zu den Kinitern und stammten von Hammat ab, dem Stammvater der Rechabiter.

Die Nachkommen König Davids

3 In Hebron wurden König David folgende Söhne geboren:

Der älteste hieß Amnon, seine Mutter war Ahinoam aus Jesreel. Danach kam Daniel, seine Mutter war Abigajil aus Karmel. [2]Absalom war der dritte Sohn; seine Mutter hieß Maacha und war eine Tochter Talmais, des Königs von Geschur. Der vierte Sohn hieß Adonija, und seine Mutter war Haggit. [3]Der fünfte war Schefatja, seine Mutter hieß Abital. Jitream, der sechste, war der Sohn von Davids Frau Egla. [4]Diese sechs Söhne wurden in Hebron geboren. David regierte dort siebeneinhalb Jahre.

Danach regierte er in Jerusalem noch weitere dreiunddreißig Jahre. [5]Dort brachte seine Frau Batseba, die Tochter Eliams[a], vier Söhne zur Welt: Schammua, Schobab, Nathan und Salomo. [6]Dann wurden noch neun Söhne geboren: Jibhar, Elischua, Elpelet,[b] [7]Nogah, Nefeg, Jafia, [8]Elischama, Eljada und Elifelet. [9]David hatte eine Tochter namens Tamar. Die Söhne von Davids Nebenfrauen sind hier nicht aufgezählt.

[10]Auf Salomo folgten in direkter Linie: Rehabeam, Abija, Asa, Joschafat, [11]Joram, Ahasja, Joasch, [12]Amazja, Asarja, Jotam, [13]Ahas, Hiskia, Manasse, [14]Amon und Josia.

[15]Josias vier Söhne waren: Johanan, der älteste, Jojakim, Zedekia und Schallum.

[16]Jojakim hatte einen Sohn namens Jojachin[c] und Jojachin wiederum einen Sohn namens Zedekia. [17]Die Söhne Jojachins, der nach Babylonien verschleppt wurde, hießen: Schealtiël, [18]Malkiram, Pedaja, Schenazzar, Jekamja, Hoschama und Nedabja.

[19]Pedajas Söhne hießen Serubbabel und Schimi.

Serubbabels Söhne waren Meschullam und Hananja; danach kam eine Tochter namens Schelomit, [20]dann weitere fünf Söhne: Haschuba, Ohel, Berechja, Hasadja und Juschab-Hesed.

[21]Die Söhne Hananjas waren Pelatja und Jesaja. Auf Jesaja folgten in direkter Linie Refaja, Arnan, Obadja und Schechanja.

[22]Schechanjas Sohn hieß Schemaja. Schemaja hatte sechs Söhne: Hattusch, Jigal, Bariach, Nearja und Schafat.

[23]Nearja hatte drei Söhne: Eljoënai, Hiskia und Asrikam.

[24]Eljoënai hatte sieben Söhne: Hodawja, Eljaschib, Pelaja, Akkub, Johanan, Delaja und Anani.

Die Nachkommen Judas

4 Von Juda stammten Perez, Hezron, Karmi, Hur und Schobal ab.

[2]Schobals Sohn Reaja hatte einen Sohn namens Jahat; Jahats Söhne waren Ahumai und Lahad. Sie waren die Vorfahren der Zoratiter.

[3]Etam hatte drei Söhne: Jesreel, Jischma und Jidbasch, und eine Tochter mit Namen Hazlelponi.

[4]Hur, der älteste Sohn von Efrata, war der Gründer Bethlehems. Seine beiden Söhne waren: Pnuël, der Gründer Gedors, und Eser, der Gründer Huschas.

[5]Aschhur, der Gründer von Tekoa, hatte zwei Frauen: Hela und Naara.

---

[a] So mit 2. Samuel 11,3. Im hebräischen Text steht der Name Ammiël.

[b] »Elischua, Elpelet«. So mit der griechischen Übersetzung und einigen hebräischen Handschriften. Der hebräische Text lautet: Elischama, Elifelet. Vgl. 2. Samuel 5,16 und 1. Chronik 14,5

[c] Im hebräischen Text lautet der Name Jechonja, vermutlich eine Variante zu Jojachin. Vgl. 2. Könige 24,6.12

3,4 2 Sam 5,4–5 **3,9** 2 Sam 13,1–22 **4,1** 1 Mo 49,8–12; 4 Mo 26,19–22

6 Die Söhne Naaras hießen Ahusam,
Hefer, Temni und Ahaschtari.
7 Die Söhne Helas waren Zeret, Sohar
und Etnan.
8 Die Söhne von Koz waren Anub und
Zobeba; von ihm stammten auch die Sip-
pen Aharhels, des Sohnes Harums, ab.
9 Jabez war angesehener als seine Brü-
der. Seine Mutter hatte ihm den Namen
Jabez (»Er bereitet Schmerzen«) gege-
ben, weil seine Geburt sehr schwer gewe-
sen war. 10 Aber Jabez betete zum Gott
Israels: »Bitte segne mich, und lass mein
Gebiet größer werden! Beschütze mich,
und bewahre mich vor Unglück! Möge
kein Leid mich treffen!« Gott erhörte
sein Gebet.
11 Kelub, der Bruder Schuhas, hatte
einen Sohn namens Mehir. Mehir war
der Vater von Eschton;
12 Eschtons Söhne hießen Bet-Rafa,
Paseach und Tehinna.
Tehinna gründete die Stadt Nahasch.
Die Nachkommen dieser Männer lebten
in Recha.
13 Kenas hatte zwei Söhne, Otniël und
Seraja. Otniëls Söhne hießen Hatat und
Meonotai[a];
14 Meonotais Sohn hieß Ofra.
Seraja war der Vater Joabs. Joab grün-
dete die Siedlung im »Tal der Handwer-
ker«. Das Tal wurde so genannt, weil alle
seine Bewohner Handwerker waren.
15 Kaleb, der Sohn Jefunnes, hatte fol-
gende Söhne: Iru, Ela und Naam. Elas
Sohn hieß Kenas.
16 Die Söhne Jehallelels waren Sif, Sifa,
Tirja und Asarel.
17/18 Die Söhne Esras hießen Jeter, Me-
red, Efer und Jalon. Mered heiratete eine
Tochter des Pharaos aus Ägypten. Sie
hieß Bitja. Sie brachte Mirjam, Scham-
mai und Jischbach zur Welt, den Vater
Echtemoas und Gründer der gleichnami-
gen Stadt. Mereds andere Frau kam aus
Juda. Ihre Söhne waren Jered, der Vater
Gedors, Heber, der Vater Sochos, und Je-
kutiël, der Vater Sanoachs. Diese drei
gründeten je eine Stadt und benannten
sie nach ihren Söhnen.
19 Hodijas Frau war eine Schwester
Nahams. Von ihr stammten die Garmiter
ab, die später Keïla gründeten, und Esch-
temoa, der in Maacha wohnte.
20 Die Söhne Schimons waren Amnon
und Rinna, Ben-Hanan und Tilon. Die
Söhne Jischis hießen: Sohet und Ben-
Sohet.
21 Die Nachkommen Schelas, des Soh-
nes Judas, waren: Er, der Gründer Le-
chas, und Lada, der Gründer Mareschas,
die Sippen der Leinenweber, die in Bet-
Aschbea wohnten, 22 Jokim und die Män-
ner aus Koseba; Joasch und Saraf, die
eine hohe Stellung in Moab hatten. Spä-
ter kehrten sie nach Bethlehem zurück.
So sagt es eine alte Überlieferung. 23 Ihre
Nachkommen wohnten in Netaim und
Gedera. Sie waren Töpfer und arbeiteten
für den König.

Die Nachkommen Simeons

24 Die Söhne Simeons waren Jemuël, Ja-
min, Jarib, Serach und Schaul. 25 Schauls
Sohn hieß Schallum, Schallums Sohn
Mibsam und Mibsams Sohn Mischma.
26 Mischmas Sohn hieß Hammuël, Ham-
muëls Sohn war Sakkur, und Sakkurs
Sohn hieß Schimi. 27 Schimi hatte sech-
zehn Söhne und sechs Töchter, doch sei-
ne Brüder hatten nicht viele Kinder. Die
Sippen des Stammes Simeon wurden
nicht so groß wie die von Juda.
28 Folgende Städte mit den umliegen-
den Dörfern gehörten zum Gebiet des
Stammes Simeon: Beerscheba, Molada,
Hazar-Schual, 29 Baala, Ezem, Eltolad,
30 Betuël, Horma, Ziklag, 31 Bet-Marka-
bot, Hazar-Susa, Bet-Biri und Schaa-
rajim. In diesen Städten wohnten Sime-
ons Nachkommen, bis David König
wurde. 32 Außerdem gehörten ihnen noch
die fünf Städte Etam, Ajin, Rimmon,

---

a »Meonotai« ist ergänzt nach der griechischen Übersetzung. Der Name fehlt im hebräischen Text.
4,13 Ri 3,9–11 **4,15** 4 Mo 13,30* **4,21** 2,3 **4,24** 1 Mo 49,5–7; 4 Mo 26,12–14

Tochen und Aschan 33 mit ihren umliegenden Dörfern. Das Gebiet erstreckte sich bis nach Baal. Jeder Ort hatte ein eigenes Familienregister.

34 Es folgt ein Verzeichnis der Sippenoberhäupter: Meschobab, Jamlech, Joscha, ein Sohn Amazjas, 35 Joel, Jehu, der Sohn Joschibjas, Enkel Serajas und Urenkel Asiëls, 36 Eljoënai, Jaakoba, Jeschohaja, Asaja, Adiël, Jesimiël, Benaja 37 und Sisa, der in gerader Linie von Schifi, Allon, Jedaja, Schimri und Schemaja abstammte.

38 Sie alle waren Oberhäupter ihrer Sippen. Ihre Familien breiteten sich sehr stark aus. 39 Darum mussten sie wegziehen, um Weideland für ihre Schafe und Ziegen zu suchen. Sie durchquerten das Tal in Richtung Osten, bis sie nach Gedor kamen. 40 Dort fanden sie schöne, saftige Weiden. Das Land dehnte sich nach allen Seiten aus. Es war ruhig und sicher. Früher hatten hier Nachkommen Hams gewohnt. 41 Doch während Hiskia König von Juda war, überfielen jene Sippen die Hamiten und auch die Mëuniter, die ebenfalls dort wohnten. Sie rissen ihre Zelte nieder und töteten alle Menschen. Kein Einziger überlebte. Dann siedelten sie sich dort an, denn nun hatten sie genügend Weideland für ihr Vieh. Noch heute wohnen sie in dieser Gegend.

42 500 Männer vom Stamm Simeon zogen in das Gebirge Seïr. Pelatja, Nearja, Refaja und Usiël, die vier Söhne Jischis, führten sie an. 43 Sie brachten die letzten Amalekiter um, die früher in das Gebirge Seïr geflohen waren, und ließen sich dort nieder. Noch heute wohnen sie in dieser Gegend.

Die Nachkommen Rubens

5 Dies ist ein Verzeichnis der Nachkommen Rubens, des ältesten Sohnes Israels. Ruben war der erste Sohn. Aber weil er mit einer Frau seines Vaters geschlafen hatte, musste er sein Erstgeburtsrecht an die Söhne seines Bruders Josef abtreten. Ruben ist deshalb in den Geschlechtsregistern nicht als der Älteste eingetragen. 2 Juda war der wichtigste Sohn Israels, denn von ihm stammten die Könige ab. Doch das Erstgeburtsrecht kam Josef zu.

3 Die Söhne Rubens, des ältesten Sohnes Israels, hießen Henoch, Pallu, Hezron und Karmi.

4 Die Nachkommen Joels: Sein Sohn hieß Schemaja, und auf ihn folgten in gerader Linie Gog, Schimi, 5 Micha, Reaja, Baal 6 und Beera, der von Tiglat-Pileser, dem assyrischen König, in die Gefangenschaft geführt wurde. Er war das Oberhaupt des Stammes Ruben. 7 In den Geschlechtsregistern dieses Stammes waren folgende Männer mit ihren Sippen eingetragen: als erster Jeïël, dann Secharja 8 und Bela, der Sohn Asas, Enkel Schemas und Urenkel Joels.

Die Rubeniter wohnten im Gebiet von Aroër bis nach Nebo und Baal-Meon. 9 Gegen Osten breiteten sie sich bis zur Wüste aus, die beim Euphrat beginnt, denn in Gilead hatten sich ihre Herden sehr stark vermehrt.

10 Während der Regierungszeit König Sauls führten sie Krieg gegen die Hagariter. Sie töteten sie und ließen sich dort nieder, wo die Hagariter gewohnt hatten. So gehörte nun das ganze Gebiet Ost-Gilead den Nachkommen Rubens.

Die Nachkommen Gads

11 Die Nachkommen Gads wohnten in der Gegend von Baschan und Salcha, gegenüber dem Gebiet des Stammes Ruben: 12 Joel war das Oberhaupt, Schafam sein Stellvertreter; auch Janai und Schafat waren führende Männer. Sie alle wohnten mit ihren Sippen in Baschan. 13 Dazu kamen weitere sieben Männer mit ihren Sippen: Michael, Meschullam, Scheba,

---

4,40 1,8–16 **4,41** 2 Chr 29,1 **4,43** 1 Sam 15,3–8 **5,1** 1 Mo 35,22; 49,3–4.26; 4 Mo 26,5–11 **5,2** 1 Mo 49,8–12; 2 Sam 7,16* **5,10** 1 Mo 16,15; 25,12–18 **5,11** 1 Mo 49,19; 4 Mo 26,15–18

Jorai, Jakan, Sia und Eber. [14]Diese sieben
waren die Söhne Abihajils, der in gerader
Linie von Huri, Jaroach, Gilead, Michael,
Jeschischai, Jachdo und Bus abstammte.
[15]Ahi, der Sohn Abdiëls und Enkel Gu-
nis, war das Oberhaupt dieser Sippen.

[16]Die Gaditer wohnten in den Städten
der Gebiete Gilead und Baschan. Auch
das ganze Weideland von Scharon bis
hin zur Grenze gehörte ihnen. [17]Alle die-
se Sippen wurden zur Zeit König Jotams
von Juda und König Jerobeams von Israel
in das Stammesregister aufgenommen.

Der Krieg der Stämme im Ostjordanland

[18]Die Stämme Ruben, Gad und der halbe
Stamm Manasse hatten ein Heer von
44760 Mann. Dazu gehörten alle wehr-
fähigen Männer, die mit Pfeil und Bogen,
mit Schwert und Schild umgehen konn-
ten und im Kampf geübt waren. [19]Sie
führten Krieg gegen die hagaritischen
Stämme Jetur, Nafisch und Nodab. [20]In
der Schlacht schrien sie zu Gott um Hilfe.
Weil sie ihm vertrauten, erhörte er ihr
Gebet und gab ihnen den Sieg über die
Hagariter und ihre Verbündeten. [21]Sie
erbeuteten 50000 Kamele, 250000 Schafe
und Ziegen sowie 2000 Esel und nahmen
100000 Menschen gefangen. [22]In der
Schlacht waren sehr viele Feinde gefal-
len, denn der Herr selbst hatte es so ge-
wollt. Die Israeliten wohnten in dem er-
oberten Gebiet, bis sie nach Assyrien
verschleppt wurden.

Die Familien des halben Stammes Manasse

[23]Die eine Hälfte des Stammes Manasse
wohnte in einem Gebiet, das sich von Ba-
schan bis zum Berg Hermon erstreckte[a].
Dieser halbe Stamm war sehr groß. [24]Die
Oberhäupter seiner Sippen hießen: Efer,
Jischi, Eliël, Asriël, Jirmeja, Hodawja
und Jachdiël. Sie alle waren erfahrene
Soldaten, Männer von Rang und Namen.

Die Oststämme werden in die Gefangenschaft geführt

[25]Doch die Oststämme wurden dem
Gott ihrer Vorfahren untreu. Sie liefen
den Göttern der Völker nach, die er
ihretwegen vertrieben hatte. [26]Darum
ließ Gott den assyrischen König Tiglat-
Pileser[b] gegen sie in den Krieg ziehen.
Er führte die Rubeniter, die Gaditer
und den halben Stamm Manasse in die
Gefangenschaft. Er verschleppte sie
nach Halach, an den Fluss Habor, nach
Hara und an den Fluss von Gosan. Dort
leben sie heute noch.

Der Stamm Levi: Die Linie der Hohenpriester

[27]Die Söhne Levis hießen Gerschon, Ke-
hat und Merari. [28]Kehats Söhne waren
Amram, Jizhar, Hebron und Usiël.

[29]Amram hatte zwei Söhne, Aaron und
Mose, und eine Tochter namens Mirjam.
Die Söhne Aarons hießen Nadab, Abihu,
Eleasar und Itamar.

[30]Eleasars Sohn hieß Pinhas, dann folg-
ten in direkter Linie Abischua, [31]Bukki,
Usi, [32]Serachja, Merajot, [33]Amarja, Ahi-
tub, [34]Zadok, Ahimaaz, [35]Asarja, Joha-
nan [36]und Asarja. Asarja war der erste
Hohepriester in dem Tempel, den Salo-
mo in Jerusalem gebaut hatte. [37]Asarjas
Sohn hieß Amarja, dann folgten in direk-
ter Linie Ahitub, [38]Zadok, Schallum,
[39]Hilkija, Asarja, [40]Seraja und Jozadak.
[41]Als der Herr die Bewohner von Jerusa-
lem und ganz Juda durch Nebukadnezar
nach Babylonien verschleppen ließ, war
auch Jozadak darunter.

---

a Wörtlich: bis Baal-Hermon, bis zum Senir und bis zum Berg Hermon. – Baal-Hermon und Senir *sind andere Namen für* den Berg Hermon.

b Im hebräischen Text wird zusätzlich der Name Pul erwähnt. Pul ist der babylonische Name von Tiglat-Pileser.

5,23 7,14; 1 Mo 48,8–20; 49,22–26; 4 Mo 26,29–34 **5,25–26** 2 Kön 15,19.29 **5,27** 1 Mo 49,5–7; 4 Mo 26,57–62 **5,29** 2 Mo 6,20–27; 15,20 **5,41** 2 Kön 25,11; Esr 3,2

Die Nachkommen Levis

6 Die Söhne Levis hießen Gerschon,
Kehat und Merari. 2 Gerschon hatte
zwei Söhne namens Libni und Schimi.
3 Die Söhne Kehats waren Amram, Jiz-
har, Hebron und Usiël, 4 und die Söhne
Meraris Machli und Muschi.

Es folgt ein Verzeichnis der levitischen Sippen, geordnet nach ihren Stammvätern:

5 Von Gerschon stammten in direkter
Linie ab: Libni, Jahat, Simma, 6 Joach, Id-
do, Serach und Jeotrai.

7 Auf Kehat folgten in gerader Linie:
Amminadab, Korach, Assir, 8 Elkana,
Abiasaf, Assir, 9 Tahat, Uriël, Usija und
Schaul. 10 Die Söhne Elkanas hießen
Amasai, Ahimot 11 und Elkana. Auf Elka-
na folgten Zuf, Nahat, 12 Eliab, Jeroham,
Elkana und Samuel[a]. 13 Samuels erster
Sohn hieß Joel[b] und der zweite Abija.

14 Von Merari stammten in gerader
Linie ab: Machli, Libni, Schimi, Usa,
15 Schima, Haggija und Asaja.

Die Aufgaben der Leviten

16 Nachdem König David die Bundeslade
nach Jerusalem gebracht hatte, suchte er
einige Leviten aus, die den Gesang am
Heiligtum des Herrn leiten sollten. 17 Be-
vor Salomo den Tempel in Jerusalem
baute, versahen sie ihren Dienst vor dem
heiligen Zelt. Ihre Arbeit war genau fest-
gelegt. 18 Folgende Männer sollten zu-
sammen mit den anderen Männern ihrer
Sippe diese Aufgabe übernehmen:

Der Sänger Heman aus der Sippe der
Kehatiter leitete die erste Sängergrup-
pe. Er war ein Sohn Joels und Enkel
Samuels. 19 Seine weiteren Vorfahren
hießen Elkana, Jeroham, Eliël, Tohu,
20 Zuf, Elkana, Mahat, Amasai, 21 Elka-
na, Joel, Asarja, Zefanja, 22 Tahat, Assir,
Abiasaf, Korach, 23 Jizhar, Kehat, Levi
und Israel.

24 Rechts neben Heman stand Asaf, der
Leiter der zweiten Sängergruppe. Er war
ein Sohn Berechjas und Enkel Schimas.
25 Seine weiteren Vorfahren waren Mi-
chael, Maaseja, Malkija, 26 Etni, Serach,
Adaja, 27 Etan, Simma, Schimi, 28 Jahat,
Gerschon und Levi.

29 Links neben Heman stand Etan mit
seiner Sängergruppe; er stammte aus der
Sippe Merari. Etans Vorfahren waren
Kuschaja, Abdi, Malluch, 30 Haschabja,
Amazja, Hilkija, 31 Amzi, Bani, Schemer,
32 Machli, Muschi, Merari und Levi.

33 Alle anderen Leviten versahen den
übrigen Dienst am Heiligtum Gottes.

34 Aber nur Aaron und seine Nachkom-
men brachten die Brandopfer dar und
verbrannten Weihrauch auf dem Räu-
cheropferaltar. Sie waren für alle Dienste
im Allerheiligsten verantwortlich. Ihre
Aufgabe war es, für die Sünden des Vol-
kes Israel zu opfern und bei Gott um Ver-
gebung zu bitten. Sie mussten sich genau
an die Vorschriften halten, die Mose, der
Diener Gottes, ihnen für ihren Dienst ge-
geben hatte.

35 Die Nachkommen Aarons waren in
direkter Linie: Eleasar, Pinhas, Abi-
schua, 36 Bukki, Usi, Serachja, 37 Merajot,
Amarja, Ahitub, 38 Zadok und Ahimaaz.

Die Wohnorte der Leviten

39 Es folgt ein Verzeichnis der Wohnorte
und Weideplätze, die den Leviten in den
verschiedenen Stammesgebieten durch
das Los zugeteilt wurden:

Das erste Los fiel auf die Nachkom-
men Aarons, die zur Sippe der Kehatiter
gehörten. 40 Sie bekamen im Gebiet des
Stammes Juda die Stadt Hebron und das

---

[a] So mit einigen Handschriften der griechischen Übersetzung. Im hebräischen Text fehlt der Name Samuel. Vgl. 1. Samuel 1,19–20 und 1. Chronik 6,18

[b] So mit einigen Handschriften der griechischen Übersetzung. Im hebräischen Text fehlt der Name Joel. Vgl. 1. Samuel 8,2 und 1. Chronik 6,18

6,1–4 2 Mo 6,16–25; 4 Mo 3,14–20 **6,12** 1 Sam 1,19–20 **6,16–32** 15,16–24 **6,16** 2 Sam 6,17 **6,17** 4 Mo 1,49–53 **6,34** 2 Mo 30,6–8.34–38; 3 Mo 4,13–21; 4 Mo 3,10

Weideland ringsum. 41 Doch das dazuge-
hörige Ackerland und die umliegenden
Dörfer erhielt Kaleb, der Sohn Jefunnes.
42 Hebron gehörte zu den Städten, in
denen Totschläger Zuflucht suchen
konnten. Außerdem bekamen die Nach-
kommen Aarons in Juda Libna, Jattir,
Eschtemoa, 43 Holon, Debir, 44 Aschan,
Jutta[a] und Bet-Schemesch. Zu allen
Städten gehörte das Weideland ringsum.
45 Im Stammesgebiet von Benjamin er-
hielten sie die Städte Gibeon[b], Geba,
Alemet und Anatot mit den dazugehöri-
gen Weiden. Insgesamt gehörten den
Nachkommen Aarons dreizehn Städte.

46 Die übrigen Sippen der Kehatiter be-
kamen durch das Los zehn Städte aus
dem Gebiet des halben Stammes Manas-
se zugeteilt.

47 Die Sippen der Nachkommen Ger-
schons erhielten dreizehn Städte aus den
Gebieten von Issaschar, Asser, Naftali
und aus der Gegend von Baschan in Ma-
nasse.

48 Die Sippen der Nachkommen Mera-
ris bekamen durch das Los zwölf Städte
zugeteilt. Sie lagen in den Gebieten der
Stämme Ruben, Gad und Sebulon.

49 Diese Städte mit dem dazugehörigen
Weideland teilten die Israeliten den Le-
viten zu. 50 Sie waren ausgelost worden
und lagen in den Gebieten der Stämme
Juda, Simeon und Benjamin.

51 Einige Sippen der Kehatiter erhiel-
ten ihre Städte und die dazugehörigen
Weiden im Stammesgebiet von Ephraim.
52 Dazu gehörte Sichem auf dem Gebirge
Ephraim, eine Zufluchtsstadt für Tot-
schläger, dann Geser, 53 Jokmeam, Bet-
Horon, 54 Ajalon und Gat-Rimmon.
55 Außerdem erhielten die Kehatiter noch
die Städte Aner und Bileam mit ihren
Weideflächen aus dem Gebiet des halben
Stammes Manasse. 56 Die Nachkommen
Gerschons bekamen folgende Städte mit
den dazugehörigen Weiden: im Stammes-
gebiet Manasses Golan in der Gegend
von Baschan und Aschtarot; 57 im Stam-
mesgebiet Issaschars Kedesch, Daberat,
58 Ramot und En-Gannim; 59 im Stammes-
gebiet Assers Mischal, Abdon, 60 Helkat
und Rehob; 61 und im Stammesgebiet
Naftalis Kedesch in Galiläa, Hammon
und Kirjatajim.

62 Die übrigen Nachkommen Meraris
erhielten folgende Städte mit dem dazu-
gehörigen Weideland: im Gebiet Sebu-
lons Jokneam, Karta,[c] Rimmon und Ta-
bor; 63/64 im Gebiet Rubens: Bezer, das in
der Steppe liegt, Jahaz, Kedemot und
Mefaat; diese Städte liegen gegenüber
von Jericho, östlich des Jordan; 65 im Ge-
biet Gads: Ramot in Gilead, Mahanajim,
66 Heschbon und Jaser.

Die Nachkommen Issaschars

7 Issaschar hatte vier Söhne mit
Namen Tola, Puwa, Jaschub und
Schimron.

2 Die Söhne Tolas hießen Usi, Refaja,
Jeriël, Jachmai, Jibsam und Schemuël.
Sie alle waren Sippenoberhäupter. Von
den Nachkommen Tolas waren zur Zeit
Davids nach den Geschlechtsregistern
22 600 Männer wehrfähig.

3 Usi hatte einen Sohn namens Jisrach-
ja. Dieser und seine vier Söhne Michael,
Obadja, Joel und Jischija waren fünf Sip-
penoberhäupter. 4 In den Geschlechts-
registern ihrer Nachkommen waren
36 000 wehrfähige Männer eingetragen.
Es war eine so hohe Zahl, weil die Nach-
kommen Usis viele Frauen und Kinder
hatten. 5 Insgesamt hatten die Sippen des
Stammes Issaschar 87 000 wehrfähige
Männer. Sie alle waren in den Ge-
schlechtsregistern aufgeführt.

---

[a] Ergänzt nach Josua 21,16.
[b] Ergänzt nach Josua 21,17–18.
[c] Jokneam und Karta sind ergänzt nach Josua 21,34–35.

6,41 4 Mo 13,30* **6,42.52–54** 4 Mo 35,10–15* **7,1** 1 Mo 49,14–15; 4 Mo 26,23–25

Die Nachkommen Benjamins und Naftalis

[6]Benjamin hatte drei Söhne namens Bela, Becher und Jediaël.

[7]Die fünf Söhne Belas hießen Ezbon, Usi, Usiël, Jerimot und Ir; sie alle waren Sippenoberhäupter. In den Geschlechtsregistern dieser fünf Sippen waren 22034 wehrfähige Männer eingetragen.

[8]Die Söhne Bechers hießen Semira, Joasch, Eliëser, Eljoënai, Omri, Jerimot, Abia, Anatot und Alemet.
[9]In den Geschlechtsregistern ihrer Sippenoberhäupter waren 20200 wehrfähige Männer aufgeführt.

[10]Jediaëls Sohn hieß Bilhan, Bilhan hatte sieben Söhne namens Jëusch, Benjamin, Ehud, Kenaana, Setan, Tarsis und Ahischahar.
[11]Sie waren die Oberhäupter ihrer Sippen. Diese stellten ein Heer von 17200 Mann.

[12]Die Schuppiter und Huppiter stammten von Ir ab, und die Huschiter gingen auf Aher zurück.

[13]Die Söhne Naftalis hießen Jachzeel, Guni, Jezer und Schillem; sie waren Enkel Bilhas.

Die Nachkommen Manasses

[14]Manasse und seine aramäische Nebenfrau hatten zwei Söhne: Asriël und Machir, den Vater Gileads.
[15]Machir heiratete eine Frau von den Huppitern und Schuppitern. Er hatte eine Schwester mit Namen Maacha. Hefers[a] zweiter Sohn hieß Zelofhad, er hatte nur Töchter.

[16]Machirs Frau Maacha brachte zwei weitere Söhne zur Welt. Sie hießen Peresch und Scheresch. Die Söhne Schereschs waren Ulam und Rekem.
[17]Ulams Sohn hieß Bedan. Dies waren die Nachkommen von Gilead, dem Sohn Machirs und Enkel Manasses.

[18]Gileads Schwester Molechet hatte drei Söhne namens Ischhod, Abiëser und Machla.
[19]Die Söhne Schemidas hießen Achjan, Sichem, Likhi und Aniam.

Die Nachkommen Ephraims

[20]Ephraim hatte einen Sohn mit Namen Schutelach, auf ihn folgten in gerader Linie: Bered, Tahat, Elada, Tahat,
[21]Sabad und Schutelach.

Zwei andere Söhne Ephraims hießen Eser und Elad. Die beiden gingen eines Tages nach Gat, um dort Vieh zu stehlen. Doch die Einwohner der Stadt überraschten sie dabei und brachten sie um.
[22]Ihr Vater Ephraim trauerte lange Zeit um sie. Seine Brüder kamen zu ihm und versuchten, ihn zu trösten.
[23]Als er wieder mit seiner Frau schlief, wurde sie schwanger und bekam einen Sohn. Ephraim nannte ihn Beria (»Unglück«), weil er geboren wurde, nachdem Unglück über die Familie hereingebrochen war.
[24]Ephraim hatte auch eine Tochter, die Scheera hieß. Sie ließ das untere und das obere Bet-Horon und Usen-Scheera erbauen.

[25]Zwei weitere Söhne Ephraims hießen Refach und Reschef, dann folgten in direkter Linie Telach, Tahan,
[26]Ladan, Ammihud, Elischama,
[27]Nun und Josua.

[28]Den Nachkommen Ephraims gehörten Bethel und die umliegenden Orte; im Osten reichte ihr Gebiet bis nach Naara und im Westen bis nach Geser mit den umliegenden Orten; im Norden bildeten Sichem und Aja mit ihren umliegenden Orten die Grenze.
[29]Den Nachkommen Manasses gehörten die Städte Bet-Schean, Taanach, Megiddo und Dor mit ihren umliegenden Orten. In allen diesen Städten wohnten die Nachkommen Josefs, des Sohnes Israels.

---

[a] Ergänzt nach 4. Mose 26,33 und Josua 17,3. Im hebräischen Text fehlt der Name des Vaters.

7,6 1 Mo 49,27; 4 Mo 26,38–41 **7,13** 1 Mo 49,21; 4 Mo 26,48–50 **7,14** 5,23; 1 Mo 48,8–20; 49,22–26; 4 Mo 26,29–34 **7,20** 1 Mo 48,8–20; 49,22–26; 4 Mo 26,35–37 **7,27** 4 Mo 13,16; 27,18–23*

Die Nachkommen Assers

30 Asser hatte vier Söhne namens Jimna,
Jischwa, Jischwi und Beria und eine
Tochter, die Serach hieß.
31 Die Söhne Berias waren Heber und
Malkiël, der Gründer von Birsajit.
32 Hebers Söhne hießen Jaflet, Schemer
und Hotam; außerdem hatte er eine
Tochter mit Namen Schua.
33 Die Söhne Jaflets hießen Pasach,
Bimhal und Aschwat, 34 die Söhne Sche-
mers waren Ahi, Rohga, Hubba und
Aram. 35 Die Söhne ihres Bruders Hotam[a]
hießen Zofach, Jimna, Schelesch und
Amal.
36 Die Söhne Zofachs waren Suach,
Harnefer, Schual, Beri, Jimra, 37 Bezer,
Hod, Schamma, Schilscha, Jitran und
Beera. 38 Die Söhne Jeters waren Jefunne,
Pispa und Ara;
39 die Söhne Ullas hießen Arach, Han-
niël und Rizja.
40 Diese Nachkommen Assers waren
die Oberhäupter ihrer Sippen, sie waren
erfahrene Soldaten und angesehene
Männer. Von ihnen stammten die späte-
ren Stammesfürsten ab. Vom Stamm As-
ser waren 26000 Mann in den Listen als
wehrfähig eingetragen.

Die Nachkommen Benjamins

8 Benjamin hatte fünf Söhne: der erste
hieß Bela, der zweite Aschbel, dann
folgten Achrach, 2 Noha und Rafa.
3 Belas Söhne waren Ard, Gera –
der Vater Ehuds[b] –, 4 Abischua, Naa-
man, Ahoach, 5 Gera, Schefufan und
Huram.
6/7 Die Söhne Ehuds hießen Naaman,
Ahija und Gera. Sie waren die Ober-
häupter der Sippen, die in Geba wohnten
und später nach Manahat verbannt wur-
den. Gera, der Vater von Usa und Ahi-
hud, brachte sie dorthin.
8/9 Schaharajim trennte sich von seinen
beiden Frauen Huschim und Baara und
zog nach Moab. Dort bekamen er und
seine Frau Hodesch sieben Söhne: Jobab,
Zibja, Mescha, Malkam, 10 Jëuz, Sacheja
und Mirma. Sie wurden später Sippen-
oberhäupter. 11 Mit seiner früheren Frau
Huschim hatte er ebenfalls zwei Söhne.
Sie hießen Abitub und Elpaal.
12–14 Die Söhne Elpaals waren Eber,
Mischam, Schemed, Beria, Schema, Ach-
jo, Schaschak und Jeremot. Schemed
baute die Städte Ono und Lod mit den
umliegenden Dörfern; Beria und Schema
waren die Oberhäupter der Einwohner
von Ajalon. Sie vertrieben die Einwoh-
ner von Gat.
15/16 Berias Söhne hießen Sebadja,
Arad, Eder, Michael, Jischpa und Joha.
17/18 Elpaal bekam noch weitere Söhne.
Sie hießen Sebadja, Meschullam, Hiski,
Heber, Jischmerai, Jislia und Jobab.
19–21 Schimis Söhne waren Jakim, Sichri,
Sabdi, Eliënai, Zilletai, Eliël, Adaja, Be-
raja und Schimrat.
22–25 Schaschaks Söhne waren Jischpan,
Eber, Eliël, Abdon, Sichri, Hanan, Ha-
nanja, Elam, Antotija, Jifdeja und Pnuël.
26/27 Jerohams Söhne hießen Scham-
scherai, Scheharja, Atalja, Jaareschja,
Elia und Sichri. 28 Sie alle waren als Sip-
penoberhäupter in den Geschlechtsregis-
tern des Stammes Benjamin aufgeführt.
Sie lebten in Jerusalem.

Die Familie Sauls in Gibeon

29 Jeïël[c] gründete die Stadt Gibeon und
ließ sich mit seiner Frau Maacha dort nie-
der. 30 Ihr ältester Sohn hieß Abdon, dann
folgten Zur, Kisch, Baal, Ner[d], Nadab,
31 Gedor, Achjo, Secher 32 und Miklot,
der einen Sohn mit Namen Schima hatte.
Sie ließen sich in Jerusalem nieder und
wohnten dort bei anderen Familien ihres
Stammes.

---

[a] *So nach Vers 32. Im hebräischen* Text steht der Name Helem.
[b] Oder: Gera, Abihud. – Ehud wird in Richter 3,15 als Sohn Geras bezeichnet.
[c] Ergänzt nach 1. Chronik 9,35. Der Name fehlt im hebräischen Text.
[d] Ergänzt nach 1. Chronik 9,36. Der Name fehlt im hebräischen Text.

7,30 1 Mo 49,20; 4 Mo 26,44–47 **8,1–5** 7,6 **8,29–38** 9,35–44

[33] Ners Sohn hieß Abner[a], und Kischs Sohn hieß Saul. Sauls Söhne waren Jonatan, Malkischua, Abinadab und Eschbaal.

[34] Jonatans Sohn hieß Merib-Baal, Merib-Baals Sohn Micha.

[35] Michas Söhne waren Piton, Melech, Tachrea und Ahas. [36] Ahas' Sohn hieß Joadda, Joaddas Söhne waren Alemet, Asmawet und Simri. Simris Sohn hieß Moza, [37] auf ihn folgten in direkter Linie Bina, Refaja[b], Elasa und Azel.

[38] Azel hatte sechs Söhne. Sie hießen Asrikam, Bochru, Ismael, Schearja, Obadja und Hanan. [39] Eschek, ein Bruder Azels, hatte drei Söhne. Der älteste hieß Ulam, dann folgten Jëusch und Elifelet.

[40] Die Söhne Ulams waren erfahrene Soldaten, die gut mit Pfeil und Bogen umgehen konnten. Sie hatten viele Söhne und Enkel, insgesamt 150. Alle genannten Männer und ihre Sippen waren Nachkommen Benjamins.

Einwohner Jerusalems nach dem Exil

9 So wurden die Namen aller Bewohner Israels festgehalten und in die Chronik der Könige von Israel geschrieben.

Weil die Bewohner von Juda sich vom Herrn abwandten und andere Götter verehrten, wurden sie nach Babylonien verbannt. [2] Die Ersten, die zurückkehrten und wieder ihren Grund und Boden in den Städten erhielten, waren Leute aus dem Volk sowie Priester, Leviten und Tempeldiener. [3] In Jerusalem ließen sich Angehörige der Stämme Juda, Benjamin, Ephraim und Manasse nieder.

[4] Von den Nachkommen Judas lebten dort folgende Sippenoberhäupter: Utai, ein Sohn Ammihuds, seine Vorfahren reichten über Omri, Imri, Bani und Perez bis auf Juda zurück; [5] Asaja, der älteste Sohn Schelas, und seine Söhne; [6] Jëuël und seine Brüder, die Nachkommen Serachs. Zu all diesen Sippen gehörten 690 Familien.

[7–9] Von den Nachkommen Benjamins lebten folgende Sippenoberhäupter in Jerusalem: Sallu, der Sohn Meschullams, er stammte über Hodawja von Senua ab; Jibneja, der Sohn Jerohams; Ela, der Sohn Usis, der von Michri abstammte; Meschullam, der Sohn Schefatjas, zu seinen Vorfahren gehörten Reguël und Jibnija. Die Sippen der Benjaminiter bestanden aus 956 Familien, die in Geschlechtsregistern aufgeführt waren.

[10] Die Priester, die nach der Verbannung in Jerusalem lebten, hießen Jedaja, Jojarib, Jachin [11] und der oberste Priester Asarja, ein Sohn Hilkijas; unter seinen Vorfahren waren Meschullam, Zadok, Merajot und Ahitub. [12] Außerdem Adaja, der Sohn Jerohams, er stammte über Paschhur von Malkija ab; sowie Masai, der Sohn Adiëls, seine Vorfahren reichten über Jachsera, Meschullam und Meschillemot bis auf Immer zurück. [13] Zu den Sippen dieser Priester gehörten 1760 Familien, die Männer verrichteten den Tempeldienst.

[14] Von den Leviten lebten folgende Sippenoberhäupter in Jerusalem: Schemaja, der Sohn Haschubs, zu seinen Vorfahren gehörten Asrikam, Haschabja und Merari. [15] Weiter Bakbukja, Heresch, Galal und Mattanja, ein Sohn Michas, der über Sichri von Asaf abstammte. [16] Außerdem Abda, der Sohn Schammuas,[c] unter seinen Vorfahren waren Galal und Jedutun; sowie Berechja, der Sohn Asas, der von Elkana abstammte und mit seiner Familie in den Dörfern der Netofatiter wohnte.

[17] Dazu kamen folgende Torwächter: Schallum, Akkub, Talmon und Ahiman. Schallum war ihr Befehlshaber. [18] Bis heute hat seine Familie die Aufsicht über die Wachen am Königstor auf der Ostseite des Tempels.

Ihre Vorfahren zur Zeit der Wüsten-

---

a Der hebräische Text lautet: Ners Sohn hieß Kisch. Vgl. aber 1. Samuel 9,1; 14,50–51

b Im hebräischen Text steht der Name Rafa. Vgl. aber 1. Chronik 9,43

c Der hebräische Text lautet: Obadja, der Sohn Schemajas. Vgl. aber Nehemia 11,17

8,34 2 Sam 9,1–13 **9,1** 2 Kön 24,14–16; 25,11–12 **9,2** Esr 2,1–70 **9,17–18** 26,12–13.17–19; 4 Mo 1,50.53

wanderung hatten die Zelte der Leviten rings um das heilige Zelt bewacht. 19/20 Damals war Pinhas, der Sohn Eleasars, ihr Vorsteher. Der Herr stand ihm bei. Schallum war ein Sohn Kores, er stammte über Abiasaf von Korach ab und gehörte mit seinen Brüdern zur Sippe der Korachiter. Sie hatten die Aufgabe, den Eingang zum heiligen Zelt zu bewachen, so wie schon ihre Vorfahren den Eingang zum Lager des Volkes Gottes bewacht hatten. 21 Auch Secharja, ein Sohn Meschelemjas, stand am Eingang zum heiligen Zelt.

22 Insgesamt hatte man 212 Männer für den Wachdienst am Eingang zum Heiligtum ausgewählt. Ihre Namen wurden in ihren Wohnorten in Listen eingetragen. David und der Prophet Samuel hatten ihre Vorfahren in das Amt eingesetzt. 23 Sie und ihre Nachkommen bewachten die Eingänge zum heiligen Zelt und später zum Tempel des Herrn. 24 Die Wachen standen an den Toren auf jeder Seite des Tempels.

25 Die meisten Korachiter wohnten nicht in Jerusalem. Doch von Zeit zu Zeit musste jeder für eine Woche aus seinem Dorf nach Jerusalem kommen, um beim Tempel Wache zu halten. 26 Nur die vier Aufseher über die Wache waren ständig in Jerusalem. Auch sie waren Leviten. Sie verwalteten außerdem die Vorratsräume und Schatzkammern des Tempels. 27 Auch nachts blieben sie im Tempelbereich, denn sie mussten jeden Morgen die Tempeltüren aufschließen.

28 Einige Leviten hatten die Aufsicht über die Gegenstände für den Opferdienst. Sie trugen sie abgezählt zum Altar und hinterher wieder zurück. 29 Andere verwalteten die Gegenstände, die im Heiligtum gebraucht wurden, sowie die Vorräte an feinem Weizenmehl, Wein, Öl, Weihrauch und wohlriechenden Balsamölen. 30 Aber das Mischen der Balsamöle zu einer Salbe war Aufgabe der Priester. 31 Der Levit Mattitja, der älteste Sohn Schallums, aus der Sippe der Korachiter, war für das Backwerk verantwortlich, das für die Speiseopfer gebraucht wurde. 32 Einige Leviten aus der Sippe der Kehatiter mussten dafür sorgen, dass an jedem Sabbat frische Schaubrote in das Heiligtum gebracht wurden.

33 Auch die Sänger stammten aus den levitischen Sippen. Ihre Leiter waren von allen anderen Diensten befreit, denn sie mussten Tag und Nacht einsatzbereit sein. Deshalb wohnten sie in Kammern direkt am Tempel.

34 Alle genannten Sippenoberhäupter der Leviten waren in den Geschlechtsregistern aufgeführt. Sie wohnten in Jerusalem.

Die Familie Sauls in Gibeon

35 Jeïël gründete die Stadt Gibeon und ließ sich mit seiner Frau Maacha dort nieder. 36 Ihr ältester Sohn hieß Abdon, dann folgten Zur, Kisch, Baal, Ner, Nadab, 37 Gedor, Achjo, Secher und Miklot, 38 der einen Sohn mit Namen Schima hatte. Sie ließen sich in Jerusalem nieder und wohnten dort bei anderen Familien ihres Stammes.

39 Ners Sohn hieß Abner[a], Kischs Sohn hieß Saul. Sauls Söhne waren Jonatan, Malkischua, Abinadab und Eschbaal.

40 Jonatans Sohn hieß Merib-Baal, Merib-Baals Sohn Micha.

41 Michas Söhne waren Piton, Melech, Tachrea und Ahas[b].

42 Ahas' Sohn hieß Joadda[c], Joaddas Söhne waren Alemet, Asmawet und Simri. Simris Sohn hieß Moza, 43 auf ihn folgten in direkter Linie Bina, Refaja, Elasa und Azel.

44 Azel hatte sechs Söhne. Sie hießen

---

[a] *Der hebräische* Text lautet: Ners Sohn hieß Kisch. Vgl. aber 1. Samuel 9,1; 14,50–51

[b] Ergänzt nach 1. Chronik 8,35 und einigen alten Übersetzungen. Der Name fehlt im hebräischen Text.

[c] Im hebräischen Text steht der Name Jara. Vgl. aber 1. Chronik 8,36

9,19–20 4 Mo 25,6–13 **9,30** 2 Mo 30,23–25 **9,32** 3 Mo 24,5–9 **9,33** 6,16–32 **9,35–44** 8,29–38

Asrikam, Bochru, Ismael, Schearja,
Obadja und Hanan.

Der Tod Sauls und seiner Söhne
(1. Samuel 31)

10 Auf dem Gilboagebirge kam es
zur Schlacht zwischen den Philis-
tern und den Israeliten. Die Israeliten
versuchten zu fliehen, aber die meisten
von ihnen fielen. 2 Die Philister hatten
Saul und seine Söhne eingekesselt. Jona-
tan, Abinadab und Malkischua waren be-
reits getötet worden.
3 Um Saul tobte immer noch ein er-
bitterter Kampf. Er wurde von den
Pfeilen der Bogenschützen getroffen
und verwundet. 4 Da flehte er seinen
Waffenträger an: »Zieh dein Schwert,
und töte mich! Sonst kommen diese un-
beschnittenen Heiden und treiben ihren
Spott mit mir.« Doch der Waffenträger
weigerte sich. Er wagte es nicht, den
König umzubringen. Da nahm Saul
selbst sein Schwert und stürzte sich hi-
nein.
5 Als der Diener sah, dass sein Herr tot
war, ließ auch er sich in sein Schwert fal-
len und starb. 6 So fielen an diesem Tag
Saul und seine drei Söhne, und keiner sei-
ner Nachkommen wurde je wieder Kö-
nig. 7 Als die Bewohner der Jesreelebene
hörten, dass die Israeliten geflohen und
Saul und seine Söhne gefallen waren, er-
griffen auch sie die Flucht. Die Philister
nahmen die verlassenen Städte in Besitz
und wohnten darin.
8 Am Tag nach der Schlacht kehrten
die Philister noch einmal zum Schlacht-
feld auf dem Gilboagebirge zurück, um
die Gefallenen auszuplündern. Dabei
fanden sie die Leichen Sauls und seiner
Söhne, die immer noch dort lagen. 9 Sie
plünderten Saul aus; dann zeigten sie sei-
nen Kopf und seine Rüstung durch Boten
im ganzen Land herum und verkündeten
allen Bewohnern und den Götzen die
Nachricht vom Sieg. 10 Schließlich legten
sie Sauls Waffen im Tempel ihres Gottes
nieder. Seinen Kopf nagelten sie an die
Wand des Tempels, der dem Götzen Da-
gon geweiht war.
11 Als die Einwohner von Jabesch-Gile-
ad hörten, was die Philister mit Sauls Lei-
che getan hatten, 12 machten sich sofort
alle wehrfähigen Männer der Stadt auf
den Weg und holten die Leichen Sauls
und seiner Söhne nach Jabesch. Sie be-
gruben sie dort unter der großen Tama-
riske. Danach trauerten und fasteten sie
eine Woche lang.
13 So kam Saul ums Leben, weil er dem
Herrn untreu geworden war und seine
Weisungen missachtet hatte. Auch hatte
er den Geist eines Verstorbenen befragt,
14 anstatt bei dem Herrn Rat zu suchen.
Darum ließ der Herr ihn sterben und
übertrug David, dem Sohn Isais, die
Herrschaft.

David wird König über ganz Israel
(2. Samuel 5,1–5)

11 Aus ganz Israel kamen Gesandte
zu David nach Hebron und sagten
zu ihm: »Wir sind dein Volk und gehören
zu dir. 2 Schon damals, als Saul noch Kö-
nig war, bist du es gewesen, der Israels
Heer in den Kampf geführt und sieg-
reich wieder zurückgebracht hat. Der
Herr, dein Gott, hat zu dir gesagt: Du
bist der Mann, der mein Volk Israel wei-
den soll wie ein Hirte seine Schafe. Dich
habe ich zum neuen König über Israel
bestimmt.«
3 Dann versammelten sich alle Ältesten
Israels in Hebron. David schloss mit
ihnen einen Bund, und sie riefen den
Herrn als Zeugen an. Sie salbten David
und setzten ihn zum König über Israel
ein. So erfüllte sich, was Samuel im Auf-
trag des Herrn vorausgesagt hatte.

10,6 2 Sam 1,17–27 **10,11–12** 1 Sam 31,1–11; 2 Sam 21,12–14 **10,13** 3 Mo 19,26.31; 1 Sam 13,8–14; 28,3–20 **11,2** 1 Sam 18,13–16 **11,3** 1 Sam 16,1–13; 2 Sam 2,4

David erobert Jerusalem
(2. Samuel 5,6–10)

[4]Später unternahm David mit seinem
Heer einen Feldzug gegen die Stadt Jeru-
salem, die damals noch Jebus hieß. Denn
in dieser Gegend wohnte immer noch der
kanaanitische Stamm der Jebusiter. [5]Die
Einwohner verhöhnten David: »In unse-
re Stadt wirst du nie hereinkommen!«
Doch David und seine Truppen nah-
men die Festung Zion ein, die später
»Stadt Davids« genannt wurde. [6]Bevor
sie Jebus stürmten, sagte David zu seinen
Soldaten: »Wer als Erster die Jebusiter
angreift, soll mein Heerführer werden!«
Joab, der Sohn von Davids Schwester Ze-
ruja, war der Erste, der die Stadt angriff.
Darum wurde er zum Heerführer er-
nannt.
[7]Nach der Eroberung machte David
die Festung zu seiner Residenz, und von
da an nannte man sie »Stadt Davids«.
[8]Rings um die Festung baute er die Stadt
weiter aus. Er begann damit bei den Ver-
teidigungsanlagen. Joab stellte die übrige
Stadt wieder her. [9]So wurde Davids
Macht immer größer, denn der allmächti-
ge Gott stand ihm bei.

Die berühmtesten Soldaten Davids
(2. Samuel 23,8–39)

[10]Dies ist das Verzeichnis der berühmtes-
ten Offiziere Davids. Zusammen mit
dem ganzen Volk hatten sie ihn zum Kö-
nig gekrönt, wie der Herr es befohlen
hatte. Während seiner ganzen Regie-
rungszeit hielten sie fest zu ihm.
[11]Jischbaal[a], ein Sohn Hachmonis,
war der Befehlshaber der Elitetruppe.
Er tötete in einer Schlacht 300 Mann
mit seinem Speer. [12]An zweiter Stelle
kam Eleasar, der Sohn Dodos, ein
Nachkomme Ahoachs. Er gehörte zu
den »drei Helden«, den drei berühmtes-
ten Soldaten Davids. [13]Er kämpfte an
Davids Seite in Pas-Dammim gegen die
Philister, die dort ihr Heerlager auf-
geschlagen hatten. Bei diesem Ort lag
ein großes Gerstenfeld. Während die Is-
raeliten vor den Feinden flohen, [14]dran-
gen Eleasar und David auf das Feld
vor, trieben die Philister zurück und
schlugen sie in die Flucht. So schenkte
der Herr den Israeliten einen großen
Sieg.
[15/16]Ein anderes Mal hielten die Phi-
lister die Refaïmebene besetzt. In Beth-
lehem hatten sie einen Posten aufgestellt.
David aber hatte sich in einer Berg-
festung verschanzt, in der Adullamhöhle.
Dort suchten ihn drei seiner dreißig
Offiziere auf. [17]David hatte großen Durst
und sagte zu ihnen: »Wer holt mir einen
Schluck Wasser aus dem Brunnen am Tor
von Bethlehem?«
[18]Da drangen die drei Offiziere ins
Heerlager der Philister ein, schöpften
Wasser aus dem Brunnen bei Bethlehem
und brachten es David. Doch er wollte es
nicht trinken, sondern schüttete es aus als
Trankopfer für den Herrn [19]und sagte:
»Mein Gott bewahre mich vor einer sol-
chen Tat! Da könnte ich ja gleich das Blut
dieser Männer trinken, die ihr Leben aufs
Spiel gesetzt haben, um mir das Wasser
zu holen.« Darum wollte er nichts davon
trinken. So setzten sich diese drei Män-
ner für den König ein.
[20/21]Joabs Bruder Abischai führte die
drei an. Einmal erstach er mit seinem
Speer im Kampf 300 Mann. Er war der
berühmteste dieser drei Offiziere, aber
er gehörte nicht zu den »drei Helden«.
[22]Benaja aus Kabzeel, ein Sohn Jojadas,
war ein starker Mann, der große Taten
vollbrachte. Er tötete die beiden gefürch-
teten Soldaten der Moabiter, die »Löwen
aus Moab« genannt wurden. Als es ein-
mal geschneit hatte, stieg er in eine Zis-
terne hinunter und tötete einen Löwen,
der dort hineingefallen war. [23]Ein ande-
res Mal brachte er einen Ägypter um,
einen riesigen, über zweieinhalb Meter
großen Mann. Sein Speer war so dick

---

[a] So mit der griechischen Übersetzung. Im hebräischen Text lautet der Name Joschobam.

11,4 Jos 15,63* **11,6** 2 Sam 2,13* **11,20–21** 1 Sam 26,6* **11,22** 2 Sam 8,18*

wie ein kleiner Baum[a], während Benaja nur einen Stock in der Hand hatte. Benaja ging auf den Ägypter zu, riss ihm den Speer aus der Hand und erstach ihn damit. 24 Weil Benaja, der Sohn Jojadas, solche Taten vollbrachte, war er als einer jener drei Offiziere bekannt. 25 Er war der berühmteste unter den dreißig Offizieren, aber er gehörte nicht zu den »drei Helden«. David machte ihn zum Befehlshaber seiner Leibwache.

26 Folgende Männer gehörten zu den besten Soldaten Davids:
Asaël, der Bruder Joabs;
Elhanan, der Sohn Dodos, aus Bethlehem;
27 Schammot aus Harod;
Helez aus Pelet;[b]
28 Ira, der Sohn Ikkeschs, aus Tekoa;
Abiëser aus Anatot;
29 Sibbechai aus Huscha;
Ilai aus Ahoach;
30 Mahrai aus Netofa;
Heled, der Sohn Baanas, aus Netofa;
31 Ittai, der Sohn Ribais, aus Gibea im Stammesgebiet von Benjamin;
Benaja aus Piraton;
32 Hiddai[c] aus dem Gaaschtal;
Abiël aus Araba;
33 Asmawet aus Bahurim;
Eljachba aus Schaalbon;
34 die Söhne Haschems aus Gison;
Jonatan, der Sohn Schages, aus Harar;
35 Ahiam, der Sohn Sachars, aus Harar;
Elifal, der Sohn Urs;
36 Hefer aus Mechera;
Ahija aus Palon;
37 Hezro aus Karmel;
Naarai, der Sohn Esbais;
38 Joel, ein Bruder Nathans;
Mibhar, der Sohn Hagris;
39 der Ammoniter Zelek;
Nachrai, der Waffenträger Joabs, des Sohnes der Zeruja, aus Beerot;
40 Ira und Gareb aus Jattir;
41 der Hetiter Uria;
Sabad, der Sohn Achlais;
42 Adina, der Sohn Schisas, er war einer der führenden Männer vom Stamm Ruben und hatte eine Gruppe von dreißig Soldaten unter sich;
43 Hanan, der Sohn Maachas;
Joschafat aus Mitni;
44 Usija aus Aschtarot;
Schama und Jehiël, die Söhne Hotams, aus Aroër;
45 Jediaël und Joha, die Söhne Schimris, aus Tiz;
46 Eliël aus Mahawim;
Jeribai und Joschawja, die Söhne Elnaams;
der Moabiter Jitma;
47 Eliël, Obed und Jaasiël aus Zoba.

Davids Anhänger zur Zeit Sauls

12 Als David noch in Ziklag lebte,
um sich vor Saul, dem Sohn
Kischs, zu verstecken, schlossen sich ihm
erfahrene Soldaten an, die im Krieg für
ihn kämpften. 2 Sie waren ausgezeichnete
Bogenschützen und konnten mit der
rechten und mit der linken Hand Pfeile
abschießen und Steine schleudern. Zu
dieser Truppe gehörten vom Stamm Benjamin aus der Sippe Sauls:
3 Ahiëser, ihr Anführer, und Joasch, sie beide waren Söhne Schemaas aus Gibea;
außerdem Jesiël und Pelet, die Söhne Asmawets;
Beracha und Jehu aus Anatot;
4 Jischmaja aus Gibeon; er war damals der Anführer der dreißig Offiziere Davids, weil er besonders mutig war;
5 weiter Jirmeja, Jahasiël, Johanan und Josabad aus Gedera;
6 Elusai, Jerimot, Bealja, Schemarja und Schefatja aus Haruf.
7 Aus der Sippe der Korachiter schlossen sich David folgende Männer an:
Elkana, Jischija, Asarel, Joëser, Joschobam,

---

[a] Wörtlich: wie ein Weberbaum.
[b] So mit 2. Samuel 23,25–26. Der hebräische Text lautet: Schammot aus Haror, Helez aus Palon.
[c] So mit 2. Samuel 23,30. Im hebräischen Text steht der Name Hurai.
12,1 1 Sam 27,5–7

8 Joëla und Sebadja, die Söhne Jerohams,
aus Gedor.

9 Auch vom Stamm Gad liefen erfahrene
Soldaten zu David über. Sie kamen zu
ihm, als er sich noch in der Wüste in einer
Bergfestung verborgen hielt. Sie waren
kampferprobt, mutig wie Löwen und in
den Bergen flink wie Gazellen. Sie waren
mit Schild und Speer bewaffnet.
10 Ihr Befehlshaber hieß Eser, ihm un-
terstanden zehn Männer: Obadja, Eliab,
11 Mischmanna, Jirmeja, 12 Attai, Eliël,
13 Johanan, Elsabad, 14 Jirmeja und Mach-
bannai.
15 Alle elf vom Stamm Gad wurden
später Heerführer. Schon der Schwächste
von ihnen konnte es im Kampf mit hun-
dert Gegnern aufnehmen, der Stärkste
sogar mit tausend. 16 Sie überquerten den
Jordan im Frühling bei Hochwasser und
schlugen alle Bewohner der Seitentäler
im Osten und im Westen in die Flucht.
17 Auch von den Stämmen Benjamin
und Juda kamen einige Männer zu David
in die Bergfestung. 18 David ging ihnen
entgegen und fragte: »Kommt ihr in
friedlicher Absicht zu mir? Wollt ihr mir
helfen? Dann könnt ihr euch meinen Sol-
daten anschließen! Oder wollt ihr mich
an meine Feinde verraten, obwohl ich
nichts verbrochen habe? Dann wird der
Gott unserer Vorfahren euch strafen,
denn er sieht es.«
19 Da kam der Geist Gottes über Ama-
sai, der später Befehlshaber von Davids
Elitetruppe wurde. Er rief: »Zu dir, Da-
vid, wollen wir gehören, und für dich,
Sohn Isais, kämpfen wir! Wir wünschen
dir und deinen Anhängern Erfolg und
Sieg! Denn dein Gott ist da und hilft dir!«
Da nahm David die Männer bei sich auf
und ernannte sie zu Führern seiner
Kriegstruppe.
20 Auch vom Stamm Manasse liefen ei-
nige Soldaten zu David über, als dieser
mit den Philistern gegen Saul in den
Krieg ziehen wollte. Zuletzt aber durfte
David nicht an der Schlacht teilnehmen.
Die Fürsten der Philister befürchteten,
er könne wieder zu Saul, seinem frühe-
ren Herrn, überlaufen und sie ins Verder-
ben stürzen. Darum schickten sie ihn zu-
rück.
21 Als David nun auf dem Weg nach Zi-
klag war, schlossen sich ihm folgende Of-
fiziere vom Stamm Manasse an: Adnach,
Josabad, Jediaël, Michael, Josabad, Elihu
und Zilletai. Jeder von ihnen war Be-
fehlshaber über 1000 Soldaten gewesen.
22 Sie halfen David im Kampf gegen die
Banden der Amalekiter[a]. David machte
sie zu Truppenführern in seinem Heer,
denn sie waren erfahrene Soldaten.
23 Tag für Tag kamen Männer zu David,
um ihm zu helfen. Schließlich verfügte er
über ein riesiges Heer.

Davids Heer in Hebron

24 Es folgt ein Verzeichnis aller Soldaten,
die zu David nach Hebron kamen. Sie
wollten ihn an Sauls Stelle zum König
machen, wie der Herr es befohlen hatte.
25 Vom Stamm Juda waren es 6800
Mann, bewaffnet mit Schild und Lanze;
26 vom Stamm Simeon: 7100 erfahrene
Soldaten;
27 vom Stamm Levi: 4600 Mann; 28 un-
ter ihnen waren Jojada, das Oberhaupt
der Nachkommen Aarons, mit 3700
Mann, 29 und Zadok, ein junger, aber er-
fahrener Soldat, mit 22 Offizieren aus
seiner Sippe;
30 vom Stamm Benjamin, aus dem Saul
kam: 3000 Mann; doch die meisten Sol-
daten aus diesem Stamm hielten bis da-
hin noch zu Sauls Familie;
31 vom Stamm Ephraim: 20800 Sol-
daten, Männer von Rang und Namen in
ihren Sippen;
32 vom halben Stamm Manasse: 18000
Mann; sie waren ausgewählt worden, um
David zum König zu krönen;
33 vom Stamm Issaschar: 200 Offiziere
mit ihren Truppen, die wussten, was in
Israel zu tun war, und auch den richtigen
Zeitpunkt dafür einschätzen konnten;

---

[a] »Amalekiter« ist sinngemäß eingefügt. Vgl. 1. Samuel 30,1–2

34 vom Stamm Sebulon: ein geordnetes
Heer von 50000 bewaffneten Soldaten,
alle fest entschlossen, sich David anzu-
schließen;
35 vom Stamm Naftali: 1000 Offiziere
mit einem Heer von 37000 Mann, be-
waffnet mit Schild und Lanze;
36 vom Stamm Dan: ein geordnetes
Heer von 28600 Mann;
37 vom Stamm Asser: ein geordnetes
Heer von 40000 Mann;
38 von den Stämmen Ruben, Gad und
dem halben Stamm Manasse, die östlich
des Jordan lebten: 120000 Mann in voller
Kriegsrüstung.
39 Sie alle kamen geordnet in Truppen
nach Hebron und hatten alle dasselbe
Ziel: Sie wollten David zum König über
ganz Israel machen. Das war auch der
Wunsch der übrigen Israeliten. 40 Die
Truppenverbände blieben drei Tage bei
David. Die Einwohner von Hebron ver-
sorgten sie mit Nahrung. 41 Alle, die in
der Nähe wohnten, sogar die Bewohner
der Gebiete Issaschar, Sebulon und Naf-
tali, halfen mit. Auf Eseln und Kamelen,
auf Maultieren und Rindern brachten sie
Lebensmittel nach Hebron: Mehlspeisen,
Feigen- und Rosinenkuchen, Wein und
Öl; dazu ganze Herden von Schafen und
Rindern. Alle Israeliten freuten sich sehr.

David will die Bundeslade nach Jerusalem holen
(2. Samuel 6,1–11)

13 David beriet sich mit allen Trup-
penführern und Offizieren, die
100 oder 1000 Soldaten unter sich hatten.
2 Dann sagte er zu den versammelten Is-
raeliten: »Wenn ihr wollt und wenn es
dem Herrn, unserem Gott, gefällt, dann
schicken wir Boten in alle Gegenden Is-
raels und in die Städte und Dörfer der
Priester und Leviten. Sie sollen alle, die
zu Hause geblieben sind, hierher zu einer
Volksversammlung einladen. 3 Dann wol-
len wir die Bundeslade unseres Gottes zu
uns nach Jerusalem holen. Zu Sauls Zei-
ten haben wir uns nicht um sie geküm-
mert!«
4 Alle waren einverstanden und ermu-
tigten David, seinen Vorschlag in die Tat
umzusetzen. 5 Da ließ David Abgesandte
aus ganz Israel, von der ägyptischen
Grenze im Süden bis nach Hamat im
Norden, zusammenkommen, um die
Bundeslade Gottes aus Kirjat-Jearim zu
holen. 6 Gemeinsam mit der Volksmenge
zog David nach Baala, dem heutigen
Kirjat-Jearim, im Stammesgebiet von
Juda, um die Bundeslade von dort nach
Jerusalem zu bringen. Sie war dem Herrn
geweiht, der über den beiden Cherub-
Engeln thronte. 7 Man holte sie aus dem
Haus Abinadabs und lud sie auf einen
neuen Wagen, der von Rindern gezogen
wurde. Usa und Achjo lenkten ihn. 8 Da-
vid und alle Israeliten liefen dem Wagen
hinterher. Sie sangen und tanzten, sie
spielten auf Lauten und Harfen, auf Tam-
burinen, Zimbeln und Trompeten, um
den Herrn zu loben.
9 Bei dem Dreschplatz, der einem
Mann namens Kidon gehörte, brachen
die Rinder plötzlich aus, und der Wagen
drohte umzustürzen. Schnell streckte
Usa seine Hand aus, um die Bundeslade
festzuhalten. 10 Da wurde der Herr sehr
zornig über ihn, weil er die Bundeslade
berührt hatte, und er ließ Usa auf der
Stelle tot zu Boden fallen. 11 David war
entsetzt, dass der Herr ihn so aus dem
Leben gerissen hatte. Seitdem heißt der
Dreschplatz Perez-Usa (»Entreißen
Usas«).
12 David bekam Angst vor Gott. »Wie
kann ich es jetzt noch wagen, die Bundes-
lade Gottes zu mir zu nehmen?«, fragte
er sich. 13 Er beschloss, sie nicht nach Je-
rusalem zu bringen, sondern sie im Haus
Obed-Edoms, eines Leviten[a] aus Gat,
abzustellen. 14 Dort blieb sie drei Monate
lang. In dieser Zeit ging es Obed-Edom

---

[a] »eines Leviten« ist ergänzt nach 1. Chronik 16,4–5.

12,39 11,1–3 **13,3** 2 Mo 25,10–22; 5 Mo 10,1–5 **13,5** 1 Sam 4,11; 6,1 – 7,1 **13,6** 2 Mo 25,22; 1 Sam 4,4 **13,9–11** 15,11–15; 4 Mo 1,49–51; 4,15.17–20

und seiner ganzen Familie sehr gut, denn der Herr segnete sie.

David baut seine Macht aus
(2. Samuel 5,11–16)

14 Eines Tages schickte König Hiram von Tyrus eine Gesandtschaft zu David. Es waren Maurer und Zimmerleute dabei, sie brachten Zedernholz mit und bauten David einen Palast. 2 So erlebte er, wie der Herr ihn als König bestätigte und ihn aus Liebe zu seinem Volk zu großem Ruhm gelangen ließ.

3 In Jerusalem heiratete David noch weitere Frauen und bekam noch mehr Söhne und Töchter. 4 Die Söhne, die in Jerusalem zur Welt kamen, hießen: Schammua, Schobab, Nathan, Salomo, 5 Jibhar, Elischua, Elpelet, 6 Nogah, Nefeg, Jafia, 7 Elischama, Beeljada und Elifelet.

Siege über die Philister
(2. Samuel 5,17–25)

8 Als die Philister hörten, dass David zum König über ganz Israel gekrönt worden war, zogen sie mit ihrem Heer nach Israel, um ihn gefangen zu nehmen. Doch David wurde rechtzeitig gewarnt und zog ihnen mit seinem Heer entgegen. 9 Die Philister schlugen ihr Lager in der Refaïmebene auf. 10 David fragte Gott: »Soll ich die Philister angreifen? Wirst du mir den Sieg geben?« Der Herr antwortete: »Greif an! Du wirst sie schlagen.« 11 David zog mit seinen Soldaten nach Baal-Perazim und besiegte die Philister. Nach der Schlacht bezeugte er: »Wie Wassermassen einen Damm durchbrechen, so hat Gott heute durch mich die Schlachtreihen der Feinde durchbrochen!« Deshalb nannte man den Ort der Schlacht Baal-Perazim (»Herr des Durchbruchs«). 12 Auf der Flucht ließen die Philister ihre Götzenfiguren zurück. David befahl, sie zu verbrennen.

13 *Doch die* Philister gaben nicht auf. Sie zogen noch einmal nach Israel und lagerten auch diesmal in der Refaïmebene. 14 Wieder bat David Gott um Weisung, und der Herr antwortete ihm: »Zieht ihnen nicht auf direktem Weg entgegen, sondern umgeht sie, und fallt ihnen bei den Balsamstauden in den Rücken! 15 Sobald du in den Wipfeln der Balsamsträucher ein Geräusch wie von Schritten hörst, greif an! Denn dann weißt du, dass ich selbst dir vorausgegangen bin, um das Heer der Philister zu schlagen.« 16 David tat, was Gott ihm befohlen hatte. Die Israeliten schlugen die Philister und verfolgten sie von Gibeon bis weit in die Ebene hinunter nach Geser.

17 In allen Ländern wurde David berühmt. Der Herr sorgte dafür, dass alle Völker ihn fürchteten.

David bereitet alles vor, um die Bundeslade nach Jerusalem zu holen

15 In dem Stadtteil Jerusalems, der »Stadt Davids« genannt wurde, ließ David mehrere Paläste bauen. Er bestimmte auch einen Ort, wo die Bundeslade Gottes stehen sollte, und ließ dort ein Zelt für sie errichten. 2 Dann ordnete er an: »Nur die Leviten dürfen die Bundeslade tragen! Denn sie hat der Herr dazu erwählt. Sie sollen die Dienste am Heiligtum für alle Zeiten verrichten.«

3 Danach ließ David Abgesandte aus ganz Israel nach Jerusalem kommen, um die Bundeslade an den Ort zu bringen, den er für sie vorbereitet hatte. 4 Der König rief auch die Nachkommen Aarons und die anderen Leviten nach Jerusalem. 5 Folgende Sippenoberhäupter des Stammes Levi kamen zusammen mit ihren Sippen:

von den Nachkommen Kehats: Uriël mit 120 Mann;

6 von den Nachkommen Meraris: Asaja mit 220 Mann;

7 von den Nachkommen Gerschons: Joel mit 130 Mann;

14,10 1 Kön 22,5 **14,12** 5 Mo 7,5.25–26 **15,2** 4 Mo 1,49–53; 4,1–20

Ein Ausdruck von Liebe

Lesen Sie 1. Chronik 13,9-14

Wie ein liebevoller Vater seine Kinder erzieht, so musste auch Gott König David und die Israeliten oft dazu bringen, sich an seine Regeln zu halten. In 1. Chronik 13 sehen wir, wie Gott sein Volk zurechtwies – was Usa sogar das Leben kostete –, denn die Israeliten hatten Gott zu wenig Respekt erwiesen und seine Anweisungen, wie die Bundeslade zu behandeln war, missachtet. Auf den ersten Blick erscheint dies sehr hart, doch wir alle wissen, dass Strafe auch ein Ausdruck von Liebe ist.

In Hebräer 12,5-6 heißt es: „Ihr habt wohl vergessen, was Gott euch als seinen Kindern sagt: ‚Mein Sohn, wenn der Herr dich zurechtweist, dann sei nicht entrüstet, sondern nimm es an, denn darin zeigt sich seine Liebe. Wie ein Vater seinen Sohn erzieht, den er liebt, so schlägt der Herr jeden, den er als sein Kind annimmt.'" Warum bestraft Gott uns? Weil er uns liebt. Er möchte, dass wir von dem Weg umkehren, der ins Verderben führt.

Wenn Sie Eltern sind, bestrafen Sie Ihre Kinder aus demselben Grund. Ihre Kinder halten sich nicht an die Regeln. Und dann müssen Sie freundlich, entschlossen und konsequent eingreifen. Wenn Sie das tun, lernen Ihre Kinder, Autorität zu respektieren. Wenn Sie selbst sich der Autorität Gottes unterstellen, legen Sie einen guten Grund, dass auch Ihre Kinder Ihre Autorität annehmen. Und dann fällt es ihnen auch leichter, sich der Autorität Gottes unterzuordnen. Was könnte wichtiger sein?

Nehmen Sie sich Zeit, um allein oder als Paar gemeinsam zu beten.

- Danken Sie Gott, dass er Ihnen die Verantwortung anvertraut hat, Kinder großzuziehen.
- Bitten Sie ihn, Ihnen dort zu helfen, wo Sie Ihren Erziehungsstil verändern müssen.
- Bitten Sie ihn um Weisheit, Ihre Kinder so zu erziehen, dass er dadurch geehrt wird.

Wenn Sie noch mehr Zeit haben …

Besprechen Sie miteinander folgende Fragen oder denken Sie darüber nach:

- Warum wird Strafe in der Erziehung oft so negativ gesehen?
- Wann haben Sie eine Strafe von Gott bekommen? Können Sie im Rückblick seine Liebe darin erkennen? Erläutern Sie Ihre Gedanken.
- Wie können Sie sicherstellen, dass Ihre Kinder hinter den Strafen, die Sie verhängen müssen, Ihre Liebe erkennen?

Lesen Sie auch die folgenden Abschnitte zum Thema Elternsein:
5. Mose 4,9; Psalm 113,9;
2. Timotheus 1,5.

Wer macht was?

Lesen Sie 1. Chronik 15,22

Mitten in den detailreichen Beschreibungen von 1. Chronik 15 taucht ein wichtiger Satz auf, der zeigt, nach welchen Kriterien David seine Führungspersönlichkeiten auswählte: „Kenanja leitete den Chor der Leviten, denn er war musikalisch sehr begabt" (1. Chronik 15,22). Kenanja wurde also wegen seiner Begabung ausgewählt. Diese Richtschnur lässt sich auch im weiteren Sinne in der Ehe anwenden.

Sie und Ihr Ehepartner haben unterschiedliche Begabungen. Wenn es um die Zubereitung der Mahlzeiten geht, ist einer von Ihnen vielleicht besser darin, beim Einkaufen die Sonderangebote ausfindig zu machen, während der andere besser kochen kann. Einer ist begabt im Backen, der andere im Grillen. Im Garten widmet sich der eine lieber dem Heckenschneiden und Gestalten, während der andere am liebsten den Rasen mäht.

Es ist wichtig, diese verschiedenen Fähigkeiten zu erkennen und sie zum Nutzen der Beziehung einzusetzen. In einer Fußballmannschaft verfolgen alle elf Spieler dasselbe Ziel, aber sie haben nicht alle dieselbe Rolle. Der Trainer bemüht sich, die Spieler an der Position einzusetzen, die sie am besten ausfüllen können. Dieser Grundsatz sollte auch in der Ehe hilfreich sein.

Nehmen Sie sich Zeit, um allein oder als Paar gemeinsam zu beten. Danken Sie Gott für die einzigartigen Begabungen und Fähigkeiten, die er Ihnen beiden jeweils gegeben hat. Bitten Sie ihn um Gelegenheiten, bei denen Sie Ihre Gaben einbringen können. Bitten Sie ihn, dass Sie auch Ihren Ehepartner dazu ermutigen können, seine Gaben zu nutzen.

Wenn Sie noch mehr Zeit haben …

Besprechen Sie miteinander folgende Fragen oder denken Sie darüber nach:

- Nennen Sie drei Dinge, die Sie besonders gut können.
- Nennen Sie drei Dinge, die Ihr Mann/Ihre Frau besonders gut kann. (Loben Sie ihn/sie für diese Gaben.)
- Nennen Sie drei Begabungen, die Sie noch entfalten und zum Nutzen Ihrer Familie einsetzen können.

Lesen Sie auch die folgenden Abschnitte zum Thema Gottes Gaben:
2. Mose 35,10; Matthäus 5,14-16; 25,14-30.

Den nächsten Impuls finden Sie auf S. 486 a

8 von den Nachkommen Elizafans: Sche-
maja mit 200 Mann;
9 von den Nachkommen Hebrons: Eliël
mit 80 Mann;
10 von den Nachkommen Usiëls: Ammi-
nadab mit 112 Mann.

11 David ließ die Priester Zadok und Ab-
jatar sowie die sechs Sippenoberhäupter
zu sich kommen 12 und sagte zu ihnen:
»Ihr seid die Oberhäupter der Leviten.
Zusammen mit euren Stammesbrüdern
sollt ihr die Bundeslade des Herrn, des
Gottes Israels, nach Jerusalem bringen
an den Ort, den ich für sie bestimmt habe.
Macht euch bereit für diese heilige Auf-
gabe, reinigt euch! 13 Beim ersten Mal ließ
der Herr, unser Gott, einen Mann aus un-
serer Mitte sterben, weil nicht ihr Leviten
die Bundeslade getragen habt und weil
wir seine Weisungen nicht beachtet ha-
ben.« 14 Da reinigten sich die Priester
und die Leviten für die heilige Aufgabe,
die Bundeslade des Herrn, des Gottes Is-
raels, nach Jerusalem zu bringen. 15 Die
Leviten sollten sie mit Stangen auf ihren
Schultern tragen, wie Mose es im Auftrag
des Herrn angeordnet hatte.

16 David gab den Oberhäuptern der Le-
viten den Auftrag, aus ihrem Stamm
Männer auszusuchen, die bei dem fröhli-
chen Fest singen und auf Harfen, Lauten
und Zimbeln spielen sollten. 17 Folgende
Männer wurden für diese Aufgabe be-
stimmt: Heman, der Sohn Joels, und aus
derselben Sippe Asaf, der Sohn Berech-
jas, weiter Etan, der Sohn Kuschajas, ein
Nachkomme Meraris. 18 Ihnen zur Seite
standen die Torwächter Secharja, Jaasiël,[a]
Schemiramot, Jehiël, Unni, Eliab, Bena-
ja, Maaseja, Mattitja, Elifelehu, Mikneja,
Obed-Edom und Jeïël. 19 Heman, Asaf
und Etan sangen und schlugen die bron-
zenen Zimbeln. 20 Secharja, Jaasiël, Sche-
miramot, Jehiël, Unni, Eliab, Maaseja
und Benaja spielten die hochgestimmten
Harfen. 21 Mattitja, Elifelehu, Mikneja,
Obed-Edom, Jeïël und Asasja spielten
die tiefgestimmten Lauten. Alle Musiker
begleiteten den Gesang.

22 Kenanja leitete den Chor der Levi-
ten, denn er war musikalisch sehr begabt.

23/24 Berechja, Elkana, Obed-Edom und
Jehija bewachten die Bundeslade. Die
Priester Schebanja, Joschafat, Netanel,
Amasai, Secharja, Benaja und Eliëser
gingen vor der Bundeslade Gottes her
und bliesen die Trompeten.

David holt die Bundeslade nach Jerusalem
(2. Samuel 6,12–23)

25 David, die Ältesten von Israel und die
Offiziere seiner Truppen zogen mit den
Leviten und Priestern zum Haus Obed-
Edoms, um die Bundeslade des Herrn
nach Jerusalem zu holen. Alle freuten
sich sehr. 26 Weil Gott die Leviten nicht
sterben ließ, die die Bundeslade trugen,
opferte man zum Dank sieben junge Stie-
re und sieben Schafböcke. 27 David trug
ein Obergewand aus feinem Leinen,
ebenso die Träger der Bundeslade, die
Sänger und der Gesangsleiter Kenanja.
David war darunter mit einem leichten
Leinenschurz bekleidet, wie ihn sonst
die Priester trugen. 28 Jubelnd brachten
alle Israeliten die Bundeslade des Herrn
nach Jerusalem. Die Musiker spielten auf
Hörnern, Trompeten, Zimbeln, Harfen
und Lauten.

29 Als die Menge in der »Stadt Davids«
ankam, schaute Davids Frau Michal, die
Tochter Sauls, aus dem Fenster. Sie sah,
wie der König hüpfte und tanzte, und ver-
achtete ihn dafür.

16 Die Leviten trugen die Bundes-
lade in das Zelt, das David errich-
tet hatte, und stellten sie auf den vorgese-
henen Platz in der Mitte. Dann brachten
sie Gott Brand- und Dankopfer dar.

---

a So nach der griechischen Übersetzung und einigen hebräischen Handschriften. Der hebräische Text lautet: Secharja, der Sohn Jaasiëls.

15,12 4 Mo 8,5–8 **15,13** 13,9–11 **15,16–24** 16,4–6; 25,1–8 **15,27** 2 Mo 28,6–8

2 David segnete das Volk im Namen des
Herrn. 3 Alle Israeliten, Männer und
Frauen, erhielten einen Laib Brot, einen
Rosinen- und einen Dattelkuchen.
4 David bestimmte einige Leviten dazu,
von nun an ihren Dienst bei der Bundes-
lade zu versehen. Sie sollten auch weiter-
hin den Herrn, den Gott Israels, rühmen,
preisen und loben. 5 Ihr Leiter war Asaf,
sein Stellvertreter Secharja; auf den
Harfen und Lauten spielten Jeïël, Sche-
miramot, Jehiël, Mattitja, Eliab, Benaja,
Obed-Edom und Jeïël; Asaf schlug die
Zimbeln; 6 die Priester Benaja und
Jahasiël spielten Trompete und hielten
sich immer in der Nähe der Bundeslade
Gottes auf.

Ein Danklied
(Psalm 105,1–15; 96; 106,1.47–48)

7 An diesem Festtag ließ David zum ers-
ten Mal Asaf und die anderen Männer
seiner Sippe folgendes Lied vortragen,
um den Herrn zu loben:

8 »Preist den Herrn, und ruft seinen Na-
men aus, verkündet seine großen Taten
allen Völkern!
9 Singt und musiziert zu seiner Ehre,
macht alle seine Wunder bekannt!
10 Seid glücklich, dass ihr zu ihm, dem hei-
ligen Gott, gehört! Ja, alle, die den Herrn
suchen, sollen sich freuen!
11 Fragt nach dem Herrn, und rechnet mit
seiner Macht, wendet euch immer wieder
an ihn!
12/13 Ihr Nachkommen seines Dieners Is-
rael, ihr Kinder und Enkel Jakobs, die er
auserwählt hat, erinnert euch an seine
Wunder! Denkt immer wieder an seine
mächtigen Taten und an die Urteile, die
er gesprochen hat!

14 Er ist der Herr, unser Gott! Auf der
ganzen Welt hat er das letzte Wort.
15 Vergesst niemals seinen Bund mit uns,
sein Versprechen, das er gab. Es gilt für
alle Generationen nach uns, selbst wenn
es tausend sind.
16 Schon mit Abraham schloss er diesen
Bund; er schwor auch Isaak, sich daran
zu halten.
17 An Jakob bestätigte er ihn als gültige
Ordnung, ja, als ewiges Bündnis für ganz
Israel.
18/19 Als ihr noch eine kleine Schar wart,
nur wenige, dazu noch fremd im Land,
sprach er: ›Euch gebe ich das Land Ka-
naan, ihr sollt es für immer besitzen.‹

20 Als Israel von Volk zu Volk wanderte,
von einem Land zum anderen zog,
21 da erlaubte der Herr keinem, sie zu un-
terdrücken. Um sie zu schützen, warnte
er die Könige der fremden Völker:
22 ›Rührt mein Volk nicht an, denn ich ha-
be es erwählt! Ich habe durch sie etwas
Besonderes zu sagen – tut ihnen nichts
Böses!‹[a]

23 Singt dem Herrn, alle Bewohner der
Erde! Verkündet jeden Tag: Gott ist ein
Gott, der rettet!
24 Erzählt den Völkern von seiner Hoheit!
Macht den Menschen alle seine Wunder
bekannt!
25 Denn groß ist der Herr! Jeder soll ihn
rühmen! Von allen Göttern soll man ihn
allein fürchten.
26 Die Götter der Völker sind machtlose
Figuren, der Herr aber hat den Himmel
geschaffen!
27 Majestät und Pracht gehen von ihm aus,
seine Stärke und Freude erfüllen den
Ort, wo er wohnt.
28 Hört, ihr Völker: Begegnet dem Herrn
mit Ehrfurcht! Unterwerft euch seiner
Herrschaft!
29 Ehrt seinen großen Namen, kommt zu
ihm, und bringt ihm Opfer dar! Werft
euch vor ihm nieder, wenn er in seiner
Größe und Macht erscheint!
30 Die ganze Welt soll vor ihm erzittern!

---

[a] Wörtlich: Rührt meine Gesalbten nicht an, und tut meinen Propheten nichts Böses!

16,3 12,39–41 **16,10–11** Jer 29,11–14 **16,15** 5 Mo 7,8–9 **16,16–17** 1 Mo 15,18*; 28,13*.14*
16,18–19 1 Mo 12,7* **16,20–22** 4 Mo 23,7–12 **16,25–26** Jes 44,9–20* **16,30** 1 Mo 1,1–2*

Er hat die Fundamente der Erde gelegt,
sie wankt und weicht nicht.
31 Der Himmel soll sich freuen und die
Erde in Jubel ausbrechen! Sagt den Völ-
kern: Der Herr allein ist König!
32 Das Meer mit allem, was in ihm lebt,
soll brausen und tosen! Der Acker freue
sich mit allem, was auf ihm wächst!
33 Auch die Bäume im Wald sollen jubeln,
wenn der Herr kommt. Ja, er kommt, um
die Welt zu richten.

34 Preist den Herrn, denn er ist gut, und
seine Gnade hört niemals auf.
35 Betet zu ihm: Rette uns, Gott, du allein
kannst uns helfen! Befreie uns, führe uns
heraus aus den Völkern, die dich nicht
kennen, und bring uns wieder zusam-
men! Dann werden wir deinen heiligen
Namen preisen und stolz darauf sein,
dass wir dich loben können.
36 Ja, gelobt sei der Herr, der Gott Israels,
jetzt und für alle Zeit!«

Da rief das ganze Volk: »Amen!«, und al-
le lobten den Herrn.

Die Aufgaben der Leviten

37 David ordnete an, dass Asaf und einige
andere Leviten von nun an ständig bei
der Bundeslade die täglichen Arbeiten
ausführen sollten.
38 Zu dieser Gruppe gehörten Obed-
Edom und 67 andere Leviten. Hosa und
Obed-Edom, der Sohn Jedutuns, be-
wachten den Zelteingang.
39 Der Hohepriester Zadok und die üb-
rigen Priester sollten ihren Dienst weiter-
hin im heiligen Zelt versehen, das immer
noch auf dem Hügel bei Gibeon stand.
40 Jeden Morgen und Abend sollten sie
dort auf dem Altar die Brandopfer dar-
bringen und alles befolgen, was im Ge-
setz des Herrn steht, das er den Israeliten
gegeben hat. 41 Heman, Jedutun und noch
weitere Sänger schickte David mit den
Priestern nach Gibeon. Sie sollten dort
mit ihren Liedern den Herrn dafür loben,
dass seine Gnade nie aufhört. 42 Sie nah-
men Trompeten, Zimbeln und andere In-
strumente mit, die zur Ehre Gottes den
Gesang begleiten sollten. Die Söhne Je-
dutuns hatten den Zelteingang zu bewa-
chen.
43 Als die Feier vorüber war, machten
sich alle auf den Heimweg. Auch David
ging nach Hause. Er wollte gern seine Fa-
milie sehen.

Der Herr verheißt David die ewige Königsherrschaft
(2. Samuel 7,1–16)

17 Nachdem David in seinen Palast
gezogen war, sagte er zu dem Pro-
pheten Nathan: »Während ich hier in
meinem Palast aus kostbarem Zedern-
holz wohne, steht die Bundeslade des
Herrn immer noch in einem dürftigen
Zelt. So kann es nicht weitergehen!«
2 Nathan ermutigte den König: »Was im-
mer du vorhast – tu es! Gott wird dir da-
bei helfen.«
3 Doch in der folgenden Nacht sprach
Gott zu Nathan: 4 »Geh zu David, mei-
nem Diener, und sag ihm: So spricht der
Herr: Du sollst noch kein Haus für mich
bauen! 5 Bis heute habe ich noch nie in
einem Tempel gewohnt. Seit ich Israel in
dieses Land geführt habe, wohnte ich im-
mer nur in einem Zelt und zog von einem
Ort zum anderen. 6 Während dieser gan-
zen Zeit habe ich von den führenden
Männern Israels nur eines verlangt: Sie
sollten mein Volk weiden wie ein Hirte
seine Herde. Nie habe ich einem von
ihnen vorgeworfen: Warum habt ihr mir
noch keinen Tempel aus Zedernholz ge-
baut?

16,31 Ps 47,1–10; 74,12; Jes 43,15 **16,33** Ps 9,1–21; Mt 25,31–46; Apg 17,31 **16,34** Ps 136,1
16,35 5 Mo 4,26–31 **16,40** 2 Mo 29,38–39 **16,41–42** 1 Chr 15,16–24; Ps 136,1 **17,1** Ps 132,3–5
17,4 22,8; 28,3; 1 Kön 5,17 **17,5** 2 Mo 40,34–38; Jos 18,1*

7 Darum sollst du meinem Diener Da-
vid diese Botschaft weitergeben: Der
Herr, der allmächtige Gott, lässt dir sa-
gen: Ich war es, der dich von deiner
Schafherde weggeholt hat, um dich zum
König über mein Volk Israel zu machen.
8 Was du auch unternommen hast – ich
habe dir immer geholfen. Ich habe alle
deine Feinde ausgerottet und dich be-
rühmt gemacht. Du bist in aller Welt be-
kannt. 9 Auch habe ich meinem Volk Isra-
el eine Heimat gegeben, ein Land, in dem
es bleiben und sich niederlassen kann.
Keine fremden und gottlosen Völker dür-
fen euch mehr so unterdrücken wie zu
der Zeit, 10 als ich Richter über euch ein-
gesetzt hatte. Alle deine Feinde habe ich
zum Schweigen gebracht. Ich, der Herr,
sage dir: Nicht du, David, sollst mir ein
Haus bauen, sondern ich werde dir ein
Haus bauen! 11 Wenn du alt geworden
und gestorben bist, will ich einen deiner
Söhne als deinen Nachfolger einsetzen
und seine Herrschaft festigen. 12 Er wird
mir einen Tempel bauen, und ich werde
seinem Königtum Bestand geben für alle
Zeiten. 13 Ich will sein Vater sein, und er
wird mein Sohn sein. Nie werde ich mei-
ne Güte von ihm abwenden, wie ich es
bei Saul getan habe. 14 Dein Sohn und sei-
ne Nachkommen werden für alle Zeiten
Könige über mein Volk sein. Niemand
wird sie je vom Thron stoßen.«

Davids Dankgebet
(2. Samuel 7,17–29)

15 Nathan berichtete David alles, was der
Herr ihm in der Nacht gesagt hatte. 16 Da
ging David in das heilige Zelt, kniete vor
dem Herrn nieder und begann zu beten:

»Gott, mein Herr, wer bin ich schon,
dass du gerade mich und meine Familie
so weit gebracht hast? Ich bin es nicht
wert. 17 Und nun willst du mir sogar noch
mehr schenken, mein Gott! Du hast mir
ein Versprechen gegeben, das bis in die
ferne Zukunft reicht. Du erweist mir sol-
che Ehre, Herr, mein Gott, als wäre ich
ein großer und bedeutender Mensch!
18 Doch was soll ich weiter davon reden?
Ich weiß, dass du mich, deinen Diener,
auch ohne Worte verstehst. 19 Weil du es
so wolltest, hast du all dies Große für
mich getan und hast es mich erkennen
lassen. 20 Herr, keiner ist dir gleich! Nach
allem, was wir gehört haben, sind wir
überzeugt: Es gibt keinen Gott außer
dir. 21 Welches Volk auf der Erde hat sol-
che Wunder erlebt wie wir? Ist je ein an-
deres Volk von seinem Gott aus der
Sklaverei befreit worden, weil er es zu
seinem Volk machen wollte? Große und
furchterregende Dinge hast du getan,
und so wurde dein Name überall be-
rühmt. Du hast uns von der Unterdrü-
ckung der Ägypter befreit. Andere Völ-
ker hast du unseretwegen vertrieben.
22 Für alle Zeiten hast du Israel zu dei-
nem Volk gemacht; und du selbst, Herr,
bist sein Gott geworden.

23 So bitte ich dich nun, Herr: Lass dei-
ne Zusage für mich und meine Familie
ewig gelten, und löse dein Versprechen
ein! 24 Ja, möge alles eintreffen, was du
gesagt hast! So wird dein Name für alle
Zeiten berühmt sein, und man wird be-
kennen: ›Der Herr, der allmächtige Gott,
ist Israels Gott.‹ Dann wird auch mein
Königshaus für ewig bestehen. 25 Du,
mein Gott, hast zu mir gesprochen. Du
hast mir zugesagt, dass du meinem
Königshaus Bestand geben willst. Nur
darum habe ich es gewagt, so zu dir zu
beten. 26 Herr, du bist der wahre Gott!
Du hast mir, deinem Diener, so viel Gu-
tes verheißen. 27 Du hast mich und mein
Haus reich beschenkt und willst für alle
Zeiten einen meiner Nachkommen zum
König machen. Ja, weil du, Herr, meine
Familie gesegnet hast, wird sie in Ewig-
keit gesegnet sein!«

17,7 1 Sam 16,11–13; 2 Sam 5,2 **17,9** 22,18 **17,10** 5 Mo 12,10; Ri 2,16–18 **17,11** 1 Kön 8,20; 2 Chr 6,10 **17,12** 5 Mo 12,11; 1 Kön 5,19; 6,11–13 **17,13** 2 Sam 7,14* **17,14** 1 Sam 25,28; 1 Kön 2,45; Ps 89,4–5.36–38 **17,20** Jes 43,11 **17,21** 5 Mo 4,34*

Kriegszüge Davids
(2. Samuel 8,1–14)

18 David griff mit seinem Heer die
Philister an. Er besiegte sie und
nahm ihnen die Stadt Gat und die umlie-
genden Dörfer ab.
2 Auch die Moabiter schlug David. Sie
mussten sich ihm unterwerfen und ihm
regelmäßig Tribut zahlen.
3 Als König Hadad-Eser aus Zoba in
Nordsyrien mit seinem Heer auszog, um
am Euphrat seine Macht wiederherzu-
stellen, griff David ihn an. In einer
Schlacht bei Hamat besiegten die Israeli-
ten Hadad-Eser. 4 Davids Heer erbeutete
1000 Streitwagen und nahm 7000 Reiter
und 20000 Fußsoldaten gefangen. Von
den Zugpferden der Streitwagen behielt
David 100 für sich, allen anderen ließ er
die Fußsehnen durchschneiden.
5 Die Syrer aus Damaskus wollten Kö-
nig Hadad-Eser von Zoba zu Hilfe kom-
men. Da griff David auch sie an. In dieser
Schlacht fielen 22000 von ihnen. 6 David
ließ das Gebiet um Damaskus besetzen
und machte die Syrer zu seinen Unterta-
nen. Sie mussten ihm Tribut zahlen. Der
Herr half David bei allen seinen Kriegs-
zügen und schenkte ihm den Sieg. 7 David
erbeutete auch die goldenen Schilde von
Hadad-Esers Soldaten und brachte sie
nach Jerusalem. 8 Aus den Städten Tibhat
und Kun, die beide Hadad-Eser gehört
hatten, nahm er eine große Menge Bron-
ze mit. Daraus ließ Salomo später das
Wasserbecken, genannt »das Meer«, die
Säulen und die bronzenen Gegenstände
für den Tempel gießen.
9 Als König Toï von Hamat hörte, dass
David das Heer Hadad-Esers besiegt hat-
te, 10 sandte er seinen Sohn Hadoram zu
David. Er sollte ihm Grüße ausrichten
und ihm zu seinem Sieg gratulieren.
Denn Hadad-Eser und Toï waren ver-
feindet und hatten schon gegeneinander
Krieg geführt. Hadoram brachte David
Geschenke mit: Gefäße aus Gold, Silber
und Bronze. 11 David brachte sie in das
Heiligtum und weihte sie dem Herrn,
ebenso die Schätze aus Gold und Silber,
die er bei seinen Eroberungszügen gegen
die Edomiter, Moabiter, Ammoniter,
Philister und Amalekiter erbeutet hatte.
12 Die Edomiter hatte Abischai, der
Sohn von Davids Schwester Zeruja, in
einer Schlacht im Salztal besiegt. 18000
Edomiter kamen dabei um. 13 David setz-
te im ganzen Land Edom Statthalter ein
und machte die Bewohner zu seinen Un-
tertanen. Der Herr half ihm bei allen
Kriegszügen und schenkte ihm stets den
Sieg.

Die obersten Beamten Davids
(2. Samuel 8,15–18; 20,23–26)

14 Solange David König über ganz Israel
war, verhalf er jedem im Volk zu seinem
Recht. 15 Joab, der Sohn von Davids
Schwester Zeruja, war der oberste Be-
fehlshaber über das Heer. Joschafat, ein
Sohn Ahiluds, war Berater des Königs.
16 Zadok, ein Sohn Ahitubs, und Ahime-
lech, ein Sohn Abjatars, waren die obers-
ten Priester. Schawscha war Hofsekretär.
17 Benaja, ein Sohn Jojadas, hatte den
Befehl über die Leibwache des Königs.
Auch die Söhne Davids waren hohe
Beamte.

König Hanun beleidigt die Gesandten Davids
(2. Samuel 10,1–5)

19 Einige Zeit später starb Nahasch,
der König der Ammoniter, und
sein Sohn trat die Nachfolge an. 2 David
dachte: »König Nahasch war mir immer
wohlgesinnt. Darum will ich mich nun
seinem Sohn Hanun gegenüber freund-
lich verhalten.« Er schickte eine Ge-
sandtschaft zu Hanun, um ihm sein Bei-
leid auszusprechen.
Als die Boten an Hanuns Hof kamen,
richteten sie dem König aus, was David

18,2 4 Mo 24,17 **18,4** Jos 11,6.9 **18,12–13** 4 Mo 24,18–19; Ps 60,2 **18,15–17** 1 Kön 4,1–6
18,15 2 Sam 2,13* **18,16** 1 Sam 22,20–21* **18,17** 2 Sam 8,18*

ihnen aufgetragen hatte. 3 Aber die Fürsten des Landes sagten zu König Hanun: »Glaubst du wirklich, David hat diese Männer nur zu dir gesandt, um deinem Vater die letzte Ehre zu erweisen und dir sein Beileid auszusprechen? Das ist doch nur ein Vorwand! Spione sind sie, die unser Land auskundschaften sollen, weil David uns bald angreifen und erobern will!« 4 Da nahm Hanun die Gesandten Davids gefangen, ließ ihnen den Bart abrasieren und die Kleider bis über das Gesäß abschneiden. Dann jagte er sie davon. 5 Als David das erfuhr, schickte er seinen Gesandten Boten entgegen und ließ ihnen ausrichten: »Bleibt in Jericho, bis euer Bart wieder nachgewachsen ist, und kommt erst dann heim.« David wollte ihnen die Schande ersparen, ohne Bart zurückkehren zu müssen.

Es kommt zum Krieg mit den Ammonitern
(2. Samuel 10,6–14)

6 Die Ammoniter wussten genau, dass sie David durch diese Tat schwer beleidigt hatten. Darum schickte Hanun Unterhändler nach Mesopotamien, nach Maacha in Syrien und nach Zoba. Er gab ihnen 350 Tonnen Silber mit, um dort Streitwagen und Wagenkämpfer anzuwerben. 7 Es gelang ihnen, den König von Maacha mit seinem ganzen Heer für sich zu gewinnen; außerdem konnten sie 32 000 Streitwagen und Wagenkämpfer aufbringen. Die verbündeten Truppen lagerten vor der Stadt Medeba. Auch die Ammoniter kamen aus ihren Städten und rüsteten sich zum Kampf. 8 David hörte davon und befahl Joab, sofort mit dem ganzen Heer gegen die Feinde auszurücken. 9 Die Ammoniter stellten sich vor ihrer Hauptstadt Rabba zur Schlacht auf, während die verbündeten Könige mit ihren Truppen in einiger Entfernung auf offenem Feld Stellung bezogen.

10 *Als Joab merkte*, dass ihm von vorne und von hinten ein Angriff drohte, teilte er sein Heer. Er selbst wollte mit den besten Soldaten den Kampf gegen die Syrer aufnehmen. 11 Den Rest des Heeres übergab er dem Kommando seines Bruders Abischai, der gegen die Ammoniter kämpfen sollte. 12 Bevor die beiden Heere sich trennten, sagte Joab zu seinem Bruder: »Wenn die Syrer uns überlegen sind, dann komm uns mit deiner Truppe zu Hilfe. Sind die Ammoniter stärker als ihr, dann helfe ich dir mit meinen Soldaten. 13 Sei mutig und entschlossen! Wir wollen für unser Volk kämpfen und für die Städte, die Gott uns gegeben hat. Der Herr aber möge tun, was er für richtig hält.«

14 Dann griff Joab mit seinem Heer die Syrer an und schlug sie in die Flucht. 15 Als das die Ammoniter sahen, flohen auch sie vor Abischai und zogen sich in die Stadt zurück. Da kehrte Joab nach Jerusalem um.

Der Krieg gegen die Syrer
(2. Samuel 10,15–19)

16 Die Syrer wollten sich mit der Niederlage gegen die Israeliten nicht abfinden. Darum ließen sie auch die syrischen Stämme, die jenseits des Euphrat in Mesopotamien wohnten, zum Kampf ausrücken. Schobach, der oberste Heerführer Hadad-Esers, führte sie an. 17 Als David das erfuhr, zog er alle wehrfähigen Israeliten ein, überquerte mit seinem Heer den Jordan und stellte sich den Feinden gegenüber zum Kampf auf. Die Israeliten griffen an, und eine heftige Schlacht begann. 18 Wieder wurden die Syrer in die Flucht geschlagen. Doch diesmal erlitten sie schwere Verluste: 7000 Wagenlenker und 40 000 Fußsoldaten fielen. Auch der Heerführer Schobach wurde von David getötet. 19 Die besiegten syrischen Könige, die bis dahin Hadad-Esers Untertanen gewesen waren, schlossen Frieden mit David und stellten sich in seinen Dienst. Von da an wollten die Syrer die Ammoniter nicht mehr unterstützen.

19,8 2 Sam 2,13* **19,11** 1 Sam 26,6*

Empfindliche Reaktionen

Lesen Sie 1. Chronik 19,1-5

Wenn jemand unser Selbstwertgefühl bedroht, reagieren wir empfindlich. Diese Abwehrreaktion zeigt, an welchen Stellen unser Selbstwertgefühl verletzt worden ist. Leider bemerken wir diese empfindlichen Stellen bei unserem Ehepartner erst, wenn wir sie berührt haben.

Wenn wir die Abwehrreaktionen unseres Partners mildern wollen, müssen wir lernen, unsere Anliegen so zu kommunizieren, dass wir das Selbstwertgefühl des anderen dabei nicht verletzen. Nehmen wir ein Beispiel: Max reagiert jedes Mal gereizt, wenn seine Frau Sabine ihn bittet, den Rasen zu mähen. Daraus kann Sabine schließen, dass dieses Thema in irgendeiner Weise mit seinem Selbstwertgefühl zu tun hat. Sie sollte an einem ruhigen, konfliktfreien Abend das offene Gespräch mit Max suchen, bei dem sie Folgendes sagen könnte: „Ich habe bemerkt, dass du immer gereizt reagierst, wenn ich dich aufs Rasenmähen anspreche. Vielleicht ist in der Vergangenheit irgendetwas im Zusammenhang mit Rasenmähen vorgefallen, was jetzt diese Reaktion in dir hervorruft. Ich hoffe, du weißt, dass es nicht meine Absicht ist, dich zu verärgern. Deshalb würde ich gern einen Weg finden, damit besser umzugehen." Die Chancen stehen gut, dass Max auf Sabines Vorstoß positiv reagiert. Gemeinsam können sie dann nach Möglichkeiten suchen, wie Sabine ihr Anliegen so vorbringen kann, dass sie bei Max keine Abwehrreaktion hervorruft.

Nehmen Sie sich Zeit, um allein oder als Paar gemeinsam zu beten. Bitten Sie Gott, dass er Ihnen hilft ...

- Abwehrreaktionen bei sich selbst zu erkennen;
- zu verstehen, warum Ihr Partner manchmal so empfindlich reagiert;
- als Paar Wege der Kommunikation zu finden, die keine Abwehr hervorrufen, sondern Sie beide weiterbringen.

Wenn Sie noch mehr Zeit haben ...

Besprechen Sie miteinander folgende Fragen oder denken Sie darüber nach:

- Warum geraten Sie bei einer Auseinandersetzung manchmal in die Versuchung, das Selbstwertgefühl Ihres Partners bewusst durch Worte zu verletzen?
- Woran erkennen Sie, dass Sie bei Ihrem Partner eine empfindliche Stelle getroffen haben?
- Wie können Sie Fehler aus früheren Auseinandersetzungen wiedergutmachen, bei denen Sie nicht gerade liebevoll mit Ihrem Partner umgegangen sind?

Lesen Sie auch die folgenden Abschnitte zum Thema Kommunikation:

Sprüche 15,2; Prediger 5,2; Jakobus 1,26.

Liebe und Gerechtigkeit

Die folgenden Fragen können Sie entweder allein oder als Paar gemeinsam durchgehen. Wenn jeder für sich darüber nachdenkt, verabreden Sie sich in der kommenden Woche zu einem Austausch darüber, was Sie herausgefunden haben.

1. Lesen Sie 1. Chronik 21,7-15. Wie zeigt sich in dieser Geschichte Gottes Liebe und sein Gericht?

2. Was fällt den meisten Christen Ihrer Meinung nach leichter: andere zu verurteilen oder sie zu lieben? Warum ist das so?

3. Tauschen Sie sich über eine Situation aus, in der Sie eher verurteilend waren, aber eigentlich mehr Liebe hätten üben sollen, oder umgekehrt.

4. Wie würden Sie Vergebung definieren?

5. Sprechen Sie miteinander darüber, warum es uns leichter fällt, anderen zu vergeben, wenn wir zuvor Gottes Vergebung annehmen. Haben Sie das auch schon selbst erlebt?

6. Erzählen Sie sich gegenseitig von einer Situation, in der Sie jemandem vergeben haben und dadurch frei wurden von Zorn, Bitterkeit oder Rachegefühlen.

1. Chronik 21,8

„David betete zu Gott: ‚Meine Schuld ist groß. Bitte, vergib mir! Ich habe einen schweren Fehler begangen.'"

KONKRET:

Schreiben Sie, jeder für sich, auf, was Gott Ihnen alles vergeben hat. Wenn Sie mit der Liste fertig sind, zerreißen Sie sie und werfen Sie sie weg – als Symbol dafür, dass Gott die Schuld Ihrer Sünde von Ihnen genommen hat.

Den nächsten Impuls finden Sie auf S. 498 a

Die Eroberung der Stadt Rabba
(2. Samuel 12,26–31)

20 Als der Frühling kam, begann
auch wieder die Zeit, in der die
Könige ihre Feldzüge unternahmen. Joab
griff mit dem israelitischen Heer die Am-
moniter an, verwüstete ihr Land und be-
lagerte die Hauptstadt Rabba. David
selbst war in Jerusalem geblieben. Joab
stürmte die Stadt und zerstörte sie. 2 Die
Israeliten machten reiche Beute und
schafften sie aus Rabba fort. David nahm
König Hanun die Krone ab und setzte sie
selbst auf. Sie wog 36 Kilogramm, war
aus reinem Gold und mit einem kost-
baren Edelstein besetzt. 3 Die Einwohner
von Rabba verschleppte David und ver-
urteilte sie zur Zwangsarbeit mit Steinsä-
gen, eisernen Pickeln und Äxten. Ebenso
erging es den Einwohnern der anderen
ammonitischen Städte. Als der Krieg vo-
rüber war, kehrten David und sein Heer
nach Jerusalem zurück.

Kriege gegen die Philister

4 Danach kam es bei Geser zum Kampf
mit den Philistern. In dieser Schlacht tö-
tete Sibbechai, der Huschatiter, den Rie-
sen Saf. Die Philister erlitten eine schwe-
re Niederlage. 5 In einer anderen Schlacht
gegen die Philister erschlug Elhanan, der
Sohn Jaïrs, den Riesen Lachmi, einen
Bruder Goliats aus Gat; Lachmis Speer
war so dick wie ein kleiner Baum[a]. 6 Ein-
mal kam es bei Gat zum Kampf. Einer
der Philister war ein Riese. Er hatte an
jeder Hand sechs Finger und an jedem
Fuß sechs Zehen. 7 Er machte sich über
die Israeliten lustig, doch Jonatan, ein
Sohn von Davids Bruder Schamma, töte-
te ihn. 8 Diese drei Riesen waren Nach-
kommen Rafas und kamen aus Gat. Sie
wurden von David und seinen Soldaten
umgebracht.

Davids Volkszählung
(2. Samuel 24)

21 Satan wollte Unheil über Israel
bringen; deshalb brachte er David
auf den Gedanken, eine Volkszählung
durchzuführen. 2 David befahl Joab und
den führenden Männern des Volkes:
»Geht und zählt die Israeliten von Beer-
scheba im Süden bis Dan im Norden, und
dann erstattet mir Bericht! Ich möchte
wissen, wie viele es sind.«
3 Doch Joab wandte ein: »Der Herr
möge sein Volk noch hundertmal größer
werden lassen! Sie alle sind doch sowieso
deine Untertanen, mein König! Warum
verlangst du so etwas? Warum willst du
Israel diese Schuld aufbürden?«
4 Doch der König blieb bei seinem Ent-
schluss, trotz aller Einwände Joabs. Und
so führte Joab die Volkszählung in ganz
Israel durch und kam dann nach Jeru-
salem zurück. 5 Dort legte er David das
Ergebnis vor: In ganz Israel gab es
1100000 wehrfähige Männer, davon ka-
men 470000 aus dem Stamm Juda. 6 Die
Stämme Levi und Benjamin hatte Joab
nicht mitgezählt. Denn er hatte den Be-
fehl des Königs ohnehin nur mit Wider-
willen befolgt.
7 Gott aber missfiel es, dass David das
Volk hatte zählen lassen. Darum wollte
er Israel bestrafen. 8 Da betete David zu
Gott: »Meine Schuld ist groß. Bitte, ver-
gib mir! Ich habe einen schweren Fehler
begangen.« 9 Da befahl der Herr dem
Propheten Gad, der in Davids Dienst
stand: 10 »Geh zu David, und sag ihm:
Drei Strafen legt der Herr dir vor. Wähl
dir eine davon aus!«
11 Gad ging zu David und gab ihm die
Botschaft des Herrn weiter. Er fragte ihn:
»Was wählst du? 12 Drei Jahre Hungers-
not? Oder drei Monate, in denen du von
deinen Feinden verfolgt und schließlich
besiegt wirst? Oder wählst du drei Tage,

---

[a] Wörtlich: wie ein Weberbaum.

20,1 2 Sam 11,1 **20,4–8** 2 Sam 21,18–22 **21,1** 27,24; 1 Mo 15,5 **21,9** 1 Sam 22,5

in denen der Herr das Land bestraft?
Dann wütet die Pest in Israel, und der
Engel des Herrn bringt Elend über das
ganze Land. Überleg dir, was ich dem
antworten soll, der mich zu dir geschickt
hat!«
[13]David entgegnete: »Ich habe große
Angst. Aber ich will lieber dem Herrn
als den Menschen in die Hände fallen,
denn er ist sehr barmherzig!«
[14]Da ließ der Herr in Israel die Pest
ausbrechen. 70000 Menschen kamen da-
bei um. [15]Gott schickte seinen Engel
auch nach Jerusalem, um die Stadt zu ver-
nichten.

Doch kaum hatte der Todesengel sein
Werk begonnen, da hatte der Herr Mit-
leid mit den Menschen in ihrem Elend,
und er befahl: »Genug damit! Hör auf,
das Volk zu vernichten!« Der Engel
stand gerade auf dem Dreschplatz des Je-
busiters Arauna[a]. [16]David sah, wie der
Engel des Herrn dort zwischen Himmel
und Erde stand und das Schwert über Je-
rusalem erhoben hatte. Da warfen David
und die Ältesten der Stadt sich nieder,
mit dem Gesicht zum Boden. Sie alle tru-
gen Bußgewänder aus Sacktuch. [17]David
betete: »Ich allein trage die Schuld! Habe
nicht ich befohlen, die Volkszählung
durchzuführen? Ich habe gesündigt, aber
das Volk trifft keine Schuld! Darum,
Herr, mein Gott, bestrafe mich und mei-
ne Verwandten; doch verschone das Volk
vor dieser Plage!«
[18]Da sagte der Engel des Herrn zum
Propheten Gad: »Fordere David auf,
zum Dreschplatz des Jebusiters Arauna
zu gehen und dort einen Altar für den
Herrn zu bauen.«
[19]David machte sich auf den Weg, um
den Befehl auszuführen, den der Herr
ihm durch Gad gegeben hatte. [20]Arauna
drosch gerade Weizen zusammen mit sei-
nen vier Söhnen. Als sie aufschauten, sa-
hen sie den Todesengel. Die Söhne rann-
ten fort und versteckten sich. [21]Da kam
der König. Kaum hatte Arauna ihn er-
blickt, lief er ihm entgegen, warf sich
ihm zu Füßen und berührte mit seinem
Gesicht den Boden. [22]David sagte zu
ihm: »Ich möchte deinen Dreschplatz
kaufen, um hier einen Altar für den
Herrn zu bauen, damit die Pest in Israel
nicht länger wütet! Verlang den vollen
Preis dafür.« [23]Arauna entgegnete:
»Nimm ihn umsonst, mein Herr und Kö-
nig, und tu, was du dir vorgenommen
hast! Ich gebe dir die Rinder für das
Brandopfer und den Weizen für das Spei-
seopfer. Als Brennholz kannst du meinen
Dreschschlitten nehmen. Ich schenke dir
alles!« [24]Doch der König wandte ein:
»Nein, ich will den Dreschplatz kaufen,
und zwar zum vollen Preis. Ich möchte
dem Herrn nicht ein Opfer darbringen,
das eigentlich dir gehört und mich nichts
gekostet hat.«
[25]Und so bezahlte David für den
Dreschplatz 600 Goldstücke, insgesamt
etwa 7 Kilogramm Gold. [26]Er baute dort
einen Altar für den Herrn und brachte
auf ihm Brand- und Dankopfer dar. Da-
bei betete er, und der Herr ließ Feuer
vom Himmel auf das Brandopfer fallen.
[27]Dann befahl der Herr dem Todesengel,
sein Schwert wieder in die Scheide zu
stecken.
[28]David erkannte, dass der Herr ihm
auf sein Opfer antwortete, das er auf
dem Dreschplatz des Jebusiters Arauna
dargebracht hatte. [29]Zu dieser Zeit stand
das heilige Zelt, das einst Mose in der
Wüste als Wohnung des Herrn errichtet
hatte, noch auf dem Hügel bei Gibeon.
Auch der Brandopferaltar war dort.
[30]Doch David wagte es nicht mehr, nach
Gibeon zu gehen, um dort den Herrn um
Rat zu fragen, denn er war vor Schreck
wie gelähmt über das tödliche Schwert
des Engels.

22 Darum fasste er einen Entschluss:
Auf dem Dreschplatz, wo der Herr
ihm geantwortet hatte, sollten einmal der

---

[a] So mit 2. Samuel 24. Im hebräischen Text steht der Name Ornan.

21,16–17 4 Mo 16,22 **21,24–25** 3 Mo 27,16.22–24 **21,29** 16,39; 2 Mo 36,8–38 **22,1** 21,14–18; 2 Chr 3,1

Tempel Gottes, des Herrn, und der
Brandopferaltar für Israel stehen.

David bereitet den Bau des Tempels vor

2 David verpflichtete alle Ausländer in Is-
rael als Steinhauer. Sie sollten die Qua-
dersteine behauen, die für den Bau des
Tempels gebraucht wurden. 3 Auch eine
große Menge Eisen ließ er schon bereit-
stellen, um daraus die Nägel für die Tor-
flügel und die eisernen Klammern anzu-
fertigen. Es wurde so viel Bronze
gesammelt, dass man sie gar nicht mehr
wiegen konnte. 4 David bestellte auch
sehr viel Zedernholz. Die Sidonier und
die Tyrer lieferten ihm große Mengen da-
von. 5 David dachte: »Mein Sohn Salomo
ist noch jung und unerfahren. Der Tem-
pel des Herrn aber soll ein großes Bau-
werk werden, das man in allen Ländern
kennt und rühmt. Darum will ich noch
so viel wie möglich dafür vorbereiten.«
Und so besorgte David vor seinem Tod
noch sehr viel Baumaterial.

David beauftragt Salomo mit dem Bau des Tempels

6 David rief seinen Sohn Salomo zu sich
und sagte zu ihm: »Mein Sohn, du sollst
dem Herrn, dem Gott Israels, einen Tem-
pel bauen. 7 Eigentlich wollte ich selbst
dieses Haus für den Herrn, meinen Gott,
errichten. 8 Doch der Herr hat zu mir ge-
sagt: ›Du hast große Kriege geführt und
dabei viele Menschen getötet. Weil du so
viel Blut vergossen hast, sollst du mir kei-
nen Tempel bauen. 9 Aber du wirst einen
Sohn bekommen, der ein Leben in Frie-
den führen wird, denn ich werde dafür
sorgen, dass ihn keiner seiner Feinde an-
greift. Salomo (›der Friedliche‹) wird er
heißen. Unter seiner Herrschaft wird Is-
rael in Ruhe und Frieden leben. 10 Salomo
wird mir einen Tempel bauen. Er wird
mein Sohn sein, und ich werde sein Vater
sein. Für alle Zeiten werden seine Nach-
kommen als Könige über Israel regieren.‹
11 Mein Sohn«, fuhr David fort, »der
Herr möge dir beistehen und dir helfen,
den Tempel des Herrn, deines Gottes, zu
bauen, wie er es vorausgesagt hat. 12 Er
gebe dir Weisheit und Einsicht, wenn er
dich als König über Israel einsetzt, damit
du das Gesetz des Herrn, deines Gottes,
befolgst. 13 Wenn du so lebst, wie es dem
Herrn gefällt, und dich nach den Gebo-
ten richtest, die er Israel durch Mose ge-
geben hat, dann wird dir alles gelingen.
Darum sei stark und entschlossen! Lass
dich durch nichts entmutigen, und fürch-
te dich nicht! 14 Ich habe für den Bau des
Tempels schon 3500 Tonnen Gold und
35000 Tonnen Silber bereitgestellt, au-
ßerdem so viel Bronze und Eisen, dass
man es nicht mehr wiegen kann. Auch
für Holz und Steine habe ich schon ge-
sorgt, doch wirst du davon noch mehr
brauchen. 15 Handwerker sind genügend
im Land: Steinhauer, Maurer, Zimmer-
leute und andere Facharbeiter, 16 die mit
Gold, Silber, Bronze und Eisen umgehen
können. Es sind unzählbar viele. Mach
dich also an die Arbeit! Der Herr sei mit
dir!«
17 Allen führenden Männern Israels be-
fahl David, seinen Sohn Salomo zu unter-
stützen. 18 Er sagte zu ihnen: »Ihr habt
erlebt, wie der Herr, euer Gott, euch
geholfen hat: Die Völker ringsum sind
keine Gefahr mehr für uns, denn der
Herr hat mir den Sieg über sie gegeben.
Nun gehört das Land wirklich dem Herrn
und seinem Volk. 19 Dient dem Herrn, eu-
rem Gott, von ganzem Herzen! Macht
euch an die Arbeit, und baut das Heilig-
tum Gottes, des Herrn, damit ihr die
Bundeslade und die Gegenstände, die
zum heiligen Zelt gehören, bald in den
Tempel bringen könnt.«
23 Als David alt geworden war und
wusste, dass er bald sterben würde,

22,2 2 Sam 12,31 **22,7–8** 17,1–6; 28,3; 1 Kön 5,17 **22,9–10** 17,11–14; 2 Sam 7,11–16
22,12 1 Kön 3,9–14 **22,13** 2 Mo 24,4*; Jos 1,5–9 **22,18** 1 Kön 5,1.4–5 **23,1–2** 28,1–10

setzte er seinen Sohn Salomo als König über Israel ein.

Die Dienstgruppen der Leviten

[2]David ließ alle führenden Männer Israels, die Priester und die Leviten zu sich kommen. [3]Alle männlichen Leviten, die dreißig Jahre und älter waren, wurden gezählt; es waren 38 000. [4]Danach teilte David ihnen verschiedene Aufgaben zu: 24 000 waren für die Arbeiten am Tempel des Herrn verantwortlich; 6000 wurden als Aufseher und Richter eingesetzt, [5]4000 als Torwächter, und 4000 sollten den Herrn loben und ihren Gesang mit den Instrumenten begleiten, die David dafür herstellen ließ.

[6]David teilte die Leviten in drei große Gruppen ein, geordnet nach ihrer Abstammung von Gerschon, Kehat und Merari, den Söhnen Levis.

[7]Gerschon hatte zwei Söhne; sie hießen Ladan und Schimi. [8]Ladans drei Söhne waren Jehiël, Setam und Joel. [9]Schimi[a] hatte drei Söhne namens Schelomit, Hasiël und Haran. Alle sechs waren Oberhäupter der Sippen, die auf Ladan zurückgehen. [10/11]Schimi hatte vier Söhne. Jahat war der älteste, dann kamen Sisa, Jëusch und Beria. Weil Jëusch und Beria nicht viele Söhne hatten, galten ihre Nachkommen zusammen als eine Sippe und bildeten eine Dienstgruppe.

[12]Kehat hatte vier Söhne namens Amram, Jizhar, Hebron und Usiël. [13]Amrams Söhne waren Mose und Aaron. Aaron und seine Nachkommen wurden für den Dienst im Allerheiligsten ausgesondert. Sie sollten dem Herrn die Opfer darbringen, ihm im Heiligtum dienen und das Volk in seinem Namen segnen. Diese Aufgabe wurde ihnen für alle Zeiten zugeteilt. [14]Die Nachkommen Moses, des Mannes Gottes, wurden den übrigen Leviten zugerechnet. [15]Moses Söhne hießen Gerschom und Eliëser. [16]Der älteste Sohn Gerschoms war Schubaël. [17]Eliëser hatte nur einen Sohn namens Rehabja, dieser hatte sehr viele Nachkommen. [18]Der erste Sohn Jizhars hieß Schelomit. [19]Hebrons ältester Sohn war Jerija, dann folgten Amarja, Jahasiël und Jekamam. [20]Der erste Sohn Usiëls hieß Micha, der zweite Jischija.

[21]Merari hatte zwei Söhne namens Machli und Muschi. Die Söhne Machlis waren Eleasar und Kisch. [22]Eleasar starb ohne männliche Nachkommen, er hatte nur Töchter. Sie heirateten ihre Vettern, die Söhne Kischs. [23]Muschi hatte drei Söhne namens Machli, Eder und Jeremot.

[24]Dies waren die Nachkommen Levis, geordnet nach ihren Familien und Sippen. Sie versahen am Tempel des Herrn ihren Dienst. Jeder Levit, der zwanzig Jahre und älter war, wurde in eine Namensliste eingetragen.

[25–27]David hatte kurz vor seinem Tod noch angeordnet, dass die jungen Leviten schon ab zwanzig Jahren für den Dienst verpflichtet werden sollten. Er sagte:

»Der Herr, der Gott Israels, hat seinem Volk Frieden und Ruhe gegeben, und er will nun für immer in Jerusalem wohnen. Darum müssen die Leviten nicht mehr das heilige Zelt und die Gegenstände für den Opferdienst von einem Ort zum anderen tragen. [28]Von jetzt an sollen sie den Priestern beim Dienst im Tempel des Herrn helfen. Sie sollen dafür sorgen, dass die Vorhöfe und Kammern in Ordnung gehalten werden und die geweihten Gefäße und Werkzeuge für den Tempeldienst sauber sind. Auch für andere Dienste im Haus Gottes sind sie verantwortlich: [29]für das Gott geweihte Brot, für das feine Mehl, aus dem die Speiseopfer gemacht werden, für die ungesäuerten Brotfladen, für die Speiseopfer und das Backwerk. Alles, was man dafür braucht, müssen sie genau abwiegen und messen. [30]Morgens und abends sollen die

---

[a] Wahrscheinlich ist hier ein Name verwechselt worden. Schimis Söhne werden in Vers 10 genannt.

23,3 4 Mo 4,3 **23,4** 5 Mo 17,8–13 **23,13** 6,34; 4 Mo 3,10; 6,22–27 **23,25–27** 22,18; 4 Mo 1,49–53 **23,28** 4 Mo 3,5–9

Sänger den Herrn mit ihren Liedern loben und preisen. [31] Bei allen Brandopfern, die dem Herrn am Sabbat, an den Neumondfesten und an den anderen Feiertagen dargebracht werden, sollen die Leviten helfen. Die Gruppe muss vollständig erscheinen, um dem Herrn zu dienen, so wie es vorgeschrieben ist.«
[32] So versahen die Leviten ihren Dienst im heiligen Zelt und später im Tempel. Sie unterstützten die Priester, ihre Stammesbrüder, bei der Arbeit im Tempel des Herrn.

Die Dienstgruppen der Priester

24 Auch die Nachkommen Aarons wurden in verschiedene Gruppen aufgeteilt. Aarons Söhne hießen Nadab, Abihu, Eleasar und Itamar. [2] Nadab und Abihu starben noch vor ihrem Vater und hinterließen keine männlichen Nachkommen. Eleasar und Itamar wurden Priester. [3] David teilte die Priester in Dienstgruppen ein. Zadok, ein Nachkomme Eleasars, und Ahimelech, ein Nachkomme Itamars, halfen ihm dabei: [4] Eleasar hatte mehr männliche Nachkommen als Itamar. Darum wurde die Sippe Eleasar in sechzehn Dienstgruppen eingeteilt, die Sippe Itamar in acht. Jede Gruppe wurde von einem Sippenoberhaupt geleitet. [5] Die Diensteinteilung wurde durch das Los bestimmt, denn die Priester, die im Heiligtum vor Gott den höchsten Dienst versahen, sollten aus beiden Sippen stammen.

[6] Bei der Auslosung waren die Nachkommen Eleasars und die Itamars abwechselnd an der Reihe. Dabei waren anwesend: der König, die führenden Männer Israels, der Priester Zadok, Ahimelech, der Sohn Abjatars, und die Sippenoberhäupter der Priester und Leviten. Der Schreiber Schemaja, ein Sohn Netanels, aus dem Stamm Levi, schrieb die Dienstgruppen in der Reihenfolge auf, in der sie ausgelost wurden:

[7–18] 1. Jojarib; 2. Jedaja; 3. Harim; 4. Seorim; 5. Malkija; 6. Mijamin; 7. Hakkoz; 8. Abija; 9. Jeschua; 10. Schechanja; 11. Eljaschib; 12. Jakim; 13. Huppa; 14. Jeschebab; 15. Bilga; 16. Immer; 17. Hesir; 18. Pizez; 19. Petachja; 20. Jeheskel; 21. Jachin; 22. Gamul; 23. Delaja; 24. Maasja.

[19] Dieser Einteilung entsprechend mussten die Priester in den Tempel des Herrn kommen und ihren Dienst versehen, so wie es der Herr, der Gott Israels, durch ihren Stammvater Aaron befohlen hatte.

Weitere Dienstgruppen der Leviten

[20] Weitere Sippenoberhäupter der Leviten waren:
Jechdeja, der über Schubaël von Amram abstammte;
[21] Jischija, ein Nachkomme Rehabjas;
[22] Jahat, der über Jizhar von Schelomit abstammte;
[23] die Söhne Hebrons in der Reihenfolge ihres Alters: Jerija, Amarja, Jahasiël und Jekamam;
[24] Schamir, der über Micha von Usiël abstammte;
[25] Secharja, ein Nachkomme von Michas Bruder Jischija.
[26] Die Söhne Meraris hießen Machli, Muschi und Jaasija.
[27] Die Söhne Jaasijas, des Sohnes Meraris, waren Schoham, Sakkur und Ibri. [28/29] Machlis Söhne hießen Eleasar und Kisch. Eleasar hatte keine Söhne, Kischs Sohn war Jerachmeel.
[30] Die Söhne Muschis hießen Machli, Eder und Jeremot.
Dies waren weitere Sippen der Leviten.

[31] Wie für die Priester, so wurde auch für sie die Diensteinteilung durch das Los bestimmt. Dabei wurde die Familie eines Sippenoberhaupts genauso behandelt wie die seines jüngsten Bruders. Wieder waren König David, Zadok, Ahimelech und die Sippenoberhäupter der Priester und Leviten anwesend.

23,31 4 Mo 28,1 – 29,39 **24,2** 3 Mo 10,1–2; 4 Mo 3,4 **24,5.19** 25,8; Lk 1,8–9

Die Dienstgruppen der Sänger und Musiker

25 David wählte zusammen mit den
Heerführern die Familien Asafs,
Hemans und Jedutuns für einen besonde-
ren Dienst aus: Sie sollten mit ihren Lie-
dern die Botschaften Gottes verkünden,
den Herrn loben und den Gesang mit
Lauten, Harfen und Zimbeln begleiten.
Folgende Männer wurden dazu berufen:
2 Von der Familie Asafs: Sakkur, Josef,
Netanja und Asarela, die Söhne Asafs.
Ihr Vater war der Leiter dieser Gruppe,
er dichtete im Auftrag des Königs pro-
phetische Lieder.
3 Von der Familie Jedutuns: Gedalja,
Zeri, Jesaja, Schimi[a], Haschabja und
Mattitja, die Söhne Jedutuns. Ihr Vater
leitete diese Gruppe. Er begleitete den
prophetischen Gesang mit der Laute, um
den Herrn zu loben und zu preisen.
4 Von der Familie Hemans: Bukkija,
Mattanja, Usiël, Schubaël, Jerimot, Ha-
nanja, Hanani, Eliata, Giddalti, Romam-
ti-Eser, Joschbekascha, Malloti, Hotir
und Mahasiot. 5 Sie alle waren Söhne He-
mans, eines Propheten, der im Dienst Da-
vids stand. Gott hatte Heman verheißen,
ihn zu einem mächtigen und angesehenen
Mann zu machen, darum hatte er ihm vier-
zehn Söhne und drei Töchter geschenkt.
6 Diese drei Familien begleiteten den
Gesang im Tempel des Herrn mit Zim-
beln, Harfen und Lauten. Ihre Väter
Asaf, Jedutun und Heman waren verant-
wortlich für den Gesang und die Musik-
begleitung. Sie versahen ihren Dienst so,
wie der König es angeordnet hatte. 7 Ins-
gesamt wurden 288 Leviten für den
Gesang im Tempel ausgebildet. Sie alle
waren ausgezeichnete Sänger. 8 Auch ihre
Diensteinteilung wurde durch das Los
bestimmt. Alle wurden gleich behandelt,
die Jungen wie die Alten, der Lehrer wie
der Schüler.
9–31 Es wurden 24 Dienstgruppen aus-
gelost, und jede bestand aus 12 Männern.
Folgende Männer bildeten mit ihren Söh-
nen und Verwandten je eine Gruppe:
1. Josef aus der Sippe Asaf; 2. Gedalja;
3. Sakkur; 4. Zeri; 5. Netanja; 6. Bukkija;
7. Asarela; 8. Jesaja; 9. Mattanja; 10. Schi-
mi; 11. Asarel; 12. Haschabja; 13. Schu-
baël; 14. Mattitja; 15. Jeremot; 16. Ha-
nanja; 17. Joschbekascha; 18. Hanani;
19. Malloti; 20. Eliata; 21. Hotir; 22. Gid-
dalti; 23. Mahasiot; 24. Romamti-Eser.

Die Dienstgruppen der Torwächter

26 Zu den Dienstgruppen der Tor-
wächter gehörten:
Meschelemja von der Sippe Korach; er
war ein Sohn Kores und Enkel Abiasafs.
2 Meschelemja hatte sieben Söhne; der
erste hieß Secharja, dann folgten Jediaël,
Sebadja, Jatniël, 3 Elam, Johanan und El-
joënai.
4/5 Weiter Obed-Edom; er hatte acht
Söhne, denn Gott hatte ihn besonders ge-
segnet. Der älteste war Schemaja, dann
folgten Josabad, Joach, Sachar, Netanel,
Ammiël, Issaschar und Pëulletai. 6 Die
Söhne von Obed-Edoms Sohn Schemaja
waren angesehene Männer. Sie hatten in
ihrer Sippe führende Stellungen inne.
7 Sie hießen Otni, Refaël, Obed, Elsabad,
Elihu und Semachja; die beiden letzten
waren besonders begabt. 8 Alle Nach-
kommen Obed-Edoms waren fähige
Männer. Sie, ihre Söhne und ihre Ver-
wandten, insgesamt 62 Mann, waren gut
geeignet für ihre Aufgaben.
9 Meschelemjas Söhne und Verwandte
waren insgesamt achtzehn Männer und
ebenfalls alle begabt für ihren Dienst.
10/11 Hosa gehörte zur Sippe Merari.
Seine Söhne hießen Schimri, Hilkija, Te-
balja und Secharja. Hosa hatte Schimri
zum Oberhaupt der Dienstgruppe er-
nannt, obwohl er nicht der älteste Sohn
war. Zu Hosas Familie gehörten dreizehn
Männer.
12 Die Dienstgruppen der Torwächter
wurden von den Familienoberhäuptern

---

[a] Ergänzt nach 1. Chronik 25,17 und der griechischen Übersetzung.
25,1–8 1 Chr 15,16–24 **25,2–3** 1 Sam 10,5–6 **25,8** 24,5.19

und allen Männern gebildet. Wie die an-
deren Leviten versahen auch sie ihren
Dienst im Tempel des Herrn. [13]Durch
das Los wurde bestimmt, welche Gruppe
bei welchem Tor wachen sollte; dabei
machte man keinen Unterschied zwi-
schen großen und kleinen Familien.
[14]Für das Tor im Osten wurde die Familie
Meschelemjas ausgelost. Der Familie von
Meschelemjas Sohn Secharja wurde das
Nordtor zugeteilt. Er war ein guter Bera-
ter. [15]Für das Tor im Süden fiel das Los
auf Obed-Edom; seine Söhne bekamen
die Aufsicht über das Vorratshaus. [16]Die
Familien von Schuppim und Hosa sollten
das Westtor und das Schallechettor be-
wachen. Das Schallechettor liegt an der
Straße, die bergauf führt.

Die Dienste wurden so eingeteilt:

[17]Beim Osttor standen täglich sechs
Leviten Wache, beim Nord- und Südtor
je vier, und beim Vorratshaus zwei. [18]Auf
der Westseite des Tempels standen vier
Wachen an der Straße und zwei am Tem-
pelanbau.

[19]Dies waren die Dienstgruppen der
Torwächter. Sie alle stammten aus den
Sippen Korach und Merari.

Weitere Dienstgruppen der Leviten

[20]Andere Leviten hatten die Aufsicht
über den Tempelschatz und die Gaben,
die für den Tempel gestiftet wurden.
[21/22]Den Tempelschatz bewachten die
Brüder Setam und Joel. Sie waren die
Oberhäupter der Familie Jehiëls, die zu
den Nachkommen Ladans aus der Sippe
Gerschon gehörte. [23]Die Sippen Amram,
Jizhar, Hebron und Usiël hatten folgende
Aufgaben:

[24]Schubaël, ein Nachkomme Ger-
schoms, des Sohnes Moses, bekam die
Oberaufsicht über die heiligen Gaben.
[25]Gerschoms Bruder Eliëser hatte einen
Sohn namens Rehabja, auf ihn folgten in
direkter Linie Jesaja, Joram, Sichri und
Schelomit. [26]Schelomit und seine Brüder
verwalteten die Gaben, die von König
David, von den Sippenoberhäuptern,
den Offizieren, Hauptleuten und Heer-
führern gestiftet worden waren. [27]Es war
ein Teil der Beute, die sie von ihren Feld-
zügen mitgebracht hatten. [28]Früher hat-
ten schon der Prophet Samuel, Saul, der
Sohn Kischs, Abner, der Sohn Ners, und
Joab, der Sohn von Davids Schwester Ze-
ruja, etwas für das Heiligtum gestiftet.
Alle Gaben wurden von Schelomit und
seinen Brüdern verwaltet.

[29]Kenanja und seine Söhne von der
Sippe Jizhar waren verantwortlich für
Aufgaben außerhalb des Heiligtums: Sie
waren als Aufseher und Richter über Is-
rael eingesetzt. [30]Haschabja und seine
Verwandten aus der Sippe Hebron, 1700
erfahrene Männer, waren für das Gebiet
westlich des Jordan zuständig. Sie muss-
ten sich dort für die Belange des Tempels
einsetzen und standen zugleich im Dienst
des Königs.

[31]Im 40. Regierungsjahr König Davids
hatte man die Sippe Hebron anhand der
Familienregister erforscht. Dabei fand
man heraus, dass viele angesehene Män-
ner von ihnen in Jaser im Gebiet Gilead
wohnten. Jerija war das Oberhaupt.
[32]König David übergab ihm und 2700 er-
fahrenen Männern seiner Sippe die Ver-
antwortung für das Gebiet der Stämme
Ruben, Gad und Ost-Manasse. Jeder die-
ser Männer war ein Familienoberhaupt.
Auch sie mussten sich für die Belange
des Tempels einsetzen und standen im
Dienst des Königs.

Die Abteilungen des Heeres

27 Es folgt ein Verzeichnis der Sip-
penoberhäupter, der Offiziere,
Hauptleute und Beamten, die im Dienst
des Königs standen.

Das Heer bestand aus zwölf Abteilun-
gen zu je 24000 Mann. Jede Abteilung
hatte einen Monat im Jahr Dienst. Sie
lösten einander ab. [2]Den Oberbefehl
über die zwölf Abteilungen mit je 24000
Soldaten hatten folgende Hauptleute:

26,21–22 23,8 **26,29** 5 Mo 17,8–13 **27,2–15** 11,10–47

1. Monat: Joschobam, der Sohn Sabdiëls;
[3] er kam aus der Sippe Perez und hatte den Oberbefehl über die Abteilung, die im 1. Monat Dienst hatte.
[4] 2. Monat: Dodai aus Ahoach. Der oberste Offizier seiner Abteilung hieß Miklot.
[5] 3. Monat: Benaja, der Sohn des Priesters Jojada. [6] Er war der Anführer der dreißig Elitesoldaten Davids, ein besonders mutiger Mann. Der oberste Offizier seiner Abteilung war sein Sohn Ammisabad.
[7] 4. Monat: Asaël, der Bruder Joabs. Nach seinem Tod übernahm sein Sohn Sebadja die Abteilung.
[8] 5. Monat: Schamhut aus der Sippe Serach.
[9] 6. Monat: Ira, der Sohn Ikkeschs, aus Tekoa.
[10] 7. Monat: Helez aus Pelet[a], vom Stamm Ephraim.
[11] 8. Monat: Sibbechai aus Huscha, von der Sippe Serach.
[12] 9. Monat: Abiëser aus Anatot, vom Stamm Benjamin.
[13] 10. Monat: Mahrai aus Netofa, von der Sippe Serach.
[14] 11. Monat: Benaja aus Piraton, vom Stamm Ephraim.
[15] 12. Monat: Heldai aus Netofa, ein Nachkomme Otniëls.

Die Stammesoberhäupter

[16] Folgende zwölf Männer führten die israelitischen Stämme:
Stamm Ruben: Eliëser, ein Sohn Sichris;
Stamm Simeon: Schefatja, ein Sohn Maachas;
[17] Stamm Levi: Haschabja, ein Sohn Kemuëls; Nachkommen Aarons: der Priester Zadok;
[18] Stamm Juda: Elihu, ein Bruder Davids;
Stamm Issaschar: Omri, ein Sohn Michaels;
[19] Stamm Sebulon: Jischmaja, ein Sohn Obadjas;
Stamm Naftali: Jeremot, ein Sohn Asriëls;
[20] Stamm Ephraim: Hoschea, ein Sohn Asasjas;
West-Manasse: Joel, ein Sohn Pedajas;
[21] Ost-Manasse: Jiddo, ein Sohn Secharjas;
Stamm Benjamin: Jaasiël, ein Sohn Abners;
[22] Stamm Dan: Asarel, ein Sohn Jerohams.
Dies waren die Oberhäupter der Stämme Israels.

[23] Die Israeliten unter zwanzig Jahren nahm David nicht in die Volkslisten auf. Denn der Herr hatte ihm versprochen, Israel zahlreich werden zu lassen wie die Sterne am Himmel. [24] Joab, der Sohn der Zeruja, hatte mit der Volkszählung begonnen, sie aber nie zu Ende geführt, denn ihretwegen war Gottes Zorn über Israel hereingebrochen. Daher wurde nie die genaue Zahl der Israeliten in die Chronik König Davids aufgenommen.

Die Verwalter des königlichen Besitzes

[25] Asmawet, der Sohn Adiëls, war verantwortlich für die Schätze des Königs in Jerusalem.

Jonatan, der Sohn Usijas, verwaltete die Vorräte auf dem Land, in den Städten, Dörfern und Vorratstürmen.
[26] Esri, der Sohn Kelubs, hatte die Aufsicht über die Feldarbeiter, die den Boden bestellten.
[27] Schimi aus Rama war für die Weinberge verantwortlich und Sabdi aus Schefam für alle Weinvorräte, die bei den Weinbergen gelagert wurden.
[28] Baal-Hanan aus Gedera beaufsichtigte die Plantagen mit Oliven- und Maulbeerfeigenbäumen in dem Hügelgebiet, das an die philistäische Ebene angrenzte. Joasch verwaltete die Ölvorräte.
[29] Schitrai aus Scharon hatte die Aufsicht über die Rinderherden in der Scharonebene und Schafat, der Sohn Adlais,

---

[a] So mit 2. Samuel 23,26. Der hebräische Text lautet: Helez aus Palon.

27,5–6 2 Sam 8,18* **27,23** 1 Mo 15,5 **27,24** 21,1–2

über die Rinderherden in den Tälern. 30 Der Ismaeliter Obil war verantwortlich für die Kamele, Jechdeja aus Meronot für die Eselinnen und 31 der Hagariter Jasis für die Schaf- und Ziegenherden.

Sie alle waren Verwalter des königlichen Besitzes.

Die engsten Berater des Königs

32 Jonatan, ein Onkel Davids, war zugleich einer seiner Berater. Er war ein sehr weiser und gelehrter Mann. Jehiël, dem Sohn Hachmonis, war die Erziehung der Königssöhne anvertraut. 33 Auch Ahitofel und der Arkiter Huschai, ein Freund Davids, waren Berater des Königs. 34 Die Nachfolger Ahitofels hießen Jojada, ein Sohn Benajas, und Abjatar. Joab hatte den Oberbefehl über das Heer.

Davids Rede vor den führenden Männern Israels

28 David ließ alle einflussreichen Männer Israels nach Jerusalem kommen: die Stammesoberhäupter, die Leiter der Dienstgruppen, die Hauptleute und Offiziere, die Verwalter des königlichen Besitzes und der Viehherden, die Erzieher der Königssöhne, die Hofbeamten, die Elitesoldaten und alle anderen angesehenen Männer.

2 König David stand auf und wandte sich an die Versammelten:

»Ihr Männer meines Volkes, meine Brüder! Ich möchte euch etwas sagen: Schon lange habe ich mir vorgenommen, einen Tempel für die Bundeslade, den Fußschemel unseres Gottes, zu bauen, damit sie endgültig an einem Ort bleiben kann. Schon hatte ich begonnen, das Baumaterial bereitzustellen. 3 Doch da sprach Gott zu mir: ›Du sollst mir keinen Tempel bauen! Denn du hast Kriege geführt und dabei viel Blut vergossen!‹ 4 Der Herr, der Gott Israels, hat aus meiner ganzen Familie mich zum König erwählt. Mir und meinen Nachkommen hat er für alle Zeiten die Herrschaft anvertraut. Denn nach Gottes Willen kommen die Könige aus dem Stamm Juda. Aus diesem Stamm erwählte er die Familie meines Vaters, und aus dieser Familie berief er mich zum König über ganz Israel. 5 Der Herr hat mir viele Söhne geschenkt. Einen von ihnen, Salomo, hat er nun zu meinem Nachfolger bestimmt. Er soll im Auftrag des Herrn über Israel herrschen. 6 Der Herr sprach zu mir: ›Dein Sohn Salomo soll mir einen Tempel mit Vorhöfen bauen. Denn ich habe ihn als meinen Sohn erwählt und will für ihn wie ein Vater sein. 7 Ich werde seinem Königtum für alle Zeiten Bestand geben, wenn er wie bisher meine Weisungen und Gebote befolgt.‹

8 So bitte ich euch nun vor ganz Israel, der Gemeinde des Herrn, und vor unserem Gott, der uns zuhört: Befolgt alle Gebote des Herrn, eures Gottes, und haltet euch stets an sie! Dann gehört dieses gute Land auch in Zukunft euch, und ihr könnt es euren Nachkommen für alle Zeiten vererben. 9 Du aber, mein Sohn Salomo, ehre den Gott deines Vaters auch als deinen Gott! Diene ihm gern und von ganzem Herzen. Denn der Herr kennt alle Menschen durch und durch. Er weiß, wonach sie streben, und kennt ihre Gedanken. Wenn du ihn suchst, lässt er sich finden; wendest du dich aber von ihm ab, dann wird er dich für immer verstoßen. 10 Vergiss es nie: Der Herr hat dich erwählt, ihm einen Tempel zu bauen. Darum sei mutig, und mach dich an die Arbeit!«

Der Bauplan für den Tempel

11 David übergab seinem Sohn Salomo den Bauplan für den Tempel. Darauf waren alle Gebäude des Tempelbereichs

---

27,32–34 18,15–17; 1 Sam 22,20–21*; 2 Sam 2,13*; 15,12*.32–37 **28,2–7** 17,1–14; 22,6–10 **28,2** 2 Mo 25,22; Jes 66,1–2 **28,4** 1 Mo 49,10; 1 Sam 16,1.12; 2 Sam 7,16* **28,5** 1 Kön 1,13 **28,8** 5 Mo 4,1*; 7,12–15* **28,9** 5 Mo 6,4–5*; 17,14–20; Ps 26,2*

eingezeichnet: die Vorhallen, die Schatzkammern, die oberen Räume, die Innenräume des Tempels, das Allerheiligste, wo die Bundeslade stehen sollte, 12 die Vorhöfe, die Kammern rings um den Tempel und die Räume für die gestifteten Gaben.

David hatte alles so geplant und gezeichnet, wie der Geist Gottes es ihm eingegeben hatte. 13 Er hatte auch die Dienstgruppen der Priester und Leviten eingeteilt und dabei alle anderen Arbeiten aufgeführt, die im Tempel des Herrn verrichtet werden mussten. Außerdem hatte er ein Verzeichnis aller Gegenstände angefertigt, die für den Tempeldienst gebraucht wurden, und das Material festgelegt, aus dem sie hergestellt werden sollten. 14 Er gab an, wie viel Gold und Silber für die einzelnen Gegenstände verwendet werden sollte: 15 für die goldenen und silbernen Leuchter und Lampen; je nach Standort waren die Leuchter unterschiedlich groß; 16 für die goldenen Tische, auf denen die Gott geweihten Brote aufgeschichtet wurden; für die silbernen Tische; 17 für die Gabeln, Opferschalen und Kannen aus reinem Gold; für die goldenen und silbernen Becher; 18 für den Goldüberzug des Brandopferaltars; für den Wagen, auf dem die Bundeslade des Herrn stehen sollte, die von den goldenen Flügeln der Cherub-Engel beschirmt wurde.

19 David sagte: »Ich habe alle Einzelheiten so aufgeschrieben, wie der Herr sie mir eingegeben hat.«

20 Dann wandte er sich an seinen Sohn Salomo: »Mach dich ohne zu zögern an die Arbeit! Hab keine Angst, und lass dich durch nichts entmutigen! Denn der Herr, mein Gott, wird dir dabei helfen. Er steht zu dir und verlässt dich nicht. Er wird dir beistehen, bis der Bau des Tempels abgeschlossen ist. 21 Auch die Dienstgruppen der Priester und Leviten werden dich unterstützen und alle Arbeiten im *Tempel des Herrn* ausführen. Für alle Bauarbeiten stehen dir genügend erfahrene Arbeiter zur Verfügung. Die führenden Männer Israels und das ganze Volk sind bereit, deine Befehle auszuführen.«

Gaben für den Tempelbau

29 Danach wandte David sich wieder an die Versammelten und sagte: »Gott hat meinen Sohn Salomo zu meinem Nachfolger erwählt. Aber er ist noch jung und unerfahren, und vor ihm liegt eine große Aufgabe. Denn er soll nicht einen Palast für Menschen bauen, sondern einen Tempel für Gott, den Herrn. 2 Ich habe bereits so viel Baumaterial, wie ich konnte, für den Tempel meines Gottes bereitgestellt: Gold, Silber, Bronze, Eisen und Holz für die Gegenstände, die daraus hergestellt werden sollen, verschiedene Edelsteine, Mosaiksteine und weißen Marmor in großen Mengen. 3 Und weil mir der Tempel meines Gottes am Herzen liegt, habe ich zusätzlich noch Schätze aus meinem eigenen Besitz gestiftet: 4 100 Tonnen vom besten Gold und 250 Tonnen reines Silber, um damit die Innenwände der Räume zu überziehen. 5 Auch für Gegenstände im Tempel oder für kunstvolle Verzierungen soll ein Teil verwendet werden. Und nun frage ich euch: Wer von euch ist bereit, heute ebenfalls etwas für den Herrn zu geben?«

6 Die Sippenoberhäupter, die Stammesfürsten, die Hauptleute und Offiziere und die Leiter der königlichen Dienstgruppen folgten dem Aufruf des Königs bereitwillig. 7 So kamen an diesem Tag für den Tempel 175 Tonnen Gold zusammen, 10 000 Goldmünzen, 350 Tonnen Silber, 630 Tonnen Bronze und 3 500 Tonnen Eisen. 8 Wer Edelsteine besaß, brachte sie dem Schatzmeister Jehiël aus der Sippe Gerschon, damit er sie zum Tempelschatz legte. 9 Das ganze Volk freute sich über diese Freigebigkeit, denn alle wollten von ganzem Herzen den Tempelbau unterstützen. Auch König David freute sich sehr darüber.

28,20 Jos 1,5–9; 1 Kön 2,2–4 **29,2** 22,14 **29,7–9** 2 Mo 25,2*

Davids Dankgebet

10 Danach lobte David den Herrn vor den
Versammelten:
»Gepriesen seist du, Herr, du Gott un-
seres Vaters Israel, für immer und ewig!
11 Du, Herr, besitzt Größe, Kraft, Ruhm,
Glanz und Majestät. Alles, was im Him-
mel und auf der Erde lebt, ist dein. Du
bist König, der höchste Herrscher über
alles. 12 Du verleihst Reichtum und Ehre,
du allein bist der Herr. In deiner Hand
sind Macht und Stärke; du kannst Men-
schen groß und mächtig machen. 13 Da-
rum preisen wir dich, unseren Gott, wir
loben deinen herrlichen Namen!
14 Wer bin ich schon, und was ist mein
Volk, dass wir dir heute so viel geben
konnten? Denn alles, was wir besitzen,
kommt von dir. 15 Wir sind vor dir nur Gäs-
te auf dieser Erde, Fremde ohne Bürger-
recht, so wie unsere Vorfahren. Unser Le-
ben ist vergänglich wie ein Schatten. Dem
Tod können wir nicht entfliehen.[a] 16 Herr,
unser Gott, wir haben dieses Baumaterial
zusammengelegt, um dir einen Tempel zu
bauen. Alles kommt von dir, und dir wol-
len wir es nun wieder geben. 17 Ich weiß,
mein Gott, dass du unser Herz kennst
und dich freust, wenn wir aufrichtig sind.
Was ich für den Bau des Tempels gestiftet
habe, das habe ich gern und mit aufrichti-
gem Herzen gegeben. Ich freue mich, dass
auch dein Volk so freigebig war.
18 Herr, du Gott unserer Vorfahren
Abraham, Isaak und Israel, lass dein
Volk immer nach dir verlangen! Richte
ihr Herz auf dich! 19 Hilf auch meinem
Sohn Salomo, dir von ganzem Herzen zu
dienen und dein Gesetz, deine Gebote
und Weisungen zu befolgen. Steh ihm
bei, wenn er den Tempel baut, für den
ich alles vorbereitet habe!«
20 Dann forderte David die ganze Ver-
sammlung auf: »Lasst uns gemeinsam
dem Herrn, unserem Gott, danken!« Da
beteten alle den Herrn, den Gott ihrer
Vorfahren, an. Sie warfen sich vor dem
Herrn und vor dem König zu Boden.
21 Am nächsten Tag brachten sie dem
Herrn für das ganze Volk Israel große
Mengen an Schlacht- und Brandopfern
sowie die dazugehörigen Trankopfer dar.
Sie schlachteten 1000 junge Stiere, 1000
Schafböcke und 1000 Lämmer. 22 An je-
nem Tag feierten sie ein großes Fest für
den Herrn. Sie aßen und tranken und
waren voller Freude. Noch einmal bestä-
tigten sie Davids Sohn Salomo als den
neuen König. Sie weihten ihn dem Herrn
und salbten ihn zum König; zum Priester
wurde Zadok gesalbt.

Salomo – ein mächtiger Herrscher

23 So trat Salomo die Nachfolge seines
Vaters David an und wurde König über
das Volk des Herrn. Er war ein guter
Herrscher, ganz Israel erkannte ihn an.
24 Auch die führenden Männer des Vol-
kes, die Elitetruppe und die anderen Söh-
ne Davids ordneten sich ihm unter.
25 Ganz Israel konnte sehen, wie der Herr
die Macht Salomos immer größer werden
ließ. Er gab ihm Ehre und Anerkennung,
wie sie kein israelitischer König vor ihm
besessen hatte.

Davids Tod

26/27 David herrschte vierzig Jahre lang als
König über Israel, davon sieben Jahre in
Hebron und dreiunddreißig Jahre in Je-
rusalem. 28 Er wurde alt und starb nach
einem erfüllten Leben als ein reicher
und angesehener Mann. Sein Sohn Salo-
mo trat die Nachfolge an.
29 Alles Weitere über Davids Leben
steht in den Chroniken der drei Prophe-
ten Samuel, Nathan und Gad. 30 Man
kann dort nachlesen, wie er regierte, wel-
che Macht er besaß und wie ganz Israel
und die Königreiche ringsum zu seiner
Zeit lebten.

---

[a] Wörtlich: Es gibt keine Hoffnung.

29,10 1 Mo 32,29; 35,10 **29,15** Ps 39,5–7*; Jes 26,19; Joh 11,25 **29,17** Ps 26,2* **29,22** 1 Kön 1,38–40 **29,25** 1 Kön 3,12–13; 5,1; 10,4–9.23–25

Das zweite Buch der Chronik

König Salomo bittet um Weisheit
(1. Könige 3,4–15)

1 Salomo, der Sohn Davids, wurde ein bedeutender König. Der Herr, sein Gott, stand ihm bei und ließ seine Macht immer größer werden.

[2] Eines Tages rief Salomo die führenden Männer Israels zu sich: die Hauptleute und Offiziere, die Richter, die Stammes- und Sippenoberhäupter. [3] Er ging mit ihnen nach Gibeon zu dem Hügel, auf dem das heilige Zelt stand. Mose, der Diener des Herrn, hatte es in der Wüste errichtet, damit das Volk dort dem Herrn begegnen konnte. [4] Die Bundeslade hatte David bereits von Kirjat-Jearim nach Jerusalem geholt und sie in ein Zelt gestellt, das er dort für sie errichtet hatte. [5] Der bronzene Altar aber, den Bezalel, der Sohn Uris und Enkel Hurs, gebaut hatte, stand in Gibeon vor dem Zelt des Herrn. Dort versammelten sich Salomo und die Israeliten. [6] Dann ließ der König auf dem bronzenen Altar tausend Tiere als Brandopfer verbrennen.

[7] In der Nacht darauf erschien ihm Gott und sprach zu ihm: »Erbitte von mir, was du willst!« [8] Salomo antwortete: »Schon meinem Vater David hast du sehr viel Gutes getan. Und nun hast du mich zu seinem Nachfolger gemacht. [9] Du lässt mich ein Volk regieren, das man weder zählen noch erfassen kann. Herr, mein Gott, so bitte ich dich nun, dass du die Zusage erfüllst, die du meinem Vater David gegeben hast! [10] Gib mir Weisheit und Verständnis, damit ich dieses große Volk richtig führen kann. Denn wie sollte ich sonst gerechte Urteile sprechen können?«

[11] Da sagte Gott zu Salomo: »Ich freue mich, dass du dir nicht großen Besitz, Geld oder Ansehen gewünscht hast, auch nicht den Tod deiner Feinde oder ein langes Leben. Du hast mich um Weisheit und Verständnis gebeten, weil du mein Volk richtig führen willst, über das ich dich zum König eingesetzt habe. [12] Du sollst erhalten, worum du mich gebeten hast: Weisheit und Verständnis. Aber ich will dir auch so viel Besitz, Geld und Ansehen geben, wie es kein König vor dir hatte und auch keiner nach dir haben wird.«

[13] Am nächsten Tag verließ Salomo den Hügel bei Gibeon, wo das heilige Zelt stand, er kehrte nach Jerusalem zurück und regierte wieder über sein Volk.

Salomos Reichtum und Ansehen
(1. Könige 10,26–29)

[14] Salomo besaß 1400 Streitwagen und 12000 Pferde. Teils brachte er sie in den eigens dafür erbauten Städten unter, teils am königlichen Hof in Jerusalem. [15] Silber und Gold waren zu Salomos Zeiten in Jerusalem so gewöhnlich wie Steine, und das kostbare Zedernholz gab es in so großen Mengen wie das Holz der Maulbeerfeigenbäume im jüdischen Hügelland. [16] Salomo kaufte seine Pferde in Ägypten und in Zilizien, wo seine Händler sie abholten und gleich bezahlten. [17] Auch Streitwagen kaufte Salomo in Ägypten. Für einen Wagen bezahlte er 600 Silberstücke, für ein Pferd 150 Silberstücke. Seine Händler belieferten auch die Könige der Hetiter und der Syrer.

1,1 1 Kön 3,12–13; 5,1.5; 10,4–9.23–25 **1,3** 2 Mo 36,8–38 **1,4** 1 Chr 13,6; 15,3.28; 16,1 **1,5** 2 Mo 38,1–7 **1,9** 1 Mo 12,2*; 2 Sam 7,16* **1,10** 1 Kön 5,9–14; Spr 8,12–21 **1,12** 1 Kön 5,1.5; 10,4–9.23–25; Mt 6,33 **1,14–17** 5 Mo 17,16

Ruhm und Ehre

Lesen Sie 1. Chronik 28,8-10

In 1. Chronik 28 bereitet sich König David darauf vor, seinem Sohn Salomo den Thron zu übergeben. Er unterweist Salomo in der Kunst des Führens und in den besonderen Problemen, die eine Regentschaft über das Volk Gottes mit sich bringt. Sein wichtigster Ratschlag findet sich in Vers 9: „Du aber, mein Sohn Salomo, ehre den Gott deines Vaters auch als deinen Gott! Diene ihm gern und von ganzem Herzen. Denn der Herr kennt alle Menschen durch und durch. Er weiß, wonach sie streben, und kennt ihre Gedanken."

Aus der Sicht der Bibel besteht der Sinn unseres Lebens nicht darin, unsere eigenen Ziele zu erreichen. Wir haben das Leben vielmehr empfangen, um Gott kennenzulernen und ihm Ehre zu machen. Die Ehe ist ein Geschenk, das uns dabei hilft, dieses Ziel zu erreichen.

Doch in unserem Alltag investieren wir mehr Energie in unseren Beruf, den Haushalt und die Erziehung der Kinder, als dass wir uns um die Ehre Gottes kümmern. Wenn wir jedoch unsere Arbeit mit der richtigen inneren Einstellung tun, dann ehren wir auch damit Gott. So weltlich eine Aufgabe auf den ersten Blick auch scheinen mag, sie kann dazu dienen, Gott zu loben, wenn wir es nur zulassen. Wenn Sie Ihrer Familie dienen, dann dienen Sie damit Gott.

Nehmen Sie sich Zeit, um allein oder als Paar gemeinsam zu beten. Loben Sie Gott und preisen Sie ihn für seine Vollkommenheit, seine Heiligkeit, seine Gnade und für unzählig viele andere Eigenschaften. Danken Sie ihm für all das Gute, das er Ihrer Familie geschenkt hat. Bitten Sie ihn, dass Sie ihn loben mit allem, was Sie tun.

Wenn Sie noch mehr Zeit haben ...

Besprechen Sie miteinander folgende Fragen oder denken Sie darüber nach:

- Warum sind uns unsere eigenen Wünsche und Bedürfnisse so oft wichtiger als die Ehre Gottes?
- Woran erkennen Sie, ob Sie Gott wirklich ehren?
- Auf welche konkrete Weise können Sie Gott in dieser Woche Ehre machen, zu Hause, im Beruf oder in Ihrem Umfeld?

Lesen Sie auch die folgenden Abschnitte zum Thema Prioritäten:
5. Mose 6,5; 1. Korinther 6,20; 10,31.

Versagen auf der ganzen Linie

Lesen Sie 2. Chronik 6,37-39

Wir müssen nicht perfekt sein, um eine gute Ehe zu führen. Jeder versagt hin und wieder. Allerdings müssen wir mit unseren Fehlern richtig umgehen. Sonst werden sie zum Hindernis für die Entwicklung unserer Ehe.

Wie aber werden wir unser Fehlverhalten aus der Vergangenheit los? König Salomos Gebet aus 2. Chronik 6,37-39 gibt uns ein paar Hinweise dazu. Salomo ermahnt sein Volk, mit dem Herrn wieder ins Reine zu kommen. Die Grundsätze, die er anführt, gelten auch für die Ehe. Der erste Schritt besteht darin, unsere Fehler zu benennen. Wir können sie, wenn nötig, auch niederschreiben. Auf jeden Fall sollten wir sicherstellen, dass wir genau wissen, was wir getan haben. Der zweite Schritt: unsere Fehler als Schuld bekennen – gegenüber Gott und auch gegenüber unserem Ehepartner. Bitten wir sie demütig um Verzeihung. Der dritte Schritt heißt Umkehr, also eine Veränderung unseres Verhaltens.

Wenn wir diese Woche unsere Schuld bekennen und uns in der nächsten Woche wieder genauso benehmen, bauen wir dadurch keine Hindernisse ab. Wir machen alles nur noch schlimmer. Gott ist der Profi im Verändern von Leben. Warum also nicht bei ihm einen Kurs belegen? Überlassen Sie es ihm, Ihre alten Gewohnheiten zu brechen und sie durch Taten der Freundlichkeit und Liebe zu ersetzen. Dann werden Sie zu der Person, die Ihr Ehepartner verdient hat.

Nehmen Sie sich Zeit, um allein oder als Paar gemeinsam zu beten. Danken Sie Gott, dass er Ihre Unvollkommenheit vergibt. Bitten Sie ihn, dass er Sie erkennen lässt, wie Sie Ihren Mann/Ihre Frau oder andere Menschen mit Ihren Fehlern verletzt haben. Bitten Sie ihn um Weisheit und Mut zur Veränderung – und dann nehmen Sie in Ihrem Leben die nötigen Korrekturen vor.

Wenn Sie noch mehr Zeit haben ...

Besprechen Sie miteinander folgende Fragen oder denken Sie darüber nach:

- Welches Fehlverhalten von Ihnen hat sich negativ auf Ihre Ehe ausgewirkt?
- Wie bringt Ihr Mann/Ihre Frau die Enttäuschung über Sie zum Ausdruck?
- Welche Reaktion ruft das in Ihnen hervor?

Lesen Sie auch die folgenden Abschnitte zum Thema Versagen:
Psalm 73,26; 1. Korinther 10,12-13; Philipper 1,6.

Den nächsten Impuls finden Sie auf S. 508 a

Die ersten Vorbereitungen für den Tempelbau
(1. Könige 5,15–32)

18 Salomo beschloss, einen Tempel für
den Herrn und einen Königspalast zu
bauen.

2 Er verpflichtete 80000 Männer, die
im Steinbruch in den Bergen arbeite-
ten, sowie 70000, die für den Transport
der gewonnenen Steinblöcke verantwort-
lich waren. Über diese Fronarbeiter setz-
te er 3600 Aufseher ein. 2 Er sandte Bo-
ten zu König Hiram von Tyrus und ließ
ihm sagen: »Schon meinem Vater David
hast du Zedernholz geliefert, als er sich
einen Palast baute. 3 Nun möchte ich
einen Tempel errichten und ihn dem
Herrn, meinem Gott, weihen. Wir wollen
darin wohlriechenden Weihrauch als Op-
fer verbrennen und die geweihten Brote
aufschichten. Jeden Morgen und Abend,
an den Sabbaten, Neumondfeiern und an
allen anderen Festen wollen wir dort ein
Brandopfer für den Herrn, unseren Gott,
darbringen. So hat Gott es uns für alle
Zeiten befohlen.

4 Der Tempel, den ich bauen will, soll
sehr groß werden, denn unser Gott ist
größer als alle anderen Götter. 5 Selbst
der Himmel ist zu klein, um ihn zu fassen.
Niemand kann ein Heiligtum errichten,
das ihm angemessen wäre. Und wer bin
ich schon? Ich kann nur einen Tempel
bauen, in dem man Weihrauch als Opfer
für ihn verbrennt.

6 Nun bitte ich dich: Schick mir einen
erfahrenen Mann, der mit Gold, Silber,
Bronze und Eisen arbeiten kann. Er muss
wissen, wie man mit rotem und violettem
Purpur und mit Karmesin Stoffe färbt,
und auch im Schnitzen und Gravieren
sollte er Erfahrung haben. Ich möchte
ihm die Aufsicht über unsere Künstler in
Jerusalem und Juda übertragen, die mein
Vater David seinerzeit in Dienst gestellt
hat. 7 Bitte liefere mir Zedern- und Zy-
pressenholz sowie anderes Edelholz aus
dem Libanon. Ich weiß ja, dass es in dei-
nem Volk gute Holzfäller gibt. Meine Ar-
beiter werden deine dabei unterstützen.
8 Wir werden eine große Menge Holz
brauchen, denn der Tempel, den ich bau-
en will, soll groß und prächtig sein. 9 Als
Bezahlung für deine Holzfäller werde ich
2640 Tonnen gedroschenen Weizen lie-
fern, 2640 Tonnen Gerste, 4500 Hektoli-
ter Wein und 4500 Hektoliter Öl.«

10 König Hiram von Tyrus schickte
einen Brief an Salomo zurück. Darin
stand: »Der Herr liebt sein Volk, darum
hat er dich zum König gemacht. 11 Ich
danke dem Herrn, dem Gott Israels, der
Himmel und Erde geschaffen hat, dass er
David einen so klugen und weisen Sohn
geschenkt hat, der einen Tempel für den
Herrn und einen Königspalast bauen will.
12 Ich kann dir den erfahrenen Künstler
senden, den du suchst: Er heißt Hiram-
Abi 13 und ist der Sohn einer israelitischen
Frau aus dem Stamm Dan. Sein Vater
kommt aus Tyrus. Hiram kann mit Gold,
Silber, Bronze, Eisen, Steinen und Holz
arbeiten; er weiß, wie man mit rotem
und violettem Purpur und mit Karmesin
Stoffe färbt, er versteht sich auf die Ver-
arbeitung von feinen Leinenstoffen; aber
auch im Schnitzen und Gravieren ist er
geübt. Er zeichnet dir zu jedem Auftrag
einen Entwurf und wird mit deinen
Künstlern und denen deines verehrten
Vaters David zusammenarbeiten. 14 Die
Vorräte an Weizen, Gerste, Öl und Wein,
von denen du, mein Herr, geschrieben
hast, nehmen wir gerne an. 15 Dafür wer-
den wir im Libanon so viel Holz fällen,
wie du brauchst. Wir werden die Stämme
zu Flößen zusammenbinden und sie der
Küste entlang nach Jafo bringen. Von
dort können deine Arbeiter sie nach Je-
rusalem holen.«

16 Salomo ließ alle Ausländer in Israel
zählen. Er ging von den Verzeichnissen
aus, die sein Vater David hatte anfertigen
lassen. Die Zählung ergab, dass 153600
Ausländer in Israel lebten. 17 Salomo ver-
pflichtete 80000 von ihnen zur Arbeit im
Steinbruch in den Bergen und 70000 als

2,4 2 Mo 8,6; 1 Chr 17,20; Jes 44,9–20* **2,5** 1 Kön 8,27; Jes 66,1; Apg 17,24 **2,12–13** 1 Kön 7,13–14

Träger für den Transport der Steinblöcke.
Die restlichen 3600 Mann sollten als
Aufseher die Fronarbeiter zur Arbeit an-
halten.

Der Bau des Tempels
(1. Könige 6,1–3.14–35)

3 Salomo ließ den Tempel des Herrn in
Jerusalem auf dem Berg Morija er-
richten. Diesen Ort hatte schon sein Va-
ter David bestimmt, weil der Herr ihm
dort auf dem Dreschplatz des Jebusiters
Arauna[a] erschienen war. [2] Im 2. Monat
seines 4. Regierungsjahrs, am zweiten
Tag des Monats, begann Salomo mit
dem Bau des Tempels.
[3] Das Gebäude war 30 Meter lang und
10 Meter breit. [4] An der Vorderseite baute
Salomo eine Vorhalle an, die 10 Meter
breit und 15 Meter[b] hoch war. Ihre Innen-
wände verkleidete er mit reinem Gold.
[5] Den Hauptraum des Tempels ließ er zu-
erst mit Zypressenholz auskleiden und
dann mit reinem Gold überziehen. Die
Wände waren mit Palmenornamenten
und Ketten verziert. [6] Auch Edelsteine
wurden im ganzen Tempel als Schmuck
angebracht. Das verwendete Gold kam
aus Parwajim. [7] Salomo ließ den ganzen
Tempel mit Gold überziehen, die Balken,
die Schwellen, die Wände und die Türen.
In die Wände hatte er Figuren von Che-
rub-Engeln schnitzen lassen.

Das Allerheiligste
(1. Könige 6,14–38)

[8] Der hintere Raum des Tempels, das Al-
lerheiligste, war 10 Meter breit und 10
Meter lang. Dieser Raum wurde eben-
falls ganz mit Gold überzogen. Man
brauchte dafür mehr als 20 Tonnen. [9] Für
den Goldüberzug der Nägel wurden 600
Gramm verwendet. Auch die Wände
der oberen Räume wurden mit Gold
verkleidet.
[10] Für das Allerheiligste ließ Salomo
zwei Cherub-Engel gießen und sie mit
Gold überziehen. [11–13] Jeder ihrer Flügel
maß 2,5 Meter. Sie standen nebeneinan-
der, und zwar so, dass sich ihre ausgebrei-
teten Flügel in der Mitte berührten. Mit
der äußeren Flügelspitze berührten sie
die Seitenwände. Die beiden Figuren wa-
ren mit ausgespannten Flügeln zusam-
men 10 Meter breit. Ihre Gesichter waren
dem Eingang zugewandt. [14] Für den Ein-
gang zum Allerheiligsten ließ Salomo
einen Vorhang aus feinem Leinen weben
und ihn violett, purpurrot und karmesin-
rot einfärben. Er wurde mit Bildern von
Cherub-Engeln verziert.

Die beiden Säulen am Tempeleingang
(1. Könige 7,15–22)

[15] Salomo ließ zwei Säulen gießen, die vor
dem Tempeleingang stehen sollten. Jede
war 17,5 Meter hoch, und auf ihr ruhte
ein 2,5 Meter hohes Kapitell. [16] Die Kapi-
telle waren mit Ketten verziert,[c] an de-
nen hundert Granatäpfel hingen. [17] Die
beiden Säulen ließ Salomo rechts und
links am Tempeleingang aufstellen. Die
rechte Säule nannte er Jachin (»Er wird
aufrichten«) und die linke Boas (»In ihm
ist Stärke«).

Der Altar und das Bronzebecken
(1. Könige 7,23–26)

4 Salomo ließ auch einen Altar aus
Bronze herstellen. Er war 10 Meter
lang, 10 Meter breit und 5 Meter hoch.
[2] Dann ließ er ein rundes Bronze-
becken gießen, »das Meer« genannt. Sei-
ne Höhe betrug 2,5 Meter, sein Durch-
messer 5 Meter und sein Umfang 15

---

[a] So mit 2. Samuel 24. Im hebräischen Text steht der Name Ornan.
[b] So mit 1. Könige 6,2. Der hebräische Text lautet: 120 Ellen (60 Meter).
[c] Wörtlich: Und er machte Ketten im Hinterraum und brachte sie oben auf die Säulen.

3,1 1 Mo 22,2; 1 Chr 21,18 – 22,1 **3,14** 2 Mo 36,35–38; Hes 10,1–22; Mt 27,51

Meter. [3]Unten war es ringsum mit zwei
Reihen von Rinderfiguren verziert, je-
weils zehn auf einen halben Meter. Sie
und das Becken waren aus einem Guss.
[4]Das Becken stand auf zwölf Rinderfigu-
ren, von denen drei nach Norden ge-
wandt waren, drei nach Westen, drei
nach Süden und drei nach Osten. Ihre
Hinterbeine zeigten nach innen, und das
Becken ruhte auf ihren Rücken. [5]Sein
Rand war nach außen gewölbt wie der
Kelch einer Lilienblüte. Das Becken hat-
te eine Wandstärke von knapp 8 Zenti-
metern und fasste etwa 66000 Liter.
[6]Salomo ließ zehn Kessel gießen, von
denen fünf auf die rechte und fünf auf
die linke Seite des Tempels gestellt wur-
den. In diesen Kesseln wurden die
Fleischstücke gewaschen, die man als
Brandopfer verbrennen wollte. Das Was-
ser im großen Becken aber war für die
Priester bestimmt. Hier konnten sie sich
waschen.

Die goldenen Leuchter und Tische

[7]Salomo ließ zehn goldene Leuchter
nach den vorgegebenen Maßen anfer-
tigen. Sie wurden im Tempel aufgestellt,
fünf auf der rechten und fünf auf der
linken Seite. [8]Auch zehn Tische wurden
angefertigt und dort aufgestellt, fünf
rechts und fünf links. Schließlich ließ
Salomo hundert goldene Schalen herstel-
len, in denen das Blut der Opfertiere
aufgefangen wurde.

Der Vorhof

[9]Salomo ließ den großen Vorhof anlegen
und den inneren Vorhof, zu dem nur die
Priester Zutritt hatten. Die beiden Höfe
waren durch ein großes Tor miteinander
verbunden, dessen Flügel mit Bronze
überzogen wurden. [10]Das große Wasser-
becken stellte man in der Südostecke des
Vorhofs auf.

Liste der Gegenstände, die Hiram herstellte
(1. Könige 7,40–47)

[11]Zuletzt stellte Hiram noch Kübel und
Schaufeln zum Beseitigen der Asche her
sowie Schalen, in denen das Blut der Op-
fertiere aufgefangen wurde.[a]

Damit beendete er die Arbeiten für den
Tempel Gottes, die König Salomo ihm
aufgetragen hatte. [12–16]Insgesamt hatte er
folgende Gegenstände hergestellt:

2 Säulen;
2 Kapitelle, die oben auf den Säulen ruhten;
2 geflochtene Ketten zur Verzierung der beiden Kapitelle;
für jedes Kapitell 200 Granatäpfel, die in zwei Reihen über den Ketten angebracht waren;
die Kesselwagen;
die Wasserkessel, die auf die Wagen gesetzt wurden;
das große Wasserbecken, genannt »das Meer«;
12 Rinderfiguren, auf denen das Becken stand;
Kübel, Schaufeln und Fleischgabeln.

Alle Gegenstände, die Hiram-Abi im Auftrag Salomos für den Tempel des Herrn herstellte, wurden aus Bronze gegossen und anschließend blank poliert.

[17]König Salomo ließ sie in der Jordan-
ebene zwischen Sukkot und Zaretan gie-
ßen. Dort gab es Gießereien mit großen
Gussformen aus Tonerde. [18]Salomo hatte
unzählige Gegenstände herstellen lassen.
Es wurde so viel Bronze dafür gebraucht,
dass man sie nicht mehr wiegen konnte.

Die Inneneinrichtung des Tempels
(1. Könige 7,48–51)

[19–22]Für das Innere des Tempels ließ Salo-
mo folgende Gegenstände aus Gold her-
stellen:

---

a Wörtlich: Hiram stellte Kübel, Schaufeln und Schalen her.

4,6 2 Mo 30,17–21 **4,7** 2 Mo 25,31–40 **4,19–22** 2 Mo 25,23–40; 30,1–10

einen Altar;
Tische, auf denen die Gott geweihten Brote liegen sollten;
Leuchter und Lampen, die nach der Vorschrift vor dem Allerheiligsten stehen sollten;
Blumenornamente für die Leuchter;
Lampen, Dochtscheren und Messer zum Reinigen der Lampen;
Becken und Schüsseln;
Schalen und Eimer zum Tragen der glühenden Kohlen;
Türen zum Allerheiligsten und zum Heiligtum.

5 Als Salomo den Bau des Tempels vollendet hatte, brachte er alle Silber- und Goldschätze, die sein Vater David Gott geweiht hatte, in die Schatzkammern des Tempels.

Die Einweihung des Tempels
(1. Könige 8,1–13)

2 Salomo rief alle Ältesten von Israel und alle Stammes- und Sippenoberhäupter nach Jerusalem. Sie sollten dabei sein, wenn die Bundeslade des Herrn aus der »Stadt Davids«, dem Stadtteil Jerusalems auf dem Berg Zion, zum Tempel gebracht wurde. 3 Und so kamen im Monat Etanim, dem 7. Monat des Jahres, alle führenden Männer aus Israel in Jerusalem zusammen. In diesem Monat wurde auch das Laubhüttenfest gefeiert.

4 Als alle versammelt waren, hoben die Leviten die Bundeslade hoch 5 und trugen sie hinauf zum Tempel. Zusammen mit den Priestern brachten sie auch das heilige Zelt hinauf mit all seinen dem Herrn geweihten Gegenständen. 6 König Salomo und die Israeliten, die zu diesem Fest gekommen waren, hatten sich bei der Bundeslade versammelt. Sie opferten so viele Schafe und Rinder, dass man sie nicht mehr zählen konnte.

7 Die Priester brachten die Bundeslade an den vorgesehenen Platz in den hinteren Raum des Tempels. Dort im Allerheiligsten stellten sie die Bundeslade unter die beiden Cherub-Engel. 8 Ihre ausgebreiteten Flügel beschirmten nun die Bundeslade samt ihren Tragstangen. 9 Die beiden Stangen waren so lang, dass man sie vom Heiligtum aus sehen konnte, wenn man direkt vor dem Allerheiligsten stand. Doch vom Vorhof aus sah man sie nicht. Noch heute befindet sich die Bundeslade an diesem Ort. 10 Damals lagen nur die beiden Steintafeln darin, die Mose am Berg Horeb hineingelegt hatte, als der Herr mit den Israeliten nach dem Auszug aus Ägypten einen Bund schloss.

11 Alle Priester, die zur Einweihung des Tempels gekommen waren, hatten sich für das Fest gereinigt, auch wenn ihre Abteilung in diesen Tagen keinen Tempeldienst hatte. 12 Auch die Sänger der Leviten waren gekommen: die Leiter Asaf, Heman und Jedutun mit ihren Söhnen und Verwandten. Sie trugen Gewänder aus feinem weißen Leinen und standen mit Zimbeln, Harfen und Lauten an der Ostseite des Altars. Bei ihnen hatten sich 120 Priester aufgestellt, die auf Trompeten spielten. 13 Zusammen stimmten die Sänger und Musiker ein Loblied für den Herrn an. Begleitet von Trompeten, Zimbeln und anderen Instrumenten sangen sie das Lied:
»Der Herr ist gütig,
seine Gnade hört niemals auf!«

Während sie sangen, kamen die Priester wieder aus dem Tempel heraus. Da erfüllte die Wolke der Herrlichkeit des Herrn das ganze Haus, 14 so dass die Priester ihren Dienst im Tempel nicht mehr verrichten konnten.

6 Salomo betete: »Du, Herr, hast gesagt, dass du im Dunkel einer Wolke wohnen willst. 2 Nun aber habe ich dieses prachtvolle Haus für dich gebaut. Möge es ein Ort sein, an dem du, Herr, für alle Zeiten wohnen wirst.«

5,1 1 Chr 18,7–11; 29,2–4 **5,2** 1 Chr 16,1 **5,3** 3 Mo 23,33–43* **5,10** 2 Mo 24,3–8; 31,18*; 5 Mo 10,1–5 **5,11** 3 Mo 21,1–4; 4 Mo 8,5–7 **5,12** 1 Chr 15,16–24 **5,13** 2 Mo 40,34–35; Hes 10,4; Ps 136,1 **6,1** 2 Mo 20,21; 5 Mo 5,22 **6,2** 1 Kön 9,3*

Salomos Ansprache zur Einweihung des Tempels
(1. Könige 8,14–21)

3 Nach diesem Gebet wandte sich der Kö-
nig zu den Israeliten um, die sich vor dem
Tempel zusammengefunden hatten. Er
segnete sie und sagte:
4 »Ich preise den Herrn, den Gott Isra-
els! Nun hat er das Versprechen einge-
löst, das er meinem Vater David gab. 5 Ei-
nes Tages sagte Gott zu ihm: ›Seit ich
mein Volk aus Ägypten in dieses Land
geführt habe, habe ich nie angeordnet,
dass man irgendwo in Israel für mich
einen Tempel bauen sollte. Ich habe auch
nie einen Mann dazu erwählt, über mein
Volk zu regieren. 6 Nun aber soll Jerusa-
lem der Ort sein, an dem ich für immer
wohnen will. Dich, David, habe ich zum
König über mein Volk Israel bestimmt.‹
7 Mein Vater David hatte schon lange
einen großen Wunsch: Er wollte dem
Herrn, dem Gott Israels, einen Tempel
bauen. 8 Doch der Herr sagte zu ihm: ›Ich
freue mich zwar, dass du mir einen Tem-
pel bauen möchtest. 9 Aber nicht du, Da-
vid, sollst ihn bauen, sondern erst dein
Sohn.‹
10 Der Herr hat Wort gehalten: Ich bin
als Nachfolger meines Vaters David Kö-
nig von Israel geworden, genau wie der
Herr es vorausgesagt hat. Und nun habe
ich auch den Tempel für den Herrn, den
Gott Israels, gebaut 11 und die Bundes-
lade hineingestellt. In ihr liegen die bei-
den Gesetzestafeln. Sie sind die Wahrzei-
chen des Bundes, den der Herr mit den
Israeliten geschlossen hat.«

Salomos Gebet zur Einweihung des Tempels
(1. Könige 8,22–53)

12 Dann trat Salomo vor den Augen der
versammelten Israeliten an den Altar
des Herrn und breitete seine Hände aus.
13 Er hatte für die Einweihungsfeier eine
Plattform aus Bronze anfertigen und sie
mitten in den Tempelvorhof stellen las-
sen. Sie war zweieinhalb Meter lang,
zweieinhalb Meter breit und eineinhalb
Meter hoch. Salomo stieg nun auf die
Plattform, kniete vor den Augen der ver-
sammelten Menge nieder, erhob seine
Hände zum Himmel 14 und betete:
»Herr, du Gott Israels! Es gibt keinen
Gott wie dich – weder im Himmel noch
auf der Erde. Du hältst den Bund, den du
mit deinem Volk geschlossen hast, und
erweist allen deine Güte und Liebe, die
dir von ganzem Herzen dienen. 15 Und so
hast du auch deine Zusage eingehalten,
die du meinem Vater David gegeben
hast. Was du ihm damals versprachst,
hast du nun in die Tat umgesetzt, wie wir
alle es heute sehen. 16 Herr, du Gott Isra-
els, bitte halte auch das andere Verspre-
chen, das du ihm gegeben hast. Du sag-
test zu ihm: ›Immer wird einer deiner
Nachkommen König über Israel sein,
solange sie sich nach meinen Geboten
richten, wie du es getan hast.‹ 17 Ja, Herr,
du Gott Israels, bitte erfüll alles, was du
deinem Diener David versprochen hast!
18 Jedoch – kann Gott überhaupt auf
der Erde bei den Menschen wohnen? Ist
nicht sogar der Himmel zu klein, dich zu
fassen, geschweige denn dieses Haus, das
ich gebaut habe? 19 Trotzdem bitte ich
dich, Herr, mein Gott: Höre mein Rufen,
und weise meine Bitten nicht zurück! Er-
höre das Gebet, das ich in aller Demut an
dich richte! 20 Bitte, wache Tag und Nacht
über dieses Haus! Es ist ja der Ort, von
dem du selbst gesagt hast: ›Hier will ich
wohnen.‹ Darum erhöre das Gebet, das
ich, dein ergebener Diener, an diesem
Ort an dich richte. 21 Nimm meine Gebete
an und auch die meines Volkes, wenn wir
zum Tempel gewandt mit dir reden. Hör
unser Rufen im Himmel, dort, wo du
thronst, und vergib uns!
22 Wenn jemand beschuldigt wird,

6,6 1 Kön 9,3* **6,7–10** 2 Sam 7,1–13 **6,11** 2 Mo 24,3–8; 31,18*; 5 Mo 10,1–5 **6,16** 2 Sam 7,16* **6,18** 1 Kön 8,27; Jes 66,1; Apg 17,24 **6,20** 1 Kön 9,3* **6,21** 7,12–15 **6,22–23** 2 Mo 22,10; 4 Mo 5,11–31; 5 Mo 17,8–13

einem anderen etwas angetan zu haben,
und er hier vor deinem Altar schwören
muss, dass er unschuldig ist, [23] dann höre
du im Himmel, was er sagt, und sorge für
Recht: Entlarve und bestrafe ihn, wenn
er schuldig ist; wenn er aber unschuldig
ist, verschaffe ihm Gerechtigkeit!

[24/25] Wenn die Israeliten von Feinden
besiegt werden, weil sie gegen dich ge-
sündigt haben, wenn sie dann ihre Schuld
einsehen und dich wieder als ihren Gott
loben, so höre sie im Himmel! Vergib
deinem Volk Israel die Schuld, wenn sie
hier im Tempel zu dir beten und dich um
Hilfe anflehen! Bring sie wieder zurück
in das Land, das du ihnen und ihren Vor-
fahren geschenkt hast!

[26/27] Wenn es einmal lange Zeit nicht
regnet, weil sie gegen dich gesündigt ha-
ben, wenn sie dann zu diesem Tempel ge-
wandt beten und dich wieder als ihren
Gott loben, so höre sie im Himmel!
Wenn sie von ihren falschen Wegen um-
kehren, weil du sie bestraft hast, dann
vergib deinem Volk und seinen Königen
ihre Schuld! Denn du zeigst ihnen, wie sie
ein Leben führen können, das dir gefällt.
Lass es wieder regnen auf das Land, das
du deinem Volk als bleibenden Besitz ge-
geben hast!

[28] Wenn im Land Hungersnot herrscht
oder die Pest wütet, wenn das Getreide
durch Glutwind, Pilzbefall oder Ungezie-
fer vernichtet wird, wenn Feinde kom-
men und israelitische Städte belagern –
wenn also das Land von irgendeinem
Unglück oder einer Seuche heimgesucht
wird –, [29/30] dann höre auf jedes Gebet, das
an dich gerichtet wird, sei es von einzel-
nen Menschen oder vom ganzen Volk!
Erhöre im Himmel, wo du thronst, die
Bitten aller, die in ihrer Not und ihrem
Schmerz dich suchen und die Hände fle-
hend zu diesem Tempel hin ausstrecken!
Gib jedem, was er verdient, denn du
kennst sein Herz! Vergib ihm oder be-
strafe ihn, je nach seinen Taten! Denn du
allein kennst alle Menschen durch und
durch. [31] So werden sie dich als ihren Gott
achten und ehren, und sie werden dir ge-
horchen, solange sie in dem Land leben,
das du unseren Vorfahren gegeben hast.

[32] Wenn Ausländer, die nicht zu deinem
Volk Israel gehören, deinetwegen aus fer-
nen Ländern hierher kommen, weil sie
von deiner Herrlichkeit und deinen
mächtigen Taten für dein Volk gehört ha-
ben, [33] dann erhöre auf deinem Thron im
Himmel auch ihre Gebete, die sie vor
diesem Tempel sprechen! Erfülle die Bit-
ten dieser Menschen, damit alle Völker
auf der Erde dich als den wahren Gott
erkennen! Dann werden sie dich achten
und verehren, wie dein Volk Israel dich
verehrt, und sie werden erkennen, dass
du in diesem Tempel wohnst, den ich ge-
baut habe.

[34] Wenn die Israeliten Krieg führen und
auf deinen Befehl gegen ihre Feinde aus-
ziehen, wenn sie dann zur Stadt blicken,
die du erwählt hast, und zum Tempel, den
ich für dich gebaut habe, [35] dann höre im
Himmel ihr Flehen, und verhilf ihnen
zum Recht!

[36] Wenn sie sich aber von dir abwenden
– es gibt ja keinen Menschen, der nicht
sündigt – und du zornig wirst und sie an
ihre Feinde auslieferst, die sie als Gefan-
gene in ihr Land verschleppen, sei es fern
oder nah, [37–39] dann höre sie doch im Him-
mel, wo du wohnst, wenn sie dort in der
Fremde ihre Schuld bereuen und zu dir
umkehren!

Wenn sie dann zu dir um Hilfe flehen
und dir bekennen: ›Wir haben Schuld auf
uns geladen und gegen dich gesündigt, als
wir dir den Rücken kehrten‹, dann erhö-
re ihr Flehen, wenn sie sich wieder von
ganzem Herzen dir zuwenden! Hilf ih-
nen, wenn sie im Gebiet ihrer Feinde zu
dir beten und zum Land blicken, das du
ihren Vorfahren gegeben hast, zur Stadt,
die du für dich erwählt hast, und zum
Tempel, den ich für dich gebaut habe.

6,24–25 5 Mo 28,1.15.25* **6,26–27** 5 Mo 28,15.23–24 **6,28** 5 Mo 28,15.22 **6,29–30** Ps 26,2* **6,31** 5 Mo 6,4–5*; 7,12–15* **6,32–33** Apg 8,26–39 **6,34–35** 2 Mo 14,14* **6,36–39** 6,24–25; Dan 6,11; 9,4–19

Vergib deinem Volk alles, was sie dir an-
getan haben! [40] Bitte, mein Gott, ver-
schließ deine Augen und Ohren nicht
vor den Gebeten, die dein Volk an die-
sem Ort an dich richtet!
[41] Herr, mein Gott, erhebe dich! Lass
dich im Heiligtum für immer nieder;
dort, wo auch die Bundeslade steht, das
Zeichen deiner großen Macht. Deine
Priester, Herr, mein Gott, sollen uns stets
dein Heil verkünden. Lass alle, die dir
vertrauen, sich freuen über deine Güte.
[42] Herr, mein Gott, weise mich nicht ab,
den König, den du selbst erwählt hast!
Denk daran, wie gütig du schon zu dei-
nem Diener David warst!«

Ein Opferfest zur Einweihung des Tempels
(1. Könige 8,62–66)

7 Als Salomo sein Gebet beendet hat-
te, fiel Feuer vom Himmel und ver-
zehrte das Brandopfer und die Schlacht-
opfer. Die Wolke der Herrlichkeit des
Herrn erfüllte den Tempel, [2] so dass die
Priester nicht mehr hineingehen konn-
ten. [3] Als die Israeliten sahen, wie das
Feuer vom Himmel kam und die Herr-
lichkeit des Herrn den Tempel erfüllte,
fielen sie alle auf die Knie und verneigten
sich, bis ihr Gesicht den Boden berührte.
Sie beteten den Herrn an und sangen zu
seiner Ehre:
»Der Herr ist gütig,
seine Gnade hört niemals auf!«
[4/5] Mit einem großen Opferfest weihte
der König und mit ihm das ganze Volk
den Tempel Gottes ein. Salomo ließ
22000 Rinder und 120000 Schafe
schlachten. [6] Während die Priester die
Arbeiten verrichteten, die ihnen zuge-
teilt waren, spielten die Leviten auf den
Instrumenten, die David zum Lob des
Herrn hatte bauen lassen. Sie sangen
und spielten das Loblied »Seine Gnade
hört niemals auf«, das sie von David ge-
lernt hatten. Die Priester begleiteten sie
auf ihren Trompeten, während das ganze
Volk stand. [7] Die Mitte des Tempelvor-
hofs wurde zur Opferstätte geweiht, weil
der bronzene Altar, den Salomo gemacht
hatte, viel zu klein war für die vielen Op-
fer. Denn unzählige Brand- und Speise-
opfer wurden dargebracht, und auch das
Fett der Tiere, die man für das Opfer-
mahl schlachtete, wurde verbrannt.
[8/9] Vierzehn Tage lang feierten König
Salomo und die Israeliten: in der ersten
Woche die Einweihung des Tempels und
in der zweiten Woche das Laubhütten-
fest. Sehr viele Israeliten nahmen daran
teil. Von weit her waren sie nach Jerusa-
lem gekommen: vom äußersten Norden
des Landes aus Lebo-Hamat bis zu dem
Bach, der im Süden die Grenze nach
Ägypten bildet. Am letzten Tag feierten
sie ein großes Abschlussfest. [10] Es war der
23. Tag des 7. Monats. Danach beendete
Salomo das Fest, und die Israeliten zogen
wieder nach Hause. Voller Freude und
Dankbarkeit dachten sie an das Gute,
das der Herr schon David und nun auch
Salomo und seinem Volk Israel erwiesen
hatte.

Gott spricht mit Salomo
(1. Könige 9,1–9)

[11] So vollendete Salomo den Tempel des
Herrn und seinen eigenen Palast. Es war
ihm gelungen, alles wie geplant auszufüh-
ren. [12] Da erschien ihm eines Nachts der
Herr und sprach zu ihm:
»Ich habe dein Gebet erhört und die-
sen Tempel als Ort erwählt, an dem ihr
mir eure Opfer darbringen könnt.
[13] Wenn ich es einmal lange Zeit nicht
regnen lasse, wenn ich Heuschrecken ins
Land schicke, damit sie die Ernte ver-
nichten, oder wenn ich in meinem Volk
die Pest ausbrechen lasse [14] und sie rufen
zu mir, dann will ich im Himmel ihr Ge-
bet erhören. Wenn dieses Volk, das mei-

6,40 2 Mo 2,23–25*; Jer 29,11–14; Mt 7,7–8 **6,41** 4 Mo 10,35; Ps 132,8 **7,1** 2 Mo 40,34–35
7,3 Ps 136,1 **7,8–9** 3 Mo 23,33–43* **7,12** 5 Mo 12,5–6.11–14 **7,13–14** 6,26–30

nen Namen trägt, seine Sünde bereut,
von seinen falschen Wegen umkehrt und
nach mir fragt, dann will ich ihnen ver-
geben und ihr Land wieder fruchtbar ma-
chen. 15 Ich werde jeden beachten, der
hier zu mir betet, und auf seine Bitten
hören. 16 Denn ich habe diesen Tempel
als einen heiligen Ort erwählt, an dem
ich für immer wohnen will. Mein Blick
wird stets auf ihm ruhen, denn mein Herz
hängt an ihm. 17 Und du, Salomo, lebe wie
dein Vater David. Befolge alles, was ich
dir befohlen habe! Lebe nach meinen
Geboten, und achte auf meine Weisun-
gen! 18 Dann wird immer ein Nachkomme
Davids auf dem Thron Israels sitzen, so
wie ich es deinem Vater versprochen ha-
be, als ich einen Bund mit ihm schloss.
Dein Königtum wird fortbestehen.

19 Doch wenn ihr mir den Rücken kehrt
und meine Weisungen und Gebote nicht
mehr befolgt, wenn ihr anderen Göttern
nachlauft und sie anbetet, 20 dann werde
ich euch aus diesem Land vertreiben,
das ich euch gegeben habe. Israels Un-
glück wird sprichwörtlich sein. Alle Völ-
ker werden euch verspotten. Auch von
diesem Tempel, den ich jetzt zu einer hei-
ligen Stätte erklärt habe, werde ich mich
wieder abwenden. 21 Nur ein Trümmer-
haufen wird von ihm übrig bleiben.[a] Wer
an ihm vorübergeht, wird entsetzt sein
über das, was er sieht. Erstaunt wird er
fragen: ›Warum hat der Herr dieses Land
und diesen Tempel so furchtbar zer-
stört?‹ 22 Und man wird ihm antworten:
›Weil die Israeliten den Herrn, den Gott
ihrer Vorfahren, verlassen haben. Er hat
sie aus Ägypten herausgeführt, und doch
sind sie fremden Göttern nachgelaufen,
haben sie angebetet und ihnen gedient.
Darum hat der Herr sie nun in dieses Un-
glück gestoßen.‹«

Salomos Amtsführung
(1. Könige 9,15–24)

8 Zwanzig Jahre dauerte es, bis der
Tempel des Herrn und der Königs-
palast fertig waren. 2 Danach ließ Salomo
die Städte ausbauen, die Hiram ihm ge-
geben hatte, und siedelte Israeliten darin
an.

3 Er unternahm einen Feldzug gegen
die Stadt Hamat-Zoba und eroberte sie.
4 Außerdem baute er große Lagerhallen
in der Gegend von Hamat; er erweiterte
die Wüstenstadt Tadmor, 5/6 das obere
und das untere Bet-Horon und Baalat zu
befestigten Städten mit hohen Mauern
und verriegelten Toren. Er ließ Städte
bauen, in denen Vorratshallen, Hallen
für die Streitwagen und Pferdeställe un-
tergebracht wurden.

Alles, was Salomo bauen wollte, sei es
in Jerusalem, im Libanon oder sonst ir-
gendwo in seinem Reich, ließ er durch
Fronarbeiter errichten. 7/8 Sie waren kei-
ne Israeliten, sondern die Nachkommen
der Hetiter, Amoriter, Perisiter, Hiwiter
und Jebusiter, die früher das Land Israel
bewohnt hatten. Bei der Eroberung des
Landes hatten die Israeliten diese Völker
nicht völlig vernichtet. Bis heute müssen
ihre Nachkommen für Israel Fronarbeit
leisten. 9 Die Israeliten selbst aber blie-
ben davon verschont. Sie dienten Salomo
als Beamte und Soldaten, als seine Be-
fehlshaber, Streitwagenkämpfer und Of-
fiziere. 10 Salomo setzte in ganz Israel 250
Männer als Aufseher über die Fronarbei-
ter ein.

11 Salomo hatte eine Tochter des Phara-
os geheiratet. Er ließ einen Palast für sie
bauen, weil er nicht wollte, dass sie in der
»Stadt Davids« wohnte. Denn er sagte
sich: »Meine Frau soll nicht in dem Palast

---

[a] So mit einigen alten Übersetzungen. Der hebräische Text lautet: Dieses Haus wird hoch sein.

7,15 6,20–40 **7,16** 1 Kön 9,3* **7,18** 2 Sam 7,16* **7,19** 2 Mo 20,3–5*; 5 Mo 29,16–17 **7,20** 5 Mo 28,37 **7,21** 5 Mo 29,21–27; 2 Kön 25,9; Jer 7,13–15 **8,7–8** 5 Mo 7,1–4; Jos 16,10; 17,13; Ri 1,27–35 **8,9** 10,4; 1 Kön 5,27–28 **8,11** 1 Kön 3,1

wohnen, der David, dem König von Isra-
el, gehört hat. Diese Räume sind heilig,
weil die Bundeslade des Herrn in ihrer
Nähe stand.«

Ordnung des Tempeldienstes
(1. Könige 9,25–28)

12 Nachdem Salomo den Bau des Tem-
pels vollendet hatte, ließ er auf dem Al-
tar des Herrn vor der Vorhalle täglich
Opfer darbringen, 13 so wie es im Gesetz
des Mose befohlen war. Man opferte
auch am Sabbat, bei Neumond und an
den drei großen Festen des Jahres: am
Passahfest, am Wochenfest und am
Laubhüttenfest. 14 Salomo berief die
Dienstgruppen der Priester ein. Sie soll-
ten ihre Arbeit im Tempel versehen, wie
David es vorgeschrieben hatte. Auch die
Leviten begannen ihren Dienst: Die eine
Gruppe sollte Gott mit ihren Liedern lo-
ben, eine andere den Priestern bei ihrer
Arbeit helfen, so wie es für jeden Tag
angeordnet war. Auch die Tore wurden
von den Leviten bewacht, jedes Tor von
einer Gruppe. So hatte es David, der
Diener Gottes, gewollt. 15 Salomo befolg-
te die Anweisungen genau, die David für
die Priester, die Leviten und die Auf-
bewahrung des Tempelschatzes gegeben
hatte.

16 Damit waren alle Pläne Salomos aus-
geführt, von der Grundsteinlegung des
Tempels bis zu seiner Vollendung.

17 Salomo hielt sich zeitweise auch in
Ezjon-Geber auf, einem Ort in der Nähe
von Elat am Roten Meer, im Gebiet der
Edomiter. 18 Dorthin schickte König Hi-
ram ihm Schiffe und erfahrene Seeleute,
die zusammen mit Salomos Männern
nach Ofir segelten, um von dort Gold zu
holen. Sie brachten Salomo über fünf-
zehn Tonnen Gold mit.

Die Königin von Saba besucht Salomo
(1. Könige 10,1–13)

9 Die Königin von Saba hatte schon
viel von Salomo gehört. Deshalb be-
schloss sie, diesen König zu besuchen und
sich mit schwierigen Rätseln selbst von
seiner Weisheit zu überzeugen. Mit gro-
ßem Gefolge reiste sie nach Jerusalem.
Die Kamele ihrer Karawane waren
schwer beladen mit wohlriechenden
Ölen, mit Gold und mit kostbaren Edel-
steinen.

Als die Königin vor Salomo stand,
stellte sie ihm die Rätsel, die sie sich aus-
gedacht hatte. 2 Salomo konnte ihr alle
Fragen beantworten und blieb ihr selbst
bei den schwierigsten Rätseln die Ant-
wort nicht schuldig. 3 Die Königin von
Saba war tief beeindruckt von Salomos
Wissen und von seinem Palast. 4 Sie sah,
welche ausgefallenen Speisen und Ge-
tränke auf der königlichen Tafel standen
und wie weise die Plätze der königlichen
Beamten angeordnet waren. Sie staunte
über die gute Bedienung bei Tisch und
die kostbaren Gewänder der Diener und
Mundschenke. Und als sie miterlebte,
wie Salomo im Tempel ein Brandopfer
darbringen ließ, da verschlug es ihr voll-
ends den Atem.

5 »Es ist tatsächlich alles wahr, was man
in meinem Reich von deinen Taten und
deiner Weisheit berichtet!«, sagte sie zu
Salomo. 6 »Ich konnte es einfach nicht
glauben. Darum bin ich hierher gekom-
men, ich wollte mich mit eigenen Augen
davon überzeugen. Und nun sehe ich:
Man hat mir nicht einmal die Hälfte ge-
sagt! Dein Wissen übertrifft alles, was ich
je über dich gehört habe. 7 Wie gut haben
es deine Beamten, und wie glücklich sind
deine Bediensteten zu schätzen, die stän-

8,12 4 Mo 28,3–8 **8,13** 4 Mo 28,9–31; 29,12–39 **8,14** 1 Chr 23,2 – 26,19 **9,1** Mt 12,42

dig in deiner Nähe sind und deinen wei-
sen Worten zuhören können! 8 Ich preise
den Herrn, deinen Gott, der dich erwählt
und dir die Herrschaft über Israel gege-
ben hat, damit du in seinem Auftrag re-
gierst! Gott liebt sein Volk und will, dass
es nie untergeht, darum hat er dich zum
König gemacht. Du sollst dem Recht zum
Sieg verhelfen und als ein gerechter Kö-
nig regieren.«

9 Dann schenkte sie Salomo über vier
Tonnen Gold, eine Menge wohlriechen-
der Öle und kostbarer Edelsteine. Nie
wieder wurde je so viel duftendes Öl
nach Israel gebracht wie durch die Köni-
gin von Saba.

10 Die Männer Hirams und Salomos
holten nicht nur Gold von Ofir nach Isra-
el, sondern auch Edelholz und wertvolle
Edelsteine. 11 So kostbares Holz hatte
man vorher in Juda noch nie gesehen.
Der König ließ daraus im Tempel des
Herrn und in seinem eigenen Palast
Treppen anfertigen. Man baute daraus
auch Zithern und Harfen für die Sänger.

12 Salomo erfüllte der Königin von Saba
jede Bitte und schenkte ihr mehr, als sie
ihm gebracht hatte. Danach reiste sie mit
ihrem Gefolge in ihre Heimat zurück.

Salomos Reichtum und Ansehen
(1. Könige 10,14–29)

13 In einem einzigen Jahr gingen bei Salo-
mo fast 24 Tonnen Gold ein. 14 Dazu ka-
men die Steuern der Händler und Kauf-
leute und die Abgaben der arabischen
Könige und der Bezirksverwalter. Sie be-
zahlten Salomo mit Silber und Gold.

15/16 Salomo ließ 200 Langschilde und
300 kleine Rundschilde herstellen und
sie mit gehämmertem Gold überziehen.
Für einen Langschild brauchte man rund
7 Kilogramm Gold, für einen Rundschild
etwa 3,5 Kilogramm. Salomo bewahrte
sie im Libanonwaldhaus auf.

17 Außerdem ließ er sich einen großen
Königsthron anfertigen, der mit Elfen-
beinornamenten verziert und mit reinem
Gold überzogen war. 18/19 Am Thronsessel
war ein goldener Fußschemel befestigt;
neben jeder Armlehne stand eine Löwen-
figur. Auch auf allen sechs Stufen, die zum
Sessel hinaufführten, stand rechts und
links jeweils ein Löwe. In keinem anderen
Land hat sich jemals ein König einen so
prunkvollen Thron anfertigen lassen.

20 Alle Trinkgefäße Salomos waren aus
Gold, und die Gegenstände im Libanon-
waldhaus waren sogar alle aus reinem
Gold. Silber war zu Salomos Zeiten gera-
dezu wertlos. 21 Die Handelsflotte des
Königs segelte zusammen mit den Schif-
fen Hirams nach Tarsis in Spanien. Alle
drei Jahre kehrten sie zurück, schwer be-
laden mit Gold, Silber und Elfenbein, mit
Affen und Pfauen.

22 Salomo übertraf alle Könige der Er-
de an Reichtum und Weisheit. 23 Könige
aus aller Welt kamen zu ihm, um etwas
von der Weisheit zu hören, die Gott ihm
gegeben hatte. 24 Alle brachten ihm Ge-
schenke mit: silberne und goldene Gefä-
ße, kostbare Gewänder, Waffen, duften-
de Öle, Pferde und Maultiere. So ging es
Jahr für Jahr.

25 Salomo besaß 4000 Stallplätze für die
Pferde seiner Streitwagen und 12000
Pferde. Teils brachte er sie in den Städten
unter, die er eigens dafür gebaut hatte,
teils am königlichen Hof in Jerusalem.
26 Salomo herrschte über alle Königreiche
vom Euphrat über das Gebiet der Philis-
ter bis an die Grenze nach Ägypten. 27 Sil-
ber war zu seiner Zeit in Jerusalem so ge-
wöhnlich wie Steine, und das kostbare
Zedernholz gab es in so großen Mengen
wie das Holz der Maulbeerfeigenbäume,
die im jüdischen Hügelland wachsen.
28 Seine Pferde kaufte Salomo in Ägypten
und in vielen anderen Ländern.

Salomos Tod
(1. Könige 11,41–43)

29 Alles Weitere über Salomos Leben
steht in der Chronik des Propheten Na-
than, in den Weissagungen Ahijas aus Si-

9,15–16 1 Kön 7,2–3

Wenn wir nur beten würden!

Lesen Sie 2. Chronik 7,14

Der Theologe und Autor Harold Lindsell hat einmal gesagt: „Warum erwarten wir, dass Gott uns etwas ohne Gebet gibt, das er uns versprochen hat, wenn wir beten?" In der Bibel werden wir oft zum Gebet aufgerufen, so auch durch die Worte Gottes an Salomo in 2. Chronik 7,14: Wenn das Volk seine Sünde bereute und nach Gott fragte, dann würde Gott sie hören, ihnen vergeben und sie retten. Gottes Botschaft an uns ist klar: „Rufe zu mir, dann will ich dir antworten und dir große und geheimnisvolle Dinge zeigen, von denen du nichts weißt!" (Jeremia 33,3).

Wir kommen zu Gott als unserem Vater und wissen, dass er seinen Kindern Gutes tun möchte. Natürlich tut Gott nicht alles, worum wir ihn bitten. Dazu liebt er uns zu sehr und dazu ist er zu weise. Wenn das, worum wir bitten, uns letztendlich nicht zum Guten dient, dann hat er etwas Besseres mit uns vor.

Paare, die lernen, miteinander zu beten, folgen ganz einfach der Einladung Gottes. Er möchte in unsere Ehe miteinbezogen werden. Wenn wir gemeinsam beten, erkennen wir damit seine Gegenwart und seine Macht an. Durch das Gebet können Sie beide Ihre Einstellung und Ihr Verhalten ändern. Denken Sie daran: Gott ist Liebe, und er möchte Ihnen zeigen, wie Sie einander lieben können.

Nehmen Sie sich Zeit, um allein oder als Paar gemeinsam zu beten.
Danken Sie Gott für die Einladung, mit ihm zu sprechen.
Danken Sie ihm für die Liebe und die Führung, die er schenkt.
Bitten Sie ihn, Ihr gemeinsames Gebet zu segnen.

Wenn Sie noch mehr Zeit haben ...

Besprechen Sie miteinander folgende Fragen oder denken Sie darüber nach:

- Was hindert Sie daran, mit Ihrem Mann/Ihrer Frau so oft wie nötig gemeinsam zu beten?
- Welche konkreten Schritte können Sie unternehmen, um die Hindernisse zu beseitigen?
- Welche Schritte kann Ihr Ehepartner gehen, um eine gemeinsame Zeit des Gebetes zu ermöglichen?

Lesen Sie auch die folgenden Abschnitte zum Thema Gebet:
Psalm 107,28-30; Matthäus 7,7; Markus 11,24.

Lebenstüchtig

Lesen Sie 2. Chronik 10,1-19

Wie kam es nur, dass Salomo, der weiseste Mensch, der je gelebt hat, einen so törichten Sohn hatte? In 2. Chronik 10,1-19 wird berichtet, wie Rehabeam mit nur einer fatalen Entscheidung die Herrschaft der Nachkommen Davids über Israel beendete. Doch wie war es dazu gekommen? Warum hatte Salomo, der so viele Menschen unterwies und kluge Sprichwörter schrieb, seinem Sohn nicht beigebracht, wie man zu einem Leiter wird, den die Menschen respektieren?

Eine ähnliche Frage können sich alle Eltern stellen. Was hält uns davon ab, unseren Kindern die Dinge beizubringen, die sie wissen müssen? Wir selbst haben viele wertvolle Fähigkeiten, die wir weitergeben können, ob wir es merken oder nicht. Denken Sie einmal an die Fertigkeiten, die Sie für Ihren Beruf brauchen. Warum setzen Sie diese nicht auch in Ihrer Familie ein?

Im Büro arbeiten Sie vielleicht mit unterschiedlichen Medien. Haben Sie schon einmal versucht, Ihren Kindern etwas mithilfe einer Powerpoint-Präsentation zu erklären? Im beruflichen Umfeld haben Sie gelernt, dass es klug ist, die Meinung anderer wertzuschätzen und zu berücksichtigen. Gilt das nicht auch innerhalb der Familie?

Schreiben Sie einmal gemeinsam mit Ihrem Ehepartner auf, welche Fähigkeiten jeder von Ihnen erworben hat, wenn es darum geht, Informationen weiterzugeben, Menschen bei der Entscheidungsfindung anzuleiten oder ihnen bestimmte Fertigkeiten zu vermitteln. Überlegen Sie, welche dieser Fähigkeiten Sie in dieser Woche Ihren Kindern zugutekommen lassen können.

Nehmen Sie sich Zeit, um allein oder als Paar gemeinsam zu beten. Danken Sie Gott für das Wissen, die Weisheit und die Fähigkeiten, die er Ihnen und Ihrem Mann/Ihrer Frau gegeben hat. Bitten Sie ihn darum, dass Sie beide in guter Weise zusammenarbeiten, um dieses Können an Ihre Kinder weiterzugeben.

Wenn Sie noch mehr Zeit haben ...

Besprechen Sie miteinander folgende Fragen oder denken Sie darüber nach:

- Welche hilfreichen Fähigkeiten und welches Wissen erkennen Sie bei Ihrem Mann/Ihrer Frau?
- Welche hilfreichen Fähigkeiten und welches Wissen erkennt Ihr Mann/Ihre Frau bei Ihnen?
- Welcher Zeitpunkt scheint gut geeignet, um Ihr Wissen an Ihre Kinder weiterzugeben?

Lesen Sie auch die folgenden Abschnitte zum Thema Eltern sein:
5. Mose 6,6-7; Sprüche 22,6; Epheser 6,4.

Den nächsten Impuls finden Sie auf S. 514 a

lo und in den Schriften über die Visionen
des Propheten Jedo, die Jerobeam, dem
Sohn Nebats, galten.
30 Salomo regierte vierzig Jahre in Jeru-
salem als König über ganz Israel. 31 Als er
starb, wurde er dort in der »Stadt Davids«
begraben. Sein Sohn Rehabeam wurde
sein Nachfolger.

Die Teilung Israels in zwei Reiche: Das Nordreich Israel und das Südreich Juda

Israel sagt sich vom Königshaus David los (1. Könige 12,1–20)

10 Rehabeam reiste nach Sichem,
denn dort wollte ganz Israel ihn
zum König krönen. 2 Jerobeam, der Sohn
Nebats, erfuhr noch in Ägypten davon,
wohin er vor König Salomo geflohen war.
Er kam sofort zurück, 3 und die Israeliten
schickten Abgesandte zu ihm, um ihn
nach Sichem zu holen. Dort angekom-
men, traten sie vor Rehabeam und sagten
zu ihm: 4 »Dein Vater war ein strenger
Herrscher. Schonungslos hat er uns das
Äußerste an Steuern und Frondiensten
abverlangt. Wir erkennen dich nur als
König an, wenn du uns nicht so schwer
unterdrückst wie dein Vater!«
5 Rehabeam antwortete: »Gebt mir
drei Tage Bedenkzeit, und dann kommt
wieder!« Da wurde die Versammlung für
drei Tage unterbrochen. 6 In der Zwi-
schenzeit rief Rehabeam die alten königlichen Berater zu sich, die schon im
Dienst seines Vaters gestanden hatten,
und fragte sie: »Was ratet ihr mir? Welche
Antwort soll ich dem Volk geben?« 7 Sie
antworteten: »Sei freundlich zu ihnen,
und gib ihnen nach. Wenn du heute be-
reit bist, auf dein Volk zu hören, dann
wird dein Volk morgen auf dich hören
und dir dienen.«
8 Aber der Ratschlag der alten Männer
gefiel Rehabeam nicht. Darum fragte er
seine jungen, gleichaltrigen Berater:
9 »Was soll ich dem Volk antworten? Sie
verlangen von mir, dass ich sie nicht so
hart unterdrücke wie mein Vater.« 10 Die
jungen Männer rieten ihm: »Die Leute
beschweren sich über deinen Vater und
wollen, dass du sie sanfter anfasst? Sag
ihnen: ›Im Vergleich zu mir war mein Va-
ter ein Weichling! 11 Er hat euch zwar
nicht gerade geschont, aber ich werde
noch ganz anders durchgreifen! Er ließ
euch mit Peitschen antreiben, ich aber
werde Peitschen mit Stacheln nehmen!‹«
12 Drei Tage später sprachen Jerobeam
und die Abgesandten des Volkes wieder
bei Rehabeam vor. 13 Der König gab
ihnen eine harte Antwort. Er hörte nicht
auf den Rat der Alten, 14 sondern schleu-
derte dem Volk die Worte an den Kopf,
die ihm seine jungen Altersgenossen vor-
gesagt hatten: »Es stimmt, mein Vater
war nicht gerade zimperlich mit euch,
aber ich werde noch ganz anders mit
euch umspringen! Er ließ euch mit Peit-
schen antreiben, ich aber werde Peit-
schen mit Stacheln nehmen!« 15 Der Herr
hatte Rehabeam für die Bitten des Vol-
kes taub gemacht. Denn nun sollte sich
erfüllen, was Ahija aus Silo Jerobeam,
dem Sohn Nebats, im Auftrag Gottes vo-
rausgesagt hatte.
16 Als die Israeliten merkten, dass der
König nicht auf sie hören wollte, riefen
sie ihm zu: »Was geht uns Davids Sippe
noch an? Warum geben wir uns noch mit
euch ab? Wir wollen nichts mehr mit
euch zu tun haben! Los, gehen wir heim!«
Und sie zogen fort.
17 Nur die Israeliten aus dem Stammes-
gebiet von Juda erkannten Rehabeam als
König an. 18 Da schickte Rehabeam Ado-
niram, den Aufseher über die Fronarbei-
ter, zu den Nordstämmen, um noch ein-
mal mit ihnen zu verhandeln. Doch die
aufgebrachte Menge steinigte Adoniram
zu Tode. König Rehabeam konnte sich
gerade noch in einen Wagen retten und
nach Jerusalem fliehen.
19 So sagten sich die Stämme Nordisra-

10,2 1 Kön 11,40 **10,4** 1 Kön 5,27–32 **10,15** 1 Kön 11,29–38 els vom Königshaus David los und sind noch heute von ihm getrennt.

Rehabeam soll Israel nicht zurückerobern
(1. Könige 12,21–24)

11 Als Rehabeam nach Jerusalem zurückkam, rief er sofort die besten Soldaten der Stämme Juda und Benjamin zum Kampf gegen Israel auf. Es waren 180 000 Mann. So wollte Rehabeam, der Sohn Salomos, die Herrschaft über ganz Israel zurückgewinnen. [2] Doch da sprach der Herr zum Propheten Schemaja: [3] »Bring König Rehabeam von Juda, dem Sohn Salomos, und allen Bewohnern der Stammesgebiete Juda und Benjamin diese Botschaft: [4] So spricht der Herr: Ihr sollt nicht gegen eure Brüder Krieg führen! Geht wieder nach Hause! Alles, was geschehen ist, habe ich selbst so kommen lassen.«

Sie gehorchten dem Befehl des Herrn und griffen Jerobeam nicht an.

Rehabeam festigt seine Macht

[5] Rehabeam regierte in Jerusalem. Im Gebiet von Juda und Benjamin baute er Städte zu Festungen aus: [6] Bethlehem, Etam, Tekoa, [7] Bet-Zur, Socho, Adullam, [8] Gat, Marescha, Sif, [9] Adorajim, Lachisch, Aseka, [10] Zora, Ajalon und Hebron. [11] Rehabeam setzte Befehlshaber über sie ein. Er lagerte dort Lebensmittelvorräte, Öl und Wein [12] und legte Waffenlager mit Langschilden und Speeren an. So baute er diese Städte zu starken Festungen aus und sicherte sich die Herrschaft über Juda und Benjamin.

Priester und Leviten siedeln nach Juda um

[13] Aus ganz Israel kamen Priester und Leviten zu Rehabeam, um sich ihm anzuschließen. [14] Sie verließen ihren Besitz und ihre Felder und siedelten sich in Juda und Jerusalem an. Denn Jerobeam und seine Söhne hatten sie daran gehindert, als Priester dem Herrn zu dienen. [15] Stattdessen hatte Jerobeam sich Priester für seine Höhenheiligtümer ausgesucht, die den Dämonen opferten und Kälberstatuen anbeteten, die er hatte anfertigen lassen. [16] Wie die Priester und Leviten zogen viele Menschen aus allen Stämmen Israels nach Juda, weil sie dem Herrn, dem Gott Israels, von ganzem Herzen dienen wollten. Sie kamen nach Jerusalem, um dem Herrn, dem Gott ihrer Vorfahren, Opfer darzubringen. [17] So unterstützten sie das Königreich Juda und stärkten drei Jahre lang die Macht Rehabeams, des Sohnes Salomos. Denn drei Jahre folgte Juda dem guten Beispiel Davids und Salomos.

Die Familie Rehabeams

[18] Rehabeam heiratete Mahalat, eine Tochter Jerimots und Abihajils. Jerimot war ein Sohn Davids, und seine Frau Abihajil war eine Tochter Eliabs und Enkelin Isais. [19] Mahalat bekam drei Söhne. Sie hießen Jëusch, Schemarja und Saham. [20] Später heiratete Rehabeam noch Maacha, die Tochter Abischaloms. Sie brachte Abija, Attai, Sisa und Schelomit zur Welt. [21] Rehabeam hatte achtzehn Frauen und sechzig Nebenfrauen. Sie brachten achtundzwanzig Söhne und sechzig Töchter zur Welt. Am meisten aber liebte Rehabeam Maacha, die Tochter Abischaloms. [22] Er bevorzugte ihren ältesten Sohn Abija gegenüber seinen Brüdern und bestimmte ihn zu seinem Nachfolger. [23] Rehabeam setzte seine Söhne geschickt ein: Er verteilte sie über das ganze Gebiet von Juda und Benjamin und ließ sie in den befestigten Städten wohnen. Er sorgte für ihren Lebensunterhalt und suchte viele Frauen für sie aus.

11,14 13,9–12 **11,15** 1 Kön 12,28–31 **11,18** 1 Sam 16,6

Die Ägypter erobern Juda
(1. Könige 14,25–28)

12 Als Rehabeam seine Herrschaft gefestigt hatte und zu einem mächtigen König geworden war, hielt er sich nicht mehr an das Gesetz des Herrn, und ganz Israel folgte seinem schlechten Vorbild. [2]Der Herr bestrafte ihre Untreue: Im 5. Regierungsjahr Rehabeams unternahm König Schischak von Ägypten einen Feldzug gegen Jerusalem. [3]Er kam mit einem Heer von 1200 Streitwagen, 60000 Reitern und unzähligen Fußsoldaten. Die Libyer, Sukkijiter und Äthiopier unterstützten ihn. [4]Schischak nahm eine befestigte Stadt nach der anderen ein, und schon bald stand sein Heer vor Jerusalem.

[5]Da kam der Prophet Schemaja zu Rehabeam und den führenden Männern Judas, die vor dem Angriff Schischaks nach Jerusalem geflohen waren. Er sagte zu ihnen: »So spricht der Herr: ›Ihr habt mich verlassen, darum verlasse ich nun euch und liefere euch an Schischak aus.‹« [6]Als Rehabeam und die führenden Männer Judas das hörten, bekannten sie: »Wir haben die Strafe des Herrn verdient!« [7]Der Herr sah, dass sie sich seinem Urteil beugten, und so sprach er zu Schemaja: »Weil sie ihre Schuld einsehen, werde ich sie nicht vernichten, sondern ihnen helfen: Mein Zorn ist nicht so groß, dass ich Jerusalem durch Schischak zerstören lasse. [8]Aber er wird dieses Volk zu seinen Untertanen machen. Dann werden sie sehen, was für ein Unterschied es ist, ob sie mir dienen oder den Königen dieser Welt.«

[9]König Schischak von Ägypten marschierte mit seinem Heer in Jerusalem ein. Er raubte alle Schätze aus dem Tempel und dem Königspalast, auch die goldenen Schilde, die König Salomo seinerzeit hatte anfertigen lassen. [10]König Rehabeam ließ an ihrer Stelle Schilde aus Bronze herstellen und übergab sie dem Befehlshaber der Wache am Eingang zum königlichen Palast. [11]Immer wenn der König in den Tempel des Herrn ging, mussten die Wächter diese Schilde tragen. Danach brachte man sie wieder zurück in das Waffenlager der Leibwache.

[12]Weil Rehabeam seine Schuld einsah, war der Herr nicht länger zornig auf ihn und ließ nicht zu, dass sein Reich völlig vernichtet wurde. Denn auch in Juda gab es noch Menschen, die dem Herrn treu geblieben waren.

Rehabeams Tod
(1. Könige 14,21–24.29–31)

[13]König Rehabeam konnte seine Herrschaft wieder festigen und regierte weiter in Jerusalem. Er war mit 41 Jahren König geworden. Siebzehn Jahre herrschte er in Jerusalem, der Stadt, die der Herr aus allen Stämmen Israels erwählt hat, um dort angebetet zu werden. Rehabeams Mutter war die Ammoniterin Naama. [14]Rehabeam bemühte sich nicht darum, dem Herrn zu dienen, sondern er tat, was unrecht war.

[15]Alles Weitere über sein Leben ist in der Chronik der Propheten Schemaja und Iddo festgehalten. Dort wird auch Rehabeams gesamte Familie aufgeführt. Zwischen Rehabeam und Jerobeam herrschte Krieg, solange sie lebten. [16]Als Rehabeam starb, wurde er in der »Stadt Davids«, einem Stadtteil Jerusalems, beigesetzt. Sein Sohn Abija wurde zum Nachfolger ernannt.

König Abija von Juda
(1. Könige 15,1–8)

13 Abija wurde König von Juda im 18. Regierungsjahr König Jerobeams von Israel. [2]Er regierte drei Jahre in Jerusalem. Seine Mutter hieß Michaja und war eine Tochter Uriëls aus Gibea.

Auch Abija führte Krieg gegen Jerobeam. [3]Er zog mit 400000 erfahrenen Soldaten aus, um Jerobeam anzugreifen.

12,1 1 Kön 2,2–4 **12,4** 11,5–10 **12,5** 15,2; 24,20 **12,9** 9,15–16 **12,13** 1 Kön 9,3*

Jerobeam stellte Abija ein Heer von
800 000 guten Soldaten entgegen. 4 Als
die beiden Heere sich im Bergland von
Ephraim gegenüberstanden, stieg Abija
auf den Berg Zemarajim und rief:
»Jerobeam und all ihr Israeliten, hört
mir zu! 5 Habt ihr vergessen, dass der
Herr, der Gott Israels, mit David einen
ewigen Bund geschlossen hat? Er hat
ihm und seinen Nachkommen für alle
Zeiten die Herrschaft über Israel gege-
ben[a]. 6 Trotzdem hat Jerobeam, der Sohn
Nebats, sich gegen seinen Herrn, den
Enkel Davids, aufgelehnt. 7 Er scharte
nichtsnutzige Schurken um sich und wie-
gelte sie gegen Rehabeam, den Sohn Sa-
lomos, auf. Rehabeam war noch zu jung
und unerfahren, er konnte ihnen nicht
die Stirn bieten.
8 Und jetzt glaubt ihr, die Nachkom-
men Davids besiegen zu können, denen
der Herr die Königsherrschaft anver-
traut hat, nur weil ihr so viele seid und
weil ihr die goldenen Kälber bei euch
habt, die euch Jerobeam als Götter ge-
macht hat! 9 Die Priester des Herrn, die
Nachkommen Aarons, habt ihr vertrie-
ben und ebenso die Leviten. Und dann
habt ihr an ihrer Stelle Priester nach ei-
genem Gutdünken eingesetzt, genau wie
die anderen Völker. Wer zum Priester
geweiht werden wollte, brauchte nur mit
einem Stier und sieben Schafböcken da-
herkommen, und schon war er ein Pries-
ter im Dienst der Götter, die gar keine
sind!
10 Wir aber bezeugen: Der Herr ist un-
ser Gott, ihn verlassen wir nicht. Nur die
Nachkommen Aarons sind unsere Pries-
ter, sie und die Leviten dienen dem
Herrn. 11 Jeden Morgen und jeden Abend
bringen sie ihm Brandopfer und wohlrie-
chende Räucheropfer dar. Auf dem heili-
gen Tisch liegen die aufgeschichteten
Brote; die goldenen Leuchter werden je-
den Abend angezündet. Ja, wir dienen
dem Herrn, unserem Gott, ihr aber habt
ihn verlassen. 12 Gott hilft uns, er geht uns
im Kampf voran! Seine Priester sind bei
uns, und sie werden die Kriegstrompeten
gegen euch blasen. Ich warne euch, ihr
Israeliten! Kämpft nicht gegen den
Herrn, den Gott eurer Vorfahren! Diesen
Krieg könnt ihr nicht gewinnen!«
13 Inzwischen hatte Jerobeam einige
Truppen in den Hinterhalt geschickt. Sie
sollten die Judäer umgehen und ihnen in
den Rücken fallen, während er mit dem
übrigen Heer von vorne angreifen wollte.
14 Plötzlich merkten die Judäer, dass die
Israeliten sie umzingelt hatten. Sie
schrien zum Herrn um Hilfe. Die Priester
bliesen ihre Trompeten, 15 und alle Sol-
daten stimmten ein lautes Kriegsgeschrei
an. Da griff Gott ein: Mit seiner Hilfe
schlugen Abija und die Judäer Jerobeams
Heer. 16 Die Israeliten ergriffen die
Flucht, aber Gott gab sie in die Gewalt
der Judäer, 17 und so brachten Abija und
seine Truppen ihnen eine große Nieder-
lage bei. 500 000 erfahrene Soldaten aus
Israel fielen in dieser Schlacht. 18 Die Ju-
däer siegten, weil sie ihre Hilfe vom
Herrn, dem Gott ihrer Vorfahren, erwar-
tet hatten. Für die Israeliten aber war es
eine große Demütigung.
19 Abija jagte Jerobeam nach und er-
oberte aus seinem Gebiet die Städte Be-
thel, Jeschana und Efron mit ihren um-
liegenden Dörfern. 20 Jerobeams Macht
war von da an gebrochen, und schon bald
ließ der Herr ihn sterben. 21 Abija dage-
gen wurde ein mächtiger Herrscher. Er
heiratete vierzehn Frauen und hatte
zweiundzwanzig Söhne und sechzehn
Töchter.
22 Alles Weitere über Abijas Leben,
über seine Worte und Taten, ist in der
Chronik des Propheten Iddo festgehal-
ten. 23 Als Abija starb, begrub man ihn in
der »Stadt Davids«, einem Stadtteil Jeru-
salems. Sein Sohn Asa trat die Nachfolge

---

a Im hebräischen Text steht hier noch: durch einen Salzbund. – Bündnisse wurden durch das Essen von Salz besiegelt.

13,5 2 Sam 7,16* **13,8–9** 1 Kön 12,28–31 **13,11** 4 Mo 28,3–8; 2 Mo 30,7–8; 3 Mo 24,5–8
13,12 4 Mo 10,9

an. Unter seiner Herrschaft war zehn
Jahre lang Frieden im Land.

König Asa von Juda
(1. Könige 15,9–12)

14 Asa tat, was gut und recht war und
dem Herrn, seinem Gott, gefiel.
2 Er zerstörte die Götzenaltäre und Hö-
henheiligtümer und riss die heiligen Stei-
ne und Holzpfähle nieder, die anderen
Göttern geweiht waren. 3 Er forderte die
Bevölkerung Judas auf, wieder dem
Herrn, dem Gott ihrer Vorfahren, zu die-
nen und nach seinen Geboten zu leben.
4 In allen Städten Judas ließ er die Höhen-
heiligtümer und Räucheropferaltäre der
fremden Götter beseitigen.

Zu dieser Zeit herrschte Frieden im
Land, 5 denn der Herr sorgte dafür, dass
kein Krieg ausbrach. Asa ließ in ganz Ju-
da Städte zu Festungen ausbauen. 6 Er
sagte zu den Bewohnern von Juda: »Jetzt
ist die beste Gelegenheit, unsere Städte
zu befestigen! Lasst uns Stadtmauern
und Türme bauen und sie mit Toren und
starken Riegeln versehen! Denn noch ha-
ben wir in unserem Land freie Hand.
Weil wir uns darum bemüht haben, dem
Herrn, unserem Gott, zu dienen, darum
hat er uns nun ringsum Frieden ge-
schenkt.« So begann man mit dem Aus-
bau der Städte und konnte die Arbeiten
ungehindert abschließen.

Der Sieg über die Äthiopier

7 Asa besaß ein Heer mit 300 000 Solda-
ten aus Juda; sie waren mit Langschilden
und Lanzen bewaffnet. Dazu kamen
280 000 Mann aus Benjamin mit Rund-
schilden und Bogen. Sie alle waren erfah-
rene Soldaten.

8 Der Äthiopier Serach rückte mit
einem riesigen Heer von Fußsoldaten
und 300 Streitwagen gegen Juda vor und
kam bis Marescha. 9 Asa zog ihm ent-
gegen. Im Zefatatal bei Marescha stellten
sich die beiden Heere auf. 10 Asa betete
zum Herrn, seinem Gott: »O Herr, nur
du kannst uns helfen im Kampf mit dem
riesigen Heer der Feinde, gegen die wir
schwach sind. Steh uns bei, Herr, unser
Gott! Wir verlassen uns auf dich, und
nur weil wir dir vertrauen, kämpfen wir
gegen diese Übermacht. Du bist der
Herr, unser Gott! Gegen dich kommt
kein Mensch an!«

11 Da schenkte der Herr den Judäern
den Sieg. Die Äthiopier ergriffen die
Flucht. 12 Asa und seine Soldaten verfolg-
ten sie bis nach Gerar. Die Äthiopier er-
litten so schwere Verluste, dass sie nach
dieser Schlacht kein Heer mehr aufstel-
len konnten. Der Herr selbst und sein
Heer hatten die äthiopischen Truppen
zerschlagen. Die Judäer machten große
Beute. 13 Sie eroberten die Städte rings
um Gerar, denn die Einwohner fürchte-
ten sich vor der Macht des Herrn. Sie
plünderten die Städte aus und kehrten
mit reicher Beute zurück. 14 Auch die
Zeltlager einiger Viehbesitzer griffen sie
an und nahmen viele Schafe, Ziegen und
Kamele mit. Dann kehrten sie nach Jeru-
salem zurück.

Asa erneuert den Bund mit dem Herrn
(1. Könige 15,9–15)

15 Der Geist Gottes kam über Asar-
ja, den Sohn Odeds. 2 Darauf ging
Asarja zu Asa und sagte: »König Asa und
ihr Bewohner von Juda und Benjamin,
hört mir zu! Der Herr ist bei euch, solan-
ge ihr bei ihm bleibt. Wenn ihr ihn sucht,
wird er sich finden lassen. Verlasst ihr ihn
aber, so wird er auch euch verlassen!
3 Lange Zeit wollten die Israeliten von
dem wahren Gott nichts wissen. Sie küm-
merten sich nicht um das, was die Priester
sagten, und lebten nicht nach dem Gesetz
des Mose. 4 Aber als sie in Not gerieten,
kehrten sie wieder zum Herrn, dem Gott
Israels, um. Sie suchten ihn, und er ließ

14,2–3 5 Mo 6,4–5*; 12,2–3* **14,4–5** 15,15; 20,30 **14,10** 13,14–18; 2 Mo 14,14* **15,2** 12,5; 24,20
15,3–6 Ri 2,10–18

sich finden. 5 Damals konnte niemand un-
gehindert reisen. Alle Länder waren in
Kriege verwickelt. 6 Ein Volk kämpfte ge-
gen das andere, und eine Stadt führte ge-
gen die andere Krieg. Doch dahinter
stand Gott; er ließ es zu, dass die Völker
in Not gerieten. 7 Ihr aber sollt stark sein
und euch nicht entmutigen lassen! Was
ihr tut, wird der Herr belohnen!«
8 Als Asa hörte, was der Prophet Asar-
ja[a] ihm sagte, bekam er neuen Mut. Er
entfernte alle Götzenstatuen aus Juda,
Benjamin und den Städten, die er auf
dem Gebirge Ephraim eingenommen
hatte. Er ließ den Altar des Herrn im
Vorhof des Tempels erneuern. 9 Dann rief
er die führenden Männer aus Juda und
Benjamin zu sich. Auch die Israeliten,
die aus den Gebieten von Ephraim,
Manasse und Simeon nach Juda gezogen
waren, lud er ein. Denn viele Menschen
waren aus Israel zu Asa übergelaufen, als
sie sahen, wie der Herr, sein Gott, ihm
beistand.
10 Im 3. Monat des 15. Regierungsjahrs
von König Asa versammelten sie sich in
Jerusalem 11 und opferten dem Herrn 700
Rinder und 7000 Schafe, die sie erbeutet
hatten. 12 Sie erneuerten den Bund, den
ihre Vorfahren mit Gott, dem Herrn, ge-
schlossen hatten, und schworen, ihm wie-
der von ganzem Herzen zu dienen. 13 Wer
aber nicht zum Herrn, dem Gott Israels,
gehören wollte, der sollte getötet werden,
egal ob Jung oder Alt, Mann oder Frau.
14 Mit lauter Stimme schworen sie dem
Herrn die Treue, sie jubelten und bliesen
die Trompeten und Posaunen. 15 Ganz Ju-
da freute sich über den neuen Bund,
denn sie hatten ihr Versprechen mit auf-
richtigem Herzen gegeben. Sie waren
entschlossen, so zu leben, wie es dem
Herrn gefiel. Darum nahm der Herr sie
wieder an und schenkte ihnen Frieden
mit allen Völkern ringsum.
16 König Asa entließ seine Großmutter
Maacha aus ihrer wichtigen Stellung als
Königinmutter, weil sie der Göttin
Aschera eine Statue aufgestellt hatte.
Die Statue ließ er in Stücke hauen und
im Kidrontal verbrennen. 17 Leider ver-
bot Asa nicht auch noch das Opfern in
den Höhenheiligtümern des Landes.
Doch sonst diente er dem Herrn von gan-
zem Herzen, solange er lebte. 18 Alle gol-
denen und silbernen Gegenstände, die
sein Vater dem Herrn geweiht hatte,
brachte er in den Tempel Gottes, zusam-
men mit den Geschenken, die er selbst
dem Herrn weihte.
19 Bis zum 35. Regierungsjahr König
Asas brach kein Krieg mehr aus.

Asas Bündnis mit Syrien
(1. Könige 15,16–22)

16 Im 36. Regierungsjahr Asas fiel
König Bascha von Israel mit sei-
nem Heer in Juda ein und baute die Stadt
Rama zu einer Festung aus. Mit der Kon-
trolle über diesen wichtigen Knoten-
punkt konnte er Juda von der Außenwelt
abschneiden.
2 Da schickte König Asa eine Gesandt-
schaft nach Damaskus zu König Ben-Ha-
dad von Syrien. Er gab den Gesandten
Gold und Silber aus dem Tempel des
Herrn mit, dazu Geschenke aus der kö-
niglichen Schatzkammer. Sie sollten Ben-
Hadad Folgendes ausrichten: 3 »Lass uns
ein Bündnis miteinander schließen! Es
soll so fest und unverbrüchlich sein, als
wären schon unsere Väter verbündet ge-
wesen. Dieses Silber und Gold ist mein
Geschenk an dich. Ich bitte dich: Brich
dein Bündnis mit König Bascha von Isra-
el, und greif ihn an, damit er aus unserem
Gebiet wieder abzieht.«
4 Ben-Hadad willigte ein und schickte
seine Truppen gegen Israel. Sie nahmen
die Städte Ijon, Dan und Abel-Majim
ein, dazu alle Vorratslager der Städte im
Gebiet Naftalis. 5 Als Bascha davon er-
fuhr, ließ er von seinem Vorhaben ab,

---

a Im hebräischen Text steht der Name Oded. Oded war der Vater Asarjas. Vgl. Vers 1

15,7 1 Kor 15,58 **15,8** 14,2–4; 1 Kön 14,22–24 **15,12** 2 Mo 24,3–8; 5 Mo 6,4–5* **15,15** 14,4–5; 20,30 **15,17** 5 Mo 12,2–3*

Ursache und Wirkung

Lesen Sie 2. Chronik 15,7

Immer wieder wird in der Bibel erwähnt, dass wir eine Belohnung empfangen werden, wenn wir treu sind (siehe 2. Chronik 15,7). Ein Bereich, in dem wir diesen Grundsatz anwenden können, sind die Beziehungen innerhalb der Familie.

Liebesbeziehungen brauchen Geduld. Geduld sollte bei uns zu einem Lebensstil werden. Wir können nicht erwarten, dass alle unsere Unterschiede sich über Nacht in Luft auflösen oder mit einem einzigen Gespräch überwunden werden. Es braucht Zeit und die nötige Sorgfalt, um den Standpunkt des anderen zu verstehen und eine Lösung für unsere unterschiedlichen Sichtweisen zu finden. Das ist ein lebenslanger Prozess und zugleich das Herz jeder Beziehung. Wir können keine gute Beziehung aufbauen, wenn wir unsere Gedanken und Gefühle nicht sorgfältig kommunizieren, den anderen verstehen, einander annehmen und brauchbare Lösungen finden.

Erwarten Sie weder von sich selbst noch von Ihren Familienmitgliedern Perfektion. Geben Sie sich aber andererseits erst dann zufrieden, wenn Sie eine liebevolle Beziehung aufgebaut haben. Wir müssen auch Rückschläge in Kauf nehmen. Keiner von uns kann sich von heute auf morgen ändern; oft fallen wir in alte Verhaltensmuster zurück. Sie kennen vielleicht den Spruch: „Rom wurde nicht an einem einzigen Tag erbaut." Dasselbe gilt für unsere Beziehungen. Üben Sie sich in Geduld, und Sie werden bestimmt dafür belohnt werden.

Nehmen Sie sich Zeit, um allein oder als Paar gemeinsam zu beten. Danken Sie Gott für die gesunden, intakten Beziehungen, die Sie zu Freunden und Angehörigen pflegen dürfen. Sprechen Sie mit ihm auch über die Beziehungen, in denen es nicht gut läuft. Bitten Sie ihn, dass er Ihnen dabei hilft, diesen Menschen seine Liebe weiterzugeben.

Wenn Sie noch mehr Zeit haben …

Besprechen Sie miteinander folgende Fragen oder denken Sie darüber nach:

- Wie hat sich Ungeduld in Ihren Beziehungen ausgewirkt? Erläutern Sie.
- Was ist das größte Hindernis für eine wirksame Kommunikation in Ihren Beziehungen? Erläutern Sie.

Lesen Sie auch die folgenden Abschnitte zum Thema Gesunde Beziehungen:
1. Korinther 6,1-20; 13,1-13; Galater 5,14.

Erst mal Gott fragen

Die folgenden Fragen können Sie entweder allein oder als Paar gemeinsam durchgehen. Wenn jeder für sich darüber nachdenkt, verabreden Sie sich in der kommenden Woche zu einem Austausch darüber, was Sie herausgefunden haben.

1. Lesen Sie 2. Chronik 18. Warum wollte Ahab nicht wissen, was Gott zu seinen Plänen zu sagen hatte?

2. Statt Gott um Rat zu fragen, wandte sich Ahab an die falschen Propheten und deren Götter. Was wäre in unserer heutigen Kultur damit vergleichbar?

3. Wie hätte die Geschichte für Ahab anders ausgehen können?

4. In welcher Hinsicht ist das Gebet der Maßstab für unsere geistliche Gesundheit?

5. Gibt es regelmäßige Aufgaben oder Ereignisse in Ihrem Leben, auf die Sie sich im Gebet vorbereiten sollten? Gibt es regelmäßige Aufgaben und Ereignisse, für die Sie nicht beten müssen? Wie können Sie die einen von den anderen unterscheiden?

6. Welche bevorstehenden Ereignisse, Aufgaben oder Entscheidungen würden besser laufen, wenn Sie sich im Gebet darauf vorbereiten?

2. Chronik 18,4

„Frag zuerst den Herrn, was er zu diesem Feldzug sagt."

KONKRET:

Das gemeinsame Gebet fällt vielen Paaren nicht leicht. Doch wenn Sie vor Herausforderungen stehen, ist das eine gute Gelegenheit, damit zu beginnen. Hier ein Vorschlag für Sie: Fassen Sie sich an den Händen und erzählen Sie sich gegenseitig, worüber Sie sich Sorgen machen. Dann nehmen Sie sich ein paar Minuten Zeit und beten Sie, jeder für die Sorgen des anderen.

Den nächsten Impuls finden Sie auf S. 522 a

der König: »Micha, sollen wir gegen Ra-
mot in Gilead in den Kampf ziehen oder
nicht?« »Natürlich, greift nur an!«, ant-
wortete der Prophet. »Bestimmt wird die
Stadt in eure Gewalt gegeben, und ihr
kommt als die großen Sieger zurück!«
15 Doch der König hakte nach: »Wie muss
ich dich beschwören, damit du mir nur
die reine Wahrheit sagst? Was hat der
Herr dir gezeigt?«
16 Da antwortete Micha: »Ich sah das
Heer der Israeliten über alle Berge ver-
streut wie Schafe, die keinen Hirten mehr
haben. Der Herr sprach zu mir: ›Diese
Soldaten haben keinen Herrn mehr, der
sie führt. Sie können getrost nach Hause
zurückkehren.‹«
17 »Siehst du?«, wandte der König von
Israel sich nun an Joschafat. »Ich habe
es doch gleich gesagt, dass er mir immer
nur Unglück prophezeit und nie etwas
Gutes!«
18 Micha aber fuhr fort: »Hört zu! Ich
will euch erzählen, was der Herr mir ge-
zeigt hat: Ich sah ihn auf seinem Thron
sitzen, umgeben von seinem himmlischen
Hofstaat. 19 Er fragte: ›Wer will Ahab da-
zu verleiten, gegen Ramot in Gilead zu
kämpfen? Der König soll dort ums Leben
kommen.‹ Die Versammelten machten
diesen und jenen Vorschlag, 20 bis schließ-
lich ein Geist vor den Herrn trat und sag-
te: ›Ich werde ihn überlisten!‹ ›Wie willst
du das tun?‹, fragte der Herr. 21 ›Ich lasse
alle Propheten Ahabs Lügen erzählen‹,
antwortete er. ›Ich rede durch sie als ein
Lügengeist.‹ Da sagte der Herr zu dem
Geist: ›Du bist der Rechte, um Ahab in
die Irre zu führen! Es wird dir auch gelin-
gen. Geh und mach es so, wie du vor-
geschlagen hast!‹ 22 Ahab, der Herr hat
beschlossen, Unheil über dich zu bringen,
darum hat er diesen Lügengeist zu dei-
nen Propheten geschickt. Dieser Geist
spricht nun aus ihrem Mund.«
23 Jetzt kam Zedekia, der Sohn Kenaa-
nas, nach vorne, gab Micha eine Ohrfeige
und rief: »So, du behauptest, der Geist
Gottes habe mich und die anderen Pro-
pheten verlassen, damit er mit dir reden
kann? Beweis es, wenn du kannst!«
24 »Warte nur«, sagte Micha, »bald kommt
der Tag, an dem du dich vor den Feinden
in die hinterste Kammer deines Hauses
verkriechst. Dann wirst du an meine
Worte denken!«
25 Da befahl König Ahab: »Bringt Mi-
cha zu Amon, dem Stadtobersten, und
zu meinem Sohn Joasch! 26 Meldet ihnen:
›Befehl des Königs: Steckt diesen Mann
ins Gefängnis, und gebt ihm eine gekürz-
te Ration Brot und Wasser!‹ Dort soll er
bleiben, bis ich, König Ahab, unversehrt
als Sieger aus dem Feldzug zurückkom-
me.« 27 Da sagte Micha zum König: »Alle
sollen es hören: Wenn du je wohlbehalten
zurückkehrst, so hat heute nicht der Herr
durch mich gesprochen.«

König Ahab fällt in der Schlacht bei Ramot
(1. Könige 22,29–35)

28 König Ahab von Israel und König Jo-
schafat von Juda zogen gemeinsam in
den Kampf gegen die Stadt Ramot in Gi-
lead. 29 Vor der Schlacht sagte Ahab zu
Joschafat: »Ich werde mich als einfacher
Soldat verkleiden. Du aber kämpfe ruhig
in deiner königlichen Rüstung.« Er zog
sich einfache Soldatenkleider an, und sie
gingen in die Schlacht. 30 Der syrische Kö-
nig aber hatte seinen Wagenkämpfern
befohlen: »Greift in der Schlacht einzig
und allein den König von Israel an. Lasst
euch von keinem ablenken – weder vom
Fußvolk noch von den hohen Offi-
zieren!«
31 Bald hatten die syrischen Wagen-
kämpfer König Joschafat entdeckt. Sie
hielten ihn für den König von Israel und
griffen ihn von allen Seiten an. Joschafat
schrie laut um Hilfe. Da griff der Herr ein
und lenkte die Feinde von ihm ab.
32 Denn die Syrer merkten, dass er nicht
König Ahab war, und ließen von ihm ab.
33 Einer ihrer Soldaten schoss auf gut
Glück einen Pfeil ab und traf den König

18,16 Jer 10,21; Hes 34,2–6

von Israel genau an einer ungeschützten
Stelle zwischen den Trägern seines Pan-
zers. Ahab befahl dem Lenker seines
Streitwagens: »Dreh um, und bring mich
vom Schlachtfeld; ich bin schwer verwun-
det!« [34] Doch der Kampf tobte an diesem
Tag immer heftiger. Um den Syrern die
Stirn zu bieten, blieb Ahab auf dem
Schlachtfeld und hielt sich aufrecht in sei-
nem Wagen. Gegen Abend, als die Sonne
unterging, starb er.

19 König Joschafat von Juda aber
kehrte wohlbehalten nach Jerusa-
lem zurück. Vor seinem Palast [2] kam ihm
der Prophet Jehu entgegen, ein Sohn Ha-
nanis. Er sagte zum König: »Hältst du es
für richtig, einem Mann zu helfen, der
von Gott nichts wissen will? Warum
schließt du Freundschaft mit denen, die
den Herrn hassen? Du hast den Zorn
des Herrn heraufbeschworen! [3] Aber er
hat bei dir auch etwas Gutes gefunden:
Du hast die Steinmale, die anderen Göt-
tern geweiht waren, überall zerstört und
dich entschlossen, von ganzem Herzen
Gott zu dienen.«

Joschafat ordnet das Rechtswesen neu

[4] Von da an blieb Joschafat in Jerusalem
und besuchte das Nordreich Israel nicht
mehr. Er reiste aber durch ganz Juda,
von Beerscheba im Süden bis zum Gebir-
ge Ephraim im Norden, und ermutigte
das Volk, wieder zum Herrn, dem Gott
ihrer Vorfahren, umzukehren. [5] In allen
befestigten Städten setzte er Richter ein
[6] und ermahnte sie: »Denkt immer daran:
Ihr müsst eure Urteile nicht allein vor
Menschen verantworten, sondern auch
vor dem Herrn! Er wird euch helfen, ge-
rechte Urteile zu sprechen. [7] Habt Ehr-
furcht vor Gott! Arbeitet gewissenhaft!
Denn der Herr, unser Gott, ist nicht un-
gerecht, er bevorzugt niemanden und
lässt sich nicht bestechen.«

[8] In Jerusalem berief Joschafat einige
Leviten, Priester und Sippenoberhäupter
in das Richteramt. Ihnen wurden Verstö-
ße gegen das Gesetz des Herrn vorgelegt,
und gleichzeitig waren sie für die Rechts-
streitigkeiten der Einwohner Jerusalems
zuständig.[a] [9] Joschafat ermahnte auch sie:
»Übt euer Amt in Verantwortung vor
dem Herrn aus! Seid gewissenhaft und
unparteiisch! [10] Aus allen Städten des
Landes wird man euch Fälle zur Ent-
scheidung vorlegen. Ihr werdet über
einen Mordfall oder einen Totschlag zu
urteilen haben oder über Fragen, die das
Gesetz des Herrn, irgendein Gebot, eine
Weisung oder eine Rechtsbestimmung
betreffen. Worum es sich auch handelt –
sagt ihnen, was der Herr von ihnen will,
damit sie nicht vor ihm schuldig werden!
Wenn ihr das nicht tut, kommt sein Zorn
nicht nur über sie, sondern auch über
euch. Wenn ihr aber all das beherzigt,
dann trifft euch keine Schuld. [11] Bei
Rechtsfällen, die das Gesetz des Herrn
betreffen, ist der Hohepriester Amarja
der oberste Richter; in Sachen des Kö-
nigs hat Fürst Sebadja, der Sohn Jisma-
els, vom Stamm Juda, das letzte Wort.
Die Verwaltungsaufgaben werden von
den Leviten erfüllt. Geht nun entschlos-
sen an die Arbeit! Wenn ihr recht han-
delt, wird der Herr bei euch sein.«

Die Ammoniter bedrohen Juda

20 Einige Zeit später erklärten die
Moabiter, die Ammoniter und ei-
nige Sippen der Mëuniter Joschafat den
Krieg. [2] Ein Bote kam und meldete dem
König: »Ein riesiges Heer zieht von der
Ostseite des Toten Meeres von Edom
her gegen uns heran. Sie sind inzwischen
schon in Hazezon-Tamar angelangt.«
(Hazezon-Tamar ist ein anderer Name
für En-Gedi.)
[3] Diese Nachricht jagte Joschafat Angst
ein. Er wandte sich an den Herrn um Hil-

[a] »gleichzeitig … zuständig« nach der griechischen Übersetzung. Der hebräische Text lautet: und kehrten nach Jerusalem zurück.

19,2 1 Kön 16,30–33 **19,3** 17,3–6; 5 Mo 12,2–3* **19,5–7** 3 Mo 19,15; 5 Mo 16,18–20 **19,8–10** 5 Mo 17,8–13; 19,16–19 **20,3–4** 15,2–4; Ri 20,26; Jer 29,11–14*; Mt 6,17–18; Lk 2,37; Apg 13,2

fe und rief ganz Juda zum Fasten auf.
4 Aus allen Städten Judas kamen die
Menschen nach Jerusalem, um zum
Herrn um Hilfe zu beten. 5 Sie versam-
melten sich im neuen Vorhof beim Tem-
pel des Herrn. Joschafat trat nach vorne
6 und betete:
»Herr, du Gott unserer Vorfahren! Du
bist Gott im Himmel, du bist Herr über
alle Könige der Erde. In deiner Hand
sind Macht und Stärke. Niemand kann
gegen dich bestehen! 7 Hast du, unser
Gott, nicht damals die Bewohner dieses
Landes unseretwegen vertrieben? Hast
nicht du es den Nachkommen deines
Freundes Abraham für alle Zeiten ge-
schenkt? 8 Sie haben sich hier nieder-
gelassen; sie haben dir einen Tempel ge-
baut und gesagt: 9 ›Wenn uns ein Unglück
trifft, wenn Krieg, Pest, Hungersnot oder
ein anderes Strafgericht über uns herein-
bricht, dann wird der Herr uns erhören,
wenn wir in diesem Tempel vor ihn treten
und zu ihm um Hilfe schreien. Er wird
uns retten, denn er wohnt in diesem
Tempel.‹
10 Und nun bedrohen uns die Ammoni-
ter, die Moabiter und die Edomiter vom
Gebirge Seïr! Als dein Volk damals aus
Ägypten kam, hast du ihm nicht erlaubt,
diese Völker anzugreifen. Israel musste
ihnen ausweichen und durfte sie nicht
ausrotten. 11 Und zum Dank dafür wollen
sie uns nun von unserem Grund und Bo-
den vertreiben, den du uns geschenkt
hast! 12 Unser Gott, bestrafe sie! Wir
selbst können nichts ausrichten gegen
dieses riesige Heer, das gegen uns heran-
zieht. Wir sehen keinen Ausweg mehr,
doch wir vertrauen auf dich!«
13 Alle Männer, Frauen und Kinder von
Juda hatten sich im Tempelvorhof vor
dem Herrn versammelt. 14 Plötzlich kam
der Geist des Herrn über Jahasiël, einen
Leviten aus der Sippe Asaf. Sein Vater
hieß Secharja, die weiteren Vorfahren
waren Benaja, Jehiël und Mattanja. 15 Ja-
hasiël rief: »Hört, ihr Leute von Juda, ihr
Einwohner Jerusalems und du, König Jo-
schafat! So spricht der Herr: ›Habt keine
Angst! Fürchtet euch nicht vor diesem
großen Heer! Ich werde gegen sie kämp-
fen, nicht ihr! 16 Zieht ihnen morgen ent-
gegen! Sie werden von Ziz her den Berg
heraufkommen. Am Ende des Tales, wo
die Wüste Jeruël beginnt, werdet ihr auf
sie stoßen. 17 Aber ihr braucht nicht zu
kämpfen! Geht dorthin, und dann werdet
ihr sehen, wie ich, der Herr, euch rette.‹
Habt keine Angst, ihr Bewohner Judas
und Jerusalems. Verliert nicht den Mut!
Zieht ihnen morgen entgegen, der Herr
wird euch helfen!«
18 Da warf sich Joschafat nieder und
berührte mit dem Gesicht den Boden.
Auch die Bewohner Judas und Jerusa-
lems warfen sich vor dem Herrn zu
Boden und beteten ihn an. 19 Die Leviten
aus den Sippen Kehat und Korach stan-
den auf und stimmten ein Loblied an.
Sie priesen den Herrn, den Gott Israels,
so laut sie konnten.

Der Sieg über die Ammoniter

20 Früh am nächsten Morgen machte das
Heer von Juda sich auf den Weg zur Wüs-
te Tekoa. Beim Aufbruch trat Joschafat
vor sie hin und rief: »Hört, ihr Männer
von Juda und Jerusalem! Vertraut auf
den Herrn, euren Gott, dann wird euch
nichts geschehen! Glaubt, was seine Pro-
pheten euch gesagt haben, und ihr werdet
als Sieger zurückkehren!« 21 Joschafat be-
riet sich mit den Versammelten und stell-
te daraufhin an die Spitze des Heeres ei-
nige Sänger. In Festgewändern sollten sie
vor den Soldaten herziehen und den
Herrn loben mit dem Lied:
»Preist den Herrn,
denn seine Gnade hört niemals auf!«
22 Als die Sänger ihre Loblieder an-
stimmten, ließ der Herr die Truppen der
Ammoniter, Moabiter und der Bewoh-
ner des Gebirges Seïr in einen Hinterhalt
geraten. Sie wurden in die Flucht ge-

20,9 7,12–15 **20,10** 5 Mo 2,3–6.9.18–19 **20,12.15–17** 2 Mo 14,14*; Ps 33,16–20 **20,21** 1 Chr 15,16–24; Ps 136,1

schlagen. 23 Da verbündeten sich die Ammoniter und die Moabiter gegen die Edomiter, die auf dem Gebirge Seïr wohnten, und vernichteten sie. Dann gerieten sie selbst aneinander und brachten sich gegenseitig um. 24 Als die Israeliten zu der Stelle kamen, von wo aus man die Wüste überblicken konnte, suchten sie das große Heer der Feinde. Da entdeckten sie die Leichen, die überall am Boden lagen. Keiner der Feinde war mit dem Leben davongekommen. 25 Joschafat und sein Heer zogen zu dem Schlachtfeld, um sie auszuplündern. Sie fanden viele Tiere[a], Kleider[b] und wertvolle Gegenstände. Es war so viel, dass sie drei Tage brauchten, um die Beute wegzubringen.

26 Am vierten Tag kamen sie in einem nahe gelegenen Tal zusammen, um dem Herrn zu danken. Seitdem heißt es Berachatal (»Tal des Dankes«). 27 Voller Freude darüber, dass der Herr ihre Feinde besiegt hatte, kehrten die Männer von Juda und Jerusalem mit Joschafat an ihrer Spitze nach Hause zurück. 28 Begleitet von der Musik der Harfen, Lauten und Trompeten zogen sie in Jerusalem ein und gingen zum Tempel des Herrn. 29 Die Könige der Länder ringsum bekamen große Angst vor der Macht Gottes, als sie hörten, wie der Herr selbst gegen Israels Feinde gekämpft hatte. 30 Von da an konnte Joschafat in Ruhe regieren, denn Gott schenkte Juda Frieden mit den Königreichen ringsum.

Die letzten Jahre Joschafats und sein Tod
(1. Könige 22,41–51)

31 Mit 35 Jahren war Joschafat König von Juda geworden. Er regierte fünfundzwanzig Jahre in Jerusalem. Seine Mutter hieß Asuba und war eine Tochter Schilhis. 32 Er folgte dem Beispiel seines Vaters Asa und tat wie er, was dem Herrn gefiel, 33 nur schaffte er die Höhenheiligtümer nicht völlig ab. Denn das Volk war noch nicht dazu bereit, von ganzem Herzen dem Gott seiner Vorfahren zu dienen.

34 Alles Weitere über Joschafats Leben steht in der Chronik Jehus, des Sohnes Hananis. Sie wurde später in die Chronik der Könige von Israel aufgenommen.

35 König Joschafat von Juda schloss ein Bündnis mit König Ahasja von Israel, obwohl dieser nichts von Gott wissen wollte. 36 Die beiden Könige beschlossen, gemeinsam in Ezjon-Geber eine Handelsflotte aufzubauen. 37 Doch Eliëser aus Marescha, ein Sohn Dodawas, ging zu Joschafat und prophezeite ihm: »Weil du dich mit Ahasja verbündet hast, wird der Herr deine Schiffe zerstören!« So erlitt die Flotte Schiffbruch und kam nie an ihr Ziel.

21 Als Joschafat starb, wurde er in der »Stadt Davids«, einem Stadtteil Jerusalems, im Grab der königlichen Familie beigesetzt. Sein Sohn Joram trat die Nachfolge an.

König Joram von Juda
(2. Könige 8,16–24)

2 Joschafats weitere Söhne hießen Asarja, Jehiël, Secharja, Asarja, Michael und Schefatja. 3 Joschafat hatte ihnen viel Silber, Gold und andere Schätze geschenkt und ihnen die befestigten Städte in Juda überlassen. Zu seinem Nachfolger hatte er Joram bestimmt, weil er der älteste Sohn war. 4 Als nun Joram die Herrschaft angetreten hatte, ließ er seine Brüder umbringen. Auch einige führende Männer seines Volkes tötete er.

5 Joram wurde mit 32 Jahren König und regierte acht Jahre in Jerusalem. 6 Er war mit einer Tochter Ahabs verheiratet und folgte in allem dem schlechten Vorbild seines Schwiegervaters. Er verehrte Göt-

---

[a] So nach der griechischen Übersetzung. Der hebräische Text lautet: Sie fanden bei ihnen.
[b] So nach einigen hebräischen Handschriften und alten Übersetzungen. Der hebräische Text lautet: Leichen.

20,29 2 Mo 23,27–28* **20,30** 14,4–5; 15,15 **20,33** 5 Mo 6,4–5*; 12,2–3* **20,35** 19,2; 1 Kön 22,52–54 **21,6** 1 Kön 12,26–32*

zen so wie die Könige von Israel und tat,
was der Herr verabscheute. 7 Doch der
Herr wollte das Königshaus David nicht
vernichten, weil er sich an den Bund
hielt, den er mit David geschlossen hatte.
Er hatte ihm versprochen: »Immer wird
einer deiner Nachkommen König von Ju-
da sein.«

8 Während Jorams Regierungszeit sag-
ten sich die Edomiter von der Herrschaft
Judas los und ernannten einen eigenen
König. 9 Da rückte König Joram mit sei-
nen Offizieren und Streitwagen gegen
sie aus. Doch die edomitischen Truppen
umzingelten sie. In der folgenden Nacht
gelang es den Eingeschlossenen zwar, die
Reihen der Edomiter zu durchbrechen.
10 Trotzdem konnte sich Edom von der
Herrschaft Judas befreien und ist bis heu-
te unabhängig geblieben. Zur selben Zeit
lehnte sich auch Libna gegen Juda auf
und machte sich unabhängig. Dies alles
geschah, weil Joram den Herrn, den Gott
seiner Vorfahren, verlassen hatte. 11 Er
baute die Heiligtümer auf den Hügeln Ju-
das wieder auf und verleitete die Ein-
wohner Jerusalems dazu, dem Herrn un-
treu zu werden. Ganz Juda verführte er
zum Götzendienst.

12 Da erhielt er vom Propheten Elia
einen Brief, in dem stand: »So spricht
der Herr, der Gott deines Vorfahren Da-
vid: ›Du bist nicht dem Vorbild deines
Vaters Joschafat und deines Großvaters
Asa, des Königs von Juda, gefolgt. 13 Du
hast den gleichen Weg eingeschlagen wie
die Könige von Israel. Die Bewohner von
Jerusalem und ganz Juda hast du zum
Götzendienst verführt, so wie die Familie
Ahabs ihn treibt. Aber damit nicht ge-
nug: Deine Brüder hast du umgebracht,
die doch alle viel besser waren als du!
14 Darum werde ich, der Herr, großes Un-
heil über dein Volk, deine Söhne und dei-
ne Frauen bringen. Deinen ganzen Besitz
nehme ich dir weg. 15 Du selbst aber wirst
unheilbar krank werden. Du wirst lange
leiden, und zuletzt werden deine Einge-
weide aus dem Leib hervortreten.‹«

16 Der Herr brachte die Philister dazu,
zusammen mit den Araberstämmen, die
neben den Äthiopiern wohnten, Joram
den Krieg zu erklären. 17 Sie marschierten
in Juda ein, drangen bis Jerusalem vor
und plünderten den Palast des Königs
aus. Auch seine Söhne und Frauen nah-
men sie mit. Nur Joahas, der jüngste Sohn
Jorams, konnte entkommen.

18 Dann ließ der Herr den König un-
heilbar krank werden. Die Krankheit be-
fiel seine Eingeweide, 19 verschlimmerte
sich und war nach zwei Jahren so weit
fortgeschritten, dass die Eingeweide aus
dem Leib des Königs hervortraten. Joram
starb unter furchtbaren Schmerzen. An-
ders als bei seinen Vorgängern zündete
das Volk kein Feuer zu seiner Ehre an.

20 Joram war mit 32 Jahren König ge-
worden und hatte acht Jahre in Jerusalem
regiert. Als er starb, trauerte niemand um
ihn. Man begrub ihn in dem Stadtteil Je-
rusalems, der »Stadt Davids« genannt
wurde, jedoch nicht in den Königs-
gräbern.

König Ahasja von Juda
(2. Könige 8,25–29)

22 Die Einwohner von Jerusalem er-
nannten Jorams jüngsten Sohn
Ahasja zu seinem Nachfolger. Die älte-
ren Söhne Jorams waren alle von den
Räuberbanden umgebracht worden, die
mit den Arabern ins Heerlager der Judä-
er eingedrungen waren. Darum trat
Ahasja[a], der Sohn Jorams von Juda, die
Herrschaft an. 2 Er wurde mit 20[b] Jahren
König und regierte ein Jahr in Jerusalem.
Seine Mutter hieß Atalja. Sie war eine
Enkelin Omris, des früheren Königs von
Israel. 3 Auch Ahasja folgte dem schlech-
ten Beispiel Ahabs. Seine Mutter hatte
großen Einfluss auf ihn und verleitete
ihn immer wieder dazu, sich vom Herrn

---

[a] Ahasja ist eine andere Form für Joahas.
[b] So nach der griechischen Übersetzung. Der hebräische Text lautet: 42.

21,7 2 Sam 7,16* **21,11** 2 Mo 20,3–5*; 5 Mo 12,2–3*; 1 Kön 14,22–24 **22,3** 1 Kön 16,30–33

abzuwenden. [4]Außerdem ließ er sich nach dem Tod seines Vaters von seinen Verwandten aus dem Königshaus Ahab beraten. So tat er, was der Herr verabscheute, und dies wurde ihm zum Verhängnis.

[5]Auch zu einem Feldzug gegen König Hasaël von Syrien verleiteten ihn seine Berater. Ahasja verbündete sich mit Ahabs Sohn Joram, der König von Israel war. Bei Ramot in Gilead kam es zur Schlacht. Joram wurde dabei von den Syrern verwundet. [6]Deshalb zog er sich nach Jesreel zurück, um sich von seinen Verletzungen zu erholen. Dort besuchte ihn König Ahasja[a] von Juda, der Sohn Jorams. [7]Doch Gott fügte es so, dass dieser Besuch Ahasja zum Verhängnis wurde. Kaum war er in Jesreel angekommen, fuhr er mit Joram Jehu, dem Sohn Nimschis, in einem Wagen entgegen. Der Herr aber hatte Jehu dazu bestimmt, die Familie Ahabs auszurotten. [8]Als Jehu das Gericht über das Haus Ahab vollstreckte, da brachte er auch die obersten Beamten von Juda und die Neffen Ahasjas um, die in dessen Dienst standen. [9]Ahasja selbst hielt sich in Samaria versteckt. Jehu ließ ihn suchen. Als seine Männer ihn fanden, nahmen sie ihn gefangen und brachten ihn zu Jehu, wo er hingerichtet wurde. Er erhielt aber ein ehrenvolles Begräbnis, denn Jehu und seine Männer sagten: »Trotz allem war er ein Enkel Joschafats, der dem Herrn von ganzem Herzen dienen wollte.« Das Königshaus von Juda hatte nun keinen Nachkommen mehr, der die Herrschaft hätte übernehmen können.

Atalja reißt die Herrschaft an sich
(2. Könige 11,1–3)

[10]Als Ahasjas Mutter Atalja erfuhr, dass ihr Sohn tot war, ließ sie alle königlichen Nachkommen in Juda umbringen. [11]Nur Ahasjas Sohn Joasch überlebte, weil seine Tante Joscheba ihn rechtzeitig vor Atalja gerettet hatte. Joscheba war eine Tochter König Jorams und Schwester Ahasjas. Sie war mit dem Priester Jojada verheiratet. Joscheba hatte Joasch heimlich aus seinem Zimmer geholt und ihn zusammen mit seiner Amme in einer Kammer versteckt, in der Bettzeug aufbewahrt wurde. Dort konnte Atalja ihn nicht finden. [12]Später nahm Joscheba ihn zu sich und hielt ihn sechs Jahre im Tempelbereich verborgen. In dieser Zeit herrschte Atalja als Königin über Juda.

Atalja wird gestürzt – Joasch wird König
(2. Könige 11,4–20)

23 Im 7. Regierungsjahr Ataljas nahm Jojada allen Mut zusammen und verbündete sich mit einigen Offizieren. Zu ihnen gehörten Asarja, der Sohn Jerohams, Jismael, der Sohn Johanans, Asarja, der Sohn Obeds, Maaseja, der Sohn Adajas, und Elischafat, der Sohn Sichris. [2]Die Offiziere zogen durch alle Städte Judas, weihten die Leviten und die Sippenoberhäupter in ihre Pläne ein und kehrten zusammen mit ihnen nach Jerusalem zurück. [3]Sie versammelten sich im Tempel des Herrn, und Jojada sagte zu ihnen: »Vor euch steht der Sohn unseres früheren Königs. Er soll uns regieren, denn so hat der Herr es für die Nachkommen Davids bestimmt.«

Die Anwesenden erkannten Joasch als ihren neuen König an und verbündeten sich mit ihm. [4]Jojada gab ihnen einige Anweisungen: »Die Abteilung der Priester und Leviten, die am nächsten Sabbat ihren Dienst antritt, soll sich in drei Gruppen aufteilen: Die erste soll die Eingänge zum Tempel bewachen, [5]die zweite den Königspalast und die dritte das Grundtor. Das Volk aber soll sich in den Vorhöfen des Tempels versammeln. [6]Außer den Priestern und Leviten, die gerade

---

[a] So nach der griechischen, lateinischen und syrischen Übersetzung. Der hebräische Text lautet: Asarja.

22,7-9 2 Kön 9,6–10.24.27; 10,6–7.10–14.17 **22,10** 22,2–3 **23,3** 2 Sam 7,16*

Ein neues Leben

Lesen Sie 2. Chronik 23,16-17

Die Reformen des Priesters Jojada, die in 2. Chronik 23,16-17 beschrieben werden, zeigen, dass man Veränderung bewusst herbeiführen muss. Wenn Veränderungen nötig sind, können wir nicht einfach die Hände in den Schoß legen und warten, bis es passiert. Wir müssen selbst die Initiative ergreifen. Das galt für Jojada in seiner Beziehung zu den Judäern, und es gilt auch für uns in unserer Beziehung zu Gott und zueinander.

Wenn Sie als Paar Ihre Fehler eingesehen haben und sie korrigieren wollen, können Sie in Ihrer Persönlichkeit ein großes Stück wachsen. Was Sie schon seit vielen Jahren an sich selbst gestört hat, kann verändert werden. Sie sind nicht Sklave Ihrer alten Verhaltensmuster. Mit großer Freude werden Sie erleben, wie aus Ihnen der liebende, rücksichtsvolle Mensch wird, der Sie schon immer gern sein wollten.

Damit diese Veränderung tatsächlich geschehen kann, müssen Sie sich Gott wieder ganz neu zuwenden. Und wenn Sie das bisher noch nie getan haben, wäre jetzt die Gelegenheit, Christus in Ihr Leben einzuladen. Jesus starb, um die Strafe für Ihre vergangenen Sünden zu tragen. Gott möchte Ihnen vergeben. Er wird Ihnen Ihre Vergangenheit nicht vorhalten, wenn Sie Christus als Ihren Retter annehmen. Der Geist Gottes wird kommen, er wird mit Ihnen leben und Ihnen die Kraft geben, die nötigen Veränderungen in Ihrem Leben vorzunehmen. Mit seiner Hilfe können Sie Dinge vollbringen, die Sie nie für möglich gehalten hätten. Ihr ganzes Leben wird erneuert, und dann können Sie wiederum anderen Menschen helfen.

Nehmen Sie sich Zeit, um allein oder als Paar gemeinsam zu beten.

- Danken Sie Gott, dass er Ihnen geduldig gestattet, das zu verändern, was verändert werden muss.
- Bitten Sie ihn, Ihnen die Bereiche zu zeigen, die Sie bisher übersehen haben, in denen aber eine Veränderung nötig ist.
- Bitten Sie ihn auch, dass er Ihnen und Ihrem Mann/Ihrer Frau hilft, sich gegenseitig zum Guten zu verändern.

Wenn Sie noch mehr Zeit haben ...

Besprechen Sie miteinander folgende Fragen oder denken Sie darüber nach:

- Warum sind manche Menschen Sklave ihrer alten Verhaltensmuster?
- Wenn Sie über Bereiche Ihres Lebens nachdenken, in denen Veränderung nötig ist, welcher kommt Ihnen dann als Erstes in den Sinn? Warum?
- Welche Unterstützung brauchen Sie von Ihrem Mann/Ihrer Frau, wenn Sie in diesem Bereich eine Veränderung in Angriff nehmen wollen?

Lesen Sie auch die folgenden Abschnitte zum Thema Veränderung:

2. Chronik 6,37-39; Römer 12,2; 2. Korinther 5,17.

Geben verbindet

Lesen Sie 2. Chronik 24,8-12

Wenn wir heiraten, haben wir unsere eigenen Vorstellungen davon, wie man Geld am besten ausgibt, wie viel man sparen und wie viel man spenden sollte. Auch zu anderen finanziellen Fragen haben wir eine feste Meinung. Oft verbinden wir damit auch starke Emotionen. Wenn wir dann feststellen müssen, dass unser Ehepartner ganz andere Ansichten hat, geraten unsere Emotionen aus dem Gleichgewicht.

Es gibt keine schnellen Lösungen für das Problem, wie man in der Ehe Einigkeit in finanziellen Fragen erzielt; allerdings muss jedes Ehepaar hier eine Antwort finden. Dieser Prozess erfordert Reden, Zuhören, Verstehen und die Suche nach einem neuen Weg – nicht mein Weg oder dein Weg, sondern unser Weg. Wir müssen zu verstehen versuchen, warum wir so und nicht anders denken und fühlen, und wir brauchen den Willen zur Veränderung. Wenn wir den Standpunkt unseres Partners kategorisch ablehnen und jede Veränderung verweigern, kann die Frage nach dem Geld unsere Ehe zerstören.

Den Sinn des Lebens finden wir nicht im Geld, sondern in tiefen Beziehungen. Die Ehe ist die tiefste menschliche Beziehung überhaupt. Wir dürfen nicht zulassen, dass die Konflikte wegen der Finanzen die Nähe zwischen uns zerstören. Sich in finanziellen Fragen zu einigen – besonders beim Thema Spenden –, hat eine hohe Priorität.

Aus 2. Chronik 24,10 lernen wir, dass die beste Art des Spendens die mit einem fröhlichen Herz ist. Wenn Sie und Ihr Ehepartner zu Menschen werden, die gerne geben, wächst auch Ihre Nähe zueinander auf nie gekannte Weise.

Nehmen Sie sich Zeit, um allein oder als Paar gemeinsam zu beten. Danken Sie Gott für die große Verantwortung, die er Ihnen gegeben hat, als er Ihnen die Verwaltung von Geld anvertraute. Bitten Sie ihn, dass er Ihnen beiden eine gute Sichtweise hinsichtlich der Finanzen schenkt, damit Sie ihn mit allen Ihren Entscheidungen ehren.

Wenn Sie noch mehr Zeit haben ...

Besprechen Sie miteinander folgende Fragen oder denken Sie darüber nach:

- Wie denken Sie darüber, zehn Prozent Ihres Einkommens dem Herrn zur Verfügung zu stellen? Erläutern Sie Ihre Gedanken.
- Was bedeutet es, Verwalter der Gaben Gottes zu sein?
- In welchen Bereichen sind Sie und Ihr Mann/Ihre Frau sich in Sachen Geld nicht einig? Welche Schritte können Sie unternehmen, um Einigkeit zu erzielen?

Lesen Sie auch die folgenden Abschnitte zum Thema Geld verwalten:
5. Mose 15,9-11; Sprüche 24,3-4;
1. Timotheus 6,17-18.

Den nächsten Impuls finden Sie auf S. 530 a

Dienst haben, darf niemand den Tempel
des Herrn betreten. Nur sie dürfen hi-
neingehen, denn der Herr hat sie für die-
se Aufgabe ausgesondert. Das ganze
Volk muss die Weisungen des Herrn be-
folgen. 7 Die übrigen Leviten sollen einen
Kreis um den König bilden und ihn mit
der Hand an der Waffe auf Schritt und
Tritt begleiten. Wer in den Tempel ein-
dringen will, wird auf der Stelle getötet.«

8 Die Leviten und das Volk taten, was
der Priester Jojada gesagt hatte. Am
nächsten Sabbat kamen alle mit ihren
Männern zu ihm – sowohl die Abteilun-
gen, die vom Dienst abtraten, als auch die
Abteilung, die antrat. Denn Jojada hatte
keine Gruppe entlassen. 9 Der Priester
gab den Offizieren die Speere und die
großen und kleinen Schilde, die seit Kö-
nig Davids Regierungszeit im Tempel
aufbewahrt wurden, und die Offiziere
verteilten sie an ihre Soldaten.[a] 10 Dann
stellten sich die Soldaten vor dem Tem-
pel in einem Halbkreis auf, der von der
Südseite um den Brandopferaltar herum
bis zur Nordseite reichte. Jeder hielt sei-
ne Waffe griffbereit. So war Joasch rings-
um geschützt. 11 Nun führten Jojada und
seine Söhne ihn heraus, um ihn zum Kö-
nig zu krönen. Sie setzten ihm die Krone
auf und gaben ihm das Königsgesetz[b] in
die Hand. Dann salbten sie ihn zum Kö-
nig und riefen: »Hoch lebe der König!«

12 Als Atalja das Freudengeschrei der
Volksmenge hörte, die sich inzwischen
versammelt hatte und dem neuen König
zujubelte, kam auch sie zum Tempel.
13 Bei der Säule am Eingang, wo der Platz
des Königs war, sah sie einen neuen Kö-
nig stehen, umgeben von Offizieren und
Trompetern! Aus ganz Juda war das Volk
zusammengeströmt. Alle jubelten vor
Freude, und die Trompeten erklangen.
Die Sänger sangen ihre Lieder und spiel-
ten auf ihren Instrumenten. Entsetzt zer-
riss Atalja ihr Obergewand und schrie:
»Verrat, Verrat!«

14 Der Priester Jojada rief die Offiziere,
die den Befehl über die Abteilungen hat-
ten, herbei und ordnete an: »Führt sie aus
dem Tempelbereich hinaus! Ihr sollt sie
nicht hier im Heiligtum töten. Wer ihr
aber folgt, den stecht an Ort und Stelle
mit dem Schwert nieder!« 15 Da ergriffen
sie Atalja, führten sie ab und töteten sie
beim Rosstor am Eingang zum Palast.

16 Inzwischen ließ Jojada den König
und das Volk einen Bund mit dem Herrn
schließen. Sie bekräftigten darin, dass sie
als Volk dem Herrn gehören wollten.
17 Dann stürmten sie in den Tempel Baals
und rissen ihn nieder. Sie zertrümmerten
die Altäre und Götzenfiguren und töte-
ten Mattan, den Priester Baals, bei den
Altären.

18 Jojada setzte die Priester aus dem
Stamm Levi wieder in ihr Amt ein, so
wie König David es vorgesehen hatte.
Nach den Weisungen im Gesetz des Mo-
se sollten sie dem Herrn wieder Brand-
opfer darbringen und ihre Arbeit mit
Freude verrichten, begleitet vom Gesang
der Leviten. So hatte es auch David an-
geordnet. 19 An den Eingängen zum Tem-
pel des Herrn stellte Jojada Wachen auf,
damit niemand hineingehen konnte, der
nach dem Gesetz auf irgendeine Weise
unrein war.

20 Den Offizieren, den einflussreichen
und führenden Männern sowie dem gan-
zen Volk befahl Jojada, einen Zug zu bil-
den. Sie geleiteten den König aus dem
Tempel durch das obere Tor zum Palast
hinab. Dort setzte er sich auf den Königs-
thron. 21 Die ganze Bevölkerung Judas
freute sich mit. In Jerusalem selbst dage-
gen verhielt man sich ruhig, nachdem
Atalja getötet worden war.

---

[a] »und … Soldaten« ist sinngemäß eingefügt.

[b] Das Königsgesetz war ein Buch, in dem alle Rechte und Pflichten des Königs aufgeschrieben waren. Vgl. 1. Samuel 10,25

23,11 5 Mo 17,18–20 **23,13** 4 Mo 10,10; 1 Chr 15,16–24 **23,16** 15,12 **23,18** 2 Mo 28,1; 4 Mo 1,49–50; 1 Chr 15,16–24; 23,1 – 26,30

König Joasch lässt den Tempel ausbessern
(2. Könige 12,1–17)

24 Joasch wurde mit 7 Jahren König und regierte vierzig Jahre in Jerusalem. Seine Mutter hieß Zibja und kam aus Beerscheba. 2 Solange der Priester Jojada lebte, tat Joasch, was dem Herrn gefiel. 3 Jojada suchte zwei Frauen für ihn aus, und Joasch bekam Söhne und Töchter.

4 Nach einiger Zeit beschloss Joasch, den Tempel des Herrn ausbessern zu lassen. 5 Er rief die Priester und Leviten zu sich und gab ihnen den Auftrag: »Zieht durch die Städte Judas, und sammelt von der ganzen Bevölkerung Geld ein! Damit könnt ihr die Reparaturen bezahlen, die jedes Jahr am Tempel eures Gottes anfallen. Beeilt euch!« Doch die Leviten ließen sich viel Zeit. 6 Da stellte Joasch den Hohenpriester Jojada zur Rede: »Warum haben die Leviten immer noch nicht genügend Geld für die Ausbesserungen am Tempel? Warum hast du ihnen nicht befohlen, in Juda und Jerusalem dafür zu sammeln? Hat nicht schon Mose, der Diener des Herrn, von allen Israeliten eine Abgabe für das heilige Zelt verlangt? 7 Du weißt, dass Atalja, diese gottlose Frau, den Tempel des Herrn verfallen ließ. Ihre Anhänger nahmen die Gaben, die für den Herrn bestimmt waren, für ihre Götzen.«

8 Auf Befehl des Königs wurde ein Kasten angefertigt und außen beim Tor zum Tempel aufgestellt. 9 In ganz Juda und Jerusalem rief man das Volk auf, dem Herrn die Abgaben zu entrichten, die Mose, der Diener des Herrn, in der Wüste den Israeliten auferlegt hatte. 10 Die führenden Männer und das ganze Volk freuten sich und warfen ihre Gaben in den Kasten, bis er voll war. 11 Dann brachten die Leviten, die gerade Dienst hatten, den Kasten in die Kanzlei des Königs. Der Hofsekretär und ein Beauftragter des Hohenpriesters sahen zu, wie sie den Kasten leerten. Dann brachten die Leviten ihn wieder an seinen Platz zurück. So geschah es jeden Tag, und es kam sehr viel Geld zusammen.

12 Der König und Jojada händigten das Geld den Bauführern aus, die für die Arbeiten im Tempel verantwortlich waren. Diese wiederum bezahlten damit die Steinhauer, die Zimmerleute, die Eisen- und Bronzegießer. 13 Die Arbeit ging zügig voran. Die Handwerker besserten alle Schäden aus, und schließlich war der Tempel wieder in seinem ursprünglichen guten Zustand. 14 Als sie fertig waren, brachten die Bauführer das restliche Geld zu König Joasch und zu Jojada. Die beiden ließen davon Gegenstände für den Dienst im Tempel des Herrn herstellen: Schalen, goldene und silberne Gefäße und andere Gegenstände, die man zum Opferdienst brauchte. Solange Jojada lebte, wurden im Tempel des Herrn regelmäßig Brandopfer dargebracht.

15 Jojada hatte ein erfülltes Leben und wurde sehr alt. Mit 130 Jahren starb er. 16 Er wurde in der »Stadt Davids«, einem Stadtteil Jerusalems, in den Königsgräbern beigesetzt, denn er hatte für Israel, für Gott und den Tempel viel Gutes getan.

König Joasch wendet sich vom Herrn ab
(2. Könige 12,18–22)

17 Nach Jojadas Tod kamen die führenden Männer Judas zu König Joasch und umschmeichelten ihn. Er ließ sich von ihnen dazu verführen, 18 nicht mehr in den Tempel des Herrn, des Gottes seiner Vorfahren, zu gehen. Wie alle anderen verehrte er nun Götzenstatuen und heilige Pfähle, die anderen Göttern geweiht waren. Darum wurde der Herr zornig über Juda und Jerusalem. 19 Er sandte Propheten unter das Volk. Sie sollten die Menschen warnen und zum Herrn zurückführen.

24,5–6 2 Mo 25,2*; Neh 10,33–34; Mt 17,24.27 **24,18** 2 Mo 20,3–5*; 5 Mo 29,16–17

Aber niemand hörte auf sie. [20]Da kam der Geist Gottes über Secharja, den Sohn des Priesters Jojada. Er trat vor das Volk und rief ihnen zu: »So spricht Gott, der Herr: ›Warum übertretet ihr meine Gebote? Von nun an wird euch nichts mehr gelingen! Ihr habt mich verlassen – und jetzt verlasse ich euch!‹«

[21]Da rotteten sie sich gegen Secharja zusammen und steinigten ihn im Vorhof des Tempels. König Joasch hatte es befohlen, [22]denn ihm war das Gute, das Secharjas Vater Jojada ihm erwiesen hatte, inzwischen völlig gleichgültig. Kurz bevor Secharja starb, rief er noch: »Herr, sieh, was sie tun, und vergelte es ihnen!«

[23]Am Anfang des nächsten Jahres erklärten die Syrer Joasch den Krieg. Sie marschierten in Juda ein, eroberten Jerusalem und brachten alle führenden Männer des Volkes um. Die Beute ihres Feldzugs sandten sie nach Damaskus zu ihrem König. [24]Obwohl die Judäer in der Überzahl waren, ließ der Herr die Syrer siegen, denn Juda hatte den Herrn, den Gott seiner Vorfahren, verlassen. So vollstreckten die Syrer an Joasch das Urteil Gottes, [25]sie verwundeten ihn schwer. Kaum waren sie wieder abgezogen, verschworen sich Joaschs Diener gegen ihn. Sie wollten sich dafür rächen, dass er den Sohn des Priesters Jojada ermordet hatte, und brachten den König in seinem Bett um. Er wurde in der »Stadt Davids«, einem Stadtteil Jerusalems, begraben, jedoch nicht in den Königsgräbern. [26]Die beiden Führer der Verschwörung waren Sabad, der Sohn der Ammoniterin Schimat, und Josabad, der Sohn der Moabiterin Schimrit.

[27]In den Erläuterungen zur Chronik der Könige stehen die Namen der Söhne Joaschs, die vielen Prophetenworte, die gegen ihn gesprochen wurden, und der Bericht über die Ausbesserungsarbeiten am Tempel Gottes. Joaschs Nachfolger wurde sein Sohn Amazja.

König Amazja von Juda
(2. Könige 14,1–6)

25 Amazja wurde mit 25 Jahren König und regierte neunundzwanzig Jahre in Jerusalem. Seine Mutter hieß Joaddan und stammte aus Jerusalem. [2]Amazja tat, was dem Herrn gefiel, obwohl er ihm nicht von ganzem Herzen diente. [3]Sobald Amazja die Herrschaft fest in Händen hatte, ließ er die Diener hinrichten, die seinen Vater, König Joasch, ermordet hatten. [4]Doch ihre Söhne ließ er am Leben und folgte so dem Gebot des Herrn, wie es im Gesetzbuch des Mose steht: »Eltern sollen nicht für die Verbrechen ihrer Kinder hingerichtet werden und Kinder nicht für die Schuld ihrer Eltern. Jeder soll nur für seine eigene Sünde bestraft werden.«[a]

Amazjas Krieg gegen die Edomiter
(2. Könige 14,7)

[5]Amazja rief alle Männer aus den Stämmen Juda und Benjamin zusammen und ließ sie nach Sippen geordnet antreten. Er teilte sie in Gruppen von 1000 und 100 Männern ein, mit Hauptleuten und Offizieren an der Spitze. Alle, die zwanzig Jahre und älter waren, wurden zum Kriegsdienst einberufen, und so kam ein Heer von 300000 Mann zusammen. Alle waren mit Langschild und Speer bewaffnet. [6]Danach warb Amazja noch 100000 erfahrene Soldaten aus Israel an, denen er insgesamt 3,5 Tonnen Silber als Sold bezahlte.

[7]Da kam ein Prophet zu Amazja und warnte ihn: »Mein König, zieh ohne die israelitischen Truppen in den Krieg, denn der Herr ist nicht mit ihnen! [8]Wenn du aber meinst, nur mit ihrer Hilfe stark genug zu sein, dann wird Gott euch in der Schlacht zu Fall bringen. Denn es liegt in Gottes Macht, den Sieg zu schenken oder

---

[a] 5. Mose 24,16

24,20 12,5; 15,2 **24,21** Mt 23,35 **24,24** 5 Mo 28,25* **25,2** 5 Mo 6,4–5* **25,3** 24,25 **25,4** Hes 18,1–4.20 **25,6–7** 19,2; 20,37 **25,8** 13,14–18; 14,8–14; 16,7–9; 2 Mo 14,14*; Ps 33,16–20

in den Untergang zu stürzen.« [9] Amazja entgegnete: »Und was ist mit den 3,5 Tonnen Silber, die ich den Israeliten bezahlt habe?« Der Bote Gottes antwortete: »Ist der Herr nicht mächtig genug, dir viel mehr als das zu geben?« [10] Da entließ Amazja alle israelitischen Söldner und schickte sie zurück. Sie nahmen es ihm sehr übel und zogen voller Zorn nach Hause.

[11] Amazja wagte trotzdem einen Angriff. Er führte sein Heer in das Salztal und errang einen Sieg über die Edomiter. 10 000 von ihnen fielen in der Schlacht, [12] und weitere 10 000 wurden gefangen genommen. Die Soldaten von Juda führten die Gefangenen auf einen hohen Felsen und stürzten sie von dort hinunter, so dass alle zerschmettert wurden.

[13] Inzwischen waren die Söldner aus Israel, die Amazja noch vor der Schlacht weggeschickt hatte, in jüdische Städte zwischen Samaria und Bet-Horon eingefallen. Dabei hatten sie 3000 Männer umgebracht und große Beute gemacht.

Amazja verehrt andere Götter

[14] Nach seiner Rückkehr vom Kampf gegen die Edomiter stellte Amazja Götterstatuen auf, die er von dort mitgebracht hatte. Er fiel vor ihnen nieder und brachte ihnen Räucheropfer dar. [15] Da wurde der Herr zornig auf Amazja. Er schickte einen Propheten zu ihm und ließ ihm sagen: »Warum verehrst du diese Götter, die ihr Volk nicht einmal vor dir retten konnten?« [16] Amazja fiel dem Propheten ins Wort: »Habe ich dich etwa zu meinem Berater ernannt? Halt den Mund, sonst lasse ich dich auspeitschen!« Da redete der Prophet nicht weiter. Er sagte nur noch: »Ich weiß, dass Gott dich vernichten wird, weil du andere Götter verehrst und meine Warnung in den Wind schlägst.«

Amazja führt Krieg gegen König Joasch von Israel (2. Könige 14,8–14)

[17] Amazja von Juda sprach mit seinen Beratern und schickte Boten zu König Joasch von Israel, dem Sohn Joahas' und Enkel Jehus. Sie sollten ihm ausrichten: »Lass uns gegeneinander Krieg führen! Dann sehen wir, wessen Heer stärker ist!« [18] Joasch, der König von Israel, ließ ihm antworten: »Ein Dornstrauch auf dem Libanongebirge sagte einmal zu einer mächtigen Zeder: ›Gib meinem Sohn deine Tochter zur Frau!‹ Doch die Tiere auf dem Libanon liefen über den Dornstrauch und zertrampelten ihn. [19] Ist dir der Sieg über die Edomiter zu Kopf gestiegen? Du kannst wohl nicht genug bekommen! Bleib lieber zu Hause! Warum willst du ins Unglück rennen und ganz Juda mit hineinreißen?« [20] Doch Amazja ließ sich nicht warnen. Gott wollte ihn und sein Volk in die Gewalt der Israeliten geben, weil sie sich den Göttern der Edomiter zugewandt hatten.

[21] Da zog König Joasch von Israel mit seinem Heer nach Juda, und bei Bet-Schemesch kam es zur Schlacht zwischen ihm und König Amazja. [22] Die Judäer wurden von den Israeliten besiegt und flohen nach Hause. [23] König Amazja von Juda, der Sohn Joaschs und Enkel Ahasjas, wurde vom israelitischen König noch in Bet-Schemesch gefangen genommen und nach Jerusalem gebracht. Joasch ließ die Stadtmauer auf einer Länge von zweihundert Metern einreißen, vom Ephraimtor bis zum Ecktor. [24] Er plünderte alles Gold und Silber und alle kostbaren Gegenstände aus der Schatzkammer des Tempels, die von Obed-Edom bewacht wurde. Auch die Schatzkammer des Königspalasts raubte er aus. Mit dieser Beute und einer Anzahl von Geiseln kehrte er nach Samaria zurück.

25,14 2 Mo 20,3–5*; 5 Mo 29,16–17 **25,17** 1 Kön 12,22–24 **25,18** Ri 9,14–15 **25,24** 1 Chr 26,15

Amazjas Tod
(2. Könige 14,17–20)

25 Nach dem Tod Joaschs, des Königs von
Israel, lebte Amazja, der König von Juda,
noch fünfzehn Jahre. 26 Alles Weitere
über Amazjas Leben steht in der Chronik
der Könige von Juda und Israel. 27 Seit er
sich vom Herrn abgewandt hatte, begann
man sich in Jerusalem gegen ihn zu ver-
schwören. Er konnte zwar nach Lachisch
entkommen, aber die Verschwörer ließen
ihn verfolgen, und so wurde er schließlich
in Lachisch umgebracht. 28 Man lud den
Toten auf ein Pferd und brachte ihn zur
»Stadt Davids«, einem Stadtteil Jerusa-
lems. Dort wurde er im Grab der Königs-
familie beigesetzt.

König Usija von Juda
(2. Könige 14,21–22; 15,1–4)

26 Die Judäer ernannten Amazjas
Sohn Usija[a] zum neuen König. Er
war damals 16 Jahre alt. 2 Gleich nach
dem Tod seines Vaters eroberte er die
Stadt Elat zurück und baute sie wieder
auf.

3 Usija wurde mit 16 Jahren König und
regierte zweiundfünfzig Jahre in Jerusa-
lem. Seine Mutter hieß Jecholja und
stammte aus Jerusalem. 4 Wie sein Vater
Amazja tat auch er, was dem Herrn ge-
fiel. 5 Zu der Zeit, als der Hohepriester
Secharja noch lebte, bemühte Usija sich,
Gott zu gehorchen, denn Secharja zeigte
ihm immer wieder, was Gott von ihm
wollte. Solange Usija dem Herrn diente,
schenkte er ihm Erfolg.

6 Usija führte Krieg gegen die Philister.
Er eroberte die Städte Gat, Jabne und
Aschdod und riss ihre Mauern nieder.
Andere Städte in der Gegend von Asch-
dod und im übrigen Gebiet der Philister
baute er aus. 7 Gott half Usija aber nicht
nur gegen die Philister, sondern auch ge-
gen die Araberstämme in Gur-Baal und
gegen die Meuniter. 8 Die Ammoniter
mussten Usija Tribut zahlen. Er wurde
ein sehr mächtiger König. Sein Ruf drang
bis nach Ägypten.

9 In Jerusalem ließ Usija beim Ecktor,
beim Taltor und beim »Winkel« Fes-
tungstürme bauen. 10 Auch im Steppen-
gebiet baute er Wachtürme. Außerdem
ließ er viele Zisternen graben, denn er
besaß große Viehherden im jüdischen
Hügelland und auf der Hochebene. Er
beschäftigte viele Landwirte und Wein-
bauern, die in den fruchtbaren Ebenen
und in den Bergen arbeiteten, denn er
liebte die Landwirtschaft.

11 Usija besaß ein gut ausgebildetes
Heer. Der Hofsekretär Jeïël und der kö-
nigliche Verwalter Maaseja hatten unter
der Aufsicht Hananjas, eines hohen Be-
amten des Königs, die Männer gemustert
und verschiedene Abteilungen gebildet.
12 Die Abteilungen standen unter dem Be-
fehl von 2600 erfahrenen Hauptleuten.
13 Insgesamt gehörten zum Heer 307500
mutige Soldaten. Der König konnte sich
im Krieg voll und ganz auf sie verlassen.
14 Usija bewaffnete seine Soldaten mit
Schilden und Spießen, mit Helmen,
Brustpanzern, Bogen und Schleuderstei-
nen. 15 Auf den Türmen und Mauerecken
Jerusalems ließ er Wurfvorrichtungen
aufstellen, mit denen man Pfeile abschie-
ßen und große Steine schleudern konnte.

Usija wird hochmütig
(2. Könige 15,5–7)

Durch Gottes Hilfe wurde Usija ein
mächtiger und sehr berühmter Mann.

16 Doch die Macht stieg ihm zu Kopf.
Er setzte sich über die Weisungen des
Herrn, seines Gottes, hinweg und drang
schließlich sogar in den Tempel ein, um
auf dem Räucheropferaltar selbst Weih-
rauch zu verbrennen. 17 Doch der Hohe-
priester Asarja folgte ihm mit achtzig
Priestern des Herrn, die alle mutige Män-
ner waren. 18 Sie stellten Usija zur Rede:
»Es steht dir nicht zu, dem Herrn Räu-

---

[a] In 2. Könige wird er Asarja genannt.

26,4 25,2; 5 Mo 6,4–5* **26,5** 3 Mo 10,11 **26,16–18** 2 Mo 30,7–8; 4 Mo 3,10.38; 18,5–7

cheropfer darzubringen! Das ist die Aufgabe der Priester, der Nachkommen Aarons, denn nur sie sind dazu auserwählt. Geh aus dem Heiligtum! Du hast dich über Gottes Gebot hinweggesetzt, und dafür wird der Herr dich bestimmt nicht belohnen!« [19] Usija stand neben dem Altar und hielt die Räucherpfanne bereits in der Hand. Ihn packte der Zorn, als er die Warnung der Priester hörte. In diesem Moment brach an seiner Stirn Aussatz aus. [20] Als Asarja und die anderen Priester das sahen, trieben sie ihn schnell aus dem Tempel. Auch Usija beeilte sich hinauszukommen, denn der Aussatz war ein Zeichen dafür, dass der Herr ihn gestraft hatte.

[21] König Usija blieb bis zu seinem Tod aussätzig. Wegen seiner Krankheit musste er für den Rest seines Lebens in einem abgesonderten Haus wohnen, er durfte auch nie mehr den Tempel des Herrn betreten. Die Regierungsgeschäfte und die Aufsicht über den Palast übergab er seinem Sohn Jotam.

[22] Alles Weitere über Usijas Leben hat der Prophet Jesaja, der Sohn des Amoz, aufgeschrieben. [23] Als Usija starb, wurde er wegen seines Aussatzes nicht im Grab der königlichen Familie beigesetzt, sondern daneben. Sein Sohn Jotam trat die Nachfolge an.

König Jotam von Juda (2. Könige 15,32–38)

27 Jotam wurde mit 25 Jahren König und regierte sechzehn Jahre in Jerusalem. Seine Mutter hieß Jeruscha; sie war eine Tochter Zadoks. [2] Jotam tat, was dem Herrn gefiel, und folgte dem Beispiel seines Vaters Usija. Doch anders als dieser versuchte er nicht, eigenmächtig Opfer im Tempel des Herrn darzubringen. Das Volk aber verehrte weiterhin andere Götter.

[3] Jotam baute das obere Tor des Tempels und verstärkte an vielen Stellen die Mauer um den Tempelberg. [4] Im Bergland von Juda baute er viele Städte aus und errichtete Festungen und Wachtürme in den Waldgebieten. [5] Er führte Krieg gegen die Ammoniter und besiegte sie. Die folgenden drei Jahre mussten sie ihm 3,5 Tonnen Silber, 1320 Tonnen Weizen und 1320 Tonnen Gerste als Tribut zahlen. [6] Jotam wurde ein mächtiger König, denn er lebte in Verantwortung vor dem Herrn, seinem Gott.

[7] Alles Weitere über sein Leben und die Kriege, die er führte, steht in der Chronik der Könige von Israel und Juda. [8] Er war mit 25 Jahren König geworden und hatte sechzehn Jahre in Jerusalem regiert. [9] Als er starb, begrub man ihn in der »Stadt Davids«, einem Stadtteil Jerusalems. Sein Sohn Ahas wurde zum Nachfolger bestimmt.

König Ahas von Juda (2. Könige 16,1–6)

28 Ahas wurde mit 20 Jahren König und regierte sechzehn Jahre in Jerusalem. Er folgte nicht dem Vorbild seines Vorfahren David und tat nicht, was dem Herrn gefiel, [2] sondern er lebte wie die Könige von Israel. Er ließ Statuen des Götzen Baal gießen [3] und opferte im Hinnomtal Weihrauch für die Götter. Er ging sogar so weit, dass er seine Söhne als Opfer verbrannte. Diesen schrecklichen Brauch übernahm er von den Völkern, die der Herr aus dem Land vertrieben hatte, um es seinem Volk Israel zu geben. [4] Ahas brachte in den Höhenheiligtümern, auf den Hügeln und unter den dicht belaubten Bäumen seine Opfer dar.

[5] Darum gab ihn der Herr, sein Gott, in die Gewalt des Königs von Syrien. Die Syrer besiegten die Judäer, nahmen viele von ihnen gefangen und verschleppten sie nach Damaskus. Auch König Pekach von Israel, der Sohn Remaljas, griff Ahas an und brachte seinem Heer eine schwere Niederlage bei. [6] An einem einzigen

---

26,21 4 Mo 5,2 **27,2** 26,4.16–20; 2 Mo 20,3–5* **28,1–2** 1 Kön 3,6; 12,26–32*; 16,30–33 **28,3** 2 Mo 20,3–5*; 3 Mo 18,21* **28,4** 5 Mo 12,2–3*

Tag fielen 120000 erfahrene Soldaten
von Juda. Dies alles geschah, weil das
Volk dem Herrn, dem Gott seiner Vor-
fahren, den Rücken gekehrt hatte. 7 Sich-
ri, einer der besten Soldaten aus dem
Stamm Ephraim, tötete an jenem Tag
Maaseja, den Sohn von König Ahas, so-
wie den Palastvorsteher Asrikam und El-
kana, den obersten Beamten des Königs.
8 Die Israeliten nahmen 200000 judäische
Frauen und Kinder gefangen. Sie plün-
derten das Land aus und brachten reiche
Beute nach Samaria.

Israel lässt die Gefangenen frei

9 In Samaria lebte ein Prophet mit Namen
Oded. Als das israelitische Heer von der
Schlacht zurückkam, ging Oded den
Männern entgegen und rief: »Nur weil
der Herr, der Gott eurer Vorfahren, zor-
nig auf Juda war, hat er sie in eure Hand
gegeben. Ihr aber habt ein Blutbad ange-
richtet, das zum Himmel schreit! 10 Doch
damit nicht genug: Nun wollt ihr die
Überlebenden aus Juda und Jerusalem
zu euren Sklaven machen. Meint ihr et-
wa, dass ihr besser seid als sie? Habt
nicht auch ihr gegen den Herrn, euren
Gott, gesündigt? 11 So hört nun auf mei-
nen Rat, und schickt die Gefangenen
wieder zurück, die ihr aus Juda ver-
schleppt habt. Sonst wird der Zorn des
Herrn euch treffen.«

12 Auch einige Sippenoberhäupter aus
dem Stamm Ephraim stellten sich dem
Heer in den Weg. Es waren Asarja, der
Sohn Johanans, Berechja, der Sohn Me-
schillemots, Jehiskija, der Sohn Schal-
lums, und Amasa, der Sohn Hadlais.
13 Auch sie redeten den Soldaten ins Ge-
wissen: »Bringt die Gefangenen nicht
hierher! Damit ladet ihr noch mehr
Schuld auf uns. Wir haben schon genug
Unrecht getan, und der Zorn Gottes ist
gegen uns entbrannt!«

14 Da gaben die Soldaten ihre Gefange-
nen frei und legten die Beute offen vor
die führenden Männer und die versam-
melten Israeliten. 15 Einige Männer wur-
den dazu bestimmt, sich um die Gefange-
nen zu kümmern. Sie suchten aus der
Beute Kleider aus für diejenigen, die
kaum noch etwas auf dem Leib trugen.
Danach versorgten sie alle Gefangenen
mit Kleidern und Schuhen, gaben ihnen
zu essen und zu trinken und verbanden
ihre Wunden. Alle, die vor Erschöpfung
nicht mehr laufen konnten, setzten sie
auf Esel und brachten sie in die Palmen-
stadt Jericho. Von dort hatten die Judäer
es nicht mehr weit nach Hause. Danach
kehrten die Männer nach Samaria zu-
rück.

Ahas sucht Hilfe beim König von Assyrien
(2. Könige 16,7–20)

16 In jener Zeit schickte König Ahas Bo-
ten an den Königshof von Assyrien und
bat um Hilfe. 17 Denn die Edomiter hat-
ten die Judäer angegriffen, sie besiegt
und Gefangene mitgenommen. 18 Auch
die Philister fielen immer wieder in das
Hügelland und in die südlichen Gebiete
von Juda ein. Sie hatten die Städte Bet-
Schemesch, Ajalon und Gederot einge-
nommen, dazu Socho, Timna und Gimso
mit den umliegenden Dörfern, und sich
darin niedergelassen. 19 So ließ der Herr
ganz Juda leiden, weil König Ahas nichts
gegen den Götzendienst unternahm und
weil er selbst nichts vom Herrn wissen
wollte.

20 Tiglat-Pileser, der König von Assy-
rien, kam mit seinem Heer nach Juda, je-
doch nicht, um Ahas zu helfen, sondern
um ihn noch mehr unter Druck zu setzen.
21 Zwar hatte Ahas alle Schätze aus dem
Tempel, dem Palast und den Häusern sei-
ner obersten Beamten dem assyrischen
König geschenkt, aber er bekam keine
Unterstützung von ihm.

22 Selbst in dieser Zeit der Bedrängnis
entfernte König Ahas sich noch weiter
vom Herrn. 23 Er brachte den Göttern
der Syrer Opfer dar, weil er meinte, sie

28,23–25 2 Mo 20,3–5*; 5 Mo 12,2–3*; Jes 44,9–20*; Hab 2,18

hätten ihnen zum Sieg verholfen. Er dachte: »Die Götter der Syrer helfen ihren Königen! Von jetzt an werde ich ihnen Opfer darbringen, dann helfen sie auch mir.« Aber die Götzen wurden König Ahas und dem ganzem Volk zum Verhängnis. [24]Ahas ließ alle heiligen Gefäße und Werkzeuge aus dem Tempel holen und sie zertrümmern. Danach verschloss er die Türen zum Tempel des Herrn. Er stellte an allen Straßenecken in Jerusalem Altäre auf [25]und ließ in jeder Stadt seines Reiches Höhenheiligtümer errichten, um anderen Göttern Weihrauch zu opfern. So forderte er den Zorn des Herrn, des Gottes seiner Vorfahren, heraus.

[26]Alles Weitere über Ahas' Leben ist in der Chronik der Könige von Juda und Israel festgehalten. [27]Als er starb, wurde er in Jerusalem beigesetzt, jedoch nicht in den Königsgräbern. Sein Sohn Hiskia trat die Nachfolge an.

König Hiskia öffnet den Tempel wieder
(2. Könige 18,1–3)

29 Hiskia wurde mit 25 Jahren König und regierte neunundzwanzig Jahre in Jerusalem. Seine Mutter hieß Abi; sie war eine Tochter Secharjas.

[2]Hiskia tat, was dem Herrn gefiel. In allem folgte er dem Beispiel seines Vorfahren David. [3]Schon in seinem 1. Regierungsjahr, im 1. Monat des neuen Jahres, ließ er die Türen des Tempels öffnen und ausbessern. [4]Er rief alle Priester und Leviten zu sich und versammelte sie auf dem Platz im Osten. [5]Er sagte zu ihnen:

»Ihr Leviten, hört mir zu! Reinigt euch, damit ihr euren Dienst wieder ausführen könnt! Reinigt auch den Tempel des Herrn, des Gottes eurer Vorfahren, und schafft alles, was zum Götzendienst gehört, aus dem Heiligtum fort! [6]Unsere Väter haben dem Herrn die Treue gebrochen und ihn verlassen. Sie taten, was der Herr, unser Gott, verabscheute. Auch von seinem Tempel wollten sie nichts mehr wissen. [7]Die Türen der Vorhalle schlossen sie ab, und die Lampen löschten sie aus. Niemand verbrannte noch Weihrauch für den Gott Israels, niemand brachte ihm im Heiligtum Brandopfer dar. [8]Darum wurde der Herr zornig über Juda und Jerusalem. Ihr habt ja selbst erlebt, wie er unser Volk zum Bild des Schreckens gemacht hat; zum Gespött aller Völker sind wir geworden. [9]Darum also sind unsere Väter im Krieg gefallen, darum wurden unsere Frauen und Kinder verschleppt. [10]Es liegt mir am Herzen, mit dem Herrn, dem Gott Israels, einen Bund zu schließen, damit sich sein Zorn wieder von uns abwendet. [11]Macht euch also schnell an die Arbeit! Denn euch hat der Herr zu einer besonderen Aufgabe berufen: In seinem Tempel sollt ihr ihm dienen und für ihn Weihrauch verbrennen.«

[12]Da traten folgende Leviten vor:
Von den Nachkommen Kehats: Mahat, der Sohn Amasais, und Joel, der Sohn Asarjas;
von den Nachkommen Meraris: Kisch, der Sohn Abdis, und Asarja, der Sohn Jehallelels;
von den Nachkommen Gerschons: Joach, der Sohn Simmas, und Eden, der Sohn Joachs;
[13]von den Nachkommen Elizafans: Schimri und Jeïël;
von den Nachkommen Asafs: Secharja und Mattanja;
[14]von den Nachkommen Hemans: Jehiël und Schimi;
von den Nachkommen Jedutuns: Schemaja und Usiël.

[15]Sie riefen die übrigen Leviten zusammen und reinigten sich für den Tempeldienst. Dann gingen sie daran, den Befehl des Königs auszuführen und den Tempel zu reinigen. Dabei hielten sie sich genau an die Weisungen des Herrn.

29,2 1 Kön 3,6 **29,3** 28,24 **29,5** 2 Mo 29,4; 30,17–21; 4 Mo 8,5–7 **29,6–7** 28,22–25 **29,8** 5 Mo 28,37; 1 Kön 9,6–7; Jer 24,9 **29,9** 28,5–8

Ausgerastet

Lesen Sie 2. Chronik 26,16-19

König Usija wurde wegen seiner sündhaften Arroganz mit Aussatz bestraft (siehe 2. Chronik 26,16-19). Zu seinem Stolz kam noch sein explosiver Zorn dazu. Als die Priester ihn auf sein unrechtes Verhalten hinweisen wollten, packte ihn die Wut.

Erst viel zu spät begriff Usija, dass ein wutentbranntes Verhalten nie konstruktiv ist. Es verletzt nicht nur die Person, auf die es gerichtet ist, sondern zerstört auch den Selbstwert der Person, die außer Kontrolle gerät. Im Affekt sagen und tun Menschen Dinge, die sie später bereuen. Ungezügelter Zorn, der sich in explosiven Worten und Taten äußert, zerstört letztendlich unsere Beziehungen. Wer Opfer eines solchen Ausbruchs geworden ist, hat danach keinen Respekt mehr vor dem, der die Beherrschung verloren hat, und wird ihm in Zukunft einfach aus dem Weg gehen.

Vor Jahren glaubte man in bestimmten psychologischen Kreisen, man könne seine Wut durch aggressives Verhalten positiv verarbeiten. Zornige Menschen wurden dazu ermutigt, ihre Aggression an Kopfkissen oder Golfbällen auszulassen. Doch die Forschung hat gezeigt, dass das Abarbeiten zorniger Gefühle durch aggressive Verhaltensweisen die Wut nicht mindert; stattdessen steigt die Gefahr für die betreffende Person, in Zukunft noch schneller zu explodieren. Verbal oder körperlich auszurasten, ist also kein ratsamer Umgang mit unserem Ärger.

Nehmen Sie sich Zeit, um allein oder als Paar gemeinsam zu beten. Bitten Sie Gott, Ihnen zu zeigen, welche Menschen Sie durch Ihren Zorn verletzt haben, sodass Sie den Schaden wiedergutmachen können. Bitten Sie ihn um Weisheit und Selbstbeherrschung, damit Sie Ihren Ärger so ausdrücken können, dass Gott dadurch geehrt wird.

Wenn Sie noch mehr Zeit haben …

Besprechen Sie miteinander folgende Fragen oder denken Sie darüber nach:

- Was würden Sie antworten, wenn jemand sagt, manche Menschen hätten eben von Geburt an ein feuriges Temperament und daran sei nichts verkehrt?
- Was ist das Schlimmste, das Sie im Zorn getan haben?
- Wie kann Ihr Mann/Ihre Frau Ihnen dabei helfen, Ihre Wut im Zaum zu halten? Wie können Sie Ihrem Mann/Ihrer Frau dabei helfen?

Lesen Sie auch die folgenden Abschnitte zum Thema Zorn:
Psalm 37,8; Sprüche 14,29; Matthäus 5,21-24.

Dienen – nicht bedienen lassen

Lesen Sie 2. Chronik 31,20-21

Was für ein großes Vermächtnis Hiskia doch hinterließ! „Bei allem, was er tat, um den Tempeldienst zu ordnen und dem Gesetz wieder Geltung zu verschaffen, fragte er nach dem Willen des Herrn, seines Gottes, und diente ihm von ganzem Herzen. Darum schenkte der Herr ihm Erfolg" (2. Chronik 31,21).

Für Hiskia war das Haus Gottes ein Ort, an dem er dienen konnte – kein Ort, an dem er sich bedienen ließ. Er setzte seine Gaben und Fähigkeiten ein, um anderen zu helfen, und Gott segnete ihn dafür.

Nehmen wir uns doch Hiskia zum Vorbild. Kommen wir nicht zur Gemeinde mit dem Gedanken, etwas empfangen zu wollen, sondern mit dem Gedanken, unsere Fähigkeiten für andere einzusetzen. Vielleicht fragen Sie sich: „Was habe ich anderen schon zu geben? Ich werde doch mit meinen eigenen Problemen nicht fertig."

Doch gerade in der Gemeinde werden Sie wahrscheinlich auf Menschen treffen, die ganz ähnliche Probleme haben wie Sie. Dann können Sie ihnen etwas von dem weitergeben, was Sie in Ihrer Beziehung mit Gott erfahren haben. Der Gottesdienstbesuch ist keine Einbahnstraße. In Hebräer 10 werden wir aufgefordert, einander zu ermutigen und anzuspornen, und das kann in jeder Gemeinde geschehen, in der echter Glaube gelebt wird.

Nehmen Sie sich Zeit, um allein oder als Paar gemeinsam zu beten. Danken Sie Gott, dass er Ihnen einen Ort geschenkt hat, an dem Sie Gottesdienst feiern und Gemeinschaft mit anderen Christen haben dürfen. Bitten Sie ihn, Ihnen zu zeigen, welche Gaben Sie in Ihrer Gemeinde einsetzen können.

Wenn Sie noch mehr Zeit haben …

Besprechen Sie miteinander folgende Fragen oder denken Sie darüber nach:

- Was sind die am häufigsten geäußerten Klagen über Ihre Gemeinde?
- Wo können Sie hier etwas verändern?
- Welche Gaben könnten Sie in Ihrer Gemeinde einbringen?

Lesen Sie auch die folgenden Abschnitte zum Thema Gemeinde:
Apostelgeschichte 20,28;
Römer 12,3-5; 1. Korinther 10,31-33.

Den nächsten Impuls finden Sie auf S. 536 a

[16] Die Priester gingen in den Tempel und
trugen alles, was zum Götzendienst ge-
hörte, in den Vorhof hinaus. Die Leviten
nahmen die Gegenstände und brachten
sie aus der Stadt weg ins Kidrontal. [17] Am
1. Tag des 1. Monats hatten sie mit der
Tempelreinigung begonnen, und nach ei-
ner Woche waren sie in der Vorhalle an-
gelangt. Danach brauchten sie noch eine
Woche, um den ganzen Tempel neu zu
weihen.

Schließlich, am 16. Tag des 1. Monats,
waren sie mit der Arbeit fertig. [18] Sie gin-
gen zu König Hiskia und sagten zu ihm:
»Wir haben den ganzen Tempel des
Herrn gereinigt, auch den Brandopfer-
altar, den Tisch für die Gott geweihten
Brote und alles, was dazugehört. [19] Die
Gegenstände, die König Ahas durch sei-
nen Götzendienst entweiht hat, haben
wir wiederhergerichtet und neu dem
Herrn geweiht. Sie stehen vor dem Altar
des Herrn.«

Die Wiedereinweihung des Tempels

[20] Am nächsten Morgen ließ König Hiskia
alle führenden Männer der Stadt zu sich
rufen und ging gemeinsam mit ihnen zum
Tempel des Herrn. [21] Sieben junge Stiere,
sieben Schafböcke und sieben Schafe
wurden für das Brandopfer herbei-
geführt, dazu sieben Ziegenböcke als
Sündopfer für das Königshaus, für das
Heiligtum und für ganz Juda. Hiskia be-
fahl den Priestern, den Nachkommen
Aarons, die Tiere auf dem Altar des
Herrn als Opfer darzubringen. [22] Zuerst
wurden die Rinder geschlachtet. Die
Priester fingen das Blut auf und spreng-
ten es an den Altar. Danach schlachtete
man die Schafböcke, und wieder spreng-
ten die Priester das Blut an den Altar;
ebenso taten sie es mit dem Blut der
Schafe. [23] Zuletzt wurden die Ziegenbö-
cke für das Sündopfer vor den König
und die versammelte Gemeinde ge-
bracht. Alle legten ihre Hände auf die
Köpfe der Tiere, [24] dann schlachteten die
Priester die Böcke und sprengten ihr Blut
als Sündopfer an den Altar, um für Israel
Vergebung zu erwirken. Denn der König
hatte befohlen, die Brandopfer und das
Sündopfer für ganz Israel darzubringen.

[25] Hiskia forderte die Leviten auf, wie-
der mit Zimbeln, Harfen und Lauten im
Tempel des Herrn zu spielen. So hatten
es damals König David und seine Pro-
pheten Gad und Nathan auf Befehl des
Herrn angeordnet. [26] Die Leviten stellten
sich mit den Instrumenten auf, die David
hatte bauen lassen, und die Priester ka-
men mit ihren Trompeten dazu. [27] Dann
befahl Hiskia, das Brandopfer auf dem
Altar darzubringen. Als die Priester mit
dem Opfer begannen, stimmten die Levi-
ten ein Loblied für den Herrn an. Sie
wurden begleitet von den Trompeten
und den Instrumenten aus der Zeit Da-
vids, des Königs von Israel. [28] Alle Ver-
sammelten beteten den Herrn an, die Le-
viten sangen, und die Priester bliesen die
Trompeten, solange das Opfer dauerte.
[29] Danach knieten Hiskia und alle Ver-
sammelten nieder und beteten den Herrn
an. [30] Der König und die führenden Män-
ner baten die Leviten, einige der Psalmen
zu singen, die David und der Prophet Asaf
gedichtet hatten. Die Leviten sangen die
Loblieder mit großer Freude. Sie verneig-
ten sich und beteten den Herrn an.

[31] Schließlich ergriff Hiskia wieder das
Wort. Er sprach zur versammelten Ge-
meinde: »Ihr habt euch heute dem Herrn
geweiht! Nun kommt und bringt eure
Gaben, die ihr für die Schlacht- und
Dankopfer zum Tempel des Herrn mit-
genommen habt!« Da kamen alle mit
ihren Opfergaben nach vorne, und wer
besonders viel geben wollte, der brachte
noch Gaben für ein Brandopfer. [32] So ka-
men 70 Rinder, 100 Schafböcke und 200
Schafe für das Brandopfer zusammen.
[33] Dazu wurden 600 Rinder und 3000
Schafe als heilige Gaben für den Tempel
gestiftet. [34] Doch es waren nicht genug
Priester da, um die vielen Opfertiere zu
häuten. Deshalb halfen ihnen die Levi-

29,17 2 Mo 40,9–11 **29,21** 3 Mo 4,3–26 **29,25** 1 Chr 15,16–24 **29,31** 15,10–15

ten, bis die Arbeit getan war und bis die
übrigen Priester sich für ihren Dienst ge-
reinigt hatten. Die Leviten hatten sich
mehr als die Priester darum bemüht, wie-
der möglichst rasch für ihre Aufgaben im
Tempel bereit zu sein. 35 Zusätzlich zu
den Tieren, die ganz geopfert wurden,
verbrannten die Priester das Fett von
Tieren, die das Volk aß. Dazu brachten
sie Wein als Trankopfer dar.

So wurde der Dienst im Tempel des
Herrn wieder aufgenommen. 36 König
Hiskia und das ganze Volk freuten sich
darüber, dass Gott ihnen geholfen hatte
und dass es so schnell geschehen war.

Hiskia lädt zum Passahfest ein

30 Hiskia sandte Boten durch ganz
Israel und Juda. Sie sollten das
Volk zum Tempel nach Jerusalem ein-
laden, um für den Herrn, den Gott Isra-
els, das Passahfest zu feiern. Auch den
Bewohnern von Ephraim und Manasse
schickte er Boten mit einer Einladung.
2 Der König, seine Beamten und die Ver-
sammelten in Jerusalem hatten beschlos-
sen, das Fest im 2. Monat zu feiern. 3 Nor-
malerweise fand es im 1. Monat statt.
Aber bis dahin hatten sich noch nicht alle
Priester für den Dienst im Heiligtum
gereinigt. Auch konnte das Volk nicht in
so kurzer Zeit nach Jerusalem kommen.
4 Darum waren der König und die An-
wesenden damit einverstanden, das Pas-
sahfest zu verschieben. 5 Sie beschlossen,
alle Israeliten von Beerscheba im Süden
bis Dan im Norden einzuladen. Sie soll-
ten nach Jerusalem kommen, um das Pas-
sahfest für den Herrn, den Gott Israels,
zu feiern. Denn so, wie es im Gesetz des
Mose vorgeschrieben war, hatte man es
schon lange nicht mehr begangen.

6 Die Boten zogen mit den Briefen des
Königs und seiner Beamten durch ganz
Israel und Juda. Wie der König es ihnen
aufgetragen hatte, riefen sie den Men-
schen zu: »Ihr Israeliten habt den Krieg
mit Assyrien überlebt. Kehrt um zum
Herrn, dem Gott Abrahams, Isaaks und
Israels! Dann wird er sich auch euch wie-
der zuwenden. 7 Werdet dem Herrn, dem
Gott eurer Vorfahren, nicht untreu wie
eure Väter und Brüder. Ihr habt es selbst
erlebt, wie er sie dafür bestrafte, so dass
alle Völker ringsum entsetzt waren. 8 Seid
nicht so stur wie eure Väter! Unterwerft
euch dem Herrn, und kommt zu seinem
Tempel, den er sich für alle Zeiten zum
Heiligtum erwählt hat! Dient wieder
dem Herrn, eurem Gott, damit sein Zorn
sich von euch abwendet! 9 Wenn ihr jetzt
zu ihm kommt, dann wird er sich auch
über eure Brüder und Kinder erbarmen,
die verschleppt worden sind. Die Assyrer
werden sie freigeben und in dieses Land
zurückkehren lassen. Denn der Herr, eu-
er Gott, ist gütig und barmherzig. Er wird
sich nicht von euch abwenden, wenn ihr
zu ihm kommt!«

10 Die Boten zogen von einer Stadt zur
anderen durch die Gebiete von Ephraim
und Manasse bis nach Sebulon. Aber die
Menschen dort lachten sie nur aus und
verspotteten sie. 11 Nur einige Männer
aus den Stämmen Asser, Manasse und
Sebulon ließen sich aufrütteln und ka-
men nach Jerusalem. 12 Zu den Bewoh-
nern von Juda redete Gott so eindring-
lich, dass sie einmütig der Bitte folgten,
die der König und seine Beamten im
Auftrag Gottes ausgesprochen hatten.

Hiskia und das Volk feiern das Passahfest

13 Im 2. Monat kamen sehr viele Men-
schen nach Jerusalem, um das Fest der
ungesäuerten Brote zu feiern. 14 Sie besei-
tigten alle Götzenaltäre, die noch in Jeru-
salem standen. Auch die kleinen Altäre
für die Räucheropfer entfernten sie und
warfen alles ins Kidrontal.

15 Am 14. Tag des 2. Monats wurden

29,35–36 5 Mo 12,5–7 **30,2–3** 4 Mo 9,9–11 **30,5** 2 Mo 12,1–14* **30,7–8** 28,22–25; 5 Mo 12,5*; 1 Kön 9,3* **30,9** 2 Mo 34,6; 3 Mo 26,40–42 **30,14** 28,24

die Passahlämmer geschlachtet. Diesmal
hatten die Priester und Leviten sich
rechtzeitig für den Dienst im Heiligtum
gereinigt. Sie schämten sich, dass sie bis-
her so nachlässig gewesen waren. So
konnten sie nun die Brandopfer im Tem-
pel des Herrn darbringen. 16 Sie stellten
sich so auf, wie es im Gesetz des Mose,
des Mannes Gottes, vorgeschrieben war.
Die Priester sprengten das Opferblut, das
die Leviten ihnen brachten, an den Altar.

17 Viele Festbesucher aber hatten sich
nicht nach der Vorschrift gereinigt. Die
Leviten schlachteten die Passahlämmer
für sie, damit ihre Opfer dem Herrn ge-
weiht werden konnten. 18 Vor allem viele
aus den Stämmen Ephraim, Manasse, Se-
bulon und Issaschar hatten sich nicht rich-
tig gereinigt und aßen das Passahlamm
nicht so, wie es im Gesetz vorgeschrieben
ist. Doch Hiskia bat Gott für sie: »Herr,
vergib in deiner Güte jedem, 19 der von
ganzem Herzen mit dir, dem Gott seiner
Vorfahren, leben will. Vergib ihnen, auch
wenn sie sich nicht so gereinigt haben, wie
es für dein Heiligtum angemessen wäre!«
20 Der Herr erhörte das Gebet Hiskias
und vergab ihnen.

21 Sieben Tage lang feierten die Israeli-
ten, die nach Jerusalem gekommen wa-
ren, mit großer Freude das Fest der unge-
säuerten Brote. Tag für Tag lobten die
Leviten und die Priester laut den Herrn
mit ihren Instrumenten. 22 König Hiskia
dankte den Leviten dafür, dass sie mit so
viel Einsicht den Dienst für den Herrn
verrichtet hatten.

Die ganze Woche lang brachten die Is-
raeliten dem Herrn Opfer dar und aßen
gemeinsam die Opfermahlzeiten. Sie lob-
ten den Herrn, den Gott ihrer Vorfahren.

23 Als die sieben Tage zu Ende gingen,
beschloss die ganze Versammlung, das
Fest um eine Woche zu verlängern. Vol-
ler Freude feierten sie weitere sieben Ta-
ge. 24 König Hiskia von Juda schenkte der
Volksmenge 1000 Stiere und 7000 Scha-
fe, und die höchsten Beamten gaben 1000
Rinder und 10000 Schafe. Inzwischen
hatten sich sehr viele Priester für ihren
Dienst gereinigt. 25 Alle, die gekommen
waren, freuten sich, das Fest zu feiern:
die Bewohner von Juda, die Priester und
Leviten, die Israeliten und die Ausländer,
die in Israel oder Juda lebten. 26 In Jerusa-
lem herrschte so große Freude wie seit
der Zeit König Salomos, des Sohnes Da-
vids, nicht mehr.

27 Zum Schluss des Festes standen die
Priester aus dem Stamm Levi auf und ba-
ten den Herrn um seinen Segen für das
Volk. Gott im Himmel hörte ihr Gebet
und gab ihnen, worum sie baten.

In ganz Juda wird der Götzendienst abgeschafft
(2. Könige 18,4)

31 Nach dem Fest zogen alle versam-
melten Israeliten in die judäischen
Städte und zerstörten die heidnischen
Höhenheiligtümer. Sie zerschlugen die
Steinmale, die anderen Göttern geweiht
waren, warfen die heiligen Pfähle um
und rissen die Götzenaltäre nieder. Sie
ruhten nicht eher, bis sie ihr Werk in ganz
Juda und Benjamin und in den Gebieten
von Ephraim und Manasse vollendet hat-
ten. Dann erst kehrten alle Israeliten
nach Hause zurück.

Hiskia ordnet den Tempeldienst neu

2 Hiskia teilte die Priester und Leviten
wieder in Dienstgruppen ein, so wie es
früher gewesen war. Zu ihren Aufgaben
gehörte das Darbringen der Brand- und
Dankopfer, verschiedene Dienste im
Tempel, Loblieder und Musik.

3 Die Opfertiere, die der König aus sei-
nem Besitz stiftete, waren für die Brand-
opfer bestimmt, die nach dem Gesetz des
Herrn jeden Morgen und Abend, an den
Sabbaten, Neumondfesten und anderen

30,16 35,11; 3 Mo 1,1–17 **30,17–20** 2 Mo 19,10–15; 3 Mo 12,1–8; 15,1–33 **30,21** 5 Mo 12,7*; 1 Chr 15,16–24 **30,26** 7,4–5.8–10 **30,27** 4 Mo 6,22–27 **31,1** 5 Mo 12,2–3* **31,2** 1 Chr 23,2 – 26,32 **31,3** 4 Mo 28,1 – 29,39

Feiertagen im Tempel des Herrn dargebracht wurden.

4 Hiskia forderte die Einwohner von Jerusalem dazu auf, den Priestern und Leviten Abgaben zu bezahlen, damit sie für den Tempeldienst frei waren, wie es das Gesetz des Herrn verlangte. 5 Als der Aufruf des Königs bekannt wurde, brachten die Israeliten große Mengen von bestem Getreide, Most, Öl, Honig und was sonst noch auf ihren Feldern wuchs. Ein Zehntel ihrer ganzen Ernte brachten sie zum Tempel. 6 Auch die Einwohner der anderen Städte Judas einschließlich der Israeliten, die dort wohnten, lieferten ein Zehntel ihres Ertrags ab. Sie brachten Rinder, Schafe und andere Gaben, die sie dem Herrn, ihrem Gott, geweiht hatten.

Die Gaben wurden auf große Stapel gelegt, einer neben dem anderen. 7 Im 3. Monat hatte man mit der Sammlung begonnen, und im 7. Monat war sie beendet. 8 Als König Hiskia und seine obersten Beamten sahen, wie viel zusammengekommen war, lobten sie den Herrn und dankten dem Volk dafür.

9 Hiskia erkundigte sich bei den Priestern und Leviten, ob sie mit diesen Gaben auskommen konnten. 10 Da antwortete der Hohepriester Asarja aus der Sippe Zadok: »Seit die Menschen ihre Gaben hierher bringen, haben wir immer reichlich zu essen, und trotzdem blieb noch vieles übrig. Denn der Herr hat sein Volk so reich beschenkt, dass alles, was ihr hier seht, noch übrig ist.«

11 Da befahl Hiskia, die Kammern im Tempel als Vorratskammern herzurichten. 12 Die freiwilligen Gaben, der zehnte Teil der Ernte und die dem Herrn geweihten Geschenke wurden sorgfältig in den Kammern verstaut. Der Levit Konanja wurde zum Aufseher über diese Vorräte ernannt, sein Bruder Schimi zu seinem Stellvertreter. 13 König Hiskia und der Hohepriester Asarja, der die Verantwortung für den ganzen Tempelbezirk hatte, wählten einige Helfer für Konanja und Schimi aus. Sie hießen Jehiël, Asasja, Nahat, Asaël, Jerimot, Josabad, Eliël, Jismachja, Mahat und Benaja.

14 Der Levit Kore, ein Sohn Jimnas, war Wächter am Osttor und nahm die freiwilligen Gaben für Gott entgegen. Er war dafür verantwortlich, dass die Priester ihren Anteil an diesen Gaben erhielten. Außerdem sorgte er für die gerechte Verteilung des heiligen Opferfleischs, das nur die Priester essen durften. 15 Ihm unterstellt waren Eden, Minjamin, Jeschua, Schemaja, Amarja und Schechanja. Ihre Aufgabe war es, auch den Priestern in den judäischen Levitenstädten ihren Anteil zu geben. Gewissenhaft sorgten sie dafür, dass alle Priester in den verschiedenen Dienstgruppen ihren Anteil bekamen, die jungen wie die alten. 16 Wer mit seiner Dienstgruppe die täglichen Arbeiten im Tempel des Herrn versah, erhielt seinen Anteil direkt in Jerusalem. Alle männlichen Leviten ab drei Jahren waren in Listen eingetragen. 17 Die Priester wurden nach Sippen geordnet aufgeführt, die übrigen Leviten nach den Aufgaben, die sie in den Dienstgruppen versahen, sobald sie zwanzig Jahre und älter waren. 18 Auch die Familienmitglieder standen in den Listen, die Frauen, die kleinen Kinder und die älteren Söhne und Töchter. Weil die Männer am Heiligtum dienten, galten ihre Angehörigen auch als dem Herrn Geweihte. 19 Auch diejenigen Priester wurden versorgt, die außerhalb der Städte in den Weidegebieten wohnten, die sie als Nachkommen Aarons zugeteilt bekommen hatten: Für jede Stadt waren Männer ausgewählt worden, die den männlichen Mitgliedern der Priesterfamilien und allen im Verzeichnis aufgeschriebenen Leviten ihre Anteile brachten.

20 Hiskia sorgte dafür, dass es in ganz Juda so geschah. Er lebte so, wie es dem Herrn gefiel, denn er regierte gerecht und blieb dem Herrn, seinem Gott, treu. 21 Bei allem, was er tat, um den Tempeldienst zu ordnen und dem Gesetz wieder

---

31,4 4 Mo 18,8–24 **31,5** 3 Mo 27,30–33* **31,14** 4 Mo 18,8–19* **31,17** 4 Mo 4,3; 1 Chr 23,3.24; Esr 3,8 **31,19** Jos 21,1–8 **31,20–21** 5 Mo 6,4–5*

Geltung zu verschaffen, fragte er nach
dem Willen des Herrn, seines Gottes,
und diente ihm von ganzem Herzen. Da-
rum schenkte der Herr ihm Erfolg.

Die Assyrer fallen in Juda ein
(2. Könige 18,13)

32 Mit allem, was Hiskia getan hatte,
zeigte er seine Treue zum Herrn.
Einige Zeit später fiel König Sanherib
von Assyrien mit seinem Heer in Juda
ein und belagerte die befestigten Städte,
um sie zu erobern. [2] Als Hiskia hörte, dass
Sanherib mit seinem Heer auf Jerusalem
zumarschierte, [3] beriet er sich mit den
obersten Beamten und Heerführern. Er
schlug vor, alle Quellen außerhalb der
Stadt zuzuschütten. Die Berater waren
einverstanden [4] und sagten: »Die Assyrer
sollen kein Wasser finden, wenn sie uns
belagern.« Sie riefen viele Menschen aus
dem Volk zusammen, schütteten alle
Quellen zu und versperrten den Zugang
zur unterirdischen Wasserleitung, durch
die das Wasser in die Stadt floss.

[5] Entschlossen ging Hiskia daran, die
eingestürzten Stellen der Stadtmauer
wieder aufzubauen und ihre Türme zu
vergrößern. Außen ließ er eine zweite
Mauer um die Stadt ziehen und verstärk-
te die Befestigungsanlagen in der »Stadt
Davids«, einem Stadtteil Jerusalems. Au-
ßerdem ließ er viele Wurfgeschosse und
Schilde anfertigen. [6] Er setzte Hauptleute
ein, die im Falle einer Belagerung Be-
fehlsgewalt über die Einwohner Jerusa-
lems hatten.

Dann ließ Hiskia das Volk zu einer
Versammlung auf den Platz beim Stadt-
tor rufen, um ihnen Mut zuzusprechen.
Er sagte: [7] »Seid mutig und entschlossen!
Lasst euch nicht einschüchtern vom assy-
rischen König und seinem großen Heer!
Denn auf unserer Seite steht einer, der
viel mächtiger ist als er. [8] Für den König
von Assyrien kämpfen nur Menschen.
Wir aber haben den Herrn, unseren Gott,
auf unserer Seite! Er will uns helfen, er
wird für uns kämpfen!« Das Volk vertrau-
te seinem König und fasste neuen Mut.

Sanherib bedroht Jerusalem
(2. Könige 18,17–37; 19,8–13; Jesaja 36; 37,8–13)

[9] Sanherib, der König von Assyrien, stand
mit seinem ganzen Heer vor Lachisch.
Von dort schickte er eine Gesandtschaft
zu König Hiskia von Juda und den Ein-
wohnern Jerusalems. Sie sollten ihnen
folgende Botschaft ausrichten:

[10] »Sanherib, der König von Assyrien,
lässt euch sagen: Worauf vertraut ihr ei-
gentlich, dass ihr bei einer Belagerung in
Jerusalem bleiben wollt? [11] Lasst euch von
Hiskia nichts vormachen! Er führt euch
mit seinen Versprechungen geradewegs
in den Tod. Er redet euch ein: ›Der Herr,
unser Gott, wird uns vor den Assyrern
retten.‹ Er lügt! Verhungern und verdurs-
ten lassen wird euch euer König! [12] Hat
Hiskia nicht alle Opferstätten und Altäre
dieses Gottes niedergerissen? Er hat euch
doch befohlen, euch nur noch vor dem
einen Altar in Jerusalem niederzuwerfen
und nur dort eure Räucheropfer dar-
zubringen! [13] Wisst ihr denn nicht, wie ich
und meine Vorgänger die anderen König-
reiche unterworfen haben? Konnten etwa
ihre Götter sie vor mir retten? [14] Nennt
mir doch einen Gott, der sein Volk vor
unseren Angriffen schützen konnte! Wir
haben sie alle ausgemerzt! Und ihr meint,
dass ausgerechnet euer Gott euch vor mir
retten kann? [15] Glaubt Hiskia kein Wort,
lasst euch von ihm nicht an der Nase he-
rumführen! Noch nie konnte irgendein
Gott sein Volk vor mir oder meinen Vor-
gängern retten. Da kann auch euer Gott
nichts ausrichten!«

[16] So lästerten die Gesandten Sanheribs
immer weiter über Gott, den Herrn, und
seinen Diener Hiskia.

[17] Sanherib hatte den Boten auch einen
Brief mitgegeben, in dem er sich über
den Herrn, den Gott Israels, lustig mach-
te und prahlte: »Die Götter der anderen

32,5 25,23 **32,7–8** 13,14–18; 14,8–14; 2 Mo 14,14* **32,11** 30,6–9 **32,12** 30,8.14; 31,1; 5 Mo 12,2–3*.5*

Königreiche konnten ihre Völker nicht
vor mir schützen – also wird auch der
Gott Hiskias sein Volk nicht vor mir ret-
ten können!«
18 Die Gesandten Sanheribs riefen mit
lauter Stimme auf Hebräisch den Ein-
wohnern Jerusalems, die auf der Stadt-
mauer standen, ihre Botschaft zu. Sie
wollten ihnen Angst einjagen und sie ein-
schüchtern, um die Stadt leichter einneh-
men zu können. 19 Sie verspotteten den
Gott Jerusalems genauso wie die Götter
der anderen Völker, die doch nur von
Menschen gemacht sind.

Gott selbst bestraft Sanherib
(2. Könige 19,14–19.35–37; Jesaja 37,14–20.36–38)

20 König Hiskia und der Prophet Jesaja,
der Sohn des Amoz, schrien zu Gott um
Hilfe. 21 Da schickte der Herr einen Engel
ins Lager der Assyrer, der alle guten Sol-
daten, Offiziere und obersten Befehls-
haber tötete. So musste Sanherib mit
Schimpf und Schande in sein Land zu-
rückkehren. Als er dort eines Tages in
den Tempel seines Gottes ging, erstachen
ihn seine eigenen Söhne mit dem Schwert.
22 So rettete der Herr König Hiskia und
die Einwohner Jerusalems vor Sanherib,
dem König von Assyrien. Auch vor den
Angriffen anderer Völker bewahrte er
sie und schenkte ihnen ringsum Frieden.
23 Viele Menschen kamen nach Jerusalem,
um dem Herrn Opfergaben zu bringen
und um Hiskia, dem König von Juda, kost-
bare Geschenke zu überreichen. Seit der
Vernichtung der Assyrer genoss Hiskia in
den Augen aller Völker hohes Ansehen.

Hiskias letzte Regierungsjahre
(2. Könige 20,1–21; Jesaja 38,1–8.21–22; 39)

24 In dieser Zeit wurde Hiskia todkrank.
Er betete zum Herrn, der Herr erhörte
sein Gebet und bestätigte ihm dies durch
ein Zeichen. 25 Doch Hiskia wurde hoch-
mütig und dankte dem Herrn nicht für
seine Heilung. Da wurde der Herr zornig
auf ihn und auf ganz Jerusalem und Juda.
26 Hiskia bereute seinen Stolz. Er und die
Einwohner Jerusalems bekannten dem
Herrn ihre Schuld. Darum traf die Strafe
des Herrn noch nicht zu Lebzeiten Hiski-
as ein.
27 Hiskia war sehr reich und berühmt.
Er baute Schatzkammern für sein Silber
und Gold, für die Edelsteine und kost-
baren Balsamöle, für die Schilde und alle
übrigen wertvollen Gegenstände. 28 Zum
Lagern von Getreide, Most und Öl ließ
er Vorratsscheunen errichten. Er besaß
große Viehherden und viele Stallungen.
29 Ständig mehrte er seinen Besitz an Rin-
dern, Schafen und Ziegen und gründete
immer wieder neue Städte. Denn Gott
hatte ihm großen Reichtum geschenkt.
30 Hiskia ließ die Gihonquelle abdecken
und ihr Wasser unterirdisch in westlicher
Richtung zur »Stadt Davids« leiten. Al-
les, was er unternahm, gelang ihm. 31 Ei-
nes Tages kamen Gesandte aus Babylon
zu ihm. Sie sollten sich nach dem Wunder
erkundigen, das in seinem Land gesche-
hen war. Gott ließ Hiskia tun, was er für
richtig hielt. Er wollte prüfen, wie es in
seinem Herzen aussah.
32 Alles Weitere über Hiskias Leben
und seine Taten, an denen sich seine
Treue zu Gott zeigte, steht im Buch über
die Visionen des Propheten Jesaja, des
Sohnes von Amoz, und in der Chronik
der Könige von Juda und Israel. 33 Als er
starb, wurde er an einem erhöhten Platz
bei den Gräbern der Nachkommen Da-
vids beigesetzt. Die Bewohner von Jeru-
salem und ganz Juda erwiesen ihm die
letzte Ehre. Sein Sohn Manasse trat die
Nachfolge an.

König Manasse von Juda
(2. Könige 21,1–18)

33 Manasse wurde mit 12 Jahren Kö-
nig und regierte fünfundfünfzig
Jahre in Jerusalem. 2 Er tat, was der Herr

33,2 5 Mo 18,9–13

Mehr als schöne Worte

Lesen Sie 2. Chronik 32,24-27

Eine Frau klagte über ihren Mann: „Wir streiten uns immer über dieselben Dinge. Seit dreißig Jahren sind wir verheiratet, und ich kann seine Entschuldigungen nicht mehr hören. Ich will, dass er sich endlich ändert." Diese Frau wollte, dass ihr Mann Buße tat. Das Wort „Buße" bedeutet „Umkehr". Im Zusammenhang mit einer Entschuldigung heißt das: Jemand bereut zutiefst den Schmerz, den sein Verhalten verursacht hat, und beschließt, dieses Verhalten zu ändern.

In 2. Chronik 32,24-26 tat Hiskia Buße, denn er hatte mit seiner mangelnden Dankbarkeit den Herrn zornig gemacht. Gott hatte ihn von einer Krankheit geheilt, doch Hiskia war zu stolz, um das anzuerkennen. Als er jedoch den Zorn des Herrn herausgefordert hatte, vergaß Hiskia seinen Stolz und beeilte sich, seine Verfehlung wiedergutzumachen. Er entschuldigte sich nicht nur im Gebet, sondern demütigte sich vor Gott und zeigte ihm, dass seinen Worten auch Taten folgten.

Wenn wir unseren Ehepartner verletzt haben, müssen wir erkennen, dass unser Verhalten falsch war und eine einfache Entschuldigung nicht reicht, um das Geschehene wiedergutzumachen. Wir müssen uns auch überlegen, wie wir unser Verhalten ändern können, damit wir diesen geliebten Menschen nicht wieder auf dieselbe Weise verletzen.

Nehmen Sie sich Zeit, um allein oder als Paar gemeinsam zu beten. Gestehen Sie ein, dass es mehr als nur eine verbale Entschuldigung braucht, wenn man etwas falsch gemacht hat. Geben Sie zu, dass Sie sich von Ihren falschen Verhaltensmustern gegenüber Ihrem Mann/Ihrer Frau abwenden müssen. Bitten Sie den Herrn um Veränderung und um die Kraft zur Umkehr.

Wenn Sie noch mehr Zeit haben ...

Besprechen Sie miteinander folgende Fragen oder denken Sie darüber nach:

- Was würden Sie der Frau antworten, die es satt hat, mit ihrem Mann seit dreißig Jahren über dieselben Themen zu streiten?
- Können Sie sich vorstellen, dass Sie mit Ihrem Mann/Ihrer Frau in dreißig Jahren auch immer noch über dieselben Dinge streiten? Erläutern Sie Ihre Meinung.
- Wie kann ein verletzter Ehepartner dem anderen helfen umzukehren?

Lesen Sie auch die folgenden Abschnitte zum Thema Buße/Umkehr:
2. Korinther 7,8-11; 2. Timotheus 2,24-26; Offenbarung 2,4-5.

Die Kraft der Veränderung

Die folgenden Fragen können Sie entweder allein oder als Paar gemeinsam durchgehen. Wenn jeder für sich darüber nachdenkt, verabreden Sie sich in der kommenden Woche zu einem Austausch darüber, was Sie herausgefunden haben.

1. Lesen Sie 2. Chronik 33,1-13. König Manasse tat mehr Schlechtes als Gutes. Als er sich jedoch vor Gott demütigte, kam Gott ihm zu Hilfe. Was lernte Manasse daraus?

2. Was veranlasste Manasse dazu, schließlich doch nach Gott zu fragen?

3. Sprechen Sie miteinander über eine schwierige Zeit Ihres Lebens, in der Sie nach Gott fragten.

4. Warum verlieren viele Menschen Gott aus dem Blick, wenn alles gut läuft?

5. Was können wir aus Manasses Geschichte über die Kraft eines demütigen Gebetes lernen?

6. Auf welche Weise würde sich Ihr Leben verändern, wenn Sie mehr Zeit im Gebet verbringen würden?

2. Chronik 33,12-13

„In seiner Not flehte Manasse zum Herrn, seinem Gott, beugte sich unter die Macht des Gottes seiner Vorfahren und bat ihn um Hilfe. Gott erhörte sein Rufen und ließ ihn nach Jerusalem zurückkehren, wo er wieder als König regierte. Da erkannte Manasse, dass der Herr der wahre Gott ist."

KONKRET:

Manchmal ist es schwierig, Zeit zum Beten zu finden. Machen Sie als Ehepaar gemeinsam einen Plan. Wechseln Sie sich mit bestimmten Aufgaben ab, damit jeweils einer von Ihnen Zeit allein mit Gott verbringen kann.

Den nächsten Impuls finden Sie auf S. 546 a

verabscheute, und übernahm die schreck-
lichen Bräuche der Völker, die der Herr
aus dem Land vertrieben hatte, um es sei-
nem Volk Israel zu geben. 3 Er baute die
Höhenheiligtümer wieder auf, die sein
Vater Hiskia zerstört hatte. Er errichtete
Altäre für den Gott Baal und stellte hei-
lige Pfähle auf. Er betete die Sterne an
und verehrte sie. 4 Sogar im Tempel des
Herrn stellte er seine Altäre auf, obwohl
der Herr über diesen Ort gesagt hatte:
»Hier in Jerusalem will ich für immer
wohnen.« 5 Manasse aber errichtete in
beiden Vorhöfen des Tempels Altäre,
um darauf den Sternen zu opfern. 6 Er
verbrannte seine Söhne im Hinnomtal
als Opfer, trieb Zauberei, Wahrsagerei
und Magie und ließ sich von Toten-
beschwörern und Hellsehern die Zukunft
voraussagen. So tat er vieles, was der
Herr verabscheute, und forderte seinen
Zorn heraus. 7 Er ließ eine Götzenstatue
anfertigen und stellte sie im Tempel auf.
Dabei hatte Gott zu David und seinem
Sohn Salomo gesagt: »In diesem Tempel
und in Jerusalem, der Stadt, die ich aus
allen Stämmen Israels erwählt habe, will
ich für immer wohnen. 8 Ich will die Israe-
liten nicht mehr aus dem Land vertrei-
ben, das ich ihren Vorfahren gegeben ha-
be, wenn sie nur auf mich hören und das
Gesetz mit seinen Geboten und Weisun-
gen befolgen, das ich ihnen durch Mose
gegeben habe.« 9 Doch Manasse verführ-
te Jerusalem und ganz Juda zum Bösen.
Schließlich trieben sie es schlimmer als
die Völker, die der Herr ausgerottet hat-
te, bevor er das Land den Israeliten gab.

10 Der Herr warnte Manasse und sein
Volk, aber niemand hörte darauf. 11 Da-
rum ließ der Herr zu, dass die Heerführer
des assyrischen Königs mit ihren Truppen
Juda eroberten. Sie nahmen Manasse ge-
fangen, legten ihn in Ketten und brach-
ten ihn nach Babylon. 12 In seiner Not
flehte Manasse zum Herrn, seinem Gott,
beugte sich unter die Macht des Gottes
seiner Vorfahren 13 und bat ihn um Hilfe.
Gott erhörte sein Rufen und ließ ihn
nach Jerusalem zurückkehren, wo er wie-
der als König regierte. Da erkannte Ma-
nasse, dass der Herr der wahre Gott ist.

14 Nach seiner Heimkehr ließ Manasse
eine zweite, sehr hohe Mauer um die
»Stadt Davids« ziehen. Sie führte west-
lich an der Gihonquelle vorbei durch das
Kidrontal bis zum Fischtor und um den
Tempelberg herum. In allen befestigten
Städten Judas setzte er Befehlshaber ein.
15 Er beseitigte alle Götterfiguren und
auch die Götzenstatue aus dem Tempel
des Herrn. Die Altäre, die er auf dem
Tempelberg und in Jerusalem aufgestellt
hatte, zerstörte er und ließ sie vor die
Stadt hinauswerfen. 16 Er baute den Altar
des Herrn wieder auf, brachte auf ihm
Dankopfer dar und forderte ganz Juda
auf, nur noch dem Herrn, dem Gott Isra-
els, zu dienen. 17 Zwar opferte das Volk
immer noch in den Höhenheiligtümern,
aber ihre Opfer galten nun allein dem
Herrn, ihrem Gott.

18 Alles Weitere über Manasses Leben
steht in der Chronik der Könige von Isra-
el. Dort kann man nachlesen, wie er zu
seinem Gott betete und wie die Prophe-
ten ihn im Auftrag des Herrn, des Gottes
Israels, warnten. 19 Auch in den Schriften
Hosaïs wird von Manasses Gebet erzählt
und wie Gott es erhörte. Dort steht, wie
er Gott untreu geworden war und wie
viel Schuld er auf sich geladen hatte. Au-
ßerdem findet sich darin ein Verzeichnis
der Orte, wo er Höhenheiligtümer, heili-
ge Pfähle und Götzenstatuen errichten
ließ. 20 Als Manasse starb, wurde er auf
dem Gelände seines Palasts begraben.
Sein Sohn Amon wurde zum Nachfolger
bestimmt.

König Amon von Juda
(2. Könige 21,19–26)

21 Amon wurde mit 22 Jahren König und
regierte zwei Jahre in Jerusalem. 22 Wie
sein Vater Manasse tat auch Amon, was

33,3 30,8.14; 31,1; 2 Mo 20,2–5*; 5 Mo 17,2–5 5 Mo 18,9–13 **33,8** 5 Mo 4,1* **33,14** 27,3 **33,4** 1 Kön 9,3* **33,6** 3 Mo 18,21*; 19,26.31;

der Herr verabscheute. Er brachte den-
selben Götzen Opfer dar, die schon Ma-
nasse verehrt hatte, und diente ihnen.
[23]Doch anders als Manasse bereute er
nicht, was er getan hatte, und kehrte
nicht zum Herrn zurück, sondern lud im-
mer mehr Schuld auf sich. [24]Einige seiner
Hofbeamten verschworen sich gegen ihn
und ermordeten ihn in seinem Palast.
[25]Doch das Volk brachte alle Verschwö-
rer um und setzte Amons Sohn Josia als
Nachfolger ein.

König Josia von Juda bekämpft den Götzendienst
(2. Könige 22,1–2; 23,4–20)

34 Josia wurde mit 8 Jahren König
und regierte einunddreißig Jahre
in Jerusalem. [2]Er tat, was dem Herrn ge-
fiel, und folgte dem guten Beispiel seines
Vorfahren David. Er ließ sich durch
nichts davon abbringen.
[3]In seinem 8. Regierungsjahr, als er
noch sehr jung war, begann er nach dem
Gott seines Vorfahren David zu fragen.
In seinem 12. Regierungsjahr fing er an,
die Höhenheiligtümer, die heiligen Pfäh-
le und alle geschnitzten und gegossenen
Götzenfiguren aus Jerusalem und ganz
Juda zu beseitigen. [4]Unter Josias Auf-
sicht wurden die Altäre des Götzen Baal
niedergerissen. Die Säulen, auf denen
Räucheropfer dargebracht wurden, ließ
er umwerfen. Man zerschlug die heiligen
Pfähle und die geschnitzten oder gegos-
senen Götzenfiguren, zermalmte sie zu
Staub und streute sie auf die Gräber der
Menschen, die zu Lebzeiten diesen Göt-
zen Opfer dargebracht hatten. [5]Die Ge-
beine der Götzenpriester verbrannte Jo-
sia auf den Altären, wo sie früher ihre
Götzenopfer verbrannt hatten. So setzte
Josia in Juda und Jerusalem dem Götzen-
dienst ein Ende. [6/7]Aber auch in den
Städten der Gebiete von Manasse,
Ephraim, Simeon und Naftali zerstörte
er die Altäre und die Plätze, auf denen
sie errichtet waren. Er ließ die heiligen
Pfähle und Götzenstatuen in Stücke hau-
en und zermalmen. In ganz Israel riss er
die Räucheropferaltäre nieder. Dann
kehrte er nach Jerusalem zurück.

Josia lässt den Tempel ausbessern
(2. Könige 22,3–7)

[8]In seinem 18. Regierungsjahr, als Josia
immer noch das Land und den Tempel
vom Götzendienst reinigte, wollte er
den Tempel des Herrn, seines Gottes,
ausbessern lassen. Er schickte drei Män-
ner in den Tempel: Schafan, den Sohn
Azaljas, den Stadtobersten Maaseja und
den königlichen Berater Joach, den Sohn
des Joahas. [9]Die drei gingen zum Ho-
henpriester Hilkija und überreichten
ihm das Geld, das im Tempel abgegeben
worden war. Die Bewohner von Jerusa-
lem, Juda, Benjamin, Ephraim, Manasse
und den übrigen Stammesgebieten Nord-
israels hatten das Geld den Leviten
gegeben, die den Tempeleingang be-
wachten.
[10]Dieses Geld wurde nun den Bauführ-
rern ausgehändigt, die für die Arbeiten
im Tempel des Herrn verantwortlich wa-
ren. Sie bezahlten damit die Handwer-
ker, die im Tempel die Schäden ausbes-
serten. [11]Die Handwerker kauften damit
auch Bausteine und Holz für die Balken.
Alle Gebäudeteile mussten nämlich mit
neuen Balken ausgestattet werden, weil
die Könige von Juda sie hatten verfallen
lassen. [12]Die Handwerker arbeiteten sehr
gewissenhaft. Als Aufseher wurden die
Leviten Jahat und Obadja von der Sippe
Merari sowie Secharja und Meschullam
von der Sippe Kehat eingesetzt. Alle Le-
viten, die Musikinstrumente spielten,
[13]hatten die Aufsicht über die Lastträger
und über alle anderen Handwerker. An-
dere Leviten arbeiteten als Schreiber,
Verwalter oder Torwächter.

34,2 1 Kön 3,6 **34,4–7** 33,2–7; 2 Mo 34,13.17; 5 Mo 12,2–3*

Der Hohepriester Hilkija findet im Tempel ein Gesetzbuch
(2. Könige 22,8–20)

14 Als man das Geld holte, das zum Tempel
des Herrn gebracht worden war, fand der
Priester Hilkija eine Buchrolle mit dem
Gesetz, das der Herr durch Mose hatte
verkünden lassen. 15 Hilkija gab es dem
Hofsekretär Schafan und sagte: »Dieses
Gesetzbuch habe ich im Tempel des
Herrn gefunden.« 16 Schafan nahm es mit
zum König und berichtete ihm: »Die
Männer sind bei der Arbeit; sie führen
aus, was du ihnen aufgetragen hast. 17 Die
Leviten haben den Opferkasten beim Al-
tar geleert und das Geld den Bauführern
und Handwerkern ausgehändigt.« 18 Dann
berichtete er von dem Buch, das der Ho-
hepriester Hilkija ihm gegeben hatte, und
las dem König daraus vor.

19 Als der König hörte, was in dem Ge-
setz stand, zerriss er betroffen sein Ge-
wand. 20 Er beauftragte Hilkija, den Hof-
sekretär Schafan und dessen Sohn
Ahikam sowie Achbor, den Sohn Micha-
jas,[a] und Asaja, seinen zuverlässigsten
Hofbeamten: 21 »Geht und fragt den
Herrn, was wir tun sollen. Denn weder
ich noch die Menschen, die in Israel und
Juda übrig geblieben sind, haben getan,
was in dem Buch steht, das gefunden wur-
de. Darum also bekamen wir den Zorn
des Herrn zu spüren, denn schon unsere
Väter haben nicht darauf gehört und die
Weisungen des Herrn, die in diesem Buch
aufgeschrieben sind, nicht befolgt.«

22 Da gingen Hilkija und die anderen
Männer zu der Prophetin Hulda, um mit
ihr zu sprechen. Ihr Mann Schallum, ein
Sohn Tokhats und Enkel Harhas[b], war
der Aufseher über die Kleiderkammer.
Sie wohnte im neuen Stadtteil von Jeru-
salem. 23/24 Hulda gab der Gesandtschaft
eine Botschaft des Herrn für König Josia.
Sie sagte:
»So spricht der Herr, der Gott Israels:
›Alle Flüche in dem Buch, das dem König
von Juda vorgelesen wurde, werden ein-
treffen! Das dort angedrohte Unheil will
ich über die Stadt und ihre Einwohner
hereinbrechen lassen. 25 Denn sie haben
mich verlassen und anderen Göttern ihre
Räucheropfer dargebracht. Mit ihrem
Götzendienst haben sie mich heraus-
gefordert. Mein Zorn über diese Stadt
ist wie ein Feuer, das nicht mehr erlöscht.
26 Über den König von Juda sage ich, der
Herr und Gott Israels: Du hast nun mei-
ne Antwort gehört. 27 Doch du hast dir
meine Worte zu Herzen genommen und
dich meiner Macht gebeugt. Als du ge-
hört hast, was ich über diese Stadt und
ihre Einwohner gesagt habe – dass ein
Fluch sie treffen soll und jeden, der es
sieht, das Entsetzen packt –, da hast du
betroffen dein Gewand zerrissen und bist
in Tränen ausgebrochen. Darum will ich
dein Gebet erhören. Das verspreche ich,
der Herr. 28 Du sollst in Frieden sterben
und im Grab der Königsfamilie bei-
gesetzt werden. Das Unheil, das ich über
die Stadt und ihre Einwohner kommen
lasse, wirst du nicht mehr erleben.‹«

Die Gesandten überbrachten diese
Antwort dem König.

Josia schließt einen Bund mit dem Herrn
(2. Könige 23,1–3)

29 Danach ließ der König alle Ältesten von
Jerusalem und aus dem ganzen Land Juda
zusammenrufen. 30 Er ging zum Tempel
des Herrn, wo sich eine große Volksmen-
ge versammelt hatte: Alle Männer von Ju-
da waren gekommen, die Bevölkerung Je-
rusalems, die Priester und Leviten, alle,
vom Einfachsten bis zum Vornehmsten.
Vor dieser Versammlung wurde nun das
ganze Bundesbuch vorgelesen, das im
Tempel des Herrn gefunden worden war.

---

[a] So mit 2. Könige 22,12. Der hebräische Text lautet: Abdon, den Sohn Michas.
[b] So mit 2. Könige 22,14. Im hebräischen Text steht der Name Hasra.

34,14 2 Mo 24,4*; 5 Mo 17,18–20 **34,21** 5 Mo 27,26 **34,23–25** 5 Mo 28,15–68 **34,28** 35,24; 36,6–7.17–20

[31] Der König stand an seinem Platz bei der Säule. Nach der Lesung des Buches schloss er mit dem Herrn einen Bund und schwor: »Wir wollen wieder dem Herrn gehorchen! Von ganzem Herzen wollen wir nach seinem Gesetz leben und seine Gebote und Weisungen befolgen. Wir wollen alle Bundesbestimmungen einhalten, die in diesem Buch aufgeschrieben sind.« [32] Josia forderte das ganze Volk aus Jerusalem und Benjamin dazu auf, sich diesem Versprechen anzuschließen. Von da an hielten die Einwohner Jerusalems sich an den Bund, den sie mit dem Gott ihrer Vorfahren geschlossen hatten.

[33] Josia ließ auch die restlichen Götzenfiguren aus allen Teilen des Landes beseitigen. Alle Bewohner Israels ermahnte er, dem Herrn, ihrem Gott, zu gehorchen. Solange Josia lebte, wandten sie sich nicht mehr vom Herrn, dem Gott ihrer Vorfahren, ab.

Josia feiert das Passahfest
(2. Könige 23,21–23)

35 Am 14. Tag des 1. Monats ließ Josia in Jerusalem Lämmer schlachten, um für den Herrn das Passahfest zu feiern. [2] Er teilte den Priestern ihre Aufgaben zu und ermutigte sie zu ihrem Dienst im Tempel des Herrn. [3] Er sagte zu den Leviten, die ganz Israel im Gesetz unterrichteten und zum Dienst für den Herrn geweiht waren:

»Die Bundeslade hat ihren festen Platz im Tempel, den König Salomo von Israel, der Sohn Davids, gebaut hat! Ihr braucht sie nicht auf euren Schultern von einem Ort zum anderen zu tragen. Darum könnt ihr euch hier im Tempel mit ganzer Kraft dem Dienst für den Herrn, euren Gott, und für sein Volk Israel widmen! [4] Stellt wieder die Dienstgruppen nach euren Sippen zusammen, wie König David sie damals eingeteilt und sein Sohn Salomo sie später aufgeschrieben hat! [5] Jede Dienstgruppe ist für eine bestimmte Anzahl von Sippen aus dem Volk zuständig. Kommt zum Tempel, [6] und reinigt euch für euren heiligen Dienst! Schlachtet für eure Brüder aus dem Volk das Passahopfer, und bereitet es so zu, wie der Herr es uns durch Mose aufgetragen hat!«

[7] Josia schenkte den Israeliten, die zum Fest gekommen waren, aus seinem Besitz 30000 Lämmer und junge Ziegenböcke für das Passahopfer sowie 3000 Rinder für andere Opfer. [8] Auch seine Beamten spendeten Tiere für das Volk, für die Priester und die Leviten. Hilkija, Secharja und Jehiël, die drei obersten Priester, gaben den anderen Priestern 2600 Lämmer und junge Ziegenböcke für das Passahopfer sowie 300 Rinder. [9] Auch die drei Brüder Konanja, Schemaja und Netanel sowie die Führer der Leviten, Haschabja, Jeïël und Josabad, gaben den Leviten 5000 Jungtiere für das Passahopfer und 500 Rinder. [10] Als alle Aufgaben verteilt waren, stellten die Priester sich an ihre Plätze, und die Leviten traten in den Dienstgruppen an, so wie Josia es befohlen hatte. [11] Die Leviten schlachteten die Passahlämmer und zogen ihnen die Haut ab, während die Priester das Blut der Tiere, das sie von den Leviten entgegennahmen, an den Altar sprengten. [12] Die Teile, die für die Brandopfer bestimmt waren, legte man für die Familien aus dem Volk beiseite, damit sie das Fleisch später dem Herrn als Opfer darbringen konnten, wie es im Gesetz des Mose vorgeschrieben war. Ebenso machte man es mit den Rindern. [13] Die Passahlämmer wurden nach Vorschrift am Feuer gebraten, während das übrige Fleisch für die Opfermahlzeiten in Töpfen, Kesseln und Schüsseln gekocht wurde. Sobald es gar war, verteilten die Leviten es an die Festbesucher. [14] Danach bereiteten sie für sich und die Priester die Passah-

---

34,31 15,12; 2 Mo 24,7–8*; 5 Mo 6,4–5* **35,1** 2 Mo 12,1–14* **35,3** 4 Mo 1,49–53; 5 Mo 10,8
35,4–5 1 Chr 23,2 – 26,30 **35,6** 2 Mo 29,4; 30,17–21; 4 Mo 8,5–7

lämmer zu. Denn die Priester mussten so
viele Brandopfer und Fettstücke darbrin-
gen, dass sie bis in die Nacht hinein damit
beschäftigt waren.
15 Während des ganzen Festes blieben
die Sänger aus der Sippe Asaf an ihrem
Platz, wie es einst David, sein Prophet Je-
dutun, Asaf und Heman angeordnet hat-
ten. Auch die Torwächter blieben an den
Tempeleingängen. Sie brauchten ihre
Posten nicht zu verlassen, weil die Levi-
ten auch für sie das Passah zubereiteten.
16 So wurde an jenem Tag auf Befehl Josi-
as alles geordnet, was den Opferdienst
betraf. Nun konnte das Volk das Passah-
fest feiern, und auch die Brandopfer
konnten auf dem Altar des Herrn dar-
gebracht werden.
17 Eine Woche lang feierten die Israeli-
ten, die nach Jerusalem gekommen
waren, das Passahfest und das Fest der
ungesäuerten Brote. 18 Das Passahfest
hatte seit der Zeit des Propheten Samuel
in Israel nicht mehr so stattgefunden.
Keiner der Könige in Israel hatte es so
gefeiert wie Josia, die Priester und Levi-
ten, die Bewohner von Jerusalem, von Ju-
da und alle, die aus Israel nach Jerusalem
gekommen waren. 19 Das Fest fand im
18. Regierungsjahr Josias statt.

Josias Tod
(2. Könige 23,28–30)

20 Nachdem Josia die Arbeiten am Tem-
pel beendet hatte, zog Pharao Necho,
der König von Ägypten, mit seinem
Heer in Richtung Karkemisch am Eu-
phrat. Josia aber schnitt ihm mit seinen
Truppen den Weg ab. 21 Da schickte der
Pharao eine Gesandtschaft zu ihm und
ließ ihm sagen: »Was habe ich dir getan,
König von Juda? Nicht dich greife ich an,
sondern das Königshaus, mit dem ich
Krieg führe! Gott will, dass ich mich be-
eile, er steht auf meiner Seite. Stell dich
ihm nicht in den Weg, sonst lässt er dich
sterben!«
22 Doch Josia ließ sich nicht umstim-
men. Er hörte nicht auf die Worte Ne-
chos, durch die Gott ihn warnen wollte.
Er verkleidete sich als einfacher Soldat
und zog mit seinem Heer in die Ebene
von Megiddo, wo es zum Kampf kam.
23 In der Schlacht wurde König Josia von
den feindlichen Bogenschützen getrof-
fen. Da befahl er seinen Dienern: »Bringt
mich weg von hier, ich bin schwer ver-
wundet!« 24 Sie hoben ihn aus dem Streit-
wagen, trugen ihn zu einem anderen
Wagen und brachten ihn nach Jerusalem.
Dort starb er und wurde in den Königs-
gräbern seiner Vorfahren beigesetzt.
Ganz Juda und Jerusalem trauerte um
ihn.
25 Jeremia schrieb ein Klagelied über
den verstorbenen König, und noch heute
ist es ein fester Brauch in Israel, dass die
Sänger und Sängerinnen Josia in ihren
Trauerliedern beklagen. Die Texte ste-
hen im Buch der Klagelieder.
26/27 Alles Weitere über Josias Leben
findet sich in der Chronik der Könige
von Israel und Juda. Man kann dort von
seinen Taten lesen, an denen sich seine
Treue zu Gott zeigte, und wie er alles be-
folgte, was im Gesetzbuch des Herrn auf-
geschrieben ist.

König Joahas von Juda
(2. Könige 23,31–35)

36 Das Volk ernannte Joahas, den
Sohn Josias, zum König und setzte
ihn in Jerusalem als Nachfolger seines
Vaters ein. 2 Joahas wurde mit 23 Jahren
König und regierte drei Monate in Jeru-
salem. 3 Dann setzte der Pharao, der Kö-
nig von Ägypten, ihn ab. Das Land Juda
musste 70 Zentner Silber und 36 Kilo-
gramm Gold als Tribut zahlen. 4 Zum
neuen König von Juda und Jerusalem er-
nannte der Pharao Joahas' Bruder Elja-
kim und änderte seinen Namen in Joja-
kim. Joahas aber nahm er gefangen und
brachte ihn nach Ägypten.

35,25 Jer 22,10 **35,26–27** 34,31–33 **36,4** Jer 22,10–12

König Jojakim von Juda
(2. Könige 23,36 – 24,7)

5 Jojakim wurde mit 25 Jahren König und
regierte elf Jahre in Jerusalem. Er tat,
was der Herr, sein Gott, verabscheute.
6 König Nebukadnezar von Babylonien
griff Juda an, nahm Jojakim gefangen
und brachte ihn in Ketten nach Babylon.
7 Nebukadnezar erbeutete auch einen
Teil der kostbaren Gegenstände aus dem
Tempel des Herrn und stellte sie in sei-
nem Palast in Babylon auf.
8 Alles Weitere über Jojakim steht in
der Chronik der Könige von Israel und
Juda. Man kann dort nachlesen, wie er
andere Götter verehrte und wie es ihm
später erging. Sein Sohn Jojachin trat die
Nachfolge an.

König Jojachin von Juda
(2. Könige 24,8–17)

9 Jojachin wurde mit 18 Jahren[a] König
und regierte drei Monate und zehn Tage
in Jerusalem. Er tat, was der Herr ver-
abscheute. 10 Schon im darauf folgenden
Frühling ließ König Nebukadnezar ihn
gefangen nehmen und nach Babylon
bringen. Auch die kostbaren Gegenstän-
de aus dem Tempel nahm er mit. Nebu-
kadnezar ernannte Jojachins Onkel Ze-
dekia zum neuen König.

König Zedekia von Juda und die Zerstörung Jerusalems
(2. Könige 24,18 – 25,21; Jeremia 39,1–10; 52,1–30)

11 Zedekia wurde mit 21 Jahren König
und regierte elf Jahre in Jerusalem. 12 Er
tat, was der Herr, sein Gott, verabscheu-
te. Vom Propheten Jeremia, der ihn im
Auftrag des Herrn warnte, ließ er sich
nichts sagen. 13 Zedekia lehnte sich gegen
König Nebukadnezar auf, obwohl er ihm
vor Gott einen Treueeid hatte leisten
müssen. Hartnäckig widersetzte er sich
dem Herrn und kehrte nicht zu ihm
zurück.
14 Aber auch die obersten Priester und
das Volk luden immer mehr Schuld auf
sich. Sie übernahmen die heidnischen
Bräuche der Nachbarvölker und ent-
weihten sogar den Tempel des Herrn in
Jerusalem, von dem der Herr gesagt hat-
te: »Hier will ich für immer wohnen.«
15 Immer wieder sandte der Herr, der
Gott ihrer Vorfahren, seine Boten zu
ihnen und ließ sie warnen; denn er wollte
sein Volk und seinen Tempel vor Unheil
bewahren. 16 Doch die Judäer verspotte-
ten Gottes Propheten nur. Verächtlich
lachten sie über ihre Botschaft, bis der
Herr so zornig auf sein Volk wurde, dass
es für sie keine Rettung mehr gab. 17 Er
ließ König Nebukadnezar von Babylo-
nien mit seinem Heer in Juda einfallen.
Die Babylonier brachten alle jungen Ju-
däer mit dem Schwert um, sie verfolgten
sie sogar bis in den Tempel. Nebukadne-
zar verschonte niemanden, weder die
jungen Männer und Frauen noch die Al-
ten und Greise. Der Herr gab sie alle in
seine Gewalt. 18 Nebukadnezar nahm die
Gegenstände aus dem Tempel, den Tem-
pelschatz und die Schätze des Königs und
seiner obersten Beamten mit nach Baby-
lon. 19 Seine Soldaten steckten den Tem-
pel in Brand, rissen die Stadtmauer von
Jerusalem nieder und ließen die Paläste
in Flammen aufgehen. So vernichteten
sie alle wertvollen Gegenstände, die noch
übrig geblieben waren. 20 Alle, die das
Blutbad überlebt hatten, ließ der König
als Gefangene nach Babylonien ver-
schleppen. Sie mussten ihm und später
seinen Nachkommen als Sklaven dienen
bis zu der Zeit, als die Perser die Herr-
schaft übernahmen.
21 Damit ging in Erfüllung, was der Herr
durch seinen Propheten Jeremia voraus-

---

[a] So nach 2. Könige 24,8. Der hebräische Text lautet: mit acht Jahren.

36,5 33,2–7; Jer 22,13–17; 36,20–26 **36,7** Esr 1,7–11 **36,10** Jer 22,24–30 **36,12** Jer 37,1 – 38,28
36,14 1 Kön 9,3* **36,15** Jer 25,4–6 **36,16** Mt 5,11–12; 23,29–37 **36,17–20** Jer 25,7–11
36,21 3 Mo 25,1–7; 26,33–35; Jer 25,11

gesagt hatte. Das Land sollte so lange brachliegen, bis es alle Ruhejahre bekommen hatte, die von den Königen nicht eingehalten worden waren. Darum blieb das Land nun siebzig Jahre lang verwüstet.

Die Heimkehr aus der Verbannung (Esra 1,1–3)

22 Im 1. Regierungsjahr des Perserkönigs Kyrus ließ der Herr in Erfüllung gehen, was er durch den Propheten Jeremia vorausgesagt hatte:[a] Er bewegte Kyrus dazu, in seinem ganzen Reich mündlich und schriftlich folgenden Erlass zu verkünden:

23 »Kyrus, der König von Persien, gibt bekannt: Alle Königreiche der Erde hat Gott, der Herr, der im Himmel regiert, in meine Gewalt gegeben. Er gab mir den Auftrag, ihm zu Ehren in Jerusalem in der Provinz Judäa einen Tempel zu bauen. Wer von euch zu seinem Volk gehört, soll nun nach Jerusalem ziehen. Der Segen des Herrn, eures Gottes, möge euch begleiten.«

---

[a] Vgl. Jeremia 29,10

36,23 Esr 6,14–15; Jes 44,28

Das Buch Esra

Heimkehr aus der Gefangenschaft
(2. Chronik 36,22–23)

1 Im 1. Regierungsjahr des Perserkö-
nigs Kyrus ließ der Herr in Erfüllung
gehen, was er durch den Propheten Jere-
mia vorausgesagt hatte: Er bewegte Ky-
rus dazu, in seinem ganzen Reich münd-
lich und schriftlich folgenden Erlass zu
verkünden:
2 »Kyrus, der König von Persien, gibt
bekannt: Alle Königreiche der Erde hat
Gott, der Herr, der im Himmel regiert,
in meine Gewalt gegeben. Er gab mir
den Auftrag, ihm zu Ehren in Jerusalem
in der Provinz Judäa einen Tempel zu
bauen. 3 Wer von euch zu seinem Volk ge-
hört, soll nun nach Jerusalem ziehen und
beim Wiederaufbau des Tempels mithel-
fen. Denn der Gott Israels will in Jerusa-
lem angebetet werden. Sein Segen möge
euch begleiten! 4 Alle Untertanen meines
Reiches sollen den Judäern, die bei ihnen
leben, Silber und Gold, Vieh und was sie
sonst noch brauchen mitgeben, zusätzlich
zu den freiwilligen Gaben für den Tem-
pel in Jerusalem.«
5 So machten sie sich auf den Weg, die
Sippenoberhäupter der Stämme Juda
und Benjamin, die Priester und Leviten
und alle anderen, die der Herr dazu be-
wegt hatte, in Jerusalem seinen Tempel
zu bauen. 6 Ihre Nachbarn halfen ihnen
mit Silber und Gold, mit Vieh und vielen
wertvollen und nützlichen Gegenstän-
den, sie schenkten ihnen auch freiwillige
Gaben für den Tempelaufbau.
7 Kyrus, der König von Persien, gab
ihnen die Gefäße und Werkzeuge zurück,
die Nebukadnezar aus dem Tempel des
Herrn in Jerusalem geraubt und in den
Tempel seines Gottes gebracht hatte.
8 Kyrus händigte sie seinem Schatzmeis-
ter Mitredat aus, und Mitredat legte für
Scheschbazar, den Statthalter von Judäa,
ein Verzeichnis an. Er führte darin fol-
gende Stücke auf:
9 30 goldene Schalen,
1000 silberne Schalen,
29 Messer[a],
10 30 goldene Becher,
410 silberne Becher,
1000 andere Gegenstände.

11 Insgesamt waren es 5400 Werkzeuge
und Gefäße aus Gold und Silber.
Scheschbazar nahm sie mit, als er die
einst nach Babylonien verschleppten Ju-
den wieder nach Jerusalem zurückführte.

Verzeichnis der heimkehrenden Israeliten
(Nehemia 7,6–72)

2 Viele Juden, deren Vorfahren König
Nebukadnezar nach Babylonien ver-
schleppt hatte, kehrten nun nach Jerusa-
lem und nach ganz Judäa zurück, jeder an
den Ort, aus dem seine Familie stammte.
2 Sie wurden angeführt von Serubbabel,
Jeschua, Nehemja, Seraja, Reelaja,
Mordochai, Bilschan, Misperet, Bigwai,
Rehum und Baana.
3–35 Es folgt ein Verzeichnis der heim-
kehrenden Sippen mit der Zahl der zu
ihnen gehörenden Männer:
2172 von der Sippe Parosch;
372 von Schefatja;
775 von Arach;
2812 von Pahat-Moab, sie waren Nach-
kommen von Jeschua und Joab;
1254 von Elam;

---

[a] Oder: Weihrauchpfannen. – Das hebräische Wort ist nicht sicher zu deuten.

1,1–4 Jes 45,1–5*; Jer 29,10–14; Dan 1,21 **1,2–3** Jes 44,28; 45,1–5; Sach 1,12–16 **1,4–6** 7,15–16; 2 Mo 12,35–36 **1,7–11** 2 Chr 36,7.18; Jes 52,11 **2,1** 1 Chr 9,2–3 **2,2** 3,8*

945 von Sattu;
760 von Sakkai;
642 von Bani;
623 von Bebai;
1222 von Asgad;
666 von Adonikam;
2056 von Bigwai;
454 von Adin;
98 von Ater, sie waren Nachkommen Hiskias;
323 von Bezai;
112 von Jorah;
223 von Haschum;
95 von Gibbar;
123 aus der Stadt Bethlehem;
56 aus Netofa;
128 aus Anatot;
42 aus Asmawet;
743 aus Kirjat-Jearim, Kefira und Beerot;
621 aus Rama und Geba;
122 aus Michmas;
223 aus Bethel und Ai;
52 aus Nebo;
156 von der Sippe Magbisch;
1254 von der Sippe des anderen Elam;
320 von Harim;
725 aus den Orten Lod, Hadid und Ono;
345 aus Jericho;
3630 von der Sippe Senaa.
[36–39] Aus den Sippen der Priester kehrten zurück:
973 Männer mit ihren Familien von der Sippe Jedaja, sie waren Nachkommen Jeschuas;
1052 von Immer;
1247 von Paschhur;
1017 von Harim.
[40] Von den Leviten:
74 aus den Sippen Jeschua und Kadmiël, sie waren Nachkommen Hodawjas;
[41] von den Tempelsängern:
128 aus der Sippe Asaf;
[42] von den Wächtern an den Tempeltoren:
139 aus den Sippen Schallum, Ater, Talmon, Akkub, Hatita und Schobai;
[43–54] von den Tempeldienern:
die Sippen von Ziha, Hasufa, Tabbaot, Keros, Sia, Padon, Lebana, Hagaba, Akkub, Hagab, Salmai, Hanan, Giddel, Gahar, Reaja, Rezin, Nekoda, Gasam, Usa, Paseach, Besai, Asna, die Mëuniter und Nefusiter sowie die Sippen von Bakbuk, Hakufa, Harhur, Bazlut, Mehida, Harscha, Barkos, Sisera, Temach, Neziach und Hatifa.
[55–57] Von den Nachkommen der Diener Salomos kamen zurück:
die Sippen von Sotai, Soferet, Peruda, Jaala, Darkon, Giddel, Schefatja, Hattil, Pocheret-Zebajim und Ami.
[58] Insgesamt kehrten 392 Tempeldiener und Nachkommen der Diener Salomos nach Israel zurück.

[59/60] 652 heimkehrende Familien stammten aus den Orten Tel-Melach, Tel-Harscha, Kerub-Addon und Immer. Sie gehörten zu den Sippen Delaja, Tobija und Nekoda, konnten jedoch ihre israelitische Abstammung nicht nachweisen.

[61/62] Einige der Priester durften keinen Tempeldienst ausüben, denn ihre Abstammungsregister waren nicht aufzufinden. Sie kamen aus den Sippen von Habaja, Hakkoz und Barsillai. Der Ahnherr der Sippe Barsillai hatte eine Tochter des Gileaditers Barsillai geheiratet und den Namen seines Schwiegervaters angenommen. [63] Der persische Statthalter verbot den Priestern aus diesen drei Sippen, von den Opfergaben zu essen, bis wieder ein Hoherpriester im Amt wäre, der das heilige Los werfen durfte, um über ihren Fall zu entscheiden.

[64] Insgesamt kehrten 42360 Israeliten in ihre Heimat zurück, [65] dazu kamen 7337 Sklaven und Sklavinnen und 200 Sänger und Sängerinnen.

[66] Die Israeliten brachten 736 Pferde, 245 Maultiere, [67] 435 Kamele und 6720 Esel mit.

[68] Als sie beim Tempelgelände in Jerusalem ankamen, stifteten einige Sippenoberhäupter freiwillige Gaben, damit das Haus des Herrn wieder an seinem früheren Platz errichtet werden konnte. [69] Jeder gab, so viel er konnte. Insgesamt

---

2,41 1 Chr 6,24 **2,42** 1 Chr 9,17–18 **2,58** Jos 9,26–27 **2,61–62** 2 Sam 17,27; 19,32–41
2,63 2 Mo 28,30*; 4 Mo 18,8–19* **2,68–69** 2 Mo 25,2*; 28,40–43

kamen 61000 Goldmünzen und 3600 Kilogramm Silber zusammen; außerdem wurden 100 Priestergewänder gestiftet.

[70] Die Priester, die Leviten, die Sänger, Torwächter und Tempeldiener ließen sich wie die übrigen Israeliten in ihren früheren Heimatorten nieder.

Opferdienst auf dem neuen Altar

3 Zu Beginn des 7. Monats, als die Israeliten sich in ihren Wohnorten niedergelassen hatten, versammelte sich das ganze Volk in Jerusalem. [2] Jeschua, der Sohn Jozadaks, und die anderen Priester sowie Serubbabel, der Sohn Schealtiëls, und seine Verwandten wollten den Altar des Gottes Israels wieder aufbauen. Auf ihm sollten die Priester Brandopfer darbringen, wie es im Gesetz Moses, des Mannes Gottes, steht. [3] Sie errichteten den Altar an seinem alten Platz, obwohl sie in ständiger Furcht vor den anderen Völkern im Land leben mussten. Jeden Morgen und jeden Abend opferten sie für den Herrn. [4] Das Laubhüttenfest feierten sie wieder nach der Vorschrift des Gesetzes: An jedem Tag der Festwoche schlachteten sie Tiere und verbrannten sie auf dem Altar.

[5] Von nun an wurden alle Brandopfer regelmäßig dargebracht, ebenso die Opfer bei den Neumondfeiern und allen übrigen heiligen Festen. Auch freiwillige Opfergaben stiftete das Volk für den Herrn. [6] Obwohl das Fundament des Tempels noch nicht gelegt war, begannen die Israeliten am 1. Tag des 7. Monats, dem Herrn wieder Brandopfer darzubringen. [7] Dann nahmen sie Steinhauer und Zimmerleute in Dienst und beauftragten Arbeiter aus Sidon und Tyrus, Zedernstämme aus dem Libanon auf dem Seeweg nach Jafo zu bringen. Sie gaben ihnen dafür Nahrungsmittel, Getränke und Öl. Kyrus, der König von Persien, hatte es ihnen erlaubt.

Grundsteinlegung des Tempels

[8] Im 2. Monat des 2. Jahres nach der Rückkehr begannen Serubbabel, der Sohn Schealtiëls, Jeschua, der Sohn Jozadaks, die anderen Priester und Leviten sowie alle, die aus der Verbannung nach Jerusalem heimgekehrt waren, mit dem Wiederaufbau des Tempels. Die Aufsicht über die Bauarbeiten gaben sie den Leviten, die 20 Jahre und älter waren. [9] Jeschua, seine Söhne und Verwandten sowie Kadmiël und seine Söhne (Nachkommen Hodawjas) leiteten gemeinsam die Männer an, die den Tempel wieder errichteten. Die Leviten aus der Sippe Henadad gehörten ebenfalls zu den Aufsehern.

[10] Als die Bauleute den Grundstein für den Tempel des Herrn legten, standen die Priester in ihren Gewändern daneben und bliesen die Trompeten. Die Leviten aus der Sippe Asaf schlugen die Zimbeln und lobten den Herrn. So hatte es schon David, der König von Israel, angeordnet. [11] Sie priesen Gott und sangen im Wechsel das Lied: »Wie gut ist Gott zu uns! Seine Liebe zu Israel hört niemals auf!« Als der Grundstein für den Tempel des Herrn gelegt war und die Loblieder erklangen, brach das ganze Volk in Jubel aus.

[12] Doch während die einen vor Freude jubelten, weinten die älteren Priester, Leviten und Sippenoberhäupter laut, denn sie hatten den ersten Tempel noch gekannt. [13] Man konnte die Freudenschreie vom Weinen kaum unterscheiden. Der Lärm war so groß, dass er noch in der Ferne zu hören war.

Widerstände gegen den Aufbau Jerusalems

4 Die Samariter betrachteten die Judäer und Benjaminiter als ihre Feinde. Als sie erfuhren, dass die Heimgekehrten

3,1 4 Mo 29,1–6 **3,2–3** 3,8*; 2 Mo 27,1–8; 4 Mo 28,3–8 **3,4** 3 Mo 23,33–43* **3,5** 4 Mo 28,9 – 29,11 **3,8** 2,2; 3,2; Hag 1,1; 2,20–23; Sach 3,1–10; 4,6–10; 6,9–15 **3,10–11** 2 Chr 5,12–13 **3,12** Hag 2,3 **4,1–2** 2 Kön 17,24–41

Die Hauptsache zuerst

Lesen Sie Esra 3,1-6

Als Esra die Aufgabe erhielt, den Tempel in Jerusalem wieder aufzubauen, begann er mit dem Altar, dem wichtigsten Gegenstand für den Opferdienst. Damit zeigte er, dass die Wiedereinrichtung des Opferdienstes für ihn Vorrang vor allem anderen hatte. Er verlor sich nicht in seinem Projekt und ließ auch nicht zu, dass andere Themen und Einzelheiten ihn seine wichtigste Aufgabe vergessen ließen. Es ging Esra in erster Linie um den Gottesdienst und das machte er dadurch klar, dass er sich darum zuerst kümmerte.

Was sind Ihre Prioritäten? Wie oft gehen diese im alltäglichen Einerlei unter? Wenn es Ihnen Schwierigkeiten bereitet, dem wirklich Wichtigen in Ihrem Leben Vorrang zu geben, dann sollten Sie Schritte unternehmen, um dieses Problem zu lösen.

Wenn man über die Maßen beschäftigt ist, sollte man sich Prioritäten setzen. Legen Sie fest, welche Dinge in Ihrem Leben wichtiger sind als andere. Wenn die wichtigsten Dinge keine Priorität haben, dann erreichen Sie in Ihrem Leben nicht das gewünschte Ziel, denn Sie investieren Ihre Zeit und Kraft in anderes. Wenn Sie die obersten Prioritäten festgelegt haben, planen Sie diese in Ihre täglichen und wöchentlichen Abläufe ein. Denken Sie daran: Wenn sich Ihre Prioritäten nicht in Ihrer Planung niederschlagen, sind sie keine Prioritäten mehr.

Nehmen Sie sich Zeit, um allein oder als Paar gemeinsam zu beten. Bitten Sie Gott …

- Ihnen zu zeigen, welche Prioritäten Sie in Wirklichkeit haben – was sich in der Zeit und der Aufmerksamkeit niederschlägt, die Sie ihnen widmen;
- Ihnen zu helfen, Ihre Prioritäten neu zu ordnen, sodass Sie ihm damit die Ehre geben.

Wenn Sie noch mehr Zeit haben …

Besprechen Sie miteinander folgende Fragen oder denken Sie darüber nach:

- Wenn jemand Sie nach Ihren Prioritäten fragt, was antworten Sie dann?
- Wenn Sie darüber nachdenken, wie viel Zeit Sie in die jeweiligen Bereiche Ihres Lebens investieren, was sind dann Ihre wahren Prioritäten?
- Welche Schritte können Sie in dieser Woche unternehmen, um Ihre Prioritäten neu zu ordnen?

Lesen Sie auch die folgenden Abschnitte zum Thema Prioritäten:
2. Mose 20,3; Matthäus 6,33; Römer 12,2.

Hilfsbereite Liebe

Lesen Sie Esra 6,19-22

Während der vierzig Jahre dauernden Reise von Ägypten nach Kanaan hatten die Israeliten bei zahlreichen Gelegenheiten erlebt, wie Gott ihnen seine Liebe durch sein hilfreiches Eingreifen zeigte: vor allem, als er das Wasser des Roten Meeres teilte und sie in der Wüste mit Essen und Wasser versorgte. Ganz anders als Baal und die anderen heidnischen Götter der Nachbarvölker, die nie auf die Gebete und Opfergaben ihrer Anhänger reagierten, offenbarte der Gott Israels immer wieder seine Liebe, indem er die Gebete seines Volkes erhörte und ihm half. Wenn die Israeliten zu Gott um Hilfe riefen, wurden Feinde in die Flucht geschlagen, Seuchen abgewendet, Hungersnöte beendet und Krankheiten geheilt. Die jüdische Nation war so tief beeindruckt von den Liebestaten Gottes, dass sie die Geschichte ihres Volkes oft mithilfe der großen Wunder beschrieb, die Gott für sie getan hatte.

Eine der tiefsten Erinnerungen gilt dem Passahfest. Dass sich die Ereignisse von Esra 6,19-22 gerade während des Passahfestes zutrugen, passt genau in dieses Bild: Gott sah die Not seines Volkes und griff ein, indem er das Herz des Königs veränderte. Der König erlaubte den Israeliten nicht nur, ihren Tempel wieder aufzubauen, sondern gab ihnen auch das Material, das sie dazu brauchten.

Das hilfsbereite Eingreifen Gottes in der Vergangenheit kann uns auch heute Trost und Hoffnung schenken. Wenn wir zu Gott beten, antwortet er mit Taten der Liebe. Gott weiß, wie er sich um die Seinen kümmern muss.

Nehmen Sie sich Zeit, um allein oder als Paar gemeinsam zu beten. Danken Sie Gott dafür, dass er Ihnen beiden immer wieder geholfen hat. Bitten Sie ihn, dass Sie auch in Zukunft auf sein liebevolles Eingreifen vertrauen können, besonders in den Situationen, die Sie im Moment belasten und Ihnen Sorgen bereiten.

Wenn Sie noch mehr Zeit haben …

Besprechen Sie miteinander folgende Fragen oder denken Sie darüber nach:

- Benennen Sie drei Situationen, in denen Gott Ihnen oder Ihrer Familie geholfen hat.
- Wie oft erinnern Sie sich an das Eingreifen Gottes? Ist das oft genug?
- Wie können Sie Ihren Kindern helfen, damit sie Gottes liebevolle Hilfe voll und ganz schätzen lernen und dafür dankbar sind?

Lesen Sie auch die folgenden Abschnitte zum Thema Gottes Liebe:
Psalm 86,15; Zefanja 3,17; Römer 8,37-39.

Den nächsten Impuls finden Sie auf S. 558 a

schon begonnen hatten, den Tempel des
Herrn, des Gottes Israels, wiederauf-
zubauen, 2 kamen sie zu Serubbabel und
den Sippenoberhäuptern und baten:
»Lasst uns den Tempel zusammen bauen!
Wir dienen doch demselben Gott wie ihr.
Seit der Zeit Asarhaddons, des Königs
von Assyrien, der uns hier angesiedelt
hat, bringen wir diesem Gott unsere Op-
fer dar.« 3 Doch Serubbabel, Jeschua und
die übrigen Sippenoberhäupter Israels
entgegneten: »Nein! Nur wir allein kön-
nen für unseren Gott einen Tempel bau-
en. Uns hat Kyrus, der König von Persien,
damit beauftragt!«

4 Von da an wurden die Juden von den
Samaritern, mit denen sie das Land teil-
ten, immer mehr eingeschüchtert und
wagten nicht weiterzubauen. 5 Es gelang
den Samaritern sogar, einige Berater des
persischen Königs Kyrus zu bestechen
und so den Bau des Tempels bis zur Re-
gierungszeit von König Darius zu verhin-
dern.

6 Später, als Xerxes gerade die Herr-
schaft übernommen hatte, erhoben die
Feinde Israels in einer Klageschrift
schwere Anschuldigungen gegen die Be-
wohner von Jerusalem und Judäa.[a]

7 Während der Regierungszeit des Ar-
taxerxes schrieben Bischlam, Mitredat,
Tabeel und einige andere führende Män-
ner zusammen einen Brief an den König.
Er wurde in Aramäisch abgefasst und spä-
ter übersetzt. 8 Auch Rehum, der Statthal-
ter von Samarien, und sein Schreiber
Schimschai schickten einen Brief an Arta-
xerxes und beschwerten sich über den
Wiederaufbau Jerusalems. Als Absender
waren genannt: 9 »Der Statthalter Rehum,
der Schreiber Schimschai, die Richter, die
Beamten, Schreiber und Verwalter, die
Männer aus Tripolis, Persien, Erech, Ba-
bylon und Susa in Elam, 10 zusammen mit
den Volksgruppen, die der mächtige und
berühmte Assurbanipal in den Städten
Samariens und in den anderen Ortschaf-
ten westlich des Euphrat angesiedelt hat.«
11 Das Schreiben lautete:

»An König Artaxerxes, von seinen Un-
tertanen westlich des Euphrat:

12 Wir müssen dem König mitteilen,
dass die Juden, die aus deinem Reich zu
uns gekommen sind, die aufrührerische,
verruchte Stadt Jerusalem wieder auf-
bauen wollen. Sie legen die Fundamente
neu und errichten die Stadtmauern. 13 Wir
geben dem König zu bedenken, dass die
Bewohner keinen Tribut, keine Steuern
und keine Zölle mehr zahlen werden, so-
bald die Mauern dieser Stadt wieder ste-
hen. Das Königshaus wird großen Scha-
den nehmen. 14 Weil wir aber treue
Untertanen und dem König verpflichtet
sind,[b] können wir nicht länger mit anse-
hen, wie die Macht des Königs untergra-
ben wird. Darum erstatten wir Bericht
und schlagen vor: 15 Lass in den Chroni-
ken deiner Vorgänger nachforschen.
Dann wirst du sehen, dass Jerusalem
schon immer eine rebellische Stadt war
und den Königen und Statthaltern viel
Schaden zugefügt hat. Seit jeher war es
eine Brutstätte für Verschwörungen; da-
rum wurde die Stadt ja dem Erdboden
gleichgemacht. 16 Wenn Jerusalem wieder
aufgebaut und seine Mauern errichtet
werden, dann verliert dein Reich alle Ge-
biete westlich des Euphrat.«

17 Der König schickte folgende Ant-
wort zurück:

»An den Statthalter Rehum, den
Schreiber Schimschai und die königli-
chen Beauftragten in Samarien und im
übrigen Gebiet westlich des Euphrat:

Ich grüße euch! 18 Euer Schreiben wur-
de in meiner Gegenwart übersetzt und
verlesen. 19 Auf meinen Befehl hin wur-
den Nachforschungen angestellt, und tat-
sächlich fand man in den Chroniken, dass
diese Stadt sich seit jeher gegen das Kö-
nigshaus aufgelehnt und Verschwörun-

---

[a] Die Verse 6–23 schildern ähnliche Schwierigkeiten aus späterer Zeit.
[b] Wörtlich: Weil wir das Salz des Palasts essen. – Vertragsabschlüsse wurden durch das Essen von Salz besiegelt.

4,3 1,1–4 **4,6** Est 1,1 **4,7–13** Neh 2,1–19 **4,19** 2 Kön 24,1.20

gen angezettelt hat. [20] In Jerusalem haben Könige regiert, die ihre Herrschaft über das ganze Gebiet westlich des Euphrat ausdehnten und den Bewohnern Tribut, Steuern und Zölle auferlegten. [21] Darum sollt ihr den Männern dort verbieten, die Bauarbeiten weiterzuführen. Die Stadt darf erst dann wieder aufgebaut werden, wenn ich selbst es befehle. [22] Seid in dieser Angelegenheit nicht nachlässig! Unser Reich darf nicht noch einmal Schaden davontragen!«

[23] Eine Abschrift des Briefes wurde Rehum, Schimschai und den übrigen führenden Männern vorgelesen. Sofort brachen sie nach Jerusalem auf und hinderten die Juden mit Waffengewalt am Weiterbau.

[24] Schon unter Kyrus[a] war der Wiederaufbau des Tempels in Jerusalem verhindert worden. Bis zum 2. Regierungsjahr von Darius, dem König von Persien, konnte in Jerusalem nicht weitergebaut werden.

Der Tempelbau kommt doch voran!

5 Zu dieser Zeit traten die beiden Propheten Haggai und Sacharja, der Sohn Iddos, auf. Im Auftrag des Gottes Israels sprachen sie den Juden in Judäa und Jerusalem Mut zu. [2] Da beschlossen Serubbabel, der Sohn Schealtiëls, und Jeschua, der Sohn Jozadaks, den Bau des Tempels in Jerusalem wieder aufzunehmen. Die beiden Propheten unterstützten sie dabei.

[3] Doch kaum hatten sie begonnen, kamen auch schon Tattenai, der Statthalter über das Gebiet westlich des Euphrat, und Schetar-Bosnai mit ihren Beratern nach Jerusalem. Sie stellten die Männer zur Rede: »Wer hat euch erlaubt, den Tempel wieder aufzubauen und Balken dafür zu zimmern? [4] Wie heißen die Männer, die für das alles verantwortlich sind?« [5] Aber Gott sorgte dafür, dass nichts gegen die Ältesten von Juda unternommen wurde und die Bauarbeiten weitergehen konnten, bis die Sache vor König Darius kommen und er eine Entscheidung treffen würde. [6/7] Tattenai, der Statthalter über das Gebiet westlich des Euphrat, und Schetar-Bosnai mit seinen Beratern und Beamten erstatteten König Darius Bericht. Ihr Brief an ihn lautete:

»An König Darius: Möge es dir wohl ergehen! [8] Wir haben dir Folgendes mitzuteilen: Als wir in der Provinz Judäa waren, sahen wir, dass der Tempel des großen Gottes in Jerusalem wieder aufgebaut wird. Die Einwohner errichten Mauern aus großen Quadersteinen und ziehen Balken in die Wände ein. Sie arbeiten zielstrebig und kommen schnell voran. [9] Wir fragten die Ältesten, wer ihnen das erlaubt habe. [10] Wir wollten auch die Namen der führenden Männer wissen, um sie für dich aufzuschreiben. [11] Sie gaben uns zur Antwort:

›Wir verehren den Gott, der Himmel und Erde erschaffen hat, und bauen seinen Tempel wieder auf, der vor vielen Jahren hier stand. Ein großer König von Israel hatte ihn damals errichtet. [12] Aber weil sich unsere Vorfahren gegen den Gott des Himmels auflehnten, wurde er zornig und gab sie in die Gewalt Nebukadnezars, des Königs von Babylonien. Der zerstörte den Tempel und verschleppte das Volk nach Babylonien. [13] Als jedoch Kyrus König wurde, befahl er schon in seinem ersten Regierungsjahr, den Tempel Gottes wieder aufzubauen. [14] Kyrus gab auch die goldenen und silbernen Gefäße und Werkzeuge zurück, die Nebukadnezar aus dem Tempel in Jerusalem geraubt und nach Babylon in den Tempel seines Gottes gebracht hatte. Kyrus händigte sie einem Mann namens Scheschbazar aus, den er zum Statthalter von Judäa ernannte. [15] Er befahl ihm, diese Gegenstände wieder nach Jerusalem zu bringen und den Tem-

---

[a] »unter Kyrus« ist sinngemäß eingefügt. Vgl. Vers 5

4,20 1 Kön 5,1 **4,24** Hag 1,1 **5,1** Hag 1,2–15; Sach 1,1 **5,2** 3,8* **5,5** Sach 4,6–10 **5,11** 2 Chr 3,1 **5,12** 2 Kön 24,10–14; 25,8–12 **5,13–14** 1,1–7

pel an seinem früheren Platz zu errich-
ten. 16 Darauf kam Scheschbazar nach Je-
rusalem und legte das Fundament für
den Tempel. Seit damals wird an diesem
Haus gebaut, es ist aber immer noch
nicht fertig.‹
17 Nun möchten wir dir, König Darius,
Folgendes vorschlagen: Lass im königli-
chen Archiv in Babylon nachforschen,
ob es tatsächlich ein Schriftstück mit
dem Befehl des Kyrus gibt, den Tempel
in Jerusalem wieder aufzubauen. Wir bit-
ten dich, uns deine Entscheidung mit-
zuteilen.«

König Darius hilft den Juden

6 Darauf ließ Darius in den Archiven
nachforschen, in denen die Urkun-
den des Reiches aufbewahrt wurden.
2 Schließlich fand man in der Festung der
Sommerresidenz Ekbatana in der Pro-
vinz Medien eine Schriftrolle mit folgen-
dem Inhalt:
3 »Im 1. Regierungsjahr ordnet König
Kyrus an, den Tempel in Jerusalem an
seinem früheren Ort wieder aufzubauen,
damit dort Opfer dargebracht werden
können. Er soll 30 Meter hoch und 30
Meter breit sein. 4 Die Mauern sind ab-
wechselnd aus drei Schichten Quader-
steinen und einer Schicht Balken zu er-
richten. Die Kosten trägt das persische
Königshaus. 5 Die goldenen und silbernen
Gegenstände, die Nebukadnezar aus dem
Tempel in Jerusalem geraubt und nach
Babylon mitgenommen hat, sollen zu-
rückgebracht werden, jeder an seinen al-
ten Platz.«
6 Da schickte Darius eine Antwort
nach Judäa:[a]
»An Tattenai, den Statthalter über das
Gebiet westlich des Euphrat, und an
Schetar-Bosnai mit ihren Beratern: Un-
ternehmt nichts gegen den Bau des Tem-
pels! 7 Der Statthalter von Judäa und die
Ältesten sollen ihn ungehindert an sei-
nem früheren Platz errichten.
8 Ich befehle euch, dass ihr die Ältesten
bei ihrer Arbeit unterstützt. Erstattet
ihnen die Baukosten aus den Abgaben,
die in den Gebieten westlich des Euphrat
erhoben werden! Zahlt die Beträge
pünktlich aus, damit die Arbeiten zügig
vorangehen! 9 Den Priestern in Jerusalem
sollt ihr Tag für Tag alles liefern, was sie
nach ihren eigenen Angaben zum Brand-
opfer für den Gott des Himmels benöti-
gen: junge Stiere, Schafböcke und Läm-
mer, Weizen, Wein, Salz und Öl. Seid
dabei nicht nachlässig! 10 Die Priester sol-
len dem Gott des Himmels Räucheropfer
darbringen und für das Leben des Königs
und seiner Söhne beten.
11 Weiter ordne ich an: Jeder, der gegen
diesen Erlass verstößt, wird bestraft: Man
soll einen Balken aus seinem Haus reißen
und ihn an das senkrecht aufgerichtete
Holz nageln. Sein Haus soll zu einem
Schutthaufen gemacht werden. 12 Der
Gott, der dort im Tempel wohnt, möge je-
den König und jedes Volk vernichten, die
es wagen, sich meinen Anordnungen zu
widersetzen und den Tempel in Jerusalem
zu zerstören. Ich, Darius, gebe diesen Be-
fehl. Er soll genau befolgt werden.«

Festliche Einweihung des Tempels

13 Tattenai, der Statthalter über das Ge-
biet westlich des Euphrat, Schetar-Bosnai
und ihre Berater hielten sich gewissen-
haft an die Anweisungen von Darius.
14 So konnten die Juden ungehindert wei-
terbauen. Sie kamen schnell voran, und
die Propheten Haggai und Sacharja, der
Sohn Iddos, ermutigten sie dabei. Sie
vollendeten den Tempel, wie es der Gott
Israels befohlen hatte. Die persischen Kö-
nige Kyrus und Darius hatten ihnen den
Auftrag dazu erteilt. Auch Artaxerxes
unterstützte später die Juden.[b]

---

[a] »Da … Judäa« ist sinngemäß eingefügt.

[b] Wörtlich: nach dem Befehl des Gottes Israels und nach dem Befehl des Kyrus, Darius und Artaxerxes, des Königs von Persien.

6,3–5 2 Chr 36,7.18 **6,10** 2 Mo 30,6–8; Jer 29,7; 1 Tim 2,2 **6,12** 1 Kön 9,3* **6,14** 3,8*; 5,1–2; 7,11–26

[15]Im 6. Regierungsjahr des Königs Da-
rius, am 3. Tag des Monats Adar, wurde
der Tempel fertig gestellt. [16]Die Priester,
die Leviten und alle übrigen Israeliten,
die aus der Gefangenschaft heimgekehrt
waren, feierten voller Freude das Fest der
Einweihung. [17]Sie opferten 100 Stiere,
200 Schafböcke und 400 Lämmer, und
für ganz Israel brachten sie als Sündopfer
12 Ziegenböcke dar, für jeden Stamm Is-
raels einen. [18]Dann teilten sie die Priester
und Leviten zum Tempeldienst in ver-
schiedene Gruppen ein, wie es das Ge-
setz des Mose vorschreibt.

Die Israeliten feiern das Passahfest

[19]Am 14. Tag des 1. Monats feierten die
zurückgekehrten Israeliten das Passah-
fest. [20]Die Priester und Leviten hatten
sich für das Opferfest gereinigt, um dem
heiligen Gott begegnen zu können. Die
Leviten schlachteten die Passahlämmer
für alle, die aus der Verbannung zurück-
gekehrt waren, für die Priester und für
sich selbst. [21]Doch nicht nur die heimge-
kehrten Israeliten aßen das Passahlamm,
sondern auch alle, die sich vom Götzen-
dienst der heidnischen Bevölkerung im
Land losgesagt hatten. Auch sie wollten
jetzt ganz dem Herrn, dem Gott Israels,
gehören. [22]Voller Freude feierten sie au-
ßerdem noch sieben Tage lang das Fest
der ungesäuerten Brote. Der Herr hatte
sie froh gemacht, denn er hatte dafür ge-
sorgt, dass der König von Persien[a] ihnen
wohlgesinnt war und ihnen dabei gehol-
fen hatte, den Tempel des Gottes Israels
wieder aufzubauen.

Der Priester Esra wird nach Jerusalem gesandt

7 Während in Persien König Artaxer-
xes regierte, zog ein Mann namens
Esra von Babylon nach Jerusalem. Er
war ein Sohn Serajas und Enkel Asarjas;
seine weiteren Vorfahren hießen: Hilkija,
[2]Schallum, Zadok, Ahitub, [3]Amarja,
Asarja, Merajot, [4]Serachja, Usi, Bukki,
[5]Abischua, Pinhas, Eleasar und Aaron,
der Hohepriester.
[6]Esra war ein Schriftgelehrter, der das
Gesetz gut kannte, das der Herr seinem
Volk Israel durch Mose anvertraut hatte.
Und weil Gott seine schützende Hand
über Esra hielt, erfüllte der König alle
seine Bitten. [7]Im 7. Regierungsjahr des
Königs Artaxerxes zogen viele Israeliten
mit Esra nach Jerusalem, darunter Pries-
ter und Leviten, Sänger, Torwächter und
Tempeldiener. [8/9]Sie verließen Babylo-
nien am 1. Tag des 1. Monats und erreich-
ten Jerusalem am 1. Tag des 5. Monats.
Weil Gott ihnen geholfen hatte, waren
sie so schnell vorangekommen.
[10]Esra widmete sein Leben der Auf-
gabe, die Gebote Gottes kennen zu ler-
nen und danach zu leben. Er wollte den
Israeliten das Gesetz nahe bringen und es
wieder als Grundlage für die öffentliche
Rechtsprechung einführen.

Esra bekommt Vollmacht vom König

[11]König Artaxerxes gab Esra, dem Pries-
ter, der das Gesetz Gottes so genau kann-
te und auslegen konnte, eine Vollmacht
mit. Sie lautete:
[12]»Artaxerxes, der größte aller Könige,
an Esra, den Priester und Beauftragten
für das Gesetz des Gottes im Himmel:
Sei gegrüßt! [13]Ich ordne hiermit an, dass
jeder Israelit in meinem Reich mit dir
nach Jerusalem ziehen kann, wenn er es
wünscht, auch die Priester und Leviten.
[14]Der König und seine sieben Berater
senden dich nach Judäa und Jerusalem.
Du sollst dort erkunden, ob die Men-
schen nach dem Gesetz deines Gottes
leben, das du ja so gut kennst wie kein
anderer. [15]Nimm das Silber und Gold

---

[a] Der hebräische Text lautet: der König von Assyrien. – Gemeint ist Darius, der König von Persien, dessen Herrschaftsgebiet auch das frühere assyrische Reich umschloss.

6,18 4 Mo 4,49 **6,19** 2 Mo 12,1–14* **6,21** 2 Mo 12,48 **6,22** 2 Mo 12,15–20*; 5 Mo 12,7* **7,1–5** 1 Chr 5,29–41 **7,6** 8,22 **7,10** 3 Mo 10,11; 5 Mo 17,8–11 **7,15** 8,25–27

mit, das der König und seine Berater als Opfergaben für den Gott Israels gestiftet haben, dessen Tempel in Jerusalem steht. 16 Auch das Silber und Gold, das du in der Provinz Babylonien bekommen wirst, und die freiwilligen Gaben, die das Volk und die Priester für den Tempel ihres Gottes sammeln, sollst du mitnehmen. 17 Kaufe von dem Geld Stiere, Schafböcke und Lämmer sowie Speiseopfer und Trankopfer. Dann bringt sie auf dem Altar im Tempel eures Gottes in Jerusalem dar. 18 Was ihr übrig behaltet, könnt ihr so verwenden, wie es euch richtig erscheint, nur müssen du und die anderen Priester sich dabei nach dem Willen eures Gottes richten. 19 Bringe deinem Gott in Jerusalem auch die Gegenstände, die man dir für den Dienst im Tempel geben wird. 20 Alles, was du sonst noch für den Tempel deines Gottes brauchst, wird das persische Königshaus bezahlen.

21 Ich, König Artaxerxes, erteile allen Schatzmeistern in den Gebieten westlich des Euphrat den Befehl: Wenn Esra, der Priester und Beauftragte für das Gesetz des Gottes im Himmel, euch um etwas bittet, so gebt es ihm, 22 und zwar bis zu 3,5 Tonnen Silber, 13 Tonnen Weizen, 2200 Liter Wein und 2200 Liter Öl, dazu Salz in unbegrenzter Menge. 23 Ihr sollt gewissenhaft ausführen, was der Gott des Himmels für seinen Tempel verlangt. Denn sonst trifft sein Zorn unser Königreich, mich und meine Nachfolger. 24 Niemand hat das Recht, von den Priestern, Leviten, Sängern, Torwächtern und Tempeldienern irgendwelche Steuern, Abgaben oder Gebühren zu verlangen.

25 Dir, Esra, hat dein Gott Weisheit geschenkt. Darum setze für dein Volk, das westlich des Euphrat lebt, rechtskundige *Männer und Richter ein!* Sie sollen Recht sprechen für alle, die das Gesetz deines Gottes kennen; und wenn jemand es nicht kennt, sollt ihr ihn darin unterweisen. 26 Jeder, der dem Gesetz deines Gottes und meinem Befehl nicht gehorcht, muss nach der Schwere seines Vergehens verurteilt werden: zum Tod, zum Verlust des Bürgerrechts, zu einer Geld- oder Gefängnisstrafe!«

Esra lobt Gott

27 Gepriesen sei der Herr, der Gott unserer Vorfahren! Er hat den König zu diesem Erlass bewogen, weil er seinem Tempel in Jerusalem Ruhm und Ansehen geben wollte. 28 Er hat mir die Gunst des Königs, seiner Berater und einflussreichen Beamten geschenkt. Weil Gott seine schützende Hand über mir hält, habe ich Mut gefasst, die Sippenoberhäupter aus Israel zur Rückkehr zu bewegen.

Verzeichnis der Israeliten, die mit Esra heimkehrten

8 Es folgt ein Verzeichnis der Sippenoberhäupter und der Zahl der Männer, die zu ihrer Sippe gehörten. Während der Regierungszeit des Königs Artaxerxes reisten sie mit mir von Babylonien nach Jerusalem:

2/3 Gerschom von der Sippe Pinhas;
Daniel von der Sippe Itamar;
Hattusch, der Sohn Schechanjas, von der Sippe David;[a]
Secharja von der Sippe Parosch und mit ihm 150 Männer, die in die Geschlechtsregister eingetragen waren;
4 Eljoënai, der Sohn Serachjas, von der Sippe Pahat-Moab, mit 200 Männern;
5 Schechanja, der Sohn Jahasiëls, von der Sippe Sattu[b], mit 300 Männern;
6 Ebed, der Sohn Jonatans, von der Sippe Adin, mit 50 Männern;
7 Jesaja, der Sohn Ataljas, von der Sippe Elam, mit 70 Männern;
8 Sebadja, der Sohn Michaels, von der Sippe Schefatja, mit 80 Männern;

---

[a] So nach 1. Chronik 3,22 und der griechischen Übersetzung. Der hebräische Text lautet: Hattusch von den Söhnen Davids, von den Söhnen Schechanjas.
[b] So nach der griechischen Übersetzung. Im hebräischen Text fehlt der Name Sattu.

7,16 1,4.6; 2 Mo 12,35–36 **7,20–22** 6,8–9 **7,25** 5 Mo 17,8–11; 31,9–13 **7,27** Spr 21,1

9 Obadja, der Sohn Jehiëls, von der Sippe
Joab, mit 218 Männern;
10 Schelomit, der Sohn Josifjas, von der
Sippe Bani[a], mit 160 Männern;
11 Secharja, der Sohn Bebais, von der Sip-
pe Bebai, mit 28 Männern;
12 Johanan, der Sohn Katans, von der Sip-
pe Asgad, mit 110 Männern;
13 Elifelet, Jeïël und Schemaja, die Letz-
ten von der Sippe Adonikam, mit 60
Männern;
14 Utai und Sabbud von der Sippe Bigwai,
mit 70 Männern.

15 Ich ließ sie alle an dem Kanal zusam-
menkommen, der nach Ahawa fließt.
Dort lagerten wir drei Tage. Unter den
Versammelten sah ich zwar mehrere
Priester, aber keinen einzigen Leviten.
16 Da rief ich einige Sippenoberhäupter
zu mir: Eliëser, Ariël, Schemaja, Elna-
tan, Jarib, Elnatan, Nathan, Secharja
und Meschullam sowie die beiden Ge-
setzeslehrer Jojarib und Elnatan. 17 Ich
schickte sie zu Iddo, dem Vorsteher des
Levitendorfes Kasifja. Ich hatte ihnen
genau gesagt, was sie Iddo und seinen
Amtsbrüdern, den Tempeldienern, aus-
zurichten hatten. Sie sollten ihn bitten,
uns Männer zu schicken, die im Tempel
unseres Gottes den Dienst versehen
konnten.

18 Gott half uns, und so sandte man uns
einen weisen Mann namens Scherebja.
Er stammte aus der Sippe Machli, der
ein Enkel Levis und Urenkel Israels war.
Scherebja kam zusammen mit seinen
Söhnen und Brüdern, insgesamt 18
Mann. 19 Außerdem schickte man uns Ha-
schabja und Jesaja aus der Sippe Merari
mit ihren Brüdern und Söhnen, ins-
gesamt 20 Mann. 20 Sie wurden begleitet
von 220 Tempeldienern, die alle in ein
Verzeichnis eingetragen wurden. Ihre
Vorfahren waren von David und seinen
Beamten dazu bestimmt worden, den Le-
viten im Tempel zu helfen.

Vorbereitungen für die Rückkehr nach Jerusalem

21 Am Kanal bei Ahawa forderte ich die
Versammelten auf, zu fasten und sich
Gottes Willen zu beugen. Wir wollten
ihn bitten, uns und unsere Kinder mit
unserem Hab und Gut auf der Reise zu
beschützen. 22 Ich hätte mich nämlich ge-
schämt, den König um eine berittene
Truppe zu bitten, die uns unterwegs vor
Überfällen bewahren könnte. Denn wir
hatten vorher zum König gesagt: »Unser
Gott hält seine schützende Hand über al-
len, die ihm vertrauen; doch wer sich von
ihm abwendet, bekommt seinen Zorn zu
spüren.« 23 So fasteten wir und baten
unseren Gott um Bewahrung, und er hat
unser Gebet erhört.

24 Darauf wählte ich zwölf führende
Priester aus, dazu Scherebja, Haschabja
und zehn weitere Leviten. 25 Vor ihren
Augen wog ich das Silber, das Gold und
die Gegenstände, die der König, seine
Berater und Beamten sowie die versam-
melten Israeliten als Opfergabe für den
Tempel unseres Gottes gestiftet hatten.

26 Dann übergab ich ihnen alle Schätze.
Es waren 468 Zentner Silber, 100 silberne
Gegenstände, zusammen 72 Zentner
schwer, 72 Zentner Gold, 27 20 goldene
Becher im Wert von 1000 persischen
Goldmünzen und 2 Gefäße aus goldglän-
zender Bronze, genauso wertvoll wie gol-
dene Gefäße.

28 Ich sagte zu den Männern: »Ihr seid
zum Dienst für den Herrn geweiht, und
auch diese Gegenstände, das Silber und
das Gold sollen allein ihm gehören. Sie
sind eine freiwillige Opfergabe für den
Herrn, den Gott eurer Vorfahren. 29 Seid
also wachsam und bewahrt sie gut auf, bis
ihr in Jerusalem eintrefft! Dort sollt ihr
sie in die Schatzkammern des Tempels
bringen und sie in Gegenwart der führen-
den Priester, der Leviten und der Sippen-
oberhäupter noch einmal wiegen.«

---

[a] So nach der griechischen Übersetzung. Im hebräischen Text fehlt der Name Bani.

8,20 Jos 9,26–27 **8,21** 10,6 **8,22** 7,6.28 **8,25–30** 7,15–19

30 Da nahmen die Priester und Leviten das Silber, das Gold und die Gegenstände in Empfang, um sie sicher nach Jerusalem in den Tempel unseres Gottes zu bringen.

Ankunft in Jerusalem

31 Am 12. Tag des 1. Monats brachen wir vom Kanal bei Ahawa nach Jerusalem auf. Gott hielt seine schützende Hand über uns und bewahrte uns vor Feinden und Räubern. 32 Als wir in Jerusalem ankamen, ruhten wir uns zuerst drei Tage aus. 33 Am vierten Tag übergaben wir das Silber, das Gold und die Gegenstände dem Priester Meremot, dem Sohn Urias, dann wurden sie im Tempel gewogen. Eleasar, der Sohn des Pinhas, und die Leviten Josabad, der Sohn Jeschuas, und Noadja, der Sohn Binnuis, halfen dem Priester Meremot. 34 Alle Gegenstände wurden genau abgezählt und auf die Waage gelegt; dann schrieb man das Gewicht auf.

35 Nun brachten alle, die aus der Verbannung heimgekehrt waren, dem Gott Israels Brandopfer dar. Sie schlachteten für ganz Israel 12 Stiere, außerdem 96 Schafböcke, 77 Lämmer und 12 Ziegenböcke als Sündopfer.

36 Dann wurden die Geleitbriefe des Königs den Statthaltern und den persischen Beauftragten westlich des Euphrat übergeben. Sie unterstützten von nun an das Volk und die Gottesdienste im Tempel.

Ehen mit heidnischen Frauen – Esra betet um Gnade

9 1/2 Nach einiger Zeit kamen führende Männer Israels zu mir und berichteten: »Das Volk, die Priester und die Leviten haben sich mit anderen Völkern im Land eingelassen, die fremden Göttern dienen. Junge und ältere Männer von uns haben Frauen der Kanaaniter, Hetiter, Perisiter, Jebusiter, Ammoniter, Moabiter, Ägypter und Amoriter geheiratet. So hat sich das heilige Volk Gottes mit diesen Völkern vermischt – allen voran die führenden Männer und Beamten!«

3 Als ich das hörte, zerriss ich entsetzt mein Gewand, schnitt mir die Haare und den Bart ab und setzte mich auf den Boden. 4 Wie betäubt saß ich da bis zur Zeit des Abendopfers.

Inzwischen hatten sich viele bei mir versammelt. Sie hatten große Angst davor, wie der Gott Israels die Ehe mit Götzendienern bestrafen würde. 5 Zur Zeit des Abendopfers stand ich auf. In meinen zerrissenen Kleidern kniete ich nieder und betete mit erhobenen Händen zum Herrn, meinem Gott:

6 »Mein Gott, ich schäme mich und wage nicht, mein Gesicht zu dir zu erheben. Welch schwere Schuld haben wir auf uns geladen! Der Berg unserer Sünden reicht bis an den Himmel. 7 Schon unsere Vorfahren haben deine Gebote missachtet, und so ist es bis heute geblieben. Darum sind wir auch immer wieder fremden Herrschern in die Hände gefallen. Sie haben uns, unsere Könige und Priester getötet, verschleppt, ausgeraubt und Schimpf und Schande über uns gebracht. Bis heute hat sich nichts geändert.

8 Herr, unser Gott! Du hast uns für kurze Zeit deine Gnade erwiesen. Einen Rest unseres Volkes hast du aus der Gefangenschaft entkommen lassen und hierher in die Heimat gebracht, wo dein heiliger Tempel steht. Darum können wir uns wieder freuen und wieder aufatmen, obwohl ein anderes Volk uns regiert. 9 Wir stehen unter fremder Herrschaft, aber du hast uns nicht verlassen, du hast uns sogar die Gunst der persischen Könige verschafft. Darum konnten wir ein neues Leben beginnen und deinen zerstörten Tempel wieder aufbauen. Du hast uns in Judäa und Jerusalem Sicherheit geschenkt.

8,35 3 Mo 1,1–17 **8,36** 7,11–26 **9,1–2** 5 Mo 7,3–4*; Neh 13,23–30 **9,3–15** Neh 1,4–11; 9,1–37; Jer 14,7–9; Dan 9,2–19 **9,7** 5 Mo 28,15 **9,9** 1,1–4; 6,6–10; 7,11–26

10 Doch was können wir jetzt noch sagen, unser Gott, nach allem, was wir getan haben? Wir haben uns über dein Gebot hinweggesetzt, 11 das du uns durch deine Diener, die Propheten, gegeben hast.

Du sprachst: ›Das Land, das ihr in Besitz nehmen werdet, ist durch den Götzendienst seiner Bevölkerung entweiht. Sie haben eure künftige Heimat durch ihre schrecklichen heidnischen Bräuche und ihre Götterstatuen beschmutzt. 12 Darum sollt ihr mit ihnen keine Ehe eingehen – eure Töchter nicht mit ihren Söhnen und eure Söhne nicht mit ihren Töchtern! Tut nichts, was ihr Glück und ihren Wohlstand noch vergrößern würde. Ihr selbst sollt mächtig werden, die Ernte eures Landes genießen und es euren Nachkommen für alle Zeiten weitervererben.‹

13 Aber unser Volk war dir ungehorsam und lud immer mehr Schuld auf sich, darum brachtest du großes Unheil über uns. Doch du hast uns nicht so schwer gestraft, wie wir es verdient hätten, sondern uns hier im Land in Sicherheit gebracht. 14 Wie konnten wir nur aufs Neue deine Gebote mit Füßen treten und uns mit diesen heidnischen Völkern einlassen? Muss dich da nicht der Zorn packen, bis du uns ganz vernichtet hast, bis niemand von uns mehr übrig bleibt? 15 Herr, du Gott Israels! Du hast Gnade vor Recht ergehen lassen und hast uns, den Rest deines Volkes, errettet. Doch jetzt stehen wir als Schuldige hier und können nicht vor dir bestehen.«

Trennung von den heidnischen Frauen

10 So betete Esra und weinte. Während er vor dem Tempel kniete und Gott die Schuld seines Volkes bekannte, sammelten sich um ihn viele Männer, Frauen und Kinder aus Israel. Auch sie weinten heftig. 2 Schechanja, der Sohn Jehiëls, aus der Sippe Elam sagte *zu Esra:* »Ja, wir sind unserem Gott untreu geworden, weil wir heidnische Frauen geheiratet haben. Doch auch jetzt gibt es für Israel noch Hoffnung: 3 Lasst uns mit unserem Gott einen Bund schließen und schwören, uns von den heidnischen Frauen und ihren Kindern zu trennen. Wir werden tun, was du und die anderen, die Ehrfurcht vor Gottes Geboten haben, uns sagen. Das Gesetz des Herrn muss befolgt werden! 4 Und nun steh auf und nimm die Angelegenheit selbst in die Hand. Wir werden dich dabei unterstützen. Sei mutig und entschlossen!«

5 Da stand Esra auf. Er ließ alle führenden Männer der Priester, der Leviten und des ganzen Volkes schwören, nach Schechanjas Rat zu handeln. 6 Dann verließ Esra den Platz vor dem Haus Gottes und ging in die Tempelkammer Johanans, des Sohnes Eljaschibs. Dort blieb er die Nacht über,[a] ohne etwas zu essen und zu trinken, denn er trauerte über die Sünde der Israeliten.

7/8 Auf Beschluss der Ältesten und führenden Männer wurde in Jerusalem und in ganz Judäa folgende Botschaft verbreitet: »Alle aus der Verbannung zurückgekehrten Israeliten haben sich innerhalb von drei Tagen in Jerusalem einzufinden. Wer der Aufforderung nicht folgt, wird aus der Gemeinde ausgeschlossen, und sein gesamter Besitz wird eingezogen.« 9 Da kamen alle Männer aus den Stämmen Juda und Benjamin vor Ablauf des dritten Tages nach Jerusalem. Es war der 20. Tag des 9. Monats. Die Versammelten saßen auf dem Tempelvorplatz. Sie hatten große Angst und zitterten vor Kälte, denn es regnete stark.

10 Esra, der Priester, stand auf und sagte zu ihnen: »Ihr seid Gott untreu geworden. Ihr habt heidnische Frauen geheiratet und so noch größere Schuld auf Israel geladen. 11 Bekennt jetzt dem Herrn, dem Gott eurer Vorfahren, eure Sünden! Und dann tut, was er euch befohlen hat: Sondert euch ab von den an-

---

[a] So mit der griechischen Übersetzung. Der hebräische Text lautet: Er ging hinein.

9,11–12 3 Mo 18,24–27; 5 Mo 9,4–5 **9,15** Ps 130,3 **10,2** 5 Mo 7,3–4* **10,6** 8,21 **10,7–8** 7,25–26

deren Völkern im Land, trennt euch von
euren heidnischen Frauen!«
12 Alle Versammelten riefen: »Du hast
Recht! Was du uns gesagt hast, müssen
wir tun! 13 Aber wir sind zu viele, außer-
dem ist Regenzeit. Wir können nicht im
Freien bleiben. Die Angelegenheit lässt
sich auch nicht in ein oder zwei Tagen re-
geln. Zu viele sind davon betroffen.
14 Unsere führenden Männer sollen hier
bleiben und die ganze Versammlung ver-
treten. Alle, die heidnische Frauen gehei-
ratet haben, sollen an einem bestimmten
Tag mit den Ältesten und Richtern ihres
Ortes vor den führenden Männern er-
scheinen. Erst wenn wir alles in Ordnung
gebracht haben, wird Gott seinen glühen-
den Zorn wieder von uns abwenden.«
15 Alle waren einverstanden, bis auf Jo-
natan, den Sohn Asaëls, und Jachseja,
den Sohn Tikwas. Sie wurden von Me-
schullam und dem Leviten Schabbetai
unterstützt. 16/17 Doch die Israeliten setz-
ten ihren Beschluss in die Tat um. Der
Priester Esra wählte einige Sippenober-
häupter aus, die alle Fälle untersuchen
sollten, in denen jüdische Männer nicht-
jüdische Frauen geheiratet hatten. Am
1. Tag des 10. Monats begannen sie da-
mit, und am 1. Tag des 1. Monats waren
sie fertig.
18/19 Es folgt ein Verzeichnis der Män-
ner, die mit heidnischen Frauen verhei-
ratet waren. Sie gaben ihre Hand darauf,
sich von diesen Frauen zu trennen, und
brachten je einen Schafbock als Schuld-
opfer dar.
Von den Priestern:
Maaseja, Eliëser, Jarib und Gedalja aus
den Sippen Jeschuas, des Sohnes Joza-
daks, und seiner Brüder;
20 Hanani und Sebadja aus der Sippe Im-
mer;
21 Maaseja, Elia, Schemaja, Jehiël und
Usija aus der Sippe Harim;
22 Eljoënai, Maaseja, Jismael, Netanel, Jo-
sabad und Elasa aus der Sippe Paschhur.
23 Von den Leviten:
Josabad, Schimi, Kelaja, den sie auch Ke-
lita nannten, Petachja, Juda und Eliëser.
24 Von den Sängern:
Eljaschib.
Von den Torwächtern:
Schallum, Telem und Uri.
25 Von den übrigen Israeliten:
Ramja, Jisija, Malkija, Mijamin, Eleasar,
Haschabja und Benaja aus der Sippe Pa-
rosch;
26 Mattanja, Secharja, Jehiël, Abdi, Jere-
mot und Elia aus der Sippe Elam;
27 Eljoënai, Eljaschib, Mattanja, Jeremot,
Sabad und Asisa aus der Sippe Sattu;
28 Johanan, Hananja, Sabbai und Atlai aus
der Sippe Bebai;
29 Meschullam, Malluch, Adaja, Jaschub,
Scheal und Jeremot aus der Sippe Bani;
30 Adna, Kelal, Benaja, Maaseja, Mattan-
ja, Bezalel, Binnui und Manasse aus der
Sippe Pahat-Moab;
31/32 Eliëser, Jischija, Malkija, Schemaja,
Simeon, Benjamin, Malluch und Sche-
marja aus der Sippe Harim;
33 Mattenai, Mattatta, Sabad, Elifelet, Je-
remai, Manasse und Schimi aus der Sippe
Haschum;
34–37 Maadai, Amram, Uël, Benaja, Bed-
ja, Keluhi, Wanja, Meremot, Eljaschib,
Mattanja, Mattenai, Jaasai aus der Sippe
Bani[a];
38–42 Schimi, Schelemja, Nathan, Adaja,
Machnadbai, Schaschai, Scharai, Asarel,
Schelemja, Schemarja, Schallum, Amarja
und Josef aus der Sippe Binnui[b];
43 Jeïël, Mattitja, Sabad, Sebina, Jaddai,
Joel und Benaja aus der Sippe Nebo.

44 Alle diese Männer hatten Frauen aus
den anderen Völkern geheiratet. Nun
trennten sie sich von ihnen und ihren
Kindern.[c]

---

a So mit der griechischen Übersetzung. Der hebräische Text lautet: Jaasai, Bani, Binnui.
b So mit der griechischen Übersetzung. Der hebräische Text lautet: aus der Sippe Bani.
c So mit der griechischen Übersetzung. Der hebräische Text ist nicht sicher zu deuten.
10,18–19 3 Mo 5,25–26

Das Buch Nehemia

Nehemia betet für Jerusalem

1 Dies ist der Bericht Nehemias, des
Sohnes Hachaljas:
Im 20. Regierungsjahr des Königs Ar-
taxerxes von Persien, im Monat Kislew,
hielt ich mich in der königlichen Residenz
Susa auf. 2 Da besuchte mich Hanani,
einer meiner Brüder, und mit ihm noch
andere Männer aus Judäa. Ich fragte sie:
»Wie geht es den Juden, die aus der Ver-
bannung heimgekehrt sind, und wie steht
es um Jerusalem?« 3 Sie berichteten: »Die
Zurückgekehrten leiden bittere Not. Man
beschimpft sie. Von der Stadtmauer Jeru-
salems sind nur noch Trümmer übrig, die
Tore liegen in Schutt und Asche.«

4 Als ich das hörte, setzte ich mich hin
und weinte. Ich trauerte tagelang, fastete
und betete:

5 »Ach Herr, du Gott des Himmels,
du mächtiger und ehrfurchtgebietender
Gott! Du hältst deinen Bund mit uns und
erweist Gnade denen, die dich lieben und
nach deinen Geboten leben. 6 Verschlie-
ße deine Augen und Ohren nicht, wenn
ich zu dir flehe! Tag und Nacht bete ich
zu dir für das Leben der Israeliten. Du
bist unser Herr. Ich bekenne dir, dass
wir gegen dich gesündigt haben, auch ich
und meine Verwandten. 7 Wir alle haben
schwere Schuld auf uns geladen. Wir hiel-
ten uns nicht an die Gebote und Weisun-
gen, die dein Diener Mose von dir be-
kommen hat. 8 Aber denke doch daran,
was du zu Mose gesagt hast: ›Wenn ihr
mich verlasst, werde ich euch unter die
fremden Völker zerstreuen, 9 wenn ihr
aber wieder zu mir umkehrt und meine
Gebote befolgt, dann lasse ich euch in eu-
er Land zurückkehren, auch wenn ich
euch bis ans Ende der Erde vertrieben
habe. Ich bringe euch an den Ort, wo ich
für immer wohnen will.‹ 10 Ach, Herr, sie
gehören ja trotz allem zu dir; sie sind dein
Volk, das du durch deine Macht und Stär-
ke befreit hast. 11 Bitte erhöre doch mein
Gebet und das Gebet aller, die dir dienen
und dich ehren wollen. Und wenn ich
beim König vorspreche, dann hilf mir,
dass ich ein offenes Ohr bei ihm finde!«

Denn ich war der Mundschenk des
Königs.

Nehemia reist nach Jerusalem

2 Vier Monate waren seither vergan-
gen.[a] Eines Tages, als ich König Ar-
taxerxes beim Essen Wein einschenkte
und ihm den Becher reichte, fiel ihm auf,
dass ich traurig aussah. Das war der Kö-
nig bei mir nicht gewohnt, 2 darum fragte
er mich: »Warum siehst du so bedrückt
aus? Du bist doch nicht etwa krank?
Nein, irgendetwas belastet dich!«

Ich erschrak heftig 3 und antwortete:
»Lang lebe der König! Wie könnte ich
fröhlich sein, wenn die Stadt, in der mei-
ne Vorfahren begraben sind, zerstört ist
und ihre Tore in Schutt und Asche lie-
gen?«

4 Da fragte mich der König: »Worum
bittest du?« Ich flehte zum Gott des Him-
mels, 5 dann sagte ich: »Mein König!
Wenn du es für richtig hältst und wenn
du mir vertraust, dann sende mich nach
Judäa in die Stadt, in der meine Vorfah-
ren begraben liegen. Ich möchte sie wie-
der aufbauen.«

6 Der König, neben dem die Königin

---

[a] Wörtlich: Im Monat Nisan, im 20. Regierungsjahr des Königs Artaxerxes.

1,3 3,33–35; 2 Chr 36,18–19 **1,4–11** 9,1–37; Esr 9,3–15; Jer 14,7–9; Dan 9,2–20 **1,5** 2 Mo 19,5; 5 Mo 7,9; 1 Kön 8,23 **1,6** Ps 17,6* **1,7–9** 3 Mo 26,13–45; 5 Mo 30,1–5 **1,10** 2 Mo 20,2* **2,3** 2 Chr 36,18–19; Ps 74,1–7

saß, fragte mich: »Wie lange soll deine
Reise dauern? Wann bist du wieder zu-
rück?« Als ich ihm einen Zeitpunkt
nannte, stimmte er zu. 7 Dann bat ich ihn:
»Mein König, wenn du möchtest, so gib
mir bitte Briefe an die Provinzstatthalter
westlich des Euphrat mit, damit sie mir
die Durchreise nach Judäa gestatten.
8 Außerdem bitte ich dich um ein Schrei-
ben an Asaf, den Verwalter der königli-
chen Wälder, denn ich brauche Holz für
die Torbalken der Burg am Tempel, für
die Stadtmauer und für das Haus, in dem
ich wohnen werde.« Der König gab mir
die Briefe, denn Gott stand mir bei.
9 Dann befahl Artaxerxes, dass eine
Leibgarde von Offizieren und Soldaten
mich begleiten sollte. So kam ich zu den
Provinzstatthaltern westlich des Euphrat
und übergab ihnen die Briefe des Königs.
10 Der Statthalter Sanballat aus Bet-Ho-
ron und Tobija, sein Beauftragter für die
Provinz Ammon, wurden zornig, als sie
hörten, dass jemand den Israeliten helfen
wollte.

Nehemia sieht sich die Stadtmauer an

11 Schließlich kam ich nach Jerusalem.
Nach drei Tagen 12 brach ich mitten in
der Nacht auf, begleitet von einigen Män-
nern; nur ich hatte ein Reittier dabei. Ich
erzählte niemandem, welchen Auftrag
Gott mir für Jerusalem gegeben hatte.
13 So verließ ich mitten in der Nacht die
Stadt durch das Taltor, ritt in südlicher
Richtung an der Drachenquelle vorbei
und kam zum Misttor. Ich untersuchte
die zerstörten Mauern und die nieder-
gebrannten Tore. 14 Dann zog ich nach
Norden zum Quelltor und zum Königs-
teich. Als mein Reittier keinen Weg
mehr durch die Trümmer fand, 15 ritt ich
trotz der Dunkelheit das Flusstal auf-
wärts und untersuchte von dort aus die
Mauer. Schließlich kehrte ich um und
kam durch das Taltor wieder in die Stadt
zurück.

Gespräche mit den führenden Männern

16 Die führenden Männer Jerusalems
wussten nicht, wohin ich gegangen war
und was ich getan hatte, denn ich hatte
ihnen, den Priestern und allen, die beim
Wiederaufbau mithelfen sollten, noch
nichts von meinem Vorhaben erzählt.
17 Jetzt aber sagte ich zu ihnen: »Ihr seht
selbst unser Elend: Jerusalem ist ein ein-
ziger Trümmerhaufen, die Stadttore lie-
gen in Schutt und Asche. Kommt, lasst
uns die Mauer wieder aufbauen, damit
wir nicht länger dem Gespött der Leute
preisgegeben sind!« 18 Ich erzählte ihnen,
wie Gott mir geholfen und was der König
von Persien mir versprochen hatte. Da
erklärten sie: »Gut, wir wollen begin-
nen!«, und machten sich entschlossen an
die Arbeit.
19 Als Sanballat, Tobija und der Araber
Geschem davon hörten, lachten sie uns
aus und spotteten: »Da habt ihr euch ja
einiges vorgenommen! Wollt ihr euch et-
wa gegen den König auflehnen?« 20 Ich
entgegnete ihnen: »Der Gott des Him-
mels wird unser Vorhaben gelingen las-
sen. Wir tun nur, was er von uns möchte;
darum werden wir mit dem Bau begin-
nen. Ihr aber habt kein Anrecht auf
Grund und Boden in Jerusalem, und auch
aus der Vergangenheit könnt ihr keiner-
lei Anspruch erheben.«

Wiederaufbau der Stadtmauer

3 Der Hohepriester Eljaschib und die
anderen Priester bauten das Schaftor
wieder auf, sie weihten es dem Herrn und
setzten die Torflügel ein. Auch den an-
grenzenden Mauerabschnitt weihten sie
bis zum »Turm der Hundert« und zum
Hananelturm.
2 Die Männer von Jericho besserten das
anschließende Teilstück aus, und Sakkur,
der Sohn Imris, den darauf folgenden
Abschnitt.
3 Das Fischtor errichtete die Sippe Se-

2,10 4,1–2* **2,17** Hes 5,14–15 **2,19** 4,1–2* **3,1** 13,28

naa. Sie setzten Balken ein, brachten Torflügel an und versahen sie mit Riegeln und Sperrbalken.

4 Den Wiederaufbau des nächsten Mauerabschnitts leitete Meremot, der Sohn Urias und Enkel von Hakkoz.

Daneben arbeitete Meschullam, der Sohn Berechjas und Enkel Meschesabels.

Zadok, der Sohn Baanas, besserte das folgende Teilstück aus.

5 Am nächsten Abschnitt bauten die Einwohner von Tekoa; doch die führenden Männer jener Stadt waren zu stolz, um sich an der Arbeit für den Herrn zu beteiligen.

6 Das Jeschanator errichteten Jojada, der Sohn Paseachs, und Meschullam, der Sohn Besodjas. Sie setzten Balken ein, brachten Torflügel an und versahen sie mit Riegeln und Sperrbalken.

7 Das nächste Stück bis zum Sitz des Statthalters für das Gebiet westlich des Euphrat bauten Melatja aus Gibeon, Jadon aus Meronot und einige Männer aus Gibeon und Mizpa.

8 Für den danebenliegenden Abschnitt war der Goldschmied Usiël, der Sohn Harhajas, verantwortlich.

Der Salbenmischer Hananja leitete die Arbeiten am nächsten Stück. Diese beiden befestigten Jerusalem bis zur »Breiten Mauer«.

9 Daneben baute Refaja, der Sohn Hurs, dem die eine Hälfte des Bezirks Jerusalem unterstand.

10 Jedaja, der Sohn Harumafs, leitete die Arbeiten am folgenden Mauerabschnitt, der an seinem eigenen Haus entlangführte.

Das nächste Stück besserte Hattusch, der Sohn Haschabnejas, aus.

11 Den anschließenden Teil der Mauer und den Ofenturm stellten Malkija, der Sohn Harims, und Haschub, der Sohn Pahat-Moabs, wieder her.

12 Schallum, der Sohn Lohesch, dem die zweite Hälfte des Bezirks Jerusalem unterstand, besserte den nächsten Abschnitt aus, und seine Töchter halfen mit.

13 Das Taltor bauten Hanun und die Einwohner von Sanoach. Sie hängten die Torflügel ein und versahen sie mit Riegeln und Sperrbalken. Außerdem errichteten sie die Mauer von dort bis zum Misttor, eine Strecke von ungefähr 500 Metern.

14 Das Misttor baute Malkija, der Sohn Rechabs, der Vorsteher des Bezirks Bet-Kerem. Er setzte hier die Tore ein und befestigte Riegel und Sperrbalken.

15 Für den Wiederaufbau des Quelltors übernahm Schallun, der Sohn Kolhoses, die Verantwortung. Er war der Vorsteher des Bezirks Mizpa. Er überdachte das Tor, hängte die Torflügel ein und brachte Riegel und Sperrbalken an. Unter seiner Aufsicht wurde auch die Mauer am Teich beim königlichen Garten ausgebessert, zu dem die Wasserleitung führte. Dieses Teilstück reichte bis zu den Stufen, die von der »Stadt Davids« herabkommen.

16 Die Arbeiten am nächsten Abschnitt übernahm Nehemja, der Sohn Asbuks, dem die Hälfte des Bezirks Bet-Zur unterstand. Dieser Teil der Mauer lag den Gräbern des Königshauses David gegenüber und erstreckte sich bis zum künstlich angelegten Teich und bis zu den Unterkünften der Leibwache.

17 Folgende Leviten bauten die nächsten Mauerabschnitte: Rehum, der Sohn Banis, hatte die Oberaufsicht.

Haschabja, der Vorsteher über die Hälfte des Bezirks Keïla, besserte das nächste Teilstück aus.

18 Daneben arbeiteten die Leviten unter der Führung von Binnui, dem Sohn Henadads. Er war Vorsteher über die andere Hälfte des Bezirks Keïla.

19 Danach kam Eser, der Sohn Jeschuas, der Vorsteher von Mizpa. Sein Bauabschnitt lag beim Aufgang zur Waffenkammer und ging bis zur Biegung der Mauer.

20 Besonders fleißig arbeitete Baruch, der Sohn Sabbais. Ihm war der Abschnitt zwischen der Biegung der Mauer und

---

3,15 2 Kön 20,20

Beten macht's möglich

Lesen Sie Nehemia 2,1-20

Genau betrachtet war Nehemia nicht gerade die erste Wahl, um den Wiederaufbau der Stadtmauern Jerusalems zu leiten. Er war weder Architekt noch Bauingenieur, sondern ein Beamter am Hof des Königs – ein Mundschenk! Dennoch berief Gott ihn zu diesem riesigen Projekt, und Nehemia und sein Team hatten Erfolg. Wodurch? Durch die Kraft des Gebets (siehe Nehemia 2,1-20).

Vielleicht geht es Ihnen ähnlich: Gott hat Sie in eine Aufgabe berufen, der Sie sich nicht gewachsen fühlen. Wie Mose protestieren Sie: „Herr, such dir jemand anderen!" Doch wie heißt es in einem Zitat: „Gott beruft nicht immer die Begabten, aber er begabt die Berufenen."

Wenn Sie beständig beten und Gott ganz vertrauen, wird er Sie für die Aufgabe ausrüsten, zu der er Sie berufen hat. Manchmal hindert Sie vielleicht ein ungesunder Perfektionismus. Sie meinen, dass Sie noch warten sollten, bis Sie mehr Fähigkeiten, mehr Zeit, mehr Geld, Weisheit oder Gesundheit haben – doch diese Einstellung ist, wie der Autor Warren Wiersbe gewarnt hat, „nicht demütig; sie ist die schlimmste Form von Hochmut". Wenn Sie sich auf Gott verlassen, dann gebraucht er Sie – so wie Sie sind –, um seine Ziele zu erreichen.

Nehmen Sie sich Zeit, um allein oder als Paar gemeinsam zu beten.

- Denken Sie über eine Aufgabe nach, zu der Sie sich berufen fühlen, die Sie aber noch nicht in Angriff nehmen wollten.
- Überlegen Sie, ob Gott möchte, dass Sie noch warten, oder ob Sie zögern, weil Sie Angst haben zu versagen.
- Bitten Sie Gott, Ihnen in dieser Frage Klarheit und Frieden zu schenken.

Wenn Sie noch mehr Zeit haben …

Besprechen Sie miteinander folgende Fragen oder denken Sie darüber nach:

- Wenn Gott Sie zu etwas beruft, welche Ihrer Fähigkeiten und Talente würde er dafür gerne einsetzen?
- Zu welchem Dienst könnte Gott Sie beide gemeinsam rufen?
- Woran erkennen Sie Gottes Berufung?

Lesen Sie auch die folgenden Abschnitte zum Thema Berufung:
Sprüche 16,9; Jesaja 43,1-13; Römer 11,29.

Schutt und Asche

Lesen Sie Nehemia 4,4

Nehemia musste feststellen, dass die Stadtmauern von Jerusalem in Schutt und Asche lagen. Was dann folgte, war eines der größten Bauprojekte der Antike. Nehemia betete, plante und mobilisierte Helfer, die in nur wenigen Monaten die ganze Mauer neu errichteten. Er wurde dadurch zum Vorbild für alle, die etwas aus Ruinen wieder aufbauen wollen, sei es ein Gebäude – oder eine Ehe.

Der erste Schritt zum Wiederaufbau der Beziehung zu Ihrem Ehepartner ist das Beseitigen des Schutts. Beginnen Sie damit, dass Sie Ihre eigene Rolle in der ganzen Problematik überdenken. Bitten Sie Gott, Ihnen zu zeigen, wie Ihre unfreundlichen Worte, Ihr verletzendes Verhalten oder Ihre unterlassene Hilfe die Vertrautheit in Ihrer Ehe zerstört haben.

Als Nächstes bekennen Sie Ihrem Mann/Ihrer Frau Ihr Versagen und bitten Sie um Vergebung. Das könnte so klingen: „Ich weiß, dass ich dich mit meinem Verhalten tief verletzt habe. Meine Worte waren unfreundlich und unfair. Ich habe dich vernachlässigt. Was ich getan habe, kann ich nicht ungeschehen machen, aber wenn du mir vergeben kannst, möchte ich dir zeigen, dass ich dich wirklich liebe, dich respektiere und schätze. Ich glaube daran, dass wir gemeinsam eine intakte Ehe aufbauen können, und das möchte ich auch tun."

Vielleicht reagiert Ihr Ehepartner nicht sofort darauf. Geben Sie ihm oder ihr Zeit zu erkennen, dass Sie es wirklich ernst meinen und die Beziehung neu aufbauen wollen.

Nehmen Sie sich Zeit, um allein oder als Paar gemeinsam zu beten. Bitten Sie Gott ...

- Ihnen zu zeigen, wo Sie harte, kritische oder verurteilende Worte gegenüber Ihrem Ehepartner gebraucht haben;
- Ihnen Ihre verletzenden Worte und Taten zu vergeben;
- Ihnen die Kraft zu schenken, damit Sie Ihren Mann/Ihre Frau um Vergebung bitten können.

Wenn Sie noch mehr Zeit haben ...

Besprechen Sie miteinander folgende Fragen oder denken Sie darüber nach:

- Wie haben Sie dazu beigetragen, dass in Ihrer Ehe Vertrauen und Nähe verloren gegangen sind?
- Wie würden Sie reagieren, wenn Ihr Mann/Ihre Frau sich Ihnen gegenüber so entschuldigen würde wie oben im Text?
- Was wäre nötig, damit Sie so etwas zu Ihrem Mann/Ihrer Frau sagen könnten?

Lesen Sie auch die folgenden Abschnitte zum Thema Nähe und Vertrautheit:
Sprüche 5,15-19; 1. Korinther 7,2-5; 1. Thessalonicher 4,3-7.

Den nächsten Impuls finden Sie auf S. 560 a

dem Eingang zum Haus des Hohenpriesters Eljaschib zugeteilt.

21 Das nächste Mauerstück besserte Meremot aus, der Sohn Urias und Enkel von Hakkoz; es reichte vom Eingang bis zum Ende des Hauses Eljaschibs.

22 Die folgenden Abschnitte wurden von Priestern aus der Umgebung von Jerusalem gebaut.

23 Benjamin und Haschub leiteten die Arbeiten am nächsten Teilstück, das ihren Häusern gegenüber lag.

Asarja, der Sohn Maasejas und Enkel Ananjas, widmete sich dem nächsten Teil der Mauer in der Nähe seines Hauses.

24 Den darauf folgenden Abschnitt vom Haus Asarjas bis zur Biegung und zur Ecke der Mauer baute Binnui, der Sohn Henadads, wieder auf.

25 Palal, der Sohn Usais, war verantwortlich für das Teilstück, das an der Mauerecke begann, und für den oberen Turm, der am königlichen Palast beim Gefängnishof vorspringt.

Pedaja, der Sohn Paroschs,
26 und die Tempeldiener, die auf dem Hügel Ofel wohnten, besserten den anschließenden Abschnitt aus bis zu der Stelle gegenüber dem Wassertor im Osten und dem vorspringenden Turm.

27 Das nächste Stück vom vorspringenden Turm bis zur Mauer auf dem Hügel Ofel bauten die Einwohner von Tekoa.

28 Oberhalb des Rosstores arbeiteten die Priester, jeder an dem Stück Mauer, das seinem Haus gegenüber lag.

29 Auch Zadok, der Sohn Immers, hatte die Verantwortung für den Teil der Mauer, der seinem Haus am nächsten war.

Den folgenden Abschnitt besserte Schemaja aus, der Sohn Schechanjas, der Wächter am Osttor.

30 Daneben leiteten Hananja, der Sohn Schelemjas, und Hanun, der sechste Sohn Zalafs, die Arbeiten.

Meschullam, der Sohn Berechjas, baute den folgenden Mauerteil gegenüber seinem Haus wieder auf.

31 Das nächste Teilstück bis zum Haus der Tempeldiener und der Händler gegenüber dem Wachtor und bis zum oberen Raum an der Mauerecke besserte der Goldschmied Malkija aus.

32 Den letzten Mauerabschnitt von dort bis zum Schaftor errichteten die Goldschmiede und die Händler.

Sanballat verspottet die Juden

33 Als Sanballat erfuhr, dass wir mit dem Bau der Stadtmauer begonnen hatten, packte ihn der Zorn. Er verspottete uns
34 vor seinen Vertrauten und den Truppen von Samaria: »Was wollen diese armseligen Juden eigentlich? Jerusalem zur Festung ausbauen? Sie meinen wohl, wenn sie Opfer darbringen, können sie an einem Tag fertig werden! Mit diesen verbrannten Steinen und diesem Schutt wollen sie eine neue Stadtmauer errichten?«

35 Der Ammoniter Tobija stand neben ihm und pflichtete ihm bei: »Sollen sie doch bauen! Wenn ein Fuchs an der Mauer hochspringt, fällt sie wieder in sich zusammen!«

36 Doch ich betete: »Herr, unser Gott, hör doch, wie sie sich über uns lustig machen! Strafe sie für ihren Spott! Sorge dafür, dass ihnen ihr ganzer Besitz genommen wird und sie in ein fremdes
Land verschleppt werden. 37 Vergib ihnen nicht, vergiss niemals, welches Unrecht sie uns angetan haben! Denn sie haben die verspottet, die Jerusalem wieder aufbauen.«

38 Trotz allem besserten wir die Mauer weiter aus, und schon bald waren ihre Lücken bis zur halben Höhe geschlossen. Denn das Volk arbeitete mit ganzer Kraft.

Die Feinde planen einen Angriff

4 Als Sanballat und Tobija, die Araber, die Ammoniter und die Einwohner von Aschdod erfuhren, dass der Aufbau

---

3,26 Jos 9,26–27 **3,33–35** 4,1–2* **3,36–37** Jer 11,20; Mt 5,43–48 **4,1–2** 2,10.19; 3,33–35; 6,1–13.17–19

der Jerusalemer Mauer Fortschritte
machte und die letzten Lücken schon fast
geschlossen waren, gerieten sie in Wut.
2 Sie verbündeten sich, um Jerusalem an-
zugreifen und unsere Pläne zu durch-
kreuzen. 3 Wir aber flehten zu unserem
Gott und stellten Tag und Nacht Wachen
auf. 4 Das Volk der Judäer sang ein Kla-
gelied:

»Die Kraft der Träger reicht nicht mehr,
der Schutt ist viel zu viel.
Alleine ist es uns zu schwer,
wir kommen nie ans Ziel.«

5 Unsere Feinde dachten: »Noch bevor
die Juden uns bemerken, sind wir schon
mitten unter ihnen, bringen sie um und
zerstören ihr Bauwerk!«

6 Aber immer wieder kamen Juden, die
in ihrer Nähe wohnten, zu uns und er-
zählten, was die Völker ringsum gegen
uns im Schilde führten. 7 Darum stellte
ich dort wehrfähige Männer auf, wo die
Mauer noch besonders niedrig war und
Lücken aufwies. Sie waren nach Sippen
eingeteilt und mit Schwertern, Lanzen
und Bogen bewaffnet. 8 Ich sah mir alles
noch einmal genau an, dann sagte ich zu
den führenden Männern und zum übri-
gen Volk: »Habt keine Angst vor ihnen!
Vertraut dem Herrn, denn er ist groß und
mächtig. Kämpft für eure Brüder und
Söhne, für eure Töchter und Frauen und
für eure Häuser!«

9 Als unsere Feinde hörten, dass wir al-
les wussten und dass Gott ihre Pläne ver-
eitelt hatte, konnten wir wieder an die
Arbeit gehen, jeder an seinen Platz. 10 Al-
lerdings baute von diesem Tag an nur
noch die Hälfte der Männer an der Mau-
er weiter, die anderen hielten in ihren
Rüstungen Wache und waren mit Lan-
zen, Schilden und Bogen bewaffnet. Sie
standen mit ihren Offizieren hinter den
Männern, 11 die an der Mauer arbeiteten.
Die Lastträger trugen mit der einen
Hand das Baumaterial, in der anderen
hielten sie eine Waffe. 12 Alle Arbeiter
hatten ihr Schwert umgeschnallt. Der
Mann, der mit dem Horn Alarm blasen
sollte, blieb die ganze Zeit in meiner Nä-
he. 13 Den führenden Männern und dem
übrigen Volk hatte ich eingeschärft: »Die
Mauerabschnitte, die wieder aufgebaut
werden müssen, sind sehr lang. Darum
sind auch wir weit voneinander entfernt.
14 Sobald ihr irgendwo das Horn blasen
hört, lauft sofort dorthin! Unser Gott
wird für uns kämpfen!«

15 So arbeiteten wir alle vom Morgen-
grauen bis zum Einbruch der Dunkelheit,
und die Hälfte der Männer hielt mit der
Lanze in der Hand Wache. 16 Ich hatte al-
len befohlen: »Übernachtet in Jerusalem,
damit ihr nachts eine Wache übernehmen
und tagsüber arbeiten könnt.« 17 Sogar
nachts zog ich meine Kleider nicht aus,
und auch meine Verwandten, meine Mit-
arbeiter und die Männer meiner Leib-
wache waren jederzeit einsatzbereit mit
der Waffe in der Hand.

Schuldenerlass für die arme Bevölkerung

5 Nach einiger Zeit kamen jüdische
Männer und Frauen zu mir und be-
schwerten sich über Leute aus ihrem ei-
genen Volk. 2 Die einen klagten: »Wir
haben viele Söhne und Töchter und brau-
chen mehr Getreide, sonst können wir
nicht überleben.« 3 Andere sagten: »Wir
mussten unsere Felder, Weinberge und
Häuser verpfänden, um während der
Hungersnot Brot kaufen zu können.«
4 Und wieder andere beklagten sich: »Wir
mussten uns Geld leihen, um dem König
die Steuern auf unsere Felder und Wein-
berge bezahlen zu können. 5 Wir gehören
doch zum selben Volk wie die anderen
Juden! Unsere Kinder sind nicht weniger
wert als ihre. Und doch müssen wir ihnen
unsere Söhne und Töchter als Sklaven
verkaufen; einige unserer Töchter sind
schon in ihrer Gewalt. Wir sind machtlos,
denn unsere Felder und Weinberge gehö-
ren ja ihnen.«

4,14 2 Mo 14,14* **5,1–5** 2 Mo 22,24; 3 Mo 25,39–43; 2 Kön 4,1

Gottvertrauen

Lesen Sie Nehemia 4,15-17

Immer wieder wird im Buch Nehemia erwähnt, dass die Arbeiter an der Stadtmauer um Gottes Schutz beteten – und trotzdem trugen sie auch Lanzen bei sich und hatten einen Plan B für den Fall, dass sie angegriffen wurden. Sie warteten nicht untätig auf Gottes Antwort. Aus ihrem Umgang mit der Situation können wir einiges lernen.

Sie sind für die Gemeinschaft mit Gott geschaffen worden. Am besten gelingen Ihnen Ihre Aufgaben, wenn Sie mit ihm zusammenarbeiten. Jemand erzählte mir einmal: „Wochenlang hatte ich mich schon mit einem technischen Problem herumgeschlagen und keine vernünftige Lösung gefunden. Schließlich schlug mir ein Freund vor, ich solle doch beten und Gott um eine Antwort bitten. Das tat ich, und dreißig Minuten später hatte ich die zündende Idee. Die Lösung war gefunden. Also schließe ich daraus, dass Gott und ich ein ziemlich gutes Team abgeben."

Gott hat sich verpflichtet, für seine Kinder zu sorgen. Das bedeutet nicht, dass wir uns zurücklehnen und Gott alles überlassen. Ein altes Sprichwort sagt: „Gott gibt den Vögeln ihre Nahrung, aber er wirft sie ihnen nicht ins Nest." Wir sollen unseren Verstand und unseren Körper, die Gott uns gegeben hat, einsetzen, allerdings in Zusammenarbeit mit Gott. Wir sollen ihn um Weisheit bitten, damit wir das erfüllen können, was wir nach seinem Willen in unserem Leben erreichen sollen.

Nehmen Sie sich Zeit, um allein oder als Paar gemeinsam zu beten. Danken Sie Gott, dass er zugesagt hat, für Sie zu sorgen. Bitten Sie ihn, dass Sie unterscheiden lernen, was Sie allein tun und wo Sie sich auf ihn verlassen sollen, wenn Sie in einer schwierigen Situation stecken.

Wenn Sie noch mehr Zeit haben …

Besprechen Sie miteinander folgende Fragen oder denken Sie darüber nach:

- Wann ist die Versuchung für Sie am größten, ein Problem allein anzugehen?
- Wann beziehen Sie am ehesten Ihren Ehepartner mit ein?
- Wann sind Sie eher bereit, Gott in dem ganzen Prozess mitreden zu lassen?

Lesen Sie auch die folgenden Abschnitte zum Thema Gottvertrauen:
2. Samuel 7,28; Psalm 9,10; Sprüche 3,5.

Gottes Wort hören und verstehen

Die folgenden Fragen können Sie entweder allein oder als Paar gemeinsam durchgehen. Wenn jeder für sich darüber nachdenkt, verabreden Sie sich in der kommenden Woche zu einem Austausch darüber, was Sie herausgefunden haben.

1. Lesen Sie Nehemia 8,1-12. Warum weinten die Israeliten, als sie die Worte Gottes hörten?

2. Warum wussten die Israeliten nicht, was im Wort Gottes stand? Gibt es Parallelen zwischen ihrem Wissensstand und dem Bibelwissen der Menschen heute?

3. Lesen Sie 2. Timotheus 2,15. Welche Beziehung sollten Sie nach diesem Vers zu Gottes Wort haben?

4. Stoßen Sie in der Bibel manchmal auf Stellen, die Sie nicht verstehen? Woher können Sie in solchen Fällen Hilfe bekommen?

5. Was würden Sie jemandem raten, der sagt, er habe keine Zeit, in der Bibel zu lesen?

6. Wie würde sich Ihr Leben verändern, wenn Sie sich jeden Tag Zeit nehmen würden, das Wort Gottes zu studieren und es zu verstehen?

Nehemia 8,11-12

„Die Leviten beruhigten das Volk und sagten: ‚Seid nicht traurig, denn dieser Tag gehört Gott!‘ Da gingen die Versammelten nach Hause und feierten ein großes Freudenfest. Sie aßen und tranken und teilten mit denen, die selbst nichts besaßen, denn sie hatten verstanden, was man ihnen verkündet hatte.“

KONKRET:

Schreiben Sie auf, aus welchen Gründen Sie die Bibel nicht öfter studieren. Dann notieren Sie hinter jedes der Hindernisse eine mögliche Lösung.

Den nächsten Impuls finden Sie auf S. 576 a

6 Als ich ihre Klagen hörte und von
dem Unrecht erfuhr, wurde ich sehr zor-
nig. 7 Ich dachte über alles gründlich
nach, dann stellte ich die führenden Män-
ner zur Rede: »Eure eigenen Landsleute
beutet ihr skrupellos aus!« Ich berief eine
Volksversammlung ein 8 und redete ihnen
ins Gewissen: »Menschen aus unserem
Volk sind von fremden Völkern zu Skla-
ven gemacht worden. Wir haben von
ihnen so viele wie möglich freigekauft.
Und jetzt habt ihr eure eigenen Lands-
leute zu Sklaven gemacht! Sollen wir sie
nun etwa von euch zurückkaufen?« Da-
rauf wussten sie keine Antwort und
schwiegen.

9 Ich fuhr fort: »Ihr begeht ein großes
Unrecht! Warum gehorcht ihr Gott nicht
und tut, was recht ist? Ihr macht uns zum
Gespött unserer Feinde! 10 Auch ich, mei-
ne Verwandten und meine Mitarbeiter
haben anderen Geld und Getreide ge-
liehen. Doch wir wollen nichts mehr
zurückfordern. 11 Gebt auch ihr euren
Schuldnern noch heute die gepfändeten
Felder und Weinberge, die Ölberge und
Häuser zurück. Erlasst ihnen alles, was
ihr ihnen an Geld und Getreide, an Wein
und Öl geliehen habt!« 12 Sie antworte-
ten: »Gut, wir wollen tun, was du sagst.
Wir geben alles zurück und fordern
nichts mehr.«

Da rief ich die Priester zu mir und ließ
die Gläubiger vor ihnen schwören, ihr
Versprechen zu halten. 13 Dann schüttelte
ich alles aus, was ich in meinem Gewand
trug, und sagte: »Genau so soll Gott je-
den, der seinen Eid bricht, aus seiner Sip-
pe und aus seinem Besitz hinauswerfen!«

Alle Versammelten riefen: »Ja, so soll
es geschehen!« Sie lobten den Herrn und
erfüllten ihr Versprechen.

Nehemia geht mit gutem Beispiel voran

14 Zwölf Jahre war ich Statthalter der Pro-
vinz Judäa, vom 20. bis zum 32. Regie-
rungsjahr des Königs Artaxerxes; in die-
ser Zeit verzichteten meine Verwandten
und ich auf die zusätzlichen Abgaben, die
uns zustanden. 15 Meine Vorgänger hat-
ten sich am Volk bereichert. Sie hatten
nicht nur Brot und Wein von ihm ver-
langt, sondern zusätzlich noch 40 Silber-
stücke pro Tag[a]. Auch ihre Mitarbeiter
beuteten das Volk aus. Doch ich handelte
nicht so, denn ich hatte Ehrfurcht vor
Gott. 16 Ich setzte meine ganze Kraft da-
ran, beim Bau der Stadtmauer Jerusa-
lems mitzuhelfen, und auch alle Männer,
die für mich arbeiteten, waren beteiligt.
Keiner von uns kaufte für sich selbst
Land. 17 An meinem Tisch waren regel-
mäßig 150 führende Juden zu Gast, dazu
alle, die aus den umliegenden Völkern zu
uns gestoßen waren. 18 Jeden Tag ließ ich
ein Rind, sechs der besten Schafe und
viel Geflügel schlachten und zubereiten.
Alle zehn Tage wurden die verschiedens-
ten Weine in großen Mengen bereit-
gestellt. Für die Kosten kam ich selbst
auf. Trotzdem verzichtete ich auf die zu-
sätzlichen Abgaben, die mir als Statthal-
ter zustanden, denn das Volk musste für
den Bau der Stadtmauer schon genug
aufbringen.

19 Mein Gott, vergiss nicht, wie viel Gu-
tes ich für dieses Volk getan habe!

Mordpläne gegen Nehemia

6 Sanballat, Tobija, der Araber Ge-
schem und unsere übrigen Feinde er-
fuhren, dass ich die Stadtmauer wieder
aufgebaut hatte und dass sie keine Lü-
cken mehr aufwies. Nur die Torflügel
hatten wir noch nicht eingesetzt. 2 Da lie-
ßen Sanballat und Geschem mir ausrich-
ten: »Wir wollen uns mit dir in Kefirim in
der Ebene von Ono treffen!« Weil sie
aber einen Anschlag gegen mich planten,
3 schickte ich ihnen einen Boten und ließ
ihnen sagen: »Ich kann nicht kommen,
denn wir führen hier ein großes Werk
aus. Die ganze Arbeit müsste unterbro-

---

[a] So mit der lateinischen Übersetzung. Im hebräischen Text ist kein Zeitraum angegeben.

5,10–11 3 Mo 25,35–37 **5,19** 13,14.22.31 **6,1–13** 4,1–2*

chen werden, wenn ich eurer Aufforde-
rung folgen würde.«
4 Noch viermal schickten sie mir diesel-
be Botschaft, und jedes Mal gab ich ihnen
die gleiche Antwort. 5 Doch Sanballat
sandte mir zum fünften Mal einen seiner
Männer, diesmal mit einem unverschlos-
senen Brief. 6 Darin stand: »Die anderen
Völker des Landes erzählen, dass du mit
den Juden einen Aufstand planst und da-
rum die Mauer wieder aufbaust. Auch
von Geschem habe ich das gehört.
Anscheinend willst du König der Juden
werden. 7 Du sollst sogar schon einige
Propheten beauftragt haben, dich in Jeru-
salem zum König von Judäa auszurufen.
Von solchen Gerüchten wird natürlich
auch der persische König erfahren. Da-
rum lass uns miteinander beraten, was
zu tun ist!«
8 Ich ließ ihm ausrichten: »Keine deiner
Behauptungen ist wahr. Sie sind alle frei
erfunden!« 9 Unsere Feinde wollten uns
Angst einjagen, um die Fertigstellung
der Mauer zu verhindern. Doch ich bete-
te: »Herr, gib uns Mut und Kraft!«
10 Eines Tages besuchte ich Schemaja,
den Sohn Delajas und Enkel Mehetabels,
denn er konnte nicht zu mir kommen. Er
sagte zu mir: »Wir müssen uns im inneren
Raum des Tempels treffen und die Türen
fest verschließen, sie wollen dich nämlich
umbringen – noch heute Nacht!«
11 Ich entgegnete: »Ein Mann wie ich
läuft nicht davon! Außerdem bin ich kein
Priester, ich darf den inneren Raum des
Tempels überhaupt nicht betreten, sonst
hätte ich mein Leben verwirkt. Nein, ich
gehe nicht!« 12 Mir war klar geworden,
dass Schemaja nicht im Auftrag Gottes
sprach. Er tat, als habe er eine Botschaft
Gottes empfangen, doch in Wirklichkeit
hatten Tobija und Sanballat ihn besto-
chen. 13 Sie wollten mir Angst einjagen
und mich zu einer Tat verleiten, durch die
ich mich schuldig machte. So hätten sie
meinen guten Ruf zerstören und mich zur
Zielscheibe des Spottes machen können.
14 Ach Gott, vergiss nicht, was mir To-
bija und Sanballat angetan haben! Denke
daran, dass die Prophetin Noadja und die
anderen Propheten mich einschüchtern
wollten!

Die Stadtmauer wird fertig gestellt

15 Die Mauer wurde nach 52 Tagen, am
25. Tag des Monats Elul, fertig. 16 Als un-
sere Feinde aus den Völkern ringsum das
hörten, bekamen sie Angst und verloren
allen Mut. Denn sie erkannten, dass un-
ser Gott uns geholfen hatte.
17 Während dieser ganzen Zeit hatten
einige einflussreiche Männer Judäas
ständig an Tobija geschrieben und auch
Briefe von ihm erhalten. 18 Viele Judäer
hatten ihm Beistand geschworen, denn
er war der Schwiegersohn Schechanjas,
des Sohnes Arachs, und sein Sohn Joha-
nan war mit einer Tochter Meschullams,
des Sohnes Berechjas, verheiratet. 19 Da-
rum hoben sie vor mir die Verdienste
Tobijas hervor und hinterbrachten ihm
alles, was ich gesagt hatte. Tobija wollte
mich daraufhin mit Briefen einschüch-
tern.

7 Als die Stadtmauer wieder ganz
aufgebaut war, ließ ich die Torflügel
einsetzen. Dann bestimmte ich einige
Männer zu Torwächtern am Tempel und
wies den Sängern und Leviten ihren
Dienst zu. 2 Zum Befehlshaber über Jeru-
salem ernannte ich meinen Bruder Hana-
ni und Hananja, den Kommandanten der
Festung. Hananja war ein zuverlässiger
Mann und ging den anderen in seiner
Liebe zu Gott mit gutem Beispiel voran.
3 Ich sagte zu den beiden: »Die Tore Je-
rusalems dürfen erst geöffnet werden,
wenn die Sonne schon hoch am Himmel
steht. Und sie sollen noch vor Sonnen-
untergang wieder geschlossen und verrie-
gelt werden. Stellt einige Einwohner Je-
rusalems als Wachposten auf, die einen
zum Schutz der Stadtmauer, die anderen
für die Häuser in der Stadt!«

6,6 2,19; Esr 4,12–13 **6,11** 4 Mo 18,5–7 **6,16** 5 Mo 11,25 **6,17–19** 4,1–2* **7,1** 1 Chr 23,25–32

Verzeichnis der aus Babylonien Heimgekehrten (Esra 2)

[4]Jerusalem war sehr groß, doch es lebten erst wenig Menschen dort, und die zerstörten Häuser waren noch nicht wieder
aufgebaut. [5]Da gab Gott mir in den Sinn, eine Versammlung der führenden Männer und des ganzen Volkes einzuberufen, um ein Verzeichnis der Sippen anzulegen. Dabei fand ich die Buchrolle mit dem Verzeichnis der ersten Judäer, die aus der Verbannung zurückgekehrt waren. Darin hieß es:

[6]»Die hier Eingetragenen stammen aus der persischen Provinz Judäa. Nebukadnezar, der König von Babylonien, hatte ihre Vorfahren in sein Land verschleppt. Sie kehrten in Sippenverbänden nach Jerusalem und Judäa zurück, jeder an den Ort, aus dem er ursprünglich kam.

[7]Sie wurden angeführt von Serubbabel, Jeschua, Nehemja, Asarja, Raamja, Nahamani, Mordochai, Bilschan, Misperet, Bigwai, Rehum und Baana.«

Es folgt ein Verzeichnis der heimkehrenden Sippen mit der Zahl der zu ihnen gehörenden Männer:

[8–38]2172 von der Sippe Parosch;
372 von Schefatja;
652 von Arach;
2818 von Pahat-Moab, sie waren Nachkommen von Jeschua und Joab;
1254 von Elam;
845 von Sattu;
760 von Sakkai;
648 von Binnui;
628 von Bebai;
2322 von Asgad;
667 von Adonikam;
2067 von Bigwai;
655 von Adin;
98 von Ater, sie waren Nachkommen von Hiskia;
328 von Haschum;
324 von Bezai;
112 von Harif;
95 von Gibeon;
188 aus Bethlehem und Netofa;
128 aus Anatot;
42 aus Bet-Asmawet;
743 aus Kirjat-Jearim, Kefira und Beerot;
621 aus Rama und Geba;
122 aus Michmas;
123 aus Bethel und Ai;
52 aus dem anderen Nebo;
1254 von der Sippe des anderen Elam;
320 von Harim;
345 aus Jericho;
721 aus Lod, Hadid und Ono;
3930 von der Sippe Senaa.

[39–42]Aus den Sippen der Priester kehrten zurück:
973 Männer mit Familien von der Sippe Jedaja, Nachkommen Jeschuas;
1052 von Immer;
1247 von Paschhur;
1017 von Harim.

[43]Von den Leviten:
74 aus den Sippen Jeschua und Kadmiël, sie waren Nachkommen Hodawjas;[a]
[44]von den Tempelsängern:
148 aus der Sippe Asaf;
[45]von den Wächtern an den Tempeltoren:
138 aus den Sippen Schallum, Ater, Talmon, Akkub, Hatita und Schobai;
[46–56]von den Tempeldienern:
die Sippen von Ziha, Hasufa, Tabbaot, Keros, Sia, Padon, Lebana, Hagaba, Salmai, Hanan, Giddel, Gahar, Reaja, Rezin, Nekoda, Gasam, Usa, Paseach, Besai, die Mëuniter und die Nefusiter sowie die Sippen von Bakbuk, Hakufa, Harhur, Bazlut, Mehida, Harscha, Barkos, Sisera, Temach, Neziach und Hatifa.

[57–59]Von den Nachkommen der Diener Salomos kamen zurück:
die Sippen von Sotai, Soferet, Peruda, Jaala, Darkon, Giddel, Schefatja, Hattil, Pocheret-Zebajim und Amon.

[60]Insgesamt kehrten 392 Tempeldiener und Nachkommen der Diener Salomos nach Israel zurück.

[61/62]642 heimkehrende Familien stamm-

---

[a] So nach Esra 2,40. Der hebräische Text lautet: Jeschua (Nachkommen von Kadmiël und Hodawja).

7,6 2 Chr 36,17–20 **7,60** Jos 9,26–27

ten aus den Orten Tel-Melach, Tel-Harscha, Kerub-Addon und Immer. Sie gehörten zu den Sippen Delaja, Tobija und Nekoda, konnten jedoch ihre israelitische Abstammung nicht nachweisen.

[63/64] Einige der Priester durften keinen Tempeldienst ausüben, denn ihre Abstammungsregister waren nicht aufzufinden. Sie kamen aus den Sippen von Habaja, Hakkoz und Barsillai. Der Stammvater der Sippe Barsillai hatte eine Tochter des Gileaditers Barsillai geheiratet und den Namen seines Schwiegervaters angenommen. [65] Der persische Statthalter verbot den Priestern aus diesen drei Sippen, von den Opfergaben zu essen, bis wieder ein Hoherpriester im Amt wäre, der das heilige Los werfen durfte, um über ihren Fall zu entscheiden.

[66] Insgesamt kehrten 42360 Israeliten in ihre Heimat zurück, [67] dazu kamen 7337 Sklaven und Sklavinnen und 245 Sänger und Sängerinnen.

[68] Die Israeliten brachten 435 Kamele und 6720 Esel mit.

[69] Einige Sippenoberhäupter stifteten freiwillige Gaben für den Wiederaufbau des Tempels. Der Statthalter gab 1000 Goldmünzen, 50 Opferschalen und 530 Priestergewänder. [70] Die Sippenoberhäupter legten 20000 Goldmünzen und 1500 Kilogramm Silber zusammen. [71] Das übrige Volk spendete 20000 Goldmünzen, 1400 Kilogramm Silber und 67 Priestergewänder.

[72] Die Priester, die Leviten, die Torwächter, Sänger und Tempeldiener ließen sich wie die übrigen Israeliten in ihren früheren Heimatorten nieder.

Esra liest aus dem Gesetz vor

8 Am 1. Tag des 7. Monats, als alle Israeliten wieder in ihren Städten wohnten, [2] versammelte sich das ganze Volk auf dem Platz vor dem Wassertor. Sie baten den Schriftgelehrten Esra, das Buch mit dem Gesetz zu holen, das der Herr dem Volk Israel durch Mose gegeben hatte. [3] Da las der Priester Esra das Gesetz vor den Männern und Frauen und vor den Kindern, die alt genug waren, um es verstehen zu können. Alle hörten aufmerksam zu, vom frühen Morgen bis zum Mittag. [4] Esra stand auf einer Plattform aus Holz, die man eigens dafür errichtet hatte. Rechts neben ihm waren Mattitja, Schema, Anaja, Uria, Hilkija und Maaseja, links Pedaja, Mischaël, Malkija, Haschum, Haschbaddana, Secharja und Meschullam.

[5] Weil Esra einen erhöhten Platz hatte, konnten alle sehen, wie er die Buchrolle öffnete. Da stand das ganze Volk auf. [6] Esra pries den Herrn, den großen Gott, und alle riefen mit erhobenen Händen: »Amen, Amen!« Dann warfen sie sich vor dem Herrn nieder, mit dem Gesicht zu Boden. [7] Die Leviten Jeschua, Bani, Scherebja, Jamin, Akkub, Schabbetai, Hodija, Maaseja, Kelita, Asarja, Josabad, Hanan und Pelaja legten den Versammelten das Gesetz aus. [8] Die vorgelesenen Abschnitte übersetzten sie aus dem Hebräischen in die aramäische Umgangssprache und erklärten das Gesetz, damit das Volk es wirklich verstehen konnte.

[9] Als die Menschen hörten, was im Gesetz stand, begannen sie zu weinen. Aber der Statthalter Nehemia, der Priester und Schriftgelehrte Esra und die Leviten, die das Gesetz auslegten, ermutigten sie: »Seid nicht traurig, und weint nicht! Heute ist ein Festtag; er gehört dem Herrn, eurem Gott! [10] Und nun geht nach Hause, esst und trinkt! Bereitet euch ein Festmahl zu und feiert! Gebt auch denen etwas, die sich ein solches Mahl nicht leisten können! Dieser Tag gehört unserem Gott. Lasst den Mut nicht sinken, denn

7,63–64 2 Sam 17,27; 19,32–41 **7,65** 2 Mo 28,30*; 4 Mo 18,8–19* **7,69–71** 2 Mo 25,2*; 28,40–43 **8,1–2** 3 Mo 23,23–25; Esr 7,1–6.10 **8,3–8** 5 Mo 31,9–13; 2 Kön 23,1–3 **8,9** 2 Kön 22,11 **8,10–12** 5 Mo 12,7*

die Freude am Herrn gibt euch Kraft!«
[11] Auch die Leviten beruhigten das Volk
und sagten: »Seid nicht traurig, denn die-
ser Tag gehört Gott!«
[12] Da gingen die Versammelten nach
Hause und feierten ein großes Freuden-
fest. Sie aßen und tranken und teilten
mit denen, die selbst nichts besaßen,
denn sie hatten verstanden, was man
ihnen verkündet hatte.

Das Laubhüttenfest

[13] Am zweiten Tag kamen die Sippen-
oberhäupter des ganzen Volkes, die
Priester und Leviten zu Esra, dem
Schriftgelehrten, um das Gesetz noch
besser zu verstehen. [14] Dabei entdeckten
sie, dass der Herr durch Mose befohlen
hatte, die Israeliten sollten während des
Festes im 7. Monat in Laubhütten woh-
nen. [15] Darum ließ man in Jerusalem und
in allen anderen Städten bekannt geben:
»Steigt auf die Hügel und bringt frische
Zweige von Ölbäumen, Myrten, Palmen
und anderen Bäumen mit dichten Blät-
tern. Dann baut damit Laubhütten, wie
es das Gesetz vorschreibt!«
[16] Die Judäer folgten der Aufforde-
rung. Sie schnitten Zweige ab und errich-
teten Hütten auf den flachen Dächern
ihrer Häuser, in ihren Höfen, in den Vor-
höfen am Tempel, auf dem Platz am
Wassertor und am Tor Ephraim. [17] Alle,
die aus der Verbannung zurückgekehrt
waren, bauten Laubhütten und wohnten
darin. Seit der Zeit Josuas, des Sohnes
Nuns, hatten die Israeliten dies nicht
mehr getan. Nun aber feierten sie mit
großer Freude. [18] An jedem Tag des Fes-
tes wurde aus dem Gesetzbuch Gottes
vorgelesen. Sieben Tage lang feierten
die Israeliten, und am achten Tag been-
deten sie das Fest mit einer Versamm-
lung, wie es im Gesetz steht.[a]

Die Israeliten bekennen ihre Schuld

9 Am 24. Tag desselben Monats kamen
die Israeliten zu einem Fastentag zu-
sammen. Sie zogen Bußgewänder aus
Sacktuch an und streuten sich als Zeichen
ihrer Trauer Erde auf den Kopf. [2] Von al-
len, die nicht zum Volk Israel gehörten,
hatten sie sich getrennt und versammel-
ten sich nun, um die Sünden zu bekennen,
die sie und ihre Vorfahren begangen
hatten. [3] Drei Stunden lang hörten sie im
Stehen zu, was aus dem Gesetzbuch des
Herrn, ihres Gottes, vorgelesen wurde.
Dann warfen sie sich vor dem Herrn,
ihrem Gott, nieder und bekannten ihm
drei Stunden lang ihre Schuld.
[4] Auf einer Plattform standen die Levi-
ten Jeschua, Bani, Kadmiël, Schebanja,
Bunni, Scherebja, Bani und Kenani. Mit
lauter Stimme beteten sie zum Herrn,
ihrem Gott.
[5] Die Leviten Jeschua, Kadmiël, Bani,
Haschabneja, Scherebja, Hodija, Sche-
banja und Petachja riefen: »Steht auf,
preist den Herrn, euren Gott, bis in alle
Ewigkeit! Rühmt seinen herrlichen
Namen, denn unser Gott ist groß und
mächtig; selbst mit unseren Lobliedern
können wir ihn nicht beschreiben!«
[6] Dann betete Esra:[b]

»Du bist der Herr, du allein! Du hast den
Himmel geschaffen mit all seinen Ster-
nen! Die Erde und das Meer sind dein
Werk mit allen Geschöpfen, die es dort
gibt. Du hast ihnen das Leben geschenkt,
die Mächte im Himmel beten dich an.

[7] Du, o Herr, bist der Gott, der Abram
erwählte; du führtest ihn aus Ur in Baby-
lonien und gabst ihm den Namen Abra-
ham.
[8] Du sahst, dass er dir treu war, und
versprachst ihm: ›Deinen Nachkommen

---

a Vgl. 3. Mose 23,40–43
b So nach der griechischen Übersetzung. Im hebräischen Text steht keine Überleitung.

8,14–18 3 Mo 23,33–43* **9,1–37** 1,4–11; Esr 9,3–15; Jer 14,7–9; Dan 9,2–20 **9,2** 10,29–32; 5 Mo 7,3–4* **9,6** 1 Mo 1,1–2*; 5 Mo 6,4 **9,7** 1 Mo 11,31; 17,3–5 **9,8** 1 Mo 12,7*

gebe ich eine Heimat: das Land der Kanaaniter und Hetiter, der Amoriter und Perisiter, der Jebusiter und Girgaschiter.‹ Du hast dein Wort gehalten, denn du bist zuverlässig und gerecht!

9 Als unsere Vorfahren in Ägypten unterdrückt wurden, hast du dich über sie erbarmt. Am Schilfmeer schrien sie um Hilfe, und du hast sie erhört.
10 Der Pharao, seine obersten Beamten und sein Volk haben unsere Vorfahren verspottet und gedemütigt. Doch du hast ihnen Einhalt geboten mit großen Wundern und mit Zeichen deiner Macht. So hast du deinen Namen in aller Welt bekannt gemacht, und noch heute spricht man von deinen Taten.
11 Vor den Augen deines Volkes teiltest du das Meer, trockenen Fußes zogen sie mitten hindurch. Doch ihre Verfolger stürztest du in die Wogen, wie Steine sanken sie in die Tiefe.

12 Mit einer Wolkensäule führtest du dein Volk bei Tag, in der Nacht mit einer Feuersäule. So zeigtest du ihnen den Weg.
13 Du stiegst vom Himmel herab auf den Berg Sinai und sprachst zu deinem Volk. Du gabst ihnen klare Bestimmungen, Weisungen, auf die man sich verlassen kann, gute Ordnungen und Gebote.
14 Du lehrtest sie, den Sabbat als einen Tag zu achten, der dir allein gehört. Durch Mose, deinen Diener, hast du ihnen Gebote, Ordnungen und ein Gesetz gegeben.
15 Als der Hunger sie quälte, gabst du ihnen Brot vom Himmel; als sie Durst litten, ließest du Wasser aus dem Felsen fließen. Du befahlst ihnen, das Land einzunehmen, das du ihnen zugesagt hattest.

16 Aber unsere Vorfahren waren hochmütig, sie widersetzten sich dir und schlugen deine Weisungen in den Wind.
17 Sie wollten dir nicht gehorchen und vergaßen deine großen Wunder, mit denen du ihnen geholfen hattest. Eigensinnig und widerspenstig wie sie waren, wollten sie selbst einen Anführer berufen, der sie in die Sklaverei nach Ägypten zurückbringen sollte. Du aber bist ein Gott, der vergibt, du bist gnädig und barmherzig; deine Geduld ist nie zu Ende, deine Liebe ist grenzenlos. Du hast unsere Vorfahren nicht verlassen,
18 auch nicht, als sie sich eine Stierfigur gossen und sagten: ›Das ist unser Gott, der uns aus Ägypten geführt hat!‹ Wie sehr haben sie dich damit verletzt!
19 Du aber hast sie in der Wüste nicht im Stich gelassen, denn du bist barmherzig. Am Tag zeigte die Wolkensäule, wohin sie gehen sollten, und in der Nacht erleuchtete die Feuersäule ihren Weg.
20 Du schenktest ihnen deinen guten Geist, um sie zur Einsicht zu bringen. Als sie hungrig und durstig waren, hast du sie mit Manna und Wasser versorgt.
21 Vierzig Jahre wanderten sie in der Wüste umher, und immer bekamen sie von dir, was sie brauchten. Ihre Kleider verschlissen nicht, und ihre Füße schwollen nicht vom langen Marsch.

22 Königreiche und Völker gabst du in ihre Gewalt, ein Land nach dem anderen konnten sie einnehmen. Sie eroberten Heschbon, das Land von König Sihon, und Baschan, das Land von König Og.
23 Du hast ihnen viele Kinder gegeben, so zahlreich wie die Sterne am Himmel. Du brachtest sie in das Land, das du ihren Vorfahren versprochen hattest.
24 Sie eroberten es und ließen sich dort nieder. Die Bewohner Kanaans mussten sich ihnen unterwerfen; die Herrscher und das Volk gabst du in ihre Gewalt, sie waren gezwungen, ihnen zu dienen.
25 Dein Volk eroberte die befestigten Städte und nahm fruchtbares Ackerland

---

9,9 2 Mo 1,11–14*; 2,23–25*; 14,10–14 **9,10** 5 Mo 4,34* **9,11** 2 Mo 14,21–22* **9,12** 2 Mo 13,21–22* **9,13** 2 Mo 19,16–20; 20,1–19 **9,14** 2 Mo 20,8–11*; 2 Mo 24,4* **9,15** 2 Mo 16,14–15*; 17,3–6 **9,16–17** 2 Mo 32,9–10* **9,18** 2 Mo 32,1–4 **9,19** 2 Mo 13,21–22* **9,20** 4 Mo 11,16–17.24–25 **9,21** 5 Mo 8,2–4 **9,22** 4 Mo 21,21–35 **9,23** 1 Mo 12,2*.7* **9,25** 5 Mo 6,10–11

in Besitz, dazu reich ausgestattete Häu-
ser, ausgehobene Zisternen, viele Wein-
berge, Olivengärten und Obstbäume.
Nun konnten sie essen, so viel sie woll-
ten. Es ging ihnen sehr gut, du hattest sie
so reich beschenkt!

26 Doch trotz allem kehrten sie dir den
Rücken und lehnten sich gegen dich auf:
Von deinen Geboten wollten sie nichts
mehr wissen; sie brachten deine Prophe-
ten um, die sie eindringlich ermahnt hat-
ten, wieder zu dir zurückzukehren. Da-
mit haben sie dich selbst beleidigt.
27 Da ließest du ihre Feinde Macht über
sie gewinnen, grausam wurden sie von ih-
nen unterdrückt. In ihrer Not schrien sie
zu dir um Hilfe, und du erhörtest sie im
Himmel, weil du Erbarmen mit ihnen
hattest. Du schicktest ihnen Retter, die
sie von ihren Unterdrückern befreiten.
28 Doch kaum hatten sie Ruhe vor ihnen,
taten sie wieder, was du verabscheust. Er-
neut ließest du sie in die Hände ihrer
Feinde fallen, hilflos waren sie ihnen aus-
geliefert. Und wieder schrien sie zu dir,
und du erhörtest sie im Himmel. Du
brachtest ihnen immer wieder Rettung,
weil du Erbarmen mit ihnen hattest.
29 Du riefst sie zur Besinnung, sie sollten
umkehren und sich an dein Gesetz hal-
ten. Doch sie waren zu stolz und folgten
deinen Weisungen nicht. Sie übertraten
deine Gebote, die doch jedem, der sie be-
folgt, das Leben bringen. Sie wandten
sich von dir ab, sie wollten nichts mehr
von dir wissen und weigerten sich, dir zu
gehorchen.

30 Viele Jahre lang hattest du Geduld mit
ihnen; du ermahntest sie durch deinen
Geist und sprachst zu ihnen durch die
Propheten. Doch sie stellten sich taub.
Da gabst du sie in die Gewalt fremder
Völker,
31 aber weil du erneut Erbarmen mit
ihnen hattest, wolltest du sie nicht völlig
vernichten; du überließest sie nicht ihrem
Schicksal. Denn du bist gnädig und barm-
herzig.

32 Unser Gott, du großer, mächtiger und
ehrfurchtgebietender Herr! Du hältst
dich an deinen Bund mit uns, deine Liebe
hört niemals auf. Sieh doch, welches Leid
uns getroffen hat! Unsere Könige und
führenden Männer, unsere Priester und
Propheten, ja, schon unsere Vorfahren
und das ganze Volk – sie alle haben
schwer gelitten seit der Zeit, als die assy-
rischen Könige uns unterdrückten, bis
zum heutigen Tag.
33 Doch du hast uns zu Recht bestraft. Du
bist uns immer treu geblieben, selbst
dann, wenn wir uns von dir lossagten.
34 Unsere Könige und führenden Männer,
unsere Priester und unsere Vorfahren, sie
alle haben dein Gesetz missachtet, sie ha-
ben deine Gebote übertreten und deine
Warnungen in den Wind geschlagen.
35 Du hattest ihnen die Herrschaft anver-
traut, du hattest sie mit Gütern reich be-
schenkt und ihnen ein großes und frucht-
bares Land gegeben. Doch sie weigerten
sich, dir zu dienen und von ihren falschen
Wegen umzukehren.

36 Und heute sind wir Sklaven in dem
Land, das du unseren Vorfahren anver-
traut hast, damit sie seine Früchte und
seinen Reichtum genießen sollten. Wir
müssen hier als Sklaven dienen!
37 Die reiche Ernte fällt den Königen zu,
die du wegen unserer Sünden über uns
herrschen lässt. Nun haben sie Gewalt
über uns und über unser Vieh; sie behan-
deln uns, wie es ihnen gerade passt. Da-
rum sind wir in so großer Not.«

Das Volk verpflichtet sich, das Gesetz zu befolgen

10 Nachdem wir Gott unsere Schuld
bekannt hatten, schlossen wir eine

9,26 Ri 2,10–13; 1 Kön 18,4; 2 Chr 24,20–22; Mt 23,37 **9,27–28** Ri 2,14–19 **9,29** 5 Mo 4,1* **9,30** 5 Mo 28,25*; Jer 7,25–26 **9,31** Jer 5,15–19; 30,11; 31,1–2 **9,32** 1,5; 2 Kön 17,3; 18,13–16 **9,33** Klgl 3,31–33* **9,36–37** Esr 9,8–9

Vereinbarung und hielten sie schriftlich
fest. Unsere führenden Männer, unsere
Leviten und Priester unterschrieben die
Urkunde und versiegelten sie.
[2] Als Erste unterzeichneten der Statt-
halter Nehemia, der Sohn Hachaljas,
und Zedekia, [3] dann die Priester Seraja,
Asarja, Jirmeja, [4] Paschhur, Amarja, Mal-
kija, [5] Hattusch, Schebanja, Malluch,
[6] Harim, Meremot, Obadja, [7] Daniel, Gin-
neton, Baruch, [8] Meschullam, Abija, Mi-
jamin, [9] Maasja, Bilga und Schemaja.
[10] Danach unterschrieben die Leviten
Jeschua, der Sohn Asanjas, Binnui von
der Sippe Henadad, Kadmiël [11] und ihre
Verwandten Schechanja, Hodija, Kelita,
Pelaja, Hanan, [12] Micha, Rehob, Ha-
schabja, [13] Sakkur, Scherebja, Schebanja,
[14] Hodija, Bani und Beninu.
[15] Als Nächste unterzeichneten die füh-
renden Männer des Volkes: Parosch, Pa-
hat-Moab, Elam, Sattu, Bani, [16] Bunni,
Asgad, Bebai, [17] Adonija, Bigwai, Adin,
[18] Ater, Hiskia, Asur, [19] Hodija, Haschum,
Bezai, [20] Harif, Anatot, Nebai, [21] Magpi-
asch, Meschullam, Hesir, [22] Meschesabel,
Zadok, Jaddua, [23] Pelatja, Hanan, Anaja,
[24] Hoschea, Hananja, Haschub, [25] Lo-
hesch, Pilha, Schobek, [26] Rehum, Ha-
schabna, Maaseja, [27] Ahija, Hanan, Anan,
[28] Malluch, Harim und Baana.
[29] Auch das übrige Volk schloss sich
der Verpflichtung an: weitere Priester
und Leviten, die Torwächter, Sänger,
Tempeldiener und alle, die sich von den
heidnischen Völkern des Landes ab-
gesondert hatten, um das Gesetz des
Herrn zu befolgen. Auch ihre Frauen
schlossen sich an sowie ihre Söhne und
Töchter, sofern sie alt genug waren, die
Vereinbarung zu verstehen. [30] Zusam-
men mit den führenden Männern legten
sie einen Eid ab, das Gesetz zu befolgen,
das uns Gott durch seinen Diener Mose
gegeben hat. Sie wollten nach den Ge-
boten des Herrn, nach seinen Ordnun-
gen und Weisungen leben. [31] Sie schwo-
ren:
»Wir verheiraten unsere Söhne und
Töchter nicht mit Männern und Frauen
aus den anderen Völkern.
[32] Wenn Angehörige fremder Völker
uns am Sabbat oder an einem anderen
Gott geweihten Tag Getreide und Waren
anbieten, so kaufen wir nichts.
Jedes siebte Jahr lassen wir das Land
brachliegen und erlassen den Menschen
sämtliche Schulden.
[33] Wir verpflichten uns, jährlich eine
kleine Silbermünze[a] für den Dienst im
Tempel zu zahlen: [34] für das Brot, das
Gott geweiht ist, für die täglichen Speise-
opfer und Brandopfer, die Opfer am Sab-
bat, am Neumondfest und an den übrigen
Festtagen, für die besonderen Opferga-
ben und für die Opfer, die Israels Schuld
tilgen, sowie für alle Arbeiten im Tempel
unseres Gottes.
[35] Wir werfen das Los unter den Pries-
tern, den Leviten und dem übrigen Volk,
um zu bestimmen, in welcher Reihen-
folge ihre Sippen jedes Jahr zu den
festgesetzten Zeiten beim Tempel er-
scheinen sollen. Sie sollen das Brennholz
für die Opfer stiften, die auf dem Altar
am Tempel verbrannt werden, wie es im
Gesetz vorgeschrieben ist.
[36] Die ersten Früchte unserer Felder
und Bäume liefern wir jedes Jahr beim
Tempel des Herrn ab.
[37] Wie es im Gesetz steht, bringen wir
unseren ersten Sohn zum Tempel und
weihen ihn Gott. Die ersten Jungen unse-
rer Kühe, Schafe und Ziegen geben wir
den Priestern als Opfer. [38] Bei ihnen lie-
fern wir auch den Brotteig ab, den wir
aus dem ersten Getreide des Jahres zube-
reiten, sowie die besten Früchte unserer
Bäume, den ersten Wein und das erste
Olivenöl. Diese Gaben bringen wir in
die Vorratskammern beim Tempel unse-
res Gottes.

---

[a] Wörtlich: ein Drittel eines Schekels (etwa 4 Gramm Silber).

10,30–31 5 Mo 7,3–4*; 2 Kön 23,3; Esr 10,7–11 **10,32** 13,15–22; 2 Mo 20,8–11*; 23,10–12; 5 Mo 15,1–4 **10,33–34** 2 Mo 30,11–16; 2 Chr 8,12–13; Mt 17,24–27 **10,35** 3 Mo 6,5–6 **10,36** 5 Mo 26,1–11 **10,37** 2 Mo 13,12–16* **10,38** 4 Mo 15,20–21; 18,12; 3 Mo 27,30–33*

In den Dörfern geben wir den Leviten
den zehnten Teil unserer Feldfrüchte.
39 Dabei soll ein Priester, ein Nachkomme
Aarons, anwesend sein. Den zehnten Teil
dieser Abgaben sollen die Leviten in die
Vorratskammern am Tempel unseres
Gottes bringen. 40 Das Volk und die Pries-
ter werden dort das Getreide, den neuen
Wein und das Olivenöl abliefern. In den
Räumen werden auch alle Gegenstände
für den Tempeldienst aufbewahrt; außer-
dem haben dort die Priester, Torwächter
und Sänger ihre Kammern.

Wir wollen dafür sorgen, dass der Tem-
peldienst ausgeübt werden kann, so wie
es vorgeschrieben ist.«

Die Bewohner von Jerusalem und Judäa

11 Alle führenden Männer hatten
sich in Jerusalem niedergelassen.
Aus dem übrigen Volk sollte jede zehnte
Familie in Jerusalem, der heiligen Stadt,
wohnen. Sie wurden durch das Los be-
stimmt. Die anderen Familien konnten
in ihren Heimatorten bleiben. 2 Doch
wer freiwillig nach Jerusalem zog, wurde
vom Volk besonders geehrt.

3 In den Städten und Dörfern Judäas
wohnten Leute aus dem Volk sowie
Priester, Leviten, Tempeldiener und
Nachkommen der Diener Salomos, jeder
auf dem Grundstück, das er von seinen
Vorfahren geerbt hatte.

Folgende Sippenoberhäupter aus Juda
ließen sich in Jerusalem nieder:
4 aus dem Stamm Juda:
Ataja, der Sohn Usijas, zu seinen Vorfah-
ren gehörten Secharja, Amarja, Schefat-
ja, Mahalalel und Perez;
5 Maaseja, der Sohn Baruchs, zu seinen
Vorfahren gehörten Kolhose, Hasaja,
Adaja, Jojarib, Secharja und Schela.
6 Von den Nachkommen des Perez wohn-
ten 468 angesehene Männer mit ihren Fa-
milien in Jerusalem.
7 Aus dem Stamm Benjamin:
Sallu, der Sohn Meschullams, seine Vor-
fahren reichten über Joëd, Pedaja, Kola-
ja, Maaseja und Itiël bis zu Jesaja;
8 Gabbai und Sallai, zwei nahe Verwandte
von Sallu;[a] zu den Sippen dieser drei
Männer gehörten 928 Familien. 9 Sie alle
unterstanden Joel, dem Sohn Sichris; Ju-
da, der Sohn Senuas, war zweiter Stadt-
oberster.
10 Die Priester, die in Jerusalem lebten,
waren Jedaja, Jojarib, Jachin 11 und der
oberste Priester Seraja, ein Sohn Hilkijas,
unter seinen Vorfahren waren Meschul-
lam, Zadok, Merajot und Ahitub.
12 Zu den Sippen dieser Priester gehörten
822 Familien, die Männer verrichteten
den Tempeldienst.
Außerdem Adaja, der Sohn Jerohams,
seine Vorfahren reichten über Pelalja,
Amzi, Secharja und Paschhur bis zu Mal-
kija; 13 seine Sippe umfasste 242 Familien.
Ferner Amaschsai, der Sohn Asarels, zu
seinen Vorfahren gehörten Achsai, Me-
schillemot und Immer; 14 seine Sippe be-
stand aus 128 Familien, die hohes Anse-
hen genossen. Sie unterstanden Sabdiël,
dem Sohn Haggadolims.
15 Von den Leviten lebten folgende Sip-
penoberhäupter in Jerusalem:
Schemaja, der Sohn Haschubs, zu seinen
Vorfahren gehörten Asrikam, Haschabja
und Bunni;
16 außerdem Schabbetai und Josabad, die
für den Dienst im äußeren Bereich des
Tempels verantwortlich waren;
17 ferner Mattanja, der Sohn Michas, er
stammte über Sabdi von Asaf ab; er leite-
te den Lobgesang und das Dankgebet im
Tempel.
Außerdem Mattanjas Bruder Bakbukja,
der auch sein Stellvertreter war;
schließlich Abda, der Sohn Schammuas,
der über Galal von Jedutun abstammte.
18 Insgesamt lebten 284 levitische Famili-
en in der heiligen Stadt.
19 Dazu kamen folgende Sippenober-
häupter der Torwächter:

---

a So mit der griechischen Übersetzung. Der hebräische Text lautet: und nach ihm Gabbai und Sallai.

10,39 12,44–47; 4 Mo 18,25–26 **11,17** 1 Chr 6,16

Akkub und Talmon mit ihren Verwand-
ten, insgesamt 172 Familien.

[20] Der Rest des Volkes, der Priester und
Leviten lebte außerhalb von Jerusalem
in den übrigen Städten Judäas, jeder auf
dem Grundstück, das er von seinen Vor-
fahren geerbt hatte.
[21] Die Tempeldiener wohnten auf dem
Hügel Ofel; Ziha und Gischpa hatten die
Aufsicht über sie.
[22] Die Leviten in Jerusalem unterstan-
den Usi, dem Sohn Banis; zu seinen Vor-
fahren gehörten Haschabja, Mattanja
und Micha. Sie stammten von Asaf ab,
dessen Familie für die Musik im Tempel
verantwortlich war. [23] Der König hatte
genau festgelegt, in welcher Reihenfolge
die Männer aus der Sippe Asaf den Ge-
sang im Tempel leiten sollten.
[24] Petachja, der Sohn Meschesabels, ein
Nachkomme von Serach, dem Sohn Ju-
das, vertrat die Belange der Israeliten
am persischen Königshof.
[25] In folgenden Städten wohnten Fami-
lien aus dem Stamm Juda: Kirjat-Arba,
Dibon und Kabzeel mit den umliegenden
Dörfern, [26] Jeschua, Molada, Bet-Pelet,
[27] Hazar-Schual, Beerscheba mit seinen
Dörfern, [28] Ziklag, Mechona mit seinen
Dörfern, [29] En-Rimmon, Zora, Jarmut,
[30] Sanoach, Adullam mit den dazuge-
hörenden Dörfern, Lachisch mit den um-
liegenden Feldern sowie Aseka und sei-
nen Dörfern. Das Gebiet erstreckte sich
von Beerscheba im Süden bis zum Hin-
nomtal im Norden.
[31] Wohnorte für die Familien aus dem
Stamm Benjamin waren: Geba, Mich-
mas, Aja, Bethel und die umliegenden
Dörfer, [32] Anatot, Nob, Ananja, [33] Hazor,
Rama, Gittajim, [34] Hadid, Zeboïm, Ne-
ballat, [35] Lod, Ono und das Tal der Hand-
werker.
[36] Auch einige levitische Sippen aus
dem Gebiet von Juda ließen sich im Be-
reich des Stammes Benjamin nieder.

Verzeichnis der Priester und Leviten

12 Es folgt ein Verzeichnis der Pries-
ter und Leviten, die mit Serubba-
bel, dem Sohn Schealtiëls, und mit Je-
schua aus der Verbannung zurückkehrten:
Priester:
Seraja, Jirmeja, Esra, [2] Amarja, Malluch,
Hattusch, [3] Schechanja, Rehum, Mere-
mot, [4] Iddo, Ginneton, Abija, [5] Mijamin,
Maadja, Bilga, [6] Schemaja, Jojarib, Jeda-
ja, [7] Sallu, Amok, Hilkija und Jedaja. Sie
waren die obersten Priester zu der Zeit,
als Jeschua Hoherpriester war.
[8] Leviten:
Jeschua, Binnui, Kadmiël, Scherebja, Ju-
da und Mattanja. Sie leiteten den Lob-
gesang im Tempel. [9] Bakbukja, Unni und
ihre Verwandten sangen im Wechsel mit
ihnen die Loblieder.
[10] Die Nachkommen des Hohenpriesters
Jeschua:
Jeschua war der Vater Jojakims, auf die-
sen folgten in direkter Linie Eljaschib,
Jojada, [11] Johanan und Jaddua.
[12] Als Jojakim das Amt des Hohenpries-
ters ausübte, waren folgende Priester die
Oberhäupter ihrer Sippen:
Meraja von der Sippe Seraja,
Hananja von der Sippe Jirmeja,
[13] Meschullam von der Sippe Esra,
Johanan von der Sippe Amarja,
[14] Jonatan von der Sippe Malluch,
Josef von der Sippe Schebanja,
[15] Adna von der Sippe Harim,
Helkai von der Sippe Meremot,
[16] Secharja von der Sippe Iddo,
Meschullam von der Sippe Ginneton,
[17] Sichri von der Sippe Abija,
…[a] von der Sippe Mijamin,
Piltai von der Sippe Maadja,
[18] Schammua von der Sippe Bilga,
Jonatan von der Sippe Schemaja,
[19] Mattenai von der Sippe Jojarib,
Usi von der Sippe Jedaja,
[20] Kallai von der Sippe Sallu,
Eber von der Sippe Amok,

---

a Hier fehlt ein Name im hebräischen Text.
11,21 3,26; 7,60; Jos 9,26–27 **12,1** Esr 3,8*

21 Haschabja von der Sippe Hilkija,
Netanel von der Sippe Jedaja.

22 Zur Zeit der Hohenpriester Eljaschib,
Jojada, Johanan und Jaddua und des
persischen Königs Darius wurden Ver-
zeichnisse erstellt, in denen die Sippen-
oberhäupter der Priester und Leviten
aufgeschrieben waren.
23 Die Sippenoberhäupter der Leviten
wurden auch in den Chroniken auf-
gezeichnet, und zwar bis zur Zeit des Ho-
henpriesters Johanan, des Enkels von El-
jaschib.
24/25 Die levitischen Sippenoberhäupter
Haschabja, Scherebja, Jeschua, Binnui
und Kadmiël[a] leiteten Dienstgruppen,
die im Tempel Loblieder sangen. Im
Wechsel mit ihnen sangen Mattanja,
Bakbukja und Obadja mit ihren Grup-
pen. So hatte es früher David, der Mann
Gottes, angeordnet.
Meschullam, Talmon und Akkub wa-
ren als Torwächter für die Vorratsräume
bei den Tempeltoren eingesetzt.
26 Diese Männer lebten zur selben Zeit
wie der Hohepriester Jojakim, ein Sohn
Jeschuas und Enkel Jozadaks, wie der
Statthalter Nehemia und wie Esra, der
Priester und Schriftgelehrte.

Die Einweihung der Stadtmauer

27 Zur Einweihung der Stadtmauer woll-
ten wir ein großes Fest feiern. Dazu lie-
ßen wir die Leviten aus dem ganzen Land
nach Jerusalem kommen, sie sollten Lob-
lieder singen und auf Zimbeln, Harfen
und Lauten spielen. 28 Die Sänger kamen
aus den Ortschaften rings um Jerusalem,
aus den Dörfern der Netofatiter, 29 aus
Bet-Gilgal und aus der Gegend von Geba
und Asmawet, wo sie sich angesiedelt
hatten. 30 Die Priester und Leviten reinig-
ten sich für das Fest, dann besprengten
sie auch das Volk, die Stadttore und die
Mauer.

31 Anschließend ließ ich die führenden
Männer aus dem Stamm Juda auf die
Mauer steigen und teilte die Sänger in
zwei große Gruppen ein: die erste zog
oben auf der Mauer in südlicher Rich-
tung auf das Misttor zu. 32 Hinter ihnen
ging Hoschaja mit der einen Hälfte der
führenden Männer. 33 Dann folgten die
Priester Asarja, Esra, Meschullam, 34 Ju-
da, Benjamin, Schemaja und Jirmeja. Sie
bliesen die Trompeten. 35 Danach kamen
Secharja, der über Jonatan, Schemaja,
Mattanja, Michaja und Sakkur von Asaf
abstammte, 36 sowie seine Verwandten
Schemaja, Asarel, Milalai, Gilalai, Maai,
Netanel, Juda und Hanani. Sie spielten
Saiteninstrumente, wie sie schon David,
der Mann Gottes, gespielt hatte. Esra,
der Schriftgelehrte, führte die ganze
Gruppe an. 37 Beim Quelltor gingen sie
geradeaus die Stufen hinauf, die zur
»Stadt Davids« führten, und hinter dem
früheren Palast Davids vorbei zum Was-
sertor im Osten der Stadt.
38 Ich selbst schloss mich mit den übri-
gen führenden Männern des Volkes der
zweiten Gruppe an. Wir gingen auf der
Mauer in nördlicher Richtung zum Ofen-
tor und zur »Breiten Mauer«, 39 dann vor-
bei am Ephraimtor, am Jeschanator, am
Fischtor, am Hananelturm, am »Turm
der Hundert« und am Schaftor. Schließ-
lich gelangten wir zum Wachtor.
40 Die beiden Gruppen stellten sich
beim Tempel auf. Bei mir standen die
zweite Gruppe der führenden Männer
41 und die Priester Eljakim, Maaseja, Mi-
jamin, Michaja, Eljoënai, Secharja und
Hananja mit ihren Trompeten. 42 Dane-
ben hatte sich eine weitere Gruppe auf-
gestellt: Maaseja, Schemaja, Eleasar, Usi,
Johanan, Malkija, Elam und Eser. Die
Sänger sangen ihre Loblieder unter der
Leitung von Jisrachja.
43 An diesem Tag wurden viele Tiere für
das Opfermahl geschlachtet. Gott
schenkte uns allen, Männern, Frauen und

---

a So mit Vers 8 und Kapitel 9,4; 10,10. Der hebräische Text lautet: Jeschua, der Sohn Kadmiëls.

12,24–25 1 Chr 16,4–6; 26,12–19 **12,27** 2 Chr 7,6; Esr 3,10; 6,16 **12,30** 2 Mo 29,4; 4 Mo 8,5–7
12,43 5 Mo 12,7*

Kindern, große Freude. Unser Jubel war
noch weit weg von Jerusalem zu hören.

Abgaben für die Priester und Leviten

44 Damals wurden einige Männer zur
Aufsicht über die Vorratsräume be-
stimmt, in denen die Abgaben für den
Dienst am Tempel aufbewahrt wurden:
die ersten Früchte der Ernte und der
zehnte Teil aller Einkünfte. Dort lagerte
man auch die Abgaben, die man in den
Dörfern je nach Größe der Felder für
die Priester und Leviten eingesammelt
hatte. Die Judäer freuten sich, dass die
Priester und Leviten den Tempeldienst
gewissenhaft versahen, 45 denn sie sorgten
dafür, dass die Reinigungsvorschriften
eingehalten wurden und der Gottes-
dienst regelmäßig gefeiert wurde. Auch
die Sänger und Torwächter hielten sich
an die Anweisungen Davids und seines
Sohnes Salomo. 46 Schon seit den Tagen
Davids und Asafs wurde Gott im Heilig-
tum mit Lobliedern gepriesen, und es gab
Männer, die den Gesang leiteten.
47 Ganz Israel versorgte zur Zeit Serub-
babels und Nehemias die Sänger und
Torwächter mit allem, was sie zum Leben
brauchten. Den Leviten lieferte man die
Gott geweihten Gaben ab, und die Pries-
ter bekamen von den Leviten ihren An-
teil.

Trennung von den Moabitern und Ammonitern

13 Zu jener Zeit las man dem Volk
aus dem Gesetz des Mose vor. Da-
bei stieß man auf das Gebot, dass niemals
Ammoniter oder Moabiter in das Volk
Gottes aufgenommen werden dürfen.
2 Diese Völker hatten sich nämlich gewei-
gert, den Israeliten auf ihrem Durchzug
von Ägypten nach Kanaan etwas zu es-
sen und zu trinken zu geben. Die Moabi-
ter hatten sogar Bileam dafür bezahlt,
dass er das Volk Israel verfluchte; doch
unser Gott hatte den Fluch in Segen ver-
wandelt. 3 Als nun die Israeliten dieses
Gebot hörten, schlossen sie die Moabiter
und Ammoniter aus dem Volk aus.

Nehemia beseitigt Missstände im Tempel

4 Schon früher hatte der Priester Elja-
schib, der Aufseher über die Vorratskam-
mern des Tempels, seinem Verwandten
Tobija 5 erlaubt, eine große Kammer im
Tempel für sich zu benutzen. Vorher hat-
te man dort das Mehl für die Speiseopfer
aufbewahrt, ebenso Weihrauch, die Ge-
genstände für den Tempeldienst und den
zehnten Teil vom Getreide, vom neuen
Wein und Olivenöl, der für die Leviten,
Sänger und Torwächter bestimmt war.
Auch der Anteil für die Priester war hier
gelagert worden. 6 Zu dieser Zeit hielt ich
mich nicht in Jerusalem auf, denn im
32. Regierungsjahr des persischen Königs
Artaxerxes war ich an seinen Hof zurück-
gekehrt. Einige Zeit später bat ich den
König, wieder nach Jerusalem gehen zu
dürfen. 7 Kaum war ich dort angekom-
men, erfuhr ich, dass Eljaschib seinem
Verwandten Tobija eine Kammer im
Vorhof des Tempels überlassen hatte.
8 Darüber war ich sehr erbost und ließ al-
les, was Tobija gehörte, hinauswerfen.
9 Dann befahl ich, die Räume des Tem-
pels wieder neu zu weihen und die Ge-
genstände für den Tempeldienst, das
Mehl für die Speiseopfer und den Weih-
rauch zurückzubringen.
10 Ich erfuhr auch, dass die Leviten und
Sänger ihren Dienst im Tempel nicht
mehr ausübten, sondern auf ihren Fel-
dern arbeiteten, weil sie die Abgaben
nicht bekamen, auf die sie Anspruch
hatten. 11 Da stellte ich die zuständigen
Männer zur Rede: »Warum wird der
Tempeldienst so vernachlässigt?« Ich ließ
die Leviten und Sänger zurückholen und
teilte sie wieder zum Dienst ein. 12 Nun
brachte auch das ganze Volk wieder den

12,44 10,36–40; 13,10–12; 3 Mo 27,30–33* **13,1–2** 5 Mo 23,4–7 **13,2** 4 Mo 22,5* **13,6** 1,1; 2,4–6
13,10–12 10,36–40; 12,44–47; 3 Mo 27,30–33*; 5 Mo 18,1

zehnten Teil von seinem Getreide, vom
neuen Wein und vom Olivenöl in die Vor-
ratskammern. 13 Die Aufsicht über die
Vorräte übertrug ich dem Priester Sche-
lemja, dem Schreiber Zadok und dem
Leviten Pedaja. Hanan, der Sohn Sak-
kurs und Enkel Mattanjas, sollte ihnen
dabei helfen. Sie alle galten als zuver-
lässige Männer. Deshalb sollten sie die
Vorräte an die Priester und Leviten
verteilen.

14 Denke an mich, mein Gott! Vergiss
niemals, was ich für dein Haus und für
den Tempeldienst getan habe!

Nehemia verschafft dem Sabbat wieder Geltung

15 Zu dieser Zeit sah ich in Judäa einige,
die am Sabbat in der Kelter Weintrauben
auspressten. Andere fuhren Getreide
vom Feld ein, beluden ihre Esel damit
und brachten es zusammen mit Wein,
Trauben, Feigen und anderen Lebensmit-
teln am Sabbat nach Jerusalem. Nach-
drücklich warnte ich sie davor, ihre Wa-
ren zum Kauf anzubieten. 16 Es wohnten
auch einige Tyrer in Jerusalem; selbst am
Sabbat verkauften sie an die Judäer Fi-
sche und andere Waren, die sie nach Je-
rusalem gebracht hatten. 17 Da stellte ich
die einflussreichen Männer von Judäa
zur Rede: »Warum ladet ihr solche
Schuld auf euch und achtet den Sabbat
nicht als Ruhetag? 18 Haben eure Vorfah-
ren nicht genauso gehandelt? Darum hat
unser Gott so viel Unheil über uns und
unsere Stadt gebracht. Und jetzt fordert
ihr erst recht seinen Zorn heraus, indem
ihr den Sabbat missachtet!«

19 Ich ordnete an, die Tore Jerusalems
am Abend vor dem Sabbat zu schließen,
sobald die Dämmerung hereinbrach, und
sie erst wieder zu öffnen, wenn der Sab-
bat vorüber war. Einige meiner Männer
stellte ich an den Toren auf; sie sollten
darauf achten, dass am Sabbat keine Wa-
ren mehr nach Jerusalem gelangten. 20 Da
blieben die Kaufleute und Händler mehr-
mals in der Nacht zum Sabbat vor der
Stadt und boten dort ihre Waren an.
21 Ich warnte sie: »Warum schlagt ihr am
Sabbat euer Lager vor der Stadtmauer
auf? Geschieht das noch ein einziges
Mal, lasse ich euch festnehmen!« Von da
an kamen sie am Sabbat nicht wieder.
22 Den Leviten befahl ich, sich zu reinigen
und die Stadttore zu bewachen, damit
der Sabbat nicht wieder verletzt würde.

Denke daran, mein Gott, wie ich mich
für dich eingesetzt habe! Hab Erbarmen
mit mir, denn deine Gnade ist grenzen-
los!

Verbot der Mischehen

23 Zu dieser Zeit fand ich auch heraus,
dass viele jüdische Männer Frauen aus
Aschdod, Ammon und Moab geheiratet
hatten. 24 Die Hälfte ihrer Kinder redete
in der Sprache von Aschdod oder in einer
anderen fremden Sprache, doch Hebrä-
isch konnten sie nicht. 25 Da redete ich
den Männern ins Gewissen, ja, ich ver-
fluchte sie sogar, schlug auf einige von
ihnen ein und zerrte sie an den Haaren.
Ich ließ sie vor Gott schwören, ihre Söh-
ne und Töchter niemals mit Angehörigen
fremder Völker zu verheiraten. 26 Ich sag-
te zu ihnen: »Salomo, der König von Isra-
el, lud schwere Schuld auf sich wegen sei-
ner heidnischen Frauen. Dabei gab es
keinen so großen König wie ihn. Gott
liebte ihn ganz besonders und ließ ihn
Herrscher über ganz Israel werden. Doch
sogar einen solchen König haben heid-
nische Frauen zum Götzendienst ver-
führt! 27 Und nun begeht ihr genau dassel-
be Unrecht und heiratet Frauen aus
fremden Völkern! Damit habt ihr Gott
die Treue gebrochen!«

28 Jojada, ein Sohn des Hohenpriesters
Eljaschib, hatte einen Sohn, der mit einer
Tochter des Horoniters Sanballat verhei-
ratet war. Deshalb jagte ich ihn aus Jeru-
salem fort.

13,15–18 10,32; 2 Mo 20,8–11* **13,19** Jer 17,19–27 **13,23** 5 Mo 7,3–4* **13,26** 2 Sam 12,24–25; 1 Kön 11,1–8 **13,28–29** 4,1–2*; 3 Mo 21,13–15

[29] Vergiss nicht, mein Gott, wie diese
Männer das Priesteramt in Verruf ge-
bracht und den Bund verletzt haben, den
du mit den Priestern und Leviten ge-
schlossen hast!

[30] So setzte ich mich dafür ein, dass un-
ser Volk nicht mehr von heidnischen Völ-
kern beeinflusst wurde. Ich gab den
Priestern und Leviten Anordnungen für
ihren Dienst und für ihre verschiedenen
Aufgaben. [31] Auch sorgte ich dafür, dass
die ersten Früchte der Ernte und das
Brennholz für die Opfer rechtzeitig abge-
geben wurden.

Denke an mich, mein Gott! Lass mich deine Güte erfahren!

13,31 10,35; 3 Mo 6,5–6

Leiter und Partner

Für viele Frauen heute ist der Gedanke, dass Ihr Mann ein „Leiter" sein soll, eher verwirrend und umstritten. Manche Männer haben diesen Gedanken missbraucht und ihre Familie mit eiserner Faust regiert. Doch meiner Meinung nach kommt es viel häufiger vor, dass Männer passiv und gleichgültig sind, was ebenso eine Gefahr darstellt.

Irgendwo zwischen diesen beiden Extremen liegt ein gesunder Mittelweg: der verantwortungsvolle Ehemann, auf den man sich verlassen kann und der ganz und gar für seine Familie da ist. Er kann Schmerz und Freude, Mitgefühl und Ermutigung zum Ausdruck bringen. Er fühlt sich seelisch zutiefst mit seiner Frau verbunden. Er läuft nicht weg, wenn es schwierig wird, sondern sucht nach Lösungen, die der ganzen Familie dienen. Ja, er ist ganz klar ein Leiter, aber er weiß auch, dass die besten Leiter sich als Dienende verstehen. Er schätzt die Partnerschaft mit seiner Frau, möchte für sie da sein, sie aber nicht beherrschen. So muss man sich den Mann in einer intakten Familie vorstellen.

Die Frau als Partnerin des Mannes – dieser Gedanke ist so alt wie die Schöpfung selbst. Im ersten Buch Mose lesen wir: Gott wies Mann und Frau an, die Erde in Besitz zu nehmen und Macht zu haben über die Fische, die Vögel und die anderen Tiere. Mit seiner Frau aber sollte der Mann sich mit Leib und Seele verbinden – nicht über sie herrschen.

Diese partnerschaftliche Haltung soll die ganze Ehe durchdringen. Als Leiter soll der Mann die Initiative ergreifen, damit diese Partnerschaft ohne unnötige Spannungen gelebt werden kann. Er ist kein dominanter Mensch, aber auch kein passiver, der immer seiner Frau den Ball zuspielt. Stattdessen überlegt er, was für seine Frau das Beste ist, und die Frau überlegt, was für ihren Mann das Beste ist. Auf diese Weise wird die Partnerschaft wichtiger als die Interessen jedes Einzelnen.

Den nächsten Artikel zum Thema „Was braucht sie – was braucht er" finden Sie auf S. 716 a

Das Buch Esther

Xerxes zeigt seine königliche Macht

1 Zu der Zeit, als Xerxes König von Persien war, gehörten zu seinem Reich 127 Provinzen; sein Herrschaftsgebiet erstreckte sich von Indien bis nach Äthiopien. [2] Er regierte von der Burg Susa aus. [3] In seinem 3. Regierungsjahr gab er ein rauschendes Fest für seine hohen Beamten und Würdenträger. Eingeladen waren die Heerführer von Persien und Medien, der Hofadel und die Statthalter der Provinzen. [4] Sechs Monate lang stellte Xerxes die unvergleichliche Pracht seines Königreichs und seine große Macht zur Schau.

[5] Danach lud der König auch die Bewohner der Residenz Susa zu einem Fest. Alle, vom Vornehmsten bis zum Einfachsten, feierten sieben Tage lang im Hof des Palastgartens. [6] Zwischen Marmorsäulen hingen weiße und violette Vorhänge aus wertvollen Baumwollstoffen und Leinen, befestigt mit weißen und purpurroten Schnüren und silbernen Ringen. Die Gäste lagen auf Kissen, die mit goldenem und silbernem Brokatstoff überzogen waren. Der Boden des Hofes bestand aus einem Mosaik von bunten, kostbaren Marmorsteinen und Perlmutt. [7] Man trank aus goldenen Gefäßen, von denen keines dem anderen glich. Der König ließ Wein in Hülle und Fülle ausschenken. [8] Jeder konnte trinken, soviel er wollte. Denn der König hatte angeordnet, dass seine Diener sich ganz nach den Wünschen der Gäste richten sollten.

Königin Wasti wird verstoßen

[9] Königin Wasti gab im Inneren des Palasts ein Fest für die Frauen. [10] Am siebten Tag des Festes, als der König vom Wein angeheitert war, rief er die sieben Eunuchen zu sich, die ihn persönlich bedienten: Mehuman, Biseta, Harbona, Bigta, Abagta, Setar und Karkas. [11] Er befahl ihnen, die Königin zu holen, geschmückt mit dem königlichen Diadem. Denn er wollte seinen obersten Beamten und allen Gästen zeigen, wie wunderschön sie war. [12] Doch Königin Wasti weigerte sich, der Aufforderung des Königs zu folgen.

Da packte den König der Zorn. [13] Er beriet sich sofort mit dem Rat der Weisen. Es waren Sterndeuter und Rechtsgelehrte, die das Gesetz gut kannten und dem König bei allen Entscheidungen zur Seite standen. [14] Sie hießen Karschena, Schetar, Admata, Tarsis, Meres, Marsena und Memuchan. Diese sieben Fürsten aus den Völkern der Meder und Perser waren die Vertrauten des Königs. Sie durften jederzeit zu ihm und nahmen nach ihm den ersten Rang im Königreich ein. [15] »Was soll nach dem Gesetz mit Königin Wasti geschehen?«, fragte Xerxes. »Sie hat sich meinem Befehl widersetzt, den ihr meine Eunuchen überbracht haben.«

[16] Memuchan antwortete: »Königin Wasti ist nicht nur am König schuldig geworden, sondern auch an seinen Fürsten und am ganzen Volk in allen Provinzen des Reiches. [17] Was sie getan hat, wird bei allen Frauen bekannt werden. Sie werden ihre Männer verachten und sagen: ›König Xerxes hat Königin Wasti befohlen, vor ihm zu erscheinen; aber sie kam einfach nicht!‹ [18] Noch heute werden die Frauen der Fürsten von Persien und Medien dies ihren Männern vorhalten, sobald sie erfahren, was die Königin getan hat. Das wird viel böses Blut geben! [19] Wenn es dem König gefällt, möge er in einem Erlass verkünden,

---

1,1 Esr 4,5–6; Dan 9,1 **1,19** 8,8; Dan 6,9.16

dass Königin Wasti nie mehr zu ihm kommen darf. Dieser Befehl muss Teil der Gesetze der Meder und Perser werden, damit er nicht mehr rückgängig gemacht werden kann. Der König sollte eine andere Frau zur Königin erwählen, die sich dafür als würdig erweist. [20]Wenn man diesen Erlass im ganzen Reich bekannt gibt, werden alle Frauen ihre Männer achten, in den einfachen wie in den vornehmen Familien.«

[21]Dieser Vorschlag gefiel dem König und seinen Fürsten. Wie Memuchan geraten hatte, [22]schickte Xerxes einen Erlass in alle Provinzen seines Reiches. Jede Volksgruppe erhielt das Schreiben in ihrer eigenen Schrift und Sprache. So wollte der König dafür sorgen, dass jeder Mann in seinem Haus das Sagen hatte. Außerdem ordnete er an, in jeder Familie solle die Sprache des Mannes gesprochen werden.

Eine neue Königin wird gesucht

2 Als sich der Zorn des Königs gelegt hatte, dachte er zurück an das, was Wasti getan hatte, und an seinen Erlass gegen sie. [2]Da schlugen ihm seine Diener vor: »Man könnte doch für den König schöne Mädchen suchen, die noch Jungfrauen sind. [3]In allen Provinzen seines Reiches sollen Beamte des Königs solche Mädchen auswählen und in seinen Harem nach Susa bringen. Dort kommen sie in die Obhut des Eunuchen Hegai, der ja auch für die Frauen des Königs verantwortlich ist. Sie werden alle Schönheitsmittel bekommen, die sie brauchen. [4]Das Mädchen, das dem König am besten gefällt, soll an Wastis Stelle Königin werden.«

Der König war einverstanden und folgte dem Rat seiner Diener.

[5]In der Residenz Susa wohnte ein Jude namens Mordechai aus dem Stamm Benjamin. Er war ein Nachkomme von Jaïr, *Schimi und Kisch.* [6]Mordechais Vorfahren befanden sich unter den Gefangenen, als König Nebukadnezar damals König Jojachin von Juda und einen Teil der jüdischen Bevölkerung nach Babylonien verschleppte.[a] [7]Mordechai hatte eine Kusine namens Hadassa, die auch Esther genannt wurde. Ihre Eltern lebten nicht mehr, deshalb hatte Mordechai sie als Pflegetochter angenommen. Sie war sehr schön, und ihre Gestalt war besonders anmutig.

[8]Als nun der Erlass des Königs verkündet wurde, brachte man viele Mädchen in die Residenz Susa, wo Hegai sich um sie kümmerte, der die Verantwortung für den königlichen Harem hatte. Auch Esther war unter ihnen. [9]Sie gefiel Hegai ganz besonders und gewann seine Gunst. Er versorgte sie mit den besten Schönheitsmitteln und mit den gesündesten Speisen. Dann gab er ihr sieben ausgewählte Dienerinnen aus dem Königspalast und wies ihr die schönsten Räume des Harems zu.

[10]Ihre jüdische Abstammung verschwieg Esther; so hatte es ihr Mordechai eingeschärft. [11]Mordechai kam jeden Tag zum Hof des Harems, um zu erfahren, ob es ihr gut ging und was man mit ihr vorhatte.

[12/13]Vor der Begegnung mit König Xerxes pflegten sich die Mädchen sechs Monate lang mit Myrrhenöl und sechs Monate mit Balsamöl und anderen Schönheitsmitteln, so wie es vorgeschrieben war. Jedes Mädchen, das an der Reihe war, vor dem König zu erscheinen, konnte sich selbst im Harem Kleider und Schmuck aussuchen. [14]Am Abend ging es in den Palast, und am nächsten Morgen kehrte es in den zweiten Harem zurück. Dort wohnten die Nebenfrauen des Königs, für die der königliche Eunuch Schaaschgas verantwortlich war. Keines der Mädchen durfte noch einmal zum König kommen, es sei denn, es hatte ihm ganz besonders gefallen und er ließ es mit Namen rufen.

---

[a] Vgl. 2. Könige 24,10–16
2,5 1 Sam 9,1–2

Bedingungslose Liebe

Lesen Sie Esther 2,12-18

Als Esther in den Palast gebracht und in den Harem des Königs aufgenommen worden war, durfte Mordechai den Palast nicht mehr betreten. Auch wenn ihm jetzt Grenzen gesetzt waren, kam er doch jeden Tag, um zu sehen, wie es Esther ging. Er fand Wege, wie er ihr Nachrichten zukommen lassen konnte. Zweifellos förderte dies die offene Kommunikation zwischen den beiden, was sich in Krisenzeiten als ungeheuer wertvoll erwies. Doch diesen Kontakt aufzubauen, hatte Jahre gedauert.

Heutzutage ist es wohl eher nicht mehr angebracht, vor dem Haus Ihres erwachsenen Kindes zu erscheinen, um in Kontakt zu bleiben. Dennoch gibt es viele Wege, wie wir unsere Aufmerksamkeit und Liebe zeigen und eine lebenslange Beziehung fördern können.

Kinder lassen sich am liebsten von den Menschen beeinflussen, von denen sie geliebt werden. Deshalb sind sie auch so offen für den Einfluss von Freunden und verschließen sich ihren Eltern. Von ihren Freunden werden sie nämlich akzeptiert und erhalten Bestätigung, während die Eltern sie kritisieren. Eltern, die ihre Kinder positiv beeinflussen möchten, sollten vor allem das Bedürfnis ihrer Kinder nach Liebe erfüllen.

Das geschieht am besten dadurch, dass sie ihren Kindern vermitteln: „Ich liebe dich, egal wie du dich verhältst." Es mag Zeiten geben, in denen uns das Verhalten unserer Kinder nicht gefällt, aber das bedeutet nicht, dass wir ihnen dann unsere Liebe vorenthalten. Wir können ihnen immerhin sagen: „Was du tust, finde ich zwar nicht in Ordnung, aber das hält mich nicht davon ab, dich zu lieben." Das ist wahre, bedingungslose elterliche Liebe.

Nehmen Sie sich Zeit, um allein oder als Paar gemeinsam zu beten. Bitten Sie Gott ...
- dass Sie die richtigen Worte für Ihre Kinder finden;
- dass Sie das Bedürfnis Ihrer Kinder nach Liebe stillen können;
- dass er Ihnen bedingungslose Liebe für Ihre Kinder schenkt.

Wenn Sie noch mehr Zeit haben ...

Besprechen Sie miteinander folgende Fragen oder denken Sie darüber nach:
- Sind Sie Eltern, die ihren Kindern vertrauen? Erklären Sie, warum.
- Warum ist es manchmal schwierig, die erwachsenen Kinder anzunehmen und ihnen Bestätigung zu schenken?
- Was können Sie in dieser Woche konkret tun, um Ihren Kindern Ihre bedingungslose Liebe zu zeigen?

Lesen Sie auch die folgenden Abschnitte zum Thema Bedingungslose Liebe:
Römer 5,8; 1. Korinther 13,1-13; 1. Johannes 4,8.

Eine gute Beziehung aufbauen

Lesen Sie Esther 4,12-14

Mordechai war für Esther eine Vaterfigur. Er hatte sie wie eine Tochter großgezogen, und nun war sie mit einem mächtigen Mann verheiratet. Doch wie sich in Esther 4,12-14 zeigt, brauchte Mordechai sich auf keine Machtspiele einzulassen, um auf Esther Einfluss zu nehmen. Er begegnete ihr mir Respekt und Liebe, erteilte ihr einen Rat und stellte Fragen. Er forderte keine Ergebnisse. Vielleicht ist er darin ein Vorbild für uns im Umgang mit unseren erwachsenen Kindern.

Wenn Sie Ihren Kindern gegenüber Liebe zum Ausdruck bringen und ihren Liebestank immer gut gefüllt halten, dann wissen Sie wahrscheinlich, dass Bitten wirksamer sind als Forderungen. Niemand mag gerne von anderen beherrscht werden, und Forderungen sind der Versuch, Macht auszuüben. Möglicherweise erzielt man damit schnelle Ergebnisse, aber man löst auch jede Menge Verärgerung aus. Bitten sorgen für ein angenehmes Klima in einer Beziehung, während Forderungen einen Keil zwischen Menschen treiben.

Junge Erwachsene reagieren viel positiver auf Vorschläge als auf Vorschriften. Wenn wir auf gottgleiche Art Gebote verkünden, schalten unsere Kinder viel schneller auf Durchzug und ziehen unsere Gedanken nicht einmal annähernd in Erwägung. Machen wir ihnen aber Vorschläge, erkennen wir damit die Begrenztheit unserer menschlichen Erfahrung an. Wir geben einfach nur unsere besten Gedanken weiter, und diese werden von unseren Kindern eher angenommen und beherzigt.

Nehmen Sie sich Zeit, um allein oder als Paar gemeinsam zu beten. Danken Sie Gott, dass er Ihnen mit der Geschichte von Esther ein Vorbild für Ihr Elternsein gegeben hat. Bitten Sie ihn, dass Sie, um Einfluss zu nehmen, dem Beispiel Mordechais folgen können. Bitten Sie ihn auch, *dass er Ihnen hilft*, mit Ihren Kindern positiv umzugehen.

Wenn Sie noch mehr Zeit haben …

Besprechen Sie miteinander folgende Fragen oder denken Sie darüber nach:

- Wie gut sind Sie darin, den Liebestank Ihrer Kinder gefüllt zu halten?
- Was ist die Meinung Ihrer Kinder dazu?
- Was ist für Sie schwieriger: zu bitten, statt Forderungen zu stellen, oder Vorschläge statt Vorschriften zu machen? Erläutern Sie Ihre Gedanken dazu.

Lesen Sie auch die folgenden Abschnitte zum Thema Kommunikation:
Sprüche 15,2; Prediger 5,2; Jakobus 1,26.

Den nächsten Impuls finden Sie auf S. 582 a

Xerxes ernennt Esther zur Königin

15 So kam auch Esther an die Reihe, die Tochter Abihajils, dessen Neffe Mordechai sie als Pflegetochter angenommen hatte. Sie suchte ihre Kleider und ihren Schmuck nicht selbst aus, sondern folgte dem Rat Hegais. Alle, die sie sahen, bewunderten ihre Schönheit. 16 Im Monat Tebet, dem 10. Monat seines 7. Regierungsjahrs, wurde Esther zu Xerxes in den Palast gebracht.

17 Der König gewann Esther lieber als jede andere Frau. In seinen Augen stellte sie alle anderen Mädchen weit in den Schatten. Darum setzte er ihr das königliche Diadem auf und ernannte sie an Wastis Stelle zur Königin. 18 Ihr zu Ehren lud er die Beamten und die anderen führenden Männer seines Reiches zu einem großen Fest ein. Er befreite die Bewohner der Provinzen von ihren Steuern und ließ großzügige Geschenke verteilen.

Mordechai rettet Xerxes das Leben

19 Zu der Zeit, als weitere Mädchen an den Hof des Königs kamen, fand Mordechai eine Anstellung im Palast. 20 Esther hatte niemandem erzählt, dass sie Jüdin war, weil Mordechai es ihr verboten hatte. Sie befolgte seine Anweisungen wie früher, als sie noch seine Pflegetochter war.

21 Eines Tages, während Mordechai Dienst hatte, verschworen sich die beiden Eunuchen Bigtan und Teresch, die am Königspalast die Eingänge bewachten, gegen Xerxes und planten einen Anschlag auf ihn. 22 Mordechai erfuhr davon, erzählte es Königin Esther, und die meldete es dem König. 23 Xerxes ließ die Angelegenheit untersuchen, und als die Verschwörung aufgedeckt wurde, kamen die beiden Schuldigen an den Galgen. Der König befahl, den Vorfall in der Chronik des persischen Reiches festzuhalten.

Haman will die Juden vernichten

3 Einige Zeit später gab König Xerxes einem Mann namens Haman die höchste Stellung am Königshof. Er war ein Sohn Hammedatas und Nachkomme Agags. 2 Alle Beamten im Palast waren ihm untergeordnet. Sie mussten sich auf Befehl des Königs vor Haman niederwerfen, wenn er an ihnen vorüberging. Nur Mordechai verneigte sich nicht vor ihm.

3 Da fragten ihn die anderen Beamten: »Weshalb widersetzt du dich der Anordnung des Königs?« 4 »Weil ich Jude bin«, antwortete er. Sie ließen ihm keine Ruhe und machten ihm jeden Tag Vorwürfe. Doch Mordechai hörte nicht auf sie. Da meldeten sie es Haman, um zu sehen, ob er Mordechais Begründung gelten lassen würde.

5 Als Haman erfuhr, dass Mordechai sich nicht vor ihm niederwarf, packte ihn der Zorn. 6 Er wollte sich aber nicht an Mordechai allein rächen, denn er hatte gehört, dass er Jude war. So schmiedete er einen Plan, um alle Juden im persischen Reich zu vernichten.

7 Im 12. Regierungsjahr des Königs Xerxes, im 1. Monat, dem Monat Nisan, ließ Haman das Los werfen, das auch »Pur« genannt wurde. Er wollte herausfinden, welcher Zeitpunkt am besten geeignet sei, um seinen Plan durchzuführen. Das Los fiel auf den 13. Tag des 12. Monats, das ist der Monat Adar. 8 Darauf sagte Haman zum König: »In allen Provinzen deines Reiches leben Angehörige eines Volkes, das sich von den anderen Völkern absondert. Sie haben andere Sitten und Gesetze als die übrigen Völker und widersetzen sich deinen Anordnungen. Das darfst du dir nicht gefallen lassen! 9 Wenn du es für richtig hältst, dann befiehl durch einen Erlass die Vernichtung dieses Volkes. Dies wird den königlichen Schatzkammern 350 Tonnen Silber einbringen.«

10 Da zog der König seinen Siegelring vom Finger, gab ihn Haman, dem erbit-

---

3,1–2 1 Sam 15,7–8.32–33 **3,8** 5 Mo 4,5–9 **3,10** 8,2

terten Feind der Juden, 11 und sagte zu
ihm: »Hol dir das Geld dieses Volkes!
Und mit den Leuten selbst kannst du tun,
was du für richtig hältst.«
12 Am 13. Tag des 1. Monats ließ Ha-
man die Schreiber des Königs rufen. Sie
mussten genau nach seinen Anweisun-
gen Briefe schreiben, die an die Fürsten
des Königs, an die Provinzstatthalter und
an die höchsten Beamten der einzelnen
Völker gerichtet waren. Jede Volksgrup-
pe sollte das Schreiben in ihrer eigenen
Schrift und Sprache erhalten. Die Briefe
waren im Namen des Königs verfasst
und mit seinem Siegel versehen. 13 Sie
lauteten:

»An einem einzigen Tag, am 13. Tag
des 12. Monats, des Monats Adar, sollen
alle Juden getötet werden – Junge und
Alte, Kinder und Frauen. Niemand darf
überleben! Ihr Besitz ist zu beschlag-
nahmen.«

Der Erlass sollte von Eilboten in alle
Provinzen des Reiches gebracht 14 und
dort als Gesetz bestätigt werden, damit
alle Volksgruppen auf diesen bestimmten
Tag vorbereitet waren. 15 Der König be-
fahl den Eilboten, sich schnell auf den
Weg zu machen. Auch in der Residenz
Susa wurde der Erlass veröffentlicht.
Und während die Menschen in der gan-
zen Stadt in heller Aufregung waren,
hielten der König und Haman ein Trink-
gelage ab.

Mordechai bittet Esther um Hilfe

4 Als Mordechai erfuhr, was geschehen
war, zerriss er entsetzt seine Kleider,
zog sich ein Trauergewand aus Sacktuch
an und streute sich Asche auf den Kopf.
Dann lief er durch die Stadt und stieß
laute Klagerufe aus. 2 So kam er bis ans
Tor des königlichen Palasts, durfte aber
in seiner Trauerkleidung nicht hindurch-
gehen. 3 In allen Provinzen des Landes
trauerten die Juden, wo immer der Erlass
des Königs bekannt wurde. Sie fasteten,
klagten und weinten, viele trugen Trauer-
kleider und hatten sich Asche auf ihr La-
ger gestreut.
4 Esthers Dienerinnen und Diener mel-
deten ihr, was sich vor dem Tor abspielte.
Sie erschrak heftig und ließ Mordechai
Kleider bringen, damit er die Trauerklei-
dung ausziehen konnte. Aber dazu war er
nicht bereit. 5 Da rief Esther den Eunu-
chen Hatach, den Xerxes ihr als Diener
gegeben hatte, und schickte ihn zu Mor-
dechai hinaus. Er sollte ihn fragen, was
geschehen sei.
6 Hatach ging zu Mordechai auf den
Platz vor dem Palasttor. 7 Mordechai be-
richtete ihm von Hamans Plan. Er erzähl-
te ihm, wie viel Silber Haman dem König
dafür versprochen hatte, dass er die Ju-
den töten dürfte. 8 Außerdem übergab
Mordechai dem Eunuchen eine Abschrift
des königlichen Erlasses, in dem die Ver-
nichtung der Juden angeordnet wurde.
Hatach sollte sie Königin Esther zeigen,
ihr alles erzählen und sie bitten, beim Kö-
nig für ihr Volk um Gnade zu flehen.
9 Als Hatach zurückkam und meldete,
was Mordechai ihm berichtet hatte,
10 schickte Esther ihn ein zweites Mal zu
Mordechai und ließ ihm sagen: 11 »Alle
Bediensteten des Königs und alle Bewoh-
ner der Provinzen kennen das unumstöß-
liche Gesetz: ›Jeder, ob Mann oder Frau,
wird hingerichtet, wenn er unaufgefor-
dert zum König in den innersten Hof des
Palasts geht. Er hat sein Leben nur dann
nicht verwirkt, wenn ihm der König das
goldene Zepter entgegenstreckt.‹ Mich
hat der König sogar schon dreißig Tage
nicht mehr zu sich rufen lassen.«
12/13 Da ließ Mordechai Königin Esther
ausrichten: »Glaub nur nicht, dass du als
einzige Jüdin mit dem Leben davon-
kommst, nur weil du im Königspalast
wohnst! 14 Wenn du jetzt nichts unter-
nimmst, wird von anderswoher Hilfe für
die Juden kommen, du aber und deine
Familie – ihr werdet sterben! Vielleicht
bist du gerade deshalb Königin gewor-
den, um die Juden aus dieser Bedrohung
zu retten!«

4,1–3 1 Mo 37,34; Jer 6,26 **4,7–8** 3,6–9.12–13 **4,11** 5,2; 8,4 **4,14** 1 Mo 45,7–8

15 Esther schickte Mordechai die Ant-
wort: 16 »Geh und ruf alle Juden zusam-
men, die in Susa wohnen! Fastet für
mich! Esst und trinkt drei Tage und
Nächte lang nichts! Ich werde mit mei-
nen Dienerinnen ebenfalls fasten. Dann
will ich zum König gehen, obwohl ich da-
mit gegen das Gesetz verstoße. Wenn ich
umkomme, dann komme ich eben um!«
17 Da ging Mordechai weg und tat, was
Esther ihm gesagt hatte.

Kann Esther ihr Volk retten?

5 Am dritten Fastentag zog Esther kö-
nigliche Kleider an und ging in den
inneren Hof des Palasts, der vor dem
Thronsaal lag. Der König saß auf seinem
Thron gegenüber dem Eingang. 2 Als er
Esther im Hof stehen sah, freute er sich
und streckte ihr das goldene Zepter ent-
gegen. Da kam Esther auf ihn zu und be-
rührte die Spitze des Zepters. 3 Der König
fragte sie: »Was hast du auf dem Herzen,
Königin Esther? Ich will dir jeden
Wunsch erfüllen, auch wenn du die Hälf-
te meines Königreichs forderst!«
4 Esther antwortete: »Wenn du es für
gut hältst, mein König, dann sei heute zu-
sammen mit Haman mein Gast bei dem
Mahl, das ich für dich zubereiten ließ.«
5 Xerxes befahl seinen Dienern: »Holt
Haman herbei! Wir wollen Esthers Ein-
ladung annehmen.«
So kamen der König und Haman zu
Esthers Festmahl. 6 Während sie Wein
tranken, fragte der König Esther: »Nun,
was hast du auf dem Herzen? Ich will dir
jeden Wunsch erfüllen, auch wenn du die
Hälfte meines Königreichs forderst.«
7 Esther antwortete: »Ja, ich habe eine
große Bitte an dich: 8 Wenn du mir eine
Gunst erweisen willst, mein König, dann
komm morgen noch einmal mit Haman
zu einem festlichen Mahl, das ich für dich
und für ihn geben möchte. Dann werde
ich bestimmt sagen, was mein Wunsch
ist.«

Haman will Mordechai töten

9 Haman war fröhlich und gut gelaunt, als
er vom Mahl bei der Königin aufbrach.
Er ging durch das Eingangstor am Palast,
und dort sah er Mordechai sitzen, der
nicht einmal vor ihm aufstand oder ihm
sonst seine Achtung zeigte. Haman wur-
de wütend, 10 doch er beherrschte sich.
Als er zu Hause war, ließ er seine
Freunde und seine Frau Seresch zu sich
kommen. 11 Dann prahlte er mit seinem
großen Reichtum und mit seinen vielen
Söhnen. Er erzählte, dass der König ihn
zu einem mächtigen Mann gemacht hat-
te, dem alle anderen Beamten und füh-
renden Männer untergeordnet waren.
12 »Und heute«, fuhr er fort, »hat Königin
Esther außer dem König nur noch mich
zum Festmahl eingeladen! Auch morgen
hat sie mich zusammen mit dem König
zum Essen gebeten! 13 Aber das alles be-
deutet mir überhaupt nichts, wenn der
Jude Mordechai nicht bald aus dem
Palast verschwindet.«
14 Da schlugen ihm seine Frau und
seine Freunde vor: »Lass einen Galgen
aufrichten, der 25 Meter hoch ist! Und
morgen früh bitte den König, dass er
Mordechai daran aufhängen lässt! Dann
kannst du gut gelaunt mit dem König das
Festessen genießen.«
Der Vorschlag gefiel Haman, und er
ließ einen Galgen aufrichten.

Mordechai wird vom König geehrt

6 In der folgenden Nacht konnte der
König nicht schlafen. Er ließ sich die
Chronik des persischen Reiches bringen,
in der alle wichtigen Ereignisse seiner
Regierungszeit festgehalten waren. Man
las dem König daraus vor 2 und stieß da-
bei auf den Bericht, wie Mordechai die
Verschwörung der Eunuchen Bigtan und
Teresch aufgedeckt hatte, die am Königs-
palast die Eingänge bewachten. Sie hat-
ten König Xerxes umbringen wollen.

4,16 Esr 8,21; 10,6 **5,2** 4,11 **5,3.6** 7,2; 9,12 **5,9** 2,21; 3,2–5 **6,1–3** 2,21–23

3 Der König fragte: »Wie ist Mordechai
für diese Tat geehrt und ausgezeichnet
worden?« »Er wurde nicht dafür be-
lohnt«, entgegneten die Diener des Kö-
nigs.
4 In diesem Augenblick kam Haman in
den äußeren Hof des Palasts. Er wollte
den König bitten, Mordechai an dem
Galgen aufhängen zu lassen, den er auf-
gerichtet hatte. »Wer ist draußen im
Hof?«, fragte der König. 5 »Es ist Ha-
man«, antworteten die Diener. »Er soll
hereinkommen!«, befahl der König.
6 Als Haman den Raum betrat, fragte
ihn Xerxes: »Was kann ein König tun,
wenn er einen Mann ganz besonders eh-
ren möchte?« Haman dachte: »Das gilt
mir! Wen sonst könnte er meinen?«
7 Deshalb erwiderte er: »Man soll dem
Mann 8 ein königliches Gewand bringen
und ein Pferd mit dem königlichen Kopf-
schmuck! Es muss ein Gewand sein, das
du sonst selbst trägst, und ein Pferd, auf
dem du sonst selbst reitest. 9 Übergib das
Gewand und das Pferd einem deiner an-
gesehensten Würdenträger. Er soll dem
Mann, den du auszeichnen willst, das kö-
nigliche Gewand anlegen, ihn auf deinem
Pferd über den Hauptplatz der Stadt füh-
ren und vor ihm her ausrufen: ›So ehrt
der König einen Mann, der sich besonde-
re Verdienste erworben hat!‹«
10 Da sagte Xerxes zu Haman: »Lass dir
sofort ein solches Gewand und ein Pferd
bringen! Dann ehre den Juden Morde-
chai, der am Palasteingang Dienst hat.
Mach alles genau so, wie du es vorgeschla-
gen hast! Und lass nichts davon aus!«
11 Haman tat, was Xerxes ihm befohlen
hatte. Er kleidete Mordechai wie den Kö-
nig selbst, ließ ihn auf dessen Pferd über
den Hauptplatz der Stadt reiten und rief
vor ihm aus: »So ehrt der König einen
Mann, der sich besondere Verdienste er-
worben hat!« 12 Danach kehrte Morde-
chai wieder zum Palast zurück.
Haman aber war wie vor den Kopf ge-
schlagen. Mit verhülltem Gesicht lief er
schnell nach Hause. 13 Er erzählte seiner
Frau Seresch und seinen Freunden, was
vorgefallen war, denn sie waren seine
Ratgeber. Da sagten sie zu ihm: »Du hast
verloren! Wenn Mordechai wirklich von
den Juden abstammt, bist du jetzt macht-
los gegen ihn. Nichts wird deinen Unter-
gang aufhalten.«
14 Noch während sie mit ihm redeten,
trafen die Eunuchen des Königs ein. Sie
sollten Haman auf dem schnellsten Weg
zum Mahl bei Königin Esther bringen.

Haman wird entlarvt

7 Der König und Haman gingen zum
Festmahl bei der Königin. 2 Als sie ge-
rade Wein tranken, stellte der König Es-
ther wieder dieselbe Frage wie am Tag
zuvor: »Was hast du auf dem Herzen?
Ich will dir jeden Wunsch erfüllen, auch
wenn du die Hälfte meines Königreichs
forderst.«
3 Die Königin erwiderte: »Wenn es dir
gefällt, mein König, dann gewähre mir
eine Bitte: Rette mir und meinem Volk
das Leben! 4 Man hat sich gegen mich
und mein Volk verschworen und will uns
ausrotten. Niemand von uns soll am Le-
ben bleiben! Hätte man uns nur als Skla-
ven und Sklavinnen verkauft, so hätte ich
geschwiegen. Dies wäre es nicht wert ge-
wesen, den König damit zu behelligen.«
5 Da fragte Xerxes Königin Esther:
»Wer wagt, so etwas zu tun? Wo ist dieser
Verbrecher zu finden?« 6 Esther antwor-
tete: »Der Feind, der uns vernichten will,
ist Haman!«
Haman fuhr erschrocken zusammen.
7 Zornig erhob sich der König von der Ta-
fel und ging in den Palastgarten hinaus.
Haman blieb bei der Königin und flehte
um sein Leben, denn er wusste, dass Xer-
xes ihn hinrichten würde.
8 Als der König wieder in den Saal zu-
rückkehrte, sah er, dass Haman auf das
Polster gesunken war, auf dem Esther
lag. Aufgebracht rief er: »Will dieser

6,4 5,14 **6,14** 5,8 **7,2** 5,3.6; 9,12 **7,4–6** 3,5–9.12–13

Mensch hier im Palast der Königin Ge-
walt antun – vor meinen Augen?«
Kaum hatte der König das gesagt, da
verhüllten seine Diener Hamans Gesicht
als Zeichen dafür, dass er zum Tode ver-
urteilt war[a]. [9]Harbona, einer der Eunu-
chen im Dienst des Königs, sagte: »Ha-
man hat auf seinem Grundstück einen 25
Meter hohen Galgen aufstellen lassen. Er
war für Mordechai bestimmt, der dem
König das Leben gerettet hat.« »Hängt
Haman daran auf!«, befahl der König.
[10]So hängte man Haman an den Gal-
gen, den er für Mordechai errichtet hatte.
Da legte sich der Zorn des Königs.

König Xerxes hilft den Juden

8 Noch am selben Tag schenkte Xerxes
Königin Esther das Haus, das Ha-
man, der erbitterte Feind der Juden, be-
wohnt hatte. Der König ließ Mordechai
zu sich kommen, denn Esther hatte ihm
erzählt, dass er ihr Vetter und Pflege-
vater war. [2]Der König zog seinen Siegel-
ring, den er Haman abgenommen hatte,
vom Finger und gab ihn Mordechai. Es-
ther setzte Mordechai zum Verwalter
über Hamans Besitz ein.
[3]Noch einmal bat Esther den König
um eine Unterredung. Sie warf sich vor
ihm nieder und flehte ihn unter Tränen
an: »Verhindere den Anschlag, den Ha-
man, der Nachkomme Agags, gegen uns
Juden geplant hat!« [4]Der König streckte
Esther sein goldenes Zepter entgegen.
Da stand sie auf, trat vor ihn hin [5]und
sagte: »Wenn mir der König seine Gunst
erweisen möchte und er meine Bitte für
gut hält, dann möge er den Erlass auf-
heben, den der Agagiter Haman, der
Sohn Hammedatas, verfasst hat, um die
Juden in allen Provinzen des Reiches zu
vernichten. [6]Ich kann nicht mit ansehen,
wie mein eigenes Volk ins Unglück stürzt
und untergeht!«
[7]Da sagte König Xerxes zu Esther und
dem Juden Mordechai: »Ich habe Esther
Hamans Haus geschenkt. Ihn habe ich an
den Galgen hängen lassen, weil er die Ju-
den umbringen wollte. [8]Doch ein Erlass
lässt sich nicht mehr widerrufen, wenn er
im Namen des Königs niedergeschrieben
und mit seinem Siegel versehen wurde.
Ihr könnt aber in meinem Namen und
mit meinem Siegel einen weiteren Erlass
herausgeben, um die Juden zu retten.
Geht so vor, wie ihr es für gut haltet!«
[9]Am 23. Tag des 3. Monats, des Mo-
nats Siwan, ließ Mordechai die Schreiber
des Königs rufen. Sie mussten genau nach
seiner Anweisung einen Erlass aufsetzen,
der an die Juden im ganzen Reich gerich-
tet war, an die Fürsten und Statthalter so-
wie an die höchsten Beamten der 127
Provinzen von Indien bis Äthiopien. Jede
Volksgruppe sollte das Schreiben in ihrer
eigenen Schrift und Sprache erhalten,
auch die Juden. [10]Mordechai ließ die
Briefe im Namen des Königs verfassen
und mit dem königlichen Siegel kenn-
zeichnen. Boten sollten sie auf den
schnellsten Pferden der königlichen Ge-
stüte in alle Provinzen des Reiches brin-
gen. Der Erlass lautete:
[11]»Der König gestattet den Juden in
jeder Stadt seines Reiches, sich zu ihrer
Verteidigung zu versammeln. Wenn ihre
Feinde aus den verschiedenen Volks-
gruppen und Provinzen ihnen nach dem
Leben trachten, dürfen die Juden sie
samt Frauen und Kindern töten und
ihren Besitz als Beute behalten. [12]Dieser
Erlass gilt für einen einzigen Tag in allen
Provinzen, und zwar für den 13. Tag des
12. Monats, des Monats Adar.«
[13]In jeder Provinz sollte die Anordnung
als Gesetz erlassen und bekannt gemacht
werden, damit die Juden vorbereitet wa-
ren und sich an ihren Feinden rächen
konnten. [14]Der König befahl den Eilbo-
ten, auf den besten Pferden so schnell wie
möglich loszureiten. Auch in der Resi-
denz Susa wurde der Erlass veröffentlicht.

---

[a] »als Zeichen … war« ist sinngemäß ergänzt.

7,9–10 5,14; Ps 7,13–17* **8,1** 2,7.15 **8,2** 3,10 **8,4** 4,11 **8,5–6** 3,12–13 **8,8** 1,19; Dan 6,9.16 **8,11–12** 3,12–13

15 Mordechai verließ den Palast in einem königlichen Gewand, das violett und weiß gefärbt war, und in einem Mantel aus feinem weißen Leinen und purpurroter Wolle. Auf dem Kopf trug er eine große goldene Krone. Die Bewohner von Susa jubelten ihm zu. 16 Die Juden in der Stadt waren voller Freude über das Glück, das ihnen auf einmal zuteil wurde; sie konnten die Ehre und Anerkennung kaum fassen, die sie durch den Erlass des Königs bekamen. 17 Auch in allen Provinzen und in jeder Stadt, wo das neue Gesetz bekannt wurde, freuten sich die Juden und jubelten laut. Das Ereignis wurde mit einem Festmahl gefeiert. Die anderen Völker bekamen Angst vor den Juden; darum traten viele von ihnen zum Judentum über.

Die Juden rächen sich an ihren Feinden

9 Dann kam der 13. Tag des 12. Monats, des Monats Adar. An diesem Tag sollten die Bestimmungen des Königs ausgeführt werden. Die Feinde hatten erwartet, sie könnten die Juden vernichten. Aber nun geschah das Gegenteil: Die Juden besiegten ihre Feinde. 2 In allen Städten und Provinzen versammelten sie sich und kämpften gegen diejenigen, die ihnen nach dem Leben trachteten. Die Feinde konnten keinen Widerstand leisten, aus Angst vor den Juden waren sie wie gelähmt. 3 Die führenden Beamten der Provinzen, die Fürsten und Statthalter sowie die Verwalter des königlichen Besitzes unterstützten die Juden, denn sie fürchteten sich vor Mordechai. 4 In allen Provinzen des persischen Reiches hatte es sich nämlich herumgesprochen, welch hohe Stellung Mordechai am Königshof hatte und dass sein Einfluss immer größer wurde.

5 Die Juden töteten ihre Feinde mit dem Schwert. Sie vernichteten alle, von denen sie gehasst wurden. Niemand hinderte sie daran. 6 In der Residenz Susa brachten sie 500 Männer um, 7–10 auch die zehn Söhne des Judenfeindes Haman, des Sohnes Hammedatas. Sie hießen Parschandata, Dalfon, Aspata, Porata, Adalja, Aridata, Parmaschta, Arisai, Aridai und Wajesata. Doch ihren Besitz plünderten die Juden nicht.

11 Noch am gleichen Tag meldete man dem König, wie viel Tote es in der Residenz Susa gegeben hatte. 12 Da sagte er zu Königin Esther: »Hier in Susa haben die Juden allein 500 Männer umgebracht, außerdem die zehn Söhne Hamans. Was werden sie dann erst in den übrigen Provinzen des Reiches getan haben! Hast du noch etwas auf dem Herzen? Was du verlangst, will ich tun!« 13 Esther antwortete: »Wenn du es für richtig hältst, dann erlaube den Juden in Susa, morgen noch einmal so wie heute vorzugehen. Und die Leichen der zehn Söhne Hamans sollen an den Galgen gehängt werden!«

14 Der König ordnete an, Esthers Bitte zu erfüllen. In Susa wurde ein entsprechendes Gesetz veröffentlicht, und die zehn Söhne Hamans hängte man auf. 15 Die Juden der Stadt kamen auch am 14. Tag des Monats zusammen und töteten 300 Mann. Doch auch jetzt nahmen sie keine Beute mit.

16/17 In den Provinzen des Reiches hatten sich die Juden am 13. Tag des Monats versammelt, um sich zu verteidigen, und hatten 75 000 Feinde umgebracht, ohne jedoch zu plündern. Nun konnten sie wieder in Ruhe und Frieden leben. Am 14. Tag des 12. Monats feierten sie ein großes Fest, sie aßen und tranken zusammen. 18 Die Juden in Susa aber hatten am 13. und am 14. Tag des Monats gegen ihre Feinde gekämpft. Darum feierten sie erst am 15. Tag des Monats Adar. 19 Bis heute begehen die Juden in den Städten und Dörfern des Landes den 14. Tag des 12. Monats als Feiertag, an dem sie ein Festmahl geben und sich gegenseitig beschenken.

8,15 6,6–9 **9,2** 8,11–12 **9,12** 5,3.6; 7,2 **9,16–17** 1 Mo 14,21–24

Ein wertvolles Vermächtnis

Lesen Sie Esther 10,1-3

Mordechai konnte Esther keine nennenswerten Reichtümer vererben, doch als er starb, hinterließ er etwas viel Kostbareres – ein Vermächtnis. Die gute Nachricht für uns ist, dass auch wir bereits jetzt ein solches Vermächtnis anlegen können, selbst wenn wir noch keine Kinder haben.

Ein Vermächtnis ist eine Art Erbschaft, die von einer Generation zur nächsten weitergegeben wird und durch die unsere Nachkommen sich an uns erinnern. Die bedeutendsten Vermächtnisse sind keine materiellen, sondern seelische, geistliche und moralische. Sie beruhen auf dem Charakter der Person, die sie hinterlassen hat.

Vermächtnisse aus der Vergangenheit prägen die Zukunft einer Familie. Wir alle kennen Familien, deren Mitglieder über viele Generationen den Ruf eines guten Charakters haben – Freundlichkeit, Ehrlichkeit, Anständigkeit und ein aufrechtes Benehmen. Wir alle kennen Menschen, die sich glücklich schätzen dürfen, ein so positives Vermächtnis von ihren Eltern und Großeltern empfangen zu haben. Sie profitieren davon mit einem guten Selbstwertgefühl und seelischer Stabilität.

Andererseits wissen wir auch, welche Nachteile Menschen ertragen müssen, die unter dem Vermächtnis eines negativen Charakters und Benehmens ihrer Eltern zu leiden haben. Natürlich glauben wir daran, dass ein Mensch jegliches Hindernis überwinden kann. Aber gleichzeitig sehen wir, wie das, was in einer Familie geschehen ist, zum Fluch oder Segen in unserem Leben werden kann.

Nehmen Sie sich Zeit, um allein oder als Paar gemeinsam zu beten.

- Überlegen Sie, welches Vermächtnis Ihre Familie Ihnen hinterlassen hat.
- Teilen Sie einander die Gefühle mit, die Sie damit verbinden.
- Bitten Sie Gott, dass er Ihnen hilft, Ihren Kindern ein kostbares Vermächtnis zu hinterlassen.

Wenn Sie noch mehr Zeit haben …

Besprechen Sie miteinander folgende Fragen oder denken Sie darüber nach:

- Welches Vermächtnis haben Ihre Eltern und Großeltern Ihnen hinterlassen? Erläutern Sie Ihre Gedanken dazu.
- Wie hat sich dieses Vermächtnis auf Ihr Leben ausgewirkt?
- Welches Vermächtnis haben Sie bisher für Ihre Kinder angelegt? Was würden Sie gerne daran ändern?

Lesen Sie auch die folgenden Abschnitte zum Thema Vermächtnis:
5. Mose 6,1-9; Sprüche 22,6; Epheser 6,1-2.

Im Angesicht des Leids

Lesen Sie Hiob 1,1-22

Christen verspüren oft Zorn gegenüber Gott im Angesicht des Leids. Eine Person brachte dies einmal so zum Ausdruck: „Ich habe versucht, für Gott zu leben und ihm treu zu sein. Warum hat er dann zugelassen, dass mir das passiert?“ Dieser Mensch machte wohl Ähnliches durch wie Hiob, denn auch er war „rechtschaffen und aufrichtig“ und hatte sich nichts zuschulden kommen lassen (Hiob 1,8).

Als Gott zuließ, dass Hiob seinen Reichtum, seine Familie und seine Gesundheit verlor, verspürte dieser Mann einen immensen Zorn Gott gegenüber. Er sagte: „Gott hat mich bösen Menschen ausgeliefert; Gottlosen bin ich in die Hände gefallen“ (Hiob 16,11). Hiob verlor allen Lebensmut. „Meine Kraft ist gebrochen, meine Tage schwinden, und auf mich wartet nur das Grab. ... Ach, meine Tage sind verflogen, durchkreuzt sind alle Pläne, die einst mein Herz erfüllten!“ (Hiob 17,1.11). Hiob verstand nicht, warum Gott so viel Leid in seinem Leben zuließ, darum war er wütend auf Gott.

Trotzdem ließ Hiob seinen Zorn nicht die Überhand gewinnen. Er schüttete Gott und seinen Freunden sein Herz aus, denn er wollte nicht bitter werden. Mitten im Leid vertraute er Gott und lobte ihn, und das öffnete ihm schlussendlich den Weg zur Genesung und zum Segen.

Nehmen Sie sich Zeit, um allein oder als Paar gemeinsam zu beten.
Danken Sie Gott, dass er Sie in schweren Zeiten nie allein gelassen hat.
Bitten Sie ihn um Weisheit, Kraft und Geduld, um Leid in Ihrem Leben durchzustehen.
Bitten Sie ihn auch, dass er Sie dazu gebraucht, das Leid im Leben anderer zu lindern.

Wenn Sie noch mehr Zeit haben ...

Besprechen Sie miteinander folgende Fragen oder denken Sie darüber nach:

- Was würden Sie antworten, wenn jemand Sie fragt, warum Gott im Leben von gläubigen Menschen Leid zulässt?
- Worum sollte man beten, wenn man schwere Zeiten durchmacht? Warum?
- Wie kann ein liebevoller Ehepartner uns in Zeiten des Leids helfen?

Lesen Sie auch die folgenden Abschnitte zum Thema Leid:
Johannes 15,18-20; 2. Korinther 12,10; Jakobus 1,2-4.

Den nächsten Impuls finden Sie auf S. 584 a

Mordechai führt das Purimfest ein

20 Mordechai schrieb auf, was damals ge-
schehen war, und schickte einen Brief an
alle Juden bis in die entferntesten Provin-
zen des persischen Reiches. 21 Darin be-
stimmte er, dass sie Jahr für Jahr den 14.
und 15. Tag des 12. Monats, des Monats
Adar, feiern sollten. 22 Denn an diesen
Tagen hatten sie sich von ihren Feinden
befreit, ihr Leid hatte sich in Freude ver-
wandelt und ihre Trauer in Jubel. Am 14.
und 15. Tag des Monats sollten sich die
Juden zu festlichen Mahlzeiten treffen,
sich gegenseitig beschenken und auch
die Armen dabei nicht vergessen.
23 So wie Mordechai es angeordnet hat-
te, wurden die beiden Feiertage bei den
Juden zum festen Brauch.
24–26 Man nannte sie auch das »Purim-
fest«. Denn als Haman, der Todfeind der
Juden, sie alle töten wollte, ließ er das
Los, das so genannte »Pur«, werfen, um
den günstigsten Zeitpunkt für seinen
Plan herauszufinden. Als Xerxes davon
erfuhr, befahl er in einem Schreiben, Ha-
man solle dasselbe Schicksal erleiden,
das er den Juden gewünscht hatte. Er
und seine Söhne wurden gehängt.
Weil die Juden dies alles selbst mit-
erlebt oder davon gehört hatten und weil
Mordechai es in seinem Brief so anord-
nete, 27 verpflichteten sie sich, jedes Jahr
zur selben Zeit diese beiden Tage genau
nach den Vorschriften zu feiern. Dieser
Brauch sollte auch für ihre Nachkommen
und für alle Nichtjuden gelten, die zum
Judentum übertreten würden. 28 Was da-
mals geschehen war, durfte nie in Ver-
gessenheit geraten. In jeder Generation
sollten die jüdischen Familien das Purim-
fest feiern, ganz gleich, in welcher Stadt
und Provinz sie wohnten. Der Brauch
sollte auch in ferner Zukunft nie unter-
gehen.
29 Königin Esther, die Tochter Abiha-
jils, und der Jude Mordechai verfassten
noch ein zweites Schreiben über das Pu-
rimfest. Es enthielt genaue Anweisungen
für die Durchführung der Feier 30 und
wurde an alle Juden in den 127 Provinzen
des persischen Reiches gesandt. Esther
und Mordechai wünschten ihnen Frieden
und erklärten, dass sie sich stets für sie
einsetzen würden. 31 Sie wiesen die Juden
noch einmal darauf hin, dass sie und ihre
Nachkommen das Fest so feiern sollten,
wie es vorgeschrieben war. Der Feier
musste eine Zeit des Fastens und Klagens
vorangehen. 32 Mit ihrem Erlass führte
Esther das Purimfest und seine Vor-
schriften für alle Juden verbindlich ein;
er wurde schriftlich festgehalten.

Mordechai setzt sich weiterhin für sein Volk ein

10 König Xerxes legte den Bewoh-
nern des ganzen persischen Rei-
ches Steuern auf. 2 Seine großen Taten
und Verdienste sind in der Chronik der
Könige von Medien und Persien be-
schrieben. Dort steht auch, welch hohe
Stellung er Mordechai verlieh: 3 Dieser
war nach dem König der mächtigste
Mann im Reich. Bei den Juden genoss er
ein hohes Ansehen. Er wurde von allen
sehr geschätzt, weil ihm das Wohl seines
Volkes am Herzen lag und weil er sich
stets für sie eingesetzt hatte.

9,31 4,1–3 **10,2** 8,2.15

Das Buch Hiob (Ijob)

Hiobs Frömmigkeit

1 Im Land Uz lebte ein Mann namens
Hiob, der rechtschaffen und aufrich-
tig war. Weil er Ehrfurcht vor Gott hatte,
hütete er sich davor, Böses zu tun. 2 Er
hatte eine große Familie mit sieben Söh-
nen und drei Töchtern 3 und besaß riesige
Viehherden: 7000 Schafe und Ziegen,
3000 Kamele, 500 Rindergespanne und
500 Esel, dazu sehr viele Hirten und
Mägde. Hiob war der reichste und ange-
sehenste von allen Herdenbesitzern im
Osten.
4 Jahr für Jahr feierten seine Söhne
reihum in ihren Häusern Feste, zu denen
sie auch ihre Schwestern einluden. 5 Im-
mer wenn die Festtage vorbei waren, ließ
Hiob seine Kinder zu sich kommen, um
sich mit ihnen auf ein Opfer vorzuberei-
ten. Schon früh am Morgen stand er auf
und brachte Gott viele Brandopfer dar,
für jedes Kind eins. Das tat Hiob jedes
Mal, denn er dachte: »Vielleicht haben
sie bei ihren Gelagen Gott insgeheim
verlassen und sich von ihm losgesagt.«

Hiob wird auf die Probe gestellt

6 Eines Tages versammelten sich die En-
gel[a] im Himmel und traten vor den
Herrn, unter ihnen auch der Satan[b].
7 »Woher kommst du?«, fragte ihn der
Herr. »Ich habe die Erde durchstreift«,
gab dieser zur Antwort. 8 Der Herr erwi-
derte: »Dann ist dir sicher auch mein
Diener Hiob aufgefallen. Ich kenne kei-
nen zweiten auf der Erde, der so recht-
schaffen und aufrichtig ist wie er, der
mich achtet und sich nichts zuschulden
kommen lässt.«
9 »Überrascht dich das?«, fragte der Sa-
tan. »Er tut's doch nicht umsonst! 10 Du
hast ihn, seine Familie und seinen ganzen
Besitz stets bewahrt. Seine Arbeit war er-
folgreich, und seine Herden haben sich
gewaltig vermehrt. 11 Aber – versuch es
doch einmal und lass ihn Hab und Gut
verlieren, dann wird er dich ganz sicher
vor allen Leuten verfluchen.«
12 »Gut«, sagte der Herr, »mach mit sei-
nem Besitz, was du willst, nur ihn selbst
taste nicht an!« So verließ der Satan den
Herrn und die Engel.
13 Eines Tages feierten Hiobs Kinder
wieder einmal im Haus ihres ältesten Bru-
ders. 14 Da kam ein Bote zu Hiob und mel-
dete: »Wir pflügten gerade mit den Rin-
dern, die Esel weideten nebenan, 15 da
überfielen uns Beduinen aus der Gegend
von Saba und raubten die Tiere. Alle Hir-
ten haben sie umgebracht, nur ich konnte
entkommen, um es dir zu melden.«
16 Im selben Moment stürzte schon ein
anderer Bote herein: »Ein Unwetter[c] hat
deine Schaf- und Ziegenherden mitsamt
den Hirten vernichtet, nur ich habe es
überlebt, und jetzt bin ich hier, um es dir
zu berichten.«
17 Kaum hatte er ausgeredet, als schon
der nächste Bote atemlos meldete: »No-
maden aus Babylonien haben unsere Ka-
melherden von drei Seiten überfallen
und weggetrieben. Alle Hirten haben sie
umgebracht, ich bin der einzige Überle-
bende!«
18 Im nächsten Augenblick kam wieder
ein Bote an: »Hiob«, rief er, »deine Kin-
der feierten gerade, 19 als ein Wirbelsturm
aus der Wüste das Haus deines ältesten
Sohnes erfasste und einstürzen ließ. Alle

---

[a] Wörtlich: die Gottessöhne.
[b] Wörtlich: der Ankläger.
[c] Wörtlich: Das Feuer Gottes fiel vom Himmel.
1,1 Hes 14,14.20; Jak 5,11

Einander Mut machen

Lesen Sie Hiob 2,9

Am meisten hilft man seinem Ehepartner durch ermutigende Worte. Doch Hiobs Frau hatte davon anscheinend noch nie etwas gehört. Sie gab sich die allergrößte Mühe, ihrem Mann mitten in seinem Leid auch noch den letzten Mut zu nehmen.

Das Wort „ermutigen" bedeutet „Mut einflößen". Wir alle haben Bereiche in unserem Leben, in denen wir uns unsicher fühlen und uns der Mut fehlt. Das hindert uns häufig daran, das Gute zu erreichen, das wir gerne tun würden. In Ihrem Ehepartner schlummert ein großes Potenzial, das nur auf Ihre ermutigenden Worte wartet.

Ein Ehepaar feierte seine Goldene Hochzeit. „Worauf beruht das Gelingen Ihrer langjährigen Ehe?", wurde der Mann in einem Interview gefragt. Er antwortete: „Sarah war die erste Frau, mit der ich eine Verabredung hatte. Als ich ihr einen Heiratsantrag machte, war ich stocksteif vor Aufregung. Nach der Hochzeit nahm ihr Vater mich beiseite, gab mir ein kleines Päckchen und sagte: ‚Hier drin ist alles, was du wissen musst.'"

Der Mann griff in seine Jackentasche und holte eine goldene Uhr heraus. „Das ist es", sagte er. Quer über das Zifferblatt, worauf Dutzende Male am Tag sein Blick fiel, stand der Satz: Sag etwas Nettes zu Sarah. „Das", erklärte der Mann, „ist der Schlüssel für unsere gute Ehe."

Nehmen Sie sich Zeit, um allein oder als Paar gemeinsam zu beten. Danken Sie Gott für die starken Ehen, die er Ihnen als Vorbild gegeben hat. Danken Sie auch für die Weisheit, die Sie in seinem Wort finden. Bitten Sie ihn, dass Sie als Ehepartner lernen, sich gegenseitig auf hilfreiche Art zu unterstützen und zu ermutigen.

Wenn Sie noch mehr Zeit haben …

Besprechen Sie miteinander folgende Fragen oder denken Sie darüber nach:

- Wie gelingt es Ihrem Ehepartner, Ihnen Mut zu machen?
- Wie gelingt es Ihnen, Ihren Mann/Ihre Frau zu ermutigen?
- Was ist der Schlüssel für Ihre Ehe?

Lesen Sie auch die folgenden Abschnitte zum Thema Ermutigung:
1. Thessalonicher 5,11;
Hebräer 10,23-25; 1. Petrus 4,8-10.

Das Leben ist nur ein Hauch

Die folgenden Fragen können Sie entweder allein oder als Paar gemeinsam durchgehen. Wenn jeder für sich darüber nachdenkt, verabreden Sie sich in der kommenden Woche zu einem Austausch darüber, was Sie herausgefunden haben.

1. Lesen Sie Hiob 7,1-16. Überlegen Sie, wie Hiob sich wohl gefühlt haben muss, als er diese Worte sagte. Ging es Ihnen schon einmal ähnlich?

2. Was meint Hiob, wenn er sagt: „Mein Leben ist nur ein Hauch"?

3. Warum ist es so wichtig, daran zu denken, dass unsere Lebenszeit begrenzt ist?

4. Wenn Sie wüssten, wann Sie sterben müssen, wie würde das Ihren Alltag verändern?

5. Inwiefern ist die Aussicht auf den Tod für gläubige Menschen anders als für Menschen, die nicht glauben?

6. Freuen Sie sich auf den Himmel? Erschrecken Sie oder sind Sie traurig bei dem Gedanken, die Erde zu verlassen? Welches Gefühl überwiegt?

Hiob 7,6-8

„Schneller als ein Weberschiffchen sausen meine Tage dahin, sie schwinden ohne jede Hoffnung. O Gott, bedenke, dass mein Leben nur ein Hauch ist! Mein Glück ist dahin; es kommt nie wieder. Noch siehst du mich, doch nicht mehr lange, und wenn du mich dann suchst, bin ich nicht mehr da."

KONKRET:

Wenn wir aufgewühlt oder deprimiert sind, kann es sehr hilfreich sein, Bibelverse auswendig gelernt zu haben. Schreiben Sie die Worte aus Offenbarung 21,4 auf ein Stück Papier und führen Sie es in dieser Woche mit sich. Versuchen Sie, den Vers auswendig zu lernen, und dann sprechen Sie ihn sich gegenseitig am Ende der Woche zu.

Den nächsten Impuls finden Sie auf S. 592 a

deine Kinder liegen unter den Trümmern begraben! Sie sind tot! Ich habe als Einziger dieses Unglück überlebt.«

20 Da stand Hiob auf, zerriss sein Obergewand und schor sich den Kopf. Dann fiel er zu Boden und betete: 21 »Nackt bin ich zur Welt gekommen, und nackt verlasse ich sie wieder. Herr, du hast mir alles gegeben, du hast mir alles genommen, dich will ich preisen!«

22 Obwohl dieses Leid über ihn hereinbrach, versündigte Hiob sich nicht. Kein böses Wort gegen Gott kam über seine Lippen.

Hiobs Krankheit

2 Wieder einmal versammelten sich die Engel und traten vor den Herrn, unter ihnen auch der Satan. 2 »Woher kommst du?«, fragte ihn der Herr. »Ich habe wieder die Erde durchstreift«, gab der Satan zur Antwort. 3 »Dann ist dir sicher auch mein Diener Hiob aufgefallen«, sagte Gott. »Ich kenne keinen Zweiten auf der Erde, der so rechtschaffen und aufrichtig ist wie er, der mich achtet und sich nichts zuschulden kommen lässt. Immer noch vertraut er mir, obwohl du mich dazu verleitet hast, ihn ohne Grund ins Unglück zu stürzen.«

4 Der Satan erwiderte bloß: »Kein Wunder! Er selbst ist doch noch mit heiler Haut davongekommen. Ein Mensch gibt alles her, was er besitzt, wenn er damit sein eigenes Leben retten kann. 5 Greif nur seinen Körper und seine Gesundheit an, ganz sicher wird er dich dann vor allen Leuten verfluchen!«

6 Der Herr entgegnete: »Ich erlaube es dir! Greif seine Gesundheit an, doch lass ihn am Leben!« 7 Da verließ der Satan den Herrn und die Engel und schlug zu: Eitrige Geschwüre brachen an Hiobs Körper aus, von Kopf bis Fuß. 8 Voll Trauer setzte Hiob sich in einen Aschehaufen, suchte eine Tonscherbe heraus und begann sich damit zu kratzen.

9 »Na, immer noch fromm?«,[a] wollte seine Frau wissen. »Mach doch Schluss mit Gott[b] und stirb!« 10 Aber Hiob sagte nur: »Was du sagst, ist gottlos und dumm! Das Gute haben wir von Gott angenommen, sollten wir dann nicht auch das Unheil annehmen?« Selbst jetzt kam kein bitteres Wort gegen Gott über Hiobs Lippen.

Die drei Freunde Hiobs

11 Hiob hatte drei Freunde: Elifas aus Teman, Bildad aus Schuach und Zofar aus Naama. Als sie von dem Unglück hörten, das über ihn hereingebrochen war, vereinbarten sie, Hiob zu besuchen. Sie wollten ihm ihr Mitgefühl zeigen und ihn trösten. 12 Schon von weitem sahen sie ihn, aber sie erkannten ihn kaum wieder. Da brachen sie in Tränen aus, sie zerrissen ihre Kleider, schleuderten Staub in die Luft und streuten ihn sich auf den Kopf. 13 Dann setzten sie sich zu Hiob auf den Boden. Sieben Tage und sieben Nächte saßen sie da, ohne ein Wort zu sagen, denn sie spürten, wie tief Hiobs Schmerz war.

Warum muss ich noch leben?

3 Dann erst begann Hiob zu sprechen. Er verfluchte den Tag seiner Geburt
2 und sagte:

3 »Ausgelöscht sei der Tag, an dem ich geboren wurde, und auch die Nacht, in der man sagte: ›Es ist ein Junge!‹ 4 Jener Tag versinke in tiefer Finsternis – kein Licht soll ihn erhellen! Selbst Gott da oben vergesse ihn! 5 Ja, der Tod soll ihn holen – diesen Tag! Ich wünschte, dass sich dunkle Wolken auf ihn legten und die Finsternis sein Licht erstickte!

---

a Wörtlich: Hältst du immer noch an deiner Vollkommenheit fest?
b Wörtlich: Verfluche Gott.
1,21 Ps 49,18; Pred 5,14; 1 Tim 6,7

6 Für immer soll sie dunkel bleiben – die Nacht meiner Geburt! Ausgelöscht sei sie aus dem Jahreskreis, nie wieder erscheine sie auf dem Kalender! 7 Stumm und öde soll sie sein, eine Nacht, in der sich keiner mehr freut! 8 Verfluchen sollen sie die Zauberer, die Tag und Nacht verwünschen können und die das Ungeheuer[a] wecken! 9 Jene Nacht soll finster bleiben, ohne alle Sternenpracht! Vergeblich warte sie aufs Sonnenlicht, die Strahlen des Morgenrots sehe sie nicht! 10 Denn sie ließ zu, dass meine Mutter mich empfing, die Mühen des Lebens hat sie mir nicht erspart.

11 Warum bin ich nicht bei der Geburt gestorben, als ich aus dem Leib meiner Mutter kam? 12 Wozu hat sie mich auf den Knien gewiegt und an ihrer Brust gestillt? 13 Wenn ich tot wäre, dann läge ich jetzt ungestört, hätte Ruhe und würde schlafen 14 so wie die Könige und ihre Berater, die sich hier prachtvolle Paläste bauten – längst zu Ruinen zerfallen –, 15 und wie die Herrscher, die Gold und Silber besaßen und ihre Häuser damit füllten. 16 Warum wurde ich nicht wie eine Fehlgeburt verscharrt, wie Totgeborene, die nie das Tageslicht sahen? 17 Bei den Toten können die Verbrecher nicht mehr toben, und ihre Opfer haben endlich Ruhe. 18 Auch die Gefangenen lässt man dort in Frieden; sie hören nicht mehr das Geschrei des Aufsehers. 19 Ob groß oder klein: Dort sind alle gleich, und der Sklave ist seinen Herrn los.

20 Warum nur lässt Gott die Menschen leben? Sie mühen sich ab, sind verbittert und ohne Hoffnung. 21 Sie sehnen sich den Tod herbei – aber er kommt nicht! Sie suchen ihn mehr als verborgene Schätze, 22 und erst wenn sie endlich im Grab ruhen, empfinden sie die größte Freude! 23 Warum muss ich noch leben? Gott hat mich eingepfercht; ich sehe nur noch Dunkelheit! 24 Laut schreie ich auf vor Schmerzen, wenn ich essen will, und das Stöhnen bricht aus mir heraus. 25 Meine schlimmsten Befürchtungen sind eingetroffen, und wovor mir immer graute – das ist jetzt da! 26 Ohne Ruhe und Frieden lebe ich dahin, getrieben von endloser Qual!«

Elifas: Kann ein Mensch gerechter sein als Gott?

4 Elifas aus Teman versuchte als Erster, Hiob eine Antwort zu geben.

2 »Du bist zwar aufgebracht«, sagte er, »doch will ich versuchen, dir etwas zu sagen; ich kann nicht länger schweigen! 3 Du selbst hast zahllose Menschen gelehrt, auf Gott zu vertrauen[b]. Kraftlose Hände hast du wieder gestärkt. 4 War jemand mutlos und ohne Halt, du hast ihn wieder aufgerichtet und ihm neuen Lebensmut gegeben. 5 Jetzt aber, wo du selbst an der Reihe bist, verlierst du die Fassung. Kaum bricht das Unglück über dich herein, bist du entsetzt! 6 Dabei hast du allen Grund zur Hoffnung! Dein Leben war stets tadellos, und Gott hast du von Herzen geehrt. Sei zuversichtlich! 7 Kannst du mir nur ein Beispiel nennen, wo ein gerechter Mensch schuldlos zugrunde ging? 8 Im Gegenteil – immer wieder habe ich gesehen: Wer Unrecht sät, wird Unglück ernten! 9 Denn Gott rafft Übeltäter im Zorn hinweg und richtet sie zugrunde. 10 Wenn sie auch wie die Löwen brüllen, bringt Gott sie doch zum Schweigen und bricht ihnen die Zähne aus. 11 Sie verenden wie Löwen, die keine Beute mehr finden, und ihre Kinder werden in alle Winde zerstreut. 12 Hiob, heimlich habe ich eine Botschaft bekommen, leise wurde sie mir zugeflüstert! 13 Es geschah in jener Zeit der Nacht, wenn man sich unruhig im Traum hin und her wälzt, wenn tiefer Schlaf die

---

[a] Wörtlich: den Leviatan. – Bildhafte Redeweise für gottfeindliche Schicksalsmächte.
[b] »auf Gott zu vertrauen« ist sinngemäß eingefügt.
3,11 10,18 **3,16** 10,19 **3,21** 7,15–16* **4,6–7** Ps 34,20; 37,25; 2 Petr 2,9 **4,8** Spr 22,8

Menschen überfällt: 14 Da packten mich Grauen und Entsetzen; ich zitterte am ganzen Körper. 15 Ein Windhauch wehte dicht an mir vorüber – die Haare standen mir zu Berge! 16 Dann sah ich jemanden neben mir, aber ich konnte ihn nicht erkennen, nur ein Schatten war zu sehen; er flüsterte: 17 ›Kann denn ein Mensch gerechter sein als Gott, vollkommener als sein Schöpfer?‹ 18 Selbst seinen Dienern im Himmel vertraut Gott nicht, und an seinen Engeln findet er Fehler. 19 Wie viel weniger vertraut er dann den Menschen! Sie hausen in Lehmhütten, die im Staub auf der Erde stehen, und werden wie eine Motte zertreten. 20 Mitten aus dem Leben werden sie gerissen, unwiederbringlich, und keiner beachtet es! 21 Ja, Gott bricht ihre Zelte ab; sie sterben plötzlich und sind kein bisschen weise geworden!«

Unterwirf dich Gott!

5 »Klag nur, Hiob! Aber meinst du, dich hört jemand? An welchen Engel willst du dich denn wenden? 2 Wer sich Gott in blinder Wut entgegenstellt und in seiner Dummheit aufbegehrt, der bringt sich um! 3 Ich sah solche Leute in Glück und Frieden leben, dann aber verfluchte ich ihr Hab und Gut. 4 Ohne jede Hilfe standen ihre Kinder da; niemand verteidigte sie, als sie vor Gericht verurteilt wurden. 5 Über die Ernte dieser Narren machten sich die Hungrigen her – selbst aus den Dornenhecken rissen sie die Halme heraus und stürzten sich gierig auf all ihren Reichtum. 6 Unheil wächst nicht auf dem Acker, und Mühsal schießt nicht aus der Erde empor. 7 Nein, von Geburt an gehört zum Menschsein die Mühe, so wie zum Feuer die Funken gehören. 8 Ich an deiner Stelle würde mich an Gott wenden und ihm meinen Rechtsfall vortragen. 9 Was Gott tut, ist groß und gewaltig, niemand kann es begreifen; seine Wunder sind unzählbar. 10 Er lässt Regen fallen, und die Felder werden reich getränkt. 11 Wer klein und unbedeutend ist, den macht er groß; die Trauernden können sich wieder freuen, weil er sie rettet. 12 Die Pläne verschlagener Menschen vereitelt er, so dass ihnen gar nichts gelingt. 13 Er fängt die Klugen mit ihrer eigenen Klugheit, und ihre Machenschaften durchkreuzt er. 14 Am helllichten Tage tappen sie umher, als wäre es stockdunkle Nacht. 15 Gott hilft dem Armen aus der Gewalt der Mächtigen und rettet ihn vor ihren mörderischen Plänen. 16 Er gibt den Armen wieder Hoffnung und bringt die Ungerechtigkeit zum Schweigen.

17 Glücklich ist der Mensch, den Gott zurechtweist! Der Allmächtige will dich erziehen! Sträube dich nicht! 18 Er schlägt dich zwar, doch er heilt auch wieder; er verbindet alle Wunden, die er dir zufügt. 19 Bricht ein Unglück herein, so wird er dich retten; jedes Mal bleibst du vom Untergang verschont. 20 In der Hungersnot erhält er dich am Leben, und im Krieg bewahrt er dich vor gewaltsamem Tod. 21 Er beschützt dich vor übler Nachrede, die wie Peitschenhiebe verletzt. Du musst nicht befürchten, dass dein Besitz verwüstet wird. 22 Verderben und Hungersnot lachst du aus, und vor den wilden Tieren hier im Lande hast du keine Angst. 23 Niemand wird Steine auf deinen Acker werfen,[a] und die wilden Tiere werden dich nicht angreifen. 24 In Ruhe und Frieden kannst du in deinem Haus leben, und schaust du nach deinem Hab und Gut, fehlt nichts. 25 Kinder und Enkel wirst du sehen, so zahlreich wie die Blumen auf dem Feld. 26 Du bleibst rüstig bis ins hohe Alter, und wenn du einst begraben wirst, gleichst du dem Korn, das erst in voller Reife geerntet wird.

27 Das alles haben wir erforscht. Du

---

[a] Wörtlich: Dein Bund wird sein mit den Steinen auf dem Feld.

4,17 15,14; 25,4; 1 Mo 6,5* **4,18** 15,15 **4,20–21** Ps 39,5–7* **5,8** Ps 35,23; 119,154 **5,9** 9,10 **5,11** 1 Sam 2,7–8; Lk 1,48 **5,13** 1 Kor 3,19 **5,15–16** Ps 140,13* **5,17–18** Ps 94,12; Spr 3,11; Hebr 12,5–11; Offb 3,19

kannst uns glauben, es ist wahr! Nun rich-
te dich danach!«

Hiob: Mein Schmerz ist unerträglich!

6 Da antwortete Hiob:

2 »Ach könnte mein Schmerz doch gewo-
gen werden! Legte man doch mein Elend
auf die Waage! 3 Es wiegt schwerer als der
Sand am Meer, und deshalb sind meine
Worte so unbeherrscht. 4 Der Allmächti-
ge hat mich mit seinen Pfeilen durch-
bohrt, tief dringt ihr Gift in mich ein[a].
Gott hat mich mit seinen Schrecken ein-
gekesselt. 5 Kein Wildesel schreit, wenn
er Gras hat; an der vollen Futterkrippe
brüllt kein Stier. 6 Doch welcher Mensch
mag ungesalzene Speise, wer schlürft
schon gerne rohes Eiweiß? 7 Ich sträube
mich, es anzurühren, denn solche Nah-
rung macht mich krank!

8 Warum schlägt Gott mir meine Bitte ab
und gibt mir nicht, was ich so sehnlich
wünsche? 9 Ich wünsche mir nur eins: dass
er mich zermalmt und mir das Lebens-
licht ausbläst! 10 Denn einen Trost hätte
ich auch dann noch, Grund zum Jubeln
trotz schrecklicher Schmerzen: Was der
heilige Gott geboten hat, daran habe ich
mich immer gehalten! 11 Aber meine
Kraft reicht nicht aus, um noch länger zu
hoffen! Auf welches gute Ende soll ich
geduldig warten? 12 Bin ich denn hart
und unverwundbar wie ein Stein? Ist
mein Körper kraftvoll, wie aus Erz gegos-
sen? 13 Ich bin völlig hilflos und weiß
nicht mehr aus noch ein!

14 Wer so verzweifelt ist wie ich, braucht
Freunde, die fest zu ihm halten, selbst
wenn er Gott nicht mehr glaubt. 15 Ihr
aber enttäuscht mich wie die Flüsse in
der Wüste, deren Bett vertrocknet, so-
bald kein Regen mehr fällt. 16 Im Früh-
jahr treten sie über die Ufer, trübe vom
Schmelzwasser, in dem Eisschollen trei-
ben. 17 Aber wenn es heiß wird, versiegen
sie und versickern im Boden. 18 Karawa-
nen müssen vom Weg abweichen, weil
sie dort kein Wasser finden[b]. Sie steigen
hinauf in die Wüste und gehen elend zu-
grunde. 19 Die Karawanen von Tema spä-
hen nach den Wasserstellen, die Händler
von Saba sind auf sie angewiesen, 20 doch
ihre Hoffnung wird bitter enttäuscht: Sie
kommen dorthin – das Flussbett ist leer!
21 Und ihr? Ihr seid genau wie diese Flüs-
se: trostlos und leer. Ihr helft mir nicht!
Ihr seht mein furchtbares Schicksal und
weicht entsetzt zurück! 22 Wieso denn?
Habe ich euch je gesagt: ›Schenkt mir et-
was! Zahlt ein Bestechungsgeld für mich
aus euren Taschen, 23 und rettet mich vor
dem Erpresser, aus seinen Klauen kauft
mich frei!‹?

24 Gebt mir eine klare Antwort, und weist
mir nach, wo ich im Irrtum bin, dann will
ich gerne schweigen! 25 Nur wer die Wahr-
heit sagt, überzeugt mich – eure Vorwür-
fe beweisen nichts! 26 Wollt ihr meine
Worte tadeln, weil sie so verzweifelt klin-
gen? Was ich sage, verhallt ungehört im
Wind! 27 Ihr würdet selbst ein Waisenkind
verkaufen und euren besten Freund ver-
hökern! 28 Bitte, seht mich an! So wahr
ich hier sitze: Ich sage euch die volle
Wahrheit! 29 Ihr tut mir Unrecht! Hört
endlich auf damit, denn immer noch bin
ich im Recht! 30 Rede ich vermessen? Nie
und nimmer! Ich kann doch Recht und
Unrecht unterscheiden!«

Gott, warum lässt du mich nicht in Ruhe?

7 »Das Leben der Menschen gleicht
der Zwangsarbeit, von früh bis spät
müssen sie sich abmühen! 2 Ein Land-
arbeiter sehnt sich nach dem kühlen
Schatten am Abend; er wartet darauf,
dass ihm sein Lohn bezahlt wird. 3 Und

---

[a] Wörtlich: mein Geist trinkt ihr Gift.
[b] »weil sie … finden« ist sinngemäß eingefügt.
6,4 16,12–14; 34,6 **6,9** 7,15–16* **6,10** 1,8 **6,24** 13,23 **7,1** 1 Mo 3,17–19

was ist mein Lohn? Monate, die sinnlos dahinfliegen, und kummervolle Nächte! 4 Wenn ich mich schlafen lege, denke ich: ›Wann kann ich endlich wieder aufstehen?‹ Die Nacht zieht sich in die Länge, ich wälze mich schlaflos hin und her bis zum Morgen. 5 Mein Körper ist von Würmern und von dreckigem Schorf bedeckt. Meine Haut platzt auf und eitert. 6 Schneller als ein Weberschiffchen sausen meine Tage dahin, sie schwinden ohne jede Hoffnung. 7 O Gott, bedenke, dass mein Leben nur ein Hauch ist! Mein Glück ist dahin; es kommt nie wieder. 8 Noch siehst du mich, doch nicht mehr lange, und wenn du mich dann suchst, bin ich nicht mehr da. 9/10 Wie eine Wolke, die vorüberzieht, so ist ein Mensch, der stirbt: Vom Ort der Toten kehrt er nie zurück, dort, wo er einmal wohnte, ist er bald vergessen.

11 Nein – ich kann nicht schweigen! Der Schmerz wühlt in meinem Innern. Ich lasse meinen Worten freien Lauf, ich rede aus bitterem Herzen. 12 O Gott, warum lässt du mich so scharf bewachen? Bin ich denn das Meer oder ein Meeresungeheuer? 13/14 Wenn ich dachte: ›Ich will im Schlaf Ruhe finden und mein Elend vergessen‹, dann hast du mich bis in die Träume verfolgt und mir durch Visionen Angst eingejagt. 15 Am liebsten würde ich erhängt! Lieber sterben, als noch länger in diesem elenden Körper leben! 16 Ich gebe auf! So will ich nicht mehr weiterleben! Lass mich in Ruhe, denn mein Leben hat keinen Sinn mehr! 17 Gott, warum nimmst du einen Menschen so ernst? Warum beachtest du ihn überhaupt? 18 Jeden Morgen verlangst du Rechenschaft von ihm; du beobachtest ihn jeden Augenblick. 19 Wie *lange schaust du mich* noch prüfend an? Du lässt mich keinen Augenblick in Ruhe![a] 20 Du Menschenwächter – hat dich meine Sünde denn verletzt? Warum machst du mich zu deiner Zielscheibe? Bin ich dir zur Last geworden? 21 Warum vergibst du mir mein Unrecht nicht? Kannst du keine Sünde übersehen? Denn bald liege ich unter der Erde, und wenn du mich dann suchst, bin ich nicht mehr da.«

Bildad: Wer Gott die Treue bricht, hat keine Hoffnung mehr!

8 Da entgegnete Bildad aus Schuach: 2 »Wie lange willst du noch so weiterreden und lässt den unbeherrschten Worten freien Lauf? 3 Verdreht Gott, der Allmächtige, etwa das Recht? Meinst du, dass er sein Urteil jemals widerruft? 4 Deine Kinder müssen gegen ihn gesündigt haben, darum hat er sie verstoßen und bestraft; sie haben bekommen, was sie verdienten. 5 Du aber solltest unermüdlich nach Gott suchen und zum Allmächtigen um Gnade flehen. 6 Wenn du aufrichtig und ehrlich bist, dann wird er sich noch heute um dich kümmern und Haus und Hof dir wiedergeben, wie du es verdienst. 7 Was du früher besessen hast, wird dir gering erscheinen verglichen mit dem, was Gott dir schenken wird!

8 Schau doch nur auf die früheren Generationen, und achte auf die Weisheit unserer Väter! 9 Denn unser Leben währt nur kurze Zeit. Wir wissen gar nichts; wie ein Schatten huschen unsere Tage vorüber. 10 Aber die Alten können dich aus ihrer reichen Erfahrung belehren. Sie sagten: 11 ›Die Papyrusstaude steht nur dort, wo Sumpf ist, und ohne Wasser wächst kein Schilf. 12 Noch ehe es emporwächst, ehe man es schneiden kann, ist es schon verdorrt!‹ 13 Genauso geht es dem, der Gott vergisst; wer ihm die Treue bricht, hat keine Hoffnung mehr. 14 Worauf er sich stützte, das zerbricht, und sei-

---

[a] Wörtlich: Du lässt mich nicht einmal so lange in Ruhe, bis ich meinen Speichel heruntergeschluckt habe.

7,6–8 Ps 39,5–7* **7,9–10** 10,21–22; 14,12; 16,22; Ps 6,6* **7,15–16** 3,21; 6,9; 1 Kön 19,4; Jona 4,3.8 **7,17** Ps 8,5 **7,21** Ps 85,3* **8,3** 34,10–12; Ps 7,12* **8,4** 1,4–5.18–19 **8,9** Ps 39,5–7* **8,13–19** 18,5–21*

ne Sicherheit zerreißt wie ein Spinnennetz. 15 In seinem Haus fühlt er sich sicher, aber es bleibt nicht bestehen; er klammert sich daran, findet aber keinen Halt.

16 Zuerst wächst er auf wie eine Pflanze: Voller Saft steht sie im Sonnenschein, und ihre Triebe breiten sich im Garten aus. 17 Die Wurzeln verzweigen sich über die Steine und finden einen Weg durch jede Ritze. 18 Doch ist die Pflanze mitsamt den Wurzeln einmal ausgerissen, weiß keiner mehr, wo sie gestanden hat.

19 Wer Gott vergisst, dem geht es ebenso. Von seinem Glück bleibt nichts mehr übrig, und andere nehmen seinen Platz ein.

20 Vergiss es nicht: Gott lässt einen Unschuldigen niemals fallen, und einen Bösen unterstützt er nicht! 21 Er wird dich wieder lachen lassen und dir Grund zum Jubel geben, 22 aber deine Feinde werden mit Schimpf und Schande überhäuft, und ihr Haus wird vom Erdboden verschwinden!«

Hiob: Wie kann ein Mensch vor Gott sein Recht bekommen?

9 Hiob erwiderte:

2 »Das alles weiß ich doch schon längst! Nur eins verrate mir:[a] Wie kann ein Mensch vor Gott sein Recht bekommen? 3 Wenn er dich vor Gericht zieht und Anklage erhebt, weißt du auf tausend Fragen keine Antwort. 4 Gott ist weise, stark und mächtig! Wer hat sich je erfolgreich gegen ihn gestellt?

5 Ohne Vorwarnung verrückt er Berge, und wenn er zornig wird, zerstört er sie. 6 Er lässt die Erde zittern und beben, so dass ihre Säulen schwanken. 7 Er spricht nur ein Wort – schon verfinstert sich die Sonne, die Sterne dürfen nicht mehr leuchten. 8 Er allein hat den Himmel ausgebreitet, ist über die Wogen der Meere geschritten. 9 Den großen Wagen hat er geschaffen, den Orion, das Siebengestirn und auch die Sternbilder des Südens. 10 Er vollbringt gewaltige Taten; unzählbar sind seine Wunder, kein Mensch kann sie begreifen!

11 Unbemerkt zieht er an mir vorüber; er geht vorbei, er streift mich, und ich nehm es gar nicht wahr! 12 Niemand kann ihn hindern, wenn er einen Menschen aus dem Leben reißt. Wer wagt es, ihn zu fragen: ›Halt! Was tust du da?‹? 13 Gott lässt seinem Zorn freien Lauf; er unterwarf sich seine Feinde, die dem Meeresungeheuer[b] halfen, als es sich ihm widersetzte. 14 Und ich? Was kann ich denn erwidern, mit welchen Worten ihm entgegentreten? 15 Auch wenn ich schuldlos wäre, könnte ich ihm nichts entgegnen, nein, ich müsste ihn als meinen Richter noch um Gnade anflehen!

16 Selbst wenn ich darauf drängte, dass er mir endlich eine Antwort gibt, würde er mich kaum beachten. 17 Im Gegenteil: Er würde im Orkan mich packen und grundlos meine Qual vermehren. 18 Er gönnt mir keine Atempause und sättigt mich mit Bitterkeit. 19 Wollte ich meine Kraft mit ihm messen – er ist der Stärkere! Aber es geht ums Recht! Warum lädt er mich nicht vor, damit ich mich verteidigen kann? 20 Selbst wenn ich Recht hätte, würde Gott mich zum Geständnis zwingen; ich müsste mich vor ihm für schuldig erklären, auch wenn ich schuldlos wäre. 21 Ja, ich bin unschuldig! Aber es ist mir völlig gleichgültig, so sehr hasse ich mein Leben! 22 Es ist alles einerlei; deshalb sage ich: Egal, ob du gottlos bist oder fromm – er bringt dich doch um! 23 Und

---

[a] »Nur eins verrate mir« ist sinngemäß eingefügt.
[b] Wörtlich: Rahab.

8,20 9,22–23 **9,8** 26,7; 37,18 **9,9** 38,31–32; Am 5,8 **9,10** 5,9 **9,13** 26,12–13; Ps 89,11; Jes 51,9 **9,19** 13,3; 31,35–37 **9,21** 27,5–7* **9,22–23** 8,20

wenn sein Schlag plötzlich Unschuldige trifft, dann spottet er noch über ihren Schmerz! 24 Fällt ein Land Tyrannen in die Hände und werden alle Richter blind für das Recht, so hat Gott das getan! Wenn nicht er – wer sonst?

25 Meine Jahre sind vorbeigeeilt, schneller als ein Läufer, verschwunden sind sie ohne eine Spur von Glück. 26 Sie gleiten dahin, geschwind wie ein Boot, fliegen rascher als ein Adler, der sich auf die Beute stürzt. 27 Wenn ich mir sage: Jetzt will ich mein Klagen vergessen, will glücklich sein und mich freuen, 28 dann packt mich doch die Angst, dass meine Schmerzen wiederkommen.

O Gott, ich weiß es: Du hältst mich für schuldig! 29 Ich bin ja schon verurteilt – wozu soll ich mich noch abmühen? 30 Wenn ich meine Hände mit Schneewasser wüsche oder mit Lauge reinigte, als Zeichen meiner Unschuld, 31 dann würdest du mich doch in eine Jauchegrube tauchen, dass sich selbst meine Kleider vor mir ekelten!

32 Wärst du ein Mensch wie ich, dann könnte ich dir antworten! Wir würden beide vor Gericht gehen, damit der Streit entschieden wird. 33 Aber es gibt keinen, der zwischen dir und mir entscheidet und für Recht sorgt[a]. 34 Hör auf, mich zu bestrafen! Halte deine Schrecken von mir fern! 35 Dann kann ich endlich frei und furchtlos reden, denn ich bin mir keiner Schuld bewusst!«

Stell mich nicht als schuldig hin!

10 »Mein Leben ekelt mich an! Darum will ich der Klage freien Lauf lassen und mir die Bitterkeit von der Seele reden. 2 Gott, stell mich nicht als schuldig hin! Erklär mir doch, warum du mich anklagst! 3 Gefällt es dir, dass du mich unterdrückst? Warum verachtest du mich, den du selbst so kunstvoll gebildet hast? Die Pläne gewissenloser Menschen aber führst du zum Erfolg. 4 Hast du denn Menschenaugen? Siehst du die Dinge nur von außen so wie wir? 5 Sind deine Lebenstage auch begrenzt, deine Jahre rasch vergangen so wie unsere?

6 Warum suchst du dann nach meiner Schuld und hast es eilig, jede Sünde aufzuspüren? 7 Du weißt doch genau, dass ich unschuldig bin und dass es keinen gibt, der mich aus deiner Hand befreit.

8 Deine Hände haben mich gebildet und geformt. Willst du dich jetzt von mir abwenden und mich zerstören? 9 Bedenke doch, dass du mich wie Ton gestaltet hast! Lässt du mich jetzt wieder zu Staub zerfallen? 10 Dir verdanke ich mein Leben: dass mein Vater mich zeugte und ich im Mutterleib Gestalt annahm.[b] 11 Mit Knochen und Sehnen hast du mich durchwoben, mit Muskeln und Haut mich bekleidet. 12 Ja, du hast mir das Leben geschenkt und mir deine Güte erwiesen; deine Fürsorge hat mich stets bewahrt. 13 Aber tief in deinem Herzen denkst du anders; in Wirklichkeit hast du dies beschlossen: 14 Auf jedes Vergehen willst du mich festnageln und mich von meiner Schuld nicht mehr freisprechen. 15 Habe ich mich schuldig gemacht, dann bin ich verloren! Doch auch wenn ich im Recht bin, kann ich nicht zuversichtlich sein, denn man überhäuft mich mit Schande, und mein Elend steht mir ständig vor Augen. 16 Will ich mich behaupten, jagst du mich wie ein Löwe und richtest mich wieder schrecklich zu. 17 Einen Zeugen nach dem anderen lässt du gegen mich auftreten, dein Zorn wird nur noch größer, auf immer neue Art greifst du mich an.

---

[a] Wörtlich: der seine Hand auf uns beide legt. – Wahrscheinlich eine symbolische Handlung, mit der ein Schiedsspruch verkündet wurde.

[b] Wörtlich: Hast du mich nicht wie Milch ausgegossen und wie Käse gerinnen lassen?

9,25–26 Ps 39,5–7* **9,32–33** Pred 6,10–11 **9,35** 27,5–7* **10,3** Ps 139,15 **10,4** Ps 26,2* **10,5** Ps 39,5–7* **10,7** 27,5–7* **10,8–12** 33,6; Ps 119,73; 139,13–14

[18] Warum hast du zugelassen, dass ich geboren wurde? Wäre ich doch gleich gestorben, kein Mensch hätte mich je gesehen! [19] Vom Mutterleib direkt ins Grab! Ich wäre wie einer, den es nie gegeben hat. [20] Wie kurz ist mein Leben! Schon fast vergangen! Lass mich jetzt in Frieden, damit ich noch ein wenig Freude habe! [21] Bald muss ich gehen und komme nie mehr wieder. Ich gehe in ein Land, wo alles schwarz und düster ist, [22] ins Land der Dunkelheit und tiefen Nacht, ein Land, in dem es keine Ordnungen mehr gibt, wo selbst das Licht nur schwarz ist wie die Nacht.«

Zofar: Gottes Weisheit kannst du nicht begreifen!

11 Darauf erwiderte Zofar aus Naama:

[2] »Soll diese Flut von Worten ohne Antwort bleiben? Darf denn ein Schwätzer Recht behalten? [3] Meinst du etwa, dein leeres Gerede verschlägt uns die Sprache? Willst du weiter spotten, ohne dass dich jemand zurechtweist? [4] Du sagst zu Gott: ›Meine Urteile sind völlig richtig! In deinen Augen bin ich rein!‹

[5] Hiob, ich wünsche nichts sehnlicher, als dass Gott mit dir redet [6] und dir zeigt, wie unendlich tief seine Weisheit ist! Sie hat so viele Seiten! Kein Mensch kann sie begreifen!

Glaub mir: Gott sieht über viele deiner Sünden hinweg! [7] Kannst du die Geheimnisse Gottes erforschen und die Vollkommenheit des Allmächtigen erfassen? [8] Der Himmel oben setzt Gott keine Grenze – dir aber allemal[a]! Gott kennt die Welt der Toten unten in der Tiefe – du aber nicht! [9] Seine Größe überragt die Erde und reicht weiter als das Meer! [10] Wenn er kommt, dich gefangen nimmt und dann Gericht hält – wer kann ihn daran hindern? [11] Nichtsnutzige Menschen kennt er ganz genau; er sieht ihr böses Treiben, auch wenn sie ihn nicht beachten. [12] Ein Hohlkopf kommt nicht zur Vernunft, genauso wenig wie ein Wildesel als Mensch geboren wird.

[13] Hiob, fass einen klaren Entschluss: Streck deine Hände empor und bete zu Gott! [14] Mach deinen Fehler wieder gut, und lass in deinen Zelten kein neues Unrecht geschehen! [15] Dann kannst du jedem wieder offen ins Gesicht sehen, unerschütterlich und furchtlos stehst du im Leben deinen Mann! [16] Bald schon wird all dein Leid vergessen sein wie Wasser, das versickert ist. [17] Dann kann dein Leben noch einmal beginnen und leuchten wie die Mittagssonne, auch die dunkelsten Stunden werden strahlen wie der lichte Morgen. [18] Dann hast du endlich wieder Hoffnung und kannst zuversichtlich sein. Abends siehst du noch einmal nach dem Rechten und legst dich dann in Frieden schlafen. [19] Kein Feind schreckt dich auf – im Gegenteil: Viele werden sich um deine Gunst bemühen. [20] Aber alle, die Gott missachten, schauen sich vergeblich nach Hilfe um; sie haben keine Zuflucht mehr! Ihnen bleibt nur noch der letzte Atemzug.«

Hiob: Was ihr wisst, weiß ich auch!

12 Darauf entgegnete Hiob:

[2] »Jawohl, ihr habt die Weisheit gepachtet, und mit euch stirbt sie eines Tages aus! [3] Auch ich habe Verstand, genauso wie ihr; ich stehe euch in nichts nach. Was ihr sagt, weiß doch jeder! [4] Aber jetzt lachen sogar meine Freunde mich aus, obwohl ich unschuldig bin und keiner mir etwas Schlechtes nachsagen kann.

---

a Wörtlich: Was willst du tun?

10,18–19 3,11–16; Pred 4,2–3 **10,20** Ps 39,5–7* **10,21–22** 7,9–10; 14,12; 16,22; 36,30; Ps 6,6* **11,6–9** Pred 8,16–17; Jes 55,8–9; Röm 11,33–36 **11,20** 18,5–21* **12,4** 27,5–7*

Vertrauen wiedergewinnen

Lesen Sie Hiob 12,11

Sie haben „Es tut mir leid“ gesagt, aber Ihrem Partner fällt es schwer, Ihnen zu vergeben. Sie sind frustriert und denken: Ich habe mich doch entschuldigt. Was soll ich sonst noch tun? Versuchen Sie doch einmal, Folgendes zu Ihrem Partner zu sagen: „Was kann ich tun, um das wiedergutzumachen? Ich weiß, ich habe dich verletzt, und ich fühle mich mies deswegen. Aber ich will es wirklich wieder in Ordnung bringen. Ich möchte etwas tun, das dir zeigt, dass ich dich liebe.“

Worte bedeuten nicht viel, es sei denn, sie werden durch Taten untermauert. Hiob wurde von den Worten seiner Freunde geradezu überschwemmt. Sie versuchten, seinem schrecklichen Leid einen Sinn zu geben, doch das meiste, was sie sagten, war falsch. In Hiob 12,11 sagt Hiob, dass er ihre Worte geprüft hat, um festzustellen, was daran wahr ist. Wir tun genau das Gleiche – wir prüfen Worte, um zu sehen, ob sie echt sind und ob ihnen wahrscheinlich auch Taten folgen werden.

Um Vertrauen wiederzugewinnen, müssen wir dem anderen zeigen, dass wir unsere Worte ernst meinen. Wenn Sie Ihren Ehepartner fragen, wie Sie die Situation wieder in Ordnung bringen können, versuchen Sie, das Geschehene wiedergutzumachen. Sie zeigen damit, dass Ihnen Ihre Beziehung wirklich am Herzen liegt. Eigentlich möchte Ihr Partner ja nur wissen, ob Ihre Entschuldigung aufrichtig ist. Geben Sie darauf also eine klare Antwort.

Nehmen Sie sich Zeit, um allein oder als Paar gemeinsam zu beten. Danken Sie Gott für die Gelegenheit, einen Fehler Ihrem Partner gegenüber wiedergutzumachen. Bitten Sie ihn um Hilfe, damit Sie Ihrem Mann/Ihrer Frau zeigen können, dass Sie es ernst meinen und die Sache in Ordnung bringen wollen. Bitten Sie Gott um die Kraft, in Ihrer Beziehung die Versöhnung zu suchen.

Wenn Sie noch mehr Zeit haben …

Besprechen Sie miteinander folgende Fragen oder denken Sie darüber nach:

- Was sollten Sie zu Ihrem Ehepartner sagen, wenn Sie merken, dass Versöhnung nötig ist?
- Woran kann Ihr Ehepartner erkennen, dass Ihre Worte aufrichtig gemeint sind?
- Welche konkreten Schritte können Sie unternehmen, um Ihrem Mann/Ihrer Frau Ihre Aufrichtigkeit zu zeigen?

Lesen Sie auch die folgenden Abschnitte zum Thema Versöhnung: Matthäus 18,15-17; 2. Korinther 5,18; Epheser 4,32.

Zuhören, zuhören, zuhören

Lesen Sie Hiob 13,17

Die ersten drei Schritte, die wir unternehmen sollten, wenn unser Ehepartner ärgerlich und gereizt ist, sind zuhören, zuhören, zuhören. Bevor Sie nicht dreimal zugehört haben, können Sie sich kein klares Bild davon machen, warum Ihr Partner sich so aufregt. Wenn Sie Fragen stellen und genau zuhören, weiß Ihr Partner, dass Sie ihn ernst nehmen.

Das Buch Hiob erzählt davon, dass Hiob schlimme körperliche Leiden und intensive Gefühle durchleben musste. Je länger er redete und das Gefühl hatte, dass keiner ihm zuhörte, umso zorniger und frustrierter wurde er. In Hiob 13,17 klagt er: „Hört jetzt genau zu, wenn ich meinen Fall klarstelle! Achtet auf jedes Wort!" Ein Freund oder Ehepartner, der genau zuhört, kann sehr viel bewirken.

Der vierte Schritt besteht darin, die Not Ihres Partners verstehen zu wollen. Versetzen Sie sich in seine Lage und betrachten Sie die Welt mit seinen Augen. Wenn Sie die Persönlichkeit Ihres Ehepartners in Betracht ziehen, können Sie dann verstehen, warum er sich so aufregt?

Sobald Sie Ihren Mann oder Ihre Frau besser verstanden haben, bringen Sie in einem fünften Schritt dieses Verständnis zum Ausdruck. Zum Beispiel könnten Sie sagen: „Ich verstehe jetzt, warum du so wütend bist. An deiner Stelle wäre ich es vielleicht auch. Das ist mir jetzt klar geworden." Wenn Sie sich so verhalten, sind Sie kein Gegner mehr, sondern ein Freund. Und Freunde können einander helfen, Probleme zu lösen.

Nehmen Sie sich Zeit, um allein oder als Paar gemeinsam zu beten. Bitten Sie Gott ...

- Sie davor zu bewahren, dass Sie und Ihr Partner Gegner werden, wenn er sich über etwas ärgert;
- dass Sie zuhören, verstehen, Ihr Verständnis zum Ausdruck bringen und Ihrem Partner zum Freund werden können;
- *Ihnen Geduld und Demut* zu schenken, damit Sie gemeinsam mit Ihrem Partner eine Lösung für sein Problem finden.

Wenn Sie noch mehr Zeit haben ...

Besprechen Sie miteinander folgende Fragen oder denken Sie darüber nach:

- Wie gut können Sie zuhören? Wo könnten Sie noch besser werden?
- Wie versetzen Sie sich am besten in die Lage Ihres Mannes/Ihrer Frau?
- Was würde Ihr Partner gern von Ihnen hören, wenn er gereizt ist?

Lesen Sie auch die folgenden Abschnitte, in denen es darum geht, sich in andere Menschen hineinzuversetzen:
Matthäus 7,12; Johannes 15,12; Epheser 4,29.

Den nächsten Impuls finden Sie auf S. 598 a

Früher hat Gott meine Gebete erhört. Er gab mir Antwort, wenn ich zu ihm rief. 5 Alle, die in Sicherheit leben, behaupten: ›Wen das Unglück trifft, den darf man verachten; was fallen will, das soll man ruhig noch stoßen!‹ 6 Die Gewalttätigen bleiben unbehelligt. Sie fordern Gott heraus und leben doch sicher und ungestört. Das Schwert in ihrer Faust – das ist ihr Gott!

7 Von den Tieren draußen kannst du vieles lernen, schau dir doch die Vögel an! 8 Frag nur die Erde und die Fische im Meer; hör, was sie dir sagen! 9 Wer von diesen allen wüsste nicht, dass der Herr sie mit seiner Hand geschaffen hat? 10 Alle Lebewesen hält er in der Hand, den Menschen gibt er ihren Atem.

11 Soll nicht mein Ohr eure Worte prüfen, so wie mein Gaumen das Essen kostet? 12 Man sagt, Weisheit sei bei den Alten zu finden und ein langes Leben bringe Erfahrung. 13 Doch Gott allein besitzt Weisheit und Kraft, nie wird er ratlos; er weiß, was er tun soll. 14 Was er abreißt, wird nie wieder aufgebaut, und wenn er einen Menschen einschließt, kann keiner ihn befreien. 15 Hält er den Regen zurück, dann wird das Land von Dürre geplagt; lässt er die Wasserfluten los, dann wühlen sie es um. 16 Er allein besitzt Macht! Was er sich vornimmt, das gelingt. Gott hat beide in der Hand: den, der sich irrt, und den, der andere irreführt. 17 Königliche Ratgeber nimmt er gefangen; erfahrene Richter macht er zu Narren. 18 Gefangene eines Königs befreit er, doch den König selbst legt er in Fesseln. 19 Er führt die Priester weg mit Schimpf und Schande und vertreibt alteingesessene Familien. 20 Berühmten Rednern entzieht er das Wort, den Alten nimmt er die Urteilskraft. 21 Fürsten gibt er der Verachtung preis, und die Mächtigen macht er schwach. 22 Die Dunkelheit überflutet er mit Licht, ja, die tiefsten Geheimnisse deckt er auf. 23 Er lässt Völker mächtig werden und richtet sie wieder zugrunde; er macht ein Volk groß und vertreibt es wieder. 24 Ihren Königen nimmt er den Verstand und führt sie hoffnungslos in die Irre. 25 Im Dunkeln tappen sie umher und torkeln wie Betrunkene.«

Wollt ihr für Gott Partei ergreifen?

13 »Das alles ist mir bestens bekannt! Ich habe es mit eigenen Augen gesehen, und andere haben es mir berichtet. 2 Was ihr wisst, weiß ich auch, ich stehe euch in nichts nach! 3 Aber ich will mit dem Allmächtigen reden, vor ihm will ich mich verteidigen. 4 Ihr übertüncht ja die Wahrheit mit euren Lügen! Kurpfuscher seid ihr allesamt!

5 Wenn ihr doch nur schweigen würdet, dann könnte man euch noch für weise halten! 6 Hört jetzt, was ich zu meiner Verteidigung sage, und gebt Acht, wie ich meinen Fall vortrage! 7 Wollt ihr für Gott lügen und mit falschen Aussagen für ihn eintreten? 8 Wollt ihr Partei für ihn ergreifen und seinen Streit ausfechten? 9 Das kann doch nicht gut gehen! Meint ihr, dass er sich täuschen lässt, wenn er euch ins Verhör nimmt? 10 Zurechtweisen wird er euch, weil ihr heimlich für ihn Partei ergreift! 11 Sein Erscheinen wird euch zu Tode erschrecken, die Angst wird euch packen! 12 Eure tiefsinnigen Sprüche sind wertlos wie ein Häufchen Asche! Eure Verteidigung zerbröckelt wie Lehm!

13 Schweigt jetzt! Ich will reden, komme, was da wolle! 14 Ich bin bereit, Kopf und Kragen zu riskieren, ja, ich setze mein Leben aufs Spiel! 15 Gewiss wird Gott mich töten, dennoch vertraue ich auf ihn, denn ich will mein Leben vor ihm verantworten. 16 Schon das wird meine Rettung

---

12,6 21,6–33; 24,1–17; Ps 73,3–20; Jer 12,1–3 **12,10** 33,4; 34,14–15; 1 Mo 2,7*; Ps 104,29 **12,12–13** 28,12–28; Spr 9,10; 15,33; 28,26; Dan 2,20 **12,16** Ps 89,7–9* **12,23** 1 Sam 2,7; Lk 1,52 **13,3** 9,19; 31,35–37 **13,5** Spr 17,28 **13,12** 12,2

sein, denn wer mit Gott gebrochen hat,
darf gar nicht erst in seine Nähe kom-
men! [17] Hört jetzt genau zu, wenn ich mei-
nen Fall klarstelle! Achtet auf jedes
Wort! [18] Ich habe mich auf die Verhand-
lung bestens vorbereitet und bin sicher,
dass ich Recht behalte. [19] Kann mir je-
mand eine Schuld nachweisen? Dann will
ich schweigen und auf der Stelle sterben.
[20] Aber zuerst habe ich noch zwei Bitten
an dich, o Gott; erfülle sie mir, damit ich
dir überhaupt begegnen kann: [21] Nimm
dieses schmerzhafte Leiden von mir und
die schreckliche Angst, mit der du mich
plagst! [22] Rede du zuerst, dann werde ich
antworten, oder lass mich beginnen, und
dann antworte du!

[23] O Gott, sag mir: Wo bin ich schuldig
geworden? Welche Sünden habe ich be-
gangen? Wo habe ich dir die Treue ge-
brochen? [24] Warum ziehst du dich von
mir zurück und betrachtest mich als dei-
nen Feind? [25] Warum verfolgst du mich
und jagst mir Schrecken ein? Ich bin
doch nur ein welkes Blatt, ein dürrer
Halm! [26] Ein bitteres Los hast du über
mich verhängt; du strafst mich sogar für
die Sünden meiner Jugend. [27] Du legst
meine Füße in Ketten, beobachtest jede
Bewegung und bewachst mich auf Schritt
und Tritt[a]. [28] So zerfalle ich langsam wie
ein Holz, das vermodert, wie ein Kleid,
das die Motten fressen.«

Gott, versteck mich doch bei den Toten!

14 »Wie vergänglich ist der Mensch!
Wie kurz sind seine Jahre! Wie
mühsam ist sein Leben! [2] Er blüht auf
wie eine Blume – und verwelkt; er ver-
schwindet wie ein Schatten – und fort ist
er! [3] Und doch verlierst du ihn nicht aus
den Augen und stellst ihn vor dein Ge-
richt! [4] Von Geburt an sind wir mit Schuld
beladen und bringen nichts Gutes zustan-
de – keiner von uns![b] [5] Die Jahre eines
jeden Menschen sind gezählt; die Dauer
seines Lebens hast du festgelegt. Du hast
ihm eine Grenze gesetzt, die er nicht
überschreiten kann. [6] So schau jetzt weg
von ihm, damit er Ruhe hat und seines
Lebens noch froh wird, wie ein Arbeiter
am Feierabend!

[7] Für einen Baum gibt es immer noch
Hoffnung, selbst wenn man ihn gefällt
hat; aus dem Stumpf wachsen wieder fri-
sche Triebe nach. [8] Auch wenn seine Wur-
zeln im Erdreich absterben und der
Stumpf langsam im Boden vertrocknet,
[9] erwacht er doch zu neuem Leben, so-
bald er Wasser bekommt. Neue Triebe
schießen empor wie bei einer jungen
Pflanze. [10] Aber wenn ein Mensch gestor-
ben ist, dann ist er dahin. Er hat sein Le-
ben ausgehaucht. Wo ist er nun? [11] Wie
Wasser, das aus einem See ausläuft, und
wie ein Flussbett, das vertrocknet, [12] so ist
der Mensch, wenn er stirbt: Er legt sich
nieder und steht nie wieder auf. Ja, die
Toten werden niemals erwachen, solange
der Himmel besteht! Nie wieder werden
sie aus ihrem Schlaf erweckt!

[13] O Gott, versteck mich doch bei den To-
ten! Schließ mich für eine Weile dort ein,
bis dein Zorn verflogen ist! Aber setz dir
eine Frist und denk dann wieder an mich!
– [14] Meinst du, ein Mensch wird wieder
lebendig, wenn er gestorben ist? – Dort
bei den Toten würde ich warten und die
Tage zählen wie ein Zwangsarbeiter, bis
er entlassen wird. [15] Aber dann wirst du
mich rufen, und ich werde kommen.

Du wirst dich nach mir sehnen, weil du
selbst mich geschaffen hast. [16] Meine We-
ge siehst du auch dann noch, aber meine
Sünden hältst du mir nicht mehr vor.
[17] Was immer ich begangen habe, ist dann

---

[a] *Wörtlich: und ritzt die Sohlen meiner Füße ein.*
[b] Wörtlich: Wie könnte ein Reiner vom Unreinen kommen? Nicht einer!

13,19 27,5–7* **13,23** 6,24 **13,24** 16,9; 19,11; 33,10 **13,26** Ps 25,7 **13,27** Ps 26,2* **14,1–3** Ps 39,5–7* **14,4** Ps 14,2–3; 143,2; 1 Mo 6,5*; Röm 3,10–12.23 **14,5** Ps 90,10 **14,12** 7,9–10; 10,21–22; 16,22; Ps 6,6* **14,13** Ps 139,8; Am 9,2 **14,17** Ps 85,3*; Mi 7,18–20

vergeben und vergessen,[a] meine Schuld
löschst du für immer aus.

18 Berge stürzen und zerfallen, Felsen rut-
schen zu Tal. 19 Wasser zermahlt die Stei-
ne zu Sand, und Sturzbäche reißen den
Erdboden fort. Genauso zerstörst du jede
Hoffnung des Menschen. 20 Du überwäl-
tigst ihn, zwingst ihn zu Boden; mit ent-
stelltem Gesicht liegt er da und stirbt. Du
schickst ihn fort – er kommt nie wieder.
21 Ob seine Kinder einst berühmt sind
oder ob man sie verachtet, er weiß nichts
davon. Ihre Zukunft bleibt ihm völlig ver-
borgen. 22 Er fühlt nur die eigenen
Schmerzen und trauert nur über sich
selbst.«

Elifas: Du zerstörst die Ehrfurcht vor Gott!

15 Da antwortete Elifas aus Teman:
2 »Und du willst ein weiser Mann sein,
Hiob? Leere Worte! Du machst nichts als
leere Worte![b] 3 Kein Weiser würde reden
so wie du! Wie du dich wehrst und zurück-
schlägst! Das ist doch völlig nutzlos! Was
du sagst, hat keinen Wert! 4 Wenn du so
weitermachst, wird niemand mehr Ehr-
furcht vor Gott haben, niemand wird sich
noch auf ihn besinnen. 5 Hinter vielen
Worten willst du deine Schuld verstecken,
listig lenkst du von ihr ab! 6 Ich muss dich
gar nicht schuldig sprechen – du selbst
tust es; jedes deiner Worte klagt dich an.

7 Bist du als erster Mensch geboren wor-
den, noch ehe Gott die Berge schuf?
8 Kennst du etwa Gottes Pläne, hast du
die Weisheit gepachtet? 9 Was weißt du
denn, das wir nicht auch schon wüssten;
was du begriffen hast, begreifen wir
schon längst! 10 Hinter uns stehen alte,
weise Männer, die älter wurden als dein
Vater.
11 Hiob, Gott will dich trösten! Ist dir das
gar nichts wert? Durch uns redet er dich
freundlich an. 12 Was erlaubst du dir! Du
lässt dich vom Ärger mitreißen, aus dei-
nen Augen sprüht der Zorn; 13 so ziehst
du gegen Gott zu Felde und klagst ihn
erbittert an! 14 Welcher Mensch ist wirk-
lich schuldlos, wer kann vor Gott beste-
hen? 15 Selbst seinen Engeln vertraut
Gott nicht, in seinen Augen ist sogar der
Himmel unvollkommen. 16 Wie viel mehr
die Menschen: Abscheulich und verdor-
ben sind sie, am Unrecht trinken sie sich
satt, als wäre es Wasser!

17 Hör mir zu, Hiob! Ich will dir etwas er-
klären, was ich aus eigener Erfahrung
weiß, 18 es stimmt auch mit den Worten
der alten, weisen Männer überein. Sie
wiederum haben es von ihren Vätern ge-
lernt, 19 denen damals das Land ganz al-
lein gehörte, von jedem fremden Einfluss
unberührt[c]. 20 Sie sagten: Der Gewalt-
täter zittert vor Angst, er, der von Gott
nichts wissen wollte, hat nicht mehr lange
zu leben. 21 Schreckensrufe gellen ihm in
den Ohren, mitten im Frieden wird ihn
der Attentäter überfallen. 22 Er glaubt
nicht mehr, dass er der Finsternis ent-
kommen wird. Das Schwert des Mörders
wartet schon auf ihn. 23 Auf der Suche
nach Nahrung irrt er umher, aber findet
nichts. Er weiß, dass bald sein letztes
Stündlein schlägt. 24 Ihn packt das Grau-
en, Verzweiflung überfällt ihn wie ein
König, der zum Angriff bläst. 25 Denn er
hat Gott mit der Faust gedroht und wagte
es, den Allmächtigen zu bekämpfen.
26 Starrköpfig wie er war, rannte er gegen
Gott an mit seinem runden, dicken
Schild. 27 Ja, er fühlte sich stark, wurde
selbstsicher und überheblich,[d] 28 aber er
wird an verwüsteten Orten hausen, in
halb zerfallenen Häusern, in denen es
keiner mehr aushält, die bald nur noch
Ruinen sind.

---

[a] Wörtlich: Meine Sünde wäre im Beutel versiegelt.
[b] Wörtlich: Darf ein Weiser mit windigem Wissen antworten und seinen Bauch mit Ostwind füllen?
[c] Wörtlich: kein Fremder war unter ihnen umhergezogen.
[d] Wörtlich: Er hat sein Gesicht mit Fett bedeckt und an den Hüften Fett angesetzt.

15,9 12,3 **15,11** 16,2 **15,14** 4,17; 25,4; 1 Mo 6,5*; Röm 3,10–12.23 **15,15** 4,18 **15,20–35** 18,5–21*

29 Dieser Mensch wird seinen Reichtum
nicht behalten, und sein Besitz ist nur
von kurzer Dauer. 30 Der Finsternis wird
er nicht entrinnen; er ist wie ein Baum,
dessen Zweige das Feuer versengt. Gott
spricht nur ein Wort, und schon ist er
nicht mehr da. 31 Wenn er auf Werte ver-
traut, die nicht tragen, betrügt er sich
selbst, nur Enttäuschung wird sein Lohn
sein. 32 Früher als er denkt, wird Gottes
Vergeltung ihn treffen. Dann verwelkt er
und wird nie wieder grünen. 33 Er gleicht
einem Weinstock, der die Trauben ver-
liert, und einem Ölbaum, der seine Blü-
ten abwirft.

34 So geht es allen, die Gott missachten:
Über kurz oder lang sterben sie aus. Mit
Bestechungsgeldern bauen sie ihr Haus,
aber ein Feuer wird alles verwüsten. 35 Sie
tragen sich mit bösen Plänen, Gemein-
heiten brüten sie aus und setzen Unheil
in die Welt.«

Hiob: Ihr habt gut reden!

16 Hiob erwiderte:

2 »Ach, solche Worte habe ich schon oft
gehört. Ihr alle habt nur schwachen Trost
zu bieten! 3 Hört dein hohles Gerede nie-
mals auf? Was reizt dich so, dass du mir
ständig widersprechen musst? 4 Auch ich
könnte reden so wie ihr, wenn ich an eurer
Stelle wäre! Ich könnte euch dann schöne
Reden halten und weise mein Haupt
schütteln. 5 Mit meinen Worten würde ich
euch stärken und euch mein Beileid aus-
sprechen. 6 Doch wenn ich rede, lässt mein
Schmerz nicht nach, und schweige ich, so
wird es auch nicht besser!«

Gott greift mich immer wieder an!

7 »O Gott, du hast mir meine Kraft ge-
nommen, meine Familie hast du zerstört.
8 Du hast mich gepackt – schon das soll
meine Schuld beweisen! Meine Krank-
heit tritt als Zeuge gegen mich auf. 9 Gott
ist mein Feind geworden, er knirscht mit
den Zähnen, zerreißt mich im Zorn und
durchbohrt mich mit seinen Blicken.
10 Auch die Menschen verbünden sich ge-
gen mich. Sie reißen ihr Maul gegen mich
auf und schlagen mir voller Hohn auf die
Wange. 11 Gott hat mich bösen Menschen
ausgeliefert; Gottlosen bin ich in die
Hände gefallen. 12 Ich lebte in Ruhe und
Frieden, aber Gott hat mich auf-
geschreckt, mich am Genick gepackt
und zerschmettert. Er hat mich zu seiner
Zielscheibe gemacht, 13 seine Pfeile schie-
ßen auf mich zu. Erbarmungslos durch-
bohrt er meine Nieren, meine Galle
tropft zu Boden. 14 Wunde um Wunde
fügt er mir zu, wie ein Soldat rennt er ge-
gen mich an.

15 In Trauerkleidung sitz ich hier, mein
Haupt bis in den Staub gebeugt. 16 Ich ha-
be dunkle Ringe um die Augen, und mein
Gesicht ist rot vom vielen Weinen, 17 ob-
wohl ich kein Unrecht begangen habe
und mein Gebet aus reinem Herzen
kommt.«

Ich rufe meinen Zeugen an!

18 »O Erde, bedecke mein Blut nicht, lass
meinen Hilfeschrei niemals verstummen!
19 Doch auch jetzt schon hab ich einen
Zeugen hoch im Himmel; der tritt für
mich ein! 20 Meine Freunde verspotten
mich, darum schaue ich unter Tränen
nach Gott aus. 21 Er wird mich freispre-
chen und mir bei anderen Menschen
Recht verschaffen. 22 Nur wenige Jahre
hab ich noch zu leben, bis ich den Weg
beschreiten muss, von dem es keine
Rückkehr gibt.«

16,2 15,11 **16,7** 1,18–19 **16,9** 13,24; 19,11; 33,10 **16,10–11** 17,6; 30,9–14; Ps 22,13–14 **16,12–14** 6,4; 19,6; 34,6 **16,17** 27,5–7* **16,19** 17,3 **16,22** 7,9–10; 10,21–22; 14,12; Ps 6,6*

Ich habe keine Hoffnung mehr!

17 »Meine Kraft ist gebrochen, meine Tage schwinden, und auf mich wartet nur das Grab. 2 Ich muss mit ansehen, wie man mich verspottet; von allen Seiten werde ich bedrängt. 3 O Gott, bürge du selbst für mich! Ich habe sonst keinen, der für mich eintritt! 4 Meinen Freunden hast du jede Einsicht verschlossen, darum wirst du sie nicht triumphieren lassen. 5 Sie gleichen jenem Mann im Sprichwort,[a] der sein Vermögen an viele Freunde verteilt und seine eigenen Kinder hungern lässt. 6 Ich bin dem Spott der Leute preisgegeben, ja, man spuckt mir ins Gesicht! 7 Schmerz und Trauer haben mich fast blind gemacht; ich bin nur noch ein Schatten meiner selbst. 8 Darüber sind aufrichtige Menschen hell entsetzt; sie, die ein reines Gewissen haben, denken über mich: ›Wie gottlos muss der sein!‹ 9 Und doch gehen sie ihren geraden Weg unbeirrbar weiter; sie, die schuldlos sind, bekommen neue Kraft. 10 Kommt nur alle wieder her, ihr Freunde, ich finde dennoch keinen Weisen unter euch! 11 Ach, meine Tage sind verflogen, durchkreuzt sind alle Pläne, die einst mein Herz erfüllten! 12 Meine Freunde erklären meine Nacht zum Tag! ›Das Licht ist nahe!‹, sagen sie, während ich ins Finstere starre! 13 Ich habe nur noch das Grab zu erwarten; in der dunklen Welt der Toten muss ich liegen. 14 Das Grab werde ich bald als ›Vater‹ begrüßen. Die Verwesung nenn ich ›meine Mutter, liebe Schwester‹.

15 Wo ist meine Hoffnung geblieben, wo denn? Sieht jemand von ihr auch nur einen Schimmer? 16 O nein, auch sie versinkt mit mir im Tode, gemeinsam werden wir zu Staub!«

Bildad: Der Gottlose wird vom Unheil verfolgt

18 Nun ergriff Bildad aus Schuach wieder das Wort:

2 »Hör endlich auf mit dem Geschwätz, Hiob! Komm zur Vernunft, damit wir dir etwas sagen können! 3 Warum stellst du uns als töricht hin, hältst uns für dumm wie ein Stück Vieh? 4 Du zerfleischst dich selbst in deinem Zorn! Soll das Land verwüstet werden, sollen mächtige Felsen einstürzen, nur damit du Recht behältst?

5 Mach dir nichts vor: Das Licht des Gottlosen wird verlöschen, und seine Flamme lodert nicht mehr auf. 6 In seinem Zelt wird es dunkel, seine Lampe erlischt. 7 Mit müden Schritten schleppt er sich dahin; seine eigenen Machenschaften bringen ihn zu Fall. 8 Er wird sich im Netz verstricken, in eine überdeckte Grube stürzen. 9 Er tritt in die Falle, und sie schnappt zu. In Schlingen wird er sich verfangen. 10 Versteckt am Boden ist ein Strick für ihn gespannt, auf seinem Weg wartet eine Falle. 11 Angst und Schrecken bedrängen ihn von allen Seiten, sie verfolgen ihn auf Schritt und Tritt. 12 Das Unheil lauert ihm auf, das Unglück wird ihn überfallen. 13 Eine furchtbare Krankheit frisst seine Glieder, als Bote des Todes zehrt sie ihn aus. 14 Sie entwurzelt ihn aus seiner Heimat, wo er sich sicher glaubte, und treibt ihn zum König aller Schrecken – hin zum Tod. 15 Das Feuer wird in seinem Zelte wüten, und man wird Schwefel auf sein Grundstück streuen. 16 Seine Wurzeln verdorren im Erdreich, und seine Zweige sterben ab. 17 Die Erinnerung an ihn wird völlig ausgelöscht, und bald denkt keiner mehr an ihn im ganzen Land. 18 Man wird ihn aus dem Licht ins

---

[a] »Sie … Sprichwort« ist sinngemäß ergänzt.

17,3 16,19 **17,6** 16,10–11; 30,9–14; Ps 22,13–14 **17,10** 18,3 **17,13–14** 14,12; 16,22 **18,3** 17,10 **18,5–21** 8,13–19; 11,20; 15,20–35; 20,4–29; 24,18–25; 27,13–23 **18,17** Spr 10,7

Dunkle stoßen, vom Erdboden ver-
schwinden lassen. [19] Er wird weder Kind
noch Enkel haben in seinem Volk, von
seiner Familie wird keiner überleben.
[20] Über seinen Unglückstag wird jeder
sich entsetzen. In Ost und West packt al-
le, die es hören, kaltes Grausen. [21] Ja, so
sieht das Ende böser Menschen aus! So
geht es dem, der Gott den Rücken
kehrt!«

Hiob: Ich weiß, dass mein Erlöser lebt!

19 Da fragte Hiob:

[2] »Wie lange wollt ihr mich noch quälen
und mich mit euren Worten verletzen?
[3] Wie oft habt ihr mich schon beleidigt!
Schämt ihr euch nicht, mir so grausam zu-
zusetzen? [4] Denn wäre ich wirklich vom
richtigen Weg abgeirrt, müsste ich die
Folgen selbst tragen! [5] Wollt ihr euch et-
wa über mich erheben und mir eine
Schuld nachweisen? [6] Merkt ihr denn
nicht, dass Gott mir unrecht tut und mich
in seinem Netz gefangen hat? [7] Ich
schreie: ›Hilfe!‹, aber niemand hört mich.
Ich rufe aus Leibeskräften – aber keiner
verschafft mir Recht. [8] Gott hat mir den
Weg versperrt, ich komme nicht mehr
weiter. Meinen Pfad hat er in tiefe Dun-
kelheit gehüllt. [9] Ich war angesehen und
geachtet, aber er hat meine Krone weg-
gerissen. [10] Zerschmettert hat er mich,
bald muss ich gehen; meine Hoffnung riss
er aus wie einen Baum. [11] Ja, Gottes Zorn
ist gegen mich entbrannt, er behandelt
mich als seinen Feind. [12] Vereint sind sei-
ne Truppen gegen mich herangerückt, sie
haben einen Weg zu mir gebahnt und sich
rings um mein Zelt aufgestellt. [13] Meine
Brüder hat Gott mir entfremdet; die Ver-
wandten wollen nichts mehr von mir wis-
sen. [14] Meine Nachbarn haben sich zu-
rückgezogen, alte Bekannte kennen
mich nicht mehr. [15] Alle, die in meinem
Hause Zuflucht fanden, betrachten mich
als einen Fremden. Meine eigenen Mäg-
de kennen mich nicht mehr! [16] Als ich ei-
nen Knecht rufen wollte, gab er keine
Antwort. Anflehen musste ich ihn!
[17] Meine Frau erträgt meinen stinkenden
Atem nicht mehr; meine eigenen Brüder
ekeln sich vor mir! [18] Sogar Kinder lachen
und spotten über mich; sobald sie mich
sehen, fangen sie an zu tuscheln! [19] Meine
engsten Freunde verabscheuen mich
jetzt; sie, die mir am nächsten standen,
lehnen mich ab!

[20] Und ich? Ich bin nur noch Haut und
Knochen, bin mit knapper Not dem Tod
entkommen.

[21] Barmherzigkeit! Habt Mitleid, meine
Freunde! Gottes Hand hat mich geschla-
gen! [22] Warum verfolgt ihr mich, wie Gott
es tut? Habt ihr mich nicht schon genug
gequält?[a] [23/24] Ach, würden doch meine
Worte in einer Inschrift festgehalten, in
Stein gemeißelt und mit Blei noch aus-
gegossen, lesbar für alle Zeiten!

[25] Doch eines weiß ich: Mein Erlöser lebt;
auf dieser todgeweihten Erde spricht er
das letzte Wort![b] [26] Auch wenn meine
Haut in Fetzen an mir hängt und mein
Leib zerfressen ist, werde ich doch Gott
sehen![c] [27] Ja, ihn werde ich anschauen;
mit eigenen Augen werde ich ihn sehen,
aber nicht als Fremden. Danach sehne
ich mich von ganzem Herzen! [28] Aber
wenn ihr sagt: ›Wir wollen Hiob belauern
und etwas finden, das seine Schuld be-
weist!‹, [29] dann fürchtet euch vor dem
Schwert, vor dem Richterschwert Gottes,
der eure Schuld im Zorn bestrafen wird!
Dann werdet ihr erkennen, dass es einen
Richter gibt!«

---

[a] Wörtlich: Werdet ihr von meinem Fleisch nicht gesättigt?
[b] Wörtlich: er wird sich als Letzter über dem Staub erheben!
[c] Oder: Wenn meine Haut so zerfressen ist, werde ich doch in meinem Leib Gott sehen!

19,5 15,6 **19,6** 6,4; 16,12–14; 27,2; 34,6 **19,9** 29,7–10 **19,11** 13,24; 16,9; 33,10 **19,13–19** Ps 69,9*; Mi 7,5–6 **19,20** 33,21 **19,25** Jes 54,8 **19,26–27** 42,5–6 **19,29** Ps 7,12*

Wenn die Gefühle das Steuer übernehmen ...

Lesen Sie Hiob 15,1-35

Die Anschuldigungen, die Elifas gegen Hiob erhob, waren falsch. Hiob war kein Sünder mit einem schlechten Gewissen, dessen ungerechtfertigter Zorn sich gegen Gott entlädt. Auch wenn die Worte des Elifas nicht auf Hiob zutrafen, enthalten sie doch einen wahren Kern, sofern es um menschliche Emotionen geht. Wenn die Gefühle nämlich in unserem Leben das Steuer übernehmen, kann das zu übereilten Entscheidungen führen.

Negative wie positive Gefühle sind von Gott dazu gedacht, uns zu motivieren und in eine gute Richtung zu lenken. Ganz gleich, welche Gefühle wir haben – solange sie uns in die richtige Richtung schicken, sind sie gut. Gefühle an sich sind neutral, aber was am Ende dabei herauskommt, kann positiv oder negativ sein.

Viele Christen leugnen, dass sie überhaupt negative Gefühle haben. Oder sie sperren sie ins Hinterstübchen und beachten sie nicht. Viel hilfreicher ist es jedoch, unsere Gefühle zu benennen, sie anzunehmen und dann nach konstruktiven Wegen im Umgang mit ihnen zu suchen. Gefühle sind wie ein Thermometer. Sie zeigen, ob es heiß oder kalt ist, ob alles gut ist oder eher nicht. Wenn alles gut ist, können wir feiern. Wenn es nicht so gut aussieht, können wir etwas tun, um die Situation positiv zu verändern.

Wenn wir unseren Ehepartner emotional unterstützen wollen, beginnen wir am besten damit, sowohl positive als auch negative Gefühle zuzulassen. Um es mit Römer 12,15 auszudrücken: Wir freuen uns mit den Fröhlichen und weinen mit den Weinenden.

Nehmen Sie sich Zeit, um allein oder als Paar gemeinsam zu beten. Danken Sie Gott für das Vorbild Jesu in der Bibel, der seine Gefühle auf positive Weise ausdrücken konnte. Bitten Sie ihn, dass Sie dem Beispiel Jesu folgen können, indem Sie Ihre Emotionen in eine gute Richtung lenken.

Wenn Sie noch mehr Zeit haben ...

Besprechen Sie miteinander folgende Fragen oder denken Sie darüber nach:

- Erzählen Sie von einer Situation, in der Sie Ihre Gefühle ausgedrückt haben und Sie das in Schwierigkeiten brachte.
- Berichten Sie von einer Begebenheit, in der Sie Ihre Emotionen zum Ausdruck gebracht haben und es gut ausging.
- Worin bestand der Unterschied zwischen diesen beiden Situationen?

Lesen Sie auch die folgenden Abschnitte zum Thema Gefühle:
Galater 5,16-24; Epheser 4,1-32; 2. Petrus 1,5-9.

Warum greift Gott nicht ein?

Lesen Sie Hiob 23,1-7

Ganz gewiss leidet Gott mit seinem Volk, wenn es durch Zeiten der Trauer und des Zorns geht. Er ist ganz und gar bereit, uns zuzuhören, wenn wir ihm unsere Wut und unseren Schmerz entgegenschleudern. Gott gegenüber zornig zu sein, ist keine Sünde. Es ist einfach nur menschlich. Wir haben einen ausgeprägten Sinn für Gerechtigkeit, und wann immer wir mit Situationen konfrontiert sind, die wir für ungerecht halten, empfinden wir Zorn. Dieser richtet sich dann oftmals gegen Gott, so wie es bei Hiob war (Hiob 23,1-7).

Doch als Christen haben wir nicht nur mit den Ungerechtigkeiten zu kämpfen, die durch das Böse in die Welt kommen, sondern auch mit ganz persönlichen Schicksalsschlägen: „Warum ist mein Kind an Krebs erkrankt, und andere, die sich nicht um Gott scheren, sind gesund?" Solche Fragen erinnern uns daran, dass unsere Sicht begrenzt ist. In 1. Petrus 1,5-7 erfahren wir, dass die Prüfungen, die Leid mit sich bringen, dazu da sind, unseren Glauben zu läutern. Und in Römer 8,28 heißt es, dass Gott alles, was geschieht, uns zum Guten dienen lässt.

Auch wenn es stimmt, dass alles einem guten Ziel dient, beantwortet das angesichts von Schmerz und Verlust nicht alle unsere Fragen. Gott ruft uns, ihm in der Dunkelheit so zu vertrauen, wie wir es auch im Licht getan haben. Er ist derselbe geblieben, auch wenn unsere Lebensumstände sich auf schmerzliche Weise verändert haben.

Nehmen Sie sich Zeit, um allein oder als Paar gemeinsam zu beten.

- Danken Sie Gott für seine Geduld und sein Verständnis, wenn Sie zornig auf ihn sind.
- Bekennen Sie ihm den Zorn, den Sie im Augenblick ihm gegenüber empfinden.
- Bitten Sie ihn, Ihnen Trost und Frieden zu schenken, während Sie durch Leid und Schmerz gehen.

Wenn Sie noch mehr Zeit haben …

Besprechen Sie miteinander folgende Fragen oder denken Sie darüber nach:

- Wann sind Sie das letzte Mal zornig auf Gott gewesen?
- Wie sind Sie mit Ihren Gefühlen von Zorn umgegangen? War das hilfreich?
- Wie können Sie eine starke Beziehung zu Gott aufrechterhalten, auch wenn Sie nicht verstehen, warum er bestimmte Dinge in Ihrem Leben zulässt?

Lesen Sie auch die folgenden Abschnitte zum Thema Gottvertrauen:
Psalm 18,3; Nahum 1,7;
2. Korinther 3,4-6.

Den nächsten Impuls finden Sie auf S. 606 a

Zofar: Unrecht Gut gedeihet nicht!

20 Nun fiel ihm Zofar aus Naama ins Wort:

[2]»Jetzt muss ich dir etwas sagen, Hiob! Ich kann nicht länger warten! [3]Dein Gerede beleidigt mich, doch ich bin klug genug, dir die passende Antwort zu geben! [4/5]Seit Urzeiten, seit Gott den Menschen auf die Erde setzte, gilt dieses eine Gesetz: Die Freude des Gottlosen ist nicht von Dauer; sein Glück währt nur für kurze Zeit! Weißt du das nicht? [6]Steigt er auch in seinem Stolz bis in den Himmel auf und reicht er mit dem Kopf bis an die Wolken, [7]wird er doch für immer vergehen, genauso wie sein eigener Kot. Wer diesen Menschen kannte, wird sich fragen: ›Wo ist er nur geblieben?‹ [8/9]Er wird spurlos verschwinden wie ein Traum, verfliegen wie ein flüchtiger Gedanke; wo er wohnte, wird ihn keiner mehr erblicken. [10]Seine Söhne werden bei den Armen betteln gehen, weil er sein Hab und Gut zurückerstatten musste. [11]Noch strotzt er vor Kraft, doch bald wird er im Staube liegen. [12/13]Böses tun ist ihm ein Vergnügen, ein Leckerbissen, den er sich auf der Zunge zergehen lässt, den er lange im Mund behält, um den Geschmack nicht zu verlieren. [14]Doch sobald er ihn verzehrt hat, wird der Leckerbissen zu Schlangengift. [15]Das unrechte Gut, das er verschlingt, muss er wieder erbrechen, weil Gott ihn dazu zwingt! [16]Was er so gierig in sich aufsaugt, stellt sich als Schlangengift heraus; ein Biss der Viper bringt ihn um. [17]Er wird nicht im Überfluss leben; Ströme von Milch und Honig fließen nicht für ihn. [18]Was er sich mühevoll erworben hat, muss er zurückgeben; er darf es nicht genießen, an seinem großen Gewinn kann er sich niemals freuen. [19]Denn er unterdrückt und beraubt die Armen; Häuser, die er selbst nicht baute, reißt er an sich. [20]Seine Habgier, sie kennt keine Grenzen, doch mit seinen Schätzen wird er nicht entkommen! [21]Nichts ist seiner Fressgier je entgangen, doch wird sein Wohlstand nur von kurzer Dauer sein. [22]Auf der Höhe seiner Macht wird ihm angst und bange, das Unglück trifft ihn mit voller Wucht. [23]Soll er sich doch den Bauch vollschlagen! Irgendwann kommt Gottes Zorn auf ihn herab; er lässt seine Schläge auf ihn niederregnen. [24]Wenn er dann um sein Leben läuft, weil er dem Schwert entkommen will, wird ihn einer mit dem Bogen niederschießen. [25]Der Bogenschütze zielt auf ihn und schießt: Ein Pfeil durchbohrt sein Herz und tritt am Rücken wieder aus; so stirbt er, voller Angst. [26]Seine angehäuften Schätze hat Gott fürs Unglück aufbewahrt; ein Feuer wird sie verzehren, das nicht von Menschenhand entzündet wurde. Und wer in seinem Zelt noch überlebt, dem wird es schlecht ergehen. [27]Der Himmel wird seine ganze Schuld enthüllen und die Erde gegen ihn als Zeuge auftreten. [28]Was er im Laufe seines Lebens erworben hat, wird in nichts zerrinnen, wenn Gott in seinem Zorn Gericht hält. [29]Wer sich Gott widersetzt, hat dieses Ende verdient. Dieses unheilvolle Erbe hat Gott ihm zugedacht.«

Hiob: Wo bleibt denn Gottes Gerechtigkeit?

21 Da erwiderte Hiob:

[2]»Ach, hört mir doch einmal zu! Damit würdet ihr mich trösten! [3]Ertragt mich, wenn ich rede, und spottet hinterher weiter, wenn ihr wollt! [4]Ich trage doch meine Klage nicht einem sterblichen Menschen vor, darum habe ich allen Grund, ungeduldig zu sein! [5]Seht mich an! Lässt euch dieser Anblick kalt? Verschlägt es euch da nicht die Sprache? [6]Ich bin bis ins Innerste aufgewühlt, ich zittere am ganzen Körper, wenn ich über dieser Frage grüble: [7]Warum bleiben die Gottlosen am

---

20,4–29 18,5–21* **20,6–7** Ps 37,35–36 **21,2** 15,11 **21,6–33** 12,6; 24,1–17; Ps 73,3–20; Jer 12,1–3
21,7 Ps 73,16–17; Mal 3,14–18

Leben, werden alt und immer mächtiger?
8 Ihre Kinder wachsen heran, und auch
ihre Enkel haben sie ständig um sich.
9 Gott hält jedes Unglück von ihren Häu-
sern fern; so leben sie in Frieden, ohne
Angst. 10 Ihr Stier deckt die Kühe auf der
Weide, und diese kalben ohne Fehl-
geburt. 11 Ihre Kinder spielen draußen;
sie springen herum wie die Lämmer, die
Jüngsten tanzen fröhlich umher. 12 Man
singt zu Tamburin und Laute und feiert
beim Klang der Flöte. 13 Sie verbringen
ihre Jahre glücklich und zufrieden und
sterben einen sanften Tod.

14 Und Gott? ›Lass mich in Ruhe!‹, sagen
sie zu ihm. ›Ich will von dir nichts wissen
und nicht den Weg gehen, den du mir
zeigst! 15 Wer ist schon Gott, dass ich ihm
dienen sollte, was bringt es mir, wenn ich
zu ihm bete?‹ – 16 Und doch: Ihr Glück
liegt nicht in ihrer Hand. Von ihren üblen
Reden halte ich mich fern! –

17 Wie oft geschieht's denn, dass ihr Licht
verlöscht, das Licht der Menschen, die
Gott verachten? Wie oft holt sie das Un-
heil ein? Wann trifft sie jemals Gottes
Zorn? 18 Wann endlich sind sie wie dürres
Laub im Wind, wie ein Strohhalm, den
der Sturm wegwirbelt?

19 Ihr sagt: ›Aufgeschoben ist nicht auf-
gehoben. Gott straft stattdessen ihre Kin-
der!‹ Nein! Sie selbst sollen Gottes Strafe
spüren! 20 Mit eigenen Augen sollen
Übeltäter ihr Verderben sehen, vom
Zorn des Höchsten bis zur bitteren Neige
kosten! 21 Denn was kümmert sie das
Schicksal ihrer Kinder, wenn ihr eigenes
Leben abgelaufen ist? 22 Gott richtet
selbst die höchsten Engel[a]. Wer unter
uns will ihn da noch belehren?

23 Der eine stirbt, noch voll bei Kräften,
hat sicher und sorglos gelebt. 24 Seine
Melkeimer flossen stets über von frischer
Milch; er selbst war gesund und wohl-
genährt. 25 Der andere stirbt einsam und
verbittert, er hat sein Leben lang nicht
eine Spur von Glück gesehen. 26 Nun lie-
gen sie beide unter der Erde, werden bei-
de von Würmern zerfressen!

27 Ich weiß genau, was ihr jetzt denkt, mit
welchen Vorurteilen ihr mir unrecht tut!
28 Ihr sagt: ›Wo ist es geblieben, das Haus
des Tyrannen? Von der Bleibe der Gott-
losen ist nichts mehr zu sehen!‹ 29 Doch
habt ihr noch nie mit Reisenden gespro-
chen, die weit herumgekommen sind,
und noch nie gehört, was sie erzählten:
30 dass der Böse verschont wird, wenn
Gott in seinem Zorn Gericht hält? Er
kommt mit heiler Haut davon! 31 Wer sagt
ihm ins Gesicht, was er getan hat? Wer
bestraft ihn, wie er es verdient? Keiner!
32 Nach seinem Tod wird er mit allen Eh-
ren beigesetzt; an seinem Grab hält man
noch Ehrenwache! 33 Unübersehbar ist
sein Leichenzug, der ihn zur letzten Ruh'
geleitet, und Heimaterde deckt ihn
freundlich zu.

34 Wollt ihr mich mit blankem Schwindel
trösten? Jede Antwort, die ihr gebt, ist
eine glatte Lüge!«

Elifas: Kehr wieder um zu Gott!

22 Ein drittes Mal ergriff Elifas aus
Teman das Wort:

2 »Meinst du, dass ein Mensch für Gott
von Nutzen ist? Wer weise und verstän-
dig ist, nützt doch nur sich selbst!
3 Machst du Gott damit eine Freude, dass
du dir nichts zuschulden kommen lässt?
Bringt es ihm Gewinn, wenn du ein tadel-
loses Leben führst? 4 Nicht wegen deiner
Frömmigkeit geht Gott mit dir ins Ge-
richt und zieht dich jetzt zur Rechen-
schaft, 5 nein, wegen deiner großen Bos-
heit! Lang ist die Liste deiner Schuld!

---

a Wörtlich: die Erhabenen.

21,14–15 22,17 **21,18** Ps 1,4 **21,19–21** 34,11; 5 Mo 24,16; Ps 79,8; Jer 31,29–30; Hes 18,2–4
21,34 15,11 **22,3** 35,7

6 Wenn dir dein Nachbar etwas schuldete,
dann hast du ohne Grund sein einziges
Gewand als Pfand genommen. 7 Dem
Durstigen hast du kein Wasser gegeben
und dem Hungrigen das Brot verweigert.
8 Dabei bist du mächtig und angesehen;
dir gehört das Land, in dem du wohnst!
9 Witwen hast du mit leeren Händen weg-
geschickt und den Waisenkindern ihre
Bitten abgeschlagen.

10 Deshalb umgeben dich jetzt tödliche
Gefahren und packt dich Furcht und Ent-
setzen. 11 Deshalb ist es jetzt so dunkel
um dich her, dass du keine Handbreit se-
hen kannst, deshalb überrollt dich jetzt
die Wasserflut! 12 Schau dir die Sterne an
dort oben – Gott ist noch viel erhabener,
er überragt den Himmel! 13/14 Darum
sagst du auch: ›Was weiß er schon? Kann
uns Gott gerecht beurteilen, wenn dunk-
le Wolken ihm den Blick versperren? In
tiefer Dunkelheit verbirgt er sich, er sieht
uns nicht; fern am Rand des Weltalls
wohnt er!‹

15 Willst auch du die falschen Wege gehen,
die in alter Zeit gewissenlose Menschen
schon gegangen sind? 16 Vorzeitig wurden
sie aus dem Leben gerissen, ihre Häuser
wurden fortgespült von einer Flut. 17 Sie
wagten es, zu Gott zu sagen: ›Geh mir
aus dem Weg!‹ und: ›Was kann uns der
Allmächtige schon tun?‹ 18 Dabei war er
es doch, der in seiner Güte sie zu Wohl-
stand brachte! – Doch ich will mich hü-
ten, so wie sie zu reden! – 19 Gute und ge-
rechte Menschen werden lachen und sich
freuen, wenn sie ihren Untergang sehen!
20 ›Jetzt ist unser Feind vernichtet‹, jubeln
sie, ›und sein Besitz wurde ein Raub der
Flammen!‹

21 Hiob, versöhn dich wieder mit Gott,
schließ mit ihm Frieden, dann wird er dir
sehr viel Gutes tun! 22 Gib wieder Acht
auf das, was er dir sagt, und nimm dir sei-
ne Worte zu Herzen! 23 Wenn du zu Gott,
dem Allmächtigen, umkehrst, wird er
dich aufrichten. Mach alles Unrecht wie-
der gut, das du zu Hause begangen hast!
24 Wirf dein kostbares Gold weg, versenk
es irgendwo im Fluss! 25 Dann ist Gott
selbst dein kostbarer Schatz, dann bedeu-
tet er dir mehr als alles Gold und Silber.
26 Er wird die Quelle deiner Freude sein,
und du kannst wieder zu ihm aufschauen.
27 Wenn du zu ihm betest, wird er dich er-
hören; und du wirst erfüllen, was du ihm
in der Not versprochen hast. 28 Deine Plä-
ne werden gelingen; hell strahlt das Licht
über allen deinen Wegen! 29 Wenn andere
am Boden liegen und du betest: ›Herr,
stärke sie wieder!‹, dann wird Gott die
Niedergeschlagenen aufrichten. 30 Sogar
einen schuldbeladenen Menschen wird
Gott retten, weil du mit reinem Herzen
für ihn gebetet hast!«

Hiob: Wenn ich Gott nur finden könnte!

23 Hiob sagte:

2 »Auch heute muss ich bitter klagen,
schwer lastet Gottes Hand auf mir, ich
kann nur noch stöhnen! 3 Wenn ich doch
wüsste, wo ich ihn finden könnte und wie
ich zu seinem Thron gelange! 4 Ich würde
ihm meinen Fall darlegen und alle Gründe
nennen, die zu meinen Gunsten sprechen!
5 Ich wollte wissen, was er mir zur Antwort
gibt, und verstehen, was er mir dann sagt.
6 Würde er wohl alle Kraft aufbieten, um
mit mir zu streiten? Nein! Er würde mir
Beachtung schenken! 7 So könnte ich mei-
ne Unschuld beweisen, und Gott würde
mich endgültig freisprechen.

8 Doch ich kann ihn nirgends finden! Ich
habe ihn im Osten gesucht – er ist nicht
dort, und auch im Westen entdecke ich
ihn nicht. 9 Wirkt er im Norden, oder
wendet er sich zum Süden hin, sehe ich
doch keine Spur von ihm; nirgends ist er
zu erblicken!

22,6–9 29,12–17; 31,1–34 **22,6** 2 Mo 22,25–26; 5 Mo 24,12–13 **22,7** Jes 58,7; Mt 25,41–42
22,9 2 Mo 22,21–22* **22,17** 21,14–15 **22,24–26** 31,24–25; Mt 6,19–21 **22,27** Ps 17,6*; 4 Mo 30,3*

[10]Doch er kennt meinen Weg genau;
wenn er mich prüfte, wäre ich rein wie
Gold. [11]Unbeirrbar bin ich dem Weg ge-
folgt, den er mir zeigte, niemals bin ich
von ihm abgeirrt. [12]Ich habe seine Gebo-
te nicht übertreten; seine Befehle zu be-
achten war mir wichtiger als das tägliche
Brot. [13]Aber Gott allein ist der Herr. Was
er sich vornimmt, das tut er auch, und
niemand bringt ihn davon ab. [14]So wird
er ausführen, was er über mich beschlos-
sen hat; und dieser Plan ist nur einer von
vielen, die er bereithält.

[15]Darum habe ich Angst vor ihm; wenn
ich darüber nachdenke, packt mich die
Furcht! [16]Ja, Gott hat mir jeden Mut ge-
nommen; der Allmächtige versetzt mich
in Angst und Schrecken! [17]Doch die
Dunkelheit bringt mich nicht zum
Schweigen, diese tiefe Finsternis, die
mich jetzt bedeckt.«

Schreiende Ungerechtigkeit!

24 »Warum setzt Gott, der Allmächti-
ge, keine Gerichtstage fest? Wa-
rum muss jeder, der ihn kennt, vergeblich
darauf warten? [2]Mächtige verrücken die
Grenzsteine und erweitern so ihr Land;
sie rauben Herden und treiben sie auf
die eigene Weide. [3]Den Esel eines Wai-
senkindes führen sie weg und nehmen
einer Witwe den Ochsen als Pfand. [4]Sie
drängen die armen Leute beiseite; die
Hilflosen müssen sich verstecken, [5]müs-
sen draußen in der Steppe leben wie die
Wildesel; dort suchen sie nach etwas Ess-
barem für ihre Kinder. [6]Auf den Feldern
sammeln sie das Futter, und im Weinberg
ihrer Unterdrücker halten sie Nachlese.
[7]Ohne Kleidung verbringen sie draußen
die Nacht; nichts deckt sie in der Kälte
zu. [8]Der Regen im Bergland durchnässt
sie völlig; sie kauern sich an Felsen, weil
sie sonst keinen Unterschlupf finden.
[9]Der Witwe wird ihr Kind von der Brust
gerissen, und den Armen nimmt man ih-
ren Säugling als Pfand. [10]Ohne Kleidung
laufen sie herum, sie arbeiten in der Ge-
treideernte und hungern dabei! [11]In den
Olivenhainen pressen sie das Öl, im
Weinberg treten sie die Kelter – und lei-
den doch Durst! [12]In der Stadt stöhnen
die Sterbenden. Menschen werden um-
gebracht, laut schreien sie um Hilfe,
doch Gott zieht die Mörder nicht zur
Rechenschaft! [13]Sie sind Feinde des
Lichts. Was hell und wahr ist, das ken-
nen sie nicht; nein, sie gehen ihm beharr-
lich aus dem Weg. [14]Nach Einbruch der
Dunkelheit zieht der Mörder los, er
bringt den Armen und Wehrlosen um.
[15]Der Ehebrecher wünscht sich die
Dämmerung herbei. ›Mich sieht kei-
ner!‹, denkt er und verhüllt sein Gesicht.
[16]Ja, nachts brechen sie in die Häuser
ein, aber tagsüber halten sie sich ver-
steckt. Sie alle scheuen das Licht. [17]Tie-
fe Dunkelheit – das ist ihr Morgenlicht!
Mit den Schrecken der Nacht sind sie
bestens vertraut.«

Gott hat doch das letzte Wort!

[18]»Der Gottlose vergeht wie Schaum auf
dem Wasser; schwer lastet Gottes Fluch
auf seinem Land. Sein Weinberg verödet,
weil er ihn nicht mehr bearbeiten kann.
[19]Sonne und Wärme lassen den Schnee
im Nu verschwinden, genauso reißt der
Tod jeden Sünder plötzlich aus dem Le-
ben. [20]Dann laben sich die Würmer an
ihm; sogar von seiner Mutter wird er ver-
gessen[a]. Nie mehr wird jemand an ihn
denken, der Schuldige wird zerbrochen
wie trockenes Holz. [21]Er hat die kinder-
lose Frau ausgebeutet, der Witwe hat er
nichts Gutes getan.

[22]Solche Machthaber reißt Gott in seiner
Kraft hinweg; wenn er sich erhebt, sind

---

[a] Wörtlich: der Mutterschoß vergisst ihn.

23,10 Ps 26,2* **24,1–17** 12,6; 21,6–33; Ps 73,3–20; Jer 12,1–3 **24,1** 13,3; 23,3–4 **24,2** 5 Mo 19,14; 27,17 **24,3** 2 Mo 22,21–22* **24,4–8** 5 Mo 15,11 **24,18–25** 18,5–21*

sie ihres Lebens nicht mehr sicher. 23 Mag sein, dass er sie in Ruhe lässt und sie sich in Sicherheit wiegen – er überwacht doch unablässig ihre Wege. 24 Nur für kurze Zeit stehen sie auf der Höhe ihrer Macht, dann ist es vorbei mit ihnen. Wie die Ähren werden sie gepackt und abgeschnitten. 25 Ja, so ist es! Keiner kann mich Lügen strafen und niemand meine Worte widerlegen!«

Bildad: Vor Gott ist keiner vollkommen!

25 Darauf antwortete Bildad aus Schuach:

2 »Gott allein ist der Herr, in Ehrfurcht müssen alle vor ihm stehen! Für Frieden sorgt er in seinen Himmelshöhen. 3 Niemand zählt die Engelscharen, die ihm dienen; keinen Ort gibt es, über dem sein Licht nicht scheint! 4 Wie kann da ein Mensch gegenüber Gott im Recht sein? Steht ein Sterblicher vor ihm vollkommen da? 5 Wenn in Gottes Augen nicht einmal der Mond hell scheint und dem Sternenlicht die Klarheit fehlt, 6 wie sollte da ein Mensch vor ihm bestehen können – diese Made, dieser Wurm!«

Hiob: Wie klug hast du mich beraten!

26 Darauf entgegnete Hiob:

2 »Ach, wie gut hast du mir beigestanden, mir, der keine Kraft besitzt! Wie sehr hast du mir geholfen – arm und schwach wie ich bin! 3 Wie hast du mich so gut beraten, mich, dem jede Weisheit fehlt! Welche Einsicht hast du mir vermittelt, tief und umfangreich! 4 Mit wessen Hilfe hast du so geredet? Wer hat dir diese Worte eingegeben?[a] «

Wer kann Gottes Macht begreifen?

5 »Vor Gott erzittern die Verstorbenen, alle, die im Wasser tief unter der Erde leben. 6 Die Welt der Toten – nackt und bloß liegt sie vor Gott. Der tiefe Abgrund kann sich nicht verhüllen. 7 Gott spannte den Himmel aus über dem leeren Raum; die Erde hängte er auf im Nichts. 8 Er füllt die Wolken mit Wasser, und doch reißen sie nicht unter ihrer Last. 9 Er verhüllt seinen Thron, indem er die Wolken davor ausbreitet. 10 Er spannte den Horizont wie einen Bogen über dem Meer, als Grenze zwischen Licht und Dunkelheit. 11 Wenn er die Säulen des Himmels bedroht, dann zittern und schwanken sie vor Furcht. 12 In seiner Kraft ließ er die Wellen des Meeres tosen, und in seiner Klugheit zerschmetterte er das Ungeheuer im Meer[b]. 13 Durch seinen Hauch wurde der Himmel wieder klar. Eigenhändig durchbohrte er den fliehenden Drachen. 14 Das alles sind nur kleine Fingerzeige, ein leises Flüstern, das wir von ihm hören! Die Donnersprache seiner Allmacht aber – wer kann sie begreifen?«

Ich bin unschuldig!

27 Hiob fuhr fort:

2 »Das schwöre ich, so wahr Gott, der Allmächtige, lebt, der mir mein Recht verweigert und mich bittere Stunden durchleiden lässt: 3 Solange er mir den Atem gibt, solange ich noch Leben in mir spüre, 4 werde ich nie die Unwahrheit sagen, kein betrügerisches Wort soll über meine Lippen kommen! 5 Verflucht will ich sein, wenn ich euch jemals Recht gebe! Bis zum letzten Atemzug bleibe ich dabei: Ich bin unschuldig! 6 Ich bin im Recht – und davon lasse ich nicht ab! Ich habe

---

a Wörtlich: Wessen Geist ging aus von dir?
b Wörtlich: Rahab.

25,4 Ps 143,2; 1 Mo 6,5* **25,6** 1 Sam 2,10 **26,7** 1 Mo 1,1–2 **26,12–13** 9,13; Ps 89,11; Jes 51,9 **27,3** 33,4 **27,5–7** 9,21.35; 10,7; 12,4; 13,9; 31,6; 33,9; 34,5; 35,2

ein reines Gewissen. 7 Wer mich verklagt,
sich zu Unrecht gegen mich stellt, der soll
schuldig gesprochen werden. Gott soll
ihn mit vollem Recht verurteilen!

8 Wer Gott verachtet, hat nichts mehr zu
hoffen, wenn seine Stunde schlägt, wenn
Gott von ihm sein Leben fordert. 9 Wenn
Angst und Schrecken ihn überfällt, wird
Gott sein Schreien nicht erhören. 10 Denn
an Gott hat er sich nie gefreut, zu ihm zu
beten lag ihm fern. 11 Ich will euch Gottes
große Macht vor Augen führen und euch
nicht verschweigen, was der Allmächtige
tun will. 12 Ihr habt es doch alle selbst ge-
sehen, warum redet ihr dann solchen Un-
sinn?«

Der Gottlose bleibt nicht am Leben!

13 »Was steht einem Menschen zu, der
Gott verachtet? Welchen Lohn zahlt der
Allmächtige ihm für seine skrupellosen
Taten? 14 Er hat viele Söhne, doch sie fal-
len im Krieg; seine Nachkommen müssen
bitteren Hunger leiden. 15 Wer dann noch
lebt, stirbt an der Pest; ihm selbst weinen
seine Witwen keine Träne nach. 16 Er hat
Silber aufgehäuft wie Sand und kostbare
Kleider gestapelt; 17 doch aufrichtige
Menschen werden sie tragen, und wer
schuldlos ist, wird seinen Silberschatz
verteilen. 18 Sein Haus hält nicht länger
als ein Spinngewebe;[a] es verfällt wie ein
Unterschlupf, den sich ein Wächter drau-
ßen für die Nacht aufstellt. 19 Legt sich
der Gottlose abends nieder, fehlt nichts
von seinem Reichtum; am nächsten Mor-
gen jedoch ist alles dahin! 20 Wie eine
Wasserflut holt ihn das Unheil ein; in der
Nacht wirbelt ihn der Sturm davon. 21 Der
heiße Wüstenwind packt ihn und weht
ihn fort! 22 Hals über Kopf will er fliehen,
doch erbarmungslos überfällt ihn der
Sturm; 23 er heult und pfeift um ihn her,
als wollte er ihn verhöhnen.«

Sag mir, wo die Weisheit ist!

28 »Es gibt Minen, wo man nach Sil-
ber gräbt, wir kennen die Stellen,
wo das Gold gewaschen wird. 2 Eisenerz
holt man aus der Erde, und Kupfer wird
aus Gestein geschmolzen. 3 Der Mensch
erforscht auch die tiefste Dunkelheit; auf
der Suche nach Gestein dringt er immer
weiter vor bis ins Innerste der Erde.
4 Fern von jeder menschlichen Siedlung
gräbt er einen Schacht, an Orten, wo kein
Mensch den Fuß hinsetzt; die Bergleute
lassen sich an Stricken hinunter und
schweben ohne jeden Halt. 5 Oben auf
der Erde wächst das Getreide, doch tief
unten wird sie umgewühlt, als wütete ein
Feuer. 6 Ihr Gestein birgt den Saphir,
auch Goldstaub ist darin. 7 Den Weg zu
den Fundorten hat kein Geier erspäht,
nicht einmal das scharfe Auge eines Fal-
ken. 8 Kein wildes Tier hat diesen Pfad
betreten, kein Löwe ist auf ihm geschrit-
ten. 9 Doch der Mensch – er arbeitet sich
durch das härteste Gestein, ganze Berge
wühlt er um. 10 Tief in den Felsen treibt er
Stollen, bis er dort findet, was sein Herz
begehrt. 11 Die Wasseradern im Gestein
dichtet er ab; tief Verborgenes bringt er
ans Licht.

12 Aber die Weisheit – wo ist sie zu fin-
den? Und wo entdeckt man die Einsicht?
13 Kein Mensch kennt den Weg zu ihr,[b]
unter den Lebenden findet man sie nicht.
14 Das Meer und seine Tiefen sprechen:
›Die Weisheit ist nicht bei uns!‹ 15 Sie ist
unbezahlbar, mit Gold und Silber nicht
aufzuwiegen. 16 Man kann sie weder mit
Feingold kaufen noch mit kostbarem
Onyx oder Saphir. 17 Gold und reines
Glas reichen nicht an sie heran, und auch
gegen Goldschmuck kann man sie nicht
tauschen, 18 ganz zu schweigen von Koral-
len und Kristall! Ja, der Wert der Weis-
heit übertrifft alle Rubine. 19 Der Topas-

---

[a] So mit der griechischen Übersetzung. Der hebräische Text lautet: Er hat sein Haus gebaut wie die Motte.

[b] So mit der griechischen Übersetzung. Der hebräische Text lautet: Kein Mensch kennt ihren Wert.

27,13–23 18,5–21* **28,15–19** Spr 3,15; 8,10–11; 16,16; 20,15

Edelstein aus Äthiopien ist nichts im Ver-
gleich zu ihr, mit reinem Gold ist sie nicht
aufzuwiegen.

20 Woher also kommt die Weisheit? Und
wo entdeckt man die Einsicht? 21 Ja, sie
ist dem menschlichen Auge verborgen,
und auch die Raubvögel erspähen sie
nicht. 22 Das tiefe Totenreich und selbst
der Tod, sie sprechen: ›Wir haben von
ihr nur ein Gerücht gehört!‹

23 Gott allein kennt den Weg zur Weisheit;
er nur weiß, wo sie zu finden ist. 24 Denn er
blickt über die ganze Welt, er durchschaut
Himmel und Erde. 25 Schon damals, als er
dem Wind seine Wucht gab und den Was-
sermassen eine Grenze setzte; 26 als er be-
stimmte, wo der Regen niedergehen soll-
te, als er den Gewitterwolken einen Weg
vorschrieb – 27 schon da sah er die Weis-
heit an und rühmte ihren Wert, er er-
forschte sie und gab ihr Bestand. 28 Und
zum Menschen sprach er: ›Weise ist, wer
Ehrfurcht vor mir hat, und Einsicht be-
sitzt, wer sich vom Bösen abkehrt.‹«

Wäre mein Leben doch wieder wie früher!

29 Hiob fuhr fort:
2 »Wäre mein Leben doch wieder wie frü-
her, wie in jenen Tagen, als Gott mich
noch bewahrte, 3 als sein Licht noch mei-
ne Wege erleuchtete und ich in seinem
Licht durchs Dunkle ging! 4 Ja, damals,
in der Blüte meines Lebens, da zog Gott
mich ins Vertrauen, der Segen seiner
Freundschaft stand über meinem Haus.
5 Er, der Allmächtige, war bei mir, und
meine Kinder waren um mich her.
6 Milch und Butter hatte ich im Überfluss,
aus der Olivenpresse im Felsen floss das
Öl in Strömen![a] 7 Wenn ich zum Stadttor
hinaufging, um dort im Rat meinen Platz
einzunehmen, 8 dann traten die jungen
Leute ehrfürchtig zur Seite, die Alten er-
hoben sich und blieben stehen. 9 Fürsten
hörten auf zu reden, ihr Gespräch ver-
stummte, wenn ich kam. 10 Selbst die ein-
flussreichen Leute wurden still und hiel-
ten ihre Zunge im Zaum. 11 Jeder, der
mich hörte, wusste nur Gutes von mir zu
sagen, und wer mich sah, der lobte mich.
12 Denn ich rettete den Armen, der um
Hilfe schrie, und das Waisenkind, das
von allen verlassen war. 13 Dem Sterben-
den stand ich bei, er wünschte mir Segen;
der Witwe half ich, und sie konnte wieder
fröhlich singen. 14 Ich bekleidete mich mit
Gerechtigkeit, hüllte mich ins Recht wie
in einen Mantel, trug es wie einen Tur-
ban. 15 Meine Augen sahen für den Blin-
den, meine Füße gingen für den Lahmen.
16 Den Armen wurde ich ein Vater, und
den Streitfall eines Unbekannten prüfte
ich genau. 17 Einem brutalen Menschen
stellte ich mich entgegen, ich schlug ihm
den Kiefer ein und riss die hilflosen Op-
fer aus seinem Maul. 18 Ich dachte: ›Im
Kreise meiner Familie werde ich einmal
sterben nach einem langen und erfüllten
Leben[b].‹ 19 Ich gleiche einem Baum, der
seine Wurzeln zum Wasser streckt; auf
seine Zweige legt sich nachts der Tau.
20 ›Meine Würde werde ich nicht verlie-
ren‹, so dachte ich, ›bis ins hohe Alter
bleibt mir die Kraft erhalten.‹[c] 21 Ja, auf
mich hörten alle Leute, sie warteten
schweigend auf meinen Rat. 22 Nach mir
sprach kein Zweiter mehr; meine Worte
sogen sie auf. 23 Sie warteten auf mich wie
auf den Regen, lechzten nach meinen
Worten wie Felder nach den Frühjahrs-
schauern. 24 Den Mutlosen lächelte ich
aufmunternd zu, und mein froher Blick
gab ihnen neue Zuversicht. 25 Ich traf für
sie Entscheidungen und saß unter ihnen
wie ihr Oberhaupt, ja, ich thronte wie ein

---

[a] Wörtlich: Meine Schritte badeten sich in Dickmilch, und der Fels neben mir goss Öl aus.
[b] Wörtlich: wie Sand werde ich meine Tage machen.
[c] Wörtlich: Meine Ehre wird bei mir frisch bleiben, und mein Bogen in meiner Hand wird sich verjüngen.

28,28 Spr 1,7* **29,2** 1,1–5 **29,12–17** 22,6–9; 31,1–34 **29,19–20** Ps 1,3; 92,13–15

König inmitten seiner Truppen; ich gab ihnen Trost in ihrer Trauer.«

Ausgestoßen!

30 »Und jetzt? Jetzt lachen sie mich aus – sie, die jünger sind als ich; ihre Väter hätte ich nicht einmal für wert geachtet, sie zu den Hunden meiner Herde zu stellen! [2]Was sollen mir diese Schwächlinge nützen, die keine Kraft mehr in den Knochen haben? [3]Ausgezehrt von Hunger und Armut nagen sie die Wurzeln in der Wüste ab, draußen im Land der Einsamkeit. [4]Sie pflücken Salzkraut von den Büschen, und Ginsterwurzeln sind ihr Brot. [5]Aus der menschlichen Gemeinschaft wurden sie verjagt, man schreit ihnen nach wie Dieben. [6]In verlassenen Tälern hausen sie, zwischen Felsen und in Erdhöhlen. [7]Im Gestrüpp, da kauern sie und schreien, unter hohen Distelsträuchern drängen sie sich zusammen. [8]Dieses Gesindel, diese Brut, aus dem Lande weggejagt!

[9]Und jetzt? Jetzt machen sie Spottverse, sie zerreißen sich das Maul über mich. [10]Sie verabscheuen mich und gehen mir aus dem Weg; und wenn sie mir doch einmal begegnen, spucken sie mir ins Gesicht! [11]Gott hat meine Lebenskraft zerbrochen[a] und mich gedemütigt, darum kennen sie in meiner Gegenwart keine Rücksicht mehr. [12]Ja, diese Brut greift mich an! Sie versuchen, mich zu Fall zu bringen, sie schütten einen Belagerungswall rings um mich auf. [13]Sie schneiden mir den Weg ab und zerstören mein Leben, niemand hält sie dabei auf. [14]Sie durchbrechen meine Verteidigungsmauer und zertrümmern, was ihnen in die Quere kommt. [15]Furcht und Entsetzen haben mich gepackt und meine Würde wie im Sturm verjagt; meine Sicherheit ist vertrieben wie eine Wolke. [16]Mein Leben verrinnt, das Elend hat mich fest im Griff. [17]Bohrende Schmerzen rauben mir den Schlaf, sie nagen an mir Nacht für Nacht. [18]Mit gewaltiger Kraft hat Gott mich am Gewand gepackt und schnürt mich ein wie ein zu enger Kragen. [19]Er wirft mich in den Schmutz, ich bin zu Staub und Asche geworden. [20]Ich schreie um Hilfe, o Gott, aber du antwortest nicht; ich stehe vor dir, doch du siehst mich nicht an. [21]Du bist mein grausamer Feind geworden, mit aller Kraft greifst du mich an! [22]Du wirbelst mich empor in die Luft, treibst mich vor dem Sturm dahin und zerschmetterst mich dann mit lautem Krachen. [23]Ja, ich weiß: Du willst mich zu den Toten bringen, hinunter in das Haus, wo alle Menschen sich versammeln.

[24]Doch wer unter Trümmern verschüttet wurde, streckt die Hand nach Rettung aus; schreit man nicht im Unglücksfall um Hilfe? [25]Habe ich nicht damals über die geweint, die ein schweres Los zu tragen hatten? Ich hatte Mitleid mit den Armen!

[26]Und so erwartete ich Gutes, doch das Unglück kam! Ich erhoffte das Licht, doch es kam die Dunkelheit. [27]Mein Inneres ist aufgewühlt, ich finde keine Ruhe, die Tage des Elends haben mich eingeholt. [28]Meine Haut ist schwarz geworden, doch nicht von der Sonnenglut. In der Versammlung stehe ich auf und schreie laut um Hilfe. [29]Mein Heulen klingt wie das der Schakale, wie das Schreien der Strauße. [30]Meine Haut ist schwarz geworden und schält sich, das Fieber glüht in meinem Körper. [31]Meine Laute spielt ein Trauerlied, meine Flöte eine Melodie der Klage.«

Mein letztes Wort: Ich bin unschuldig!

31 »Mit meinen Augen habe ich einen Bund geschlossen, niemals

---

[a] Wörtlich: Gott hat die Sehne meines Bogens schlaff gemacht.

30,1 19,18 **30,9–14** 16,10–11; 17,6; Ps 22,13–14; Klgl 3,14.63 **30,18** 16,8 **30,25** 31,29; Ps 35,13–14 **30,26–31** Ps 102,2–12 **31,1–34** 22,6–9; 29,12–17

Verstehe ich dich richtig?

Lesen Sie Hiob 31,35

Die meisten Menschen sprechen ihre Gedanken viel zu schnell aus. Sie reden, bevor sie richtig zugehört haben. Eine Studie hat ergeben, dass eine Person im Durchschnitt nur 17 Sekunden zuhört, bevor sie den Sprecher unterbricht.

Im Buch Hiob finden wir viele Beispiele für schlechtes Zuhören. Als Hiob unter Krankheit, Trauer und Verlust zu leiden hatte, behielt er zwar in Gottes Augen seinen guten Ruf. Aber seine „Freunde" kritisierten ihn trotzdem und bestanden darauf, dass er irgendeine große Sünde begangen haben musste, wenn Gott ihn so sehr leiden ließ. Nachdem Hiob zahlreiche Reden von ihnen ertragen musste, hatte er schließlich genug. Man hört seinen Ärger deutlich heraus, wenn er in Hiob 31,35 klagt: „Ach, wenn Gott mich nur anhörte!"

Gute Zuhörer äußern ihre Gedanken nicht, bevor sie nicht sicher sind, dass sie den anderen auch richtig verstanden haben. Gerade in einer Ehe ist dies besonders wichtig. Stellen Sie Fragen und wiederholen Sie, was Ihr Partner gesagt hat: „Habe ich dich richtig verstanden?" Wenn Ihr Mann/Ihre Frau das bejaht, können Sie reden – und nur dann. Sie könnten sagen: „Danke, dass du so offen zu mir bist. Ich habe verstanden, was du meinst. Darf ich jetzt sagen, was ich darüber denke?" Nun ist Ihr Partner bereit, auch Ihre Sicht der Dinge wahrzunehmen, denn Sie haben sich ja zuerst die Zeit genommen, genau zuzuhören.

Nehmen Sie sich Zeit, um allein oder als Paar gemeinsam zu beten. Sagen Sie Gott, dass Sie gern ein guter, aufmerksamer Zuhörer werden möchten. Bitten Sie ihn, dass er Ihnen hilft, Ihre Meinung nicht vorschnell oder zu dominant zu äußern. Bitten Sie ihn auch, Ihre Ohren zum Zuhören zu öffnen.

Wenn Sie noch mehr Zeit haben ...

Besprechen Sie miteinander folgende Fragen oder denken Sie darüber nach:

- Wie würden Sie sich selbst als Zuhörer einschätzen? Warum?
- Wie schätzt Ihr Ehepartner Ihre Fähigkeit als Zuhörer ein? Warum?
- Beschreiben Sie, wie sich eine Unterbrechung auf ein Gespräch auswirkt – aus der Sicht des Zuhörers und aus der Sicht des Sprechenden.

Lesen Sie auch die folgenden Abschnitte zum Thema Zuhören:
Sprüche 15,2; Prediger 5,2; Jakobus 1,19.

Der allmächtige Gott

Die folgenden Fragen können Sie entweder allein oder als Paar gemeinsam durchgehen. Wenn jeder für sich darüber nachdenkt, verabreden Sie sich in der kommenden Woche zu einem Austausch darüber, was Sie herausgefunden haben.

1. Lesen Sie Hiob 40. Zuvor wollte Hiob sich noch vor Gott verteidigen. Was hat dazu geführt, dass er seine Meinung änderte?

2. Was lernen Sie aus Hiob 40 über Gott?

3. In welcher Hinsicht ist die Allmacht Gottes ein Trost?

4. Was bedeutet es, „mit dem Allmächtigen zu streiten"? Sprechen Sie miteinander über eine Situation, in der Sie das getan haben.

5. Was bedeutet es, Gott die Kontrolle über etwas zu überlassen? Tauschen Sie sich über eine Situation aus, in der Sie ihm die Kontrolle überließen. Was hat sich dadurch verändert?

6. Wie können Sie sich die souveräne Macht Gottes noch mehr bewusst machen?

Hiob 40,15-19

„Schau dir den Behemot an, den ich geschaffen habe wie auch dich! Er frisst Gras wie ein Rind. Wie stark sind seine Lenden, welche Kraft hat er in den Muskeln seines Bauches! Er macht seinen Schwanz steif wie eine Zeder, dicht verflochten sind die Sehnen an den Schenkeln. Seine Knochen sind fest wie Bronzeröhren, seine Rippen gleichen Eisenstangen. Unter meinen Werken nimmt er den ersten Platz ein, und nur ich, sein Schöpfer, kann das Schwert gegen ihn ziehen."

KONKRET:

Nehmen Sie sich in dieser Woche Zeit, um sich intensiv mit etwas zu beschäftigen, das Gott geschaffen hat: eine Berglandschaft, die Wolken am Himmel, ein Tier oder eine Pflanze. Sprechen Sie mit Gott über das, was Sie sehen, und danken Sie ihm für seine Ehrfurcht gebietende Macht.

Den nächsten Impuls finden Sie auf S. 618 a

ein Mädchen lüstern anzusehen. 2 Was
hätte ich von Gott sonst zu erwarten,
von ihm, der in der Höhe thront? Wel-
ches Urteil hätte der Allmächtige dann
über mich verhängt? 3 Den Bösen trifft
das Unheil, und den Übeltätern schickt
Gott Unglück. 4 Er sieht doch all mein
Tun, er kennt jeden Schritt.

5 War ich jemals verlogen und falsch, ha-
be ich andere betrogen? 6 Gott soll mich
wiegen auf seiner gerechten Waage – und
er wird feststellen, dass ich unschuldig
bin! 7 Wenn ich von seinem Wege ab-
gewichen bin, wenn mein Herz alles
begehrte, was meine Augen sahen, oder
wenn an meinen Händen irgendein
Unrecht klebt, 8 dann soll ein anderer ver-
zehren, was ich gesät und geerntet habe,
ausreißen soll man das Getreide auf mei-
nem Feld!

9 Wenn ich mich von der Frau meines
Nachbarn betören ließ und an ihrer Tür
auf sie gewartet habe, 10 dann soll meine
Frau für einen anderen kochen, und an-
dere sollen sich über sie hermachen!
11 Denn dann hätte ich eine Schandtat be-
gangen, ein Verbrechen, das vor die
Richter gehört. 12 Ein Feuer ist der Ehe-
bruch! Es brennt bis in den Tod. Es wür-
de all mein Hab und Gut bis auf den
Grund zerstören.

13 Wenn ich das Recht meines Knechtes
oder meiner Magd missachtet hätte, als
sie gegen mich klagten, 14 was wollte ich
tun, wenn Gott Gericht hält, was könnte
ich ihm erwidern, wenn er mich zur Re-
chenschaft zieht? 15 Denn er, der mich im
Mutterleib gebildet hat, er hat auch mei-
nen Knecht geschaffen. Wir beide ver-
danken unser Leben ihm!

16 Niemals habe ich die Bitte eines Armen
abgeschlagen und keine Witwe weg-
geschickt, die verzweifelt zu mir kam.
17 Ich habe mein Brot nicht für mich
selbst behalten, nein – mit den Waisen-
kindern habe ich es geteilt. 18 Von meiner
Jugend an habe ich sie großgezogen wie
ein Vater, für die Witwen habe ich mein
Leben lang gesorgt.

19 Habe ich ruhig zugesehen, wie einer vor
Kälte umkam? Ließ ich den Armen ohne
warme Kleider weitergehen? 20 Nein, die
Wolle meiner Lämmer wärmte ihn, er
dankte mir von ganzem Herzen. 21 Wenn
ich je ein Waisenkind bedrohte, wohl wis-
send, dass ich vor Gericht die größere
Macht besaß, 22 dann soll mir der Arm
von der Schulter fallen, abbrechen soll
er, gerade am Gelenk!

23 Doch ich habe Gottes Strafgericht im-
mer gefürchtet. Die Furcht vor seiner
Hoheit hat mich vom Unrecht fern gehal-
ten. 24 Ich habe nicht auf Gold vertraut;
zum reinen Gold habe ich niemals gesagt:
›Du sicherst mir das Leben!‹ 25 Ich habe
mir auch nichts auf meinen großen
Reichtum eingebildet, den ich mit eige-
ner Hand erworben habe. 26/27 Und hätte
ich mich heimlich dazu verführen lassen,
die strahlende Sonne zu verehren oder
den Mond auf seiner silbernen Bahn –
28 auch das wäre ein Vergehen, das vor
die Richter gehört, denn damit hätte ich
Gott verleugnet, der hoch über allen Ge-
stirnen thront.

29 Habe ich hämisch gegrinst, wenn mei-
nen Feind das Unglück traf, habe ich
über seinen Untergang schadenfroh ge-
lacht? 30 Nein, ich habe mit keinem Wort
gesündigt, ich habe ihn nicht verflucht,
ihm nicht den Tod gewünscht! 31/32 Kein
Gast ist je von meinem Haus hungrig
weggegangen, keinen Fremden ließ ich
draußen auf der Straße übernachten,
nein, meine Tür stand dem Wanderer
stets offen – meine Männer können es
bezeugen!

33 Ich habe nie versucht, mein Unrecht zu
verbergen oder meine Schuld geheim zu
halten, wie alle anderen es tun. 34 Ich bin

31,4 Ps 26,2* **31,6** 27,5–7* **31,24–25** 22,24–26 **31,29** 30,25; Ps 35,13–14; Spr 24,17–18

nicht stumm zu Hause geblieben aus
Angst, dass meine Sippe mich verachten
könnte; ich scheute nicht die große
Menge.

[35] Ach, wenn Gott mich nur anhörte! Hier
ist die Unterschrift unter meine Verteidi-
gung! Ich erwarte, dass der Allmächtige
mir darauf antwortet! Mein Gegner soll
seine Anklagen schriftlich niederlegen!
[36] Ja, ich würde dieses Schriftstück auf
der Schulter tragen und es mir wie eine
Krone aufsetzen! [37] Über jeden Schritt
würde ich Gott Rechenschaft geben, wie
ein Fürst ihm gegenübertreten!

[38] Wenn mein Acker wegen mir um Hilfe
schreien musste und seine Furchen von
Tränen durchnässt waren, [39] wenn ich sei-
nen Ertrag verzehrt habe, ohne ihm zu
geben, was ihm zusteht; wenn ich die
Pächter zugrunde gerichtet habe, [40] dann
sollen auf dem Acker Dornen statt Wei-
zen wachsen und Unkraut statt der
Gerste!«

Hier enden die Reden Hiobs.

Elihu: Jetzt rede ich!

32 Da gaben es die drei Männer auf,
weiter mit Hiob zu reden, denn er
hielt an seiner Unschuld fest. [2] Doch der
Busiter Elihu, der Sohn Barachels, aus
der Sippe Ram, wurde von Zorn gepackt.
Er war auf Hiob zornig, weil dieser sich
für gerechter hielt als Gott. [3] Auch auf die
drei Freunde war er wütend, weil sie
Hiob gegenüber keine Antwort mehr
fanden, obwohl sie ihn ständig für schul-
dig erklärten. [4] Elihu hatte bis jetzt
gezögert, Hiob etwas zu sagen, denn die
anderen waren älter als er. [5] Doch als er
merkte, dass sie nichts mehr zu entgeg-
nen wussten, packte ihn der Zorn. [6] Er
ergriff das Wort:

»Ich bin noch jung, und ihr seid alte Män-
ner, darum wagte ich es nicht, euch mein
Wissen mitzuteilen. [7] Ich dachte: ›Lass
erst die alten Männer sprechen, sie
schöpfen aus reicher Erfahrung!‹ [8] Doch
auf den Geist im Menschen kommt es
an, auf diese Gabe des Allmächtigen: Sie
allein gibt ihm Weisheit! [9] Nein, nicht nur
die Betagten sind weise; man muss nicht
im vorgerückten Alter sein, um zu be-
greifen, was richtig ist. [10] Und darum sage
ich: Hört mir zu! Jetzt will ich euch zei-
gen, was ich weiß! [11] Geduldig habe ich
euch zugehört und darauf gewartet, dass
ihr treffende Worte findet und Hiob eine
passende Antwort gebt. [12] Ich habe euer
Gespräch aufmerksam verfolgt – doch
keiner von euch konnte ihn zurecht-
weisen.

[13] Sagt jetzt nur nicht: ›Natürlich sind wir
weise – doch ihn widerlegen, das soll
Gott tun, nicht ein Mensch!‹ [14] Hiobs Re-
den waren nicht gegen mich gerichtet,
und nicht mit euren Worten werde ich
ihm begegnen. [15] Ihr seid am Ende, ihr
habt nichts mehr zu sagen, euch fehlen
die Worte! [16] Soll ich etwa noch länger
warten, nur weil ihr euch in Schweigen
hüllt, weil ihr dasteht und euch die Worte
fehlen? [17] Nein, jetzt bin ich an der Reihe!
Ich will Hiob Antwort geben aus meinem
reichen Wissensschatz! [18] Denn ich kann
meine Gedanken nicht länger zurückhal-
ten, die Worte sprudeln aus mir heraus[a].
[19] Es gärt in mir wie neuer Wein im fest
verschlossenen Lederschlauch: Ich platze
fast! [20] Ich muss jetzt reden, dann wird
mir leichter! Ich kann den Mund nicht
länger halten! [21] Keinen von euch werde
ich bevorzugen, keinem nach dem Mun-
de reden, [22] nein, vom Schmeicheln halte
ich nichts! Sonst würde mich mein Schöp-
fer bald aus dem Leben reißen!«

Gott spricht auf mancherlei Weise

33 »Hiob, hör mir jetzt zu, gib Acht
auf das, was ich dir sage! [2] Meine

---

[a] Wörtlich: der Geist in mir drängt mich.

31,35–37 9,19; 13,3 **32,1** 2,11 **32,2** 19,6–7; 27,5–6 **32,3** 15,6; 22,4–5 **32,7** 12,12; 15,10

Rede will ich nun beginnen. Die Worte
liegen mir schon auf der Zunge. 3 Ich rede
mit aufrichtigem Herzen, klar und wahr,
sage nur das, was ich weiß. 4 Gottes Geist
hat mich geschaffen, der Atem des All-
mächtigen hat mir das Leben geschenkt.
5 Antworte mir nur, wenn du kannst, be-
reite dich vor, und tritt mir entgegen!
6 Schau: Vor Gott, da sind wir beide
gleich, auch ich bin nur von Lehm ge-
nommen so wie du. 7 Du brauchst keine
Angst vor mir zu haben, ich setze dich
nicht unter Druck!

8 Ich hörte zu, wie du geredet hast – und
ich habe die Worte noch im Ohr: 9 ›Rein
bin ich, ohne jede Sünde; unschuldig bin
ich, kein Vergehen lastet auf mir! 10 Doch
Gott erfindet immer neue Vorwürfe ge-
gen mich, er betrachtet mich als seinen
Feind! 11 Er legt meine Füße in Ketten,
überwacht mich auf Schritt und Tritt.‹
12 Doch ich muss dir sagen, Hiob, dass du
im Unrecht bist, denn Gott ist größer als
ein Mensch! 13 Warum beschwerst du dich
bei ihm, dass er auf Menschenworte kei-
ne Antwort gibt?

14 Gott spricht immer wieder, auf die eine
oder die andere Weise, nur wir Menschen
hören nicht darauf! 15 Gott redet durch
Träume, durch Visionen in der Nacht,
wenn tiefer Schlaf auf die Menschen fällt.
Sie liegen da und schlummern, 16 doch
dann erschreckt er sie mit seiner War-
nung, und sie hören aufmerksam zu.
17 Gott will sie abbringen von bösem Tun,
und ihren Hochmut will er ihnen austrei-
ben. 18 Er will sie vor dem Tod bewahren,
davor, dass ihr Leben unter seinem Rich-
terschwert ein jähes Ende findet.

19 Gott weist einen Menschen auch durch
Schmerzen zurecht, wenn er daliegt in
seinen Qualen 20 und sich vor jeder Speise
ekelt, selbst vor seinem Lieblingsgericht.
21 Seine Gestalt verfällt zusehends, man
kann alle seine Knochen zählen. 22 Er
steht schon mit einem Fuß im Grab, bald
holen ihn die Todesboten. 23 Doch wenn
ein Engel sich für ihn einsetzt, einer von
den Tausenden, die den Menschen sagen,
was richtig für sie ist, 24 wenn dieser Engel
Mitleid mit ihm hat und zu Gott sagt:
›Verschone ihn! Lass ihn nicht sterben!
Hier ist das Lösegeld!‹, 25 dann blüht er
wieder auf, wird gesund und frisch, er
wird stark wie damals in der Jugend.
26 Dann betet er zu Gott, und sein Gebet
wird gnädig angenommen. Mit lautem
Jubel tritt er hin vor ihn und dankt für
seine Rettung. 27 Offen bekennt er den
Menschen: ›Ich hatte gesündigt und das
Recht missachtet, doch Gott hat mir's
nicht angerechnet! 28 Er hat mich vor
dem sicheren Tod bewahrt, nun darf ich
weiterleben und sehe das Licht.‹

29 Das alles tut Gott mehr als einmal im
Leben eines Menschen, 30 um ihn vor
dem Tode zu bewahren und ihm die Le-
bensfreude zu erhalten.

31 Hör mir zu, Hiob, sei still und lass mich
reden! 32 Wenn du jetzt noch etwas zu sa-
gen hast, dann antworte mir! Rede nur,
denn ich würde dir gerne Recht geben.
33 Wenn du aber nichts mehr zu sagen
weißt, dann schweig und hör mir zu, ich
will dir zeigen, was Weisheit ist.«

Gott gibt jedem Menschen, was er verdient

34 Weiter sagte Elihu:
2 »Hört mir zu, ihr Weisen, ihr gelehrten
Männer! Achtet auf das, was ich sage!
3 Denn unser Ohr prüft die Worte, so wie
der Gaumen die Speise kostet. 4 Wir müs-
sen ein Urteil fällen, wir wollen gemein-
sam erkennen, was gut ist. 5 Denn Hiob
behauptet: ›Ich bin unschuldig, und doch
verweigert Gott mir mein Recht! 6 Ob-

33,4 12,10; 34,14–15; Ps 104,29; Pred 3,20 **33,6** 10,8–12 **33,9** 27,5–7* **33,10** 13,24; 16,9; 19,11 **33,11** 13,27 **33,21** 19,20 **33,27–28** Ps 85,3* **33,30** Ps 30,4 **33,33** 28,20–23 **34,5** 27,5–7* **34,6** 6,4; 16,12–14

wohl ich Recht habe, werde ich als Lügner hingestellt; trotz meiner Unschuld hat mich sein tödlicher Pfeil getroffen!‹ 7 Schaut euch Hiob an, wie er sich im Spott gefällt, 8 wie er mit den Übeltätern Freundschaft schließt und sich mit gottlosen Menschen einlässt! 9 Denn Hiob behauptet: ›Es nützt gar nichts, wenn ein Mensch versucht, Gott zu gefallen!‹

10 Hört mir zu, ihr klugen Männer: Sollte Gott jemals Böses tun? Nein, niemals! Der Allmächtige verdreht nicht das Recht! 11 Gott bestraft einen Menschen nur für seine eigenen Taten; jedem gibt er zurück, was er verdient. 12 Gott begeht kein Unrecht, das ist unvorstellbar! Der Allmächtige beugt niemals das Recht! 13 Er herrscht über Himmel und Erde, er hat sie geschaffen. Niemand steht über ihm! 14 Wenn er wollte, könnte er seinen Geist und seinen Lebensatem aus dieser Welt zurückziehen, 15 dann würde alles Leben mit einem Schlage sterben, und die Menschen zerfielen zu Staub! 16 Bist du wirklich weise, Hiob, dann hör jetzt genau zu, achte auf jedes Wort: 17 Kann einer regieren, wenn er das Recht mit Füßen tritt? Willst du Gott, den Gerechten, für schuldig erklären, ihn, den Allmächtigen? 18 Er ist es doch, der skrupellose Könige und gottlose Fürsten verurteilt. 19 Er ergreift nicht Partei für die Mächtigen, Hochgestellte zieht er den Armen nicht vor – er hat ja allen das Leben gegeben! 20 Die Fürsten sterben plötzlich, mitten in der Nacht; ihr Volk gerät in Aufruhr, und sie verschwinden. Ja, die Mächtigen werden beseitigt, doch nicht von Menschenhand. 21 Denn Gott sieht die Wege eines jeden und alles, was er unternimmt. 22 Es gibt keine Finsternis und keinen dunklen Ort, wo Übeltäter sich vor Gott verstecken könnten. 23 Er muss Menschen nicht erst lange verhören und sie zu sich laden vor Gericht – 24 nein, ohne Verhandlung stürzt er die Mächtigen und setzt andere an ihrer Stelle ein. 25 Er stürzt sie über Nacht und lässt sie zugrunde gehen, denn er weiß, was sie getrieben haben. 26 Er straft sie für ihre Vergehen, und das in aller Öffentlichkeit. 27 Denn diese Mächtigen wollten Gott nicht mehr gehorchen, seine Weisungen waren ihnen völlig gleichgültig. 28 Darum stieg der Hilfeschrei der Armen zu ihm empor – und er hörte ihn! 29 Aber wenn Gott schweigt, wer will ihn dann beschuldigen? Wenn er sich verbirgt, wer kann ihn noch erblicken? Und doch wacht er über den Völkern, ja, über der ganzen Menschheit; 30 er verhindert, dass ein gottloser Herrscher an die Macht kommt und sein Volk ins Unglück stürzt.

31 Der Mensch sollte zu Gott sagen: ›Ich bin schuldig geworden, aber ich will nichts Böses mehr tun! 32 Zeig mir die Sünden, die ich selbst nicht erkenne! Ich habe Unrecht begangen, doch ich will es nicht mehr tun!‹

33 Du aber weigerst dich umzukehren! Und wenn es nach dir ginge, sollte Gott dich dafür noch belohnen! Du musst eine Entscheidung treffen, nicht ich! Also, sag mir nun, was du weißt! 34 Wer noch einen Funken Verstand hat, wird mir zustimmen; jeder Weise, der mich hört, wird sagen: 35 ›Hiob plappert daher ohne Sinn und Verstand. Er weiß nicht, was er sagt!‹ 36 Ja, Gott soll Hiob weiter durch das Leiden prüfen, weil er ihm so unverschämt widerspricht! 37 Nicht genug, dass er Schuld auf sich lädt – er lehnt sich auch noch offen gegen Gott auf! Laut spottet er vor unseren Ohren und findet viele Worte gegen ihn.«

34,10–12 8,3; Ps 7,2* **34,11** 21,19–21; 5 Mo 24,16; Ps 79,8; Jer 31,29–30; Hes 18,2–4 **34,14–15** 12,10; 33,4; 1 Mo 2,7*; Ps 104,29; Pred 3,20 **34,21** Ps 26,2* **34,22** Ps 139,11–12 **34,24–25** Lk 1,52 **34,31–32** Ps 19,13

Dir selbst schadet deine Bosheit!

35 Elihu fuhr fort:
[2] »Du behauptest: ›Gott wird mich für unschuldig erklären!‹ Meinst du im Ernst, das sei richtig? [3] Denn du fragst: ›Was nützt es mir, wenn ich nicht sündige, was habe ich davon?‹ [4] Darauf kann ich dir die Antwort geben, dir und deinen Freunden hier:

[5] Schau zum Himmel empor, sieh dir die Wolken an – sie sind unerreichbar für dich! [6] Genauso wenig kann deine Sünde Gott erreichen; selbst wenn du dich offen gegen ihn stellst: ihn triffst du damit nicht! [7] Und umgekehrt: Bringt ihm dein tadelloses Leben irgendeinen Nutzen? Empfängt er damit eine Gabe aus deiner Hand? [8] Nein, deine Bosheit trifft nur deine Mitmenschen, und wenn du Gutes tust, hilft es nur ihnen!

[9] Laut stöhnen die Menschen unter der Last der Gewaltherrschaft, sie schreien nach Befreiung vom Joch der Tyrannei. [10] Doch keiner fragt nach Gott, nach seinem Schöpfer, der in der dunkelsten Stunde uns noch Hoffnung gibt[a]. [11] Keiner wendet sich an Gott, der uns belehrt und der uns weiser macht als alle Tiere draußen, klüger als die Vögel in der Luft. [12] Wenn Menschen um Hilfe schreien, weil die Bosheit siegt, wird Gott sie doch nicht hören. [13] Ja, sie rufen vergeblich; Gott erhört sie nicht, er beachtet sie nicht einmal. [14] Und wie viel weniger wird er dich hören, wenn du sagst, dass du ihn gar nicht siehst!

Warte geduldig, Hiob, dein Fall ist Gott bekannt! [15] Du meinst, dass er niemals zornig wird, dass er Verbrechen nicht bestraft, weil er von ihnen gar nichts weiß. [16] Und deshalb nimmst du den Mund hier so voll! Aber du machst bloß leere Worte, du redest viel und zeigst doch nur, wie unwissend du bist!«

Wer kann Gott begreifen?

36 Weiter sagte Elihu:
[2] »Hab Geduld mit mir und hör noch ein wenig zu! Ich will dir zeigen, dass man noch viel mehr zu Gottes Verteidigung sagen kann. [3] Mein Wissen ist umfassend, ich will meinem Schöpfer Recht verschaffen. [4] Ich sage dir die Wahrheit, vor dir steht ein Mann mit vollkommenem Wissen – darauf kannst du dich verlassen!

[5] Wie mächtig ist Gott! Und doch verachtet er keinen. Ja, mächtig ist er und voll Willenskraft. [6] Den Gottlosen lässt er nicht am Leben, doch dem Unterdrückten verhilft er zum Recht. [7] Wer ihm die Treue hält, den vergisst er nicht, nein, er stellt ihn Königen gleich, betraut ihn für immer mit einem hohen Amt. [8] Und wenn Menschen in Ketten liegen, elend gefangen, mit Stricken gefesselt, [9] dann redet er ihnen ins Gewissen, überführt sie von ihrer Schuld und aller Überheblichkeit. [10] Er macht sie bereit, auf seine Zurechtweisung zu hören, und sagt ihnen, sie sollen vom Unrecht ablassen. [11] Wenn sie Gott gehorchen und ihm dienen, werden sie ihre Lebensjahre glücklich und zufrieden verbringen. [12] Hören sie aber nicht auf ihn, verlieren sie ihr Leben unterm Schwert des Henkers; sie sterben ohne jede Einsicht. [13] Wer Gott verworfen hat, der ist bitter gegen ihn; er fleht nicht einmal dann um Gnade, wenn Gott die Fesseln enger zieht. [14] Und so stirbt er noch in jungen Jahren, verachtet wie Hurer, die sich in einem Tempel für ihren Gott verkaufen. [15] Doch wer sich vor Gott demütigt, den wird er aus dem Elend retten und ihm in der Not die Augen öffnen.

---

a Wörtlich: der Loblieder gibt in der Nacht.

35,2 27,5–7* **35,7** 22,2–3; 41,3; Röm 11,35 **35,14** 9,11; 23,8–9 **35,15** Pred 8,11–12 **36,6** Ps 140,13* **36,15** Spr 3,34; Jak 4,6.10; 1 Petr 5,5

16 Auch dich reißt Gott aus den Klauen
der Angst, er will dir wieder die Freiheit
schenken; dann füllen die besten Speisen
wie früher deinen Tisch. 17 Jetzt aber las-
tet das Urteil auf dir, das die Gottlosen
trifft; die strafende Gerechtigkeit lässt
dich nicht entkommen. 18 Pass auf, dass
dein Zorn dich nicht zum Spötter macht,
lass dich nicht durch Bestechungsgeld
verleiten! 19 Kannst du dich etwa selbst
aus der Bedrängnis retten? Niemals! Da-
zu reicht deine ganze Kraft nicht aus.
20 Wünsche dir auch nicht die Nacht her-
bei, in der ganze Völker verschwinden![a]
21 Sei auf der Hut und wende dich nicht
dem Bösen zu! Denn davor wollte dich
Gott durch das Leid ja gerade bewahren.

22 Halte dir Gottes große Kraft vor Au-
gen! Er ist der beste Lehrer, den es gibt!
23 Niemand schreibt ihm vor, was er zu
tun hat. Keiner könnte zu ihm sagen:
›Du hast Unrecht getan!‹ 24 Schon immer
haben die Menschen seine Taten besun-
gen, nun preise auch du ihn! 25 Alle Welt
sieht staunend seine Taten, doch man er-
blickt sie nur von ferne. 26 Wie mächtig ist
Gott, wie unbegreiflich! Wer kann seine
Jahre zählen?

27 Er lässt die Wassertropfen aufsteigen;
gereinigt gehen sie als Regen in die Flüsse
nieder. 28 Ja, aus den Wolken strömt der
Regen, auf viele Menschen kommt er he-
rab. 29 Wer versteht, wie Gott die Wolken
auftürmt und wie am Himmelszelt der
Donner kracht? 30 Sieh nur, wie Gott Licht
um sich verbreitet, die Meerestiefen aber
verbirgt er. 31 Er lässt die Regenwolken
kommen, so richtet er die Völker, aber zu-
gleich versorgt er sie reichlich mit Nah-
rung. 32 Den Blitzstrahl nimmt er fest in
beide Hände und befiehlt ihm dann, sein
Ziel zu treffen. 33 Donnergrollen kündigt
das Gewitter an, und selbst das Vieh spürt,
dass es kommt.

37 Auch mein Herz klopft vor Angst,
wenn das Gewitter naht; es schlägt
immer schneller. 2 Hört ihr, wie der Don-
ner rollt? Hört ihr Gottes Stimme? Welch
ein Grollen kommt aus seinem Mund!
3 Er lässt den Donner los – der ganze Him-
mel ist davon erfüllt, und seine Blitze zu-
cken weithin über die Erde! 4 Dann brüllt
der Donner; ja, Gottes mächtige Stimme
erklingt. Und wieder zucken die Blitze,
und wieder kracht der Donner. 5 Gott
lässt es donnern – seine Stimme überwäl-
tigt uns; er vollbringt große Wunder, die
wir nicht begreifen. 6 Zum Schnee sagt er:
›Fall zur Erde nieder!‹ und zum Regen:
›Werde zur Sturzflut!‹ 7 So hindert er uns
Menschen an der Arbeit,[b] damit wir alle
sehen, was er tut. 8 Die wilden Tiere ver-
kriechen sich und bleiben in ihren Höh-
len. 9 Aus seiner Kammer kommt der
Sturm, die Nordwinde bringen beißende
Kälte. 10 Der Atem Gottes lässt das Eis
entstehen, die weite Wasseroberfläche ist
erstarrt. 11 Er füllt die Wolken mit Wasser
und lässt seine Blitze hindurchzucken.
12 Die Wolken ziehen hin und her, wie er
sie lenkt; auf der ganzen Erde führen sie
aus, was Gott ihnen befiehlt. 13 Mal lässt
er sie zur Strafe kommen für ein Land,
mal als Zeichen seiner Güte.

14 Hör es dir an, Hiob! Steh still und den-
ke über Gottes Wundertaten nach!
15 Weißt du, wie er die Wolken lenkt und
wie er seine Blitze zucken lässt? 16 Weißt
du, wie die Wolken schweben, diese
Wunderwerke aus vollkommener Meis-
terhand? 17 Du schwitzt ja schon, wenn
die drückende Hitze des Südwinds auf
dem Land liegt. 18 Wie kannst du dann
Gott helfen, den blauen Himmel aus-
zubreiten, fest wie ein Spiegel, aus Bron-
ze gegossen?

19 Teile uns mit, was wir ihm sagen sollen!
Denn wir tappen im Dunkeln und kön-

---

[a] Die Verse 18–20 sind nicht sicher zu deuten.
[b] Wörtlich: Auf die Hand jedes Menschen setzt er sein Siegel.

36,24 Ps 92,2–4* **36,26** Ps 90,2; Jes 44,6 **37,2** Ps 29,3–9 **37,5** 5,19; Ps 40,6* **37,14** Ps 71,17; 77,12–21
37,18 9,8

nen unseren Fall nicht vorbringen. 20 Soll
es Gott verkündet werden, dass ich mit
ihm zu reden wünsche? Niemals! Ver-
langte je ein Mensch, von ihm verschlun-
gen zu werden? 21 Jetzt hat der Wind die
Wolken weggefegt, und die Sonne strahlt
so hell, dass niemand von uns in ihr Licht
schauen kann. 22 Von Norden naht ein
goldener Glanz. Gott kommt in furcht-
erregender Majestät. 23 Ihn, den Allmäch-
tigen, erreichen wir nicht. Gewaltig ist
seine Kraft, und er ist reich an Gerechtig-
keit. Niemals unterdrückt er das Recht!
24 Darum fürchtet ihn, ihr Menschen! Er
lässt sich von keinem blenden, wie weise
er auch ist!«

Gott antwortet Hiob

38 Dann aber redete Gott mit Hiob.
Er antwortete ihm aus dem Sturm:

2 »Wer bist du, dass du meine Weisheit an-
zweifelst mit Worten ohne Verstand?
3 Tritt mir gegenüber wie ein Mann, und
gib mir Antwort auf meine Fragen!

4 Wo warst du, als ich das Fundament der
Erde legte? Sag es doch, wenn du so viel
weißt! 5 Wer hat ihre Maße festgelegt und
wer die Messschnur über sie gespannt?
Du weißt es doch, oder etwa nicht? 6 Wo-
rin sind die Pfeiler der Erde eingesenkt,
und wer hat ihren Grundstein gelegt?
7 Damals sangen alle Morgensterne, und
die Engel jubelten vor Freude.

8 Wer schloss die Schleusentore, um das
Meer zurückzuhalten, als es hervorbrach
aus dem Mutterschoß der Erde? 9 Ich
hüllte es in Wolken und in dichtes Dun-
kel wie in Windeln; 10 ich setzte dem Meer
eine Grenze, schloss seine Tore und Rie-
gel 11 und sprach: ›Bis hierher sollst du
kommen und nicht weiter! Hier müssen
sich deine mächtigen Wogen legen!‹

12 Sag, hast du je das Tageslicht herbei-
gerufen und der Morgenröte ihren Weg
gewiesen? 13 Sie fasst die Erde bei den
Zipfeln und schüttelt die Übeltäter aus
ihrem dunklen Versteck. 14 In ihrem Licht
färbt die Erde sich bunt wie ein Kleid;
ihre Gestalt tritt hervor, deutlich wie ein
Siegelabdruck auf Ton. 15 Dann wird den
Übeltätern das schützende Dunkel[a] ge-
nommen, und ihr drohend erhobener
Arm wird zerbrochen.

16 Bist du hinab zu den Quellen des Mee-
res gereist, hast du den Abgrund des Oze-
ans durchwandert? 17 Haben sich dir die
Tore des Todes geöffnet, die den Eingang
ins dunkle Land verschließen? 18 Hast du
die Weiten der Erde überblickt? Sag es
mir, wenn du das alles weißt!

19 Woher kommt das Licht, und wie ge-
langt man dorthin? Woher kommt die
Finsternis? 20 Kannst du Licht und Dun-
kelheit an ihre Orte bringen, kennst du
den Weg zu ihrem Land? 21 Ganz gewiss,
denn du warst schon geboren, als ich sie
schuf, du lebst ja seit uralten Zeiten!

22 Hast du die Vorratskammern gesehen,
in denen ich Schnee und Hagel auf-
bewahre? 23 Ich spare sie auf für den Un-
glückstag, für Kriegszeiten und Schlacht-
getümmel. 24 Weißt du, wo das Licht
herkommt und von wo der Ostwind los-
zieht? Wie gelangt man dorthin?

25 Wer schafft den Regenfluten eine
Bahn, wer ebnet Blitz und Donner den
Weg, 26 damit Gewitterregen niedergehn
auf unbewohntes Land, über unweg-
same Wüsten, 27 damit die ausgedörrte
Steppe durchtränkt wird und frisches
Grün aus dem Boden sprießt? 28 Hat
der Regen einen Vater? Wer lässt den
Tau entstehen?

29 Wer bringt Eis und Frost hervor,
30 wenn das Wasser hart wird wie Stein,
wenn Seen und Flüsse zugefroren sind?

---

[a] Wörtlich: ihr Licht.

38,2 34,35; 42,3 **38,5** Spr 30,4; Jes 40,12 **38,11** 1 Mo 1,6–8; Ps 104,6–9; Jer 5,22 **38,22–23** Jos 10,11

31 Knüpfst du die Bänder des Sieben-
gestirns, kannst du den Gürtel des Orion
öffnen? 32 Lässt du die Sternbilder er-
scheinen, je nach Jahreszeit, bringst du
den großen und den kleinen Wagen he-
rauf? 33 Hast du die Gesetze des Himmels
entdeckt, und kannst du sie auf die Erde
übertragen?

34 Rufst du den Wolken einen Befehl zu,
damit sie Regen auf dich herabströmen
lassen? 35 Schleuderst du die Blitze in ihr
Ziel? Sagen sie: ›Wir stehen dir zu Diens-
ten‹? 36 Wer lässt die Wolken wohlgeord-
net ziehen? Wer bestimmt das Wetter
nach einem weisen Plan?[a] 37 Wer ist so
klug, dass er die Zahl der Wolken kennt?
Wer schüttet ihr Wasser auf die Erde nie-
der,[b] 38 wenn dort der Boden hart gewor-
den ist wie Eisen und die Schollen anei-
nander kleben?

39 Erjagst du die Beute für die Löwin,
stillst du den Hunger ihrer Jungen,
40 wenn sie in Höhlen sich verkriechen,
im Dickicht auf der Lauer liegen? 41 Wer
lässt den Raben Futter finden, wenn sei-
ne Jungen zu Gott schreien, wenn sie
hungrig und hilflos umherirren?

39 Kannst du mir sagen, wann die
Steinböcke werfen, schaust du zu,
wie die Hirschkühe kalben? 2 Zählst du
die Monate ihrer Tragezeit, und weißt
du, wann sie gebären? 3 Sie kauern nie-
der, bringen ihre Jungen zur Welt, und
dann hören ihre Wehen auf. 4 Ihre Jungen
wachsen in der Wildnis auf und werden
stark; sie ziehen fort und kehren nicht
mehr zurück.

5 Wer hat dem Wildesel die Freiheit gege-
ben, wer hat seine Fesseln gelöst? 6 Ich
gab ihm die Steppe als Lebensraum, die
Salzwüste als sein Gebiet. 7 Er lacht über
das Lärmen in der Stadt, die Schreie des
Treibers hört er nicht. 8 Er wählt sich das
Bergland als Weide aus und sucht dort
überall nach etwas Grünem.

9 Meinst du, der Wildstier würde dir frei-
willig dienen und über Nacht in deinem
Stall an der Krippe stehen? 10 Kannst du
ihn mit dem Pfluggeschirr in der Furche
halten, im Tal über dein Feld ihn eggen
lassen? 11 Kannst du dich auf seine gewal-
tige Kraft verlassen und ihm deine
schwere Arbeit aufbürden? 12 Vertraust
du ihm, dass er deine Ernte einbringt
und sie zu deinem Dreschplatz zieht?

13 Fröhlich schlägt die Straußenhenne mit
den Flügeln, doch sie sind nicht zu ver-
gleichen mit den Schwingen und Federn
eines Storches. 14 Sie lässt ihre Eier auf
der Erde liegen, damit der heiße Sand
sie wärmt. 15 Dass ein Mensch sie zertre-
ten, dass Tiere sie zertrampeln könnten –
so weit denkt sie nicht. 16 Herzlos behan-
delt sie die Jungen, als wären es nicht ihre
eigenen. Und wenn ihre Mühe vergeblich
war, kümmert sie das nicht. 17 Denn ich
habe ihr die Weisheit versagt; von Klug-
heit findet sich bei ihr keine Spur! 18 Doch
wenn sie ihre Flügel ausbreitet und los-
rennt, läuft sie jedem Reiter davon.

19 Sag, hast du das Pferd so stark gemacht,
schmückst du seinen Hals mit einer Mäh-
ne? 20 Wie es zum Sprung ansetzt! Hast
du ihm die Kraft gegeben? Sein gewalti-
ges Schnauben ist furchterregend. 21 Es
stampft auf den Boden, freut sich über
seine Kraft und jagt dann der Schlacht
entgegen. 22 Es lacht über die Angst,
fürchtet nichts und schreckt vor dem
feindlichen Schwert nicht zurück. 23 Der
Köcher klirrt an seiner Seite, Schwert
und Lanze blitzen. 24 Wild und ungestüm
fliegt es dahin; sobald das Signal ertönt,
gibt es kein Halten mehr. 25 Beim Klang
der Hörner wiehert es laut, wittert den
Kampf schon von ferne; es hört, wie die

---

[a] Der hebräische Text in Vers 36 ist nicht sicher zu deuten.
[b] Wörtlich: Wer kippt die Krüge des Himmels um.

38,31 9,9 **38,35** 36,32 **38,39–41** Ps 104,27–28; 147,9 **39,13–16** Klgl 4,3

Anführer Befehle schreien und wie der
Schlachtruf ertönt.

26 Breitet der Falke seine Schwingen aus,
um nach Süden zu fliegen, weil du den
Wandertrieb in ihn gelegt hast?
27 Schwingt sich der Adler auf deinen Be-
fehl so hoch empor und baut in der Höhe
sein Nest? 28 Oben im Felsen haust er und
baut auf Bergzacken seinen Horst wie ei-
ne Festung. 29 Von dort erspäht er seine
Beute, seine Augen entdecken sie von
weitem. 30 Schon seine Jungen gieren
nach Blut; wo Leichen liegen, da ist er
zur Stelle.«

Herr, ich kann dir nichts erwidern!

40 Der Herr fragte Hiob:

2 »Willst du weiter mit mir streiten, mich,
den Allmächtigen, immer noch tadeln?
Du hast mich angeklagt, nun steh mir Re-
de und Antwort!«

3 Darauf antwortete Hiob nur:

4 »Herr, ich bin zu gering, ich kann dir
nichts erwidern; darum lege ich jetzt die
Hand auf den Mund. 5 Einmal habe ich
geredet und dann noch einmal – aber ich
will es nicht wieder tun; ich habe schon zu
viel gesagt!«

Gottes Antwort: Besitzt du Macht, wie ich sie habe?

6 Da sprach Gott zu Hiob aus dem Sturm:

7 »Tritt mir gegenüber wie ein Mann, und
antworte auf meine Fragen! 8 Willst du
mein Urteil widerlegen und mich schul-
dig sprechen, nur damit du recht be-
hältst? 9 Besitzt du Macht wie ich, kannst
du mit gleicher Stimme donnern? 10 Dann
schmück dich mit Würde und Macht, be-
kleide dich mit Pracht und Majestät!
11 Dann lass deinen Zorn losbrechen, fin-
de jeden stolzen Menschen heraus und
erniedrige ihn! 12 Spür jeden Überhebli-
chen auf, und zwing ihn in die Knie, tritt
die Gottlosen an Ort und Stelle nieder!
13 Verscharre sie alle in der Erde, zieh
das Leichentuch über ihr Gesicht[a]!
14 Dann will ich der Erste sein, der dich
preist, weil du mit eigener Hand den Sieg
errungen hast!«

Zwei Beispiele für Gottes Macht und Weisheit

15 »Schau dir den Behemot[b] an, den ich
geschaffen habe wie auch dich! Er frisst
Gras wie ein Rind. 16 Wie stark sind seine
Lenden, welche Kraft hat er in den Mus-
keln seines Bauches! 17 Er macht seinen
Schwanz steif wie eine Zeder, dicht ver-
flochten sind die Sehnen an den Schen-
keln. 18 Seine Knochen sind fest wie
Bronzeröhren, seine Rippen gleichen Ei-
senstangen. 19 Unter meinen Werken
nimmt er den ersten Platz ein, und nur
ich, sein Schöpfer, kann das Schwert ge-
gen ihn ziehen. 20 Auf den Hügeln wächst
das Gras, sein Futter, und die wilden Tie-
re spielen neben ihm. 21 Er liegt unter Lo-
tusbüschen, versteckt sich im Schilf und
im Sumpf. 22 Die Lotusbüsche verbergen
ihn und spenden ihm Schatten, bei den
Pappeln am Ufer findet er Schutz.
23 Schwillt der Fluss mächtig an – ihm
wird nicht bange; er bleibt ruhig, selbst
wenn der Jordan ihm ins Maul flutet.
24 Meinst du, ein Mensch kann dieses Tier
von vorne packen, es fangen und ihm
einen Ring durch die Nase ziehen?

25 Kannst du den Leviatan[c] am Angelha-
ken aus dem Wasser ziehen oder seine
Zunge mit einem Seil hinunterdrücken?
26 Kannst du ihm einen Strick durch die
Nase ziehen oder sein Kinn mit einem

---

a Wörtlich: binde ihr Gesicht im Verborgenen.
b Ein Riesentier, möglicherweise einem Nilpferd ähnlich.
c Ein Riesentier, dem Krokodil ähnlich.

40,2 13,18; Jes 45,9* **40,7** 38,3 **40,8** 18,4; Ps 51,6 **40,9** 37,2 **40,10** Ps 96,5–6 **40,25 – 41,2** Jes 27,1*

Haken durchstechen? 27 Meinst du, er wird dann um Gnade winseln und dich mit Worten umschmeicheln? 28 Meinst du, er wird sich dir ergeben, und du kannst ihn für immer als Knecht behalten? 29 Was willst du mit ihm tun? Ihn anbinden und wie einen Vogel halten, ihn deinen Mädchen zum Spielen geben? 30 Meinst du, die Jäger könnten jemals um seine besten Stücke feilschen und sie an Händler verkaufen? 31 Kannst du seinen Panzer mit Harpunen spicken oder mit Fischerhaken seinen Kopf? 32 Versuch es nur, mit ihm zu kämpfen! Daran wirst du noch lange denken und es nicht noch einmal wagen!

41 Trügerisch ist jede Hoffnung, ihn zu fangen; sein bloßer Anblick wirft dich schon zu Boden! 2 Wenn es niemand wagen kann, ihn auch nur zu reizen, wer will dann mir erst gegenübertreten?

3 Wer hat mir jemals etwas gegeben, das er nun von mir zurückfordern könnte? Mir gehört die ganze weite Welt. 4 Ich will dir den Leviatan beschreiben, seine Stärke und die Schönheit seiner Gestalt: 5 Wer ist in der Lage, ihm den Panzer auszuziehen, wer wagt es, ihm zwischen die Zähne zu greifen? 6 Wer kann das Tor seines Mauls aufbrechen, verteidigt von den fürchterlichen Zähnen? 7 Und schau dir seinen Schuppenpanzer an: wie eine Reihe von Schilden, fest miteinander verbunden! 8 Eine Schuppenplatte sitzt neben der anderen, kein Lufthauch geht zwischen ihnen hindurch! 9 Sie hängen fest aneinander und sind so eng verbunden, dass niemand sie auseinander reißen kann. 10 Licht blitzt auf, wenn er schnaubt, und seine Augen funkeln wie die ersten Sonnenstrahlen. 11 Aus seinem Rachen schießen Feuerflammen, und die Funken sprühen. 12 Aus seinen Nüstern quillt der Rauch wie aus einem Kessel über dem Feuer. 13 Sein Atemstoß setzt *Kohlen in Brand, eine* Flamme schießt aus seinem Rachen hervor. 14 Sein Nacken strotzt vor Kraft; wo dieses Ungeheuer hinkommt, da geht die Angst voraus. 15 Die Hautfalten am Bauch sind fest und straff, als wären sie gegossen. 16 Seine Brust ist hart wie Stein, ja, so fest wie ein Mühlstein. 17 Wenn sich der Leviatan erhebt, geraten selbst Helden in Angst und Schrecken und wissen nicht mehr aus noch ein. 18 Jeder Schwerthieb gegen ihn bleibt ohne Wirkung; Speer, Pfeil und Lanze prallen ab. 19 Waffen aus Eisen fürchtet er nicht mehr als einen Strohhalm, und Bronze ist für ihn wie morsches Holz. 20 Mit Pfeilen lässt er sich nicht in die Flucht jagen, Schleudersteine hält er bloß für Grashälmchen 21 und eine Keule für dürres Stroh. Er kann nur lachen, wenn die Speere auf ihn sausen. 22 Unter seinem Bauch ragen Zacken hervor; sie lassen Spuren im Schlamm zurück, als wäre ein Dreschschlitten darüber gefahren. 23 Er lässt die Tiefe brodeln wie kochendes Wasser, das Meer wallt auf wie Salbe im Kochtopf. 24 Er hinterlässt eine glitzernde Spur; man denkt, das Meer hätte silbernes Haar. 25 Keiner auf der Erde reicht an ihn heran – er ist ein Geschöpf, das Furcht nicht kennt. 26 Selbst auf die Größten sieht er herab, er, der König aller stolzen Tiere!«

Hiobs letztes Wort

42 Da antwortete Hiob:

2 »Herr, ich erkenne, dass du alles zu tun vermagst; nichts und niemand kann deinen Plan vereiteln. 3 Du hast gefragt: ›Wer bist du, dass du meine Weisheit anzweifelst mit Worten ohne Verstand?‹ Ja, es ist wahr: Ich habe von Dingen geredet, die ich nicht begreife, sie sind zu hoch für mich und übersteigen meinen Verstand. 4 Du hast gesagt: ›Hör mir zu, jetzt rede ich, ich will dich fragen, und du sollst mir antworten!‹ 5 Herr, ich kannte dich nur vom Hörensagen, jetzt aber habe ich dich

---

41,3 35,7; Röm 11,35 **41,4–26** Jes 27,1* **42,2** 1 Mo 18,14; Jer 32,17.27; Sach 8,6; Lk 1,37 **42,3** 38,2 **42,4** 38,3; 40,7 **42,5–6** 19,26–27; 40,4–5

mit eigenen Augen gesehen! 6 Darum wi-
derrufe ich meine Worte, ich bereue in
Staub und Asche!«

Gott stellt sich hinter Hiob

7 Nachdem der Herr dies alles zu Hiob
gesagt hatte, wandte er sich an Elifas aus
Teman: »Ich bin voller Zorn über dich
und deine beiden Freunde, ihr habt nicht
die Wahrheit über mich gesagt, so wie
mein Diener Hiob es tat! 8 Bringt nun sie-
ben junge Stiere und sieben Schafböcke,
geht damit zu meinem Diener Hiob, und
bringt sie als Brandopfer dar! Hiob soll
für euch beten, denn nur ihn will ich er-
hören und euch um seinetwillen nichts
Böses tun. Denn ihr habt nicht wie er die
Wahrheit über mich gesagt.«

9 Da taten Elifas aus Teman, Bildad aus
Schuach und Zofar aus Naama, was
ihnen der Herr befohlen hatte. Und Gott
erhörte Hiobs Gebet.

10 Als Hiob für seine Freunde betete, da
wendete der Herr für ihn alles zum Gu-
ten. Er gab ihm doppelt so viel, wie er
früher besessen hatte. 11 Alle seine Brü-
der und Schwestern und die früheren Be-
kannten besuchten ihn wieder. Sie aßen
mit ihm in seinem Haus und trösteten
ihn wegen des Unglücks, das der Herr
über ihn gebracht hatte. Jeder schenkte
ihm ein Silberstück und einen Ring aus
Gold.

12 Der Herr segnete Hiob von jetzt an
mehr als zuvor. Bald besaß er 14 000
Schafe und Ziegen, 6000 Kamele, 1000
Rindergespanne und 1000 Esel. 13 Er be-
kam auch wieder sieben Söhne und drei
Töchter. 14 Die erste nannte er Jemima
(»Täubchen«), die zweite Kezia (»Zimt-
blüte«) und die dritte Keren-Happuch
(»Schminkdöschen«). 15 Im ganzen Land
gab es keine schöneren Frauen als Hiobs
Töchter; sie durften mit ihren Brüdern
das Erbe teilen.

16 Hiob lebte noch 140 Jahre, er sah
Kinder und Enkel bis in die vierte Gene-
ration. 17 Schließlich starb er in hohem
Alter nach einem reichen und erfüllten
Leben.

42,7 2,11; 13,7–10 **42,10** 1,3; Jak 5,11 **42,11** 19,13–19 **42,13–15** 1,2 **42,16–17** 1 Mo 25,8; 35,28–29

Die Psalmen

Entweder – oder!

1 Glücklich ist, wer nicht lebt wie Menschen, die von Gott nichts wissen wollen. Glücklich ist, wer sich kein Beispiel an denen nimmt, die gegen Gottes Willen verstoßen. Glücklich ist, wer sich fern hält von denen, die über alles Heilige herziehen.
2 Glücklich ist, wer Freude hat am Gesetz des Herrn und darüber nachdenkt – Tag und Nacht.
3 Er ist wie ein Baum, der nah am Wasser steht, der Frucht trägt jedes Jahr und dessen Blätter nie verwelken. Was er sich vornimmt, das gelingt.

4 Ganz anders ergeht es allen, denen Gott gleichgültig ist: Sie sind wie dürres Laub[a], das der Wind verweht.
5 Vor Gottes Gericht können sie nicht bestehen. Weil sie ihn abgelehnt haben, sind sie von seiner Gemeinde ausgeschlossen.
6 Der Herr sorgt für alle, die nach seinem Wort leben. Doch wer sich ihm trotzig verschließt, der läuft in sein Verderben.

Gottes Sohn: Der König über die Könige

2 Warum geraten die Völker in Aufruhr? Warum schmieden sie Pläne, die doch zu nichts führen?
2 Die Mächtigen dieser Welt rebellieren: Sie verschwören sich gegen Gott und den König, den er eingesetzt hat.[b]
3 »Kommt, wir wollen uns befreien«, sagen sie, »wir schütteln seine Herrschaft ab!«
4 Aber Gott im Himmel kann darüber nur lachen, nichts als Spott hat er übrig für sie.
5 Dann stellt er sie voller Zorn zur Rede und versetzt sie in Angst und Schrecken.
6 Er spricht: »Ich selbst habe meinem König die Herrschaft übertragen! Er regiert in Zion, in der Stadt, die ich erwählt habe.«

7 Und dieser König verkündet:[c] »Ich gebe bekannt, was Gott beschlossen hat. Er hat zu mir gesagt: ›Du bist mein Sohn, heute setze ich dich zum König ein[d].
8 Fordere von mir die ganze Erde, und ich gebe sie dir zum Besitz. Alle Völker gehören dir.
9 Zerschlage sie mit eisernem Herrscherstab, zerbrich sie wie Tongeschirr!‹«
10 Darum, ihr Herrscher, nehmt Vernunft an, lasst euch warnen, ihr Mächtigen der Welt!
11 Unterwerft euch dem Herrn und erkennt seine Herrschaft an! Jubelt ihm zu, auch wenn ihr zittert!
12 Erweist seinem Sohn die Ehre, die ihm zusteht![e] Sonst trifft euch sein Zorn, und ihr seid verloren; denn schnell wird er zornig. Aber wenn ihr ihm vertraut, werdet ihr sicher und geborgen sein.

---

[a] Wörtlich: wie Spreu.
[b] Das hebräische Wort heißt »Messias« (= der gesalbte König).
[c] Sinngemäß eingefügt.
[d] *Wörtlich: heute habe ich dich gezeugt.* – Bildlicher Ausdruck für die Einsetzung des Königs in sein Amt.
[e] Wörtlich: Küsst den Sohn!

1,1 34,12–16; Spr 4,14 **1,2** Jos 1,8 **1,3** 92,13–15 **2,1–2** Apg 4,25–27; Jes 9,6* **2,6** 110,1–2; 1 Kön 8,20–30* **2,7** 2 Sam 7,14*; Apg 13,32–38; Hebr 1,4–5; 5,5 **2,10–12** 72,8–11

Fragen an Gott

Lesen Sie Hiob 42,1-17

Wenn wir uns Hiob und andere Personen aus der Bibel ansehen, die auf Gott zornig waren, wird deutlich, dass Gott ihren Zorn nicht verurteilt. Er lässt sich mit diesen Menschen auf ein Gespräch ein und hilft ihnen, mit ihrer Wut fertigzuwerden. Das bedeutet jedoch nicht, dass Gott ausführlich erklärt, warum guten Menschen schlimme Dinge zustoßen. Das Buch Hiob ist ein langes Gespräch zwischen Hiob und seinen „Freunden" einerseits und zwischen Hiob und Gott. Zusammenfassend kann man sagen, dass die Freunde Hiob beschuldigten, etwas Falsches getan zu haben. Sie behaupteten, seine Tragödie sei Gottes Gericht für seine Sünden. Hiob aber bestand darauf, dass dies nicht der Fall war.

Nachdem Gott sich Hiobs zornige Äußerungen verständnisvoll angehört hatte, antwortete er ihm, ohne ihn zu verurteilen. Gott zeigte Hiob, dass seine Wege für die Menschen nicht immer verständlich sind. Er erinnerte ihn daran, dass er der allmächtige Schöpfer und Erhalter aller Dinge ist und letztendlich ein gerechter Gott, dem man vertrauen kann.

Hiobs letzte Antwort lautete, dass er Gott vertrauen wollte, auch wenn er ihn nicht verstand. Durch diese Erfahrung hindurch vertiefte sich Hiobs Beziehung zu Gott, und er kam zu dem Schluss: „Herr, ich kannte dich nur vom Hörensagen, jetzt aber habe ich dich mit eigenen Augen gesehen!" (Hiob 42,5).

Nehmen Sie sich Zeit, um allein oder als Paar gemeinsam zu beten. Bitten Sie Gott ...

- dass Sie sich Ihrer Gefühle ihm gegenüber klar werden können;
- dass Sie ihm vertrauen können, auch wenn Sie sein Handeln nicht verstehen;
- dass er Ihre Beziehung zu ihm vertieft.

Wenn Sie noch mehr Zeit haben ...

Besprechen Sie miteinander folgende Fragen oder denken Sie darüber nach:

- Wie können Sie sich Gott am besten mit Ihrem Zorn oder Ihren Fragen nähern?
- Wann sollte man damit aufhören, Gott Fragen zu stellen oder zornig auf ihn zu sein?
- Wenn jemand etwas Schweres erlebt, helfen ihm dann Erklärungen, warum das geschehen ist? Begründen Sie Ihre Meinung.

Lesen Sie auch den folgenden Abschnitt zum Thema Fragen an Gott: Philipper 2,12-13.

Tiefe Gemeinschaft

Lesen Sie Psalm 1,1-6

Psalm 1,1-2 macht deutlich, dass die Verbindung mit einem falschen Partner verheerende Auswirkungen auf Ihr geistliches Wachstum haben kann. Mit dem richtigen Partner verbunden zu sein, kann dagegen eine tiefe Gemeinschaft bewirken, die Ihr geistliches Wachstum fördert. Was könnte besser sein als ein Partner, der gemeinsam mit Ihnen eine intensive Beziehung zu Gott lebt?

Wie aber gelangen Sie zu einer so tiefen Gemeinschaft mit Ihrem Ehepartner? Es kann durch ganz einfache Dinge geschehen: zum Beispiel, wenn Sie sich über die Sonntagspredigt austauschen und sich gegenseitig mitteilen, was davon Sie in Ihrem Alltag umsetzen möchten.

Oder Sie geben dem anderen Anteil daran, was Sie in Ihrer persönlichen Stillen Zeit mit Gott in der Bibel gelesen haben. Allerdings sollten Sie Ihrem Partner dabei keine Predigt halten. Erzählen Sie ihm oder ihr einfach nur, was Sie entdeckt haben, nicht was er oder sie Ihrer Meinung nach verändern sollte. Auch das gemeinsame Gebet kann die geistliche Gemeinschaft aufbauen, selbst wenn Sie sich nur an den Händen halten und jeder für sich still betet. Wenn sich Ihre Hände miteinander verbinden, verbinden sich auch Ihre Herzen. Gemeinsam vor Gott zu treten, schenkt Ihnen eine tiefe, innige Gemeinschaft.

Nehmen Sie sich Zeit, um allein oder als Paar gemeinsam zu beten. Danken Sie Gott für Ihren Mann/Ihre Frau und dafür, dass er Ihnen geistliche Gemeinschaft schenken möchte. Bitten Sie ihn, dass er Ihnen dabei hilft, Ihre geistliche Gemeinschaft miteinander und mit ihm aufzubauen oder weiter zu fördern.

Wenn Sie noch mehr Zeit haben …

Besprechen Sie miteinander folgende Fragen oder denken Sie darüber nach:

- Auf welche Weise fördern Sie die geistliche Gemeinschaft mit Ihrem Ehepartner?
- Auf welche Weise fördert Ihr Ehepartner die geistliche Gemeinschaft mit Ihnen?
- Worin besteht der Unterschied zwischen einem Gedankenaustausch mit Ihrem Partner und dem „Anpredigen“ des Partners?

Lesen Sie auch die folgenden Abschnitte zum Thema Geistliche Gemeinschaft:
Psalm 23,1-6; Johannes 4,23-24; Kolosser 3,16-17.

Den nächsten Impuls finden Sie auf S. 622 a

Gejagt – und doch geborgen!

3 Ein Lied König Davids aus der Zeit, als er vor seinem Sohn Absalom fliehen musste.

2 O Herr, überall bedrängen mich Feinde! So viele haben sich gegen mich verschworen.
3 Sie spotten: »Der ist erledigt! Selbst Gott kann ihm nicht mehr helfen!«

4 Aber du, Herr, nimmst mich in Schutz. Du stellst meine Ehre wieder her und verhilfst mir zu meinem Recht[a].
5 Ich schreie zum Herrn: »Hilf mir doch!« Er hört mich in seinem Heiligtum und antwortet mir.
6 Darum kann ich beruhigt einschlafen, denn ich weiß: Gott beschützt mich.
7 Ich fürchte mich nicht vor meinen Feinden, auch wenn sie mich zu Tausenden umzingeln.
8 Greif ein, mein Gott! Weil du mir schon oft geholfen hast, weiß ich auch jetzt: Du wirst meinen Feinden ins Gesicht schlagen und ihre Kraft zerbrechen.[b]
9 Ja, der Herr lässt uns niemals im Stich. Herr, schenke deinem Volk Frieden und Glück!

Freude im Leid

4 Ein Lied Davids. Mit Saiteninstrumenten zu begleiten.

2 O Gott, hörst du nicht meinen Hilfeschrei? Du bist es doch, der für mich eintritt, der mich verteidigt! Als ich vor Angst gelähmt nicht mehr weiterwusste, hast du mir den rettenden Ausweg gezeigt. So hilf mir auch jetzt und erhöre mein Gebet!

3 Ihr Mächtigen im Land, ihr missbraucht euren Einfluss. Ihr zieht meine Ehre in den Dreck und verbreitet Lügen. Ihr habt Freude daran, mich zu verleumden. Wann hört ihr endlich auf damit?
4 Begreift doch: Wer Gott die Treue hält, steht unter seinem besonderen Schutz. Er hört mich, wenn ich zu ihm rufe.
5 Plant nichts Böses mehr gegen mich, auch wenn ihr zornig seid! Nehmt euch Zeit, besinnt euch und gebt endlich Ruhe!
6 Wenn ihr Gott Opfer bringt, dann denkt daran, dass er euer Herr ist, und vertraut ihm!
7 Viele jammern: »Wann wird es uns endlich besser gehen? Herr, lass uns deine Nähe erfahren, damit wir wieder aufatmen können!«

8 Und wirklich: Du hast mich wieder froh gemacht. Während andere sich nur über eine reiche Ernte freuen können, ist meine Freude viel größer.
9 Ich kann ruhig schlafen, auch wenn kein Mensch zu mir hält, denn du, Herr, beschützt mich.

Gott steht auf meiner Seite

5 Ein Lied Davids. Mit Flötenbegleitung zu singen.

2 Höre doch, Herr, was ich dir sagen will; auch wenn ich nur noch seufzen kann, höre mir zu!
3 Du bist mein König und mein Gott, zu dir schreie ich, dich flehe ich an!
4 Schon früh am Morgen bringe ich dir ein Opfer und bete, weil ich weiß: du hörst mich. Gib mir doch Antwort!

5 Zum Unrecht kannst du nicht schweigen. Die Gottlosen duldest du nicht in deiner Nähe:
6 Wer dich hochmütig verspottet, den stößt du von dir. Wer deinen Willen missachtet, den kannst du nicht ausstehen.

---

a Wörtlich: und hebst mein Haupt empor.
b Wörtlich: Du schlägst meinen Feinden ins Gesicht und brichst ihnen die Zähne aus.

3,1 2 Sam 15,13–14 **3,5** 20,3; 28,2; 1 Kön 9,3* **3,6** 4,9 **3,7** 23,4–5; 27,3 **3,8–9** 22,20–22; Jes 43,11 **4,4** 17,6* **4,7** 27,8 **4,9** 3,6 **5,4** 17,6*

7 Lügner, Mörder und Heuchler bringst du um, sie ekeln dich an!

8 Ich aber darf zu dir kommen, denn in deiner großen Gnade hast du mich angenommen. Voller Ehrfurcht bete ich dich in deinem Heiligtum an.
9 Zeige denen, die mich verleumden, dass du zu mir stehst! Auch ich will dir treu sein – hilf mir, nach deinen Maßstäben zu leben!

10 Was meine Feinde von sich geben, ist nichts als Lüge. Schlecht und verlogen wie sie sind, können sie gar nicht anders: sie bringen Tod und Untergang.[a]
11 Herr, rechne mit ihnen ab! Bringe das Unheil über sie, das sie anderen zugefügt haben! Verstoße sie! Nichts, gar nichts ist ihnen heilig; sogar gegen dich lehnen sie sich auf.

12 Doch alle, die dir vertrauen, werden sich freuen und dich loben, denn bei dir sind sie geborgen. Wer dich liebt, wird jubeln vor Freude.
13 Wer dir treu bleibt, den beschenkst du mit Frieden und Glück, den umgibst du mit deiner schützenden Liebe.

Herr, strafe mich nicht länger!

6 Ein Lied Davids, mit achtsaitigem Instrument zu begleiten.

2 Herr, du lässt mich deinen Zorn spüren. Ich flehe dich an: Strafe mich nicht länger!
3 Hab Erbarmen mit mir, Herr, ich kann nicht mehr! Gib mir wieder Kraft und neuen Mut, ich bin völlig erschöpft!
4 Ich weiß weder aus noch ein. Herr, wie lange willst du noch zusehen?
5 Wende dich mir wieder zu! Hilf mir! Du bist doch ein barmherziger Gott. Sei mir gnädig und rette mich!
6 Wenn ich tot bin, kann ich dir nicht mehr danken. Wie soll ich dich denn im Totenreich loben?

7/8 Ach, ich bin müde vom Stöhnen. Nachts weine ich wie ein Kind, bis die Kissen durchnässt und meine Augen ganz verquollen sind. Daran sind nur meine Feinde schuld, sie haben mich in die Enge getrieben.
9 Niederträchtig und gemein seid ihr! Verschwindet, denn der Herr hat meine Tränen gesehen!
10 Er hat mein Schreien gehört und mein Gebet angenommen.
11 Meine Feinde ziehen den Kürzeren und geben auf. Schämen müssen sie sich!

Wer anderen eine Grube gräbt ...

7 Ein Klagelied Davids. Er trug es dem Herrn vor, als er unter den Anschuldigungen des Benjaminiten Kusch zu leiden hatte.

2 Herr, mein Gott, bei dir suche ich Schutz. Bring mich in Sicherheit vor meinem Verfolger! Rette mich doch,
3 sonst bin ich ihm hilflos ausgeliefert, und er zerfleischt mich wie ein Löwe.

4 Herr, mein Gott, wenn das zutrifft, was er mir vorwirft: wenn ich wirklich anderen Unrecht getan habe,
5 wenn ich das Vertrauen meines Freundes missbrauchte, oder wenn ich den beraubte, der mich grundlos in die Enge trieb,
6 dann soll mein Feind mich verfolgen, mich einholen und niedertreten. Dann habe ich diesen ehrlosen Tod verdient!

7 Greif ein, Herr! Strafe sie in deinem Zorn! Stelle dich meinen Feinden entgegen, denn sie wüten gegen mich! Komm und hilf mir! Recht muss doch Recht bleiben!

---

[a] Wörtlich: Ihre Kehle ist ein offenes Grab.

5,10 Röm 3,10.13 **6,5** 145,8; 5 Mo 4,31 **6,6** 30,10; 88,11–13; 115,17; Hiob 3,13; 14,12–14; Jes 38,18 **6,10** 17,6*

8 Versammle alle Völker um dich zum
Gericht, du hast das letzte Wort.
9 Herr, du richtest die Völker. Vor aller
Öffentlichkeit verschaffe mir Recht,
denn du weißt, dass ich unschuldig bin.
Grundlos werde ich beschuldigt.
10 Mach doch Schluss mit der Bosheit der
Bösen und richte den wieder auf, der dei-
nen Willen tut! Du, Gott, bist unbestech-
lich, und niemand kann dich täuschen!

11 Ja, Gott beschützt mich; er rettet den,
der offen und ehrlich ist.
12 Gott ist ein gerechter Richter, ein Gott,
der noch heute strafen kann!

13 Schon wieder schärft mein Feind sein
Schwert, er spannt seinen Bogen und
zielt auf mich.
14 Doch seine tödlichen Pfeile treffen ihn
selbst; was mir den Tod bringen sollte,
wird nun ihm zum Verhängnis.
15 Er brütet Böses aus und richtet Unheil
an. Aber bald merkt er, dass er sich damit
nur selbst betrogen hat!
16 Denn wer anderen eine Grube gräbt,
fällt selbst hinein.
17 Das Unheil, das er anderen bereitet
hat, bricht nun über ihn herein; er wird
zum Opfer seiner eigenen Bosheit.

18 Den Herrn will ich loben, denn er sorgt
für mein Recht. Ihm, dem höchsten Gott,
will ich ein Danklied singen!

Die Krone der Schöpfung

8 Ein Lied Davids, zum Spiel auf der
Gittit[a].

2 Herr, unser Herrscher! Groß und herr-
lich ist dein Name. Himmel und Erde
sind Zeichen deiner Macht.
3 Aus dem Mund der Kinder erklingt dein
Lob. Es ist stärker als das Fluchen deiner
Feinde. Erlahmen muss da ihre Rach-
sucht, beschämt müssen sie verstummen.

4 Ich blicke zum Himmel und sehe, was
deine Hände geschaffen haben; den
Mond und die Sterne – allen hast du ihre
Bahnen vorgezeichnet.
5 Was ist da schon der Mensch, dass du an
ihn denkst? Wie klein und unbedeutend
ist er, und doch kümmerst du dich um
ihn.[b]
6 Ja, du hast ihm eine hohe Stellung gege-
ben – nur wenig niedriger als die Engel.
Mit Ruhm und Ehre hast du ihn gekrönt.
7 Du hast ihm den Auftrag gegeben, über
deine Geschöpfe zu herrschen. Alles hast
du ihm zu Füßen gelegt:
8 die Schafe und Rinder, die Tiere des
Feldes,
9 die Vögel unter dem Himmel und die
Fische im weiten Meer.

10 Herr, unser Herrscher! Groß und herr-
lich ist dein Name. Himmel und Erde
sind Zeichen deiner Macht.

Gott richtet und rettet[c]

9 Ein Lied Davids, nach der Melodie:
»Vom Sterben des Sohnes.«[d]

2 Dir, Herr, will ich von ganzem Herzen
danken, und erzählen will ich von deinen
wunderbaren Taten.
3 Ich freue mich über dich und juble dir
zu. Ich singe und musiziere zu deiner Eh-
re, du höchster Gott!
4 Denn du schlägst meine Feinde in die
Flucht, sie stürzen und kommen um!
5 Du bist ein gerechter Richter: Mit dei-
nem Urteil hast du mir Recht verschafft.

---

a Gemeint ist ein unbekanntes Musikinstrument oder eine Melodie (so auch Psalm 81,1; 84,1).
b Wörtlich: und was ist der Menschensohn, dass du dich um ihn kümmerst?
c Die Psalmen 9,10,25,34,37,111,112,119,145 sind alphabetisch angeordnet: Im Hebräischen fängt jeder Vers oder Abschnitt mit einem neuen Buchstaben des Alphabetes an.
d Die Anweisung an den Chorleiter ist nicht sicher zu deuten.

7,9 59,5* **7,10** 96,10–13; 98,9 **7,12** 9,5; 58,12; 96,10; Apg 17,31; Röm 3,6; Jak 4,12 **7,13–17** 9,16–17; 10,2; 35,7–8; 57,7; Est 7,9–10; Spr 26,27; 28,10 **7,18** 20,6* **8,3** Mt 21,15–16 **8,4** 74,16; 148,3–6; 1 Mo 1,14–19 **8,5** 144,3–4 **8,6–9** 1 Mo 1,26–29 **9,2.12** 5 Mo 4,9* **9,5** 7,12*

[6] Die feindlichen Völker hast du in ihre Grenzen gewiesen, die Verbrecher umgebracht und alles ausgelöscht, was an sie erinnerte.
[7] Der Feind ist für immer erledigt, seine Städte sind nur noch Ruinen. Keiner denkt mehr an sie.

[8] Aber der Herr regiert für immer und ewig. Sein Richterstuhl steht schon bereit.
[9] Über die ganze Welt wird er ein gerechtes Urteil sprechen und allen Völkern seine Entscheidung verkünden.
[10] Die Unterdrückten finden bei Gott Zuflucht. In schwerer Zeit beschützt er sie.

[11] Herr, wer dich kennen lernt, der wird dir gern vertrauen. Wer sich auf dich verlässt, der ist nie verlassen.
[12] Lobt den Herrn mit euren Liedern, und erzählt allen Völkern von seinen machtvollen Taten! Er regiert auf dem Berg Zion in Jerusalem.
[13] Den Schrei der Wehrlosen überhört er nicht, und keine Bluttat lässt er ungestraft.

[14] Darum habe auch mit mir Erbarmen, Herr! Siehe doch, wie ich leide unter dem Hass meiner Feinde! Ich stehe am Rand des Todes! Bring mich in Sicherheit!
[15] Dann will ich dich in Jerusalem loben. Alle sollen hören, was du für mich getan hast.

[16/17] Die Völker, die andere ins Verderben stürzen wollten, sind in ihre eigene Falle gelaufen. In ihrem eigenen Netz haben sie sich verstrickt! So hat der Herr bewiesen, wer er ist: Sein Urteil kam zur rechten Zeit!
[18] Fahrt zur Hölle, ihr Unheilstifter, ihr Völker, die ihr von Gott nichts wissen wollt!
[19] Wer sein Recht nicht durchsetzen kann, den hat Gott nicht vergessen, auch wenn es zunächst so scheint.
[20] Greif ein, Herr! Lass nicht zu, dass Menschen über dich triumphieren! Ruf die Völker vor deinen Thron und sprich ihnen das Urteil!
[21] Lass sie vor Angst erzittern, Herr, und zeige ihnen, dass sie nur machtlose Menschen sind!

Gott, lass dir das nicht bieten!

10 Herr, warum bist du so weit weg? Warum lässt du uns im Dunkeln umherirren, wenn wir dich am nötigsten brauchen?

[2] Boshafte Menschen schrecken vor nichts zurück. Sie machen den Schwachen und Hilflosen das Leben zur Hölle. Lass sie in ihre eigene Falle laufen!
[3] Diese Gauner sind auch noch stolz auf ihre habgierigen Wünsche. Geld geht ihnen über alles, und für Gott haben sie nichts übrig. Mit wüsten Sprüchen ziehen sie über ihn her.
[4] Hochnäsig behaupten sie: »Gott? Den gibt es doch gar nicht! Was soll er uns denn heimzahlen?« – Was für ein Trugschluss!
[5] Noch geht ihnen alles nach Wunsch. Dass du sie verurteilen wirst, lässt sie kalt. Sie verhöhnen alle, die sich ihnen in den Weg stellen, und spotten: »Euer Gott ist ja so weit weg!
[6] Uns haut nichts um! Das hat noch keiner geschafft, und daran wird sich auch nichts ändern!«
[7] Sobald sie den Mund aufmachen, fluchen, lügen und erpressen sie. Wie viel Unglück richten sie an!
[8] In der Nähe einsamer Dörfer liegen sie im Hinterhalt und lauern ihren hilflosen Opfern auf. Im Versteck bringen sie die Unschuldigen um.
[9] Wie Löwen im Dickicht liegen sie auf der Lauer, um wehrlose Menschen zu überfallen.
[10] Sie stürzen sich auf ihre Opfer und schlagen sie brutal zusammen.

9,10–11 18,3* **9,13** 140,13* **9,15** 20,6* **9,16–17** 7,13–17* **9,19** 140,13* **10,1** 22,2 **10,4** 14,1; 53,2

Gott sei Dank!

Lesen Sie Psalm 7,1-18

David bringt in Psalm 7 seine tiefsten Gefühle in einem Lied zum Ausdruck – Furcht, Unsicherheit, Zorn, besonders aber Dankbarkeit gegenüber Gott. Und da ist er nicht der Einzige.

Das Lob Gottes geschieht oft mit Musik. Ist das bei Ihnen auch so? Das Buch der Psalmen, alte Choräle oder auch moderne Lobpreis-Lieder können Ihre Kreativität anregen, wenn Sie nach Worten suchen, um Gott zu loben.

Sie müssen nicht gut singen können, um diesen Weg des Dankes zu nutzen. Nehmen Sie einfach ein Gesangbuch zur Hand und singen Sie einen der alten Choräle für Gott. Machen Sie sich keine Gedanken darüber, ob Sie den richtigen Ton treffen. Für Gott ist es nicht wichtig, wie musikalisch Sie sind. Nach jedem Vers können Sie dann mit Ihren eigenen Worten Gott loben.

Wenn Sie Gott auf dem Weg der Musik in einer noch größeren Dimension danken wollen, dann sollten Sie sich mit anderen Christen zusammentun und zum Beispiel im Gottesdienst gemeinsam singen. Auch die geistliche Gemeinschaft als Ehepaar wird durch den gemeinsamen Gesang gefördert, ob im Gottesdienst am Sonntag oder als Teil der Stillen Zeit. Bringen Sie Gott gegenüber mit den Worten eines Liedes zum Ausdruck, was Ihr Herz erfüllt.

Nehmen Sie sich Zeit, um allein oder als Paar gemeinsam zu beten.

- Danken Sie Gott für das Geschenk der Musik und der Lieder.
- Loben Sie Gott mit den Worten Ihres Lieblingsliedes, oder besser noch: Singen Sie es.
- Bitten Sie Gott um den Mut, in Ihrer gemeinsamen Stillen Zeit miteinander zu singen.

Wenn Sie noch mehr Zeit haben ...

Besprechen Sie miteinander folgende Fragen oder denken Sie darüber nach:

- An welchem Ort loben Sie Gott am liebsten?
- Auf welche Weise loben Sie Gott am liebsten?
- Auf welche besondere Weise könnten Sie Gott in dieser Woche gemeinsam preisen?

Lesen Sie auch die folgenden Abschnitte zum Thema Gott loben:
Psalm 105,1-6; 106,1-3; 150,1-6.

Fremdgegangen

Lesen Sie Psalm 10,16-18

Was tun Sie, wenn Sie entdecken, dass Ihr Ehepartner Ihnen untreu geworden ist? Schmerz und Wut sind die normalen Reaktionen in einer solchen Situation. Sie zeigen, dass Sie ein Mensch sind und sich Sorgen um Ihre Ehe machen, dass Sie eine wertvolle Person sind, der Unrecht getan wurde. Sie offenbaren Ihren Sinn für Gerechtigkeit und Fairness. Diese Gefühle sind also völlig angemessen, sie müssen nur auf eine positive Weise verarbeitet werden. Zu Beginn ist heftiges Weinen die gesunde Reaktion auf den großen Schmerz, den Sie erlitten haben. Allerdings kann Ihr Körper solches Leid nicht unbegrenzt lange ertragen. Phasen des Weinens sollten also durch Zeiten der Ruhe unterbrochen sein.

Dem Ehepartner gegenüber die eigenen Verletzungen verbal zum Ausdruck zu bringen, ist ebenfalls eine gesunde Art und Weise, die Wut zu verarbeiten. Man sollte seine Äußerungen jedoch mit „Ich“ beginnen, statt mit „Du“, wie in den folgenden Beispielen: „Ich fühle mich betrogen.“ „Ich bin verletzt.“ „Ich fühle mich ausgenutzt.“ „Ich habe den Eindruck, dass du mich nicht liebst.“ „Am liebsten würde ich dich nie wieder anrühren.“ Alle diese Äußerungen legen Ihre Gedanken und Gefühle gegenüber Ihrem Ehepartner offen. Heilung beginnt immer damit, dass Ihr Partner die Tiefe Ihrer Verletzung und Ihrer Wut wahrnimmt und versteht.

Denken Sie auch daran, dass Sie Gott gegenüber all Ihre Gefühle zum Ausdruck bringen dürfen, denn er liebt Sie von ganzem Herzen und weint mit Ihnen. Er hört Ihr Rufen, wie Psalm 10 es uns zeigt. In Psalm 147,3 heißt es: „Er heilt den, der innerlich zerbrochen ist, und verbindet seine Wunden.“ Gestatten Sie Gott also, dass er Sie in Ihrem Kummer tröstet.

Nehmen Sie sich Zeit, um allein oder als Paar gemeinsam zu beten. Bitten Sie ihn, dass er Ihnen hilft, *einander treu zu bleiben.* Beten Sie vor allem um Treue am Arbeitsplatz und um Schutz vor Versuchungen im Internet.

Wenn Sie noch mehr Zeit haben …

Besprechen Sie miteinander folgende Fragen oder denken Sie darüber nach:

- Überlegen Sie gemeinsam, wie nahe Sie sich einander zurzeit fühlen.
- Jede Ehe kann noch besser werden; auch intakte Ehen können von einer professionellen Eheberatung profitieren. Wären Sie für eine Beratung offen, wenn Ihr Partner dies wünscht?
- Wie können Sie sich gegenseitig ermutigen, sich gegenseitig die Treue zu halten?

Lesen Sie auch die folgenden Abschnitte zum Thema Untreue:
Sprüche 5,15-23; 1. Korinther 6,9; Hebräer 13,4.

Den nächsten Impuls finden Sie auf S. 624 a

11 »Was wir tun, interessiert Gott gar
nicht«, reden sie sich ein, »außerdem hat
er ein schlechtes Gedächtnis!«

12 Herr, greif doch ein! Lass dir das nicht
bieten! Vergiss die Hilflosen nicht!
13 Warum lässt du es zu, dass solche Schur-
ken deine Ehre in den Schmutz ziehen?
Warum dürfen sie sich einbilden, dass du
sie nie zur Rechenschaft ziehen wirst?
14 Nein! Du hast das Unrecht nicht ver-
gessen! Du kümmerst dich um die Ge-
quälten und wirst sie retten. Dir können
sich alle anvertrauen, denen keiner mehr
hilft[a].
15 Zerbrich die Macht der Übeltäter!
Bestrafe sie für ihre Bosheit, damit sie
nicht weiter Unheil anrichten!

16 Der Herr ist König für immer und ewig!
Seine Feinde müssen aus Israel ver-
schwinden.
17 Die Hilflosen bestürmen dich mit ihren
Bitten. Du, Herr, erhörst sie und
schenkst ihnen neuen Mut.
18 Du sorgst für das Recht der Unter-
drückten und Waisen, jeder Gewaltherr-
schaft auf Erden machst du ein Ende.

Wer glaubt, flieht nicht

11 Von David.

Bei dem Herrn suche ich Schutz. Wie
könnt ihr da zu mir sagen: »Du musst flie-
hen! Flieg fort wie ein Vogel!
2 Siehst du denn nicht, dass die Mörder
schon die Pfeile aufgelegt und ihre Bogen
gespannt haben? Aus dem Hinterhalt
wollen sie auf jene schießen, die aufrich-
tig und ehrlich sind.
3 Alle Ordnungen sind umgestoßen, was
kann da noch der bewirken, dem Gottes
Ordnungen alles bedeuten?«
4 Der Herr ist in seinem heiligen Tempel,
er thront im Himmel und herrscht über
alles. Er durchschaut alle Menschen und
weiß, wie sie sind.
5 Er sieht sich jeden ganz genau an, den,
der Gott liebt, und jene, die ihn verach-
ten. Der Herr hasst den Gewalttätigen.
6 Auf die Schuldigen wird er Feuer und
Schwefel regnen lassen, und der Glut-
wind wird sie versengen.
7 Der Herr ist zuverlässig und gerecht,
deshalb liebt er alle, die gerechte Ent-
scheidungen treffen; sie werden ihn einst
schauen.

Gott hält, was er verspricht

12 Ein Lied Davids, mit achtsaitigem
Instrument zu begleiten.

2 Herr, hilf! Wo finde ich noch Menschen,
die zu dir halten? Auf keinen kann man
sich mehr verlassen.
3 Jeder belügt jeden. Leicht kommen ih-
nen Komplimente über die Lippen, aber
sie heucheln dabei.
4 Herr, rotte diese Schmeichler und An-
geber aus!
5 Ich höre, wie sie prahlen: »Wir erreichen
alles, denn wir sind gewaltige Redner; ge-
gen uns kommt keiner an!«

6 »Doch – ich!«, spricht der Herr, »jetzt
will ich eingreifen, denn die Armen wer-
den unterdrückt, und die Hilflosen seuf-
zen, weil man ihnen hart zusetzt. Ich wer-
de sie befreien!«[b]

7 An dieser Zusage des Herrn gibt es
nichts zu deuteln. Sie ist eindeutig und
klar, echt wie reines Silber[c].
8 Du, Herr, hältst, was du versprichst, und
wirst uns für immer vor diesen selbstherr-
lichen Menschen beschützen.

---

a Wörtlich: die Schwachen und Waisen. – Weil die Waisen sich nicht wehren konnten, wurde ihr Recht oft missachtet.
b Oder: Ich werde ihnen Hilfe schaffen, nach der sie sich sehnen.
c Wörtlich: wie reines Silber, im Tiegel siebenmal geläutert.

10,11 Mal 3,14–18 **10,12–18** 140,13*; 2 Mo 22,21–22* **10,16** 22,29* **11,4** 26,2*; Jes 40,22 **11,6** 1 Mo 19,24–25 **11,7** 17,15; Mt 5,8 **12,6** 140,13* **12,7–8** 18,31*; Spr 30,5

[9] Denn diese Lügner sind überall, und die Gemeinheit unter den Menschen nimmt ständig zu.

Wie lange noch, Herr?

13 Ein Lied Davids.

[2] Herr, wie lange wirst du mich noch vergessen, wie lange hältst du dich vor mir verborgen?
[3] Wie lange noch sollen Sorgen mich quälen, wie lange soll der Kummer Tag für Tag an mir nagen? Wie lange noch wird mein Feind über mir stehen?

[4] Herr, mein Gott, wende dich mir wieder zu und antworte mir! Lass mich wieder froh werden und Mut gewinnen, sonst holt mich noch der Tod.
[5] Mein Feind würde triumphieren und sagen: »Den habe ich zur Strecke gebracht!« Meine Unterdrücker würden jubeln über meinen Tod.

[6] Ich aber vertraue auf deine Liebe und juble darüber, dass du mich retten wirst. Mit meinem Lied will ich dich loben, denn du hast mir Gutes getan.

Es gibt keinen, der Gutes tut

14 Von David.

Menschen, die sich einreden: »Gott gibt es überhaupt nicht!«, leben an der Wirklichkeit vorbei. Sie führen ein gottloses Leben, und alles, was sie tun, ist abscheulich. Es gibt keinen, der Gutes tut.
[2] Der Herr schaut vom Himmel auf die Menschen. Er will sehen, ob es wenigstens einen gibt, der einsichtig ist und nach seinem Willen fragt.
[3] Aber alle haben sich von ihm abgewandt und sind nun verdorben, einer wie der andere. Es gibt wirklich keinen, der Gutes tut, nicht einen einzigen!

[4] Wissen denn diese Unheilstifter nicht, was sie tun? Sie verschlingen mein Volk wie ein Stück Brot und denken sich nichts dabei. Mit Gott rechnen sie überhaupt nicht mehr.
[5] Aber schon bald werden sie in Angst und Schrecken fallen, denn Gott hält treu zu denen, die sich auf ihn verlassen.
[6] Mit euren heimtückischen Plänen gegen die Wehrlosen werdet ihr scheitern, denn der Herr beschützt sie.[a]

[7] Ach, käme Gott doch vom Berg Zion, um sein Volk zu befreien! Israel wird jubeln vor Freude, wenn der Herr das Schicksal seines Volkes wendet.

Wen nimmt Gott an?

15 Ein Lied Davids.

Herr, wer darf dein heiliges Zelt betreten? Wer darf dich auf dem Berg Zion anbeten?
[2] Jeder, der aufrichtig lebt und andere gerecht behandelt, der durch und durch ehrlich ist
[3] und andere nicht verleumdet. Jeder, der seinen Mitmenschen kein Unrecht zufügt, der Nachbarn und Verwandte nicht bloßstellt.
[4] Jeder, der keine Freundschaft pflegt mit denen, die Gott verworfen hat, der alle achtet, die den Herrn ernst nehmen. Jeder, der hält, was er geschworen hat, auch wenn ihm daraus Nachteile entstehen.
[5] Jeder, der keine Wucherzinsen nimmt, wenn er Geld ausleiht, der sich nicht bestechen lässt, gegen Unschuldige falsch auszusagen. Wer so handelt, den wird nichts mehr zu Fall bringen!

---

[a] Oder: Ihr wolltet die Pläne der Wehrlosen durchkreuzen, aber der Herr beschützt sie.

13,6 20,6* **14,1** 10,4; 53,2 **14,2–3** 1 Mo 6,5*; Röm 3,10–23 **14,5–6** 18,31* **14,7** 20,6* **15,1–5** 24,3–4 **15,3** 2 Mo 20,16*

Gott die Führung überlassen

Lesen Sie Psalm 16,1-11

Das höchste Ziel der Ehe ist, Gott täglich nachzufolgen. Wenn Sie das tun, wird Gott Ihnen beiden nicht nur den richtigen Weg zeigen, sondern Ihnen auch die Kraft für die nötigen Schritte geben. Er wird Ihre Freunde, Bücher, Musik und Ihre Gemeinde gebrauchen, um Sie dabei zu unterstützen. In dunklen Zeiten, wenn niemand – nicht einmal Ihr Ehepartner – Ihnen helfen kann, wird er Ihnen zeigen, dass er bei Ihnen ist. David drückt das so aus: „Du zeigst mir den Weg, der zum Leben führt. Du beschenkst mich mit Freude, denn du bist bei mir. Ich kann mein Glück nicht fassen, nie hört es auf" (Psalm 16,11).

Im Innersten unseres Herzens kann niemand den tiefen Frieden zerstören, den Sie haben, weil Sie Gott als Ihren Vater kennen. Nichts kann Ihnen mehr Geborgenheit schenken. Keine menschliche Beziehung kann Ihr Bedürfnis nach Gemeinschaft mit Gott ersetzen. Gott wiederum hilft Ihnen, zwischenmenschliche Beziehungen aufzubauen, in die Sie Liebe investieren und in denen Sie geliebt werden.

Das Geheimnis einer glücklichen Ehe ist also, eine tiefe Verbindung zu Gott aufzubauen, jeder für sich selbst, aber auch gemeinsam als Paar. Geben Sie Gott die Chance, in und durch Ihr Leben und Ihre Beziehung zu wirken. Sie werden es nicht bereuen.

Nehmen Sie sich Zeit, um allein oder als Paar gemeinsam zu beten. Denken Sie in der Gegenwart Ihres himmlischen Vaters über Ihre Beziehung zu ihm nach. Sprechen Sie mit ihm darüber, in welchen Bereichen Sie sich ihm nahe fühlen und in welchen fern. Überlassen Sie ihm in Ihrer Ehe die Führung und bitten Sie ihn, Sie zu segnen, wenn Sie sich um eine vertrauensvolle Beziehung zu ihm bemühen.

Wenn Sie noch mehr Zeit haben …

Besprechen Sie miteinander folgende Fragen oder denken Sie darüber nach:

- Wie würden Sie Ihre persönliche Beziehung zu Gott im Moment beschreiben? Warum?
- In welchen Bereichen Ihrer Partnerschaft fällt es Ihnen am schwersten, Gott die Führung zu überlassen? Warum?
- Welche Bücher, Lieder oder Ratschläge von anderen Menschen haben Sie in Ihrer Sicht über Gottes Führung beeinflusst?

Lesen Sie auch die folgenden Abschnitte zum Thema Nachfolge: Matthäus 16,24-25; Johannes 8,31-32; Epheser 5,1-2.

Ein fester Standpunkt: Gott ist unser Fels

Die folgenden Fragen können Sie entweder allein oder als Paar gemeinsam durchgehen. Wenn jeder für sich darüber nachdenkt, verabreden Sie sich in der kommenden Woche zu einem Austausch darüber, was Sie herausgefunden haben.

1. Lesen Sie Psalm 18,31-37. König David schreibt hier, dass Gott denen, die ihm nachfolgen, festen Halt und Kraft gibt. Schreiben Sie aus dem Bibeltext so viele Formulierungen wie möglich auf, in denen die Gedanken „fester Halt" und „Kraft" zum Ausdruck gebracht werden.

2. Was können Sie aus diesen Versen über Davids Erfahrungen mit Gott lernen? Wie sehen Ihre Erfahrungen mit Gott im Vergleich dazu aus?

3. Denken Sie über eine Krisenzeit in Ihrem Leben nach. Wie hat sich Ihr Leben während dieser Phase verändert?

4. Was meint David, wenn er schreibt, „Gott ist wie ein Fels"?

5. Was würde es für Ihren Alltag bedeuten, dass Gott Sie „laufen und springen lässt wie ein Hirsch" und Ihnen „auf steilen Felsen festen Halt" gibt?

6. Bei welchen Gelegenheiten hat Gott Sie beschützt und Ihnen geholfen?

Psalm 18,31-32

„Was für ein Gott! Sein Handeln ist vollkommen, und was er sagt, ist wahr. Er beschützt alle, die zu ihm flüchten. Gott allein ist der Herr über alles! Gibt es außer ihm noch einen, der so stark und unerschütterlich ist wie ein Fels?"

KONKRET:

Manchmal hilft Gott den Menschen, die zu ihm gehören, durch andere Gläubige. Kennen Sie jemanden, der gerade jetzt Hilfe gebrauchen könnte? Vielleicht jemand, der im Krankenhaus oder im Pflegeheim ist? Oder im Gefängnis? Seien Sie für diese Menschen in dieser Woche wie ein Fels. Besuchen Sie sie, wenn möglich, und bieten Sie ihnen Ihre Unterstützung an.

Den nächsten Impuls finden Sie auf S. 628 a

Ich kann mein Glück nicht fassen!

16 Ein Lied Davids.[a]
Beschütze mich, Gott, denn dir vertraue
ich!
2 Du bist mein Herr, mein ganzes Glück!
3 Darum freue ich mich über alle, die nach
deinem Willen leben. Auf sie kommt es
im Land entscheidend an!
4 Wer sich aber von dem lebendigen Gott
abwendet und anderen Göttern nach-
läuft, der kommt aus dem Kummer nicht
mehr heraus. Diesen Göttern will ich
kein Opfer bringen und nicht einmal ihre
Namen nennen.

5 Du, Herr, bist alles, was ich habe; du
gibst mir alles, was ich brauche. In deiner
Hand liegt meine Zukunft.
6 Was du mir gibst, ist gut. Was du mir zu-
teilst, gefällt mir.[b]
7 Ich preise den Herrn, denn er hilft mir,
gute Entscheidungen zu treffen. Tag
und Nacht sind meine Gedanken bei
ihm.[c]
8 Ich sehe immer auf den Herrn. Er steht
mir zur Seite, damit ich nicht falle.
9 Darüber freue ich mich so sehr, dass ich
es nicht für mich behalten kann.[d] Bei dir,
Herr, bin ich in Sicherheit.
10 Denn du wirst mich nicht dem Tod und
der Verwesung überlassen, ich gehöre ja
zu dir.
11 Du zeigst mir den Weg, der zum Leben
führt. Du beschenkst mich mit Freude,
denn du bist bei mir. Ich kann mein
Glück nicht fassen, nie hört es auf.

In großer Not

17 Ein Gebet Davids.
Herr, höre meine Bitte, verhilf mir zu
meinem Recht! Achte auf mein Schreien
und höre mein Gebet, ich will dir nichts
vormachen.
2 Wenn du dein Urteil fällst, dann sprich
mich frei; du weißt doch, dass ich un-
schuldig bin.
3 Du durchschaust meine geheimsten Ge-
danken und Gefühle, durchforschst mich
auch in der Nacht. Du prüfst mich, aber
du findest nichts, nicht einmal zu bösen
Worten habe ich mich hinreißen lassen!
4 Dein Wort war mein einziger Maßstab –
auch dann, wenn andere nicht danach
lebten. Von gewalttätigen Menschen ha-
be ich mich fern gehalten.
5 Ich habe mich nach deinen Ordnungen
gerichtet, nie bin ich davon abgewichen.
6 Mein Gott, nun rufe ich dich an. Ich bin
sicher, du antwortest mir. Lass mich bei
dir ein offenes Ohr finden und höre mein
Gebet!
7 Du rettest alle, die bei dir vor deinen
Feinden Schutz suchen. Zeige mir immer
wieder, dass du mich liebst!
8 Bewahre mich, wie man seinen Aug-
apfel behütet! Verstecke mich, wie ein
Vogel seine Jungen,
9 vor den gottlosen Menschen, die mich
hart bedrängen, vor meinen Feinden, die
mich umzingeln!
10 Sie sind hartherzig und ohne Mitgefühl,
überheblich reden sie daher.
11 Wohin ich auch gehe – überall umrin-

---

[a] Das hebräische Wort »miktam« in den Überschriften der Psalmen 16 und 56–60 ist nur schwer zu deuten und meint möglicherweise »Besinnungslied«.
[b] Verse 5–6 wörtlich: Der Herr ist mein Erbteil und mein Becher (= Geschick). Du sicherst mir mein Los. Die Messschnüre sind mir in einer lieblichen Gegend zugefallen, ja, mein Erbteil gefällt mir.
[c] Wörtlich: Auch nachts mahnen mich meine Nieren.
[d] Wörtlich: Darüber freut sich mein Herz und jubelt meine Ehre.

16,5 73,26; Klgl 3,24 **16,8–11** Apg 2,25–28 **16,11** 25,4* **17,2** 59,5* **17,3** 26,2* **17,4** 119,105 **17,6** 50,15; 91,15; 145,18–20; 5 Mo 4,7; Jer 33,2–3; Dan 10,12; 1 Joh 5,14–15

gen sie mich. Sie warten nur darauf, mich
zu Fall zu bringen.
12 Sie sind wie Löwen, die im Versteck ihrer Beute auflauern, um sie zu zerfleischen.

13 Greif ein, Herr, komm ihnen zuvor! Wirf sie zu Boden! Rette mich vor dieser Mörderbande! Du hast doch die Macht dazu!
14 Bring mich vor ihnen in Sicherheit! Lass nicht zu, dass sie so weiterleben wie bisher! Du wirst es ihnen heimzahlen, du wirst sie bestrafen! Sogar ihre Kinder und Enkel wird dein Gericht noch treffen![a]
15 Mich aber sprichst du frei von Schuld. Mit eigenen Augen werde ich dich schauen dürfen. Satt sehen will ich mich an dir, wenn ich erwache.

Was für ein Gott!
(2. Samuel 22)

18 Von David, dem Diener Gottes. Nachdem der Herr ihn aus der Gewalt aller Feinde und auch aus der Hand Sauls befreit hatte, sang er folgendes Danklied:

2 Ich liebe dich, Herr! Du bist meine Kraft!
3 Der Herr ist mein Fels, meine Festung und mein Erretter, mein Gott, meine Zuflucht, mein sicherer Ort. Er ist mein Schild, mein starker Helfer, meine Burg auf unbezwingbarer Höhe.
4 Ich preise dich, Herr! Wenn ich zu dir um Hilfe rufe, dann werde ich vor meinen Feinden gerettet.

5 Ich war in Lebensgefahr, der Tod drohte mich zu verschlingen wie eine mächtige Woge.
6 Hilflos musste ich zusehen, wie die tödliche Falle schon zuschnappte.
7 In äußerster Verzweiflung schrie ich zum Herrn. Ja, zu meinem Gott rief ich um Hilfe. Da hörte er mich in seinem Tempel, mein Notschrei drang durch bis an sein Ohr.

8 Plötzlich erbebte die Erde, selbst die Berge gerieten ins Wanken, denn glühender Zorn hatte Gott gepackt.
9 Schwarzer Rauch quoll aus seiner Nase, aus seinem Mund loderten Flammen, und glühende Kohlen wurden herausgeschleudert.
10 In dunklen Wolken kam Gott zur Erde.
11 Auf einem Cherub-Engel flog er daher und schwebte herab, vom Sturm getragen.
12 Er verhüllte sich in Finsternis, verbarg sich in dichten und dunklen Regenwolken.
13 Dann wurden sie von seinem Lichtglanz überstrahlt, Hagel und glühende Kohlen prasselten nieder.
14 Ein Donnerschlag folgte dem anderen, und darin dröhnte die Stimme des höchsten Gottes.
15 Er schoss seine Pfeile ab, und die Feinde stoben auseinander. Grelle Blitze zuckten und verwirrten das feindliche Heer.
16 Sogar den Meeresboden konnte man sehen; offen lagen die Fundamente der Erde da, als du, Herr, meine Feinde bedrohtest und vor Entrüstung schnaubtest.

17 Der Herr streckte mir seine Hand von oben entgegen und riss mich aus den tosenden Fluten.
18 Er befreite mich von der Übermacht meiner Feinde, von allen, die mich hassten, denn sie waren viel stärker als ich.
19 Sie hatten mich überfallen – was war das für ein schrecklicher Tag! Aber der Herr hielt mich fest
20 und half mir aus Angst und Gefahr. Er befreite mich. So viel bin ich ihm wert!
21 Weil ich im Recht war, half mir der Herr; er wusste, dass ich unschuldig war, und darum rettete er mich.

---

[a] Wörtlich: Dein Aufgespartes – du füllst ihren Bauch damit; sie sättigen ihre Kinder, und diese hinterlassen ihren Rest ihren Kindern. Oder: Du füllst ihren Bauch mit deinen Gütern; sie sättigen …

17,15 11,7; Mt 5,8 **18,3** 27,1; 46,2; 57,2; 59,17; 91,1–2; Spr 18,10; 2 Kor 4,9; Hebr 12,23 **18,7** 17,6* **18,17** 144,7 **18,21** 59,5*

22 Denn ich war ihm gehorsam, nie habe
ich meinem Gott die Treue gebrochen.
23 Seine Gebote hielt ich mir immer vor
Augen, und seine Befehle schlug ich
nicht in den Wind.
24 Ich lebte so, dass er mir nichts vorwer-
fen konnte, und mied das Unrecht wie die
Pest.
25 So half mir der Herr, weil ich ihm die
Treue hielt, er sah, dass ich unschuldig
war.

26 Wer dich liebt, Herr, den liebst auch du;
wer ehrlich ist, den enttäuschst du nicht.
27 Den Aufrichtigen gegenüber bist auch
du aufrichtig, doch falsche Menschen
führst du hinters Licht.
28 Du hilfst denen, die sich helfen lassen
und sich selbst nicht überschätzen. Die
Überheblichen aber stößt du von ihrem
Thron.

29 Herr, du machst die Finsternis um mich
hell, du gibst mir strahlendes Licht.
30 Mit dir kann ich die Feinde angreifen;
mit dir, mein Gott, kann ich über Mauern
springen.
31 Was für ein Gott! Sein Handeln ist voll-
kommen, und was er sagt, ist wahr. Er
beschützt alle, die zu ihm flüchten.
32 Gott allein ist der Herr über alles! Gibt
es außer ihm noch einen, der so stark und
unerschütterlich ist wie ein Fels?
33 Nein! Gott allein gibt mir Kraft zum
Kämpfen und ebnet mir meinen Weg.
34 Er macht mich gewandt und schnell,
lässt mich laufen und springen wie ein
Hirsch. Selbst auf steilen Felsen gibt er
mir festen Halt.
35 Er lehrt mich, die Waffen zu gebrau-
chen, und zeigt mir, wie ich auch den
stärksten Bogen noch spannen kann.

36 Herr, du hast mich beschützt und mir
geholfen, du gabst mir Kraft. Du hast
dich zu mir herabgebeugt und mich groß
gemacht.
37 Du hast mir alle Hindernisse aus dem
Weg geräumt, nie bin ich beim Laufen
gestürzt.
38 Ich jagte meinen Feinden nach und hol-
te sie ein; ich kehrte erst um, als auch der
Letzte von ihnen gefallen war.
39 Ich schlug sie, bis sie nicht mehr auf-
stehen konnten und tot zu meinen Füßen
lagen.
40 Du, Herr, hast mir die Kraft für diesen
Kampf gegeben, du hast mir zum Sieg
über meine Gegner verholfen.
41 Dass sie fliehen mussten, verdanke ich
dir; alle, die mich hassten, konnte ich um-
bringen.
42 Sie riefen um Hilfe, doch weit und breit
war kein Retter. Sie schrien zum Herrn,
aber er hörte nicht mehr auf sie.
43 Ich rieb sie auf, zermalmte sie zu Staub,
den der Wind verweht. Wie Dreck von
der Straße fegte ich sie fort.

44 Als ein Aufstand meines Volkes mich
bedrohte, hast du mir geholfen, und heu-
te bin ich der Herrscher vieler Völker.
Sogar Völker, die ich nicht kannte, haben
sich mir unterworfen.
45 Fremde sind mir ergeben und gehor-
chen mir aufs Wort.
46 Zitternd kamen sie aus ihren Festungen
heraus und gaben ihren Widerstand auf.

47 Der Herr lebt! Er ist mein schützender
Fels – ich preise ihn! Ihn allein will ich
rühmen, denn er hat mich gerettet.
48 Er hat sich an meinen Feinden gerächt,
ganze Völker hat er mir unterworfen
49 und mich der Gewalt meiner grau-
samen Gegner entrissen. So ist mein
Gott! Du gabst mir den Sieg über meine
Feinde, von diesen brutalen Menschen
hast du mich befreit.
50 Darum will ich dich loben, Herr. Alle
Völker sollen es hören! Zu deiner Ehre
will ich singen.
51 Der Herr hat David, den König, aus
großen Gefahren errettet. Ihm erweist er
seine Liebe, und auch seine Nachkom-
men wird er nicht im Stich lassen.

18,28 Lk 1,52 **18,31** 12,7–8; 22,32; 65,6; 111,7; Spr 30,5; 2 Thess 3,3; Offb 15,3 **18,32** 5 Mo 4,35; 1 Sam 2,2; Jes 44,8 **18,50** 57,10; 92,2–4*; Röm 15,9 **18,51** 2 Sam 7,12–16

Gottes gute Ordnungen in der Schöpfung und in seinem Gesetz

19 Ein Lied Davids.
2 Der Himmel verkündet Gottes Größe
und Hoheit, das Firmament bezeugt sei-
ne großen Schöpfungstaten.
3 Ein Tag erzählt es dem nächsten, und ei-
ne Nacht sagt es der anderen.
4 Ohne Worte reden sie, keinen Laut
kann man hören.
5 Doch auf der ganzen Erde hört man die-
se Botschaft, sie erreicht noch die fern-
sten Länder. Der Sonne hat Gott am
Himmel ein Zelt aufgeschlagen.
6 Am Morgen geht sie auf und strahlt wie
ein Bräutigam bei der Hochzeit. Sieges-
gewiss wie ein Held beginnt sie ihren
Lauf;
7 wo sie aufgeht und wo sie untergeht, be-
rührt sie den Horizont. Nichts bleibt vor
ihrer Hitze verborgen.

8 Das Gesetz des Herrn ist vollkommen,
es macht glücklich und froh. Auf seine
Gebote kann man sich verlassen. Sie ma-
chen auch den klug, der bisher gedanken-
los in den Tag hineinlebte.
9 Die Ordnungen des Herrn sind zuver-
lässig, sie erfreuen das Herz. Die Befehle
des Herrn sind klar; Einsicht gewinnt,
wer auf sie achtet.
10 Die Ehrfurcht vor dem Herrn ist gut,
nie wird sie aufhören. Die Gebote, die
der Herr gegeben hat, sind richtig, voll-
kommen und gerecht.
11 Sie lassen sich nicht mit Gold aufwie-
gen, sie sind süßer als der beste Honig.

12 Herr, ich gehöre zu dir. Wie gut, dass
mich dein Gesetz vor falschen Wegen
warnt! Wer sich an deine Gebote hält,
wird reich belohnt.
13 Wer aber kann erkennen, ob er nicht
doch vom rechten Weg abkommt? Ver-
gib mir die Sünden, die ich selbst nicht
bemerkt habe!
14 Bewahre mich vor gewissenlosen Men-
schen und lass nicht zu, dass sie Macht
über mich gewinnen; dann werde ich dir
nie mehr die Treue brechen und frei sein
von schwerer Schuld.

15 Herr, lass dir meine Worte und meine
Gedanken gefallen! Bei dir bin ich gebor-
gen, du bist mein Retter!

Gebet für den König

20 Ein Lied Davids.
2 Der Herr antworte dir, wenn du in gro-
ßer Not bist, der Gott Jakobs schütze
dich!
3 Aus seinem Heiligtum auf dem Berg Zi-
on komme er dir zu Hilfe!
4 Er beachte die Gaben, die du ihm
bringst, deine Brandopfer nehme er gnä-
dig an!
5 Er gebe dir, was du von Herzen
wünschst, was du dir vorgenommen hast,
lasse er gelingen!
6 Wenn er dich aus der Not befreit hat,
werden wir vor Freude jubeln, Fahnen
hissen und Gott preisen. Der Herr erfülle
alle deine Bitten!

7 Jetzt weiß ich, dass der Herr seinem Kö-
nig hilft, ihm antwortet aus seinem Hei-
ligtum im Himmel. Machtvoll greift er
ein und rettet ihn.
8 Manche Völker schwören auf gepan-
zerte Kriegswagen und auf die Kampf-
kraft ihrer Reiterheere. Wir aber ver-
trauen auf die Kraft des Herrn, unseres
Gottes.
9 Sie wanken und stürzen, wir aber stehen
fest und halten stand.

10 Herr, hilf dem König![a] Antworte uns,
wenn wir zu dir rufen!

---

[a] Oder: Herr, hilf, du (himmlischer) König!

19,2 Röm 1,20 **19,5** Röm 10,18 **19,13** 85,3* **20,2** 17,6* **20,3** 3,5; 28,2 **20,6** 13,6; 27,6; 28,6–7; 54,8–9; 71,7–8; 116,12–13; 118,21; 5 Mo 4,9* **20,8** 2 Mo 14,14*; 1 Sam 17,45; Jes 31,1

Ein Geschenk für Sie

Lesen Sie Psalm 19,1-15

Wie kann ein Paar Gottes Geschenk der Liebe empfangen? Manche Geschenke macht Gott allen Menschen, wie zum Beispiel das Auf- und Untergehen der Sonne, den sanften Regen, Frühlingsblumen, Vogelgezwitscher und die Jahreszeiten. In unserem Psalm heißt es: „Der Himmel verkündet Gottes Größe und Hoheit, das Firmament bezeugt seine großen Schöpfungstaten. Ein Tag erzählt es dem nächsten, und eine Nacht sagt es der anderen. Ohne Worte reden sie, keinen Laut kann man hören. Doch auf der ganzen Erde hört man diese Botschaft, sie erreicht noch die fernsten Länder" (Psalm 19,2-5).

So wie Sie für die Grundbedürfnisse Ihrer Kinder sorgen – Nahrung, Kleidung und Unterkunft –, so sorgt auch Gott Tag für Tag für seine Kinder. Manche seiner Gaben sind allerdings denen vorbehalten, die ihn darum bitten: „Bittet Gott, und er wird euch geben! Sucht, und ihr werdet finden! Klopft an, und euch wird die Tür geöffnet! Denn wer bittet, der bekommt. Wer sucht, der findet. Und wer anklopft, dem wird geöffnet" (Matthäus 7,7-8).

Bringen Sie Ihre Bitten vor Gott, egal ob es um Ihre Familie, Ihren Partner oder um Sie selbst geht.

Nehmen Sie sich Zeit, um allein oder als Paar gemeinsam zu beten. Danken Sie Gott zunächst für seine wunderbare, schöne Schöpfung. Danken Sie ihm dann auch für die Gaben, die er allen Menschen schenkt – und für das, was er Ihnen ganz persönlich gibt.

Wenn Sie noch mehr Zeit haben ...

Besprechen Sie miteinander folgende Fragen oder denken Sie darüber nach:

- Welche Gaben Gottes in seiner Schöpfung bedeuten Ihnen am meisten? Warum?
- Wie können Sie sich gegenseitig helfen, Gottes Geschenke zu erkennen?
- Um welche besonderen Geschenke haben Sie Gott gebeten? Was ergab sich daraus?

Lesen Sie auch die folgenden Abschnitte zum Thema Gottes Gaben: Lukas 11,11-13; Johannes 4,4-10; Römer 5,12-21.

Näher zusammenrücken

Lesen Sie Psalm 23,1-6

Psalm 23 beschreibt perfekt die enge, vertrauensvolle Beziehung zwischen Gott und David. Diese Nähe ist für jeden Menschen zu erreichen, der danach sucht – auch für jedes Paar. Die tiefe geistliche Gemeinschaft zwischen Mann und Frau bekommt man nicht automatisch mit der Trauung. Sie muss erarbeitet werden.

Eine solche Gemeinschaft entsteht durch den Austausch über geistliche Themen. Die Frau liest zum Beispiel Psalm 23 und ist fasziniert davon, wie persönlich der Text formuliert ist (was sich besonders in den Personalpronomen zeigt): „Der Herr ist mein Hirte. Nichts wird mir fehlen" (Psalm 23,1). Sie bespricht ihre Entdeckung mit ihrem Mann, und er erzählt ihr von seinen Erlebnissen bei einem Schafhirten in Australien. So erfahren die beiden tiefe geistliche Gemeinschaft.

Indem wir unsere Erfahrungen austauschen, fördern wir unsere geistliche Nähe. Mann und Frau besuchen gemeinsam den Gottesdienst, schauen zusammen ins Gesangbuch und singen denselben Liedtext. Sie machen sich Notizen zur Predigt und reden auf dem Nachhauseweg über den Gottesdienst. So bauen sie ihre geistliche Gemeinschaft auf.

Eine weitere Möglichkeit ist das gemeinsame Gebet. Wenn zwei Menschen sich zu einem aufrichtigen Gebet zusammentun, erleben sie dabei eine tiefe geistliche Einheit. Wenn Sie in Gegenwart Ihres Ehepartners nicht gern laut beten, versuchen Sie es mit einem stillen Gebet. Auch wenn keine hörbaren Worte geäußert werden, kommen unsere Herzen sich trotzdem näher. Und so erfahren wir tiefe geistliche Gemeinschaft.

Nehmen Sie sich Zeit, um allein oder als Paar gemeinsam zu beten. Bringen Sie die Hindernisse vor Gott, die Sie von der geistlichen Gemeinschaft miteinander abhalten. Bitten Sie ihn um Weisheit und beschließen Sie, die Hindernisse zu überwinden und zu einer geistlichen Nähe zu finden.

Wenn Sie noch mehr Zeit haben ...

Besprechen Sie miteinander folgende Fragen oder denken Sie darüber nach:

- Wann hatten Sie das letzte Mal ein sehr gutes Gespräch über geistliche Themen?
- Wann empfinden Sie die größte geistliche Nähe zueinander?
- Was hält Sie von einer tiefen geistlichen Gemeinschaft ab?

Lesen Sie auch die folgenden Abschnitte zum Thema Geistliche Gemeinschaft:

1. Mose 2,18-25; Philipper 3,7-11; 1. Petrus 3,7-12.

Den nächsten Impuls finden Sie auf S. 634 a

Der siegreiche König

21 Ein Lied Davids.
[2] Herr, der König jubelt laut vor Freude, denn du bist mächtig und hast ihm den Sieg geschenkt.
[3] Du gabst ihm, was er sich von Herzen wünschte, und seine Bitten schlugst du nicht ab.
[4] Mit Glück und Segen hast du ihn überschüttet und ihm eine goldene Krone aufs Haupt gesetzt.
[5] Er bat dich um langes Leben, und du gewährtest ihm unendlich reiche Jahre.
[6] Durch deine Hilfe ist er zu Ruhm und Ehren gelangt, Majestät und Würde hast du ihm verliehen.
[7] Du hast ihn dazu auserwählt, deinen Segen für alle Zeiten weiterzutragen. Weil du ihm nahe bist, bleibt seine Freude ungetrübt.
[8] Der König vertraut dem Herrn; und durch die Hilfe des Herrn bleibt seine Macht für immer gesichert.

[9] Du wirst alle deine Feinde zur Rechenschaft ziehen, dein Gericht wird alle treffen, die dich hassen.
[10] Wenn du dich ihnen zeigst, wirst du sie verzehren wie Feuer. Der Herr wird sie in seinem glühenden Zorn vernichten.
[11] Keiner ihrer Nachkommen wird überleben, denn du wirst diese Brut ausrotten.
[12] Sie haben eine Verschwörung gegen dich angezettelt; mit hinterhältigen Plänen wollten sie dich zu Fall bringen, aber sie sind zum Scheitern verurteilt.
[13] Kaum zielst du mit deinem Kampfbogen auf sie, ergreifen sie schon die *Flucht.*
[14] Herr, zeige ihnen deine Macht! Wir wollen deine großen Siege besingen und dich preisen.

Mein Gott, warum hast du mich verlassen?

22 Ein Lied Davids, nach der Melodie: »Eine Hirschkuh früh am Morgen.«

[2] Mein Gott, mein Gott, warum hast du mich verlassen? Warum bist du so weit weg und hörst mein Stöhnen nicht?
[3] Mein Gott! Den ganzen Tag rufe ich, aber du gibst mir keine Antwort. Ich rufe in schlaflosen Nachtstunden, aber ich finde keine Ruhe.

[4] Du bist doch der heilige Gott! Dein Volk Israel lobt dich mit seinen Liedern.
[5] Unsere Vorfahren haben dir vertraut, und du hast ihnen immer wieder geholfen.
[6] Zu dir schrien sie und wurden errettet. Sie vertrauten dir, und du hast sie nicht enttäuscht.

[7] Und was ist mit mir? Ein Wurm bin ich, kein Mensch mehr – Gespött der Leute, alle behandeln mich wie Dreck.
[8] Von allen Seiten werde ich verspottet. Wer mich sieht, verzieht sein Gesicht und grinst schadenfroh.
[9] »Überlass Gott deine Not!«, lästern sie, »der soll dir helfen! Er wird dich schon nicht sitzen lassen! Du bist ja sein Liebling!«

[10] Herr, du hast mich aus dem Leib meiner Mutter gezogen. Schon an ihrer Brust hast du mir Geborgenheit geschenkt.
[11] Du bist mein Gott, seitdem mein Leben im Mutterleib begann. Seit der Stunde meiner Geburt bin ich auf dich angewiesen.
[12] Wende dich jetzt nicht ab von mir! Groß ist meine Angst! Weit und breit gibt es keinen, der mir hilft.
[13] Viele Feinde kesseln mich ein, umringen mich wie wilde Stiere.

21,10 5 Mo 4,24; Hebr 12,29 **21,14** 57,6; 74,11; 108,6 **22,2** 42,10; Mt 27,46 **22,6** 17,6*; 2 Mo 2,23–25* **22,7–8** Jes 52,14; 53,3; Mt 27,39; Ps 69,9* **22,9** Mt 27,43

14 Sie reißen ihr Maul auf wie brüllende
Löwen, die ihre Beute zerfleischen
wollen.
15 Meine Kraft schwindet wie Wasser, das
versickert, und alle meine Knochen lösen
sich voneinander. Mein Herz verkrampft
sich vor Angst,
16 und meine ganze Kraft ist dahin. Die
Zunge klebt mir am Gaumen. Du lässt
mich im Tode versinken.
17 Eine Meute übler Verbrecher umkreist
mich, gierig wie wildernde Hunde. Hän-
de und Füße haben sie mir durchbohrt.
18 Ich kann alle meine Knochen zählen.
Sie aber starren mich an, diese schaulus-
tigen Gaffer!
19 Schon teilen sie meine Kleider unter
sich auf und losen um mein Gewand!

20 Herr, wende dich nicht länger von mir
ab! Nur du kannst mir neue Kraft geben,
komm mir schnell zu Hilfe!
21 Rette mich vor dem tödlichen Schwert,
bewahre mich vor der wilden Hunde-
meute! Ich habe doch nur ein Leben!
22 Reiß mich aus dem Rachen der Löwen
und rette mich vor den Hörnern dieser
wilden Stiere!

Herr, du hast mich erhört!
23 Ich will meinen Brüdern deinen Namen
bekannt machen, vor der ganzen Ge-
meinde will ich dich loben und ehren.
24 Alle, die ihr den Herrn achtet, preist
ihn! Ihr Nachkommen Jakobs, ehrt ihn!
Begegne ihm in Ehrfurcht, Volk Israel!
25 Er hat den Hilflosen nicht verachtet,
über sein Elend setzte er sich nicht hinweg.
Nie wandte er sich von ihm ab! Er hat ihm
geantwortet, als er um Hilfe schrie.
26 Herr, jetzt habe ich allen Grund, dir vor
der großen Gemeinde ein Loblied zu sin-
gen. Was ich in meiner Not versprochen
habe, löse ich jetzt ein; alle, die dich eh-
ren, sind meine Zeugen.
27 Die Armen werden sich wieder satt es-
sen. Alle, die den Herrn kennen, sollen
ihn loben. Euer Leben lang werdet ihr
nicht mehr zu kurz kommen!
28 Auch in den fernsten Ländern werden
Menschen Gott erkennen und zu ihm
umkehren, ja, alle Völker werden sich
vor ihm niederwerfen.
29 Denn der Herr regiert als König und
herrscht über alle Völker.

30 Auch die Großen dieser Erde müssen
sich niederwerfen vor ihm, sie, die immer
mehr als genug zu essen hatten. Vor ihm
werden alle sterblichen Menschen ihre
Knie beugen.
31 Alle kommenden Generationen wer-
den ihm dienen. Eine erzählt der nächs-
ten von Gott und von dem, was er Gutes
getan hat.
32 Die noch nicht geboren sind, werden es
hören und weitersagen: Gott ist treu, auf
seine Hilfe ist Verlass!

Der gute Hirte

23 Ein Lied Davids.
Der Herr ist mein Hirte. Nichts wird mir
fehlen.
2 Er weidet mich auf saftigen Wiesen und
führt mich zu frischen Quellen.
3 Er gibt mir neue Kraft. Er leitet mich
auf sicheren Wegen, weil er der gute Hir-
te ist[a].
4 Und geht es auch durch dunkle Täler,
fürchte ich mich nicht, denn du, Herr, bist
bei mir. Du beschützt mich mit deinem
Hirtenstab.

5 Du lädst mich ein und deckst mir den
Tisch vor den Augen meiner Feinde. Du
begrüßt mich wie ein Hausherr seinen
Gast[b] und gibst mir mehr als genug[c].
6 Deine Güte und Liebe werden mich be-

---

a Wörtlich: um seines Namens willen.
b Wörtlich: Du salbst mein Haupt mit Öl. – Eine Begrüßungszeremonie für willkommene Gäste.
c Wörtlich: mein Becher fließt über.

22,16 Joh 19,28 **22,19** Mt 27,35; Joh 19,23–24 **22,22** Dan 6,23 **22,23–26** 20,6*; 4 Mo 30,3* **22,29** 29,10; 47,8–10; 96,10; 99,1–3; 103,19; Sach 14,9; 1 Tim 6,15–16; Offb 15,3 **22,31** 5 Mo 4,9* **22,32** 18,31* **23,1** Hes 34,11–16* **23,6** 26,8; 27,4; 84,4–5

gleiten mein Leben lang; in deinem Haus
darf ich für immer bleiben.

Der König kommt!

24 Ein Lied Davids.
Dem Herrn gehört die ganze Welt und
alles, was auf ihr lebt.
2 Die Erde befestigte er über dem Wasser,
ihre Fundamente legte er auf Meeres-
grund.

3 »Wer darf auf den Berg des Herrn gehen
und seinen heiligen Tempel betreten?«
4 »Jeder, der kein Unrecht tut und ein rei-
nes Gewissen hat. Jeder, der keine frem-
den Götter anbetet und keinen falschen
Eid schwört.
5 Einen solchen Menschen wird Gott
reich beschenken und für schuldlos erklä-
ren; der Herr ist sein Helfer!
6 Das gilt den Menschen, die sich nach dir
richten und im Gebet deine Nähe suchen,
du Gott Jakobs.«

7 »Hebt euch aus den Angeln, ihr Tore!
Öffnet euch weit, ihr alten Portale, denn
der König will einziehen, die höchste Ma-
jestät!«
8 »Wer ist denn dieser mächtige König?«
»Es ist Gott, der Herr, der Starke, der
Held. Es ist der Herr, der siegreiche Kö-
nig!«
9 »Hebt euch aus den Angeln, ihr Tore!
Öffnet euch weit, ihr alten Portale, denn
der König will einziehen, die höchste Ma-
jestät!«
10 »Wer ist denn dieser mächtige König?«
»Es ist der Herr über Himmel und Erde.
Er ist der mächtige König!«

Vergib mir meine Schuld!

25 Von David.
Herr, ich sehne mich nach dir!
2 Mein Gott, auf dich setze ich mein gan-
zes Vertrauen. Lass mich jetzt nicht fal-
len! Gönne meinen Feinden nicht diesen
Triumph über mich!
3 Ich weiß: Keiner wird scheitern, der auf
dich hofft; wer aber treulos ist und dich
leichtfertig verlässt, der wird zu Fall
kommen.

4 Herr, zeige mir, welchen Weg ich ein-
schlagen soll, und lass mich erkennen,
was du von mir willst!
5 Schritt für Schritt lass mich erfahren,
dass du zuverlässig bist. Du bist der Gott,
der mir hilft, du warst immer meine ein-
zige Hoffnung.
6 Denke daran, dass du mir schon früher
dein Erbarmen und deine Liebe bewie-
sen hast!
7 Vergib mir die Sünden meiner Jugend-
zeit und vergiss meine mutwilligen Ver-
gehen! Erinnere dich an deine Barmher-
zigkeit und sei mir gnädig!

8 Der Herr ist gut und gerecht. Darum
führt er die auf den richtigen Weg zurück,
die ihn verließen.
9 Allen, die ihre Schuld eingestehen, zeigt
er, wie sie leben sollen und was er von
ihnen erwartet.
10 In Liebe und Treue führt er alle, die
sich an seinen Bund und seine Gebote
halten.
11 Herr, mach deinem Namen Ehre und
vergib mir meine schwere Schuld!
12 Was ist mit dem, der dem Herrn ge-
horcht? Der Herr zeigt ihm den richtigen
Weg.
13 Er schenkt ihm Glück und Wohlstand,
und seine Nachkommen werden das gan-
ze Land erben.
14 Der Herr zieht die Menschen, die ihn
ernst nehmen, ins Vertrauen. Er lässt sie
wissen, wozu er einen Bund mit seinem
Volk geschlossen hat.

15 Hilfesuchend blicke ich zum Herrn,
denn er wird mich aus der Schlinge
ziehen.

24,1 89,12; 1 Kor 10,26 **24,3–4** 15,1–5 **24,6** 17,6* **24,7–10** 22,29* **25,1** 63,2* **25,2** 56,4; 57,8; 108,2 **25,4** 16,11; 27,11; 32,8; 86,11; 119,105; 139,24; Hos 14,10 **25,5** 18,31* **25,7.11** 85,3*

16 Wende dich mir zu, Herr, und rechne
meine Schuld nicht an, denn ich bin ein-
sam und niedergeschlagen.
17 Mir ist angst und bange, nimm diese
Last von meinem Herzen!
18 Sieh meinen Jammer und mein Elend
an, und vergib mir alle meine Sünden!
19 Herr, meine Feinde sind nicht zu zäh-
len. Abgrundtief hassen sie mich.
20 Bewahre mein Leben und rette mich!
Lass mich nicht scheitern! Bei dir suche
ich Zuflucht.
21 Hilf mir, dass ich aufrichtig und ehrlich
leben kann, Herr, ich vertraue dir!
22 O Gott, erlöse Israel aus aller Not!

Prüfe mich, Gott!

26 Von David.
Herr, verschaffe mir Recht, denn ich bin
unschuldig! Dir vertraue ich, nichts soll
mich davon abbringen.

2 Vor dir, Herr, kann ich nichts verbergen,
prüfe meine geheimsten Gedanken und
Gefühle!
3 Deine Liebe habe ich ständig vor Augen,
und deine Treue bestimmt mein Leben.
4 Ich lasse mich nicht mit denen ein, die
ein falsches Spiel treiben. Von Heuchlern
halte ich mich fern.
5 Wenn sich Verbrecher zusammentun,
bin ich nicht dabei; mit Gottlosen will
ich nichts zu schaffen haben.
6 Ich wasche meine Hände zum Zeichen
meiner Unschuld, so darf ich mich dei-
nem Altar nähern und ihn feierlich um-
schreiten.
7 Dabei stimme ich ein Loblied an und er-
zähle von deinen Wundern.
8 Herr, der Tempel ist erfüllt von deiner
Hoheit und Macht; an diesem Haus hängt
mein Herz.

9 Bring mich nicht um wie die Sünder; be-
handle mich nicht wie blutgierige Mörder!
10 Wie viele Verbrechen haben sie auf
dem Gewissen, wie viel Bestechungsgeld
ist durch ihre Hände gegangen!
11 Aber ich habe mir nichts zuschulden
kommen lassen. Hab Erbarmen mit mir
und rette mich!

12 Jetzt bin ich sicher vor allen Gefahren.
Dafür lobe ich dich vor deiner Gemein-
de, du mein Herr!

Vor Menschen mutig, vor Gott demütig

27 Von David.
Der Herr ist mein Licht, er rettet mich.
Vor wem sollte ich mich noch fürchten?
Bei ihm bin ich geborgen wie in einer
Burg. Vor wem sollte ich noch zittern
und zagen?
2 Wenn mich gewissenlose Leute in die
Enge treiben und mir nach dem Leben
trachten, wenn sie mich bedrängen und
mich offen anfeinden, werden sie den-
noch stürzen und umkommen!
3 Selbst wenn eine ganze Armee gegen
mich aufmarschiert, fürchte ich mich
nicht. Auch wenn sie einen Krieg gegen
mich beginnen, bleibe ich ruhig und zu-
versichtlich.

4 Um eines habe ich den Herrn gebeten;
das ist alles, was ich will: Solange ich lebe,
möchte ich im Hause des Herrn bleiben.
Dort will ich erfahren, wie gut der Herr
es mit mir meint, still nachdenken im hei-
ligen Zelt.
5 Er bietet mir Schutz in schwerer Zeit
und versteckt mich in seinem Zelt. Er
stellt mich auf einen hohen Felsen,
6 unerreichbar für meine Feinde rings-
umher. In seinem Tempel will ich Opfer
bringen, und die Posaunen sollen blasen;
dankbar will ich für den Herrn singen
und auf der Harfe spielen.

25,20 18,3* **26,1** 59,5* **26,2** 11,4; 94,11; 139,1–6.23; 1 Sam 16,7; Hiob 34,21; Jer 17,9–10; Offb 2,23 **26,4–5** 1,1 **26,8** 23,6; 27,4; 84,4–5 **26,12** 20,6* **27,1** 18,3* **27,4** 23,6; 26,8; 84,4–5 **27,6** 20,6*

7 Höre mich, Herr, wenn ich rufe! Hab
Erbarmen mit mir und antworte!
8 Denn ich erinnere mich, dass du gesagt
hast: »Suchet meine Nähe!« Das will ich
jetzt tun und zu dir beten.
9 Verbirg dich nicht vor mir, stoße mich
nicht im Zorn zurück! Ich diene dir, und
du hast mir bisher immer geholfen. Gib
mich nicht auf, verlass mich nicht, du
mein Gott und mein Retter!
10 Wenn Vater und Mutter mich versto-
ßen, nimmst du, Herr, mich doch auf.
11 Zeige mir, was ich tun soll! Führe mich
auf sicherem Weg, meinen Feinden zum
Trotz.
12 Liefere mich nicht ihrer Rachgier aus!
Falsche Zeugen verklagen mich, speien
Gift und Galle.
13 Ich aber vertraue darauf, dass ich am
Leben bleibe und sehen werde, wie gut
Gott zu mir ist.

14 Vertraue auf den Herrn! Sei stark und
mutig, vertraue auf den Herrn!

Herr, schweige nicht!

28 Von David.

Nur bei dir, Herr, finde ich Schutz, darum
rufe ich zu dir. Hülle dich nicht in
Schweigen! Wenn du mir die Hilfe ver-
weigerst, werde ich bald sterben und un-
ter der Erde liegen.
2 Höre, ich flehe dich an, ich schreie zu dir
und hebe die Hände zum Gebet empor.
Nach Jerusalem wende ich mich, dorthin,
wo dein Heiligtum steht.
3 Bring mich nicht um wie die Gott-
losen! Soll es mir so gehen wie denen,
die nur Böses im Schilde führen? Mit
ihren Mitmenschen reden sie freundlich,
aber im Herzen schmieden sie finstere
Pläne.
4 Zahle es ihnen heim; gib ihnen, was sie
für ihre gemeinen Taten verdienen! Das
Unheil, das sie angerichtet haben, soll sie
selbst treffen.
5 Sie missachten, was der Herr getan hat,
und sein Handeln ist ihnen gleichgültig.
Deshalb wird er sie vernichten, und nie-
mand wird übrig bleiben.

6 Lobt den Herrn, denn er hat meinen
Hilfeschrei gehört!
7 Er hat mir neue Kraft geschenkt und
mich beschützt. Ich habe ihm vertraut,
und er hat mir geholfen. Jetzt kann ich
wieder jubeln! Mit meinem Lied will ich
ihm danken.
8 Der Herr beschützt sein Volk, er vertei-
digt und rettet seinen auserwählten
König.
9 Herr, hilf deinem Volk! Segne uns, denn
wir gehören zu dir. Führe uns wie ein Hir-
te, und sorge allezeit für uns!

Gottes Stimme – herrlich und furchtbar zugleich!

29 Ein Lied Davids.

Lobt den Herrn, ihr mächtigen Engel[a],
preist seine Größe und Macht!
2 Ehrt seinen herrlichen Namen! Werft
euch vor ihm nieder, wenn ihr ihm, dem
heiligen Gott, begegnet![b]
3 Die Stimme des Herrn erschallt über die
Meere, der erhabene Gott lässt den Don-
ner grollen. Er ist der Herr, der über den
Weltmeeren thront.
4 Wie gewaltig ist seine Stimme, wie herr-
lich und furchtbar zugleich!
5 Sie spaltet mächtige Bäume, ja, der Herr
zersplittert die starken Libanonzedern.
6 Das Libanongebirge lässt er wie ein
Kalb hüpfen, der Berg Hermon springt
wie ein junger Stier.
7 Die Stimme des Herrn lässt Blitze
zucken,
8 sie erschüttert die Wüste, ja, die Wüste
Kadesch bebt.

---

[a] Wörtlich: ihr Gottessöhne.
[b] Oder: Werft euch vor ihm nieder in heiligem Schmuck!

27,7 17,6* **27,8** 105,4; 5 Mo 4,29; Jer 29,12–14 **27,11** 25,4* **28,2** 3,5; 17,6*; 20,2 **28,6–7** 20,6* **28,9** Hes 34,11–16* **29,1–2** Jes 6,1–3

9 Die Hirschkühe kalben, wenn der Don-
ner des Herrn sie in Schrecken versetzt,
sein tosender Sturm reißt die Wälder
kahl. In seinem Heiligtum rufen alle:
»Ehre sei dem Herrn!«
10 Der Herr thront über den Fluten, als
König herrscht er für alle Zeit.
11 Der Herr wird seinem Volk Macht ver-
leihen, er wird es segnen und ihm Frieden
schenken.

Vor dem sicheren Tod errettet

30 Ein Lied Davids. Es wurde zur
Einweihung des Tempels gesun-
gen.

2 Ich will dich loben, du erhabener Gott,
denn du hast mich aus der Tiefe herauf-
gezogen! Du hast nicht zugelassen, dass
sich die Feinde über mein Unglück
freuen.
3 Herr, mein Gott! Zu dir schrie ich um
Hilfe, und du hast mich geheilt.
4 Ich war schon mehr tot als lebendig,
doch du hast mich dem sicheren Tod ent-
rissen und mir das Leben neu geschenkt.
5 Singt dem Herrn eure Lieder, alle, die
ihr seine Gnade erfahren habt! Dankt
ihm und bezeugt: Er ist der heilige Gott!
6 Nur einen Augenblick streift uns sein
Zorn, aber ein Leben lang währt seine
Güte. Wenn wir am Abend noch weinen
und traurig sind, so können wir am Mor-
gen doch vor Freude wieder jubeln.

7 Als ich erfolgreich war und in Sicherheit
lebte, dachte ich: »Was kann mir schon
passieren?«
8 Denn du, Herr, hast mein Königreich
aufblühen lassen,[a] alles hatte ich deiner
Güte zu verdanken. Dann aber hast du
dich von mir abgewandt, und mich pack-
te das Entsetzen.
9 Ich flehte um Erbarmen und schrie zu
dir:
10 »Was hast du davon, wenn ich jetzt ster-
be? Kann ein Toter dir noch danken,
kann er deine Treue noch rühmen?
11 Herr, höre mich! Hab Erbarmen und
hilf mir!«

12 Du hast mein Klagelied in einen Freu-
dentanz verwandelt. Du hast mir die
Trauerkleider ausgezogen und mich mit
einem Festgewand bekleidet.
13 Nun kann ich dich mit meinen Liedern
loben, nie will ich verschweigen, was du
für mich getan hast. Immer und ewig will
ich dir danken, mein Herr und mein
Gott!

Bedrängt, bedrückt, aber nicht besiegt!

31 Ein Lied Davids.

2 Bei dir, Herr, suche ich Schutz. Lass
meine Feinde mich nie besiegen! Hilf
mir und rette mich, du gerechter Gott!
3 Höre mein Gebet! Hilf mir schnell!
Bringe mich in Sicherheit! Wie in einer
Burg auf hohem Berg beschütze mich!

4 Ja, Herr, du tust es: Du bietest mir
Schutz, du bist meine Burg! Du wirst
mich führen und leiten, wie du es ver-
sprochen hast!
5 Du wirst mich aus der Schlinge ziehen,
die meine Feinde mir heimlich gelegt ha-
ben! Ja, du bist meine einzige Zuflucht.
6 Mit Leib und Seele vertraue ich mich dir
an, denn du erlöst mich, Herr, du treuer
Gott!

7 Ich hasse es, wenn Menschen anderen
Göttern nachlaufen, daher vertraue ich
dem Herrn.
8 Ich juble vor Freude, weil du mich liebst.
Dir ist meine Not nicht entgangen; du
hast erkannt, wie niedergeschlagen ich
bin.

---

[a] So nach der griechischen Übersetzung. Der hebräische Text lautet: Du hattest mich auf feste Berge gestellt.

29,10 22,29* **30,1** 1 Kön 8 **30,5** 20,6* **30,6** Jes 54,7–8; Klgl 3,31–33 **30,10** 6,6* **30,12** Jes 61,3 **30,13** 20,6*; 52,11 **31,2–5** 18,3*

Die Sprache der Liebe

Lesen Sie Psalm 27,1-14

Die meisten Menschen zeigen und erfahren Liebe auf eine von fünf Arten: durch Lob und Anerkennung, durch Geschenke, durch Hilfsbereitschaft, durch Zärtlichkeit oder durch Zweisamkeit. Man nennt diese die fünf Sprachen der Liebe. Alle fünf kommen von Gott. Sie entspringen aus seiner Liebe, und er spricht alle fünf Sprachen fließend.

Die Bibel ist voller Worte der Anerkennung, die Gott spricht. Er fasst seine Liebe in Worte in Johannes 3,16 und an vielen anderen Stellen. Wenn wir einen Beweis brauchen, dass Gott uns etwas schenken will, dann brauchen wir uns nur Weihnachten anzusehen. Epheser 2,4-5 erinnert uns daran, dass Gott uns das größte Geschenk gab, als er seinen Sohn sandte.

Seine Hilfsbereitschaft zeigt sich am Kreuz. In Römer 5,8 heißt es, dass Christus unsere Schuld bezahlt hat. Wenn man das Leben Jesu betrachtet, sieht man immer wieder, wie er Menschen liebevoll berührt. Und in Texten wie Jakobus 4,8 wird deutlich: Gott möchte uns allen nahe sein, wenn wir es wünschen, und Zeit mit uns verbringen. Richten Sie Ihre Gedanken auf Gott, und Sie werden feststellen, dass er seine Gedanken schon lange auf Sie gerichtet hat.

Da Gott alle fünf Sprachen der Liebe so fließend spricht, kann vor allem er Ihnen auch zeigen, welche dieser Sprachen die Ihre ist – oder die Ihres Partners.

Nehmen Sie sich Zeit, um allein oder als Paar gemeinsam zu beten.
Danken Sie dem Herrn für die verschiedenen Wege, durch die er mit Ihnen in Kontakt tritt.
Bitten Sie ihn um Weisheit, seine Liebe zu erkennen, auch wenn sie sich in einer Sprache äußert, *die Sie nicht sprechen.*
Bitten Sie ihn um Hilfe, damit Sie anderen Gottes Liebessprache zeigen und erklären können.

Wenn Sie noch mehr Zeit haben …

Besprechen Sie miteinander folgende Fragen oder denken Sie darüber nach:

- Nennen Sie ein Beispiel dafür, wie Gott mit Ihnen in Ihrer Muttersprache der Liebe gesprochen hat.
- Welche Liebessprache ist für Sie am schwersten zu verstehen?
- Wie können Sie Ihrem Partner oder Ihren Kindern helfen, Gottes Liebe zu erkennen?

Lesen Sie auch die folgenden Abschnitte zum Thema Liebe Gottes:
Zefanja 3,17; Galater 2,20; 1. Johannes 4,7-8.

Ein erzwungenes Schuldbekenntnis

Lesen Sie Psalm 32,1-11

David, der „Mann, der Gott Freude machte“, lebte in einer intensiven Gemeinschaft mit seinem Herrn und äußerte ihm gegenüber ganz offen seinen Dank, seine Bitten, seinen Zorn und seine Ängste. In diesem Psalm kämpft er mit dem Gefühl, Schuld auf sich geladen zu haben und von Gott überführt worden zu sein: „Erst wollte ich dir, Herr, meine Schuld verheimlichen. Doch davon wurde ich so schwach und elend, dass ich nur noch stöhnen konnte. Tag und Nacht bedrückte mich dein Zorn, meine Lebenskraft vertrocknete wie Wasser in der Sommerhitze“ (Psalm 32,3-4).

Nur durch den heilenden Akt eines Schuldbekenntnisses konnte Davids gute Beziehung zu Gott wiederhergestellt werden und er konnte wieder als der leben, zu dem Gott ihn berufen hatte.

Das Gefühl, dass unser Partner uns Unrecht getan hat, kann die Beziehung in unserer Ehe überschatten. Wenn wir unseren Partner aber aus Liebe darauf ansprechen, seine Entschuldigung annehmen und ihm vergeben, befreien wir ihn von seiner Last, wie der Herr David befreite. Dann können wir das Vertrauen in unserer Beziehung wiederherstellen, und sie wird geheilt werden.

Wenn uns Unrecht getan wurde, ist natürlich die Versuchung groß, dass wir uns als die „Guten“ in unserer Ehe fühlen. Doch es ist wichtig, auch unsere eigene Schuld zu bekennen und unsere Fehler zuzugeben. Das hilft uns, liebevoller zu werden, und macht uns frei zu vergeben – so wie Gott uns vergeben hat.

Nehmen Sie sich Zeit, um allein oder als Paar gemeinsam zu beten. Geben Sie dem Herrn gegenüber zu, wie leicht Sie vergessen, dass er es ist, der die Menschen aus Liebe auf ihre Schuld aufmerksam macht. Danken Sie ihm, dass er Sie ihm ähnlicher machen möchte, und bitten Sie ihn um Hilfe für Sie beide, wenn Sie sich darum bemühen.

Wenn Sie noch mehr Zeit haben ...

Besprechen Sie miteinander folgende Fragen oder denken Sie darüber nach:

- Welcher Fehltritt ist für Sie am schwersten zu vergeben? Warum?
- Warum fällt es uns so schwer, unsere moralische Überlegenheit aufzugeben, wenn jemand uns Unrecht getan hat?
- Was ist das Liebevollste, das Sie tun können, wenn Ihr Partner Ihnen gegenüber schuldig geworden ist?

Lesen Sie auch die folgenden Abschnitte zum Thema Buße und Vergebung:
Psalm 51,1-21; Römer 2,4; 1. Johannes 1,9.

Den nächsten Impuls finden Sie auf S. 638 a

[9]Du hast mich vor meinen Feinden be-
wahrt; jetzt bin ich frei, zu gehen, wohin
ich will.

[10]Herr, erbarme dich über mich, denn ich
weiß weder aus noch ein! Meine Augen
sind vom Weinen ganz verquollen, ich
bin mit meiner Kraft am Ende.
[11]Unter Kummer schwindet mein Leben
dahin, in Seufzen vergehen meine Jahre.
Meine Schuld[a] verzehrt alle Kräfte und
lähmt meine Glieder.
[12]Zum Spott meiner Feinde bin ich ge-
worden, selbst meine Nachbarn verhöh-
nen mich. Meine Bekannten erschre-
cken, wenn sie mich erblicken, und wer
mir auf der Straße begegnet, geht mir
aus dem Weg.
[13]Viele haben mich längst vergessen wie
einen Toten, den man begraben hat; wie
ein zerbrochenes Gefäß bin ich, das acht-
los weggeworfen wurde.
[14]Ich merke, wie sie hinter meinem Rü-
cken tuscheln. Sie wollen mir Angst ein-
jagen und tun sich zusammen, um mich
aus dem Weg zu räumen.

[15]Ich aber, Herr, vertraue dir. Du bist
mein Gott, daran halte ich fest!
[16]Was die Zeit auch bringen mag, es liegt
in deiner Hand. Rette mich vor meinen
Feinden und Verfolgern!
[17]Lass mich deine Nähe erfahren, ich ge-
höre doch zu dir! Sei mir gnädig und rette
mich!
[18]Herr, ich rufe zu dir, denn ich will nicht
an meinen Feinden zerbrechen. Sie aber
sollen scheitern, sie sollen umkommen,
damit sie endlich stumm sind!
[19]Ja, verstummen sollen diese Lügner, die
den Unschuldigen verleumden. Wie
überheblich diese Leute sind, und wie
verächtlich reden sie daher!

[20]Doch groß ist deine Güte, Herr! Du
hältst sie bereit für die Menschen, die
dich ernst nehmen. Vor aller Augen
zeigst du sie denen, die bei dir Zuflucht
suchen.
[21]Du gibst ihnen Schutz in deiner Nähe,
so kann ihnen keine Verschwörung etwas
anhaben. Du bewahrst sie vor dem zänki-
schen Geschwätz ihrer Feinde.
[22]Gepriesen sei der Herr! Ich war einge-
schlossen in einer belagerten Stadt, doch
auch dort habe ich deine wunderbare
Liebe erfahren.
[23]Entsetzt hatte ich schon gedacht:
»Herr, du hast mich verstoßen!« Du aber
hörtest mich, als ich um Hilfe schrie.

[24]Liebt den Herrn, alle, die ihr ihm gerne
dient! Wer treu zu ihm hält, steht unter
seinem Schutz, doch wer ihm selbst-
gerecht begegnet, dem zahlt er es doppelt
heim.
[25]Seid stark und mutig, alle, die ihr dem
Herrn vertraut!

Von Schuld befreit!

32 Ein Lied Davids, zum Nachden-
ken.[b]

Glücklich sind alle, denen Gott ihre Sün-
den vergeben und ihre Schuld zugedeckt
hat!
[2]Glücklich ist der Mensch, dem Gott sei-
ne Sünden nicht anrechnet, und der mit
Gott kein falsches Spiel treibt!

[3]Erst wollte ich dir, Herr, meine Schuld
verheimlichen. Doch davon wurde ich so
schwach und elend, dass ich nur noch
stöhnen konnte.
[4]Tag und Nacht bedrückte mich dein
Zorn, meine Lebenskraft vertrocknete
wie Wasser in der Sommerhitze.
[5]Da endlich gestand ich dir meine Sünde;
mein Unrecht wollte ich nicht länger ver-

---

a Die griechische Übersetzung lautet: Meine Sorgen.
b Das hebräische Wort »maskil« in den Überschriften der Psalmen 32,42,44,45,52–55,74,78,88, 89,142 bezeichnet Lieder, die Anstöße zum Nachdenken geben sollen.
31,12 69,9* **31,16** 139,16 **31,20** Klgl 3,22–23* **32,1–2** Röm 4,7–8 **32,5** 85,3*

schweigen. Ich sagte: »Ich will dem Herrn meine Vergehen bekennen!« Und wirklich: Du hast mir meine ganze Schuld vergeben!

6 Darum sollen auch alle, die dich lieben, Herr, zu dir beten. Wer dich zur rechten Zeit anruft, der bleibt verschont von den Wogen des Unheils.

7 Bei dir bin ich in Sicherheit; du lässt nicht zu, dass ich vor Angst und Not umkomme. Ich singe und juble: »Du hast mich befreit!«
8 Und du sprichst zu mir:[a] »Ich will dich lehren und dir sagen, wie du leben sollst; ich berate dich, nie verliere ich dich aus den Augen.
9 Sei nicht wie ein Pferd oder ein Maultier ohne Verstand! Wenn sie wild ausschlagen, musst du sie mit Zaum und Zügel bändigen, sonst folgen sie dir nicht!«

10 Wer Gottes Weisungen in den Wind schlägt, der schafft sich Not und Schmerzen. Wer jedoch dem Herrn vertraut, den wird Gottes Güte umgeben.
11 Freut euch an ihm und jubelt laut, die ihr zum Herrn gehört! Singt vor Freude, die ihr Gott gehorcht!

Der Herr regiert!

33 Jubelt über den Herrn, alle, die ihr zu ihm gehört! Preist ihn, denn das ist eure schönste Aufgabe!
2 Dankt dem Herrn auf der Zither und spielt für ihn auf der Harfe[b]!
3 Singt ihm ein neues Lied! Schlagt in die Saiten, so gut und so laut ihr könnt!
4 Denn was der Herr sagt, das meint er auch so, und auf das, was er tut, kann man sich verlassen.
5 Er liebt Recht und Gerechtigkeit, seine Güte könnt ihr auf der ganzen Erde erfahren.
6 Nur ein Wort sprach er, und der Himmel wurde geschaffen, Sonne, Mond und Sterne entstanden, als er es befahl.
7 Er sammelte das Wasser des Meeres an einem Ort und speicherte die Ozeane in Becken.
8 Die ganze Welt soll den Herrn fürchten, ehrt ihn, ihr Völker der Erde!
9 Denn er sprach, und es geschah, er befahl, und die Erde war da.
10 Er durchkreuzt die Pläne der Nationen, er macht die gottlosen Vorhaben der Völker zunichte.
11 Doch was er sich vorgenommen hat, das tut er; seine Pläne sind gültig für alle Zeit.

12 Glücklich ist die Nation, deren Gott der Herr ist! Freuen kann sich das Volk, das er als sein Eigentum erwählte!

13 Der Herr schaut vom Himmel herab und sieht jeden Menschen.
14 Von seinem Thron blickt er nieder auf alle Völker der Erde.
15 Er gibt ihnen die Fähigkeit zum Denken und Handeln; über alles, was sie tun, weiß er Bescheid.

16 Kein König siegt durch seine Streitkräfte; kein Soldat kehrt heil aus der Schlacht zurück, nur weil er so stark ist.
17 Wer meint, Reiterheere bringen den Sieg, der hat sich getäuscht. Sie können noch so groß sein und dennoch vernichtend geschlagen werden.
18 Der Herr aber beschützt alle, die ihm gehorchen und auf seine Gnade vertrauen.
19 Er bewahrt sie vor dem sicheren Tod, und in der Hungersnot erhält er sie am Leben.

20 Wir setzen unsere Hoffnung auf den Herrn, er steht uns bei und rettet uns.
21 Er ist unsere ganze Freude; wir vertrauen ihm, dem heiligen Gott.

---

[a] Singgemäß eingefügt.
[b] Wörtlich: auf der Harfe mit zehn Saiten.

32,8 25,4* **33,3** 40,4* **33,9** Jes 48,13 **33,12** 2 Mo 19,5–6* **33,13–15** 26,2* **33,17** 20,8; 2 Mo 14,14*

22 Herr, lass uns deine Güte erfahren, wir
hoffen doch auf dich!

Niemand muss verzweifeln!

34 Von David. Er verfasste dieses
Lied, nachdem er sich vor Abime-
lech wahnsinnig gestellt hatte und darum
weggejagt wurde.[a]

2 Ich will den Herrn allezeit preisen; nie
will ich aufhören, ihn zu rühmen.
3 Mit Leib und Seele lobe ich ihn; wer ent-
mutigt ist, soll es hören und sich freuen!
4 Preist mit mir diesen großen Herrn, lasst
uns gemeinsam seinen Namen bekannt
machen!

5 Als ich den Herrn um Hilfe bat, antwor-
tete er mir und befreite mich von meinen
Ängsten.
6 Wer zum Herrn aufschaut, der strahlt
vor Freude, und sein Vertrauen wird nie
enttäuscht.
7 Ich war am Ende, da schrie ich zum
Herrn, und er hörte mich; aus aller Be-
drängnis hat er mich befreit.

8 Der Engel des Herrn stellt sich schüt-
zend vor alle, die Gott ernst nehmen,
und bringt sie in Sicherheit.
9 Probiert es aus und erlebt selbst, wie gut
der Herr ist! Glücklich ist, wer bei ihm
Zuflucht sucht!
10 Begegnet dem Herrn mit Ehrfurcht, al-
le, die ihr zu ihm gehört! Denn wer ihn
ernst nimmt, der muss keinen Mangel lei-
den.
11 Selbst kräftige junge Löwen finden
manchmal keine Beute und müssen hun-
gern, wer aber dem Herrn gehorcht, dem
fehlt es an nichts.
12 *Ihr jungen Leute, hört mir zu!* Ich will
euch zeigen, wie ihr dem Herrn dienen
könnt!
13 Wollt ihr das Leben genießen und gute
Tage erleben?
14 Dann passt auf, was ihr redet: Lügt
nicht und verleumdet niemanden!
15 Wendet euch ab von allem Bösen und
tut Gutes! Setzt euch unermüdlich und
mit ganzer Kraft für den Frieden ein!
16 Denn Gott sieht mit Freude auf solche
Menschen und wird ihre Gebete erhören.
17 Alle jedoch, die Böses tun, werden sei-
nen Zorn zu spüren bekommen. Er sorgt
dafür, dass niemand mehr an sie denkt,
sobald sie gestorben sind.
18 Wenn aber aufrichtige Menschen zu
ihm rufen, hört er sie und rettet sie aus
jeder Not.
19 Der Herr ist denen nahe, die verzwei-
felt sind, und rettet jeden, der alle Hoff-
nung verloren hat.
20 Zwar bleiben auch dem, der treu zu Gott
steht, Schmerz und Leid nicht erspart;
doch aus allem befreit ihn der Herr!
21 Vor schwerem Schaden bewahrt er ihn,
kein Knochen soll ihm gebrochen werden.
22 Wer Böses tut, den bringt seine Bosheit
um; und wer den Aufrichtigen hasst,
muss die Folgen tragen.
23 Doch der Herr erlöst alle, die ihm von
Herzen dienen. Niemand, der bei ihm
Zuflucht sucht, muss sein Strafgericht
fürchten.

Rufmord und kein Ende?

35 Von David.

Herr, widersetze dich denen, die sich ge-
gen mich stellen! Bekämpfe, die mich be-
kämpfen!
2 Greif zu den Waffen[b] und eile mir zu
Hilfe!
3 Nimm den Speer und stell dich meinen
Verfolgern in den Weg! Versprich mir,
dass du mir beistehst!
4 Schimpf und Schande über alle, die mich

---

a Vgl. 1. Samuel 21,11–16. Der dort genannte Achisch, König von Gat, trägt hier die Würdebezeichnung für Philisterkönige »Abimelech«, d. h. »Königsvater«.
b Wörtlich: Ergreife den kleinen und den großen Schild!

34,9 18,3*; 1 Petr 2,3 **34,13–17** 1,1–5; 1 Petr 3,10–12 **34,18–19** 1,6 **34,20** 2 Kor 1,5; 2 Tim 3,12 **34,21** Joh 19,36 **34,22** 7,13–17*

umbringen wollen! Sie, die Böses gegen
mich planen, sollen bloßgestellt werden
und fliehen!
5 Wie dürres Laub[a] sollen sie vom Wind
verweht werden, wenn der Engel des
Herrn sie fortjagt.
6 Ihr Weg sei finster und glatt, wenn der
Engel des Herrn sie verfolgt!
7 Ohne Ursache haben sie mir eine Falle
gestellt, ich habe ihnen doch nichts getan!
8 Ohne Vorwarnung breche das Verder-
ben über sie herein! In ihre eigene Falle
sollen sie laufen und darin umkommen!

9 Ich aber werde jubeln und mich freuen,
wenn der Herr eingreift und mir hilft.
10 Alle meine Glieder werden einstimmen
und dich loben: »Herr, niemand ist wie
du!« Du beschützt den Schwachen vor
dem Starken und rettest den Armen und
Wehrlosen vor dem Räuber.

11 Falsche Zeugen treten gegen mich auf
und werfen mir Verbrechen vor, die ich
nie begangen habe!
12 Was ich ihnen Gutes getan habe, zahlen
sie mir mit Bösem heim. Ich bin einsam
und verzweifelt.
13 Wenn einer von ihnen schwer krank
war, zog ich Trauerkleidung an, fastete
für ihn und betete mit gesenktem Kopf.
14 Ich verhielt mich so, als ob er mein
Freund oder Bruder wäre. Ich trug dunk-
le Kleider und lief traurig umher – wie
jemand, der um seine Mutter weint.

15 Jetzt aber ist das Unglück über mich he-
reingebrochen, und voll Schadenfreude
laufen sie zusammen. Auch Leute, die
ich nicht kenne, hergelaufenes Gesindel,
ziehen pausenlos über mich her.
16 Zynische Spötter sind es, wie Hunde
fletschen sie ihre Zähne gegen mich.
17 Herr, wie lange willst du noch untätig
zusehen? Wie gereizte Löwen gehen sie
auf mich los! Rette mich! Ich habe doch
nur ein Leben!
18 Dann will ich dir in der Gemeinde dan-
ken, vor allem Volk will ich dich loben.
19 Meine Feinde, die mich ohne Grund
hassen, sollen nicht länger über mich tri-
umphieren! Ohne die geringste Ursache
hassen sie mich und zwinkern einander
vielsagend zu.
20 Was sie sagen, dient nicht dem Frieden,
und gegen friedfertige Menschen erfin-
den sie falsche Anschuldigungen.
21 Sie reißen das Maul weit auf und rufen
mir zu: »Haha! Da haben wir's! Wir ha-
ben genau gesehen, was du getan hast!«
22 Herr, du siehst, was hier gespielt wird!
Schweige nicht länger und bleib nicht
fern von mir!
23 Greif doch endlich ein und verschaffe
mir Recht! Mein Herr und mein Gott,
führe du meinen Rechtsstreit!
24 Weil du ein gerechter Richter bist, wirst
du mich freisprechen, Herr, mein Gott!
Dann können sie mich nicht länger scha-
denfroh verhöhnen.
25 Niemals mehr sollen sie sagen können:
»Ha, wir haben's geschafft! Den haben
wir fertig gemacht!«
26 All denen, die sich über mein Unglück
freuen, soll ihr böser Plan misslingen.
Schimpf und Schande über diese groß-
spurigen Leute!

27 Doch alle, die meinen Freispruch wün-
schen, sollen vor Freude jubeln und im-
mer wieder sagen: »Der Herr ist groß!
Er will, dass jeder, der ihm dient, in Frie-
den leben kann.«
28 Ich will immer davon reden, wie ge-
recht du bist und wie gerecht du handelst.
Tag für Tag will ich dich loben!

---

[a] Wörtlich: Wie Spreu.

35,7–8 7,13–17* **35,9** 20,6* **35,10** 140,13* **35,12** 38,21; Röm 12,17; 1 Petr 3,9 **35,18** 20,6* **35,19** 69,5 **35,24** 7,12* **35,28** 5 Mo 4,9*

Mit Depressionen leben

Lesen Sie Psalm 34,16-23

John war ein erfolgreicher Geschäftsmann, dessen Frau an Depressionen litt. „Fast den ganzen Vormittag verbringt sie im Bett, und am Nachmittag sitzt sie nur irgendwo im Haus herum", berichtete er. „Sie scheint gar keinen Antrieb mehr zu haben. Sie hat keine Kraft, etwas zu kochen, und abends isst sie oft gar nicht mit uns zusammen. Im letzten Jahr hat sie zwanzig Kilo abgenommen. Um ehrlich zu sein: Bei uns zu Hause ist es ziemlich trostlos. Für die Kinder tut es mir leid, obwohl sie noch mehr Aufmerksamkeit bekommen als ich. Aber sie merken ja auch, dass mit ihrer Mutter etwas nicht stimmt."

Was John hier beschreibt, sind typische Symptome einer Depression. Leider kommt diese Krankheit gar nicht so selten vor, und sie verschwindet nicht von alleine. Johns Frau brauchte medizinische und psychologische Hilfe – ohne sie wäre alles noch schlimmer geworden.

Viele Christen haben kein Verständnis für Depressionen und denken, es sei ein rein geistliches Problem. Natürlich hat die Krankheit auch eine geistliche Dimension, aber in erster Linie beruht sie auf einem körperlichen und seelischen Ungleichgewicht. Wenn Sie oder ein Angehöriger von Ihnen davon betroffen sind, denken Sie an Psalm 34,19. Die Bibel verspricht Ihnen, dass Gott mit Ihnen mitfühlt und in Zeiten der Depression liebevoll mit Ihnen umgeht.

Nehmen Sie sich Zeit, um allein oder als Paar gemeinsam zu beten. Bitten Sie Gott, dass er Ihnen hilft ...

- sich schwerer, dunkler Gefühle bewusst zu werden;
- die Warnzeichen einer echten Depression zu erkennen und angemessen darauf zu reagieren.

Wenn Sie noch mehr Zeit haben ...

Besprechen Sie miteinander folgende Fragen oder denken Sie darüber nach:

- Welche Einstellung haben (oder hatten) Sie gegenüber Menschen, die von einer Depression betroffen sind?
- Haben Sie sich schon einmal gefragt, ob Sie oder Ihr Ehepartner unter einer Depression leiden?
- Wenn Sie oder Ihr Ehepartner mit Depressionen zu kämpfen haben, welche Hilfen sind Sie bereit, in Anspruch zu nehmen?

Lesen Sie auch die folgenden Abschnitte zum Thema Depression:
Jeremia 29,11; Matthäus 11,28; 1. Petrus 5,7.

Die Güte Gottes weiterschenken

Die folgenden Fragen können Sie entweder allein oder als Paar gemeinsam durchgehen. Wenn jeder für sich darüber nachdenkt, verabreden Sie sich in der kommenden Woche zu einem Austausch darüber, was Sie herausgefunden haben.

1. Erzählen Sie einander von einer Situation, in der jemand Ihnen Güte erwies. Wie veränderte das Sie selbst oder Ihre Beziehung zu dieser Person?

2. Lesen Sie Psalm 36,6-13. Auf welche Weise zeigt sich Gottes Güte gegenüber seinem Volk?

3. Jesus hat davon gesprochen, dass wir jemandem in Not mit „einem Schluck kalten Wassers erfrischen" sollen (Matthäus 10,42). Warum ist Jesus eine so kleine Geste wichtig?

4. Wie zeigte sich die Liebe Jesu durch freundliche Taten gegenüber anderen Menschen? Beschreiben Sie, wie Jesus Ihnen seine Güte erwiesen hat.

5. Warum fühlen sich Menschen, die Güte erfahren haben, zu Gott hingezogen?

6. Nennen Sie Beispiele, wie ein unfreundliches Verhalten von Ihnen einen anderen Menschen von Gott weggeführt haben könnte.

Psalm 36,8

„Wie kostbar ist deine Güte, o Gott: Bei dir finden Menschen Schutz und Sicherheit."

KONKRET:

Die Güte Gottes, die wir erfahren haben, sollte uns ein Anreiz sein, auch anderen Menschen Güte zu zeigen. Doch manchmal sind wir ausgerechnet zu denen am unfreundlichsten, die mit uns unter einem Dach leben. Suchen Sie nach Gelegenheiten, wie Sie Ihrem Ehepartner in den nächsten zwei Tagen etwas Gutes tun können. Wenn Sie keine Idee haben, fragen Sie doch einfach Ihren Partner danach.

Den nächsten Impuls finden Sie auf S. 642 a

Gott kennen ist Leben!

36 Von David, dem Diener des Herrn.

[2] Der Gottlose wird durch und durch von der Sünde beherrscht; vor Gott hat er keine Ehrfurcht.
[3] Er bildet sich etwas darauf ein, Unrecht zu tun und andere zu hassen.[a]
[4] Was er sagt, ist Lug und Trug. Längst hat er aufgehört, sinnvoll zu handeln und Gutes zu tun.
[5] Noch vor dem Einschlafen schmiedet er finstere Pläne. Bewusst hat er sich für das Böse entschieden und lässt sich davon nicht abbringen.

[6] Herr, deine Güte ist unvorstellbar weit wie der Himmel, und deine Treue reicht so weit, wie die Wolken ziehen.
[7] Deine Gerechtigkeit ist unerschütterlich wie die mächtigen Berge, deine Entscheidungen sind unermesslich wie das tiefe Meer. Mensch und Tier erfahren deine Hilfe, o Herr!
[8] Wie kostbar ist deine Güte, o Gott: Bei dir finden Menschen Schutz und Sicherheit.
[9] Aus deinem Überfluss schenkst du ihnen mehr als genug, mit Freude und Wonne überschüttest du sie.[b]
[10] Du bist die Quelle – alles Leben strömt aus dir. In deinem Licht sehen wir das Licht.
[11] Erhalte deine Liebe denen, die dich kennen, und zeige deine Treue allen, die dir von ganzem Herzen dienen!
[12] Lass nicht zu, dass hochmütige Menschen meine Ehre in den Dreck ziehen und dass Unheilstifter mich fortjagen!
[13] *Da! Sie stürzen zu Boden* und sind unfähig, wieder aufzustehen!

Von Gott gehalten

37 Von David.

Entrüste dich nicht über die Unheilstifter und beneide nicht die Menschen, die Böses tun!
[2] Denn sie verdorren so schnell wie Gras, wie Blumen welken sie dahin.
[3] Verlass dich auf den Herrn und tue Gutes! Bleibe in Israel, dem verheißenen Land, und halte dich immer an die Wahrheit!
[4] Freue dich über den Herrn; er wird dir alles geben, was du dir von Herzen wünschst.
[5] Vertrau dich dem Herrn an und sorge dich nicht um deine Zukunft! Überlass sie Gott, er wird es richtig machen.
[6] Dass du ihm treu bist, wird dann keiner mehr leugnen können; dass du Recht hast, wird für jeden sichtbar sein.
[7] Sei geduldig und warte darauf, dass der Herr eingreift! Entrüste dich nicht, wenn Menschen böse Pläne schmieden und ihnen dabei alles gelingt!
[8] Lass dich nicht von Zorn und Wut überwältigen, denn wenn du dich ereiferst, gerätst du schnell ins Unrecht.

[9] Wer Böses tut, den wird Gott ausrotten. Wer jedoch dem Herrn vertraut, der wird das Land besitzen.
[10] Es dauert nicht mehr lange, dann ist es mit den Bösen aus und vorbei! Wo sind sie geblieben? Nicht die Spur wirst du noch von ihnen finden!
[11] Doch alle, die auf Gewalt verzichten, werden dann das Land besitzen und ihr Glück kaum fassen können.
[12] Zähneknirschend planen die Gottlosen Böses gegen alle, die Gott die Treue halten.
[13] Der Herr aber lacht über sie, weil er weiß: der Tag der Abrechnung kommt!

---

[a] Oder: Er bildet sich viel zu viel auf sich ein, um sein Unrecht einzusehen oder es gar zu hassen.
[b] Wörtlich: Sie trinken sich satt am Fett deines Hauses, und du tränkst sie mit dem Strom deiner Wonnen.

36,2 Röm 3,18 **36,6** Klgl 3,22–23* **37,1** Spr 23,17 **37,2** 39,5–7* **37,5** 55,23; Spr 16,3; Mt 6,33–34 **37,11** Mt 5,5

[14]Gewissenlose Leute zücken ihr Schwert
und spannen den Bogen. Sie wollen die
Unterdrückten und Wehrlosen töten und
alle beseitigen, die aufrichtig sind.
[15]Doch ihr Schwert dringt ihnen ins eigene Herz, und ihre Bogen zersplittern.

[16]Lieber wenig besitzen und tun, was
Gott will, als in Saus und Braus leben
und Gott verachten.
[17]Denn der Herr lässt machtgierige Menschen scheitern, aber er kümmert sich liebevoll um alle, die ihm treu bleiben.
[18]Tag für Tag sorgt er für sie; das versprochene Land bleibt für immer ihr Besitz.
[19]In Zeiten der Not werden sie nicht umkommen. Sogar dann, wenn Hunger
herrscht, macht der Herr sie satt.
[20]Die Gottlosen jedoch gehen zugrunde.
Die Feinde des Herrn verschwinden so
schnell, wie Wiesenblumen verblühen;
wie Rauch werden sie vergehen.
[21]Der Gewissenlose leiht sich Geld und
zahlt es nicht zurück. Doch wer Gott gehorcht, ist freundlich und schenkt gerne.
[22]Menschen, die Gott segnet, werden das
Land besitzen; ausrotten aber wird er alle, auf denen sein Fluch liegt.
[23]Wenn ein Mensch seinen Weg zielstrebig gehen kann, verdankt er das dem
Herrn, der ihn liebt.
[24]Und wenn er einmal fällt, bleibt er nicht
am Boden liegen, denn der Herr hilft ihm
wieder auf.

[25]Ich bin nun ein alter Mann; doch in
meinem langen Leben traf ich niemanden, der Gott liebte und dennoch von
ihm verlassen wurde. Auch seine Kinder
mussten nie um Brot betteln.
[26]Im Gegenteil: Immer konnte er schenken und ausleihen, und auch seine Kinder wurden von Gott gesegnet.

[27]Geh dem Bösen aus dem Weg und tue
Gutes, dann werden deine Nachkommen
für immer im verheißenen Land wohnen.
[28]Denn der Herr liebt Gerechtigkeit und
lässt keinen im Stich, der ihn ehrt. Für
alle Zeiten beschützt er ihn, aber die
Nachkommen der Gottlosen wird er vernichten.
[29]Alle, die Gott vertrauen, werden das
Land besitzen und es für immer bewohnen.
[30]Wer sich ganz auf Gott verlässt, dessen
Worte sind weise und gerecht.
[31]Die Gebote seines Gottes trägt er in
seinem Herzen, darum kommt er nicht
vom richtigen Weg ab.
[32]Wer sich jedoch gegen Gott durchsetzen will, der nutzt jede Gelegenheit, um
gerechte Menschen aus dem Weg zu
räumen.
[33]Aber der Herr lässt nicht zu, dass sie in
seine Hände fallen und unschuldig verurteilt werden.
[34]Hoffe auf den Herrn und tue, was er dir
sagt! Dann wirst du zu Ehren kommen,
und er wird dir das verheißene Land
schenken. Du wirst sehen, wie er die
Gottlosen ausrottet.

[35]Ich sah einen gottlosen Menschen, einen Tyrannen, der war mächtig wie ein
tief verwurzelter Baum, der alles überragt.
[36]Später kam ich wieder vorbei, und er
war weg. Ich suchte nach ihm, doch er
war spurlos verschwunden.
[37]Achte auf die Menschen, die aufrichtig
und ehrlich sind! Du wirst sehen: Auch in
Zukunft werden sie in Frieden leben.
[38]Doch wer sich von Gott lossagt, der
wird umkommen; seine Zukunft ist der
Tod.
[39]Der Herr steht denen bei, die sich nach
seinem Willen richten. Er tröstet und
stärkt sie in Zeiten der Not.
[40]Bei ihm finden sie Hilfe und Rettung;
ja, er rettet sie vor den Gottlosen und
steht ihnen zur Seite, denn bei ihm haben
sie Zuflucht gesucht.

Zermürbt von Krankheit und Schuld

38 Ein Lied Davids, beim Gedächtnisopfer zu singen.

37,14–15 7,13–17* **37,16** Spr 15,16 **37,32–33** 59,5* **37,40** 18,3*

[2] Herr, du lässt mich deinen Zorn spüren.
Ich flehe dich an: Strafe mich nicht
länger!
[3] Deine Pfeile haben sich in mich hinein-
gebohrt, deine Hand drückt mich nieder.
[4] Weil ich unter deinem Strafgericht leide,
habe ich keine heile Stelle mehr am
Körper. Weil mich die Sünde anklagt,
sind alle meine Glieder krank.
[5] Meine Schuld ist mir über den Kopf
gewachsen. Wie schwer ist diese Last!
Ich breche unter ihr zusammen.
[6] Wie dumm war ich, dich zu vergessen!
Das habe ich nun davon: meine Wunden
eitern und stinken!
[7] Gekrümmt und von Leid zermürbt
schleppe ich mich in tiefer Trauer durch
den Tag.
[8] Von Fieber bin ich geschüttelt, die Haut
ist mit Geschwüren übersät,
[9] zerschlagen liege ich da, am Ende mei-
ner Kraft. Vor Verzweiflung kann ich nur
noch stöhnen.

[10] Herr, du kennst meine Sehnsucht, du
hörst mein Seufzen!
[11] Mein Herz rast, ich bin völlig erschöpft,
und meine Augen versagen mir den
Dienst.
[12] Meine Freunde und Nachbarn ekeln
sich vor meinen Geschwüren. Sogar mei-
ne Verwandten gehen mir aus dem Weg.
[13] Meine Todfeinde stellen mir Fallen, sie
wollen mich verleumden und zugrunde
richten. Ja, sie bringen mich in Verruf,
wann immer sie nur können.
[14] Und ich? Ich tue so, als hätte ich nichts
gehört; ich schweige zu ihren Anklagen
wie ein Stummer.
[15] Ich stelle mich taub und gebe ihnen kei-
ne Antwort.

[16] *Denn auf dich, Herr, hoffe ich, du wirst*
ihnen die passende Antwort geben, mein
Herr und mein Gott!
[17] Lass nicht zu, dass sie über mich trium-
phieren und sich über mein Unglück
freuen!
[18] Es fehlt nicht mehr viel, und ich liege
am Boden, ständig werde ich von
Schmerzen gequält.
[19] Ich bekenne dir meine Schuld, denn
meine Sünde macht mir schwer zu
schaffen.
[20] Übermächtig sind meine Feinde, und es
gibt viele, die mich ohne jeden Grund
hassen.
[21] Sie vergelten mir Gutes mit Bösem und
feinden mich an, weil ich das Gute tun
will.

[22] Herr, verlass mich nicht! Mein Gott,
bleib nicht fern von mir!
[23] Komm und hilf mir schnell! Du bist
doch mein Herr und mein Retter!

Viel Lärm um nichts!

39 Ein Lied Davids. Für Jedutun.[a]
[2] Ich hatte mir vorgenommen, vor bösen
Menschen meine Zunge im Zaum zu hal-
ten; ich wollte mich zusammennehmen
und nichts sagen, was man mir als Schuld
anrechnen könnte.
[3] Also verstummte ich und sagte kein
Wort mehr. Aber das half mir auch nicht
weiter, mein Schmerz wurde nur noch
schlimmer.
[4] Ich fraß den Kummer in mich hinein. Je
mehr ich darüber nachgrübelte, desto tie-
fer geriet ich in Verzweiflung. Ich konnte
es nicht mehr länger aushalten – da schrie
ich zu Gott:
[5] »Herr, lass mich erkennen, wie kurz
mein Leben ist und wie viel Zeit ich noch
habe; wie vergänglich bin ich doch!
[6] Wie begrenzt ist das Leben, das du mir
gegeben hast! Ein Nichts ist es in deinen
Augen! Jeder Mensch, selbst der stärkste,
ist nur ein Hauch, der vergeht –
[7] schnell wie ein Schatten verschwindet

---

[a] Nach 1. Chronik 16,41 der Begründer einer Musikgruppe am Tempel zur Zeit des Königs David. Vgl. auch Psalm 62,1; 77,1

38,2–5 32,3–5 **38,12** 69,9* **38,19** 85,3* **38,21** 35,12; Röm 12,17; 1 Petr 3,9 **39,5–7** 90,3–10; 102,12; 103,14–16; Hiob 7,6–8; Pred 1,2; Jes 40,6–8

er. Sein Tun und Treiben ist viel Lärm um
nichts! Er häuft sich Reichtümer an und
weiß nicht, was einmal daraus wird.«

8 Auf was kann ich da noch hoffen? Herr,
du allein bist meine Hoffnung!
9 Vergib mir alle meine Sünden und mach
mich nicht zum Gespött dieser Narren!
10 Ich will jetzt schweigen und nichts
mehr sagen, denn du, Herr, du lässt mich
leiden!
11 Befreie mich von den Qualen, die du
mir zufügst! Wenn du mich weiter plagst,
komme ich um!
12 Wenn du einen Menschen wegen seiner
Schuld strafst, dann vergeht das Wert-
vollste, was er hat – sein Leben. Es zer-
fällt wie ein Kleid, das die Motten zer-
fressen. Jeder Mensch ist nur ein Hauch,
der vergeht.

13 Höre mein Gebet, Herr, und achte auf
meinen Hilfeschrei! Schweige nicht,
wenn du mein Weinen vernimmst! Denn
diese Welt wird nicht für immer meine
Heimat sein; schon meine Vorfahren sind
hier nur Gäste und Fremde gewesen.
14 Strafe mich nicht länger in deinem
Zorn, damit ich mich noch einmal freuen
kann, bevor ich sterben muss und nicht
mehr bin!

Echter Gottesdienst

40 Ein Lied Davids.
2 Voll Zuversicht hoffte ich auf den
Herrn, und er wandte sich mir zu und
hörte meinen Hilfeschrei.
3 Ich war in eine verzweifelte Lage gera-
ten – wie jemand, der bis zum Hals in ei-
ner Grube voll Schlamm und Kot steckt!
Aber er hat mich herausgezogen und auf
festen Boden gestellt. Jetzt haben meine
Füße wieder sicheren Halt.
4 Er gab mir ein neues Lied in meinen
Mund, einen Lobgesang für unseren
Gott. Das werden viele Leute hören, sie
werden den Herrn wieder achten und
ihm vertrauen.
5 Glücklich ist, wer sein Vertrauen auf
den Herrn setzt und sich nicht mit den
Überheblichen und den Lügnern ein-
lässt!
6 Herr, mein Gott, du bist einzigartig! Du
hast so viele Wunder getan, alles hast du
sorgfältig geplant! Wollte ich das schil-
dern und beschreiben – niemals käme
ich zum Ende!

7 Tieropfer und Speiseopfer allein kön-
nen dich nicht zufrieden stellen; du ver-
langst nicht, dass man dir Tiere schlach-
tet und zur Sühne auf dem Altar
verbrennt, aber offene Ohren hast du
mir gegeben, um auf dich zu hören und
dir zu gehorchen.
8/9 Deshalb antworte ich: »Herr, hier bin
ich! Im Buch des Gesetzes steht alles,
was du mir zu sagen hast. Ich will gerne
tun, mein Gott, was du von mir erwar-
test. Dein Gesetz ist mir ins Herz ge-
schrieben.«
10 Vor der ganzen Gemeinde erzähle ich
voll Freude, dass auf deine Zusagen Ver-
lass ist. Nichts kann mich abhalten, davon
zu reden – das weißt du, Herr!
11 Nie will ich verschweigen, wie du uns
befreit hast. Vor der ganzen Gemeinde
rede ich von deiner Treue und Hilfe; ich
erzähle, wie ich deine Liebe und Zuver-
lässigkeit erfahren habe.

12 Herr, du wirst mir auch in Zukunft dein
Erbarmen nicht versagen, deine Liebe
und Treue werden mich stets bewahren.
13 Unlösbare Schwierigkeiten haben sich
vor mir aufgetürmt, sie nehmen kein En-
de. Meine Verfehlungen haben mich ein-
geholt, und die Folgen sind nicht mehr zu
überblicken. Jeder Mut hat mich ver-
lassen.

39,9 85,3* **39,13** 1 Chr 29,15; Hebr 11,13; 1 Petr 2,11 **40,2** 17,6* **40,4** 33,3; 98,1; 144,9; 149,1; Jes 42,10; Offb 5,9 **40,5** 1,1 **40,6** 72,18; 77,15; 86,10; 136,4; 5 Mo 4,34*; Hiob 37,5; Mt 12,38 **40,7–9** 50,7–14; 51,18–19; Jes 1,11–17; Jer 7,21–23; Mi 6,6–8; Hebr 10,5–10 **40,7** 1 Sam 15,22* **40,10–11** 20,6*; 5 Mo 4,9*

Als Eltern von Gott lernen

Lesen Sie Psalm 37,1-40

Weil Gott selbst ein Vater ist, haben Eltern in seinem Herzen einen besonderen Platz. Darum finden wir in seinem Wort immer wieder Hinweise, die uns Eltern das Leben leichter machen. Ein besonders hilfreiches Versprechen steht in Psalm 37,25-26: „Ich bin nun ein alter Mann; doch in meinem langen Leben traf ich niemanden, der Gott liebte und dennoch von ihm verlassen wurde. Auch seine Kinder mussten nie um Brot betteln. Im Gegenteil: Immer konnte er schenken und ausleihen, und auch seine Kinder wurden von Gott gesegnet."

Das sind starke Worte, und in ihnen können wir die Erziehung unserer Kinder verankern. Niemand, der Gott liebte, wurde je von ihm verlassen. Probleme kommen und gehen – Gott bleibt. Egal wie Ihre Lebenssituation jetzt aussieht oder wie sie in Zukunft sein wird: Gott wird Sie niemals im Stich lassen. Er wird immer für Sie da sein und Sie bis zum Ende durchtragen. Während Sie Ihre Kinder großziehen, werden Sie zahllose Gelegenheiten haben, deren geistliches Leben zu fördern – und auch das Ihre. Verpassen Sie diese Chance nicht.

„Auch seine Kinder wurden von Gott gesegnet." Während Sie Ihre Kinder aufwachsen sehen, können Sie mit Freude beobachten, dass Gott sein Versprechen hält und auch Ihre Kinder segnet.

Nehmen Sie sich Zeit, um allein oder als Paar gemeinsam zu beten. Danken Sie Gott, dass er Ihnen ein Vorbild gegeben hat, um liebevolle Eltern zu sein. Bitten Sie ihn, dass er Ihnen als Eltern einen großen Horizont schenkt, damit Sie sich nicht in alltäglichen Kämpfen verlieren.

Wenn Sie noch mehr Zeit haben ...

Besprechen Sie miteinander folgende Fragen oder denken Sie darüber nach:

- Beschreiben Sie Ihre Beziehung zu Ihrem himmlischen Vater.
- Welche Eigenschaften Gottes erkennen Sie im Erziehungsstil Ihres Ehepartners?
- Welche Eigenschaften Gottes möchten Sie gern bei der Erziehung Ihrer Kinder verwirklichen?

Lesen Sie auch die folgenden Abschnitte zum Thema Erziehung:
5. Mose 4,9-10; Sprüche 22,6; Epheser 6,4.

Sehnsucht nach Gott

Lesen Sie Psalm 42,1-12

Die große Sehnsucht des Psalmbeters nach Gott dient allen Gläubigen als Vorbild. Wenn Sie Gott wirklich lieben, werden Sie einen Weg finden – entsprechend Ihrer persönlichen Liebessprache –, um mit ihm in Kontakt zu treten.

Wenn Ihre Muttersprache der Liebe (oder die Ihres Partners) die Zweisamkeit ist, suchen Sie nach Gelegenheiten, mit Gott zu sprechen, so wie es in Ihren Tagesablauf passt. Sie können Ihren Erfahrungshorizont noch erweitern, indem Sie eine andere Zeit, einen anderen Ort oder eine andere Gebetsform wählen als sonst. Wenn Sie eher ein Stubenhocker sind, dann verlegen Sie Ihr Gespräch mit Gott doch einmal nach draußen, auch wenn das Wetter nicht so gut ist. Auf einem Spaziergang im Regen mit Gott zu reden, kann eine lohnende Erfahrung sein, wenn wir uns klarmachen, dass ja Gott selbst den Regen geschickt hat.

Wenn Ihr Terminkalender ziemlich voll ist, lassen Sie das Mittagessen in der Kantine ausfallen und verbringen Sie Zeit allein mit Gott. Das kann lohnender sein als das beste Steak, das Sie je gegessen haben. In unserer schnelllebigen Welt ist es manchmal schwierig, den richtigen Zeitpunkt und Ort zu finden, doch wenn unser Herz sich nach Gott sehnt, wird es sich auch die Zeit für ihn nehmen.

Denken wir an die Worte des Psalmbeters: „Wie ein Hirsch nach frischem Wasser lechzt, so sehne ich mich nach dir, o Gott! Ja, ich dürste nach Gott, nach dem lebendigen Gott. Wann darf ich in seinen Tempel kommen? Wann darf ich ihn anbeten?“ (Psalm 42,2-3).

Nehmen Sie sich Zeit, um allein oder als Paar gemeinsam zu beten.
Danken Sie Gott für das Vorrecht, im Gebet vor ihn treten zu dürfen.
Bitten Sie ihn, dass Sie einander ermutigen können, in Ihrer jeweiligen Liebessprache mit ihm in Kontakt zu treten.
Bitten Sie ihn um seinen Segen, wenn Sie sich um eine tiefere Beziehung zu ihm bemühen.

Wenn Sie noch mehr Zeit haben ...

Besprechen Sie miteinander folgende Fragen oder denken Sie darüber nach:

- Wann haben Sie sich zuletzt so nach Gott gesehnt wie der Beter in unserem Psalm?
- Wie können Sie Ihre Muttersprache der Liebe einsetzen, um mit Gott in Kontakt zu treten?
- Wie kann Ihr Ehepartner seine Muttersprache der Liebe einsetzen, um mit Gott in Kontakt zu treten?

Lesen Sie auch die folgenden Abschnitte zum Thema Zeit mit Gott verbringen:
2. Mose 15,2; Matthäus 6,31-33; Lukas 11,11-13.

Den nächsten Impuls finden Sie auf S. 648 a

14 Herr, ich bitte dich: Rette mich, komm
mir schnell zu Hilfe!
15 Wer mir nach dem Leben trachtet, der
soll scheitern und öffentlich bloßgestellt
werden. Wer sich über mein Unglück hä-
misch freut, den jage mit Schimpf und
Schande davon!
16 Alle, die schadenfroh lästern: »Haha,
das geschieht dir recht!«, sollen vor
Schreck erstarren über ihre selbstver-
schuldete Schande!

17 Aber alle, die sich dir anvertrauen, wer-
den vor Freude jubeln! Wer dich als Ret-
ter kennt und liebt, wird immer wieder
rufen: »Groß ist der Herr!«
18 Ich bin hilflos und ganz auf dich ange-
wiesen, Herr, sorge für mich, denn du bist
mein Helfer und Befreier. Mein Gott, zö-
gere nicht länger!

Vom Tod gezeichnet, von Freunden verlassen

41 Ein Lied Davids.

2 Glücklich ist, wer sich für die Schwa-
chen einsetzt! Wenn ihn ein Unglück
trifft, hilft der Herr ihm wieder heraus.
3 Der Herr wird ihn beschützen und am
Leben erhalten; im ganzen Land wird
man von seinem Glück erzählen. Gott
überlässt ihn nicht der Wut seiner
Feinde.[a]
4 Und wenn er auf dem Krankenbett liegt,
steht der Herr ihm zur Seite und hilft ihm
wieder auf.

5 Deshalb bete ich zu dir: »Herr, ich habe
gegen dich gesündigt, aber sei mir gnädig
und mach mich wieder gesund!«
6 Meine Feinde wünschen mir Böses und
fragen hämisch: »Wann *ist* er endlich
hinüber? Niemand soll mehr an ihn
denken!«
7 Wenn mich einer von ihnen besucht,
heuchelt er Mitgefühl. In Wirklichkeit
sucht er nur Stoff für seine Verleumdun-
gen. Kaum ist er fort, verbreitet er seine
Gerüchte über mich.
8 Alle, die mich hassen, tun sich zusam-
men und tuscheln hinter meinem Rü-
cken. Sie planen Böses gegen mich und
verfluchen mich.
9 »Die Krankheit soll ihn auffressen!«, sa-
gen sie. »Wer so daniederliegt, steht nicht
wieder auf!«
10 Sogar mein engster Freund, der oft an
meinem Tisch saß und dem ich vertraute,
tritt mich mit Füßen.

11 Du aber, Herr, sei mir gnädig, und rich-
te mich wieder auf, damit ich mit meinen
Feinden abrechnen kann!
12 Lass sie nicht über meinen Tod jubeln,
damit ich erkenne, dass du mich liebst.
13 Du hältst zu mir, weil ich unschuldig
bin. Für immer darf ich in deiner Nähe
bleiben.

14 Gepriesen sei der Herr, der Gott Isra-
els, von jetzt an bis in alle Ewigkeit!
Amen, amen!

Sehnsucht nach Gott[b]

42 Von den Nachkommen Korachs,
zum Nachdenken.

2 Wie ein Hirsch nach frischem Wasser
lechzt, so sehne ich mich nach dir, o Gott!
3 Ja, ich dürste nach Gott, nach dem le-
bendigen Gott. Wann darf ich in seinen
Tempel kommen? Wann darf ich ihn an-
beten?

4 Tag und Nacht weine ich, Tränen sind
meine einzige Speise, denn ständig ver-
spottet man mich und fragt: »Wo bleibt
er denn, dein Gott?«

---

[a] So nach der griechischen Übersetzung. Der hebräische Text lautet: Überlass ihn nicht der Wut seiner Feinde!

[b] Der dreimal wiederkehrende Refrain (Psalm 42,6.12; 43,5) lässt vermuten, dass die Psalmen 42 und 43 ursprünglich zusammengehörten.

40,15 7,13–17* **41,2** Spr 14,31* **41,10** 55,13–15; Joh 13,18 **41,13** 18,21; 59,5; 116,9 **42,2–3** 63,2*

5 Es bricht mir das Herz, wenn ich an frü-
her denke: Da ging ich dem großen Fest-
zug voran und führte ihn zum Haus Got-
tes. Da konnte ich Gott zujubeln und ihm
danken!

6 Warum nur bin ich so traurig? Warum ist
mein Herz so schwer? Auf Gott will ich
hoffen, denn ich weiß: ich werde ihm wie-
der danken. Er ist mein Gott, er wird mir
beistehen!

7 Ich stehe auf dem Berg Misar im Her-
mongebirge. Hier im Ostjordanland, fern
von deinem Tempel, denke ich voll Trau-
er an dich.
8 Von den Bergen stürzen Wildbäche to-
send in die Tiefe. Mir ist zumute, als wür-
den die Fluten mich mitreißen und fort-
spülen.
9 Tagsüber seufze ich: »Herr, schenke mir
doch wieder deine Gnade!« Und nachts
singe und bete ich zu Gott; er allein kann
mir das Leben wiedergeben.
10 Gott, du bist doch mein einziger Halt!
Warum hast du mich vergessen? Warum
lässt du mich leiden unter der Gewalt
meiner Feinde?
11 Ihr Hohn dringt mir ins Herz, wenn sie
Tag für Tag fragen: »Wo bleibt er denn,
dein Gott?«

12 Warum nur bin ich so traurig? Warum
ist mein Herz so schwer? Auf Gott will
ich hoffen, denn ich weiß: Ich werde ihm
wieder danken. Er ist mein Gott, er wird
mir beistehen!

43 O Gott, verschaffe mir Recht und
verteidige mich gegen die Men-
schen, denen nichts heilig ist! Befreie
mich von diesen Lügnern und Betrü-
gern!
2 Du bist doch mein Beschützer. Warum
lässt du mich jetzt fallen? Warum muss
ich leiden unter der Gewalt meiner
Feinde?
3 Gib mir dein Licht und deine Wahrheit!
Sie sollen mich zurückführen zu deinem
heiligen Berg, zu dem Tempel, wo du
wohnst!
4 An deinem Altar will ich dich anbeten,
will mich über dich freuen und dir zuju-
beln. Dankbar spiele ich dir auf der Zi-
ther, dir, meinem Gott!

5 Warum nur bin ich so traurig? Warum ist
mein Herz so schwer? Auf Gott will ich
hoffen, denn ich weiß: ich werde ihm wie-
der danken. Er ist mein Gott, er wird mir
beistehen!

Herr, hast du uns vergessen?

44 Von den Nachkommen Korachs,
zum Nachdenken.

2 Gott, mit unseren eigenen Ohren haben
wir's gehört; unsere Väter haben uns er-
zählt, was für große Taten du zu ihrer
Zeit vollbracht hast – doch das liegt
schon lange zurück!
3 Du selbst hast fremde Völker aus dem
Land vertrieben und es unseren Vorfah-
ren überlassen. Die Völker, die dort
wohnten, hast du zerschlagen, damit un-
ser Volk aufblühen und sich entfalten
konnte.
4 Unsere Vorväter haben das Land in Be-
sitz genommen. Aber nicht ihre Schwer-
ter, nicht ihre eigene Kraft verhalf ihnen
zum Sieg. Nein, du hast machtvoll einge-
griffen und für sie gekämpft. Du hast sie
durch deine Gegenwart gestärkt und
ihnen deine Liebe gezeigt.
5 Du bist mein Gott und mein König. Auf
deinen Befehl erringt Israel den Sieg.
6 Mit deiner Hilfe unterwerfen wir die
Feinde; in deinem Namen bezwingen wir
die Gegner.
7 Ich verlasse mich nicht auf meinen Bo-
gen, mein Schwert garantiert mir nicht
den Sieg.
8 Du allein befreist uns aus der Gewalt
unserer Feinde; du lässt alle scheitern,
die uns mit ihrem Hass verfolgen.
9 Wir sind stolz auf unseren Gott. Darum
hören wir nicht auf, dir zu danken, Herr.

43,1 59,5* **44,2** 5 Mo 4,9* **44,3** 5 Mo 11,23 **44,4** 20,8; 2 Mo 14,14*

10 Und dennoch hast du uns jetzt versto-
ßen: Mit einer Niederlage hast du Schan-
de über uns gebracht. Als unsere Trup-
pen zum Kampf ausrückten, zogst du
nicht mit.
11 Der Ansturm der Feinde war zu stark –
wir mussten fliehen, und in ihrem Hass
haben sie uns ausgeplündert.
12 Du hast uns ans Messer geliefert; sie ha-
ben uns abgeschlachtet wie Schafe. Wer
mit dem Leben davonkam, wurde unter
fremde Völker zerstreut.
13 Du hast dein Volk zu einem Spottpreis
verkauft, und was hast du nun davon?
Nichts!
14 Mit Hohn und Spott werden wir von
unseren Nachbarn überschüttet; alle la-
chen über uns.
15 Unter den fremden Völkern ist unsere
Niederlage schon sprichwörtlich, sie
schütteln den Kopf über uns.
16 Täglich habe ich meine Schande vor Au-
gen. Die Schamröte steigt mir ins Gesicht,
17 wenn ich höre, wie uns die Feinde de-
mütigen, wie diese Rachgierigen über
uns lästern.

18 Das Unglück ist über uns gekommen,
obwohl wir dich nicht vergessen haben,
nie haben wir deinen Bund mit uns ge-
brochen!
19 Niemals sind wir dir untreu geworden,
auch deine Gebote haben wir befolgt.
20 Und doch hast du uns zerschlagen, wie
Schakale hausen wir in Ruinen, in tiefer
Dunkelheit hältst du uns gefangen.
21 Hätten wir dich, unseren Gott, verges-
sen und fremde Götter angebetet,
22 dann hättest du es ja sofort bemerkt.
Denn du kennst unsere geheimsten Ge-
danken!
23 Aber unser Unglück hat einen anderen
Grund:[a] *Weil wir* zu dir gehören, werden
wir überall verfolgt und getötet – wie
Schafe werden wir geschlachtet!
24 Wach auf, Herr! Warum schläfst du?
Wach auf, und verstoße uns nicht für
immer!
25 Warum verbirgst du dich vor uns? Hast
du unsere Not und unser Elend ver-
gessen?
26 Die Schande drückt uns zu Boden, be-
siegt liegen wir im Staub.
27 Greif ein, und komm uns zu Hilfe! Er-
löse uns, weil du uns liebst!

Zur Hochzeit des Königs

45 Von den Nachkommen Korachs,
zum Nachdenken. Nach der Melo-
die »Lilie«, ein Liebeslied.

2 Mein Herz ist von Freude erfüllt, ein
schönes Lied will ich für den König sin-
gen. Wie ein Dichter seine Feder, so ge-
brauche ich meine Zunge für ein kunst-
volles Lied:

3 Du bist schön und stattlich wie kein an-
derer! Freundlich und voller Güte sind
deine Worte. Jeder kann sehen, dass Gott
dich für immer reich beschenkt hat.
4 Gürte dein Schwert um, du tapferer
Held! Zeige deine königliche Majestät
und Pracht!
5 Sei stark und kämpfe für die Wahrheit;
regiere dein Volk umsichtig und gerecht!
Deine kühnen Taten sollen dir zum Sieg
verhelfen.
6 Deine spitzen Pfeile durchbohren das
Herz deiner Feinde. Ja, du wirst die Völ-
ker unterwerfen!
7 Deine Herrschaft, o König, hat Gott dir
übertragen; darum bleibt sie für immer
bestehen.[b] In deinem Reich herrscht Ge-
rechtigkeit,
8 du liebst das Recht und hasst die Bos-
heit. Darum hat dich dein Gott als Herr-
scher eingesetzt und mehr als alle ande-
ren mit Freude beschenkt.

---

[a] Sinngemäß eingefügt.
[b] Wörtlich: Gott, deine Herrschaft bleibt immer und ewig bestehen.

44,18–19 1 Kön 9,6–7 **44,22** 26,2* **44,23** Röm 8,36; Jes 53,7 **44,24** 121,4 **44,27** 80,4
45,7–8 Hebr 1,8–9

9 Alle deine Gewänder duften nach kostbarem Parfüm[a]. Aus Palästen, mit Elfenbein verziert, erklingt Musik, um dich zu erfreuen.
10 Königstöchter sind unter deinen Geliebten,[b] den Ehrenplatz zu deiner Rechten aber nimmt die Gemahlin[c] ein, geschmückt mit feinstem Gold.

11 Höre, Königstochter, und nimm dir zu Herzen, was ich sage! Vergiss dein Volk und deine Verwandten!
12 Du bist wunderschön, und der König begehrt dich! Verneige dich vor ihm, denn er ist dein Herr und Gebieter!
13 Die Bewohner der Stadt Tyrus kommen mit Geschenken, die Vornehmen und Reichen suchen deine Gunst.[d]
14 Seht, wie prachtvoll zieht die Königstochter in den Festsaal ein! Ihr Kleid ist mit Gold durchwebt,
15 in ihrem farbenfrohen Gewand wird sie zum König geführt; und Jungfrauen, ihre Freundinnen, begleiten sie.
16 Mit Freudenrufen und hellem Jubel wird der feierliche Brautzug in den Palast geleitet.

17 O König! Du wirst viele Söhne haben; auch sie werden regieren wie deine Vorfahren. In allen Ländern wirst du sie zu Herrschern einsetzen.
18 Mein Lied wird deinen Ruhm durch alle Generationen tragen, darum werden die Völker dich allezeit preisen.

Er ist mit uns!

46 Von den Nachkommen Korachs. Ein Lied für hohe Frauenstimmen.

2 Gott ist unsere Zuflucht und Stärke, ein bewährter Helfer in Zeiten der Not.
3 Darum fürchten wir uns nicht, selbst wenn die Erde erbebt, wenn die Berge wanken und in den Tiefen des Meeres versinken,
4 wenn die Wogen tosen und schäumen und die Berge erschüttert werden.

5 Ein breiter, mächtiger Strom belebt die Stadt Gottes, die Wohnung des Höchsten, den heiligen Ort.
6 Gott ist in ihrer Mitte und beschützt sie schon früh am Morgen; nie wird sie zerstört.
7 Ringsum toben die Völker, aber ihre Macht wird erschüttert. Denn Gott lässt seine mächtige Stimme erschallen, und die Erde vergeht.

8 Der Herr über Himmel und Erde ist mit uns! Der Gott Jakobs ist unser Schutz.

9 Kommt und seht, was der Herr Großes getan hat! Seine Taten verbreiten Entsetzen.
10 In aller Welt bereitet er den Kriegen ein Ende. Die Kampfbogen bricht er entzwei, er zersplittert die Speere und verbrennt die Kriegswagen.
11 »Hört auf!«, ruft er, »und erkennt, dass ich Gott bin! Ich stehe über den Völkern; ich habe Macht über die ganze Welt.«

12 Der Herr über Himmel und Erde ist mit uns! Der Gott Jakobs ist unser Schutz!

Gott ist König!

47 Ein Psalm der Nachkommen Korachs.

2 Freut euch und klatscht in die Hände, alle Völker! Lobt Gott mit lauten Jubelrufen!
3 Denn der Herr ist der Höchste, ein gro-

---

[a] Wörtlich: nach Myrrhe, Aloe und Kassia.
[b] Wörtlich: Königstöchter sind unter deinen Kostbarkeiten.
[c] *Möglicherweise auch die Mutter des Königs.*
[d] Oder: Tochter von Tyrus! Die Vornehmen und Reichen kommen mit Geschenken, sie suchen deine Gunst.

45,18 67,4; Röm 15,11 **46,2** 18,3* **46,5–6** Jes 33,20–23; Jer 7,3–7 **46,7** 2,1–2 **46,8** 1 Mo 28,10–15 **46,11** 22,29* **47,3** 22,29*

ßer König über die ganze Welt. Alle müs-
sen vor ihm erzittern!
4 Er gab uns den Sieg über fremde Völker,
und nun herrschen wir über sie.
5 Er wählte für uns das Land, in dem wir
leben, und wir sind stolz darauf. Wir sind
Gottes Volk, und er liebt uns.

6 Gott, der Herr, ist auf seinen Thron ge-
stiegen, begleitet von Trompeten und
dem Jubelgeschrei seines Volkes.
7 Singt zu Gottes Ehre, singt! Singt zur
Ehre unseres Königs! Spielt auf allen In-
strumenten!
8 Denn Gott ist König über die ganze
Welt, singt ihm ein neues Lied!
9 Ja, Gott ist König über alle Völker, er
sitzt auf seinem heiligen Thron.
10 Die Mächtigen der Erde versammeln
sich mit dem Volk, das sich zu dem Gott
Abrahams bekennt. Denn der Herr ist
mächtiger als alle Könige,[a] er allein ist
hoch erhaben!

Gott liebt Jerusalem

48 Ein Psalm der Nachkommen Ko-
rachs.

2/3 Groß ist der Herr! Lobt ihn in Jerusa-
lem, der heiligen Stadt unseres Gottes!
Der Berg Zion[b] ragt in den Himmel –
voll Schönheit und Pracht. Die Stadt des
großen Königs erfreut die ganze Welt.
4 In den Palästen wissen es alle: Gott
selbst beschützt Jerusalem.
5 Feindliche Könige verbündeten sich und
zogen gegen Jerusalem.
6 Doch kaum erblickten sie die Stadt,
blieben sie erschreckt stehen; in pani-
scher Angst ergriffen sie die Flucht.
7 Ja, sie zitterten am ganzen Körper – wie
eine Frau, die in den Wehen liegt.
8 Wie stolze Schiffe, die im Sturm zer-
schellen, so hast du sie vernichtet.

9 Das alles haben wir nur gehört, doch
nun erleben wir es selbst: Gott ist der
Herr über Himmel und Erde, an Jerusa-
lem sehen wir, wie mächtig er ist. Durch
ihn wird die Stadt auf ewig bestehen.
10 In deinem Tempel, o Gott, denken wir
über deine Güte nach.
11 In jedem Land kennt man deinen Na-
men, dein Ruhm reicht bis ans Ende der
Welt. Du regierst gerecht,
12 darum herrscht Freude auf dem Berg Zi-
on. Du richtest gerecht, darum jubeln die
Menschen in den Städten Judas dir zu.

13 Wandert um den Berg Zion, geht rings
um die Stadt und zählt ihre Festungs-
türme!
14 Bestaunt die unbezwingbaren Mauern
und die schönen Paläste! Dann könnt ihr
der nächsten Generation erzählen:
15 »Wir haben einen mächtigen Gott! Er
ist unser Herr für immer und ewig; alle-
zeit wird er uns führen![c] «

Das Leben ist nicht käuflich!

49 Ein Lied der Nachkommen Ko-
rachs.

2 Hört zu, all ihr Völker! Horcht auf, ihr
Bewohner der Erde!
3 Ob ihr einfache oder vornehme Leute
seid, ob arm oder reich –
4 ich habe euch Wichtiges zu sagen! Mei-
ne Worte sind die Worte eines Weisen,
tiefe Einsicht spricht aus ihnen,
5 denn von Gott empfange ich Sprüche
der Weisheit[d]. Wenn ich auf der Zither
spiele, will ich ihre Bedeutung ent-
rätseln.

---

[a] Wörtlich: Denn Gott gehören die Schilde der Erde. Vgl. Psalm 84,10; 89,19
[b] Wörtlich: Der Berg Zion, die Höhenzüge des Berges Zaphon.
[c] So mit vielen hebräischen Handschriften und der griechischen Übersetzung. Der hebräische Text lautet: bis zum Tode wird er uns führen.
[d] Wörtlich: mein Ohr will ich zu einem Spruch neigen.

47,5 2 Mo 19,5–6* **47,7** 92,2–4* **47,8–10** 22,29*; 40,4* **48,4** Jer 7,3–7 **48,10** Klgl 3,22–23* **48,11–12** 7,12*

6 Warum sollte ich mich fürchten, wenn
ein Unglück naht, wenn ich umgeben bin
von boshaften und hinterhältigen Menschen?
7 Sie verlassen sich auf ihren Reichtum,
mit Geld und Luxus protzen sie.
8 Doch niemand kann für das Leben seines Freundes bezahlen, niemand kann
ihn bei Gott vom Tod freikaufen.
9 Denn ein Menschenleben kann man
nicht mit Gold aufwiegen – aller Reichtum dieser Welt wäre noch zu wenig!
10 Keiner lebt hier ewig, niemand kann
dem Grab entrinnen.
11 Jeder kann es sehen: Auch einsichtige
und vernünftige Menschen werden vom
Tod ereilt, genauso wie Tagträumer und
Dummköpfe. Ihren Besitz müssen sie zurücklassen – für andere!
12 Sie bilden sich ein, dass ihre Häuser für
alle Ewigkeit gebaut sind und alle Generationen überdauern. Aber es hilft ihnen
nichts, selbst wenn sie ganze Länder besessen haben.[a]

13 Reichtum und Ansehen erhalten keinen Menschen am Leben; er verendet
wie das Vieh.
14 Dieses Schicksal trifft alle, die auf sich
selbst vertrauen und sich in ihrem überheblichen Gerede gefallen:
15 Ahnungslos wie Schafe trotten sie in
die Totenwelt; ihr Hirte dort ist der Tod.
Ihr Körper verwest im Grab und ihre Villen zerfallen. Aufrichtige Menschen werden an ihre Stelle treten – und das schon
am nächsten Tag.[b]
16 Ich aber bin gewiss: Gott wird mich erlösen, er wird mich den Klauen des Todes
entreißen.

17 Lass dich nicht einschüchtern, wenn einer steinreich wird und sein Haus immer
prachtvoller ausstattet!
18 Nichts kann er davon mitnehmen, wenn
er stirbt; was er angehäuft hat, folgt ihm
nicht ins Grab.
19 Er preist sich selbst: »Ich bin meines
Glückes Schmied!«, und man schmeichelt ihm, weil er so erfolgreich ist.
20 Und doch kommt auch er dorthin, wo
seine Vorfahren sind, die nie mehr das
Licht sehen.

21 Ein Mensch mag zu Reichtum und Ansehen kommen; aber wenn er keine Einsicht erlangt, verendet er wie das Vieh.

Frömmigkeit ohne Selbstbetrug

50 Ein Lied Asafs.
Gott, der Herr, der Mächtige, spricht; er
ruft die Welt vom Osten bis zum Westen.
2 Auf dem Zion, dem schönsten Berg, erscheint Gott in strahlendem Glanz.
3 Ja, unser Gott kommt, er kann nicht länger schweigen. Ein verheerendes Feuer
lodert vor ihm her, um ihn tobt ein
schwerer Sturm.
4 Himmel und Erde ruft er zu Zeugen,
denn über sein Volk hält er Gericht:
5 »Versammelt alle, die zu mir gehören!«,
verkündet er, »alle, die mit mir den Bund
geschlossen haben! Damals schworen sie
mir Treue und Gehorsam und bekräftigten es mit einem Opfer.«
6 Der Himmel ist Zeuge dafür, dass Gott
seinem Volk die Treue bewahrt hat. Deshalb kann er es jetzt zur Rechenschaft
ziehen:
7 »Höre, Israel, nun rede ich! Mein Volk,
ich klage dich an, ich, dein Gott!
8 Nicht wegen deiner Schlachtopfer weise
ich dich zurecht, auch deine Brandopfer
bringst du mir regelmäßig.
9 Doch ich nehme deine Opfer nicht an –
weder die Stiere aus deinem Stall, noch
die Böcke von deiner Weide.
10 Denn alle Tiere gehören mir ohnehin:

---

a Oder nach der griechischen Übersetzung: Gräber sind auf ewig ihre Behausung, ihre Wohnung für alle Generationen, auch wenn sie ganze Länder besessen haben.
b Der hebräische Text ist nur schwer zu deuten.

49,7 52,9 **49,8–9** Mt 16,26 **49,11** Pred 2,16 **49,13–21** Lk 12,15–21 **50,3** 5 Mo 4,24; Hebr 12,29 **50,4** 5 Mo 4,26* **50,7–14** 40,7–9*

Gott spricht. Zuhören!

Lesen Sie Psalm 50,1-23

Zu jeder guten Gebetszeit und zu jedem Bibelstudium, ob als Einzelner oder als Paar gemeinsam, gehört das Zuhören. In Psalm 50 wird betont, wie wichtig das Hören auf Gott ist. Doch wie kann das in unserer Stillen Zeit konkret aussehen?

Beginnen Sie Ihr Gespräch mit Gott mit diesen Worten: „Vater, ich möchte gern wissen, was du mir heute zu sagen hast. Wenn ich diesen Abschnitt in deinem Wort lese, dann zeig mir doch, was ich dabei hören soll."

Lesen Sie den Bibeltext mit einem Stift in der Hand und markieren Sie die Worte, die Ihnen auffallen. Wenn nötig, lesen Sie den Text noch ein zweites Mal durch und beten Sie: „Herr, ich bin mir nicht sicher, ob ich richtig verstanden habe, was du mir heute sagen willst. Bitte mach mir doch klar, was du meinst."

Nachdem Sie den Bibeltext zu Ende gelesen haben, sprechen Sie mit Gott über das Unterstrichene. Wenn es das ist, was Gott Ihnen sagen will, dann antworten Sie ihm darauf. Viele Leute lesen in der Bibel und sprechen dann ein Gebet, das mit dem Text überhaupt nichts zu tun hat. Nichts ist unhöflicher. Unsere Freunde würden wir so nicht behandeln. Wenn ein Freund etwas zu uns sagt, dann geben wir ihm eine Antwort. Wenn also Gott durch die Bibel zu uns spricht, sollten wir ihm auch darauf antworten.

Nehmen Sie sich Zeit, um allein oder als Paar gemeinsam zu beten. Danken Sie Gott dafür, dass Sie nicht raten müssen, was er von Ihnen will, sondern dass er immer zu Ihnen durch sein Wort spricht. Bitten Sie ihn, dass er Sie segnet, wenn Sie sich in der Stillen Zeit darum bemühen, ihm zuzuhören.

Wenn Sie noch mehr Zeit haben ...

Besprechen Sie miteinander folgende Fragen oder denken Sie darüber nach:

- Geht es in Ihrer Stillen Zeit besser, wenn Sie alleine sind oder sich als Paar zusammentun?
- Was hält Sie davon ab, Gott genauer zuzuhören?
- Welche konkreten Schritte können Sie unternehmen, um diese Hindernisse zu beseitigen?

Lesen Sie auch die folgenden Abschnitte zum Thema Auf Gott hören:
Psalm 143,8; Klagelieder 3,25; Habakuk 2,1.

Schuldig

Lesen Sie Psalm 51,1-21

Wenn wir bekennen, was wir falsch gemacht haben, befreit uns das von den Bindungen früherer Fehler und eröffnet uns neue Möglichkeiten, unser Verhalten in der Zukunft zu ändern. König Davids Schuldbekenntnis können wir in Psalm 51 nachlesen. Unser eigenes Bekenntnis mag zwar nicht so poetisch klingen wie das von David, aber vielleicht helfen uns seine Worte dabei, unsere eigenen Worte zu finden.

Wenn wir Gott unsere Schuld bekennen, bedeutet das: Wir stimmen ihm zu, dass unser Verhalten falsch war. Wir spielen unsere Schuld nicht herunter, sondern geben offen zu, dass unser Tun unentschuldbar ist. In 1. Johannes 1,9 heißt es: Gott ist bereit, denen, die ihre Schuld eingestehen, zu vergeben.

Nachdem wir Gott unsere Sünden bekannt haben, müssen wir das auch der Person gegenüber tun, an der wir schuldig geworden sind. In der Ehe ist das unser Mann oder unsere Frau. Unser Bekenntnis könnte zum Beispiel so klingen: „Ich habe über uns nachgedacht und habe erkannt, dass ich dir gegenüber viele Fehler gemacht habe. Ich habe mich hingesetzt und alles aufgeschrieben, was ich meiner Meinung nach falsch gemacht habe. Dann habe ich Gott gebeten, mir all das zu vergeben. Wenn du jetzt ein paar Minuten Zeit hast, würde ich diese Liste auch gern mit dir durchgehen und dich fragen, ob du mir auch vergeben kannst. Ich möchte es in Zukunft wirklich anders machen, und das hier könnte ein Anfang sein."

Nehmen Sie sich Zeit, um allein oder als Paar gemeinsam zu beten.
Danken Sie Gott für seine Bereitschaft, Ihnen zu vergeben und die Beziehung zu ihm wiederherzustellen.
Bekennen Sie ihm alle Sünden, die Ihr Gewissen belasten.
Bitten Sie ihn um die Kraft, Ihre durch Sünde zerstörten Beziehungen wieder in Ordnung zu bringen.

Wenn Sie noch mehr Zeit haben ...

Besprechen Sie miteinander folgende Fragen oder denken Sie darüber nach:
- Wie könnte man den Spruch „Richtige Taten beginnen mit den richtigen Gedanken" auf den Bereich Schuldbekenntnis und Vergebung anwenden?
- Wann ist der beste Zeitpunkt, um über Probleme in Ihrer Ehe zu sprechen?
- Wie würde Ihr Mann/Ihre Frau reagieren, wenn Sie ihm/ihr gegenüber ein Schuldbekenntnis mit den obigen Worten ablegen würden?

Lesen Sie auch die folgenden Abschnitte zum Thema Bekenntnis von Schuld:
Psalm 32,1-7; Sprüche 28,13; Jakobus 5,16-18.

Den nächsten Impuls finden Sie auf S. 656 a

das Wild in Wald und Feld, die Tiere auf den Bergen und Hügeln.
11 Ich kenne jeden Vogel unter dem Himmel und die vielen kleinen Tiere auf den Wiesen.
12 Selbst wenn ich Hunger hätte, würde ich dich um nichts bitten; denn die ganze Welt gehört mir und alles, was auf ihr lebt.
13 Denkst du wirklich, ich wollte Fleisch von Stieren essen und Blut von Böcken trinken?
14 Dank ist das Opfer, das ich von dir erwarte; erfülle die Versprechen, die du mir, dem Höchsten, gegeben hast!
15 Wenn du keinen Ausweg mehr siehst, dann rufe mich zu Hilfe! Ich will dich retten, und du sollst mich preisen.«

16 Wer aber Gott die Treue bricht, zu dem sagt er: »Was erlaubst du dir eigentlich? Du sagst immer wieder meine Gebote auf und berufst dich auf meinen Bund.
17 Doch sagen lässt du dir nichts von mir; du tust, was du willst, und verwirfst meine Ordnungen.
18 Mit Dieben machst du gemeinsame Sache, und mit Ehebrechern schließt du Freundschaft.
19 Gemeine Reden kommen dir leicht über die Lippen, du betrügst schon, wenn du nur den Mund aufmachst!
20 Deine Mitmenschen bringst du in Verruf, sogar deinen eigenen Bruder verleumdest du.

21 Bis jetzt habe ich zu deinem Treiben geschwiegen, darum dachtest du, ich sei wie du. Aber nun weise ich dich zurecht und halte dir deine Untreue vor Augen.
22 Ihr habt mich vergessen, euren Gott. Hört doch auf das, was ich sage; sonst *werde ich euch vernichten.* Dann kommt jede Rettung zu spät!

23 Wer mir dankt, der bringt ein Opfer, das mich ehrt. Es gibt keinen anderen Weg, nur so kann ich ihn erretten!«

Herr, vergib mir!

51 Ein Lied Davids.
2 Er schrieb es, nachdem der Prophet Nathan ihn wegen seines Ehebruchs mit Batseba zurechtgewiesen hatte.[a]

3 Du großer, barmherziger Gott, sei mir gnädig, hab Erbarmen mit mir! Lösche meine Vergehen aus!
4 Meine schwere Schuld – wasche sie ab, und reinige mich von meiner Sünde!
5 Denn ich erkenne mein Unrecht, meine Schuld steht mir ständig vor Augen.
6 Gegen dich habe ich gesündigt – gegen dich allein! Was du als böse ansiehst, das habe ich getan. Darum bist du im Recht, wenn du mich verurteilst, dein Urteil wird sich als wahr erweisen.

7 Seit mein Leben im Leib meiner Mutter begann, liegt Schuld auf mir; von Geburt an bestimmt die Sünde mein Leben.
8 Du freust dich, wenn ein Mensch von Herzen aufrichtig und ehrlich ist; verhilf mir dazu, und lass mich weise handeln![b]
9 Reinige mich von meiner Schuld,[c] dann bin ich wirklich rein; wasche meine Sünde ab, und mein Gewissen ist wieder weiß wie Schnee!
10 Du hast mich hart bestraft; nun lass mich wieder Freude erfahren, damit ich befreit aufatmen kann!
11 Sieh nicht länger auf meine Schuld, vergib mir alle meine Sünden!
12 Erschaffe in mir ein reines Herz, o Gott; erneuere mich und gib mir Beständigkeit!
13 Stoße mich nicht von dir, und nimm deinen heiligen Geist nicht von mir!
14 Schenk mir Freude über deine Rettung, und mach mich bereit, dir zu gehorchen!
15 Dann will ich den Gottlosen deine

---

[a] Vgl. 2. Samuel 12,1–14
[b] Wörtlich: Du willst Wahrheit im Innersten, und im Verborgenen wirst du mir Weisheit kundtun.
[c] Wörtlich: Entsündige mich mit Ysop.

50,14 1 Sam 15,22*; 4 Mo 30,3* **50,15** 17,6* **51,6** Röm 3,4 **51,7** 1 Mo 6,5* **51,11** 85,3*

Wege zeigen, damit sie zu dir zurück-
finden.

16 Herr, ich habe das Blut eines Menschen
vergossen – befreie mich von dieser
Schuld, Gott, mein Helfer! Dann werde
ich deine Gnade preisen und jubeln vor
Freude.
17 Herr, schenke mir die Worte, um deine
Größe zu rühmen!
18 Du willst kein Schlachtopfer, sonst hätte
ich es dir gebracht. Dir gefällt nicht, dass
man Tiere schlachtet und für dich ver-
brennt, um von der Sünde freizukommen.
19 Ich bin zerknirscht und verzweifelt über
meine schwere Schuld. Solch ein Opfer
gefällt dir, du wirst es nicht ablehnen.

20 Zeige Zion deine Liebe, und festige die
Mauern Jerusalems!
21 Dann werden dir unsere Opfer wieder
gefallen, durch die wir bekennen: »Du bist
unser Herr!« Dann werden wir Stiere
schlachten und auf dem Altar verbrennen.

Das hast du nun davon!

52 Von David, zum Nachdenken.
2 Dieses Lied stammt aus der Zeit,
als der Edomiter Doëg zu Saul gekom-
men war und ihm verraten hatte: »David
war bei Ahimelech!«[a]

3 Warum lässt du dich als Held feiern und
gibst mit deiner Bosheit an? Auch du bist
nur von Gottes Güte abhängig!
4 Mit deinen Worten verletzt du andere
wie mit einem scharfen Messer, du
Lügner!
5 Du liebst das Böse mehr als das Gute,
die Lüge mehr als die Wahrheit.
6 Du redest, um zu zerstören, und hast
noch deinen Spaß daran, du Heuchler!
7 Darum wird Gott auch dich für immer
zerstören: Er wird dich ergreifen und aus
deinem Land verbannen; er wird dich aus
dem Leben reißen, so wie man Unkraut
ausreißt.

8 Alle, die Gott vertrauen, werden es se-
hen und erschrecken. Dann aber werden
sie über dich lachen und sagen:
9 »Schaut ihn an! Statt bei Gott Schutz zu
suchen, verließ er sich auf seinen großen
Reichtum und glaubte, seine Bosheit ma-
che ihn stark!«

10 Ich aber darf wachsen und gedeihen
wie ein Ölbaum, der im Schutz des Tem-
pels grünt. Für alle Zeiten weiß ich mich
geborgen, weil Gott mir gnädig ist.
11 Herr, immer und ewig will ich dir dan-
ken für das, was du getan hast; vor allen,
die dich lieben, will ich bezeugen, wie gut
du bist! Auf dich vertraue ich!

Es gibt keinen, der Gutes tut

53 Von David, zum Nachdenken.
2 Menschen, die sich einreden: »Gott gibt
es überhaupt nicht!«, leben an der Wirk-
lichkeit vorbei. Sie führen ein gottloses
Leben, und alles, was sie tun, ist abscheu-
lich. Es gibt keinen, der Gutes tut.
3 Gott schaut vom Himmel auf die Men-
schen. Er will sehen, ob es wenigstens
einen gibt, der einsichtig ist und nach
seinem Willen fragt.
4 Aber alle haben sich von ihm abgewandt
und sind nun verdorben, einer wie der
andere. Es gibt wirklich keinen, der Gu-
tes tut, nicht einen Einzigen!

5 Wissen denn diese Unheilstifter nicht,
was sie tun? Sie verschlingen mein Volk
wie ein Stück Brot und denken sich
nichts dabei. Mit Gott rechnen sie über-
haupt nicht mehr.
6 Aber schon bald werden sie in Angst
und Schrecken fallen, wie sie es vorher
noch nie erlebt haben[b]. Denn Gott wird

---

a Vgl. 1. Samuel 21,8; 22,9–10
b Wörtlich: ohne dass ein Schrecken da sein wird.

51,18–19 40,7–9* **52,4** 55,22; Jak 3,5–6 **52,9** 49,13–21; Lk 12,15–21 **52,11** 30,13; 92,2–4*
53,2–4 1 Mo 6,5* **53,2** 10,4; 14,1

die Feinde seines Volkes vollkommen vernichten, und ihre Gebeine werden achtlos liegen bleiben. Gott hat sie verworfen und wird sie darum scheitern lassen.

7 Ach käme Gott doch vom Berg Zion, um sein Volk zu befreien! Israel wird jubeln vor Freude, wenn der Herr das Schicksal seines Volkes wendet.

Nur du kannst helfen!

54 Von David, zum Nachdenken. Mit Saiteninstrumenten zu begleiten.
2 Dieses Lied stammt aus der Zeit, als die Sifiter zu Saul gekommen waren, um ihm mitzuteilen: »David hält sich bei uns versteckt!«[a]

3 Gott, du bist ein mächtiger Gott! Darum hilf mir und verschaffe mir Recht durch deine Stärke!
4 Erhöre mein Gebet, achte auf mein Schreien!
5 Menschen, die ich nicht kenne, fallen über mich her. Selbst vor Gewalt schrecken sie nicht zurück, ja, sie trachten mir nach dem Leben. Du, Gott, bist ihnen völlig gleichgültig!

6 Ich weiß: Gott ist mein Helfer, er setzt sich für mich ein.
7 Meine Feinde werden durch ihre eigene Bosheit zu Fall kommen. Gott wird dafür sorgen. Ja, Herr, beseitige sie! Du hast es doch versprochen!
8 Gern will ich dir Opfer bringen – fröhlich und ohne Zwang. Ich will dich preisen, Herr, denn du bist gut.
9 Aus jeder Not hast du mich errettet, nur so konnte ich die Feinde besiegen.

Vom besten Freund verraten

55 Von David, zum Nachdenken. Mit Saiteninstrumenten zu begleiten.
2 Beachte mein Gebet, o Gott, und wende dich nicht ab von meinem Flehen!
3 Höre doch und gib mir Antwort! Meine Sorgen lassen mir keine Ruhe mehr. Stöhnend irre ich umher
4 und höre, wie die Feinde mich anpöbeln. Sie bedrängen mich und wollen mir schaden, voller Hass feinden sie mich an.
5 Mein Herz krampft sich zusammen, Todesangst überfällt mich.
6 Furcht und Zittern haben mich erfasst, und vor Schreck bin ich wie gelähmt.

7 Ach, hätte ich doch Flügel wie eine Taube, dann würde ich an einen sicheren Ort fliegen!
8 Weit weg würde ich fliehen – bis in die Wüste.
9 Schnell fände ich eine Zuflucht vor dem Unwetter und dem wütenden Sturm.

10 Herr, verwirre die Sprache meiner Feinde, damit sie sich nicht mehr verständigen können! In der Stadt habe ich gesehen, dass Streit und rohe Gewalt überhand nehmen.
11 Tag und Nacht machen sie die Runde auf den Mauern. Die Stadt ist erfüllt von Unrecht und Verderben.
12 In ihren Straßen herrschen Erpressung und Betrug, und das Verbrechen scheint kein Ende zu nehmen.

13 Wäre es mein Feind, der mich verhöhnt, dann könnte ich es noch ertragen. Würde mein erbitterter Gegner sich über mich erheben, wüsste ich ihm aus dem Weg zu gehen.
14 Aber du bist es, mein Vertrauter, mein bester und engster Freund!
15 Wie schön war es, als wir noch unsere Gedanken austauschen konnten, während wir mit den anderen Pilgern auf dem Weg zum Tempel waren!

16 Ohne Vorwarnung hole der Tod meine Feinde! Mitten aus dem Leben sollen sie

---

[a] Vgl. 1. Samuel 23,19; 26,1
53,7 20,6* **54,3** 140,13* **54,4** 17,6* **54,8–9** 20,6* **55,2–3** 17,6* **55,13–15** 69,9*

gerissen werden, denn die Bosheit
herrscht in ihren Herzen und Häusern.
17 Doch ich schreie zu Gott, und der Herr
wird mir helfen.
18 Den ganzen Tag über klage und stöhne
ich, bis er mich hört.
19 Er rettet mich und gibt mir Sicherheit
vor den vielen Feinden, nichts können
sie mir anhaben!
20 Gott, der seit Ewigkeiten herrscht, wird
mich erhören. Er bleibt ihnen die Antwort nicht schuldig. Denn vor ihm haben
sie keine Ehrfurcht, und ändern wollen
sie sich auch nicht.

21 Ach, mein ehemaliger Freund hat alle
seine Freunde verraten und seine Versprechen gebrochen!
22 Seine Worte sind honigsüß, aber im
Herzen ist er voller Hass. Sein Gesicht
ist freundlich, aber seine Worte verwunden wie Messerstiche.

23 Überlass alle deine Sorgen dem Herrn!
Er wird dich wieder aufrichten; niemals
lässt er den scheitern, der treu zu ihm
steht.
24 Solche Mörder und Betrüger aber wirst
du, Gott, ins Grab stürzen; mitten aus
dem Leben wirst du sie reißen. Ich aber
vertraue dir, Herr!

Besiegte Angst

56 Ein Lied Davids, nach der Melodie: »Die Taube verstummt in der Fremde.« Es stammt aus der Zeit, als die Philister ihn in Gat festgenommen hatten.[a]

2 Gott, hab Erbarmen mit mir, denn man
will mich zur Strecke bringen! Die Feinde verfolgen mich den ganzen Tag und
bedrängen mich hart.
3 Unaufhörlich greifen sie mich an, viele
bekämpfen mich in ihrem Hochmut.
4 Doch gerade dann, wenn ich Angst habe, will ich mich dir anvertrauen.

5 Ich lobe Gott für das, was er versprochen hat; ihm vertraue ich und fürchte
mich nicht. Was kann mir ein Mensch
jetzt noch Böses tun?

6 Unablässig verdrehen sie, was ich sage,
und überlegen, wie sie mir schaden
können.
7 Überall muss ich mit einem Hinterhalt
rechnen. Sie beschatten mich und warten
nur darauf, mich umzubringen.
8 Gott, wirf diese Leute in deinem Zorn
nieder! Sollten sie bei so viel Bosheit ungeschoren davonkommen?
9 Du siehst doch, wie lange ich schon
umherirre! Jede Träne hast du gezählt,
ja, alle sind in deinem Buch festgehalten.
10 Sobald ich dich um Hilfe bitte, werden
meine Feinde kleinlaut den Rückzug antreten. Denn das weiß ich: du, Gott, bist
auf meiner Seite!

11 Ich lobe Gott für das, was er versprochen hat, ja, ich lobe die Zusage des
Herrn.
12 Ihm vertraue ich und fürchte mich
nicht. Was kann mir ein Mensch jetzt
noch Böses tun?

13 Herr, was ich dir versprochen habe, will
ich jetzt einlösen und dir aus Dank Opfer
bringen.
14 Denn du hast mich vor dem Tod gerettet, vor dem Sturz in die Tiefe hast du
mich bewahrt. Ich darf weiterleben – in
deiner Nähe. Du hast mir das Leben neu
geschenkt.

Ich bin geborgen

57 Ein Lied Davids, nach der Melodie: »Richte nicht zugrunde.« Es

---

[a] Vgl. 1. Samuel 21,11–16

55,17–18 17,6* **55,22** 52,4; Jak 3,5–6 **55,23** 37,5; Spr 16,3; Mt 6,33–34 **56,4** 25,2; 57,8; 108,2 **56,5** 118,6 **56,13** 4 Mo 30,3* **57,1** 142,1

stammt aus der Zeit, als er sich auf der Flucht vor Saul in der Höhle aufhielt.[a]

2 Erbarme dich über mich, o Gott, erbarme dich! Bei dir suche ich Zuflucht, bei dir bin ich geborgen wie ein Küken, das sich unter die Flügel seiner Mutter flüchtet, bis das Unwetter vorbeigezogen ist.
3 Zu Gott, dem Höchsten, schreie ich, zu ihm, der meine Not wendet und alles zu einem guten Ende führt.
4 Vom Himmel her wird er mir seine Hilfe schicken und mich retten vor denen, die mir nachstellen und mich gehässig verleumden. Ja, Gott wird zu mir halten, er ist treu.
5 Ich bin von Feinden umzingelt, wie Löwen lechzen sie nach Blut. Ihre Zähne sind spitz wie Speere und Pfeile, ihre Zungen sind scharf wie geschliffene Schwerter.

6 Gott, zeige deine Größe, die den Himmel überragt; erweise deine Macht und Herrlichkeit auf der ganzen Welt!

7 Die Feinde hatten mir Fallen gestellt, ich war völlig verzweifelt. Mir hatten sie eine Grube gegraben, doch nun sind sie selbst hineingestürzt!

8 Gott, jetzt habe ich neuen Mut gefasst, voller Vertrauen blicke ich in die Zukunft. Darum will ich singen und dir danken, Herr.
9 Fasse neuen Mut, mein Herz! Wach auf! Harfe und Zither, wacht auf! Ich will den neuen Tag mit meinem Lied begrüßen.
10 Herr, ich will dir danken vor den Völkern, vor allen Menschen will ich dir singen.
11 Groß ist deine Güte! Sie reicht bis an den Himmel! Und wohin die Wolken auch ziehen: überall ist deine Treue!
12 Gott, zeige deine Größe, die den Himmel überragt; erweise deine Macht und Herrlichkeit auf der ganzen Welt!

Wer das Recht bricht, wird selbst zerbrochen

58 Ein Lied Davids, nach der Melodie: »Richte nicht zugrunde.«

2 Ihr Mächtigen, trefft ihr wirklich gerechte Entscheidungen? Gilt noch gleiches Recht für alle, wenn ihr eure Urteile fällt?
3 Nein! Schon eure Gedanken sind von Ungerechtigkeit verseucht, mit Willkür und Gewalt versklavt ihr das Land.
4 Diese Rechtsbrecher sind von Geburt an verlogen und verdorben.
5 Sie sind giftig wie Schlangen. Doch wenn es darauf ankommt, sich etwas sagen zu lassen, dann stellen sie sich taub
6 wie eine Schlange, bei der jede Kunst des Beschwörers versagt.

7 O Gott, schlage ihnen die Zähne ein! Brich diesen Löwen das Gebiss aus, Herr!
8 Lass diese Mächtigen verschwinden wie Wasser, das im Boden versickert! Wenn sie ihre Waffen einsetzen wollen, schlage sie ihnen aus der Hand![b]
9 Lass sie eingehen wie Schnecken in sengender Hitze! Wie eine Fehlgeburt sollen sie das Licht der Sonne nicht sehen!
10 Weg mit ihnen! Noch bevor sie ihre hinterhältigen Pläne verwirklichen, soll der Herr sie davonjagen.[c]

11 Gott wird mit ihnen abrechnen! Wer ihm die Treue hält, wird sich darüber freuen und im Blut der Rechtsbrecher waten.
12 Dann werden die Menschen bekennen:

---

[a] Vgl. 1. Samuel 22,1; 24,1–4
[b] Wörtlich: Wenn sie ihre Pfeile schießen, dann seien diese wie abgeknickt.
[c] Der hebräische Text ist nicht sicher zu deuten. Wörtlich: Noch bevor eure (Koch-)Töpfe (das Feuer vom) Dornstrauch verspüren – ob er frisch ist oder ob er schon hell brennt – er (Gott) wird ihn fortwirbeln.

57,2 18,3* **57,3–4** 18,31* **57,6** 89,7–9* **57,7** 7,13–17* **57,8** 25,2; 56,4; 108,2 **57,10** 18,50; 92,2–4* **57,11** Klgl 3,22–23* **58,2–6** Jes 5,7; Mi 3,1–3 **58,12** 7,12*

Wer Gott gehorcht, wird doch belohnt; es gibt tatsächlich einen Gott, der auf dieser Erde dem Recht zum Sieg verhilft!

Gott wird mit meinen Feinden fertig!

59 Ein Lied Davids, nach der Melodie: »Richte nicht zugrunde.« Er verfasste es, als Saul sein Haus überwachen ließ, um ihn zu töten.[a]

2 Befreie mich von meinen Feinden, o Gott! Sie stellen sich mir überall in den Weg. Lass mich ihnen entkommen!
3 Rette mich vor diesen böswilligen Menschen, die vor keiner Bluttat zurückschrecken!
4 Siehst du nicht, wie sie mir auflauern, um mich zu töten? Alles, was in ihrer Macht steht, haben sie gegen mich aufgeboten. Doch niemand kann mir vorwerfen, ich hätte treulos gehandelt oder sonst ein Unrecht begangen, Herr.
5 Obwohl ich völlig unschuldig bin, kommen sie angelaufen und umstellen mein Haus. Steh auf, Herr! Sieh meine Not an und komm mir zu Hilfe!
6 Denn du bist Gott, der Herr über Himmel und Erde, du bist Israels Gott! Greif ein! Du richtest doch alle fremden Völker; so strafe auch meine heimtückischen Verfolger erbarmungslos!

7 Sie gleichen wilden Hunden, die am Abend kläffend die Stadt durchstreifen.
8 Vor Gier läuft ihnen schon der Geifer aus dem Maul. Jedes Wort, das über ihre Lippen kommt, ist wie ein Dolchstoß. Dabei denken sie: »Keiner hört, was wir hier planen!«

9 Aber du, Herr, kannst über sie nur lachen. Nichts als Spott hast du für diese Völker übrig.
10 Du bist meine Stärke[b], an dich will ich mich klammern. Du gibst mir Schutz wie eine Burg.
11 Du kommst mir in Liebe entgegen und lässt mich über meine Feinde triumphieren.

12 Herr, töte sie nicht sofort, sonst gerät alles rasch in Vergessenheit, und mein Volk würde nichts daraus lernen. Lass sie ruhelos umherirren und langsam zugrunde gehen! Du bist mächtig genug, Herr, unser Beschützer!
13 Mit jedem Wort laden sie nur noch mehr Schuld auf sich. Durch ihre Überheblichkeit werden sie sich im Netz ihrer Lügen und Lästerungen verstricken.
14 Vertilge sie in deinem Zorn! Rotte sie aus mit Stumpf und Stiel! Dann wird die ganze Welt erkennen, dass du, Gott, in Israel regierst.

15 Sie gleichen wilden Hunden, die am Abend die Stadt durchstreifen.
16 Sie streunen umher auf der Suche nach Fraß, und wenn sie nicht satt werden, knurren sie wütend[c].

17 Ich aber singe von deiner Macht. Früh am Morgen juble ich dir zu, weil du so gnädig bist. Du bietest mir Schutz wie eine sichere Burg; zu dir kann ich fliehen, wenn ich weder aus noch ein weiß.
18 Ja, dir will ich singen und musizieren, denn du bist meine Stärke. Bei dir, Gott, weiß ich mich geborgen. Ja, Herr, wie gut bist du zu mir!

Besiegt, aber nicht mutlos

60 Ein Lied Davids zur Belehrung, nach der Melodie: »Lilien als Zeugnis.«
2 Es stammt aus der Zeit, als David mit den Aramäern von Mesopotamien und

---

a Vgl. 1. Samuel 19,11
b So mit anderen hebräischen Handschriften und der griechischen Übersetzung, der hebräische Text lautet: seine Stärke.
c So nach der griechischen Übersetzung; der hebräische Text lautet: und wenn sie nicht satt werden, bleiben sie über Nacht.

59,5 7,9; 17,2; 43,1; 116,9; Spr 17,26 **59,10** 18,3* **59,14** 5,11 **59,17** 18,3*

mit den Aramäern von Zoba im Krieg lag. Damals fügte Joab auf dem Rückweg den Edomitern im Salztal eine Niederlage zu, bei der zwölftausend von ihnen fielen.[a]

3 Gott, du hast uns aufgegeben: Unsere Truppen wurden zersprengt und aufgerieben. Wir haben deinen Zorn zu spüren bekommen, doch nun richte uns wieder auf!
4 Du hast das Land erschüttert und zerrissen; heile seine Risse, dass es nicht zerbricht!
5 Du hast dein Volk hart geschlagen, wie betrunken torkeln wir umher.[b]
6 All denen aber, die dir gehorchen, hast du ein Warnzeichen gegeben. So konnten sie fliehen und den Pfeilen ihrer Verfolger entkommen.
7 Hilf uns und antworte! Rette uns! Wir sind doch dein geliebtes Volk!

8 Darauf hat Gott in seinem Heiligtum geantwortet: »Im Triumph will ich meinem Volk die Gegend um Sichem geben; das Tal von Sukkot will ich ihnen zuteilen.
9 Mir gehören die Gebiete von Gilead und Manasse, Ephraim ist mein Helm auf dem Haupt, Juda das Zepter in meiner Hand.
10 Das Land Moab dient mir als Waschbecken; auf Edom werfe ich meinen Schuh als Zeichen dafür, dass ich von ihm Besitz ergreife. Und ihr Philister: Jubelt auch ihr mir zu!«

11 Wer gibt mir Gewalt über die befestigte Stadt? Wer schenkt mir den Sieg über Edom?
12 Außer dir, Herr, kommt ja niemand in Frage! Doch gerade du hast uns verstoßen. Gerade du, Gott, ziehst nicht mehr mit uns in den Krieg.
13 Rette du uns vor den Feinden! Denn wer sich auf Menschen verlässt, der ist verlassen!
14 Mit Gott werden wir große Taten vollbringen; er wird unsere Feinde zertreten!

Herr, wo du wohnst, will auch ich sein

61 Von David, mit Instrumenten zu begleiten.

2 Höre, Gott, meinen Hilfeschrei, und achte auf mein Gebet!
3 Aus dem fernen Land rufe ich zu dir, denn ich bin am Ende meiner Kraft. Ich selbst kann mich nicht mehr in Sicherheit bringen, darum hilf du mir und rette mich[c]!

4 Zu dir kann ich jederzeit fliehen; du bist seit jeher meine Festung, die kein Feind bezwingen kann.
5 Wo du wohnst, möchte auch ich für immer bleiben – dort, in deinem Heiligtum. Bei dir suche ich Zuflucht wie ein Küken unter den Flügeln seiner Mutter.

6 Gott, du kennst die Versprechen, die ich dir gegeben habe. Du beschenkst jeden reich, der dich in Ehrfurcht anruft. Auch mir gibst du meinen Anteil.
7 Gib dem König ein langes Leben, gewähre ihm noch viele Jahre! Viele Generationen sollen erleben, wie er regiert.
8 Lass ihn stets in Verantwortung vor dir herrschen, beschütze ihn durch deine Güte und Treue!
9 Dann will ich dich allezeit besingen und deinen Namen preisen. Tag für Tag werde ich erfüllen, was ich dir versprochen habe.

Bei Gott komme ich zur Ruhe

62 Ein Lied Davids. Für Jedutun.

2 Nur bei Gott komme ich zur Ruhe; geduldig warte ich auf seine Hilfe.

---

[a] Vgl. 2. Samuel 8,1–14; 1. Chronik 18,3–13. – Der Psalm wurde wahrscheinlich vor dem Sieg Joabs über die Edomiter gedichtet.
[b] Wörtlich: Du hast uns einen Wein zu trinken gegeben, der uns zum Taumeln brachte.
[c] Wörtlich: bringe mich zum Felsen, der mir zu hoch ist.

60,13 118,8–9 **60,14** 2 Mo 14,14* **61,2–3** 17,6* **61,4** 18,3* **61,5** 57,2 **61,9** 20,6*; 4 Mo 30,3*

3 Nur er ist ein schützender Fels und eine
sichere Burg. Er steht mir bei, und nie-
mand kann mir schaden.

4 Wie lange noch wollt ihr alle über einen
herfallen und ihm den letzten Stoß ver-
setzen wie einer Wand, die sich schon be-
drohlich neigt, oder einer Mauer, die be-
reits einstürzt?
5 Ja, sie unternehmen alles, um meinen
guten Namen in den Dreck zu ziehen. Es
macht ihnen Freude, Lügen über mich zu
verbreiten. Wenn sie mit mir reden, spre-
chen sie Segenswünsche aus, doch im
Herzen verfluchen sie mich.

6 Nur bei Gott komme ich zur Ruhe; er
allein gibt mir Hoffnung.
7 Nur er ist ein schützender Fels und eine
sichere Burg. Er steht mir bei, und nie-
mand kann mir schaden.

8 Gott rettet mich, er steht für meine Ehre
ein. Er schützt mich wie ein starker Fels,
bei ihm bin ich geborgen.
9 Ihr Menschen, vertraut ihm jederzeit,
und schüttet euer Herz bei ihm aus! Gott
ist unsere Zuflucht.

10 Die Menschen vergehen wie ein Hauch;
ob einfach oder vornehm – sie sind wie ein
Trugbild, das verschwindet. Legt man sie
auf die Waagschale, dann schnellt sie nach
oben, als wären die Menschen nur Luft.
11 Verlasst euch nicht auf erpresstes Gut,
lasst euch nicht blenden von unrecht er-
worbenem Reichtum! Wenn euer Wohl-
stand wächst, dann hängt euer Herz nicht
daran!
12 Mehr als einmal habe ich gehört, wie
Gott gesagt hat: »Ich allein habe alle
Macht!«
13 Du, Herr, bist ein gnädiger Gott; du
vergiltst jedem, wie er es verdient.

Herr, ich brauche dich!

63 Ein Lied Davids. Es stammt aus
der Zeit, als er in der Wüste Juda
war.

2 Gott! Du bist mein Gott! Ich sehne mich
nach dir, dich brauche ich! Wie eine dür-
re Steppe nach Regen lechzt, so dürste
ich, o Gott, nach dir.
3 Ich suche dich in deinem Heiligtum,
um deine Macht und Herrlichkeit zu
sehen.
4 Deine Liebe bedeutet mir mehr als mein
Leben! Darum will ich dich loben;
5 mein Leben lang werde ich dir danken
und meine Hände zum Gebet emporhe-
ben.
6 Ich juble dir zu und preise dich, ich bin
glücklich und zufrieden wie bei einem
Festmahl.[a]
7 Wenn ich nachts in meinem Bett liege,
denke ich über dich nach, meine Gedan-
ken sind dann nur bei dir.
8 Denn du hast mir immer geholfen; ich
preise dich, unter deinem Schutz bin ich
sicher und geborgen.
9 Ich klammere mich an dich, und du
hältst mich mit deiner starken Hand.

10 Die mir nach dem Leben trachten,
müssen alle selbst umkommen. Der Tod
erwartet sie schon.
11 Sie werden dem Schwert nicht entkom-
men – ihre Leichen werden von Schaka-
len gefressen.

12 Der König aber freut sich, weil Gott
ihm beisteht. Wer sich beim Schwören
auf Gott berufen kann, der darf sich
glücklich schätzen; den Lügnern aber
wird das Maul gestopft.

---

[a] Wörtlich: Wie von Mark und Fett wird meine Seele gesättigt werden, und mit jubelnden Lippen wird mein Mund dich preisen.

62,3 18,3* **62,5** 41,7–8 **62,10** 39,5–7* **62,12** Jes 43,12; 1 Petr 5,11 **62,13** Röm 2,5–6 **63,2** 25,1; 42,2–3; 65,5; 84,3; 86,4; 130,5; 143,6; Jes 26,9 **63,7** 1,2; 119,55 **63,10** 7,13–17*

Gemeinsam mit Gott sprechen

Lesen Sie Psalm 63,1-12

In Psalm 63,5 schreibt David: „Mein Leben lang werde ich dir danken und meine Hände zum Gebet emporheben." Offensichtlich kannte er das Geheimnis eines erfüllten Lebens. Das Gebet ist ein wunderbares Geschenk. Es gibt Ihnen Kraft und bringt Sie näher zu Gott. Zwischen Ehepartnern, die gemeinsam beten, schafft es eine lebendige geistliche Verbindung.

Auf welche Weise Sie beten, ist nicht entscheidend. Wichtig ist nur, dass Sie gemeinsam vor Gott treten. Die Erfahrung des gemeinsamen Gebets vereint Ihre Herzen. Sie fühlen sich einander und Gott näher. Nur wenige geistliche Übungen schenken eine so intensive Gemeinschaft wie das gemeinsame Beten.

Auch in Ihrem persönlichen Gebet möchten Sie vielleicht täglich füreinander einstehen. Seien Sie in Ihren Bitten ganz konkret. Bringen Sie die Anliegen vor Gott, die Ihr Partner Ihnen mitgeteilt hat. Entdecken Sie Gebete in der Bibel und sprechen Sie diese für Ihren Mann/Ihre Frau. Auch die Psalmen sind in dieser Hinsicht eine große Hilfe. Lesen Sie jeden Vers und sprechen Sie dann ein Gebet für Ihren Ehepartner, je nachdem, was der Vers Ihnen in den Sinn gebracht hat.

Wenn Sie regelmäßig mit Ihrem Partner und auch für ihn beten, wird das Sie beide und Ihre Beziehung spürbar verändern.

Nehmen Sie sich Zeit, um allein oder als Paar gemeinsam zu beten. Wenn Ihrem Partner das gemeinsame Gebet noch nicht ganz leichtfällt, bitten Sie den Herrn, ihm die Vorteile davon zu zeigen. Wenn Sie miteinander beten, bitten Sie den Herrn, Ihre Gebetszeit zu segnen und Ihnen zu helfen, sie weise einzusetzen.

Wenn Sie noch mehr Zeit haben …

Besprechen Sie miteinander folgende Fragen oder denken Sie darüber nach:
- Worin unterscheiden sich Ihre Gebetsgewohnheiten und Ihr Stil?
- Auf welche Weise können Sie sich beim Gebet gegenseitig ergänzen?
- Wann wäre für Sie beide der beste Zeitpunkt für ein regelmäßiges gemeinsames Gebet?

Lesen Sie auch die folgenden Abschnitte zum Thema Gebet: Matthäus 6,5-13; Epheser 1,15-23; Philipper 1,9-11.

Nahe bei Gott

Die folgenden Fragen können Sie entweder allein oder als Paar gemeinsam durchgehen. Wenn jeder für sich darüber nachdenkt, verabreden Sie sich in der kommenden Woche zu einem Austausch darüber, was Sie herausgefunden haben.

1. Lesen Sie Psalm 65,1-5. Was bedeutet es, in Gottes Nähe zu leben?

2. Was würden Sie jemandem raten, der gerne näher bei Gott sein möchte?

3. Bibellesen und Gebet sind zwei wichtige geistliche Übungen. Inwiefern helfen sie Ihnen dabei, Gott näher zu kommen?

4. Was bedeutet der Begriff „Disziplin"? Warum könnte man Bibelstudium und Gebet als zwei „Disziplinen" bezeichnen?

5. Nennen Sie weitere Möglichkeiten, wie Sie näher bei Gott leben können.

6. Sind Sie zufrieden damit, wie nahe Sie Gott sind? Wenn nicht, was möchten Sie unternehmen, um die Situation zu verändern?

Psalm 65,5

„Glücklich ist jeder, den du erwählt hast und der zu deinem Heiligtum kommen kann! Dort, in deinem Tempel, segnest du uns mit allem Guten und stillst unsere Sehnsucht."

KONKRET:

Gehören Sie zu einem Hauskreis? Wenn ja, dann gehen Sie in dieser Woche auf jeden Fall hin und nehmen Sie aktiv daran teil. Wenn nicht, dann suchen Sie einen Hauskreis, dem Sie sich anschließen können. Schieben Sie es nicht auf die lange Bank!

Den nächsten Impuls finden Sie auf S. 658 a

Bosheit zahlt sich nicht aus!

64 Ein Lied Davids.
2 Gott, ich bin in großer Not, höre auf
mein Schreien! Ich fürchte mich vor meinen Feinden – rette mein Leben!
3 Eine Bande von Verbrechern hat sich
gegen mich verschworen und plant einen Aufstand. Wende die Gefahr von
mir ab!
4 Ihre Zungen sind scharf geschliffene
Schwerter, und ihre bissigen Worte verletzen wie Pfeile.
5 Aus dem Hinterhalt schießen sie auf
Unschuldige – ohne Vorwarnung und
skrupellos.
6 Sie stacheln sich gegenseitig zum Bösen
an und wollen heimlich Fallen legen.
Hämisch fragen sie: »Wer wird's schon
merken?«
7 Sie brüten Gemeinheiten aus und prahlen: »Wir haben's! Unser Plan ist ausgezeichnet!« Abgrundtief böse ist das
Herz dieser Menschen.[a]

8 Doch jetzt schießt Gott seine Pfeile auf
sie, und plötzlich sind sie schwer verwundet.
9 Ihre eigenen Worte bringen sie nun zu
Fall;[b] wer sie am Boden liegen sieht,
schüttelt nur noch den Kopf.
10 Da wird jeder von Furcht gepackt und
erzählt: »So handelt Gott! So machtvoll
greift er ein!«

11 Wer aber dem Herrn treu bleibt, wird
sich über ihn freuen und bei ihm sicher
sein. Ja, jeder, der von Herzen aufrichtig
ist, darf sich glücklich schätzen!

Du überschüttest uns mit deinen Gaben

65 Ein Lied Davids.
2 Auf dem Berg Zion kann man dir, o
Gott, begegnen: wenn man dich still anbetet, dir Loblieder singt und das einlöst,
was man dir versprochen hat.
3 Weil du Gebete erhörst, kommen die
Menschen zu dir.
4 Schwere Schuld drückt uns[c] zu Boden;
doch trotz unserer Untreue wirst du uns
vergeben.
5 Glücklich ist jeder, den du erwählt hast
und der zu deinem Heiligtum kommen
kann! Dort, in deinem Tempel, segnest
du uns mit allem Guten und stillst unsere
Sehnsucht.

6 Gott, du bist treu! Mit gewaltigen Taten
antwortest du uns, wenn wir deine Hilfe
brauchen. Du bist die Hoffnung aller
Völker bis in die fernsten Länder.
7 Mit deiner Kraft hast du die Berge gebildet, deine Macht ist allen sichtbar.
8 Du besänftigst das Brausen der Meere,
die tosenden Wellen lässt du verstummen; ja, auch die tobenden Völker
bringst du zum Schweigen.
9 Alle Bewohner der Erde erschrecken
vor deinen Taten, vom Osten bis zum
Westen jubeln die Menschen dir zu.

10 Du sorgst für das ganze Land, machst es
reich und fruchtbar. Du schenkst Wasser
im Überfluss, deshalb wächst Getreide in
Hülle und Fülle.
11 Du feuchtest das gepflügte Land und
tränkst es mit Regen. Das ausgedörrte

---

[a] Wörtlich: Das Innere eines jeden und sein Herz ist unergründlich.
[b] Wörtlich: Sie brachten ihn zum Straucheln, ihre Zunge kommt über sie.
[c] So mit einigen hebräischen Handschriften und der griechischen Übersetzung. Der hebräische Text lautet: mich.

64,4 52,4; Jak 3,5–6 **65,2** 92,2–4*; 4 Mo 30,3* **65,3** 17,6* **65,5** 63,2* **65,6** 18,31* **65,8** 89,10 **65,10–14** 67,7

Erdreich weichst du auf, und alle Pflan-
zen lässt du gedeihen.
12 Du schenkst eine reiche und gute Ernte
– die Krönung des ganzen Jahres.
13 Selbst die Steppe fängt an zu blühen,
von den Hügeln hört man Freudenrufe.
14 Dicht an dicht drängen sich die Herden
auf den Weiden, mit wogendem Korn be-
decken sich die Täler. Alles ist erfüllt von
Jubel und Gesang.

Kommt und seht, was Gott getan hat!

66 Ein Lied.

2 Jubelt Gott zu, all ihr Menschen auf der
Erde! Singt und musiziert zu seiner Ehre,
stimmt ein Loblied an auf seine Größe
und Pracht!
3 Sprecht zu Gott: »Wie gewaltig sind dei-
ne Taten! Vor deiner Macht müssen so-
gar deine Feinde sich beugen.
4 Alle Völker der Erde werden dich anbe-
ten und deinen Namen besingen.«

5 Kommt und seht, was Gott getan hat,
wie gewaltig sind seine Taten unter den
Menschen!
6 Er teilte das Meer und ließ sein Volk si-
cher hindurchgehen, trockenen Fußes
konnten sie den Jordan[a] durchqueren.
Darum freuen wir uns über Gott!
7 Ja, er hat alle Macht und regiert für im-
mer und ewig. Er schaut auf die Völker –
ihm entgeht nichts. Wer kann schon ge-
gen ihn bestehen?

8 Ihr Völker, preist den Herrn! Lobt ihn
laut, dass alle es hören!
9 Gott erhält uns am Leben, er lässt uns
nicht untergehen.

10 Du, o Gott, hast uns geprüft, du hast
uns geläutert wie Silber im Schmelzofen.
11 Wir waren gefangen, stöhnten und jam-
merten unter der Last, die wir tragen
mussten.
12 Du hast andere Menschen auf uns he-
rumtrampeln lassen, durch viele Feuer-
proben mussten wir hindurch – aber du
hast uns aus der Gefahr befreit und uns
mehr gegeben, als wir brauchten.

13 Ich komme jetzt mit Brandopfern in
dein Heiligtum und löse meine Verspre-
chen ein,
14 die ich in meiner Not herausgeschrien
habe.
15 Nun bringe ich dir die wertvollsten Op-
fertiere: fette Widder, Rinder und Zie-
genböcke. Ihr Rauch soll aufsteigen zu dir.

16 Kommt und hört mir zu, ihr, die ihr
Gott ernst nehmt, ich will euch erzählen,
was er für mich getan hat.
17 Als ich zu ihm um Hilfe schrie, wusste
ich: Gott wird mir helfen! Deshalb be-
gann ich, ihn zu loben.
18 Hätte ich Böses im Sinn gehabt, dann
hätte der Herr mich nicht erhört.
19 Aber er hat mich erhört, mein Gebet
hat er angenommen.
20 Ich preise den Herrn, denn er hat meine
Bitten nicht verachtet und mir seine Lie-
be nicht entzogen.

Erntedank

67 Ein Lied. Mit Instrumenten zu be-
gleiten.

2 Gott, sei uns gnädig und segne uns! Sieh
uns an im Licht deiner Liebe!
3 Dann wird man auf der ganzen Welt er-
kennen, dass du uns führst. Alle Völker
werden sehen und verstehen: du willst
die Menschen retten.

4 Die Völker sollen dir danken, Gott! Ja,
alle Völker sollen dich preisen!

5 Alle Menschen sollen sich freuen und
jubeln, denn du bist ein gerechter Rich-
ter, du regierst die ganze Welt.

---

[a] Wörtlich: den Fluss. Vgl. Josua 3,14–17

66,2 92,2–4* **66,4** 117,1* **66,6** 2 Mo 14,21–22* **66,7** 22,29*; 89,7–9* **66,13–15** 4 Mo 30,3* **66,16** 5 Mo 4,9* **66,17–20** 17,6* **67,4** 117,1* **67,5** 7,12*

Vergib mir!

Lesen Sie Psalm 66,16-20

Keine Ehe ist vollkommen, denn wir sind unvollkommene Menschen. Wir alle versagen manchmal. Die gute Nachricht ist, dass unsere Fehler – auch die großen – überwunden werden können.

In dem Moment, in dem wir unser Versagen zugeben, vergibt Gott unsere Sünde. Doch solange wir Ausreden suchen, erhört Gott unser Gebet nicht (siehe Psalm 66,18). Der erste Schritt zu einer guten Beziehung zu Gott ist also das Bekenntnis aller Sünden, die uns bewusst sind. Nehmen Sie Stift und Papier zur Hand und fragen Sie Gott: „Herr, wo habe ich in meiner Ehe versagt?" Wenn Gott Ihnen Dinge bewusst macht, schreiben Sie sie auf. Dann gehen Sie die Liste durch, bekennen jede der Sünden, danken Gott, dass Christus die Strafe für Ihre Sünden getragen hat, und nehmen seine Vergebung an.

Das Bekenntnis Ihrer Schuld und die empfangene Vergebung bedeuten jedoch noch nicht, dass Sie Ihre Schuldgefühle sofort loswerden. Sie fühlen sich vielleicht immer noch furchtbar, wenn Sie an das denken, was Sie getan haben. Doch Ihre Gefühle haben nichts mit Gottes Vergebung zu tun. Sie dürfen sich von ihnen nicht niederdrücken lassen. Wenn die Schuldgefühle nach dem Bekenntnis Ihrer Sünden wieder auftauchen, dann beten Sie ganz einfach: „Danke, Vater, dass diese Sünden vergeben sind und du sie mir nicht länger vorhältst. Hilf mir nun, mir selbst zu vergeben."

Nehmen Sie sich Zeit, um allein oder als Paar gemeinsam zu beten.

- **Bitten Sie Gott, Ihnen Fehler in Ihrer Ehe bewusst zu machen.**
- **Schreiben Sie auf, was Ihnen daraufhin in den Sinn kommt.**
- **Bekennen Sie jede dieser Sünden.**
- **Bitten Sie für jede Sünde um Vergebung.**

Wenn Sie noch mehr Zeit haben …

Besprechen Sie miteinander folgende Fragen oder denken Sie darüber nach:

- Welche Fehler in Ihrer Ehe sind noch nicht vergeben?
- Wie schwer fällt es Ihnen, sich selbst zu vergeben, wenn Sie gegenüber Ihrem Partner versagt haben? Warum?
- Bedeutet Vergebung, dass man die Sünde des anderen vergessen muss? Erläutern Sie Ihre Meinung.

Lesen Sie auch die folgenden Abschnitte zum Thema Schuldbekenntnis und Vergebung:
Lukas 15,11-24; Kolosser 3,13; Hebräer 10,17-18.

Eine Heimat für die Einsamen

Lesen Sie Psalm 68,6-7

Wir sind nicht für ein Leben in Einsamkeit geschaffen. Von Anfang an hat Gott gesagt: „Es ist nicht gut, dass der Mensch allein lebt“ (1. Mose 2,18). Und im Psalm heißt es: „Den Einsamen gibt er ein Zuhause“ (Psalm 68,7).

Gott schenkt einsamen Menschen eine Familie, weil ihm Beziehungen für uns Menschen wichtig sind. Beziehungen sind wichtig – zu Hause und auch außerhalb. Darum sollte die Zugehörigkeit zu einer Gemeinde für Sie als Ehepaar eine Priorität sein.

Oftmals verbinden Menschen mit dem Begriff Gemeinde nur den Gottesdienst am Sonntag. Doch er ist nur ein Ausschnitt aus dem Leben einer Gemeinde, die diese Bezeichnung verdient hat. Die Gemeinde sind die „Auserwählten“ (siehe 1. Petrus 2,9), die auf den Ruf Jesu geantwortet haben und ihn als ihren Herrn anerkennen. Sie versammeln sich, um voneinander zu lernen und sich gegenseitig zu ermutigen. Kleine Hauskreise und Gebetsgruppen sind für die Gemeinschaft in einer Gemeinde unverzichtbar. Nehmen Sie also nicht nur am Gottesdienst am Sonntag teil. Engagieren Sie sich auch in einer Kleingruppe, wo Sie Antworten auf Ihre Fragen finden können.

Wenn Sie den Gottesdienst bisher noch nicht regelmäßig besucht haben, dann beginnen Sie doch diesen Sonntag damit. Suchen Sie sich eine Gruppe von Christen, mit denen Sie sich identifizieren und sich austauschen können und die Ihnen die Ermutigung und Hilfe geben, die Sie brauchen.

Nehmen Sie sich Zeit, um allein oder als Paar gemeinsam zu beten. Danken Sie Gott, dass er Sie als Wesen geschaffen hat, die Gemeinschaft brauchen, und dass er Ihnen Ihre Familie und Ihre Gemeinde geschenkt hat, um dieses Bedürfnis zu erfüllen. Bitten Sie ihn, dass er Sie auf der Suche nach der richtigen Gemeinde führt – oder Ihnen hilft, Ihre bisherige Gemeinde neu schätzen zu lernen.

Wenn Sie noch mehr Zeit haben …

Besprechen Sie miteinander folgende Fragen oder denken Sie darüber nach:
- Wie würden Sie Ihre Einstellung gegenüber der Gemeinde beschreiben?
- Wie erkennen Sie, welche Gemeinde für Sie die richtige ist?
- Wie können Sie sich für andere Menschen in Ihrer Gemeinde einbringen?

Lesen Sie auch die folgenden Abschnitte zum Thema Gemeinde:
Apostelgeschichte 2,41-47;
Philipper 2,1-2; 1. Petrus 4,8-9.

Den nächsten Impuls finden Sie auf S. 666 a

6 Die Völker sollen dir danken, Gott! Ja,
alle Völker sollen dich preisen!

7 Das Land brachte eine gute Ernte her-
vor, unser Gott hat uns reich beschenkt.
8 Er segne uns auch weiterhin! Alle Völ-
ker der Erde sollen ihn anbeten!

Gott ist Sieger!

68 Ein Lied Davids.
2 Gott erhebt sich und zerstreut seine
Feinde; alle, die ihn hassen, ergreifen die
Flucht.
3 Gott treibt sie auseinander wie Wind
den Rauch. Wie Wachs im Feuer zer-
schmilzt, so vergehen alle, die Gott ver-
achten, wenn er ihnen begegnet.
4 Alle aber, die Gott die Treue halten,
freuen sich, wenn er sich zeigt. Sie jubeln
ihm zu, überwältigt von Freude.

5 Singt für den Herrn, besingt seinen Na-
men! Ebnet den Weg für den, der durch
die Steppe reitet: »Herr« ist sein Name.
Jubelt ihm zu, wenn er erscheint!
6 Ein Anwalt der Witwen und ein Vater
der Waisen ist Gott in seinem Heiligtum.
7 Den Einsamen gibt er ein Zuhause, den
Gefangenen schenkt er Freiheit und
Glück. Wer jedoch gegen jede Ordnung
verstößt, führt ein trostloses Leben.

8 Gott, als du vor deinem Volk herzogst
und mit ihm die Wüste durchquertest,
9 da bebte die Erde; vom Himmel strömte
der Regen herab, als du dich am Berg Si-
nai zeigtest, du Gott Israels.
10 Du ließest so viel Regen fallen, Herr,
dass das ausgedörrte Land wieder frucht-
bar wurde. Das Land, das du uns zum Er-
be gegeben hattest,
11 wurde so zur Heimat für dein Volk, das
keine Bleibe hatte. Du hast für sie ge-
sorgt, du gütiger Gott!

12 Der Herr gab den Befehl, und viele
Frauen verbreiteten die freudige Nach-
richt vom Sieg:
13/14 »Die feindlichen Könige jagen mit ih-
ren Heeren in heilloser Flucht davon!
Wir Frauen zu Hause teilen die Beute
aus: Silber und schimmerndes Gold – al-
les glitzert und glänzt in herrlicher
Pracht![a] Wollt ihr da noch bei den Her-
den sitzen bleiben?«
15 Als der allmächtige Gott die feindli-
chen Könige aus dem Land jagte, da be-
deckte die Beute den Boden wie Schnee
den dunklen Berg[b].

16 Mächtig erhebt sich der Berg Baschan,
gewaltig ragen seine Kuppen empor.
17 Du zerklüfteter Berg, warum blickst du
neidisch auf den Berg Zion[c], den Gott
sich zu seinem Wohnsitz erwählt hat? Ja,
für immer wird der Herr dort wohnen.
18 Unzählige Kampfwagen besitzt Gott,
der Herr über die himmlischen Heere[d].
Vom Sinai her zieht er in sein Heiligtum
ein.[e]
19 Du bist in die Höhe hinaufgestiegen
und hast Gefangene im Triumphzug mit-
geführt. Du hast den Menschen Tribut
auferlegt;[f] sogar die hartnäckigsten Fein-
de sind bereit, sich dir zu unterwerfen.

20 Gepriesen sei der Herr! Tag für Tag trägt
er unsere Lasten. Gott ist unsere Hilfe.
21 Sind wir in Not, dann greift er ein; er
kann sogar vom Tod erretten.

---

a Wörtlich: Flügel der Taube, die mit Silber und deren Schwingen mit grünlichem Golde bedeckt sind. – Der hebräische Text ist nur schwer zu deuten.
b Wörtlich: da fiel Schnee auf den Zalmon (= dunklen Berg).
c Wörtlich: auf den Berg.
d »Herr … Heere« ist sinngemäß eingefügt.
e Oder: Der Herr ist unter ihnen, Sinai im Heiligtum.
f Wörtlich: Du hast von Menschen Gaben empfangen.

67,7 65,10–14 **68,5** 92,2–4* **68,6** 2 Mo 22,21–22* **68,8** 2 Mo 13,17–22 **68,9** 2 Mo 19,16–19; Ri 5,4–5 **68,17** 1 Kön 9,3*

22 Seinen Feinden aber wird er den Kopf
zerschmettern, denen, die sich von ihren
Sünden nicht abbringen lassen.
23 Der Herr hat gesagt: »Ich ziehe meine
Feinde zur Rechenschaft, ob sie sich im
Baschangebirge verstecken oder gar im
tiefen Meer.
24 Dann wirst du mit deinen Füßen in ihrem Blut stehen, und deine Hunde werden es auflecken.«

25 Gott, alle sind Zeugen deines Triumphzuges; sie sehen, wie du ins Heiligtum
einziehst, du, mein Gott und König!
26 Die Sänger führen den Zug an, ihnen
folgen die Harfenspieler, umringt von
Mädchen, die das Tamburin schlagen:
27 »Preist Gott, ihr Chöre, preist den
Herrn, ihr Nachkommen Israels!«
28 Darauf folgt Benjamin, der kleinste unter den Stämmen, nach ihm kommen die
Fürsten von Juda mit ihrem Gefolge, und
schließlich die Fürsten von Sebulon und
von Naftali.

29 Gott, zeige deine Macht, die du schon
früher an uns erwiesen hast![a]
30 Dein Tempel ragt hoch über Jerusalem.
Dorthin bringen dir Könige ihren Tribut.
31 Erschrecke die Großmacht Ägypten,
das Ungeheuer am Nil! Weise die Machthaber und ihre Völker zurecht! Wirf die
Nationen zu Boden, die nach Beute gieren und den Krieg lieben![b]
32 Aus Ägypten werden Gesandte ankommen, Äthiopien wird herbeieilen und
Gott reiche Geschenke bringen[c].

33 Singt zur Ehre Gottes, spielt für ihn auf
euren Instrumenten, ihr Völker dieser
Erde!
34 Er reitet durch den Himmel, der seit
Urzeiten besteht. Hört, wie gewaltig seine Stimme ertönt!
35 Verkündet Gottes Macht; er regiert
über Israel, seiner Macht ist auch über
den Wolken keine Grenze gesetzt!
36 Die Menschen erschrecken und staunen, wenn er in seinem Heiligtum erscheint. Der Gott Israels gibt seinem
Volk Stärke und Macht. Gelobt sei Gott!

In der Zerreißprobe

69 Von David. Nach der Melodie: »Lilien.«

2 Rette mich, Gott, das Wasser steht mir
bis zum Hals!
3 Ich versinke im tiefen Schlamm; meine
Füße finden keinen Halt mehr. Die Strudel ziehen mich nach unten, und die Fluten schlagen schon über mir zusammen.
4 Ich habe mich heiser geschrien und bin
völlig erschöpft, der letzte Hoffnungsschimmer ist erloschen. Vergeblich halte
ich Ausschau nach meinem Gott.
5 Wie viele hassen mich ohne jeden
Grund! Ich habe mehr Feinde als Haare
auf dem Kopf. Sie besitzen Macht und
wollen mich auslöschen. Ich soll zurückgeben, was ich nie gestohlen habe, so fordern sie lauthals von mir.

6 Menschen können mir nichts vorwerfen,[d]
in deinen Augen jedoch bin ich nicht ohne Schuld; du weißt besser als ich, wie
blind ich war.
7 Herr, du gebietest über alle himmlischen Heere, und du bist Herr und Gott
in Israel: Enttäusche nicht die Menschen,
die dir vertrauen! Denn wenn sie sehen,
dass du mich im Stich lässt, werden sie an
dir verzweifeln!
8 Man verhöhnt mich, weil ich zu dir gehöre, Schimpf und Schande muss ich über
mich ergehen lassen.
9 Meine nächsten Verwandten wollen

---

[a] Oder: Es ist der Wille deines Gottes, dass du machtvoll auftrittst, (Volk) Israel!
[b] Wörtlich: Bedrohe das Tier im Schilf, die Schar der Stiere samt den Völkerkälbern! Zerstampfe, *die an Silber Gefallen haben, zerstreue die* Völker, die Kriege lieben!
[c] Oder: wird schnell seine Hände zu Gott ausstrecken.
[d] Sinngemäß eingefügt.

68,29 57,6; 108,6 **68,33** 92,2–4* **68,35** 89,7–9* **69,5** 40,15; Joh 15,25 **69,6** 53,4 **69,7** 18,31*
69,8 44,23; Röm 8,36 **69,9** 22,7–8; 41,10; 88,19; Hiob 19,13–19; Mi 7,5–6; Joh 13,18

nichts mehr mit mir zu tun haben, selbst
meinen Brüdern bin ich fremd geworden.
10 Ich verzehre mich in rastlosem Eifer
für deinen Tempel. Die Anfeindungen,
die dir, Gott, galten, haben mich getroffen.
11 Ich weinte über den Zustand deines
Heiligtums[a] und fastete, aber damit wurde ich erst recht zum Gespött der Leute.
12 Als ich ein grobes Bußgewand anzog,
kam ich noch mehr ins Gerede.
13 Auf dem Marktplatz zerreißen sie sich
das Maul über mich; und bei Zechgelagen grölen sie ihre Spottlieder.

14 Ich aber bete zu dir, Herr! Jetzt ist die
Zeit gekommen, in der du mich erhören wirst! Antworte mir! Du hast so viel Gutes für mich bereit! Ich rechne fest mit deiner Hilfe.
15 Ziehe mich aus dem Sumpf heraus, lass
mich nicht versinken! Rette mich vor denen, die mich hassen! Zieh mich heraus aus dem reißenden Wasser,
16 sonst schlagen die Fluten über mir zusammen, und der Strudel reißt mich in die Tiefe; hol mich heraus, sonst verschlingt mich der Abgrund!
17 Antworte mir, Herr, denn deine Güte
tröstet mich! Wende dich mir zu in deinem großen Erbarmen.
18 Verbirg dich nicht länger vor mir, ich
gehöre ja zu dir! Ich weiß keinen Ausweg mehr, darum antworte mir schnell.
19 Komm und rette mich, damit meine
Feinde das Nachsehen haben!

20 Du kennst die Schmach, die man mir
zufügt, du weißt, wie man mich mit Hohn und Spott überschüttet. Und du kennst jeden, der mich bedrängt.
21 Die Schmach bricht mir das Herz, sie
macht mich krank. Ich hoffte auf Mitleid, aber nein! Ich suchte Trost und fand ihn nicht!
22 Sie mischten Gift in meine Speise; und
als ich Durst hatte, gaben sie mir Essig zu trinken.

23 Zur Falle sollen ihre Festessen werden!
Lass sie ins Verderben stürzen![b]
24 Lass sie blind werden, dass sie nichts
mehr sehen, und renke ihnen die Hüfte aus!
25 Schütte deinen Zorn über sie aus, überwältige sie in deinem Grimm!
26 Ihr Wohnort soll verwüstet werden, in
ihren Zelten niemand mehr wohnen!
27 Denn sie verfolgen noch den erbarmungslos, den du schon gestraft hast. Schadenfroh erzählen sie von seinen Schmerzen.
28 Vergib ihnen nichts! Rechne ihnen jede
einzelne Schuld an, damit sie nicht vor dir bestehen können!
29 Lösche ihre Namen aus dem Buch des
Lebens, damit sie nicht bei denen aufgeschrieben sind, die nach deinem Willen leben!

30 Ich aber bin elend und von Schmerzen
gequält. Beschütze mich, Gott, und hilf mir wieder auf!
31 Dann will ich dich loben mit meinem
Lied; ich will deinen Namen rühmen und dir danken!
32 Daran hast du mehr Freude als an Rindern, die man dir opfert, oder an fetten Stieren.
33 Wenn die Unterdrückten das sehen,
werden sie froh. Ihr, die ihr Gott vertraut, fasst neuen Mut!
34 Denn der Herr hört das Rufen der Armen und Hilflosen. Wer um seinetwillen ins Gefängnis geworfen wird, den überlässt er nicht seinem Schicksal.

35 Himmel und Erde sollen ihn loben, die
Meere und alles, was darin lebt!
36 Denn der Herr wird den Berg Zion befreien und die Städte in Juda wieder aufbauen. Sein Volk wird sich darin nieder-

---

a »über … Heiligtums« ist sinngemäß eingefügt.
b So nach der griechischen Übersetzung. Der hebräische Text lautet: Möge ihr Tisch vor ihnen zur Schlinge und den Sicheren zum Fallstrick werden!

69,10 Joh 2,17; Röm 15,3 **69,14** 17,6* **69,23–24** Röm 11,9–10 **69,29** 2 Mo 32,32–33; Mal 3,16 **69,31** 20,6* **69,32** 40,7–9* **69,34** 140,13*

lassen und das Land erneut in Besitz
nehmen.
37 Die Nachkommen derer, die dem
Herrn dienen, werden es erben; alle, die
ihn lieben, werden darin wohnen.

Herr, hilf mir!

70 Ein Lied Davids, beim Gedächtnisopfer zu singen.

2 Herr, ich bitte dich: Rette mich, komm
mir schnell zu Hilfe!
3 Wer mir nach dem Leben trachtet, der
soll scheitern und öffentlich bloßgestellt
werden. Wer sich über mein Unglück hämisch freut, den jage mit Schimpf und
Schande davon!
4 Alle, die schadenfroh lästern: »Haha,
das geschieht dir recht!«, sollen kleinlaut
davonschleichen wegen ihrer selbstverschuldeten Schande!
5 Aber alle, die sich dir anvertrauen, werden vor Freude jubeln! Wer dich als Retter kennt und liebt, wird immer wieder
rufen: »Groß ist der Herr!«
6 Ich bin hilflos und ganz auf dich angewiesen, Herr; sorge für mich, denn du bist
mein Helfer und Befreier! Komm rasch
zu mir! Mein Gott, zögere nicht länger!

Alt und schutzlos?

71 Bei dir, Herr, suche ich Schutz. Lass nicht zu, dass meine Feinde mich zugrunde richten!
2 Du bist ein gerechter Gott, darum hilf
mir und rette mich! Höre mein Gebet!
Hilf mir doch!
3 Schenke mir Geborgenheit, wie ein
Haus, in das ich jederzeit kommen kann!
Du hast doch beschlossen, mich zu retten! Ja, du bietest mir Schutz, du bist meine Burg.

4 Mein Gott! Die Gottlosen haben mich
in ihrer Gewalt. Sie brechen die Gesetze
und schrecken vor keiner Gewalttat zurück. Rette mich aus ihren Klauen!

5 Du bist meine Hoffnung, Herr, dir vertraue ich von Kindheit an!
6 Ja, seit meiner Geburt bist du mein Halt.
Vom ersten Tag an hast du für mich gesorgt. Darum will ich dich loben mein Leben lang.

7 Viele, die meine Not und mein Leiden
sahen, mussten denken: Gott hat ihn verworfen![a] Aber du hast dich als ein machtvoller Beschützer erwiesen.
8 Darum will ich dich vor anderen loben,
Tag für Tag will ich dich rühmen.

9 Verstoße mich nicht, jetzt, wo ich alt geworden bin; verlass mich nicht, wenn
meine Kräfte nun schwinden!
10 Meine Feinde wollen mich umbringen;
schon tun sie sich zusammen und planen
einen Anschlag.
11 »Gott hat ihn aufgegeben«, sagen sie.
»Los, ihm nach! Packt ihn! Jetzt hat er
keinen mehr, der ihm beisteht!«

12 Gott, warum bist du so weit weg? Mein
Gott, komm mir schnell zu Hilfe!
13 Mit allen Mitteln kämpfen sie gegen
mich – lass sie scheitern und umkommen!
Nichts lassen sie unversucht, um mich ins
Unglück zu stürzen. Bring Schimpf und
Schande über sie!
14 Nie werde ich aufhören, auf dich zu hoffen – loben will ich dich, je länger, je mehr.
15 Laut werde ich es sagen: Auf deine Zusagen ist Verlass! Jeden Tag will ich erzählen, wie du aus der Not befreist; du
tust viel mehr, als ich aufzählen kann!
16 Deine machtvollen Taten will ich rühmen, Herr, mein Gott! Du hältst Wort –
das allein werde ich weitersagen!

17 Von Jugend auf bist du mein Lehrer gewesen, und bis heute erzähle ich von deinen Wundertaten.

---

[a] Wörtlich: Für viele bin ich wie ein Vorzeichen geworden.

70,3–4 7,13–17* **70,5** 92,2–4* **71,2** 17,6* **71,3** 18,3* **71,7–8** 20,6* **71,9** Jes 46,4 **71,15–16** 5 Mo 4,9* **71,17–18** Jes 46,3–4

[18] Lass mich auch jetzt nicht im Stich, o
Gott, jetzt, wo ich alt und grau geworden
bin! Gib mir noch so viel Zeit, dass ich
auch meinen Kindern und Enkeln noch
erzählen kann, wie groß und mächtig du
bist!

[19] Gott, deine Treue umschließt Himmel
und Erde. Du hast große Dinge getan!
Wer ist wie du?
[20] Not und Elend hast du mir zwar nicht
erspart, aber du erhältst mich am Leben
und bewahrst mich vor dem sicheren
Tod.
[21] Du bringst mich wieder zu Ehren, ja, du
schenkst mir größeres Ansehen als zuvor.
Das tröstet mich!
[22] Darum will ich dir mit dem Spiel auf
der Harfe danken. Ich lobe deine Treue,
du, mein Gott! Zur Laute will ich dir sin-
gen, dir, dem heiligen Gott Israels!
[23] Ich juble vor Freude, wenn ich von dir
singe, denn du hast mich errettet.
[24] Tag für Tag will ich davon reden, dass
du wirklich Wort hältst. Alle, die mich
ins Unglück stürzen wollten, haben es
nicht geschafft. Mit Schimpf und Schande
wurden sie überhäuft!

Der Friedenskönig

72 Von Salomo.

Gott, lass den König an deiner Stelle
Recht sprechen! Gib ihm deinen Sinn
für Gerechtigkeit ins Herz!
[2] Als oberster Richter soll er dein Volk
unparteiisch regieren und dem Recht-
losen zu seinem Recht verhelfen.
[3] Durch seine Herrschaft werden im
ganzen Land Frieden und Wohlstand
wachsen.[a]
[4] *Er wird für die Unterdrückten* eintreten
und sich zum Anwalt der Armen ma-
chen; die Unterdrücker aber wird er zum
Tode verurteilen.
[5] Er soll regieren, solange die Erde be-
steht und solange es Menschen gibt.[b]
[6] Seine Herrschaft sei wohltuend wie der
Regen, der auf die Wiesen niedergeht,
wie erfrischende Schauer, die trockene
Felder bewässern.
[7] Dann werden alle aufblühen, die Gott
die Treue halten, Gerechtigkeit und
Wohlstand werden herrschen bis ans En-
de der Zeit.

[8] Seine Macht reiche von einem Meer
zum anderen, vom Euphrat bis zum Ende
der Erde!
[9] Ihm sollen sich die Bewohner der Wüste
unterwerfen, und auch seine Feinde sol-
len im Staub vor ihm kriechen.
[10] Die Könige von Tarsis[c] und von den
fernen Inseln werden ihm Geschenke
bringen, und auch die Herrscher von Sa-
ba und Seba[d] werden ihm Abgaben ent-
richten.
[11] Huldigen sollen ihm alle Könige, und
alle Völker ihm dienen!

[12] Denn er rettet den Wehrlosen, der um
Hilfe fleht; den Schwachen, dem jeder
andere seine Unterstützung versagt.
[13] Am Schicksal der Hilflosen nimmt er
Anteil und bewahrt sie vor dem sicheren
Tod.
[14] Er befreit sie von Gewaltherrschaft, ih-
rer Unterdrückung macht er ein Ende,
denn in seinen Augen ist ihr Leben wert-
voll.

[15] Lang lebe der König! Man bringe ihm
Gold von Saba! Man bete allezeit für ihn
und wünsche ihm Glück und Segen den
ganzen Tag!
[16] Im ganzen Land möge das Getreide
wachsen im Überfluss, sogar noch auf

---

[a] Wörtlich: Mögen die Berge dem Volk Heil tragen, und die Hügel durch Gerechtigkeit!
[b] Wörtlich: Er wird dauern so lange wie die Sonne und im Angesicht des Mondes von Geschlecht zu Geschlecht. – So mit der griechischen Übersetzung; der hebräische Text lautet: Sie werden dich (Gott) fürchten, solange …
[c] Wahrscheinlich Südspanien.
[d] Saba ist wahrscheinlich Südarabien, Seba vielleicht Nordost-Afrika.

71,19 40,6* **71,22–23** 20,6* **72,1–2** 3 Mo 24,22*; 5 Mo 17,14–20 **72,8** Sach 9,10 **72,12–14** Spr 29,14

den Gipfeln der Berge soll es gedeihen –
so üppig wie die Wälder auf dem Liba-
non. In den Städten möge reges Leben
herrschen.[a]
17 Der Name des Königs soll nie vergessen
werden; sein Ruhm sei unsterblich, solan-
ge die Erde besteht[b]! Mögen alle Völker
Gott bitten, sie so zu segnen, wie er den
König gesegnet hat! Ihn, den König, sol-
len sie preisen!

18 Gelobt sei Gott, der Herr, der Gott
Israels! Er vollbringt Wunder, er allein!
19 Lobt seinen erhabenen Namen für alle
Zeit! Seine Macht und Hoheit erfülle die
ganze Welt! Amen!

20 Hier sind die Gebete Davids, des Soh-
nes Isais, zu Ende.

Handelt so ein gerechter Gott?

73 Ein Lied Asafs.

Gott ist gut zu Israel, zu allen, die ihm
ganz vertrauen. Das kann niemand be-
streiten!
2 Ich aber hätte beinahe an ihm gezwei-
felt, fast hätte ich den Glauben aufge-
geben.
3 Denn ich beneidete die überheblichen
Menschen: Ihnen geht es gut, obwohl
Gott ihnen völlig gleichgültig ist.
4 Ihr Leben lang haben sie keine Schmer-
zen, sie strotzen vor Gesundheit und
Kraft.
5 Sie müssen sich nicht abplagen wie an-
dere Menschen, und die täglichen Sorgen
sind ihnen ganz und gar fremd.
6 Sie sind stolz auf ihren Stolz und tragen
ihn zur Schau, ja, sie prahlen sogar mit
ihren Gewalttaten.
7 In ihren feisten Gesichtern spiegelt sich
die Bosheit ihres Herzens wider.
8 Mit Verachtung schauen sie auf andere
herab und verhöhnen sie, mit zynischen
Worten setzen sie jeden unter Druck.
9 Sie tun, als kämen ihre Worte vom Him-
mel; sie meinen, ihre Sprüche seien für
die ganze Menschheit wichtig.
10 Darum läuft sogar Gottes Volk ihnen
nach, es hängt an ihren Lippen und
glaubt alles, was man ihm vorsetzt.[c]
11 Denn diese eingebildeten Leute sagen:
»Gott kümmert sich um nichts – wie soll-
te er auch? Er thront so weit oben und
weiß nicht, was sich hier unten abspielt!«
12 Selbstsicher und sorglos leben sie in
den Tag hinein, ihr Vermögen und ihre
Macht werden immer größer.
13 War es denn völlig umsonst, dass ich
mir ein reines Gewissen bewahrte und
mir nie etwas zuschulden kommen ließ?
14 Jeder Tag wird mir zur Qual, eine Strafe
ist er schon am frühen Morgen!

15 Hätte ich mir vorgenommen: »Ich will
genauso vermessen reden wie sie!«, dann
hätte ich dein ganzes Volk verraten.
16 Also versuchte ich zu begreifen, warum
es dem Gottlosen gut und dem Frommen
schlecht geht, aber es war viel zu schwer
für mich.

17 Da ging ich in Gottes heiligen Tempel,
und dort wurde mir auf einmal klar: ent-
scheidend ist, wie ihr Leben endet!
18 Du stellst sie auf schlüpfrigen Boden
und wirst sie ins Verderben stürzen.
19 Ganz plötzlich wird sie das Entsetzen
packen, sie werden ein Ende mit Schre-
cken nehmen.
20 Wie ein Traum beim Erwachen ver-
schwindet, so vergehen sie, wenn du dich
erhebst, o Herr.

21 Als ich verbittert war und mich vor
Kummer verzehrte,
22 da war ich dumm wie ein Stück Vieh,
denn ich verstand dich nicht.
23 Jetzt aber bleibe ich immer bei dir, und
du hältst mich bei der Hand.
24 Du führst mich nach deinem Plan und
nimmst mich am Ende in Ehren auf.

---

a Wörtlich: Sie sollen hervorblühen aus der Stadt wie das Kraut der Erde.
b Wörtlich: vor der Sonne soll aufsprossen sein Name.
c Wörtlich: Darum wendet sich sein Volk ihnen zu. Wasser in Fülle wird bei ihnen ausgetrunken.

72,18 40,6* **72,19** 92,2–4* **73,3** Hiob 21,6–7 **73,11–17** Mal 3,14–18 **73,24** 25,4*

25 Herr, wenn ich nur dich habe, bedeuten
Himmel und Erde mir nichts.
26 Selbst wenn alle meine Kräfte schwinden und ich umkomme, so bist du doch,
Gott, allezeit meine Stärke – ja, du bist
alles, was ich habe!

27 Eines ist sicher: Wer dich ablehnt, wird
zugrunde gehen; du vernichtest jeden,
der dir die Treue bricht.
28 Ich aber darf dir immer nahe sein, mein
Herr und Gott; das ist mein ganzes
Glück! Dir vertraue ich, deine wunderbaren Taten will ich weitererzählen.

Gottes Tempel – ein Trümmerhaufen!

74 Von Asaf, zum Nachdenken.
Gott, warum hast du uns für immer verstoßen? Warum lässt du deinen Zorn an
uns aus? Wir gehören doch zu dir wie die
Schafe zum Hirten!
2 Erinnere dich daran, dass wir dein Volk
sind! Vor langer Zeit hast du uns angenommen und uns aus der Gefangenschaft
befreit. Wir alle sind dein Eigentum!
Denke an den Berg Zion, den du dir als
Wohnsitz erwählt hast!
3 Geh über die Trümmer, die schon so
lange dort liegen; sieh doch: Alles haben
die Feinde im Tempel verwüstet!
4 Ihr lautes Siegesgeschrei entweihte die
heilige Stätte, ihre Fahnen haben sie als
Zeichen des Sieges aufgestellt.
5 Im Tempel sieht es aus, als hätte man
Kleinholz gehackt:
6 Die kostbaren Schnitzereien haben sie
mit Äxten und Brechstangen zertrümmert.
7 Danach steckten sie dein Heiligtum in
Brand, sie entweihten den Ort, wo du angebetet wurdest.
8 Sie wollten uns alle vernichtend schlagen, im ganzen Land haben sie die Gotteshäuser niedergebrannt.
9 Nichts mehr deutet darauf hin, dass du
noch Herr der Lage bist.[a] Es gibt keinen
Propheten mehr – niemand von uns weiß,
wie lange das noch so weitergehen soll.
10 Wie lange, Gott, willst du dich von den
Feinden verhöhnen lassen? Sollen sie für
immer deinen Namen in den Schmutz
ziehen?
11 Warum hältst du dich zurück? Warum
greifst du nicht ein? Zeige deine Macht
und vernichte sie!

12 Gott, seit uralter Zeit bist du unser König[b], schon oft hast du unser Land gerettet.
13 Du hast mit deiner Macht das Meer gespalten und den Seedrachen die Schädel
zerschmettert.
14 Ja, du hast dem Seeungeheuer[c] die
Köpfe abgehauen und es den Wüstentieren zum Fraß vorgeworfen.
15 Du ließest Quellen und Bäche hervorsprudeln und brachtest große Ströme
zum Versiegen.
16 Dir gehört der Tag und auch die Nacht,
du hast die Sonne und den Mond geschaffen.
17 Du hast alle Grenzen der Erde festgelegt, hast Sommer und Winter gemacht.

18 Denke daran, Herr, wie deine Feinde
dich verhöhnen! Dieses gewissenlose
Pack zieht deinen Namen in den
Schmutz!
19 Liefere uns nicht diesen Raubtieren
aus,[d] du weißt doch, wie hilflos wir sind!
20 Denke an deinen Bund mit uns! Selbst
in den Schlupfwinkeln des Landes ist niemand mehr vor roher Gewalt sicher.
21 Herr, lass nicht zu, dass dein unter-

---

[a] Wörtlich: Zeichen für uns sehen wir nicht.
[b] So mit der griechischen Übersetzung. Der hebräische Text lautet: mein König.
[c] Wörtlich: dem Leviatan.
[d] Wörtlich: Gib das Leben deiner Taube nicht den Tieren preis.

73,25–26 16,5; Klgl 3,21–24 **73,28** 5 Mo 4,9* **74,1** Hes 34,11–16* **74,2** 76,3; 2 Mo 15,17; 5 Mo 7,6–8; 1 Kön 9,3* **74,3–7** 2 Kön 25,9; Jes 64,9–10 **74,11** 89,7–9* **74,12** 22,29* **74,13** 2 Mo 14,21–22; Jes 27,1* **74,16** 1 Mo 1,14–18 **74,20** 2 Mo 24,7–8*

drücktes Volk mit Schande überhäuft
wird! Wir sind arm und wehrlos. Rette
uns, damit wir dich loben können!
22 Gott, greife endlich ein, denn ihr An-
griff gilt dir! Sorge dafür, dass du Recht
behältst! Sieh auf diese Meute, die dich
Tag für Tag verspottet!
23 Ständig lärmen deine Feinde und leh-
nen sich gegen dich auf. Vergiss ihre
Schmähungen nicht!

Schluss mit euren großen Worten!

75 Ein Lied Asafs, nach der Melodie:
»Richte nicht zugrunde.«

2 Wir danken dir, o Gott, wir danken dir!
Du bist uns nahe! Wir erzählen von dei-
nen wunderbaren Taten.

3 Gott spricht: »Wenn meine Zeit gekom-
men ist, werde ich gerecht richten!
4 Mag auch die Erde beben, und mögen
ihre Bewohner vor Angst zittern – ich
selbst habe die Fundamente der Erde un-
verrückbar festgelegt.
5 So befehle ich nun den großmäuligen
Angebern: Schluss mit euren großen
Worten! Denen, die mich ablehnen, sage
ich: Blast euch nicht so auf!
6 Ja, hört auf zu prahlen, und lasst ab von
eurem Stolz![a] Tragt eure Nase nicht so
hoch!
7 Wahre Größe kann kein Mensch verlei-
hen – ganz gleich, woher er kommt!«[b]

8 Denn Gott allein ist Richter: Den einen
lässt er fallen, den anderen bringt er zu
Ansehen und Macht.
9 Der Herr hat einen Becher in seiner
Hand, gefüllt mit starkem, betäubendem
Trank. Alle, die den Herrn verachten,
müssen den Becher bis zum letzten bitte-
ren Tropfen austrinken.

10 Ich aber will immer von Gott erzählen,
für ihn, den Gott Jakobs, will ich musi-
zieren.

11 Er spricht: »Ich werde die Macht der
Gottlosen brechen; doch alle, die mir die
Treue halten, bringe ich zu Ansehen und
Macht[c].«

Gottes Zorn

76 Ein Lied Asafs, mit Saiteninstru-
menten zu begleiten.

2 Gott ist in Juda jedem bekannt, in ganz
Israel wird sein Name geehrt.

3 In Jerusalem[d] wurde sein Heiligtum er-
richtet; sein Tempel steht auf dem Berg
Zion.
4 Dort zerbrach er Pfeile, Schilde und
Schwerter, ja, alles Kriegsgerät!
5 Du bist glanzvoller und mächtiger als
die Feinde in den Bergen, die von dort
aus ihre Raubzüge unternahmen.[e]

6 Diese stolzen Krieger – nun sind sie ih-
rer Waffen beraubt! Sie schlafen den To-
desschlaf, und niemals werden sie wieder
zur Waffe greifen.
7 Du, Gott Jakobs, brauchtest nur zu
drohen, und schon fielen Ross und
Reiter.
8 Furchterregend bist du, o Gott! Wer
kann vor dir bestehen, wenn dein Zorn
losbricht?
9 Die Menschen auf der Erde erstarrten

---

a Verse 5b–6a wörtlich: Denen, die mich ablehnen, sage ich: Erhebt nicht das Horn! Erhebt nicht zur Höhe euer Horn!
b Wörtlich: Denn weder vom Osten noch vom Westen, noch von der Wüste (= vom Süden) kommt Erhöhung.
c Wörtlich: die Hörner der Treuen werden erhöht werden.
d Wörtlich: In Salem. – Anstelle des vollen Namens ist hier der alte Name gewählt, um das Wort *»Schalom« (Frieden) anklingen zu lassen.*
e Wörtlich: Glänzender bist du, mächtiger als die Berge des Raubes. – Gemeint sind wohl die Mächte, die vom Norden und Osten in Israel einfielen.

75,2 5 Mo 4,9* **75,3** 7,12* **75,4** 104,5 **75,8** 7,12*; 1 Sam 2,7 **75,10** 92,2–4* **76,3** 1 Kön 9,3* **76,7** 2 Mo 15,1 **76,8–10** 7,12*

Zorn hat auch seine guten Seiten

Lesen Sie Psalm 74,1-23

Zorn ist ein normales menschliches Gefühl, und wenn Sie ihn verspüren, heißt das nicht, dass Sie ein schlechter Mensch sind. Zorn entsteht, wenn man das Gefühl hat, man selbst oder ein anderer werde unfair behandelt. Er beweist unseren Sinn für Recht und Gerechtigkeit. Darum ist er an sich nicht falsch. In Psalm 74,1 heißt es sogar, dass Gott über sein Volk zornig wurde.

Wichtig beim Umgang mit Zorn ist nur – vor allem wenn Sie auf Ihren Ehepartner wütend sind –, dass Sie sich von Ihren negativen Gefühlen nicht zu einem falschen Verhalten hinreißen lassen. Sie sollten Ihrem Mann/Ihrer Frau unbedingt Ihren Zorn mitteilen. Gefühle kommen und gehen. Wenn Sie darüber reden, verschwinden sie eher. Wenn Sie sie aber in sich einschließen, dann bleiben sie.

Falls es Ihnen schwerfällt, das Schweigen zu brechen, schreiben Sie Ihre Gedanken und Gefühle doch in einem Brief an Ihren Partner nieder. Oft ist es einfacher, über solche Gefühle zu schreiben, als über sie zu sprechen. Wenn Sie sich erst einmal an das Schreiben von Briefen gewöhnt haben und Ihr Ehepartner Ihnen Verständnis und Ermutigung entgegenbringt, gelingt es Ihnen irgendwann vielleicht auch, Ihre Gefühle und Gedanken mündlich mitzuteilen. Schreiben ist ein wichtiger Meilenstein auf dem Weg zu einer offenen Kommunikation.

Nehmen Sie sich Zeit, um allein oder als Paar gemeinsam zu beten. Bitten Sie Gott, dass er Ihnen hilft …

- Vorfälle aus der Vergangenheit in Ordnung zu bringen, in denen Sie Ihren Zorn auf verletzende Weise zum Ausdruck gebracht haben;
- Ihren Zorn so auszudrücken, dass Ihre Beziehung dadurch gestärkt und nicht beschädigt wird;
- Ihre Beziehung auf eine so gesunde Basis zu stellen, dass Sie ohne Scheu über alle Gefühle sprechen können.

Wenn Sie noch mehr Zeit haben …

Besprechen Sie miteinander folgende Fragen oder denken Sie darüber nach:

- Wie wurde Ihre Beziehung in der Vergangenheit durch Zorn beschädigt?
- Was wünschen Sie sich bei Ihrem Partner anders, wenn er oder sie seinen Zorn zum Ausdruck bringt?
- Welche konkreten Schritte können Sie unternehmen, um sicherzustellen, dass Sie richtig mit Ihrem Zorn umgehen?

Lesen Sie auch die folgenden Abschnitte zum Thema Zorn:
Psalm 7,12; Markus 3,1-6; Johannes 2,13-17.

Zurück zur Quelle

Lesen Sie Psalm 77,1-21

Wenn wir bei unserem Ehepartner Glück und ein sinnvolles Leben suchen, dann suchen wir an der falschen Stelle. Viele erwarten von ihrem Mann oder ihrer Frau das, was eigentlich nur Gott schenken kann. Innerer Friede, Geborgenheit, Zuversicht und Freude – das alles kommt nicht aus der Ehe, sondern aus einer persönlichen Beziehung zu Gott.

Psalm 77 ist das Gebet eines Menschen, der durch eine tiefe Krise geht. Zunächst einmal beschreibt er, wie schmerzvoll es ist, von Gott und von anderen Menschen entfremdet zu sein. Doch mitten in seinem Schmerz wendet er sich an Gott.

Gott sorgt sich von ganzem Herzen um Sie. Die Worte, die Jesus in Matthäus 11,28 spricht, sind auch an Sie gerichtet: „Kommt alle her zu mir, die ihr euch abmüht und unter eurer Last leidet! Ich werde euch Ruhe geben."

Sie fühlen sich erschöpft durch zu viel Stress. Sie tragen schwere Lasten mit sich herum: Schuld, Zorn, Feindseligkeit, Angst. Jesus fordert Sie nicht dazu auf, die Lasten erst abzulegen und dann zu ihm zu kommen. Nein, Sie können so kommen, wie Sie sind. Er bittet Sie nicht, Ihre Probleme selbst zu lösen, aber er verspricht auch nicht, Ihnen alle Probleme abzunehmen. Was er Ihnen verspricht, ist Ruhe.

Nehmen Sie sich Zeit, um allein oder als Paar gemeinsam zu beten. Danken Sie Gott, dass er sich um all Ihre Nöte kümmert. Bitten Sie ihn, dass er Ihre Ehe vor zu großen Belastungen schützt, indem er Sie immer wieder daran erinnert, zu ihm zu kommen. Bei ihm finden Sie den inneren Frieden, den niemand sonst Ihnen geben kann.

Wenn Sie noch mehr Zeit haben …

Besprechen Sie miteinander folgende Fragen oder denken Sie darüber nach:

- Was brauchen Sie im Moment von Gott mehr als alles andere?
- Haben Sie schon einmal von Ihrem Mann/Ihrer Frau etwas erwartet, was eigentlich nur Gott geben kann? Wie fühlte er oder sie sich dabei?
- Wie können Sie sich gegenseitig helfen, Ihren Frieden und Ihre Ruhe bei Gott zu finden?

Lesen Sie auch die folgenden Abschnitte zum Thema Ruhe:
Psalm 29,11; 85,9; Johannes 14,27.

Den nächsten Impuls finden Sie auf S. 674 a

vor Schreck und wurden stumm, als dein
Richterspruch vom Himmel ertönte,
10 als du dich erhobst, um Gericht zu hal-
ten und den Entrechteten im Land zu
helfen.
11 Das Wüten der Feinde vermehrt deinen
Ruhm, selbst ihr verzweifeltes Toben
machst du dir zunutze[a]!

12 Gebt Gott, dem Herrn, Versprechen
und haltet sie! Ihr Völker rings um Israel
– bringt ihm eure Gaben, denn groß und
gewaltig ist er!
13 Er bricht den Stolz der hochmütigen
Herrscher, die Mächtigen dieser Welt
müssen ihn fürchten!

Gott, hast du uns für immer verstoßen?

77 Ein Lied Asafs. Für Jedutun.
2 Ich rufe zu Gott, ja, ich schreie immer
wieder, damit er mich endlich hört.
3 Ich habe große Angst und sehe keinen
Ausweg mehr. Unaufhörlich bete ich zu
Gott – sogar in der Nacht strecke ich mei-
ne Hände nach ihm aus. Ich bin untröst-
lich.

4 Wenn ich an Gott denke, fange ich an zu
seufzen; grüble ich über meine Lage
nach, so verliere ich allen Mut.
5 Ich kann nicht schlafen, weil er mich
wach hält; die Unruhe treibt mich umher,
ich finde keine Worte mehr.

6 Ich erinnere mich an frühere Zeiten, an
Jahre, die längst vergangen sind,
7 als ich beim Spiel auf der Harfe noch
fröhlich sein konnte. Jede Nacht grüble
ich nach; das Herz wird mir schwer, weil
meine Gedanken immer um die gleichen
Fragen kreisen:
8 Hat der Herr uns für alle Zeiten versto-
ßen? Wird er nie wieder freundlich zu
uns sein?
9 Ist seine Gnade für immer zu Ende?
Gelten seine Zusagen nicht mehr?
10 Hat Gott vergessen, uns gnädig zu sein?
Warum verschließt er uns im Zorn sein
Herz?
11 Das ist es, was mich am meisten
schmerzt: Gott, der Höchste, verhält sich
jetzt anders als vorher – er setzt sich nicht
mehr für uns ein!

12 Ich erinnere mich an deine großen Ta-
ten, Herr, und denke an die Wunder, die
du einst vollbracht hast.
13 Ich führe mir vor Augen, was du getan
hast, immer wieder mache ich es mir be-
wusst.
14 O Gott, heilig ist alles, was du tust. Kein
anderer Gott ist so mächtig wie du!
15 Du allein bist der Gott, der Wunder
vollbringt; du hast die Völker deine
Macht spüren lassen.
16 Mit starker Hand hast du dein Volk aus
der Gefangenschaft in Ägypten befreit,
die Nachkommen Jakobs und Josefs.
17 Als dich die Wasserfluten sahen, begann-
nen sie zu brodeln, sogar die Tiefen des
Meeres erzitterten.
18 Aus den Wolken goss strömender Re-
gen, gewaltige Donnerschläge krachten,
und deine Blitze durchzuckten die Luft.
19 Ja, im Sturm donnerte deine Stimme;
grelle Blitze erhellten die Erde, sie zitter-
te und bebte.
20 Du bahntest dir einen Weg mitten
durch das Meer. Dein Pfad führte durch
mächtige Fluten, doch deine Spuren
konnte niemand erkennen.
21 Durch Mose und Aaron, deine Diener,
hast du dein Volk wie ein Hirte geführt.

Israels Geschichte – Gott straft und rettet sein Volk

78 Von Asaf, zum Nachdenken.
Höre, mein Volk, auf meine Weisungen;
gib Acht auf das, was ich dir sage!

---

[a] Wörtlich: auch noch mit dem Rest des Zornes wirst du dich gürten.
76,12 4 Mo 30,3* **77,2–3** 17,6* **77,14** 89,7–9* **77,16** 2 Mo 20,2* **77,20** 2 Mo 14,21–22*
77,21 Hes 34,11–16*

[2] Ich will euch die Geschichte unseres
Volkes vor Augen malen. Ihre dunklen
Rätsel will ich euch erklären.
[3/4] Was wir gehört und erfahren haben,
was schon unsere Väter uns erzählten,
das wollen wir auch unseren Kindern
nicht verschweigen. Jede Generation soll
von den mächtigen Taten Gottes hören,
von allen Wundern, die er vollbracht hat.
[5] Er gab Israel sein Gesetz, gab den Nach-
kommen Jakobs seine Gebote. Unseren
Vorfahren befahl er, sie ihren Kindern
bekannt zu machen.
[6] So soll jede Generation seine Weisun-
gen kennen lernen – alle Kinder, die noch
geboren werden. Auch diese sollen sie ih-
ren Nachkommen einprägen.
[7] Sie alle sollen auf Gott ihr Vertrauen set-
zen und seine Machttaten nicht verges-
sen. Was er befohlen hat, sollen sie tun,
[8] und nicht so handeln wie ihre Vorfah-
ren, die sich gegen Gott auflehnten und
sich ihm widersetzten: Sie waren untreu
und unbeständig.

[9] Die Ephraimiten besaßen starke und
gut ausgerüstete Bogenschützen. Trotz-
dem flohen sie, als es zur Schlacht kam.
[10] Sie hatten den Bund gebrochen, den
Gott mit ihnen geschlossen hatte, und
weigerten sich, nach seinem Gesetz zu
leben.
[11] Sie vergaßen seine großen Taten – alle
Wunder, die er sie mit eigenen Augen
hatte sehen lassen.
[12] Ja, schon ihre Vorfahren hatten seine
Wunder erlebt, damals in Ägypten im
Gebiet von Zoan.
[13] Er teilte das Meer und ließ sie hin-
durchziehen, das Wasser türmte er auf
wie einen Wall.
[14] Am Tage führte er sie mit einer Wolke
und in der Nacht mit hellem Feuerschein.
[15] In der Wüste spaltete er Felsen und gab
ihnen Wasser aus der Tiefe in Hülle und
Fülle.
[16] Ganze Bäche brachen aus den Felsspal-
ten hervor und stürzten herab wie ein
Wasserfall.

[17] Aber unsere Vorfahren sündigten wei-
ter gegen Gott, den Höchsten, dort in
der Wüste lehnten sie sich gegen ihn auf.
[18] Sie forderten Gott heraus und verlang-
ten von ihm die Speise, auf die sie gerade
Lust hatten.
[19] Voller Misstrauen fragten sie: »Ist Gott
denn überhaupt in der Lage, uns hier in
der Wüste den Tisch zu decken?
[20] Den Felsen hat er zwar gespalten, und
das Wasser floss in Strömen heraus – aber
kann er auch Brot herbeischaffen, kann
er für sein Volk Fleisch auftreiben?«
[21] Als der Herr das hörte, wurde er zornig;
sein Zorn entflammte über Israel wie ein
zerstörendes Feuer.
[22] Denn sie glaubten ihm nicht und rech-
neten nicht mit seiner Hilfe.

[23] Dennoch gab er den Wolken Anwei-
sungen und öffnete die Schleusen des
Himmels.
[24] Er ließ das Manna auf sie herabregnen,
Getreide vom Himmel gab er ihnen zu
essen.
[25] Sie aßen das Brot der Engel, und Gott
gab ihnen genug zum Sattwerden.
[26] Dann ließ er den Ostwind losbrausen
und schickte auch den Südwind auf seine
stürmische Reise.
[27] Er ließ Fleisch auf sie regnen: Vögel, so
zahlreich wie Sand am Meer.
[28] Mitten ins Lager seines Volkes ließ er
sie fallen, ihr Zeltplatz war mit ihnen be-
deckt.
[29] Sie aßen davon und wurden mehr als
satt; Gott gab ihnen alles, was sie ver-
langten.
[30] Doch ihre Gier war immer noch nicht
gestillt, hemmungslos fraßen sie alles in
sich hinein.
[31] Da wurde Gott aufs Neue zornig und

78,2–8 5 Mo 4,9* **78,10** 2 Mo 24,7–8* **78,13** 2 Mo 14,21–22* **78,14** 2 Mo 13,21–22*
78,15–16 2 Mo 17,6; 4 Mo 20,7–11 **78,18–20** 2 Mo 16,3; 4 Mo 11,4–6 **78,21–22** 4 Mo 11,1–3; 16,35
78,23–25 2 Mo 16,14–15* **78,26–31** 2 Mo 16,12–13; 4 Mo 11,31–34

brachte ihre stärksten Männer um, er
vernichtete die jungen Krieger Israels.

32 Dennoch sündigten sie weiter und ver-
trauten ihm nicht, obwohl er all diese
Wunder vollbracht hatte.
33 Da ließ er ihr Leben ohne jeden Sinn
verstreichen, von Angst erfüllt gingen ih-
re Jahre dahin.
34 Immer wenn Gott einige von ihnen tö-
tete, fragten sie wieder nach ihm, von
Reue ergriffen suchten sie Gott.
35 Dann erinnerten sie sich, dass er ihr Be-
schützer war, dass er, der Höchste, sie be-
freit hatte.
36 Aber ihre Reue war nicht echt: Jedes
ihrer Worte war eine Lüge, nichts von
dem, was sie sagten, war ehrlich.
37 Ihr Vertrauen auf Gott war schwach
und unbeständig; sie standen nicht treu
zu dem Bund, den er mit ihnen geschlos-
sen hatte.

38 Trotzdem blieb er barmherzig, vergab
ihre Schuld und tötete sie nicht. Immer
wieder hielt er seinen Zorn zurück, an-
statt ihm freien Lauf zu lassen.
39 Er wusste ja, wie vergänglich sie waren
– flüchtig wie ein Hauch, der verweht und
nicht wiederkehrt.

40 Wie oft boten sie Gott die Stirn, wie oft
verletzten sie ihn tief, dort in der Wüste!
41 Immer wieder forderten sie ihn heraus,
sie beleidigten den heiligen Gott Israels.
42 Sie vergaßen seine Macht und den Tag,
an dem er sie von ihren Feinden befreit
hatte.

43 Damals vollbrachte er viele Zeichen
und Wunder in dem Gebiet von Zoan im
Land Ägypten.
44 Er verwandelte die Ströme und Bäche
der Ägypter in Blut, so dass niemand
mehr daraus trinken konnte.
45 Er schickte ihnen Insektenschwärme,
die sie plagten, und Frösche, die ihnen
Verderben brachten.
46 Ihre Ernte überließ er gefräßigen Heu-
schrecken, die den Ertrag ihrer Arbeit
vernichteten.
47 Ihre Weinstöcke zerschlug er durch Ha-
gel, ihre Feigenbäume wurden durch Eis-
stücke zerstört.
48 Auch das Vieh lieferte er dem Hagel
aus, ganze Herden kamen durch Seu-
chen[a] um.
49 Sein Zorn auf die Ägypter war grenzen-
los, darum quälte er sie und schickte
Scharen von Unglücksengeln gegen sie.
50 Ja, er hielt seinen Zorn nicht länger zu-
rück; er verschonte sie nicht mehr vor
dem Tod, sondern ließ sie durch die Pest
umkommen.
51 Jeden ältesten Sohn tötete er in den Fa-
milien der Ägypter, der Nachkommen
Hams.
52 Dann ließ er sein Volk aufbrechen und
führte es durch die Wüste wie ein Hirte
seine Schafe.
53 Sie fürchteten sich nicht, so sicher führ-
te er sie; für ihre Feinde aber wurde das
Meer zum Grab.
54 Bis ins heilige Land brachte er sein
Volk, bis zu dem Berg Zion, den er zu
seinem Heiligtum erklärte.
55 Ganze Völker vertrieb er aus dem Land
und verteilte es unter die Stämme Israels.
Die Häuser der vertriebenen Völker wa-
ren nun ihre Wohnungen.

56 Doch erneut forderten sie Gott, den
Höchsten, heraus und lehnten sich gegen
ihn auf. Seine Gebote waren ihnen
gleichgültig.
57 Sie wandten sich von ihm ab und verlie-

---

[a] Oder: durch Blitze.

78,33 4 Mo 14,22–23 **78,37** 2 Mo 24,7–8* **78,38** 85,3*; 5 Mo 4,31 **78,39** 39,5–7* **78,40–42** 2 Mo 14,11–12* **78,44** 2 Mo 7,17–21 **78,45** 2 Mo 8,1–20 **78,46** 2 Mo 10,4–15 **78,47–48** 2 Mo 9,18–26 **78,50** 2 Mo 9,8–12 **78,51** 2 Mo 12,29* **78,52** 2 Mo 13,21–22*; Hes 34,11–16* **78,54** 1 Kön 9,3* **78,55** Jos 24,8–13 **78,56–59** Ri 2,10–15

ßen ihn treulos wie schon ihre Vorfahren;
sie waren unzuverlässig wie ein Bogen,
dessen Sehne reißt.
58 Sie erzürnten Gott, denn sie errichteten
auf den Bergen Heiligtümer für fremde
Götter; mit ihren Götzenbildern reizten
sie ihn zum Zorn.
59 Ja, er geriet außer sich vor Zorn und
gab Israel völlig auf.
60 Er verließ sein Heiligtum in Silo – das
Zelt, in dem er den Menschen nahe gewesen war.
61 Die Bundeslade, das Zeichen seiner
Macht und Ehre, gab er in die Hände
der Feinde.
62 Er war zornig über sein Volk und ließ
es durch das Schwert der Gegner umkommen.
63 Die jungen Männer fielen im Krieg,[a]
den Mädchen sang man kein Hochzeitslied mehr.
64 Die Priester wurden mit dem Schwert
umgebracht, ihre Witwen durften nicht
einmal die Totenklage anstimmen.

65 Doch dann erhob sich der Herr, als hätte er geschlafen; er stand auf wie ein starker Krieger, der aus seinem Rausch erwacht.
66 Er schlug seine Feinde in die Flucht und
machte sie für alle Zeiten zum Gespött.
67 Die Nachkommen Josefs ließ er fallen,
vom Stamm Ephraim wollte er nichts
mehr wissen.
68 Den Stamm Juda jedoch wählte er aus,
den Berg Zion, dem seine Liebe gehört.
69 Dort errichtete er sein Heiligtum –
hoch ragt es auf; fest und unerschütterlich wie die Erde steht es da.
70 Er wählte David aus, ihm zu dienen;
von den Weiden holte er ihn weg,
71 wo er die Schafe hütete. Gott machte
ihn zum Hirten über Israel, über sein erwähltes Volk.
72 David regierte es mit aufrichtigem Herzen und führte es mit kluger Hand.

Gott, es geht um deine Ehre!

79 Ein Lied Asafs.
Gott, fremde Völker sind in dein Land
eingefallen, das du uns anvertraut hast;
sie haben deinen heiligen Tempel entweiht und Jerusalem in einen Trümmerhaufen verwandelt.
2 Sie haben alle umgebracht, die dir dienten und dir treu waren. Ihre Leichen wurden ein Fraß der Geier und der wilden
Tiere.
3 Auch rings um Jerusalem richteten sie
ein schreckliches Blutbad an, und keiner
war da, der die Toten begrub.
4 Unsere Nachbarvölker verhöhnen uns,
nur noch Spott haben sie für uns übrig.

5 Herr, wie lange willst du noch zornig auf
uns sein? Soll dein Zorn für immer so
weiterbrennen wie ein Feuer?
6 Lass ihn doch an den Völkern aus, die
dich nicht anbeten, und an den Königreichen, die deinen Namen nicht anrufen!
7 Denn sie haben dein Volk umgebracht
und seine Wohnorte verwüstet.
8 Strafe uns doch nicht für die Sünden unserer Vorfahren! Zögere nicht, erbarme
dich über uns, denn wir sind am Ende unserer Kraft!
9 Hilf uns, Gott, unser Retter! Steh uns
bei und vergib uns unsere Schuld! Es geht
doch um deine Ehre!
10 Warum sollen die fremden Völker spotten: »Wo bleibt er denn, ihr Gott?« Zeige
ihnen, wie du das Blut deines Volkes an
den Feinden rächst! Lass uns das noch erleben!
11 Lass das Stöhnen der Gefangenen zu
dir dringen! Du hast grenzenlose Macht;
darum rette die, denen man das Leben
nehmen will!
12 Herr, unsere Nachbarvölker haben dich
beleidigt und verspottet. Zahle es ihnen
siebenfach zurück!

---

[a] Wörtlich: Das Feuer fraß die jungen Männer.

78,60 Jos 18,1* **78,61** 1 Sam 4,11.17–18; 5,1–2 **78,68** 1 Kön 9,3* **78,70–71** 1 Sam 16,11–13; 2 Sam 7,8 **79,2–3** Jer 9,20–21 **79,4** 44,14–15; 80,7 **79,8** 5 Mo 24,16; Jer 31,29–30; Hes 18,2–9 **79,9** 85,3* **79,11** 89,7–9*; Jes 42,7; 61,1

13 Wir aber sind dein Volk, wir gehören zu
dir wie Schafe zu ihrem Hirten. Allezeit
wollen wir dich loben und jeder neuen
Generation erzählen, wie groß du bist!

Der verbrannte Weinstock

80 Ein Lied Asafs, nach der Melodie »Lilien«, ein Bekenntnislied.

2 Höre uns, Gott, du Hirte Israels, der du
dein Volk wie eine Herde hütest! Der du
über den Cherub-Engeln thronst – er-
scheine in deinem strahlenden Glanz!
3 Zeige deine Macht den Stämmen
Ephraim, Benjamin und Manasse!
Komm und hilf uns!

4 O Gott, richte uns, dein Volk, wieder
auf! Wende dich uns in Liebe zu, dann
sind wir gerettet!

5 Herr, du Gott über Himmel und Erde,
wie lange willst du noch zornig auf uns
sein, obwohl wir zu dir beten?
6 Tränen sind unsere einzige Speise – gan-
ze Krüge könnten wir mit ihnen füllen!
7 Unsere Feinde spotten über unsere
Ohnmacht, sie streiten sich schon über
unser Land.[a]

8 Herr, du Gott über Himmel und Erde –
richte uns, dein Volk, wieder auf! Wende
dich uns in Liebe zu, dann sind wir ge-
rettet!

9 In Ägypten grubst du den Weinstock Is-
rael aus; du pflanztest ihn ein in einem
Land, aus dem du fremde Völker verjag-
test.
10 Für ihn hast du den Boden gerodet, so
dass er Wurzeln schlagen und sich im
ganzen Land ausbreiten konnte.
11 Mit seinem Schatten bedeckte er das
Gebirge, bis zu den gewaltigen Zedern
im Norden[b] wuchsen seine Reben.
12 Seine Ranken erstreckten sich bis zum
Mittelmeer, und bis an den Euphrat ge-
langten seine Zweige.
13 Warum hast du nur die schützende
Mauer niedergerissen? Jetzt kann jeder,
der vorüberkommt, ihn plündern!
14 Die Wildschweine aus dem Wald ver-
wüsten ihn, die wilden Tiere fressen ihn
kahl.

15 Herr, du Gott über Himmel und Erde –
wende dich uns wieder zu! Schau vom
Himmel herab und rette dein Volk[c]!

16 Kümmere dich um den Weinstock, den
du selbst gepflanzt hast; sorge für den
jungen Spross, der durch dich erst stark
wurde!
17 Unsere Feinde haben ihn abgehauen
und ins Feuer geworfen; doch wenn du
ihnen entgegentrittst, kommen sie um.
18 Beschütze dein Volk, das du erwählt
hast und das durch dich erst stark
wurde![d]
19 Dann wollen wir nie mehr von dir wei-
chen. Erhalte uns am Leben, dann wollen
wir dich loben.

20 Herr, du Gott über Himmel und Erde –
richte uns, dein Volk, wieder auf! Wende
dich uns in Liebe zu, dann sind wir ge-
rettet!

Heilige Feste – nur noch Theater!

81 Von Asaf, zum Spiel auf der Gittit[e].

---

a Wörtlich: Du hast uns zum Zankapfel für unsere Nachbarn gemacht.
b »im Norden« ist sinngemäß eingefügt.
c Wörtlich: diesen Weinstock.
d Wörtlich: Deine Hand sei über dem Mann deiner Rechten, über dem Menschensohn, den du dir hast stark werden lassen. – Der Vers könnte sich auch auf den König des Volkes beziehen.
e Damit ist entweder ein unbekanntes Musikinstrument oder eine Melodie gemeint (so auch Psalm 8,1; 84,1).

79,13 Hes 34,11–16*; 5 Mo 4,9* **80,2** Hes 34,11–16* **80,4** 44,27 **80,7** 44,14–15; 79,4 **80,9–14** Jes 5,1–7*

2 Jubelt unserem Gott zu, stark und mächtig ist er! Jubelt laut über Gott, den Gott Jakobs!
3 Stimmt Lieder an und schlagt die Pauken! Lasst die Saiten von Zither und Harfe erklingen!
4 Stoßt in die Trompete zum jährlichen Fest; blast zu Beginn und zum Abschluss des Festes – bei Neumond und bei Vollmond!
5 Dies ist für Israel eine bindende Ordnung, ein Gesetz des Gottes Jakobs.
6 Er gab es dem Volk Gottes, als er gegen die Ägypter kämpfte.

Da! Ich höre eine Stimme, die mir bisher unbekannt war:
7 »Ich habe deine Schultern von der Last befreit, den schweren Tragekorb habe ich dir abgenommen.
8 Als du in der Not zu mir schriest, rettete ich dich. Ich antwortete dir aus der Gewitterwolke, in der ich mich verborgen hielt. In Meriba prüfte ich dein Vertrauen zu mir, als es dort in der Wüste kein Wasser mehr gab.
9 Höre, mein Volk; lass dich warnen, Israel! Wenn du doch auf mich hören würdest!
10 Du sollst keine anderen Götter neben mir haben, wie sie bei fremden Völkern verehrt werden – bete sie nicht an!
11 Denn ich allein bin der Herr, dein Gott, ich habe dich aus Ägypten herausgebracht. Nach mir sollst du verlangen, und ich werde dich sättigen, ja, ich schenke dir Segen im Überfluss![a]

12 Aber mein Volk hat nicht auf mich gehört, sie haben nicht mit sich reden lassen.
13 Da überließ ich sie ihrer Starrköpfigkeit, und sie machten, was sie wollten.
14 Wenn doch mein Volk auf mich hören wollte! Wenn doch Israel nach meinen Geboten lebte!
15 Dann würde ich seine Feinde sofort in die Knie zwingen und denen, die Israel unterdrücken, eine vernichtende Niederlage zufügen.«
16 Ja, alle, die den Herrn hassen, müssten sich ihm ergeben, und ihre Strafe hätte kein Ende.
17 Israel aber würde er mit dem besten Weizen versorgen und mit Honig aus den Bergen sättigen.

Gott rechnet mit den Göttern ab

82 Ein Psalm Asafs.
Gott steht auf inmitten der Götter, in ihrer Versammlung erhebt er seine Anklage:
2 »Wie lange noch wollt ihr das Recht verdrehen, wenn ihr eure Urteile sprecht? Wie lange noch wollt ihr Partei ergreifen für Menschen, die sich mir widersetzen?
3 Verhelft den Wehrlosen und Waisen zu ihrem Recht! Behandelt die Armen und Bedürftigen, wie es ihnen zusteht!
4 Reißt sie aus den Klauen ihrer Unterdrücker!«

5 Aber sie handeln ohne Sinn und Verstand; sie irren im Dunkeln umher und sehen nicht, dass durch ihre Bosheit die Welt ins Wanken gerät.
6 Zwar hatte ich ihnen gesagt: »Ihr seid Götter! Ihr alle seid Söhne des Höchsten!
7 Aber wie gewöhnliche Menschen müsst auch ihr sterben; euer Leben wird genauso enden wie das eines jeden Herrschers!«

8 Erhebe dich, Gott, und richte die Welt, denn dir gehören alle Völker!

Aufstand der Völker

83 Ein Lied Asafs.
2 Gott, schweige nicht! Sieh nicht untätig zu!

---

a Wörtlich: Mache deinen Mund weit auf, und ich will ihn füllen.

81,2 89,7–9* **81,4–6** 4 Mo 10,10 **81,7** 2 Mo 6,6 **81,8** 2 Mo 17,1–7 **81,11** 2 Mo 20,2* **81,12–13** Jer 7,24–26 **81,17** 5 Mo 32,12–14 **82,2–4** 7,12*; 2 Mo 22,21–22* **82,6** Joh 10,34 **82,8** 22,29*

[3]Höre doch, wie deine Feinde rebellie-
ren; alle, die dich hassen, sind stolz und
siegessicher.
[4]Sie planen einen heimtückischen An-
schlag auf dein Volk; sie halten Kriegsrat
gegen jene, die du bisher beschützt hast.
[5]»Kommt!«, sagen sie, »wir wollen dieses
Volk ausrotten! Den Namen Israel soll
niemand mehr kennen!«
[6]Darin sind sie sich völlig einig, alle ha-
ben sich gegen dich verschworen:
[7]die Beduinen von Edom und die Ismae-
liter, die Moabiter und die Hagariter,
[8]die von Gebal, Ammon und Amalek, die
Philister und die Bewohner von Tyrus;
[9]sogar die Assyrer haben sich ihnen an-
geschlossen – sie verbünden sich mit den
Moabitern und den Ammonitern[a].

[10]Herr, schlage sie in die Flucht wie da-
mals die Midianiter! Besiege sie wie den
Kanaaniterkönig Jabin mit seinem Heer-
führer Sisera am Flusse Kischon!
[11]Bei En-Dor wurden sie vernichtet, und
ihre Leichen verrotteten auf dem Acker.
[12]Töte ihre Fürsten wie Oreb und Seeb,
bestrafe ihre Machthaber wie Sebach
und Zalmunna!
[13]Sie alle hatten einst gesagt: »Wir er-
obern das Land, das Gott gehört!«
[14]Mein Gott! Wirble sie davon wie aus-
gedörrte Disteln, wie dürres Laub[b], das
der Wind verweht!
[15]Wie ein Flächenbrand, dessen Flam-
men Berge und Wälder fressen,
[16]so verfolge sie durch ein Unwetter, er-
schrecke sie mit einem Sturm!
[17]Lass sie vor Scham erröten, damit sie
endlich nach dir, Herr, fragen!
[18]Sie sollen scheitern und für immer ver-
stummen, ja, lass sie in ihrer Schande um-
kommen!
[19]Denn sie müssen erkennen, dass du al-
lein der Herr bist, der Herrscher über die
ganze Welt!

Herr, ich liebe deinen Tempel!

84 Ein Lied der Korachiter, zum
Spiel auf der Gittit[c].

[2]Herr, du Gott über Himmel und Erde!
Wie sehr liebe ich deinen Tempel – den
Ort, an dem du wohnst!
[3]Ich kann es kaum noch erwarten, ja, ich
sehne mich danach, in die Vorhöfe deines
Heiligtums zu kommen! Mit Leib und
Seele juble ich dir zu, du lebendiger
Gott! Herr, du Gott über Himmel und
Erde, du bist mein König und mein Gott!
[4]Sogar die Vögel haben hier ein Nest ge-
baut, die Schwalben sind hier zu Hause –
in der Nähe deiner Altäre ziehen sie ihre
Jungen groß.

[5]Glücklich sind alle, die in deinem Tem-
pel wohnen dürfen! Jederzeit können sie
dich loben!
[6]Glücklich sind alle, die ihre Stärke in dir
suchen, die gerne und voll Freude zu dei-
nem Tempel ziehen[d].
[7]Wenn sie durch ein dürres Tal gehen[e],
brechen dort Quellen hervor, und ein er-
frischender Regen bewässert das Land.
[8]So wandern sie mit stets neuer Kraft, bis
sie vor Gott auf dem Berg Zion stehen.
[9]Herr, du Gott über Himmel und Erde –
höre mein Gebet! Verachte es nicht, du
Gott Jakobs!
[10]Herr, hilf dem König, der uns be-
schützt![f] Steh ihm bei, denn du hast ihn
erwählt![g]

[11]Herr, ein Tag in deinem Tempel ist

---

[a] Wörtlich: mit den Söhnen Lots. Vgl. 1. Mose 19,30–38
[b] Wörtlich: wie Spreu.
[c] Damit ist entweder ein unbekanntes Musikinstrument oder eine Melodie gemeint (so auch Psalm 8,1; 81,1).
[d] Wörtlich: in deren Herzen gebahnte Wege sind.
[e] Wörtlich: durch das Bakatal.
[f] Wörtlich: Sieh her, o Gott, auf unseren Schild. Vgl. Psalm 47,10; 89,19
[g] Wörtlich: Blicke auf das Antlitz deines Gesalbten!

83,3–5 2,2–3 **83,10** Ri 4,1–24 **83,12** Ri 7,25; 8,21 **83,19** 22,29* **84,3** 63,2* **84,4–5** 23,6; 26,8; 27,4 **84,11** 65,5

mehr wert als tausend andere! Ich möch-
te lieber ein einfacher Türhüter sein an
der Schwelle deines Hauses als bei den
Menschen wohnen, die dich missachten!
12 Denn Gott, der Herr, ist die Sonne, die
uns Licht und Leben gibt, schützend
steht er vor uns. Niemand ist so gut zu
uns wie er, durch ihn gelangen wir zu ho-
hem Ansehen. Wer ihm rückhaltlos erge-
ben ist, den lässt er nie zu kurz kommen.
13 Herr, du Gott über Himmel und Erde!
Glücklich ist jeder, der sich auf dich ver-
lässt!

Wenn Gott neues Leben schenkt

85 Ein Lied der Korachiter.
2 Herr, du bist deinem Land gnädig gewe-
sen und hast sein Geschick wieder zum
Guten gewendet.
3 Die Schuld deines Volkes hast du ver-
geben und alle seine Sünden zugedeckt.
4 Dein Zorn fand ein Ende, seine Glut ist
verloschen.

5 So hilf uns auch jetzt, damit wir wieder
stark werden. Gib deinen Unwillen ge-
gen uns auf!
6 Willst du für immer zornig auf uns sein –
ohne Ende, von einer Generation zur an-
deren?
7 Willst du uns nicht wieder neues Leben
schenken, damit wir uns über dich freuen
können?
8 Herr, zeige doch, wie sehr du uns liebst!
Komm uns zu Hilfe!

9 Ich will hören, was Gott, der Herr, zu
sagen hat: Er verkündet Frieden seinem
Volk – denen, die ihn lieben; doch sollen
sie nicht in ihre alten Fehler zurückfallen.
10 Eins ist sicher: Er wird allen helfen, die
ihm mit Ehrfurcht begegnen, seine
Macht und Hoheit wird wieder in unse-
rem Lande wohnen.
11 Dann verbünden sich Güte und Treue,
dann küssen einander Gerechtigkeit und
Frieden.
12 Treue wird aus der Erde sprießen und
Gerechtigkeit vom Himmel herabbli-
cken.
13 Der Herr selbst wird uns mit vielen
Gütern beschenken, und unsere Felder
werden reiche Ernte einbringen.
14 Ja, Gerechtigkeit wird dem Herrn vo-
rausgehen und ihm den Weg bahnen.

Gib mir ein Zeichen deiner Güte!

86 Ein Gebet Davids.
Höre mich, o Herr, und antworte mir,
denn ich bin niedergeschlagen und hilf-
los!
2 Rette mein Leben – ich gehöre doch zu
dir! Hilf mir, denn ich vertraue dir! Du
bist mein Gott, und ich diene dir.
3 Sei mir gnädig, Herr, zu dir rufe ich den
ganzen Tag.
4 Schenke mir wieder neue Freude, nach
dir sehne ich mich!
5 Du, Herr, bist gut und zum Vergeben
bereit, unermesslich ist deine Gnade für
alle, die zu dir beten.
6 Höre, Herr, mein Gebet, ich flehe zu dir!
7 Ich weiß weder aus noch ein. Darum
schreie ich zu dir, und du wirst mich er-
hören.

8 Kein anderer Gott ist wie du, Herr; nie-
mand kann tun, was du tust!
9 Du hast alle Völker geschaffen. Sie wer-
den zu dir kommen, sich vor dir nieder-
werfen und dich verehren.
10 Denn du bist groß und mächtig, ein
Gott, der Wunder tut; nur du bist Gott,
du allein!

11 Herr, zeige mir deinen Weg, ich will dir
treu sein und tun, was du sagst. Gib mir
nur dies eine Verlangen: dich zu ehren
und dir zu gehorchen!
12 Von ganzem Herzen will ich dir dan-

85,3 19,13; 25,7; 51,11; 130,4; 1 Kön 8,30; Spr 28,13; Jes 1,18; 44,22; Hos 14,3–4; Mi 7,18–20; Mt 6,12
85,9 Jer 29,11 **85,11–12** Jes 45,6–8 **86,4** 63,2* **86,5** 85,3* **86,6–7** 17,6* **86,9** 117,1* **86,10** 40,6*;
5 Mo 4,35*; Jes 45,5* **86,11** 25,4*

Den Liebestank gefüllt halten

Lesen Sie Psalm 85,11

Im Buch der Psalmen finden wir jedes starke Gefühl menschlicher Existenz. Psalm 85,11 erinnert uns daran, wie sehr Gott sein Volk liebt – seine Liebe fließt aus einer unerschöpflichen Quelle. Die Ehe ist ein Abbild davon.

Könnte es sein, dass bei unglücklichen Ehepaaren tief im Innern ein unsichtbarer „Liebestank" existiert, der ganz einfach leer geworden ist? Haben Fehlverhalten, Rückzug, harte Worte und Kritikgeist zu dieser Leere beigetragen? Und wenn wir einen Weg finden könnten, diesen Tank wieder aufzufüllen – könnte die Ehe dann erneuert werden? Können Ehepaare mit einem vollen Tank ein angenehmes emotionales Klima schaffen, in dem sie über Meinungsverschiedenheiten reden und Konflikte lösen können? Ist dieser Tank vielleicht der Schlüssel zu einer gelingenden Ehe?

Diesen Liebestank gut gefüllt zu halten, ist genauso wichtig wie der richtige Ölstand im Motor eines Autos. Ein leerer „Liebestank" in Ihrer Ehe kann Sie noch teurer zu stehen kommen als eine Autofahrt ohne Öl. Wenn wir das durchschauen, kann eine im Scheitern begriffene Ehe gerettet und das emotionale Klima in einer guten Ehe noch verbessert werden.

Wenn Sie die Muttersprache der Liebe Ihres Partners sprechen lernen, kann sich dies spürbar auf sein oder ihr Verhalten auswirken. Menschen verändern sich, wenn ihr Liebestank gut gefüllt ist.

Nehmen Sie sich Zeit, um allein oder als Paar gemeinsam zu beten.

- Danken Sie Gott, dass er Sie geschaffen hat mit der Fähigkeit zu lieben und geliebt zu werden.
- Sprechen Sie mit ihm darüber, wie Ihre emotionalen Bedürfnisse erfüllt wurden (oder nicht erfüllt wurden).
- Bitten Sie ihn um Hilfe, damit Sie den Liebestank Ihres Ehepartners gut gefüllt halten können.

Wenn Sie noch mehr Zeit haben ...

Besprechen Sie miteinander folgende Fragen oder denken Sie darüber nach:

- Wie fühlt es sich an, wenn bei Ihnen der Liebestank leer ist?
- Wie fühlt es sich an, wenn bei Ihnen der Liebestank gut gefüllt ist?
- Was könnte sich bei Ihrem Mann/Ihrer Frau ändern, wenn sein/ihr Liebestank voll ist?

Lesen Sie auch die folgenden Abschnitte zum Thema Bedürfnisse erfüllen:
Philipper 2,4; Hebräer 13,16; 1. Johannes 3,17.

Umkehren und neu werden

Die folgenden Fragen können Sie entweder allein oder als Paar gemeinsam durchgehen. Wenn jeder für sich darüber nachdenkt, verabreden Sie sich in der kommenden Woche zu einem Austausch darüber, was Sie herausgefunden haben.

1. Was meint Asaf wohl, wenn er schreibt: „Richte uns wieder auf!"?

2. Lesen Sie Lukas 22,32 und Johannes 21,15. Sprechen Sie miteinander darüber, welche Erfahrungen Petrus machte, als er sich von Gott abgewendet hatte.

3. Fallen Ihnen noch andere Personen aus der Bibel ein, die sich von Gott abwandten? Wie könnte man ihre Erfahrungen mit denen von Petrus vergleichen?

4. Erzählen Sie sich gegenseitig von einer Zeit, in der Sie sich von Gott abgewandt hatten, obwohl Sie an ihn glaubten. Was brachte Sie dazu, zu ihm zurückzukehren?

5. Auf welche Weise holt Gott Menschen wieder zu sich zurück?

6. In Jeremia 31,18 heißt es: „Bring mich zurück zu dir, lass mich umkehren, denn du bist der Herr, mein Gott." Wer veranlasst unsere Umkehr? Was lernen wir daraus über Gott?

Psalm 80,20

„Herr, du Gott über Himmel und Erde – richte uns, dein Volk, wieder auf! Wende dich uns in Liebe zu, dann sind wir gerettet!"

KONKRET:

Wenn schon das auserwählte Volk Gottes sich von ihm abwenden konnte, dann kann es jedem passieren. Schreiben Sie Gott einen Brief und bitten Sie ihn, dass er Ihnen hilft, ihm weiterhin nachzufolgen. Bitten Sie ihn, Sie vor allem zu schützen, was Sie von ihm wegziehen will.

Den nächsten Impuls finden Sie auf S. 678 a

ken, Herr, mein Gott; dich will ich
preisen.
13 Denn deine Liebe zu mir ist grenzenlos!
Du hast mich dem sicheren Tod entrissen.

14 Hochmütige Menschen lehnen sich gegen mich auf! Sie tun sich zusammen und schrecken vor keiner Gewalttat zurück. Sie wollen mich umbringen! Von dir, Herr, wollen sie überhaupt nichts wissen.
15 Aber du bist ein gnädiger und barmherziger Gott. Deine Geduld ist groß, deine Liebe und Treue kennen kein Ende.
16 Darum wende dich mir zu und hab Erbarmen! Hilf mir! Gib mir deine Kraft! Dir bin ich treu ergeben.
17 Herr, gib mir ein sichtbares Zeichen deiner Güte! Dann werden alle, die mich hassen, sich schämen, weil du, Herr, mir geholfen und mich getröstet hast!

Zion, Gottes geliebte Stadt

87 Ein Lied der Korachiter.
Hoch auf dem heiligen Berg hat Gott die Stadt Zion errichtet.
2 Er liebt Jerusalem mit seinen herrlichen Toren mehr als alle anderen Orte in Israel.

3 Du bist weltberühmt, du Stadt Gottes! Denn der Herr sagt:[a]
4 »In Ägypten und Babylon gibt es Menschen, die mich kennen, und auch bei den Philistern, in Tyrus und Äthiopien werde ich angebetet.«[b]

5 Aber von Jerusalem sagt man: »Alle seine Einwohner kennen Gott!«[c] Ja, er, der Höchste, hat Zion errichtet!
6 Der Herr wird eine Liste aller Völker aufstellen und bei jedem einen Vermerk machen, der zu Jerusalem gehört.[d]
7 Sie alle werden tanzen und fröhlich singen: »Was wir haben, verdanken wir dieser Stadt!«

Am Rande des Todes – völlig allein!

88 Ein Lied der Korachiter. Der Esrachiter Heman verfasste es zum Nachdenken.

2 Herr, mein Gott, du allein kannst mir noch helfen! Tag und Nacht schreie ich zu dir!
3 Höre mein Gebet, vernimm mein Flehen!
4 Schweres Leid drückt mich nieder, ich bin dem Tod schon näher als dem Leben.
5 Jeder rechnet damit, dass ich bald sterbe, so schwach bin ich.
6 Es geht mir wie den Toten, wie den Erschlagenen in ihrem Grab, die du vergessen hast, die von dir verlassen sind.
7 Du hast mich in den tiefsten Abgrund gestoßen, in unergründliche Finsternis.
8 Dein schwerer Zorn lastet auf mir, er wirft mich um wie hohe Brandungswellen.
9 Meine Freunde haben sich von mir abgewandt. Du hast erreicht, dass sie mich voller Abscheu verlassen haben. Ich bin gefangen und weiß keinen Ausweg mehr.
10 Meine Augen sind vom Weinen ganz verquollen. Jeden Tag rufe ich zu dir, Herr, im Gebet strecke ich die Hände nach dir aus.

11 Wirst du an den Toten noch ein Wunder tun? Kommen sie etwa aus ihren Gräbern, um dich zu loben?

---

[a] Sinngemäß eingefügt.
[b] Wörtlich: Ich will Rahab und Babel zählen zu denen, die mich kennen; siehe, Philistäa und Tyrus samt Kusch. Dieser ist dort geboren. – Zu Rahab vgl. Jesaja 30,7
[c] Wörtlich: Mann für Mann ist dort geboren.
[d] Wörtlich: Der Herr wird schreiben beim Verzeichnen der Völker: Dieser ist dort geboren. Vgl. Jesaja 56,5; Hesekiel 13,9

86,17 Klgl 3,22–23* **87,1–2** 1 Kön 9,3* **87,4** 117,1* **87,6** Jes 44,5 **88,9** 69,9* **88,10** 6,7–8; 17,6* **88,11–13** 6,6*

12 Erzählt man im Totenreich von deiner
Gnade, in der Gruft von deiner Treue?
13 Sind deine Wunder am Ort der Finster-
nis noch bekannt? Denken die Toten, die
man vergessen hat, noch daran, dass du
deine Versprechen hältst?

14 Herr, ich schreie zu dir um Hilfe. Schon
früh am Morgen klage ich dir mein Leid.
15 Warum hast du mich aufgegeben, Herr?
Warum verbirgst du dich vor mir?
16 Schon seit meiner Jugend bin ich
schwer krank und dem Tode nah, du hast
mir diese schreckliche Last auferlegt –
und jetzt bin ich am Ende!
17 Dein strafender Zorn hat mich zu Bo-
den geschmettert, ich bin vernichtet!
18 Die Angst bedrängt mich von allen
Seiten wie todbringende Wasserwogen,
denen ich nicht mehr entrinnen kann.
19 Du hast erreicht, dass meine Freunde
und Nachbarn nichts mehr mit mir zu
tun haben wollen! Alle, die mich gekannt
haben, kennen mich jetzt nicht mehr.

Hat Gott sein Wort gebrochen?

89 Von Etan, dem Esrachiter. Zum
Nachdenken.

2 Herr, von deiner Gnade will ich singen
ohne Ende; allen kommenden Genera-
tionen will ich erzählen, wie treu du bist.
3 Ich weiß: Deine Gnade gilt für alle Zei-
ten und deine Treue, solange der Himmel
besteht.
4 Du hast gesagt:[a] »Ich habe einen Bund
geschlossen mit dem Mann, den ich er-
wählte. Ich schwor David, der mir von
ganzem Herzen diente:
5 Für alle Zeiten sollen deine Nachkom-
men herrschen, für immer wird dein Kö-
nigshaus bestehen!«
6 Herr, der Himmel lobt dich, denn du
tust Wunder; die Schar deiner heiligen
Engel[b] preist deine Treue.
7 Denn wer im Himmel ist dir gleich? Kein
himmlisches Wesen[c] ist so mächtig wie du!
8 In der himmlischen Ratsversammlung
fürchten sie Gott mit heiliger Scheu; ja,
Ehrfurcht ergreift alle, die um ihn sind.
9 Herr, du Gott über Himmel und Erde!
Niemand ist so mächtig wie du! Was du
auch tust: Auf dich ist Verlass!
10 Du hast Gewalt über die Meere, und
wenn sich die Wellen auftürmen wie ge-
waltige Mauern, bändigst du sie!
11 Du hast das Meerungeheuer[d] besiegt
und zermalmt; machtvoll hast du deine
Feinde in alle Winde zerstreut.
12 Dir gehört der Himmel und dir gehört
die Erde, das weite Land und was darauf
lebt: Du hast alles geschaffen.
13 Norden und Süden legtest du fest; der
Berg Tabor und das Hermongebirge ju-
beln dir zu.
14 Wie stark ist dein Arm, wie gewaltig
deine Hand! Du erhebst sie zum Zeichen
deines Sieges!
15 Gerechtigkeit und Recht sind die Säu-
len deiner Herrschaft; alles, was du tust,
zeigt deine Liebe und Treue.

16 Herr, glücklich ist das Volk, das dich ju-
belnd als König feiert! Du selbst bist un-
ter ihnen und bringst Licht in ihr Leben.
17 Sie freuen sich jeden Tag über dich und
sind fröhlich, weil du deine Versprechen
hältst.
18 Du allein machst sie stark, durch deine
Liebe gelangen sie zu Ansehen und
Macht.
19 Herr, du Heiliger Israels, dir gehört un-
ser König, der uns beschützt.[e]

20 Gott, vor langer Zeit hast du in einer

---

a Sinngemäß eingefügt.
b Wörtlich: die Schar deiner Heiligen.
c *Wörtlich: Keiner von den Göttersöhnen.*
d Wörtlich: Rahab. Vgl. Hiob 9,13; 26,12; Jesaja 51,9
e Wörtlich: Dem Herrn gehört unser Schild, und dem Heiligen Israels unser König.

88,19 69,9* **89,2–3** 136,1; 5Mo 4,9* **89,4–5** 2 Sam 7,16* **89,6** 40,6* **89,7–9** 57,6; 66,7; 68,35; 90,16; 108,6; Hiob 36,5; Jes 44,8; Lk 1,49 **89,15** 85,11–14 **89,16** 22,29* **89,20–21** 1 Sam 16,1–13

Vision zu denen geredet, die dir vertrau-
ten. Du sprachst: »Ich habe mir einen
jungen Mann aus dem Volk ausgewählt,
den ich zu einem starken Helden machen
will.
21 David ist sein Name, ihn habe ich ge-
funden und mit heiligem Öl zum König
gesalbt.
22 Ich werde ihn mit meiner Kraft beglei-
ten, stark soll er werden, weil ich ihn
stütze.
23 Kein Feind wird ihn jemals überwälti-
gen, und kein Aufstand kann ihn stürzen.
24 Vor seinen Augen werde ich seine Fein-
de niedermachen; alle, die ihn hassen,
will ich vernichtend schlagen.
25 Immer will ich treu zu ihm stehen; und
durch mich wird er mächtig werden[a].
26 Ich werde seine Herrschaft bis zum
Meer ausdehnen – ja, über die großen
Ströme wird er gebieten.
27 Wenn er betet, wird er mir sagen: ›Du
bist mein Vater, mein Gott, mein Fels,
der mich schützt, mein starker Helfer!‹
28 Und ich statte ihn mit allen Rechten ei-
nes erstgeborenen Sohnes aus; ich mache
ihn zum größten aller Könige der Welt!
29 Für alle Zeiten darf er wissen: Ich bin
ihm gnädig, mein Bund mit ihm wird für
immer bestehen.
30 Nie wird sein Königsgeschlecht ausster-
ben, sein Thron wird bleiben, solange der
Himmel besteht.
31 Wenn aber seine Nachkommen mei-
nem Gesetz nicht gehorchen und meine
Weisungen in den Wind schlagen,
32 wenn sie meine Ordnungen missachten
und meine Gebote nicht halten,
33 dann werde ich sie für ihre Treulosig-
keit bestrafen und ihnen ihre Schuld mit
Schlägen heimzahlen.
34 Aber meine Gnade will ich David nie
entziehen, meine Zusagen werde ich
halten.
35 Meinen Bund mit ihm werde ich niemals
brechen, versprochen ist versprochen!
36 Ein für alle Mal habe ich einen Eid ge-
schworen, ich, der Heilige: Nie werde ich
David täuschen!
37/38 Seine Nachkommen werden für alle
Zeiten den Thron besitzen. Ihre Herr-
schaft soll so beständig sein wie Sonne
und Mond – die treuen Zeugen in den
Wolken!«

39 Nun aber hast du deinen König doch
aufgegeben und verstoßen, dein Aus-
erwählter bekommt deinen großen Zorn
zu spüren.
40 Du hast deinem Diener den Bund auf-
gekündigt, seine Krone in den Schmutz
getreten und entweiht.
41 Die schützenden Mauern seiner Stadt
hast du niedergerissen und alle seine Fes-
tungen in Trümmer gelegt.
42 Jeder, der vorüberzog, hat ihn aus-
geplündert, und bei den Nachbarvölkern
erntet er nur Hohn und Spott.
43 Seinen Feinden hast du den Sieg er-
möglicht, ihre Schadenfreude ist groß.
44 Die starken Streitkräfte des Königs hast
du zerschlagen, im Kampf hast du ihn im
Stich gelassen.
45 Seinen Glanz und sein Ansehen hast du
zerstört und seinen Thron zu Boden ge-
stoßen.
46 Du hast ihn vorzeitig alt werden lassen;
ja, mit Schimpf und Schande hast du ihn
bedeckt.

47 Herr, willst du dich für immer verber-
gen? Wie lange soll dein Zorn noch
brennen?
48 Bedenke doch, wie kurz mein Leben
ist! Nur für einen flüchtigen Augenblick
hast du uns Menschen geschaffen.
49 Welcher Mensch ist unsterblich? Wer
kann dem Tod entrinnen?
50 Herr, wo sind die Beweise deiner Liebe
geblieben? Du hast doch David deine
Treue zugesichert und einen Eid darauf
geschworen!

---

[a] Wörtlich: und durch meinen Namen wird sein Horn erhöht werden.

89,27–28 2 Sam 7,14* **89,29–30** 1 Chr 22,10 **89,31–34** 2 Sam 7,14–16 **89,36–38** 2 Sam 7,16* **89,48** 39,5–7*

51 Höre doch, wie deine Diener beschimpft werden! Ich leide darunter, dass die Völker uns verachten!
52 Deine Feinde verspotten den König, den du erwählt hast; sie verhöhnen ihn auf Schritt und Tritt.

53 Lobt den Herrn allezeit! Amen, so soll es sein!

Ist denn alles vergeblich?

90 Ein Gebet von Mose, dem Mann Gottes.

Herr, solange es Menschen gibt, bist du unsere Zuflucht!
2 Ja, bevor die Berge geboren wurden, noch bevor Erde und Weltall unter Wehen entstanden, warst du, o Gott. Du bist ohne Anfang und Ende.
3 Du lässt den Menschen wieder zu Staub werden. »Kehr zurück!«, sprichst du zu ihm.
4 Tausend Jahre sind für dich wie ein einziger Tag, wie ein Tag, der im Flug vergangen ist, wie eine Stunde Schlaf.
5 Du reißt die Menschen hinweg, sie verschwinden so schnell wie ein Traum nach dem Erwachen. Sie vergehen wie das Gras:
6 Morgens sprießt es und blüht auf, doch schon am Abend welkt und verdorrt es im heißen Wüstenwind.

7 Ja, durch deinen Zorn vergehen wir, schnell geht es mit uns zu Ende!
8 Unsere Schuld liegt offen vor dir, auch unsere geheimsten Verfehlungen bringst du ans Licht.
9 Dein Zorn lässt unser Leben verrinnen – schnell wie ein kurzer Seufzer ist es vorbei!
10 Unser Leben dauert siebzig, vielleicht sogar achtzig Jahre. Doch worauf wir stolz sind, ist nur Mühe, viel Lärm um nichts! Wie schnell eilen die Jahre vorüber! Wie rasch fliegen sie davon!
11 Doch wer kann begreifen, wie gewaltig dein Zorn ist? Wer fürchtet sich schon davor?
12 Mach uns bewusst, wie kurz unser Leben ist, damit wir endlich zur Besinnung kommen!

13 Herr, wende dich uns wieder zu! Wie lange soll dein Zorn noch dauern? Hab Erbarmen mit uns, wir gehören doch zu dir!
14 Herr, schenke uns deine Liebe jeden Morgen neu! Dann können wir singen und uns freuen, solange wir leben!
15 So viele Jahre litten wir unter Not und Bedrückung; lass uns nun ebenso viele Jahre Freude erleben!
16 Zeige uns, wie machtvoll du eingreifst; auch unsere Kinder sollen deine mächtigen Taten sehen!
17 Herr, unser Gott! Zeige uns deine Güte! Lass unsere Mühe nicht vergeblich sein! Ja, lass unsere Arbeit Früchte tragen!

Unter Gottes Schutz

91 Wer unter dem Schutz des Höchsten wohnt, der kann bei ihm, dem Allmächtigen, Ruhe finden.
2 Auch ich sage zu Gott, dem Herrn: »Bei dir finde ich Zuflucht, du schützt mich wie eine Burg! Mein Gott, dir vertraue ich!«

3 Er bewahrt dich vor versteckten Gefahren und vor tödlicher Krankheit.
4 Er wird dich behüten wie eine Henne, die ihre Küken unter die Flügel nimmt. Seine Treue schützt dich wie ein starker Schild.
5 Du brauchst keine Angst zu haben vor den Gefahren der Nacht oder den heimtückischen Angriffen bei Tag.
6 Selbst vor der Pest, die im Dunkeln zuschlägt, oder dem tödlichen Fieber, das am hellen Tag die Menschen befällt, fürchtest du dich nicht.
7 Wenn tausend neben dir tot umfallen, ja, wenn zehntausend in deiner Nähe sterben – dich selbst trifft es nicht!

90,1 18,3* **90,2** Jes 44,6* **90,3** 1 Mo 3,19 **90,5–10** 39,5–7* **90,8** 26,2* **90,16** 89,7–9*
90,17 Klgl 3,22–23* **91,1–2** 18,3*

Die Nähe zueinander bewahren

Lesen Sie Psalm 89,2-3

In Psalm 89,3 wird Gott für seine Gnade und Treue gepriesen, weil er sich an seinen Bund mit uns gehalten hat. Das kann auch Ehepaaren als Vorbild dienen. Die Liebe und die Treue, die in den Versen dieses Psalms beschrieben werden, sind die ideale Voraussetzung für das märchenhafte „sie lebten glücklich miteinander bis ans Ende ihrer Tage". Ohne sie gehen Ehepartner irgendwann getrennte Wege – und das hat negative Auswirkungen für alle Familienmitglieder, vor allem für die jüngsten.

Wenn Ehepartner ihre Beziehung zueinander vernachlässigen, ob bewusst oder unabsichtlich, schadet das auch ihren Kindern. Die Forschung hat gezeigt, dass eine Ehescheidung verheerende Auswirkungen auf ein Kind hat. Die Trennung kommt normalerweise nicht aus heiterem Himmel. Ihr gehen Monate, vielleicht sogar Jahre voraus, in denen die eheliche Beziehung vernachlässigt wurde. Deshalb ist für verantwortungsbewusste Eltern nichts wichtiger, als die vertrauensvolle Nähe zum Ehepartner lebendig zu erhalten oder sie neu zu suchen. Wer eine Scheidung verhindern will, muss das Auseinanderdriften stoppen. Entschließen Sie sich, Ihre Kanus wieder zueinander hin zu steuern, statt voneinander weg. Engagieren Sie sich für Ihre Beziehung und Ihre Familie. Machen Sie Ihre Ehe zu einer Priorität in Ihrem Leben. Damit tun Sie sich selbst, Ihren Kindern und auch Gott einen großen Gefallen.

Nehmen Sie sich Zeit, um allein oder als Paar gemeinsam zu beten.

- Danken Sie Gott für die Beziehung zu Ihrem Mann/Ihrer Frau, durch die er Sie gesegnet hat.
- Bitten Sie Gott, Ihnen zu zeigen, wo Sie es versäumt haben, zueinander hin zu paddeln.
- Bitten Sie ihn, dass er Ihnen beiden hilft, aufeinander zuzugehen, egal wie die Umstände sind.

Wenn Sie noch mehr Zeit haben …

Besprechen Sie miteinander folgende Fragen oder denken Sie darüber nach:

- Wie wirkt sich eine Scheidung auf Kinder aus? Berichten Sie aus Ihrer eigenen Erfahrung oder von Erfahrungen aus Ihrem Umfeld.
- Welche Priorität hat Ihre Ehe für Sie aus der Sicht Ihres Mannes/Ihrer Frau?
- Wie können Sie und Ihr Ehepartner „Ihre Kanus aufeinander zusteuern"?

Lesen Sie auch die folgenden Abschnitte zum Thema Vertrauensvolle Nähe:
Psalm 63,1-12; Jakobus 4,8.

Eine positive Zurechtweisung

Lesen Sie Psalm 94,1-23

Viele Menschen setzen Zurechtweisung mit Strafe gleich. Doch wenn Zurechtweisung – besonders eine, die von Gott kommt – nur die Strafe für schlechtes Verhalten wäre, könnte der Psalmbeter kaum schreiben: „Glücklich ist jeder Mensch, den du, Herr, zurechtweist" (Psalm 94,12). Zurechtweisung hat vielmehr – wie das Wort an sich schon besagt – etwas damit zu tun, dass jemand Ihnen den rechten Weg weist. Wenn Eltern ihre Kinder zurechtweisen, dann mit dem Ziel, sie zu starken Menschen zu machen, die den richtigen Weg gehen. Auch Gott weist seine Kinder zurecht, denn er möchte, dass sie zu solchen Menschen werden, wie er sie gedacht hat. Dadurch finden sie in ihrem Leben Erfüllung und Zufriedenheit.

Am empfänglichsten sind Sie für Zurechtweisungen, die in Ihrer Muttersprache der Liebe geäußert werden. Darum setzt Gott häufig genau diese Sprache ein, um Sie an den Punkt zurückzubringen, von dem aus Sie sich positiv weiterentwickeln können. Wenn jemand zum Beispiel am ehesten auf Lob und Anerkennung anspricht, dann beginnt der Himmel für ihn zu schweigen. Arbeitskollegen geben negative Rückmeldungen. Ehepartner und Kinder äußern sich kritisch. Mit einem leeren Herzen ruft derjenige dann in seiner Verzweiflung zu Gott, und damit beginnt seine Heimreise zu ihm.

Gott kennt Sie besser als Sie selbst. Er weiß, wie er Ihre Aufmerksamkeit erlangen kann. Seine Zurechtweisung ist zwar nicht immer angenehm, aber sie hat immer einen Sinn. Können Sie das auch von den Zurechtweisungen sagen, die Sie bei sich zu Hause äußern?

Nehmen Sie sich Zeit, um allein oder als Paar gemeinsam zu beten. Bitten Sie den Herrn, dass er Ihnen hilft ...

- auf seine Zurechtweisung richtig zu reagieren;
- Ihre Zurechtweisungen so zu äußern, dass er *dadurch geehrt wird;*
- Ihren Kindern (oder auch anderen Menschen) die liebevolle Sorge zu vermitteln, die hinter Ihren Zurechtweisungen steht.

Wenn Sie noch mehr Zeit haben ...

Besprechen Sie miteinander folgende Fragen oder denken Sie darüber nach:

- Sind Sie bei Zurechtweisungen eher zu streng oder eher zu nachgiebig?
- Welche Signale senden Sie aus, wenn Sie in Ihrer Familie jemanden zurechtweisen?
- Was können Sie tun, damit Ihre Zurechtweisungen denen von Gott ähnlicher werden?

Lesen Sie auch die folgenden Abschnitte zum Thema Zurechtweisung:
Sprüche 3,11-12; 6,20-23; 15,5.

Den nächsten Impuls finden Sie auf S. 682 a

8 Mit eigenen Augen wirst du sehen, wie
Gott es denen heimzahlt, die ihn miss-
achten.
9 Du aber darfst sagen: »Beim Herrn bin
ich geborgen!« Ja, bei Gott, dem Höchs-
ten, hast du Heimat gefunden.
10 Darum wird dir nichts Böses zustoßen,
kein Unglück wird dein Haus erreichen.

11 Denn Gott hat seine Engel ausgesandt,
damit sie dich schützen, wohin du auch
gehst.
12 Sie werden dich auf Händen tragen,
und du wirst dich nicht einmal an einem
Stein verletzen!
13 Löwen werden dir nichts anhaben, auf
Schlangen kannst du treten.
14 Gott sagt:[a] »Er liebt mich von ganzem
Herzen, darum will ich ihn retten. Ich
werde ihn schützen, weil er mich kennt
und ehrt.
15 Wenn er zu mir ruft, antworte ich ihm.
Wenn er keinen Ausweg mehr weiß, bin
ich bei ihm. Ich will ihn befreien und zu
Ehren bringen.
16 Bei mir findet er die Hilfe, die er
braucht; ich gebe ihm ein erfülltes und
langes Leben!«

Wie gut ist es, dir, Herr, zu danken!

92 Ein Lied zum Sabbat.
2 Wie gut ist es, dir, Herr, zu danken und
dich, du höchster Gott, zu besingen,
3 schon früh am Morgen deine Gnade zu
loben und noch in der Nacht deine Treue
zu preisen,
4 zum Klang der Laute, zur Musik der
Harfe und Leier!

5 Herr, was du tust, macht mich froh, und
ich juble über deine großen Taten.
6 Wie machtvoll sind deine Werke, und
wie tief deine Gedanken!
7 Nur ein unvernünftiger Mensch sieht
das nicht ein, nur ein Narr kann nichts
damit anfangen.
8 Mag auch ein Gottloser Erfolg haben,
mag er emporwachsen und blühen – er
wird doch für immer vertilgt werden.
9 Du aber, Herr, bist groß und erhaben für
immer und ewig!

10 Eines ist sicher: Deine Feinde werden
umkommen; die, die Unrecht tun, wer-
den in alle Winde zerstreut werden!

11 Doch mir gibst du Kraft, wie ein wilder
Stier sie hat; du schenkst mir Freude und
neuen Mut.[b]
12 Ich werde noch miterleben, wie meine
Feinde stürzen; ich werde hören, wie sie
um Gnade wimmern.

13 Doch wer Gott liebt, gleicht einer im-
mergrünen Palme, er wird mächtig wie
eine Zeder auf dem Libanongebirge.
14 Er ist wie ein Baum, der im Vorhof des
Tempels gepflanzt wurde und dort gedei-
hen kann.
15 Noch im hohen Alter wird er Frucht
tragen, immer ist er kraftvoll und frisch.
16 Sein Leben ist ein Beweis dafür, dass
der Herr seine Versprechen hält. Bei
Gott bin ich sicher und geborgen; was er
tut, ist nie verkehrt!

Der ewige Gott

93 Der Herr allein ist König! Hoheit
bekleidet ihn wie ein Festgewand,
mit Macht ist er umgürtet. Er hat die
Fundamente der Erde gelegt, sie wankt
und weicht nicht.

2 Herr, seit Urzeiten steht dein Thron
fest, vor Beginn aller Zeiten warst du
schon da.
3 Die Fluten der Meere toben und tosen,
sie brüllen ihr mächtiges Lied.
4 Doch stärker als das Donnern gewalti-

---

[a] Sinngemäß eingefügt.
[b] Wörtlich: Du erhöhst mein Horn wie das eines Büffels, mit frischem Öl hast du mich überschüttet.
91,11–12 Mt 4,6 **91,13** Lk 10,19 **91,15** 17,6* **92,2–4** 18,50; 66,2; 98,4–6; 104,33–34; 135,1–2; 146,1–2; 149,1–3; 150,1–6; 1 Chr 16,8–9; Neh 9,5; Jes 12,5 **92,9** Jes 44,6* **92,13–15** 1,3; 52,10 **93,1** 22,29*

ger Wasser, größer als die Wogen des Meeres ist der Herr in der Höhe!

5 Herr, dein Wort ist wahr und zuverlässig; der Tempel ist der Ort deiner heiligen Gegenwart für alle Zeit!

Recht muss doch Recht bleiben!

94 O Gott, räche dich! Herr, du Gott der Vergeltung, erscheine in deinem strahlenden Glanz!
2 Erhebe dich, du Richter der ganzen Welt! Gib den Hochmütigen, was sie verdient haben!
3 Wie lange noch sollen sie hämisch lachen, wie lange noch schadenfroh spotten?

4 Einer versucht den anderen zu überbieten, sie schwingen große Reden und prahlen mit ihren Verbrechen.
5 Herr, sie unterdrücken dein Volk! Alle, die zu dir gehören, leiden unter ihrer Gewalt.
6 Brutal ermorden sie Witwen und Waisen, Ausländer schlagen sie tot.
7 »Der Herr sieht es ja doch nicht!«, höhnen sie, »der Gott unserer Vorfahren[a] merkt nichts!«

8 Ihr Dummköpfe! Seid ihr wirklich so unverständig? Wann kommt ihr Narren endlich zur Vernunft?
9 Gott, der den Menschen Ohren gegeben hat – sollte er selbst nicht hören? Er gab ihnen Augen – sollte er selbst nicht sehen?
10 Er, der fremde Völker zurechtweist, sollte er nicht auch euch zur Verantwortung ziehen? Gott allein kann die Menschen zur Vernunft bringen!
11 Er durchschaut ihre Gedanken und weiß: sie sind oberflächlich und hohl.

12 Glücklich ist jeder Mensch, den du, Herr, zurechtweist und in deinem Gesetz unterrichtest!
13 Denn du willst ihn bewahren, wenn die Bösen ihr Unwesen treiben, solange bis die Übeltäter endlich begraben sind.
14 Denn der Herr wird sein Volk nicht verstoßen; er wird niemanden verlassen, der zu ihm gehört.
15 Die Richter werden wieder gerechte Urteile sprechen, und die Aufrichtigen werden sie dabei unterstützen.

16 Wer steht mir bei gegen diese Verbrecher? Wer beschützt mich vor diesen bösen Menschen?
17 Herr, wenn du mir nicht geholfen hättest, dann wäre ich jetzt tot – verstummt für immer!
18 Sooft ich dachte: »Jetzt ist alles aus!«, halfst du mir in Liebe wieder auf.
19 Als quälende Sorgen mir Angst machten, hast du mich beruhigt und getröstet.

20 Du würdest dich nie mit bestechlichen Richtern verbünden, die Unheil anrichten, indem sie das Gesetz missbrauchen.
21 Sie aber tun sich zusammen gegen jeden, der Ungerechtigkeit hasst, und sprechen ihn schuldig, obwohl er ohne Schuld ist!
22 Der Herr aber verteidigt mich, bei ihm finde ich Schutz. Er steht auf meiner Seite.
23 Die Richter müssen für ihre Untaten büßen, Gott wird sie für ihre Verbrechen bestrafen. Ja, der Herr, unser Gott, wird sie vernichten!

Lobt Gott und hört auf das, was er sagt!

95 Kommt, lasst uns dem Herrn zujubeln! Wir wollen ihn laut preisen, ihn, unseren mächtigen Retter!
2 Lasst uns dankbar zu ihm kommen und ihn mit fröhlichen Liedern besingen!

---

a Wörtlich: der Gott Jakobs.

93,5 18,31* **94,2** 7,12* **94,6** 2 Mo 22,20*.21–22* **94,7** Mal 3,14–18 **94,9** 115,4–8 **94,11** 26,2*; 1 Kor 3,19 **94,12** Spr 3,11; Hebr 12,5–11; Offb 3,19 **94,14** 5 Mo 7,6–8; 1 Sam 12,22; Röm 11,1–2 **94,20** 7,12* **95,1–3** 92,2–4*

3 Denn der Herr ist ein gewaltiger Gott,
der große König über alle Götter!
4 In seiner Hand liegen die Tiefen der Er-
de und die Gipfel der hohen Berge.
5 Ihm gehört das Meer, er hat es ja ge-
macht, seine Hände haben das Festland
geformt.
6 Kommt, wir wollen ihn anbeten und uns
vor ihm beugen; lasst uns niederknien vor
dem Herrn, unserem Schöpfer!
7 Denn er ist unser Gott, und wir sind sein
Volk. Er kümmert sich um uns wie ein Hir-
te, der seine Herde auf die Weide führt.

8 Hört jetzt auf das, was er euch sagt:
»Verschließt eure Herzen nicht, wie es
eure Väter getan haben; damals, als sie
mir in der Wüste Vorwürfe machten und
sich erbittert gegen mich auflehnten[a].
9 Jeden Tag erlebten sie, dass ich sie führ-
te. Und trotzdem haben sie immer wieder
neue Beweise meiner Macht verlangt.
10 Vierzig Jahre lang ekelte ich mich vor
diesem Volk. Schließlich sagte ich: ›Alles,
was sie wünschen und wollen, ist verkehrt
und führt sie in die Irre. Die Wege, die ich
sie führen will, verstehen sie nicht!‹
11 Darum habe ich in meinem Zorn ge-
schworen: ›Niemals sollen sie in das ver-
heißene Land kommen, nie die Ruhe fin-
den, die ich ihnen geben wollte!‹«

Alle sollen es wissen: Der Herr allein ist König!
(1. Chronik 16,23–33)

96 Singt dem Herrn ein neues Lied,
singt dem Herrn, alle Bewohner
der Erde!
2 Singt dem Herrn und preist seinen Na-
men! Verkündet jeden Tag: Gott ist ein
Gott, der rettet!
3 Erzählt den Völkern von seiner Hoheit!
Macht den Menschen alle seine Wunder
bekannt!
4 Denn groß ist der Herr! Jeder soll ihn
rühmen! Von allen Göttern soll man ihn
allein fürchten.
5 Die Götter der Völker sind machtlose
Figuren, der Herr aber hat den Himmel
geschaffen!
6 Majestät und Pracht gehen von ihm aus,
seine Stärke und Schönheit erfüllen den
Tempel.
7 Hört, ihr Völker: Begegnet dem Herrn
mit Ehrfurcht! Unterwerft euch seiner
Herrschaft!
8 Ehrt seinen großen Namen, kommt in
seinen Tempel, und bringt ihm Opfer
dar!
9 Werft euch vor ihm nieder, wenn er in
seiner Größe und Macht erscheint! Die
ganze Welt soll vor ihm erzittern!
10 Sagt den Völkern: Der Herr allein ist
König! Er hat die Fundamente der Erde
gelegt, sie wankt und weicht nicht. Allen
Völkern wird er ein gerechter Richter
sein!

11 Der Himmel soll sich freuen und die
Erde in Jubel ausbrechen! Das Meer mit
allem, was in ihm lebt, soll brausen und
tosen!
12 Der Acker freue sich mit allem, was auf
ihm wächst! Auch die Bäume im Wald
sollen jubeln,
13 wenn der Herr kommt. Ja, er kommt,
um die Welt zu richten. Sein Urteil über
die Völker ist unbestechlich und gerecht.

Der Herr über die ganze Welt

97 Der Herr allein ist König! Die
ganze Welt soll in Jubel ausbre-
chen, und die fernen Inseln sollen fröh-
lich sein!
2 Bedrohliche, dunkle Wolken umhüllen
ihn, Gerechtigkeit und Recht sind die
Säulen seiner Herrschaft.
3 Feuer ist sein Vorbote, es verzehrt seine
Feinde ringsumher.

---

a Vers 8b wörtlich: wie zu Meriba, wie am Tag von Massa in der Wüste. – Meriba bedeutet »Vorwurf«, Massa »Herausforderung«. Vgl. 2. Mose 17,1–7

95,5 1 Mo 1,9–10; 5 Mo 4,35* **95,7** Hes 34,11–16* **95,11** 4 Mo 14,21–23; Hebr 3,7 – 4,11 **96,1** 40,4* **96,2** 92,2–4* **96,4** Jes 45,5* **96,10** 22,29*; 7,12*; Apg 17,31 **96,11–13** 98,7–9 **97,1** 22,29* **97,2** 85,11–14 **97,3** 50,3

4 Seine Blitze tauchen die Erde in helles
Licht, die ganze Welt sieht es und erbebt.
5 Berge zerschmelzen vor ihm wie Wachs,
vor ihm, dem Herrn der ganzen Welt.
6 Der Himmel ist Zeuge dafür, dass er
sein Versprechen hält, und alle Völker
sehen seine Hoheit und Macht.

7 Alle, die Götterbilder verehren und mit
ihren Götzen prahlen, werden im Erd-
boden versinken vor Scham. Denn ihre
Götter müssen sich dem Herrn unter-
werfen.
8 Freude herrscht auf dem Berg Zion, die
Bewohner der Städte Judas jubeln dir zu.
Denn du, Herr, richtest gerecht.
9 Ja, Herr, du allein regierst die ganze
Welt, du bist mächtiger und größer als al-
le Götter!

10 Liebt ihr den Herrn? Dann verabscheut
das Böse! Gott beschützt alle, die ihm
treu sind, und rettet sie aus der Gewalt
der Gottlosen.
11 Wer Gott gehorcht, der lebt im Licht,
und Freude erfüllt jeden, der aufrichtig
ist.
12 Ja, freut euch über den Herrn und
dankt ihm! Erinnert euch, was der heilige
Gott für euch getan hat!

Freut euch mit uns – Gott hat uns befreit!

98
Ein Lied.

Singt dem Herrn ein neues Lied, denn er
hat Wunder getan! Er, der heilige Gott,
hat einen gewaltigen Sieg errungen.
2 Alle Völker wissen es jetzt: Der Herr
hat Israel befreit; er hat bewiesen, dass
man sich auf ihn verlassen kann!
3 Er hat sein Versprechen gehalten, sei-
nem Volk gnädig und treu zu sein. Bis in
die fernsten Länder ist die Nachricht ge-
drungen: Gott hat Israel gerettet!
4 Jubelt dem Herrn zu, ihr Menschen auf
der Erde! Preist ihn mit Liedern, singt
und jubelt laut vor Freude!
5 Spielt ihm auf der Laute, lasst die Saiten
erklingen und erfreut den Herrn mit Ge-
sang!
6 Trompeten und Hörner sollen erschal-
len; lobt Gott, euren König!
7 Das Meer mit allem, was in ihm lebt, soll
zu seiner Ehre brausen und tosen! Die
ganze Welt soll in Jubel ausbrechen!
8 Ihr Flüsse, klatscht in die Hände; ihr
Berge, preist unseren Herrn,
9 denn er kommt, um die Welt zu richten.
Sein Urteil über die Völker ist unbestech-
lich und gerecht!

Betet den heiligen Gott an!

99
Der Herr allein ist König! In Ehr-
furcht erschauern die Völker. Er
thront über den Cherub-Engeln, darum
erzittert die Erde.
2 Ja, der Herr regiert in Jerusalem[a], er
herrscht über alle Völker.
3 Ihn sollen sie preisen, ihn, den großen
und gewaltigen Gott! Heilig ist er!

4 Mächtiger König! Weil du das Recht
liebst, hast du Recht und Ordnung ge-
gründet. Deinem Volk gabst du das Ge-
setz und sorgtest für Gerechtigkeit.
5 Betet den Herrn an, unseren Gott! Fallt
vor seinem Thron nieder, denn er ist der
heilige Gott!

6 Schon Mose und Aaron gehörten zu sei-
nen Priestern, auch Samuel betete zum
Herrn. Sie alle riefen zu ihm, und er gab
ihnen Antwort.
7 Gott sprach zu ihnen aus der Wolken-
säule, und sie gehorchten den Geboten
und Ordnungen, die er ihnen gab.
8 Herr, unser Gott! Du hast sie erhört. Du
hast deinem Volk die Schuld vergeben,
aber auch ihre Vergehen bestraft.

---

a Wörtlich: in Zion.

97,5 Mi 1,4 **97,7** Jes 45,5* **97,9** 22,29*; 2 Mo 15,11 **98,1** 40,4* **98,2** 18,31* **98,4–6** 92,2–4* **98,6** 22,29* **98,7–9** 96,11–13 **99,1–3** 22,29*; 2 Mo 25,22; 2 Sam 6,2 **99,4** 33,5; 85,11–14 **99,7** 2 Mo 33,9–11

Gott loben – aber wie?

Lesen Sie Psalm 95,1-7

Gott loben kann man mit und ohne Musik, ganz privat, gemeinsam mit dem Ehepartner oder mit anderen zusammen im Gottesdienst. Wenn wir Gott mit Worten loben, dann bekennen wir damit unseren Glauben, dass Gott heilig ist, gerecht, allmächtig, gnädig und liebevoll. Er ist nicht nur unser Schöpfer, sondern auch unser Erlöser. Er hat die liebevolle Beziehung zu ihm erst ermöglicht, und dafür danken wir ihm. Psalm 95 kann uns als Anregung für unser Lob und unsere Anbetung dienen.

Die Erkenntnis, dass wir jetzt und für immer Gottes Kinder sind, sollte schon Grund genug sein, Gott zu preisen. Wenn Ihre Muttersprache der Liebe Lob und Anerkennung ist, dann fällt es Ihnen sicher leicht, Gott mit Worten zu loben. Allerdings kann es auch leicht geschehen, dass man in Standardformulierungen und Sätze verfällt, die immer zu bestimmten Zeiten an bestimmten Orten geäußert werden. Wenn das der Fall ist, kann sogar der Dank, den Sie mit aufrichtigem Herzen aussprechen, zu einem bloßen Ritual verkommen. Sie können die liebevolle Beziehung zu Gott aber vertiefen, wenn Sie sich kreative Gedanken darüber machen, an welchen neuen Orten und auf welche neue Art und Weise Sie Ihren Dank zum Ausdruck bringen können.

Wenn Sie gemeinsam mit Ihrem Mann oder Ihrer Frau beten, dann ermutigen Sie sich gegenseitig doch dazu, Ihr Lob auf kreative und originelle Weise zu äußern. So schaffen Sie zwischen sich eine geistliche Verbindung, die ein ganzes Leben andauern kann.

Nehmen Sie sich Zeit, um allein oder als Paar gemeinsam zu beten. Setzen Sie dieses Mal einen Schwerpunkt beim Lob Gottes. Preisen Sie ihn für ...

- seine Schöpfung;
- seine Liebe zu Ihnen;
- seine Güte gegenüber Ihrer Familie.

Wenn Sie noch mehr Zeit haben ...

Besprechen Sie miteinander folgende Fragen oder denken Sie darüber nach:

- Welche Standardformulierungen hört man häufig beim gemeinsamen Lob Gottes?
- Welche Worte benutzen Sie am häufigsten, wenn Sie Gott preisen?
- Was ist die ideale Umgebung, um Gott zu loben und ihn anzubeten? Warum?

Lesen Sie auch die folgenden Abschnitte zum Thema Lob und Anbetung:
Psalm 71,22-24; Römer 14,11; Philipper 2,9-11.

Herzlichen Dank!

Lesen Sie Psalm 100,1-5

Psalm 100 fordert uns auf: „Geht durch die Tempeltore ein mit Dank!" Ein kühnes Bild, das nicht ohne Grund verwendet wird. Warum sollten wir den Tempel betreten, wenn wir nicht etwas ganz Wichtiges hätten, für das wir Gott danken wollen?

Doch oft tun wir genau das. Wir beschränken uns auf immer dieselben Formulierungen. „Danke für meinen Ehepartner und die Kinder. Danke für das Essen. Danke für mein Leben und meine Gesundheit." Wenn wir das oft genug wiederholt haben, sind diese Ausdrücke nur noch Routine und werden gedankenlos dahergeplappert. Mit anderen Worten: Wir bieten Gott fast jedes Mal, wenn wir beten, Wiederholungen an – wie aufgewärmte Gerichte.

Gemeinsam mit unserem Ehepartner zu beten, ist eine gute Möglichkeit, dieses Problem zu vermeiden. Wir können einander zu durchdachten, aufrichtigen Worten des Dankes anspornen. Zum Beispiel könnten Sie folgende Regel aufstellen: Wenn einer von Ihnen Gott für etwas gedankt hat, dann darf diese Sache eine Woche lang im Gebet nicht mehr erwähnt werden. So sind Sie gezwungen, tiefer nachzudenken über das, wofür Sie danken wollen – und Sie lernen viel mehr schätzen, was Gott für Sie getan hat.

Nehmen Sie sich Zeit, um allein oder als Paar gemeinsam zu beten. Stellen Sie heute den Dank in den Mittelpunkt. Zeigen Sie Gott Ihre Dankbarkeit für ...

- die Bereiche, in denen es Ihnen und Ihrer Familie gut geht;
- Ihr Zuhause, Ihre Arbeit, Ihr Auto und für andere Dinge, die Sie bisher als selbstverständlich angesehen haben;
- für die Möglichkeit, ihn, den allmächtigen Schöpfer des Universums, in einem persönlichen Gespräch zu preisen.

Wenn Sie noch mehr Zeit haben ...

Besprechen Sie miteinander folgende Fragen oder denken Sie darüber nach:

- Gibt es etwas, wofür Sie Gott noch nie gedankt haben?
- Warum verkommen Ihre Dankgebete so leicht zur Routine und wiederholen sich?
- Wie können Sie Gott Ihre Dankbarkeit in dieser Woche auf kreative Weise zeigen?

Lesen Sie auch die folgenden Abschnitte zum Thema Dank:
1. Chronik 16,34; Psalm 119,62;
1. Korinther 15,57.

Den nächsten Impuls finden Sie auf S. 684 a

9 Betet den Herrn an, unseren Gott! Auf seinem heiligen Berg Zion fallt vor ihm nieder, denn er ist der heilige Gott, unser Herr!

Ein fröhliches Danklied

100 Ein Lied für den Dankgottesdienst.

Jubelt dem Herrn zu, ihr Völker der Erde! Dient ihm voll Freude,
2 kommt zu ihm mit fröhlichen Liedern!
3 Erkennt, dass der Herr unser Gott ist! Er hat uns zu seinem Volk gemacht, ihm gehören wir[a]! Er sorgt für uns wie ein Hirte für seine Herde.

4 Geht durch die Tempeltore ein mit Dank, betretet den festlichen Vorhof mit lautem Lob! Preist ihn! Rühmt ihn!
5 Denn der Herr ist gut zu uns, seine Gnade hört niemals auf, für alle Zeiten hält er uns die Treue.

Wie der König regieren will

101 Ein Lied Davids.

Von Gnade und Recht will ich singen; dich, Herr, will ich preisen.
2 Ich möchte aufrichtig und weise regieren – Herr, hilf mir dabei! An meinem Hof soll nur geschehen, was ich vor dir verantworten kann.
3 Auf unnütze und schädliche Vorhaben lasse ich mich niemals ein. Ich hasse es, wenn sich Menschen bewusst über Gottes Gebote hinwegsetzen. Mir selbst soll das niemand nachsagen!
4 Einen Heuchler will ich nicht bei mir dulden, und mit einem Menschen, der *nur Böses im Sinn hat,* will ich nichts zu tun haben.
5 Wer seinen Mitmenschen heimlich verleumdet, den werde ich für immer zum Schweigen bringen. Hochmut und Stolz verbanne ich aus meiner Nähe.
6 Wer aber glaubwürdig und zuverlässig ist, nach dem halte ich Ausschau. Solche Leute hole ich mir an den Hof, Menschen mit einem guten Ruf nehme ich in meinen Dienst.
7 Betrüger und Lügner aber haben nichts in meinem Palast zu suchen – sie sollen mir nicht unter die Augen kommen!
8 Jeden Morgen halte ich Gericht über die Verbrecher im Land. Denn für Leute, die Unheil stiften, ist kein Platz in der Stadt des Herrn. Ich lasse sie hinrichten!

Herr, erbarme dich über Jerusalem!

102 Gebet eines Menschen, der allen Mut verloren hat und dem Herrn sein Leid klagt.

2 Höre mein Gebet, Herr, und achte auf meinen Hilfeschrei!
3 Ich bin in großer Not – verbirg dich nicht vor mir! Höre mir zu und antworte mir schnell!
4 Mein Leben verflüchtigt sich wie Rauch, mein ganzer Körper glüht, von Fieber geschüttelt.
5 Meine Kraft vertrocknet wie abgemähtes Gras, selbst der Hunger ist mir vergangen,
6 ich bin nur noch Haut und Knochen! Laut stöhnend wälze ich mich auf meinem Lager hin und her.
7 Man hört mich klagen wie eine Eule in der Wüste, wie ein Käuzchen in verlassenen Ruinen.
8 Ich kann nicht schlafen; ich bin verlassen und fühle mich wie ein einsamer Vogel auf dem Dach.
9 Tag für Tag beschimpfen mich meine Feinde, und wenn sie andere verfluchen, missbrauchen sie meinen Namen und sagen: »Gott strafe dich wie diesen da!«[b]

---

[a] Oder: wir haben nichts dazu getan.
[b] Vers 9b wörtlich: die mich verspotten, fluchen bei mir.

99,9 1 Kön 9,3* **100,2** 92,2–4* **100,3** Hes 34,11–16* **100,5** 89,2–3; 136,1 **101,1** 89,2–3; 136,1 **101,5** Spr 13,5 **101,6** Spr 14,35 **101,7–8** 72,1–4; Spr 20,26

[10] Ich esse Staub statt Brot, und in meine
Getränke mischen sich Tränen.
[11] Denn dein furchtbarer Zorn hat mich
getroffen. Du hast mich hoch geworfen
und zu Boden geschmettert!
[12] Mein Leben gleicht einem Schatten am
Abend, der bald in der Dunkelheit ver-
schwindet. Ich bin wie Gras, das bald ver-
dorrt.

[13] Du aber, Herr, regierst für alle Zeiten;
immer wird man von dir erzählen.
[14] Du wirst eingreifen und dich über die
Stadt Zion erbarmen. Denn die Zeit ist
gekommen, sie zu begnadigen – die Stun-
de ist da!
[15] Herr, dein Volk liebt die Mauern dieser
Stadt und trauert über ihre Trümmer.
[16/17] Aber der Herr wird sie wieder auf-
bauen und damit zeigen, wie mächtig er
ist. Dann werden die Völker ihn fürchten
und die Könige der Erde seine Macht an-
erkennen.
[18] Ja, der Herr wird das Gebet der Hilf-
losen hören, er wird ihr Flehen nicht ver-
achten.

[19] Dies lasse ich für unsere Nachkommen
aufschreiben, damit sie es lesen und den
Herrn loben:
[20] Der Herr blickte von seinem Heiligtum
auf uns herab, er schaute vom Himmel
auf die Erde.
[21] Er hörte das Stöhnen der Gefangenen
und rettete sie vor dem sicheren Tod.
[22] Darum wird man den Herrn auf dem
Berg Zion rühmen; in ganz Jerusalem
wird man ihn loben,
[23] wenn alle Völker und Königreiche sich
versammeln, um ihm zu dienen.

[24] Mitten im Leben[a] hat Gott meine Kraft
gebrochen, er hat mich vorzeitig alt wer-
den lassen.
[25] Darum flehe ich ihn an: Mein Gott, lass
mich nicht so früh sterben!

Herr, dein Leben hat keinen Anfang und
kein Ende.
[26] Vor langer Zeit hast du, Herr, alles ge-
schaffen. Die Erde und die Himmel, alles
ist das Werk deiner Hände.
[27] Sie werden vergehen, du aber bleibst.
Wie alte Kleider werden sie zerfallen,
wie ein abgetragenes Gewand wechselst
du sie und schaffst sie neu.
[28] Du aber bleibst ein und derselbe, du
wirst immer und ewig leben.

[29] Die Nachkommen deines Volkes wer-
den in Sicherheit wohnen, unter deinem
Schutz werden sie geborgen sein.

Lobt den Herrn!

103 Ich will den Herrn von ganzem
Herzen loben, alles in mir soll
seinen heiligen Namen preisen!
[2] Ich will den Herrn loben und nie verges-
sen, wie viel Gutes er mir getan hat.
[3] Ja, er vergibt mir meine ganze Schuld
und heilt mich von allen Krankheiten!
[4] Er bewahrt mich vor dem sicheren Tod
und schenkt mir das Leben neu. Seine
Liebe und Güte umgeben mich allezeit.[b]
[5] Mein Leben lang gibt er mir Gutes im
Überfluss, darum fühle ich mich jung
und stark wie ein Adler.

[6] Der Herr hält Wort! Den Unterdrück-
ten verhilft er zu ihrem Recht, so wie er
es versprochen hat.
[7] Er weihte Mose in seine Pläne ein und
zeigte allen Israeliten, dass er gewaltige
Taten vollbringen kann.
[8] Barmherzig und gnädig ist der Herr,
groß ist seine Geduld und grenzenlos sei-
ne Liebe!

---

a Wörtlich: Auf dem Weg.
b *Wörtlich: Er krönt dein Leben mit Gnade* und Erbarmen.

102,12 39,5–7* **102,13** 146,10; 22,29* **102,18** 140,13* **102,20–21** Jes 57,15 **102,23** 117,1*; Jes 2,1–4; Mi 4,1–4 **102,26–28** Hebr 1,10–12 **102,26** 1 Mo 1,1–2* **102,27** Jes 66,22; Mt 24,35–36; 2 Petr 3,10 **102,28** Jes 44,6* **103,1–2** 92,2–4* **103,6** 140,13* **103,8** 86,15; 145,8; 2 Mo 34,6–7

Realitätseinbruch

Lesen Sie Psalm 103,1-5

In Psalm 103,1-5 lesen wir, dass Gott uns viel Gutes schenkt. Warum aber haben so viele Paare den Eindruck, ihre Ehe sei alles andere als gut?

Wenn die erste Verliebtheit abgeebbt ist, kehren Paare wieder in die Realität zurück und richten sich dort ein. Jeder Partner hat seine eigenen Bedürfnisse, und diese sind sehr unterschiedlich. Nach und nach verpufft die Illusion der intimen Nähe, und die Bedürfnisse des Einzelnen, seine Gefühle, Gedanken und Verhaltensmuster werden wieder sichtbar.

Manche Paare meinen, das Ende der Verliebtheit bedeute, dass sie sich entweder mit einem miserablen Eheleben abfinden müssen oder das Weite suchen und es noch einmal probieren. Doch es gibt noch eine bessere Alternative: Wir können die Zeit der Verliebtheit als das sehen, was sie ist – ein vorübergehendes emotionales Hoch –, und nach „echter Liebe" zu unserem Ehepartner streben.

Diese Liebe ist ein Willensakt und erfordert Disziplin. Unser grundlegendes seelisches Bedürfnis ist nicht, uns zu verlieben, sondern vom anderen wirklich geliebt zu werden, eine Liebe kennenzulernen, die nicht auf Instinkten beruht, sondern auf unserem Verstand und unserem Willen. Was wir brauchen, ist, von jemandem geliebt zu werden, der sich entschlossen hat, uns zu lieben, der uns als liebenswert betrachtet.

Nehmen Sie sich Zeit, um allein oder als Paar gemeinsam zu beten. Sprechen Sie mit Gott über den momentanen Zustand Ihrer Ehe. Teilen Sie ihm Ihre Gedanken und Sorgen über das Ende der Verliebtheit mit. Bitten Sie ihn, dass er Ihnen hilft, sich bewusst dafür zu entscheiden, Ihren Mann/Ihre Frau zu lieben.

Wenn Sie noch mehr Zeit haben ...

Besprechen Sie miteinander folgende Fragen oder denken Sie darüber nach:

- Wie viel Prozent der Paare würden sich Ihrer Meinung nach gegen die Ehe entscheiden, wenn sie wüssten, wie schwierig sie sein kann? Erläutern Sie Ihre Meinung.
- Wo stehen Sie und Ihr Partner gerade auf der „Verliebtheits-Skala"? Wie geht es Ihnen damit?
- Nennen Sie ein Beispiel, wie Sie sich entscheiden, Ihren Mann/Ihre Frau zu lieben.

Lesen Sie auch die folgenden Abschnitte zum Thema Liebe:
Sprüche 10,12; 17,17;
1. Korinther 13,4-8.

Vergebung

Die folgenden Fragen können Sie entweder allein oder als Paar gemeinsam durchgehen. Wenn jeder für sich darüber nachdenkt, verabreden Sie sich in der kommenden Woche zu einem Austausch darüber, was Sie herausgefunden haben.

1. Lesen Sie Psalm 103,1-5. Wie würden Sie Gottes Vergebung beschreiben?

2. Lesen Sie Hebräer 10,17. Wenn Gott uns vergibt, denkt er nicht länger an unsere Sünden. Was bedeutet das für Sie?

3. Gibt es einen Unterschied zwischen Vergeben und Vergessen? Erläutern Sie.

4. Was würden Sie jemandem raten, der sagt: „Ich habe ihm oder ihr zwar vergeben, aber ich habe Probleme mit meinen Gefühlen, wenn ich daran denke, was er oder sie getan hat"?

5. Lesen Sie Matthäus 18,21-22. Welche Grenzen setzt Gott der Vergebung?

6. Wie würde Ihr Leben aussehen, wenn Gott mit seiner Vergebung so knauserig wäre, wie wir Menschen es oft sind?

Psalm 103,12

„So fern, wie der Osten vom Westen liegt, so weit wirft Gott unsere Schuld von uns fort!"

KONKRET:

Lernen Sie Epheser 4,32 gemeinsam auswendig. Versuchen Sie, den Vers bis zum nächsten Wochenende genau zitieren zu können.

Den nächsten Impuls finden Sie auf S. 694 a

9 Er beschuldigt uns nicht endlos und
bleibt nicht immer zornig.
10 Er bestraft uns nicht, wie wir es verdie-
nen; unsere Sünden und Verfehlungen
zahlt er uns nicht heim.
11 Denn so hoch, wie der Himmel über
der Erde ist, so groß ist seine Liebe zu
allen, die ihm mit Ehrfurcht begegnen.
12 So fern, wie der Osten vom Westen
liegt, so weit wirft Gott unsere Schuld
von uns fort!
13 Wie ein Vater seine Kinder liebt, so
liebt der Herr alle, die ihn ehren.

14 Denn er weiß, wie vergänglich wir sind;
er vergisst nicht, dass wir nur Staub sind.
15 Der Mensch ist wie das Gras, er blüht
wie eine Blume auf dem Feld.
16 Wenn der heiße Wüstenwind darüber-
fegt, ist sie spurlos verschwunden, und
niemand weiß, wo sie geblüht hat.

17 Die Güte des Herrn aber bleibt für im-
mer und ewig; sie gilt allen, die ihm ge-
horchen. Auf seine Zusagen können sich
auch alle kommenden Generationen be-
rufen,
18 wenn sie sich an seinen Bund halten
und seine Gebote befolgen.

19 Der Herr hat seinen Thron im Himmel
errichtet, als König herrscht er über die
ganze Welt.
20 Lobt den Herrn, ihr mächtigen Engel,
die ihr seinen Befehlen gehorcht und auf
seine Worte hört!
21 Lobt den Herrn, ihr mächtigen Wesen
im Himmel, die ihr ausführt, was er euch
befohlen hat!
22 Lobt den Herrn, alle seine Geschöpfe,
an allen Orten seiner Herrschaft! Auch
ich will den Herrn von ganzem Herzen
loben!

Freude an Gottes Schöpfung

104 Ich will den Herrn von ganzem
Herzen loben. Herr, mein Gott,
wie groß bist du! Majestätische Pracht ist
dein Festgewand,
2 helles Licht umhüllt dich wie ein Man-
tel. Du spanntest den Himmel aus wie
ein Zeltdach,
3 über den Wolken[a] hast du deine Woh-
nung errichtet. Ja, die Wolken sind dein
Wagen, du fährst auf den Flügeln des
Windes dahin.
4 Wind und Wetter sind deine Boten, zu-
ckende Blitze deine Diener.

5 Die Erde hast du auf ein festes Fun-
dament gegründet, damit sie für alle Zei-
ten nicht wankt.
6 Wie ein Kleid bedeckte die Urflut ihre
Kontinente, noch über den höchsten Ber-
gen standen die Wassermassen.
7 Doch vor deinem lauten Ruf wichen sie
zurück, vor deinem Donnergrollen flo-
hen sie.
8 Die Berge erhoben sich, und die Täler
senkten sich an den Ort, den du für sie
bestimmt hattest.
9 Du hast dem Wasser eine Grenze ge-
setzt, die es nicht überschreiten darf, nie
wieder soll es die ganze Erde über-
schwemmen.
10 Du lässt Quellen sprudeln und als Bä-
che in die Täler fließen, zwischen den
Bergen finden sie ihren Weg.
11 Die Tiere der Steppe trinken davon,
Wildesel stillen ihren Durst.
12 An ihren Ufern nisten die Vögel, in
dichtem Laub singen sie ihre Lieder.
13 Vom Himmel lässt du Regen auf die
Berge niedergehen, die Erde saugt ihn
auf und wird fruchtbar.
14 Du lässt Gras für das Vieh wachsen und

---

[a] Wörtlich: in den Wassern. Vgl. 1. Mose 1,6–8

103,9 Jes 57,16; Jer 3,12; Jona 4,2 **103,10–12** 85,3* **103,13** 145,9; 2 Mo 34,6–7 **103,14** 1 Mo 3,19; Pred 3,20 **103,15–16** 39,5–7* **103,17** Klgl 3,22–23* **103,19** 22,29* **103,20–22** 29,1–2; Jes 6,1–3 **104,4** Hebr 1,7 **104,5** 75,4 **104,6–9** 1 Mo 1,9–10

Pflanzen, die der Mensch anbaut. Er pflügt das Land, sät und erntet;
15 so hat er Wein, der ihn erfreut, Öl, das seinen Körper pflegt, und Brot, das ihn stärkt.
16 Du, Herr, hast die riesigen Zedern auf dem Libanongebirge gepflanzt und gibst ihnen genügend Regen.
17 In ihren Zweigen bauen die Vögel ihre Nester, und Störche haben in den Zypressen ihren Brutplatz.
18 In den hohen Bergen hat der Steinbock sein Revier, und das Murmeltier[a] findet in den Felsen Zuflucht.
19 Du hast den Mond gemacht, um die Monate zu bestimmen, und die Sonne weiß, wann sie untergehen soll.
20 Du lässt die Dunkelheit hereinbrechen, und es wird Nacht – dann regen sich die Tiere im Dickicht des Waldes.
21 Die jungen Löwen brüllen nach Beute; von dir, o Gott, erwarten sie ihre Nahrung.
22 Sobald aber die Sonne aufgeht, schleichen sie zurück und suchen in den Schlupfwinkeln ihr Lager auf.
23 Dann aber steht der Mensch auf und geht an seine Arbeit, er hat zu tun, bis es wieder Abend wird.

24 O Herr, welch unermessliche Vielfalt zeigen deine Werke! Sie alle sind Zeugen deiner Weisheit, die ganze Erde ist voll von deinen Geschöpfen.

25 Da ist das Meer – so unendlich groß und weit, unzählbar sind die Tiere darin, große wie kleine.
26 Schiffe ziehen dort vorüber und auch die Seeungeheuer, die du geschaffen hast, um damit zu spielen.
27 Alle deine Geschöpfe warten auf dich, dass du ihnen rechtzeitig zu essen gibst.
28 Sie holen sich die Nahrung, die du ihnen zuteilst. Du öffnest deine Hand, und sie werden reichlich satt.
29 Doch wenn du dich von ihnen abwendest, ist es mit ihnen vorbei. Ja, sie sterben und werden zu Staub, wenn du ihnen den Lebensatem nimmst.
30 Doch wenn du deinen lebendigen Geist schickst, dann werden sie geschaffen; so schenkst du der Erde neues Leben.

31 Die Macht und Hoheit des Herrn möge für immer bleiben! Er freue sich an dem, was er geschaffen hat!
32 Er braucht die Erde nur anzusehen – schon erbebt sie; wenn er die Berge berührt, dann fangen sie an zu rauchen.
33 Singen will ich für den Herrn, solange ich lebe, für meinen Gott will ich musizieren mein Leben lang.
34 Wie freue ich mich über den Herrn – möge ihm mein Lied gefallen!
35 Doch wer sich ihm widersetzt, soll nicht mehr weiterleben, sondern vom Erdboden verschwinden. Ich will den Herrn von ganzem Herzen preisen. Halleluja!

Israels Geschichte zeigt: Gott hat Wort gehalten!
(Verse 1–15: 1. Chronik 16,8–22)

105 Preist den Herrn, und ruft seinen Namen aus, verkündet seine großen Taten allen Völkern!
2 Singt und musiziert zu seiner Ehre, macht alle seine Wunder bekannt!
3 Seid glücklich, dass ihr zu ihm, dem heiligen Gott, gehört! Ja, alle, die den Herrn suchen, sollen sich freuen!
4 Fragt nach dem Herrn, und rechnet mit seiner Macht, wendet euch immer wieder an ihn!
5/6 Ihr Nachkommen seines Dieners Abraham, ihr Kinder und Enkel Jakobs, den er auserwählte, erinnert euch an die Wunder, die er getan hat! Denkt immer wieder an seine mächtigen Taten und an die Urteile, die er fällte!

---

[a] *Wörtlich: der Klippdachs. – Der Klippdachs* war ein murmeltierähnlicher Pflanzenfresser von gelb-brauner Farbe. Vgl. 3. Mose 11,5; 5. Mose 14,7

104,15 Pred 10,19 **104,19** 8,4; 74,16; 1 Mo 1,14–18 **104,26** 1 Mo 1,21 **104,29** 1 Mo 3,19; Hiob 12,10; 34,14–15; Pred 3,20 **104,30** 1 Mo 2,7; Hes 37,4–6 **104,31** 1 Mo 1,31 **104,33–34** 92,2–4* **105,4** 27,8; 5 Mo 4,29; Jer 29,12–14

7 Er ist der Herr, unser Gott! Auf der ganzen Welt hat er das letzte Wort.
8 Niemals vergisst er seinen Bund mit uns, sein Versprechen, das er gab. Es gilt auch allen Generationen nach uns, selbst wenn es tausend sind.
9 Schon mit Abraham schloss er diesen Bund; er schwor auch Isaak, sich daran zu halten.
10 An Jakob bestätigte er ihn als gültige Ordnung, ja, als ewiges Bündnis für ganz Israel.
11 Er sprach: »Euch gebe ich das Land Kanaan, ihr sollt es für immer besitzen.«

12 Als sie noch eine kleine Schar waren, nur wenige, dazu noch fremd im Land,
13 als sie von Volk zu Volk wanderten, von einem Land zum anderen,
14 da erlaubte der Herr keinem, sie zu unterdrücken. Um sie zu schützen, warnte er die Könige der fremden Völker:
15 »Rührt mein Volk nicht an! Ich habe es erwählt! Ich habe durch sie etwas Besonderes zu sagen – tut ihnen nichts Böses!«[a]

16 Der Herr ließ eine Hungersnot ins Land kommen, und die Vorräte an Getreide und Brot gingen schnell zu Ende.
17 Aber Gott hatte ihnen schon einen Mann nach Ägypten vorausgeschickt: Josef, der als Sklave verkauft worden war.
18 Man band seine Füße mit Ketten und zwängte seinen Hals in einen eisernen Ring.
19 Dies änderte sich erst, als alles eintraf, was er vorausgesagt hatte. Es war das Wort, das Gott ihm gab, und so stellte sich heraus, dass Josef unschuldig war.
20 Da befahl der König, ihn von seinen Fesseln zu befreien; der Mann, der über viele Völker herrschte, gab ihn frei!
21 Er berief ihn an die höchste Stelle seiner Regierung und machte ihn zum Verwalter seines Vermögens.
22 Die hohen Beamten wurden ihm unterstellt, und die Ratgeber des Königs sollten bei ihm lernen, wie man weise entscheidet.

23 Dann kamen Jakob und seine Familie nach Ägypten, und sie lebten dort als Fremde.
24 Der Herr ließ sein Volk rasch wachsen und schließlich mächtiger als seine Unterdrücker werden.
25 Er sorgte dafür, dass die Ägypter anfingen, sein Volk zu hassen. Am Ende behandelten sie es heimtückisch und gemein.

26 Dann sandte er seine Diener Mose und Aaron, die er auserwählt hatte, zu ihnen.
27 Sie vollbrachten in Ägypten die Zeichen und Wunder, die der Herr vorher angedroht hatte:
28 Er sandte pechschwarze Finsternis, und dennoch widersetzten sich die Ägypter seinem Befehl[b].
29 Ihre Gewässer verwandelte er in Blut und ließ die Fische darin umkommen.
30 Im ganzen Land wimmelte es von Fröschen, die auch vor dem Palast des Königs nicht Halt machten.
31 Auf Gottes Weisung kam Ungeziefer, ganze Schwärme von Stechmücken bedeckten das Land.
32 Und als die Ägypter auf Regen warteten, sandte er Hagel; Blitze flammten über das ganze Land und verursachten Brände.
33 Er zerschlug ihre Weinstöcke und Feigenbäume und zerbrach auch die anderen Bäume im Land.
34 Auf seinen Befehl rückten Heuschrecken heran, riesige Schwärme, die nicht zu zählen waren.
35 Sie machten sich über alle Pflanzen im Lande her, alles, was grünte und blühte, fraßen sie kahl.

---

a Wörtlich: Rührt meinen Gesalbten nicht an, und tut meinem Propheten nichts Böses!
b So mit der griechischen Übersetzung. Der hebräische Text fügt ein »nicht« ein: (Mose und Aaron) – sie widersetzten sich nicht.

105,8 5 Mo 7,8–9 **105,9** 1 Mo 12,7*; 26,2–3 **105,10** 1 Mo 28,13* **105,12–13** 5 Mo 26,5 **105,15** 4 Mo 23,3–12 **105,16** 1 Mo 41,53–54 **105,17** 1 Mo 45,7–8 **105,18–22** 1 Mo 39,19 – 41,46 **105,23** 1 Mo 46,1–7 **105,24–25** 2 Mo 1,6–12 **105,26** 2 Mo 3,10; 4,14–16 **105,27–36** 2 Mo 7,14 – 12,29

[36] Schließlich tötete der Herr in jeder Fa-
milie der Ägypter den ältesten Sohn –
ihren ganzen Stolz.

[37] Dann führte er sein Volk heraus, ge-
sund und stark, reich beladen mit Silber
und Gold.
[38] Die Ägypter waren froh, sie endlich los
zu sein, so sehr hatte sie die Furcht vor
ihnen gepackt.
[39] Der Herr gab seinem Volk Schutz hin-
ter einer Wolke, und in der Nacht er-
leuchtete ein Feuer ihnen den Weg.
[40] Sie verlangten nach Speise, da ließ er
Wachteln in ihr Lager kommen, und mit
Brot vom Himmel machte er sie satt.
[41] Er öffnete einen Felsen: Wasser floss
heraus und strömte in die Wüste.

[42] Ja, Gott hat Wort gehalten! Er löste
sein heiliges Versprechen ein, das er
Abraham, seinem Diener, gegeben hatte.
[43] So führte er sein auserwähltes Volk he-
raus, und sie sangen und jubelten vor
Freude.
[44] Dann gab er ihnen das Land anderer
Völker; was diese erarbeitet hatten, wur-
de nun ihr Besitz.
[45] Diese Wunder ließ er sein Volk erle-
ben,[a] damit sie seinen Weisungen ge-
horchten und seine Gebote hielten. Hal-
leluja!

Wir haben schwere Schuld auf uns geladen!

106 Halleluja! Preist den Herrn,
denn er ist gut, und seine Gna-
de hört niemals auf!
[2] Wer könnte seine mächtigen Taten alle
aufzählen? Wer könnte ihn jemals genug
loben?

[3] Glücklich sind alle, die sich an seine
Ordnungen halten und immer das tun,
was in Gottes Augen recht ist!

[4] Herr, denke auch an mich, wenn du dei-
nem Volk hilfst; komm auch zu mir und
rette mich!
[5] Lass mich mit eigenen Augen sehen, wie
du deinem auserwählten Volk Gutes tust!
Ich will mich gemeinsam mit ihnen freu-
en und stolz darauf sein, dass ich zu de-
nen gehöre, die du zu deinem Eigentum
gemacht hast.

[6] Wir haben schwere Schuld auf uns ge-
laden wie schon unsere Vorfahren. Wir
haben Unrecht begangen und dich miss-
achtet!
[7] Schon unsere Väter in Ägypten wollten
nicht aus deinen Wundern lernen.
Schnell vergaßen sie, wie oft du sie geret-
tet hattest. Am Ufer des Schilfmeeres
lehnte sich dein Volk gegen dich auf.

[8] Trotzdem befreite sie der Herr, wie er es
versprochen hatte. So bewies er ihnen
seine Macht.
[9] Er befahl dem Schilfmeer, sich zu teilen,
und es geschah; die Fluten türmten sich
auf, und er führte sein Volk wie auf Wüs-
tenboden hindurch.
[10/11] Das Wasser schlug über ihren Ver-
folgern zusammen, und nicht einer
kam mit dem Leben davon. So rettete
er sie aus der Gewalt ihrer Feinde, un-
ter deren Hass sie so lange gelitten
hatten.
[12] Da endlich glaubten sie seinen Worten
und lobten ihn mit ihren Liedern.

[13] Doch schon bald vergaßen sie, was er
für sie getan hatte. Sie wollten nicht auf
das warten, was nach seinem Plan ge-
schehen sollte.
[14] In der Wüste forderten sie Gott heraus,
in ihrer Gier verlangten sie, Fleisch zu
essen.
[15] Da gab er ihnen, wonach sie gierten,
aber gleich darauf plagte er sie mit einer
schrecklichen Seuche.

---

[a] Sinngemäß eingefügt.

105,37 1 Mo 15,14; 2 Mo 12,35–36 **105,38** 2 Mo 6,1; 11,1.8; 12,31–33 **105,39** 2 Mo 13,21–22* **105,40** 2 Mo 16,13; 16,14–15* **105,41** 2 Mo 17,1–7 **105,42** 1 Mo 12,7* **106,7** 2 Mo 14,11–12* **106,9–11** 2 Mo 14,21–29 **106,14–15** 4 Mo 11,4–34

16 Im Lager wurden sie neidisch auf Mose
und auf Aaron, den der Herr zu seinem
Diener erwählt hatte.
17 Da öffnete sich auf einmal die Erde. Sie
verschlang die Aufrührer Datan und Abi-
ram mit ihren Familien und schloss sich
wieder über ihnen.
18 Dann brach ein Feuer aus unter denen,
die zu ihnen hielten, und verbrannte sie,
weil sie Gott missachteten.

19 Am Berg Horeb goss sich das Volk Is-
rael ein goldenes Kalb und betete das
Standbild an.
20 Die Macht und Hoheit ihres Gottes
tauschten sie ein gegen das Abbild eines
Gras fressenden Stieres!
21 Sie vergaßen Gott, ihren Retter, der in
Ägypten mächtige Taten und Wunder
vollbracht hatte.
22 Sie dachten nicht mehr daran, wie er
den Ägyptern am Schilfmeer Angst und
Schrecken eingejagt hatte.
23 Schon sprach Gott davon, sie alle zu
vernichten, doch Mose, sein Auserwähl-
ter, setzte sich für sie ein. Er wandte Got-
tes Zorn von ihnen ab, so dass sie nicht
vernichtet wurden.

24 Dann verschmähten sie das schöne
Land, denn sie glaubten Gottes Zusagen
nicht.
25 Sie blieben in ihren Zelten und
schimpften über Gott; längst nahmen sie
seine Worte nicht mehr ernst.
26 Da hob er seine Hand zum Schwur und
sagte: »Ich werde sie in der Wüste um-
kommen lassen
27 und ihre Nachkommen unter die Völker
zerstreuen, damit sie dort untergehen!«

28 Sie gaben sich dazu her, Baal anzube-
ten, den Gott vom Berg Peor, und aßen
das Fleisch von Opfertieren, die man to-
ten Götzen geweiht hatte.
29 Durch ihr gottloses Treiben reizten sie
den Herrn zum Zorn, da brach eine
schreckliche Seuche unter ihnen aus.
30 Pinhas aber griff ein und hielt Gericht,
und die Seuche hörte auf.
31 So fand er Gottes Anerkennung, er und
seine Nachkommen für alle Zeit.

32 Auch bei der Felsenquelle von Meriba
forderte Israel Gottes Zorn heraus, und
über Mose brach ihretwegen das Ver-
hängnis herein:
33 Sie hatten ihn so erbittert, dass er sich
zu unbedachten Worten hinreißen ließ.

34 Sie beachteten nicht den Befehl Gottes,
die anderen Völker zu vernichten.
35 stattdessen vermischten sie sich mit ih-
nen und übernahmen ihre schrecklichen
Gebräuche:
36 Sie beteten ihre Götter an, die ihnen
dann zum Verhängnis wurden.
37/38 Sie opferten ihre eigenen Söhne und
Töchter den Dämonen. Sie vergossen un-
schuldiges Blut und entweihten das
Land, indem sie ihre Kinder zu Ehren
der Götzen Kanaans schlachteten.
39 Durch ihre bösen Taten wurden sie un-
rein in Gottes Augen – sie brachen ihm
die Treue.

40 Da geriet Gott in Zorn über Israel und
verabscheute sein eigenes Volk.
41 Er gab sie in die Hand fremder Völker;
sie wurden beherrscht von denen, die sie
hassten.
42 Ihre Feinde unterdrückten sie, ihrer
Gewalt musste Israel sich beugen.
43 Immer wieder befreite sie der Herr,
aber sie dachten nicht im Geringsten da-
ran, ihm zu gehorchen. So sanken sie
durch ihre Schuld immer tiefer ins Un-
glück.
44 Doch als Gott ihre verzweifelte Lage
sah und ihre Hilfeschreie hörte,
45 da dachte er an seinen Bund mit ihnen.
Ja, seine Liebe zu ihnen war stark, darum
tat es ihm leid, dass er sie ihren Feinden
ausgeliefert hatte.
46 Er ließ sie Erbarmen finden bei denen,
die sie gefangen hielten.

106,19–23 2 Mo 32,1–14 **106,24–27** 4 Mo 13,1–14.32–33 **106,28–31** 4 Mo 25,1–13
106,32–33 4 Mo 20,2–13 **106,34–39** Ri 2,1–13 **106,40–46** Ri 2,14–22

47 Rette uns, Herr, unser Gott! Führe uns heraus aus den Völkern, die dich nicht kennen, und bring uns wieder zusammen! Dann werden wir deinen heiligen Namen preisen und stolz darauf sein, dass wir dich loben können.
48 Ja, gelobt sei der Herr, der Gott Israels, jetzt und für alle Zeit! Und das ganze Volk soll antworten: Amen! Halleluja!

Herr, du hast uns gerettet!

107 Preist den Herrn, denn er ist gut, und seine Gnade hört niemals auf!
2 Dies sollen alle bekennen, die der Herr gerettet hat. Ja, er hat sie aus der Gewalt ihrer Unterdrücker befreit
3 und aus fernen Ländern wieder zurückgebracht – aus Ost und West, aus Nord und Süd.

4 Viele irrten in der trostlosen Wüste umher und konnten den Weg zu einer bewohnten Stadt nicht finden.
5 Vor Hunger und Durst waren sie am Ende ihrer Kraft und verloren allen Mut.
6 In auswegloser Lage schrien sie zum Herrn, und er rettete sie aus ihrer Not.
7 Er half ihnen, den richtigen Weg zu finden, und führte sie zu einer Stadt, in der sie wohnen konnten.
8 Sie sollen den Herrn preisen für seine Gnade und für seine Wunder, die er uns Menschen erleben lässt!
9 Denn fast wären sie verhungert und verdurstet, doch er gab ihnen genug zu essen und zu trinken.

10 Andere lagen in finsteren Gefängnissen, gequält und mit eisernen Ketten gefesselt.
11 Sie hatten missachtet, was Gott ihnen sagte, und seine Weisungen in den Wind geschlagen.
12 Darum zerbrach er ihren Stolz durch Zwangsarbeit; sie lagen am Boden, und keiner half ihnen auf.
13 In auswegloser Lage schrien sie zum Herrn, und er rettete sie aus ihrer Not.
14 Er holte sie aus den finsteren Gefängnissen und riss ihre Fesseln entzwei.
15 Sie sollen den Herrn preisen für seine Gnade und für seine Wunder, die er uns Menschen erleben lässt.
16 Denn er hat die gepanzerten Türen zerschmettert und die eisernen Riegel aufgebrochen.

17 Andere litten unter den Folgen ihrer Sünden und Verfehlungen; sie siechten dahin
18 und ekelten sich vor jeder Speise – vom Tod gezeichnet.
19 In auswegloser Lage schrien sie zum Herrn, und er rettete sie aus ihrer Not.
20 Er sprach nur ein Wort, und sie wurden gesund. So rettete er sie vor dem sicheren Tod.
21 Sie sollen den Herrn preisen für seine Gnade und für seine Wunder, die er uns Menschen erleben lässt.
22 Aus Dank sollen sie ihm Opfergaben bringen und voll Freude von seinen Taten erzählen!

23 Wieder andere fuhren mit ihren Schiffen aufs Meer hinaus, um Handel zu treiben.
24 Dort erlebten sie Gottes Macht, auf hoher See wurden sie Zeugen seiner wunderbaren Taten.
25 Nur ein Wort von ihm – und ein Sturm peitschte das Meer. Wogen türmten sich auf,
26 warfen die Schiffe hoch in die Luft und stießen sie sogleich wieder in gähnende Abgründe. Da verloren sie jede Hoffnung.
27 Sie wirbelten durcheinander und taumelten wie Betrunkene, mit ihrer Weisheit waren sie am Ende.
28 In auswegloser Lage schrien sie zum Herrn, und er rettete sie aus ihrer Not.
29 Er bannte die tödliche Gefahr. Der

106,47–48 20,6*; 5 Mo 4,26–31; Klgl 5,21 **107,1** 136,1 **107,2–3** Jes 43,5–6 **107,6** 17,6*
107,25 Jona 1,4 **107,29** 89,10; Mt 8,26

Sturm legte sich, und die tobenden Wel-
len wurden ruhig.
30 Da freuten sie sich, dass es endlich still
geworden war! Gott brachte sie in den
Hafen, an das ersehnte Ziel.
31 Sie sollen den Herrn preisen für seine
Gnade und für seine Wunder, die er uns
Menschen erleben lässt.
32 Wenn sich das Volk versammelt, sollen
sie seine Größe rühmen und ihn vor dem
Rat der Ältesten loben.

33 Der Herr verwandelt wasserreiches
Land in dürre Wüste, und wo vorher
Quellen sprudelten, entstehen trostlose
Steppen.
34 Fruchtbare Gebiete macht er zur Salz-
wüste, wenn die Bosheit der Bewohner
überhand nimmt.
35 Doch er verwandelt auch dürres Land
in eine Oase und lässt mitten in der Step-
pe Quellen aufbrechen.
36 Hungernde Menschen siedeln sich dort
an und gründen Städte.
37 Sie bestellen die Felder, legen Weinber-
ge an und bringen Jahr für Jahr eine rei-
che Ernte ein.
38 Gott segnet sie mit vielen Kindern und
vergrößert ihre Viehherden immer mehr.
39 Wenn habgierige Machthaber sie unter-
drücken und sie immer weniger werden,
gebeugt von Unglück und Leid,
40 dann macht Gott ihre Unterdrücker
zum Gespött und lässt sie in der Wüste
umherirren.
41 Die Hilflosen aber rettet er aus ihrem
Elend und lässt ihre Familien wachsen
wie große Herden.

42 Die aufrichtigen Menschen sehen es
und freuen sich, und alle niederträchti-
gen müssen verstummen.
43 Wer verständig ist, soll immer wieder
daran denken. Er wird erkennen, dass
der Herr auf vielfache Weise zeigt, wie
gnädig er ist!

Gottes Antwort auf die Niederlage

108 Ein Lied Davids.
2 Voller Vertrauen blicke ich in die Zu-
kunft, mein Gott; darum will ich singen
und dir danken, Herr! Fasse neuen Mut,
mein Herz! Wach auf!
3 Harfe und Zither, wacht auf! Ich will
den neuen Tag mit meinem Lied be-
grüßen.
4 Herr, ich will dir danken vor den Völ-
kern, vor allen Menschen will ich dir
singen.
5 Groß ist deine Güte! Sie reicht über den
Himmel hinaus! Und wohin die Wolken
auch ziehen: Überall ist deine Treue!
6 Gott, zeige deine Größe, die den Him-
mel überragt; erweise deine Macht und
Herrlichkeit auf der ganzen Welt!
7 Hilf uns und antworte! Rette uns! Wir
sind doch dein geliebtes Volk!

8 Darauf hat Gott in seinem Heiligtum
geantwortet: »Im Triumph will ich mei-
nem Volk die Gegend um Sichem geben;
das Tal von Sukkot will ich ihnen zu-
teilen.
9 Mir gehören die Gebiete von Gilead
und Manasse, Ephraim ist mein Helm
auf dem Haupt, Juda das Zepter in mei-
ner Hand.
10 Das Land Moab dient mir als Wasch-
becken; auf Edom werfe ich meinen
Schuh als Zeichen dafür, dass ich von
ihm Besitz ergreife. Und über die Philis-
ter triumphiere ich als Sieger!«

11 Wer gibt mir Gewalt über die befestigte
Stadt? Wer schenkt mir den Sieg über
Edom?
12 Außer dir, Herr, kommt ja niemand in
Frage! Doch gerade du hast uns versto-
ßen. Gerade du, Gott, ziehst nicht mehr
mit unseren Truppen in den Kampf.
13 Rette uns vor den Feinden! Denn wer

107,31–32 92,2–4* **107,34** 1 Mo 19,24–26 **107,35–37** Jes 41,17–20 **107,43** 136,1 **108,2** 25,2; 56,4; 57,8 **108,3–4** 92,2–4*; 117,1* **108,5** Klgl 3,22–23* **108,6** 89,7–9* **108,12–14** 2 Mo 14,14*

sich auf Menschen verlässt, der ist verlassen!

14 Mit Gott werden wir große Taten vollbringen, er wird unsere Feinde zertreten!

Herr, bestrafe meine Feinde!

109 Ein Lied Davids.

Mein Gott, ich lobe dich und bitte: Schweige nicht!

2 Rücksichtslos gehen gottlose Menschen gegen mich vor, sie reißen ihren Mund auf und verleumden mich.

3 Sie bedrängen und beschimpfen mich mit hasserfüllten Worten; sie bekämpfen mich ohne jeden Grund.

4 Meine Liebe zu ihnen beantworten sie mit Feindschaft, ich aber bete weiter zu dir.

5 Mit Bosheit zahlen sie mir heim, was ich ihnen Gutes tue; meiner Liebe setzen sie nur Hass entgegen.

6 O Herr, lass einen Ankläger gegen meinen Feind auftreten und bestimme einen Richter, der sich nicht an deine Gesetze hält![a]

7 Wenn das Urteil gefällt wird, soll er schuldig gesprochen werden. Selbst sein Gebet rechne ihm als Sünde an!

8 Er soll nicht mehr lange leben, und seine Stellung soll ein anderer bekommen.

9 Seine Kinder sollen Waisen werden und seine Frau eine Witwe.

10 Ruhelos sollen seine Kinder umherirren und betteln, ihr Elternhaus lass zu einer Ruine verfallen.

11 Seine Gläubiger mögen seinen Besitz an sich reißen, und Fremde sollen rauben, was er sich erworben hat.

12 Niemand soll sein Andenken in Ehren halten und mit seinen verwaisten Kindern Mitleid haben.

13 Seine Nachkommen sollen ausgerottet werden, schon in der nächsten Generation möge ihr Name erlöschen.

14 Der Herr soll meinem Feind das Unrecht seiner Vorfahren nie vergessen, und auch die Schuld seiner Mutter bleibe ungesühnt!

15 Die Sünden aller seiner Vorfahren sollen dem Herrn stets vor Augen stehen, doch an sie selbst soll niemand mehr denken!

16 Denn dieser Mensch dachte nicht daran, anderen Gutes zu tun. Die Armen und Hilflosen verfolgte er, und die Niedergeschlagenen trieb er in den Tod.

17 Er liebte es, andere zu verfluchen – nun soll der Fluch ihn selber treffen! Er hasste es, andere zu segnen – darum bleibe der Segen von ihm fern!

18 Das Fluchen wurde ihm zur Gewohnheit, er hüllte sich darin ein wie in einen Mantel. Aber nun wird sein Fluch gegen ihn selbst wirksam: er dringt in ihn ein wie Wasser, das man trinkt, und wie Öl, mit dem man sich einreibt.

19 Er soll ihn bedecken wie ein Gewand und ihn für immer einschnüren wie ein enger Gürtel!

20 Ja, Herr, damit strafe alle meine Feinde, alle, die mich verleumden!

21 Herr, mein Gott, tritt für mich ein, es geht um deine Ehre! Rette mich, denn auf deine Gnade ist Verlass!

22 Ich bin niedergeschlagen und hilflos, im Innersten verwundet.

23 Mein Leben gleicht einem Schatten am Abend, der bald in der Dunkelheit verschwindet. Ich bin wie eine Heuschrecke, die man vom Arm abschüttelt.

24 Vom vielen Fasten zittern mir die Knie, ich bin nur noch Haut und Knochen.

25 Für meine Feinde bin ich zum Gespött geworden; wenn sie mich sehen, schütteln sie den Kopf.

26 Hilf mir doch, Herr, mein Gott! Steh mir bei – du bist doch ein Gott, der gerne rettet!

27 Lass meine Feinde erkennen, dass du es bist, der alles so gefügt hat!

---

[a] Möglicherweise zitiert der Beter in den Versen 6–19 die Verwünschungen seiner Gegner. Dann müsste der Abschnitt eingeleitet werden mit: »Sie sagen: Ein Ankläger soll gegen ihn auftreten …«

109,2–5 35,11–12; 38,21; Hiob 30,9–10; 1 Petr 3,9 **109,8** Apg 1,20 **109,18** 7,13–17*

[28] Mögen sie mich auch verwünschen –
du wirst mich segnen! Sie greifen mich an, aber sie werden dabei scheitern! Zuletzt werde ich mich doch wieder freuen können.
[29] Schimpf und Schande soll über meine Ankläger kommen, soll sie einhüllen wie ein Mantel!

[30] Mit lauter Stimme will ich dem Herrn danken, vor der großen Menge will ich ihn loben.
[31] Er steht dem Wehrlosen zur Seite; er rettet ihn vor den Richtern, die ihn zum Tode verurteilen wollen.

König und Priester in einer Person

110 Ein Lied Davids.

Gott, der Herr, sprach zu meinem Herrn: »Setze dich auf den Ehrenplatz an meiner rechten Seite, bis ich dir alle deine Feinde unterworfen habe, bis du deinen Fuß auf ihren Nacken setzt!«
[2] Vom Berg Zion aus wird der Herr deine königliche Macht ausweiten – nun herrsche über alle deine Feinde!
[3] Wenn du ein Heer zum Kampf aufstellst, wird dir dein Volk begeistert folgen. Feierlich geschmückt, voll jugendlicher Kraft, stehen dir die jungen Krieger in großer Zahl zur Seite.[a]

[4] Gott, der Herr, hat meinem Herrn geschworen: »In alle Ewigkeit sollst du ein Priester sein, so wie es Melchisedek war!« Diesen Schwur wird er niemals brechen.
[5] Der Herr wird dir zur Seite stehen; am Tag des Gerichtes zerschmettert er *Könige*.
[6] Wenn er über die Völker sein Urteil spricht, wird das Schlachtfeld mit Leichen bedeckt sein. Den Herrscher über ein großes Land wird er vernichten.
[7] Auf seinem Feldzug wird der Herr nur kurz rasten und aus dem Bach am Wege trinken. So gestärkt erringt er den Sieg.

Was Gott tut, ist einzigartig!

111 Halleluja – lobt den Herrn! Ich will dem Herrn von ganzem Herzen danken vor allen, die ihm treu sind – ja, vor der ganzen Gemeinde!
[2] Wie gewaltig ist alles, was der Herr vollbracht hat! Wer sich über seine Taten freut, denkt immer wieder darüber nach.

[3] Was der Herr tut, ist eindrucksvoll und einzigartig. Für immer und ewig hält er, was er versprochen hat.
[4] Er selbst hat alles dafür getan, dass seine Wunder nicht in Vergessenheit geraten. Gnädig und barmherzig ist der Herr!
[5] Denen, die ihn ehrten und achteten, gab er immer genug zu essen. Niemals vergisst er den Bund, den er mit Israel geschlossen hat.
[6] Er bewies ihnen seine Macht: Die Länder anderer Völker gab er ihnen zum Besitz.
[7] Er ist zuverlässig und gerecht in allem, was er tut; seinen Geboten kann man völlig vertrauen.
[8] Niemals verlieren sie ihre Gültigkeit, für alle Zeiten bleiben sie bestehen. Er hat sie gegeben, um uns seine Treue und Wahrhaftigkeit vor Augen zu führen.
[9] Der Herr hat sein Volk erlöst und mit ihnen einen Bund geschlossen für immer und ewig. Heilig und furchterregend ist unser Gott!
[10] Alle Weisheit fängt damit an, dass wir ihn ernst nehmen. Wer sein Leben nach Gottes Geboten ausrichtet, der allein gewinnt Einsicht. Nie wird das Lob unseres Gottes verstummen!

---

[a] Vers 3 wörtlich: Dein Volk ist willig am Tag deiner Macht. Aus dem Schoß der Morgenröte kommt dir der Tau deiner Kindschaft. – Der Vers ist nicht sicher zu deuten.

109,30–31 140,13* **110,1–2** Jes 9,6* **110,1** Mt 22,44–45; 26,63–64; Apg 2,32–35; 1 Kor 15,25; Hebr 1,3.13 **110,2** 2,6; 1 Kön 9,3* **110,4** 1 Mo 14,18–20; Hebr 5,6–10; 7,17–21 **110,5–6** 7,12* **111,4** 5 Mo 4,9* **111,5** 2 Mo 24,7–8* **111,7** 18,31* **111,10** Spr 1,7*

Geben macht glücklicher als Nehmen!

112 Halleluja – lobt den Herrn! Glücklich ist, wer dem Herrn in Ehrfurcht begegnet und sich über seine Gebote freut!
2 Seine Nachkommen werden im ganzen Land hohes Ansehen genießen, denn Gottes Segen liegt auf jeder Generation, die sich von ihm nicht abbringen lässt.
3 Bei einem solchen Menschen sind Reichtum und Wohlstand zu Hause. Unerschütterlich und treu hält er zu Gott.
4 Selbst in dunklen Stunden leuchtet ihm ein Licht, er ist voll Erbarmen, großmütig und gerecht.

5 Gut geht es dem, der freundlich zu den Armen ist und ihnen gerne Geld leiht, der sich an das Recht hält bei allem, was er unternimmt!
6 Nichts wird ihn zu Fall bringen, einen solchen Menschen vergisst man nicht!
7 Er fürchtet sich nicht vor schlechter Nachricht, denn sein Glaube ist stark – er vertraut dem Herrn.
8 Er lässt sich nicht erschüttern und hat keine Angst, denn er weiß, dass er über seine Feinde triumphieren wird.
9 Großzügig schenkt er den Bedürftigen, was sie brauchen; auf seine barmherzige Liebe kann man immer zählen[a]. Darum ist er überall hoch angesehen.[b]
10 Alle, die Gott missachten, sehen es und ärgern sich, sie knirschen mit den Zähnen und vergehen vor Wut. Denn was sie sich erträumt haben, zerrinnt in nichts.

Hoffnungslos im Elend?

113 Halleluja! Lobt den Herrn, ihr seine Diener! Lobt seinen herrlichen Namen!
2 Ja, der Name des Herrn werde gepriesen – jetzt und in alle Zukunft!
3 Von dort, wo die Sonne aufgeht, bis dorthin, wo sie untergeht – überall werde der Herr gelobt!
4 Er herrscht über alle Völker, seine Macht und Hoheit überragt den Himmel!
5/6 Einzigartig ist der Herr! Niemand im Himmel und auf der Erde ist ihm gleich. Sein Thron steht hoch über allen Thronen, und doch sieht er, was in der Tiefe vor sich geht.
7 Wer hoffnungslos im Elend sitzt, den holt er heraus; wer erniedrigt wurde, den bringt er wieder zu Ehren
8 und gibt ihm einen Platz unter den Angesehenen, die in seinem Volk Rang und Namen haben.
9 Auch die kinderlose Frau befreit er von ihrer Schmach und macht sie zu einer glücklichen Mutter. Halleluja!

Gott macht Geschichte

114 Als Israel aus Ägypten zog, als die Nachkommen Jakobs das Volk verließen, dessen Sprache sie nicht verstehen konnten,
2 da machte der Herr das Gebiet Juda zu seinem Heiligtum und Israel zu seinem Herrschaftsbereich.
3 Das Rote Meer sah das Volk kommen und wich zurück, auch der Jordan hörte auf zu fließen und staute sein Wasser.
4 Die Berge sprangen wie die Schafe, und die Hügel hüpften wie die Lämmer.

5 Was ist mit dir geschehen, Meer? Warum bist du so plötzlich zurückgewichen? Jordan, warum hast du aufgehört zu fließen?
6 Ihr Berge, weshalb seid ihr gesprungen wie die Schafe, und ihr Hügel, warum seid ihr wie die Lämmer gehüpft?

---

[a] Wörtlich genau wie Vers 3b: seine Gerechtigkeit bleibt für immer. – Jedoch gewinnt in diesem Zusammenhang das hebräische Wort für »Gerechtigkeit« den Sinn « Mildtätigkeit«. Vgl. Matthäus 6,1

[b] Wörtlich: Sein Horn ragt in Ehren auf.

112,1–3 1,1–2 **112,5–9** 5 Mo 15,5–11; Spr 22,9; 2 Kor 9,6–9 **113,5–6** 22,29* **113,7–8** 1 Sam 2,8; Lk 1,48 **113,9** 1 Mo 21,6–7; 30,22–23; 1 Sam 2,5; Lk 1,57–58 **114,3–5** 2 Mo 14,21–22*; Jos 3,14–17

Keine perfekten Eltern

Lesen Sie Psalm 112,1-10

„Seine Nachkommen werden im ganzen Land hohes Ansehen genießen, denn Gottes Segen liegt auf jeder Generation, die sich von ihm nicht abbringen lässt“ (Psalm 112,2). Das ist das Höchste, was wir als Eltern erreichen können. Erfolgreiche Kinder, die ihre Umgebung auf eine Gott wohlgefällige Weise beeinflussen – nach diesem Ideal streben die meisten christlichen Eltern. Es zu erreichen, kann allerdings ziemlich verzwickt sein.

Manche Eltern haben vergessen, wie man in einer gefallenen Welt zuversichtlich leben kann. Das Elternsein ist heute anders, denn unsere Welt hat sich verändert. Während unsere Kinder heranwachsen, müssen wir unseren Erziehungsstil immer wieder anpassen und kleine Veränderungen vornehmen. Die richtige Balance zu finden, ist nahezu unmöglich. Kaum meinen wir, sie gefunden zu haben, wird sie schon wieder durcheinandergebracht, denn unsere Kinder haben einen weiteren Schritt in ihrer Entwicklung gemacht.

Als Eltern wissen wir meistens genau, welche Fehler wir gemacht haben. Aber wir müssen uns nicht auf sie festlegen lassen. Wir können aus ihnen lernen, es in Zukunft besser zu machen. Genauso wie unsere Kinder reifer werden, so sollten wir es auch.

Wir sind und bleiben nur Menschen, deshalb werden wir nie vollkommene Eltern sein. Doch wir dienen einem vollkommenen Gott, der sich zutiefst für unsere Kinder interessiert. In seinem Wort finden wir als Eltern Weisung, Trost und Zuversicht.

Nehmen Sie sich Zeit, um allein oder als Paar gemeinsam zu beten. Danken Sie Gott, dass er Sie mit Ihren Kindern gesegnet hat. Sprechen Sie mit ihm über Ihre Probleme und Enttäuschungen als Eltern. Bitten Sie ihn um seinen Segen, wenn Sie Kinder großziehen möchten, die ihm Ruhm und Ehre bringen.

Wenn Sie noch mehr Zeit haben ...

Besprechen Sie miteinander folgende Fragen oder denken Sie darüber nach:

- Wie haben Sie sich das Elternsein vorgestellt, bevor Sie Kinder hatten?
- Was hat Sie als Eltern am meisten überrascht?
- Welches Vermächtnis möchten Sie Ihren Kindern weitergeben?

Lesen Sie auch die folgenden Abschnitte zum Thema Eltern sein:
Psalm 138,8; Jesaja 44,3-5; Jeremia 31,17.

Ein dienender Gott

Lesen Sie Psalm 115,1-18

Gott zeigt uns seine Liebe durch Hilfsbereitschaft. Das können wir an den Worten des Psalmbeters ablesen. Zum Thema heidnische Götter schreibt er: „Ihre Götter sind nur Figuren aus Silber und Gold, von Menschenhänden gemacht. Sie haben einen Mund, aber reden können sie nicht; Augen haben sie, doch sie können nicht sehen. Mit ihren Ohren hören sie nicht, und mit ihren Nasen riechen sie nichts“ (Psalm 115,4-6). Sie sind machtlos und haben ihren Anhängern nichts zu bieten.

Über den Gott Israels schreibt der Psalmbeter jedoch: „Ihr Israeliten, vertraut dem Herrn! Er allein gibt euch Hilfe und Schutz. ... Der Herr denkt an uns und wird uns segnen“ (Psalm 115,9.12). Sehr deutlich zeigte der Gott Israels allen, die ihn anriefen, seine Liebe, indem er ihnen half.

Wenn Sie und Ihr Ehepartner auch zu Gottes Volk gehören, können Sie dem Beispiel Gottes folgen. Überlegen Sie, wo es in Ihrem Leben Menschen gibt, denen Sie helfen können. Wer könnte davon profitieren, dass Sie dem Vorbild Gottes folgen? Wie viele Menschenleben können Sie verändern, indem Sie eine helfende Hand ausstrecken und diesen Menschen das Leben leichter machen? Wie können Sie sich von Gott gebrauchen lassen, um seine Gnade weiterzugeben? Und wie kommen Sie sich gegenseitig dadurch näher?

Nehmen Sie sich Zeit, um allein oder als Paar gemeinsam zu beten.

- Danken Sie Gott, dass sich überall in der Bibel Beispiele dafür finden, wie er sich immer wieder für sein Volk eingesetzt hat.
- Danken Sie ihm für seine Hilfsbereitschaft Ihnen und Ihrer Familie gegenüber.
- Bitten Sie ihn, Ihre Bemühungen zu segnen, wenn Sie anderen Menschen in der Sprache der Hilfsbereitschaft Ihre Liebe zeigen.

Wenn Sie noch mehr Zeit haben ...

Besprechen Sie miteinander folgende Fragen oder denken Sie darüber nach:

- Warum vergessen wir so leicht, wie Gott uns früher geholfen hat?
- Wie können Sie diese Erinnerungen frisch halten?
- Wie können Sie Ihren Kindern (oder anderen) durch Hilfsbereitschaft zum Vorbild werden?

Lesen Sie auch die folgenden Abschnitte zum Thema Hilfsbereitschaft:

Matthäus 5,13-16; Philipper 2,1-4; 1. Petrus 4,10-11.

Den nächsten Impuls finden Sie auf S. 696 a

7 Erde, erbebe, wenn der Herr, der Gott
Jakobs, erscheint!
8 Er verwandelte Felsen in Wasserteiche
und ließ Quellen sprudeln, wo vorher
nur harter Stein zu finden war!

Tote Götzen, aber ein lebendiger Herr

115 Nicht uns, Herr, nicht uns, son-
dern dir allein steht Ehre zu!
Du allein bist gnädig und treu!
2 Warum dürfen die Völker höhnisch fra-
gen: »Wo bleibt er denn, ihr Gott?«
3 Unser Gott ist im Himmel, und alles,
was er will, das tut er auch!

4 Doch ihre Götter sind nur Figuren aus
Silber und Gold, von Menschenhänden
gemacht.
5 Sie haben einen Mund, aber reden kön-
nen sie nicht; Augen haben sie, doch sie
können nicht sehen.
6 Mit ihren Ohren hören sie nicht, und mit
ihren Nasen riechen sie nichts.
7 Ihre Hände können nicht greifen, mit ih-
ren Füßen gehen sie nicht. Aus ihren
Kehlen kommt kein einziger Laut!
8 Genauso starr und tot sollen alle wer-
den, die diese Götzen schufen, und auch
alle, die solchen Götzen vertrauen!

9 Ihr Israeliten, vertraut dem Herrn! Er
allein gibt euch Hilfe und Schutz.
10 Ihr Priester, vertraut dem Herrn! Er al-
lein gibt euch Hilfe und Schutz.
11 Ihr alle, die ihr den Herrn achtet – ver-
traut ihm! Er allein gibt euch Hilfe und
Schutz.

12 Der Herr denkt an uns und wird uns
segnen. Sein Segen gilt ganz Israel. Sein
Segen gilt den Priestern.
13 Sein Segen gilt allen, die ihn achten,
ganz gleich, ob unbedeutend oder ein-
flussreich!
14 Der Herr gebe euch viele Kinder, euch
und euren Nachkommen!
15 Auf euch ruht der Segen des Herrn, der
Himmel und Erde geschaffen hat.
16 Der Himmel gehört dem Herrn allein,
die Erde aber hat er den Menschen an-
vertraut.
17 Die Toten können den Herrn nicht
mehr loben, denn dort, wo sie sind,
schweigt man für immer.
18 Doch wir, wir loben und preisen unse-
ren Gott, jetzt und in Ewigkeit! Halle-
luja!

Du hast mir das Leben neu geschenkt!

116 Ich liebe den Herrn, denn er
hat mich erhört, als ich zu ihm
um Hilfe schrie.
2 Ja, er hat sich zu mir herabgeneigt; mein
Leben lang will ich zu ihm rufen!

3 Ich war schon gefangen in den Klauen
des Todes, Angst vor dem Grab überfiel
mich, ich war völlig verzweifelt.
4 Da schrie ich laut zum Herrn, ich flehte
ihn an: »O Herr, rette mein Leben!«
5 Wie gnädig ist der Herr! Was er ver-
spricht, das hält er auch. Unser Gott ist
voll Erbarmen!
6 Er beschützt alle, die sich selbst nicht
helfen können. Ich war in großer Gefahr,
doch der Herr hat mir herausgeholfen!
7 Nun sage ich mir: »Werde wieder ruhig!
Der Herr hat dir Gutes erwiesen!«
8 Ja, er hat mich vor dem sicheren Tod er-
rettet. Meine Tränen hat er getrocknet
und mich vor dem Untergang bewahrt.
9 Ich darf am Leben bleiben, in seiner
Nähe.
10 Mein Vertrauen zu ihm blieb uner-
schüttert, auch als ich zugeben musste:
»Jetzt weiß ich nicht mehr aus noch ein!«,
11 auch als ich bestürzt ausrief: »Keinem
Menschen kann man vertrauen!«

114,8 2 Mo 17,1–7; 4 Mo 20,10–11 **115,1–2** 79,9–10 **115,3** 5 Mo 3,24 **115,4–8** 135,15–18; 1 Sam 12,21; Jes 41,28–29; 44,9–20* **115,9–11** 135,19–21 **115,14** 127,3–5 **115,15** 1 Mo 14,19 **115,17** 6,6* **116,1–2** 17,6* **116,5** 86,15; 103,8 **116,6** 140,13* **116,9** 59,5*

12 Wie soll ich dem Herrn nun danken für all das Gute, das er mir getan hat?
13 Beim Opfermahl will ich vor allen den Kelch erheben als Zeichen meines Dankes. Denn der Herr hat mich gerettet – das allein will ich bekennen![a]
14 So will ich vor Gottes Volk erfüllen, was ich dem Herrn versprochen habe.

15 Der Herr bewahrt alle, die ihn lieben, denn in seinen Augen ist ihr Leben wertvoll[b].
16 Gott, du bist mein Herr, und ich diene dir, wie meine Mutter es schon tat. Du hast mich den Klauen des Todes entrissen.
17 Deshalb will ich dir ein Dankopfer bringen; laut will ich bekennen, dass du mein Herr bist.
18/19 Vor deinem ganzen Volk – auf dem Vorhof des Tempels mitten in Jerusalem – will ich dir, Herr, meine Gelübde erfüllen. Halleluja!

Lobt den Herrn, alle Völker!

117 Lobt den Herrn, alle Völker; preist ihn, alle Nationen!
2 Denn seine Liebe zu uns ist stark und mächtig, und seine Treue hört niemals auf! Halleluja!

Ein Dankgottesdienst nach dem Sieg

118 Dankt dem Herrn, denn er ist gut, und seine Gnade hört niemals auf!
2 Alle Israeliten sollen es sagen: Seine Gnade hört niemals auf!
3 Die Priester sollen rufen: Seine Gnade hört niemals auf!
4 Alle, die ihm in Ehrfurcht begegnen, sollen einstimmen: Seine Gnade hört niemals auf!

5 In auswegloser Lage schrie ich zum Herrn: »Hilf mir!« Er holte mich aus der Bedrängnis heraus und schenkte mir Freiheit.
6 Der Herr ist auf meiner Seite, und ich brauche mich vor nichts und niemandem zu fürchten. Was kann mir ein Mensch schon antun?
7 Der Herr steht für mich ein und hilft mir; ich werde noch die Niederlage meiner Feinde erleben.

8 Es ist viel besser, bei dem Herrn Schutz zu suchen, als sich auf Menschen zu verlassen.
9 Es ist viel besser, bei dem Herrn Schutz zu suchen, als mit denen zu rechnen, die mächtig und einflussreich sind.

10 Ich war von feindlichen Völkern eingekreist, aber mit der Hilfe des Herrn schlug ich sie in die Flucht.
11 Sie hatten mich umzingelt, aber mit der Hilfe des Herrn schlug ich sie in die Flucht.
12 Sie fielen über mich her wie ein Bienenschwarm, aber mit der Hilfe des Herrn schlug ich sie in die Flucht. Wie ein Strohfeuer erlischt, so schnell war es mit ihnen vorbei.
13 Sie haben mich erbittert bekämpft, um mich zu Fall zu bringen, doch der Herr hat mir geholfen.
14 Er hat mir Kraft gegeben und mich froh gemacht; nun kann ich wieder singen. Er hat mir den Sieg geschenkt!

15/16 Hört die Freudenrufe und Siegeslieder in den Zelten der Menschen, die für Gott leben! Sie singen: »Der mächtige Gott vollbringt gewaltige Taten! Er hat die Hand erhoben zum Zeichen des Sieges – ja, er vollbringt Gewaltiges!«

---

[a] *Wörtlich: Ich will den Becher des Heils erheben und den Namen des Herrn anrufen.*
[b] Wörtlich: denn kostbar ist in den Augen des Herrn der Tod seiner Frommen.

116,12–13 20,6* **116,17–19** 4 Mo 30,3* **117,1** 66,4; 86,9; 102,22–23; Jes 2,1–4; 60,1–12; Mi 4,1–4; Lk 13,29; Röm 15,9–12; Offb 15,4 **117,2** 86,15 **118,1–4** 136,1 **118,5** 140,13* **118,6** Röm 8,31; Hebr 13,6 **118,8–9** 146,3; Spr 3,5–6; Jes 31,1–3; Jer 17,5–8

Das Glas ist immer halb ...

Lesen Sie Psalm 118,24

Was für ein Mensch sind Sie im Lauf der Jahre geworden? Haben Sie eine eher negative oder eine positive Einstellung zum Leben? Eine Frau erzählte: „Mein Mann ist so negativ eingestellt, dass er morgens beim Aufwachen entweder sagt: ‚O nein, ich habe verschlafen!' oder ‚O nein, ich bin viel zu früh aufgewacht!'" Kommt Ihnen das bekannt vor? Würden Sie Ihren Ehepartner auch so ähnlich beschreiben? Oder Ihr Ehepartner Sie? Viele Menschen haben sich dazu entschlossen, ihr Leben mit einer so negativen Einstellung zu führen. An allem haben sie etwas auszusetzen.

Möchten Sie sich ändern? Das können Sie! Wiederholen Sie jeden Morgen diesen Vers laut: „Diesen Tag hat der Herr zum Fest gemacht, lasst uns fröhlich sein und jubeln!" (Psalm 118,24). Wenn Sie sich diese Wahrheit klarmachen, sehen Sie Gottes Hand in Ihrem Leben. Und Ihre Beziehungen werden sich dadurch verbessern.

Nehmen Sie sich Zeit, um allein oder als Paar gemeinsam zu beten.

- Nehmen Sie sich die Worte aus Psalm 118,24 zu Herzen. Freuen Sie sich über den Tag, den der Herr Ihnen schenkt.
- Sagen Sie ihm, wofür Sie an diesem Tag dankbar sind und warum.
- Zeigen Sie Gott Ihre Dankbarkeit ganz deutlich.

Wenn Sie noch mehr Zeit haben ...

Besprechen Sie miteinander folgende Fragen oder denken Sie darüber nach:

- Wie würden Sie Ihre eigene Lebenseinstellung beschreiben? Würde Ihr Ehepartner dem zustimmen?
- Wie würden Sie die Lebenseinstellung Ihres Mannes/Ihrer Frau beschreiben? Würde er oder sie das genauso sehen?
- Wie wirkt sich Ihre Haltung auf die Menschen in Ihrer Umgebung aus?

Lesen Sie auch die folgenden Abschnitte zum Thema Freude:
Psalm 5,12-13; 28,6-7; Philipper 4,4.

Gottes Wort bleibt für immer

Lesen Sie Psalm 119,89-93

David kannte nur die ersten fünf Bücher der hebräischen Bibel, doch er sah sie eindeutig als Gottes Wort an. Er schrieb über sie: „Herr, dein Wort bleibt für immer und ewig. Schon als du den Himmel erschufst, war es gültig. Deine Treue gilt für alle Zeiten. Durch sie erhältst du die Erde, seitdem du sie ins Dasein gerufen hast. Himmel und Erde bestehen bis heute, weil du es so willst, denn dir muss alles dienen. Wenn ich nicht Freude an deinem Wort gehabt hätte, dann wäre ich in meinem Elend umgekommen. Nie will ich deine Befehle vergessen, denn sie haben mich gestärkt" (Psalm 119,89-93).

In allem, was Gott gesagt hatte – Gebote, Zeugnisse, Urteile –, sah David einen Ausdruck des Wesens Gottes. Für ihn waren diese Worte die höchste Wahrheit, so gewiss wie Gott selbst. Er gründete sein Leben auf das Wort Gottes. Von David stammen wahrscheinlich 73 Psalmen in der Bibel. Viele von ihnen sind voller Lob und Dank Gott gegenüber, und sie gehören zu den Texten in der Bibel, in denen ehrliche Gefühle am intensivsten zum Ausdruck gebracht werden. David zeigte Gott seine Liebe zu ihm durch die Sprache des Lobs und der Anerkennung.

Wir können und sollen seinem Beispiel folgen. Wie wir mit Gottes Wort umgehen, sagt viel über uns selbst aus. Als Eltern haben wir die Verantwortung, Vorbild zu sein. „Tu, was ich sage, aber mach nicht, was ich tue" – das führt zu nichts, wenn wir andere im geistlichen Bereich anleiten wollen.

Nehmen Sie sich Zeit, um allein oder als Paar gemeinsam zu beten.

- Bekennen Sie Gott, wenn Sie bisher von seinem Wort nur wenig begeistert waren.
- Sprechen Sie offen mit ihm über die Hindernisse, die Sie davon abhalten, sich tiefer mit seinem Wort zu beschäftigen.
- Bitten Sie ihn um Hilfe, damit Sie in Ihrer Familie ein Klima schaffen können, in dem die Bibel im Zentrum steht.

Wenn Sie noch mehr Zeit haben ...

Besprechen Sie miteinander folgende Fragen oder denken Sie darüber nach:

- Welche Erfahrungen – positive oder negative – haben Ihre Einstellung gegenüber der Bibel geprägt?
- Wie leicht fällt es Ihnen, mit anderen Menschen über das Wort Gottes zu sprechen?
- Wie können Sie sich gegenseitig ermutigen, Gottes Wort liebzugewinnen?

Lesen Sie auch die folgenden Abschnitte zum Thema Wort Gottes: Matthäus 24,35; 2. Timotheus 3,16-17; Hebräer 4,12.

Den nächsten Impuls finden Sie auf S. 704

17 Ich werde nicht sterben, sondern am Leben bleiben und erzählen, was der Herr getan hat!
18 Er hat mich hart gestraft, doch er ließ nicht zu, dass ich umkam.

19 Öffnet mir die Tore des Tempels[a]! Ich will durch sie einziehen und dem Herrn danken.
20 Ein Priester:[b] »Hier ist das Tempeltor, der Zugang zum Herrn! Wer Gott die Treue hält, darf hier hereinkommen!«

21 Ich danke dir, Herr, denn du hast mich erhört! Du selbst hast mich gerettet.
22 Der Stein, den die Bauleute wegwarfen, weil sie ihn für unbrauchbar hielten, ist zum Grundstein des ganzen Hauses geworden!
23 Was keiner für möglich gehalten hat, das tut Gott vor unseren Augen!
24 Diesen Tag hat er zum Fest gemacht, lasst uns fröhlich sein und jubeln!
25 O Herr, hilf uns doch! Gib uns Gelingen!

26 Ein Priester:[c] »Willkommen ist, wer im Auftrag des Herrn kommt! Wir versehen den Dienst am Tempel, darum segnen wir euch.
27 Der Herr allein ist Gott, er sieht uns freundlich an. Mit Zweigen in euren Händen beginnt den festlichen Reigen um den Altar![d] «

28 Du bist mein Gott, dir will ich danken. Mein Gott, dich allein will ich ehren!
29 Dankt dem Herrn, denn er ist gut zu uns, und seine Gnade hört niemals auf!

Gottes gute Ordnungen sind nicht zu überbieten![e]

119 1.

Glücklich sind die Menschen, denen man nichts Böses nachsagen kann, die sich nach Gottes Gesetz richten.
2 Glücklich sind alle, die sich an seine Weisungen halten und ihm von ganzem Herzen dienen.
3 Sie tun kein Unrecht, denn sie leben nach seinem Willen.
4 Was du, Herr, angeordnet hast, soll jeder genau beachten.
5 Ich wünsche mir noch mehr Beständigkeit, damit ich mich an deine Ordnungen halten kann.
6 Deine Gebote verliere ich nicht mehr aus den Augen. Darum brauche ich mich nicht zu schämen,
7 sondern kann dich mit aufrichtigem Herzen loben. Deine guten Gesetze lerne ich immer besser kennen;
8 ich will mich an deine Ordnungen halten, hilf mir dabei und lass mich nicht im Stich!

2.

9 Herr, wie kann ein junger Mensch leben, ohne schuldig zu werden? Indem er sich nach deinen Geboten richtet.
10 Auch ich will dir treu sein; lass mich nicht von dem Weg abkommen, den du mir gezeigt hast!
11 Tief präge ich mir dein Wort ein, damit ich nicht vor dir schuldig werde.
12 Ich will dir danken und dich preisen, Herr! Lehre mich, deinen Ordnungen immer mehr zu gehorchen!

---

a Wörtlich: die Tore der Gerechtigkeit.
b Sinngemäß eingefügt.
c Sinngemäß eingefügt.
d Oder: Bindet das Festopfer mit Stricken bis an die Hörner des Altars! – Der hebräische Text ist nicht sicher zu deuten.
e Der Psalm besteht im Grundtext aus 22 Strophen zu je 8 Zeilen. Die Strophen folgen den 22 Buchstaben des hebräischen Alphabets. Innerhalb jeder Strophe beginnt jede Zeile mit demselben Buchstaben.

118,17 5 Mo 4,9* **118,19–20** 15,1–5; Jes 26,2 **118,21** 20,6* **118,22–23** Jes 28,16; Mt 21,42; Apg 4,11; 1 Petr 2,4–8 **118,26–27** Joh 12,13 **119,1–2** 1,1–2 **119,11** 5 Mo 6,6–9

[13] Alle deine Anweisungen sage ich mir
immer wieder auf.
[14] Ich freue mich über deine Gebote wie
über großen Reichtum.
[15] Ich denke über deine Vorschriften nach
und halte mich daran.
[16] Deine Gesetze machen mich glücklich;
nie werde ich dein Wort vergessen.

3.

[17] Herr, ich bin dein Diener! Gib mir alles,
was ich brauche; nur so kann ich leben
und dein Wort befolgen.
[18] Öffne mir die Augen, damit ich die
Wunder erkenne, die dein Gesetz enthält!
[19] Diese Welt wird nicht für immer meine
Heimat sein. Deshalb brauche ich deine
Gebote, die mir zeigen, was du für richtig
hältst.
[20] Ich sehne mich sehr danach, deine Wei-
sungen noch besser kennen zu lernen.
[21] Du strafst die Selbstgerechten und ver-
fluchst alle, die deine Gebote übertreten.
[22] Weil ich mich nach dem richte, was du
angeordnet hast, werde ich mit Hohn und
Spott überschüttet. Mach dem ein Ende!
[23] Die Herrschenden sitzen zusammen
und schmieden gemeine Pläne gegen
mich; ich aber will dir dienen und denke
über deine Ordnungen nach.
[24] Über deine Gesetze freue ich mich sehr,
denn sie sind hervorragende Ratgeber.

4.

[25] Herr, ich bin am Boden zerstört. Schen-
ke mir neue Kraft, wie du es versprochen
hast!
[26] Ich habe dir schon oft meine Not ge-
klagt, und du hast mir immer geholfen.
Zeige mir auch jetzt, was ich tun soll!
[27] Hilf mir, deine Anordnungen zu verste-
hen, damit ich über die Wunder nachden-
ken kann, von denen dein Wort berichtet.
[28] Vor Kummer weine ich hemmungslos.
Richte mich wieder auf, wie du es ver-
sprochen hast!
[29] Wenn ich in Versuchung komme, un-
ehrlich zu sein, dann tritt mir in den Weg!
Steh mir gnädig bei, und gib mir klare
Anweisungen!
[30] Ich habe mich entschlossen, dir treu zu
bleiben. Darum will ich mir immer vor
Augen halten, was du als göttliches Recht
festgelegt hast.
[31] Unbeirrbar halte ich an deinen Anord-
nungen fest. Herr, lass nicht zu, dass ich
deswegen ausgelacht werde!
[32] Zielstrebig will ich den Weg gehen, den
deine Gebote mir weisen, denn nur so
kann ich froh der Zukunft entgegen-
sehen[a].

5.

[33] Herr, zeige mir, was deine Ordnungen
für uns bedeuten! Ich will sie beachten,
solange ich lebe.
[34] Gib mir Einsicht, damit ich mich an
dein Gesetz halte und es entschieden be-
folge!
[35] Hilf mir, deine Gebote zu erfüllen,
denn sie bereiten mir Freude.
[36] Gib mir Liebe zu deinem Wort, und lass
nicht zu, dass ich habgierig werde!
[37] Ich will mich nicht mit dem abgeben,
was sinnlos und wertlos ist. Hilf mir dabei
und schenke mir Freude, deinen Willen
zu tun!
[38] Herr, löse deine Zusagen ein! Sie gelten
mir und allen, die dich achten und ehren.
[39] Ich habe Angst, dass man mich verlacht
und beschimpft. Bewahre mich davor,
und verhilf mir zu meinem Recht[b]!
[40] Ich sehne mich danach, deinen Befeh-
len zu gehorchen. Wenn du dein Verspre-
chen hältst, lebe ich wieder auf.

6.

[41] Herr, zeige mir immer wieder, wie sehr
du mich liebst, und hilf mir, wie du es ver-
sprochen hast!
[42] Dann kann ich denen die passende
Antwort geben, die mich jetzt noch ver-

---

[a] Wörtlich: denn du machst das Herz mir weit.
[b] Wörtlich: denn deine Rechtsentscheidungen sind gut.

119,19 39,13; 1 Chr 29,15; Hebr 11,13; 1 Petr 2,11 **119,21** 5 Mo 27,26; Jer 11,3; Gal 3,10
119,26 20,6*; 25,4* **119,32** 25,4* **119,36** Spr 28,25; Lk 12,15; 1 Tim 6,10

achten. Ich vertraue darauf, dass du Wort
hältst.
43 Auf dein Wort habe ich meine Hoff-
nung gesetzt. Lass mich darum nicht
schweigen, wenn ich deine Treue rühmen
soll!
44 Niemals will ich aufhören, dein Gesetz
zu befolgen.
45 Du gewährst mir großen Freiraum für
mein Leben, weil ich deine Ordnungen
beständig erforsche.
46 Sogar vor Königen will ich ohne Scheu
bezeugen, dass dein Wort unumstößlich
gilt.
47 Ich befolge deine Gebote mit Freude,
denn ich liebe sie.
48 Ich sehne mich nach deinem Wort,
denn es ist mir wertvoll; über alles, was
du angeordnet hast, denke ich gründlich
nach.

7.

49 Herr, für dich habe ich mich eingesetzt.
Mach dein Versprechen wahr, denn da-
rauf hoffe ich!
50 Immer, wenn ich in Not war, hat deine
Zusage mich wieder aufgerichtet und be-
lebt.
51 Selbstgefällige Leute reden gehässig
über mich, sooft sie nur können. Trotz-
dem bin ich keinen Fingerbreit von dei-
nem Gesetz abgewichen.
52 Nie habe ich den Mut verloren, denn
ich erinnerte mich daran, wie du schon
früher für Recht gesorgt hast.
53 Wenn ich an die Menschen denke, die
sich von dir und deinem Gesetz losgesagt
haben, dann packt mich der Zorn.
54 Nur kurze Zeit lebe ich auf dieser Erde;
aber solange ich lebe, werde ich deine
Ordnungen besingen.
55 Herr, sogar in den Nachtstunden denke
ich an dich, und deine Gebote werden
mir zur festen Gewohnheit.
56 Immer wieder macht es mich glücklich,
unbeirrt nach deinen Leitlinien zu leben.

8.

57 Das muss ich bekennen: Ich gehöre zu
Gott! Deshalb werde ich tun, was er sagt.
58 Von ganzem Herzen will ich dir gefal-
len; sei mir gnädig, wie du es versprochen
hast!
59 Ich gebe mir Rechenschaft über mein
bisheriges Leben und entschließe mich
von neuem, deinen Geboten zu gehor-
chen.
60 Ich zögere nicht und will keine Zeit ver-
lieren, das zu tun, was du befohlen hast.
61 Die Leute, die sich dir widersetzen,
wollen mich zu Fall bringen, doch ich ver-
gesse dein Gesetz nicht.
62 Mitten in der Nacht stehe ich auf, um
dir zu danken, weil deine Urteile gerecht
sind.
63 Wer dich achtet und nach deinen
Maßstäben lebt, ist mein Freund.
64 Herr, überall auf dieser Welt können
die Menschen deine Güte erleben. Lass
mich erkennen, was ich tun soll!

9.

65 Herr, du bist gut zu mir, wie du es ver-
sprochen hast.
66 Schenke mir Urteilskraft und Verständ-
nis, denn ich vertraue deinem Wort.
67 Ich bin viele Irrwege gegangen, bis ich
mir eingestehen musste: »So geht es nicht
weiter!« Daher will ich mich jetzt nach
deinem Willen richten.
68 Gott, du bist gut! Wie viel Gutes hast
du mir schon erwiesen! Lass mich verste-
hen, was ich tun soll!
69 Unverfrorene Lügner ziehen meinen
Namen in den Schmutz, aber ich befolge
deine Anordnungen von ganzem Herzen.
70 Ihr Gewissen ist abgestumpft; an ihnen
prallt alles ab, was du sagst. Ich aber
freue mich über dein Gesetz.
71 Für mich war es gut, dass ich erkennen
musste: »So geht es nicht weiter!« Denn
da erst lernte ich, wie hilfreich deine Ge-
bote sind.

119,52 7,12* **119,55** 1,2; 42,9; 63,7 **119,58** Spr 23,17 **119,62** 1,2; 42,9; 63,7 **119,64** 33,5; Klgl 3,22–23*

72 Ja, dein Gesetz lässt sich nicht mit Ber-
gen von Gold aufwiegen!

10.

73 Herr, mein Schöpfer! Du hast mir das
Leben gegeben. Schenke mir nun auch
die Einsicht, die ich brauche, um nach
deinen Geboten zu leben!
74 Alle, die dich achten und ehren, werden
sich über mich freuen, denn ich verlasse
mich auf dein Wort.
75 Herr, ich weiß, dass deine Entscheidun-
gen richtig sind. Selbst als du mich in un-
lösbare Schwierigkeiten brachtest, mein-
test du es gut mit mir.[a]
76 Lass mich deine Gnade erfahren, und
tröste mich, wie du es mir versprochen
hast!
77 Dein Gesetz befolge ich gerne. Erbar-
me dich über mich, und hilf mir, damit
ich wieder Freude am Leben habe.
78 Bring die unverschämten Lügner zu
Fall, denn sie haben mich grundlos ins
Elend gestürzt. Ich aber denke über dei-
ne Ordnungen nach.
79 Ich wünsche mir, dass alle, die dich eh-
ren und deine Anweisungen befolgen, zu
mir halten.
80 Ich will mich entschlossen nach deinen
Geboten richten, damit ich nicht zu Fall
komme.

11.

81 Voller Sehnsucht warte ich auf deine
Hilfe, denn du hast sie mir fest verspro-
chen.
82 Ich vergehe fast vor Ungeduld, bis du
deine Zusage erfüllst. Wann endlich trös-
test du mich?
83 Ich fühle mich nutzlos, alt und ver-
braucht;[b] trotzdem werde ich nicht mü-
de, deine Ordnungen zu befolgen.
84 Wie lange muss ich noch warten? Wann
gehst du endlich mit denen ins Gericht,
die es auf mich abgesehen haben?
85 Diese frechen, überheblichen Men-
schen haben mir eine Grube gegraben;
dein Gesetz ist ihnen völlig gleich-
gültig.
86 Hilf mir, denn sie verfolgen mich ohne
Grund! Doch auf deine Gebote kann ich
mich verlassen.
87 Ich weigere mich, gegen deine Anord-
nungen zu verstoßen, obwohl die Feinde
mich fast umgebracht hätten.
88 Sei mir gnädig und erhalte mein Leben!
Dann kann ich weiterhin deine Gebote
befolgen!

12.

89 Herr, dein Wort bleibt für immer und
ewig. Schon als du den Himmel erschufst,
war es gültig.
90 Deine Treue gilt für alle Zeiten. Durch
sie erhältst du die Erde, seitdem du sie ins
Dasein gerufen hast.
91 Himmel und Erde bestehen bis heute,
weil du es so willst, denn dir muss alles
dienen.
92 Wenn ich nicht Freude an deinem Wort
gehabt hätte, dann wäre ich in meinem
Elend umgekommen.
93 Nie will ich deine Befehle vergessen,
denn sie haben mich gestärkt.
94 Ich gehöre zu dir, Herr. Hilf mir, denn
ich habe mich immer nach deinen Gebo-
ten gerichtet!
95 Gewissenlose Menschen liegen auf der
Lauer, um mich zu beseitigen. Doch ich
achte umso mehr auf das, was du mir zu
sagen hast.
96 Ich sah, dass alles ein Ende findet, auch
wenn es noch so vollkommen ist. Nur
dein Wort bleibt für immer.

13.

97 Wie sehr liebe ich dein Gesetz; den gan-
zen Tag denke ich darüber nach!
98 Gerade weil es mir immer gegenwärtig
ist, bin ich meinen Feinden an Klugheit
überlegen.
99 Ich habe mehr begriffen als alle meine
Lehrer, denn ich mache mir ständig Ge-
danken über deine Ordnungen.

---

[a] Wörtlich: In Treue hast du mich gebeugt.
[b] Wörtlich: Ich bin wie ein Weinschlauch im Rauch.

119,72 19,10–11 **119,73** 139,13–14; Hiob 10,8 **119,89** Jes 40,8; Lk 21,33 **119,97** 1,2
119,98–100 5 Mo 4,6

100 Ich gewinne noch mehr Einsicht als alte Menschen mit ihrer Lebenserfahrung, denn ich habe mein Leben nach deinen Geboten ausgerichtet.
101 Nie bin ich vorsätzlich krumme Wege gegangen, denn stets befolge ich dein Wort.
102 Ich habe deine Belehrungen gerne angenommen, denn einen besseren Lehrer als dich gibt es nicht.
103 Dein Wort ist meine Lieblingsspeise, es ist süßer als der beste Honig.
104 Dein Gesetz macht mich klug und einsichtig, deshalb hasse ich jede Art von Falschheit.

14.

105 Dein Wort ist wie ein Licht in der Nacht, das meinen Weg erleuchtet.
106 Was du in deinem Wort festgelegt hast, das will ich tun, gerechter Gott! Ich habe einen Eid darauf geleistet, und dazu stehe ich.
107 Doch jetzt bin ich völlig am Ende! Herr, schenke mir neue Kraft, wie du es versprochen hast!
108 Herr, nimm meinen Dank als ein Opfer an, und lass mich erkennen, was du von mir willst!
109 Mein Leben ist ständig in Gefahr,[a] trotzdem vergesse ich dein Gesetz nicht.
110 Die Gottlosen wollen mich in ihre Fallen locken. Doch ich lasse mich nicht von deinen Geboten abbringen.
111 Was uns als dein Wille überliefert wurde, ist mein kostbarer Besitz für alle Zeit und erfüllt mich mit Freude.
112 Entschlossen will ich mich an deine Ordnungen halten, solange ich lebe[b].

15.

113 Herr, ich kann es nicht leiden, wenn Menschen einmal »ja« und einmal »nein« zu dir sagen. Aber dein Gesetz liebe ich mit ungeteiltem Herzen.
114 Bei dir allein bin ich geborgen, bei dir finde ich Schutz. Deine Zusage ist meine einzige Hoffnung.
115 Verschwindet, ihr Übeltäter! Ich richte mich nach den Geboten meines Gottes. Hindert mich nicht daran!
116 Herr, gib mir festen Halt, wie du es versprochen hast! Dann lebe ich wieder auf. Lass nicht zu, dass ich vergeblich hoffe und den Mut verliere!
117 Richte mich auf, Herr, dann ist mir geholfen! Ich will mich stets mit deinen Anordnungen beschäftigen.
118 Wer deine Befehle ablehnt, den wirst auch du ablehnen, und wer dich hinters Licht führen will, der schadet sich selbst[c].
119 Wie Müll beseitigst du alle deine Verächter. Darum liebe ich deine Ordnungen.
120 Wenn ich daran denke, dass du mich als Richter verurteilen könntest, läuft es mir kalt den Rücken herunter.

16.

121 Herr, ich habe getan, was richtig und gut ist, darum überlass mich nicht der Willkür meiner Feinde!
122 Versprich mir, dass alles wieder gut wird, und lass nicht zu, dass mich diese selbstherrlichen Menschen unterdrücken!
123 Gerechter Gott, ich sehne mich danach, dass du mich befreist und das Versprechen erfüllst, das du mir gegeben hast.
124 Herr, du hast mich lieb. Bitte hilf mir und lass mich deine Ordnungen verstehen!
125 Ich stelle mich dir zur Verfügung; nun schenke mir auch das Verständnis für die Überlieferungen, in denen wir deinen Willen erkennen!
126 Es ist höchste Zeit, dass du eingreifst, Herr, denn die Menschen missachten deine Gesetze.
127 Ich aber liebe deine Gebote. Sie bedeuten mir mehr als reines Gold.

---

a Wörtlich: Mein Leben halte ich ständig in der Hand.
b Oder: für ewig ist mein Lohn.
c Vers 118b wörtlich: denn umsonst ist ihr Trug. Oder: denn Lüge ist ihr Trug.

119,101 Spr 4,26–27 **119,103** 19,10–11 **119,105** 25,4* **119,113** 1 Kön 18,21; Mt 5,37 **119,114** 18,3*

[128]Jede Art von Falschheit ist mir verhasst. Nur deine Gebote garantieren einen guten und geraden Weg.[a]

17.

[129]Herr, deine Gebote sind wunderbar, deshalb befolge ich sie gern.
[130]Im Leben eines Menschen wird es hell, wenn er anfängt, dein Wort zu verstehen. Wer bisher gedankenlos durchs Leben ging, der wird jetzt klug.
[131]Mein Verlangen nach deinen Geboten ist stärker als der Durst eines Menschen, der in der Hitze nach Wasser lechzt.
[132]Herr, wende dich mir zu, und sei mir gnädig, so wie du es allen versprochen hast, die dich lieben.
[133]Beschütze mich, und mach mich stark, wie du es zugesagt hast! Lass nicht zu, dass das Böse über mich Macht gewinnt!
[134]Rette mich vor den Menschen, die mich gewaltsam unterdrücken; dann kann ich nach deinen Ordnungen leben!
[135]Lass mich erleben, wie gut du es mit mir meinst, und zeige mir, was ich nach deinem Willen tun soll!
[136]Ich weine hemmungslos, wenn ich sehe, wie andere dein Gesetz missachten.

18.

[137]Herr, auf dich kann man sich verlassen, und alles, was du beschließt, ist richtig.
[138]Deine Gebote beweisen: Du bleibst dir selber treu und hältst an der Wahrheit fest.
[139]Ich bin außer mir vor Zorn, weil ich sehe, wie meine Feinde deine Worte übergehen.
[140]Dein Wort ist zuverlässig[b], darum liebe ich es.
[141]Ich bin klein und verachtet; trotzdem werde ich dein Wort nicht vergessen.
[142]Deine Gerechtigkeit bleibt für immer bestehen; dein Gesetz ist die reine Wahrheit.
[143]Selbst wenn ich vor Angst keinen Ausweg mehr weiß, freue ich mich über deine Gebote;
[144]sie sind gerecht, und daran wird sich nie etwas ändern. Hilf mir, sie besser zu verstehen, damit ich wieder auflebe.

19.

[145]Herr, ich flehe dich an: Antworte mir! Entschlossen will ich mich an deine Ordnungen halten.
[146]Ich bitte dich: Hilf mir; ich möchte doch deine Gebote befolgen!
[147]Schon vor Tagesanbruch schreie ich zu dir um Hilfe, ich setze alle meine Hoffnung auf dein Wort;
[148]auch die ganze Nacht denke ich darüber nach.
[149]Höre mich doch, Herr; ich vertraue ganz auf deine Gnade. Schenke mir neuen Mut durch deine gerechten Gebote.
[150]Böse Menschen machen sich an mich heran, um mir zu schaden; wie weit haben sie sich von deinem Gesetz entfernt!
[151]Aber du, Herr, du bist mir nahe! Auf alle deine Worte kann ich mich verlassen.
[152]Ich habe mich in dein Gesetz vertieft und dabei erkannt: Es gilt für alle Zeiten!

20.

[153]Sieh doch, wie niedergeschlagen ich bin! Hilf mir, denn ich habe dein Gesetz nie aus den Augen verloren!
[154]In meinem Rechtsstreit vertrete du mich als mein Anwalt, und sorge für meinen Freispruch! Rette mich, wie du es mir versprochen hast!
[155]Wer sich dir widersetzt, kann nicht damit rechnen, dass du ihn rettest, denn deine Ordnungen sind ihm gleichgültig.
[156]Herr, schon oft hast du dein Erbarmen gezeigt; nun gib auch mir wieder neuen Mut durch dein gerechtes Urteil!
[157]Viele Feinde verfolgen und bedrängen mich, trotzdem bin ich von deinen Geboten keinen Fingerbreit abgewichen.
[158]Ich empfinde Abscheu und Ekel, wenn ich mir die Menschen ansehe, die dir un-

---

[a] Die griechische Übersetzung lautet: Darum halte ich alle deine Ordnungen für recht.
[b] Wörtlich: ganz durchläutert.
119,130 19,8 **119,135** 25,4* **119,147–148** 1,2; 42,9; 63,7 **119,154** 35,23

treu sind und sich über dein Wort hin-
wegsetzen.
159 Herr, ich liebe deine Befehle. Zeige
mir nun auch deine Liebe, und schenke
mir wieder Freude am Leben!
160 Jedes Wort, das du sagst, ist wahr. Was
du, gerechter Gott, entschieden hast, gilt
für immer und ewig.

21.

161 Herr, die Mächtigen verfolgen mich
ohne Grund. Doch mich beeindruckt al-
lein das, was du mir zu sagen hast.
162 Ich freue mich über dein Wort wie
jemand, der einen wertvollen Schatz
findet.
163 Ich verabscheue gemeine Lügen, dein
Gesetz aber liebe ich.
164 Siebenmal am Tag lobe ich dich, Herr,
denn deine Entscheidungen sind gut und
gerecht.
165 Wer dein Gesetz lieb hat, lebt in Frie-
den und wird niemals scheitern.
166 Herr, ich hoffe darauf, dass du mich
rettest, denn ich habe mich nach deinen
Geboten gerichtet.
167 Deine Weisungen sind der Maßstab für
mein Handeln; ich habe sie fest ins Herz
geschlossen.
168 Ja, alle deine Befehle und Mahnungen
befolge ich aufrichtig, denn du siehst al-
les, was ich tue.

22.

169 Herr, ich flehe dich an: Erhöre mich!
Lass mich dein Wort immer besser ver-
stehen!
170 Höre auf mein Schreien, und rette
mich, wie du es versprochen hast!
171 Mein Herz ist erfüllt von deinem Lob.
Ich singe und juble, denn du lässt mich
deine Ordnungen erkennen.
172 Fröhlich besinge ich dein Wort, denn
alles, was du befiehlst, ist gut.
173 Greif ein und hilf mir! Ich habe meine
Wahl getroffen: Nur deine Gebote sind
der Maßstab für mein Leben.
174 Sehnsüchtig warte ich auf deine Hilfe,
Herr; dein Gesetz ist meine größte
Freude.
175 Schenke mir ein langes Leben, damit
ich dich immer mehr preisen kann, und
hilf mir durch deine Ordnungen!
176 Heimatlos irre ich umher wie ein
Schaf, das seine Herde verloren hat. Su-
che doch nach mir, denn ich gehöre noch
immer zu dir! Ich habe nicht vergessen,
was du befohlen hast.

Herr, rette mich vor den Lügnern

120 Ein Lied für die Festbesucher,
die nach Jerusalem hinauf-
ziehen.[a]

Ich schrie zum Herrn, als ich nicht mehr
aus noch ein wusste, und er half mir aus
meiner Not.
2 Herr, rette mich auch jetzt vor diesen
Lügnern und Betrügern, die die Wahrheit
verdrehen!
3 Ihr Lügner, glaubt ihr denn, ihr könntet
der Strafe Gottes entgehen? Er wird es
euch heimzahlen!
4 Er, der mächtige Gott, wird euch mit
seinen Pfeilen treffen und mit glühenden
Kohlen versengen!
5 Bei euch zu leben ist schlimmer als un-
ter den gewalttätigen Völkern von Me-
schech und Kedar![b]
6 Viel zu lange wohne ich schon hier bei
euch. Ihr hasst den Frieden,
7 ich dagegen liebe ihn. Aber sobald ich
ein Gespräch beginne, fangt ihr Streit an!

---

[a] Wörtlich wie zu Beginn aller Psalmen von 120–134: »Lied der Hinaufgänge« oder »Lied der Stufen«. Es sind Wallfahrtslieder für Festbesucher, die aus der Jordanebene zum hoch gelegenen Jerusalem hinaufziehen oder im Tempelgebiet die Stufen zum Altar hinaufsteigen.

[b] Wörtlich: Wehe mir, dass ich ein Fremder bin in Meschech, dass ich wohne bei den Zelten Kedars. – Meschech war das Volk der Moscher im Gebiet zwischen dem Schwarzen und dem Kaspischen Meer (vgl. 1. Mose 10,2), Kedar war ein räuberischer Nomadenstamm in der syrisch-arabischen Wüste (vgl. 1. Mose 25,13). Beide Völker wurden zu Sinnbildern für »Heiden und Barbaren«.

119,160 33,4 **119,168** 26,2* **119,176** Jes 53,6 **120,1** 20,6*

Unterwegs unter Gottes Schutz

121 Ein Lied für Festbesucher, die nach Jerusalem hinaufziehen.

Ich schaue hinauf zu den Bergen – woher kann ich Hilfe erwarten?
2 Meine Hilfe kommt vom Herrn, der Himmel und Erde gemacht hat!

3 Der Herr wird nicht zulassen, dass du fällst; er, dein Beschützer, schläft nicht.
4 Ja, der Beschützer Israels schläft und schlummert nicht.
5 Der Herr gibt auf dich Acht; er steht dir zur Seite und bietet dir Schutz vor drohenden Gefahren[a].
6 Tagsüber wird dich die Sonnenglut nicht verbrennen, und in der Nacht wird der Mond dir nicht schaden.
7 Der Herr schützt dich vor allem Unheil, er bewahrt dein Leben.
8 Er gibt auf dich Acht, wenn du aus dem Hause gehst und wenn du wieder heimkehrst. Jetzt und für immer steht er dir bei!

Frieden für Jerusalem!

122 Ein Lied Davids für Festbesucher, die nach Jerusalem hinaufziehen.

Wie sehr habe ich mich gefreut, als man zu mir sagte: »Komm mit, wir gehen zum Tempel, zum Haus des Herrn!«
2 Nun sind wir am Ziel! Wir haben die Stadttore durchschritten und stehen in Jerusalem.
3 Jerusalem, du herrliche Stadt, wie mächtig und schön bist du gebaut!
4 Zu dir ziehen alle Stämme Israels hinauf – das ganze Volk Gottes. Dort preisen sie den Herrn, wie er es ihnen geboten hat.
5 Jerusalem, in dir regiert das Königshaus Davids, in dir übt der König das höchste Richteramt aus.
6 Wünscht Jerusalem Frieden! Alle, die dich lieben, sollen hier glücklich leben!
7 Hinter deinen festen Mauern soll Frieden herrschen und Sicherheit in deinen Palästen!
8 Weil mir meine Brüder und Freunde am Herzen liegen, wünsche ich dir, Jerusalem, Frieden.
9 Weil in dir der Tempel des Herrn, unseres Gottes, steht, setze ich mich für dein Wohlergehen ein.

Das Maß ist voll!

123 Ein Lied für Festbesucher, die nach Jerusalem hinaufziehen.

Herr, ich richte meine Augen auf dich, der du im Himmel wohnst.
2 Wie ein Knecht auf ein Handzeichen seines Herrn wartet und eine Magd auf einen Wink ihrer Herrin achtet – so blicken wir auf den Herrn, unseren Gott, bis er uns ein Zeichen seiner Gnade gibt.
3 Hab Erbarmen mit uns, Herr, hilf uns! Schon viel zu lange haben wir Verachtung erlitten!
4 Wir haben das Gespött dieser selbstsicheren und überheblichen Gegner satt! Wir können es nicht länger ertragen, dass uns diese Hochmütigen verachten!

Frei!

124 Ein Lied Davids für Festbesucher, die nach Jerusalem hinaufziehen.

Israel soll bekennen: Hätte der Herr uns nicht geholfen,
2 als die Feinde uns angriffen, wäre er nicht für uns eingetreten,
3 dann hätten sie uns wutentbrannt bei lebendigem Leib verschlungen.
4 Dann hätten uns mächtige Wogen überschwemmt und Wildbäche uns fortgerissen.

---

a Wörtlich: der Herr ist ein Schatten über deiner rechten Hand.

121,2 124,8 **121,3–4** 1 Kön 18,27 **121,8** 5 Mo 28,6 **122,1** 42,2–3 **122,4** 2 Mo 23,14–17 **122,5** 1 Kön 7,7

Wie der Vater, so der Sohn

Lesen Sie Psalm 124,1-8

Sokrates hat einmal gesagt: „Wenn ich an den höchstgelegenen Ort in Athen gelangen könnte, würde ich dort meine Stimme erheben und rufen: ‚Was wollt ihr, Mitbürger? Ihr dreht jeden Stein um, damit ihr noch mehr Reichtum zusammenraffen könnt, und kümmert euch so wenig um eure Kinder, denen ihr doch eines Tages das alles überlassen müsst.'" Forschungen haben ergeben: Es gibt, wenn überhaupt, nur ganz wenige Kulturen, in denen man von den Eltern nicht erwartet, dass sie ihre Kinder anleiten und ihnen ihre Erfahrungen weitergeben.

Manche Menschen scheinen dafür eine natürliche Begabung zu haben, andere jedoch müssen es erst üben – und aus ihren Fehlern lernen. Wo auf dieser Skala befinden Sie sich als Eltern? Was für eine Art von „Lehrer" sind Sie für Ihre Kinder?

Oder, um eine ziemlich ernüchternde Frage zu stellen: Was wäre, wenn Ihre Kinder einmal genauso werden wie Sie? Würde Ihnen das Sorge machen? Wenn ja, welche Schritte müssten Sie dann unternehmen? Was sollten Sie an Ihrem Erziehungsstil ändern? Warum nicht heute damit beginnen?

Gott ist da, um uns zu helfen. In seinem Wort finden wir jede Menge Grundsätze, von denen wir uns leiten lassen können. Und nicht zuletzt hat er uns Freunde, Familie und Mitchristen an die Seite gestellt, die uns dabei unterstützen.

Nehmen Sie sich Zeit, um allein oder als Paar gemeinsam zu beten. Überlegen Sie, in welchen Bereichen Ihres Lebens Sie Ihr Ziel nicht erreicht haben. Bekennen Sie vor Gott die falschen Einstellungen und Verhaltensweisen, die zu diesem Versagen geführt haben. Bitten Sie Gott um Weisheit und Mut, damit Sie in diesen Bereichen Veränderungen vornehmen können und so ein Vorbild für Ihre Kinder werden.

Wenn Sie noch mehr Zeit haben ...

Besprechen Sie miteinander folgende Fragen oder denken Sie darüber nach:

- Welche Eltern sind für Sie ein Vorbild oder sind in Ihren Augen einfach gute Eltern?
- Worin ähnelt deren Erziehungsstil dem Ihren? Wo gibt es Unterschiede?
- Auf welche Weise ergänzen Sie sich gegenseitig als Eltern? In welchen Bereichen haben Sie beide ein Defizit?

Lesen Sie auch die folgenden Abschnitte zum Thema Eltern sein:
5. Mose 6,4-9; Sprüche 1,8-9; Epheser 6,1-4.

Ein Licht auf unserem Weg

Die folgenden Fragen können Sie entweder allein oder als Paar gemeinsam durchgehen. Wenn jeder für sich darüber nachdenkt, verabreden Sie sich in der kommenden Woche zu einem Austausch darüber, was Sie herausgefunden haben.

1. Auf welche Weise ist Gottes Wort bisher ein Licht auf Ihrem Weg gewesen?

2. Lesen Sie Psalm 119,9-11. Was hat sich für Sie aus dem Lesen des Wortes Gottes ergeben?

3. Was bedeutet es, über Gottes Wort zu „meditieren"?

4. In Psalm 119,16 schreibt David: „Deine Gesetze machen mich glücklich; nie werde ich dein Wort vergessen." Denken Sie über verschiedene Methoden nach, die Ihnen dabei helfen könnten, Gottes Wort auswendig zu lernen. Welche davon fällt Ihnen am leichtesten?

5. Lesen Sie so viel und so oft in der Bibel, wie Sie es gerne möchten? Wenn nicht, was hält Sie davon ab?

6. Was würden Sie an Ihrer Beziehung zu Gott gern verändern?

Psalm 119,105

„Dein Wort ist wie ein Licht in der Nacht, das meinen Weg erleuchtet."

KONKRET:

Beten Sie in dieser Woche jeden Tag die Worte aus Psalm 119,33-40.

Den nächsten Impuls finden Sie auf S. 706 a

5 Wir alle wären in den tosenden Fluten
versunken!
6 Lasst uns den Herrn loben! Er hat nicht
zugelassen, dass sie uns zerfleischten.
7 Wir sind ihnen entkommen wie ein Vo-
gel aus dem Netz des Fallenstellers. Das
Netz ist zerrissen, und wir sind frei!
8 Ja, unsere Hilfe kommt vom Herrn, der
Himmel und Erde erschaffen hat.

Auf Gottes Schutz ist Verlass!

125 Ein Lied für Festbesucher, die nach Jerusalem hinaufziehen.

Wer dem Herrn vertraut, ist wie der Berg
Zion; er steht fest und unerschütterlich.
2 Berge erheben sich rings um Jerusalem
– genauso umgibt der Herr schützend
sein Volk, jetzt und für alle Zeit.
3 Nicht mehr lange werden gottlose Köni-
ge über unser Land herrschen, das Gott
den Gerechten zum Besitz gegeben hat.
Sonst könnte es noch so weit kommen,
dass auch die dem Unrecht verfallen, die
Gott bisher gehorcht haben.
4 Herr, tue denen Gutes, die Gutes tun,
denen, die nach deinem Willen leben!
5 Aber alle, die sich von dir abwenden und
krumme Wege gehen, wirst du verstoßen
wie alle anderen Übeltäter! Frieden
komme über Israel!

Die Befreiung ist kein leerer Traum!

126 Ein Lied für Festbesucher, die nach Jerusalem hinaufziehen.

Als der Herr uns aus der Gefangenschaft
nach Jerusalem zurückbrachte,[a] wussten
wir nicht, ob wir wachen oder träumen.
2 Doch dann lachten und jubelten wir laut
vor Freude. Auch die anderen Völker
mussten zugeben: »Was der Herr für sie
getan hat, ist groß und gewaltig!«
3 Ja, der Herr hat große Taten für uns
vollbracht! Wir waren außer uns vor
Freude.

4 Herr, wende auch jetzt unser düsteres
Geschick zum Guten,[b] so wie du aus-
getrocknete Bäche wieder mit Wasser
füllst!
5 Wer die Saat mit Tränen aussät, wird
voller Freude die Ernte einbringen.
6 Weinend geht er hinaus und streut
die Saat aufs Feld; doch wenn er zu-
rückkommt, jubelt er über die reiche
Ernte.

An Gottes Segen ist alles gelegen!

127 Ein Lied Salomos für Festbesucher, die nach Jerusalem hinaufziehen.

Wenn der Herr nicht das Haus baut, dann
ist alle Mühe der Bauleute umsonst.
Wenn der Herr nicht die Stadt bewacht,
dann wachen die Wächter vergeblich.
2 Ihr steht frühmorgens auf und gönnt
euch erst spät am Abend Ruhe, um das
sauer verdiente Brot zu essen. Doch ohne
Gottes Segen ist alles umsonst! Denn
Gott gibt denen, die ihn lieben, alles Nö-
tige im Schlaf!

3 Auch Kinder sind ein Geschenk des
Herrn; wer sie bekommt, wird damit
reich belohnt.
4 Die Söhne eines jungen Mannes sind
wie Pfeile in der Hand eines Kriegers.
5 Wer viele solcher Pfeile in seinem Kö-
cher hat, der ist glücklich zu nennen! Sei-
ne Söhne werden ihm Recht verschaffen,
wenn seine Feinde ihn vor Gericht an-
klagen.

Eine glückliche Familie

128 Ein Lied für Festbesucher, die nach Jerusalem hinaufziehen.

---

[a] Oder: Als der Herr das Geschick Zions (zum Guten) wendete.
[b] Oder: Herr, bringe auch jetzt unsere Gefangenen zurück.

124,6 20,6* **124,8** 121,2 **125,1–2** 20,8 **126,1–3** 14,7; 40,6*; 2 Chr 36,11–23 **127,1–2** 5 Mo 8,17–18; Mt 6,25–34 **127,3–5** 115,14; 128,3

Glücklich ist jeder, der dem Herrn gehorcht und nach seinen Weisungen lebt!
2 Was du dir erarbeitet hast, wirst du auch genießen können. Es geht dir gut, und das Glück ist auf deiner Seite.
3 Deine Frau gleicht einem fruchtbaren Weinstock, der viele Reben trägt: Die Kinder um deinen Tisch sind so zahlreich wie die jungen Triebe eines Ölbaums!
4 So segnet Gott einen Mann, der ihn achtet und ehrt.
5 Der Herr segne dich – er, der auf dem Berg Zion wohnt! Dein Leben lang sollst du sehen, dass es Jerusalem gut geht.
6 Mögest du so lange leben, dass du dich noch an deinen Enkeln erfreuen kannst! Frieden komme über Israel!

Ständig verfolgt, aber nie vernichtet!

129 Ein Lied für Festbesucher, die nach Jerusalem hinaufziehen.

Das soll Israel bekennen: Solange wir zurückdenken können, wurden wir ständig unterdrückt.
2 Ja, solange es uns Israeliten gibt, hat man uns verfolgt. Und doch konnten sie uns nicht auslöschen!
3 Unseren Rücken haben sie bearbeitet wie einen Acker, in den man tiefe Furchen pflügt.
4 Doch der Herr hat gezeigt, dass auf ihn Verlass ist: Er durchschnitt die Stricke, mit denen uns die Unterdrücker gefangen hielten.

5 Alle, die Gottes Tempel auf dem Zionsberg hassen, sollen beschämt zurückweichen!
6 Es soll ihnen ergehen wie dem Gras auf den Dächern, das verdorrt, bevor es aufschießen kann!
7 Kein Schnitter kann es schneiden, und niemand bindet es zu Bündeln zusammen.
8 Kein Wanderer ruft im Vorbeigehen den Schnittern zu: »Der Herr segne euch!« Wir aber segnen euch im Auftrag des Herrn!

Herr, ich bin völlig am Ende!

130 Ein Lied für Festbesucher, die nach Jerusalem hinaufziehen.

Herr, ich bin völlig am Ende. Darum schreie ich zu dir!
2 Höre mich, Herr! Ich flehe dich an, bitte höre mir zu!
3 Wenn du jedes Vergehen gnadenlos anrechnest, wer kann dann vor dir bestehen?
4 Doch bei dir finden wir Vergebung. Ja, du vergibst, damit wir dir in Ehrfurcht begegnen.

5 Ich setze meine ganze Hoffnung auf den Herrn; voller Sehnsucht warte ich darauf, dass er zu mir spricht.
6 Ja, ich warte auf den Herrn, mehr als die Wächter auf den Morgen!

7 Volk Israel, setze deine Hoffnung auf den Herrn! Denn er allein ist gnädig, er erlöst ganz und gar!
8 Er wird Israel von aller Schuld befreien.

Das Geheimnis der Zufriedenheit

131 Ein Lied Davids für Festbesucher, die nach Jerusalem hinaufziehen.

Herr, ich bin nicht hochmütig und schaue nicht auf andere herab. Ich maße mir nicht an, deine Geheimnisse und Wunder zu ergründen.
2 Ich bin zur Ruhe gekommen. Mein Herz ist zufrieden und still. Wie ein Kind in den Armen seiner Mutter, so ruhig und geborgen bin ich bei dir!
3 Volk Israel, vertraue dem Herrn, jetzt und für alle Zeiten!

128,3 115,14; 127,3–5 **128,5** 1 Kön 9,3* **129,1–4** 2 Mo 5,10–18; 5 Mo 26,5–8; Jes 51,22–23
130,3 51,6–7 **130,4** 85,3* **130,5** 63,2* **130,7** Jes 40,31 **130,8** Mt 1,21 **131,2** 62,2

Was Kinder brauchen

Lesen Sie Psalm 127,1-5

Der Psalmbeter bezeichnet Kinder als „ein Geschenk des Herrn" und als eine Belohnung (Psalm 127,3). Tatsächlich sind unsere Kinder das Kostbarste, das wir haben können. Wenn sie Gott schon so wichtig sind, dann sollten sie uns Eltern einfach alles bedeuten.

Ganz gleich ob Sie schon Kinder haben oder sich welche wünschen: Es lohnt sich, einmal aufzulisten, was Sie für erforderlich halten, um gute Eltern zu sein. Diese Liste soll Sie aber weder unter Druck setzen noch Schuldgefühle bei Ihnen wecken. Die „Erfordernisse" sollen dazu beitragen, dass Sie sich in Ihrer Autorität und Rolle als Eltern wohlfühlen. Lehnen Sie sich also zurück und genießen Sie Ihre Kinder.

Wenn Sie frischgebackene Eltern sind, fühlen Sie sich vielleicht manchmal noch unsicher. Doch sobald Sie einmal verstanden haben, was Kinder brauchen, merken Sie, dass es nicht so schwierig ist, die „Erfordernisse" zu erfüllen. Die gute Nachricht lautet: Praktisch alle Eltern, die ihre Kinder lieben, sind dazu in der Lage.

Wenn Sie die Anforderungen erfüllen, dann wissen Sie, dass Ihr Kind eine gute Erziehung erhält, und Sie können sich entspannen und Ihr Kind einfach genießen. Bald schon werden Sie merken, dass Sie bessere Eltern sind, als Sie es je für möglich gehalten hätten.

Nehmen Sie sich Zeit, um allein oder als Paar gemeinsam zu beten. Legen Sie Gott Ihre Liste mit den Anforderungen vor. Sprechen Sie mit ihm über Ihre Zweifel und Ihre Unsicherheit als Eltern. Bitten Sie ihn, dass er Sie zu den Eltern werden lässt, die Ihre Kinder brauchen.

Wenn Sie noch mehr Zeit haben …

Besprechen Sie miteinander folgende Fragen oder denken Sie darüber nach:

- Wie sehr fühlen Sie sich unter Druck, gute Eltern zu sein?
- Woher kommt dieser Druck?
- Was sind für Sie Anhaltspunkte, die zeigen, ob jemand ein guter Vater/eine gute Mutter ist oder nicht?

Lesen Sie auch die folgenden Abschnitte zum Thema Eltern sein:
5. Mose 11,18-21; Sprüche 19,18; 29,17.

Ein Lied aus tiefstem Herzen

Lesen Sie Psalm 135,1-21

In den Psalmen werden wir immer wieder dazu ermutigt, Gott Loblieder zu singen. Mitten im Leid fragen wir uns vielleicht aber: „Wofür kann ich Gott danken?" Doch wenn wir darüber nachdenken, werden wir manches finden, wofür wir Gott preisen können.

In Psalm 135 lobt David Gott für das Gute, das er in der Vergangenheit getan hat. Wenn wir Gott für vergangene Wohltaten dankbar sind, dann beginnen wir ihm irgendwann auch dafür zu danken, dass er in Zukunft weiterhin treu sein wird. Wir singen zwar auch von unseren Problemen, doch im Kern ist unsere Musik ein Lobpreis Gottes dafür, wie er ist und wie er in unserem Leben wirkt.

Unsere Beziehung zu Gott wird nicht durch unsere gegenwärtige Situation beeinträchtigt; im Gegenteil: Unsere Situation bringt uns näher zu Gott. Mag sein, Ihnen ist nicht nach Singen zumute. Vielleicht haben Sie noch nie in Ihrem Leben gesungen, doch als Christ können Sie singen – und wenn es nur ganz privat oder gemeinsam mit Ihrem Ehepartner ist. Versuchen Sie doch einmal Folgendes: Wählen Sie einen Psalm, denken Sie sich eine eigene Melodie dazu aus und singen Sie diesen Psalm für Gott. Die Musik, die Stimmlage und der Rhythmus sind nicht von Bedeutung. Wichtig ist nur, dass Sie Ihren Dank Gott gegenüber zum Ausdruck bringen und dafür die Worte anderer Menschen verwenden, die durch schwere Zeiten gegangen sind.

Nehmen Sie sich Zeit, um allein oder als Paar gemeinsam zu beten. Wenn Sie sich dabei wohlfühlen, können Sie Ihr Lob Gottes singen, statt es nur zu sprechen. Wählen Sie dazu Ihren Lieblingschoral oder ein Lobpreislied aus, das Ihre Gefühle am besten zum Ausdruck bringt. Nehmen Sie es als Ihr persönliches Gebet. Vielleicht singen Sie sogar gemeinsam?

Wenn Sie noch mehr Zeit haben ...

Besprechen Sie miteinander folgende Fragen oder denken Sie darüber nach:

- Was sind Ihre Lieblingslieder zum Lob Gottes? Was spricht Sie an diesen Liedern besonders an?
- Wie oft singen Sie Lobpreislieder, wenn Sie allein sind?
- Wie wäre die Reaktion, wenn Sie Ihren Ehepartner und die Familie bitten würden, mit Ihnen gemeinsam zu singen?

Lesen Sie auch die folgenden Abschnitte zum Thema Lob Gottes:
1. Chronik 16,8-13; Psalm 68,5; Epheser 5,19.

Den nächsten Impuls finden Sie auf S. 712 a

Gottes Heiligtum und Davids Königshaus

132 Ein Lied für Festbesucher, die nach Jerusalem hinaufziehen.

Herr, erinnere dich doch, welche Mühe
David auf sich nahm!
2 Denke an den feierlichen Schwur, den er
dir leistete, dir, dem starken Gott Jakobs!
3 Er schwor: »Ich will mein Wohnzelt
nicht mehr betreten und mich nicht mehr
zur Ruhe legen,
4 ich will mir keinen Schlaf gönnen und
mich nicht mehr ausruhen,
5 bis ich einen Platz gefunden habe, der
dem Herrn, dem starken Gott Jakobs,
als Wohnstätte dienen kann!«

6 In Ephrata bekamen wir Nachricht über
die Bundeslade; wir fanden sie dann im
Gebiet von Jaar.
7 Kommt, wir gehen zur Wohnung des
Herrn! Wir wollen uns zu seinen Füßen
niederwerfen!

8 Herr, erhebe dich! Begleite die Bundes-
lade, das Zeichen deiner großen Macht!
Lass dich im Heiligtum für immer nie-
der![a]
9 Die Priester, die dir dienen, sollen sich
treu an deinen Bund halten! Jeder, der
dich liebt, soll jubeln vor Freude!

10 Herr, denke daran, was du David, dei-
nem Diener, versprochen hast, und weise
auch jetzt den König nicht ab, den du er-
wähltest!
11 Ja, der Herr hat David einen Treueeid
geschworen, und diesen Schwur wird er
niemals brechen! Er versprach ihm: »Ei-
nen deiner Söhne mache ich zu deinem
Thronfolger!
12 Wenn deine Nachkommen sich an mei-
nen Bund und an meine Gebote halten,
die ich ihnen einprägen werde, dann sol-
len auch ihre Nachkommen König sein
für alle Zeit!«

13 Der Herr hat den Berg Zion aus-
gewählt, denn dort wollte er wohnen.
14 Er sprach: »An diesem Ort lasse ich
mich für alle Zeiten nieder. Hier soll mein
Ruheplatz sein – so habe ich es gewollt!
15 Die ganze Stadt Jerusalem werde ich
reich beschenken mit allem, was sie
braucht, auch die Armen sollen genug zu
essen haben!
16 Die Priester sollen dem Volk mein Heil
bezeugen.[b] Alle, die mich lieben, sollen
laut jubeln vor Freude.
17 In dieser Stadt festige ich die Herr-
schaft der Nachkommen Davids, ja, sein
Königshaus wird für immer bestehen![c]
18 Schimpf und Schande komme über die
Feinde des Königs, aber der Ruhm seiner
Krone soll immer heller erstrahlen!«

Bruderliebe – kein leeres Wort

133 Ein Lied Davids für Festbesucher, die nach Jerusalem hinaufziehen.

Wie schön und angenehm ist es, wenn
Brüder in Frieden zusammenleben!
2 Das ist so wohltuend wie duftendes Öl,
das auf den Kopf des Priesters Aaron ge-
gossen wird und nun herunterrinnt in sei-
nen Bart, bis zum Halssaum seines Ge-
wandes.
3 Es ist so wohltuend wie frischer Tau, der
vom Berg Hermon auf die Berge Zions
niederfällt. Ja, dort schenkt der Herr sei-
nen Segen und Leben, das niemals auf-
hört.

---

[a] Wörtlich: Erhebe dich, Herr, zu deinem Ruheort, du und die Lade deiner Macht.
[b] Wörtlich: Ihre Priester werde ich mit Heil bekleiden.
[c] Wörtlich: Dort will ich das Horn Davids wachsen lassen, meinem Gesalbten habe ich ein Licht bereitet.

132,2–5 2 Sam 7,2–3; 1 Chr 28,2 **132,6** 1 Sam 7,1 **132,8** 4 Mo 10,35–36 **132,10–12** 2 Sam 7,16* **132,13–14** 1 Kön 9,3* **133,2** 2 Mo 29,7

Nächtliches Lob im Tempel

134 Ein Lied für Festbesucher, die nach Jerusalem hinaufziehen.

Kommt und lobt den Herrn, alle seine Diener, die ihr nachts in seinem Tempel steht!
2 Streckt eure Hände in seinem Heiligtum anbetend empor und preist den Herrn!
3 Der Herr segne dich, er, der auf dem Berg Zion wohnt! Er hat Himmel und Erde geschaffen!

Der Herr ist mächtiger als alle Götter!

135 Halleluja – preist den Herrn, lobt den Namen des Herrn!
Lobt ihn, alle seine Diener,
2 die ihr in seinem Tempel steht, in den Vorhöfen am Hause unseres Gottes!
3 Preist ihn, denn er ist gut zu uns; musiziert zu seiner Ehre, denn er ist freundlich.
4 Er hat die Nachkommen Jakobs auserwählt und ganz Israel zu seinem Eigentum erklärt.

5 Ja, ich habe erkannt: Groß ist der Herr! Unser Herr ist mächtiger als alle Götter.
6 Was er will, das tut er auch – sei es im Himmel oder auf der Erde, im Meer oder in den tiefsten Tiefen.
7 Er lässt Wolken aufsteigen am Horizont und sendet Regen und Blitze, den Sturmwind holt er aus seiner Kammer und schickt ihn auf die Reise.
8 In Ägypten tötete er alle Erstgeborenen von Mensch und Vieh.
9 Er vollbrachte dort Zeichen und Wunder am Pharao und allen seinen Dienern.

10 Er besiegte viele Völker und tötete mächtige Könige:
11 Sihon, den König der Amoriter, Og, den König von Baschan, und die anderen Könige Kanaans.
12 Ihre Länder übergab er Israel, so bekam sein Volk das ganze Gebiet zum bleibenden Besitz.

13 Herr, dein Name wird nie in Vergessenheit geraten; an dich wird man denken, solange es Menschen gibt.
14 Du, Herr, wirst dafür sorgen, dass deinem Volk kein Unrecht geschieht. Du erbarmst dich über alle, die zu dir gehören.

15 Die Götter der anderen Völker sind nur Figuren aus Silber und Gold, von Menschenhänden gemacht.
16 Sie haben einen Mund, aber reden können sie nicht; Augen haben sie, doch sie können nicht sehen.
17 Mit ihren Ohren hören sie nicht, auch können sie nicht atmen.
18 Genauso starr und tot werden einmal alle sein, die diese Götzen schufen, und auch alle, die solchen Götzen vertrauen!

19 Volk Israel, lobe den Herrn! Ihr Priester, lobt den Herrn!
20 Ihr Leviten, lobt den Herrn! Alle, die ihr dem Herrn in Ehrfurcht begegnet – lobt ihn!
21 Lobt den Herrn auf dem Berg Zion, denn dort in Jerusalem steht sein Tempel. Halleluja!

Seine Gnade hört niemals auf!

136 Dankt dem Herrn, denn er ist gut, seine Gnade hört niemals auf!
2 Dankt ihm, dem Gott über alle Götter, seine Gnade hört niemals auf!
3 Dankt ihm, dem Herrn über alle Herren, seine Gnade hört niemals auf!
4 Er vollbringt große Wunder, er allein. Seine Gnade hört niemals auf!

134,1–2 92,2–4* **134,3** 1 Kön 9,3* **135,1–3** 92,2–4* **135,4** 2 Mo 19,5 **135,5–6** 89,7–9* **135,8** 2 Mo 12,29* **135,9** 2 Mo 7,14 – 12,30 **135,10–12** 4 Mo 21,21–35; Jos 10,28 – 11,23 **135,13** 102,13; 145,13; 146,10 **135,15–18** 115,4–8; 1 Sam 12,21; Jes 41,28–29 **136,1** 89,2–3; 106,1; 118,1; 2 Chr 5,13 **136,4** 40,6*

5 Mit Weisheit hat er den Himmel ge-
schaffen, seine Gnade hört niemals auf!
6 Die Fundamente der Erde legte er auf
den Meeresgrund, seine Gnade hört nie-
mals auf!
7 Er hat die großen Lichter geschaffen;
seine Gnade hört niemals auf!
8 Die Sonne, um den Tag zu regieren –
seine Gnade hört niemals auf!
9 Mond und Sterne für die Nacht, seine
Gnade hört niemals auf!
10 In jeder Familie der Ägypter tötete er
den ältesten Sohn. Seine Gnade hört nie-
mals auf!
11 Er führte sein Volk Israel aus Ägypten
heraus. Seine Gnade hört niemals auf!
12 Das alles vollbrachte er durch seine ge-
waltige Macht, seine Gnade hört niemals
auf!
13 Er teilte das Rote Meer – seine Gnade
hört niemals auf!
14 Sein Volk ließ er mitten hindurchzie-
hen, seine Gnade hört niemals auf!
15 Den Pharao und sein Heer aber ließ er
in die Fluten stürzen, seine Gnade hört
niemals auf!
16 Er führte sein Volk durch die Wüste,
seine Gnade hört niemals auf!
17 Er tötete mächtige Könige, seine Gna-
de hört niemals auf!
18 Ja, gewaltige Herrscher brachte er um –
seine Gnade hört niemals auf!
19 Sihon, den König der Amoriter, seine
Gnade hört niemals auf!
20 Og, den König von Baschan, seine Gna-
de hört niemals auf!
21 Ihre Länder übergab er Israel, seine
Gnade hört niemals auf!
22 So bekam sein Volk, das ihm diente, das
ganze Gebiet zum bleibenden Besitz. Sei-
ne Gnade hört niemals auf!
23 Er vergaß uns nicht, als wir unterdrückt
wurden, seine Gnade hört niemals auf!
24 Er befreite uns von unseren Feinden,
seine Gnade hört niemals auf!
25 Allen Geschöpfen gibt er zu essen, sei-
ne Gnade hört niemals auf!
26 Ja, dankt ihm, dem Gott, der im Himmel
regiert, seine Gnade hört niemals auf!

Klagelied der Gefangenen

137 Wir saßen an den Flüssen Ba-
bylons und weinten, wenn wir
an Zion dachten.
2 Unsere Lauten hängten wir an die Zwei-
ge der Pappeln, wir hatten aufgehört, auf
ihnen zu spielen.[a]
3 Unsere Peiniger hielten uns gefangen
und wollten Lieder von uns hören; sie
verlangten von uns, dass wir Freudenge-
sänge anstimmen. Höhnisch forderten
sie: »Singt doch eins von euren Zionslie-
dern!«
4 Doch wie hätten wir im fremden Land
Lieder zur Ehre Gottes singen können?
5 Jerusalem, wenn ich dich jemals verges-
se, dann soll meine rechte Hand lahm
werden!
6 Die Zunge soll mir am Gaumen kleben
bleiben, wenn ich nicht mehr an dich den-
ke, wenn du, Jerusalem, nicht mehr mei-
ne größte Freude bist!

7 Herr, vergiss es den Edomitern nicht,
wie sie jubelten, als Jerusalem in die
Hand der Feinde fiel! Damals grölten sie:
»Reißt sie nieder, diese Stadt! Zerstört
ihre Häuser bis auf die Grundmauern!«
8 Babylon, auch dich wird man niederrei-
ßen und verwüsten! Glücklich ist, wer dir
heimzahlt, was du uns angetan hast!
9 Glücklich ist, wer deine kleinen Kinder
packt und am Felsen zerschmettert!

Gott steht zu seinem Wort!

138 Von David.
Herr, von ganzem Herzen will ich dir
danken! Dir und keinem anderen Gott
will ich singen.
2 Vor deinem heiligen Tempel werfe ich
mich anbetend nieder, ich preise dich,

---

a »wir … spielen« ist sinngemäß eingefügt.

136,7–9 8,4; 74,16; 1 Mo 1,14–18 **136,10** 2 Mo 12,29* **136,11** 2 Mo 12,31–40
136,13–15 2 Mo 14,21–29 **136,16** 5 Mo 8,2–6 **136,17–22** 4 Mo 21,21–35; Jos 10,28 – 11,23
137,8 Jer 51,52–56 **137,9** Jes 13,16; Hos 10,14; Nah 3,10; Röm 12,19 **138,1–2** 92,2–4*

deine Liebe und Treue. Ja, du hast deine Versprechen eingelöst und alle meine Erwartungen übertroffen.
[3] Als ich zu dir um Hilfe schrie, hast du mich erhört und mir neue Kraft geschenkt.[a]

[4] Herr, alle Herrscher dieser Welt werden dich preisen, wenn sie erfahren, dass du zu deinem Wort stehst!
[5] Sie werden besingen, was du, Herr, getan hast, denn deine Macht und Hoheit ist unermesslich.
[6] Ja, du bist hoch erhaben – trotzdem sorgst du für die, nach denen keiner mehr fragt, und durchschaust die Stolzen schon von ferne!

[7] Selbst wenn ich von allen Seiten bedrängt werde, erhältst du mich am Leben! Du stellst dich meinen zornigen Feinden entgegen und rettest mich durch deine Macht.
[8] Ja, Herr, du wirst dich auch in Zukunft um mich kümmern, deine Gnade hört niemals auf! Was du angefangen hast, das führe zu einem guten Ende!

Herr, du durchschaust mich!

139 Ein Lied Davids. Herr, du durchschaust mich, du kennst mich durch und durch.
[2] Ob ich sitze oder stehe – du weißt es, aus der Ferne erkennst du, was ich denke.
[3] Ob ich gehe oder liege – du siehst mich, mein ganzes Leben ist dir vertraut.
[4] Schon bevor ich rede, weißt du, was ich sagen will.
[5] Von allen Seiten umgibst du mich und hältst deine schützende Hand über mir.
[6] Dass du mich so genau kennst – unbegreiflich ist das, zu hoch, ein unergründliches Geheimnis!

[7] Wie könnte ich mich dir entziehen; wohin könnte ich fliehen, ohne dass du mich siehst?
[8] Stiege ich in den Himmel hinauf – du bist da! Wollte ich mich im Totenreich verbergen – auch dort bist du!
[9] Eilte ich dorthin, wo die Sonne aufgeht, oder versteckte ich mich im äußersten Westen, wo sie untergeht,[b]
[10] dann würdest du auch dort mich führen und nicht mehr loslassen.
[11] Wünschte ich mir: »Völlige Dunkelheit soll mich umhüllen,[c] das Licht um mich her soll zur Nacht werden!« –
[12] für dich ist auch das Dunkel nicht finster; die Nacht scheint so hell wie der Tag und die Finsternis so strahlend wie das Licht.

[13] Du hast mich geschaffen – meinen Körper und meine Seele, im Leib meiner Mutter hast du mich gebildet.
[14] Herr, ich danke dir dafür, dass du mich so wunderbar und einzigartig gemacht hast! Großartig ist alles, was du geschaffen hast – das erkenne ich!
[15] Schon als ich im Verborgenen Gestalt annahm, unsichtbar noch, kunstvoll gebildet im Leib meiner Mutter[d], da war ich dir dennoch nicht verborgen.
[16] Als ich gerade erst entstand, hast du mich schon gesehen. Alle Tage meines Lebens hast du in dein Buch geschrieben – noch bevor einer von ihnen begann!

[17] Deine Gedanken sind zu schwer für mich, o Gott, es sind so unfassbar viele!
[18] Sie sind zahlreicher als der Sand am

---

[a] So mit der griechischen Übersetzung. Der hebräische Text lautet: Du machtest mich unruhig, in meiner Seele war Kraft.
[b] Wörtlich: Erhöbe ich die Flügel des Morgenrots, ließe ich mich nieder am äußersten Ende des Meeres.
[c] So mit der griechischen Übersetzung. Der hebräische Text lautet: Nur Finsternis möge mich zermalmen.
[d] Wörtlich: in den Tiefen der Erde. – Hier wahrscheinlich als Bezeichnung für den Mutterleib.

138,3 17,6* **138,8** 136,1 **139,1–6** 26,2* **139,7** 1 Mo 3,8–9 **139,8–10** Jer 23,23–24 **139,13–15** 1 Mo 2,7* **139,16** 31,16 **139,17–18** 92,6

Meer; wollte ich sie alle zählen, so käme
ich doch nie an ein Ende[a]!

19 Mein Gott! Wie sehr wünsche ich, dass
du alle tötest, die sich dir widersetzen!
Ihr Mörder, an euren Händen klebt Blut!
Mit euch will ich nichts zu tun haben!
20 Herr, wenn diese Leute von dir reden,
tun sie es in böser Absicht, sie missbrau-
chen deinen Namen.
21 Herr, wie hasse ich alle, die dich hassen!
Wie verabscheue ich alle, die dich be-
kämpfen!
22 Deine Feinde sind auch meine Feinde.
Ich hasse sie mit grenzenlosem Hass!

23 Durchforsche mich, o Gott, und sieh
mir ins Herz, prüfe meine Gedanken
und Gefühle!
24 Sieh, ob ich in Gefahr bin, dir untreu zu
werden, dann hol mich zurück auf den
Weg, der zum ewigen Leben führt!

Hinterlistige Feinde

140 Ein Lied Davids.

2 Herr, rette mich vor bösen Menschen!
Beschütze mich vor denen, die sich mit
roher Gewalt durchsetzen!
3 Ständig brüten sie Gemeinheiten aus
und versuchen, Streit anzufangen.
4 Sie reden mit spitzer Zunge, und was
über ihre Lippen kommt, ist bösartig
und todbringend wie Schlangengift.
5/6 Es sind deine Feinde, Herr. Lass nicht
zu, dass ich in ihre Gewalt gerate! Diesen
überheblichen Leuten ist jedes Mittel
recht, mich zu Fall zu bringen. Verschone
mich vor ihnen! Heimlich haben sie mir
Fallen gestellt. Auf allen Wegen lauert
die Gefahr.

7 Herr, du bist mein Gott! Höre meinen
Hilfeschrei!
8 Herr, mein Gott, ich habe schon so oft
deine Hilfe erfahren. Im Kampf hast du
mich beschützt, und kein Haar wurde mir
gekrümmt!
9/10 So hilf mir auch jetzt: Durchkreuze die
Pläne der Unheilstifter, die mich umrin-
gen, damit sie nicht noch überheblicher
werden! Lass sie selbst von dem Leid
überwältigt werden, das sie mir zufügen
wollten!
11 Sprich ihnen das Urteil: Lass glühende
Kohlen auf sie fallen, stürze sie ins Feuer,
in tiefe Schluchten, aus denen sie nicht
mehr entkommen können!

12 Wer den guten Ruf eines anderen zer-
stört, der soll in diesem Land kein Glück
haben. Und wer vor brutaler Gewalt
nicht zurückschreckt, der soll vom Un-
glück verfolgt werden.

13 Ich weiß, dass der Herr den Unter-
drückten beisteht und den Wehrlosen
Recht verschafft.
14 Deshalb werden dich, Herr, alle prei-
sen, die dir treu ergeben sind. Deine Nä-
he erfährt jeder, der offen und ehrlich vor
dir lebt.

Wenn es mich reizt, Böses zu tun

141 Ein Lied Davids.

Herr, höre mich an, wenn ich zu dir rufe!
Hilf mir schnell!
2 Ich hebe meine Hände zu dir empor im
Gebet. Nimm mein Flehen an, so wie du
das Rauchopfer und das Speiseopfer an-
nimmst!
3 Herr, hilf mir, den Mund zu halten,
wenn ich schweigen soll!
4 Wenn es mich reizt, Böses zu tun, dann
bewahre mich, und hilf mir, dass ich mich
von den Übeltätern nicht mitreißen las-
se! Ihre Schlemmereien sollen mir nicht
den Mund wässrig machen.

5 Wer Gott gehorcht, darf mich zurecht-
weisen, wenn ich schuldig werde, denn

---

[a] So mit einigen alten Handschriften. Der hebräische Text lautet: ich erwache und bin noch bei dir.

139,23 26,2*; 44,22 **139,24** 25,4* **140,9–10** 7,13–17* **140,13** 9,13; 12,6; 35,10; 102,18; 146,7–9; 2 Mo 22,21–22* **141,3** Spr 10,19; Jak 3,2–12 **141,4** Spr 1,10 **141,5** Spr 27,5–6

er meint es gut mit mir. Es ist eine große
Hilfe, wenn er mir meine Fehler vorhält.
Ich wehre mich nicht gegen seinen Rat.

Die Übeltäter tun weiter viel Böses, aber
ich bete darum, dass Gott eingreift.[a]
6/7 Die Mächtigen werden bald selbst zum
Tode verurteilt und die Felswand hinab-
gestoßen werden. Man lässt ihre[b] Kno-
chen achtlos liegen. Dann wird man wie-
der auf mich hören und erkennen, dass
meine Worte Hilfe und Orientierung
geben.[c]

8 Mein Herr und Gott, dir vertraue ich.
Bei dir suche ich Schutz. Lass nicht zu,
dass sie mich umbringen,
9 und bewahre mich vor den tückischen
Fallen, die sie mir gelegt haben! Rette
mich vor den Verbrechern, die mir nach-
stellen!
10 Lass sie alle miteinander in die Gruben
fallen, die sie mir gegraben haben; mich
aber lass sicher vorbeigehen!

»Niemand will etwas von mir wissen!«

142 Ein Gebet Davids, zum Nachdenken. Er verfasste es, als er sich auf der Flucht vor Saul in einer Höhle versteckte.[d]

2 Ich schreie zum Herrn, so laut ich kann,
und flehe um sein Erbarmen.
3 Ihm klage ich meine Not; ihm sage ich,
was mich bedrängt.
4 Wenn ich niedergeschlagen bin und
nicht mehr weiter weiß, kennst du noch
einen Ausweg. Wohin ich auch gehe:
überall will man mich ins Unglück
stürzen.
5 Wohin ich auch sehe: nirgendwo will
man etwas von mir wissen. Ich finde kei-
ne Hilfe mehr, und keiner kümmert sich
um mich.

6 Deshalb schreie ich zu dir, Herr! Du al-
lein bist meine Zuflucht! Du sorgst dafür,
dass ich am Leben bleibe.
7 Höre auf meinen Hilfeschrei, denn ich
bin völlig verzweifelt! Rette mich vor
meinen Verfolgern, denn ich bin ihnen
hilflos ausgeliefert!
8 Hole mich aus dieser Höhle[e] heraus!
Dann will ich dir danken vor allen, die
dir vertrauen. Denn du hast eingegriffen
und mir geholfen.

In die Enge getrieben

143 Ein Lied Davids.

Herr, erhöre mein Gebet! Achte auf
mein Flehen und antworte mir! Auf dich
kann ich mich verlassen, denn du hältst
Wort.
2 Bring mich nicht vor dein Gericht, denn
vor dir ist kein Mensch unschuldig.
3 Der Feind verfolgt mich und treibt mich
in die Enge. Mein Leben ist aufs äußerste
bedroht.[f]
4 Ich weiß nicht mehr weiter und bin vor
Angst wie gelähmt.

5 Ich denke zurück an früher, an das, was
du damals getan hast, und halte mir deine
großen Taten vor Augen.

---

a Vers 5 wörtlich: Schlägt mich der Gerechte, (ist es) Güte, züchtigt er mich, ist es Öl für mein Haupt. Mein Haupt weigere sich dessen nicht. Denn noch ist mein Gebet bei ihren Bosheiten. – Der Text ist nicht sicher zu deuten.

b So mit alten griechischen Übersetzungen. Der hebräische Text lautet »unsere«.

c Verse 6–7 wörtlich: Ihre Richter (= Machthaber) werden den Felsen hinabgestürzt; und nun hören sie meine Sprüche, dass sie lieblich sind. Wie ein Pflügender und Spaltender auf der Erde werden unsere Knochen ausgestreut an den Eingang des Totenreiches. – Der hebräische Text ist nicht sicher zu deuten.

d *Vgl. 1. Samuel 22,1*

e Wörtlich: aus dem Gefängnis.

f Wörtlich: Er lässt mich in Finsternissen wohnen wie die Toten auf Ewigkeit.

141,10 7,13–17* **142,1** 57,1; 1 Sam 24,1–4 **142,2–4** 140,13* **142,5** 69,9* **142,6** 18,3* **142,8** 20,6* **143,2** 51,6–7; 130,3; 1 Mo 6,5*

Selbst-Prüfung

Lesen Sie Psalm 139,1-24

Selbsterkenntnis ist uns nicht in die Wiege gelegt. In der Ehe kann unser Partner uns dabei helfen, Dinge zu erkennen, deren wir uns selbst nicht bewusst sind. Wenn aber unser Ehepartner durch unseren Mangel an Selbsterkenntnis verletzt wurde, sollten wir uns mit der Bitte um Einsicht lieber an Gott wenden.

Unser Gebet könnte sich folgendermaßen anhören: „Herr, was ist bei mir nicht in Ordnung? Wo werde ich an meinem Partner schuldig? Was sage oder tue ich, das nicht recht ist? Was hätte ich tun oder sagen sollen und habe es nicht getan? Bitte zeig mir meine Fehler." Dieses einfache Gebet (oder ein ähnliches) wird schon seit Tausenden von Jahren gesprochen und auch von Gott erhört. Sehen wir uns doch einmal Davids Gebet an, das ungefähr 1000 v. Chr. entstanden ist: „Durchforsche mich, o Gott, und sieh mir ins Herz, prüfe meine Gedanken und Gefühle! Sieh, ob ich in Gefahr bin, dir untreu zu werden, dann hol mich zurück auf den Weg, der zum ewigen Leben führt!" (Psalm 139,23-24). Sie können sicher sein: Wenn Sie ein solches Gebet sprechen, wird Gott antworten.

Halten Sie sich bereit, alles zu notieren, was Gott Ihnen dann zeigt. Es sind vielleicht keine großen moralischen Verfehlungen, sondern einfach nur Worte und Taten, die lieblos und unfreundlich waren. Wenn Sie alles aufgeschrieben haben, können Sie überlegen, wie Sie damit umgehen wollen.

Nehmen Sie sich Zeit, um allein oder als Paar gemeinsam zu beten. Bitten Sie Gott, dass er Ihnen hilft …

- zu erkennen, was Sie als Ehepartner alles richtig machen;
- zu verstehen, wie sich Ihre Fehler auf Ihr Familienleben ausgewirkt haben;
- die Problembereiche auf Ihrer Liste so anzugehen, dass er damit geehrt wird und Ihre Familie näher zusammenfindet.

Wenn Sie noch mehr Zeit haben …

Besprechen Sie miteinander folgende Fragen oder denken Sie darüber nach:

- Wenn Sie eine ehrliche Meinung brauchen über sich selbst oder über etwas, das Sie getan haben, an wen wenden Sie sich dann? Warum?
- Wenn Sie als Antwort auf die erste Frage Ihren Ehepartner genannt haben, wie reagieren Sie auf seine/ihre ehrliche Einschätzung? Wenn Sie Ihren Ehepartner nicht genannt haben, erläutern Sie, warum.
- Wenn Sie Ihre eigenen Fähigkeiten als Eltern überdenken, sehen Sie diese eher in einem positiven oder einem negativen Licht? Warum?

Lesen Sie auch die folgenden Abschnitte zum Thema Selbst-Prüfung:
Psalm 51,1-21; 2. Korinther 13,5; Galater 5,22-23.

Verschiedene Arten von Depression

Lesen Sie Psalm 147,1-20

Was können Sie tun, wenn Sie selbst oder ein Angehöriger depressiv sind? Zunächst einmal sollten Sie sich informieren, damit Sie über die grundlegenden Tatsachen Bescheid wissen. Es ist hilfreich zu erkennen, dass es drei Arten von Depressionen gibt. Erstens können Depressionen als Begleiterscheinung einer körperlichen Erkrankung auftreten. Wenn wir körperlich krank sind, geraten oft auch unser Verstand und unsere Gefühle in einen depressiven Zustand. Wir ziehen uns vorübergehend aus allem zurück. So schützt die Natur uns davor, dass wir uns ständig Sorgen um unser körperliches Wohlergehen machen.

Die zweite Form nennt sich situationsbedingte oder reaktive Depression. Sie entsteht aus einer besonders leidvollen Situation in unserem Leben. Oft hat diese Erfahrung mit einem Gefühl des Verlustes zu tun: dem Verlust der Arbeitsstelle, dem Verlust eines Kindes, dem Verlust einer Freundschaft. Oder es gab einen tiefen Einschnitt im Leben, etwa den Weggang eines Kindes zum Studium.

Die dritte Art der Depression beruht auf einer biochemischen Störung. Es handelt sich dabei um eine körperliche Erkrankung, die mit Medikamenten behandelt werden muss. Informieren Sie sich über das Thema oder fragen Sie Ihren Arzt um Rat. Das ist der erste Schritt, wie Sie Hilfe bekommen können.

Nehmen Sie sich Zeit, um allein oder als Paar gemeinsam zu beten. Danken Sie Gott für sein Versprechen, zerbrochene Herzen zu heilen und Ihre Wunden zu verbinden. Bitten Sie ihn um Hilfe, mit Depressionen in Ihrer Ehe richtig umzugehen.

Wenn Sie noch mehr Zeit haben ...

Besprechen Sie miteinander folgende Fragen oder denken Sie darüber nach:

- Wann haben Sie Erfahrungen mit Depressionen gemacht?
- Welche Sorgen hatten Sie beim Umgang mit diesen dunklen Gefühlen?
- Was war Ihre typische Reaktion auf Depressionen, die Sie selbst erlebt haben?

Lesen Sie auch die folgenden Abschnitte zum Thema Depressionen: Psalm 30,6; 143,7-8; Jesaja 41,10.

Den nächsten Impuls finden Sie auf S. 720 a

6 Zu dir strecke ich meine Hände empor
im Gebet. Wie ausgedörrtes Land auf
Regen, so warte ich sehnsüchtig auf dein
Eingreifen.

7 Herr, antworte mir doch jetzt, denn ich
bin völlig am Ende! Lass mich nicht allein, sonst lebe ich nicht mehr lange!
8 Zeige mir schon früh am Morgen, dass
du es gut mit mir meinst, denn ich vertraue dir. Ich brauche dich![a] Zeige mir,
wohin ich gehen soll,
9 und rette mich vor meinen Feinden! Nur
bei dir bin ich geborgen.
10 Hilf mir, so zu leben, wie du es willst,
denn du bist mein Gott! Führe mich
durch deinen guten Geist! Dann werde
ich erleben, wie du mir Hindernisse aus
dem Weg räumst.
11 Herr, stehe zu deinem Wort und hilf
mir aus der Not! Es wird deinem Namen
Ehre machen, wenn du mich am Leben
erhältst.
12 Lass meine Feinde umkommen und
vernichte alle, die mich in diese ausweglose Lage gebracht haben! Ich verlasse
mich ganz auf dich, denn du bist mein
Herr, und ich diene dir.

Der König betet

144 Von David.

Gepriesen sei der Herr! Bei ihm bin ich
geschützt wie hinter einem großen Felsen. Er hat mir gezeigt, wie ich mich wehren kann und wie ich im Kampf die Waffen gebrauchen muss.
2 Wie gut ist Gott zu mir! Er gewährt mir
Zuflucht und Sicherheit. Er ist mein
Schild, der mich vor Bösem bewahrt. Er
hat mich zum Herrscher über sein Volk
gemacht.[b]

3 Herr, was ist schon der Mensch! Warum
schenkst du ihm überhaupt Beachtung?
Warum kümmerst du dich um ihn?
4 Sein Leben ist vergänglich und gleicht
einem Schatten, der vorüberhuscht.

5 Herr, komm vom Himmel herab; berühre die Berge – und sie stoßen Rauch aus!
6 Schleudere deine Blitze, schieße deine
Pfeile, und jage die Feinde auf und davon!
7 Strecke mir deine Hand von oben entgegen, und reiße mich aus den tosenden
Fluten!

Rette mich vor der Macht der feindlichen
Völker!
8 Ihre Worte sind Lug und Trug. Selbst
wenn sie schwören, lügen sie.

9 Gott, für dich will ich ein neues Lied singen und es auf der Harfe[c] begleiten.
10 Denn du gibst den Königen Sieg und
rettest auch David, deinen Diener, aus
tödlicher Gefahr.

11 Befreie mich, rette mich vor der Macht
der feindlichen Völker! Ihre Worte sind
Lug und Trug. Selbst wenn sie schwören,
lügen sie.

12 Wenn du uns rettest, können unsere
Kinder ungestört aufwachsen. Unsere
Söhne werden stark und groß sein wie
Bäume. Unsere Töchter werden schön
sein wie gemeißelte Statuen, die prächtige Paläste zieren.
13 Unsere Vorratskammern sind dann
randvoll, so dass wir mehr haben, als wir
zum Leben brauchen. Unsere Schafe und
Ziegen auf den Weiden werfen Tausende
von Lämmern,
14 und unsere Kühe bringen ihre Kälber
ohne Fehlgeburten zur Welt. Dann muss
niemand mehr auf unseren Märkten klagen und jammern.
15 Glücklich das Volk, das so etwas erlebt!

---

a Wörtlich: Zu dir erhebe ich meine Seele.
b Einige griechische Übersetzungen lauten: Er hat mich zum Herrscher über Völker gemacht.
c Wörtlich: auf der Harfe mit zehn Saiten.

143,6 63,2* **143,7** 17,6*; 28,1 **143,10** 25,4* **144,1–2** 18,3* **144,3–4** 8,5; 39,5–7* **144,9** 40,4* **144,12–14** 128,3; Jer 17,7–8 **144,15** 33,12; 5 Mo 33,29

Glücklich das Volk, dessen Gott der Herr
ist!

Gottes Liebe ist grenzenlos

145 Ein Loblied Davids.
Dich will ich ehren, mein Gott und Kö-
nig! Dich will ich preisen für alle Zeit!
2 Jeden Tag will ich dich loben und deinen
Namen überall bekannt machen.
3 Groß ist der Herr! Jeder soll ihn rühmen!
Seine Größe kann niemand erfassen.
4 Eine Generation soll der anderen von
deinen großen Taten erzählen und schil-
dern, wie machtvoll du eingegriffen hast.
5 Deine Hoheit und Macht wird in aller
Munde sein, und auch ich will stets über
deine Wunder nachdenken.
6 Immer wieder wird man davon spre-
chen, wie dein Handeln den Menschen
Ehrfurcht eingeflößt hat. Auch ich will
ihnen sagen, wie groß du bist.
7 Wenn sie dann zurückdenken, werden
sie deine unermessliche Güte rühmen.
Weil du deine Versprechen gehalten hast,
werden sie dich laut loben:
8 »Der Herr ist gnädig und barmherzig;
seine Geduld hat kein Ende, und seine
Liebe ist grenzenlos!
9 Der Herr ist gut zu allen und schließt
niemanden von seinem Erbarmen aus,
denn er hat allen das Leben gegeben.«

10 Darum sollen dich alle deine Geschöp-
fe loben. Jeder, der dich liebt, soll dich
rühmen
11 und weitersagen, wie großartig deine
Königsherrschaft ist! Sie alle sollen er-
zählen von deiner Stärke,
12 damit die Menschen erfahren, wie du
deine Macht gezeigt hast und wie pracht-
voll und herrlich dein königliches Reich
ist!
13 Deine Herrschaft hat kein Ende, sie
wird bestehen von einer Generation zur
anderen.

Auf das Wort des Herrn kann man sich
verlassen, und was er tut, das tut er aus
Liebe.[a]
14 Wer keinen Halt mehr hat, den hält der
Herr; und wer schon am Boden liegt, den
richtet er wieder auf.
15 Alle schauen erwartungsvoll zu dir, und
du gibst ihnen zur rechten Zeit zu essen.
16 Du öffnest deine Hand und sättigst dei-
ne Geschöpfe; allen gibst du, was sie
brauchen.
17 Der Herr ist gerecht in allem, was er
tut; auf ihn ist Verlass!
18 Der Herr ist denen nahe, die zu ihm be-
ten und es ehrlich meinen.
19 Er geht auf die Wünsche derer ein, die
voll Ehrfurcht zu ihm kommen. Er hört
ihren Hilfeschrei und rettet sie.
20 Gott bewahrt alle, die ihn lieben, aber
wer mit ihm nichts zu tun haben will, den
lässt er umkommen.

21 Ich will den Herrn loben, und alles, was
lebt, soll ihn allezeit rühmen. Er ist der
heilige Gott!

Gott schützt die Schwachen

146 Halleluja – lobt den Herrn! Ich
will den Herrn loben,
2 ich will ihn loben, solange ich lebe! Zur
Ehre Gottes will ich singen mein Leben
lang.

3 Setzt euer Vertrauen nicht auf Männer,
die Einfluss haben und Macht ausüben!
Sie sind vergängliche Menschen wie ihr
und können euch nicht erretten.
4 Sie müssen sterben, und mit ihnen ver-
gehen ihre Pläne.

---

[a] Vers 13b ist eine Ergänzung nach einer hebräischen Handschrift, nach der griechischen und der syrischen Übersetzung.

145,4–5 5 Mo 4,9* **145,7–9** 86,15; 103,8; Klgl 3,22–23* **145,13** 22,29*; 102,13; 146,10 **145,14** 140,13* **145,15–16** 104,27–28 **145,18–20** 17,6* **146,1–2** 92,2–4* **146,3–4** 39,5–7*; Jes 31,1–3

5 Glücklich aber ist der Mensch, der seine
Hilfe von dem Gott Jakobs erwartet!
Glücklich ist, wer seine Hoffnung auf
den Herrn setzt!
6 Denn er hat Himmel und Erde geschaf-
fen, das Meer und alles, was darin lebt.
Niemals bricht er sein Wort!
7 Den Unterdrückten verschafft er Recht,
den Hungernden gibt er zu essen, und die
Gefangenen befreit er.
8/9 Der Herr macht die Blinden wieder se-
hend und richtet die Niedergeschlagenen
auf. Er bietet den Ausländern Schutz und
versorgt die Witwen und Waisen. Wer
treu zu ihm steht, der erfährt seine Liebe,
aber wer ihn verachtet, den führt er in die
Irre.

10 Der Herr regiert für immer und ewig.
Jerusalem[a], dein Gott wird herrschen für
alle Zeiten! Halleluja!

Der Herr baut Jerusalem wieder auf

147 Halleluja – lobt den Herrn! Es
ist gut, unserem Gott Loblieder
zu singen; es macht Freude, ihn zu loben.

2 Der Herr baut Jerusalem wieder auf. Er
bringt die Israeliten zurück, die aus ihrem
Land verschleppt wurden.
3 Er heilt den, der innerlich zerbrochen
ist, und verbindet seine Wunden.
4 Er hat die Zahl der Sterne festgelegt
und jedem einen Namen gegeben.
5 Wie groß ist unser Herr und wie gewal-
tig seine Macht! Unermesslich ist seine
Weisheit.
6 Der Herr richtet die Erniedrigten auf
und tritt alle, die sie unterdrückt haben,
in den Staub.

7 Singt dem Herrn Danklieder! Spielt für
unseren Gott auf der Harfe!
8 Er überzieht den Himmel mit Wolken
und lässt es auf der Erde regnen. Er sorgt
dafür, dass Gras auf den Weiden wächst,
9 und gibt den Tieren Futter – auch
den jungen Raben, wenn sie danach
krächzen.

10 Viele Menschen erwarten ihre Sicher-
heit von starken Armeen und guten Sol-
daten. Gott aber lässt sich davon nicht
beeindrucken.[b]
11 Er freut sich über alle, die ihm in Ehr-
furcht begegnen und von seiner Gnade
alles erwarten.

12 Jerusalem, lobe den Herrn! Du Stadt
auf dem Berg Zion, rühme deinen Gott!
13 Er gewährt dir Schutz in deinen Mau-
ern und segnet deine Kinder.
14 Er gibt deinem Land Frieden und
Wohlstand und schenkt dir bei jeder Ern-
te die besten Erträge.
15 Er sagt nur ein Wort zur Erde, und was
er befiehlt, geschieht sofort.
16 Er lässt es in dichten Flocken schneien
und überzieht alles mit Raureif.
17 Dicke Hagelkörner lässt er auf die Erde
prasseln, er schickt klirrende Kälte, die
kaum zu ertragen ist.
18 Er gibt einen Befehl, und schon
schmilzt der Schnee; er lässt den Früh-
lingswind wehen, und schon taut das Eis.

19 Auch Israel hat er sein Wort verkündet,
damit sein Volk nach seinen Gesetzen
und Ordnungen lebt.
20 An keinem anderen Volk hat Gott so
gehandelt. Kein anderes kennt seine
Ordnungen. Halleluja!

Lobt Gott im Himmel und auf der Erde!

148 Halleluja – lobt den Herrn!
Lobt den Herrn im Himmel,
lobt ihn dort in der Höhe!

---

a Wörtlich: Zion

b Wörtlich: Er hat nicht Lust an der Stärke des Rosses, er findet nicht Gefallen an den Schenkeln des Mannes.

146,5 118,8–9; Jer 17,5–8 **146,7–9** 140,13* **146,10** 22,29*; 102,13; 145,13 **147,1** 92,2–4* **147,2** Jes 43,5–7 **147,3** Jes 61,1–3 **147,6** 1 Sam 2,6–8; Lk 1,52 **147,9** 104,27–28 **147,10** 118,8–9; 146,3–5; Jer 17,5–8 **147,20** 2 Mo 19,5–6* **148,1–2** 103,20–22

2 Lobt ihn, alle seine Engel, lobt ihn, ihr himmlischen Heere!
3 Lobt ihn, Sonne und Mond, lobt ihn, ihr leuchtenden Sterne!
4 Lobt ihn auch im fernsten Weltall,[a] lobt ihn, ihr Wassermassen über dem Himmel!

5 Sie alle sollen den Herrn loben! Denn auf seinen Befehl wurden sie erschaffen.
6 Er wies ihnen für alle Zeiten ihren Platz im Weltall zu und gab ihnen feste Gesetze, denen sie für immer unterworfen sind.

7 Lobt den Herrn auf der Erde! Lobt ihn, ihr Walfische und alle Meerestiefen!
8 Lobt ihn,[b] Blitze, Hagel, Schnee und Nebel, du Sturmwind, der du Gottes Befehle ausführst!
9 Lobt ihn, ihr Berge und Hügel, ihr Obstbäume und Tannen!
10 Lobt ihn, ihr wilden und ihr zahmen Tiere, ihr Vögel und alles Gewürm!
11 Lobt ihn, ihr Könige und alle Völker, ihr Herrscher und Machthaber dieser Welt!
12 Lobt ihn, ihr jungen Männer und ihr Mädchen, Alte und Junge miteinander!

13 Sie alle sollen den Herrn loben, denn er allein ist hoch erhaben. Seine Majestät erstreckt sich über Himmel und Erde!
14 Er hat seinem Volk wieder Kraft und Hoffnung geschenkt.[c] Deshalb lobt ihn Israel. Es ist das Volk, das ihm am nächsten steht und treu zu ihm hält. Halleluja!

Sieg und Vergeltung

149 Halleluja – lobt den Herrn! Singt dem Herrn ein neues Lied! Preist ihn, wenn ihr euch versammelt mit allen, die ihn lieben!
2 Ganz Israel freue sich über seinen Schöpfer. Jubelt ihm zu, ihr Einwohner Jerusalems! Er ist euer König.
3 Tanzt zu seiner Ehre, und schlagt den Rhythmus auf dem Tamburin! Spielt für ihn auf der Harfe!

4 Denn der Herr liebt sein Volk. Er wird die Unterdrückten befreien.
5 Darüber sollen sie sich freuen und ihn rühmen, selbst noch in der Nacht.
6 Sie sollen ihre Stimme erheben und Gott loben. In ihren Händen halten sie scharfe Schwerter,
7 um an den gottlosen Völkern Vergeltung zu üben und sein Strafgericht zu vollziehen.
8 Dann werden sie die Könige dieser Völker in Ketten legen und ihre hohen Beamten in Handschellen abführen,
9 um Gottes Urteil zu vollstrecken. So steht es in seinem Gesetz. Für alle, die treu zu Gott halten, ist dies ein Tag des Triumphes. Halleluja!

Lobt den Herrn mit allen Instrumenten!

150 Halleluja – lobt den Herrn! Lobt Gott in seinem Tempel! Lobt ihn, den Mächtigen im Himmel!
2 Lobt ihn für seine gewaltigen Taten! Lobt ihn, denn seine Größe ist unermesslich!
3 Lobt ihn mit Posaunen, lobt ihn mit Harfe und Zither!
4 Lobt ihn mit Tamburin und Tanz, lobt ihn mit Saitenspiel und Flötenklang!
5 Lobt ihn mit Zimbelschall und Paukenschlag!
6 Alles, was lebt, lobe den Herrn! Halleluja!

---

[a] Wörtlich: Lobt ihn, Himmel der Himmel.
[b] Im hebräischen Grundtext fehlt von Vers 8–12 beim jeweiligen Versanfang der Ausruf: »Lobt ihn«.
[c] Wörtlich: Er hat das Horn seines Volkes erhöht.

148,3–6 8,4; 74,16; 1 Mo 1,14–18 **148,14** 147,19–20 **149,1** 40,4* **149,2** 22,29* **149,3** 92,2–4* **149,4** 140,13* **150,1–6** 92,2–4*

Loben statt kritisieren

Eine Frau wünscht sich vielleicht, ihr Mann würde mehr dem Ideal des starken, liebevollen, verlässlichen, dienenden Leiters entsprechen. Das kann er wohl – aber nicht ohne ihre Hilfe.

Die Frau sollte sich klarmachen, dass ihr Mann auf Lob positiv reagiert. Denken Sie an den Satz aus Sprüche 16,24: „Ein freundliches Wort ist wie Honig: angenehm im Geschmack und gesund für den Körper."

Tom war in der Geschäftswelt hoch angesehen, aber leider, so sagte er mir, zu Hause nicht: „Meine Frau gibt immer kritische Kommentare ab. Man könnte meinen, ich sei ein absoluter Versager." Lisa gab zwar zu, dass Tom ein guter Ehemann und Vater war, doch sie war ganz auf die Bereiche in seinem Leben konzentriert, in denen sie Änderungsbedarf sah. Und sie war entschlossen, ihn darauf aufmerksam zu machen.

Tatsache ist aber, dass kein Mensch auf ständige Kritik positiv reagiert. Auf Lob und Anerkennung dagegen sprechen wir sehr wohl an. Egal ob Kleinkind oder Greis – wenn unser Fanclub applaudiert, strengen wir uns noch mehr an. Wenn also eine Frau ihren Mann zu Veränderungen anspornen will, sollte sie ihr Augenmerk auf das richten, was er gut macht – und ihn dafür loben! Sie sollte nicht erst warten, bis er perfekt ist, bevor sie ihn lobt, sondern schon seine Bemühungen anerkennen. Halten Sie also Ausschau nach dem, was er gut macht, und danken Sie ihm dafür – unter vier Augen, vor den Kindern, vor seinen Eltern, vor seinen Freunden. Und dann brauchen Sie nur noch zuzuschauen, wie er um die Goldmedaille kämpft.

Den nächsten Artikel zum Thema „Was braucht sie – was braucht er" finden Sie auf S. 914 a

Die Sammlung der Sprüche

Der Wert dieses Buches

1 Die folgenden Lebensweisheiten sind
in Sprüche gefasst von Salomo, dem
Sohn Davids und König von Israel.
2 Wenn du sie beachtest, wirst du lernen,
dich im Leben zurechtzufinden. Sie hel-
fen dir, dich selbst zu beherrschen, und
machen dich fähig, gute Ratschläge zu
erkennen und anzunehmen. 3 Durch sie
gewinnst du Einsicht; du lernst, aufrich-
tig und ehrlich zu sein und andere ge-
recht zu behandeln. 4 Wer jung und uner-
fahren ist, wird urteilsfähig, er bekommt
das Gespür für gute Entscheidungen.
5 Selbst wer darin schon geübt ist, kann
noch dazulernen. Neue Gedankenanstö-
ße helfen ihm, 6 die Sprichwörter der wei-
sen Lehrer zu verstehen und ihre Bilder
und verschlüsselten Sprüche zu enträt-
seln.
7 Alle Erkenntnis beginnt damit, dass
man Ehrfurcht vor dem Herrn hat. Nur
ein Dummkopf lehnt Lebensweisheit
und Selbstbeherrschung ab.

Gib dich nicht mit gewissenlosen Menschen ab!

8 Mein Sohn[a], denke immer an die Er-
mahnungen deines Vaters, und habe die
Weisung deiner Mutter stets vor Augen;
9 wenn du auf ihre Worte hörst, wirst du
Ehre und Anerkennung erlangen.[b]
10 Wenn gottlose Leute dich beschwatzen,
dann hör nicht auf sie! 11 Sie wollen dich
überreden und sagen: »Komm, wir legen
uns auf die Lauer und erschlagen jeden,
der vorbeikommt – am liebsten recht-
schaffene Menschen! 12 Wir überraschen
und beseitigen sie restlos – so schnell, als
hätte der Erdboden sie verschluckt!
13 Denk an die Beute, die uns winkt, wir
werden reich sein! 14 Mach mit, wir teilen
gerecht!«
15 Mein Sohn, lass dich nicht von ihren
Überredungskünsten täuschen, gib dich
bloß nicht mit ihnen ab! 16 Denn sie haben
nur Böses im Sinn, jederzeit sind sie zum
Mord bereit. 17 Es ist sinnlos, ein Fang-
netz vor den Augen der Vögel auszubrei-
ten – sie fliegen davon. 18 Ganz anders
diese Verbrecher: Sie stellen sich selbst
eine Falle und rennen auch noch hinein,
sie verspielen ihr eigenes Leben. 19 So
geht es jedem, der darauf brennt, sich an
fremdem Hab und Gut zu bereichern: Er
wird dabei umkommen.

Die Weisheit ruft

20 Hört! Die Weisheit ruft laut auf den
Straßen, auf den Marktplätzen erhebt sie
ihre Stimme. 21 Im Lärm der Stadt macht
sie sich bemerkbar und ruft allen Men-
schen zu: 22 »Ihr Dummköpfe! Wann
kommt ihr endlich zur Vernunft? Wie
lange noch wollt ihr spötteln und euch
mit einem Lächeln über alles hinwegset-
zen? Ist euch jede Einsicht verhasst?
23 Hört, was ich euch sagen will! Dann
überschütte ich euch mit dem Reichtum
meiner Weisheit[c] und teile mit euch mei-
ne Lebenserfahrung.

24 Schon oft rief ich euch und bot meine
Hilfe an, aber niemand hat je gehört.
25 Jeden Rat verachtet ihr, über meine
Weisungen rümpft ihr nur die Nase.
26 Aber eines Tages bricht das Unheil

---

[a] »Mein Sohn« ist hier wohl die Anrede eines Weisheitslehrers an seinen Schüler.
[b] Wörtlich: denn ihre Worte sind wie ein schöner Kranz auf deinem Kopf oder wie eine Halskette.
[c] Wörtlich: Dann lasse ich euch meinen Geist sprudeln.

1,7 2,2–6; 9,10; 15,33; Hiob 28,28; Ps 111,10; Jes 11,2 **1,8–9** 6,20–21* **1,10** 16,29; Ps 1,1; 141,4 **1,18** Ps 7,13–17* **1,20–21** 8,1–3; 9,3 **1,24–26** 5 Mo 28,62–63; Jes 65,12; 66,4

über euch herein, dann lache ich euch aus
und spotte über euer Elend. 27 Wie ein
Gewitter wird es euch überfallen, wie
ein Sturm, der Angst und Schrecken mit
sich bringt. 28 Dann werdet ihr um Hilfe
schreien, ich aber antworte nicht. Ihr
werdet mich überall suchen, aber ich las-
se mich nicht mehr finden.

29 Vor jeder Erkenntnis verschließt ihr die
Augen, Gott wollt ihr nicht gehorchen.
30 Jeden Rat von mir weist ihr zurück –
31 dann tragt auch die Folgen eures Han-
delns, bis ihr genug davon habt!

32 Schon viele Tagträumer fanden ein
schlimmes Ende, weil sie mich verachte-
ten, und viele Dummköpfe täuschten sich
selbst durch ihre Sorglosigkeit. 33 Wer
aber auf mich hört, lebt ruhig und sicher,
vor keinem Unglück braucht er sich zu
fürchten.«

Der Wert der Weisheit

2 Mein Sohn, höre auf mich, und befol-
ge meine Ratschläge! 2 Nimm dir die
Lebensweisheiten zu Herzen, die ich dir
weitergebe, achte auf sie, und werde
klug! 3 Ringe um Verstand und Urteils-
kraft, 4 suche danach voller Eifer wie
nach einem wertvollen Schatz! 5 Dann
wirst du Gott immer besser kennen ler-
nen und Ehrfurcht vor ihm haben. 6 Er
allein gibt Weisheit, und nur von ihm
kommen Wissen und Urteilskraft. 7 Auf-
richtigen Menschen verleiht er Glück; er
hilft allen, die offen und ehrlich sind.
8 Wer andere gerecht behandelt und Gott
verehrt, steht unter seinem Schutz.
9 Mein Sohn, wenn du auf mich hörst,
wirst du vertraut mit dem, was richtig, ge-
recht und gut ist. So kannst du ein Leben
führen, das Gott gefällt. 10 Du erlangst
Weisheit und lernst, das Leben zu meis-
tern; darüber wirst du dich selbst am
meisten freuen. 11 Du lernst, wohlüber-
legt zu handeln und dir selbst ein Urteil
zu bilden. 12 So wirst du vor Fehlern be-
wahrt. Du bist gewappnet gegen Men-
schen, die mit ihren Worten andere täu-
schen 13–15 und selbst krumme Wege
gehen. Vom Guten haben sie sich abge-
wandt, sie verdrehen die Wahrheit und
haben ihre helle Freude daran. Alles,
was sie sagen und tun, ist verlogen und
verkommen.
16 Besonnenheit schützt dich auch vor ei-
ner fremden Frau, die dich mit schmei-
chelnden Worten umgarnt und dich ver-
führen will. 17 Dem Mann, den sie in ihrer
Jugend geheiratet hat, ist sie untreu – und
damit bricht sie den Bund, den sie vor
Gott geschlossen hat. 18 Wer sich ihrem
Haus nähert, begibt sich in tödliche Ge-
fahr. 19 Niemand, der sich mit ihr einlässt,
findet wieder auf den richtigen Weg zu-
rück.
20 Suche stattdessen nach guten Vorbil-
dern, die dir zeigen, wie man ein gutes
Leben führt. 21 Wer aufrichtig ist, wird
dieses Land bewohnen; 22 wer aber unehr-
lich ist und Gott verachtet, wird daraus
vertrieben.

Vergiss nie, was du gelernt hast!

3 Mein Sohn, vergiss nie, was ich dir
beigebracht habe! Nimm dir meine
Ratschläge zu Herzen, und bewahre sie!
2 Dann wird es dir gut gehen, ein langes
und erfülltes Leben liegt vor dir. 3 Sei gü-
tig und treu, und werde nicht nachlässig,
sondern sporne dich immer wieder an!
4 So wirst du Freundschaft und Ansehen
bei Gott und Menschen finden.
5 Verlass dich nicht auf deine eigene Ur-
teilskraft, sondern vertraue voll und ganz
dem Herrn! 6 Denke bei jedem Schritt an
ihn; er zeigt dir den richtigen Weg und
krönt dein Handeln mit Erfolg. 7 Halte
dich nicht selbst für klug; gehorche Gott

1,28 Jes 59,1–2; Jer 11,11; Mi 3,4 **1,32** 14,8 **2,3–4** 14,6; 16,16; 23,23 **2,5–8** 1,7*; Hiob 32,8; Dan 2,20–23 **2,9–11** 1 Kor 1,30 **2,12–15** 1,10; 16,29; Ps 1,1; 125,5 **2,16–19** 5,3–23; 6,24–35; 7,5–27; 2 Mo 20,14; Mt 5,27–28 **2,20–22** 3,31; 4,14–15; Ps 1,1; 37,9–11; Mt 5,5; Röm 15,2 **3,1–2** 4,4.10.21–22; 7,1–2; 8,34–36 **3,5–6** Ps 25,4*; 118,8; Jer 17,5–8 **3,7** 26,12; Jes 5,21; Röm 12,16

und meide das Böse! 8 Das heilt und be-
lebt deinen ganzen Körper, du fühlst dich
wohl und gesund. 9 Ehre den Herrn mit
deinen Opfergaben: Schenke ihm das
Beste deiner Ernte. 10 Dann wird er deine
Vorratskammern füllen und deine Wein-
fässer überfließen lassen.
11 Mein Sohn, wenn der Herr dich zu-
rechtweist, dann sei nicht entrüstet, son-
dern nimm es an, 12 denn darin zeigt sich
seine Liebe. Wie ein Vater den Sohn er-
zieht, den er liebt, so erzieht dich auch
der Herr.

Wertvoller als der größte Reichtum

13 Glücklich der Mensch, der weise und
urteilsfähig geworden ist! 14 Er ist reicher
als jemand, der Silber und Gold besitzt.
15 Selbst die größten Schätze und die
schönsten Perlen verblassen gegenüber
dem Wert der Einsicht. 16 Wer weise ist,
wird lange leben und Reichtum und An-
sehen erwerben. 17 Ja, die Weisheit
schenkt Glück und Sicherheit; 18 sie allein
gibt ein erfülltes Leben,[a] und wer an ihr
festhält, ist glücklich! 19 Durch Weisheit
schuf Gott die Erde, mit seinem Ver-
stand entwarf er das Weltall. 20 Seine
Klugheit ließ die Quellen aus der Tiefe
hervorsprudeln und Regen aus den Wol-
ken fallen.
21 Mein Sohn, achte darauf, dass du die
Weisheit und Besonnenheit nie aus den
Augen verlierst! 22 Sie wird dein Leben
erfüllen und dir Ansehen bei den Men-
schen geben.[b] 23 Dann kannst du sicher
deinen Weg gehen, nichts bringt dich zu
Fall. 24 Dein Schlaf ist ruhig und tief; 25 vor
nichts brauchst du dich zu fürchten –
auch nicht vor dem Unglück, das gottlose
Menschen plötzlich trifft. 26 Denn der
Herr beschützt dich; er lässt dich nicht in
eine Falle laufen.

Hilf deinem Mitmenschen!

27 Wenn jemand deine Unterstützung
braucht und du ihm helfen kannst, dann
weigere dich nicht. 28 Vertröste ihn nicht
auf morgen, wenn du heute helfen
kannst! 29 Nutze niemals einen Menschen
aus, der dir sein Vertrauen schenkt.
30 Brich keinen Streit vom Zaun mit ei-
nem, der dir nichts getan hat.
31 Beneide einen gewalttätigen Menschen
nicht, und nimm ihn dir nicht zum Vor-
bild. 32 Denn der Herr verachtet den, der
krumme Wege geht, der Aufrichtige aber
ist sein Vertrauter. 33 Der Fluch des
Herrn trifft alle, die ihn missachten; aber
er segnet den, der ihm gehorcht. 34 Er
treibt seinen Spott mit allen, die ihn ver-
spotten; aber er hilft denen, die wissen,
dass sie ihn brauchen. 35 Wer klug und
vernünftig ist, wird Anerkennung finden;
aber ein Dummkopf erntet nichts als
Verachtung.

Es lohnt sich, nach Weisheit zu suchen

4 Ihr jungen Männer, hört auf mich wie
auf euren Vater! Achtet auf meine
Lehre, damit ihr klug werdet! 2 Was ich
euch zu sagen habe, ist gut – darum ver-
gesst es nicht. 3 Ich war das einzige Kind
meiner Eltern, mein Vater und meine
Mutter kümmerten sich sehr um mich.
4 Mein Vater sagte zu mir:
»Denk allezeit über das nach, was ich dir
beigebracht habe. Wenn du dich danach
richtest, wirst du ein erfülltes Leben ha-
ben. 5 Erwirb Einsicht und übe dich im
richtigen Urteilen. Vergiss meine Rat-
schläge nicht! 6 Trenne dich nie von der
Weisheit, liebe sie, so wird sie dich be-
schützen und bewahren. 7 Nur eins im Le-
ben ist wirklich wichtig: Werde weise!

---

[a] Wörtlich: sie ist ein Baum des Lebens für alle, die sie ergreifen.
[b] Wörtlich: Sie werden Leben sein für deine Seele und Schmuck für deinen Hals.

3,9–10 Mal 3,10 **3,11–12** 5 Mo 8,5; Ps 94,12; Hebr 12,5–11; Offb 3,19 **3,15** 8,10–11; 16,16; 20,15; Hiob 28,15–19 **3,19** 8,22–31 **3,24** Ps 4,9 **3,27** 5 Mo 15,7; Mt 5,42 **3,31** 2,20; 4,14–15 **3,33** Jes 3,10–11 **3,34** Hiob 36,15; Jak 4,6.10; 1 Petr 5,5 **4,7** 23,23

Werde verständig! Kein Preis darf dir zu
hoch dafür sein. [8]Liebe die Weisheit, sie
wird dir Ansehen verschaffen; ehre sie –
dann erlangst du Ehre. [9]Sie wird dich
schmücken wie eine wertvolle Krone.«
[10]Mein Sohn, höre auf meine Worte; dann
wirst du lange leben. [11]Ich lehre dich, da-
mit du weise wirst, und zeige dir den rich-
tigen Weg. [12]Auf diesem Weg wird kein
Hindernis dich aufhalten; selbst beim
Laufen wirst du nicht stolpern. [13]Richte
dich nach dem, was du gelernt hast, ver-
wirf niemals die Lehre deiner Eltern!
Nur so ist dein Leben gesichert.
[14]Handle nicht so wie Menschen, denen
Gott gleichgültig ist, nimm sie dir nicht
zum Vorbild! [15]Folg nicht ihrem Bei-
spiel, sondern meide das Böse – ja, flieh
vor ihm, und bleib auf dem geraden
Weg! [16]Diese gottlosen Menschen kön-
nen nicht einschlafen, bevor sie nicht
Schaden angerichtet haben; sie finden
keine Ruhe, bis sie jemandem Unrecht
zugefügt haben. [17]Was sie essen und trin-
ken, haben sie durch Betrug und Gewalt-
tat an sich gerissen. [18/19]Ihr Leben ist
finster wie die Nacht, im Dunkeln tap-
pen sie umher; und wenn sie fallen,
wissen sie nicht einmal, worüber sie ge-
stolpert sind. Wer aber Gott gehorcht,
dessen Leben gleicht einem Sonnenauf-
gang: Es wird heller und heller, bis es
lichter Tag geworden ist.
[20]Mein Sohn, hör gut zu, und pass auf,
was ich dir sage! [21]Verachte meine Worte
nicht, sondern präg sie dir fest ein! [22]Sie
geben dir ein erfülltes Leben und erhal-
ten dich gesund. [23]Was ich dir jetzt rate,
ist wichtiger als alles andere: Achte auf
deine Gedanken und Gefühle, denn sie
beeinflussen dein ganzes Leben! [24]Ver-
breite keine Lügen, vermeide jede Art
von Falschheit! [25]Verliere nie dein Ziel
aus den Augen, sondern geh geradlinig
darauf zu. [26]Überleg sorgfältig, was du
tun willst, und dann lass dich davon nicht
mehr abbringen! [27]Schau weder nach
rechts noch nach links, damit du nicht
auf Abwege gerätst.

Warnung vor Ehebruch

5 Mein Sohn, sei aufmerksam, und hör
auf meine Lehre, denn ich weiß, wo-
von ich rede! [2]Dann lernst du, überlegt
zu handeln, und an deinen Worten er-
kennt man, wie vernünftig du bist.
[3]Die Frau eines anderen Mannes kann
sehr verführerisch sein, wenn sie dich
mit schönen Worten betört. [4]Aber das
Ende wird schmerzhaft sein und der
Nachgeschmack bitter. [5]Sie bringt dich
an den Rand des Abgrunds und reißt dich
mit in den Tod. [6]Sie umgarnt dich, damit
du nicht merkst, wie du in dein Verder-
ben läufst.
[7]Ihr jungen Männer, hört auf mich, und
vergesst nie, was ich jedem von euch sage:
[8]Geh einer solchen Frau aus dem Weg,
lass dich nicht einmal in der Nähe ihres
Hauses blicken! [9]Sonst verlierst du dein
Ansehen, und in der Blüte deines Lebens
richten grausame Menschen dich völlig
zugrunde! [10]Fremde werden deinen Be-
sitz an sich reißen; der Lohn deiner
Arbeit gehört dann einem anderen.
[11]Schließlich bist du völlig abgemagert,
du siechst dahin und stöhnst mit letzter
Kraft:
[12]»Hätte ich doch die Ratschläge ernst
genommen! Warum habe ich mich nur
gegen die Ermahnung gewehrt? [13]Wa-
rum habe ich meinen Lehrern keine Auf-
merksamkeit geschenkt und nicht auf sie
gehört? [14]Fast hätte ich mich vor aller
Augen ins Unglück gestürzt!«
[15]Freu dich doch an deiner eigenen Frau!
Ihre Liebe ist wie eine Quelle, aus der
immer wieder frisches Wasser sprudelt.
[16]Willst du sie verlieren, weil du dich mit
anderen einlässt?[a] [17]Dir allein soll ihre
Liebe gehören, mit keinem anderen sollst

---

[a] Wörtlich: Sollen sich denn deine Quellen auf die Straße ergießen und deine Bäche auf die Plätze?

4,10 3,1–2; 7,1–2; 8,34–36 **4,13** 6,20–21* **4,14–15** 2,20; 3,31; Ps 1,1 **4,18–19** Hiob 36,30 **4,21–22** 3,1–2; 7,1–2 **4,26–27** Ps 119,101 **5,2** 17,28 **5,3–23** 2,16–19* **5,11–14** 2,1–2; 12,15 **5,15–19** Pred 9,9 **5,16** Mal 2,13–16

Auf das Ziel ausgerichtet

Lesen Sie Sprüche 4,25-27

Ist es nicht seltsam, dass wir bei all der „zeitsparenden" modernen Technologie, die wir besitzen, trotzdem anscheinend viel weniger Zeit füreinander haben? Mikrowellen, Fernbedienungen, Geschirrspüler und Computer sollten uns eigentlich helfen, kostbare Zeit zu sparen. Doch was ist mit der ganzen gewonnenen Zeit passiert? Wie es scheint, wurde sie von anderen Aktivitäten aufgefressen. Können wir einen Teil dieser Zeit wieder für unsere Ehen zurückgewinnen? Die Antwort lautet Ja, wenn wir uns Ziele setzen und Zeit investieren, um diese zu erreichen.

In dem Abschnitt aus Sprüche 4 gibt uns König Salomo einen Rat, wie wir unsere Ziele erreichen können. Im Wesentlichen kommt es darauf an zu wissen, wohin man will, einen Weg zu bestimmen, der dorthin führt, und sich von nichts ablenken zu lassen. Diesen Ansatz müssen wir verfolgen, wenn wir die gesetzten Ziele für unsere Ehe erreichen wollen.

Wie können wir Zeit gewinnen? Indem wir ein paar von den guten Dingen, die wir unternehmen, sein lassen, um uns den besten Dingen zu widmen. Den Sinn des Lebens finden wir nicht in Geld, Sport, Einkaufen, akademischen Erfolgen oder einer großen beruflichen Karriere, so gut manches davon auch ist. Wir finden ihn in unseren Beziehungen – zuallererst zu Gott und dann zu anderen Menschen. Wenn Sie verheiratet sind, ist nichts so wichtig wie Ihre Ehe. Gott möchte, dass Sie hier Ihr Leben investieren und seine Liebe erfahren. Ehemänner werden von ihm angewiesen, Ihre Frauen zu „lieben", und die Frauen werden angewiesen, ihre Männer zu „ehren". Gibt es eine bessere Möglichkeit, sich gegenseitig zu lieben und zu ehren, als Zeit miteinander zu verbringen?

Nehmen Sie sich Zeit, um allein oder als Paar *gemeinsam zu beten.* Bitten Sie Gott, Ihnen zu zeigen, was Sie in Ihrer Terminplanung verändern können, um Ihre Ehe zu verbessern. Bitten Sie ihn auch, Ihnen klarzumachen, welche Beschäftigungen gut sind und welche sie davon ablenken, das zu tun, was Sie eigentlich tun sollten.

Wenn Sie noch mehr Zeit haben ...

Besprechen Sie miteinander folgende Fragen oder denken Sie darüber nach:

- Welche Aktivitäten könnten Sie aufgeben, ohne dass dies irgendwelche Auswirkungen hätte?
- Welche Aufgaben könnten Sie gemeinsam erledigen (oder vielleicht gelegentlich streichen), damit Sie mehr Zeit füreinander haben?

Lesen Sie auch die folgenden Abschnitte zum Thema Zeit:
Psalm 90,12; Lukas 14,28; Epheser 5,15-17.

Ehrlich währt am längsten

Die folgenden Fragen können Sie entweder allein oder als Paar gemeinsam durchgehen. Wenn jeder für sich darüber nachdenkt, verabreden Sie sich in der kommenden Woche zu einem Austausch darüber, was Sie herausgefunden haben.

1. Lesen Sie Sprüche 6,16-20. Warum hasst Gott die Lüge so sehr?

2. Denken Sie, dass es vom biblischen Standpunkt her annehmbar ist, unehrlich zu sein? Wenn ja, warum; wenn nein, warum nicht?

3. Lesen Sie Galater 6,1-2. Worin besteht Ihre Verantwortung, wenn Sie sehen, dass ein Mitchrist durch eine Sünde „vom richtigen Weg abkommt"?

4. Lesen Sie Epheser 4,15. Was bedeutet es, „die Wahrheit in Liebe zu leben"?

5. Können Sie sich an eine Begebenheit erinnern, bei der jemand Ihnen liebevoll die Wahrheit sagte – auch wenn es ihm nicht leichtfiel und Sie es nur schwer annehmen konnten?

6. In welchen Situationen ist es für Sie am schwierigsten, die Wahrheit in Liebe zu sagen?

Sprüche 6,16-19

„Sechs Dinge sind dem Herrn verhasst, und auch das siebte verabscheut er: Augen, die überheblich blicken; eine Zunge, die Lügen verbreitet; Hände, die unschuldige Menschen töten; ein Kopf, der heimtückische Pläne ausheckt; Füße, die schnell laufen, um Böses zu tun; ein Zeuge, der falsche Aussagen macht; ein Mensch, der Freunde gegeneinander aufhetzt."

KONKRET:

Benennen Sie jeder eine Situation, in der Sie in Versuchung geraten, die Wahrheit aufzupolieren, um einen Konflikt zu vermeiden (oder weil sie andere Gründe haben). Ermutigen Sie sich gegenseitig in dieser Woche, in solchen Situationen ehrlich zu bleiben.

Den nächsten Impuls finden Sie auf S. 724 a

du sie teilen! [18]Erfreue dich an deiner
Frau, die du als junger Mann geheiratet
hast. [19]Bewundere ihre Schönheit und
Anmut![a] Berausche dich immer wieder
an ihren Brüsten und an der Liebe, die
sie dir schenkt!
[20]Mein Sohn, willst du dich wirklich mit
einer anderen vergnügen und mit einer
fremden Frau schlafen? [21]Der Herr sieht
genau, was du tust; nichts bleibt ihm ver-
borgen. [22]Wer Gottes Gebote missachtet,
dreht sich selbst einen Strick und ist ge-
fangen in seiner Schuld. [23]Wer sich nicht
beherrschen kann, schaufelt sich sein ei-
genes Grab.

Vier Gefahren

6 Mein Sohn, hast du dich mit Hand-
schlag dazu verpflichtet, für die
Schulden eines anderen aufzukommen?
[2]Bist du an ein Versprechen gebunden,
das du gegeben hast? [3]Dann gibt es nur
einen Rat: Versuch so schnell wie mög-
lich, davon freizukommen! Der Gläubi-
ger hat dich in seiner Gewalt – also geh
zu ihm, und bestürme ihn so lange, bis er
dich freigibt. [4]Schieb es nicht auf – gönn
dir keine Ruhe! [5]Versuch mit allen Mit-
teln, dich herauszuwinden und zu fliehen
wie ein Tier vor seinem Jäger!
[6]Beobachte die Ameisen, du Faulpelz!
Nimm dir ein Beispiel an ihnen: [7]Kein
Vorgesetzter treibt sie an; [8]trotzdem ar-
beiten sie den ganzen Sommer über flei-
ßig, und im Herbst haben sie einen Vor-
rat für den Winter angelegt. [9]Wie lange
willst du noch im Bett bleiben, du Faul-
pelz? Wann stehst du endlich auf?
[10]»Lass mich noch ein bisschen schlafen«,
sagst du, »nur noch ein Weilchen!« –
[11]und während du dich noch ausruhst, ist
die Armut plötzlich da, und die Not über-
fällt dich wie ein Räuber.
[12]Einen nichtswürdigen und gemeinen
Menschen erkennt man an seinem Ver-
halten: Er verbreitet Lügen [13]und will
dich mit seinen Gesten und Gebärden
täuschen.[b] [14]Sein Wesen ist falsch und
heimtückisch, er hat ständig Böses im
Sinn und legt es immer auf einen Streit
an. [15]Darum wird ihn das Unglück plötz-
lich treffen; so unerwartet kommt sein
Ende, dass er nicht mehr entrinnen kann.
[16–19]Sechs Dinge sind dem Herrn verhasst,
und auch das siebte verabscheut er:[c]

Augen, die überheblich blicken; eine
Zunge, die Lügen verbreitet; Hände, die
unschuldige Menschen töten; ein Kopf,
der heimtückische Pläne ausheckt; Füße,
die schnell laufen, um Böses zu tun; ein
Zeuge, der falsche Aussagen macht; ein
Mensch, der Freunde gegeneinander auf-
hetzt.

[20]Mein Sohn, denke immer an die Lehren
deines Vaters, und die Weisung deiner
Mutter habe stets vor Augen! [21]Erinnere
dich zu jeder Zeit an die Worte deiner
Eltern, und bewahre sie in deinem Her-
zen! [22]Tag und Nacht sollen sie dich be-
gleiten und dein Denken und Handeln
bestimmen. [23]Die Erziehung deiner El-
tern ist wie ein Licht, das dir den richti-
gen Weg weist; ihre Ermahnungen zeigen
dir, wie du leben sollst. [24]Sie warnen dich
vor der fremden Frau, der Frau eines an-
deren, die dich mit betörenden Worten
lockt. [25]Lass dich nicht von ihren Reizen
einfangen, fall nicht auf sie herein, wenn
sie dir schöne Augen macht. [26]Für eine
Hure bezahlst du nur so viel wie für ein
Brot, aber wenn du mit einer verheirate-
ten Frau die Ehe brichst, gefährdest du
dich selbst.
[27]Kann man etwa Feuer in der Manteltа-
sche tragen, ohne den Mantel in Brand

---

[a] Wörtlich: Sie ist (anmutig) wie eine Hirschkuh und wie eine Gazelle.
[b] Wörtlich: Er zwinkert mit den Augen, scharrt mit den Füßen und gibt einen Hinweis mit den Fingern.
[c] Es handelt sich um einen so genannten »Zahlenspruch«: Verschiedene Beispiele werden zusammengestellt und an ein bestimmtes Zahlenschema gebunden.

5,21 Ps 26,2* **6,1–5** 11,15; 17,18; 20,16 **6,6–8** 30,24–28 **6,9–11** 19,15; 20,13; 24,30–34 **6,12–15** 26,22–28 **6,20–21** 1,8–9; 4,13; 13,1; 23,22; 30,17; 2 Mo 20,12* **6,24–35** 2,16–19*

zu stecken? [28]Kann man etwa barfuß über glühende Kohlen gehen, ohne sich die Füße zu verbrennen? [29]Genauso schlimm sind die Folgen, wenn man mit der Frau eines anderen schläft: Jeder, der es tut, wird bestraft. [30]Wer Brot stiehlt, weil er Hunger hat, wird nicht verachtet. [31]Wenn er ertappt wird, muss er es siebenfach ersetzen, aber das kostet ihn höchstens seinen ganzen Besitz. [32]Wer dagegen die Ehe bricht, hat den Verstand verloren und richtet sich selbst zugrunde. [33]Schimpf und Schande wird er ernten und sein Leben lang verachtet werden. [34]Ein eifersüchtiger Ehemann schnaubt vor Wut, und in seiner Rachsucht kennt er kein Erbarmen. [35]Keine Entschädigung, die du ihm anbietest, kein noch so großes Geschenk wird ihn besänftigen.

Die treulose Frau

7 Mein Sohn, beachte, was ich dir sage, halte unter allen Umständen daran fest! [2]Lebe danach, so wirst du ein gutes Leben führen. Hüte meine Worte wie einen wertvollen Schatz, [3]denke jederzeit über sie nach, und schreibe sie dir ins Herz! [4]Kümmere dich um die Weisheit wie um deine Schwester, mach dir die Einsicht zur besten Freundin! [5]Das wird dich schützen vor jeder fremden Frau, die dir mit schmeichelnden Worten den Kopf verdrehen will.

[6]Einmal stand ich am Fenster und schaute hinaus auf die Straße. [7]Dort sah ich eine Gruppe noch unerfahrener junger Männer. Einer von ihnen fiel mir durch sein kopfloses Verhalten auf. [8]Er lief die Straße hinunter, an deren Ecke eine bestimmte Frau wohnte, und ging auf ihr Haus zu. [9]Inzwischen war es schon dunkel geworden. [10]Da kam sie ihm entgegen, herausgeputzt und zurechtgemacht wie eine Hure. Sie war sich ihres Erfolgs sicher. [11]Leidenschaftlich und hemmungslos wie sie war, hielt sie es zu Hause nie lange aus. [12]Man sah sie jeden Tag draußen auf den Straßen und Plätzen, an jeder Straßenecke stand sie und schaute sich suchend um.

[13]Jetzt ging sie auf den jungen Mann zu, umarmte und küsste ihn. Mit herausforderndem Blick sagte sie: [14]»Heute habe ich Gott ein Dankopfer gebracht, und davon ist noch Fleisch übrig. [15]Darum bin ich hinausgegangen, um dich zu suchen. Endlich habe ich dich gefunden! [16]Ich habe mein Bett mit schönen bunten Decken aus Ägypten gepolstert [17]und mit Parfüm besprengt[a]. [18]Komm doch mit! Wir wollen uns die ganze Nacht hindurch lieben und uns bis zum Morgen vergnügen! [19/20]Mein Mann ist nicht da. Er ist auf Reisen und kommt noch lange nicht zurück[b]!«

[21]Mit diesen Worten reizte und erregte sie den jungen Mann. [22]Er folgte ihr ins Haus wie ein Ochse, der zum Schlachten geführt wird – in sein eigenes Verderben rannte dieser Dummkopf! [23]Ohne es zu wissen, lief er in eine tödliche Falle. Sie hatte ihn gefangen wie einen Vogel im Netz.

[24]Darum hört auf meine Warnung, ihr jungen Männer, und befolgt sie! [25]Lasst euch von solch einer Frau nicht verführen, sondern geht ihr aus dem Weg! [26]Denn sie hat schon viele Männer zu Fall gebracht, die Zahl ihrer Opfer ist groß. [27]Ihr Haus steht am Rand des Abgrunds; wer zu ihr geht, den reißt sie mit in den Tod.

Die Weisheit ruft

8 Hört! Die Weisheit ruft, und die Einsicht lässt ihre Stimme erschallen! [2/3]Man sieht sie auf allen Straßen und Plätzen, an den Toren der Stadt – dort, wo jeder sie sehen kann – steht sie und ruft:

[4]»Hört her, ja, ich meine euch alle!

---

[a] Wörtlich: und mit Myrrhe, Aloe und Zimt besprengt.

[b] Wörtlich: und kommt erst bei Vollmond wieder zurück.

7,1–2 3,1–2; 4,4.10.21–22; 8,34–36 **7,5–27** 2,16–19* **8,1–3** 1,20–21; 9,3

5 Ihr Unerfahrenen, werdet reif und ver-
nünftig! Ihr Tagträumer, wacht auf und
nehmt Verstand an!
6 Hört auf mich, denn es ist wichtig für
euch. Was ich sage, ist aufrichtig und ehr-
lich.
7 Meine Worte sind wahr, denn ich hasse
die Lüge.
8 Ich sage immer die Wahrheit, Hinterlist
oder Betrug sind mir fremd.
9 Meine Worte sind klar und deutlich für
jeden, der sie verstehen will.
10 Meine Ratschläge sollt ihr dankbarer
annehmen als Silber oder Gold.
11 Denn Weisheit ist wertvoller als die
kostbarste Perle, unvergleichlich mehr
als alles, was ihr euch erträumt.

12 Ich bin die Weisheit, und zu mir gehört
die Klugheit. Ich handle überlegt und be-
sonnen.
13 Wer Ehrfurcht vor Gott hat, der hasst
das Böse. Ich verachte Stolz und Hoch-
mut, ein Leben voller Bosheit und Lüge
ist mir ein Gräuel!
14 Ich stehe euch mit Rat und Tat zur Sei-
te; so werdet ihr klug und fähig zum Han-
deln.
15 Mit meiner Hilfe regieren Könige und
erlassen Staatsmänner gerechte Gesetze.
16 Alle Machthaber der Welt können nur
durch mich regieren.
17 Ich liebe den, der mich liebt; wer sich
um mich bemüht, der wird mich finden.
18 Ansehen und Reichtum biete ich an,
bleibender Besitz und Erfolg sind mein
Lohn.
19 Was ihr von mir bekommt, ist wertvol-
ler als das feinste Gold, besser als das
reinste Silber.
20 Wo Menschen gut und gerecht mit-
einander umgehen und nach Gottes Wil-
len fragen, bin ich zu Hause;
21 alle, die mich lieben, beschenke ich mit
Reichtum, ja, ich vergrößere ihr Ver-
mögen!
22 Der Herr schuf mich vor langer Zeit,
ich war sein erstes Werk, noch vor allen
anderen.
23 In grauer Vorzeit hat er mich geschaf-
fen; und so war ich schon da, als es die
Erde noch nicht gab.
24 Lange bevor das Meer entstand, wurde
ich geboren. Zu dieser Zeit gab es noch
keine Quellen,
25 und es standen weder Berge noch
Hügel.
26 Ich war schon da, bevor Gott die Erde
mit ihren Feldern erschuf.
27 Ich war dabei, als Gott den Himmel
formte, als er den Horizont aufspannte
über dem Ozean,
28 als die Wolken entstanden und die
Quellen aus der Tiefe hervorsprudelten,
29 als er das Meer in die Schranken wies,
die das Wasser nicht überschreiten durf-
te, als er das Fundament der Erde legte –
30 da war ich als Kind an seiner Seite. Ich
erfreute mich an Gott und seinen Werken,
31 ich spielte auf seiner Erde und war
glücklich über die Menschen.

32 Darum hört auf mich, ihr jungen Män-
ner! Richtet euch nach mir, und ihr wer-
det glücklich.
33 Nehmt Belehrung an und weist sie nicht
zurück, werdet vernünftig!
34 Glücklich ist, wer auf mich hört und
mich immerzu erwartet!
35 Wer mich findet, der findet das Leben
und wird von Gott geliebt.
36 Wer mich aber verachtet, der zerstört
sein Leben; wer mich hasst, der liebt den
Tod.«

Die Weisheit und die Torheit

9 Frau Weisheit hat ein Haus gebaut
und es mit sieben Säulen ausge-
stattet.
2 Sie hat ein Festessen vorbereitet, guten
Wein geholt und den Tisch gedeckt.

8,10–11 3,15; 16,16; 20,15; Hiob 28,15–19 **8,15–16** 1 Kön 3,9 **8,22–31** 3,19 **8,29** Hiob 38,10–11; Ps 104,9 **8,34–36** 3,1–2; 4,4.10.21–22; 7,1–2 **9,1–6** 9,13–18

3 Ihren Dienstmädchen befahl sie: »Geht
auf den Marktplatz der Stadt, und ruft:
4 ›Ihr Unerfahrenen – kommt zu mir! Ihr
Tagträumer,
5 euch lade ich ein. Kommt, esst euch satt,
und trinkt meinen guten Wein!
6 Bleibt nicht länger unvernünftig, fangt
ein neues Leben an, werdet reif und be-
sonnen!‹«

7 Wer einen Spötter ermahnt, erntet
nichts als Verachtung, und wer einen
gottlosen Menschen tadelt, wird von ihm
gemieden. 8 Darum weise nie einen Spöt-
ter zurecht, sonst hasst er dich. Ermahne
lieber einen verständigen Menschen,
denn er wird dich dafür lieben. 9 Unter-
weise den Klugen, und er wird noch klü-
ger. Belehre den, der Gott gehorcht, und
er wird immer mehr dazulernen.
10 Alle Weisheit beginnt damit, dass man
Ehrfurcht vor Gott hat. Den heiligen
Gott kennen, das ist Einsicht! 11 Ich, die
Weisheit, schenke dir ein langes und er-
fülltes Leben. 12 Du tust dir selbst etwas
Gutes, wenn du weise bist; aber wenn du
über alles mit Spott hinweggehst, scha-
dest du dir selbst.

13 Frau Torheit gleicht einer unverschäm-
ten Hure, die sich auf nichts anderes ver-
steht, als die Leute zu verführen.
14 Sie sitzt vor ihrer Haustür am Markt-
platz der Stadt
15 und ruft allen, die vorbeigehen und an
nichts Böses denken, zu:
16 »Wer unerfahren ist, den lade ich ein!«
Sie beschwatzt die Unvernünftigen:
17 »Es ist reizvoll, heimlich vom Wasser zu
trinken, das anderen gehört, und gestoh-
lenes Brot schmeckt am besten!«
18 Wer auf sie hereinfällt, weiß nicht, dass
es seinen sicheren Tod bedeutet. Alle, die
zu ihr gegangen sind, ruhen schon im To-
tenreich.

Eine Sammlung von Sprichwörtern Salomos

10 Die folgenden Sprichwörter stam-
men von König Salomo:

Worte, die Leben bewirken

Ein vernünftiger Sohn macht seinen
Eltern Freude, ein uneinsichtiger aber
bereitet ihnen Kummer.
2 Unrecht erworbener Besitz schadet nur,
aber Ehrlichkeit rettet vor dem Ver-
derben.
3 Gott gibt dem, der ihn liebt, alles Nöti-
ge. Wer jedoch von ihm nichts wissen
will, dessen Hunger stillt er nicht.
4 Wer nachlässig arbeitet, wird arm; fleißi-
ge Hände aber bringen Reichtum.
5 Klug ist, wer schon im Sommer einen
Vorrat anlegt. Wer dagegen die Erntezeit
verschläft, ist ein Dummkopf.
6 Gott beschenkt jeden reich, der ihm
gehorcht. Wer Gott missachtet, zeigt mit
jedem Wort seine Hartherzigkeit.
7 An einen aufrichtigen Menschen erin-
nert man sich auch nach seinem Tod noch
gerne; Gottlose dagegen sind schnell ver-
gessen.
8 Ein verständiger Mensch lässt sich be-
lehren, aber wer sich nichts sagen lässt
und nur Unsinn redet, richtet sich selbst
zugrunde.
9 Wer ehrlich ist, lebt gelassen und ohne
Furcht; ein Unehrlicher aber wird irgend-
wann ertappt.
10 Betrug richtet Schaden an, und ein
Schwätzer rennt in sein eigenes Unglück.
11 Wer Gott dient, dessen Worte sind eine
Quelle des Lebens. Wer Gott missachtet,
zeigt mit jedem Wort seine Hartherzig-
keit.
12 Hass führt zu Streit, aber Liebe sieht
über Fehler hinweg.
13 Ein vernünftiger Mensch findet das

9,3 1,20–21; 8,1–3 **9,7–9** 10,8; 12,1; 15,12.31–32; 23,9; Ps 141,5 **9,10** 1,7* **9,12** 14,6; 21,24
9,13–18 9,1–6 **9,17** 20,17 **9,18** 21,16 **10,1** 15,20; 17,25; 23,24–25 **10,2** 13,11; 15,27; 16,8; 20,17
10,4–5 12,24; 19,15; 20,4.13 **10,7** 12,7; Hiob 18,5–17 **10,8** 9,7–9; 12,1; 15,12.31–32; 23,9
10,11 Ps 141,3; Jak 3,2–12 **10,12** 15,1; 1 Kor 13,5–7

Klatsch und Tratsch

Lesen Sie Sprüche 8,8-13

In Sprüche 8,13 werden wir angewiesen, Bosheit und Lüge abzulehnen. Mit Lügen ist eine ganze Reihe von verbalen Verfehlungen gemeint. Dazu gehören nicht zuletzt auch Tratsch und das Streuen von Gerüchten. Wenn Sie schon einmal das Opfer von boshaften Lästereien geworden sind, dann wissen Sie sicher, wie viel Wahrheit in einem anderen Sprichwort steckt: „Worte haben Macht: sie können über Leben und Tod entscheiden“ (Sprüche 18,21).

Klatsch und Tratsch haben die Macht, ein Leben zu zerstören, selbst wenn sie auf Tatsachen beruhen. Die Bibel gibt uns genaue Anweisungen, wie wir mit anderen Menschen umgehen sollen. Den höchsten Maßstab hierin setzt 1. Korinther 13 mit seiner Aufforderung, freundlich, geduldig, vergebungsbereit, höflich, demütig und großzügig zu sein. Lästereien sind das genaue Gegenteil davon.

Tratscherei kann auch unsere Glaubwürdigkeit als Christen zerstören. Wie können wir über andere herziehen und gleichzeitig behaupten, die Liebe Christi sei in uns? Oder noch deutlicher ausgedrückt: Wie können wir behaupten, andere zu lieben, wenn wir sie mit unseren Worten vernichten?

Wenn wir Gott darum bitten, wird er uns zeigen, wie wir andere mit unseren Worten verletzen, besonders wenn wir hinter ihrem Rücken schlecht über sie reden. Er kann uns helfen, andere so zu lieben, wie er es tut – und unsere Liebe auch durch die Art, wie wir über andere sprechen, zum Ausdruck zu bringen.

Nehmen Sie sich Zeit, um allein oder als Paar gemeinsam zu beten. Bekennen Sie Gott die Lästereien, mit denen Sie sich schuldig gemacht haben. Verpflichten Sie sich, Ihr Zuhause zu einer Zone zu erklären, in der nicht hinter dem Rücken schlecht über andere geredet wird.

Wenn Sie noch mehr Zeit haben …

Besprechen Sie miteinander folgende Fragen oder denken Sie darüber nach:

- Wann sind Sie oder Ihre Familie Opfer von Lästereien geworden? Wie sind Sie damit umgegangen?
- Neigen Sie beide eher dazu, sich gegenseitig zum Lästern zu verleiten oder Liebevolles über andere zu sagen?
- Welche Schritte können Sie unternehmen, damit bei Ihnen zu Hause nicht hinter dem Rücken schlecht über andere geredet wird?

Lesen Sie auch die folgenden Abschnitte zum Thema Lästern:
Sprüche 11,9; 16,27; 18,8.

Freundliche Worte

Lesen Sie Sprüche 12,25

Mark Twain hat einmal gesagt: „Von einem Kompliment kann ich zwei Monate leben." Wenn wir Mark Twain wörtlich nehmen, müsste man schlussfolgern: Sechs Komplimente pro Jahr müssten für seinen Liebestank ausreichen, damit alles rund läuft. Ihr Ehepartner wird wahrscheinlich mehr Komplimente benötigen.

Aufbauende Worte sind eine gute Möglichkeit, unserer Liebe Ausdruck zu verleihen. Viele Paare haben noch nicht bemerkt, wie wichtig es ist, sich gegenseitig zu loben. Salomo schreibt: „Sorgen drücken einen Menschen nieder – aber freundliche Worte richten ihn wieder auf" (Sprüche 12,25).

Komplimente oder auch Lob und Anerkennung übermitteln unsere Liebe auf äußerst wirksame Weise. Sie werden am besten in einfachen, klaren Äußerungen zum Ausdruck gebracht:

„Du siehst toll aus in dem Anzug."

„Das Kleid steht dir fantastisch! Super!"

„Ich schätze es sehr an dir, dass du mich immer so pünktlich von der Arbeit abholst."

„Danke, dass du für heute Abend einen Babysitter organisiert hast. Das ist für mich nicht selbstverständlich."

„Ich finde es klasse, dass du so verantwortungsvoll bist. Ich kann mich voll und ganz auf dich verlassen."

Wie würde sich das Klima in Ihrer Ehe verändern, wenn Sie regelmäßig solche freundlichen Worte hören würden? Versuchen Sie heute, mehr Lob und Anerkennung in Ihre Ehe einzubringen.

Nehmen Sie sich Zeit, um allein oder als Paar gemeinsam zu beten. Danken Sie Gott, dass Sie die Chance haben, andere Menschen zufriedener zu machen. Bitten Sie ihn, dass Sie zu einem Menschen werden, der den Liebestank anderer mit Worten des Lobs und der Anerkennung füllt.

Wenn Sie noch mehr Zeit haben ...

Besprechen Sie miteinander folgende Fragen oder denken Sie darüber nach:

- Was ist das Netteste, das jemand je zu Ihnen gesagt hat? Warum hat Ihnen das so viel bedeutet?
- Woran erkennen Sie, ob ein Kompliment ehrlich gemeint ist?
- Wie können Sie dafür sorgen, dass bei Ihnen zu Hause anerkennende Worte zur Tagesordnung gehören?

Lesen Sie auch die folgenden Abschnitte zum Thema Lob und Anerkennung:
1. Korinther 1,4; Philipper 1,3; 4,8.

Den nächsten Impuls finden Sie auf S. 734 a

richtige Wort; ein unvernünftiger sollte
geschlagen werden.
14 Wer klug ist, überlegt sich, was er sagt;
aber ein Narr spricht vorschnell und rich-
tet Schaden an.
15 Dem Reichen gibt sein Besitz Sicher-
heit; den Armen aber schützt nichts vor
dem Untergang.
16 Wer Gott gehorcht, wird mit dem Le-
ben belohnt; der Gottlose dagegen ver-
strickt sich in Schuld.
17 Wenn du Ermahnungen annimmst, bist
du auf dem richtigen Weg; wenn du dich
gegen sie sträubst, läufst du in die Irre.
18 Wer seinen Hass versteckt, ist ein
Heuchler, und wer andere hinter ihrem
Rücken verleumdet, ist ein hinterhältiger
Mensch.
19 Wer viele Worte macht, wird sicher
schuldig – darum hält der Kluge sich zu-
rück.
20 Wer Gott gehorcht, spricht Worte so
wertvoll wie reines Silber; die Gedanken
des Gottlosen dagegen sind völlig wert-
los.
21 Wer Ehrfurcht vor Gott hat, hilft vielen
Menschen durch das, was er sagt; ein
Narr aber zerstört sich selbst durch seine
Dummheit.
22 Reich wird nur der, dem Gott Gelingen
schenkt; eigene Mühe allein hilft nicht
weiter!
23 Der Unvernünftige freut sich an bösen
Taten; ein Verständiger aber hat Freude
an der Weisheit.
24 Wer von Gott nichts wissen will, dem
stößt das zu, was er am meisten fürchtet;
wer jedoch zu Gott gehört, bekommt,
was er sich wünscht.
25 In der Stunde der Bewährung kann der
Gottlose nicht bestehen,[a] aber wer Gott
gehorcht, der steht auf festem Fun-
dament.
26 Lass niemals einen Faulpelz für dich
arbeiten, denn er wird dir schaden wie
Zucker[b] deinen Zähnen und Rauch dei-
nen Augen!
27 Wer Ehrfurcht vor Gott hat, wird lange
leben. Wer sich von ihm lossagt, wird früh
sterben.
28 Wer Gott gehorcht, auf den wartet
Freude; wer von ihm nichts wissen will,
dessen Hoffnungen zerrinnen.
29 Der Herr beschützt die Aufrichtigen;
aber er stürzt den ins Verderben, der Un-
recht tut.
30 Wer Gott gehorcht, lebt ruhig und si-
cher; wer ihn missachtet, hat keine Hei-
mat.
31 Wer Gott liebt, sagt in jeder Lage das
passende Wort; einem Lügner aber wird
der Mund verboten.
32 Wer Gott gehorcht, dessen Worte sind
wohltuend und hilfreich; aber was der
Gottlose von sich gibt, richtet nur Scha-
den an.

Gott freut sich über aufrichtige Menschen

11 Gott hasst eine falsch eingestellte
Waage, aber er freut sich, wenn die
Gewichte stimmen.
2 Hochmut kommt vor dem Fall, ein wei-
ser Mensch ist bescheiden.
3 Der Ehrliche geht aufrichtig und sicher
seinen Weg; ein Unehrlicher zerstört sich
selbst durch seine Falschheit.
4 Reichtum bewahrt nicht vor Gottes
Zorn; wer aber Gott gehorcht, bleibt von
dem Verderben verschont.
5 Wer ehrlich ist und sich nach Gottes Ge-
boten richtet, geht ungehindert seinen
Weg; aber ein gottloser Betrüger wird zu
Fall kommen.
6 Den Aufrichtigen rettet seine Ehrlich-
keit; doch der, dem man nicht trauen
kann, ist durch seine eigene Gier ge-
fangen.
7 Mit dem Tod eines Gottlosen sterben

---

a Wörtlich: Wenn ein Sturm vorüberfegt, ist der Gottlose nicht mehr da.
b Wörtlich: wie Essig.
10,14 13,3; 17,27 **10,15** 11,28; 1 Tim 6,17 **10,19** Ps 141,3; Mt 12,36; Jak 3,2–12 **10,22** 5 Mo 8,17–18; Ps 127,1–2; Mt 6,25–34 **10,26** 26,13 **10,32** Ps 37,30 **11,1** 16,11* **11,2** 16,18; 18,12

auch seine Hoffnungen; alles, worauf er sich bisher verlassen hatte, hilft dann nicht mehr weiter.
8 Wer Ehrfurcht vor Gott hat, wird aus der Not errettet; stattdessen gerät der ins Unglück, der von Gott nichts wissen will.
9 Wer Gott missachtet, schadet anderen mit seinen Worten; wer Gott gehorcht, hilft anderen durch sein Wissen.
10 Die ganze Stadt feiert den Erfolg eines guten Menschen und bejubelt den Untergang eines Übeltäters.
11 Eine Stadt blüht auf durch ehrliche Menschen; aber die Worte der Gottlosen bringen ihr Unglück.
12 Wer verächtlich über seinen Mitmenschen herzieht, hat den Verstand verloren. Ein vernünftiger Mensch hält seine Zunge im Zaum.
13 Wer klatschsüchtig ist, wird auch anvertraute Geheimnisse ausplaudern; ein zuverlässiger Mensch schweigt.
14 Ohne eine gute Regierung geht jedes Volk zugrunde; wo aber viele Ratgeber sind, gibt es Sicherheit.
15 Wer sich für die Schulden eines anderen verbürgt hat, wird es eines Tages bereuen. Wer sich darauf gar nicht erst einlässt, hat seine Ruhe.
16 Eine Frau gewinnt Ansehen durch ein liebenswürdiges Wesen; andere werden durch Gewalt reich und berühmt.
17 Wer freundlich zu anderen ist, hilft sich selbst damit; der Unbarmherzige schneidet sich ins eigene Fleisch.
18 Wer Gott missachtet, sammelt nur trügerischen Gewinn; wer Gott treu bleibt, erhält beständigen Lohn.
19 Wer sich unbeirrbar für das Gute einsetzt, der wird leben; wer Unrecht plant, kommt um.
20 Gott hasst die Heuchler und freut sich über jeden Aufrichtigen.
21 Du kannst sicher sein: Keiner, der Unheil stiftet, kommt ungeschoren davon; aber alle, die Gott gehorchen, bleiben verschont.
22 An einer Frau ohne Anstand wirkt Schönheit wie ein goldener Ring im Rüssel einer Sau.
23 Wer Gott die Treue hält, hat nur Gutes zu erwarten; aber die Hoffnungen der Gottlosen werden zerschlagen – nur Zorn bleibt zurück!
24 Manche sind freigebig und werden dabei immer reicher, andere sind geizig und werden arm dabei.
25 Wer anderen Gutes tut, dem geht es selber gut; wer anderen hilft, dem wird geholfen.
26 Wer in Notzeiten sein Getreide hortet, um es dann umso teurer verkaufen zu können, den verwünschen die Leute; aber sie danken dem, der für sein Getreide keine Wucherpreise verlangt.
27 Wer auf Gutes bedacht ist, findet Zustimmung. Wer Böses ausheckt, den wird es selbst treffen.
28 Wenn du auf dein Geld vertraust, wirst du fallen wie ein welkes Blatt im Herbst. Lebe so, wie Gott es will, dann wirst du aufblühen wie die Pflanzen im Frühling.
29 Wer Haus und Familie vernachlässigt, wird schließlich vor dem Nichts stehen; und der Dummkopf wird zum Diener eines Klugen.
30 Wer Gott gehorcht, verhilft anderen zum Leben;[a] ein weiser Mensch gewinnt die Herzen.
31 Wer Gott mit Ehrfurcht begegnet, wird hier auf Erden schon dafür belohnt; erst recht wird jeder bestraft, der von Gott nichts wissen will!

Lügen haben kurze Beine

12 Wer dazulernen möchte, lässt sich gern sagen, was er falsch macht. Wer es hasst, auf Fehler hingewiesen zu werden, ist dumm.
2 Der Herr freut sich über gute Men-

---

[a] Wörtlich: Die Furcht des Gerechten ist ein Baum des Lebens.

11,11 28,12.28; 29,2 **11,12** 12,18; 13,3; Jak 3,2 **11,13** 20,19 **11,15** 6,1–5; 17,18; 20,16 **11,17** Ps 7,13–17* **11,24–25** 14,31* **12,1** 9,7–9; 10,8; 15,12; 23,9; Ps 141,5

schen, aber er verurteilt jeden, der hinter-
listige Pläne schmiedet.
3 Wer sich von Gott lossagt, verliert jede
Sicherheit; nur wer Gott vertraut, steht
fest wie ein tief verwurzelter Baum.
4 Eine tüchtige Frau verhilft ihrem Mann
zu Ehre und Glück[a]; eine faule Schlampe
aber ist Gift für ihn und raubt ihm jede
Lebensfreude.
5 Wer zu Gott gehört, behandelt seine
Mitmenschen gerecht; wer Gott missach-
tet, versucht andere hereinzulegen.
6 Die Worte des Gottlosen bringen ande-
re in tödliche Gefahr; aber was ein
ehrlicher Mensch sagt, hilft ihnen wieder
heraus.
7 Die Familie des Gottlosen wird ausster-
ben – sein Name verschwindet für immer.
Die Familie des Mannes, der Gott ge-
horcht, bleibt bestehen.
8 Jeder bewundert einen klugen Men-
schen, ein Dummkopf aber wird ver-
achtet.
9 Wer kein Ansehen genießt, sich aber
einen Diener leisten kann, ist besser dran
als ein Wichtigtuer, der nichts zu essen
hat.
10 Ein guter Mensch sorgt für seine Tiere,
der Gottlose aber behandelt sie grausam.
11 Wer seine Felder bestellt, hat genug zu
essen; wer unsicheren Geschäften nach-
jagt, ist leichtsinnig.
12 Wer Gott missachtet, schreckt selbst
vor unrechtmäßigem Gewinn nicht zu-
rück; aber wer mit Gott lebt, ist frei-
gebig[b].
13 Die Worte eines bösen Menschen sind
eine Falle; doch wer Gott gehorcht, fällt
nicht hinein.
14 Wer Gutes sagt und tut, dem wird es gut
ergehen. Denn der Mensch bekommt,
was er verdient.
15 Ein Dummkopf weiß immer alles bes-
ser, ein Kluger nimmt auch Ratschläge
an.
16 Wird ein Dummkopf gekränkt, macht
er seinem Ärger sofort Luft; der Kluge
beherrscht sich, wenn er bloßgestellt
wird.
17 Wer vor Gericht die Wahrheit aussagt,
fördert die Gerechtigkeit; ein falscher
Zeuge unterstützt den Betrug.
18 Die Worte eines gedankenlosen
Schwätzers verletzen wie Messerstiche;
was ein weiser Mensch sagt, heilt und be-
lebt.
19 Lügen haben kurze Beine, die Wahrheit
aber bleibt bestehen.[c]
20 Wer Böses ausheckt, betrügt sich selbst
um das Beste; denn Freude erfährt nur,
wer sich für Frieden einsetzt[d].
21 Kein Unglück geschieht den Menschen,
die Gott gehorchen; über den Ungehor-
samen aber bricht das Unheil zusammen.
22 Der Herr hasst Lügner, aber er freut
sich über ehrliche Menschen.
23 Der Kluge prahlt nicht mit Wissen, ein
Dummkopf aber kann seine Dummheit
nicht verbergen.
24 Wer hart arbeitet, hat Erfolg und
kommt nach oben; der Faule dagegen
muss als Sklave dienen.
25 Sorgen drücken einen Menschen nieder
– aber freundliche Worte richten ihn wie-
der auf.
26 Wer Gott gehorcht, kann anderen den
richtigen Weg zeigen; wer Gott missach-
tet, läuft in die Irre.
27 Der Faulpelz erlangt nicht, was er be-
gehrt; der Fleißige dagegen schafft sich
einen bleibenden Besitz.
28 Wer Gott gehorcht, wird gut und sicher
leben; auf seinem Weg lauert keine tödli-
che Gefahr.[e]

---

[a] Wörtlich: ist die Krone ihres Mannes.
[b] Wörtlich: aber die Wurzel der Gerechten bringt Frucht.
[c] Wörtlich: Die wahrhaftige Lippe bleibt für immer, aber nur einen Augenblick lang die lügnerische Zunge.
[d] Oder: denn Freude erfährt nur der, der wertvollen Rat gibt.
[e] Der hebräische Text ist nicht sicher zu deuten.

12,4 31,10–11 **12,6** 10,21 **12,7** 10,7; Hiob 18,5.17 **12,14** 18,20–21; 21,23 **12,15** 9,7–9; 12,1; 15,12; 23,9; Mt 7,6 **12,16** 14,29; 16,32; 29,22; Pred 7,9 **12,17** 14,25; 2 Mo 20,16* **12,18** 11,12; 13,3; Jak 3,2 **12,23** 13,16; 15,2; 17,28 **12,25** 16,24; 17,22 **12,27** 13,4

Wer klug ist, lässt sich etwas sagen

13 Ein vernünftiger Sohn lässt sich von seinen Eltern zurechtweisen, der Spötter aber verachtet jede Belehrung.
2 Wer Gutes sagt und tut, wird auch Gutes erfahren; ein hinterlistiger Mensch aber sucht die Gewalt.
3 Wer seine Zunge im Zaum halten kann, schützt sich selbst. Ein Großmaul richtet sich zugrunde.
4 Der Faulpelz will zwar viel, erreicht aber nichts; der Fleißige bekommt, was er sich wünscht, im Überfluss.
5 Wer Gott liebt, hasst die Lüge; der Gottlose aber macht andere hinter ihrem Rücken schlecht.
6 Wer mit Gott lebt, lebt gut; den Gottlosen aber stürzt seine Schuld ins Verderben.
7 Einer gibt vor, reich zu sein – ist aber bettelarm. Ein anderer stellt sich arm und besitzt ein Vermögen.
8 Vom Reichen fordert man Lösegeld für sein Leben; der Arme braucht dies nicht zu fürchten.
9 Wer Gott treu bleibt, gleicht einem hell brennenden Licht. Der Gottlose aber ist wie ein Licht, das erlischt.
10 Wer überheblich ist, zettelt Streit an; der Kluge lässt sich etwas sagen.
11 Erschwindelter Reichtum schwindet bald; was man langsam erwirbt, das vergrößert sich noch.
12 Endloses Hoffen macht das Herz krank; ein erfüllter Wunsch schenkt neue Lebensfreude[a].
13 Wer guten Rat in den Wind schlägt, muss die Folgen tragen; wer sich etwas sagen lässt, wird belohnt.
14 Der Rat eines weisen Menschen hilft anderen zum Leben[b] und bewahrt sie vor tödlichen Fallen.
15 Der Vernünftige findet Anerkennung, wer aber nicht vertrauenswürdig ist, läuft in sein Unglück.
16 Der Kluge überlegt, bevor er handelt. Die Taten des Dummen zeigen, wie unüberlegt er ist.
17 Ein unzuverlässiger Botschafter richtet Schaden an, ein vertrauenswürdiger bringt Versöhnung.
18 Wer sich nichts sagen lässt, erntet Armut und Verachtung. Wer auf Ermahnungen hört, wird hoch angesehen.
19 Wie erfreulich ist es, wenn ein Wunsch in Erfüllung geht! Darum kann der Dummkopf von seinen bösen Wünschen nicht lassen.
20 Wenn du mit vernünftigen Menschen Umgang pflegst, wirst du selbst vernünftig. Wenn du dich mit Dummköpfen einlässt, schadest du dir nur.
21 Wer von Gott nichts wissen will, wird vom Unglück verfolgt. Wer aber Gott gehorcht, wird mit Glück belohnt.
22 Ein guter Mensch hinterlässt ein Erbe für Kinder und Enkelkinder, aber das Vermögen des Gottlosen geht über an den, der Gott dient.
23 Auf den steinigen Feldern der Armen wächst gerade genug zum Überleben, aber rücksichtslose Menschen nehmen ihnen auch das Letzte noch weg.
24 Wer sein Kind nie schlägt, der liebt es nicht. Wer sein Kind liebt, der bestraft es beizeiten.
25 Wer Gott gehorcht, hat genug zu essen. Wer sich aber von ihm lossagt, muss Hunger leiden.

Der Kluge überlegt, bevor er handelt

14 Eine tüchtige Frau hält das Haus in Ordnung und sorgt für die Familie, eine leichtfertige aber zerstört alles.
2 Wer aufrichtig ist, nimmt Gott ernst; wer krumme Wege geht, missachtet ihn.

---

a Wörtlich: ein erfüllter Wunsch ist ein Baum des Lebens.
b Wörtlich: ist eine Quelle des Lebens.

13,1 6,20–21* **13,3** 11,12; 12,18; 18,20–21; 21,23; Jak 3,2 **13,4** 12,27; 21,25 **13,9** 24,19–20; Hiob 18,5 **13,11** 10,2; 15,27; 16,8; 20,17 **13,16** 12,23; 15,2; 17,28 **13,17** 26,6 **13,18** 9,7–9; 12,1 **13,24** 19,18; 22,6

[3]Ein unverbesserlicher Starrkopf verrät
sich durch hochmütiges Gerede, ein ver-
ständiger Mensch überlegt, was er sagt.
[4]Ein leerer Stall bleibt zwar sauber – aber
ohne Rinder gibt es keinen Ertrag!
[5]Ein ehrlicher Zeuge sagt immer die
Wahrheit aus, ein falscher Zeuge verbrei-
tet Lügen.
[6]Wer für alles nur Spott übrig hat, wird
die Weisheit vergeblich suchen; wer aber
vernünftig ist, findet sie schnell.
[7]Gib dich nicht mit Dummköpfen ab –
von ihnen hörst du nichts Vernünftiges!
[8]Wer ist klug? Jeder, der sich richtig ein-
schätzen kann. Wer ist ein Tagträumer?
Jeder, der sich selbst betrügt.
[9]Leichtfertigen Menschen ist ihre Sünde
gleichgültig – ja, sie spotten darüber; auf-
richtige dagegen finden Gefallen bei
Gott.
[10]Deine innersten Gefühle kannst du mit
niemandem teilen – im tiefsten Leid und
in der höchsten Freude ist jeder Mensch
ganz allein!
[11]Das Haus des Gottlosen wird abgeris-
sen, aber die Familie des Aufrichtigen
blüht auf.
[12]Manch einer wähnt sich auf dem richti-
gen Weg – und läuft geradewegs in den
Tod.
[13]Hinter schallendem Gelächter verbirgt
sich oft großer Kummer. Wenn die Freude
verrauscht ist, bleibt die Trauer zurück.
[14]Wer krumme Wege geht, bekommt,
was er verdient; der Gute aber wird be-
lohnt.
[15]Nur ein gedankenloser Mensch glaubt
jedes Wort! Der Vernünftige prüft alles,
bevor er handelt.
[16]Der Kluge ist vorsichtig, um Unrecht zu
vermeiden; ein Dummkopf braust schnell
auf und fühlt sich auch noch im Recht.
[17]Wer jähzornig ist, richtet viel Schaden
an. Wer heimlich Rachepläne schmiedet,
macht sich verhasst.
[18]Ein unverständiger Mensch kann nur
Unwissenheit vorweisen, ein Kluger ge-
winnt Ansehen durch sein Wissen.
[19]Der Böse wird dem Guten dienen, und
der Gottlose muss sich erniedrigen vor
dem, der Gott gehorcht.
[20]Der Arme gilt nichts, sogar seine Nach-
barn wollen nichts mit ihm zu tun haben;
der Reiche aber hat viele Freunde.
[21]Wer seinen Mitmenschen verachtet, der
sündigt. Doch glücklich ist, wer den Hilf-
losen beisteht!
[22]Wer Böses plant, gerät auf Abwege; wer
Gutes im Sinn hat, wird Liebe und Treue
erfahren.
[23]Wer hart arbeitet, bekommt seinen
Lohn – wer allerdings nur dumm
schwätzt, wird arm!
[24]Verständige Menschen werden mit
Reichtum belohnt, Dummköpfe können
nur ihre Gedankenlosigkeit vorweisen.
[25]Ein ehrlicher Zeuge rettet unschuldige
Menschen vor dem Todesurteil, ein fal-
scher Zeuge ist ein gefährlicher Betrüger.
[26]Wer Gott ehrt, lebt sicher und gebor-
gen; sogar seine Kinder leben noch in
dieser Geborgenheit.
[27]Wer Gott in Ehrfurcht begegnet, hat
die Quelle des Lebens gefunden und ver-
meidet tödliche Fehler.
[28]Stark und mächtig ist der Herrscher,
der ein großes Volk regiert, aber wie
kläglich steht er da, wenn seine Bevölke-
rung kleiner wird!
[29]Wer seine Gefühle beherrscht, hat Ver-
stand. Der Jähzornige stellt nur seine Un-
vernunft zur Schau!
[30]Wer gelassen und ausgeglichen ist, lebt
gesund. Der Eifersüchtige wird von sei-
nen Gefühlen innerlich zerfressen.
[31]Wer den Armen unterdrückt, verhöhnt
dessen Schöpfer. Wer dem Hilflosen bei-
steht, der ehrt Gott.
[32]Wer sich von Gott lossagt, kommt
durch seine eigene Bosheit um. Wer Gott
vertraut, ist selbst im Tod noch geborgen.
[33]Das Kennzeichen des vernünftigen

14,3 17,28 **14,5** 14,25; 2 Mo 20,16* **14,6** 9,12; 21,24 **14,11** 12,7 **14,14** 3,32; 15,10 **14,17** 14,29; 15,18; 19,19; 29,22; Pred 7,9 **14,20** 19,6–7 **14,25** 12,17 **14,29** 12,16; 15,18; 16,32; 19,19; 29,22; Pred 7,9 **14,31** 11,24–25; 19,17; 5 Mo 15,7–11; Ps 41,2; Dan 4,24; Mt 5,7

Menschen ist Weisheit, sogar die Unvernünftigen können das erkennen.
[34] Wenn ein Volk Gottes Gesetz befolgt, wird es stark. Verstößt es dagegen, stürzt es sich ins Verderben.
[35] Ein kluger Diener erntet den Dank des Königs; aber den, der nur Schaden anrichtet, trifft sein Zorn.

Der Weise hat ein Ziel vor Augen

15 Eine freundliche Antwort vertreibt den Zorn, aber ein kränkendes Wort lässt ihn aufflammen.
[2] Wenn kluge Menschen sprechen, wird Wissen begehrenswert; ein Dummkopf gibt nur Geschwätz von sich.
[3] Gott durchschaut alles; er sieht, wenn Menschen Gutes oder Böses tun.
[4] Ein freundliches Wort schenkt Freude am Leben, aber eine böse Zunge verletzt schwer.
[5] Nur ein unverständiger Mensch verachtet die Erziehung seiner Eltern; wer sich ermahnen lässt, ist klug.
[6] Wer Gott gehorcht, hat immer mehr als genug zum Leben; wer von ihm nichts wissen will, verliert seinen Besitz.
[7] Ein verständiger Mensch gibt sein Wissen weiter, aber ein Dummkopf versteht nichts, weiß nichts und hat nichts zu sagen.
[8] Der Herr hasst die Opfergaben gottloser Menschen, aber er freut sich über die Gebete der Aufrichtigen.
[9] Gott verabscheut die Lebensweise der Menschen, die ihn missachten; aber er liebt den, der seine Gebote liebt.
[10] Wer krumme Wege geht, wird hart bestraft; und wer jede Ermahnung verwirft, schaufelt sich sein eigenes Grab.
[11] Gott sieht hinab bis in den Abgrund des Totenreiches – erst recht durchschaut er die innersten Gedanken und Gefühle eines Menschen!
[12] Ein Hochmütiger will nicht ermahnt werden, darum meidet er den Umgang mit klugen Menschen.
[13] Einen fröhlichen Menschen erkennt man an seinem strahlenden Gesicht, aber einem verbitterten fehlt jede Lebensfreude.
[14] Vernünftige Menschen möchten ihr Wissen vergrößern, Dummköpfe haben nur am Unsinn ihren Spaß.
[15] Für den Niedergeschlagenen ist jeder Tag eine Qual, aber für den Glücklichen ist das Leben ein Fest.
[16] Lieber arm und Gott gehorsam als reich und voller Sorgen.
[17] Lieber eine einfache Mahlzeit mit guten Freunden als ein Festessen mit Feinden!
[18] Ein Hitzkopf schürt Zank und Streit, ein Geduldiger aber schafft Versöhnung.
[19] Der Weg eines Faulpelzes ist dornenreich, dem Zuverlässigen aber stehen alle Wege offen.
[20] Ein vernünftiger Sohn macht seinen Eltern Freude, ein Dummkopf zeigt ihnen die kalte Schulter.
[21] Wer unvernünftig ist, hat Spaß an Dummheiten; ein weiser Mensch handelt zielbewusst.
[22] Ohne Ratgeber sind Pläne zum Scheitern verurteilt; aber wo man gemeinsam überlegt, hat man Erfolg.
[23] Jeder freut sich, wenn er treffend zu antworten weiß – wie gut ist ein wahres Wort zur rechten Zeit!
[24] Der Kluge geht zielstrebig den Weg, der zum Leben führt; er meidet den Weg hinab ins Verderben.
[25] Der Herr zerstört das Haus der Hochmütigen, aber den Grund und Boden der Witwen verteidigt er.
[26] Böse Pläne sind dem Herrn verhasst, aber aufrichtige Worte erfreuen ihn.
[27] Wer sich auf unehrliche Weise Gewinn verschafft, stürzt seine ganze Familie ins Unglück; wer keine Bestechungsgelder annimmt, führt ein gutes Leben.

15,1 16,32; 25,15 **15,2** 12,23; 13,16; 17,28 **15,3** Ps 26,2* **15,5** 6,20–21* **15,8–9** 21,27; 28,9; 1 Sam 15,22* **15,10** 3,32; 14,14; 29,1 **15,11** Ps 26,2* **15,12** 9,7–9; 10,8; 12,1; 23,9 **15,13** 17,22 **15,16–17** 17,1; Ps 37,16 **15,18** 14,17.29; 16,32; 29,22 **15,20** 6,20–21* **15,27** 10,2; 13,11; 16,8; 20,17

28 Ein zuverlässiger Mensch überlegt sich,
was er sagt; ein gewissenloser platzt mit
giftigen Worten heraus.
29 Gott ist denen fern, die von ihm nichts
wissen wollen; aber er hört auf das Gebet
derer, die ihn lieben.
30 Ein freundlicher Blick erfreut jeden,
und eine gute Nachricht gibt neue Kraft.
31 Wer auf hilfreiche Ermahnung hört,
den kann man klug nennen!
32 Wenn du jeden Tadel in den Wind
schlägst, schadest du dir selbst. Wenn du
dir etwas sagen lässt, dann gewinnst du
Einsicht.
33 Wer Ehrfurcht vor Gott hat, erlangt
Weisheit; bevor man zu Ehren kommt,
muss man Bescheidenheit lernen.

Der Mensch denkt – Gott lenkt

16 Der Mensch denkt über vieles
nach und macht seine Pläne, das
letzte Wort aber hat Gott.
2 Der Mensch hält sein Handeln für rich-
tig, aber Gott prüft die Motive.
3 Vertraue Gott deine Pläne an, er wird
dir Gelingen schenken.
4 Alles hat Gott zu einem bestimmten
Zweck geschaffen – der Gottlose ist für
das Verderben gemacht.
5 Gott verabscheut die Hochmütigen. Du
kannst sicher sein: Keiner entkommt sei-
ner gerechten Strafe!
6 Wer Gott treu ist und Liebe übt, dem
wird die Schuld vergeben; und wer Gott
gehorcht, der meidet das Böse.
7 Wenn dein Handeln Gott gefällt, be-
wegt er sogar deine Feinde dazu, sich
mit dir zu versöhnen.
8 Besser wenig Besitz, der ehrlich ver-
dient ist, als großer Reichtum, durch Be-
trug erschlichen.
9 Der Mensch plant seinen Weg, aber der
Herr lenkt seine Schritte.
10 Der König spricht in Gottes Auftrag,
darum irrt er sich nicht, wenn er Recht
spricht.
11 Gott möchte, dass die Waage richtig
eingestellt wird und dass die Gewichte
stimmen, denn er selbst hat diese Ord-
nung aufgestellt.[a]
12 Könige hassen das Unrecht, denn Ge-
rechtigkeit festigt eine Regierung.
13 Könige möchten die Wahrheit hören,
darum achten sie ehrliche Menschen.
14 Im Zorn wird ein König töten, deshalb
versucht ein kluger Mensch, ihn freund-
lich zu stimmen.
15 Wer in der Gunst des Königs steht, dem
geht es gut; seine Anerkennung ist wie
Regen, der Leben spendet.
16 Weisheit und Urteilsvermögen zu er-
langen ist viel kostbarer als Silber oder
Gold!
17 Wer ehrlich ist, meidet das Böse; wer
dies beachtet, wird sein Leben retten.
18 Der Stolze wird gestürzt: ja, Hochmut
kommt vor dem Fall!
19 Lieber bescheiden und arm sein als
Beute teilen mit den Hochmütigen!
20 Wer auf das hört, was ihm beigebracht
wird, ist erfolgreich; und wer dem Herrn
vertraut, der findet Glück.
21 Man vertraut dem Urteil eines vernünf-
tigen Menschen; und wenn er dazu noch
gut reden kann, überzeugt er jeden.
22 Wer Verstand besitzt, hat ein erfülltes
Leben; aber einen Dummkopf zu beleh-
ren, ist reine Zeitverschwendung.
23 Der Kluge redet so, dass man ihn leicht
verstehen kann; deshalb überzeugen sei-
ne Worte.
24 Ein freundliches Wort ist wie Honig:
angenehm im Geschmack und gesund
für den Körper.
25 Manch einer wähnt sich auf dem richti-
gen Weg – und läuft geradewegs in den
Tod.
26 Hunger treibt den Menschen an; er
muss arbeiten, um satt zu werden.

---

[a] Wörtlich: Waagebalken und Waagschalen sind Sache des Herrn, sein Werk sind alle Gewichtssteine im Beutel.

15,29 Ps 17,6* **15,31–32** 9,7–9; 10,8; 12,1; 15,12; 23,9 **15,33** 1,7* **16,1–3** 19,21; 20,24; Ps 37,5; 55,23; Mt 6,33–34 **16,5** Mal 3,16–18 **16,8** 10,2; 13,11; 15,27; 20,17 **16,11** 11,1; 20,10.23; 3 Mo 19,35–36; 5 Mo 25,13–16; Am 8,5–6; Mi 6,10–11 **16,12–15** 19,12; 20,2.28; 22,11; 29,14 **16,16** 3,15; 8,10–11; 20,15; Hiob 28,15–19 **16,18** 18,12; 29,23; Est 5,9 – 7,10 **16,22** 9,7–9; 23,9 **16,24** 12,25

27 Ein gemeiner Mensch gräbt vergange-
ne Fehler anderer wieder aus[a]; seine
Worte zerstören wie Feuer.
28 Ein hinterlistiger Mensch sät Zank und
Streit, und ein Lästermaul bringt Freun-
de auseinander.
29 Ein verbrecherischer Mensch be-
schwatzt seinen Freund und bringt ihn
auf krumme Wege.
30 Wer listig mit den Augen zwinkert,
führt Böses im Schilde; wer entschlossen
die Lippen zusammenpresst, hat es schon
getan.
31 Graues Haar ist ein würdevoller
Schmuck – angemessen für alle, die Got-
tes Geboten folgen.
32 Geduld zu haben ist besser, als ein Held
zu sein; und sich selbst beherrschen ist
besser, als Städte zu erobern!
33 Der Mensch wirft das Los, um Gott zu
befragen; und Gott allein bestimmt die
Antwort.

Weisheit lässt sich nicht erkaufen

17 Lieber in Ruhe und Frieden ein
trockenes Stück Brot essen als ein
Festmahl mit Zank und Streit!
2 Ein fähiger Diener ist höher angesehen
als ein nichtsnutziger Sohn, ja, er wird zu-
sammen mit den anderen Söhnen zum
Erben eingesetzt.
3 Gold und Silber prüft man durch
Schmelzen, aber was im Herzen des
Menschen vorgeht, prüft allein der Herr.
4 Ein Übeltäter fühlt sich von bösen Plä-
nen angezogen, und einem Lügner gefal-
len betrügerische Worte, die andere ins
Unglück stürzen.
5 Wer den Armen verspottet, verhöhnt
dessen Schöpfer. Wer sich am Unglück
anderer freut, bekommt seine Strafe.
6 Alte Menschen sind stolz auf ihre En-
kelkinder, und Kinder sind stolz auf ihre
Eltern.
7 Zu einem Dummkopf passen keine ver-
nünftigen Worte, wie viel weniger passt
Lüge zu einem zuverlässigen Menschen!
8 Manche glauben, Bestechung sei ein
Zaubermittel, das ihnen überall Erfolg
verspricht.
9 Wer über die Fehler anderer hinweg-
sieht, gewinnt ihre Liebe; wer alte Fehler
immer wieder ausgräbt, zerstört jede
Freundschaft.
10 Ein vernünftiger Mensch lernt durch
Tadel mehr als ein Dummkopf durch
hundert Schläge!
11 Ein Unruhestifter sucht nur den Auf-
stand, darum wird ihn eine grausame
Strafe treffen[b].
12 Lieber einer Bärin begegnen, der man
die Jungen geraubt hat, als einem Dum-
men, der nur Unsinn im Kopf hat!
13 Wer Gutes mit Bösem vergilt, in dessen
Familie ist das Unglück ein ständiger
Gast.
14 Ein angefangener Rechtsstreit ist so
schwer aufzuhalten wie gestautes Wasser,
das plötzlich losbricht – darum lass es gar
nicht erst so weit kommen!
15 Gott verabscheut es, wenn der Schuldi-
ge für unschuldig erklärt und der Un-
schuldige verurteilt wird.
16 Ein Dummkopf kann sich Weisheit
nicht erkaufen, sie würde ihm auch gar
nichts nützen – er hat ja doch keinen Ver-
stand!
17 Auf einen Freund kannst du dich immer
verlassen; wenn es dir schlecht geht, ist er
für dich wie ein Bruder.
18 Wer sich mit Handschlag für die Schul-
den eines anderen verbürgt, hat den Ver-
stand verloren!
19 Der Streitsüchtige liebt die Bosheit;
und wer zu hoch hinaus will, wird tief
fallen[c].
20 Ein Heuchler hat nichts Gutes zu er-
warten; und wer Lügen verbreitet, stürzt
ins Unglück.

---

a Wörtlich: gräbt Unheil.
b *Wörtlich: ein grausamer Bote wird gegen ihn gesandt.*
c Wörtlich: und wer seine Tür zu hoch baut, sucht den Einsturz.

16,27 17,9 **16,29** 1,10; Ps 141,4 **16,31** 20,29 **16,32** 12,16; 14,29; 15,18 **17,1** 15,16–17 **17,3** Ps 26,2* **17,9** 16,27 **17,15** 18,5; 24,23–25; 5 Mo 1,16–17 **17,17** 18,24; 27,10 **17,18** 6,1–5; 11,15; 20,16 **17,19** 11,2; 16,18

21 Wer einen nichtsnutzigen und charakterlosen Sohn hat, kennt nur Sorge und Leid.
22 Ein fröhlicher Mensch lebt gesund; wer aber ständig niedergeschlagen ist, wird krank und kraftlos.
23 Ein gottloser Richter nimmt heimlich Bestechungsgelder an und verdreht das Recht.
24 Ein vernünftiger Mensch bemüht sich um Weisheit, aber die Gedanken des Dummkopfes sind sprunghaft; er denkt nichts zu Ende und kommt auch zu nichts[a].
25 Ein leichtsinniger Sohn bereitet seinen Eltern Ärger und Enttäuschung.
26 Es ist empörend, wenn ein Unschuldiger mit einer Geldstrafe belegt wird; und wenn ein anständiger Mann Prügelstrafe bekommt, wird das Recht missachtet.
27 Ein weiser Mensch gibt Acht auf seine Worte, denn wer sich selbst beherrschen kann, ist vernünftig.
28 Sogar einen Dummkopf könnte man für klug halten – wenn er sich nicht durch seine eigenen Worte verraten würde!

Worte haben Macht

18 Wer andere Menschen meidet, denkt nur an sich und seine Wünsche; heftig wehrt er sich gegen alles, was ihn zur Einsicht bringen soll.
2 Ein Dummkopf bemüht sich erst gar nicht, etwas zu begreifen. Er will nur jedem zeigen, wie klug er ist.
3 Wer sich von Gott lossagt, wird zwangsläufig schuldig, Schuld aber bringt Schande und Hohn.
4 Die Worte eines Menschen können eine Quelle sein, aus der immerfort Weisheit sprudelt: unerschöpflich und von tiefer Wahrheit.
5 Ein Richter tut Unrecht, wenn er den Schuldigen begnadigt und den Unschuldigen verurteilt.
6 Wenn ein unverständiger Mensch seinen Mund aufmacht, gibt es nur Streit und Schläge.
7 Ein Dummkopf schwätzt sich sein eigenes Unglück herbei, kopflos rennt er in seine eigene Falle.
8 Das Geschwätz eines Verleumders ist so verlockend! Es wird begierig verschlungen wie ein Leckerbissen und bleibt für immer im Gedächtnis haften.
9 Wer seine Arbeit nachlässig tut, richtet genauso viel Schaden an wie einer, der alles zerstört.
10 Gott, der Herr, ist wie eine starke Festung: Wer auf ihn vertraut, ist in Sicherheit.
11 Der Reiche bildet sich ein, sein Besitz würde ihn schützen wie eine hohe Stadtmauer.
12 Stolz führt zum Sturz, Bescheidenheit aber bringt zu Ehren.
13 Wer antwortet, bevor er überhaupt zugehört hat, zeigt seine Dummheit und macht sich lächerlich.
14 Ein Mensch kann durch festen Willen sogar körperliche Krankheit ertragen; aber wer den Mut zum Leben verloren hat, ist zu nichts mehr in der Lage.
15 Ein kluger Mensch möchte sein Wissen vergrößern, darum läuft er mit offenen Augen und Ohren durch die Welt.
16 Ein Geschenk eröffnet viele Möglichkeiten, sogar den Zugang zu einflussreichen Menschen.
17 Wer als Erster vor Gericht aussagt, scheint Recht zu haben; dann aber kommt sein Gegner und zeigt die andere Seite auf.
18 Bei einem Prozess kann das Los zwischen den Gegnern entscheiden, besonders wenn beide gleich stark und einflussreich sind.
19 Ein Freund, den du enttäuscht hast, ist schwerer zurückzugewinnen als eine bewachte Festung; wenn man sich entzweit, ist jede Tür verschlossen.
20 Du musst mit den Folgen deiner Worte leben – seien sie nun gut oder böse.

---

[a] Wörtlich: aber die Augen des Dummkopfs sind am Ende der Erde.

17,22 12,25; 15,13 **17,23** 19,6; 2 Mo 23,8 **17,26** Ps 59,5* **17,27** 10,19; Jak 1,19 **17,28** 12,23; 13,16; 15,2; Hiob 13,5 **18,5** 17,15; 24,23–25; 5 Mo 1,16–17 **18,7** 13,3 **18,10** Ps 18,3* **18,11** 10,15; 11,28; 1 Tim 6,17 **18,12** 11,2; 16,18; 29,23 **18,18** 16,33 **18,20–21** 12,14; 13,3; 21,23

21 Worte haben Macht: sie können über Leben und Tod entscheiden. Darum ist jeder für die Folgen seiner Worte verantwortlich.

22 Wer eine Frau gefunden hat, der hat es gut; es ist ein Zeichen der Güte Gottes.

23 Wenn ein Armer etwas braucht, muss er bescheiden fragen; ein Reicher aber antwortet hart und stolz.

24 Viele so genannte Freunde schaden dir nur, aber ein wirklicher Freund steht mehr zu dir als ein Bruder.

Hilf den Armen!

19 Lieber arm und ehrlich als ein selbstherrlicher Dummkopf, der Lügen verbreitet!

2 Ein eifriger Mensch, der nicht nachdenkt, richtet nur Schaden an; und was übereilt begonnen wird, misslingt.

3 Manch einer ruiniert sich durch eigene Schuld, macht dann aber Gott dafür verantwortlich!

4 Der Reiche ist immer von Freunden umgeben, aber der Arme verliert jeden Freund.

5 Wer als Zeuge einen Meineid schwört, wird bestraft; für ihn gibt es kein Entrinnen.

6 Einflussreiche Leute werden von vielen umschmeichelt; und wer freigebig ist, hat alle möglichen Freunde.

7 Den Armen lassen seine Verwandten im Stich – noch mehr halten seine Bekannten sich von ihm fern. Er erinnert sich an ihre Versprechungen, aber sie sind wertlos geworden.

8 Wer sich um Weisheit bemüht, tut sich selbst einen Gefallen; und wer Einsicht bewahrt, findet das Glück.

9 Wer als Zeuge einen Meineid schwört, kommt nicht ungeschoren davon – er hat sein Leben verspielt.

10 Ein Leben im Überfluss passt nicht zu einem leichtsinnigen und oberflächlichen Menschen – noch verkehrter ist es, wenn ein Sklave über Machthaber herrscht.

11 Ein vernünftiger Mensch kann seine Gefühle beherrschen; es ehrt ihn, wenn er über Fehler hinwegsehen kann.

12 Der Zorn eines Königs jagt Angst ein wie das Brüllen eines Löwen, aber seine Anerkennung erfrischt wie der Morgentau.

13 Ein nichtsnutziger Sohn bringt seinen Vater ins Unglück; und eine ewig nörgelnde Frau ist so unerträglich wie ein ständig tropfendes Dach.

14 Haus und Besitz kann man von den Eltern erben; aber eine vernünftige Frau schenkt nur Gott, der Herr.

15 Ein Faulpelz liebt seinen Schlaf – und erntet Hunger dafür.

16 Wer sich an Gottes Gebote hält, bewahrt sein Leben; wer sie auf die leichte Schulter nimmt, kommt um.

17 Wer den Armen etwas gibt, gibt es Gott, und Gott wird es reich belohnen.

18 Erzieh deine Kinder mit Strenge, solange sie noch jung sind[a], aber lass dich nicht dazu hinreißen, sie zu misshandeln[b]!

19 Wer jähzornig ist, muss seine Strafe dafür zahlen. Wenn du versuchst, ihn zu beschwichtigen, machst du alles nur noch schlimmer!

20 Höre auf guten Rat, und nimm Ermahnung an, damit du endlich weise wirst!

21 Der Mensch macht viele Pläne, aber es geschieht, was Gott will.

22 Wer freigebig und gütig ist, wird von allen geschätzt; und besser ein Armer als ein Betrüger.

23 Wer Gott achtet und ehrt, hat ein gutes Leben. Er kann ruhig schlafen, denn Angst vor Unglück kennt er nicht.

24 Ein fauler Mensch streckt seine Hand nach dem Essen aus, aber er kriegt sie nicht zum Mund zurück!

25 Wenn ein Lästermaul bestraft wird, werden wenigstens Unerfahrene etwas davon lernen; wenn man aber den Ver-

---

a *Wörtlich:* solange noch Hoffnung da ist.
b *Wörtlich:* sie zu töten.

18,22 19,14 **18,24** 17,17; 27,10 **19,5** 5 Mo 19,18–19 **19,6** 17,23; 2 Mo 23,8 **19,11** 12,16; 14,17; 15,18; 16,32; 29,22 **19,12** 16,12–15 **19,13** 21,9.19; 27,15–16 **19,14** 18,22 **19,15** 6,9–11; 20,13; 24,30–34; 26,13–16 **19,17** 14,31* **19,19** 14,17.29; 29,22 **19,21** 16,1; 20,24 **19,22** 28,6

Der Kritiker in uns allen

Lesen Sie Sprüche 15,1-2

Wenn wir uns die Worte aus Sprüche 15,1-2 zu Herzen nähmen, dann sähe es in unseren Beziehungen ganz anders aus. Liebe ist eine freie Entscheidung und kann nicht erzwungen werden – aber wenn wir unsere Worte falsch wählen, können wir den anderen leicht verprellen.

Kritik und Forderungen treiben einen Keil zwischen Menschen. Wenn Sie Ihren Partner nur lange genug kritisieren, wird er vielleicht nachgeben und tun, was Sie wollen. Aber es ist kein Ausdruck von Liebe. Andere zur Liebe anleiten können wir, indem wir Bitten formulieren: „Ich wäre dir dankbar, wenn du das Auto waschen könntest, das Baby wickeln würdest, den Rasen mähen." Den Willen zu lieben können wir beim anderen nicht bewirken. Jeder von uns muss sich täglich neu dafür entscheiden, ob er seinen Ehepartner lieben will oder nicht.

Oft äußern wir unsere Kritik dort am lautesten, wo unser tiefstes seelisches Bedürfnis liegt. Die Kritik ist kein brauchbarer Weg, um beim andern um Liebe zu betteln. Wenn wir das verstanden haben, können wir mit der Kritik des anderen besser umgehen. Auf kritische Bemerkungen unseres Ehepartners könnten wir zum Beispiel so antworten: „Das scheint dir ungeheuer wichtig zu sein. Kannst du mir bitte erklären, warum das so ist?" Wenn wir auf diese Weise ein Gespräch beginnen, kann die Kritik schließlich von einer Forderung in eine Bitte umgewandelt werden.

Nehmen Sie sich Zeit, um allein oder als Paar gemeinsam zu beten. Sprechen Sie mit Gott darüber, welche Rolle Kritik in Ihrer Beziehung spielt. Bitten Sie ihn um Hilfe, damit Sie die Liebessprache einsetzen können, auf die Ihr Ehepartner am besten anspricht.

Wenn Sie noch mehr Zeit haben …

Besprechen Sie miteinander folgende Fragen oder denken Sie darüber nach:

- Beschreiben Sie eine Situation, in der Kritik oder Forderungen einen Keil zwischen Sie beide getrieben haben.
- Was haben Sie aus dieser Erfahrung gelernt?
- Wie werden Sie reagieren, wenn Ihr Ehepartner Ihnen das nächste Mal sagt, dass Ihre Kritik ihn verletzt hat?

Lesen Sie auch die folgenden Abschnitte zum Thema Kritik:
Psalm 15,1-2; Sacharja 8,16; 1. Johannes 3,18.

Mit einem Alkoholiker leben

Lesen Sie Sprüche 23,29-35

Es gibt kaum etwas, das der ehelichen Beziehung mehr Schaden zufügt als Alkoholismus. Forschungen haben gezeigt: Eine Ehe, in der ein Partner alkohol- oder drogenabhängig ist, hat eine Überlebenschance von nur zehn Prozent. Wenn man bedenkt, dass in Deutschland schätzungsweise 1,3 Millionen Menschen Alkoholiker sind, haben wir es hier mit einem Problem von kolossalem Ausmaß zu tun.

Die Alkoholabhängigkeit ist nichts Neues; es gab sie schon zu alttestamentlicher Zeit. In Sprüche 23 beschreibt König Salomo anschaulich die negativen Folgen eines chronischen Alkoholmissbrauchs. Alkoholismus bringt Kummer und Leid.

Warum aber wirkt er sich so zerstörerisch auf die Ehe aus? Das hat mit dem Verhalten zu tun, das der übermäßige Alkoholkonsum mit sich bringt. Ein Alkoholiker ist extrem eigensüchtig; das Leben dreht sich nur um seine eigenen Bedürfnisse. Um seine Abhängigkeit zu verbergen, wird der Alkoholkranke zu einem Meister der Täuschung. Dieser ständige Betrug errichtet eine Mauer zwischen den Ehepartnern. Ein Alkoholabhängiger nimmt keine Rücksicht auf die Gefühle seiner Angehörigen, und seine Sucht führt oft zu verbalen Ausfälligkeiten und dem Verlust des Arbeitsplatzes.

Wenn der Ehepartner sich nur mit den Symptomen und nicht mit dem wahren Problem auseinandersetzt, wird er zutiefst frustriert. Nicht selten wird aus ihm jemand, der dem Abhängigen sein Leben ermöglicht und alles dafür tut, um den Frieden in der Familie zu wahren. Letztendlich hilft einem Alkoholiker aber nur eine Liebe, die zugleich hart und konsequent sein kann.

Nehmen Sie sich Zeit, um allein oder als Paar gemeinsam zu beten. Bitten Sie Gott, dass er Ihnen zeigt, welche Gewohnheiten oder Abhängigkeiten eine Bedrohung für Ihre Ehe darstellen (oder in Zukunft darstellen könnten).

Wenn Sie noch mehr Zeit haben …

Besprechen Sie miteinander folgende Fragen oder denken Sie darüber nach:

- Wann haben Sie beobachtet, wie sich Alkohol oder Drogen negativ auf eine Person oder eine Ehe ausgewirkt haben?
- Haben Sie sich schon einmal Sorgen über Ihren eigenen Alkoholkonsum oder den Ihres Ehepartners gemacht?
- Wenn Sie befürchten, dass Ihr Partner in diesem Bereich ein Problem hat, trauen Sie sich, mit ihm oder ihr darüber zu sprechen? Wenn ja, warum; wenn nein, warum nicht?

Lesen Sie auch die folgenden Abschnitte zum Thema Alkohol- und Drogenmissbrauch:
Sprüche 20,1; Jesaja 5,11-12; Epheser 5,18.

Den nächsten Impuls finden Sie auf S. 742 a

nünftigen zurechtweist, lernt er selbst da-
raus.
26 Wer seine Eltern schlecht behandelt
und fortjagt, ist ein gemeiner und nichts-
nutziger Mensch.
27 Wenn du jede Ermahnung sowieso in
den Wind schlägst – dann hör doch gar
nicht erst darauf!
28 Ein betrügerischer Zeuge verhöhnt je-
des Recht; die Worte eines gewissenlosen
Menschen säen Unheil und Verderben.
29 Wer sich über alles mit Spott hinweg-
setzt, wird seine gerechte Strafe bekom-
men; und auf den Rücken des überhebli-
chen Besserwissers gehört der Stock!

Ein Menschenkenner durchschaut die Gedanken

20 Ein Biertrinker wird unangenehm
laut, und ein Weinsäufer redet
Blödsinn; wer sich betrinkt, ist unver-
nünftig!
2 Vor einem König nimmt man sich in
Acht wie vor einem brüllenden Löwen;
denn wer seinen Zorn herausfordert,
setzt sein Leben aufs Spiel.
3 Es ehrt einen Menschen, wenn er sich
auf keinen Streit einlässt; nur ein törich-
ter Streithahn wettert sofort los.
4 Wer faul ist, kümmert sich nicht um sei-
ne Saat; wenn er dann ernten will, sucht
er vergeblich.
5 Die Gedanken eines Menschen sind un-
ergründlich wie ein tiefer See, aber ein
Menschenkenner durchschaut sie und
bringt sie ans Licht.
6 Viele Menschen betonen, wie freundlich
und zuverlässig sie sind; aber wo findet
man einen, auf den man sich wirklich ver-
lassen kann?
7 Wer aufrichtige Eltern hat, die Gott die-
nen, der kann sich glücklich schätzen!
8 Wenn der König Gericht hält, deckt er
jedes Unrecht auf.
9 Wer kann schon behaupten: »Ich bin frei
von jeder Schuld und habe ein reines Ge-
wissen.«?
10 Gott verabscheut das Messen mit zwei-
erlei Maß und hasst das Wiegen mit zwei-
erlei Gewicht.
11 Schon im Verhalten eines Kindes zeigt
sich, ob es ehrlich und zuverlässig ist.
12 Gott hat uns Augen gegeben, um zu se-
hen, und Ohren, um zu hören.
13 Liebe nicht den Schlaf, sonst bist du
bald arm! Steh früh genug auf, damit du
immer genug zu essen hast!
14 »Das ist viel zu teuer!«, schimpft der
Käufer beim Handeln; doch hinterher
lacht er sich ins Fäustchen.
15 Worte der Weisheit und der Erkenntnis
sind viel kostbarer als Gold und Juwelen.
16 Wenn jemand zu dir kommt, der aus
Leichtsinn für die Schulden eines Frem-
den gebürgt hat, so leihe ihm nur etwas
gegen Pfand!
17 Was man durch Betrug erworben hat,
mag zuerst zwar angenehm sein, aber
früher oder später hinterlässt es einen
bitteren Nachgeschmack.
18 Pläne sind erst durch Beratung erfolg-
reich; darum überlege gut, bevor du in
einen Kampf ziehst!
19 Wer Geheimnisse ausplaudert, der läs-
tert auch über seine Mitmenschen. Da-
rum meide jeden, der seinen Mund nicht
halten kann!
20 Wer Vater und Mutter verflucht, dessen
Leben wird verlöschen wie eine Lampe
in tiefster Dunkelheit.
21 Ein Erbe, das man übereilt an sich
reißt, wird am Ende nicht gesegnet sein.
22 Nimm dir nicht vor, Unrecht heim-
zuzahlen! Vertraue dem Herrn, denn er
wird dir zum Recht verhelfen!
23 Gott verabscheut es, wenn man beim
Abwiegen mit zweierlei Gewicht und ei-
ner gefälschten Waage betrügt.
24 Gott lenkt die Schritte des Menschen;
wie kann der Mensch sein Leben überbli-
cken?

19,26 20,20; 30,17; 2 Mo 20,12*; 5 Mo 21,18–21 **19,28** 12,17 **20,1** 23,29–35 **20,2** 16,12–15 **20,3** 12,16; 15,18 **20,4** 6,6–11 **20,9** Ps 143,2; Röm 3,23 **20,10** 16,11* **20,13** 6,9–11; 19,15; 24,30–34; 26,13–16 **20,15** 3,15; 8,10–11; 16,16; Hiob 28,15–19 **20,16** 6,1–5; 11,15; 17,18 **20,17** 10,2; 13,11; 15,27; 16,8 **20,19** 11,12–13 **20,20** 19,26; 30,17; 2 Mo 21,17; 5 Mo 21,18–21 **20,22** 24,29; 5 Mo 32,34–35; 1 Thess 5,15 **20,23** 16,11* **20,24** 16,1–3; 19,21

25 Wer Gott vorschnell ein Versprechen gibt und erst hinterher die Folgen bedenkt, bringt sich selbst in ausweglose Schwierigkeiten.

26 Ein weiser König entdeckt die Verbrecher und gibt ihnen eine harte Strafe[a].

27 Gott, der Herr, gab dem Menschen den Verstand,[b] damit er seine innersten Gedanken und Gefühle überprüfen kann.

28 Wenn ein König freundlich und zuverlässig ist, dann steht seine Regierung fest und sicher.

29 Der Schmuck junger Menschen ist ihre Kraft, und die Würde der Alten ist ihr graues Haar.

30 Schläge sind ein wirksames Mittel gegen Bosheit – sie helfen dem Menschen, sich zu bessern.

Wer auf Gott hört, ist auf dem richtigen Weg

21 Wie man Wasser durch Kanäle in die gewünschte Richtung leitet, so lenkt Gott die Gedanken des Königs, wohin er will.

2 Der Mensch hält das, was er tut, für richtig; aber Gott, der Herr, prüft, warum der Mensch das tut.

3 Gott will, dass die Menschen gut und gerecht miteinander umgehen; das ist ihm viel lieber als ihre Opfergaben.

4 Wer von Gott nichts wissen will, ist stolz und überheblich; bei allem, was er tut, lädt er Schuld auf sich[c].

5 Was der Fleißige plant, bringt ihm Gewinn; wer aber allzu schnell etwas erreichen will, hat nur Verlust.

6 Reichtum, den man durch Betrug erworben hat, zerrinnt schnell und reißt mit in den Tod.

7 Wer Gott missachtet und sich weigert, ihm zu gehorchen, schadet sich selbst durch seine Bosheit und Gewalt.

8 Verschlungen und undurchsichtig sind die Wege des Menschen, der Schuld auf sich geladen hat; der Ehrliche aber führt ein aufrichtiges Leben.

9 Lieber in einer kleinen Ecke unter dem Dach wohnen als in einem prächtigen Haus mit einer ständig nörgelnden Frau!

10 Wer Gott verachtet, giert nach Bösem; sogar sein Nachbar kann von ihm kein Mitgefühl erwarten.

11 Wenn man dem Lästermaul eine Geldstrafe auferlegt, werden wenigstens Unerfahrene etwas davon lernen; wenn man aber einen weisen Menschen belehrt, lernt er selbst daraus.

12 Der gerechte Gott[d] achtet auf alle, die ihn ablehnen, und stürzt sie ins Unglück.

13 Wer sich beim Hilferuf eines Armen taub stellt, wird selbst keine Antwort bekommen, wenn er Hilfe braucht.

14 Wenn jemand wütend auf dich ist, kannst du ihn besänftigen, indem du ihm heimlich ein Geschenk zusteckst.

15 Wenn das Recht beachtet wird, freut sich ein ehrlicher Mensch; aber für einen Übeltäter bedeutet es Angst und Schrecken.

16 Wer sich weigert, Vernunft anzunehmen, auf den wartet der Tod!

17 Wer ausgelassene Feste liebt, wird bald arm – ein aufwendiges Leben hat noch keinen reich gemacht!

18 Die Gerechtigkeit wird siegen: Nicht den Ehrlichen, sondern den Gottlosen trifft das Unglück.[e]

19 Lieber in einer einsamen und trostlosen Wüste leben als mit einer schlecht gelaunten Frau, die ständig nörgelt!

20 Ein weiser Mensch kann mit seinem Reichtum gut umgehen, ein Dummkopf aber verschleudert ihn sofort.

---

a Wörtlich: und lässt das Rad über sie gehen.

b Wörtlich: Der Geist des Menschen ist eine Lampe von Gott.

c Wörtlich: die Leuchte der Gottlosen ist Sünde.

d *Wörtlich: Der Gerechte.* – Es könnte auch ein gerechter Herrscher gemeint sein.

e Wörtlich: Lösegeld für den Ehrlichen ist der Gottlose, an die Stelle des Aufrichtigen tritt der Unaufrichtige.

20,25 Pred 5,3–5; 4 Mo 30,3* **20,29** 16,31 **21,3*** 1 Sam 15,22* **21,9** 19,13; 21,19; 27,15–16 **21,14** 18,16 **21,17** 23,19–21 **21,19** 19,13; 21,9; 27,15–16

[21] Wer freundlich ist und andere gerecht
behandelt, hat ein erfülltes Leben, er fin-
det Anerkennung und Ehre.
[22] Der Kluge kann sogar eine gut bewach-
te Stadt erobern und alle Befestigungen
niederreißen, auf die sich die Einwohner
verlassen.
[23] Überlege deine Worte, und dir bleibt
viel Ärger erspart!
[24] Wer sich über alles mit Spott hinweg-
setzt, ist überheblich und eingebildet.
[25] Ein Faulpelz hat viele Wünsche, ist aber
zu bequem, auch nur einen Finger
krumm zu machen. Dieser Zwiespalt
bringt ihn langsam um.
[26] Den ganzen Tag überlegt er, wie er für
sich etwas bekommen kann; wer aber zu
Gott gehört, der gibt gerne und knausert
nicht.
[27] Gott verabscheut die Opfergaben der
Gottlosen, erst recht, wenn sie damit
schlechte Ziele verfolgen.
[28] Einem falschen Zeugen wird man auf
Dauer nicht glauben; wer aber bei der
Wahrheit bleibt, wird immer wieder an-
gehört.
[29] Wer Gott missachtet, will durch ein
überhebliches Gesicht Sorglosigkeit vor-
täuschen; aber nur ein aufrichtiger
Mensch ist seiner Sache wirklich sicher.
[30] Die größte Weisheit, die tiefste Einsicht
und die besten Pläne können nicht beste-
hen, wenn sie gegen Gott gerichtet sind.
[31] Man kann sich noch so gut auf einen
Kampf vorbereiten – den Sieg schenkt
Gott allein!

Wer andere ungerecht behandelt ...

22 Ein guter Ruf ist wertvoller als
großer Reichtum; und beliebt sein
ist besser, als Silber und Gold zu besitzen.
[2] Reiche und Arme haben eines gemein-
sam: Gott, der Herr, schenkte ihnen das
Leben.
[3] Der Kluge sieht das Unglück voraus und
bringt sich in Sicherheit; ein Unerfahre-
ner läuft hinein und muss die Folgen tra-
gen.
[4] Wer Gott achtet und ihm gehorcht, be-
sitzt Reichtum und Anerkennung und
hat ein erfülltes Leben.
[5] Der Weg hinterlistiger Menschen ist
verschlungen und dornenreich; wer sein
Leben liebt, hält sich fern von ihnen!
[6] Erziehe dein Kind schon in jungen Jah-
ren – es wird die Erziehung nicht verges-
sen, auch wenn es älter wird.
[7] Der Reiche hat die Armen in seiner
Hand; denn wer sich Geld leiht, ist ab-
hängig von seinem Gläubiger.
[8] Wer andere ungerecht behandelt, stürzt
sich selbst ins Unglück; mit der Unter-
drückung seiner Mitmenschen ist es dann
vorbei!
[9] Wer Mitleid zeigt und den Armen hilft,
den wird Gott segnen.
[10] Schicke den ewigen Spötter fort, dann
haben Zank und Streit ein Ende!
[11] Wer ehrlich ist und treffende Worte fin-
det, den nimmt der König zum Freund.
[12] Der Herr sorgt dafür, dass die Wahrheit
siegt, denn er entlarvt die Worte der Lüg-
ner.
[13] Der Faulpelz findet immer eine Aus-
rede. »Ich kann nicht zur Arbeit ge-
hen«, sagt er, »auf der Straße könnte ja
ein Löwe sein, der mich anfällt und tö-
tet!«
[14] Die verführerischen Worte einer frem-
den Frau sind so gefährlich wie eine tiefe
Grube; wem Gott zürnt, der fällt hinein!
[15] Ein Kind, das nur Dummheiten im
Kopf hat, wird durch Strenge zur Ver-
nunft gebracht.
[16] Wer sich bei reichen Leuten mit Ge-
schenken einschmeichelt oder wer den
Armen unterdrückt, um sich Gewinn zu
verschaffen, der wird schließlich im
Elend enden.[a]

---

[a] Oder: Wer den Armen unterdrückt, macht ihn reich; wer dem Reichen gibt, macht ihn arm.

21,23 12,14; 18,20–21 **21,24** 9,12; 14,6 **21,27** 15,8–9; 28,9; 1 Sam 15,22* **21,28** 19,5.9; 5 Mo 19,18–19 **22,1** Pred 7,1 **22,5** 4,14–15; Ps 1,1 **22,8** Hiob 4,8 **22,9** 14,31* **22,11** 16,12–15 **22,14** 2,16–19* **22,15** 29,15.17

Dreißig Worte weiser Menschen

[17] Höre, ich will dir erzählen, was weise
Menschen gesagt haben. Nimm dir meine
Worte zu Herzen, [18] behalte sie immer im
Gedächtnis und rede davon; sie werden
dir helfen. [19] Ich unterrichte gerade dich,
damit du es lernst, dem Herrn zu vertrau-
en. [20] Schon vor einiger Zeit habe ich dir
meine Ratschläge aufgeschrieben, um dir
Einsicht zu vermitteln.[a] [21] Sie werden dir
zeigen, wie zuverlässig die Wahrheit ist.
Dann wirst auch du gute Antworten ge-
ben können, wenn dich Menschen um
Rat fragen.

1.

[22] Beraube nicht den Armen, der sich
nicht wehren kann, und hintergehe kei-
nen Hilflosen vor Gericht! [23] Denn der
Herr sorgt für ihr Recht, und denen, die
sie hintergehen, raubt er das Leben.

2.

[24] Lass dich nicht mit einem Jähzornigen
ein, halte dich von einem Hitzkopf fern,
[25] sonst übernimmst du seine Gewohnhei-
ten und bringst dich selbst zu Fall!

3.

[26] Verpflichte dich nie durch einen Hand-
schlag, für die Schulden eines anderen zu
bürgen! [27] Denn wenn du dann selbst
nicht bezahlen kannst, nimmt man dir so-
gar dein Bett weg!

4.

[28] Versetze niemals die Grenzsteine, die
deine Vorfahren festgesetzt haben!

5.

[29] Kennst du jemanden, der geschickt ist
bei seiner Arbeit? Er wird erfolgreich
sein, und du wirst ihn nur bei einflussrei-
chen Leuten finden.

6.

23 Wenn du mit einem mächtigen
Herrn am Tisch sitzt, dann beden-
ke, wen du vor dir hast! [2] Beherrsche dich,
selbst wenn du heißhungrig bist! [3] Stürze
dich nicht auf seine Leckerbissen, denn
wenn du meinst, sie seien dir zu Ehren
aufgetischt, täuschst du dich selbst[b].

7.

[4] Versuche nicht, mit aller Gewalt reich
zu werden, denn das ist unvernünftig!
[5] Schneller, als ein Adler fliegen kann, ist
dein Geld plötzlich weg – wie gewonnen,
so zerronnen!

8.

[6] Iss nicht mit einem Geizhals, sei nicht
begierig nach seinen Leckerbissen,
[7] denn er ist berechnend und gönnt dir
nichts. «Iss und trink nur!«, fordert er
dich auf und verabscheut dich dabei.
[8] Wenn du es merkst, wirst du erbrechen,
was du gegessen hast; dann waren alle
freundlichen Worte vergeudet!

9.

[9] Versuche nicht, einem Dummkopf
etwas zu erklären; er wird deine Worte
ohnehin nur verachten!

10.

[10] Versetze keine alten Grenzsteine, ma-
che den Armen und Bedrängten niemals
ihr Eigentum streitig[c]! [11] Der Herr ist ihr
starker Befreier, er selbst wird gegen dich
auftreten und ihnen Recht verschaffen.

11.

[12] Sei offen für Ermahnung, achte auf-
merksam auf kluge Worte!

12.

[13] Erspare deinem Kind die harte Strafe
nicht! Ein paar Hiebe werden es nicht

---

[a] Der hebräische Text ist nicht sicher zu deuten.
[b] *Wörtlich: denn sie sind eine trügerische Speise.*
[c] Wörtlich: dringe nicht in die Felder der Waisen ein.

22,22–23 2 Mo 22,21–26; 23,6–7 **22,24–25** 19,19 **22,26–27** 6,1–5; 11,15; 17,18; 20,16 **22,28** 23,10–11; 5 Mo 19,14; 27,17; 1 Kön 21; Mi 2,1–2 **23,9** 9,7–9; 16,22 **23,10–11** 22,28; 5 Mo 19,14; 27,17; 1 Kön 21; Mi 2,1–5 **23,13–14** 19,18

umbringen! [14]Im Gegenteil: du rettest
sein Leben damit!

13.

[15]Mein Sohn, wenn du weise bist, dann
freue ich mich darüber. [16]Wenn das auch
deine Worte zeigen, bin ich glücklich.

14.

[17]Ereifere dich nicht über Menschen, die
Schuld auf sich laden; sondern eifere da-
nach, Gott zu gefallen! [18]Dann hast du
eine gute Zukunft, und deine Hoffnung
wird nicht enttäuscht.

15.

[19]Höre, mein Sohn, und werde weise! Be-
mühe dich, auf dem geraden Weg zu blei-
ben! [20]Halte dich fern von den Weinsäu-
fern und Schlemmern! [21]Auf sie wartet
die Armut; denn wer nur noch isst, trinkt
und schläft, hat bald nichts als Lumpen
am Leib!

16.

[22]Höre auf deinen Vater – er hat dich ge-
zeugt! Und verachte deine Mutter nicht,
wenn sie alt geworden ist!
[23]Bemühe dich um das wirklich Wichtige:
Weisheit, Selbstbeherrschung und Ein-
sicht. Sie sind schwer zu erwerben, gib
sie daher nie wieder auf!
[24]Der Vater eines zuverlässigen Sohnes
hat allen Grund zur Freude. Wie glück-
lich macht doch ein vernünftiger Sohn!
[25]Erfreue also deine Eltern!

17.

[26]Mein Sohn, vertraue dich mir an, und
nimm dir mein Leben zum Vorbild!
[27]Huren und Ehebrecherinnen sind so
gefährlich wie ein tiefer Brunnen, schon
mancher hat sich durch sie in den Tod ge-
stürzt. [28]Sie lauern dir auf wie Räuber
und verführen viele zur Untreue.

18.

[29]Bei wem sieht man Kummer und Kla-
ge? Bei wem Streit und Gejammer? Wer
hat Wunden durch grundlose Schlägerei-
en, wer hat trübe Augen? [30]Wer noch
spät beim Wein sitzt und jede neue Sorte
ausprobiert. [31]Lass dich nicht vom Wein
verlocken, wenn er so rötlich schimmert,
wenn er im Glas funkelt und so glatt die
Kehle hinuntergleitet! [32]Denn zuletzt
wirkt er wie der Biss einer giftigen
Schlange. [33]Deine Augen sehen seltsame
Dinge, deine Gedanken und Gefühle wir-
beln durcheinander. [34]Es geht dir wie
einem Seekranken auf hoher See – du
fühlst dich wie im Mastkorb eines schau-
kelnden Schiffes. [35]»Man muss mich ge-
schlagen haben«, sagst du, »aber es hat
mir nicht wehgetan; ich bin verprügelt
worden, aber ich habe nichts davon ge-
merkt! Wann wache ich endlich aus mei-
nem Rausch auf? Ich brauche wieder ein
Glas Wein!«

19.

24 Sei nicht neidisch auf böse Men-
schen, und bemühe dich nicht um
ihre Freundschaft! [2]Denn sie trachten
nur nach Gewalt, ihre Worte verletzen
und richten Schaden an.

20.

[3]Wer ein Haus baut, braucht Weisheit
und Verstand; [4]wer dazu noch Geschick
besitzt, kann es mit wertvollen und schö-
nen Dingen füllen.

21.

[5]Ein weiser Mann setzt seine Stärke rich-
tig ein, und ein verständiger gebraucht
seine Kraft sinnvoll. [6]Denn nur durch
Überlegung führt man einen Kampf, und
wo viele Ratgeber sind, da stellt sich der
Sieg ein.

22.

[7]Für den Dummkopf ist Weisheit uner-
reichbar; wenn Wichtiges besprochen
wird, dann bleibt ihm nur eins übrig:
Schweigen!

23,17 Ps 37,1; 119,58 **23,19–21** 21,17 **23,22** 6,20–21* **23,23** 4,7 **23,24–25** 10,1; 15,20; 17,25
23,26–28 2,16–19* **24,1–2** 3,31–32

23.

8 Wer nur darauf aus ist, Böses zu tun, der
ist bald als Lump verschrien. 9 Wer Ge-
meines plant und sich nicht ermahnen
lässt, macht sich schuldig; und wer für al-
les nur Spott übrig hat, zieht sich den
Hass der Menschen zu.

24.

10 Wenn du in der Not schwach und mut-
los bist, dann bist du es auch sonst!

25.

11 Rette die unschuldig zum Tode Ver-
urteilten; befreie den, der zur Hinrich-
tung geschleppt wird! 12 Vielleicht sagst
du: »Wir wussten doch nichts davon!« –
aber du kannst sicher sein: Gott weiß Be-
scheid! Er sieht dir ins Herz! Jedem gibt
er das, was er verdient.

26.

13 Mein Sohn, iss Honig, denn das ist gut!
So süß wie Honig für deinen Gaumen,
14 so wertvoll ist Weisheit für dein Leben.
Suche sie, dann hast du eine gute Zu-
kunft, und deine Hoffnungen werden
nicht enttäuscht!

27.

15 Du Gottloser, versuche nicht, mit List
oder mit Gewalt einem ehrlichen Men-
schen Grund und Boden zu entreißen!
16 Denn der Aufrichtige mag zwar vom
Unglück verfolgt werden, aber er steht
immer wieder auf. Der Gottlose dagegen
kommt darin um.

28.

17 Freue dich nicht über das Unglück
deines Feindes; juble nicht über seinen
Sturz! 18 Denn der Herr sieht alles, und
Schadenfreude missfällt ihm – er könn-
te deshalb sogar deinen Feind verscho-
nen!

29.

19 Sei nicht entrüstet über die Gottlosen,
und ereifere dich nicht über sie! 20 Denn
sie haben keine Zukunft – ihr Leben
gleicht einem glimmenden Docht, der
bald ganz erlischt.

30.

21 Mein Sohn, ehre Gott und achte den
König! Lass dich nicht mit Aufrührern
ein, die gegen sie rebellieren! 22 Denn
plötzlich können Gott oder der König al-
le ins Verderben stürzen!

Weitere Sprüche weiser Männer

23 Auch folgende Sprüche stammen von
weisen Männern:
Ein Richter muss immer unparteiisch
sein! 24 Wenn er den Schuldigen für un-
schuldig erklärt, wird er vom Volk ver-
achtet und gehasst. 25 Wenn er sich aber
für das Recht einsetzt, dann genießt er
Ansehen und Glück.
26 Eine aufrichtige Antwort ist ein Zei-
chen echter Freundschaft, so wie ein Kuss
auf die Lippen!
27 Bestelle erst dein Feld, und sorge für
deinen Lebensunterhalt, bevor du eine
Familie gründest!
28 Sage nicht ohne Grund als Zeuge gegen
jemand aus, betrüge nicht mit deinen
Worten!
29 Sprich nicht: »Wie du mir, so ich dir! Ich
zahle jedem heim, was er mir angetan
hat!«

30 Ich ging durch die Felder und Weinber-
ge eines faulen und dummen Mannes.
31 Das Unkraut wucherte überall und be-
deckte alles. Die Schutzmauer ringsum
war schon verfallen. 32 Als ich das sah,
dachte ich nach und zog eine Lehre da-
raus:
33 »Lass mich noch ein bisschen schlafen«,
sagst du, »nur noch ein kleines Weil-
chen!« –

24,11–12 Ps 82,2–4; Mt 16,27; Röm 2,6 **24,13–14** Pred 7,11–12 **24,17–18** Hiob 31,29–30 **24,19–20** 13,9; Hiob 18,5 **24,23–25** 17,15; 18,5; 5 Mo 1,16–17 **24,28** 2 Mo 20,16* **24,29** 20,22; 5 Mo 32,34–35; 1 Thess 5,15 **24,30–34** 6,9–11; 19,15; 20,13; 26,13–16

34 und während du dich ausruhst, ist die
Armut plötzlich da, und die Not überfällt
dich wie ein Räuber.

Weitere Sprüche Salomos

25 Auch die folgenden Sprüche sind
von König Salomo. Männer am
Hof Hiskias, des Königs von Juda, haben
sie gesammelt.

Wer sich nicht beherrschen kann ...

2 Gott wird geehrt für das, was er verbor-
gen hält; aber der König erlangt nur An-
sehen, wenn er alles erforscht.
3 So hoch der Himmel ist und so weit die
Erde, so unergründlich sind die Gedan-
ken des Königs.
4 Entferne die Schlacken aus dem Silber,
dann gestaltet der Schmied kunstvollen
Schmuck daraus; 5 entferne die Verräter
vom Hof des Königs, dann ist seine ge-
rechte Herrschaft gesichert.
6 Wenn du vor dem König stehst, dann
spiel dich nicht auf, und halte dich nicht
für die wichtigste Person! 7 Denn es ist
besser, man gibt dir eine höhere Stellung,
als dass du einem, der bedeutender ist als
du, deinen Platz überlassen musst!
Wenn du etwas Verdächtiges gesehen
hast, 8 geh nicht übereilt vor Gericht!
Denn was machst du, wenn ein anderer
Zeuge zeigt, dass du im Unrecht bist?
9 Führst du einen Rechtsstreit mit deinem
Nachbarn, dann zieh niemanden mit hi-
nein, der dir im Vertrauen etwas mit-
geteilt hat! Plaudere nicht die Geheim-
nisse aus, die ein anderer dir anvertraut
hat; 10 denn sonst wird jeder wissen, dass
du nichts für dich behalten kannst, und
du kommst selbst ins Gerede!
11 Wie goldene Äpfel auf einer silbernen
Schale, so ist ein rechtes Wort zur rechten
Zeit. 12 Auf die Ermahnung eines weisen
Menschen zu hören ist so wertvoll wie
der schönste Schmuck aus Gold!
13 Ein zuverlässiger Bote ist für den, der
ihn sendet, so erquickend wie ein kaltes
Getränk[a] in der heißen Erntezeit.
14 Wer sich selbst anpreist mit dem, was er
zu bieten hat, und dann seine Verspre-
chungen nicht hält, der gleicht den
Wolken, die den ersehnten Regen nicht
bringen.
15 Durch Geduld wird ein Herrscher um-
gestimmt, und Sanftmut kann den stärks-
ten Widerstand brechen.
16 Wenn du Honig findest, dann iss nur so
viel, wie dir bekommt; sonst wirst du ihn
satt und musst dich am Ende noch über-
geben! 17 Besuche deinen Nachbarn nicht
zu oft, sonst wirst du ihm lästig, und er
beginnt dich abzulehnen!
18 Wer gegen seinen Nachbarn falsch aus-
sagt, der richtet so großen Schaden an
wie ein Hammer, ein Schwert oder ein
spitzer Pfeil.
19 In der Not auf einen Treulosen zu
vertrauen – das ist so, als wollte man mit
einem kranken Zahn kauen oder mit
einem verkrüppelten Fuß gehen!
20 Für einen Traurigen Lieder zu singen ist
so unsinnig, als würde man im Winter den
Mantel ausziehen oder Salz in eine Wun-
de streuen[b].
21 Wenn dein Feind hungrig ist, dann gib
ihm zu essen; ist er durstig, gib ihm zu
trinken. 22 So wirst du ihn beschämen,[c]
und der Herr wird dich belohnen.
23 Nordwind bringt Regen – und heimli-
ches Geschwätz bringt verdrießliche Ge-
sichter!
24 Lieber in einer kleinen Ecke unter dem
Dach wohnen als in einem prächtigen
Haus mit einer ständig nörgelnden Frau!
25 Eine gute Nachricht aus der Ferne ist
wie ein Schluck Wasser für eine durstige
Kehle!
26 Ein guter Mensch, der sich von einem

---

a Wörtlich: wie Schnee.
b Wörtlich: oder Essig auf Natron schütten.
c Wörtlich: So wirst du glühende Kohlen auf sein Haupt häufen.

25,6–7 Lk 14,7–11 **25,9–10** 11,13; 20,19 **25,11** 15,23 **25,15** 15,1 **25,21–22** 2 Mo 23,4–5; 2 Kön 6,21–23; Lk 6,27; Röm 12,20 **25,24** 19,13; 21,9.19; 27,15–16

Gottlosen beeinflussen lässt, ist so un-
brauchbar wie eine trübe Quelle oder
ein verschmutzter Brunnen.
27 Zu viel Honig ist nicht gut – genauso
spare mit anerkennenden Worten![a]
28 Wer sich nicht beherrschen kann, ist so
schutzlos wie eine Stadt ohne Mauer.

Ein Dummkopf

26 Ehre und Anerkennung passen zu
einem Übermütigen so wenig wie
Schnee zum Sommer oder Regen zur
Erntezeit.
2 Ein Fluch, der unbegründet ist, wird
nicht eintreffen. Er gleicht den Vögeln,
die fortfliegen und nicht wiederkommen.
3 Die Peitsche für das Pferd, das Zaum-
zeug für den Esel – und der Stock für
den Rücken des Menschen, der keine
Vernunft annimmt!
4 Antworte nicht auf eine dumme Frage,
sonst begibst du dich auf die gleiche Ebe-
ne mit dem, der sie gestellt hat! 5 Oder gib
die passende Antwort auf eine dumme
Frage! So merkt der, der sie gestellt hat,
dass er nicht so klug ist, wie er denkt.
6 Wer eine Botschaft durch einen Unzu-
verlässigen überbringen lässt, der kann
sich genauso gut die Füße abhacken – es
bringt ihm nichts als Unglück!
7 Ein Tagträumer kann mit einem Weis-
heitsspruch genauso wenig umgehen wie
ein Lahmer mit seinen Beinen.
8 Wer einem Übermütigen Ehre und An-
erkennung erweist, handelt genauso sinn-
los wie jemand, der einen Stein in der
Schleuder festbindet.
9 Der Betrunkene kann sich nicht erklä-
ren, wie ein Dorn in seine Hand geriet –
genauso unerklärlich ist ein Weisheits-
spruch im Mund eines Dummkopfs.
10 So unverantwortlich wie ein Schütze,
der wild um sich schießt, handelt, wer ei-
nen Unverständigen oder einen Daher-
gelaufenen für sich arbeiten lässt.
11 Ein Tagträumer, der auf seiner Dumm-
heit beharrt, gleicht einem Hund, der
wieder frisst, was er herausgewürgt hat.
12 Kennst du jemanden, der sich selbst für
weise hält? Ich sage dir: Für einen
Dummkopf gibt es mehr Hoffnung als
für ihn!
13 Der Faulpelz hat immer eine Ausrede:
»Ich kann nicht zur Arbeit gehen«, sagt
er, »auf der Straße könnte ja ein Löwe
auf mich warten!«
14 Die Tür dreht sich in der Angel – und
der Faule in seinem Bett!
15 Ein fauler Mensch streckt seine Hand
nach dem Essen aus, aber er ist zu be-
quem, sie zurück zum Mund zu führen!
16 Ein Faulpelz meint, es mit sieben Ver-
ständigen aufnehmen zu können.
17 Wer sich in einen fremden Streit ein-
mischt, handelt sich unnötig Ärger ein[b]
wie jemand, der einen vorbeilaufenden
Hund bei den Ohren packt.
18 Wer einen anderen betrügt und dann
sagt: »Ich habe doch nur Spaß gemacht!«,
19 der ist wie ein Verrückter, der mit töd-
lichen Waffen um sich schießt!
20 Ohne Holz geht ein Feuer aus, und oh-
ne Verleumder legt sich der Streit.
21 Ein streitsüchtiger Mensch lässt den
Zank aufflammen wie Kohle die Glut
und Holz das Feuer.
22 Das Geschwätz eines Verleumders ist
so verlockend! Es wird begierig ver-
schlungen wie ein Leckerbissen und
bleibt für immer im Gedächtnis haften.
23 Schmeichelnde Worte, die böse Gedan-
ken verbergen, sind wie eine Silberglasur
über billigem Tongeschirr.
24 Ein gehässiger Mensch will andere täu-
schen und verstellt sich mit schönen Wor-
ten. 25 Darum traue ihm nicht, auch wenn
seine Stimme noch so freundlich klingt,
denn seine Seele ist mit Hass durchtränkt!
26 Mag er seinen Hass auch durch Heuche-
lei verbergen – früher oder später kommt
seine Bosheit vor aller Augen ans Licht!

---

[a] So mit der griechischen Übersetzung. Der hebräische Text ist nicht sicher zu deuten.
[b] »handelt … ein« ist sinngemäß eingefügt.

25,28 12,16; 19,11; 29,11 **26,1** 26,8 **26,6** 13,17 **26,8** 26,1 **26,9** 23,29–35 **26,12** 3,7; Jes 5,21; Röm 12,16 **26,13–16** 6,6–11; 10,26; 19,15; 24,30–34 **26,20–21** 15,18; 20,3; 22,10 **26,22–28** 6,12–15

Die Kunst der taktvollen Veränderung

Lesen Sie Sprüche 25,24

Aus Sprüche 25,24 können wir lernen, wie wichtig es ist, den richtigen Partner zu heiraten. Wie man die in diesem Vers beschriebene Art von Beziehung vermeiden kann, erfahren wir einige Verse zuvor. Sprüche 25,11 weist uns auf die Vorzüge eines rechtzeitig erteilten guten Rates hin.

In jeder Beziehung werden Veränderungen nötig. Wie man diese herbeiführt, ist allerdings ein heikler Prozess. Wenn Sie gerne hätten, dass Ihr Ehepartner etwas an sich ändert, sollten Sie unbedingt den richtigen Zeitpunkt und Ort wählen und auf die Gefühlslage Ihres Partners Rücksicht nehmen. Zum Beispiel lassen sich solche Gespräche besser nach einem Essen führen als davor. Wenn wir Hunger haben, sind wir leicht reizbar – und wenn wir reizbar sind, nehmen wir nur ungern Vorschläge an.

Der Ort der vorgetragenen Bitte sollte immer privat sein, nie öffentlich. Wenn wir vor anderen Leuten erwähnen, was unser Partner unserer Meinung nach ändern sollte, ist das eine Herabwürdigung, selbst wenn es mit Humor geschieht. „Meine Frau ist nicht gerade eine Starköchin. Ihre Spezialität sind harte weichgekochte Eier." Die Umstehenden mögen sich darüber amüsieren, doch die Ehefrau hat einen Seitenhieb abbekommen. Solche Demütigungen rufen nur Frust und Rachegefühle hervor. Wenn Sie wollen, dass Ihr Partner Ihre Bitte um Veränderung annimmt, bringen Sie sie unter vier Augen vor.

Nehmen Sie sich Zeit, um allein oder als Paar gemeinsam zu beten. Danken Sie Gott, dass er Ihnen Ihre Frau/Ihren Mann als Partner fürs Leben geschenkt hat. Bitten Sie ihn, dass er Ihnen beiden Weisheit, Taktgefühl und den richtigen Zeitpunkt schenkt, damit Sie über nötige Veränderungen ruhig und sachlich sprechen können.

Wenn Sie noch mehr Zeit haben ...

Besprechen Sie miteinander folgende Fragen oder denken Sie darüber nach:

- Haben Sie schon einmal versucht, jemanden zu ändern, der sich nicht ändern wollte? Was geschah dann?
- Wie oft fallen in Ihrer Beziehung die Worte: „Ich habe doch nur Spaß gemacht"? Wie denken Sie über diesen Satz?
- Beschreiben Sie, welche Bedingungen für Sie und Ihren Mann/Ihre Frau gegeben sein müssen, damit Sie ernsthaft über Veränderungen reden können?

Lesen Sie auch die folgenden Abschnitte zum Thema Veränderung: Römer 12,2; 2. Korinther 5,17; Jakobus 1,17.

Vorsicht, Hitzkopf!

Die folgenden Fragen können Sie entweder allein oder als Paar gemeinsam durchgehen. Wenn jeder für sich darüber nachdenkt, verabreden Sie sich in der kommenden Woche zu einem Austausch darüber, was Sie herausgefunden haben.

1. Beschreiben Sie jemanden aus Ihrem Bekanntenkreis, der leicht einen Streit provoziert.

2. Inwiefern hat Zorn zu bestimmten Streitigkeiten beigetragen, die Sie miterlebt haben?

3. Sprüche 29,22 besagt, dass man mit Jähzorn viel Schuld auf sich lädt. Abgesehen von Streitigkeiten: Welche anderen Sünden, die durch Zorn hervorgerufen wurden, haben Sie schon beobachtet?

4. Worin besteht Ihre Verantwortung, wenn Sie wütend werden?

5. Was ist der Unterschied zwischen Selbstbeherrschung im Zorn und Verdrängung von Zorn?

6. Lesen Sie Epheser 4,31 und Kolosser 3,8. Was können Sie tun, um die Wut abzulegen, die sich in Ihrem Herzen angestaut hat?

Sprüche 29,22

„Wer schnell aufbraust, ruft Streit hervor; und ein Jähzorniger lädt viel Schuld auf sich!"

KONKRET:

Nehmen Sie sich ein paar Minuten Zeit und bekennen Sie Ihrem Ehepartner, was Sie leicht wütend werden lässt. Sagen Sie Ihrem Partner, was Sie in diesen Situationen zu tun gedenken, um Ihre Gefühle des Zorns abzubauen. Bitten Sie ihn oder sie, Sie dabei zu unterstützen.

Den nächsten Impuls finden Sie auf S. 748 a

27 Wer anderen eine Grube gräbt, fällt
selbst hinein; und wer mit Steinen wirft,
wird selbst getroffen!
28 Ein Lügner ist voller Hass und kennt
kein Mitleid; wer andere verleumdet,
bringt sie zu Fall.[a]

Liebe, die offen zurechtweist

27 Brüste dich nicht mit dem, was du
morgen tun willst, denn du weißt
nicht, was der Tag dir bringt!
2 Überlass es anderen, dich zu loben! Es
ist besser, ein Fremder rühmt dich, als
du selbst!
3 Schon ein Stein oder eine Karre Sand
sind sehr schwer – aber der Ärger über
einen Dummkopf wiegt mehr als beide
zusammen!
4 Heftiger Zorn und große Wut sind grau-
sam – gegen die Eifersucht aber verblas-
sen sie beide!
5 Liebe, die offen zurechtweist, ist besser
als Liebe, die sich ängstlich zurückhält.
6 Ein Freund meint es gut, selbst wenn er
dich verletzt; ein Feind aber schmeichelt
dir mit übertrieben vielen Küssen.
7 Wer satt ist, will auch den besten Honig
nicht mehr sehen; dem Hungrigen aber
schmeckt sogar das Bittere süß.
8 Wer seine Heimat verlässt, ist wie ein
Vogel, der seinem Nest entflieht.
9 Duftendes Öl und Weihrauch erfreuen
das Herz, aber noch angenehmer und
wertvoller ist der gute Rat eines Freundes.
10 Verlass niemals deinen Freund oder
den Freund deines Vaters! Wenn du in
Not gerätst, dann geh nicht bis zum Haus
deines Bruders! Ein Nachbar in der Nähe
kann dir besser helfen als der Bruder in
der Ferne.
11 Sei verständig, mein Sohn! Damit
machst du mir Freude, und ich kann de-
nen entgegentreten, die meine Arbeit
verachten.
12 Der Kluge sieht das Unglück voraus
und bringt sich in Sicherheit; ein Uner-
fahrener rennt mitten hinein und muss
die Folgen tragen.
13 Wenn jemand so unüberlegt war, für
die Schulden eines Fremden zu bürgen,
dann nimm von seinem Besitz etwas als
Pfand!
14 Wenn jemand seinen Nachbarn früh-
morgens mit lauter Stimme begrüßt,
dann wird es ihm als Verwünschung aus-
gelegt.
15 Eine Frau, die ständig nörgelt, ist so un-
erträglich wie ein tropfendes Dach bei
Dauerregen! 16 Sie zum Schweigen zu
bringen, ist so sinnlos, wie den Wind zu
fangen oder Öl mit den Händen zu halten!
17 Wie man Eisen durch Eisen schleift, so
schleift ein Mensch den Charakter eines
anderen.
18 Wer seinen Feigenbaum pflegt, kann
die Früchte ernten; wer sich für seinen
Herrn einsetzt, der findet Anerkennung.
19 Im Wasser spiegelt sich dein Gesicht,
und in deinen Gedanken und Gefühlen
erkennst du dich selbst!
20 Der Abgrund des Totenreiches ist uner-
sättlich – ebenso die Augen des Men-
schen: sie wollen immer mehr!
21 Gold und Silber werden im Ofen und
im Tiegel geprüft, der Prüfstein eines
Menschen ist sein Ruf.
22 Du kannst einen Unverständigen noch
so lange schlagen[b] – seine Dummheit
wirst du doch nicht aus ihm herausprü-
geln!
23 Kümmere dich um deine Viehherden,
sorge für deine Schafe und Ziegen,
24 denn Reichtum bleibt nicht für immer,
und selbst Königreiche vergehen! 25 Mähe
die Wiesen, damit frisches Gras nach-
wachsen kann, und hole das Heu von
den Bergen! 26 Aus der Wolle der Schafe
kannst du Kleider anfertigen, und von
dem Geld, das du für die Ziegenböcke

---

a Wörtlich: Eine Lügenzunge hasst die von ihr Zermalmten, und ein glatter Mund bereitet Sturz.
b Wörtlich: Wenn du auch den Unverständigen mit dem Stößel im Mörser mitten unter den Körnern zerstampfen würdest.

26,27 Ps 7,13–17* **27,1** Jak 4,13–15 **27,5–6** Ps 141,5 **27,10** 17,17; 18,24 **27,13** 6,1–5; 11,15; 17,18; 20,16 **27,15–16** 19,13; 21,9.19 **27,20** 30,15–16 **27,21** 22,1 **27,23–27** 12,10–11; 28,19

bekamst, kaufst du neues Land. 27 Die
Ziegen geben Milch für dich und deine
Familie und für alle deine Bediensteten.

Glücklich ist, wer Gott gehorcht

28 Wer sich von Gott losgesagt hat,
ist auf der Flucht, auch wenn nie-
mand ihn verfolgt; wer aber Gott ge-
horcht, fühlt sich sicher wie ein Löwe.
2 Wenn ein Volk sich in Schuld verstrickt,
dann spielen viele sich als Herrscher auf.
Aber durch einen vernünftigen und ein-
sichtsvollen Mann an der Spitze herr-
schen Recht und Ordnung.
3 Ein Armer, der die Armen ausbeutet, ist
so schrecklich wie ein Unwetter, das den
Ackerboden wegschwemmt und die Ern-
te verdirbt.
4 Wer Gottes Gesetz nicht beachtet, lobt
den, der Unrecht tut. Wer sich aber an
das Gesetz hält, bekämpft die Gottlosen.
5 Böse Menschen verstehen nicht, was
richtig und gut ist; wer aber dem Herrn
dient, weiß, worauf es ankommt.
6 Lieber arm sein und ehrlich leben, als
reich sein und betrügen!
7 Ein junger Mann, der das Gesetz Gottes
beachtet, ist klug. Wer aber mit Ver-
schwendern Umgang pflegt, macht sei-
nen Eltern Schande.
8 Wer seinen Reichtum durch Aufpreis
und Zinsen vermehrt, muss sein Ver-
mögen einmal dem überlassen, der den
Armen hilft.
9 Wer auf Gott nicht hören will, den will
auch Gott nicht hören – sein Gebet ist
Gott zuwider!
10 Wer aufrichtige Menschen dazu ver-
führt, Böses zu tun, wird in seine eigene
Falle stürzen. Der Ehrliche aber wird
reich belohnt.
11 Der Reiche hält sich selbst für klug,
aber ein Armer, der Verstand besitzt,
durchschaut ihn.
12 Wenn Menschen, die Gott gehorchen,
an die Macht kommen, brechen herrliche
Zeiten an; aber wenn Gottlose regieren,
verstecken sich die Leute.
13 Wer seine Sünden vertuscht, hat kein
Glück; wer sie aber bekennt und meidet,
über den erbarmt sich der Herr.
14 Glücklich ist, wer Gott zu jeder Zeit ge-
horcht! Wer sich aber innerlich verhärtet,
wird ins Unglück stürzen.
15 Ein Herrscher, der Gott missachtet,
gleicht einem brüllenden Löwen und ei-
nem gereizten Bären – ein armes Volk ist
machtlos gegen ihn!
16 Ein Machthaber ohne Verstand beutet
seine Untergebenen aus; wer aber unehr-
lich erworbenen Gewinn hasst, der hat
ein langes Leben.
17 Ein Mörder ist bis zu seinem Tode im-
mer auf der Flucht – niemand soll ihn da-
bei aufhalten!
18 Wer ehrlich ist, dem wird immer gehol-
fen; wer aber krumme Wege geht, wird
plötzlich zu Fall kommen.
19 Wer seine Felder bestellt, hat genug zu
essen; wer unsicheren Geschäften nach-
jagt, auf den wartet die Armut!
20 Ein zuverlässiger Mensch wird reich
beschenkt; doch wer sich um jeden Preis
bereichern will, bleibt nicht ungestraft.
21 Es ist nicht gut, parteiisch zu sein; aber
manch einer lässt sich schon für einen
Bissen Brot zum Unrecht verleiten!
22 Ein neidischer Mensch giert nach
Reichtum und weiß nicht, dass Armut
über ihn kommen wird!
23 Wer einen anderen zurechtweist, wird
letzten Endes mehr Dank bekommen als
jemand, der den Leuten nur nach dem
Munde redet.
24 Wer Vater oder Mutter beraubt und
sagt: »Das ist kein Unrecht!«, der ist
nicht besser als ein Verbrecher!
25 Habgier führt zu Streit; wer aber dem
Herrn vertraut, dem fehlt nichts.
26 Wer sich nur auf seinen Verstand ver-
lässt, ist ein Dummkopf. Gestalte dein
Leben nach der Weisheit, die Gott gibt,
dann bist du in Sicherheit!

28,4–5 5 Mo 12,28; 1 Kön 18,18 **28,6** 10,9; 11,5; 16,8 **28,8** 2 Mo 22,24; 3 Mo 25,35–37 **28,9** 15,8; 21,27; 1 Sam 15,22* **28,10** Ps 7,13–17* **28,12** 11,11; 28,28; 29,2 **28,13** Ps 85,3* **28,18.20** 10,9; 11,5; 16,17 **28,22** 1 Tim 6,8–10 **28,24** 2 Mo 20,12*; Mt 15,4–6 **28,25** Ps 119,36; Lk 12,15; 1 Tim 6,10 **28,26** 1,7*; Hiob 12,12–13; 28,12–28

27 Hilf dem Armen, dann wirst du selbst
nie Mangel leiden! Wenn du deine Augen
vor der Not verschließt, werden viele
dich verfluchen.
28 Wenn gottlose Herrscher regieren, ver-
stecken sich die Leute. Doch wenn sie
umkommen, leben alle, die Gott gehor-
chen, wieder auf.

Ein Volk braucht weise Menschen

29 Wer oft ermahnt wird und trotz-
dem eigensinnig bleibt, der nimmt
plötzlich ein schreckliches Ende – ohne
jede Hoffnung auf Rettung!
2 Wenn Menschen, die Gott gehorchen,
die Herrschaft ausüben, freut sich ein
Volk. Wenn aber ein gottloser Herrscher
regiert, kann es nur noch stöhnen.
3 Wenn du Weisheit liebst, machst du dei-
nen Eltern Freude. Wenn du dich mit Hu-
ren einlässt, verschleuderst du dein Ver-
mögen!
4 Wenn ein König das Recht beachtet,
lebt sein Volk in Glück und Sicherheit;
doch wenn er immer neue Steuern aus
ihnen herauspresst, richtet er das Land
zugrunde.
5 Wer andere mit schmeichelnden Worten
umgarnt, breitet ein Fangnetz vor ihren
Füßen aus.
6 Der Böse verstrickt sich immer tiefer in
seine Schuld; wer aber Gott gehorcht,
singt vor Freude und Glück!
7 Wer Gott liebt, verhilft den Armen zu
ihrem Recht; doch der Gottlose empfin-
det für sie kein Mitgefühl.
8 Spötter bringen die ganze Stadt in Auf-
ruhr, weise Menschen jedoch wenden
den Zorn ab.
9 Wenn ein verständiger Mensch mit ei-
nem unverbesserlichen einen Rechts-
streit führt, dann lacht dieser nur, oder
er fängt an zu toben – aber sagen lässt er
sich nichts!
10 Mörder hassen jeden Unschuldigen;
ehrliche Menschen aber setzen alles ein,
um das Leben der Unschuldigen zu
retten.
11 Nur ein Dummkopf lässt seinem Zorn
freien Lauf, ein Verständiger hält seinen
Unmut zurück.
12 Wenn ein Herrscher auf die Worte von
Lügnern hört, werden alle seine Unterge-
benen zu Betrügern!
13 Der Arme und sein Ausbeuter haben
eins gemeinsam: Gott gab beiden das Au-
genlicht!
14 Wenn ein König die Armen gerecht be-
handelt, dann steht seine Regierung fest
und sicher.
15 Strenge Erziehung bringt ein Kind zur
Vernunft. Ein Kind, das sich selbst
überlassen wird, macht seinen Eltern
Schande.
16 Je mehr gottlose Menschen, desto
mehr Verbrechen. Wer aber Gott ver-
traut, wird den Untergang dieser Leute
erleben.
17 Erziehe dein Kind mit Strenge! Dann
wird es dir viel Freude machen.
18 Ohne die Weisung von Propheten ver-
wildert ein Volk; doch es blüht auf, wenn
es Gottes Gesetz befolgt!
19 Einen Sklaven kannst du nicht mit Wor-
ten allein ermahnen. Er versteht sie zwar,
aber er wird sie nicht beachten.
20 Kennst du jemanden, der redet, ohne
vorher überlegt zu haben? Ich sage dir:
Für einen Dummkopf gibt es mehr Hoff-
nung als für ihn!
21 Wenn du einen Sklaven von Anfang an
verwöhnst, wird er sich schließlich über
dich erheben!
22 Wer schnell aufbraust, ruft Streit her-
vor; und ein Jähzorniger lädt viel Schuld
auf sich!
23 Wer hochmütig ist, wird schließlich er-
niedrigt werden; der Bescheidene dage-
gen wird geehrt.
24 Wer mit einem Dieb die Beute teilt, der
muss lebensmüde sein! Er hört den Fluch
des Gerichts, aber anzeigen kann er den
Räuber nicht.

28,27 14,31* **28,28** 11,11; 28,12; 29,2 **29,1** 15,10 **29,2** 11,10–11; 28,12.28 **29,3** 10,1; Lk 15,11–32 **29,4** 1 Kön 12,1–16 **29,7** 14,31* **29,11** 12,16; 14,29 **29,12** 16,12–13 **29,14** 14,31*; 20,28; Ps 72,1–5 **29,15.17** 19,18; 22,6.15; 1 Kön 1,5–6 **29,20** 26,12; Mt 12,36; Jak 1,19 **29,22** 12,16; 15,18; 19,19; Pred 7,9 **29,23** 11,2; 18,12

25 Wer das Urteil der Menschen fürchtet,
gerät in ihre Abhängigkeit; wer dem
Herrn vertraut, ist gelassen und sicher.
26 Viele suchen die Gunst eines Herr-
schers, doch der Herr allein verschafft je-
dem Recht!
27 Wer Gott liebt, verabscheut den Übel-
täter. Wer Gott missachtet, verabscheut
den Aufrichtigen.

Worte Agurs

30 Folgende Worte stammen von
Agur, dem Sohn Jakes aus Massa.
Dieser Mann sagte:
Ich habe mich abgemüht, o Gott, ich ha-
be mich abgemüht und bin am Ende![a]
2 Denn ich bin dümmer als jeder andere
Mensch und besitze keinen Verstand.
3 Ich habe keine Weisheit erlangt, ich
weiß fast nichts über den lebendigen
Gott und bin mit ihm nicht vertraut.

4 Sag mir: Wer ist jemals zum Himmel hi-
nauf- und wieder hinabgestiegen? Wer
hat den Wind mit seinen Händen ge-
zähmt oder die Wassermassen gebän-
digt? Wer setzte die Grenzen der Erde
fest? Wenn du einen solchen Menschen
kennst, dann nenn mir seinen Namen
und den seines Sohnes!

5 Was Gott sagt, ist wahr und zuverlässig;
er beschützt alle, die Schutz bei ihm su-
chen.
6 Füge seinen Worten nichts hinzu, sonst
zieht er dich zur Rechenschaft, und du
stehst als Lügner da!

7 Herr, ich bitte dich um zweierlei, erfülle
mir doch diese Bitten, solange ich lebe:
8 Bewahre mich davor, zu lügen und zu
betrügen, und lass mich weder arm noch
reich sein! Gib mir nur so viel, wie ich
zum Leben brauche! 9 Denn wenn ich zu
viel besitze, bestreite ich vielleicht, dass
ich dich brauche, und frage: »Wer ist
denn schon der Herr?« Wenn ich aber
zu arm bin, werde ich vielleicht zum
Dieb und bereite dir, meinem Gott, da-
mit Schande!

10 Mach einen Diener bei seinem Herrn
nicht schlecht, sonst verflucht er dich,
und du musst es büßen!

11 Was müssen das für Leute sein, die ih-
ren Vater verfluchen und ihre Mutter
missachten!
12 Was müssen das für Leute sein, die sich
selbst für untadelig halten und doch be-
sudelt sind mit ihrer Schuld!
13 Was müssen das für Leute sein, die
hochmütig und überheblich auf andere
herabschauen!
14 Was müssen das für Leute sein, die
alle Armen und Hilflosen rücksichtslos
ausbeuten und von der Erde vertil-
gen[b]!

15 Manche Leute sind wie Blutegel: »Gib
her, gib her!«, fordern sie und saugen an-
dere damit aus.[c]
Drei sind unersättlich, und auch das Vier-
te bekommt niemals genug:[d] 16 das Reich
der Toten, eine unfruchtbare Frau, die
gerne Kinder haben möchte, trockener
Boden, der nach Regen dürstet, und das
Feuer, das gierig immer weiterfrisst.
17 Wer spöttisch auf seinen Vater herab-
sieht und seiner Mutter nicht gehorchen
will, dem werden die Raben die Augen

---

[a] Der hebräische Text ist nicht sicher zu deuten. Man kann auch übersetzen: aus Massa. Ausspruch des Mannes zu Itiel, zu Itiel und Ukal.

[b] Wörtlich: deren Zähne Schwerter sind und Messer ihr Gebiss, um wegzufressen die Elenden von der Erde und die Armen weg aus der Mitte der Menschheit.

[c] *Wörtlich: Der Blutegel hat zwei Töchter:* Gib her, gib her!

[d] Es handelt sich hier um einen so genannten »Zahlenspruch«: Verschiedene Beispiele werden zusammengestellt und an ein bestimmtes Zahlenschema gebunden.

30,4 Hiob 38,5; Jes 40,12 **30,5** Ps 18,31* **30,7–9** 1 Tim 6,6–10 **30,15–16** 27,20 **30,17** 6,20–21*; 19,26; 20,20; 2 Mo 20,12*

aushacken, und die Geier werden ihn
auffressen!
18 Drei Dinge sind mir rätselhaft, und
auch das Vierte verstehe ich nicht: 19 der
Flug des Adlers am Himmel, das Schlei-
chen der Schlange über einen Felsen, die
Fahrt des Schiffes über das tiefe Meer
und die Liebe zwischen Mann und Frau!
20 So benimmt sich eine untreue Frau: Sie
schläft mit einem anderen Mann, wäscht
sich und sagt:[a] »Ich habe doch nichts Bö-
ses getan!«
21 Durch drei Begebenheiten wird ein
Land erschüttert, und auch das Vierte
kann es nicht ertragen: 22 wenn ein Sklave
König wird, wenn ein Unverständiger
Reichtum erlangt, 23 wenn eine von allen
verschmähte Frau geheiratet wird und
wenn eine Sklavin die Herrin aus ihrer
Stellung verdrängt.
24 Vier Tiere sind sehr klein und doch
überaus klug: 25 die Ameisen – sie sind
ein schwaches Volk, und doch legen sie
im Sommer einen Vorrat an; 26 die Klipp-
dachse – sie sind nicht kräftig, aber sie
bauen ihren Unterschlupf in den unzu-
gänglichen Felsklüften; 27 die Heuschre-
cken – sie haben zwar keinen König, aber
sie ziehen in geordneten Scharen aus;
28 die Eidechsen – du kannst sie mit den
Händen fangen, und doch findest du sie
in Palästen!
29 Drei schreiten stolz umher, und auch
der Vierte hat einen majestätischen
Gang: 30 der Löwe, König der Tiere, der
vor nichts Angst hat; 31 ein Hahn, der um-
herstolziert; ein Ziegenbock und ein Kö-
nig, der sein Heer anführt.
32 Wenn du meinst, du seist besser als an-
dere, ob zu Recht oder zu Unrecht, dann
halte den Mund, und schweig lieber!
33 Denn wenn man Milch schlägt, gibt es
Butter; schlägt man die Nase, kommt
Blut heraus; und reizt man den Zorn,
dann gibt es Streit!

Worte Lemuels

31 Folgende Worte stammen von Kö-
nig Lemuel; seine Mutter gab sie
ihm mit auf den Weg.[b] 2 Sie sagte:
»Du bist mein Sohn – ich habe Gott um
einen Sohn gebeten, und du bist die Ant-
wort! Was soll ich dir raten? 3 Lass nicht
deine ganze Kraft bei den Frauen, das hat
schon viele Könige zu Fall gebracht[c]!
4 Höre, Lemuel, ein König soll sich nicht
betrinken und dem Wein nicht ergeben
sein! 5 Er könnte sonst im Rausch das
Recht vernachlässigen und die Not der
Bedürftigen vergessen. 6 Gebt den Wein
lieber denen, die dahinsiechen und verbit-
tert sind! 7 Lasst sie trinken und im Rausch
ihre Armut und Mühsal vergessen!
8 Du aber tritt für die Leute ein, die sich
selbst nicht verteidigen können! Schütze
das Recht der Hilflosen! 9 Sprich für sie,
und regiere gerecht! Hilf den Armen
und Unterdrückten!«

Ein Loblied auf die tatkräftige Frau

10 Eine tüchtige Frau – wer findet sie
schon? Sie ist wertvoller als viele Juwe-
len! 11 Ihr Mann kann sich auf sie verlas-
sen, sie bewahrt und vergrößert seinen
Besitz. 12 Ihr Leben lang tut sie ihm Gu-
tes, niemals fügt sie ihm Leid zu.
13 Sie besorgt sich Wolle und Flachs und
verarbeitet es mit geschickten Händen.
14 Von weit her schafft sie Nahrung her-
bei, wie ein Handelsschiff aus fernen
Ländern.
15 Noch vor Tagesanbruch steht sie auf
und bereitet das Essen; den Mägden sagt
sie, was zu tun ist. 16 Sie hält Ausschau
nach einem ertragreichen Feld und kauft
es; von dem Geld, das ihre Arbeit ein-
bringt, pflanzt sie einen Weinberg.
17 Unermüdlich und voller Tatkraft ist sie
bei der Arbeit; was getan werden muss,

---

[a] Wörtlich: Sie isst, wäscht ihren Mund und sagt.
[b] Oder: Folgende Worte stammen von Lemuel, König von Massa.
[c] Oder: und sei nicht darauf aus, viele Könige zu Fall zu bringen.

30,23 1 Mo 16,1–5 **30,24–28** 6,6–8 **30,32** 27,2 **31,4–7** 20,1; 23,29–35 **31,8–9** 29,14; 3 Mo 19,15; Ps 72,1–4; Jer 22,16 **31,10–11** 12,4; 19,14

das packt sie an! 18 Sie merkt, dass ihr
Fleiß Gewinn bringt; beim Licht der
Lampe arbeitet sie bis spät in die Nacht.
19 Ihre Stoffe webt und spinnt sie selbst.
20 Sie erbarmt sich über die Armen und
gibt den Bedürftigen, was sie brauchen.
21 Den kalten Winter fürchtet sie nicht,
denn ihre ganze Familie hat Kleider aus
guter und warmer Wolle. 22 Sie fertigt
schöne Decken an, und ihre Kleider
macht sie aus feinem Leinen und purpur-
roter Seide.
23 Ihr Mann ist überall bekannt, und was
er sagt, hat großes Gewicht im Rat der
Stadt.
24 Sie näht Kleidung aus wertvollen Stof-
fen und verkauft sie, ihre selbst gemach-
ten Gürtel bietet sie den Händlern an.
25 Sie ist eine würdevolle und angesehene
Frau, zuversichtlich blickt sie in die Zu-
kunft. 26 Sie redet nicht gedankenlos, und
ihre Anweisungen gibt sie freundlich.
27 Sie kennt und überwacht alles, was in
ihrem Haus vor sich geht – nur Faulheit
kennt sie nicht!
28 Ihre Söhne reden voller Stolz von ihr,
und ihr Mann lobt sie mit überschwäng-
lichen Worten: 29 »Es gibt wohl viele gute
und tüchtige Frauen, aber du übertriffst
sie alle!«
30 Anmut kann täuschen, und Schönheit
vergeht wie der Wind – doch wenn eine
Frau Gott gehorcht, verdient sie Lob!
31 Rühmt sie für ihre Arbeit und Mühe!
In der ganzen Stadt soll sie für ihre Taten
geehrt werden!

31,23 Hiob 29,7–11 **31,26** 29,20 **31,30** Pred 11,10

Gemeinsam im Team

Lesen Sie Sprüche 31,10-31

Manche Menschen behaupten, die Bibel sei frauenfeindlich, doch das ist ein Missverständnis. Die patriarchalische Gesellschaft, in der die Bücher entstanden, erweckt den Eindruck, als ginge es vor allem um die Männer. Doch sobald in der Bibel eine Frau die Szene betritt, lässt sie ihr Licht leuchten. Manche Leser wären überrascht, wenn sie wüssten, wie einflussreich die Frauen damals tatsächlich waren (auch wenn sie ihren Einfluss meistens hinter den Kulissen ausübten).

Die Beschreibung einer tüchtigen Frau in Sprüche 31,10-31 beinhaltet eine große Bandbreite von Situationen, in denen eine Frau Verantwortung trug und Entscheidungen treffen konnte. Die Frau aus Sprüche 31 hatte bestimmt nicht den Eindruck, dass sie ihre Fähigkeiten nicht einbringen konnte.

Wie stehen Frauen heute in unserer Kultur da? Kluge und reife Ehepaare denken sorgfältig darüber nach, wie sie die Aufgaben untereinander aufteilen sollen. Wenn ein Mann genug Selbstsicherheit besitzt, wird er das Engagement seiner Frau nicht als Konkurrenz ansehen. Und eine Frau, die ihren von Gott geschenkten Selbstwert erkennt, hat es nicht nötig, sich allen Leuten zu beweisen. Mann und Frau arbeiten in einem Team zusammen und ermutigen sich gegenseitig, ihr volles Potenzial für Gott einzusetzen. Mit dem Ergebnis können sie dann beide sehr zufrieden sein.

Nehmen Sie sich Zeit, um allein oder als Paar gemeinsam zu beten. Danken Sie Gott für Ihren Mann/Ihre Frau und für das Geschenk der Ehe. Bitten Sie ihn, dass Sie eine Beziehung aufbauen können, in der beide Partner ihre Gaben und Fähigkeiten einbringen.

Wenn Sie noch mehr Zeit haben …

Besprechen Sie miteinander folgende Fragen oder denken Sie darüber nach:

- Wie haben Sie die Aufgaben und die Verantwortung in Ihrer Familie verteilt?
- Welche Ihrer Gaben kommen in der momentanen Aufgabenverteilung nicht zur Geltung? Welche Fähigkeiten werden überstrapaziert?
- Was müssen Sie unternehmen, um Ihr gemeinsames Potenzial voll auszuschöpfen?

Lesen Sie auch die folgenden Abschnitte zum Thema Selbstwert:
1. Mose 1,27; Psalm 139,13-14; Prediger 4,9-12.

Rücken an Rücken

Lesen Sie Prediger 4,7-12

Das Ziel einer Konfliktlösung besteht nicht darin, unsere Unterschiede auszumerzen. Statt sie als Hindernisse zu betrachten, sollten wir sie als unser Kapital ansehen. In einer guten Ehe lernt ein Paar, als Team zusammenzuarbeiten und die Verschiedenheit der Partner zum Wohl für beide einzusetzen. Wenn wir Konflikte lösen müssen, ist das eine große Chance, uns als Team zu finden. Manchmal wissen wir gar nicht, wo unsere Unterschiede liegen, bis es zu einem Konflikt kommt.

Konflikte beruhen nicht nur auf unterschiedlichen Meinungen und Vorlieben. Es handelt sich dabei vielmehr um eine Uneinigkeit in Bereichen, die bei beiden Partnern mit sehr starken Emotionen verbunden sind. Unsere unterschiedlichen Meinungen wirken sich auf unser Verhalten aus, und das führt in der Beziehung zur Disharmonie. Konflikte können in jedem Bereich aufbrechen: beim Thema Geld, Sex, Schwiegereltern, Religion, Freizeit und Kindererziehung, um nur ein paar zu nennen. Konflikte tauchen unausweichlich in jeder Ehe auf. Unser Ziel soll darin bestehen, eine Lösung für sie zu finden und dabei zu lernen, wie wir harmonisch als Team unsere Ziele erreichen können.

Wenn ein Paar auf diese Weise seine Konflikte löst – wenn beide zusammenarbeiten, um sich gegenseitig zu verstehen, zu ermutigen und zu unterstützen –, dann wird ihre Ehe schön und das tiefe seelische Bedürfnis nach Gemeinschaft wird erfüllt. Wir gehen das Leben mit einem harmonischen Gefühl an und erreichen gemeinsam viel mehr, als jeder für sich erreichen könnte. Rücken an Rücken überwinden wir alle Schwierigkeiten, die sich uns in den Weg stellen (siehe Prediger 4,12).

Nehmen Sie sich Zeit, um allein oder als Paar gemeinsam zu beten. Bitten Sie Gott …
- Ihnen zu helfen, damit Sie Konflikte auf gesunde Weise lösen können;
- Konflikte zu gebrauchen, um Sie näher zueinander zu bringen;
- Sie zu einem Team zusammenzuschweißen, damit Ihre Ehe ermutigend, hilfreich, schön, liebenswert und stark wird.

Wenn Sie noch mehr Zeit haben …

Besprechen Sie miteinander folgende Fragen oder denken Sie darüber nach:
- Wie können Konflikte eine Ehe stärker machen?
- Welche Konflikte in Ihrer Ehe kamen für Sie überraschend?
- Betrachten Sie die gegenwärtige Phase in Ihrer Ehe: Haben Sie das Gefühl, dass Sie eher gegeneinander kämpfen oder Rücken an Rücken (miteinander) gegen Probleme von außen?

Lesen Sie auch die folgenden Abschnitte zum Thema Zusammenarbeit:
Sprüche 27,17; Römer 15,5; Philipper 2,1-2.

Den nächsten Impuls finden Sie auf S. 760 a

Der Prediger Salomo

Es gibt nichts Neues unter der Sonne

1 In diesem Buch sind die Worte des
Predigers aufgeschrieben. Er war ein
Sohn Davids und herrschte als König in
Jerusalem.

2 Alles ist vergänglich und vergeblich,
sagte der Prediger, nichts hat Bestand,
ja, alles ist völlig sinnlos! 3 Der Mensch
plagt sich ab sein Leben lang, doch was
bringt es ihm ein? Hat er irgendeinen
Gewinn davon? 4 Generationen kommen
und gehen, nur die Erde bleibt für alle
Zeiten bestehen! 5 Die Sonne geht auf
und wieder unter, dann eilt sie dorthin,
wo sie aufs Neue aufgeht. 6 Der Wind
weht bald von Norden, bald von Süden,
ruhelos dreht er sich, schlägt ständig um
und kommt dann am Ende wieder aus
der alten Richtung. 7 Unaufhörlich flie-
ßen die Flüsse, sie alle münden ins Meer,
und doch wird das Meer niemals voll.

8 Nichts kann der Mensch vollkommen
in Worte fassen, so sehr er sich auch da-
rum bemüht! Das Auge sieht sich niemals
satt, und auch das Ohr hat nie genug ge-
hört. 9 Was früher geschehen ist, wird wie-
der geschehen; was man früher getan hat,
wird man wieder tun: Es gibt nichts Neu-
es unter der Sonne! 10 Zwar sagt man ab
und zu: »So etwas ist noch nie da gewe-
sen!«, aber auch dies hat es schon einmal
gegeben, in längst vergangenen Zeiten!
11 Niemand denkt mehr an das, was früher
geschehen ist, und auch an die Taten un-
serer Nachkommen werden sich deren
Kinder einmal nicht mehr erinnern.

Lohnt es sich, alles zu erforschen?

12 Ich, der Prediger, war König von Israel
und regierte in Jerusalem. 13 Ich gab mir
viel Mühe, alles auf der Welt mit meiner
Weisheit zu erforschen und zu begreifen.
Doch was für eine große Last ist das!
Gott hat sie den Menschen auferlegt, sie
sollen sich damit abmühen!

14 Ich beobachtete, was auf der Welt ge-
schieht, und erkannte: Alles ist vergeb-
liche Mühe – gerade so, als wollte man
den Wind einfangen. 15 Was krumm ge-
wachsen ist, kann man nicht gerade bie-
gen, und was nicht da ist, kann man nicht
zählen.

16 Ich überlegte und sagte mir: »Ich ha-
be große Weisheit erlangt und viel Wis-
sen erworben, mehr als jeder andere, der
vor mir in Jerusalem regierte.« 17 Doch
dann dachte ich darüber nach, was die
Weisheit ausmacht und worin sie sich
von Unvernunft und Verblendung unter-
scheidet, und ich erkannte: Wer sich um
Weisheit bemüht, kann genauso gut ver-
suchen, den Wind einzufangen! 18 Je grö-
ßer die Weisheit, desto größer der Kum-
mer; und wer sein Wissen vermehrt, der
vermehrt auch seinen Schmerz.

Was ist der Sinn?

2 Also sagte ich mir: »Versuch fröhlich
zu sein und das Leben zu genießen!«
Doch ich merkte, dass auch dies sinnlos
ist. 2 Mein Lachen erschien mir töricht,
und das Vergnügen – was hilft es schon?
3 Da nahm ich mir vor, mich mit Wein zu
berauschen und so zu leben wie die Un-
verständigen – doch bei allem sollte die
Weisheit mich führen. Ich wollte heraus-
finden, was für die Menschen gut ist und
ob sie in der kurzen Zeit ihres Lebens ir-
gendwo Glück finden können.

4 Ich schuf große Dinge: Ich baute mir
Häuser und pflanzte Weinberge. 5 Ich leg-
te Ziergärten und riesige Parks für mich

1,2 Ps 39,5–7* **1,3** 2,22–23 **1,9** 3,15 **1,17** 7,25

an und bepflanzte sie mit Fruchtbäumen aller Art. 6 Ich baute große Teiche, um den Wald mit seinen jungen Bäumen zu bewässern. 7 Ich erwarb Knechte und Mägde zu denen hinzu, die schon lange bei uns lebten und zu Zeiten meines Vaters in unserem Haus geboren wurden. Ich besaß größere Rinder- und Schafherden als alle, die vor mir in Jerusalem regiert hatten. 8 Meine Schatzkammern füllte ich mit Silber und Gold, mit Schätzen aus anderen Königreichen. Ich ließ Sänger und Sängerinnen an meinen Hof kommen und hatte alle Frauen[a], die ein Mann sich nur wünschen kann.

9 So wurde ich berühmter und reicher als jeder, der vor mir in Jerusalem regiert hatte, und meine Weisheit verlor ich dabei nicht. 10 Ich gönnte mir alles, was meine Augen begehrten, und erfüllte mir jeden Herzenswunsch. Meine Mühe hatte sich gelohnt: Ich war glücklich und zufrieden.

11 Doch dann dachte ich nach über das, was ich erreicht hatte, und wie hart ich dafür arbeiten musste, und ich erkannte: Alles war letztendlich sinnlos – als hätte ich versucht, den Wind einzufangen! Es gibt auf dieser Welt keinen bleibenden Gewinn.

Auf alle wartet das gleiche Schicksal

12 Ich überlegte: Worin unterscheidet sich der Weise vom Unverständigen und Verblendeten? Was wird der Mann tun, der einmal als mein Nachfolger auf dem Königsthron sitzen wird? Was schon jeder vor ihm getan hat?

13 Ja, ich weiß, dass man sagt: »Weisheit ist besser als Unvernunft, so wie Licht besser ist als Finsternis. 14 Der Weise läuft mit offenen Augen durch die Welt, doch der Unvernünftige tappt im Dunkeln.« Und trotzdem wartet auf beide das gleiche Los! 15 Als ich das erkannte, fragte ich mich: Wenn mich das gleiche Schicksal trifft wie den Unverständigen – wozu habe ich dann überhaupt nach Weisheit gesucht? Da begriff ich, dass auch das Streben nach Weisheit sinnlos ist. 16 Denn später erinnert sich niemand mehr an den Weisen, genauso wenig wie an den Unwissenden. Wie bald sind beide vergessen – der Tod macht keinen Unterschied!

17 Da begann ich das Leben zu verabscheuen, alles auf der Welt war mir zuwider. Denn es ist so sinnlos, als wollte man den Wind einfangen. 18 Auch mein Besitz, für den ich mich mein Leben lang abgemüht hatte, war mir verleidet, denn ich begriff, dass ich einmal alles meinem Nachfolger hinterlassen muss. 19 Und wer weiß schon, ob der weise oder töricht sein wird? Doch er wird alles besitzen, was ich durch meine Arbeit und mein Wissen erworben habe. Wie sinnlos!

20 Als ich das erkannte, begann ich zu verzweifeln, weil ich mich mein Leben lang so geplagt hatte. 21 Da hat man mit seinem Wissen, seinen Fähigkeiten und seinem Fleiß etwas erreicht und muss es dann an einen anderen abtreten, der sich nie darum gekümmert hat! Das ist so sinnlos und ungerecht! 22 Denn was bleibt dem Menschen von seiner Mühe und von all seinen Plänen? 23 Sein Leben lang hat er nichts als Ärger und Sorgen, sogar nachts findet er keine Ruhe! Und doch ist alles vergeblich.

24 Das Beste, was ein Mensch da tun kann, ist: essen und trinken und die Früchte seiner Arbeit genießen. Doch das kann nur Gott ihm schenken! 25 Denn wer kann essen und genießen ohne ihn? 26 Dem Menschen, der ihm gefällt, gibt er Weisheit, Erkenntnis und Freude. Doch wer Gott missachtet, den lässt er sammeln und anhäufen, um dann alles dem zu geben, den er liebt. Dann war die ganze Mühe des einen vergeblich, als hätte er versucht, den Wind einzufangen!

---

a Das Wort, das hier mit »Frauen« übersetzt wird, ist nicht sicher zu deuten.

2,14–16 6,3–6; 9,1–3; Ps 49,11 **2,22–23** 1,3; Hiob 7,1–4 **2,24–25** 3,12.22; 5,17–19; 8,15; 9,7–10

Alles hat seine Zeit

3 Jedes Ereignis, alles auf der Welt hat
seine Zeit:

2 Geborenwerden und Sterben,
Pflanzen und Ausreißen,
3 Töten und Heilen,
Niederreißen und Aufbauen,
4 Weinen und Lachen,
Klagen und Tanzen,
5 Steinewerfen und Steinesammeln,
Umarmen und Loslassen,
6 Suchen und Finden,
Aufbewahren und Wegwerfen,
7 Zerreißen und Zusammennähen,
Reden und Schweigen,
8 Lieben und Hassen,
Krieg und Frieden.

9 Was also hat der Mensch davon, dass er
sich abmüht?
10 Ich habe erkannt: Gott legt ihm diese
Last auf, damit er schwer daran zu tragen
hat. 11 Für alles auf der Welt hat Gott
schon vorher die rechte Zeit bestimmt.
In das Herz des Menschen hat er den
Wunsch gelegt, nach dem zu fragen, was
ewig ist. Aber der Mensch kann Gottes
Werke nie voll und ganz begreifen.
12 So kam ich zu dem Schluss, dass es
für den Menschen nichts Besseres gibt,
als sich zu freuen und das Leben zu ge-
nießen. 13 Wenn er zu essen und zu trin-
ken hat und sich über die Früchte seiner
Arbeit freuen kann, ist das allein Gottes
Geschenk.
14 Ich begriff, dass Gottes Werk für im-
mer bestehen wird. Niemand kann etwas
hinzufügen oder wegnehmen. Damit be-
wirkt Gott, dass die Menschen Ehrfurcht
vor ihm haben. 15 Was immer sich auch er-
eignet oder noch ereignen wird – alles ist
schon einmal da gewesen. Gott lässt von
neuem geschehen, was in Vergessenheit
geriet.

Was ist der Mensch?

16 Ich habe beobachtet, wie es auf dieser
Welt zugeht: Wo man eigentlich Recht
sprechen und gerechte Urteile fällen
sollte, herrscht schreiende Ungerechtig-
keit. 17 Doch dann dachte ich: Am Ende
wird Gott den Schuldigen richten und
dem Unschuldigen zum Recht verhel-
fen. Denn dafür hat er eine Zeit vor-
herbestimmt, so wie für alles auf der
Welt.
18 Ich habe begriffen, dass Gott die
Menschen prüft. Sie sollen erkennen:
Nichts unterscheidet sie von den Tieren.
19 Denn auf Mensch und Tier wartet das
gleiche Schicksal: Beiden gab Gott das
Leben, und beide müssen sterben. Der
Mensch hat dem Tier nichts voraus, denn
auch er ist vergänglich. 20 Sie alle gehen
an denselben Ort – aus dem Staub der
Erde sind sie entstanden, und zum Staub
der Erde kehren sie zurück. 21 Wer weiß
schon, ob der Geist des Menschen wirk-
lich nach oben steigt, der Geist des Tieres
aber in die Erde hinabsinkt?
22 So erkannte ich: Ein Mensch kann
nichts Besseres tun, als die Früchte seiner
Arbeit zu genießen – das ist sein einziger
Lohn. Denn niemand kann sagen, was
nach dem Tod geschehen wird!

Selbst den Toten geht es besser!

4 Dann wieder sah ich, wie viele Men-
schen auf dieser Welt ausgebeutet
werden. Die Unterdrückten weinen, und
niemand setzt sich für sie ein. Keiner hilft
ihnen, denn ihre Unterdrücker sind zu
mächtig und schrecken auch vor Gewalt
nicht zurück. 2 Wie glücklich sind doch
die Toten, sie haben es viel besser als die
Lebenden! 3 Noch besser aber geht es de-
nen, die gar nicht erst geboren wurden!
Sie haben das schreiende Unrecht auf
dieser Welt nie sehen müssen.

3,11 8,16–17; 9,1 **3,12** 2,24–25* **3,15** 1,9 **3,16** 4,1 **3,17** Ps 7,12* **3,19–21** 1 Mo 3,19; Hiob 12,10; 34,14–15; Ps 39,5–7*; 104,27–29 **3,22** 2,24–25* **4,1** 3,16; Spr 14,31* **4,2–3** Hiob 3,11–13; 10,18–19

Weniger ist mehr

[4]Nun weiß ich, warum die Menschen so hart arbeiten und so viel Erfolg haben: Sie tun es nur, um die anderen in den Schatten zu stellen! Auch das ist so sinnlos, als wollten sie den Wind einfangen.
[5]Zwar sagt man: »Der dumme Faulpelz legt die Hände in den Schoß und verhungert«, [6]ich aber meine: Besser nur eine Hand voll besitzen und Ruhe genießen als viel Besitz haben und alle Hände voll zu tun. Denn im Grunde lohnt sich das ja nicht.

Zwei haben es besser als einer allein

[7]Noch etwas Sinnloses habe ich auf dieser Welt beobachtet:
[8]Manch einer lebt völlig allein, niemand ist bei ihm. Auch einen Sohn oder Bruder hat er nicht. Trotzdem arbeitet er ohne Ende und ist nie zufrieden mit seinem Besitz. Aber für wen mühe ich mich dann ab und gönne mir nichts Gutes mehr? Das ist doch kein Leben, so vergeudet man nur seine Zeit!
[9]Zwei haben es besser als einer allein, denn zusammen können sie mehr erreichen. [10]Stürzt einer von ihnen, dann hilft der andere ihm wieder auf die Beine. Doch wie schlecht steht es um den, der alleine ist, wenn er hinfällt! Niemand ist da, der ihm wieder aufhilft! [11]Wenn zwei in der Kälte zusammenliegen, wärmt einer den anderen, doch wie soll einer allein warm werden? [12]Einer kann leicht überwältigt werden, doch zwei sind dem Angriff gewachsen. Man sagt ja auch: »Ein Seil aus drei Schnüren reißt nicht so schnell!«

Die Gunst des Volkes ist trügerisch!

[13]Besser ein junger Mann, der arm, aber weise ist, als ein alter und törichter König, der keine Ratschläge annimmt!
[14]Ich sah, wie man einen jungen Mann aus dem Gefängnis holte und ihn zum König machte, obwohl er arm zur Welt gekommen war, als der alte König bereits regierte. [15]Alle Menschen stellten sich auf die Seite des jungen Mannes, er sollte die Herrschaft übernehmen. [16]Die begeisterte Volksmenge lief ihm nach, aber bald schon waren sie auch mit ihm nicht mehr zufrieden, und sein Ruhm erlosch schnell. So war alles umsonst, als hätte er versucht, den Wind einzufangen!

Begegne Gott mit Ehrfurcht!

[17]Besinne dich, bevor du zum Tempel Gottes gehst! Geh nur hin, wenn du wirklich auf Gott hören willst. Das ist viel wertvoller als die Opfer der Unverständigen. Denn sie wissen nicht, worauf es ankommt; sie merken nicht, wenn sie Böses tun.

5 Denk erst nach, bevor du betest, sei nicht zu voreilig! Denn Gott ist im Himmel, und du bist auf der Erde – also sei sparsam mit deinen Worten!
[2]Man sagt doch: »Wer zu geschäftig ist, träumt bald unruhig, und wer zu viel redet, sagt leicht etwas Dummes.«
[3]Wenn du vor Gott ein Gelübde abgelegt hast, dann zögere nicht, es zu erfüllen! Menschen, die leichtfertige Versprechungen machen, gefallen Gott nicht – darum tu, was du ihm geschworen hast! [4]Besser du versprichst gar nichts, als dass du ein Versprechen nicht hältst!
[5]Leg kein unbedachtes Gelübde ab, sonst lädst du Schuld auf dich! Hast du es doch getan, dann behaupte nicht vor dem Priester: »Ich habe es gar nicht so gemeint!«! Oder willst du, dass Gott zornig wird und die Früchte deiner Arbeit vernichtet?
[6]Wer viel träumt, träumt manches Sinnlose, und wer viel redet, sagt manches Unnütze.[a] Du aber begegne Gott mit Ehrfurcht!

---

[a] Der hebräische Text ist nicht sicher zu deuten.
4,5–6 Spr 6,6–11; 24,30–34 **4,8** Spr 27,20 **4,9–12** 1 Mo 2,18 **4,13** Spr 12,15 **4,17** Jes 1,11–17; 1 Sam 15,22* **5,1** Mt 6,7–8 **5,2** Spr 29,20 **5,3–5** 4 Mo 30,3*; Spr 20,25 **5,6** Spr 10,19

Die Gewaltherrschaft der Mächtigen

7 Wundere dich nicht, wenn du siehst, wie
die Armen im Land unterdrückt werden
und wie man das Recht beugt! Denn ein
Mächtiger belauert den anderen, und
beide werden von noch Mächtigeren be-
herrscht. 8 So ist es wohl besser für ein
Land, wenn es einen König hat, der für
Recht und Ordnung sorgt[a].

Reichtum garantiert noch kein Glück

9 Wer geldgierig ist, bekommt nie genug,
und wer den Luxus liebt, hat immer zu
wenig – auch das ist völlig sinnlos! 10 Je
reicher einer wird, umso mehr Leute
scharen sich um ihn, die auf seine Kosten
leben wollen – und er kann nur dabei zu-
sehen. Was also hat der Reiche von sei-
nem Besitz? 11 Der Fleißige kann gut
schlafen – egal, ob er viel oder wenig zu
essen hat. Dem Reichen aber raubt sein
voller Bauch den Schlaf.

12 Etwas Schlimmes habe ich auf dieser
Welt beobachtet: wenn einer seinen Be-
sitz sorgsam hütet und ihn dann doch ver-
liert. 13 Nur ein misslungenes Geschäft –
und schon ist sein ganzes Vermögen da-
hin, auch seinen Kindern kann er nichts
hinterlassen. 14 So wie er auf diese Welt
gekommen ist, muss er sie wieder verlas-
sen – nackt und besitzlos! Nicht eine
Hand voll kann er mitnehmen von dem,
wofür er sich hier abmühte. 15 Es ist zum
Verzweifeln! Wie er kam, muss er wieder
gehen. Was hat er also von seiner harten
Arbeit – es ist ja doch alles umsonst!
16 Sein ganzes Leben bestand aus Mühe
und Trauer; er hatte nichts als Ärger und
Sorgen und plagte sich mit vielen Krank-
heiten.

17 Eines habe ich begriffen: Das größte
Glück genießt ein Mensch in dem kurzen
Leben, das Gott ihm gibt, wenn er isst
und trinkt und es sich gut gehen lässt bei
aller Mühe. Das ist sein einziger Lohn!
18 Wenn Gott einen Menschen reich und
wohlhabend werden lässt und ihm auch
noch Freude dabei schenkt, dann kann
der Mensch es dankbar annehmen und
die Früchte seiner Arbeit genießen.
Denn das ist ein Geschenk Gottes!
19 Weil Gott ihm so viel Freude gibt,
denkt er nicht darüber nach, wie kurz
sein Leben ist.

6 Noch ein großes Unglück habe ich
auf dieser Welt gesehen, es trifft sehr
viele Menschen:

2 Da schenkt Gott einem Mann Reich-
tum, Wohlstand und Ehre – ja, alles, was
er sich nur wünschen kann, nichts fehlt!
Und trotzdem lässt er ihn nichts davon
genießen, sondern es fällt einem Frem-
den in die Hände. Was für eine Sinn-
losigkeit und welch ein Unglück! 3 Mag
ein Mann auch hundert Kinder haben
und sehr lange leben – wenn er sein
Glück nicht genießen kann und am En-
de nicht einmal begraben wird, was hat
er dann davon? Selbst einer Fehlgeburt
geht es besser! 4 Als ein Nichts kommt
sie, ins Dunkel geht sie, dorthin, wo sie
für immer vergessen wird. 5/6 Das Licht
der Sonne hat sie nie erblickt, und doch
geht es ihr besser als jenem Mann, der
nie das Glück genießen wird, selbst
wenn er zweitausend Jahre leben würde!
Am Ende müssen beide an den gleichen
Ort!

7 Der Mensch müht sich ab sein Leben
lang, nur um genug zum Essen zu haben,
doch nie wird sein Verlangen gestillt.
8 Was also hat der Weise dem Unverstän-
digen voraus? Was nützt dem Armen ein
rechtschaffenes Leben? 9 Sei zufrieden
mit dem, was du hast, und verlange nicht
ständig nach mehr, denn das ist vergeb-
liche Mühe – so als wolltest du den Wind
einfangen.

---

a Wörtlich: der das Land bebauen lässt.

5,7–8 Spr 14,31*; 20,28; Ps 72,1–4 **5,9–10** Spr 28,22 **5,14–16** Hiob 1,21; Ps 49,11; 1 Tim 6,7
5,17–19 2,24–25* **6,3–6** 2,14–16; 4,3; Hiob 3,11–16; Ps 49,11 **6,9** Spr 27,20

Gegen Gott kommt niemand an!

10 Alles auf der Welt ist schon seit langer
Zeit vorherbestimmt, und auch das
Schicksal jedes Menschen ist schon vor
seiner Geburt festgelegt. Mit dem, der
mächtiger ist als er, kann er nicht darüber
streiten. 11 Er kann ihn noch so sehr an-
klagen – es hat ja doch keinen Sinn und
hilft ihm nicht weiter!

12 Welcher Mensch weiß schon, was für
ihn gut ist in seinem kurzen und sinn-
losen Leben, das schnell wie ein Schatten
vorbeieilt? Wer kann ihm sagen, was
nach seinem Tod auf dieser Welt gesche-
hen wird?

Was ist gut?

7 »Ein guter Ruf ist mehr wert als kost-
bares Parfüm«, heißt es, und ich sage:
Der Tag des Todes ist besser als der Tag
der Geburt.

2 Geh lieber in ein Haus, wo man trau-
ert, als dorthin, wo gefeiert wird. Denn
im Trauerhaus wird man daran erinnert,
dass der Tod auf jeden Menschen wartet.
3 Leid ist besser als Lachen, Trauer ver-
ändert den Menschen zum Guten. 4 Der
Weise geht dorthin, wo man trauert, aber
der Unverständige liebt den Ort, wo ge-
feiert wird.

5 Es ist wertvoller, auf die Zurechtwei-
sung eines verständigen Menschen zu
achten, als sich die Loblieder von
Dummköpfen anzuhören! 6 Denn das
Schmeicheln eines Törichten ist so unbe-
ständig wie ein Strohfeuer.

7 Wenn ein Verständiger sich unter
Druck setzen lässt, wird er zum Narren;
wer bestechlich ist, richtet sich selbst zu-
grunde.

8 Das Ende einer Sache ist besser als ihr
Anfang; Geduld hilft mehr als Überheb-
lichkeit.

9 Werde nicht zu schnell zornig, denn
nur ein Dummkopf braust leicht auf.

10 Frag nicht: »Warum war früher alles
besser?«! Damit zeigst du nur, wie wenig
Weisheit du besitzt.

11 Weisheit ist so wertvoll wie ein Erb-
besitz, sie ist für jeden Menschen nütz-
lich. 12 Sie bietet so viel Sicherheit wie
Geld, ja, sie schenkt sogar noch mehr:
Wer die Weisheit besitzt, den erhält sie
am Leben.

13 Halte dir vor Augen, was Gott tut!
Wer kann gerade machen, was er ge-
krümmt hat?

14 Wenn es dir gut geht, dann freu dich
über dein Glück, und wenn es dir
schlecht geht, dann bedenke: Gott
schickt dir beides, und du weißt nie, was
die Zukunft bringen wird.

Vermeide die Extreme!

15 In meinem kurzen Leben habe ich viel
gesehen: Manch einer richtet sich nach
Gottes Geboten und kommt trotzdem
um; ein anderer will von Gott nichts wis-
sen, aber er genießt ein langes Leben.
16 Sei nicht zu fromm, und übertreib es
nicht mit deiner Weisheit! Warum willst
du dich selbst zugrunde richten? 17 Sei
aber auch nicht gewissenlos und unver-
nünftig! Warum willst du sterben, bevor
deine Zeit gekommen ist? 18 Es ist gut,
wenn du ausgewogen bist und die Extre-
me meidest. Wer Gott gehorcht, der fin-
det den richtigen Weg.

19 Diese Weisheit beschützt einen Men-
schen mehr, als zehn Machthaber einer
Stadt ihm helfen können. 20 Denn es ist
kein Mensch auf der Erde so gottesfürch-
tig, dass er nur Gutes tut und niemals
sündigt.

21 Hör nicht auf das Geschwätz der
Leute; dann hörst du auch nicht, wie dein
Untergebener über dich lästert! 22 Du
weißt genau, dass auch du sehr oft über
andere hergezogen hast.

6,10–11 Jes 45,9* **6,12** Hiob 14,1–2 **7,1** Spr 22,1 **7,5–6** Spr 27,5–6 **7,7** 2 Mo 23,8; Spr 17,23
7,9 Spr 12,16; 14,29; 29,22 **7,11–12** Spr 24,13–14 **7,15** 8,14; Hiob 21,6–7; Ps 73,16–17; Mal 3,14–18
7,19 9,14–18 **7,20** Spr 20,9; Ps 143,2; Röm 3,23 **7,21–22** Spr 11,12

Wer ist weise?

23 Ich habe alles versucht, um weise zu
werden; ich wollte Einsicht erlangen,
aber sie blieb mir unerreichbar fern.
24 Was geschieht, kann man nicht ergrün-
den – es ist tief verborgen und nicht zu
verstehen. 25 Trotzdem bemühte ich mich
mit aller Kraft, herauszufinden, was die
Weisheit ausmacht; ich wollte wissen,
wie man zu einem rechten Urteil kommt.
Auch dachte ich darüber nach, ob Gott-
losigkeit mit Verblendung zusammen-
hängt und Unwissenheit mit mangelnder
Einsicht.

26 Ich habe erkannt: Schlimmer als der
Tod ist jene Frau, die einem Fangseil
gleicht, deren Liebe dich einfängt wie
ein Netz und deren Arme dich umschlie-
ßen wie Fesseln. Ein Mann, der Gott ge-
fällt, kann sich vor ihr retten, aber der
Gottlose wird von ihr gefangen.

27 Ja, sagt der Prediger, das habe ich
nach und nach herausgefunden, während
ich nach Antworten suchte. 28 Doch was
ich mir von Herzen wünsche, habe ich
immer noch nicht gefunden. Unter tau-
send Menschen fand ich nur einen Mann,
dem ich mein Vertrauen schenken konn-
te, aber keine Frau.

29 Nur dieses eine habe ich gelernt:
Gott hat die Menschen aufrichtig und
wahrhaftig geschaffen, jetzt aber sind sie
falsch und berechnend.

8 Wen kann man zu den Weisen zäh-
len? Wer versteht es, das Leben rich-
tig zu deuten? Ein weiser Mensch hat ein
fröhliches Gesicht, alle Härte ist daraus
verschwunden.

Die Macht der Herrscher

2 Ich rate dir: Gehorch den Befehlen des
Königs, denn du hast ihm vor Gott die
Treue geschworen. 3 Hüte dich davor,
ihm abtrünnig zu werden, und lass dich
nicht auf Intrigen ein, denn der König
setzt ja doch alles durch, was ihm gefällt.
4 Seine Worte haben Macht, niemand
kann ihn zur Rede stellen und fragen:
»Was tust du da?« 5 Weise ist, wer den Be-
fehlen des Königs gehorcht und nichts ge-
gen ihn unternimmt. Er hat erkannt, dass
auch die Regierungszeit des Königs be-
grenzt ist und Gott ihn richten wird.[a]

6 Denn für alles hat Gott die Zeit be-
stimmt, er spricht das Urteil. Aber auf
dem Menschen lastet eine schwere Not:
7 Er weiß nicht, was auf ihn zukommt,
und niemand kann ihm sagen, wie es ge-
schehen wird. 8 Er besitzt keine Macht
über den Wind und kann ihn nicht auf-
halten, ebenso wenig kann er dem Tod
entfliehen. Ein Soldat im Krieg wird nie
vom Dienst befreit, und wer schuldig ge-
worden ist, muss die Folgen tragen.

9 Dies alles habe ich gesehen, als ich be-
obachtete, was auf dieser Welt geschieht
– einer Welt, in der einige Menschen
Macht besitzen und die anderen darunter
leiden müssen.

Das Unrecht in der Welt

10 Ich sah, wie Menschen, die von Gott
nichts wissen wollten, in Ehren begraben
wurden, während man andere, die Gott
gehorchten, aus der Nähe des Heiligtums
vertrieb und sie vergaß in der Stadt. Auch
das ist sinnlos!

11 Die Verbrecher werden nicht schnell
genug bestraft, und das verführt viele da-
zu, Böses zu tun. 12 Manch einer hat schon
hundert Verbrechen begangen – und lebt
immer noch!

Ja, auch ich weiß: »Wer Gott ehrt und
ihm gehorcht, dem geht es gut. 13 Wer
Gott missachtet, muss die Folgen tragen:
Er verschwindet so plötzlich wie ein
Schatten, weil er keine Ehrfurcht hat vor
Gott.« 14 Und trotzdem geschieht so viel
Sinnloses auf der Welt: Da geht es recht-

---

[a] Wörtlich: Wer auf das Gebot achtet, der weiß nichts von einer bösen Sache. Das Herz des Weisen weiß um Zeit und Gericht.

7,26 Spr 2,16–19* **8,1** Spr 15,13; 17,22 **8,6–8** 3,1–8; 9,12 **8,11–14** 7,15; Hiob 21,6–7; Ps 73,16–17; Mal 3,14–18

schaffenen Menschen so schlecht, wie es
den Gottlosen gehen sollte. Und da ha-
ben Gottlose ein so schönes Leben, als
hätten sie Gottes Gebote befolgt. Das ist
völlig sinnlos!
15 Darum rühme ich die Freude, denn
es gibt für den Menschen nichts Besseres
auf der Welt, als zu essen und zu trinken
und sich zu freuen. Das wird ihn bei sei-
ner Mühe begleiten das kurze Leben hin-
durch, das Gott ihm gegeben hat.

Was Gott tut, ist unbegreiflich!

16/17 Ich bemühte mich, die Weisheit ken-
nen zu lernen und das Tun und Treiben
auf dieser Welt zu verstehen. Doch ich
musste einsehen: Was Gott tut und auf
der Welt geschehen lässt, kann der
Mensch nicht vollständig begreifen,
selbst wenn er sich Tag und Nacht keinen
Schlaf gönnt. So sehr er sich auch an-
strengt, alles zu erforschen, er wird es
nicht ergründen! Und wenn ein weiser
Mensch behauptet, er könne das alles
verstehen, dann irrt er sich!
9 Über dies alles habe ich nachgedacht,
und ich habe erkannt: Auch der
Rechtschaffene und Verständige ist bei
allem, was er tut, von Gott abhängig. Ja,
der Mensch versteht nicht einmal, warum
er liebt oder hasst. Alles ist schon vorher
festgelegt – 2 bei jedem Menschen. Ein
und dasselbe Schicksal trifft sie alle, ob
sie nun Gott gehorchen oder ihn missach-
ten, ob sie Gutes tun und sich an die
Reinheitsgebote halten oder nicht, ob sie
Gott Opfer bringen oder es sein lassen.
Dem Guten ergeht es genauso wie dem
Sünder, dem, der schwört, ebenso wie
dem, der den Schwur scheut.
3 Es ist ein großes Unglück, dass alle
Menschen auf dieser Welt ein und dassel-
be Schicksal erleiden! Ihr Leben lang
sind sie verblendet, und ihr Herz ist vol-
ler Bosheit, bis sie schließlich sterben.
4 Wer lebt, hat noch Hoffnung, denn
ein lebendiger Hund ist besser dran als
ein toter Löwe! 5 Die Lebenden wissen
wenigstens, dass sie sterben werden, die
Toten aber wissen gar nichts. Ihre Mühe
wird nicht mehr belohnt, denn niemand
erinnert sich noch an sie. 6 Ihr Lieben, ihr
Hassen, ihre Eifersucht – alles ist mit
ihnen gestorben. Nie mehr werden sie
beteiligt sein an dem, was auf der Welt
geschieht.

Freu dich am Leben!

7 Also iss dein Brot, trink deinen Wein,
und sei fröhlich dabei! Denn schon lange
gefällt Gott dein Tun! 8 Trag immer schö-
ne Kleider[a], und salbe dein Gesicht mit
duftenden Ölen! 9 Genieße das Leben
mit der Frau, die du liebst, solange du
dein vergängliches Leben führst, das
Gott dir auf dieser Welt gegeben hat. Ge-
nieße jeden flüchtigen Tag, denn das ist
der einzige Lohn für deine Mühen. 10 Al-
les, was du tun kannst, wozu deine Kraft
ausreicht, das tu! Denn im Totenreich,
wohin auch du gehen wirst, gibt es weder
Tun noch Denken, weder Erkenntnis
noch Weisheit.

Verkehrte Welt!

11 Ich habe beobachtet, wie es auf dieser
Welt zugeht: Nicht die Schnellen gewin-
nen den Wettlauf und nicht die Starken
den Krieg. Weisheit garantiert noch kei-
nen Lebensunterhalt, Klugheit führt
nicht immer zu Reichtum, und die Ver-
ständigen sind nicht unbedingt beliebt.
Sie alle sind gefangen in der Zeit, ein
Spielball des Schicksals. 12 Kein Mensch
weiß, wann seine Zeit gekommen ist.
Wie Fische im Netz gefangen werden,
wie Vögel in die Falle geraten, so enden
auch die Menschen: Der Tod ereilt sie,
wenn sie es am wenigsten erwarten.

---

[a] Wörtlich: weiße Kleider.

8,15 2,24–25* **8,16–17** 3,11; Jes 55,8–9; Röm 11,33–36 **9,1–3** 3,11; 6,10–11; Hiob 9,22
9,7–10 2,24–25* **9,9** Spr 5,15–19 **9,12** 8,6–8

[13]Noch etwas habe ich beobachtet – ein
gutes Beispiel dafür, wie die Weisheit auf
dieser Welt beurteilt wird:[a]
[14]Da war eine kleine Stadt mit wenig
Einwohnern. Ein mächtiger König zog
mit seinem Heer gegen sie aus, schloss
sie ein und schüttete ringsum einen ho-
hen Belagerungswall auf. [15]In der Stadt
lebte ein armer Mann, der war sehr wei-
se. Er hätte die Stadt durch seine Weis-
heit retten können, aber niemand dachte
an ihn. [16]Da sagte ich mir: Zwar ist Weis-
heit wertvoller als Stärke, aber ein Armer
wird nicht für klug gehalten; seine Worte
beachtet man nicht. [17]Es ist besser, auf
die bedächtigen Worte eines Weisen zu
hören als auf das Geschrei eines Königs
von Dummköpfen. [18]Weisheit bewirkt
mehr als Waffen, aber ein einziger, der
Böses tut, kann viel Gutes zerstören.

Die kleinste Dummheit wiegt schwerer als die größte Weisheit

10 Tote Fliegen bringen duftende
Salben zum Stinken, und schon
eine kleine Dummheit zerstört die Weis-
heit und das Ansehen eines Menschen.
[2]Ein vernünftiger Mensch unternimmt
das Richtige, ein törichter dagegen nur
das Falsche. [3]Welchen Weg der Törichte
auch einschlägt – ihm fehlt der Verstand;
jeder kann erkennen, wie dumm er ist.
[4]Wenn ein Machthaber zornig auf dich
ist, dann vergiss nicht, dass du ihm unter-
stellt bist! Bleib gelassen, dadurch ver-
meidest du große Fehler!
[5]Etwas Schlimmes habe ich auf dieser
Welt beobachtet, einen großen Fehler,
den Machthaber immer wieder begehen:
[6]Die Törichten bekommen die höchs-
ten Posten, und die Vornehmen werden
übergangen. [7]Ich habe Knechte hoch zu
Ross gesehen und Fürsten, die wie
Knechte zu Fuß gehen mussten.
[8]Wer eine Grube gräbt, kann hineinfal-
len, und wer eine Mauer abreißt, kann
von einer Schlange gebissen werden.
[9]Wer im Steinbruch arbeitet, kann sich
dabei verletzen, und wer Holz spaltet,
bringt sich in Gefahr.
[10]Wenn die Axt stumpf geworden ist,
weil ihr Benutzer sie nicht geschliffen hat,
muss er sich doppelt anstrengen. Der Klu-
ge hält sein Werkzeug in Ordnung.[b]
[11]Dem Schlangenbeschwörer hilft sei-
ne Kunst nicht weiter, wenn die Schlange
zubeißt, bevor er sie beschworen hat!
[12]Ein weiser Mensch wird geachtet für
seine Worte; aber ein Dummkopf richtet
sich durch sein Gerede selbst zugrunde.
[13]Wenn er seinen Mund aufmacht, hört
man nichts als dummes Geschwätz – es
bringt nur Unheil und Verblendung! [14]Ja,
solch ein Mensch redet ununterbrochen.
Dabei weiß keiner, was die Zukunft
bringt; niemand sagt ihm, was nach sei-
nem Tod geschehen wird. [15]Wann endlich
wird der Dummkopf vom vielen Reden
müde? Nicht einmal den Weg in die Stadt
findet er![c]
[16]Wehe dem Land, dessen König noch
ein Kind ist und dessen Machthaber
schon früh am Morgen Feste feiern!
[17]Wohl dem Land, dessen König frei re-
gieren kann und dessen Machthaber zur
richtigen Zeit feiern, sich dabei beherr-
schen können und sich nicht wie die Säu-
fer aufführen!
[18]Wenn jemand die Hände in den
Schoß legt und zu faul ist, das Dach sei-
nes Hauses auszubessern, tropft bald der
Regen durch, und das Gebälk fällt in sich
zusammen.
[19]Ein gutes Essen macht fröhlich, Wein
macht lustig, und Geld macht beides
möglich!
[20]Nicht einmal in Gedanken schimpfe
auf den König, nicht einmal in deinem
Schlafzimmer fluche über den Reichen!
Denn die Spatzen pfeifen es von den Dä-
chern, und schon bist du verraten.

---

a Wörtlich: Auch dieses sah ich als Weisheit unter der Sonne, und es kam mir bedeutsam vor.
b Wörtlich: Es ist von Nutzen, wenn die Weisheit etwas tauglich macht.
c Der hebräische Text ist nicht sicher zu deuten.

9,14–18 Spr 24,5–6 **10,5–7** Spr 18,16; 30,21–23 **10,12–15** 5,2; Spr 14,3; 17,27–28 **10,16** Jes 3,4; 5,11–12 **10,19** Ps 104,15

Wer wagt, gewinnt!

11 Setz dein Hab und Gut ein, um
Handel zu treiben, und eines Ta-
ges wird es dir Gewinn bringen.[a] 2 Verteil
deinen Besitz auf möglichst viele Stellen,
denn du weißt nicht, ob ein großes Un-
glück über das Land kommt und alles
zerstört.
3 Wenn die Wolken voll Wasser sind,
wird es auch regnen, und wohin ein Baum
fällt, dort bleibt er liegen.
4 Wer ängstlich auf den Wind achtet,
wird nie säen; und wer auf die Wolken
schaut, wird nie ernten.
5 Du weißt nicht, aus welcher Richtung
der Wind kommen wird; du siehst nicht,
wie ein Kind im Mutterleib Gestalt an-
nimmt. Ebenso wenig kannst du die Ta-
ten Gottes ergründen, der alles bewirkt.
6 Säe am Morgen deine Saat aus, leg
aber auch am Abend die Hände nicht in
den Schoß! Denn du weißt nicht, ob das
eine oder das andere gedeiht – oder viel-
leicht sogar beides zusammen!

Genieß deine Jugend!

7 Wie schön ist das Licht, und wie wohl-
tuend ist es, die Sonne zu sehen! 8 Freu
dich über jedes neue Jahr, das du erleben
darfst! Auch wenn noch viele vor dir lie-
gen – denk daran, dass die Dunkelheit
danach lange dauert! Alles, was dann ge-
schieht, ist sinnlos!
9 Du junger Mensch, genieße deine Ju-
gend, und freu dich in der Blüte deines
Lebens! Tu, was dein Herz dir sagt und
was deinen Augen gefällt! Aber sei dir
bewusst, dass Gott dich für alles zur Re-
chenschaft ziehen wird! 10 Lass dich nicht
von Kummer und Sorgen beherrschen,
und schütze dich vor Krankheit! Denn
Jugend und Schönheit[b] sind vergänglich.
12 Denk schon als junger Mensch an
deinen Schöpfer, bevor die be-
schwerlichen Tage kommen und die Jah-
re näher rücken, in denen du keine Freu-
de mehr am Leben hast. 2 Dann wird
selbst das Licht immer dunkler für dich:
Sonne, Mond und Sterne verfinstern sich,
und nach einem Regenschauer ziehen die
Wolken von neuem auf. 3 Deine Hände,
mit denen du dich schützen konntest, zit-
tern; deine starken Beine werden
schwach und krumm. Die Zähne fallen
dir aus, du kannst kaum noch kauen, und
deine Augen werden trübe. 4 Deine Oh-
ren können den Lärm auf der Straße
nicht mehr wahrnehmen, und deine Stim-
me wird immer leiser. Schon frühmor-
gens beim Zwitschern der Vögel wachst
du auf, obwohl du ihren Gesang kaum
noch hören kannst. 5 Du fürchtest dich
vor jeder Steigung und hast Angst, wenn
du unterwegs bist. Dein Haar wird weiß,
mühsam schleppst du dich durch den Tag,
und deine Lebenslust schwindet.[c] Dann
trägt man dich in deine ewige Wohnung,
und deine Freunde laufen trauernd durch
die Straßen.
6 Ja, koste das Leben aus, ehe es zu En-
de geht – so wie eine silberne Schnur zer-
reißt oder eine goldene Schale zerspringt,
so wie ein Krug bei der Quelle zerbricht
oder das Schöpfrad in den Brunnen fällt
und zerschellt. 7 Dann kehrt der Leib zur
Erde zurück, aus der er genommen wur-
de; und der Lebensgeist geht wieder zu
Gott, der ihn gegeben hat.

---

[a] Wörtlich: Lass dein Brot über das Wasser fahren, dann wirst du es wiederfinden nach langer Zeit.

[b] Wörtlich: und Schwärze (dunkles Haar).

[c] Der hebräische Text beschreibt in den Versen 3–5a das Altern mit vielen dichterischen Bildern:
3 Zu der Zeit, wenn die Wächter im Haus zittern und die starken Männer sich krümmen und die Müllerinnen müßig sind, weil nur noch wenige von ihnen übrig geblieben sind. Dann verfinstern sich jene, die durch die Fenster sehen, 4 und die Türen zur Straße werden geschlossen. Das Geräusch der Mühle wird leise; man erwacht beim Vogelzwitschern, obwohl die Töchter des Gesangs nur gedämpft zu hören sind. 5 Auch vor der Höhe fürchtet man sich dann, und Schrecken lauert auf dem Weg. Der Mandelbaum blüht, die Heuschrecke schleppt sich mühsam voran, und die Kaper platzt auf.

11,5 8,16–17 **11,8** Hiob 10,21–22 **11,9** 9,7–10 **11,10** Spr 31,30 **12,7** 3,18–20; 1 Mo 3,19; Hiob 12,10; 34,14–15

8 Ja, alles ist vergänglich und vergeb-
lich, sagte der Prediger, alles ist völlig
sinnlos!

Ein Nachwort

9 Der Prediger war ein weiser Mensch,
der seine Erkenntnisse an das Volk wei-
tergab. Er dachte über viele Lebensweis-
heiten nach, prüfte ihren Inhalt und
brachte sie in eine schöne Form. 10 Er be-
mühte sich, ansprechende Worte zu fin-
den, dabei aber aufrichtig zu sein und
die Wahrheit zu schreiben.
11 Ja, die Worte der Weisen sind wie ein
Stock, mit dem der Bauer sein Vieh an-
treibt; Lebensweisheiten, in Sprüche ge-
fasst, gleichen eingeschlagenen Nägeln:
Sie verleihen dem Menschen einen festen
Halt. Gott, der eine große Hirte der
Menschen, hat sie uns gegeben.
12 Mein Sohn, lass dich warnen! Es
nimmt kein Ende mit dem vielen Bücher-
schreiben, und zu viel Lernen macht den
ganzen Körper müde.
13 Zu guter Letzt lasst uns das Wichtigs-
te von allem hören: Begegne Gott mit
Ehrfurcht, und halte seine Gebote! Das
gilt für jeden Menschen. 14 Denn Gott
wird Gericht halten über alles, was wir
tun – sei es gut oder böse –, auch wenn
es jetzt noch verborgen ist.

12,8 1,2; Ps 39,5–7* **12,13** 5 Mo 10,12–13; Spr 1,7* **12,14** 11,9; Ps 62,13; 2 Kor 5,10

Das Lied von der Liebe (Das Hohelied)

Du bist mein König

1 Das schönste aller Lieder, von Salomo.

2 Komm und küss mich, küss mich immer wieder! Ich genieße deine Liebe mehr als den besten Wein.

3 Der Duft deiner Salben betört mich. Dein Name ist wie ein besonderes Parfüm, darum lieben dich die Mädchen.

4 Nimm mich bei der Hand! Schnell, lass uns laufen, zu dir nach Hause wollen wir eilen!

Du bist mein König! Ich freue mich über dich, du bist mein ganzes Glück.[a]

Deine Liebe ist kostbarer als der edelste Wein. Kein Wunder, dass die Mädchen für dich schwärmen!

Schaut nicht auf mich herab!

5/6 Schaut nicht auf mich herab, ihr Mädchen von Jerusalem, weil meine Haut so dunkel ist, braun wie die Zelte der Nomaden. Ich bin dennoch schön, so wie die wertvollen Zeltdecken Salomos. Meine Brüder waren streng mit mir, sie ließen mich ihre Weinberge hüten. Doch mich selbst zu pflegen, meinen Weinberg, dafür hatte ich keine Zeit! Darum hat die Sonne mich dunkel gebrannt.

Wo bist du?

7 Sag mir, mein Geliebter, wo lässt du deine Schafe weiden, wo lässt du sie am Mittag lagern? Lass mich nicht vergebens nach dir suchen, nicht umherirren bei den Herden andrer Hirten!

8 Weißt du's wirklich nicht, du schönste aller Frauen? Folg den Spuren meiner Schafe, und weide deine kleinen Ziegen bei den Hirtenzelten!

Du bist schön!

9 Wie schön du bist, meine Freundin, schön wie eine Stute vor dem Prachtwagen des Pharaos!
10 Deine Wangen sind von Ohrringen umrahmt, deinen Hals schmückt eine Muschelkette.
11 Ein Geschmeide aus Gold sollst du haben und Perlen um den Hals, in Silber gefasst!

12 Wenn mein König mit mir speist, riecht er den Duft meines Nardenöls.
13 Mein Geliebter ruht an meiner Brust wie ein mit Myrrhe gefüllter Beutel.
14 Er duftet wie die Blüten des Hennastrauchs, der in den Weingärten von En-Gedi wächst.

15 Wie schön du bist, meine Freundin, wunderschön bist du, deine Augen glänzen wie das Gefieder der Tauben.

16 Schön bist auch du, mein Liebster – wie freue ich mich über dich! Das Gras ist unser Lager,

---

[a] Wörtlich: Wir jubeln und freuen uns über dich.

Ein unverschämtes Etikett

Lesen Sie Prediger 7,1-14

Prediger 7 enthält weise Ratschläge zu verschiedenen Themen. Manches davon ist tiefgründig und regt zum Nachdenken an, anderes beruht einfach auf gesundem Menschenverstand. In den ersten Versen geht es um die tiefere Bedeutung von Leben und Tod, danach aber stolpern wir plötzlich über eine ganz alltägliche Weisheit: „Werde nicht zu schnell zornig, denn nur ein Dummkopf braust leicht auf" (Prediger 7,9).

Zorn an sich ist keine Sünde, doch wenn wir dem Zorn bei uns ein Wohnrecht einräumen, dann ist das sündhaft. Martin Luther hat die Warnung Salomos folgendermaßen übersetzt: „Sei nicht schnell, dich zu ärgern; denn Ärger ruht im Herzen des Toren" (Lutherbibel 1984). Der Tor lässt zu, dass der Ärger sich bei ihm ausruht, ihn völlig in Beschlag nimmt und ihm damit das Etikett „Dummkopf" verleiht. Daraus kann man umgekehrt schließen: Kluge Menschen werden schnell mit ihrem Ärger fertig und entfernen ihn aus ihrem Herzen. Wir alle spüren Wut, doch sie in unserem Inneren festzuhalten, ist keine christliche Reaktion. Tatsächlich widerspricht es der biblischen Lehre, wenn wir unseren Ärger hegen und pflegen. Aus angestauter Wut entsteht Bitterkeit, und die Bibel warnt uns vor Bitterkeit.

Wutgefühle sollten der Auslöser für uns sein, tiefer zu blicken und uns zu fragen: Warum bin ich eigentlich wütend? Oft verbirgt sich dahinter eine ganz andere Emotion wie zum Beispiel Traurigkeit oder Angst. Nur wenn wir die Wurzel unseres Zorns entdecken, können wir die Ursachen direkt angehen. Fixieren wir uns nur auf unsere Wut, dann verlieren wir häufig die Beherrschung.

Nehmen Sie sich Zeit, um allein oder als Paar gemeinsam zu beten. Bitten Sie Gott ...

- Ihnen zu zeigen, wie Sie sich besser beherrschen können;
- Ihnen Klarheit darüber zu schenken, was die wahre Ursache Ihres Ärgers ist;
- jede Bitterkeit aus Ihrer Seele zu entfernen.

Wenn Sie noch mehr Zeit haben ...

Besprechen Sie miteinander folgende Fragen oder denken Sie darüber nach:

- Lesen Sie die Beschreibung von Bitterkeit in Apostelgeschichte 8,23; Römer 3,14; Epheser 4,31; Hebräer 12,15. Womit ist Bitterkeit jeweils verbunden?
- Wie gut können Sie sich beherrschen? Erinnern Sie sich an Begebenheiten in jüngster Vergangenheit, bei denen Sie zornig wurden. Wie haben Sie da jeweils reagiert?
- Wie können Sie auf heilsame Art und Weise mit Ihrem Zorn umgehen und ihn zum Ausdruck bringen?

Lesen Sie auch die folgenden Abschnitte zum Thema Wut:
Psalm 37,8; Sprüche 14,29; Jakobus 1,19-20.

Liebende

Lesen Sie Hoheslied 6,1-12

Was ist der Sinn der Sexualität? Die Bibel nennt uns drei Gründe, warum Gott den Sex erfunden hat. Erstens: Fortpflanzung. Nach Gottes Plan ist die Sexualität für die Ehe gedacht; denn Gott will für Kinder in der Ehe einen Raum der Geborgenheit schaffen. Zweitens: Gemeinschaft. Gott will, dass wir Menschen die körperliche Liebe als etwas erfahren, das uns verbindet, aus zwei Menschen einen macht (siehe 1. Mose 2,24; Matthäus 19,6). Diese unendlich tiefe Gemeinschaft ist allein der Ehe vorbehalten, denn im Liebesakt kommt die Einheit von Mann und Frau auf einzigartige Weise zum Ausdruck. Drittens: Genuss. Wer diesen Zweck der Sexualität bezweifelt, sollte das Hohelied lesen und dort entdecken, dass Gott die sexuelle Erfüllung beider Ehepartner vorgesehen hat. Das Buch verwendet manchmal uns fremde poetische Bilder, doch deren Bedeutung ist ganz klar. Die anschaulichen Schilderungen legen nahe, dass hier eine leidenschaftliche, erfüllende Beziehung beschrieben wird.

Trotzdem haben viele Paare in diesem Bereich Probleme. Einer der Gründe dafür ist ein Mangel an Kommunikation. Die Einheit auf sexuellem Gebiet erreicht man nicht automatisch; sie setzt voraus, dass man offen über solche Themen sprechen kann. Ihr Ehepartner wird nie Ihre Gefühle und Bedürfnisse kennen, wenn Sie sie nicht zum Ausdruck bringen. Sie werden nie wissen, was dem anderen gefällt, wenn Sie nicht miteinander kommunizieren.

Schreiben Sie Vorschläge auf, wie Ihre Ehe in diesem Bereich besser werden könnte. Bitten Sie auch Ihren Ehepartner um Ideen und tauschen Sie sich aus. Kommunikation ebnet beiden Partnern den Weg zur sexuellen Erfüllung.

Nehmen Sie sich Zeit, um allein oder als Paar gemeinsam zu beten. Bitten Sie Gott ...

- Ihnen die Kraft zu geben, dass Sie billige, schmutzige Anschauungen über Sexualität abweisen und sein Geschenk der Sexualität annehmen können;
- Ihnen den Mut zu schenken, mit Ihrem Partner offen über Sex zu sprechen;
- Ihnen beiden zu helfen, zu sexueller Erfüllung zu gelangen.

Wenn Sie noch mehr Zeit haben ...

Besprechen Sie miteinander folgende Fragen oder denken Sie darüber nach:

- Möchte Gott wirklich, dass Sie Ihre Sexualität genießen? Manche Christen können nicht glauben, dass Gott sie uns zum Vergnügen geschenkt hat. Welches Licht wirft das Hohelied auf diese Diskussion?
- Schreiben Sie auf, wodurch die körperliche Liebe für Sie schöner werden könnte.
- Nehmen Sie sich Zeit, um offen über Ihre Sexualität zu sprechen – versuchen Sie es auch während Ihres sexuellen Beisammenseins.

Lesen Sie auch die folgenden Abschnitte zum Thema Sexualität:
1. Mose 1,28; Sprüche 5,15-19;
1. Korinther 7,5.

Den nächsten Impuls finden Sie auf S. 765 a

[17] Zedern sind die Balken unsres Hauses und die Zypressen unser Dach.

Du bist einzigartig!

2 Ich bin nur eine Narzisse in der Scharonebene, eine Lilie aus den Tälern.

[2] Wie eine Lilie unter Dornen, so ist meine Freundin unter allen andren Mädchen!

[3] Wie ein Apfelbaum unter den Bäumen des Waldes, so ist mein Liebster unter allen andren Männern! In seinem Schatten möchte ich ausruhn und seine Früchte genießen.

Ich bin krank vor Liebe

[4] Ins Weinhaus[a] hat er mich geführt, dort zeigt er mir, dass er mich liebt.
[5] Stärkt mich mit Rosinenkuchen, erfrischt mich mit Äpfeln, denn ich bin krank vor Liebe!
[6] Sein linker Arm liegt unter meinem Kopf, und mit dem rechten hält er mich umschlungen.
[7] Ihr Mädchen von Jerusalem, ich beschwöre euch: Lasst uns jetzt allein! Wir sind wie scheue Rehe und Gazellen – schreckt uns nicht auf, wir lieben uns.

Der Frühling ist da!

[8] Da kommt mein Geliebter! Er springt über die Berge und hüpft über die Hügel.
[9] Schnell wie eine Gazelle läuft er, flink wie ein Hirsch. Schon steht er vor dem Haus! Er späht durch das Gitter, blickt zum Fenster herein.

[10] *Er sagt zu mir:* »Steh auf, meine Freundin, meine Schöne, und komm!
[11] Die Regenzeit liegt hinter uns, der Winter ist vorbei!
[12] Die Blumen beginnen zu blühen, die Vögel zwitschern, und überall im Land hört man die Turteltaube gurren.
[13] Die ersten Feigen werden reif, die Reben blühen und verströmen ihren Duft. Steh auf, meine Freundin, meine Schöne, und komm!
[14] Versteck dich nicht wie eine Taube im Felsspalt! Zeig mir dein schönes Gesicht, und lass mich deine wunderbare Stimme hören!«

[15] Fangt uns doch die kleinen Füchse, denn sie verwüsten den Weinberg, wenn die Reben in schönster Blüte stehn.

[16] Nur mir gehört mein Liebster, und ich gehöre ihm, dem Hirten, der seine Schafe auf Wiesen voller Lilien weidet.
[17] Abends, wenn es kühl wird und die Nacht ihre Schatten über das Land breitet, dann komm zu mir, mein Liebster! Sei schnell wie eine Gazelle, flink wie ein junger Hirsch, der von den rauen Bergen kommt!

Nächtliche Sehnsucht

3 Nachts auf meinem Bett sehnte ich mich nach meinem Liebsten. So gern wollte ich bei ihm sein, doch er war nicht da!
[2] »Ich will aufstehn, die Stadt durchstreifen, durch die Gassen und über die Plätze laufen. Meinen Liebsten muss ich finden!« Ich suchte nach ihm, doch vergebens.
[3] Bei ihrem Rundgang griff die Wache mich auf: »Habt ihr meinen Liebsten gesehen?«, fragte ich sie.
[4] Kaum war ich an ihnen vorbei, da fand ich ihn, dem mein Herz gehört. Ich hielt ihn fest und ließ ihn nicht mehr los. Ich führte ihn in das Haus meiner Mutter, in jene Kammer, in der sie mich geboren hat.

[5] Ihr Mädchen von Jerusalem, ich beschwöre euch: Lasst uns jetzt allein! Wir sind wie scheue Rehe und Gazellen – schreckt uns nicht auf, wir lieben uns.

---

[a] Vermutlich ein frei stehendes Haus, in dem immer wieder Feste gefeiert wurden.

Der Hochzeitszug

6 Wer kommt dort herauf aus der Wüste, umgeben von Rauchsäulen aus Weihrauch und Myrrhe und allen Parfümen
der Händler?
7 Seht! Es ist die Sänfte Salomos, von
sechzig Männern ist sie umringt, von Israels tapferen Soldaten.
8 Sie alle sind im Kampf erprobt, sie tragen das Schwert an der Seite zum Schutz
gegen Überfälle in der Nacht.
9 Eine Sänfte ließ König Salomo sich bau-
en aus dem kostbaren Holz des Libanon.
10 Die Pfosten sind mit Silber beschlagen
und die Lehnen mit Gold überzogen. Der Stoff des Thronsitzes ist purpurrot, liebevoll bestickt von Jerusalems Frauen.

11 Kommt heraus, ihr Mädchen von Jerusalem! Seht König Salomo mit seiner Krone! Heute hat ihn seine Mutter gekrönt, am Tag seiner Hochzeit, am Tag seines Glücks!

Wie schön du bist!

4 Wie schön du bist, meine Freundin, wie wunderschön! Deine Augen hinter dem Schleier glänzen wie das Gefieder der Tauben. Dein Haar fließt über deine Schultern wie eine Herde Ziegen, die vom Gebirge Gilead ins Tal zieht.
2 Deine Zähne sind weiß wie geschorene Schafe, wenn sie aus der Schwemme kommen. Keiner von ihnen fehlt.
3 Wie ein scharlachrotes Band leuchten deine Lippen, sie sind schön geschwungen. Hinter dem Schleier schimmern deine Wangen wie eine Scheibe vom Granatapfel.
4 Dein Hals ist rund und hoch wie der Turm Davids, dein Schmuck wie tausend Schilde, die daran hängen.
5 Deine Brüste sind wie junge Zwillinge einer Gazelle, die auf Blumenwiesen weiden.
6 Abends, wenn es kühl wird und die Nacht ihre Schatten über das Land breitet, will ich zu dem Hügel kommen, der nach Myrrhe und Weihrauch duftet.
7 Deine Schönheit ist vollkommen, meine Freundin, kein Makel ist an dir.

Du hast mich verzaubert

8 Komm mit mir, meine Braut, steig mit mir herab vom Libanon, verlass den Gipfel des Amanaberges, den steilen Senir und den Hermon! Denn dort leben die Löwen und Panther!

9 Du hast mich verzaubert, mein Mädchen, meine Braut! Mit einem einzigen Blick hast du mein Herz geraubt. Schon eine Kette deines Halsschmucks zog mich in deinen Bann!

10 Wie glücklich macht mich deine Liebe, mein Mädchen, meine Braut! Ich genieße deine Liebe mehr als den besten Wein. Dein Duft ist bezaubernder als jedes Parfüm.

11 Wie Honig schmecken deine Lippen, meine Braut, ja, süße Honigmilch ist unter deiner Zunge! Und wie der Wald dort auf dem Libanon, so duften deine Kleider!

Ein Garten voll edler Pflanzen

12 Mein Mädchen ist ein Garten, in dem die schönsten Pflanzen wachsen. Aber noch ist er mir verschlossen. Meine Braut ist eine Quelle mit frischem Wasser, aber noch kann ich nicht davon trinken.
13 An Granatbäumen reifen köstliche Früchte, und die Hennasträucher blühen.
14 Dort wachsen Narde und Safran, Kalmus und Zimt, Weihrauchsträucher, Myrrhe und Aloë und die edelsten Balsamgewächse.
15 Eine Quelle bewässert den Garten, ihr Wasser sprudelt herab vom Libanon.

16 Kommt, Nordwind und Südwind, durchweht meinen Garten, tragt seine Düfte hinaus! Komm, mein Liebster, in deinen Garten, und genieße die köstlichen Früchte!

5 Ich betrete den Garten, mein Mädchen, meine Braut. Ich pflücke die Myrrhe und ernte den Balsam. Ich öffne die Wabe und esse den Honig. Ich trinke den Wein und genieße die Milch. Esst auch ihr, Freunde, trinkt euren Wein! Berauscht euch an der Liebe!

Suche in der Nacht

2 Ich schlief, doch mein Herz war wach. Da, es klopft! Mein Liebster kommt!

Mach auf, mein Mädchen, meine Freundin, meine Liebste, meine Vollkommene! Mach auf, denn mein Haar ist nass vom Tau der Nacht.

3 Ich habe mein Kleid schon ausgezogen, soll ich es deinetwegen wieder anziehn? Meine Füße habe ich schon gewaschen, ich würde sie nur schmutzig machen.

4 Jetzt streckt er seine Hand durch die Öffnung in der Tür. Mein Herz schlägt bis zum Hals, weil er in meiner Nähe ist.
5 Ich springe auf und will dem Liebsten öffnen; meine Hände greifen nach dem Riegel, sie sind voll von Myrrhenöl.
6 Schnell öffne ich die Tür für meinen Liebsten, doch weg ist er, spurlos verschwunden. Entsetzen packt mich: Er ist fort! Ich suche ihn, doch ich kann ihn nirgends finden; ich rufe laut nach ihm, doch er gibt keine Antwort.
7 Bei ihrem Rundgang greifen mich die Wächter auf. Sie schlagen und verwunden mich, sie reißen mir das Kopftuch weg.
8 Ihr Mädchen von Jerusalem, ich beschwöre euch: Wenn ihr meinen Liebsten findet, dann sagt ihm, dass ich krank vor Liebe bin.

9 Warum beschwörst du uns, du schönste aller Frauen? Was hat dein Liebster anderen voraus?

10 Mein Liebster ist schön und kräftig[a], unter Tausenden ist keiner so wie er!
11 Sein Gesicht schimmert wie Gold, sein Haar ist rabenschwarz, seine Locken erinnern an die Blütenrispen einer Dattelpalme.
12 Seine Augen sind von vollkommener Schönheit, so wie Tauben, die in Milch baden und aus vollen Bächen trinken.
13 Seine Wangen duften nach Balsamkräutern, nach kostbaren Salben. Seine Lippen leuchten wie rote Lilien, sie sind benetzt mit Myrrhenöl.
14 Seine Arme sind wie Goldbarren, mit Türkissteinen verziert. Sein Leib gleicht einer Statue aus Elfenbein, über und über mit Saphiren bedeckt.
15 Seine Beine sind Alabastersäulen, die auf goldenen Sockeln stehn. Eindrucksvoll wie der Libanon ist seine Gestalt, stattlich wie mächtige Zedern.
16 Seine Küsse sind zärtlich, alles an ihm ist wunderschön.

So ist mein Liebster, mein Freund, ihr Mädchen von Jerusalem.

6 Wohin ist dein Liebster denn gegangen, du schönste aller Frauen? Wir wollen mit dir gehn und nach ihm suchen, wo könnte er denn sein?

2 Mein Liebster ging in seinen Garten, wo Balsamkräuter wachsen. Dort ist die Weide seiner Herde, dort pflückt er schöne Lilien.
3 Nur mir gehört mein Liebster, und ich gehöre ihm, dem Hirten, der seine Schafe auf Wiesen voller Lilien weidet.

Schöner als alle bist du!

4 Schön bist du, meine Freundin, schön wie Tirza[b], bezaubernd wie Jerusalem; du hast mich erobert wie ein mächtiges Heer, das zum Krieg auszieht.

---

a Wörtlich: weiß und rot.
b Tirza war die Hauptstadt des Nordreichs Israel zur Zeit der Könige Jerobeam I. bis Omri. Der Name lässt sich mit »Anmut« wiedergeben.

[5] Wende deine Augen von mir ab, denn dein Blick überwältigt mich.

Dein Haar fließt über deine Schultern wie eine Herde Ziegen, die vom Gebirge Gilead ins Tal zieht.
[6] Deine Zähne sind weiß wie Schafe, wenn sie aus der Schwemme kommen; keiner von ihnen fehlt.
[7] Hinter dem Schleier schimmern deine Wangen wie eine Scheibe vom Granatapfel.

[8] Mag der König sechzig Ehefrauen haben, achtzig Nebenfrauen und Mädchen ohne Zahl:
[9] Ich liebe nur die eine, meine Liebste, die Vollkommene. Sie ist die einzige Tochter ihrer Mutter, ihr Lieblingskind, dem sie das Leben gab. Könnten die Frauen und Nebenfrauen des Königs sie sehen, sie alle würden von ihr schwärmen:

[10] Sie ist so schön wie das Morgenrot, so herrlich wie der Mond und der Schein der Sonne! Sie kann einen Mann erobern wie ein mächtiges Heer, das zum Krieg auszieht.

Sehnsucht

[11] Ich ging hinunter ins Tal, in den Garten, wo die Walnussbäume stehen. Ich wollte sehen, ob die Bäume schon blühen, ob der Weinstock neue Blätter treibt und ob am Granatbaum Knospen sprießen.
[12] Ohne dass ich es merkte, trieb mich die Sehnsucht zu meinem Mädchen, hin zu meiner Liebsten.[a]

Dreh dich im Tanz!

7 Dreh dich, Sulamith, dreh dich beim Tanz im Kreise, denn wir wollen dich bewundern!

Was gibt es denn zu sehen, wenn ich den Reigen von Mahanajim tanze?

[2] Wie schön sind deine Füße in den Sandalen, du Fürstentochter! Die Rundungen deiner Hüften sind wie ein Halsgeschmeide, ein Werk aus Künstlerhand.
[3] Dein Schoß gleicht einer runden Schale, die stets mit edlem Wein gefüllt ist. Dein Bauch ist golden wie Weizen, von Lilien umkränzt.
[4] Deine Brüste sind wie junge Zwillinge einer Gazelle.
[5] Dein Hals gleicht einem Turm aus Elfenbein, und deine Augen sind wie die Teiche von Heschbon am Bat-Rabbim-Tor. Deine Nase ist wie der Libanonturm, der nach Damaskus blickt.
[6] Dein Kopf ist schön und majestätisch wie das Karmelgebirge. Dein Haar schimmert wie Purpur, deine Locken können einen König fesseln.

Deine Liebe macht mich glücklich

[7] Wie schön du bist! Deine Liebe macht mich glücklich.
[8] Deine Gestalt gleicht einer hohen Dattelpalme, und deine Brüste sind wie ihre Früchte.
[9] Ich will auf die Palme steigen und ihre reifen Früchte genießen. Freuen will ich mich an deinen Brüsten, die den Trauben am Weinstock gleichen. Deinen Atem will ich trinken, der wie frische Äpfel duftet;
[10] deine Lippen will ich spüren, denn sie schmecken mir wie edler Wein.

Ja, möge der Wein dich erfreuen, dass du ihn im Schlaf noch auf den Lippen spürst.
[11] Ich gehöre meinem Liebsten, und sein Herz sehnt sich nach mir.

Ich will dir meine Liebe schenken

[12] Komm, wir gehn hinaus aufs Feld, mein Liebster, unter Hennasträuchern lass uns die Nacht verbringen!
[13] In der Frühe wollen wir zum Weinberg gehen und sehen, ob der Weinstock

---

[a] Oder: Ich wusste nicht, dass mein Verlangen mich auf die Wagen des Volkes des Fürsten setzte. – Der hebräische Text ist nur sehr schwer zu deuten.

treibt, ob seine kleinen Blüten aufgegangen sind und der Granatbaum schon die ersten Knospen hat. Dort will ich dir meine Liebe schenken!
14 Die Liebesäpfel[a] verströmen ihren Duft. Köstliche Früchte liegen vor unsrer Tür, frisch geerntete und solche, die ich für dich, mein Liebster, aufbewahrt habe.

Könnten wir doch ungestört sein!

8 Ach wärst du doch mein Bruder, hätte meine Mutter dich gestillt! Dann könnte ich dich unbekümmert küssen, wenn wir uns auf der Straße treffen, und niemand würde Anstoß daran nehmen!
2 Ins Haus meiner Mutter würde ich dich führen, dort könntest du mir deine Liebe zeigen; ich gäbe dir gewürzten Wein zu trinken und Nektar von den Früchten des Granatbaums.

3 Sein linker Arm liegt unter meinem Kopf, und mit dem rechten hält er mich umschlungen.
4 Ihr Mädchen von Jerusalem, ich beschwöre euch: Lasst uns jetzt allein! Schreckt uns nicht auf, wir lieben uns.

Die Macht der Liebe

5 Wer ist sie, die heraufkommt aus der Wüste, Arm in Arm mit ihrem Liebsten?

Unter dem Apfelbaum, da habe ich deine Liebe geweckt, dort, wo deine Mutter dich empfing, wo sie dir das Leben gab.

6 Lass mich deinem Herzen nahe sein, so wie der Siegelring auf deiner Brust. Ich möchte einzigartig für dich bleiben, so wie der Siegelreif um deinen Arm.

Unüberwindlich wie der Tod, so ist die Liebe, und ihre Leidenschaft so unentrinnbar wie das Totenreich! Wen die Liebe erfasst hat, der kennt ihr Feuer: Sie ist eine Flamme Gottes!
7 Mächtige Fluten können sie nicht auslöschen, gewaltige Ströme sie nicht fortreißen. Böte einer seinen ganzen Besitz, um die Liebe zu kaufen, so würde man ihn nur verspotten.

Leicht zu erobern?

8 Unsre Schwester ist fast noch ein Kind und hat noch keine Brüste. Doch kommt einmal die Zeit, dass jemand um sie werben wird, dann müssen wir zur Stelle sein!
9 Wenn sie uneinnehmbar ist wie eine Mauer, dann schmücken wir sie mit einem silbernen Turm. Doch wenn sie leicht zu erobern ist wie eine offene Tür, dann verriegeln wir sie mit Zedernbalken.

10 Ich bin wie eine Mauer, und meine Brüste sind wie Wachtürme. Doch meinem Liebsten gebe ich mich hin.

Reicher als Salomo

11 Salomo besaß einen Weinberg in Baal-Hamon. Er überließ ihn den Pächtern, und bei der Ernte sollte jeder ihm tausend Silbermünzen zahlen.

12 Die tausend gönne ich dir, Salomo, und zweihundert den Pächtern, doch mein Weinberg gehört mir allein!

Rufe nur mich

13 Du Mädchen in den Gärten, noch andre Männer lauschen, ob du sie rufst. Nur mich lass deine Stimme hören!

14 Ja, komm rasch zu mir, mein Liebster! Sei schnell wie eine Gazelle, flink wie ein junger Hirsch, der von den Bergen kommt, wo duftende Kräuter wachsen!

---

[a] Gemeint sind die Früchte der Alraune, die als Symbol der Liebe galten.

Der Prophet Jesaja

1 In diesem Buch sind die Botschaften Jesajas aufgeschrieben, der ein Sohn des Amoz war. Während der Regierungszeit der judäischen Könige Usija, Jotam, Ahas und Hiskia ließ Gott ihn sehen, was mit Juda und seiner Hauptstadt Jerusalem geschehen würde.

Gottes Volk will nichts von Gott wissen

2 Himmel und Erde rufe ich als Zeugen an! Hört gut zu, was der Herr sagt:

»Die Kinder, die ich großgezogen und ernährt habe, wollen nichts mehr von mir wissen. 3 Jeder Ochse kennt seinen Besitzer, und jeder Esel weiß, wo die Futterkrippe seines Herrn steht. Was aber macht mein Volk Israel? Sie haben vergessen, wem sie gehören, und sie wollen es auch gar nicht mehr wissen! 4 Wie viel Schuld habt ihr auf euch geladen! Das wird euch teuer zu stehen kommen! Eine Bande von Übeltätern seid ihr, durch und durch verdorben.«

Ihr habt euren Herrn verlassen. Voller Verachtung habt ihr dem heiligen Gott Israels den Rücken gekehrt. 5 Seid ihr noch nicht genug bestraft? Müsst ihr euch immer weiter vom Herrn entfernen? Ihr seid doch schon an Leib und Seele krank! 6 Von Kopf bis Fuß seid ihr voller Beulen, blutiger Striemen und frischer Wunden. Nichts mehr an euch ist gesund, und keiner ist da, der eure Wunden reinigt, mit Salbe behandelt und verbindet. 7 Euer Land ist eine Öde: Die Städte sind verbrannt; ihr müsst zusehen, wie sich Fremde über eure Ernte hermachen, und wenn sie abziehen, sind die Äcker verwüstet!

8 Nur Jerusalem ist übrig geblieben, verloren wie eine Stadt, die von Feinden eingeschlossen ist. Einsam steht sie da wie ein Wächterhäuschen im Weinberg, wie eine Hütte im Gurkenfeld. 9 Hätte nicht der allmächtige Gott eingegriffen und einen kleinen Rest von uns gerettet, dann wären wir alle umgekommen wie damals die Leute von Sodom und Gomorra.

10 Ihr Führer des Volkes gleicht den Fürsten Sodoms. Hört, was der Herr euch zu sagen hat! Und ihr vom Volk seid wie die Einwohner Gomorras; achtet genau auf die Weisung unseres Gottes! 11 Der Herr fragt: »Was soll ich mit euren vielen Opfern anfangen? Ich habe genug von euren Schafböcken und dem Fett eurer Mastkälber; das Blut eurer Opfertiere ist mir zuwider, sei es von Stieren, Ziegenböcken oder Lämmern. 12 Ihr kommt zum Tempel und denkt: ›Hier ist Gott gegenwärtig.‹ Doch in Wirklichkeit zertrampelt ihr nur meinen Vorhof. Wer hat euch das befohlen? 13 Hört endlich mit diesen nutzlosen Opfern auf! Ich kann euren Weihrauch nicht mehr riechen. Ihr feiert bei Neumond und am Sabbat, ihr kommt zu den Festen zusammen, aber ich verabscheue sie, weil ihr an euren Sünden festhaltet. 14 Darum hasse ich alle diese Festversammlungen! Sie sind mir eine Last, ja, sie sind unerträglich für mich! 15 Streckt nur eure Hände zum Himmel, wenn ihr betet! Ich halte mir die Augen zu. Betet, soviel ihr wollt! Ich werde nicht zuhören, denn an euren Händen klebt Blut. 16 Wascht euch, reinigt euch von aller Bosheit! Lasst eure Gräueltaten, hört auf mit dem Unrecht! 17 Lernt wieder, Gutes zu tun! Sorgt für Recht und Gerechtigkeit, tretet den Ge-

---

1,1 2 Kön 15,1–7; 15,32–38; 16,1–20; 18,1 – 20,21 **1,2** 5 Mo 4,26* **1,3** Jer 8,7 **1,5–9** 2 Kön 18,13 – 19,37 **1,5** Jer 2,30 **1,9** 1 Mo 19,24–25*; Röm 9,29 **1,10** 1 Mo 18,20 **1,11–17** Ps 40,7–9*; Am 5,21–27 **1,12** Jer 7,4 **1,15** Spr 15,29; Joh 9,31 **1,17** 2 Mo 22,21–22*; Am 5,24

Eine Einladung

Lesen Sie Jesaja 1,15-20

In Jesaja 1,18 spricht Gott eine Einladung aus. Obwohl die Israeliten auf abscheuliche Weise gegen ihn gesündigt haben, lädt Gott sie zu einer neuen Beziehung zu ihm ein. „Kommt, wir wollen miteinander verhandeln", bietet er ihnen an (Jesaja 1,18) und eröffnet damit das Gespräch und die „Friedensverhandlungen". Gott war die Beziehung zu Israel so wichtig, dass er von sich aus die Versöhnung suchte.

Weil wir nach Gottes Ebenbild geschaffen sind, sollten auch wir Versöhnung suchen. Konflikte lassen sich nicht vermeiden; wir werden aneinander schuldig. Aber was dann? Lösen wir unsere Konflikte oder verwickeln wir uns in endlose Streitigkeiten?

Es ist eine Frage unserer inneren Einstellung, ob wir Konflikte lösen können oder weiter streiten. Warum streiten sich Menschen? Die Antwort ist ganz einfach: aus Sturheit. Wir nehmen eine unnachgiebige Haltung ein und verschanzen uns. Im Grunde genommen sagen wir dem anderen: „Meine Meinung ist die richtige, und wenn du es nicht so machst, wie ich will, dann mache ich dir das Leben schwer." Das ist die Einstellung eines Streithahns, der sich stets durchsetzen will.

Konfliktlöser haben eine andere Einstellung. Sie sagen: „Ich bin sicher, wir können eine Lösung finden, die für uns beide gut ist. Lass uns gemeinsam darüber nachdenken." Wenn ein Ehepaar diese Haltung einnimmt, gibt es in ihrer Ehe nur Gewinner.

Gott setzt uns in Jesaja 1 ein Vorbild. Obwohl er selbst vollkommen im Recht ist, streckt er die Hand aus und versucht, den Konflikt zu lösen. Machen wir es ihm nach!

Nehmen Sie sich Zeit, um allein oder als Paar gemeinsam zu beten. Bitten Sie Gott ...

- *dass Sie zu einem* Konfliktlöser werden, dem es darum geht, die Beziehung wiederherzustellen;
- dass er Ihnen ein weicheres Herz schenkt, wenn Sie zu unnachgiebig werden;
- dass Sie zu einem Menschen werden, bei dem Liebe und Treue in einem ausgewogenen Verhältnis stehen (siehe Johannes 1,14).

Wenn Sie noch mehr Zeit haben ...

Besprechen Sie miteinander folgende Fragen oder denken Sie darüber nach:

- Was ist der Unterschied zwischen einem festen Standpunkt zu einem wichtigen Thema und Unnachgiebigkeit?
- Denken Sie an Zeiten in Ihrer Ehe zurück, in denen es zu Meinungsverschiedenheiten kam. Wann war Ihr Ehepartner dabei unglaublich großzügig Ihnen gegenüber und bemühte sich nach Kräften, den Konflikt zu lösen?
- Welche konkreten Entscheidungen müsste ein Konfliktlöser mitten in einem hitzigen Streit treffen?

Lesen Sie auch die folgenden Abschnitte zum Thema Konflikte:
Sprüche 19,18-19; Habakuk 1,3; 1. Korinther 6,1-11.

Der Retter kommt

Die folgenden Fragen können Sie entweder allein oder als Paar gemeinsam durchgehen. Wenn jeder für sich darüber nachdenkt, verabreden Sie sich in der kommenden Woche zu einem Austausch darüber, was Sie herausgefunden haben.

1. Lesen Sie Jesaja 9,1-6. Wer ist das Kind, das in diesen Versen erwähnt wird? Woher wissen Sie das?

2. Christen werfen gerne mit dem Satz um sich: „Gott ist gut." Doch das ist keine Binsenweisheit. Was bedeutet es wirklich? Wie passen Gottes Güte und die Tatsache, dass Sünde bestraft werden muss, zusammen?

3. Lesen Sie Römer 5,18. Jeder Mensch hat die Wahl: Tod und Verderben durch die Sünde oder neues Leben durch die Verbindung mit Jesus. Wofür haben Sie sich entschieden?

4. Wie würden Sie einem Freund oder einer Freundin erklären, dass die Rettung durch den Tod Jesu am Kreuz geschehen ist?

5. Haben Sie schon einmal die Gelegenheit verpasst, jemandem von Ihrem Glauben zu erzählen? Was passierte da? Was ging schief? Was würden Sie anders machen, wenn Sie noch einmal eine Chance bekämen?

6. Wie können Sie dafür sorgen, dass Sie mehr Gelegenheiten haben, das Evangelium weiterzusagen?

Jesaja 9,5

„Denn uns ist ein Kind geboren! Ein Sohn ist uns geschenkt! Er wird die Herrschaft übernehmen. Man nennt ihn ‚Wunderbarer Ratgeber', ‚Starker Gott', ‚Ewiger Vater', ‚Friedensfürst'."

KONKRET:

Kennen Sie jemanden, der Jesus noch nicht kennt? Beten Sie für die Rettung dieser Person. Bitten Sie Gott, dass er Ihnen eine Gelegenheit schenkt, diesem Menschen von Ihrem Glauben zu erzählen. Und wenn die Gelegenheit kommt, dann reden Sie mutig.

Den nächsten Impuls finden Sie auf S. 794 a

walttätern entgegen, und schafft den
Waisen und Witwen Recht!«

Gott richtet sein Volk

18 So spricht der Herr: »Kommt, wir wol-
len miteinander verhandeln, wer von uns
im Recht ist, ihr oder ich. Eure Sünden
sind blutrot, und doch sollt ihr schnee-
weiß werden. Sie sind so rot wie Purpur,
und doch will ich euch rein waschen wie
weiße Wolle. 19 Wenn ihr mir von Herzen
gehorcht, dann könnt ihr wieder die herr-
lichen Früchte eures Landes genießen.
20 Wenn ihr euch aber weigert und euch
weiter gegen mich stellt, dann werdet ihr
von euren Feinden umgebracht. Darauf
gebe ich, der Herr, mein Wort!«
21 Ach, Jerusalem, früher warst du dem
Herrn treu. Jetzt aber bist du zur Hure
geworden, weil du anderen Göttern
nachläufst[a]. Damals ging es in der Stadt
gerecht und redlich zu. Und heute? Heu-
te herrschen dort Mord und Totschlag!
22 Jerusalem, damals warst du wie reines
Silber, heute bist du mit vielen Schlacken
vermischt; früher warst du ein guter
Wein, heute bist du mit Wasser ge-
panscht. 23 Deine führenden Männer sind
Aufrührer und machen mit Betrügern ge-
meinsame Sache. Sie lieben Geschenke
und Bestechungsgelder. Um das Recht
von hilflosen Waisen kümmern sie sich
nicht, und Hilfe suchende Witwen lassen
sie gleich an der Tür abweisen.
24 Deshalb spricht der Herr, der all-
mächtige und starke Gott Israels: »Ich
lasse meinem Zorn freien Lauf und räche
mich an euch; ihr seid meine Feinde. 25 Je-
rusalem, ich werde dich packen und in
den Schmelztiegel werfen. Wie ein Sil-
berschmied die Schlacken ausschmilzt,
um reines Silber zu bekommen, so
schmelze ich bei dir die Bosheit und
Unreinheit aus. 26 Ich gebe dir wieder un-
bestechliche Richter und unvoreinge-
nommene Berater. Dann wird man Jeru-
salem wieder so nennen wie früher:
›Stadt, in der Recht geübt wird‹ und
›Stadt, die Gott treu ist‹.«
27 Ja, der Herr wird Jerusalem erlösen
und dort das Recht wiederherstellen.
Und er wird allen die Schuld vergeben,
die zu ihm zurückkehren. 28 Doch wer
sich vom Herrn lossagt und sein Gesetz
ständig missachtet, der kommt um. Jeder,
der dem Herrn den Rücken kehrt, läuft
ins Verderben.
29 Ihr verehrt heilige Bäume und legt
kunstvolle Gärten an für eure Götzen.
Das wird ein böses Erwachen geben,
wenn ihr einsehen müsst, dass sie nicht
helfen können! Beschämt werdet ihr da-
stehen 30 und einem Baum mit verdorrten
Blättern gleichen, einem Garten ohne
Wasser. 31 Wer sich für stark hielt, ist dann
wie trockenes Stroh. Sein Götzendienst
wird zum überspringenden Funken, der
Götzendiener und Götzen in Flammen
aufgehen lässt. Dieses Feuer kann nie-
mand löschen!

Jerusalem, der Mittelpunkt eines neuen Reiches

2 In einer Vision empfing Jesaja, der
Sohn des Amoz, diese Botschaft für
Juda und Jerusalem:
2 Am Ende der Zeit wird der Berg, auf
dem der Tempel des Herrn steht, alle an-
deren Berge und Hügel weit überragen.
Menschen aller Nationen strömen dann
herbei. 3 Viele Völker ziehen los und ru-
fen einander zu: »Kommt, wir wollen auf
den Berg des Herrn steigen, zum Tempel
des Gottes Israels! Dort wird er uns sei-
nen Weg zeigen, und wir werden lernen,
so zu leben, wie er es will.«
Denn vom Berg Zion aus wird der
Herr seine Weisungen geben, dort in Je-
rusalem wird er der ganzen Welt seinen
Willen verkünden. 4 Gott selbst schlichtet

---

[a] »weil … nachläufst« ist sinngemäß eingefügt.

1,18 Ps 85,3* **1,19** 3 Mo 25,18–19 **1,20** 3 Mo 26,25 **1,21** Hos 1,2* **1,23** 2 Mo 23,6–8
1,24 Hes 22,17–22 **1,26** 5 Mo 16,18–20; Sach 8,3 **1,28** 5 Mo 28,15 **1,29** 17,10; 57,5; 65,3
2,2–4 Mi 4,1–3 **2,2–3** 45,22–24*; Ps 117,1*; Jer 3,17; Sach 2,15 **2,3** Joh 4,22 **2,4** 9,4–6; Ps 46,10–11

den Streit zwischen den Völkern, und unter den Nationen spricht er Recht. Dann schmieden sie ihre Schwerter zu Pflugscharen um und ihre Speere zu Winzermessern. Kein Volk wird mehr das andere angreifen; niemand lernt mehr, Krieg zu führen.[a]

5 Kommt, ihr Nachkommen Jakobs, wir wollen schon jetzt mit dem Herrn leben. Er ist unser Licht!

Der schreckliche Gerichtstag Gottes

6 Herr, du hast dich von deinem Volk Israel abgewandt, weil sie die heidnischen Bräuche aus dem Osten übernommen haben. Sie treiben Zauberei wie ihre Nachbarn im Westen, die Philister. Bedenkenlos haben sie sich anderen Völkern angepasst. 7 Israel hat in jeder Hinsicht Überfluss: Das Land ist voll von Gold, Silber und anderen Schätzen; Pferde und Streitwagen sind in großer Zahl vorhanden. 8 Doch auch mit Götzenstatuen ist das Land übersät. Vor selbst gemachten Figuren werfen die Menschen sich nieder und beten sie an. 9 Herr, verzeih ihnen das nicht! Du wirst jeden in die Knie zwingen, alle müssen sich vor dir beugen.

10 Ja, versteckt euch in den Höhlen, kriecht in die Erdlöcher! Denn der Herr verbreitet Furcht und Schrecken, wenn er sich in seiner Macht und Hoheit zeigt. 11 Es kommt der Tag, an dem der Hochmut der Menschen ein Ende hat und ihr Stolz gebrochen wird. Dann wird nur einer groß sein: der Herr! 12 Der allmächtige Gott hat einen Tag bestimmt, an dem er über die stolzen und hochmütigen Menschen Gericht hält und sie erniedrigt. 13 Alle hoch gewachsenen Zedern auf dem Libanon und die mächtigen Eichen in der Baschanebene wird er umhauen, 14 jeden hohen Berg und Hügel einebnen, 15 starke Türme und feste Mauern einreißen; 16 alle Handelsschiffe, die bis nach Tarsis in Spanien fahren, wird er mit ihrem ganzen Reichtum versenken. 17/18 So macht er den Hochmut der Menschen zunichte. Die stolzen Herren liegen dann im Staub, und mit den Götzen ist es aus und vorbei. An diesem Tag wird nur einer groß sein: der Herr!

19 Wenn Gott sich in seiner Macht und Hoheit zum Gericht erhebt und die Erde in Schrecken versetzt, fliehen seine Feinde voller Angst in die Felsenklüfte und verkriechen sich in Erdlöchern. 20 Sie werfen ihre silbernen und goldenen Götzenfiguren, die sie mit viel Mühe angefertigt haben, achtlos den Ratten und Fledermäusen hin, 21 um so schnell wie möglich in Felsspalten und Höhlen zu verschwinden. Angst und Grauen wird sie packen, wenn der Herr sich erhebt, um Gericht zu halten. Vor seiner Macht und Hoheit muss jeder vergehen. 22 Hört endlich auf, euch auf Menschen zu verlassen! Sie vergehen wie ein Lufthauch. Was bleibt von ihnen übrig?

Der Zusammenbruch Judas

3 Der allmächtige Herr und Gott nimmt den Bewohnern von Juda und Jerusalem alles weg, worauf sie sich heute verlassen: jeden Vorrat an Brot und Wasser, 2 alle tapferen Helden, Soldaten, Richter und Propheten, Wahrsager und Ältesten, 3 alle Offiziere, angesehenen Leute, Rechtsgelehrten, geschickten Handwerker und klugen Beschwörer.

4 Dafür gibt er ihnen unreife Kinder als Herrscher, die mit Willkür regieren. 5 Schreckliche Zustände werden herrschen: Einer unterdrückt den anderen; die Jungen lehnen sich gegen die Alten auf, die Ehrlosen gegen die geachteten Leute.

6 Die Männer einer Sippe werden sich an einen von ihnen klammern und ihn

---

[a] Vgl. Micha 4,1–3

2,5 60,1–2 **2,7** 31,1; Ps 33,17 **2,8** 44,10; Ps 115,4 **2,11–12** 10,12–14; 23,9; 26,5; Hes 7,10–11; 31,10–11; Hos 5,5; Am 6,8; Obd 3–4 **2,12** Joel 1,15* **2,20** 30,22; 31,7 **2,22** 31,3 **3,1** 3 Mo 26,26 **3,5** 3 Mo 19,32

bestürmen: »Du hast wenigstens noch
einen Mantel, wir dagegen haben alles
verloren. Sei unser Anführer, übernimm
doch das Kommando über diesen Trüm-
merhaufen!« 7 Doch der wird sich heftig
wehren: »Lasst mich in Ruhe! Erwartet
bloß keine Hilfe von mir! Ich habe selbst
nichts zu essen und anzuziehen. Ich kann
unmöglich unser Volk regieren. Schlagt
euch das aus dem Kopf!«

8 Jerusalem, ja, das ganze Land Juda
geht dem Untergang entgegen, denn ihre
Bewohner beleidigen den Herrn mit
Wort und Tat, sie widersetzen sich seiner
Macht und Hoheit. 9 Ihre Bosheit steht
ihnen im Gesicht geschrieben. Ohne
Hemmungen reden sie offen von ihren
Sünden wie damals die Leute in Sodom.
Aber das wird ihnen schlecht bekom-
men! Sie stürzen sich selbst ins Unglück.

10 Vergesst nicht: Wer Gott gehorcht,
dem geht es gut; was er erarbeitet hat,
das kann er auch genießen. 11 Aber wehe
dem, der sich Gott widersetzt! Für seine
Bosheit wird er die gerechte Strafe erhal-
ten: Was er anderen zugefügt hat, wird er
selbst zu spüren bekommen.

12 Ach, mein armes Volk! Merkst du
nicht, was für Herrscher du hast? Sie ma-
chen mit dir, was sie wollen, und beuten
dich aus, wo sie nur können[a]. Du hast
keine Anführer, sondern Verführer. Mit
ihren falschen Ratschlägen verwirren sie
mein Volk, und deshalb weiß niemand
mehr, was gut und richtig ist.

13 Der Herr erhebt sich zur Gerichts-
verhandlung, er steht auf, um die Völker
zu richten. 14 Die Ältesten und die füh-
renden Männer seines Volkes werden
vorgeladen. »Ihr habt meinen Weinberg
Israel geplündert«, klagt der Herr sie an.
»Ihr nehmt den Armen ihren letzten Be-
sitz und füllt damit eure eigenen Häuser.
15 Wer gibt euch das Recht, mein Volk zu
unterdrücken und die Hilflosen aus-
zubeuten?«, fragt der Herr, der allmäch-
tige Gott.

Gott richtet über Hochmut und Eitelkeit

16 So spricht der Herr: »Hochmütig sind
sie, die Frauen Jerusalems. Sie recken
stolz den Kopf in die Höhe und werfen
den Männern aufreizende Blicke zu. Sie
gehen mit tänzelnden Schritten, damit
ihre Fußkettchen klirren.« 17 Darum
wird der Herr ihnen die Haare ausfallen
lassen und sie nackt ausziehen. 18 Ja, es
kommt der Tag, da nimmt der Herr den
vornehmen Frauen allen Schmuck weg:
die Fußspangen, die Stirnbänder und
die Halsketten mit ihren kleinen Halb-
monden, 19 die prachtvollen Ohrgehän-
ge, die Armreifen und die Schleier,
20 die kostbaren Diademe, die Fußkett-
chen und Gürtel, die teuren Parfüme
und alle Amulette, 21 die Finger- und
Nasenringe, 22 ebenso ihre Festkleider,
Umhänge, Mäntel, Täschchen 23 und
Spiegel, die Unterwäsche, die Kopftü-
cher und die weiten Überwürfe. 24 Statt
nach Parfüm zu duften, werden sie stin-
ken. Anstelle der kostbaren Gürtel bin-
den sie sich Stricke um. Von ihren
kunstvollen Frisuren bleibt nichts übrig,
denn die Haare fallen ihnen aus. Statt
feiner Seidenkleider tragen sie Gewän-
der aus Sacktuch. Mit ihrer Schönheit
ist es dann vorbei. Nur Scham und
Schande bleiben zurück.

25 Ach, Jerusalem! Alle deine Männer,
auch die besten Soldaten, werden im
Krieg fallen. 26 Die ganze Stadt wird er-
füllt sein vom lauten Klagen und Wei-
nen. Zerstört und ausgeplündert liegt
sie da.

4 In dieser Zeit werden sieben Frauen
einem Mann nachlaufen und ihn an-
flehen: »Heirate uns doch alle sieben!
Für unser Essen und die Kleidung wollen
wir selbst aufkommen. Wir möchten nur
deinen Namen tragen. Erspar uns die
Schande, keinen Mann und keine Kinder
zu haben!«

---

a So mit der griechischen Übersetzung. Der hebräische Text lautet: und Frauen beherrschen es.

3,9 1 Mo 19,5 **3,10–11** Spr 3,33 **3,12** 1,23 **3,14** 5,1–7 **3,16** 1 Tim 2,9

Gott schenkt einen Neuanfang

2 Zu jener Zeit lässt der Herr alle Pflan-
zen sprießen und prächtig gedeihen; ja,
das ganze Land blüht auf und bringt rei-
che Ernte. Die Überlebenden in Israel
werden sich daran freuen, sie können
stolz darauf sein. 3 Alle, die noch in Jeru-
salem übrig geblieben sind, schreibt Gott
in einem Buch auf. Sie werden leben und
ihm ganz gehören. 4 Durch seinen Geist,
der Gericht hält und wie ein Feuer
brennt, hat der Herr die Einwohner Jeru-
salems geläutert. So wie man Schmutz
abwäscht, hat er sie von ihrer schweren
Schuld befreit. 5 Der Herr wird etwas
Neues schaffen: Den ganzen Berg Zion
und alle, die sich dort versammeln, be-
deckt er am Tag mit einer Wolke und in
der Nacht mit Rauch und Feuerschein.
Es wird sein, als liege ein Schutzdach
über diesem herrlichen Ort, 6 das Schat-
ten bietet vor der Sonnenglut und Zu-
flucht vor Regen und Sturm.

Das Lied vom unfruchtbaren Weinberg

5 Hört! Ich will ein Lied singen, ein
Lied von meinem besten Freund und
seinem Weinberg:

»Auf einem Hügel, sonnig und fruchtbar,
lag das Grundstück meines Freundes.
Dort wollte er einen Weinberg anlegen.
2 Er grub den Boden um und räumte alle
großen Steine fort. Die beste Rebensorte
pflanzte er hinein. Er baute einen Wach-
turm mittendrin und meißelte einen
Keltertrog aus dem Felsen. Wie freute er
sich auf die erste Ernte, auf saftige und
süße Trauben! Doch die Trauben waren
klein und sauer!

3 Urteilt selbst, ihr Leute von Jerusalem
und Juda:
4 Habe ich für meinen Weinberg nicht al-
les getan? Konnte ich nicht mit Recht ei-
ne reiche Ernte erwarten? Warum brach-
te er nur kleine, saure Trauben?
5 Wisst ihr, was ich jetzt mit meinem
Weinberg mache? Zaun und Schutzmau-
er reiße ich weg! Tiere sollen kommen
und ihn kahl fressen, Ziegen und Schafe,
sie sollen ihn zertrampeln!
6 Nie mehr werde ich die Reben beschnei-
den, nie mehr den harten Boden mit der
Hacke lockern; Dornen und Disteln sol-
len ungehindert wuchern. Ich verbiete
den Wolken, ihm Regen zu bringen. Soll
der Weinberg doch vertrocknen!«

7 Dies ist eure Geschichte, ihr Israeliten.
Ihr seid der Weinberg, und euer Besitzer
ist der Herr, der allmächtige Gott. Ihr aus
Israel und Juda, ihr seid die Pflanzung,
auf deren Erträge er sich freute. Er wollte
von euch gute Taten sehen, doch er sah
nur Bluttaten; ihr habt nicht Recht ge-
sprochen, sondern es gebrochen!

Wehe denen, die Böses gut und Gutes böse nennen!

8 Wehe denen, die sich ein Haus nach dem
anderen bauen und ein Grundstück nach
dem anderen kaufen, bis keines mehr üb-
rig ist! Sie finden erst Ruhe, wenn das
ganze Land ihnen gehört. 9 Ich habe die
Worte des Herrn, des allmächtigen Got-
tes, noch im Ohr. Er schwor: »Die großen
und schönen Häuser werden verwüstet
daliegen, und niemand wird mehr darin
wohnen. 10 Ein Weinberg von über zwei
Hektar bringt dann nur ein kleines Fass
Wein ein, und von drei Zentnern Saatgut
wird man höchstens ein Säckchen Getrei-
de ernten.

11 Wehe denen, die schon früh am Mor-
gen losziehen, um sich zu betrinken. Bis
spät in die Nacht bleiben sie sitzen und
lassen sich mit Wein voll laufen. 12 Gitar-
ren und Harfen, Pauken und Flöten und
natürlich der Wein fehlen bei ihren Gela-
gen nie! Doch für mich, den Herrn, ha-
ben sie keinen Gedanken übrig; was ich

4,3 Mal 3,16 **4,4** 1,18 **4,5** 2 Mo 13,21–22 **5,1–7** 27,2–5; Ps 80,9–14; Jer 2,21; 12,10; Hes 15,1–8; Hos 10,1; Mt 21,33–46 **5,7** 1,17 **5,8** 3 Mo 25,23–28 **5,11–12** 28,1.7; Hos 4,18; Am 6,5–6

in der Welt tue, nehmen sie nicht wahr.
13 Weil sie das nicht einsehen wollen, wird
mein Volk in die Verbannung ver-
schleppt werden. Dann müssen die vor-
nehmen Herren Hunger leiden, und das
einfache Volk wird umkommen vor
Durst. 14 Das Totenreich reißt wie ein gie-
riges Ungeheuer seinen Schlund auf und
verschlingt die ganze Pracht Jerusalems
mitsamt der johlenden und lärmenden
Menge. 15 So werde ich die Menschen in
die Knie zwingen, sie müssen vor mir in
den Staub. Wer früher eingebildet und
hochmütig war, wird beschämt den Blick
zu Boden senken.«

16 Der Herr, der allmächtige Gott, voll-
streckt sein Gerichtsurteil und erweist so
seine Macht. Er zeigt, dass er ein heiliger
und gerechter Gott ist. 17 Zwischen den
Trümmern der Stadt werden Lämmer
weiden. Umherziehende Hirten werden
essen, was die vertriebenen Reichen in
den Ruinen zurücklassen mussten.

18 Wehe denen, die an die Sünde gefes-
selt sind und ihre Schuld hinter sich her-
schleifen wie ein Ochse seinen Karren.
19 Sie spotten: »Er soll sich beeilen, der
›heilige Gott Israels‹, wir möchten end-
lich sehen, wie er straft! Ständig spricht
er von seinem Gericht. Also los, er soll
zeigen, was er kann!«

20 Wehe denen, die Böses gut und Gu-
tes böse nennen, die Finsternis als Licht
bezeichnen und Licht als Finsternis, die
Saures für süß erklären und Süßes für
sauer.

21 Wehe denen, die sich selbst für klug
und verständig halten!

22 Wehe denen, die Helden sind im
Weintrinken und tapfere Männer, wenn
es darum geht, starke Getränke zu mi-
schen. 23 Als Richter sind sie bestechlich,
für Geld sprechen sie Schuldige frei und
verurteilen die Unschuldigen. 24 Darum
werden sie brennen wie die Stoppeln auf
dem Acker, ja, wie ein Strohhaufen. Sie
werden zugrunde gehen wie eine Blume,
deren Wurzeln verfaulen, wie Blüten, die
der Wind zerstreut. Denn sie haben das
Gesetz des Herrn, des allmächtigen Got-
tes, abgelehnt und sich nicht zu Herzen
genommen, was der heilige Gott seinem
Volk Israel gesagt hat.

Die assyrischen Heere bedrohen Juda

25 Darum ist der Herr voller Zorn über
sein Volk. Schon hat er seine Hand erho-
ben und schlägt zu, dass die Berge erbe-
ben. Die Leichen liegen überall auf den
Straßen herum wie Unrat. Aber noch
hat sich der Zorn des Herrn nicht gelegt,
noch ist seine strafende Hand erhoben.

26 Er gibt den Völkern in der Ferne ein
Zeichen. Ein Pfiff – und die Heere eilen
vom Ende der Erde herbei; in kürzester
Zeit sind sie da. 27 Keiner der Soldaten ist
müde und erschöpft, niemand gönnt sich
eine Pause oder gar eine Stunde Schlaf.
Der Gürtel mit dem Schwert sitzt fest,
und die Schuhriemen reißen nicht. 28 Ihre
Pfeilspitzen sind scharf geschliffen, die
Bogen gespannt. Die Hufe ihrer Pferde
sind hart wie Stein, und die Räder der
Streitwagen drehen sich wie ein Wirbel-
wind. 29 Beim Angriff brüllen die Männer
wie hungrige Löwen, die ihre Beute pa-
cken und knurrend wegschleppen. Kein
Mensch wagt, sie daran zu hindern.

30 Genauso werden diese Heere eines
Tages über Juda und Jerusalem herfallen.
Ihr Siegesgebrüll gleicht dem Tosen des
Meeres. Wohin man auch blickt: Dichte
Wolken verdunkeln das Licht, Finsternis
lastet auf dem Land und verbreitet Angst
und Schrecken.

Gott beruft Jesaja zum Propheten

6 Es war in dem Jahr, als König Usija
starb. Da sah ich den Herrn auf
einem hohen, gewaltigen Thron sitzen.
Der Saum seines Gewandes füllte den
ganzen Tempel aus. 2 Er war umgeben
von mächtigen Engeln, jeder von ihnen

5,19 Jer 17,15; Hes 12,21–23; 2 Petr 3,3–4 **5,21** Spr 3,7; Röm 12,16 **5,23** 5 Mo 16,18–20
5,25 9,11.16.20; 10,4 **5,26–29** 7,18–20 **6,1** 2 Kön 15,7 **6,2–3** Ps 29,1–2; Offb 4,8

hatte sechs Flügel. Mit zwei Flügeln be-
deckten sie ihr Gesicht, mit zweien ihren
Leib, und zwei brauchten sie zum Flie-
gen. 3 Sie riefen einander zu:
»Heilig, heilig, heilig ist der Herr, der
allmächtige Gott! Seine Herrlichkeit er-
füllt die ganze Welt.«
4 Ihre Stimme ließ die Fundamente des
Tempels erbeben, und das ganze Heilig-
tum war voller Rauch. 5 Entsetzt rief ich:
»Ich bin verloren! Denn ich bin ein Sün-
der und gehöre zu einem Volk von Sün-
dern. Mit jedem Wort, das über unsere
Lippen kommt, machen wir uns schuldig!
Und nun habe ich den Herrn gesehen,
den allmächtigen Gott und König!«
6 Da flog einer der Engel zu mir mit
einer glühenden Kohle in der Hand, die
er mit der Zange vom Altar geholt hatte.
7 Er berührte damit meinen Mund und
sagte: »Die glühende Kohle hat deine
Lippen berührt. Deine Schuld ist jetzt
weggenommen, dir sind deine Sünden
vergeben.«
8 Danach hörte ich den Herrn fragen:
»Wen soll ich als Boten zu meinem Volk
senden? Wer ist bereit zu gehen?« Ich
antwortete: »Ich bin bereit, sende mich!«
9 Da sprach er: »Geh und sag diesem
Volk: ›Hört mir nur zu, so lange ihr wollt,
ihr werdet doch nichts verstehen. Seht
nur her, ihr werdet doch nichts erken-
nen!‹ 10 Sag ihnen das, und mach ihre
Herzen hart und gleichgültig, verstopf
ihre Ohren, und verkleb ihre Augen! Sie
sollen weder sehen noch hören, noch mit
dem Herzen etwas verstehen, damit sie
nicht umkehren und geheilt werden.«
11 Ich fragte: »Herr, wie lange soll das
so gehen?«, und er antwortete: »Bis die
Städte entvölkert und zerstört sind, bis
die Häuser leer stehen und das ganze
Land zur Wüste geworden ist. 12 Ich wer-
de seine Bewohner in fremde Länder ver-
schleppen. Ganz Israel wird einsam und
verlassen daliegen. 13 Und sollte auch nur
ein Zehntel der Bevölkerung im Land zu-
rückgeblieben sein, wird es noch einmal
verwüstet werden. Mein Volk gleicht
dann einem gefällten Baum, von dem
nur noch der Stumpf übrig geblieben ist.
Doch aus diesem Wurzelstock wird ein-
mal etwas Neues wachsen: ein Volk, das
mir gehört.«

Der Herr wendet die drohende Gefahr von Jerusalem ab

7 Als Ahas, der Sohn Jotams und En-
kel Usijas, König von Juda war, ver-
suchten König Rezin von Syrien und
König Pekach von Israel, der Sohn Re-
maljas, Jerusalem zu erobern. Doch sie
konnten die Stadt nicht einnehmen.
2 Dem Königshaus wurde gemeldet: »Sy-
rische Truppen sind in Israel angekom-
men.« Der judäische König und das Volk
zitterten vor Angst wie Bäume im Sturm.
3 Da gab der Herr dem Propheten Jesa-
ja den Auftrag: »Geh mit deinem Sohn
Schear-Jaschub[a] dem König entgegen.
Du wirst ihn am Ende der Wasserleitung
antreffen, die vom oberen Teich her-
kommt, an der Straße zu dem Feld, auf
dem die Tuchmacher ihre Stoffe blei-
chen. 4 Sag ihm, er soll nichts Unüberleg-
tes tun, sondern Ruhe bewahren. Ermu-
tige ihn mit dieser Botschaft: Hab keine
Angst, und lass dich nicht einschüchtern!
Rezin und der Sohn Remaljas stürmen
zwar wutschnaubend mit ihren Heeren
gegen dich heran, doch sie sind nichts als
verkohlte, qualmende Holzstummel.
5 Der syrische und der israelitische König
haben sich einen bösen Plan ausgedacht.
6 Die beiden sagen: ›Wir wollen nach Juda
hinaufziehen. Erst schüchtern wir die
Leute ein, dann erobern wir Jerusalem,
und zuletzt machen wir den Sohn Tabeals
zu ihrem neuen König.‹ 7 Aber ich, der
allmächtige Gott, sage: Daraus wird
nichts! Es wird ihnen nicht gelingen!
8 Damaskus bleibt auch weiterhin nur die
Hauptstadt Syriens, Rezin muss seine Er-

a Schear-Jaschub bedeutet »Ein Rest kehrt zurück«.

6,4 Offb 15,8 **6,5** Ps 51,7; 2 Mo 33,20–23* **6,7** Jer 1,9; Dan 10,16 **6,9–10** Mt 13,13–15; Joh 12,39–41; Apg 28,25–27 **6,13** 10,21–22*; Am 5,3 **7,1** 2 Kön 16,5–9 **7,3** 2 Kön 18,17; 20,20

oberungspläne aufgeben. Und das König-
reich Israel wird nur noch fünfundsechzig
Jahre bestehen; das Volk wird getötet
oder verschleppt. [9]Bis dahin bleibt Sama-
ria Hauptstadt, und der Sohn Remaljas
muss sich mit der Herrschaft über Israel
begnügen.

Vertraut jetzt mir, dem Herrn! Wenn
euch der Glaube an mich nicht hält, dann
hält euch gar nichts mehr!«

Der Herr gibt Ahas ein Zeichen

[10]Kurz darauf ließ der Herr wieder eine
Botschaft an König Ahas überbringen:
[11]»Fordere von mir, dem Herrn, deinem
Gott, ein Zeichen; ich will dir mein Ver-
sprechen bestätigen. Verlang, was du
willst: ein Zeichen hoch oben am Him-
mel oder aus der Tiefe der Totenwelt.«

[12]Doch Ahas wehrte ab: »Nein, nein,
darauf lasse ich mich nicht ein! Ich will
den Herrn nicht auf die Probe stellen.«

[13]Aber Jesaja erwiderte: »Hört, ihr
vom Königshaus! Reicht es euch nicht,
dass ihr den Menschen zur Last fallt?
Müsst ihr auch noch meinem Gott zur
Last fallen? [14]Jetzt gibt euch der Herr
von sich aus ein Zeichen: Eine Jungfrau
wird schwanger werden und einen Sohn
bekommen. Immanuel[a] wird sie ihn nen-
nen. [15]Nur von Butter und Honig ernährt
er sich, bis er alt genug ist, zwischen Gut
und Böse zu unterscheiden. [16]Doch ehe
der Junge dieses Alter erreicht, werden
die Länder der beiden Könige, vor denen
du so schreckliche Angst hast, verwüstet
sein.«

Auch Juda wird verwüstet werden

[17]»Aber auch für dich, deine Familie und
dein Volk brechen schlimme Zeiten an.
Sie werden schrecklicher sein als alles,
was geschehen ist, seit sich Israel von Ju-
da trennte. Das Unglück kommt in Ge-
stalt des Königs von Assyrien. [18]Der Herr
wird die Feinde herbeipfeifen. Wie ein
Fliegenschwarm kommen sie von den
weit entfernten Nilarmen, aus Assyrien
ziehen sie heran und bedecken das Land
wie ein riesiges Bienenvolk. [19]Überall
lassen sie sich nieder: in steilen Schluch-
ten und engen Felsspalten, in den Dor-
nenhecken und an jeder Wasserstelle.
[20]Dann wird der Herr den assyrischen
König vom Euphrat ins Land holen und
als ›Rasiermesser‹ benutzen. Er wird
euch die Haare am Kopf und am ganzen
Körper abrasieren.

[21]In dieser Zeit wird jede Familie nur
eine Kuh und zwei Ziegen besitzen.
[22]Die aber werden so viel Milch geben,
dass man sogar noch Butter daraus ma-
chen kann. Wer überlebt hat und im
Land bleiben konnte, wird sich von But-
ter und Honig ernähren.

[23]Die großen Weinberge mit ihren tau-
send Weinstöcken, jeder einzelne ein Sil-
berstück wert, sind dann mit Dornen-
gestrüpp und Unkraut überwuchert. [24]So
verwildert das Land. Man geht dort nur
noch hin, um mit Pfeil und Bogen zu ja-
gen. [25]Die fruchtbaren Berghänge, die
man heute mit der Hacke bearbeitet, ver-
wandeln sich in ein unwegsames Dickicht
aus Dornengestrüpp und Unkraut. Jeder
meidet diese Gegend. Nur Rinder, Scha-
fe und Ziegen treibt man zum Weiden
dorthin.«

Schnelle Beute, rascher Raub

8 Der Herr sprach zu mir: »Nimm eine
große Tafel, und schreib darauf in gut
lesbarer Schrift: ›Schnelle Beute, rascher
Raub‹.« [2]Ich zeigte die Tafel zwei zuver-
lässigen Zeugen, und zwar dem Priester
Uria und Secharja, dem Sohn Jeberech-
jas.

[3]Als ich dann mit meiner Frau, der
Prophetin, schlief, wurde sie schwanger
und bekam einen Sohn. Der Herr befahl
mir: »Nenn ihn ›Schnelle Beute, rascher

---

a Immanuel bedeutet »Gott ist mit uns«.

7,9 28,16; 30,15 **7,11** Ri 6,17; 1 Kön 13,3–5; 2 Kön 20,8–11 **7,12** 5 Mo 6,16 **7,14** Mt 1,23 **7,16** 8,4; 2 Kön 16,9 **7,18–20** 5,26–29 **8,1** 30,8; Hab 2,2 **8,2** 5 Mo 19,15* **8,3** 7,3; Hos 1,3–9

Raub‹. 4 Denn bevor das Kind ›Vater‹
und ›Mutter‹ sagen kann, wird der König
von Assyrien die Städte Damaskus und
Samaria erobern und ihre Schätze plün-
dern.«

Juda wird vom assyrischen Heer überrollt

5 Weiter sagte der Herr zu mir: 6 »Dieses
Volk verachtet das ruhig fließende Was-
ser des Siloahkanals in Jerusalem. Doch
Rezin und Pekach verehren sie. 7 Des-
halb hetze ich den König von Assyrien
auf sie, er wird mit seinem Heer ins
Land einfallen. So wie der Euphrat bei
Hochwasser zu einem reißenden Strom
anschwillt und über die Ufer tritt, 8 so
wird sich dieses Heer auf Juda zuwälzen
und das Land überfluten. Das Wasser
wird dem Volk bis zum Hals stehen.
Dein ganzes Land, Immanuel, wird von
ihnen bedeckt sein.«

Wer Gott verachtet, muss die Folgen tragen

9 Erhebt nur das Kriegsgeschrei, ihr Völ-
ker – es wird euch angst und bange wer-
den! Hört genau zu, ihr fernen Nationen:
Rüstet euch ruhig zum Krieg – wenn es so
weit ist, werdet ihr weiche Knie bekom-
men! 10 Schmiedet Pläne und fasst Be-
schlüsse, soviel ihr wollt – sie werden
scheitern, nichts wird euch gelingen!
Denn Gott ist mit uns.

11 Der Herr hat mich mit seiner starken
Hand gepackt. Er warnte mich davor,
den Irrweg dieses Volkes mitzugehen.
12 Er sagte zu mir: »Du und alle, die auf
deiner Seite stehen, lasst euch nicht beir-
ren, wenn dieses Volk euch als Verschwö-
rer beschimpft. Habt keine Angst vor
dem, was sie fürchten! 13 Ich bin der Herr,
der allmächtige und heilige Gott. Wenn
jemand zu fürchten ist, dann ich! 14 Für
die einen bin ich ein sicherer Zufluchts-
ort[a], für andere bin ich der Stein, über
den sie stolpern. Ich bin ein Fels, über
den Israel und Juda stürzen, eine ver-
steckte Falle, in die die Einwohner Jeru-
salems hineinlaufen. 15 Viele werden stol-
pern und sich beim Sturz die Knochen
brechen, viele werden in die Falle laufen
und sich darin verfangen. 16 Vertrau mei-
ne Botschaft und meine Weisung denen
an, die mir die Treue halten; sie sollen
meine Botschaft hüten und bewahren.«

17 Der Herr hat sich von seinem Volk
Israel abgewandt. Aber ich warte auf sei-
ne Hilfe; ich hoffe darauf, dass er sich uns
wieder zuwendet. 18 Ich und meine Kin-
der, die der Herr mir gegeben hat, wir
sind lebende Botschaften. Durch uns
spricht der Herr, der allmächtige Gott,
der auf dem Berg Zion wohnt, zu seinem
Volk.

19 Doch die Leute lehnen das Wort des
Herrn ab. Sie suchen lieber Rat bei Men-
schen, die mit den Geistern der Verstor-
benen Verbindung aufnehmen, oder sie
befragen Wahrsager, die geheimnisvoll
flüstern und murmeln. Wenn sie auch
euch dazu verführen wollen, dann ent-
gegnet: »Warum wendet ihr euch nicht
eurem Gott zu? Wissen die Toten etwa
mehr über die Lebenden als der Herr?«
20 Richtet euch nach Gottes Weisungen,
und glaubt dem, was er euch sagt! Wer
sich daran nicht hält, dessen Nacht
nimmt kein Ende! 21 Verdrossen und
hungrig muss er durch das Land streifen.
Der Hunger quält ihn, er wird rasend vor
Wut und verflucht seinen König und sei-
nen Gott. Wohin er auch blickt, zum
Himmel 22 oder zur Erde, er sieht nur er-
drückende Finsternis, Elend und Un-
glück. Er ist im dunklen Tal der Hoff-
nungslosigkeit gefangen.

Die dunkle Zeit wird ein Ende haben

23 Aber die Zeit der Finsternis und der
Hoffnungslosigkeit wird einmal ein Ende

---

[a] Wörtlich: ein Heiligtum.

8,4 7,16; 2 Kön 16,9 **8,8** 7,18–20 **8,10** 7,7 **8,12** 1 Petr 3,14 **8,13** Mt 10,28 **8,14** Röm 9,32–33 **8,18** 7,3; 8,1–4; 20,1–3 **8,19** 3 Mo 19,31 **8,23 – 9,1** Mt 4,12–16

haben. Früher hat Gott Schande gebracht
über das Gebiet der Stämme Sebulon
und Naftali, in Zukunft aber bringt er ge-
rade diese Gegend, die Westseite des
Sees Genezaret, zu Ehren; ebenso das
Ostjordanland und das nördliche Galiläa,
wo andere Völker wohnen.

9 Das Volk, das im Finstern lebt, sieht
ein großes Licht; hell strahlt es auf
über denen, die ohne Hoffnung sind.
[2]Du, Herr, machst Israel wieder zu einem
großen Volk und schenkst ihnen über-
strömende Freude. Sie sind fröhlich wie
nach einer reichen Ernte; sie jubeln wie
nach einem Sieg, wenn die Beute verteilt
wird. [3]So wie du Israel damals aus der
Gewalt der Midianiter errettet hast, so
befreist du sie dann von der schweren
Last der Fremdherrschaft. Du zerbrichst
die Peitsche, mit der sie zur Zwangsarbeit
getrieben werden. [4]Die Soldatenstiefel,
die beim Marschieren so laut dröhnen,
und all die blutverschmierten Kampf-
gewänder werden ins Feuer geworfen
und verbrannt.

[5]Denn uns ist ein Kind geboren! Ein
Sohn ist uns geschenkt! Er wird die Herr-
schaft übernehmen. Man nennt ihn
»Wunderbarer Ratgeber«, »Starker
Gott«, »Ewiger Vater«, »Friedensfürst«.
[6]Er wird seine Herrschaft weit ausdeh-
nen und dauerhaften Frieden bringen.
Wie sein Vorfahre David herrscht er über
das Reich, festigt und stützt es, denn er
regiert bis in alle Ewigkeit mit Recht
und Gerechtigkeit. Der Herr, der all-
mächtige Gott, sorgt dafür, er verfolgt
beharrlich sein Ziel.

Der Zorn des Herrn hat sich noch nicht gelegt

[7]Der Herr hat ein hartes Urteil über die
Nachkommen Jakobs verhängt. Das
Reich Israel wird es zu spüren bekom-
men, [8]ja, es wird die Bewohner von Israel
und die Einwohner Samarias treffen.
Voller Hochmut prahlen sie: [9]»Unsere
Häuser aus Ziegelsteinen sind zwar zer-
stört, doch nun bauen wir uns neue aus
Quadersteinen. Die knorrigen Maulbeer-
bäume wurden alle gefällt. Was soll's, wir
pflanzen Zedern dafür an!« [10]Darum hat
der Herr die Feinde Israels[a] stark ge-
macht und sie zum Krieg angestachelt.
[11]Die Syrer sind von Osten her ins Land
eingefallen, und die Philister griffen von
Westen an. Sie stürzten sich mit weit auf-
gerissenem Maul auf Israel und ver-
schlangen ganze Stücke des Landes.
Aber noch hat sich der Zorn des Herrn
nicht gelegt, noch ist seine strafende
Hand erhoben.

[12]Der Herr, der allmächtige Gott, be-
straft sein Volk hart, aber es kehrt nicht
zu ihm zurück, ja, es fragt nicht einmal
nach ihm. [13/14]Darum wird der Herr an
ein und demselben Tag Kopf und
Schwanz von Israel abschlagen. Der
Kopf, das sind die Führer des Volkes, die
angesehenen Männer und die Ältesten;
der Schwanz, das sind die angeblichen
Propheten mit ihren falschen Weissagun-
gen. Wie man die obersten Zweige der
Palmen und die Binsen im Sumpf ab-
schneidet, so wird der Herr an einem
Tag das ganze Volk vernichten. [15]Denn
die Führer dieses Volkes sind Verführer.
Wer sich ihnen anvertraut, wird in die Ir-
re geleitet. [16]Darum verschont der Herr
die jungen Männer nicht und hat kein
Mitleid mit den Witwen und Waisen.
Denn sie sind alle ohne Ausnahme gewis-
senlose und bösartige Lästermäuler. Ihr
ganzes Leben ist eine ständige Aufleh-
nung gegen Gott. Aber noch hat sich der
Zorn des Herrn nicht gelegt; noch ist sei-
ne strafende Hand erhoben.

[17]Durch ihre Gottlosigkeit sprechen
sie sich selbst das Urteil. Ihre Bosheit
gleicht einer lodernden Flamme, die Un-
kraut und Dornensträucher verzehrt und
das dichte Unterholz im Wald in Brand
steckt, bis schwarze Rauchsäulen aufstei-

---

[a] Wörtlich: die Feinde Rezins.

9,1 60,1–2; Lk 1,79 **9,3** Ri 7,1–25 **9,5** 7,14 **9,6** 11,1–2; 2 Sam 7,12–16; Ps 2,1–12; 110,1–2; Jer 23,5; 33,15; Sach 9,9–10 **9,11** 5,25; 10,4 **9,15** 3,12

gen. 18 In seinem glühenden Zorn denkt der Herr, der allmächtige Gott, gar nicht daran, dieses Feuer einzudämmen. Zurück bleibt ein zerstörtes Land, ein Land, in dem jeder gegen jeden kämpft. Niemand kümmert sich um den anderen, 19 jeder will nur seinen Hunger stillen. Gierig und rücksichtslos fällt man über alles Essbare her und wird trotzdem nicht satt. Am Ende zerfleischen sie sich gegenseitig: 20 Die Leute vom Stamm Manasse stürzen sich auf den Stamm Ephraim. Die von Ephraim gehen auf Manasse los, und zusammen fallen sie über Juda her. Und immer noch ist der Zorn des Herrn nicht gestillt; drohend schwebt seine Hand über diesem Volk.

10 Der Herr sagt: »Wehe denen, die Gesetze verabschieden, um andere ins Unglück zu stürzen, und Verordnungen erlassen, um andere zu unterdrücken! 2 Sie betrügen die Armen und Schwachen meines Volkes um ihr Recht. Kaltblütig beuten sie Witwen und hilflose Waisen aus. 3 Doch was wollt ihr tun, wenn die Zeit gekommen ist, in der ich euch bestrafe, wenn das Unglück von ferne über euch hereinbricht? Zu wem wollt ihr dann fliehen, bei wem Hilfe suchen? Wo wollt ihr euer ganzes Vermögen in Sicherheit bringen? 4 Ihr werdet entweder als Gefangene gefesselt daherstolpern oder tot bei den Gefallenen liegen.« Und auch dann ist der Zorn des Herrn noch nicht gestillt; drohend schwebt seine Hand über diesem Volk.

Assyrien missbraucht seine Macht

5 »Wehe den Assyrern!« ruft der Herr. »Noch gebrauche ich sie als Stock, mit dem ich mein Volk bestrafe. Mein grimmiger Zorn gegen Israel treibt die Assyrer an. 6 Ich schicke sie in den Kampf gegen dieses gottlose Volk, das immer und immer wieder meinen Zorn erregt. Ich lasse das assyrische Heer das Land ausplündern und reiche Beute machen. Sollen sie es doch zertrampeln wie Dreck auf der Straße!«

7 Doch der König von Assyrien will nicht wahrhaben, dass er vom Herrn diese Macht bekommen hat. Er verfolgt seine eigenen Pläne. Vernichten will er, Völker auslöschen – je mehr, desto besser! 8 »Jeder Befehlshaber über meine Truppen ist so mächtig wie ein König!«, prahlt er. 9 »Habe ich nicht eine Stadt nach der anderen eingenommen? Kalne war ebenso unfähig zum Widerstand wie Karkemisch, Hamat genauso schwach wie Arpad, und Samaria besiegte ich so leicht wie Damaskus. 10 Ich habe Königreiche erobert, deren Götterstatuen die von Samaria und Jerusalem weit übertrafen an Anzahl, Macht und Prunk. 11 Samaria und seine Götter habe ich bereits zerstört, sollte ich Jerusalem und seine Götter davonkommen lassen?«

12 Doch der Herr entgegnet: »Sobald ich die Assyrer nicht mehr brauche, weil ich mein Ziel mit Jerusalem erreicht habe, gehe ich mit dem König von Assyrien ins Gericht. Selbstherrlich ist er und hochnäsig, voller Stolz blickt er auf andere herab. 13 Er brüstet sich und behauptet: ›Aus eigener Kraft habe ich das alles geschafft! Meiner Klugheit ist es zu verdanken! Ich bestimme, wo die Grenzen zwischen den Völkern verlaufen, ich plündere ihre Schätze und stürze die Könige von ihren Thronen. So groß ist meine Macht! 14 Wie man Vogelnester ausnimmt, so habe ich den Reichtum der Völker zusammengerafft. Alle Länder habe ich eingesammelt wie Eier aus einem verlassenen Nest. Keiner hat es gewagt, auch nur mit den Flügeln zu schlagen, sie haben den Schnabel gehalten und keinen Piepser von sich gegeben.‹

15 Aber ich, der Herr, sage: Behauptet etwa eine Axt, sie sei stärker als der Holzarbeiter? Ist die Säge mehr als der, der sie gebraucht? Das wäre ja so, als ob ein Stock den schwingt, der ihn in der

---

10,2 1,17 **10,4** 5,25; 9,11.16.20 **10,5–19** 10,24–27; 14,24–27; 30,27–33; 31,8–9; 37,22–35; Nah 1,1–3,19; Zef 2,13–15 **10,6** 5,26; 7,20 **10,9–11** 2 Kön 18,33–35 **10,12–14** 2,11–12*

Hand hält, oder als ob ein Stab den Menschen hochhebt.«

[16] Weil sie so prahlen und lästern, wird der Herr, der allmächtige Gott, die feisten Assyrer spindeldürr werden lassen. Unter ihren Reichtümern lässt er ein Feuer aufflammen, das alles verzehrt. [17] Der heilige Gott, Israels Licht – er ist dieses Feuer! An einem einzigen Tag verbrennt es Assyrien mitsamt Dornen und Disteln. [18] Der Herr rodet die prächtigen Wälder und zerstört die fruchtbaren Gärten so gründlich, dass keine Pflanze übrig bleibt. Assyrien wird es ergehen wie einem Todkranken, der langsam dahinsiecht. [19] Es wird nur noch so wenig Bäume geben, dass sogar ein Kind sie zählen kann.

Ein kleiner Rest wird gerettet

[20] Die Nachkommen Jakobs aber, die dann noch übrig geblieben sind, werden ihre Hilfe nicht mehr von den Assyrern erwarten, von denen sie doch nur Schläge erhielten. Auf den Herrn, den heiligen Gott Israels, werden sie sich verlassen und ihm die Treue halten. [21] Ein Überrest des Volkes, ein kleiner Rest wird zurückkehren zu seinem starken Gott. [22] Auch wenn ihr Israeliten heute noch ein riesiges Volk seid, zahlreich wie der Sand am Meer, so bleiben doch nur wenige von euch übrig, die zu Gott zurückkehren. Der Herr wird sich Recht verschaffen: Wie eine Sturmflut wird seine gerechte Strafe euch überrollen. [23] Er ist fest entschlossen, das ganze Land zu verwüsten.

[24] So spricht der Herr, der allmächtige Gott: »Mein Volk in Jerusalem, fürchtet euch nicht vor den Assyrern, auch wenn *sie euch so hart* unterdrücken wie damals die Ägypter eure Vorfahren. [25] Es dauert nicht mehr lange, dann bin ich nicht mehr zornig über euch. Stattdessen werde ich mit den Assyrern abrechnen.« [26] Der Herr, der allmächtige Gott, wird seine Peitsche über den Assyrern schwingen. Er schlägt sie wie die Midianiter, die damals beim Orebfelsen endgültig besiegt wurden.[a] Er streckt seinen Stab über sie aus wie Mose, der damals seinen Stock über das Meer und über das ägyptische Heer ausstreckte.[b] [27] Dann wird dir, Israel, die Last von der Schulter genommen. Vom Joch Assyriens wirst du befreit.[c]

Jerusalem wird nicht überrannt werden

[28] Seht, das mächtige Heer der Assyrer ist im Vormarsch! Schon sind sie in Aja, jetzt in Migron. Ihre Ausrüstung lassen sie in Michmas zurück [29] und überqueren den Pass. Sie übernachten in Geba. Die Menschen in Rama zittern vor Angst, die in Gibea, der Stadt Sauls, ergreifen die Flucht. [30] Ja, schreit nur laut, ihr Leute von Gallim, ihr habt allen Grund dazu! Hört, ihr Einwohner von Lajescha, die Feinde rücken immer näher! Armes Anatot, was steht dir bevor! [31] Alle Einwohner Madmenas fliehen; die von Gebim laufen um ihr Leben. [32] Noch heute trifft das Heer in Nob ein und schlägt dort sein Lager auf. Der assyrische König ballt drohend die Faust gegen Jerusalem und den Berg Zion.

[33/34] Doch seht, jetzt greift der Herr ein! Mit furchtbarer Gewalt schlägt er, der allmächtige Gott, das assyrische Heer. Wie ein Holzfäller im Wald auf dem Libanon schwingt er die Axt. Er fällt die hohen Stämme und schlägt die Äste ab. Selbst das größte Dickicht im Wald haut er um. Er, der Mächtige, fällt sie alle!

---

[a] Vgl. Richter 7,25
[b] Vgl. 2. Mose 14,26–28
[c] Wörtlich: Sein Joch wird von deinem Hals genommen, das Joch wird zerbrochen, weil du so fett geworden bist.

10,20 10,5 **10,21–22** 6,13; 17,6; 37,32; Jer 23,3*; Hes 6,8; 12,16; Am 5,3 **10,22–23** Röm 9,27–28 **10,22** 1 Mo 22,17 **10,24** 2 Mo 1,11

Das Friedensreich des Messias

11 Was von Davids[a] Königshaus noch
übrig bleibt, gleicht einem alten
Baumstumpf. Doch er wird zu neuem Le-
ben erwachen:
Ein junger Trieb sprießt aus seinen
Wurzeln hervor. 2 Der Geist des Herrn
wird auf ihm ruhen, ein Geist der Weis-
heit und der Einsicht, ein Geist des Rates
und der Kraft, ein Geist der Erkenntnis
und der Ehrfurcht vor dem Herrn. 3 Die-
ser Mann wird den Herrn von ganzem
Herzen achten und ehren. Er richtet
nicht nach dem Augenschein und fällt
seine Urteile nicht nach dem Hörensa-
gen. 4 Unbestechlich verhilft er den Ar-
men zu ihrem Recht und setzt sich für
die Rechtlosen im Land ein. Sein Urteils-
spruch wird die Erde treffen; ein Wort
von ihm genügt, um die Gottlosen zu tö-
ten. 5 Gerechtigkeit und Treue werden
sein ganzes Handeln bestimmen.[b]

6 Dann werden Wolf und Lamm fried-
lich beieinander wohnen, der Leopard
wird beim Ziegenböckchen liegen. Käl-
ber, Rinder und junge Löwen weiden
zusammen, ein kleiner Junge kann sie
hüten. 7 Kuh und Bärin teilen die gleiche
Weide, und ihre Jungen liegen beieinan-
der. Der Löwe frisst Heu wie ein Rind.
8 Ein Säugling spielt beim Schlupfloch
der Viper, ein Kind greift in die Höhle
der Otter.

9 Auf dem ganzen heiligen Berg wird
niemand etwas Böses tun und Schaden
anrichten. Alle Menschen kennen den
Herrn, das Wissen um ihn erfüllt das
Land wie Wasser das Meer. 10 In dieser
Zeit ist der Trieb, der aus der Wurzel Da-
vids[c] hervorsprießt, als Zeichen für alle
Völker sichtbar. Sie werden nach ihm fra-
gen, und der Ort, an dem er wohnt, wird
herrlich sein.

Der Herr wird sein Volk zurückholen

11 Wenn diese Zeit da ist, streckt der Herr
noch einmal seine Hand aus, um den Rest
seines Volkes zu befreien. Von überall
holt er die übrig gebliebenen Israeliten
zurück: aus Assyrien, aus Unter- und
Oberägypten, aus Äthiopien, aus Elam
in Persien, aus Babylonien, aus Hamat in
Syrien und von den fernen Inseln und
Küsten. 12 In allen Ländern richtet er ein
Zeichen auf, das seinem Volk den Weg
weist. So sammelt er die Menschen, die
aus Israel und Juda vertrieben und in die
ganze Welt zerstreut wurden. Aus allen
Himmelsrichtungen holt er sie zurück.
13 Dann verschwindet die alte Eifersucht
zwischen Israel und Juda, nie mehr be-
kämpfen sie sich gegenseitig. 14 Gemein-
sam ziehen sie nun gegen ihre Feinde in
den Kampf: Sie stürzen sich auf die Phi-
lister im Westen und plündern die Völker
im Osten aus; die Länder der Edomiter
und Moabiter nehmen sie in Besitz. Auch
die Ammoniter werden sie unterwerfen.
15 Der Herr wird den Golf von Suez aus-
trocknen lassen. Dem Euphrat droht er
mit geballter Faust und zerteilt ihn mit
seinem glühenden Atem in sieben kleine
Bäche, die man zu Fuß durchqueren
kann. 16 So bahnt er seinem Volk den
Weg, damit es aus Assyrien heimkehren
kann, wie er es damals tat, als die Israeli-
ten aus Ägypten wegzogen.

Danklied der Befreiten

12 Am Tag deiner Rettung wirst du,
Israel, singen:

»Dich will ich loben, o Herr! Du warst
zornig auf mich, doch dein Zorn hat sich
gelegt, und du hast mich wieder getröstet.
2 Ja, so ist mein Gott: Er hat mich errettet

---

[a] Im hebräischen Text steht hier der Name von Davids Vater Isai.
[b] Wörtlich: Gerechtigkeit und Treue werden der Gürtel um seine Hüften sein.
[c] Im hebräischen Text steht hier der Name von Davids Vater Isai.

11,1 Mi 5,1 **11,2** 42,1; 61,1; 1 Sam 16,13; Joh 1,32–34 **11,3–5** Ps 72,1–4.12–14 **11,6–9** 65,25; Hes 34,25; Hos 2,20 **11,8** 1 Mo 3,14–15 **11,9** Hab 2,14 **11,10** 2,2–4; Röm 15,12 **11,11–12** 43,5–6; 49,18.22; 60,4; 62,10; 66,20; Jer 23,3*; Hes 28,25* **11,13** 1 Kön 12,16.19; Jer 3,18* **11,16** 2 Mo 14,29 **12,2** 2 Mo 15,2; Ps 118,14

und mir geholfen, ich vertraue ihm und
habe keine Angst. Der Herr allein gibt
mir Kraft. Denke ich an ihn, dann beginne
ich zu singen, denn er hat mich gerettet.«

3 Seine Hilfe gleicht einer sprudelnden
Quelle. Voller Freude werdet ihr Wasser
daraus schöpfen.
4 An jenem Tag werdet ihr sagen: »Lobt
den Herrn, ruft in die Welt hinaus, wer
euer Gott ist! Sagt den Völkern, was er
getan hat! Rühmt ihn, und erzählt, wie
groß und erhaben er ist!
5 Singt zur Ehre des Herrn, denn er hat
wunderbare Taten vollbracht. Das soll
auf der ganzen Erde bekannt werden.
6 Ihr Einwohner von Jerusalem, jubelt
und singt, denn groß und mächtig ist der
heilige Gott Israels, der mitten unter
euch wohnt.«

Der Herr schickt ein Heer nach Babylon

13 In einer Vision gab der Herr dem
Propheten Jesaja, dem Sohn des
Amoz, diese Botschaft über die Stadt Ba-
bylon:
2 »Stellt ein Feldzeichen auf, oben auf
einem kahlen Berg! Ruft die Soldaten,
winkt sie herbei, und lasst sie durch die
Tore in die Stadt der mächtigen Herren
einziehen! 3 Ich, der Herr, habe dieses
Heer aufgeboten und meine besten Sol-
daten herbeigerufen, damit sie mein Ur-
teil vollstrecken. Sie jubeln über meine
große Macht.«
4 Hört ihr das laute Getöse, das von den
Bergen widerhallt? Es ist eine unzähl-
bare Menschenmenge, ganze Völker und
Königreiche sind angetreten. Der Herr,
der allmächtige Gott, mustert sein
Kriegsheer. 5 Aus fernen Ländern kom-
men sie, von weit her: der Herr und seine
Truppen, die sein Gerichtsurteil vollstre-
cken. Sie rücken heran, um das ganze ba-
bylonische Reich zu verwüsten.
6 Schreit vor Angst, denn jetzt naht der
Gerichtstag des Herrn, der Allmächtige
holt zum Vernichtungsschlag aus. 7 Da
werden alle vor Angst wie gelähmt sein,
jeden wird der Mut verlassen. 8 Von
Furcht und Schrecken sind sie gepackt,
sie winden sich vor Schmerzen wie eine
Frau in den Wehen. Mit totenbleichen
Gesichtern[a] starren sie einander hilflos
an.
9 Ja, der Gerichtstag des Herrn kommt!
An diesem grausamen Tag lässt der Herr
seinem glühenden Zorn freien Lauf, er
macht die Erde zu einer Wüste und ver-
nichtet die Sünder. 10 Dann leuchten am
Himmel keine Sterne mehr, den Orion
und die anderen Sternbilder sucht man
vergeblich. Die Sonne ist schon verdun-
kelt, wenn sie aufgeht, und auch der
Mond scheint nicht mehr.
11 Der Herr sagt: »Ich werde die ganze
Welt bestrafen, weil sie voller Bosheit ist.
Die gottlosen Übeltäter erhalten die ge-
rechte Strafe für ihre Verbrechen. Ich
mache der Großtuerei aller hochmütigen
Menschen ein Ende, ich breche den Stolz
der grausamen Tyrannen. 12 Nur wenige
Menschen werden überleben. Sie werden
schwerer zu finden sein als reines Gold,
seltener noch als das edelste Gold aus
Ofir.«
13 An diesem Tag wird der Himmel er-
zittern und die ganze Welt ins Wanken
geraten, weil der Zorn des Herrn, des
allmächtigen Gottes, sie trifft. 14 Alle
Menschen laufen dann auseinander wie
aufgescheuchte Gazellen, wie eine Schaf-
herde ohne Hirten. Jeder versucht, zu-
rück in seine Heimat und zu seinem Volk
zu fliehen. 15 Wen man auf der Flucht ent-
deckt und fasst, der wird mit dem
Schwert niedergestochen. 16 Vor ihren
Augen wird man ihre Kinder zerschmet-

---

[a] Wörtlich: Mit glühenden Gesichtern. – Die Bedeutung dieser Redewendung ist nicht sicher.

12,3 55,1; Joh 7,37 **12,4** Ps 105,1 **12,6** Ps 20,3; 48,2–3; 87,1–2 **13,1–22** 14,4–23; 21,1–10; 47,1–15; Jer 50,1 – 51,64; Hab 1,1–3,19; Offb 17,1 – 18,24 **13,3** Jer 51,27 **13,6** Joel 1,15* **13,8** 26,17 **13,10** Hes 32,7–8; Joel 2,10; Mt 24,29; Offb 6,12–13 **13,11** 1 Mo 6,5* **13,14** Jer 50,16

tern, ihre Häuser plündern und ihre Frau-
en vergewaltigen.
17 Der Herr sagt: »Ich werde die Meder
gegen diese Stadt aufstacheln. Sie lassen
sich weder mit Gold noch mit Silber be-
sänftigen. 18 Ihre Pfeile werden die jungen
Männer durchbohren. Sie bringen sogar
Säuglinge erbarmungslos um und haben
mit den Kindern kein Mitleid.«

Die Weltstadt Babylon – ein Schlupfwinkel für wilde Tiere

19 Babylon, heute noch die glanzvollste
Stadt aller Königreiche, der ganze Stolz
der Babylonier, wird restlos zerstört.
Der Herr vernichtet sie wie damals die
Städte Sodom und Gomorra. 20 Danach
wird Babylon nie wieder aufgebaut. Ge-
nerationen kommen und gehen, doch
diese Stadt bleibt unbewohnt. Nicht ein-
mal Nomaden werden für kurze Zeit
ihre Zelte dort aufschlagen, und niemals
werden Hirten ihre Herden dort weiden
lassen. 21 Stattdessen suchen wilde Wüs-
tentiere zwischen den Trümmern Unter-
schlupf. Eulen bevölkern die ehemali-
gen Wohnhäuser. Strauße leben dort,
und nachts kommen die Dämonen und
führen ihre Tänze auf. 22 In den Hallen
der Paläste hört man nur noch das Ge-
heul der Hyänen und Schakale. Ja, Ba-
bylons Ende ist nahe, seine Strafe wird
um keinen einzigen Tag hinausgescho-
ben.

Die Israeliten kehren heim

14 Der Herr wird sich über die Nach-
kommen Jakobs erbarmen; er
nimmt die Israeliten wieder als sein Volk
an und bringt sie in ihre Heimat zurück.
Auch Menschen anderer Länder werden
sich ihnen anschließen und in Israel woh-
nen. 2 Fremde Völker werden den Israeli-
ten bei der Rückkehr in ihre Heimat hel-
fen und ihnen dort als Sklaven dienen.
Dann halten die Israeliten die gefangen,
von denen sie einst in die Gefangenschaft
geführt wurden. Sie herrschen über ihre
ehemaligen Unterdrücker. 3 Nach all
dem Leid, der Ruhelosigkeit und der har-
ten Arbeit, zu der man euch Israeliten ge-
zwungen hat, werdet ihr endlich in Frie-
den leben.

Ein Spottlied über den König von Babylonien

4 Dann werdet ihr über den König von
Babylonien ein Spottlied anstimmen:

»Welch jähes Ende hat der Tyrann gefun-
den! Seine Schreckensherrschaft ist vor-
bei.
5 Der Herr hat den Gotteslästerern die
Macht genommen, zerbrochen hat er das
Zepter des Tyrannen,
6 der in seiner Wut unablässig auf die Völ-
ker einschlug, der sie grausam und rück-
sichtslos verfolgte und seinen Zorn an ih-
nen ausließ.
7 Nun ist es friedlich geworden, und die
Erde kommt zur Ruhe. Die ganze Welt
bricht in Jubel aus.
8 Sogar der Wald triumphiert über dich,
Zypressen und Zedern auf dem Libanon
freuen sich und singen: ›Seit du gestürzt
am Boden liegst, kommt keiner mehr he-
rauf, um uns zu fällen.‹

9 Die Welt der Toten ist in Aufregung:
Gespannt erwartet man dort unten deine
Ankunft. Frühere Herrscher, die nun
dort als Schatten leben, sind aufge-
schreckt, Könige, die längst im Reich
der Toten sind, erheben sich von ihren
Thronen.
10 Sie begrüßen dich mit einem Spottlied:
›Nun hat auch dich die Kraft verlassen,
jetzt geht es dir wie uns!
11 Dahin ist deine Pracht, du nahmst sie
mit ins Grab. Die Musik deiner Harfen-
spieler ist verstummt. Nun liegst du auf
einem Bett von Maden, und Würmer de-
cken dich zu.‹

13,17 Jer 51,11 **13,19** 1 Mo 19,24–25* **13,20–22** Jer 50,39 **14,1** Sach 2,15; 8,20–23 **14,2** 49,22–23
14,4–23 13,1–22* **14,10** Hes 32,21

12 Wie bist du vom Himmel gefallen, du
hell leuchtender Morgenstern! Zu Bo-
den wurdest du geschmettert, du Welter-
oberer!
13 Du hattest dir vorgenommen, immer
höher hinauf bis zum Himmel zu steigen.
Du dachtest: ›Hoch über den Sternen will
ich meinen Thron aufstellen. Auf dem
Berg im äußersten Norden, wo die Göt-
ter sich versammeln, dort will ich meine
Residenz errichten.
14 Hoch über die Wolken steige ich hi-
nauf, dann bin ich dem allerhöchsten
Gott endlich gleich!‹
15 Doch hinunter ins Totenreich wurdest
du gestürzt, hinunter in die tiefsten Tie-
fen der Erde.

16 Wer dich sieht, traut seinen Augen
nicht. Er starrt dich an und denkt: ›Ist
das der Mann, vor dem die ganze Welt
zitterte, der Mann, der viele Königreiche
in Angst und Schrecken versetzte?
17 Er war es doch, der ganze Städte dem
Erdboden gleichmachte und der die Erde
verwüstete. Wen er gefangen nahm, der
kam nie zurück.‹

18 Die Könige aller Völker werden ehren-
voll in prächtigen Gräbern beigesetzt,
19 aber deine Leiche liegt da wie ein abge-
rissener Zweig. Weit entfernt von der Ru-
hestätte deiner Vorfahren versinkst du in
einem Massengrab, unter den Leichen
der Soldaten, die das Schwert durchbohrt
hat. Achtlos wirst du zertrampelt wie ein
totes Tier.
20 Nie sollst du bei deinen Vorfahren be-
stattet werden, denn du hast sogar dein
eigenes Reich zugrunde gerichtet und
dein Volk grausam umgebracht. Für alle
Zeiten soll diese Sippe von Verbrechern
vergessen sein.
21 Bringt seine Söhne her, und schlachtet
sie ab! Denn auf ihren Vorfahren lastet
schwere Schuld. Nie wieder dürfen sie
an die Macht kommen, nie wieder die Er-
de in Besitz nehmen und überall ihre
Städte errichten!«

Das Ende Babylons ist beschlossen

22 So spricht der Herr, der allmächtige
Gott: »Ich werde eingreifen und Babylon
vollständig vernichten. Die ganze Sippe
samt Kindern und Kindeskindern soll
ausgelöscht werden. Darauf könnt ihr
euch verlassen!
23 Babylon mache ich
zum Sumpfgebiet, in dem die Vögel nis-
ten. Ich werde diese Stadt mit dem Besen
der Zerstörung auskehren. Mein Wort
gilt!«

Assyriens Heer wird vernichtet

24 Ja, der Herr, der allmächtige Gott, hat
geschworen: »Was ich mir vorgenommen
habe, das tue ich. Was ich beschlossen ha-
be, das geschieht.
25 Ich werde das assyri-
sche Heer zerschlagen, noch während es
in meinem Land Israel wütet; im Berg-
land Israels kommt es um. Dann wird
mein Volk nicht länger von den Assyrern
unterjocht, es muss nicht mehr unter
ihrer schweren Last leiden.«
26 So hat der Herr es für die ganze Erde
beschlossen. Schon erhebt er seine Hand
drohend gegen alle Völker, bereit zuzu-
schlagen.
27 Wenn der Herr, der allmäch-
tige Gott, sich etwas vorgenommen hat,
wer kann seinen Plan dann noch durch-
kreuzen? Wenn seine Hand zum Schlag
erhoben ist, wer kann ihn dann noch hin-
dern?

Der Untergang der Philister naht

28 In dem Jahr, als König Ahas von Juda
starb, empfing ich diese Botschaft von
Gott:
29 »Freut euch nicht zu früh, ihr Philis-
ter, dass der König von Assyrien tot ist,
der euch unterdrückte! Der Stock, der
euch schlug, ist zwar nun zerbrochen,

14,12 Lk 10,18 **14,13–15** Jer 51,53 **14,24–27** 10,5–19* **14,25** 10,26–27 **14,27** Hiob 9,12
14,28–32 Jer 47,1–7; Hes 25,15–17; Joel 4,4–8; Am 1,6–8; Zef 2,4–7; Sach 9,5–7
14,28 2 Kön 16,19–20

doch aus der toten Schlange wird eine gif-
tige Viper und aus dieser ein fliegender
Drache! 30 Die Ärmsten meines Volkes
Israel werden reichlich zu essen haben,
und die Notleidenden können wieder
ohne Sorge leben. Euch aber lasse ich
am Hunger zugrunde gehen, bis auch der
letzte Rest von euch ausgelöscht ist.

31 Ihr Wächter an den Toren, schreit
laut! Heult, ihr Stadtbewohner! Zittert
vor Angst, ihr Philister! Denn von Nor-
den naht eine Rauchwolke. Es ist ein
gewaltiges Heer, und keiner der Soldaten
bleibt zurück.« 32 Was sollen wir den
Boten aus dem Philisterland sagen? Wir
antworten ihnen: »Der Herr selbst hat
Jerusalem gegründet. Dort findet sein
bedrängtes Volk Schutz.«

Moabs Untergang

15 Dies sagt Gott über die Moabiter:
»In einer einzigen Nacht werden
Ar und Kir gestürmt, in einer Nacht wer-
den sie vernichtet, die beiden wichtigsten
Städte Moabs! 2 Die Menschen steigen zu
ihren Tempeln hinauf, die Einwohner
von Dibon laufen zu ihren Opferstätten
auf den Hügeln, um dort zu weinen. Auch
in den Städten Nebo und Medeba klagen
und weinen die Moabiter. Die Männer
haben sich vor Kummer den Kopf kahl
geschoren und die Bärte abrasiert. 3 Auf
den Straßen sieht man nur noch Leute in
Trauergewändern aus Sacktuch. Sie
schreien und klagen auf den flachen Dä-
chern der Häuser und auf den Marktplät-
zen der Städte. Alle sind in Tränen auf-
gelöst. 4 In Heschbon und Elale rufen die
Menschen verzweifelt um Hilfe, noch in
Jahaz sind sie zu hören. Selbst die mutigs-
ten moabitischen Soldaten schreien vor
Angst und Grauen. Ganz Moab zittert.«

5 Darüber bin ich tief erschüttert und
schreie um Hilfe für das Land Moab. Sei-
ne Bewohner fliehen bis nach Zoar und
bis nach Eglat-Schelischija. Unter Tränen
ziehen die Menschen den steilen Weg
nach Luhit hinauf. Sie klagen laut über
ihren Untergang und fliehen nach Horo-
najim. 6 Selbst der Bach von Nimrim ist
ausgetrocknet, das Gras ist verdorrt, und
junge Pflanzen wachsen nicht mehr nach.
Kein grünes Hälmchen ist zu sehen. 7 Da-
rum packen die Moabiter ihre letzte Ha-
be und alle Vorräte zusammen und flie-
hen damit über den Pappelbach. 8 Ganz
Moab hallt wider von den verzweifelten
Rufen des Volkes. Ihr Weinen ist bis nach
Eglajim zu hören, bis nach Beer-Elim,
9 denn die Gewässer von Dimon sind
schon rot von Blut. »Doch das ist noch
nicht alles«, sagt der Herr. »Ich bringe
noch mehr Elend über die Gegend von
Dimon: Löwen werden über die Flücht-
linge herfallen und sich auf die übrig ge-
bliebenen Moabiter stürzen.«

Moab sucht Hilfe bei den Israeliten

16 Schickt aus Sela Boten mit einem
Schafbock durch die Wüste. Sie
sollen zum Herrscher von Israel auf den
Berg Zion gehen und ihm ausrichten:
2 »Die Moabiter gleichen herumflattern-
den Vögeln, die man aus dem Nest auf-
gescheucht hat. Ziellos irren sie an den
Ufern des Arnon umher. 3 Gib uns doch
einen Rat! Triff eine Entscheidung! Gib
den Flüchtlingen ein Versteck in deinem
Land, liefere sie nicht dem Feind aus.
Biete ihnen Schutz wie ein Schatten in
der Mittagshitze, in dem sie sich bergen
können wie im Dunkel der Nacht!
4 Nimm die Vertriebenen bei dir auf,
schütze das moabitische Volk vor dem
furchtbaren Ansturm der Feinde!«

Doch der Misshandlung wird ein Ende
gesetzt: Der Feind, der das Volk so grau-
sam unterdrückt und das Land verwüstet
hat, muss verschwinden. 5 Dann wird ein
Königsthron aufgestellt, ein Nachkomme
Davids wird ihn besteigen. Gütig und be-
ständig wird er regieren, er kennt das

14,31 Jer 1,13–15* **14,32** Ps 20,3; 48,2–3; 87,1–2 **15,1 – 16,14** 25,10–12; Jer 48,1–47; Hes 25,8–11; Am 2,1–3; Zef 2,8–10 **15,2** Jer 41,5; 48,37 **15,5** 16,11 **16,1** 2 Kön 3,4 **16,2** 10,14 **16,5** 9,6*

Recht genau und sorgt als ein guter Richter für Gerechtigkeit.

Trauer über die verdiente Strafe für Moab

6 Wir haben gehört, wie stolz und hochmütig die Moabiter sind. Eingebildet und selbstherrlich reden sie daher, doch ihre Prahlerei ist nichts als Geschwätz!

7 »Darum werden die Moabiter laut um ihr Land klagen müssen. Mit Wehmut denken sie an die Traubenkuchen, die es in Kir-Heres gab, sie sind ganz verzweifelt.
8 Die Terrassenfelder von Heschbon sind verdorrt, vertrocknet sind die Weinstöcke von Sibma, deren Wein die Herrscher der Völker berauschte. Ihre Ranken erstreckten sich bis Jaser, sie reichten bis in die Wüste und hinunter zum Toten Meer.
9 Darum weine ich zusammen mit den Einwohnern von Jaser um die zerstörten Weinstöcke von Sibma. Ich vergieße viele Tränen um euch, Heschbon und Elale, denn gerade in der Zeit eurer Ernte und Weinlese sind die Feinde mit lautem Kriegsgeschrei über euer Gebiet hergefallen.
10 In den Obstgärten und Weinbergen singt und jubelt man nicht mehr, niemand presst mehr Trauben in der Weinkelter aus. Dem Singen der Winzer habe ich, der Herr, ein Ende gemacht.«

11 Darüber bin ich tief erschüttert. Ich zittere wie die Saite einer Harfe, wenn ich an Moab und an Kir-Heres denke.
12 Die Moabiter werden sich zwar heftig anstrengen, um ihre Götter zufrieden zu stimmen. Sie steigen hinauf zu den Heiligtümern auf den Hügeln und bringen Opfer dar und beten. Doch es nützt ihnen nichts.

13 *Das alles hat* der Herr ihnen schon lange angekündigt.
14 Jetzt sagt er: »In genau drei Jahren – nicht früher und nicht später – wird man über den heutigen Ruhm und Glanz der Moabiter nur noch verächtlich lächeln. Von ihrem großen Volk wird nichts übrig bleiben als ein kleiner Rest, winzig und bedeutungslos.«

Syrien und Israel werden in Trümmern liegen

17 Dies sagt Gott über Damaskus: »Die Stadt Damaskus gibt es bald nicht mehr. Von ihr bleibt nur ein Trümmerhaufen übrig.
2 Auch Aroër und die Städte in der Nähe liegen dann verlassen da. Friedlich weiden Schafe und Ziegen zwischen den Ruinen, niemand jagt sie weg.
3 Auch das Nordreich Israel wird seine starken Befestigungen verlieren, und das Königreich von Damaskus wird verschwinden. Die überlebenden Syrer trifft das gleiche Schicksal wie die Israeliten: Von ihrem früheren Glanz bleibt nicht viel. Darauf gebe ich, der Herr, der allmächtige Gott, mein Wort.

4 Es kommt der Tag, da wird die Pracht der Nachkommen Jakobs gänzlich verblassen. Ihr fetter Leib magert bis auf die Knochen ab.
5 Dann gleicht Israel den Weizenfeldern in der Refaïmebene: In der Erntezeit fasst man die Ähren mit der Hand, mäht sie ab und sammelt zuletzt noch ein, was am Boden liegt.
6 Doch ein kleiner Rest des Volkes wird übrig bleiben, so wie die wenigen Oliven, die nach der Ernte noch am Baum hängen. Zwei oder drei bleiben oben im Wipfel zurück und vielleicht noch einige unter den Blättern. Das verspreche ich, der Herr, Israels Gott.

7 Dann endlich werden die Menschen wieder an mich, ihren Schöpfer, denken und ihren Blick wieder auf den heiligen Gott Israels richten.
8 Ihre Altäre und selbst gemachten Götterfiguren würdigen sie keines Blickes. Sie verehren keine heiligen Pfähle mehr und verbrennen auf den Altären keinen Weihrauch.

9 Es kommt eine Zeit, in der die befestigten Städte der Israeliten verlassen daliegen. Sie gleichen den ausgestorbenen Dörfern in den Wäldern und auf den Ber-

---

16,6 2,11–12* **16,8** Jer 48,11–12 **16,11** 15,5 **16,12** 1 Kön 18,26 **16,14** 21,16–17 **17,1–3** Jer 49,23–27; Am 1,3–5 **17,3** 2 Kön 16,9; 17,6 **17,6** 10,21–22* **17,9** Jos 24,11–12

gen, die von den Bewohnern des Landes einst aus Angst vor den Israeliten verlassen wurden. Das Land wird zur Einöde, 10 weil du, Volk Israel, mich, deinen Gott, vergessen hast, der dich rettet. Du hast keinen Gedanken mehr übrig für deinen Gott, der dich schützt wie ein mächtiger Fels. Nein, du legst lieber schöne Gärten an für andere Götter und bepflanzt sie mit exotischen Reben. 11 Du zäunst sie sorgfältig ein und bringst sie noch am selben Morgen zum Blühen. Doch das alles hilft dir nichts! Wenn du glaubst, die Früchte deiner Mühen einsammeln zu können, wirst du nur tiefe Wunden und unsägliches Leid ernten.«

Vergeblicher Ansturm der Völker

12 Hört ihr den Lärm? Ganze Völkermassen kommen auf uns zu, riesige Heere stürmen heran! Es klingt wie das Brausen gewaltiger Meereswogen, 13 wie das Donnern wütender Wellen in sturmgepeitschter See. Doch Gott bringt sie zum Schweigen. Nur ein Wort – und sie suchen das Weite. Sie werden auseinander gejagt wie dürres Laub, das der Wind davonbläst, wie Strohhalme, die der Sturm vor sich herwirbelt. 14 Am Abend sind wir alle noch vor Schreck wie gelähmt, doch bevor der Morgen graut, gibt es das feindliche Heer nicht mehr. So geht es denen, die uns überfallen und ausplündern wollen. Sie werden keinen Erfolg haben!

Der Herr zerschlägt Äthiopiens Pläne

18 Lass dich warnen, Äthiopien, du Land der Heuschreckenschwärme, Land am oberen Nil und seinen Nebenflüssen. 2 Du schickst deine Gesandten nilabwärts; in leichten Booten aus Papyrusrohr schießen sie über das Wasser. Ihr schnellen Boten, geht heim zu eurem Volk, zu den hoch gewachsenen Menschen mit glänzender Haut! Geht zu eurem Volk, das weit und breit gefürchtet wird, weil es sehr stark ist und alles in Grund und Boden trampelt. Es ist die Nation, deren Land von vielen Flüssen durchschnitten wird.

3 Ihr Bewohner der ganzen Erde, ich habe euch etwas zu sagen: Sobald auf den Bergen ein Feldzeichen errichtet wird, schaut genau hin! Hört ihr das Trompetensignal, dann passt gut auf! 4 Denn der Herr hat zu mir gesagt: »Von meiner heiligen Wohnung aus schaue ich zu, unbewegt und still wie die brütende Mittagshitze und wie eine Dunstwolke in der heißen Sommerzeit. 5 Aber noch vor der Ernte, wenn die Blüten abgefallen sind und die kleinen Trauben heranreifen, greife ich ein! Ich schneide die Reben mit dem Winzermesser ab; die Ranken reiße ich aus und werfe sie fort. 6 So ergeht es dem Heer der Äthiopier. Die Gefallenen werden zum Fraß für die Raubvögel und die wilden Tiere. Im Sommer stürzen sich die Geier auf die Leichen, und den Winter über nagen wilde Tiere die Knochen ab.

7 Doch es kommt die Zeit, da bringt dieses Volk von hoch gewachsenen Menschen mit glänzender Haut mir, dem allmächtigen Gott, Geschenke. Noch wird dieses Volk überall gefürchtet, weil es sehr stark ist und alles in Grund und Boden trampelt. Dann aber werden die Bewohner des Landes, das von vielen Flüssen durchschnitten wird, zum Berg Zion kommen, zu meinem Heiligtum; dort werde ich, der Herr, der allmächtige Gott, verehrt.«

Ägypten ist ratlos, wenn der Herr eingreift

19 Dies sagt Gott über Ägypten: Auf einer schnell dahingleitenden Wolke kommt der Herr nach Ägypten. Da beginnen die Götter des Landes zu zittern, und den Menschen bleibt vor Angst das Herz stehen. 2 So spricht der

---

17,10 1,29; 1 Sam 2,2 **17,12–13** Ps 46,1–4; 65,8 **17,14** 2 Kön 19,35 **18,4** Ps 33,13–14 **18,7** Ps 68,32; Apg 8,26–28 **19,1–15** Jer 46,2–26; Hes 29,1 – 32,32 **19,1** Ps 18,10–11

Herr: »Ich werde sie gegeneinander aufhetzen, bis jeder gegen jeden kämpft: Bruder gegen Bruder, Nachbar gegen Nachbar, Stadt gegen Stadt, Provinz gegen Provinz. 3 Dann können sie keinen klaren Gedanken mehr fassen; sogar die weisen Berater sind mit ihrer Kunst am Ende. Dafür sorge ich! Weil sie keinen Ausweg mehr wissen, suchen sie bei den Götzen Rat. Sie fragen Zauberer, Hellseher und Totenbeschwörer. 4 Doch ich werde Ägypten einem grausamen Tyrannen ausliefern, der das Volk mit brutaler Gewalt beherrscht. Darauf gebe ich, der Herr, der allmächtige Gott, mein Wort!«

5 Dann versiegen die Wasserströme des Nils, der Fluss trocknet aus. 6 Die Nebenarme werden zu abgestandenen, stinkenden Tümpeln, und die Kanäle versanden. Schilf und Binsen verdorren, 7 die fruchtbaren Wiesen und Felder an den Ufern und im Nildelta fallen der Dürre zum Opfer. Die verdorrten Pflanzen weht der Wind weg, nichts bleibt übrig. 8 Die Fischer klagen. Wer mit der Angelrute oder mit dem Netz seinen Lebensunterhalt verdient hat, steht vor dem Nichts. 9 Alle, die Flachs verarbeiten, sind verzweifelt, und die Leinenweber werden bleich. 10 Die Weber und ihre Arbeiter – alle sind mutlos und niedergeschlagen.

11 Dummköpfe sind die Fürsten von Zoan, sie, die weisen Berater des Pharaos! Ihre Ratschläge sind lauter Unsinn. Wagt ihr es etwa immer noch, vor dem Pharao mit eurer »Weisheit« anzugeben? »Wir stammen von den weisen Männern Ägyptens ab«, prahlt ihr, »Nachkommen berühmter Könige sind wir!« 12 Wo sind sie denn, deine gelehrten Alleswisser, Pharao? Sollen sie doch herausfinden und dir verkünden, was der Herr, der allmächtige Gott, mit Ägypten vorhat! 13 Doch die weisen Männer von Zoan stehen dumm da, und auch die gelehrten Herren von Memfis haben sich getäuscht. Die Führer der Ägypter sind Verführer. 14 Der Herr hat ihren Geist verwirrt, und nun bringen ihre Ratschläge ganz Ägypten durcheinander; das Volk gleicht einem Betrunkenen, der in seinem Erbrochenen herumtorkelt. 15 Die Ägypter bringen nichts mehr zustande, was Hand und Fuß hat. Weder den Vornehmen und Angesehenen noch dem einfachen Volk gelingt etwas.[a]

16 In dieser Zeit werden die Ägypter allen Mut verlieren. Erschrocken und zitternd ducken sie sich, weil der Herr, der allmächtige Gott, drohend die Faust gegen sie ballt. 17 Vor dem Land Juda werden die Ägypter furchtbare Angst haben. Wenn sie nur den Namen Juda hören, schrecken sie schon zusammen, denn ihnen graut vor dem Plan, den der Herr, der allmächtige Gott, gegen Ägypten gefasst hat.

Ägypten, Assyrien und Israel dienen gemeinsam dem Herrn

18 Zu der Zeit werden fünf Städte in Ägypten dem Herrn, dem allmächtigen Gott, die Treue schwören. Dort spricht man dann Hebräisch. Eine dieser Städte heißt Ir-Heres[b].

19 Mitten in Ägypten wird ein Altar stehen, der dem Herrn geweiht ist, und an der Grenze des Landes wird man eine Gedenksäule für ihn errichten. 20 Diese beiden bezeugen den Herrn, den allmächtigen Gott, im Land Ägypten. Wenn das Volk ihn dann zu Hilfe ruft gegen die Unterdrücker, sendet er ihnen einen Retter, der sie befreit. 21 So wird der Herr sich den Ägyptern zu erkennen geben. Ja, in jener Zeit werden sie ihn kennen und ihm Tiere und andere Gaben opfern. Sie halten sich an das, was sie dem Herrn in ihren Gelübden feierlich versprochen haben. 22 Zwar muss er sie erst hart bestrafen, doch gerade durch die Schläge

---

[a] Wörtlich: Ägypten wird nichts zustande bringen, das Kopf oder Schwanz, Palmzweig oder Binse zustande bringen könnten. Vgl. Kapitel 9,13–14

[b] Das bedeutet »Stadt der Zerstörung«. In einigen hebräischen Handschriften steht der Name Ir-Cheres (»Sonnenstadt«).

19,11–12 1 Mo 41,8 **19,14** 29,9–10; 1 Kön 22,20–22 **19,20** Ri 2,16–18

bringt er sie auf den richtigen Weg: Sie werden sich ihm zuwenden, und er wird ihre Gebete erhören und sie heilen.

23 In dieser Zeit wird eine Straße von Ägypten nach Assyrien führen. Die Assyrer und Ägypter besuchen einander und dienen gemeinsam dem Herrn. 24 Israel ist dann der Dritte im Bunde, ein Segen für die ganze Erde. 25 Der Herr, der allmächtige Gott, wird sich diesen Völkern zuwenden und sagen: »Ich segne euch Ägypter, ihr seid mein Volk! Ich segne auch euch Assyrer; ich habe euch geschaffen. Und ich segne euch Israeliten; ihr gehört zu mir.«

Von Ägypten und Äthiopien ist keine Hilfe zu erwarten

20 Der assyrische König Sargon schickte seinen obersten Heerführer mit Truppen nach Aschdod. Sie belagerten die Philisterstadt und nahmen sie ein.

2 Drei Jahre vorher hatte der Herr dem Propheten Jesaja, dem Sohn des Amoz, befohlen: »Zieh dein Obergewand und deine Sandalen aus!« Jesaja gehorchte und lief von da an nur noch im Hemd[a] und barfuß herum. 3 Als Aschdod dann eingenommen wurde, sagte der Herr: »Mein Diener Jesaja ist drei Jahre lang nur im Hemd und barfuß umhergelaufen. Er hat damit gezeigt, was für ein Schicksal Ägypten und Äthiopien treffen wird: 4 Der König von Assyrien wird die Ägypter und Äthiopier gefangen nehmen und verschleppen – Junge und Alte, alle barfuß und kaum bekleidet oder sogar mit entblößtem Gesäß. Welch eine Schande für Ägypten!

5/6 Die Bewohner Palästinas werden zutiefst bestürzt sein, wenn sie davon hören. Sie hatten doch ihre ganze Hoffnung auf Äthiopiens Stärke gesetzt und dessen mächtigen Verbündeten Ägypten in den höchsten Tönen gerühmt! Verzweifelt fragen sie: ›Wenn es schon denen so schlecht geht, die unsere einzige Hoffnung waren und von denen wir Hilfe gegen den assyrischen König erwartet hatten, gibt es dann für uns noch eine Rettung?‹«

Eine Vision über den Untergang Babyloniens

21 Dies sagt Gott über Babylonien:[b] Wie ein Sturm, der über den Negev hinwegfegt, so naht großes Unheil aus der Wüste, dem schrecklichen Land. 2 In einer Vision zeigt mir der Herr furchtbare Dinge: Räuberhorden ziehen plündernd durchs Land, und Banden schlagen alles zusammen. »Auf, ihr Elamiter!«, höre ich den Herrn rufen. »Rückt aus gegen die Stadt Babylon! Ihr Meder, belagert sie! Die Völker haben genug unter ihr gelitten. Jetzt ist Schluss!«

3 Wegen dieser schrecklichen Vision werde ich von heftigen Krämpfen geschüttelt. Rasende Schmerzen haben mich überfallen wie die Wehen eine schwangere Frau. Ich krümme mich vor Angst, so erschreckt mich, was ich hören und sehen muss. 4 Mein Puls rast, ein Schauer des Entsetzens läuft mir den Rücken hinunter. Mir graut vor der kühlen Abenddämmerung, die ich sonst so liebe.

5 Doch in Babylon feiert man sorglos ein großes Bankett: Die Tische sind gedeckt, die Polster zurechtgerückt; man isst und trinkt. Da – plötzlich ein Schrei: »Auf, ihr Fürsten, greift zu den Waffen! Schnell, rüstet eure Schilde!«

6 Der Herr befahl mir dann: »Stell einen Beobachter auf Posten. Er soll dir genau berichten, was er sieht. 7 Sobald er Streitwagen entdeckt, mit Pferden bespannt, und Reiter auf Eseln und Kamelen, muss er besonders gut aufpassen und

---

[a] Wörtlich: nackt. – Das hebräische Wort kann auch »kaum, leicht bekleidet« bedeuten.

[b] Wörtlich: Dies sagt Gott über die Meereswüste. – Der Euphrat wurde auch Meer genannt.

19,23–25 Ps 47,10; Zef 2,11; 3,9 **19,24** 1 Mo 12,3* **20,1–6** 30,1–7; 31,1–3; 36,6 **20,2** 8,18 **20,5–6** 18,1–2; 30,3 **21,1–10** 13,1–22* **21,2** 13,17 **21,3–4** Dan 7,28; 8,27

genau hinhören.« 8 Da ruft er auch schon
laut wie ein Löwe: »Tag für Tag, o Herr,
stehe ich hier auf dem Wachturm, und
auch nachts verlasse ich meinen Posten
nicht. 9 Da, was sehe ich? Tatsächlich, da
kommt ein Zug von Reitern und Wa-
gen!« Und schon ruft einer: »Babylon ist
gefallen, endlich! Alle Götzenstatuen
sind zerstört – zertrümmert liegen sie am
Boden.«
10 Mein armes Volk Israel, du wirst wie
Weizen gedroschen und geschüttelt! Ich
habe euch weitergesagt, was ich vom
Herrn, dem allmächtigen Gott Israels,
gehört habe.

Wie lange dauert die Nacht noch?

11 Diese Botschaft gilt Edom, dem Land
der Totenstille:[a]
Vom Gebirge Seïr aus ruft man mir zu:
»Wächter, wie lange ist es noch dunkel?
Wann ist die Nacht endlich vorbei?«
12 Und der Wächter antwortet: »Der Mor-
gen bricht bald an, aber jetzt ist es noch
Nacht. Wenn ihr wollt, kommt etwas spä-
ter wieder, und fragt mich noch einmal!«

Arabiens Glanz hat ein Ende

13 Das ist die Botschaft für Arabien:
Ihr Dedaniter müsst mit euren Kara-
wanen in der Wildnis der arabischen
Steppe übernachten. 14 Ihr Bewohner der
Oase von Tema, bringt doch den durs-
tigen Wanderern Wasser! Geht den hung-
rigen Flüchtlingen mit Brot entgegen!
15 Sie sind auf der Flucht vor den bewaff-
neten Feinden, vor ihren gezückten
Schwertern und gespannten Bogen, vor
den Schrecken des Krieges.
16 Der Herr hat mir gesagt: »Genau in
einem Jahr – nicht früher und nicht später
– ist es aus mit dem Ruhm und Reichtum
des arabischen Stammes von Kedar.
17 Von den Scharen seiner mutigen Bo-
genschützen wird nur ein kleiner Rest
übrig bleiben. Darauf gebe ich, der Herr,
Israels Gott, mein Wort!«

Jerusalems Schicksal

22 Das ist Gottes Botschaft für den
Ort, an dem er sich immer wieder
offenbart hat:
Was ist los, ihr Einwohner von Jerusa-
lem? Warum seid ihr alle auf die flachen
Dächer eurer Häuser gestiegen? 2 Du le-
benslustige Stadt voller Betriebsamkeit
und Lärm: Wurden die Leichen, die he-
rumliegen, etwa mit dem Schwert getö-
tet? Sind sie ehrenvoll im Krieg gefallen?
3 Nein, deine Heerführer haben sich alle
aus dem Staub gemacht. Doch einer nach
dem anderen wurde vom Feind aufgestö-
bert und gefangen genommen, auch
wenn sie schon weit geflohen waren. Sie
wurden gefasst, ehe sie auch nur einen
Pfeil abschießen konnten.
4 Ach, lasst mich allein! In meinem gro-
ßen Schmerz muss ich den Tränen freien
Lauf lassen. Redet doch nicht länger auf
mich ein, versucht mich nicht mehr zu
trösten über den Zusammenbruch mei-
ner geliebten Stadt! 5 Der Herr, der all-
mächtige Gott, ließ einen Tag voller
Schrecken über Jerusalem hereinbre-
chen: Verwirrung herrscht in der Stadt,
Angst und Entsetzen hat alle gepackt.
Schon reißen die Feinde die Stadtmauer
ein. Die umliegenden Berge hallen wider
von verzweifelten Hilfeschreien.
6 Die elamitischen Bogenschützen
brausen auf Streitwagen heran, sie hän-
gen ihre vollen Köcher um, bereit zum
Schießen; und die Söldner aus Kir packen
ihre Schilde aus den Hüllen. 7 Feindliche
Streitwagen und Reiter füllen die präch-
tigen Täler rund um Jerusalem. Schon
dringen sie bis zu den Stadttoren vor
und errichten dort ihre Stellungen. 8 Ju-
das letzter Zufluchtsort, Jerusalem, liegt
schutzlos da. Und ihr? Ihr rennt zum
Waffenlager und schaut, ob die Waffen

---

[a] Wörtlich: Das ist die Botschaft für Duma. – »Duma« bedeutet Stille und bezieht sich auf Edom.
21,9 Jer 51,8; Offb 14,8; 18,2 **21,11** Jer 49,7–22 **21,13–17** Jer 49,28–33 **21,16–17** 16,14
22,1 Ps 132,13–14 **22,4** Jer 8,23; Lk 19,41–44

alle griffbereit sind. [9–11] Alle Häuser der Stadt tragt ihr in eine Liste ein und wählt einige zum Abreißen aus. Mit ihren Steinen wollt ihr die Stadtmauer ausbessern. Denn ihr seht, dass die Mauer der Stadt Davids brüchig ist und viele gefährliche Risse aufweist. Das Wasser des unteren Teiches staut ihr auf. Für das Wasser, das vom oberen Teich abfließt, baut ihr ein Sammelbecken zwischen dem inneren und äußeren Mauerring. Doch was nützt euch dieses fieberhafte Treiben, solange ihr für Gott blind seid? Ihr seht nicht, dass er euch in diese verzweifelte Lage kommen ließ. Ihr wollt ja nichts wissen von ihm, der schon seit langem dieses Unheil über euch beschlossen hat.

[12] Der Herr, der allmächtige Gott, hat euch damals aufgefordert, eure Sünden zu bereuen. Er wollte sehen, wie ihr weint und eure Schuld beklagt, wie ihr euch als Zeichen der Trauer den Kopf kahl schert und in Trauergewändern aus Sacktuch herumlauft. [13] Doch stattdessen habt ihr ausgelassen gefeiert. Bei euren Festgelagen wurden Berge von Fleisch verzehrt, ihr habt euch mit Wein voll laufen lassen und gerufen: »Heute wollen wir essen und trinken, denn morgen sind wir tot!« [14] Es klingt mir noch in den Ohren, was der Herr, der allmächtige Gott, dazu gesagt hat: »Diese Sünde wird euch nie vergeben, solange ihr lebt!« Ja, das hat der Herr, der allmächtige Gott, geschworen.

Schebna verliert seinen Posten an Eljakim

[15] Der Herr, der allmächtige Gott, befahl mir: »Geh zu Schebna, dem Palastvorsteher, dem obersten Beamten! Sag ihm: [16] Was hast du eigentlich hier zu suchen? Und für wen hältst du dich, dass du dir hier eine Grabkammer aus dem Felsen meißelst? Ja, hoch oben in der Felswand lässt du dir ein Prachtgrab aushauen, eine letzte Ruhestätte willst du dir schaffen. [17] Doch ich, der Herr, werde dich in hohem Bogen fortschleudern. Mit eisernem Griff werde ich dich packen, [18] wie Wolle zu einem Knäuel zusammenwickeln und dich dann wie einen Ball wegwerfen in ein großes, weites Land. Dort wirst du enden mitsamt deinen Prachtwagen, du Schandfleck des königlichen Hofes. [19] Ja, ich, der Herr, vertreibe dich aus deinem Amt und stoße dich von deinem hohen Posten hinunter!

[20] Dann berufe ich meinen Diener Eljakim, den Sohn Hilkijas, zu deinem Nachfolger. [21] Ich ziehe ihm deine Amtstracht an und binde ihm deinen Gürtel um. Alle Vollmachten, die du bisher innehattest, übertrage ich ihm. Er wird wie ein Vater sein für die Einwohner Jerusalems und für das ganze Volk von Juda. [22] Ihm vertraue ich den Schlüssel des Königshauses David an. Was er öffnet, wird kein anderer verschließen, und was er zuschließt, wird niemand öffnen. [23] Ich festige seine Macht, und er gleicht einem Pflock, der tief in eine Mauer eingeschlagen ist. Seine ganze Verwandtschaft wird durch ihn zu Ansehen kommen.

[24] Doch dann hängen sie sich an ihn, mit Kind und Kegel. So gleicht er einem Pflock, an dem man das ganze Geschirr eines Haushalts aufhängt – Schüsseln, Becken und Krüge. [25] Eines Tages kann der starke Pflock die Last nicht mehr tragen, obwohl er tief eingeschlagen ist. Er bricht ab und fällt zu Boden. Und mit ihm zerbricht alles, was sich an ihn gehängt hat. Ich, der Herr, der allmächtige Gott, habe es angekündigt!«

Tyrus und Sidon liegen in Schutt und Asche

23 Das ist Gottes Botschaft an Tyrus: Heult, ihr Leute auf den großen Handelsschiffen, denn eure Stadt liegt in Schutt und Asche! In euren Hafen könnt ihr nicht mehr einfahren. Die Gerüchte, die ihr auf Zypern gehört habt – sie sind

---

22,9–11 Jer 33,4–5 **22,13** 56,12; 1 Kor 15,32 **22,15.20** 36,3 **22,22** Mt 16,19; Offb 3,7
23,1–16 Hes 26,1 – 28,19; Joel 4,4–8; Am 1,9–10; Sach 9,1–4; Mt 11,21–22

alle wahr! 2 Es soll euch die Sprache verschlagen, ihr Bewohner der phönizischen Küste! Vorbei ist die Zeit, in der zahlreiche Händler aus Sidon eure Gegend bevölkerten. Mit ihren Handelsschiffen segelten sie in ferne Länder 3 und unternahmen mühevolle Reisen über das weite Meer. Was in Ägypten am Nil gesät und geerntet wurde, das verkauften die Phönizier in alle Welt. Ja, Sidon war zum Handelsplatz der Völker geworden.

4 Beschämt stehst du da, Sidon, und du, Tyrus, die Festung am Meer! Denn das Meer klagt: »Ach, es ist, als hätte ich nie Kinder geboren, nie Söhne und Töchter großgezogen!« 5 Wenn die Ägypter diese Nachricht über Tyrus hören, werden sie sich winden vor Entsetzen. 6 Weint und klagt, ihr Küstenbewohner! Rettet euch und segelt hinüber nach Tarsis in Spanien! 7 Soll das Tyrus sein, die Stadt, die früher so fröhlich und berühmt war? Sie, die in grauer Vorzeit schon gegründet wurde? Ihre Abgesandten reisten doch immer bis in die fernsten Länder, gründeten überall Kolonien 8 und setzten Könige als Herrscher über diese Gebiete ein. Die phönizischen Händler waren Fürsten und gehörten zu den angesehensten Männern der Erde. Wer hat dieses Unheil über Tyrus beschlossen? 9 Der Herr, der allmächtige Gott, hat es getan! Er wollte dem Hochmut der Phönizier ein Ende bereiten; die angesehensten Männer der Erde hat er gedemütigt.

10 Ihr Bewohner von Tarsis, breitet euch in eurem Land aus wie der Nil, wenn er die Felder überschwemmt! Jetzt hält euch keine Fessel mehr zurück! 11 Der Herr hat seine Hand über das Meer ausgestreckt und ganze Königreiche zum Zittern gebracht. Er hat befoh*len, die stark*en Festungen der Phönizier zu zerstören. 12 So spricht der Herr: »Nie mehr werdet ihr feiern und jubeln, ihr Einwohner von Sidon. Eure Stadt gleicht nun einem Mädchen, das vergewaltigt wurde. Auf, flieht nur nach Zypern hinüber! Auch dort werdet ihr keine Ruhe finden. 13 Denkt daran, wie es Babylonien ergangen ist! Das Volk der Chaldäer ist heute bedeutungslos. Die Assyrer haben das Land zu einer Einöde gemacht, in der die Wüstentiere hausen. Sie stellten Belagerungstürme auf und zerstörten die Paläste Babylons bis auf die Grundmauern. Sie haben die Stadt in einen Trümmerhaufen verwandelt.

14 Heult, ihr Leute auf den großen Handelsschiffen, denn eure starke Festung ist verwüstet! 15 Für siebzig Jahre – so lange, wie ein König lebt – soll Tyrus in Vergessenheit geraten. Nach diesen Jahren gleicht die Stadt jener alten Hure, von der es in dem Lied heißt:

16 ›Du Hure, die man fast vergessen hat, nimm deine Harfe, und versuch dein Glück! Sing deine Lieder in der ganzen Stadt, vielleicht kommt mancher Kunde dann zurück.‹«

17 Danach wird der Herr die Stadt Tyrus wieder aufblühen lassen. Wie früher geht sie ihren Geschäften nach und lässt sich gut bezahlen. Sie verkauft sich an alle Königreiche weit und breit für teures Geld. 18 Doch was die Stadt bei ihren Geschäften und Handelsreisen verdient, ist dann dem Herrn geweiht. Die Tyrer häufen ihr Geld nicht mehr auf, um es für sich zu behalten. Es wird den Priestern des Herrn zugute kommen, damit sie reichlich zu essen haben und prächtige Kleider tragen können.

Der Herr richtet die ganze Erde

24 Seht ihr, wie der Herr die Erde leer fegt? Wie er alles zerstört und auf den Kopf stellt? Seht ihr, wie er ihre Bewohner in alle Himmelsrichtungen zerstreut? 2 Volk und Priester, Knecht und Herr, Magd und Herrin, Käufer und Verkäufer, Gläubiger und Schuldner, solche, die verleihen, und solche, die borgen – alle trifft das gleiche Los. 3 Denn die Erde wird völlig verwüs-

23,9 2,11–12*

tet, ausgeplündert liegt sie da. Der Herr
selbst hat es angekündigt. 4 Die Erde ver-
geht und verdorrt; die ganze Welt zer-
fällt, auch die Mächtigen der Erde gehen
zugrunde. 5 Die Menschen haben die Er-
de entweiht, denn sie haben Gottes Ge-
bote und Ordnungen missachtet und so
den Bund gebrochen, den er damals für
alle Zeiten mit ihnen geschlossen hat.

6 Darum trifft sein Fluch die Erde und
zehrt sie aus. Die Menschen müssen ihre
gerechte Strafe tragen. Sie schwinden da-
hin, nur ein kleiner Rest wird überleben.
7 Die Weinberge verdorren, und die Trau-
ben hängen zusammengeschrumpft an
den Reben. Lachen verkehrt sich in Seuf-
zen, 8 die fröhliche Musik von Tamburi-
nen und Zithern verstummt, der Lärm
der Feiernden bricht plötzlich ab. 9 We-
der Wein noch Gesang kann sie erhei-
tern, jedes berauschende Getränk stößt
ihnen bitter auf. 10 Die Stadt liegt in
Trümmern; die Ruinen sind verriegelt,
damit niemand hineingehen kann. 11 Lau-
tes Geschrei hallt durch die Gassen, weil
es keinen Tropfen Wein mehr gibt. Jede
Freude ist vergangen, aller Frohsinn ver-
flogen. 12 Von der Stadt bleibt nur ein gro-
ßes Trümmerfeld, alle Tore sind zerstört.

13 Ja, so wird es den Völkern auf der
ganzen Erde ergehen. Es wird aussehen
wie am Ende der Ernte, wenn am Öl-
baum alle Oliven abgeschlagen wurden
und im Weinberg kaum noch Trauben zu
finden sind. 14 Die wenigen Überleben-
den aber werden laut jubeln vor Freude.
Im Westen besingt man die Größe und
Majestät des Herrn, 15 und auch ihr im
Osten: Erweist ihm Ehre! Lobt den
Herrn, den Gott Israels, ihr Bewohner
der fernsten Inseln! 16 Vom Ende der Er-
de her hört man Gesang: »Preist den
Herrn, denn er allein ist gerecht!«

Ich aber schreie: »Hilfe, ich vergehe!
Ich bin verloren!« Skrupellose Verbre-
cher geben den Ton an. Kein Betrug ist
ihnen zu hinterhältig, vor nichts schre-
cken sie zurück. 17 Angst und Schrecken
werden euch packen, in Fallgruben und
Schlingen werdet ihr geraten, ihr Bewoh-
ner der Erde! 18 Wer dem Schrecken ent-
fliehen will, stürzt in die Grube, und wer
sich daraus noch befreien kann, der ver-
fängt sich in der Schlinge. Ja, die Schleu-
sen des Himmels öffnen sich, und die Er-
de wird in der Tiefe erschüttert. 19 Sie
bebt, reißt auf und bricht auseinander.
20 Sie torkelt wie ein Betrunkener und
wankt wie ein alter Schuppen im Sturm.
Die unzähligen Sünden der Menschen
lasten schwer auf ihr: Sie bricht darunter
zusammen und steht nie wieder auf.

21 In jener Zeit wird der Herr ins Ge-
richt gehen mit den Mächten des Him-
mels oben und mit den Königen unten
auf der Erde. 22 Sie werden als Gefangene
zusammengetrieben und in ein unterirdi-
sches Verlies gestoßen. In diesem fins-
teren Kerker müssen sie lange Zeit sitzen
und auf ihre spätere Verurteilung warten.
23 Der blasse Mond wird schamrot, und
die glühende Sonne erbleicht, denn nun
regiert der Herr, der allmächtige Gott,
auf dem Berg Zion in Jerusalem. Die Äl-
testen, die ihn umgeben, werden ganz
von seinem herrlichen Glanz überstrahlt.

Dankgebet für Gottes Hilfe

25 Herr, du bist mein Gott! Ich lobe
und preise dich, denn du voll-
bringst wunderbare Taten. Was du vor
langer Zeit beschlossen hast, das hast du
in großer Treue ausgeführt.
2 Die mächtige Stadt – in einen Schutt-
haufen hast du sie verwandelt! Ihre Be-
festigungen hast du in Trümmer gelegt
und die Paläste der Fremden zerstört,
die dich nicht kennen. Die Stadt ist dem
Erdboden gleichgemacht, und sie wird
nie wieder aufgebaut.
3 Darum ehren dich nun mächtige Völker;
in den Hauptstädten der Welteroberer
wirst du gefürchtet.
4 Die Armen und Schwachen fliehen zu
dir; bei dir sind sie sicher in Zeiten der

24,4 51,6; Mk 13,31; Offb 20,11 **24,5** 1 Mo 9,1–17 **24,9** 16,10 **24,13** 17,6 **24,17–18** Jer 48,43–44; Am 5,19 **24,18** 1 Mo 7,11 **24,19** 2 Petr 3,10 **24,23** 60,19; 2 Mo 24,9–11; Offb 4,4 **25,4** 4,5–6; Ps 9,10

Not. Du gibst ihnen Schutz wie ein Dach
im Wolkenbruch, wie kühler Schatten in
der Mittagshitze. Das Wüten der Gewalt-
täter gleicht dem Gewitterregen, der an
die Mauern prasselt.
5 Ihre Mordlust brennt wie die Sonne in
der Wüste. Doch du bringst ihren Lärm
zum Schweigen. Du dämpfst ihr Sieges-
geschrei wie eine Wolke die Sonnenhitze.

Ein Festmahl für alle Völker

6 Hier auf dem Berg Zion wird der Herr,
der allmächtige Gott, alle Völker zu
einem Festmahl mit köstlichen Speisen
und herrlichem Wein einladen, einem
Festmahl mit bestem Fleisch und gut ge-
lagertem Wein.
7 Dann zerreißt er den Trauerschleier,
der über allen Menschen liegt, und zieht
das Leichentuch weg, das alle Völker
bedeckt. Hier auf diesem Berg wird es
geschehen! 8 Er wird den Tod für immer
und ewig vernichten. Der Herr, der all-
mächtige Gott, wird die Tränen von
jedem Gesicht abwischen. Er befreit sein
Volk von der Schande, die es auf der gan-
zen Erde erlitten hat. Das alles trifft ein,
denn der Herr hat es vorausgesagt. 9 In
jenen Tagen wird man bekennen: »Der
Herr allein ist unser Gott! Auf ihn haben
wir unsere Hoffnung gesetzt, und er hat
uns gerettet. Ja, so ist der Herr! Nun wol-
len wir Danklieder singen und uns über
seine Hilfe freuen!«

Der Herr reißt Moabs Festungen nieder

10 Der Herr hält seine Hand schützend
über Jerusalem. Das Land Moab dagegen
wird zertreten wie Stroh in der Jauche.
11 *Verzweifelt* schlägt Moab um sich wie
ein Ertrinkender. Doch alle Schwimm-
versuche nützen nichts mehr: Der Herr
zerbricht seinen Stolz und seinen Hoch-
mut. 12 Alle eure hohen und starken Be-
festigungen, ihr Moabiter, wird der Herr
niederreißen und dem Erdboden gleich-
machen!

Unser Gott ist ein starker Fels

26 In jener Zeit wird man im Land
Juda dieses Lied singen:

»Unsere Stadt ist eine sichere Festung;
der Herr hat Mauern und Wall zu unse-
rem Schutz errichtet.
2 Öffnet die Tore, damit das Volk ein-
zieht, das Gott gehorcht und ihm treu ist!
3 Herr, du gibst Frieden dem, der sich fest
an dich hält und dir allein vertraut!
4 Ja, vertraut dem Herrn für immer, denn
er, unser Gott, ist ein starker Fels für alle
Zeiten.
5 Alle, die in stolzer Höhe wohnten, stieß
der Herr tief hinab. Die Stadt, sie ragte
hoch empor, doch er hat sie zerstört, hi-
nunter in den Staub geworfen.
6 Wer früher arm war und gering, tritt nun
die Trümmer nieder.«

Ein Gebet

7 Herr, wer dir gehorcht, den führst du auf
geradem Weg, du machst seinen Lebens-
weg eben.
8 Wir hoffen auf dich, auch wenn du uns
strafst. Wir sehnen uns nach dir – wie
könnten wir dich je vergessen?
9 Bei Nacht sind meine Gedanken bei dir,
voller Sehnsucht suche ich dich.

Wenn du die Erde richtest, lernen die
Menschen, was Gerechtigkeit bedeutet.
10 Doch wenn du die Gottlosen begna-
digst, begreifen sie nicht, was Recht ist.
Auch in diesem Land, in dem dein Recht
gilt, würden sie weiter Unrecht tun und
dich nicht als den höchsten Gott erken-
nen.
11 Herr, deine Hand ist drohend erhoben –
sie merken es nicht. Beschämt werden sie
dastehen, wenn sie sehen, wie leiden-

25,6 2 Mo 24,9–11; Mt 8,11; Offb 19,9 **25,8** 1 Kor 15,54–55; Offb 7,17; 21,4 **25,10–12** 15,1 – 16,14*
26,1 Ps 48,13–15 **26,2** Ps 24,3–6; 118,19–20 **26,4** Ps 18,3* **26,5** 2,11–12*; 25,2 **26,9** Ps 63,2*.7

schaftlich du dein Volk verteidigst. Dein
glühender Zorn soll sie verzehren!

12 Aber uns, Herr, wirst du Frieden schaf-
fen, denn dir verdanken wir alles, was wir
erreicht haben.
13 Zwar haben außer dir, unser Gott, auch
andere Herren über uns geherrscht.
Doch nur deinen Namen nennen wir vol-
ler Ehrfurcht.
14 Sie alle sind tot und werden nicht wie-
der lebendig; sie sind Schatten, die nie
wieder aufstehen. Du hast sie bestraft
und ausgerottet. Längst sind ihre Namen
vergessen.

15 Unser Volk aber machst du, Herr, sehr
groß. Du weitest unsere Grenzen nach al-
len Seiten aus und beweist deine herr-
liche Macht.

16 In äußerster Not suchen wir dich. Wenn
uns deine Schläge treffen, schreien wir zu
dir.
17 Wir liegen vor dir am Boden wie eine
Schwangere, die sich in Wehen windet
und schreit.
18 Ja, wir winden uns in Geburtswehen,
doch wir gebären nichts als Luft. Unsere
Mühe ist umsonst: Wir können das Land
nicht befreien und keinem Menschen das
Leben schenken.

19 Herr, die Toten deines Volkes werden
wieder leben, ihre Leichen werden auf-
erstehen! Wacht auf und singt vor Freude,
alle, die ihr unter der Erde ruht! Du, Herr,
bist wie erfrischender Tau am Morgen.
Durch deine belebende Kraft gibt die
Erde die Leiber der Verstorbenen zurück.

Der Herr rechnet mit Israels Feinden ab

20 Ihr aus meinem Volk, geht in eure Häu-
ser, und verschließt die Türen hinter
euch! Haltet euch solange dort verbor-
gen, bringt euch dort in Sicherheit, bis
der Zorn des Herrn vergangen ist. Es
dauert nur noch kurze Zeit.
21 Schon ver-
lässt er seine Stätte im Himmel, um die
Menschen auf der Erde wegen ihrer Ver-
gehen zur Rechenschaft zu ziehen. Alles
unschuldig vergossene Blut wird die Erde
wieder herausgeben, keinen Ermordeten
verbirgt sie weiterhin.

27 In dieser Zeit wird der Herr mit
dem Leviatan abrechnen, diesem
schnellen Ungeheuer, das sich windet wie
eine Schlange. Gottes mächtiges und
scharfes Schwert wird ihn treffen, diesen
Meeresdrachen[a]. Der Herr wird ihn töten.

Das neue Weinberglied

2 An jenem Tag wird der Herr sagen:

»Einen prächtigen Weinberg habe ich.
Kommt, singt ein Lied zu seiner Ehre!
3 Ich selbst, der Herr, bin sein Wächter.
Ich bewässere ihn immer wieder. Tag
und Nacht behüte ich ihn, damit nichts
und niemand ihm schaden kann.
4 Mein Zorn ist längst vergangen! Wenn
Dornengestrüpp und Disteln meinen
Weinberg überwuchern wollen, erkläre
ich ihnen den Krieg! Ausreißen und ver-
brennen werde ich sie!
5 So geht es allen, die nicht Schutz bei mir
suchen und nicht Frieden mit mir schlie-
ßen. Ja, Frieden schließen müssen sie mit
mir!«

Bestrafung und Begnadigung Israels

6 Es kommt die Zeit, da werden die Nach-
kommen Jakobs wieder in ihrem Land
Wurzeln schlagen. Israel wird grünen
und blühen und mit seinen Früchten die
ganze Erde bedecken.
7 Gab der Herr sei-
nem Volk genauso harte Schläge wie
ihren Gegnern? Ließ er sie auf dieselbe
Weise umkommen wie ihre Feinde, die
niedergemetzelt wurden?
8 Nein, Herr,

---

a Wörtlich: Rahab.

26,17 13,8 **26,19** Hes 37,1–14; Lk 20,38; Röm 14,8 **26,20** 2 Mo 12,22–23 **26,21** Mi 1,2–4
27,1 Hiob 40,25 – 41,26; Ps 74,13–14; Offb 12,3; 20,2 **27,2-5** 5,1–7* **27,7-8** Jer 30,11

du hast den Israeliten eine erträgliche
Strafe auferlegt: Du hast sie aus ihrer
Heimat vertrieben, sie weggeblasen wie
ein stürmischer Ostwind.
[9]Gott wird die Schuld der Israeliten
vergeben. Weil er sie von ihren Sünden
befreit, sagen sie sich vom Götzendienst
los: Sie werden die heidnischen Altäre
zerstören und sie in tausend Stücke schla-
gen. Die Statuen der Göttin Aschera und
die Räucheropferaltäre bauen sie nie wie-
der auf. [10]Aber noch liegt die befestigte
Stadt entvölkert da, stehen ihre Häuser
leer, gleicht alles einer trostlosen Wüste.
Nur einige Kälber weiden noch dort, un-
gestört fressen sie die Büsche kahl und ru-
hen sich aus. [11]Wenn die Zweige dürr ge-
worden sind, kommen Frauen, die sie
abbrechen und als Brennholz verwenden.

Diesem Volk fehlt jede Einsicht! Da-
rum hat sein Schöpfer auch kein Erbar-
men mit ihnen. Er, der sie doch zum Volk
gemacht hat, wird ihnen nicht einfach
vergeben.
[12]Doch es kommt eine Zeit, da wird
der Herr die Israeliten wieder sammeln.
Vom Euphrat bis zum Grenzfluss nach
Ägypten liest er einen nach dem anderen
auf, wie ein Bauer, der sorgfältig seine
Ähren ausklopft und die Körner zusam-
menliest. [13]An diesem Tag wird laut das
Horn geblasen als Signal für die vielen
Verschleppten und Vertriebenen. Aus
Assyrien und Ägypten kommen sie nach
Jerusalem und beten auf dem heiligen
Berg den Herrn an.

Die stolze Stadt Samaria – eine welkende Blume

28 Lasst euch warnen, ihr Leute von
Ephraim! Trinker seid ihr, ganz
und gar vom Wein abhängig. Eurer stol-
zen Hauptstadt Samaria wird es schlecht
ergehen! Noch liegt sie wie eine prächti-
ge Krone auf dem Hügel, hoch über dem
fruchtbaren Tal. Sie schmückt ihn wie ein
bunter Blumenkranz, doch die Blüten
welken schon. [2]Denn der Herr hält ein
starkes und mächtiges Heer bereit. Wie
ein Orkan wird es über euch hinwegfe-
gen, wie ein Hagelsturm mit sintflutarti-
gen Regenfällen, deren Wassermassen al-
les fortspülen. Mit Wucht wird es euch zu
Boden werfen. [3]Dann wird sie zertram-
pelt, die prunkvolle Krone, der Stolz aller
Weinseligen von Ephraim. [4]Heute
schmückt sie noch wie ein prächtiger Blu-
menkranz den Hügel, hoch über dem
fruchtbaren Tal. Doch die Blüten welken
schon, und bald geht es ihr wie einer Fei-
ge, die schon vor der Ernte reif geworden
ist: Wer sie am Baum erblickt, pflückt sie
schnell und schlingt sie hinunter.
[5]Es kommt der Tag, da wird der Herr
selbst, der allmächtige Gott, die glanzvol-
le Krone für die Überlebenden seines
Volkes sein. Dann ist er ihr prächtiger
Blumenkranz. [6]Den Richtern gibt er
Sinn für Gerechtigkeit, wenn sie ihre Ur-
teile fällen, und die Soldaten rüstet er mit
Mut und Kraft aus, damit sie die Feinde
aus der Stadt vertreiben.

Die betrunkenen Propheten von Jerusalem

[7]Sogar die Priester und Propheten tor-
keln. Von Wein und anderen berauschen-
den Getränken benebelt, können sie sich
kaum noch auf den Beinen halten. Tau-
melnd und torkelnd empfangen die Pro-
pheten ihre Visionen, und die Priester
schwanken hin und her, wenn sie Recht
sprechen. [8]Die Tische, an denen sie sit-
zen, sind voll von Erbrochenem, alles ist
besudelt.
[9]»Für wen hält dieser Jesaja uns ei-
gentlich, dass er uns belehren will?«, lal-
len sie. »Uns braucht niemand mehr zu
erzählen, was Gott gesagt hat. Sind wir
denn kleine Kinder, die eben erst von
der Mutterbrust entwöhnt wurden?
[10]Was soll dieses Blabla: ›Tut dies, tut das;
dies ist verboten, das ist verboten; macht
hier etwas, macht dort etwas!‹?«

27,9 17,8; 30,22; Röm 11,27 **27,11** 1,3; Am 3,2 **27,12–13** 11,11–12* **28,1** 5,11–12; 1 Kön 16,23–24 **28,2** 2 Kön 17,5–6 **28,6** 1,26 **28,9** Jer 18,18

11 Darum wird Gott Ausländer mit
einer fremden Sprache zu diesem Volk
schicken und nur noch in unverständli-
chen Lauten zu ihm reden. 12 Er hatte
ihnen zwar gesagt: »Dieses Land soll für
euch ein Ort der Ruhe werden. Gönnt
den Erschöpften eine Pause! Hier könnt
ihr in Frieden wohnen!« Doch sie wollten
nicht auf ihn hören. 13 Darum wird der
Herr von nun an nur noch das zu ihnen
sagen, was sie als Blabla verspotteten:
»Tut dies, tut das; dies ist verboten, das
ist verboten; macht hier etwas, macht
dort etwas!« Sie werden nach hinten stür-
zen und sich das Genick brechen. Sie
werden den Feinden ins Netz gehen, und
man wird sie gefangen fortschaffen!

Gottes unmissverständliche Botschaft

14 So hört nun, was der Herr euch sagt, ihr
Lästermäuler, ihr Herrscher Jerusalems!
15 Ihr fühlt euch sicher und prahlt: »Wir
haben uns mit dem Tod verbündet und
mit der Totenwelt ein Abkommen ge-
schlossen! Wenn das Unheil über unser
Land hereinbricht, kann uns nichts ge-
schehen!« Ihr verlasst euch auf eure ver-
logenen Intrigen und meint, durch Be-
trug hättet ihr euch rundum abgesichert!
16 Doch Gott, der Herr, sagt: »Ich lege in
Jerusalem ein Fundament. Es ist ein
Grundstein, ein kostbarer Eckstein, der
felsenfest steht. Wer auf ihn baut und
ihm vertraut, braucht nicht zu fliehen.
17 Das Recht ist meine Richtschnur und
die Gerechtigkeit mein Lot.

Doch eure Lügengebäude werden vom
Hagel zerschlagen; ein Sturzbach reißt
eure Sicherheiten fort. 18 Dann nützt euch
der Pakt mit dem Tod und mit der Toten-
welt nichts mehr. Das Unheil wird euch
treffen, wie eine Flutwelle bricht es über
euch herein und macht alles dem Erdbo-
den gleich. 19 Tag und Nacht werdet ihr
überflutet, die Wellen erfassen euch und
reißen euch mit sich fort. Jede Botschaft,
die ihr in dieser Zeit von mir erhaltet,
jagt euch nichts als Angst und Schrecken
ein. 20 Dann trifft das Sprichwort auf euch
zu: ›Das Bett ist zu kurz, um sich aus-
zustrecken, die Decke ist zu schmal, um
sich zuzudecken.‹«

21 Ja, der Herr wird in den Kampf zie-
hen wie einst gegen die Philister am Berg
Perazim, er wird wüten wie damals im Tal
Gibeon. Alles, was er sich gegen euch
vorgenommen hat, wird er tun – so selt-
sam und befremdend es auch ist. 22 Lacht
nicht über meine Warnungen, sonst wer-
den eure Fesseln noch straffer angezo-
gen! Denn ich weiß vom Herrn, dem all-
mächtigen Gott, dass er fest entschlossen
ist, das ganze Land zu verwüsten.

Das Gleichnis vom tüchtigen Bauern

23 Hört genau zu, was ich euch sage:
24 Pflügt und eggt ein Bauer vor der Aus-
saat mehrfach dasselbe Feld? 25 Nein! So-
bald er den Acker einmal vorbereitet hat,
sät er alles Mögliche an: Dill und Küm-
mel, dann Weizen, Hirse und Gerste,
jedes an seinem bestimmten Platz, und
schließlich am Rand des Feldes noch an-
deres Getreide. 26 Er weiß genau, was zu
tun ist, denn sein Gott hat es ihn gelehrt.
27 Dill und Kümmel wird er nicht wie
Getreide mit einer schweren Walze aus-
dreschen, sondern mit einem Stock klopft
er die Samen sorgfältig aus. 28 Und das
Getreide – wird es etwa schonungslos zer-
malmt? Nein, natürlich nicht! Der Bauer
drischt es nicht länger als nötig. Er lässt
zwar seine Zugtiere die schwere Dresch-
walze darüber ziehen, doch er achtet da-
rauf, dass die Körner nicht zerquetscht
werden. 29 Das hat er von Gott gelernt,
vom allmächtigen Herrn. Denn der ist
ein weiser und wunderbarer Ratgeber.

Lass dich warnen, Jerusalem!

29 »Lass dich warnen, Ariël, du
Stadt, in der auf meinem Altar die

28,11 5 Mo 28,49 **28,12** Mt 11,28–29 **28,16** Ps 118,22; Röm 9,33; 10,11; Eph 2,20; 1 Petr 2,4.6
28,17 11,5 **28,21** Jos 10,10–13; 2 Sam 5,20 **28,22** 10,22–23 **29,1** 2 Sam 5,6–9

Nähe durch Gemeinschaft

Lesen Sie Jesaja 26,1-9

Vieles im Leben dreht sich um Begegnungen, die im Laufe des Tages geschehen – was andere Menschen tun oder wie Situationen sich entwickeln. Wenn Ehepartner sich gegenseitig von diesen Begegnungen berichten, haben sie den Eindruck, dass sie am Leben des anderen teilhaben dürfen. Durch die Gemeinschaft entsteht ein Gefühl der Nähe und der Zusammengehörigkeit. Mit anderen Worten: Was im Leben des einen Partners geschieht, ist auch für den anderen wichtig.

Nähe entsteht auch, wenn wir etwas gemeinsam unternehmen: ins Kino gehen oder ins Fußballstadion, einkaufen, den Hund ausführen, ein Picknick im Park – all das schenkt uns ein Gefühl der Zusammengehörigkeit. Das Leben besteht zum größten Teil aus dem, was wir tun. Wenn wir also etwas gemeinsam tun, entwickeln wir nicht nur Teamgeist, sondern fördern auch unsere Beziehung.

In Jesaja 26,9 beschreibt der Prophet seinen starken Wunsch, Zeit mit Gott zu verbringen: „Bei Nacht sind meine Gedanken bei dir, voller Sehnsucht suche ich dich." Die Sehnsucht nach Gemeinschaft – oft durch die Erinnerung an frühere Begegnungen hervorgerufen – hilft auch unserer Ehe. Was wir zusammen unternommen haben, hinterlässt manchmal die schönsten Erinnerungen. Werden wir je vergessen, wie wir einen Berg zusammen bestiegen haben? Oder den Garten neu angelegt? Das Gefühl der Zusammengehörigkeit ist ganz entscheidend für das Wachstum unserer Beziehung.

Nehmen Sie sich Zeit, um allein oder als Paar gemeinsam zu beten.

- Danken Sie Gott für Ihre gemeinsamen Erinnerungen als Ehepaar.
- *Danken Sie ihm für Zeiten,* in denen Sie sich gefreut, gelacht und einfach Ihr Zusammensein genossen haben.
- Bitten Sie ihn, dass Sie Ihre Beziehung auch weiterhin durch gemeinsame Unternehmungen fördern können.

Wenn Sie noch mehr Zeit haben ...

Besprechen Sie miteinander folgende Fragen oder denken Sie darüber nach:

- Was sind die schönsten Erinnerungen, die Sie als Paar miteinander verbinden?
- Welche Unternehmungen machen Sie am liebsten gemeinsam (Alltägliches oder auch zu besonderen Anlässen)?
- Wie können Sie mehr Zeit für das Beisammensein reservieren?

Lesen Sie auch die folgenden Abschnitte zum Thema Freundschaft:
Amos 3,3; Apostelgeschichte 2,42-47; Philipper 2,1-2.

Er geht uns voran

Lesen Sie Jesaja 30,18-26

Der Gott der Bibel wird oft als der Gott beschrieben, der spricht. Mit seinen Worten schafft er eine Beziehung zu seinem Volk. Immer wieder finden wir in der Bibel Worte von Gott, die uns ermutigen und uns den Weg weisen:
„So spricht der Herr, euer Erlöser, der heilige Gott Israels: ‚Ich bin der Herr, euer Gott. Ich lehre euch, was gut für euch ist, und zeige euch den Weg, den ihr gehen sollt. Ach, hättet ihr doch meine Gebote befolgt! Dann wäre euer Friede wie ein Strom, der nie versiegt. Euer Glück würde sich ausbreiten wie die Meereswellen" (Jesaja 48,17-18).
„Fürchte dich nicht, denn ich bin bei dir; hab keine Angst, denn ich bin dein Gott! Ich mache dich stark, ich helfe dir, mit meiner siegreichen Hand beschütze ich dich!" (Jesaja 41,10).
„Denn ich allein weiß, was ich mit euch vorhabe: Ich, der Herr, werde euch Frieden schenken und euch aus dem Leid befreien. Ich gebe euch wieder Zukunft und Hoffnung" (Jeremia 29,11).
Diese Verse der Propheten Jesaja und Jeremia zeichnen ein Bild von Gott und seiner Beziehung zu uns: Er lehrt uns. Er führt uns. Er ist bei uns. Er hält uns. Er hat Pläne mit uns. Er liebt uns.

Weil Gott so ist und es uns auch klar gezeigt hat, können wir ihm vertrauen. Er hört auf unsere Hilferufe (siehe Jesaja 30,19), und wir können uns seiner Führung anvertrauen. „Und kommt ihr vom richtigen Weg ab, so hört ihr hinter euch eine Stimme: ‚Halt, dies ist der Weg, den ihr einschlagen sollt!'" (Jesaja 30,21). Gott führt uns liebevoll, und er lässt uns niemals im Stich.

Nehmen Sie sich Zeit, um allein oder als Paar gemeinsam zu beten. Danken Sie Gott, dass er so ist, wie er ist. Beten Sie mit den oben genannten Versen, bringen Sie auf diese Weise Ihren Glauben an Gott und Ihren Dank an ihn zum Ausdruck. Bitten Sie ihn um seine Führung bei den Entscheidungen, die Sie treffen müssen.

Wenn Sie noch mehr Zeit haben ...

Besprechen Sie miteinander folgende Fragen oder denken Sie darüber nach:

- Welcher der oben angeführten Verse gefällt Ihnen am besten? Was spricht Sie hier besonders an?
- Auf welche Weise führt Gott Sie?
- Lesen Sie Johannes 14,15-18. Wer ist Ihr beständiger Fürsprecher, Begleiter und Anführer? Wie haben Sie seine Führung erlebt?
- Bei welcher Entscheidung in Ihrem Leben brauchen Sie Gottes Führung? Lukas 18,1-8 fordert uns auf, geduldig und hartnäckig zu Gott zu rufen.

Lesen Sie auch die folgenden Abschnitte zum Thema Führung:
Psalm 32,8; Sprüche 20,24; Jakobus 1,5-8.

Den nächsten Impuls finden Sie auf S. 816 a

Opfer verbrannt werden! Ja, es wird dir
schlecht ergehen, Jerusalem, du Stadt, in
der einst David sich niederließ![a] Macht
nur weiter so! Feiert ruhig Jahr für Jahr
eure Feste! 2 Doch ich werde Jerusalem
in so schwere Bedrängnis bringen, dass
die Stadt von lautem Klagen und Stöh-
nen widerhallt. Dann wird sie zu dem,
was ihr Name bedeutet: Ariël, ein Altar
voller Glut. 3 Ich, der Herr, werde zu eu-
rem Feind und schlage mein Lager rings
um die Stadt auf. Ich schütte einen Wall
auf und belagere euch. 4 Dann liegt sie am
Boden, die stolze Stadt. Dumpf klingen
eure Worte, als ob sie aus der Erde kä-
men. Wie die Stimme eines Geistes aus
der Unterwelt, so klingt euer Wispern
aus dem Staub.«

5/6 Dann aber wird das große Heer der
Feinde weggeblasen wie feiner Staub.
Die vielen Belagerer gleichen dem
dürren Laub, das der Wind aufwirbelt.
Plötzlich wird es geschehen, in einem Au-
genblick. Der Herr, der allmächtige Gott,
greift ein. Mit Donnerschlägen, Erd-
beben und lautem Krachen, mit Wirbel-
sturm, Unwetter und loderndem Feuer
kommt er der Stadt zu Hilfe. 7 Die zahl-
reichen Völker, die gegen Jerusalem
Krieg geführt, euch belagert und be-
stürmt haben, erscheinen euch dann nur
noch wie ein böser Traum, wie eine un-
heimliche Vision in der Nacht. 8 Euren
Feinden geht es dann wie einem Verhun-
gernden, der vom Essen träumt, doch
wenn er erwacht, ist er hungrig wie zuvor;
oder wie einem, der verdurstet und vom
Wasser träumt, doch wenn er erwacht, ist
er immer noch ausgedörrt und schwach
vor Durst. Ja, so geht es den vielen Völ-
kern, die gegen Jerusalem Krieg führen!

Der Schein trügt

9 Starrt einander nur an, bis ihr vor Ent-
setzen erstarrt! Verschließt nur weiter
eure Augen, bis ihr wirklich blind seid!
Ihr wankt, doch nicht weil ihr vom Wein
berauscht seid; ihr torkelt, aber nicht weil
ihr zu viel getrunken habt. 10 Der Herr hat
einen Geist über euch kommen lassen,
der euch in tiefen Schlaf versetzt hat. Ja,
eure Augen, die Propheten, hat er ver-
schlossen und eure Köpfe, die Seher, ver-
hüllt.

11 Darum ist nun jede Botschaft Gottes
an euch wie eine versiegelte Buchrolle.
Zeigt man sie einem, der lesen kann,
und bittet ihn vorzulesen, so sagt er: »Das
darf ich nicht, es ist versiegelt!« 12 Drückt
man die Buchrolle einem, der nicht lesen
kann, in die Hand, erwidert er: »Es tut
mir leid, aber ich kann nicht lesen.«

13 So spricht der Herr: »Dieses Volk
gibt vor, mich zu ehren – doch sie tun es
nur mit den Lippen, mit dem Herzen sind
sie nicht dabei. Ihre Frömmigkeit beruht
nur auf Vorschriften, die Menschen auf-
gestellt haben. 14 Deshalb handle ich auch
weiterhin unverständlich für dieses Volk.
Ja, sie werden nicht begreifen, wie ich mit
ihnen umgehe: Die Weisen sollen ihre
Weisheit verlieren, und die Ratgeber
werden guten Rat suchen.«

15 Passt nur auf, die ihr eure Pläne vor
dem Herrn verbergen wollt. Ihr wickelt
eure Geschäfte im Schutze der Dunkel-
heit ab und denkt: »Uns sieht niemand;
keiner merkt, was wir treiben!« 16 Was
für ein Trugschluss! Ist denn ein Klum-
pen Ton dem Töpfer ebenbürtig, der ihn
bearbeitet? Behauptet ein Kunstwerk
von seinem Künstler, er habe es nicht ge-
macht? Oder sagt ein Tonkrug über sei-
nen Töpfer: »Er hat keine Ahnung!«?

Die große Wandlung

17 Bald schon wird das wilde Bergland des
Libanon in einen üppigen Obstgarten
verwandelt, dicht bewachsen wie ein
Wald. 18 Dann werden sogar Taube hören,

---

[a] Wörtlich: Wehe dir, Ariël, du Stadt, in der David sich niederließ. – Mit Ariël ist wohl der oberste Teil des Opferaltars im Tempel gemeint, der Herd, in dem die Glut lag.

29,3 Hes 4,1–3; Lk 19,43 **29,5–8** 17,12–14 **29,9–10** 6,9–10; Röm 11,8 **29,13** Mt 15,8–9 **29,14** Jer 8,8–9; 1 Kor 1,19 **29,15** Ps 94,7; Hes 8,12 **29,16** 45,9* **29,18–19** 26,19; 35,5–6; 42,7; 61,1; Mt 11,5; Lk 4,18

was aus der Buchrolle vorgelesen wird,
und die Blinden kommen aus ihrer Dun-
kelheit hervor und können sehen. 19 Wer
niedergeschlagen war, freut sich wieder,
weil der Herr selbst der Grund seiner
Freude ist. Und die ärmsten Menschen
brechen in Jubel aus über den heiligen
Gott Israels. 20 Dann ist es aus mit den
Tyrannen, und die frechen Lästermäuler
gehen zugrunde. Ausgerottet werden al-
le, die nur darauf aus sind, das Recht zu
verdrehen, 21 die andere auf die bloße
Anklage hin verurteilen, die dem Richter
Fallen stellen, der ein gerechtes Urteil
sprechen will, und die Unschuldige um
ihr Recht bringen.
22 Darum sagt der Herr, der schon
Abraham erlöst hat, zu den Nachkom-
men Jakobs: »Die Israeliten sollen nicht
länger bloßgestellt werden; nie mehr
müssen sie sich schämen! 23 Denn wenn
alle Nachkommen Jakobs meine Taten
sehen, die ich unter ihnen vollbringe,
dann werden sie meinen heiligen Namen
ehren. Ja, in Ehrfurcht werden sie mir be-
gegnen, dem Gott Israels, der schon der
heilige Gott Jakobs war. 24 Alle, die ver-
wirrt waren, kommen wieder zur Ein-
sicht, und Widerspenstige lassen sich be-
lehren.«

Ägyptens Versprechungen sind wertlos

30 So spricht der Herr: »Ihr seid wie
widerspenstige Kinder! Lasst euch
warnen! Ihr führt eure eigenen Pläne aus,
die nicht von mir stammen. Ihr schließt
Verträge ab, die nicht meinem Willen
entsprechen. So ladet ihr immer mehr
Schuld auf euch. 2 Ohne mich zu fragen,
sucht ihr in Ägypten Zuflucht und wollt
euch den Schutz des Pharaos sichern.
3 Doch euer Vertrauen in den Pharao
wird enttäuscht werden: Ohne den er-
hofften Schutz von Ägypten müsst ihr
wieder abziehen, gedemütigt und be-
schämt. 4 Zwar haben eure führenden
Männer die Stadt Zoan erreicht; die Bo-
ten, die ihr gesandt habt, sind bis nach
Hanes im Süden gekommen. 5 Trotzdem
werdet ihr von diesem Volk nur ent-
täuscht. Ein Bündnis mit ihnen nützt
euch nichts! Es bringt euch keine Hilfe
und keinerlei Vorteile, sondern nur
Schimpf und Schande.«
6 Das sagt Gott über die Tiere im Sü-
den:
»Eine Karawane zieht durch die grau-
envolle Wüste, in der überall Gefahren
lauern. Da gibt es Löwen, Giftschlangen
und fliegende Drachen. Die Abgesand-
ten aus Juda haben ihre Esel und Kamele
mit reichen Schätzen schwer beladen,
denn sie wollten sich die Freundschaft
eines Volkes erkaufen. Aber dieses Volk
wird ihnen nichts nützen: 7 Ägyptens Ver-
sprechungen sind wertlos, seine Hilfe
kommt vergeblich. Daher nenne ich es
›Rahab, der lahme Drache‹.«
8 Der Herr befahl mir: »Geh nun, und
schreib meine Worte vor den Augen die-
ser Leute auf eine Tafel! Ritz die Buch-
staben tief ein, damit sie nicht verwittern,
sondern für alle Zeiten erhalten bleiben.
9 Denn mein Volk ist ein widerspenstiges
Volk. Wie missratene, verlogene Kinder
sind sie, die sämtliche Weisungen von
mir in den Wind schlagen. 10 Sie verbieten
den Propheten zu weissagen. ›Wir wollen
die Wahrheit gar nicht hören‹, wehren sie
ab. ›Prophezeit uns lieber, was uns ge-
fällt. Lasst uns in schönen Trugbildern le-
ben, täuscht uns ruhig. 11 Biegt doch die
Wahrheit ein wenig zurecht! Nur lasst
uns endlich in Ruhe, verschont uns mit
diesem heiligen Gott Israels.‹
12 Doch ich, der heilige Gott Israels,
antworte ihnen: Ihr haltet es nicht für nö-
tig, auf meine Warnungen und Befehle zu
hören. Lieber verlasst ihr euch auf Ge-
walt und Intrigen. 13 Doch das wird euch
zum Verhängnis werden. Dann gleicht
ihr einer hohen Mauer, die einen Riss be-
kommen hat. Er wird immer größer und
tiefer, bis die Mauer plötzlich zusammen-

29,22 45,17; 54,4 **30,1–7** 20,1–6; 31,1–3; 36,6 **30,1** 1,2 **30,2** 2 Kön 18,21 **30,7** Hes 29,3 **30,10** Am 2,12*

bricht. 14 Ihr werdet wie ein Tonkrug sein,
der schonungslos in tausend Stücke zer-
schmettert wird. Keine der Scherben ist
noch groß genug, um damit Glut aus der
Feuerstelle zu holen oder Wasser aus
dem Teich zu schöpfen.«

Vertraut mir, habt Geduld!

15 So spricht der Herr, der heilige Gott Is-
raels: »Kehrt doch um zu mir, und werdet
ruhig, dann werdet ihr gerettet! Vertraut
mir, und habt Geduld, dann seid ihr
stark! Doch das wollt ihr nicht.
16 Ihr prahlt: ›Wir haben gute und
schnelle Pferde, wir bringen uns rechtzei-
tig in Sicherheit.‹ Jawohl – ihr werdet flie-
hen, aber eure Verfolger bleiben euch auf
den Fersen! 17 Ein einziger von ihnen
schlägt tausend von euch in die Flucht;
und wenn nur fünf euch angreifen, dann
lauft ihr alle schon davon. Zuletzt bleibt
nur ein kleines Häufchen von euch übrig,
einsam und verlassen wie eine Fahnen-
stange auf der Bergspitze.«
18 Doch sehnt sich der Herr danach,
euch gnädig zu sein. Bald wird er zu euch
kommen und sich wieder über euch er-
barmen, denn er ist ein gerechter Gott.
Wie glücklich sind alle, die auf seine Hilfe
warten!
19 Ihr Einwohner Jerusalems, ihr Men-
schen aus Zion, ihr werdet nicht mehr
weinen! Der Herr wird euer Rufen erhö-
ren und euch in Liebe antworten. 20 Und
schickt er euch auch Zeiten der Not, in
denen Brot und Wasser knapp werden,
so lässt er euch doch nicht umkommen.
Er wird sich nicht länger vor euch verbor-
gen halten, sondern euch unterweisen.
Mit eigenen Augen werdet ihr ihn als eu-
ren Lehrer sehen. 21 Und kommt ihr vom
richtigen Weg ab, so hört ihr hinter euch
eine Stimme: »Halt, dies ist der Weg, den
ihr einschlagen sollt!« 22 Dann sind eure
geschnitzten und gegossenen, mit Gold
und Silber überzogenen Götzenfiguren
für euch auf einmal nur noch Abfall. Ver-
ächtlich ruft ihr: »Bloß weg mit diesem
Dreck!«
23 Eure bestellten Felder wird der Herr
mit Regen tränken. Üppig steht euer Ge-
treide da, ihr bringt eine reiche Ernte ein.
Eure Herden weiden auf weiten, saftigen
Wiesen. 24 Die Rinder und Esel, mit de-
nen ihr die Felder bearbeitet, bekommen
Kraftfutter zu fressen, das man sorgfältig
für sie mischt und zubereitet. 25 An dem
Tag, an dem eure Feinde in einer großen
Schlacht fallen und ihre Festungen ein-
stürzen, da werden wasserreiche Bäche
von den Bergen und Hügeln herunterflie-
ßen. 26 Der Mond leuchtet so hell wie die
Sonne, und die Sonne scheint siebenmal
heller als sonst, als würde sie das Licht
einer ganzen Woche verbreiten. An die-
sem Tag wird der Herr die Wunden, die
er seinem Volk zugefügt hat, verbinden
und ihre Brüche heilen.

Der Herr rechnet mit den Assyrern ab

27 Seht ihr den Herrn nahen? Er kommt
von weither, gepackt von glühendem
Zorn. Seine Lippen beben vor Wut, und
seine Zunge sprüht Feuer. 28 Sein Atem
reißt alles mit sich fort wie ein tosender
Bach, der einem bis zum Hals reicht. Er
kommt, um die Völker im Sieb zu schüt-
teln und wegzuwerfen. Wie wilde Pferde
wird er sie bändigen, er wird ihnen einen
Zaum anlegen und sie daran ins Verder-
ben führen.
29 Ihr aber werdet Lieder singen wie in
den Nächten, in denen ihr heilige Feste
feiert. Ihr werdet fröhlich sein wie die
Pilger, die unter Flötenspiel zum Berg
des Herrn ziehen, zum starken und
mächtigen Gott Israels.
30 Der Herr lässt seine Donnerstimme
hören; in schrecklichem Zorn schlägt er
zu, mit loderndem Feuer, Wolkenbruch,
Sturm und Hagel. 31 Die Assyrer werden
zu Tode erschrecken, wenn sie die Don-
nerstimme des Herrn hören und seine

30,14 Jer 19,10–11 **30,15** 7,9 **30,16** 31,1–3; 2 Kön 25,4–5 **30,17** 5 Mo 32,30 **30,18** 2 Mo 34,6 **30,22** 27,9 **30,27–33** 10,5–19* **30,27–28** Hab 3,3–15

Stockschläge spüren. 32 Sie bekommen
die vom Herrn verhängte Strafe; ein Ru-
tenhieb nach dem anderen klatscht auf
sie nieder, begleitet von Trommelwirbel
und Harfenklängen. Ja, der Herr selbst
wird gegen sie kämpfen! 33 Der Platz ihrer
Hinrichtung ist längst vorbereitet. Auch
auf den König wartet der Scheiterhaufen.
Die Feuerstelle wurde ausgehoben, tief
und weit; eine große Menge Brennholz
hat man aufgeschichtet. Der Atem des
Herrn, feurig wie ein glühender Lava-
strom, setzt alles in Brand.

Der Herr allein rettet Jerusalem

31 Wehe denen, die nach Ägypten
gehen, um Hilfe zu holen! Sie set-
zen ihre Hoffnung auf Pferde, sie vertrau-
en auf die unzähligen Streitwagen und
die starken Reitertruppen. Den heiligen
Gott Israels aber lassen sie außer Acht,
den Herrn bitten sie nicht um Hilfe.
2 Doch er weiß genau, was er tut: Unglück
lässt er über euch kommen. Er nimmt sei-
ne Drohungen nicht zurück. Gegen euch,
ihr Übeltäter, und gegen alle, von denen
ihr Hilfe erwartet, wird er sich erheben.
3 Die Ägypter sind doch nur Menschen
und nicht Gott; ihre Pferde sind aus
Fleisch und Blut und haben keine gött-
liche Kraft. Der Herr braucht nur dro-
hend seine Hand zu erheben, schon stol-
pert der Helfer, der Hilfesuchende stürzt,
und alle beide kommen um.
4 So spricht der Herr: »Ein junger Löwe
verteidigt knurrend seine Beute. Er lässt
sich nicht einschüchtern vom Geschrei
der vielen Hirten, die ihm das Schaf wie-
der entreißen wollen. Genauso furchtlos
werde ich, der allmächtige Gott, auf den
Berg Zion herabkommen und die Stadt
Jerusalem verteidigen. 5 Wie ein Vogel
über seinem Nest kreist und seine Jungen
ständig im Auge behält, so werde ich, der
allmächtige Gott, Jerusalem beschützen.
Ich beschirme und verteidige die Stadt,
ich verschone sie vor dem Untergang
und befreie sie schließlich von ihren
Feinden.«
6 Kehrt um, ihr Israeliten, zurück zum
Herrn! Ihr habt euch schon so weit von
ihm entfernt. 7 Noch verehrt ihr eure
selbst gemachten Götzenfiguren aus Sil-
ber und Gold, noch begeht ihr diese
schwere Sünde. Doch es kommt der Tag,
an dem ihr sie alle verabscheuen werdet.
8 »Assyrien wird fallen«, sagt der Herr.
»Mit dem Schwert wird das Heer geschla-
gen. Doch keine menschliche Waffe, son-
dern mein Schwert bringt sie um. Sie wer-
den davor fliehen, und die jungen
Soldaten müssen Zwangsarbeit leisten.
9 Die Heerführer der Assyrer vergehen
fast vor Angst.[a] Sie lassen ihre Truppen
im Stich und ergreifen die Flucht. Das sa-
ge ich, der Herr, der in Jerusalem wohnt,
dessen Feuer auf dem Berg Zion brennt.«

Ein gerechter Herrscher

32 Eines Tages wird ein gerechter
König regieren. Auch seine obers-
ten Beamten werden sich an das Recht
halten. 2 Jeder von ihnen wird für das
Volk sein wie ein windgeschützter Ort
im Sturm, wie ein Schutzdach beim Wol-
kenbruch, wie ein sprudelnder Bach in
der Steppe, wie der kühle Schatten eines
hohen Felsens in glühend heißer Wüste.
3 Dann wird keiner mehr verblendet
sein; alle sehen wieder klar und hören
aufmerksam hin. 4 Hitzköpfe lernen,
überlegt und einsichtsvoll zu handeln,
und selbst Menschen, denen das Reden
schwer fiel, können dann fließend und
deutlich sprechen. 5 Ein unverbesserli-
cher Dummkopf wird dann nicht mehr
vornehm genannt, kein Betrüger wird
mehr als ehrlich hingestellt. 6 Denn ein
gottloser Mensch wird immer Schlechtes
reden. Er will nur Unheil anrichten und
schreckt vor keiner Grausamkeit zurück.
Was er über den Herrn sagt, ist verkehrt

---

[a] Wörtlich: Und sein Fels wird vor Schrecken vergehen.

31,1–3 20,1–6; 30,1–7; 36,6 **31,1** 5 Mo 17,16; Ps 20,8 **31,3** Sach 4,6 **31,5** 5 Mo 32,11; Lk 13,34
31,7 2,20 **31,8–9** 10,5–19* **32,1** 9,6* **32,3** 29,9–10 **32,5** 5,20.23

und führt andere in die Irre. Den Hung-
rigen gibt er nichts zu essen, und Durs-
tige lässt er nicht trinken. [7]Auch der
Betrüger hat nichts als üble Machen-
schaften im Sinn: Er schmiedet hinterlis-
tige Pläne, um die Armen mit falschen
Aussagen zugrunde zu richten, selbst
wenn diese im Recht sind. [8]Ein ehrlicher
Mensch dagegen ist auf das Gute be-
dacht und setzt sich dafür ein, dass die
Wahrheit siegt.

Das sorglose Leben hat ein Ende

[9]Sorglos lebt ihr in den Tag hinein, ihr
Frauen – hört, was ich euch sage! Ihr un-
bekümmerten Mädchen, hört mir zu!
[10]Noch gut ein Jahr, dann werdet ihr vor
Angst zittern, ihr leichtfertigen Frauen.
Dann gibt es keine Weinlese und auch
keine Obsternte mehr. [11]Ja, fürchtet
euch, ihr Sorglosen, und zittert, ihr Unbe-
kümmerten! Legt eure feinen Gewänder
ab, und zieht Trauerkleider aus Sacktuch
an! [12]In eurer Verzweiflung werdet ihr al-
le die Hände an die Brust schlagen und
um die schönen Felder und die frucht-
baren Weinberge klagen: [13]Unkraut und
Dornengestrüpp überwuchern die Äcker
im ganzen Land. Die Häuser sind zer-
stört, in denen ihr so viel Freude erlebt
habt; die Stadt, die heute noch so lebens-
lustig ist, wird in Trümmern liegen.
[14]Verlassen steht der Palast da; alles Le-
ben ist aus den Straßen verschwunden;
Totenstille liegt über der Stadt. Burg-
hügel und Wachturm werden für immer
zu Schlupfwinkeln der Tiere: Wildesel
schreien dort, und Herden weiden zwi-
schen den Ruinen.

Gottes Geist schenkt Glück und Frieden

[15]So wird es bleiben, bis der Geist Gottes
aus der Höhe über uns kommt. Dann
wird die Wüste in einen Obstgarten ver-
wandelt, dicht wie im Wald stehen die
Bäume beieinander. [16]Im ganzen Land
beachtet man das Recht. Überall
herrscht Gerechtigkeit, in der Wüste wie
im fruchtbaren Land. [17]Und wo es ge-
recht zugeht, da herrschen auch Friede,
Ruhe und Sicherheit – für immer.
[18]So spricht der Herr: »Mein Volk lebt
dann in einem Land, wo Frieden ist. Ru-
hig und ohne Sorgen wohnen sie dort.
Ihre Häuser sind vor jeder Gefahr sicher.
[19]Den Wald der Feinde aber wird der Ha-
gel zerschlagen, ihre Stadt wird unterge-
hen. [20]Doch euch geht es gut. Bäche und
Flüsse durchziehen euer Land, ihr könnt
auf fruchtbaren Boden säen, und eure
Rinder und Esel laufen frei herum.«

Herr, hilf uns!

33 Nimm dich in acht, du Zerstörer!
Du verwüstest ganze Länder, doch
dein eigenes Land ist bisher verschont
geblieben. Du betrügst, doch dich selbst
konnte noch niemand in die Irre führen.
Nun ist die Reihe an dir: Wenn du alle
Länder verwüstet hast, dann wird auch
dein Land zerstört. Hast du endlich alle
hinters Licht geführt, wirst du selbst
überlistet.
[2]Herr, hab Erbarmen mit uns! Auf
dich allein setzen wir unsere Hoffnung.
Schütze und stärke unser Volk jeden Tag
neu! Hilf uns in Zeiten der Not!
[3]Wenn die Feinde deine Donnerstim-
me hören, ergreifen sie die Flucht. Ganze
Völker stieben auseinander, wenn du,
Herr, aufstehst und eingreifst. [4]Dann
wird man sich auf die reiche Beute stür-
zen wie ein Heuschreckenschwarm, wie
gefräßige Insekten, die im Nu alles kahl
fressen.
[5]Groß und mächtig ist der Herr. Er re-
giert im Himmel und wacht darüber, dass
auf dem Berg Zion Recht und Gerechtig-
keit herrschen. [6]Ihr Einwohner von Jeru-
salem, ihr werdet in Sicherheit leben, und
es wird euch in jeder Hinsicht gut gehen.
Weisheit und Erkenntnis besitzt ihr dann
in reichem Maß, euer größter Schatz aber
wird die Ehrfurcht vor dem Herrn sein.

32,9 Am 6,1 **32,11** 3,24 **32,13–14** 6,11 **32,15** 29,17 **33,1** Hab 2,6–8 **33,3** 29,5–8 **33,5** 1,21

Vom Feind betrogen – vom Herrn gerettet

[7]Seht, die Kriegshelden laufen schreiend
durch die Straßen! Die Boten, die die
Nachricht vom Frieden schon überall ver-
kündet hatten, kommen laut weinend zu-
rück. [8]Die Wege sind menschenleer, kein
Reisender zieht durch das Land. Verträ-
ge werden gebrochen, Zeugenaussagen
gelten nichts mehr, und ein Menschen-
leben ist wertlos. [9]Das ganze Land ver-
kümmert und verwelkt: Die Zedern auf
dem Libanon verdorren – welch ein trau-
riger Anblick! Die fruchtbare Scharon-
ebene gleicht einer Wüste, die Bäume im
Gebiet von Baschan und auf dem Berg
Karmel verlieren ihre Blätter.

[10]Doch der Herr sagt: »Nun handle
ich! Jetzt greife ich ein und beweise mei-
ne Macht! [11]Eure Pläne sind nutzlos wie
dürres Stroh, und was dabei heraus-
kommt, ist nicht mehr wert als Stoppeln.
Voller Wut speit ihr Feuer, aber es wird
euch selbst verzehren. [12]Ja, die feindli-
chen Völker sollen verbrannt werden,
bis nur noch feine, weiße Asche von
ihnen übrig bleibt. Es wird ihnen gehen
wie dürrem Dornengestrüpp, das man
ins prasselnde Feuer wirft. [13]Ihr Völker
in der Ferne, hört, was ich getan habe;
und ihr in der Nähe, erkennt meine
Macht an!«

[14]Die gottlosen Menschen in Jerusalem
fahren erschrocken zusammen. Die
Angst packt alle, die von Gott nichts wis-
sen wollen. Sie fragen: »Wer hält es ne-
ben diesem Feuer aus? Wer von uns kann
bei dieser Glut wohnen, die nie erlischt?«
[15]Wer gerecht ist und die Wahrheit sagt;
wer Ausbeutung und Erpressung verab-
scheut; wer Bestechungsgelder ablehnt;
wer sich nicht in Mordpläne einweihen
und verstricken lässt; wer nicht zuschaut,
wo Böses geschieht. [16]Wer richtig han-
delt, der wird ruhig und sicher leben wie
auf einer hohen Burg, die von schützen-
den Mauern umgeben ist. Er hat immer
genug zu essen, und auch an Wasser fehlt
es ihm nie.

Ihr werdet den König sehen in seiner Schönheit

[17]Ihr werdet euren König sehen in seiner
Majestät und Schönheit. Ihr blickt über
ein weites Land. [18]Dann denkt ihr an die
früheren Schreckenszeiten zurück: »Wo
sind sie nun, die Unterdrücker, denen
wir hohen Tribut zahlen mussten? Wo
sind sie denn, die unsere Festungen über-
wachten? Damit ist es jetzt vorbei!«
[19]Nie wieder seht ihr eure Unterdrücker,
dieses überhebliche Volk mit seiner
fremden Sprache, die in euren Ohren
wie sinnloses Gestammel klingt.

[20]Schaut auf die Stadt Zion, in der wir
unsere Feste feiern! Ihr werdet noch erle-
ben, wie Jerusalem zu einem friedlichen
Wohnort wird. Dann gleicht die Stadt
einem Zelt, das nie mehr abgebrochen
wird; seine Pflöcke zieht man nicht mehr
heraus, und keiner löst seine Seile.

[21–23]Der Herr wird in seiner Größe und
Macht bei uns sein. Dann wohnen wir in
Jerusalem so sicher wie an einem breiten
Strom mit vielen Nebenflüssen. Keine
feindlichen Galeeren sind dort zu sehen,
keine mächtigen Segelschiffe fahren da-
rauf. Und wenn doch eines kommt, dann
hängen die Taue schlaff herab, sie kön-
nen den Mastbaum nicht halten und kein
Segel spannen. Die kostbare Ladung
wird unter die Einwohner Jerusalems
verteilt, selbst Lahme und Blinde ma-
chen Beute. Der Herr allein ist unser
Richter, der uns führt; er gibt uns die Ge-
setze, er ist unser König. Nur er kann uns
helfen. [24]Im ganzen Land wird keiner
mehr klagen: »Ach, ich bin schwach und
krank!«, denn dem Volk wird jede Schuld
vergeben sein.

33,14–15 Ps 15,1–5; 24,3–5 **33,14** 5 Mo 4,24 **33,19** 28,11 **33,24** 2 Mo 23,25

Der Herr kündigt sein Gericht über Edom an

34 Ihr Völker, kommt her und hört
zu! Die ganze Welt, alle Bewohner
der Erde sollen aufmerksam zuhören:
2 Der Herr ist zornig über die Völker, ihre
Heere werden seinen schrecklichen Zorn
zu spüren bekommen. Er hat sie dem Un-
tergang geweiht, abgeschlachtet sollen
sie werden. 3 Dann liegen die Leichen he-
rum, und niemand beerdigt sie. Widerli-
cher Verwesungsgestank erfüllt die Luft.
Das Blut der Erschlagenen durchtränkt
die Berge. 4 Die Gestirne vergehen, der
Himmel wird zusammengerollt wie eine
Buchrolle. Die Sterne fallen herab wie
dürre Weinblätter, wie trockene Blätter
vom Feigenbaum.

5 Der Herr sagt: »Mein Schwert im
Himmel ist rot von Blut. Es fährt auf das
Land Edom nieder und vollstreckt mein
Urteil. Dieses Volk habe ich dem Unter-
gang geweiht.« 6 Das Schwert des Herrn
trieft von ihrem Blut und Fett, so wie es
beim Schlachten vom Blut der Lämmer
und Böcke trieft, wie es bedeckt ist vom
Nierenfett der Schafböcke. Denn in
Bozra, der Hauptstadt Edoms, feiert der
Herr ein großes Opferfest. Ja, in ganz
Edom ist großer Schlachttag. 7 Die
Menschen werden niedergemetzelt wie
Büffel, Rinder und Stiere. Ihr Blut durch-
tränkt das ganze Land, der Boden trieft
von ihrem Fett. 8 Das alles wird gesche-
hen, wenn der Herr mit Edom abrechnet.

In diesem Jahr zahlt er Edom alles Un-
recht an Jerusalem heim. 9 Dann wird das
Wasser der Bäche in Edom zu Pech, und
der Boden verwandelt sich in Schwefel.
Das ganze Land steht in Flammen wie
eine Fackel, 10 Tag und Nacht erlischt das
Feuer nicht. Unaufhörlich steigt schwar-
zer Rauch zum Himmel auf. Generatio-
nen kommen und gehen, doch dieses
Land bleibt verwüstet für alle Zeiten.
Nie mehr wird ein Mensch diese öde Ge-
gend durchstreifen. 11 Eulen und Igel hau-
sen dort, Käuzchen und Raben lassen
sich nieder. Der Herr zieht mit der Mess-
schnur eine Grenze um das ganze Land
und macht es zu einer wilden, menschen-
leeren Gegend. 12 Keine Fürsten rufen je
wieder ein Königtum aus, von den vor-
nehmen Herren bleibt niemand übrig.
13 An den Mauern der Paläste ranken
Dornen empor, Nesseln und Disteln
überwuchern die alten Festungen. Scha-
kale wohnen in den Ruinen, und Strauße
siedeln sich an. 14 Hyänen und andere
Wüstentiere hausen dort, Dämonen be-
gegnen einander, und Gespenster lassen
sich nieder. 15 Schlangen nisten dort, le-
gen Eier und brüten sie aus, bis die Jun-
gen schlüpfen. Auch Aasgeier zieht es in
großer Zahl dorthin.

16 Forscht im Buch des Herrn, und lest
nach: Nicht eines dieser Tiere fehlt, alle
finden sich in Edom. Denn der Herr
selbst hat es befohlen, und sein Geist
bringt sie dort zusammen. 17 Eigenhändig
wird er das Land vermessen und jedem
Tier durch das Los sein Gebiet zuweisen.
Dann besitzen sie es für alle Zeiten, eine
Generation nach der anderen wird darin
wohnen.

Der Herr befreit sein Volk aus der Gefangenschaft

35 Freuen wird sich die Wüste, jubeln
das dürre Land, die Steppe wird
singen vor Freude: Sie ist aufgeblüht, ein
Meer von Lilien.
2 In voller Blüte steht sie da und singt und
jubelt vor Freude. Schön wie der Wald im
Libanon soll sie werden, prächtig wie der
Berg Karmel und fruchtbar wie die Scha-
ronebene. Dann wird jeder die Herrlich-
keit und Pracht des Herrn, unseres Got-
tes, sehen.

3 Stärkt die kraftlosen Hände! Lasst die
zitternden Knie wieder fest werden!

34,4 Mt 24,29; 2 Petr 3,10; Offb 6,13–14 **34,5–17** 63,1–6; Jer 49,7–22; Hes 25,12–14; 35,1–15; Am 1,11–12; Obd 1–15; Mal 1,2–5 **34,8** Klgl 4,21–22 **34,9** 1 Mo 19,24–28 **34,10** Offb 14,11; 19,3 **34,17** Jos 14,1–2 **35,1** 32,15; 55,12–13 **35,2** 40,5 **35,3** Hebr 12,12

4 Sagt denen, die sich fürchten: »Fasst
neuen Mut! Habt keine Angst mehr,
denn euer Gott ist bei euch! Jetzt wird er
euren Feinden alles Unrecht vergelten,
das sie euch angetan haben. Gott selbst
kommt, um euch zu helfen und euch zu
befreien.«

5 Dann bekommen die Blinden ihr Au-
genlicht wieder, und die Tauben können
hören.
6 Gelähmte springen wie ein Hirsch, und
Stumme singen aus voller Kehle. In der
Wüste brechen Quellen hervor, Bäche
fließen durch die öde Steppe.
7 Teiche entstehen, wo vorher heißer
Wüstensand war. In der dürren Land-
schaft sprudelt Wasser aus dem Boden.
Wo heute noch Schakale lagern, wachsen
dann Gras, Binsen und Schilf.

8 Eine Straße wird es dort geben, die man
»Heilige Straße« nennt. Kein unreiner
Mensch wird sie betreten, sie ist nur für
das Volk des Herrn bestimmt. Wer auf
dieser Straße reist, kann sich nicht ver-
irren, auch wenn er sich nicht auskennt.
9 Kein Löwe liegt auf der Lauer, auch an-
dere Raubtiere gibt es dort nicht. Nur die
erlösten Menschen betreten diese Straße.

10 Alle, die der Herr befreit hat, kehren
jubelnd aus der Gefangenschaft zum
Berg Zion zurück. Von Freude ergriffen,
jubelnd vor Glück, kommen sie heim.
Trauer und Sorge sind für immer vorbei.

Die Assyrer belagern Jerusalem (2. Könige 18,13–37; 2. Chronik 32,1–19)

36 Im 14. Regierungsjahr König His-
kias marschierte der assyrische
König Sanherib mit seinen Truppen in Ju-
da ein und eroberte alle befestigten Städ-
te des Landes. 2 Von der Stadt Lachisch
aus schickte er einen seiner höchsten
Würdenträger – er trug den Titel Rab-
schake – mit einem starken Heer nach Je-
rusalem. Dort stellte sich das Heer bei
der Wasserleitung des oberen Teiches
auf. Sie liegt an der Straße zu dem Feld,
auf dem die Tuchmacher ihre Stoffe blei-
chen. 3 Hiskia schickte drei seiner Hof-
beamten zu ihnen hinaus: den Palastver-
walter Eljakim, einen Sohn Hilkijas, den
Hofsekretär Schebna und den Berater
Joach, einen Sohn Asafs. 4 Der Rabscha-
ke gab ihnen eine Botschaft an König
Hiskia mit:
»Der mächtige König von Assyrien
lässt dir sagen: Worauf vertraust du ei-
gentlich, dass du dich so sicher fühlst?
5 Schöne Worte allein erringen keinen
Sieg. Was du brauchst, sind gute Berater
und lange Kriegserfahrung. Von wem er-
hoffst du dir Rückendeckung, dass du es
wagst, dich gegen mich aufzulehnen?
6 Ausgerechnet von Ägypten erwartest
du Hilfe? Auf diesen zerbrochenen Stab
willst du dich stützen? Er hat noch jedem
die Hand durchbohrt, der sich auf ihn
stützte. So ist nämlich der Pharao: Er
lässt alle im Stich, die sich auf ihn verlas-
sen! 7 Vielleicht sagt ihr jetzt: ›Wir ver-
trauen auf den Herrn, unseren Gott!‹
Aber hast du, Hiskia, nicht alle Altäre
und Opferstätten dieses Gottes nieder-
gerissen? Hast du nicht dem Volk in ganz
Juda und Jerusalem befohlen, sich nur
noch vor dem einen Altar in Jerusalem
niederzuwerfen? Und da sollte dieser
Gott euch nun noch helfen wollen?[a]
8 Der König von Assyrien bietet dir
folgende Wette an: Er schenkt dir zwei-
tausend Pferde, wenn du die Reiter dafür
aufbringen kannst. Wetten, dass es dir
nicht gelingt? 9 Ihr könnt doch nicht
einmal irgendeinem unbedeutenden
Truppenführer meines Herrn die Stirn
bieten. Ihr setzt ja eure ganze Hoffnung
auf die Ägypter, weil sie viele Streitwagen
besitzen. 10 Und noch etwas lässt dir der
König sagen: Du denkst wohl, wir seien

---

[a] »Und da … wollen« ist sinngemäß eingefügt.

35,4 40,9 **35,5–6** 29,18–19* **35,7** 41,17–19 **35,8** 40,3–4; 43,19 **35,10** 51,11; 65,18–19; Offb 21,4
36,2 7,3 **36,3** 22,15–25 **36,6** 31,1–3; Hes 29,6–7 **36,7** 2 Kön 18,4 **36,10** 10,5–6

gegen den Willen des Herrn hier einmar-
schiert, um alles zu verwüsten? Dann irrst
du dich aber! Der Herr selbst hat mir be-
fohlen, dieses Land zu erobern und zu zer-
stören.«
11 Hier unterbrachen Eljakim, Schebna
und Joach den Rabschake. »Bitte, rede
aramäisch mit uns, Herr«, baten sie.
»Sprich nicht hebräisch! Die Leute aus
dem Volk oben auf der Mauer verstehen
sonst jedes Wort.« 12 Doch der Rabschake
erwiderte: »Meint ihr, mein Herr habe
mich mit dieser Botschaft nur zu euch
und eurem Herrn geschickt? Nein, gera-
de die Männer dort oben auf der Stadt-
mauer sollen es hören! Bald schon wer-
den sie so wie ihr den eigenen Kot
fressen und Harn saufen.«
13 Dann wandte er sich zur Stadtmauer
hin und rief laut auf Hebräisch: 14 »Hört,
was der mächtige König von Assyrien
euch zu sagen hat: Lasst euch von Hiskia
nicht täuschen! Der kann euch ja doch
nicht helfen. 15 Er vertröstet euch auf den
Herrn und behauptet: ›Ganz sicher wird
der Herr uns retten und verhindern, dass
der König von Assyrien die Stadt er-
obert.‹ Fallt nicht darauf herein! 16 Hört
nicht auf Hiskia, sondern hört auf den
König von Assyrien! Er will Frieden mit
euch schließen und lässt euch sagen: Ihr
könnt euch mir getrost ergeben! Dann
werdet ihr wieder die Früchte eurer
Weinstöcke und Feigenbäume essen und
das Wasser eurer Brunnen trinken, 17 bis
ich euch in ein Land hole, das so frucht-
bar ist wie eures. Dort gibt es Getreide-
felder und Weinberge, Brot und Most in
Hülle und Fülle. 18 Lasst euch von Hiskia
nicht an der Nase herumführen, wenn er
behauptet: ›Der Herr wird uns helfen!‹
Haben etwa die Götter anderer Völker
sie vor mir retten können? 19 Was ist mit
den Göttern von Hamat und Arpad und
mit den Göttern von Sefarwajim? Konn-
ten sie ihre Städte vor meinen Angriffen
schützen? Und wie war es mit Samaria?
Haben sie uns etwa dort zum Abzug ge-
zwungen? 20 Nein, nicht ein einziger Gott
konnte sein Land vor meinen Eroberun-
gen schützen. Und da sollte ausgerechnet
euer Gott, den ihr ›Herr‹ nennt, Jerusa-
lem vor mir bewahren?«
21 Die Leute auf der Mauer blieben ru-
hig und antworteten ihm nichts. Hiskia
hatte ihnen nämlich befohlen, kein Wort
zu sagen. 22 Entsetzt zerrissen Eljakim,
Schebna und Joach ihre Gewänder. Sie
eilten zu Hiskia und wiederholten ihm
die ganze Rede des Rabschake.

Der Herr ermutigt Hiskia
(2. Könige 19,1–7)

37 Als König Hiskia das hörte, zerriss
auch er sein Gewand und hüllte
sich in ein Trauergewand aus Sacktuch.
Dann ging er in den Tempel. 2 Den Palast-
verwalter Eljakim, den Hofsekretär
Schebna und einige führende Priester
schickte er in Trauergewändern zum Pro-
pheten Jesaja, dem Sohn des Amoz.
3 »Wir haben dir etwas von Hiskia aus-
zurichten«, begannen sie. »Er lässt dir sa-
gen: Heute ist ein schrecklicher Tag, die
Assyrer haben uns schwer beleidigt. Das
ist die Strafe für unsere Sünden. Die La-
ge ist so ernst wie bei einer Geburt, wenn
die Mutter keine Kraft mehr hat, ihr
Kind zu gebären. 4 Doch vielleicht hat
der Herr, dein Gott, alle Lästerungen
des Rabschake gehört. Der Gesandte
des assyrischen Königs hat den lebendi-
gen Gott verhöhnt! Sicher hat der Herr
seine Worte gehört und bestraft ihn da-
für. O Jesaja, bete für uns, bete für die
Überlebenden!«
5 Als sie die Botschaft Hiskias aus-
gerichtet hatten, 6 gab Jesaja ihnen gleich
eine Antwort für den König mit: »So
spricht der Herr: ›Hab keine Angst vor
den Drohungen, die du gehört hast. Lass
dich nicht einschüchtern, wenn die Boten
des assyrischen Königs über mich lästern!
7 Ich will ihn dazu bringen, dass er seine
Truppen von hier abzieht. Er wird ein
Gerücht hören und darüber so beunru-
higt sein, dass er umgehend in sein Land

36,16 1 Kön 5,5 **37,4** 1 Sam 17,26 **37,6** 7,9

zurückkehrt. Dort lasse ich ihn durch das
Schwert umkommen.‹«

Sanheribs Drohungen – Hiskias Gebet
(2. Könige 19,8–19; 2. Chronik 32,17)

8 Der Rabschake kehrte zu König Sanhe-
rib zurück, der inzwischen wieder von
Lachisch aufgebrochen war und nun die
Stadt Libna belagerte.
9 Sanherib hörte, der äthiopische König
Tirhaka sei mit einem Heer unterwegs,
um die Assyrer anzugreifen. Da schickte
er noch einmal eine Gesandtschaft zu
König Hiskia 10 und ließ ihm einen Brief
überbringen. »Überschätze deinen Gott
nicht«, hieß es darin, »lass dich nicht von
ihm täuschen, wenn er dir sagt: ›Jerusa-
lem wird nicht fallen, der assyrische Kö-
nig kann die Stadt nicht einnehmen!‹
11 Du weißt doch, wie die assyrischen Kö-
nige gegen ihre Feinde vorgehen: Ihre
Länder verwüsten sie, und die Bewohner
metzeln sie nieder. Und da solltest gera-
de du verschont bleiben? 12 Wurden denn
Städte wie Gosan, Haran oder Rezef von
ihren Göttern beschützt? Wie war es mit
den Einwohnern von Telassar im Land
Eden? Kein Gott half ihnen, als meine
Vorgänger sie vernichteten! 13 Und wo
sind heute die Könige von Hamat und
Arpad, Sefarwajim, Hena und Awa?«
14 Die Boten überbrachten Hiskia das
Schreiben. Er las es und ging damit in
den Tempel. Dort breitete er den Brief
vor dem Herrn aus 15 und begann zu
beten:
16 »Allmächtiger Gott, du Gott Israels,
der du über den Cherub-Engeln thronst,
du allein bist Gott über alle Königreiche
der Welt. Himmel und Erde hast du ge-
schaffen. 17 Herr, erhöre mich! Sieh doch,
wie schlimm es um uns steht! Höre, wie
Sanherib dich, den lebendigen Gott, ver-
höhnt! 18 Es ist wahr, Herr: Die assyri-
schen Könige haben die Länder aller
ihrer Feinde verwüstet. 19 Sie haben deren
Götter ins Feuer geworfen, denn es wa-
ren ja keine lebendigen Götter, sondern
nur Figuren aus Holz oder Stein, von
Menschen gemacht. Darum konnten die
Assyrer sie verbrennen. 20 Nun bitte ich
dich, Herr, unser Gott: Errette uns aus
der Gewalt des assyrischen Königs! Alle
Länder der Erde sollen erkennen, dass
nur du der Herr bist!«

Gottes Antwort auf den Spott des assyrischen Königs
(2. Könige 19,20–37; 2. Chronik 32,20–21)

21 Da schickte Jesaja, der Sohn des Amoz,
einen Boten zu König Hiskia, der ihm sa-
gen sollte: »So spricht der Herr, der Gott
Israels: Ich habe dein Gebet wegen San-
herib gehört. 22 Hör nun, was ich zum Kö-
nig von Assyrien sage:
Die Stadt Zion verachtet und verspot-
tet dich! Ganz Jerusalem lacht über dich.
23 Weißt du überhaupt, wen du verhöhnt
und gelästert hast? Weißt du, mit wem
du dich angelegt hast? Mit dem heiligen
Gott Israels! 24 Durch deine Boten hast
du mich, den Herrn, verspottet. Du
prahlst:
›Mit meinen vielen Streitwagen habe
ich die Berge bezwungen, bis zum höchs-
ten Gipfel des Libanon bin ich vorgesto-
ßen. Seine mächtigen Zedern habe ich
gefällt und die schönsten Zypressen ab-
geholzt. Ich erreichte seine entlegensten
Höhen und drang in jedes Dickicht seiner
Wälder vor. 25 In fremden Ländern habe
ich mir Brunnen gegraben. Die Nilarme
in Ägypten waren kein Hindernis für
mich: Unter meinen Schritten trockneten
sie aus.‹
26 Höre, König von Assyrien: Womit du
jetzt prahlst, das habe ich schon in grauer
Vorzeit geplant, seit langem ist es vor-
bereitet! Nur darum habe ich zugelassen,
dass du befestigte Städte einreißt und sie
in Trümmerhaufen verwandelst. 27 Ihre
Einwohner waren machtlos gegen dich,
du hast Schrecken und Schande über sie
gebracht. Sie waren wie junges Grün auf

37,12 36,18 **37,16** 1 Sam 4,4 **37,19** 44,9–20* **37,22–35** 10,5–19*

dem Feld, wie zartes Gras auf Lehmdä-
chern, das im heißen Ostwind verdorrt.
[28]Ich kenne dich ganz genau. Ich weiß,
ob du sitzt oder stehst. Ich sehe, wann du
kommst und wann du gehst. Ich weiß
auch, wie du gegen mich wütest. [29]Dein
Prahlen habe ich gehört. Weil du so ge-
gen mich tobst, will ich dir einen Ring
durch die Nase ziehen und meinen Zaum
ins Maul legen. Dann treibe ich dich den
Weg wieder zurück, den du gekommen
bist.

[30]Dir, Hiskia, gebe ich ein Zeichen, an
dem du erkennen kannst, dass ich mein
Versprechen halte: In diesem und im
nächsten Jahr müsst ihr von dem leben,
was auf euren Feldern von allein nach-
wächst. Doch im übernächsten Jahr
könnt ihr wieder säen und ernten, Wein-
berge anlegen und ihre Früchte essen wie
früher. [31]Die Bewohner von Juda, die
diese schwere Zeit überstehen, werden
in Frieden in ihrer Heimat leben können
wie Pflanzen, die Wurzeln schlagen und
Frucht bringen. [32]Denn in Jerusalem wer-
den Menschen überleben und das Land
wieder bevölkern. Ich, der Herr, der all-
mächtige Gott, sorge dafür und verfolge
mein Ziel beharrlich.

[33]Ich sage dir auch, was mit dem assyri-
schen König geschehen wird: Seine Trup-
pen werden Jerusalem mit keinem Fuß
betreten. Sie werden keinen einzigen
Pfeil abschießen und nicht im Schutz
ihrer Schilde gegen die Stadtmauer an-
stürmen. Nicht einmal einen Belage-
rungswall werden sie aufschütten. [34]Die
Assyrer werden Jerusalem nicht stürmen,
sondern auf demselben Weg abziehen,
den sie gekommen sind. Darauf gebe ich,
der Herr, mein Wort. [35]Um meiner Ehre
willen beschütze ich diese Stadt. Ich rette
sie, weil ich es meinem Diener David ver-
sprochen habe.«

[36]Der Herr schickte seinen Engel in
das Lager der Assyrer. Er tötete 185000
Soldaten. Am nächsten Morgen war alles
mit Leichen übersät.

[37]Da ließ Sanherib zum Aufbruch bla-
sen, zog seine Truppen ab und kehrte
nach Assyrien zurück. Er blieb in der
Hauptstadt Ninive. [38]Eines Tages, als er
im Tempel seines Gottes Nisroch betete,
stachen ihn seine Söhne Adrammelech
und Sarezer mit dem Schwert nieder.
Die beiden flohen in das Land Ararat,
und Asarhaddon, ein anderer Sohn San-
heribs, wurde sein Nachfolger.

Gott heilt den todkranken König
(2. Könige 20,1–11; 2. Chronik 32,24)

38 In dieser Zeit wurde Hiskia tod-
krank. Der Prophet Jesaja, der
Sohn des Amoz, besuchte ihn und sagte:
»So spricht der Herr: ›Regle noch die
letzten Dinge, denn du bist unheilbar
krank und wirst bald sterben.‹«

[2]Als Hiskia das hörte, drehte er sich
zur Wand und betete: [3]»Ach Herr, denk
doch daran, dass ich mein Leben lang
treu bei dir geblieben bin und mit ganzer
Hingabe getan habe, was dir gefällt.« Er
fing laut an zu weinen.

[4/5]Da sandte der Herr den Propheten
noch einmal mit einer Botschaft zu His-
kia: »Hör, was der Herr, der Gott deines
Vorfahren David, dir sagen lässt: ›Ich ha-
be dein Gebet gehört und deine Tränen
gesehen. Ich verlängere dein Leben um
fünfzehn Jahre. [6]Auch will ich dich und
diese Stadt vor dem assyrischen König
bewahren. [7]Ich gebe dir ein Zeichen, an
dem du erkennen wirst, dass ich mein
Versprechen halte: [8]Ich lasse den Schat-
ten an den Treppenstufen, die dein Vater
Ahas gebaut hat, um zehn Stufen zurück-
gehen.‹« Da ging der Schatten zehn Stu-
fen zurück.

Hiskia dankt Gott für seine Heilung

[9]Dieses Gedicht schrieb König Hiskia
von Juda, nachdem er wieder gesund ge-
worden war:

[10]»Ich dachte:
In den besten Jahren meines Lebens

37,32 10,21–22* **37,36** 31,8 **38,3** 2 Kön 18,3–6 **38,10** Ps 102,24–25

muss ich an der Schwelle des Todes stehen, mitten aus dem Leben werde ich herausgerissen.
11 Nie wieder darf ich dem Herrn begegnen hier unter den Lebenden, nie mehr Menschen auf dieser Erde sehen.
12 Mein Leben gleicht einem Nomadenzelt, das abgebrochen und weggetragen wird. Es ist wie ein Tuch, das zu Ende gewebt wurde. Du schneidest seine Fäden ab, mit denen es am Webstuhl hing. Tag und Nacht spüre ich, dass du meinem Leben ein Ende machst.
13 Bis zum Morgen versuche ich ruhig zu bleiben, aber du überfällst mich wie ein Löwe, der alle meine Knochen zermalmt. Tag und Nacht spüre ich, dass du meinem Leben ein Ende machst.
14 Meine Stimme ist dünn und schwach wie das Zwitschern einer Schwalbe, ich krächze wie ein Kranich, und mein Klagen klingt wie das Gurren einer Taube. Mit fiebrigen Augen starre ich nach oben; ich bin am Ende, Herr, komm mir doch zu Hilfe!

15 Was soll ich nun im Nachhinein noch sagen? Nur das: Er hat mir versprochen, mich zu heilen, und er hat es auch getan. Nun kann ich den Rest meines Lebens gelassen verbringen. Doch nie will ich vergessen, welch bitteres Leid ich erlitten habe.
16 O Herr, von deinen Worten und Taten lebe ich, sie geben mir alles, was ich brauche. Du hast mich wieder gesund gemacht und mir von neuem das Leben geschenkt.

17 Ja, mein bitteres Leid musste der Freude weichen. In deiner Liebe hast du mich vor Tod und Grab bewahrt. Du hast alle meine Sünden weit hinter dich geworfen.
18 In der Unterwelt dankt dir niemand, kein Toter preist dich mit Liedern. Die Leichen in den Gräbern hoffen nicht mehr auf deine Treue.
19 Aber die Lebenden, sie danken dir, so wie ich dich heute lobe und dir danke. Die Väter erzählen ihren Kindern, dass du treu bist und deine Versprechen hältst.
20 Herr, du hast mich gerettet, darum wollen wir dich preisen unser Leben lang, dich loben in deinem Tempel mit Musik und Liedern.«

Ein Nachtrag
(2. Könige 20,7–8)

21 Als Jesaja den todkranken König besuchte, ordnete er an, man solle einen Umschlag aus gepressten Feigen auf Hiskias Geschwür legen, damit er bald wieder gesund werde.
22 Hiskia aber wollte von Jesaja wissen: »Woran kann ich erkennen, dass ich geheilt werde und zum Tempel gehen kann, um den Herrn anzubeten?«[a]

Hiskia begeht einen großen Fehler
(2. Könige 20,12–19; 2. Chronik 32,31)

39 Kurze Zeit später kam eine Gesandtschaft des babylonischen Königs Merodach-Baladan zu Hiskia. Merodach-Baladan war ein Sohn Baladans. Er hatte gehört, dass Hiskia nach schwerer Krankheit wieder gesund war, und ließ ihm einen Brief und Geschenke überbringen.
2 Hiskia empfing die Gesandten freundlich und zeigte ihnen sein ganzes Schatzhaus. In alle Kammern ließ er sie schauen. Sie sahen das Silber und das Gold, die kostbaren Öle und Gewürze. Sogar das Waffenlager und die Vorratshäuser zeigte er ihnen. Im ganzen Palast und im ganzen Reich gab es nichts Bedeutendes, was diese Männer nicht gesehen hätten.
3 Da ging der Prophet Jesaja zu König Hiskia. »Woher kamen diese Männer, und was wollten sie von dir?«, fragte er, und Hiskia antwortete: »Aus einem fernen Land sind sie gekommen, aus Baby-

[a] Dem Zusammenhang nach gehören die Verse 21–22 zwischen Vers 6 und 7. Vgl. 2. Könige 20,6–9
38,12 Hiob 4,21 **38,17** Ps 103,3–4 **38,18** Ps 6,6* **38,19** 5 Mo 4,9*

lonien.« 4 »Was haben sie im Palast gesehen?«, wollte Jesaja wissen. Hiskia erwiderte: »Sie haben alles gesehen, was ich besitze. In jede einzelne Schatzkammer ließ ich sie schauen.«

5 Da sagte Jesaja: »Hör, was der Herr, der allmächtige Gott, dazu sagt: 6 ›Eines Tages wird der ganze Reichtum in deinem Palast – alle Schätze, die du und deine Vorfahren angehäuft haben – nach Babylon fortgebracht werden. Nichts wird übrig bleiben. 7 Auch einige deiner Söhne, die dir noch geboren werden, wird man verschleppen. Sie müssen als Eunuchen im Palast des babylonischen Königs dienen.‹«

8 Hiskia sagte nur: »Der Herr weiß, was er tut; ich beuge mich seinem Urteil. Wenn nur zu meinen Lebzeiten noch Friede und Ruhe herrschen!«

Trost für Gottes Volk

40 So spricht euer Gott: »Tröstet, ja, tröstet mein Volk! 2 Ermutigt die Einwohner Jerusalems! Ruft ihnen zu: Nun habt ihr genug gelitten! Die schreckliche Zeit ist vorbei! Der Herr hat euch ohne Mitleid für eure Sünden bestraft. Eure Schuld ist beglichen.«

3 Hört! Jemand ruft: »Bahnt dem Herrn einen Weg durch die Wüste! Baut eine Straße durch die Steppe für unseren Gott! 4 Jedes Tal soll aufgefüllt, jeder Berg und Hügel abgetragen werden. Alles Unebene soll eben werden und alles Hügelige flach. 5 Denn der Herr wird kommen in seiner Macht und Hoheit. Alle Menschen werden ihn sehen. Er selbst hat es angekündigt.«

6 Hört! Jemand sagt zu mir: »Sprich zu den Menschen!« »Was soll ich ihnen denn sagen?«, frage ich. »Sag: Die Menschen sind wie das Gras, und ihre Schönheit gleicht den Blumen: 7 Das Gras verdorrt, die Blumen verwelken, wenn der Herr seinen Atem darüber wehen lässt. Ja, nichts als Gras ist das Volk. 8 Das Gras verdorrt, die Blumen verwelken, aber das Wort unseres Gottes bleibt gültig für immer und ewig.«

9 Steig auf einen hohen Berg, Jerusalem! Du hast eine gute Nachricht zu verkünden, Berg Zion. Ruf sie mit lauter Stimme in die Welt hinaus! Ruf laut, und scheue dich nicht! Sag den Städten im Land Juda: »Seht, da kommt euer Gott!«

10 Ja, der Herr kommt als ein mächtiger Gott. Er herrscht mit großer Kraft. Den Lohn für seine Mühe bringt er mit: sein Volk, das er sich erworben hat. Es geht vor ihm her. 11 Er sorgt für sein Volk wie ein guter Hirte. Die Lämmer nimmt er auf den Arm und hüllt sie schützend in seinen Umhang. Die Mutterschafe führt er behutsam ihren Weg.

Die unvergleichliche Größe Gottes

12 Kann jemand die Wassermassen der Meere mit der hohlen Hand messen oder die Weite des Himmels mit der Handspanne bestimmen? Und kann jemand die Erdmassen in Eimer abfüllen, die Berge wiegen und alle Hügel auf die Waagschale legen? 13 Wer kann den Geist des Herrn fassen? Wer war sein Lehrer, wer hat ihn beraten? 14 Braucht der Herr jemanden, bei dem er sich Rat holt, einen, der ihn unterrichtet und ihm zeigt, was richtig ist? Musste ihm je einer neue Erkenntnisse vermitteln und ihm die Augen öffnen für das, was er zu tun hat? 15 Nein, niemals! Denn in seinen Augen sind die Völker nur wie Tropfen im Eimer, wie Stäubchen auf der Waage. Die Inseln im Meer hebt er hoch, als wären sie Sandkörner. 16 Würde man alle Wälder auf dem Libanon zu Brennholz machen und alles Wild darin schlachten – es wäre immer noch zu wenig als Opfer für den Herrn! 17 Vor ihm sind alle Völker wie ein Nichts; ihre Macht hat für ihn kein Gewicht.

39,6 2 Kön 24,13 **39,7** Dan 1,3–4 **39,8** 1 Sam 3,18 **40,1** 51,12; 66,13 **40,2** 2 Kön 25,8–21; Jer 16,18 **40,3–5** Lk 3,4–6 **40,3** Mt 3,3; Lk 1,76 **40,4** 49,11 **40,5** 35,4 **40,6–8** Ps 39,5–7*; Mt 24,35; Jak 1,10; 1 Petr 1,24–25 **40,10** 62,11 **40,11** Hes 34,11–16* **40,12–14** Hiob 38,1 – 40,2 **40,13** Röm 11,34; 1 Kor 2,16 **40,17** Dan 4,32

18 Mit wem wollt ihr Gott vergleichen?
Gibt es für ihn überhaupt ein passendes
Bild? 19 Da gießt der Künstler eine Figur
aus Bronze, und der Goldschmied über-
zieht sie mit Gold und schmückt sie mit
silbernen Kettchen. 20 Wem eine solche
Götterstatue zu teuer ist, der nimmt
Holz, das nicht fault. Er lässt sich von
einem geschickten Künstler eine Figur
daraus schnitzen, die fest steht und nicht
wankt.

21 Ihr aber – wisst ihr es nicht besser?
Oder wollt ihr es nicht hören? Hat man
es euch nicht von Anfang an erzählt? Ist
euch wirklich nicht bekannt, wer die Er-
de gemacht hat? 22 Es ist der Herr! Hoch
thront er über der Welt; ihre Bewohner
sind für ihn klein wie Heuschrecken. Er
spannt den Himmel aus wie einen Schlei-
er, er schlägt ihn auf wie ein Zelt, unter
dem die Menschen wohnen können. 23 Er
stürzt die Mächtigen und nimmt den
obersten Richtern die Gewalt. 24 Sie glei-
chen jungen Pflanzen: Kaum sind sie ge-
setzt, kaum haben sie Wurzeln geschla-
gen, da bläst der Herr sie an, und sie
verdorren. Wie dürres Laub werden sie
vom Sturm verweht.

25 »Mit wem also wollt ihr mich verglei-
chen?«, fragt der heilige Gott. »Wer hält
einem Vergleich mit mir stand?« 26 Blickt
nach oben! Schaut den Himmel an: Wer
hat die unzähligen Sterne geschaffen? Er
ist es! Er ruft sie, und sie kommen hervor;
jeden nennt er mit seinem Namen. Kein
einziger fehlt, wenn der starke und mäch-
tige Gott sie ruft.

27 Ihr Nachkommen Jakobs, ihr Israeli-
ten, warum behauptet ihr: »Der Herr
weiß nicht, wie es uns geht! Es macht un-
serem Gott nichts aus, wenn wir Unrecht
leiden müssen.«? 28 Begreift ihr denn
nicht? Oder habt ihr es nie gehört? Der
Herr ist der ewige Gott. Er ist der Schöp-
fer der Erde – auch die entferntesten
Länder hat er gemacht. Er wird weder
müde noch kraftlos. Seine Weisheit ist
unendlich tief. 29 Den Erschöpften gibt er
neue Kraft, und die Schwachen macht er
stark. 30 Selbst junge Menschen ermüden
und werden kraftlos, starke Männer stol-
pern und brechen zusammen.

31 Aber alle, die ihre Hoffnung auf den
Herrn setzen, bekommen neue Kraft. Sie
sind wie Adler, denen mächtige Schwin-
gen wachsen. Sie gehen und werden nicht
müde, sie laufen und sind nicht erschöpft.

Der Herr fordert die Götter heraus

41 So spricht der Herr: »Ihr Bewoh-
ner der Inseln und der fernen
Küsten, seid still und hört mir zu! Nehmt
euren ganzen Mut zusammen, ihr Völker,
und kommt her! Hier könnt ihr eure
Sache vorbringen. Lasst uns die Gerichts-
verhandlung beginnen.

2 Wer hat den Mann aus dem Osten be-
rufen, diesen Welteroberer, den niemand
bremsen kann in seinem Siegeslauf? Wer
verhilft ihm zum Sieg über ganze Völker?
Wer gibt ihm Macht, Könige zu stürzen,
sie mit seinen Waffen zu bezwingen und
wie Staub und Spreu durch die Luft zu
wirbeln? 3 Er scheint zu fliegen, wenn er
ihnen nachjagt. Seine Füße berühren
kaum den Boden. Niemand kann ihm
Schaden zufügen. 4 Wer steht dahinter,
wer bewirkt das alles? Es ist derselbe,
der von Anfang an die Geschichte der
Menschheit gelenkt hat: ich, der Herr!
Vor der ersten Generation war ich schon
da, und auch bei der letzten bin ich noch
derselbe.«

5 Als die Bewohner der Inseln und der
fernen Länder die Taten des Herrn sa-
hen, bekamen sie es mit der Angst zu tun.
Zitternd liefen sie zusammen. 6 Einer
hilft nun dem anderen, gegenseitig spre-
chen sie sich Mut zu. 7 Sie wollen eine
neue Götterstatue herstellen. Der Kunst-
handwerker glättet die gegossene Figur
mit dem Hammer und fordert den Gold-
schmied auf: »Beeil dich!« Der hämmert
das Goldblech und überzieht damit sorg-
fältig die Statue. »Das wird gut halten«,

40,18–20 44,9–20* **40,18** 46,5; 2 Mo 20,3–5* **40,22** Ps 104,2–3 **40,23** 2,11–12*; Lk 1,51–52
40,26 1 Mo 1,14–18; Ps 147,4 **40,27** 49,14 **40,31** Ps 103,5 **41,2** 45,1–5* **41,4** 44,6*

sagt er. Schließlich wird das Standbild auf
einem Sockel festgenagelt, damit es nicht
wackelt.

Hab keine Angst, denn ich bin dein Gott

[8] Der Herr sagt: »Israel, du bist das Volk,
das mir dient. Dich habe ich erwählt. Du
stammst von meinem Freund Abraham
ab, [9] dich allein habe ich vom Ende der
Erde herbeigeholt. Von weither habe ich
dich gerufen und zu dir gesagt: ›Du sollst
mir dienen!‹ Dich habe ich erwählt und
nicht verstoßen. [10] Fürchte dich nicht,
denn ich bin bei dir; hab keine Angst,
denn ich bin dein Gott! Ich mache dich
stark, ich helfe dir, mit meiner siegrei-
chen Hand[a] beschütze ich dich! [11] Alle,
die voller Wut gegen dich toben, werden
am Ende in Schimpf und Schande daste-
hen. Die Männer, die dich bekämpfen,
werden zugrunde gehen. Niemand redet
dann mehr von ihnen. [12] Vergeblich wirst
du dich umsehen nach denen, die Krieg
mit dir führten – du wirst sie nicht mehr
finden. Wo sind sie geblieben, deine Fein-
de? Sie sind verschwunden, als ob es sie
nie gegeben hätte. [13] Denn ich bin der
Herr, dein Gott. Ich nehme dich an dei-
ner rechten Hand und sage: Hab keine
Angst! Ich helfe dir.

[14] Israel, du kleines Volk, das von Jakob
abstammt, hab keine Angst, auch wenn
du schwach bist und völlig hilflos. Ich hel-
fe dir; ich, der Herr, der heilige Gott Isra-
els, bin dein Befreier. [15] Ich mache dich zu
einem neuen Dreschschlitten mit schar-
fen Zähnen. Berge und Hügel wirst du
dreschen und zu Staub zermalmen. [16] Du
wirst sie mit einer Schaufel in die Luft
werfen wie Getreide, damit der Wind sie
wie Spreu forträgt und in alle Himmels-
richtungen zerstreut. Du aber wirst ju-
beln über mich, den Herrn; den heiligen
Gott Israels wirst du rühmen.«

Gott gibt Wasser in der Wüste

[17] Der Herr sagt: »Mein Volk steckt tief
im Elend. Sie suchen Wasser, aber finden
keins. Vor Durst klebt ihnen die Zunge
am Gaumen. Doch ich, der Herr, antwor-
te auf ihre Hilfeschreie. Ich bin der Gott
Israels und lasse mein Volk nicht im
Stich. [18] Auf den kahlen Hügeln lasse ich
Bäche hervorbrechen, und in öden Tä-
lern sollen Quellen entspringen. Ich ver-
wandle die Wüste in fruchtbares Land
mit Teichen und sprudelnden Quellen.
[19] Viele Bäume pflanze ich dort an: Ze-
dern, Akazien und Myrten, Ölbäume
und Wacholder, Platanen und Zypressen.
[20] Wer das sieht, wird erkennen, dass ich,
der Herr, hier eingegriffen habe; jeder
weiß dann: Der heilige Gott Israels hat
dies alles gemacht.«

Die Götter sind nichts und können nichts

[21] Der Herr, der König Israels, sagt zu den
Göttern der Völker[b]: »Jetzt habt ihr Ge-
legenheit, euch vor Gericht zu verteidi-
gen. Legt eure Beweise vor! [22] Zeigt eure
Macht, und lasst uns wissen, was sich al-
les ereignet. Ihr wisst doch, was in der
Vergangenheit geschah. Was hat es zu be-
deuten? Erklärt es uns, damit wir es ver-
stehen können! Oder sagt uns jetzt die
Zukunft voraus, damit wir sehen, ob es
eintrifft. [23] Kündigt an, was einmal ge-
schehen wird, damit wir erkennen, dass
ihr Götter seid! Sagt uns, was kommt,
ganz gleich, ob es etwas Gutes oder
Schlimmes ist. Dann werden wir große
Achtung vor euch haben. [24] Aber dazu
seid ihr gar nicht in der Lage: Ihr seid
nichts und könnt nichts! Wer euch ver-
ehrt, ist mir verhasst.

[25] Ich habe den Mann aus dem Norden
berufen und auf den Weg geschickt. In
meinen Dienst habe ich ihn gestellt, und

---

[a] Wörtlich: mit der rechten Hand meiner Gerechtigkeit.
[b] »zu … Völker« ist sinngemäß ergänzt.

41,8 Ps 135,4; Jak 2,23 **41,9** 5 Mo 7,6 **41,10** 43,1* **41,18** 35,7; 43,19 **41,21–29** 44,9–20*; 44,7* **41,25** 45,1–5*

er stürmt von Osten heran. Er wird
mächtige Fürsten wie Lehmklumpen zer-
treten, so wie ein Töpfer den Ton stampft
und knetet. 26 Hat etwa einer von euch
Göttern das lange Zeit im Voraus ange-
kündigt, so dass man es wiedererkennt,
wenn es eintrifft? Dann hätten wir geru-
fen: ›Richtig, so hat er es vorausgesagt!‹
Aber keiner hat es prophezeit, keiner hat
es angekündigt. Niemand hörte von euch
auch nur ein einziges Wort darüber! 27 Ich
bin der Erste und Einzige, der Jerusalem
die Befreiung durch diesen Mann ange-
kündigt hat. Ich schickte einen Boten
mit dieser frohen Nachricht zum Berg
Zion.

28 Doch wenn ich diese Götter an-
schaue, so finde ich keinen, den ich um
Rat fragen könnte. Von keinem einzigen
kann ich eine Antwort erwarten. 29 Sie al-
le sind nichts als ein großer Betrug. Gar
nichts bringen sie zustande. In ihren Sta-
tuen ist kein Leben. Diese Götter sind
hohl und leer!«

Der Bote Gottes und sein Auftrag

42 Der Herr spricht: »Seht, hier ist
mein Bote, zu dem ich stehe. Ihn
habe ich auserwählt, und ich freue mich
über ihn. Ich habe ihm meinen Geist ge-
geben, und er wird den Völkern mein
Recht verkünden. 2 Aber er schreit es
nicht hinaus; er ruft nicht laut und lässt
seine Stimme nicht durch die Straßen
der Stadt hallen. 3 Das geknickte Schilf-
rohr wird er nicht abbrechen und den
glimmenden Docht nicht auslöschen. Un-
beirrbar sagt er allen, was wahr und rich-
tig ist. 4 Er selbst wird nicht müde, nie
verliert er den Mut, bis er auf der ganzen
Erde für Recht gesorgt hat. Schon lange
warten die Bewohner der Inseln und der
fernen Küsten auf seine Weisung.«

5 Gott, der Herr, hat den Himmel
geschaffen und ihn wie ein Zeltdach aus-
gespannt. Die Erde in ihrer ganzen Weite
hat er gebildet, die Pflanzen ließ er her-
vorsprießen, und den Menschen hat er
Leben und Atem gegeben. Und nun sagt
er zu seinem Boten:

6 »Ich, der Herr, habe dich berufen,
meine gerechten Pläne auszuführen. Ich
fasse dich an der Hand und helfe dir, ich
beschütze dich. Du wirst den Völkern
zeigen, was ich von ihnen will, ja, für alle
Völker mache ich dich zu einem Licht,
das ihnen den Weg zu mir zeigt.[a] 7 Den
Blinden sollst du das Augenlicht geben
und die Gefangenen aus ihren Zellen ho-
len. Alle, die in Finsternis sitzen, sollst du
aus ihrer Gefangenschaft befreien. 8 Ich
heiße ›Herr‹, und ich bin es auch. Die Eh-
re, die mir zusteht, lasse ich mir nicht rau-
ben. Ich dulde nicht, dass Götterfiguren
für meine Taten gerühmt werden. 9 Ihr
könnt sehen, dass meine Vorhersagen
eingetroffen sind. Und nun kündige ich
etwas Neues an. Ich sage euch, was ge-
schehen wird, ehe man das Geringste da-
von erkennt.«

Singt dem Herrn ein neues Lied!

10 Singt dem Herrn ein neues Lied, und
rühmt ihn überall auf der Welt. Besingt
ihn, ihr Seefahrer und ihr Bewohner der
Inseln und fernen Küsten! 11 Auch die
Wüste und ihre Bewohner sollen in das
Lied mit einstimmen. Singt und jubelt,
ihr Beduinen von Kedar! Ihr aus dem
Bergland, steigt auf die Gipfel, und jubelt
ihm zu! 12 Ihr alle – gebt dem Herrn die
Ehre, und verkündet den Bewohnern
der fernen Inseln, was für unfassbare Ta-
ten er vollbracht hat!

13 Der Herr zieht aus in den Krieg wie
ein Held. Wie ein Kämpfer macht er sich
zur Schlacht bereit. Dann erhebt er sein
lautes Kriegsgeschrei und bezwingt seine
Feinde.

14 »Sehr lange habe ich geschwiegen«,
sagt der Herr. »Ich blieb ruhig und hielt
mich zurück. Aber jetzt kann ich nicht

---

a Wörtlich: Ich mache dich zu einem Bund für das Volk und zum Licht für die Völker.

41,27 40,9; 52,7 **42,1–4** 49,1–6*; Mt 12,18–21 **42,1** Mt 3,17 **42,4** 51,4–5 **42,5** 40,22 **42,6** 49,6; Lk 2,32 **42,7** 29,18–19* **42,9** 44,7* **42,10** Ps 40,4* **42,13** 2 Mo 15,3

mehr an mich halten. Nun stöhne ich wie eine Frau in den Wehen, ich keuche und schnappe nach Luft. [15] Berge und Hügel lasse ich austrocknen, alle Pflanzen darauf verdorren. Die Flüsse und Sümpfe sollen versanden und zu festem Boden werden. [16] Mein blindes Volk werde ich auf Straßen und Wegen führen, die sie nicht kennen. Ich mache die Dunkelheit um sie her zum Licht. Alle Steine räume ich zur Seite, die Schlaglöcher fülle ich aus, damit sie auf einer ebenen Straße gehen können. Das alles will ich tun, mein Plan steht fest.

[17] Aber alle, die ihre Hilfe von einer selbst gemachten Statue erwarten und zu ihr sagen: ›Du bist mein Gott‹, werden sich schämen und weglaufen.«

Israel verschließt die Augen vor dem Herrn

[18] »Ach, wie seid ihr taub und blind!«, sagt der Herr. »Warum wollt ihr nicht hören, warum nicht sehen? [19] Wenn je ein Volk blind war, dann mein Volk Israel. Gibt es überhaupt einen, der so taub ist wie mein Volk, das ich als meinen Boten senden will? Gibt es ein Volk, das so blind ist wie Israel, mein Vertrauter, den ich in meinen Dienst gestellt habe? [20] Was habt ihr nicht alles an Gutem gesehen, aber es lässt euch kalt! Was habt ihr nicht alles gehört, aber es war vergeblich!« [21] Der Herr wollte euch stets in seiner Nähe behalten, darum hat er sein Gesetz klar und unübertrefflich gemacht. Was aber ist aus euch geworden? [22] Ihr seid ein beraubtes und ausgeplündertes Volk. Gefesselt hockt ihr in Erdlöchern; man hat euch in Kerker gesteckt. Man hat euch ausgeplündert und verschleppt. Niemand *hilft euch,* niemand fordert eure Freilassung.

[23] Ach, wenn euch das doch zum Nachdenken brächte! Wenn ihr doch für euer weiteres Leben eine Lehre daraus ziehen wolltet! [24] Wer hat denn zugelassen, dass Israel ausgeplündert wurde? Wer hat die Nachkommen Jakobs an die Räuber ausgeliefert? Ist es nicht der Herr, dem wir ungehorsam waren? Er hat es getan, weil Israel nicht auf ihn hören wollte, weil es seinen Geboten keine Beachtung schenkte. [25] Darum bekamen sie seinen glühenden Zorn zu spüren: Er ließ Krieg ausbrechen; sie waren eingeschlossen von loderndem Feuer. Das ganze Land brannte – aber sie wollten nicht einsehen, dass der Herr sie straft. Sie ließen sich nicht belehren.

Ich bringe euch wieder in die Heimat zurück!

43 Aber jetzt sagt der Herr, der euch geschaffen hat, ihr Nachkommen Jakobs, der euch zu seinem Volk gemacht hat: »Hab keine Angst, Israel, denn ich habe dich erlöst! Ich habe dich bei deinem Namen gerufen, du gehörst zu mir. [2] Wenn du durch tiefes Wasser oder reißende Ströme gehen musst – ich bin bei dir, du wirst nicht ertrinken. Und wenn du ins Feuer gerätst, bleibst du unversehrt. Keine Flamme wird dich verbrennen. [3] Denn ich, der Herr, bin dein Gott, der heilige Gott Israels. Ich bin dein Retter. Ich bezahle ein hohes Lösegeld für deine Befreiung: Ägypten, Äthiopien und Seba. [4] So viel bist du mir wert, dass ich Menschen und ganze Völker aufgebe, um dich am Leben zu erhalten. Diesen hohen Preis bezahle ich, weil ich dich liebe.

[5] Habt keine Angst, denn ich, der Herr, bin bei euch! Wohin ihr auch vertrieben wurdet – ich werde euer Volk wieder sammeln. Vom Osten und vom Westen hole ich euch zurück. [6] Ich fordere die Völker im Norden und Süden auf: ›Gebt mein Volk heraus! Haltet es nicht mehr fest! Bringt meine Söhne und Töchter auch aus den fernsten Winkeln der Erde zurück!‹ [7] Denn sie alle gehören zu dem Volk, das meinen Namen trägt. Ich habe

---

42,16 40,3–4 **42,17** Ps 97,7 **42,18** 43,8 **42,19** 41,8 **43,1** 41,10.13–14; 44,1–2.8; 51,7; 54,4; Jer 30,10; 46,27–28 **43,2** 2 Mo 14,21–22*; Ps 66,12; Dan 3,24–27 **43,5–6** 11,11–12* **43,7** 48,11

sie zu meiner Ehre geschaffen, ja, ich ha-
be sie gemacht.
8 Mein Volk soll vortreten! Sie haben
Augen, und doch sind sie blind, sie haben
Ohren, und doch sind sie taub. 9 Alle Völ-
ker sind zu einer Gerichtsverhandlung
versammelt. Welcher ihrer Götter hat et-
was im Voraus angekündigt? Wer von
ihnen hat früher etwas vorausgesagt, das
inzwischen eingetroffen ist? Wir wollen
es hören! Die Völker sollen Zeugen auf-
stellen, die die Aussagen ihrer Götter be-
stätigen! 10 Meine Zeugen seid ihr Israeli-
ten! Ich, der Herr, habe euch erwählt,
damit ihr mir dient. Ich möchte, dass ihr
mich kennt und mir vertraut. Ihr sollt be-
greifen: Ich bin der einzige Gott. Es gibt
keinen Gott, der vor mir da war, und es
wird auch in Zukunft nie einen anderen
geben. 11 Ich, der Herr, bin der einzige
Gott. Nur ich kann euch retten. 12 Ich ha-
be es euch wissen lassen und euch immer
geholfen. Durch die Propheten habt ihr
von mir gehört. Habt ihr je einen anderen
Gott mit solcher Macht gekannt? Ihr seid
Zeugen, dass ich allein Gott bin, 13 und
ich werde auch in Zukunft immer dersel-
be sein. Niemand kann meiner Hand ent-
fliehen. Ist jemand in der Lage, das rück-
gängig zu machen, was ich getan habe?
14 Ich, der Herr, euer Erlöser, der heili-
ge Gott Israels, verspreche: Um euch zu
befreien, werde ich ein großes Heer nach
Babylonien schicken. Die Bewohner des
Landes, die Chaldäer, werde ich als
Flüchtlinge vertreiben. Ihre Prachtschif-
fe, auf denen sie sonst immer gefeiert ha-
ben, werden dann zu Fluchtschiffen.
15 Ich bin der Herr, euer heiliger Gott,
ich habe euch, Volk Israel, geschaffen,
und ich bin euer König.
16 Ich habe für eure Vorfahren einen
Weg durch das Meer gebahnt und sie si-
cher durch die Fluten geführt. 17 Das
Heer der Feinde mit seinen Streitwagen
und Pferden ließ ich ins Verderben lau-
fen. Da lagen sie nun, die Helden, und
standen nie wieder auf! Ihr Leben er-
losch wie ein verglimmender Docht.
18 Doch hängt nicht wehmütig diesen
Wundern nach! Bleibt nicht bei der Ver-
gangenheit stehen! 19 Schaut nach vorne,
denn ich will etwas Neues tun! Es hat
schon begonnen, habt ihr es noch nicht
gemerkt? Durch die Wüste will ich eine
Straße bauen, Flüsse sollen in der öden
Gegend fließen. 20 Schakale und Strauße
und alle wilden Tiere werden mich prei-
sen, weil ich Wasser in der Wüste fließen
lasse. Ich will, dass mein geliebtes Volk
auf dem Weg genug zu trinken hat. 21 Ich
habe sie geschaffen und zu meinem Volk
gemacht. Überall werden sie mich rüh-
men und erzählen, welch große Dinge
ich für sie getan habe.«

Ihr habt es mir schwer gemacht mit euren Sünden!

22 »Ach ihr Israeliten, ihr Nachkommen
Jakobs, mich habt ihr nicht angebetet,
für mich habt ihr keine Mühe auf euch
genommen! 23/24 Ihr habt Lämmer als Op-
fer verbrannt – doch waren sie wirklich
für mich bestimmt? Habt ihr mich geehrt
mit euren Opferfesten? Habt ihr für mich
Geld ausgegeben, um Gewürze für das
Salböl zu kaufen? Und wie war es mit
den besten Teilen der Opfertiere, mit
dem Fett? Mich habt ihr nicht damit er-
freut! Ich wollte nicht, dass die Opfer
eine Last für euch sind. War es etwa zu
schwer für euch, Weihrauch für mich zu
verbrennen? Nein, ihr habt es nicht euch
schwer gemacht, sondern mir, und zwar
mit euren Sünden! Mit eurer Schuld habt
ihr mir zu schaffen gemacht. 25 Und trotz-
dem: Ich werde euch alles vergeben – aus
freien Stücken. Ich werde alles Böse für
immer vergessen.
26 Kommt, wir wollen noch einmal vor
Gericht gehen. Klagt mich an! Verteidigt
euch, und beweist, dass ihr im Recht
seid, wenn ihr könnt! 27 Hat nicht schon

43,8 42,18 **43,9–13** 44,7* **43,10** 44,8 **43,11** 5 Mo 32,39 **43,14** 45,1–5* **43,16–21** Jer 16,14–15 **43,16–17** 2 Mo 14,21–29 **43,18–19** Offb 21,4–5 **43,19** 40,3–4; 41,18 **43,21** 1 Petr 2,9 **43,23–24** 1,11–15 **43,25** 44,22 **43,26** 1,18 **43,27** Hos 12,4

euer Vorfahre Jakob gegen mich gesündigt? Und haben eure führenden Männer mir nicht immer wieder die Treue gebrochen? 28 Darum habe ich die Priester aus ihrem Dienst am Heiligtum entlassen. Ganz Israel habe ich zugrunde gerichtet und zum Gespött der Völker gemacht.«

Neues Leben für Gottes Volk

44 1/2 So spricht der Herr: »Höre, Israel, du auserwähltes Volk, das mir dient: Ich habe dich geschaffen wie ein Kind im Mutterleib. Von Anfang an habe ich dir geholfen. Habt keine Angst, ihr Nachkommen Jakobs, ihr seid meine Diener, mein auserwähltes und angesehenes Volk[a]. 3 Denn ich gieße Wasser auf das durstige Land und Ströme auf das ausgetrocknete Feld. Ja, ich gieße meinen Geist über euren Nachkommen aus, mit meinem Segen überschütte ich eure Kinder. 4 Sie werden sich ausbreiten wie Schilf am Bach und wachsen wie Weiden am Flussufer.

5 Viele Menschen werden kommen, um sich meinem Volk anzuschließen. ›Ich gehöre dem Herrn!‹, wird der eine sagen, und ein anderer: ›Ich zähle mich zu den Nachkommen Jakobs!‹ Wieder ein anderer schreibt es sich auf die Hand: ›Ich diene dem Herrn!‹, und ein vierter nimmt ›Israel‹ als Ehrennamen an.

6 Ich, der Herr, der König und Befreier Israels, der allmächtige Gott, sage: Ich bin der Erste und der Letzte. Außer mir gibt es keinen Gott! 7 Niemand ist mir gleich. Keiner kann tun, was ich seit Menschengedenken getan habe. Kann etwa ein anderer Gott voraussagen, was die Zukunft bringt? Dann soll er es tun, laut *und deutlich soll er* es vortragen!

8 Erschreckt nicht, ihr Israeliten, habt keine Angst! Ich habe euch doch schon lange gezeigt, wer ich bin und was ich tue. Ihr seid meine Zeugen. Sagt, kennt ihr außer mir noch einen Gott, der so mächtig ist wie ein Fels? Ich kenne keinen!«

Selbstgebastelte Götter

9 »Ohnmächtige Menschen sind sie alle, die sich Götterfiguren anfertigen! Ihre Götzen, die sie mit solcher Hingabe verehren – auch sie sind machtlos! Die Götzenanbeter sollten die Taten ihrer Götter bezeugen. Aber sie stehen beschämt da, weil sie nie ein Wunder gesehen haben.

10 Wie kann man nur auf den Gedanken kommen, sich einen Gott zu basteln, eine völlig nutzlose Metallfigur? 11 Wer sich auf diese Machwerke verlässt, wird bitter enttäuscht. Sie sind ja doch nur von Menschen hergestellt. Sollen die doch einmal gemeinsam antreten, um ihre Götter zu verteidigen! Was können sie vorbringen? Gar nichts! Erschrocken stehen sie da und müssen sich schämen.

12 Der Schmied nimmt ein passendes Stück Eisen, bringt es im Feuer zum Glühen und bearbeitet es dann auf dem Amboss. Er hämmert mit aller Kraft, um es in die gewünschte Form zu bringen. Dabei wird er müde und hungrig. Vor lauter Arbeit vergisst er Essen und Trinken und ist schließlich ganz erschöpft. 13 Bei Holzfiguren nimmt der Schnitzer Maß, zeichnet die Umrisse der Figur vor und haut sie grob aus. Dann zieht er die feinen Linien und schnitzt das Standbild, bis es aussieht wie ein Mensch von schöner Gestalt, der dann als Gott in ein Haus gestellt wird.

14 Für jede Götterstatue sucht sich der Künstler das passende Holz aus. Er geht in den Wald und fällt eine Zeder, eine Eiche oder einen Lorbeerbaum, die er vor Jahren gesetzt hat. Der Regen ließ die Bäume wachsen. 15 Mit ihrem Holz machen die Menschen Feuer. Sie heizen damit ihre Häuser und den Ofen zum Brot-

---

a Hier steht im hebräischen Grundtext für Israel der Name Jeschurun. Das bedeutet »der Redliche«, »der Gerade« und ist ein Ehrentitel für Israel.

44,1–2 43,1* **44,3** 32,15; Joel 3,1 **44,5** 45,22–24* **44,6** 41,4; 48,12; Ps 90,2; Offb 1,8.17; 22,13 **44,7** 41,21–29; 43,9–13; 45,21; 46,10; 48,3–5 **44,8** 43,1*; Ps 89,7–9* **44,9–20** 37,19; 40,18–20; 41,21–29; 46,5–9; Jer 10,1–16; Ps 115,4–8; Apg 17,29 **44,11** 42,17

backen. Aus dem gleichen Holz schnitzen sie aber auch ihre Götterfiguren, die sie verehren und anbeten. [16]Den einen Teil des Holzes werfen sie ins Feuer, braten ihr Fleisch darüber und lassen es sich schmecken. Sie sitzen an der Glut und sagen: ›Ah, diese wohlige Wärme, das tut gut!‹ [17]Aus dem übrigen Holz aber schnitzen sie sich einen Götzen. Sie verbeugen sich vor ihm, werfen sich zu Boden und beten: ›Rette mich doch, denn du bist mein Gott!‹

[18]Welche Verblendung, welche Unwissenheit! Die Augen dieser Götzendiener sind verklebt, sie sehen nichts! Ihr Herz ist abgestumpft, sie verstehen nichts! [19]Keiner denkt einmal gründlich nach und sagt sich: ›Einen guten Teil des Baumes habe ich zu Brennholz zerhackt. Über der Glut habe ich Brot gebacken, ich habe Fleisch gebraten und mich satt gegessen. Aus dem restlichen Holz schnitze ich nun so etwas Abscheuliches! Dieser Holzklotz soll mein Gott sein, vor dem ich mich niederwerfe?‹ Würde einer von ihnen einmal so weit denken, dann sähe er den Widersinn ein. [20]Genauso gut könnte er die Asche des verbrannten Holzes anbeten! Sein Herz hat ihn verführt und betrogen. Er verspielt sein Leben und will nicht wahrhaben, dass er an einem Lügengebilde festhält.«

Der Herr erlöst sein Volk

[21]»Ihr Israeliten, ihr Nachkommen Jakobs, denkt immer daran: Ich habe euch geschaffen, ihr gehört zu mir und seid meine Diener! Niemals werde ich euch vergessen. [22]Eure Schuld und alle eure Sünden habe ich euch vergeben. Sie sind verschwunden wie Wolken, wie Nebelschwaden in der Sonne. Kommt zurück zu mir, denn ich habe euch erlöst!«

[23]Freut euch, ihr Himmelswelten, denn der Herr hat gehandelt! Singt, ihr Tiefen der Erde, und ihr Berge, brecht in Jubel aus! Ihr Wälder, stimmt ein in das Lied, jeder Baum soll mitsingen! Denn der Herr hat sein Volk erlöst. An den Nachkommen Jakobs beweist er seine große Macht.

[24]Israel, so spricht der Herr, dein Befreier, der dich geschaffen hat wie ein Kind im Mutterleib: »Ich bin der Herr, der alles bewirkt: Ich allein habe den Himmel ausgespannt wie ein Zelt, und als ich die Erde ausbreitete, half mir niemand dabei. [25]Ich bin es, der die Wunder der Zauberer vereitelt und die Wahrsager als Narren bloßstellt. Ich zerstöre die Gedankengebäude dieser Weisen, ihre Erkenntnisse entlarve ich als Hirngespinste. [26]Aber was meine Boten voraussagen, das lasse ich eintreffen; was sie, die Propheten, verkünden, das führe ich aus.

Ich, der Herr, sage über die Stadt Jerusalem: ›Sie soll wieder bewohnt werden!‹, und über die Städte im Land Juda: ›Sie sollen wieder aufgebaut werden!‹ Aus den Trümmerhaufen des Landes will ich neue Städte und Dörfer erstehen lassen. [27]Wenn ich den Meerestiefen befehle: ›Trocknet aus!‹, dann versiegen ihre Fluten. [28]Zu König Kyrus sage ich: ›Du bist der Hirte für mein Volk!‹ Er wird alles ausführen, was ich ihm befehle. In meinem Auftrag wird er anordnen: ›Jerusalem soll wieder aufgebaut werden! Auch der Tempel soll wieder an seinem alten Platz stehen!‹«

Der Herr ruft Kyrus in seinen Dienst

45 Der Herr hat Kyrus für eine besondere Aufgabe erwählt: Er wird diesem Herrscher zur Seite stehen, wenn er sich ganze Völker unterwirft; er wird den Königen die Waffen abnehmen und ihm verriegelte Türen und Tore öffnen.

So spricht der Herr zu Kyrus: [2]»Ich gehe vor dir her und räume dir alle Hindernisse aus dem Weg. Ich zertrümmere die bronzenen Stadttore und zerbreche ihre eisernen Riegel. [3]Die verborgenen Schätze und die versteckten Reichtümer

---

44,22 43,25; Ps 85,3* **44,23** Ps 96,11–13 **44,24** 40,22 **44,25** 1 Mo 41,8; 2 Mo 8,14–15 **44,26** Am 3,7 **44,28** 45,1–5*; Esr 1,1–4 **45,1–5** 41,2; 43,14; 44,28; 45,13; 46,11; 48,14–15; Esr 1,1–4

gebe ich dir. Daran sollst du erkennen,
dass ich der Herr bin, der Gott Israels,
der dich, Kyrus, in seinen Dienst ruft.
4 Warum berufe ich dich und verleihe dir
einen Ehrentitel, obwohl du mich gar
nicht kennst? Ich tue es für Israel, mein
Volk, das ich erwählt habe, damit es mir
dient. 5 Ich bin der Herr, ich allein. Außer
mir gibt es keinen Gott. Ich rüste dich aus
für deinen Eroberungszug, auch wenn du
mich nicht kennst.

6 Der Westen und der Osten, ja, die
ganze Welt soll daran erkennen, dass es
außer mir keinen Gott gibt. Ich bin der
Herr, ich allein. 7 Ich bilde das Licht und
schaffe die Finsternis; ich wirke den
Frieden, und auch das Unglück lasse ich
kommen. Ich bin der Herr, dies alles voll-
bringe ich. 8 Ihr Wolken am Himmel, lasst
Gerechtigkeit herabströmen; und du,
Erde, sauge sie auf und lass Heil und
Gerechtigkeit hervorsprießen! Ich, der
Herr, bewirke dies alles.«

Wehe dem, der seinen Schöpfer anklagt!

9 Wehe dem, der seinen Schöpfer anklagt!
Er ist doch in Gottes Augen nicht mehr
als ein Tonkrug unter anderen. Fragt
denn ein Tonklumpen den Töpfer: »Was
tust du da mit mir?« Oder macht er sich
lustig und sagt: »Mein Meister hat zwei
linke Hände!«? 10 Wehe dem, der seinem
Vater vorwirft: »Warum hast du mich ge-
zeugt?«, und der Mutter: »Weshalb hast
du mich in die Welt gesetzt?«

11 So spricht der Herr, der heilige Gott
und Schöpfer Israels: »Wenn ihr euch
Sorgen um die Zukunft macht, dann
kommt damit zu mir! Ich weiß doch, wie
ich mit meinen Kindern und mit all mei-
nen Geschöpfen umgehen muss. Vertraut
euch mir an! 12 Ich habe die Erde ge-
macht; und die Menschen, die darauf le-
ben, habe ich geschaffen. Eigenhändig
habe ich den Himmel ausgespannt wie
ein Zelt und jedem einzelnen Stern sei-
nen Platz zugewiesen. 13 Ich bin es auch,
der Kyrus berufen hat, meine gerechten
Pläne in die Tat umzusetzen. Ich will
ihm alle Hindernisse aus dem Weg räu-
men. Er wird meine Stadt Jerusalem wie-
der aufbauen und mein verschlepptes
Volk freilassen, ohne Lösegeld oder Be-
stechungsgeschenke. Das verspreche ich,
der Herr, der allmächtige Gott!«

Es gibt keinen Gott außer dem Herrn

14 So spricht der Herr zu seinem Volk:
»Die Ägypter und Äthiopier werden zu
euch kommen und ihren ganzen Reich-
tum bringen, allen Gewinn aus ihren
Handelsgeschäften. Auch die hoch ge-
wachsenen Leute aus Seba unterwerfen
sich euch und werden eure Sklaven. In
Ketten ziehen sie hinter euch her. Sie
werden vor euch auf die Knie fallen und
bekennen: ›Wirklich, nur bei euch ist
Gott! Außer ihm gibt es keinen ande-
ren.‹« 15 Ja, Herr, du bist ein Gott, der sich
verborgen hält, du Gott und Retter Isra-
els. 16 Schämen müssen sich alle, die Göt-
terstatuen anfertigen! Sie enden mit
Schimpf und Schande. 17 Israel aber wird
vom Herrn gerettet für alle Zeiten. Nie
mehr müsst ihr euch schämen, in alle
Ewigkeit werdet ihr bestehen.

18 Der Herr ist der einzige Gott. Er ist
es, der den Himmel geschaffen hat. Er
gab der Erde ihre Form und legte ihre
Fundamente. Nicht als einsame Wüste
hat er sie gebildet, sondern als Wohn-
raum für seine Geschöpfe. Dieser Gott
spricht: »Ich bin der Herr, außer mir gibt
es keinen Gott. 19 Ich habe nicht im Ver-
borgenen geredet, nicht irgendwo im
Dunkeln. Nie habe ich zu den Israeliten
gesagt: ›Sucht mich vergeblich!‹ Ich bin
der Herr, und was ich sage, das ist ge-
recht; was ich ankündige, das trifft ein!

20 Kommt alle her, die ihr den Unter-
gang eurer Völker überlebt habt! Tretet

45,4 Esr 1,3 **45,7** 1 Sam 2,6; Klgl 3,38; Am 3,6 **45,9** Hiob 40,2; Jes 29,16; Jer 18,6; Röm 9,20–21 **45,12** 44,24 **45,13** 45,1–5* **45,14** 45,22–24* **45,15** Röm 11,33–34 **45,16** 44,11 **45,18** 1 Mo 1,11.24.26–28 **45,19** 48,16; Jer 29,13; Mt 7,7 **45,20** 44,9–20*

noch einmal zu einer Gerichtsverhandlung an! Wer hölzerne Götterfiguren herumträgt, hat keinen Verstand. Er fleht einen Gott an, der ihm nicht helfen kann. 21 Berichtet von den Taten eurer Götter! Ja, beratet euch, und bringt Beweise für ihre Gottheit vor! Wer hat vor langer Zeit angekündigt, was nun geschehen ist? Wer hat es längst vorausgesagt? War ich es nicht, der Herr? Es gibt keinen Gott außer mir, keinen, der gerecht ist und der rettet. Ich bin der einzige Gott.

22 Kommt zu mir, und lasst euch retten, ihr Menschen aus den fernsten Ländern der Erde! Denn ich bin der einzige Gott. 23 Ich habe bei meinem Namen geschworen, und ich nehme mein Wort nicht zurück: Vor mir werden alle Menschen niederknien, und jeder wird überzeugt bekennen: 24 ›Nur beim Herrn gibt es Rettung und Hilfe!‹«

Auch die, die den Herrn einmal gehasst haben, werden beschämt zu ihm kommen. 25 Dann wird der Herr das Recht der Nachkommen Israels wiederherstellen, und sie werden ihn dafür preisen.

Die Götzen sind eine Last

46 »Die babylonischen Götter Bel und Nebo sind zusammengebrochen und liegen am Boden. Früher wurden ihre Statuen feierlich umhergetragen, jetzt hat man sie dem Lastvieh aufgeladen. Die Tiere brechen unter dem Gewicht fast zusammen. 2 Ihr Babylonier, was ist los? Ihr liegt wie eure Götter am Boden und könnt diese schweren Kolosse nicht in Sicherheit bringen. Sie fallen gemeinsam mit euch in die Hände der Feinde!

3 Hört mir zu, ihr Nachkommen Jakobs, alle, die ihr von Israel noch übrig seid! Von Anfang an habe ich euch getragen, seit eurer Geburt sorge ich für euch. 4 Ich bleibe derselbe; ich werde euch tragen bis ins hohe Alter, bis ihr grau werdet. Ich, der Herr, habe es bisher getan, und ich werde euch auch in Zukunft tragen und retten.

5 Mit wem wollt ihr mich vergleichen? Gibt es einen, den ihr mit mir auf die gleiche Stufe stellen könnt? Ist einer mir auch nur ähnlich? 6 Da schütten die Menschen ihr Gold und Silber aus dem Beutel und wiegen es ab. Anschließend bringen sie es zu einem Goldschmied und lassen daraus eine Götterfigur herstellen. Kaum ist sie fertig, werfen sie sich zu Boden und beten sie an. 7 Sie tragen ihren neuen Gott auf den Schultern durch die Straßen und stellen ihn an seinen vorbereiteten Platz. Dort steht er dann und rührt sich nicht vom Fleck. Und wenn jemand in äußerster Not zu diesem Gott um Hilfe schreit, bekommt er keine Antwort. Sein Gott kann ihm nicht helfen!

8/9 Denkt nach, und kommt zur Besinnung, ihr treulosen Israeliten! Erinnert euch an das, was ich vor langer Zeit getan habe, und nehmt es euch zu Herzen! Ich bin der einzige, wahre Gott. Keiner dieser Götter ist mir gleich.

10 Ich habe von Anfang an vorausgesagt, was geschehen wird; lange im Voraus kündigte ich die ferne Zukunft an. Meine Pläne verwirkliche ich, und was mir gefällt, das führe ich aus. 11 Ich rufe einen Adler aus dem Osten herbei; aus einem fernen Land hole ich den Mann, der mein Vorhaben ausführen soll. So habe ich es gesagt, und genauso wird es eintreffen. Ich habe diesen Plan gefasst und werde ihn verwirklichen.

12 Ihr Starrköpfe, hört auf mich! Ihr denkt wohl, für euch gibt es keine Hilfe mehr. 13 Doch ich bin da, ich will euch retten, und zwar jetzt! Meine Hilfe lässt nicht länger auf sich warten. Ich will Jerusalem Heil und Frieden schenken und in Israel meine Herrlichkeit und Größe zeigen.«

45,21 44,7* **45,22–24** 2,2–3; 19,21; 44,5; 45,14; 55,5; 60,6; Mi 4,1–2; Sach 8,20–23; Röm 14,11; Phil 2,10–11 **46,1** 1 Sam 5,1–4; Jer 50,2 **46,3–4** 2 Mo 19,4; 5 Mo 1,31; Hos 11,3 **46,5–9** 44,9–20* **46,10** 44,7* **46,11** 45,1–5* **46,12** 40,27

Einzigartig

Lesen Sie Jesaja 43,1

Jesaja 43,1 erinnert uns daran, dass wir als einzigartige Menschen nach dem Ebenbild Gottes geschaffen sind. Zugleich sehnen wir uns allerdings zutiefst nach der Nähe eines anderen Menschen. Die Ehe soll dieses Bedürfnis erfüllen. Mann und Frau kommen in ihrer Unterschiedlichkeit zusammen und bilden ein Team, bei dem jeder seine Stärken einsetzt, um dem anderen zu helfen. Gemeinsam gebrauchen wir unsere Fähigkeiten, um die Welt zu einem besseren Ort zu machen.

In einer intakten Ehe arbeiten die Partner als Team zusammen und helfen sich gegenseitig, die Ziele zu erreichen, die jeder einzelne für sein Leben sieht. Wenn das Team harmonisch zusammenarbeitet, wird die Ehe so, wie sie ursprünglich gedacht war.

Konflikte geben uns die Chance, dem anderen unsere Liebe, unseren Respekt und unsere Bewunderung zu zeigen. Wenn wir Konflikte als normalen Bestandteil der ehelichen Teamdynamik sehen, werden wir daran arbeiten, uns Zeiten freizuschaufeln, in denen wir uns gegenseitig zuhören. Wir lernen, unserem Partner so genau zuzuhören, dass wir seine Gedanken, Wünsche und Gefühle verstehen. Gemeinsam finden wir dann Lösungen, die uns helfen, weiter als Team zusammenzuarbeiten und uns gegenseitig zu unterstützen. Wir lassen nicht zu, dass unsere Meinungsverschiedenheiten uns auseinandertreiben.

Nehmen Sie sich Zeit, um allein oder als Paar gemeinsam zu beten.

- Danken Sie Gott, dass er Sie beide als einzigartige Menschen geschaffen hat.
- Bitten Sie ihn, dass es Ihnen gelingt, Ihre Unterschiedlichkeit zu akzeptieren und zu schätzen.
- Bitten Sie ihn, dass er Ihnen hilft, Konflikte in Ihrer Beziehung zu lösen.

Wenn Sie noch mehr Zeit haben …

Besprechen Sie miteinander folgende Fragen oder denken Sie darüber nach:

- Was bedeutet es, dass Sie von Gott als einzigartige Menschen geschaffen sind?
- Warum verlieren Sie diese Tatsache manchmal aus den Augen?
- Ist es falsch, bestimmte Dinge am Ehepartner verändern zu wollen? Erläutern Sie Ihre Meinung.

Lesen Sie auch die folgenden Abschnitte zum Thema Konfliktlösung: Sprüche 15,1; Matthäus 18,15-17; Epheser 4,31-32.

Botschafter des Friedens

Lesen Sie Jesaja 52,1-12

In dem bekannten Gebet, das Franz von Assisi zugeschrieben wird, bittet er Gott, ihn zu einem „Werkzeug des Friedens“ zu machen, das Licht in die Finsternis bringt, Glaube, wo Zweifel ist, Freude, wo der Kummer wohnt. Doch in einer Welt, die von Gewalt zerrissen ist – vom Nahen Osten bis in die Straßen unserer Städte, vielleicht sogar bis in unser Zuhause –, wo sollen wir da anfangen?

Die Sehnsucht nach Frieden ist schon uralt: „Was für ein herrlicher Augenblick, wenn ein Bote über die Berge kommt, der eine gute Nachricht bringt! Er eilt herbei und ruft der Stadt auf dem Berg Zion zu: ‚Jetzt ist Friede, die Rettung ist da! Jerusalem, dein Gott herrscht als König!‘“ (Jesaja 52,7). Wir können als „Botschafter“ mit kleinen Schritten der Freundlichkeit und Selbstlosigkeit anfangen – zu Hause bei denen, die wir lieben, bei der Arbeit, in den Orten, wo wir wohnen. Wir bringen Frieden, wenn wir uns mit anderen versöhnen, den Einsamen die Hand reichen, den Bedürftigen beistehen.

Franz von Assisi erinnert uns: „Wer sich hingibt, der empfängt; wer sich selbst vergisst, der findet; wer verzeiht, dem wird verziehen; und wer stirbt, der erwacht zum ewigen Leben.“ Sich selbst vergessen, die eigenen selbstsüchtigen Wünsche beiseiteschieben, das widerspricht unserer Kultur. Doch ganz gleich ob in der weiten Welt oder in unseren engsten Beziehungen: Das ist der Weg, der zum Frieden führt.

Nehmen Sie sich Zeit, um allein oder als Paar gemeinsam zu beten.

- Bitten Sie Gott, Ihnen immer wieder zu zeigen, wie Sie anderen Menschen durch einfache, freundliche Gesten Frieden bringen können.
- Bitten Sie ihn, Sie zu einem Werkzeug des Friedens zu machen.

Wenn Sie noch mehr Zeit haben ...

Besprechen Sie miteinander folgende Fragen oder denken Sie darüber nach:

- Der guten Nachricht von der Befreiung Israels durch Gott in Jesaja 52,1-12 folgt eine Beschreibung des Messias. In welcher Hinsicht erfüllt er Jesaja 52,7? Warum waren die Leute entsetzt, als sie ihn sahen?
- Erklären Sie den rätselhaften Satz aus Jesaja 52,7. In der Lutherbibel beginnt der Vers so: „Wie lieblich sind auf den Bergen die Füße der Freudenboten…“ Warum sind die Füße dieser Boten „lieblich“?
- Welche einfachen freundlichen Gesten sind Ihnen heute möglich? Überdenken Sie Ihren Tag und überlegen Sie, welche Menschen in Ihrer Umgebung dringend Freundlichkeit brauchen. Wo können Sie auf ganz alltägliche Weise das Geschenk des Friedens weitergeben?

Lesen Sie auch die folgenden Abschnitte zum Thema Frieden:
Sprüche 16,7; Römer 12,17-21; 1. Petrus 3,9-11.

Den nächsten Impuls finden Sie auf S. 832 a

Der Herr wird mit Babylon abrechnen

47 »Babylon, du junge Dame, steig
herab von deinem Thron! Ja, setz
dich in den Staub, du Tochter der Chaldä-
er! Alle nannten dich die Zarte, Feine –
doch diese Zeiten sind vorbei!
2 Los, dreh den Mühlstein, mahle Korn!
Weg mit dem Schleier! Wirf die Schleppe
ab, raff dein Kleid hoch, und wate durch
die Flüsse! 3 Alle sollen deine Blöße se-
hen, diese Schande bleibt dir nicht er-
spart. Jetzt rechne ich schonungslos mit
dir ab, und niemand wird mich daran hin-
dern. Darauf gebe ich, der Herr, mein
Wort!«
4 Der Herr ist unser Retter, »allmächti-
ger Gott« – das ist sein Name. Er ist der
heilige Gott Israels.
5 Er spricht: »Babylon, du Tochter der
Chaldäer, verkriech dich in der Dunkel-
heit! Setz dich, und brüte vor dich hin!
Denn dein Ehrentitel ist vergessen: ›Her-
rin vieler Königreiche‹ wird dich nie
mehr jemand nennen.
6 Ich war sehr zornig auf mein Volk und
verstieß es – sie gehörten nicht mehr zu
mir, und darum gab ich sie in deine Hand.
Doch du zeigtest kein Erbarmen: Selbst
die alten Menschen hast du erbarmungs-
los zu schwerer Arbeit gezwungen. 7 ›Für
immer und ewig werde ich regieren!‹,
hast du stolz geprahlt und keinen Gedan-
ken daran verschwendet, dass auch du zu
Boden stürzen könntest. An ein solches
Ende hast du nie gedacht.
8 Du genusssüchtiges Weib! Noch lebst
du sorglos in den Tag hinein. Eingebildet
wie du bist, siehst du nur dich, und außer
dir zählt nichts. Du sagst: ›Ich werde nie-
mals Witwe sein! Einsam leben, ohne
Kinder? Nein, das gibt es nicht!‹ Doch
nun hör, was ich, der Herr, dir sage: 9 Bei-
des wird dich am selben Tag treffen: Auf
einen Schlag wirst du Mann und Kinder
verlieren. In voller Härte bricht dieses
Unglück über dich herein, obwohl du
dich mit vielen Zauberformeln und
Bannsprüchen davor schützen wolltest.
10 Auf deine Bosheit hast du dich verlas-
sen und gedacht: ›Es sieht ja niemand,
was ich treibe!‹
Deine Weisheit und dein Wissen ha-
ben dich so stolz gemacht. Du siehst
wirklich nur dich selbst. Alles andere
nimmst du nicht wahr! 11 Du ahnst nicht,
dass du in dein Unglück rennst. Doch
plötzlich ist es da; unversehens bricht es
über dich herein! Kein Zauberspruch
kann dich davor bewahren, und auch
durch Opfer wendest du es nicht mehr
ab. 12 Versuch es nur mit der Beschwö-
rungskunst! Los, wende deine Zauber-
sprüche an, die du von Jugend an müh-
sam gelernt hast! Wer weiß, ob das nicht
hilft! Vielleicht fällt dir ein Zauber-
spruch ein, der selbst dieses drohende
Unglück verscheucht.
13 Du hast dich schon immer bemüht,
guten Rat zu erhalten. So lass auch jetzt
die Sterndeuter kommen, sollen sie dir
doch helfen, die dir jeden Monat die Zu-
kunft vorhersagen! 14 Doch wie Stroh
werden sie ein Raub der Flammen.
Nichts können sie retten vor dem fressen-
den Feuer, nicht einmal das eigene Le-
ben. Es wird kein Feuer sein, um das
man in der Runde sitzt und an dessen
Glut man sich die Hände wärmt!
15 So werden sie enden, deine Wahr-
sager, um die du dich von Jugend an be-
müht hast. Sie machen sich aus dem
Staub und schleppen sich nach Hause.
Alle lassen dich hilflos zurück.«

Der Herr verteidigt seine Ehre

48 Hört, ihr Nachkommen Jakobs aus
dem Stamm Juda! Ihr tragt den
Ehrennamen »Israel«. Wenn ihr einen
Eid ablegt, dann schwört ihr beim Na-
men des Herrn. Ihr bekennt euch zu Isra-
els Gott, aber ihr liebt ihn nicht und seid
ihm nicht treu. 2 Ihr seid stolz auf eure
heilige Stadt Jerusalem, und ihr beruft

47,1–15 13,1–22* **47,3** Nah 3,5 **47,6–7** Sach 1,15 **47,8–9** Offb 18,7–8 **47,10** Jer 9,22–23
47,12 Dan 2,2 **48,1** 1 Mo 32,29; 35,10 **48,2** Jer 7,4

euch auf den Gott Israels, der »allmächtiger Gott« heißt. Hört, was er euch sagt:

3 »Was früher geschah, hatte ich schon längst im Voraus verkündet; ich selbst hatte es gesagt, für alle hörbar, und genauso traf es ein. 4 Ich kenne euch doch und weiß, wie starrköpfig ihr seid! Unbeugsam seid ihr, als wäre euer Nacken aus Eisen; euer Schädel ist hart wie Stein! 5 Darum habe ich euch lange im Voraus wissen lassen, was ich tun werde; ihr habt davon gehört, bevor es geschah, damit ihr nicht behauptet: ›Das war unser Götze! Die goldene Statue unseres Gottes hat es so gefügt.‹ 6 Ihr habt also davon gehört, und es ist eingetroffen. Schaut euch nur um! Warum wollt ihr es nicht zugeben?

Doch von heute an will ich etwas Neues ankündigen, etwas, das ihr noch nicht wisst, weil ich es bisher geheim gehalten habe. 7 Ich habe es nicht schon vor vielen Jahren geschehen lassen, sondern gerade jetzt. Ihr habt noch nie davon gehört! Darum könnt ihr auch nicht behaupten: ›Das haben wir schon lange gewusst!‹ 8 Nein, davon ist euch bisher noch nichts zu Ohren gekommen, ihr könnt es nicht wissen. Ich habe absichtlich geschwiegen, denn ich wusste, wie treulos ihr seid. Nicht umsonst nennt man euch ›das Volk, das sich von Anfang an gegen seinen Gott aufgelehnt hat‹. 9 Damit mein Name weiter gepriesen wird, halte ich meinen Zorn zurück. Ich beherrsche mich und vernichte euch nicht, denn meine Ehre steht auf dem Spiel. 10 Doch bestrafen musste ich euch. Wie ein Silberschmied bin ich mit euch umgegangen: Er schmilzt das Silber, um es von allen Schlacken zu reinigen. So habe ich euch in den Schmelzofen des Elends geworfen. 11 Um meinetwillen will ich euch jetzt retten, nur um meinetwillen! Mein Name soll nicht in den Schmutz gezogen werden. Nein, die Ehre, die mir zusteht, teile ich mit keinem anderen!«

Der Herr ist Israels Befreier

12 »Hört mir zu, ihr Nachkommen Jakobs, die ich als mein Volk auserwählt habe: Ich bin Gott. Ich bin der Erste und der Letzte. 13 Ich habe mit eigener Hand die Fundamente der Erde gelegt und den Himmel ausgespannt. Nur ein Wort von mir – und alles stand an seinem Platz. 14 Versammelt euch und hört mir zu! Der Mann, den ich liebe, wird mein Urteil an Babylonien vollstrecken. Mit meiner Hilfe wird er das Heer der Chaldäer besiegen. Hat etwa einer der Götter dies schon angekündigt? 15 Nein, nur ich habe es gesagt. Ich habe diesen Mann gerufen und ihn auf den Weg geschickt. Sein Plan wird gelingen. 16 Kommt her und hört zu: Von Anfang an habe ich kein Geheimnis aus meinem Vorhaben gemacht. Jetzt führe ich es aus und halte die Fäden in der Hand.«

Und nun hat Gott, der Herr, mich gesandt und mir seinen Geist gegeben. 17 So spricht der Herr, euer Erlöser, der heilige Gott Israels:

»Ich bin der Herr, euer Gott. Ich lehre euch, was gut für euch ist, und zeige euch den Weg, den ihr gehen sollt. 18 Ach, hättet ihr doch meine Gebote befolgt! Dann wäre euer Friede wie ein Strom, der nie versiegt. Euer Glück würde sich ausbreiten wie die Meereswellen. 19 Unzählbar wären eure Nachkommen, so wie der Sand am Meer. Nie würde ich sie verstoßen oder vernichten.

20 Schnell, verlasst Babylonien, ihr Israeliten, flieht aus dem Land der Chaldäer! Singt und jubelt vor Freude! Die ganze Welt soll hören, was geschehen ist. Erzählt es überall: ›Der Herr hat Israel, das Volk, das ihm dient, befreit! 21 Als der Herr sie durch die Wüste führte, mussten sie keinen Durst leiden, denn er sorgte für Wasser: Er spaltete den Felsen, und ein Bach sprudelte hervor.‹

48,3–5 44,7* **48,4** 2 Mo 32,9 **48,6** 43,19 **48,9** 2 Mo 32,11–12 **48,10** 1,25 **48,11** 42,8 **48,12** 44,6* **48,13** Ps 33,9 **48,14–15** 45,1–5* **48,18** 5 Mo 5,29 **48,19** 1 Mo 22,17 **48,20** Jer 50,8; Offb 18,4 **48,21** 2 Mo 17,6

22 Doch alle, die sich gegen mich auflehnen, werden keinen Frieden finden. Darauf gebe ich, der Herr, mein Wort!«

Der Bote des Herrn – ein Licht für alle Völker

49 Hört mir zu, ihr Bewohner der Inseln und ihr Völker in der Ferne! Schon vor meiner Geburt hat der Herr mich in seinen Dienst gerufen. Als ich noch im Mutterleib war, hat er meinen Namen genannt. 2 Er hat mir Worte in den Mund gelegt, die durchdringen wie ein scharfes Schwert. Schützend hält er seine Hand über mir. Er hat mich zu einem spitzen Pfeil gemacht und mich griffbereit in seinen Köcher gesteckt. 3 Er hat zu mir gesagt: »Israel, du bist mein Bote. An dir will ich meine Herrlichkeit zeigen.«

4 Ich aber dachte: »Vergeblich habe ich mich abgemüht, für nichts und wieder nichts meine Kraft vergeudet. Dennoch weiß ich, dass der Herr für mein Recht sorgt, von ihm, meinem Gott, erhalte ich meinen Lohn.«

5 Und nun spricht der Herr zu mir. Er hat mich von Geburt an zum Dienst für sich bestimmt. Die Nachkommen Jakobs soll ich sammeln und zu ihm zurückbringen. Gott selbst hat mir diese ehrenvolle Aufgabe anvertraut, er gibt mir auch die Kraft dazu. 6 Er spricht zu mir: »Du sollst nicht nur die zwölf Stämme Israels wieder zu einem Volk vereinigen und die Überlebenden zurückbringen. Dafür allein habe ich dich nicht in meinen Dienst genommen, das wäre zu wenig. Nein – ich habe dich zum Licht für alle Völker gemacht, damit du der ganzen Welt die Rettung bringst, die von mir kommt!«

7 So spricht der Herr, der Erlöser und heilige Gott Israels, zu dem, der überall verachtet ist, verabscheut von den Völkern und unterdrückt von den Herrschern dieser Welt: »Könige und Fürsten werden erkennen, dass du in meinem Auftrag handelst. Voller Ehrfurcht erheben sie sich von ihren Thronen und werfen sich vor dir nieder. Denn ich, der heilige Gott Israels, habe dich erwählt, und ich stehe treu zu dir!

8 Ich verspreche dir: Ich will dein Gebet erhören. Es wird eine Zeit der Gnade für dich geben, einen Tag, an dem du meine Hilfe erfährst. Ich will dich vor Schaden bewahren und durch dich einen Bund mit meinem Volk schließen: Durch dich soll das Land Israel wieder aufgebaut werden. Du wirst die zerstörten Ländereien unter die Israeliten aufteilen 9 und den Gefangenen zurufen: ›Kommt heraus aus euren dunklen Kerkern! Kommt ans Licht, ihr seid frei!‹ Es wird ihnen gehen wie einer Schafherde, die an den Wegen und selbst auf kahlen Hügeln Nahrung findet. 10 Sie leiden weder Hunger noch Durst, Hitze und Sonnenglut schadet ihnen nicht. Denn ich habe Erbarmen mit ihnen und führe sie zu sprudelnden Quellen. 11 Auch die Berge dürfen für sie kein Hindernis sein: Ich ebne sie ein. Mein Volk soll auf gut gebauten Straßen heimkehren.«

12 Seht, von weither strömen sie herbei, vom Norden kommen sie und vom Westen, auch aus Ägypten. 13 Himmel und Erde, jubelt, ihr Berge, brecht in Freudenschreie aus! Denn der Herr hat sein Volk getröstet. Voll Erbarmen nimmt er sich der leidenden Menschen an.

Niemals vergisst der Herr sein Volk!

14 Jerusalem klagt: »Ach, der Herr hat mich im Stich gelassen, er hat mich längst vergessen!« 15 Doch der Herr antwortet:

»Kann eine Mutter ihren Säugling vergessen? Bringt sie es übers Herz, das Neugeborene seinem Schicksal zu überlassen? Und selbst wenn sie es vergessen würde – ich vergesse dich niemals! 16 Unauslöschlich habe ich deinen Namen auf

---

48,22 57,20–21 **49,1–6** 42,1–4; 50,4–11; 52,13 – 53,12 **49,1** Jer 1,5; Gal 1,15 **49,2** Hebr 4,12; Offb 1,16 **49,6** 42,6; Lk 2,32; Apg 13,47 **49,7** 60,10 **49,8** 2 Kor 6,2 **49,10** Joh 7,37; Offb 7,16 **49,11** 40,3–4 **49,12** Lk 13,29 **49,13** 40,1 **49,14** 40,27 **49,15** 1 Kön 3,26; Ps 27,10; Jer 31,20

meine Handflächen geschrieben, deine
zerstörten Mauern habe ich ständig vor
Augen!
17 Viele Menschen eilen herbei, um
dich wieder aufzubauen, und deine Fein-
de, die dich zerstört und verwüstet haben,
machen sich davon. 18 Schau dich um!
Von überall strömen die Heimkehrer
herbei. So wahr ich lebe: Du wirst dich
mit ihnen schmücken wie mit kostbarem
Schmuck; dann stehst du da wie eine
Braut an ihrem Hochzeitstag. Das ver-
spreche ich dir!
19 Noch liegst du in Trümmern. Das
ganze Land ist verwüstet und zerstört.
Doch schon bald werden so viele Men-
schen bei dir wohnen, dass der Platz
knapp wird. Aber alle, die dich verschlin-
gen wollten, sind für immer verschwun-
den. 20 Lange Zeit warst du wie eine Frau,
der man die Kinder geraubt hat. Doch
schon bald wirst du mit eigenen Ohren
hören, wie deine Kinder klagen: ›Es wird
uns zu eng hier! Wir brauchen mehr Platz
zum Wohnen!‹
21 Erstaunt wirst du dich fragen: ›Woher
kommen sie alle? Wer hat sie geboren?
Man hat mir doch alle Kinder geraubt,
und ich konnte keine mehr bekommen.
Ich war verbannt und ausgestoßen, von
allen verlassen saß ich da. Wer hat diese
Kinder großgezogen, wo kommen sie
her?‹
22 Ja, ich, der Herr, kündige dir an: Ich
will die Völker herbeiwinken und ihnen
das Zeichen zum Aufbruch geben. Sie
werden deine Söhne auf ihren Armen
herbeitragen und deine Töchter auf den
Schultern. 23 Könige hüten deine Kinder,
und Königinnen sind deine Kindermäd-
chen. Voll Ehrfurcht werfen sie sich vor
dir zu Boden und küssen dir die Füße.
Wenn das geschieht, wirst du erkennen,
wer ich bin: Ich bin der Herr! Ich enttäu-
sche keinen, der mir sein Vertrauen
schenkt.
24 Du wendest ein: ›Man kann doch
einem mächtigen Herrscher nicht die
Beute abnehmen, und einem Tyrannen
kann man die Gefangenen nicht entrei-
ßen!‹ 25 Doch ich, der Herr, verspreche:
Genau das wird geschehen! Dem Tyran-
nen werden die Opfer entrissen, und der
mächtige Herrscher wird seine Beute ver-
lieren. Wer dich angreift, bekommt es mit
mir zu tun! Ich selbst werde deine Kinder
befreien. 26 Deine Unterdrücker aber
bringe ich dazu, dass sie sich gegenseitig
zerfleischen; sie werden sich an ihrem ei-
genen Blut berauschen wie an neuem
Wein! Daran werden alle Menschen er-
kennen: Ich bin der Herr, dein Retter,
dein Erlöser, der starke Gott Israels!«

Ihr tragt die Folgen eurer eigenen Sünden!

50 So spricht der Herr: »Ihr werft mir
vor, ich hätte Israel, eure Mutter,
verstoßen und mich von ihr getrennt. Wo
ist dann die Scheidungsurkunde? Ihr
klagt, ich hätte euch als Sklaven verkauft,
um meinem Gläubiger die Schulden zu
bezahlen. Doch wer ist denn dieser Gläu-
biger? All euer Elend habt ihr selbst ver-
ursacht. Wegen eurer eigenen Schuld
wurdet ihr verkauft! Und weil ihr mich
verlassen habt, habe ich eure Mutter ver-
stoßen.
2 Warum war kein Mensch da, als ich zu
euch kam? Warum erhielt ich keine Ant-
wort, als ich euch rief? Meint ihr, ich
könnte euch nicht befreien? Ihr denkt
wohl, ich sei zu schwach, um euch zu hel-
fen. O nein! Ich sage nur ein Wort, schon
vertrocknet das Meer, und die Ströme
versiegen; die Fische gehen elend zugrun-
de und stinken, weil kein Wasser da ist.
3 Ich kann den Himmel mit schwarzen
Wolken verhängen, als trüge er ein Trau-
erkleid.«

Gott, der Herr, verteidigt mich!

4 Gott, der Herr, gibt mir die richtigen
Worte, damit ich erschöpfte Menschen

49,18 11,11–12* **49,19–20** 54,1–3; 60,22 **49,22** 60,4 **49,23** 60,16 **49,24** Mt 12,29 **49,26** Ri 7,22
50,1 5 Mo 24,1; Jes 54,6–8 **50,2** 59,1; 2 Mo 14,21–22* **50,3** 2 Mo 10,21 **50,4–11** 49,1–6*

zur rechten Zeit ermutigen kann. Mor-
gen für Morgen weckt er mich, und dann
höre ich zu: Der Herr lehrt mich wie ein
Lehrer seinen Schüler. 5 Ja, Gott, der
Herr, hat mich bereit gemacht, auf ihn
zu hören. Ich habe mich nicht gesträubt
und bin meiner Aufgabe nicht ausgewi-
chen. 6 Meinen Rücken habe ich hin-
gehalten, als man mich schlug; ich habe
mich nicht gewehrt, als sie mir den Bart
ausrissen. Ich hielt ihren Beschimpfun-
gen stand und verdeckte mein Gesicht
nicht, als sie mich anspuckten.

7 Und doch werde ich mich ihnen nicht
beugen, denn Gott, der Herr, verteidigt
mich. Darum habe ich auch die Kraft,
ihnen die Stirn zu bieten. Ich weiß, ich
werde nicht in Schimpf und Schande da-
stehen. 8 Der Richter, der mich freispre-
chen wird, ist schon unterwegs. Wer will
mir da noch den Prozess machen? Lasst
uns nur vor Gericht gehen! Wer will mich
anklagen? Soll er doch herkommen! 9 Ja,
Gott, der Herr, verteidigt mich! Wer
kann mich da noch schuldig sprechen?
Alle meine Ankläger werden umkom-
men, sie vergehen wie ein Kleid, das die
Motten zerfressen.

10 Erschreckt nicht, ihr Menschen, die
ihr an den Herrn glaubt und auf die Wor-
te seines Boten hört! Erschreckt nicht in
dunklen Tagen! Verlasst euch auf den
Herrn, auch wenn ihr nirgends einen
Hoffnungsschimmer seht, denn er hält
euch fest! 11 Ihr anderen aber, die ihr ein
Feuer schürt und euch mit Brandpfeilen
rüstet – lauft hinein in euer eigenes Feu-
er, eure glühenden Pfeile sollen euch
selbst treffen! Der Herr spricht: »Ich
stürze euch ins Unglück. Ihr werdet auf
dem Boden liegen und euch vor Qual
winden.«

Der Herr schenkt Rettung für immer

51 »Hört alle her, die ihr mir, dem
Herrn, gefallen wollt und die ihr
nach mir fragt! Erinnert euch an den Fel-
sen, aus dem ihr herausgemeißelt worden
seid, und an den Steinbruch, aus dem ihr
gebrochen wurdet! 2 Ja, denkt an euren
Vater Abraham und an Sara, eure Mut-
ter. Als ich Abraham rief, war er kinder-
los. Doch dann habe ich ihn gesegnet und
ihm viele Nachkommen geschenkt.

3 Und nun will ich Jerusalem trösten.
Noch liegt die Stadt in Trümmern, doch
ich werde mich über sie erbarmen und
das ganze Land wieder aufblühen lassen.
Ich werde diese Wildnis in einen blühen-
den Garten verwandeln, schön und
prächtig wie der Garten Eden. Freuden-
schreie und lauten Jubel wird man dort
hören und Lieder, mit denen die Men-
schen mir danken.

4 Ihr Israeliten, beachtet meine Worte!
Hört mir zu! Ich werde jetzt auch den an-
deren Völkern meine Gebote geben,
mein Recht soll unter ihnen aufleuchten
wie ein helles Licht! 5 Bald erfülle ich
mein Versprechen, euch zu helfen. Die
Rettung lässt nicht mehr lange auf sich
warten! Mit starker Hand werde ich Ge-
richt halten über die Völker. Die Bewoh-
ner der Inseln und der fernen Küsten set-
zen ihre Hoffnung auf mich. Sie warten
darauf, dass ich auch vor ihnen meine
Macht erweise. 6 Schaut hinauf zum Him-
mel: Er wird sich auflösen wie Rauch.
Blickt zur Erde: Sie wird zerfallen wie
ein altes Kleid, und ihre Bewohner ster-
ben wie die Fliegen. Doch euch rette ich
für alle Zeiten, meine gerechte Herr-
schaft hat kein Ende.

7 Ihr Menschen meines Volkes, hört
mir zu: Ihr wisst doch, was es heißt, so zu
leben, wie es mir gefällt; meine Gebote
sind in euer Herz geschrieben. Habt kei-
ne Angst, wenn Menschen euch verhöh-
nen. Lasst euch durch ihr Gespött nicht
aus der Fassung bringen! 8 Denn sie wer-
den vergehen wie ein Kleid und wie ein
Wolltuch, das die Motten fressen. Doch
meine gerechte Herrschaft besteht für al-
le Zeiten und die Rettung, die ich schen-
ke, von einer Generation zur anderen.«

50,6 Mt 5,39; 26,67 **50,7** Jer 1,18–19; Hes 3,8–9 **50,8–9** Röm 8,31–34 **51,2** 1 Mo 12,1–2; 17,15–19 **51,3** 35,1–2; 1 Mo 2,8 **51,4** 2,3 **51,5** 42,4 **51,6** 24,4; Ps 102,26–28 **51,7** 43,1*; 5 Mo 30,11–14

Der Herr tröstet und befreit sein Volk

9 Greif ein, Herr, greif doch ein! Zeig dei-
ne Macht, Herr! Greif ein wie damals vor
langer Zeit! Du warst es doch, der das
Heer der Ägypter schlug, der dem Dra-
chen im Meer[a] den Todesstoß gab! 10 Du
hast das tiefe Meer ausgetrocknet und
mitten hindurch einen Weg gebahnt, da-
mit das befreite Volk hindurchziehen
konnte.
11 Ja, alle, die der Herr befreit hat, wer-
den jubelnd aus der Gefangenschaft zum
Berg Zion heimkehren. Dann sind Trau-
er und Sorge für immer vorbei, Glück
und Frieden halten Einzug, und die Freu-
de hört niemals auf.
12 Der Herr spricht: »Ich bin es, der
euch tröstet, ich allein. Und da fürchtet
ihr euch noch vor der Macht eines Men-
schen? Was ist schon ein Mensch? Ster-
ben muss er, verdorren wie das Gras!
13 Habt ihr vergessen, wer ich bin? Euer
Schöpfer! Ich habe den Himmel wie ein
Zelt aufgespannt, ich habe die Fun-
damente der Erde gelegt. Warum zittert
ihr den ganzen Tag vor eurem Unter-
drücker? Ihr erwartet jeden Moment,
dass er euch in seiner Wut vernichtet.
Was ist nun aus all seinen Drohungen
geworden? 14 Bald schon werdet ihr alle
befreit, die ihr jetzt noch im Gefängnis
sitzt! Keiner wird im Kerker verhun-
gern, für alle ist genug zu essen da.
15 Denn ich bin der Herr, euer Gott, der
die Wellen des Meeres tosen lässt. Ich,
der allmächtige Gott, 16 sage euch, was
ihr in meinem Auftrag reden sollt.
Schützend halte ich meine Hand über
euch. Ich habe den Himmel aus-
gespannt und den Grundstein der Erde
gelegt. Und zu Jerusalem sage ich: ›Du
gehörst zu mir!‹«

Steh auf, Jerusalem!

17 Steh auf, Jerusalem, steh auf! Erheb
dich! Du hast den Kelch, den der Herr in
seiner Hand hielt, leer getrunken. Er war
gefüllt mit seinem Zorn. Bis zum letzten
Tropfen musstest du ihn schlucken, diesen
Trank, der jeden zum Taumeln bringt.
18 Niemand nahm dich dann bei der Hand
und führte dich. Keines deiner vielen Kin-
der, die du geboren und großgezogen hat-
test, kam dir zu Hilfe. 19 In doppelter Wei-
se traf dich das Unglück, aber niemand
empfand Mitleid mit dir: Du wurdest ver-
wüstet, und du hast deine Einwohner ver-
loren; Hunger und Schwert haben sie um-
gebracht. Ach, ich weiß nicht, wie ich dich
trösten soll, Jerusalem! 20 Deine Kinder
brachen ohnmächtig zusammen; an allen
Straßenecken lagen sie, hilflos wie Rehe
im Fangnetz. Der Zorn des Herrn hat sie
getroffen, das Drohen deines Gottes ließ
sie stürzen. 21 Tief steckst du im Elend, Je-
rusalem; du wankst – doch nicht, weil du
vom Wein betrunken bist!
Höre nun, was der Herr dir sagt; 22 er ist
dein Herr und dein Gott, dein Anwalt,
der für dich eintritt: »Ich nehme euch
den Becher mit dem starken Trank mei-
nes Zornes wieder aus der Hand. Ihr
braucht nicht länger daraus zu trinken.
23 Ich gebe ihn denen, die euch so grau-
sam unterdrückt und euch zugerufen ha-
ben: ›Werft euch nieder, damit wir über
euch schreiten!‹ Dann musstet ihr euch
auf den Boden legen, und sie sind über
euren Rücken hinweggeschritten wie
über eine Straße.«

Reiß die Fesseln ab!

52 Wach auf, du Stadt auf dem Berg
Zion, wach auf! Sei wieder stark!
Zieh dein Festkleid an, Jerusalem, du

---

[a] Wörtlich: Rahab.

51,9 2 Mo 14,28; Hiob 26,12–13; Ps 74,12–14 **51,10** 2 Mo 14,21–22* **51,11** 35,10; 65,19; Offb 21,4 **51,12** 40,1.6–8 **51,15–16** Jer 31,35–36 **51,17** Jer 25,15* **51,20** Klgl 2,11.19 **52,1** Offb 21,2.27

heilige Stadt! Denn von nun an darf kein
Mensch mehr durch deine Tore gehen,
der nicht zu Gottes Volk gehört.[a] 2 Steh
auf, und schüttle den Staub ab! Setz dich
wieder auf deinen Thron, Jerusalem!
Wirf die Halsfesseln ab, du Gefangene!
3 Denn so spricht der Herr: »Ich habe
euch zwar als Sklaven verkauft, doch ich
habe von euren Herren kein Geld ver-
langt. Und so sollt ihr nun auch befreit
werden, ohne dass ich ein Lösegeld für
euch bezahle.

4 Am Anfang kam mein Volk nach
Ägypten. Es wollte friedlich dort woh-
nen, aber es wurde zu harter Arbeit ge-
zwungen[b]. Später wurde Israel dann von
den Assyrern unterdrückt. 5 Und was
muss ich jetzt sehen? Wieder ist mein
Volk versklavt, und seine Herren haben
nichts dafür bezahlt. Sie lachen hämisch
über ihren guten Fang und ziehen stän-
dig, den ganzen Tag lang, meine Ehre in
den Schmutz. 6 Doch ich werde eingrei-
fen, und mein Volk wird erkennen, wer
ich bin. Sie werden merken, dass ich es
war, der Herr, der zu ihnen gesprochen
hat!«

7 Was für ein herrlicher Augenblick,
wenn ein Bote über die Berge kommt,
der eine gute Nachricht bringt![c] Er eilt
herbei und ruft der Stadt auf dem Berg
Zion zu: »Jetzt ist Friede, die Rettung ist
da! Jerusalem, dein Gott herrscht als Kö-
nig!« 8 Schon brechen die Wächter auf
der Mauer in Freudengeschrei aus; alle
miteinander jubeln, denn mit eigenen
Augen sehen sie, wie der Herr zum Berg
Zion zurückkehrt.

9 Noch ist Jerusalem ein einziger Trüm-
merhaufen. Doch ihr Ruinen, singt und
jubelt vor Freude! Denn der Herr tröstet
sein Volk. Er befreit Jerusalem. 10 Vor
den Augen aller Völker greift Gott, der
Heilige, nun machtvoll ein. Die ganze
Welt ist Zeuge, wie er sein Volk errettet.

11 Verlasst Babylonien, geht los! Nehmt
nichts aus den heidnischen Tempeln mit!
Und wer die heiligen Gefäße für den
Tempel des Herrn trägt, der soll sich rei-
nigen, damit er sie nicht entweiht. 12 Ihr
müsst nicht in aller Hast verschwinden!
Ihr braucht Babylonien nicht als Flücht-
linge zu verlassen. Der Herr, der Gott Is-
raels, geht euch voran, und er beschützt
euch von allen Seiten.

Er trug unsere Sünde

13 So spricht der Herr: »Mein Bote wird
seine Aufgabe erfüllen. Er wird eine
überragende Stellung erlangen und hoch
geehrt sein. 14 Viele waren entsetzt, als sie
ihn sahen. Denn in der Tat: Er war völlig
entstellt und kaum mehr als Mensch zu
erkennen. 15 Dann aber werden viele Völ-
ker über ihn staunen[d], sprachlos werden
die Könige dastehen. Gerade die sollen
ihn sehen, denen er nicht angekündigt
war, und die noch nichts von ihm gehört
haben, werden ihn begreifen!«

53 Doch wer glaubt schon unserer
Botschaft? Wer erkennt, dass Gott
es ist, der diese mächtigen Taten voll-
bringt? 2 Der Herr ließ seinen Boten em-
porwachsen wie einen jungen Trieb aus
trockenem Boden. Er war weder stattlich
noch schön. Nein, wir fanden ihn unan-
sehnlich, er gefiel uns nicht! 3 Er wurde
verachtet, von allen gemieden. Von
Krankheit und Schmerzen war er ge-
zeichnet. Man konnte seinen Anblick
kaum ertragen. Wir wollten nichts von
ihm wissen, ja, wir haben ihn sogar ver-
achtet.

---

[a] Wörtlich: Denn von nun an darf kein Unbeschnittener und kein Unreiner dich mehr betreten.
[b] »aber … gezwungen« ist sinngemäß eingefügt.
[c] Wörtlich: Wie lieblich sind auf den Bergen die Füße dessen, der eine gute Botschaft bringt.
[d] So mit der griechischen Übersetzung. Der hebräische Text lautet: Dann aber wird er viele Völker besprengen.

52,3 45,13; 50,1 **52,4** 1 Mo 46,5–7; 2 Kön 17,6 **52,7** 40,9; 41,27; Röm 10,15; Eph 2,17; 6,15 **52,8** 62,6; Hes 43,1–9 **52,11** 2 Kön 25,14–15; Esr 1,7–11; 2 Kor 6,17 **52,12** 2 Mo 12,11; 13,21–22* **52,13 – 53,12** 49,1–6* **52,15** 65,1; Röm 15,21 **53,1** Joh 12,38; Röm 10,16 **53,2** 11,1 **53,3** Ps 22,7–8; Mk 9,12

4 Dabei war es unsere Krankheit, die er
auf sich nahm; er erlitt die Schmerzen,
die wir hätten ertragen müssen. Wir aber
dachten, diese Leiden seien Gottes ge-
rechte Strafe für ihn. Wir glaubten, dass
Gott ihn schlug und leiden ließ, weil er es
verdient hatte. 5 Doch er wurde blutig ge-
schlagen, weil wir Gott die Treue gebro-
chen hatten; wegen unserer Sünden wur-
de er durchbohrt. Er wurde für uns
bestraft – und wir? Wir haben nun Frie-
den mit Gott! Durch seine Wunden sind
wir geheilt. 6 Wir alle irrten umher wie
Schafe, die sich verlaufen haben; jeder
ging seinen eigenen Weg. Der Herr aber
lud alle unsere Schuld auf ihn.

7 Er wurde misshandelt, aber er duldete
es ohne ein Wort. Er war stumm wie ein
Lamm, das man zur Schlachtung führt.
Und wie ein Schaf, das sich nicht wehrt,
wenn es geschoren wird, hat er alles wi-
derspruchslos ertragen. Man hörte von
ihm keine Klage. 8 Er wurde verhaftet,
zum Tode verurteilt und grausam hinge-
richtet. Niemand glaubte, dass er noch
eine Zukunft haben würde. Man hat sein
Leben auf dieser Erde ausgelöscht. We-
gen der Sünden meines Volkes wurde er
zu Tode gequält! 9 Man begrub ihn bei
Gottlosen, im Grab eines reichen Man-
nes,[a] obwohl er sein Leben lang kein Un-
recht getan hatte. Nie kam ein betrügeri-
sches Wort über seine Lippen.

10 Doch es war der Wille des Herrn: Er
musste leiden und blutig geschlagen wer-
den. Wenn er mit seinem Leben für die
Schuld der anderen bezahlt hat, wird er
Nachkommen haben. Er wird weiterle-
ben und den Plan des Herrn ausführen.
11 Wenn er dieses schwere Leid durch-
gestanden hat, sieht er wieder das Licht[b]
und wird für sein Leiden belohnt. Der
Herr sagt:

»Mein Bote kennt meinen Willen, er
ist schuldlos und gerecht. Aber er lässt
sich für die Sünden vieler bestrafen, um
sie von ihrer Schuld zu befreien. 12 Des-
halb gebe ich ihm die Ehre, die sonst nur
mächtige Herrscher erhalten. Mit großen
Königen wird er sich die Beute teilen. So
wird er belohnt, weil er den Tod auf sich
nahm und zu den Verbrechern gezählt
wurde. Doch er hat viele von ihren Sün-
den erlöst, denn er ließ sich für ihre Ver-
brechen bestrafen.«

Die schwere Zeit ist vorbei!

54 Sei fröhlich, du Unfruchtbare,
auch wenn du nie ein Kind gebo-
ren hast! Juble und singe, du Kinderlose!
Denn du, die du allein bist, wirst mehr
Kinder haben als eine Frau, die einen
Mann hat. 2 Vergrößere dein Zelt! Spann
die Zeltdecken weiter aus! Spare nicht!
Verlängere die Seile, und schlag die Pflö-
cke fest ein! 3 Denn du wirst dich nach al-
len Seiten hin ausbreiten: Deine Kinder
werden das Land anderer Völker in Be-
sitz nehmen und die zerfallenen Städte
neu besiedeln.

4 Hab keine Angst, du wirst nicht mehr
erniedrigt werden! Niemand darf dich je
wieder beschämen. Du wirst vergessen,
wie man dich in deiner Jugend gedemü-
tigt hat, und nicht mehr an die schwere
Zeit zurückdenken, in der du als Witwe
allein dastandst. 5 Denn der Herr, der
dich erschaffen hat, ist dein Ehemann.
Er heißt »der Herr, der allmächtige
Gott«. Er ist der heilige Gott Israels, dein
Erlöser, und der Gott der ganzen Welt.

6 Jerusalem, du bist wie eine verstoße-
ne Frau, die tief enttäuscht ist, weil ihr
Mann, der sie als junge Frau liebte, sie
verlassen hat.

---

[a] »Man begrub ihn bei Gottlosen, im Grab eines reichen Mannes« ist die Übersetzung des hebräischen Textes. Möglicherweise hat der Text ursprünglich gelautet: »Man begrub ihn bei Gottlosen und Übeltätern«.

[b] *Das Wort »Licht« ist nach der griechischen Übersetzung eingefügt.* Im hebräischen Text fehlt es.

53,4 Hiob 8,20; Mt 8,17 **53,5–6** 1 Petr 2,24–25 **53,5** Röm 4,25 **53,6** 2 Kor 5,21 **53,7–8** Apg 8,32–33 **53,7** Mk 14,61.65; Joh 1,29; Offb 5,6.9 **53,8** 1 Kor 15,3 **53,9** 1 Petr 2,22; 1 Joh 3,5 **53,10** Mt 20,28; Gal 1,4 **53,11** Röm 5,18–19; 1 Kor 1,30 **53,12** Mk 15,27–28; Lk 22,37; Phil 2,9–11 **54,1–3** 49,19–20 **54,1** Gal 4,27 **54,4** 43,1* **54,5** Hos 2,21

Doch der Herr ruft dich zu sich zurück
[7]und sagt zu dir: »Nur für kurze Zeit habe
ich dich verlassen. Ich will dich wieder zu
mir holen, denn ich liebe dich immer
noch. [8]Im Zorn habe ich mich für einen
Augenblick von dir zurückgezogen. Doch
ich habe Erbarmen mit dir, und meine
Liebe wird nie mehr aufhören. Das ver-
spreche ich, der Herr, dein Erlöser.

[9]Damals nach der großen Flut schwor
ich Noah: Nie mehr wird die ganze Erde
überschwemmt werden! Und heute
schwöre ich: Ich bin nicht mehr zornig
auf dich, Jerusalem! Nie mehr werde ich
dir drohen! [10]Berge mögen einstürzen
und Hügel wanken, aber meine Liebe zu
dir wird nie erschüttert, und mein Frie-
densbund mit dir wird niemals wanken.
Das verspreche ich, der Herr, der dich
liebt!«

Die neue Stadt Jerusalem

[11]So spricht der Herr: »Jerusalem, du
leidgeprüfte Stadt, vom Sturm ge-
peitscht, von keinem getröstet – ich will
dich wieder aufbauen. Dein Fundament
lege ich aus Saphiren, fest gemauert mit
bestem Mörtel. [12]Für die Brüstung deiner
Mauern verwende ich Rubine und für die
Tore Kristalle; auch die Mauer soll aus
Edelsteinen sein. [13]Deine Kinder werden
meine Schüler sein, und ich schenke
ihnen Frieden und Glück. [14]Dann ist die
Gerechtigkeit dein festes Fundament.
Du brauchst keine Angst mehr zu haben,
denn Kummer und Not dürfen dich nicht
mehr bedrücken; nichts wird dich mehr
in Schrecken versetzen. [15]Und sollte dich
doch ein feindliches Volk angreifen, dann
ist es nicht von mir gesandt! Ja, wer es
dann noch wagt, gegen dich zu kämpfen,
der wird dabei zu Fall kommen.

[16]Ich habe den Waffenschmied ge-
schaffen, der die Kohlenglut anbläst und
das glühende Eisen zu Waffen schmiedet.
Auch der Soldat, der mit ihnen Tod und
Verderben anrichtet, ist mein Geschöpf.
[17]Doch alle Waffen, die man gegen dich
richtet, Jerusalem – sie treffen ins Leere.
Wer dich vor Gericht anklagen will, den
wirst du als den Schuldigen entlarven.
Das gilt für alle, die in meinem Dienst
stehen; ich sorge für ihr Recht. Mein
Wort gilt!«

Kommt, es kostet nichts!

55 Der Herr ruft: »Ihr habt Durst?
Kommt her, hier gibt es Wasser!
Auch wer kein Geld hat, kann kommen.
Nehmt euch Brot und esst! Hierher! Hier
gibt es Wein und Milch. Bedient euch, es
kostet nichts! [2]Warum gebt ihr euer sauer
verdientes Geld aus für Brot, das nicht
sättigt? Hört doch auf mich, und tut, was
ich sage, dann bekommt ihr genug! Ihr
dürft köstliche Speisen genießen und
euch satt essen. [3]Hört mir zu, und kommt
her! Ja, nehmt meine Weisungen an, da-
mit ihr am Leben bleibt!

Ich will einen Bund für alle Zeiten mit
euch schließen. Was ich schon David ver-
sprochen habe, das werde ich erfüllen.
[4]Ich habe ihm den Auftrag gegeben, vie-
len Völkern meine Wahrheit zu bezeu-
gen, und ich habe ihn als Herrscher über
sie eingesetzt. [5]Auch ihr sollt Menschen
aus anderen Völkern zu euch rufen, die
ihr nicht kennt und die euch nicht ken-
nen. Sie werden zu euch eilen, weil ich,
der Herr, euer Gott bin. Ja, sie kommen,
um mich kennen zu lernen, den heiligen
Gott Israels. Denn ich bin es, der euch
Israeliten zu Ehren bringt.«

Mein Wort bleibt nicht ohne Wirkung

[6]Sucht den Herrn, solange er sich finden
lässt! Betet zu ihm, solange er euch nahe
ist! [7]Hast du dich gegen Gott aufgelehnt?
Bist du eigene Wege gegangen und eige-
nen Plänen gefolgt? Dann hör auf damit!

54,7–8 60,10; Klgl 3,31–32 **54,9** 1 Mo 9,8–17 **54,10** Hes 37,26 **54,11–12** Offb 21,18–21 **54,13** Jer 31,34; Joh 6,45 **54,14** 1,21 **55,1** Joh 7,37; Offb 22,17 **55,2** Jer 2,13 **55,3** 2 Sam 7,16*; Jer 31,31–34; Apg 13,34 **55,5** 45,22–24* **55,6** Jer 29,13; Apg 17,27 **55,7** Hes 18,27–28; 33,11

Kehr deinem alten Leben den Rücken,
und komm zum Herrn! Er wird sich über
dich erbarmen. Unser Gott vergibt uns,
was auch immer wir getan haben.
8 Er sagt: »Meine Gedanken sind nicht
eure Gedanken, und meine Wege sind
nicht eure Wege. 9 Denn wie der Himmel
die Erde überragt, so sind auch meine
Wege viel höher als eure Wege und mei-
ne Gedanken als eure Gedanken.
10 Denkt an den Regen und den
Schnee! Sie fallen vom Himmel und blei-
ben nicht ohne Wirkung: Sie tränken die
Erde und machen sie fruchtbar; alles
sprießt und wächst. So bekommt der
Bauer wieder Samen für die nächste Aus-
saat, und er hat genügend Brot. 11 Ge-
nauso ist mein Wort: Es bleibt nicht ohne
Wirkung, sondern erreicht, was ich will,
und es führt das aus, was ich ihm auf-
getragen habe.
12 Ihr werdet voller Freude das Land
eurer Gefangenschaft verlassen und
wohlbehütet in eure Heimat zurückkeh-
ren. Berge und Hügel brechen in Jubel
aus, und die Bäume am Weg klatschen in
die Hände. 13 Anstelle der Dornenbüsche
wachsen Zypressen, und wo heute
Brennnesseln wuchern, schießen Myr-
tensträucher empor. Dadurch wird mein
Name überall bekannt. Mit eurer Heim-
kehr setze ich für immer ein Zeichen, das
nicht mehr aus der Welt zu schaffen ist.«

Jeder darf zu Gottes Volk gehören

56 So spricht der Herr: »Haltet euch
an meine Ordnungen, und sorgt
für Gerechtigkeit! Es dauert nicht mehr
lange, dann werdet ihr erleben, wie ich
euch befreie und euch zum Recht verhel-
fe.« 2 Glücklich ist, wer den Sabbat nicht
durch Arbeit entweiht, sondern ihn als
Ruhetag achtet. Glücklich ist, wer kein
Unrecht begeht.
3 Ein Ausländer, der sich dem Herrn
zugewandt hat, soll nicht sagen: »Be-
stimmt wird der Herr mich wieder aus-
schließen aus der Gemeinschaft seines
Volkes.« Und wer entmannt wurde, soll
nicht klagen: »Ach, ich bin nicht mehr
wert als ein dürrer Baum.«
4 Denn der Herr sagt: »Auch Entmann-
te zähle ich zu meiner Gemeinde, wenn
sie die Sabbate als Ruhetage achten,
wenn sie gerne tun, was mir gefällt, und
sich an meine Ordnungen halten. 5 Für sie
ist Platz in meinem Tempel, und ich wer-
de sie in alle Ewigkeit nicht in Vergessen-
heit geraten lassen. Das ist besser, als
wenn sie viele Söhne und Töchter hätten,
die ihren Namen weitertragen.
6 Ich, der Herr, verspreche: Die Aus-
länder, die sich mir zugewandt haben,
die mir dienen und mich allein lieben,
die den Sabbat achten und ihn nicht
durch Arbeit entweihen, die sich an mei-
ne Weisungen halten, 7 sie werde ich zu
meinem heiligen Berg führen. Sie dürfen
meinen Tempel betreten und sich an die-
sem Ort des Gebets von Herzen freuen.
Sie dürfen auch auf meinem Altar Brand-
und Schlachtopfer darbringen, und ich
werde ihre Opfer annehmen. Denn in
meinem Tempel sollen alle Völker zu
mir beten.
8 Ich, der Herr, der die vertriebenen Is-
raeliten wieder sammelt, sage: Euch habe
ich nun aus der ganzen Welt zurück-
geholt. Doch ich werde noch andere zu
euch bringen!«

Die Führer des Volkes – faule, gefräßige Hunde

9 »Ihr wilden Tiere aus Wald und Feld,
kommt und fresst mein Volk! 10 Denn sei-
ne Führer taugen nichts. Sie sind blinde
Wächter, die nicht merken, wenn dem
Volk Gefahr droht. Stumme Hunde sind
sie, die nicht bellen können. Sie liegen
faul herum und träumen, Schlafen ist ihre
liebste Beschäftigung. 11 Gefräßig sind
sie, diese Hunde, sie bekommen nie ge-

55,8–9 Röm 11,33 **55,11** 40,8; Ps 33,4; Mt 13,8.23 **55,12** 44,23 **56,2** 58,13; 2 Mo 20,8–11* **56,3** 5 Mo 23,2–9 **56,7** 1 Kön 8,41–43; Mt 21,13 **56,8** 45,22–24*; Joh 10,16 **56,10** 1,23 **56,11** Hes 34,1–10

nug. Und so etwas will Hirte sein! Sie haben ja keine Ahnung, was es heißt, die Herde – mein Volk – zu hüten. Stattdessen gehen sie alle ihren eigenen Geschäften nach. Jeder will nur möglichst viel Gewinn machen. 12 ›Kommt‹, rufen sie, ›lasst uns feiern! Einer soll Wein holen, und dann betrinken wir uns! Und was machen wir morgen? Morgen feiern wir weiter. Je mehr, desto besser!‹«

Der Herr richtet die Gottlosen

57 Menschen, die dem Herrn die Treue halten, kommen um, aber niemanden kümmert das. Sie werden aus dem Leben gerissen, aber keiner schert sich darum. Der Herr will diese Menschen vor noch schlimmeren Zeiten bewahren. 2 Sie haben ein aufrichtiges Leben geführt, nun ruhen sie in Frieden.

3 »Ihr aber, ihr Hexensöhne«, ruft der Herr, »tretet vor, um euer Urteil zu hören, ihr Brut von Ehebrechern und Huren! 4 Über mich macht ihr euch lustig. Gegen mich reißt ihr frech das Maul auf und streckt mir die Zunge heraus. Wisst ihr überhaupt, was ihr da tut, bösartiges und verlogenes Pack?

5 Ihr seid nur noch hinter euren Götzen her! Unter jeder Terebinthe und unter allen dicht belaubten Bäumen hurt ihr zu Ehren eurer Götzen. Ihnen opfert ihr sogar Kinder! In den Felshöhlen unten im Tal schlachtet ihr sie! 6 Ihr verehrt die abgeschliffenen Kieselsteine im Bachbett. Sie allein bestimmen euer Schicksal – denkt ihr. Und darum opfert ihr ihnen Wein und gute Speisen. Und da sollte ich ruhig zusehen? 7 Ihr steigt hinauf zur Spitze eines hohen Berges, um eure Opfer darzubringen. Dort schlagt ihr euer La*ger auf.* 8 *Ihr bringt* magische Zeichen an der Innenseite der Tür und den Torpfosten an. Von mir aber habt ihr euch abgewandt. Wie eine Hure bezieht ihr euer Bett für einen anderen und richtet es schön für ihn her. Ihr handelt den Lohn aus, und schließlich geht ihr mit ihm ins Bett. Ihr habt sogar noch Spaß an dem, was ihr da seht und tut! 9 Zum Götzen Moloch pilgert ihr und bringt ihm kostbares Öl mit, dazu eine Menge wohlriechender Salben. Ihr schickt Boten auf eine lange Reise: Bis zur Totenwelt sollen sie vordringen. 10 Für die Götzen ist euch keine Anstrengung zu groß, nie gebt ihr zu: ›Ach, das nützt doch alles nichts!‹ Nein – ihr kommt immer wieder zu Kräften, und darum gebt ihr nicht auf.

11 Wer sind sie denn, diese Götzen, vor denen ihr solche Ehrfurcht habt? Warum fürchtet ihr euch vor ihnen mehr als vor mir und betrügt mich? Warum habt ihr keinen Gedanken mehr für mich übrig, warum vergesst ihr mich? Doch nur, weil ich eurem Treiben so lange schweigend zugesehen habe. Deshalb denkt ihr wohl, ihr hättet von mir nichts zu befürchten.

12 Doch ich werde euch nun zeigen, was eure Anstrengungen wirklich wert sind: Alle eure Mühe nützt euch gar nichts! 13 Schreit nur um Hilfe – sollen sie euch doch helfen, eure vielen Götzen! Ein kleiner Windstoß reicht, um sie wegzublasen. Nur ein Hauch – und fort sind sie!

Doch wer bei mir Zuflucht sucht, der wird das Land erben und darf auf meinem heiligen Berg wohnen.«

Ich will mein Volk heilen

14 Der Herr befiehlt: »Macht euch an die Arbeit, schnell! Baut eine Straße! Räumt meinem Volk alle Hindernisse aus dem Weg! 15 Ich, der Hohe und Erhabene, der ewige und heilige Gott, wohne in der Höhe, im Heiligtum. Doch ich wohne auch bei denen, die traurig und bedrückt sind. Ich gebe ihnen neuen Mut und erfülle sie wieder mit Hoffnung. 16 Ich will sie nicht ständig anklagen und nicht für immer zornig sein. Denn sonst würden sie ver-

---

56,12 5,11–12 **57,1** 59,15; Ps 12,2; Mi 7,2 **57,2** Dan 12,13 **57,3** Hos 2,4 **57,5** 2 Kön 16,3; Hes 16,21 **57,8** Jer 2,20 **57,10** Jer 2,25 **57,11** Ps 50,21 **57,13** 44,9; Ps 37,9–11 **57,14** 40,3–4 **57,15** 6,3; 66,2; Ps 51,19; 113,5–9 **57,16** Ps 130,3

gehen, die Menschen, die ich doch selbst geschaffen habe. [17]Ich war zornig über mein Volk wegen seiner Habgier. Sie taten, was sie wollten, und gingen ihre eigenen Wege. Darum bestrafte ich sie und wandte mich von ihnen ab. [18/19]Ich sah ihre Taten genau. Und doch will ich ihnen wieder zurechthelfen und sie führen. Die Trauernden will ich trösten; ein Freudenlied lege ich ihnen in den Mund. Dann werden sie alle in Frieden leben, ob in der Nähe oder in der Ferne, denn ich will mein Volk heilen. Das verspreche ich, der Herr.

[20]Die Gottlosen aber sind wie das ungestüme Meer: Es kommt nicht zur Ruhe, seine Wellen wühlen immer wieder Dreck und Schlamm auf. [21]Ja, alle, die sich gegen mich auflehnen, werden keinen Frieden finden. Darauf gebe ich mein Wort!«

Ein Fasten, das dem Herrn gefällt

58 »Ruf, so laut du kannst! Lass deine Stimme erklingen, mächtig wie eine Posaune! Halte meinem Volk seine Vergehen vor, zähl den Nachkommen Jakobs ihre Sünden auf! [2]Sie rufen Tag für Tag nach mir und fragen nach meinem Willen. Sie gehen gern zum Tempel, in meine Nähe. Weil sie sich für ein frommes Volk halten, das nach den Geboten seines Gottes lebt, darum fordern sie von mir auch ihre wohlverdienten Rechte. [3]›Warum siehst du es nicht, wenn wir fasten?‹, werfen sie mir vor. ›Wir plagen uns, aber du scheinst es nicht einmal zu merken!‹

Darauf antworte ich: Wie verbringt ihr denn eure Fastentage? Ihr geht wie gewöhnlich euren Geschäften nach und treibt eure Arbeiter noch mehr an als sonst. [4]Ihr fastet zwar, aber gleichzeitig zankt und streitet ihr und schlagt mit roher Faust zu. Wenn das ein Fasten sein soll, dann höre ich eure Gebete nicht! [5]*Denkt ihr, mir einen Gefallen zu tun,* wenn ihr euch selbst quält und nichts esst und trinkt, wenn ihr den Kopf hängen lasst und euch in Trauerkleidern in die Asche setzt? Nennt ihr so etwas ›Fasten‹? Ist das ein Tag, an dem ich, der Herr, Freude habe?

[6]Nein – ein Fasten, das mir gefällt, sieht anders aus: Löst die Fesseln der Menschen, die ihr zu Unrecht gefangen haltet, befreit sie vom drückenden Joch der Sklaverei, und gebt ihnen ihre Freiheit wieder! Schafft jede Art von Unterdrückung ab! [7]Gebt den Hungrigen zu essen, nehmt Obdachlose bei euch auf, und wenn ihr einem begegnet, der in Lumpen herumläuft, gebt ihm Kleider! Helft, wo ihr könnt, und verschließt eure Augen nicht vor den Nöten eurer Mitmenschen! [8]Dann wird mein Licht eure Dunkelheit vertreiben wie die Morgensonne, und in kurzer Zeit sind eure Wunden geheilt. Eure barmherzigen Taten gehen vor euch her, meine Macht und Herrlichkeit beschließt euren Zug. [9]Wenn ihr dann zu mir ruft, werde ich euch antworten. Wenn ihr um Hilfe schreit, werde ich sagen: ›Ja, hier bin ich.‹

Beseitigt jede Art von Unterdrückung! Hört auf, verächtlich mit dem Finger auf andere zu zeigen, macht Schluss mit aller Verleumdung! [10]Nehmt euch der Hungernden an, und gebt ihnen zu essen, versorgt die Notleidenden mit allem Nötigen! Dann wird mein Licht eure Finsternis durchbrechen. Die Nacht um euch her wird zum hellen Tag. [11]Immer werde ich euch führen. Auch in der Wüste werde ich euch versorgen, ich gebe euch Gesundheit und Kraft. Ihr gleicht einem gut bewässerten Garten und einer Quelle, die nie versiegt. [12]Euer Volk wird wieder aufbauen, was seit langem in Trümmern liegt, und wird die alten Mauern wieder errichten. Man nennt euch dann ›das Volk, das die Lücken der Stadtmauer schließt‹ und ›Volk, das die Ruinen bewohnbar macht‹.

[13]Achtet den Sabbat als einen Tag, der

57,20 Jud 13 **57,21** 48,22 **58,2** 29,13 **58,5** Sach 7,5; Mt 6,16–18 **58,6** Neh 5,1–13 **58,7** 5 Mo 15,7–8; Mt 25,35–36 **58,9** 65,24 **58,11** Jer 31,12 **58,12** Neh 2,16–17 **58,13** 56,2

mir geweiht ist und an dem ihr keine Ge-
schäfte abschließt! Er soll ein Feiertag
für euch sein, auf den ihr euch freut. Ent-
weiht ihn nicht durch eure Arbeit, durch
Geschäfte oder leeres Geschwätz! Ach-
tet ihn vielmehr als einen Tag, an dem
ihr Zeit habt für mich, den Herrn.
14 Wenn ihr das tut, werde ich die Quelle
eurer Freude sein. Ich werde euch über
Berge und Schluchten tragen und euch
das ganze Land mit seinem reichen Er-
trag schenken, das ich eurem Stamm-
vater Jakob zum Erbe gegeben habe.
Mein Wort gilt!«

Eure Schuld trennt euch von eurem Gott

59 Ihr meint wohl, der Herr sei zu
schwach, um euch zu helfen, und
dazu noch taub, so dass er eure Hilferufe
gar nicht hört. O nein! 2 Eure Schuld – sie
steht wie eine Mauer zwischen euch und
eurem Gott! Eure Sünden verdecken ihn,
darum hört er euch nicht. 3 An euren
Händen klebt Blut, sie sind besudelt von
all dem Unrecht, das ihr tut. Ihr lügt und
betrügt bei jeder Gelegenheit. 4 Ihr geht
vor Gericht, aber es geht euch nicht um
Gerechtigkeit; in der Verhandlung sagt
keiner die Wahrheit. Lieber erhebt ihr
falsche Anschuldigungen, um andere zu
täuschen. Ihr brütet immer neues Unheil
aus! 5/6 Was immer ihr ausheckt – es ist als
ob ihr Schlangeneier ausbrütet: Wer da-
von isst, stirbt, und wenn jemand darauf
tritt, schießt eine Viper hervor. Ihr
gleicht Spinnen, die ihr Netz weben. Be-
kleiden kann man sich damit nicht, und
man kann auch keine warme Decke da-
raus machen. Die Fäden, die ihr spinnt,
sind Fäden des Unrechts. Gewaltsam wi-
ckelt ihr eure Opfer darin ein. 7 Ihr seid
sofort zur Stelle, wenn es darum geht,
einen Unschuldigen umzubringen oder
andere Verbrechen zu begehen. Ihr
denkt nur an Unrecht, und wo ihr geht,
hinterlasst ihr eine Spur der Verwüstung.
8 Den Weg zum Frieden kennt ihr nicht,
und Aufrichtigkeit ist euch fremd! Lieber
schlagt ihr krumme Wege ein. Keiner,
der so lebt, weiß, was Friede ist.

Ein Bußgebet

9 Darum verhilft Gott uns nicht zu unse-
rem Recht, darum erreicht uns seine Hil-
fe nicht. Wir hoffen auf den Tages-
anbruch, doch es bleibt finster. Wir
sehnen uns nach einem Lichtstrahl, doch
wir müssen im Dunkeln bleiben. 10 Wir
tasten uns wie Blinde an der Wand ent-
lang; wir tappen umher, als sähen wir
nichts mehr. Am hellen Mittag stolpern
wir, als wäre es schon dunkel, als gehör-
ten wir mitten im Leben schon zu den To-
ten. 11 Wir brummen wie hungrige Bären,
unser Klagen klingt wie das Gurren von
Tauben. Wir warten darauf, dass Gott uns
Recht verschafft, aber nichts geschieht.
Wir sehnen uns nach seiner Hilfe, doch
weit und breit ist keine Rettung in Sicht.

12 Denn wir haben dir, o Gott, den Rü-
cken gekehrt. Unsere Schuld ist groß,
und unsere Sünden klagen uns an. Wir
sehen ein, dass wir dir untreu waren, un-
sere Vergehen stehen uns vor Augen.
13 Herr, wir wollten nichts mehr mit dir
zu tun haben; wir haben dich verleugnet
und uns von dir, unserem Gott, abge-
wandt. Mit harten Worten haben wir un-
sere Mitmenschen unterdrückt und uns
von dir losgesagt. Unsere Lügen haben
wir uns gut überlegt, um sie dann im pas-
senden Moment auszusprechen. 14 So
wurde das Recht mit Füßen getreten und
die Gerechtigkeit verdrängt. Die Wahr-
heit hat im Alltag nichts mehr zu suchen,
Ehrlichkeit ist unerwünscht. 15 Und Treue
– die gibt es nicht mehr! Und wer mit all
dem Unrecht nichts zu tun haben will,
wird angegriffen und ausgeplündert.

58,14 5 Mo 32,13 **59,1** 50,2 **59,3** 1,15 **59,4** 1,23; 5,20.23 **59,7–8** Röm 3,15–17 **59,10** 5 Mo 28,29 **59,11** 38,14 **59,12** Ps 51,5 **59,15** 57,1

Der Herr schreitet ein

Der Herr hat gesehen, was sein Volk treibt, und die Rechtlosigkeit missfällt ihm. [16]Er wundert sich, dass kein Mensch einschreitet und etwas dagegen unternimmt. Nun greift er selbst ein, machtvoll und gerecht. [17]Er zieht die Gerechtigkeit an wie einen Brustpanzer, die rettende Macht ist sein Helm. Mit Rache kleidet er sich, Entschlossenheit umgibt ihn wie ein Mantel. [18]Seine Feinde werden seinen Zorn zu spüren bekommen, er wird ihnen alles Unrecht heimzahlen. Jeder erhält seinen gerechten Lohn, selbst die fernen Küstenländer müssen mit seiner Vergeltung rechnen. [19]Alle Völker werden dann große Ehrfurcht vor dem Herrn haben, vom Osten bis zum Westen wird man sich seiner Macht beugen. Denn er kommt wie ein reißender Strom, den der Atem des Herrn antreibt. [20]Für Jerusalem aber kommt er als Erlöser, als ein Befreier für alle in Israel, die sich von ihrem gottlosen Leben lossagen.

[21]So spricht der Herr: »Ich will einen Bund mit euch schließen: Mein Heiliger Geist, der auf euch ruht, wird bei euch bleiben, und die Worte, die ihr von mir empfangen habt, werden von Mund zu Mund gehen. Auch eure Kinder, Enkel und Urenkel werden sie noch kennen. Das bleibt für alle Zeiten so, denn mein Wort gilt!«

Jerusalem – eine Stadt voller Licht

60 Steh auf, Jerusalem, und leuchte! Denn das Licht ist gekommen, das deine Finsternis erleuchtet. Die Herrlichkeit des Herrn geht auf über dir wie die Sonne. [2]Noch bedecken dunkle Wolken die Erde, alle Völker leben in finsterer Nacht. Doch über dir leuchtet das Licht des Herrn auf, und seine Herrlichkeit überstrahlt dich. [3]Andere Völker werden von diesem Licht angezogen, ihre Könige eilen herbei, um den strahlenden Glanz zu sehen, der über dir aufgegangen ist.

[4]Schau dich um! Aus allen Richtungen strömen sie zu dir: Von weither kommen deine Söhne, und deine Töchter werden auf den Armen herbeigetragen. [5]Was du da siehst, lässt dein Herz höher schlagen, du wirst vor Freude strahlen. Denn die Händler, die über das Meer reisen, werden ihre Schätze zu dir bringen; den Reichtum der Völker wird man bei dir aufhäufen. [6]Unaufhörlich treffen Handelskarawanen aus Midian und Efa bei dir ein. Mit ihren Kamelen kommen sie aus Saba und bringen Gold und Weihrauch mit sich. Laut loben die Händler den Herrn und erzählen von seinen großen Taten. [7]Der Herr sagt: »Die Nomaden aus Kedar in Arabien treiben ihre Schafherden nach Jerusalem, und die Bewohner von Nebajot schenken dir ihre Schafböcke. Du sollst sie mir als Opfer darbringen, an dem ich meine Freude habe. So werde ich meinen Tempel noch herrlicher schmücken.«

[8]Wer jagt wie Wolken über das Meer? Wer kehrt zurück wie Tauben zu ihren Schlägen? [9]Schnelle Segelschiffe sind es. Denn die Bewohner der fernen Inseln haben nur noch auf einen Wink des Herrn gewartet. Handelsschiffe bringen deine Kinder von weit her nach Hause, zusammen mit goldenen und silbernen Schätzen als Ehrengeschenke für den Herrn, deinen Gott. So ehrt der heilige Gott Israels sein Volk vor den Augen der ganzen Welt.

[10]Ausländer werden deine Mauern wieder aufbauen, und ihre Könige werden dir dienen. Der Herr sagt: »Ich war zwar zornig über dich und habe dich bestraft. Doch nun will ich dir wieder meine ganze Liebe schenken und dir helfen. [11]Deine Stadttore werden Tag und Nacht offen stehen, damit die Völker der Erde jederzeit ihren Reichtum hineinbringen

---

59,16 63,5 **59,17** Eph 6,14–17; 1 Thess 5,8 **59,20** Röm 11,26–27 **60,1–2** 9,1; Offb 21,23 **60,3** 2,2–3; Offb 21,24 **60,4** 11,11–12*; 49,22; 66,20 **60,6** 45,22–24*; Ps 72,10; Mt 2,1–11 **60,7** 42,11 **60,9** 43,6 **60,10** 12,1; 54,8; 61,5 **60,11** Offb 21,25–26

können. Sogar ihre Könige werden sie als
Gefangene zu dir bringen. 12 Wenn aber
ein Volk oder Königreich sich weigert,
dir zu dienen, wird es nicht mehr lange
bestehen bleiben, sondern bald zugrunde
gehen.
13 Die prächtigen Bäume des Libanon –
Wacholder, Platanen und Zypressen –
wird man in die Stadt bringen, um mein
Heiligtum zu schmücken. Es ist der Ort,
auf dem meine Füße ruhen, darum soll er
herrlich sein. 14 Die Nachkommen deiner
Unterdrücker werden kommen und sich
vor dir verneigen. Alle, die damals nur
Spott für dich übrig hatten, werden sich
dir zu Füßen werfen. ›Stadt des Herrn‹
werden sie dich nennen und ›Berg Zion,
auf dem der heilige Gott Israels wohnt‹.
15 Du sollst nicht mehr die verachtete und
verhasste Stadt von früher sein, die nie-
mand betreten wollte. Nein, in Zukunft
ist jeder stolz, der dich gesehen hat, weil
du so prächtig bist. Eine Generation nach
der anderen wird sich über deine Schön-
heit freuen.
16 Die Völker und ihre Könige werden
für dich sorgen wie eine Mutter, die ihren
Säugling stillt. Dann wirst du erkennen,
dass ich, der Herr, dein Retter bin, der
dich befreit, der starke Gott Israels.
17 Ich werde dir das beste Baumaterial
bringen: Gold statt Bronze, Silber statt
Eisen, Bronze statt Holz und Eisen statt
Steine. Im ganzen Land werden Friede
und Gerechtigkeit regieren. 18 Dann gibt
es kein Verbrechen mehr, keine Verwüs-
tung und keine Vernichtung. Du wirst si-
cher in deinen Mauern leben, und deine
Tore werden weltberühmt sein.
19 Das Licht der Sonne wirst du nicht
mehr brauchen und auch nicht das
Leuchten des Mondes. Denn ich, der
Herr, werde dein ewiges Licht sein, dein
Gott, die Sonne, die dir scheint. 20 Es wird
nie wieder dunkel um dich werden. Denn
anders als Sonne und Mond werde ich nie
aufhören, dein Licht zu sein. Dann ist
deine Trauerzeit vorbei.
21 Alle deine Bewohner leben nach
meinen Geboten. Sie werden das Land
für immer besitzen. Ich habe sie dort ein-
gepflanzt, und ich lasse sie zu meiner Eh-
re wachsen. 22 Die kleinste Familie ist
bald eine Sippe von tausend Menschen,
und ein kleiner Stamm wird rasch zum
großen Volk. Wenn die Zeit gekommen
ist, werde ich dies alles ganz schnell tun.
Darauf gebe ich mein Wort!«

Die Trauerzeit ist vorbei

61 Der Geist des Herrn ruht auf mir,
weil er mich berufen hat. Er hat
mich gesandt, den Armen die frohe Bot-
schaft zu bringen und die Verzweifelten
zu trösten. Ich rufe Freiheit aus für die
Gefangenen, ihre Fesseln werden nun ge-
löst und die Kerkertüren geöffnet. 2 Ich
rufe ihnen zu: »Jetzt erlässt Gott eure
Schuld!«[a] Doch nun ist auch die Zeit ge-
kommen, dass der Herr mit seinen Fein-
den abrechnet. Er hat mich gesandt, alle
Trauernden zu trösten. 3 Vorbei ist die
Leidenszeit der Einwohner Jerusalems!
Sie streuen sich nicht mehr voller Ver-
zweiflung Asche auf den Kopf, sondern
schmücken sich mit einem Turban. Statt
der Trauergewänder gebe ich ihnen duf-
tendes Öl, das sie erfreut. Ihre Mutlosig-
keit will ich in Jubel verwandeln, der sie
schmückt wie ein Festkleid.

Wer sie dann sieht, vergleicht sie mit
Bäumen, die der Herr gepflanzt hat.
Man wird sie »Garten des Herrn« nen-
nen, an dem er seine Größe und Macht
zeigt. 4 Sie werden alles wiederherstellen,
was vor vielen Jahren zerstört wurde und
seither in Trümmern liegt. Die zerfalle-
nen Städte, die seit Generationen Ruinen
sind, bauen sie wieder auf. 5 Ausländer
verrichten dann eure Arbeit: Sie weiden
eure Herden, bebauen die Äcker und be-

---

a Wörtlich: Jetzt ist das Erlassjahr des Herrn!

60,13 Hag 2,6–9 **60,15** 54,6 **60,16** 49,23 **60,19–20** 24,23; Offb 21,23; 22,5 **60,22** 49,19–20; 54,1–3 **61,1** 29,18–19*; Lk 4,18 **61,2** 3 Mo 25,10* **61,3** Ps 30,12 **61,4** 58,12

arbeiten eure Weinberge. 6 Ihr aber be-
kommt eine neue Aufgabe: »Priester des
Herrn« wird man euch nennen, »Diener
unseres Gottes«.

Was die Völker besitzen, werdet ihr ge-
nießen; die herrlichsten Schätze der Welt
werden euch gehören. 7 Ihr sollt doppelt
so viel zurückerhalten, wie die Feinde
euch weggenommen haben, als sie solche
Schande über euch brachten. Anstatt
euch weiter zu schämen, dürft ihr euch
für immer freuen über euer Erbe in Ka-
naan.

8 Der Herr sagt: »Ich liebe Gerechtig-
keit und hasse Raub und Unrecht. Ich
halte mein Wort und gebe den Menschen
meines Volkes den Lohn, der ihnen zu-
steht; ich will einen Bund für alle Zeiten
mit ihnen schließen. 9 In allen Ländern
wird man ihre Nachkommen kennen
und achten. Wer sie sieht, wird merken:
Dies ist das Volk, das der Herr gesegnet
hat.«

10 Ich freue mich über den Herrn und
juble laut über meinen Gott! Denn er
hat mir seine Rettung und Hilfe ge-
schenkt. Er hat mich damit bekleidet wie
mit einem schützenden Mantel. Nun ste-
he ich da wie ein Bräutigam mit fest-
lichem Turban, wie eine Braut im Hoch-
zeitsschmuck. 11 Gott, der Herr, wird uns
retten und das Gute bei uns wachsen las-
sen, so wie auf dem Feld und im Garten
die Aussaat sprießt und wächst. Alle Völ-
ker werden es sehen und uns glücklich
preisen.

Jerusalem, die geliebte Stadt des Herrn

62 Mein Herz schlägt für Jerusalem,
darum kann ich nicht schweigen.
Ich halte mich nicht zurück, bis Gottes
Hilfe über der Stadt auf dem Berg Zion
aufstrahlt wie die Morgensonne, bis ihre
Rettung aufleuchtet wie ein heller Schein
bei Nacht.

2 Dann sehen alle Völker, wie der Herr
dir Recht verschafft, Jerusalem, und ihre
Könige bestaunen deinen neuen Glanz.
Du wirst einen neuen Namen tragen, der
Herr selbst wird ihn dir geben. 3 Ein
Schmuckstück wirst du sein, das der Herr
in seiner Hand hält wie ein König seine
Krone. 4 Man nennt dich nicht länger »die
verstoßene Frau« und dein Land nicht
»die Verlassene«. Nein, du heißt dann
»meine Liebste« und dein Land »die
glücklich Verheiratete«. Denn der Herr
wird dich lieben und sich über dich freu-
en, und dein Land wird nicht mehr ver-
einsamt sein. 5 Wie ein junger Mann sein
Mädchen heiratet, so werden deine Ein-
wohner sich mit dir verbinden. Wie ein
Bräutigam sich an seiner Braut freut, so
wird dein Gott sich über dich freuen.

6 Jerusalem, ich habe Wächter auf dei-
ne Mauern gestellt, die den Herrn Tag
und Nacht an sein Versprechen erinnern
sollen. Ihr Wächter, hört nicht auf zu be-
ten – nicht einen Augenblick –, gönnt
euch keine Ruhe! 7 Lasst auch dem Herrn
keine Ruhe, bis er Jerusalem wieder auf-
gebaut hat und die Stadt auf der ganzen
Erde bewundert wird. 8/9 Der Herr hat ge-
schworen: »Nie mehr werde ich zulassen,
dass die Feinde euer Korn verzehren
oder dass Fremde den Wein trinken, für
den ihr so hart gearbeitet habt. Ihr, die
ihr die Ernte einbringt, sollt auch davon
leben. Und wer die Trauben liest, soll
auch den Wein trinken. Dafür bürge ich,
der starke Gott. Ihr werdet essen und
trinken im Vorhof meines heiligen Tem-
pels und mich dabei loben.

10 Zieht ein durch die Tore der Stadt,
zieht ein! Ebnet einen Weg für das Volk,
das unterwegs ist zur Stadt. Baut eine
Straße, räumt die Steine aus dem Weg!
Stellt ein Feldzeichen auf, das alle Völker
sehen können!«

11 Hört, was der Herr verkündet! Seine
Stimme dringt bis zum Ende der Erde:
»Sagt den Einwohnern Jerusalems: Der
Herr kommt, euer Retter! Den Lohn für
seine Mühe bringt er mit: sein Volk, das

61,6 2 Mo 19,5–6* **61,8** 54,10; 55,3 **62,1** Ps 137,5–6 **62,2** 65,15; Offb 2,17 **62,4** 54,6–8; Hos 2,21–22 **62,6** 52,8 **62,8–9** 65,21–22; 5 Mo 28,30 **62,10** 40,3–4; 57,14 **62,11** 40,9–10

Sand im Getriebe

Lesen Sie Jesaja 62,5

Idealerweise hält die Freude der Ehepartner aneinander, wie sie in Jesaja 62,5 beschrieben wird, ein Leben lang. In Wirklichkeit aber läuft es in der Regel anders. Wenn wir verheiratet sind, entdecken wir all das an unserem Partner, was wir vorher nicht gewusst haben. Manches davon ärgert uns ziemlich. Es ist Sand im Getriebe unserer ehelichen Einigkeit.

Vielleicht bemerken Sie, dass Ihr Mann jedes Mal, wenn er geduscht hat, einen triefnassen Waschlappen auf dem Boden der Wanne hinterlässt. Oder Sie entdecken, dass die Kleider Ihrer Frau einfach nicht den Weg auf den Bügel finden und die Schuhe nicht den Weg in den Schrank.

Was sollen Sie mit solchen und unzähligen weiteren Ärgernissen anfangen, die sich nach und nach einstellen? Einmal in der Woche können Sie um eine Veränderung bitten. Und wenn es bei Ihnen selbst etwas gibt, das Sie tun oder unterlassen sollten, und Sie können es ändern – warum nicht? Wenn Ihre Frau möchte, dass Sie die Handtücher zweimal zusammenfalten, wie lange dauert das wohl? Zwei Sekunden. Mit einem so kleinen Opfer können Sie Ihre Frau glücklich machen. Verändern Sie alles, was Sie verändern können, um sich gegenseitig einen Gefallen zu tun. Machen Sie sich gegenseitig das Leben leichter, und Ihre Ehe wird viel harmonischer werden.

Nehmen Sie sich Zeit, um allein oder als Paar gemeinsam zu beten. Danken Sie Gott für alles, was Sie an Ihrem Mann/Ihrer Frau schätzen. Denken Sie darüber nach. Bitten Sie Gott um Weisheit und Geduld, mit Ärgernissen so umzugehen, dass Sie Ihren Ehepartner bejahen und Gott gefallen.

Wenn Sie noch mehr Zeit haben ...

Besprechen Sie miteinander folgende Fragen oder denken Sie darüber nach:

- Denken Sie an eine Situation zurück, wo ein kleines Ärgernis zu einem großen Streit geführt hat.
- Was haben Sie aus der Erfahrung gelernt?
- An welchem Punkt können Sie in dieser Woche Ihr Verhalten ändern, um Ihrem Mann/Ihrer Frau einen Gefallen zu tun?

Lesen Sie auch die folgenden Abschnitte zum Thema Harmonie in der Ehe:
Sprüche 27,17; Amos 3,3;
1. Petrus 3,8-9.

Perfekte Pläne

Die folgenden Fragen können Sie entweder allein oder als Paar gemeinsam durchgehen. Wenn jeder für sich darüber nachdenkt, verabreden Sie sich in der kommenden Woche zu einem Austausch darüber, was Sie herausgefunden haben.

1. Lesen Sie Jeremia 1,5-10. Was bedeutet es, dass Gott Jeremia schon kannte, bevor er ihn im Mutterleib bildete?

2. Was bedeutet das für jeden einzelnen Menschen, der je gezeugt wurde?

3. Lesen Sie Psalm 139,13-16. Was wusste David, laut dieser Verse, über Gottes Pläne für ihn?

4. Was wissen Sie über Gottes Pläne für Ihr Leben?

5. Wenn jeder Moment Ihres Lebens schon festgelegt war, bevor Sie geboren wurden, ist es dann möglich, dass Sie vor der von Gott bestimmten Zeit sterben? Was für Gefühle löst das bei Ihnen aus?

6. Wie können Sie Ihrem Ehepartner helfen, der Mensch zu werden, zu dem Gott ihn oder sie geschaffen hat?

Jeremia 1,5

„Ich habe dich schon gekannt, ehe ich dich im Mutterleib bildete, und ehe du geboren wurdest, habe ich dich erwählt. Du sollst ein Prophet sein, der den Völkern meine Botschaften verkündet."

KONKRET:

Besuchen Sie eine Einrichtung zur Beratung in Schwangerschaftskonflikten (oder etwas Ähnliches) in Ihrer Umgebung. Bieten Sie Ihre Hilfe an. Jeden Tag denken verunsicherte, verletzte Frauen darüber nach, ihre Schwangerschaft zu beenden. Sie könnten ihnen helfen. Sie könnten helfen, ein Leben zu retten, das Gott gerade entstehen lässt.

Den nächsten Impuls finden Sie auf S. 848 a

er sich erworben hat; es geht vor ihm her.
12 Man wird es ›das heilige Volk‹ nennen
und ›das Volk, das der Herr erlöst hat‹.
Und du, Jerusalem, heißt dann ›die Be-
gehrte‹ und ›die Stadt, die nie verlassen
wird‹.«

Gott richtet die Völker

63 »Wer kommt in roten Kleidern
von Bozra her, aus dem Land der
Edomiter? Prächtig sieht er aus in seinem
Gewand. Stolz schreitet er daher, mit un-
gebrochener Kraft.« »Ich bin es, der für
Recht sorgt«, antwortet der Herr. »Ich
kann euch helfen, es steht in meiner
Macht.« 2 »Warum sind deine Kleider so
rot? Hast du Trauben in der Kelter zer-
stampft?«
3 »Ja, ich habe in einer Kelter gestan-
den. Allein musste ich sie treten, nie-
mand half mir. In meinem Zorn habe ich
die Völker zerstampft. Ihr Blut spritzte
auf meine Kleider, alles ist damit besu-
delt. 4 Denn die Zeit war reif, um mit den
Völkern abzurechnen und mein Volk von
ihrer Unterdrückung zu befreien. 5 Ich
schaute mich suchend um, aber weit und
breit war niemand, der mir helfen wollte.
Ich war erstaunt, dass keiner mir bei-
stand. Darum half ich mir selbst, mein
Zorn trieb mich an. 6 Ich war erbost und
ließ meinen Zorn an ihnen aus. Ich zer-
trat sie und ließ ihr Blut zur Erde flie-
ßen.«

Wie wunderbar hat der Herr sein Volk geführt!

7 Ich will bekennen, wie der Herr uns sei-
ne Gnade erwiesen hat; immer wieder
denke ich an seine ruhmvollen Taten –
wie er mit Liebe und Güte das Volk Isra-
el umsorgte und es mit Wohltaten über-
schüttete.
8 Er dachte: »Sie sind mein Volk, meine
Kinder, sicher werden sie mich nicht ent-
täuschen!« Und so half er ihnen aus ihrer
Not. 9 Denn wenn sie in Bedrängnis wa-
ren, litt auch er. Immer wieder ist sein
Engel zu ihnen gekommen und hat sie
gerettet. Er befreite sie damals vor langer
Zeit, weil er sie liebte und Mitleid mit
ihnen hatte. Er nahm sie auf die Arme
und trug sie Tag für Tag.
10 Sie aber lehnten sich auf und belei-
digten immer wieder seinen heiligen
Geist. Darum wurde er ihr Feind und
kämpfte gegen sie.
11 Da erst dachten sie wieder an die frü-
heren Zeiten, an Mose und sein Volk:
»Wo ist der Gott, der damals Israel durch
das Meer führte mit Mose an der Spit-
ze[a]? Wo ist er, der sie mit seinem heiligen
Geist beschenkte? 12/13 Wo ist der mächti-
ge Gott, der Mose beistand?
Damals teilte er das Wasser des Roten
Meeres und ließ sein Volk hindurchzie-
hen. Keiner glitt aus; alle liefen so sicher
wie Wildpferde in der Steppe. Tat Gott
diese Wunder nicht, damit sein Name für
alle Zeiten berühmt würde? 14 Der Geist
Gottes führte das Volk und brachte sie
schließlich ins Land Kanaan. Hier durf-
ten sie sich niederlassen wie eine Herde,
die von den Berghängen hinunter in ein
grünes Tal kommt.«
So hast du, o Gott, dein Volk damals
geführt, damit dein herrlicher Name ge-
ehrt wird.

Herr, wende dich uns wieder zu!

15 Herr, schau doch herab vom Himmel,
von deinem heiligen und majestätischen
Thron! Warum setzt du dich nicht mehr
mit ganzer Kraft für uns ein? Wo sind
deine großen Taten? Warum hältst du
dich zurück? Schlägt dein Herz nicht
mehr für uns? Ist deine Liebe erloschen?
16 Du bist doch unser Vater! Abraham
weiß nichts von uns, und auch Jakob
kennt uns nicht. Du, Herr, du bist unser
Vater. »Unser Erlöser« – so hast du von

---

[a] Wörtlich: der damals den Hirten samt seiner Herde aus dem Meer heraufführte?

63,1–6 34,5–17* **63,2** Offb 19,13 **63,3** Joel 4,13; Offb 14,19–20; 19,15 **63,4** 13,9; 61,2 **63,5** 59,16 **63,8** 2 Mo 6,7 **63,12–13** 2 Mo 14,21–29 **63,15** Hos 11,8 **63,16** 64,7; 2 Mo 4,22*

jeher geheißen. [17]Warum lässt du uns vom richtigen Weg abirren? Warum hast du uns so eigensinnig werden lassen, dass wir keine Ehrfurcht mehr vor dir haben? Bitte, wende dich uns wieder zu! Wir sind doch immer noch deine Diener, das Volk, das dir gehört. [18]Für kurze Zeit haben die Feinde dein heiliges Volk vertrieben und dein Heiligtum zertreten. [19]Es geht uns so, als hättest du nie über uns geherrscht, als wären wir nie das »Volk des Herrn« gewesen!

Ach Herr, reiß doch den Himmel auf, und komm zu uns herab! Lass vor deiner Erscheinung die Berge ins Wanken geraten!

64 Komm schnell – so wie ein Feuer, das im Nu einen Reisighaufen verzehrt und Wasser zum Sieden bringt! Lass deine Gegner erfahren, wer du bist. Die Völker sollen vor dir zittern. [2]Denn du vollbringst so furchterregende Taten, wie wir sie uns nicht vorstellen können. Ja, komm doch herab, lass vor deiner Erscheinung die Berge ins Wanken geraten! [3]Denn noch nie hat man so etwas gehört. Seit die Erde steht, hat noch niemand einen Gott wie dich gehört oder gesehen. Nur du kannst den Menschen, die auf dich vertrauen, wirklich helfen.

[4]Du stehst dem bei, der mit Freude das Rechte tut, der sich nach deinen Geboten richtet und mit dir lebt. Aber auf uns, Herr, bist du zornig, und das mit Recht: Wir haben gesündigt und uns völlig in unsere Irrwege verrannt. [5]In deinen Augen sind wir unrein geworden, selbst unsere guten Werke sind bloß ein schmutziges Kleid. Wegen unserer Sünden sind wir wie verdorrtes Laub, das zu Boden fällt und vom Wind weggeblasen wird.

[6]Doch niemand sucht bei dir Hilfe, Herr. Keiner will an dir festhalten. Denn du selbst hast dich von uns abgewandt. Du lässt uns die Folgen unserer Sünden tragen, auch wenn wir dabei fast zusammenbrechen.

[7]Dennoch bist du, Herr, unser Vater! Wir sind der Ton, und du bist der Töpfer! Wir alle sind Gefäße aus deiner Hand. [8]Ach, Herr, sei nicht für immer zornig auf uns! Trag es uns nicht ewig nach, dass wir gegen dich gesündigt haben! Sieh uns an, wir sind doch immer noch dein Volk. [9]Die Städte deines heiligen Landes liegen verwüstet da. Jerusalem ist zerstört; von der einst prächtigen Stadt auf dem Berg Zion stehen nur noch Ruinen. [10]Und unser heiliger Tempel, dieser wunderbare Bau, in dem schon unsere Vorfahren dich angebetet haben – er ist ein Raub der Flammen geworden. Die vielen Stätten, an denen unser Herz hing, liegen unter den Trümmern begraben.

[11]Herr, wie lange willst du noch warten? Wie lange schaust du noch schweigend zu? Willst du uns ganz im Elend versinken lassen?

Mein Zorn wird euch treffen!

65 Der Herr spricht: »Von denen, die mich gar nicht gesucht haben, ließ ich mich finden, und denen, die nie nach mir fragten, habe ich mich gezeigt. Zu Menschen, die nicht aus meinem Volk waren, habe ich gesagt: ›Seht her, hier bin ich!‹

[2]Auch nach meinem eigenen Volk, das sich nichts sagen lässt, habe ich meine Hände ausgestreckt. Immer wieder wollte ich sie einladen. Doch sie weisen mich ständig ab, sie machen, was sie wollen, und gehen falsche Wege. [3]Dauernd fordern sie mich heraus. Sie opfern in den Gärten, die sie für ihre Götzen angelegt haben, auf Ziegelsteinen verbrennen sie Weihrauch für ihre Götter. [4]Sie sitzen in Grabhöhlen und übernachten an geheimen Orten, um mit Geistern Verbindung aufzunehmen[a]. Schweinefleisch essen sie und trinken Brühe vom Fleisch, das heidnischen Götzen geweiht ist. [5]Begegnet man ihnen, dann rufen sie schon von wei-

---

[a] »um … aufzunehmen« ist sinngemäß eingefügt.

63,17 6,9–10 **63,18** Ps 79,1 **64,1** Ps 77,17 **64,2** Ps 18,8 **64,7** 63,16; Jer 18,6 **64,11** 63,15; Ps 74,10–11 **65,1–2** Röm 10,20–21 **65,4** 3 Mo 11,7

tem: ›Halt! Keinen Schritt näher! Rühr
mich nicht an, denn ich bin zu heilig für
dich!‹

Diese Leute sind wie beißender Rauch
in meiner Nase, wie ein ständig schwelen-
des Feuer. [6]Ich habe ihre Gräueltaten
aufschreiben lassen und komme erst zur
Ruhe, wenn ich ihnen alles heimgezahlt
habe. [7]Die Folgen ihrer eigenen Sünden
und die ihrer Vorfahren müssen sie dann
tragen. Darauf gebe ich, der Herr, mein
Wort. Denn schon ihre Väter haben auf
den Bergen Weihrauch für die Götzen
verbrannt. Auf ihren heiligen Hügeln ha-
ben sie mich verhöhnt. Doch nun will ich
abrechnen! Alle früheren Untaten zahle
ich ihnen voll zurück.«

Wähle zwischen Tod und Leben!

[8]So spricht der Herr: »Solange in Trau-
ben auch nur ein bisschen Saft ist, sagt
man: ›Wirf sie nicht weg, da ist noch et-
was Gutes drin.‹ Genauso gehe ich mit
dem Volk Israel um: Ich will nicht das
ganze Volk vernichten, denn es gibt darin
noch Menschen, die mir dienen. [9]Darum
werde ich einige Nachkommen Jakobs
am Leben erhalten, und einige aus dem
Stamm Juda werden meine Berge als Er-
be erhalten. Mein auserwähltes Volk
wird das Land besitzen; alle, die mir die-
nen, dürfen dort wohnen. [10]Diese Men-
schen, die nach mir gefragt haben, wei-
den dann in der Scharonebene ihre
Schafe und Ziegen und im Achortal ihre
Rinderherden.

[11]Ganz anders aber wird es euch übri-
gen Israeliten gehen! Denn ihr kehrt mir
den Rücken und vergesst meinen heili-
gen Berg Zion. Ihr richtet reich beladene
Opfertische her und füllt ganze Krüge
mit gewürztem Wein. Euren Glücks- und
Schicksalsgöttern Gad und Meni bringt
ihr diese Opfer dar. [12]Hört, welches
Schicksal ich für euch bestimme: Das
Schwert wird euch treffen! Man wird
euch in die Knie zwingen und wie Opfer-
tiere abschlachten. Denn als ich euch rief,
bekam ich keine Anwort; ich habe mit
euch geredet, doch ihr habt mir nicht zu-
gehört. Lieber habt ihr getan, was ich
hasse, und das vorgezogen, was ich ver-
abscheue.

[13]Darum kündige ich, der Herr, euch
an: Meine Diener, die treu zu mir stehen,
bekommen zu essen und zu trinken, ihr
aber werdet Hunger und Durst leiden.
Sie werden fröhlich sein, ihr aber müsst
euch schämen. [14]Ja, singen und jubeln
werden sie vor Lebenslust, während ihr
vor Leid und Verzweiflung schreit. [15]Eu-
er Name wird zum Fluchwort. ›Gott soll
dich töten wie jene Götzenverehrer!‹,
werden meine erwählten Diener sagen,
wenn sie einen Fluch aussprechen. Denn
ich, der Herr, werde euch töten. Doch de-
nen, die treu zu mir stehen, gebe ich
einen Ehrennamen. [16]Wer dann in Israel
jemandem etwas Gutes wünschen will,
wird sagen: ›Der Gott, der seine Zusagen
erfüllt, segne dich!‹ Und wer einen Eid
leistet, wird schwören bei ›dem Gott, der
zu seinem Wort steht‹. Sie werden das
frühere Elend vergessen, und auch ich
denke nicht mehr daran. Das verspreche
ich, der Herr!«

Eine neue Zeit bricht an

[17]So spricht der Herr:

»Ich will einen neuen Himmel und
eine neue Erde schaffen. An den alten
Himmel und die alte Erde wird niemand
mehr denken, sie werden vergessen sein.

[18]Freut euch und jubelt über das, was
ich tue: Jerusalem wird von fröhlichem
Gesang erfüllt sein, und die Menschen
sind voller Freude. [19]Auch ich werde ju-
beln über Jerusalem und über mein Volk
glücklich sein.

Weinen und Klagen werden verstum-
men. [20]Dann wird kein Säugling mehr
nur wenige Tage leben, und alte Men-
schen sterben erst nach einem erfüllten
Leben. Wer mit hundert Jahren stirbt,

65,8 1 Mo 18,26–33 **65,10** Jos 7,26 **65,12** 66,4; Jer 7,13–15 **65,15** Jer 24,9; 29,22 **65,17** 66,22; 2 Petr 3,13; Offb 21,1 **65,18–19** Offb 21,4 **65,20** Ps 90,10

wird als junger Mensch betrauert, und wer die hundert Jahre nicht erreicht, gilt als von Gott verflucht.

[21/22] Dann wird man sich Häuser bauen und sie auch selbst bewohnen, kein Fremder lässt sich darin nieder. Man wird Weinberge anpflanzen und ihren Ertrag selbst genießen. Kein Fremder isst von ihren Früchten. Denn in meinem geliebten Volk werden die Menschen so alt wie Bäume und genießen die Frucht ihrer Mühe. [23] Keine Arbeit ist dann mehr vergeblich. Die Kinder, die sie zur Welt bringen, werden nicht mehr früh sterben. Denn sie sind das Volk, das ich, der Herr, segne. Zusammen mit ihren Kindern und Enkeln werden sie im Land leben. [24] Ehe sie zu mir um Hilfe rufen, stehe ich ihnen bei, noch während sie beten, habe ich sie schon erhört.

[25] Wolf und Lamm werden friedlich zusammen weiden, der Löwe wird Heu fressen wie ein Rind, und die Schlange wird sich von Erde ernähren. Sie werden nichts Böses mehr tun und niemandem schaden auf meinem ganzen heiligen Berg. Mein Wort gilt!«

Niemand kann zwei Herren dienen!

66 So spricht der Herr: »Der Himmel ist mein Thron und die Erde mein Fußschemel. Und da wollt ihr mir ein Haus bauen? An welchem Ort soll ich mich denn niederlassen? [2] Ich habe das alles doch geschaffen, Himmel und Erde kommen aus meiner Hand! Dennoch achte ich auf die Menschen, die in Not sind. Ja, ich kümmere mich um die Verzweifelten und um alle, die voll Ehrfurcht auf meine Worte hören.

[3] Aber die Opfer von Menschen, die eigene Wege gehen, verabscheue ich. Sie schlachten ein Rind für mich, aber zugleich opfern sie ihren Göttern auch Menschen. Sie bringen mir ein Schaf dar, aber heimlich opfern sie auch Hunde. Mir setzen sie ein Speiseopfer vor, und zugleich gießen sie Schweineblut als Trankopfer aus. Sie verbrennen Weihrauch für mich und preisen auch ihre Götzen. Sie haben ihre Wahl getroffen: Ihnen gefällt alles, was ich hasse. [4] So habe auch ich für sie gewählt: Ich lasse Unheil über sie hereinbrechen. All das, wovor ihnen graut, soll sie nun treffen. Denn als ich sie rief, hat mir keiner geantwortet. Ich habe mit ihnen geredet, doch niemand hat mir zugehört. Lieber haben sie getan, was ich hasse, und sich für das entschieden, was ich verabscheue.«

Freut euch mit Jerusalem!

[5] Hört nun, was der Herr euch sagt, die ihr voll Ehrfurcht auf seine Worte achtet:

»Die Menschen eures eigenen Volkes hassen euch und stoßen euch aus, weil ihr zu mir haltet. Ständig spotten sie: ›Soll der Herr doch seine Macht zeigen und euch helfen, damit wir euch endlich einmal fröhlich sehen!‹ Doch es kommt die Zeit, da werden diese Spötter in Schimpf und Schande dastehen.

[6] Hört ihr den Lärm in der Stadt? Er kommt vom Tempel her. Ich, der Herr, halte Gericht! Mein Vergeltungsschlag trifft alle meine Feinde.

[7/8] Kann eine Frau ein Kind gebären, noch ehe die Wehen über sie kommen? Wer hat so etwas schon gesehen oder davon gehört? Kann ein ganzes Land an einem einzigen Tag zur Welt kommen? Wird ein Volk in einem Augenblick geboren? Ja, Zion wird es so ergehen! Kaum spürt sie die ersten Wehen – schon sind ihre Kinder da. [9] Warum sollte ich diese Geburt erst einleiten und dann im letzten Moment noch verhindern? Meint ihr, ich verschließe den Mutterleib, damit das Kind nicht zur Welt kommt – ich, euer Gott?

[10] Freut euch mit Jerusalem! Jubelt über diese Stadt, alle, die ihr sie liebt! Früher habt ihr um sie getrauert, doch jetzt dürft ihr singen und jubeln vor Freu-

---

65,21–22 62,8–9; 5 Mo 28,30 **65,24** 58,9 **65,25** 11,6–9; 1 Mo 3,14 **66,1–2** Apg 7,49–50 **66,1** 1 Kön 8,27; Apg 17,24 **66,2** 57,15 **66,3** 57,5 **66,4** 65,12 **66,5** Mk 13,13 **66,7–8** 49,21

de. [11] Lasst euch von ihr trösten wie ein Kind an der Mutterbrust. Trinkt euch satt! Genießt die Pracht dieser Stadt! [12] Denn ich, der Herr, sage euch: Frieden und Wohlstand werden Jerusalem überfluten wie ein großer Strom. Ich lasse den Reichtum der Völker hereinfließen wie einen nie versiegenden Bach. Und an dieser Fülle dürft ihr euch satt trinken. In dieser Stadt werdet ihr euch wie Kinder fühlen, die ihre Mutter auf den Armen trägt, auf den Schoß nimmt und liebkost. [13] Ich will euch trösten wie eine Mutter ihr Kind. Die neue Pracht Jerusalems lässt euch den Kummer vergessen. [14] Wenn ihr das alles seht, werdet ihr wieder von Herzen fröhlich sein, und neue Lebenskraft wird euch durchströmen.«

Dann zeigt der Herr seinen treuen Dienern, wie mächtig er ist; seine Feinde aber werden seinen Zorn spüren. [15] Denn der Herr kommt, umgeben von loderndem Feuer, seine Kriegswagen brausen daher wie ein Sturm. Er kommt in glühendem Zorn, um Vergeltung zu üben. Sein Drohen ist wie ein schreckliches Feuer! [16] Ja, mit Feuer und Schwert hält der Herr Gericht über alle Menschen, und viele sterben, wenn er zuschlägt.

[17] Er bestraft alle, die sich anderen Göttern weihen. Sie nehmen Reinigungszeremonien auf sich, um Zugang zu den »heiligen Gärten« zu haben. Dort sitzen sie um ihren Meister herum, essen Schweinefleisch, Mäuse und andere unreine Speisen. Darum sagt der Herr: »Auf sie alle wartet ein schreckliches Ende. [18] Ich weiß, was sie treiben, und kenne ihre Gedanken!«

Nicht nur Israeliten werden den Herrn anbeten

»Ich komme, um Menschen aller Völker und Sprachen zu versammeln. Von überall strömen sie herbei und sehen meine Größe und Macht. [19] Ich werde den Völkern ein deutliches Zeichen meiner Macht geben: Einige aus meinem Volk, die dem Gericht entronnen sind, sende ich in solche Länder, wo man noch nichts von mir gehört und meine Herrlichkeit noch nicht gesehen hat. Sie werden nach Tarsis in Spanien reisen, zu den Libyern und Lydern, den berühmten Bogenschützen; sie werden vordringen bis zum Stamm der Tibarener am Schwarzen Meer und auch nach Griechenland. Allen diesen Völkern sollen sie von meiner Größe und Macht erzählen.

[20] Dann werden sie die Menschen eures Volkes, die noch über die ganze Welt zerstreut sind, zurückbringen nach Jerusalem. Auf Pferden und in Wagen reisen sie, in Sänften werden sie getragen; auf Maultieren und Kamelen wird man sie nach Jerusalem führen. Wie ihr Israeliten eure Opfergaben in reinen Gefäßen zu meinem Tempel bringt, so bringen diese Völker die Menschen eures Volkes aus der ganzen Welt zu meinem heiligen Berg nach Jerusalem, um sie mir als Gabe zu weihen. [21] Auch aus diesen fremden Völkern wähle ich mir einige als Priester und Leviten aus.

[22] So wie der neue Himmel und die neue Erde, die ich schaffe, nie mehr vergehen, genauso wenig werden eure Nachkommen untergehen. Euer Volk wird für immer bestehen. Dafür bürge ich, der Herr. [23] Jeden Monat am Neumondfest und auch an jedem Sabbat werden alle Menschen nach Jerusalem kommen, um mich dort im Tempel anzubeten. [24] Sie werden vor die Stadt hinausgehen und die Leichen jener Menschen sehen, die sich zu Lebzeiten gegen mich aufgelehnt haben. Ihr Anblick wird bei allen Abscheu und Entsetzen hervorrufen. Denn für diese Verdammten wird die Qual nie enden, sie brennen in ewigem Feuer.«

66,12 60,5 **66,13** Ps 131,2 **66,15** Ps 50,3 **66,18** 45,22–24* **66,19** Mt 28,19 **66,20** 60,4 **66,22** 65,17; Hebr 12,27 **66,24** Mk 9,48

Der Prophet Jeremia

Jeremia – ein Prophet des Herrn

1 In diesem Buch sind die Worte Jere-
mias aufgeschrieben. Er war ein Sohn
Hilkijas und stammte aus einer Priester-
familie aus Anatot, das im Stammes-
gebiet von Benjamin liegt. 2 Jeremia emp-
fing Botschaften vom Herrn ab dem
13. Regierungsjahr des judäischen Kö-
nigs Josia, des Sohnes Amons. 3 Auch
später noch sprach der Herr zu Jeremia,
während der Regierungszeit des judäi-
schen Königs Jojakim, des Sohnes Josias,
bis zum 5. Monat des 11. Regierungsjah-
res König Zedekias, der auch ein Sohn
Josias war. In diesem Monat wurden die
Einwohner Jerusalems in die Verban-
nung geführt.

Jeremia wird von Gott berufen

4 Eines Tages sprach der Herr zu mir:
5 »Ich habe dich schon gekannt, ehe ich
dich im Mutterleib bildete, und ehe du
geboren wurdest, habe ich dich erwählt.
Du sollst ein Prophet sein, der den Völ-
kern meine Botschaften verkündet.«
6 Ich aber erwiderte: »O nein, mein
Herr und Gott! Ich habe keine Erfahrung
im Reden, denn ich bin noch viel zu
jung!« 7 Doch der Herr entgegnete: »Sag
nicht: Ich bin zu jung! Zu allen Men-
schen, zu denen ich dich sende, sollst du
gehen und ihnen alles verkünden, was ich
dir sagen werde. 8 Fürchte dich nicht vor
ihnen, ich bin bei dir und werde dich be-
schützen. Darauf gebe ich, der Herr,
mein Wort.«
9 Er streckte mir seine Hand entgegen,
berührte meinen Mund und sagte: »Ich
lege dir meine Worte in den Mund 10 und
gebe dir Vollmacht über Völker und Kö-
nigreiche. Du wirst sie niederreißen und
entwurzeln, zerstören und stürzen, aber
auch aufbauen und einpflanzen!«
11 Dann fragte er mich: »Jeremia, was
siehst du dort?« »Einen Mandelbaum-
zweig, dessen Blüten bald aufgehen.«
12 »Richtig!«, sagte er. »Genauso wird al-
les in Erfüllung gehen, was ich ankündi-
ge. Dafür sorge ich.«
13 Wieder fragte mich der Herr: »Jere-
mia, was siehst du dort?« »Ich sehe einen
Topf mit kochendem Wasser, der vom
Norden her kommt und umkippt.« 14 Da
sprach der Herr zu mir: »Aus dem Nor-
den wird das Unheil über alle Bewohner
dieses Landes hereinbrechen. 15 Denn ich
rufe alle Völker aus dem Norden herbei –
sie werden heranziehen, und jeder König
wird seinen Thron vor den Toren Jerusa-
lems aufstellen. Dann rücken ihre Sol-
daten gegen Jerusalem und gegen alle
Städte in Juda vor. 16 Ich werde mein Volk
verurteilen für alles, was sie getan haben:
Mich haben sie verlassen, anderen Göt-
tern Weihrauch geopfert und sich vor
selbst gemachten Götzenstatuen nieder-
geworfen.
17 Und nun mach dich auf, geh zu ihnen
und verkünde ihnen alles, was ich dir auf-
trage! Fürchte dich nicht vor ihnen, sonst
sorge ich dafür, dass du noch viel mehr
Angst bekommst, wenn sie dir gegen-
überstehen. 18 Ich mache dich stark, Je-
remia, stark wie eine Festung, wie eine
Säule aus Eisen, wie eine Mauer aus
Bronzeplatten. Denn du wirst allein ge-
gen das ganze Land stehen, gegen die Kö-
nige Judas und die führenden Männer,
gegen die Priester und gegen das Volk.
19 Sie alle werden dich bekämpfen – doch

1,1 11,21–22; 32,7; Jos 21,17–18 **1,2** 2 Kön 22,1 – 23,30 **1,3** 2 Kön 23,36 – 25,21 **1,5** Jes 49,1; Gal 1,15 **1,6–8** 2 Mo 4,10–12; Ri 6,15–16 **1,8** 15,20; Hes 2,6 **1,9** Jes 6,7; Hes 2,8 – 3,3 **1,10** 18,7–10; 24,6; 31,28; 42,10 **1,11–12** Hes 12,21–23 **1,13–15** 4,6; 6,1; 10,22; 15,12; 25,9; 46,20; 47,2; 50,3; Jes 14,31; Hes 38,15 **1,16** 2,13 **1,18–19** 15,20; Jes 50,7; Hes 3,8–9

ohne Erfolg, denn ich stehe dir bei und
beschütze dich. Das verspreche ich dir.«

Mein Volk läuft einem Trugbild nach

2 Der Herr befahl mir: 2 »Geh nach Je-
rusalem, und rufe den Menschen dort
zu: So spricht der Herr: Ich denke daran,
Israel, wie du mir treu gewesen bist, als
du noch jung warst. Du liebtest mich wie
eine Braut ihren Bräutigam. Selbst durch
die Wüste bist du mit mir gegangen, dort-
hin, wo man weder sät noch erntet. 3 Du
gehörtest mir allein, so wie die ersten
Früchte der Ernte mir gehören. Wer sich
an dir vergriff, machte sich schuldig, und
ich brachte Unheil über ihn.

4 Hört, was ich euch sage, ihr Nach-
kommen Jakobs, ihr Sippen Israels: 5 Was
habe ich euren Vorfahren Böses getan,
dass sie sich so weit von mir entfernten?
Sie liefen einem Trugbild nach, sie ver-
ehrten andere Götter und betrogen sich
selbst damit. 6 Von mir wollten sie nichts
mehr wissen, dabei hatte ich sie doch aus
Ägypten geführt, durch die Wüste hatte
ich sie geleitet, durch ein dürres und zer-
klüftetes Land, das trocken und dunkel
ist, das niemand durchwandert und wo
kein Mensch wohnt. 7 Ich brachte euch in
ein fruchtbares Land, damit ihr seine bes-
ten Früchte genießen könnt. Doch kaum
wart ihr angekommen, da habt ihr es ent-
weiht; mein eigenes Land habt ihr zu
einem Ort gemacht, den ich verabscheue.
8 Die Priester haben nicht nach mir ge-
fragt, sie, die mit dem Gesetz vertraut
sein sollten, kannten mich nicht einmal!
Die Führer meines Volkes haben sich ge-
gen mich aufgelehnt, und die Propheten
haben im Namen des Gottes Baal ge-
weissagt, nutzlosen Götzen sind sie nach-
gelaufen! 9 Darum muss ich euch weiter-
hin anklagen, euch und sogar noch eure
Enkel!

10 Fahrt doch einmal übers Meer nach
Zypern, sendet Boten ins Wüstenland
Kedar, und forscht nach, ob es so etwas
jemals gab: 11 Hat eines dieser Völker je
seine Götter gewechselt? Und dabei sind
sie doch gar keine Götter! Mein Volk
aber hat seinen herrlichen Gott mit
einem Götzen vertauscht, der ihm nicht
helfen kann! 12 Entsetzt euch darüber, ihr
Himmel, zittert vor Schreck und Empö-
rung! 13 Denn mein Volk hat eine doppel-
te Sünde begangen: Erst haben sie mich
verlassen, die Quelle mit frischem Was-
ser, und dann haben sie sich rissige Zis-
ternen ausgehauen, die das Wasser nicht
halten.«

Deine Untreue bringt dich zu Fall

14 »Israel, bist du denn ein Knecht, schon
als Sklave geboren, dass jeder dich als
Beute nimmt? 15 Deine Feinde brüllen
wie die Löwen, sie brüllen und verwüsten
dein Land, die Städte sind nieder-
gebrannt und menschenleer. 16 Die Ägyp-
ter aus Memfis und Tachpanhes kommen
und scheren dir den Kopf kahl.

17 Das alles hast du dir selbst zuzu-
schreiben, weil du mich, den Herrn, ver-
lassen hast, deinen Gott, der dich so si-
cher geführt hat! 18 Was versprichst du
dir davon, nach Ägypten und Assyrien
zu reisen? Willst du etwa aus dem Nil
und aus dem Euphrat trinken? 19 Deine
eigene Bosheit wird dich strafen, deine
Untreue bringt dich zu Fall: Erkenne
doch, wie schmerzlich und bitter es ist,
dass du mich, den Herrn, deinen Gott,
verlassen hast und mir keine Ehrfurcht
mehr erweist. Das sage ich, der allmäch-
tige Herr und Gott.

20 Schon seit jeher hast du dich gewei-
gert, mir zu dienen, du hast dich losgeris-
sen, dich von mir befreit wie von einem
drückenden Joch. Und dann warfst du
dich anderen Göttern an den Hals wie
eine Hure. Auf allen Hügeln und unter
jedem dicht belaubten Baum bautest du
deine Altäre auf. 21 Ich hatte dich als ed-

2,2 Hos 2,17; 13,5 **2,3** 2 Mo 13,12–16*; 5 Mo 25,17–19 **2,5** 2 Mo 32,1–6 **2,7** 2 Mo 3,8; 3 Mo 18,24–25 **2,8** Hes 22,25–28 **2,11** Jes 44,9–20* **2,13** 17,13; Ps 36,10; Joh 4,10 **2,15** Jes 1,7–8 **2,17** 2,13 **2,18** 2,36–37 **2,20** 3,1–2; Hos 1,2* **2,21** Jes 5,1–7*

len Weinstock eingepflanzt, als Rebe aus bester Züchtung. Wie kommt es dann, dass du zu einem wilden Weinstock wurdest, zu einer schlechten Rebe? 22 Du kannst dich waschen, soviel du willst, mit Seife, sogar mit Natronlauge – den Schmutz deiner Schuld wirst du nicht los, das sage ich, der Herr!

23 Wie kannst du da behaupten: ›Ich habe nichts getan! Niemals bin ich anderen Göttern nachgelaufen.‹? Führ dir doch vor Augen, was du da unten im Hinnomtal treibst, denk über deine Taten nach! Du bist wie eine brünstige Kamelstute, die ständig hin und her läuft, 24 wie eine wilde Eselin, die jeden Pfad in der Wüste kennt; vor Gier schnappt sie nach Luft, und niemand kann sie zurückhalten. Kein Hengst, der sie sucht, muss sich müde laufen: In ihrer Brunstzeit wird er sie schnell finden. 25 Israel, lauf dir nicht die Füße wund, sieh zu, dass du nicht verdurstest, wenn du den Göttern hinterherrennst! Du aber sagst: ›Es hat keinen Zweck, mich zu ermahnen! Ich liebe sie nun einmal, die anderen Götter, und hinter ihnen bin ich her!‹

26 Doch wie ein Dieb, der auf frischer Tat ertappt wird, kleinlaut dasteht, so wird auch Israel sich schämen: die Könige und führenden Männer, die Priester und Propheten, 27 sie, die zu einer Holzstatue sagen: ›Du bist mein Vater!‹, und zu einer Steinsäule: ›Du hast mir das Leben geschenkt!‹ Mir kehren sie nur noch den Rücken zu. Doch wenn sie in Not geraten, dann schreien sie zu mir: ›O Herr, rette uns!‹ 28 Ihr Judäer, wo sind nun eure Götter, die ihr euch selbst angefertigt habt? Sollen sie doch kommen und euch aus dem Unglück retten! Denn ihr habt so viele Götter wie Städte im Land! 29 Warum klagt ihr mich an? Schließlich habt ihr alle mich verlassen! 30 Vergeblich habe ich euch geschlagen, ihr wolltet euch nicht ändern. Ich sandte Propheten zu euch, doch ihr habt euch auf sie gestürzt wie wilde Löwen und sie mit euren Schwertern umgebracht.

31 Ihr seid ein Volk von Mördern! Hört, was ich, der Herr, euch sage: War ich etwa gefährlich für euch wie die Wüste, wie ein Land, in dem Finsternis herrscht? Warum ruft ihr denn: ›Wir wollen weg von dir und kehren nie wieder zurück!‹ 32 Vergisst ein Mädchen seinen Schmuck oder eine Braut ihr Hochzeitskleid[a]? Mein Volk jedoch hat mich seit langer Zeit vergessen!

33 Überall hast du nach Liebhabern gesucht, Israel – und hattest Erfolg damit! Selbst vor Verbrechen schreckst du nicht zurück. 34 Das Blut unschuldiger, armer Menschen klebt an deinen Kleidern. Sie waren keine Einbrecher, du hast sie nicht in Notwehr getötet. Doch trotz allem 35 behauptest du: ›Ich habe nichts getan! Gott wird schon nicht länger zornig auf mich sein!‹ Aber ich werde dich zur Rechenschaft ziehen, gerade weil du dich für unschuldig hältst!

36 Warum läufst du überall umher und suchst einen Bündnispartner? Ägypten wird dich genauso bitter enttäuschen, wie Assyrien es tat! 37 Auch von dort wirst du völlig verzweifelt zurückkehren. Denn ich, der Herr, will von diesen Völkern, auf die du dein Vertrauen setzt, nichts wissen, du wirst mit ihnen kein Glück haben!«

Israel hat mich betrogen

3 So spricht der Herr: »Wenn ein Mann sich von seiner Frau scheiden lässt und sie einen anderen heiratet, darf er sie dann später wieder zur Frau nehmen? Würde dadurch nicht das ganze Land entweiht? Du aber, Volk Israel, hast dich mit vielen Liebhabern eingelassen – und jetzt willst du zu mir zurückkommen?

2 Sieh dich doch um! Kannst du mir einen Hügel nennen, auf dem du nicht

---

a Wörtlich: ihren Gürtel.

2,22 6,29; 17,1 **2,24** Hes 16,34 **2,27** 5 Mo 32,6 **2,28** Jes 44,9–20* **2,30** Mt 5,12; 21,33–36; 22,6; 23,37 **2,34** 2 Kön 21,16 **2,36–37** 2,18; Jes 30,1–7; Hes 29,6–7 **3,1** 5 Mo 24,1–4 **3,2** 2,20

Ehebruch begangen und andere Götter
angebetet hast? Wie die Araber in der
Wüste im Hinterhalt auf Beute lauern,
so hast du ständig Ausschau nach deinen
Liebhabern gehalten. Mit deiner Hurerei
und Bosheit hast du das ganze Land ent-
weiht. [3]Darum sind auch die Herbst- und
Frühjahrsregen ausgeblieben. Doch du
bist eine richtige Hure: Du kennst keine
Scham! [4]Und jetzt plötzlich rufst du zu
mir: ›Mein Vater! Du liebst mich doch
von meiner Kindheit an! [5]Du wirst doch
nicht für immer zornig auf mich sein!
Willst du mir nie mehr vergeben?‹ Ja-
wohl, so redest du, und dabei treibst du
es mit deiner Bosheit immer weiter und
setzt deinen Kopf durch.«

[6]Während der Regierungszeit König
Josias sprach der Herr zu mir: »Hast du
gesehen, wie Israel mir die Treue bricht?
Auf jedem Hügel, unter jedem dicht be-
laubten Baum, überall betrügt sie mich
mit ihren Liebhabern. [7]Ich dachte: ›Be-
stimmt kehrt sie wieder zu mir zurück,
wenn sie genug davon hat.‹ Aber sie kam
nicht! Juda, Israels Schwester, die ebenso
treulos ist wie sie, sah zu. [8]Sie sah auch,
wie ich Israel die Scheidungsurkunde gab
und sie wegjagte, weil sie die Ehe gebro-
chen hatte. Doch Juda ließ sich davon
nicht abschrecken: Auch sie wurde mir
untreu und fing an, Hurerei zu treiben.
[9]Dabei kannte sie keine Scham! Holz-
und Steinfiguren hat sie verehrt und den
Bund mit mir gebrochen. So entweihte
sie das Land. [10]Und danach kehrte sie zu
mir, dem Herrn, zurück, aber es war nur
geheuchelt.«

Komm zu mir zurück!

[11]Weiter sprach der Herr zu mir: »Israel
hat sich zwar von mir losgesagt, aber trotz
allem kann sie eher vor mir bestehen als
Juda, diese treulose Frau! [12]Deshalb ruf
dem Nordreich Israel zu: So spricht der
Herr: Komm zurück zu mir! Du warst mir
untreu, doch ich will nicht länger zornig
auf dich sein! Denn ich bin ein barmherzi-
ger Gott und werde dir vergeben.

[13]Nur – bekenne offen deine Schuld!
Gib zu, dass du dich von mir, deinem
Gott, losgesagt hast, dass du hinter ande-
ren Göttern hergelaufen bist und nicht
mehr auf mich hören wolltest. [14]Kehr
um, abtrünniges Volk, denn ich bin im-
mer noch dein Herr! Ich werde aus jeder
Stadt und aus jeder Sippe einige von euch
zum Berg Zion zurückbringen.

[15]Dann setze ich wieder Könige über
euch ein, die euch weise und verständig
regieren, so wie es mir gefällt. [16]Ich ver-
spreche euch: Wenn ihr dann zahlreich
geworden seid und euch im Land aus-
gebreitet habt, dann werdet ihr nicht
mehr nach der Bundeslade fragen, sie
kommt euch nicht mehr in den Sinn. Ihr
werdet sie nicht vermissen und auch kei-
ne neue anfertigen. [17]Denn in jener Zeit
wird man ganz Jerusalem ›Thron des
Herrn‹ nennen, und alle Völker werden
sich dort versammeln, um mich anzube-
ten. Sie werden nicht länger das tun, wo-
zu ihr böses und eigensinniges Herz sie
treibt. [18]Dann werden Juda und Israel
sich wieder zusammenschließen; gemein-
sam kehrt ihr aus dem Norden in das
Land zurück, das ich euren Vorfahren
für immer geschenkt habe.

[19]Israel, ich wollte dich als mein Kind
annehmen und dir ein herrliches Land
geben, das prächtigste weit und breit. Ich
dachte, du würdest mich dann ›Vater‹
nennen und dich nicht mehr von mir ab-
wenden. [20]Doch wie eine Frau ihren
Mann betrügt, so bist auch du mir untreu
geworden.

[21]Hört ihr die Schreie auf den kahlen
Hügeln? Die Israeliten weinen und fle-
hen um Gnade, denn sie sind in die Irre
gegangen und haben mich, den Herrn,
ihren Gott, vergessen. [22]Kehrt um zu mir,

3,3 5,24–25; Am 4,7–8 **3,4** 2,27; 3,19; Jes 63,16 **3,8** 2 Kön 17,5–6 **3,9** 2,27 **3,11** Hes 16,51; 23,11 **3,12** Jes 57,16 **3,13** 2 Kön 17,9–10 **3,16** 2 Mo 25,10–22 **3,17** Hes 43,7; Mi 4,2 **3,18** 31,1; 50,4; Jes 11,12–13; Hes 37,15–28; Hos 2,2; Sach 10,6 **3,19** 2,27; 2 Mo 4,22* **3,20** 2,20 **3,22–25** Esr 9,6–7; Neh 9,6–37; Jes 59,9–15

ihr Kinder, die ihr von mir weggelaufen
seid, ich will euch von eurer Untreue
heilen!«
»Ja, wir kommen zu dir, o Herr, denn
nur du bist unser Gott! 23 Es ist wahr: Die
Götter, zu denen wir auf den Hügeln laut
geschrien haben, helfen uns nicht. Nur
bei dir, Herr, dem Gott Israels, finden
wir Rettung! 24 Wir haben diesem
schrecklichen Gott Baal gedient und ihm
alles hergegeben, was wir seit Generatio-
nen mühsam erworben haben: unseren
ganzen Besitz, unsere Schafe und Rinder.
Ja, sogar unsere Söhne und Töchter ha-
ben wir ihm geopfert. 25 Nun liegen wir
am Boden und schämen uns. Welch eine
Schande! Wir haben gegen dich, den
Herrn, unseren Gott, gesündigt, wir und
unsere Vorfahren, von jeher bis heute.
Wir haben nicht auf dich gehört, Herr,
unser Gott!«

Fangt neu an!

4 Der Herr lässt dir verkünden: »Kehr
um, Israel, komm zurück zu mir! Wirf
deine abscheulichen Götzen weg, und
wende dich nicht länger von mir ab.
2 Wenn du bei meinem Namen schwörst,
sei aufrichtig, ehrlich und halte dich da-
ran. Dann werden auch die anderen Völ-
ker einander in meinem Namen Segen
wünschen und sich glücklich schätzen,
mich zu kennen.
3 Ich, der Herr, sage zu den Bewohnern
von Juda und Jerusalem: Pflügt neues
Land, streut eure Saat dort aus und nicht
im Dornengestrüpp! 4 Haltet euch an
euren Bund mit mir, wendet euch von
ganzem Herzen mir zu![a] Wenn ihr nicht
von euren falschen Wegen umkehrt,
entbrennt mein Zorn wie ein Feuer, das
niemand löschen kann.«

Unheil aus dem Norden

5 »Schlagt Alarm in Juda und in Jerusa-
lem! Blast das Signalhorn überall im
Land! Ruft, so laut ihr könnt: ›Sammelt
euch und flieht in die befestigten Städte!‹
6 Stellt Wegweiser nach Zion auf! Lauft
und bleibt nicht stehen! Denn aus dem
Norden bringe ich, der Herr, schreck-
liches Unheil und Zerstörung über das
Land.
7 Ein Löwe kommt aus seinem Ver-
steck und geht auf Raubzug: Ganze Völ-
ker will er verschlingen. Ja, er verlässt
sein Versteck, um euer Land zu verwüs-
ten! Zerstört und entvölkert wird er eure
Städte zurücklassen.
8 Zieht Trauerkleider an, weint und
klagt: ›Immer noch lastet Gottes glühen-
der Zorn auf uns!‹
9 Wenn das geschieht, werden der Kö-
nig und die führenden Männer allen Mut
verlieren, die Priester werden entsetzt
sein und die Propheten starr vor Schreck.
Darauf gebe ich, der Herr, mein Wort!«
10 »Herr, allmächtiger Gott«, rief ich,
»du hast dieses Volk und die Einwohner
Jerusalems getäuscht! Frieden hast du
ihnen versprochen, und nun sitzt ihnen
das Messer an der Kehle!« 11 Der Herr er-
widerte: »Wenn es so weit ist, wird man
den Einwohnern Jerusalems und dem
ganzen Volk zurufen: ›Ein Glutwind
kommt von den kahlen Höhen in der
Wüste!‹ Er wird meinem Volk direkt ins
Gesicht blasen. Es ist kein Wind, mit dem
man Spreu und Weizen voneinander
trennen kann, 12 dazu ist er zu stark. Er
kommt auf meinen Befehl. Jetzt werde
ich mein Urteil über euch vollstrecken!
13 Ihr schreit: ›Seht! Der Feind rückt
heran wie eine Gewitterfront! Seine
Streitwagen brausen daher wie ein Wir-
belsturm, seine Pferde sind schneller als
Adler! Wir sind dem Untergang geweiht,
wir sind verloren!‹
14 Jerusalem, reinige dein Herz von al-
ler Bosheit, damit du gerettet wirst! Wie
lange noch willst du Unheil ausbrüten?
15 Boten kommen aus der Stadt Dan
und vom Bergland Ephraim. Sie bringen
eine Schreckensnachricht: 16 ›Meldet Je-

---

[a] Wörtlich: Beschneidet euch für den Herrn, und entfernt die Vorhaut von eurem Herzen!

3,24 7,31 **4,2** 5,2; 12,6 **4,3–4** Hos 10,12 **4,6** 1,13–15* **4,7** 2,15 **4,8** 2,35 **4,10** 14,13 **4,14** Jes 1,16

rusalem und den umliegenden Völkern: Aus einem fernen Land rückt ein Heer zur Eroberung heran!‹ Vor den Städten Judas werden sie das Kriegsgeschrei an-
stimmen, [17] sich aufstellen und sie umrin-
gen wie Wächter, die ein Feld bewachen; denn dieses Volk hat sich gegen mich auf-
gelehnt. [18] Das alles habt ihr euch selbst
zu verdanken, eure eigenen Taten und Irrwege haben es euch eingebracht. Nun bekommt ihr den Lohn für eure Bosheit und müsst spüren, wie bitter und schmerzlich es ist, mich zu verlassen!«

Jeremia leidet mit seinem Volk

[19] Ich winde mich vor Schmerzen und lei-
de Qualen. Das Herz klopft mir bis zum Hals. Ich kann nicht schweigen, denn ich höre das Signalhorn und das Kriegs-
geschrei! [20] Man meldet eine Niederlage
nach der anderen, das ganze Land ist schon verwüstet! Ganz plötzlich wurden unsere Zelte zerstört und ihre Decken
zerfetzt. [21] Wie lange muss ich die Feld-
zeichen der Feinde noch sehen und ihre Signalhörner hören?

[22] Der Herr spricht: »Mein Volk ist tö-
richt und verbohrt, sie wollen mich nicht kennen. Sie sind wie unverständige und dumme Kinder. Böses zu tun, daran ha-ben sie sich gewöhnt, aber wie man Gutes tut, das wissen sie nicht mehr!«

[23] Ich sah die Erde an – sie war leer und
ohne Leben. Ich blickte zum Himmel
empor – dort schien kein Stern. [24] Ich
schaute zu den Bergen hinüber – sie beb-
ten, und alle Hügel schwankten. [25] Im
ganzen Land gab es keine Menschen mehr, selbst die Vögel waren fortgeflo-
gen. [26] Die einst fruchtbaren Felder waren
eine trostlose Wüste, und die Städte la-*gen in Trümmern.* Das hat der Herr getan
in seinem glühenden Zorn. [27] Er sprach:
»Ich will dieses Land verwüsten – doch
nicht ganz und gar! [28] Die Erde trauert,
und der Himmel verfinstert sich. Ich, der Herr, habe den Befehl dazu gegeben und bereue es nicht. Mein Entschluss steht fest.

[29] Die Reiter und Bogenschützen stür-
men mit lautem Geschrei heran, die Einwohner der Städte fliehen in die dichten Wälder und verstecken sich in Höhlen. Alle Städte sind verlassen und unbewohnt.

[30] Aber du, Jerusalem, was machst du
da? Deine Eroberer stehen schon vor der Tür, und du ziehst dein leuchtend rotes Festkleid an, hängst dir goldenen Schmuck um den Hals und schminkst deine Augen? Umsonst machst du dich schön! Deine Liebhaber haben dich satt, jetzt trachten sie dir nach dem Leben.«
[31] Da, ein Schrei wie von einer Frau, die
zum ersten Mal in den Wehen liegt! Es ist die Stadt Jerusalem. Sie ringt nach Luft, streckt Hilfe suchend ihre Hände aus und ruft: »Ich bin verloren! Sie bringen mich um!«

Keine Vergebung mehr!

5 »Geht doch einmal durch die Straßen von Jerusalem, und schaut euch um! Sucht alle Plätze ab! Wenn ihr auch nur einen Einzigen findet, der sich an das Recht hält und auf den man sich verlassen kann, dann will ich ganz Jerusalem
vergeben. [2] Denn die Leute in dieser
Stadt lügen selbst dann noch, wenn sie bei meinem Namen schwören.«

[3] Doch du, Herr, suchst nach aufrichti-
gen Menschen. Du hast dieses Volk geschlagen, aber sie haben sich nicht davon beeindrucken lassen; du hast sie fast ausgelöscht, und doch blieben sie unbelehrbar und starrsinnig. Sie weigern sich be-
harrlich, zu dir umzukehren. [4] Ich dachte:
»So sind nur die Ungebildeten, die den Willen des Herrn und die Gebote ihres
Gottes nicht kennen. [5] Ich will mich an
die führenden Männer dieses Volkes wenden und mit ihnen reden. Sie kennen ja den Willen Gottes und wissen, was er im Gesetz von ihnen verlangt.« Doch ge-

---

4,18 2,17 **4,22** Jes 1,2–3 **4,23–26** 1 Mo 1,2 **4,27** 5,10.18; 46,28 **4,30** Hes 16,37.39–41 **5,1** 1 Mo 18,20–32; Ps 14,2–3 **5,2** 4,2 **5,3** 2,30; 7,28; 8,5; Am 4,6–11 **5,5** 2,8

rade sie wollen von Gott nichts mehr wissen. Seine Gebote sind für sie wie ein schweres Joch, das sie abgeworfen haben.

[6]»Darum werden die Feinde kommen und sie zerreißen wie Löwen, die plötzlich aus dem Dickicht springen, wie Steppenwölfe werden sie über sie herfallen und wie Panther draußen vor der Stadt lauern. Wer hinausgeht, wird zerfleischt. Denn dieses Volk hat große Schuld auf sich geladen und mir immer wieder die Treue gebrochen.

[7]Wie sollte ich euch da vergeben? Ihr habt mich verlassen und schwört bei Göttern, die keine sind. Ich habe euch genug zu essen gegeben – und ihr? Ihr treibt Ehebruch und lauft scharenweise ins Hurenhaus! [8]Ihr seid wie überfütterte, geile Hengste: Jeder wiehert nach der Frau des anderen. [9]Und das sollte ich ungestraft lassen? Muss ich ein solches Volk nicht zur Rechenschaft ziehen? [10]Zerstört die Mauern dieses Weinbergs, doch verwüstet ihn nicht ganz. Reißt seine Ranken ab, denn er gehört mir nicht mehr!«

Ich ziehe euch zur Rechenschaft

[11]»Ich, der Herr, sage: Die Bewohner von Juda und Israel sind mir untreu geworden. [12]Mich, ihren Herrn, haben sie verleugnet, als sie behaupteten: ›Er kümmert sich um nichts! Uns wird schon kein Unglück treffen. Von Krieg und Hungersnot bleiben wir verschont. [13]Was die Propheten uns angedroht haben, ist leeres Geschwätz! Gott spricht nicht durch sie. Das Unheil soll sie selbst treffen!‹«

[14]Doch der Herr, der allmächtige Gott, hat zu mir gesagt: »Weil dieses Volk so vermessen redet, lasse ich deine Worte zu einem Feuersturm werden. Das Volk mache ich zu Brennholz, das vom Feuer verzehrt wird. [15]Hört, ihr Israeliten, ich sorge dafür, dass ein Volk von weither kommt und in euer Land einfällt. Das Volk ist sehr viel älter als ihr, es ist unbezwingbar, und seine Sprache versteht ihr nicht. [16]Seine Bogenschützen treffen mit tödlicher Sicherheit, und die Soldaten sind alle erfahrene Kämpfer. [17]Dieses Volk wird eure Ernte und eure Vorräte vernichten, eure Söhne und Töchter töten, eure Schafe und Rinder schlachten und eure Weinstöcke und Feigenbäume umhauen. Eure befestigten Städte, auf die ihr euch verlasst, wird es blutig erobern.

[18]Doch auch dann werde ich euch, mein Volk, nicht völlig auslöschen. Darauf gebe ich, der Herr, mein Wort. [19]Und wenn sie dich, Jeremia, fragen: ›Warum hat uns Gott, der Herr, dies angetan?‹, dann sollst du antworten: ›Ihr habt ihn verlassen und in eurem eigenen Land fremden Göttern gedient, nun müsst ihr in einem anderen Land fremden Herren dienen!‹

[20]Verkündet den Nachkommen Jakobs, sagt dem Volk von Juda: [21]Hört, ihr Leute ohne Sinn und Verstand! Ihr habt Augen und Ohren, und trotzdem seht und hört ihr nicht! [22]Ich, der Herr, frage euch: Solltet ihr mich nicht fürchten und vor mir zittern? Ich habe dem Meer eine Grenze aus Sand gesetzt, die es niemals überschreiten kann. Wie wild seine Wellen auch toben, wie hoch die Wogen sich auch türmen – über die Grenze kommen sie nicht hinaus.

[23]Aber ihr wagt es, euch gegen mich aufzulehnen, und geht eigene Wege. Ihr seid stur und widerspenstig. [24]Keiner von euch sagt: ›Wir sollten dem Herrn, unserem Gott, mit Ehrfurcht begegnen! Denn er sendet uns den Herbst- und Frühjahrsregen zur rechten Zeit und lässt Jahr für Jahr die Früchte reifen, damit wir sie ernten können.‹ [25]Aber nun sind Regen und Ernte ausgeblieben, weil ihr so viel Schuld auf euch geladen habt.

[26]Ja, in meinem Volk gibt es gewissenlose Menschen, die wie Vogelfänger auf

5,6 4,7 **5,7** 2,13 **5,8** Hes 22,11 **5,9** 9,8 **5,10** 4,27; Jes 5,5 **5,12** Jes 28,15 **5,14** 23,29 **5,15–17** 5 Mo 28,49–51 **5,18** 4,27 **5,19** 2,13 **5,21** 4,22; Jes 6,9–10 **5,22** Hiob 38,8–11 **5,24–25** 3,3; 5 Mo 11,13–14

der Lauer liegen. Sie warten darauf, dass ihnen Menschen in die Falle laufen. [27]Ihre Häuser sind vollgestopft wie der Käfig eines Vogelfängers, sie häufen dort ihren Besitz auf, den sie mit Trug und List erbeutet haben. Mächtig und reich sind sie geworden, [28]fett und feist. Ihre Bosheit kennt keine Grenzen. Sie verhelfen keinem Waisenkind zu seinem Recht, den Armen verweigern sie jede Gerechtigkeit. [29]Und das sollte ich ungestraft lassen? Muss ich ein solches Volk nicht zur Rechenschaft ziehen?

[30]Was in diesem Land geschieht, ist abscheulich und unerhört: [31]Die Propheten weissagen im Namen der Lüge, die Priester herrschen eigenmächtig, und meinem Volk gefällt das auch noch. Doch was werden sie tun, wenn das Ende kommt?«

Lass dich warnen, Jerusalem!

6 »Flieht, ihr Leute von Benjamin, lauft weg aus Jerusalem! Blast das Signalhorn in Tekoa, richtet oberhalb von Bet-Kerem Zeichen auf, die den Menschen den Fluchtweg weisen. Denn von Norden her droht euch Unheil, euer Untergang naht!

[2]Jerusalem ist schön und verwöhnt, doch ich mache die Stadt auf dem Berg Zion dem Erdboden gleich. [3]Hirten ziehen mit ihren Herden heran, schlagen ringsumher die Zelte auf und weiden Jerusalem ab, ein jeder bekommt seinen Anteil. [4]›Los‹, sagen sie, ›bereitet den Angriff vor! Noch am Mittag stürmen wir die Stadt!‹ ›Zu spät! Der Tag ist vergangen, es wird schon dunkel.‹ [5]›Dann greifen wir eben bei Nacht an und legen die Paläste Jerusalems in Trümmer.‹

[6]Ich, der allmächtige Gott, habe ihnen *befohlen: ›Fällt Bäume,* und schüttet einen Belagerungswall auf!‹ Diese Stadt hat die Strafe verdient, denn in ihr herrscht nichts als Unterdrückung! [7]Wie aus einem Brunnen Wasser fließt, so sprudelt die Bosheit aus ihr hervor. Sie ist voll von Gewalttaten und Raubüberfällen, ihre Krankheit und ihre Wunden stehen mir ständig vor Augen.

[8]Lass dich warnen, Jerusalem, sonst reiße ich mich von dir los und mache dich zur Wüste, zu einem menschenleeren Land!

[9]Ich, der Herr, der allmächtige Gott, sage: Jeremia, wende dich noch einmal diesem Volk zu wie ein Winzer, der Ranke für Ranke umdreht. Halte Nachlese an denen, die vom Volk Israel übrig bleiben.«

[10]Herr, wen soll ich überhaupt noch warnen? Keiner hört mir zu, sie haben ihre Ohren verschlossen und schlagen meine Worte in den Wind. Was du sagst, finden sie lächerlich, es ist ihnen ganz und gar zuwider. [11]Dein Zorn über sie glüht auch in mir, ich kann ihn nicht mehr zügeln!

Da sprach der Herr: »Gieß meinen Zorn über sie aus, damit alle ihn zu spüren bekommen: die spielenden Kinder auf der Straße und die jungen Leute, die beieinander stehen. Alle werden davon betroffen sein, Männer und Frauen, sogar die älteren Menschen und die Greise. [12]Ja, ich, der Herr, kündige ihnen an: Ihre Frauen, ihre Häuser und Felder werden Fremde an sich reißen. Denn ich strecke meine Hand aus zum Gericht über die Bewohner dieses Landes! [13]Sie alle, vom einfachen Volk bis zu den Einflussreichen, wollen nur eines: Gewinn um jeden Preis! Auch die Priester und Propheten betrügen das Volk, [14]weil sie seine tiefen Wunden nur schnell verbinden. ›Es ist nur halb so schlimm, es wird alles wieder gut!‹, sagen sie. Nein, nichts wird gut![a] [15]Schämen müssten sie sich über ihre abscheulichen Taten, aber sie kennen keine Scham mehr, sie werden nicht einmal rot! Doch wenn die Zeit gekommen ist, werden sie stürzen; wenn ich sie strafe, werden sie sterben. Darauf gebe ich, der Herr, mein Wort.«

---

[a] Wörtlich: Sie sagen: ›Friede, Friede!‹, und da ist doch kein Friede!

5,29 5,9 **5,31** 2,8; Hes 7,2 **6,1** 1,13–15* **6,2** Mi 3,12 **6,7** 2,34; 5,26–28 **6,8** 4,23–28 **6,9** 2,21 **6,10** 5,12–13 **6,12–15** 8,10–12 **6,14** 23,16–17; Hes 13,10

Fragt nach dem richtigen Weg!

16 So spricht der Herr zu seinem Volk:
»Stellt euch an die Straßen, und erkun-
digt euch, welchen Weg eure Vorfahren
gegangen sind. Fragt nach dem richtigen
Weg, und dann beschreitet ihn. So findet
ihr Ruhe für euer Leben. Aber ihr sagt:
›Nein, diesen Weg gehen wir nicht!‹
17 Immer wieder habe ich euch Wächter
gegeben und euch befohlen: ›Achtet auf
ihre Warnsignale!‹, aber ihr habt euch be-
harrlich geweigert.
18 Hört, ihr Völker, ihr seid meine
Zeugen; gebt Acht, was nun mit ihnen
geschieht. 19 Die ganze Erde soll es hö-
ren: Ich will Unheil bringen über dieses
Volk, es ist der gerechte Lohn für ihre
Machenschaften. Denn sie haben meine
Worte in den Wind geschlagen und mei-
ne Weisungen missachtet. 20 Was soll ich
mit ihrem Weihrauch aus Saba und mit
den kostbaren Gewürzen, die sie aus fer-
nen Ländern holen? Ihre Brand- und
Schlachtopfer sind mir zuwider, ich neh-
me sie nicht an! 21 Seht, ich lege diesem
Volk Hindernisse in den Weg, über die
sie stürzen werden. Väter und Söhne,
Nachbarn und Freunde, sie alle kommen
um! Darauf könnt ihr euch verlassen!«

Ein starker Feind aus dem Norden

22 So spricht der Herr: »Seht, von Norden
zieht ein Volk heran, eine mächtige Nati-
on macht sich auf den Weg vom Ende der
Erde her. 23 Mit Schwertern und Bogen
sind sie bewaffnet, sie sind grausam und
kennen kein Erbarmen. Wenn sie auf
ihren Pferden heranstürmen, klingt es
wie das Tosen des Meeres. Sie haben sich
zum Kampf gerüstet gegen dich, du Stadt
auf dem Berg Zion!
24 ›Wir haben die Nachricht bekom-
men‹, sagt man in Jerusalem, ›und uns
hat aller Mut verlassen. Wir zittern vor
Angst wie eine Frau in den Wehen.‹
25 Verlasst die Stadt nicht mehr, um euch
auf dem Land in Sicherheit zu bringen,
lasst euch auf den Straßen nirgends bli-
cken! Denn dort trifft euch das Schwert
des Feindes – überall herrscht Angst und
Schrecken!
26 Jerusalem, zieh Kleider aus Sacktuch
an, und wälz dich in der Asche! Trauere,
als ob dein einziges Kind gestorben wäre!
Stimm ein bitteres Klagelied an, denn
plötzlich ist der Feind da. Er wird alles
verwüsten!«

Jeremia soll sein Volk prüfen

27 Der Herr sprach zu mir: »Prüfe mein
Volk, so wie man Metalle prüft! Ich gebe
dir den Auftrag, herauszufinden, wie es
um sie steht.« 28 Herr, sie sind wider-
spenstig, schlimmer geht es nicht mehr.
Sie begehen Verbrechen und verleum-
den andere. Sie sind nichts als Bronze
und Eisen – nur unedles Metall! 29 Der
Blasebalg schnaubte, das Feuer war heiß
genug, doch das Silber ließ sich von den
Schlacken nicht trennen. Alles Schmel-
zen war umsonst – die Gottlosen wurden
nicht ausgeschieden. 30 Das ganze Volk
ist wertloses Silbererz, der Herr hat es
verworfen.

Ändert euer Leben!

7 Der Herr sprach zu Jeremia: 2 »Stell
dich an den Eingang des Tempels,
und verkünde dort diese Botschaft: Ihr
Bewohner von Juda, hört, was der Herr
euch sagt! Ihr kommt hierher zum Tem-
pel, um den Herrn anzubeten. 3 Doch der
Herr, der allmächtige Gott Israels,
spricht: Ihr müsst euer Leben vollkom-
men ändern, nur dann werde ich euch
weiter in diesem Land wohnen lassen.
4 Glaubt den Lügnern nicht, die euch ein-
reden: ›Hier sind wir sicher, denn dies ist
der Tempel des Herrn. Es ist die Woh-
nung Gottes, er hat sich hier niedergelas-

6,16 Mt 11,29 **6,17** Hes 3,17–21; 33,1–9 **6,20** Ps 40,7–9* **6,22–24** 50,41–43 **6,22** 1,13–15* **6,26** Am 8,10 **6,27–30** Jes 1,25; Hes 22,17–22 **7,1–15** 26,1–6 **7,3** 18,11; 26,13

sen.‹ 5 Ich sage euch: Ändert euer Leben
von Grund auf! Geht gerecht und gut
miteinander um, 6 unterdrückt nicht die
Ausländer, die Waisen und die Witwen,
und hört auf, unschuldige Menschen hin-
zurichten! Lauft nicht mehr anderen
Göttern nach, denn damit schadet ihr
euch nur selbst. 7 Erst dann lasse ich euch
für immer in diesem Land leben, das ich
euren Vorfahren geschenkt habe.

8 Doch ihr vertraut auf falsche Verspre-
chungen, die euch nichts nützen. 9 Ihr
stehlt und mordet, brecht die Ehe und
schwört Meineide, ihr bringt dem Götzen
Baal Räucheropfer dar und verehrt frem-
de Götter, die ihr früher nicht kanntet.
10 Dann kommt ihr in meinen Tempel,
tretet vor mich hin und sagt: ›Hier kann
uns nichts geschehen!‹ Danach treibt ihr
es genauso schlimm wie vorher.

11 Meint ihr etwa, dieses Haus, das mei-
nen Namen trägt, sei eine Räuberhöhle?
Ich, der Herr, sehe genau, was ihr tut, da-
rauf könnt ihr euch verlassen! 12 Geht
doch einmal zur Stadt Silo, wo früher
mein Heiligtum stand. Schaut euch an,
wie ich es damals zerstören ließ wegen
der Bosheit meines Volkes Israel. 13 Ich,
der Herr, sage euch: Ihr handelt genauso
vermessen wie eure Vorfahren, und ob-
wohl ich immer wieder zu euch geredet
habe, wolltet ihr nicht hören. Ich habe
euch gerufen, aber ihr habt mir keine
Antwort gegeben. 14 Darum werde ich
diesen Tempel, der meinen Namen trägt
und in dem ihr euch so sicher fühlt, rest-
los zerstören. Ja, dieser Ort, den ich eu-
ren Vorfahren gab, wird dasselbe Schick-
sal erleiden wie Silo. 15 Ich werde euch
aus meiner Nähe verstoßen, so wie ich
eure Brüder, den Stamm Ephraim, ver-
trieben habe.«

Ich will eure Opfer nicht mehr!

16 Der Herr sprach zu mir: »Bete nicht
mehr für dieses Volk, fleh nicht für sie
um Gnade, bestürme mich nicht mehr
mit Bitten, denn ich werde dich nicht er-
hören! 17 Siehst du nicht, was sie in den
Städten von Juda und auf den Plätzen
von Jerusalem tun? 18 Die Kinder sam-
meln Brennholz, die Männer machen da-
mit Feuer, und die Frauen kneten einen
Teig, um Kuchen als Opfergabe für die
Himmelskönigin zu backen. Sie gießen
Wein aus als Trankopfer für andere Göt-
ter und beleidigen mich damit.

19 Doch fügen sie mir dadurch etwa
Schaden zu, mir, dem Herrn? Nein, sie
schaden sich selbst und bringen Schande
über sich! 20 Ich, der Herr, der allmächti-
ge Gott, sage: Mein glühender Zorn wird
sich über diesen Ort ergießen, über
Mensch und Tier, über Bäume und Fel-
der. Mein Zorn wird brennen wie ein
Feuer und nicht erlöschen.«

21 So spricht der Herr, der allmächtige
Gott Israels: »Ich will eure Brandopfer
nicht mehr! Esst das Fleisch der Tiere
doch auf, wenn ihr eure Opfermahlzeit
haltet! 22 Als ich eure Vorfahren aus
Ägypten führte, habe ich ihnen nicht auf-
getragen, mir Opfer darzubringen. 23 Ich
habe ihnen nur dies eine befohlen: ›Hört
auf mich, dann will ich euer Gott sein,
und ihr sollt mein Volk sein. Lebt nach
meinen Weisungen, dann wird es euch
gut gehen.‹ 24 Aber sie gehorchten mir
nicht, ja, sie hörten mir nicht einmal zu,
sondern lebten so, wie sie es wollten, und
taten, wozu ihr Eigensinn sie trieb. Sie
wandten sich von mir ab und kehrten
mir den Rücken. 25 So ist es bis heute ge-
blieben. Von Anfang an, seit eure Vor-
fahren aus Ägypten gezogen sind, habe
ich immer wieder meine Boten, die Pro-
pheten, zu euch gesandt, 26 aber ihr woll-
tet nicht auf mich hören und mir nicht ge-
horchen. Starrköpfig seid ihr, schlimmer
noch als eure Vorfahren!

27 Und selbst wenn du, Jeremia, ihnen
dies alles verkündest, werden sie doch
nicht auf dich hören. Dein Rufen wird

7,5 Mi 6,8 **7,6** 2 Mo 22,20*.21–22* **7,8** 6,14 **7,9** 2 Mo 20,3–5.13–17 **7,11** Mt 21,13 **7,12** Jos 18,1*; Ps 78,60 **7,14** 2 Kön 25,8–9 **7,15** 2 Kön 17,5–6 **7,16** 11,14; 15,1; 37,3–5; 2 Mo 32,10 **7,17–18** 44,15–19 **7,21** Ps 40,7–9* **7,22** Am 5,25 **7,23** 2 Mo 19,5–6* **7,25–26** 25,4–5; 2 Mo 32,9–10*

ohne Antwort bleiben. [28]Sag ihnen: Ihr
seid das Volk, das dem Herrn, seinem
Gott, nicht gehorcht und sich nichts sa-
gen lässt. Treue und Wahrheit habt ihr
verloren, ihr sprecht nicht einmal mehr
darüber!«

Hinnomtal – Tal der Toten

[29]»Trauere, Israel! Schneide dein langes
Haar ab, und wirf es fort! Stimm die To-
tenklage an, draußen auf den kahlen Hü-
geln! Denn ich, der Herr, habe dich ver-
stoßen, ich will nichts mehr von dir
wissen, mein Zorn lastet schwer auf dir!

[30]Die Bewohner von Juda haben etwas
getan, was ich hasse: Im Tempel, der mei-
nen Namen trägt, haben sie ihre abscheu-
lichen Götzen aufgestellt und ihn so ent-
weiht. [31]Im Hinnomtal haben sie den
Tofet errichtet und verbrennen auf dieser
Opferstätte ihre Kinder. Niemals habe
ich so etwas befohlen, mit keinem Ge-
danken je daran gedacht!

[32]Darum hört nun, was ich sage: Es
kommt die Zeit, da wird man diesen Ort
nicht mehr Tofet oder Hinnomtal nen-
nen, sondern Mordtal. Man wird die To-
ten dort begraben, weil anderswo der
Platz fehlt. [33]Die Geier und Schakale
werden die herumliegenden Leichen
fressen, ohne dass jemand sie ver-
scheucht. [34]In den Straßen Jerusalems
und in den anderen Städten Judas bereite
ich allem Jubel und aller Freude ein En-
de, es wird auch keine fröhlichen Hoch-
zeitsfeiern mehr geben, denn das Land
soll zur trostlosen Wüste werden.

8 Es kommt der Tag, da wird man die
Gebeine der Könige und führenden
Männer von Juda, die Gebeine der Pries-
ter und Propheten, ja, aller Einwohner
Jerusalems wieder aus den Gräbern ho-
len. Darauf gebe ich, der Herr, mein
Wort! [2]Man wird sie ausstreuen vor der
Sonne, dem Mond und den Sternen, vor
ihren Göttern, die sie liebten, denen sie
gehorsam dienten, die sie befragt und an-
gebetet haben. Keiner wird die Gebeine
je wieder einsammeln und begraben, sie
werden zu Dünger auf dem Acker. [3]Und
die Leute aus diesem treulosen Volk, die
übrig bleiben und an den Orten leben,
wohin ich sie vertreibe, wollen dann lie-
ber tot als lebendig sein. Das sage ich, der
allmächtige Gott!«

Ein Volk rennt ins Verderben

[4]»Sag ihnen: So spricht der Herr: Wenn
jemand hingefallen ist, steht er gleich
wieder auf, und wenn einer vom Weg ab-
kommt, kehrt er gern wieder um. [5]Wa-
rum verlässt dann dieses Volk immer
wieder den richtigen Weg? Warum geht
Jerusalem ständig in die Irre? Sie klam-
mern sich an ihre falschen Götter und
weigern sich beharrlich, zu mir umzu-
kehren. [6]Ich habe genau gehört, was sie
reden: Die Wahrheit ist es nicht! Keiner
bereut seine schlechten Taten und sagt:
›Was habe ich getan!‹ Alle rennen auf
ihrem falschen Weg weiter wie Schlacht-
rosse, die in den Kampf stürmen. [7]Selbst
ein Storch weiß, wann er zurückkehren
muss, Taube, Schwalbe und Drossel kom-
men zur rechten Zeit wieder. Nur mein
Volk weiß nicht, welche Ordnungen ich
ihm gegeben habe.

[8]Ihr behauptet: ›Wir sind weise, wir be-
sitzen ja das Gesetz des Herrn!‹ Aber eu-
re Priester haben mein Gesetz durch ihre
Auslegung völlig verdreht. [9]Eure Weisen
werden sich schämen und zu Tode er-
schrecken, wenn man sie gefangen weg-
führt. Denn sie haben mein Wort abge-
lehnt – welche Weisheit bleibt ihnen da
noch?

[10]Darum werde ich eure Frauen ande-
ren Männern geben und eure Äcker neu-
en Besitzern. Ihr alle, vom einfachen
Volk bis zu den Mächtigen, wollt nur ei-
nes: Gewinn um jeden Preis! Auch die
Priester und Propheten betrügen euch,

7,28 8,5 **7,29** Mi 1,16 **7,30** 2 Kön 21,7; 23,4–7; Hes 8,5.10 **7,31** 3,24; 19,5; 3 Mo 18,21* **7,33** 5 Mo 28,26 **7,34** 16,9; 25,10; 33,10–11 **8,1–2** 19,12–13; 5 Mo 4,19 **8,5** 5,3 **8,7** Jes 1,3 **8,10–12** 6,12–15

Liebevoller Zorn

Lesen Sie Jeremia 3,11-18

Die Bibel zieht eine klare Verbindungslinie zwischen Gottes Zorn und seiner Liebe. Zur Zeit des Alten Testaments sandte Gott seine Propheten, um den Israeliten sein Missfallen über ihre schlechten Taten zu verkünden und sie zur Umkehr zu rufen. Wenn das Volk seine Schuld bereute, legte sich Gottes Zorn, und alles war wieder in Ordnung. Bereuten sie ihre Taten jedoch nicht, ergriff Gott weitere Maßnahmen.

Gottes Botschaft an Jeremia zeigt uns genau dies. Sein Zorn brachte ihn dazu, Jeremia zu den Israeliten zu schicken und sie zur Umkehr zu rufen. Er lud sein Volk ein: „Komm zurück zu mir! … Denn ich bin ein barmherziger Gott" (Jeremia 3,12).

Ähnliches ereignete sich, als Gott Jona nach Ninive sandte. Gott brachte seinen Zorn durch positives Handeln zum Ausdruck – durch den Ruf zur Umkehr und die Warnung vor dem drohenden Gericht. Als die Bevölkerung von Ninive von ihren falschen Wegen umkehrte, ließ Gott sich durch seine Barmherzigkeit zur Vergebung leiten. Was falsch gewesen war, wurde nun wieder richtig; Gottes Zorn hatte sein positives Ziel erreicht.

Manche modernen Theologen stellen die Strafgerichte Gottes gegenüber Israel und seinen Nachbarvölkern infrage. Sie sehen in Gottes Handeln das Bild einer rachsüchtigen, zerstörungswütigen Gottheit. Doch Gott ergriff solche drastischen Maßnahmen nur, weil er das Wohl seiner Geschöpfe im Auge hatte. Gott in seiner Heiligkeit kann nicht schweigen, wenn seine Kinder sich in üble Machenschaften verstricken. In seiner Liebe sucht er immer nach Wegen, wie er seinen Zorn zum Wohl der Menschen ausdrücken kann. Sein Zorn ist immer durch Liebe motiviert.

Nehmen Sie sich Zeit, um allein oder als Paar gemeinsam zu beten.

- Danken Sie Gott, dass er Sie zu sehr liebt, um Sie in Ihrer Sünde zu lassen.
- Danken Sie ihm auch, dass sein Zorn immer durch die Liebe zu Ihnen motiviert ist.
- Bitten Sie ihn, Ihr Herz für seine Zurechtweisung empfänglich zu machen.

Wenn Sie noch mehr Zeit haben …

Besprechen Sie miteinander folgende Fragen oder denken Sie darüber nach:

- Unsere Theologie entwickelt sich ständig weiter, wenn wir in der Bibel lesen und Erfahrungen mit Gott machen. Was lernen Sie aus dem Buch Jeremia über Gott?
- Wann haben Sie Gottes Missfallen zu spüren bekommen? Wie war es mit Gottes Liebe zu Ihnen verbunden?
- Wie spiegelt sich Gottes Zorn im menschlichen Zorn wider? Worin bestehen die Unterschiede? Wenn Sie Kinder haben, überlegen Sie, wie bei Ihnen der Zorn über Ihre Kinder und die Liebe zu ihnen verbunden sind.

Lesen Sie auch die folgenden Abschnitte zum Thema Zorn:

2. Mose 34,6; 2. Chronik 24,17-20; Jesaja 54,7-9.

Flecken entfernen

Lesen Sie Jeremia 13,15-27

„Kann ein Schwarzer etwa seine Hautfarbe wechseln oder ein Leopard sein geflecktes Fell?" (Jeremia 13,23). Das sind sogenannte rhetorische Fragen, deren Antwort auf der Hand liegt: natürlich nicht.

Manche Dinge kann man nicht ändern (unsere Körpergröße zum Beispiel). Was unser Leben am meisten beeinflusst und dabei nicht verändert werden kann, ist unsere Geschichte. Sie ist unveränderlich, weil sie Vergangenheit ist. Vergangenes können wir nicht noch einmal erleben. Ihre Eltern – egal ob sie gut oder schlecht waren, ob sie noch leben oder nicht, ob Sie sie gekannt haben oder nicht – sind Ihre Eltern. Ihre Kindheit, ob angenehm oder schmerzlich, ist Ihre Kindheit und gehört zu Ihrer Geschichte.

Auch Ihre Ehe gehört in diese Kategorie. Es bringt nichts, sich zu sagen: „Wir hätten gar nicht erst heiraten sollen." Die Tatsache kann nicht verändert werden. Alles, was sich in Ihrer Ehe ereignet hat, ist ebenfalls Geschichte. Nichts davon können Sie ungeschehen machen – Sie können Ihre Worte und Taten nicht zurücknehmen. Sie können sich zwar von Ihren Fehlern abwenden, doch auch das beseitigt nicht alle Folgen Ihrer Sünde.

Wir können die Geschichte nicht neu schreiben, aber wir haben die Wahl, sie anzunehmen. Als Jesus die Frau am Brunnen traf, bat er sie nicht, ihre ersten fünf Ehen auszuradieren; das wäre nicht möglich gewesen. Er bot ihr einfach von dem Wasser an, das ihren Durst stillen würde (siehe Johannes 4,5-29). Wir verschwenden unsere Zeit und Kraft, wenn wir darüber nachgrübeln, was hätte sein können. Lieber sollten wir uns selbst, Gott und unserem Ehepartner unsere Fehler eingestehen und bedingungslose Liebe schenken und empfangen. Darüber hinaus können wir nichts an unserer Vergangenheit ändern. Wir müssen uns auf die Gegenwart konzentrieren, die wir mit eigener Hand gestalten können.

Nehmen Sie sich Zeit, um allein oder als Paar gemeinsam zu beten. Bitten Sie Gott, dass Sie Ihre Vergangenheit annehmen und alles loslassen können, was nicht zu ändern ist.

Wenn Sie noch mehr Zeit haben …

Besprechen Sie miteinander folgende Fragen oder denken Sie darüber nach:

- Auch wenn wir unsere Vergangenheit nicht ändern können – warum ist es trotzdem wichtig, aus ihr zu lernen?
- Neigen Sie dazu, mehr in der Vergangenheit oder in der Zukunft zu leben statt in der Gegenwart?

Lesen Sie auch die folgenden Abschnitte zum Thema Vergangenheit: Hesekiel 18,21-23; 2. Korinther 7,10; Philipper 3,13-15.

Den nächsten Impuls finden Sie auf S. 866 a

11 weil sie eure tiefen Wunden nur schnell
verbinden. ›Es ist nur halb so schlimm, es
wird alles wieder gut!‹, sagen sie. Nein,
nichts wird gut![a]
12 Schämen müssten sie sich über ihre
abscheulichen Taten, aber sie kennen
keine Scham mehr, sie werden nicht ein-
mal rot! Doch wenn die Zeit gekommen
ist, werden sie stürzen; wenn ich sie stra-
fe, werden sie sterben. Darauf gebe ich,
der Herr, mein Wort.
13 Ich werde sie ausrotten, denn sie sind
wie ein schlechter Weinstock, der keine
Trauben hat, und wie ein Feigenbaum,
der keine Früchte hervorbringt, ja, selbst
die Blätter sind welk! Darum werde ich
ihnen ihre Feinde schicken, die sie um-
bringen sollen.
14 ›Warum sitzen wir hier noch unschlüs-
sig herum?‹, fragen die Leute von Juda.
›Kommt, wir ziehen uns in die befestigten
Städte zurück. Lieber sterben wir dort als
hier! Der Herr, unser Gott, hat uns ja
doch zum Tod verurteilt; vergiftetes Was-
ser gibt er uns zu trinken, weil wir gegen
ihn gesündigt haben.
15 Wir hofften auf
Frieden, aber es kommt nichts Gutes auf
uns zu. Wir hofften auf eine Zeit, in der
die Wunden des Landes heilen, aber wir
hören nur Schreckensmeldungen:
16 Die
Feinde haben bereits die Stadt Dan er-
reicht. Schon hören wir das Schnauben
und Wiehern ihrer Pferde. Das ganze
Land erbebt davon. Die Feinde wollen
unsere Felder und Städte verwüsten, sie
werden alle Menschen töten!‹
17 Ich, der Herr, sage: Ich lasse Schlan-
gen auf euch los, giftige Ottern, die ihr
nicht beschwören könnt, und sie werden
euch beißen!«

Jeremia beweint sein Volk

18 Niemand kann mich trösten! Der Kum-
mer hat mich überwältigt und macht
mich ganz krank!
19 Hört, wie mein Volk
überall im Land verzweifelt schreit:
»Wohnt der Herr nicht mehr auf dem
Berg Zion, regiert er dort nicht mehr als
König?« Und er antwortet: »Warum habt
ihr mich herausgefordert und eure Göt-
zenstatuen errichtet, die euch doch nicht
helfen können?«
20 Das Volk klagt: »Der Sommer ist ver-
gangen, die Ernte ist vorüber, und noch
immer hat der Herr uns nicht geholfen!«
21 Wenn ich den Untergang meines
Volkes mit ansehe, packt mich das Ent-
setzen. Ich trauere und bin völlig nieder-
geschlagen.
22 Gibt es denn in Gilead
keine Salben mehr, ist dort kein Arzt zu
finden? Warum heilen die Wunden mei-
nes Volkes nicht?
23 Ich wünschte, mein
Kopf wäre ein Brunnen und meine
Augen Tränenquellen, dann würde ich
unsere Toten Tag und Nacht beweinen!

Ein Volk von Betrügern

9 Wenn ich doch eine Herberge wüsste,
irgendwo in der Wüste, wo Karawa-
nen die Nacht verbringen, dann würde
ich mein Volk verlassen und mich dorthin
zurückziehen. Denn Ehebrecher sind sie,
einer wie der andere, eine Bande von Be-
trügern!
2 Der Herr spricht: »Sie schießen ihre
Lügen ab wie Pfeile; sie besitzen die
Macht im Land, weil sie betrügen, und
nicht, weil sie die Wahrheit lieben. Sie
begehen ein Verbrechen nach dem ande-
ren und wollen mich nicht als ihren Gott
anerkennen.
3 Nimm dich vor deinem
Freund in Acht! Trau deinem eigenen
Bruder nicht über den Weg! Denn ein
Bruder betrügt den anderen, wie es schon
damals Jakob getan hat, und ein Freund
legt den anderen herein.
4 Sie überlisten
sich gegenseitig, keines ihrer Worte ist
wahr. Sie haben sich an das Lügen ge-
wöhnt und können das Böse nicht lassen.
5 Unter Betrügern wohnst du, die vor lau-
ter Lug und Trug von mir, dem Herrn,
nichts mehr wissen wollen.

---

[a] Wörtlich: Sie sagen: ›Friede, Friede!‹, und da ist doch kein Friede!

8,13 Mt 21,18–19; Lk 13,6 **8,14** 4,5; 9,14 **8,15** 14,19 **8,16** 4,15 **8,22** 30,17; 46,11; 1 Mo 37,25 **8,23** 13,17; 14,17; Klgl 3,48 **9,3** 1 Mo 27,36; Hos 12,4

6 Darum sage ich, der Herr, der allmächtige Gott: Ich will sie schmelzen und läutern wie Metall im Feuer; was sollte ich sonst mit meinem Volk tun? 7 Jedes ihrer Worte ist ein tödlicher Pfeil, sie lügen unentwegt. Nach außen geben sie sich freundlich, aber insgeheim stellt einer dem anderen Fallen. 8 Und das sollte ich ungestraft lassen, ich, der Herr? Muss ich ein solches Volk nicht zur Rechenschaft ziehen?«

Stimmt Klagelieder an!

9 Ich klage und weine über das Bergland, ich stimme ein Trauerlied an über die Weiden in der Steppe. Denn sie sind verbrannt, kein Hirte zieht hindurch, und man hört keine Herden mehr. Die Tiere sind geflohen, selbst die Vögel sind fortgezogen. 10 Der Herr sagt: »Ich werde Jerusalem zum Schutthaufen machen, wo die Schakale hausen; die Städte Judas verwandle ich in eine Wüste, in der niemand wohnt!«

11 Wer ist weise genug, um zu verstehen, warum dies so kommen musste? Wem hat der Herr gezeigt, wieso das Land verödet und verdorrt ist wie eine Wüste, die keiner durchquert? Wer kann es erklären?

12 Der Herr antwortet: »Ich habe es so weit kommen lassen, weil sie meine Weisung in den Wind geschlagen haben, nicht danach lebten und nicht auf mich hörten. 13 Stattdessen taten sie, wozu ihr Eigensinn sie trieb, und liefen den Götzen nach, wie sie es von ihren Vorfahren gelernt hatten.

14 Darum sage ich, der Herr, der allmächtige Gott Israels: Ich werde diesem Volk bittere Kost zu essen und giftiges Wasser zu trinken geben. 15 Ich will sie unter fremde Völker zerstreuen, die weder sie noch ihre Vorfahren gekannt haben; mit dem Schwert verfolge ich sie, bis sie vernichtet sind. 16 Ich, der Herr, der allmächtige Gott, fordere euch auf: Begreift doch endlich, wie schlimm es um euch steht! Holt die Klageweiber, ja, lasst die weisen Frauen kommen!«

17 »Schnell«, rufen die Judäer, »sie sollen über uns die Klage anstimmen, bis wir in Tränen ausbrechen und nicht mehr aufhören zu weinen!«

18 Da! Vom Berg Zion hört man laute Klagerufe: »Die Stadt ist verwüstet, welch unerträgliche Schande! Wir müssen unser Land verlassen, denn unsere Häuser sind zerstört!«

19 Hört, ihr Frauen, was der Herr euch sagt, achtet auf jedes Wort: »Bringt euren Töchtern die Totenklage bei, lernt miteinander dieses Trauerlied:

20 ›Durch die Fenster stieg der Tod herein in unsre Häuser und Paläste. Draußen auf der Straße bringt er unsre Kinder um, und auf dem Marktplatz schlachtet er die jungen Männer ab!‹«

21 So spricht der Herr: »Die Leichen werden überall verstreut liegen wie Dünger auf dem Feld, wie abgemähtes Korn, das niemand aufliest.

22 Ich, der Herr, sage: Ein Weiser soll nicht stolz sein auf seine Weisheit, der Starke nicht auf seine Stärke und ein Reicher nicht auf seinen Reichtum. 23 Nein, Grund zum Stolz hat nur, wer mich erkennt und begreift, dass ich der Herr bin. Ich bin barmherzig und sorge auf der Erde für Recht und Gerechtigkeit. Wer dies verstanden hat, an dem habe ich, der Herr, Gefallen.

24/25 Es kommt der Tag, an dem ich die Ägypter, Judäer, Edomiter, Ammoniter und Moabiter strafen werde sowie alle Beduinenstämme der Wüste, die sich das Haar an den Schläfen stutzen. Denn all diese Völker halten sich zwar an die Vorschrift der Beschneidung, aber ihr Herz gehört mir nicht – und selbst in Israel ist es nicht anders!«

9,6 Jes 1,25 **9,8** 5,29 **9,10** 10,22 **9,12–13** 2,13 **9,14** 8,14; 23,15 **9,21** 7,32–33; Ps 79,2–3 **9,22–23** 1 Kor 1,31; 2 Kor 10,17

Die Götzen helfen euch nicht!

10 Hört, ihr Israeliten, was der Herr euch zu sagen hat: 2»Dient nicht den Götzen, wie die anderen Völker es tun! Wenn sie ungewöhnliche Himmelserscheinungen sehen, bekommen sie große Angst. Ihr aber braucht euch nicht zu fürchten. 3Denn die Religion dieser Völker ist eine Täuschung: Da fällen sie im Wald einen Baum, und der Kunsthandwerker fertigt daraus eine Figur an. 4Er verziert das Standbild mit Silber und Gold und nagelt es fest, damit es nicht wackelt. 5Und dann steht sie da, die Götterfigur, wie eine Vogelscheuche im Gurkenfeld! Sie kann weder reden noch gehen, sie muss getragen werden. Fürchtet euch nicht vor diesen Göttern! Sie können euch nichts Böses tun, und noch weniger können sie euch helfen.«

6Herr, dir ist niemand gleich! Du bist erhaben und stellst deine Macht unter Beweis. 7Wer sollte dich nicht fürchten, du König aller Völker? Dir allein gebührt die Ehre, denn kein Weiser und König auf dieser Welt ist dir gleich. 8Sie sind allesamt dumm und ohne Verstand. Was können sie von Holzfiguren schon lernen? 9Sie holen Silber aus Tarsis und Gold aus Ufas; der Bildhauer und der Goldschmied fertigen die Figur an. Dann bekommt sie ein Gewand aus blauem und violettem Purpurstoff. Ja, diese Götter werden von Kunsthandwerkern hergestellt!

10Der Herr aber ist der wahre und lebendige Gott, der ewige König. Wenn er zornig wird, dann bebt die Erde, kein Volk kann seinen Zorn ertragen.

11Sagt den Völkern: Diese Götter, die Himmel und Erde nicht erschaffen haben, *sie werden aus dem* Himmel und von der Erde verschwinden. 12Der Herr aber hat die Erde durch seine Macht geschaffen. In seiner großen Weisheit hat er ihr Fundament gelegt und den Himmel ausgebreitet. 13Wenn er es befiehlt, tosen die Wassermassen oben am Himmel; er lässt die Wolken aufsteigen vom Horizont. Er sendet Blitz und Regen und schickt den Wind aus seinen Kammern auf die Reise. 14Davor muss jeder Mensch verstummen! Dumm ist er gegenüber Gottes großer Weisheit. Und die Goldschmiede müssen sich schämen über ihre Götterfiguren, denn sie sind blanker Betrug, kein Leben ist in ihnen. 15Eine Täuschung sind sie und verdienen nichts als Spott! Wenn Gott sein Urteil spricht, ist es aus mit ihnen. 16Der Gott Jakobs ist mächtiger als diese Götter, er hat das Weltall geschaffen und Israel als Volk erwählt, das ihm allein gehört. »Herr der ganzen Welt« wird er genannt.

Jerusalems Wunden heilen nicht mehr

17Ihr Einwohner von Jerusalem, die Stadt ist belagert! Rafft euer Hab und Gut zusammen! 18Denn so spricht der Herr: »Es ist so weit! Diesmal werde ich die Bewohner aus dem Land fortjagen und in große Bedrängnis bringen: Ihre Feinde werden sie überwältigen.

19›Ich bin verloren‹, schreit Jerusalem, ›ich bin schwer verletzt, meine Wunden heilen nicht mehr! Dabei hatte ich gedacht: Es ist nur eine leichte Krankheit, die ich gut ertragen kann. 20Doch nun ist mein Zelt zerstört, die Seile sind zerrissen. Meine Kinder sind fortgegangen, keins von ihnen ist mehr bei mir. Niemand baut mein Zelt wieder auf und spannt die Decken darüber. 21Unsere Hirten sind ohne Verstand – sie dienen nicht mehr dem Herrn. Kein Wunder, dass ihnen nichts mehr gelingt und ihre ganze Herde verstreut ist.

22Da! Der Feind rückt aus dem Norden an, man hört schon den Lärm! Er wird die Städte Judas zu Ruinen machen, in denen die Schakale hausen.‹«

10,1–16 Jes 44,9–20* **10,5** Ps 115,5–7 **10,6** Ps 86,8 **10,7** Ps 47,6–10 **10,10** Ps 18,8 **10,12–16** 51,15–19 **10,12** Ps 121,2 **10,13** Hiob 38,34–38 **10,16** 1 Mo 1,1; 2 Mo 19,5–6* **10,19** 14,19 **10,21** 23,1–2; Hes 34,1–6 **10,22** 1,13–15*

23 Herr, ich habe erkannt: Das Leben
eines Menschen liegt nicht in seiner
Hand. Niemand kann seine Schritte nach
eigenem Plan lenken. 24 Strafe uns, o
Herr, aber geh nicht zu hart mit uns ins
Gericht! Lass deinen Zorn nicht an uns
aus, denn dann wären wir verloren!
25 Gieß deinen Zorn aus über die Völker,
die dich nicht anerkennen und dich nicht
verehren. Denn sie haben dein Volk vernichtet, es völlig ausgerottet und seine
Heimat verwüstet!

Das Volk hat den Bund mit Gott gebrochen

11 1/2 Der Herr sprach zu mir und befahl mir, den Bewohnern von Jerusalem und ganz Juda zu sagen: »Erinnert
euch doch an meinen Bund mit euch!
3 Mein Fluch wird jeden treffen, der sich
nicht an seine Bestimmungen hält! Darauf gebe ich, der Herr, der Gott Israels,
mein Wort!

4 Ich habe diesen Bund mit euren Vorfahren geschlossen, als ich sie aus Ägypten herausholte wie aus dem Feuer eines
Schmelzofens. Damals sagte ich: ›Hört
auf mich, lebt nach meinen Geboten –
dann seid ihr mein Volk, und ich bin euer
Gott! 5 Dann werde ich mich auch an den
Eid halten, den ich euren Vorfahren geschworen habe.‹ Ich versprach ihnen ein
Land, wo Milch und Honig fließen – es ist
das Land, das ihr heute besitzt.«

Ich sagte: »Ja, Herr, ich werde deine
Botschaft verkünden.«

6 Dann befahl mir der Herr: »Geh in
alle Städte Judas, geh auf die Straßen Jerusalems und verkünde den Menschen
dort: Denkt an meinen Bund mit euch,
und haltet euch daran! 7 Seit ich eure Vorfahren aus Ägypten führte, habe ich euch
immer wieder ermahnt, nach meinen
Weisungen zu leben. 8 Aber schon eure
Vorfahren haben mir nicht gehorcht, ja,
sie haben mir nicht einmal zugehört. Sie
taten das, wozu ihr eigensinniges, böses
Herz sie trieb, und hielten sich nicht an
meine Gebote. Darum ließ ich all die Flüche über sie kommen, die ich ihnen damals schon angedroht hatte, als ich den
Bund mit ihnen schloss.«

9 Weiter sagte mir der Herr: »Die Bewohner von Jerusalem und ganz Juda haben sich gegen mich verschworen. 10 Sie
begehen dieselben Sünden wie ihre Vorfahren, die sich damals weigerten, meine
Weisungen zu beachten, und anderen
Göttern nachliefen. Das Volk von Israel
und von Juda hat den Bund gebrochen,
den ich mit ihren Vorfahren schloss.

11 Darum werde ich, der Herr, Unheil
über sie bringen, dem sie nicht entrinnen
können. Und wenn sie zu mir um Hilfe
schreien, höre ich nicht darauf. 12 Dann
werden die Bewohner von Jerusalem
und ganz Juda ihre Götter anflehen, denen sie Opfer bringen, aber die werden
sie nicht retten können. 13 Jede Stadt hat
doch ihren eigenen Gott, und in Jerusalem steht an jeder Straßenecke ein Altar
für den abscheulichen Götzen Baal!
14 Und du, Jeremia, bete nicht für dieses
Volk! Fleh nicht zu mir um Gnade, bestürme mich nicht mehr mit Bitten. Wenn
das Unheil sie trifft und sie zu mir schreien, werde ich sie nicht erhören.

15 Mein geliebtes Volk tut, was ich
verabscheue. Was habt ihr da noch in
meinem Tempel zu suchen? Meint ihr,
der Strafe zu entgehen, nur weil ihr mir
geweihtes Opferfleisch bringt? Eure Machenschaften gefallen euch doch nach
wie vor!«

16 Früher wart ihr für den Herrn wie ein
grünender Ölbaum, der herrliche Früchte
bringt. Doch nun höre ich Feuer prasseln:
Der Herr hat den Baum angezündet, die
Zweige bersten. 17 Ja, der Herr, der allmächtige Gott, hat dich gepflanzt, Israel
und Juda, doch nun hat er deinen Untergang beschlossen. Denn du hast seinen
Zorn herausgefordert, weil du getan hast,
was er verabscheut: Du brachtest dem
Gott Baal Räucheropfer dar.

10,23 Spr 16,9 **10,24** Ps 38,2 **10,25** Ps 79,5–7 **11,3** 5 Mo 27,26 **11,4** 2 Mo 19,5–6* **11,5** 4 Mo 13,27* **11,7–8** 7,24–25 **11,11** Ps 18,42; Jes 1,15; Hes 8,18 **11,12–13** 2,28 **11,14** 7,16

Jeremia in Lebensgefahr

18 Der Herr sagte mir, dass meine Feinde
mich umbringen wollten. Vorher hatte
ich nicht damit gerechnet, 19 ich war
ahnungslos wie ein Lamm, das zum
Schlachten geführt wird; ich wusste
nichts von ihren Plänen. Sie beschlossen:
»Wir hauen diesen Baum um, solange er
noch in voller Blüte steht. Wir lassen die-
sen Mann vom Erdboden verschwinden,
dann wird keiner mehr an ihn denken.«
20 Da betete ich: »Herr, allmächtiger
Gott! Du bist ein gerechter Richter, du
kennst jeden Menschen ganz genau. Lass
mich mit eigenen Augen sehen, wie du
sie für ihre Bosheit bestrafst! Dir habe
ich meinen Fall anvertraut.
21/22 Die Leute von Anatot trachten mir
nach dem Leben. ›Hör auf, im Namen
des Herrn zu weissagen‹, drohen sie,
›sonst bringen wir dich um!‹« Doch der
Herr, der allmächtige Gott, sprach zu
mir: »Ich werde sie dafür strafen! Ihre
jungen Männer werden im Krieg fallen
und die Kinder verhungern. 23 Keiner
von ihnen wird überleben. Wenn die Zeit
gekommen ist, bringe ich Unheil über die
Leute von Anatot.«

Warum geht es den Gottlosen so gut?

12
Herr, wenn ich dich anklagte,
dann würdest du am Ende ja doch
Recht behalten. Trotzdem will ich mit dir
über deine Gerechtigkeit reden: Warum
geht es den Menschen, die dich missach-
ten, so gut? Warum leben alle, die dir un-
treu sind, in Ruhe und Frieden? 2 Du hast
sie eingepflanzt, und sie haben Wurzeln
geschlagen; sie wachsen und bringen
Frucht. Ständig führen sie deinen Namen
im Mund, aber ihr Herz ist weit von dir
entfernt. 3 Herr, du kennst mich ganz ge-
nau, du siehst mich und weißt, dass mein
Herz dir gehört. Herr, lass diese Men-
schen sterben wie Schafe, die geschlach-
tet werden! Sie dürfen dem Todesurteil
nicht entgehen!
4 Wie lange soll die Dürre in unserem
Land noch dauern? Das Gras ist längst
vertrocknet, das Vieh ist verendet, und
die Vögel sind fortgezogen. Dies alles ge-
schah wegen der Bosheit der Menschen.
Sie sagen: »Gott sieht doch gar nicht, was
wir tun.«
5 Gott sprach zu mir: »Wenn du schon
mit Fußgängern kaum Schritt halten
kannst, wie willst du dann mit Pferden
um die Wette laufen? Und wenn du dich
nur im friedlichen Land sicher fühlst, was
willst du dann erst im gefährlichen Di-
ckicht am Jordan tun? 6 Denn sogar deine
Brüder und andere Verwandte haben
dich betrogen und verleumden dich hin-
ter deinem Rücken. Trau ihnen nicht,
selbst wenn sie freundlich mit dir reden!«

Gott klagt über sein Land

7 »Ich habe Israel aufgegeben; das Volk,
das ich liebte, habe ich verstoßen und es
seinen Feinden ausgeliefert. 8 Mein eige-
nes Volk hat sich gegen mich gewandt, es
führte sich auf wie ein brüllender Löwe,
darum hasse ich es! 9 Nun sind sie wie ein
bunter Vogel, über dem Raubvögel krei-
sen und auf ihn herabstoßen. Auf, bringt
alle wilden Tiere her, damit sie mein
Volk fressen! 10 Viele fremde Hirten sind
durch meinen Weinberg gezogen und ha-
ben ihn zerstört, meine Felder haben sie
zertrampelt und meinen schönen Acker
zur Einöde gemacht. 11 Ja, das ganze Land
ist verwüstet; kahl und einsam liegt es da
vor meinen Augen. Es ist zur Einöde
geworden, aber niemand kümmert sich
darum.
12 Über die kahlen Hügel in der Wüste
rücken die Eroberer heran. Denn ich, der
Herr, habe einen Krieg ausbrechen las-
sen, der die Bewohner des ganzen Lan-
des ausrottet; niemand bleibt davon ver-
schont.
13 Dieses Volk hat Weizen gesät, aber

11,19 Jes 53,7 **11,20** 15,15; 17,18 **11,21–22** 1,1; Am 2,12* **12,1** Hiob 21,7–15 **12,2** Jes 29,13
12,4 14,1–6; 23,10 **12,6** 9,3 **12,10** 6,3; Jes 5,1–7*

Dornen geerntet. Alle Mühe war umsonst: Sie konnten sich nicht über die Ernte freuen – mein glühender Zorn hat alles vernichtet.«

Gottes Botschaft für die Nachbarvölker

14 So spricht der Herr: »Die Nachbarvölker, die das Land zerstören, das ich meinem Volk Israel gegeben habe, werde ich aus ihrer Heimat fortjagen, ebenso wie das Volk von Juda. 15 Aber nachdem ich sie vertrieben habe, werde ich mit ihnen Erbarmen haben und jedes Volk wieder in sein Land und in seine Heimat zurückbringen. 16 Und wenn diese Völker den Glauben der Israeliten von ganzem Herzen annehmen, wenn sie in meinem Namen schwören: ›So wahr der Herr lebt!‹, wie sie früher Israel gelehrt haben, im Namen Baals zu schwören, dann dürfen sie mitten unter meinem Volk wohnen. 17 Wenn aber ein Volk nicht auf mich hören will, reiße ich es mitsamt der Wurzel aus und lasse es zugrunde gehen. Darauf gebe ich, der Herr, mein Wort.«

Der verrottete Gürtel

13 Der Herr sprach zu mir: »Kauf dir einen Gürtel aus Leinen, binde ihn dir um und sorg dafür, dass er nicht nass wird!« 2 Ich kaufte einen Gürtel und legte ihn an. 3 Da gab mir der Herr einen neuen Auftrag: 4 »Geh mit deinem neuen Gürtel an den Euphrat, und versteck ihn dort in einer Felsspalte!« 5 Ich tat, was der Herr mir gesagt hatte, ging zum Euphrat und versteckte den Gürtel dort. 6 Nach langer Zeit sprach der Herr zu mir: »Geh wieder an den Euphrat, und hol den Gürtel, den du auf meinen Befehl dort versteckt hast!« 7 Da wanderte ich wieder zum Euphrat und holte den Gürtel aus seinem Versteck hervor. Er war verrottet und zu nichts mehr zu gebrauchen.

8 Der Herr sprach zu mir: 9 »Genauso werde ich den Hochmut der Bewohner von Jerusalem und ganz Juda zunichte machen. 10 Sie sind ein boshaftes Volk, das sich weigert, auf mich zu hören, und tut, wozu sein Eigensinn es treibt. Anderen Göttern laufen sie nach, dienen ihnen und beten sie an – darum werden sie diesem Gürtel gleichen, der zu nichts mehr zu gebrauchen ist! 11 Wie sich ein Mann seinen Gürtel umlegt, so wollte ich, der Herr, mich mit Israel und Juda schmücken. Mein Volk sollten sie sein, meinen Namen bekannt machen, mir Lob und Ehre bringen – doch sie haben mir nicht gehorcht!«

Die Weinkrüge sind voll

12 »Sag ihnen: So spricht der Herr, der Gott Israels: Weinkrüge müssen voll sein. Wenn sie dir entgegnen: ›Wer weiß das nicht, dass Weinkrüge voll sein müssen?‹, 13 dann antworte: Der Herr kündigt euch an: Die Bewohner dieses Landes, die Könige, die Davids Nachfolger sind, die Priester und Propheten, ja, alle Einwohner von Jerusalem – sie sind die Krüge, und ich werde sie mit Wein füllen, bis sie betrunken sind! 14 Und dann schlage ich sie gegeneinander, so dass einer am anderen zerbricht, die Väter und die Söhne. Ich werde kein Mitleid mit ihnen haben und sie nicht schonen, sondern sie erbarmungslos zerschmettern. Darauf gebe ich, der Herr, mein Wort.«

Die Schrecken der Gefangenschaft

15 Der Herr hat zu euch gesprochen, seid nicht überheblich, sondern hört genau zu, und nehmt es euch zu Herzen! 16 Ehrt den Herrn, euren Gott, bevor er die Nacht hereinbrechen lässt und ihr in der Dämmerung auf den Hügeln umherstolpert, ehe er das Licht, auf das ihr wartet, in tiefe Nacht und hoffnungslose Dunkelheit verwandelt. 17 Doch wenn ihr seine Warnungen in den Wind schlagt, werde ich

---

12,14 10,25 **12,16** 3,17 **13,11** 33,9 **13,13** 25,27; Jes 29,9–10; Hes 23,31–34 **13,16** Jes 59,9; Am 8,9 **13,17** 8,23

heimlich über euren Hochmut weinen;
dann kann ich meine Tränen nicht mehr
zurückhalten, weil Gottes Volk, seine
Herde, in die Gefangenschaft getrieben
wird.
[18] Der Herr sagt: »Richtet dem König
und seiner Mutter aus: Steigt herab vom
Thron, und setzt euch auf den Boden,
denn die Zeit eurer glanzvollen Herr-
schaft ist vorbei! [19] Die Städte im Süden
Judas werden belagert, und niemand
kann zu ihnen durchkommen. Ganz Juda
wird in die Gefangenschaft verschleppt.
[20] Jerusalem, siehst du, wie deine Fein-
de von Norden her kommen? Was soll
nun aus deiner Herde werden, die du be-
schützen solltest und auf die du so stolz
warst? [21] Was wirst du sagen, wenn ich
die als Herren über dich einsetze, die du
für deine Freunde hieltest? Schmerzen
werden dich überfallen wie die Wehen
eine schwangere Frau. [22] Und wenn du
dich dann fragst: ›Warum trifft mich die-
ses Unheil?‹, dann sollst du wissen: We-
gen deiner unzähligen Sünden reißt man
dir jetzt dein Kleid hoch und vergewaltigt
dich.
[23] Ich, der Herr, sage dir: Kann ein
Schwarzer etwa seine Hautfarbe wech-
seln oder ein Leopard sein geflecktes
Fell? Genauso wenig kannst du Gutes
tun, die du ans Böse gewöhnt bist! [24] Zer-
streuen werde ich deine Einwohner wie
Spreu im Wüstenwind!
[25] Dieses Los erwartet dich, das ist der
gerechte Lohn, den ich dir gebe, weil du
mich vergessen und falschen Göttern ge-
glaubt hast. [26] Darum werde auch ich dir
jetzt das Kleid hochreißen, hoch bis über
dein Gesicht, damit alle dich nackt sehen.
[27] Dein ständiges Ehebrechen, dein auf-
reizendes Lachen und deine schamlose
Hurerei: Das alles ist mir nicht entgan-
gen! Auf den Hügeln und Feldern hast
du abscheuliche Götzen verehrt. Ich war-
ne dich, Jerusalem! Du willst nicht damit
aufhören – wie lange soll es noch so wei-
tergehen?«

Die große Dürre

14 Der Herr sprach zu Jeremia wäh-
rend der großen Dürre:
[2] »Das Land Juda trauert, seine Städte
leiden Not, verzweifelt sitzen die Men-
schen auf der Erde, und in Jerusalem hört
man lautes Klagen. [3] Die Reichen schi-
cken ihre Diener los, um Wasser zu ho-
len. Sie gehen zu den Zisternen, aber alle
sind ausgetrocknet. Mit leeren Krügen
kehren sie zurück, enttäuscht und traurig
verhüllen sie ihr Gesicht. [4] Und auch die
Bauern verhüllen ihr Gesicht in Trauer;
der Boden zeigt tiefe Risse, weil der Re-
gen so lange ausbleibt. [5] Die Hirschkuh
verlässt ihr Junges gleich nach der Ge-
burt, weil sie kein Futter findet. [6] Die
Wildesel stehen auf den kahlen Höhen,
sie schnappen nach Luft wie Schakale
und verenden, weil nirgendwo mehr Gras
wächst.«
[7] Herr, unsere Sünden klagen uns an,
doch hilf uns und mach deinem Namen
Ehre! Wir haben dir oft die Treue gebro-
chen, gegen dich haben wir gesündigt.
[8] Du bist Israels einzige Hoffnung, sein
Retter in Zeiten der Not. Warum verhältst
du dich wie ein Fremder bei uns im Land,
wie ein Wanderer, der nur für eine Nacht
bleibt? [9] Warum bist du wie ein Soldat, der
überwältigt wurde und niemandem mehr
helfen kann? Du wohnst doch mitten un-
ter uns! Wir tragen deinen Namen. Herr,
verlass uns nicht!

Bete nicht mehr für dieses Volk!

[10] Aber der Herr antwortete mir: »Dieses
Volk liebt es, mir davonzulaufen, sie wol-
len einfach nicht bei mir bleiben. Darum
finde ich kein Gefallen mehr an ihnen,
ich verschone sie nicht mehr, sondern zie-
he sie für ihre Sünden zur Rechenschaft.«
[11] Und weiter sprach der Herr zu mir: »Je-
remia, bete nicht mehr für das Wohl die-
ses Volkes! [12] Wenn sie auch fasten und
mich um Gnade anflehen, werde ich sie

13,18 2 Kön 24,10–16 **13,20** 1,13–15* **13,21** 2 Kön 20,12–13 **13,23** 17,1 **13,25** 2,13 **13,27** 2,20
14,1 12,4 **14,3–4** 2 Sam 15,30 **14,7** Dan 9,4–9 **14,8** 17,13 **14,11** 7,16 **14,12** 6,20; 7,21–22

doch nicht erhören. Wenn sie mir Brand-
und Speiseopfer bringen, nehme ich ihre
Opfer nicht an; nein, ich werde sie aus-
löschen durch Kriege, Hungersnot und
Seuchen.«
13 »Aber Herr«, erwiderte ich, »die Pro-
pheten reden ihnen ein: ›Ihr werdet kei-
nen Krieg und keine Hungersnot erle-
ben. Der Herr wird unserem Land
bleibenden Frieden geben.‹«
14 Doch der Herr sprach zu mir: »Was
diese Propheten in meinem Namen ver-
künden, ist nichts als Lüge! Ich habe sie
weder beauftragt noch gesandt, kein
Wort habe ich mit ihnen geredet! Erloge-
ne Visionen geben sie euch weiter, trüge-
rische Wahrsagerei und ihre eigenen
Wunschgedanken. 15 Das sage ich, der
Herr, über diese Propheten, die in mei-
nem Namen auftreten: Ich habe sie nicht
gesandt, und doch behaupten sie: ›Weder
Krieg noch Hungersnot wird dieses Land
je treffen!‹ Genau diese Propheten wer-
den im Krieg umkommen oder vor Hun-
ger sterben! 16 Und die Menschen, denen
sie geweissagt haben, werden auf den
Straßen von Jerusalem liegen, verhungert
oder vom Schwert durchbohrt: Männer,
Frauen und Kinder, niemand wird sie be-
graben. Ihre Bosheit werde ich ihnen
reichlich vergelten.«

Herr, vergib uns, wir haben gesündigt!

17 Der Herr befahl mir: »Verheimliche
ihnen deine Trauer nicht! Sag ihnen: ›Ich
weine hemmungslos, meine Tränen flie-
ßen Tag und Nacht. Denn mein Volk ist
schwer verwundet, zerschlagen liegt es
am Boden. 18 Wenn ich hinaus aufs Land
gehe, sehe ich die Leichen daliegen –
vom Schwert durchbohrt; gehe ich zu-
rück in die Stadt, sehe ich verhungernde
Menschen. Die Priester und Propheten
werden in ein Land verschleppt, das sie
nicht einmal kennen.‹«
19 Herr, hast du Juda aufgegeben?
Verabscheust du Jerusalem, die Stadt
auf dem Berg Zion? Warum hast du
uns so verwundet, dass wir nicht mehr
gesund werden? Wir hofften, alles wer-
de wieder gut – doch vergeblich! Wir
dachten, die Wunden unseres Volkes
würden heilen – aber wir erleben nichts
als Schrecken!
20 Herr, gegen dich haben wir gesün-
digt, wir bekennen dir unsere Schuld
und die Schuld unserer Vorfahren.
21 Herr, verstoß uns jetzt nicht, es geht
doch um deine Ehre! Gib den Tempel,
deinen herrlichen Thron, nicht dem Ge-
spött preis! Denk an den Bund, den du
mit uns geschlossen hast, und brich ihn
nicht! 22 Kein Götze der Heiden kann
uns helfen, keiner kann Regen bringen,
und auch der Himmel gibt den Regen
nicht von selbst. Nein, du bist es, Herr,
unser Gott! Du hast alles geschaffen. Da-
rum hoffen wir auf dich!

Zu spät!

15 Der Herr sprach zu mir: »Selbst
wenn Mose und Samuel jetzt vor
mir stünden und um Gnade flehten, wür-
de ich sie nicht erhören. Ich habe kein
Herz mehr für dieses Volk! Vertreib sie
aus meiner Nähe, fort mit ihnen! 2 Und
wenn sie dich fragen: ›Wohin sollen wir
gehen?‹, dann antworte: So spricht der
Herr: Wer für die Pest bestimmt ist, der
sterbe an der Pest![a] Wer für das Schwert
bestimmt ist, der sterbe durchs Schwert!
Wer für den Hungertod bestimmt ist, der
sterbe an Hunger, und wer für die Gefan-
genschaft bestimmt ist, der ziehe in die
Gefangenschaft! 3 Mit vierfachem Ver-
derben will ich sie strafen: mit dem
Schwert, das die Menschen umbringt,
mit Hunden, die die Leichen fortzerren,
mit wilden Tieren und Raubvögeln, die
den Rest fressen, bis nichts mehr übrig
ist. Darauf gebe ich, der Herr, mein

---

a Wörtlich: Wer für den Tod bestimmt ist, der soll sterben.

14,13 6,14; 28,1–4 **14,14** 23,21–22; 27,15 **14,17** 8,23 **14,19** 8,15 **14,21** 17,12 **14,22** Hiob 38,34–38 **15,1** 2 Mo 32,11; 1 Sam 7,9; Ps 99,6; Hes 14,14.20 **15,2** 43,11; Hes 5,2.12 **15,3** Hes 14,21

Wort! 4 Ich mache sie zum Bild des Schre-
ckens für alle anderen Königreiche, weil
Manasse, der Sohn Hiskias, damals gegen
mich gesündigt hat, als er König von Juda
in Jerusalem war.
5 Jerusalem, wer wird Mitleid mit dir
haben und mit dir trauern? Wer wird dich
besuchen, um zu fragen, wie es dir geht?
6 Mich, deinen Herrn, hast du abgelehnt
und mir den Rücken gekehrt. Darum er-
hebe ich meine Hand, um dich nieder-
zuschlagen. Ich bin es müde, Erbarmen
mit dir zu haben.
7 Mein Volk, aus den Städten des Lan-
des werde ich euch hinauswerfen wie ei-
ner, der mit der Schaufel das Getreide in
die Luft wirft, damit der Wind Spreu und
Weizen trennt. Ich werde euch eurer Kin-
der berauben und euch vernichten, weil
ihr von euren falschen Wegen nicht um-
kehren wollt. 8 Es wird bei euch mehr
Witwen geben als Sand am Meer. Über
die Mütter der Soldaten lasse ich am hel-
len Tag Tod und Verderben kommen,
plötzlich werden sie von Angst und
Schrecken überwältigt. 9 Eine Mutter,
die sieben Kinder hatte, wird vom Kum-
mer verzehrt. Ihr ist nichts mehr geblie-
ben, woran sie sich freuen könnte. Jede
Hoffnung hat sie verloren, und an diesem
Schmerz ist sie zerbrochen. Wer noch üb-
rig bleibt, den liefere ich dem Schwert
des Feindes aus. Darauf könnt ihr euch
verlassen!«

Jeremia leidet unter seiner Aufgabe

10 Ich unglücklicher Mensch! Warum bin
ich überhaupt geboren? Jeder im Land
streitet mit mir und bekämpft mich. Ich
habe niemals Geld gegen Wucherzinsen
verliehen und schulde niemandem etwas.
Trotzdem verfluchen mich alle! 11 Da ant-
wortete der Herr: »Ich werde dich be-
wahren und dafür sorgen, dass alles für
dich ein gutes Ende nimmt. Das verspre-
che ich dir. Deine Verfolger werden in
Not und Bedrängnis geraten und dich an-
flehen.
12 Denn es wird ein mächtiger Feind aus
dem Norden kommen, unüberwindlich
wie eine Mauer aus Eisen und Bronze.[a]
13 Den Besitz und die Schätze dieses Vol-
kes gebe ich zur Plünderung frei wegen
ihrer Sünden, die sie im ganzen Land be-
gangen haben. 14 Sie werden ihren Fein-
den dienen müssen in einem fremden
Land. Denn mein Zorn ist wie ein Feuer,
das sie verbrennt.«
15 Herr, du siehst doch alles! Denk an
mich, und setz dich für mich ein! Lass mei-
ne Feinde ihre gerechte Strafe bekom-
men. Halte deinen Zorn gegen sie nicht
länger zurück, sonst komme ich noch um!
Du weißt doch, dass sie mich deinetwegen
beschimpfen. 16 Immer wenn du mit mir
sprachst, nahm ich deine Worte mit gro-
ßem Verlangen auf. Ja, dein Wort ist mei-
ne Freude und mein Glück, denn ich ge-
höre dir, Herr, allmächtiger Gott. 17 Nie
saß ich fröhlich mit anderen Menschen
zusammen, ich konnte nicht mit ihnen la-
chen. Nein, einsam war ich, weil deine
Hand auf mir lag; dein Zorn über dieses
Volk hatte auch mich gepackt. 18 Warum
hören meine Schmerzen nicht auf? Wa-
rum wollen meine Wunden nicht heilen?
Du hast mich enttäuscht, du bist wie ein
Bach, der versiegt.
19 Da antwortete der Herr: »Kehr um
zu mir, dann nehme ich dich wieder in
meinen Dienst. Wenn du nicht leichtfer-
tig daherredest, sondern das sagst, was
Wert hat, wirst du mein Bote bleiben.
Das Volk soll wieder auf dich hören, du
aber höre nicht auf sie! 20 Ich werde dich
ihnen gegenüber stark machen wie eine
Mauer aus Bronzeplatten. Sie werden
dich bekämpfen – doch ohne Erfolg,
denn ich bin bei dir und werde dich retten
und bewahren. Ich, der Herr, verspreche
es dir. 21 Aus der Hand boshafter und ge-

---

[a] Wörtlich: Kann man Eisen durchbrechen, Eisen aus dem Norden, oder Bronze?

15,4 2 Kön 21,1–16; 24,3–4 **15,7** Mt 3,12 **15,10** 11,21–22; Hiob 3,1 **15,11** 1,8 **15,12** 1,13–15* **15,15** 17,18 **15,16** Ps 119,111 **15,17** 16,8; Ps 69,9* **15,18** Hiob 6,15–20 **15,20** 1,8.18 **15,21** 26,24; 36,26; 38,10–13

walttätiger Menschen werde ich dich be-
freien.«

Niemand wird um euch trauern!

16 Der Herr sprach zu mir: 2»In
einem Land wie diesem sollst du
nicht heiraten und keine Kinder haben!
3Denn höre, was ich über die Kinder sa-
ge, die hier geboren werden, und über
ihre Mütter und Väter: 4An unheilbaren
Krankheiten werden sie alle sterben, nie-
mand wird um sie trauern und sie begra-
ben – sie bleiben wie Dünger auf der
Erde liegen. Durch Krieg und Hunger
kommen sie um, Aasgeier und wilde Tie-
re werden ihre Leichen fressen.
5Ich, der Herr, sage dir: Betritt kein
Trauerhaus, sprich niemandem dein Bei-
leid aus, trauere nicht mit ihnen, denn ich
werde diesem Volk keinen Frieden mehr
geben und nicht mehr gnädig und barm-
herzig mit ihnen umgehen. 6Reiche und
Arme werden hier sterben, doch nie-
mand wird sie begraben, keiner wird sich
aus Trauer um sie die Haut einritzen oder
den Kopf kahl scheren. 7Und wenn je-
mand Vater oder Mutter verloren hat, so
wird man nicht einmal mit ihm essen und
trinken, um ihn zu trösten. 8Betritt auch
kein Haus, in dem ein Fest gefeiert wird,
setz dich nicht zu den Gästen, um mit
ihnen zu essen und zu trinken! 9Denn ich,
der Herr, der allmächtige Gott Israels,
sage: Ich bereite allem Jubel und aller
Freude ein Ende, es wird auch keine fröh-
lichen Hochzeitsfeiern mehr geben.
Noch zu euren Lebzeiten und vor euren
Augen wird das geschehen!
10Wenn du ihnen dies verkündigt hast,
werden sie fragen: ›Warum spricht der
Herr dieses harte Urteil über uns? Was
haben wir getan? Womit haben wir gegen
den Herrn, unseren Gott, gesündigt?‹
11Dann antworte: Schon eure Vorfahren
haben mich, den Herrn, verlassen; ande-
ren Göttern liefen sie nach, sie dienten
ihnen und warfen sich vor ihnen nieder.
Von mir wollten sie nichts mehr wissen,
meine Weisungen schlugen sie in den
Wind. 12Und ihr treibt es noch schlimmer
als sie! Keiner von euch will auf mich hö-
ren, jeder tut, was sein böses und eigen-
sinniges Herz ihm eingibt. 13Darum jage
ich euch fort aus eurer Heimat in ein
Land, in dem weder ihr noch eure Vor-
fahren je gewesen seid. Dort müsst ihr
Tag und Nacht fremden Göttern dienen,
denn ich werde euch nicht mehr gnädig
sein.«

Israel und die anderen Völker werden den Herrn erkennen

14So spricht der Herr: »Es kommt der
Tag, an dem man beim Schwören nicht
mehr sagt: ›So wahr der Herr lebt, der
Israel aus Ägypten geführt hat‹, 15son-
dern: ›So wahr der Herr lebt, der Israel
aus dem Land im Norden zurückgebracht
hat und aus allen anderen Ländern, in die
er sie vertrieb.‹ Ja, ich werde sie wieder in
ihre Heimat bringen, in das Land, das ich
ihren Vorfahren geschenkt habe.
16Aber jetzt schicke ich, der Herr, viele
Fischer los, die mein Volk fangen sollen;
danach lasse ich viele Jäger kommen, da-
mit sie mein Volk auf allen Bergen und
Hügeln jagen und sie aus jedem Felsver-
steck hervorholen. 17Denn ich sehe alles,
was sie tun, sie können sich nicht vor mir
verbergen. Ihre ganze Schuld liegt offen
vor mir. 18Nun werde ich sie für ihre
schweren Sünden ohne Mitleid strafen,
denn sie haben mein Land mit ihren leb-
losen Götzenstatuen entweiht und über-
all ihre abscheulichen Figuren auf-
gestellt.«
19Herr, du bist meine Stärke und mein
Schutz! In der Bedrängnis fliehe ich zu
dir. Auch die fremden Völker aus aller
Welt werden zu dir kommen und beken-
nen: »Unsere Vorfahren dienten wert-
losen Götzen, die nicht helfen können

16,4 9,21; 14,16 **16,5** Hes 24,15–17 **16,6** 3 Mo 19,27–28 **16,7** Hes 24,22 **16,8** 15,17 **16,9** 7,34; 33,10–11 **16,12** 7,26 **16,14–15** 23,7–8; Jes 43,16–21 **16,16** Hes 12,13; Am 4,2; Hab 1,14–15 **16,17** 32,19; Hiob 34,21 **16,18** 3 Mo 18,24–28 **16,19–20** Jes 45,22–24*

und ein großer Betrug sind. 20 Kann ein
Mensch sich überhaupt selbst Götter ma-
chen? Sie können doch niemals echte
Götter sein!«
21 So spricht der Herr: »Diesmal lasse
ich die Völker meine Macht erfahren!
Ich führe ihnen meine Stärke vor Augen,
damit sie erkennen, dass ich allein der
Herr bin.«

Glücklich ist, wer mir vertraut

17 »Volk von Juda, eure Sünde ist tief
in euer Herz und auf die Ecken
eurer Altäre geschrieben. Unauslöschlich
ist sie eingraviert, wie von einem Eisen-
griffel mit Diamantenspitze. 2 Selbst eure
Kinder denken schon an die Opferaltäre
und an die Pfähle, die der Göttin Aschera
geweiht sind. Unter den dicht belaubten
Bäumen, auf den hohen Hügeln 3 und auf
den Bergen – überall habt ihr sie auf-
gestellt. Darum gebe ich euren Besitz
und eure Schätze den Feinden zur Plün-
derung preis,[a] ebenso all eure Opferstät-
ten, denn im ganzen Land habt ihr dort
gegen mich gesündigt.
4 Ich hatte euch dieses Land für immer
geschenkt; doch ihr werdet es wieder ver-
lieren, und daran seid ihr selbst schuld! In
einem Land, das ihr nicht kennt, werdet
ihr euren Feinden dienen müssen. Denn
ihr habt meinen Zorn herausgefordert, er
brennt wie ein unauslöschliches Feuer.
5 Ich, der Herr, sage: Mein Fluch lastet
auf dem, der sich von mir abwendet, sei-
ne Hoffnung auf Menschen setzt und nur
auf menschliche Kraft vertraut. 6 Er ist
wie ein Dornstrauch in der Wüste, der
vergeblich auf Regen wartet. Er steht in
einem dürren, unfruchtbaren Land, wo
niemand wohnt. 7 Doch ich segne jeden,
der mir ganz und gar vertraut. 8 Er ist wie
ein Baum, der nah am Bach steht und sei-
ne Wurzeln zum Wasser streckt: Die Hit-
ze fürchtet er nicht, denn seine Blätter
bleiben grün. Auch wenn ein trockenes
Jahr kommt, sorgt er sich nicht, sondern
trägt Jahr für Jahr Frucht.
9 Nichts ist so undurchschaubar wie das
menschliche Herz, es ist unheilbar krank.
Wer kann es ergründen? 10 Ich, der Herr,
durchschaue es; ich kenne jeden Men-
schen ganz genau und gebe ihm, was er
für seine Taten verdient.
11 Wer auf unehrliche Weise zu Reich-
tum gekommen ist, gleicht einem Vogel,
der Eier ausbrütet, die er nicht gelegt hat.
In der Mitte seines Lebens wird er seinen
Reichtum verlieren, und am Ende steht
er als Narr da!«
12 Unser Tempel ist der herrliche Thron
Gottes, seit jeher hoch erhaben. 13 Herr,
du bist die Hoffnung Israels! Wer dich
verlässt, der wird scheitern. Wer sich von
dir abwendet, dessen Name vergeht so
schnell wie ein Wort, das man in den
Sand schreibt. Denn er hat dich verlas-
sen, die Quelle mit frischem Wasser.

Herr, du hast mich berufen – hilf mir jetzt!

14 Heile du mich, Herr, dann werde ich
geheilt, hilf mir, dann ist mir geholfen!
Ich preise dich allein! 15 Immer wieder
fragen sie mich: »Wo bleibt das Unheil,
das der Herr uns angedroht hat? Soll es
doch eintreffen!« 16 Herr, du hast mich
zum Hirten deines Volkes berufen, und
diesem Auftrag bin ich nicht ausgewi-
chen. Ich habe ihnen nie den Untergang
gewünscht – das weißt du! Alles, was ich
verkündigt habe, ist dir bekannt. 17 Stürze
mich nicht in Angst und Schrecken! Bei
dir suche ich Zuflucht, wenn das Unheil
hereinbricht. 18 Bring Schande über mei-
ne Verfolger, aber nicht über mich! Sorg
dafür, dass sie das Entsetzen packt, doch
mich verschone! Lass den Tag des Un-
heils über sie hereinbrechen, sie sollen
vom Erdboden verschwinden!

---

[a] So mit einigen alten Übersetzungen. Der hebräische Text lautet: Unter den dicht belaubten Bäumen und auf den hohen Hügeln habt ihr sie aufgestellt. Meinen Berg im Land, euren Besitz und eure Schätze gebe ich der Plünderung preis.

17,1 2,22; 6,29; 13,23; 3 Mo 16,18–19 **17,5–8** Ps 118,8–9; 146,3; Spr 3,5–6; Jes 31,1–3 **17,7–8** Ps 1,3 **17,9–10** Ps 26,2* **17,11** Lk 12,20 **17,13** 2,13 **17,15** Jes 5,19; Hes 12,22; 2 Petr 3,4 **17,18** 11,18–20

Der Sabbat – ein heiliger Tag der Ruhe

19 Der Herr sprach zu mir: »Stell dich ans Volkstor, durch das die Könige von Juda ein- und ausziehen! Stell dich auch an die anderen Stadttore von Jerusalem 20 und ruf: Hört die Botschaft des Herrn, ihr Könige von Juda, ihr Bewohner von Jerusalem und ganz Juda, die ihr durch diese Tore geht!

21 So spricht der Herr: Wenn euch euer Leben lieb ist, dann hütet euch davor, am Sabbat irgendeine Last durch diese Tore hereinzutragen! 22 Tragt an diesem Tag nichts aus euren Häusern, verrichtet am Sabbat keine Arbeit, sondern ehrt ihn als heiligen Tag. So habe ich es euren Vorfahren befohlen, 23 aber sie gehorchten mir nicht, ja, sie hörten nicht einmal hin! Sie haben sich stur gestellt und wollten sich nichts sagen lassen.

24 Ich, der Herr, verspreche euch: Wenn ihr wirklich auf mich hört und am Sabbat keine Lasten durch die Tore dieser Stadt tragt, wenn ihr diesen Tag als heilig achtet und keine Arbeit verrichtet, 25 dann werden durch diese Tore weiterhin Könige einziehen, die Davids Nachfolger sind. Mit Pferden und Wagen werden sie in die Stadt kommen, begleitet von den führenden Männern und den Bewohnern Judas und Jerusalems. Dann wird diese Stadt für immer bewohnt bleiben. 26 Aus dem ganzen Land werden Menschen hierher kommen: aus den Städten von Juda und den Dörfern um Jerusalem, aus dem Gebiet von Benjamin, vom Hügelland an der Westküste, aus dem Bergland und vom Negev. Sie werden ihre Opfer zum Tempel bringen: Brand- und Schlachtopfer, Speiseopfer, Weihrauch und Dankopfer. 27 Wenn ihr aber mein Gebot nicht befolgt, wenn ihr den Sabbat nicht als heilig achtet, sondern Lasten durch die Stadttore Jerusalems hereintragt, dann werde ich in den Toren ein Feuer entfachen, das die Paläste der Stadt verzehrt. Keiner kann dieses Feuer löschen!«

Ich bin der Töpfer, ihr seid der Ton

18 Der Herr sprach zu mir: 2 »Geh hinab zum Haus des Töpfers, dort werde ich dir eine Botschaft geben!« 3 Ich ging dorthin und sah, wie der Töpfer gerade ein Gefäß auf der Scheibe drehte. 4 Doch es misslang ihm. Er nahm den Ton und formte ein neues Gefäß daraus, das ihm besser gefiel.

5 Da sprach der Herr zu mir: 6 »Volk Israel, kann ich mit euch nicht genauso umgehen wie dieser Töpfer mit dem Ton? Ihr seid in meiner Hand wie Ton in der Hand des Töpfers! 7 Wenn ich einem Volk oder Königreich androhe, es auszureißen und zu vernichten, 8 dieses Volk sich aber von seiner Bosheit abwendet, dann werde ich meinen Entschluss ändern – ich lasse das angedrohte Unheil nicht über sie hereinbrechen. 9 Doch wenn ich einem Volk oder Königreich zusage, es einzupflanzen und aufzubauen, 10 dieses Volk aber Böses tut und nicht auf mich hört, dann lasse ich das Gute, das ich vorausgesagt habe, nicht geschehen.

11 Verkünde den Bewohnern von Jerusalem und ganz Juda: So spricht der Herr: Ich lasse Unheil über euch hereinbrechen und plane Böses gegen euch. Kehrt um von euren falschen Wegen, jeder von euch soll sein Leben von Grund auf ändern. 12 Aber sie werden entgegnen: ›Spar dir die Worte! Wir machen, was wir wollen – und sei es noch so eigensinnig und böse!‹«

Schnell hat mein Volk mich vergessen!

13 So spricht der Herr: »Fragt doch die anderen Völker, ob es so etwas schon gegeben hat: Mein Volk Israel hat etwas Abscheuliches getan! 14 Taut jemals der Schnee auf den felsigen Gipfeln des Liba-

17,19–27 Neh 13,15–22 **17,21–22** 2 Mo 20,8–11* **17,24–27** 22,3–5 **18,6** Jes 45,9* **18,7–10** 1,10; Hes 33,13–16 **18,11** 7,3 **18,12** 2,25; 22,21 **18,13–15** 2,10–13

non? Hört das Wasser auf zu fließen, das
aus fernen Quellen kommt? 15 Mein Volk
aber hat mich vergessen! Sie bringen
Räucheropfer den Götzen dar, die ihnen
nicht helfen können, und das brachte sie
zu Fall. Nun gehen sie nicht mehr die gu-
ten Wege, die sie seit alter Zeit kennen.
Ihre Götter haben sie auf falsche und un-
gebahnte Wege geführt. 16 Darum wird
ihr Land für alle Zeiten zu einem Ort
des Grauens und zur Zielscheibe des
Spottes. Wer an ihm vorbeizieht, schüt-
telt entsetzt den Kopf. 17 Wenn der Feind
kommt, will ich mein Volk in alle Winde
zerstreuen, so wie ein Sturm aus dem Os-
ten den Staub davontreibt. Wenn das Un-
heil über sie hereinbricht, kehre ich
ihnen den Rücken und komme ihnen
nicht zu Hilfe.«

Herr, strafe meine Feinde!

18 Die Israeliten berieten sich untereinan-
der: »Wir müssen uns etwas einfallen las-
sen, um Jeremia loszuwerden! Es wird
immer ein Priester da sein, der uns im
Gesetz Gottes unterrichtet, wir werden
immer genug Berater haben und Prophe-
ten, die uns Gottes Botschaft verkünden.
Jeremia glauben wir nichts! Klagen wir
ihn doch mit seinen eigenen Worten an!«
19 Da betete ich: »Hilf mir, o Herr! Hör,
was meine Ankläger gegen mich vorbrin-
gen! 20 Sie vergelten mir Gutes mit Bö-
sem, eine Grube haben sie mir gegraben.
Denk daran, wie ich bei dir für sie einge-
standen bin und für sie gebetet habe, um
deinen Zorn von ihnen abzuwenden.
21 Lass ihre Kinder verhungern und sie
selbst durch das Schwert der Feinde um-
kommen! Die Frauen sollen ihre Kinder
verlieren und zu Witwen werden! Lass
die Männer den Tod finden, und die jun-
gen Soldaten sollen im Kampf nieder-
gemetzelt werden! 22 Lass Räuberbanden
plötzlich über sie herfallen, damit man
Schreie des Entsetzens in ihren Häusern
hört! Denn sie haben mir eine Grube ge-
graben und mir Fallen gestellt.
23 Herr, du kennst ihre finsteren Pläne
gegen mich und ihre Mordgedanken.
Vergib ihnen nicht ihre Schuld! Vergiss
nicht, was sie getan haben! Bring sie vor
deinen Augen zu Fall an dem Tag, wenn
dein Zorn sie trifft!«

Der zerschmetterte Krug

19 Der Herr befahl mir: »Kauf dir
beim Töpfer einen Tonkrug. Dann
nimm einige von den Ältesten des Volkes
und den Priestern mit, 2 und geh zum
Scherbentor hinaus ins Hinnomtal! Dort
sollst du verkünden, was ich dir sage!
3 Richte ihnen aus:
Hört die Botschaft des Herrn, ihr Kö-
nige von Juda und ihr Einwohner Jerusa-
lems! So spricht der Herr, der allmächti-
ge Gott Israels: Ich werde über diesen
Ort so großes Unheil bringen, dass keiner
es ertragen kann, davon zu hören. 4 Denn
die Bewohner haben mich verlassen und
diesen Ort ihren Götzen geweiht. Sie ver-
brennen Weihrauch für Götter, die weder
sie noch ihre Vorfahren, noch die Könige
von Juda gekannt haben. Dazu haben sie
dieses Tal mit dem Blut unschuldiger
Menschen getränkt. 5 Für den Gott Baal
haben sie Opferstätten errichtet, wo sie
ihm ihre Kinder verbrennen. Niemals ha-
be ich so etwas befohlen, nie davon ge-
sprochen, ja, nicht einmal daran gedacht!
6 Darum hört nun, was ich sage: Es
kommt die Zeit, in der man diesen Ort
nicht mehr Hinnomtal oder Tofet, son-
dern Mordtal nennen wird! 7 An diesem
Ort will ich die Pläne der Bewohner von
Juda und Jerusalem vereiteln. Ich lasse
sie ihren Todfeinden in die Hände fallen,
und die werden sie umbringen. Ihre Lei-
chen gebe ich den Geiern und Schakalen
zum Fraß. 8 Ich mache diese Stadt zu
einem Ort des Grauens und zur Ziel-
scheibe des Spotts. Wer an ihr vorüber-

18,16 29,18 **18,18** 2,8; 11,18–19 **18,20** 14,19–21 **19,3** 1 Sam 3,11; 2 Kön 21,12 **19,5** 7,31; 3 Mo 18,21* **19,8** 18,16

zieht, wird entsetzt sein und sie verachten. 9 Wenn ihre Todfeinde die Stadt belagern, wird die Hungersnot darin so groß, dass die Einwohner ihre Kinder und schließlich auch sich gegenseitig essen werden.

10 Nachdem du ihnen das angekündigt hast, sollst du den Tonkrug vor den Augen der Männer, die dich begleitet haben, zerschmettern 11 und sagen: So spricht der Herr, der allmächtige Gott: Ich will dieses Volk und diese Stadt zerschmettern wie den Tonkrug, den man nicht wiederherstellen kann. Man wird die Toten im Tofet begraben, weil anderswo der Platz fehlt. 12 Auch diese Stadt mache ich, der Herr, zu einem einzigen Leichenfeld! 13 Die Häuser in Jerusalem und die Paläste der Könige von Juda sollen dadurch unrein werden wie der Tofet: alle Häuser, auf deren Dächern man den Sternen Räucheropfer brachte und anderen Göttern Trankopfer ausgoss.«

14 Nachdem Jeremia im Tofet die Botschaft des Herrn verkündet hatte, ging er in die Stadt zurück. Er stellte sich in den Tempelvorhof und rief den Menschen dort zu: 15 »So spricht der allmächtige Herr, der Gott Israels: ›Ich werde über diese Stadt und über die anderen Städte Judas all das Unheil bringen, das ich ihnen angedroht habe. Denn ihr weigert euch hartnäckig, auf meine Worte zu hören!‹«

Jeremia wird misshandelt

20 Als der Priester Paschhur, der Sohn Immers, ein Oberaufseher im Tempel, diese Weissagungen Jeremias hörte, 2 ließ er ihn schlagen und in einen Raum im oberen Benjamintor bringen, das zum Tempelbezirk führte. Dort schloss er Jeremias Hände und Füße in einen Holzblock ein.

3 Am nächsten Morgen ließ Paschhur Jeremia wieder frei. Da sagte der Prophet zu ihm: »Der Herr nennt dich nicht mehr Paschhur, sondern Magor Missabib – ›Schrecken überall‹. 4 Denn so spricht der Herr: ›Ich mache dich zum Schrecken – für dich selbst und für all deine Freunde! Mit eigenen Augen wirst du sehen, wie sie durchs Schwert der Feinde umkommen. Ich liefere die Bewohner von ganz Juda dem König von Babylonien aus; er wird die einen in sein Land verschleppen und die anderen hinrichten lassen. 5 Den ganzen Reichtum dieser Stadt übergebe ich ihren Feinden: die wertvollen Gegenstände, den mühsam erworbenen Besitz und die Schätze der Könige von Juda. Alles wird geplündert und nach Babylon gebracht. 6 Dich, Paschhur, wird man samt deinen Hausbewohnern nach Babylonien in die Gefangenschaft führen. Dort wirst du sterben, und dort wird man dich begraben, dich und all deine Freunde, denen du hier falsche Prophetien verkündet hast!‹«

Herr, du hast den Kampf gewonnen!

7 Herr, du hast mich überredet, und ich habe mich überreden lassen! Du bist stärker als ich und hast den Kampf gewonnen. Und nun werde ich lächerlich gemacht – tagaus, tagein; alle verhöhnen mich! 8 Denn sooft ich das Wort ergreife, schreie ich: »Gewalt und Zerstörung erwarten euch!« Deine Botschaft bringt mir nichts als Hohn und Spott. 9 Wenn ich mir aber vornehme: »Ich will nicht mehr an den Herrn denken und nicht länger in seinem Namen reden«, dann brennt dein Wort in meinem Herzen wie ein Feuer, ja, es glüht tief in mir. Ich habe versucht, es zurückzuhalten, aber ich kann es nicht! 10 Ich höre viele hinter meinem Rücken tuscheln: »Von ihm hört man nichts als Schreckensmeldungen! Zeigt ihn an, wir wollen ihn verklagen!« Alle, denen ich vertraut habe, lauern darauf, wann ich zu Fall gebracht werde.

19,9 3 Mo 26,29* **19,11** Jes 30,14 **19,12–13** 8,1–2 **20,2** 29,26 **20,4** 2 Kön 25,11.18–21 **20,5** 2 Kön 25,13–17 **20,6** 28,15–16 **20,7** 1,4–8; Hiob 30,9–10 **20,9** Am 3,8; 1 Kor 9,16 **20,10** 18,18; Mk 3,2

»Vielleicht lässt er sich hereinlegen, dann
ist er in unserer Gewalt, und wir können
uns an ihm rächen!«, sagen sie.
11 Aber du, Herr, stehst mir bei wie ein
mächtiger Held! Darum werden meine
Feinde stürzen und nicht den Sieg davon-
tragen. Nein, es wird ihnen niemals gelin-
gen! Unvergesslich und groß wird ihre
Schande sein! 12 Herr, allmächtiger Gott,
du prüfst die Menschen, die dir dienen,
du kennst sie ganz genau. Lass mich mit
eigenen Augen sehen, wie du meine Fein-
de für ihre Bosheit bestrafst! Dir habe ich
meinen Fall anvertraut. 13 Singt für den
Herrn und lobt ihn! Denn er rettet den
Armen aus der Gewalt boshafter Men-
schen.

Warum nur bin ich geboren?

14 Verflucht sei der Tag, an dem ich gebo-
ren wurde; der Tag, an dem meine Mutter
mich zur Welt brachte, soll für immer ver-
gessen werden! 15 Verflucht sei der Mann,
der meinem Vater die frohe Nachricht
brachte: »Du hast einen Sohn bekom-
men!« 16 Es möge ihm ergehen wie den
Städten, die der Herr erbarmungslos ver-
nichtet hat! Schon am Morgen soll er
Schreckensschreie hören und am Mittag
Kriegsalarm! 17 Wäre ich doch im Mutter-
leib gestorben. Dann wäre meine Mutter
mein Grab geworden und für immer
schwanger geblieben! 18 Warum nur bin
ich geboren? Um ein Leben zu führen,
das mir nichts als Leid und Elend bringt?
Um jeden Tag nur Schimpf und Schande
zu ernten?

Die Babylonier werden Jerusalem erobern

21 1/2 *König* Zedekia sandte Paschhur,
den Sohn Malkijas, und den Pries-
ter Zefanja, den Sohn Maasejas, zu Jere-
mia. Sie sollten ihm mitteilen: »Nebukad-
nezar, der König von Babylonien, führt
Krieg gegen uns. Befrage doch den Herrn
und bitte ihn, ob er nicht ein Wunder für
uns tut wie schon so oft und Nebukadne-
zar zum Abzug zwingt!«
Da empfing Jeremia eine Botschaft
vom Herrn. 3 Er sagte zu den Männern,
sie sollten Zedekia ausrichten: 4 »So
spricht der Herr, der Gott Israels: ›Noch
kämpft ihr vor den Stadttoren gegen Ne-
bukadnezar und die Babylonier, die Jeru-
salem belagern. Doch ich werde euch
zwingen, euch in die Stadt zurückzuzie-
hen und die Waffen niederzulegen. 5 Ich
selbst werde erbarmungslos gegen euch
kämpfen mit meiner starken Hand und
aller Kraft, ihr werdet meinen Zorn in
seiner ganzen Schärfe zu spüren bekom-
men. 6 Ich werde alle ausrotten, die in die-
ser Stadt leben, Mensch und Tier! An
einer schweren Seuche sollen sie sterben.
7 König Zedekia von Juda werde ich in die
Gewalt des babylonischen Königs Nebu-
kadnezar geben, zusammen mit seinen
obersten Beamten und den Einwohnern
der Stadt, die von Seuchen, Hunger und
dem Schwert der Feinde verschont ge-
blieben sind. Ihren Todfeinden werden
sie in die Hände fallen. Nebukadnezar
wird sie allesamt hinrichten lassen, ohne
Gnade und Erbarmen. Darauf gebe ich,
der Herr, mein Wort.
8 Sag diesem Volk: So spricht der Herr:
Ihr habt die Wahl zwischen Leben und
Tod! 9 Wer in dieser Stadt bleibt, wird
entweder im Kampf fallen, verhungern
oder an einer Seuche sterben. Wer aber
die Stadt verlässt und sich den Babylo-
niern, die euch belagern, ergibt, wird we-
nigstens sein Leben retten.
10 Ich, der Herr, bin fest entschlossen,
diese Stadt nicht zu verschonen, sondern
sie ins Unglück zu stürzen. Der König
von Babylonien wird sie erobern und nie-
derbrennen lassen.‹«
11 Der Herr gab mir den Auftrag, dem
judäischen Königshaus eine Botschaft
auszurichten:
12 »Hört, was der Herr euch sagt, ihr
Nachkommen Davids: ›Sprecht jeden

20,12 Ps 59,5* **20,14** 15,10; Hiob 3,3–16; 10,18–19 **21,1–2** 52,3–5; 2 Kön 19,35–36 **21,5** 5 Mo 4,34* **21,7** 39,1–10 **21,8** 5 Mo 30,15 **21,9** 38,2 **21,12** 22,3; Ps 72,1–4.12–14

Tag gerechte Urteile! Helft den Menschen, die beraubt und unterdrückt werden! Doch wenn ihr weiterhin Böses tut, fordert ihr meinen Zorn heraus. Er brennt wie ein Feuer, das niemand löschen kann.

13 Jerusalem, du thronst auf dem Felsen hoch über dem Tal und sagst: Wer kann uns schon überfallen und in unsere Festung eindringen? – Doch nun greife ich dich an, ich, der Herr! 14 Du bekommst von mir den Lohn für deine Bosheit. Ich selbst lege Feuer an deine Häuser[a], die Flammen werden alles verzehren.«

Der Königspalast – ein Raub der Flammen

22 Der Herr befahl mir, in den Königspalast zu gehen 2 und zu sagen: »Höre, was der Herr dir verkündet, König von Juda, du Nachfolger Davids, dir, deinen obersten Beamten und deinem Volk, das durch diese Tore zum Palast hineingeht! 3 So spricht der Herr: ›Sorgt für Recht und Gerechtigkeit! Helft den Menschen, die beraubt und unterdrückt werden! Den Ausländern, Waisen und Witwen tut keine Gewalt an, und übervorteilt sie nicht! Hört auf, hier vor Gericht unschuldige Menschen hinzurichten! 4 Wenn ihr euch daran haltet, dann werden auch weiterhin Könige regieren, die Nachkommen Davids sind. Sie, ihre obersten Beamten und ihr Gefolge werden mit Pferden und Wagen durch die Tore in diesen Palast einziehen. 5 Doch wenn ihr nicht auf meine Worte hört, wird dieser Palast zum Trümmerhaufen. Das schwöre ich, der Herr.

6 Prächtig bist du, Palast der Könige von Juda, wie der Wald im Land Gilead und wie der Gipfel des Libanon – und dennoch will ich dich zur Ruine machen, zu einem unbewohnten Ort! 7 Ich sende Männer, die dich zerstören sollen. Mit ihren Äxten werden sie deine Zedernsäulen fällen und ins Feuer werfen. 8 Dann werden fremde Völker hier vorüberziehen und fragen: Warum hat der Herr dies mit der großen Stadt getan? 9 Und man wird antworten: Ihre Einwohner haben den Bund mit dem Herrn, ihrem Gott, gebrochen. Sie haben andere Götter verehrt und ihnen gedient.‹«

König Schallum wird nicht zurückkehren

10 »Beweint nicht den Tod von König Josia,[b] trauert nicht um ihn! Weint vielmehr über König Schallum[c], der nun fortziehen muss! Denn er kehrt nicht mehr zurück und wird seine Heimat nie wiedersehen.

11 Ich, der Herr, sage über Schallum, den Sohn Josias, der nach Josias Tod König von Juda wurde: Er musste fortziehen von hier und wird niemals zurückkehren. 12 Sterben wird er dort, wohin er als Gefangener verschleppt wurde, und sein Land wird er nie wiedersehen!«

König Jojakim schreckt vor nichts zurück

13 »Wehe dem, der seinen Palast ausbaut und dabei Unrecht tut, indem er seine Untertanen unentgeltlich arbeiten lässt und sie um den gerechten Lohn bringt! 14 Wehe dem, der sich vornimmt: ›Einen großen Palast lasse ich mir errichten, mit geräumigen Zimmern im Obergeschoss. Ich setze große Fenster ein, kleide den Palast mit Zedernholz aus und lasse ihn rot anstreichen.‹ 15 Bist du deshalb ein großer König, weil du prunkvolle Bauten aus Zedernholz errichtest, die schöner sind als andere? Auch dein Vater liebte auserlesene Speisen, doch er sorgte für Recht und Gerechtigkeit, und darum ging es ihm gut. 16 Er verhalf den Wehr-

---

[a] *Wörtlich: an euren Wald. Vgl. Kapitel 22,6*

[b] Wörtlich: Beweint nicht den Toten.

[c] Josias Sohn, sonst »Joahas« genannt. Vgl. 2. Chronik 36,1–4

22,3–5 17,24–27 **22,3** 3 Mo 24,22* **22,6** 1 Kön 7,1–12 **22,8–9** 5 Mo 29,23–24; 1 Kön 9,8–9
22,10 2 Kön 23,29 **22,11–12** 2 Kön 23,31–34 **22,13** 3 Mo 19,13; 5 Mo 24,14

losen und Armen zu ihrem Recht und
hatte Erfolg bei dem, was er tat. Wer so
lebt, hat mich, den Herrn, wirklich er-
kannt. 17 Aber du hast nur eins im Sinn:
Gewinn um jeden Preis! Du bringst un-
schuldige Menschen um, wenn du irgend-
einen Vorteil davon hast; vor Unterdrü-
ckung und Erpressung schreckst du nicht
zurück.
18 Hört darum, was ich, der Herr, über
Jojakim sage, den Sohn König Josias von
Juda: Man wird um ihn nicht trauern und
das Klagelied ›Ach, mein Bruder‹[a] an-
stimmen. Um ihn wird keiner weinen:
›Ach, unser König und Herrscher!‹
19 Nein, wie einen toten Esel schleift man
ihn fort und wirft ihn weg, draußen vor
die Tore von Jerusalem!«

König Konja wird seinen Feinden ausgeliefert

20 »Steig hinauf auf den Libanon, Jerusa-
lem, und schrei! Geh ins Hochland von
Baschan und weine laut! Klage auf den
Bergen von Abarim, denn all deine Ver-
bündeten sind geschlagen. 21 Ich habe
dich gewarnt, als du noch in Sicherheit
lebtest, aber du hast dich geweigert, auf
mich zu hören. Von Anfang an war es
deine Art, meine Worte zu missachten.
22 Deine Führer werden weggeführt, weg-
gefegt wie von einem Sturm, und deine
Verbündeten werden gefangen genom-
men und verschleppt. Dann wirst du ge-
demütigt und musst dich schämen wegen
all deiner Bosheit! 23 Noch wohnst du un-
gestört im Libanonpalast, du hast dich in
Zedernbauten eingenistet – doch wie
wirst du stöhnen, wenn dich die Schmer-
zen überfallen wie Geburtswehen eine
Frau!
24 Ich, der Herr, sage zu Konja[b], dem
König von Juda, dem Sohn Jojakims: Ich
schwöre dir, so wahr ich lebe: Selbst
wenn ich dich als Siegelring an meiner
rechten Hand trüge, würde ich dich doch
vom Finger reißen! 25 Ich werde dich dei-
nen Todfeinden ausliefern, vor denen du
dich so sehr fürchtest, König Nebukad-
nezar und seinen Truppen. 26 Dich und
deine Mutter jage ich fort in ein fremdes
Land, aus dem keiner von euch beiden
stammt, und dort werdet ihr sterben.
27 Doch in eure Heimat, nach der ihr
euch sehnt, werdet ihr nie mehr zurück-
kehren!«
28 Ihr fragt: »Ist König Konja wirklich
wie ein zerbrochenes Tongefäß, das kei-
ner mehr gebrauchen kann? Warum jagt
man ihn und seine Kinder fort in ein un-
bekanntes Land?«
29 Hört her, ihr Bewohner des ganzen
Landes, hört auf das Wort des Herrn!
30 So spricht der Herr: »Tragt diesen
Mann als kinderlos in die Verzeichnisse
ein; sein Leben lang hat er kein Glück!
Keinem seiner Kinder wird es gelingen,
als Nachfolger Davids in Juda zu re-
gieren!«

Ein König, der Gott gefällt

23 So spricht der Herr: »Wehe euch,
ihr Führer meines Volkes! Ihr seid
Hirten, die ihre Herde auseinander trei-
ben und zugrunde richten! 2 Ich hatte
euch befohlen, mein Volk, meine Herde,
zu weiden. Aber ihr habt sie zerstreut
und davongejagt, anstatt für sie zu sor-
gen. Darum werde ich euch für eure Ver-
gehen zur Rechenschaft ziehen, ich, der
Herr, der Gott Israels.
3 Ich selbst werde die Menschen meines
Volkes sammeln, die übrig geblieben
sind. Aus allen Ländern, in die ich sie ver-
trieben habe, bringe ich sie zurück in ihre
Heimat. Dort werden sie viele Kinder ha-
ben, ihr Volk wird immer größer werden.
4 Ich werde Hirten über sie einsetzen, die
sie auf gute Weide führen. Dann werden

---

[a] Wörtlich: Ach, Bruder! Ach, Schwester!
[b] Sonst »Jojachin« genannt.

22,17 26,23 **22,18** 16,6 **22,19** 36,30 **22,21** 2,25; 18,12 **22,24–27** 2 Kön 24,8–16 **22,30** 1 Chr 3,17–18
23,1–2 10,21; Hes 34,1–6 **23,3** 24,6; 29,13–14; 31,7–8; 50,19–20; Jes 11,11–12*; Hes 28,25* **23,4** 3,15

sie sich nicht mehr fürchten und keine Angst mehr haben, niemand von ihnen geht verloren. Das verspreche ich, der Herr.

[5] Es kommt der Tag, an dem ich einen Nachkommen Davids zum König mache, den man wirklich als gerecht bezeichnen kann. Er wird weise regieren und in seinem Land für Recht und Gerechtigkeit sorgen. [6] Unter seiner Regierung wird Juda Hilfe finden und Israel in Sicherheit leben. ›Der Herr, unsere Rettung‹, so wird man diesen König nennen.

[7] Es kommt der Tag, an dem man beim Schwören nicht mehr sagt: ›So wahr der Herr lebt, der das Volk Israel aus Ägypten geführt hat‹, sondern: [8] ›So wahr der Herr lebt, der die Nachkommen der Israeliten aus dem Land im Norden zurückgebracht hat und aus allen Ländern, in die er sie vertrieb.‹ Dann werden sie wieder in ihrem eigenen Land wohnen. Das verspreche ich, der Herr!«

Glaubt den Lügenpropheten nicht!

[9] Über die Propheten sagte Jeremia:

»Mir bricht das Herz, ich zittere am ganzen Körper. Ich taumle wie ein Betrunkener, der vom Wein benommen ist. Denn die Worte des Herrn, des heiligen Gottes, haben mich getroffen.

[10] Unser Land ist voll von Ehebrechern, darum lastet Gottes Fluch auf uns. Ausgedörrt ist das Land, vertrocknet sind die Weideplätze in der Wüste. Die Propheten haben einen falschen Weg eingeschlagen, sie missbrauchen ihre Macht. [11] So spricht der Herr: ›Gottlos sind sie alle – Priester und Propheten. Und selbst in meinem Tempel muss ich ihr Treiben mit ansehen! [12] Doch die Wege, die sie gehen, werden glatt und schlüpfrig sein; in die Dunkelheit wird man sie stoßen, und dort kommen sie zu Fall! Ja, ich lasse Unheil über sie hereinbrechen, ich, der Herr! Es kommt der Tag, an dem ihre Strafe sie trifft.

[13] Unter den Propheten von Samaria habe ich Abscheuliches gesehen: Sie haben im Namen des Gottes Baal geweissagt und mein Volk in die Irre geführt. [14] Aber was ich unter den Propheten von Jerusalem sehe, ist noch viel erschreckender: Sie begehen Ehebruch, sie lügen und betrügen; und den, der ein gottloses Leben führt, bestärken sie noch darin, anstatt ihn davon abzubringen. In meinen Augen sind sie keinen Deut besser als die Einwohner von Sodom und Gomorra! [15] Darum spreche ich, der allmächtige Gott, dieses Urteil über die Propheten: Ich werde ihnen bittere Kost zu essen und giftiges Wasser zu trinken geben. Denn die Propheten Jerusalems haben die Gottlosigkeit im ganzen Land verbreitet.

[16] Hört, was ich, der allmächtige Gott, sage: Achtet nicht auf die Weissagungen dieser Propheten! Sie machen euch falsche Hoffnungen und verkünden euch Visionen, die aus ihrem eigenen Herzen kommen, aber nicht mein Wort sind. [17] Denen, die nichts mehr von mir wissen wollen, verkünden sie in meinem Namen: Es wird euch weiterhin gut gehen. – Und zu allen, die so stur weiterleben wie bisher, sagen sie: Kein Unheil wird euch treffen! – [18] Keiner dieser Propheten kennt meine geheimen Gedanken, keiner hat mein Wort gehört oder meine Pläne durchschaut. Keiner weiß, was ich gesagt habe.‹«

[19] Der Zorn des Herrn bricht los wie ein Sturm, wie ein Wirbelsturm fegt er über die hinweg, die den Herrn verachten. [20] Er wird sich erst legen, wenn alles ausgeführt ist, was der Herr sich vorgenommen hat. Die Zeit kommt, in der ihr das klar erkennen werdet!

[21] Der Herr spricht: »Ich habe diese Propheten nicht gesandt, und doch sind sie losgezogen. Ich habe ihnen keine Botschaft anvertraut, trotzdem haben sie geweissagt. [22] Wenn sie wirklich meine Gedanken kennen würden, dann hätten sie

---

23,5–6 33,15–16 **23,5** Jes 9,6* **23,7–8** 16,14–15; Jes 43,16–21 **23,10** 12,4 **23,11** 5,31 **23,14** 1 Mo 18,20; Jes 1,10 **23,15** 9,14 **23,16–18** 14,14–15; 27,14–15 **23,19–20** 30,23–24 **23,22** 18,11

Kain oder Elia?

Lesen Sie Jeremia 15,10-21

In diesem Dialog mit der Überschrift „Jeremia leidet unter seiner Aufgabe" bringt der Prophet offen seinen Zorn über Gott und seine Enttäuschung zum Ausdruck. „Warum hören meine Schmerzen nicht auf? Warum wollen meine Wunden nicht heilen? Du hast mich enttäuscht, du bist wie ein Bach, der versiegt" (Jeremia 15,18). Gott hört sich Jeremias Schimpfen an und tröstet ihn dann mit sanften Worten.

Wenn wir auf Gott wütend sind, sagen wir es ihm dann auch so direkt, warten auf seine Antwort und gehen anschließend auf unserem Weg voran? Wie Jeremia war auch der Prophet Elia in der Lage, seinen Zorn auf Gott hinter sich zu lassen (siehe 1. Könige 19). Kain dagegen ist das beste Beispiel dafür, wie man nicht mit seiner Wut umgehen sollte. Er lockte seinen Bruder Abel auf ein einsames Feld und ermordete ihn dort.

Jeder, der Gott gegenüber Zorn empfindet, wird entweder Kains Beispiel folgen oder Elias. Machen wir es wie Kain, dann geben wir unseren sündhaften Impulsen nach und tun in unserer unbeherrschten Wut Dinge, die unser Leben nur noch schwieriger machen. Folgen wir aber Elias Vorbild, dann teilen wir Gott zwar unseren Zorn ungeschminkt mit, doch wir hören auch auf das „leise Säuseln" (1. Könige 19,12), mit dem er uns antwortet. Ganz gleich ob wir voll und ganz verstanden haben, was er uns sagt, oder ob wir nur wenig davon begreifen – wir entscheiden uns, Gott zu vertrauen, in dem Wissen, dass auch er das Leid kennt.

Für Christen, die gelernt haben, ihren Zorn gegenüber Gott auf positive Weise zu verarbeiten, sieht die Zukunft hoffnungsvoll aus, trotz des gegenwärtigen Leids. Und über viele gläubige Menschen wird man im Rückblick wohl Ähnliches sagen können wie über Hiob: „Der Herr segnete Hiob von jetzt an mehr als zuvor" (Hiob 42,12).

Nehmen Sie sich Zeit, um allein oder als Paar *gemeinsam* zu beten. Danken Sie Gott, dass Sie ihm gegenüber alle Gefühle äußern können, egal wie negativ diese sind. Danken Sie ihm, dass er Sie hört: „Er hat mein Schreien gehört und mein Gebet angenommen" (Psalm 6,10).

Wenn Sie noch mehr Zeit haben …

Besprechen Sie miteinander folgende Fragen oder denken Sie darüber nach:

- Wann waren Sie zornig auf Gott?
- Wenn Sie Gott gegenüber zornig sind, wie reagieren Sie dann in der Regel (zum Beispiel um sich schlagen wie Kain, die Gefühle unterdrücken oder sie offen äußern wie Elia)?
- Was finden Sie an dem Gespräch zwischen Gott und Jeremia ermutigend?

Lesen Sie auch die folgenden Abschnitte zum Thema Zorn:
Psalm 4,4-6; Sprüche 19,3; Klagelieder 3,1-24.

Zukunft

Lesen Sie Jeremia 29,4-14

Das Evangelium von Christus ist „eine Kraft Gottes, die alle befreit, die darauf vertrauen" (Römer 1,16). Das Evangelium besitzt die Kraft, ein Leben von Grund auf zu verändern. Seine einfache Botschaft lautet: Gott rettet uns durch den Glauben an das, was Christus durch seinen Tod am Kreuz vollbracht hat; zudem schickt er uns noch den Geist Christi, der in uns lebt und uns die Kraft zur Veränderung schenkt.

Alle Menschen besitzen die Kraft zur Veränderung, doch Christen haben die besondere Hilfe des Heiligen Geistes, wenn sie sich dafür entscheiden, nach Gottes Willen zu leben. Egal wie trüb es in Ihrem Leben aussieht, es gibt Hoffnung für Sie. Der erste Schritt ist, Ihr Leben Gott zu übergeben, der zweite ist, die Realität Ihres Lebens anzunehmen, ohne Furcht. Natürlich besteht immer die Möglichkeit, dass eine bestimmte Situation bestehen bleibt – ein Kind auf Abwegen, finanzielle Krisen, eine belastete Beziehung. Doch Gott will Sie nicht ohne Hoffnung lassen. „Ich allein weiß, was ich mit euch vorhabe: Ich, der Herr, werde euch Frieden schenken und euch aus dem Leid befreien. Ich gebe euch wieder Zukunft und Hoffnung" (Jeremia 29,11).

Sie haben bei Gott eine Zukunft. Dazu gehört, dass Sie seinen Willen tun möchten, und dann wird er Ihre Schritte so lenken, dass Ihr Leben Frucht bringt. Ob Sie ein erfülltes Leben haben, hängt nicht von den äußeren Umständen ab, sondern von der Antwort, die Sie Gott geben.

Nehmen Sie sich Zeit, um allein oder als Paar gemeinsam zu beten. Bitten Sie Gott, dass er ...

- seine Zusage, Ihnen Zukunft und Hoffnung zu geben, bestätigt;
- Ihnen hilft, im Glauben anzunehmen, dass Sie bei Gott eine Zukunft haben;
- Ihnen zeigt, wie Sie ihm vertrauen und seinen Willen tun können, während Sie geduldig warten, bis Ihre Hoffnung sich erfüllt.

Wenn Sie noch mehr Zeit haben ...

Besprechen Sie miteinander folgende Fragen oder denken Sie darüber nach:

- Was ist der Unterschied zwischen Glück und Freude?
- In welchem Maß hängt Ihre Zufriedenheit mit Ihrem Leben von äußeren Umständen ab? Nennen Sie Beispiele.
- Mit der Hilfe des Heiligen Geistes haben Sie die Kraft zur Veränderung. Wie ist er bei Ihnen am Werk, um Sie zu verändern?

Lesen Sie auch die folgenden Abschnitte zum Thema Zukunft:
Prediger 7,13-14; Philipper 4,11-13; Jakobus 4,13-17.

Den nächsten Impuls finden Sie auf S. 876 a

meinem Volk meine Botschaft verkün-
det, damit es von seinen falschen Wegen
umkehrt und aufhört, Böses zu tun.
23 Ich, der Herr, sage: Ich bin nicht nur
der Gott in eurer Nähe, sondern auch der
ferne Gott, über den ihr nicht verfügt.
24 Meint ihr, jemand könnte sich so vor
mir verstecken, dass ich ihn nicht mehr
sehe? Ich bin es doch, der den Himmel
und die Erde erfüllt, ich, der Herr!
25 Ich weiß ganz genau, was die Pro-
pheten reden: ›Hört, was euch Gott
durch unsere Träume sagen will!‹ Und
dann weissagen sie Lügen und berufen
sich dabei auf mich! 26 Wie lange soll das
noch so weitergehen? Was wollen diese
Propheten damit erreichen, dass sie Lü-
gen und selbst erfundene Botschaften
verbreiten? 27 Sie denken wohl, wenn sie
ihre Träume erzählen, vergisst mich
mein Volk, so wie ihre Vorfahren mich
vergessen haben, weil sie dem Götzen
Baal dienten! 28 Ein Prophet, der Träume
hat, sollte sagen, dass es nur Träume
sind, aber wer mein Wort empfängt, soll
es gewissenhaft als mein Wort verkün-
den. Meint ihr, Spreu und Weizen seien
dasselbe?
29 Ich, der Herr, sage euch: Mein Wort
ist wie ein Feuer und wie ein Hammer,
der Felsen in Stücke schlägt! 30 Diese
Propheten bekommen es mit mir zu tun,
sie, die einander die Worte stehlen und
behaupten, sie hätten sie von mir! 31 Sie
werden mir nicht entkommen, diese Pro-
pheten, die ihre eigenen Gedanken von
sich geben und dann sagen: ›Der Herr
hat gesprochen.‹ 32 Nein, mir entgehen
diese Lügner nicht, die ihre Träume als
mein Wort ausgeben! Sie führen mein
Volk in die Irre und täuschen es mit
ihrer zusammengereimten Botschaft.
Ich, der Herr, habe sie nicht gesandt
und ihnen keinen Auftrag gegeben. Sie
helfen diesem Volk keinen Schritt wei-
ter!«

Ihr seid die Last, die auf mir liegt!

33 »Jeremia, wenn das Volk, ein Priester
oder ein Prophet dich fragen: ›Welche
Botschaft hat der Herr dir heute wieder
aufgelastet?‹[a], sollst du ihnen in meinem
Auftrag antworten: Ihr seid die Last, die
auf mir liegt, aber ich werde euch abwer-
fen! 34 Wenn ein Prophet, ein Priester
oder jemand aus dem Volk sagt: ›Der
Herr hat mir eine Botschaft aufgelastet‹,
dann werde ich ihn bestrafen, ihn und sei-
ne ganze Familie!
35 Fragt einander lieber: ›Was hat der
Herr geantwortet?‹ oder: ›Was sagt der
Herr?‹ 36 Aber bezeichnet meine Bot-
schaft nicht mehr als Last! Denn wer dies
tut, der bürdet sich selbst damit eine Last
auf, weil er die Botschaft des lebendigen
Gottes verfälscht, die Worte des Herrn
der ganzen Welt! 37 Darum fragt einen
Propheten: ›Was hat dir der Herr geant-
wortet?‹ oder: ›Was sagt der Herr?‹
38 Wenn ihr aber weiterhin meine Bot-
schaft als Last bezeichnet, obwohl ich
euch durch meine Boten davor warnen
ließ, 39 dann will ich euch hochheben wie
eine Last[b] und euch wegwerfen, ebenso
die Stadt Jerusalem, die ich euch und eu-
ren Vorfahren gegeben habe. 40 Die
Schande, in die ich euch dann stürze, wird
ewig dauern und nie vergessen werden!«

Zwei Körbe mit Feigen

24 Der babylonische König Nebu-
kadnezar hatte den judäischen
König Jojachin, den Sohn Jojakims, von
Jerusalem in die Gefangenschaft nach
Babylonien gebracht, zusammen mit den
obersten Beamten, Schmieden und
Schlossern. Danach gab mir der Herr
eine Vision:
Ich sah zwei Körbe mit Feigen vor dem
Tempel stehen. 2 Die Feigen im einen
Korb waren sehr gut, wie reife Frühfei-

---

[a] Im Hebräischen gibt es ein Wort für »Last«, das zugleich »prophetische Botschaft« bedeuten kann.

[b] So mit der griechischen Übersetzung. Der hebräische Text lautet: dann will ich euch vergessen.

23,24 Ps 139,7–12 **23,29** Hebr 4,12 **24,1** 2 Kön 24,15–16

gen, im anderen Korb lagen nur schlechte, man konnte sie nicht mehr essen.

3 Der Herr fragte mich: »Jeremia, was siehst du?« »Feigen«, antwortete ich. »Die guten sind vorzüglich, und die schlechten sind schon völlig ungenießbar.«

4 Da empfing ich eine Botschaft vom Herrn: 5 »So spricht der Herr, der Gott Israels: Wie man sich über die guten Feigen freut, so habe ich Gefallen an den Judäern, die ich von hier nach Babylonien verschleppen ließ. 6 Ich habe einen guten Plan mit ihnen und bringe sie in ihr Land zurück. Dort werde ich sie aufbauen und nicht mehr niederreißen, einpflanzen und nicht wieder entwurzeln. 7 Ich gebe ihnen ein verständiges Herz, damit sie erkennen, dass ich der Herr bin. Sie werden mein Volk sein, und ich werde ihr Gott sein; von ganzem Herzen werden sie wieder zu mir umkehren.

8 Aber König Zedekia, seine obersten Beamten, die restlichen Bewohner von Jerusalem und Juda und alle, die nach Ägypten geflohen sind – sie behandle ich wie diese ungenießbaren Feigen. 9 In allen Königreichen der Erde wird man über ihr Unglück entsetzt sein und sie verspotten. Wohin ich sie auch verjage, überall wird ihr Elend sprichwörtlich sein. Wer einen anderen verhöhnen oder verfluchen will, wird ihm das gleiche Schicksal herbeiwünschen, das sie getroffen hat. 10 Kriege, Hungersnot und Seuchen will ich über sie bringen, bis sie ausgerottet sind aus dem Land, das ich einst ihren Vorfahren geschenkt habe.«

Siebzig Jahre in Babylonien

25 Im 4. Regierungsjahr Jojakims, des Sohnes Josias, empfing Jeremia eine Botschaft für das ganze Volk von Juda. Es war das 1. Regierungsjahr des babylonischen Königs Nebukadnezar. 2 Der Prophet Jeremia gab die Botschaft weiter an alle Einwohner von Jerusalem und an das ganze Volk von Juda. 3 Er sagte:

»Dreiundzwanzig Jahre lang – vom 13. Regierungsjahr unseres Königs Josia, des Sohnes Amons, bis zum heutigen Tag – hat der Herr immer wieder zu mir gesprochen. Ich habe euch seine Worte verkündet, aber ihr wolltet sie nie annehmen. 4 Der Herr hat ständig seine Boten, die Propheten, zu euch gesandt, aber ihr habt euch beharrlich geweigert, auf sie zu hören. Ihr habt sie gar nicht ernst genommen, 5 wenn sie euch sagten: ›Jeder von euch soll umkehren von seinen falschen Wegen! Hört auf, Böses zu tun! Dann könnt ihr für immer in diesem Land bleiben, das der Herr euch und euren Vorfahren geschenkt hat.‹ 6 Der Herr warnte euch: ›Dient nicht anderen Göttern, macht euch keine Götzenfiguren, und verehrt sie nicht, sonst fordert ihr meinen Zorn heraus, und ich bringe Unheil über euch!

7 Aber ihr habt alle meine Worte in den Wind geschlagen. Mit eurem Götzendienst habt ihr meinen Zorn heraufbeschworen und euch selbst damit geschadet.‹ 8 So spricht der Herr, der allmächtige Gott: ›Weil ihr nicht auf mich gehört habt, 9 rufe ich alle Völker aus dem Norden herbei, auch meinen Diener Nebukadnezar, den König von Babylonien. Sie werden euch und alle eure Nachbarvölker überfallen. Über euch alle habe ich mein Urteil gesprochen – eure Länder werden zerstört und für immer zur Wüste gemacht. Ein Bild des Schreckens werdet ihr sein, das nur Verachtung erntet. 10 Ich bereite bei euch allem Jubel und aller Freude ein Ende, es wird auch keine fröhlichen Hochzeitsfeiern mehr geben; dann hört man keine Kornmühle mehr in den Häusern, und die Öllampen verlöschen. 11 Euer ganzes Land wird zu einem Trümmerfeld, zu einer unbewohnten Wüste. Siebzig Jahre lang

24,6 23,3* **24,7** 31,33–34; Hes 36,26–27* **24,8–10** 2 Kön 25,1–7.18–21 **24,9** 5 Mo 28,37 **24,10** 15,2 **25,1** 36,1; 45,1; 46,2 **25,3** 1,2 **25,4** 7,25–26 **25,5** 7,3 **25,6** 2 Mo 20,3–5* **25,7** 7,19 **25,9** 1,13–15* **25,10** 7,34 **25,11** 29,10; 2 Chr 36,21; Dan 9,2

werdet ihr und eure Nachbarvölker dem
König von Babylonien unterworfen sein.
12 Aber nach den siebzig Jahren gehe
ich mit dem König von Babylonien und
seinem Volk ins Gericht und mache ihr
Land für immer zur Wüste. 13 Ich lasse al-
le Drohungen, die ich gegen dieses Land
ausgesprochen habe, in Erfüllung gehen,
alle Weissagungen Jeremias über die
Völker, wie sie in diesem Buch auf-
geschrieben sind. 14 Viele Völker und
mächtige Könige werden kommen und
die Babylonier unterwerfen. So ziehe ich
sie zur Rechenschaft für alles, was sie
getan haben.‹«

Den bitteren Kelch müssen alle Völker trinken!

15 Der Herr, der Gott Israels, sprach zu
mir: »Nimm diesen Kelch, den ich dir rei-
che! Er ist gefüllt mit meinem Zorn. Gib
allen Völkern, zu denen ich dich sende,
davon zu trinken! 16 Sie sollen trinken,
taumeln und den Verstand verlieren,
wenn ich Krieg und Tod über sie bringe!«
17 Da nahm ich den Kelch aus der Hand
des Herrn entgegen und ließ alle Völker
daraus trinken, zu denen mich der Herr
sandte: 18 zuerst Jerusalem und die ande-
ren Städte im Land Juda mit ihren Köni-
gen und führenden Männern; da wurde
das ganze Land zu einem einzigen Trüm-
merfeld, an dem die Leute entsetzt vorü-
bergingen, über dessen Schicksal sie
spotteten und es auch anderen herbei-
wünschten – so wie es schon heute ge-
schieht.
19 Dann kam der Pharao an die Reihe,
der König von Ägypten, mit seinem Hof-
staat, den obersten Beamten und dem
ganzen Volk 20 samt allen Ausländern in
seinem Land. Danach mussten die Köni-
ge des Landes Uz aus dem Kelch trinken,
die Könige des Landes der Philister mit
den Städten Aschkelon, Gaza, Ekron
und der restlichen Bevölkerung von
Aschdod, 21 dann die Edomiter, Moabiter
und Ammoniter, 22 die Könige der Hafen-
städte Tyrus und Sidon sowie die Herr-
scher der Inseln jenseits des Mittelmeers,
23 die Beduinen von Dedan, Tema und
Bus und die anderen Stämme, die sich
das Haar an den Schläfen stutzen, 24 alle
Könige Arabiens und der Nomadenstäm-
me in der Wüste, 25 alle Könige von Simri,
Elam und Medien, 26 dann die Herrscher
der nahen und fernen Länder im Norden,
einer nach dem anderen, ja, alle König-
reiche der ganzen Welt. Zuletzt musste
der König von Babylonien[a] aus dem
Kelch trinken.
27 Dann befahl mir der Herr, ihnen al-
len diese Botschaft auszurichten: »So
spricht der Herr, der allmächtige Gott Is-
raels: Trinkt aus diesem Kelch, bis ihr be-
trunken seid und euch erbrechen müsst;
trinkt, bis ihr zu Boden stürzt und nicht
mehr aufstehen könnt, weil mein
Schwert unter euch wütet!« 28 Weiter
sprach der Herr zu mir: »Wenn sie sich
weigern, den Kelch aus deiner Hand ent-
gegenzunehmen und daraus zu trinken,
dann befiehl: Im Namen des allmächti-
gen Gottes: Ihr müsst ihn austrinken!
29 Über die Stadt, die meinen Namen
trägt, lasse ich das Unheil zuerst herein-
brechen – und ihr meint, ich würde euch
verschonen? Nein, ihr entkommt eurer
Strafe nicht! Ich bringe Krieg und Tod
über alle Bewohner der Erde, ich, der
allmächtige Gott.«

Gott hält Gericht über alle Völker

30 »Und du, Jeremia, verkünde ihnen in
meinem Auftrag alles, was ich dir gesagt
habe! Richte ihnen aus: Mächtig wie das
Brüllen eines Löwen erklingt die Stimme
des Herrn aus der Höhe, wie Donnergrol-
len ertönt sie von dort, wo er, der heilige
Gott, wohnt. Seinem eigenen Land droht

---

[a] Wörtlich: von Scheschach. – Das ist ein verschlüsselter Name für Babylonien.

25,13 46,1 – 51,64 **25,14** 27,7 **25,15** 49,12; 51,39; Jes 51,17; Klgl 4,21; Hes 23,31–34; Hab 2,15–16; Sach 12,2; Offb 14,10 **25,18** 6,1–8 **25,19** 46,1–28 **25,20** 47,1–7 **25,21** 48,1 – 49,22 **25,23** 49,28–33 **25,25** 49,34–39 **25,26** 50,1 – 51,64 **25,29** 21,13–14 **25,30** Joel 4,16; Am 1,2

er, er ruft so laut wie einer, der Trauben in der Kelter zerstampft. Alle Bewohner der Erde werden ihn hören. 31 Ja, bis ans Ende der Erde hallt sein Ruf, denn der Herr bringt alle Völker vor Gericht. Er fällt sein Urteil über alle Menschen, und die Schuldigen liefert er dem Henker aus.

32 So spricht der allmächtige Gott: Seht, das Unheil trifft ein Volk nach dem anderen, ein gewaltiger Sturm zieht auf vom Ende der Erde! 33 Dann liegen die Leichen derer, die ich, der Herr, erschlagen habe, überall verstreut; keiner trauert um sie, niemand sammelt sie ein, um sie zu begraben. Sie werden zum Dünger auf den Feldern.

34 Ihr Mächtigen, weint und schreit um Hilfe! Wälzt euch vor Trauer in der Asche, ihr Hirten eurer Völker, denn jetzt ist der Tag gekommen, an dem ihr fortgejagt und geschlachtet werdet! Ich werfe euch zu Boden und zerschmettere euch wie ein Gefäß. 35 Ihr könnt nicht mehr vor mir fliehen, es gibt kein Entrinnen mehr! 36 Hört, wie erbärmlich die Mächtigen um Hilfe schreien und wie die Hirten der Völker heulen, weil ich ihre Weide verwüstet habe! 37 In Frieden lag sie da, doch nun habe ich sie in meinem furchtbaren Zorn zerstört. 38 Ich habe mich erhoben wie ein Löwe, der aus seinem Versteck hervorkommt, um auf Raubzug zu gehen. Voller Zorn habe ich die Länder mit meinem Schwert verwüstet.«

Kehrt um zum Herrn!

26 Nicht lange nachdem Jojakim, der Sohn Josias, König von Juda geworden war, sprach der Herr zu Jeremia: 2 »Geh in den Tempelvorhof, und richte allen Menschen, die aus den Städten Judas kommen, um mich im Tempel anzubeten, meine Botschaft aus! Lass kein Wort davon weg! 3 Vielleicht hören sie darauf und kehren um von ihren falschen Wegen. Dann werde ich meinen Entschluss ändern und das angedrohte Unheil nicht über sie hereinbrechen lassen.

4 Sag ihnen: So spricht der Herr: Wenn ihr nichts von mir wissen wollt und euch nicht an meine Weisungen haltet, 5 wenn ihr die Warnungen der Propheten nicht beachtet, wenn ihr nicht auf meine Boten hört, die ich immer wieder zu euch sende, 6 dann werde ich diesen Tempel zerstören so wie damals das Heiligtum in Silo. Alle anderen Völker der Erde werden jedem, den sie verfluchen wollen, das Schicksal Jerusalems herbeiwünschen.«

Jeremia vor Gericht

7 Die Priester, die Propheten und das Volk hatten zugehört, wie Jeremia diese Warnungen vor dem Tempel aussprach. 8 Kaum hatte er ihnen die Botschaft des Herrn ausgerichtet, nahmen sie ihn fest. »Das wirst du mit dem Leben bezahlen!«, schrien sie. 9 »Wie kannst du im Namen des Herrn behaupten, dass es diesem Tempel wie dem Heiligtum in Silo ergeht und dass Jerusalem zerstört und menschenleer sein wird?« Im Nu war Jeremia auf dem Tempelvorplatz von einer großen Menschenmenge umringt.

10 Als die führenden Männer von Juda erfuhren, was geschehen war, gingen sie vom Königspalast zum Tempel hinauf und nahmen ihre Plätze vor dem Neuen Tor ein, um Gericht zu halten. 11 Die Priester und Propheten klagten Jeremia vor den führenden Männern und allen Versammelten an: »Dieser Mann verdient den Tod! Er hat unserer Stadt ein böses Ende angekündigt, ihr habt es ja selbst gehört!«

12 Darauf erwiderte Jeremia: »Der Herr hat mich beauftragt, dies alles gegen den Tempel und die Stadt vorauszusagen. 13 Ändert euer Leben, und hört wieder auf den Herrn, euren Gott! Dann wird er einlenken und das angedrohte Unheil nicht über euch hereinbrechen lassen. 14 Macht mit mir ruhig, was ihr wollt! Ich bin in eurer Hand. 15 Doch eins sollt ihr wissen: Wenn ihr mich hinrichten lasst, dann ladet ihr Schuld auf euch, auf diese

25,31 Dan 7,9–10 **26,1–6** 7,1–15 **26,1** 2 Kön 23,34–37 **26,3** 18,7–8 **26,13** 7,3 **26,15** 5 Mo 19,10

Stadt und ihre Einwohner, weil ihr einen
Unschuldigen umgebracht habt! Denn so
wahr ich hier stehe: Der Herr hat mich zu
euch gesandt, um euch alles anzukündi-
gen, was ihr gehört habt.«
16 Da waren sich die Richter und das
Volk einig. »Dieser Mann hat auf keinen
Fall die Todesstrafe verdient«, sagten sie
zu den Priestern und Propheten, »denn
er hat im Auftrag des Herrn zu uns ge-
redet.«
17 Dann traten einige von den Ältesten
des Landes nach vorne und erzählten:
18 »Als König Hiskia noch regierte, gab es
einen Propheten namens Micha aus Mo-
reschet. Im Auftrag des Herrn weissagte
er dem ganzen Volk: ›So spricht der Herr,
der allmächtige Gott: Der Berg Zion
wird zu einem umgepflügten Acker wer-
den, die Stadt Jerusalem zu einem Trüm-
merhaufen, und auf dem Tempelberg
wird das Dornengestrüpp wuchern!‹[a]
19 Doch weder König Hiskia von Juda
noch das Volk ließen ihn deswegen töten;
nein, Hiskia erschrak und flehte zum
Herrn um Erbarmen. Da ließ der Herr
das Unheil nicht geschehen, das er ange-
kündigt hatte. – Wenn wir jetzt Jeremia
töten, bringen wir großes Unglück über
uns!«

Der Prophet Uria bezahlt seine Botschaft mit dem Leben

20 In jener Zeit gab es noch einen anderen
Propheten, der wie Jeremia im Auftrag
des Herrn weissagte: Uria, der Sohn
Schemajas, aus Kirjat-Jearim. Auch er
kündigte Jerusalem und dem ganzen
Land Juda Unheil an.
21 Als König Jojakim, seine Heerführer
und die führenden Männer davon hörten,
wollten sie ihn töten lassen. Uria erfuhr
es und floh voller Angst nach Ägypten.
22 Doch Jojakim schickte Elnatan, den
Sohn Achbors, mit einigen anderen Män-
nern dorthin. 23 Sie nahmen Uria gefan-
gen und brachten ihn zu Jojakim zurück.
Der ließ ihn mit dem Schwert hinrichten
und seine Leiche auf dem Armenfriedhof
verscharren.
24 Jeremia aber kam mit dem Leben da-
von. Er wurde nicht dem Volk ausgelie-
fert, das ihn umgebracht hätte, denn Ahi-
kam, der Sohn Schafans, setzte sich für
ihn ein.

Beugt euch unter Nebukadnezars Joch!

27 Als Zedekia, der Sohn Josias, die
Herrschaft über Juda angetreten
hatte, empfing ich eine Botschaft vom
Herrn. 2 Der Herr sprach zu mir:
»Fertige dir ein Joch aus Holz an, bin-
de die Stangen mit Lederriemen zusam-
men, und leg dir das Joch auf den Na-
cken! 3 Dann geh zu den Gesandten der
Könige von Edom, Moab, Ammon, Tyrus
und Sidon, die gerade bei König Zedekia
in Jerusalem sind! 4 Sie sollen ihren Köni-
gen diese Botschaft von mir ausrichten:
So spricht der Herr, der allmächtige Gott
Israels: 5 Ich habe mit meiner starken
Hand die Erde geschaffen, die Menschen
und die Tiere. Ich lasse über sie herr-
schen, wen ich dazu erwähle. 6 Alle eure
Länder gebe ich in die Gewalt Nebukad-
nezars, des Königs von Babylonien, der
mein Diener ist. Selbst die wilden Tiere
sind seiner Macht unterworfen. 7 Alle
Völker werden ihm und später seinem
Sohn und Enkel dienen müssen, so lange,
bis ich auch der Herrschaft der Babylo-
nier ein Ende setze. Dann werden mäch-
tige Könige aus anderen Ländern kom-
men und Babylonien erobern. 8 Doch
wenn sich jetzt ein Volk oder Königreich
nicht unter das Joch Nebukadnezars beu-
gen will und seine Herrschaft nicht aner-
kennt, dann lasse ich Krieg, Hungersnot
und Seuchen über dieses Land kommen,
bis Nebukadnezar es ganz erobert hat!
Darauf gebe ich, der Herr, mein Wort.

---

[a] Micha 3,12

26,16 5 Mo 18,20 **26,19** 18,7–8 **26,22** 36,12.25 **26,23** 2,30; 22,17 **26,24** 15,21; 2 Kön 22,12
27,1 2 Kön 24,17–18 **27,5** 10,12 **27,6** 25,9; 28,14 **27,7** 25,11–14

9 Ihr Könige, hört nicht auf eure Pro-
pheten, Wahrsager und Traumdeuter,
auf eure Geisterbeschwörer und Magier,
die euch weismachen wollen, ihr müsstet
dem König von Babylonien nicht dienen!
10 Was sie euch erzählen, ist nichts als Lü-
ge, und wenn ihr auf sie hört, werdet ihr
aus eurer Heimat vertrieben, ja, ich selbst
vertreibe euch dann, und ihr kommt da-
bei um. 11 Doch wer sich unter das Joch
Nebukadnezars beugt und ihm dient,
dessen Volk lasse ich in seiner Heimat
bleiben, damit es das Land bebauen und
darin leben kann. Das verspreche ich, der
Herr.«
12 Dann ging ich auch zu König Zedekia
und wiederholte meine Warnungen: »Du
und dein Volk, beugt euch dem König
von Babylonien, unterwerft euch ihm
und den Babyloniern, dann bleibt ihr am
Leben! 13 Oder willst du, dass dein Volk
mit dir im Krieg umkommt, verhungert
oder an Seuchen stirbt? Denn diese Fol-
gen hat der Herr jedem Land angedroht,
das sich nicht dem König von Babylonien
unterwirft. 14 Hört nicht auf eure Prophe-
ten, die euch weismachen wollen, ihr
müsstet Nebukadnezars Herrschaft nicht
anerkennen! Was sie euch sagen, ist
nichts als Lüge! 15 So spricht der Herr:
›Ich habe diese Propheten nicht zu euch
gesandt; sie erzählen euch Lügen und be-
rufen sich dabei auch noch auf mich!
Wenn ihr auf sie hört, werde ich euch ver-
treiben, und ihr werdet umkommen, ihr
und diese Propheten, die euch nur täu-
schen wollen!‹«
16 Dann wandte ich mich an die Priester
und an das ganze Volk: »So spricht der
Herr: ›Hört nicht auf eure Propheten,
wenn sie euch weismachen, die Gegen-
stände aus dem Tempel würden bald von
Babylon nach Jerusalem zurückgebracht
werden! Sie belügen euch. 17 Hört nicht
auf sie! Unterwerft euch Nebukadnezar,
dann bleibt ihr am Leben! Oder wollt ihr,
dass er diese Stadt zu einer Trümmerstät-
te macht? 18 Wenn eure Propheten wirk-
lich Propheten wären, zu denen ich, der
Herr, der allmächtige Gott, spreche,
dann würden sie zu mir beten. Sie wür-
den mich darum bitten, dass die übrigen
wertvollen Tempelgegenstände, die es
noch im Tempel, im Königspalast oder
anderswo in Jerusalem gibt, nicht auch
nach Babylon gebracht werden.
19-22 Noch sind sie hier, die Bronze-
säulen, das große Wasserbecken, die
Kesselwagen, die Tempelgefäße und
-werkzeuge. Nebukadnezar hat sie nicht
mitgenommen, als er den judäischen
König Jechonja, den Sohn Jojakims, mit
den führenden Männern von Jerusalem
und Juda nach Babylonien verschleppen
ließ. Aber ich, der Herr, der allmächtige
Gott Israels, sage euch: Alle wertvollen
Gegenstände, die noch im Tempel, im
Königspalast oder anderswo in Jerusalem
zurückgeblieben sind, werden auch nach
Babylon gebracht. Dort bleiben sie, bis
ich mich wieder ihrer annehme und sie
nach Jerusalem zurückholen lasse. Da-
rauf gebe ich, der Herr, mein Wort.‹«

Jeremia oder Hananja – wer ist vom Herrn gesandt?

28 Im 5. Monat desselben Jahres,
dem 4. Regierungsjahr des judäi-
schen Königs Zedekia, kam der Prophet
Hananja, der Sohn Asurs, aus Gibeon in
den Tempel und sagte in Gegenwart der
Priester und des Volkes zu Jeremia: 2 »So
spricht der Herr, der allmächtige Gott Is-
raels: ›Ich werde das Joch des Königs von
Babylonien zerbrechen! 3 Innerhalb von
zwei Jahren lasse ich alle wertvollen
Tempelgegenstände, die Nebukadnezar
nach Babylon mitgenommen hat, hierher
zurückbringen. 4 Ich sorge auch dafür,
dass König Jechonja von Juda, der Sohn
Jojakims, wieder nach Jerusalem zurück-
kehrt, er und alle anderen Judäer, die
nach Babylonien verschleppt wurden. Ja,
ich will der Herrschaft Nebukadnezars
ein Ende setzen!‹«

27,9–10 28,1–4 **27,13** 21,9 **27,14–15** 14,14–15 **27,16** 28,3; 2 Chr 36,7.10 **27,19–22** 1 Kön 7,15–50; 2 Kön 24,13; Esr 1,7–11 **28,1–2** 51,59–60 **28,3** 27,16 **28,4** 22,24–27

5 Da entgegnete Jeremia dem Prophe-
ten Hananja vor dem Volk und den Pries-
tern, die sich im Tempel aufhielten:
6 »Möge der Herr tun, was du gesagt hast!
Ich wünschte, er ließe deine Verheißung
in Erfüllung gehen und brächte alle ver-
schleppten Menschen und die wertvollen
Tempelgegenstände wieder zurück!
7 Doch jetzt hör gut zu, Hananja, was ich
dir und den Versammelten sage: 8 Pro-
pheten hat es schon immer gegeben, lan-
ge bevor du und ich lebten; sie haben vie-
len Völkern und mächtigen Königreichen
Unheil, Kriege und Seuchen angekün-
digt. 9 Gewiss kann ein Prophet auch
Glück und Frieden voraussagen, doch ob
er wirklich vom Herrn gesandt ist, wird
sich erst zeigen, wenn seine Weissagung
eintrifft!«
10 Da nahm der Prophet Hananja das
hölzerne Joch von Jeremias Nacken, zer-
brach es 11 und rief: »So spricht der Herr:
›Genauso werde ich innerhalb von zwei
Jahren das Joch Nebukadnezars zerbre-
chen. Alle Völker will ich von der Last
seiner Herrschaft befreien!‹« Daraufhin
verließ der Prophet Jeremia den Tempel.
12 Kurze Zeit nachdem Hananja das
Joch zerbrochen hatte, das Jeremia auf
der Schulter trug, empfing Jeremia eine
Botschaft vom Herrn: 13 »Geh und sag zu
Hananja: So spricht der Herr: Das hölzer-
ne Joch hast du zerbrechen können –
doch nun kommt ein Joch aus Eisen!
14 Ich selbst lege allen Völkern ringsum
ein eisernes Joch auf den Nacken: Sie
werden Nebukadnezar, dem König von
Babylonien, dienen müssen, ja, selbst die
wilden Tiere sind seiner Macht unterwor-
fen! Mein Wort gilt, denn ich bin der
Herr, der allmächtige Gott Israels.«
15 Dann sagte Jeremia zu Hananja:
»*Der Herr* hat dich nicht gesandt, du ver-
führst das Volk dazu, auf deine Lügen zu
vertrauen! 16 So spricht der Herr: ›Weil du
das getan hast, lasse ich dich vom Erdbo-
den verschwinden. Noch in diesem Jahr
wirst du sterben, denn du hast zum Unge-
horsam gegen mich aufgerufen!‹«
17 Zwei Monate später, im 7. Monat
desselben Jahres, starb der Prophet Ha-
nanja.

Jeremias Brief an die Verbannten in Babylonien

29 Der Prophet Jeremia schickte aus
Jerusalem einen Brief an die
Ältesten, die Priester, die Propheten und
alle anderen, die den Angriff der Baby-
lonier überlebt hatten und von Nebu-
kadnezar nach Babylonien verschleppt
worden waren. 2 König Jechonja, seine
Mutter, die Hofbeamten und die führen-
den Männer von Juda und Jerusalem wa-
ren zusammen mit den Schmieden und
Schlossern Jerusalems in die Verbannung
geführt worden. 3 Elasa, der Sohn Scha-
fans, und Gemarja, der Sohn Hilkijas,
nahmen Jeremias Brief mit, als Zedekia
sie zu König Nebukadnezar nach Baby-
lon sandte. 4 Jeremia schrieb:
»So spricht der Herr, der allmächtige
Gott Israels, zu allen Verbannten, die er
von Jerusalem nach Babylonien wegfüh-
ren ließ:
5 ›Baut euch Häuser und wohnt darin!
Legt Gärten an und ernährt euch von
ihren Früchten! 6 Heiratet und zeugt Kin-
der! Wählt für eure Söhne Frauen aus,
und lasst eure Töchter heiraten, damit
auch sie Kinder zur Welt bringen. Euer
Volk soll wachsen und nicht kleiner wer-
den. 7 Bemüht euch um das Wohl der
Stadt, in die ich euch wegführen ließ,
und betet für sie. Wenn es ihr gut geht,
wird es auch euch gut gehen.
8 Ich, der Herr, der allmächtige Gott Is-
raels, warne euch: Lasst euch nicht von
euren Propheten und Wahrsagern in die
Irre führen! Wenn sie euch ihre Träume
verkünden, dann hört nicht darauf![a] 9 Sie

---

[a] So mit der griechischen Übersetzung. Der hebräische Text lautet: Hört nicht auf eure Träume, die ihr träumt!

28,8 Jes 13,1 – 23,18; Am 1,1 – 2,16 **28,9** 5 Mo 18,21–22 **28,14** 27,6 **28,15–16** 29,31–32 **28,16** 5 Mo 13,6 **29,2** 2 Kön 24,14–16 **29,7** Esr 6,10; 1 Tim 2,2 **29,8–9** 23,16–18

erzählen euch Lügen und berufen sich
dabei auch noch auf mich. Ich, der Herr,
habe sie nicht gesandt. 10 Denn ich sage
euch: Die Babylonier werden siebzig Jah-
re herrschen, und wenn diese Zeit um ist,
werde ich Erbarmen mit euch haben.
Dann lasse ich meine Verheißung in Er-
füllung gehen und bringe euch wieder in
euer Land zurück. 11 Denn ich allein weiß,
was ich mit euch vorhabe: Ich, der Herr,
werde euch Frieden schenken und euch
aus dem Leid befreien. Ich gebe euch
wieder Zukunft und Hoffnung. 12 Wenn
ihr dann zu mir ruft, wenn ihr kommt
und zu mir betet, will ich euch erhören.
13 Wenn ihr mich sucht, werdet ihr mich
finden. Ja, wenn ihr mich von ganzem
Herzen sucht, 14 will ich mich von euch
finden lassen. Das verspreche ich euch.
Ich werde eurer Gefangenschaft ein En-
de machen: Aus allen Ländern, in die ich
euch zerstreut habe, will ich euch wieder
sammeln und in das Land zurückbrin-
gen, aus dem ich euch damals fortgejagt
habe.

15 Ihr behauptet: Der Herr hat uns hier
in Babylonien Propheten gegeben, die
uns die Zukunft voraussagen. – 16 Doch
ich, der Herr, kündige etwas ganz ande-
res an: Über den König, der ein Nach-
komme Davids ist, und über die restli-
chen Einwohner von Jerusalem, die
nicht mit euch in die Gefangenschaft
ziehen mussten, 17 sage ich, der Herr, der
allmächtige Gott: Ich bringe Kriege,
Hungersnot und Seuchen über sie; sie
sind für mich wie verfaulte Feigen, die
man wegwirft, weil man sie nicht mehr
essen kann. 18 Ja, Krieg, Hungersnot und
Seuchen lasse ich über sie hereinbrechen.
In allen Königreichen ringsum, in allen
Ländern, in die ich sie vertreibe, wird
man über ihr Unglück entsetzt sein, sie
verachten und verspotten; wer einen an-
deren verfluchen will, wird ihm dasselbe
Schicksal herbeiwünschen, das sie getrof-
fen hat. 19 Denn sie haben meine Warnun-
gen in den Wind geschlagen, die meine
Boten, die Propheten, ihnen immer wie-
der überbrachten. Was ich, der Herr,
ihnen zu sagen hatte, war ihnen völlig
gleichgültig.

20 Ihr aber, die ich aus Jerusalem nach
Babylonien verschleppen ließ, hört auf
mich! 21 Denn ich, der Herr, der allmäch-
tige Gott Israels, sage euch: Ahab, der
Sohn Kolajas, und Zedekia, der Sohn
Maasejas, führen euch mit ihren Weissa-
gungen in die Irre und berufen sich dabei
auf mich. Darum gebe ich sie in die Ge-
walt des Königs Nebukadnezar. Er wird
sie vor euren Augen hinrichten. 22 Wenn
ihr Verbannten in Babylonien dann je-
manden verwünscht, werdet ihr sagen:
Der Herr strafe dich wie Zedekia und
Ahab, die der König von Babylonien bei
lebendigem Leib rösten ließ! – 23 Sie ha-
ben große Schuld auf sich geladen: Mit
den Frauen anderer Männer brachen sie
die Ehe, sie gaben sich als meine Prophe-
ten aus und erzählten Lügen. Niemals ha-
be ich sie damit beauftragt! Das bezeuge
ich, der Herr.‹«

Gottes Botschaft an den Propheten Schemaja in Babylonien

24/25 Der Herr, der allmächtige Gott Isra-
els, gab mir den Auftrag, Schemaja aus
Nehelam diesen Brief zu schreiben: »Ei-
genmächtig hast du von Babylonien aus
Briefe an die Einwohner von Jerusalem
und an alle Priester geschickt. An den
Priester Zefanja, den Sohn Maasejas,
schriebst du:

26 ›Der Herr hat dich an Jojadas Stelle
zum Priester berufen. Als Tempelaufse-
her musst du jeden Wahnsinnigen, der
als Prophet auftritt, ins Gefängnis wer-
fen, seine Hände und Füße in einen Holz-
block einschließen und ihm das Hals-
eisen umlegen. 27 Warum unternimmst du
dann nichts gegen Jeremia aus Anatot,
der sich als Prophet ausgibt? 28 Er hat
einen Brief an uns in Babylonien ge-
schickt und darin behauptet, wir müssten

29,10 25,11–14; 23,3* **29,11** 24,4–7 **29,12–14** 5 Mo 4,29–31; Ps 50,15; Jes 55,6; Mt 7,7–8 **29,14** 23,3* **29,16–18** 24,8–10 **29,19** 25,4–5 **29,23** 23,14.21 **29,26** 20,1–2

noch lange hier bleiben. Wir sollten uns
Häuser bauen und darin wohnen, Gärten
anlegen und uns von ihren Früchten
ernähren.‹

29 Das alles hast du Zefanja geschrie-
ben. Doch er hat mir deinen Brief vor-
gelesen, 30 und der Herr hat mich beauf-
tragt, 31 allen Verbannten in Babylonien
diese Botschaft über dich weiterzugeben:
›Schemaja aus Nehelam spricht zu euch,
als wäre er ein Prophet, doch ich habe ihn
nicht gesandt. Er verführt euch dazu, auf
Lügen zu vertrauen. 32 Hört nun, was ich,
der Herr, sage: Ich werde Schemaja aus
Nehelam strafen, ihn und seine Kinder.
Seine Nachkommen werden alle sterben,
und auch er selbst wird das Gute nicht
erleben, das ich meinem Volk einst
schenken werde. Denn er hat zum Unge-
horsam aufgerufen gegen mich, den
Herrn!‹«

Gott befreit sein Volk aus der Gefangenschaft

30 Jeremia empfing diese Botschaft
vom Herrn: 2 »So spricht der Herr,
der Gott Israels: Schreib alle meine Wor-
te auf einer Buchrolle nieder! 3 Es kommt
die Zeit, in der ich das Schicksal der Is-
raeliten und Judäer, die mein Volk sind,
wieder zum Guten wende. Ich bringe sie
zurück in das Land, das ich ihren Vorfah-
ren gegeben habe, und sie können es wie-
der in Besitz nehmen.

4 Ich, der Herr, sage zu Israel und Juda:
5 Ich höre Angstgeschrei, Entsetzen
macht sich breit, und der Friede ist uner-
reichbar fern. 6 Können Männer denn
Kinder gebären? Warum sehe ich, wie al-
le Männer sich krümmen vor Schmerz,
als hätten sie Wehen? Warum sind sie alle
totenbleich?

7 Ja, es wird ein Tag kommen – so
furchtbar wie kein zweiter! Die Nach-
kommen Jakobs geraten in große Not,
aber ich werde sie retten. 8 An jenem Tag
werde ich das Joch, das auf ihnen lastet,
zerbrechen und ihre Fesseln zerreißen.
Das verspreche ich, der allmächtige Gott.
Keine fremden Völker werden mein Volk
mehr unterwerfen. 9 Nein, mir wird es
dienen, dem Herrn, seinem Gott, und
einem Nachkommen Davids, den ich als
König über sie einsetze.

10 Fürchtet euch nicht, ihr Nachkom-
men Jakobs, meine Diener! Hab keine
Angst, Volk Israel! Ich, der Herr, werde
euch aus einem fernen Land zurück-
holen. Ich befreie eure Nachkommen
aus dem Land, in dem sie Gefangene
sind. Dann werdet ihr in Frieden und Si-
cherheit leben, niemand bedroht euch
mehr. 11 Denn ich, der Herr, bin bei euch,
um euch zu helfen. Die Völker, in deren
Länder ich euch vertrieb, lasse ich vom
Erdboden verschwinden, doch euch lö-
sche ich nicht aus. Zwar werde ich auch
euch bestrafen, aber nicht mehr als unbe-
dingt nötig.

12 Israel, du bist böse zugerichtet wor-
den, deine Wunden sind unheilbar.
13 Keiner tritt für dich ein, niemand ver-
bindet deine Wunden, es gibt keine Hoff-
nung auf Heilung mehr für dich! 14 Alle
deine Freunde haben dich vergessen, sie
lassen dich im Stich. Du hast große
Schuld auf dich geladen und unzählige
Sünden begangen. Darum habe ich dich
geschlagen – unbarmherzig und grausam
wie ein Feind.

15 Warum klagst du jetzt über deine
Wunden, warum schreist du in deinem
Schmerz, den niemand lindern kann?
Weil deine Schuld so groß ist und du viele
Sünden begangen hast, darum habe ich
dich so zugerichtet!

16 Doch alle Völker, die dich ausrotten
wollen, sollen auch ausgerottet werden.
Deine Feinde werden wie du in die Ge-
fangenschaft ziehen. Sie haben dich be-
raubt – nun fallen sie selbst anderen zur
Beute; dich haben sie ausgeplündert, nun
gebe ich auch sie der Plünderung preis.

29,31–32 28,15–16 **30,2** 51,59–60; Jes 30,8; Hab 2,2 **30,3** 23,3* **30,7** Joel 1,15* **30,8** 28,10–14; 29,10 **30,9** 23,5; Hes 34,23–24 **30,10** Jes 43,1* **30,11** 4,27 **30,13** 14,19 **30,16** 10,25; Jes 17,14; 33,1

17 Aber zu dir sage ich, der Herr: Ich will
dich wieder gesund machen und deine
Wunden heilen, auch wenn deine Feinde
meinen, du seist von mir verstoßen wor-
den. ›Zion, um die sich niemand küm-
mert‹, nennen sie dich. 18 Doch ich ver-
spreche dir: Ich wende das Schicksal
meines Volkes wieder zum Guten und
sorge dafür, dass ihre Häuser neu errich-
tet werden. Aus den Ruinen wird Jerusa-
lem wiederaufgebaut, und der Königs-
palast wird an seiner alten Stelle stehen.

19 Dann hört man dort wieder Danklie-
der und frohes Lachen. Ich lasse mein
Volk immer größer werden und verleihe
ihnen so viel Ansehen, dass niemand sie
mehr verachtet. 20 Ihre Kinder können in
Sicherheit aufwachsen wie früher, ja, das
ganze Volk wird von mir geschützt. Doch
alle, die sie unterdrücken, bekommen
meine Strafe zu spüren!

21 Ein König aus dem eigenen Volk
wird sie regieren; einer aus ihrer Mitte
wird ihr Herrscher sein. Er darf vor mich
treten, weil ich es ihm gewähre. Denn
wer sonst könnte es wagen, sich mir zu
nähern, mir, dem Herrn? Er würde sein
Leben aufs Spiel setzen. 22 Ihr Israeliten
sollt wieder mein Volk sein, und ich will
euer Gott sein!«

23 Der Zorn des Herrn bricht los wie
ein Sturm, wie ein Wirbelsturm fegt er
über die hinweg, die den Herrn verach-
ten. 24 Er wird sich erst legen, wenn alles
ausgeführt ist, was der Herr sich vor-
genommen hat. Die Zeit kommt, in der
ihr das klar erkennen werdet!

Ich bringe euch in euer Land zurück

31 So spricht der Herr: »Es kommt die
Zeit, in der ich der Gott aller Stäm-
me Israels sein werde, und sie werden
mein Volk sein. 2 Alle, die dem Schwert
der Feinde entkommen sind, ziehen durch
die Wüste zurück in ihr Land, wo sie in
Ruhe und Sicherheit leben können.

Denn ich, der Herr, habe Erbarmen
mit ihnen. 3 Ich bin ihnen von ferne er-
schienen und habe zu ihnen gesagt: ›Ich
habe euch schon immer geliebt, darum
bin ich euch stets mit Güte begegnet.‹
4 Ich baue dich wieder auf, Volk Israel,
deine Städte und Dörfer werden neu er-
richtet. Dann wirst du fröhlich sein und
mit dem Tamburin hinausgehen zum Rei-
gentanz. 5 Im Bergland von Samaria legst
du wieder Weinberge an. Die Weinbau-
ern bepflanzen sie und genießen ihre
Früchte. 6 Die Wächter im Bergland von
Ephraim rufen: ›Auf, wir wollen zum
Berg Zion gehen, zum Herrn, unserem
Gott!‹

7 Ich, der Herr, sage: Freut euch über
die Nachkommen Jakobs, jubelt über
das bedeutendste aller Völker! Singt mir
Loblieder und ruft laut: ›Der Herr hat
sein Volk befreit, er hat alle gerettet, die
von Israel übrig geblieben sind!‹ 8 Ich, der
Herr, bringe sie aus dem Land im Norden
zurück, ich hole sie vom Ende der Erde
herbei. Blinde und Lahme sind unter ih-
nen, schwangere Frauen und solche, die
gerade erst ein Kind geboren haben. Sie
alle kehren als großes Volk in ihr Land
zurück. 9 Weinend werden sie kommen,
sie werden zu mir beten, während ich sie
nach Hause bringe. Ich führe sie zu Bä-
chen mit frischem Wasser, ich lasse sie
auf gut gebahnten Wegen gehen, damit
sie nicht stürzen. Denn ich bin Israels Va-
ter, und der Stamm Ephraim ist mein ers-
ter Sohn.

10 Ihr Völker, hört, was ich, der Herr,
sage, verkündet es auf den fernsten In-
seln! Ruft: ›Der Herr hat die Israeliten
in alle Winde zerstreut, aber nun sam-
melt er sie wieder und schützt sein Volk
wie ein Hirte seine Herde.‹ 11 Ja, ich, der
Herr, habe die Nachkommen Jakobs er-
löst, ich habe sie aus der Gewalt ihrer
Unterdrücker befreit. 12 Sie werden auf
den Berg Zion kommen und jubeln vor
Freude; dann genießen sie die guten Ga-

30,17 Jes 62,4 **30,18–19** Ps 126,1–3 **30,21** 5 Mo 17,15 **30,22** 7,23; 24,7 **30,23–24** 23,19–20 **31,1** 3,18* **31,3** 5 Mo 7,7–8; Mal 1,2 **31,4** 33,10–11 **31,6** 50,4–5; 51,10 **31,7–8** 23,3* **31,9** Jes 49,9–11; Hos 11,1.8 **31,10** Hes 34,11–16* **31,12–13** Jes 35,10

Tun, was für den anderen wichtig ist

Lesen Sie Jeremia 31,32

Der Bund zwischen Gott und seinem Volk ist das Vorbild für den Bund zwischen Mann und Frau. In Jeremia 31,32 sehen wir, dass zu einer solchen Beziehung auch Taten gehören, die für das Wohlergehen des anderen von besonderer Bedeutung sind.

In den ersten Ehejahren möchten sich alle Paare gegenseitig ihre Liebe zeigen. Das Problem ist jedoch, dass sie mitunter ihre Liebe nicht so zum Ausdruck bringen, wie der andere es verstehen kann. Wir zeigen unsere Liebe gerne so, wie es unsere Eltern schon getan haben, oder so, wie wir gerne von unserem Partner geliebt werden wollen.

Doch mit aufrichtigen Gefühlen allein ist es nicht getan. Wir müssen Fragen stellen, wenn wir herausfinden wollen, was für den anderen von Bedeutung ist. Wodurch der eine sich geliebt fühlt, fühlt sich der andere nicht unbedingt auch geliebt.

Fragen Sie Ihren Mann oder Ihre Frau darum immer wieder einmal: „Wie kann unsere Ehe noch besser werden?" Wenn Sie dann feststellen, dass für Ihren Partner ein Wochenendausflug von Bedeutung ist, schreiben Sie sich das in den Kalender und machen Geld dafür locker. Wenn Ihr Mann oder Ihre Frau sich durch ein allabendliches Beisammensein und gute Gespräche besonders geliebt und geschätzt fühlt, dann halten Sie sich die Abende frei und räumen Sie ihnen eine so große Priorität ein wie Ihren morgendlichen Sitzungen im Büro.

Nehmen Sie sich Zeit, um allein oder als Paar gemeinsam zu beten.

- Danken Sie Gott für seine vollkommene Schöpfung, vor allem dafür, dass er jedem Menschen eine einzigartige Ausdrucksweise geschenkt hat.
- Bekennen Sie Gott, dass es Ihnen manchmal nicht gelingt, Ihre Liebe so zu zeigen, wie Ihr Partner es braucht.
- Bitten Sie ihn, dass Sie Wege finden, Ihrem Partner das Gefühl der Verbundenheit und des Geliebtwerdens zu vermitteln.

Wenn Sie noch mehr Zeit haben …

Besprechen Sie miteinander folgende Fragen oder denken Sie darüber nach:

- Was haben Sie von Ihren Eltern (oder von anderen Vorbildern) darüber gelernt, wie man Liebe zum Ausdruck bringt?
- Wie hat sich dieser Ausdruck von Liebe in der Beziehung zu Ihrem Mann/Ihrer Frau bewährt?
- Welche drei Dinge können Sie in dieser Woche tun, um Ihrem Ehepartner Ihre Liebe so zu zeigen, wie er/sie es mag?

Lesen Sie auch die folgenden Abschnitte zum Thema Liebe zeigen:
Lukas 6,31; Epheser 4,2; 1. Petrus 4,8.

Auf Gott ist Verlass

Die folgenden Fragen können Sie entweder allein oder als Paar gemeinsam durchgehen. Wenn jeder für sich darüber nachdenkt, verabreden Sie sich in der kommenden Woche zu einem Austausch darüber, was Sie herausgefunden haben.

1. Lesen Sie Jeremia 39,15-18. Was war die Folge von Ebed-Melechs Vertrauen auf Gott?

2. Was bedeutet es, Gott zu vertrauen? Vermeiden Sie einfache Antworten. Versuchen Sie zu erklären, was es wirklich bedeutet, Gott allein voll und ganz zu vertrauen.

3. Vertrauen Sie Gott? Erzählen Sie, wie Sie gelernt haben, auf ihn zu vertrauen.

4. Wie könnten Sie Ihr Vertrauen auf Gott noch weiter fördern?

5. Wie können Sie Ihren Ehepartner ermutigen, Tag für Tag auf Gott zu vertrauen?

6. Wie können Sie jemanden, der in einer schwierigen Situation steckt, ermutigen, Gott zu vertrauen?

Jeremia 1,5

„Ich lasse dich entkommen, damit du nicht getötet wirst. Du sollst am Leben bleiben, weil du mir vertraut hast. Darauf gebe ich, der Herr, mein Wort!"

KONKRET:

Denken Sie an jemanden, der mit Problemen zu kämpfen hat und Gott vielleicht nicht so sehr vertraut. Überlegen Sie gemeinsam mit Ihrem Ehepartner, wie Sie diesen Menschen ermutigen könnten, sein Vertrauen auf den allmächtigen, lebendigen Gott zu setzen, der sich um jeden Menschen kümmert.

Den nächsten Impuls finden Sie auf S. 910 a

ben, die ich ihnen schenke: Korn, jungen
Wein und Olivenöl in Fülle, dazu junge
Schafe und Rinder. Mein Volk wird
einem gut bewässerten Garten gleichen,
nie wieder werden sie Mangel leiden.
13 Die Mädchen tanzen im Reigen, die
jungen Männer und die Alten feiern mit-
einander. Denn ich verwandle ihre Trau-
er in Freude, ich tröste sie und schenke
ihnen Glück nach all ihrem Leid. 14 Den
Priestern gebe ich das beste Fleisch der
Opfertiere; mein Volk soll satt werden
von meinen guten Gaben. Darauf gebe
ich, der Herr, mein Wort.«

15 So spricht der Herr: »Schreie der
Angst hört man in der Stadt Rama, das
Klagen nimmt kein Ende. Rahel weint
um ihre Kinder, sie will sich nicht trösten
lassen, denn ihre Kinder wurden ihr ge-
nommen.[a]

16 Doch ich, der Herr, sage: Du
brauchst nicht mehr zu weinen und zu
klagen! Wisch dir die Tränen ab, denn
ich werde dich für das belohnen, was du
für deine Nachkommen getan hast: Sie
kehren aus dem Land ihrer Feinde zu-
rück. 17 Du hast eine Zukunft! Du darfst
neue Hoffnung schöpfen! Denn deine
Kinder kommen in ihre Heimat zurück.

18 Ich habe genau gehört, wie Ephraim
stöhnt: ›Herr, du hast mich gestraft, ich
musste geschlagen werden wie ein junges
Rind, das sich nicht ans Joch gewöhnen
will, ich habe deine Strafe verdient! Doch
jetzt bring mich zurück zu dir, lass mich
umkehren, denn du bist der Herr, mein
Gott. 19 Ich komme zu dir zurück, und
jetzt packt mich die Reue über das, was
ich getan habe. Ich erkenne meine Sün-
den, sie tun mir leid. Ich schäme mich,
und mein Gewissen quält mich. Die
Schuld meiner Jugend hat mich in Verruf
gebracht.‹

20 Ich, der Herr, antworte: Ephraim ist
mein geliebter Sohn, mein Lieblingskind!
Immer wenn ich ihm Strafe androhe,
muss ich doch in Liebe an ihn denken.
Es bricht mir das Herz, ich muss Erbar-
men mit ihm haben!

21 Ihr Israeliten, stellt euch Wegweiser
auf, kennzeichnet die Straßen! Erinnert
euch, auf welchem Weg ihr gekommen
seid, und dann kehrt in eure Städte zu-
rück! 22 Wie lange willst du noch umher-
irren, mein Volk, das mir die Treue ge-
brochen hat? Wenn du wieder in deinem
Land bist, lasse ich etwas ganz Neues ge-
schehen: Du wirst bei mir bleiben wie
eine Frau bei ihrem Mann.[b]«

Israel und Juda werden wieder besiedelt

23 Der Herr, der allmächtige Gott Israels,
sprach zu mir: »Wenn ich das Schicksal
meines Volkes zum Guten wende, wer-
den die Einwohner der Städte Judas sa-
gen: ›Der Herr segne dieses Land, das
ihm gehört, und den Berg Zion, auf dem
er wohnt!‹ 24 Alle Menschen werden im
Land Juda friedlich zusammenleben:
Bauern und Nomaden, die mit ihren Her-
den umherziehen. 25 Ich will den Er-
schöpften neue Kraft geben, und alle,
die vom Hunger geschwächt sind, be-
kommen von mir zu essen.«

26 Da wachte ich auf, ich war erfrischt
und gestärkt.

27 Der Herr sprach: »Es kommt die
Zeit, in der ich Israel und Juda wieder
mit Menschen und Tieren bevölkern wer-
de. 28 Damals habe ich sie entwurzelt und
ausgerissen, nun werde ich sie wieder ein-
pflanzen und gedeihen lassen. Das ver-
spreche ich, der Herr. 29 Dann wird man
nicht mehr das Sprichwort anführen:
›Die Väter haben saure Trauben geges-
sen, und die Söhne haben davon stumpfe
Zähne bekommen.‹ 30 Nein, wer saure
Trauben isst, wird selbst stumpfe Zähne
bekommen; jeder wird für seine eigene
Schuld sterben.«

---

[a] Rahel, die Mutter Josefs und Benjamins, war in Rama begraben. Hier steht sie bildhaft für die Stämme des Nordreichs.

[b] Wörtlich: Die Frau wird den Mann umgeben.

31,14 4 Mo 18,8–19* **31,15** 1 Sam 10,2; Mt 2,18 **31,18–19** 4,1; 7,3 **31,20** Jes 49,15; 63,9; Hos 11,8 **31,23** Ps 122,6–9 **31,28** 1,10; 18,7–10 **31,29–30** 2 Mo 20,5–6*; Hes 18,2–4

Der neue Bund

31 So spricht der Herr: »Es kommt die
Zeit, in der ich mit dem Volk Israel und
dem Volk von Juda einen neuen Bund
schließe. 32 Er ist nicht mit dem zu verglei-
chen, den ich damals mit ihren Vorfahren
schloss, als ich sie mit starker Hand aus
Ägypten befreite. Diesen Bund haben
sie gebrochen, obwohl ich doch ihr Herr
war!
33 Der neue Bund mit dem Volk Israel
wird ganz anders aussehen: Ich schreibe
mein Gesetz in ihr Herz, es soll ihr ganzes
Denken und Handeln bestimmen. Ich
werde ihr Gott sein, und sie werden mein
Volk sein. 34 Niemand muss dann den an-
deren noch belehren, keiner braucht sei-
nem Bruder mehr zu sagen: ›Erkenne
doch den Herrn!‹ Denn alle – vom
Kleinsten bis zum Größten – werden er-
kennen, wer ich bin. Ich vergebe ihnen
ihre Schuld und denke nicht mehr an ihre
Sünden. Mein Wort gilt!
35 Ich, der Herr, habe die Sonne dazu
bestimmt, den Tag zu erhellen, den Mond
und die Sterne, damit sie nachts leuchten.
Sie alle folgen einer festen Ordnung. Ich
lasse die Wellen des Meeres tosen, denn
ich bin der Herr, der allmächtige Gott.
36 Ich sage: So wie diese feste Ordnung
für immer besteht, wird auch Israel für
immer mein Volk sein. 37 Und wie man
die Weite des Himmels und die Fun-
damente der Erde niemals ermessen
kann, so werde ich Israel nicht verstoßen
trotz allem, was es getan hat. Darauf ge-
be ich, der Herr, mein Wort!«

Jerusalem wird wieder aufgebaut

38 So spricht der Herr: »Es kommt die
Zeit, in der man die Stadt Jerusalem für
mich wieder aufbauen wird. Ihre Mauer
verläuft vom Hananelturm bis zum Eck-
tor, 39 von dort weiter bis zum Garebhü-
gel und im Bogen bis nach Goa. 40 Das
ganze Tal, in dem man die Leichen ver-
brennt und die Opferasche ausschüttet,
außerdem die Terrassenfelder bis zum
Bach Kidron und zur Ecke des Rosstors
im Osten – alles wird dann einzig und al-
lein mir gehören. Nie mehr wird man die
Stadt abreißen und zerstören.«

Jeremia kauft einen Acker

32 Im 10. Regierungsjahr des judäi-
schen Königs Zedekia empfing
Jeremia eine Botschaft vom Herrn. Es
war das 18. Regierungsjahr König Nebu-
kadnezars, 2 und das babylonische Heer
belagerte damals gerade Jerusalem. Jere-
mia wurde im Wachhof beim Königs-
palast gefangen gehalten. 3 Zedekia hatte
ihn verhaften lassen, weil er immer wie-
der verkündet hatte: »So spricht der
Herr: ›Ich gebe diese Stadt in die Gewalt
des babylonischen Königs, er wird sie er-
obern. 4 Auch König Zedekia entkommt
ihm nicht, er wird Nebukadnezar Auge
in Auge gegenüberstehen und ihm
Rechenschaft ablegen müssen. 5 Dann
verschleppt man Zedekia nach Babylon,
und dort wird er bleiben, bis ich, der
Herr, mich wieder seiner annehme. Ihr
könnt noch so sehr gegen die Babylonier
kämpfen, ihr werdet doch nicht siegen!‹«
6 Jeremia berichtet über die Botschaft,
die Gott ihm gab:
Der Herr sprach zu mir: 7 »Hanamel,
der Sohn deines Onkels Schallum, wird
zu dir kommen und dich auffordern, sei-
nen Acker in Anatot zu kaufen, weil du
als nächster Verwandter das Vorkaufs-
recht hast.« 8 Wie der Herr es angekün-
digt hatte, kam Hanamel zu mir in den
Wachhof und sagte: »Ich muss meinen
Acker verkaufen, der in Anatot im Ge-
biet von Benjamin liegt. Du bist der
nächste Verwandte und hast das Vor-
kaufsrecht. Nimm den Acker, damit er
unserer Sippe nicht verloren geht!«
Ich wusste, dass durch ihn der Herr zu

31,31–34 32,40; Hes 36,26–27*; Lk 22,20; 2 Kor 3,6; Hebr 8,6–13; 9,15; 10,14–18
31,32 2 Mo 19,5–6*; 24,3–8 **31,34** Jes 11,9; Hab 2,14 **31,35–36** 33,20–21 **31,35** 1 Mo 1,16–18
31,38–40 Sach 14,10–11 **32,2** 2 Kön 25,1; Jer 37,21; 38,28 **32,3–5** 21,4–10; 34,2–5; 37,3–21
32,7–8 3 Mo 25,23–25 **32,7** 1,1

mir sprach, [9]darum kaufte ich Hanamel den Acker ab und gab ihm siebzehn Silberstücke dafür. [10]Ich unterzeichnete den Kaufvertrag, ließ die Zeugen unterschreiben und versiegelte das Schriftstück. Die Silberstücke wog ich auf der Waage ab. [11/12]In Gegenwart Hanamels, der Zeugen, die den Vertrag beglaubigt hatten, und der anderen Judäer, die sich im Wachhof aufhielten, gab ich dann den versiegelten Vertrag und eine unversiegelte Abschrift Baruch, dem Sohn Nerijas und Enkel Machsejas. [13]Ich sagte zu ihm:

[14]»So spricht der Herr, der allmächtige Gott Israels: ›Nimm diesen versiegelten Kaufvertrag und die offene Abschrift, und bewahre sie in einem Tonkrug auf, damit sie lange erhalten bleiben. [15]Denn ich, der Herr, der allmächtige Gott Israels, verspreche: Es kommt die Zeit, in der man in diesem Land wieder Häuser, Äcker und Weinberge kaufen wird!‹«

Jeremia lobt Gott

[16]Nachdem ich den Kaufvertrag Baruch, dem Sohn Nerijas, übergeben hatte, betete ich:

[17]»Herr, allmächtiger Gott, durch deine starke Hand und deine Macht hast du den Himmel und die Erde geschaffen. Nichts ist dir unmöglich. [18]Die Söhne strafst du für die Schuld ihrer Väter, aber deine Güte erweist du an Tausenden von Generationen. Du bist groß und unüberwindlich, Herr, allmächtiger Gott! [19]Deine Gedanken sind weise, und alles, was du tust, zeigt deine unerschöpfliche Macht. Vor deinen Augen liegen die Wege aller Menschen offen da, du gibst jedem, was er für seine Taten verdient.

[20]*Du hast damals* in Ägypten Zeichen und Wunder vollbracht, und so tust du es bis heute an Israel und an allen Menschen. Dein Name ist in aller Welt bekannt. [21]Du hast dein Volk Israel mit starker Hand aus Ägypten befreit, durch deine Wunder und die Zeichen deiner Macht hast du ihre Feinde in Angst und Schrecken versetzt. [22]Deinem Volk gabst du dieses Land, das du schon ihren Vorfahren mit einem Eid versprochen hattest, ein Land, wo Milch und Honig fließen.

[23]Doch als unsere Vorfahren es in Besitz genommen hatten, hörten sie nicht mehr auf dich, den Herrn, sie richteten sich nicht nach deinen Geboten, und was du ihnen sagtest, war ihnen völlig gleichgültig. Darum hast du nun das Unheil über sie hereinbrechen lassen. [24]Die Belagerungswälle reichen schon bis dicht an die Stadtmauer! Die Babylonier werden Jerusalem erobern, und wir halten ihrem Angriff nicht mehr stand, denn wir sind von Hunger und Seuchen geschwächt. Herr, sieh doch, es ist alles so gekommen, wie du es angedroht hast. [25]Und obwohl die Stadt bald den Babyloniern in die Hände fallen wird, hast du, Herr, allmächtiger Gott, mir noch befohlen, den Acker zu kaufen und den Vertrag von Zeugen beglaubigen zu lassen!«

Gottes Antwort

[26]Da sprach der Herr zu mir: [27]»Ich bin der Herr über alle Menschen, mir ist nichts unmöglich. [28]Ich liefere diese Stadt König Nebukadnezar und den Babyloniern aus. [29]Noch belagern sie Jerusalem, doch dann werden sie es erobern und niederbrennen. Alle Häuser, auf deren Dächern man für Baal Räucheropfer darbrachte und anderen Göttern Trankopfer ausgoss, werden in Flammen aufgehen. Denn die Einwohner haben meinen Zorn damit herausgefordert.

[30]Die Israeliten und die Judäer haben von Anfang an nur das getan, was ich verabscheue, ständig haben sie mich zornig gemacht. [31]Seit Jerusalem gegründet wurde, haben die Menschen dort mich bis aufs äußerste gereizt! Darum werde ich diese Stadt nun dem Erdboden

---

32,11–12 45,1 **32,17** 1 Mo 18,14; Hiob 42,2 **32,18** 2 Mo 34,6–7 **32,20–21** 5 Mo 4,34* **32,22** 1 Mo 12,7*; 2 Mo 3,8 **32,28** 21,10 **32,29** 2 Kön 25,1–11

gleichmachen. 32 Ja, mich haben sie he-
rausgefordert mit ihrer Bosheit, die Kö-
nige und führenden Männer, die Priester,
Propheten und das ganze Volk von Juda
und Jerusalem. 33 Sie haben mir den Rü-
cken gekehrt und wollten nichts mehr
von mir wissen. Obwohl ich ihnen immer
wieder meine Weisungen gab, weigerten
sie sich beharrlich, auf mich zu hören und
mir zu gehorchen. 34 Sogar in meinem
Tempel haben sie ihre abscheulichen
Götzen aufgestellt und ihn so entweiht.
35 Und nicht genug damit: Im Hinnomtal
errichteten sie Opferstätten für Baal und
verbrannten ihre Kinder als Opfer für
den Gott Moloch. Niemals habe ich
ihnen so etwas befohlen, mit keinem Ge-
danken je daran gedacht, dass sie sich in
so entsetzliche Schuld verstricken soll-
ten! Damit haben sie ganz Juda zur Sün-
de verführt.

36 Ihr sagt: ›Jerusalem wird dem König
von Babylonien in die Hände fallen,
denn die Kämpfe, der Hunger und die
Seuchen haben unseren Widerstand ge-
brochen.‹ Doch hört, was ich dieser Stadt
verkünde, ich, der Herr und Gott Israels:

37 Zwar zerstreue ich ihre Einwohner
voller Zorn in alle Länder, aber ich will
sie wieder von dort sammeln und zurück-
bringen, damit sie hier in Ruhe und Frie-
den wohnen können. 38 Sie sollen mein
Volk sein, und ich will wieder ihr Gott
sein. 39 Dann werden sie nur ein Ziel ha-
ben: mich zu achten und zu ehren, denn
ich selbst lege ihnen diesen Wunsch ins
Herz. Darum wird es ihnen und ihren
Nachkommen gut gehen.

40 Ich will einen Bund mit ihnen schlie-
ßen, der für alle Zeiten gilt: Nie werde
ich aufhören, ihnen Gutes zu tun. Ich ge-
be ihnen Ehrfurcht vor mir, damit sie sich
nie mehr von mir abwenden. 41 Es wird
mir Freude bereiten, ihnen Gutes zu tun,
und wenn ich sie wieder in diesem Land
wohnen lasse, dann tue ich dies von gan-
zem Herzen und bleibe auch dabei. 42 Ich,
der Herr, verspreche: Ich lasse all das
Gute eintreffen, das ich diesem Volk an-
gekündigt habe, so wie ich auch das Un-
heil über sie hereinbrechen ließ. 43 Jetzt
klagt ihr noch: ›Unser Land wird verwüs-
tet und bald von Menschen und Tieren
verlassen sein, denn es fällt den Babylo-
niern in die Hände.‹ Doch ich, der Herr,
sage euch: Man wird im ganzen Land
wieder Felder kaufen 44 und verkaufen,
den Preis aushandeln und Verträge ab-
schließen, sie von Zeugen bestätigen las-
sen und versiegeln: im Stammesgebiet
von Benjamin, in den Dörfern um Jerusa-
lem, in den Städten Judas und des Berg-
landes, in den Städten des Hügellandes
im Westen und im Negev. Ich, der Herr,
werde das Schicksal meines Volkes wie-
der zum Guten wenden.«

In Jerusalem wird wieder Freude herrschen

33 Während Jeremia im Wachhof ge-
fangen gehalten wurde, redete der
Herr ein zweites Mal mit ihm: 2 »So
spricht der Herr, der allmächtige Gott,
der die Erde geschaffen hat, der sie form-
te und ihr Bestand gab: 3 Rufe zu mir,
dann will ich dir antworten und dir große
und geheimnisvolle Dinge zeigen, von
denen du nichts weißt!

4/5 Ihr Einwohner von Jerusalem, hört
meine Botschaft: Ihr habt Teile des Kö-
nigspalasts und anderer Häuser der Stadt
abgerissen. Ihr wolltet die Steine und
Balken dazu verwenden, euch gegen die
angreifenden Babylonier mit ihren Bela-
gerungswällen zu schützen. Doch ich sa-
ge euch: In den Ruinen dieser Häuser
werden überall die Leichen der Gefalle-
nen liegen, die ich in meinem glühenden
Zorn umkommen lasse. Denn wegen
ihrer Bosheit habe ich mich von dieser
Stadt abgewandt.

6 Doch ich sorge dafür, dass eure Häu-
ser neu errichtet werden; ich gebe euch
dauerhaften Frieden und Sicherheit. 7 Ja,
ich wende das Schicksal Judas und Israels

32,34 2 Kön 21,7; 23,4–7; Hes 8,5.10 **32,35** 19,5; 3 Mo 18,21* **32,37** 23,3* **32,39** Hes 36,26–27* **32,40** 31,31–34* **32,43–44** 32,9–10 **33,1** 32,1–2 **33,2–3** Ps 17,6* **33,4–5** Jes 22,9–11 **33,7** 24,6

zum Guten und baue das Land wieder
auf wie früher. 8 Mein Volk werde ich
von aller Schuld befreien. Sie haben mir
die Treue gebrochen und gegen mich ge-
sündigt, doch ich will ihnen vergeben!
9 Dann werde ich mich über Jerusalem
freuen, die Stadt wird mir Ruhm und Eh-
re bringen; ja, alle Völker werden mich
preisen, wenn sie hören, wie viel Gutes
ich Jerusalem tue. Sie werden von Ehr-
furcht überwältigt sein, weil ich der Stadt
Glück und Frieden schenke.

10 Ihr sagt: ›Unsere Stadt ist verwüstet,
es leben keine Menschen und Tiere mehr
darin; die Städte Judas und die Straßen
Jerusalems sind wie ausgestorben.‹ Doch
ich, der Herr, verspreche euch: 11 Überall
wird wieder Freude und Jubel herrschen,
es wird fröhliche Hochzeitsfeiern geben.
Ihr werdet hören, wie die Menschen mich
preisen und sagen: ›Lobt den Herrn, den
allmächtigen Gott, denn er ist gut, und
seine Gnade hört niemals auf!‹ Ihr wer-
det sehen, wie sie wieder in den Tempel
gehen, um mir Dankopfer darzubringen.
Ja, ich wende das Schicksal eures Landes
zum Guten, so wie es früher war!«

12 So spricht der Herr, der allmächtige
Gott: »Jetzt ist eure Stadt verwüstet, von
Menschen und Tieren verlassen. Aber
hier und in den anderen Städten wird es
wieder Weideplätze geben, auf denen
Hirten ihre Herden lagern lassen. 13 In
den Städten des Berglandes und des Hü-
gellandes im Westen, im Negev, im Stam-
mesgebiet von Benjamin, in den Dörfern
um Jerusalem und in den Städten Judas –
überall werden die Hirten ihre Schafe
zählen. Das verspreche ich, der Herr.«

Ich schließe mit euch einen ewigen Bund

14 So spricht der Herr: »Es kommt die
Zeit, da erfülle ich meine Verheißung
für Israel und Juda: 15 Ich mache einen
Nachkommen Davids zum König, den
man wirklich als gerecht bezeichnen
kann. Er wird in seinem Land für Recht
und Gerechtigkeit sorgen. 16 Unter seiner
Regierung wird Juda Hilfe finden und Je-
rusalem in Sicherheit leben. ›Der Herr,
unsere Rettung‹, so wird man Jerusalem
nennen. 17 Ich, der Herr, sage euch: Im-
mer wird ein Nachkomme Davids als Kö-
nig über Israel regieren. 18 Und aus dem
Stamm Levi werden immer Priester kom-
men, die mir dienen und regelmäßig
Brandopfer, Speiseopfer und andere Op-
fergaben darbringen.«

19 Wieder empfing Jeremia eine Bot-
schaft vom Herrn: 20 »So spricht der Herr:
Ich habe mit dem Tag und der Nacht
einen Bund geschlossen, dass sie zur
rechten Zeit aufeinander folgen; nie-
mand kann diese Ordnung umstoßen.
21 Auch mit meinem Diener David habe
ich einen Bund geschlossen, dass immer
einer seiner Nachkommen als König re-
gieren wird, ebenso mit den Priestern
aus dem Stamm Levi, dass sie mir immer
dienen werden. Diese Bündnisse kann
niemand aufheben. 22 Ich lasse die Nach-
kommen Davids und die Nachkommen
der Leviten so zahlreich werden wie die
Sterne und wie den Sand am Meer.«

23 Dann sprach der Herr zu Jeremia:
24 »Hörst du, was die Leute sagen? ›Der
Herr hat Israel und Juda als sein Volk er-
wählt, aber jetzt hat er es verstoßen!‹ Mit
Verachtung schauen sie auf die Israeliten
herab, als wären sie gar kein Volk mehr.
25 Doch ich, der Herr, sage: Meinen Bund
mit dem Tag und der Nacht werde ich
niemals brechen, und die Ordnungen
von Himmel und Erde lasse ich für alle
Zeiten gelten. 26 Genauso sicher könnt
ihr sein, dass ich die Nachkommen Ja-
kobs und Davids nie verstoßen werde;
immer wird einer von ihnen König sein
über das Volk Abrahams, Isaaks und Ja-
kobs. Dann will ich ihr Schicksal wieder
zum Guten wenden und Erbarmen mit
ihnen haben.«

33,8 31,34 **33,9** 13,11 **33,10** 32,43 **33,11** Ps 136,1 **33,15–16** 23,5–6 **33,17** 2 Sam 7,16* **33,18** 5 Mo 10,8 **33,20–21** 31,35–36 **33,22** 1 Mo 22,17

König Zedekia wird nicht im Krieg umkommen

34 König Nebukadnezar von Babylo-
nien belagerte Jerusalem und die
umliegenden Städte mit seinem Heer
und mit den Truppen der Völker, die er
unterworfen hatte. In dieser Zeit empfing
Jeremia eine Botschaft vom Herrn:
2 »So spricht der Herr, der Gott Israels:
Geh zu König Zedekia und sag ihm: Ich,
der Herr, gebe deine Stadt in die Gewalt
des babylonischen Königs, und er wird sie
in Brand stecken. 3 Du selbst wirst ihm
nicht entkommen, nein, du wirst gefan-
gen genommen, musst ihm Auge in Auge
gegenüberstehen und ihm Rechenschaft
ablegen. Dann wird man dich nach Baby-
lon bringen. 4 Doch höre, Zedekia, König
von Juda, was ich, der Herr, dir außerdem
sage: Du wirst nicht im Krieg umkom-
men, 5 sondern einmal in Frieden sterben.
Dann wird man dir zu Ehren ein großes
Feuer anzünden wie bei deinen Vorgän-
gern, man wird um dich trauern und ru-
fen: ›Unser König ist tot!‹ Ich selbst gebe
dir darauf mein Wort.«
6 Der Prophet Jeremia gab diese Bot-
schaft dem König in Jerusalem weiter,
7 als die Babylonier noch um Jerusalem,
Lachisch und Aseka kämpften. Von allen
befestigten Städten Judas leisteten nur
diese noch Widerstand.

Ein folgenschwerer Wortbruch

8/9 König Zedekia befahl den Einwohnern
von Jerusalem, alle jüdischen Sklaven und
Sklavinnen freizulassen und niemanden
aus dem eigenen Volk mehr als Sklaven
zu halten. 10 Die führenden Männer und
das ganze Volk willigten ein, verpflichte-
ten sich mit einem Eid und schenkten
ihren Sklaven die Freiheit. 11 Doch dann
überlegten sie es sich anders, holten ihre
Sklaven zurück und zwangen sie wieder
zum Dienst. 12 Da empfing Jeremia eine
Botschaft vom Herrn:
13 »So spricht der Herr, der Gott Isra-
els: Als ich eure Vorfahren aus der Skla-
verei befreite und sie aus Ägypten he-
rausführte, schloss ich mit ihnen einen
Bund und befahl: 14 ›Lasst jeden jüdi-
schen Sklaven, der sich euch verdingt hat,
im siebten Jahr seines Dienstes frei!‹
Aber eure Vorfahren wollten nicht auf
mich hören, sie haben mein Gebot miss-
achtet. 15 Ihr nun habt getan, was mir ge-
fällt: Ihr habt eure Sklaven freigelassen
und euch sogar mit einem Eid vor mir in
meinem Tempel dazu verpflichtet.
16 Doch jetzt habt ihr eure Meinung geän-
dert, eure Sklaven zurückgeholt und wie-
der zum Dienst gezwungen, obwohl ihr
sie freigelassen hattet und sie gehen
konnten, wohin sie wollten. Damit habt
ihr meinem Namen Schande bereitet!
17 Und nun hört, was ich euch sage: Ihr
habt meine Worte in den Wind geschla-
gen und den Sklaven aus eurem Volk
nicht die Freiheit geschenkt. Darum gebe
ich, der Herr, euch nun die Freiheit, im
Krieg zu fallen, an einer Seuche zu ster-
ben oder zu verhungern! In allen König-
reichen der Welt wird man entsetzt sein
über das, was ich euch antue. 18/19 Die füh-
renden Männer von Juda und Jerusalem,
die Hofbeamten, die Priester und das
Volk haben mit mir einen Bund geschlos-
sen: Sie zerlegten ein Kalb in zwei Hälf-
ten und schritten zwischen ihnen hin-
durch. Doch dann haben sie den Bund
mit mir gebrochen und sich nicht an ihre
Verpflichtungen gehalten. Darum werde
ich sie so zurichten wie das Kalb, zwi-
schen dessen Teilen sie hindurchgegan-
gen sind. 20 Ich lasse sie ihren Todfeinden
in die Hände fallen und werfe ihre Lei-
chen den Geiern und Schakalen zum
Fraß vor.
21 Auch König Zedekia von Juda und
die führenden Männer gebe ich in die
Gewalt ihres erbitterten Feindes, des Kö-
nigs von Babylonien. Selbst wenn sein
Heer jetzt von euch abgezogen ist, 22 wird
es auf meinen Befehl wieder umkehren

34,1 2 Kön 25,1–2 **34,2–3** 32,3–5 **34,5** 2 Chr 16,14 **34,7** 2 Chr 11,5–10 **34,8–9** Neh 5,5.8 **34,14** 2 Mo 21,2–4 **34,15** 4 Mo 30,3* **34,17** 24,10 **34,18–19** 1 Mo 15,9–10.17–18 **34,21–22** 37,5.8

und diese Stadt belagern, sie erobern und
niederbrennen. Auch die anderen Städte
Judas mache ich zu einer menschenlee-
ren Wüste. Mein Wort gilt!«

Jeremia soll die Rechabiter auf die Probe stellen

35 Als Jojakim, der Sohn Josias, noch
König von Juda war, sprach der
Herr zu mir: 2 »Geh zur Sippe der Recha-
biter, bitte sie, in einen der Räume des
Tempels zu kommen, und biete ihnen
dort Wein an!«
3 Da lud ich die ganze Sippe der Recha-
biter ein: Jaasanja, den Sohn Jirmejas
und Enkel Habazzinjas, mit seinen Kin-
dern und Verwandten. 4 Ich führte sie in
den Raum der Söhne Hanans; Hanan war
ein Sohn des Propheten Jigdalja. Dieser
Raum lag neben dem der Fürsten, im ers-
ten Stock über dem Zimmer Maasejas,
der ein Sohn des Torwächters Schallum
war. 5 Dort stellte ich den Rechabitern
volle Weinkrüge hin, gab ihnen Becher
und forderte sie zum Trinken auf.
6 »Wir trinken keinen Wein«, erwider-
ten sie, »denn unser Stammvater Jona-
dab, der Sohn Rechabs, hat es uns und
unseren Nachkommen verboten. 7 Er be-
fahl uns auch: ›Baut keine Häuser, kauft
keine Äcker und Weinberge, und be-
pflanzt sie nicht! Ihr sollt immer in Zel-
ten wohnen. Nur dann werdet ihr lange in
dem Land leben, durch das ihr als Noma-
den zieht.‹ 8 Und so halten wir uns an die
Anordnungen unseres Stammvaters Jo-
nadab, des Sohnes Rechabs: Wir trinken
keinen Wein, weder wir noch unsere
Frauen und Kinder. 9 Wir bauen auch kei-
ne Häuser, um sesshaft zu werden; wir
besitzen weder Felder noch Weinberge
und Saatgut. 10 *Wir sind* Nomaden und
wohnen immer in Zelten, denn wir befol-
gen die Weisungen unseres Stammvaters
Jonadab genau. 11 Erst als König Nebu-
kadnezar von Babylonien unser Land an-
griff, entschlossen wir uns, nach Jerusa-
lem zu ziehen, um vor dem Heer der
Babylonier und Aramäer Schutz zu su-
chen. Nur deshalb halten wir uns jetzt in
der Stadt auf!«
12 Da empfing ich eine Botschaft vom
Herrn:
13 »So spricht der Herr, der allmächtige
Gott Israels: Geh zu den Bewohnern von
Juda und Jerusalem, und richte ihnen aus:
Warum lasst ihr euch nichts sagen? Wa-
rum missachtet ihr meine Gebote? 14 Jo-
nadab, der Sohn Rechabs, befahl seinen
Nachkommen, keinen Wein zu trinken,
und sie gehorchten ihm. Bis heute halten
sich die Rechabiter daran. Ich aber kann
mit euch reden, sooft ich will, und ihr
stellt euch taub.
15 Immer wieder habe ich meine Boten,
die Propheten, zu euch gesandt und euch
durch sie aufgefordert: ›Kehrt um von
euren falschen Wegen! Jeder von euch
soll sein Leben von Grund auf ändern!
Lauft nicht anderen Göttern nach, dient
ihnen nicht! Nur dann lasse ich euch wei-
ter in diesem Land wohnen, das ich euren
Vorfahren gegeben habe.‹ Doch ihr habt
mir keine Beachtung geschenkt und euch
nicht nach meinen Geboten gerichtet.
16 Die Nachkommen Jonadabs, des Soh-
nes Rechabs, haben sich an die Weisung
ihres Stammvaters gehalten, aber dieses
Volk hier schlägt meine Worte in den
Wind!
17 Darum sage ich, der Herr, der all-
mächtige Gott Israels: Ich lasse über die
Bewohner von Juda und Jerusalem das
Unheil hereinbrechen, das ich ihnen an-
gedroht habe. Denn ich redete mit ihnen,
doch sie stellten sich taub; ich rief sie,
aber sie antworteten nicht!«
18 Zur Sippe der Rechabiter sagte ich
im Auftrag des Herrn: »So spricht der all-
mächtige Gott Israels: ›Weil ihr das Ge-
bot eures Stammvaters Jonadab befolgt
und euch an alle seine Weisungen gehal-
ten habt, 19 wird es immer einen Nach-
kommen Jonadabs geben, der mir dient.
Das verspreche ich, der Herr!‹«

35,1 2 Kön 23,24 **35,6** 2 Kön 10,15–16 **35,11** 4,5; 8,14 **35,15** 25,4–7; 2 Mo 20,3–5*

Baruch liest Jeremias Buchrolle im Tempel vor

36 Im 4. Regierungsjahr König Joja-
kims, des Sohnes Josias, sprach
der Herr zu Jeremia: [2]»Nimm eine Buch-
rolle und schreib alle Botschaften auf, die
ich dir seit der Regierungszeit Josias für
Israel, Juda und die anderen Völker ge-
geben habe! [3]Wenn die Bewohner Judas
von dem Unheil hören, das ich über sie
bringen will, werden sie vielleicht von
ihren falschen Wegen umkehren und ihr
Leben ändern. Dann will ich ihre Schuld
und Sünde vergeben.«

[4]Da rief Jeremia Baruch, den Sohn Ne-
rijas, zu sich und diktierte ihm alles, was
der Herr zu ihm gesprochen hatte. Ba-
ruch schrieb es auf eine Buchrolle. [5]Jere-
mia durfte den Tempel nicht betreten,
darum gab er Baruch den Auftrag:
[6]»Geh in den Tempel, und lies alle Worte
des Herrn vor, so wie ich sie dir diktiert
habe! Die Einwohner Jerusalems und der
anderen Städte Judas werden sich am
Fastentag dort versammeln. [7]Vielleicht
flehen sie dann den Herrn um Gnade an
und kehren von ihren falschen Wegen
um, denn der Herr ist voller Zorn über
sie und hat ihnen großes Unheil ange-
droht.«

[8]Baruch befolgte die Anweisungen Je-
remias und verkündete die Botschaft des
Herrn im Tempel. [9]Im 9. Monat des
5. Regierungsjahres Jojakims, des Sohnes
Josias, hatte man nämlich das ganze Volk
von Juda und Jerusalem zum Fasten auf-
gerufen, um den Herrn um Gnade zu bit-
ten. [10]Baruch las die Worte Jeremias im
Tempel vor, und alle hörten gespannt zu.
Er saß in der Kammer Gemarjas, der ein
Sohn des Hofsekretärs Schafan war; die
Kammer lag am oberen Vorhof, dicht
beim Neuen Tor.

[11]Als Michaja, ein Sohn Gemarjas und
Enkel Schafans, die Worte des Herrn
hörte, [12]lief er zum Königspalast und ging
in den Raum des Hofsekretärs. Dort sa-
ßen alle führenden Männer beieinander:
der Hofsekretär Elischama, Delaja, der
Sohn Schemajas, Elnatan, der Sohn Ach-
bors, Gemarja, der Sohn Schafans, Zede-
kia, der Sohn Hananjas, und die übrigen
hohen Würdenträger. [13]Michaja berich-
tete ihnen, was Baruch aus der Buchrolle
vorgelesen hatte. [14]Da schickten die
führenden Männer einen Mann namens
Jehudi, den Sohn Netanjas, Enkel Sche-
lemjas und Urenkel Kuschis, zu Baruch
und ließen ihm sagen: »Komm zu uns,
und bring die Buchrolle mit!« Baruch
nahm sie und ging zu ihnen.

[15]»Setz dich und lies uns daraus vor«,
baten sie ihn. Und so las Baruch ihnen
alles vor. [16]Als die Männer die Weissa-
gungen hörten, schauten sie sich entsetzt
an und sagten zu Baruch: »Wir müssen
das unbedingt dem König melden! [17]Wie
bist du dazu gekommen, dies alles auf-
zuschreiben?« [18]»Jeremia hat mir jedes
Wort diktiert«, antwortete Baruch, »und
ich habe alles mit Tinte auf dieser Buch-
rolle niedergeschrieben.«

[19]»Ihr müsst euch verstecken, du und
Jeremia«, rieten die Männer. »Niemand
darf wissen, wo ihr seid!«

Jojakim verbrennt die Buchrolle

[20]Sie bewahrten die Rolle im Raum des
Hofsekretärs Elischama auf, gingen in
den inneren Hof des Palasts und erstatte-
ten dem König Bericht. [21]Jojakim ließ Je-
hudi die Buchrolle aus dem Raum Eli-
schamas holen. Dann las Jehudi sie dem
König und den führenden Männern vor,
die sich um ihn versammelt hatten.

[22]Weil es der neunte Monat des Jahres
war, saß der König im Winterhaus, und
vor ihm stand ein Kohlenbecken, in dem
ein Feuer brannte. [23]Sobald Jehudi drei
oder vier Spalten vorgelesen hatte,
schnitt der König sie mit einem Feder-
messer ab und warf sie ins Feuer, bis er
die ganze Buchrolle verbrannt hatte.
[24]Weder der König noch seine Wür-

36,1 25,1; 45,1; 46,2 **36,2** 25,3; 30,2 **36,3** 18,11; 26,3 **36,5** 20,1–6; 26,7–9 **36,10** 26,24; 2 Kön 22,3 **36,24** 2 Kön 22,10–11

denträger waren entsetzt über das, was
sie gehört hatten; niemand zerriss in
Trauer sein Gewand. [25]Nur Elnatan, De-
laja und Gemarja flehten den König an,
die Buchrolle nicht zu verbrennen, aber
er hörte nicht auf sie. [26]Er befahl seinem
Sohn Jerachmeel sowie Seraja, dem Sohn
Asriëls, und Schelemja, dem Sohn Ab-
deels, sie sollten den Schreiber Baruch
und den Propheten Jeremia gefangen
nehmen. Aber der Herr sorgte dafür,
dass man die beiden nicht fand.

Baruch schreibt Gottes Botschaft noch einmal auf

[27]Nachdem der König die Buchrolle ver-
brannt hatte, die Jeremia Baruch diktiert
hatte, sprach der Herr zu Jeremia:
[28]»Nimm eine andere Rolle, und
schreib alle Botschaften nieder, die auf
der ersten standen! [29]Richte Jojakim
aus:

So spricht der Herr: Du hast die erste
Rolle verbrannt und Jeremia gefragt:
›Warum kündigst du an, dass der König
von Babylonien unser Land zu einer
Wüste machen wird, in der es keine Men-
schen und Tiere mehr gibt?‹ [30]Höre nun,
König von Juda, was ich, der Herr, über
dich sage:

In Zukunft wird niemand aus deiner
Familie mehr als Nachkomme Davids
über Juda regieren. Deine Leiche wird
man draußen liegen lassen, tagsüber ist
sie der Hitze und nachts der Kälte aus-
gesetzt. [31]Ich bestrafe dich, deine Nach-
kommen und deine Würdenträger wegen
eurer Schuld. Ja, über euch, über die Ein-
wohner Jerusalems und alle Judäer lasse
ich das Unheil hereinbrechen, das ich
euch angedroht habe, denn ihr wolltet
nicht auf mich hören!«

[32]Jeremia nahm eine andere Buchrolle
und gab sie dem Schreiber Baruch, dem
Sohn Nerijas. Baruch schrieb nach Jere-
mias Anweisung alle Botschaften der al-
ten Rolle nieder, die König Jojakim von
Juda verbrannt hatte. Außerdem wurden
noch viele andere Worte des Herrn hin-
zugefügt.

Jeremia warnt König Zedekia

37 König Nebukadnezar von Babylo-
nien setzte Zedekia, den Sohn Jo-
sias, als König von Juda ein. Er trat an die
Stelle Jojachins, des Sohnes Jojakims.
[2]Zedekia, seine obersten Beamten und
das Volk hörten nicht auf das, was der
Herr ihnen durch den Propheten Jeremia
sagte.

[3]Eines Tages schickte Zedekia Juchal,
den Sohn Schelemjas, und den Priester
Zefanja, den Sohn Maasejas, zu Jeremia
mit der Bitte: »Bete für uns zum Herrn,
unserem Gott!«

[4]Man hatte Jeremia noch nicht gefan-
gen genommen, er konnte sich frei unter
dem Volk bewegen. [5]Das Heer des Pha-
raos war gerade aus Ägypten aufgebro-
chen, und als die Babylonier, die vor Je-
rusalem ihr Lager aufgeschlagen hatten,
davon erfuhren, zogen sie ab. [6]Da gab
der Herr dem Propheten Jeremia eine
Botschaft für die Abgesandten des Kö-
nigs:

[7]»So spricht der Herr, der Gott Israels:
Sagt dem König von Juda, der euch zu
mir gesandt hat und mich um Rat fragen
will: Das Heer des Pharaos ist losgezo-
gen, um euch zu helfen, aber es wird wie-
der nach Ägypten umkehren. [8]Dann wer-
den die Babylonier zurückkommen und
eure Stadt angreifen, sie werden sie ein-
nehmen und in Brand stecken. [9]Ja, ich,
der Herr, warne euch: Täuscht euch nur
nicht! Ihr hofft, dass die Babylonier end-
gültig abgezogen sind. Aber sie werden
wiederkommen! [10]Selbst wenn ihr das
ganze Heer besiegen würdet und nur ein
paar Verwundete in ihren Zelten übrig

36,26 15,21 **36,29** 25,8–11 **36,30** 22,18–19 **37,1** 2 Kön 24,17 **37,3** 21,1–2; 7,16 **37,4** 37,11–16 **37,7–8** 34,21–22

blieben, würden sie aufstehen und eure Stadt niederbrennen!«

Jeremia wird ins Gefängnis geworfen

11 Die Babylonier waren von Jerusalem abgezogen, weil das ägyptische Heer heranrückte. 12 Jeremia wollte Jerusalem verlassen und ins Stammesgebiet von Benjamin gehen, um dort mit seinen Verwandten das Familienerbe zu teilen. 13 Am Benjamintor hielt ihn der wachhabende Offizier Jirija an, der Sohn Schelemjas und Enkel Hananjas. »Du willst zu den Babyloniern überlaufen«, sagte er. 14 »Das ist nicht wahr«, entgegnete Jeremia, »ich bin kein Überläufer!« Aber Jirija glaubte ihm nicht, sondern nahm ihn fest und brachte ihn zu den anderen Offizieren. 15 Sie wurden zornig und ließen Jeremia schlagen. Dann führten sie ihn zum Haus des Hofsekretärs Jonatan, das sie zum Gefängnis gemacht hatten, 16 und sperrten ihn in ein unterirdisches Verlies, eine ehemalige Zisterne. Dort musste er lange bleiben.

17 Eines Tages ließ König Zedekia ihn heimlich zu sich in den Palast holen und fragte: »Hast du eine Botschaft vom Herrn für mich?« »Ja«, erwiderte Jeremia, »du wirst dem König von Babylonien in die Hände fallen!« 18 Dann fuhr er fort: »Welches Unrecht habe ich dir, deinen Beamten oder dem Volk getan, dass du mich ins Gefängnis werfen ließest? 19 Wo sind nun eure Propheten geblieben, die euch weissagten, der babylonische König werde euch und euer Land nicht angreifen? 20 Und nun, mein Herr und König, hör mich an und gewähre mir eine Bitte: Lass mich nicht wieder ins Haus Jonatans bringen. Dort komme ich um!«

21 Da ordnete König Zedekia an, Jeremia in den Wachhof zu verlegen. Er ließ ihm täglich einen Laib Brot aus der Bäckergasse bringen, bis es in der Stadt kein Brot mehr gab. So blieb Jeremia im Wachhof.

Jeremia soll sterben

38 Schefatja, der Sohn Mattans, Gedalja, der Sohn Paschhurs, Juchal, der Sohn Schelemjas, und Paschhur, der Sohn Malkijas, hörten, wie Jeremia dem ganzen Volk verkündete:

2 »So spricht der Herr: ›Wer in der Stadt bleibt, muss sterben – durch Schwert, Hunger oder Seuchen! Aber wer hinausgeht und sich den Babyloniern ergibt, der wird wenigstens sein Leben retten! 3 Diese Stadt wird dem babylonischen König in die Hände fallen. Er wird sie erobern. Darauf könnt ihr euch verlassen!‹«

4 Da sagten die obersten Beamten zum König: »Man sollte diesen Mann hinrichten! Er raubt den wenigen Soldaten in der Stadt allen Mut zur Verteidigung und ebenso dem ganzen Volk! Jeremia will uns nicht helfen, sondern nur schaden!«

5 »Macht mit ihm, was ihr wollt«, erwiderte König Zedekia, »ich kann euch nicht hindern.« 6 Da griffen sie Jeremia und ließen ihn an Stricken in die Zisterne des Prinzen Malkija hinab, die beim Wachhof lag. In der Zisterne war kein Wasser mehr, sondern nur noch Schlamm, und Jeremia sank tief darin ein.

7 Doch der Äthiopier Ebed-Melech, ein Hofbeamter, erfuhr, was mit Jeremia geschehen war. Als der König im Benjamintor saß, um Gericht zu halten, 8 verließ Ebed-Melech den Palast, ging zu Zedekia und sagte: 9 »Mein Herr und König, was diese Männer dem Propheten Jeremia angetan haben, ist ein schreiendes Unrecht! Sie haben ihn in die Zisterne geworfen, und dort muss er elendig verhungern, weil es fast kein Brot mehr in der Stadt gibt!«

10 Da befahl der König dem Äthiopier Ebed-Melech: »Nimm dreißig Männer von hier mit, und dann zieht Jeremia aus der Zisterne, ehe er stirbt!« 11 Ebed-Melech ging mit den Männern in einen

---

37,12 32,7–8 **37,19** 14,13–15 **37,21** 32,2 **38,2–3** 21,9–10 **38,4** Am 7,10 **38,10–13** 15,21; 39,15–18

Raum unter den Vorratskammern im Pa-
last. Er nahm von dort Lumpen und zer-
rissene Kleider mit und ließ sie an Stri-
cken zu Jeremia in die Zisterne hinab.
12 »Leg dir die Lumpen unter die Achseln,
damit die Stricke nicht einschneiden!«,
rief er dem Propheten zu. Als Jeremia
fertig war, 13 zogen sie ihn an den Stricken
aus der Zisterne heraus. Dann wurde er
wieder im Wachhof gefangen gehalten.

Eine letzte Warnung an Zedekia

14 König Zedekia sandte einen Boten zum
Propheten Jeremia und ließ ihn heimlich
zum dritten Tempeleingang bringen. »Ich
will dich fragen, ob du eine Botschaft des
Herrn für mich hast«, begann Zedekia,
»verschweige mir nichts!« 15 Jeremia er-
widerte: »Wenn ich dir die Wahrheit sage,
dann wirst du mich töten lassen, und
wenn ich dir einen Rat gebe, beachtest
du ihn sowieso nicht!« 16 Da schwor ihm
der König: »So wahr der Herr lebt, der
uns das Leben gegeben hat – ich lasse
dich nicht töten und liefere dich nicht de-
nen aus, die dich umbringen wollen!«
17 Jeremia entgegnete:
»So spricht der Herr, der allmächtige
Gott Israels: ›Wenn du dich den Heerfüh-
rern des babylonischen Königs ergibst,
bleibst du mit deiner ganzen Familie am
Leben und verhinderst, dass die Stadt
niedergebrannt wird. 18 Doch wenn du
dich ihnen nicht ergibst, werden sie die
Stadt erobern und in Brand stecken. Du
wirst ihnen nicht entkommen!‹«
19 »Aber ich habe Angst vor den Judä-
ern, die schon zu den Babyloniern über-
gelaufen sind«, entgegnete Zedekia,
»man könnte mich ihnen ausliefern, und
sie würden mich vielleicht misshandeln.«
20 »*Du wirst* ihnen nicht ausgeliefert«,
versicherte Jeremia, »gehorche dem
Herrn, und tu, was ich dir sage, dann wird
es dir gut gehen, und du bleibst ver-
schont! 21 Der Herr hat mir in einer Visi-
on gezeigt, was geschieht, wenn du dich
nicht ergibst: 22 Dann wird man alle deine
Frauen, die noch im königlichen Harem
wohnen, zu den Heerführern des babylo-
nischen Königs hinausbringen. Sie wer-
den über dich klagen und rufen: ›Seine
besten Freunde haben ihn getäuscht und
überwältigt! Und jetzt, wo er tief im
Sumpf steckt, lassen sie ihn im Stich!‹
23 Ja, alle deine Frauen und Kinder wird
man zu den Babyloniern hinausführen,
und auch du wirst ihnen nicht entkom-
men. Man wird dich dem König von Ba-
bylonien gefangen vorführen. Und Jeru-
salem wird niedergebrannt!«
24 Zedekia warnte Jeremia: »Niemand
darf erfahren, was wir geredet haben,
sonst bringen sie dich um! 25 Wenn meine
Beamten von unserem Treffen hören,
werden sie dich fragen: ›Worüber habt
ihr gesprochen? Erzähl es uns, sonst tö-
ten wir dich!‹ 26 In diesem Fall sag ein-
fach: ›Ich habe den König angefleht, mich
nicht wieder ins Gefängnis im Haus Jona-
tans werfen zu lassen, weil ich dort ster-
ben würde.‹«
27 Tatsächlich kamen alle Beamten zu
Jeremia, um ihn auszufragen. Aber er er-
zählte ihnen nur, was ihm der König ge-
raten hatte, und so ließen sie ihn in Ruhe.
Niemand hatte seine Unterredung mit
dem König gehört.
28 Jeremia blieb als Gefangener im
Wachhof bis zu dem Tag, an dem Jerusa-
lem erobert wurde.

Jerusalem wird erobert
(2. Könige 24,20 – 25,21;
2. Chronik 36,16–21)

39 Im 9. Regierungsjahr König Zede-
kias, im 10. Monat, zog König Ne-
bukadnezar von Babylonien mit seinem
ganzen Heer nach Jerusalem und bela-
gerte die Stadt. 2 Im 11. Regierungsjahr
Zedekias, am 9. Tag des 4. Monats, schlu-
gen die Babylonier eine Bresche in die
Mauer. 3 Alle Heerführer Nebukadnezars
zogen in die Stadt zum Mitteltor und
übernahmen dort die Befehlsgewalt: Ner-
gal-Sarezer, der Fürst von Sin-Magir, Ne-

38,14 37,3.17 **38,17–18** 21,9 **38,23** 2 Kön 25,5–7.9–10 **38,26** 37,15.20 **38,28** 37,21 **39,1–10** 52,4–16

buschasban, ein hoher Offizier, Nergal-
Sarezer, ein anderer hoher Beamter, und
alle übrigen Würdenträger des babylo-
nischen Königs.
4 Als König Zedekia und seine Sol-
daten das sahen, flohen sie in der Nacht.
Sie verließen die Stadt durch das Tor, das
zwischen den beiden Mauern beim Gar-
ten des Königs lag, dann flüchteten sie in
Richtung Jordanebene. 5 Die babylo-
nischen Truppen verfolgten Zedekia und
nahmen ihn bei Jericho gefangen. Sie
brachten ihn zu König Nebukadnezar
nach Ribla im Gebiet von Hamat, und
der sprach das Urteil über ihn: 6 Zedekia
musste zusehen, wie alle seine Söhne hin-
gerichtet wurden. Auch die führenden
Männer von Juda wurden umgebracht.
7 Nebukadnezar ließ Zedekia die Augen
ausstechen und ihn in Ketten nach Baby-
lon bringen.
8 Die Babylonier steckten den Königs-
palast und die Häuser Jerusalems in
Brand und rissen die Stadtmauer ein.
9 Nebusaradan, der Oberbefehlshaber
der Leibwache, nahm alle Judäer gefan-
gen, die sich noch in der Stadt befanden
oder zu den Babyloniern übergelaufen
waren, und brachte sie nach Babylonien.
10 Nur die arme Landbevölkerung, die
nichts besaß, ließ er zurück und teilte
ihnen Weinberge und Äcker zu.
11 König Nebukadnezar sagte zu Nebu-
saradan: 12 »Du bist für Jeremia verant-
wortlich. Nimm ihn unter deinen Schutz,
und tu ihm kein Leid an! Gewähre ihm
alles, worum er dich bittet!«
13 Nebusaradan, Nebuschasban, ein ho-
her Offizier, Nergal-Sarezer, ein hoher
Beamter, und die anderen Würdenträ-
ger des babylonischen Königs 14 ließen
Jeremia aus dem Wachhof holen. Sie
stellten ihn unter den Schutz Gedaljas,
des Sohnes Ahikams und Enkel Scha-
fans. Gedalja gab ihm die Erlaubnis, in
seinen Heimatort zurückzukehren. So
wohnte Jeremia mitten unter seinem
Volk.

Hoffnung für Ebed-Melech

15 Als Jeremia noch im Wachhof gefangen
war, sprach der Herr zu ihm:
16 »Geh zu dem Äthiopier Ebed-Me-
lech und sag ihm: So spricht der Herr,
der allmächtige Gott Israels: Das Unheil,
das ich dieser Stadt angedroht habe, lasse
ich über sie hereinbrechen. Du wirst es
mit eigenen Augen sehen. 17 Dich aber
werde ich retten, das verspreche ich dir.
Du wirst nicht in die Hände deiner Fein-
de fallen, vor denen du dich so sehr
fürchtest. 18 Ich lasse dich entkommen,
damit du nicht getötet wirst. Du sollst
am Leben bleiben, weil du mir vertraut
hast. Darauf gebe ich, der Herr, mein
Wort!«

Jeremia wird befreit

40 Jeremia war gefesselt nach Rama
gebracht worden, zusammen mit
den Gefangenen aus Juda und Jerusalem,
die in die Verbannung nach Babylonien
geführt werden sollten. Dort empfing er
auch weiterhin Botschaften vom Herrn.
Nebusaradan, der Oberbefehlshaber der
babylonischen Leibwache, sorgte dafür,
dass Jeremia freigelassen wurde. 2 Er ließ
ihn zu sich holen und sagte: »Der Herr,
euer Gott, hat Jerusalem dieses Unheil
angekündigt. 3 Nun ist es eingetroffen –
Gott hat seine Weissagung erfüllt. Ihr
habt gegen den Herrn gesündigt und
wolltet nicht auf ihn hören, darum müsst
ihr dies nun erleben. 4 Doch dir nehme
ich jetzt die Fesseln von den Händen ab.
Du bist frei! Wenn du willst, komm mit
mir nach Babylonien. Dort stehst du un-
ter meinem Schutz. Aber du kannst auch
hier bleiben, wenn es dir lieber ist. Das
ganze Land steht dir offen. Geh, wohin
du möchtest!«
5 Während Jeremia noch überlegte,
schlug Nebusaradan vor: »Geh doch zu
Gedalja, dem Sohn Ahikams und Enkel
Schafans! Ihn hat der babylonische König

39,7 21,7; 34,3 **39,11–14** 40,1–4 **39,12** 40,4–5 **39,14** 38,28; 40,5–6 **39,18** 38,10–13; 45,5
40,1–6 39,11–14 **40,5** 26,24

zum Statthalter über die Städte der Pro-
vinz Judäa ernannt. Bleib bei ihm woh-
nen, mitten unter deinem Volk, oder
zieh, wohin du möchtest!«
Nebusaradan gab Jeremia Verpflegung
und Geschenke mit und ließ ihn gehen.
6 Jeremia kam zu Gedalja nach Mizpa
und wohnte dort unter der Bevölkerung,
die im Land übrig geblieben war.

Mordpläne gegen Gedalja
(2. Könige 25,22–24)

7 Im Landesinneren hielten sich immer
noch judäische Offiziere mit ihren Ein-
heiten versteckt. Sie hörten, dass der Kö-
nig von Babylonien Gedalja, den Sohn
Ahikams, zum Statthalter von Judäa er-
nannt und ihm die Verantwortung für
die arme Landbevölkerung übertragen
hatte, die nicht in die Verbannung nach
Babylonien ziehen musste. 8 Da gingen
die Offiziere zu Gedalja nach Mizpa. Es
waren Jismael, der Sohn Netanjas, Joha-
nan und Jonatan, die Söhne Kareachs,
Seraja, der Sohn Tanhumets, die Söhne
Efais aus Netofa und Jaasanja aus Maa-
cha. Einige ihrer Soldaten begleiteten sie.
9 Gedalja sagte zu ihnen: »Unterwerft
euch den Babyloniern! Ich gebe euch
mein Wort: Ihr habt von ihnen nichts zu
befürchten. Siedelt euch im Land an, und
dient Nebukadnezar, dann wird es euch
gut gehen! 10 Ich bleibe hier in Mizpa
und setze mich bei den Babyloniern für
euch ein. Haltet die Weinlese, erntet die
Sommerfrüchte und Oliven, und hebt sie
in Vorratskrügen auf! Bewohnt die Städ-
te, die man euch überlassen hat!«
11 Viele Judäer waren nach Moab, Am-
mon, Edom und in die anderen Nachbar-
länder geflohen. Als sie hörten, dass der
König von Babylonien einen Teil der Be-
völkerung in Judäa zurückgelassen und
Gedalja als Statthalter eingesetzt hatte,
12 kehrten sie zurück und meldeten sich
bei Gedalja in Mizpa. In jenem Sommer
brachten sie eine reiche Wein- und Obst-
ernte ein.
13 Johanan, der Sohn Kareachs, und die
anderen Offiziere, die sich im Landes-
inneren versteckt hatten, gingen noch
einmal zu Gedalja 14 und warnten ihn:
»Sei vorsichtig! König Baalis von Am-
mon hat Jismael, den Sohn Netanjas, be-
auftragt, dich umzubringen!« Aber Ge-
dalja glaubte ihnen nicht. 15 Da traf sich
Johanan heimlich mit Gedalja und bot
ihm an: »Ich werde Jismael töten, ohne
dass jemand erfährt, wer es war. Denn
wenn ich es nicht tue, bringt er dich um!
Dann werden die Babylonier alle Judäer,
die noch im Land sind, verschleppen, und
es wird kein Mensch mehr hier wohnen!«
16 »Nein«, widersprach Gedalja, »du be-
schuldigst Jismael zu Unrecht! Tu ihm
nichts!«

Jismael ermordet den Statthalter Gedalja
(2. Könige 25,25–26)

41 Jismael, der Sohn Netanjas und
Enkel Elischamas, ein Mann von
königlicher Herkunft, hatte zu den hohen
Beamten des Königs von Juda gehört. Im
7. Monat kam er mit zehn Männern zu
Gedalja nach Mizpa. Als sie zusammen
beim Gastmahl saßen, 2 zogen Jismael
und seine Männer plötzlich das Schwert,
fielen über Gedalja her und stachen ihn
nieder. So brachte Jismael den Statthal-
ter um, den der babylonische König über
die Provinz Judäa eingesetzt hatte. 3 Er
tötete auch alle Judäer, die bei Gedalja
in Mizpa waren, und die babylonischen
Soldaten, die dort Wache hielten.
4 Am Tag nach der Ermordung Gedal-
jas, als noch niemand davon wusste, 5 wa-
ren achtzig Männer aus Sichem, Silo und
Samaria unterwegs nach Jerusalem. Sie
wollten Speiseopfer und Weihrauch an
die Stelle bringen, wo früher der Tempel
gestanden hatte. Als Zeichen ihrer Trau-
er trugen sie zerrissene Gewänder, sie
hatten sich ihre Bärte abrasiert und die
Haut eingeritzt. 6 Jismael ging ihnen von
Mizpa aus weinend entgegen. Als er auf

40,8 41,1.11 **41,1–3** 40,13–14

sie traf, bat er sie: »Kommt und seht, was mit Gedalja geschehen ist!«

7 Doch kaum waren sie in der Stadt, da stachen Jismael und seine Verbündeten die Männer nieder und warfen ihre Leichen in eine Zisterne. 8 Nur zehn von ihnen ließ Jismael am Leben, denn sie baten ihn: »Töte uns nicht! Wir geben dir alle unsere Vorräte an Weizen, Gerste, Öl und Honig, die wir auf den Feldern draußen versteckt haben.«

9 Die Zisterne, in die Jismael die Leichen der Ermordeten werfen ließ, war sehr groß.[a] König Asa von Juda hatte sie seinerzeit anlegen lassen, als er im Krieg gegen König Bascha von Israel die Stadt Mizpa ausbaute. Nachdem Jismael die Leichen hineingeworfen hatte, 10 nahm er die restlichen Einwohner von Mizpa gefangen: die Töchter des Königs und alle anderen, über die Nebusaradan, der Oberbefehlshaber der babylonischen Leibwache, Gedalja als Statthalter eingesetzt hatte. Jismael wollte mit seinen Gefangenen zu den Ammonitern fliehen.

11 Doch Johanan, der Sohn Kareachs, und die anderen Offiziere hörten von Jismaels Verbrechen. 12 Sie riefen ihre Truppen zusammen und jagten ihm nach. Am großen Teich von Gibeon holten sie ihn ein. 13 Als Jismaels Gefangene Johanan und seine Offiziere sahen, waren sie erleichtert. 14 Sie liefen weg und schlossen sich ihm an. 15 Jismael aber konnte mit acht Männern entkommen und floh zu den Ammonitern.

16 Johanan und die Offiziere seiner Truppen übernahmen nun die Verantwortung für die Soldaten, Frauen, Kinder und Hofbeamten, die Jismael entführt hatte und die von ihnen befreit worden waren. 17 Sie zogen mit ihnen fort und rasteten in der Nähe von Bethlehem bei der Herberge Kimhams, um von dort weiter nach Ägypten zu fliehen. 18 Sie fürchteten die Rache der Babylonier, weil Jismael den Statthalter Gedalja umgebracht hatte, der vom babylonischen König über die Provinz Judäa eingesetzt worden war.

Zieht nicht nach Ägypten!

42 Johanan, der Sohn Kareachs, und Asarja[b], der Sohn Hoschajas, kamen mit den anderen Offizieren und allen, die sie befreit hatten, 2 zum Propheten Jeremia und baten ihn: »Wir flehen dich an: Bete für uns zum Herrn, deinem Gott! Wir waren einmal ein großes Volk, aber jetzt ist nur noch ein kleiner Rest von uns übrig geblieben, du siehst es ja selbst! 3 Bitte den Herrn, deinen Gott, uns zu zeigen, wohin wir gehen und was wir tun sollen!«

4 »Gut«, erwiderte der Prophet Jeremia, »ich will eure Bitte vor den Herrn, euren Gott, bringen. Und ich verspreche, dass ich euch alles sagen werde, was der Herr antwortet. Ich verheimliche euch nichts.« 5 Da entgegneten sie: »Der Herr soll als wahrhaftiger und unbestechlicher Zeuge gegen uns auftreten, wenn wir nicht jede seiner Weisungen befolgen! 6 Ganz gleich, ob uns seine Antwort gefällt oder nicht, wir wollen auf den Herrn, unseren Gott, hören, zu dem du in unserem Auftrag betest. Wir wollen tun, was er sagt, denn dann geht es uns gut!«

7 Zehn Tage später empfing Jeremia die Antwort vom Herrn. 8 Er rief Johanan, die anderen Offiziere und alle Leute, Jung und Alt, zu sich. 9 »Ihr habt mich beauftragt, eure Bitte vor den Herrn zu bringen«, sagte Jeremia. »So spricht der Herr, der Gott Israels: 10 ›Wenn ihr in diesem Land bleibt, will ich euch aufbauen und nicht niederreißen, euch einpflanzen und nicht mehr entwurzeln, denn mir tut das Unheil leid, das ich über euch hereinbrechen ließ. 11 Jetzt fürchtet ihr euch vor dem König von Babylonien. Aber ich, der Herr, sage: Habt keine Angst! Denn ich

---

[a] So mit der griechischen Übersetzung. Der hebräische Text lautet: Die Zisterne, in die Jismael die Leichen werfen ließ, die er wegen Gedalja ermordet hatte, hatte König Asa …

[b] So mit der griechischen Übersetzung. Der hebräische Text lautet: Jesanja. Vgl. Kapitel 43,2

41,9 1 Kön 15,16.22 **41,11** 40,8.13–16 **41,12** 2 Sam 2,13 **41,17** 43,7 **42,1** 41,16 **42,2** 5 Mo 28,62 **42,3** 37,3 **42,10** 18,7–8 **42,11** 41,18

bin bei euch, ich werde euch retten und
vor ihm schützen. 12 Weil ich Erbarmen
mit euch habe, sorge ich dafür, dass er
sich gnädig zeigt und euch im Land blei-
ben lässt.
13 Hört auf mich, den Herrn, euren
Gott! Sagt nicht: Wir wollen das Land
verlassen 14 und nach Ägypten fliehen,
wo wir nichts mehr vom Krieg sehen, kei-
ne Alarmsignale hören und nicht mehr
hungern müssen! – 15 Denn ich, der Herr,
der allmächtige Gott Israels, sage euch:
Wenn ihr Judäer, die ihr nicht ver-
schleppt worden seid, nach Ägypten zie-
hen wollt, 16 dann werden Krieg und Hun-
ger, vor denen ihr so große Angst habt,
euch gerade dort treffen. Ihr werdet in
diesem Land umkommen. 17 Jeder, der
nach Ägypten geht, wird im Krieg, an
Hunger oder an einer Seuche sterben.
Keiner entkommt dem Unheil, das ich
dann über euch bringe.
18 Ja, ich, der Herr, der allmächtige
Gott Israels, kündige euch an: Wie mein
glühender Zorn die Einwohner Jerusa-
lems getroffen hat, so wird er auch euch
treffen, wenn ihr nach Ägypten zieht.
Man wird entsetzt sein über euer Schick-
sal, ihr werdet verhöhnt und verachtet.
Wer einen anderen verfluchen will,
wünscht ihm das gleiche Unglück, das
ihr erlitten habt. Eure Heimat seht ihr
dann nie wieder!‹
19 Ihr Judäer, die ihr noch übrig geblie-
ben seid, hört, was der Herr euch sagt!
Zieht nicht nach Ägypten! Ich warne
euch davor! 20 Ihr setzt nur euer Leben
aufs Spiel. Ihr habt mich beauftragt, für
euch zum Herrn, eurem Gott, zu beten.
Ich sollte euch seine Antwort weiterge-
ben, und ihr habt fest versprochen, ihm
zu gehorchen. 21 Heute habe ich euch sei-
ne Botschaft verkündet. Doch ich weiß,
ihr wollt nicht auf die Worte des Herrn,
eures Gottes, hören. 22 Wenn ihr wirklich
in Ägypten Zuflucht sucht, werdet ihr im
Krieg, an Hunger oder an einer Seuche
sterben. Darauf könnt ihr euch verlas-
sen!«

Jeremias Warnung wird überhört
(2. Könige 25,26)

43 Jeremia hatte den Judäern alles
verkündet, was er ihnen im Auf-
trag des Herrn, ihres Gottes, sagen sollte.
2 Da erwiderten Asarja, der Sohn Ho-
schajas, Johanan, der Sohn Kareachs,
und die anderen Männer verächtlich:
»Du lügst! Der Herr, unser Gott, hat dich
nicht zu uns gesandt. Er hat uns nicht vor
der Flucht nach Ägypten gewarnt. 3 Ba-
ruch, der Sohn Nerijas, steckt dahinter;
er hetzt dich gegen uns auf! Er will doch
nur, dass wir den Babyloniern in die Hän-
de fallen, damit sie uns umbringen oder
verschleppen!«
4 Johanan, die anderen Offiziere und
alle, die zu Jeremia gekommen waren,
schlugen die Weisung des Herrn in den
Wind und blieben nicht in Judäa. 5 Sie
machten sich auf den Weg und nahmen
alle Judäer mit, die aus den Nachbarlän-
dern zurückgekehrt waren, in denen sie
Schutz gesucht hatten: 6 Männer, Frauen
und Kinder sowie die Töchter des Königs
und alle anderen, die Nebusaradan, der
Oberbefehlshaber der babylonischen
Leibwache, unter Gedaljas Aufsicht zu-
rückgelassen hatte. Auch der Prophet Je-
remia und Baruch, der Sohn Nerijas,
mussten mitkommen. 7 So missachteten
sie die Weisung des Herrn und zogen
nach Ägypten bis zur Grenzstadt Tach-
panhes.

Auch Ägypten wird besiegt

8 In Tachpanhes empfing Jeremia eine
Botschaft vom Herrn: 9 »Hol ein paar
große Steine, und vergrab sie im Lehm-
boden unter dem Ziegelweg am Eingang
zum Palast des Pharaos! Die Judäer sol-
len dir dabei zusehen. 10 Sag ihnen: So

42,13–14 4 Mo 14,3–4 **42,17** 29,18 **42,21** 43,4–7 **43,2** 42,1 **43,3** 45,1 **43,5** 40,11–12
43,10–13 Hes 29,19–20

spricht der Herr, der allmächtige Gott Is-
raels: Ich lasse meinen Diener, König Ne-
bukadnezar von Babylonien, in dieses
Land einfallen und seinen Thron über
diesen Steinen errichten, die Jeremia hier
vergraben hat. Über ihnen wird Nebu-
kadnezar seinen Baldachin ausbreiten.
11 Ja, er wird kommen und Ägypten besie-
gen. Wer für den Tod bestimmt ist, wird
sterben, wer für die Gefangenschaft be-
stimmt ist, wird in die Gefangenschaft
ziehen, und wer im Krieg umkommen
soll, wird im Krieg umkommen.
12/13 Nebukadnezar wird[a] die Tempel nie-
derbrennen und die ägyptischen Götter-
statuen mitnehmen. Wie ein Hirte die
Läuse von seinem Gewand aufliest, so
wird er in Ägypten alles packen und zer-
stören. Er reißt die Steinsäulen von He-
liopolis nieder und steckt die Tempel der
ägyptischen Götter in Brand. Dann zieht
er unbehelligt fort.«

Warum verehrt ihr immer noch andere Götter?

44 Jeremia empfing eine Botschaft
für alle Judäer in Unterägypten –
in Migdol, Tachpanhes und Memfis –
und in Oberägypten:
2 »So spricht der Herr, der allmächtige
Gott Israels: ›Ihr habt mit eigenen Augen
gesehen, welches Unheil ich über Jerusa-
lem und die anderen Städte Judas herein-
brechen ließ. Nun liegen sie in Trümmern
und sind menschenleer, 3 denn ihre Ein-
wohner wollten nichts von mir wissen.
Sie haben meinen Zorn herausgefordert,
weil sie anderen Göttern Opfer dar-
brachten und sie verehrten, Götzen, die
weder sie noch ihre Vorfahren jemals ge-
kannt haben. 4 Immer wieder habe ich
meine Boten, die Propheten, zu ihnen ge-
sandt und sie gewarnt: Hört auf mit dem
Götzendienst, denn ich hasse ihn! –
5 Aber sie haben mich nicht ernst genom-
men und nicht auf mich gehört. Sie sind
nicht von ihren falschen Wegen umge-
kehrt, sondern haben weiterhin anderen
Göttern Räucheropfer dargebracht.
6 Da bekamen sie meinen glühenden
Zorn zu spüren. Er zerstörte die Städte
Judas und verwüstete die Straßen Jerusa-
lems. Noch heute liegen sie in Trümmern,
niemand wohnt mehr dort.
7 Ich, der Herr, der allmächtige Gott Is-
raels, frage euch: Warum beschwört ihr
wieder ein so schreckliches Unheil he-
rauf? Wollt ihr unbedingt, dass Mann
und Frau, Kind und Säugling aus dem
Volk Juda ausgerottet werden, bis keiner
von euch mehr übrig bleibt? 8 Mit euren
Taten fordert ihr mich heraus. Auch hier
in Ägypten, wo ihr Zuflucht sucht, bringt
ihr anderen Göttern Räucheropfer dar.
Wollt ihr wirklich ausgerottet werden,
wollt ihr ein abschreckendes Beispiel
sein, verhöhnt und verspottet von den an-
deren Völkern der Erde? 9 Habt ihr schon
vergessen, was ihr in Juda und auf den
Straßen Jerusalems getan habt, ihr und
eure Frauen, eure Vorfahren, eure Köni-
ge und deren Frauen? 10 Bis heute hat kei-
ner von euch seine Schuld zugegeben,
keiner erweist mir Ehrfurcht und lebt
nach meinem Gesetz, nach den Geboten,
die ich euch und euren Vorfahren gege-
ben habe.
11 Darum sage ich, der Herr, der all-
mächtige Gott Israels: Ich bin fest ent-
schlossen, Unheil über euch zu bringen
und das ganze Volk von Juda auszurot-
ten. 12 Ich lasse alle von euch umkommen,
die sich in Ägypten in Sicherheit bringen
wollten. Jung und Alt werden im Krieg
oder an Hunger sterben. Man wird ent-
setzt sein über euer Schicksal, von allen
werdet ihr verhöhnt und verachtet. Wer
einen anderen verfluchen will, wünscht
ihm das gleiche Los, das euch getroffen
hat. 13 Euch Judäer in Ägypten werde ich
ebenso strafen wie damals die Einwohner
von Jerusalem: durch Krieg, Hunger und
Seuchen. 14 Das Unheil wird alle treffen,

---

[a] So mit der griechischen Übersetzung. Der hebräische Text lautet: Ich werde.

43,11 15,2 **43,12–13** 46,13.25 **44,1** 46,14 **44,4–5** 25,4–7 **44,9** 7,17–18 **44,12** 24,9

die hier in Ägypten Schutz gesucht ha-
ben. Niemand von euch wird nach Juda
zurückkehren, wo ihr so gerne wieder le-
ben würdet, niemand außer ein paar
Flüchtlingen!«

Wir haben die Himmelskönigin viel zu wenig verehrt!

15 Alle Judäer in Unter- und Oberägyp-
ten, Männer und Frauen, hatten sich zu
einer großen Versammlung eingefunden.
Die Männer wussten sehr wohl, dass ihre
Frauen anderen Göttern Räucheropfer
darbrachten. Sie alle entgegneten Jere-
mia: 16 »Was du uns da im Auftrag des
Herrn sagst, werden wir auf keinen Fall
befolgen! 17 Wir wollen weiterhin der
Himmelskönigin Räucheropfer und
Trankopfer darbringen, so wie wir, unse-
re Vorfahren, unsere Könige und führen-
den Männer es schon früher getan haben.
Unser Entschluss steht fest, und wir las-
sen uns durch niemanden davon abbrin-
gen! Als wir die Himmelskönigin noch in
der Heimat verehrten, ging es uns gut.
Wir hatten genug zu essen und blieben
vom Unglück verschont. 18 Aber seit wir
das Opfern unterlassen, geht es uns in
jeder Hinsicht schlecht, viele von uns
sind im Krieg umgekommen oder ver-
hungert.« 19 Dann sagten die Frauen:
»Unsere Männer erlauben uns, der Him-
melskönigin zu opfern. Wir verbrennen
Weihrauch für die Göttin, wir backen Ku-
chen, die sie darstellen sollen, und gießen
Wein als Trankopfer für sie aus.«

Nur ein kleiner Rest von euch wird übrig bleiben

20 Jeremia erwiderte den Männern und
Frauen, die ihm widersprochen hatten:
21 »Meint ihr, der Herr hätte nicht gese-
hen, was ihr in den Städten Judas und
auf den Straßen Jerusalems getrieben
habt? Anderen Göttern habt ihr Räu-
cheropfer dargebracht, ihr und eure Vor-
fahren, die Könige, die führenden Män-
ner und das ganze Volk. 22 Der Herr
konnte eure Bosheit und euren abscheu-
lichen Götzendienst nicht länger ertra-
gen. Darum hat er euer Land zu einer
trostlosen Wüste und zu einem Bild des
Schreckens gemacht. Wer einen anderen
verfluchen will, wünscht ihm dasselbe
Schicksal, das euch getroffen hat. 23 Das
Unheil ist über euch hereingebrochen,
gerade weil ihr der Himmelskönigin
Räucheropfer dargebracht und damit ge-
gen den Herrn gesündigt habt. Ihr wolltet
nicht auf ihn hören und habt nicht nach
seinem Gesetz, nach seinen Geboten
und Weisungen gelebt.«

24 Dann verkündete Jeremia dem gan-
zen Volk und besonders den Frauen:
»Hört, was der Herr euch sagt, ihr Judä-
er, die ihr nach Ägypten gezogen seid!
25 So spricht der Herr, der allmächtige
Gott Israels: ›Ihr und eure Frauen habt
geschworen, der Himmelskönigin Räu-
cheropfer und Trankopfer darzubringen,
und ihr habt euer Gelübde erfüllt. Ja, hal-
tet euch nur an eure Versprechen, tut,
was ihr geschworen habt!

26 Aber hört, was ich, der Herr, euch sa-
ge, ihr Judäer in Ägypten: Ich, der Herr,
schwöre bei mir selbst: Es wird in diesem
Land bald keinen mehr geben, der in
meinem Namen einen Eid leistet und
sagt: So wahr der Herr lebt. – 27 Ich lasse
euch nur noch Leid und nichts Gutes
mehr erfahren. Ihr alle fallt im Krieg
oder verhungert. 28 Nur wenige werden
den Schwertern der Feinde entkommen
und nach Juda zurückkehren. Dann wer-
den sie erkennen, wessen Ankündigung
sich erfüllt hat – ihre oder meine. 29 Ich,
der Herr, gebe euch ein Zeichen, damit
ihr wisst: Meine Drohungen sind keine
leeren Worte, hier im Land trifft euch
meine Strafe. 30 Wie ich König Zedekia
seinem Todfeind Nebukadnezar aus-
geliefert habe, so werde ich auch den
Pharao Hofra in die Gewalt seiner Tod-
feinde geben. Mein Wort gilt!‹«

44,17 7,17–18 **44,19** 4 Mo 30,11–16 **44,28** 1,11–12 **44,30** 39,5; 46,26

Eine Botschaft für Baruch

45 Im 4. Regierungsjahr des judäischen Königs Jojakim, des Sohnes Josias, sagte der Prophet Jeremia zu Baruch, dem Sohn Nerijas, der gerade Jeremias Botschaften auf eine Buchrolle geschrieben hatte: [2]»So spricht der Herr, der Gott Israels: [3]›Du klagst: Ich unglücklicher Mensch! Leide ich nicht schon genug? Und nun lädt mir der Herr noch neuen Kummer auf! Vom vielen Seufzen bin ich völlig erschöpft und finde keine Ruhe! – [4]Ich, der Herr, sage dir: Was ich in diesem Land aufgebaut habe, zerstöre ich wieder, und was ich eingepflanzt habe, reiße ich wieder aus! [5]Und da hoffst du, du könntest in Glück und Frieden leben? Erwarte nicht zu viel! Denn ich, der Herr, lasse Unheil über die ganze Welt hereinbrechen. Doch eines verspreche ich dir: Wo immer du hingehst, wirst du mit dem Leben davonkommen!‹«

Ägyptens Heer wird geschlagen

46 Dies sind die Botschaften, die der Herr dem Propheten Jeremia über die anderen Völker gab. [2]Eine davon richtete sich gegen das Heer des ägyptischen Pharaos Necho. Es wurde im 4. Regierungsjahr des judäischen Königs Jojakim, des Sohnes Josias, vom babylonischen König Nebukadnezar bei Karkemisch am Euphrat geschlagen. [3/4]Da sprach der Herr:

»Eure Heerführer rufen: ›Haltet die Schilde bereit! Rund- und Langschilde! Spannt die Pferde vor die Streitwagen! Die Reiter sollen aufsitzen! Alle in Schlachtordnung! Helme auf! Speere schärfen! Brustpanzer umschnallen! Jetzt zieht in den Kampf!‹ [5]Doch was sehe ich? Entsetzt weichen sie zurück! Ihre kampferprobten Soldaten sind gefallen, andere fliehen Hals über Kopf, ohne noch einmal zurückzuschauen. Überall herrschen Angst und Schrecken. [6]Selbst die schnellen Läufer können nicht mehr entkommen, die besten Soldaten nicht mehr fliehen. Am Euphrat im Norden stolpern sie und fallen.

[7]Wer steigt da herauf wie die Fluten des Nil, wie Ströme, die alles überschwemmen? [8]Das ist Ägypten, es sagt: ›Ich will aufsteigen, alle Länder der Erde überfluten, die Städte zerstören und die Bewohner auslöschen! [9]Ihr Pferde, galoppiert! Rast, ihr Streitwagen! Stürzt euch in den Kampf, ihr mutigen Soldaten! Ihr Soldaten aus Äthiopien und Libyen, greift zu euren Schilden, und ihr aus Lydien, nehmt eure Bogen!‹

[10]Doch dieser Tag gehört mir, dem Herrn, dem allmächtigen Gott. An diesem Tag werde ich mich an meinen Feinden rächen. Mein Schwert wird sie auffressen, bis es satt geworden ist, und es wird ihr Blut trinken, bis sein Durst gestillt ist. Ja, ich, der Herr, der allmächtige Gott, richte meine Feinde im Norden hin, am Ufer des Euphrat!

[11]Volk von Ägypten, zieh nur ins Land Gilead, und hol dir Salben für deine Wunden! Es nützt ja doch nichts! Deine Wunden heilen nicht mehr, da kannst du noch so viele Salben nehmen. [12]Die Völker erfahren von deiner beschämenden Niederlage, dein Klagegeschrei ist im ganzen Land zu hören. Deine Soldaten fliehen, in Panik stürzt einer über den anderen.«

Nebukadnezar fällt in Ägypten ein

[13]Als der babylonische König Nebukadnezar mit seinem Heer nach Ägypten zog, um das Land anzugreifen, sprach der Herr zu Jeremia:

[14]»Richte den ägyptischen Städten Migdol, Memfis und Tachpanhes aus, sie sollen sich zum Kampf rüsten! Denn es wird Krieg geben, schon wurden die Nachbarländer zerstört.

[15]Ägypten, warum sind deine Soldaten

45,1 32,11–12; 36,4–32; 43,3 **45,4** 1,10 **45,5** 39,18 **46,2–26** 25,19; Jes 19,1–15* **46,2** 25,1; 36,1; 45,1; 2 Kön 23,29 **46,10** Zef 1,7 **46,11** 8,22; 1 Mo 37,25 **46,13** 43,8–13 **46,14** 44,1

gestürzt? Sie konnten nicht standhalten,
weil ich, der Herr, sie zu Boden stieß!
16 Ja, ich ließ viele von ihnen stürzen,
einer fiel über den anderen. Die Söldner
rufen einander zu: ›Kommt, wir fliehen
und kehren zurück in unsere Heimat, bevor wir alle umkommen!‹
17 Sie sagen:
›Der Pharao von Ägypten ist ein Angeber, der seine Gelegenheit verschlafen
hat!‹

18 Ich, der allmächtige Gott, bin König.
Ich schwöre euch, so wahr ich lebe: Einer
wird euch angreifen, der mächtiger ist als
alle anderen, so wie der Tabor die anderen Berge überragt und wie der Gipfel
des Karmel hoch über dem Meer liegt!
19 Ihr Ägypter, packt zusammen, was ihr
in die Verbannung mitnehmen müsst,
denn Memfis wird zu einer trostlosen
Wüste werden, zerstört und menschenleer.

20 Ägypten ist wie eine schöne junge
Kuh, die von einer Bremse aus dem Norden angegriffen wird.
21 Ihre Söldner sind
wie gemästete Kälber, sie ergreifen die
Flucht, nicht einer leistet Widerstand.
Der Tag des Verderbens ist für sie gekommen, jetzt hat ihre Stunde geschlagen!
22 Ägypten weicht zurück, es zischt
wie eine fliehende Schlange, während
das Heer der Feinde heranrückt. Sie
kommen mit Äxten wie Holzfäller,
23 sie
zerschlagen Ägypten, wie man ein Walddickicht abholzt. Ein riesiges Heer rückt
heran, sie fallen über das Land her, als
wären sie ein Heuschreckenschwarm.
24 Ägypten erntet Verachtung, es ist dem
Volk aus dem Norden hilflos ausgeliefert.

25 Ich, der Herr, der allmächtige Gott
Israels, werde Amon, den Gott von Theben, strafen, ebenso den Pharao und ganz
Ägypten mit seinen Göttern und Königen! Ja, der Pharao und alle, die sich auf
ihn verlassen, bekommen meine Strafe
zu spüren.
26 Ich gebe sie in die Gewalt
ihrer Todfeinde, ich lasse sie dem babylonischen König Nebukadnezar und seinen
Heerführern in die Hände fallen.
Aber danach soll Ägypten wieder bewohnt werden wie früher. Darauf gebe
ich, der Herr, mein Wort!

27 Fürchtet euch nicht, ihr Nachkommen Jakobs, meine Diener! Hab keine
Angst, Volk Israel! Ich, der Herr, werde
euch aus einem fernen Land zurückholen. Ich befreie eure Nachkommen
aus dem Land, in dem sie Gefangene
sind. Dann werdet ihr in Frieden und Sicherheit leben, niemand bedroht euch
mehr.
28 Fürchtet euch nicht, ihr Nachkommen Jakobs, meine Diener! Denn
ich, der Herr, bin bei euch, um euch zu
helfen! Die Völker, in deren Länder ich
euch vertrieb, lasse ich vom Erdboden
verschwinden, doch euch lösche ich nicht
aus. Zwar werde ich auch euch bestrafen,
aber nicht mehr als unbedingt nötig.«

Die Philister werden ausgerottet

47 Ehe der Pharao die Stadt Gaza angriff, empfing der Prophet Jeremia
vom Herrn eine Botschaft für die Philister:

2 »So spricht der Herr: ›Seht, aus dem
Norden droht eine Flut; das Wasser wird
zum reißenden Strom, der über die Ufer
tritt. Er überschwemmt das Land und die
Felder, er reißt Städte und Menschen mit
fort. Die Bewohner rufen um Hilfe, im
ganzen Land schreien sie laut!
3 Denn sie
hören Pferde galoppieren, Räder rasseln,
Streitwagen herandonnern. Die Väter
fliehen und sehen sich nicht mehr nach
ihren Kindern um, die Angst hat sie gepackt!
4 Der Tag ist gekommen, an dem
das Land der Philister verwüstet wird;
die letzten Verbündeten von Tyrus und
Sidon werden ausgerottet. Ja, ich, der
Herr, lösche die restlichen Philister aus,
die einst von der Insel Kreta gekommen
sind.

5 Die Einwohner von Gaza sind verzweifelt und scheren sich den Kopf kahl,
die Menschen in Aschkelon wurden alle
umgebracht. Wie lange ritzt ihr euch vor

46,20.24 1,13–15* **46,25** 43,12–13 **46,26** Hes 29,13–16 **46,27–28** Jes 43,1* **47,1–7** 25,20; Jes 14,28–32* **47,2** 1,13–15* **47,4** 5 Mo 2,23; Am 9,7; Zef 2,5 **47,5** Zef 2,4; Sach 9,5; Jos 11,21–22

Trauer die Haut blutig, ihr Nachkommen der Enakiter[a]? 6 Ihr schreit: Du Schwert des Herrn, wie lange willst du noch zustechen? Hör auf damit, lass uns endlich in Ruhe! – 7 Doch wie kann das Schwert ruhen, wenn ich, der Herr, ihm einen Auftrag gegeben habe? Ich selbst habe ihm befohlen, Aschkelon und das Gebiet an der Küste zu zerstören!‹«

Moabs Untergang

48 So spricht der Herr, der allmächtige Gott Israels, über Moab:

»Verloren ist die Stadt Nebo, sie liegt in Trümmern! Kirjatajim ist erobert worden, seine Bergfestung wurde niedergerissen. Nun hat man nur noch Verachtung übrig für die Stadt. 2 Moabs Ruhm ist dahin! In Heschbon haben die Feinde seinen Untergang geplant. ›Kommt und lasst uns die Moabiter ausrotten!‹, sagen sie. Auch du, Stadt Madmen, wirst vom Erdboden verschwinden! Der Feind wird dich überrollen.

3 In Horonajim rufen sie schon: ›Unser Land ist verwüstet, alles liegt in Trümmern!‹ 4 Ja, die Moabiter sind geschlagen. Hört ihr, wie ihre kleinen Kinder schreien? 5 Weinend schleppen sich die Menschen den steilen Weg nach Luhit hinauf. Sie klagen laut über ihren Untergang, auf der Flucht nach Horonajim rufen sie: 6 ›Flieht! Lauft, so schnell ihr könnt! Wir müssen in der Wüste leben![b]‹

7 Ihr Moabiter habt euch auf eure Stärke und euren Reichtum verlassen, und gerade darum wird euer Land jetzt erobert. Euren Gott Kemosch wird man in die Verbannung bringen, zusammen mit den Priestern und den führenden Männern. 8 Der Feind zieht heran und verwüstet ganz Moab; keine Stadt bleibt verschont. Ob unten im Jordantal oder auf der Hochebene – alle trifft das gleiche Los, so wie ich, der Herr, es angekündigt habe. 9 Gebt den Moabitern Flügel, denn sie werden Hals über Kopf fliehen müssen. Ihre Städte werden zu Ruinen, in denen keiner mehr wohnt.

10 Verflucht sei, wer meinen Auftrag nachlässig ausführt! Verflucht sei, wer nicht zuschlägt und die Moabiter tötet! 11 Sie haben lange Zeit in Sicherheit gelebt, nie mussten sie in Gefangenschaft ziehen. Sie gleichen einem Wein, der lange lagert und nicht von einem Fass ins andere umgegossen wird. So ist er in Ruhe ausgereift, sein Duft und sein Geschmack konnten sich voll entfalten. 12 Doch es kommt der Tag, an dem ich, der Herr, den Moabitern Leute schicke, die den Wein ausschütten, die Fässer leeren und die Weinkrüge zerschlagen! 13 Dann wird Moab von seinem Gott Kemosch bitter enttäuscht sein, so wie das Nordreich Israel enttäuscht wurde, als es auf seine Götzen in Bethel vertraute.

14 Ihr Moabiter prahlt: ›Wir sind Helden und kampferprobte Soldaten!‹ 15 Doch ich, der Herr, sage euch: Euer Land wird zur Wüste, bald sind eure Städte erobert! Eure Elitetruppen werden zur Schlachtbank geführt. Ich bin der allmächtige Gott und König. Mein Wort gilt!«

Moabs Macht ist gebrochen

16 »Moabs Untergang steht kurz bevor, das Unheil lässt nicht mehr lange auf sich warten! 17 Sprecht den Moabitern euer Beileid aus, ihr Nachbarvölker und alle, die ihr sie kennt! Klagt: ›Moabs Macht und Ruhm ist dahin! Sein Zepter ist zerbrochen!‹

18 Ihr Einwohner von Dibon, steigt herab von eurem hohen Ross, und setzt euch in den Staub! Denn der Feind, der Moab verwüstet, zieht auch gegen euch heran und zerstört eure Festungen! 19 Stellt euch an die Straße, und seht euch

---

[a] So mit der griechischen Übersetzung. Der hebräische Text lautet: ihr restlichen Bewohner der Talebene.

[b] Wörtlich: Werdet wie ein Dornstrauch in der Wüste!

47,6 46,10 **48,1–47** 25,21; Jes 15,1 – 16,14* **48,7** 49,3–4; 4 Mo 21,29 **48,13** 1 Kön 12,28–29

um, ihr Einwohner von Aroër! Fragt die
Flüchtlinge und die Vertriebenen, was
geschehen ist. 20 ›Moab ist erobert, Angst
und Schrecken herrschen überall‹, klagen
sie und fordern euch auf: ›Weint und
schreit! Sagt den Leuten am Fluss Arnon,
dass ihr Land verwüstet ist!‹

21 Jetzt halte ich, der Herr, Gericht über
die Städte auf der Hochebene: über Ho-
lon, Jahaz, Mefaat, 22 Dibon, Nebo, Bet-
Diblatajim, 23 Kirjatajim, Bet-Gamul,
Bet-Meon, 24 Kerijot, Bozra und alle an-
deren moabitischen Städte nah und fern!

25 Moab ist machtlos geworden, seine
Kraft ist gebrochen! 26 Macht Moab be-
trunken, bis es sich in seinem Erbroche-
nen wälzt und von allen verspottet wird,
denn es hat mich, den Herrn, heraus-
gefordert!

27 Ihr Moabiter, ständig habt ihr euch
über die Israeliten lustig gemacht. Ihr
habt auf sie herabgesehen, als seien sie
Diebe, die auf frischer Tat ertappt wur-
den. 28 Verlasst eure Städte, und haust in
Höhlen, lebt wie die Tauben, die ihr Nest
am Felsabhang bauen!«

29 »Wir haben gehört, wie stolz und
hochmütig die Moabiter sind. Eingebil-
det und selbstherrlich benehmen sie sich,
hochtrabend und überheblich!«

30 »Doch ich, der Herr, durchschaue
ihre Prahlerei – es ist nichts als Ge-
schwätz! Sie gaukeln anderen nur etwas
vor. 31 Darum klage ich laut über die
Moabiter und ihr Land, ich trauere um
die Einwohner von Kir-Heres. 32 Mehr
als über die Einwohner von Jaser weine
ich über die Stadt Sibma. Sie war be-
rühmt für ihren Wein, ihre Ranken er-
streckten sich bis zum Toten Meer, bis
nach Jaser. Doch dann fiel der Feind über
ihre Weintrauben und ihre ganze Ernte
her. 33 In den Obstgärten und auf den Fel-
dern Moabs singt und jubelt man nicht
mehr. Ich habe dafür gesorgt, dass nie-
mand mehr die Trauben presst, kein
Wein fließt aus der Kelter. Man hört zwar
lautes Rufen – aber Freudenschreie sind
es nicht!

34 In Heschbon rufen die Menschen
verzweifelt um Hilfe, sie sind noch in Ela-
le und Jahaz zu hören, und die Schreie in
Zoar dringen bis Horonajim und Eglat-
Schelischija. Selbst der Bach von Nimrim
ist ausgetrocknet. 35 Ich, der Herr, lasse es
nicht mehr zu, dass man in Moab zu den
heiligen Höhen hinaufsteigt, um dort den
Göttern zu opfern und Weihrauch zu ver-
brennen. Alle, die dies tun, rotte ich aus!«

36 Darüber bin ich tief erschüttert. Ich
trauere um Moab und die Einwohner
von Kir-Heres wie jemand, der ein Kla-
gelied auf der Flöte spielt. Denn sie ha-
ben alles verloren, was sie erspart haben.
37 Vor Kummer und Sorgen haben sich al-
le Männer den Kopf kahl geschoren und
den Bart abrasiert. Sie ritzen sich die
Hände blutig und ziehen Trauergewän-
der aus Sacktuch an. 38 Auf den Dächern
der Häuser und auf den Straßen hört man
lautes Klagen.

So spricht der Herr: »Ich habe Moab
zerschmettert wie ein unbrauchbares
Tongefäß. 39 Ja, Moab ist zerschlagen! Es
schreit verzweifelt, vor Scham wendet es
sich ab. Bei allen Nachbarvölkern ist es
zum Gespött geworden, zum Bild des
Schreckens!«

Moab hat den Herrn herausgefordert

40 So spricht der Herr: »Seht, der Feind
greift schon an, wie ein Adler kreist er
über Moab, 41 er erobert die Städte und
Festungen. Dann zittern die mutigen Sol-
daten vor Angst wie eine Frau in den We-
hen! 42 Ja, Moab wird ausgelöscht, es wird
kein Volk mehr sein, denn es hat mich
herausgefordert.

43 Ich, der Herr, sage: Angst und Schre-
cken werden euch packen, in Fallgruben
und Schlingen werdet ihr geraten, ihr
Moabiter! 44 Wer dem Schrecken entflie-
hen will, stürzt in die Grube, und wer sich
daraus noch befreien kann, der verfängt
sich in der Schlinge. Ja, es kommt das
Jahr, in dem ich Gericht halte über Moab.
Mein Wort gilt!

48,27 Zef 2,10 **48,36** Jes 15,7 **48,37** 3 Mo 19,27–28 **48,40** 49,22 **48,43–44** Jes 24,17–18

45 Erschöpft suchen die Flüchtlinge Schutz in der Stadt Heschbon, wo König Sihon früher regierte. Doch von Heschbon geht ein Feuer aus, mitten aus der Stadt lodern die Flammen hervor. Sie versengen den Moabitern, diesen vorlauten Angebern, den Kopf. 46 Ihr seid verloren, ihr Moabiter! Euer Volk, das Kemosch verehrte, ist zugrunde gegangen. Denn eure Söhne und Töchter wurden in die Gefangenschaft verschleppt.

47 Doch es kommt der Tag, da werde ich euer Schicksal wieder zum Guten wenden. Darauf gebe ich, der Herr, mein Wort!«

Hier endet die Gerichtsbotschaft über Moab.

Die Ammoniter haben mein Volk beraubt!

49 Dies ist die Botschaft des Herrn an die Ammoniter:

»Hat Israel denn keine Kinder, keine Erben, die das Land verteidigen? Warum hat ein Volk, das den Götzen Milkom verehrt, sich im Land Gad niedergelassen? Warum wohnen nun die Ammoniter in Israels Städten? 2 Ich, der Herr, sage: Es kommt der Tag, an dem man in Rabba, der Hauptstadt der Ammoniter, den Kriegsruf hören wird. Die Stadt soll zu einem einzigen Trümmerhaufen werden, und die Orte ringsum gehen in Flammen auf. Dann erobert Israel das Land von denen zurück, die es ihm genommen haben. Das verspreche ich, der Herr.

3 Weint, ihr Einwohner von Heschbon, denn Ai ist verwüstet! Ihr Frauen von Rabba, schreit vor Verzweiflung! Zieht euch Trauerkleider an! Lauft durch eure Stadt und klagt! Denn Milkom, euer Gott, wird verbannt und mit ihm die Priester und führenden Männer. 4 Ihr prahlt mit euren fruchtbaren Tälern. Ihr verlasst euch auf euren Reichtum, doch von mir wollt ihr nichts wissen. Ihr behauptet: ›Uns greift keiner an!‹ 5 Doch ich, der Herr, der allmächtige Gott, werde euch in Angst und Schrecken stürzen. Die Völker ringsum fallen über euch her, und ihr werdet in alle Richtungen zerstreut. Niemand wird euch mehr in euer Land zurückführen.

6 Doch später will ich das Schicksal der Ammoniter wieder zum Guten wenden. Darauf gebe ich, der Herr, mein Wort!«

Edom muss den Kelch bis zur Neige leeren

7 So spricht der allmächtige Gott über Edom:

»Die Einwohner von Teman wissen nicht mehr, was sie tun sollen. Sind ihren klugen Beratern die Einfälle ausgegangen? Hat die Weisheit sie verlassen?

8 Schnell, flieht! Ihr Einwohner von Dedan, sucht euch sichere Verstecke! Denn ich lasse Unheil über euch hereinbrechen, ihr Nachkommen Esaus, jetzt trifft euch meine Strafe! 9 Die Feinde kommen und plündern euer Land wie Winzer, die keine Nachlese mehr übrig lassen. Sie überfallen euch wie ein Dieb in der Nacht und nehmen alles mit, was ihnen gefällt. 10 Ich liefere euch euren Feinden schutzlos aus und nehme euch alle Schlupfwinkel, in denen ihr euch verstecken konntet. Eure Verwandten, eure Nachbarn und Freunde – sie alle kommen um. 11 Nur wenige Kinder überleben und bleiben als Waisen zurück. Sie sollt ihr meiner Fürsorge anvertrauen. Ich erhalte sie am Leben, und auch eure Witwen finden bei mir Schutz.

12 Selbst Völker, die nicht dazu verurteilt waren, müssen den bitteren Kelch austrinken. Und da solltet ihr verschont bleiben? Nein, auch ihr werdet diesen Kelch bis zur Neige leeren müssen. Darauf könnt ihr euch verlassen! 13 Ich, der Herr, habe bei meinem Namen geschworen: Die Stadt Bozra und alle Städte

---

48,45–46 4 Mo 21,26–29 **48,47** 46,26; 49,6.39 **49,1–6** 25,21; Hes 21,33–34; 25,1–7; Am 1,13–15; Zef 2,8–11 **49,1** Jos 13,24–28 **49,3–4** 48,7 **49,3** 1 Kön 11,5 **49,6** 48,47 **49,7–22** 25,21; Jes 34,5–17* **49,7** Obd 8 **49,8** 1 Mo 36,19 **49,11** 2 Mo 22,21–22* **49,12** 25,15*

ringsum sollen zu Trümmerfeldern wer-
den! Man wird über ihr Unglück entsetzt
sein und sie verachten. Wer einen ande-
ren verfluchen will, wird ihm dasselbe
Schicksal herbeiwünschen, das sie getrof-
fen hat.«
14 Der Herr hat mir gesagt, dass er
einen Boten zu den Völkern gesandt hat.
Er soll ihnen befehlen: »Versammelt
euch, und zieht gegen die Edomiter in
den Krieg!«
15 Der Herr kündigt euch an: »Ich lasse
euch Edomiter zu einem kleinen Volk
werden, das von den anderen Völkern
verachtet wird. 16 Eure Feinde fürchteten
sich vor eurer Macht, ihr seid überheb-
lich geworden und habt euch damit selbst
getäuscht. Ihr wohnt oben in den Felsen
und beherrscht das ganze Gebirge. Doch
selbst wenn ihr euer Nest in der Höhe
baut wie ein Adler, stoße ich, der Herr,
euch von dort hinunter!
17 Ja, das Land der Edomiter soll ver-
wüstet werden; wer daran vorüberzieht
und sieht, wie schlimm es zugerichtet
wurde, ist entsetzt und schüttelt voller
Verachtung den Kopf. 18 Edom wird das-
selbe Schicksal erleiden wie damals So-
dom und Gomorra samt den Nachbar-
städten. Kein Mensch wird mehr dort
wohnen. Darauf gebe ich, der Herr, mein
Wort. 19 Wie ein Löwe, der aus dem Di-
ckicht am Jordan hervorbricht und in
fruchtbares Weideland einfällt, so werde
ich die Edomiter aus ihrem Land vertrei-
ben. Dann wird einer, den ich selbst er-
wählt habe, über Edom regieren. Wer ist
mir gleich und kann mich zur Rechen-
schaft ziehen? Welcher Herrscher ist im-
stande, sich mir zu widersetzen?
20 So hört nun, welches Urteil ich über
die Edomiter spreche und was ich den
Einwohnern von Teman antun will: Man
wird sie alle, auch die Jüngsten unter ih-
nen, fortschleppen. Jeder, der davon er-
fährt, wird entsetzt sein.[a] 21 Edoms Sturz
lässt die Erde erbeben; noch am Roten
Meer sind laute Hilfeschreie zu hören.
22 Seht, der Feind greift schon an, wie ein
Adler kreist er über der Stadt Bozra und
stürzt sich auf seine Beute. Edoms muti-
ge Soldaten zittern vor Angst wie eine
Frau in den Wehen!«

Damaskus ist verloren!

23 So spricht der Herr über Damaskus:
»Die Einwohner von Hamat und Ar-
pad sind wie gelähmt, denn sie haben
eine schlimme Nachricht bekommen.
Jeder Mut hat sie verlassen, sie sind unru-
hig wie ein aufgewühltes Meer im Sturm.
24 Die Menschen in Damaskus sind hilf-
los, Hals über Kopf ergreifen sie die
Flucht. Angst und Schmerzen haben sie
überfallen wie die Wehen eine schwange-
re Frau.
25 Warum hat man Damaskus nicht
schon früher aufgegeben? Jetzt ist sie ver-
loren, die berühmte Stadt, die mir so ge-
fiel! 26/27 Die jungen Männer kommen in
den Straßen um, und alle Soldaten fallen
im Kampf. Ich lege ein Feuer an die Mau-
ern von Damaskus, es brennt die Paläste
des Königs Ben-Hadad nieder. Darauf
gebe ich, der Herr, der allmächtige Gott,
mein Wort.«

Die Beduinen werden in alle Winde zerstreut

28 Dies ist die Botschaft des Herrn über
die Beduinenstämme von Kedar und Ha-
zor. Als König Nebukadnezar von Baby-
lonien sie angriff, befahl der Herr ihm
und seinen Soldaten:
»Zieht gegen Kedar in den Krieg! Be-
siegt die Beduinenstämme im Osten!
29 Raubt ihre Zelte, die Viehherden und
Kamele! Nehmt ihre Zeltdecken und all
ihren Besitz mit! Ruft ihnen zu: ›Es gibt
kein Entkommen!‹

---

[a] Wörtlich: Man wird die jungen Herdentiere fortschleppen, und ihretwegen wird die Weide entsetzt sein.

49,18 50,40; 1 Mo 19,24–25* **49,19** 4,7 **49,22** 48,40 **49,23–27** Jes 17,1–3* **49,28–33** 25,23; Jes 21,13–17

30 Ich, der Herr, fordere die Beduinen
auf: Flieht schnell und versteckt euch
gut, ihr Stämme in der Gegend von
Hazor! Denn König Nebukadnezar von
Babylonien will euch angreifen – sein
Entschluss steht fest! 31 Ich habe den Ba-
byloniern befohlen: Zieht in den Krieg
gegen ein Volk, das fern von allen ande-
ren sicher und sorglos lebt! Ihre Städte
haben weder Mauern noch Tore. 32 Ihre
Kamele sollen geraubt und die großen
Viehherden als Beute weggetrieben wer-
den. Ja, ich, der Herr, werde dieses Volk,
das sich die Haare an den Schläfen
stutzt, in alle Winde zerstreuen! Von al-
len Seiten lasse ich das Unheil über sie
hereinbrechen. 33 Hazor bleibt für immer
ein Ort voller Ruinen, in dem die Scha-
kale hausen. Kein Mensch wird mehr
dort wohnen!«

Ich zerbreche die Bogen der Elamiter

34 Zu Beginn der Regierungszeit König
Zedekias von Juda empfing der Prophet
Jeremia vom Herrn diese Botschaft über
Elam:

35 »So spricht der allmächtige Gott:
›Ich zerbreche die Bogen der Elamiter,
durch die sie vorher unschlagbar waren.
36 Aus allen vier Himmelsrichtungen las-
se ich Stürme über sie hereinbrechen.
Ich vertreibe sie aus ihrem Land, ja, in
alle Winde werden sie zerstreut. Es wird
kein Volk mehr geben, zu dem sich nicht
vertriebene Elamiter flüchten. 37 Sie sol-
len keinen Mut mehr haben, gegen ihre
Todfeinde zu kämpfen. Ich, der Herr,
will Unheil über sie bringen, mein glü-
hender Zorn soll sie treffen! Mit dem
Schwert verfolge ich sie, bis ich sie aus-
gerottet habe. 38 Dann stelle ich meinen
Thron im Land der Elamiter auf und
bringe den König und die führenden
Männer um.

39 Aber später werde ich das Schicksal
der Elamiter wieder zum Guten wenden.
Das verspreche ich, der Herr!‹«

Der Untergang Babyloniens

50 Der Herr gab dem Propheten Je-
remia diese Botschaft, die an Ba-
bylonien und seine Hauptstadt gerichtet
war:

2 »Sagt es den Völkern, verkündet es
überall! Stellt Feldzeichen auf und haltet
die Neuigkeit nicht zurück! Ruft: ›Die
Stadt Babylon ist erobert worden! Mar-
duk, der Götze, der sie schützen sollte,
ist vernichtet, ja, Babylons Götter, diese
hilflosen Figuren, wurden zerschmettert.
Ein Bild der Schande sind sie geworden!‹
3 Aus dem Norden zieht ein Volk heran
zum Angriff gegen Babylonien; das gan-
ze Land wird es verwüsten. Menschen
und Tiere ergreifen die Flucht, bis keiner
mehr dort lebt.

4 Ich, der Herr, sage: Wenn diese Zeit
gekommen ist, kehren die Israeliten und
die Judäer aus der Verbannung zurück.
Sie weinen und rufen nach mir, dem
Herrn, ihrem Gott. 5 Sie fragen: ›Welcher
Weg führt zum Berg Zion?‹ und gehen in
diese Richtung weiter. ›Kommt‹, fordern
sie einander auf, ›wir wollen wieder dem
Herrn gehören! Wir schließen mit ihm
einen Bund, an den wir uns für immer
halten werden!‹ 6 Mein Volk war wie eine
Herde, die sich verlaufen hat. Seine Hir-
ten führten es auf einen falschen Weg
und ließen es in den Bergen umherirren.
So zog es über Berge und Hügel und ver-
gaß, wohin es gehört. 7 Wer immer diese
Herde fand, griff sie an und schlachtete
sie ab. Die Feinde Israels sagten: ›Wir be-
gehen kein Unrecht, denn schließlich ha-
ben sie den Herrn vergessen, den Gott,
bei dem sie ganz sicher Weide finden
und dem schon ihre Vorfahren vertrau-
ten!‹«

Flieht aus Babylonien!

8 »Ihr Israeliten, flieht aus Babylonien
und aus seiner Hauptstadt! Geht den an-
deren Völkern voran wie Leittiere den

49,32 9,24–25 **49,34–38** 25,25; Hes 32,24–25 **49,39** 48,47 **50,1 – 51,64** Jes 13,1–22* **50,2** 51,44; Jes 21,9 **50,3** 1,13–15* **50,4** 3,18*; 31,9 **50,5** 32,40 **50,6** 23,1–2 **50,8** 51,6.45; Jes 48,20

Schafen! 9 Denn ich sorge dafür, dass mächtige Völker aus dem Norden ein Bündnis schließen und sich zum Angriff gegen Babylon rüsten. Dann werden sie kommen und die Stadt erobern. Ihre Soldaten sind treffsichere Schützen, die ihr Ziel niemals verfehlen. 10 Sie werden Babylonien plündern, keiner von ihnen kehrt mit leeren Händen zurück. Darauf gebe ich, der Herr, mein Wort.

11 Jetzt triumphiert ihr noch und jubelt, ihr Babylonier, weil ihr mein Land ausgeraubt habt! Ihr seid ausgelassen und springt vor Freude umher wie Kälber auf der Weide[a], ihr wiehert wie übermütige Hengste! 12 Doch das Land, in dem ihr geboren seid, wird nun auch unterworfen und von allen verachtet. Es soll ein unbedeutender Fleck Erde sein, eine dürre und trostlose Wüste. 13 Mein Zorn wird Babylon treffen und es zu einem Trümmerhaufen machen, in dem niemand mehr wohnt. Wer vorüberzieht und die Ruinen sieht, schüttelt entsetzt den Kopf.

14 Ihr Bogenschützen, stellt euch rings um die Stadt zum Angriff auf und schießt! Spart nicht mit Pfeilen! Denn Babylon hat gegen mich, den Herrn, gesündigt. 15 Umzingelt die Stadt und stimmt das Kriegsgeschrei an! – Da, sie ergibt sich! Ihre Türme stürzen ein, die Mauern reißt man nieder! Ich, der Herr, strafe sie für all ihre Bosheit. Rächt auch ihr euch an Babylon! Zahlt ihm das heim, was es euch angetan hat! 16 In Babylon soll es keinen mehr geben, der die Saat ausstreut und die Ernte einbringt! Alle Ausländer, die in der Stadt lebten, werden vor dem Schwert des Feindes fliehen und in ihre Heimat zurückkehren.

17 Israel ist wie eine Herde, die von Löwen auseinander getrieben wurde. Zuerst *ist der König von* Assyrien über sie hergefallen, und dann hat König Nebukadnezar von Babylonien ihre Knochen abgenagt. 18 Ich, der Herr, der allmächtige Gott Israels, sage: Ich bestrafe den König von Babylonien und sein ganzes Land, so wie ich auch den König von Assyrien zur Rechenschaft gezogen habe. 19 Aber mein Volk, meine Herde, bringe ich zurück zu ihrem Weideplatz, dann breitet sie sich beim Berg Karmel und im Hochland von Baschan aus, und auch im Bergland von Ephraim und in Gilead findet sie genug zu essen. 20 Ich, der Herr, verspreche euch: Wer zu dieser Zeit nach Israels Schuld sucht, wird sie nicht finden. Man wird den Bewohnern Judas keine einzige Sünde vorhalten können. Denn wer mein Gericht überlebt, dem werde ich vergeben.«

Gott übt Rache für seinen zerstörten Tempel

21 »Ich, der Herr, sage euch: Tut, was ich euch befehle! Greift das Land Meratajim an, zieht gegen die Bewohner von Pekod in den Kampf![b] Vernichtet sie, zerstört alles ohne Erbarmen!

22 Hört das Kriegsgeschrei, Babyloniens Untergang naht! 23 Alle Völker hat es niedergeschlagen wie ein Hammer, doch nun liegt es selbst zerschmettert am Boden. Bei diesem Anblick werden die Völker von Entsetzen gepackt.

24 Ich habe dir eine Falle gestellt, Babylonien, und du bist hineingelaufen, ehe du wusstest, was geschah! Man hat dich eingeholt und überwältigt, denn du hast gegen mich, den Herrn, Krieg geführt. 25 Ich öffne meine Waffenkammer und hole die Waffen heraus, mit denen ich dich voller Zorn angreifen werde. Ja, für mich, den allmächtigen Gott, gibt es in diesem Land viel zu tun!

26 Nehmt es von allen Seiten ein, brecht seine Kornspeicher auf, und schüttet die Beute auf einen Haufen! Dann vernichtet alles, und zerstört das ganze Land – lasst nichts mehr übrig! 27 Stecht all seine

---

[a] So mit der griechischen Übersetzung. Der hebräische Text lautet: wie eine dreschende Kuh.

[b] Meratajim (»unbeugsamer Trotz«) und Pekod (»Strafe«) sind zwei Gebiete in Babylonien, die hier bildhaft für das ganze Land stehen.

50,15 25,14; Offb 18,6 **50,17** 2 Kön 17,5–6; 25,1–11 **50,18** 2 Kön 19,35 **50,19** 23,3* **50,20** 31,31–34* **50,23** 51,20

Soldaten nieder, schlachtet sie ab! Sie sind verloren! Denn nun ist der Tag gekommen, an dem ihre Strafe sie trifft.

28 Hört, was die Flüchtlinge aus Babylonien erzählen! In Jerusalem berichten sie: ›Der Herr, unser Gott, hat sich an den Feinden gerächt, er hat sie gestraft, weil sie seinen Tempel zerstört haben.‹

29 Ruft die Bogenschützen zum Kampf gegen Babylon herbei! Belagert die Stadt und lasst keinen entkommen! Vergeltet ihr alles Unrecht! Zahlt ihr heim, was sie euch angetan hat. Denn Babylon hat sich voller Stolz gegen mich, den heiligen Gott Israels, aufgelehnt. 30 Die jungen Männer kommen in den Straßen um, und alle Soldaten fallen im Kampf.

31 Ich, der Herr, der allmächtige Gott, greife dich an, du stolze Stadt! Deine Strafe lässt nicht länger auf sich warten. 32 Du wirst stürzen, und niemand richtet dich wieder auf. Ich stecke dich und deine Nachbarstädte in Brand, das Feuer wird alles ringsum verzehren.«

Der Herr befreit sein Volk

33 So spricht der Herr, der allmächtige Gott: »Noch werden die Israeliten und Judäer unterdrückt. Ihre Feinde halten sie gefangen und lassen sie nicht in ihr Land zurückkehren. 34 Aber ich, der Herr, der allmächtige Gott, bin stärker und werde sie befreien. Ich selbst verhelfe ihnen zu ihrem Recht. Auf der ganzen Welt sorge ich für Ruhe und Frieden, aber die Bewohner von Babylonien stürze ich in Angst und Schrecken.

35 Ich, der Herr, sage: Tod den Babyloniern und der Stadt Babylon mit ihren führenden Männern und Beratern! 36 Tod ihren Wahrsagern, diesen Schwätzern! Tod ihren Soldaten – die Angst soll sie packen! 37 Tod den Pferden und Streitwagen und allen Söldnern, die Babylonien unterstützt haben, sie werden sich nicht mehr wehren können. Die Schätze Babyloniens gebe ich der Plünderung preis. 38 Alle Gewässer des Landes sollen austrocknen! Denn Babylonien ist ein Land voll abscheulicher Götzenstatuen, die seinen Bewohnern den Verstand geraubt haben. 39 Wilde Wüstentiere werden in den Trümmern hausen, Schakale und Strauße streifen dort umher. Ja, Babylonien wird nie mehr bewohnt sein, für alle Zeiten bleibt es unbesiedelt. 40 Es soll zerstört werden wie damals Sodom und Gomorra mit ihren Nachbarstädten; kein Mensch wird mehr dort leben. Darauf gebe ich, der Herr, mein Wort.«

Der Feind aus dem Norden

41 »Seht, von Norden zieht ein großes Volk heran, eine mächtige Nation macht sich auf den Weg vom Ende der Erde her. Viele Königreiche wollen gegen Babylonien Krieg führen. 42 Mit Schwertern und Bogen sind sie bewaffnet, sie sind grausam und kennen kein Erbarmen. Wenn sie auf ihren Pferden heranstürmen, klingt es wie das Tosen des Meeres. Sie haben sich zum Kampf gerüstet gegen dich, Babylonien! 43 Dein König hört die Schreckensmeldung, ihn hat aller Mut verlassen. Er zittert vor Angst wie eine Frau in den Wehen.

44 Ja, ich will die Babylonier aus ihrem Land vertreiben wie ein Löwe, der aus dem Dickicht am Jordan hervorbricht und in fruchtbares Weideland einfällt. Dann wird einer, den ich selbst erwählt habe, über Babylonien regieren. Wer ist mir gleich und kann mich zur Rechenschaft ziehen? Welcher Herrscher ist imstande, sich mir zu widersetzen?

45 So hört nun, welches Urteil ich über die Babylonier spreche und was ich ihnen antun will: Man wird sie alle, auch die jüngsten unter ihnen, fortschleppen. Jeder, der davon erfährt, wird entsetzt sein.[a]

---

[a] Wörtlich: Man wird die jungen Herdentiere fortschleppen, und ihretwegen wird die Weide entsetzt sein.

50,28 51,11; 2 Kön 25,8–9 **50,37** 51,30 **50,39** Jes 13,20–22; Offb 18,2 **50,40** 49,18; 1 Mo 19,24–25* **50,41–43** 6,22–24 **50,44** 4,7

46 Babyloniens Sturz lässt die Erde er-
beben, selbst die anderen Völker hören
noch die lauten Hilfeschreie.«

Babyloniens Zeit ist abgelaufen

51 So spricht der Herr: »Seht, ich las-
se einen verheerenden Sturm über
Babylonien und seine Bewohner kom-
men, denn dort haben sich meine Feinde
zusammengerottet. 2 Fremde werden das
Land erobern und die Menschen davon-
jagen, so wie der Wind die Spreu fort-
weht. Ja, ganz Babylonien wird verwüs-
tet. An dem Tag, den ich für seinen
Untergang bestimme, fallen die Feinde
von allen Seiten über das Land her. 3 Ich
befehle ihnen: Schießt die babylonischen
Schützen nieder, tötet die Soldaten in
ihren Rüstungen! Bringt die jungen Män-
ner schonungslos um, vernichtet das ge-
samte Heer!

4 Dann werden die Leichen der Gefal-
lenen überall herumliegen, vom Schwert
Durchbohrte füllen die Straßen Ba-
bylons. 5 Ich, der allmächtige Gott, habe
Israel und Juda nicht verlassen, sie sind
immer noch mein Volk. Doch auf dem
Land der Babylonier lastet eine schwere
Schuld: Sie haben gegen mich, den heili-
gen Gott Israels, gesündigt. 6 Flieht aus
Babylon! Lauft um euer Leben! Sonst
trifft auch euch die Strafe für seine
Schuld. Denn jetzt ist die Stunde gekom-
men, nun ziehe ich, der Herr, die Babylo-
nier zur Rechenschaft. Sie bekommen
von mir, was sie verdienen.

7 Babylon war wie ein goldener Kelch
voll Wein in meiner Hand. Alle Völker
mussten daraus trinken, bis sie taumelten
und den Verstand verloren. 8 Doch nun
ist der Kelch heruntergefallen und zer-
brochen. Trauert um Babylonien! Holt
Salben, um seinen Schmerz zu lindern,
vielleicht wird es wieder gesund! 9 Aber
die Fremden, die dort leben, erwidern:
›Wir wollten ihnen helfen, doch es war
zu spät! Babyloniens Wunden sind un-
heilbar. Kommt, wir verlassen das Land
und ziehen in unsere Heimat! Denn Ba-
bylonien ist grausam bestraft worden, die
Folgen sind nicht zu beheben.‹[a]

10 Die Israeliten sagen: ›Jetzt hat der
Herr uns zum Recht verholfen. Kommt,
wir gehen nach Jerusalem und erzählen,
was der Herr, unser Gott, getan hat!‹

11 Ich, der Herr, habe die Könige von
Medien dazu gebracht, Babylon anzu-
greifen, denn ich will die Stadt verwüs-
ten. Ich räche mich an ihren Einwohnern,
weil sie meinen Tempel zerstört haben.
Schärft die Pfeile! Nehmt die Schilde!
12 Richtet euer Feldzeichen vor den Mau-
ern Babylons auf! Verstärkt die Wachen!
Stellt Beobachtungsposten auf! Legt
einen Hinterhalt! Ja, ich, der Herr, führe
aus, was ich Babylon angedroht habe.

13 Du große Stadt, von vielen Wasser-
läufen durchzogen, dein Reichtum ist un-
ermesslich! Doch jetzt ist dein Ende ge-
kommen, deine Zeit ist abgelaufen! 14 Ich,
der allmächtige Gott, schwöre, so wahr
ich lebe: Ich lasse Feinde über dich her-
fallen wie einen Heuschreckenschwarm.
Sie werden dich erobern und ein Tri-
umphlied über dich anstimmen.«

15 Der Herr hat die Erde durch seine
Macht geschaffen. In seiner großen Weis-
heit hat er ihr Fundament gelegt und den
Himmel ausgebreitet. 16 Wenn er es be-
fiehlt, tosen die Wassermassen oben am
Himmel; er lässt die Wolken aufsteigen
vom Horizont. Er sendet Blitz und Regen
und schickt den Wind aus seinen Kam-
mern auf die Reise. 17 Davor muss jeder
Mensch verstummen! Dumm ist er ge-
genüber Gottes großer Weisheit. Und
die Goldschmiede müssen sich schämen
über ihre Götterstatuen, denn sie sind
blanker Betrug, kein Leben ist in ihnen.
18 Eine Täuschung sind sie und verdienen
nichts als Spott! Wenn Gott sein Urteil
spricht, ist es aus mit ihnen. 19 Der Gott
Jakobs ist mächtiger als diese Götter, er

---

[a] Wörtlich: Bis an den Himmel reicht sein Gericht, es geht bis zu den Wolken hinauf.

51,5 Jes 54,4 **51,6** 50,8 **51,8** 46,11 **51,10** 31,6; 50,4–5 **51,11** Jes 13,17–18; Jer 50,28 **51,13** Offb 17,1 **51,15–19** 10,12–16

hat das Weltall geschaffen und Israel als Volk erwählt, das ihm allein gehört. »Herr der ganzen Welt« wird er genannt.

Jetzt greife ich dich an!

20 »Babylonien, du warst wie ein Hammer in meiner Hand; ich benutzte dich als Waffe, um ganze Völker zu vernichten und Königreiche zu zerstören. 21 Mit dir zerschmetterte ich Pferde und Reiter, Streitwagen mitsamt den Wagenlenkern. 22 Ich erschlug Männer und Frauen, Kinder und Alte, junge Männer und Mädchen! 23 Hirten und Herden habe ich mit deiner Hilfe ausgerottet, Bauern und ihre Rindergespanne, Provinzstatthalter und mächtige Fürsten fielen dir zum Opfer.

24 Doch ich will dir und allen deinen Bewohnern das Unrecht vergelten, das ihr Jerusalem zugefügt habt. Mit eigenen Augen werden die anderen Völker es sehen. Darauf gebe ich, der Herr, mein Wort.

25 Babylonien, du bist wie ein Vulkan, der Verderben und Zerstörung über die ganze Welt bringt.[a] Aber jetzt greife ich dich an, ich lasse deine Felsen einstürzen und mache dich zu einem Berg von verkohlten Steinen, 26 mit denen keiner mehr ein Fundament legen kann. Für alle Zeiten bleibst du ein Trümmerfeld, das sage ich, der Herr!

27 Gebt das Zeichen zum Angriff gegen Babylonien! Alle Völker sollen die Trompeten blasen und sich für den Kampf rüsten. Ruft die Königreiche von Ararat, Minni und Aschkenas herbei! Wählt euch Heerführer aus! Überfallt das Land mit einem Reiterheer, das so groß ist wie ein Heuschreckenschwarm! 28 Die Völker sollen sich auf den Krieg vorbereiten, die Könige der Meder, ihre Statthalter, ihre Befehlshaber und die Heere aller Länder, über die sie herrschen! 29 Die ganze Erde bebt und erzittert, denn ich, der Herr, will Babylonien zerstören und zur Wüste machen, in der keiner mehr wohnt. Mein Entschluss steht fest!

30 Die Elitetruppen Babyloniens ziehen nicht in den Krieg, sie bleiben in ihren Festungen, denn sie sind erschöpft und haben allen Mut verloren. Schon sind die Stadttore aufgebrochen, und die Häuser stehen in Flammen. 31 Von überall kommen die Boten angelaufen und melden dem König von Babylonien: ›Die Stadt ist von allen Seiten eingenommen worden! 32 Die Feinde besetzen die Übergänge am Euphrat und brennen die Festungen nieder. Unsere Soldaten sind in Panik geraten!‹

33 Ich, der Herr, der allmächtige Gott Israels, sage: Die Stadt Babylon wird niedergetreten werden wie ein Dreschplatz, den man fest stampft, bevor die Erntezeit kommt.«

Jerusalem, ich verhelfe dir zum Recht

34 »Jerusalem klagt: ›König Nebukadnezar hat mich zerfleischt und aufgefressen. Wie ein Drache hat er mich verschlungen, hat sich den Bauch voll geschlagen mit dem, was ich besaß – und mich dann weggeworfen wie ein leeres Gefäß! 35 Doch nun soll Babylon für das Unrecht bestraft werden, das es an mir begangen hat. Die Babylonier haben unser Blut vergossen – nun soll ihres fließen!‹

36 Ich, der Herr, sage zu Jerusalem: Ich selbst werde dir zum Recht verhelfen und mich an deinen Feinden rächen. Ich lasse Babyloniens Teiche und Flüsse vertrocknen und die Quellen versiegen. 37 Seine Hauptstadt soll zu einem einzigen Trümmerfeld werden, wo die Schakale hausen und kein Mensch es mehr aushält. Wer das sieht, wird entsetzt sein und die Stadt verabscheuen.

38 Noch brüllen die Babylonier wie Löwen und knurren wie Löwenjunge. 39 Sie sind voller Gier! Darum bereite ich, der Herr, ihnen ein Festmahl und

[a] Wörtlich: Babylonien, du Berg des Verderbens.

51,20 50,23 **51,27** Jes 13,3 **51,39** 25,15*

mache sie betrunken, bis sie fröhlich
und ausgelassen sind. Dann versinken
sie in ewigen Schlaf und werden nie
mehr erwachen. 40 Ich führe sie fort
zum Schlachten wie Lämmer, Schaf-
und Ziegenböcke.

41 Babylon ist gefallen! Die welt-
berühmte Stadt wurde erobert! Welch
ein Bild des Schreckens bietet sie nun
der ganzen Welt! 42 Das Meer hat Baby-
lon überflutet, seine tosenden Wellen
sind über die Stadt hereingebrochen.
43 Die Städte des Landes sind verwüstet;
sie liegen da wie eine dürre, wasserlose
Steppe. Kein Mensch wohnt mehr dort,
niemand reist hindurch.

44 Ich werde ihren Götzen Marduk stra-
fen. Was er verschlungen hat, muss er
nun wieder ausspucken! Die Völker
kommen nicht mehr, um ihn anzubeten.
Babylons Mauern sind gefallen!

45 Flieht, ihr Israeliten! Lauft um euer
Leben, damit euch mein glühender Zorn
nicht auch trifft!

46 Verliert nicht den Mut, habt keine
Angst, wenn ihr die Gerüchte hört, die
man sich im Land erzählt. Jedes Jahr wird
ein anderes Gerücht umgehen – Meldun-
gen über blutige Aufstände und über
Machtkämpfe zwischen den Herrschern.
47 Glaubt mir, es kommt die Zeit, in der
ich die Götzen Babyloniens strafen wer-
de! Dann ist der Ruhm des Landes dahin,
und überall liegen die Gefallenen am Bo-
den. 48 Die ganze Welt bricht in Jubel aus,
wenn die Völker aus dem Norden heran-
ziehen, Babylonien angreifen und zerstö-
ren. Darauf gebe ich, der Herr, mein
Wort.

49 Babylonien hat unzählige Menschen
auf der ganzen Welt umgebracht, doch
nun wird es selbst zugrunde gehen, weil
es so viele Israeliten tötete.

50 Ihr Menschen aus Israel, die ihr dem
Schwert eurer Feinde entkommen seid,
flieht! Bleibt nicht stehen! Auch wenn
ihr weit von eurem Land entfernt seid,
denkt an mich, euren Herrn, und ver-
gesst Jerusalem nicht! 51 Ihr sagt: ›Es ist
eine Schande! Fremde sind in den Tem-
pel eingedrungen, in das Haus unseres
Gottes! Sie haben uns verspottet und
verhöhnt.‹

52 Doch hört, was ich, der Herr, euch
antworte: Es kommt die Zeit, in der ich
Babyloniens Götter strafen werde. Dann
hört man im ganzen Land die Verwunde-
ten stöhnen. 53 Selbst wenn die Mauern
Babylons bis an den Himmel reichten
und seine Festungstürme uneinnehmbar
hoch wären, würde ich doch die Feinde
schicken, die alles in Schutt und Asche
legen. Mein Wort gilt!

54 Hört ihr, wie Babylonien um Hilfe
schreit? Das ganze Land ist dem Unter-
gang geweiht, 55 denn ich, der Herr, zer-
störe es nun und bringe es zum Schwei-
gen. Die Feinde donnern heran wie
mächtige Meereswogen, hört ihr das
laute Gebrüll? 56 Ja, sie verwandeln Ba-
bylonien in eine Wüste, sie nehmen die
Soldaten gefangen und zerbrechen ihre
Bogen. Denn ich, der Herr, bin ein Gott,
der Vergeltung übt und sie so straft, wie
sie es verdienen.

57 Ich, der allmächtige Gott, der König
der ganzen Welt, mache sie alle betrun-
ken – die führenden Männer von Babylo-
nien, ihre weisen Berater, die Statthalter,
Befehlshaber und die einfachen Sol-
daten; dann versinken sie in ewigen
Schlaf und werden nie mehr erwachen.

58 Die starken Mauern Babylons wer-
den dem Erdboden gleichgemacht und
die hohen Tore niedergebrannt. So trifft
auch für diese Stadt das Wort zu: ›Was
Völker mühsam errichtet haben, hat kei-
nen Bestand – ihre Bauwerke werden ein
Raub der Flammen!‹[a] Das sage ich, der
allmächtige Gott.«

---

[a] Vgl. Habakuk 2,13

51,44 50,2 **51,45** 50,8; 51,6; Jes 48,20 **51,48–49** Offb 18,20.24 **51,50** Ps 137,5–6 **51,51** Ps 79,1–4; Klgl 1,10 **51,53** Jes 14,13–15 **51,57** 25,15*

Jeremias Botschaft wird nach Babylon gesandt

59 In seinem 4. Regierungsjahr reiste der
judäische König Zedekia nach Babylon.
Als Jeremia davon hörte, gab er Seraja,
der den König begleitete und für sein
Wohlergehen verantwortlich war, eine
Botschaft mit; Seraja war ein Sohn Neri-
jas und Enkel Machsejas.
60 Jeremia hatte auf einer Buchrolle
niedergeschrieben, welches Unheil der
Herr Babylonien androhte, alle Botschaf-
ten gegen das Land waren darauf fest-
gehalten. 61 Er sagte zu Seraja: »Wenn du
nach Babylon kommst, so lies alles, was
ich aufgeschrieben habe, laut vor!
62 Dann bete: ›Herr, du hast dieser Stadt
die Zerstörung angekündigt. Sie soll für
alle Zeiten zu einer Wüste werden, in
der weder Menschen noch Tiere leben.‹
63 Wenn du diese Buchrolle vorgelesen
hast, binde einen Stein daran, wirf sie in
den Euphrat 64 und ruf: ›Genauso wird
Babylon untergehen und nie wieder nach
oben kommen! Denn der Herr wird gro-
ßes Unheil über seine Einwohner brin-
gen!‹«
Hier enden die Worte Jeremias.

Flucht und Gefangennahme Zedekias
(2. Könige 24,20 – 25,7;
2. Chronik 36,16–17)

52 Zedekia war 21 Jahre alt, als er
König wurde; er regierte elf Jahre
in Jerusalem. Seine Mutter hieß Hamu-
tal, sie war eine Tochter Jirmejas aus Lib-
na. 2 Wie Jojakim tat auch Zedekia, was
der Herr verabscheute. 3 Der Herr war
voller Zorn über die Bewohner von Jeru-
salem und Juda, und so wandte er sich
von ihnen ab.
Zedekia lehnte sich gegen die Herr-
schaft des babylonischen Königs auf.
4 Darum zog Nebukadnezar mit seinem
ganzen Heer nach Jerusalem, um die
Stadt anzugreifen.
Im 9. Regierungsjahr Zedekias, am
10. Tag des 10. Monats, begannen die Ba-
bylonier mit der Belagerung Jerusalems.
Rings um die Stadt schütteten sie einen
Wall auf. 5 Bis ins 11. Regierungsjahr Ze-
dekias hielt Jerusalem der Belagerung
stand. 6 Doch schließlich waren alle Vor-
räte aufgebraucht, und die Einwohner lit-
ten unter einer schweren Hungersnot.
Am 9. Tag des 4. Monats 7 schlugen die
Babylonier eine Bresche in die Stadt-
mauer. In der Nacht darauf gelang Zede-
kia mit allen seinen Soldaten die Flucht,
obwohl die Feinde einen geschlossenen
Belagerungsring um die Stadt gebildet
hatten. Sie nahmen den Weg durch das
Tor, das zwischen den beiden Mauern
beim Garten des Königs lag, und flohen
in Richtung Wüste. 8 Doch die Babylonier
nahmen die Verfolgung Zedekias auf. In
der Nähe von Jericho holten sie ihn ein.
Seine Soldaten liefen in alle Richtungen
davon, und so wurde er allein gefangen
genommen. 9 Die Babylonier führten ihn
zu ihrem König nach Ribla in der Provinz
Hamat, dort sprach Nebukadnezar das
Urteil über ihn: 10 Zedekia musste zuse-
hen, wie alle seine Söhne hingerichtet
wurden. Auch die obersten Beamten von
Juda ließ der babylonische König töten.
11 Danach stach man Zedekia die Augen
aus und brachte ihn in Ketten nach Baby-
lon. Dort wurde er ins Gefängnis gewor-
fen, wo er bis zu seinem Tod blieb.

Jerusalem und der Tempel werden zerstört
(2. Könige 25,8–21;
2. Chronik 36,18–21)

12 Im 19. Regierungsjahr König Nebukad-
nezars von Babylonien, am 10. Tag des
5. Monats, traf Nebusaradan in Jerusa-
lem ein. Er war der Oberbefehlshaber
der königlichen Leibwache und ein enger
Vertrauter Nebukadnezars. 13 Er ließ den
Tempel des Herrn, den Königspalast und
alle großen Häuser in Flammen auf-
gehen. 14 Seine Soldaten rissen die Stadt-

51,59 32,11–12 **51,60** 30,1–2 **51,63–64** Offb 18,21 **52,4–16** 39,1–10 **52,11** 32,5 **52,13** 7,14; 17,27

mauer nieder. 15 Nebusaradan ließ alle Ju-
däer gefangen nehmen: die restliche Be-
völkerung der Stadt, die ärmsten Bewoh-
ner Judas und die übrig gebliebenen
Handwerker. Auch alle, die zu den Baby-
loniern übergelaufen waren, führte er in
die Verbannung. 16 Nur einige der ärms-
ten Landarbeiter ließ er zurück, um die
Äcker und Weinberge zu bestellen.

17 Im Tempel zerschlugen die Babylo-
nier die beiden Säulen aus Bronze, die
Kesselwagen und das runde Wasser-
becken und brachten die Bronze nach
Babylon. 18 Auch die Eimer, Schaufeln,
Messer, Schüsseln und Schalen sowie alle
anderen bronzenen Gegenstände, die für
den Tempeldienst gebraucht worden wa-
ren, nahmen sie mit, 19 ebenso die Kelche,
die Eimer zum Tragen der glühenden
Kohlen, die Schüsseln, Töpfe, Leuchter
und Opferschalen aus reinem Gold und
Silber. Dies alles ließ der Oberbefehls-
haber der Leibwache nach Babylon brin-
gen. 20 Auch die Bronze der beiden Säu-
len, des runden Wasserbeckens, der zwölf
Rinderfiguren und der Kesselwagen, die
Salomo für den Tempel des Herrn hatte
anfertigen lassen, wurde mitgenommen.
Es kam so viel Bronze zusammen, dass
man sie gar nicht mehr wiegen konnte.
21 Allein die beiden Säulen waren schon
neun Meter hoch, und ihr Umfang betrug
sechs Meter. Sie waren innen hohl und
hatten eine Wandstärke von acht Zenti-
metern. 22 Auf jeder Säule ruhte noch ein
bronzenes Kapitell von zweieinhalb Me-
tern Höhe. Die Kapitelle waren ringsum
verziert mit Ketten und Granatäpfeln,
ebenfalls aus Bronze. 23 Bei jeder Säule
gab es insgesamt hundert Granatäpfel an
den Ketten ringsum, sechsundneunzig
davon konnte man von unten sehen.

24 *Nebusaradan*, der Oberbefehlshaber
der königlichen Leibwache, ließ einige
Männer von den Gefangenen ausson-
dern: den Hohenpriester Seraja, seinen
Stellvertreter Zefanja und die drei Pries-
ter, die den Tempeleingang bewachten,
25 einen Hofbeamten, der die Aufsicht
über die Truppen in der Stadt hatte, sie-
ben Männer aus Jerusalem, die zu den
engsten Vertrauten des Königs gehörten,
den Offizier, der für die Musterung der
Truppen verantwortlich war, und schließ-
lich sechzig Männer aus Juda, die sich ge-
rade in Jerusalem aufhielten. 26 Sie alle
sonderte Nebusaradan aus und brachte
sie nach Ribla in der Provinz Hamat
zum König von Babylonien. 27 Dort ließ
Nebukadnezar sie alle hinrichten.

Die Bevölkerung von Juda wurde aus
ihrer Heimat vertrieben.

28 In seinem 7. Regierungsjahr ließ Ne-
bukadnezar 3023 Judäer in die Verban-
nung führen, 29 im 18. Jahr 832 Einwohner
von Jerusalem, 30 und im 23. Jahr ließ Ne-
busaradan, der Oberbefehlshaber der
königlichen Leibwache, 745 Judäer ver-
schleppen. Insgesamt wurden 4600 Judä-
er nach Babylonien gebracht.

Jojachin wird begnadigt
(2. Könige 25,27–30)

31 37 Jahre nach der Gefangennahme Jo-
jachins, des früheren Königs von Juda,
wurde Ewil-Merodach König von Baby-
lonien. Im 1. Jahr seiner Regierung, am
25. Tag des 12. Monats, begnadigte er
Jojachin von Juda und holte ihn aus dem
Gefängnis. 32 Er behandelte ihn freund-
lich und gab ihm eine bevorzugte Stel-
lung unter den Königen, die in Babylon
gefangen gehalten wurden. 33 Jojachin
durfte seine Gefängniskleidung ablegen
und bis an sein Lebensende an der kö-
niglichen Tafel essen. 34 Der König sorgte
auch sonst für seinen Unterhalt. Jojachin
bekam täglich, was er zum Leben
brauchte.

52,17–23 27,19–22 **52,31–34** 22,24–30

Die Klagelieder des Jeremia

Jerusalem ist zerstört!

1 Ach, wie einsam und verlassen liegt sie da, die Stadt Jerusalem, in der sich einst die Menschen drängten! Sie war berühmt bei allen Völkern, jetzt gleicht sie einer Witwe ohne Schutz. Sie, die über andere Länder herrschte, wird nun zum Sklavendienst gezwungen.

2 Sie weint und weint die ganze Nacht, die Tränen laufen ihr übers Gesicht. Unter all ihren Liebhabern ist niemand, der sie tröstet. Alle Freunde haben sie verlassen und sind nun ihre Feinde!

3 Schwer musste Juda arbeiten und viel Elend erdulden, nun hat man sie gefangen fortgeschleppt. Jetzt wohnt sie unter fremden Völkern und findet keine Ruhe; ihre Verfolger haben sie überfallen, als sie sich nicht wehren konnte.

4 Die Wege, die nach Zion führen, sind verödet, weil niemand mehr zu den Festen kommt. Alle Tore Jerusalems sind zerstört. Die Priester seufzen, und die jungen Mädchen trauern. Die Stadt leidet bitteren Schmerz.

5 Die sie hassen, haben die Macht über sie, ihre Feinde fühlen sich sicher. Der Herr hat Leid über Jerusalem gebracht, weil er ihre vielen Sünden strafen will. Die Feinde nahmen ihre Kinder gefangen und trieben sie vor sich her aus dem Land.

6 Zion hat all ihre Pracht verloren. Ihre Fürsten sind wie Hirsche, die keine Weide mehr finden; ihnen fehlt die Kraft, den Verfolgern zu entfliehen.

7 Mitten im Elend, weit weg von ihrer Heimat, denkt Jerusalem an die Schätze, die sie seit langer Zeit besaß. Als sie dem Feind in die Hände fiel, war niemand da, der ihr half.

8 Jerusalem hat große Schuld auf sich geladen, nun schüttelt man den Kopf über sie. Die sie früher verehrten, verachten sie jetzt, weil sie nackt und hilflos vor ihnen liegt. Sie aber seufzt und vergräbt ihr Gesicht in den Händen.

9 Dass ihre Untreue aufgedeckt wird, hat sie nicht bedacht. Nun ist sie tief gefallen – und keiner ist da, der sie tröstet. »Ach Herr«, fleht sie, »sieh doch mein Elend an, und sieh auch, wie die Feinde prahlen!«

10 Sie raubten alle ihre Schätze. Jerusalem musste mit ansehen, wie Fremde in den heiligen Tempel eindrangen. Dabei hatte der Herr ihnen verboten, den Ort zu betreten, wo sich seine Gemeinde versammelt.

11 Das Volk seufzt und sucht nach Brot, sie geben all ihr Hab und Gut, nur um am Leben zu bleiben. Jerusalem fleht: »Herr, sieh mich an! Ich werde von allen verachtet!

12 Schaut her, ihr Fremden, die ihr vorüberzieht! Habt ihr noch nichts davon gehört? Gibt es ein größeres Leid als meines? Der Herr hat es mir zugefügt, sein Zorn hat mich getroffen.

13 Er ließ Feuer vom Himmel auf mich fallen, das in meinem Innern wütete. Er hat mir eine Falle gestellt und mich zu Boden geworfen. Er hat mich zu einer Trümmerstätte gemacht, die von allen gemieden wird.

14 Schwer lasten meine Sünden auf mir wie ein Joch, das der Herr mir aufgebürdet hat. Er legte es um meinen Nacken, und ich brach darunter zusammen. Der Herr hat mich meinen Feinden ausgeliefert, die stärker waren als ich.

15 Meine besten Soldaten hat er vernich-

1,2 Jer 30,14 **1,6** 2 Kön 25,4–7 **1,8** Hes 16,37 **1,9** Jes 40,1–2 **1,10** 2 Kön 25,13–17; Ps 79,1–4 **1,11** 4,9 **1,15** Jes 63,3

tet. Er hat meine Feinde zu einem Fest
eingeladen, und dort brachten sie unse-
re jungen Männer um. Der Herr hat
Juda zertreten wie Trauben in der Kel-
ter.
16 Darüber weine ich Tag und Nacht, die
Tränen verschleiern mir die Augen.
Denn weit und breit habe ich keinen, der
mich tröstet, niemanden, der mir wieder
Mut zuspricht. Meine Söhne sind hilflos,
der Feind hat uns in seiner Gewalt.«

17 Verzweifelt streckt Zion ihre Hände
aus, doch keiner ist da, der sie tröstet!
Der Herr hat Israels Feinde von allen
Seiten herbeigerufen. Voller Abscheu
blicken sie auf Jerusalem.
18 »Zu Recht hat der Herr mich bestraft,
denn ich habe mich seinen Geboten wi-
dersetzt! Ihr Völker, hört her! Seht doch,
wie groß mein Schmerz ist! Die Mädchen
und die jungen Männer wurden als Ge-
fangene verschleppt.
19 Ich rief nach meinen Liebhabern, aber
sie haben mich verlassen. Meine Priester
und Ältesten sind mitten in der Stadt zu-
sammengebrochen, als sie Nahrung such-
ten, um am Leben zu bleiben.
20 Ach Herr, sieh doch, wie verzweifelt ich
bin! In mir wühlt der Schmerz; mir bricht
das Herz, wenn ich daran denke, wie ich
mich gegen dich aufgelehnt habe. Drau-
ßen raubte das Schwert mir meine Kin-
der, und drinnen raffte die Seuche sie da-
hin.
21 Man hört mich seufzen, doch keiner
tröstet mich. Stattdessen jubeln meine
Feinde, wenn sie erfahren, welches Un-
glück du über mich gebracht hast. Doch
wenn dein Gerichtstag kommt, den du
angekündigt hast, dann wird es ihnen er-
gehen wie mir.
22 Zieh sie zur Rechenschaft für all ihre
Bosheit! Vergelte ihnen alles, so wie du
auch mich für meine Schuld bestraft hast!
Denn ich seufze ohne Ende, der Kummer
macht mich krank.«

Der Zorn des Herrn hat Jerusalem getroffen

2 Der Zorn des Herrn liegt über Zion
wie eine große, dunkle Wolke. Wie
ein Stern vom Himmel auf die Erde
stürzt, so verging Jerusalems ganze
Pracht. An dem Tag, als der Zorn des
Herrn losbrach, wollte er sogar von sei-
nem Tempel[a] nichts mehr wissen!
2 Er hat die Dörfer und Felder Israels er-
barmungslos zerstört. Die befestigten
Städte Judas hat er niedergerissen, in sei-
nem Zorn hat er über das Königreich
Schande gebracht und die Mächtigen ge-
stürzt.
3 Der Herr hat Israel aller Macht beraubt.
Als der Feind kam, zog er seine schützen-
de Hand zurück. Er hat das Land in
Brand gesteckt wie ein loderndes Feuer,
das alles ringsum verzehrt.
4 Er spannte seinen Bogen und stellte sich
auf, die Hand bereit zum Schuss. Wie ein
Feind hat er alle getötet, die uns lieb und
teuer waren. Über die Häuser Zions goss
er seinen Zorn aus wie Feuer.

5 Der Herr ist Israels Feind geworden: Er
hat das Land verwüstet und alle Paläste
zerstört. Die befestigten Städte machte
er dem Erdboden gleich und brachte un-
ermessliches Leid über die Bewohner Ju-
das.
6 Er hat seinen Tempel niedergerissen wie
eine Hütte; den Ort, an dem wir uns vor
ihm versammelten, hat er zerstört. Den
Festtagen und Sabbatfeiern hat der Herr
ein Ende bereitet. In seinem furchtbaren
Zorn hat er den König und die Priester
verstoßen.
7 Der Herr will von seinem Tempel nichts
mehr wissen, seinen Altar hat er ent-
weiht. Die Feinde ließ er bis in die Paläs-
te eindringen, und selbst im Tempel hörte
man sie lärmen wie an einem Festtag.
8 Der Herr wollte die Mauern Jerusalems
zerstören. Und so spannte er die Mess-

---

[a] Wörtlich: vom Schemel seiner Füße.

1,18 3,42; 5,16 **1,20** Jer 15,2 **1,21** Jer 25,31 **1,22** Ps 137,7–9 **2,1** Jer 7,14 **2,4–5** Jer 21,5–6 **2,6** Hos 2,13 **2,8** 2 Kön 21,13

schnur über sie, um sie völlig zu vernich-
ten. Er riss Mauern und Schutzwälle nie-
der, nun liegen sie verödet da.
9 Die Stadttore machte er dem Erdbo-
den gleich, er brach die Riegel auf und
zerschlug sie. Unser König und seine
Beamten müssen unter fremden Völ-
kern leben. Niemand verkündet uns die
Weisungen Gottes, und die Propheten
empfangen vom Herrn keine Visionen
mehr.
10 Die Ältesten sitzen stumm am Boden,
sie haben sich Staub auf den Kopf ge-
streut und Trauerkleider angezogen. Die
Mädchen von Jerusalem gehen mit ge-
senktem Kopf umher.

11 Ich weine mir fast die Augen aus, der
Schmerz überwältigt mich, und es bricht
mir das Herz, dass ich den Untergang
meines Volkes miterleben musste. Ich
sah Säuglinge und kleine Kinder auf den
Plätzen der Stadt verhungern.
12 »Ich habe Hunger! Ich habe Durst!«,
sagten sie zu ihrer Mutter. Dann brachen
sie zusammen und lagen auf der Straße
wie tödlich Verwundete. In den Armen
ihrer Mutter erlosch ihr Leben.

13 Ach, Jerusalem, was soll ich dir sagen?
Hat es jemals solches Elend gegeben?
Wie kann ich dich nur trösten, du einst
blühende Stadt? Schrecklich war dein
Untergang. Gibt es einen, der dir noch
helfen kann?
14 Deine Propheten weissagten nichts als
Lug und Trug; sie deckten deine Schuld
nicht auf – nur so hätten sie das Unheil
von dir abgewendet. Mit ihren Botschaf-
ten haben sie dich betrogen und verführt.
15 Wer vorübergeht, verspottet dich; er
lacht verächtlich und schüttelt den Kopf
beim Anblick Jerusalems: »Ist das die
Stadt, die als vollendete Schönheit galt,
eine Augenweide für die ganze Welt?«
16 Deine Feinde ziehen über dich her. Sie
verhöhnen dich und weiden sich an dei-
nem Untergang: »Wir haben sie vernich-
tet! Auf diesen Tag haben wir lange ge-
wartet, nun ist er endlich da, wir haben
unser Ziel erreicht!«
17 Was der Herr sich vorgenommen hatte,
das hat er auch getan! Er hat die Dro-
hung wahr gemacht, die er seit langer
Zeit verkünden ließ. Erbarmungslos hat
er dich zerstört, er schenkte deinen Fein-
den den Triumph und stärkte ihre Macht.

18 Zion, schrei laut zum Herrn![a] Lass wie
einen Bach die Tränen fließen Tag und
Nacht, hör nicht auf damit, gönn dir kei-
ne Ruhe!
19 Steh jede Nacht auf, flehe zu Gott um
Hilfe, und schütte ihm dein Herz aus!
Heb deine Hände zu ihm empor, und bit-
te für das Leben deiner Kinder, die an
allen Straßenecken verhungern.

20 Herr, sieh doch die Menschen, über die
du solches Leid gebracht hast! Frauen
aßen ihre eigenen Kinder, die sie vorher
liebevoll gepflegt hatten. Und in deinem
heiligen Tempel wurden Priester und
Propheten totgeschlagen. Warum hast
du das zugelassen?
21 Kinder und Greise liegen auf den Stra-
ßen, Mädchen und junge Männer –
durchbohrt vom Schwert der Feinde.
Am Tag, als dein Zorn sie traf, hast du
sie ohne Mitleid abgeschlachtet.
22 Meine Feinde hast du von allen Seiten
herbeigerufen wie zu einer Festversamm-
lung. Dein Zorn kam über mich, da gab
es kein Entrinnen! Meine Kinder, die ich
mit viel Liebe großzog, sind dem Feind
zum Opfer gefallen.

Hoffnung in der größten Not

3 Ach, wie viel Elend muss ich ertra-
gen! Ich bin der Mann, den Gott mit
seiner Rute schlägt.
2 Er hat mich immer tiefer in die Finster-
nis getrieben.

[a] So mit leichter Textänderung. Wörtlich: Ihr Herz schrie zum Herrn – du Mauer der Stadt Zion.

2,9 Jer 18,18 **2,11** Jer 8,23 **2,14** Jer 14,14; 23,16–18 **2,15** Ps 48,2–3 **2,17** Sach 1,6 **2,20** 3 Mo 26,29*

Der dritte Weg

Lesen Sie Klagelieder 3,21-24

Eheberater bekommen oft in irgendeiner Form die folgende Frage zu hören: „Wir haben wegen einer ungeplanten Schwangerschaft geheiratet, und jetzt habe ich das Gefühl, dass es ein großer Fehler war. Kann ich mich scheiden lassen oder muss ich in dieser Ehe aushalten?"

Die Frage legt nahe, dass es nur zwei Möglichkeiten gibt: verheiratet bleiben und den Rest des Lebens unglücklich sein oder sich scheiden lassen und glücklich sein. Es gibt aber noch einen dritten Weg, der viel mehr Hoffnung verspricht: sich bemühen, eine gelingende Ehe aufzubauen.

Viele Menschen heiraten unter Umständen, die man kaum als ideal bezeichnen kann. Bei manchen ist es eine ungeplante Schwangerschaft. Bei anderen ist es eine seelische Abhängigkeit, der Wunsch, aus einer schlechten familiären Umgebung zu entfliehen oder fehlgeleitete romantische Gefühle. Aus dem falschen Grund geheiratet zu haben, bedeutet aber noch lange nicht, dass man keine gute Ehe führen kann.

Jedes Paar kann eine gelingende Ehe aufbauen, wenn es Gottes Hilfe sucht. Wenn wir beten, die Bibel und Eheratgeber lesen und wenn wir uns beraten lassen, können wir unsere Ehe positiv weiterentwickeln. Denken wir an Jeremias Worte in Klagelieder 3,21-24. Egal wie die äußeren Umstände aussehen, der Herr ist treu. Er schenkt Ihnen jeden Tag seine Barmherzigkeit! Bei ihm gibt es immer Hoffnung. Er kann die Fehler der Vergangenheit in Ordnung bringen und Ihnen Hoffnung für die Zukunft geben.

Nehmen Sie sich Zeit, um allein oder als Paar gemeinsam zu beten. Danken Sie Gott für seine *treue Liebe, mit der er Sie nie im Stich* lässt, und für die Hoffnung, die er Ihnen mitten in Ihren Eheproblemen schenken will. Nehmen Sie dankbar an, dass nichts für ihn zu schwierig ist. Bitten Sie ihn darum, dass Sie gemeinsam mit Ihrem Mann/Ihrer Frau eine starke, von ihm geprägte Beziehung aufbauen können.

Wenn Sie noch mehr Zeit haben ...

Besprechen Sie miteinander folgende Fragen oder denken Sie darüber nach:

- Beschreiben Sie eine Liebe, die nie Fehler macht.
- Wenn Sie jeden Tag neu anfangen könnten, wie würde sich das auf die Beziehung zu Ihrem Ehepartner auswirken?
- Welche konkreten Schritte können Sie in dieser Woche unternehmen, um die Beziehung zu Ihrem Mann/Ihrer Frau neu zu beleben?

Lesen Sie auch die folgenden Abschnitte zum Thema Gottes Barmherzigkeit:
Psalm 23,6; 103,10-13; Epheser 2,4-5.

Eine heilsame Zurechtweisung

Lesen Sie Hesekiel 9,9-10

Es gibt Verhaltensweisen, die wir in einer Ehe nicht dulden dürfen. Misshandlung, Untreue, Missbrauch, Alkohol- oder Drogenabhängigkeit erfordern ein liebevolles Einschreiten. Man kann sogar sagen, dass wir den anderen nicht lieben, wenn wir ein solches Verhalten als Lebensstil akzeptieren. Warum? Weil Liebe sich immer um das Wohlergehen des anderen sorgt. Die Liebe stellt den anderen zur Rede. Das ist zwar eine harte Liebe, aber es ist echte Liebe.

In der Bibel wird die Zurechtweisung häufig als etwas Heilsames angesehen. Gott schickte viele Propheten, um das Volk Israel auf seine Sünden hinzuweisen, so auch in Hesekiel 9,9-10. Der Ton des Propheten kommt uns oft hart vor, doch das Ziel war immer, den Israeliten zu zeigen, wie tief sie gefallen waren, und ihnen Mut zu machen, zu Gott umzukehren und die Beziehung wiederherzustellen.

Für den zwischenmenschlichen Bereich gilt, was Jesus sagt: „Wenn dein Bruder Schuld auf sich geladen hat, dann geh zu ihm und sag ihm, was er falsch gemacht hat" (Matthäus 18,15). Das Ziel der Ermahnung ist die Wiederherstellung der Beziehung. Wenn echte Reue und Veränderung geschieht, kann es auch eine echte Versöhnung geben und die Ehe kann wieder aufgebaut werden. Ohne Zurechtweisung und Reue jedoch wird sich das falsche Verhalten fortsetzen. Harte Liebe kümmert sich um den anderen und bringt ihn zurecht.

Nehmen Sie sich Zeit, um allein oder als Paar gemeinsam zu beten. Gestehen Sie sich vor Gott ein, dass es manchmal schwerfällt, einen anderen Menschen auf sein falsches Verhalten hinzuweisen. Danken Sie Gott, dass Sie aus seinem Wort gelernt haben, dass manche Verhaltensweisen nicht toleriert werden können, weil sie zu viele Verletzungen verursachen und Schaden anrichten. Bitten Sie ihn um Weisheit für den richtigen Zeitpunkt, um mit Ihrem Ehepartner über sein/ihr Verhalten zu reden. Bitten Sie ihn auch, Ihnen zu zeigen, wie Sie auf eine Zurechtweisung durch Ihren Partner reagieren sollen.

Wenn Sie noch mehr Zeit haben …

Besprechen Sie miteinander folgende Fragen oder denken Sie darüber nach:

- Warum ist Zurechtweisung manchmal ein heikles Thema unter Ehepartnern?
- Wie gut gelingt es Ihnen und Ihrem Mann/Ihrer Frau, sich gegenseitig auf Fehlverhalten hinzuweisen? Erklären Sie, warum.
- Was sollten Sie ändern, damit Sie sich gegenseitig besser auf problematische Verhaltensweisen ansprechen können?

Lesen Sie auch die folgenden Abschnitte zum Thema Ermahnung:
1. Korinther 13,4-8;
1. Johannes 2,1-29; 4,7.

Den nächsten Impuls finden Sie auf S. 932 a

3 Tag für Tag trifft mich seine strafende
Hand.
4 Davon bin ich abgemagert, alt gewor-
den; meine Knochen hat er zerschlagen.
5 Bitteres Leid und Erschöpfung haben
mich überwältigt, er hat es über mich ge-
bracht.
6 In Dunkelheit lässt er mich zurück, als
wäre ich schon lange tot.
7 Mit schweren Ketten hat er mich gefes-
selt und mit hohen Mauern umgeben, ich
komme nicht mehr heraus!
8 Wenn ich schreie und um Hilfe rufe, so
verschließt er sich meinem Gebet.
9 Wohin ich mich auch wende – er hat
meine Wege mit großen Steinen ver-
sperrt. Ich komme nicht mehr weiter.
10 Gott hat mir aufgelauert wie ein Bär,
wie ein Löwe in seinem Versteck.
11 Er hat mich vom Weg gedrängt, mich
zerfleischt und hilflos liegen lassen.
12 Er spannte seinen Bogen, zielte mit sei-
nem Pfeil auf mich
13 und schoss mir mitten durch das Herz.
14 Mein Volk verlacht mich Tag für Tag,
sie singen Spottlieder auf mich.
15 Gott reicht mir bittere Kräuter zu essen
und füllt mir den Becher mit Wermut.
16 Er gibt mir Steine statt Brot, er tritt
mich tief in den Staub.
17 Was Frieden und Glück ist, weiß ich
nicht mehr. Du, Herr, hast mir alles ge-
nommen.

18 Darum sagte ich: »Meine Kraft ist ge-
schwunden, und meine Hoffnung auf
den Herrn ist dahin.
19 Meine Not ist groß, ich habe keine Hei-
mat mehr. Schon der Gedanke daran
macht mich krank.
20 Und doch denke ich ständig daran und
liege am Boden.«

21 Aber eine Hoffnung bleibt mir noch, an
ihr halte ich fest:
22 Die Güte des Herrn hat kein Ende[a],
sein Erbarmen hört niemals auf,
23 es ist jeden Morgen neu! Groß ist deine
Treue, o Herr!
24 Darum sage ich: Herr, ich brauche nur
dich![b] Auf dich will ich hoffen.
25 Denn der Herr ist gut zu dem, der ihm
vertraut und ihn von ganzem Herzen
sucht.
26 Darum ist es das Beste, geduldig zu sein
und auf die Hilfe des Herrn zu warten.
27 Und es ist gut für einen Menschen,
wenn er schon früh lernt, Schweres zu
tragen.
28 Wenn Gott ihm die Last auferlegt,
soll er sich darunter beugen und ruhig
bleiben.
29 Geduldig ertrage er sein Leid, vielleicht
gibt es noch Hoffnung.
30 Wenn er geschlagen wird, soll er die
Wange hinhalten und die Demütigung er-
tragen.

31 Denn der Herr verstößt uns nicht für
immer.
32 Er lässt uns leiden, aber dann erbarmt
er sich wieder, denn seine Gnade ist groß.
33 Wenn er uns straft und Leid über uns
bringt, so schmerzt es ihn selbst.

34 Sie treten unsere Gefangenen.
35 Sie beugen das Recht vor den Augen
des höchsten Gottes.
36 Sie betrügen uns vor Gericht. – Hat der
Herr das nicht gesehen?
37 Wer kann etwas geschehen lassen,
wenn der Herr es nicht befiehlt?
38 Kommt nicht Glück und Unglück aus
seiner Hand?
39 Warum klagen wir? Der Herr ließ uns
doch am Leben! Er straft uns nur für un-
sere Sünden.
40 Kommt, wir wollen unser Leben prüfen
und dann zurückkehren zum Herrn!
41 Ihm wollen wir unsere Herzen öffnen,

---

[a] So nach einigen hebräischen Handschriften und alten Übersetzungen. Der hebräische Text lautet: Durch die Güte des Herrn sind wir noch nicht am Ende.

[b] Wörtlich: Der Herr ist mein Erbteil.

3,7 Hiob 3,23; 19,8 **3,8** Ps 22,3; 69,4 **3,10** Hiob 10,16 **3,12–13** Hiob 6,4; 16,12–14 **3,14** Hiob 30,9; Jer 20,7 **3,15** Hiob 9,18; Jer 9,14 **3,22–23** 2 Mo 34,6; Ps 31,20; 48,10; 57,11; 103,17; 108,5 **3,26** Ps 62,2 **3,30** Jes 50,6; Mt 5,39 **3,31–33** Ps 30,6; Jes 54,7–8 **3,37** Am 3,6 **3,38** Jes 45,7

zu ihm, der im Himmel wohnt, die Hände
erheben und beten:

42 »Herr, wir haben dir die Treue gebrochen, wir haben uns gegen dich aufgelehnt – und du hast uns nicht vergeben!
43 Dein Zorn hat uns getroffen, du hast uns verfolgt und erbarmungslos getötet!
44 Du hast dich in dichte Wolken gehüllt, kein Gebet ist zu dir durchgedrungen.
45 Du hast dafür gesorgt, dass die Völker uns verachten; sie behandeln uns wie Dreck und Abfall.
46 Unsere Feinde lästern über uns.
47 Wir haben Schrecken und Zusammenbruch erlebt, wir haben Angst und schweben ständig in Gefahr.«

48 Ich weine hemmungslos über den Untergang meines Volkes.
49 Meine Tränen fließen unaufhörlich, ich finde keine Ruhe,
50 bis der Herr vom Himmel herabschaut und uns sieht.
51 Mir bricht das Herz, wenn ich sehe, was mit den Frauen und Mädchen in meiner Stadt geschieht.
52 Ich habe meinen Feinden nichts getan, und doch haben sie mich gefangen wie einen Vogel.
53 Sie warfen mich in einen Brunnen und ließen Steine auf mich fallen.
54 Das Wasser schlug über mir zusammen, und ich dachte schon: »Das ist das Ende!«

55 Da schrie ich zu dir um Hilfe, o Herr, unten aus der Grube:
56 »Verschließe dein Ohr nicht vor meinem Seufzen und Schreien!« Und du hast mich erhört!
57 Als ich rief, kamst du zu mir und sprachst: »Fürchte dich nicht!«
58 Herr, du hast mir geholfen und mein Leben gerettet.
59 Du siehst, wie viel Unrecht ich immer noch erleide. Schaffe du mir Recht!
60 Du kennst die Rachsucht meiner Feinde und ihre finsteren Pläne gegen mich.
61 Herr, du hast gehört, wie sie mich schmähten, ihre bösen Verleumdungen sind dir nicht verborgen.
62 Tagein, tagaus verhöhnen sie mich, immer ziehen sie über mich her.
63 Herr, hör doch: Von früh bis spät singen sie ihre Spottlieder über mich!
64 Vergelte es ihnen, o Herr! Gib ihnen den gerechten Lohn für ihre schrecklichen Taten!
65 Lass ihre Herzen hart und gleichgültig werden, möge dein Fluch über sie kommen!
66 Verfolge sie, bis dein Zorn sie trifft, und lass sie vom Erdboden verschwinden!

Jerusalems Elend

4 Das Gold hat seinen schönen Glanz verloren, stumpf und matt ist es geworden. Die kostbaren Steine des Tempels liegen verstreut an allen Straßenecken.
2 Die jungen Männer Zions, die uns wertvoll sind wie reines Gold, werden verächtlich behandelt wie gewöhnliches Tongeschirr.
3 Selbst Schakale säugen ihre Jungen, aber die Mütter meines Volkes sind grausam zu ihren Kindern wie ein Strauß in der Wüste.
4 Dem Säugling klebt vor Durst die Zunge am Gaumen, kleine Kinder verlangen nach Brot, doch niemand gibt es ihnen.
5 Wer früher nur das Feinste aß, bricht nun vor Hunger auf der Straße zusammen. Wer früher auf purpurfarbenen Kissen schlief, liegt jetzt auf einem Abfallhaufen.

6 Mein Volk hat schwerer gesündigt als Sodom, das ohne menschliches Zutun plötzlich unterging.
7 Wie herrlich sahen unsere Fürsten aus! Sie waren gesund und kräftig und hatten eine schöne Gestalt.
8 Jetzt aber ist ihr Gesicht eingefallen, sie sind bis auf die Knochen abgemagert,

---

3,42 1,18 **3,44** Jes 1,15; 59,1–2 **3,46** 2,16 **3,48** Jer 8,23 **3,51** 5,11 **3,53** Jer 38,6 **3,54** Ps 69,2–3; Jona 2,6 **3,64** Jer 11,20 **4,3** Hiob 39,13–17 **4,4** 2,11–12 **4,6** 1 Mo 19,24–25*; Hes 16,48

man erkennt sie auf der Straße nicht
mehr wieder.[a]
9 Wer vom Schwert der Feinde durch-
bohrt wurde, hatte es besser als jene, die
überlebten. Sie starben einen qualvollen
Tod, weil keine Früchte mehr vom Feld
in die Stadt gebracht wurden.
10 Und in der größten Hungersnot haben
selbst liebevolle Mütter ihre eigenen
Kinder gekocht und gegessen!

11 Der Herr hat seinen Zorn gestillt und
ihn über uns alle ausgegossen. Er legte
in Jerusalem ein Feuer, das die Stadt bis
auf die Grundmauern niederbrannte.
12 Die Feinde sind durch die Tore Jerusa-
lems eingezogen. Niemand hat das für
möglich gehalten, auch die Könige der
anderen Völker nicht!
13 Doch es geschah wegen der Sünden un-
serer Propheten und Priester: Sie haben
in der Stadt unschuldige Menschen um-
gebracht.
14 Jetzt taumeln sie wie Blinde durch die
Straßen. Sie sind so mit Blut besudelt,
dass niemand sie berühren darf.
15 »Aus dem Weg!«, ruft man ihnen zu.
»Ihr seid unrein! Aus dem Weg! Rührt
uns nicht an!« So müssen sie fliehen
und irren umher. Sogar in anderen Län-
dern sagt man: »Bei uns können sie nicht
bleiben!«
16 Der Herr hat sich von ihnen abgewandt
und sie aus dem Land vertrieben. Nie-
mand nimmt noch Rücksicht auf die al-
ten Männer.

17 Wir warteten unentwegt auf Hilfe, doch
vergeblich! Auch das Volk, auf das wir
unsere Hoffnung setzten, konnte uns
nicht retten.
18 Die Feinde verfolgten uns auf Schritt
und Tritt, wir konnten uns nicht mehr
auf die Straße wagen. Unsere Tage waren
gezählt, das Ende war da!
19 Die Verfolger stürzten sich auf uns so
schnell wie ein Adler. Auf der Flucht ins
Bergland holten sie uns ein, und in der
Wüste lauerten sie uns auf.
20 Unseren König, den der Herr erwählte,
haben sie uns genommen, und mit ihm un-
ser Leben! Und wir hatten gehofft, er wür-
de uns vor den anderen Völkern schützen!

21 Lacht nur schadenfroh, ihr Edomiter
im Land Uz! Der Kelch mit Gottes Zorn
kommt auch zu euch! Ihr müsst ihn trin-
ken, dann werdet ihr taumeln und nackt
am Boden liegen.
22 Jerusalem, deine Schuld ist gesühnt!
Der Herr wird dich nie mehr in die Ge-
fangenschaft führen. Aber eure Schuld,
ihr Edomiter, bringt er ans Licht! Er wird
euch zur Rechenschaft ziehen.

Herr, führe uns wieder zurück zu dir!

5 Ach Herr, vergiss nicht, was man uns
angetan hat! Sieh doch, wie wir ge-
demütigt werden!
2 Unser Grund und Boden gehört einem
anderen Volk, in unseren Häusern woh-
nen Fremde!
3 Wir sind verlassen wie Waisenkinder,
unsere Mütter schutzlos wie Witwen!
4 Unser eigenes Trinkwasser müssen wir
bezahlen, und auch Brennholz bekom-
men wir nur gegen Geld.

5 Der Feind sitzt uns im Nacken; wir sind
völlig erschöpft, doch man gönnt uns kei-
ne Ruhe.
6 Wir unterwarfen uns den Ägyptern und
Assyrern, damit wir genug Brot zu essen
hatten.
7 Unsere Vorfahren haben gegen dich ge-
sündigt. Sie leben nun nicht mehr, wir
aber müssen für ihre Schuld bezahlen.
8 Sklaven herrschen über uns, und keiner
schützt uns vor ihrer Willkür.

---

[a] Verse 7 und 8 wörtlich: [7] Ihre Fürsten waren reiner als Schnee, weißer als Milch; ihr Leib war röter als Korallen, wie Saphir war ihre Gestalt. [8] Ihr Aussehen ist schwarz wie Ruß geworden. Man kennt sie auf der Straße nicht. Ihre Haut ist runzlig an den Knochen, sie sind trocken wie Holz.

4,9 1,11 **4,10** 2,20; 3 Mo 26,29* **4,12** Jer 39,3 **4,13** Jer 2,8 **4,16** 3 Mo 19,32 **4,17** Hes 29,6–7 **4,19** 2 Kön 25,4–7 **4,21** Jer 25,15* **4,22** Jes 40,2 **5,6** 2 Kön 16,7; Jes 30,2; Jer 2,18 **5,7** 5,16

[9] Räuberbanden machen das Land unsi-
cher. Wenn wir die Stadt verlassen, um
draußen nach Nahrung zu suchen, setzen
wir unser Leben aufs Spiel.
[10] Wir sind vom Hunger ausgezehrt, unse-
re Körper glühen vor Fieber.
[11] In Jerusalem haben sie unsere Frauen
vergewaltigt, in den Städten von Juda wa-
ren die Mädchen ihnen hilflos ausgelie-
fert.
[12] Sie haben unsere Fürsten aufgehängt,
und selbst den Ältesten erweist man kei-
ne Ehrfurcht mehr.
[13] Unsere Männer müssen Korn mahlen
wie die Sklaven, die Jungen schleppen
Brennholz und brechen unter der Last
zusammen.
[14] Die Alten sitzen nicht mehr am Stadt-
tor beieinander, und die Jungen spielen
keine Instrumente mehr.
[15] Unsere Freude ist verflogen, das Singen
und Tanzen ist zum Trauerlied geworden.
[16] Wir haben unseren Ruhm und Glanz
verloren; die Strafe trifft uns, weil wir ge-
gen Gott gesündigt haben.
[17] Darum ist unser Herz voll Trauer, und
unsere Augen sind müde vom Weinen.
[18] Denn der heilige Berg Zion ist verwüs-
tet, Schakale streunen durch die Ruinen.

[19] Herr, du regierst für immer und ewig,
du bist König für alle Zeiten.
[20] Warum vergisst du uns? Wird sich das
nie ändern? Willst du uns für immer ver-
lassen?
[21] Herr, führe uns zurück zu dir, dann
können wir zu dir umkehren! Lass unser
Leben wieder so wie früher sein!
[22] Oder hast du uns für immer verstoßen?
Hat dein Zorn über uns kein Ende?

5,12 2 Kön 25,18–21 **5,16** 1,18 **5,18** Jer 7,14; Mi 3,12 **5,19** Ps 22,29* **5,21** Jer 31,18–19

Auch Männer brauchen Liebe

Es hört sich simpel an, doch es wird leicht vergessen: Männer brauchen dringend Liebe. Die Person, von der ein Mann am meisten geliebt werden möchte, ist seine Frau. Wenn er sich wirklich von seiner Frau geliebt fühlt, dann sieht für ihn die Welt hell und schön aus und er ist in Bestform. Wenn aber sein Liebestank leer ist und er die Liebe seiner Frau vermisst, ist die Welt für ihn finster und er verliert seinen ganzen Schwung. Eine Frau, die ihren Mann zu positiven Veränderungen anspornen will, sollte also unbedingt seinen Wunsch nach Liebe erfüllen. Erlernen Sie seine Muttersprache der Liebe und sprechen Sie diese ständig. Auf diese Weise kommen Sie seinem Bedürfnis nach Liebe entgegen. Mit einem gut gefüllten Liebestank ist er motiviert, ein liebevoller Ehemann und Vater zu sein.

In vielerlei Hinsicht ist die Ehe eine gegenseitige Hilfsgemeinschaft. Mann und Frau sind beide bedürftige Geschöpfe. Das hat sie zueinander hingezogen. Ganz einfach ausgedrückt: Mann und Frau sind füreinander geschaffen worden – dafür hat Gott gesorgt. Mit den Unterschieden sollen sie sich gegenseitig ergänzen. In einer intakten Ehe werden die Bedürfnisse des Mannes durch die tiefe Beziehung zu seiner Frau erfüllt und ihre Bedürfnisse durch die tiefe, liebevolle Beziehung zu ihrem Mann.

Auch wenn Mann und Frau sich nicht in bestimmte Schubladen einordnen lassen, sind ihre Bedürfnisse doch fast immer unterschiedlich. Wichtig ist, dass die Frau die grundlegenden Bedürfnisse ihres Mannes erkennt und nach Möglichkeiten sucht, wie sie diese erfüllen kann. Dadurch schenkt sie ihm ein Gefühl der Erfüllung und stärkt sein Selbstbewusstsein. Und da sie sich so intensiv um seine Bedürfnisse kümmert, wird er dann dasselbe auch für sie tun.

Wenn jeder sich auf das Wohl des anderen konzentriert, sind beide auf der Gewinnerseite. So sieht eine gelungene Ehe aus.

Den nächsten Artikel zum Thema „Was braucht sie – was braucht er“ finden Sie auf S. 1012 a

Auch Männer brauchen Liebe

Der Prophet Hesekiel (Ezechiel)

Hesekiel sieht Gott in seiner Herrlichkeit

1 1–3 Im 30. Jahr[a] lebte ich, der Priester
Hesekiel, der Sohn Busis, mit den
verbannten Judäern am Fluss Kebar in
Babylonien. Fünf Jahre war es her, dass
König Jojachin nach Babylon verschleppt
worden war. Am 5. Tag des 4. Monats
öffnete sich plötzlich über mir der Him-
mel, und ich sah eine Erscheinung
Gottes. Der Herr sprach zu mir und legte
seine Hand auf mich.
4 Ich sah von Norden einen Sturm he-
ranbrausen, der eine große Wolke vor
sich hertrieb. Blitze schossen aus ihr her-
vor, und ein heller Glanz umgab sie.
Dann öffnete sich die Wolke, und aus
ihrem Inneren strahlte ein Licht wie glän-
zendes Gold.
5 In dem Licht erschienen vier lebendi-
ge Wesen, die wie Menschen aussahen.
6 Doch jedes von ihnen hatte vier Gesich-
ter und vier Flügel. 7 Ihre Beine waren ge-
rade wie die eines Menschen, aber statt
der Füße hatten sie die Hufe eines Stie-
res, die wie polierte Bronze glänzten.
8/9 Jede Gestalt besaß vier Hände, je eine
Hand unter jedem Flügel. Mit ihren Flü-
geln berührten die Gestalten einander.
Beim Gehen brauchten sie sich nie umzu-
drehen, denn in jede Richtung blickte
eines ihrer Gesichter. 10 Jedes sah anders
aus: Vorne war das Gesicht eines Men-
schen, rechts das eines Löwen, links das
eines Stieres und hinten das eines Adlers.
11 *Zwei ihrer Flügel*[b] hatten sie nach oben
ausgespannt, und ihre Spitzen berührten
die der anderen Gestalten. Mit den ande-
ren zwei Flügeln bedeckten sie ihren
Leib. 12 Sie gingen, wohin Gottes Geist
sie trieb; sie brauchten sich nie umzudre-
hen, denn in jede Richtung blickte eines
ihrer Gesichter.
13 Zwischen den Gestalten bemerkte
ich etwas, das wie glühende Kohlen aus-
sah und wie Fackeln, die sich hin- und
herbewegten. Das Feuer leuchtete, und
Blitze schossen aus ihm. 14 Die Gestalten
liefen so schnell umher, dass sie selbst zu-
ckenden Blitzen glichen.
15 Als ich sie genauer betrachtete, ent-
deckte ich vier Räder auf dem Boden –
eines vor jeder Gestalt. 16 Sie schienen
aus Edelsteinen zu bestehen. Alle vier
waren gleich gebaut; mitten in jedes Rad
war ein zweites im rechten Winkel einge-
fügt, 17 und so konnten sie in jede beliebi-
ge Richtung laufen, ohne zu wenden.
18 Die Felgen der Räder waren sehr groß
und ringsum mit Augen bedeckt. 19 Wenn
die vier Gestalten gingen, dann liefen
auch die Räder mit; und wenn die Gestal-
ten sich von der Erde erhoben, dann ho-
ben sich auch die Räder. 20 Sie gingen,
wohin Gottes Geist sie trieb, und die Rä-
der bewegten sich mit ihnen, denn die
Lebewesen hatten Macht über sie[c].
21 Wenn die Gestalten sich bewegten,
dann liefen auch die Räder; blieben die
Gestalten stehen, standen auch die Räder
still. Erhoben sich die Lebewesen, dann
hoben sich auch die Räder mit ihnen,
denn die Lebewesen lenkten sie, wohin
sie wollten.
22 Über den Köpfen der Gestalten ent-
deckte ich etwas, das aussah wie ein Ge-
wölbe aus leuchtendem Kristall, und ich
erschrak bei seinem Anblick. 23 Jedes der
Lebewesen darunter hatte zwei seiner

---

[a] Das »30. Jahr« bezieht sich vermutlich auf Hesekiels Alter.
[b] So mit der griechischen Übersetzung. Der hebräische Text lautet: Ihre Gesichter und ihre Flügel.
[c] Wörtlich: denn der Geist der lebendigen Wesen war in den Rädern.

1,1–3 2 Kön 24,10–16 **1,10** Offb 4,6–8 **1,11** Jes 6,2

Flügel zu der Gestalt neben sich ausgestreckt; mit den beiden anderen Flügeln bedeckte es seinen Leib. 24 Wenn die vier sich bewegten, rauschten ihre Flügel wie das Brausen gewaltiger Wassermassen, wie die Stimme des allmächtigen Gottes. Es war so laut wie die Rufe einer großen Menschenmenge, wie der Lärm in einem Heerlager. Wenn sie stillstanden, ließen sie ihre Flügel herabhängen.

25 Plötzlich hörte ich eine Stimme aus dem Gewölbe über ihnen, da blieben sie stehen und senkten ihre Flügel. 26 Oberhalb des Gewölbes über ihren Köpfen bemerkte ich einen Thron aus Saphir. Darauf saß eine Gestalt, die einem Menschen glich. 27 Von der Hüfte an aufwärts schimmerte sein Leib wie Gold in einem Feuerkranz; unterhalb der Hüfte sah er aus wie ein Feuer, umgeben von hellem Lichtglanz. 28 In dem Licht konnte ich alle Farben des Regenbogens entdecken. Es war die Erscheinung Gottes in seiner Herrlichkeit. Bei ihrem Anblick fiel ich nieder und berührte mit meinem Gesicht den Boden. Dann hörte ich eine Stimme.

Hesekiel wird zum Propheten berufen

2 Jemand sagte zu mir: »Du sterblicher Mensch, steh auf, ich will mit dir reden!« 2 Noch während er dies sprach, erfüllte mich der Geist Gottes und richtete mich auf. Dann hörte ich die Stimme sagen:

3 »Du sterblicher Mensch, ich sende dich zu den Israeliten, zu einem widerspenstigen Volk, das sich gegen mich auflehnt. Schon ihre Vorfahren haben sich von mir abgewandt, und daran hat sich bis heute nichts geändert. 4 Starrköpfig und hartherzig sind sie; ich aber sende dich zu ihnen. Du sollst ihnen ausrichten: Hört, was der Herr, der allmächtige Gott, euch zu sagen hat! 5 Ob dieses widerspenstige Volk dann hört oder nicht – sie werden schon noch erkennen, dass ein Prophet unter ihnen war. 6 Du aber, sterblicher Mensch, fürchte dich nicht vor ihnen, hab keine Angst vor ihrem Spott! Ihre Worte verletzen dich wie Dornen – ja, du lebst mitten unter Skorpionen.[a] Trotzdem brauchst du dich nicht vor ihnen und ihrem Gerede zu fürchten! Sie sind ein Volk, das von mir nichts mehr wissen will. 7 Sag ihnen meine Botschaft – ob sie hören wollen oder nicht. Sie haben mir ohnehin den Rücken gekehrt. 8 Du aber, sterblicher Mensch, hör mir zu! Lehn dich nicht auf wie dieses widerspenstige Volk! Öffne deinen Mund und iss, was ich dir gebe!«

9 Dann sah ich eine Hand, die sich mir entgegenstreckte und eine Buchrolle hielt. 10 Die Hand breitete die Buchrolle aus; sie war auf beiden Seiten beschrieben mit Klagen, Seufzern und Trauerrufen.

3 Gott sprach zu mir: »Du sterblicher Mensch, iss, was du vor dir siehst, ja, iss diese Buchrolle! Dann geh zum Volk Israel und rede zu ihnen!« 2 Er gab mir die Rolle, und ich öffnete den Mund, um sie zu essen. 3 Dabei sagte er: »Iss dieses Buch, und füll deinen Bauch damit!« Ich aß es, und es schmeckte süß wie Honig. 4 Dann sprach er zu mir:

»Du sterblicher Mensch, geh zum Volk Israel, und sag ihnen, was ich dir in den Mund lege. 5 Ich sende dich nicht zu einem Volk mit fremder Sprache, die du nicht verstehst, sondern zum Volk Israel. 6 Wenn ich dich zu anderen Völkern mit fremder Sprache schickte, so würden diese trotzdem auf dich hören. 7 Das Volk Israel aber wird deine Worte in den Wind schlagen, denn sie weigern sich, meine Weisungen anzunehmen. Das ganze Volk ist starrköpfig und hartherzig. 8 Darum will ich dich genauso unbeirrbar machen

---

[a] *So mit der griechischen Übersetzung.* Der hebräische Text lautet: Sie sind widerspenstig, und Dornen umgeben dich.

1,26–28 2 Mo 24,10; Dan 7,9–10; Offb 4,2–3 **2,2** 3,24 **2,3** 3,7; 12,2–3; 20,8; 44,6 **2,5** 3,11.27; 33,30–33 **2,6** 3,9; Jer 1,8 **2,9–10** Offb 10,2.8 **3,1–3** Ps 19,10–11; 119,103; Offb 10,9–10 **3,7** 2,3; Jes 6,9; Jer 7,27–28 **3,8–9** 2,6; Jes 50,7; Jer 1,18–19

wie sie, und ich gebe dir die Kraft, ihnen
die Stirn zu bieten. 9 Ja, ich mache dich
unnachgiebig, härter noch als einen Kie-
selstein, hart wie einen Diamanten. Hab
keine Angst vor diesem widerspenstigen
Volk!«
10 Und weiter sprach er zu mir: »Du
sterblicher Mensch, achte auf alles, was
ich dir sage, und nimm es dir zu Herzen!
11 Geh zu den Menschen deines Volkes,
die nach Babylonien verschleppt worden
sind, und richte ihnen aus, was ich, der
Herr, der allmächtige Gott, ihnen sagen
möchte – ganz gleich ob sie es annehmen
oder nicht.«
12 Dann hob der Geist Gottes mich em-
por, und ich hörte hinter mir eine laute,
gewaltige Stimme, die rief: »Preist die
Macht und Hoheit des Herrn in seiner
himmlischen Wohnung!« 13 Die Flügel
der vier Gestalten rauschten und schlu-
gen in der Luft aneinander, gleichzeitig
rasselten die Räder neben ihnen; es
dröhnte wie bei einem Erdbeben. 14 Der
Geist Gottes, der mich emporgehoben
hatte, trug mich fort. Ich war verstört
und niedergeschlagen, denn was der Herr
mir gezeigt hatte, lastete schwer auf mir.
15 So kam ich zu den Verschleppten, die in
Tel-Abib nahe beim Fluss Kebar wohn-
ten, und ich blieb sieben Tage lang bei
ihnen – wie betäubt von dem, was ich ge-
sehen hatte.

Warne mein Volk!

16 Nach diesen sieben Tagen sprach der
Herr zu mir:
17 »Du sterblicher Mensch, ich mache
dich zum Wächter für das Volk Israel. So
hör mir nun genau zu, und warne die Is-
raeliten in meinem Auftrag!
18 *Wenn ich einem* Menschen, der mich
verachtet, den Tod androhe, und du
warnst ihn nicht, um ihn von seinen fal-
schen Wegen abzubringen und sein Le-
ben zu retten, dann wird er wegen seiner
Sünde sterben. Dich aber werde ich für
seinen Tod zur Rechenschaft ziehen.
19 Wenn er sich jedoch von seiner Schuld
und von seinen falschen Wegen nicht ab-
bringen lässt, obwohl du ihn gewarnt hast,
dann wird er wegen seiner Sünde sterben.
Du aber hast dein Leben gerettet.
20 Wenn einer, der mir gedient hat, sich
von mir abwendet und Unrecht tut, und
du warnst ihn nicht, werde ich ihn zu Fall
bringen: Er muss sterben. Ja, wegen sei-
ner Sünde wird er umkommen, und das
Gute, das er zuvor getan hat, wird verges-
sen sein. Dich aber werde ich für seinen
Tod zur Rechenschaft ziehen. 21 Warnst
du ihn jedoch davor zu sündigen, und er
sündigt nicht, dann wird er am Leben
bleiben. Und auch du hast dein Leben ge-
rettet.«
22 Wieder legte der Herr seine Hand
auf mich und sprach zu mir: »Steh auf
und geh hinaus ins Tal, denn dort will ich
mit dir reden!«
23 Ich stand auf und ging ins Tal hinaus.
Dort erblickte ich die Macht und Herr-
lichkeit des Herrn, so wie ich sie schon
am Fluss Kebar gesehen hatte. Ich fiel
nieder und berührte mit meinem Gesicht
den Boden. 24 Da erfüllte mich der Geist
Gottes und richtete mich wieder auf. Der
Herr sprach zu mir: »Geh in dein Haus,
und schließ dich ein! 25 Man wird dich,
du sterblicher Mensch, mit Stricken fes-
seln, damit du nicht mehr unter die Leute
gehen kannst. 26 Ich lasse dir die Zunge
am Gaumen kleben, du wirst stumm und
kannst die Israeliten nicht mehr ermah-
nen. Denn sie sind ein widerspenstiges
Volk. 27 Wenn ich aber wieder mit dir re-
de, löse ich deine Zunge; dann sollst du
ihnen ausrichten: Achtet auf das, was der
Herr, der allmächtige Gott, euch zu sa-
gen hat! Wer es hören will, soll hören;
wer es nicht annehmen will, der lasse es!
Denn dieses Volk ist widerspenstig.«

3,11 2,5 **3,12** 8,3; 11,1.24 **3,14** Dan 7,28; 8,27 **3,15** 1,1–3 **3,17–21** 33,2–9 **3,20** 18,24 **3,22** 8,1 **3,23** 1,1–28 **3,24** 2,2 **3,27** 2,5

Jerusalem wird bedroht

4 »Sterblicher Mensch, nimm dir einen Ziegelstein, leg ihn vor dich hin, und ritz die Umrisse der Stadt Jerusalem hinein! 2 Mit diesem Stein sollst du zeigen, wie Jerusalem belagert werden wird: Schütte einen Wall auf, bau eine Angriffsrampe, und setz Rammböcke rings um die Mauer. Leg ein befestigtes Heerlager an! 3 Nimm eine Eisenplatte, und stell sie als eiserne Mauer zwischen dich und die Stadt! Wende dich gegen die Stadt, und belagere sie! So sollst du den Israeliten zeigen, was sie erwartet.

4/5 Dann leg dich auf die linke Seite als Zeichen dafür, dass du die Schuld des Volkes Israel auf dich nimmst! Viele Jahre haben sie Schuld auf sich geladen, und genauso viele Tage wirst du hier liegen: 390 Tage sollst du für sie leiden, denn 390 Jahre lang haben sie mich verlassen. 6 Danach leg dich auf die rechte Seite, und trag die Schuld des Reiches Juda: 40 Tage bürde ich dir diese Last auf, denn 40 Jahre lang haben sie sich von mir abgewandt. 7 Richte deinen Blick auf das belagerte Jerusalem, droh den Leuten mit erhobener Faust, und sag ihnen voraus, was sie erwartet. 8 Mit Stricken binde ich dich fest, damit du dich nicht von einer Seite auf die andere drehen kannst, bis du diese schweren Tage durchgestanden hast.

9 Hol dir vorher noch Weizen, Gerste, Bohnen, Linsen, Hirse und anderes Korn, vermenge sie in einem Gefäß, und backe Brot daraus. Solange du auf der linken Seite liegst, 390 Tage lang, sollst du davon essen. 10/11 250 Gramm Brot und einen Liter Wasser darfst du an einem Tag zu dir nehmen. Wieg sie genau ab, und dann iss und trink zu festgelegten Zeiten!

12 Bereite das Brot so zu wie Gerstenbrot, und back es vor aller Augen auf Menschenkot! 13 Wenn ich nämlich die Israeliten verstoße und sie unter fremden Völkern leben, werden sie Brot essen müssen, das nach dem Gesetz als unrein gilt.« 14 Entsetzt erwiderte ich: »Ach, Herr und Gott! Ich habe mich noch nie verunreinigt! In meinem ganzen Leben habe ich nie das Fleisch von einem verendeten oder zerrissenen Tier gegessen, nie habe ich unreines Fleisch in den Mund genommen!« 15 Da antwortete der Herr: »Ich gestatte dir, das Brot auf dem Mist von Rindern statt auf Menschenkot zu backen.«

16 Und er fügte hinzu: »Sterblicher Mensch, ich lasse in Jerusalem die Brotvorräte zu Ende gehen. Dann müssen sie Brot und Wasser genau einteilen und ständig in Angst und Sorge leben. 17 Ja, Brot und Wasser werden knapp in Jerusalem, die Einwohner sind verzweifelt, einer wie der andere, und gehen elend zugrunde. So bestrafe ich sie für ihre Schuld.«

Gottes Strafe trifft Jerusalem

5 Dann sprach der Herr: »Du sterblicher Mensch, nimm ein scharfes Schwert! Benutz es als Schermesser, und schneide dir damit die Haare und den Bart ab! Dann hol eine Waage, und wieg die Haare! 2 Ein Drittel sollst du mitten in Jerusalem verbrennen, wenn die Zeit der Belagerung vorbei ist. Das zweite Drittel zerkleinere mit dem Schwert, und verteile es rings um die Stadt, das letzte Drittel streu in den Wind! Denn ich werde die Einwohner Jerusalems mit gezücktem Schwert vertreiben. 3 Behalte nur wenige Haare zurück, und binde sie in dein Gewand ein! 4 Aber auch von ihnen sollst du noch einige herausnehmen: Wirf sie ins Feuer, und lass sie verbrennen! Das Feuer wird sich ausbreiten, und das ganze Volk Israel kommt darin um.

5 Ich, der Herr, sage: Schaut euch Jerusalem an! Ich habe es zum Mittelpunkt aller Völker und Länder gemacht, 6 aber seine Einwohner haben sich gegen mich aufgelehnt und meine Weisungen in den Wind geschlagen. Darin haben sie alle Völker ringsum übertroffen. Ja, sie verwerfen mein Gesetz, sie wollen nicht

---

4,2 17,17 **4,12** 5 Mo 23,13–15 **4,13** Hos 9,3–4 **4,14** 2 Mo 22,30; Apg 10,14 **4,16–17** 5,16–17; 3 Mo 26,26; Jes 3,1 **5,1–4** 4,1–3 **5,6–9** 22,1–16

nach meinen Geboten leben. [7]Nun kündige ich, der Herr, ihnen an: Weil ihr es noch schlimmer getrieben habt als die Völker um euch her, weil ihr euch nicht nach meinen Weisungen und Geboten, ja, nicht einmal nach Recht und Sitte der anderen Völker gerichtet habt, [8]darum wird meine Strafe euch treffen. Vor den Augen aller Völker ziehe ich euch zur Rechenschaft. [9]Weil ihr genau das tut, was ich verabscheue, werde ich euch so hart bestrafen, wie ich es vorher noch nie getan habe und auch nie wieder tun werde. [10]Mitten in Jerusalem werden Väter und Kinder sich gegenseitig töten und aufessen. Ich halte Gericht über euch und zerstreue die Überlebenden in alle Winde.

[11]Ich, der Herr, schwöre, so wahr ich lebe: Weil ihr meinen heiligen Tempel mit euren widerlichen Götzen und abscheulichen Taten verunreinigt habt, werde ich euch vernichten. Keine Träne werde ich um euch vergießen, kein Mitleid mit euch haben. [12]Ein Drittel von euch geht in der Stadt zugrunde – durch Seuchen oder Hunger. Das zweite Drittel wird vor den Mauern Jerusalems mit dem Schwert niedergemetzelt, und den Rest zerstreue ich in alle Winde – mit gezücktem Schwert werde ich sie vertreiben. [13]Ich nehme Rache und lasse meinen Zorn an euch aus. Wenn er euch mit voller Härte trifft, werdet ihr erkennen, dass ich, der Herr, euch mit ganzem Ernst gewarnt habe.

[14/15]Dich, Jerusalem, mache ich zu einem Trümmerhaufen. Alle Völker ringsum werden dich verhöhnen – ja, jeder, der an dir vorübergeht, hat dann nur noch Hohn und Spott für dich übrig. Deine Nachbarvölker wenden sich schaudernd ab und lassen sich warnen, wenn ich mit dir ins Gericht gehe und dich verurteile. Dann trifft dich die ganze Härte meines Zornes. Darauf gebe ich, der Herr, mein Wort.

[16/17]Ihr Einwohner von Jerusalem, euren Brotvorrat lasse ich zu Ende gehen, der Hunger wird euch quälen wie tödliche Pfeile. Hungersnot und wilde Tiere rauben euch die Kinder; Seuchen, Krieg und Gewalt richten euch zugrunde. Mein Wort gilt!«

Ich reiße eure Opferstätten nieder!

6 Der Herr sprach zu mir: [2]»Du sterblicher Mensch, blick in die Richtung, wo die Berge Israels liegen, und kündige ihnen mein Strafgericht an! [3]Sag ihnen: Ihr Berge Israels, hört die Botschaft des Herrn! Er spricht zu euch Bergen und Hügeln, zu euch Bachbetten und Tälern: Ich vernichte eure Götzenopferstätten, ja, ich zerschlage sie mit dem Schwert. [4]Eure Altäre werden niedergerissen und die Räuchertische zerbrochen. Wer vor den abscheulichen Götzenstatuen geopfert hat, wird dort umkommen. [5]Die Leichen werfe ich den Götterfiguren vor die Füße, und ihre Knochen verstreue ich rings um die Altäre. [6]In ganz Israel liegen dann die Städte in Trümmern, und die Opferstätten auf den Bergen werden zerstört. Von den Altären bleibt nur noch Schutt übrig, die widerlichen Götzenstatuen liegen zerschmettert am Boden, und die Räuchertische sind zerschlagen. Ja, all eure Bauwerke wird es nicht mehr geben! [7]Dann ist das ganze Land mit Leichen übersät, die Überlebenden aber werden erkennen, dass ich der Herr bin.

[8]Ich werde von euch Israeliten einige übrig lassen, die dem Schwert entkommen und in fremde Länder verschleppt werden. [9]Wenn dies alles eintrifft, werdet ihr wieder an mich denken. Ihr werdet begreifen, wie viel Leid ihr mir zugefügt habt, weil ihr mir untreu geworden und anderen Göttern nachgelaufen seid. Ihr werdet euch selbst und euren grässlichen Götzendienst verabscheuen. [10]Dann erkennt ihr, dass ich der Herr bin und dass

5,10 3 Mo 26,29* **5,11** 8,7–18 **5,12** 5,2 **5,14–15** 22,4–5; 5 Mo 28,37 **5,16–17** 4,16–17; 5 Mo 32,23–25 **6,2** 36,1 **6,8** 5,3; Jes 10,21–22* **6,9** 16,61–63 **6,10** 5,13

ich euch dieses Unheil nicht umsonst an-
gedroht habe.«
11 Weiter sprach Gott, der Herr, zu mir:
»Schlag die Hände zusammen, stampf
mit dem Fuß auf den Boden, und rufe:
Unheil wird über das Volk Israel herein-
brechen wegen seiner abscheulichen Ta-
ten! Sie werden durch Krieg, Hunger und
Seuchen umkommen. 12 Wer in der Ver-
bannung lebt, stirbt an der Pest; wer in
Israel wohnt, fällt im Krieg; und wer
dann noch übrig bleibt, wird verhungern.
Ich lasse meinen Zorn an Israel aus, 13 da-
mit sie erkennen, dass ich der Herr bin.
Dann liegen die Toten rings um die Altä-
re zwischen den Götzenstatuen – überall
dort, wo die Menschen ihren abscheuli-
chen Göttern Opfer darbrachten, um sie
zufrieden zu stellen. Auf allen Bergen
und Hügeln liegen die Leichen, unter
jedem dicht belaubten Baum. Dann wer-
den die Israeliten erkennen, dass ich der
Herr bin. 14 Drohend erhebe ich meine
Hand, um ihr Land zu zerstören. Ich ma-
che es zu einer menschenleeren, schreck-
lichen Einöde, von der Wüste Juda im
Süden bis nach Ribla im Norden. Dann
werden sie erkennen, dass ich der Herr
bin.«

Das bittere Ende

7 Der Herr sprach zu mir: 2 »Sterb-
licher Mensch, höre, was ich, der
Herr, dem Volk Israel sage: Das Ende
kommt, es kommt für das ganze Land!
3 Israel, jetzt ist es aus und vorbei mit dir,
ich lasse meinen Zorn an dir aus und zie-
he dich zur Rechenschaft. Ja, jede deiner
Sünden zahle ich dir heim. 4 Keine Träne
werde ich um dich vergießen, kein Mit-
leid mit dir haben! Was du gesät hast,
erntest du – ja, deine Taten hinterlassen
ihre Spuren. So wirst du erkennen, dass
ich der Herr bin.
5/6 Ein Unglück jagt das andere, das En-
de ist gekommen! Ja, euer Ende ist da,
niemand kann es mehr aufhalten. Darauf
gebe ich, der Herr, mein Wort. 7 Jetzt seid
ihr an der Reihe, ihr Bewohner des Lan-
des Israel. Die Zeit ist da, nahe ist der
Tag: Die Winzer in den Weinbergen sind
bestürzt, sie haben keinen Grund mehr
zu jubeln. 8 Schon bald werdet ihr die
ganze Gewalt meines Zornes spüren. Ich
ziehe euch zur Rechenschaft; jede eurer
Sünden zahle ich euch heim. 9 Keine Trä-
ne werde ich um euch vergießen, kein
Mitleid mit euch haben! Was ihr gesät
habt, erntet ihr – ja, eure abscheulichen
Taten hinterlassen ihre Spuren. Dann
werdet ihr erkennen, dass ich, der Herr,
Gericht halte.
10 Der Tag steht kurz bevor! Noch blü-
hen Hochmut und Gewalt, 11 die Men-
schen begehen immer mehr Verbrechen
und entfernen sich immer weiter von mir.
Doch von ihnen wird nichts übrig bleiben
– nichts von ihrem Reichtum, nichts von
ihrer Pracht und ihrem Ruhm. 12/13 Die
Zeit ist gekommen, der Tag des Gerichts
ist da! Wer jetzt noch etwas kauft, soll
sich gar nicht erst darüber freuen! Wer
etwas verkaufen muss, braucht nicht trau-
rig zu sein. Er wird sein Hab und Gut so-
wieso verlieren, selbst wenn er am Leben
bleibt. Denn mein glühender Zorn trifft
das ganze Volk,[a] keiner kann meine Stra-
fe aufhalten. Weil alle schuldig sind, wird
niemand sein Leben retten können. 14 Sie
blasen die Posaune und bieten ihre ganze
Streitmacht auf – aber keiner zieht mehr
in den Krieg, denn schon vorher wird sie
mein glühender Zorn vernichten.
15 In den Straßen wird das Schwert un-
ter ihnen wüten, und in den Häusern wer-
den sie durch Hunger und Seuchen um-
kommen. Wer auf dem Feld ist, wird von
den Feinden niedergestochen, und wer
sich in der Stadt aufhält, den raffen Hun-
ger und Seuchen hinweg. 16 Wer entkom-
men kann, muss im Gebirge hausen.
Jeder leidet unter seiner Schuld und klagt
wie eine verängstigte Taube. 17 Wie ge-

---

a Oder: Mein glühender Zorn richtet sich gegen ihren Prunk.

6,11–12 5,12.16–17 **6,13** 1 Kön 14,23 **7,2** Am 8,1–2 **7,4** 5,11; 8,18; 9,10 **7,10–11** Jes 2,11–12*; Joel 1,15* **7,12–13** 3 Mo 27,24 **7,15** 6,11–12 **7,17** Jes 13,7

lähmt lassen alle die Hände sinken, und ihre Knie schlottern[a].

18 Als Zeichen der Trauer tragen sie Gewänder aus Sacktuch, sie zittern am ganzen Körper. Die Scham steht ihnen im Gesicht geschrieben; die Köpfe haben sie sich kahl geschoren. 19 Silber und Gold werfen sie voller Ekel hinaus auf die Straßen, als wäre es Abfall. Denn ihre Schätze können ihnen nicht helfen an dem Tag, wenn mein Zorn losbricht. Ihren Hunger können sie damit nicht mehr stillen und ihren Bauch nicht mit ihnen füllen. Gold und Silber haben sie dazu verleitet, sich gegen mich aufzulehnen! 20 Sie waren stolz auf ihren kostbaren Schmuck und fertigten daraus ihre abscheulichen Götterfiguren an. Darum müssen sie ihr Gold jetzt wegwerfen wie Abfall.

21 Fremde Völker lasse ich über ihre Schätze herfallen, Gottlose werden sie plündern und die Götzenstatuen entweihen. 22 Ich wende mich ab von meinem Volk, ja, ich lasse zu, dass mein Heiligtum geschändet wird: Räuber werden in den Tempel eindringen 23 und ein großes Blutbad anrichten.[b] Denn das ganze Land hat durch Mord und Totschlag Schuld auf sich geladen, und in Jerusalem herrscht die Gewalt. 24 Die grausamsten Völker lasse ich heranrücken, damit sie die Häuser in Besitz nehmen. Die Bewohner Israels waren stolz auf ihre Macht, doch nun werde ich ihnen ihren Hochmut austreiben und alle ihre Heiligtümer entweihen.

25 Sie werden von Angst gepackt, sie suchen Frieden, aber es wird keinen Frieden geben. 26 Unglück über Unglück bricht über sie herein, eine Schreckensnachricht jagt die andere. Sie flehen die Propheten um Hilfe an, doch die haben *keine Visionen;* die Priester können das Volk nicht mehr im Gesetz des Herrn unterweisen, und die Ältesten wissen keinen Rat. 27 Der König trauert, die Fürsten sind völlig verzweifelt, alle Bewohner des Landes zittern vor Angst. Ich gehe mit ihnen um, wie sie es verdient haben; ich richte sie so erbarmungslos, wie sie andere gerichtet haben. Dann werden sie erkennen, dass ich der Herr bin.«

Der Götzendienst im Tempel von Jerusalem

8 Im 6. Jahr der Verbannung unseres Volkes, am 5. Tag des 6. Monats, saß ich in meinem Haus, und die führenden Männer von Juda waren bei mir. Da legte Gott, der Herr, seine Hand auf mich 2 und gab mir eine Vision. Ich sah eine Gestalt, die der eines Mannes glich[c]. Unterhalb der Hüfte sah sie aus wie Feuer, oberhalb leuchtete sie wie glänzendes Gold. 3 Sie streckte etwas wie eine Hand nach mir aus und packte mich bei den Haaren. In der Vision hob mich der Geist Gottes weit über die Erde empor und brachte mich nach Jerusalem in den inneren Tempelvorhof, zum Eingang des Nordtors. Dort stand eine Götzenstatue, die den Zorn des Herrn herausforderte.

4 Ich erblickte den Gott Israels in seiner Macht und Herrlichkeit, so wie ich ihn schon im Tal am Fluss Kebar gesehen hatte. 5 Er sprach zu mir: »Sterblicher Mensch, richte deinen Blick nach Norden!« Ich schaute nach Norden und sah außerhalb des Tores einen Altar; im Toreingang stand die Götzenstatue, über die der Herr so zornig war. 6 »Sterblicher Mensch«, sagte er zu mir, »siehst du, was das Volk Israel hier tut? Es opfert anderen Göttern, um mich aus meinem Heiligtum zu vertreiben. Doch warte – es kommt noch schlimmer!«

7 Er brachte mich zum Eingang des äußeren Tempelvorhofs, und dort entdeckte ich ein Loch in der Wand. 8 Gott befahl

---

[a] Wörtlich: triefen von Wasser.
[b] So mit der griechischen Übersetzung. Der hebräische Text lautet: Fertige die Kette an! Denn …
[c] So mit der griechischen Übersetzung. Der hebräische Text lautet: die aussah wie Feuer.

7,18 Jes 15,2–3; Jer 48,37 **7,19** Zef 1,18 **7,20** 16,17 **7,21–24** 2 Kön 25,8–17 **7,26** Am 8,11–12; Mi 3,6–7 **8,1** 14,1; 20,1 **8,3** 3,12 **8,4** 1,1–28 **8,6** 11,23

mir: »Sterblicher Mensch, durchbrich die
Wand!« Ich tat es und fand eine Tür.
9 Dann forderte er mich auf: »Geh hinein
und sieh, was für entsetzliche Dinge sie
dort treiben!«

10 Ich ging durch die Tür und sah: In die
Wände ringsum waren Bilder von Tieren
eingeritzt, die das Volk Israel als Götter
verehrte – Bilder von Kriechtieren und
anderem scheußlichen Getier. 11 Siebzig
der führenden Männer Israels standen
davor, unter ihnen auch Jaasanja, der
Sohn Schafans. Jeder hielt eine Räucher-
pfanne in der Hand, und eine Duftwolke
von Weihrauch stieg empor.

12 Der Herr sprach zu mir: »Hast du ge-
sehen, was die führenden Männer des
Volkes Israel heimlich treiben? Jeder
von ihnen hat in seinem Haus ein Zim-
mer voller Götterbilder. Sie behaupten:
›Der Herr sieht uns nicht, er hat unser
Land verlassen!‹ 13 Doch warte – es
kommt noch schlimmer!«

14 Er brachte mich zum Nordtor des in-
neren Tempelvorhofs; dort saßen Frauen,
die den Tod des Gottes Tammus[a] be-
weinten. 15 Der Herr fragte mich: »Hast
du das gesehen, sterblicher Mensch?
Aber es kommt noch schlimmer!«

16 Er brachte mich in den inneren Tem-
pelvorhof. Am Eingang zum Heiligtum,
zwischen der Vorhalle und dem Altar,
standen etwa fünfundzwanzig Männer
mit dem Rücken zum Tempel und dem
Gesicht nach Osten. Sie warfen sich vor
der Sonne im Osten nieder und beteten
sie an.

17 Der Herr sagte zu mir: »Hast du das
gesehen, sterblicher Mensch? Sind den
Leuten von Juda die widerlichen Dinge
noch nicht genug, die sie hier treiben?
Das ganze Land haben sie mit Unrecht
und Gewalt erfüllt und mich immer wie-
der beleidigt. Sieh nur, wie sie sich bei
ihren Opferfeiern Weinreben an die Nase
halten! 18 Darum lasse ich meinen Zorn
an ihnen aus. Keine Träne werde ich um
sie vergießen, kein Mitleid mit ihnen ha-
ben! Auch wenn sie mir mit ihrem Ge-
schrei in den Ohren liegen – ich werde
sie nicht erhören!«

Jerusalem wird zerstört

9 Ich hörte, wie Gott mit lauter Stimme
rief: »Kommt und vollstreckt das Ur-
teil über Jerusalem! Jeder soll seine Waf-
fe in die Hand nehmen, um die Stadt zu
zerstören!« 2 Da kamen sechs Männer
durch das nördliche Tempeltor, jeder
von ihnen hielt eine Mordwaffe in der
Hand. Bei ihnen war ein Mann, der ein
Gewand aus Leinen trug. An seinem
Gürtel hing etwas zum Schreiben. Die
Männer kamen näher und stellten sich
neben den bronzenen Altar.

3 Die herrliche Erscheinung des Gottes
Israels entfernte sich von den Engeln,
über denen sie thronte, und ließ sich an
der Türschwelle des Tempels nieder. Der
Herr rief den Mann mit dem Leinenge-
wand und dem Schreibzeug am Gürtel
zu sich 4 und befahl ihm: »Geh durch ganz
Jerusalem, und zeichne ein Kreuz auf die
Stirn all der Menschen, die seufzen und
klagen über die schrecklichen Dinge, die
in dieser Stadt getrieben werden!« 5 Ich
hörte, wie er zu den anderen Männern
sagte: »Folgt ihm überallhin, und schlagt
zu! Zeigt kein Mitleid, verschont nieman-
den! 6 Tötet die alten und die jungen
Männer, die jungen Frauen, die Mütter
und die Kinder! Bringt sie alle ohne Aus-
nahme um! Doch rührt keinen von denen
an, die das Kreuz auf der Stirn haben!
Beginnt in meinem Heiligtum!«

Da töteten sie die Führer des Volkes,
die vor dem Tempel standen. 7 Dann sag-
te Gott zu den sechs Männern: »Bringt
die Leichen in die Vorhöfe des Tempels
– ja, verunreinigt ihn damit! Dann geht in
die Stadt!« Sie gingen hinaus, 8 und wäh-

---

a Ein mesopotamischer Fruchtbarkeitsgott. Seine Anhänger glaubten, dass sein jährliches Sterben und Auferstehen sich in der Natur widerspiegele.

8,10 Röm 1,23 **8,11** 4 Mo 11,16 **8,12** 9,9; Ps 94,7 **8,16** 5 Mo 17,2–3; 2 Kön 23,5.11 **8,18** 7,4; 9,10; Jes 1,15 **9,2** 8,14 **9,3** 1,28 **9,4** Offb 7,2–4 **9,6** 1 Mo 4,15; 2 Mo 12,23 **9,7** 4 Mo 19,11 **9,8** 11,13

rend sie dort die Menschen niedermet-
zelten, blieb ich allein auf dem Tempel-
vorhof zurück.
Ich warf mich zu Boden und schrie:
»Ach Herr, mein Gott! Bist du so zornig
über Jerusalem, dass du auch noch den
letzten Rest deines Volkes ausrotten
willst?« [9]Da antwortete der Herr: »Die
Leute von Israel und Juda hören nicht
auf, Schuld auf sich zu laden. Im ganzen
Land haben sie Menschen umgebracht,
und in Jerusalem herrschen Unrecht und
Gewalt. Sie behaupten: ›Der Herr hat
das Land verlassen, er sieht uns nicht!‹
[10]Darum werde ich keine Träne um sie
vergießen und kein Mitleid mit ihnen ha-
ben. Sie bekommen von mir, was sie ver-
dienen!«
[11]Da kam der Mann mit dem Leinen-
gewand und dem Schreibzeug am Gürtel
zurück und berichtete dem Herrn: »Ich
habe getan, was du mir befohlen hast!«
10 Ich schaute auf das Gewölbe über
den Köpfen der Cherub-Engel.
Darüber entdeckte ich etwas, das aussah
wie ein Thron aus Saphir. [2]Der Herr sag-
te zu dem Mann, der das Gewand aus
Leinen trug: »Geh zu den Engeln ober-
halb der Räder. Zwischen den Engeln
findest du glühende Kohlen. Nimm zwei
Hände voll, und streu sie über die Stadt!«
Da ging der Mann vor meinen Augen in
die Mitte zwischen die Engel. [3]Sie stan-
den an der Südseite des Tempels, und
eine Wolke erfüllte den inneren Vorhof.
[4]Die Erscheinung der Herrlichkeit des
Herrn erhob sich vom Thron über den
Engeln und ließ sich an der Schwelle des
Tempels nieder. Der ganze Tempel wur-
de von der Wolke erfüllt, und der Vorhof
erstrahlte im Licht der Herrlichkeit des
Herrn. [5]Das Flügelrauschen der Engel
war bis zum äußersten Vorhof zu hören.
Es klang wie die Stimme des allmächti-
gen Gottes. [6]Als nun der Herr dem Mann
mit dem Leinengewand befohlen hatte:
»Hol von dem Feuer, das zwischen den
Rädern bei den Engeln brennt!«, da ging
er und stellte sich neben ein Rad. [7]Einer
der Cherub-Engel streckte seine Hand
nach dem Feuer aus, das zwischen ihnen
brannte, nahm glühende Kohlen und leg-
te sie in die Hände des Mannes mit dem
Leinengewand. Der ging damit hinaus.

Der Herr verlässt seinen Tempel

[8]Ich bemerkte, dass jeder Cherub-Engel
unter seinen Flügeln etwas wie eine
menschliche Hand hatte. [9]Neben jedem
Engel sah ich eines der vier Räder. Die
Räder schimmerten wie ein Türkis [10]und
waren alle gleich gebaut: Mitten in jedes
Rad war ein zweites im rechten Winkel
eingefügt. [11]Darum konnten sie in jede
beliebige Richtung laufen und brauchten
dabei nicht zu wenden. Wohin das erste
von ihnen lief, dorthin liefen die anderen
auch, ohne zu wenden. [12/13]Der ganze
Körper der Engel, ihr Rücken und ihre
Flügel waren überall mit Augen bedeckt.
Auch die Räder, die »Wirbelwind« ge-
nannt wurden, waren voller Augen.
[14]Jeder Engel hatte vier Gesichter: das
eines Engels, das eines Menschen, das
eines Löwen und das eines Adlers. [15]Es
war dieselbe Erscheinung wie am Fluss
Kebar. Wenn die Engel sich erhoben
[16]und fortbewegten, dann liefen auch die
Räder mit; und wenn die Engel ihre Flü-
gel schwangen, um zu fliegen, dann wa-
ren die Räder immer an ihrer Seite.
[17]Blieben die Engel stehen, dann standen
auch die Räder still. Hoben sich die En-
gel vom Boden, dann erhoben sich auch
die Räder mit ihnen. Denn die Engel
lenkten die Räder, wohin sie wollten.[a]
[18]Die Erscheinung des Herrn in seiner
Herrlichkeit verließ die Schwelle des
Tempels und nahm wieder den Platz über
den Engeln ein. [19]Die Engel schwangen
ihre Flügel und erhoben sich vor meinen
Augen von der Erde. Sie bewegten sich
fort, und die Räder liefen mit ihnen. Vor

---

[a] Wörtlich: Denn der Geist des lebenden Wesens war in ihnen.

9,9 8,12 **9,10** 7,4; 8,18 **10,1** 1,25–26 **10,2** 9,2 **10,4** 2 Mo 16,10; 40,34–35; 1 Kön 8,10–11 **10,8–17** 1,5–21 **10,18–19** 9,3; 11,22–23; 43,1–7

dem Eingang am Osttor des Tempels
blieben sie stehen. Über ihnen thronte
der Herr in seiner Herrlichkeit.
20 Es waren dieselben Lebewesen, die
ich unter dem Thron des Gottes Israels
am Fluss Kebar gesehen hatte; und ich
erkannte, dass es Engel waren. 21 Jeder
von ihnen hatte vier Gesichter und vier
Flügel. Unter ihren Flügeln erblickte ich
etwas, das wie Menschenhände aussah.
22 Auch ihre Gesichter waren dieselben
wie die am Fluss Kebar. Wohin die Engel
auch liefen, in jede Richtung blickte
eines ihrer Gesichter.

Gottes grausame Strafe für die führenden Männer von Jerusalem

11 Der Geist Gottes hob mich empor
und brachte mich zum Osttor des
Tempels. Am Eingang standen fünfund-
zwanzig Männer; unter ihnen sah ich Jaa-
sanja, den Sohn Asurs, und Pelatja, den
Sohn Benajas. Beide gehörten zu den
Führern Israels. 2 Gott sprach zu mir:
»Sterblicher Mensch, das sind die Män-
ner, die in dieser Stadt böse Pläne
schmieden und mit ihren Ratschlägen an-
dere ins Unglück stürzen. 3 Sie prahlen:
›Haben wir nicht erst vor kurzem die
Häuser wieder aufgebaut?[a] Unsere Stadt
ist wie ein Topf, und wir sind das gute
Fleisch darin!‹ 4 Darum teile ihnen mit,
was ich zu sagen habe, sterblicher
Mensch – ja, kündige ihnen an, welches
Unheil sie treffen wird!«
5 Der Geist des Herrn kam über mich
und befahl mir: »Richte ihnen diese Bot-
schaft des Herrn aus: Ihr Israeliten, ich
habe gehört, was ihr gesagt habt, und ich
kenne eure geheimsten Gedanken! 6 Ihr
habt viele Menschen in dieser Stadt er-
mordet, überall in den Straßen liegen die
Leichen.
7 Darum sage ich, der Herr: Die Lei-
chen, mit denen ihr die Stadt gefüllt habt
– sie sind das Fleisch! Die Stadt ist der
Topf, euch aber werde ich daraus vertrei-
ben. 8 Ihr habt Angst vor dem Schwert,
darum sollt ihr mit dem Schwert getötet
werden. Darauf könnt ihr euch verlassen!
9 Ich jage euch aus Jerusalem fort und ge-
be euch in die Gewalt fremder Völker.
Ich halte Gericht über euch 10 und lasse
euch durch das Schwert umkommen. An
der Grenze Israels werde ich mein Urteil
an euch vollstrecken; so müsst ihr erken-
nen, dass ich der Herr bin. 11 Jerusalem
wird für euch nicht der Topf sein, und ihr
seid nicht das gute Fleisch darin. Nein, an
der Grenze Israels werdet ihr meinen
Zorn zu spüren bekommen. 12 So sollt ihr
erkennen, dass ich euer Herr bin. Meine
Weisungen habt ihr in den Wind geschla-
gen und meine Gebote missachtet; statt-
dessen habt ihr Recht und Sitte eurer
Nachbarvölker angenommen!«
13 Während ich dies weissagte, fiel Pe-
latja, der Sohn Benajas, tot um. Ich warf
mich zu Boden und schrie laut: »Ach, all-
mächtiger Herr, willst du auch den letz-
ten Rest von Israel noch ausrotten?«

Trost für die Verschleppten: Ich bringe euch zurück!

14 Der Herr sprach zu mir: 15 »Du sterb-
licher Mensch, die Einwohner von Jeru-
salem sagen über deine Verwandten und
über alle Israeliten, die nach Babylonien
verschleppt worden sind: ›Der Herr hat
sie verstoßen,[b] darum gehört das Land
nun uns.‹ 16 Denen, die so reden, sollst du
ausrichten: So spricht Gott, der Herr: Es
ist wahr, ich habe sie weit weg zu anderen
Völkern vertrieben und in alle Länder
zerstreut. Sie leben fern von meinem
Tempel, aber mich können sie trotzdem
verehren.[c] 17 Und ich, der Herr, werde
sie wieder zurückholen aus allen Län-
dern, in die sie verschleppt wurden. Dann
gebe ich ihnen das Land Israel zurück.

---

[a] So mit der griechischen Übersetzung. Der hebräische Text ist nicht sicher zu deuten.

[b] Wörtlich: Sie sind fern vom Herrn.

[c] Wörtlich: Ich bin ihnen ein wenig zum Heiligtum geworden in den Ländern, in die sie gekommen sind.

11,1 3,12 **11,3–12** 24,1–14 **11,10** 2 Kön 25,18–21 **11,13** 9,8 **11,15** 33,23–29; Jer 24,1–10 **11,17** 28,25*

18 Wenn sie hierher kommen, werden sie all die abscheulichen Götzen beseitigen. 19 Ich will ihnen ein anderes Herz und einen neuen Geist geben. Ich nehme das versteinerte Herz aus ihrer Brust und gebe ihnen ein lebendiges Herz. 20 Dann werden sie nach meinen Weisungen leben, meine Gebote wieder achten und befolgen. Sie werden mein Volk sein, und ich werde ihr Gott sein. 21 Die aber, deren Herz an den widerlichen Götzen hängt, werde ich bestrafen. Alles, was sie getan haben, fällt auf sie zurück. Mein Wort gilt!«

Der Herr verlässt Jerusalem

22 Dann schwangen die Engel ihre Flügel, und die Räder bewegten sich mit ihnen. Darüber thronte der Gott Israels in seiner Macht und Hoheit. 23 Seine herrliche Erscheinung erhob sich aus der Stadt und ließ sich auf dem Berg nieder, der östlich von Jerusalem liegt. 24 In meiner Vision hob Gottes Geist mich empor und brachte mich wieder zu den Verschleppten nach Babylonien. Dann verschwanden die Bilder, die ich in der Vision gesehen hatte. 25 Ich erzählte den Judäern alles, was der Herr mir gezeigt hatte.

Hesekiel packt sein Bündel – eine Botschaft für Jerusalem

12 Der Herr sprach zu mir: 2 »Sterblicher Mensch, du lebst in einem widerspenstigen Volk. Sie haben Augen, sehen aber nichts; sie haben Ohren, doch sie wollen nicht hören, denn sie lehnen sich gegen mich auf.

3 Du aber, sterblicher Mensch, pack dir ein Bündel, wie es Flüchtlinge bei sich tragen! Verlass am helllichten Tag dein Zuhause, und mach dich auf den Weg, so dass alle es sehen können! Vielleicht gehen diesem widerspenstigen Volk dann die Augen auf. 4 Trag dein Flüchtlingsgepäck am Tag aus dem Haus, während sie dir zuschauen. Am Abend sollst du dann fortziehen wie ein Verbannter: 5 Brich vor ihren Augen ein Loch in deine Hauswand, und zwäng dich hindurch! 6 Nimm dein Bündel auf die Schultern, und zieh in der Dunkelheit fort! Verhüll dein Gesicht, damit du das Land nicht mehr sehen kannst. So sollst du dem Volk Israel zeigen, was sie erwartet!«

7 Ich tat, was der Herr mir befohlen hatte: Bei Tag trug ich mein Flüchtlingsgepäck aus dem Haus, und am Abend brach ich mit der Hand ein Loch in die Hauswand und kroch hinaus. Vor aller Augen packte ich das Bündel in der Dunkelheit auf meine Schultern.

8 Am nächsten Morgen sprach der Herr zu mir: 9 »Sterblicher Mensch, die Israeliten, dieses widerspenstige Volk, haben dich gefragt, was dein Verhalten zu bedeuten hat. 10 Ich, der Herr, lasse ihnen sagen: Diese Botschaft gilt dem König in Jerusalem und allen Israeliten, die dort wohnen. 11 Mach ihnen klar, dass sie an dir sehen können, was ihnen bevorsteht. Was du gezeigt hast, wird mit ihnen geschehen: Sie werden gefangen in die Verbannung geführt. 12 Ihr König nimmt in der Dunkelheit sein Bündel auf die Schultern und flieht durch ein Loch in der Stadtmauer, das für ihn herausgebrochen wurde. Er verhüllt sein Gesicht, um das Land nicht mehr zu sehen. 13 Ich aber werfe mein Fangnetz über ihn, und er wird sich darin verfangen. Ich bringe ihn zur Stadt Babylon, in das Land der Chaldäer; dort wird er sterben, ohne die Stadt je gesehen zu haben. 14 Die Beamten an seinem Königshof, seine Ratgeber und seine Leibwache werde ich in alle Winde zerstreuen. Ja, ich verfolge sie mit gezücktem Schwert, 15 ich vertreibe sie zu fremden Völkern und in fremde Länder. Dann werden sie erkennen, dass ich der Herr bin. 16 Ich sorge dafür, dass nur wenige von ihnen Krieg, Hunger und Seuchen überleben. Sie sollen den Völkern, bei denen sie wohnen, von den abscheuli-

---

11,19–20 36,26–27* **11,20** 14,11; 34,30; 3 Mo 26,12 **11,22–23** 10,18–19; 43,2–4 **11,24** 8,3
12,2 2,3; Jes 6,9; Jer 5,21 **12,11** 24,24 **12,12–13** 2 Kön 25,4–7 **12,16** 6,8; Jes 10,21–22*

chen Taten der Israeliten erzählen. So werden auch diese Völker erkennen, dass ich der Herr bin.«

Das Zittern Hesekiels – ein Zeichen für Israel

17 Der Herr sprach zu mir: 18 »Sterblicher Mensch, nur noch mit Zittern sollst du dein Brot essen, und wenn du trinkst, sollst du beben vor Angst! 19 Sag deinem Volk in der Verbannung: So spricht Gott, der Herr: Die Menschen, die in Jerusalem und in ganz Israel übrig geblieben sind, werden voller Angst ihr Brot essen und zitternd vor Entsetzen ihr Wasser trinken. Denn ihr Land wird verwüstet und seines ganzen Reichtums beraubt sein. So strafe ich die Bewohner für Unrecht und Gewalt. 20 Die blühenden Städte liegen in Trümmern, und die fruchtbaren Felder sind nur noch eine trostlose Wüste. So werdet ihr erkennen, dass ich der Herr bin.«

Eine beliebte Redensart und eine unbequeme Botschaft

21 Der Herr sprach zu mir: 22 »Sterblicher Mensch, welche Redensart geht da bei euch in Israel um? Ihr sagt: ›Die Zeit vergeht, aber die Visionen der Propheten erfüllen sich nie!‹ 23 Darum richte dem Volk aus, was ich, der Herr, ihnen zu sagen habe: Ich werde dafür sorgen, dass man diese Redensart in Israel nicht mehr gebraucht! Sag ihnen: Die Zeit ist gekommen, die Visionen erfüllen sich! 24 In Zukunft wird es in Israel keine falschen Propheten mehr geben, die euch nach dem Munde reden und von Erscheinungen berichten, die sie gar nicht gesehen haben. 25 Denn ich, der Herr, rede zu euch; und was ich verkünde, das trifft ein! Es lässt nicht mehr lange auf sich warten. Noch zu euren Lebzeiten, ihr widerspenstigen Israeliten, werden sich alle meine Voraussagen erfüllen. Darauf gebe ich, der Herr, mein Wort!«

26 Weiter sagte der Herr zu mir: 27 »Sterblicher Mensch, die Israeliten behaupten über dich: ›Seine Visionen betreffen uns nicht, er weissagt für eine ferne Zukunft!‹ 28 Darum richte ihnen aus: So spricht Gott, der Herr: Was ich voraussage, lässt nicht mehr lange auf sich warten! Was ich verkünde, das trifft ein! Mein Wort gilt!«

Die falschen Propheten werden umkommen!

13 Der Herr sprach zu mir: 2 »Sterblicher Mensch, klag alle selbst ernannten Propheten in Israel an! Sie sollen auf meine Botschaft hören! 3 Sag ihnen von mir, dem Herrn:

Ich warne euch, ihr törichten Propheten, die ihr euren eigenen Eingebungen folgt und von Visionen redet, die ihr gar nicht gesehen habt! 4 Ihr fühlt euch bei Israels Untergang so wohl wie Füchse, die in Ruinen hausen![a] 5 Keiner von euch bewacht die großen Lücken in Israels Befestigungsmauer, keiner bessert sie aus, damit mein Volk gewappnet sein könnte für den Tag, an dem ich, der Herr, Gericht halte. 6 Was ihr als Visionen ausgebt, ist eine Täuschung, und wenn ihr weissagt, lügt ihr! Ihr verkündet: ›So spricht der Herr!‹, obwohl ich euch gar nicht beauftragt habe – und dann erwartet ihr auch noch, dass ich eure Voraussagen eintreffen lasse! 7 Eure Visionen führen die Menschen in die Irre, eure Weissagung ist nichts als Lüge. Denn ihr behauptet, meine Worte zu verkünden, obwohl ich euch gar keine Botschaft mitgeteilt habe.

8 Darum sage ich, der Herr: Weil ihr leere Worte macht und von trügerischen Visionen erzählt, bekommt ihr es mit mir zu tun! 9 Drohend erhebe ich meine Hand, um euch zu strafen, ihr Lügenpro-

---

[a] Wörtlich: Wie Füchse in Ruinen sind deine Propheten geworden, Israel!

12,19 7,10–11 **12,22** Jes 5,19; 2 Petr 3,4 **12,23** 7,2.5–8; Jer 1,12 **12,24** 13,1–23 **13,5** 22,30; Joel 1,15* **13,6** 22,28 **13,9** 14,9; Ps 69,29

pheten! Ich schließe euch aus meinem
Volk aus – in den Verzeichnissen der Be-
wohner Israels wird man eure Namen
nicht mehr finden. Nie mehr könnt ihr in
euer Land zurückkehren! So werdet ihr
erkennen, dass ich Gott, der Herr, bin.
10 Ihr führt mein Volk in die Irre, denn
ihr ruft: ›Wir werden glücklich und in
Frieden leben!‹ Doch es gibt keinen Frie-
den! Mein Volk hat eine dünne Schutz-
wand aus losen Steinen aufgeschichtet,
und ihr habt sie mit weißer Farbe über-
tüncht, als sei sie eine feste Mauer[a]. 11 Ihr
Schönfärber! Eure Wand wird einstür-
zen! Es kommt ein Wolkenbruch, Hagel-
körner so groß wie Steine prasseln auf sie
herab, und ein schwerer Sturm peitscht
dagegen. 12 Und siehe da – die Wand
stürzt ein! Dann verspottet man euch:
›Wo ist nun eure schöne Farbe geblie-
ben?‹

13 Ich, der Herr, sage es noch einmal:
Mein Zorn über euch ist gewaltig, darum
schicke ich Sturm, Regen und Hagel mit
zerstörerischer Macht. 14 Ich reiße die
Wand ein, die ihr so schön angemalt habt,
ich lasse sie zu Boden stürzen, ihr Fun-
dament wird bloßgelegt. Und wenn sie
einstürzt, werdet ihr unter ihren Trüm-
mern begraben. Dann sollt ihr erkennen,
dass ich der Herr bin. 15 So werde ich an
der Wand und an euch Schönfärbern mei-
nen Zorn auslassen. Ja, ich spotte über
euch: Die Wand ist weg und mit ihr alle,
die sie übermalt haben! 16 Ihr habt dem
Volk von herrlichen Visionen erzählt
und ihm Glück und Frieden prophezeit,
obwohl sein Untergang nahe ist! Darum
wird keiner von euch Propheten über-
leben. Darauf könnt ihr euch verlassen!«

17 Weiter sprach der Herr zu mir:
»Sterblicher Mensch, tritt den selbst er-
nannten Prophetinnen aus deinem Volk
entgegen! Klage sie an, und richte ihnen
meine Worte aus:

18 Ich warne euch, ihr Frauen, die ihr
Zauberbänder für die Handgelenke an-
fertigt und magische Schleier für Leute
jeder Größe näht, um Macht zu besitzen
über die Menschen! Meint ihr, ihr könn-
tet in meinem Volk Menschenleben aus-
löschen oder verschonen – je nachdem,
was es euch für einen Nutzen bringt?
19 Mit euren Zaubereien raubt ihr mir die
Ehre, und das für eine Hand voll Gerste
und einen Bissen Brot! Menschen, die
nicht sterben sollten, liefert ihr dem Tod
aus und verschont solche, die es nicht ver-
dienen, am Leben zu bleiben. Mein Volk
hört gerne Lügen, und ihr habt ihnen Lü-
gen aufgetischt.

20 Darum sage ich, der Herr: Ich hasse
eure Zauberbänder, mit denen ihr die
Menschen wie Vögel fangt! Ich reiße sie
von euren Handgelenken und lasse alle
frei, die sich darin verfangen haben!
21 Ich zerfetze eure magischen Schleier
und rette mein Volk aus eurer Gewalt.
Es soll keine leichte Beute mehr für euch
sein! Dann werdet ihr erkennen, dass ich
der Herr bin.

22 Mit euren Lügenmärchen quält ihr
aufrichtige Menschen, denen ich Kum-
mer ersparen wollte. Die Gottlosen aber
ermutigt ihr und verhindert damit, dass
sie ihre üblen Machenschaften aufgeben
und ihr Leben retten. 23 Doch nun ist es
vorbei mit euren verlogenen Visionen
und mit eurer Wahrsagerei! Ich will mein
Volk aus eurer Gewalt retten. Dann
müsst ihr erkennen, dass ich der Herr
bin.«

Warum Gott nicht mehr antwortet

14 Einige Führer Israels kamen zu
mir, weil sie Gott durch mich be-
fragen wollten[b]. Sie setzten sich vor mich
hin und warteten. 2 Da sprach der Herr zu
mir: 3 »Sterblicher Mensch, diese Männer
haben ihr Herz an ihre Götzen gehängt.
Sie haben nur noch ihre Götter im Sinn –

---

[a] »als … Mauer« ist sinngemäß eingefügt.

[b] »weil … wollten« ist sinngemäß eingefügt.

13,10 Jer 6,14; 23,16–17 **13,18** 3 Mo 19,26.31 **13,19** 18,5–13 **13,22** 33,8 **14,1** 8,1; 20,1

und nun soll ich ihnen antworten und hel-
fen? 4 Richte ihnen aus: So spricht Gott,
der Herr: Wenn jemand vom Volk Israel
Götzen anbetet, sich gegen mich auflehnt
und dann auch noch zum Propheten
kommt, um mich zu befragen, werde ich,
der Herr, ihm tatsächlich eine Antwort
geben – die Antwort, die er bei der Men-
ge seiner Götzen verdient hat! 5 Ja, ich
werde die Israeliten hart anfassen, weil
sie sich von mir abgewandt haben und
ihre Götzen verehren.

6 Darum verkünde dem ganzen Volk,
was ich, der Herr, ihnen sage: Kehrt um,
wendet euch ab von euren Göttern, und
sagt euch los von eurem abscheulichen
Götzendienst! 7 Ich sage es noch einmal:

Wenn jemand vom Volk Israel und von
den Fremden, die bei euch leben, sich
von mir abwendet, seine Götzen anbetet
und von mir nichts mehr wissen will,
wenn er dann noch zum Propheten
kommt, um mich um Rat zu fragen, wer-
de ich selbst, der Herr, ihm die passende
Antwort geben. 8 Ja, ein solcher Mensch
bekommt es mit mir zu tun! Was ich ihm
antue, soll allen zur Warnung dienen; sein
Unglück wird sprichwörtlich sein. Ich
verstoße ihn aus meinem Volk und ver-
nichte ihn. Dann werdet ihr erkennen,
dass ich der Herr bin.

9 Lässt ein Prophet sich dazu hinreißen,
dem Götzendiener eigenmächtig ein
Wort von mir zu verkünden, dann nur,
weil ich, der Herr, ihn dazu verleitet ha-
be! Drohend strecke ich meine Hand
auch gegen ihn aus, ich verstoße ihn aus
meinem Volk und vernichte ihn. 10 Also
müssen beide – der Götzendiener, der
fragt, und der Prophet, der eigenmächtig
antwortet – die gleiche Strafe tragen,
denn ihre Schuld ist gleich groß. 11 So war-
ne ich das Volk Israel, damit sie mir nicht
mehr den Rücken kehren und sich nicht
länger durch ihre Sünden verunreinigen.
Sie werden mein Volk sein, und ich wer-
de ihr Gott sein. Das verspreche ich, der
Herr!«

Gottes Strafe ist gerecht!

12 Der Herr sprach zu mir: 13 »Sterblicher
Mensch, stell dir vor, ein Land bricht mir
die Treue und lehnt sich gegen mich auf,
und ich schicke zur Strafe eine Hungers-
not ins Land, an der Menschen und Tiere
zugrunde gehen. 14 Wenn dann in diesem
Land die drei Männer Noah, Daniel und
Hiob lebten, könnten sie durch ihre
Treue zu mir nur ihr eigenes Leben ret-
ten! Das schwöre ich, der Herr.

15 Oder stell dir vor, ich lasse Raubtiere
ein Land durchstreifen und die Bewoh-
ner töten, und das Land wird zur trostlo-
sen Wüste, weil aus Angst kein Mensch
mehr hindurchreist. 16 Wenn dann diese
drei Männer darin lebten, könnten sie
noch nicht einmal ihre Söhne und Töch-
ter retten, sondern nur sich selbst. Das
Land aber würde zur menschenleeren
Wüste. Das schwöre ich, der Herr, so
wahr ich lebe!

17 Oder stell dir vor, ich lasse Krieg in
einem Land ausbrechen und vernichte
Mensch und Tier durch tödliche Waffen.
18 Wenn dann diese drei Männer darin
lebten, könnten sie noch nicht einmal
ihre Söhne und Töchter retten, sondern
nur sich selbst. Das schwöre ich, der
Herr, so wahr ich lebe!

19 Oder stell dir vor, ich schicke die Pest
in ein Land und rotte in meinem Zorn
Mensch und Tier aus. 20 Wenn dann No-
ah, Daniel und Hiob darin lebten, könn-
ten sie noch nicht einmal ihre Söhne und
Töchter retten, sondern nur sich selbst,
weil sie mir treu waren. Das schwöre ich,
der Herr, so wahr ich lebe!

21 Und nun sage ich, der Herr: Selbst
wenn ich meine vier schrecklichsten
Strafen – Krieg, Hunger, Raubtiere und
Pest – auf einen Schlag über Jerusalem
hereinbrechen lasse und Mensch und
Tier ausrotte, 22 so werden doch einige
Menschen in der Stadt verschont bleiben.
Zusammen mit ihren Söhnen und Töch-
tern werden sie zu euch in die Verban-

14,6 18,30; 33,11 **14,9** 13,9 **14,11** 11,20 **14,14** 1 Mo 6,9; Hiob 1,1; Jer 15,1 **14,21** 5,16–17
14,22 5,3; 6,8

nung verschleppt. Wenn ihr dann ihr
abscheuliches Tun und Treiben mit an-
schauen müsst, werdet ihr einsehen, dass
mein Gericht über Jerusalem die einzig
gerechte Strafe war. 23 Es wird euch trös-
ten, wenn ihr seht, dass ich Jerusalem
nicht ohne Grund zerstört habe. Darauf
gebe ich, der Herr, mein Wort.«

Jerusalem, das unnütze Holz eines Weinstocks

15 Der Herr fragte mich: 2 »Du sterb-
licher Mensch, was hat das Holz
eines Weinstocks dem Holz der Sträu-
cher voraus, die zwischen den Bäumen
im Wald wachsen? 3 Kann man irgend-
etwas daraus herstellen? Oder kann man
es wenigstens als Pflock an der Wand be-
nutzen, um allerlei Werkzeuge daran
aufzuhängen? 4 Nein! Das Holz einer
Weinranke taugt einzig und allein als
Brennholz! Wenn die Flammen die bei-
den Enden der Ranke verzehrt haben
und sie auch in der Mitte schon versengt
ist, kann man sie dann noch zu etwas ge-
brauchen? 5 Schon als sie noch nicht ver-
brannt war, konnte man nichts mit ihrem
Holz anfangen – wie viel weniger, wenn
das Feuer sie nun verkohlt hat!

6 Darum sage ich, der Herr: Das Holz
eines Weinstocks ist kein bisschen wert-
voller als das der Sträucher zwischen den
Bäumen im Wald! Ich werfe es ins Feuer
– und genau dasselbe werde ich mit den
Einwohnern Jerusalems tun! 7 Bisher sind
sie dem Feuer noch knapp entronnen,
jetzt aber werden sie von ihm verzehrt.
Wenn mein Strafgericht sie trifft, werdet
ihr erkennen, dass ich der Herr bin. 8 Das
ganze Land mache ich zur menschenlee-
ren Wüste, weil seine Bewohner mir die
Treue gebrochen haben. Darauf könnt
ihr euch verlassen!«

Jerusalem, die untreue Frau

16 Der Herr sprach zu mir: 2 »Sterb-
licher Mensch, mach den Ein-
wohnern Jerusalems deutlich, was für
schreckliche Dinge sie getrieben haben!
3 Verkünde ihnen: So spricht Gott, der
Herr: Jerusalem, du bist in Kanaan zur
Welt gekommen; dein Vater war ein
Amoriter, deine Mutter eine Hetiterin.
4 Nach deiner Geburt wurde nicht einmal
deine Nabelschnur abgeschnitten. Nie-
mand hat dich gewaschen und mit Salz
abgerieben, niemand dich gewickelt.
5 Kein Mensch hatte Mitleid mit dir und
erbarmte sich über dich. Noch am Tag
deiner Geburt warf man dich aufs freie
Feld, weil jeder nur Verachtung für dich
übrig hatte.

6 Ich kam an dir vorüber und sah dich
hilflos und blutverschmiert am Boden
liegen. Da sagte ich zu dir: ›Du sollst am
Leben bleiben 7 und heranwachsen wie
eine Blume auf dem Feld!‹ Du blühtest
auf und wurdest zu einer schönen Frau
voller Anmut. Deine Brüste wuchsen,
dein Haar war voll und schön. Aber im-
mer noch warst du völlig nackt.

8 Wieder kam ich an dir vorüber, und
ich sah, dass du alt genug warst, einen
Mann zu lieben. Da breitete ich meinen
Mantel über dich aus und bedeckte dei-
nen nackten Körper als Zeichen dafür,
dass du meine Frau sein solltest. Ich, der
Herr, schwor dir Treue und schloss mit
dir einen Bund fürs Leben. So wurdest
du meine Frau.

9 Ich badete dich, wusch dir das Blut ab
und salbte dich mit duftenden Ölen. 10 Ich
zog dir ein buntes, kostbares Kleid und
Sandalen aus bestem Leder an. Du be-
kamst von mir ein Stirnband aus feinem
Leinen und einen seidenen Umhang.
11 Ich gab dir wertvollen Schmuck, legte
dir Spangen an die Arme und eine Kette
um den Hals. 12 Deine Nase schmückte
ich mit einem Ring, ich gab dir Ohrringe
und setzte dir eine prachtvolle Krone auf.
13 Du warst geschmückt mit Silber und
Gold, du kleidetest dich in Leinen, Seide
und bunt gewebte Stoffe. Die feinsten
Speisen bekamst du: Brot, gebacken aus
bestem Mehl, Honig und Öl. So wurdest

15,1–8 17,5–10; 19,10–14; Jes 5,1–7*; Joh 15,6 **16,3** Jos 15,63*; 2 Sam 5,6–9 **16,8** Ruth 3,9

du wunderschön und würdig, eine Köni-
gin zu sein. [14]Bei allen Völkern erzählte
man sich von deiner Schönheit; sie war
makellos und vollkommen durch den
Schmuck, den ich, der Herr, dir ge-
schenkt hatte.

[15]Aber du – du hast dir viel auf deine
Schönheit eingebildet. Dass sie überall
gerühmt wurde, nutztest du reichlich aus:
Jedem, der dir über den Weg lief, hast du
dich angeboten und dich ihm an den Hals
geworfen. [16]Aus deinen bunten Kleidern
machtest du dir ein Lager auf den Höhen,
wo den Götzen geopfert wird. Dort
schliefst du mit jedem, den du bekom-
men konntest. So etwas hätte niemals ge-
schehen dürfen! [17]Du nahmst den
Schmuck aus Silber und Gold, den ich
dir geschenkt hatte, und machtest dir
männliche Götterfiguren daraus. Mit
ihnen hast du mich betrogen. [18]Deine
bunt gewebten Kleider zogst du ihnen an
und brachtest ihnen als Opfer den Weih-
rauch und das Öl dar, die du von mir be-
kommen hattest. [19]Das Brot aus bestem
Mehl, Honig und Öl, das ich dir gegeben
hatte, hast du ihnen geopfert, um sie für
dich zu gewinnen. Das alles hast du ge-
tan; dies bezeuge ich, der Herr.

[20]Die Söhne und Töchter, die du mir
geboren hattest, warfst du den Götzen
zum Fraß vor. War die Hurerei, die du
getrieben hattest, dir noch zu wenig?
[21]Musstest du auch noch meine Kinder
schlachten und als Opfer für andere Göt-
ter verbrennen? [22]Während du den wi-
derlichen Götzen Opfer darbrachtest
und die Ehe mit mir brachst, hast du kei-
nen Gedanken an die Zeit verschwendet,
in der du nackt und hilflos in deinem Blut
lagst.

[23]Darum sage ich, der Herr: Es wird dir
schlecht ergehen! Denn dein schlimmes
Treiben war dir noch nicht genug: [24/25]An
jedem öffentlichen Platz hast du dir ein
Bett für deine Hurerei errichtet, ja, an
jeder Straßenecke bautest du deine Hei-
ligtümer. Du hast deine Schönheit miss-
braucht und deine Beine gespreizt für je-
den, der vorüberkam. Unaufhörlich
triebst du deine schamlose Hurerei. [26]Du
ließest dich mit den Ägyptern ein, deinen
Nachbarn mit dem großen Glied. Du
schliefst mit ihnen, um mich zu kränken.
[27]Darum hob ich drohend meine Hand
und nahm dir einen Teil von dem weg,
was ich dir geschenkt hatte. Ich lieferte
dich den gierigen Philisterinnen aus, die
dich hassen; doch sogar sie verabscheu-
ten deine schamlose Hurerei.

[28]Als Nächstes warfst du dich den As-
syrern an den Hals, weil du immer noch
nicht genug hattest. Du schliefst mit ih-
nen, aber dein Verlangen war auch dann
noch nicht gestillt. [29]Du triebst es auch
mit den Babyloniern, dem Händlervolk,
doch selbst danach hattest du noch nicht
genug. [30]Ich, der Herr, sage dir: Wie sehr
warst du von brennender Begierde be-
herrscht, du hast es schlimmer getrieben
als die schlimmste Hure! [31]An jeder Stra-
ßenecke hast du einen Altar für deine
Liebesdienste errichtet und an jedem öf-
fentlichen Platz ein Bett für deine Hure-
rei aufgestellt. Dabei benahmst du dich
nicht einmal wie eine gewöhnliche Hure,
denn du lehntest jede Bezahlung ab. [32]Du
Ehebrecherin! Andere Männer hast du
deinem Ehemann vorgezogen! [33]Jeder
Hure gibt man Geld, du aber hast deinen
Liebhabern sogar noch Geschenke gege-
ben und sie bestochen, damit sie von
überall her kommen und mit dir schlafen!
[34]So machtest du genau das Gegenteil
von dem, was andere Huren tun: Du
warfst dich jedem an den Hals, während
dir keiner nachlief; niemand gab dir
Geld, im Gegenteil: Du bezahltest, damit
man mit dir schlief. So weit ist es mit dir
gekommen!

[35]Darum, du Hure, höre, was ich, der
Herr, dir sage: [36]Du hast deinen Körper
schamlos entblößt, um mit allen deinen
Liebhabern zu schlafen; du hast deinen
abscheulichen Götzen gedient und für
sie deine Kinder geschlachtet. [37]Darum

16,15 Hos 4,12–14 **16,17** 7,20 **16,20–21** 3 Mo 18,21* **16,24–25** Hos 1,2* **16,26** Jes 30,1–7
16,28 2 Kön 16,5–9 **16,37** Jer 13,22; Hos 2,12

werde ich nun deine Liebhaber zusammenrufen – alle, die du geliebt, und alle, die du verachtet hast. Von überall her lasse ich sie kommen, damit sie gegen dich aussagen. Dann ziehe ich dir vor ihren Augen die Kleider aus, damit sie deinen nackten Körper sehen. [38]Ich werde dich verurteilen, so wie man Mörderinnen und Ehebrecherinnen verurteilt. Weil ich eifersüchtig und zornig bin, spreche ich dir das Todesurteil.

[39]Ich gebe dich in die Gewalt deiner Liebhaber; sie werden deine Hurenaltäre und deine Heiligtümer zerstören. Sie reißen dir die Kleider vom Leib, nehmen deinen prächtigen Schmuck weg und lassen dich nackt und hilflos liegen. [40]Sie hetzen die Volksmenge gegen dich auf, die dich steinigt und mit ihren Schwertern zerstückelt. [41]Deine Häuser brennen sie nieder und vollstrecken das Urteil an dir vor den Augen vieler Frauen. So bereite ich deiner Hurerei ein Ende – dann kannst du dir keinen Liebhaber mehr kaufen!

[42]Wenn sich schließlich mein Zorn gelegt hat, ist auch meine Eifersucht verflogen, und ich bin wieder ruhig und gelassen. [43]Keinen Gedanken hast du mehr verschwendet an die Zeit, wo du hilflos warst und ich, der Herr, dir geholfen habe[a]. Dadurch hast du mich zornig gemacht, und jetzt bekommst du die Folgen deiner abscheulichen Taten zu spüren. Du hast schon so viel Schuld auf dich geladen, warum musstest du auch noch die Ehe brechen?

[44]Man wird über dich einen Spottvers verbreiten: ›Wie die Mutter, so die Tochter!‹ [45]Ja, du bist eine echte Tochter deiner Mutter! Auch sie hat ihren Mann und ihre Kinder verachtet! Du bist wie deine Schwestern, die von ihren Männern und Kindern nichts mehr wissen wollten. Eure Mutter war eine Hetiterin und euer Vater ein Amoriter. [46]Deine ältere Schwester ist Samaria mit ihren Töchtern, sie wohnt nördlich von dir; im Süden wohnt deine jüngere Schwester Sodom mit ihren Töchtern. [47]Es war dir noch nicht genug, ihrem schlechten Beispiel zu folgen und die gleichen abscheulichen Dinge wie sie zu tun – nein, nach kurzer Zeit hast du es in allem noch schlimmer getrieben als sie! [48]Darum schwöre ich, Gott, der Herr, so wahr ich lebe: Deine Schwester Sodom und ihre Töchter haben nicht so viel Schuld auf sich geladen wie du und deine Töchter! [49]Sie sahen hochmütig auf andere herab, sie lebten im Überfluss und in sorgloser Ruhe, ohne den Armen und Hilflosen zu helfen. [50]Sie waren stolz und überheblich und taten vor meinen Augen, was ich verabscheue. Als ich dies sah, habe ich sie verstoßen. [51]Und auch Samaria hat nicht halb so viele Sünden begangen wie du. Du hast mehr widerliche Dinge getan als deine beiden Schwestern zusammen. Im Vergleich zu dir sind die beiden geradezu unschuldig! [52]Darum musst du nun deine Schande tragen – du hast sie dir selbst zuzuschreiben! Mit deinen abscheulichen Taten übertriffst du die Schuld deiner Schwestern bei weitem. Neben dir sind sie geradezu unschuldig. Schäm dich und trag deine Schande!«

Ich bleibe euch treu!

[53]»Doch ich wende das Schicksal Sodoms und Samarias mit ihren Tochterstädten zum Guten, und auch dich, Jerusalem, werde ich wiederherstellen. [54]Dann wirst du deine Schande eingestehen und dich schämen für alles, was du getan hast. Wenn Sodom und Samaria dies sehen, werden sie daraus Trost schöpfen. [55]Was für sie gilt, soll auch mit dir geschehen, Jerusalem: Eure Tochterstädte werden wieder aufgebaut, und ihr bekommt eure frühere Stellung zurück.

[56]Als du noch voller Hochmut auf alle anderen herabgesehen hast, warst du dir

---

[a] Wörtlich: an die Tage deiner Jugend.

16,38 3 Mo 20,1–2.10 **16,41** 2 Kön 25,9 **16,43** 11,21 **16,45** 16,3 **16,46** 1 Mo 18,20; 19,4–9; Am 3,9; 4,1 **16,48** Mt 10,15

zu schade, den Namen deiner Schwester Sodom in den Mund zu nehmen. [57]Doch dann kam deine Bosheit ans Licht, und jetzt verhöhnen dich alle deine Nachbarinnen, die Edomiterinnen und die Philisterinnen. Sie haben nur Verachtung für dich übrig. [58]So trage nun die Folgen deines schamlosen Treibens und deiner üblen Machenschaften!

[59]Ich, der Herr, sage dir: Ich habe dich so behandelt, wie du es verdienst, denn du hast dein Treueversprechen nicht gehalten und unseren Bund gebrochen. [60]Ich aber werde mich an den Bund erinnern, den ich mit dir in deiner Jugend geschlossen habe. Einen neuen Bund will ich mit dir eingehen, der für alle Zeiten bestehen bleibt. [61]Dann wirst du dich an das erinnern, was du früher getan hast. Du wirst dich schämen, wenn ich dir die Herrschaft über deine beiden Schwestern gebe, so dass sie für dich wie Töchter sind. Das geht weit über den Bund hinaus, den ich damals mit dir geschlossen habe. [62]Ich selbst werde den Bund mit dir erneuern, und du wirst erkennen, dass ich der Herr bin. [63]Alles, was du getan hast, werde ich dir vergeben; doch du wirst dich immer wieder daran erinnern und dich schämen. Vor lauter Scham wirst du kein Wort herausbringen. Das verspreche ich, der Herr.«

Das Gleichnis vom Weinstock und den Adlern

17 Der Herr sprach zu mir: [2]»Sterblicher Mensch, gib dem Volk Israel ein Rätsel auf, erzähl ihnen ein Gleichnis! [3]Denn sie sollen erkennen, was ich, der Herr, ihnen zu sagen habe. Erzähl ihnen: Ein großer Adler mit riesigen Flügeln und weiten Schwingen, mit dichtem und buntem Gefieder flog auf den Libanon. Dort riss er den Wipfel einer Zeder ab, [4]brachte den obersten Zweig in ein Land, in dem es viele Kaufleute gab, und dort in eine Händlerstadt. [5]Dann holte er aus der Erde Israels ein Samenkorn und flog damit zu einem fruchtbaren Feld an einem Fluss. Dort pflanzte der Adler das Samenkorn am Ufer ein. [6]Aus ihm sollte ein breit wuchernder, aber niedrig wachsender Weinstock werden. Seine Ranken sollte er dem Adler entgegenstrecken und seine Wurzeln tief in die Erde wachsen lassen. So wurde aus dem Samenkorn ein Weinstock, der kräftige Ranken und immer neue Triebe bildete.

[7]Doch dann kam ein anderer großer Adler mit riesigen Flügeln und dichtem Gefieder. Und siehe da: Der Weinstock drehte seine Wurzeln diesem Adler zu und streckte ihm seine Ranken entgegen. Er hoffte, der Adler würde ihm Wasser geben – mehr als das Feld, in das er gepflanzt worden war. [8]Dabei hatte er doch guten Boden und reichlich Wasser. Er hätte Zweige treiben und Früchte tragen können und wäre zu einem prächtigen Weinstock geworden.

[9]Ich, der Herr, frage euch Israeliten: Wird der Weinstock jetzt noch gedeihen? Wird man ihn nicht mitsamt den Wurzeln ausreißen und seine Trauben abpflücken, so dass alle grünen Triebe verdorren? Dazu braucht man nicht viel Kraft, und nicht viele Menschen müssen mit anpacken! [10]Der fruchtbare Boden hilft dann auch nichts mehr! Der Weinstock wird dort vertrocknen, sobald der heiße Ostwind ihn trifft, ja, völlig verdorren wird er.«

[11]Weiter sprach der Herr zu mir: [12]»Frag das widerspenstige Volk, ob sie dieses Gleichnis verstehen. Erklär es ihnen: Der babylonische König fiel mit seinem Heer in Jerusalem ein. Er nahm den König von Juda und seine Beamten gefangen und verschleppte sie in sein Land. [13]Mit einem Nachkommen der königlichen Familie schloss er ein Bündnis und ließ ihn Treue schwören. Die mächtigen und einflussreichen Männer des Volkes nahm er gefangen, [14]um das Land Juda mit dem neuen König klein und schwach

16,59–60 16,8 **16,60** 36,26–27*; Jer 31,31–34* **16,61** 20,43 **16,63** 36,31–32 **17,5–10** 15,1–8; Jes 5,1–7* **17,12** 2 Kön 24,10.15–16 **17,13** 2 Kön 24,15–17

Der Ehebund

Lesen Sie Hesekiel 16,6-19

Unser Gott ist ein Gott des Bundes. Deshalb überrascht es nicht, dass in der Bibel die Ehe – die Gott uns zur Freude geschaffen hat – als Bund zwischen Mann und Frau betrachtet wird.

Der Verfasser des Buches der Sprüche warnt seinen Sohn, sich nicht mit einer unmoralischen Frau einzulassen: „Dem Mann, den sie in ihrer Jugend geheiratet hat, ist sie untreu – und damit bricht sie den Bund, den sie vor Gott geschlossen hat" (Sprüche 2,16-17). Damit macht er deutlich, dass die Ehe ein heiliger Bund ist.

Gott vergleicht sein Verhältnis zu Israel häufig mit dem Bund der Ehe. Durch den Propheten Hesekiel beschreibt er Israel als eine untreue Frau, nach der er sich sehnt: „Ich, der Herr, schwor dir Treue und schloss mit dir einen Bund fürs Leben. So wurdest du meine Frau" (Hesekiel 16,8).

Im Buch des Propheten Maleachi macht Gott deutlich, dass er die Scheidung ablehnt: „Der Herr hat genau gesehen, wie ihr Männer eure Frauen verstoßen habt, mit denen ihr seit eurer Jugend verheiratet wart. Ihr habt ihnen die Treue gebrochen, obwohl sie immer an eurer Seite waren und zu eurem Volk gehören, mit dem der Herr einen Bund geschlossen hat" (Maleachi 2,14).

Weil Gott die Ehe so ernst nimmt, sollten wir, die wir ihm nachfolgen, es auch tun. Ein Bund muss immer in Ehren gehalten werden.

Nehmen Sie sich Zeit, um allein oder als Paar gemeinsam zu beten. Danken Sie Gott, dass er einen Bund mit Ihnen geschlossen hat. Bitten Sie ihn um die richtige Sicht für die Ehe. Bitten Sie ihn auch um die Kraft, die Geduld und das Durchhaltevermögen, um mit Ihrem Mann/Ihrer Frau eine lebenslange Partnerschaft zu gestalten.

Wenn Sie noch mehr Zeit haben ...

Besprechen Sie miteinander folgende Fragen oder denken Sie darüber nach:

- Wenn Ihre Ehe ein Bund ist, wie sollte das Ihre Einstellung dazu prägen?
- Wie erklären Sie sich die hohe Scheidungsrate in unserer Gesellschaft?
- Was können Sie konkret tun, um dem Vorbild Gottes zu folgen, der sich immer treu an seinen Bund gehalten hat?

Lesen Sie auch die folgenden Abschnitte zum Thema Ehebund:
Matthäus 19,4-6; Markus 10,2-12; Lukas 16,18.

Sex ist nicht von dieser Welt

Lesen Sie Hesekiel 18,5-9

Sex kann für gläubige Menschen eine schwierige Angelegenheit sein. In einer Kultur, die den Sex geradezu vergöttert, sollten Christen nicht auf der anderen Seite vom Pferd fallen und die Sexualität als etwas Sündhaftes ansehen. Schließlich wurde sie ja nicht in Hollywood erfunden. Ein heiliger Gott, dem jede Sünde ganz und gar fern ist, hat uns als sexuelle Wesen geschaffen. Wir dürfen also das Heilige an der Sexualität nicht ablehnen, nur weil manche Leute sie für sich ausgebeutet haben.

Die Sexualität trägt nicht das Markenzeichen dieser Welt; sie hat den Stempel „made by Gott". Allerdings muss man dazu sagen, dass Gott uns in seinem Wort auch die „Gebrauchsanweisung" mitgeliefert hat. Wenn wir unsere Sexualität wirklich voll genießen wollen, müssen wir den Plan dahinter verstehen. Genau genommen hat Gott die Sexualität der Ehe vorbehalten. In Hesekiel 18,6 lautet eine der Eigenschaften für einen Mann, der Gott dient: „Er schläft nicht mit einer verheirateten Frau." Sex außerhalb der Ehe steht entgegen dem Plan Gottes, der diese intime Nähe für die Ehepartner vorgesehen hat.

In der Ehe schafft die körperliche Liebe allerdings eine enge Verbindung zwischen den Partnern, was Leib, Seele und Geist einschließt. Wenn Sie die Freude an Ihrem Körper als Ehepartner miteinander teilen, erleben Sie die Nähe und Vertrautheit, die Gott für Sie bereithält.

Nehmen Sie sich Zeit, um allein oder als Paar gemeinsam zu beten.

- Danken Sie Gott für das Geschenk der Sexualität in der Ehe.
- Bekennen Sie ihm, wo Sie dieses Geschenk missbraucht, ignoriert oder für selbstverständlich hingenommen haben.
- Bitten Sie ihn um eine Sichtweise für Ihre Sexualität, die ihm Ehre bringt.

Wenn Sie noch mehr Zeit haben ...

Besprechen Sie miteinander folgende Fragen oder denken Sie darüber nach:

- Worin besteht der Unterschied zwischen den in unserer Gesellschaft herrschenden Ansichten über Sex und Gottes Sichtweise?
- Inwiefern sind Sie in Ihrer Meinung über Sexualität von den in unserer Gesellschaft herrschenden Ansichten beeinflusst?
- Wie können Sie dazu beitragen, dass die Sexualität in Ihrer Ehe eine Erfahrung ist, die Sie beide tiefer miteinander verbindet?

Lesen Sie auch die folgenden Abschnitte zum Thema Sexualität:
Sprüche 5,17-23; Matthäus 5,27-30; 1. Korinther 6,9-20.

Den nächsten Impuls finden Sie auf S. 956 a

zu halten. Er wollte verhindern, dass man einen Aufstand gegen ihn anzettelte und den Treueeid brach. [15]Aber der König von Juda lehnte sich gegen den König von Babylonien auf und schickte Boten nach Ägypten, um von dort Pferde und Soldaten zu bekommen. Wird ihm das gelingen? Soll er ungestraft davonkommen? Nein! Er kann sich nicht über seinen Treueeid hinwegsetzen und dann ohne Strafe bleiben!

[16]Ich, der Herr, schwöre, so wahr ich lebe: Weil er seinen Schwur gebrochen hat, wird er in Babylon sterben, am Hof des Königs, der ihm die Herrschaft über Juda anvertraut hatte. [17]Auch das gewaltige Heer des Pharaos aus Ägypten wird ihm nicht zu Hilfe kommen, wenn die Babylonier einen Belagerungswall um Jerusalem aufschütten und Belagerungstürme bauen, um die Menschen dort zu vernichten. [18]Denn der König von Juda hat sein Versprechen nicht gehalten, obwohl er sich mit Handschlag dazu verpflichtet hatte. Er wird nicht mit dem Leben davonkommen. [19]Ich, der Herr, schwöre, so wahr ich lebe: Weil er sich über den Bund hinwegsetzt, den ich mit ihm geschlossen habe, weil er den Eid bricht, den er mir geschworen hat, darum lasse ich ihn die Folgen tragen. [20]Ich werfe mein Netz über ihn, und er wird sich darin verfangen. Ich bringe ihn nach Babylonien, und dort halte ich Gericht über ihn, weil er mir die Treue gebrochen hat. [21]Seine Soldaten versuchen zu fliehen, doch die meisten von ihnen fallen, und die Überlebenden werden in alle Winde zerstreut. Dann erkennt ihr, dass ich euch nicht umsonst gewarnt habe.

[22]Aber nun verkünde ich, der Herr: Ich selbst werde einen zarten Zweig aus dem Wipfel einer hohen Zeder brechen und ihn auf einem hohen Berg einpflanzen. [23]Ja, auf Israels höchstem Berg setze ich ihn in die Erde. Dort treibt er neue Zweige, trägt Früchte und wird zu einer großen Zeder. Vögel aller Art werden in seinen Zweigen wohnen und dort Schatten finden. [24]Dann werden alle Bäume in Israel erkennen, dass ich, der Herr, den hohen Baum niedrig mache, den niedrigen aber hoch. Ich lasse den grünen Baum verdorren, den dürren aber lasse ich grün werden. Darauf gebe ich, der Herr, mein Wort, und ich halte mich daran.«

Jeder ist für sich selbst verantwortlich!

18 Der Herr sprach zu mir: [2]»Was denkt ihr euch dabei, wenn ihr Israeliten dieses Sprichwort verwendet: ›Die Väter essen saure Trauben, und den Söhnen werden die Zähne davon stumpf.‹? [3]Ich, der Herr, schwöre, so wahr ich lebe: Keiner von euch wird dieses Sprichwort jemals wieder gebrauchen! [4]Alle Menschen gehören mir – die Väter wie die Söhne! Nur wer Schuld auf sich lädt, soll sterben!

[5]Stell dir einen Menschen vor, der mir dient und für Recht und Gerechtigkeit eintritt. [6]Die Götzen, die das Volk Israel verehrt, betet er nicht an. An den Opfermahlzeiten, die ihnen zu Ehren auf den Bergen veranstaltet werden, beteiligt er sich nicht. Er schläft nicht mit einer verheirateten Frau und auch nicht mit einer, die ihre Tage hat. [7]Er unterdrückt und beraubt niemanden. Wenn er von einem Menschen, der ihm etwas schuldet, ein Pfand nimmt, gibt er es auch wieder zurück. Den Hungrigen gibt er zu essen, und er versorgt die mit Kleidung, die kaum etwas anzuziehen haben. [8]Wenn er Geld verleiht, nimmt er keine Wucherzinsen. Er beteiligt sich nicht am Unrecht und fällt ein gerechtes Urteil zwischen zwei Streitenden. [9]Er richtet sich nach meinen Geboten und befolgt gewissenhaft, was ich angeordnet habe. Ein sol-

---

17,15 2 Chr 36,13 **17,16** 12,13; 2 Kön 25,7 **17,17** 4,1–3; 2 Kön 25,1 **17,20–21** 12,13–14; 2 Kön 25,4–7 **17,22** Jes 11,1 **17,23** 20,40 **17,24** 1 Sam 2,7–8 **18,2–4** Hiob 21,19–21 **18,2** Jer 31,29 **18,6** 7,20; 22,9; 3 Mo 18,19–20 **18,7** 2 Mo 22,25–26; 3 Mo 19,13; 5 Mo 15,7 **18,8** 2 Mo 22,24; 23,6–8 **18,9** 3 Mo 18,5

cher Mensch kann vor mir, dem Herrn,
bestehen. Er wird leben. Darauf gebe ich,
der Herr, mein Wort.
10 Nun hat dieser Mann einen gewalt-
tätigen Sohn, der andere Menschen um-
bringt und alles das tut, 11 wovon sein Va-
ter sich fern gehalten hat. Er beteiligt sich
an den Opfermahlzeiten, die auf den Ber-
gen für die Götzen veranstaltet werden.
Er bricht die Ehe mit einer verheirateten
Frau, 12 er unterdrückt und beraubt die
Armen und Hilflosen. Das Pfand, das er
von einem Schuldner verlangt hat, gibt er
nicht wieder zurück. Er betet die Götzen
an, obwohl ich dies verabscheue. 13 Wenn
er Geld verleiht, nimmt er Wucherzinsen.
Soll dieser Mann leben? Nein, er muss ge-
tötet werden! Weil er diese widerlichen
Dinge getan hat, ist er selbst schuld an
seinem Tod!
14 Nun stell dir vor, dieser zweite Mann
hat wiederum einen Sohn. Der sieht alle
Sünden mit an, die sein Vater begeht,
aber er folgt dem schlechten Vorbild
nicht. 15 Die Götzen, die das Volk Israel
verehrt, betet er nicht an. An den Opfer-
mahlzeiten, die ihnen zu Ehren auf den
Bergen veranstaltet werden, beteiligt er
sich nicht. Er schläft nicht mit einer ver-
heirateten Frau, 16 er unterdrückt und be-
raubt niemanden. Wenn er von einem
Menschen, der ihm etwas schuldet, ein
Pfand nimmt, gibt er es auch wieder zu-
rück. Den Hungrigen gibt er zu essen,
und er versorgt die mit Kleidung, die
kaum etwas anzuziehen haben. 17 Er be-
teiligt sich nicht am Unrecht,[a] und wenn
er Geld verleiht, nimmt er keine Wucher-
zinsen. Er befolgt, was ich angeordnet
habe, und richtet sich nach meinen Gebo-
ten. Dieser Sohn wird nicht wegen der
Schuld seines Vaters sterben – nein, er
wird leben! 18 Sein Vater aber hat andere
erpresst und beraubt. Dem ganzen Volk
war er ein schlechtes Vorbild. Darum
muss er wegen seiner Schuld sterben!
19 Ihr aber fragt: ›Warum soll nicht auch
der Sohn für die Schuld seines Vaters be-
straft werden?‹, und ich antworte euch:
Weil er für Recht und Gerechtigkeit ein-
getreten ist! Er hat auf alle meine Gebote
geachtet und sie befolgt, darum wird er
am Leben bleiben. 20 Nur wer sündigt,
muss sterben. Ein Sohn soll nicht für die
Schuld seines Vaters zur Rechenschaft ge-
zogen werden und ein Vater nicht für die
Schuld seines Sohnes. Wer mir dient, kann
vor mir bestehen, und wer mir den Rü-
cken kehrt, wird seine Strafe bekommen.
21 Wenn aber ein Mensch, der mich ver-
achtet hat, sich von dem abwendet, was
er bisher getan hat, wenn er auf alle mei-
ne Weisungen achtet und für Recht und
Gerechtigkeit eintritt, dann wird er nicht
sterben, sondern am Leben bleiben.
22 Alle Schuld, die er vorher auf sich gela-
den hat, rechne ich ihm nicht mehr an.
Weil er mir nun dient, wird er leben.
23 Ich, der Herr, frage euch: Meint ihr, ich
hätte Freude daran, dass der Gottlose
sterben muss? Nein, ich freue mich, wenn
er von seinen falschen Wegen umkehrt
und am Leben bleibt!
24 Wenn aber ein Mensch, der mir ge-
dient hat, von mir nichts mehr wissen
will, wenn er die gleichen bösen und ab-
scheulichen Dinge treibt wie jemand, der
mich verachtet, sollte ich ihn dann etwa
verschonen? Nein, alles Gute, was er bis-
her getan hat, soll vor mir nichts mehr
gelten! Weil er mir die Treue gebrochen
und Schuld auf sich geladen hat, wird er
sterben.
25 Ihr aber behauptet: ›Was der Herr
tut, ist nicht gerecht!‹ Hört doch, ihr
vom Volk Israel: Wer handelt ungerecht,
ich oder ihr? 26 Wenn ein Mensch, der mir
gedient hat, nichts mehr von mir wissen
will, dann muss er sterben, und zwar we-
gen seiner eigenen Schuld. 27 Wenn aber
ein Mensch, der mich verachtet hat, sich
von seinem gottlosen Leben abwendet

---

a So mit der griechischen Übersetzung. Der hebräische Text lautet: Er hält seine Hand von den Hilflosen zurück.

18,19 2 Mo 20,5–6 **18,20** 18,4; 2 Mo 20,5–6*; 5 Mo 24,16 **18,21–32** 33,10–20 **18,21–24** Jer 18,7–10 **18,23** Jes 55,6–7; Joel 2,12–13; 1 Tim 2,4

und von nun an für Recht und Gerechtig-
keit eintritt, dann rettet er sein Leben.
28 Ja, wenn er seine Schuld einsieht und
die alten Wege verlässt, wird er nicht ster-
ben, sondern am Leben bleiben. 29 Und da
behauptet ihr Israeliten: ›Der Herr han-
delt nicht gerecht!‹ Bin wirklich ich unge-
recht, oder seid nicht vielmehr ihr es?

30 Darum sage ich, der Herr: Ich gehe
mit euch ins Gericht, ihr vom Volk Israel;
ich spreche jedem Einzelnen das Urteil,
das er verdient hat. Kehrt um, wendet
euch ab von allem Unrecht, das ihr getan
habt, damit ihr euch nicht weiter in
Schuld verstrickt! 31 Werft alles Böse von
euch ab! Ändert euch von Grund auf, ja,
reinigt euer Herz! Warum wollt ihr ster-
ben, ihr Israeliten? 32 Ich habe doch keine
Freude daran, dass der Gottlose sterben
muss. Darauf gebe ich, der Herr, mein
Wort. Kehrt um von euren falschen We-
gen, damit ihr am Leben bleibt!«

Ein Klagelied

19 »Du aber, Hesekiel, stimm ein
Klagelied an über die führenden
Männer von Israel! 2 Das sollst du singen:

›Eine majestätische Löwin war deine
Mutter! Sie hatte ihr Lager bei kräftigen
Löwen, und dort zog sie ihre Jungen auf.
3 Um einen jungen Löwen kümmerte sie
sich besonders; er wurde stark und lernte,
auf Raubzüge zu gehen und Menschen zu
fressen.
4 Ganze Völker erklärten ihm den Krieg,
sie fingen ihn in einer Grube und zerrten
ihn an Haken nach Ägypten.

5 Die Löwin sah, dass die Hoffnung, die sie
auf ihn gesetzt hatte, umsonst war, und so
zog sie ein anderes ihrer Jungen auf.
6 Auch dieser Löwe wurde stark und
mächtig, er lernte, auf Raubzüge zu ge-
hen und Menschen zu fressen.
7 Er zerstörte Festungen und legte ganze
Städte in Trümmer; die Bewohner des
Landes erstarrten vor Schreck, wenn sein
Gebrüll ertönte.
8 Da versammelten sich die Völker rings-
um, um gegen ihn zu kämpfen. Sie fingen
ihn in einer Grube und warfen ihr Fang-
netz über ihn.
9 An Haken zerrten sie ihn in einen Käfig
und brachten ihn zum König von Babylo-
nien. Dort hielt man ihn gefangen, denn
seine Stimme sollte nicht mehr auf den
Bergen Israels zu hören sein.

10 Deine Mutter war wie ein Weinstock,[a]
der nahe am Fluss gepflanzt wurde. Nie
fehlte es ihm an Wasser, er hatte viele
Ranken und trug reiche Frucht.
11 Seine Zweige wurden kräftig genug, um
aus ihnen Zepter für Könige zu machen.
Der Weinstock wuchs hoch hinauf – bis
zum dichten Laub der Bäume, die ihn
umgaben; weithin sichtbar war er durch
seine Größe und seine vielen Ranken.
12 Doch schließlich riss man ihn im Zorn
aus dem Boden und warf ihn fort. Der
heiße Ostwind trocknete ihn aus, seine
Früchte wurden abgerissen. Sein kräfti-
ger Stamm verdorrte und wurde vom
Feuer verzehrt.
13 Dann pflanzte man den Weinstock in
die Wüste ein, in dürres und trockenes
Land.
14 Seine Zweige fingen Feuer, und alle sei-
ne Früchte wurden ein Raub der Flam-
men. Kein kräftiger Zweig war mehr an
ihm zu finden, aus dem man ein Zepter
anfertigen konnte.‹«

Dies ist ein Klagelied, das immer wieder
gesungen wird.

Die Geschichte von Israels Untreue

20 Im 7. Jahr unserer Verbannung in
Babylonien, am 10. Tag des 5. Mo-

---

[a] So mit der aramäischen Übersetzung. Der hebräische Text lautet: Deine Mutter war wie ein Weinstock in deinem Blut.

18,30 14,6; 33,11 **19,3–4** 2 Kön 23,31–33 **19,5–9** 2 Kön 24,18 – 25,7 **19,10–14** 15,1–8; Jes 5,1–7*
20,1 8,1; 14,1

nats, kamen einige führende Männer des Volkes Israel zu mir, um den Herrn zu befragen. Sie setzten sich vor mich hin und warteten. 2 Da sprach der Herr zu mir: 3 »Sterblicher Mensch, richte den Führern Israels aus, was ich ihnen zu sagen habe: Ihr seid gekommen, um mich zu befragen? Ich schwöre, so wahr ich lebe, dass ich euch keine Antwort gebe!«

4 Dann fragte mich der Herr: »Bist du bereit, Gericht über sie zu halten, sterblicher Mensch? Dann tu es! Erinnere sie daran, dass ihre Vorfahren ständig getan haben, was ich verabscheue! 5 Sag ihnen:

So spricht Gott, der Herr: Als ich die Israeliten zu meinem Volk erwählte, erhob ich meine Hand zum Schwur und band mich durch ein Versprechen an sie, die Nachkommen Jakobs. Während sie in Ägypten lebten, offenbarte ich mich ihnen und schwor: ›Ich bin der Herr, euer Gott. 6 Ich verspreche, euch aus Ägypten herauszuführen und in ein Land zu bringen, das ich für euch ausgesucht habe. Es ist ein Land, wo Milch und Honig fließen, weitaus schöner als alle anderen.‹ 7 Ich forderte sie auf: ›Werft eure abscheulichen Götterfiguren fort, die ihr bisher angebetet habt! Macht euch nicht schuldig, verehrt nicht die Götter Ägyptens! Denn ich, der Herr, bin euer Gott.‹

8 Aber sie lehnten sich gegen mich auf und wollten nicht auf mich hören. Kein Einziger warf die widerlichen Götzen weg, die er angebetet hatte; das ganze Volk verehrte weiterhin die anderen Götter. Da wollte ich meinen Zorn an ihnen auslassen, noch in Ägypten sollten sie ihn zu spüren bekommen. 9 Aber ich tat es nicht, denn sonst wäre mein Name bei allen Völkern ringsum in den Schmutz gezogen worden. Denn vor ihrer aller Augen hatte ich mich als der Gott Israels offenbart und geschworen, mein Volk aus Ägypten zu befreien.

10 Darum führte ich sie heraus und ließ sie in die Wüste ziehen. 11 Dort gab ich ihnen meine Gebote und Weisungen, die jedem Leben bringen, der sie befolgt. 12 Ich setzte auch den Sabbat als Ruhetag ein; er war das Zeichen meines Bundes mit ihnen. Daran sollten sie erkennen: Ich, der Herr, hatte sie als ein Volk erwählt, das mir allein gehört.

13 Aber auch dort in der Wüste lehnten sich die Israeliten gegen mich auf; sie hielten sich nicht an meine Gebote und schlugen meine Weisungen in den Wind, die doch jedem Leben bringen, der sie befolgt. Auch den Sabbat achteten sie nicht als Ruhetag. Da wollte ich meinen Zorn an ihnen auslassen und sie in der Wüste vernichten. 14 Aber ich tat es nicht, denn sonst wäre mein Name zum Gespött geworden bei allen Völkern, vor deren Augen ich die Israeliten aus Ägypten herausgeführt hatte. 15 Ich erhob jedoch meine Hand zum Schwur und sagte: ›Ich werde euch nicht in das verheißene Land führen, das reich und fruchtbar ist und weitaus schöner als alle anderen Länder. 16 Denn ihr habt meine Weisungen in den Wind geschlagen, ihr habt nicht nach meinen Geboten gelebt und den Ruhetag nicht eingehalten. Stattdessen seid ihr euren Götzen nachgelaufen und habt sie angebetet.‹

17 Doch wieder hatte ich Mitleid mit ihnen, und darum rottete ich sie dort in der Wüste nicht völlig aus. 18 Ihre Kinder warnte ich: ›Lebt nicht nach den Geboten und Ordnungen, die eure Väter aufgestellt haben! Betet ihre Götzen nicht an, denn sonst ladet ihr Schuld auf euch! 19 Ich bin doch der Herr, euer Gott. Richtet euch nach meinen Geboten, achtet auf meine Ordnungen und befolgt sie. 20 Sorgt dafür, dass der Sabbat ein heiliger Ruhetag bleibt als Zeichen für den Bund zwischen mir und euch. Dieser Tag soll euch daran erinnern, dass ich der Herr, euer Gott, bin.‹

21 Doch auch die Kinder lehnten sich gegen mich auf. Sie hielten sich nicht an

---

20,3 14,3–4 **20,4** 22,2; 23,36 **20,5–6** 2 Mo 3,7–8; 6,2–8 **20,7** Jos 24,14.23 **20,9** 20,14.22.44; 2 Mo 32,11–14 **20,11** 3 Mo 18,5 **20,12** 2 Mo 20,8–11* **20,13** 2 Mo 16,27–29; 32,10 **20,14** 20,9 **20,15** 4 Mo 14,30

meine Gebote, sie schlugen meine Wei-
sungen in den Wind, die jedem Leben
bringen, der sie befolgt. Auch den Sabbat
achteten sie nicht als heiligen Tag. Da
wollte ich meinen Zorn endgültig an
ihnen auslassen und sie in der Wüste ver-
nichten. 22 Aber wieder hielt ich mich zu-
rück und tat es nicht, denn sonst wäre
mein Name zum Gespött geworden bei
allen Völkern, vor deren Augen ich die
Israeliten aus Ägypten herausgeführt
hatte. 23 Ich erhob jedoch meine Hand
zum Schwur und sagte: ›Ich werde euch
unter die Völker zerstreuen und in frem-
de Länder vertreiben. 24 Denn ihr habt
nicht nach meinen Ordnungen gelebt,
ihr habt meine Gebote missachtet und
den Ruhetag nicht eingehalten. Stattdes-
sen habt ihr die Götzen angebetet, die
schon eure Vorfahren verehrten.‹

25 Dann gab ich ihnen Gebote, die nicht
gut waren, und Ordnungen, die kein Le-
ben bringen. 26 Ich sorgte dafür, dass sie
ihre ältesten Söhne als Opfer verbrann-
ten und so große Schuld auf sich luden.
Ich hoffte, sie würden erschrecken und
erkennen, dass ich der Herr bin.«

27 Weiter sprach der Herr zu mir:
»Sterblicher Mensch, richte dem Volk Is-
rael noch etwas aus! Sag ihnen: Eure Vor-
fahren haben mich, den Herrn, verhöhnt
und sind mir untreu geworden: 28 Ich hatte
geschworen, ihnen das Land zu geben.
Doch als ich sie dorthin geführt hatte, be-
gannen sie, auf jedem Hügel und unter je-
dem dicht belaubten Baum ihren Götzen
zu opfern. Sie reizten mich mit ihren wi-
derlichen Opfergaben, sie verbrannten
Tiere, um die Götzen für sich zu gewin-
nen, und gossen für sie Wein als Trank-
opfer aus. 29 Ich stellte sie zur Rede: ›Was
sind das für Hügel, auf die ihr da lauft, um
euren Götzen zu opfern?‹ Darum heißen
diese Orte bis heute ›Opferhügel‹.

30 Ich, der Herr, frage euch Israeliten:
Wollt ihr die gleiche Schuld auf euch la-
den wie eure Vorfahren, die mir die
Treue brachen und sich mit anderen Göt-
tern einließen? 31 Wenn ihr anderen Göt-
tern Opfer bringt und für sie eure Kinder
verbrennt, dann ladet ihr bis zum heuti-
gen Tag Schuld auf euch. Und da sollte
ich mich von euch befragen lassen, ihr
vom Volk Israel? Ich, der Herr, schwöre,
so wahr ich lebe: Von mir bekommt ihr
keine Antwort!«

Gott bringt sein Volk wieder zurück

32 »Was habt ihr euch da ausgedacht? Ihr
habt gesagt: ›Wir wollen wie die anderen
Völker sein, die Holzstatuen und Stein-
säulen anbeten!‹ Doch das wird niemals
geschehen! 33/34 Ich, der Herr, schwöre, so
wahr ich lebe: Mit starker Hand und mit
erhobenem Arm werde ich über euch
herrschen und meinen Zorn an euch aus-
lassen. Ich zeige euch meine Macht,
wenn ich euch aus allen Ländern heraus-
hole, in die ihr zerstreut wurdet. 35 Ich
bringe euch in die Wüste der Völker,
und dort trete ich euch von Angesicht zu
Angesicht gegenüber, um euch zu rich-
ten. 36 Wie ich euren Vorfahren in der
Wüste Ägyptens das Urteil gesprochen
habe, so werde ich auch euch verurteilen.
Darauf könnt ihr euch verlassen! 37 Ich
sorge dafür, dass ihr euch an den Bund
haltet, den ich mit euch geschlossen habe.
Wie ein Hirte die Schafe unter seinem
Stab hindurchziehen lässt, um sie zu zäh-
len und aufzuteilen, so gehe ich mit euch
um: 38 Alle, die sich gegen mich auf-
gelehnt und mir die Treue gebrochen ha-
ben, sondere ich aus. Zwar führe ich auch
sie heraus aus den fremden Ländern, in
denen sie leben mussten, aber nach Israel
werden sie nicht zurückkommen. Dann
werdet ihr erkennen, dass ich der Herr
bin.

39 Ich sage euch Israeliten: Dient doch
euren Götzen, wenn ihr unbedingt wollt!
Aber nachher werdet ihr ganz sicher auf
mich hören und meinen heiligen Namen
nicht mehr in den Schmutz ziehen durch
die Opfer, die ihr euren Götzen bringt!

20,22 20,9 **20,23** 3 Mo 26,33; 5 Mo 28,63–64 **20,28** 5 Mo 12,2–3* **20,31** 14,3–4 **20,32** 2 Mo 23,24
20,36 4 Mo 14,22–25 **20,37** 3 Mo 27,32–33

40 Denn in Israel, auf meinem heiligen
Berg Zion, werdet ihr alle mir dienen.
Ich werde euch wieder annehmen und
von euch fordern, dass ihr mir eure Opfer
darbringt, mit den besten eurer Früchte
und allen anderen Gaben, die mir ge-
weiht sind. 41 Wenn ich euch aus den
Ländern herausgeführt habe, in die ihr
zerstreut wurdet, und ihr in Israel ver-
sammelt seid, dann bringt ihr mir Brand-
opfer dar, und ich nehme euch wieder in
Liebe als mein Volk an. So sollen alle
Völker sehen, dass ich der heilige Gott
bin. 42 Auch ihr werdet erkennen, dass
ich der Herr bin, wenn ich euch nach Is-
rael zurückbringe, in das Land, das ich
euren Vorfahren mit einem Eid verspro-
chen habe. 43 Dort erinnert ihr euch an al-
le Schuld, die ihr auf euch geladen habt.
Wegen eurer widerlichen Taten werdet
ihr euch selbst verabscheuen. 44 Ich will
euch wieder annehmen und euch nicht
strafen, wie ihr es für eure Sünden ver-
dient hättet. Dies tue ich, damit mein Na-
me geehrt wird. Ihr sollt erkennen, dass
ich der Herr bin. Mein Wort gilt!«

Das Gleichnis vom Waldbrand

21 Der Herr sprach zu mir: 2 »Sterb-
licher Mensch, blick nach Süden,
und kündige dem Wald im Süden mein
Gericht an! 3 Sag zu ihm: So spricht Gott,
der Herr: Hör, was ich dir androhe! Ich
werde in dir ein Feuer ausbrechen lassen,
das jeden Baum verzehrt, den grünen wie
den abgestorbenen. Seine lodernden
Flammen werden nicht verlöschen. Das
Feuer soll vom Süden bis zum Norden
brennen und die Gesichter aller Men-
schen versengen, die dort leben. 4 Dann
wird jeder erkennen, dass ich, der Herr,
das Feuer entzündet habe. Nie wird es ver-
löschen.« 5 Da entgegnete ich: »Ach Herr,
mein Gott, muss ich das tun? Hier sagt so-
wieso schon jeder von mir: ›Er redet nur in
unverständlichen Gleichnissen!‹«

Das Schwert des Herrn ist geschärft!

6 Der Herr sprach zu mir: 7 »Sterblicher
Mensch, blick in Richtung Jerusalem,
und kündige dem Tempel dort mein Ge-
richt an! Sag zum Land Israel: 8/9 So
spricht der Herr: Nun ist es mit meiner
Geduld vorbei! Ich ziehe mein Schwert
und vernichte alle deine Bewohner, die
Guten wie die Bösen. Alle Menschen,
vom Norden bis zum Süden, wird mein
Schwert treffen! 10 Jeder soll sehen, dass
ich, der Herr, mein Schwert gezogen ha-
be, und ich werde es so schnell nicht wie-
der wegstecken!

11 Und du, sterblicher Mensch, stöhne,
dass die Israeliten es hören, stöhne voller
Verzweiflung, als würde dir das Herz bre-
chen! 12 Wenn sie dich fragen: ›Warum
stöhnst du?‹, dann antworte ihnen: ›Ich
habe eine schlechte Nachricht. Wer sie
hört, vergeht vor Angst, wie gelähmt lässt
er die Hände sinken, sein Atem stockt,
und die Knie schlottern[a]. Die Zeit ist ge-
kommen, das Unglück bricht über euch
herein. Darauf gibt euch Gott, der Herr,
sein Wort.‹«

13 Wieder sprach der Herr zu mir:
14 »Sterblicher Mensch, verkünde dem
Volk meine Botschaft. Sag ihnen: So
spricht der Herr:

Das Schwert wird gewetzt, das Schwert
wird poliert, 15/16 zum Morden geschärft,
seine Klinge blitzt. Das Schwert ist ge-
schliffen, nun packt es die Faust. Seine
Klinge ist scharf, nun gebt es dem Hen-
ker!

Mein Volk hat keinen Grund zur Freude,
denn es missachtet jede Warnung und je-
de Strafe.[b] 17/18 Ich, der Herr, habe die Is-
raeliten geprüft. Jede Warnung schlugen
sie in den Wind, darum wird meine Strafe
sie nun treffen.

Und du, sterblicher Mensch, schrei und
brich in lautes Klagen aus! Schlag die

---

a Wörtlich: triefen von Wasser.
b Der Satz ist im hebräischen Text nicht sicher zu deuten.
20,40 45,18 – 46,15 **20,43** 6,9; 16,61–63 **20,44** 20,9 **21,12** 7,17

Hände an die Brust als Zeichen deiner
Trauer! Denn das Schwert wird unter
meinem Volk wüten und alle seine Mäch-
tigen treffen. Die Herrscher werden nie-
dergestochen, sie und mein ganzes Volk.
19 Und nun, sterblicher Mensch, schlag
voller Zorn die Hände zusammen, und
droh dem Volk mein Gericht an:

Das Schwert sticht zu mit doppelter
Wucht, ja, dreifach schlägt es zu.[a] Diese
Waffe bringt den Tod, alle werden von ihr
durchbohrt.
20 In den Toren Jerusalems liegen die
Gefallenen, Angst und Schrecken breiten
sich aus. Unzählige sterben unter meinem
Schwert, zum Morden ist es geschärft,
seine Klinge blitzt.
21 Stich zu, du Schwert, lass jeden deine
Klinge spüren! Stich zu – nach links, nach
rechts,[b] so wie die Hand dich gerade
führt!

22 Und auch ich, der Herr, werde die Hän-
de zusammenschlagen und meinen Zorn
an Israel auslassen. Darauf gebe ich mein
Wort.«

Das Schwert der Babylonier trifft Jerusalem

23 Der Herr befahl mir: 24 »Sterblicher
Mensch, zeichne die beiden Wege, auf
denen der König von Babylonien mit
seinem Heer in den Krieg ziehen kann!
Beide sollen in ein und demselben Land
beginnen. Dort, wo sie sich teilen, stell
zwei Wegweiser auf, die zu je einer Stadt
führen: 25 der eine zur Ammoniterstadt
Rabba, der andere nach Jerusalem, der
befestigten Stadt in Juda.

So zeigst du die Richtung an, die der
babylonische König mit seinen Truppen
einschlagen kann. 26 Denn er wird dort
Halt machen, wo diese beiden Wege be-
ginnen. Um zu wissen, welchen er wäh-
len soll, lässt er das Losorakel entschei-
den. Er befragt seine Götter und schaut,
welche Form die Leber eines Opfertieres
hat. Er schüttelt die Pfeile in seinem Kö-
cher, 27 holt mit der rechten Hand einen
heraus und sieht, dass er die Aufschrift
›Jerusalem‹ trägt. Darum zieht er mit
seinen Soldaten nach Jerusalem, und
dort stimmen sie ein lautes Kriegs-
geschrei an. Sie schütten einen Belage-
rungswall auf, bauen Angriffsrampen
rings um die Mauern und rennen gegen
die Tore mit Rammböcken an. 28 Die
Menschen in Jerusalem glauben nicht,
dass diese Orakelentscheidung richtig
sein kann, denn sie haben dem babylo-
nischen König einen Treueeid geschwo-
ren. Doch er bringt nun ihre ganze
Schuld ans Licht und nimmt sie gefan-
gen.

29 Ich, der Herr, sage euch Israeliten: In
aller Öffentlichkeit begeht ihr eure Ver-
brechen, eure Auflehnung gegen mich ist
allgemein bekannt. Ihr selbst sorgt dafür,
dass eure Schuld nicht vergessen wird!
Darum gebe ich euch jetzt in die Gewalt
eurer Feinde, und sie werden grausam
mit euch umgehen.

30 Du gottloser Herrscher von Israel,
dem nichts heilig ist, jetzt ist die Zeit für
die endgültige Abrechnung gekommen!
31 Ich, der Herr, sage dir: Weg mit deinem
Stirnband, weg mit deiner Krone! Nichts
bleibt, wie es ist: Der Mächtige wird ge-
stürzt, der Machtlose erhöht.

32 Zur Ruine mache ich Jerusalem, ja,
ich lege es in Trümmer. Doch dies wird
nicht eher geschehen, bis der kommt,
den ich dazu beauftragt habe. Ihm werde
ich das Gericht übergeben.[c]«

---

[a] So mit der lateinischen Übersetzung. Der hebräische Text lautet: Das Schwert verdoppelt sich, sein Drittel.
[b] So mit der griechischen Übersetzung. Der hebräische Text ist nicht sicher zu deuten.
[c] Oder: … ja, ich lege es in Trümmer. Es wird nicht eher wieder aufgebaut, bis der kommt, dem diese Stadt rechtmäßig gehört. Ihm werde ich sie geben.
21,27 4,2; 2 Kön 25,1 **21,28** 17,11–19 **21,31** 17,24

Das Schwert trifft die Ammoniter

33 Weiter sprach der Herr zu mir: »Sterblicher Mensch, kündige den Ammonitern mein Gericht an, denn sie verhöhnen Israel. Richte ihnen diese Botschaft aus:

Zum Schlachten ist das Schwert gezückt, zum Töten hat man es poliert. Nun wird es treffen wie ein Blitz.

34 Falsche Propheten erzählen euch nichts als Lügen; sie verkünden Visionen von eurer Rettung. Doch das Schwert ist euch schon an den Hals gelegt – ihr Verbrecher seid dem Tod geweiht! Jetzt ist die Zeit für die endgültige Abrechnung gekommen.

35 Doch dann, König von Babylonien, steck das Schwert wieder in die Scheide! Auch dich werde ich richten, ich strafe dich in deinem eigenen Land, wo du geboren wurdest und zu Hause bist. 36 Meinen Zorn lasse ich an dir aus, er wird dich verzehren wie ein Feuer. Ich gebe dich in die Gewalt grausamer Menschen, die Tod und Verderben bringen. 37 Im Feuer lasse ich dich umkommen, in deinem eigenen Land wird dein Blut fließen, und nichts wird mehr an dich erinnern. Das schwöre ich, der Herr.«

Jerusalem, die Stadt voller Bluttaten

22 Der Herr sprach zu mir: 2 »Sterblicher Mensch, bist du bereit, ein Urteil zu sprechen über die Stadt voller Bluttaten? Halte ihr all die abscheulichen Verbrechen vor Augen, 3 und sag:

So spricht Gott, der Herr: Jerusalem, dein Untergang ist nahe, du selbst hast ihn verschuldet! Mitten in der Stadt ist das Blut deiner Einwohner vergossen worden, du hast dir deine eigenen Götter geschaffen und sie angebetet. 4 Mit deinen blutigen Verbrechen und deinem Götzendienst hast du Schuld auf dich geladen. Du hast das Gericht selbst herbeigeführt – dein Ende ist nahe! Ich sorge dafür, dass du von allen Völkern verachtet wirst, ich gebe dich dem Spott anderer Länder preis. 5 Jeder, ob nah oder fern, verhöhnt dich, dein ehemals hochangesehener Name ist beschmutzt, deine Bestürzung ist groß.

6 Sieh doch, wie alle deine führenden Männer ihre Macht dazu benutzen, Blut zu vergießen! 7 Deine Einwohner verachten Vater und Mutter. Sie beuten die Ausländer aus und unterdrücken die schutzlosen Witwen und Waisen. 8 Alles, was mir heilig ist, wird in den Schmutz gezogen, und auch den Sabbat achtet ihr nicht als heiligen Tag.

9 Ihr verleumdet andere, damit sie hingerichtet werden. Auf den Bergen haltet ihr Opfermahlzeiten für eure Götter. Schlimme Schandtaten werden bei euch verübt: 10 Der eine schläft mit der Frau seines Vaters, ein anderer verkehrt mit einer Frau, während sie ihre Tage hat. 11 Man scheut sich nicht, mit der Frau eines anderen ins Bett zu gehen; man lässt sich mit seiner Schwiegertochter ein und macht sich nichts daraus, mit der eigenen Halbschwester zu schlafen. 12 Ihr nehmt Bestechungsgelder an und sprecht dann falsche Todesurteile. Ihr fordert Wucherzinsen und erpresst andere Menschen. Mich aber, den Herrn, habt ihr vergessen.

13 Darum drohe ich euch mit erhobener Faust,[a] ich strafe euch für Mord und Betrug. 14 Meint ihr wirklich, ihr könntet mir standhalten? Bildet ihr euch ein, ihr würdet nicht den Mut verlieren, wenn ich mit euch abrechne? Ich, der Herr, habe gesagt, dass ich euch richten werde, und ich stehe zu meinem Wort! 15 Ich zerstreue euch unter die Völker, ich bringe euch in fremde Länder, um so eurem gottlosen Treiben ein Ende zu setzen! 16 Die ande-

---

[a] *Wörtlich: Ich schlage meine Hände zusammen.*

21,33–34 Jer 49,1–6* **21,35–37** Hab 2,6–20 **22,2** 20,4; 23,36 **22,2–4** 9,9; 2 Kön 21,16; Nah 3,1 **22,5** 5,14–15 **22,6** 2 Mo 20,13* **22,7** 2 Mo 20,12*; 22,20*.21–22* **22,8** 20,13; 22,26; 2 Mo 20,8–11* **22,9** 3 Mo 19,16; 1 Kön 21,9–16 **22,10** 3 Mo 18,7–8.19 **22,11** 3 Mo 18,20.15.11 **22,12** 2 Mo 23,7–8; 3 Mo 25,36–37

ren Völker werden euch deswegen verachten, und das habt ihr euch selbst zuzuschreiben. Ihr sollt erkennen, dass ich der Herr bin.«

Die Israeliten – wertlose Schlacke im Schmelzofen

[17] Wieder sprach der Herr zu mir: [18] »Sterblicher Mensch, in meinen Augen gleichen die Israeliten dem wertlosen Abfall, der übrig bleibt, wenn Silber im Schmelztiegel gereinigt wird. Sie sind nichts als Schlacken aus Kupfer und Zinn, aus Eisen und Blei. [19] Ich, der Herr, sage ihnen: Ihr seid die Schlacke, die beim Schmelzen zurückbleibt. Darum mache ich mit euch das einzig Richtige: Ich sammle euch in Jerusalem [20] und werfe euch ins Feuer! So wie man einen Metallklumpen aus Silber, Kupfer, Eisen, Blei und Zinn in den glühenden Tiegel wirft, damit alles zusammen zerschmilzt, so sammle ich euch voller Zorn; ich werfe euch ins Feuer und bringe euch zum Schmelzen. [21/22] Ja, ich will euch sammeln und meinen Zorn an euch auslassen. Ihr sollt seine Glut zu spüren bekommen und darin zerschmelzen wie Silber im Ofen. Dann werdet ihr erkennen, dass ich, der Herr, euch im Zorn gestraft habe.«

Das ganze Volk ist schuldig!

[23] Der Herr befahl mir: [24] »Sterblicher Mensch, richte dem Volk Israel diese Botschaft aus: Ihr habt so viel Schuld auf euch geladen und mich so zornig gemacht, dass ich auf euer Land keinen Regen mehr fallen ließ.

[25] Eure führenden Männer[a] sind wie brüllende, blutgierige Löwen. Sie fallen über die Menschen her, reißen Geld und Gut an sich und machen viele Frauen im Land zu Witwen.

[26] Die Priester legen mein Gesetz aus, wie es ihnen gerade passt. Was ich für heilig erklärt habe, das ziehen sie in den Schmutz. Sie machen keinen Unterschied zwischen heilig und nicht heilig und erklären dem Volk nicht, was rein und was unrein ist. Vom Sabbat, den ich ihnen gegeben habe, wollen sie nichts wissen. Sie sind schuld daran, dass niemand mehr Ehrfurcht vor mir hat.

[27] Die Richter sind wie hungrige Wölfe. Sie vergießen Blut und richten aus Habgier Menschenleben zugrunde.

[28] Und was sagen deine Propheten dazu? Sie beschönigen diese üblen Machenschaften, so wie ein Maler eine hässliche Wand mit weißer Tünche überstreicht. Sie reden von Visionen, die sie gar nicht gesehen haben, und verkünden nichts als Lügen! Sie sagen: ›So spricht der Herr!‹, obwohl ich ihnen gar keine Botschaft mitgeteilt habe.

[29] Auch die einfachen Leute verstehen sich auf Raub und Erpressung. Sie beuten die Armen und Schwachen aus, übervorteilen die Ausländer und tun ihnen Gewalt an.

[30] Ich suchte einen Mann, der für das Land einen Schutzwall baut und die Lücken in den Mauern ausbessert, damit es gewappnet ist, wenn ich es zerstören will. Doch ich fand keinen. [31] Darum lasse ich euch meinen Zorn spüren, er wird euch vernichten wie ein Feuer. Das habt ihr euch selbst zuzuschreiben – ihr bekommt, was ihr verdient. Darauf gebe ich, der Herr, mein Wort.«

Ohola und Oholiba, die schamlosen Schwestern

23 Der Herr sprach zu mir: [2] »Sterblicher Mensch, höre die Geschichte von zwei Frauen, Töchter derselben Mutter. [3] Schon in ihrer Jugend, als sie noch in Ägypten lebten, ließen sie sich mit vielen Männern ein, die ihnen ihre

---

[a] So mit der griechischen Übersetzung. Der hebräische Text lautet: Die Verschwörung der Propheten.

22,17–22 Jes 1,21–26; Jer 9,6 **22,18** Jer 6,29–30 **22,24** Jer 14,2–6 **22,25–28** Zef 3,3–4 **22,25** 34,2–4 **22,26** 44,23; 3 Mo 10,10–11 **22,28** 13,1–7.10 **22,30** 13,5 **22,31** 7,2–4 **23,3** 20,8

Unschuld nahmen und ihre jungen Brüs-
te streichelten. 4 Die ältere heißt Ohola
und die jüngere Oholiba. Ohola ist Sama-
ria, Oholiba ist Jerusalem. Sie wurden
meine Frauen und brachten Söhne und
Töchter zur Welt.

5 Doch hinter meinem Rücken wurde
Ohola mir untreu. Sie warf sich ihren
Liebhabern an den Hals, den kriegeri-
schen Assyrern, 6 die sich in Purpur klei-
deten und angesehene Statthalter und
Befehlshaber waren. Alle waren schöne
junge Männer, gute Reiter hoch zu Ross.
7 Mit den Söhnen der angesehensten Fa-
milien Assyriens betrog sie mich und lud
große Schuld auf sich, weil sie deren Göt-
zen verehrte. 8 Auch die Ägypter wollte
sie nicht aufgeben, die schon in ihrer Ju-
gend mit ihr geschlafen und ihre jungen
Brüste gestreichelt hatten.

9 Darum gab ich sie in die Gewalt ihrer
assyrischen Liebhaber, die sie ja unbe-
dingt haben wollte! 10 Sie vollstreckten
das Urteil an ihr: Sie zogen ihr das Kleid
hoch, dass alle ihren nackten Körper se-
hen konnten, nahmen ihr die Söhne und
Töchter weg und töteten sie selbst mit
dem Schwert. So wurde sie zum warnen-
den Beispiel für alle Frauen.

11 Ihre Schwester Oholiba hatte alles
mit angesehen, und trotzdem trieb sie es
noch schlimmer. Ihre Schamlosigkeit
übertraf die ihrer Schwester bei weitem.
12 Auch sie warf sich den Assyrern an den
Hals, den prächtig gekleideten Statthal-
tern und Befehlshabern, allesamt schöne
junge Männer, gute Reiter hoch zu Ross.
13 Ich sah, dass auch sie große Schuld auf
sich lud; darin waren beide Schwestern
gleich.

14 Aber Oholiba trieb es noch schlim-
mer: Sie sah Bilder von Babyloniern, mit
roter Farbe an die Wand gemalt. 15 Um
ihre Hüften trugen sie einen Lenden-
schurz, ihren Kopf bedeckte ein wehen-
der Turban. Es waren hervorragende
Soldaten aus Babylonien, dem Land der
Chaldäer. 16 Beim Anblick dieser Bilder
packte Oholiba die Gier, und sie schickte
Boten nach Babylon. 17 Da kamen die Ba-
bylonier zu ihrem Liebesnest, sie schlie-
fen mit ihr und machten sie dadurch un-
rein. Oholiba aber wandte sich sofort
wieder von ihnen ab, nachdem sie ihre
Gier befriedigt hatte. 18 In aller Öffent-
lichkeit beging sie Ehebruch und zeigte
ihren nackten Körper jedem, der ihn se-
hen wollte.

Darum trennte ich mich von ihr, so wie
ich es auch bei ihrer Schwester getan hat-
te. 19 Sie aber trieb es nur noch schlimmer,
sie dachte zurück an ihre Jugend, als sie
sich mit den Ägyptern eingelassen hatte.
20 Wieder packte sie die Gier nach ihren
früheren Liebhabern, deren Glied so
groß war wie das eines Esels und die so
brünstig waren wie ein Hengst. 21 Ja, sie
sehnte sich danach, wieder mit ihnen zu
schlafen wie in ihrer Jugend, als die
Ägypter ihre jungen Brüste streichelten.

22 Darum höre, Oholiba, was ich, der
Herr, dir sage: Deine früheren Lieb-
haber, die du verlassen hast, hetze ich
nun gegen dich auf. Von allen Seiten wer-
den sie auf dich einstürmen: 23 die Baby-
lonier und Chaldäer, Männer von den
Stämmen Pekod, Schoa und Koa, und
mit ihnen die Assyrer. Es sind schöne
junge Männer, Statthalter und Befehls-
haber, die besten Soldaten und angese-
hensten Leute im Volk, gute Reiter hoch
zu Ross. 24 In Scharen fallen sie über dich
her; ein Heer aus vielen Völkern stürmt
auf Kriegswagen heran. Sie umstellen
dich, bewaffnet mit Langschilden, Rund-
schilden und Helmen. Ich liefere dich
ihrem Gericht aus, und sie werden dich
nach ihren Gesetzen verurteilen. 25 Weil
ich eifersüchtig und zornig bin, sorge ich
dafür, dass sie ihren Zorn an dir auslas-
sen: Deine Nase und deine Ohren schnei-
den sie dir ab, und deine Nachkommen
töten sie mit dem Schwert. Ja, alle deine
Söhne und Töchter nehmen sie dir weg,

23,5 Hos 5,13; 8,9 **23,7–8** 2 Kön 17,4; Hos 7,11; 12,2 **23,9–10** 2 Kön 17,5–6 **23,11** 16,51; Jer 3,11 **23,12–13** 2 Kön 16,7–18 **23,14–18** 2 Kön 20,12–18 **23,19–21** 17,15; 2 Kön 24,1.20; Jer 37,3–7 **23,22–26** 2 Kön 25,1–12

und dein ganzer Besitz wird ein Raub der
Flammen. 26 Sie reißen dir die Kleider
vom Leib und nehmen deinen kostbaren
Schmuck weg.
27 So mache ich deinem abscheulichen
Tun und deiner Hurerei, die du schon in
Ägypten getrieben hast, ein Ende. Dann
wirst du nicht mehr nach den Ägyptern
Ausschau halten – ja, du wirst nicht ein-
mal mehr an sie denken. 28 Denn ich, der
Herr, liefere dich deinen Liebhabern aus,
von denen du dich voller Hass abge-
wandt hast. 29 Hasserfüllt werden sie nun
über dich herfallen und alles an sich rei-
ßen, was du dir mühsam erworben hast.
Dann lassen sie dich nackt zurück, dass
jeder deinen Körper sehen kann. Weil
du es so schlimm getrieben und ständig
die Ehe gebrochen hast, 30 wird dies dei-
ne gerechte Strafe sein. Ja, anderen Völ-
kern bist du nachgelaufen, ihre Götter
hast du angebetet und so große Schuld
auf dich geladen.
31 Du bist dem schlechten Beispiel dei-
ner Schwester gefolgt, darum gebe ich dir
denselben Becher in die Hand, den sie
trinken musste. 32 Ich, der Herr, kündige
dir an:

Gelächter und Spott wird dich treffen,
den Becher deiner Schwester musst du
leeren. Viel passt dort hinein, denn er ist
tief und breit.
33 Er macht bekümmert und betrunken,
der Becher voll Angst und Zerstörung,
den schon deine Schwester Samaria trin-
ken musste.
34 Bis zur Neige trinke ihn, ja, schlürfe ihn
aus bis zum letzten bitteren Tropfen. Und
mit seinen Scherben zerkratze deine
Brüste!

Ich, der Herr, fordere dich dazu auf. 35 Du
hast mich vergessen und mir den Rücken
gekehrt, darum musst du nun auch die
Folgen deines Ehebruchs tragen!«
36 Weiter sprach der Herr zu mir:
»Sterblicher Mensch, bist du bereit, über
Ohola und Oholiba Gericht zu halten?
Dann tu es! Erinnere sie an all die ab-
scheulichen Dinge, die sie getrieben ha-
ben! 37 Ehebruch und Mord werfe ich
ihnen vor: Sie haben mich mit ihren Göt-
zen betrogen und für sie die Kinder ver-
brannt, die sie mir geboren hatten.
38 Aber das genügte ihnen noch nicht:
Meinen Tempel haben sie entweiht und
den Sabbat nicht als heiligen Tag geach-
tet. 39 Wenn sie ihre Kinder für die Göt-
zen geschlachtet hatten, gingen sie noch
am selben Tag in meinen Tempel und
entweihten ihn dadurch. Ja, so trieben
sie es in meinem Heiligtum!
40 Klag die beiden weiter an: Immer
wieder habt ihr Boten in die Ferne ge-
schickt, um Männer anzulocken, die
dann gerne kamen. Für sie habt ihr euch
herausgeputzt: Ihr habt ein Bad genom-
men, die Augen geschminkt und euch
mit Schmuck behängt. 41 Dann habt ihr
euch auf euer prunkvolles Bett gesetzt.
Einen Tisch mit Weihrauch und duften-
dem Öl habt ihr vor euch aufgebaut, ob-
wohl doch beides mir gehören sollte.
42 Ihr umgabt euch mit einer lärmenden,
ausgelassenen Menge; laut zechten die
unzähligen Männer, die aus der Wüste
zu euch gekommen waren. Sie streiften
euch Armreife über die Hände und setz-
ten euch prunkvolle Kronen auf den
Kopf. 43 Ich dachte: Sie sind es gewohnt,
die Ehe zu brechen, jetzt treiben sie es
schon wieder und haben auch noch Freu-
de daran.[a] 44 Die Männer gehen zu ihnen
wie zu Huren. Immer wieder laufen sie zu
Ohola und Oholiba, diesen schamlosen
Frauen.
45 Aber aufrichtige Männer werden
ihnen das Urteil sprechen, nach den
Gesetzen für Ehebrecherinnen und
Mörderinnen. Denn sie haben die Ehe
gebrochen, und an ihren Händen klebt
Blut! 46 Ich, der Herr, befehle: Eine
Menschenmenge soll sich versammeln,
sie misshandeln, ausrauben 47 und schließ-
lich steinigen und mit Schwertern zer-

---

[a] Die Verse 42 und 43 sind nicht sicher zu deuten.

23,31–34 Jer 25,15* **23,36** 20,4; 22,2 **23,37** 16,20–21 **23,38** 8,5–18 **23,45–47** 16,38–40

stückeln! Danach sollen ihre Söhne und
Töchter getötet und ihre Häuser ver-
brannt werden.
48 Ohola und Oholiba, ich mache eurer
Hurerei ein Ende! Alle Frauen in Israel
sollen gewarnt sein, damit sie nicht ge-
nauso schamlos die Ehe brechen wie ihr.
49 Man wird euch für eure Hurerei be-
strafen, und ihr müsst für die Sünden bü-
ßen, die ihr mit euren Götzen begangen
habt. Dann werdet ihr erkennen, dass ich
Gott, der Herr, bin.«

Jerusalem, ein rostiger Topf auf dem Feuer

24 Im 9. Jahr unserer Verbannung,
am 10. Tag des 10. Monats, sprach
der Herr zu mir: 2 »Sterblicher Mensch,
schreib dir das Datum des heutigen Tages
auf, denn gerade heute beginnt der König
von Babylonien mit der Belagerung Jeru-
salems! 3 Und nun erzähl dem wider-
spenstigen Volk ein Gleichnis! Sag ihnen:
So spricht Gott, der Herr:

Stell einen Topf auf die Kochstelle, und
gieß Wasser hinein!
4 Füll ihn mit dem besten Fleisch, mit Stü-
cken von Lende und Schulter, und gib
Knochen voller Mark dazu!
5 Nimm nur die besten deiner Schafe. Un-
ter dem Topf schichte Holz auf, lass die
Fleischstücke garen, zusammen mit den
besten Knochen!

6 Ich, der Herr, sage: Lass dich warnen, du
Stadt voller Bluttaten! Du bist ein Topf
mit Rost, der nicht mehr abgeht! Wahllos
wird das Fleisch aus dir herausgefischt,
Stück für Stück, nichts bleibt zurück.

7 Zum Himmel schreit das Blut, das deine
Einwohner vergossen haben, und nie-
mand in Jerusalem versuchte es zu süh-
nen.[a] 8 Ich selbst habe dafür gesorgt, dass
das Blut ungesühnt bleibt und zum Him-
mel schreit. Denn daran soll sich mein
Zorn entzünden, ich werde Rache neh-
men. 9 Ich, der Herr, sage dir:

Es wird dir schlecht ergehen, du Stadt
voller Bluttaten! Auch ich schichte einen
großen Holzstoß unter dir auf.
10 Ja, bringt große Mengen Holz herbei!
Zündet das Feuer an, kocht das Fleisch,
bis die Brühe verdampft ist[b] und die
Knochen verkohlen!
11 Stellt den leeren Topf auf das Feuer, da-
mit das Metall heiß wird und glüht, ja,
damit der ganze Rost wegschmilzt, der
ihn beschmutzt!

12 Vergebliche Mühe! Selbst im Feuer
geht der Rost nicht ab![c]
13 Jerusalem, durch dein schamloses
Treiben hast du dich unrein gemacht, und
selbst als ich dich reinigen wollte, bliebst
du lieber, wie du warst. Darum wirst du
nicht eher wieder rein werden, bis ich mei-
nen Zorn an dir ausgelassen habe! 14 Das
schwöre ich, der Herr, und ich werde es
auch tun. Ich sehe nicht länger tatenlos
zu. Keine Träne werde ich um dich vergie-
ßen, kein Mitleid mit dir haben. Ich ziehe
dich zur Rechenschaft für das, was du ge-
tan hast. Mein Wort gilt!«

Der Tod von Hesekiels Frau – ein Zeichen für Jerusalem

15 Weiter sprach der Herr zu mir:
16 »Sterblicher Mensch, ich werde dir
durch einen plötzlichen Tod wegnehmen,
was du am meisten liebst: deine Frau.
Doch du sollst nicht in lautes Klagen aus-
brechen und nicht weinen. Keine Träne
sollst du vergießen! 17 Nur heimlich darfst
du stöhnen, aber keine Totenklage für sie
halten! Lass dir deine Trauer nicht an-

---

a Wörtlich: Ihr Blut ist in ihrer Mitte. Sie hat es auf kahlen Felsen geschüttet, hat es nicht auf die Erde geschüttet, dass man es mit Erde bedecken könnte.
b So mit der griechischen Übersetzung. Der hebräische Text ist nicht sicher zu deuten.
c Der hebräische Text ist nicht sicher zu deuten.

24,1–2 2 Kön 25,1 **24,3–5** 11,3–11 **24,7** 22,3–4 **24,8** 1 Mo 4,10; Hiob 16,18 **24,11–12** Jer 6,29–30 **24,14** 5,11 **24,17** Jer 16,5–7

merken: Reiß dir nicht das Stirnband
vom Kopf, und zieh auch deine Sandalen
nicht aus! Verhüll nicht dein Gesicht, und
nimm keine Trauermahlzeit ein!«
[18]Noch am selben Abend starb meine
Frau, und am nächsten Morgen verhielt
ich mich so, wie der Herr es mir befohlen
hatte. [19]Da fragten mich die Leute: »Was
hat dein seltsames Verhalten zu bedeu-
ten? Willst du es uns nicht erklären?«
[20]Ich antwortete:
»Der Herr hat mir befohlen, [21]euch Is-
raeliten diese Botschaft weiterzugeben:
So spricht Gott, der Herr: Ihr seid stolz
auf den Schutz, den euer Tempel euch
bietet, ihr freut euch über ihn und sehnt
euch nach ihm zurück. Doch ich werde
dafür sorgen, dass er entweiht und zer-
stört wird. Eure Söhne und Töchter, die
ihr in Jerusalem zurückgelassen habt,
fallen durchs Schwert. [22]Dann werdet ihr
euch genauso verhalten wie Hesekiel.
Euer Gesicht werdet ihr nicht verhüllen
und keine Trauermahlzeit zu euch neh-
men. [23]Eure Stirnbänder und Sandalen
werdet ihr anbehalten. Kein lautes Kla-
gen und Weinen wird man von euch
hören. Vor Trauer über eure Sünden geht
ihr zugrunde, ihr könnt nur noch seufzen
und stöhnen. [24]Hesekiel ist ein Mahn-
zeichen für euch. Es wird euch genauso
gehen wie ihm. Dann werdet ihr erken-
nen, dass ich der Herr bin.«
[25]Weiter sprach der Herr zu mir:
»Sterblicher Mensch, ich werde den Is-
raeliten ihren Tempel entreißen, ihren
Zufluchtsort, der ihr ganzer Stolz und
ihre ganze Freude ist. Ja, sie freuen sich
über ihn und sehnen sich nach ihm zu-
rück. Doch ich werde ihn zerstören, und
auch ihre Söhne und Töchter lasse ich
umkommen. [26]An jenem Tag wird ein
Flüchtling, der überlebt hat, zu dir kom-
men und dir davon berichten. [27]Wenn er
bei dir eintrifft, wirst du wieder reden
können. Du wirst mit ihm sprechen und
nicht länger stumm sein. So wirst du zu
einem Mahnzeichen für die Israeliten,
damit sie erkennen, dass ich der Herr
bin.«

Die Ammoniter werden ihr Land verlieren

25 Der Herr sprach zu mir: [2]»Sterb-
licher Mensch, blick in die Rich-
tung, wo die Ammoniter leben, und kün-
dige ihnen mein Gericht an! [3]Ruf ihnen
zu:
Hört, was Gott, der Herr, euch zu sa-
gen hat: Ihr seid voller Schadenfreude
über mein entweihtes Heiligtum. Ihr ver-
höhnt Israel, weil es verwüstet wurde,
und lacht über die Judäer, die in der Ver-
bannung leben. [4]Darum gebe ich euer
Land den Stämmen aus dem Osten. Sie
werden ihre Zelte bei euch aufschlagen
und ihre Siedlungen in eurem Land er-
richten. Sie werden eure Früchte essen
und eure Milch trinken. [5]Die Stadt Rab-
ba mache ich zum Weideplatz für Kamele
und alle eure Siedlungen zum Lager für
Schafe und Ziegen. Dann werdet ihr er-
kennen, dass ich der Herr bin.
[6]Hämisch lachend habt ihr zugesehen,
wie Israel verwüstet wurde, vor Schaden-
freude habt ihr Luftsprünge gemacht und
in die Hände geklatscht. [7]Darum erhebe
ich drohend meine Hand, um euch zu
strafen. Euer Land gebe ich anderen Völ-
kern als Beute, sie werden es plündern
und verwüsten. Ich rotte euer Volk aus –
ihr sollt kein eigenes Land mehr besitzen.
Dann werdet ihr erkennen, dass ich der
Herr bin.«

Die Städte Moabs werden zerstört

[8]So spricht Gott, der Herr: »Die Moabi-
ter[a] spotten und sagen: ›Seht doch, das
Volk Israel hat den anderen Völkern
nichts voraus!‹ [9]Darum werde ich die

---

[a] So mit der griechischen Übersetzung. Der hebräische Text lautet: Die Moabiter und Seïr.

24,21 Jer 7,4 **24,24** 12,11 **24,25–27** 33,21–22 **25,1–7** Jer 49,1–6* **25,3** 36,6; Klgl 2,15–16 **25,8–11** Jes 15,1–16,14*

Berghänge der Moabiter leer fegen, indem ich die Städte dort zerstöre. Ja, im ganzen Land wird es keine einzige Siedlung mehr geben. Ich vernichte die Städte, die der Stolz der Moabiter waren: Bet-Jeschimot, Baal-Meon und Kirjatajim. [10] Ihr Land gebe ich zusammen mit dem Land der Ammoniter den Stämmen aus dem Osten. Die Ammoniter sollen bei allen Völkern vergessen sein, [11] und auch die Moabiter bekommen meine Strafe zu spüren. Dann werden sie erkennen, dass ich der Herr bin.«

Gottes Rache an den Edomitern

[12] So spricht Gott, der Herr: »Die Edomiter haben sich grausam an den Judäern gerächt und große Schuld auf sich geladen. [13] Darum erhebe ich drohend meine Hand, um die Edomiter zu strafen. Mensch und Vieh werde ich ausrotten, mit dem Schwert sollen sie niedergemetzelt werden. Von Teman bis nach Dedan mache ich das Land zu einem Trümmerfeld. [14] Ich lasse mein Volk Israel an den Edomitern Rache nehmen, damit sie meinen grimmigen Zorn zu spüren bekommen. Dann werden die Edomiter erkennen, dass ich, der Herr, mich an ihnen gerächt habe. Darauf gebe ich mein Wort.«

Die Philister werden ausgerottet

[15] So spricht Gott, der Herr: »Auch die Philister haben sich grausam an meinem Volk gerächt. Voller Hass und Verachtung wollten sie ihre Erzfeinde vernichten. [16] Darum erhebe ich drohend meine Hand, um die Philister zu strafen. Alle Stämme, die in ihrem Land leben, rotte ich aus – auch die entlang der Küste. [17] Ich werde sie hart bestrafen und mich grausam rächen. Wenn ich Rache nehme, werden sie erkennen, dass ich der Herr bin.«

Tyrus, die reiche Handelsstadt, geht unter

26 Im 11. Jahr unserer Verbannung, am 1. Tag des Monats[a], sprach der Herr zu mir: [2] »Sterblicher Mensch, die Einwohner der Handelsstadt Tyrus verhöhnen Jerusalem und rufen: ›Haha, das Tor zu den Völkern ist zerbrochen! Nun sind wir die Herren, wir werden reich und bedeutend sein, denn Jerusalem ist nur noch ein Trümmerhaufen!‹ [3] Darum sage ich, der Herr:

Jetzt rechne ich mit dir ab, Tyrus! Viele Völker lasse ich gegen dich heranrücken, unaufhaltsam wie Meereswogen. [4] Sie zerstören deine Stadtmauern und reißen deine Türme ab. Ich fege das Erdreich weg, bis nur noch der nackte Fels aus dem Meer ragt. [5] Du sollst ein unbewohnter Felsen werden, auf dem die Fischer ihre Netze zum Trocknen auslegen. Darauf gebe ich, der Herr, mein Wort. Feindliche Völker plündern dich, [6] und mit ihren Schwertern bringen sie alle Einwohner deiner Tochterstädte auf dem Festland um. Dann wirst du erkennen, dass ich der Herr bin.

[7] Ich lasse Nebukadnezar, den König von Babylonien, den größten aller Herrscher, gegen dich kämpfen. Aus dem Norden wird er dich mit einem gewaltigen Heer überfallen, mit einem großen Aufgebot an Pferden und Streitwagen. [8] Die Einwohner deiner Tochterstädte auf dem Festland tötet er mit dem Schwert. Gegen deine Mauern schüttet er einen Wall auf, er baut Angriffsrampen und errichtet Schutzdächer für sein Heer. [9] Seine Soldaten rennen mit ihren Rammböcken gegen deine Mauern an und bringen sie zum Einstürzen, deine Türme reißen sie mit eisernen Werkzeugen nieder. [10] Wenn sie auf ihren Pferden herangaloppieren, werden Staubwolken dich bedecken. Deine Mauern erzittern vom Lärm der Reiter und Streitwagen,

---

[a] Die Monatsangabe fehlt hier.

25,12–14 Jes 34,5–17* **25,12** 35,5 **25,15–17** Jes 14,28–32* **26,1 – 28,19** Jes 23,1–16* **26,2–3** 36,6 **26,7–9** 29,18 **26,7** Jer 27,6

die durch deine aufgebrochenen Tore he-
reinstürmen. 11 Die Pferde zertrampeln
den Boden in deinen Gassen, die Reiter
metzeln alle deine Einwohner mit ihren
Schwertern nieder. Die Steinsäulen, die
du verehrt hast und die dich schützen soll-
ten, versinken in den Trümmern. 12 Die
Feinde plündern deine Schätze und deine
Handelsgüter. Sie brechen deine Mauern
ab und reißen deine prächtigen Häuser
nieder. Die Steine, die Balken und den
ganzen Schutt werfen sie ins Meer. 13 Ich
sorge dafür, dass deine lauten Lieder ver-
stummen, und auch vom Harfenspiel hört
man nichts mehr. 14 Ich mache dich zu
einem kahlen Felsen, auf dem die Fischer
ihre Netze zum Trocknen auslegen. Nie
wieder sollst du aufgebaut werden! Da-
rauf gebe ich, der Herr, mein Wort, und
ich werde es halten.

15 Die Inseln erbeben, wenn du mit lau-
tem Getöse zusammenfällst. Ihre Bewoh-
ner zittern, wenn sie die Schlachtrufe der
Mörder und das Stöhnen der Sterbenden
hören. 16 Die Herrscher der Küstenvölker
steigen von ihrem Thron herunter. Sie le-
gen ihre prächtigen Mäntel und ihre bun-
ten Gewänder ab. Der Schreck lässt sie
nicht los, sie kauern voller Entsetzen auf
der Erde und hören nicht mehr auf zu zit-
tern. 17 Dann stimmen sie ein Klagelied
über dich an und singen:

›Ach, nun liegst du in Trümmern, Festung
an der Küste, ruhmreiche Stadt! Das
Meer gehörte dir, deine Nachbarn muss-
ten sich vor dir fürchten.
18 Auf den Inseln ringsum herrscht Ent-
setzen, alle zittern vor Schreck über dein
grausames Ende.‹

19 Ich, der Herr, kündige dir an: Ich lege
dich in Trümmer, es soll dir nicht besser
gehen als anderen Städten, die zerstört
und verlassen sind. Aus den Tiefen der
Meere lasse ich Wasser heraufsteigen,
und die Fluten werden dich bedecken.
20 Ich stoße dich hinunter zu denen, die
ins Grab gesunken sind, zu den Völkern,
die in grauer Vorzeit lebten. In den Tie-
fen unter der Erde musst du hausen, mit-
ten in den Ruinen aus längst vergangener
Zeit. Dort im Totenreich sollst du blei-
ben. Denn nie wieder wirst du bewohnt
sein, nie wieder Macht besitzen[a] in der
Welt der Lebenden. 21 Ja, ich bereite dir
ein schreckliches Ende. Es wird dich
nicht mehr geben, und wer dich sucht,
wird dich nie wieder finden. Darauf gebe
ich, der Herr, mein Wort.«

Ein Klagelied über den Untergang von Tyrus

27 Der Herr sprach zu mir: 2 »Sterb-
licher Mensch, stimm ein Klage-
lied über Tyrus an! 3 Sag zu der Stadt, die
den Zugang zum Meer beherrscht und
mit vielen Küstenvölkern Handel treibt:

So spricht der Herr: Tyrus, du behaup-
test, ein Schiff von vollendeter Schönheit
zu sein. 4 Das Meer ist dein Zuhause, und
die Schiffsbauer haben dich schön ge-
staltet: 5 Deine Planken bauten sie mit
Wacholderholz vom Hermon, den Mast
fertigten sie aus Zedern vom Libanon
an. 6 Für deine Ruder nahmen sie Eichen
aus Baschan, das Deck bauten sie mit Zy-
pressenholz aus Zypern und verkleideten
es mit Elfenbein. 7 Aus Ägypten kam das
Leinen für die Segel, die bunten Farben
leuchteten weithin. Für das Sonnensegel
wurde violetter und roter Purpur aus Eli-
scha verwendet.

8 Die Bewohner von Sidon und Arwad
waren deine Ruderer, weise Männer aus
deiner Mitte arbeiteten als Matrosen.
9 Wenn man ein Leck fand, besserten es
die Ältesten und Weisen aus Byblos aus.
In deinem Hafen lagen Schiffe aus vielen
Meeren; in den Straßen versammelten
sich die Seeleute, um Handel zu treiben.
10 Söldner aus Persien, Lydien und Libyen
dienten in deinem Heer, ihre Schilde und
Helme verliehen dir Glanz. 11 Männer aus
Arwad verteidigten deine Mauern zu-

---

a So mit der griechischen Übersetzung. Der hebräische Text ist nicht sicher zu deuten.

26,20 32,17–32 **27,2** 26,17; 28,12; 32,2 **27,3** 28,17

sammen mit deinen Soldaten, und Gam-
maditer bewachten deine Türme; ihre
Schilde hängten sie ringsum an deinen
Mauern auf. So war deine Schönheit voll-
kommen.
12 Du warst eine reiche Stadt; viele Gü-
ter konnte man bei dir kaufen. Tarsis bot
dir dafür Silber, Eisen, Zinn und Blei.
13 Händler aus Griechenland, aus Tubal
und Meschech kauften bei dir und brach-
ten dir dafür Sklaven und Gegenstände
aus Kupfer. 14 Die Bewohner von Bet-To-
garma tauschten deine Waren gegen Zug-
pferde, Reitpferde und Maultiere. 15 Die
Kaufleute von Rhodos[a] und vielen ande-
ren Inseln brachten dir Elefantenzähne
und Ebenholz. 16 Die Edomiter[b] kauften
viele deiner reichen Güter und gaben dir
dafür roten Purpur, bunte Stoffe, feines
Leinen und Edelsteine. 17 Juda und Israel
tauschten deine Waren gegen Weizen,
Hirse, Honig, Öl und duftendes Harz.
18 Die Bewohner von Damaskus boten
dir Wein aus Helbon und Wolle aus Za-
har und bekamen dafür zahlreiche Schät-
ze aus deinem großen Besitz. 19 Die Leute
von Wedan und Jawan aus dem Gebiet
von Usal gaben dir Gegenstände aus Ei-
sen sowie Zimt und andere Gewürze.
20 Dedan tauschte deine Waren gegen Sat-
teldecken ein. 21 Die Fürsten von Arabien
und Kedar gaben dir Lämmer, Schaf- und
Ziegenböcke. 22 Die Kaufleute von Saba
und Ragma brachten dir die besten Bal-
samöle, allerlei Edelsteine und Gold.
23 Haran, Kanne, Eden, die Händler von
Saba, Assyrien und ganz Medien – sie al-
le trieben Handel mit dir. 24 Prächtige Ge-
wänder boten sie dir, Mäntel aus violet-
tem Purpur, bunte Stoffe, mehrfarbige
Teppiche und gedrehte, feste Seile. 25 Die
Handelsschiffe von Tarsis kamen in gro-
ßen Flotten zu dir und brachten deine
Waren überallhin. So wurdest du immer
reicher – ein wunderschönes Schiff mit-
ten im Meer. 26 Deine Ruderer fuhren
mit dir über das Wasser.
Doch es dauert nicht mehr lange, da
wirst du mitten auf dem Meer vom Ost-
wind erfasst und zerbrochen! 27 Alles, was
dir gehört, stürzt in die Fluten: deine Wa-
ren, deine Seeleute und Matrosen, die
Männer, die deine Lecks ausbessern, dei-
ne Kaufleute und Soldaten. 28 Die Küsten
erzittern, wenn sie das laute Geschrei
deiner Matrosen hören. 29 Alle Seeleute
verlassen ihre Schiffe und bleiben voller
Entsetzen an Land. 30 Laut schreien und
klagen sie über dich, streuen sich Staub
auf den Kopf und wälzen sich in Asche.
31 Die Haare schneiden sie sich ab und
hüllen sich in Trauergewänder aus gro-
bem Sacktuch, sie weinen heftig und hal-
ten die Totenklage über dich. 32 Ja, sie
stimmen ein Klagelied an:

›Wer wurde jemals so zerstört wie Tyrus,
dies prachtvolle Schiff mitten im Meer?
33 Als deine Kaufleute über die Meere
segelten, haben sie vielen Völkern
Schätze gebracht. Deine Waren und dein
Besitz schenkten den Königen großen
Reichtum.

34 Jetzt aber bist du zerbrochen und in den
Tiefen des Meeres versunken. Deine Gü-
ter und dein ganzer Reichtum – nichts ist
mehr davon zu sehen!
35 Die Bewohner der Küstenländer sind
verstört, ihren Königen stehen die Haare
zu Berge, das Entsetzen ist ihnen ins Ge-
sicht geschrieben.
36 Völker, die vorher deine Waren kauften
– sie alle verachten dich nun! Ein Bild
des Schreckens bist du geworden, es ist
aus mit dir für alle Zeit.‹«

Gottes Botschaft an den Fürsten von Tyrus

28 Der Herr sprach zu mir: 2 »Sterb-
licher Mensch, geh zum Fürsten
von Tyrus, und richte ihm aus:
Du bist hochmütig und behauptest vol-

---

[a] So mit der griechischen Übersetzung. Der hebräische Text lautet: Dedan.
[b] So mit der griechischen Übersetzung. Der hebräische Text lautet: Die Syrer.
27,17 1 Kön 5,24–26 **27,25** 1 Kön 10,22 **27,35–36** 28,19 **28,2** 1 Mo 3,5; Spr 16,5

ler Stolz: ›Ich bin Gott und wohne wie ein
Gott auf meiner Insel mitten im Meer!‹
Doch auch wenn du dich selbst für einen
Gott hältst, bist du nur ein Mensch!
3 Zwar bist du weiser als Daniel, kein Ge-
heimnis ist zu dunkel für dich. 4 Weisheit
und Verstand haben dich sehr reich ge-
macht, deine Schatzkammern sind voll
mit Silber und Gold. 5 Durch kluge Ge-
schäfte hast du deinen Besitz immer wei-
ter vergrößert. Doch all dies hat dich
stolz und überheblich gemacht, 6 und nun
glaubst du, genauso zu sein wie Gott. Da-
rum sage ich, der Herr:

7 Die grausamsten Völker lasse ich
über dich herfallen. Mit ihren Schwertern
werden sie deine ganze Pracht zerstören,
alles, was du mit deiner Weisheit erwor-
ben hast. 8 Sie werden dich töten, und das
Meer wird dein Grab sein. 9 Wenn du dei-
nen Mördern gegenüberstehst, wirst du
dann immer noch behaupten, Gott zu
sein? Nein, im Angesicht des Todes wirst
du merken, dass du nur ein vergänglicher
Mensch bist! 10 Durch die Hand von
Fremden wirst du sterben wie ein unbe-
schnittener Heide. Darauf gebe ich, der
Herr, mein Wort.«

11 Weiter sprach der Herr zu mir:
12 »Sterblicher Mensch, stimm ein Klage-
lied an über das Unglück, das den König
von Tyrus erwartet! Richte ihm aus, was
ich, der Herr, sage:

Tyrus, deine Schönheit war beispiellos,
deine Weisheit vollkommen. 13 Du lebtest
in Eden, dem Garten Gottes, und trugst
Edelsteine jeder Art: Beryll, Topas und
Jaspis, Chrysolith, Karneol und Onyx, Sa-
phir, Rubin und Smaragd. Deine Ohrrin-
ge und Ketten waren aus Gold geschmie-
det,[a] ich schmückte dich mit ihnen an
dem Tag, als ich dich schuf.

14 Auf meinem heiligen Berg ließ ich
dich wohnen, ein Cherub-Engel schützte
dich mit ausgebreiteten Flügeln, zwi-
schen feurigen Steinen gingst du umher.
15 Seit ich dich geschaffen habe, hast du
getan, was gut und richtig ist, doch nun
bist du schuldig geworden. 16 Dein Han-
del blühte, und der Erfolg verführte dich
zu üblen Machenschaften und Gewalt-
taten.

Darum vertrieb ich dich von meinem
Berg, und der Cherub-Engel stieß dich
von den feurigen Steinen fort in den Un-
tergang. 17 Deine Schönheit ist dir zu
Kopf gestiegen, deine prachtvolle Er-
scheinung ließ dich handeln wie ein Narr.
Darum habe ich dich zu Boden geworfen,
ich habe dich erniedrigt vor den Augen
anderer Könige; voller Verachtung bli-
cken sie auf dich herab. 18 Durch betrüge-
rischen Handel hast du große Schuld auf
dich geladen und deine Heiligtümer ent-
weiht. Darum ließ ich mitten in deiner
Stadt ein Feuer ausbrechen, das sie voll-
kommen niederbrannte. Wer sie jetzt
sucht, findet nur noch einen Haufen
Asche. 19 Alle Völker, die sie kannten,
sind entsetzt. Ein Bild des Schreckens ist
sie geworden, es ist aus mit ihr für alle
Zeit!«

Gott straft die Stadt Sidon

20 Der Herr forderte mich auf: 21 »Sterb-
licher Mensch, blick in die Richtung, wo
die Stadt Sidon liegt, und kündige ihr
mein Gericht an! 22 Ich, der Herr, sage:
Du bekommst es mit mir zu tun, Sidon!
Wenn ich Gericht über dich halte, wer-
den alle sehen, dass ich ein heiliger Gott
bin. Überall wird man mich rühmen für
das Urteil, das ich an dir vollstrecken
werde. Jeder soll erkennen, dass ich der
Herr bin. 23 In deinen Häusern wird die
Pest ausbrechen, und in deinen Straßen
wird Blut fließen. Von allen Seiten be-
drängen dich deine Feinde, und viele dei-
ner Einwohner werden mit dem Schwert
erstochen. Dann erkennst du, dass ich
der Herr bin.«

---

[a] Der hebräische Text ist nicht sicher zu deuten.

28,3–5 Sach 9,2–3 **28,7** 30,11; 31,12; 32,12 **28,8** 26,20 **28,12** 27,2 **28,13** 1 Mo 2,8
28,14–16 Jes 14,12–15 **28,17** 27,3 **28,19** 27,35–36 **28,20–23** Jes 23,2–4.12; Joel 4,4

Israel wird zurückkehren und Frieden haben

24»Jetzt noch verachten die feindlichen
Nachbarvölker die Israeliten und fügen
ihnen Schmerzen zu wie Dornen und Sta-
cheln. In Zukunft aber werden die Israe-
liten vor ihnen Ruhe haben. Dann wer-
den sie erkennen, dass ich der Herr bin.
25 Ich verspreche, sie aus allen Völkern
zurückzubringen, unter die sie jetzt noch
zerstreut sind. Dann werden auch ihre
Feinde sehen, dass ich der heilige Gott
bin. Mein Volk wird wieder in dem Land
wohnen, das ich vor langer Zeit meinem
Diener Jakob gegeben habe. 26 Dann kön-
nen sie wieder in Ruhe und Sicherheit le-
ben, Häuser bauen und Weinberge anle-
gen. Doch ihre Nachbarvölker, die nur
Verachtung für sie übrig hatten, werde
ich richten. So wird mein Volk erkennen,
dass ich, der Herr, ihr Gott bin.«

Ägypten – ein Trümmerfeld für vierzig Jahre

29 Im 10. Jahr unserer Verbannung,
am 12. Tag des 10. Monats, sprach
der Herr zu mir: 2»Sterblicher Mensch,
blick in die Richtung, wo der Pharao, der
König von Ägypten, lebt, und kündige
ihm und ganz Ägypten mein Gericht an!
3 Ich, der Herr, sage ihm:

Pharao, König von Ägypten, du be-
kommst meine Macht zu spüren! Du
gleichst einem großen Krokodil, das mit-
ten im Nil liegt und sagt: ›Der Fluss ge-
hört mir, ich selbst habe ihn geschaffen.‹

4 Doch ich werde Haken durch deine
Kinnlade schlagen und dich aus dem
Wasser ziehen mitsamt den Fischen, die
sich in deinem Schuppenpanzer verfan-
gen. 5 Ich schleudere euch alle in die Wüs-
te und lasse euch im Sand liegen. Nie-
mand wird euch begraben, ihr werdet
ein Fraß sein für die wilden Tiere und
die Vögel. 6 Dann werden alle Bewohner
deines Landes erkennen, dass ich der
Herr bin.

Ägypten, du hast die Israeliten glau-
ben lassen, eine Stütze für sie zu sein.
Doch in Wahrheit bist du nur ein dünner
Stab aus Schilfrohr: 7 Wenn sie sich auf
dich stützen, zerbrichst du, lässt sie hin-
fallen[a] und durchbohrst ihnen die Schul-
ter! 8 Darum sage ich, der Herr: Ich sorge
dafür, dass deine Feinde dich angreifen
und Mensch und Vieh mit dem Schwert
durchbohren. 9 Sie werden deine Städte
in Trümmer legen und das ganze Land
zu einer menschenleeren Wüste machen.
Dann wirst du erkennen, dass ich der
Herr bin.

Ägypten, du behauptest: ›Der Nil ge-
hört mir, ich selbst habe ihn geschaffen!‹
10 Darum bekommst du meine Macht zu
spüren, und auch den Fluss trifft mein
Zorn. Das ganze Land mache ich zu
einem Trümmerfeld, zu einer menschen-
leeren Wüste, von Migdol im Norden bis
nach Syene im Süden und bis an die
äthiopische Grenze. 11 Vierzig Jahre lang
wird niemand diese Wüste durchqueren –
weder Menschen noch Tiere werden dort
leben. 12 Ägypten, du wirst schlimmer
verwüstet als jedes andere Land auf der
Welt. Dafür sorge ich! Vierzig Jahre lang
werden deine Städte Ruinenfelder sein,
größer als die aller anderen zerstörten
Städte. Ich werde deine Bewohner in alle
Länder zerstreuen.

13 Nach vierzig Jahren aber werde ich,
der Herr, die Ägypter wieder aus den
Völkern zurückbringen, bei denen sie
gelebt haben. 14 In Oberägypten sollen
sie wohnen, wo sie ursprünglich herstam-
men. Dort werden sie ein kleines König-
reich bilden, 15 unbedeutender als alle
anderen Königreiche. Ich sorge dafür,
dass ihre Zahl gering bleibt, damit sie
nie mehr über andere Länder herrschen
können. 16 Nie wieder sollen sie Israel

---

a Wörtlich: lässt ihre Hüften wanken. – So mit der syrischen Übersetzung. Der hebräische Text lautet: lässt ihre Hüften fest stehen.

28,25 11,17; 20,41; 34,12–13; 36,8; 36,24; 37,21; Jes 11,11–12*; Jer 23,3* **28,26** Jes 65,21–22
29,1 – 32,32 Jes 19,1–15* **29,3–5** 32,2–6 **29,6–7** 2 Kön 18,21; Jes 30,1–7; Jer 37,7 **29,10** 30,6
29,13–16 Jes 19,19–25

dazu verführen, ihr Vertrauen auf Ägyp-
ten zu setzen. Denn als Israel sich mit
ihnen einließ, hat es große Schuld auf
sich geladen. Die Ägypter werden erken-
nen, dass ich der Herr bin.«

Nebukadnezar bekommt Ägypten als Lohn

17 Im 27. Jahr unserer Verbannung, am
1. Tag des 1. Monats, sprach der Herr zu
mir: 18 »Sterblicher Mensch, Nebukadne-
zar, der König von Babylonien, ließ seine
Soldaten hart arbeiten, als er die Stadt
Tyrus belagerte. Sie mussten so schwere
Lasten schleppen, dass ihre Köpfe kahl
gescheuert und ihre Schultern zerschun-
den waren. Aber in Tyrus gab es weder
für ihn noch für sein Heer genug Beute
als Lohn für ihre Mühe.

19 Darum sage ich, der Herr: Ich gebe
Nebukadnezar das Land Ägypten. Er
wird die Schätze wegtragen, das Land
ausplündern und reiche Beute machen,
mit der er seine Soldaten bezahlen kann.
20 Weil Nebukadnezar in meinem Auftrag
gehandelt hat, überlasse ich ihm Ägypten
als Lohn für seine Mühe. Darauf gebe
ich, der Herr, mein Wort.

21 Wenn dies geschieht, werde ich Israel
wieder neue Macht verleihen. Und dir,
Hesekiel, gebe ich den Mut, zum Volk
zu sprechen. Dann werden sie erkennen,
dass ich der Herr bin.«

Ägyptens Macht wird gebrochen

30 Der Herr sprach zu mir: 2 »Sterb-
licher Mensch, verkünde meine
Worte, gib weiter, was ich, der Herr, zu
sagen habe:

Jammert und schreit, denn es kommt
ein Tag des Schreckens! 3 Er ist schon
nah, dunkle Wolken ziehen auf, denn ich,
der Herr, werde Gericht halten über die
Völker! 4 Mein Schwert trifft Ägypten
und metzelt die Menschen dort nieder.
Alle Schätze des Landes werden geplün-
dert und die Städte bis auf die Grund-
mauern niedergerissen. Die Äthiopier
zittern vor Entsetzen, 5 denn das Schwert
durchbohrt auch die Söldner aus ihrem
Land, zusammen mit denen aus Libyen,
Lydien und Kub. Mit den Ägyptern wer-
den auch die Soldaten des Volkes ster-
ben, mit dem ich einen Bund geschlossen
habe. 6 Ich, der Herr, gebe mein Wort: Al-
le, die Ägypten geholfen haben, werden
getötet. Dann sind der Stolz und die
Macht dieses Landes gebrochen; überall
liegen die Gefallenen, von Migdol im
Norden bis nach Syene im Süden. 7 Ägyp-
ten wird verwüstet werden wie noch nie
ein Land auf der Welt, seine Städte wer-
den zerstört sein wie keine andere Stadt.
8 Wenn ich das Land niederbrenne und al-
le seine Helfer zerschmettere, werden die
Ägypter erkennen, dass ich der Herr bin.

9 An jenem Tag sende ich Boten in
Schiffen nilaufwärts zu den Äthiopiern,
die sich so sicher fühlen. Wenn sie vom
Untergang Ägyptens hören, zittern sie
vor Entsetzen. Ja, dieser Tag wird bald
kommen! 10 Ich, der Herr, mache der
Macht und dem Reichtum Ägyptens ein
Ende durch Nebukadnezar, den König
von Babylonien. 11 Unter seinem Befehl
wird sein grausames Heer das Land ver-
wüsten und die Menschen mit Schwer-
tern durchbohren. Dann ist alles mit Lei-
chen übersät. 12 Die Nilarme lasse ich
vertrocknen, und ganz Ägypten gebe ich
in die Hand von Feinden, die kein Erbar-
men kennen. Sie werden das Land und all
seinen Reichtum zerstören.

13 Ich, der Herr, gebe mein Wort: Ich
beseitige die Götzen Ägyptens, ich ver-
nichte die falschen Götter von Memfis.
Es wird auch keine Herrscher mehr ge-
ben, im Land geht die Angst um. 14 Ich
werde Oberägypten verwüsten, Zoan
verbrennen und Gericht über Theben
halten. 15 Sin, die stärkste Festung Ägyp-
tens, bekommt meinen Zorn zu spüren,

29,18 26,7–9 **29,19–20** Jer 43,10–13 **30,2–3** Jer 46,10 **30,5** Jer 46,9 **30,6** 29,10 **30,8** 2 Mo 14,4 **30,10** 29,19–20 **30,11** 28,7 **30,13** Jer 46,25

den ganzen Reichtum von Theben ver-
nichte ich. 16 Ägypten wird ein Raub der
Flammen, Sin windet sich in Krämpfen,
Theben wird erstürmt, und Memfis wird
am hellichten Tag von Feinden angegrif-
fen. 17 Die jungen Männer von Heliopolis[a]
und Bubastis fallen im Krieg, und die
Einwohner dieser Städte müssen in die
Gefangenschaft gehen. 18 In Tachpanhes
zerbreche ich die Kraft Ägyptens, ich be-
reite der Macht, auf die das Land so stolz
ist, ein Ende. Dunkle Wolken ziehen auf,
die Nacht bricht herein, und die Einwoh-
ner aller Städte werden verschleppt. 19 So
vollstrecke ich mein Urteil an den Ägyp-
tern, und sie werden erkennen, dass ich
der Herr bin.«

20 Im 11. Jahr unserer Verbannung, am
7. Tag des 1. Monats, sprach der Herr zu
mir: 21 »Sterblicher Mensch, ich habe dem
Pharao, dem König von Ägypten, den
Arm gebrochen. Niemand hat ihn ver-
bunden oder in eine Schlinge gelegt, er
wird nicht heilen und nie wieder stark ge-
nug sein, ein Schwert zu halten.

22 Ich, der Herr, sage: Der Pharao
bekommt meine Macht zu spüren! Ich
breche ihm beide Arme – den gesunden
und den gebrochenen – und schlage ihm
das Schwert aus der Hand. 23 Die Ägypter
jage ich fort und zerstreue sie in alle
Länder.

24 Die Arme des Königs von Babylo-
nien aber mache ich stark und gebe ihm
mein Schwert in die Hand. Mit gebroche-
nen Armen wird der Pharao sich vor sei-
nem Feind winden und stöhnen wie ein
tödlich Verwundeter. 25 Ja, ich breche sei-
ne Macht, den König von Babylonien
aber mache ich stark. Wenn ich mein
Schwert in seine Hand gebe und er Ägyp-
ten damit schlägt, dann werden die Men-
schen dort erkennen, dass ich der Herr
bin. 26 In alle Himmelsrichtungen werde
ich die Ägypter zerstreuen, damit sie
mich als Herrn achten.«

Der mächtige Baum und sein Sturz

31 Im 11. Jahr unserer Verbannung,
am 1. Tag des 3. Monats, sprach
der Herr zu mir: 2 »Sterblicher Mensch,
sag zum Pharao, dem König von Ägyp-
ten, und zu seinem ganzen Volk:

Groß ist deine Macht, womit kann ich
dich vergleichen? 3 Eine Zypresse bist du,
eine Zeder auf dem Libanon. Ihre schö-
nen Zweige spenden Schatten; hoch ist
sie gewachsen, ihr Wipfel ragt bis in die
Wolken empor. 4 Das Erdreich versorgt
sie mit Wasser, das Meer in der Tiefe lässt
sie in die Höhe wachsen; es speist auch
die Quellen, die überall im Wald ent-
springen und die Bäume bewässern.
5 Weil sie so viel Wasser hat, ist sie größer
als alle anderen Bäume; sie besitzt eine
prächtige Krone mit vielen langen Ästen.
6 In ihren Zweigen nisten die Vögel, in
ihrem Schutz werfen die wilden Tiere
ihre Jungen, in ihrem Schatten wohnen
viele Völker. 7 Sie ist ein wunderschöner
Baum, hoch gewachsen und mit langen
Zweigen, denn ihre Wurzeln bekommen
reichlich Wasser. 8 Keine Zeder ist so
schön wie sie, keine Zypresse oder Plata-
ne hat so mächtige Äste, selbst die Bäu-
me in meinem Garten halten einem Ver-
gleich mit ihr nicht stand. 9 Ich, der Herr,
habe sie schön gemacht und ihr viele
Zweige gegeben. Alle Bäume in Eden
blicken voller Neid zu ihr auf.

10 Doch weil sie so hoch gewachsen ist
und ihr Wipfel bis in die Wolken ragt, ist
sie stolz und überheblich geworden. Da-
rum sage ich, der Herr:

11 Ich gebe sie in die Gewalt des mäch-
tigsten aller Könige; er wird sie so behan-
deln, wie sie es verdient hat. Sie wollte
von mir nichts mehr wissen, und so wen-
de auch ich mich von ihr ab. 12 Die grau-
samsten Völker werden sie fällen und zu
Boden werfen. Ihre Zweige fallen auf die
Berge und in die Täler, ihre Äste zerbre-

---

[a] So mit der griechischen Übersetzung. Der hebräische Text lautet: Awan.

30,18 Jer 43,7–11 **30,21** 2 Kön 24,7; Jer 37,5–10 **30,23** 29,12 **31,2–18** Dan 4,7–24 **31,8–9** 1 Mo 2,8–9 **31,10** 28,17 **31,12** 28,7

chen und bleiben in den Schluchten lie-
gen. Die Völker, die in ihrem Schatten
gewohnt haben, ziehen fort und lassen
sie im Stich. 13 Auf ihrem gefällten Stamm
sitzen die Vögel, die wilden Tiere hausen
zwischen ihren toten Ästen. 14 In Zukunft
soll kein Baum, der am Wasser steht, wie-
der so hoch wachsen, keiner soll seinen
Wipfel bis in die Wolken strecken und
sich über andere erheben. Jeder hohe
Baum wird gefällt, er muss hinunter in
die Totenwelt, genau wie die Menschen.
15 Wenn ich, der Herr, die Zeder in die
Totenwelt hinabstürze, trauert das Meer
in der Tiefe, die Flüsse fließen nicht
mehr, und die Quellen versiegen. Ich sor-
ge dafür, dass der Libanon sich in Trauer
hüllt und die Bäume im Wald zittern und
beben. 16 Wenn sie dorthin fällt, wo die
Toten ruhen, gibt es ein solches Getöse,
dass die Völker erschrecken. Die Bäume
aus meinem Garten und die besten, gut
bewässerten Bäume des Libanon erwar-
ten sie schon und freuen sich über ihren
Sturz. 17 Denn sie sind schon dort ange-
kommen, zusammen mit den Menschen,
die im Krieg gefallen sind. Alle, die im
Schatten der Zeder gewohnt haben, sind
bereits in der Totenwelt versammelt.

18 Ägypten, noch bist du groß und wun-
derschön, kein Baum im Garten Eden
hält einem Vergleich mit dir stand. Doch
zusammen mit den anderen Bäumen
wirst du hinabstürzen ins Totenreich.
Dort liegst du mitten unter den unbe-
schnittenen Heiden, die im Krieg gefal-
len sind. Ja, so wird es dem Pharao und
seinem ganzen Volk ergehen! Darauf ge-
be ich, der Herr, mein Wort!«

Der Pharao, das erlegte Krokodil

32 Im 12. Jahr unserer Verbannung,
am 1. Tag des 12. Monats, sprach
der Herr zu mir: 2 »Sterblicher Mensch,
stimm ein Klagelied an über den Pharao,
den König von Ägypten. Richte ihm aus:

Du denkst, du bist so stark wie ein jun-
ger Löwe, mächtiger als alle Völker.
Doch du gleichst eher einem Krokodil
im großen Fluss! Du bläst ins Wasser,
dass es sprudelt, und mit deinen Füßen
wühlst du es auf, ja, jeden Fluss lässt du
trüb werden.

3 Aber ich, der Herr, schicke viele Völ-
ker zu dir. Sie werden dich mit einem
Netz fangen und aus dem Wasser ziehen.
4 Dann schleudere ich dich aufs freie Feld;
die Vögel sollen sich auf dir niederlassen
und die wilden Tiere dich zerreißen.
5 Deine Leiche wird die Berge bedecken
und die Täler ausfüllen, 6 dein Blut wird
von den Bergen herunterfließen, das
Land tränken und die Flüsse anschwellen
lassen.

7 Wenn ich dich vernichte, werde ich
den Himmel verfinstern und die Sterne
auslöschen. Schwarze Wolken verdun-
keln dann die Sonne, und der Mond
scheint nicht mehr. 8 Ja, alle Lichter am
Himmel lösche ich aus, deinetwegen
bringe ich Finsternis über das ganze
Land. Darauf gebe ich, der Herr, mein
Wort.

9 Die Nachricht über deinen Untergang
lasse ich in Ländern bekannt werden, von
denen du noch nie etwas gehört hast. Vie-
le Völker packt das Entsetzen. 10 Mein
Gericht über dich jagt ihnen Angst und
Schrecken ein. Wenn ich mein Schwert
schwinge, stehen den Königen die Haare
zu Berge. Dein Schicksal erschreckt sie so,
dass sie um ihr eigenes Leben fürchten.

11 Ich, der Herr, sage dir: Das Schwert
des babylonischen Königs wird dich tref-
fen. 12 Die grausamsten Völker fallen
über dich her, töten die Bewohner deines
Landes und zerstören deinen ganzen
Reichtum. Dann hat dein Hochmut ein
Ende. 13 An jeder Wasserstelle töte ich
dein Vieh. So können in Zukunft weder
Mensch noch Tier das Wasser verschmut-
zen. 14 Ich sorge dafür, dass deine Gewäs-
ser sauber sind und der Nil ruhig dahin-
fließt. Darauf kannst du dich verlassen!
15 Wenn ich dein Land zu einer men-
schenleeren Wüste mache und seiner
Schönheit beraube, wenn ich alle seine

31,15–18 32,17–32 **32,2** 29,3 **32,7–8** Jes 13,10; Joel 2,10 **32,10** 28,19 **32,11** 30,10 **32,15** 30,8

Bewohner strafe, dann werden sie erkennen, dass ich der Herr bin.

16 Dies ist ein Trauerlied, und in allen Völkern werden die Frauen es singen, um das Schicksal des reichen und mächtigen Ägypten zu beklagen. Darauf gebe ich, der Herr, mein Wort.«

Die Völker in der Totenwelt

17 Im 12. Jahr unserer Verbannung, am 15. Tag des Monats[a], sprach der Herr zu mir: 18 »Sterblicher Mensch, halte die Totenklage über Ägypten und seine ganze Pracht! Schick das Land hinunter ins Totenreich, wo schon andere mächtige Völker hausen! 19 Sag zu Ägypten:

Deine ganze Pracht – wo ist sie geblieben? Was hast du anderen Völkern jetzt noch voraus? Du musst hinunter ins Totenreich, mitten unter die unbeschnittenen Heiden! 20 Ja, die Ägypter werden vernichtet wie all die anderen, die im Krieg gefallen sind. Das Schwert ist schon gezückt! Bringt das ganze ägyptische Volk herbei! 21 Im Reich der Toten warten schon große Herrscher auf sie, um sie und ihre Helfer zu verspotten: ›Nun seid auch ihr hier angekommen, nun haust ihr unter den unbeschnittenen Heiden – wie alle, die im Kampf getötet wurden!‹

22 Auch der König von Assyrien ruht dort unten mit seinem ganzen Volk; sie alle sind im Krieg umgekommen. 23 Ihre Gräber liegen an der tiefsten Stelle der Totenwelt, rund um das Grab ihres Königs. Einst haben sie den Lebenden Angst und Schrecken eingejagt, doch nun hat das Schwert sie durchbohrt.

24/25 Auch der König von Elam liegt im Reich der Toten, und sein Volk ruht rings um sein Grab. Im Krieg sind sie getötet worden und dann in die Totenwelt gekommen.

Da liegen sie nun, diese unbeschnittenen Heiden! Früher haben sie andere Völker eingeschüchtert, doch nun ruhen sie dort unten, ihr König in der Mitte und sie rund um sein Grab. Nun tragen auch sie die Schande, im Krieg gefallen zu sein.

26 Auch der Herrscher von Meschech-Tubal wartet dort unten, zusammen mit seinem ganzen Volk. Sie sind mit dem Schwert erstochen worden, und nun liegen diese unbeschnittenen Heiden im Reich der Toten. Einst haben sie die Lebenden in Angst und Schrecken versetzt, doch jetzt ruhen sie rund um das Grab ihres Königs. 27 Sie wurden nicht ehrenvoll bestattet wie die Helden aus vergangenen Zeiten[b], die mit all ihren Waffen in die Totenwelt kamen, die mit ihrem Schwert unter dem Kopf und von ihrem Schild bedeckt begraben wurden. Einst waren diese Helden von allen gefürchtet.

28 Auch du, Ägypten, wirst nun zerschmettert und musst hinunter zu den Heiden, die im Krieg gefallen sind. 29 Der König und die Fürsten von Edom erwarten dich. Zu Lebzeiten waren sie mutige und kampferprobte Männer. Doch nun ruhen auch sie in der Welt der Toten bei den unbeschnittenen Heiden, die im Krieg gefallen sind. 30 Auch die Könige aus dem Norden und die Phönizier begrüßen dich. Einst haben sie anderen Völkern große Angst eingejagt, weil sie unerschrockene Soldaten waren. Nun ruhen diese unbeschnittenen Heiden unter den Gefallenen und tragen die Schande, besiegt und getötet worden zu sein.

31 All diesen Königen und Völkern wird der Pharao in der Totenwelt begegnen, und das wird ihn trösten über den Untergang seines Volkes. Denn bald fällt er im Krieg und seine Soldaten mit ihm. Darauf gebe ich, der Herr, mein Wort.

32 Ich ließ es zu, dass er anderen Völkern Angst und Schrecken einjagte, doch jetzt muss er ins Totenreich zu den unbe-

---

[a] Die Monatsangabe fehlt hier.
[b] So mit der griechischen Übersetzung. Der hebräische Text lautet: wie die Helden getrennt von den Unbeschnittenen.

32,17–32 26,20; 31,15–18; Jes 14,9–11 **32,22–23** Jes 10,5–19* **32,24–25** Jer 49,34–38 **32,26–27** 38,1 – 39,20 **32,29** Jes 34,5–17* **32,30** 28,20–23; Jes 23,1–16*

schnittenen Heiden, die im Krieg ihr Leben ließen. Das ist das Ende des Pharaos und seines ganzen Volkes. Ich, der Herr, verspreche es.«

Gott ernennt Hesekiel zum Wächter für Israel

33 Der Herr sprach zu mir: [2]»Sterblicher Mensch, rede zu deinem Volk, und richte ihm aus, was ich zu sagen habe:

Wenn ich in einem Land Krieg ausbrechen lasse, ernennt das Volk gewöhnlich einen Wächter. [3]Er bläst das Horn und warnt die Menschen, sobald er den Feind kommen sieht. [4]Wenn nun jemand das Horn hört, sich aber nicht darum kümmert, wird der Feind ihn überraschen und töten. Er selbst ist dann schuld an seinem Tod, [5]denn er hat das Hornsignal nicht beachtet und muss die Folgen selbst tragen. Lässt er sich jedoch warnen, dann rettet er sein Leben.

[6]Nun stell dir vor, dass der Wächter den Feind kommen sieht, aber trotzdem nicht das Horn bläst und das Volk nicht warnt. Wenn dann jemand umgebracht wird, so ist dies zwar eine Strafe für seine Schuld, aber den Wächter werde ich für seinen Tod zur Verantwortung ziehen.

[7]Dich, sterblicher Mensch, habe ich zum Wächter für das Volk Israel bestimmt. Du sollst meine Botschaft an die Menschen weitergeben und sie warnen. [8]Wenn ich einem Menschen, der sich von mir abgewandt hat, den Tod androhe, dann sollst du ihn warnen und zur Umkehr bewegen. Tust du dies nicht, dann wird er sterben wegen seiner Schuld, aber dich ziehe ich für seinen Tod zur Verantwortung. [9]Wenn er sich jedoch nicht von seinen falschen Wegen abbringen lässt, obwohl du ihn gewarnt hast, dann wird er wegen seiner Schuld sterben. Du aber hast dein Leben gerettet.«

Kehrt um!

[10]»Sterblicher Mensch, sprich zu den Israeliten: Ihr klagt: ›Wir haben Gott den Rücken gekehrt, unsere Schuld lastet schwer auf uns. Wir siechen dahin. Wie sollen wir jetzt noch weiterleben?‹ [11]Doch ich, der Herr, schwöre, so wahr ich lebe: Ich habe keine Freude daran, dass der Gottlose sterben muss. Nein, ich freue mich, wenn er von seinen falschen Wegen umkehrt und am Leben bleibt. Kehrt um, verlasst die alten Wege! Ihr Israeliten, warum wollt ihr sterben?

[12]Weiter sollst du, sterblicher Mensch, ihnen sagen: Wenn jemand mir treu gewesen ist und sich nun von mir abwendet, so wird seine frühere Treue ihn nicht retten. Und wenn ein Mensch, der von mir nichts wissen wollte, von seinen falschen Wegen umkehrt, wird er nicht zu Fall kommen. [13]Wenn jemand mir gehorcht und ich ihm ein langes Leben verspreche, wenn er dann in falscher Sicherheit glaubt, Unrecht tun zu können, dann soll alles Gute, was er bisher getan hat, vor mir nichts mehr gelten. Weil er Schuld auf sich geladen hat, wird er sterben. [14]Wenn ich einem Menschen, der mich verachtet, den Tod androhe, und er wendet sich ab von dem, was er bisher getan hat, wenn er nun für Recht und Gerechtigkeit eintritt, [15]seinem Schuldner das Pfand zurückgibt, erstattet, was er gestohlen hat, und kein Unrecht mehr begeht, sondern die Gebote befolgt, die zum Leben führen – dann muss er nicht sterben. [16]Die Schuld, die er früher auf sich geladen hat, rechne ich ihm nicht mehr an. Weil er nun für Recht und Gerechtigkeit eintritt, wird er am Leben bleiben.

[17]Ihr Israeliten aber sagt: ›Was der Herr tut, ist nicht gerecht!‹ Dabei seid ihr es, die Unrecht begehen! [18]Wenn ein Mensch, der mir gedient hat, von mir nichts mehr wissen will, dann muss er sterben. [19]Wenn ein Mensch, der mich

---

33,1–9 3,16–21 **33,10** 37,11 **33,11** Jes 55,6–7; Joel 2,12–13; 1 Tim 2,4 **33,12–20** 18,1–32
33,15 2 Mo 22,25–26; Lk 19,8

verachtet hat, sich von seinem gottlosen
Leben abwendet und von nun an für
Recht und Gerechtigkeit eintritt, dann
rettet er sein Leben.
20 Und da behauptet ihr Israeliten: ›Der
Herr handelt nicht gerecht!‹ Ich gehe mit
euch ins Gericht, ihr vom Volk Israel, ich
spreche jedem Einzelnen das Urteil, das
er verdient hat.«

Die Nachricht vom Fall Jerusalems

21 Im 12. Jahr unserer Verbannung, am
5. Tag des 10. Monats, kam ein Mann zu
mir, der aus Jerusalem geflohen war, und
sagte: »Jerusalem ist erobert worden!«
22 Am Abend vorher hatte der Herr sei-
ne Hand auf mich gelegt, so dass ich nicht
mehr sprechen konnte[a]. Als nun der
Mann am Morgen bei mir ankam, gab
der Herr mir die Sprache zurück. Meine
Zunge wurde gelöst, und ich konnte wie-
der reden.

Die Selbstgerechtigkeit der Zurückgebliebenen

23 Der Herr sprach zu mir: 24 »Sterblicher
Mensch, die Leute in den zerstörten
Städten Israels sagen: ›Abraham war nur
ein Einzelner, und doch gab Gott ihm un-
ser Land zum Besitz. Wir aber sind viele,
darum wird uns das Land erst recht gehö-
ren!‹ 25 Richte ihnen diese Botschaft von
mir aus:
Ihr esst Fleisch, das nicht ausgeblutet
ist, ihr betet Götzen an und bringt andere
Menschen um. Und da behauptet ihr, das
Land würde euch gehören? 26 Ihr vertraut
auf eure Waffen und tut, was ich ver-
abscheue. Ihr geht mit den Frauen ande-
rer Männer ins Bett. Und ausgerechnet
euch sollte ich das Land geben?
27 Nein! Ich, der Herr, schwöre, so wahr
ich lebe: Alle, die in den zerstörten Städ-
ten wohnen, werden mit dem Schwert ge-
tötet. Wer auf dem Land lebt, den wer-
den die wilden Tiere zerreißen und
fressen. Wer in Bergfestungen und Höh-
len geflohen ist, der stirbt an der Pest.
28 Ich mache das Land zu einer menschen-
leeren Wüste, vor der es den Leuten
graut. Eure Macht, auf die ihr so stolz
seid, wird ein Ende haben. Die Berge Is-
raels werden zur Wildnis, durch die nie-
mand mehr zu gehen wagt. 29 Weil ihr tut,
was ich verabscheue, verwandle ich euer
Land in eine trostlose, schreckliche Wüs-
te. Dann werdet ihr erkennen, dass ich
der Herr bin.«

Die Gleichgültigkeit der Verbannten

30 »Sterblicher Mensch, die Israeliten re-
den über dich, wenn sie bei ihren
Häusern zusammenstehen. Sie fordern
einander auf: ›Kommt, lasst uns zum Pro-
pheten gehen und hören, was der Herr
ihm mitgeteilt hat!‹ 31 Dann kommen sie
in großen Scharen, setzen sich vor dich
hin und hören, was du ihnen sagst. Doch
sie richten sich nicht danach. Sie tun so,
als würden sie deine Worte begierig auf-
nehmen, aber insgeheim sind sie nur auf
unrechten Gewinn aus. 32 Du bist für sie
wie einer, der Liebeslieder singt, eine
schöne Stimme hat und gut auf der Harfe
spielt. Sie hören deine Botschaft, aber sie
handeln nicht danach. 33 Doch wenn ein-
trifft, was du ihnen angekündigt hast –
und es wird ganz sicher eintreffen –, dann
erkennen sie, dass ein Prophet unter
ihnen gelebt hat.«

Die schlechten Hirten Israels

34 Der Herr sprach zu mir: 2 »Sterb-
licher Mensch, richte den führen-
den Männern Israels diese Botschaft aus!
So spricht Gott, der Herr:
Lasst euch warnen, ihr Führer Israels!
Ihr solltet für mein Volk wie Hirten sein,
die ihre Herde auf eine gute Weide füh-
ren. Aber ihr sorgt nur für euch selbst.

---

a »so … konnte« ist sinngemäß ergänzt.

33,21–22 24,25–27 **33,21** 2 Kön 25,4 **33,24** 11,15; 1 Mo 12,1–7 **33,25** 3 Mo 17,10–14 **33,31** 8,1; 14,1; 20,1 **33,33** 2,5 **34,2–6** Jer 10,21; 23,1–2; Sach 11,16–17; Joh 10,12–13

Gott zeigt uns seine Liebe

Lesen Sie Hesekiel 33,11

Gott, der seine Liebe in Hesekiel 33,11 offenbart hat, zeigt auch uns seine Liebe in der Sprache, die wir am besten verstehen.

Zu den Menschen, die Worte der Ermutigung als Liebessprache bevorzugen, sagt Jesus: „Kommt alle her zu mir, die ihr euch abmüht und unter eurer Last leidet! Ich werde euch Ruhe geben" (Matthäus 11,28).

Wessen Muttersprache der Liebe Geschenke sind, zu dem sagt Jesus: „Meine Schafe erkennen meine Stimme; ich kenne sie, und sie folgen meinem Ruf. Ihnen gebe ich das ewige Leben, und sie werden niemals umkommen. Niemand kann sie aus meiner Hand reißen" (Johannes 10,27-28).

Wer sich danach sehnt, Liebe durch das Beisammensein mit dem anderen zu erfahren, den ermutigt die Schrift: „Sucht die Nähe Gottes, dann wird er euch nahe sein" (Jakobus 4,8).

Menschen, deren Liebessprache Hilfsbereitschaft ist, zu denen spricht Jesus: „Der Menschensohn ist nicht gekommen, um sich bedienen zu lassen. Er kam, um zu dienen und sein Leben hinzugeben, damit viele Menschen aus der Gewalt des Bösen befreit werden" (Matthäus 20,28).

Für wen zärtliche Berührungen die wichtigste Liebessprache sind, den wird nichts tiefer ansprechen als die Menschwerdung Christi. Gott wurde Mensch, um uns anrühren zu können. In der Bibel finden wir viele Beispiele, wie er Kinder berührte und auch aussätzige, blinde und taube Menschen. Jede seiner Berührungen brachte Heilung und Hoffnung.

Nehmen Sie sich Zeit, um allein oder als Paar ge*meinsam zu beten.* Danken Sie Gott, dass er zu Ihnen beiden in Ihrer jeweiligen Muttersprache der Liebe spricht. Bitten Sie ihn um Hilfe, damit Sie in jeder Situation seine Liebe und Fürsorge erkennen können. Bitten Sie ihn auch, dass Sie seinem Vorbild folgen, indem Sie anderen Menschen in der für sie wichtigsten Sprache Ihre Liebe zeigen.

Wenn Sie noch mehr Zeit haben ...

Besprechen Sie miteinander folgende Fragen oder denken Sie darüber nach:

- Was empfinden Sie, wenn Sie hören, dass Gott sich nach einer persönlichen Beziehung zu Ihnen sehnt?
- Wo sehen Sie Gott in Ihrer Umgebung am Werk?
- Wo wirkt Gott in Ihrem persönlichen Leben?

Lesen Sie auch die folgenden Abschnitte zum Thema Liebe Gottes:
Zefanja 3,17; Römer 8,37-39; Epheser 2,4-7.

Ein neues Herz

Die folgenden Fragen können Sie entweder allein oder als Paar gemeinsam durchgehen. Wenn jeder für sich darüber nachdenkt, verabreden Sie sich in der kommenden Woche zu einem Austausch darüber, was Sie herausgefunden haben.

1. Lesen Sie Hesekiel 36,22-28. Was meint Gott, wenn er in Vers 25 sagt: „Der Götzendienst hat euch unrein gemacht"?

2. Erklären Sie den Unterschied zwischen einem Menschen mit einem versteinerten Herzen und einem Menschen mit einem lebendigen Herzen.

3. Was für ein Herz haben Sie? War es schon immer so? Hat Gott Ihr Herz verändert?

4. Gott schenkt den Menschen seines Volkes seinen Geist, wenn er ihr Herz erneuert. Was bedeutet das?

5. Hat Gott auch Ihnen seinen Geist geschenkt? Woher wissen Sie das?

6. Gottes Geist bringt die Menschen dazu, Gottes Gebote und Weisungen zu befolgen (Vers 27). Haben Sie das auch in Ihrem Leben erfahren? Nennen Sie Beispiele.

Hesekiel 36,26

„Ich will euch ein anderes Herz und einen neuen Geist geben. Ich nehme das versteinerte Herz aus eurer Brust und gebe euch ein lebendiges Herz."

KONKRET:

Mit welchem Gebot Gottes haben Sie derzeit zu kämpfen? Schreiben Sie, jeder für sich, das jeweilige Gebot auf eine Karteikarte. Dann schreiben Sie Hesekiel 36,27 auf dieselbe Karte. Hängen Sie die Karte dort auf, wo Sie sie mehrmals am Tag sehen (zum Beispiel bei Ihrem Computer, am Kühlschrank, im Auto). Beten Sie, dass Gottes Geist Ihnen hilft, dieses Gebot zu befolgen. Beten Sie auch für Ihren Ehepartner, dass er oder sie sich ebenfalls durch die Kraft des Heiligen Geistes an Gottes Wort hält.

Den nächsten Impuls finden Sie auf S. 978 a

[3] Ihr trinkt die Milch der Schafe, aus ihrer
Wolle webt ihr euch Kleidung, und die
fetten Tiere schlachtet ihr. Aber um eure
Herde kümmert ihr euch nicht! [4] Die
schwachen Tiere füttert ihr nicht, die
kranken pflegt ihr nicht gesund; wenn
sich ein Tier ein Bein bricht, verbindet
ihr es nicht. Hat sich ein Schaf von der
Herde entfernt, holt ihr es nicht zurück;
und wenn eines verloren gegangen ist,
macht ihr euch nicht auf die Suche. Statt-
dessen herrscht ihr mit Härte und Ge-
walt. [5] Weil die Schafe keinen Hirten hat-
ten, liefen sie auseinander und wurden
von wilden Tieren zerrissen. [6] Viele zogen
über die hohen Hügel und Berge. Nun
sind sie über das ganze Land verstreut,
niemand sucht nach ihnen und kümmert
sich um sie.

[7] Darum, ihr Hirten, hört meine Bot-
schaft: [8] Ich, der Herr, schwöre, so wahr
ich lebe: Ihr hättet besser auf mich ge-
hört! Meine Schafe wurden geraubt und
von wilden Tieren zerrissen, weil kein
Hirte für sie sorgte. Anstatt euch um die
Herde zu kümmern, habt ihr nur an euch
selbst gedacht. [9] Darum hört meine Wor-
te, ihr Hirten! [10] Ihr bekommt es mit mir
zu tun! Ich ziehe euch zur Rechenschaft,
denn ihr tragt die Schuld, dass meine
Schafe leiden. Ihr sollt nicht länger ihre
Hirten sein. Ich lasse nicht mehr zu, dass
ihr nur für euch selbst sorgt; ich rette die
Schafe aus euren Klauen, damit ihr sie
nicht mehr auffressen könnt!«

Gott, der gute Hirte

[11] So spricht Gott, der Herr: »Von nun an
will ich mich selbst um meine Schafe küm-
mern und für sie sorgen. [12] Wie ein Hirte
seine Herde zusammenbringt, die sich in
alle Richtungen zerstreut hat, so werde
auch ich meine Schafe wieder sammeln.
Von überall her hole ich sie zurück, von
allen Orten, wohin sie an jenem dunklen,
schrecklichen Tag vertrieben wurden.
[13] Aus fremden Völkern und Ländern füh-
re ich sie heraus und bringe sie wieder in
ihr Land. Dort lasse ich sie weiden, in den
Bergen, an den Flüssen und in den Tälern.
[14] Ja, ich gebe ihnen gute und saftige Wei-
deplätze in den Bergen Israels. [15] Ich
selbst werde ihr Hirte sein, damit sie in
Ruhe und Sicherheit leben können. Das
verspreche ich, der Herr.

[16] Ich suche die verloren gegangenen
Schafe und bringe alle zurück, die sich
von der Herde entfernt haben. Wenn sich
eines der Tiere ein Bein bricht, will ich es
verbinden, und die kranken pflege ich ge-
sund. Die fetten und starken Tiere aber
lasse ich nicht aus den Augen[a]! Denn ich
bin ein Hirte, der gut und gerecht mit den
Schafen umgeht.

[17] Ihr Israeliten – ihr seid meine Schafe,
und ich, der Herr, werde von nun an da-
für sorgen, dass jeder gerecht behandelt
wird. Zu den starken Böcken sage ich:
[18] Ist es euch noch nicht genug, dass ihr
die guten Weideplätze abgrast und als
Erste das klare Wasser trinkt? Müsst ihr
auch noch den Rest der Wiese zertram-
peln und im Wasser mit euren Hufen
den Schlamm aufwühlen? [19] Sollen die
Schafe etwa das Gras fressen, das ihr zer-
trampelt habt? Sollen sie von dem ver-
schmutzten Wasser trinken?

[20] Ich, der Herr, bin ein gerechter Hirte,
ich richte zwischen euch starken und den
schwachen Schafen. [21] Ihr habt die
Schwachen mit euren Schultern von der
Weide gedrängt und sie mit euren Hör-
nern von der Herde weggetrieben.
[22] Doch ich rette meine Schafe vor euch
und eurer rohen Gewalt. Jedes meiner
Schafe wird gerecht von mir behandelt.«

Das Friedensreich

[23] »Ich will meiner Herde einen einzigen
Hirten geben. Er wird sie auf die Weide

---

[a] So mit der griechischen Übersetzung. Der hebräische Text lautet: rotte ich aus.

34,11–16 Ps 23,1; 100,3; Jes 40,10–11; Jer 23,3–6; 31,10; Mi 2,12; Joh 10,11–16; Offb 7,17
34,12–13 28,25*; Joel 1,15* **34,17–22** 7,10–11; Jes 3,13–15; Am 5,11–12 **34,17** Mt 25,32
34,23 37,15–24; Jer 23,5

führen und für sie sorgen wie früher mein Diener David. 24 Ich, der Herr, werde ihr Gott sein, und der Mann, der meinem Diener David gleicht, wird ihr König sein. Darauf gebe ich mein Wort.

25 Ich schließe einen Bund mit den Israeliten und verspreche ihnen Ruhe und Frieden. Die wilden Tiere verjage ich aus dem Land; dann können die Menschen sogar ohne Angst in der Wüste leben und in den Wäldern schlafen. 26 Ich segne sie und mache das Land rund um den Tempelberg fruchtbar. Zur rechten Zeit lasse ich Regen fallen, 27 damit die Bäume viele Früchte tragen und die Felder reichen Ertrag bringen. Ja, mein Volk wird vollkommen sicher in seinem Land wohnen. Ich zerbreche das harte Joch, das auf ihnen lastet, und rette sie aus der Gewalt ihrer Feinde, die sie jetzt noch versklaven. Dann werden sie erkennen, dass ich der Herr bin. 28 Für andere Völker sollen sie keine Beute mehr sein, und die wilden Tiere werden sie nicht mehr zerreißen und fressen. Sie wohnen in Ruhe und Sicherheit, niemand darf ihnen noch Angst einjagen. 29 Ihr Land mache ich zu einem fruchtbaren Garten, der weithin berühmt ist. Sie müssen nicht länger hungern, und kein feindliches Volk wird sie verspotten. 30 Dann werden sie erkennen, dass ich, ihr Gott, ihnen beistehe und dass sie, die Israeliten, mein Volk sind. Mein Wort gilt! 31 Ja, ihr seid meine Herde, und ich bin der Herr, euer Gott; ich führe euch auf gute Weide. Das verspreche ich euch!«

Edom soll zur trostlosen Wüste werden

35 Der Herr sprach zu mir: 2 »Sterblicher Mensch, blick in die Richtung, wo das Bergland Seïr liegt, und kündige ihm mein Gericht an:

3 So spricht Gott, der Herr: Nun bekommst du meine Macht zu spüren, Land der Edomiter[a]! Ich mache dich zu einer menschenleeren Wüste, zu einem Bild des Schreckens. 4 Deine Städte verwandle ich in Trümmerhaufen, du wirst vollkommen zerstört. Dann wirst du erkennen, dass ich der Herr bin.

5 Stets warst du ein erbitterter Feind der Israeliten; am Tag ihres Untergangs, als mein Strafgericht über sie hereinbrach, hast du geholfen, sie mit dem Schwert zu töten. 6 Darum schwöre ich, der Herr, so wahr ich lebe: Der Tod ist dein Schicksal, du kannst ihm nicht entrinnen! Weil du nicht gezögert hast, Blut zu vergießen, wird nun auch dein Blut vergossen! 7 Ich mache dich zu einer schrecklichen, trostlosen Wüste und rotte jeden aus, der dein Gebiet durchzieht. 8 Dann sind deine Berge mit Leichen übersät; auf den Hügeln, in den Tälern und Flussbetten liegen die Gefallenen. 9 Ich verwüste dich für alle Zeiten, in deinen Städten wird kein Mensch mehr wohnen. So werden deine Bewohner erkennen, dass ich der Herr bin.

10 Du hast behauptet: ›Israel und Juda gehören mir, ich werde sie besitzen!‹ Doch du vergisst, dass diese beiden Völker allein mir gehören! 11 So wahr ich, der Herr, lebe: Alles, was du in deinem grenzenlosen Hass und Neid den Israeliten angetan hast, wird nun dich selbst treffen! Voller Zorn hast du ihnen großen Schaden zugefügt. Darum bricht mein Strafgericht über dich herein, und mein Volk wird erkennen, dass ich der Herr bin. 12 Du wirst schon noch merken, dass ich deine Spottreden über die Berge Israels genau gehört habe. Voller Hohn hast du gesagt: ›Israels Bergland ist verwüstet! Nun können wir es an uns reißen!‹ 13 Ich habe auch gehört, wie du mich mit frechen und überheblichen Worten verhöhnt hast. 14 Darum sage ich, der Herr: Ich mache dich zu einer Wüste, und die ganze Welt wird sich darüber freuen. 15 Wie groß war deine Schadenfreude, als das Land der Israeliten, das ich ihnen ge-

---

a Wörtlich: Bergland Seïr.

34,25 3 Mo 26,6; Hos 2,20 **34,26–27** 3 Mo 26,4 **34,29** 36,13–15 **35,1–15** Jes 34,5–17* **35,5** 25,12; Ps 137,7; Obd 14 **35,12** Klgl 2,15–16

geben hatte, von ihren Feinden verwüstet
wurde!

Darum sorge ich dafür, dass dich das
gleiche Schicksal trifft: Eine trostlose
Wüste sollst du werden, Land der Edo-
miter! Deine Bewohner werden erken-
nen, dass ich der Herr bin!«

Israel wird in sein Land zurückkehren

36 »Sterblicher Mensch, sprich zu
den Bergen Israels: Hört die Bot-
schaft des Herrn! 2 Eure Feinde haben
euch verspottet und gesagt: ›Diese Berge,
die es schon seit alter Zeit gibt, gehören
jetzt uns!‹ 3 Man hat euch verwüstet und
von allen Seiten bedroht, ihr seid in der
Gewalt fremder Völker. Sie zerreißen
sich das Maul über euch und haben nur
Spott für euch übrig. 4 Darum hört, was
ich, der Herr, zu sagen habe:

Ihr Berge und Hügel, ihr Bäche und
Täler, ihr Trümmerfelder und menschen-
leeren Städte, die ihr geplündert und ver-
spottet wurdet:

5 Im Zorn habe ich mein Urteil gespro-
chen über eure Feinde, ja, besonders über
die Edomiter. Denn voller Verachtung
und Schadenfreude haben sie mein Land
an sich gerissen und das Weideland er-
beutet. 6 Ihr Berge und Hügel in Israel,
ihr Bäche und Täler, hört meine Bot-
schaft. Ich, der Herr, schwöre: Weil die
anderen Völker euch verachten, bekom-
men sie meinen glühenden Zorn zu spü-
ren. 7 Meine Hand erhebe ich zum
Schwur und verspreche: Die Völker rings
um euch werden nun selbst verachtet.

8 Aber auf euch, ihr Berge Israels, sol-
len wieder Bäume wachsen, die Zweige
treiben und Früchte tragen. Denn bald
wird mein Volk in sein Land zurückkeh-
ren. 9 *Ich bin auf* eurer Seite und sorge
dafür, dass ihr wieder bebaut und besät
werdet.

10 Die Israeliten werden ein großes
Volk sein, sie lassen sich in den Städten
nieder und bauen alles wieder auf, was in
Trümmern liegt. 11 Menschen und Tiere
werden sich vermehren, stärker als je zu-
vor. Dann werdet ihr bewohnt sein wie in
früheren Zeiten, und ich werde euch so
viel Gutes erweisen wie nie zuvor. So wer-
det ihr erkennen, dass ich der Herr bin.

12 Ich bringe die Israeliten wieder zu-
rück. Sie werden euch in Besitz nehmen
und für immer dort wohnen. Nie mehr
sollt ihr ihnen die Nachkommen wegneh-
men. 13 Ja, Land Israel, du hast den Ruf,
ein Menschenfresser zu sein, der seinem
Volk die Kinder raubt. 14 Doch von nun
an wirst du deine Bewohner nicht mehr
verschlingen und die Menschen nicht
mehr kinderlos machen. Das verspreche
ich, der Herr. 15 Ich sorge dafür, dass du
den Hohn und Spott anderer Völker
nicht länger ertragen musst. Land Israel,
nie mehr wirst du deinen Bewohnern den
Tod bringen. Mein Wort gilt!«

Ich schenke euch meinen Geist

16 Der Herr sprach zu mir: 17 »Sterblicher
Mensch, als mein Volk noch in Israel leb-
te, hat ihre große Schuld das ganze Land
unrein gemacht. Durch ihre Taten gli-
chen sie in meinen Augen einer Frau, die
durch ihre Blutung nicht rein ist. 18 Sie ha-
ben Menschen umgebracht und andere
Götter verehrt.

Darum traf sie mein Zorn in seiner
ganzen Härte: 19 Wegen ihrer Schuld hielt
ich Gericht über sie; ich vertrieb sie zu
anderen Völkern, in fernen Ländern
mussten sie wohnen. 20 Doch wohin sie
auch kamen, brachten sie Schande über
meinen heiligen Namen. Die Menschen,
die ihnen begegneten, sagten: ›Sie sind
das Volk des Herrn, und dennoch konnte
er nicht verhindern, dass sie aus seinem
Land vertrieben wurden.‹ 21 Ich sah, wie
meine Ehre auf dem Spiel stand, denn
die Israeliten brachten mich bei den an-

36,1 6,2 **36,2** 35,12 **36,3** 25,3.8 **36,5** 25,12–14; 35,14 **36,8** 28,25* **36,10** Jes 58,12 **36,13–15** 34,29 **36,17** 3 Mo 15,19–24 **36,18** 22,2–5 **36,20** 4 Mo 14,15–16; Jes 52,5; Röm 2,24

deren Völkern in Verruf. 22 Darum richte
ihnen diese Botschaft aus:
Was ich für euch tun werde, geschieht
nicht um euretwillen. Meine Ehre will ich
retten, die ihr vor den Augen anderer
Völker in den Schmutz gezogen habt.
23 Ja, weil viele Völker mich verachten,
will ich ihnen meine Macht und Herrlich-
keit zeigen. Dann sollen sie erkennen,
dass ich der Herr bin. Alle werden meine
Heiligkeit sehen, wenn ich euch helfe.
Das verspreche ich!
24 Ich hole euch zurück aus fernen Län-
dern und fremden Völkern und bringe
euch in euer eigenes Land. 25 Mit reinem
Wasser wasche ich eure Schuld von euch
ab. Dem Götzendienst, der euch unrein
gemacht hat, bereite ich ein Ende.
26 Ich will euch ein anderes Herz und
einen neuen Geist geben. Ich nehme das
versteinerte Herz aus eurer Brust und ge-
be euch ein lebendiges Herz. 27 Mit mei-
nem Geist erfülle ich euch, damit ihr nach
meinen Weisungen lebt, meine Gebote
achtet und sie befolgt. 28 Dann wohnt ihr
wieder in dem Land, das ich euren Vor-
fahren gegeben habe. Ihr werdet mein
Volk sein, und ich werde euer Gott sein.
29 Ich befreie euch von eurer Schuld, die
euch unrein machte. Das Getreide lasse
ich wieder wachsen, damit ihr nie mehr
Hunger leiden müsst. 30 Die Bäume sollen
wieder Früchte tragen und die Felder rei-
chen Ertrag bringen. Nie mehr werden die
anderen Völker euch verspotten, weil ihr
nichts zu essen habt. 31 Dann sollt ihr euch
daran erinnern, wie falsch eure Wege und
wie schlecht eure Taten waren. Wegen eu-
rer Schuld und eurem Götzendienst wer-
det ihr euch selbst verabscheuen. 32 Ich,
der Herr, sage euch Israeliten: Nicht um
euretwillen erweise ich euch so viel Gutes.
Ihr müsst euch schämen für alles, was ihr
getan habt!
33 Doch ich verspreche euch: Wenn ich
euch von all eurer Schuld befreit habe,
sollt ihr wieder in euren Städten wohnen.
Dann könnt ihr die Häuser, die in Trüm-
mern liegen, neu aufbauen. 34 Jeder, der
jetzt durch euer Land zieht, kann sehen,
wie verwüstet und öde es ist. Doch dann
sollen eure Felder wieder bestellt wer-
den. 35 Man wird sagen: ›Das verwüstete
Land ist zum Garten Eden geworden!
Die Städte waren einst niedergerissen,
zerstört und vereinsamt – nun stehen sie
wieder und sind bewohnt!‹ 36 Eure Nach-
barvölker, die mein Strafgericht überlebt
haben, werden erkennen, dass ich, der
Herr, die verwüsteten Städte wieder auf-
baue und die brachliegenden Felder be-
pflanze. Das habe ich versprochen, und
ich werde es auch tun.
37 Und noch eine weitere Bitte werde
ich euch in dieser Zeit erfüllen: Ich lasse
euch so zahlreich werden wie eine große
Herde. 38 So wie es früher an einem hohen
Festtag in Jerusalem von Opfertieren
wimmelte, sollen eure verlassenen Städte
wieder bevölkert werden und voller Le-
ben sein. Dann werdet ihr erkennen, dass
ich der Herr bin.«

Das Tal voller Totengebeine

37 Der Herr legte seine Hand auf
mich, und sein Geist hob mich em-
por und brachte mich in ein weites Tal,
das mit Totengebeinen übersät war.
2 Dann führte er mich durch die ganze
Ebene, und ich sah dort unzählige Kno-
chen verstreut liegen. Sie waren völlig
vertrocknet.
3 Der Herr fragte mich: »Sterblicher
Mensch, können diese Gebeine je wie-
der lebendig werden?« Ich antwortete:
»Herr, mein Gott, das weißt du al-
lein!«
4 Da sagte er zu mir: »Sprich zu diesen
dürren Knochen, und fordere sie auf:

36,22–23 20,8–9; Jes 48,11 **36,24** 28,25* **36,25** 4 Mo 19,1–22; Ps 51,9; Sach 13,1; Hebr 10,22 **36,26–27** 11,19–20; 16,60; Jer 24,7; 31,31–34*; 32,39; Joel 3,1; Joh 3,5; 2 Kor 3,3 **36,28** 11,20 **36,31** 6,9 **36,35** 1 Mo 2,8–15 **36,36** 25,1–17 **36,38** 1 Kön 8,62–63; Jes 54,1–3 **37,1** 3,22

Hört, was der Herr euch sagt: 5 Ich erfülle euch mit meinem Geist und mache euch wieder lebendig! 6 Ich lasse Sehnen und Fleisch um euch wachsen und überziehe euch mit Haut. Meinen Atem hauche ich euch ein, damit ihr wieder lebendig werdet. Dann erkennt ihr, dass ich der Herr bin.«

7 Ich tat, was der Herr mir befohlen hatte. Noch während ich redete, hörte ich ein lautes Geräusch und sah, wie die Knochen zusammenrückten, jeder an seine Stelle. 8 Sehnen und Fleisch wuchsen um sie herum, und darüber bildete sich Haut[a]. Aber noch war kein Leben in den Körpern.

9 Da sprach der Herr zu mir: »Sterblicher Mensch, ruf den Lebensgeist, und befiehl ihm, was ich dir sage. Er soll aus den vier Himmelsrichtungen kommen und diese toten Menschen anhauchen, damit sie wieder zum Leben erwachen!«

10 Ich tat, was der Herr mir befohlen hatte. Da erfüllte der Lebensgeist die toten Körper, sie wurden lebendig und standen auf. Sie waren zahlreich wie ein unüberschaubares Heer.

11 Der Herr sprach zu mir: »Sterblicher Mensch, die Israeliten gleichen diesen verdorrten Gebeinen. Sie klagen: ›Wir sind völlig ausgezehrt und haben keine Hoffnung mehr, uns bleibt nur der Tod!‹ 12 Darum sag ihnen: Hört die Botschaft des Herrn! Ich, der Herr, öffne eure Gräber und hole euch heraus, denn ihr seid mein Volk. 13 Wenn ich euch wieder lebendig mache, werdet ihr erkennen, dass ich der Herr bin. 14 Ich erfülle euch mit meinem Geist, schenke euch noch einmal das Leben und lasse euch wieder in eurem Land wohnen. Ihr werdet sehen, dass ich meine Versprechen halte. Mein Wort gilt!«

Juda und Israel werden vereint

15 Der Herr sprach zu mir: 16 »Sterblicher Mensch, nimm dir ein Stück Holz, und schreib darauf: ›Das Südreich Juda und die mit ihm verbündeten Israeliten.‹ Dann hol ein anderes Stück Holz, und schreib: ›Das Nordreich Ephraim[b] und das übrige Volk Israel.‹ 17 Halte die Enden beider Hölzer so aneinander, dass sie wie ein einziger Stab aussehen.

18 Wenn die Israeliten dich fragen, was das zu bedeuten hat, 19 dann antworte ihnen: So spricht der Herr: Ich nehme den Herrscherstab des Nordreichs[c], der im Besitz des Stammes Ephraim ist, und füge ihn mit dem Herrscherstab des Südreichs zusammen. Aus den beiden mache ich einen einzigen Stab, den ich in meiner Hand halte.

20 Du aber zeig dem Volk die Hölzer, 21 und richte ihnen aus: Gott, der Herr, lässt euch sagen: Ich hole die Israeliten aus fernen Ländern und fremden Völkern heraus, von überall her sammle ich sie und bringe sie in ihr Land zurück. 22 Sie sollen wieder ein vereintes Volk sein, das im Bergland Israel zu Hause ist. Ein einziger König wird über sie herrschen, und nie mehr soll ihr Land in zwei Reiche geteilt sein. 23 Sie werden nicht länger ihre abscheulichen Götzen verehren und nicht weiter Schuld auf sich laden. Früher haben sie mir die Treue gebrochen und mich verachtet, doch nun will ich sie retten[d] und ihnen vergeben. Sie werden mein Volk sein, und ich werde ihr Gott sein. 24 Alle Israeliten werden einen gemeinsamen Hirten haben, einen König, der wie mein Diener David ist. Dann richten sie sich wieder nach meinen Geboten, sie achten auf meine Weisungen und leben danach.

25 Das Land, das ich früher meinem

---

a So mit der griechischen Übersetzung. Der hebräische Text lautet: er überzog sie mit Haut.
b Wörtlich: Josef, das Holz Ephraims.
c Wörtlich: das Holz Josefs.
d So mit der griechischen Übersetzung. Der hebräische Text lautet: Ich rette sie aus ihren Wohnsitzen, in denen sie gesündigt haben.

37,5 Ps 104,29–30 **37,6** Jes 26,19 **37,10** 1 Mo 2,7 **37,11** 33,10 **37,16** 1 Kön 12,19–20 **37,21** 28,25* **37,22** Jer 3,18* **37,24** 34,23–24 **37,25** 35,12; Lk 1,32–33

Diener Jakob gegeben habe, nehmen sie erneut in Besitz. Schon ihre Vorfahren haben dort gelebt, und nun werden sie und ihre Nachkommen sich für immer dort niederlassen. Ihr König wird über sie herrschen wie einst mein Diener David. [26] Ich schließe mit ihnen einen Bund und verspreche ihnen ewigen Frieden. Zu einem großen Volk lasse ich sie werden, und mein Heiligtum soll für alle Zeiten in ihrem Land stehen. [27] Ich wohne bei ihnen, ich bin ihr Gott, und sie sind mein Volk. [28] Mein Tempel soll für immer in ihrem Land bleiben; dann werden die anderen Völker erkennen, dass ich, der Herr, Israel als mein Volk erwählt habe.«

Der Herrscher Gog – ein Feind Israels

38 Der Herr befahl mir: [2] »Sterblicher Mensch, sprich zu Gog, dem Herrscher über die Völker Meschech und Tubal im Land Magog. [3] Richte ihm aus, was ich, der Herr, zu sagen habe:

Gog, Herrscher über Meschech und Tubal, du bekommst es mit mir zu tun! [4] Ich bohre Haken durch deine Kinnlade und zwinge dich zu gehen, wohin ich will. Mitsamt deinem ganzen Heer führe ich dich aus deinem Land heraus. Riesig ist es, dieses Heer, mit unzähligen Reitern und Pferden; die Soldaten sind prächtig gekleidet und mit Schilden und Schwertern bewaffnet. [5] Söldner aus Persien, Äthiopien und Libyen begleiten euch, gut gerüstet mit Schilden und Helmen. [6] Die Männer aus den Ländern Gomer und Bet-Togarma im Norden sind dabei, und auch aus vielen anderen Völkern kommen die Soldaten dazu. [7] So halte dich nun bereit, rüste dein ganzes Heer zum Kampf, und sei du der Befehlshaber!

[8] Wenn viele Jahre vergangen sind, werde ich dich auffordern, ein fremdes Land zu überfallen. Dieses Land hat gerade einen Krieg überstanden, und seine Bewohner sind aus der Verbannung heimgekehrt. Es ist das Bergland Israel. Lange Zeit war es ein Trümmerfeld, doch nun leben die Menschen dort wieder in Ruhe und Sicherheit.

[9] Du wirst mit deinem Heer heranziehen wie ein gewaltiges Unwetter, deine Truppen bedecken das ganze Land wie eine riesige Wolke. [10] Ich, der Herr, kündige dir an: In jener Zeit schmiedest du einen bösen Plan. [11] Du nimmst dir vor, dieses wehrlose Land anzugreifen, dessen Bewohner in Ruhe und Sicherheit leben. Ihre Städte haben keine Mauern und keine verriegelten Tore. [12] Du willst dich an den Israeliten bereichern und viel Beute machen. Die Städte, die einst in Trümmern lagen, dann aber wieder bewohnt sind, willst du erobern und dir das ganze Volk unterwerfen. Es ist aus fremden Ländern zurückgekehrt, es hat große Viehherden und viele Reichtümer erworben und wohnt nun im bedeutendsten Land der Welt. [13] Die Händler aus Saba, Dedan und Tarsis werden dich fragen: ›Hast du deine Truppen versammelt, um auf Raubzug zu gehen und zu plündern? Willst du Silber und Gold an dich reißen, Viehherden und anderen Besitz erbeuten?‹

[14] Sterblicher Mensch, richte dem Herrscher Gog aus, was ich, der Herr, ihm zu sagen habe: In jener Zeit, wenn mein Volk Israel sich sicher fühlt, wirst du aufbrechen[a] [15] aus deinem Land im Norden, zusammen mit einem großen und mächtigen Heer. Deine Soldaten kommen aus vielen Völkern, sie reiten auf Pferden [16] und fallen in mein Land Israel ein, sie bedecken es wie eine riesige Wolke. Am Ende der Zeit wird dies geschehen. In meinem Auftrag sollst du mein Land überfallen, damit die anderen Völker meine Macht erkennen. Wenn sie sehen, was ich durch dich vollbringe, begreifen

---

[a] So mit der griechischen Übersetzung. Der hebräische Text lautet: wirst du erkennen.

37,26 Jer 31,31–34* **37,27** 2 Mo 25,8; 3 Mo 26,11–12; 2 Kor 6,16; Offb 21,3 **38,2** 32,26–27 **38,4** 29,4 **38,8** 36,8–11 **38,15** Jer 1,13–15*

sie, dass ich ein heiliger Gott bin. [17] Du
bist der Herrscher, dessen Kommen ich
schon vor langer Zeit angekündigt habe.
Durch meine Diener, die Propheten, ließ
ich voraussagen, dass du Israel angreifen
würdest.«

Gott selbst vernichtet den Feind seines Volkes

[18] »Ich, der Herr, kündige an: An dem Tag,
wenn Gog mit seinem Heer in Israel ein-
fällt, wird mein Zorn losbrechen. [19] Schon
jetzt bin ich zornig und schwöre: An die-
sem Tag soll im ganzen Land die Erde be-
ben. [20] Alle werden vor mir zittern: die
Menschen und auch die wilden Tiere, die
Fische, Vögel und Kriechtiere. Berge bre-
chen auseinander, Felswände stürzen ein,
Mauern fallen in sich zusammen.

[21] Ich, der Herr, lasse auf den Bergen
Israels einen Kampf ausbrechen, in dem
Gogs Soldaten sich gegenseitig mit dem
Schwert töten. [22] Ja, ich werde ihn richten
mitsamt seinem ganzen Heer und allen,
die auf seiner Seite gekämpft haben: Vie-
le von ihnen fallen in der Schlacht oder
sterben an der Pest. Ich lasse Wolkenbrü-
che und Hagel, Feuer und Schwefel auf
sie niederfallen. [23] Vor den Augen aller
Völker werde ich zeigen, dass ich ein
mächtiger und heiliger Gott bin. Dann
müssen sie mich als Herrn anerkennen.

39 Sterblicher Mensch, richte Gog,
dem Herrscher über Meschech
und Tubal, aus, was ich ihm zu sagen
habe:

Jetzt bekommst du es mit mir, dem
Herrn, zu tun! [2] Ich zwinge dich zu gehen,
wohin ich will; vom äußersten Norden
lasse ich dich mit deinen Soldaten ins
Bergland Israel ziehen. [3] Dort schlage ich
dir den Bogen aus der linken Hand und
die Pfeile aus der rechten. [4/5] In den Ber-
gen Israels wirst du in der Schlacht fallen,
und mit dir alle deine Soldaten aus ande-
ren Völkern. Auf dem freien Feld liegen
eure Leichen herum, sie sind ein Fraß für
Raubvögel aller Art und für wilde Tiere.
Darauf könnt ihr euch verlassen!

[6] Ich lasse Feuer ausbrechen in den
Städten Magogs und in den Küstenlän-
dern, deren Bewohner sich so sicher füh-
len. Dann müssen sie mich als Herrn an-
erkennen. [7] Meinem Volk Israel zeige ich,
dass ich der heilige Gott bin; mein Name
soll nie mehr in den Schmutz gezogen
werden. So erkennen die Völker, dass
ich der Herr bin, der heilige Gott Israels.
[8] Schon oft habe ich dies angekündigt,
und es wird sich auch erfüllen. Mein Wort
gilt!«

Gog und sein Heer werden bestattet

[9] »Die Einwohner der Städte Israels wer-
den aufs Schlachtfeld gehen und dort die
Waffen ihrer Feinde einsammeln. Mit
den Schilden, Bogen und Pfeilen, den
Keulen und Lanzen können sie sieben
Jahre lang Feuer machen. [10] Sie brauchen
kein Holz mehr auf den Feldern zu su-
chen, und im Wald müssen sie keine Bäu-
me fällen. Denn die Waffen ihrer Feinde
sind Brennholz genug! Nun werden sie
diejenigen plündern und berauben, die
das Gleiche mit ihnen tun wollten. Da-
rauf gebe ich, der Herr, mein Wort.

[11] In jener Zeit bestimme ich einen Ort,
wo Gog begraben werden soll: Es ist das
Tal Abarim (›Tal der Durchreisenden‹)
östlich vom Toten Meer. Mit Gog wird
auch sein ganzes Heer dort bestattet, da-
rum kann man das Tal nicht mehr betre-
ten. Von da an heißt es Tal Hamon Gog
(›Tal der Truppen Gogs‹). [12] Sieben Mo-
nate werden die Israeliten brauchen, um
alle Leichen dort zu begraben, damit das
Land nicht länger unrein ist. [13] Das ganze
Volk wird dabei helfen. Dann wird man
Israel rühmen, weil ich, der Herr, meine
Herrlichkeit offenbart habe. Das verspre-
che ich.

[14] Nach diesen sieben Monaten werden
die Israeliten Männer damit beauftragen,
durch das ganze Land zu ziehen. Sie sol-

38,18–23 Offb 20,8–9 **38,21** Ri 7,22; 1 Sam 14,20; Sach 14,13 **38,23** 36,23 **39,1** 38,2 **39,4–5** 29,5; 32,4 **39,9** Jes 9,4 **39,10** Jer 30,16 **39,12–16** 4 Mo 19,11–16

len alle Gefallenen finden, die noch nicht
begraben wurden. Denn auch sie müssen
bestattet werden, damit das Land nicht
länger unrein ist. 15 Wenn diese Männer
nun irgendwo eine Leiche finden, sollen
sie die Stelle kennzeichnen, damit die
Totengräber die Leiche im Tal Hamon
Gog bestatten können. 16 Auf diese Weise
wird das ganze Land wieder rein. Auch
eine Stadt in Israel wird nach den gefal-
lenen Soldaten Gogs ›Hamona‹ genannt
werden.«

17 Der Herr sprach zu mir: »Sterblicher
Mensch, rufe alle Vögel und die wilden
Tiere herbei: Kommt von überall her,
versammelt euch im Bergland Israel!
Denn dort bereite ich ein großes Opfer-
mahl für euch zu, kommt, fresst Fleisch
und trinkt Blut! 18 Ja, fresst das Fleisch
von kampferprobten Soldaten, und trinkt
das Blut von mächtigen Herrschern! Sie
alle werden geschlachtet wie Opfertiere,
wie die Schafböcke, Lämmer und Zie-
genböcke, die Stiere und die gemästeten
Rinder aus Baschan. 19 Fresst euch satt an
ihrem Fett, berauscht euch am Blut der
Opfertiere, die ich für euch geschlachtet
habe! 20 An meinem Tisch könnt ihr es-
sen, so viel ihr wollt, von Pferden, Rei-
tern und Soldaten. Mein Wort gilt!«

Ich bringe mein Volk zurück!

21 »Wenn ich Gericht halte über Gog und
sein Heer, wenn ich mein Urteil an ihm
vollstrecke, werden die anderen Völker
meine Macht und Hoheit sehen. 22 Und
auch die Israeliten werden erkennen,
dass ich der Herr, ihr Gott, bin. Nie mehr
werden sie das vergessen.

23 Dann begreifen die anderen Völker,
dass die Israeliten wegen ihrer Schuld in
die Verbannung gehen mussten. Weil sie
mir untreu geworden sind, habe auch ich
mich von ihnen abgewandt und sie in die
Gewalt ihrer Feinde gegeben. Viele von
ihnen sind im Krieg umgekommen. 24 Ja,
wegen ihres Götzendienstes und ihrer
Verbrechen habe ich sie verlassen und
sie so behandelt, wie sie es verdienten.

25 Doch jetzt kündige ich, der Herr, et-
was Neues an: Ich wende das Schicksal
meines Volkes zum Guten und habe
Erbarmen mit ihnen, den Nachkommen
Jakobs. Mit ganzer Kraft setze ich mich
dafür ein, dass ich wieder als der heilige
Gott verehrt werde. 26 Wenn die Israeliten
sicher und in Frieden in ihrem Land le-
ben, dann werden sie sich schämen, weil
sie mir untreu waren. 27 Ich bringe sie zu-
rück aus den Ländern ihrer Feinde, und
so zeige ich den anderen Völkern, dass
ich ein heiliger Gott bin. 28 Nach langer
Zeit der Verbannung lasse ich mein Volk
wieder in seinem Land wohnen, keiner
von ihnen bleibt zurück. Dann werden
sie erkennen, dass ich der Herr, ihr Gott,
bin. 29 Ich erfülle sie mit meinem Geist
und wende mich nie mehr von ihnen ab.
Darauf gebe ich, der Herr, mein Wort.«

Die Vision vom zukünftigen Tempel

40 Im 25. Jahr der Verbannung unse-
res Volkes, am 10. Tag des Neu-
jahrmonats, vierzehn Jahre nach der Zer-
störung Jerusalems, legte der Herr seine
Hand auf mich. 2 In einer Vision führte er
mich in das Land Israel, auf einen hohen
Berg nahe Jerusalem. Auf seiner Südseite
entdeckte ich etliche Bauten, die wie eine
Stadt aussahen. 3 Der Herr brachte mich
zum Stadttor, und dort stand ein Mann,
dessen Körper wie Bronze schimmerte.
In der Hand hielt er eine Schnur aus Lei-
nen und eine Messlatte. 4 Er sagte zu mir:
»Sterblicher Mensch, hör mir gut zu, und
sieh dir genau an, was ich dir zeigen wer-
de. Achte auf alles, denn du bist hierher
gebracht worden, damit ich es dir offen-
bare. Was du siehst, sollst du dem Volk
Israel berichten!«

39,17–20 Offb 19,17–18 **39,23–24** 36,20–23 **39,27** 28,25* **39,29** 36,26–27* **40,2** Offb 21,10
40,3 Sach 2,5; Offb 21,15

Das Osttor des Tempelbezirks

[5]Ich sah eine Mauer, die rings um den Tempelbezirk führte. Der Mann maß die Mauer aus; sie war genau eine Messlatte dick und ebenso hoch. Die Messlatte hatte eine Länge von gut 3 Metern[a].

[6]Dann stieg der Mann die Stufen zum Osttor hinauf und maß die vordere Schwelle des Tores aus; sie war etwas mehr als 3 Meter tief[b].

[7–10]Innen hatte das Torgebäude auf beiden Seiten drei Kammern. Jede war gut 3 Meter lang und ebenso breit. Die Mauern zwischen den Kammern waren 2,5 Meter dick.

Die hintere Torschwelle war – wie die vordere – etwas mehr als 3 Meter tief. Sie ging in eine Vorhalle über, die 4 Meter lang war. Die Mauerstücke rechts und links an ihrem Ausgang waren beide 1 Meter dick.

[11/12]Die sechs Kammern im Torgewölbe waren zum Torinneren hin durch eine Mauer von 0,5 Metern Höhe abgegrenzt.

Als Nächstes maß der Mann die Breite der Toröffnung. Sie betrug 6,5 Meter und innerhalb der Torangeln 5 Meter.[c] [13]Dann maß er die volle Breite des gesamten Torgebäudes, vom Dachansatz einer Kammer bis zum Dachansatz der gegenüberliegenden. Es waren 12,5 Meter.

[14]Die Vorhalle war 10 Meter breit. Durch sie gelangte man in den äußeren Tempelvorhof.[d] [15]Das ganze Torgebäude war von der vordersten Toröffnung bis zur Ausgangstür der Vorhalle 25 Meter lang.

[16]Die Kammern besaßen vergitterte Fenster an den Außen- und Innenwänden, und auch die Vorhalle hatte rundherum Fenster. Die Mauerstücke am Torausgang waren mit Palmwedeln verziert.

Der äußere Tempelvorhof

[17/18]Dann führte der Mann mich in den äußeren Vorhof. Dieser war entlang der Mauer mit Pflastersteinen ausgelegt. Das Pflaster reichte von der Innenseite der Mauer so weit in den Hof hinein, dass es mit dem Ausgang des Tores abschloss. Es lag tiefer als der restliche Boden des Vorhofs. Auf dem Pflaster waren ringsum dreißig Kammern angeordnet.

[19]Als Nächstes maß der Mann den Abstand zwischen dem Osttor – durch das wir in den äußeren Vorhof gekommen waren – und dem höher gelegenen Tor des inneren Vorhofs. Sie lagen sich genau gegenüber. Der Abstand betrug 50 Meter. Danach gingen wir zur Nordseite der äußeren Tempelmauer.

Das Nordtor

[20]Auch dort gab es ein Tor, das in den äußeren Vorhof führte. Der Mann maß seine Länge und Breite.

[21]Im Torgebäude befanden sich ebenfalls auf jeder Seite drei Kammern, die genauso groß waren wie die des Osttors. Auch die Vorhalle und das Mauerwerk an ihrem Ausgang hatten die gleichen Maße.

Insgesamt war das Torgebäude 25 Meter lang und 12,5 Meter breit. [22]Vorhalle, Fenster und Palmwedel sahen genauso aus wie die des ersten Tores. Auf sieben Stufen stieg man zu ihm hinauf. Auch beim Nordtor führte die Vorhalle in den äußeren Vorhof.

[23]Wie beim Osttor befand sich genau gegenüber ein höher gelegenes Tor, durch das man in den inneren Vorhof gelangte. Der Mann maß den Abstand zwischen beiden, und es waren auch hier 50 Meter.

---

[a] Wörtlich: von 6 Ellen, jede Elle so lang wie eine gewöhnliche Elle und eine Handbreit. – Die Großelle war etwa 52 Zentimeter lang, die Messlatte entsprechend etwa 3,12 Meter.

[b] So mit der griechischen Übersetzung. Der hebräische Text lautet: sie war eine Messlatte (3 Meter) tief, und die erste Torschwelle war eine Messlatte (3 Meter) tief.

[c] Wörtlich: Die Breite betrug 13 Ellen (6,5 Meter) und die Länge 10 Ellen (5 Meter).

[d] So in Anlehnung an die griechische Übersetzung. Der hebräische Text ist nicht zu deuten.

Das Südtor

24 Danach führte er mich an die Südmauer des äußeren Vorhofs. Dort gab es ebenfalls ein Tor. Seine Vorhalle und das Mauerwerk an ihrem Ausgang hatten die gleichen Maße wie die der anderen Tore. 25 Auch die Fenster im Torgebäude und in der Vorhalle entsprachen den vorigen Fenstern. Insgesamt war der Bau 25 Meter lang und 12,5 Meter breit. 26 Sieben Stufen führten zu ihm hinauf, und die Vorhalle lag zum äußeren Vorhof hin. Die Mauerstücke rechts und links an ihrem Ausgang waren beide mit je einem Palmwedel verziert.

27 Auch diesem Tor lag ein Tor gegenüber, das zum inneren Vorhof führte. Der Mann maß den Abstand aus; es waren wiederum 50 Meter.

Der innere Vorhof und seine Tore

28 Dann ging der Mann mit mir durch das Südtor in den inneren Tempelvorhof und maß das Tor aus. Es war genauso groß wie die anderen Tore. 29/30 Seine Kammern, die Vorhalle und das Mauerwerk an ihrem Ausgang hatten die gleichen Maße. Auch hier waren im Torgebäude und in der Vorhalle ringsherum Fenster eingelassen. Der Bau war 25 Meter lang und 12,5 Meter breit.[a] 31 Die beiden Mauerstücke waren mit Palmwedeln verziert. Die Vorhalle lag zum äußeren Vorhof hin, und der Aufgang zu ihr bestand aus acht Stufen.

32 Als Nächstes führte mich der Mann durch das Osttor in den inneren Vorhof und maß es aus. Es war genauso groß wie die anderen Tore. 33 Seine Kammern, die Vorhalle und das Mauerwerk an ihrem Ausgang hatten die gleichen Maße. Auch hier waren im Torgebäude und in der Vorhalle ringsum Fenster eingelassen. Der Bau war 25 Meter lang und 12,5 Meter breit. 34 Die beiden Mauerstücke waren mit Palmwedeln verziert. Die Vorhalle des Tores lag zum äußeren Vorhof hin, und der Aufgang bestand aus acht Stufen.

35 Dann brachte der Mann mich zum Nordtor und maß es aus. Auch dieses sah genauso aus wie die anderen Tore des inneren Vorhofs. 36 Seine Kammern, die Vorhalle und das Mauerwerk an ihrem Ausgang hatten die gleichen Maße. Auch hier besaßen Torgebäude und Vorhalle ringsum Fenster. Der Bau war 25 Meter lang und 12,5 Meter breit. 37 Die beiden Mauerstücke waren mit Palmwedeln verziert. Die Vorhalle des Tores lag zum äußeren Vorhof hin, und der Aufgang bestand aus acht Stufen.

Die Räume im inneren Vorhof

38 Am Eingang zum Nordtor war eine Kammer angebaut. Hier wurden die Eingeweide und Schenkel der Tiere gereinigt, die für das Brandopfer bestimmt waren.[b] Durch die Tür dieses Raumes kam man in die Vorhalle des Tores.[c] 39 Dort standen auf jeder Seite zwei Tische. Auf ihnen sollten die Tiere für die Brand-, Sünd- und Schuldopfer geschlachtet werden. 40 An den beiden Außenwänden der Vorhalle, rechts und links vom Toreingang, waren ebenfalls je zwei Tische aufgestellt. 41 So standen auf jeder Seite des Tores vier Tische, auf denen geschlachtet wurde; insgesamt waren es acht.

42 Die vier Tische in der Vorhalle bestanden aus Quadersteinen. Sie waren 0,75 Meter lang, ebenso breit und 0,5 Meter hoch. Auf ihnen legte man alles bereit, was man brauchte, um die Tiere für die Brandopfer und alle übrigen Opfer zu schlachten. 43 Auch das Fleisch der Tiere wurde dort aufbewahrt. In die Wände des Tores waren ringsum Haken eingeschlagen, die eine Handbreit aus

---

[a] So mit der griechischen Übersetzung. Im hebräischen Text steht noch: Ringsum gab es Vorhallen, die 25 Ellen (12,5 Meter) lang und 5 Ellen (2,5 Meter) breit waren.

[b] Wörtlich: Dort spülte man das Brandopfer ab. Vgl. 3. Mose 1,9.13

[c] So in Anlehnung an die griechische Übersetzung. Der hebräische Text lautet: Ihre Türöffnung war an den Mauerstücken der Tore.

der Wand ragten. 44 Dann gingen wir in
den inneren Vorhof. Neben dem Nordtor
und dem Südtor lag je ein Raum[a], der
sich zum inneren Vorhof hin öffnete; der
am Nordtor war nach Süden offen, der
am Südtor nach Norden. 45 Der Mann
sagte zu mir: »Der Raum neben dem
Nordtor ist für die Priester bestimmt, die
den Tempeldienst versehen. 46 Im Raum
neben dem Südtor halten sich die Pries-
ter auf, die am Altar die Opfer darbrin-
gen. Sie alle sind Nachkommen Zadoks,
als Einzige aus dem Stamm Levi dürfen
sie dem Herrn in seinem Tempel dienen.«
47 Als Nächstes maß der Mann den inne-
ren Vorhof aus. Er war 50 Meter lang und
ebenso breit. Vor dem Tempel stand ein
Altar.

Der Tempel

48 Der Mann führte mich in die Vorhalle
des Tempels. Das Mauerwerk rechts und
links von ihrem Eingang war je 2,5 Meter
dick. Der Toreingang hatte eine Breite
von 7 Metern; zusätzlich nahmen die
Mauerstücke links und rechts davon je
1,5 Meter ein.[b] 49 Die ganze Vorhalle
war 10 Meter breit und 6 Meter[c] lang.
Zehn Stufen führten zu ihr hinauf.[d] Ne-
ben den Mauerstücken auf beiden Seiten
des Eingangs stand je eine Säule.

41 Dann führte mich der Mann in das
Tempelgebäude und maß die bei-
den Mauerstücke rechts und links vom
Eingang aus. Sie waren 3 Meter dick.
2 Der Eingang selbst war 5 Meter breit,
die Mauerstücke auf beiden Seiten je 2,5
Meter. Als Nächstes nahm der Mann
Maß vom Tempelraum; er war 20 Meter
lang und 10 Meter breit.
3 Danach ging der Mann in den hinters-
ten Raum und maß das Mauerwerk am
Eingang aus; es war auf beiden Seiten
1 Meter dick. Der Eingang selbst war
3 Meter breit, das Mauerwerk auf jeder
Seite neben dem Eingang 3,5 Meter.
4 Der Mann nahm Maß von diesem
Raum: Seine Länge und Breite betrugen
10 Meter, er war also ebenso breit wie der
erste Tempelraum. Der Mann sagte zu
mir: »Dies ist das Allerheiligste.«
5 Dann maß er die Seitenwände des
Tempels aus; sie waren 3 Meter dick.
Rings um das Gebäude gab es einen An-
bau, der 2 Meter breit war. 6 Er bestand
aus drei Stockwerken, auf denen sich ins-
gesamt dreißig Kammern befanden. Die
tragenden Querbalken der Stockwerke
ruhten auf Mauervorsprüngen an der Au-
ßenseite der Tempelwand. So mussten
die Balken nicht in der eigentlichen Tem-
pelmauer verankert werden. 7 Die Mauer-
vorsprünge entstanden dadurch, dass die
Tempelmauer mit jedem höher ge-
legenen Stockwerk etwas zurücktrat.
Eine Außentreppe führte vom untersten
Stockwerk über das mittlere zum oberen
hinauf.[e] 8–11 Die Außenwand des Anbaus
war 2,5 Meter dick. Ich sah, dass der Tem-
pel und sein Anbau auf einer Plattform
standen, die 3 Meter hoch war. Sie war
breiter als das ganze Gebäude und verlief
ringsum als eine Terrasse von 2,5 Metern
Breite. An der Nordseite und an der Süd-
seite des Anbaus befand sich je eine Tür
zur Terrasse. Die Plattform war von
einem unbebauten Streifen umgeben, der
eine Breite von 10 Metern hatte.[f]
12 Hinter dem Tempel, in westlicher
Richtung, stand in einem abgesonderten
Bereich ein weiteres Gebäude. Es war
35 Meter lang und 45 Meter breit, seine
Außenmauern waren 2,5 Meter dick.

---

[a] So mit der griechischen Übersetzung. Der hebräische Text lautet: lagen Räume für die Sänger.
[b] So mit der griechischen Übersetzung. Der hebräische Text lautet: Der Toreingang war auf beiden Seiten 3 Ellen (1,5 Meter) breit.
[c] So mit der griechischen Übersetzung. Der hebräische Text lautet: 11 Ellen (5,5 Meter).
[d] So mit der griechischen Übersetzung. Der hebräische Text lautet: Stufen führten zu ihr hinauf.
[e] Vers 7 ist nicht sicher zu deuten.
[f] Die Verse 8–11 sind nicht sicher zu deuten.

40,44–46 42,1–14 **40,46** 44,15–16; 1 Kön 1,8.39 **40,47** 43,13–17 **40,48** 1 Kön 6,3 **40,49** 1 Kön 7,21 **41,7** 1 Kön 6,5–6

[13]Dann maß der Mann den ganzen Tempelbezirk aus. Der Tempel war 50 Meter lang. Von seiner Rückseite über den unbebauten Streifen bis zur Rückseite des anderen Gebäudes waren es ebenfalls 50 Meter. [14]Auch der innere Vorhof auf der Ostseite des Tempels war 50 Meter breit. Diese 50 Meter setzten sich zusammen aus der Breite des Tempeleingangs und des unbebauten Streifens rechts und links davon. [15]So war auch das Gebäude auf der Rückseite des Tempels genau 50 Meter breit, die Terrassenbauten auf seinen beiden Seiten eingeschlossen.

Die Innenausstattung des Tempels

Die Vorhalle des Tempels, der Tempelraum und das Allerheiligste [16]waren innen mit Holz getäfelt, vom Fußboden bis hinauf zu den Fenstern. Diese hatten dreifach abgestufte Rahmen und konnten geschlossen werden.

[17]Alle Innenwände waren in gleich große Felder eingeteilt, auch oberhalb der Türen. [18]In diese Felder waren abwechselnd Cherub-Engel und Palmwedel eingeschnitzt. Alle Engel hatten zwei Gesichter: [19/20]Dem Palmwedel auf der einen Seite wandten sie das Gesicht eines Menschen zu, dem Palmwedel auf der anderen Seite das eines Löwen. Diese Bilder waren auf allen Wänden zu sehen, vom Fußboden bis oberhalb der Türen. [21]Die Eingangstür zum Heiligtum hatte einen vierfach abgestuften Rahmen.

Vor dem Allerheiligsten stand etwas, [22]das aussah wie ein Altar aus Holz. Er war 1,5 Meter hoch, 1 Meter lang und ebenso breit[a]. Seine Ecken, sein Sockel[b] und seine Wände waren aus Holz. Der Mann, der ihn mir gezeigt hatte, sagte zu mir: »Das ist der Tisch, der vor dem Herrn steht.«

[23]Am Eingang zum Heiligtum und zum Allerheiligsten gab es je eine Tür mit zwei Flügeln. [24]Jeder der beiden Flügel war aus zwei drehbaren Teilen zusammengesetzt. [25]Auch auf diesen Türen sah man – genau wie an den Wänden – Schnitzereien von Cherub-Engeln und Palmwedeln. Über dem Eingang der Tempelvorhalle befand sich ein Vordach aus Holz.

[26]Auch in die Wände der Vorhalle waren Fenster mit Rahmen eingesetzt. Wie in den Tempelwänden gab es hier Ornamente mit Palmwedeln, ebenso am hölzernen Vordach.

Die Räume für die Priester

42 Dann führte der Mann mich wieder in den äußeren Tempelvorhof. An der Nordseite des Gebäudes, das hinter dem Tempel lag, befand sich ein weiterer Bau mit verschiedenen Räumen. Er war genauso lang wie das Gebäude und der unbebaute Streifen davor, [2]nämlich 50 Meter[c]. Seine Breite betrug 25 Meter. [3]Mit seiner Südwand grenzte der Bau an das Gebäude auf der Rückseite des Tempels und den unbebauten Platz davor. Seine Nordseite lag quer zu dem Pflaster, das entlang der Mauer des äußeren Vorhofs verlief.

Der Bau hatte drei Stockwerke, die terrassenartig angelegt waren. [4]An der Nordseite verlief ein 5 Meter breiter Gang. Dort befanden sich auch die Eingänge des Gebäudes. An der Südseite führte ein 50 Meter[d] langer Gang bis in den inneren Vorhof. [5/6]Weil der Bau terrassenförmig angelegt war, trat mit jedem höhergelegenen Stockwerk die Außenmauer mehr zurück. Daher wurden

---

a So mit der griechischen Übersetzung. Im hebräischen Text fehlt die Angabe über die Breite.
b So mit der griechischen Übersetzung. Der hebräische Text lautet: seine Länge.
c So mit der griechischen Übersetzung. Der hebräische Text lautet: an der Vorderseite: eine Länge von 100 Ellen (50 Meter) am nördlichen Eingang.
d So mit der griechischen Übersetzung. Der hebräische Text lautet: 1 Elle (0,5 Meter).

41,15 42,1–14 **41,17–20** 1 Kön 6,18.29 **41,22** 2 Mo 30,1–10; 1 Kön 6,20 **41,25** 1 Kön 6,31–35 **42,1–14** 40,44–46

die Kammern von unten nach oben im-
mer kleiner. Es gab in diesem Bau keine
Säulen wie in den anderen Gebäuden des
Tempelvorhofs.
7/8 Der Gang an der Nordseite war zur
Hälfte durch eine Mauer abgegrenzt, die
25 Meter in den äußeren Vorhof hinein-
ragte. Die restlichen 25 Meter des Gan-
ges verliefen an einer Kammer entlang,
die an der Mauer des äußeren Tempel-
vorhofs lag. Insgesamt war der Gang
durch 50 Meter Mauerwerk abgeschirmt.[a]
9 So gelangte man von Osten her in das
Gebäude, wenn man vom äußeren Vor-
hof kam.
10 An der Südseite[b] des Gebäudes hin-
ter dem Tempel lag ebenfalls ein Bau, der
an die Mauer des äußeren Tempelvor-
hofs grenzte. Er war genauso lang wie
das Gebäude und der unbebaute Streifen
davor. 11 Auch hier gab es zwei Gänge.
Die Kammern sahen genau gleich aus
wie die im Bau auf der Nordseite, sie hat-
ten die gleichen Maße und genauso viele
Eingänge, 12 die nun aber nach Süden hin
lagen. Auch hier gelangte man – entlang
der Schutzmauer – von Osten in das Ge-
bäude, wenn man vom äußeren Vorhof
kam.
13 Der Mann sagte zu mir: »Diese bei-
den Bauten, die nördlich und südlich an
den freien Raum und das Gebäude hinter
dem Tempel grenzen, sind dem Herrn ge-
weiht. In ihren Räumen sollen die Pries-
ter, die dem Herrn in seinem Tempel die-
nen, von den heiligen Opfergaben essen.
Dorthin bringen sie die Speiseopfer, die
Sünd- und Schuldopfer. 14 Wenn die
Priester ihren Dienst im Heiligtum ver-
richtet haben, dürfen sie nicht sofort wie-
der zu den Menschen im äußeren Vorhof
hinausgehen. Vorher müssen sie ihre hei-
ligen Gewänder, die sie im Tempel getra-
gen haben, in diesen Räumen ablegen
und andere Kleider anziehen. Erst dann
können sie zu den Leuten hinausgehen.«
15 Nachdem der Mann den ganzen in-
neren Tempelbezirk ausgemessen hatte,
führte er mich durch das Osttor wieder
hinaus und nahm Maß von der Außen-
mauer. 16–20 Mit der Messlatte bestimmte
er die Länge aller vier Seiten. Er begann
an der Ostseite, dann ging er zur Nord-
seite, zur Südseite und Westseite. Alle
vier hatten jeweils eine Länge von 250
Metern. Die Mauer trennte den Tempel-
bezirk, der dem Herrn geweiht war, vom
übrigen Land.

Der Herr kehrt in seinen Tempel zurück

43 Der Mann führte mich wieder zum
Osttor des Tempelbezirks. 2 Plötz-
lich erblickte ich den Gott Israels in
seiner Herrlichkeit. Er kam von Osten
her nach Jerusalem. Das ganze Land
erstrahlte in seinem Glanz, und ich hörte
ein Rauschen, ein Brausen wie von
gewaltigen Wassermassen. 3 Der Herr
erschien mir so wie damals, als er nach
Jerusalem kam, um die Stadt zu zerstö-
ren. Ich erblickte seine Macht und Herr-
lichkeit, die ich schon am Fluss Kebar
gesehen hatte.
Da fiel ich vor ihm nieder und berührte
mit meinem Gesicht den Boden. 4 Der
Herr zog durch das Osttor in den Tempel
ein. 5 Dann hob der Geist Gottes mich
empor und brachte mich in den inneren
Vorhof. Ich sah, wie der ganze Tempel
von der herrlichen Erscheinung des
Herrn erfüllt wurde.
6 Der Mann, der mich geführt hatte,
stand neben mir, und ich hörte eine Stim-
me aus dem Tempel zu mir sprechen:
7 »Sterblicher Mensch, hier steht mein
Thron und mein Fußschemel. Für alle
Zeiten will ich mitten unter meinem Volk
wohnen. Nie wieder werden die Israeli-
ten meinen heiligen Namen in den
Schmutz ziehen, nie mehr werden sie an-

---

[a] So in Anlehnung an die griechische Übersetzung. Der hebräische Text lautet: An der Vorderseite des Tempelraumes 100 Ellen (50 Meter).

[b] So mit der griechischen Übersetzung. Der hebräische Text lautet: An der Ostseite.

42,13 4 Mo 18,8–19* **43,2–4** 10,18–19; 11,22–23 **43,2** 1,24 **43,3** 1,1–3 **43,5** 2 Mo 40,34–35; 1 Kön 8,10–11 **43,6** 40,3 **43,7** 37,27; Jer 17,12; Offb 21,3

deren Göttern opfern und ihre Könige
neben dem Tempel bestatten. 8 Früher
haben Israels Herrscher ihre Paläste
direkt an meinen Tempel angebaut,
Schwelle an Schwelle und Tür an Tür.
Nur eine Wand trennte sie von mir.
Durch ihren abscheulichen Götzendienst
beschmutzten sie meinen heiligen Na-
men, darum habe ich die Israeliten voller
Zorn vernichtet. 9 Doch jetzt werden sie
ein für alle Mal ihren Götzendienst auf-
geben und die Leichen ihrer Könige von
meinem Tempel fern halten. Dann will
ich für immer unter ihnen wohnen.«

10 Weiter sagte die Stimme zu mir:
»Sterblicher Mensch, erzähle den Israeli-
ten von diesem Tempel! Wenn sie erken-
nen, wie gewaltig er ist, werden sie sich
schämen für alle Sünden, die sie began-
gen haben. 11 Was sie getan haben, wird
ihnen leid tun. Dann zeichne ihnen den
Tempel auf, und zeig ihnen, wie er von
innen aussieht. Beschreib die Ausgänge
und Eingänge, und erklär ihnen alle Wei-
sungen und Ordnungen, die ich für den
Tempel gegeben habe. Schreib alles auf,
damit sie sich daran halten können.
12 Und nun gebe ich dir die wichtigste An-
weisung: Der ganze Tempelbezirk auf
dem Gipfel dieses Berges soll allein mir
geweiht sein. Dies ist das wichtigste Ge-
setz für den Tempel.«

Der Brandopferaltar

13 Rings um den Altar in der Mitte des in-
neren Vorhofs[a] verlief ein Graben, der
etwas mehr als 0,5 Meter tief und ebenso
breit war. Rund um den Graben gab es
eine Abgrenzung von gut 25 Zentimetern
Höhe. Der Altar selbst bestand aus drei
übereinander liegenden Blöcken.[b] Der
unterste Sockel 14/15 war vom Rand des
Grabens an gut 1 Meter hoch. Dann trat
der Altarrand etwas mehr als 0,5 Meter
zurück. Der nächste Sockel war größer,
seine Höhe betrug über 2 Meter. Auf
ihm stand der dritte Sockel, der Opfer-
herd. Auch dieser war gut 2 Meter hoch,
aber auf jeder Seite über 0,5 Meter
schmaler als der zweite Sockel. Vier Hör-
ner ragten von seinen Ecken aus in die
Höhe. 16 Der Opferherd war quadratisch,
seine Länge und seine Breite betrugen
über 6 Meter. 17 Auch der darunter lie-
gende mittlere Sockel hatte die Form
eines Quadrats, er war gut 7 Meter lang
und ebenso breit. Der Graben rings um
den Altar war etwas mehr als 0,5 Meter
breit und die Abgrenzung rundherum gut
25 Zentimeter hoch. An der Ostseite
führten Stufen zum Altar hinauf.

18 Gott, der Herr, sprach zu mir: »Sterb-
licher Mensch, wenn dieser Altar fertig
gestellt ist, sollen dort Brandopfer dar-
gebracht werden, und man soll ihn mit
Blut besprengen. Dies ist meine Anwei-
sung dazu:

19 Nur die Priester aus dem Stamm
Levi, die zu den Nachkommen Zadoks
gehören, dürfen mir in meinem Tempel
dienen.

Gib ihnen einen jungen Stier, damit sie
ihn schlachten und als Sündopfer dar-
bringen. Ich, der Herr, will es so. 20 Du
sollst die vier Hörner des Altars, die vier
Ecken seiner Sockel und die Abgrenzung
um den Graben mit dem Blut des Stieres
bestreichen. So reinigst du den Altar von
aller Schuld, die auf ihm lastet. 21 Danach
lass den jungen Stier zu einem bestimm-
ten Platz außerhalb des Tempelbezirks
bringen. Dort muss er verbrannt werden.

22 Am nächsten Tag sollst du einen feh-
lerlosen Ziegenbock als Sündopfer dar-
bringen. Wie beim ersten Opfer muss
der Altar von aller Schuld, die auf ihm
lastet, gereinigt werden.

23 Wenn du dies getan hast, suche einen
jungen Stier und einen jungen Schafbock
aus, beide ohne jeden Fehler. 24 Die Pries-
ter sollen die Tiere mit Salz bestreuen

---

[a] »in der Mitte des inneren Vorhofs« ist sinngemäß eingefügt.
[b] »Der Altar … Blöcken« ist sinngemäß eingefügt.

43,8 8,7–18; 1 Kön 7,12 **43,10** 20,42–43 **43,13–17** 40,47 **43,19–26** 2 Mo 29,35–37 **43,19** 44,15–16 **43,21** 3 Mo 16,27 **43,24** 3 Mo 2,13

und sie dann mir, dem Herrn, als Brandopfer darbringen.

[25] Sieben Tage lang sollst du täglich einen Ziegenbock, einen jungen Stier und einen Schafbock opfern. Alle Tiere müssen fehlerlos sein. [26] In diesen sieben Tagen sollt ihr den Altar einweihen und ihn von aller Schuld reinigen, die auf ihm lastet. [27] Vom achten Tag an können die Priester eure regelmäßigen Brandopfer und Dankopfer auf dem Altar darbringen. Dann nehme ich, der Herr, euch wieder in Liebe als mein Volk an. Darauf gebe ich mein Wort!«

Das verschlossene Osttor des Tempelbezirks

44 Der Mann, der mich geführt hatte, ging nun mit mir vom inneren Vorhof wieder zurück zum Osttor der äußeren Tempelmauer. Es war verschlossen. [2] Da sagte der Herr zu mir: »Dieses Tor soll für immer verschlossen bleiben und nie wieder geöffnet werden. Kein Mensch soll jemals die Schwelle überschreiten, denn durch dieses Tor bin ich, der Herr, der Gott Israels, wieder in mein Heiligtum zurückgekehrt. [3] Nur der Herrscher, der mein Volk regieren wird, darf im Torgebäude seinen Anteil vom Opfer essen, das mir, dem Herrn, dargebracht wird. Er soll das Gebäude durch die Vorhalle an der Innenseite betreten und es auf demselben Weg wieder verlassen.«

Die Leviten werden vom Priesterdienst ausgeschlossen

[4] Dann führte mich der Mann durch das Nordtor wieder in den inneren Vorhof vor den Tempeleingang. Ich sah, wie der ganze Tempel von der herrlichen Erscheinung des Herrn erfüllt wurde. Da fiel ich vor ihm nieder und berührte mit meinem Gesicht den Boden.

[5] Der Herr sprach zu mir: »Sterblicher Mensch, hör mir gut zu, und sieh dir genau an, was ich dir zeige! Achte auf meine Worte, und vergiss keine der Weisungen, die ich dir für mein Heiligtum gebe! Ich habe viele Ordnungen für den Tempel festgelegt. Merk dir genau, wer dort hineingehen darf und wer nicht. [6] Noch immer lehnt sich mein Volk gegen mich auf. Darum richte ihnen diese Botschaft von mir aus:

Ihr Israeliten, hört auf mit eurem abscheulichen Treiben! [7] Unbeschnittene Heiden, die mich nicht kennen, lasst ihr in meinen Tempel gehen – gerade dann, wenn ihr mir das Fett und das Blut eurer Opfertiere darbringt! So entweiht ihr diese heilige Stätte. Ihr tut, was ich verabscheue, und brecht den Bund, den ich mit euch geschlossen habe. [8] Den Dienst in meinem Heiligtum wollt ihr nicht verrichten. Nein, diese Aufgabe habt ihr Männern aus fremden Völkern überlassen!

[9] Darum sage ich, der Herr: In Zukunft darf niemand aus einem anderen Volk, der unbeschnitten ist und mich nicht kennt, mein Heiligtum betreten. Das gilt auch für die Fremden, die bei euch Israeliten leben. [10] Als mein Volk sich von mir abwandte und anderen Göttern diente, da haben sogar die Leviten mir den Rücken gekehrt. Nun sollen sie die Folgen tragen: [11] In Zukunft dürfen sie in meinem Tempel nicht mehr jeden Dienst verrichten. Sie sollen die Eingänge bewachen und die Tiere schlachten, die das Volk mir als Brand- und Schlachtopfer darbringen will. So müssen sie dem ganzen Volk dienen. [12] Bis heute haben sie die Israeliten dazu verleitet, andere Götter zu verehren und sich gegen mich aufzulehnen. Darum habe ich, der Herr, meine Hand erhoben und geschworen, sie dafür zu strafen.

[13] Von nun an dürfen sie mir nicht mehr als Priester dienen, nie mehr sollen sie mit dem in Berührung kommen, was ich für besonders heilig erklärt habe. Diese Schande müssen sie tragen, weil sie getan haben, was ich verabscheue. [14] Ich lasse

---

44,2 43,2–4 **44,3** 46,1–2 **44,4** 43,5 **44,6** 2,3 **44,7–8** Jos 9,26–27; Jes 52,1 **44,10** 22,26

sie nur noch die niedrigsten Dienste im
Tempel verrichten.«

Anweisungen für die Priester

15 »Eine Ausnahme aber soll es geben:
Alle Leviten, die zu den Nachkommen
Zadoks gehören, dürfen mir weiterhin
im Heiligtum als Priester dienen. Denn
als die Israeliten sich von mir abwandten,
da haben sie den Tempeldienst gewissen-
haft ausgeführt. Darum sollen sie mir das
Fett und das Blut der Opfertiere darbrin-
gen. Das sage ich, der Herr. 16 Sie allein
dürfen mein Heiligtum betreten, die Op-
fer auf dem Altar darbringen und mir im
Tempel dienen.
17 Dazu gebe ich diese Anweisungen:
Bevor sie durch die Tore in den inneren
Vorhof kommen, sollen sie Kleider aus
Leinen anziehen. Wolle dürfen sie nicht
tragen, wenn sie im inneren Vorhof oder
im Tempel ihren Dienst ausüben. 18 Ihre
Turbane und Hosen müssen aus Leinen
sein, denn sie dürfen keine Kleidung
tragen, in der sie schwitzen. 19 Bevor sie
wieder in den äußeren Vorhof zu den
Menschen hinausgehen, müssen sie die
Gewänder ausziehen, die sie im Tempel
getragen haben. In den heiligen Räumen,
die für die Priester bestimmt sind, sollen
sie andere Kleider anziehen. Denn das
Volk darf nicht mit ihren heiligen Ge-
wändern in Berührung kommen.
20 Die Priester sollen sich weder den
Kopf kahl scheren noch die Haare lang
wachsen lassen. Ihre Haare sollen kurz
geschnitten sein. 21 Bevor sie den inneren
Tempelvorhof betreten, dürfen sie kei-
nen Wein trinken.
22 Ein Priester darf keine geschiedene
Frau heiraten. Er soll eine Israelitin zur
Frau nehmen, die noch nie mit einem
Mann geschlafen hat. Eine Witwe darf er
nur heiraten, wenn ihr früherer Mann ein
Priester war.
23 Die Priester sollen meinem Volk den
Unterschied zwischen heilig und nicht
heilig erklären und ihm zeigen, was rein
und was unrein ist. 24 Wenn es einen
Rechtsstreit gibt, sollen sie Gericht hal-
ten und nach meinen Gesetzen das Urteil
sprechen. Bei allen Festen müssen sie die
Weisungen und Ordnungen beachten, die
ich dafür gegeben habe. Sie sollen dafür
sorgen, dass der Sabbat als heiliger Tag
geachtet wird.
25 Kein Priester darf einen Toten be-
rühren, denn sonst würde er sich ver-
unreinigen. Nur wenn seine Eltern, seine
Kinder, sein Bruder oder seine unverhei-
ratete Schwester gestorben sind, darf er
die Leiche berühren. 26 Wenn er sieben
Tage danach wieder rein geworden ist,
soll er noch weitere sieben Tage warten.
27 Erst dann darf er den inneren Vorhof
betreten. Bevor er mir aber in meinem
Heiligtum dienen kann, muss er mir ein
Sündopfer darbringen. Ich, der Herr, will
es so.
28 Die Priester dürfen nichts erben und
keinen Grundbesitz haben. Denn ich, der
Herr, sorge für sie. Was sie brauchen, be-
kommen sie von mir. 29 Vom Speiseopfer,
vom Sünd- und vom Schuldopfer dürfen
sie essen. Alles, was mir geweiht wurde,
gehört ihnen. 30 Das Beste von den ersten
Erträgen der Ernte ist ihr Anteil, ebenso
die ersten Brote, die ihr Israeliten nach
der neuen Ernte backt. Auch von allen
anderen Opfergaben, die ihr mir bringt,
bekommen die Priester ihren Anteil.
Wenn ihr euch daran haltet, werde ich
eure Familien segnen.
31 Die Priester dürfen kein Fleisch von
einem Vogel oder einem anderen Tier es-
sen, das verendet ist oder von Raubtieren
gerissen wurde.«

Der Anteil des Herrn am Land Israel

45 Weiter sagte der Herr zu mir:
»Wenn ihr den Stämmen Israels
durch das Los ihr Land zuteilt, sollt ihr

44,15 40,46; 48,10–12 **44,17–18** 3 Mo 16,4 **44,19** 42,14; 3 Mo 16,23 **44,20** 3 Mo 21,5 **44,21** 3 Mo 10,9 **44,22** 3 Mo 21,7.13–14 **44,23** 3 Mo 10,10; Mal 2,6–7 **44,24** 5 Mo 17,8–9 **44,25** 3 Mo 21,1–4 **44,28** 4 Mo 18,20* **44,29–30** 4 Mo 18,8–19* **44,30** 4 Mo 18,21–24* **44,31** 3 Mo 22,8 **45,1** Jos 14,1–5

für mich ein Gebiet zurückbehalten. In
seinem ganzen Umfang soll es mir geweiht sein und darum als heilig gelten.
Es muss 12,5 Kilometer lang und 10 Kilometer[a] breit sein.
2/3 Von diesem Gebiet sollt ihr genau
die Hälfte – 12,5 mal 5 Kilometer – abteilen. Darin wird mein Tempel mit dem Allerheiligsten stehen. Er muss umgeben
sein von einem 250 Meter langen und
ebenso breiten Bezirk, um den wiederum
ein Streifen brachliegendes Land von
25 Metern Breite führt. 4 Das 12,5 mal
5 Kilometer große Gebiet ist heilig und
wird den Priestern überlassen. Sie dürfen
in der Nähe des Tempels ihre Häuser
bauen, weil sie mir, dem Herrn, in meinem Heiligtum dienen.
5 Die andere Hälfte des Gebiets, das ihr
für mich zurückbehalten sollt, ist für die
Leviten bestimmt, die am Tempel ihren
Dienst versehen. Auf diesem Stück von
12,5 Kilometern Länge und 5 Kilometern
Breite dürfen sie ihre Städte errichten[b].
6 An das mir geweihte Gebiet grenzt im
Süden das Umland der Stadt Jerusalem.
Es ist 12,5 Kilometer lang und 2,5 Kilometer breit. Hier dürfen Menschen aus
ganz Israel Grundbesitz erwerben.«

Das Gebiet für die Herrscher

7 »Auch eure Herrscher sollen eigenes
Land bekommen. Es grenzt auf der Ost- und Westseite an das mir geweihte Gebiet und an den Bezirk um Jerusalem; es
ist daher genauso breit wie die beiden zusammen. Das Land des Herrschers erstreckt sich so weit nach Westen und nach
Osten, wie die Gebiete eurer Stämme
reichen. 8 Dies und nicht mehr ist der
Grundbesitz eurer Herrscher. Sie sollen
das restliche Land den Stämmen überlassen und euch nicht länger unterdrücken.«

Ihr Herrscher Israels, seid gerecht!

9 »Ich, der Herr, sage zu den Herrschern
Israels: Schluss mit euren Betrügereien!
Beseitigt Gewalt und Unterdrückung!
Tretet ein für Recht und Gerechtigkeit!
Hört auf, mein Volk von seinem Grund
und Boden zu vertreiben! Das befehle
ich, der Herr!
10 Wenn ihr Israeliten etwas abwiegt,
dann benutzt Waagen, die richtig eingestellt sind! Eure Maße und Gewichte sollen nicht gefälscht sein. 11 Das Getreidemaß Efa soll genauso viel umfassen wie
das Bat, das Hohlmaß für Flüssiges. Beide, Efa und Bat, müssen ein Zehntel
eines Homer betragen. Das Homer ist
die Norm für alle anderen Hohlmaße.
12 Bei den Gewichten soll ein Schekel
20 Gera entsprechen und eine Mine
60 Schekeln.
13 Für die regelmäßigen Opfer sollt ihr
folgende Abgaben festsetzen: von Weizen und Gerste jeweils den 60. Teil 14 und
vom Öl den 100. Teil. Das Maß für Öl ist
das Bat; 10 Bat entsprechen einem Homer oder einem Kor. 15 Aus euren Herden
sollt ihr von 200 Tieren eines aussuchen.
Diese Abgaben sind für die Speise-, Brand- und Dankopfer bestimmt, mit denen eure Schuld gesühnt werden soll. Ich,
der Herr, will es so.
16 Alle Israeliten müssen diese Abgaben an den Herrscher des Landes entrichten. 17 Euer Herrscher soll an allen
Feiertagen, bei Neumondfeiern, am Sabbat und bei allen Festen für die Opfer sorgen. Er ist dafür verantwortlich, dass mir die Brandopfer, die Speise- und Trankopfer, die Sündopfer und die Dankopfer dargebracht werden. Dann werde ich euch Israeliten eure Schuld vergeben.«

---

[a] So mit der griechischen Übersetzung. Der hebräische Text lautet: 10000 Ellen (5000 Meter).
[b] So mit der griechischen Übersetzung. Der hebräische Text lautet: … haben sie zwanzig Räume.
45,7 43,8 **45,8** 46,18 **45,9** Jes 1,17; Jer 21,11–12; Mi 3,1–3 **45,10** 3 Mo 19,35–36

Die Opfer an den großen Festen

18 »Ich, der Herr, sage euch: Am 1. Tag des 1. Monats sollt ihr einen fehlerlosen jungen Stier aussuchen. Bringt ihn mir am Heiligtum als Opfer dar, um es von aller Schuld zu reinigen. 19 Der Priester soll mit dem Blut des Stieres die Türrahmen des Tempels, die vier Ecken der Altarsockel und die Türrahmen der Tore bestreichen, die zum inneren Vorhof führen. 20 Das Gleiche sollt ihr nochmals am 7. Tag des 1. Monats tun, damit all denen vergeben wird, die unbeabsichtigt oder unwissentlich gesündigt haben. So reinigt ihr den Tempel von aller Schuld.

21 Am 14. Tag des 1. Monats soll das Passahfest beginnen. Feiert es sieben Tage lang, und esst in dieser Zeit nur Brot, das ohne Sauerteig gebacken wurde! 22 Am ersten Tag soll euer Herrscher für sich selbst und für das ganze Volk einen Stier als Sündopfer darbringen. 23 Während der sieben Tage des Festes muss er täglich sieben junge Stiere und sieben Schafböcke, die ohne jeden Fehler sind, als Opfer für mich verbrennen und mir einen Ziegenbock als Sündopfer darbringen. 24 Als Speiseopfer kommen zu jedem Stier und jedem Schafbock zwölf Kilogramm Mehl und vier Liter Öl.

25 Am 15. Tag des 7. Monats beginnt das Laubhüttenfest. Sieben Tage lang soll euer Herrscher täglich die gleichen Opfer darbringen wie beim Passahfest: die Sündopfer, Brandopfer, Speiseopfer und das Öl.«

Die regelmäßigen Opfer

46 »Ich, der Herr, sage: Das Tor, das von Osten her in den inneren Vorhof führt, muss an den sechs Werktagen verschlossen bleiben. Nur am Sabbat und am Neumondtag darf es geöffnet werden. 2 Dann soll der Herrscher vom äußeren Vorhof her das Torgebäude durch die Vorhalle betreten. Beim Türrahmen am Ausgang des Tores bleibt er stehen, um von dort aus zuzusehen, wie die Priester sein Brandopfer und sein Dankopfer darbringen. Er wirft sich an der Schwelle des Tores vor mir nieder und betet mich an. Anschließend verlässt er das Torgebäude wieder. Bis zum Abend soll es nicht verschlossen werden. 3 Auch die Israeliten sollen mich am Sabbat und am Neumondtag anbeten und sich im äußeren Vorhof am Eingang des Osttors vor mir niederwerfen.

4 Für das Brandopfer am Sabbat, das der Herrscher mir darbringt, nimmt er sechs Lämmer und einen fehlerlosen Schafbock. 5 Als Speiseopfer gehören zusätzlich zu dem Schafbock zwölf Kilogramm Mehl und vier Liter Öl; bei den Lämmern kann der Herrscher so viel dazugeben, wie er möchte. 6 Am Neumondtag soll er einen jungen Stier, sechs Lämmer und einen Schafbock für mich verbrennen lassen. Alle Tiere müssen ohne jeden Fehler sein. 7 Zusätzlich zu dem jungen Stier und dem Schafbock soll er mir als Speiseopfer jeweils zwölf Kilogramm Mehl und vier Liter Öl darbringen; bei den Lämmern kann er selbst bestimmen, wie viel er dazugibt.

8 Der Herrscher soll das Torgebäude durch die Vorhalle betreten und es auf demselben Weg wieder verlassen. 9 An den Festtagen sollen die Israeliten in den äußeren Tempelvorhof kommen, um mich, den Herrn, anzubeten. Niemand darf durch das Tor wieder hinausgehen, durch das er gekommen ist. Alle müssen durch das gegenüberliegende Tor den Vorhof verlassen. Wer durchs Nordtor hineinkam, muss durchs Südtor wieder hinaus; und wer durchs Südtor den Vorhof betrat, soll ihn durchs Nordtor verlassen. 10 Der Herrscher muss gemeinsam mit den Israeliten in den äußeren Vorhof kommen und auch zusammen mit ihnen wieder hinausgehen.

11 An den Festtagen und während der großen Feste des Jahres sollen zusätzlich

---

45,18–20 3 Mo 16,29–34 **45,21–24** 2 Mo 12,1–14*.15–20* **45,25** 3 Mo 23,33–43* **46,1–2** 44,3 **46,4** 4 Mo 28,9–10 **46,6–7** 4 Mo 28,11–13

zu dem Stier und dem Schafbock je zwölf
Kilogramm Mehl und vier Liter Öl als
Speiseopfer dargebracht werden. Bei
den Lämmern kann der Herrscher so viel
dazugeben, wie er möchte.
12 Wenn er mir ein freiwilliges Opfer
darbringen will – ein Brand- oder Dank-
opfer –, dann soll das Osttor zum inneren
Vorhof für ihn geöffnet werden. Er kann
ins Torgebäude hineingehen und die Op-
fer dann auf dieselbe Art und Weise dar-
bringen lassen wie am Sabbat. Anschlie-
ßend muss er das Torgebäude wieder
verlassen, und man soll es hinter ihm ver-
schließen.
13 Jeden Morgen sollen die Israeliten
ein Lamm für mich verbrennen, das ein
Jahr alt ist und keinerlei Fehler hat.
14 Dazu kommt ein Speiseopfer: zwei Ki-
logramm Mehl und gut ein Liter Öl, das
auf das Mehl gegossen wird. Diese Ord-
nung für das Speiseopfer, das mir, dem
Herrn, dargebracht wird, bleibt für im-
mer gültig. 15 Jeden Morgen sollen das
Lamm, das Mehl und das Öl für mich ver-
brannt werden.«

Der Grundbesitz des Herrschers

16 »Ich, der Herr, sage: Wenn der Herr-
scher Israels seinen Söhnen ein Stück
Land von seinem Grund und Boden
überlässt, dann ist es von da an ihr Erb-
besitz. 17 Gibt er aber einem seiner Unter-
gebenen ein Stück Land, gehört es die-
sem nur bis zum nächsten Erlassjahr.
Dann fällt es wieder an den Herrscher
zurück. Nur seine Söhne dürfen für im-
mer behalten, was er ihnen gegeben hat.
So bleibt der Grundbesitz in der Familie.
18 Der Herrscher darf aber kein Land für
sich beanspruchen, das den Israeliten ge-
hört. Das Volk soll nicht von seinem
Grund und Boden vertrieben werden.
Nur was er selbst besitzt, darf er seinen
Söhnen vererben. Denn mein Volk darf
nicht von seinem eigenen Land verdrängt
werden.«

Die Opferküchen

19 Der Mann, der mich bisher geführt hat-
te, brachte mich zu dem Gang, der seit-
lich vom Nordtor des inneren Vorhofs
begann. Wir gingen westwärts und ka-
men in das nördlich gelegene Gebäude
mit den heiligen Priesterräumen. Ganz
hinten, an der Außenmauer des Tempel-
bezirks, gab es einen besonderen Raum.
20 Der Mann sagte zu mir: »Hier kochen
die Priester das Fleisch, das sie als Anteil
am Sünd- und Schuldopfer bekommen.
Hier backen sie auch Brot aus dem Mehl
für das Speiseopfer. Nichts von dem, was
für die Opfer bestimmt war, darf übrig
bleiben und in den äußeren Vorhof hi-
nausgebracht werden. Denn das Volk soll
nicht mit den heiligen Opfergaben in Be-
rührung kommen.«
21 Danach ging der Mann wieder mit
mir in den äußeren Vorhof und führte
mich nacheinander zu den vier Ecken
der äußeren Tempelmauer. In jeder gab
es einen abgegrenzten Bereich, 22 der 20
Meter lang und 15 Meter breit war. Alle
vier Bereiche hatten genau die gleichen
Maße. 23 Die Abgrenzung bestand aus
einer Steinmauer mit Feuerstellen an der
Innenseite. 24 Der Mann sagte zu mir:
»Hier sind die Küchen, in denen die Le-
viten, die ihren Dienst im Tempel ver-
sehen, das Fleisch für die Opfermahlzeit
des Volkes kochen.«

Der Fluss, der aus dem Tempel kommt

47 Dann führte mich der Mann noch
einmal zum Eingang des Tempel-
gebäudes, der nach Osten lag. Dort sah
ich Wasser unter der Schwelle hervor-
quellen. Erst floss es an der Vorderseite
des Tempels entlang in südlicher Rich-
tung, dann am Altar vorbei nach Osten.
2 Der Mann verließ mit mir den Tempel-
bezirk durch das Nordtor des äußeren
Vorhofs, und wir gingen an der Außen-

46,13–15 2 Mo 29,38–41 **46,17** 3 Mo 25,10* **46,18** 45,8 **46,20** 3 Mo 6,18–20; 7,1–7 **47,1–12** Joel 4,18; Sach 14,8; Joh 7,38; Offb 22,1

mauer entlang bis zum Osttor. Ich sah, wie das Wasser an der Südseite des Torgebäudes hervorkam.

3 Wir folgten dem Wasserlauf in östlicher Richtung; nachdem der Mann mit seiner Messlatte 500 Meter ausgemessen hatte, ließ er mich an dieser Stelle durch das Wasser gehen. Es war nur knöcheltief. 4 Wieder maß er 500 Meter aus, und jetzt reichte es mir schon bis an die Knie. Nach weiteren 500 Metern stand ich bis zur Hüfte im Wasser. 5 Ein letztes Mal folgte ich dem Mann 500 Meter, und nun war das Wasser zu einem tiefen Fluss geworden, durch den ich nicht mehr gehen konnte. Man konnte nur noch hindurchschwimmen.

6 Der Mann fragte mich: »Hast du das gesehen, sterblicher Mensch?« Dann brachte er mich wieder ans Ufer zurück.

7 Ich sah, dass auf beiden Seiten des Flusses sehr viele Bäume standen. 8 Der Mann sagte zu mir: »Dieser Fluss fließt weiter nach Osten in das Gebiet oberhalb der Jordanebene, dann durchquert er die Ebene und mündet schließlich ins Tote Meer. Dort verwandelt er das Salzwasser in gesundes Süßwasser. 9 Wohin der Fluss kommt, da wird es bald wieder Tiere in großer Zahl und viele Fische geben. Ja, durch ihn wird das Wasser des Toten Meeres gesund, so dass es darin von Tieren wimmelt. 10 Am Ufer des Meeres leben dann Fischer, von En-Gedi bis En-Eglajim breiten sie ihre Netze zum Trocknen aus. Fische aller Art wird es wieder dort geben, so zahlreich wie im Mittelmeer. 11 Nur in den Sümpfen und Teichen rund um das Tote Meer wird kein Süßwasser sein. Aus ihnen soll auch in Zukunft Salz gewonnen werden. 12 An beiden Ufern des Flusses wachsen alle Arten von Obstbäumen. Ihre Blätter verwelken nie, und sie tragen für immer reiche Frucht. Denn der Fluss, der ihren Wurzeln Wasser gibt, kommt aus dem Heiligtum. Monat für Monat bringen sie neue, wohlschmeckende Früchte hervor, und ihre Blätter heilen die Menschen von ihren Krankheiten.«

Die Grenzen Israels

13 Dann sprach der Herr zu mir: »Ich will dir die Grenzen des Landes beschreiben, das ihr unter die zwölf Stämme aufteilen sollt. Dabei stehen den Nachkommen Josefs zwei Gebiete zu. 14 Euren Vorfahren habe ich geschworen, ihnen dieses Land zu schenken. Darum sollt ihr es für immer behalten und an eure Nachkommen weitervererben. Teilt es so unter euch auf, dass jeder Stamm sein eigenes Gebiet erhält!

15 Die Nordgrenze des Landes verläuft vom Mittelmeer ostwärts in Richtung der Städte Hetlon, Hamat und Zedad, 16 dann weiter nach Berota[a] und Sibrajim, das an der Grenze zwischen dem Herrschaftsbereich von Damaskus und dem von Hamat liegt. Dann führt sie zur Stadt Hazar-Enan[b] am Rand des Haurangebirges. 17 Nördlich dieser Linie vom Mittelmeer bis nach Hazar-Enan liegt der Herrschaftsbereich von Damaskus und von Hamat.

18 Die Ostgrenze beginnt dort, wo das Gebiet von Damaskus an das Haurangebirge grenzt. Von dort an bildet der Jordan die Grenze zwischen dem Land Israel im Westen und der Landschaft Gilead im Osten, bis hinunter zur Stadt Tamar am Toten Meer[c].

19 Die Südgrenze verläuft von Tamar bis zu den Quellen von Meribat-Kadesch und von dort weiter zu dem Bach, der die Grenze nach Ägypten bildet und ins Mittelmeer mündet.

20 Die Westgrenze bildet das Mittelmeer bis hinauf nach Hamat.

---

[a] So mit der griechischen Übersetzung; vgl. Kapitel 48,1. Der hebräische Text lautet: … über Zedad, *dann weiter nach Hamat, Berota.*

[b] So mit der griechischen Übersetzung; vgl. Vers 17. Der hebräische Text lautet: Hazar-Tikon.

[c] So mit der griechischen Übersetzung. Der hebräische Text lautet: … im Osten, das sollt ihr messen.

47,12 Offb 22,1–2 **47,13** 45,1 **47,14** 1 Mo 12,7* **47,15–20** 4 Mo 34,1–12

21 Teilt dieses Land unter eure Stämme auf. 22 Ihr sollt es für immer besitzen und an eure Nachkommen weitervererben. Jede Familie bekommt ihren Anteil durch das Los zugewiesen; dabei sollen die Fremden, die unter euch leben, genauso berücksichtigt werden. Wenn das Land der einzelnen Stämme aufgeteilt wird, dann behandelt die Fremden und ihre Familien wie Israeliten. Sie sollen euch in allem gleichgestellt sein. 23 In dem Stammesgebiet, wo sie wohnen, steht ihnen ihr eigener Anteil zu. Ich, der Herr, will es so.«

Die Aufteilung des Landes unter die Stämme

48 »Die nördliche Grenze Israels verläuft vom Mittelmeer ostwärts in Richtung der Stadt Hetlon, dann weiter über Hamat bis nach Hazar-Enan. Nördlich dieser Linie liegt der Herrschaftsbereich von Damaskus, direkt neben dem von Hamat.

Jeder Stamm bekommt seinen eigenen Grundbesitz zugewiesen.

Im nördlichsten Teil des Landes liegt das Gebiet des Stammes Dan, das sich von der West- bis zur Ostgrenze erstreckt. 2–7 Darauf folgen in südlicher Richtung die Stämme Asser, Naftali, Manasse, Ephraim, Ruben und Juda. Auch ihr Land reicht jeweils von der West- bis zur Ostgrenze.

8 Südlich an den Grundbesitz von Juda grenzt das Gebiet, das ihr für mich zurückbehalten sollt. Es erstreckt sich – wie auch die Stammesgebiete – vom Mittelmeer bis zur Ostgrenze des Landes; von Norden nach Süden ist es 12,5 Kilometer breit. In seiner Mitte steht das Heiligtum. 9 Der Teil, der mir besonders geweiht ist, hat von Westen nach Osten eine Länge von 12,5 Kilometern und von Norden nach Süden eine Breite von 10 Kilometern[a]. 10–12 Die eine Hälfte dieses heiligen Bezirks steht den Priestern, den Nachkommen Zadoks, zu. Denn sie haben sich nicht wie die Leviten von mir abgewandt, als die Israeliten mir den Rücken kehrten. Sie allein sind mir treu geblieben und haben den Tempeldienst gewissenhaft ausgeübt. Darum bekommen sie von dem mir geweihten Land den Teil, der besonders heilig ist, weil dort der Tempel steht. Dieser Bereich ist 12,5 Kilometer lang und 5 Kilometer breit. 13 Die Leviten erhalten die andere Hälfte des heiligen Gebiets. Es ist wie das Stück der Priester 12,5 Kilometer lang und 5 Kilometer breit.

14 Der ganze Bezirk, der mir, dem Herrn, gehört, ist der beste Teil des Landes. Weil er heilig ist, dürft ihr ihn nicht verkaufen oder gegen ein anderes Gebiet eintauschen. Er soll nicht an einen anderen Besitzer übergehen.

15 Südlich des heiligen Bezirks, auf dem der Tempel steht,[b] bleibt noch ein 2,5 mal 12,5 Kilometer großes Gebiet übrig. Es gilt nicht als heilig. Hier können sich die Einwohner Jerusalems ansiedeln und Weideplätze für ihre Herden anlegen.

Die Stadt Jerusalem soll in der Mitte dieses Bereichs liegen. 16 Ihr Grundriss ist quadratisch mit einer Seitenlänge von 2,25 Kilometern.

17 Rundherum verläuft ein Streifen Weideland von 125 Metern Breite. 18 Daran grenzt nach Westen und nach Osten je ein 5 Kilometer langes Gebiet. Die Nordseite des gesamten Bereichs ist genauso lang wie der mir geweihte Bezirk und schließt sich direkt daran an. Hier können alle, die in Jerusalem arbeiten, Felder bebauen und die Ernte einbringen. 19 Wer in der Stadt wohnt, darf dort die Felder bestellen, ganz gleich, aus welchem Stamm er kommt.

20 Der ganze Bezirk, den ihr für mich zurückbehaltet, soll zusammen mit dem Gebiet um Jerusalem ein Quadrat von 12,5 mal 12,5 Kilometern bilden.

---

[a] So mit der griechischen Übersetzung. Der hebräische Text lautet: von 10000 Ellen (5000 Metern).
[b] »Südlich … steht« ist sinngemäß eingefügt.

47,22 Jes 56,3.6–7 **48,8** 45,1 **48,10–12** 44,15–16 **48,16** Offb 21,16

21/22 Westlich und östlich an das mir ge-
weihte Land und an das Gebiet um Jeru-
salem grenzt der Grundbesitz des Herr-
schers. Er ist von Norden nach Süden
12,5 Kilometer breit – genauso wie die
beiden heiligen Bezirke und das Stadt-
gebiet von Jerusalem zusammen. Nach
Westen erstreckt er sich bis zum Mittel-
meer und nach Osten bis zum Jordan,
wie die Gebiete der Stämme. Er nimmt
den ganzen Bereich zwischen dem Ge-
biet Judas im Norden und dem Grund-
besitz Benjamins im Süden ein, aus-
genommen das Mittelstück, das für die
Priester und die Leviten bestimmt ist
und auf dem die Stadt Jerusalem und der
Tempel stehen.
23–27 Daran schließen sich in südlicher
Richtung – jeweils von der Westgrenze
bis zur Ostgrenze – die Gebiete der Stäm-
me Benjamin, Simeon, Issaschar, Sebulon
und Gad an. 28 Südlich des Grundbesitzes
von Gad verläuft die Grenze Israels von
Tamar zu den Quellen von Meribat-Ka-
desch und von dort weiter zu dem Bach,
der die Grenze nach Ägypten bildet und
ins Mittelmeer mündet.
29 Teilt den einzelnen Stämmen ihr Ge-
biet durch das Los zu. Sie sollen es für
immer besitzen und an ihre Nachkom-
men weitervererben. Ich, der Herr, will
es so.«

Die Tore Jerusalems

30–35 »Rings um Jerusalem verläuft eine
Mauer, sie ist auf jeder Seite 2,25 Kilo-
meter lang und hat einen Gesamtumfang
von 9 Kilometern. In die Stadt führen
zwölf Tore, die nach den Stämmen Israels
benannt sind. Auf jeder Seite gibt es drei
Tore: nach Norden das Ruben-Tor, das
Juda-Tor und das Levi-Tor, nach Osten
das Josef-Tor, das Benjamin-Tor und das
Dan-Tor, nach Süden das Simeon-Tor,
das Issaschar-Tor und das Sebulon-Tor
und nach Westen das Gad-Tor, das Asser-
Tor und das Naftali-Tor.
Von nun an soll die Stadt den Namen
tragen: ›Hier wohnt der Herr.‹«

48,21–22 45,7 **48,30–35** Offb 21,12–13

Gottes wunderbare Liebe

Lesen Sie Hesekiel 39,23-26

Hesekiel 39,23-26 zeigt uns deutlich, mit welch unendlicher Liebe Gott uns liebt. Er liebt uns, obwohl wir uns von ihm abgewandt haben und unsere eigenen Wege gegangen sind. Doch unsere bewusste Auflehnung gegen ihn schafft Probleme. Gott ist absolut gerecht und heilig, darum kann er unsere Sünde nicht akzeptieren. Das würde seine Gerechtigkeit verletzen. Die menschliche Sünde reißt einen tiefen Graben zwischen uns und Gott.

So ähnlich ist es auch, wenn ein Ehepartner dem anderen untreu wird. Zwischen den beiden entsteht eine Kluft, und das Gefühl der Entfremdung ist unausweichlich. Selbst mit unserem begrenzten menschlichen Gerechtigkeitsempfinden spüren wir, dass das Unrecht wiedergutgemacht werden muss. Also sollten wir von Gottes vollkommener Gerechtigkeit nichts Geringeres erwarten. Allerdings ist auch Gottes Liebe vollkommen, und sie hat ihn dazu bewogen, Jesus zu uns zu schicken. Jesus nahm die Strafe für unsere Verfehlungen auf sich. Mit dem Tod Jesu Christi am Kreuz wurde der Forderung nach Gerechtigkeit Genüge getan.

Jesus kam nicht in diese Welt, um ein langes Leben als gefeierter Prediger zu führen. Er kam, um zu sterben, darum sagte er am Kreuz nur wenige Augenblicke vor seinem letzten Atemzug: „Es ist vollbracht!" Was in diesem Moment und drei Tage später geschah, hat das Leben derer, die an ihn glauben, für immer verändert.

Nehmen Sie sich Zeit, um allein oder als Paar gemeinsam zu beten.

- Danken Sie Gott für seine wunderbare, unverdiente Liebe.
- Bekennen Sie Ihre Schuld, die einen Graben zwischen Ihnen und Gott aufgerissen hat.
- Bitten Sie Gott um Weisheit und Mut, damit Sie auch anderen die gute Nachricht von seiner Liebe weitergeben können.

Wenn Sie noch mehr Zeit haben …

Besprechen Sie miteinander folgende Fragen oder denken Sie darüber nach:

- Wie oft danken Sie Gott aus tiefstem Herzen für seine große Liebe? Denken Sie, es ist oft genug?
- Was können Sie tun, damit Ihre Familie Gottes Liebe nicht als etwas Selbstverständliches ansieht?
- Was können Sie tun, damit Ihre Familie in der Lage ist, die Liebe Gottes an andere Menschen weiterzugeben?

Lesen Sie auch die folgenden Abschnitte, in denen es um unsere Beziehung zu Gott geht:
Psalm 86,15; 1. Johannes 3,1; 4,9-11.

Das Geheimnis der Fürbitte

Lesen Sie Daniel 9,1-19

Beten heißt, Gott seine Gedanken mitteilen. Dabei können wir uns an die folgende Reihenfolge halten:

Gott für sein Wesen preisen
Gott gegenüber unsere Sünden bekennen
Gott für seine Güte danken
Gott um Hilfe bitten

Die Fürbitte, das Gebet für andere Menschen, fällt in den Bereich des Bittens. Wenn wir für andere im Gebet einstehen, bitten wir Gott, ihnen in ihrer Not zu helfen. Zu oft drehen sich unsere Bitten nur um uns selbst. Die Fürbitte für andere ist ein Dienst, während das Gebet für eigene Anliegen ein Vorrecht ist.

Daniel kannte die Kraft der Fürbitte. Statt nur für sich selbst zu beten – für sein Leben, das Exil, die Arbeit, seinen Einfluss –, bat er Gott, seinem Volk zu helfen. Vielleicht erklärt das, warum in Daniel 9,23 betont wird, dass Gott Daniel liebte. Daniel betete und fastete, zog ein Trauergewand an und streute sich Asche auf den Kopf. So flehte er Gott an: „Herr, vergib uns! Greif ein und handle! Zögere nicht, denn deine Ehre steht auf dem Spiel! Es geht um deine Stadt und dein Volk" (9,19).

Daniel war überzeugt, dass die Fürbitte zu seinem Auftrag und seiner Verantwortung gehörte. Der Prophet Samuel drückte es so aus: „Ich werde weiterhin für euch beten. Denn wenn ich damit aufhörte, würde ich Schuld auf mich laden" (1. Samuel 12,23). Jeder Christ hat die Verantwortung, für andere zu beten. Ohne das Gebet ist alles andere, was wir angeblich für Gott tun, wirkungslos. Der amerikanische Pastor und Autor E. M. Bounds schrieb: „Mit Menschen zu sprechen, ist großartig. Doch mit Gott über Menschen zu sprechen, ist noch größer. Mehr noch: Worte, die ohne Gebet in und von der Kanzel erschallen, sind todbringende Worte."

Nehmen Sie sich Zeit, um allein oder als Paar gemeinsam zu beten. Halten Sie Fürbitte, indem Sie die Nöte anderer Menschen vor Gott bringen und ihn um Hilfe bitten, wenn es seinem Willen entspricht.

Wenn Sie noch mehr Zeit haben ...

Besprechen Sie miteinander folgende Fragen oder denken Sie darüber nach:

- Was bedeutet Ihnen das Gebet? Ist es notwendig oder kann man auch darauf verzichten? Ist das Gebet die Aufgabe einiger weniger oder die Aufgabe aller Christen?
- Was fällt Ihnen am Ton und an den Worten von Daniels Gebet auf?
- Für wen sollten Sie regelmäßig beten?

Lesen Sie auch die folgenden Abschnitte zum Thema Gebet:
1. Timotheus 2,1; Jakobus 4,2; Offenbarung 5,6-8.

Den nächsten Impuls finden Sie auf S. 998 a

Das Buch Daniel

Daniel und seine Freunde am babylonischen Königshof

1 Im 3. Regierungsjahr Jojakims, des
Königs von Juda, zog der babylo-
nische König Nebukadnezar mit seinem
Heer nach Jerusalem und belagerte die
Stadt. 2 Der Herr ließ König Jojakim in
seine Hände fallen, ebenso einen Teil
der wertvollen Tempelgegenstände. Ne-
bukadnezar brachte sie in sein Land und
bewahrte sie in der Schatzkammer im
Tempel seines Gottes auf.
3 Dann befahl er seinem obersten Hof-
beamten Aschpenas: »Wähle einige junge
Israeliten aus dem judäischen Königs-
haus und den vornehmen Familien aus!
4 Sie sollen gut aussehen und gesund sein.
Außerdem müssen sie Weisheit und Bil-
dung mitbringen und eine rasche Auffas-
sungsgabe besitzen; dann sind sie zum
Dienst an meinem Hof geeignet. Sie sol-
len unsere Sprache schreiben und spre-
chen lernen! 5 Gib ihnen jeden Tag Speise
und Wein von der königlichen Tafel, sie
sollen das Gleiche essen und trinken wie
ich. Nach dreijähriger Ausbildung kön-
nen sie in meinen Dienst treten.«
6 Unter den Judäern, die ausgesucht
wurden, waren Daniel, Hananja, Mi-
schaël und Asarja. 7 Der oberste Hof-
beamte gab ihnen babylonische Namen:
Daniel nannte er Beltschazar, Hananja
Schadrach, Mischaël Meschach und
Asarja Abed-Nego.
8 Daniel nahm sich fest vor, niemals
von der Speise des Königs zu essen und
von seinem Wein zu trinken; denn sonst
hätte er das Gesetz Gottes missachtet,
das bestimmte Speisen für unrein erklärt.
Darum bat er Aschpenas, auf die königli-
chen Speisen und den Wein verzichten zu
dürfen. 9 Gott sorgte dafür, dass Asch-
penas Daniel wohlgesinnt war und Ver-
ständnis für ihn zeigte. 10 Trotzdem hatte
der Mann Bedenken: »Ich habe Angst
vor meinem Herrn, dem König. Er hat
festgelegt, was ihr essen und trinken sollt.
Wenn er merkt, dass ihr nicht so gesund
ausseht wie die anderen jungen Männer,
lässt er mich köpfen!« 11 Da wandte sich
Daniel an den Aufseher, den der oberste
Hofbeamte über ihn und seine drei
Freunde eingesetzt hatte: 12 »Versuch es
doch zehn Tage lang, uns nur Gemüse
und Wasser zu geben. 13 Danach verglei-
che unser Aussehen mit dem der anderen
jungen Männer, die von der Tafel des Kö-
nigs essen. Und dann entscheide, was du
in Zukunft mit uns tun willst.«
14 Der Aufseher willigte ein und erfüll-
te ihren Wunsch. 15 Nach zehn Tagen
sahen Daniel und seine Freunde sogar
gesünder und kräftiger aus als alle an-
deren, die von den königlichen Speisen
bekamen. 16 Darum gab der Aufseher
ihnen von nun an immer Gemüse, von
der Tafel des Königs brauchten sie nichts
zu nehmen. 17 Gott schenkte den vier jun-
gen Männern außergewöhnliche Weis-
heit und Erkenntnis; schon bald waren
sie mit dem gesamten Wissen Babylo-
niens vertraut. Daniel konnte außerdem
Visionen und Träume deuten.
18 Nach Ablauf der drei Jahre befahl
König Nebukadnezar, ihm alle jungen Is-
raeliten vorzustellen. Der oberste Hof-
beamte brachte sie zum König, 19 und die-
ser sprach mit ihnen. Dabei wurde ihm
klar, dass Daniel, Hananja, Mischaël und
Asarja alle anderen in den Schatten stell-
ten. Von nun an waren sie seine Berater.
20 Immer wenn der König vor schwierigen
Entscheidungen stand und auf ein siche-

1,1–2 2 Chr 36,5–7 **1,3–4** 2 Kön 20,18 **1,7** 2 Kön 23,34; 24,17 **1,8** 3 Mo 11,1–47; 17,10–12
1,9 1 Mo 39,21

res Urteil angewiesen war, fragte er die vier Freunde um Rat. Denn er hatte erkannt, dass sie allen Wahrsagern und Geisterbeschwörern seines Landes weit überlegen waren.

21 Daniel blieb am Königshof bis zum 1. Regierungsjahr des Königs Kyrus.

Nebukadnezars Traum

2 In seinem 2. Regierungsjahr hatte König Nebukadnezar einen Traum, der ihm solche Sorgen machte, dass er nicht mehr einschlafen konnte. 2 Da ließ er seine Berater rufen, alle Wahrsager, Geisterbeschwörer, Zauberer und Sterndeuter, damit sie ihm seinen Traum erklärten. Als sie sich beim König versammelt hatten, 3 begann er: »Ich habe etwas geträumt, das mir sehr zu schaffen macht. Nun möchte ich wissen, was es damit auf sich hat.«

4 Da antworteten die Sterndeuter auf Aramäisch[a]: »Lang lebe der König! Erzähl uns, deinen ergebenen Dienern, den Traum, dann wollen wir ihn deuten!«

5 Aber der König entgegnete: »Nein, erzählt ihr mir, was ich geträumt habe, und erklärt es mir! Wenn ihr das nicht könnt, lasse ich euch in Stücke hauen und eure Häuser in Schutt und Asche legen. Niemand bringt mich davon ab. 6 Doch wenn ihr meinen Traum herausbekommt und ihn deuten könnt, beschenke ich euch reich und lasse euch große Ehre zuteil werden. Beschreibt ihn mir also, und erklärt ihn!«

7 Die Männer baten noch einmal: »Der König möge ihn uns beschreiben; dann werden wir bestimmt sagen können, welche Botschaft er enthält.«

8 Da warf der König ihnen vor: »Ihr wollt euch doch nur herausreden und Zeit gewinnen, weil ihr wisst, dass ich meine Drohung wahr mache. 9 Wenn ihr mir nicht sagt, was ich geträumt habe, lasse ich euer Todesurteil vollstrecken. Ich durchschaue eure Pläne: Ihr wollt mir eine Traumdeutung vorsetzen, die nichts als Lug und Trug ist. So meint ihr, mich hinhalten zu können, bis mein Zorn sich gelegt hat[b]. Doch ich bleibe dabei: Erzählt mir den Traum, denn so erkenne ich, dass ihr mir auch die Wahrheit sagt, wenn ihr ihn erklärt.«

10 Die Sterndeuter antworteten: »Kein Mensch auf der ganzen Welt kann diesen Wunsch erfüllen. Noch nie hat ein König, und sei er noch so mächtig, so etwas von einem Wahrsager, Geisterbeschwörer oder Sterndeuter verlangt. 11 Was du uns da zumutest, ist für Menschen nicht möglich. Nur die Götter können dir, o König, deinen Traum offenbaren! Doch sie wohnen nicht bei uns sterblichen Menschen.«

12 Da verlor Nebukadnezar die Beherrschung. Voller Zorn ordnete er an, sämtliche königlichen Berater hinzurichten. 13 Überall gab man den Befehl bekannt: »Alle Gelehrten sollen getötet werden!« Auch nach Daniel und seinen Freunden wurde gesucht.

14 Als Daniel davon erfuhr, wandte er sich an Arjoch, den Befehlshaber der königlichen Leibwache, der schon die Hinrichtungen vorbereitete. Er überlegte jedes Wort genau und fragte ruhig: 15 »Warum hat Nebukadnezar einen solch harten Befehl erteilt?« Arjoch erzählte ihm, wie es dazu gekommen war. 16 Sofort ging Daniel zum König und bat ihn: »Gib mir etwas Zeit, dann werde ich dir deinen Traum deuten.« 17 Zu Hause erzählte er alles seinen Freunden Hananja, Mischaël und Asarja. 18 »Bittet den Gott des Himmels um Gnade«, sagte er zu ihnen, »fleht zu ihm, dass er mir anvertraut, was sich hinter diesem Geheimnis verbirgt! Sonst werden wir zusammen mit den anderen Beratern des Königs umgebracht!«

19 In der Nacht hatte Daniel eine Vision und erfuhr, was der Traum bedeutete. Da pries er den Gott des Himmels:

---

a Ab hier bis Kapitel 7,28 ist der biblische Text aramäisch überliefert.

b Wörtlich: bis die Zeit sich ändert.

1,21 6,29; Esr 1,1 **2,1–3** 1 Mo 41,8 **2,18–19** Ps 50,15

20 »Gelobt sei Gott, jetzt und in alle Ewig-
keit! Ihm allein gehören Macht und
Weisheit.
21 Er ist der Herr der Zeit und bestimmt,
was wann geschieht; er setzt Könige ab
und überlässt anderen ihren Thron. Den
Weisen schenkt er ihre Weisheit und den
Verständigen ihren Verstand!
22 Er enthüllt die unergründlichsten Ge-
heimnisse und weiß, was im Dunkeln ver-
borgen ist, denn er selbst ist vom Licht
umgeben.
23 Ja, ich lobe und preise dich, du Gott
meiner Vorfahren! Denn du hast mir
Weisheit und Kraft geschenkt. Du hast
unsere Gebete erhört und mir den Traum
des Königs enthüllt!«

24 Nun ging Daniel zu Arjoch und bat ihn:
»Lass die königlichen Berater nicht um-
bringen! Führ mich zu Nebukadnezar,
denn ich kann ihm sagen, was er ge-
träumt hat und was es bedeutet.«
25 Arjoch brachte Daniel auf dem
schnellsten Weg zum König und berichte-
te: »Ich habe unter den Verbannten aus
Judäa einen Mann gefunden, der dem
König seinen Traum erklären will!« 26 Ne-
bukadnezar wandte sich an Daniel, der
Beltschazar genannt wurde: »Kannst du
mir denn wirklich sagen, was ich im Traum
gesehen habe und was es bedeutet?«
27 »Mein König«, erwiderte Daniel,
»hinter dein Geheimnis kann keiner
deiner Berater kommen, weder Geister-
beschwörer noch Wahrsager, noch Stern-
deuter. 28 Aber es gibt einen Gott im
Himmel, der das Verborgene ans Licht
bringt. Dieser Gott hat dich, König
Nebukadnezar, in die fernste Zukunft
blicken lassen. Und jetzt sage ich dir, wel-
che Vision du im Traum hattest: 29 Als du
auf deinem Bett lagst, warst du in Gedan-
ken versunken. Dich beschäftigte, was in
der Zeit nach deiner Herrschaft kommen
würde. Und der Gott, der Geheimnisse
enthüllt, hat dich in die Zukunft schauen
lassen. 30 Wenn ich dir nun den Traum er-
zählen kann, dann nicht, weil ich klüger
wäre als andere Menschen. Nein, Gott
hat es mir offenbart, damit du, mein Kö-
nig, eine Antwort auf das bekommst, was
dich so beunruhigt.
31 In deiner Vision sahst du eine riesige
Statue vor dir. Von ihr ging ein greller
Glanz aus, und ihre ganze Erscheinung
jagte dir Angst ein. 32 Der Kopf war aus
reinem Gold, die Brust und die Arme
waren aus Silber, Bauch und Hüften aus
Bronze, 33 die Beine aus Eisen und die
Füße teils aus Eisen, teils aus Ton.
34 Während du noch schautest, löste sich
plötzlich ohne menschliches Zutun ein
Stein von einem Berg. Er traf die Füße
aus Eisen und Ton und zermalmte sie.
35 Die ganze Statue brach in sich zusam-
men; Ton, Eisen, Bronze, Silber und
Gold zerfielen zu Staub, den der Wind
wegblies wie die Spreu von einem
Dreschplatz. Nichts war mehr davon zu
sehen! Der Stein aber, der die Statue zer-
trümmert hatte, wuchs zu einem riesigen
Berg und breitete sich über die ganze Er-
de aus.
36 Das war der Traum. Nun werde ich
dir, mein König, erklären, was er bedeu-
tet: 37 Du bist der mächtigste König, grö-
ßer als alle anderen. Dir hat der Gott des
Himmels die Herrschaft anvertraut und
dir Macht, Stärke und Ruhm geschenkt.
38 Alle Menschen, ja, sogar die wilden
Tiere und die Vögel hat er in deine Hand
gegeben. Er hat dich dazu bestimmt, über
sie alle zu regieren. Du bist der Kopf aus
Gold. 39 Das Reich, das nach dir kommt,
wird schwächer sein als deines. Das drit-
te, das bronzene, wird die ganze Welt be-
herrschen. 40 Das vierte ist hart wie Eisen.
Es zerschlägt alle anderen Reiche, so wie
hartes, schweres Eisen alles zermalmt.
41/42 Doch du hast gesehen, dass die Füße
und Zehen der Statue teils aus Eisen,
teils aus Ton waren. Dies bedeutet: Das
Reich ist geteilt. Die eine Hälfte ist stark
wie Eisen, die andere brüchig wie Ton.
43 Die Herrscher wollen ihre Familien

2,20 Hiob 12,12–13 **2,21** 4,14.22.29; 1 Sam 2,7 **2,28** Am 4,13; Offb 1,1.19; 22,6 **2,30** 1 Mo 41,16 **2,37–38** Jer 28,14, Hes 26,7

durch Heiraten miteinander verbinden,
doch ihr Bündnis hält nicht, genauso we-
nig wie Eisen und Ton aneinander haften
bleiben.
44 Noch während die Könige dieses Rei-
ches an der Macht sind, wird der Gott des
Himmels sein Reich aufbauen, das nie
zugrunde geht. Kein anderes Volk kann
ihm jemals die Herrschaft streitig ma-
chen. Ja, es bringt alle anderen Reiche
zum Verschwinden und wird selbst für
immer fortbestehen. 45 Das, mein König,
war der Stein, der ohne menschliches Zu-
tun vom Berg losbrach und die Statue aus
Ton, Eisen, Bronze, Silber und Gold zer-
trümmerte. Ein mächtiger Gott hat dich
in die Zukunft sehen lassen. Ich habe dir
deinen Traum genau beschrieben, und
meine Deutung trifft zu.«
46 Da warf König Nebukadnezar sich
vor Daniel nieder. Er befahl, man solle
ihm Opfer darbringen und Weihrauch
für ihn verbrennen. 47 Zu Daniel sagte er:
»Es gibt keinen Zweifel: Euer Gott ist
der größte aller Götter und der Herr über
alle Könige! Er bringt Verborgenes ans
Licht, sonst hättest du dieses Geheimnis
nie aufdecken können.« 48 Nebukadnezar
gab Daniel eine hohe Stellung am Hof
und beschenkte ihn großzügig. Er setzte
ihn als Statthalter über die ganze Provinz
Babylon ein und ernannte ihn zu seinem
obersten Berater. 49 Auf Daniels Wunsch
betraute er Schadrach, Meschach und
Abed-Nego mit der Verwaltung der Pro-
vinz Babylon. Daniel selbst blieb am Hof
des Königs.

Daniels Freunde werden zum Tod verurteilt

3 König Nebukadnezar ließ eine golde-
ne Statue von dreißig Metern Höhe
und drei Metern Breite anfertigen und in
der Ebene Dura in der Provinz Babylon
aufstellen. 2 Dann lud er zur Einweihung
alle führenden Beamten seines Reiches
ein, die Statthalter und ihre Stellvertre-
ter, die königlichen Berater, die Schatz-
meister und Richter, die hohen Würden-
träger und alle anderen Beamten der
Provinzen. 3 Sie kamen und versammel-
ten sich vor dem Standbild. 4 Dann rief
ein Herold mit lauter Stimme:
»Ihr Männer aus allen Völkern, Län-
dern und Sprachen! Der König befiehlt
euch: 5 Sobald ihr den Klang der Hörner
und Flöten, der Zithern und Harfen, der
Lauten, Pfeifen und aller anderen Instru-
mente hört, sollt ihr euch niederwerfen
und die goldene Statue anbeten, die Kö-
nig Nebukadnezar aufstellen ließ. 6 Wer
es nicht tut, wird bei lebendigem Leib im
Ofen verbrannt!«
7 Als die Musik einsetzte, warfen sich
alle zu Boden und beteten die goldene
Statue an.
8 Einige Sterndeuter aber verklagten
die Juden bei Nebukadnezar. 9 Sie sagten
zu ihm: »Lang lebe der König! 10 Du, o
König, hast doch angeordnet, dass jeder
sich beim Klang der Instrumente nieder-
werfen und die Statue anbeten muss.
11 Wer dies nicht tut, soll in den Ofen
geworfen werden. 12 Nun sind hier einige
Juden, denen du die Verwaltung der Pro-
vinz Babylon anvertraut hast: Schadrach,
Meschach und Abed-Nego. Diese Män-
ner haben sich über deinen Befehl hin-
weggesetzt. Sie dienen deinen Göttern
nicht, und sie weigern sich, deine goldene
Statue anzubeten.«
13 Da packte den König der Zorn, und
voller Wut ließ er die drei kommen. Als
sie vor ihm standen, 14 stellte er sie zur
Rede: »Schadrach, Meschach und Abed-
Nego, ist es wahr, dass ihr meinen Göt-
tern keine Ehre erweist? Warum wollt
ihr euch nicht vor meiner Statue nieder-
werfen? 15 Ich gebe euch eine letzte Gele-
genheit: Wenn jetzt die Musik ertönt und
ihr niederfallt, lasse ich noch einmal
Gnade vor Recht ergehen. Wenn ihr euch
aber meinem Befehl widersetzt, werdet

2,44 3,33; 4,31; 6,27; 7,14.27; Lk 1,33; 1 Kor 15,24–28; Offb 11,15 **2,46** Apg 14,13.18 **2,47** 3,29; Ps 135,5 **2,48** 2,6; 3,30; 5,29; 1 Mo 41,41–43 **3,10–12** 6,13–14 **3,12** 2,49 **3,15** 2 Mo 5,2; 2 Kön 18,34–35

ihr auf der Stelle in den Ofen geworfen.
Glaubt ihr, dass euch dann noch ein Gott
aus meiner Gewalt retten kann?«
16 Schadrach, Meschach und Abed-Ne-
go jedoch entgegneten: »Wir werden gar
nicht erst versuchen, uns vor dir zu ver-
teidigen. 17 Unser Gott, dem wir dienen,
kann uns aus dem Feuer und aus deiner
Gewalt retten. 18 Aber auch wenn er es
nicht tut, musst du wissen, o König, dass
wir nie deine Götter anbeten oder uns
vor der goldenen Statue niederwerfen
werden.«
19 Da verlor Nebukadnezar die Beherr-
schung, und sein Gesicht verzerrte sich
vor Wut. Er ordnete an, den Ofen sieben-
mal stärker als gewöhnlich zu heizen.
20 Dann befahl er seinen kräftigsten
Soldaten, die drei Freunde zu fesseln und
hineinzuwerfen. 21 Sofort band man die
Männer und stieß sie mitsamt ihren
Kleidern, mit den Hosen, Mänteln und
Mützen, die sie trugen, in den Ofen.
22 Weil der König befohlen hatte, ihn be-
sonders stark zu heizen, schlugen die
Flammen heraus und töteten die Sol-
daten, die Schadrach, Meschach und
Abed-Nego hineingeworfen hatten. 23 Die
drei aber fielen gefesselt mitten ins Feuer.
24 Plötzlich sprang Nebukadnezar ent-
setzt auf und fragte seine Beamten: »Ha-
ben wir nicht drei Männer gefesselt in
den Ofen geworfen?« »Ja, sicher!«, ant-
worteten sie. 25 »Warum sehe ich dann
aber vier Männer ohne Fesseln im Feuer
umhergehen?«, rief der König. »Sie sind
unversehrt, und der vierte sieht aus wie
ein Sohn der Götter!«
26 Nebukadnezar trat näher an die Öff-
nung des Ofens heran und schrie: »Scha-
drach, Meschach und Abed-Nego, ihr
Diener des höchsten Gottes, kommt he-
raus!« Da kamen die drei aus dem Ofen.
27 Die Statthalter und ihre Stellvertreter,
die Verwalter und alle obersten Beamten
eilten herbei und sahen, dass das Feuer
den Männern nichts hatte anhaben kön-
nen. Nicht ein Haar auf ihrem Kopf war
versengt. Ihre Kleider waren völlig unbe-
schädigt, sie rochen nicht einmal nach
Rauch.
28 Da rief Nebukadnezar: »Gelobt sei
der Gott Schadrachs, Meschachs und
Abed-Negos! Er hat seinen Engel ge-
sandt, um diese Männer zu retten, die
ihm dienen und sich auf ihn verlassen.
Sie haben mein Gebot übertreten und
ihr Leben aufs Spiel gesetzt, weil sie kei-
nen anderen Gott anbeten und verehren
wollten. 29 Deshalb erlasse ich einen Be-
fehl für alle Völker und Länder, gleich
welcher Sprache: Wer über den Gott
Schadrachs, Meschachs und Abed-Negos
etwas Verächtliches sagt, wird in Stücke
gehauen, und sein Haus wird in Schutt
und Asche gelegt! Denn es gibt keinen
anderen Gott, der auf eine solche Weise
retten könnte!« 30 Dann gab der König
den drei Männern eine noch machtvol-
lere Stellung in der Provinz Babylon.

Daniel deutet Nebukadnezars zweiten Traum

31 Dies ist die Botschaft, die König Nebu-
kadnezar an die Menschen aller Völker
und Länder sendet, ganz gleich, welche
Sprache sie sprechen:
Ich grüße euch und wünsche euch Frie-
den! 32 In diesem Brief möchte ich euch
von den unfassbaren Wundern erzählen,
die der höchste Gott an mir getan hat.
33 Groß und gewaltig sind seine Taten!
Sein Reich bleibt für immer bestehen,
seine Herrschaft hört niemals auf.
4 Ich, Nebukadnezar, lebte glücklich
und zufrieden im königlichen Palast.
2 Doch eines Tages, als ich auf meinem
Bett lag und schlief, hatte ich einen
schrecklichen Traum. Was ich in ihm sah,
jagte mir große Angst ein. 3 Da ließ ich
alle weisen Berater rufen. Sie sollten mir
diesen Alptraum deuten. 4 Als die Wahr-
sager, Geisterbeschwörer, Sterndeuter
und Magier vor mir standen, schilderte
ich ihnen meinen Traum. Doch keiner

3,17 Ps 66,12 **3,18** 2 Mo 20,3–5* **3,25** Jes 43,2 **3,27** 6,24 **3,28** 6,23 **3,29** 2,47; 6,27–28 **3,30** 2,49 **3,33** 2,44* **4,3** 2,2

konnte mir erklären, welche Botschaft er
enthielt.
[5] Zuletzt trat Daniel vor mich, der nach
meinem Gott Bel den Namen Beltscha-
zar bekommen hatte. In ihm wohnt der
Geist der heiligen Götter. Auch ihm er-
zählte ich meinen Traum: [6] »Beltscha-
zar«, sagte ich, »dich habe ich über alle
Wahrsager gesetzt, weil ich weiß, dass
der Geist der heiligen Götter in dir
wohnt. Kein Geheimnis ist für dich zu
schwer. Sag mir doch, was die Bilder be-
deuten, die ich im Traum gesehen habe!
[7] Ich träumte, in der Mitte der Erde ste-
he ein Baum von gewaltiger Höhe. [8] Er
wuchs und wurde immer größer, bis sein
Wipfel den Himmel berührte. Noch vom
äußersten Ende der Erde aus konnte man
ihn sehen. [9] Er besaß prächtige Blätter
und trug viele Früchte. Den wilden Tie-
ren bot er Schatten und Schutz, in seinen
Zweigen nisteten die Vögel. Alle Men-
schen und Tiere ernährten sich von sei-
nen Früchten.
[10] Während ich den Baum betrachtete,
kam plötzlich vom Himmel ein Engel
Gottes herab. [11] Er rief laut: ›Fällt den
Baum, und hackt seine Äste ab! Reißt
die Blätter herunter, und verstreut die
Früchte überall! Die Tiere, die in seinem
Schatten leben, und die Vögel, die in sei-
nen Zweigen nisten, jagt in die Flucht!
[12] Den Wurzelstock aber lasst stehen,
und bindet ihn mit Ketten aus Eisen und
Bronze auf der Wiese fest. Der Mensch,
den dieser Wurzelstock darstellt, soll
vom Tau durchnässt werden und sich wie
ein Tier von Gras ernähren. [13] Er wird
keine menschlichen Wesenszüge mehr
besitzen, sondern einem Tier gleichen.
Sieben Zeiträume lang soll dies dauern!
[14] So haben es die heiligen Engel be-
schlossen, damit die Menschen erkennen:
Der höchste Gott ist Herr über alle
Königreiche der Welt. Er vertraut die
Herrschaft an, wem er will, selbst dem
unbedeutendsten Menschen.‹
[15] Das alles habe ich geträumt. Und nun
erkläre mir, was es bedeutet, Beltscha-
zar! Alle meine Berater sind unfähig da-
zu. Doch du kannst es, weil der Geist der
heiligen Götter in dir wohnt.«
[16] Daniel, den man Beltschazar nannte,
stand eine Zeit lang wie betäubt da, so
erschreckte ihn das Gehörte. Da sagte
ich zu ihm: »Beltschazar, mein Traum
und seine Deutung braucht dir keine
Angst einzujagen!« Daniel erwiderte:
»Mein Herr und König, ich wünschte,
die Botschaft würde deinen Feinden gel-
ten, allen, die dich hassen! [17] Du hast
einen Baum gesehen, der immer größer
wurde, bis sein Wipfel schließlich den
Himmel berührte. Noch vom äußersten
Ende der Erde aus konnte man ihn er-
kennen. [18] Er besaß prächtige Blätter
und trug viele Früchte. Den wilden Tie-
ren bot er Schatten, in seinen Zweigen
nisteten die Vögel.
[19] Dieser Baum bist du, mein König!
Mächtig und bedeutend bist du gewor-
den! Deine Größe reicht bis zum Him-
mel, und deine Herrschaft erstreckt sich
bis zum Ende der Erde. [20] Dann hast du
gesehen, wie ein Engel Gottes vom Him-
mel herabkam und rief: ›Fällt den Baum,
und haut ihn in Stücke; den Wurzelstock
aber lasst stehen, und bindet ihn mit Ket-
ten aus Eisen und Bronze auf der Wiese
fest! Der Mensch, den dieser Wurzel-
stock darstellt, soll vom Tau durchnässt
und den Tieren gleich werden! Sieben
Zeiträume lang wird dies dauern.‹
[21] Höre, mein König, was der höchste
Gott über dich beschlossen hat: [22] Man
wird dich aus der menschlichen Gemein-
schaft ausstoßen, und du musst unter den
Tieren hausen. Du wirst Gras fressen wie
ein Rind und nass werden vom Tau. Erst
wenn sieben Zeiträume vergangen sind,
wirst du erkennen: Der höchste Gott ist
Herr über alle Königreiche der Welt. Er
vertraut die Herrschaft an, wem er will.
[23] Du hast gehört, wie der Engel befahl,
den Wurzelstock stehen zu lassen. Dies
bedeutet: Du darfst wieder als König re-
gieren, wenn du Gott als Herrscher aner-
kennst. [24] Nimm meinen Rat an, o König!

4,5 1,7 **4,6** 2,48 **4,7–11** Hes 31,3–14 **4,14** 2,21 **4,16** 8,27; 10,8 **4,24** Spr 14,31*

Sag dich von allem Unrecht los, und tu
Gutes! Hilf den Wehrlosen! Dann wird
es dir auch in Zukunft gut gehen.« 25 Al-
les traf so ein, wie Daniel es vorausgesagt
hatte: 26 Ein Jahr später ging ich auf dem
Dach meines Palasts auf und ab. 27 Dabei
dachte ich: »Da zu meinen Füßen liegt
Babylon, die herrliche Stadt! Mir zu Eh-
ren zeigt sie ihre ganze Pracht. Ich habe
sie zu meiner Residenz ausgebaut, denn
ich bin ein großer und mächtiger König!«
28 Noch während ich dies dachte, hörte
ich eine Stimme vom Himmel: »König
Nebukadnezar, lass dir sagen: Deine
Herrschaft ist zu Ende! 29 Die Menschen
werden dich verstoßen, unter wilden Tie-
ren musst du hausen und Gras fressen
wie ein Rind. Erst wenn sieben Zeiträu-
me vergangen sind, wirst du erkennen:
Der höchste Gott ist Herr über alle
Königreiche der Welt, er vertraut die
Herrschaft an, wem er will.«
30 Diese Ankündigung erfüllte sich so-
fort: Ich wurde aus der menschlichen Ge-
meinschaft verstoßen und fraß Gras wie
ein Rind. Ich wurde vom Tau durchnässt,
mein Haar war bald so lang wie Adlerfe-
dern und meine Nägel wie Vogelkrallen.
31 Als die lange Zeit schließlich zu En-
de ging, schaute ich hilfesuchend zum
Himmel, und da erlangte ich meinen Ver-
stand wieder. Ich pries den höchsten
Gott, ich lobte den, der ewig lebt. Seine
Herrschaft hört niemals auf, sein Reich
bleibt für alle Zeiten bestehen. 32 Die Be-
wohner dieser Erde sind nichts im Ver-
gleich zu ihm. Alle Menschen, ja, sogar
die Sterne am Himmel müssen sich sei-
nem Willen beugen! Niemand darf sich
ihm widersetzen und ihn fragen: »Was
tust du da?«
33 Als ich wieder bei Verstand war, er-
hielt ich meine königliche Würde, Ehre
und Anerkennung zurück. Meine obers-
ten Beamten und die führenden Männer
meines Reiches kamen zu mir und setzten
mich wieder als König ein. Ich wurde noch
berühmter und angesehener als zuvor.
34 Nun lobe und preise ich, Nebukadne-
zar, den König, der im Himmel regiert.
Ihm gebe ich die Ehre! Er ist zuverlässig
und gerecht in allem, was er tut. Wer aber
stolz und überheblich ist, den stürzt er.

Eine rätselhafte Schrift

5 König Belsazar gab ein rauschendes
Fest für die tausend führenden Män-
ner seines Reiches. Der Wein floss in
Strömen. 2 Im Rausch ließ Belsazar die
goldenen und silbernen Gefäße holen,
die sein Vater Nebukadnezar aus dem
Tempel in Jerusalem geraubt hatte. Alle
sollten daraus trinken: er selbst, seine
Gäste, seine Frauen und Nebenfrauen.
3 Man brachte die geraubten Gefäße, und
alle tranken daraus. 4 Dabei rühmten sie
die babylonischen Götter aus Gold, Sil-
ber, Bronze, Eisen, Holz und Stein.
5 Plötzlich erschien an der getünchten
Wand des Festsaals eine Hand. Gerade
dort, wo das Licht des Leuchters auf die
Wand fiel, schrieb sie einige Worte nie-
der. Als Belsazar die Hand sah, 6 wurde
er vor Schreck kreidebleich. Er begann
am ganzen Leib zu zittern.
7 »Holt die Geisterbeschwörer, die
Sterndeuter und die anderen Wahr-
sager!«, rief er laut. Als sie da waren, ver-
sprach er ihnen: »Wer die Schrift an der
Wand lesen und mir sagen kann, was sie
bedeutet, erhält eine hohe Auszeich-
nung: Er darf purpurfarbene Gewänder
tragen wie ein König, er bekommt eine
goldene Kette um den Hals, und ich er-
nenne ihn zum drittmächtigsten Mann
im ganzen Reich!«
8 Die Berater des Königs traten näher,
aber keiner von ihnen konnte die Schrift
entziffern oder gar deuten. 9 Belsazar
wurde immer bleicher, die Angst schnür-
te ihm die Kehle zu. Auch alle führenden
Männer, die er um sich versammelt hatte,
packte das Entsetzen.
10 Die Unruhe im Festsaal drang bis ans
Ohr der Mutter Belsazars. Sie kam herein

4,27 Hes 31,10 **4,31** 2,44* **4,32** Jes 40,17; 45,9* **5,2** 1,2; 2 Chr 36,10 **5,4** Jes 44,9–20* **5,7–8** 2,2–3; 4,4

und sagte: »Lang lebe der König! Warum bist du so bleich vor Angst? Du brauchst dich nicht zu fürchten, denn ich weiß einen Rat. [11]Es gibt in deinem Reich einen Mann, in dem der Geist der heiligen Götter wohnt. Schon zur Zeit deines Vaters Nebukadnezar bewies er so große Einsicht und Weisheit, wie sie eigentlich nur Götter haben, die verborgene Dinge ans Licht bringen können. Dein Vater hatte ihn zum obersten aller Wahrsager, Geisterbeschwörer, Sterndeuter und Magier gemacht. [12]Lass ihn jetzt rufen! Sein Name ist Daniel, dein Vater nannte ihn Beltschazar. Dieser Mann besitzt außergewöhnliche Weisheit und kann Träume deuten. Er löst jedes Rätsel und wird mit den größten Schwierigkeiten fertig. Er soll dir die Schrift deuten.«

[13]Sofort ließ der König Daniel zu sich kommen. »Du also bist Daniel«, begann er, »einer der Gefangenen, die mein Vater aus Judäa hergebracht hat. [14]Man sagt, der Geist der heiligen Götter wohne in dir. Du sollst verborgene Dinge ans Licht bringen können und ungewöhnlich klug und weise sein. [15]Eben habe ich meine Gelehrten, die mich beraten, und die Geisterbeschwörer kommen lassen. Sie sollten diese Schrift lesen und mir sagen, was sie bedeutet. Aber sie können es nicht. [16]Von dir jedoch habe ich gehört, dass du hinter jedes Geheimnis kommst und mit den größten Schwierigkeiten fertig wirst. Wenn du es schaffst, diese Schrift zu entziffern und mir zu deuten, werde ich dich mit allen Würden auszeichnen: Du darfst purpurfarbene Gewänder tragen wie ein König, bekommst eine goldene Kette um den Hals und wirst der drittmächtigste Mann im Reich.«

[17]Daniel erwiderte: »Eine Belohnung möchte ich nicht annehmen. Du kannst sie ruhig einem anderen geben. Ich werde dir die Schrift auch so vorlesen und deuten. [18]Mein König! Gott, der Allerhöchste, hatte deinen Vater Nebukadnezar zu einem mächtigen Herrscher gemacht. Er war in der ganzen Welt berühmt und hochangesehen. [19]Die Menschen aller Länder, Völker und Sprachen zitterten vor ihm. Er verbreitete Angst und Schrecken, denn er konnte nach Belieben töten oder am Leben lassen. Von seiner Gunst hing es ab, ob jemand ein hohes Amt erhielt oder es verlor. [20]So wurde er immer hochmütiger. Doch sein Stolz und seine Vermessenheit brachten ihn zu Fall. Alle Macht und Anerkennung wurde ihm genommen. [21]Man verstieß ihn aus der menschlichen Gemeinschaft, er verlor seinen Verstand und wurde wie ein Tier. Bei den wilden Eseln hauste er, fraß Gras wie ein Rind, und der Tau durchnässte ihn. Das dauerte so lange, bis er einsah: Der höchste Gott ist Herr über alle Reiche der Welt, er vertraut die Herrschaft an, wem er will.

[22]Aber du, Belsazar, hast daraus nichts gelernt, obwohl du als sein Sohn alles wusstest. Du bist genauso überheblich wie er. [23]In deinem Hochmut hast du den Herrn des Himmels missachtet und dir die heiligen Gefäße holen lassen, die aus seinem Tempel stammen. Dann hast du mit den führenden Männern, mit deinen Frauen und Nebenfrauen Wein daraus getrunken und Loblieder auf deine Götter angestimmt. Dabei können diese Götzen weder sehen noch hören; sie begreifen nichts, weil sie aus Silber und Gold, aus Bronze und Eisen, aus Holz und Stein gemacht sind. Aber den Gott, der dein ganzes Leben in seiner Hand hat und deine Schritte lenkt – ihn willst du nicht ehren!

[24]Deshalb ließ er die Hand erscheinen und diese Worte an die Wand schreiben. [25]Sie lauten: ›Mene mene tekel u-parsin.‹

[26]›Mene‹ bedeutet ›gezählt‹: Die Tage deiner Herrschaft sind gezählt, Gott setzt ihnen ein Ende!

[27]›Tekel‹ heißt ›gewogen‹: Gott hat dich gewogen und für zu leicht befunden. Du kannst nicht vor ihm bestehen.

[28]›U-parsin‹ bedeutet ›und geteilt‹:

5,11 2,48; 4,6 **5,12** 1,17 **5,18** 2,37–38 **5,20–21** 4,25–32 **5,23** Ps 115,4–8 **5,28** Jes 13,17; Jer 51,11

Dein Reich wird unter die Meder und
Perser aufgeteilt.«
29 Nachdem Daniel dies gesagt hatte,
befahl Belsazar, ihn mit einem Purpurge-
wand zu bekleiden und ihm eine Gold-
kette um den Hals zu legen. Er machte
öffentlich bekannt, dass Daniel von nun
an der drittmächtigste Mann im Reich
sei.
30 Noch in derselben Nacht wurde Bel-
sazar, der König von Babylonien, umge-
bracht.

Daniel in der Löwengrube

6 Nach Belsazars Tod wurde der Me-
der Darius König von Babylonien; er
war 62 Jahre alt. 2 Darius beschloss, hun-
dertzwanzig Statthalter über die Provin-
zen seines Reiches einzusetzen. 3 Sie
waren drei hohen Beamten am Hof un-
terstellt, denen sie Rechenschaft geben
mussten. Die drei vertraten die Interes-
sen des Königs. Einer von ihnen war Da-
niel. 4 Bald stellte sich heraus, dass Daniel
weitaus klüger und begabter war als die
anderen Beamten und die Statthalter.
Der König dachte sogar daran, ihm die
Verwaltung des ganzen Reiches zu über-
tragen. 5 Da suchten die anderen führen-
den Männer nach einem Grund, um Da-
niel anklagen zu können. Er übte sein
Amt jedoch so gewissenhaft aus, dass sie
ihm nicht das kleinste Vergehen nachwei-
sen konnten; er war weder nachlässig
noch bestechlich.
6 Da sagten sie sich: »Wir haben nichts
gegen Daniel in der Hand, es sei denn,
wir finden in seinem Glauben etwas
Anstößiges!« 7 Sie eilten zum König
und begrüßten ihn: »Lang lebe König
Darius! 8 Wir kommen von einer ge-
meinsamen Beratung aller obersten
Beamten, Verwalter, Statthalter und de-
ren Stellvertreter. Wir schlagen dir vor,
dass du folgende Anordnung erlässt und
alles tust, um sie durchzusetzen: Wer in
den kommenden dreißig Tagen eine Bit-
te an irgendeinen Gott oder Menschen
richtet außer an dich, o König, soll in
die Löwengrube geworfen werden. 9 Da-
mit das Verbot nach dem Gesetz der
Meder und Perser von keinem wider-
rufen werden kann, sollte es in einer
Urkunde festgehalten werden.«
10 Da ließ Darius den Erlass nieder-
schreiben, und das Verbot trat in Kraft.
11 Als Daniel davon erfuhr, ging er in
sein Haus. Das obere Stockwerk hatte
Fenster in Richtung Jerusalem, die of-
fen standen. Hier kniete er nieder, bete-
te zu seinem Gott und dankte ihm, wie
er es auch sonst dreimal am Tag tat.
12 Plötzlich stürmten seine Feinde herein
und ertappten ihn dabei, wie er Gott
anflehte.
13 Sofort gingen sie zum König und
fragten: »Hast du nicht ausdrücklich be-
fohlen, jeden den Löwen zum Fraß vor-
zuwerfen, der in den kommenden dreißig
Tagen eine Bitte an irgendeinen Gott
oder Menschen richtet außer an dich, o
König?« »Ja«, antwortete Darius, »und
nach dem Gesetz der Meder und Perser
kann keiner diesen Erlass widerrufen.«
14 Da erzählten sie: »Daniel, einer der
Verbannten aus Judäa, macht sich über-
haupt nichts aus deinem Verbot. Er setzt
sich darüber hinweg, obwohl du selbst es
erlassen hast! Dreimal am Tag betet er zu
seinem Gott!«
15 Als der König das hörte, war er be-
stürzt. Den ganzen Tag dachte er darüber
nach, wie er Daniel retten könnte, aber
bis zum Sonnenuntergang hatte er immer
noch keine Lösung gefunden. 16 Da ka-
men die Männer wieder zum König ge-
laufen und erinnerten ihn noch einmal
daran, dass nach dem Gesetz der Meder
und Perser kein königlicher Erlass abge-
ändert werden dürfe. 17 Darius befahl
schließlich, Daniel zu verhaften und in
die Löwengrube zu werfen. Er sagte zu
Daniel: »Dein Gott, dem du so treu
dienst, möge dich retten!« 18 Dann wurde
ein Stein auf die Öffnung der Grube ge-

5,29 2,48 **6,1** 9,1 **6,2** Est 1,1 **6,4** 5,12 **6,9** Est 1,19 **6,11** 1 Kön 8,47–49 **6,13–14** 3,10–12
6,14 Apg 4,19; 5,29 **6,17** 3,17

wälzt. Der König versiegelte ihn mit sei-
nem Siegelring, und die führenden Män-
ner taten dasselbe, damit niemand mehr
Daniel herausholen konnte.
[19] Danach zog sich Darius in seinen Pa-
last zurück. Er fastete die ganze Nacht,
verzichtete auf jede Unterhaltung und
konnte nicht schlafen.
[20] Im Morgengrauen stand er auf und
lief schnell zur Löwengrube. [21] Schon von
weitem rief er ängstlich: »Daniel, du Die-
ner des lebendigen Gottes! Hat dein
Gott, dem du unaufhörlich dienst, dich
vor den Löwen retten können?« [22] Da
hörte er Daniel antworten: »Lang lebe
der König! [23] Mein Gott hat seinen Engel
gesandt. Er hat den Rachen der Löwen
verschlossen, darum konnten sie mir
nichts anhaben. Denn Gott weiß, dass
ich unschuldig bin, und auch dir gegen-
über, mein König, habe ich kein Unrecht
begangen.«
[24] Darius war glücklich und erleichtert.
Sofort befahl er, Daniel aus der Löwen-
grube zu holen. Man fand nicht die ge-
ringste Verletzung an ihm, denn er hatte
auf seinen Gott vertraut. [25] Auf Befehl
des Königs wurden die Männer, die Da-
niel verklagt hatten, zusammen mit ihren
Frauen und Kindern den Löwen zum
Fraß vorgeworfen. Noch ehe sie den Bo-
den der Grube berührt hatten, fielen die
Tiere schon über sie her und zermalmten
ihnen alle Knochen.
[26] Dann sandte König Darius eine Bot-
schaft an die Menschen aller Völker,
Länder und Sprachen. Sie lautete: »Ich
grüße euch und wünsche euch Frieden!
[27] Hiermit ordne ich an, in meinem gan-
zen Reich dem Gott Daniels Ehrfurcht
zu erweisen! Denn er ist der lebendige
Gott, der in alle Ewigkeit regiert. Sein
Reich geht niemals unter, seine Herr-
schaft bleibt für immer bestehen. [28] Er
rettet und befreit, er vollbringt Wunder
und zeigt seine große Macht im Himmel
und auf der Erde. Daniel hat er vor den
Löwen gerettet.«
[29] Während der Regierungszeit des Da-
rius und auch unter der Herrschaft des
persischen Königs Kyrus genoss Daniel
hohes Ansehen.

Daniels erste Vision von den vier Tieren

7 Im 1. Regierungsjahr des babylo-
nischen Königs Belsazar hatte Daniel
nachts im Traum eine Vision. Er schrieb
alles nieder, was er gesehen hatte, [2] und
so beginnt sein Bericht:
Ich, Daniel, sah, wie aus allen vier
Himmelsrichtungen ein starker Wind
kam und das Meer aufwühlte. [3] Vier gro-
ße Tiere stiegen aus dem Wasser empor;
sie waren alle verschieden.
[4] Das erste sah aus wie ein Löwe, es
hatte jedoch Adlerflügel. Während ich
es betrachtete, wurden ihm plötzlich die
Flügel abgerissen, es wurde aufgerichtet
und wie ein Mensch auf zwei Füße ge-
stellt. Dann bekam es das Herz eines
Menschen.
[5] Das zweite Tier sah aus wie ein Bär
und hatte sich mit einer Seite aufgerich-
tet. Zwischen den Zähnen hielt es drei
Rippenknochen fest. Man rief ihm zu:
»Los, steh auf und friss Fleisch, soviel du
kannst!«
[6] Dann sah ich das nächste Tier erschei-
nen. Es glich einem Panther, hatte aber
vier Vogelflügel auf dem Rücken und
vier Köpfe. Ihm wurde große Macht ge-
geben.
[7] Zuletzt sah ich in der Vision ein vier-
tes Tier. Sein Anblick war grauenerre-
gend, und es strotzte vor Kraft. Was es
mit seinen gewaltigen Zähnen aus Eisen
nicht zermalmte, das zertrat es mit den
Füßen. Von den anderen Tieren unter-
schied es sich völlig. Es hatte zehn Hör-
ner. [8] Als ich die Hörner genau betrachte-
te, sah ich ein weiteres, kleines Horn
zwischen ihnen hervorwachsen. Drei
Hörner wurden herausgerissen, um ihm
Platz zu machen. Ich bemerkte, dass die-
ses Horn Menschenaugen besaß und ein
Maul, das große Reden schwang.

6,23 3,25.28 **6,24** 3,27 **6,27** 2,44* **7,3–7** Offb 13,1–2 **7,8** 8,9; 11,36; Offb 13,5–6

9 Während ich noch schaute, wurden
Thronsessel aufgestellt. Ein hochbetagter
Mann setzte sich auf einen von ihnen.
Sein Gewand war weiß wie Schnee und
sein Haar so hell wie reine Wolle. Sein
Thron stand auf Rädern aus Feuer und
war von Flammen umgeben, 10 ja, ein gan-
zer Feuerstrom ging von ihm aus! Unzäh-
lige Engel standen vor ihm und dienten
ihm. Nun trat ein Gericht zusammen,
und Bücher wurden geöffnet.

11 Ich schaute wieder auf das Horn, das
so selbstgefällig daherredete. Plötzlich
wurde das Tier, zu dem es gehörte, getö-
tet und ins lodernde Feuer geworfen.
12 Die anderen drei Tiere hatten ihre
Macht schon eingebüßt, sie durften aber
weiterleben bis zu der Zeit, die Gott be-
stimmen würde.

13 Doch ich sah noch mehr in meiner
Vision: Mit den Wolken am Himmel
kam einer, der aussah wie ein Mensch[a].
Man führte ihn zu dem alten Mann, 14 der
ihm Macht, Ehre und königliche Würde
verlieh. Die Menschen aller Länder, Völ-
ker und Sprachen dienten ihm. Für im-
mer und ewig wird er herrschen, sein
Reich wird niemals zerstört!

15 Was ich in der Vision gesehen hatte,
erschreckte und beunruhigte mich.
16 Deshalb ging ich zu einem der Engel,
die in der Nähe standen, und bat ihn:
»Sag mir, was dies alles zu bedeuten hat.«
Er erklärte: 17 »Die vier Tiere sind vier
Königreiche, die große Macht erlangen
werden. 18 Aber schließlich wird das heili-
ge Volk Gottes, des Allerhöchsten, die
Herrschaft empfangen und sie für alle
Zeiten behalten.«

19 Ich wollte gern noch mehr über das
vierte Tier erfahren, das sich von den an-
deren völlig unterschied und grauenhaft
aussah. Was es mit seinen gewaltigen
Zähnen aus Eisen nicht zermalmte und
mit seinen Krallen aus Bronze nicht zer-
riss, das zertrat es mit den Füßen. 20 Be-
sonders wollte ich wissen, was die zehn
Hörner auf seinem Kopf zu bedeuten
hatten und das kleine Horn, das plötzlich
hervorgewachsen war und drei andere
verdrängt hatte. Es besaß Menschen-
augen und ein Maul, das große Reden
schwang, und es war furchterregender
als die übrigen Hörner. 21 Ich sah, wie die-
ses Horn Krieg gegen das heilige Volk
Gottes führte und es besiegte. 22 Aber
dann griff der alte Mann ein. Er übertrug
dem heiligen Volk Gottes, des Aller-
höchsten, die Vollmacht, Gericht zu hal-
ten. Nun war die Zeit gekommen, in der
sie die Herrschaft ausüben konnten.

23 Der Engel, den ich nach der Bedeu-
tung des Traumes gefragt hatte, erklärte
mir: »Das vierte Tier bedeutet ein viertes
Reich, das sich von allen früheren unter-
scheidet. Es wird die anderen Völker ver-
schlingen, zermalmen und niedertreten.
24 Die zehn Hörner sind zehn Könige, die
aus diesem Reich hervorgehen werden.
Nach ihnen jedoch kommt ein Herrscher
an die Macht, der ganz anders ist als seine
Vorgänger. Er wird drei Könige stürzen.
25 Sogar Gott, den Allerhöchsten, wird er
herausfordern und das heilige Volk Got-
tes bezwingen. Mit allen Mitteln versucht
er, die heiligen Feste abzuschaffen und
das Recht zu verändern. Gottes Volk wird
für einen Zeitraum, dann für zwei Zeit-
räume und nochmals für einen halben
Zeitraum seiner Gewalt ausgeliefert sein.

26 Dann jedoch tritt das Gericht im
Himmel zusammen. Es wird diesen Herr-
scher stürzen und ein für alle Mal ver-
nichten. 27 Schließlich wird Gott, der Al-
lerhöchste, seinem Volk die Herrschaft
über die anderen Königreiche der Erde
anvertrauen und ihm große Macht verlei-
hen. Gottes Reich aber bleibt für immer
bestehen, alle Mächtigen werden ihm
dienen und gehorchen.«

28 Bis hierher ging mein Traum. Ich war
wie betäubt und wurde kreidebleich.

---

a Wörtlich: wie ein Menschensohn.

7,9 Hes 1,26; Offb 4,2; 20,11 **7,10** Offb 5,11 **7,11** Offb 19,20 **7,12** 2,21 **7,13** Mt 24,30; 25,31; Offb 1,13 **7,14** 2,44* **7,17–18** 2,37–45 **7,18** Offb 22,5 **7,21** Offb 11,7; 13,7 **7,22** 1 Kor 6,2; Offb 20,4 **7,25** 11,31–36 **7,27** 2,44* **7,28** 8,27; 10,8

Noch lange dachte ich über das nach, was
ich gesehen hatte.

Daniels zweite Vision vom Schafbock und Ziegenbock

8 Im 3. Regierungsjahr König Belsa-
zars hatte ich, Daniel, eine zweite Vi-
sion: 2 Dabei sah ich mich selbst in der
königlichen Residenz Susa in der Provinz
Elam. Ich stand am Ulai-Kanal, 3 und als
ich mich umschaute, entdeckte ich am
Ufer einen Schafbock. Er hatte zwei lan-
ge Hörner; das eine war größer als das
andere, obwohl es erst später gewachsen
war. 4 Ich sah, wie der Schafbock mit sei-
nen Hörnern nach Westen, Norden und
Süden Stöße austeilte. Kein Tier konnte
sich ihm widersetzen, und wenn er eines
in seiner Gewalt hatte, konnte niemand
mehr helfen. Er tat, was er wollte, und
wurde immer mächtiger.

5 Während ich noch darüber nachdach-
te, was dies zu bedeuten hatte, kam plötz-
lich ein Ziegenbock vom Westen her
über die ganze Erde. Er lief so schnell,
dass er kaum den Boden berührte. Zwi-
schen den Augen hatte er ein auffällig
starkes Horn. 6 Als er bei dem Schafbock
angelangt war, den ich am Kanal gesehen
hatte, stürzte er sich mit voller Wucht auf
ihn 7 und traf ihn in seiner Flanke. Die
zwei kämpften erbittert, bis der Ziegen-
bock seinem Feind beide Hörner ab-
brach. Der Schafbock hatte keine Kraft
mehr, sich zu wehren, er wurde zu Boden
geworfen und zertrampelt. Niemand kam
ihm zu Hilfe.

8 Jetzt wurde der Ziegenbock noch
mächtiger. Doch als er überaus kräftig ge-
worden war, brach das große Horn ab. An
seiner Stelle kamen vier gewaltige Hörner
zum Vorschein, die in alle vier Himmels-
richtungen wuchsen. 9 Aus einem von
ihnen brach noch ein weiteres Horn her-
vor. Zuerst war es sehr klein, aber dann
wuchs es immer mehr nach Süden, nach
Osten und in Richtung Israel[a]. 10 Ja, es er-
reichte sogar die Sterne am Himmel,
warf einige von ihnen auf die Erde hinun-
ter und zertrat sie. 11 Selbst den Herrn des
Himmels forderte es heraus, denn es ver-
bot die regelmäßigen Opfer, die ihm dar-
gebracht wurden, und entweihte seinen
Tempel. 12 Es setzte ein ganzes Heer ein,
das die täglichen Opfer mit Gewalt un-
terbinden sollte. So trat es die Wahrheit
mit Füßen, und was immer es unternahm,
gelang ihm.

13 Dann hörte ich, wie ein Engel einen
anderen fragte: »Wann wird man Gott
wieder Opfer darbringen können? Soll
sich das Horn weiter ungehindert gegen
Gott auflehnen und schreckliche Verwüs-
tungen anrichten? Es fordert den Herrn
des Himmels heraus[b] und hat sein Hei-
ligtum zerstört. Wie lange soll das noch
so bleiben?« 14 Der andere Engel antwor-
tete: »Erst nach 2300 Tagen[c] wird das
Heiligtum wieder neu geweiht werden.«

15 Ich dachte noch über das Gesehene
nach, als plötzlich jemand vor mir stand,
der wie ein Mann aussah. 16 Gleichzeitig
hörte ich, wie eine Stimme vom Ulai-Ka-
nal ihm zurief: »Gabriel, erkläre du ihm
die Vision!« 17 Der Engel trat ganz nahe
an mich heran. Ich erschrak und fiel vor
ihm zu Boden. Er aber sagte zu mir: »Du
Mensch, hör genau zu: Dir wurde vor Au-
gen geführt, was die kommenden Gene-
rationen erleben werden.«

18 Während er so zu mir sprach, lag ich
wie betäubt am Boden mit dem Gesicht
nach unten. Doch der Engel berührte

---

[a] Wörtlich: und zum Land der Zierde hin.
[b] Wörtlich: Es zertritt das Heer (des Himmels).
[c] Wörtlich: *2300 Abend-Morgen.* – Es ist möglich, dass diese Angabe sich auf die täglichen Opfer bezieht, die morgens und abends dargebracht wurden. Dann könnte man auch übersetzen: nach 1150 Tagen.

8,1 7,1 **8,2** Neh 1,1; Est 1,2 **8,9** 7,8 **8,10** Offb 12,4 **8,11–12** 9,27; 11,36–37 **8,14** 7,25 **8,16** 9,21; Lk 1,19.26–27

mich und half mir wieder auf die Beine.
19 Dann sagte er: »Ich will dir erklären,
was sich ereignet, wenn Gottes Zorn los-
bricht. Die Zeit dafür ist schon festgelegt.
20 Der Schafbock mit den beiden Hörnern
ist das Reich der Meder und Perser mit
ihren Herrschern. 21 Der zottige Ziegen-
bock ist das Reich der Griechen, und das
große Horn zwischen den Augen des
Bocks der erste König dieses Reiches.
22 Du hast gesehen, wie das Horn abbrach
und an seiner Stelle vier andere nach-
wuchsen. Dies bedeutet, dass aus dem
einen Königreich vier andere entstehen
werden. Sie werden aber nicht so mächtig
sein wie das erste. 23 Am Ende ihrer Herr-
schaft wird die Gottlosigkeit überhand
nehmen und das Maß der Schuld voll
sein.

Dann kommt ein rücksichtsloser und
hinterhältiger König 24 und erlangt große
Macht, wenn auch nicht aus eigener
Kraft. Schreckliches Verderben richtet
er an, und was er unternimmt, das hat Er-
folg. Er schaltet mächtige Herrscher aus,
sogar Gottes heiliges Volk stürzt er ins
Verderben. 25 Weil er so schlau und geris-
sen ist, gelingt es ihm, die Menschen zu
täuschen. In seinem Größenwahn bringt
er viele ohne jede Warnung um. Selbst
dem höchsten Herrn stellt er sich ent-
gegen, doch schließlich wird er ohne
menschliches Zutun vernichtet.

26 Hör zu, Daniel! Alles, was du über
die 2300 Tage[a] erfahren hast, wird ein-
treffen. Behalte die Vision genau im Ge-
dächtnis! Denn es dauert noch lange, bis
sie sich ganz erfüllt hat.«

27 Danach war ich völlig erschöpft und
tagelang krank. Als es mir besser ging,
nahm ich meinen Dienst beim König wie-
der auf. Doch ich war erschüttert über die
Vision, und ich verstand sie nicht.

Daniel bekennt die Schuld seines Volkes

9 Der Meder Darius, der Sohn des Xer-
xes, war König von Babylonien ge-
worden. 2 In seinem 1. Regierungsjahr
forschte ich in den heiligen Schriften. Ich
las dort, wie der Herr dem Propheten Je-
remia ankündigte, dass Jerusalem siebzig
Jahre in Trümmern liegen würde.[b] 3 Da
flehte ich zum Herrn, meinem Gott, ich
fastete, zog ein Trauergewand aus Sack-
tuch an und streute Asche auf meinen
Kopf. 4 Ich bekannte dem Herrn die
Schuld unseres Volkes:

»Ach Herr, du mächtiger und ehr-
furchtgebietender Gott! Du hältst deinen
Bund mit uns und erweist Gnade denen,
die dich lieben und nach deinen Geboten
leben. 5 Doch wir haben gegen dich ge-
sündigt und großes Unrecht begangen!
Was du wolltest, war uns gleichgültig! Ja,
wir haben uns gegen dich aufgelehnt und
deine Gebote und Weisungen umgangen.
6 Die Mahnungen der Propheten schlu-
gen wir in den Wind, dabei haben sie in
deinem Auftrag zu unseren Vorfahren,
unseren Königen, den führenden Män-
nern und zum ganzen Volk gesprochen.
7 Du, Herr, hast recht gehandelt, wir ha-
ben es verdient, dass du uns so schwer
bestraft und in andere Länder vertrieben
hast. Wir alle müssen uns schämen: die
Bewohner von Juda und Jerusalem und
auch wir in der Fremde. Unser ganzes
Volk hat dir die Treue gebrochen. 8 Herr,
wir haben schwere Schuld auf uns gela-
den: unsere Könige, die führenden Män-
ner und auch unsere Vorfahren. Dafür
schämen wir uns in Grund und Boden.

9 Doch du, Herr, unser Gott, bist barm-
herzig und vergibst uns, obwohl wir von
dir nichts mehr wissen wollten. 10 Wir ha-

---

[a] Wörtlich: 2300 Abend-Morgen. – Es ist möglich, dass diese Angabe sich auf die täglichen Opfer bezieht, die morgens und abends dargebracht wurden. Dann könnte man auch übersetzen: 1150 Tage.

[b] Vgl. Jeremia 25,11; 2. Chronik 36,21

8,21–22 11,3–4 **8,23–25** 11,21–45 **8,26** 12,4 **8,27** 7,28; Jes 21,3–4; Hab 3,16 **9,4–19** Esr 9,5–15; Neh 1,5–11; 9,6–37 **9,4** 5 Mo 7,9 **9,6** 2 Kön 17,13–14 **9,9** 2 Mo 34,6; Ps 130,4

ben uns taub gestellt, wir haben nicht auf
die Propheten gehört, die uns aufforder-
ten, nach deinen Geboten zu leben.
11 Ganz Israel hat deine Weisungen miss-
achtet und deine Worte in den Wind ge-
schlagen. Deshalb hat uns nun dein Fluch
getroffen, den du im Gesetzbuch deines
Dieners Mose allen angedroht hast, die
sich gegen dich auflehnen. 12 Noch nie ist
über ein Volk ein solches Unheil herein-
gebrochen, wie es die Menschen in Jeru-
salem jetzt erleben. Du hast deine Dro-
hungen gegen uns und unsere führenden
Männer wahr gemacht! 13 Ja, du hast uns
ins Unglück gestürzt, wie es im Gesetz-
buch des Mose angekündigt ist. Und wir
haben auch nichts unternommen, um
dich wieder gnädig zu stimmen. Wir sind
nicht von unseren falschen Wegen umge-
kehrt zu dir, dem wahren Gott. 14 Darum
lässt du uns nun die Folgen tragen. Wir
haben die gerechte Strafe bekommen,
Herr, unser Gott, denn wir wollten nicht
auf dich hören.

15 Herr, wir haben gesündigt und dir
den Rücken gekehrt. Du bist unser Gott,
du hast uns, dein Volk, durch deine große
Macht aus Ägypten befreit. Bis zum heu-
tigen Tag machst du deinen Namen über-
all bekannt. 16 Immer wieder hast du ge-
zeigt, dass du dich an deine Zusagen
hältst. Sei nicht länger zornig über deine
Stadt Jerusalem und über deinen heiligen
Berg Zion! Schon unsere Vorfahren ha-
ben große Schuld auf sich geladen, und
auch wir haben weiter gegen dich gesün-
digt. Jetzt ist Jerusalem und unser ganzes
Volk zum Gespött aller Nachbarvölker
geworden.

17 Herr, höre doch jetzt, wenn ich zu dir
flehe! Unser Gott, erbarm dich über dein
verwüstetes Heiligtum! Es geht um deine
Ehre! 18 Erhöre mich, du, mein Gott, und
sieh, wie es um uns steht: Die Stadt, die
deinen Namen trägt, liegt in Trümmern.
Wir flehen zu dir, nicht weil wir deine
Hilfe verdient hätten, sondern weil du
uns schon so oft gnädig gewesen bist.
19 Herr, vergib uns! Greif ein und handle!
Zögere nicht, denn deine Ehre steht auf
dem Spiel! Es geht um deine Stadt und
dein Volk.«

Das Geheimnis der siebzig mal sieben Jahre

20 So betete ich und bekannte dem Herrn
meine Schuld und die Schuld meines
Volkes. Ich flehte ihn an, sein Heiligtum
auf dem Berg Zion wieder aufbauen zu
lassen.

21 Noch während ich betete, eilte der
Engel Gabriel herbei, den ich schon frü-
her in meiner Vision gesehen hatte. Es
war gerade die Zeit des Abendopfers.
22 »Daniel«, sagte er zu mir, »ich bin ge-
kommen, um deine Fragen zu beantwor-
ten. 23 Schon als du anfingst zu beten,
sandte Gott mich zu dir, denn er liebt
dich. Achte nun auf das, was ich dir offen-
baren will: 24 Siebzig mal sieben Jahre[a]
müssen vergehen, bis Gott seine Absicht
mit deinem Volk und mit der heiligen
Stadt erreicht hat: Zu dieser Zeit bereitet
er der Auflehnung gegen ihn ein Ende,
die Macht der Sünde wird gebrochen,
und die Schuld ist gesühnt. Dann werden
Menschen für immer vor Gott bestehen
können, die Visionen und Voraussagen
der Propheten erfüllen sich, und das Al-
lerheiligste im Tempel wird wieder neu
geweiht.

25 Nun hör gut zu, damit du meine Wor-
te verstehst: Zwischen dem Befehl,
Jerusalem wieder aufzubauen, und dem
Auftreten eines von Gott erwählten
Herrschers liegen sieben mal sieben Jah-
re. Zweiundsechzig mal sieben Jahre lang
werden in Jerusalem Straßen und Befes-
tigungsgräben gebaut, doch es wird eine
Zeit großer Bedrängnis sein. 26 Nach den
zweiundsechzig mal sieben Jahren wird

---

a Wörtlich: Siebzig Wochen. – Eine Woche ist hier wahrscheinlich als Jahrwoche (7 Jahre) zu verstehen.

9,11 3 Mo 26,14–39; 5 Mo 27,15–26; 28,15–68 **9,15** 2 Mo 12,51; 5 Mo 6,21–23 **9,17** Jes 48,11; Hes 36,20–23 **9,19** Jer 14,21 **9,21** 8,16; 4 Mo 28,3–8 **9,25** Esr 1,2; Sach 3,1; 6,11 ein von Gott Auserwählter hingerichtet, ohne dass er irgendwo Hilfe findet. Dann zerstört das Heer eines fremden Machthabers die Stadt und den Tempel wie eine reißende Flut. Bis zum Ende herrschen Krieg und Verwüstung, denn so hat es Gott beschlossen. [27] Der Machthaber wird vielen Menschen einen Bund aufzwingen, der sieben Jahre lang gelten wird. Nach der Hälfte dieser Zeit verbietet er den Opferdienst am Tempel und stellt dort eine abscheuliche Götzenstatue auf. Doch auch dieser grausame Herrscher wird untergehen, denn Gott hat sein Urteil über ihn gesprochen.«

Daniels letzte Vision am Ufer des Tigris

10 Im 3. Regierungsjahr des persischen Königs Kyrus empfing Daniel, der Beltschazar genannt wurde, eine Botschaft von Gott. Sie kündigt eine Zeit großer Not an und wird sich ganz sicher erfüllen. In einer Vision wurde Daniel diese Botschaft erklärt. [2] Er berichtet:

Damals trauerte ich drei Wochen lang, [3] ich verzichtete auf alle erlesenen Speisen und auf Fleisch, trank keinen Wein und verwendete keine wohlriechenden Salböle. [4] Am 24. Tag des 1. Monats stand ich am Ufer des Tigris. [5] Als ich aufblickte, sah ich einen Mann, der ein weißes Leinengewand mit einem Gürtel aus feinstem Gold trug. [6] Sein Leib funkelte wie ein Edelstein, sein Gesicht leuchtete wie ein Blitz, und die Augen glichen brennenden Fackeln. Die Arme und Beine schimmerten wie polierte Bronze, und seine Stimme war so laut wie die Rufe einer großen Menschenmenge.

[7] Ich war der Einzige, der die Erscheinung wahrnahm. Meine Begleiter konnten sie nicht sehen, doch sie bekamen plötzlich große Angst, liefen davon und versteckten sich. [8] So blieb ich allein zurück und spürte, wie mich beim Anblick der beeindruckenden Gestalt die Kräfte verließen. Ich wurde kreidebleich und konnte mich kaum noch auf den Beinen halten. [9] Da fing der Mann an zu sprechen, und kaum hörte ich seine gewaltige Stimme, da verlor ich die Besinnung, fiel um und blieb mit dem Gesicht am Boden liegen. [10] Doch eine Hand berührte mich und rüttelte mich wach. Ich konnte auf die Knie gehen und mich mit den Händen abstützen.

[11] Der Mann sprach zu mir: »Gott liebt dich, Daniel! Steh auf und achte auf meine Worte, denn Gott hat mich zu dir geschickt.« Zitternd stand ich auf. [12] »Hab keine Angst!«, ermutigte er mich. »Du wolltest gern erkennen, was Gott tun will, und hast dich vor ihm gedemütigt. Schon an dem Tag, als du anfingst zu beten, hat er dich erhört. Darum bin ich nun zu dir gekommen. [13] Aber der Engelfürst des Perserreichs stellte sich mir entgegen und hielt mich einundzwanzig Tage lang auf. Doch dann kam mir Michael zu Hilfe, einer der höchsten Engelfürsten. Ihm konnte ich den Kampf um das Reich der Perser überlassen. [14] Ich bin jetzt hier, um dir zu erzählen, wie es mit deinem Volk weitergeht. Denn was du nun von mir erfährst, wird sich in ferner Zukunft erfüllen.«

[15] Als er so zu mir redete, blickte ich zu Boden und brachte kein Wort mehr heraus. [16] Der Engel, der aussah wie ein Mensch, berührte meine Lippen, und ich konnte wieder sprechen. Ich sagte zu ihm: »Mein Herr, deine Erscheinung lässt mich zittern wie eine Frau in den Wehen, sie hat mir alle Kraft genommen! [17] Ich stehe vor dir wie ein Sklave vor seinem Herrn. Wie könnte ich es wagen, überhaupt ein Wort an dich zu richten? Dazu fehlt mir der Mut, und meine Kehle ist wie zugeschnürt.«

[18] Der Engel, der wie ein Mensch aussah, berührte mich noch einmal und gab mir dadurch Kraft. [19] »Hab keine Angst!«,

---

9,27 8,11; 11,31; 12,11; Mt 24,15 **10,1** 1,7; 4,5 **10,5–6** 8,15; 12,6; Hes 1,26–28; Offb 1,13–15 **10,7** Apg 9,7 **10,8** 8,27 **10,11** 9,23 **10,12** Ps 17,6*; Jes 65,24 **10,13** 12,1; Jud 9; Offb 12,7 **10,14** 8,26 **10,16** Jes 6,7; Jer 1,9 **10,19** 10,11

sagte er. »Gott liebt dich, er meint es gut
mit dir. Sei jetzt stark und mutig!« Wäh-
rend er mit mir sprach, kehrte meine
Kraft zurück, und ich antwortete: »Mein
Herr, weil du mich gestärkt hast, kann ich
hören, was du mir sagen möchtest.«
[20]Er entgegnete: »Weißt du überhaupt,
warum ich zu dir gekommen bin? Bald
schon muss ich wieder umkehren, um
den Kampf mit dem Engelfürsten der
Perser zu Ende zu führen. Wenn ich ihn
besiegt habe, wird der Engelfürst von
Griechenland mich angreifen. [21/1]Gegen
diese beiden steht mir allein Michael bei,
der Engelfürst eures Volkes. Denn im
1. Regierungsjahr des Mederkönigs Dari-
us habe ich ihm Hilfe und Schutz gege-
ben. Doch bevor ich zurückgehe, will ich
dir die Botschaft anvertrauen, die im
Buch der Wahrheit aufgeschrieben ist.«

Machtkämpfe zwischen den Königen des Nordens und des Südens

11 [2]»Was ich dir nun offenbare, wird
ganz bestimmt eintreffen: Drei
weitere Könige werden in Persien regie-
ren, bis ein vierter die Herrschaft über-
nimmt, der seine Vorgänger an Glanz
und Reichtum weit übertrifft. Auf dem
Gipfel seiner Macht bietet er alle Kräfte
gegen Griechenland auf.
[3]Nach ihm kommt ein bedeutender
König, der so mächtig ist, dass er alles er-
reichen kann, was er geplant hat. [4]Doch
auf dem Höhepunkt seiner Macht zerfällt
sein Reich in vier Teile, die im Norden,
Süden, Osten und Westen liegen und viel
schwächer sind als das vorige. Keiner der
königlichen Nachkommen kann weiter-
regieren, das Königshaus geht unter, und
andere reißen die Macht an sich.
[5]Der König des Südreichs gewinnt an
Einfluss, doch einer seiner Heerführer
wird noch bedeutender als er und errich-
tet im Norden ein noch größeres Reich.
[6]Nach einigen Jahren verbünden sich
die beiden Reiche miteinander, und um
den Frieden zu festigen, heiratet die
Tochter des Königs im Süden den König
im Norden. Doch sie kann ihren Einfluss
nicht behaupten, und das Bündnis zer-
bricht. Sie kommt um, ebenso ihr Mann,
ihr Vater und ihr Gefolge. [7]Ein Verwand-
ter von ihr wird anstelle ihres Vaters
König. Er zieht gegen den König des Nor-
dens in den Krieg, besiegt ihn und dringt
in seine befestigte Hauptstadt ein. [8]Die
Götterstatuen und die wertvollen Gegen-
stände aus Silber und Gold nimmt er
nach Ägypten mit. Danach wird er den
König im Norden einige Jahre nicht mehr
angreifen. [9]Dieser jedoch fällt in das Süd-
reich ein, zieht sich aber sofort wieder zu-
rück. [10]Seine Söhne werden sich erneut
zum Krieg rüsten und viele große Heere
aufbieten, die wie eine zerstörerische
Flut über die Feinde hereinbrechen. Im-
mer wieder greifen sie an und dringen
schließlich bis zur Festung des Königs im
Süden vor. [11]Dieser wiederum wird voller
Zorn seine Truppen sammeln, gegen sei-
nen Feind kämpfen und ihn trotz seiner
Übermacht besiegen. [12]Zehntausende
aus dem nördlichen Reich werden dabei
umkommen. Dieser Erfolg macht den
König des Südens selbstsicher und über-
heblich. Doch er kann seine Macht nicht
lange behaupten. [13]Denn der Herrscher
aus dem Norden stellt einige Jahre später
noch größere Truppen auf, bis an die
Zähne bewaffnet, und greift mit ihnen
an.
[14]Auch viele andere werden sich in
jener Zeit gegen den König des Südens
auflehnen. Eine Vision erfüllt sich:
Menschen aus deinem eigenen Volk, die
vor Gewalttaten nicht zurückschrecken,
schließen sich den Aufständischen an.
Aber sie werden scheitern. [15]Der König
aus dem Norden wird mit seinen Sol-
daten anrücken, eine befestigte Stadt be-
lagern und sie einnehmen. Das Heer aus
dem Süden kann ihm nicht standhalten,
sogar die Elitetruppen müssen die Waf-
fen strecken. [16]Niemand leistet dem
nördlichen Herrscher mehr Widerstand,
er kann tun und lassen, was er will.

11,2 Esr 4,5–7 **11,3–4** 8,21–22 **11,6** 2,43 **11,16** 8,9

Auch in Israel[a] macht er sich breit und verwüstet das Land. 17 Er will durch ein Bündnis die Herrschaft über das Südreich erlangen, damit es ihm nicht mehr gefährlich werden kann. Deshalb gibt er dem König des Südens eine seiner Töchter zur Frau. Doch sein Plan wird scheitern.

18 Darauf greift er die Küstenländer und Inseln an und bringt viele in seine Gewalt. Doch ein fremder Heerführer stellt sich ihm entgegen und macht seinem Größenwahn ein Ende. 19 Darauf zieht sich der König des Nordens in die befestigten Städte seines eigenen Landes zurück. Aber dort wird er gestürzt, und schon bald gerät er in Vergessenheit.

20 Sein Nachfolger wird einen Bevollmächtigten durchs Reich schicken, um Steuern einzutreiben und so den Reichtum seines Landes zu vergrößern. Aber schon nach kurzer Zeit wird der König sterben; er fällt jedoch weder im Krieg, noch wird er aus Rache ermordet.«

Der große Feind von Gottes Volk

21 »An die Stelle des verstorbenen Königs wird ein skrupelloser Mann treten. Er ist zwar nicht für die Thronfolge bestimmt, reißt aber durch Intrigen die Herrschaft an sich. 22 Wenn feindliche Heere in sein Land einfallen, löscht er sie aus. Ja, sogar einen verbündeten Fürsten[b] lässt er umbringen. 23 Zuerst schließt er ein Bündnis mit ihm, doch dann hintergeht er ihn auf übelste Weise. Obwohl den König nur wenige unterstützen, gelangt er an den Gipfel der Macht. 24 Er fällt in die reichen Gegenden einer Provinz ein, während sich die Bewohner in Sicherheit wiegen, er plündert sie aus und verteilt die Beute *an seine Anhänger.* Kein Herrscher vor ihm hat es je so schlimm getrieben! Auch die befestigten Städte will er in seine Gewalt bekommen, doch dazu bleibt ihm nicht mehr viel Zeit.

25 Entschlossen und zielbewusst führt er ein großes Heer gegen den König des Südens in den Kampf. Dieser rüstet sich mit einer noch gewaltigeren Armee zum Krieg, doch er kann seinen Feinden nicht standhalten, denn er wird das Opfer einer Verschwörung: 26 Seine engsten Vertrauten bringen seine Pläne zum Scheitern, viele Soldaten fallen in der Schlacht, und die Überlebenden fliehen in alle Richtungen.

27 Die beiden Könige verhandeln miteinander, und jeder ist nur darauf aus, den anderen hinters Licht zu führen. Doch keiner von ihnen hat Erfolg, denn die Zeit dafür ist noch nicht gekommen. 28 Zunächst kehrt der König aus dem Norden mit reicher Beute in sein Land zurück. Unterwegs greift er das Volk an, mit dem Gott einen Bund geschlossen hat.

29 Später versucht er wieder, das Südreich zu erobern. Doch diesmal wird es ihm anders ergehen als bei seinem ersten Feldzug: 30 Schiffe aus einem Land im Mittelmeer bedrohen ihn, er verliert den Mut und tritt den Rückzug an.

Seine Wut darüber lässt er an dem Volk aus, das zum heiligen Gott gehört. Er zieht alle auf seine Seite, die bereit sind, den Bund mit Gott zu brechen. 31 Seine Truppen entweihen den Tempel auf dem Berg, schaffen die täglichen Opfer ab und stellen eine abscheuliche Götzenstatue auf. 32 Alle, denen Gottes Bund mit Israel schon immer gleichgültig war, verführt er mit schönen Worten dazu, sich endgültig von Gott abzuwenden. Die anderen aber, die Gott treu sein wollen, bleiben standhaft. 33 Weise und Verständige aus dem Volk werden vielen den richtigen Weg zeigen. Darum wird man sie eine Zeit lang verfolgen; man nimmt sie gefangen, tötet sie mit dem Schwert, raubt ihren Besitz und brennt ihre Häuser nieder. 34 Sie erfahren zwar auch Hilfe, aber viele schließen sich

---

[a] Wörtlich: im Land der Zierde.
[b] Wörtlich: den Fürst des Bundes. – Möglicherweise ist hier auch der Hohepriester gemeint.
11,21 7,24; 8,23 **11,31** 9,27 **11,33** 12,3

ihnen nur zum Schein an. 35 Dass die Wei-
sen und Verständigen so hart verfolgt
werden, dient ihrer Läuterung. Gott will
sie durch diese schwere Zeit prüfen, da-
mit ihr Glaube sich bewährt. Dies dauert
so lange, wie Gott es bestimmt hat.

36 Der König kann tun und lassen, was
er will. Ja, er ist so vermessen, sich über
die Götter zu erheben; sogar Gott, den
Höchsten, verhöhnt und verspottet er.
Doch er wird dies nur so lange tun, bis
Gott ihn voller Zorn bestraft, denn nie-
mand kann Gottes Pläne durchkreuzen.
37 Der König macht sich nichts aus den
Göttern seiner Vorfahren. Nicht einmal
der Lieblingsgott der Frauen[a] oder ir-
gendein anderer bedeutet ihm etwas,
denn er bildet sich ein, mächtiger als sie
alle zu sein. 38 Er dient lieber dem Gott
der Festungen, den seine Vorfahren nie
gekannt haben, und bringt ihm Gold und
Silber dar, Edelsteine und andere wert-
volle Gaben. 39 Im Namen dieses fremden
Gottes bezwingt er selbst die stärksten
Festungen. Wer ihn als Herrscher aner-
kennt, den überhäuft er mit großen Eh-
ren, er teilt ihm Land zu und lässt ihn
über viele Menschen regieren.

40 Schließlich aber kommt das Ende:
Der König des Südens fällt mit seinen
Truppen über das Nordreich her, doch
der König des Nordens geht mit Streit-
wagen, Reitern und vielen Schiffen zum
Gegenangriff über. Er stößt in die Län-
der des Südens vor und überrollt sie wie
eine verheerende Flut. 41 Dabei erobert
er auch Israel[b] und bringt viele Länder
in seine Gewalt. Nur die Edomiter, die
Moabiter und der größte Teil der Am-
moniter kommen noch einmal davon.
42 Für Ägypten jedoch gibt es bei diesem
Feldzug keine Rettung mehr. 43 Der Kö-
nig des Nordens raubt die Schätze des
Landes, sein Gold und sein Silber. Und
selbst Libyer und Äthiopier führt er in
seinem Siegeszug mit. 44 Dann aber wer-
den ihm Gerüchte aus dem Osten und
Norden zugetragen, die ihn beunruhi-
gen. Voller Zorn tritt er den Rückzug
an, um seine Feinde ein für alle Mal zu
vernichten. 45 Er schlägt seine Kriegszel-
te zwischen dem Meer und dem Berg
Zion[c] auf. Doch dann wird sein Ende
kommen, und niemand kann ihm mehr
helfen.«

Die Auferstehung der Toten

12 »In jener Zeit tritt Michael, der
große Engelfürst, für dein Volk
ein, so wie er es schon immer getan hat.
Es wird eine so große Not herrschen wie
noch nie seit Menschengedenken. Aber
alle aus deinem Volk werden gerettet, de-
ren Name in Gottes Buch aufgeschrieben
ist. 2 Viele von denen, die in der Erde ru-
hen, werden erwachen, die einen werden
für immer leben, die anderen erleiden für
immer Spott und Schande. 3 Die Weisen
und Verständigen aber werden leuchten
wie die Sonne am Himmel. Und diejeni-
gen, die vielen Menschen den richtigen
Weg gezeigt haben, leuchten für immer
und ewig wie die Sterne.

4 Du aber, Daniel, bewahr diese Bot-
schaft sorgfältig auf! Schreib all diese
Worte in ein Buch, und versiegle es, bis
es am Ende der Zeit geöffnet wird. Viele
werden es erforschen und zu immer grö-
ßerer Erkenntnis gelangen.«

Das Ende der Zeit

5 Dann sah ich zwei Männer am Fluss ste-
hen, jeder an einem Ufer. 6 Einer von
ihnen fragte den Engel, der ein Gewand
aus Leinen trug und über dem Wasser
schwebte: »Wie lange dauert es noch, bis
diese erstaunlichen Ereignisse vorüber
sind?«

---

[a] Gemeint ist wahrscheinlich der Gott Tammus (Hesekiel 8,14), in Griechenland Adonis, in Ägypten Osiris genannt.

[b] Wörtlich: das Land der Zierde.

[c] Wörtlich: dem Berg der heiligen Zierde.

11,36 7,8.25; 2 Thess 2,4; Offb 13,6 **11,45** 7,26 **12,1** 10,13; Mal 3,16; Mt 24,21 **12,2** Jes 26,19; Mt 25,46; Joh 5,29 **12,3** 11,33–35; Mt 13,43 **12,4** 8,26; Jes 30,8; Offb 22,10 **12,5–6** 10,5–6

[7]Der Engel erhob beide Hände zum
Himmel und schwor bei Gott, der ewig
lebt: »Es dauert noch einen Zeitraum,
dann zwei Zeiträume und einen halben
Zeitraum. Wenn die Kraft des heiligen
Volkes Gottes gebrochen ist, dann
kommt alles zu seinem Ziel!«

[8]Ich hörte zwar, was der Engel sagte,
aber ich konnte es nicht begreifen. Deshalb fragte ich: »Mein Herr, wie wird das
Ende aussehen?«

[9]Er antwortete: »Geh jetzt, Daniel!
Bewahr diese Botschaft sorgfältig auf!
Das Buch soll versiegelt bleiben, bis das
Ende kommt. [10]Gott wird viele Men-
schen auf die Probe stellen, er wird sie
läutern, damit ihr Glaube sich bewährt.
Doch alle, die von Gott nichts wissen
wollen, werden sich weiterhin gegen ihn
auflehnen. Sie werden diese Botschaft
nicht verstehen, die Weisen aber werden
sie begreifen. [11]Von dem Zeitpunkt an,
wenn man die regelmäßigen Opfer ab-
schafft und eine abscheuliche Götzensta-
tue aufstellt, wird es 1290 Tage dauern.
[12]Glücklich ist, wer aushält, bis 1335 Ta-
ge vorüber sind!

[13]Du aber geh deinen Weg bis zum En-
de! Du wirst in der Erde ruhen, doch spä-
ter wirst du auferstehen und das himm-
lische Erbe empfangen, das am Ende der
Zeit auf dich wartet.«

12,7 7,25; Offb 11,2 **12,10** 11,35 **12,11** 9,27; 11,31; Mt 24,15 **12,13** 12,2

Der Prophet Hosea

Hoseas Familie als Bild für Israel

1 In diesem Buch sind die Worte des
Herrn an Hosea, den Sohn Beeris,
aufgeschrieben. Damals regierten in Juda
nacheinander die Könige Usija, Jotam,
Ahas und Hiskia. In Israel herrschte Kö-
nig Jerobeam, der Sohn Joaschs.
2 Als der Herr zum ersten Mal zu Ho-
sea sprach, befahl er ihm: »Such dir eine
Hure, und mache sie zu deiner Frau! Du
sollst Kinder haben, die von einer Hure
geboren wurden. Denn mein Volk ist
wie eine Hure: Es ist mir untreu und läuft
fremden Göttern nach.« 3 Hosea heirate-
te Gomer, die Tochter Diblajims. Sie
wurde schwanger und brachte einen Jun-
gen zur Welt. 4 »Nenne deinen Sohn Jes-
reel«, sagte der Herr zu Hosea, »denn
bald werde ich das Blutbad rächen, das
König Jehu in Jesreel angerichtet hat.[a]
Ich werde seine Nachkommen bestrafen
und dem Königreich Israel ein Ende ma-
chen. 5 In der Ebene Jesreel werde ich das
gesamte Heer Israels auslöschen.«
6 Gomer wurde danach wieder schwan-
ger und brachte ein Mädchen zur Welt.
Da sprach der Herr zu Hosea: »Nenne
das Kind Lo-Ruhama[b]! Denn ich habe
kein Erbarmen mehr mit den Israeliten
und werde ihre Schuld nicht länger ver-
geben!
7 Aber mit den Judäern will ich Mitleid
haben: Ich werde sie retten, denn ich bin
der Herr, ihr Gott. Ich werde aber nicht
für sie Krieg führen und ihnen nicht mit
Bogen und Schwert, mit Pferden und
Reitern helfen.«
8 Als Gomer ihre Tochter Lo-Ruhama
nicht mehr stillte, wurde sie ein drittes
Mal schwanger und brachte einen Jungen
zur Welt. 9 Da sagte der Herr: »Er soll Lo-
Ammi[c] heißen. Denn ihr seid nicht mehr
mein Volk, und ich bin nicht mehr für
euch da.

2 Doch es kommt die Zeit, da werden
die Israeliten so zahlreich sein wie
der Sand am Meer; man wird sie nicht
zählen können. Ich habe ihnen gesagt:
Ihr seid nicht mein Volk. Dann aber wer-
den sie ›Kinder des lebendigen Gottes‹
heißen. 2 Alle Männer aus Juda und Israel
werden sich versammeln und ein gemein-
sames Oberhaupt wählen. Sie werden das
ganze Land in Besitz nehmen. Was für
ein großer Tag wird das sein, wenn meine
Saat aufgeht![d] 3 Dann sollt ihr euren
Schwestern und Brüdern in meinem Auf-
trag verkünden: ›Ihr seid mein Volk, ich
habe Erbarmen mit euch.‹«

Die untreue Frau – ein Gleichnis für Israel

4 »Klagt euer Land an, ihr Israeliten!
Bringt euer Volk vor Gericht! Schon lan-
ge ist eure Mutter Israel nicht mehr mei-
ne Frau, und darum will auch ich nicht
länger ihr Mann sein! Sie soll die Zeichen
einer Hure von ihrem Gesicht und ihren
Brüsten entfernen. 5 Sonst werde ich sie
nackt ausziehen und hilflos machen wie
bei ihrer Geburt. Ihr Land mache ich zur
Wüste, zu einer dürren Einöde, ja, ich will
sie verdursten lassen! 6 Auch mit ihren
Kindern werde ich kein Mitleid haben,

---

[a] Vgl. 2. Könige 10,1–11
[b] Lo-Ruhama bedeutet »sie findet kein Erbarmen«.
[c] Lo-Ammi bedeutet »nicht mein Volk«.
[d] Wörtlich: Groß ist der Tag von Jesreel. – Jesreel bedeutet »Gott sät«.

1,1 2 Kön 14,23–29; Jes 1,1; Am 1,1 **1,2** 2,4–10; 3,1; 4,11–14; Jes 1,21; Jer 2,20; Hes 16,24–25 **1,6–9** 2,25 **1,6** Am 7,8; 8,2 **1,7** 2 Kön 19,32–37; Sach 4,6 **1,9** 2 Mo 19,5–6* **2,1** 1 Mo 22,17; Röm 9,26 **2,2** Jer 3,18* **2,3** 1,6.9 **2,4** 1,2* **2,5** Hes 16,4–5

Unendliche Güte

Lesen Sie Hosea 2,4-25

Zu unseren schwersten Erfahrungen gehört, wenn wir jemanden lieben, der unsere Liebe nicht erwidert. Die Bibel erzählt uns die Geschichte des Propheten Hosea, der sich um seine untreue Frau Gomer bemühte. Die selbstlose, nie endende Güte ist ein schönes Bild für die Liebe Gottes zu seinem Volk: „Die Ehe, die ich an diesem Tag mit dir, Israel, schließe, wird ewig bestehen. Ich schenke dir Liebe und Barmherzigkeit, ich schütze dich und helfe dir" (2,21). So wie Hosea seine Frau nie verlassen würde, so wollte auch Gott sich nicht von seinem treulosen Volk trennen, auch wenn es ihn immer wieder ablehnte: „Ihre Mutter hat sich mit fremden Männern eingelassen. Sie ging mit ihnen ins Bett und dachte: ‚Es lohnt sich, bei meinen Liebhabern zu bleiben, denn sie geben mir, was ich brauche: Brot und Wasser, Wolle und Flachs, Öl und Wein'" (2,7).

Gott ist nicht wie wir. Wenn wir uns von ihm abwenden, endet seine Güte nicht. Er sehnt sich danach, dass wir zu ihm zurückkehren.

Vielleicht sehnen Sie sich auch nach der Liebe eines Menschen, der Ihre Liebe abzuweisen scheint – Ihr Ehepartner oder ein Kind, das sich auflehnt. Sie fragen sich womöglich, wie lange Sie diesen Schmerz noch aushalten können. Doch verlieren Sie nicht den Mut: Christus, der selbst Ablehnung erfahren hat, gibt Ihnen die Kraft, in Ihrer Liebe und Güte stark zu bleiben – trotz des Schmerzes.

Nehmen Sie sich Zeit, um allein oder als Paar ge*meinsam zu beten.*

- Danken Sie Gott, dass er Sie so sehr liebt und Ihnen immer wieder nachgeht.
- Bitten Sie ihn, dass er Ihnen hilft, so unendlich gütig zu sein wie er – auch wenn Ihre Freundlichkeit nicht erwidert wird.

Wenn Sie noch mehr Zeit haben ...

Besprechen Sie miteinander folgende Fragen oder denken Sie darüber nach:

- Gibt es in Ihrem Leben eine ähnliche Situation wie die von Gott und Hosea in diesem Bibeltext? Sind auch Sie dazu berufen, jemanden zu lieben, der Ihre Liebe ablehnt?
- Lesen Sie Matthäus 5,43-48. Zu welchem Handeln ruft Jesus Sie als wahres Kind Gottes auf?
- Zu jemandem freundlich sein zu können, der uns grausam behandelt, ist ein Wunder der Nachfolge Jesu. Wo haben Sie diese Erfahrung gemacht und in welcher Beziehung brauchen auch Sie dieses Wunder?

Lesen Sie auch die folgenden Abschnitte zum Thema Güte:
Sprüche 11,17; Römer 12,14-21; 1. Petrus 3,8-12.

Wüstenzeiten

Lesen Sie Hosea 3,1-5

In guten Zeiten der Ehe erscheint die Vorstellung, sich scheiden zu lassen, undenkbar. Doch wenn die schlechten Zeiten kommen, stehen Sie an einer Wegkreuzung und müssen sich entscheiden: bleiben oder gehen. Gott ermutigt Sie niemals zur Scheidung, aber er hat uns Menschen die Freiheit der Wahl gegeben. Gott schenkt den Menschen echte Freiheit – und dazu gehört auch die Freiheit, ihn zu beschimpfen und unsere eigenen Wege zu gehen. Die Bibel zeigt uns, dass wir alle diese Freiheit mehr oder weniger zu unserem eigenen Schaden genutzt haben (siehe Jesaja 53,6).

In den Wüstenzeiten unserer Ehe ist uns nicht danach, noch etwas in die Beziehung zu investieren; wir haben keine Hoffnung, die vertrauensvolle Nähe zum anderen zurückzugewinnen, und die ganze Entwicklung jagt uns Angst ein. Doch trotz allem will Gott uns einen Weg in die Zukunft weisen. Die Bibel berichtet immer wieder davon, wie Gott versucht, sich mit seinem Volk zu versöhnen. Gomer, die Frau des Propheten Hosea, wurde ihrem Mann immer aufs Neue untreu. Trotzdem forderte Gott Hosea auf: „Obwohl deine Frau deine Liebe nicht erwidert hat, sondern ständig die Ehe bricht, sollst du sie wieder bei dir aufnehmen und sie lieb haben. Denn auch ich liebe die Israeliten, obwohl sie anderen Göttern nachlaufen" (Hosea 3,1).

Hoseas Geschichte verdeutlicht, wie Gott sich um Versöhnung bemüht. Darum gilt auch in den härtesten Wüstenzeiten unserer Ehe die biblische Aufforderung, uns miteinander zu versöhnen, an die Möglichkeit einer Veränderung zu glauben, auf einen Neuanfang zu hoffen.

Nehmen Sie sich Zeit, um allein oder als Paar gemeinsam zu beten. Danken Sie Gott, dass er immer wieder die Hand nach Ihnen ausstreckt, um sich mit Ihnen zu versöhnen. Wenn Sie in einer Ehekrise stecken, bitten Sie ihn, dass er Ihnen die Hoffnung auf einen Neuanfang schenkt. Bitten Sie ihn auch um die Kraft, sich zum Bleiben zu entscheiden – und dass er Ihnen hilft, seinen Willen zu tun.

Wenn Sie noch mehr Zeit haben …

Besprechen Sie miteinander folgende Fragen oder denken Sie darüber nach:

- Wie haben Sie in Ihrem Leben und in Ihrer Ehe erfahren, dass Sie die Macht haben, sich frei zu entscheiden? Nennen Sie konkrete Beispiele.
- Wenn Sie über Ihre Ehe nachdenken, wie würden Sie die Zeiten beschreiben, durch die Sie gemeinsam gegangen sind? Welche Zeit war die härteste für Sie?
- Wenn Sie sich in Ihrer Ehe in einer Krise befinden und Ihren Partner am liebsten verlassen würden, was kann Sie dann motivieren, trotzdem zusammenzubleiben?

Lesen Sie auch die folgenden Abschnitte zum Thema Ehe:
Maleachi 2,14-16; 1. Korinther 7,10-16; Hebräer 13,4.

Den nächsten Impuls finden Sie auf S. 1010 a

denn sie sind Hurenkinder. 7 Ihre Mutter
hat sich mit fremden Männern eingelas-
sen. Sie ging mit ihnen ins Bett und dach-
te: ›Es lohnt sich, bei meinen Liebhabern
zu bleiben, denn sie geben mir, was ich
brauche: Brot und Wasser, Wolle und
Flachs, Öl und Wein.‹

8 Darum versperre ich ihr den Weg mit
Mauern und lasse ihn mit Dornen-
gestrüpp überwuchern, so dass sie nicht
mehr weiter weiß. 9 Vergeblich läuft sie
hinter ihren Liebhabern her. Sie wird sie
suchen, aber nicht finden. Zuletzt wird
sie sich besinnen: ›Ich will nach Hause
zurückkehren, zu meinem ersten Mann;
denn bei ihm ging es mir besser.‹ 10 Sie
hat nicht erkannt, dass ich es war, der ihr
Getreide, Most und Öl gegeben hat. Mit
Silber und Gold habe ich sie überschüt-
tet, sie aber hat alles ihrem Götzen Baal
zu Füßen gelegt. 11 Zur Erntezeit werde
ich dafür sorgen, dass sie kein Getreide
und keinen Wein bekommt. Auch Wolle
und Flachs nehme ich ihr weg, damit sie
sich keine Kleider nähen kann. 12 Vor den
Augen ihrer Liebhaber ziehe ich sie
nackt aus und stelle sie öffentlich zur
Schau; niemand kann sie davor bewah-
ren. 13 Ihren Freudenfesten mache ich ein
Ende, sie wird keinen Neumond oder
Sabbat und kein anderes großes Fest
mehr feiern. 14 Ihre Weinstöcke werde
ich zerstören und ihre Feigenbäume fäl-
len. Denn sie hat gesagt: ›Das habe ich
von meinen Freunden für meine Liebes-
dienste bekommen.‹ Alles, was sie ge-
pflanzt hat, lasse ich von Gestrüpp über-
wuchern; und den Rest werden die
wilden Tiere fressen.

15 Denn sie hat mich vergessen. Statt
für mich hat sie für ihre Götzen Feste
gefeiert und ihnen Opfer dargebracht.
Sie hat sich mit Ringen und Ketten
geschmückt und ist ihren Liebhabern
nachgelaufen. Deshalb werde ich sie
bestrafen. Darauf gebe ich, der Herr,
mein Wort.«

Gott bleibt treu

16 »Doch dann werde ich versuchen, sie
wiederzugewinnen: Ich will sie in die
Wüste bringen und in aller Liebe mit
ihr reden. 17 Dort wird sie auf meine
Worte hören. Sie wird mich lieben wie
damals in ihrer Jugend, als sie Ägypten
verließ. Dann will ich ihr die Weinberge
zurückgeben; das Achortal, das Un-
glückstal[a], soll für sie ein Tor der Hoff-
nung sein.

18 Ja, ich, der Herr, verspreche: An die-
sem Tag wird sie nicht mehr zu mir sagen:
›Mein Baal‹, sondern sie wird mich wie-
der ihren Mann nennen. 19 Den Namen
Baal werde ich aus ihrem Mund nicht
mehr hören, nie wieder wird sie die Na-
men anderer Götter erwähnen. 20 Ich will
einen Bund schließen mit den wilden Tie-
ren, den Vögeln und den Kriechtieren,
damit sie ihr keinen Schaden zufügen.
Ich werde die Kriege beenden und alle
Bogen und Schwerter zerbrechen. Das
alles werde ich tun, damit sie in Frieden
und Sicherheit leben kann.

21 Die Ehe, die ich an diesem Tag mit
dir, Israel, schließe, wird ewig bestehen.
Ich schenke dir Liebe und Barmherzig-
keit, ich schütze dich und helfe dir; 22 im-
mer werde ich treu sein und dich nie ver-
lassen. Daran wirst du erkennen, dass ich
der Herr bin!

23 In jener Zeit werde ich die Bitten Is-
raels erhören. Aus dem Himmel lasse ich
Regen auf die Erde fallen, 24 und die Erde
wird Getreide, Weintrauben und Oliven
hervorbringen. Dann wird Israel genug
zu essen haben und satt werden.[b] 25 Ich
werde dafür sorgen, dass mein Volk sich
wieder in seinem Land ansiedeln kann.
Es wurde als eine Nation bezeichnet, ›die

---

[a] Vgl. Josua 7,26

[b] Die Verse 23 und 24 wörtlich: An jenem Tag werde ich erhören. Ich erhöre den Himmel, und der Himmel erhört die Erde. Die Erde erhört das Korn, den Most und das Öl, und diese erhören Jesreel.

2,7 Jer 2,23–25; 44,17–18 **2,9** Lk 15,17–18 **2,10** Hes 16,13.17.19 **2,12** Hes 16,37 **2,13** Am 8,10 **2,16** 12,10; 13,4–5 **2,18** Jes 54,5 **2,20** Jes 11,6–9; Hes 34,25 **2,21** Offb 19,7 **2,22** Jer 31,34 **2,25** 1,6.9; Röm 9,25; 1 Petr 2,10

kein Erbarmen findet‹; doch die Zeit kommt, in der ich mich über mein Volk erbarmen werde. Es war einst ›Nicht mein Volk‹; nun aber sage ich zu ihm: ›Du bist mein Volk‹, und Israel wird antworten: ›Du bist mein Gott!‹«

Israel wird umkehren

3 Der Herr sprach zu mir: »Obwohl deine Frau deine Liebe nicht erwidert hat, sondern ständig die Ehe bricht, sollst du sie wieder bei dir aufnehmen und sie lieb haben. Denn auch ich liebe die Israeliten, obwohl sie anderen Göttern nachlaufen und deren Opfermahlzeiten essen[a].«

2 Da kaufte ich meine Frau für fünfzehn Silberstücke und viereinhalb Zentner Gerste zurück 3 und sagte zu ihr: »Du wirst jetzt bei mir bleiben und dich mit keinem anderen Mann mehr einlassen. Aber ich werde lange Zeit nicht mit dir schlafen.«

4 Genau so wird es Israel ergehen: Lange Zeit werden sie ohne König und Fürsten sein, es wird keine Schlachtopfer und keine heiligen Steinmale geben, auch keine Götterfiguren und Priestergewänder. 5 Und dann wird Israel zurückkommen und den Herrn, seinen Gott, suchen. Das ganze Volk wird einen Nachkommen Davids als König anerkennen. Zitternd werden sie in dieser letzten Zeit zum Herrn zurückkehren und ihre Hoffnung ganz auf seine Güte setzen.

Die Priester verführen das Volk zum Götzendienst

4 Ihr Israeliten, hört, was der Herr euch zu sagen hat! Der Herr führt einen Rechtsstreit gegen die Bewohner des Landes. Denn Treue und Liebe sind ihnen fremd, sie wollen den Herrn nicht als ihren Gott anerkennen. 2 Sie betrügen und lügen, sie morden, stehlen und brechen die Ehe, sie begehen eine Bluttat nach der anderen. 3 Darum wird das Land vertrocknen, und alles, was dort lebt, wird verdursten. Die Tiere auf dem Feld, die Vögel am Himmel und sogar die Fische im Meer – sie alle gehen zugrunde.

4 Der Herr sagt: »Es soll nicht irgendeiner angeklagt, nicht irgendwer verurteilt werden! Euch, ihr Priester, euch klage ich an! 5 Am helllichten Tag werde ich euch zu Fall bringen, und die Propheten, die gemeinsame Sache mit euch machen, werde ich über Nacht stürzen. Selbst eure Mütter lasse ich umkommen! 6 Mein Volk läuft ins Verderben, weil es den richtigen Weg nicht kennt. Denn ihr Priester wollt nichts mehr von der Wahrheit wissen. Deshalb will ich auch nichts mehr von euch wissen! Ihr sollt nicht länger meine Priester sein. Weil ihr meine Weisungen vergessen habt, darum werde ich eure Kinder vergessen.

7 Je zahlreicher die Priester wurden, desto mehr haben sie sich gegen mich aufgelehnt. Darum werde ich ihnen ihr angesehenes Amt wegnehmen, und sie werden sich vor allen Leuten schämen müssen. 8 Sie hoffen, dass mein Volk viele Sünden begeht, denn dann können sie sich am Fleisch der Sündopfertiere satt essen.[b] 9 Darum soll es ihnen gehen wie den anderen Israeliten: Ich werde sie für ihren Eigensinn bestrafen, ich werde ihnen das Böse, das sie tun, heimzahlen! 10 Soviel sie auch essen, sie sollen nicht satt werden. Und mit wie vielen Frauen sie sich auch einlassen, sie werden doch keine Kinder haben.

Denn mich, den Herrn, haben sie verlassen, sie haben mir den Rücken gekehrt!

11 Hurerei, Wein und Most vernebeln ihnen den Verstand. 12 Mein Volk geht zu heiligen Bäumen, um sich Rat zu holen. Sie erwarten Auskunft und Hilfe, indem

---

[a] Wörtlich: und Rosinenkuchen lieben.
[b] Wörtlich: Sie essen die Sünde meines Volkes und verlangen nach ihrer Schuld.

3,1 1,2* **3,5** Jes 9,6* **4,2** 2 Mo 20,13–16 **4,3** Am 4,6–9 **4,6** Jer 2,8; Hes 22,26 **4,8** 3 Mo 6,19; 7,6–7 **4,10** Hag 1,6

sie mit Holzstäben das Orakel befragen.
Besessen von ihrer Hurerei und Treulo-
sigkeit, sind sie auf Abwege geraten; von
mir, ihrem Gott, wollen sie nichts mehr
wissen. 13 Oben auf den Hügeln bringen
sie Räucheropfer dar und halten Opfer-
mahlzeiten, sie feiern im wohltuenden
Schatten von Eichen, Storaxbäumen und
Terebinthen. Darum werden ihre Töchter
und Schwiegertöchter zu Huren und Ehe-
brecherinnen. 14 Doch ich werde nicht sie
für ihre Hurerei und ihren Ehebruch be-
strafen. Denn es sind die Priester, die ein
schlechtes Beispiel geben: Gerade sie lau-
fen den Huren nach und feiern Opfer-
mahlzeiten mit den Prostituierten am
Tempel. So stürzen sie das Volk, das es
nicht besser weiß, ins Verderben.

15 Doch auch wenn Israel mir untreu ist,
soll Juda sich nicht schuldig machen. Ihr
Judäer, geht nicht in die Heiligtümer von
Gilgal oder Bet-Awen[a]! Schwört nicht:
›So wahr der Herr lebt‹! 16 Das Volk Isra-
el ist widerspenstig wie eine störrische
Kuh. Soll ich sie etwa auf freiem Feld
weiden lassen wie ein sanftes Lamm?

17 Ephraim[b] hat sich fremden Göttern
verschrieben. Sollen sie machen, was sie
wollen! 18 Sie halten Saufgelage ab und
vergnügen sich schamlos mit ihren Hu-
ren. Und anstatt sich zu schämen, sind
sie auch noch stolz darauf! 19 Sie treiben
umher wie ein Blatt im Wind und rennen
mit ihrem Götzendienst ins Verderben.«

Israel und Juda sind schuldig

5 »Ihr Priester, passt gut auf! Auch der
König mit seinem Hofstaat und alle
anderen Israeliten sollen aufmerksam zu-
hören!

Ihr habt die Aufgabe, das Recht zu
wahren! Doch ihr seid wie eine tödliche
Falle in Mizpa, wie ein Netz, mit dem
man auf dem Berg Tabor Vögel fängt!
2 Den Bund, den ich mit euch geschlossen
habe, habt ihr verraten. Aber nun habt
ihr eure Gottlosigkeit zu weit getrieben!
Darum werde ich euch alle bestrafen!
3 Denn ich kenne Ephraim gut. Nichts,
was dort geschieht, bleibt meinen Augen
verborgen. Ephraim ist fremden Göttern
nachgelaufen, Israel hat schwere Schuld
auf sich geladen. 4 Sie sind so in ihre
Schuld verstrickt, dass sie nicht mehr zu
mir umkehren können. Sie haben nur
noch ihren Götzendienst im Sinn, sie er-
kennen nicht, dass ich der Herr bin!
5 Durch ihren Hochmut sprechen sie sich
selbst das Urteil, ihre Schuld stürzt sie ins
Verderben. Auch den Bewohnern von Ju-
da wird es nicht anders ergehen.

6 Sie werden dann Schafe und Rinder
opfern, um mich, den Herrn, gnädig zu
stimmen; aber ich werde sie allein lassen,
so dass sie mich nicht finden können. 7 Sie
haben mir, dem Herrn, die Treue gebro-
chen und mit ihren Huren Kinder ge-
zeugt. Darum werden sie in kürzester
Zeit vernichtet – mit allem, was ihnen ge-
hört.«

Gottes Klage über sein Volk

8 »Stoßt ins Horn in Gibea, und blast die
Trompeten in Rama! Stimmt lautes
Kriegsgeschrei an in Bet-Awen! Denn
der Feind ist euch auf den Fersen, ihr
vom Stamm Benjamin! 9 Ich vollstrecke
mein Urteil an Israel und mache es zur
Wüste. Alles, was ich den Stämmen Isra-
els angedroht habe, wird wahr!

10 Auch auf die führenden Männer Ju-
das wird mein Zorn niedergehen wie ein
Gewitterregen! Denn sie verrücken die
Grenzen und reißen so fremdes Land an
sich. 11 Ja, Ephraim wird unterdrückt und
aller Rechte beraubt, denn es hat dort
Hilfe gesucht, wo es keine Hilfe gibt!
12 Ich, der Herr, bereite Ephraim Schmer-
zen wie eine eiternde Wunde, und ich
quäle Juda wie ein bösartiges Geschwür.

---

[a] Bet-Awen (»Haus des Unheils«) ist eine ironische Abänderung des Namens Bethel (»Haus Gottes«).

[b] Mit »Ephraim« meint Hosea stets das Nordreich Israel.

4,13 5 Mo 12,2–3* **4,14** 5 Mo 23,18 **4,15** 9,15 **4,18** 4,11; 7,5 **5,3** 4,11–14 **5,4** 4,12 **5,5** Jes 2,11–12* **5,6** 1 Sam 15,22* **5,8** Jer 4,5 **5,10** 5 Mo 19,14; 27,17

13 Als Ephraim und Juda merkten, wie
schlimm es um sie stand, suchte Ephraim
Hilfe beim König von Assyrien. Doch
dieser kriegerische König kann euch
nicht gesund machen und von euren eit-
rigen Geschwüren heilen!
14 Denn ich, der Herr, greife Ephraim
und Juda an wie ein junger, hungriger Lö-
we; ich zerreiße sie und schleppe sie als
Beute fort, und niemand kann sie retten.
15 Ich werde sie allein lassen, bis sie ihre
Schuld einsehen und nach mir fragen. In
ihrer Not werden sie wieder meine Nähe
suchen und sagen:

6 ›Kommt, wir wollen zum Herrn um-
kehren! Er hat uns verletzt, also wird
er uns auch wieder heilen; er hat uns ge-
schlagen, darum wird er auch unsere
Wunden verbinden! 2 Nach drei Tagen
wird er uns wieder aufrichten und uns
neues Leben schenken. Dann können
wir immer in seiner Nähe sein. 3 Alles
wollen wir tun, um ihn, den Herrn, zu er-
kennen! So sicher, wie morgens die Son-
ne aufgeht und im Herbst und Frühjahr
der Regen die Erde tränkt, so gewiss wird
er kommen und uns helfen.‹
4 Ach, Ephraim und Juda, was soll ich
bloß mit euch machen? Eure Treue ist so
flüchtig wie ein Nebelschleier am Mor-
gen, eure Liebe zu mir verschwindet so
schnell wie Tau unter der Sonne! 5 Da-
rum habe ich durch die Propheten mein
Gericht angedroht und versucht, euch
mit harten Worten zur Umkehr zu bewe-
gen. Was ich für richtig und gut halte, ha-
be ich deutlich gesagt, es ist klar wie der
helle Tag. 6 Wenn jemand mir treu ist, so
ist mir das lieber als ein Schlachtopfer.
Und wenn jemand mich erkennen will,
freut mich das mehr als jedes Brand-
opfer!«

Israel und Juda sind reif für das Gericht

7 »Die Israeliten sind mir untreu gewor-
den, schon damals in der Stadt Adam.
Und seitdem haben sie immer wieder
den Bund gebrochen, den ich einst mit
ihnen geschlossen habe. 8 Gilead ist eine
Stadt voller Verbrecher, überall fließt
Blut. 9 Die Priester rotten sich zusammen;
auf dem Weg, der nach Sichem führt, lau-
ern sie den Reisenden auf und ermorden
sie. Vor keiner Schandtat schrecken sie
zurück. 10 Ich, der Herr, habe Abscheuli-
ches in Israel gesehen: Israel ist fremden
Göttern nachgelaufen und hat Schuld auf
sich geladen. 11 Doch auch Juda ist reif für
das Gericht!
Wenn ich das Schicksal Israels wenden

7 und mein Volk heilen will, dann
kommt ans Licht, dass Israel schwere
Schuld auf sich geladen hat und die Leute
von Samaria nur Böses im Schilde füh-
ren. Sie sind Betrüger; Diebe brechen in
die Häuser ein, und Räuberbanden zie-
hen plündernd durch das Land. 2 Sie ma-
chen sich nicht klar, dass ich kein einziges
ihrer Verbrechen vergesse. Sie müssen
die Folgen ihrer Bosheit tragen, denn ich
werde mich an alles erinnern! 3 Mit hin-
terlistigen Plänen verschaffen sie sich
Ansehen beim König, und mit Lügen
schmeicheln sie sich bei den Fürsten ein.
4 Doch sie halten niemandem die Treue.
Ihr Hass glüht wie ein Ofen, den der Bä-
cker angeheizt hat und den man nicht
mehr nachzuheizen braucht, selbst wenn
man den Teig noch kneten und gehen las-
sen muss. 5 Am Krönungstag ihres Königs
machen sie ihn und seine Hofbeamten
betrunken, der viele Wein raubt diesen
Schwätzern den Verstand. 6 Die Verräter
warten, bis ihre Zeit gekommen ist, sie
fiebern dem Augenblick entgegen, in
dem sie losschlagen. Doch sie lassen sich
die ganze Nacht hindurch nichts anmer-
ken. Am Morgen aber wird die schwelen-
de Glut zur lodernden Flamme: 7 Sie fal-
len über den König und seine engsten
Berater her. So kommt ein König nach
dem anderen ums Leben, aber noch nie
hat einer von ihnen zu mir, dem Herrn,
um Hilfe gerufen!

5,13 7,11; 8,9; 12,2; 2 Kön 15,19; 17,3 **5,14** 13,7–8 **5,15** Jes 26,16 **6,1** 5,14–15 **6,3** 1 Mo 8,22 **6,4** 13,3 **6,5** 11,2; 12,11 **6,6** 8,11–13; 1 Sam 15,22*; Mt 9,13; 12,7 **6,10** 5,3–4 **7,7** 2 Kön 15,10.14.25.30

[8]Ephraim vermischt sich mit fremden
Völkern. Wie ein Brotfladen, der nicht
gewendet wird, auf einem glühenden
Stein verschmort, so geht Israel zugrun-
de. [9]Die Völker, die Ephraim zu Hilfe ge-
rufen hat, rauben ihm alle Kraft, aber er
achtet nicht darauf. Sein Haar wird grau,
doch er merkt es nicht. [10]So spricht Israel
sich in seinem Hochmut selbst das Urteil.
Denn mich, den Herrn, ihren Gott, su-
chen sie nicht, sie wollen trotz allem nicht
zu mir umkehren!

[11]Ephraim ist leichtgläubig und dumm
wie eine Taube. Erst rufen sie die Ägyp-
ter zu Hilfe, dann wollen sie mit den As-
syrern ein Bündnis schließen! [12]Weil sie
hierhin und dorthin laufen, will ich ein
Netz aufspannen – wie ein Vogelfänger.
Ja, ich fange sie ein und bestrafe sie, wie
ich es ihnen angedroht habe!

[13]Es wird ihnen schlecht ergehen! Sie
sollen bloß nicht meinen, sie könnten
mir entkommen! Ihr Land wird ver-
wüstet, weil sie mich verlassen haben.
Warum sollte ich sie noch retten? Sie ver-
breiten ja doch nur Lügen über mich.
[14]Sie liegen im Bett und heulen, aber
niemals rufen sie ernsthaft nach mir. Sie
ritzen sich die Haut ein, damit die Ernte
gut ausfällt, und entfernen sich immer
weiter von mir.

[15]Ich, der Herr, habe sie ermahnt, ich
habe ihnen Kraft gegeben, doch sie den-
ken sich stets neue Bosheiten gegen mich
aus. [16]Sie wenden sich an alle möglichen
Helfer, nur nicht an mich! Sie sind wie
ein schlaffer Bogen, mit dem man nicht
schießen kann. Ihre führenden Männer
werden im Krieg fallen, weil sie Hass
und Lüge verbreiten. In ganz Ägypten
wird man über sie spotten!«

Gottes Gericht über sein untreues Volk

8 »Blast das Horn, und schlagt Alarm!
Der Feind stürzt sich wie ein Adler
auf mein Land. Denn seine Bewohner
haben den Bund gebrochen, den ich mit
ihnen geschlossen habe. Bewusst haben
sie meine Weisungen und Gebote ver-
letzt. [2]Sie schreien zwar zu mir um Hilfe
und berufen sich darauf, dass sie mein
Volk sind, [3]doch sie verachten, was in
meinen Augen gut und richtig ist. Darum
gebe ich sie in die Gewalt ihrer Feinde.
[4]Eigenmächtig haben sie Könige und
Hofbeamte eingesetzt, ohne mich, den
Herrn, zu fragen. Aus ihrem Silber und
Gold gießen sie Götterstatuen – genauso
gut könnten sie es wegwerfen!

[5]Ich verachte euer goldenes Kalb, ihr
Leute von Samaria! Ihr ahnt nicht, wie
zornig ich auf euch bin! Wann werdet ihr
es wohl schaffen, euch von diesem
Schandmal zu befreien? [6]Was soll diese
Götzenstatue in Israel? Ein Handwerker
hat sie gemacht, darum ist sie kein Gott!
Man wird sie in Stücke hauen!

[7]Wer Wind sät, wird Sturm ernten.
Wenn das Getreide nicht wächst, gibt es
auch kein Mehl. Und selbst wenn sich ein
paar Ähren fänden, würden Fremde sie
verzehren!

[8]Ja, Israel ist verloren, verachtet bei
den Völkern ringsum. Das Volk ist wie
ein nutzloses Gefäß, das niemand mehr
braucht. [9]Sie haben die Assyrer um Hilfe
gebeten und ihnen Geschenke gebracht.
Sogar ein Wildesel bleibt für sich allein
und unabhängig, aber die Leute von
Ephraim versuchen, sich Freunde zu kau-
fen. [10]Sie können verschenken, soviel sie
wollen. Ich werde sie allesamt in die Fän-
ge des assyrischen Königs treiben, und sie
werden sich schon bald unter der Last
winden, die er ihnen auferlegt. [11]Die
Leute von Ephraim haben einen Altar
nach dem anderen errichtet. Doch an-
statt mir zu dienen, laden sie weiter
Schuld auf sich. Je mehr Altäre es gibt,
desto größer wird ihre Sünde! [12]Zehntau-
sendmal könnte ich ihnen meine Gebote
aufschreiben – sie blieben ihnen fremd!

7,9 5,13 **7,10** 5,5 **7,11** 5,13; 2 Kön 17,4 **7,12** Hes 17,20 **7,14** 5 Mo 14,1; 1 Kön 18,28 **7,16** Ps 78,57
8,1 Jer 4,5 **8,2** 2 Mo 19,5–6* **8,4** 7,7 **8,5–6** 10,5; 13,2; 1 Kön 12,28–29 **8,7** 10,13 **8,8** Jer 22,18
8,9 5,13

13 Sie bringen mir Schlachtopfer dar und
essen sich beim Opfermahl satt. An sol-
chen Opfern habe ich, der Herr, keine
Freude! Ich merke mir alles, was sie tun,
und werde sie hart bestrafen: Sie müssen
zurück nach Ägypten! 14 Ich habe sie zu
dem gemacht, was sie sind. Und trotzdem
haben sie mich vergessen! Israel baut
prächtige Paläste, und Juda errichtet im-
mer neue Festungen. Doch ich, der Herr,
werde ihre Städte und Prachtbauten nie-
derbrennen und vernichten!«

Israels Ende

9 Du hast keinen Grund zur Freude, Is-
rael! Du wirst nicht länger jubeln und
Feste feiern wie die Völker ringsum!
Denn du hast deinen Gott verlassen und
läufst anderen Göttern nach, ja, du ver-
kaufst dich an sie und feierst ihnen zu Eh-
ren Erntefeste auf den Tennen. 2 Doch
Getreide und Wein werden zu Ende ge-
hen, und auch Most wird es nicht mehr
geben.

3/4 Ihr werdet nicht in diesem Land blei-
ben, das der Herr euch gegeben hat: Ihr
Leute von Ephraim werdet nach Ägyp-
ten zurückkehren oder nach Assyrien
verschleppt werden. Dort werdet ihr
dem Herrn keine Trank- oder Schlacht-
opfer mehr darbringen, denn ihr könnt
nicht mehr zum Tempel des Herrn kom-
men. Alles, was ihr dort esst, ist unrein
und wird euch unrein machen – wie Brot,
das in Gegenwart eines Toten gegessen
wird. Ihr könnt es nur noch selbst verzeh-
ren. 5 Wie wollt ihr dann eure Feste zu
Ehren des Herrn feiern? 6 Diejenigen
von euch, die das verwüstete Land verlas-
sen und nach Ägypten fliehen, werden
dort sterben und in Memfis begraben.
Euer kostbares Silber wird von Unkraut
überwuchert, und Dorngestrüpp wächst
in euren Zelten.

7 Nun ist es so weit: Der Herr voll-
streckt das Urteil! Jetzt werdet ihr Israe-
liten für eure Taten bestraft. Ihr werdet
es sehen! Ihr sagt: »Der Prophet ist ein
dummer Schwätzer, ja, der Mann des
Geistes ist verrückt!« Weil ich eure große
Schuld beim Namen nenne, bin ich euer
Todfeind geworden.

8 Doch Gott hat mich zu einem Prophe-
ten gemacht, damit ich euch warne. Ihr
aber versucht, mich wie einen Vogel in
die Falle zu locken! Wo ich gehe und ste-
he, seid ihr hinter mir her, sogar im Haus
meines Gottes. 9 Ihr seid durch und durch
verdorben, wie damals die Leute von Gi-
bea.[a] Doch der Herr lässt euch nicht un-
gestraft davonkommen, sondern wird
euch für eure Schuld zur Rechenschaft
ziehen!

Von Anfang an wird Israel schuldig

10 Der Herr sagt: »Als ich dem Volk Israel
zum ersten Mal begegnete, da war es, als
hätte ich Trauben in der Wüste gefunden.
Eure Vorfahren waren für mich wie die
ersten köstlichen Früchte des Feigenbau-
mes. Doch bald liefen sie dem Gott Baal-
Peor nach und verehrten diesen abscheu-
lichen Götzen, ja, sie wurden genau wie
er! 11 Die Leute von Ephraim sind wie
Vögel, die hin und her flattern. Darum
wird ihre Macht so schnell schwinden,
wie Vögel davonfliegen. Keine israeliti-
sche Frau wird mehr schwanger werden
und ein Kind zur Welt bringen. 12 Die
Kinder, die sie schon großgezogen haben,
lasse ich sterben. Kein einziges wird üb-
rig bleiben. Und auch ihnen wird es
schlecht ergehen, wenn ich sie allein las-
se. 13 Ich hatte Ephraim wie eine junge
Palme auf fruchtbarem Boden ange-
pflanzt. Doch nun werden ihre Söhne im
Krieg fallen.«

14 Ach Herr, wenn du sie schon zur Re-
chenschaft ziehen musst, dann strafe sie
damit, dass sie unfruchtbar werden und
nie wieder ein Kind stillen können.

15 Der Herr sagt: »In Gilgal hat sich ge-

---

[a] Vgl. Richter 19,22–30

8,13 6,6; 5 Mo 28,68 **8,14** Jer 2,32 **9,1** 1,2* **9,2** 5 Mo 28,38–40 **9,3–4** Hes 4,13 **9,7–8** Am 2,12* **9,8** Hes 33,1–7 **9,10** 4 Mo 25,1–5 **9,15** 4,15; 12,12; Am 4,4; 5,5

zeigt, wie verdorben sie sind, ja, dort ha-
be ich angefangen, sie für ihre Bosheit
und ihre Verbrechen zu hassen. Darum
vertreibe ich sie jetzt aus meinem Land,
ich will sie nicht mehr lieben! Denn die
führenden Männer des Volkes haben sich
zu allen Zeiten gegen mich aufgelehnt.
16 Ephraim ist wie ein toter Baum, seine
Wurzeln sind vertrocknet, seine Zweige
ohne Früchte. Und selbst wenn diesem
Volk noch Kinder geboren werden, töte
ich sie, ja, ich vernichte, was ihnen lieb
und teuer ist!« 17 Mein Gott wird die Leu-
te von Ephraim verstoßen, weil sie nicht
auf ihn hören. Als Flüchtlinge müssen sie
bei fremden Völkern leben!

Die Folgen des Götzendiensts

10 Israel war wie ein prächtiger
Weinstock mit vielen Früchten.
Ja, die Israeliten hatten es gut! Je besser
es ihnen ging, desto mehr Altäre bauten
sie. Je größer der Wohlstand im Land
wurde, desto schöner verzierten sie die
heiligen Steinsäulen. 2 Sie haben nicht
mehr von ganzem Herzen dem Herrn ge-
dient. Darum müssen sie nun die Folgen
tragen: Der Herr reißt ihre Altäre nieder
und zerschlägt ihre heiligen Steinsäulen!
3 Bald werden sie sagen: »Wir haben kei-
nen König mehr, weil wir keine Ehrfurcht
vor dem Herrn hatten. Doch was könnte
ein König jetzt noch für uns tun?« 4 Ja, sie
haben Recht, denn die Könige haben nur
leere Reden geschwungen, falsche Eide
geschworen und eigenmächtig Bündnisse
geschlossen! Im ganzen Land lassen sie
das Unrecht wuchern wie giftiges Un-
kraut im Getreidefeld.

5 Die Einwohner von Samaria werden
sich Sorgen machen um das goldene Kalb
von Bet-Awen. Das Volk wird trauern,
und die Götzenpriester werden jammern,
wenn es von dort weggeführt wird. 6 Ja,
das goldene Kalb wird nach Assyrien ge-
bracht – als Geschenk für den assyrischen
König. Dann verspottet man die Leute
von Ephraim, weil sie sich so verrechnet
haben.

7 Samaria, die Stadt des Königs, wird
zerstört, und der König wird von den
Feinden weggeführt, so hilflos, wie ein
Zweig den Fluss hinuntertreibt. 8 Die
Opferplätze, wo die Israeliten schwere
Schuld auf sich geladen haben, werden
verwüstet, die Altäre von Dornen und
Disteln überwuchert. Wer überlebt, wird
sich wünschen, dass die Berge und Hügel
zusammenstürzen und ihn unter sich be-
graben.

9 Der Herr sagt: »Seit damals in Gibea[a]
ladet ihr immer wieder Schuld auf euch,
ihr Israeliten! Bis heute hat sich das nicht
geändert. Ihr seid widerspenstig und
lehnt euch ständig gegen mich auf, des-
halb wird man dort in Gibea gegen euch
Krieg führen! 10 Ich selbst werde euch zur
Rechenschaft ziehen, ich werde fremde
Völker zusammenrufen, die euch für eu-
re große Schuld bestrafen!

11 Mein Volk glich einer jungen Kuh,
die gewohnt war, Getreide zu dreschen;
sie tat es gern. Als ich an ihr vorüberkam
und ihren starken Nacken sah, wollte ich
sie ins Joch spannen: Juda sollte pflügen,
Israel eggen. 12 Ich sagte zu ihnen: ›Was
ihr sät, das werdet ihr ernten. Haltet
euch an meinen Bund, dann werde auch
ich euch treu bleiben. Fangt ganz neu an
wie ein Bauer, der ein brachliegendes
Feld zum ersten Mal wieder bestellt!
Denn die Zeit ist da, mich, den Herrn,
zu suchen. Dann werde ich zu euch kom-
men und dafür sorgen, dass es in eurem
Land gerecht zugeht und ihr in Frieden
lebt.‹

13 Doch ihr habt Unrecht gesät und Un-
heil geerntet! Ihr seid Lügen aufgesessen
und müsst nun die Folgen tragen! Ihr seid
eure eigenen Wege gegangen und habt
auf euer großes Heer vertraut. 14 Darum
wird euer Volk in einen Krieg verwickelt,
und alle eure Festungen werden dem

---

[a] Vgl. Richter 19,22–30

10,1 5 Mo 31,20; Jes 5,1–7* **10,2** 5 Mo 6,4–5* **10,3** 3,4 **10,5** 8,5–6 **10,8** 4,13; 2 Kön 23,15–16; Lk 23,30 **10,11** 11,4 **10,12** Jer 4,3–4 **10,13** 8,7

Erdboden gleichgemacht. Es wird euch
gehen wie der Stadt Bet-Arbeel, die
Schalman im Krieg verwüstete: Kleine
Kinder wurden an Felsen zerschmettert,
und auch ihre Mütter wurden getötet.
15 Das gleiche Schicksal lasse ich über
euch kommen, ihr Israeliten![a] Denn ihr
seid durch und durch verdorben. An die-
sem Tag wird der König von Israel ver-
nichtet, noch bevor die Sonne aufgegan-
gen ist.«

Israel ist untreu, doch Gottes Liebe bleibt

11 Der Herr sagt: »Als Israel jung
war, begann ich, es zu lieben. Isra-
el, meinen Sohn, rief ich aus Ägypten.
2 Schon oft habe ich die Israeliten geru-
fen, doch stets sind sie mir davongelau-
fen.[b] Sie haben den Götzen geopfert
und vor ihren Götterfiguren Räucher-
opfer angezündet. 3 Ich war es, der
Ephraim das Laufen lehrte, ich nahm ihn
immer wieder auf meine Arme. Aber die
Menschen in Israel haben nicht erkannt,
dass alles Gute, das ihnen geschah, von
mir kam. 4 Mit Freundlichkeit und Liebe
wollte ich sie gewinnen. Ich habe ihnen
ihre Last leicht gemacht – wie ein Bauer,
der seinem Ochsen das Joch hochhebt,
damit er besser fressen kann, ja, der sich
bückt, um ihn selbst zu füttern. 5 Trotz-
dem weigern sie sich, zu mir umzu-
kehren. Sie bitten lieber die Ägypter um
Hilfe.[c] Deshalb soll nun der assyrische
König über sie herrschen! 6 In ihren
Städten wird das Schwert wüten, und die
Orakelpriester, die falsche Ratschläge
geben, werden sterben. 7 Mein Volk ist
mir untreu, und davon lässt es sich nicht
abbringen! Sie rufen zu ihren Götzen,
doch die können ihnen nicht helfen.[d]
8 Ach, wie könnte ich dich im Stich las-
sen, Ephraim? Wie könnte ich dich auf-
geben, Israel? Sollte ich dich vernichten
wie die Städte Adma und Zebojim?[e]
Nein, es bricht mir das Herz, ich kann es
nicht; ich habe Mitleid mit dir! 9 Mein
Zorn wird dich nicht wieder treffen, ich
will dich nicht noch einmal vernichten,
Ephraim. Denn ich bin Gott und kein
Mensch. Ich bin der Heilige, der bei euch
wohnt. Ich komme nicht, um euch im
Zorn zu töten. 10 Alle werde ich zurück-
bringen, die aus diesem Land verschleppt
wurden. Ich werde ihnen vorangehen und
brüllen wie ein Löwe. Sie werden mir fol-
gen und mit Zittern zurückkehren – über
das Meer im Westen, 11 aus Ägypten und
Assyrien. Sie werden kommen wie Tau-
ben, die herbeifliegen. Dann lasse ich sie
wieder in ihren Häusern wohnen. Das
verspreche ich, der Herr!«

Gott hilft seinem Volk, doch Israel bleibt untreu

12 Der Herr sagt: »Die Israeliten
belügen und betrügen mich fort-
während; und die Bewohner von Juda
sind mir, ihrem heiligen Gott, immer
noch untreu, obwohl ich ihnen stets treu
geblieben bin!«
2 Was die Leute von Ephraim tun, ist so
sinnlos und dumm, wie den Wind ein-
zufangen oder dem heißen Ostwind
nachzujagen. Ihre Lügen und Verbre-
chen mehren sich Tag für Tag. Sie schlie-
ßen ein Bündnis mit den Assyrern, und
gleichzeitig schenken sie den Ägyptern
kostbares Öl.
3 Auch die Bewohner von Juda wird der
Herr zur Verantwortung ziehen! Denn
die Nachkommen Jakobs gehen ihre ei-
genen Wege und tun, was sie wollen.

---

[a] So mit der griechischen Übersetzung. Der hebräische Text lautet: So hat man euch getan, Bethel.
[b] So mit der griechischen Übersetzung. Der hebräische Text lautet: Schon oft haben sie die Israeliten gerufen, doch stets sind sie ihnen davongelaufen.
[c] *Oder: Sie mussten nicht nach Ägypten zurückkehren.*
[d] Der hebräische Text ist nicht sicher zu deuten.
[e] Vgl. 5. Mose 29,22

11,1 2 Mo 4,22*; Mt 2,15 **11,2** 2,15; 4,13 **11,3** 5 Mo 1,31; Jes 46,3–4 **11,4** 10,11 **11,8** Jes 54,8; Jer 31,20 **11,9** Klgl 3,31–33 **11,10–11** Jes 11,11–12* **12,2** 5,13; 7,11; 8,9

Doch nun müssen sie die Folgen tragen!
4 Schon ihr Stammvater Jakob hat im
Mutterleib seinen Zwillingsbruder betro-
gen. Als er ein Mann war, kämpfte er mit
Gott; 5 ja, er kämpfte mit dem Engel Got-
tes und besiegte ihn mit Weinen und Fle-
hen. In Bethel begegnete ihm dann der
Herr und sprach mit ihm[a]. 6 Der allmäch-
tige Gott, dessen Name »der Herr« ist,
sagte zu ihm: 7 »Eines Tages wirst du mit
meiner Hilfe hierher zurückkehren. Hal-
te mir die Treue, tu, was in meinen Augen
richtig ist! Verlass dich voll und ganz auf
mich, deinen Gott!«
8 Der Herr sagt: »Israel gleicht einem
Händler, der mit falschen Gewichten die
Leute betrügt und sich freut, wenn er an-
dere übervorteilen kann. 9 Die Leute von
Ephraim sagen: ›Wir sind reich geworden
und haben ein Vermögen gemacht. Kei-
ner kann uns nachweisen, dass wir dabei
Unrecht getan und Schuld auf uns gela-
den hätten.‹
10 Ich bin der Herr, euer Gott, der euch
aus Ägypten befreit hat. Nun sorge ich
dafür, dass ihr wieder in Zelten leben
müsst – wie damals, als ich euch das erste
Mal begegnete. 11 Immer wieder habe ich
durch die Propheten zu euch geredet. Ich
gab ihnen viele Visionen und ließ sie
Gleichnisse erzählen.«
12 Schon damals in Gilead haben die Is-
raeliten großes Unheil angerichtet und
dadurch ihre Vernichtung herauf-
beschworen! In Gilgal haben sie Stiere
geopfert, darum werden ihre Altäre zer-
stört, ja, sie werden wie die Steinhaufen
am Ackerrand!
13 Israels Stammvater Jakob floh ins
Gebiet der Aramäer, er machte sich zum
Sklaven und hütete Schafe, um eine Frau
zu bekommen. 14 Aber der Herr hütete Is-
rael durch einen Propheten; er befreite
sein Volk durch ihn aus der Sklaverei in
Ägypten und brachte es in dieses Land.
15 Trotzdem haben die Leute von Ephra-
im den Herrn beleidigt und verspottet.
Nun müssen sie die Folgen tragen, denn
der Herr wird ihnen all ihre Bosheiten
und blutigen Verbrechen heimzahlen.

Gottes Gericht ist nicht mehr aufzuhalten

13 Der Herr sagt: »Es gab eine Zeit,
da waren die Bewohner von
Ephraim mächtig und stark. Wenn sie re-
deten, packte alle die Angst. Doch dann
ließen sie sich mit dem Götzen Baal ein
und gingen zugrunde. 2 Trotzdem haben
sie noch nicht genug, sondern treiben es
nur noch schlimmer: Aus Silber gießen
sie Götterfiguren, wie es ihnen gefällt.
Sie sagen: ›Wer Gott opfern will, muss
die Stierfiguren küssen!‹ Ihre Götter sind
Menschenwerk, von Handwerkern her-
gestellt. 3 Darum werden sie so schnell
verschwinden wie eine Wolke am Mor-
gen, wie der Tau unter der Sonne, wie
Spreu, die der Wind von der Tenne weht,
und wie Rauch, der aus der Dachluke
aufsteigt.
4 Ich bin der Herr, euer Gott, ich habe
euch aus Ägypten befreit. Mich allein
habt ihr als euren Gott kennen gelernt,
und nur ich kann euch helfen! 5 In der
glühenden Hitze der Wüste habe ich euch
begleitet und bewahrt. 6 Ich habe euch
gutes Land gegeben, und ihr seid stets
satt geworden. Doch je besser es euch
ging, desto überheblicher wurdet ihr.
Mich, den Herrn, habt ihr vergessen!
7 Darum falle ich euch an wie ein Löwe.
Wie ein Leopard liege ich am Weg auf
der Lauer. 8 Ich greife euch an wie eine
Bärin, der man die Jungen geraubt hat.
Ich reiße euch in Stücke, ja, ich verschlin-
ge euch wie eine Löwin! Was übrig bleibt,
werden die wilden Tiere fressen.
9 Ihr Leute von Israel, ihr stellt euch ge-

---

[a] So mit der griechischen Übersetzung. Der hebräische Text lautet: mit uns.

12,4 1 Mo 27,36 **12,5** 1 Mo 32,23–33; 28,10–19 **12,6** 2 Mo 3,15 **12,7** 1 Mo 28,15 **12,8** Am 8,5–6; Mi 6,11 **12,9** Offb 3,17 **12,10** 13,4; 2 Mo 20,2* **12,11** 6,5 **12,12** 6,8; 9,15 **12,13** 1 Mo 27,43; 28,5; 29,20.30 **12,14** 2 Mo 3,7–10 **13,1** 5 Mo 33,17 **13,2** 8,5–6 **13,3** 6,4; Ps 1,4 **13,4** 5 Mo 4,35; Jes 43,11 **13,5** 5 Mo 32,10 **13,6** 5 Mo 31,20; 32,15 **13,7–8** 5,14 **13,9** Jes 45,24

gen mich, obwohl ich allein euch helfen
kann. Weil ihr dies tut, geht ihr zugrunde!
10 Wo ist nun euer König, der euch schützt
und eure Städte vor dem Untergang be-
wahrt? Wo sind die führenden Männer
eures Volkes? Ihr wolltet doch einen Kö-
nig haben und Männer, die euch regie-
ren! 11 Voller Zorn habe ich euch einen
König gegeben, und voller Zorn habe ich
ihn wieder weggenommen. 12 Ephraim
hat gegen mich gesündigt. Nie will ich
die große Schuld meines Volkes verges-
sen! 13 Israel ist wie ein Kind im Mutter-
leib, das sich vor der Geburt so dreht,
dass es nicht zur Welt kommen kann.

14 Soll ich sie vor dem Tod retten? Soll
ich sie aus der Gewalt des Totenreichs
befreien? Nein! Der Tod soll sie dahin-
raffen, das Totenreich sie gefangen neh-
men! Ich werde kein Mitleid mehr mit
ihnen haben.[a] 15 Noch ist Ephraim wie
ein fruchtbarer Garten unter seinen Bru-
derstämmen, doch der Feind wird kom-
men und ihn vernichten. Wie ein starker
Ostwind, der aus der glühend heißen
Wüste weht, die Brunnen austrocknet
und die Quellen versiegen lässt, so wird
der Feind über Ephraim herfallen. Er
plündert die Schätze und raubt die kost-
barsten Gegenstände. Dafür sorge ich,
der Herr!

14 Die Einwohner von Samaria wer-
den bestraft, weil sie sich gegen
mich, ihren Gott, gestellt haben. Die
Männer werden im Krieg fallen, die Kin-
der werden am Felsen zerschmettert, den
schwangeren Frauen wird der Bauch auf-
geschlitzt.«

Kehrt um zum Herrn!

2 Ihr Israeliten, kehrt um zum Herrn, eu-
rem Gott! Denn ihr habt euch selbst ins
Unglück gestürzt. 3 Kommt zurück zum
Herrn, sprecht mit ihm und sagt: »Vergib
uns alle Schuld! Und nimm an, was wir
dir bringen. Es ist das Beste, was wir ge-
ben können – kein Schlachtopfer, son-
dern unser Versprechen: 4 Wir verlassen
uns nicht mehr auf die Assyrer, wir setzen
unser Vertrauen auch nicht auf Pferde
und Reiter. Wir werden nie wieder das,
was wir mit eigenen Händen gemacht ha-
ben, als unseren Gott verehren! Denn
nur du hilfst den Menschen, die nirgend-
wo Schutz finden.«

5 Dann wird der Herr sagen: »Ich will
meinem Volk helfen, sich nie mehr von
mir abzuwenden! Von Herzen gern be-
gegne ich ihnen wieder mit Liebe und
bin nicht länger zornig auf sie. 6 Ich gebe
ihnen neues Leben, so wie der Tau die
Blumen zum Blühen bringt. Ja, Israel
wird blühen wie eine Lilie, und seine
Wurzeln werden stark sein wie die Wur-
zeln der Bäume auf dem Libanon. 7 Mein
Volk wird wie ein prächtiger Ölbaum
sein, dessen Zweige weit austreiben, wie
eine duftende Zeder auf dem Libanon.

8 Die Israeliten werden unter meinem
Schutz leben,[b] sie werden wieder Getrei-
de anbauen. Ja, mein Volk wird aufblü-
hen wie die berühmten Weinstöcke an
den Hängen des Libanon. 9 Ihr Israeliten,
was habe ich mit den Götzen zu schaf-
fen? Ich, der Herr, bin immer bei euch
und antworte euch, wenn ihr mit mir re-
det. Ich bin wie ein prächtiger Wachol-
derstrauch; nur bei mir findet ihr, was ihr
zum Leben braucht!«

10 Wer klug und weise ist, der hört auf
alle diese Worte und nimmt sie sich zu
Herzen. Denn der Herr zeigt uns den
richtigen Weg. Wer ihm vertraut, kommt
ans Ziel, doch wer sich vom Herrn ab-
wendet, stürzt ins Verderben.

---

[a] Wörtlich: Wo ist deine Pest, Tod? Wo sind deine Seuchen, Totenreich? – Versteht man ein Wort des hebräischen Textes anders, kann der ganze Vers übersetzt werden: Ich werde sie vor dem Tod retten und sie aus der Gewalt des Totenreichs befreien. Ich werde die Pest für den Tod sein, ich werde die Seuche für das Totenreich sein. Ich werde kein Mitleid haben.

[b] So mit der griechischen Übersetzung. Der hebräische Text lautet: Es kehren zurück, die unter seinem Schutz wohnen.

13,10–11 1 Sam 8,5–7 **13,11** 10,3.15 **13,14** 1 Kor 15,55 **14,1** 2 Kön 15,16; 17,5–6 **14,2** 12,7 **14,3** 6,6 **14,4** 5,13; 8,5–6 **14,5** 11,8–9 **14,9** Ps 25,10 **14,10** Ps 25,4*

Der Prophet Joel

Heuschrecken, die Vorboten von Gottes Strafgericht

1 Dies ist die Botschaft, die Joel, der Sohn Petuëls, vom Herrn empfing: 2 Hört zu, ihr Anführer des Volkes, passt gut auf, ihr Bewohner dieses Landes! Hat sich jemals etwas so Schreckliches zu euren Lebzeiten oder zur Zeit eurer Vorfahren ereignet? 3 Erzählt euren Kindern davon, damit sie es ihren eigenen Kindern weitersagen, und diese sollen den folgenden Generationen darüber berichten:

4 Riesige Heuschreckenschwärme sind über unser Land hergefallen und haben alles kahl gefressen. Was die einen übrig ließen, haben die anderen vertilgt. 5 Kommt endlich zu euch, ihr Betrunkenen! Jammert und weint, ihr fröhlichen Zecher, denn mit dem Weintrinken ist es nun vorbei! 6 Ein ganzes Heer von Heuschrecken hat sich in Israel breit gemacht, sie sind mächtig und nicht zu zählen. Ihre Zähne sind so scharf wie die der Löwen! 7 Nun sind unsere Weinstöcke kahl und die Feigenbäume abgestorben. Die Heuschrecken haben die Rinde abgenagt bis auf das nackte, weiße Holz.

8 Weint und klagt wie eine junge Frau, deren Bräutigam plötzlich gestorben ist! 9/10 Die Felder sind eine trostlose Wüste, der Boden ist ausgetrocknet. Es gibt kein Getreide, keinen Most und kein Öl, darum werden im Tempel keine Speise- und Trankopfer dargebracht. Trauer erfüllt *die Priester*, *die Diener* des Herrn.

11 Seid entsetzt, ihr Bauern! Klagt und weint, ihr Winzer! Ihr könnt keinen Weizen und keine Gerste mehr ernten. 12 Die Weinstöcke und Feigenbäume sind nur noch kahles Gestrüpp; Granatbäume, Dattelpalmen, Apfelbäume und alle anderen Pflanzen sind verdorrt und vertrocknet. Niemand kann sich da noch freuen.

13 Legt Trauergewänder an, ihr Priester am Altar des Herrn! Jammert und klagt! Zieht auch in der Nacht die Trauerkleidung nicht aus, denn am Tempel gibt es nichts zu opfern, keine Speise- und keine Trankopfer mehr. 14 Ruft die Menschen zum Fasten auf! Sie sollen sich alle versammeln und dem Herrn ihre Schuld bekennen! Die führenden Männer und das ganze Volk sollen zum Tempel des Herrn, eures Gottes, kommen und laut zu ihm um Hilfe schreien!

15 Was für ein Unheil wartet auf uns! Der Tag ist nah, an dem der Herr, der allmächtige Gott, Gericht hält und uns ins Verderben stürzt. 16 Wir haben nichts mehr zu essen, vor unseren Augen wurde die Ernte vernichtet. Nun herrschen auch im Haus unseres Gottes kein Jubel und keine Freude mehr. 17 Die Saatkörner liegen ausgedörrt in der Erde, die Vorratsspeicher stehen leer, die Scheunen verfallen, weil alles Korn vertrocknet ist. 18 Das Vieh schreit nach Futter, die Rinder irren umher, denn sie finden keine Weide mehr; auch die Schafe verenden elend.

19 Zu dir, Herr, rufe ich! Ein Feuer hat das Gras verzehrt und die Bäume versengt. 20 Die Tiere in der Steppe sehnen sich nach Wasser, sie schreien zu dir um Hilfe! Die Bäche sind versiegt und die Weideplätze ausgedörrt.

1,3 5 Mo 4,9* **1,4** 2 Mo 10,12–15; Am 4,9 **1,6** Offb 9,8 **1,7** 1 Mo 49,11; 5 Mo 33,28 **1,9–10** 2,14 **1,13** Am 8,10 **1,14** 2,15 **1,15** 2,1–11; 4,14–16; Jes 2,11–12*; Am 5,18–20; Zef 1,14–15; 2,2; Mal 3,23 **1,16** 5 Mo 16,11 **1,19** 2,3 **1,20** Ps 104,27–28

Der Gerichtstag des Herrn

2 Blast das Horn auf dem Zion, schlagt
Alarm auf dem heiligen Berg! Ja, zit-
tert, ihr Bewohner des Landes! Denn der
Tag, an dem der Zorn des Herrn losbricht,
lässt nicht mehr lange auf sich warten.
2 Voll Dunkelheit und Finsternis ist die-
ser Tag, düster und wolkenverhangen.
Ein riesiges Heer hat sich auf den Hügeln
um Jerusalem niedergelassen, es breitet
sich auf den Bergen aus wie das Morgen-
rot. Nie ist so etwas je da gewesen, und es
wird auch nie wieder geschehen, solange
es Menschen gibt. 3 Feuer lodert vor die-
sen Truppen her, und wenn sie weg sind,
steht alles in Flammen. Bevor sie über
das Land herfallen, ist es ein blühendes
Paradies, doch kaum sind sie hindurch-
gezogen, bleibt nur noch eine trostlose
Wüste zurück. Es gibt kein Entrinnen
vor ihnen! 4 Sie sehen aus wie Pferde, sie
stürmen daher wie Schlachtrosse. 5 Wenn
sie über die Gipfel der Berge kommen,
klingt es wie herandonnernde Streitwa-
gen, wie ein prasselndes Feuer, das auf
den Feldern die Stoppeln verzehrt. Sie
sind ein gewaltiges Heer, bestens gerüs-
tet zum Kampf. 6 Bei ihrem Anblick zit-
tern die Menschen, der Schreck steht
ihnen ins Gesicht geschrieben[a].
7 Unerschrocken stürmen die Angrei-
fer heran und klettern wie Soldaten auf
die Mauern. Niemand kann sie aufhalten,
unentwegt ziehen sie voran. 8 Keiner
kommt dem anderen in die Quere, denn
sie alle kennen ihren Platz. Sie entgehen
den Waffen der Feinde und preschen vor-
wärts, ihre Truppen nehmen kein Ende.
9 Dann fallen sie über die Stadt her, er-
stürmen die Mauern und dringen durch
die Fenster in die Häuser ein wie Diebe
in der Nacht.
10 Die Erde bebt und der Himmel zit-
tert, wenn sie erscheinen, Sonne und
Mond werden finster, das Licht der Ster-
ne erlischt. 11 Der Herr selbst führt dieses
Heer an, mit mächtiger Stimme befiehlt
er, und die riesigen Truppen gehorchen
ihm. Schrecklich ist der Tag, an dem der
Herr Gericht hält! Wer kann ihn über-
stehen?

Kehrt um!

12 So spricht der Herr: »Auch jetzt noch
könnt ihr zu mir zurückkommen! Tut es
von ganzem Herzen, fastet, weint und
klagt! 13 Ja, kehrt von ganzem Herzen zu
mir um! Zerreißt nicht nur eure Kleider
als Zeichen der Trauer!«
Kommt zurück zum Herrn, eurem
Gott, denn er ist gnädig und barmherzig,
seine Geduld ist groß und seine Liebe
grenzenlos. Er ist bereit, euch zu vergeben
und euch nicht zu bestrafen. 14 Vielleicht
wendet er das angekündigte Unheil ab
und segnet euch aufs Neue! Dann schenkt
er euch wieder eine gute Ernte, und ihr
könnt dem Herrn, eurem Gott, Speise-
und Trankopfer darbringen.
15 Blast das Horn auf dem Berg Zion!
Ruft die Menschen zum Fasten auf! Sie
sollen sich alle versammeln, um dem
Herrn ihre Schuld zu bekennen. 16 Das
ganze Volk soll kommen und sich darauf
vorbereiten, dem heiligen Gott zu begeg-
nen! Ruft alle herbei, vom Säugling bis
zum Greis! Selbst Braut und Bräutigam
müssen ihr Haus verlassen und kommen!
17 Ihr Priester, ihr Diener des Herrn,
weint im Tempelvorhof und betet: »Herr,
hab Erbarmen mit deinem Volk! Wir ge-
hören doch zu dir! Lass nicht zu, dass
fremde Völker uns verspotten! Warum
sollen sie uns verhöhnen und rufen: ›Wo
bleibt er nun, ihr Gott?‹«

Der Herr erbarmt sich über sein Volk

18 Der Herr wird sich wieder mit großer
Liebe um sein Land kümmern und Mit-

---

[a] Wörtlich: ihre Gesichter sammeln Glut. – Die Bedeutung dieser Redewendung ist nicht sicher.

2,1 1,15* **2,2** 1,6 **2,3** 1,19; Ps 50,3; 97,3 **2,4–5** Offb 9,7–9 **2,10** 3,4; 4,15; Mt 24,29; Offb 6,12–13 **2,11** 1,15*; Jes 10,5–6 **2,12** Hes 18,23 **2,13** 2 Mo 34,6; Ps 51,19 **2,14** 1,9–10 **2,15** 1,14 **2,16** 2 Mo 19,10–11 **2,17** Ps 79,10; 115,2 **2,18** Sach 1,14; 8,2

Angeheiratete Probleme?

Lesen Sie Joel 2,13

Joel 2,13 zeigt uns Gott als Vorbild der Gnade und Barmherzigkeit. Er liebt uns trotz unserer Eigenheiten. Dieselbe Barmherzigkeit sollten wir auch anderen Menschen gegenüber walten lassen – besonders wenn es sich um angeheiratete Verwandte oder andere Familienmitglieder handelt, die wir nur schwer lieben und annehmen können.

Oft sind es Kleinigkeiten, die uns an unseren Verwandten über die Maßen ärgern können. Marcy zum Beispiel fand es unmöglich, dass ihr Schwager ihrer Schwester nie die Autotür aufhielt. Außerdem hatte er ständig eine Baseball-Mütze auf, sogar zu Hause. Marcy fand das Benehmen ihres Schwagers gegenüber ihrer Schwester ungehobelt und rücksichtslos.

Als sie ihre Schwester eines Tages darauf ansprach, antwortete diese: „Weißt du, er ist so ein lieber Mann, der mich so gut behandelt – da möchte ich wegen solchen Dingen keinen Aufstand machen. Bei Lichte besehen sind es doch nur Kleinigkeiten."

Nachdem Marcy ihre Meinung gesagt und die Antwort ihrer Schwester gehört hatte, beschloss sie, die Sache ruhen zu lassen. Wenn es für ihre Schwester in Ordnung war, warum sollte Marcy dann ihren Schwager deswegen zur Rede stellen?

Wir können uns an tausend Fronten über unsere angeheirateten Verwandten aufregen. Allerdings sollten wir uns gut überlegen, wo wir den Kampf aufnehmen wollen. Manche Kleinigkeiten sind einen Streit einfach nicht wert, und manches geht uns schlicht und ergreifend nichts an. Wir sollten lernen, die Eigenheiten unserer Verwandten zu respektieren; nur so können wir in harmonischen Beziehungen miteinander leben.

Nehmen Sie sich Zeit, um allein oder als Paar gemeinsam zu beten. Danken Sie Gott für Ihre Verwandten. Bringen Sie Konflikte aus der Vergangenheit vor ihn und bitten Sie ihn um Weisheit, damit in Zukunft keine Konflikte von Ihnen ausgehen. Bitten Sie ihn um Hilfe für einen respektvollen Umgang mit Ihren Verwandten.

Wenn Sie noch mehr Zeit haben …

Besprechen Sie miteinander folgende Fragen oder denken Sie darüber nach:

- Welche Meinung hatten Sie am Anfang über Ihre angeheirateten Verwandten? Warum? Wie hat sich diese Meinung im Lauf der Jahre verändert?
- Wie würden Sie Ihre heutige Beziehung zu Ihrer angeheirateten Verwandtschaft beschreiben? Erläutern Sie Ihre Gedanken.
- Wie können Sie Ihren Verwandten am besten zeigen, dass Sie sie annehmen und respektieren?

Lesen Sie auch die folgenden Abschnitte über den respektvollen Umgang miteinander:
3. Mose 19,3; Maleachi 1,6; Römer 13,7.

Herz-zerreißend

Die folgenden Fragen können Sie entweder allein oder als Paar gemeinsam durchgehen. Wenn jeder für sich darüber nachdenkt, verabreden Sie sich in der kommenden Woche zu einem Austausch darüber, was Sie herausgefunden haben.

1. Lesen Sie Joel 2,12-14. Was erwartet Gott in diesen Versen von Ihnen?

2. Was meint Gott wohl, wenn er sagt: „Zerreißt nicht nur eure Kleider!"?

3. Was bedeutet es Ihrer Meinung nach, „zum Herrn zurückzukommen"?

4. Wo sind Sie in Ihrem Leben mit Gott vom Weg abgekommen?

5. Wann haben Sie von Gott anstelle einer Strafe Gnade und Barmherzigkeit empfangen?

6. In welcher Hinsicht begegnete Jesus den Menschen mit derselben Güte?

Joel 2,13

„Kehrt von ganzem Herzen zu mir um! Zerreißt nicht nur eure Kleider als Zeichen der Trauer! Kommt zurück zum Herrn, eurem Gott, denn er ist gnädig und barmherzig, seine Geduld ist groß und seine Liebe grenzenlos. Er ist bereit, euch zu vergeben und euch nicht zu bestrafen."

KONKRET:

Schreiben Sie die Worte aus Joel 2,13 auf zwei kleine Zettel. Hängen Sie diese da auf (z.B. im Auto, am PC, am Fernseher), wo Sie daran erinnert werden wollen, Ihre Gedanken bewusst auf Gott auszurichten.

Den nächsten Impuls finden Sie auf S. 1018 a

leid mit seinem Volk haben. 19 Er wird
ihnen versprechen: »Ich schenke euch
wieder so viel Getreide, Wein und Öl,
dass ihr genug zu essen habt. Ich setze
euch nicht länger dem Hohn und Spott
anderer Völker aus! 20 Den Feind aus
dem Norden jage ich fort von euch, ich
treibe ihn in die Wüste. Seine vordersten
Truppen stürze ich ins Tote Meer und die
letzten ins Mittelmeer. Überall wird es
dann nach verwesten Leichen stinken.
So strafe ich euren Feind für seine Über-
heblichkeit.«

21 Ihr Felder, seid nicht länger beküm-
mert, freut euch und jubelt! Der Herr
hat ein großes Wunder getan!

22 Ihr Tiere in der Steppe, habt keine
Angst mehr! Eure Weideplätze sind wie-
der grün, die Bäume hängen voller
Früchte, Feigenbaum und Weinstock
bringen reiche Ernte.

23 Auch ihr, die ihr auf dem Berg Zion
wohnt, freut euch und jubelt über den
Herrn, euren Gott! Wie treu hält er seine
Zusagen! Er schenkt euch wieder erfri-
schenden Regen im Herbst und im Früh-
ling, so wie er es früher getan hat. 24 Auf
den Dreschplätzen häuft sich das Getrei-
de, und aus der Kelter fließen Most und
Öl in Strömen.

25 Der Herr lässt euch sagen: »Das
ganze Heer von Heuschrecken, das über
euch hergefallen ist, war von mir ge-
sandt. Jetzt aber will ich euch in reichem
Maß zurückgeben, was diese gefräßigen
Tiere Jahr für Jahr vernichtet haben.
26 Dann habt ihr genug zu essen und lobt
mich, den Herrn, euren Gott, weil ich
große Wunder für euch vollbracht habe.
Ja, nie mehr soll mein Volk verhöhnt
werden! 27 Ihr werdet erkennen, dass ich
mitten unter euch wohne und dass ich
allein euer Gott bin und sonst keiner!
Nie mehr lasse ich mein Volk verspot-
ten!«

Gott verheißt seinen Geist

3 »In späterer Zeit will ich, der Herr,
alle Menschen mit meinem Geist er-
füllen. Eure Söhne und Töchter werden
aus göttlicher Eingebung reden, die alten
Männer werden bedeutungsvolle Träume
haben und die jungen Männer Visionen;
2 ja, sogar euren Sklaven und Sklavinnen
gebe ich in jenen Tagen meinen Geist.
3 Am Himmel und auf der Erde werdet
ihr Wunderzeichen sehen: Blut, Feuer
und Rauch. 4 Die Sonne wird sich verfins-
tern und der Mond blutrot scheinen, be-
vor der furchterregende Tag kommt, an
dem ich Gericht halte. 5 Wer dann meinen
Namen anruft, soll gerettet werden!«

So erfüllt sich die Zusage des Herrn:
»Auf dem Berg Zion in Jerusalem findet
man Rettung![a]« Alle, die der Herr aus-
erwählt hat, werden mit dem Leben da-
vonkommen.

Gott straft die Feinde Israels

4 »In jener Zeit«, sagt der Herr, »wer-
de ich das Schicksal Judas und Jerusa-
lems wieder zum Guten wenden. 2 Dann
führe ich alle Völker in das Tal, das man
Joschafat[b] nennt. Dort gehe ich mit
ihnen ins Gericht für das, was sie Israel
angetan haben, dem Volk, das zu mir ge-
hört! Sie haben die Israeliten in fremde
Länder verschleppt und mein Land unter
sich aufgeteilt. 3 Sie warfen das Los, um
zu bestimmen, wer welche Gefangenen
bekommen sollte. Ein israelitischer Jun-
ge war der Preis für eine Nacht mit einer
Hure, und mit den Mädchen bezahlten
sie den Wein für ein Trinkgelage.

4 Ihr Bewohner von Tyrus und Sidon
und ihr aus dem Gebiet der Philister,
wollt ihr etwas gegen mich unterneh-
men? Wollt ihr euch an mir rächen oder
mich bestrafen? Nein, ich werde mich an
euch rächen für das, was ihr mir angetan

---

[a] Obadja 17
[b] Joschafat bedeutet »Der Herr richtet«.

2,20 2,1–11 **2,23** 5 Mo 11,14; Jer 5,23–25 **2,25** 1,4 **2,27** 4,17; Jes 12,6 **3,1–5** Apg 2,17–21
3,1 4 Mo 11,29; Hes 39,29 **3,4** 2,10; Mt 24,29; Offb 6,12–13 **4,3** Ps 137,7–8; Obd 11
4,4–8 Jes 23,1–16*

habt! Bald ist es so weit! 5 Denn ihr habt
mein Silber und Gold geraubt und meine
kostbarsten Schätze in eure Tempel ge-
bracht. 6 Die jungen Männer aus Juda
und Jerusalem habt ihr verschleppt und
an die Griechen verkauft, weit weg von
ihrer Heimat.

7 Doch ich hole sie von dort wieder zu-
rück! Dann wird mit euch dasselbe ge-
schehen, was ihr ihnen angetan habt:
8 Ich sorge dafür, dass eure Söhne und
Töchter an die Judäer verkauft werden,
und diese werden sie den Bewohnern
von Saba geben, die in weiter Ferne woh-
nen. Darauf könnt ihr euch verlassen!

9 Ruft alle Völker auf: ›Bereitet euch
auf den Krieg vor! Lasst eure besten Sol-
daten antreten, alle wehrfähigen Männer
sollen in den Kampf ziehen! 10 Schmiedet
aus euren Pflugscharen Schwerter und
aus euren Winzermessern Speerspitzen!
Selbst die Schwachen unter euch sollen
mutig und unerschrocken sein! 11 Beeilt
euch, ihr Völker rings um Israel, versam-
melt euch im Tal!‹«

Ja, Herr, bring du deine starken Kämp-
fer dorthin!

12 »Alle Völker sollen aufbrechen und
ins Tal Joschafat[a] ziehen. Dort werde ich,
der Herr, auf dem Thron sitzen und mit
ihnen ins Gericht gehen. 13 Greift zur Si-
chel, die Zeit der Ernte ist da! Tretet die
Weinkelter, denn sie ist bis zum Rand mit
Trauben gefüllt. Das Maß ist voll! Welch
schwere Schuld haben die Völker auf sich
geladen!«

14 Eine riesige Menschenmenge hat
sich im Tal versammelt, wo die Entschei-
dung fallen wird. Der Tag, an dem der
Herr sein Urteil spricht, ist nahe. 15 Sonne
und Mond werden finster, das Licht der
Sterne erlischt. 16 Mächtig wie das Brüllen
eines Löwen erklingt die Stimme des
Herrn vom Berg Zion in Jerusalem, Him-
mel und Erde erbeben!

Neue Hoffnung für Israel

»Aber für die Menschen meines Volkes
bin ich, der Herr, wie eine starke Festung,
in der sie Zuflucht finden! 17 Ihr werdet
erkennen, dass ich euer Gott bin. Ich
wohne auf dem Zion, meinem heiligen
Berg. Ganz Jerusalem wird mir geweiht
sein, nie wieder werden fremde Völker
es erobern!

18 Zu jener Zeit fließen Milch und Most
von den Bergen herab, und die Bäche Ju-
das führen das ganze Jahr über Wasser.
Am Tempel entspringt eine Quelle, die
selbst das trockene Schittimtal noch be-
wässert. 19 Ägypten aber wird zu einer
dürren Wüste und Edom zur trostlosen
Steppe, denn die Bewohner haben
schwere Verbrechen begangen: Ohne
Grund haben sie die Judäer umgebracht.
20/21 Ich werde dieses unschuldig vergosse-
ne Blut rächen,[b] so gewiss ich auf dem
Berg Zion wohne! Aber Juda soll für im-
mer bewohnt bleiben, und Jerusalem
wird bestehen, solange es Menschen
gibt!«

---

[a] Joschafat bedeutet »Der Herr richtet«.

[b] So mit der griechischen Übersetzung. Der hebräische Text lautet: Ihre Blutschuld, die ich bisher nicht ungestraft ließ, werde ich ungestraft lassen.

4,10 Jes 2,4; Mi 4,3 **4,13** Mt 13,30.39; Offb 14,14–20 **4,14** 1,15* **4,15** 2,10; Mt 24,29; Offb 6,12–13 **4,16** Am 1,2; Ps 18,3* **4,17** 2,27; Ps 76,3 **4,18** Hes 47,1–12; Am 9,13 **4,19** Am 1,11; Obd 10–11 **4,20–21** 5 Mo 32,43

Was Männer auf die Palme bringt

Oft werde ich von Frauen gefragt: „Warum reagiert mein Mann so empfindlich?" Anna erzählt: „Ich brauche nur das Thema „Rasenmähen" anzuschneiden, und schon geht er hoch. Warum regt er sich da bloß so auf?" Lisa berichtet: „Wir sitzen im Auto, und alles ist in Ordnung. Da merke ich, dass er statt der vorgeschriebenen 80 Stundenkilometer um einiges zu schnell fährt. Wenn ich ihn darauf aufmerksam mache, fängt er an zu schreien und zu brüllen. Ich verstehe ihn einfach nicht."

Beide Frauen haben eine Abwehrreaktion bei ihrem Mann erlebt. Sein Verhalten ist für sie völlig unverständlich. Die beiden Männer offenbaren durch ihre Reaktion etwas über sich selbst. Eine Abwehrreaktion hat immer etwas mit unserem inneren Kern zu tun.

Wenn unser Selbstbewusstsein verletzt ist, reagieren wir empfindlich. Die Bedrohung unseres Selbstwertgefühls führt bei uns zur Abwehr. Lisa und Anna haben bei ihren Männern scheinbar eine empfindliche Stelle getroffen, sonst würden diese nicht so intensiv reagieren. Irgendwann in ihrem Leben hat jemand das Rasenmähen oder das Autofahren mit ihrem Selbstwertgefühl vernetzt. Bei Annas Mann war es vielleicht der Vater, der seinem Sohn ständig im Nacken saß, damit er den Rasen mähte, und ihm sagte, er sei nichts wert, weil man ihn sogar zum Rasenmähen antreiben müsste. Lisas Mann hat vielleicht als Jugendlicher wegen zu schnellen Fahrens zahlreiche Strafzettel bekommen, die ihm signalisierten: „Du bist ein schlechter Autofahrer." Wenn nun die beiden Ehefrauen das Rasenmähen oder die zu hohe Geschwindigkeit ansprechen, rufen sie eine Abwehrreaktion hervor. Vielleicht ist das Problem aber auch viel allgemeiner: Der Mann versteht die Bemerkung seiner Frau als Kritik und fühlt sich angegriffen.

Wenn eine Frau die Abwehrreaktionen ihres Partners mildern will, sollte sie lernen, ihr Anliegen so zu kommunizieren, dass sie sein Selbstwertgefühl dabei nicht verletzt. Anna könnte ihrem Mann versichern, dass es ihr nicht darum geht, ihn herabzuwürdigen oder zu gängeln. Im Gegenteil: Sie weiß ja, er hält den Garten richtig gut in Schuss. Sie wollte nur sicherstellen, dass der Garten an diesem Wochenende gut *aussieht. Anna könnte* ihren Mann fragen, wie sie in Zukunft ihr Anliegen vorbringen soll. Wenn er keine Zeit hat, könnte sie anbieten, selbst den Rasen zu mähen oder jemanden zu engagieren. Die Chancen stehen gut, dass Annas Mann auf ihren Vorstoß positiv reagiert. Gemeinsam können sie dann nach Möglichkeiten suchen, wie Anna ihr Anliegen so vorbringen kann, dass sie bei ihm keine Abwehrreaktion hervorruft.

Beide – Mann und Frau – können lernen, für die empfindlichen Stellen des anderen Verständnis aufzubringen und so miteinander umzugehen, dass sie sich gegenseitig nicht auf die Palme bringen. So vertiefen sie das gegenseitige Vertrauen und die Nähe zueinander.

Den nächsten Artikel zum Thema „Was braucht sie – was braucht er" finden Sie auf S. 1040 a

Was immer auf die Reihe bringt

Der Prophet Amos

Gott spricht sein Urteil über Israels Nachbarvölker

1 In diesem Buch sind die Worte des
Amos niedergeschrieben, eines Schaf-
hirten aus dem Dorf Tekoa. Der Herr ließ
ihn sehen, was er mit Israel vorhatte.
Amos verkündete seine Botschaft zwei
Jahre vor dem großen Erdbeben, als in
Juda König Usija regierte und in Israel
Jerobeam, der Sohn Joaschs.
2 Amos rief dem Volk zu:
Mächtig wie das Brüllen eines Löwen
ertönt die Stimme des Herrn vom Berg
Zion in Jerusalem. Da vertrocknen die
saftigen Weiden der Hirten, und die
Wälder auf dem Gipfel des Karmel ver-
dorren.
3 So spricht der Herr: »Die Machthaber
von Damaskus begehen ein abscheuli-
ches Verbrechen nach dem anderen. Sie
haben die Bewohner Gileads grausam
misshandelt und zu Tode gequält. Das
werde ich nicht ungestraft lassen! 4 Ich
brenne die Paläste nieder, die König Ha-
saël und König Ben-Hadad errichtet ha-
ben. 5 Ich zerschmettere die Riegel an
den Stadttoren von Damaskus und töte
die Herrscher von Bikat-Awen und Bet-
Eden[a]. Die Bevölkerung von Syrien wird
nach Kir verschleppt. Darauf gebe ich,
der Herr, mein Wort!«
6 So spricht der Herr: »Die Machthaber
der Philisterstadt Gaza begehen ein ab-
scheuliches Verbrechen nach dem ande-
ren. Sie haben die Einwohner ganzer
Dörfer gefangen genommen und an die
Edomiter verkauft. Das werde ich nicht
ungestraft lassen! 7 Ich brenne die Stadt-
mauern von Gaza nieder, seine Paläste
werden ein Raub der Flammen. 8 Die
Herrscher von Aschdod und Aschkelon
bringe ich um, und auch die Stadt Ekron
bekommt meine Macht zu spüren. Die
Philister, die dann noch übrig geblieben
sind, finden den Tod. Darauf gebe ich,
der Herr, mein Wort!«
9 So spricht der Herr: »Die Machthaber
von Tyrus begehen ein abscheuliches
Verbrechen nach dem anderen. Sie ha-
ben ihr Bündnis mit Israel gebrochen
und die Einwohner ganzer Dörfer an die
Edomiter verkauft. Das werde ich nicht
ungestraft lassen! 10 Ich brenne die Stadt-
mauern von Tyrus nieder, seine Paläste
werden ein Raub der Flammen.«
11 So spricht der Herr: »Die Macht-
haber von Edom begehen ein abscheuli-
ches Verbrechen nach dem anderen. Sie
haben die Israeliten, ihr Brudervolk, er-
barmungslos bekämpft und unschuldiges
Blut vergossen. Ihr Hass kennt keine
Grenzen, ständig führen sie Krieg gegen
mein Volk. Das werde ich nicht unge-
straft lassen! 12 Das ganze Land und auch
die Paläste der Hauptstadt Bozra werden
ein Raub der Flammen.«
13 So spricht der Herr: »Die Macht-
haber von Ammon begehen ein abscheu-
liches Verbrechen nach dem anderen. Sie
führten Krieg, um ihre Herrschaft aus-
zudehnen, sie ließen sogar schwangeren
Frauen im Gebiet Gilead den Bauch auf-
schlitzen. Das werde ich nicht ungestraft
lassen! 14 Die Mauern ihrer Hauptstadt
Rabba lege ich in Schutt und Asche, ihre
Paläste werden ein Raub der Flammen.
Dann ertönt überall das Kriegsgeschrei,
und verheerende Stürme richten großes
Unheil an. 15 Der König der Ammoniter

---

[a] Bikat-Awen bedeutet »Unrechtstal«, Bet-Eden bedeutet »Freudenhaus«.

1,1 7,14–15; 2 Kön 14,23–29; 15,1–7; Hos 1,1; Sach 14,5 **1,2** Jer 25,30–31; Joel 4,16
1,3–5 Jes 17,1–3* **1,3** 2 Kön 10,32–33; 13,3 **1,5** 2 Kön 16,9 **1,6–8** Jes 14,28–32* **1,9–10** Jes 23,1–16*
1,9 1 Kön 5,15.26 **1,11–12** 5 Mo 23,8; Jes 34,5–17* **1,13–15** Jer 49,1–6*

und alle führenden Männer werden in die
Verbannung geschickt. Darauf gebe ich,
der Herr, mein Wort!«

2 So spricht der Herr: »Die Macht-
haber von Moab begehen ein ab-
scheuliches Verbrechen nach dem ande-
ren. Sie haben die Gebeine des Königs
von Edom verbrannt. Das werde ich
nicht ungestraft lassen! [2]Das ganze Land
und auch die Paläste von Kerijot werden
ein Raub der Flammen. Die Feinde bla-
sen zum Angriff, sie stimmen das Kriegs-
geschrei an, und die Moabiter fallen in
einer heftigen Schlacht. [3]Den Herrscher
von Moab bringe ich um, mitsamt den
führenden Männern. Darauf gebe ich,
der Herr, mein Wort!«

Auch Juda und Israel kommen nicht davon

[4]So spricht der Herr: »Die Machthaber
von Juda begehen ein abscheuliches Ver-
brechen nach dem anderen. Sie treten
mein Gesetz mit Füßen und leben nicht
nach meinen Geboten. Sie ließen sich
von den falschen Göttern verführen, de-
nen schon ihre Vorfahren nachgelaufen
sind. Das werde ich nicht ungestraft las-
sen! [5]Ich brenne die Stadtmauern von Je-
rusalem nieder, seine Paläste werden ein
Raub der Flammen.«

[6]So spricht der Herr: »Die Israeliten
begehen ein abscheuliches Verbrechen
nach dem anderen. Das werde ich nicht
ungestraft lassen! Ehrbare Menschen,
die ihnen Geld schulden, verkaufen sie
in die Sklaverei, ja, sie verkaufen einen
Armen schon, wenn er ein Paar Schuhe
nicht bezahlen kann! [7]Wenn einer fast
nichts mehr besitzt, nehmen sie ihm auch
noch das Letzte, was er hat, und dem
Schwachen verhelfen sie nicht zu seinem
Recht. Vater und Sohn gehen zu dersel-
ben Hure und ziehen damit meinen heili-
gen Namen in den Schmutz. [8]Neben je-
dem Altar machen sie sich weiche
Polster aus den Kleidern, die sie den Ar-
men als Pfand wegnehmen. Im Tempel
ihres Gottes saufen sie Wein, den sie für
nicht bezahlte Schulden gefordert haben!

[9]Dabei war ich es doch, der die Amori-
ter vernichtet hat, um ihr Land den Israe-
liten zu geben! Sie waren so groß wie Ze-
dern und so stark wie Eichen, aber ich
habe sie mitsamt den Wurzeln ausgeris-
sen. [10]Ja, ich habe euch aus Ägypten be-
freit und vierzig Jahre lang durch die
Wüste geleitet, bis ihr das Land der
Amoriter in Besitz nehmen konntet.
[11]Einige von euch habe ich als Propheten
erwählt und junge Männer berufen, sich
mir zum Dienst zu weihen. Ich, der Herr,
frage euch Israeliten: Habe ich dies alles
nicht getan? [12]Ihr aber habt alle, die sich
mir geweiht hatten, gezwungen, ihr Ge-
lübde zu brechen und Wein zu trinken.
Den Propheten habt ihr verboten, euch
meine Botschaft weiterzusagen.

[13]Darum werde ich euch eine Last auf-
bürden, unter der ihr hin- und her-
schwankt wie ein zu voller Erntewagen![a]
[14]Sogar der Schnellste unter euch kann
dann nicht mehr entfliehen, dem Stärks-
ten hilft seine Kraft nicht mehr, und der
beste Soldat verliert sein Leben. [15]Die
Bogenschützen werden überrannt, die
besten Läufer und schnellsten Reiter auf
der Flucht getötet. [16]Selbst der mutigste
Soldat lässt an jenem Tag die Waffen fal-
len und rennt um sein Leben. Darauf ge-
be ich, der Herr, mein Wort!

3 Ihr Israeliten, hört, was ich, der Herr,
euch zu sagen habe! Es gilt eurem
ganzen Volk, das ich damals aus Ägypten
befreit habe. [2]Unter allen Völkern der
Erde seid ihr das einzige, das ich als mein
Eigentum erwählt habe. Deshalb ziehe
ich euch nun dafür zur Rechenschaft,
dass ihr euch von mir abgewandt habt.«

---

[a] Der hebräische Text ist nicht sicher zu deuten.

2,1–3 Jes 15,1 – 16,14* **2,5** 2 Kön 25,8–10 **2,6** 8,4–6; 3 Mo 25,39–43 **2,7** 5,11–12; 5 Mo 15,7–11 **2,8** 2 Mo 22,25–26 **2,9** 4 Mo 13,27–33; 21,24; Jos 24,8 **2,10** 2 Mo 20,2*; 5 Mo 2,7; 3,8 **2,11** 4 Mo 6,1–21 **2,12** 7,12–13.16; Jes 30,10; Jer 11,21–22; Hos 9,7–8; Mi 2,6 **3,2** 2 Mo 19,5–6*

Wer kann dem Auftrag Gottes ausweichen?

3 Gehen etwa zwei Menschen miteinan-
der denselben Weg, ohne sich vorher ver-
abredet zu haben? 4 Brüllt der Löwe im
Wald, wenn er kein Tier reißen will?
Knurrt ein junger Löwe in seinem Ver-
steck, ohne dass er etwas erbeutet hat?
5 Wird ein Vogel gefangen, wenn das Netz
nicht gespannt wurde? Schnappt eine
Falle zu, obwohl kein Tier hineingelaufen
ist? 6 Wenn in einer Stadt Alarm geblasen
wird, erschrecken dann nicht ihre Ein-
wohner? Geschieht etwa ein Unglück in
der Stadt, das der Herr nicht geschickt
hat?
7 Gott, der Herr, tut nichts, ohne es
vorher seinen Dienern, den Propheten,
anzuvertrauen.
8 Wenn der Löwe brüllt – wer bekommt
da keine Angst? Wenn Gott, der Herr,
für die Menschen eine Botschaft hat –
welcher Prophet wollte sich da weigern,
sie weiterzusagen?

Keine Rettung für Samaria

9 »Sagt den Mächtigen in den Palästen
von Aschdod und Ägypten: Versammelt
euch auf den Bergen rings um Samaria
und schaut euch an, wie es in dieser Stadt
zugeht! Dort herrschen unerträgliche
Missstände: Die Schwachen werden un-
terdrückt, 10 und niemand übt Gerechtig-
keit. Die führenden Männer schrecken
vor keiner Gewalttat zurück, um fremde
Güter an sich zu reißen. Damit füllen sie
dann ihre Paläste.
11 Darum sage ich, der Herr, zu den
Einwohnern Samarias: Die Feinde wer-
den das Land überfallen und euch von al-
len Seiten belagern. Sie reißen eure Boll-
werke nieder und plündern eure schönen
Häuser aus. 12 Ja, ich versichere euch: Auf
Rettung könnt ihr nicht hoffen. Oder hat
ein Hirte etwa sein Schaf gerettet, wenn
er gerade noch zwei Schenkelknochen
und einen Zipfel von seinem Ohr aus
dem Rachen eines Löwen zieht? Ge-
nauso wenig wird von euch Israeliten üb-
rig bleiben, die ihr in Samaria auf euren
Polstern sitzt und euch auf Betten mit fei-
nen Damastbezügen räkelt!
13 Ich, der Herr, der allmächtige Gott,
sage zu den anderen Völkern: Tretet als
Zeugen gegen die Nachkommen Jakobs
auf! 14 An dem Tag, an dem ich die Israe-
liten zur Rechenschaft ziehe, zerstöre ich
auch die Altäre im Heiligtum von Bethel.
Ihre Hörner werden abgeschlagen und
fallen zu Boden. 15 Die herrlichen Som-
mer- und Winterhäuser verwandle ich in
Trümmerhaufen; die elfenbeinverzierten
Paläste reiße ich nieder, ja, alle Häuser
lasse ich vom Erdboden verschwinden!
Mein Wort gilt!«

Die skrupellosen Frauen von Samaria

4 Hört zu, ihr Frauen Samarias, die ihr
wohlgenährt seid wie die Kühe auf
den saftigen Weiden von Baschan: Ihr
unterdrückt die Hilflosen und knechtet
die Armen. Ihr verlangt von euren Män-
nern: »Besorgt uns etwas zu trinken!«
2 Der Herr schwört euch bei seinem heili-
gen Namen: »Es kommt der Tag, da wird
man euch alle aus den Häusern heraus-
holen, so wie man Fische mit Angelhaken
aus dem Wasser zieht! 3 Eine nach der an-
deren jagt man durch die Breschen in der
Stadtmauer fort und treibt euch in Rich-
tung des Berges Hermon. Darauf könnt
ihr euch verlassen!«

Israel bleibt unbelehrbar

4 So spricht der Herr: »Ihr Israeliten, geht
ruhig weiterhin zum Heiligtum nach
Bethel, und sündigt gegen mich! Lauft
nur nach Gilgal, und ladet noch mehr
Schuld auf euch! Bringt doch jeden Mor-
gen eure Opfer dar! Liefert alle drei Tage

3,6 Jes 45,7; Klgl 3,37–38 **3,7** Jes 44,7* **3,8** 7,15; Jer 20,7–9; 1 Kor 9,16 **3,9–10** 2,6–8; 4,1; 8,4–6 **3,12** 6,4.7 **3,14** 1 Kön 12,32; 2 Kön 23,15–16 **3,15** 5,11; 6,11; 1 Kön 22,39 **4,1–3** Jes 3,16–24 **4,4** 5,5; Hos 4,15; 12,12

den zehnten Teil eurer Erträge ab!
5 Mischt Sauerteig in eure Dankopfer,
und lasst den Rauch zu mir aufsteigen!
Erzählt es überall, wenn ihr mir freiwil-
lige Gaben darbringt! So habt ihr es doch
gern!

6 Ich, der Herr, ließ bei euch eine Hun-
gersnot ausbrechen, in euren Städten und
Dörfern gab es nichts mehr zu essen. Und
doch seid ihr nicht zu mir zurückgekom-
men! 7 Drei Monate vor der Ernte schick-
te ich euch keinen Regen mehr. Auf die
eine Stadt ließ ich es regnen, auf die ande-
re fiel kein einziger Tropfen. Ein Feld be-
kam genug Feuchtigkeit, das andere blieb
trocken, und alles verdorrte. 8 Wenn es in
einer Stadt noch etwas zu trinken gab,
schleppten sich die Einwohner mehrerer
Städte dorthin, dem Verdursten nahe;
aber es reichte nicht für alle. Und doch
seid ihr nicht zu mir zurückgekommen!

9 Ich, der Herr, habe euer Getreide
durch Dürre und Pilzbefall vernichtet;
ich ließ eure Gärten und Weinberge ver-
trocknen, und die Heuschrecken fraßen
eure Feigen- und Olivenbäume kahl.
Und doch seid ihr nicht zu mir zurück-
gekommen!

10 Ich schickte euch die Pest, wie sie in
Ägypten gewütet hat. In den Kriegen
trieb ich eure jungen Männer in den Tod,
und eure Pferde gab ich dem Feind zur
Beute. In euren Feldlagern stank es nach
verwesenden Leichen. Und doch seid ihr
nicht zu mir zurückgekommen!

11 Ich, der Herr, ließ Unheil über euch
hereinbrechen wie über Sodom und Go-
morra. Nur wenige kamen davon, so wie
ein Holzscheit, das gerade noch aus dem
Feuer gerissen wird. Und doch seid ihr
nicht zu mir zurückgekommen! 12 Darum
müsst ihr Israeliten jetzt die Folgen tra-
gen – ihr habt keine Wahl. Macht euch
bereit, eurem Gott zu begegnen!«

13 Ja, Gott ist der Herr, der die Berge
formte und den Wind schuf, er lässt die
Menschen wissen, was er tun will. Mor-
gengrauen und tiefste Nacht sind sein
Werk, er schreitet über die höchsten Gip-
fel der Berge. »Herr, allmächtiger Gott«
wird er genannt!

Kommt endlich zu mir zurück!

5 Ihr Israeliten, hört die Totenklage,
die ich über euch anstimme:

2 »Gefallen ist die Jungfrau Israel, und
keiner hilft ihr auf. Leblos liegt sie am
Boden, nie mehr wird sie sich erheben.«

3 So spricht Gott, der Herr: »Wenn aus ei-
ner eurer Städte tausend Männer in den
Krieg ziehen, kehren nur hundert zurück,
und wenn hundert in den Kampf gehen,
bleiben nur zehn übrig! 4 Ich, der Herr,
fordere euch Israeliten auf: Kommt end-
lich zu mir zurück, dann bleibt ihr am Le-
ben! 5 Geht nicht mehr nach Beerscheba,
um mich dort anzubeten, besucht auch
nicht mehr die Heiligtümer in Gilgal und
Bethel. Denn die Einwohner Gilgals wer-
den in die Gefangenschaft geführt, und
Bethel wird zum Unglücksort.«

6 Ja, kehrt zum Herrn zurück, dann
werdet ihr leben! Sonst bekommt ihr
Nachkommen Josefs seinen Zorn zu spü-
ren. Er wütet wie ein loderndes Feuer,
das sich immer weiter ausbreitet, und
wenn es Bethel erreicht hat, kann nie-
mand es dort löschen.

Ihr tretet das Recht mit Füßen!

7 Ihr treibt mit der Gerechtigkeit Schind-
luder, ihr tretet das Recht mit Füßen!

8 Gott hat das Siebengestirn und den
Orion geschaffen. Licht verwandelt er in
Finsternis, nach der Nacht lässt er einen
neuen Tag anbrechen. Er ruft das Wasser
aus dem Meer, und es ergießt sich auf die
Erde. »Herr« wird er genannt! 9 Ganz

4,6–12 3 Mo 26,14–39; 5 Mo 28,15–68; 1 Kön 8,31–51 **4,7** 1 Kön 17,1 **4,9** Joel 1,4; Hag 2,17 **4,10** 2 Mo 9,3 **4,11** 1 Mo 19,24–25* **4,13** 3,7 **5,1** Jer 7,29; 9,9 **5,3** 5 Mo 28,62; 32,30 **5,4** Jer 29,13 **5,5** 4,4 **5,7** 2,6–8; 6,12; Jes 5,20 **5,8** 4,13; 9,5–6; Hiob 9,9

plötzlich vernichtet er die Mächtigen und
macht ihre Festungen dem Erdboden
gleich.
10 »Ihr hasst jeden, der vor Gericht für
das Recht eintritt, und wer die Wahrheit
sagt, den verabscheut ihr. 11 Von den
Ärmsten nehmt ihr Pachtgeld und ver-
langt auch noch Getreideabgaben. Da-
rum werdet ihr nicht mehr in euren
prachtvollen Häusern aus behauenen
Steinen wohnen, und den Wein aus euren
schönen Weingärten werdet ihr nicht
trinken. 12 Ja, ich weiß, wie viele Verbre-
chen ihr begangen habt und wie groß eu-
re Schuld ist. Ehrliche Menschen bringt
ihr in Bedrängnis, ihr nehmt Beste-
chungsgelder an und lasst die Armen vor
Gericht nicht zu ihrem Recht kommen.
13 Wer klug ist, der schweigt in dieser
schlimmen Zeit.«
14 Setzt euch für das Gute ein, allem
Bösen aber kehrt den Rücken! Dann
bleibt ihr am Leben, und der Herr, der
allmächtige Gott, steht euch bei, so wie
ihr es ja immer behauptet. 15 Ja, hasst das
Böse, liebt das Gute! Verhelft vor Ge-
richt jedem zu seinem Recht! Vielleicht
erbarmt sich der Herr, der allmächtige
Gott, doch noch über euch Nachkommen
Josefs, und ihr werdet überleben.
16 So spricht der Herr, der allmächtige
Gott: »Auf allen Plätzen und Straßen
wird man lautes Klagen und Trauerlieder
hören. Sogar die Bauern holt man vom
Feld, damit sie ebenso wie die Klagewei-
ber die Toten beweinen. 17 In den Wein-
bergen trauern die Menschen laut um
die Gestorbenen. Denn ich, der Herr,
werde durchs Land schreiten und euch
zur Rechenschaft ziehen. Mein Wort
gilt!«

Frommer Selbstbetrug

18 Ihr wünscht euch: »Wenn nur der Tag
schon da wäre, an dem der Herr ein-
greift!« Glaubt ihr eigentlich, dass dieser
Tag euch Licht bringen wird? Nein, in
tiefste Dunkelheit werdet ihr gestoßen!
19 Es ergeht euch wie einem Mann, der
vor dem Löwen flieht und dabei einem
Bären in den Weg läuft. Selbst wenn er
da noch mit heiler Haut davonkommt
und sich zu Hause erschöpft an die Wand
stützt – dann beißt ihn dort eine Schlange
in die Hand!
20 Ja, der Tag des Herrn bringt euch
kein Licht, sondern Dunkelheit, schwarz
wie die Nacht wird er sein!
21 Der Herr sagt: »Ich hasse eure Fei-
ern, geradezu widerwärtig sind sie mir,
eure Opferfeste verabscheue ich. 22 Eure
Brand- und Speiseopfer nehme ich nicht
an, und wenn ihr Tiere mästet, um sie mir
darzubringen, ist mir das völlig gleichgül-
tig. 23 Eure lauten Lieder kann ich nicht
mehr hören, verschont mich mit eurem
Harfengeklimper. 24 Setzt euch lieber für
die Gerechtigkeit ein! Das Recht soll das
Land durchströmen wie ein nie versie-
gender Fluss.
25 Ihr Israeliten, als ihr vierzig Jahre in
der Wüste umhergezogen seid, habt ihr
mir da Schlachtopfer und Speiseopfer
dargebracht? 26 Habt ihr nicht schon da-
mals die Figuren eurer Sternengötter
Sakkut und Kewan herumgetragen, die
ihr euch selbst gemacht habt? 27 Darum
lasse ich euch in die Gefangenschaft zie-
hen, noch über Damaskus hinaus! Mein
Wort gilt, denn ich bin der Herr, der all-
mächtige Gott!«

Samarias Untergang

6 Stolz und sorglos lebt ihr auf dem
Berg Zion und auf dem Berg von
Samaria. Dort wähnt ihr euch sicher. Ihr
bildet euch etwas darauf ein, zum bedeu-
tendsten Volk zu gehören und angesehe-
ne Männer zu sein, auf deren Rat ganz
Israel hört. Doch es wird euch schlecht
ergehen! 2 Ihr sagt zum Volk:[a] »Geht
doch einmal hinüber zur Stadt Kalne,

---

[a] «Ihr … Volk« ist sinngemäß ergänzt.

5,11–12 2,6–7; 8,5–6 **5,14** Mi 6,8 **5,15** Joel 2,14; Jona 3,9; Zef 2,3 **5,18–20** Joel 1,15* **5,21–24** Jes 1,11–17; Mi 6,6–8 **5,25–27** Apg 7,42–43 **5,25** Jer 7,22 **5,27** 4,2–3; 6,7; 7,11.17 **6,1** 3,2

dann weiter nach Hamat und von dort zur Philisterstadt Gat! Sind Israel und Juda nicht angesehener als sie? Ist unser Gebiet nicht größer als ihres?«

3 Ihr denkt, euch könnte nichts Böses geschehen, mit Unrecht und Gewalt wollt ihr eure Macht festigen. 4 Ihr räkelt euch auf weich gepolsterten, elfenbeinverzierten Betten und esst das beste Fleisch von Lämmern und Kälbern. 5 Zu den Klängen der Harfe schmettert ihr eure Lieder und meint, ihr könntet wie David musizieren. 6 Den Wein trinkt ihr aus schweren Pokalen und salbt euch nur mit den feinsten Ölen – aber dass euer Volk dem Untergang entgegengeht, kümmert euch überhaupt nicht!

7 Darum werdet ihr die Ersten sein, die in die Verbannung gehen. Dann ist es aus mit euren Trinkgelagen auf weichen Betten!

8 So spricht der Herr, der allmächtige Gott: »Ich hasse den Hochmut der Nachkommen Jakobs, ich verabscheue ihre prachtvollen Häuser! Darum liefere ich Samaria mit allen seinen Einwohnern den Feinden aus. Das schwöre ich, der Herr, so wahr ich lebe! 9 Und wenn in einem Haus zehn Menschen überlebt haben, müssen sie doch noch sterben! 10 Kommt dann ein Verwandter von ihnen, um die Leichen aus dem Haus zu holen, findet er vielleicht noch einen Überlebenden, der sich ins hinterste Zimmer verkrochen hat. Er fragt ihn: ›Ist noch jemand bei dir?‹, und bekommt zur Antwort: ›Nein, niemand mehr!‹ Dann flüstert der Verwandte: ›Pass auf, erwähne nicht den Namen des Herrn, sonst bringt er auch dich noch um[a]!‹

11 Denn ich, der Herr, befehle, dass die großen Prunkbauten in Trümmer gelegt und die kleinen Wohnhäuser niedergerissen werden.

12 Kann man etwa mit Pferden über Felsblöcke galoppieren oder mit Rindern die Felsen umpflügen? Ihr aber verwandelt das Recht in Unrecht – eure Urteile sind ein tödliches Gift! Anstatt der Gerechtigkeit zum Sieg zu verhelfen, verbreitet ihr nichts als Angst und Schrecken. 13 Ihr freut euch, weil ihr Lo-Dabar eingenommen habt, und prahlt: ›Aus eigener Kraft haben wir Karnajim zurückerobert!‹ 14 Jetzt aber sage ich, der Herr, der allmächtige Gott: Ich lasse ein Volk über euch herfallen, das euch besiegen und die Bevölkerung im ganzen Land unterdrücken wird – von Hamat im Norden bis zum Bach bei der Wüste im Süden!«

Die Vision von den Heuschrecken

7 Gott, der Herr, gab mir eine Vision: Ich sah, wie er Heuschreckenschwärme erschuf. Gerade hatte man das erste Heu eingebracht, das für die königlichen Stallungen bestimmt war, und das Gras wuchs allmählich wieder nach. 2 Da fielen die Heuschrecken über die Pflanzen im ganzen Land her. Als sie alles abgefressen hatten, rief ich: »Ach Herr, Gott, vergib doch! Wie sollen die Nachkommen Jakobs sonst überleben? Sie sind ja ein so kleines Volk!« 3 Da hatte der Herr Erbarmen mit ihnen und sagte: »Was du dort gesehen hast, wird nicht eintreffen!«

Die Vision vom Feuer

4 Dann gab Gott, der Herr, mir eine weitere Vision:

Ich sah, wie er Feuer herbeirief, um sein Volk zu bestrafen. Zuerst verzehrte es das Wasser im Meer, dann bedeckten die Flammen das ganze Land. 5 Da rief ich: »Ach Herr, Gott, bitte hör auf! Wie sollen die Nachkommen Jakobs sonst überleben? Sie sind ja ein so kleines Volk!« 6 Da hatte der Herr wieder Erbarmen mit ihnen und sagte: »Auch was du dort gesehen hast, wird nicht eintreffen.«

---

a »sonst … um« ist sinngemäß ergänzt.

6,3 9,10 **6,4** 3,12 **6,5–6** Jes 5,11–12 **6,7** 5,27 **6,8** Jes 2,11–12* **6,11** 3,15 **6,12** 5,7 **6,13** 5 Mo 8,17; 2 Kön 13,25; 14,25 **6,14** 2 Kön 17,5–6 **7,1–2** Joel 1,4 **7,2–3** 2 Mo 32,11–14 **7,4** Joel 1,19–20

Gemeinsam unterwegs

Lesen Sie Amos 3,1-11

Wenn ein Team im Fußball sich nicht über die Spielregeln einigen kann, wird es das Match nicht gewinnen. So ist es auch in der Ehe. Ein Mann und eine Frau, die keine gemeinsamen Entscheidungen zustande bringen, können keine gelingende Beziehung aufbauen. Der Prophet Amos stellte die Frage: „Gehen etwa zwei Menschen miteinander denselben Weg, ohne sich vorher verabredet zu haben?" (Amos 3,3). Gemeinsam unterwegs zu sein, erfordert Absprachen. Dasselbe gilt für eine harmonische Ehe. Die beiden Partner sollten immer bemüht sein, sich bei wichtigen Entscheidungen zu einigen.

Einigkeit zu erreichen, ist allerdings ein Prozess. Jeder von uns hat zu allen Themen eine eigene Meinung und bestimmte Gefühle. Diese Gedanken und Gefühle stimmen nicht immer überein. Darum müssen wir uns gegenseitig zuhören, verstehen und Kompromisse schließen, um eine Einigung zu erzielen. Kompromiss ist kein negativer Begriff. Im Duden wird er erklärt als „Übereinkunft durch gegenseitige Zugeständnisse".

Wir teilen uns gegenseitig unsere Sichtweise mit, und dann suchen wir nach Gemeinsamkeiten. Vielleicht finden wir keine völlige Übereinstimmung, aber wir können Zugeständnisse machen und unsere Vorstellungen miteinander verbinden. Jeder Partner sollte bereit sein, nachzugeben und seine Meinung zu ändern, wenn er das Wohl des anderen im Blick hat. Eine liebevolle Grundeinstellung ist das Allerwichtigste. Ohne den Geist der Liebe – der das Wohl des anderen sucht – können wir nie Einigkeit erzielen.

Nehmen Sie sich Zeit, um allein oder als Paar gemeinsam zu beten. Bitten Sie Gott ...

- Ihnen zu zeigen, wie Sie im Geist der Liebe das Wohl Ihres Partners suchen können;
- Ihnen zu guten, gesunden Kompromissen zu verhelfen;
- Ihnen die Richtung für Ihre Ehe vorzugeben, damit Sie wirklich einen gemeinsamen Weg gehen.

Wenn Sie noch mehr Zeit haben ...

Besprechen Sie miteinander folgende Fragen oder denken Sie darüber nach:

- Wie sieht der Prozess der Entscheidungsfindung in Ihrer Ehe aus?
- Welche Stolperfallen erkennen Sie in Bereichen, in denen Sie sich uneinig sind? Streiten Sie über Themen, die Ihnen eigentlich gar nicht so wichtig sind? Haben Sie einen festen Standpunkt in Fragen, die Ihnen viel bedeuten?
- Wie gut hören Sie sich gegenseitig zu? Können Sie sich in den anderen hineinversetzen? Hören Sie intensiv und respektvoll zu, auch wenn Sie anderer Meinung sind?

Lesen Sie auch die folgenden Abschnitte zum Thema Kompromisse:
Matthäus 18,19; Römer 14,1-23; Jakobus 4,2.

Viel Ärger um nichts

Lesen Sie Jona 4,1-11

Wut und Zorn spielen eine wichtige Rolle in unserer täglichen Ehe-Beziehung. Auch wenn die Gefühle manchmal ganz hilfreich sein können, sind sie doch letztendlich meistens fehlgeleitet. Sie sind in unserer Selbstzentriertheit oder Herrschsucht begründet oder einfach in Schlafmangel.

In der Bibel finden wir ein deutliches Beispiel von fehlgeleitetem Zorn beim Propheten Jona, der den Bewohnern der Stadt Ninive das Gericht Gottes ankündigte. Die Menschen in Ninive bereuten ihre Sünden, und Gott beschloss darufhin, der Stadt gnädig zu sein. Das versetzte Jona in Zorn, denn er hatte ja Gottes Strafgericht vorausgesagt, und nun traf es nicht ein. Er war der Ansicht, dass das ein schlechtes Licht auf ihn warf! Jonas Ärger entsprang aus seinem Stolz und war völlig ungerechtfertigt. Gott stellte ihm die eher rhetorische Frage: „Ist es recht von dir, so wütend zu sein?"

Vielleicht kochen Sie vor Wut, weil Ihr Partner so spät von der Arbeit kommt. Wenn Sie jedoch hören, dass ein Stau der Grund war, müssen Sie Ihren Ärger loslassen – und ihn nicht an Ihrem Partner auslassen. Versuchen Sie es einmal mit diesem Gebet: „Vater, du weißt, dass ich wütend bin. Hilf mir bitte, dass ich meine Wut nicht an dem Menschen auslasse, den ich liebe. Ich gebe meine Wut und meinen Zorn an dich ab und bitte dich, mich mit deiner Liebe zu erfüllen."

Nehmen Sie sich Zeit, um allein oder als Paar gemeinsam zu beten. Bitten Sie Gott, dass er Ihnen hilft herauszufinden, ob Ihr Ärger angemessen ist und in einem richtigen Verhältnis zur Ursache steht. Bitten Sie ihn auch, Ihnen zu zeigen, ob Sie nur aus verletztem Stolz wütend sind, ob Sie sich über etwas ärgern, was Ihr Partner gar nicht beeinflussen kann, oder ob Sie unrealistische Erwartungen hatten, die sich nicht erfüllt haben. Bitten Sie Gott um Hilfe, damit Sie Ihren Ärger an ihn abgeben können.

Wenn Sie noch mehr Zeit haben ...

Besprechen Sie miteinander folgende Fragen oder denken Sie darüber nach:

- Warum lässt Gott zu, dass Menschen zornig werden?
- Beschreiben Sie, was passiert, wenn Sie Ihren Zorn an Ihrem Ehepartner auslassen.
- Wie können Sie und Ihr Mann/Ihre Frau gemeinsam daran arbeiten, dass Sie Ihren Ärger auf positive Weise zum Ausdruck bringen?

Lesen Sie auch die folgenden Abschnitte zum Thema Zorn:
Sprüche 12,16; 16,32; Römer 8,28.

Den nächsten Impuls finden Sie auf S. 1036 a

Die Vision vom Bleilot

7 Dann ließ der Herr mich sehen, wie er
auf einer Mauer stand, die mit Hilfe eines
Lots gebaut worden war. Er hielt ein
Bleilot in der Hand 8 und fragte mich:
»Amos, was siehst du?« »Ein Bleilot«,
antwortete ich. Da sagte er: »Ich lege
jetzt dieses Lot an mein Volk Israel, in
Zukunft gehe ich nicht mehr über ihre
Sünden hinweg. 9 Ich verwüste die Orte
auf den Hügeln, wo die Nachkommen
Isaaks ihre Götter verehren; ja, alle
Heiligtümer Israels verwandle ich in
Trümmerhaufen. Mein Schwert trifft das
Königshaus Jerobeams!«

Amos soll das Nordreich verlassen

10 Amazja, der oberste Priester in Bethel,
sandte einen Boten zu Jerobeam, dem Kö-
nig von Israel, und ließ ihm ausrichten:
»Amos zettelt mitten in Israel einen Auf-
stand gegen dich an! Seine Reden sind un-
erträglich! 11 Er hat behauptet: ›Jerobeam
wird durchs Schwert umkommen, und das
Volk Israel wird aus dem Land vertrieben
und in die Verbannung geführt.‹«

12 Zu Amos sagte Amazja: »Du Pro-
phet, verschwinde von hier, und geh heim
nach Juda! Dort kannst du weiter weissa-
gen und dich dafür bezahlen lassen.
13 Aber hier in Bethel ist Schluss damit!
Denn hier steht der Tempel des Königs,
das wichtigste Heiligtum Israels.«

14 Amos erwiderte: »Ich bin kein Pro-
phet, der sich bezahlen lässt, und ich
komme auch aus keiner Prophetenschu-
le. Ich bin Viehhirte und pflanze Maul-
beerfeigenbäume an. 15 Aber der Herr
hat mich von meiner Herde weggeholt
und mir befohlen: ›Geh zu meinem Volk
Israel, und richte ihm meine Botschaft
aus!‹ 16 Und nun willst du mir verbieten,
den Auftrag Gottes zu erfüllen und zu
den Israeliten, den Nachkommen Isaaks,
zu sprechen? Hör, was der Herr dir an-
kündigt: 17 ›Deine Frau soll in dieser Stadt
zur Hure werden, deine Söhne und Töch-
ter werden im Krieg getötet, dein Grund-
besitz wird an andere verteilt, und du
selbst wirst in einem heidnischen Land
sterben! Denn die Israeliten werden von
hier verschleppt werden. Darauf gebe
ich, der Herr, mein Wort!‹«

Die Vision vom Korb mit reifem Obst

8 Noch etwas ließ Gott, der Herr, mich
sehen: einen Korb mit reifem Obst.
2 Er fragte mich: »Amos, was siehst du?«
Ich antwortete: »Einen Korb mit reifem
Obst.« Da sprach der Herr zu mir: »Ja,
und so ist auch mein Volk: reif für das
Gericht! Von jetzt an sehe ich nicht mehr
über ihre Sünden hinweg! 3 Wenn meine
Strafe sie trifft, dann werden sich die
fröhlichen Gesänge, die jetzt noch im Kö-
nigspalast erklingen, in Trauerlieder ver-
wandeln. Wohin man auch blickt, liegen
die Leichen herum, und überall herrscht
Totenstille. Mein Wort gilt!«

Rücksichtslose Ausbeutung

4 Hört zu, die ihr die Armen unterdrückt
und die Wehrlosen zugrunde richtet!
5/6 Ihr sagt: »Wann ist das Neumondfest
endlich vorbei? Wann ist die Sabbatruhe
bloß vorüber, damit wir die Kornspeicher
wieder öffnen und Getreide verkaufen
können? Dann verkleinern wir das Ge-
treidemaß und machen die Gewichte auf
der Waage schwerer, wo die Käufer ihr
Silbergeld abwiegen. Auch die Waage
selbst stellen wir falsch ein. Bestimmt
können wir sogar noch den Getreide-
abfall verkaufen!« Ihr macht die Armen
schon zu Sklaven, wenn sie euch nur ein
Paar Schuhe nicht bezahlen können.

7 Der Herr aber hat bei seiner Ehre ge-
schworen:[a] »Niemals werde ich vergeben,

---

a Wörtlich: Der Herr hat beim Stolz Jakobs geschworen.

7,8 3,2 **7,10** Jer 38,4; Apg 16,20 **7,11** 5,27 **7,12–13** 2,12* **7,13** 1 Kön 12,28–32 **7,14** 1,1; 1 Sam 9,6–8 **7,15** 3,8 **7,17** 5,27; Hos 4,5–6 **8,2** 7,8 **8,3** 6,5 **8,4–6** 2,6–8; 5,11–12 **8,5–6** 3 Mo 19,35–36; Spr 16,11*

was sie getan haben! [8] Ja, ihretwegen soll
die Erde beben, sie wird sich heben und
senken wie der Nil in Ägypten, und die
Menschen werden um ihre Toten trauern.
[9] Ich, der Herr, kündige euch an: An je-
nem Tag lasse ich die Sonne schon am
Mittag untergehen, und die Dunkelheit
bricht am hellichten Tag über das Land
herein. [10] Eure Freudenfeste lasse ich zu
Leichenfeiern werden und eure fröhli-
chen Lieder zu Totenklagen. Als Zeichen
eurer Trauer werdet ihr euch Tücher aus
grobem Sacktuch um die Hüften binden
und euch die Köpfe kahl scheren. Ihr
werdet so verzweifelt sein wie jemand,
dessen einziger Sohn gestorben ist. Es
wird ein bitterer Tag für euch sein, wenn
das Ende kommt!«

Gott antwortet nicht mehr

[11] »Ich, der Herr, sage euch: Es kommt
die Zeit, da schicke ich euch eine Hun-
gersnot. Aber nicht nach Brot werdet ihr
hungern und nicht nach Wasser ver-
langen. Nein, nach einem Wort von mir
werdet ihr euch sehnen! [12] Dann irren die
Menschen ruhelos durchs Land, vom
Toten Meer bis zum Mittelmeer, vom
Norden bis zum Osten. Doch ihre Suche
wird vergeblich sein: Ich, der Herr, ant-
worte ihnen nicht.
[13] Auch die schönen Mädchen und die
jungen Männer werden an jenem Tag
vor Durst zusammenbrechen. [14] Sie wer-
den fallen und nicht mehr aufstehen,
denn sie schwören bei dem widerlichen
Götzen von Samaria und bekräftigen
ihren Eid mit den Worten: ›So gewiss
dein Gott lebt, Heiligtum in Dan!‹ oder:
›So gewiss die Wallfahrt nach Beerscheba
uns Gottes Segen sichert![a]‹«

Die letzte Vision: Der Herr am Altar

9 Ich sah den Herrn am Altar stehen;
er befahl: »Schlag auf die Kapitelle
der Tempelsäulen, dass die Türschwellen
erbeben! Zerschmettere die Säulen, da-
mit die Trümmer den Leuten auf den
Kopf fallen! Und wer das überlebt, den
lasse ich vom Schwert durchbohren. Kei-
ner wird fliehen können, niemand wird
entkommen und sich retten. [2] Auch wenn
sie in die Totenwelt eindringen und sich
verstecken könnten – ich würde sie sogar
von dort zurückholen! Und wenn sie in
den Himmel hinaufsteigen könnten, wür-
de ich sie herunterstürzen. [3] Wollten sie
auf den Gipfel des Karmel fliehen, würde
ich sie auch dort finden und zurückholen.
Könnten sie sich auf dem Meeresboden
verbergen, würde ich der Meeresschlan-
ge befehlen, sie mit einem Biss zu töten.
[4] Und wenn sie unter den Gefangenen
wären, die in ein fremdes Land ver-
schleppt werden, würde ich sie auch dort
noch mit dem Schwert umbringen! Denn
bei mir finden sie keine Hilfe mehr, ich
schicke ihnen nur noch Tod und Ver-
derben.«

Was für ein Gott!

[5] Der Herr ist der allmächtige Gott! Be-
rührt er die Erde, so fängt sie an zu
schwanken. Sie hebt und senkt sich wie
der Nil in Ägypten, und die Menschen
trauern um ihre Toten.
[6] Im Himmel hat er die Stufen zu seinem
Thron gebaut und auf der Erde die Fun-
damente für das Himmelsgewölbe gelegt.
Er lässt das Wasser aus dem Meer aufstei-
gen und die Erde überfluten. Sein Name
ist »der Herr«!

---

[a] Wörtlich: So gewiss der Weg nach Beerscheba lebt.

8,8 1,1; Sach 14,5 **8,9** 5,18–20 **8,10** 2 Mo 12,29–30 **8,14** 5,5; Hos 4,15 **9,1** 2,14–16 **9,2** Ps 139,7–12; Jer 23,24 **9,4** Jer 44,11–14 **9,5–6** 4,13; 5,8–9 **9,5** 8,8; Ps 104,32 **9,6** Ps 104,3; Jes 66,1

Ihr seid nicht besser als die anderen!

[7] So spricht der Herr: »Glaubt ihr Israeli-
ten wirklich, ihr wärt besser als die
Äthiopier? Es ist wahr: Ich habe euch
aus Ägypten befreit. Aber genauso habe
ich die Philister aus Kreta[a] herausgeführt
und die Syrer aus Kir. [8] Ich, der Herr, se-
he ganz genau, wie ihr Israeliten in eurem
Land gegen mich sündigt. Darum lasse
ich euch vom Erdboden verschwinden!

Doch ich will euch Nachkommen Ja-
kobs nicht völlig ausrotten. Das verspre-
che ich, der Herr! [9] Ich zerstreue euch un-
ter alle Völker. So wie in einem Sieb die
Steine hängen bleiben, [10] so siebe ich die
Schuldigen aus, sie, die jetzt noch selbst-
gefällig sagen: ›Menschen wie uns lässt
der Herr nichts zustoßen. Kein Unglück
wird uns treffen.‹ Gerade sie werden vom
Schwert durchbohrt!«

Neue Hoffnung für Israel

[11] So spricht der Herr: »Es kommt der
Tag, an dem ich das Reich König Da-
vids wieder aufbauen werde. Jetzt
gleicht es zwar einem zerstörten Haus,
doch dann richte ich die umgestürzten
Wände wieder auf und schließe die Ris-
se in der Mauer. [12] Die Israeliten werden
in Besitz nehmen, was vom Gebiet der
Edomiter übrig geblieben ist. Auch über
die Nachbarvölker, die einst mir gehört
haben, werden sie ihre Herrschaft aus-
dehnen. [13] Es kommt die Zeit, da wird
es eine sehr reiche Ernte geben: Die
Arbeiter mähen noch das Getreide ab,
wenn der Bauer schon kommt, um den
Acker wieder zu pflügen. Man tritt die
Trauben noch in der Kelter, obwohl die
Zeit der Aussaat schon wieder begon-
nen hat. Ja, es wird so viele Trauben ge-
ben, dass ihr Saft die Berge und Hügel
herabfließt!

[14] Ich werde das Schicksal meines
Volkes wieder zum Guten wenden. Die
Israeliten bauen die verwüsteten Städte
wieder auf und wohnen darin, sie pflan-
zen Weinberge und trinken Wein, sie le-
gen Gärten an und ernähren sich davon.
[15] Ich werde sie wieder in ihr Land
einpflanzen, und niemand kann sie mehr
herausreißen. Denn dieses Land habe
ich, der Herr, ihr Gott, ihnen gegeben.
Mein Wort gilt!«

---

[a] Wörtlich: aus Kaftor.

9,7 3,1–2; 6,1–2 **9,8** Jer 5,18 **9,10** 6,3; Jer 7,4.10 **9,11–12** Apg 15,16–18 **9,13** Joel 4,18
9,14 Jes 65,21–22; Jer 31,5 **9,15** Jer 24,6; 31,28; 42,10

Der Prophet Obadja

Gottes Strafe trifft die Edomiter

1 Dies ist die Vision Obadjas: Gott, der
Herr, hat uns gezeigt, welches Urteil er
über Edom[a] gefällt hat. Er sendet einen
Boten zu den Völkern, der ruft: »Kommt,
wir führen Krieg gegen die Edomiter!
Zieht in den Kampf!«
2 So spricht der Herr zu Edom: »Ich
mache dich zu einem kleinen und unbe-
deutenden Volk, das von den anderen
Völkern verachtet wird. 3 Durch deinen
Stolz hast du dich selbst betrogen. Hoch
oben im Bergland wohnst du, in unzu-
gänglichen Tälern hast du dich nieder-
gelassen und meinst: ›Von hier kann mich
niemand hinunterstürzen!‹ 4 Aber ich
werfe dich doch in die Tiefe, auch wenn
du dein Nest so hoch bauen könntest wie
der Adler, ja, selbst wenn du es zwischen
die Sterne am Himmel setzen würdest!
Darauf gebe ich, der Herr, mein Wort!
5 Wenn Diebe im Schutz der Nacht ein-
brechen, nehmen sie nur mit, so viel sie
tragen können. Wenn die Winzer den
Weinberg abernten, lassen sie eine Nach-
lese übrig. Du aber bist rettungslos ver-
loren! 6 Die Feinde werden dein ganzes
Land ausplündern und jeden Schlupfwin-
kel aufspüren. 7 Die Völker, mit denen du
verbündet warst, jagen dich aus deinem
Land, deine eigenen Freunde treiben ein
falsches Spiel mit dir und fallen dir in den
Rücken. Die vorher noch am selben
Tisch mit dir saßen, stellen dir eine Falle
und sagen: ›Die Edomiter merken es ja
doch nicht!‹ 8 Es kommt der Tag, an dem
für euch kluge Leute im Bergland von
Edom die letzte Stunde schlägt. Dafür
sorge ich, der Herr! Dann seid ihr mit eu-
rer Weisheit am Ende! 9 Eure mutigen
Soldaten in der Festung Teman werden
vor Angst zittern, denn auch der letzte
Nachkomme Edoms wird ermordet.
10 Ihr Edomiter habt euer Brudervolk,
die Nachkommen Jakobs, grausam miss-
handelt. Diese Schande lastet auf euch,
und darum werdet ihr für immer ver-
nichtet. 11 Als fremde Truppen durch die
Tore von Jerusalem eindrangen, als sie
die Einwohner durch das Los unter sich
verteilten und ihr Hab und Gut weg-
schleppten, da tatet ihr so, als ginge euch
das gar nichts an. Ja, ihr habt sogar mit
den Feinden gemeinsame Sache ge-
macht! 12 Ihr hättet damals nicht so scha-
denfroh das Unglück der Judäer mit an-
sehen dürfen! Warum habt ihr euch über
ihr Leid lustig gemacht und gespottet,
als sie in Not waren und getötet wurden?
13 An diesem Tag seid ihr auch noch in
die eroberte Stadt eingedrungen und
habt euch angesehen, wie sie litten! Den
letzten Besitz meines Volkes habt ihr an
euch gerissen. 14 Und wenn einige von
ihnen fliehen konnten, habt ihr ihnen
heimtückisch an Wegkreuzungen und
Engpässen aufgelauert, um sie an ihre
Verfolger auszuliefern! 15 Der Tag, an
dem ich, der Herr, allen Völkern ihr Ur-
teil spreche, steht schon vor der Tür.
Dann ziehe ich auch euch Edomiter zur
Rechenschaft. Man wird euch genau das
antun, was ihr euren Brüdern von Juda
angetan habt!«

Das Volk Gottes findet Rettung!

16 »Ihr Einwohner von Jerusalem musstet
auf meinem heiligen Berg aus dem Be-

---

[a] Im Buch Obadja werden im hebräischen Text die Edomiter immer wieder mit »Esau« angeredet, weil sie von Esau, dem Bruder Jakobs, abstammten. Vgl. 1. Mose 25,30

1–15 Jes 34,5–17* **3–4** Jes 2,11–12* **4** Jes 14,13 **10** Joel 4,19; Am 1,11 **11** Klgl 1,7 **12** Ps 137,7; Klgl 4,21 **15** Joel 1,15* **16** Jer 25,15*

cher meines Zorns trinken. Genauso werden die anderen Völker daraus trinken, und sie werden ihn bis zur Neige leeren müssen. Nach ihrem Untergang wird nichts mehr an sie erinnern.

17 Aber auf dem Berg Zion findet man Rettung, denn dort wohne ich, der Herr!

Die Nachkommen Jakobs werden das Land wieder in Besitz nehmen.
18 Wie loderndes Feuer Stroh verzehrt, so werden die Judäer und Israeliten[a] die Edomiter vernichten. Keiner von den Nachkommen Esaus wird mit dem Leben davonkommen. So habe ich, der Herr, es beschlossen!

19 Die Judäer aus der Steppe im Süden werden das edomitische Bergland erobern, die aus dem westlichen Hügelland das Gebiet der Philister und die Übrigen das Gebiet von Ephraim und die Gegend um Samaria. Der Stamm Benjamin nimmt das Bergland von Gilead in Besitz.
20 Den Verschleppten aus Israel wird das Land der Kanaaniter bis nach Zarpat im Norden gehören, während die Einwohner Jerusalems, die nach Sefarad verbannt wurden, die Städte im Süden Judas einnehmen werden.
21 Befreier werden nach Jerusalem auf den Berg Zion kommen und über das Bergland der Edomiter herrschen. Ich, der Herr, aber werde König sein!«

---

a Wörtlich: das Haus Jakob und das Haus Josef.

17 Joel 3,5; 4,17 **18** Sach 12,6 **21** Jes 24,23; Sach 14,9

Der Prophet Jona

Jona flieht vor Gott

1 Der Herr sprach zu Jona, dem Sohn
Amittais: 2 »Geh in die große und
mächtige Stadt Ninive, und kündige ihren
Einwohnern an, dass ich sie strafen wer-
de. Denn ich kenne ihre Bosheit.«
3 Jona machte sich auf den Weg – aber
in die entgegengesetzte Richtung! Er
floh vor dem Herrn und kam zunächst in
die Hafenstadt Jafo. Dort fand er ein
Schiff, das gerade nach Tarsis segeln soll-
te. Er bezahlte das Geld für die Über-
fahrt und ging an Bord.
4 Doch als sie auf dem Meer waren, ließ
der Herr einen starken Sturm aufkom-
men. Das Unwetter tobte so heftig, dass
das Schiff auseinander zu brechen droh-
te. 5 Angst packte die Seeleute, und jeder
schrie zu seinem Gott um Hilfe. Sie war-
fen Ladung über Bord, damit das Schiff
leichter wurde.
Jona war unter Deck in den hintersten
Raum gegangen, hatte sich hingelegt und
schlief fest. 6 Da kam der Kapitän zu ihm
und rief: »Was liegst du hier herum und
schläfst? Los, steh auf, und ruf zu deinem
Gott um Hilfe! Vielleicht erbarmt er sich
und lässt uns nicht umkommen!«
7 Die Seeleute sagten zueinander:
»Schnell, lasst uns das Los werfen! Wir
müssen herausfinden, wer an unserem
Unglück schuld ist!« Das Los fiel auf Jo-
na, 8 und so stellten sie ihn zur Rede:
»Komm, sag uns, warum uns dieses Un-
glück getroffen hat! Was machst du hier?
Aus welchem Land kommst du, und zu
welchem Volk gehörst du?«
9 Jona antwortete: »Ich bin ein Hebräer
und verehre den Herrn, den Gott des
Himmels, der das Land und das Meer ge-
schaffen hat.« 10 Dann verriet er ihnen,
dass er vor Gott auf der Flucht war. Die
Seeleute bekamen noch mehr Angst und
machten Jona Vorwürfe: »Warum hast du
das getan? 11 Was sollen wir jetzt mit dir
machen, damit das Meer uns nicht länger
bedroht?« Denn die Wellen türmten sich
immer höher auf. 12 Da sagte Jona: »Werft
mich ins Meer! Dann wird es sich beruhi-
gen und euch verschonen. Ich weiß: Die-
ses Unwetter ist nur durch meine Schuld
über euch gekommen.«
13 Die Seeleute ruderten mit aller
Kraft, um doch noch an Land zu gelan-
gen. Aber sie schafften es nicht, weil der
Sturm immer heftiger tobte. 14 Da schrien
sie zum Herrn: »Ach Herr, lass uns nicht
umkommen, wenn wir jetzt das Leben
dieses Mannes opfern müssen! Bestrafe
uns nicht wie Mörder, die unschuldiges
Blut vergießen! Denn du hast es ja so ge-
wollt.« 15 Sie nahmen Jona und warfen ihn
ins Meer. Sofort legte sich der Sturm.
16 Die Männer erschraken und fürchteten
sich vor dem Herrn. Sie brachten ihm ein
Schlachtopfer dar und schworen, auch in
Zukunft auf ihn zu hören.

Jonas Dankgebet

2 Der Herr ließ einen großen Fisch
kommen, der Jona verschlang. Drei
Tage und drei Nächte war Jona im Bauch
des Fisches. 2 Dort betete er zum Herrn,
seinem Gott:

3 »Ich schrie zum Herrn, als ich nicht
mehr aus noch ein wusste, und er half
mir aus meiner Not. Ich war dem Tode
nah, doch du, Herr, hast meinen Hilferuf
gehört!
4 In die Tiefe hattest du mich geworfen,
mitten ins Meer, rings um mich türmten

1,1 2 Kön 14,25 **1,2** Nah 1,1 **1,3** Ps 139,7–12 **1,4** Ps 107,25 **1,5** Apg 27,18–19 **1,6** Mk 4,38
1,7 Jos 7,16–20; 1 Sam 14,38–42 **1,9** 1 Mo 1,9–10 **2,1** Mt 12,40; 16,4 **2,3** Ps 120,1 **2,4** Ps 42,8

sich die Wellen auf; die Fluten rissen
mich mit und spülten mich fort.
5 Ich dachte schon: ›Jetzt hast du mich für
immer verstoßen. Werde ich deinen heili-
gen Tempel je wiedersehen?‹
6 Ja, die Strudel zogen mich in die Tiefe,
bis ich fast ertrank, Seetang schlang sich
mir um den Kopf,
7 bis zu den Fundamenten der Berge sank
ich hinab in ein Land, dessen Tore sich
auf ewig hinter mir schließen sollten.
Aber du, Herr, mein Gott, hast mich vor
dem sicheren Tod bewahrt und mir das
Leben neu geschenkt!
8 Als ich schon alle Hoffnung aufgegeben
hatte, dachte ich an dich, und du hörtest
mein Gebet in deinem heiligen Tempel.
9 Wer sein Heil bei anderen Göttern sucht,
die ja doch nicht helfen können, verspielt
die Gnade, die er bei dir finden kann.
10 Ich aber will dir danken, denn ein sol-
ches Opfer ehrt dich. Was ich dir verspro-
chen habe, will ich erfüllen. Ja, der Herr
allein kann retten!«

11 Da befahl der Herr dem Fisch, Jona am
Meeresufer auszuspeien.

Jona in Ninive

3 Zum zweiten Mal sprach der Herr zu
Jona: 2 »Geh in die große und mächti-
ge Stadt Ninive, und verkünde den Men-
schen dort die Botschaft, die ich dir auf-
trage!«
3 Diesmal machte sich Jona auf den Weg
nach Ninive, wie der Herr es ihm befohlen
hatte. Die Stadt war so groß, dass man drei
Tage brauchte, um sie zu durchqueren.
4 Jona ging in die Stadt hinein, und nach-
dem er einen Tag lang gelaufen war, rief
er: »Noch vierzig Tage, dann legt Gott Ni-
nive in Schutt und Asche!«
5 Da glaubten die Einwohner von Nini-
ve an Gott. Sie beschlossen zu fasten, und
alle, von den einflussreichsten bis zu den
einfachen Leuten, zogen als Zeichen
ihrer Reue Kleider aus Sacktuch an.
6 Auch dem König von Ninive war Jo-
nas Botschaft ausgerichtet worden. Er
stieg von seinem Thron und legte sein
Herrschergewand ab. Stattdessen zog er
Trauerkleider an und setzte sich in die
Asche. 7 In der ganzen Stadt ließ er aus-
rufen: »Hört, was der König und die füh-
renden Männer anordnen: ›Niemand
darf etwas essen oder trinken, weder die
Menschen noch die Rinder und Schafe.
8 Menschen und Tiere sollen Trauertü-
cher tragen und laut zu Gott schreien.
Jeder muss von seinen falschen Wegen
umkehren! Keiner darf dem anderen
mehr Unrecht tun! 9 Vielleicht lässt sich
Gott noch umstimmen und hat Erbarmen
mit uns; vielleicht wendet er seinen Zorn
von uns ab, und wir kommen mit dem Le-
ben davon.‹«
10 Gott sah, dass die Menschen von
ihren falschen Wegen umkehrten. Da
ließ er das angedrohte Unheil nicht über
sie hereinbrechen.

Gottes Güte geht Jona zu weit

4 Jona aber ärgerte sich sehr darüber,
voller Zorn 2 betete er: »Ach Herr,
habe ich das nicht gleich geahnt, als ich
noch zu Hause war? Darum wollte ich ja
auch so rasch wie möglich nach Tarsis
fliehen! Ich wusste es doch: Du bist ein
gnädiger und barmherziger Gott. Deine
Geduld ist groß, deine Liebe kennt kein
Ende. Du lässt dich umstimmen und
strafst dann doch nicht. 3 Herr, lass mich
sterben, das ist besser als weiterzule-
ben!«
4 Aber der Herr erwiderte: »Ist es recht
von dir, so wütend zu sein?«
5 Jona verließ Ninive. Östlich der Stadt
machte er sich ein Laubdach und setzte
sich in dessen Schatten nieder. Er wollte
beobachten, was mit der Stadt geschehen
würde.
6 Da ließ der Herr eine Rizinusstaude
über Jona emporwachsen. Sie sollte ihm
noch mehr Schatten geben und seinen

2,5 Ps 31,23 **2,6** Ps 69,2–3 **2,7** Ps 30,4; 103,4 **2,8** Ps 18,7 **2,9** Ps 115,4–8 **2,10** Ps 50,14 **3,1–2** 1,2
3,3 4,11 **3,4–5** Mt 12,41 **3,10** Jer 18,7–8; Hes 18,23 **4,2** 1,3; 2 Mo 34,6 **4,3.8** Hiob 7,15–16*

Missmut vertreiben. Jona freute sich sehr
über die Pflanze. 7 Doch am nächsten
Morgen kurz vor Sonnenaufgang ließ
Gott einen Wurm die Wurzeln des Rizi-
nus zerfressen, und die Staude wurde
welk und dürr.

8 Als die Sonne aufging, schickte Gott
einen glühend heißen Ostwind. Die Son-
ne brannte Jona so auf den Kopf, dass er
erschöpft zusammenbrach. Er wünschte
sich zu sterben und seufzte: »Tot sein ist
besser als weiterleben!«

9 Da fragte ihn Gott: »Ist es recht von
dir, wegen dieser Rizinusstaude so zornig
zu sein?« Jona antwortete: »Mit vollem
Recht bin ich wütend, am liebsten wäre
ich tot!«

10 Der Herr erwiderte: »Du hast dich
mit dieser Staude keinen Augenblick
abmühen müssen, nichts brauchtest du
für sie zu tun. In einer Nacht ist sie
gewachsen, und in der nächsten ging sie
zugrunde. Trotzdem hättest du sie gerne
verschont. 11 Ich aber sollte Ninive nicht
verschonen, diese große Stadt, in der
mehr als 120000 Menschen leben, die
Gut und Böse nicht unterscheiden kön-
nen,[a] und dazu noch so viele Tiere?«

---

[a] Wörtlich: die rechts und links nicht unterscheiden können.

4,11 Ps 36,7

Der Prophet Micha

Samarias Untergang

1 In diesem Buch sind die Botschaften
aufgeschrieben, die Micha aus More-
schet vom Herrn empfing. Während der
Regierungszeit der judäischen Könige Jo-
tam, Ahas und Hiskia ließ der Herr ihn
sehen, was mit Samaria und Jerusalem
geschehen würde:
2 Hört zu, all ihr Völker! Gebt Acht, ihr
Bewohner der Erde! Gott, der Herr, tritt
als Zeuge gegen euch auf, er kommt aus
seinem heiligen Tempel. 3 Von dort, wo er
wohnt, steigt er herab und schreitet über
die Gipfel der Erde. 4 Unter seinen
Schritten schmelzen die Berge wie Wachs
im Feuer, sie fließen in die Ebene, wie
Wasser den Abhang hinabschießt. In den
Tälern brechen tiefe Spalten auf.
5 Dies geschieht, weil die Israeliten, die
Nachkommen Jakobs, gegen den Herrn
gesündigt haben und ihm den Rücken
kehren. Wer ist verantwortlich für Israels
Schuld? Seine Hauptstadt Samaria! Und
wer hat Juda zum Götzendienst auf den
Hügeln verführt? Seine Hauptstadt Jeru-
salem!
6 Darum sagt der Herr: »Ich werde
Samaria bis auf die Grundmauern nieder-
reißen und die Trümmer ins Tal hinunter-
werfen. Dort, wo die Stadt lag, wird man
dann Weinberge anlegen! 7 Alle Götzen-
statuen von Samaria lasse ich in Stücke
hauen. Die kostbaren Gegenstände, die
man vom Lohn der Tempelhuren ange-
schafft hat, werden ein Raub der Flam-
men, und die Plünderer bezahlen mit der
Beute ihre Huren. Ja, wo jetzt noch die
Götzenstatuen stehen, wird dann eine
trostlose Wüste sein!«

Micha trauert über das Schicksal seines Volkes

8 Darum klage und weine ich, voller Trau-
er gehe ich barfuß und ohne Obergewand
umher. Ich heule wie ein Schakal, schreie
wie ein Strauß. 9 Denn die Wunden Sama-
rias sind unheilbar, und auch Juda wird
nicht verschont. Ja, selbst Jerusalem, die
Hauptstadt meines Volkes, ist bedroht!
10 Erzählt den Philistern in Gat nichts
davon, zeigt ihnen nicht eure Tränen!
Wälzt euch vor Schmerzen im Staub von
Bet-Leafra![a] 11 Flieht nackt in Schimpf
und Schande, ihr Einwohner von Schafir!
Ihr von Zaanan, ihr werdet es nicht ein-
mal mehr wagen, eure Stadt zu verlassen!
Bet-Ezel bietet euch keinen Schutz mehr,
man hört dort nur noch lautes Klagen
über den Untergang. 12 Die Einwohner
von Marot zittern vor Angst und hoffen,
noch einmal davonzukommen, denn der
Herr lässt die Feinde schon bis vor die
Tore Jerusalems heranrücken.
13 Spannt die Pferde an und flieht, ihr
Leute von Lachisch! Ihr habt Jerusalem
zur Sünde verführt, ihr seid genauso gott-
los wie das Nordreich Israel! 14 Darum
müsst ihr auch Moreschet im Gebiet von
Gat hergeben. Auf die Stadt Achsib hat-
ten die Könige Israels ihre Hoffnung ge-
setzt. Doch sie werden enttäuscht wie
von einem Bach, dessen Wasser im Som-
mer versiegt.
15 Ihr Einwohner von Marescha, eure

---

[a] Die Verse 10–15 enthalten im hebräischen Text zahlreiche Wortspiele im Zusammenhang mit den Ortsnamen. Zum Beispiel klingt das hebräische Wort für »melden« im Namen Gat an und »Staub« in Bet-Leafra.

1,1 2 Kön 15,32 – 20,21; Jer 26,18 **1,3–4** Ps 18,8–16; 97,5; 144,5–6 **1,5** 1 Kön 16,24–26; Jer 23,13–15 **1,6** Hos 14,1 **1,7** 1 Kön 16,32–33; Hos 4,14; 13,2 **1,8** Jes 20,2 **1,9** 3,12 **1,12** 2 Kön 18,13–14; 19,32–36 **1,15** 1 Sam 22,1

Stadt wird noch einmal dem Eroberer
zum Opfer fallen, den der Herr euch
schickt! Dann wird der König von Israel
sich in der Adullamhöhle verstecken.[a]
16 Schneide dir in Trauer die Haare ab, Ju-
da, bis du kahl bist wie ein Geier! Denn
deine Bewohner, deine geliebten Kinder,
werden in ein fremdes Land verschleppt!

Euch erwarten schlimme Zeiten!

2 Wehe denen, die finstere Pläne
schmieden, wenn sie nachts wachlie-
gen! Gleich am frühen Morgen setzen sie
alles in die Tat um, weil sie die Macht da-
zu haben. 2 Wenn ihnen ein Stück Land
gefällt, dann reißen sie es an sich; sehen
sie ein schönes Haus, dann gehört es
schon bald ihnen. Mit Gewalt rauben sie
ganzen Familien Haus und Erbe.
3 Darum kündigt der Herr ihnen an:
»Nun werde ich finstere Pläne gegen
euch schmieden. Ihr könnt euren Hals
nicht mehr aus der Schlinge ziehen, nie
mehr werdet ihr euren Kopf so hoch tra-
gen! Euch erwarten schlimme Zeiten!
4 Es kommt der Tag, da wird man ein
Spottlied auf euch anstimmen und dabei
euer Klagen nachahmen:

›Wir sind vernichtet, Gott gab den Fein-
den unser Land. Alles haben sie genom-
men und unsere Felder unter sich ver-
teilt!‹

5 Wenn die Israeliten das Land später
wieder zurückbekommen, geht ihr leer
aus. Niemand aus dem Volk des Herrn
tritt dann noch für euch ein!«
6 »Schluss mit dem Gerede!«, empören
sich die falschen Propheten[b]. »Keiner
darf so daherschwätzen! Nein, uns wird
kein Unglück treffen. 7 Spricht man etwa
so zu uns Nachkommen Jakobs? Kann
der Herr wirklich seine Geduld mit uns
verlieren? So kennen wir ihn doch gar
nicht!«
Doch der Herr antwortet: »Ich rede
nur zu dem freundlich, der so lebt, wie es
mir gefällt! 8 Aber mein Volk lehnt sich
schon lange gegen mich auf. Wenn die
Soldaten vom Krieg heimkehren und
nichts ahnend an euch vorübergehen,
plündert ihr sie aus und nehmt ihnen so-
gar den Mantel weg! 9 Die Frauen ver-
treibt ihr aus ihrem Zuhause, und die
Kinder beraubt ihr für immer ihrer Hei-
mat in Israel, die ich ihnen gegeben ha-
be[c]. 10 Fort mit euch! Weg von hier! Ihr
seid in diesem Land sowieso nicht mehr
sicher! Denn wegen eurer Sünden ist es
dem Untergang geweiht. 11 Ich weiß sehr
wohl, was für Propheten ihr euch
wünscht: solche, die euch nach dem
Mund reden, die das Blaue vom Himmel
herunterlügen und euch ankündigen,
Wein und Most würden in Strömen flie-
ßen!«

Ich hole euch zurück!

12 »Ich, der Herr, hole euch Nachkommen
Jakobs, die ihr den Untergang Israels
überlebt habt, wieder zurück. Wie ein
Hirte seine Schafe in den schützenden
Stall bringt, so versammle ich euch alle
wieder in eurem Land. Dann wird es dort
von Menschen wimmeln! 13 Ein Befreier
geht euch voran, um euch den Weg aus
der Gefangenschaft zu bahnen. Die
Stadttore werdet ihr durchbrechen und
in die Freiheit ziehen, und ich selbst gehe
als euer König an der Spitze.«

Gottes Urteil über die führenden Männer und falschen Propheten

3 Hört her, ihr führenden Männer Isra-
els, ihr Nachkommen Jakobs! Eigent-
lich solltet ihr doch das Recht kennen.

---

[a] *Wörtlich: Die Herrlichkeit Israels wird bis Adullam kommen.*
[b] »die falschen Propheten« ist sinngemäß ergänzt.
[c] Wörtlich: beraubt ihr für immer meiner Zierde.

1,16 Jer 7,29 **2,2** 2 Mo 20,17; 1 Kön 21,1–3.13–16 **2,6** Am 2,12* **2,7** Am 6,3 **2,9** 2 Kön 4,1
2,11 Jer 28,10–11 **2,12** Jer 31,10; Hes 36,37 **2,13** 2 Mo 13,21; Jes 42,13 **3,1** 5 Mo 16,18–20; 17,18–20

2/3 Aber ihr hasst das Gute und liebt das
Böse. Ihr geht mit den Menschen um wie
ein Schlachter, der dem Vieh die Haut
abzieht, das Fleisch von den Knochen
reißt, die Knochen zerhackt und sie zu-
sammen mit dem Fleisch in den Kessel
wirft. 4 Es kommt ein Tag, da werdet ihr
zum Herrn um Hilfe schreien, aber er
wird euch nicht mehr anhören. Er will
nichts mehr mit euch zu tun haben wegen
all eurer Verbrechen.
5 Auch für euch Propheten hat der
Herr eine Botschaft: »Ihr führt mein
Volk in die Irre! Glück und Frieden sagt
ihr denen voraus, die euch zu essen ge-
ben. Doch wer euch keine Geschenke
gibt, dem droht ihr mit Gottes Strafge-
richt. 6 Darum wird die finsterste Nacht
über euch hereinbrechen, so dass ihr
nicht mehr in die Zukunft schauen könnt.
Die Sonne wird nicht mehr für euch
scheinen, selbst am helllichten Tag tappt
ihr im Dunkeln. So könnt ihr nicht mehr
voraussagen, was kommen wird. 7 Mit eu-
rer Wahrsagerei und euren Prophezei-
ungen ist es dann endgültig vorbei, ihr
müsst euch in Grund und Boden schä-
men! Denn ich beantworte eure Fragen
nicht mehr. Ihr könnt nur noch vor Trau-
er euer Gesicht verhüllen.«
8 Mich aber hat der Herr mit seinem
Geist erfüllt. Er gibt mir die Kraft, mutig
für das Recht einzutreten. Offen werfe
ich den Israeliten ihre Vergehen vor, die
Sünden der Nachkommen Jakobs nenne
ich beim Namen.
9 Hört, ihr führenden Männer Israels!
Ihr beugt das Recht, bedenkenlos setzt
ihr euch darüber hinweg. 10 In Jerusalem
baut ihr eure Häuser und geht dabei über
Leichen. 11 Die Richter sind bestechlich,
die Priester lassen sich gut bezahlen, und
auch die Propheten schlagen Geld aus
ihrer Wahrsagerei. Doch alle berufen sich
auf den Herrn und behaupten: »Der Herr
ist auf unserer Seite, uns kann nichts zu-
stoßen.«
12 Darum wird der Berg Zion zu einem
umgepflügten Acker werden, die Stadt
Jerusalem zu einem Trümmerhaufen,
und auf dem Tempelberg wird das Dor-
nengestrüpp wuchern!

Jerusalem, der Mittelpunkt eines neuen Reiches

4 Am Ende der Zeit wird der Berg, auf
dem der Tempel des Herrn steht, alle
anderen Berge und Hügel weit über-
ragen. Menschen aller Nationen strömen
dann herbei. 2 Viele Völker ziehen los
und rufen einander zu: »Kommt, wir wol-
len auf den Berg des Herrn steigen, zum
Tempel des Gottes Israels! Dort wird er
uns sein Gesetz lehren, damit wir so le-
ben, wie er es will!« Denn vom Berg Zion
aus wird der Herr seine Weisungen ge-
ben, in Jerusalem wird er der ganzen
Welt seine Gebote verkünden. 3 Gott
selbst schlichtet den Streit zwischen den
Völkern, und den mächtigen Nationen in
weiter Ferne spricht er Recht. Dann
schmieden sie ihre Schwerter zu Pflug-
scharen um und ihre Speere zu Winzer-
messern. Kein Volk wird mehr das ande-
re angreifen; niemand lernt mehr, Krieg
zu führen.[a] 4 Jeder kann ungestört unter
seinem Feigenbaum und in seinem Wein-
garten sitzen, ohne dass ihn jemand auf-
schreckt. Das verspricht der Herr, der all-
mächtige Gott!
5 Jedes Volk dient seinem eigenen
Gott, wir Israeliten aber gehören für im-
mer dem Herrn, unserem Gott.
6 So spricht der Herr: »Es kommt der
Tag, da werde ich mein Volk, das ich so
schwer bestraft habe, wieder in seine
Heimat bringen, so wie ein Hirte seine
Schafe zurückholt, die sich verlaufen ha-
ben und verletzt sind. 7 Ja, ich sorge dafür,
dass die Verletzten überleben und die
Schwachen wieder zu einem mächtigen
Volk werden! Dann herrsche ich selbst
auf dem Berg Zion für alle Zeiten als ihr

---

a Vgl. Jesaja 2,2–4

3,2–3 Jes 5,20 **3,4** Hes 8,18 **3,5** 2,11 **3,6–7** Am 8,11–12 **3,8** Jes 58,1; Hes 33,1–7; Hos 9,8 **3,10** Am 5,11–12 **3,11** 3,1–3.5; Jer 7,4.10 **3,12** 2 Kön 25,8–10; Jer 26,18 **4,2** Jes 45,22–24* **4,4** 1 Kön 5,5; Sach 3,10 **4,6** Jes 40,1–2.10–11; Hes 34,11–16* **4,7** Ps 99,1–2; Dan 2,44*

König. 8 Du Festung auf dem Hügel von
Jerusalem, in dir wird einst wieder ein
König wohnen, so wie es früher war; er
wird über dich wie ein Hirte wachen.«

Noch ist Jerusalem bedroht

9 Warum schreist du so laut, Jerusalem?
Ist kein König mehr in der Stadt? Sind
alle deine Ratgeber umgekommen? Wa-
rum windest du dich vor Schmerzen wie
eine Frau in den Wehen?
10 Ja, du hast allen Grund zu schreien
und dich vor Schmerzen zu krümmen!
Denn du wirst aus der Stadt vertrieben
und musst draußen auf den Feldern hau-
sen, bis man dich nach Babylon ver-
schleppt. Doch dort wirst du Rettung fin-
den, der Herr befreit dich aus der Gewalt
deiner Feinde.
11 Soldaten aus vielen Völkern haben
dich, Jerusalem, jetzt umzingelt. Sie wol-
len deinen Tempel entweihen und sich an
deinem Untergang weiden. 12 Aber sie ah-
nen ja nicht, was der Herr vorhat: Er will
sie hier versammeln, wie man Garben
zum Dreschen auf der Tenne bereitlegt.
13 Der Herr befiehlt: »Komm, Jerusa-
lem, schlag auf sie ein! Ich mache dich so
stark wie einen Stier mit Hörnern aus Ei-
sen und Hufen aus Bronze. Du wirst die
vielen Völker zermalmen und wirst alles,
was sie dir geraubt haben, von neuem mir
weihen. Ja, alle ihre Schätze sollen mir,
dem Herrn der ganzen Welt, gehören!«

Hoffnung auf den Befreier Israels

14 Ritzt euch vor Trauer die Haut blutig,
ihr Menschen in der belagerten Stadt!
Feindliche Soldaten werden euch einkes-
seln und dem Herrscher Israels mit dem
Stock ins Gesicht schlagen.
5 Aber zu Bethlehem im Gebiet der
Sippe Efrat sagt der Herr:
»Du bist zwar eine der kleinsten Städte
Judas, doch aus dir kommt der Mann, der
mein Volk Israel führen wird. Sein Ur-
sprung liegt weit zurück, in fernster Ver-
gangenheit.« 2 Bis zu der Zeit, wo er ge-
boren wird, lässt der Herr die Menschen
seines Volkes den Feinden in die Hände
fallen; doch dann werden die Überleben-
den zu den anderen Israeliten in ihr Land
zurückkehren.
3 Wie ein Hirte seine Herde weidet, so
wird der neue König regieren. Gott, der
höchste Herr, hat ihn dazu beauftragt
und gibt ihm die Kraft. Dann kann das
Volk endlich in Sicherheit leben, denn
selbst in den fernsten Ländern der Erde
wird er als Herrscher anerkannt. 4 Er
bringt Frieden! Wenn die Assyrer unser
Land überfallen und in unsere Festungen
eindringen wollen, bieten wir viele mäch-
tige Führer[a] gegen sie auf. 5 Mit ihren
Schwertern werden sie Assyrien, das
Land Nimrods, bezwingen und seine Fes-
tungen zerstören. Ja, unser neuer König
wird uns vor den Assyrern retten, wenn
sie unser Land überfallen und erobern
wollen!
6 Die Nachkommen Jakobs, die über-
lebt haben und unter den anderen Völ-
kern wohnen, sind für sie wie Tau und
Regen, die das Land erfrischen und von
Gott ohne Zutun der Menschen ge-
schickt werden. 7 Die Nachkommen Ja-
kobs, die überlebt haben und unter den
anderen Völkern wohnen, sind für sie
wie der Löwe unter den Tieren des Wal-
des, wie ein junger Löwe in einer Schaf-
herde. Er fällt über die Tiere her und zer-
reißt sie, niemand kann sie aus seinen
Klauen retten. 8 Ja, Israel, hol zum Schlag
aus gegen deine Feinde, und töte sie!

Der Herr vernichtet Israels Götzen

9 So spricht der Herr: »Der Tag wird kom-
men, an dem ich eure Schlachtrosse aus-
rotte und eure Streitwagen in Stücke

---

[a] Wörtlich: sieben Hirten und acht Fürsten.

4,10 2 Kön 24,15–16; 25,11 **4,11–13** Jes 29,1–8 **4,14** 5 Mo 14,1 **5,1** 1 Sam 17,12; Jes 9,6*; Mt 2,6; Joh 7,42 **5,2** Jes 7,14 **5,3** Hes 34,11–16* **5,5** 1 Mo 10,8–12 **5,6** Hos 14,6 **5,7** 1 Mo 49,9–10 **5,9–13** Jes 2,6–8 **5,9** Sach 9,10

schlage. 10 Ich zerstöre eure Städte und
reiße eure Festungen nieder. 11 Die Zau-
bergegenstände schlage ich euch aus der
Hand, es wird bei euch keine Wahrsager
mehr geben! 12 Ich zerschmettere eure
Götzenstatuen und die den Göttern ge-
weihten Steinsäulen. Dann könnt ihr
nicht mehr Gegenstände anbeten, die ihr
selbst gemacht habt! 13 Die Pfähle zu Eh-
ren der Göttin Aschera reiße ich heraus,
und eure Städte mache ich dem Erdbo-
den gleich. 14 Ich ziehe jetzt alle Völker
zur Rechenschaft, die nicht auf mich ge-
hört haben. Denn damit haben sie mei-
nen Zorn herausgefordert.«

Gott klagt sein Volk an

6 Hört, wozu der Herr sein Volk auf-
fordert: »Klagt mich doch an! Berge
und Hügel sollen eure Zeugen sein!«
2 Ihr Berge und ihr Fundamente der Er-
de, hört, welche Anklage der Herr nun
gegen sein Volk erhebt! Jetzt geht er mit
Israel ins Gericht.
3 Er fragt: »Was habe ich dir bloß ange-
tan, mein Volk? Habe ich vielleicht zu
viel von dir gefordert? Sag es nur! 4 Habe
ich dich nicht sogar aus der Sklaverei in
Ägypten befreit und dir Mose, Aaron
und Mirjam als Führer gegeben? 5 Mein
Volk, erinnere dich doch, welche fins-
teren Pläne Balak, der König von Moab,
gegen dich schmiedete und was ihm Bile-
am, der Sohn Beors, antwortete! Denk
daran, wie du den Jordan bei Schittim
überquertest und nach Gilgal weiter-
zogst! Dann wirst du erkennen, was ich,
der Herr, für dich getan habe. Auf meine
Zusagen kannst du dich verlassen!«
6 Das Volk fragt: »Wie können wir dem
Herrn, dem großen Gott, begegnen? Sol-
len wir einjährige Rinder als Opfer für
ihn verbrennen, wenn wir ihn anbeten
wollen? 7 Hat er Gefallen daran, wenn
wir ihm Tausende von Schafböcken und
ganze Ströme von Olivenöl darbringen?
Oder sollen wir ihm sogar unsere ältesten
Söhne opfern, um unsere Schuld wieder
gutzumachen?«
8 Nein! Der Herr hat euch doch längst
gesagt, was gut ist! Er fordert von euch
nur eines: Haltet euch an das Recht, be-
gegnet anderen mit Güte, und lebt in
Ehrfurcht vor eurem Gott!

Jerusalem trifft dasselbe Schicksal wie Samaria

9 Hört, was der Herr der Stadt Jerusalem
zuruft! Es gibt nur eine Rettung: Nehmt
seine Worte ernst! Hört, was für eine
schwere Strafe auf euch wartet! Der Herr
selbst hat sie über euch verhängt:
10 »Soll ich noch länger zusehen, wie
gewissenlose Menschen in ihren Häusern
Schätze ansammeln, die sie nur durch
Betrug bekommen haben? Sie tun, was
ich verabscheue, und verwenden ihre ge-
fälschten Maße! 11 Wie kann ich sie frei-
sprechen, wenn sie andere mit ihren fal-
schen Waagen und Gewichtssteinen
hinters Licht führen? 12 Die Reichen in
der Stadt beuten die Menschen aus und
unterdrücken sie, ja, alle Einwohner Je-
rusalems lügen und betrügen!
13 Weil ihr so viel Schuld auf euch gela-
den habt, werde ich euch hart bestrafen
und eure Stadt verwüsten. 14 Bald könnt
ihr euch nicht mehr satt essen und müsst
hungern. Was ihr beiseite schafft, könnt
ihr doch nicht retten, und was ihr noch
in Sicherheit bringt, verliert ihr im Krieg.
15 Ihr werdet die Saat ausstreuen, aber
keine Ernte einbringen, die Oliven aus-
pressen, aber euch nicht mehr mit dem
Öl salben, Wein keltern, ihn aber nicht
mehr genießen. 16 Bis heute folgt ihr dem
schlechten Vorbild der Könige Omri und
Ahab. Alles, was sie taten, habt ihr ihnen
nachgemacht! Darum lasse ich eure Stadt
zu einem Ort des Grauens werden und

5,12 Sach 13,2 **6,2** Hos 4,1 **6,3** Jer 2,5 **6,4** 2 Mo 4,13–16; 15,20–21 **6,5** 4 Mo 22,2–6; 23,7–8; Jos 3,14–17; 4,19 **6,6–8** Ps 40,7–9; Jes 1,11–17; Am 5,21–24 **6,7** 3 Mo 18,21* **6,8** 5 Mo 10,12; Mt 23,23 **6,10–11** Spr 16,11*; Jer 9,8 **6,12** 3,1–3 **6,13** 3,12 **6,15** 5 Mo 28,38–40 **6,16** 1 Kön 16,23–33; 21,1–16

euch zur Zielscheibe des Spotts; überall
wird man euch verhöhnen und verach-
ten.«

Micha klagt über sein Volk

7 Ich bin verzweifelt wie einer, der im
Herbst nach der Ernte hungrig durch
die Weinberge streift oder im Frühsom-
mer nach Feigen sucht und alles abgeern-
tet findet. 2 Im ganzen Land gibt es keine
rechtschaffenen Menschen mehr, keiner
fragt mehr nach Gott. Einer lauert dem
anderen auf und legt ihn herein, so wie
der Jäger sein Wild ins Fangnetz treibt.
Sie gehen sogar über Leichen. 3 Sie haben
nur Böses im Sinn, und darin sind sie
wahre Meister. Die führenden Männer
lassen sich bestechen, die Richter sind
käuflich, und die Mächtigen entscheiden
aus reiner Willkür. So arbeiten sie alle
Hand in Hand. 4 Selbst die Besten und
Ehrlichsten unter ihnen sind wie Dornhe-
cken, sie richten nur Schaden an.

Aber der Tag kommt, an dem euch die
Strafe trifft – die Propheten haben es
euch angekündigt. Dann werdet ihr mit
eurer Weisheit am Ende sein!

5 Trau keinem einzigen Menschen
mehr, nicht einmal dem besten Freund!
Sei verschwiegen wie ein Grab, auch bei
der Frau in deinen Armen! 6 Denn der
Sohn achtet den Vater nicht mehr, die
Tochter lehnt sich gegen die Mutter auf
und die Schwiegertochter gegen die
Schwiegermutter. Die schlimmsten Fein-
de sind in der eigenen Familie!

7 Doch ich verlasse mich auf den Herrn,
ich warte auf seine Hilfe. Ja, mein Gott
wird mich erhören!

Der Herr wird uns retten!

8 Freut euch nur nicht zu früh, ihr Feinde!
Wir liegen zwar am Boden, doch wir ste-
hen wieder auf. Wir sitzen im Finstern,
aber der Herr ist unser Licht. 9 Gegen
ihn haben wir gesündigt und müssen nun
seinen Zorn ertragen. Doch er wird wie-
der für uns kämpfen und uns zu unserem
Recht verhelfen. Er führt uns von neuem
hinaus ins Licht. Wir werden erleben, wie
er für uns eintritt!

10 Wenn unsere Feinde das sehen, müs-
sen sie sich in Grund und Boden schä-
men. Spöttisch riefen sie uns zu: »Wo
bleibt denn der Herr, euer Gott?« Aber
dann werden wir über sie triumphieren,
man wird sie zertreten wie Kot auf der
Straße!

11 Jerusalem, es kommt die Zeit, in der
deine Mauern wieder aufgebaut werden
und dein Herrschaftsgebiet sich weit aus-
dehnt. 12 In jenen Tagen werden die Men-
schen zu dir strömen: von Assyrien, aus
den Städten Ägyptens und vom Gebiet
am Euphrat, ja, von weit entfernten Küs-
ten und Gebirgen. 13 Die ganze Erde aber
wird zur Wüste wegen der Schuld ihrer
Bewohner.

14 Herr, kümmere dich doch um dein
Volk wie ein Hirte um seine Herde, denn
wir gehören dir! Unsere Siedlungen lie-
gen beengt in einsamen Waldgebieten,
doch um uns her dehnt sich fruchtbares
Land, auf dem sogar Obst gedeiht. Bring
uns, deine Herde, wieder wie in vergan-
genen Zeiten auf die saftigen Weiden
von Baschan und Gilead. 15 Vollbringe
Wunder für uns wie damals, als unsere
Vorfahren aus Ägypten zogen. 16 Dann
müssen die anderen Völker beschämt zu-
sehen und können trotz ihrer Macht
nichts dagegen tun. Sprachlos werden sie
sein, es wird ihnen Hören und Sehen ver-
gehen! 17 Sie sollen Staub lecken wie
Schlangen und Würmer. Zitternd vor
Angst werden sie aus ihren Festungen
kriechen und sich vor dir, dem Herrn, un-
serem Gott, beugen. Ja, vor dir werden
sie sich fürchten!

18 Wo ist ein Gott wie du, Herr? Du ver-
gibst denen, die von deinem Volk übrig
geblieben sind, und verzeihst ihnen ihre

7,2–3 3,9–11 **7,4** Hes 3,16–19 **7,5–6** Ps 55,13–15; Jer 9,3–4; Mt 10,35–36 **7,8–9** Hos 6,1–3 **7,10** Ps 42,4.11 **7,11** Jes 60,10; Sach 2,8–9 **7,12** Jes 19,23 **7,13** Jes 24,1–6 **7,14** 5,3 **7,15** Ps 68,8–11; 78,12–16 **7,17** 1 Mo 3,14 **7,18** 2 Mo 34,6; Ps 103,3.8–13

Schuld. Du bleibst nicht für immer zor-
nig, sondern lässt Gnade vor Recht erge-
hen, daran hast du Gefallen! 19 Ja, der
Herr wird wieder Erbarmen mit uns ha-
ben und unsere Schuld auslöschen. Er
wirft unsere Sünden ins tiefste Meer.
20 Herr, du wirst uns, den Nachkommen
Abrahams und Jakobs, von neuem deine
Treue und Gnade erweisen, wie du es un-
seren Vorfahren geschworen hast.

7,20 1 Mo 22,16–18; 28,13–15; Lk 1,72–75; Röm 15,8

Der Prophet Nahum

Gott zieht seine Feinde zur Rechenschaft

1 In diesem Buch ist aufgeschrieben, was Gott der Stadt Ninive ankündigte. In einer Vision gab er seine Botschaft Nahum aus dem Dorf Elkosch weiter.

2 Gott, der Herr, duldet keine anderen Götter neben sich. Wenn sein Zorn losbricht, rächt er sich an seinen Feinden. Seine Widersacher zieht er zur Rechenschaft, alle, die ihn hassen, bekommen seinen Zorn zu spüren.
3 Der Herr ist geduldig, aber er besitzt auch große Macht und lässt niemanden ungestraft davonkommen.

Wenn er daherschreitet, brechen Stürme und Unwetter los, die mächtigen Wolken sind nur der Staub, den seine Füße aufwirbeln.
4 Wenn er das Meer bedroht, trocknet es aus, ganze Flüsse lässt er versiegen. Die saftigen Weiden von Baschan welken dahin, die Bäume auf dem Karmel werden dürr, und der Libanon mit seinem Blütenmeer liegt da wie eine trostlose Wüste.

5 Die Berge und Hügel wanken, wenn der Herr erscheint, die Erde bebt, und die Menschen zittern vor Angst.
6 Wer könnte ihm noch die Stirn bieten, wenn sein Zorn losbricht wie ein verheerendes Feuer? Sogar Felsen bringt er zum Bersten!

7 Doch mit Güte begegnet der Herr allen, die ihm vertrauen; er kennt sie und schenkt ihnen Zuflucht in der Not.
8 Aber die Stadt seiner Feinde zerstört er, wie eine reißende Flut schwemmt er sie fort. Ja, Finsternis wird alle verschlingen, die den Herrn verachten!

9 Was schmiedet ihr noch Pläne gegen den Herrn? Er wird euch mit einem einzigen Schlag vernichten – ein zweites Mal könnt ihr euch nicht gegen ihn auflehnen!

10 Ihr seid nichts als unnützes Dornengestrüpp, das ins Feuer geworfen wird und lichterloh brennt wie dürres Stroh![a]
11 Aus dir, Ninive[b], kam ein Herrscher, der finstere Pläne gegen den Herrn schmiedete und nur Unheil ausbrütete.

12 Doch jetzt spricht der Herr zu Jerusalem[c]: »Wenn deine Feinde wieder anrücken und all ihre Truppen aufbieten, sollen sie niedergemäht werden wie die Halme auf einem Feld. Ich habe dich hart bestraft, doch nun ist es genug damit.
13 Ich will das schwere Joch, das auf dir lastet, zerbrechen und deine Fesseln zerreißen!«

14 Zum assyrischen König aber sagt der Herr:[d] »Für mich bist du schon so gut wie tot; ich habe dir das Grab geschaufelt. Du wirst keine Nachkommen mehr haben, und aus deinem Tempel werfe ich die Götzenstatuen hinaus.«

Die Eroberung Ninives

2 Seht! Ein Bote läuft über die Berge nach Jerusalem. Er bringt die frohe Nachricht: »Wir haben endlich Frieden!

---

a So mit der griechischen Übersetzung. Der hebräische Text ist nicht sicher zu deuten.
b »Ninive« ist sinngemäß ergänzt.
c »zu Jerusalem« ist sinngemäß ergänzt.
d Wörtlich: Über dich aber hat der Herr geboten.

1,1 Jes 10,5–19*; Jona 1,1–2 **1,2** 2 Mo 20,3–5* **1,3** 2 Mo 34,6–7 **1,4** Jes 50,2; 51,10 **1,5** 2 Mo 19,18; Ps 18,8 **1,7** Klgl 3,25 **1,9** Ps 2,1–12 **1,11** 2 Kön 18,13 **2,1** Jes 52,7

Feiert wieder eure Feste, ihr Menschen
von Juda! Erfüllt die Versprechen, die
ihr Gott gegeben habt! Der furchtbare
Feind, der alles verwüstet hat, wird nie
mehr über euer Land herfallen, denn
jetzt ist er endgültig besiegt.«

2 Schon rücken deine Eroberer heran,
Ninive[a]! Sie werden dich dem Erdboden
gleichmachen. Bewach deine Festungen
nur gut, stell überall Posten auf! Leg dei-
ne Waffen an, und hol Verstärkung!
3 Früher hast du Israel ausgeplündert und
seine Weinberge verwüstet. Doch jetzt
lässt der Herr ganz Israel wieder in sei-
nem alten Glanz erstehen.[b]

4 Da ist dein Feind, Ninive! Die Sol-
daten tragen blutrote Schilde, und ihre
Kleidung leuchtet scharlachrot. Die ei-
sernen Streitwagen funkeln wie bren-
nende Fackeln, die Kämpfer schwingen
ihre Lanzen. 5 Jetzt rasen die Wagen
über die Straßen, auf den freien Plätzen
überholen sie einander. Wie Flammen
leuchten sie auf, sie sind schnell wie
der Blitz!

6 Der assyrische König ruft seine besten
Offiziere; sie laufen los und stolpern, sie
rennen zur Stadtmauer von Ninive.
Schon verschanzen die Feinde sich hinter
Schutzdächern, um die Stadt zu stürmen.
7 Am Fluss brechen sie die Schleusentore
auf; die Angst packt alle am Königshof.
8 Dann reißen die Feinde der Königin die
Kleider vom Leib und führen sie gefan-
gen weg. Ihre Dienerinnen klagen wie
Tauben und schlagen sich verzweifelt an
die Brust. 9 Alle fliehen aus Ninive, wie
Wasser aus einem Teich abläuft. »Halt!
Bleibt doch!«, ruft man ihnen hinterher,
aber niemand dreht sich um.

10 Plündert, ihr Soldaten! Nehmt euch
Silber und Gold, denn die Stadt ist voll
davon; ihr findet die kostbarsten Schätze!
11 Sie lassen nichts mehr zurück, Ninive
ist verwüstet, Totenstille herrscht. Die
Überlebenden haben allen Mut verloren,
ihre Knie zittern, sie krümmen sich vor
Schmerz und sind totenbleich[c].

12 Was ist jetzt aus der Stadt Ninive ge-
worden? Ihre Einwohner lebten sicher
und ungestört wie Löwen, die ihre Jun-
gen in der Höhle füttern. 13 Der Löwe zer-
riss die anderen Tiere und brachte sie sei-
nen Jungen und den Löwinnen zum Fraß.
Ja, er füllte die Höhle bis oben hin mit
Beute!

14 So spricht der Herr, der allmächtige
Gott: »Jetzt rechne ich mit dir ab, Ninive!
Deine Streitwagen lasse ich in Flammen
aufgehen, deine jungen Löwen – deine
Soldaten – werden vom Schwert nieder-
gemetzelt. Du wirst keine Beute mehr
nach Hause schleppen, und nie mehr
wirst du Boten aussenden, die anderen
Völkern Befehle geben!«

Keine Schande bleibt Ninive erspart!

3 Wehe dieser Stadt, die ein Blutbad
nach dem anderen anrichtet, in der
Betrug und Gewalt herrschen. Schon im-
mer war sie auf Raub aus und wollte nie
damit aufhören.

2 Da! Peitschengeknall und Räder-
rasseln! Pferde galoppieren, Streitwagen
rasen dahin! 3 Die Reiter preschen vor-
wärts, Schwerter glänzen, Speere blitzen
auf. Das Schlachtfeld ist übersät mit Ge-
fallenen, man stolpert über Leichen, so
dicht liegen sie; niemand kann sie mehr
zählen! 4 Das ist die Strafe für Ninive, die-
se Hure, die mit ihren Reizen ganze Völ-
ker verführte und sie mit ihren Zauber-
künsten umgarnte!

5 So spricht der Herr, der allmächtige
Gott: »Jetzt ziehe ich dich zur Rechen-
schaft! Ich reiße dir den Rock hoch bis
übers Gesicht, dass du vor den Völkern
nackt dastehst und dich zu Tode schämen
musst. 6 Mit stinkendem Dreck bewerfe

---

[a] »Ninive« ist sinngemäß ergänzt, so auch in den Versen 12 und 14.

[b] Wörtlich: Der Herr stellt die Herrlichkeit Jakobs und die Herrlichkeit Israels wieder her.

[c] Wörtlich: ihre Gesichter sammeln Glut. – Die Bedeutung dieser Redewendung ist nicht sicher.

2,3 2 Kön 17,5–6 **2,13** Jes 10,14 **3,1** Hes 22,2; 24,6.9 **3,4** Offb 17,1–2 **3,5** Jer 13,22.26–27; Hes 16,37–38; Hos 2,12

ich dich, keine Schande bleibt dir erspart; ja, ich stelle dich öffentlich zur Schau! 7 Dann wird jeder, der dich sieht, davonlaufen und entsetzt rufen: ›Ninive ist eine einzige Wüste!‹ Wer wird da noch um dich trauern? Wo soll ich einen Tröster für dich finden?

8 Meinst du vielleicht, dir werde es besser ergehen als der Stadt Theben? Sie war durch den breiten Nil und seine Arme ringsum geschützt. 9 Ein starkes Heer aus Äthiopien und ganz Ägypten bot sie zu ihrer Verteidigung auf, Soldaten aus Put und Libyen kamen ihr zu Hilfe. 10 Trotzdem verschleppten die Feinde ihre Einwohner in die Verbannung und zerschmetterten kleine Kinder auf der Straße; sie teilten die führenden Männer durch das Los unter sich auf und führten sie in Ketten ab.

11 Auch deine Einwohner, Ninive, werden umhertaumeln, als seien sie betrunken; vergeblich werden sie Schutz suchen, wenn der Feind über sie herfällt. 12 Deine Festungen sind wie Feigenbäume mit Frühfeigen darauf: Man braucht sie nur zu schütteln, schon fallen einem die Früchte in den Mund. 13 Deine Elitetruppen können sich nicht mehr wehren, die Feinde dringen ungehindert ins Land ein und legen deine Festungen in Schutt und Asche.

14 Ja, sammle dir nur Wasservorräte für die Zeit der Belagerung, verstärk deine Verteidigungsanlagen, stampf den Lehm, forme Ziegelsteine! 15 Trotzdem werden deine Feinde dich in Brand stecken und mit Schwertern deine Einwohner niedermetzeln. Selbst wenn du deine Truppen verstärkst und ein Heer aufbietest, so groß wie ein Heuschreckenschwarm: die über dich herfallen, sind noch viel mächtiger und werden alles vernichten! 16 Deine Händler sind zahlreicher als die Sterne am Himmel; doch plötzlich werden sie verschwunden sein – wie Heuschrecken, die aus der Puppe schlüpfen und wegfliegen. 17 Deine Würdenträger und Beamten gleichen Heuschreckenschwärmen, die sich in einer kalten Nacht auf einer Mauer niederlassen: Kaum geht die Sonne auf, so fliegen sie davon, und niemand weiß, wo sie geblieben sind.

18 Du König von Assyrien, deine führenden Männer sind tot[a], deine Mächtigen liegen am Boden! Die Soldaten, die in den Bergen kämpften, sind davongelaufen wie eine Herde ohne Hirte. 19 Deine Wunde ist tödlich; niemand kann deine Verletzungen heilen. Und wer von deinem Untergang erfährt, klatscht vor Freude in die Hände; denn weit und breit gibt es keinen, den du nicht grausam gequält hast!«

---

[a] Wörtlich: schlafen.

3,8 Jer 46,25–26; Hes 30,14–16 **3,11** Jer 25,15* **3,16** Jes 47,15

Sich über die richtigen Dinge aufregen

Lesen Sie Micha 6,8

Der Zorn offenbart den Kern unseres Wesens. Wenn wir zeigen, worüber wir uns ärgern, zeigen wir damit, was uns wichtig ist. Der Zorn eines gereiften Christen richtet sich gegen eindeutige Ungerechtigkeit, unfaire Bedingungen, Ungleichbehandlung und Gottlosigkeit – er dreht sich nicht um kleine, alltägliche Ärgernisse. Rechter Zorn spornt uns zu positiven Bemühungen an, um Gerechtigkeit, Fairness, Gleichbehandlung und den Respekt vor Gott wiederherzustellen. Diese Art von Zorn ist gemischt mit Barmherzigkeit und Demut, denn Christen wissen, dass auch sie selbst in Sünde fallen können. Um es mit den Worten eines hebräischen Propheten aus der Antike auszudrücken: „Der Herr hat euch doch längst gesagt, was gut ist! Er fordert von euch nur eines: Haltet euch an das Recht, begegnet anderen mit Güte, und lebt in Ehrfurcht vor eurem Gott!“ (Micha 6,8).

Ein so anspruchsvoller Lebensstil – Gerechtigkeit, Barmherzigkeit und Demut im Alltag zu praktizieren – setzt zuerst voraus, dass wir uns durch Christus mit Gott versöhnen lassen; das motiviert uns überhaupt erst zu einem solchen Leben. Die zweite Voraussetzung ist, dass wir täglich mit dem Heiligen Geist erfüllt werden; das gibt uns die Kraft, damit unser Leben gelingen kann. Christen haben also die besten Voraussetzungen dafür, ihren Zorn zu verstehen und ihn so zu verarbeiten, dass sie Gott damit Ehre bereiten.

Nehmen Sie sich Zeit, um allein oder als Paar gemeinsam zu beten. Bitten Sie Gott, Ihnen zu helfen, dass Sie ...

- begreifen, worüber Sie zornig sein sollten;
- Ihren Ärger in positive Bahnen lenken können.

Wenn Sie noch mehr Zeit haben ...

Besprechen Sie miteinander folgende Fragen oder denken Sie darüber nach:

- Worüber sind Sie zornig? Nennen Sie konkrete Beispiele.
- Was sagt das über Sie aus?
- Welche Schritte können Sie unternehmen, damit Ihr Zorn in positive Bahnen gelenkt wird?

Lesen Sie auch die folgenden Abschnitte zum Thema Zorn:
3. Mose 19,17-18; Nehemia 9,17; Psalm 7,11.

Vorwürfe an Gott

Lesen Sie Habakuk 1,2

Habakuk beklagt sich nicht nur, sondern er ist zornig auf Gott. Kommt uns das riskant vor? Das sollte es nicht. Gott versteht nämlich, wenn sein Volk auf ihn zornig wird. Das Problem ist nicht der Ärger selbst, sondern unser Umgang damit.

Wie wir schon gehört haben, ist unser Zorn nicht etwas, das wir uns ausgesucht haben. Mit ihm reagieren wir auf eine Situation, die uns in großes Leid gebracht hat und die Gott unserer Meinung nach hätte abwenden können. Aus unserer Sicht hat Gott uns also unfair behandelt. Der Zorn ist eine normale menschliche Reaktion, wenn unser Gerechtigkeitssinn sich meldet. Gott hat die Fähigkeit zum Zorn in uns angelegt. Was wir aber aus unserem Zorn machen, liegt in unserer Verantwortung. Hier kommt die Freiheit zur Entscheidung ins Spiel, die Gott uns gegeben hat.

Die beste Art, verantwortlich mit unserer Wut auf Gott umzugehen, ist, sie vor Gott zu bringen. Unser Zorn zeigt unseren Sinn für Fairness. Mit Gott dürfen wir ganz offen sprechen. Wir verletzen ihn nicht mit unseren Worten und wir reizen ihn auch nicht zum Zorn. Wir sind seine Kinder, und er möchte Anteil an unserem Leben nehmen. Wenn wir zornig sind, überrascht ihn das nicht. Er weiß, was wir durchmachen, und möchte, dass wir ihm unsere Gedanken und Gefühle mitteilen.

Nehmen Sie sich Zeit, um allein oder als Paar gemeinsam zu beten. Sprechen Sie mit Gott darüber …

- welche Probleme, Situationen und Lebensumstände Ihren Zorn auf ihn hervorrufen;
- wie sich dieser Zorn auf Sie auswirkt;
- wie Sie mit Ihrem Zorn so umgehen können, dass er sich positiv auswirkt.

Wenn Sie noch mehr Zeit haben …

Besprechen Sie miteinander folgende Fragen oder denken Sie darüber nach:

- Welche Probleme, Situationen und Lebensumstände führen dazu, dass Sie Gott gegenüber Zorn empfinden?
- Was geschieht, wenn Sie Ihre Gefühle unterdrücken?
- Wie können Sie Ihren Zorn Gott gegenüber am besten zum Ausdruck bringen? Warum?

Lesen Sie auch die folgenden Abschnitte zum Thema Zorn:
Jeremia 15,10-21; 20,7-18; Jona 4,1-11.

Den nächsten Impuls finden Sie auf S. 1044 a

Der Prophet Habakuk

Der Prophet klagt: Überall herrscht Unrecht und Gewalt

1 Dies ist die Botschaft, die der Prophet Habakuk in einer Vision vom Herrn empfing.

2 Herr, wie lange schon schreie ich zu dir um Hilfe! Aber du hörst mich nicht. »Überall herrscht die Gewalt!«, rufe ich dir zu, doch von dir kommt keine Rettung. 3 Warum muss ich so viel Unrecht mit ansehen, und warum schaust du untätig zu, wie die Menschen einander das Leben zur Hölle machen? Unterdrückung und Gewalt, wohin ich blicke, Zank und Streit nehmen kein Ende! 4 Niemand nimmt mehr das Gesetz ernst – wie soll da noch ein gerechtes Urteil gefällt werden? Der Gottlose treibt den Unschuldigen in die Enge, Recht wird in Unrecht verdreht.

Gottes Antwort

5 »Seht euch einmal unter den Völkern um! Ja, schaut genau hin, und ihr werdet aus dem Staunen nicht mehr herauskommen! Was ich noch zu euren Lebzeiten geschehen lasse, würdet ihr nicht für möglich halten, wenn andere es euch erzählten. 6 Ich lasse die Babylonier zu großer Macht gelangen, dieses grausame und kriegerische Volk. Ihre Truppen durchstreifen die ganze Welt und erobern ein Land nach dem anderen. 7 Sie verbreiten Furcht und Schrecken, sie herrschen *mit Gewalt und schaffen* sich ihr eigenes Recht. 8 Ihre Pferde sind schneller als Panther und wilder als Wölfe auf der Jagd[a]. Aus weiter Ferne stürmen ihre Reiter heran; sie fliegen herbei wie Adler, die sich auf ihre Beute stürzen. 9 Ihr einziges Ziel ist Blutvergießen, unaufhaltsam rasen sie vorwärts. Sie nehmen ihre Feinde gefangen, wie man Sand zusammenschaufelt. 10 Dann machen sie sich über die Könige lustig und treiben mit den angesehenen Männern ihren Spott. Über die Festungen ihrer Gegner lachen sie nur, sie schütten einen Belagerungswall auf und erobern sie. 11 Dann ziehen sie weiter, wie ein Wirbelwind jagen sie davon und richten schreckliche Verwüstungen an. Ihre eigene Stärke ist ihr Gott!«

Herr, warum schweigst du?

12 O Herr, mein Gott, bist du nicht von jeher unser heiliger Gott gewesen? Du wirst uns doch nicht sterben lassen, denn du bist für uns wie ein schützender Fels. Die Babylonier hast du dazu bestimmt, deine Strafe an uns zu vollstrecken. 13 Du bist zu heilig, um Böses mit ansehen zu können; du erträgst es nicht, wenn Menschen misshandelt werden. Warum siehst du dann zu, wie unsere Feinde heimtückisch über uns herfallen? Warum schweigst du, wenn diese Verbrecher andere vernichten, die doch viel rechtschaffener sind als sie? 14 Du lässt sie mit uns umgehen wie mit Fischen und anderen Meerestieren, 15 die man mit Angeln und Netzen fängt. Voller Freude jubeln sie über den guten Fang. 16 Sie bringen ihren Netzen Opfer dar und verbrennen Weihrauch für sie, denn ihnen verdanken sie die reiche Beute. 17 Wie lange noch dürfen die Feinde das Schwert ziehen und ganze Völker erbarmungslos niedermetzeln?

---

[a] Wörtlich: als Wölfe am Abend.

1,4 Jes 5,20 **1,5** Apg 13,41 **1,6** 2 Kön 24,1–2.10; 25,1.8–9 **1,8** 5 Mo 28,49 **1,11** Jes 10,13 **1,12** Jes 10,5 **1,13** Ps 5,5 **1,14–15** Jer 16,16

2 Jetzt will ich meinen Platz auf dem
Turm an der Stadtmauer einnehmen.
Dort halte ich wie ein Wachposten Aus-
schau und warte gespannt darauf, was der
Herr mir auf meine Klage antworten
wird.

Der Hochmütige wird zugrunde gehen!

2 Der Herr sprach zu mir: »Was ich dir in
dieser Vision sage, das schreibe in deutli-
cher Schrift auf Tafeln! Jeder soll es lesen
können. 3 Denn was ich dir jetzt offen-
bare, wird nicht sofort eintreffen, son-
dern erst zur festgesetzten Zeit. Es wird
sich ganz bestimmt erfüllen, darauf
kannst du dich verlassen. Warte geduldig,
selbst wenn es noch eine Weile dauert!
Dies ist die Botschaft:
4 Nur der wird Gottes Anerkennung
finden und leben, der ihm vertraut.[a] Wer
aber hochmütig und unaufrichtig ist, ver-
fehlt sein Ziel. 5 Wer sich auf seine Reich-
tümer verlässt, betrügt sich selbst. Der
Hochmütige und Anmaßende wird elend
zugrunde gehen, auch wenn er sein Maul
so weit aufreißt wie das Totenreich und
so unersättlich ist wie der Tod, ja, selbst
wenn er jetzt noch ein Volk nach dem an-
deren verschlingt.«

Drohworte gegen einen mächtigen Herrscher

6 Die Völker werden ein Lied anstimmen
über ihren Feind, mit Sprichwörtern und
Rätseln werden sie auf ihn anspielen. Sie
rufen: »Du bist verloren! Denn du hast
fremden Besitz an dich gerissen. Wie lan-
ge soll das noch so weitergehen? Du be-
reicherst dich, indem du Pfand von ande-
ren forderst. 7 Doch ehe du dich versiehst,
werden sie alles mit Zinsen von dir zu-
rückfordern. Du wirst vor ihnen zittern –
so wird der Räuber selbst zur Beute!
8 Wie du ganze Völker ausgeraubt hast,
so rauben sie dich dann aus. Sie zahlen
dir heim, dass du Menschen umgebracht
und all ihre Städte und Länder verwüstet
hast.
9 Du bist verloren! Denn ständig willst
du deinen Besitz vergrößern, und dabei
ist dir jedes Mittel recht. Doch letzten
Endes stürzt du dich und deine Nach-
kommen damit nur ins Unglück. Du
fühlst dich sicher und unbezwingbar wie
ein Adler in seinem Nest hoch oben.
10 Du hast beschlossen, viele Völker aus-
zurotten, doch damit hast du dein Leben
verwirkt! Es wird deinem Königshaus
den Untergang bringen! 11 Sogar die Stei-
ne in der Mauer schreien deinetwegen
um Hilfe, und die Sparren im Gebälk
stimmen in die Klage ein.
12 Du bist verloren! Denn als du deine
Stadt bautest, hast du viel Blut vergossen;
deine Festung ist auf Unrecht gegründet.
13 Aber der Herr, der allmächtige Gott,
hat das letzte Wort: Was Völker mühsam
errichtet haben, hat keinen Bestand –
ihre Bauwerke werden verbrennen!
14 Wie das Wasser die Meere füllt, so
wird die Erde einmal erfüllt sein von der
Erkenntnis der Herrlichkeit des Herrn.
15 Du bist verloren! Denn du hast dei-
nen Nachbarvölkern einen Becher mit
giftigem, betäubendem Getränk gege-
ben. Sie taumelten wie Betrunkene, und
du hast ihre Schande genossen. 16 Bald
aber wirst du selbst vor Scham vergehen;
dann ist es vorbei mit all deiner Herrlich-
keit. Der Herr wird dir den Becher rei-
chen, der mit seinem Zorn gefüllt ist. Du
musst ihn austrinken und wirst selbst
stürzen. So wird auch deine Ehre in den
Schmutz gezogen.
17 Du hast den Libanon abgeholzt und
sein Wild ausgerottet. Das kommt dich
teuer zu stehen! Du hast Menschen um-
gebracht und all ihre Städte und Länder
verwüstet; dafür wirst du büßen müssen.«

---

a Wörtlich: Der Gerechte wird durch seinen Glauben leben.

2,1 Jes 21,8; Hes 33,7 **2,2** Jes 8,1; 30,8 **2,3** 2 Petr 3,9 **2,4** Röm 1,17; Gal 3,11; Hebr 10,38
2,6–17 Jes 13,1–22* **2,8** Jes 33,1 **2,11** Lk 19,40 **2,13** Jer 51,58 **2,14** Jes 11,9 **2,16** Jer 25,15*
2,17 Jes 14,8

18 Kann eine Götterfigur, die ein
Mensch geschnitzt oder gegossen hat,
ihm etwa helfen? Sie ist ein glatter Be-
trug! Wie kann jemand einem stummen
Götzen vertrauen, den er selbst gemacht
hat?
19 »Du bist verloren! Denn du sagst zu
einem Stück Holz: ›Wach auf!‹ und zu
einem toten Stein: ›Werde lebendig!‹
Kann denn ein solcher Götze einen guten
Rat erteilen? Er ist mit Gold und Silber
überzogen, aber er hat kein Leben in
sich! 20 Der Herr dagegen wohnt in sei-
nem heiligen Tempel. Seid still vor ihm,
ihr Menschen auf der ganzen Welt!«

Gott greift ein

3 Ein Gebet des Propheten Habakuk:[a]

2 Herr, ich habe deine Botschaft gehört.
Dein Plan erfüllt mich mit Ehrfurcht.
Führe ihn aus, so bald es geht, vollende
dein Werk, damit wir es noch erleben!
Auch wenn du im Zorn handelst – hab
Erbarmen!

3 Gott kommt von Teman her, vom Berg-
land Paran zieht er heran, der heilige
Gott. Sein Glanz strahlt über den Him-
mel, sein Ruhm erfüllt die ganze Erde.
4 Wie das Sonnenlicht bricht seine Herr-
lichkeit hervor, um ihn leuchtet es hell,
und in den Strahlen verbirgt sich seine
Macht!
5 Vor ihm her geht die Pest, und wo er
vorbeigezogen ist, greift die Seuche um
sich.
6 Wo immer sein Fuß hintritt, bebt die Er-
de; trifft sein Blick die Völker, so schre-
cken sie zusammen. Berge aus uralter
Zeit bersten auseinander, Hügel, die
ewig schon bestehen, sinken in sich zu-
sammen; so schreitet er wie früher über
unsere Erde.
7 Ich sehe die Zelte der Kuschiter zittern,
und auch die der Midianiter geraten ins
Wanken.
8 Wem gilt dein Zorn, Herr? Den großen
Strömen oder den Fluten des Meeres?
Gegen wen ziehst du mit deinen Pferden
in den Krieg, wohin rasen deine siegrei-
chen Streitwagen?
9 Jetzt holst du den Bogen zum Kampf
hervor, du hast geschworen, dass deine
Pfeile treffen! Du spaltest die Erde, bis
Ströme hervorbrechen.
10 Bei deinem Anblick erbeben die Berge,
dichter Regen prasselt nieder, das Meer
braust, seine Wogen türmen sich auf.
11 Sonne und Mond verfinstern sich, wenn
deine leuchtenden Pfeile fliegen und dein
Speer am Himmel aufblitzt.

12 Ja, voller Zorn schreitest du über die
Erde und schlägst die Völker, wie man
Weizen drischt.
13 Doch du bist gekommen, um dein Volk
zu retten, du stehst dem König bei, den du
eingesetzt hast! Vom Palast des Unterdrü-
ckers reißt du das Dach herab, nur noch
ein paar Grundmauern bleiben übrig.
14 Seine Heerführer wollen unsere Trup-
pen vernichten. Schon stürmen sie heran
und freuen sich darauf, uns Wehrlose in
einen Hinterhalt zu locken und zu töten
wie ein Löwe seine Beute. Doch du
durchbohrst sie mit ihren eigenen Pfeilen!
15 Für deine Pferde bahnst du dir einen
Weg mitten durchs Meer, auch wenn sei-
ne Fluten noch so hoch steigen.

Gott, der Herr, macht mich stark!

16 Als mir der Herr dies alles zeigte, fing
ich am ganzen Leib an zu zittern. Seine
Worte ließen meine Lippen beben, der
Schreck fuhr mir in die Glieder, ich konn-
te mich kaum noch auf den Beinen hal-
ten. Jetzt warte ich sehnsüchtig auf den

---

a Im hebräischen Text steht hier noch ein Wort, dessen Bedeutung nicht sicher ist. Vielleicht handelt es sich um eine musikalische Angabe.

2,18–19 Jes 44,9–20* **2,20** Zef 1,7; Sach 2,17; Offb 8,1 **3,2** 2,3 **3,3** 5 Mo 33,2 **3,5** 2 Mo 9,3; 2 Sam 24,15 **3,6** Ps 18,8; 68,8–9; 104,32 **3,13** Ps 2,6 **3,16** Jes 21,3–4; Dan 8,27; 10,8

Tag, an dem das Unheil über dieses Volk hereinbricht, das uns angegriffen hat.

17 Noch trägt der Feigenbaum keine Blüten, und der Weinstock bringt keinen Ertrag, noch kann man keine Oliven ernten, und auf unseren Feldern wächst kein Getreide; noch fehlen Schafe und Ziegen auf den Weiden, und auch die Viehställe stehen leer.

18 Und doch will ich jubeln, weil Gott mir hilft, der Herr selbst ist der Grund meiner Freude!
19 Ja, Gott, der Herr, macht mich stark; er beflügelt meine Schritte, wie eine Gazelle kann ich über die Berge springen.

Dieses Lied soll mit Saiteninstrumenten begleitet werden.

3,18 Jes 61,10; Lk 1,46–47

Wie Mann wirklich für seine Frau sorgt

Einige Ehemänner glauben, dass sie ihre Rolle ausgefüllt haben, wenn sie einen festen Job haben und ein anständiges Gehalt mit nach Hause bringen. Doch eine Frau sehnt sich im Grunde ihres Herzens vor allem danach, vom Partner umsorgt zu werden. Ein seelisch und geistlich gesunder Mann bemüht sich darum, die Muttersprache der Liebe, die seine Frau spricht, zu entdecken und vor allem in dieser Sprache mit ihr zu sprechen, während er die anderen nur gelegentlich gebraucht. Seine Frau lebt dann mit einem gut gefüllten Liebestank, und die Chancen stehen gut, dass sie ihren Mann, der ihre Bedürfnisse erfüllt, dafür liebt und ihn in hohem Maße bewundert.

Frauen haben auch ein großes Sicherheitsbedürfnis. Zunächst handelt es sich dabei um das Bedürfnis, beschützt zu werden – und welcher Mann ist noch nicht um drei Uhr morgens aus dem Bett getaumelt, um nachzusehen, was für ein „seltsames Geräusch" das gerade war? Ihr größter Wunsch aber ist der nach einer tiefen Geborgenheit, die auf dem Wissen beruht, dass ihr Mann treu zu ihr steht. Wenn ein Mann seiner Frau mit Andeutungen auf Scheidung droht oder direkte Kommentare abgibt wie „Du solltest dir lieber einen anderen suchen", dann spielt er mit dem Feuer. Ein liebevoller Ehemann wird sich nach Kräften bemühen, seiner Frau zu vermitteln: Was auch immer geschieht, ich bin bei dir. Wenn es Meinungsverschiedenheiten gibt, wird er sich die Zeit nehmen, ihr zuzuhören, sie zu verstehen und nach einer Lösung zu suchen. Wenn sie körperlich oder seelisch leidet, wird er ihr zur Seite stehen.

Ein liebevoller Ehemann kümmert sich auch um das Selbstwertgefühl seiner Frau. Wenn sie ihre Erfüllung und Bestätigung beim Softball-Spielen erfährt, ist er ihr größter Fan. Wenn sie es genießt, die beste Computer-Expertin in der Firma zu sein, wird er seine Bewunderung für ihre Fähigkeiten zum Ausdruck bringen. Wenn sie sich entscheidet, als Hausfrau und Mutter tätig zu sein, wird er ihren Entschluss von ganzem Herzen unterstützen. Jeder dieser Wege wird ihm ein paar Opfer abverlangen. Aber er ist bereit, mit ihr über seine Anliegen zu sprechen, er wird sich um ihr Verständnis und um Einigkeit bemühen, denn ihm liegt vor allem ihr Wohlergehen am Herzen.

Den nächsten Artikel zum Thema „Was braucht sie – was braucht er" finden Sie auf S. 1192 a

Wie Mann wirklich für seine Frau sorgt

[illegible]

Der Prophet Zefanja

Der Tag kommt, an dem der Herr Gericht hält

1 Während der Regierungszeit König
Josias von Juda, des Sohnes Amons,
empfing Zefanja eine Botschaft vom
Herrn. Zefanjas Vater hieß Kuschi, seine
weiteren Vorfahren waren Gedalja,
Amarja und Hiskia.
2 So spricht der Herr: »Mit Stumpf und
Stiel werde ich alles ausrotten, was auf
der Erde lebt: 3 Menschen und Vieh, die
Vögel am Himmel und die Fische im
Meer. Die Menschen, die von mir nichts
wissen wollen, lasse ich vom Erdboden
verschwinden und mit ihnen alles, was
sie zur Auflehnung gegen mich verleitet
hat.
4 Auch Juda und die Einwohner Jerusa-
lems bekommen meine Strafe zu spüren.
Ihrem Götzendienst mache ich ein Ende,
mit den Priestern Baals und aller anderen
Götzen ist es dann endgültig vorbei. 5 Ich
vernichte alle, die auf den Dächern ihrer
Häuser die Sterne anbeten, und ich ziehe
jene zur Rechenschaft, die sich zwar vor
mir niederwerfen und einen Eid in mei-
nem Namen ablegen, gleichzeitig aber
auf den Götzen Milkom[a] schwören. 6 Al-
le sollen umkommen, die mir den Rü-
cken kehren und denen ich gleichgültig
geworden bin, ja, alle, die mit mir nichts
zu tun haben wollen.«
7 Seid jetzt still vor Gott, dem Herrn!
Der Tag, an dem er Gericht hält, steht
vor der Tür. Der Herr bereitet schon das
Schlachtopfer vor und lädt seine Gäste
zum Opfermahl ein. 8 Er sagt: »An die-
sem Tag ziehe ich die führenden Männer
des Landes und die Königsfamilie zur
Rechenschaft. Alle, die ausländische
Kleidung tragen, müssen sich vor mir ver-
antworten. 9 Ich übe Vergeltung an de-
nen, die aus Ehrfurcht vor den Götzen
niemals auf die Türschwelle treten, wenn
sie in ein Haus gehen[b]. Ich bestrafe alle,
die durch Gewalt und Betrug für ihre
Herren Schätze anhäufen.
10 An diesem Tag wird man vom Fisch-
tor her Hilferufe hören, Angstschreie aus
der Neustadt und Schlachtenlärm von
den Hügeln. Darauf gebe ich, der Herr,
mein Wort. 11 Ja, klagt nur, ihr Händler
aus der Unterstadt, denn ich vernichte al-
le Kaufleute, die dort ihr Silber abwie-
gen!
12 Dann durchsuche ich Jerusalem mit
der Lampe und spüre alle auf, die gleich-
gültig in den Tag hineinleben. Sie glei-
chen einem Wein, der lange lagert und
nie umgegossen wird. Sie denken: ›Mit
Gott brauchen wir nicht zu rechnen, von
ihm kommt weder Gutes noch Böses.‹
13 Ihr Besitz wird geplündert, und ihre
schönen Häuser werden zu Ruinen. Wer
ein neues Haus gebaut hat, wird nie darin
wohnen; wer einen neuen Weinberg an-
gelegt hat, wird nicht einen Tropfen Wein
davon trinken.«
14 Der große Tag des Herrn steht vor
der Tür. Er kommt näher, immer näher.
Hört! Gellende Schreie dringen vom
Schlachtfeld! Es ist ein schrecklicher Tag,
15 an dem sich Gottes ganzer Zorn ent-
lädt, ein Tag voll Angst und Schrecken.
Verheerende Unwetter brechen herein,
schwarze Wolken verdunkeln den Him-
mel, und tiefe Finsternis breitet sich aus.
16 An diesem Tag erfüllen Kampfgeschrei
und Hörnersignale die Luft: Man bläst

---

a So mit einigen alten Übersetzungen. Der hebräische Text lautet: auf ihren König.
b »aus Ehrfurcht vor den Götzen« ist sinngemäß ergänzt. Vgl. 1. Samuel 5,5

1,1 2 Kön 22,1 **1,2–3** 1 Mo 6,5–7 **1,4** 2 Kön 23,5 **1,5** 1 Kön 11,5; 2 Kön 23,13 **1,7** Hab 2,20
1,8 2 Kön 25,7.18–21 **1,12** Jes 29,15; Jer 5,12 **1,13** 5 Mo 28,30 **1,14** Joel 1,15*

zum Sturm auf die Städte mit ihren ho-
hen Mauern und Türmen. 17 So spricht
der Herr: »Ich versetze die Menschen in
so große Angst, dass sie nicht mehr aus
noch ein wissen und wie Blinde umher-
tappen. Ihr Blut wird vergossen, so wie
man Dreck ausschüttet, ihre zerfetzten
Glieder werden fortgeworfen wie Kot.
Das alles geschieht, weil sie gegen mich,
den Herrn, gesündigt haben. 18 Wenn sich
an diesem Tag mein Zorn entlädt, hilft
ihnen kein Silber und kein Gold mehr:
Mein Zorn bricht plötzlich los wie ein
Feuer und verwüstet das ganze Land. Al-
le seine Bewohner lasse ich vom Erdbo-
den verschwinden.«

Kommt endlich zur Besinnung!

2 Denkt doch einmal über euch nach!
Kommt endlich zur Besinnung! Ihr
seid ein Volk, das keine Scham mehr
kennt. 2 Kehrt um, bevor das eintrifft,
was der Herr sich vorgenommen hat! Es
wird höchste Zeit für euch![a] Bald ist der
Tag da, an dem der glühende Zorn des
Herrn euch trifft und ihr umkommt!

3 Ihr anderen aber, die ihr dem Herrn
dient und nach seinen Geboten lebt:
Bleibt bei ihm, und strebt nach Gerech-
tigkeit und Demut! Vielleicht werdet ihr
verschont, wenn sich der Zorn des Herrn
über sein Volk entlädt.

Die Feinde Israels werden untergehen

4 Gaza wird zu einer menschenleeren
Stadt, Aschkelon wird verwüstet. Die
Feinde verschleppen die Einwohner von
Aschdod am helllichten Tag, und auch
Ekron machen sie dem Erdboden gleich.
5 Ihr seid verloren, ihr Philister aus Kreta,
ihr Bewohner der Küste. Der Herr lässt
euch diese Botschaft ausrichten: »Ka-
naan, du Land der Philister, ich werde
dich verwüsten! Keiner deiner Bewohner
bleibt mehr übrig. 6 Der ganze Küsten-
streifen wird nur noch als Weideland
dienen. Hirten treiben ihre Schaf- und
Ziegenherden zu den Zisternen, 7 und
abends schlagen sie in den Ruinen von
Aschkelon ihr Lager auf. Das ganze Land
der Philister gehört dann den Überleben-
den von Juda.« Ja, Gott, der Herr, wird
sich über die Judäer erbarmen und ihr
Schicksal wieder zum Guten wenden!

8 Der Herr sagt: »Ich habe gehört, wie
die Moabiter mein Volk verspotten und
verhöhnen. Die Ammoniter prahlen da-
mit, dass sie Israels Gebiet erobern wer-
den. 9 Darum schwöre ich, der Herr der
ganzen Welt, der Gott Israels, so wahr
ich lebe: Moab und Ammon wird es wie
Sodom und Gomorra ergehen: Für alle
Zeiten soll ihr Gebiet zu einer großen
Wüste mit vielen Salzgruben werden,
von Unkraut überwuchert. Die Über-
lebenden meines Volkes werden die
Moabiter und Ammoniter ausplündern
und ihr Land in Besitz nehmen.«

10 Denn diese Völker waren stolz und
überheblich, sie haben sich über das Volk
des Herrn, des allmächtigen Gottes, lus-
tig gemacht. 11 Angst und Schrecken wird
sie packen, wenn er allen Göttern der Er-
de ein Ende bereitet. Schließlich wird
jedes Volk in seinem Land den Herrn an-
beten, selbst die Bewohner der fernsten
Inseln.

12 »Auch euch, ihr Äthiopier, wird mein
Schwert umbringen«, sagt der Herr.

13 Ebenso wird der Herr Assyrien im
Norden vernichten. Er wird die Haupt-
stadt Ninive in Trümmer legen, sie so
menschenleer machen wie die Steppe.
14 Mitten in der Stadt lagern dann ganze
Herden von Tieren, Wüstenkauz und Eu-
le hausen nachts zwischen den zerbors-
tenen Säulen. Aus den Fenstern krächzen
Vögel, die Türschwellen sind mit Trüm-
mern übersät, und die Täfelung aus Ze-

---

[a] Wörtlich: Wie Spreu fährt der Tag dahin.

1,18 Hes 7,19 **2,3** Joel 2,14; Am 5,15; Jona 3,9 **2,4–7** Jes 14,28–32* **2,8–11** Jes 15,1 – 16,14*; Jer 49,1–6* **2,9** 1 Mo 19,24–25 **2,10** Jer 48,26–27; Hes 25,3.6.8 **2,11** Jes 45,22–24* **2,12** Jes 18,1–6 **2,13–15** Jes 10,5–19*

dernholz liegt abgerissen auf dem Boden.
15 Das also wird aus der stolzen Stadt,
deren Einwohner sich in Sicherheit
wähnten und dachten: »Es gibt keine
Stadt wie unsere!« Zur Wüste wird sie,
zum Lagerplatz für wilde Tiere! Wer an
ihr vorbeigeht, verhöhnt sie oder schüt-
telt entsetzt den Kopf.

Jerusalems Untergang ist beschlossen

3 Schreckliches Unheil droht der Stadt,
die sich dem Herrn widersetzt, der
Stadt voller Bosheit und Gewalt! 2 Auf
keine Warnung hört sie, keine Zurecht-
weisung nimmt sie ernst. Mit ihrem Gott
will sie nichts zu tun haben; sie denkt
nicht daran, dem Herrn zu vertrauen.
3 Ihre führenden Männer sind wie Löwen,
die nach Beute brüllen; ihre Richter glei-
chen hungrigen Wölfen, die von ihrem
Raub nichts bis zum nächsten Morgen
übrig lassen. 4 Die Propheten sind leicht-
fertige Betrüger, die Priester entweihen
das Heiligtum und legen Gottes Gesetz
gerade so aus, wie es ihnen passt.

5 Dabei wohnt der Herr doch mitten
unter ihnen! Auf ihn ist Verlass, er tut
nichts Unrechtes. Seine Rechtsordnung
gilt noch immer, Tag für Tag weist er die
Menschen darauf hin. Aber die Leute in
Jerusalem kennen keine Scham; sie tun
genau das, was Gottes Willen wider-
spricht.

6 Der Herr sagt: »Ich habe ganze Völ-
ker vernichtet und ihre Festungen nieder-
gerissen. Die Städte sind zerstört und
menschenleer, niemand geht mehr durch
die Straßen. 7 Ich dachte: Diese Warnung
werdet ihr doch nicht in den Wind schla-
gen! Jetzt werdet ihr endlich Ehrfurcht
vor mir haben! Ich hoffte, ich müsste eure
Heimat nicht verwüsten und die verdien-
te Strafe nicht an euch vollstrecken.
Doch ihr habt es nur noch schlimmer ge-
trieben! 8 Darum müsst ihr euch jetzt da-
rauf gefasst machen, dass ich mich auf
euch stürze wie ein Raubtier auf seine
Beute. Mein Entschluss steht fest! Ich
lasse fremde Völker und Nationen über
euch herfallen. Mein ganzer Zorn wird
sich über euch ergießen wie glühende La-
va, ja, wie ein Feuersturm wird er das
Land verwüsten. Darauf gebe ich, der
Herr, mein Wort!«

Neue Hoffnung für das Volk Israel

9 »Dann aber werde ich dafür sorgen, dass
die anderen Völker nie mehr ihre Götzen
anrufen. Sie alle werden nur noch zu mir,
dem Herrn, beten und mir dienen. 10 So-
gar noch aus dem fernen Äthiopien wer-
den sie mein zerstreutes Volk wie eine
Opfergabe herbeibringen.

11 An jenem Tag braucht ihr euch nicht
mehr dafür zu schämen, dass ihr mir die
Treue gebrochen und so viel Unheil an-
gerichtet habt. Denn ich werde die selbst-
gerechten Prahler aus eurer Mitte entfer-
nen. Auf meinem heiligen Berg wird es
niemanden mehr geben, der überheblich
ist. 12 Dann leben in Israel nur noch be-
scheidene und demütige Menschen, die
ihr ganzes Vertrauen auf mich, den
Herrn, setzen. 13 Sie hüten sich vor neuem
Unrecht, von Lügen und Betrug wollen
sie nichts mehr wissen. Es geht ihnen so
gut wie einer Schafherde auf saftiger
Weide, nie mehr versetzt ein Feind sie in
Angst und Schrecken.«

14 Freut euch, ihr Israeliten, jubelt laut,
ihr Menschen auf dem Berg Zion! Singt
und jauchzt aus vollem Herzen, ihr Ein-
wohner Jerusalems! 15 Der Herr hat das
Urteil gegen euch aufgehoben; eure Fein-
de hat er hinweggefegt. Nun lebt er selbst
als König Israels mitten unter euch. Kein
Unglück wird euch mehr treffen.

16 An jenem Tag wird man der Stadt auf
dem Berg Zion zurufen: »Habt keine
Angst, ihr Einwohner Jerusalems, lasst
die Hände nicht mutlos sinken! 17 Der
Herr, euer Gott, ist in eurer Mitte; er ist
stark und hilft euch! Von ganzem Herzen

2,15 Jes 47,8 **3,1–4** Jes 1,21–23; Hes 22,2–12 **3,2** Jes 7,9 **3,3–4** Hes 22,26–28 **3,5** 5 Mo 32,4; Ps 76,3 **3,8** 1,18 **3,9** 2,11 **3,10** Jes 18,7; Apg 8,27 **3,11** Jes 11,9 **3,14** Jes 12,6; Sach 9,9 **3,17** Jes 62,5; 65,19

freut er sich über euch. Weil er euch liebt,
redet er nicht länger über eure Schuld. Ja,
er jubelt, wenn er an euch denkt!«
18 So spricht der Herr: »Ich bringe alle
nach Hause, die traurig sind, weil sie in
der Fremde leben müssen und die gro-
ßen Feste in Jerusalem nicht mitfeiern
können. Was für eine Schande ist das
für sie! 19 Doch wenn die Zeit reif ist,
werde ich mit euren Unterdrückern
abrechnen! Ich bringe dich, mein ver-
triebenes Volk, nach Hause, auch dieje-
nigen, die nicht mehr richtig gehen kön-
nen. Gerade in den Ländern, in denen
ihr jetzt noch gedemütigt werdet, wird
man euch dann achten und euch rüh-
men. 20 Ja, in jener Zeit werde ich euch
sammeln und in euer Land zurückbrin-
gen. Ich wende euer Schicksal zum Gu-
ten und verschaffe euch hohes Ansehen
bei allen Völkern der Erde. Das verspre-
che ich, der Herr!«

3,18–20 Jes 11,11–12* **3,19** Hes 34,12–16 **3,20** Jes 60,3

Teamarbeit ist alles

Lesen Sie Zefanja 3,9

Zefanja 3,9 lässt die Anbetung Gottes wie eine Team-Sportart erscheinen – Menschen preisen Gott gemeinsam, Schulter an Schulter, in Harmonie.

Im Sport hängt der Erfolg von einer gelungenen Teamarbeit ab. Ob Fußball, Basketball oder Autorennen: jedes Teammitglied hat seine Aufgabe. Wenn das Team seine Bemühungen gut kombiniert, hat es größere Chancen, das Ziel zu erreichen. In der Ehe bilden Mann und Frau ein Zweier-Team. Aus christlicher Sicht besteht der Sinn der Ehe darin, dass zwei Menschen ihr Leben gemeinsam zur Ehre Gottes gestalten. In der Ehe geht es nicht um „mich und mein Glück". Es geht darum, dass diese beiden Menschen Gottes Plan für ihr Leben gemeinsam entdecken und erfüllen.

Mann und Frau bringen verschiedene Fähigkeiten in die Ehe mit ein. Wenn sie sich gegenseitig als Teamgefährten sehen, merken sie: Die Spielregel lautet nicht Konkurrenz gegeneinander, sondern Zusammenarbeit. Diese Einstellung, gemeinsam etwas erreichen zu wollen, schafft in der Ehe ein Klima, in dem Konflikte gelöst werden können. Konflikte lassen sich nicht vermeiden, doch wenn ein Paar entschlossen ist, als Team zusammenzuarbeiten, bekämpfen die zwei ihre Probleme und nicht sich gegenseitig. Der Teamgeist bringt Sie dazu zu sagen: „Wir lassen uns nicht unterkriegen. Wir finden eine Lösung."

Nehmen Sie sich Zeit, um allein oder als Paar gemeinsam zu beten. Danken Sie Gott dafür, dass er Ihnen einen Teampartner fürs Leben geschenkt hat. Schreiben Sie auf, für welche Gaben und Fähigkeiten Ihres Mannes/Ihrer Frau Sie besonders dankbar sind. Bitten Sie Gott um Weisheit und Kreativität, damit Sie als Team noch besser werden.

Wenn Sie noch mehr Zeit haben …

Besprechen Sie miteinander folgende Fragen oder denken Sie darüber nach:

- Welche Gaben und Fähigkeiten bringen Sie in Ihrer Beziehung ein?
- Welche Gaben und Fähigkeiten bringt Ihr Mann/Ihre Frau ein?
- Was können Sie konkret tun, um diese Gaben und Fähigkeiten noch besser zum Nutzen Ihres „Teams" einzusetzen?

Lesen Sie auch die folgenden Abschnitte zum Thema Teamarbeit:
Sprüche 27,17; Prediger 4,9-12; 1. Korinther 12,20-25.

Alles gehört dem Herrn

Die folgenden Fragen können Sie entweder allein oder als Paar gemeinsam durchgehen. Wenn jeder für sich darüber nachdenkt, verabreden Sie sich in der kommenden Woche zu einem Austausch darüber, was Sie herausgefunden haben.

1. Lesen Sie Haggai 2,1-9. Was meint Gott mit dem Satz: „Mir, dem allmächtigen Gott, gehört alles Silber und Gold"?

2. Sprechen Sie miteinander über eine Situation, in der Sie befürchteten, nicht genug Geld zu haben.

3. Inwiefern kann uns in solchen Situationen der Gedanke trösten, dass aller Reichtum letztendlich Gott gehört?

4. Denken Sie an eine Person aus Ihrem Bekanntenkreis, die nicht genug Geld hat, um sich mit dem Nötigsten zu versorgen. Was braucht diese Person?

5. Wie könnte Gott dieser Person zu dem verhelfen, was sie braucht?

6. Besitzen Sie selbst etwas, das Sie nicht brauchen und Gott zurückgeben könnten, um jemandem in Not zu helfen? Besprechen Sie diese Möglichkeit miteinander.

Haggai 2,8

„Mir, dem allmächtigen Gott, gehört alles Silber und Gold."

KONKRET:

In dem Bewusstsein, dass alles Gott gehört: Geben Sie in dieser Woche eine Spende (z.B. Essen, Kleidung, Bettwäsche, Körperpflege-Artikel oder Geld) an eine Obdachloseneinrichtung in Ihrer Nähe.

Den nächsten Impuls finden Sie auf S. 1046 a

Der Prophet Haggai

Baut endlich den Tempel!

1 Im 2. Regierungsjahr des Königs Da-
rius, am 1. Tag des 6. Monats, emp-
fing der Prophet Haggai vom Herrn eine
Botschaft für Serubbabel und Jeschua.
Serubbabel, der Sohn Schealtiëls, war
der königliche Bevollmächtigte für die
persische Provinz Judäa, und Jeschua,
der Sohn Jozadaks, war Hoherpriester.
[2/3] Im Auftrag des Herrn sollte Haggai
verkünden:
»So spricht der Herr, der allmächtige
Gott: Dieses Volk behauptet, die Zeit sei
noch nicht gekommen, den Tempel des
Herrn wieder aufzubauen. [4] Aber warum
ist es für euch selbst an der Zeit, in Häu-
sern mit getäfelten Wänden zu wohnen,
während mein Haus noch in Trümmern
liegt? [5] Ich, der Herr, der allmächtige
Gott, fordere euch auf: Denkt doch ein-
mal darüber nach, wie es euch geht! [6] Ihr
habt viel Saat ausgesät, aber wenig geern-
tet. Ihr esst und werdet nicht satt, ihr
trinkt und bleibt durstig. Was ihr anzieht,
wärmt euch nicht, und das sauer verdiente
Geld rinnt euch nur so durch die Finger.
[7] Darum sage ich, der Herr, der all-
mächtige Gott: Begreift doch endlich,
warum es euch so schlecht geht! [8] Geht
ins Gebirge, schafft Holz herbei, und
baut den Tempel wieder auf! Das gefällt
mir, so ehrt ihr mich, den Herrn. [9] Ihr
habt eine große Ernte erwartet, aber es
wurde so wenig daraus! Und was ihr noch
heimbrachtet, das blies ich fort. Habt ihr
immer noch nicht gemerkt, warum ich,
der allmächtige Gott, so mit euch umge-
he? Dies alles geschieht, weil mein Tem-
pel verwüstet bleibt und jeder von euch
nur darauf aus ist, sein eigenes Haus fer-
tig zu bauen. [10] Darum fällt über Nacht
nicht einmal mehr Tau auf eure Äcker,
und sie bringen nur noch magere Erträge.
[11] Darum habe ich diese Dürre über euer
Land kommen lassen, über die Berge und
Kornfelder, über die Weingärten und Oli-
venhaine, über alles, was ihr abernten
wolltet. Die Hungersnot hat euch und eu-
er Vieh getroffen. Ihr plagt euch ab mit
der Arbeit, aber die Mühe lohnt sich
nicht.«
[12] Serubbabel, der Sohn Schealtiëls, der
Hohepriester Jeschua, der Sohn Joza-
daks, und das ganze Volk nahmen sich
zu Herzen, was Haggai ihnen verkün-
dete. Sie erkannten, dass Gott den Pro-
pheten zu ihnen geschickt hatte, und
bekamen große Ehrfurcht vor dem
Herrn. [13] Da ließ der Herr ihnen durch
seinen Boten Haggai sagen: »Ich bin bei
euch! Das verspreche ich, der Herr!«
[14/15] So sorgte Gott dafür, dass Serubba-
bel, der königliche Bevollmächtigte für
Judäa, der Hohepriester Jeschua und alle
anderen aus dem Volk an die Arbeit gin-
gen. Im 2. Regierungsjahr von König Da-
rius, am 24. Tag des 6. Monats, begannen
sie, den Tempel ihres Herrn, des allmäch-
tigen Gottes, wieder aufzubauen.

Der neue Tempel wird prachtvoll sein!

2 Im selben Regierungsjahr des Königs
Darius, am 21. Tag des 7. Monats,
empfing Haggai vom Herrn diese Bot-
schaft: [2] »Sag dem königlichen Bevoll-
mächtigten Serubbabel, dem Hohen-
priester Jeschua und dem ganzen Volk:
[3] Wer von euch kann sich noch daran
erinnern, wie prächtig der Tempel vor
seiner Zerstörung war? Was ihr jetzt an
seiner Stelle entstehen seht, ist im Ver-
gleich dazu nichts. [4] Aber ich, der Herr,
sage: Lasst den Mut nicht sinken, Serub-

1,1 Esr 2,2* **1,4** 2 Sam 7,2 **1,6** 2,16; 3 Mo 26,26; 5 Mo 28,38–40 **1,10** 3 Mo 26,19 **1,13** 2,4 **1,14–15** Esr 4,24 **2,1** 1,1 **2,2** Esr 2,2* **2,3** Esr 3,12

babel und Jeschua! Und ihr Menschen von Juda, seid stark, und arbeitet weiter! Denn ich, der Herr, der allmächtige Gott, stehe euch bei. 5 Ich halte, was ich euren Vorfahren versprochen habe, als sie aus Ägypten zogen. Mein Geist bleibt bei euch. Habt also keine Angst!

6 Ich, der Herr, der allmächtige Gott, sage euch: Schon bald werde ich noch einmal die ganze Welt erschüttern, Himmel und Erde, Land und Meer; 7 alle Völker werden davon betroffen sein. Sie bringen ihre Reichtümer hierher zum Tempel. Ja, ich sorge dafür, dass der Tempel wieder mit kostbaren Schätzen ausgestattet wird. 8 Denn mir, dem allmächtigen Gott, gehört alles Silber und Gold. 9 Der neue Tempel wird den früheren weit in den Schatten stellen, so prachtvoll wird er sein! Dann geht von dieser Stätte Frieden aus. Das verspreche ich, der Herr, der allmächtige Gott!«

Ich will euch wieder segnen!

10 Im 2. Regierungsjahr des Königs Darius, am 24. Tag des 9. Monats, empfing Haggai eine weitere Botschaft vom Herrn:

11 »So spricht der Herr, der allmächtige Gott: Bitte die Priester um eine Weisung. Frage sie: 12 ›Wenn ein Mann in seinem Gewand ein Stück Fleisch, das dem Herrn geweiht ist, bei sich trägt und mit dem Gewand Brot oder etwas Gekochtes, Wein, Öl oder ein anderes Nahrungsmittel berührt – wird dieses dann ebenfalls heilig?‹«

Haggai fragte die Priester und bekam zur Antwort: »Nein.«

13 Dann fragte er weiter: »Wenn aber jemand durch die Berührung mit einer Leiche unrein wurde und dann eines dieser Nahrungsmittel berührt – wird in diesem Fall das Berührte genauso unrein?«

Die Priester antworteten: »Ja.«

14 Da sagte Haggai: »So spricht der Herr: Genauso steht es auch mit euch! Ihr seid für mich wie ein fremdes Volk. Alles, was ihr tut, alle Opfer, die ihr mir darbringt, sind in meinen Augen unrein!

15 Doch von heute an sollt ihr den Blick nach vorne in die Zukunft richten. Bevor ihr begonnen habt, die Mauern meines Tempels wieder aufzubauen, 16 wolltet ihr von einem Feld zwanzig Sack Getreide ernten, aber es wurden nur zehn. Ein Weinberg sollte fünfzig Krüge Wein bringen, aber schließlich waren es nur zwanzig. 17 Ich schickte euch Hagel, ließ euer Getreide verdorren und verschimmeln, und eure Mühe war vergeblich. Trotzdem seid ihr nicht zu mir, dem Herrn, zurückgekommen. 18 Doch heute, am 24. Tag des 9. Monats, wurde das Fundament für meinen Tempel fertig; ab jetzt dürft ihr hoffnungsvoll in die Zukunft blicken. 19 Liegt nicht euer Saatgut noch in den Vorratsspeichern? Haben eure Weinberge, eure Feigen-, Granatapfel- und Olivenbäume noch keine Erträge gebracht? Von heute an will ich euch und euer Land wieder segnen!«

Gottes Versprechen an Serubbabel

20 Am selben Tag empfing Haggai noch eine zweite Botschaft vom Herrn: 21 »Sag zu Serubbabel, dem königlichen Bevollmächtigten für die persische Provinz Judäa: Ich werde den Himmel und die Erde erschüttern. 22 Die Throne der Könige stoße ich um und breche die Macht der Völker. Ich stürze die Streitwagen mitsamt ihren Wagenlenkern um, zu Boden sinken Pferde und Reiter, und ein Soldat sticht den anderen nieder. 23 An jenem Tag mache ich dich, Serubbabel, Sohn Schealtiëls, zu meinem Bevollmächtigten. Du bist für mich wie mein Siegelring, denn ich habe dich erwählt. Darauf gebe ich, der Herr, der allmächtige Gott, mein Wort!«

2,5 2 Mo 29,45–46; Sach 4,6 **2,6** Hebr 12,26 **2,7** Jes 60,5–7.13; 66,12 **2,9** Sach 1,17 **2,10** 1,1; 2,1 **2,12** 4 Mo 18,8–19* **2,13** 4 Mo 19,11 **2,15–19** Sach 8,9–13 **2,16** 1,6 **2,17** 1,11 **2,18** Esr 3,10 **2,21** 2,6 **2,22** 2 Mo 15,1; Ri 7,21–22 **2,23** Jer 22,24

Gott recht geben

Lesen Sie Sacharja 1,1-4

Das Wort „Bekenntnis" bedeutet „recht geben". Wenn wir also unsere Fehler bekennen und zugeben, dass wir unseren Mann oder unsere Frau verletzt haben, dann geben wir Gott darin recht, dass wir uns geirrt haben. Wir gestehen ein, dass wir unserem Ehepartner mit unserem Verhalten Leid zugefügt haben und dadurch an Gott schuldig geworden sind. „Buße tun" wiederum bedeutet „umkehren und in die entgegengesetzte Richtung weitergehen". Wenn wir Buße tun für unsere Fehler und für die Verletzungen, die wir unserem Ehepartner zugefügt haben, dann bringen wir Gott gegenüber damit unseren Wunsch zum Ausdruck, uns in Zukunft anders zu verhalten. Wir bitten um die Kraft des Heiligen Geistes, damit wir unseren Mann oder unsere Frau so lieben können, wie Gott es möchte.

In der Bibel steht: „Wenn wir unsere Sünden bekennen, dann erfüllt Gott seine Zusage treu und gerecht: Er wird unsere Sünden vergeben und uns von allem Bösen reinigen" (1. Johannes 1,9). Wenn wir unsere Sünden bekennen und umkehren, ist Gott voll und ganz bereit, uns zu vergeben. Er kann uns deshalb vergeben, weil Christus unsere Schuld bezahlt hat. So kann Gott seine Gerechtigkeit aufrechterhalten und trotzdem dem Sünder vergeben, denn Christus hat die Strafe für unsere Sünden auf sich genommen (siehe Römer 5,8-11).

In Sacharja 1,3 wird Buße so beschrieben: „Kehrt um, kommt zu mir zurück! Dann wende auch ich mich euch wieder zu." Das wäre auch ein lohnenswertes Ziel für Ehepaare, die sich voneinander entfremdet fühlen.

Nehmen Sie sich Zeit, um allein oder als Paar gemeinsam zu beten. Danken Sie Gott für seine Bereitschaft, echte Buße mit Vergebung zu belohnen. Bitten Sie ihn, dass er Ihnen hilft, seinem Vorbild zu folgen und Ihrem Ehepartner echte Vergebung zu schenken, wenn er oder sie Buße tut. Bitten Sie ihn auch, dass er Ihnen die Kraft gibt, selbst demütig Buße zu tun und Ihren Partner um Vergebung zu bitten, wo es nötig ist.

Wenn Sie noch mehr Zeit haben …

Besprechen Sie miteinander folgende Fragen oder denken Sie darüber nach:

- Ist folgender Satz wahr oder falsch: „Wenn man für einen Fehler aufrichtig Buße tut, bedeutet das, dass man ihn nie mehr wiederholt"? Begründen Sie Ihre Meinung.
- Wie hilft uns der Heilige Geist, wenn wir Buße tun?
- Wie sieht Ihre Beziehung aus, wenn einer von Ihnen eigentlich Buße tun sollte, es aber nicht will?

Lesen Sie auch die folgenden Abschnitte zum Thema Buße/Umkehr:
Apostelgeschichte 3,19;
Epheser 5,8-10; 2. Timotheus 2,19.

Im Geist der Vergebung

Lesen Sie Sacharja 3,1-7

Sacharja 3,1-7 zeigt uns die verändernde Kraft der Vergebung. Vergebung ist kein Gefühl. Wenn wir vergeben, treffen wir eine Entscheidung: Wir heben die Strafe für ein begangenes Fehlverhalten auf und begnadigen unseren Ehepartner. Vergebung heißt nicht, dass wir nie wieder an das Geschehene denken; sie bedeutet auch nicht, dass wir beim Gedanken daran nie wieder Schmerz empfinden.

Vergebung bedeutet, dass wir unserem Partner seinen Fehler oder die Verletzung, die er uns zugefügt hat, nicht mehr vorwerfen. Wir lassen das Vergangene ruhen. Damit erkennen wir an, dass Christus bereits die Strafe für unsere Sünden bezahlt hat. Weil Gott uns vergeben hat, entscheiden wir uns dafür, uns gegenseitig zu vergeben.

Manchen Menschen fällt es schwer, sich mit ihren Fehlern aus der Vergangenheit zu beschäftigen. Doch das Erkennen und Bekennen von Schuld, die Buße und die Vergebung bringen so große Vorteile mit sich, dass die Mühe sich auf jeden Fall lohnt. Wenn die Hindernisse für Sie noch zu hoch sind, dann bedenken Sie Folgendes:

Sie werden sich vor der Vergangenheit nicht mehr fürchten müssen, sobald Sie Ihre Fehler bekannt und Vergebung empfangen haben.

Die Beziehung zueinander wird sich vertiefen, wenn Sie und Ihr Ehepartner Ihre Schuld aufrichtig bekennen und daraufhin Buße und Vergebung erfahren.

Wenn Sie anderen vergeben, werden Sie Christus ähnlicher. Sich den Fehlern der Vergangenheit zu stellen, ist ein großer Schritt hin zu geistlicher Reife.

Nehmen Sie sich Zeit, um allein oder als Paar gemeinsam zu beten. Bitten Sie Gott, dass er …
- Ihnen bestimmte Fehler, die Sie gemacht haben, vergibt;
- Ihnen weitere Fehler deutlich macht, mit denen Sie sich auseinandersetzen sollten;
- Sie beide segnet, wenn Sie Buße und Vergebung zu einem wichtigen Bestandteil Ihrer Beziehung machen.

Wenn Sie noch mehr Zeit haben …

Besprechen Sie miteinander folgende Fragen oder denken Sie darüber nach:
- Beschreiben Sie, wie es sich anfühlt, einem anderen Menschen zu vergeben.
- Beschreiben Sie, wie es sich anfühlt, Vergebung zu empfangen.
- Mit welchem Fehlverhalten aus der Vergangenheit sollten Sie sich als Paar auseinandersetzen?

Lesen Sie auch die folgenden Abschnitte zum Thema Gegenseitige Vergebung:
Psalm 86,4-5; Matthäus 6,14-15; 18,21-22.

Den nächsten Impuls finden Sie auf S. 1057 a

Der Prophet Sacharja

Kehrt um!

1 Im 2. Regierungsjahr des Königs Da-
rius, im 8. Monat, sprach der Herr
zum Propheten Sacharja, einem Sohn
Berechjas und Enkel Iddos:
[2/3] »Sag den Einwohnern von Jerusa-
lem: Schon über eure Vorfahren war ich
voller Zorn. Jetzt fordere ich, der Herr,
der allmächtige Gott, euch auf: Kehrt
um, kommt zu mir zurück! Dann wende
auch ich mich euch wieder zu. [4] Seid nicht
wie eure Vorfahren, die nicht auf mich
hören wollten, als ich ihnen durch die
Propheten verkündete: ›Kehrt um von
eurem falschen Weg; hört endlich auf,
Böses zu tun!‹ [5] Nun leben eure Vor-
fahren längst nicht mehr, und auch die
Propheten sind gestorben. [6] Doch eure
Vorfahren haben die Voraussagen der
Propheten in Erfüllung gehen sehen. Da
kehrten sie von ihrem falschen Weg um
und gaben zu: ›Der Herr, der allmächtige
Gott, hat uns für unsere Taten bestraft,
genau wie er es angedroht hatte.‹«

Die Visionen Sacharjas

[7] Im 2. Regierungsjahr des Königs Darius,
am 24. Tag des 11. Monats, des Monats
Schebat, empfing der Prophet Sacharja,
der Sohn Berechjas und Enkel Iddos,
eine Botschaft von Gott.

Die erste Vision: Reiter

[8] In jener Nacht hatte ich eine Vision: Ich
sah einen Mann auf einem rotbraunen
Pferd reiten. Er hielt bei den Myrten-
sträuchern im Tal. Hinter ihm sah ich
noch andere Reiter auf rotbraunen,
fuchsroten und weißen Pferden. [9] »Wer
sind diese Reiter?«, fragte ich den Engel,
der mir dies alles zeigte. Er antwortete:
»Das sollst du gleich erfahren.« [10] Da sag-
te der Mann bei den Myrtensträuchern:
»Diese Reiter hat Gott ausgesandt, um
durch alle Länder der Welt zu ziehen.«
[11] Nun wandten sich die Reiter an den En-
gel des Herrn, der bei den Myrtensträu-
chern stand, und berichteten: »Wir haben
die ganze Erde durchstreift. Nichts rührt
sich, alle Völker verhalten sich ruhig.«
[12] Da rief der Engel des Herrn: »Herr, all-
mächtiger Gott! Wie lange soll das noch
so weitergehen? Wann endlich hast du
Erbarmen mit den Menschen in Jerusa-
lem und in den anderen Städten Judas?
Schon siebzig Jahre lang lastet dein Zorn
auf ihnen!«
[13] Der Herr antwortete dem Engel, mit
dem ich geredet hatte. Er tröstete ihn und
machte ihm Mut. [14] Dann wandte sich der
Engel wieder an mich und befahl: »Ver-
künde den Menschen: So spricht der
Herr, der allmächtige Gott:
›Ich setze mich wieder mit ganzer
Kraft für Jerusalem und für den Berg Zi-
on ein. [15] Doch die Völker, die sich jetzt
so sicher fühlen, werden meinen glühen-
den Zorn zu spüren bekommen. Sie soll-
ten mein Volk auf meinen Befehl hin
bestrafen, doch sie haben ihm eigen-
mächtig den Untergang bereitet. [16] Ich
habe Erbarmen mit Jerusalem und wen-
de mich ihm aufs Neue zu. Mein Tempel
soll wieder aufgebaut werden, ja, die gan-
ze Stadt soll neu erstehen. Das verspre-
che ich, der Herr, der allmächtige Gott!‹
[17] Und auch das sollst du verkünden: ›In
den Städten meines Volkes soll es an
nichts fehlen; sie werden mehr haben, als

1,1 Esr 5,1; Hag 1,1 **1,2–3** Mal 3,7; Jak 4,8 **1,4** 2 Kön 17,13–14 **1,6** 2 Kön 17,23; Klgl 1,18 **1,7** 1,1 **1,8** 6,1–8 **1,12** Jer 25,11 **1,14** 8,2; Joel 2,18; Zef 3,16–17 **1,15** Jes 10,5–7; 47,6–7 **1,16** 2,5–9; 4,7; Hag 1,14–15 **1,17** Jes 40,1–2; Hag 2,9

sie brauchen. Zion werde ich trösten, Jerusalem soll wieder meine Stadt sein. Mein Wort gilt, denn ich bin der Herr, der allmächtige Gott!‹«

Die zweite Vision: Hörner und Schmiede

2 Als ich aufschaute, sah ich vier Hörner.
2 Ich fragte den Engel, mit dem ich gesprochen hatte: »Was bedeuten diese Hörner?« Er antwortete: »Das sind die Mächte, die Juda, Israel und Jerusalem besiegt und die Bevölkerung in fremde Länder vertrieben haben.«
3 Dann ließ mich der Herr vier Schmiede sehen.
4 »Was haben diese Männer vor?«, fragte ich. Der Engel erwiderte: »Sie sollen die Hörner abschlagen, denn diese haben Juda erbarmungslos verwüstet und seine Bewohner verschleppt. Sie sollen die Völker, die Juda überfallen haben, in Furcht und Schrecken versetzen und sie unterwerfen.«

Die dritte Vision: Der Mann mit der Messschnur

5 Als Nächstes sah ich einen Mann mit einer Messschnur in der Hand.
6 »Wohin gehst du?«, fragte ich ihn. Er antwortete: »Ich gehe nach Jerusalem, um auszumessen, wie groß die Stadt werden soll.«
7 Da trat der Engel vor, der bis jetzt mit mir gesprochen hatte. Ein anderer Engel kam ihm entgegen
8 und gab ihm den Auftrag: »Lauf und sag dem jungen Mann mit der Messschnur: Jerusalem soll keine Mauer mehr haben, damit der Platz für die vielen Menschen und Tiere ausreicht.
9 Der Herr verspricht: ›Ich selbst werde die Stadt ringsum wie eine Mauer aus Feuer schützen. Mit meiner ganzen Macht und Herrlichkeit will ich wieder mitten in Jerusalem wohnen.‹«
10 Der Herr sagt: »Schnell! Flieht aus dem Land im Norden! Ich, der Herr, hatte euch in alle Himmelsrichtungen zerstreut.
11 Doch jetzt beeilt euch, ihr Israeliten in Babylonien, rettet euch!«
12 Um seine Macht und Herrlichkeit zu zeigen, hat mich der Herr, der allmächtige Gott, zu den Völkern gesandt, die euch ausgeplündert haben. Er sagt: »Wer euch Juden unterdrückt, der verletzt, was mir am kostbarsten ist.
13 Darum erhebe ich jetzt meine Hand und schlage eure Feinde nieder. Dann werdet ihr, die ihr bisher ihre Sklaven wart, sie ausplündern.«
Wenn das eintrifft, werdet ihr erkennen, dass der Herr, der allmächtige Gott, mich gesandt hat.
14 Er ruft: »Freut euch und jubelt, ihr Einwohner Jerusalems! Denn ich werde kommen und für immer bei euch bleiben!
15 An jenem Tag werden sich viele Völker mir zuwenden. Dann gehören auch sie zu meinem Volk, und ich wohne mitten unter euch.« Wenn das geschieht, werdet ihr erkennen, dass der Herr, der allmächtige Gott, mich zu euch gesandt hat.
16 In seinem heiligen Land gehört Juda dann in besonderer Weise dem Herrn, und Jerusalem ist wieder seine auserwählte Stadt.
17 Seid still vor dem Herrn, ihr Menschen! Denn er kommt aus seiner heiligen Wohnung!

Die vierte Vision: Der Hohepriester Jeschua

3 Dann ließ der Herr mich den Hohenpriester Jeschua sehen. Er stand vor dem Engel des Herrn, und rechts von ihm stand der Satan und wollte ihn anklagen.
2 Aber der Engel[a] sagte zu ihm: »Der Herr wird dir das Wort verbieten, Satan, er wird dich zurechtweisen. Jerusalem ist seine auserwählte Stadt, und er hat Jeschua gerettet, so wie man ein brennendes Holzscheit aus dem Feuer reißt.«
3 Jeschua stand in schmutzigen Klei-

---

[a] So mit der syrischen Übersetzung. Der hebräische Text lautet: Aber der Herr.

2,5 Hes 40,3; Offb 21,15 **2,8** Jes 54,1–3 **2,9** 9,8; 2 Kön 6,16–17; Offb 21,3 **2,10–11** Jer 50,8 **2,12** 5 Mo 32,10 **2,14** 8,3; 9,9; Jes 12,6 **2,15** 8,20–23; Jes 45,22–24* **2,17** Hab 2,20 **3,1** Esr 2,2*; Offb 12,10 **3,2** 1,14

dern vor dem Engel. 4 »Zieht ihm die ver-
schmutzten Kleider aus!«, befahl der En-
gel den anderen Engeln, die dem Herrn
dienten. Zu Jeschua sagte er: »Ich befreie
dich von aller Schuld und lasse dir fest-
liche Kleider anziehen.« 5 Dann befahl
er[a]: »Setzt ihm einen sauberen Turban
auf!« Die Engel führten seinen Befehl
aus und zogen Jeschua auch frische Klei-
der an. Der Engel des Herrn stand dabei
6 und sagte feierlich zum Hohenpriester
Jeschua:

7 »So spricht der Herr, der allmächtige
Gott: ›Wenn du so lebst, wie es mir ge-
fällt, und wenn du dich an meine Weisun-
gen hältst, dann darfst du auch weiterhin
als oberster Priester die Dienste in mei-
nem Tempel und in den Vorhöfen beauf-
sichtigen. Ich gewähre dir zusammen mit
den Engeln, die mir dienen, freien Zutritt
zu meinem Thron.

8 Höre, Jeschua, Hoherpriester! Du
und die anderen Priester, die mit dir zu-
sammen den Dienst tun, ihr seid ein Zei-
chen für euer ganzes Volk. Ich werde den
Nachkommen Davids, der mir dient, zu
euch allen schicken. 9 Seht, vor Jeschua
habe ich einen Stein hingelegt. Auf die-
sem einen Stein sind sieben Augen. Ich,
der Herr, der allmächtige Gott, werde
auf ihm eine Inschrift einmeißeln. An
einem einzigen Tag befreie ich die Men-
schen dieses Landes von ihrer Schuld.
10 Dann werdet ihr euch gegenseitig
einladen, ihr werdet unter den Zweigen
eurer Feigenbäume und Weinstöcke
beieinander sitzen. Das verspreche ich,
der Herr, der allmächtige Gott!‹«

Die fünfte Vision: Der goldene Leuchter und die Ölbäume

4 Der Engel, der mir alles erklärte,
kam zu mir. Er rüttelte mich auf, als
ob er mich aus dem Schlaf wecken wollte.
2 Dann fragte er: »Was siehst du?« Ich
antwortete: »Einen Leuchter aus reinem
Gold, darauf eine Ölschale und sieben
Lampen mit jeweils sieben Dochten.
3 Rechts und links von dem Leuchter
steht je ein Ölbaum. 4 Aber was soll dies
alles bedeuten?«

5 Der Engel erwiderte: »Das weißt du
wirklich nicht?« Ich verneinte, und er
sagte:[b] 10 »Die sieben Lampen sind die
Augen des Herrn, die alles sehen, was in
der Welt geschieht.«

11/12 Ich fragte weiter: »Was bedeuten
die zwei Ölbäume rechts und links vom
Leuchter und die beiden Zweige neben
den zwei goldenen Röhren, die das Oli-
venöl vom Baum herableiten?«

13 Der Engel entgegnete: »Weißt du es
wirklich nicht?« Als ich wieder verneinte,
14 erklärte er mir: »Das sind die beiden
Männer, die der Herr der ganzen Welt
mit Öl gesalbt hat. Er hat sie dazu er-
wählt, ihm zu dienen.«

Eine Botschaft an Serubbabel

6 Der Herr beauftragte mich, Serubbabel
diese Botschaft mitzuteilen:

»Was du vorhast, wird dir nicht durch
die Macht eines Heeres und nicht durch
menschliche Kraft gelingen: Nein, mein
Geist wird es bewirken! Das verspreche
ich, der Herr, der allmächtige Gott. 7 Ein
Berg von Hindernissen wird sich vor dir
auftürmen, aber ich räume sie aus dem
Weg. Wenn der Tempel wieder aufgebaut
ist, wirst du den Schlussstein einsetzen –
unter dem Jubel des Volkes!«

8 Weiter sprach der Herr zu mir:
9/10 »Serubbabel hat den Grundstein zu
diesem Tempel gelegt, und er wird den
Bau auch eigenhändig vollenden! Wer
anfangs enttäuscht war, dass der Bau
nicht voranging, der wird sich noch von
Herzen freuen, wenn er den Schlussstein
in Serubbabels Hand sieht!«

Dann werdet ihr erkennen, dass der

---

[a] So mit der syrischen und lateinischen Übersetzung. Der hebräische Text lautet: Dann befahl ich.
[b] Die folgenden Verse (10b–14) wurden nach vorne gezogen, da sie direkt an Vers 5 anknüpfen.

3,4 Jes 6,7 **3,5** 2 Mo 28,39 **3,8** 6,12; Jes 8,18 **3,9** Offb 5,6 **3,10** 1 Kön 5,5; Mi 4,4 **4,10** Offb 5,6 **4,14** 6,13; Offb 11,4 **4,6–7** Hag 2,4–5 **4,9–10** Esr 3,8; 6,14–16

Herr, der allmächtige Gott, mich zu euch gesandt hat.

Die sechste Vision: Die fliegende Buchrolle

5 Als ich wieder aufblickte, sah ich eine Buchrolle durch die Luft fliegen. [2] Der Engel fragte mich: »Was siehst du?« Ich antwortete: »Eine Buchrolle, die durch die Luft fliegt; sie ist etwa zehn Meter lang und fünf Meter breit!« [3] Da sagte er zu mir: »Auf dieser Rolle steht ein Fluch, der das ganze Land treffen wird. Bisher sind alle ungestraft geblieben, die gestohlen oder Meineide geschworen haben. Doch das hat jetzt ein Ende! [4] Der Herr, der allmächtige Gott, kündigt euch an: ›Ich schicke diesen Fluch in die Häuser der Diebe und zu allen, die bei meinem Namen falsch schwören. Er lastet auf ihren Häusern, er zerfrisst die Balken und Steine, bis alles in sich zusammenfällt.‹«

Die siebte Vision: Die Frau im Fass

[5] Der Engel, mit dem ich gesprochen hatte, trat zu mir und forderte mich auf: »Schau hin! Sieh, was dort erscheint!« [6] »Was ist das?« fragte ich. Er antwortete: »Ein Fass. Alle Leute im ganzen Land sind begierig auf das, was darin steckt!« [7] Plötzlich hob sich der runde Bleideckel, und eine Frau kam zum Vorschein. [8] Der Engel sagte: »Das ist die Auflehnung gegen Gott!« Er drängte die Frau wieder in das Fass zurück und schlug den Bleideckel zu.

[9] Als ich nach oben schaute, sah ich zwei Frauen mit Storchenflügeln; der Wind trug sie her. Sie ergriffen das Fass und flogen mit ihm davon. [10] Ich fragte den Engel: »Wohin bringen sie das Fass?« [11] Er antwortete: »Ins Land Schinar[a]. Dort baut man der Frau einen Tempel; und wenn er fertig ist, stellt man das Fass darin auf und verehrt die Frau.«

Die achte Vision: Die vier Wagen

6 Als ich wieder aufschaute, sah ich vier Wagen zwischen zwei Bergen aus Bronze hervorkommen. [2] Der erste wurde von rotbraunen Pferden gezogen, der zweite von schwarzen, [3] der dritte von weißen und der vierte von gescheckten. Sie alle waren kräftige Tiere.

[4] »Was soll das bedeuten?«, fragte ich den Engel, der mir alles erklärte. [5] Er antwortete: »Diese Gespanne werden in alle Himmelsrichtungen ziehen. Sie haben vom Herrn der ganzen Welt einen Auftrag bekommen. [6] Die schwarzen Pferde ziehen nach Norden, die weißen nach Westen und die gescheckten nach Süden.«

[7] Ungeduldig warteten die Pferde auf den Befehl zum Aufbruch. Als der Herr sagte: »Lauft los! Durchstreift die ganze Erde!«, da galoppierten sie davon. [8] Mir aber rief der Engel zu: »Achte auf das Gespann, das nach Norden aufgebrochen ist! Es zieht ins Land des Nordens, um dort den Zorn des Herrn zu stillen.«

Ein König für Israel

[9] Der Herr gab mir einen Auftrag: [10] »Geh noch heute ins Haus Josias, des Sohnes Zefanjas! Dort sind Heldai, Tobija und Jedaja aus Babylonien eingetroffen, Abgesandte der Juden, die dort noch leben. Nimm die Gaben in Empfang, die sie mitgebracht haben! [11] Lass aus dem Silber und Gold eine Krone anfertigen, setze sie dem Hohenpriester Jeschua, dem Sohn Jozadaks, auf, [12] und sag ihm: ›So spricht der Herr, der allmächtige Gott: Ein Mann wird kommen, der aus diesem Volk hervorgeht. Er ist ein Nachkomme Davids und wird meinen Tempel wieder aufbauen. [13] Ja, er wird ihn bauen, und er

---

[a] Schinar ist ein anderer Name für Babylonien. Vgl. 1. Mose 11,1–9

5,3 5 Mo 27,15–26 **6,1–3** 1,8; Offb 6,2–5 **6,7** 1,10 **6,11** 3,1–7 **6,12** 3,8; 4,6–10; Hag 2,20–23 **6,13** 4,11–14

wird hohes Ansehen genießen, wenn er
den Thron besteigt, um über sein Volk
zu herrschen. Der Hohepriester wird an
seiner Seite sein, und beide werden in
allen Entscheidungen übereinstimmen.
14 Die Krone soll in meinem Tempel auf-
bewahrt werden, zur Erinnerung an Hel-
dai, Tobija, Jedaja und an die Gast-
freundschaft Josias. 15 Aus weiter Ferne
werden Menschen kommen und beim
Bau des Tempels mithelfen.‹«

Dann erkennt ihr, dass der Herr, der
allmächtige Gott, mich zu euch gesandt
hat. Dies alles wird eintreffen, wenn ihr
in allem auf den Herrn hört.

Ihr wolltet nicht auf mich hören!

7 Im 4. Regierungsjahr des Königs Da-
rius, am 4. Tag des 9. Monats, des
Monats Kislew, empfing Sacharja eine
Botschaft vom Herrn. 2 An diesem Tag
trafen Gesandte aus Bethel in Jerusalem
ein: Sarezer und Regem-Melech mit sei-
nen Begleitern. Sie sollten dem Herrn ein
Opfer darbringen und zu ihm beten.
3 Außerdem sollten sie die Priester am
Tempel des Herrn, des allmächtigen Got-
tes, und die Propheten fragen: »Sollen
wir auch weiterhin wegen des zerstörten
Tempels im 5. Monat einen Fasten- und
Trauertag einhalten, wie wir es nun schon
so viele Jahre tun?«

4 Da sprach der Herr, der allmächtige
Gott, zu mir: 5 »Sag dem ganzen Volk im
Land und den Priestern: Schon siebzig
Jahre lang fastet und trauert ihr im 5.
und im 7. Monat. Doch habt ihr das wirk-
lich für mich getan? 6 Und wenn ihr esst
und trinkt, tut ihr das nicht auch nur euch
selbst zuliebe? 7 Schon vor dieser Zeit
sprach ich durch die Propheten zu euch.
Damals lebte euer Volk noch ruhig und
sicher in Jerusalem und den umliegenden
Dörfern, in der Steppe im Süden und im
westlichen Hügelland. 8–10 Durch die Pro-
pheten schärfte ich ihnen ein: ›Fällt ge-
rechte Urteile! Geht liebevoll und barm-
herzig miteinander um! Die Witwen und
Waisen, die Armen und die Ausländer
sollt ihr nicht unterdrücken! Schmiedet
keine bösen Pläne gegeneinander! Das
befehle ich, der Herr, der allmächtige
Gott!‹ 11 Doch eure Vorfahren wollten
mir nicht einmal zuhören. Sie kehrten
mir den Rücken und stellten sich taub.
12 Starrköpfig schlugen sie meine Weisun-
gen in den Wind, die ich, der allmächtige
Gott, ihnen durch meine geisterfüllten
Propheten gegeben hatte. So forderten
sie meinen Zorn heraus. Darum entlud
sich auch mein ganzer Zorn über sie.
13 Weil sie mich nicht anhörten, als ich sie
rief, darum hörte ich auch nicht mehr auf
sie, als sie zu mir um Hilfe schrien. 14 Ich
vertrieb sie in alle Welt und ließ ihr Land
veröden, als sie fort waren. Niemand
wollte mehr auch nur hindurchziehen.
So hatten sie selbst ihr schönes Land zu
einer trostlosen Wüste gemacht.«

Ein neuer Anfang

8 Der Herr, der allmächtige Gott,
sprach zu mir: 2 »Ich setze mich wie-
der entschlossen und mit ganzer Kraft für
Jerusalem ein. Doch die Feinde dieser
Stadt trifft mein glühender Zorn. Darauf
gebe ich, der Herr, der allmächtige Gott,
mein Wort. 3 Ich kehre auf den Berg Zion
zurück und wohne wieder mitten in Jeru-
salem. Dann wird Jerusalem ›die Stadt
der Treue‹ heißen und der Berg, auf dem
ich wohne, ›der heilige Berg‹. 4 Auf den
Plätzen der Stadt werden wieder alte
Menschen sitzen, die beim Gehen den
Stock zu Hilfe nehmen, 5 und die Straßen
werden voll sein von spielenden Kindern.

6 Traut ihr mir, dem allmächtigen Gott,
etwa dies alles nicht zu? Es wird so kom-
men, auch wenn ihr, der Rest meines Vol-
kes, euch das nicht vorstellen könnt! 7 Ich
werde die Menschen meines Volkes ret-
ten; aus der ganzen Welt, vom Osten und

6,15 Jes 60,10 **7,3** 8,19; Jer 52,12–13 **7,5** 1,12; Jer 25,11 **7,8–10** Jes 1,17; Jer 7,5–7 **7,11** Jer 5,3 **7,12** 2 Kön 17,13–14.23 **7,13** Jes 1,15 **8,2** 1,14 **8,3** 2,14 **8,6** Jer 32,17.27 **8,7** Jes 11,11–12*

vom Westen, hole ich sie 8 und bringe sie
nach Jerusalem zurück. Dort sollen sie
dann wohnen. Sie werden mein Volk
sein, und ich werde ihr Gott sein. Für im-
mer stehe ich zu ihnen, sie können sich
fest auf meine Zusagen verlassen!
9 Fasst neuen Mut! Auch für euch heute
gilt, was die Propheten bei der Grund-
steinlegung für den neuen Tempel ver-
kündeten. 10 Bis dahin brachte eure Ar-
beit keinen Ertrag. Weder Mensch noch
Vieh bekamen den Lohn für ihre Mühe.
Wer die Stadt verließ, war nicht sicher
vor dem Feind, ja, ich hetzte die Men-
schen gegeneinander auf. 11 Doch von
jetzt an will ich euch, die ihr von meinem
Volk noch übrig geblieben seid, ganz an-
ders begegnen: 12 In eurem Land wird
Frieden herrschen, die Weinstöcke und
Felder bringen reichen Ertrag, und genug
Regen fällt auf das Land. Euch, den
Überlebenden meines Volkes, soll dies
alles zugute kommen. 13 Ihr Menschen
von Israel und Juda: Wenn die Bewohner
anderer Länder jemanden verfluchen
wollten, dann wünschten sie ihm dasselbe
Schicksal, das euch getroffen hatte. Doch
das wird sich jetzt ändern. Ich werde euch
retten, und dann werden die Menschen
aus anderen Völkern zueinander sagen:
›Möge es dir so gut gehen wie den Judä-
ern und den Israeliten!‹ Darum habt kei-
ne Angst, und fasst neuen Mut!
14 Ich, der Herr, der allmächtige Gott,
sage euch: Als eure Vorfahren meinen
Zorn herausforderten, beschloss ich, Un-
heil über sie zu bringen, und nichts konn-
te mich umstimmen. 15 Doch jetzt bin ich
genauso fest entschlossen, den Bewoh-
nern von Jerusalem und Juda Gutes zu
tun. Habt also keine Angst! 16 Aber ihr
müsst euch auch ändern: Belügt einander
nicht! Fällt im Gericht Urteile, die ge-
recht sind und Frieden stiften! 17 Seid
nicht darauf aus, einander zu schaden,
und schwört keine Meineide! Denn all
dies hasse ich, der Herr!«

18 Weiter sprach der Herr, der allmäch-
tige Gott, zu mir: 19 »Bisher habt ihr Judä-
er im 4., 5., 7. und 10. Monat Fastentage
eingehalten und getrauert. Doch von nun
an werdet ihr an diesen Tagen Freuden-
feste feiern und laut jubeln. Liebt die
Wahrheit und den Frieden!
20 Ich, der Herr, der allmächtige Gott,
kündige euch an: Es kommt die Zeit, da
werden viele Menschen aus anderen Völ-
kern und aus großen Städten 21 einander
auffordern: ›Kommt, wir wollen nach Je-
rusalem gehen und den Herrn, den all-
mächtigen Gott, anbeten und um Gnade
anflehen.‹ 22 Ja, viele mächtige Völker
werden nach Jerusalem ziehen und mich
um meinen Segen bitten!
23 In jener Zeit schließen sich zehn
Männer aus den verschiedensten Völ-
kern einem Juden an. Sie halten ihn an
seinem Gewand fest und bitten: ›Wir wol-
len mit dir gehen! Wir haben gehört, dass
Gott auf eurer Seite ist.‹«

Gott hält Gericht über Israels Feinde

9 Dies ist eine Botschaft des Herrn: Sie
lastet schwer auf dem Land Hadrach
und auf Damaskus. Denn dem Herrn ge-
hören nicht nur die Stämme Israels, son-
dern auch die anderen Völker. 2 Hamat,
das an Damaskus grenzt, ist sein Eigen-
tum, ebenso die Städte Tyrus und Sidon,
deren Einwohner so überaus klug sind.
3 Tyrus hat sich selbst zu einer mächtigen
Festung ausgebaut, es hat ganze Berge
von Gold und Silber zusammengetragen.
4 Aber der Herr wird Tyrus erobern: Er
wirft die Festungsmauern ins Meer und
lässt die Stadt in Flammen aufgehen.
5 Wenn das die Einwohner von Aschke-
lon, Gaza und Ekron erfahren, packt sie
die Angst, denn sie haben jede Hoffnung
auf einen starken Verbündeten verloren.
Gaza verliert seinen König, Aschkelon
wird zu einer unbewohnten Stadt, 6 und
in Aschdod siedeln sich Fremde aus allen

8,8 Jer 24,7 **8,9** Esr 3,10 **8,10–13** Hag 2,15–19 **8,13** 1 Mo 48,20; Jer 29,22 **8,16–17** 7,8–10; Eph 4,25 **8,19** 7,3.5 **8,20–23** Jes 45,22–24* **9,1** Jes 17,1–3* **9,2** Hes 28,3–5 **9,4** Jes 23,1–16* **9,5–7** Jes 14,28–32*

Völkern an. Der Herr sagt: »Ich selbst
werde den Hochmut der Philister bre-
chen. [7]Dann ist es vorbei mit ihrem ab-
scheulichen Götzendienst: Ich reiße
ihnen die blutigen Fleischstücke ihrer
Opfertiere aus dem Mund! Doch die
überlebenden Philister werden zu mei-
nem Volk gehören. Sie gelten als Sippe
im Stamm Juda. Ekron wird in mein Volk
aufgenommen wie damals die Jebusiter.
[8]Ich selbst wache über mein Volk, damit
keine fremden Truppen mehr in sein
Land einfallen. Kein Gewaltherrscher
wird es mehr erobern. Denn von nun an
schütze ich selbst mein Volk!«

Der neue König kommt!

[9]»Freut euch, ihr Menschen auf dem
Berg Zion, jubelt laut, ihr Einwohner
von Jerusalem! Euer König kommt zu
euch! Er ist gerecht und bringt euch Ret-
tung. Und doch kommt er nicht stolz da-
her, sondern reitet auf einem Esel, ja, auf
dem Fohlen einer Eselin.

[10]In Jerusalem und im ganzen Land
beseitige ich, der Herr, die Streitwagen,
die Kriegspferde und alle Waffen. Euer
König stiftet Frieden unter den Völkern,
seine Macht reicht von einem Meer zum
anderen, vom Euphrat bis zum Ende der
Erde.«

Der Herr schützt sein Volk

[11]»Noch werden viele Menschen eures
Volkes in der Verbannung festgehalten.
Doch ich werde sie aus ihren Gefängnis-
sen befreien, denn ich habe einen Bund
mit euch geschlossen; mit dem Blut von
Opfertieren wurde er besiegelt. [12]Kehrt
heim, ihr Gefangenen, in die Stadt, die
euch Schutz bietet! Ihr habt nicht vergeb-
lich gehofft! Ich verspreche euch: Ihr
werdet doppelt entschädigt für das, was
ihr erlitten habt!

[13]Die Männer von Juda sind wie ein
Bogen in meiner Hand, die Männer von
Ephraim sind die Pfeile, und ihr aus Jeru-
salem seid das Schwert, das ich gegen die
Truppen der Griechen schwinge.«

[14]Ja, der Herr zeigt seinem Volk seine
ganze Macht: Er schießt seine Pfeile ab
wie Blitze, er bläst das Horn zum Angriff
und jagt daher im Sturm aus dem Süden.
[15]Der Herr, der allmächtige Gott, be-
schützt die Israeliten. Die Steine aus sei-
ner Schleuder strecken die Feinde zu Bo-
den. Sie sind mit Blut überströmt wie die
Ecken des Altars, über die das Opferblut
ausgegossen wird.[a]

[16]An jenem Tag wird Gott, der Herr,
sein Volk retten. Er sorgt für sie wie ein
Hirte für seine Herde. Wie funkelnde
Edelsteine in einer Königskrone schmü-
cken sie sein Land! [17]Ja, Israel wird
schön und einzigartig sein. Das Land
bringt reiche Ernten an Getreide und
Wein, und die jungen Leute sind gesund
und kräftig.

Nur der Herr kann helfen

10 Bittet den Herrn, dass er es im
Frühjahr regnen lässt! Denn er al-
lein kann die Wolken schicken. Dann
wächst die Saat auf unseren Feldern, und
wir haben genug Brot zu essen. [2]Eure
Hausgötzen aber können euch nicht hel-
fen. Die Wahrsager haben euch belogen.
Ihre Träume waren nichts als Lug und
Trug, ihre tröstenden Worte nur Schall
und Rauch. Weil eure Vorfahren ihr Ver-
trauen auf solche Menschen setzten,
mussten sie in die Verbannung ziehen.
Sie waren schutzlos wie eine Schafherde
ohne Hirten.

---

[a] So in Anlehnung an die griechische Übersetzung. Der hebräische Text in Vers 15b ist nicht sicher zu deuten.

9,8 12,4 **9,9** 2,14; Zef 3,14; Mt 21,5 **9,10** Jes 2,4; Mi 4,3; 5,9 **9,11** 2 Mo 24,8 **9,12** Jes 61,7 **9,14** Hab 3,3–15 **9,16** Hes 34,11–16*

Der Herr holt sein Volk zurück

3 So spricht der Herr: »Ich bin voller Zorn
über die Hirten meines Volkes. Auch die
Leitböcke der Herde ziehe ich zur Re-
chenschaft. Ich, der allmächtige Gott,
wende mich wieder meiner Herde zu,
dem Volk von Juda. Ich mache es zu mei-
nem prächtigen Kriegspferd, mit dem ich
in den Kampf ziehe. 4 Aus Juda kommen
die zukünftigen Führer meines Volkes;
man nennt sie ›Eckstein‹, ›Zeltpflock‹
und ›Kriegsbogen‹. 5 Sie werden wie Hel-
den kämpfen und die Feinde in den Kot
der Straße treten, denn ich bin auf ihrer
Seite. Die feindlichen Reiter mit ihren
Pferden werden vernichtet!

6 Ja, ich mache Juda wieder mächtig, ich
rette die Israeliten, die Nachkommen Jo-
sefs. Ich habe Erbarmen mit ihnen und
bringe sie wieder zurück in ihre Heimat.
Es wird dann so sein, als hätte ich sie nie
verstoßen. Denn ich bin der Herr, ihr
Gott, ich erhöre ihre Gebete! 7 Auch die
Männer von Ephraim werden kämpfen
wie Helden. Sie werden fröhlich sein, als
hätten sie Wein getrunken. Auch ihre
Kinder werden sich freuen, wenn sie es
sehen, und mich, den Herrn, preisen!

8 Ich sammle mein Volk, ich rufe sie
alle zusammen und befreie sie aus der
Gefangenschaft. Sie sollen wieder so
zahlreich werden wie früher. 9 Wie man
Samen aussät, so habe ich sie unter die
anderen Völker zerstreut. Doch wenn
sie sich in den fremden Ländern wieder
an mich erinnern, werden sie und ihre
Kinder am Leben bleiben; ja, sie dürfen
nach Israel heimkehren. 10 Ich hole sie aus
Ägypten und Assyrien zurück und bringe
sie ins Gebiet von Gilead und zum Liba-
non. Doch nicht einmal dort wird der
Platz für sie alle ausreichen. 11 Ich helfe
den Heimkehrenden aus ihrer Not, die
Wogen des Meeres dränge ich zurück,
und den Nil lasse ich austrocknen. Ich
breche den Stolz Assyriens und die
Macht Ägyptens! 12 Aber mein Volk ma-
che ich stark. Sie gehören zu mir, darum
werden sie leben! Darauf gebe ich, der
Herr, mein Wort.«

Die Mächtigen werden gestürzt

11 Öffne deine Tore, Libanon, damit
Feuer deine Zedern verzehrt!
2 Klagt, ihr Zypressen, denn die Zedern
sind umgestürzt, die mächtigen Bäume
sind zerstört! Klagt, ihr Eichen vom Ba-
schangebirge, denn der dichte, undurch-
dringliche Wald ist dahin!
3 Hört, wie die Hirten klagen, weil ihre
Herden vernichtet sind! Hört, wie der
Löwe brüllt, denn sein Versteck, das Di-
ckicht am Jordan, gibt es nicht mehr!

Der Prophet als Hirte

4 Der Herr, mein Gott, sagte zu mir: »Hü-
te die Schafe, die zum Schlachten be-
stimmt sind! 5 Ihre Besitzer haben sie nur
gekauft, um sie zu töten, und empfinden
nicht einmal Schuld; oder sie verkaufen
sie und sagen: ›Gott sei Dank, jetzt sind
wir reich.‹ Selbst die Hirten haben kein
Erbarmen mit der Herde.

6 Darum habe auch ich, der Herr, kein
Erbarmen mehr mit den Bewohnern die-
ses Landes. Ich liefere jeden Einzelnen
der Willkür seiner Mitmenschen und des
Königs aus. Das ganze Land werden sie
ins Unglück stürzen, und ich werde ihnen
nicht helfen!«

7 Da hütete ich die wehrlosen Schafe,
die zum Schlachten bestimmt waren. Ich
nahm mir zwei Hirtenstäbe: Den einen
nannte ich »Freundschaft«, den anderen
»Gemeinschaft«; damit hütete ich die
Schafe. 8 Drei schlechte Hirten jagte ich
noch im selben Monat davon. Doch die
Schafe wollten von mir nichts wissen,
und ich verlor die Geduld mit ihnen.

10,3 Jer 23,1–4; Hes 34,1–10 **10,6** Jer 3,18* **10,8** Jes 11,11–12* **10,9** Ps 137,1.5–6; Jer 51,5 **10,10** Jes 49,19–20; 60,22 **10,11** 2 Mo 14,21–22*; Jes 11,15–16 **11,2** Jes 2,11–12* **11,5** Jer 23,1–2; Hes 34,1–4

9 Darum sagte ich: »Ich will euch nicht
mehr weiden. Wer sterben will, soll ster-
ben; wer umkommen will, soll um-
kommen; und die Übrigen werden sich
gegenseitig auffressen.« 10 Ich nahm den
Hirtenstab mit dem Namen »Freund-
schaft« und zerbrach ihn. So hob ich das
Bündnis auf, das ich zugunsten der Israe-
liten[a] mit allen Völkern ringsum ge-
schlossen hatte. 11 Nun hatte es keine Gel-
tung mehr.

Die wehrlosen Schafe erkannten an
diesem Zeichen, dass ich im Auftrag des
Herrn gehandelt hatte. 12 Und ich sagte zu
den Herdenbesitzern: »Wenn es euch
recht ist, gebt mir jetzt meinen Lohn;
wenn nicht, dann lasst es bleiben!« Sie
zahlten mir dreißig Silberstücke aus.

13 Da sagte der Herr zu mir: »Das ist
also die stolze Summe, die ich ihnen wert
bin! Wirf das Geld dem Schmelzer vor
die Füße!« Ich nahm die dreißig Silber-
stücke und warf sie im Tempel dem
Kunsthandwerker hin, damit er sie ein-
schmelzen sollte. 14 Dann zerbrach ich
den zweiten Hirtenstab, den ich »Ge-
meinschaft« genannt hatte, und hob so
den Bund zwischen Juda und Israel auf.

15 Nun sprach der Herr zu mir: »Tritt
noch einmal als Hirte auf, diesmal aber
als nichtsnutziger! 16 Denn einen solchen
Hirten werde ich über mein Volk einset-
zen: Er sucht nicht nach den verirrten
Schafen, ihr Blöken lässt ihn kalt. Die
verletzten pflegt er nicht, und er küm-
mert sich erst recht nicht um die gesun-
den. Die fettesten Tiere schlachtet er für
sich selbst; zuvor schneidet er ihnen die
Klauen auf, damit sie ihm nicht weglau-
fen können[b]. 17 Wehe dem nichtsnutzigen
Hirten, der die Schafe im Stich lässt! Der
rechte Arm soll ihm abgeschlagen, das
rechte Auge ausgestochen werden! Ja,
sein Arm soll verkrüppelt sein und sein
Auge erblindet!«

Gott schützt Jerusalem

12 Dies ist die Botschaft des Herrn
über Israel:

So spricht der Herr, der den Himmel
ausgespannt hat wie ein Zelt, der die Erde
auf ein festes Fundament gegründet und
den Geist des Menschen geschaffen hat:

2 »Ich mache Jerusalem für die Völker
ringsum zu einer Schale voller Wein:
Wenn sie daraus trinken, werden sie tau-
meln wie Betrunkene. Sie wollen Jerusa-
lem und ganz Juda erobern. 3 Doch an je-
nem Tag wird Jerusalem für sie wie ein
viel zu schwerer Stein sein: Wer ihn hoch-
hebt, verletzt sich dabei. Alle Völker der
Erde werden sich gegen Jerusalem ver-
bünden, 4 doch an jenem Tag lasse ich
ihre Pferde scheuen und die Reiter wahn-
sinnig werden. Ja, die Pferde der Feinde
schlage ich mit Blindheit.

Ich wache darüber, dass den Bewoh-
nern von Juda kein Leid geschieht. 5 Ihre
führenden Männer werden denken: ›Die
Einwohner von Jerusalem sind sehr
stark, denn sie vertrauen dem Herrn,
dem allmächtigen Gott.‹ 6 An jenem Tag
mache ich die Soldaten von Juda für ihre
Feinde zum Feuer, das trockenes Holz
verbrennt und Stroh in Flammen auf-
gehen lässt. So werden sie die feindlichen
Völker ringsum vernichten. Jerusalem
aber mit seinen Einwohnern bleibt un-
versehrt.

7 Ich, der Herr, lasse zuerst die Männer
von Juda siegen, denn die Nachkommen
Davids und die Einwohner Jerusalems
sollen sich nicht über ihre Landsleute er-
heben. 8 Doch dann werde ich auch den
Menschen in Jerusalem beistehen und
sie vor den Feinden beschützen. Die
Mutlosen werden kämpfen wie David,
und die Nachkommen Davids werden in
meinem Auftrag das Volk führen, so wie
der Engel des Herrn, der vor den Israeli-

---

[a] »zugunsten der Israeliten« ist sinngemäß eingefügt.
[b] »damit sie ihm nicht weglaufen können« ist sinngemäß eingefügt.

11,10 Hes 34,25–28; Hos 2,20 **11,12** 2 Mo 21,32; Mt 26,15 **11,13** Mt 27,9 **11,14** Hes 37,22 **11,15–16** Hes 34,1–4 **12,1** Jes 42,5 **12,2** 14,2; Jer 25,15* **12,3** 14,3; Joel 4,9–13 **12,6** Obd 18

ten herzog. 9 An jenem Tag vernichte ich
alle Völker, die Jerusalem angreifen.«

Totenklage der Einwohner Jerusalems

10 »Ich werde die Nachkommen Davids
und die Einwohner Jerusalems mit mei-
nem Geist erfüllen, und sie werden mich
um Gnade anflehen. Voller Reue werden
sie auf den sehen[a], den sie durchbohrt
haben, und die Totenklage für ihn halten,
so wie man um den einzigen Sohn trau-
ert, ja, sie weinen um ihn wie um den äl-
testen Sohn. 11 In Jerusalem wird man so
laut klagen wie über Hadad-Rimmon in
der Ebene von Megiddo. 12–14 Das ganze
Land wird trauern, jede Sippe für sich,
Männer und Frauen getrennt: die Sippe
David, die Sippe Nathan, die Sippe Levi,
die Sippe Schimi und alle übrigen Sippen
im Land.«

Der Herr beendet Götzendienst und falsche Prophetie

13 Der Herr sagt: »An jenem Tag
wird in Jerusalem eine Quelle ent-
springen. Ihr Wasser wird die Nachkom-
men Davids und die Einwohner Jerusa-
lems von aller Schuld reinwaschen, die
sie auf sich geladen haben.

2 Ich, der allmächtige Gott, vernichte
dann alle Götzen im Land, ihre Namen
sollen in Vergessenheit geraten.

Auch die falschen Propheten, die – von
einem fremden Geist besessen – in mei-
nem Namen Lügen verbreiten, dulde ich
in diesem Land nicht mehr! 3 Und wenn
sich doch noch jemand als Prophet aus-
gibt, werden sein Vater und seine Mutter
zu ihm sagen: ›Du hast dein Leben ver-
wirkt! Deine Prophetie war nichts als Lü-
ge, und dabei hast du dich auch noch auf
den Herrn berufen.‹ Ja, seine eigenen El-
tern werden ihn umbringen, weil er sich
als Prophet ausgegeben hat. 4 An jenem
Tag werden die falschen Propheten sich
hüten, den Menschen von ihren Visionen
zu erzählen. Keiner von ihnen zieht mehr
einen Mantel aus Ziegenhaar an, denn sie
wollen nicht mehr als Propheten gelten.
5 Wird einer zur Rede gestellt, dann be-
teuert er: ›Ich bin kein Prophet, ich bin
ein Bauer. Von Jugend an habe ich nichts
anderes gemacht.‹ 6 Wenn jemand ihn
fragt: ›Woher kommen dann die Striemen
auf deiner Brust?‹,[b] wird er antworten:
›Ich habe mich mit meinen Freunden ge-
prügelt.‹«

Feuerprobe für die Überlebenden

7 So spricht der Herr, der allmächtige
Gott: »Schwert, schlag zu! Töte den Hir-
ten, den Mann, der mir nahe steht, damit
die Schafe auseinander laufen! Ja, das
Schwert soll auch das Volk treffen: 8 Im
ganzen Land werden zwei Drittel der
Menschen umkommen, nur ein Drittel
bleibt übrig. 9 Doch auch dieser Rest
muss die Feuerprobe bestehen. Ich werde
die Menschen läutern wie Silber im Ofen,
wie Gold im Feuer. Sie werden zu mir um
Hilfe rufen, und ich werde sie erhören!
Dann sage ich zu ihnen: ›Ihr seid mein
Volk!‹, und sie antworten: ›Du, Herr, bist
unser Gott!‹«

Der Herr ist König in Jerusalem!

14 Es kommt der Tag, an dem der
Herr über Jerusalem Gericht hält.
Dann teilen eure Feinde mitten in der
Stadt die Beute untereinander auf. 2 Ja,
der Herr lässt alle Völker vereint gegen
Jerusalem in den Krieg ziehen. Sie wer-
den die Stadt erobern, die Häuser plün-
dern und die Frauen vergewaltigen. Die
Hälfte der Einwohner wird verschleppt;
der Rest darf weiter in der Stadt leben.

3 Doch dann wird der Herr selbst gegen

---

[a] Wörtlich: Voller Reue werden sie auf mich sehen.

[b] Vgl. 1. Könige 18,28

12,9 Offb 20,9 **12,10** Joel 3,1; Jer 6,26; Joh 19,34.37; Offb 1,7 **12,11** 2 Chr 35,20–25 **13,1** 14,8; Jes 12,3 **13,2** Jer 14,15 **13,3** 5 Mo 13,7–10 **13,4** 1 Kön 19,19; 2 Kön 2,13–14 **13,7** Mt 26,31; Joh 16,32 **13,9** Jes 1,25; Hos 2,25 **14,3** 2 Mo 14,14*; Jes 42,13

diese Völker in den Kampf ziehen, so wie er es schon früher getan hat. 4 Er wird auf dem Ölberg im Osten von Jerusalem stehen; dann spaltet sich der Berg von Osten nach Westen, so dass zwischen seiner Nordhälfte und seiner Südhälfte ein breites Tal entsteht. 5 In dieses Tal, das bis nach Azal reicht, werdet ihr fliehen, so wie eure Vorfahren zur Zeit des judäischen Königs Usija vor dem Erdbeben geflohen sind. Dann aber wird der Herr, mein Gott, in Jerusalem einziehen und alle seine Engel mit ihm[a].

6 An jenem Tag gibt es weder Sonnenlicht noch Kälte oder Frost. 7 Dann ist es immer taghell, denn der Wechsel von Tag und Nacht hört auf. Der Herr allein weiß, wann dies geschieht.[b] 8 In Jerusalem wird eine Quelle mit frischem Wasser entspringen; es fließt zur einen Hälfte ins Tote Meer, zur anderen ins Mittelmeer. Auch im Sommer versiegt die Quelle nicht.

9 Der Herr wird König sein über die ganze Erde. Neben ihm wird es keinen anderen Gott mehr geben; nur noch ihn werden die Menschen als Herrn anrufen. 10 Das ganze Land von Geba im Norden bis Rimmon südlich von Jerusalem verwandelt sich in eine Ebene. Nur Jerusalem bleibt erhöht und überragt das Land. Das Stadtgebiet erstreckt sich dann vom Benjamintor bis zum früheren Ecktor und vom Hananelturm bis zu den königlichen Weinkeltern. 11 Die Einwohner werden in Sicherheit leben; nie mehr wird der Herr sie bestrafen!

12 Aber die Völker, die gegen Jerusalem in den Kampf gezogen sind, wird der Herr mit einer furchtbaren Krankheit schlagen: Bei lebendigem Leib wird das Fleisch an ihrem Körper verfaulen; ihre Augen und Zungen werden verwesen. 13 An jenem Tag stiftet der Herr große Verwirrung unter den Feinden, so dass einer über den anderen herfällt. 14 Männer aus ganz Juda werden helfen, Jerusalem zu verteidigen. Bei ihren Nachbarvölkern machen sie reiche Beute: Gold, Silber und kostbare Kleider. 15 Im Lager der Feinde werden auch Pferde, Maultiere, Kamele, Esel und alle anderen Tiere an der schrecklichen Seuche erkranken.

Alle Völker ziehen nach Jerusalem

16 Dennoch werden von den Feinden, die gegen Jerusalem gekämpft haben, einige überleben. Sie werden jedes Jahr nach Jerusalem ziehen, um dort das Laubhüttenfest mitzufeiern und den allmächtigen Gott als ihren Herrn und König anzubeten. 17 Wenn aber irgendein Volk nicht nach Jerusalem kommt und den Herrn verehrt, wird auf sein Land kein Regen fallen. 18/19 Dies gilt für die Ägypter wie für alle übrigen Völker: Sie alle wird Gottes Strafgericht treffen, wenn sie das Laubhüttenfest in Jerusalem nicht mitfeiern.

20 An jenem Tag wird auf den Schellen am Zaumzeug der Pferde eingeritzt sein: »Dem Herrn geweiht.« Die Kochtöpfe im Tempel werden dann genauso heilig sein wie die Opferschalen, die am Altar verwendet werden. 21 Ja, jeder Kochtopf in Jerusalem und in ganz Juda ist dann dem Herrn, dem allmächtigen Gott, geweiht: Die Menschen, die zum Tempel kommen, können in diesen Töpfen das Opferfleisch zubereiten. An jenem Tag wird es keine Händler mehr geben am Tempel des Herrn, des allmächtigen Gottes!

---

[a] So mit der griechischen Übersetzung. Der hebräische Text lautet: mit dir.

[b] Die Verse 6 und 7 sind nicht sicher zu deuten.

14,4 Jes 40,3–5; Mi 1,3–4 **14,5** Am 1,1 **14,6–7** 1 Mo 8,22 **14,7** Offb 21,23–25 **14,8** Hes 47,1–12 **14,9** Ps 22,29* **14,10–11** Jer 31,38–40 **14,10** Jes 2,2 **14,12** 2 Kön 19,35 **14,13** Ri 7,22; 1 Sam 14,20 **14,16–19** 3 Mo 23,33–43* **14,21** Mt 21,12

Der Prophet Maleachi

Der Herr liebt sein Volk

1 Dies ist die Botschaft des Herrn, die
er Israel durch Maleachi verkünden
ließ:
2 »Ich habe euch immer geliebt«, sagt
der Herr zu euch, doch ihr erwidert: »Wo-
ran hätten wir denn deine Liebe zu uns
erkennen können?«
Darauf antwortet der Herr: »Waren
nicht Esau und Jakob Brüder? Trotzdem
habe ich nur Jakob geliebt, 3 aber Esau
gehasst. Das Bergland von Edom, die
Heimat der Nachkommen Esaus, machte
ich zur Wüste, und jetzt hausen die Scha-
kale dort. 4 Wenn die Edomiter sagen:
›Unsere Städte liegen in Trümmern, aber
wir bauen sie wieder auf‹, dann entgegne
ich, der Herr, der allmächtige Gott: ›Baut
nur – ich werde alles wieder einreißen!‹
Ja, man wird ihr Gebiet ›Land der Ge-
setzlosen‹ nennen und sie selbst ›Volk,
auf dem für alle Zeiten Gottes Fluch
lastet‹. 5 Ihr Israeliten werdet dies mit-
erleben und dann sagen: ›Der Herr zeigt
seine Macht weit über Israels Grenzen
hinaus!‹«

Gott klagt die Priester an

6 Ihr Priester, der Herr, der allmächtige
Gott, klagt euch an: »Ein Sohn ehrt sei-
nen Vater und ein Diener seinen Herrn.
Ihr nennt mich euren Vater, doch wo
bleibt die Ehre, die mir zusteht? Ihr
nennt mich euren Herrn, doch ich finde
keine Ehrfurcht bei euch. Ihr habt keine
Achtung vor mir, und da fragt ihr auch
noch: ›Wie kommst du darauf, dass wir
dich nicht achten?‹ 7 Auf meinem Altar
bringt ihr Opfergaben dar, die ich für un-
rein erklärt habe. Und wieder fragt ihr:
›Wieso waren unsere Gaben unrein?‹ Ihr
meint, am Altar braucht ihr es nicht so
genau zu nehmen. 8 Wenn ihr mir als Op-
fer ein blindes Tier darbringt, denkt ihr:
›Das ist nicht so schlimm!‹ Und wenn es
ein lahmes oder krankes ist, meint ihr:
›Das macht nichts!‹ Bietet ein solches
Tier doch einmal eurem Statthalter an!
Ich, der allmächtige Gott, frage euch:
Glaubt ihr wirklich, er würde zufrieden
mit euch sein und die Gabe freundlich
annehmen? 9 Aber mich, euren Gott,
wollt ihr mit solchen Opfern besänftigen
und gnädig stimmen! Ihr meint doch
nicht im Ernst, ich würde euch deswegen
wieder annehmen? 10 Wenn doch nur
einer von euch die Tempeltore zuschlie-
ßen würde! Dann könntet ihr nicht mehr
hineingehen und auf meinem Altar Op-
fer darbringen, die ich nicht annehme.
Ich habe genug von euch, und auf eure
Gaben verzichte ich! Das sage ich, der
allmächtige Gott.
11 Auf der ganzen Welt werde ich ver-
ehrt, an allen Orten bringen mir die
Menschen Opfergaben dar, die mir ge-
fallen, und lassen den Rauch zu mir auf-
steigen. Ja, alle Völker ehren mich, den
allmächtigen Gott. 12 Nur ihr zieht mei-
nen Namen in den Schmutz, denn ihr
sagt: ›Beim Altar des Herrn müssen wir
es nicht so genau nehmen. Was wir dort
opfern, muss nicht das Beste sein.‹
13 Und dann jammert ihr auch noch über
euren Dienst im Tempel, nur widerwillig
facht ihr die Glut auf dem Altar an!
Lahme und kranke, ja, sogar gestohlene
Tiere bringt ihr als Opfer herbei. Soll
ich, der Herr, mich etwa darüber auch
noch freuen? 14 Mein Fluch trifft jeden
Betrüger, der mir ein fehlerhaftes Tier
opfert, obwohl er mir ein makelloses,

1,2–3 Röm 9,13 **1,2** 1 Mo 25,24–26; 5 Mo 7,7–8 **1,3** 1 Mo 36,8; Jes 34,5–17* **1,6** 2 Mo 20,12*; Jes 63,16 **1,8** 3 Mo 22,18–25 **1,10** 2,13; Jes 1,13 **1,11** Ps 99,1–3; 113,3

Gott liebt mich – wirklich?

Lesen Sie Maleachi 1,2

Woher wissen Sie, dass Gott Sie liebt? Stellen Sie einem Dutzend Leuten diese Frage, und Sie werden ein Dutzend verschiedene Antworten hören. In unseren zwischenmenschlichen Beziehungen fühlen wir uns geliebt, wenn die andere Person unsere Muttersprache der Liebe spricht. Wenn Lob und Anerkennung Ihre Liebessprache ist, dann fühlen Sie sich geliebt, sobald jemand Ihnen mit Worten Bestätigung gibt. Dasselbe gilt für unsere Beziehung zu Gott.

Aus der Bibel, der Geschichte und aus unserer alltäglichen Erfahrung wissen wir, dass Gott Menschen in ihrer Muttersprache der Liebe anspricht. Diese Erkenntnis hat enorme Auswirkungen, nicht nur auf Ihr persönliches Wohlergehen, sondern auch auf Ihr Bemühen, andere Menschen für den Glauben zu gewinnen. Immerhin sind Sie Gottes Botschafter. Er möchte Sie gebrauchen, um Menschen seine Liebe zu zeigen. Wenn Sie missionarisch erfolgreich sein wollen, müssen Sie Gottes Vorbild folgen und so zu den Menschen sprechen, dass sie es verstehen können.

Das erfordert natürlich eine gewisse Anstrengung. Sie müssen lernen, so zu kommunizieren, wie Sie es vielleicht nicht gewohnt sind. Doch die Mühe wird sich lohnen. Wenn Sie die Liebessprache eines anderen Menschen lernen, können Sie ihm viel besser die Liebe Gottes weitergeben.

Nehmen Sie sich Zeit, um allein oder als Paar gemeinsam zu beten. Danken Sie Gott, dass er Sie durch Ihre persönliche Liebessprache für sich gewonnen hat. Bitten Sie ihn, dass Sie beide ihn ehren, indem Sie seine Liebe an andere Menschen weitergeben.

Wenn Sie noch mehr Zeit haben …

Besprechen Sie miteinander folgende Fragen oder denken Sie darüber nach:

- Was ist Ihre Muttersprache der Liebe? Warum ist sie Ihnen so wichtig?
- Nennen Sie ein Beispiel, wie Gott zu Ihnen durch Ihre persönliche Liebessprache spricht.
- Was bedeutet es für Sie, dass Sie Gottes Botschafter sind?

Lesen Sie auch die folgenden Abschnitte zum Thema Gottes Liebe:
Psalm 86,15; 1. Petrus 5,6-7; 1. Johannes 3,1.

Scheidung

Lesen Sie Maleachi 2,1-17

In der Bibel wird die Ehe als ein Bund zwischen Mann und Frau betrachtet. Der Verfasser des Buches der Sprüche warnt seinen Sohn davor, sich mit einer untreuen Frau einzulassen: „Dem Mann, den sie in ihrer Jugend geheiratet hat, ist sie untreu – und damit bricht sie den Bund, den sie vor Gott geschlossen hat" (Sprüche 2,16-17). Daraus geht klar hervor, dass die Ehe ein heiliger Bund ist.

Gott beschreibt sein Verhältnis zu Israel oft als einen Ehebund, wobei er selbst der geduldige Ehemann ist, der die Untreue seiner Frau erträgt. Dennoch hat er in seiner Liebe nie nachgelassen. Damit gibt er Ihnen ein Beispiel, dem Sie folgen sollen. Durch den Propheten Maleachi lässt Gott Sie wissen, dass er die Ehescheidung ablehnt. „Der Herr hat genau gesehen, wie ihr Männer eure Frauen verstoßen habt, mit denen ihr seit eurer Jugend verheiratet wart. Ihr habt ihnen die Treue gebrochen, obwohl sie immer an eurer Seite waren und zu eurem Volk gehören, mit dem der Herr einen Bund geschlossen hat" (Maleachi 2,14). Jesus selbst hat sich klar für die Ehe als lebenslangen Bund ausgesprochen (siehe Matthäus 19,4-9).

Vielleicht wird es Zeit, dass Sie den Begriff Scheidung aus dem Wortschatz Ihrer Beziehung streichen und die Ehe wieder als einen lebenslangen Bund der Treue sehen, ohne Hinterausgang.

Nehmen Sie sich Zeit, um allein oder als Paar gemeinsam zu beten.

- Sprechen Sie mit Gott darüber, wie Sie persönlich über Scheidung denken.
- Bitten Sie Gott, Ihnen dieselbe Sicht für Ihre Ehe zu schenken, wie er sie hat.
- Beten Sie für Paare, die sich mit dem Gedanken an Scheidung tragen.

Wenn Sie noch mehr Zeit haben …

Besprechen Sie miteinander folgende Fragen oder denken Sie darüber nach:

- Was bedeutet es für Sie zu wissen, dass Gott Ehepaare in denselben Bund ruft, den er mit seinem Volk geschlossen hat?
- Wie würde sich Ihre Sichtweise ändern, wenn Sie über Scheidung genauso denken würden wie Gott?
- Haben Sie Ihre Ehe immer als lebenslangen Bund gesehen? Sprechen Sie offen und ehrlich miteinander.

Lesen Sie auch die folgenden Abschnitte zum Thema Scheidung:
Jeremia 3,1-3; Matthäus 5,32; 1. Korinther 7,12-16.

Den nächsten Impuls finden Sie auf S. 1060 a

männliches aus seiner Herde verspro-
chen hat. Denn ich bin ein großer König,
ich bin der Herr, der allmächtige Gott,
und alle Völker haben Ehrfurcht vor
mir!

2 Ich warne euch, ihr Priester: 2 Nehmt
euch meine Worte zu Herzen, und
ehrt mich! Sonst wird euch mein Fluch
treffen. Ja, ich verfluche die Gaben, mit
denen ich euch gesegnet habe. Aber ihr
lasst euch ja nicht warnen; deshalb habe
ich, der allmächtige Gott, euch schon
bestraft. 3 Auch eure Nachkommen ziehe
ich zur Rechenschaft. Ich schleudere
euch den Kot eurer Opfertiere ins Ge-
sicht, und dann wird man euch selbst auf
den Misthaufen werfen.

4 So werdet ihr erkennen, dass ich, der
allmächtige Gott, euch zu Recht gewarnt
habe. Denn mein Bund mit dem Stamm
Levi soll weiter gelten. 5 Ich versprach
ihnen Leben und Wohlergehen und hielt
mich an meine Zusage. Damals achteten
mich die Leviten und hatten große Ehr-
furcht vor mir. 6 Dem Volk gaben sie mei-
ne Weisungen unverfälscht weiter. Was
sie sagten, entsprach immer dem Recht
und der Wahrheit. Sie waren aufrichtig
und lebten so, wie es mir gefällt, und vie-
len halfen sie, von ihren falschen Wegen
umzukehren.

7 Ein Priester soll den Israeliten zeigen,
wie man mich, den Herrn, erkennt. Er
soll ihnen meine Weisungen weitergeben,
denn ich, der allmächtige Gott, habe ihn
zu meinem Boten ernannt. 8 Ihr aber seid
vom richtigen Weg abgewichen, eure fal-
schen Weisungen haben viele Menschen
zu Fall gebracht. So habt ihr den Bund
gebrochen, den ich, der allmächtige Gott,
mit den Nachkommen Levis geschlossen
habe. 9 Ihr gebt den Leuten meine Wei-
sungen nicht weiter, sondern redet ihnen
nach dem Mund. Darum will ich euch vor
dem ganzen Volk erniedrigen, ja, alle
werden euch verachten!«

Unerlaubte Ehen und Ehescheidungen

10 Haben wir Israeliten nicht alle densel-
ben Vater? Hat nicht der eine Gott uns
alle geschaffen? Warum handeln wir
dann so treulos aneinander und brechen
den Bund, den der Herr mit unseren Vor-
fahren geschlossen hat?

11 Ja, das Volk von Juda hat dem Herrn
die Treue gebrochen. In Jerusalem und
im ganzen Land haben Männer etwas
Abscheuliches getan: Sie haben Gottes
geliebtes Heiligtum entweiht und Frauen
aus fremden Völkern geheiratet, die an-
dere Götter anbeten. 12 Der Herr wird
diese Männer mitsamt ihren Familien
aus der Gemeinschaft seines Volkes aus-
schließen, auch wenn sie ihn, den all-
mächtigen Gott, mit Opfergaben gnädig
stimmen wollen.

13 Noch etwas wirft der Herr euch vor:
Ihr weint und stöhnt, ihr tränkt den Altar
des Herrn mit Tränen, weil der Herr von
euren Opfern nichts mehr wissen will und
sie nicht annimmt. 14 Ihr fragt nach dem
Grund? Die Antwort lautet: Der Herr
hat genau gesehen, wie ihr Männer eure
Frauen verstoßen habt, mit denen ihr seit
eurer Jugend verheiratet wart. Ihr habt
ihnen die Treue gebrochen, obwohl sie
immer an eurer Seite waren und zu eu-
rem Volk gehören, mit dem der Herr
einen Bund geschlossen hat. 15 Hat der
Herr euch nicht zu einem Leib und einem
Geist vereint? Und warum hat er das ge-
tan? Er wollte, dass eure Nachkommen
zu seinem Volk gehören.[a] Darum nehmt
euch in Acht, und haltet euch an den
Treueeid, den ihr einst euren Frauen ge-
schworen habt. 16 Denn der Herr, der all-
mächtige Gott Israels, sagt: »Ich hasse
Ehescheidung. Ich verabscheue es, wenn
ein Mann seiner Frau so etwas antut. Da-
rum nehmt euch in Acht, und brecht eu-
ren Frauen nicht die Treue!«

---

[a] Der hebräische Text in Vers 15a ist nicht sicher zu deuten.

2,2 5 Mo 28,15 **2,4** 4 Mo 25,12–13 **2,5** 5 Mo 33,8–11 **2,7** 3 Mo 10,10–11 **2,10** Hiob 31,15; 1 Kor 8,6; Eph 4,6 **2,11** Esr 9,1–2; Neh 13,23–30 **2,13** 1,10 **2,16** 5 Mo 24,1; Mt 19,8

Der Herr hält Gericht

17 Euer Gerede wird dem Herrn lästig.
»Was für ein Gerede?«, fragt ihr. Nun,
ihr behauptet: »Wer Unrecht tut, gefällt
dem Herrn; ihn nimmt er an!« Oder ihr
fragt: »Wo bleibt denn Gott? Warum
greift er nicht ein und sorgt für Recht?«
3 Der Herr, der allmächtige Gott, antwortet: »Ich schicke meinen Boten
voraus, der mein Kommen ankündigt
und die Menschen darauf vorbereitet.
Noch wartet ihr auf mich, den Herrn, ihr
wünscht euch meinen Boten herbei, der
meinen Bund mit euch bestätigt. Er ist
schon unterwegs! Ganz plötzlich werde
ich, der Herr, in meinen Tempel einziehen.
2 Doch wer kann mein Kommen ertragen? Wer kann vor mir bestehen? Ich
werde für euch wie Feuer im Schmelzofen sein und wie scharfe Lauge im
Waschtrog. 3 So wie man Gold und Silber
schmilzt, um es zu läutern, so werde ich
die Nachkommen Levis von ihrer Schuld
reinigen. Dann werden sie mir wieder
Opfer darbringen, die mir gefallen. 4 Ja,
so wie früher, wie in längst vergangenen
Zeiten, werde ich mich wieder über die
Opfer freuen, die mir die Menschen in
Juda und Jerusalem darbringen.
5 Ich, der Herr, der allmächtige Gott,
sage: Ich werde über euch Gericht halten
und als Zeuge auftreten gegen die Zauberer und Ehebrecher, gegen alle, die
Meineide schwören, die ihre Arbeiter
um den gerechten Lohn bringen, die Witwen, Waisen und Ausländer unterdrücken, ja, gegen alle, die keine Ehrfurcht
vor mir haben.«

Ihr betrügt Gott!

6 »Ich, der Herr, habe mich nicht geändert. Ihr aber habt euch auch nicht
geändert, ihr seid genau wie euer Stammvater Jakob
7 und alle eure Vorfahren: Ihr
missachtet meine Weisungen, sie sind
euch gleichgültig. Kehrt um zu mir! Dann
werde auch ich mich euch wieder zuwenden! Das verspreche ich, der Herr, der
allmächtige Gott.
Ihr aber fragt: ›Warum sollen wir umkehren, was haben wir denn getan?‹ Ich
antworte euch:
8 Findet ihr es etwa richtig, wenn ein Mensch Gott betrügt? Ihr
betrügt mich doch die ganze Zeit! Ihr
entgegnet: ›Womit haben wir dich denn
betrogen?‹ Ihr habt mir den zehnten Teil
eurer Ernte nicht gegeben, und ihr habt
den Priestern ihren Anteil an den Opfergaben verweigert.
9 Das ganze Volk betrügt mich, deshalb habe ich euch verflucht.
10 Ich, der allmächtige Gott, fordere
euch nun auf: Bringt den zehnten Teil eurer Ernte in vollem Umfang zu meinem
Tempel, damit in den Vorratsräumen
kein Mangel herrscht! Stellt mich doch
auf die Probe, und seht, ob ich meine Zusage halte! Denn ich verspreche euch,
dass ich dann die Schleusen des Himmels
wieder öffne und euch mit allem überreich beschenke.
11 Ich lasse keine Heuschreckenschwärme mehr eure Felder
und Weinberge kahl fressen und euch
die Ernte verderben.
12 Dann werden alle
Völker euch glücklich preisen, weil ihr in
einem so herrlichen Land lebt! Darauf
gebe ich, der Herr, der allmächtige Gott,
mein Wort!«

Der Tag, an dem Gott sein Urteil spricht

13 »Ihr Israeliten redet überheblich und
anmaßend über mich, den Herrn. Doch
ihr fragt: ›Was sagen wir denn über dich?‹
14 Ihr behauptet: ›Es bringt nichts, Gott zu
dienen. Was haben wir davon, wenn wir
uns nach seinen Weisungen richten und
ihm zeigen, dass wir unsere Taten bereuen?
15 Wie gut haben es die Menschen, die
sich gegen den Herrn auflehnen! Seit sie

3,1 Mt 11,10; Mk 1,1–2; Lk 7,27 **3,2** Jes 1,25 **3,3** Sach 13,9 **3,5** 3 Mo 19,13 **3,6–7** Sach 1,2–3 **3,8** 4 Mo 18,8–19*; Neh 13,10 **3,10** 3 Mo 27,30–33* **3,11** Joel 1,4 **3,14** 2,17; Jes 58,3 **3,15** Hiob 21,6–33; Ps 73,2–15

Fröhlich geben

Lesen Sie Maleachi 3,8-12

Als Gott den Maßstab festlegte, nach dem das Volk Israel zu alttestamentlicher Zeit leben sollte, schloss er den Bereich des Spendens mit ein. Die Israeliten sollten ein Zehntel ihres Besitzes speziell für das Werk Gottes geben. Ihre Gaben wurden von den Leviten verwaltet, den geistlichen Oberhäuptern Israels, und sie sollten sowohl für den Lebensunterhalt der Leviten verwendet werden als auch für die Bedürfnisse der Armen. Darüber hinaus wurden die Israeliten zu weiteren Gaben aufgefordert. In Maleachi 3,8-12 bindet Gott seinen Segen an die Voraussetzung, dass die Israeliten den zehnten Teil ihres Einkommens Gott treu zurückgeben. Der Fluch Gottes, also das Zurückhalten seines Segens, würde sie treffen, wenn sie ihre Gaben verweigerten.

Das Neue Testament verlangt von den Gläubigen nicht den zehnten Teil ihres Einkommens. Aber auch hier wird betont, dass man Gott zurückgeben sollte, was er geschenkt hat. Jesus lehrte, dass der Segen Gottes an das Maß unserer Dankbarkeit Gott gegenüber gebunden ist, was sich auch in unserem Geben zeigt. Jesus verspricht: Wenn wir Gott unsere Dankbarkeit bekunden, indem wir ihm zurückgeben, was er uns geschenkt hat, wird Gott uns noch reicher beschenken. Denn er lässt sich von uns nicht überbieten.

Nehmen Sie sich Zeit, um allein oder als Paar gemeinsam zu beten. Danken Sie Gott für alle Gaben, die er Ihnen anvertraut hat. Bitten Sie ihn, dass er Ihr Herz durchleuchtet und Ihnen zeigt, wo Sie Ihre Einstellung zum Geben ändern sollten. Nehmen Sie sich vor, einen freigebigen Lebensstil zu pflegen, mit dem Sie Gott ehren.

Wenn Sie noch mehr Zeit haben …

Besprechen Sie miteinander folgende Fragen oder denken Sie darüber nach:

- Wie würden Sie Ihre Einstellung zum Geben beschreiben? Erläutern Sie Ihre Meinung.
- Wo sollten Sie noch an sich arbeiten?
- Was können Sie in dieser Woche tun, um Gottes Gaben so einzusetzen, dass er dadurch geehrt wird?

Lesen Sie auch die folgenden Abschnitte zum Thema Geben:
5. Mose 15,10; 16,17; 1. Chronik 29,9.

Ein großzügiger Umgang mit Geld

Die folgenden Fragen können Sie entweder allein oder als Paar gemeinsam durchgehen. Wenn jeder für sich darüber nachdenkt, verabreden Sie sich in der kommenden Woche zu einem Austausch darüber, was Sie herausgefunden haben.

1. Wie stand Gott dazu, dass die Israeliten nicht den zehnten Teil ihres Einkommens geben wollten (siehe Maleachi 3,8-12)?

2. Worin besteht die Verantwortung der Christen gegenüber Gott im Umgang mit ihren Finanzen?

3. Was verspricht Gott seinem Volk, wenn es ihm gehorcht und den zehnten Teil des Einkommens gibt?

4. Was bedeutet dieses Versprechen für Christen heute?

5. Lesen Sie Matthäus 23,23. Wie war Jesu Einstellung gegenüber dem Geben des Zehnten?

6. Welcher Maßstab hinsichtlich von Spenden gilt in Ihrer Familie?

Maleachi 3,8

„Findet ihr es etwa richtig, wenn ein Mensch Gott betrügt? Ihr betrügt mich doch die ganze Zeit!"

KONKRET:

Wenn Sie bisher noch nicht regelmäßig gespendet haben, beginnen Sie damit. Wenn Sie schon regelmäßig spenden, legen Sie in dieser Woche eine kleine Extrasumme beiseite für jemanden in Not aus Ihrem Bekanntenkreis, aus Ihrer Familie oder für eine Organisation.

Den nächsten Impuls finden Sie auf S. 1066 a

ihm den Rücken gekehrt haben, geht es
ihnen viel besser. Sie kommen ungestraft
davon, obwohl sie Gott frech die Stirn
bieten!‹«
16 Dann aber redeten diejenigen mit-
einander, die noch Ehrfurcht vor dem
Herrn hatten, und der Herr hörte ihnen
zu. In einem Buch ließ er die Namen aller
aufschreiben, die ihn achten und seinen
Namen nicht in den Schmutz ziehen.
17 Der Herr, der allmächtige Gott, sagt:
»An dem Tag, wenn ich mein Urteil spre-
che, werden diese Menschen zu mir gehö-
ren. Ich will sie verschonen, so wie ein
Vater seinen Sohn verschont, der zu ihm
gehalten hat. 18 Dann werdet ihr den Un-
terschied sehen zwischen einem Men-
schen, der mir die Treue hält, und einem
Gottlosen; ihr werdet erkennen, welche
Folgen es hat, ob jemand mir dient oder
nicht.
19 Ja, es kommt der Tag, an dem mein
Zorn wie ein Feuer im Ofen sein wird
und alle wie Stroh verbrennt, die sich
frech gegen mich auflehnen. Nichts bleibt
dann mehr von ihnen übrig! Darauf gebe
ich, der Herr, der allmächtige Gott, mein
Wort!
20 Für euch aber, die ihr mir die Treue
gehalten habt, wird an jenem Tag die
Rettung kommen, wie am Morgen die
Sonne aufgeht. Ihr werdet endlich Hilfe
finden und vor Freude springen wie Käl-
ber, die aus dem Stall hinaus auf die Wei-
de dürfen! 21 An dem Tag, wenn ich Ge-
richt halte, werdet ihr die Gottlosen
zertreten wie Staub unter euren Füßen!
Das verspreche ich, der Herr, der all-
mächtige Gott.
22 Denkt immer an das Gesetz meines
Dieners Mose! Richtet euch nach den
Weisungen und Ordnungen, die ich ihm
am Berg Horeb für das Volk Israel gab!
23 Noch bevor der große und schreckliche
Tag kommt, an dem ich mein Urteil voll-
strecke, sende ich den Propheten Elia zu
euch. 24 Er wird Eltern und Kinder wieder
miteinander versöhnen, damit ich nicht
das ganze Volk vernichten muss, wenn
ich komme.«

3,16 2 Mo 32,32–33 **3,17** 2 Mo 4,22* **3,20** Jes 60,1 **3,21** Ps 149,6–9 **3,22** 5 Mo 4,10–14
3,23 Joel 1,15*; Mt 11,14; 17,10–13; Mk 9,11 **3,24** Lk 1,17

Das Neue Testament

Matthäus berichtet von Jesus

Die Vorfahren Jesu
(Lukas 3,23–38)

1 Dieses Buch berichtet die Geschichte von Jesus Christus. Er ist Davids und Abrahams Nachkomme. 2 Abraham war der Vater Isaaks. Von Isaak stammten in direkter Linie ab: Jakob (der Vater von Juda und seinen Brüdern) – 3 Juda – Perez (Perez und Serach waren die Söhne Tamars) – Hezron – 4 Ram – Amminadab – Nachschon – 5 Salmon – Boas (Sohn der Rahab) – Obed (Sohn der Ruth) – Isai – 6 König David – Salomo (seine Mutter war Urias Frau) – 7 Rehabeam – Abija – Asa – 8 Joschafat – Joram – Usija – 9 Jotam – Ahas – Hiskia – 10 Manasse – Amon – Josia – 11 Jojachin und seine Brüder (geboren zur Zeit der babylonischen Gefangenschaft) – 12 Schealtiël (geboren nach der babylonischen Gefangenschaft) – Serubbabel – 13 Abihud – Eljakim – Asor – 14 Zadok – Achim – Eliud – 15 Eleasar – Mattan – Jakob. 16 Jakob war der Vater Josefs. Josef war der Mann Marias. Sie brachte Jesus zur Welt, der Christus genannt wird.

17 Von Abraham bis zu König David sind es also vierzehn Generationen. Auch von David bis zur babylonischen Gefangenschaft sind es vierzehn Generationen, und von dieser Zeit bis zu Christus noch einmal vierzehn.

Gott wird Mensch
(Lukas 1,26 – 2,20)

18 Und so wurde Jesus Christus geboren: Seine Mutter Maria war mit Josef verlobt. Noch vor der Ehe erwartete Maria – durch den Heiligen Geist – ein Kind. 19 Josef wollte nach Gottes Geboten handeln, aber auch Maria nicht öffentlich bloßstellen. So überlegte er, die Verlobung stillschweigend aufzulösen. 20 Noch während er nachdachte, erschien ihm im Traum ein Engel Gottes und sagte: »Josef, du Nachkomme Davids, zögere nicht, Maria zu heiraten! Denn das Kind, das sie erwartet, ist vom Heiligen Geist. 21 Sie wird einen Sohn bekommen, den sollst du Jesus nennen. Denn er wird die Menschen seines Volkes von ihren Sünden befreien.«

22 Dies alles geschah, damit sich erfüllte, was der Herr durch seinen Propheten vorhergesagt hatte: 23 »Eine Jungfrau wird schwanger werden und einen Sohn bekommen. Den wird man Immanuel nennen.«[a] Das bedeutet: »Gott ist mit uns!«

24 Als Josef erwachte, tat er, was ihm der Engel befohlen hatte, und heiratete Maria. 25 Er schlief aber nicht mit ihr bis zur Geburt ihres Sohnes. Josef gab ihm den Namen Jesus.

Gelehrte suchen den neuen König

2 Jesus wurde in Bethlehem geboren, einer kleinen Stadt in Judäa. Herodes war damals König. Einige Sterndeuter kamen aus dem Orient nach Jerusalem und erkundigten sich: 2 »Wo ist der neugeborene König der Juden? Wir haben seinen Stern aufgehen sehen und sind aus dem Osten hierher gekommen, um ihm die Ehre zu erweisen.«

3 Als König Herodes das hörte, war er bestürzt und mit ihm alle Einwohner Je-

---

a Jesaja 7,14

1,1 20,30–31* **1,2** 1 Mo 21,2–3; 25,26; 29,32 – 30,24; 49,10 **1,3** 1 Mo 38,27–30; Ruth 4,18–22 **1,5** Jos 2,1*; Ruth 4,13–17 **1,6** 2 Sam 12,24 **1,7-11** 1 Chr 3,10–16 **1,11** 2 Kön 24,8–16 **1,12** 1 Chr 3,17; Esr 3,2 **1,16** Lk 1,27 **1,18** Lk 1,35 **1,19** 4 Mo 5,29–30 **1,21** Lk 1,31; Joh 1,29*; Apg 4,12 **2,1** Lk 2,1–7

rusalems. 4 Er rief die Hohenpriester und
Schriftgelehrten zusammen und fragte
sie: »Wo soll dieser versprochene Retter[a]
geboren werden?« 5 Sie antworteten: »In
Bethlehem, im Land Judäa. So heißt es
schon im Buch des Propheten: 6 ›Bethle-
hem, du bist keineswegs die unbedeu-
tendste Stadt im Land Judäa. Denn aus
dir kommt der Herrscher, der mein Volk
Israel führen wird.‹[b] «
7 Da rief Herodes die Sterndeuter
heimlich zu sich und fragte sie, wann sie
zum ersten Mal den Stern gesehen hät-
ten. Anschließend schickte er sie nach
Bethlehem und bat sie: 8 »Sucht nach
dem Kind, und gebt mir Nachricht, wenn
ihr es gefunden habt. Ich will dann auch
hingehen und ihm Ehre erweisen.«
9 Nach diesem Gespräch gingen die
Sterndeuter nach Bethlehem. Der Stern,
den sie im Osten gesehen hatten, führte
sie. Er blieb über dem Haus stehen, in
dem das Kind war. 10 Da kannte ihre
Freude keine Grenzen. 11 Sie gingen in
das Haus, wo sie das Kind mit seiner
Mutter Maria fanden, knieten vor ihm
nieder und ehrten es wie einen König.
Dann packten sie ihre Schätze aus und
beschenkten das Kind mit Gold, Weih-
rauch und Myrrhe.
12 Im Traum befahl ihnen Gott, nicht
mehr zu Herodes zurückzugehen. Des-
halb wählten sie für ihre Heimreise einen
anderen Weg.

Flucht nach Ägypten

13 Nachdem die Sterndeuter fortgezogen
waren, erschien ein Engel Gottes Josef
im Traum und befahl ihm: »Steh schnell
auf, und flieh mit dem Kind und seiner
Mutter nach Ägypten! Bleibt so lange
dort, bis ich euch zurückrufe, denn Hero-
des sucht das Kind und will es umbrin-
gen.« 14 Da brach Josef noch in der Nacht
mit Maria und dem Kind nach Ägypten
auf. 15 Dort blieben sie bis zum Tod von
Herodes. So erfüllte sich, was der Herr
durch seinen Propheten angekündigt hat-
te: »Ich habe meinen Sohn aus Ägypten
gerufen.«[c]

Jesus soll getötet werden

16 Herodes war außer sich vor Zorn, als er
merkte, dass ihn die Sterndeuter hinter-
gangen hatten. Er ließ alle Jungen unter
zwei Jahren in Bethlehem und Umge-
bung umbringen. Denn nach den Anga-
ben der Sterndeuter musste das Kind in
diesem Alter sein. 17 So erfüllte sich die
Vorhersage des Propheten Jeremia:
18 »Schreie der Angst hört man in der
Stadt Rama, das Klagen nimmt kein En-
de. Rahel weint um ihre Kinder, sie will
sich nicht trösten lassen, denn ihre Kin-
der wurden ihr genommen.«[d]

Rückkehr aus Ägypten

19 Als Herodes gestorben war, erschien
Josef wieder ein Engel Gottes im Traum
und sagte zu ihm: 20 »Steh auf und kehre
mit dem Kind und seiner Mutter heim ins
Land Israel! Die Leute, die das Kind
töten wollten, sind gestorben.«
21 Da ging Josef mit Maria und dem
Kind nach Israel zurück.
22 Als er aber erfuhr, dass Archelaus,
der Sohn des Herodes, König von Judäa
geworden war, bekam er Angst. Gott gab
ihm im Traum die Anweisung, in die Pro-
vinz Galiläa zu ziehen. 23 So kamen sie in
die Stadt Nazareth und ließen sich dort
nieder. Dadurch erfüllte sich, was die
Propheten über Christus vorhergesagt
hatten: »Man wird ihn den Nazarener
nennen.«

---

[a] *Wörtlich: Christus.*
[b] Micha 5,1
[c] Hosea 11,1
[d] Jeremia 31,15

2,5 Joh 7,42 **2,11** Ps 72,10–11; Jes 60,6 **2,16** 2 Mo 1,15–22 **2,20** 2 Mo 4,19 **2,23** Lk 1,26–27; 2,39

Ein wohlüberlegtes Geschenk

Lesen Sie Matthäus 2,1-12

Wann haben Sie Ihrem Mann oder Ihrer Frau das letzte Mal etwas geschenkt? Was war es? Wenn Sie diese Fragen nicht beantworten können, wird es höchste Zeit für ein Geschenk. Denn Schenken gehört zu den fünf Grundsprachen der Liebe. Geschenke sind ein sichtbares Zeichen dafür, dass wir liebevoll an unseren Partner denken.

Die zweifellos berühmtesten Geschenke in der Bibel wurden dem Baby Jesus von den drei Weisen überbracht. Die Männer kauften wertvolles Gold und teure Gewürze. So erwiesen sie Jesus Ehre und zeigten, dass sie in ihm einen König sahen. Maria und Josef waren sicher tief beeindruckt von diesen Kostbarkeiten und von der Liebe zu ihrem Sohn, die sich darin zeigte.

Das Geschenk für Ihren Mann oder Ihre Frau muss nicht teuer sein. Blumen für Ihre Frau gibt es sogar gratis! Sie brauchen nur in Ihren Garten zu gehen und ein paar zu pflücken. So machen es Kinder auch, und es ist einfach liebevoll und bezaubernd. Wenn Sie keine Blumen in Ihrem Garten haben, bitten Sie Ihren Nachbarn um ein kleines Sträußchen.

Wenn Sie es sich aber leisten können, Geschenke zu kaufen, dann sollten Sie nicht nur einen kostenlosen Blumenstrauß überreichen. Was hindert Sie daran, in Ihre Ehe zu investieren? Schenken Sie Ihrem Partner etwas, über das er oder sie sich wirklich freut. Wenn Sie unsicher sind, fragen Sie einfach nach! Erklären Sie Ihrem Mann oder Ihrer Frau, dass Sie etwas Schönes kaufen möchten, und bitten Sie ihn oder sie, Ihnen ein paar Ideen aufzuschreiben. Schon allein das Nachfragen gibt Ihnen wertvolle Informationen und zeigt, dass Sie sich wirklich für Ihren Partner interessieren. Ein wohlüberlegtes Geschenk ist ein wichtiger Baustein für Ihre Beziehung.

Nehmen Sie sich Zeit zum Gebet. Danken Sie Gott für das Vorbild der drei Weisen, die das Beste, was sie hatten, mitbrachten, um Jesus ihre Liebe zu zeigen. Bitten Sie Gott, dass er Sie immer wieder daran erinnert, Ihr Bestes zu geben und Ihrem Mann/Ihrer Frau Ihre Liebe durch wohlüberlegte, sinnvolle Geschenke zu zeigen.

Wenn Sie noch mehr Zeit haben ...

Besprechen Sie miteinander folgende Fragen oder denken Sie darüber nach:

- Was ist für Sie das schönste Geschenk, das Sie je von Ihrem Mann/Ihrer Frau bekommen haben? Warum?
- Was macht ein Geschenk in Ihren Augen besonders wertvoll?
- Teilen Sie Ihrem Ehepartner ein paar Geschenkideen mit. Was wünschen Sie sich von ihm oder ihr?

Lesen Sie auch die folgenden Abschnitte zum Thema Schenken:
Ruth 3,1-15; 1. Samuel 18,1-4; Sprüche 11,25.

Der erste Schritt

Lesen Sie Matthäus 5,21-26

Konflikte lassen sich nicht vermeiden. Mit Sicherheit werden Sie in Ihrer Ehe miteinander streiten. Aber wie lassen sich diese Konflikte lösen? Da wir Menschen Gewohnheitstiere sind, verfallen wir immer wieder in festgelegte Verhaltensmuster.

Sind Sie jemand, der nicht nachgibt und darauf wartet, dass der andere den ersten Schritt tut? Beharren Sie stur darauf, recht zu behalten? Wenn das Ihre übliche Reaktion ist, sollten Sie den Rat Jesu in Matthäus 5 befolgen. Wir haben die Verantwortung zur Versöhnung (siehe Matthäus 5,23-24; 18,15-17). Vielleicht gelingt es Ihnen nicht, die Versöhnung herbeizuführen, doch versuchen sollten Sie es wenigstens.

Manchmal halten uns Schuldzuweisungen davon ab, den ersten Schritt zu tun. Wir denken: Er hat mir Unrecht getan. Warum sollte ich dann auf ihn zugehen? Soll er doch kommen! Diese Überlegungen sind zwar verständlich, aber nicht biblisch. Jesus stellt unsere natürlichen Gedankengänge auf den Kopf und fordert uns auf, den ersten Schritt zur Versöhnung zu tun (siehe Matthäus 5,23-24).

Beachtenswert sind auch die genauen Anweisungen zur Konfliktlösung in Matthäus 18,15-20. Die Grundsätze dort gelten nicht nur für die Gemeinde, sondern auch für christliche Paare in Konfliktsituationen. Jesus lehrt uns: Egal ob Sie am Partner schuldig geworden sind oder er an Ihnen (wobei beides gleich wahrscheinlich ist), die Verantwortung zur Versöhnung liegt bei Ihnen. Was Ihre eigene Sünde betrifft, sollten Sie zugeben, was Sie falsch gemacht haben, und um Vergebung bitten. Was die Sünde Ihres Partners betrifft, sollten Sie die Bereitschaft zur Vergebung aufbringen.

Nehmen Sie sich Zeit, um allein oder als Paar gemeinsam zu beten. Bitten Sie Gott, dass er Ihnen die Kraft gibt, seinen Rat im Blick auf Streitigkeiten zu befolgen: den ersten Schritt in Richtung Versöhnung zu tun und zu vergeben. ***Bitten Sie ihn*** **auch, dass Sie sich gegenseitig besser verstehen lernen und so in Zukunft fairer miteinander streiten.**

Wenn Sie noch mehr Zeit haben ...

Besprechen Sie miteinander folgende Fragen oder denken Sie darüber nach:

- Verfallen Sie bei einem Streit in festgelegte Rollen oder Reaktionen? Wie reagiert jeder Einzelne von Ihnen in Konflikten (Rückzug, persönliche Angriffe, ablehnende Körpersprache, Sturheit, aus einer Mücke einen Elefanten machen usw.)?
- Wie sieht die Machtverteilung bei Ihnen während eines Streits aus?
- Stellen Sie Regeln auf, zu denen Sie sich während eines Streits verpflichten möchten. Was sollten Sie nie tun oder nie sagen?

Lesen Sie auch die folgenden Abschnitte zum Thema Konflikte: Sprüche 15,1; 2. Korinther 5,18-21; Hebräer 12,14.

Den nächsten Impuls finden Sie auf S. 1076 a

Johannes der Täufer ruft: »Kehrt um zu Gott!«
(Markus 1,2–8; Lukas 3,1–18; Johannes 1,19–28)

3 In dieser Zeit fing Johannes der Täu-
fer an, in der judäischen Wüste zu
predigen. 2 Er rief: »Kehrt um zu Gott!
Denn jetzt beginnt seine neue Welt.«
3 Der Prophet Jesaja hatte die Aufgabe
des Johannes so beschrieben: »Ein Bote
wird in der Wüste rufen: ›Macht den
Weg frei für den Herrn! Räumt alle Hin-
dernisse weg!‹[a]«
4 Johannes trug ein aus Kamelhaar
gewebtes Gewand, das von einem Leder-
riemen zusammengehalten wurde. Er
ernährte sich von Heuschrecken und
wildem Honig. 5 Viele Menschen aus Je-
rusalem, aus dem Jordantal und aus der
ganzen Provinz Judäa kamen zu ihm.
6 Sie bekannten ihre Sünden und ließen
sich von ihm im Jordan taufen.
7 Als er aber sah, dass auch viele Phari-
säer und Sadduzäer kamen, um sich
taufen zu lassen, wies er sie ab: »Ihr
Schlangenbrut! Wer hat euch eingeredet,
dass ihr dem kommenden Gericht Gottes
entrinnen werdet? 8 Zeigt erst einmal
durch Taten, dass ihr wirklich zu Gott
umkehren wollt! 9 Bildet euch nur nicht
ein, ihr könntet euch damit herausreden:
›Abraham ist unser Vater!‹ Ich sage euch:
Gott kann selbst aus diesen Steinen hier
Nachkommen Abrahams hervorbringen.
10 Schon ist die Axt erhoben, um die
Bäume an der Wurzel abzuschlagen.
Jeder Baum, der keine guten Früchte
bringt, wird umgehauen und ins Feuer ge-
worfen. 11 Wer umkehrt zu Gott, den taufe
ich mit Wasser. Aber nach mir wird einer
kommen, der viel mächtiger ist als ich. Ich
bin nicht einmal würdig, ihm die Schuhe
nachzutragen. Er wird euch mit dem Hei-
ligen Geist und mit Feuer taufen. 12 Schon
hat er die Schaufel in seiner Hand, mit der
er die Spreu vom Weizen trennt. Den Wei-
zen wird er in seine Scheunen bringen, die
Spreu aber wird er verbrennen, und nie-
mand kann dieses Feuer löschen.«

Jesus lässt sich taufen
(Markus 1,9–11; Lukas 3,21–22; Johannes 1,32–34)

13 Auch Jesus kam aus seiner Heimat in
Galiläa an den Jordan, um sich von Jo-
hannes taufen zu lassen. 14 Aber Johannes
versuchte, ihn davon abzubringen: »Ich
müsste eigentlich von dir getauft werden,
und du kommst zu mir?« 15 Jesus erwider-
te: »Lass es so geschehen, denn wir müs-
sen alles tun, was Gott will[b].« Da gab
Johannes nach.
16 Gleich nach der Taufe stieg Jesus
wieder aus dem Wasser. Der Himmel öff-
nete sich über ihm, und er sah den Geist
Gottes wie eine Taube auf sich herab-
kommen. 17 Gleichzeitig sprach eine
Stimme vom Himmel: »Dies ist mein ge-
liebter Sohn, der meine ganze Freude
ist.«

Wenn du Gottes Sohn bist, beweise es!
(Markus 1,12–13; Lukas 4,1–13)

4 Danach wurde Jesus vom Geist Got-
tes in die Wüste geführt, wo er den
Versuchungen des Teufels ausgesetzt sein
sollte. 2 Vierzig Tage und Nächte lang aß
er nichts. Der Hunger quälte ihn. 3 Da
kam der Teufel und stellte ihn auf die
Probe. Er forderte ihn heraus: »Wenn du
Gottes Sohn bist, dann mach aus diesen
Steinen Brot!« 4 Aber Jesus wehrte ab:
»Nein, denn es steht in der Heiligen
Schrift: ›Der Mensch lebt nicht allein
von Brot, sondern von allem, was Gott
ihm zusagt!‹[c]«

---

[a] Jesaja 40,3
[b] Wörtlich: denn so ist es für uns richtig, alle Gerechtigkeit zu erfüllen.
[c] 5. Mose 8,3

3,2 4,17 **3,4** 2 Kön 1,8 **3,7** 12,34; 23,33 **3,8** Lk 3,10–14 **3,9** Joh 8,33–39; Röm 2,28–29; 4,12 **3,10** 7,19; Lk 13,6–9 **3,11** Apg 1,5 **3,12** 13,30 **3,13** 2,22–23 **3,14** Joh 13,6 **3,16** Jes 11,2 **3,17** 17,5; Ps 2,7; Jes 42,1 **4,1** Hebr 4,15 **4,2** 2 Mo 34,28; 1 Kön 19,8

5 Da nahm ihn der Teufel mit nach Je-
rusalem und stellte ihn auf die höchste
Stelle des Tempels. 6 »Spring hinunter!«,
forderte er Jesus auf. »Du bist doch Got-
tes Sohn! Und in der Heiligen Schrift
steht: ›Gott wird seine Engel schicken.
Sie werden dich auf Händen tragen, und
du wirst dich nicht einmal an einem Stein
verletzen!‹[a]« 7 Jesus entgegnete ihm: »Es
steht aber auch in der Schrift: ›Du sollst
Gott, deinen Herrn, nicht herausfor-
dern!‹[b]«
8 Nun führte ihn der Teufel auf einen
hohen Berg und zeigte ihm alle Reiche
der Welt mit ihrer ganzen Pracht. 9 »Das
alles gebe ich dir, wenn du vor mir nie-
derkniest und mich anbetest«, sagte er.
10 Aber Jesus wies ihn ab: »Weg mit dir,
Satan, denn es steht in der Heiligen
Schrift: ›Bete allein Gott, deinen Herrn,
an und diene nur ihm!‹[c]« 11 Da ver-
schwand der Teufel, und die Engel Got-
tes kamen und sorgten für Jesus.

Hoffnung für alle, die von Gott nichts wissen
(Markus 1,14–15; Lukas 4,14–15)

12 Als Jesus hörte, dass man Johannes
den Täufer verhaftet hatte, zog er sich
nach Galiläa zurück. 13 Er verließ Naza-
reth und wohnte in Kapernaum am See
Genezareth, im Gebiet von Sebulon
und Naftali. 14 Das geschah, damit sich
erfüllte, was Gott durch den Propheten
Jesaja gesagt hatte: 15 »Du Land Sebulon
und Naftali, Land am See und jenseits
des Jordan, du gottloses Galiläa, höre
zu! 16 Das Volk, das in der Finsternis
wohnt, sieht ein großes Licht. Hell
strahlt es auf über denen, die im Schat-
ten des Todes leben und ohne Hoffnung
sind.«[d]
17 Von da an begann Jesus zu predigen:
»Kehrt um zu Gott! Denn jetzt beginnt
seine neue Welt!«

Vier Fischer folgen Jesus
(Markus 1,16–20; Lukas 5,1–11; Johannes 1,35–51)

18 Als Jesus am See Genezareth entlang-
ging, sah er zwei Brüder: Simon, der spä-
ter Petrus genannt wurde, und seinen
Bruder Andreas. Sie waren Fischer und
warfen gerade ihre Netze aus. 19 Da for-
derte Jesus sie auf: »Kommt mit mir! Ich
will euch zeigen, wie ihr Menschen für
Gott gewinnen könnt.« 20 Sofort ließen
die beiden Männer ihre Netze liegen
und gingen mit ihm.
21 Nicht weit davon entfernt begegnete
Jesus am Strand zwei anderen Fischern,
den Brüdern Jakobus und Johannes. Sie
saßen mit ihrem Vater Zebedäus im Boot
und flickten Netze. Auch sie forderte Je-
sus auf, mit ihm zu gehen. 22 Da verließen
sie das Boot und ihren Vater und gingen
mit Jesus.

Jesus wirkt durch Wort und Tat

23 Jesus wanderte durch das Land Galiläa,
predigte in den Synagogen und verkün-
dete überall die rettende Botschaft, dass
Gottes neue Welt nun begonnen hatte. Er
heilte alle Arten von Krankheiten und
Leiden. 24 Bald wurde überall von ihm ge-
sprochen, selbst in Syrien. Man brachte
viele Kranke zu ihm, die große Qualen
litten: Besessene, Menschen, die Anfälle
bekamen, und Gelähmte. Jesus heilte sie
alle. 25 Eine große Menschenmenge folgte
ihm, wohin er auch ging. Leute aus Gali-
läa, aus dem Gebiet der Zehn Städte, aus
Jerusalem und dem ganzen Gebiet von
Judäa liefen ihm nach. Selbst von der an-
deren Seite des Jordan kamen sie.

---

[a] Psalm 91,11–12
[b] *5. Mose 6,16*
[c] 5. Mose 6,13
[d] Jesaja 8,23–9,1

4,8–9 16,26 **4,11** 1 Kön 19,5–6; Hebr 1,6.14 **4,12** 14,3–4 **4,16** Lk 1,78–79; Joh 8,12 **4,17** 3,2 **4,18** 16,18 **4,19** 28,19–20 **4,20.22** 19,27–29 **4,23** 9,35

Die Bergpredigt – Maßstäbe, die herausfordern

5 Als Jesus die Menschenmenge sah,
stieg er auf einen Berg. Er setzte sich,
und seine Jünger traten zu ihm. 2 Da be-
gann er, sie zu unterweisen:

Wen Jesus glücklich nennt
(Lukas 6,20–23)

3 »Glücklich sind, die erkennen, wie arm
sie vor Gott sind, denn ihnen gehört die
neue Welt Gottes.
4 Glücklich sind die Trauernden, denn sie
werden Trost finden.
5 Glücklich sind die Friedfertigen, denn
sie werden die ganze Erde besitzen.
6 Glücklich sind, die nach Gerechtigkeit
hungern und dürsten, denn sie sollen satt
werden.
7 Glücklich sind die Barmherzigen, denn
sie werden Barmherzigkeit erfahren.
8 Glücklich sind, die ein reines Herz ha-
ben, denn sie werden Gott sehen.
9 Glücklich sind, die Frieden stiften, denn
Gott wird sie seine Kinder nennen.
10 Glücklich sind, die verfolgt werden,
weil sie nach Gottes Willen leben. Denn
ihnen gehört Gottes neue Welt.
11 Glücklich könnt ihr sein, wenn ihr ver-
achtet, verfolgt und verleumdet werdet,
weil ihr mir nachfolgt.
12 Ja, freut euch und jubelt, denn im Him-
mel werdet ihr dafür reich belohnt wer-
den! Genauso haben sie die Propheten
früher auch verfolgt.«

Salz und Licht: die Aufgabe der Jünger Jesu in der Welt
(Markus 4,21; 9,50; Lukas 8,16; 11,33; 14,34–35)

13 »Ihr seid für die Welt wie Salz. Wenn
das Salz aber fade geworden ist, wodurch
soll es seine Würzkraft wiedergewinnen?
Es ist nutzlos geworden, man schüttet es
weg, und die Leute treten darauf herum.
14 Ihr seid das Licht, das die Welt er-
hellt. Eine Stadt, die hoch auf dem Berg
liegt, kann nicht verborgen bleiben.
15 Man zündet ja auch keine Öllampe an
und stellt sie unter einen Eimer. Im Ge-
genteil: Man stellt sie so auf, dass sie allen
im Haus Licht gibt. 16 Genauso soll euer
Licht vor allen Menschen leuchten. Sie
werden eure guten Taten sehen und eu-
ren Vater im Himmel dafür loben.«

Gottes Gebote neu erfüllen
(Lukas 16,17)

17 »Meint nur nicht, ich sei gekommen,
das Gesetz und die Worte der Propheten
aufzuheben. Ich werde vielmehr beides
bekräftigen und erfüllen.
18 Denn das sage ich euch: Auch der
kleinste Buchstabe im Gesetz Gottes be-
hält seine Gültigkeit, solange Himmel
und Erde bestehen. 19 Wenn jemand auch
nur das geringste Gebot Gottes für un-
gültig erklärt oder andere dazu verleitet,
der wird in Gottes neuer Welt nichts be-
deuten. Wer aber anderen Gottes Gebote
weitersagt und sich selbst danach richtet,
der wird in Gottes neuer Welt großes An-
sehen haben. 20 Ich warne euch: Wenn ihr
das Gesetz Gottes nicht besser erfüllt als
die Pharisäer und Schriftgelehrten,
kommt ihr nicht in Gottes neue Welt.«

Versöhnung mit dem Gegner
(Lukas 12,57–59)

21 »Wie ihr wisst, wurde unseren Vorfah-
ren gesagt: ›Du sollst nicht töten! Wer
aber einen Mord begeht, muss vor ein
Gericht.‹[a] 22 Doch ich sage euch: Schon
wer auf seinen Bruder zornig ist, den er-
wartet das Gericht. Wer zu seinem Bru-
der sagt: ›Du Idiot!‹, der wird vom
Obersten Gericht verurteilt werden, und

---

a 2. Mose 20,13; 21,12

5,3 1 Kor 1,27; Jak 2,5 **5,4** Ps 126,5; Jes 61,2–3; Offb 7,17 **5,5** Ps 37,11 **5,7** 25,34–40; Jak 2,13 **5,8** Ps 24,3–4 **5,9** Hebr 12,14; Jak 3,18 **5,10** 1 Petr 3,14 **5,11** 1 Petr 4,14 **5,12** Apg 7,52; Hebr 11,35–38; Jak 5,10 **5,13** Joh 15,6 **5,14** Joh 8,12 **5,16** Eph 5,8–9; Phil 2,15; 1 Petr 2,12 **5,17** Röm 3,31; 8,4 **5,19** Jak 2,10 **5,20** 22,34–40 **5,22** 1 Joh 3,15

wer ihn verflucht, dem ist das Feuer der
Hölle sicher.
[23]Wenn du eine Opfergabe zum Altar
bringst und dir fällt plötzlich ein, dass
dein Bruder dir etwas vorzuwerfen hat,
[24]dann lass dein Opfer am Altar zurück,
geh zu deinem Bruder und versöhne dich
mit ihm. Erst danach bring Gott dein Op-
fer dar. [25]Setz alles daran, dich noch auf
dem Weg zum Gericht mit deinem Geg-
ner zu einigen. Sonst wird der Richter
dich verurteilen, und der Gerichtsdiener
wird dich ins Gefängnis stecken. [26]Und
ich sage dir: Von dort wirst du nicht eher
wieder herauskommen, bis du auch den
letzten Rest deiner Schuld bezahlt hast.«

Kampf gegen die Sünde
(Matthäus 18,8–9; Markus 9,43–48)

[27]»Ihr wisst, dass es im Gesetz heißt: ›Du
sollst nicht die Ehe brechen!‹[a] [28]Ich sage
euch aber: Schon wer eine Frau mit be-
gehrlichen Blicken ansieht, der hat im
Herzen mit ihr die Ehe gebrochen.
[29]Wenn dich also dein rechtes Auge zur
Sünde verführt, dann reiß es heraus und
wirf es weg! Besser, du verlierst eins dei-
ner Glieder, als dass du unversehrt in die
Hölle geworfen wirst. [30]Und wenn dich
deine rechte Hand zum Bösen verführt,
so hack sie ab und wirf sie weg! Es ist
besser, verstümmelt zu sein, als unver-
sehrt in die Hölle geworfen zu werden.«

Ehescheidung
(Matthäus 19,9; Markus 10,11–12; Lukas 16,18)

[31]»Bisher hieß es: ›Wer sich von seiner
Frau trennen will, soll ihr eine Scheidungs-
urkunde geben.‹[b] [32]Ich sage euch aber:
Wer sich von seiner Frau trennt, obwohl
sie ihn nicht betrogen hat, der treibt sie
zum Ehebruch. Und wer eine geschiedene
Frau heiratet, der begeht Ehebruch.«

Keine Beteuerungen!

[33]»Ihr kennt auch diese Anweisung des
Gesetzes: ›Du sollst keinen Meineid
schwören und alles halten, was du vor
Gott versprochen hast.‹[c] [34]Ich sage euch
aber: Schwört überhaupt nicht! Schwört
weder beim Himmel – denn er ist Gottes
Thron – [35]noch bei der Erde – denn sie ist
der Schemel, auf dem seine Füße ruhen.
Beruft euch auch nicht auf Jerusalem,
denn sie ist die Stadt Gottes.[d] [36]Verbürge
dich auch nicht mit deinem Kopf für et-
was, denn du kannst ja nicht einmal ein
einziges Haar weiß oder schwarz wachsen
lassen. [37]Sag einfach ›Ja‹ oder ›Nein‹. Alle
anderen Beteuerungen zeigen nur, dass
du dich vom Bösen bestimmen lässt.«

Vergeltung durch Liebe
(Lukas 6,27–30.32–36)

[38]»Es heißt auch: ›Auge um Auge, Zahn
um Zahn!‹[e] [39]Ich sage euch aber: Leistet
keine Gegenwehr, wenn man euch Böses
antut! Wenn jemand dir eine Ohrfeige
gibt, dann halte die andere Wange auch
noch hin! [40]Wenn einer dich vor Gericht
bringen will, um dein Hemd zu bekom-
men, so gib ihm auch noch den Mantel!
[41]Und wenn einer von dir verlangt, eine
Meile mit ihm zu gehen, dann geh zwei
Meilen mit ihm! [42]Gib jedem, der dich
um etwas bittet, und weise keinen ab,
der etwas von dir leihen will.
[43]Es heißt bei euch: ›Liebt eure Freun-
de und hasst eure Feinde!‹[f] [44]Ich sage

---

[a] 2. Mose 20,14
[b] 5. Mose 24,1
[c] 3. Mose 19,12; 4. Mose 30,3
[d] Wörtlich: des großen Königs Stadt.
[e] 2. Mose 21,24
[f] 3. Mose 19,18

5,24 6,14–15 **5,29–30** Kol 3,5 **5,32** 1 Kor 7,10–11 **5,34–35** Jes 66,1; Ps 48,2–3 **5,37** Jak 5,12 **5,39** Röm 12,19.21; 1 Thess 5,15 **5,40** 1 Kor 6,7; Hebr 10,34 **5,42** 5 Mo 15,7–8 **5,44** 2 Mo 23,4–5; Spr 25,21–22; Lk 23,34; Apg 7,60; Röm 12,20; 1 Petr 3,9

aber: Liebt eure Feinde und betet für alle, die euch verfolgen! 45 So erweist ihr euch als Kinder eures Vaters im Himmel. Denn er lässt seine Sonne für Böse wie für Gute scheinen, und er lässt es regnen für Fromme und Gottlose. 46 Wollt ihr etwa noch dafür belohnt werden, dass ihr die Menschen liebt, die euch auch lieben? Das tun sogar die Zolleinnehmer, die sonst nur auf ihren Vorteil aus sind[a]! 47 Wenn ihr nur euren Freunden liebevoll begegnet, ist das etwas Besonderes? Das tun auch die, die von Gott nichts wissen. 48 Ihr aber sollt so vollkommen sein wie euer Vater im Himmel.«

Gutes tun

6 »Hütet euch davor, nur deshalb Gutes zu tun, damit die Leute euch bewundern. Sonst könnt ihr von eurem Vater im Himmel keinen Lohn mehr erwarten. 2 Wenn du einem Armen etwas gibst, dann posaune es nicht hinaus wie die Heuchler. Sie reden davon in den Synagogen und an jeder Straßenecke, um von allen gelobt zu werden. Das sage ich euch: Diese Leute haben sich ihren Lohn schon selber ausbezahlt. 3 Wenn du jemandem hilfst, dann soll deine linke Hand nicht wissen, was die rechte tut; 4 niemand soll davon erfahren. Dein Vater, der auch das Verborgene sieht, wird dich dafür belohnen.«

Wie man beten soll
(Markus 11,25–26; Lukas 11,2–4)

5 »Betet nicht wie die Heuchler! Sie beten gern in den Synagogen und an den Straßenecken, um gesehen zu werden. Ich sage euch: Diese Leute haben sich ihren Lohn schon selber ausbezahlt! 6 Wenn du beten willst, geh in dein Zimmer, schließ die Tür hinter dir zu, und bete zu deinem Vater. Und dein Vater, der auch das Verborgene sieht, wird dich dafür belohnen.

7 Leiere nicht endlose Gebete herunter wie Leute, die Gott nicht kennen. Sie meinen, sie würden bei Gott etwas erreichen, wenn sie nur viele Worte machen. 8 Folgt nicht ihrem schlechten Beispiel, denn euer Vater weiß genau, was ihr braucht, noch ehe ihr ihn um etwas bittet.

9 Ihr sollt deshalb so beten:

›Unser Vater im Himmel! Dein heiliger Name soll geehrt werden.

10 Lass deine neue Welt beginnen. Dein Wille geschehe hier auf der Erde, wie er im Himmel geschieht.

11 Gib uns auch heute wieder, was wir zum Leben brauchen.

12 Vergib uns unsere Schuld, wie wir denen vergeben, die uns Unrecht getan haben.

13 Lass uns nicht in Versuchung geraten, dir untreu zu werden,[b] und befreie uns vom Bösen. Denn dir gehören Herrschaft, Macht und Ehre für alle Zeiten. Amen![c]‹

14 Euer Vater im Himmel wird euch vergeben, wenn ihr den Menschen vergebt, die euch Unrecht getan haben. 15 Wenn ihr ihnen aber nicht vergeben wollt, dann wird Gott auch eure Schuld nicht vergeben.«

Verhalten beim Fasten

16 »Wenn ihr fastet, dann schaut nicht so drein wie die Heuchler! Sie setzen eine wehleidige Miene auf, damit jeder merkt, dass sie fasten. Ich sage euch: Diese Leute haben sich ihren Lohn schon selber ausbezahlt! 17 Wenn du fastest, dann pflege dein Äußeres so, 18 dass keiner etwas von deinem Verzicht merkt – außer deinem Vater im Himmel. Dein Vater, der auch das Verborgene sieht, wird dich belohnen.«

---

a »die … sind« ist sinngemäß ergänzt.
b Wörtlich: Führe uns nicht in Versuchung.
c In anderen Textzeugen endet das Gebet nach »vom Bösen«.

5,48 3 Mo 19,2* **6,1** 23,5; Eph 2,10* **6,5** Lk 18,11–12 **6,9** Jes 29,23 **6,10** 4,17; 26,39 **6,11** 1 Petr 5,7 **6,12** 18,21–35 **6,13** Joh 17,15; 1 Kor 10,13 **6,14–15** 18,35 **6,16–18** 9,14–15

Unvergänglicher Reichtum
(Lukas 12,33–34)

19 »Häuft in dieser Welt keine Reichtü-
mer an! Ihr wisst, wie schnell Motten
und Rost sie zerfressen oder Diebe sie
stehlen! 20 Sammelt euch vielmehr Schät-
ze im Himmel, die unvergänglich sind
und die kein Dieb mitnehmen kann.
21 Wo nämlich eure Schätze sind, da wird
auch euer Herz sein.«

Licht und Finsternis
(Lukas 11,34–36)

22 »Das Auge gibt dir Licht. Wenn deine
Augen das Licht einlassen, wirst du auch
im Licht leben. 23 Verschließen sich deine
Augen dem Licht, lebst du in Dunkel-
heit. Wenn aber das Licht in deinem In-
nern erloschen ist, wie tief ist dann die
Finsternis!«

Macht euch keine Sorgen!
(Lukas 12,22–31; 16,13)

24 »Niemand kann zwei Herren gleichzei-
tig dienen. Wer dem einen richtig dienen
will, wird sich um die Wünsche des ande-
ren nicht kümmern können. Er wird sich
für den einen einsetzen und den anderen
vernachlässigen. Auch ihr könnt nicht
gleichzeitig für Gott und das Geld leben.

25 Darum sage ich euch: Macht euch
keine Sorgen um euren Lebensunterhalt,
um Essen, Trinken und Kleidung. Leben
bedeutet mehr als Essen und Trinken,
und der Mensch ist wichtiger als seine
Kleidung. 26 Seht euch die Vögel an! Sie
säen nichts, sie ernten nichts und sam-
meln auch keine Vorräte. Euer Vater im
Himmel versorgt sie. Meint ihr nicht,
dass ihr ihm viel wichtiger seid? 27 Und
wenn ihr euch noch so viel sorgt, könnt
ihr doch euer Leben um keinen Augen-
blick verlängern.

28 Weshalb macht ihr euch so viele Sor-
gen um eure Kleidung? Seht euch an, wie
die Lilien auf den Wiesen blühen! Sie
können weder spinnen noch weben. 29 Ich
sage euch, selbst König Salomo war in
seiner ganzen Herrlichkeit nicht so
prächtig gekleidet wie eine dieser Blu-
men. 30 Wenn Gott sogar das Gras so
schön wachsen lässt, das heute auf der
Wiese grünt, morgen aber schon ver-
brannt wird, wie könnte er euch dann
vergessen? Vertraut ihr Gott so wenig?

31 Zerbrecht euch also nicht mehr den
Kopf mit Fragen wie: ›Werden wir genug
zu essen haben? Und was werden wir
trinken? Was sollen wir anziehen?‹ 32 Mit
solchen Dingen beschäftigen sich nur
Menschen, die Gott nicht kennen. Euer
Vater im Himmel weiß doch genau, dass
ihr dies alles braucht. 33 Sorgt euch vor al-
lem um Gottes neue Welt, und lebt nach
Gottes Willen! Dann wird er euch mit al-
lem anderen versorgen. 34 Deshalb sorgt
euch nicht um morgen – der nächste Tag
wird für sich selber sorgen! Es ist doch
genug, wenn jeder Tag seine eigenen Las-
ten hat.«

Verurteilt niemanden!
(Lukas 6,37–38.41–42)

7 »Urteilt nicht über andere, damit
Gott euch nicht verurteilt. 2 Denn so
wie ihr jetzt andere verurteilt, werdet
auch ihr verurteilt werden. Und mit dem
Maßstab, den ihr an andere legt, wird
man euch selber messen.

3 Warum siehst du jeden kleinen Split-
ter im Auge deines Bruders, aber den
Balken in deinem eigenen Auge be-
merkst du nicht? 4 Du sagst: ›Mein Bru-
der, komm her! Ich will dir den Splitter
aus dem Auge ziehen!‹ Dabei hast du
selbst einen Balken im Auge! 5 Du
Heuchler! Entferne zuerst den Balken
aus deinem Auge, dann kannst du klar se-
hen, um auch den Splitter aus dem Auge
deines Bruders zu ziehen.

6,19–21 Mk 10,21; Lk 12,16–21; Jak 5,2–3 **6,24** Lk 14,26; Jak 4,4 **6,25** Phil 4,6; 1 Petr 5,7
6,26 10,29–31 **6,29** 2 Chr 9,13–28 **6,30** 8,26 **6,31** 16,8 **6,33** 1 Kön 3,11–14; Röm 14,17
7,1 Jak 4,11–12 **7,2** Röm 14,10–12

6 Werft, was heilig ist, nicht vor die Hunde! Sie werden euch angreifen und in Stücke reißen. Und werft eure Perlen nicht vor die Säue! Sie werden die Perlen nur zertreten!«

Gott erhört Gebete
(Lukas 11,5–13)

7 »Bittet Gott, und er wird euch geben! Sucht, und ihr werdet finden! Klopft an, und euch wird die Tür geöffnet! 8 Denn wer bittet, der bekommt. Wer sucht, der findet. Und wer anklopft, dem wird geöffnet.

9 Würde jemand von euch seinem Kind einen Stein geben, wenn es um ein Stück Brot bittet? 10 Oder eine giftige Schlange, wenn es um einen Fisch bittet? 11 Wenn schon ihr hartherzigen Menschen euren Kindern Gutes gebt, wie viel mehr wird euer Vater im Himmel denen Gutes schenken, die ihn darum bitten!

12 So wie ihr von den Menschen behandelt werden möchtet, so behandelt sie auch. Denn das ist die Botschaft des Gesetzes und der Propheten.«

Zwei Wege
(Lukas 13,24)

13 »Geht durch das enge Tor! Denn das Tor zum Verderben ist breit und ebenso der Weg dorthin! Viele Menschen gehen ihn. 14 Aber das Tor, das zum Leben führt, ist eng, und der Weg dorthin ist schmal. Deshalb finden ihn nur wenige.«

Eine Warnung vor falschen Propheten
(Lukas 6,43–45)

15 »Nehmt euch in Acht vor denen, die in Gottes Namen auftreten und falsche Lehren verbreiten! Sie tarnen sich als sanfte Schafe, aber in Wirklichkeit sind sie reißende Wölfe. 16 Wie man einen Baum an seiner Frucht erkennt, so erkennt man sie an dem, was sie tun. Weintrauben kann man nicht von Dornbüschen und Feigen nicht von Disteln ernten.

17 Ein guter Baum bringt gute Früchte und ein kranker Baum schlechte. 18 Ein guter Baum wird keine schlechten Früchte tragen und ein kranker Baum keine guten. 19 Jeder Baum, der keine guten Früchte bringt, wird umgehauen und verbrannt. 20 Ebenso werdet ihr die falschen Propheten an ihren Taten erkennen.«

(Lukas 6,46; 13,26–27)

21 »Nicht, wer mich dauernd ›Herr‹ nennt, wird in Gottes neue Welt kommen, sondern wer den Willen meines Vaters im Himmel tut. 22 Am Tag des Gerichts werden zwar viele sagen: ›Aber Herr, wir haben doch als deine Propheten das weitergesagt, was du selbst uns aufgetragen hast! Wir haben doch in deinem Namen Dämonen ausgetrieben und mächtige Taten vollbracht!‹ 23 Aber ich werde ihnen antworten: ›Ich kenne euch nicht, denn ihr habt nicht nach meinem Willen gelebt. Geht mir aus den Augen!‹«

Ein festes Fundament
(Lukas 6,47–49)

24 »Wer meine Worte hört und danach handelt, der ist klug. Man kann ihn mit einem Mann vergleichen, der sein Haus auf felsigen Grund baut. 25 Wenn ein Wolkenbruch niedergeht, das Hochwasser steigt und der Sturm am Haus rüttelt, wird es trotzdem nicht einstürzen, weil es auf Felsengrund gebaut ist. 26 Wer sich meine Worte nur anhört, aber nicht danach lebt, der ist so unvernünftig wie einer, der sein Haus auf Sand baut. 27 Denn wenn ein Wolkenbruch kommt, die Flut das Land überschwemmt und der Sturm um das Haus tobt, wird es aus allen Fugen geraten und krachend einstürzen.«

7,6 10,14; Lk 23,8–9 **7,7** Jer 29,13–14; Joh 15,7* **7,11** Jak 1,17 **7,12** 22,36–40; Röm 13,8–10 **7,14** Joh 14,6 **7,15** Röm 16,17–18; 2 Tim 3,5 **7,16** Gal 5,19–23 **7,17–18** 12,33–35 **7,19** 3,10 **7,21** 21,28–31; Jak 1,22–25 **7,23** 25,41; 2 Tim 2,19 **7,26** Jak 1,22

Die Wirkung der Bergpredigt

28 Als Jesus seine Rede beendet hatte, wa-
ren die Zuhörer von seinen Worten tief
beeindruckt. 29 Denn anders als ihre
Schriftgelehrten sprach Jesus mit einer
Vollmacht, die Gott ihm verliehen hatte.

Jesus heilt einen Aussätzigen
(Markus 1,40–45; Lukas 5,12–16)

8 Eine große Menschenmenge folgte
Jesus, als er vom Berg herabstieg.
2 Da kam ein Aussätziger und fiel vor Je-
sus nieder: »Herr, wenn du willst, kannst
du mich heilen!«
3 Jesus streckte die Hand aus, berührte
ihn und sagte: »Ich will es tun! Sei ge-
sund!« Im selben Augenblick war der
Mann von seiner Krankheit geheilt. 4 Da
befahl ihm Jesus: »Sag niemandem etwas,
sondern geh sofort zum Priester, und lass
dich von ihm untersuchen. Bring das Op-
fer dar, wie es Mose vorgeschrieben hat.[a]
So werden die Priester sehen, dass ich im
Auftrag Gottes handle.«

Ein römischer Hauptmann vertraut Jesus
(Lukas 7,1–10; 13,28–30; Johannes 4,46–53)

5 Als Jesus in Kapernaum eintraf, kam ein
römischer Hauptmann zu ihm 6 und sagte:
»Herr, heile meinen Diener! Er liegt ge-
lähmt im Bett und leidet entsetzlich.«
7 Jesus antwortete: »Ich will mitkommen
und ihn heilen.« 8 Der Hauptmann erwi-
derte: »Herr, ich bin nicht wert, dich in
meinem Haus zu empfangen. Sag nur ein
einziges Wort, dann wird mein Diener
gesund. 9 Auch ich habe Vorgesetzte, de-
nen ich gehorchen muss, und ich erteile
selbst Befehle an meine Soldaten. Wenn
ich zu einem sage: ›Geh!‹, dann geht er.
Befehle ich einem anderen: ›Komm!‹,
dann kommt er. Und wenn ich zu mei-
nem Diener sage: ›Tu dies!‹, dann führt
er meinen Auftrag aus.«
10 Als Jesus das hörte, wunderte er sich
sehr. Er sagte zu den Menschen, die ihm
gefolgt waren: »Eins ist sicher: Unter
allen Juden in Israel bin ich keinem
Menschen mit einem so festen Glauben
begegnet. 11 Und ich sage euch: Viele
Menschen aus aller Welt werden kom-
men und mit Abraham, Isaak und Jakob
im Himmel das Freudenfest feiern.
12 Aber die ursprünglich für Gottes neue
Welt bestimmt waren, werden in die
tiefste Finsternis hinausgestoßen, wo es
nur Heulen und ohnmächtiges Jammern
geben wird.«
13 Dann sagte Jesus zu dem Haupt-
mann: »Geh wieder nach Hause! Was du
geglaubt hast, ist Wirklichkeit gewor-
den.« Zur selben Zeit wurde der Diener
gesund.

Viele werden geheilt
(Markus 1,29–34; Lukas 4,38–41)

14 Als Jesus in das Haus des Petrus kam,
lag dessen Schwiegermutter mit hohem
Fieber im Bett. 15 Jesus ergriff ihre Hand,
und sofort war das Fieber verschwunden.
Sie konnte sogar aufstehen und für ihre
Gäste sorgen.
16 Am selben Abend brachte man viele
von Dämonen beherrschte Menschen zu
Jesus. Er brauchte nur ein Wort zu sagen,
und die Besessenen wurden frei und alle
Kranken geheilt. 17 Dies geschah, damit
sich die Vorhersage des Propheten Jesaja
erfüllte: »Er nahm unsere Leiden auf sich
und heilte unsere Krankheiten.«[b]

Nachfolge duldet keinen Aufschub
(Lukas 9,57–62)

18 Als Jesus merkte, dass die Menschen-
menge um ihn immer größer wurde, ließ

---

[a] Vgl. 3. Mose 14,2–32
[b] Jesaja 53,4

7,28–29 Mk 1,22; Joh 7,46 **8,4** 9,30; 12,16 **8,8** Mk 1,7; 1 Kor 15,9 **8,11** Jes 2,2–3; 25,6 **8,13** 9,29; 15,28 **8,14** 1 Kor 9,5 **8,15** 9,25

er sich von seinen Jüngern über den See
an das andere Ufer rudern. 19 Da kam ein
Schriftgelehrter zu ihm und sagte: »Leh-
rer, ich will mit dir gehen, ganz gleich
wohin!« 20 Jesus antwortete ihm: »Die
Füchse haben ihren Bau, die Vögel ihre
Nester; aber der Menschensohn hat kei-
nen Platz, an dem er sich ausruhen
kann.«
21 Einer, der zu seinen Jüngern gehörte,
bat Jesus: »Herr, ich will erst noch mei-
nen Vater bestatten, aber dann möchte
ich mit dir ziehen.[a]« 22 Doch Jesus erwi-
derte: »Komm jetzt mit mir, und überlass
es den Toten, ihre Toten zu begraben!«

Herr über Wind und Wellen
(Markus 4,35–41; Lukas 8,22–25)

23 Danach stieg Jesus in ein Boot und fuhr
mit seinen Jüngern weg. 24 Mitten auf dem
See brach plötzlich ein gewaltiger Sturm
los, so dass die Wellen ins Boot schlugen.
Aber Jesus schlief. 25 Da weckten ihn die
Jünger und riefen voller Angst: »Herr,
hilf uns, wir gehen unter!« 26 Jesus ant-
wortete: »Warum habt ihr Angst? Habt
ihr denn kein Vertrauen zu mir?« Dann
stand er auf und bedrohte den Wind und
die Wellen. Sofort legte sich der Sturm,
und es wurde ganz still.
27 Alle fragten sich voller Staunen:
»Was ist das für ein Mensch? Selbst Wind
und Wellen gehorchen ihm!«

Von Dämonen beherrschte Menschen werden frei
(Markus 5,1–20; Lukas 8,26–39)

28 Als Jesus am anderen Seeufer die Ge-
gend um Gadara erreichte, liefen ihm
zwei Männer entgegen, die von Dämo-
nen beherrscht wurden. Sie hausten in
Grabhöhlen und waren so gefährlich,
dass sich niemand in ihre Nähe wagte.
29 Sie fingen an zu schreien: »Was willst
du von uns, du Sohn Gottes? Bist du ge-
kommen, um uns schon jetzt zu quälen?«
30 In einiger Entfernung wurde eine
große Schweineherde gehütet. 31 Die Dä-
monen baten ihn: »Wenn du uns schon
austreibst, dann lass uns wenigstens in
diese Schweineherde fahren!« 32 Jesus be-
fahl ihnen: »Ja, fort mit euch!« Da ließen
die Dämonen die Männer frei, bemäch-
tigten sich der Schweine, und die ganze
Herde stürzte den Abhang hinunter und
ertrank im See.
33 Verstört flohen die Hirten in die Stadt
und erzählten, wie die Besessenen befreit
worden waren. 34 Nun liefen alle Leute
aus der Stadt Jesus entgegen. Sie baten
ihn, ihre Gegend wieder zu verlassen.

Jesus hat die Macht, Sünden zu vergeben
(Markus 2,1–12; Lukas 5,17–26)

9 Jesus stieg in ein Boot und fuhr über
den See zurück nach Kapernaum, wo
er wohnte[b]. 2 Dort brachten sie auf einer
Trage einen Gelähmten zu ihm. Als Jesus
ihren festen Glauben sah, sagte er zu dem
Gelähmten: »Hab keine Angst, mein
Sohn! Deine Sünden sind dir vergeben.«
3 »Dieser Gotteslästerer!«, dachten
sich einige Schriftgelehrte. 4 Jesus durch-
schaute sie und fragte: »Warum habt ihr
so böse Gedanken? 5 Ist es leichter zu sa-
gen: ›Dir sind deine Sünden vergeben!‹
oder diesen Gelähmten zu heilen? 6 Aber
ich will euch zeigen, dass der Menschen-
sohn die Macht hat, hier auf der Erde
Sünden zu vergeben!« Und er forderte
den Gelähmten auf: »Steh auf, nimm dei-
ne Trage und geh nach Hause!« 7 Da
stand der Mann auf und ging nach Hause.
8 Als die Leute das sahen, erschraken sie.
Sie lobten Gott, der den Menschen so
große Macht gegeben hatte.

---

a »aber … ziehen« ist sinngemäß ergänzt.
b Wörtlich: in seine Stadt.

8,20 1 Kor 4,11 **8,21–22** 10,37 **8,26** 14,31; 16,8; Ps 89,10; 107,23–29 **8,29** Mk 1,24; 3,11 **9,1** 4,13 **9,2** Lk 7,48; Ps 130,4; Jes 43,25 **9,3** 26,65 **9,4** Joh 2,25 **9,6** Joh 5,36

Der Zolleinnehmer Matthäus
(Markus 2,13–17; Lukas 5,27–32)

9 Als Jesus durch die Stadt ging, sah er
den Zolleinnehmer Matthäus am Zoll sit-
zen. Jesus forderte ihn auf: »Komm, geh
mit mir!« Sofort stand Matthäus auf und
folgte ihm.
10 Später war Jesus mit seinen Jüngern
bei Matthäus zu Gast. Matthäus hatte
viele Zolleinnehmer eingeladen und an-
dere Leute mit schlechtem Ruf. 11 »Wes-
halb gibt sich euer Lehrer mit solchem
Gesindel ab?«, fragten die Pharisäer sei-
ne Jünger. 12 Jesus hörte das und antwor-
tete: »Die Gesunden brauchen keinen
Arzt, sondern die Kranken! 13 Begreift
doch endlich, was Gott meint, wenn er
sagt: ›Nicht auf eure Opfer oder Gaben
kommt es mir an, sondern darauf, dass
ihr barmherzig seid.‹[a] Ich bin gekom-
men, um Menschen in die Gemeinschaft
mit Gott zu rufen, die ohne ihn leben –
und nicht solche, die sich sowieso an sei-
ne Gebote halten.«

Neue Formen für das neue Leben
(Markus 2,18–22; Lukas 5,33–39)

14 Eines Tages kamen die Jünger des Jo-
hannes zu Jesus und erkundigten sich:
»Warum fasten deine Jünger eigentlich
nicht wie wir und die Pharisäer?« 15 Jesus
fragte: »Sollen die Hochzeitsgäste denn
traurig sein, solange der Bräutigam noch
bei ihnen ist? Die Zeit kommt früh ge-
nug, dass der Bräutigam ihnen genom-
men wird. Dann werden sie fasten.
16 Niemand flickt ein altes Kleid mit
neuem Stoff. Der alte Stoff würde an der
Flickstelle doch wieder reißen, und das
Loch würde nur noch größer. 17 Ebenso
füllt niemand jungen, gärenden Wein in
alte, brüchige Schläuche. Sonst platzen
sie, der Wein läuft aus, und die Schläuche
sind unbrauchbar. Nein, jungen Wein
füllt man in neue Schläuche! Nur so
bleibt beides erhalten.«

Macht über Krankheit und Tod
(Markus 5,21–43; Lukas 8,40–56)

18 Als Jesus noch mit ihnen redete, kam
ein Vorsteher der jüdischen Gemeinde
zu ihm, warf sich vor ihm nieder und sag-
te: »Meine Tochter ist gerade gestorben.
Aber du kannst sie wieder lebendig ma-
chen. Komm doch und leg deine Hände
auf sie!«
19 Während Jesus mit seinen Jüngern
zum Haus des Mannes ging, 20 berührte
eine Frau, die seit zwölf Jahren an schwe-
ren Blutungen litt, von hinten heimlich
eine Quaste seines Gewandes. 21 Denn sie
dachte: »Wenn ich wenigstens seine Klei-
der berühren kann, werde ich bestimmt
gesund.« 22 Jesus drehte sich um, sah sie
an und sagte: »Sei unbesorgt, meine Toch-
ter! Dein Glaube hat dir geholfen.« Im
selben Augenblick war die Frau gesund.
23 Jesus kam zum Haus des Synagogen-
vorstehers. Als er den Tumult der Leute
sah und die Trauermusik hörte, sagte er:
24 »Geht alle hinaus! Das Mädchen ist
nicht tot, es schläft nur.« Da lachten sie
ihn aus. 25 Als die Leute endlich hinaus-
getrieben waren, trat Jesus in das Zim-
mer des Mädchens und nahm die Hand
des Kindes. Da stand das Mädchen auf
und war gesund. 26 Die Nachricht davon
verbreitete sich wie ein Lauffeuer in der
ganzen Gegend.

Blinde sehen

27 Als Jesus weiterging, liefen ihm zwei
Blinde nach und schrien: »Du Sohn Da-
vids! Hilf uns doch!« 28 Sie folgten ihm bis
in das Haus, in dem er wohnte. Jesus frag-
te sie: »Glaubt ihr denn, dass ich euch
helfen kann?« »Ja, Herr!«, antworteten
sie. 29 Da berührte er ihre Augen und sag-

---

[a] Hosea 6,6

9,9 4,18–22 **9,11** 11,19; Lk 15,2 **9,13** 12,7; 1 Sam 15,22* **9,14** Lk 18,12 **9,15** 22,2 **9,20** 3 Mo 15,25–27 **9,21** Mk 3,10 **9,22** Mk 5,34* **9,24** Joh 11,11–13.25 **9,25** 8,15 **9,27** 20,30–31* **9,29** 8,13; 15,28

Verschwommener Blick

Lesen Sie Matthäus 7,1-5

Jesus sagt hier: Wer seine Beziehung in der Ehe verbessern will, indem er seinen Partner ändert (ihm den Splitter aus dem Auge zieht), der verschwendet nur seine Kraft. Man muss mit seinen eigenen Schwächen beginnen – dem Balken im eigenen Auge.

Damit soll nicht gesagt sein, dass Ihr Partner nicht auch seine Fehler hat. Allerdings ist das nicht der Punkt, an dem Sie anfangen sollen. Mitten in einer ehelichen Auseinandersetzung sollten Sie sich zuallererst die Frage stellen: „Was stimmt bei mir nicht? Wo liegen meine Fehler?" Diese Vorgehensweise mag Ihnen seltsam vorkommen. Sie denken ja vielleicht, Ihr Partner sei zu 95 Prozent an dem Problem schuld. Zwar halten Sie sich nicht für perfekt, aber Ihre Fehler scheinen Ihnen relativ gering. Selbst wenn das stimmt (bei näherer Betrachtung verschiebt sich die Gewichtung allerdings), liegt der Schlüssel zu einer Verbesserung der Situation immer noch bei Ihnen selbst. Jesus fordert Sie auf: „Entferne zuerst den Balken aus deinem Auge."

Wie aber geht das? Wie bekommt man einen „Balken" aus dem eigenen Auge heraus? Zunächst einmal sollten Sie Zeit allein mit Gott verbringen, am besten an einem Ort, an dem Sie laut mit ihm sprechen können. (Wenn Sie regelrecht feindselige Gefühle gegenüber Ihrem Partner haben, beginnen Sie vielleicht damit, zuerst seine Fehler aufzuschreiben, damit Sie den Kopf frei bekommen, sich mit Ihren eigenen Fehlern zu beschäftigen.) Als Nächstes bitten Sie Gott, Ihnen zu zeigen, was Sie falsch gemacht haben. Drittens hören Sie offen und still zu und gestehen Ihre eigene Schuld ein. Erst dann bekommen Sie einen klaren Blick, um sich auch mit den Fehlern Ihres Partners zu beschäftigen.

Nehmen Sie sich Zeit, um allein oder als Paar gemeinsam zu beten. Bitten Sie Gott, dass er Ihnen hilft …

- sich zuerst mit Ihrer eigenen Sünde zu beschäftigen, statt auf die Fehler Ihres Mannes/Ihrer Frau zu starren;
- Ihnen die Fähigkeit zur Selbstkritik zu schenken und Sie vor Heuchelei zu bewahren.

Wenn Sie noch mehr Zeit haben …

Besprechen Sie miteinander folgende Fragen oder denken Sie darüber nach:

- Warum sehen Sie eher die Fehler Ihres Partners statt Ihre eigenen?
- Warum ist die Anweisung Jesu (zuerst die eigene Sünde anzugehen, bevor man den anderen auf seine hinweist) wahr und hilfreich?
- Welche Rolle (wenn überhaupt) spielt jeder von Ihnen, wenn es darum geht, den anderen auf seine Fehler aufmerksam zu machen?

Lesen Sie auch die folgenden Abschnitte zum Thema Konflikte:
Johannes 8,1-11; Römer 2,1-4; Jakobus 4,11-12.

Ruhe finden

Lesen Sie Matthäus 11,25-30

In Matthäus 11 spricht Jesus eine deutliche Einladung aus: „Kommt alle her zu mir, die ihr euch abmüht und unter eurer Last leidet! Ich werde euch Ruhe geben." Diese sanften Worte mit ihrer Verheißung von Ruhe sprechen uns tief in unserer Seele an. Dann fährt Jesus fort: „Lasst euch von mir in den Dienst nehmen."

Jesus ruft uns nicht nur zu sich, damit wir unsere Last ablegen und uns ausruhen können. Er fordert uns auch auf, sein Joch auf uns zu nehmen. Ein Joch bedeutet Arbeit. Jesus will uns Ruhe und Frieden für unsere Seele schenken, aber das ist kein Freibrief für Untätigkeit. Wir lassen uns von Jesus in den Dienst nehmen und schließen uns mit anderen Christen zusammen, um gemeinsam für Gott etwas Gutes in dieser Welt zu erreichen. Die Bürde, die Jesus uns auferlegt, ist leicht im Vergleich zu der Last, die wir tragen, wenn wir unsere eigenen Wege gehen. Sind wir auf eigene Faust unterwegs und verschwenden keinen Gedanken an Gott und sein Wort, empfinden wir das bald als eine Last, die Tag für Tag schwerer wird. Doch wenn wir mit Christus unterwegs sind, entdecken wir, dass seine Bürde leicht ist und immer ein Ziel hat. Ja, es gibt Arbeit zu tun, aber sie erfüllt ihren Sinn.

Nehmen Sie sich Zeit, um allein oder als Paar gemeinsam zu beten.

- Fassen Sie den Entschluss, Ihre Last bei Jesus abzulegen und sich von ihm in den Dienst nehmen zu lassen.
- Nehmen Sie sein Geschenk der Ruhe an.
- Danken Sie ihm, dass er so sanft mit Ihnen umgeht.

Wenn Sie noch mehr Zeit haben ...

Besprechen Sie miteinander folgende Fragen oder denken Sie darüber nach:

- Wo stehen Sie zurzeit in Ihrem Leben: eher auf der Seite der Auszehrung und Überlastung oder eher auf der Seite der Ruhe und der leichten Bürde?
- Was spricht Sie an der Einladung von Jesus an?
- Warum fällt es Ihnen oft so schwer, Ihre eigene Last abzulegen?

Lesen Sie auch die folgenden Abschnitte zum Thema Ruhe:
2. Mose 33,12-14; Psalm 91,1-2; 127,1-2.

Den nächsten Impuls finden Sie auf S. 1082 a

te: »Was ihr mir zutraut, das soll sich er-
füllen.« 30 Sofort konnten sie sehen. Jesus
aber befahl ihnen nachdrücklich: »Nie-
mand darf von eurer Heilung erfahren.«
31 Trotzdem gingen sie los und erzählten
in der ganzen Gegend von Jesus.

Jesus heilt – der Widerstand wächst

32 Als die beiden gegangen waren, brach-
te man einen Stummen zu ihm, der von
einem bösen Geist beherrscht wurde.
33 Jesus trieb diesen Dämon aus, und so-
fort konnte der Mann reden. Darüber
wunderten sich die Leute sehr und riefen:
»So etwas haben wir in Israel noch nie
erlebt!«

34 Aber die Pharisäer redeten ihnen ein:
»Er hat seine Macht vom Obersten aller
Dämonen bekommen, darum kann er die
Menschen von bösen Geistern befreien.«

Jesus hat Mitleid mit den Menschen
(Markus 6,34; Lukas 10,2)

35 Danach zog Jesus durch die Städte und
Dörfer. Er sprach in den Synagogen und
verkündete überall im Land die rettende
Botschaft von Gottes neuer Welt. Wohin
er auch kam, heilte er alle Krankheiten
und Leiden. 36 Als er die vielen Menschen
sah, hatte er großes Mitleid mit ihnen. Sie
waren hilflos und verängstigt wie eine
Schafherde ohne Hirte.

37 »Die Ernte ist groß, aber es gibt nur
wenige Arbeiter«, sagte Jesus zu seinen
Jüngern. 38 »Darum bittet den Herrn, dass
er noch mehr Arbeiter aussendet, die sei-
ne Ernte einbringen!«

Die zwölf Apostel
(Markus 3,13–19; Lukas 6,13–16;
Apostelgeschichte 1,13)

10 In dieser Zeit rief Jesus seine
zwölf Jünger zu sich und gab ih-
nen die Macht, böse Geister auszutrei-
ben und die Kranken und Leidenden zu
heilen.

2 Das sind die Namen der zwölf Apos-
tel: Simon, den man auch Petrus nannte,
und sein Bruder Andreas; Jakobus, der
Sohn des Zebedäus, und sein Bruder Jo-
hannes; 3 Philippus und Bartholomäus;
Thomas und Matthäus, der ehemalige
Zolleinnehmer; Jakobus, der Sohn des
Alphäus, und Thaddäus; 4 Simon, der
ehemalige Freiheitskämpfer, und Judas
Iskariot, der Jesus später verriet.

Der Auftrag an die Apostel
(Markus 6,7–11;
Lukas 9,1–6; 10,3–12)

5 Diese Zwölf sandte Jesus aus und gab
ihnen folgenden Auftrag: »Geht nicht zu
den Nichtjuden oder in die Städte der Sa-
mariter, 6 sondern geht nur zu den Men-
schen aus dem Volk Israel, die sich von
Gott entfernt haben. Sie sind wie Schafe,
die ohne ihren Hirten verloren sind. 7 Ih-
nen sollt ihr diese Nachricht bringen:
›Jetzt beginnt Gottes neue Welt!‹ 8 Heilt
Kranke, weckt Tote auf, macht Aussätzi-
ge gesund und treibt Dämonen aus!

Tut alles, ohne etwas dafür zu verlan-
gen, denn ihr habt auch die Kraft dazu
ohne Gegenleistung bekommen. 9 Nehmt
kein Geld mit auf die Reise, weder Gold-
stücke noch Silber- oder Kupfermünzen,
10 auch keine Tasche, kein zweites Hemd,
keine Schuhe und keinen Wanderstock.
Denn weil ihr den Menschen dient, sollen
sie für euch sorgen.

11 Wenn ihr in eine Stadt oder in ein
Dorf kommt, dann sucht jemanden, der
würdig ist, euch aufzunehmen. Dort
bleibt, bis ihr weiterzieht. 12 Wenn ihr in
ein Haus eintretet, dann sagt: ›Friede sei
mit euch!‹ 13 Wenn seine Bewohner euch
und eure Botschaft annehmen,[a] so wird
der Friede, den ihr bringt, in diesem Haus
bleiben. Tun sie dies nicht, so wird der
Friede nicht bei ihnen sein.

---

[a] Wörtlich: Wenn das Haus würdig ist.

9,30 Mk 7,36* **9,33** 15,31 **9,34** 12,24–29 **9,35** 4,23 **9,36** Hes 34,5–6.11 **10,2** 16,18 **10,3** 9,9 **10,4** 26,47–50 **10,6** 15,24 **10,7** 4,17.23 **10,8** Mk 16,17–18 **10,10** 1 Kor 9,4.14; 1 Tim 5,18

14 Wenn ihr in einer Stadt oder in einem
Haus nicht willkommen seid und man eu-
re Botschaft nicht hören will, so geht fort
und schüttelt den Staub von euren Füßen
als Zeichen dafür, dass ihr die Stadt dem
Urteil Gottes überlasst[a]. 15 Ich sage euch:
Den Einwohnern von Sodom und Go-
morra wird es am Tag des Gerichts besser
ergehen als den Menschen einer solchen
Stadt.«

Jünger müssen mit Widerstand rechnen
(Markus 13,9–13;
Lukas 12,11–12; 21,12–19)

16 »Hört mir zu: Ich schicke euch wie
Schafe mitten unter die Wölfe. Seid klug
wie Schlangen, aber ohne Verschlagen-
heit wie Tauben. 17 Nehmt euch in Acht
vor den Menschen! Denn sie werden
euch vor die Gerichte zerren, und in den
Synagogen wird man euch auspeitschen.
18 Nur weil ihr zu mir gehört, werdet ihr
vor Machthabern und Königen verhört
werden. Dort werdet ihr meine Botschaft
bezeugen, denn sie und alle Völker müs-
sen von mir erfahren.

19 Wenn sie euch vor Gericht bringen,
braucht ihr euch nicht darum zu sorgen,
was ihr aussagen sollt! Denn zur rechten
Zeit wird Gott euch das rechte Wort ge-
ben. 20 Nicht ihr werdet es sein, die Rede
und Antwort stehen, sondern der Geist
eures Vaters im Himmel wird durch euch
sprechen.

21 In dieser Zeit wird ein Bruder den
anderen dem Henker ausliefern. Väter
werden ihre eigenen Kinder anzeigen.
Kinder werden gegen ihre Eltern vor-
gehen und sie hinrichten lassen. 22 Alle
Welt wird euch hassen, weil ihr euch zu
mir bekennt. Aber wer bis zum Ende
durchhält, wird gerettet.

23 Wenn man euch in der einen Stadt
verfolgt, dann flieht in eine andere. Ich
versichere euch: Noch ehe ihr meinen
Auftrag in allen Städten Israels aus-
geführt habt, wird der Menschensohn
kommen. 24 Ein Schüler steht nicht über
seinem Lehrer, und ein Diener hat es
nicht besser als sein Herr. 25 Sie können
zufrieden sein, wenn es ihnen genauso
geht wie ihren Lehrern und Herren.
Wenn sie aber den Herrn des Hauses
schon Obersten Teufel[b] genannt haben,
was werden sie erst zu seinen Angehöri-
gen sagen?«

Habt keine Angst vor den Menschen!
(Lukas 12,2–9; Markus 8,38)

26 »Fürchtet euch nicht vor denen, die
euch bedrohen. Denn jetzt kommt bald
die Zeit, in der das Verborgene ans Licht
kommt und alle Geheimnisse enthüllt
werden. 27 Was ich euch im Dunkeln sage,
das gebt am helllichten Tag weiter! Was
ich euch ins Ohr flüstere, das ruft vor al-
ler Welt laut hinaus! 28 Habt keine Angst
vor den Menschen, die zwar den Körper,
aber nicht die Seele töten können! Fürch-
tet vielmehr Gott, der Leib und Seele in
der Hölle vernichten kann.

29 Welchen Wert hat schon ein Spatz auf
dem Dach? Man kann zwei von ihnen für
einen Spottpreis kaufen! Trotzdem fällt
keiner tot zur Erde, wenn es euer Vater
nicht will. 30 Bei euch sind sogar die Haare
auf dem Kopf alle gezählt. 31 Darum habt
keine Angst! Ihr seid Gott mehr wert als
ein ganzer Spatzenschwarm.

32 Wer sich vor den Menschen zu mir
bekennt, zu dem werde ich mich auch
vor meinem Vater im Himmel bekennen.
33 Wer aber vor den Menschen nicht zu
mir steht, zu dem werde ich auch vor mei-
nem Vater im Himmel nicht stehen.«

---

[a] »als Zeichen … überlasst« ist sinngemäß ergänzt.
[b] *Wörtlich:* Beelzebul.

10,14 Apg 13,51; 18,6 **10,15** 1 Mo 19,24–25* **10,16** Röm 16,19; Eph 5,15 **10,17** Apg 5,40; 7,57–58; 2 Kor 11,24 **10,18** Apg 25,23; 27,24 **10,19–20** Joh 15,26*; Apg 4,8.13; 1 Kor 2,4 **10,22** 5,11–12; Joh 15,18–19 **10,23** Apg 8,1; Mt 16,28 **10,25** 9,34 **10,28** Ps 56,5; Hebr 10,31 **10,31** 6,26 **10,33** 2 Tim 2,12

Konsequenzen der Nachfolge
(Lukas 12,51–53; 14,26–27;
Markus 8,34–35; Johannes 12,25)

34 »Meint nur nicht, dass ich gekommen
bin, um Frieden auf die Erde zu brin-
gen. Nein, ich bringe Kampf! 35 Ich
werde Vater und Sohn, Mutter und
Tochter, Schwiegertochter und Schwie-
germutter gegeneinander aufbringen.
36 Die schlimmsten Feinde werden in der
eigenen Familie sein.
37 Wer seinen Vater oder seine Mutter,
seinen Sohn oder seine Tochter mehr
liebt als mich, der ist es nicht wert, mein
Jünger zu sein. 38 Und wer nicht bereit ist,
sein Kreuz auf sich zu nehmen und mir
nachzufolgen, der kann nicht zu mir ge-
hören. 39 Wer sich an sein Leben klam-
mert, der wird es verlieren. Wer es aber
für mich einsetzt, der wird es für immer
gewinnen.«

Nichts bleibt ohne Lohn
(Markus 9,41; Lukas 10,16;
Johannes 13,20)

40 »Wer euch aufnimmt, der nimmt mich
auf, und wer mich aufnimmt, der nimmt
Gott auf, der mich gesandt hat. 41 Wer
einen Propheten aufnimmt, weil Gott
diesen beauftragt hat, der wird auch wie
ein Prophet belohnt werden. Und wer
einen Menschen aufnimmt, weil dieser
nach Gottes Willen lebt, wird denselben
Lohn wie dieser empfangen. 42 Wer einen
meiner unbedeutendsten Jünger auch nur
mit einem Schluck kaltem Wasser er-
frischt, weil dieser zu mir gehört, der wird
seinen Lohn erhalten. Darauf könnt ihr
euch verlassen!«

11 Nachdem Jesus seinen zwölf Jün-
gern diese Anweisungen gegeben
hatte, zog er weiter, um die Menschen
in den Städten des Landes zu lehren
und ihnen die rettende Botschaft zu ver-
künden.

Jesus und Johannes der Täufer
(Lukas 7,18–30)

2 Johannes der Täufer saß zu der Zeit im
Gefängnis und hörte dort von den Taten
Jesu Christi. Er schickte seine Jünger mit
der Frage zu Jesus: 3 »Bist du wirklich der
Retter, der kommen soll, oder müssen
wir auf einen anderen warten?«
4 Jesus antwortete: »Geht zu Johannes
zurück und erzählt ihm, was ihr hört und
seht: 5 Blinde sehen, Gelähmte gehen,
Aussätzige werden geheilt, Taube hören,
Tote werden wieder lebendig, und den
Armen wird die rettende Botschaft ver-
kündet. 6 Und sagt ihm: Glücklich ist je-
der, der nicht an mir Anstoß nimmt.«
7 Als die Jünger des Johannes gegangen
waren, wandte sich Jesus an die Men-
schen, die sich um ihn versammelt hatten,
und fragte: »Was habt ihr von Johannes
erwartet, als ihr zu ihm in die Wüste hi-
nausgegangen seid? Wolltet ihr ein Schilf-
rohr sehen, das bei jedem Windhauch
hin- und herschwankt? 8 Oder wolltet ihr
einen Mann in vornehmer Kleidung se-
hen? Dann hättet ihr in die Königspaläste
gehen müssen! 9 Oder wolltet ihr einem
Propheten begegnen? Ja, Johannes ist
ein Prophet, und mehr als das. 10 Er ist
der Mann, von dem es in der Heiligen
Schrift heißt: ›Ich sende meinen Boten
dir voraus, der dein Kommen ankündigt
und die Menschen darauf vorbereitet.‹[a]
11 Ja, ich versichere euch: Von allen Men-
schen, die je geboren wurden, ist keiner
bedeutender als Johannes der Täufer.
Trotzdem ist der Geringste in Gottes neu-
er Welt größer als er. 12 Seit Johannes der
Täufer da ist, beginnt Gottes neue Welt,
wenn auch andere das mit Gewalt verhin-
dern wollen. 13 Das ganze Gesetz und die
Propheten bis hin zu Johannes haben da-
rauf hingewiesen. 14 Wenn ihr es begreifen
könnt: Johannes ist Elia, dessen Kommen
angekündigt wurde. 15 Hört genau auf das,
was ich euch sage.«

---

[a] Maleachi 3,1

10,35 10,21; 24,10 **10,37** 8,21–22; 5 Mo 33,9 **10,38–39** 16,24–25 **10,40** 18,5; Gal 4,14 **10,42** 25,40
11,2 14,3–4 **11,3** 3,11–12 **11,5** Jes 29,18–19* **11,7** 3,5 **11,9** Lk 1,76 **11,14** 17,10–13; Lk 1,17

Jesu Urteil über seine Zeitgenossen
(Lukas 7,31–35; 10,13–15)

16 »Wie soll ich die Menschen von heute
beschreiben? Sie sind wie spielende Kin-
der auf der Straße, die ihren Freunden
zurufen: 17 ›Wir haben Hochzeitslieder
gespielt, und ihr habt nicht getanzt. Dann
haben wir Klagelieder gesungen, und ihr
habt nicht geweint.‹ 18 Johannes fastete
oft und trank keinen Wein. Da habt ihr
gesagt: ›Der ist ja von einem bösen Geist
besessen!‹ 19 Nun ist der Menschensohn
gekommen, isst und trinkt wie jeder an-
dere, und ihr beschimpft ihn: ›Er frisst
und säuft, und seine Freunde sind die
Zolleinnehmer und anderes Gesindel!‹
Doch wie Recht die Weisheit Gottes hat,
erweist sich in dem, was sie bewirkt.«
20 Dann drohte Jesus den Städten, in
denen er die meisten Wunder getan hatte
und die trotzdem nicht zu Gott umge-
kehrt waren: 21 »Weh euch, ihr Einwohner
von Chorazin und Betsaida! Wenn die
Wunder, die ich bei euch getan habe, in
den nichtjüdischen Städten Tyrus oder
Sidon geschehen wären, ihre Einwohner
hätten längst Trauerkleider angezogen,
sich Asche auf den Kopf gestreut und wä-
ren zu Gott umgekehrt! 22 Das kann ich
euch versichern: Am Tag des Gerichts
wird es Tyrus und Sidon besser ergehen
als euch! 23 Und du, Kapernaum, wirst du
etwa zum Himmel erhoben werden?
Nein, zur Hölle wirst du fahren! Wenn
die Taten, die du erlebt hast, in Sodom
geschehen wären, die Stadt würde noch
heute stehen. 24 Darauf kannst du dich
verlassen: Es wird Sodom am Gerichtstag
besser ergehen als dir!«

Die neue Lebensordnung
(Lukas 10,21–22)

25 Jesus betete: »Mein Vater, Herr über
Himmel und Erde! Ich danke dir, dass
du die Wahrheit vor den Klugen und Ge-
bildeten verbirgst und sie den Unwissen-
den enthüllst. 26 Ja, Vater, so entspricht es
deinem Willen. 27 Mein Vater hat mir alle
Macht gegeben. Nur der Vater kennt den
Sohn. Und nur der Sohn kennt den Vater
und jeder, dem der Sohn ihn zeigt.
28 Kommt alle her zu mir, die ihr euch
abmüht und unter eurer Last leidet! Ich
werde euch Ruhe geben. 29 Lasst euch
von mir in den Dienst nehmen, und lernt
von mir! Ich meine es gut mit euch und
sehe auf niemanden herab. Bei mir findet
ihr Ruhe für euer Leben. 30 Mir zu dienen
ist keine Bürde für euch, meine Last ist
leicht.«

Gesetzlichkeit oder Liebe?
(Markus 2,23–28; Lukas 6,1–11)

12 An einem Sabbat ging Jesus mit
seinen Jüngern durch die Getrei-
defelder. Die Jünger waren hungrig und
rissen Ähren ab, um die Körner zu essen.
2 Als das die Pharisäer sahen, beschwer-
ten sie sich bei Jesus: »Sieh dir das an!
Es ist doch verboten, am Sabbat Getreide
zu ernten!«
3 Aber Jesus antwortete ihnen: »Habt
ihr denn nie gelesen, was David und seine
Männer getan haben? Als sie hungrig wa-
ren, 4 gingen sie in das Haus Gottes und
aßen von dem Brot, das Gott geweiht
war und das nur die Priester essen durf-
ten.[a] 5 Habt ihr nicht außerdem im Ge-
setz gelesen, dass die Priester auch am
Sabbat im Tempel arbeiten und so die
Sabbatvorschriften übertreten? Trotz-
dem sind sie frei von Schuld. 6 Ich will
euch nur das eine sagen: Hier ist einer,
der ist mehr als der Tempel. 7 Wenn ihr
verstanden hättet, was das bedeutet:
›Nicht auf eure Opfer oder Gaben
kommt es mir an, sondern darauf, dass
ihr barmherzig seid!‹[b], dann würdet ihr
nicht Unschuldige verurteilen. 8 Denn

---

[a] *Vgl. 1. Samuel 21,2–7*
[b] Hosea 6,6

11,18 Lk 1,15 **11,19** 9,10–11 **11,21–22** Jes 23,1–16* **11,21** Jona 3,6–9 **11,23** 4,13; 9,1
11,24 1 Mo 19,24–25* **11,25** 1 Kor 1,18–29 **11,27** Joh 1,18 **11,28** Jer 31,25 **11,30** 23,4
12,1 5 Mo 23,26 **12,2** 2 Mo 20,8–11* **12,3–4** 3 Mo 24,5–9 **12,5** 3 Mo 24,8; 4 Mo 28,9–10 **12,7** 9,13

der Menschensohn hat das Recht zu entscheiden, was am Sabbat erlaubt ist und
was nicht.«
9 Nach diesen Worten ging er weiter
und kam in ihre Synagoge. 10 Dort war
ein Mann mit einer verkrüppelten Hand.
Die Pharisäer fragten ihn: »Erlaubt das
Gesetz Gottes, am Sabbat zu heilen?«
Sie suchten damit einen Vorwand, um
Anklage gegen ihn zu erheben. 11 Jesus
antwortete: »Wenn jemand von euch nur
ein einziges Schaf besitzt, und das fällt
am Sabbat in den Brunnen, wird er es
nicht sofort herausholen? 12 Und ein
Mensch ist doch viel mehr wert als ein
Schaf! Also ist es erlaubt, am Sabbat Gutes zu tun.« 13 Dann forderte er den Mann
auf: »Streck deine Hand aus!« Er streckte
sie aus, und die Hand war gesund.
14 Da verließen die Pharisäer die Synagoge und berieten, wie sie Jesus töten
könnten.

Jesus erfüllt das Alte Testament

15 Jesus wusste, was die Pharisäer vorhatten, und ging weg. Viele Menschen
folgten ihm, und er heilte alle Kranken.
16 Er verbot ihnen jedoch, darüber zu
reden.
17 So sollte sich erfüllen, was der Prophet Jesaja vorausgesagt hatte: 18 »Dies
ist mein Knecht, den ich erwählt habe.
Ich liebe ihn und freue mich über ihn.
Ich werde ihm meinen Geist geben,
und er wird die Völker vor die Entscheidung stellen. 19 Er kämpft und streitet nicht. Seine Stimme wird auf der
Straße nicht zu hören sein. 20 Das geknickte Schilfrohr wird er nicht abbrechen und den glimmenden Docht nicht
auslöschen. Er wird das Recht zum Sieg
führen. 21 Deshalb ist er die Hoffnung
der ganzen Welt.«[a]

»Wer nicht für mich ist, der ist gegen mich« (Markus 3,20–30; Lukas 11,14–23)

22 Danach brachte man einen Mann zu
ihm, der blind und stumm war, weil ein
böser Geist ihn beherrschte. Jesus heilte
ihn, und er konnte wieder reden und sehen. 23 In großer Aufregung riefen da die
Menschen: »Ist dieser Jesus vielleicht
doch der versprochene Retter, der Sohn
Davids?« 24 Als die Pharisäer das hörten,
sagten sie: »Er kann nur deshalb die Dämonen austreiben, weil ihm der Teufel,
der Oberste aller Dämonen, die Macht
dazu gibt.«
25 Jesus kannte ihre Gedanken und entgegnete: »Ein Staat, in dem verschiedene
Herrscher um die Macht kämpfen, steht
vor dem Untergang. Eine Stadt oder eine
Familie, in der man ständig in Zank und
Streit lebt, hat keinen Bestand. 26 Wenn
der Satan sich selbst vertreiben würde,
dann bekämpfte er sich ja selbst und zerstörte damit sein eigenes Reich.
27 Wenn ihr behauptet, ich würde die
Dämonen durch die Kraft des Obersten
Teufels[b] austreiben, welche Kraft nutzen
dann eure eigenen Leute, um böse Geister auszutreiben? Sie selbst werden euch
das Urteil sprechen. 28 Wenn ich aber die
Dämonen durch den Geist Gottes austreibe, so beginnt Gottes neue Welt jetzt
– mitten unter euch! 29 Denn wer könnte
in das Haus eines starken Mannes eindringen und ihn berauben? Man müsste
ihn erst fesseln, und dann könnte man
sein Haus plündern.
30 Wer nicht für mich ist, der ist gegen
mich, und wer sich nicht für mich einsetzt, der führt die Menschen in die Irre!
31 Darum sage ich euch: Jede Sünde, ja
sogar Gotteslästerung, kann vergeben
werden. Wer aber den Heiligen Geist ver-

---

[a] Jesaja 42,1–4
[b] Wörtlich: Beelzebul.

12,11–12 Lk 13,15–16 **12,14** Joh 5,16 **12,16** Mk 7,36* **12,21** Röm 15,12 **12,23** 20,30–31* **12,24** 9,34 **12,28** Lk 17,21; 1 Joh 3,8 **12,29** Kol 2,15; 1 Joh 4,4 **12,30** Mk 9,40

lästert, der wird keine Vergebung finden.
32 Wer den Menschensohn beschimpft,
dem kann vergeben werden. Wer aber
den Heiligen Geist beschimpft, der wird
niemals Vergebung finden, weder jetzt
noch in der zukünftigen Welt.«

An den Früchten erkennt man den Baum
(Lukas 6,43–45)

33 »Wie der Baum, so die Frucht! Ein gu-
ter Baum trägt gute Früchte, ein schlech-
ter Baum trägt schlechte Früchte. 34 Ihr
Schlangenbrut! Wie könnt ihr durch und
durch bösen Leute überhaupt etwas Gu-
tes reden? Wovon das Herz erfüllt ist, das
spricht der Mund aus! 35 Wenn ein guter
Mensch spricht, zeigt sich, was an Gutem
in ihm ist. Ein Mensch mit einem bösen
Herzen ist innerlich voller Gift, und alle
merken es, wenn er redet.
36 Ich sage euch das, weil ihr am Ge-
richtstag Rechenschaft ablegen müsst
über jedes unnütze Wort, das ihr geredet
habt. 37 Eure Worte sind der Maßstab,
nach dem ihr freigesprochen oder ver-
urteilt werdet.«

»Wir wollen Beweise!«
(Matthäus 16,1–4; Markus 8,11–12; Lukas 11,29–32)

38 Einige Schriftgelehrte und Pharisäer
traten an Jesus heran und sagten: »Voll-
bringe vor unseren Augen ein Wunder als
Beweis dafür, dass Gott dich gesandt hat!«
39 Jesus antwortete ihnen: »Nur böse,
gottlose Menschen können dafür noch
Beweise verlangen. Ihr werdet aber nur
das gleiche Wunder zu sehen bekommen,
das am Propheten Jona geschah. 40 Jona
war drei Tage und drei Nächte im Bauch
des großen Fisches. Ebenso wird der
Menschensohn drei Tage und drei Näch-
te in den Tiefen der Erde sein. 41 Die Ein-
wohner von Ninive werden euch am Ge-
richtstag verurteilen, denn nach Jonas
Predigt kehrten sie um zu Gott. Der hier
vor euch steht, ist aber größer als Jona!
42 Die Königin aus dem Süden wird am
Gerichtstag Gottes als Zeugin gegen die-
ses Volk auftreten und es verurteilen.
Denn sie kam von weit her, um von der
Weisheit des Königs Salomo zu lernen.
Der aber hier vor euch steht, ist größer
als Salomo!«

Die Gefahr des Rückfalls
(Lukas 11,24–26)

43 »Wenn ein Dämon ausgetrieben wird,
irrt er in öden Gegenden umher auf der
Suche nach einem neuen Opfer. Findet er
keins, 44 entschließt er sich: ›Ich will dort-
hin zurückkehren, woher ich gekommen
bin.‹ Wenn er zurückkommt und seine
frühere Wohnung sauber und ge-
schmückt, aber leer vorfindet, 45 dann
sucht er sich sieben andere Geister, die
noch schlimmer sind als er selbst. Zusam-
men ergreifen sie Besitz von dem Men-
schen, der nun schlimmer dran ist als
vorher. Genauso wird es auch diesem
gottlosen Volk ergehen.«

Wer gehört zu Jesus?
(Markus 3,31–35; Lukas 8,19–21)

46 Als Jesus noch in dem überfüllten Haus
redete, kamen seine Mutter und seine
Geschwister und wollten ihn sprechen.
47 Einer der Anwesenden richtete es Jesus
aus. 48 Doch der fragte: »Wer ist meine
Mutter? Wer sind meine Geschwister?«
49 Dann zeigte er auf seine Jünger: »Seht
diese dort, sie sind meine Mutter und
meine Geschwister. 50 Denn wer den Wil-
len meines Vaters im Himmel tut, der ist
mein Bruder, meine Schwester und mei-
ne Mutter.«

Jesus redet in Gleichnissen

13 Am selben Tag verließ Jesus das
Haus und setzte sich an das See-

12,32 1 Tim 1,13 **12,33** 7,17–18 **12,34** 3,7 **12,36** Jak 3,6–10; Jud 15 **12,38** Joh 6,30 **12,40** Jona 2,1 **12,41** Jona 3,5–9 **12,42** 1 Kön 10,1–10 **12,45** 2 Petr 2,20 **12,46** Mk 6,3 **12,50** Röm 8,29; Hebr 2,11

Gut zuhören

Lesen Sie Matthäus 13,1-23

Das Thema Zuhören zieht sich wie ein roter Faden durch das Gleichnis vom Bauern, der Getreide aussät. Jesus beschreibt hier eine fortschreitende Entwicklung vom Hören über das Zuhören bis zum Verstehen. Je mehr wir zuhören und je besser wir zuhören, desto mehr verstehen wir. Das gilt ganz bestimmt für die Lehren Jesu, aber es trifft auch für Gespräche zwischen Ehepaaren zu.

Unserem Ehepartner zuzuhören, kann uns gar nicht wichtig genug sein. Zuhören zeigt dem anderen: „Ich schätze dich und unsere Beziehung." Für das Zuhören gibt es ein paar grundsätzliche Regeln: Respektieren Sie die Meinung Ihres Partners, auch wenn sie von der Ihren abweicht. Verurteilen Sie die Gedanken Ihres Partners nicht (denn das lähmt oder zerstört den Wunsch nach Kommunikation). Antworten Sie nicht zu schnell. Hören Sie doppelt so viel zu, wie Sie reden, und Sie werden Ihren Partner viel besser kennenlernen.

Wenn Ihr Partner zu sprechen beginnt, betrachten Sie das als einen „heiligen Augenblick". Der Mensch, den Sie lieben, möchte Ihnen etwas sagen. Wenn er sein Innerstes offenlegt, unterbrechen Sie diesen Strom der Mitteilung nicht. Zeigen Sie schon durch Ihre Körpersprache, dass Sie ganz Ohr sind. Lassen Sie alles andere beiseite und konzentrieren Sie sich ganz aufs Zuhören. Stellen Sie Fragen, um sicherzugehen, dass Sie alles richtig verstanden haben. Gutes, aktives Zuhören fördert die Kommunikation, und eine gute Kommunikation vertieft die Nähe zueinander.

Nehmen Sie sich Zeit, um allein oder als Paar gemeinsam zu beten. Bitten Sie Gott, Ihnen zu helfen, damit Sie nicht nur hören, sondern richtig zuhören und Ihren Mann/Ihre Frau verstehen. Bitten Sie ihn, Sie zu einem so guten Zuhörer zu machen, dass Sie den geliebten Menschen an Ihrer Seite immer besser kennenlernen. Bitten Sie Gott um die Selbstdisziplin, die Sie brauchen, um aktiv und aufmerksam zuzuhören.

Wenn Sie noch mehr Zeit haben ...

Besprechen Sie miteinander folgende Fragen oder denken Sie darüber nach:

- Was macht einen guten Zuhörer aus?
- Was können Sie tun, um gute Gespräche zu fördern und Ihrem Partner das Gefühl zu geben, dass er bei Ihnen Gehör findet?
- Welches Umfeld (Zeit und Ort) hilft Ihnen dabei, Ihre Gedanken und Gefühle mitzuteilen? (Überlegen Sie, ob Sie nicht einen Eheabend einführen wollen.)

Lesen Sie auch die folgenden Abschnitte zum Thema Kommunikation:
Sprüche 18,13; Philipper 2,4; Jakobus 1,19.

Ein starker Retter

Die folgenden Fragen können Sie entweder allein oder als Paar gemeinsam durchgehen. Wenn jeder für sich darüber nachdenkt, verabreden Sie sich in der kommenden Woche zu einem Austausch darüber, was Sie herausgefunden haben.

1. Lesen Sie Matthäus 16,13-17. Simon Petrus wusste, wer Jesus war. Woher wusste er es laut Jesu Worten?

2. „Messias" bedeutet „einer, der das Volk rettet". Warum ist das eine passende Bezeichnung für Jesus?

3. Jesus sagt zu Petrus, er könne sich glücklich schätzen.
Was bedeutet das im Zusammenhang mit diesen Versen?

4. Wie könnte Gott sich gegenüber solchen Menschen offenbaren, die ihn noch nicht kennen?

5. Was meinen Sie, wer Jesus ist?

6. Wie hat sich Ihr Verständnis dessen, wer Jesus ist, im Lauf der Zeit verändert, während Sie im Glauben gewachsen sind?

Matthäus 16,16

„Petrus antwortete: ‚Du bist Christus, der von Gott gesandte Retter, der Sohn des lebendigen Gottes!'"

KONKRET:

Fragen Sie Menschen aus Ihrem Freundeskreis, für wen sie Jesus halten. Tauschen Sie sich über die Antworten aus, die Sie gehört haben. Sind Sie von einigen überrascht? Warum?

Den nächsten Impuls finden Sie auf S. 1094 a

ufer. 2 Bald hatte sich eine große Men-
schenmenge um ihn versammelt. Darum
stieg er in ein Boot und redete von dort
zu den Menschen am Ufer. 3 Was er ihnen
von Gott zu sagen hatte, erklärte er ihnen
durch Gleichnisse.

Das Gleichnis vom Bauern, der Getreide aussät
(Markus 4,1–9; Lukas 8,4–8)

»Ein Bauer säte Getreide aus. 4 Dabei fie-
len ein paar Saatkörner auf den Weg. So-
fort kamen die Vögel und pickten sie auf.
5 Andere Körner fielen auf felsigen Bo-
den, wo nur wenig Erde war. Dort ging
die Saat zwar schnell auf, 6 aber als die
Sonne heiß brannte, vertrockneten die
Pflänzchen, weil ihre Wurzeln in der dün-
nen Erdschicht zu wenig Nahrung fan-
den. 7 Einige Körner fielen zwischen die
Disteln, doch diese hatten die junge Saat
bald überwuchert, so dass sie schließlich
erstickte. 8 Die übrige Saat aber fiel auf
fruchtbaren Boden und brachte das Drei-
ßigfache, das Sechzigfache, ja sogar das
Hundertfache der Aussaat als Ertrag.
9 Hört genau auf das, was ich euch sage!«

Warum redet Jesus in Gleichnissen?
(Markus 4,10–12; Lukas 8,9–10)

10 Später kamen seine Jünger und fragten
ihn: »Weshalb verwendest du solche
Gleichnisse, wenn du zu den Leuten re-
dest?« 11 Jesus antwortete: »Euch lässt
Gott die Geheimnisse seiner neuen Welt
verstehen, anderen sind sie verborgen.
12 Denn wer viel hat, der bekommt noch
mehr dazu, ja, er wird mehr als genug ha-
ben! Wer aber nichts hat, dem wird selbst
noch das Wenige, das er hat, genommen.
13 Deshalb rede ich in Gleichnissen.
Denn sie sehen, aber sie erkennen nicht;
sie hören, aber sie verstehen es nicht.
14 Damit erfüllt sich an ihnen, was der
Prophet Jesaja vorausgesagt hat: ›Ihr
werdet hören und nicht verstehen, sehen
und nicht erkennen. 15 Denn das Herz
dieses Volkes ist hart und gleichgültig.
Sie sind schwerhörig und verschließen
die Augen. Deshalb sehen und hören sie
nicht. Sie sind nicht einsichtig und wollen
nicht zu mir umkehren, darum kann ich
ihnen nicht helfen und sie heilen.‹[a]
16 Aber ihr könnt glücklich sein, denn
eure Augen können sehen und eure Oh-
ren können hören. 17 Ich sage euch: Viele
Propheten und Menschen, die Gott dien-
ten, hätten gern gesehen, was ihr seht,
und gehört, was ihr hört, aber die Zeit
war noch nicht da.«

Jesus erklärt das Gleichnis von der Aussaat
(Markus 4,13–20; Lukas 8,11–15)

18 »Ich will euch nun das Gleichnis von
dem Bauern erklären, der Getreide aus-
säte. 19 Wer die Botschaft von Gottes neu-
er Welt hört, sie aber nicht versteht, bei
dem kommt der Satan und reißt die Saat
aus seinem Herzen. Damit ist der ge-
meint, bei dem die Körner auf den Weg
fielen.
20 Wie felsiger Boden ist ein Mensch,
der die Botschaft hört und mit großer Be-
geisterung annimmt. 21 Aber sein Glaube
hat keine starke Wurzel und deshalb kei-
nen Bestand. Wenn dieser Mensch wegen
seines Glaubens in Schwierigkeiten gerät
oder gar verfolgt wird, wendet er sich
wieder von Gott ab.
22 Der von Disteln überwucherte Bo-
den entspricht einem Menschen, der die
Botschaft zwar hört, aber die Sorgen des
Alltags und die Verführung durch den
Wohlstand ersticken Gottes Botschaft,
so dass keine Frucht wachsen kann.
23 Aber es gibt auch fruchtbaren Bo-
den: den Menschen, der Gottes Botschaft
hört und versteht, so dass er Frucht
bringt, dreißig-, sechzig- oder hundert-
fach.«

---

[a] Jesaja 6,9–10

13,11 11,25; 1 Kor 2,10 **13,12** 25,29 **13,17** Hebr 11,13; 1 Petr 1,10–12 **13,21** 1 Thess 3,5
13,22 19,23–24; 1 Tim 6,9–10 **13,23** Joh 15,5

Das Gleichnis vom Unkraut im Weizen

24 Jesus erzählte ein anderes Gleichnis:
»Die neue Welt Gottes kann man verglei-
chen mit einem Bauern und der guten
Saat, die er auf sein Feld säte. 25 Eines
Nachts, als alles schlief, kam sein Feind,
säte Unkraut zwischen den Weizen und
schlich sich davon.

26 Als nun die Saat heranwuchs, ging
auch das Unkraut auf. 27 Da kamen die
Arbeiter des Bauern und fragten ihn:
›Hast du denn nicht gute Saat auf dein
Feld gesät? Woher kommt dann das Un-
kraut?‹

28 ›Das muss mein Feind gewesen sein‹,
antwortete der Bauer. ›Sollen wir das
Unkraut ausreißen?‹, fragten die Arbei-
ter. 29 ›Nein, dabei würdet ihr ja den Wei-
zen mit ausreißen. 30 Lasst beides bis zur
Ernte wachsen.

Dann werde ich den Erntearbeitern befehlen: Sammelt zuerst das Unkraut ein, bindet es zusammen und verbrennt es! Den Weizen aber bringt in meine Scheune!‹«

Die Gleichnisse vom Senfkorn und vom Sauerteig
(Markus 4,30–32; Lukas 13,18–21)

31 Noch ein anderes Gleichnis erzählte
ihnen Jesus: »Mit der neuen Welt Gottes
ist es wie mit einem Senfkorn, das auf ein
Feld gesät wird. 32 Es ist der kleinste Sa-
me, den es gibt. Aber wenn er aufgeht
und wächst, wird er größer als andere
Sträucher, ja, er wird zu einem Baum, in
dessen Zweigen die Vögel ihre Nester
bauen. 33 Man kann Gottes neue Welt
auch mit einem Sauerteig vergleichen,
den eine Frau unter eine große Menge[a]
Mehl mischt, bis alles durchsäuert ist.«

34 Jesus benutzte immer wieder solche
Gleichnisse, wenn er zu den Menschen
sprach. In keiner seiner Predigten fehlten
sie. 35 So sollte sich das Prophetenwort er-
füllen: »Ich werde in Gleichnissen zu
ihnen reden. Geheimnisse, die seit Welt-
beginn verborgen waren, will ich ihnen
enthüllen.«[b]

Jesus erklärt das Gleichnis vom Unkraut im Weizen

36 Dann schickte Jesus die vielen Men-
schen fort und ging ins Haus. Später ba-
ten ihn seine Jünger: »Erklär uns doch
das Gleichnis vom Unkraut auf dem
Acker.« 37 Jesus antwortete: »Der Men-
schensohn selbst ist der Bauer, der die
gute Saat aussät. 38 Der Acker ist die
Welt, die Saat sind die Menschen, die zu
Gottes neuer Welt gehören, und das Un-
kraut sind die Leute, die dem Satan ge-
horchen. 39 Der Feind, der das Unkraut
zwischen den Weizen sät, ist der Teufel.
Die Ernte ist das Ende der Welt, und die
Erntearbeiter sind die Engel.

40 Wie das Unkraut vom Weizen ge-
trennt und verbrannt wird, so wird es
auch am Ende der Welt sein: 41 Der Men-
schensohn wird seine Engel senden. Sie
werden aus der neuen Welt Gottes alle,
die Unrecht tun und andere zur Sünde
verführen, aussondern 42 und sie in den
brennenden Ofen werfen. Dort wird nur
Heulen und ohnmächtiges Jammern zu
hören sein. 43 Aber alle, die Gottes Willen
tun, werden in der neuen Welt ihres Va-
ters leuchten wie die Sonne.

Hört genau auf das, was ich euch sage!«

Der Schatz und die kostbare Perle

44 »Die neue Welt Gottes ist wie ein ver-
borgener Schatz, den ein Mann in einem
Acker entdeckte und wieder vergrub. In
seiner Freude verkaufte er sein gesamtes
Hab und Gut und kaufte dafür den Acker
mit dem Schatz.

---

[a] Wörtlich: drei Sata (1 Saton entspricht etwa 13 Litern).
[b] Psalm 78,2

13,30 Offb 14,14–15 **13,31** 17,20 **13,32** Hes 17,22–23 **13,38** 1 Kor 3,9 **13,41** 24,31 **13,43** Dan 12,3
13,44 19,29; Phil 3,7–8

45 Mit der neuen Welt Gottes ist es wie
mit einem Kaufmann, der auf der Suche
nach kostbaren Perlen ist. 46 Er entdeckt
eine Perle von unschätzbarem Wert. Des-
halb verkauft er alles, was er hat, und
kauft dafür die Perle.«

Das Gleichnis vom Fischernetz

47 »Man kann Gottes neue Welt auch mit
einem Netz vergleichen, das ins Meer ge-
worfen wird und in dem viele verschiede-
ne Fische gefangen werden. 48 Wenn das
Netz voll ist, zieht man es an Land, setzt
sich hin und sortiert die guten Fische in
Körbe. Die ungenießbaren aber werden
weggeworfen.
49 So wird es auch am Ende der Welt
sein. Die Engel werden kommen und die
gottlosen Menschen von denen trennen,
die so leben, wie Gott es will. 50 Sie wer-
den die Gottlosen in den brennenden
Ofen werfen. Dort wird nur Heulen und
ohnmächtiges Jammern zu hören sein.
51 Versteht ihr das alles?« »Ja«, erwi-
derten sie. 52 Jesus fügte hinzu: »Jeder
Schriftgelehrte, der zur neuen Welt Got-
tes gehört und davon reden kann, ist wie
ein Hausherr, der aus seiner Vorratskam-
mer Altes und Neues hervorholt.«

Jesus in seiner Heimatstadt Nazareth
(Markus 6,1–6; Lukas 4,16–30)

53 Nachdem Jesus diese Gleichnisse er-
zählt hatte, verließ er die Gegend,
54 kehrte in seinen Heimatort Nazareth
zurück und sprach dort in der Synagoge.
Alle staunten über ihn und fragten:
»Woher hat er diese Weisheit und die
Macht, Wunder zu tun? 55 Er ist doch der
Sohn eines Zimmermanns, und wir ken-
nen Maria, seine Mutter, und seine Brü-
der Jakobus, Josef, Simon und Judas.
56 Und auch seine Schwestern leben alle
unter uns. Woher hat er das alles nur?«
57 Sie ärgerten sich über ihn. Da sagte
Jesus: »Nirgendwo gilt ein Prophet weni-
ger als in seiner Heimat und in seiner ei-
genen Familie.« 58 Weil die Menschen in
Nazareth nicht an Jesus glaubten, tat er
dort nur wenige Wunder.

Johannes der Täufer wird ermordet
(Markus 6,14–29;
Lukas 3,19–20; 9,7–9)

14 Als Herodes, der Herrscher über
Galiläa, hörte, was man über Jesus
redete, 2 sagte er zu seinen Dienern: »Das
muss Johannes der Täufer sein. Er ist von
den Toten auferstanden! Deshalb kann er
solche Wunder tun.«
3 Herodes hatte Johannes nämlich ver-
haften und im Gefängnis in Ketten legen
lassen. Denn der König hatte Herodias,
die Frau seines eigenen Bruders Philip-
pus, geheiratet, 4 und daraufhin hatte Jo-
hannes ihm vorgeworfen: »Es ist nicht
richtig, dass du die Frau deines Bruders
geheiratet hast!« 5 Herodes hätte Johan-
nes am liebsten umgebracht; aber er wag-
te es nicht, weil er sich vor dem Volk
fürchtete, das in Johannes einen Prophe-
ten sah.
6 Als nun Herodes Geburtstag feierte,
tanzte die Tochter der Herodias vor den
Gästen. Herodes war so begeistert, 7 dass
er ihr mit einem Schwur versprach: »Bit-
te mich, um was du willst; ich will es dir
geben!«
8 Von ihrer Mutter angestiftet, bat sie
den König: »Dann lass mir sofort den
Kopf Johannes des Täufers auf einem
Teller herbringen.«
9 Der König war bestürzt. Aber weil er
sein Versprechen vor allen Gästen gege-
ben hatte, befahl er, 10 Johannes im Ge-
fängnis zu enthaupten. 11 Man brachte
den Kopf auf einem Teller, überreichte
ihn dem Mädchen, und die gab ihn ihrer
Mutter.
12 Die Jünger des Johannes holten sei-
nen Leichnam und bestatteten ihn. Dann
berichteten sie Jesus, was geschehen war.
13 Als Jesus dies hörte, fuhr er mit einem
Boot in eine entlegene Gegend. Er wollte
allein sein. Aber die Leute merkten, wo-

13,49 25,32 **13,54** 2,22–23; Joh 7,15 **13,55** Joh 6,42 **14,3** 11,2 **14,4** 3 Mo 18,16; 20,21 **14,5** 21,26

hin er gehen wollte, und folgten ihm in
Scharen von überall her auf dem Land-
weg.

Fünftausend werden satt
(Markus 6,30–44; Lukas 9,10–17; Johannes 6,1–13)

14 Als Jesus aus dem Boot stieg und die
vielen Menschen sah, hatte er Mitleid
mit ihnen und heilte die Kranken.
15 Gegen Abend kamen die Jünger zu
ihm und sagten: »Es ist spät geworden.
Schick die Leute weg, damit sie in die
Dörfer gehen und dort etwas zu essen
kaufen können! Hier gibt es doch
nichts!« 16 Aber Jesus antwortete: »Das
ist nicht nötig. Gebt *ihr* ihnen zu essen!«
17 »Wir haben ja nur fünf Brote und zwei
Fische«, wandten seine Jünger ein.
18 »Dann bringt sie her!«, sagte Jesus.
19 Er forderte die Leute auf, sich ins
Gras zu setzen. Er nahm die fünf Brote
und die beiden Fische, sah zum Himmel
auf und dankte Gott. Dann teilte er das
Brot, reichte es seinen Jüngern, und die
Jünger gaben es an die Menge weiter.
20 Alle aßen sich satt. Als man anschlie-
ßend die Reste einsammelte, da waren es
noch zwölf volle Körbe. 21 Etwa fünftau-
send Männer hatten an der Mahlzeit teil-
genommen, außerdem noch viele Frauen
und Kinder.

Jesus geht auf dem Wasser
(Markus 6,45–52; Johannes 6,15–21)

22 Gleich danach befahl Jesus seinen Jün-
gern, in ihr Boot zu steigen und an das
andere Ufer des Sees vorauszufahren. Er
selbst blieb zurück, um die Leute zu ver-
abschieden. 23 Dann ging er allein auf
einen Berg, um zu beten.
Es wurde Nacht. 24 Das Boot war noch
weit draußen auf dem See, da brach ein
schwerer Sturm los. Die Jünger konnten
kaum noch steuern.
25 In den frühen Morgenstunden kam
Jesus auf dem Wasser zu ihnen. 26 Als die
Jünger ihn sahen, schrien sie vor Entset-
zen, denn sie hielten ihn für ein Ge-
spenst. 27 Aber Jesus sprach sie sofort an:
»Habt keine Angst! Ich bin es doch,
fürchtet euch nicht!« 28 Da rief Petrus:
»Herr, wenn du es wirklich bist, lass mich
auf dem Wasser zu dir kommen.«
29 »Komm her!«, antwortete Jesus.
Petrus stieg aus dem Boot und ging Je-
sus auf dem Wasser entgegen. 30 Als Pet-
rus aber die hohen Wellen sah, erschrak
er, und im selben Augenblick begann er
zu sinken. »Herr, hilf mir!«, schrie er.
31 Jesus streckte ihm die Hand entgegen,
ergriff ihn und sagte: »Hast du so wenig
Glauben, Petrus? Vertrau mir doch!«
32 Sie stiegen ins Boot, und der Sturm leg-
te sich. 33 Da fielen sie alle vor Jesus nie-
der und riefen: »Du bist wirklich der
Sohn Gottes!«

Heilungen in Genezareth
(Markus 6,53–56)

34 Nach ihrer Überfahrt legten sie in
Genezareth an. 35 Als die Leute Jesus
erkannten, schickten sie Boten in die
benachbarten Orte, und man brachte alle
Kranken zu ihm.
36 Diese baten Jesus, wenigstens ein
Stück seiner Kleidung berühren zu
dürfen; und alle, die das taten, wurden
gesund.

Was ist rein – was unrein?
(Markus 7,1–23)

15 Kurz darauf kamen einige Phari-
säer und Schriftgelehrte aus Jeru-
salem zu Jesus und fragten ihn: 2 »Wes-
halb befolgen deine Jünger unsere
überlieferten Speisevorschriften nicht?
Sie waschen sich nicht einmal vor dem
Essen die Hände.« 3 Jesus fragte zurück:
»Und weshalb brecht ihr mit euren Vor-
schriften die Gebote Gottes?
4 So lautet ein Gebot Gottes: ›Ehre dei-

14,14–21 15,32–39 **14,20** 2 Kön 4,42–44 **14,23** Lk 5,16* **14,26** Lk 24,37 **14,31** 8,26 **14,33** Mk 15,39* **14,36** 9,21 **15,2** 23,25; Lk 11,38

nen Vater und deine Mutter! Wer seinen
Vater und seine Mutter verflucht, der soll
sterben.‹[a] 5 Ihr aber behauptet: Wenn je-
mand seinen hilfsbedürftigen Eltern er-
klärt: ›Ich kann euch nicht helfen, weil
ich mein Vermögen dem Tempel ver-
macht habe‹, dann hat er nicht gegen
Gottes Gebot verstoßen. 6 Damit setzt
ihr durch eure Vorschriften das Gebot
Gottes außer Kraft. 7 Ihr scheinheiligen
Heuchler! Wie Recht hat Jesaja, wenn er
von euch schreibt: 8 ›Diese Leute ehren
Gott mit den Lippen, aber mit dem Her-
zen sind sie nicht dabei. 9 Ihr Gottesdienst
ist wertlos, weil sie ihre menschlichen
Gesetze als Gebote Gottes ausgeben.‹[b] «

10 Dann rief Jesus die Menschenmenge
zu sich: »Hört, was ich euch sage, und be-
greift doch: 11 Nicht was ein Mensch zu
sich nimmt, macht ihn unrein, sondern
das, was er von sich gibt.«

12 Da traten die Jünger näher zu ihm
und sagten: »Weißt du, dass du damit die
Pharisäer verärgert hast?« 13 Jesus ant-
wortete: »Jede Pflanze, die nicht von mei-
nem himmlischen Vater gepflanzt wor-
den ist, wird ausgerissen. 14 Lasst euch
nicht einschüchtern! Sie wollen Blinde
führen, sind aber selbst blind. Wenn nun
ein Blinder einen anderen Blinden füh-
ren will, werden beide in den Abgrund
stürzen!«

15 Da sagte Petrus: »Erklär uns doch
noch einmal, was einen Menschen unrein
macht!« 16 Jesus fragte: »Selbst ihr habt es
immer noch nicht begriffen? 17 Wisst ihr
denn nicht, dass alles, was ein Mensch zu
sich nimmt, zuerst in den Magen kommt
und dann ausgeschieden wird? 18 Aber die
bösen Worte, die ein Mensch von sich
gibt, kommen aus seinem Herzen, und
nur sie lassen ihn unrein werden! 19 Aus
dem Herzen kommen die bösen Gedan-
ken wie: Mord, Ehebruch, sexuelle Zü-
gellosigkeit, Diebstahl, Lüge und Ver-
leumdung. 20 Durch sie wird der Mensch
vor Gott unrein, nicht dadurch, dass man
mit ungewaschenen Händen isst.«

Der unerschütterliche Glaube einer nichtjüdischen Frau
(Markus 7,24–30)

21 Danach verließ Jesus diese Gegend und
wanderte bis in das Gebiet der Städte Ty-
rus und Sidon. 22 Dort begegnete ihm eine
kanaanitische Frau, die in der Nähe
wohnte. Sie flehte ihn an: »Herr, du Sohn
Davids, hab Erbarmen mit mir! Meine
Tochter wird von einem bösen Geist
furchtbar gequält.« 23 Aber Jesus beachte-
te sie nicht. Seine Jünger drängten ihn:
»Erfüll doch ihre Bitte! Sie schreit sonst
dauernd hinter uns her.«

24 Da sagte er zu der Frau: »Ich habe
nur den Auftrag, den Israeliten zu helfen,
die sich von Gott abgewandt haben und
wie verlorene Schafe umherirren.« 25 Sie
kam aber noch näher, warf sich vor ihm
nieder und bettelte: »Herr, hilf mir!«
Aber Jesus antwortete wieder: 26 »Es ist
nicht richtig, wenn man den Kindern das
Brot wegnimmt und es den Hunden vor-
wirft.« 27 »Ja, Herr«, erwiderte die Frau,
»aber die kleinen Hunde bekommen
doch auch die Krümel, die vom Tisch
ihrer Herren herunterfallen.« 28 Jesus ant-
wortete ihr: »Dein Glaube ist groß. Was
du erwartest, soll geschehen.« Im selben
Augenblick wurde ihre Tochter gesund.

Jesus heilt viele Kranke
(Markus 7,31–37)

29 Jesus kehrte an den See Genezareth zu-
rück. Er stieg auf einen Berg und setzte
sich dort hin. 30 Eine große Menschen-
menge kam zu Jesus. Unter ihnen waren
Gelähmte, Blinde, Verkrüppelte, Stum-
me und viele andere Kranke. Man brach-
te sie zu Jesus, und er heilte sie alle. 31 Die
Menschen konnten es kaum fassen, als

---

[a] 2. Mose 20,12; 21,17
[b] Jesaja 29,13
15,5 1 Tim 5,8 **15,6** Jer 8,8 **15,11** 1 Kor 8,1–13* **15,14** 23,16.24; Röm 2,17–24 **15,19** Gal 5,19–21
15,22 20,30–31* **15,24** 10,5–6; Röm 15,8 **15,28** 8,13; 9,29

sie sahen, wie Stumme reden, Gelähmte
gehen und Blinde sehen konnten. Und
sie lobten den Gott Israels.

Viertausend werden satt
(Markus 8,1–10)

32 Danach rief Jesus seine Jünger zu sich
und sagte: »Die Leute tun mir leid. Sie
sind jetzt schon drei Tage bei mir und ha-
ben nichts mehr zu essen. Ich will sie
nicht hungrig wegschicken, sie würden
den weiten Weg nach Hause nicht schaf-
fen.« 33 Aber die Jünger antworteten:
»Woher sollen wir hier in dieser verlasse-
nen Gegend genügend Brot bekommen,
damit so viele Menschen satt werden?«
34 Jesus fragte: »Wie viele Brote habt ihr
denn?« Sie antworteten: »Sieben Brote
und ein paar kleine Fische!« 35 Da forder-
te Jesus die Menschen auf, sich zum Es-
sen niederzulassen. 36 Nun nahm er die
sieben Brote und die Fische. Er dankte
Gott für das Essen, teilte die Brote und
Fische und gab sie den Jüngern, die sie
an die Leute weiterreichten. 37/38 Jeder
aß, bis er satt war; etwa viertausend Män-
ner waren dabei, die Frauen und Kinder
nicht mitgerechnet. Anschließend sam-
melten die Jünger die Reste ein: Sieben
Körbe voll waren noch übrig geblieben.
39 Jetzt erst schickte Jesus die Leute nach
Hause. Er selbst aber bestieg ein Boot
und setzte nach Magadan über.

»Beweise, dass du von Gott kommst!«
(Matthäus 12,38–39;
Markus 8,11–13; Lukas 12,54–56)

16 Eines Tages kamen Pharisäer und
Sadduzäer, um Jesus auf die Probe
zu stellen. Sie verlangten von ihm einen
eindeutigen Beweis für seinen göttlichen
Auftrag. 2/3 Jesus sagte ihnen: »Ihr könnt
das Wetter aus den Zeichen am Himmel
vorhersagen: Abendrot zeigt gutes Wetter
für den nächsten Tag an, Morgenröte be-
deutet schlechtes Wetter. Aber was heute
vor euren Augen geschieht, das könnt ihr
nicht richtig beurteilen! 4 Dieses böse,
gottlose Volk verlangt einen Beweis.
Doch sie werden kein anderes Wunder zu
sehen bekommen als das, was an dem Pro-
pheten Jona geschah.« Mit diesen Worten
ließ Jesus sie stehen und ging weg.

Schlimmer als Hunger
(Markus 8,14–21; Lukas 12,1)

5 Als sie an das andere Seeufer gekom-
men waren, stellten seine Jünger fest,
dass sie vergessen hatten, Brot mitzuneh-
men. 6 Da warnte sie Jesus: »Hütet euch
vor dem Sauerteig der Pharisäer und
Sadduzäer!« 7 Die Jünger überlegten,
was er wohl damit meinte: »Das sagt er
bestimmt, weil wir das Brot vergessen
haben.«
8 Jesus merkte, worüber sie sprachen,
und fragte: »Weshalb macht ihr euch
gleich Sorgen, wenn einmal nichts zu
essen da ist? Traut ihr mir so wenig zu?
9 Werdet ihr denn nie zur Einsicht kom-
men? Habt ihr vergessen, dass ich fünf-
tausend Menschen mit fünf Broten gesät-
tigt habe? Und wie viele Körbe habt ihr
mit Resten gefüllt? 10 Oder denkt an die
sieben Brote, die ich an viertausend Men-
schen verteilt habe! Und wie viel ist da-
mals übrig geblieben! 11 Wie kommt ihr
auf den Gedanken, dass ich vom Essen
rede, wenn ich euch sage: Hütet euch vor
dem Sauerteig der Pharisäer und Saddu-
zäer?« 12 Erst jetzt begriffen sie, dass Je-
sus mit dem Sauerteig die falschen Leh-
ren der Pharisäer und Sadduzäer gemeint
hatte.

Wer ist Jesus?
(Markus 8,27–30; Lukas 9,18–21)

13 Als Jesus in die Gegend von Cäsarea
Philippi kam, fragte er seine Jünger: »Für
wen halten die Leute den Menschen-
sohn?« 14 Die Jünger erwiderten: »Einige

15,32–39 14,14–21 **16,1** Joh 6,30; 1 Kor 1,22 **16,4** 12,39–41; Jona 2,1 **16,8** 8,26 **16,9** 14,20
16,10 15,37–38 **16,14** 14,2; 17,10–13; 21,11

meinen, du seist Johannes der Täufer.
Andere halten dich für Elia, für Jeremia
oder einen anderen Propheten.«
15 »Und für wen haltet ihr mich?«, frag-
te er sie. 16 Da antwortete Petrus: »Du bist
Christus, der von Gott gesandte Retter,
der Sohn des lebendigen Gottes!« 17 »Du
kannst wirklich glücklich sein, Simon,
Sohn des Jona!«, sagte Jesus. »Diese Er-
kenntnis hat dir mein Vater im Himmel
gegeben; von sich aus kommt ein Mensch
nicht zu dieser Einsicht. 18 Ich sage dir:
Du bist Petrus[a]. Auf diesen Felsen will
ich meine Gemeinde bauen, und selbst
die Macht des Todes[b] wird sie nicht be-
siegen können. 19 Ich will dir die Schlüssel
zu Gottes neuer Welt geben. Was du auf
der Erde binden wirst, das soll auch im
Himmel gebunden sein. Und was du auf
der Erde lösen wirst, das soll auch im
Himmel gelöst sein.«
20 Darauf verbot er seinen Jüngern
streng, den Leuten zu sagen, dass er der
Christus sei.

Jesus spricht zum ersten Mal von seinem Tod
(Markus 8,31–33; Lukas 9,22)

21 Während dieser Zeit sprach Jesus mit
seinen Jüngern zum ersten Mal von sei-
nem Tod: »Wir müssen nach Jerusalem
gehen. Dort werden mich die führenden
Männer des Volkes, die Hohenpriester
und Schriftgelehrten foltern und töten.
Aber am dritten Tag werde ich von den
Toten auferstehen.« 22 Da nahm Petrus
ihn zur Seite, um ihn von diesen Gedan-
ken abzubringen: »Herr, das möge Gott
verhindern! So etwas darf dir nicht zusto-
ßen!« 23 Aber Jesus wandte sich von ihm
ab und rief: »Weg mit dir, Satan! Du willst
mich hindern, meinen Auftrag zu erfül-
len. Du verstehst Gottes Gedanken nicht,
weil du nur menschlich denkst!«

Alles hingeben, um alles zu gewinnen
(Markus 8,34 – 9,1; Lukas 9,23–27)

24 Danach sprach Jesus zu seinen Jüngern:
»Wer mir nachfolgen will, darf nicht mehr
sich selbst in den Mittelpunkt stellen,
sondern muss sein Kreuz auf sich neh-
men und mir nachfolgen. 25 Wer sich an
sein Leben klammert, der wird es verlie-
ren. Wer aber sein Leben für mich ein-
setzt, der wird es für immer gewinnen.
26 Denn was gewinnt ein Mensch, wenn
ihm die ganze Welt zufällt, er selbst aber
dabei Schaden nimmt? Er kann sein
Leben ja nicht wieder zurückkaufen!
27 Denn der Menschensohn wird mit
seinen Engeln in der Herrlichkeit seines
Vaters kommen und jeden nach seinen
Taten richten. 28 Und ich sage euch: Eini-
ge von euch, die hier stehen, werden
nicht sterben, bevor sie den Menschen-
sohn in seiner Königsherrschaft haben
kommen sehen.«

Die Jünger erleben Jesu Herrlichkeit
(Markus 9,2–13; Lukas 9,28–36)

17 Sechs Tage später ging Jesus mit
Petrus, Jakobus und dessen Bru-
der Johannes auf einen hohen Berg. Sie
waren dort ganz allein. 2 Da wurde Jesus
vor ihren Augen verwandelt: Sein Ge-
sicht leuchtete wie die Sonne, und seine
Kleider strahlten hell. 3 Dann erschienen
Mose und Elia und redeten mit Jesus.
4 Petrus rief: »Herr, hier gefällt es uns!
Wenn du willst, werden wir drei Hütten
bauen, für dich, für Mose und für Elia.«
5 Noch während er so redete, hüllte sie
eine leuchtende Wolke ein, und aus der
Wolke hörten sie eine Stimme: »Das ist
mein geliebter Sohn, an dem ich meine
Freude habe. Auf ihn sollt ihr hören.«
6 Bei diesen Worten fielen die Jünger er-
schrocken zu Boden. 7 Aber Jesus kam zu

---

a Der Name Petrus ist vom griechischen Wort für »Fels« abgeleitet.
b Wörtlich: die Tore des Totenreiches.

16,16 Mk 15,39* **16,17** 11,27; 1 Kor 2,10 **16,18** Eph 2,20 **16,19** 18,18; Joh 20,23 **16,20** Mk 7,36* **16,21** 17,22–23; 20,18–19 **16,22–23** 1 Kor 1,23; 1 Petr 2,8 **16,24** 1 Petr 2,21 **16,25** Offb 12,11 **16,26** Lk 12,16–21 **16,27** Joh 5,29; Röm 2,6; Offb 22,12 **16,28** 10,23 **17,1–8** 2 Petr 1,16–18 **17,1** 26,37; Mk 5,37 **17,2** Offb 1,16 **17,5** 3,17; Ps 2,7; 5 Mo 18,15

ihnen, berührte sie und sagte: »Steht auf!
Fürchtet euch nicht!« 8 Und als sie auf-
sahen, waren sie mit Jesus allein.
9 Während sie den Berg hinabstiegen,
befahl ihnen Jesus: »Erzählt keinem, was
ihr gesehen habt, bis der Menschensohn
von den Toten auferstanden ist!«
10 Da fragten ihn seine Jünger: »Wes-
halb behaupten die Schriftgelehrten, dass
zuerst Elia kommen muss?« 11 Jesus ant-
wortete ihnen: »Sie haben Recht! Zuerst
kommt Elia, um alles vorzubereiten.
12 Doch ich sage euch: Er ist bereits ge-
kommen, aber man hat ihn nicht erkannt.
Sie haben mit ihm gemacht, was sie woll-
ten. Und auch der Menschensohn wird
durch sie leiden müssen.« 13 Nun erkann-
ten die Jünger, dass er von Johannes dem
Täufer sprach.

Die Ohnmacht der Jünger und die Vollmacht Jesu

(Markus 9,14–29; Lukas 9,37–43)

14 Als sie zu der Menschenmenge zurück-
gekehrt waren, kam ein Mann zu Jesus,
fiel vor ihm nieder 15 und sagte: »Herr,
hab Erbarmen mit meinem Sohn! Er lei-
det unter schweren Anfällen. Oft stürzt
er dabei sogar ins Feuer oder ins Wasser.
16 Ich habe ihn zu deinen Jüngern ge-
bracht, aber sie konnten ihm nicht hel-
fen.« 17 Jesus rief: »Warum vertraut ihr
Gott so wenig? Warum hört ihr nicht auf
ihn? Wie lange muss ich noch bei euch
sein und euch ertragen? Bringt das Kind
her zu mir!« 18 Jesus bedrohte den bösen
Geist. Sofort ließ er von dem Kranken
ab, und der Junge war wieder gesund.
19 Als sie später unter sich waren, frag-
ten die Jünger Jesus: »Weshalb konnten
wir diesen Dämon nicht austreiben?«
20 »Weil ihr nicht wirklich glaubt«, ant-
wortete Jesus. »Wenn euer Glaube nur
so groß wäre wie ein Senfkorn, könntet
ihr zu diesem Berg sagen: ›Rücke von
hier dorthin!‹, und es würde geschehen.
Nichts wäre euch unmöglich! 21 Solche
Geister können nur durch Gebet und
Fasten vertrieben werden.[a] «

Jesus spricht wieder von seinem Tod

(Markus 9,30–32; Lukas 9,43–45)

22 Eines Tages, als Jesus sich mit seinen
Jüngern in Galiläa aufhielt, sagte er zu
ihnen: »Der Menschensohn wird bald in
der Gewalt der Menschen sein. 23 Sie wer-
den ihn töten. Aber am dritten Tag wird
er auferstehen.« Da wurden seine Jünger
sehr traurig.

Die Tempelsteuer

24 Bei ihrer Ankunft in Kapernaum ka-
men die Steuereinnehmer des Tempels
zu Petrus und fragten: »Zahlt euer Leh-
rer keine Tempelsteuer?« 25 »Natürlich
tut er das«, antwortete Petrus und ging
in das Haus, um mit Jesus darüber zu re-
den. Doch Jesus kam ihm zuvor: »Was
meinst du, Petrus, von wem fordern die
Könige Abgaben und Steuern, von ihren
eigenen Söhnen oder von ihren Unterta-
nen?« 26 »Von den Untertanen natürlich«,
antwortete Petrus. Jesus erwiderte:
»Dann sind die eigenen Söhne also steu-
erfrei. 27 Doch wir wollen ihnen keinen
Anlass geben, uns anzuklagen, darum
geh an den See und wirf die Angel aus.
Dem ersten Fisch, den du fängst, öffne
das Maul. Du wirst darin eine Münze fin-
den, die für deine und meine Abgabe aus-
reicht. Bezahle damit die Tempelsteuer!«

Gott hat andere Maßstäbe

(Markus 9,33–37; Lukas 9,46–48)

18 In dieser Zeit fragten die Jünger
Jesus: »Wer ist wohl der Wichtigste
in Gottes neuer Welt?«
2 Jesus rief ein kleines Kind, stellte es in
die Mitte 3 und sprach: »Das will ich euch
sagen: Wenn ihr euch nicht ändert und so

---

[a] In anderen Textzeugen endet die Rede mit Vers 20.

17,9 Mk 7,36* **17,10–11** Mal 3,23–24 **17,12** 11,14; 14,3–11 **17,20** 21,21; Lk 17,6 **17,22–23** 16,21; 20,18–19 **17,24** 2 Mo 30,13–14 **18,3** 19,14; 1 Kor 14,20

werdet wie die Kinder, kommt ihr nie in
Gottes neue Welt. 4 Wer aber so klein und
demütig sein kann wie ein Kind, der ist
der Größte in Gottes neuer Welt. 5 Und
wer solch ein Kind mir zuliebe aufnimmt,
der nimmt mich auf.«

Lasst euch nicht zum Bösen verleiten!
(Matthäus 5,29–30; Markus 9,42–48; Lukas 17,1–2)

6 »Wer in einem Menschen den Glauben,
wie ihn ein Kind hat, zerstört, für den
wäre es noch das Beste, mit einem Mühl-
stein um den Hals ins tiefe Meer gewor-
fen zu werden. 7 Wehe der Welt, denn sie
verführt zum Unglauben! Solche Ver-
suchungen können ja nicht ausbleiben.
Aber wehe dem, der daran schuld ist!

8 Deshalb: Wenn deine Hand oder dein
Fuß dich zum Bösen verführen, hack sie
ab und wirf sie weg. Es ist besser, du
gehst verkrüppelt und lahm ins ewige Le-
ben als mit gesunden Händen und Füßen
ins ewige Feuer. 9 Wenn dich dein Auge
zur Sünde verführt, dann reiß es heraus
und wirf es weg. Es ist besser, einäugig
das ewige Leben zu erhalten, als mit bei-
den Augen ins Feuer der Hölle geworfen
zu werden.«

Jesus sucht Verlorene
(Lukas 15,3–7)

10 »Hütet euch davor, hochmütig auf die
herabzusehen, die euch gering erschei-
nen. Denn ich sage euch: Ihre Engel ha-
ben immer Zugang zu meinem Vater im
Himmel.[a]

12 Was meint ihr: Wenn ein Mann hun-
dert Schafe hat und eins läuft ihm davon,
was wird er tun? Lässt er nicht die neun-
undneunzig in den Bergen zurück, um
das verirrte Schaf zu suchen? 13 Und ich
versichere euch: Wenn er es endlich ge-
funden hat, freut er sich über dieses eine
mehr als über die neunundneunzig, die
sich nicht verlaufen hatten. 14 Ebenso will
mein Vater nicht, dass auch nur einer,
und sei es der Geringste, verloren geht.«

Einander ermahnen
(Lukas 17,3)

15 »Wenn dein Bruder Schuld auf sich ge-
laden hat, dann geh zu ihm und sag ihm,
was er falsch gemacht hat. Wenn er auf
dich hört, hast du deinen Bruder zurück-
gewonnen. 16 Will er davon nichts wissen,
nimm einen oder zwei andere mit, denn
durch die Aussage von zwei oder drei
Zeugen wird die Sache eindeutig bestä-
tigt. 17 Wenn dein Bruder auch dann nicht
hören will, bring den Fall vor die Ge-
meinde. Nimmt er selbst das Urteil der
Gemeinde nicht an, dann behandle ihn
wie einen, der von Gott nichts wissen will
und ihn verachtet.

18 Ich versichere euch: Was ihr auf der
Erde binden werdet, das soll auch im
Himmel gebunden sein. Und was ihr auf
der Erde lösen werdet, das soll auch im
Himmel gelöst sein.

19 Aber auch das sage ich euch: Wenn
zwei von euch hier auf der Erde meinen
Vater im Himmel um etwas bitten wollen
und darin übereinstimmen, dann wird er
es ihnen geben. 20 Denn wo zwei oder drei
in meinem Namen zusammenkommen,
bin ich in ihrer Mitte.«

Das Gleichnis vom unbarmherzigen Schuldner
(Lukas 17,4)

21 Da fragte Petrus: »Herr, wie oft muss
ich meinem Bruder vergeben, wenn er
mir Unrecht tut? Ist siebenmal denn
nicht genug?« 22 »Nein«, antwortete Je-
sus. »Nicht nur siebenmal, sondern sieb-
zig mal siebenmal.

---

a Andere Textzeugen fügen hinzu (Vers 11): Der Menschensohn ist gekommen, um Verlorene zu retten.

18,4 23,12 **18,5** 10,40 **18,8–9** Kol 3,5 **18,10** Hebr 1,14 **18,15** 3 Mo 19,17; Gal 6,1 **18,16** 5 Mo 19,15* **18,17** 1 Kor 5,12–13; Tit 3,10 **18,18** 16,19; Joh 20,23 **18,19** 7,7 **18,22** 1 Mo 4,24

[23] Man kann die neue Welt Gottes mit einem König vergleichen, der mit seinen Verwaltern abrechnen wollte. [24] Zu ihnen gehörte ein Mann, der ihm einen Millionenbetrag schuldete. [25] Aber er konnte diese Schuld nicht bezahlen. Deshalb wollte der König ihn, seine Frau, seine Kinder und seinen gesamten Besitz verkaufen lassen, um wenigstens einen Teil seines Geldes zu bekommen. [26] Doch der Mann fiel vor dem König nieder und flehte ihn an: ›Herr, hab noch etwas Geduld! Ich will ja alles bezahlen.‹ [27] Da hatte der König Mitleid. Er gab ihn frei und erließ ihm seine Schulden.

[28] Kaum war der Mann frei, ging er zu einem der anderen Verwalter, der ihm einen kleinen Betrag schuldete, packte ihn, würgte ihn und schrie: ›Bezahl jetzt endlich deine Schulden!‹ [29] Da fiel der andere vor ihm nieder und bettelte: ›Hab noch etwas Geduld! Ich will ja alles bezahlen.‹ [30] Aber der Verwalter wollte nicht warten und ließ ihn ins Gefängnis werfen, bis er alles bezahlt hätte.

[31] Als nun die anderen sahen, was sich da ereignet hatte, waren sie empört und berichteten es dem König. [32] Da ließ der König den Verwalter zu sich kommen und sagte: ›Was bist du doch für ein hartherziger Mensch! Deine ganze Schuld habe ich dir erlassen, weil du mich darum gebeten hast. [33] Hättest du da nicht auch mit meinem anderen Verwalter Erbarmen haben können, so wie ich mit dir?‹ [34] Zornig übergab er ihn den Folterknechten. Sie sollten ihn erst dann wieder freilassen, wenn er alle seine Schulden zurückgezahlt hätte.

[35] Auf die gleiche Art wird mein Vater im Himmel euch behandeln, wenn ihr euch weigert, eurem Bruder wirklich zu vergeben.«

Die Frage nach der Ehescheidung (Markus 10,1–12; Lukas 16,18)

19 Nachdem Jesus das gesagt hatte, verließ er Galiläa und kam in das Gebiet von Judäa östlich des Jordan. [2] Eine große Menschenmenge folgte ihm, und er heilte ihre Kranken.

[3] Da kamen einige Pharisäer zu Jesus, weil sie ihm eine Falle stellen wollten. Sie fragten ihn: »Darf sich ein Mann von seiner Frau aus jedem beliebigen Grund scheiden lassen?«

[4] Jesus antwortete: »Lest ihr denn die Heilige Schrift nicht? Da heißt es doch, dass Gott am Anfang Mann und Frau schuf und sagte: [5] ›Ein Mann verlässt seine Eltern und verbindet sich so eng mit seiner Frau, dass die beiden eins sind mit Leib und Seele.‹[a] [6] Sie sind also eins und nicht länger zwei voneinander getrennte Menschen. Was nun Gott zusammengefügt hat, soll der Mensch nicht scheiden.«

[7] »Doch weshalb«, fragten sie weiter, »hat Mose dann vorgeschrieben, dass der Mann seiner Frau eine Scheidungsurkunde gibt, wenn er sich von ihr trennt?«[b] [8] Jesus antwortete: »Mose erlaubte es, weil er euer hartes Herz kannte. Ursprünglich ist es aber anders gewesen. [9] Ich sage euch: Jeder, der sich von seiner Frau trennt und eine andere heiratet, bricht die Ehe, es sei denn, seine Frau hat ihn betrogen.«

[10] Da meinten seine Jünger: »Wenn das mit der Ehe so ist, dann heiratet man besser gar nicht!« [11] Jesus antwortete: »Nicht jeder kann begreifen, was ich jetzt sage, sondern nur die, denen Gott das Verständnis dafür gibt. [12] Manche sind von Geburt an zeugungsunfähig; andere werden es durch menschlichen Eingriff. Und es gibt Menschen, die verzichten auf die Ehe, um Gott besser dienen zu können. Wer es versteht, der richte sich danach!«

---

[a] 1. Mose 2,24
[b] Vgl. 5. Mose 24,1

18,23 25,19 **18,33** 5,7; 6,12; Kol 3,13 **18,35** 6,15; Jak 2,13 **19,4** 1 Mo 1,27 **19,6** 1 Kor 7,10 **19,9** 5,32 **19,12** 1 Kor 7,7

Jesus und die Kinder (Markus 10,13–16; Lukas 18,15–17)

13 Eines Tages brachte man Kinder zu
Jesus, damit er sie segnete und für sie
betete. Aber die Jünger wollten sie weg-
schicken. 14 Doch Jesus sagte: »Lasst die
Kinder zu mir kommen und haltet sie
nicht zurück, denn für Menschen wie sie
ist Gottes neue Welt bestimmt.« 15 Er leg-
te ihnen die Hände auf und segnete sie.
Danach zog er weiter.

Die Reichen und die neue Welt Gottes (Markus 10,17–31; Lukas 18,18–30)

16 Ein junger Mann kam mit der Frage zu
Jesus: »Lehrer, was muss ich Gutes tun,
um das ewige Leben zu bekommen?«
17 Jesus entgegnete: »Wieso fragst du mich
nach dem Guten? Es gibt nur einen, der
gut ist, und das ist Gott. Du kannst ewi-
ges Leben bekommen, wenn du Gottes
Gebote befolgst.« 18 »Welche denn?«,
fragte der Mann, und Jesus antwortete:
»Du sollst nicht töten! Du sollst nicht die
Ehe brechen. Du sollst nicht stehlen! Sag
nichts Unwahres über deinen Mitmen-
schen! 19 Ehre deinen Vater und deine
Mutter, und liebe deinen Mitmenschen
wie dich selbst.«[a] 20 »Daran habe ich mich
immer gehalten! Was muss ich denn noch
tun?«, wollte der junge Mann wissen.

21 Jesus antwortete: »Wenn du vollkom-
men sein willst, dann verkauf, was du
hast, und gib das Geld den Armen. Da-
mit wirst du im Himmel einen Reichtum
gewinnen, der niemals verloren geht.
Und dann komm, und folge mir nach.«
22 Als der junge Mann das hörte, ging er
traurig weg, denn er war sehr reich.

23 Da sagte Jesus zu seinen Jüngern:
»Eins ist sicher: Ein Reicher hat es sehr
schwer, in Gottes neue Welt zu kommen.
24 Eher geht ein Kamel durch ein Nadel-
öhr, als dass ein Reicher in Gottes neue
Welt kommt.« 25 Darüber waren die Jün-
ger entsetzt und fragten sich: »Wer kann
dann überhaupt gerettet werden?« 26 Je-
sus sah sie an und sagte: »Für Menschen
ist es unmöglich, aber für Gott ist alles
möglich!«

27 Jetzt fragte Petrus: »Aber wie ist es
nun mit uns? Wir haben doch alles auf-
gegeben und sind mit dir gegangen. Was
bekommen wir dafür?« 28 Jesus antworte-
te: »Das sollt ihr wissen, die ihr mit mir
geht: Wenn der Menschensohn auf dem
Thron der Herrlichkeit sitzen und über
Gottes neue Welt herrschen wird, werdet
ihr ebenfalls auf zwölf Thronen sitzen
und die zwölf Stämme Israels richten.
29 Jeder, der sein Haus, seine Geschwister,
seine Eltern, seine Frau, seine Kinder
oder seinen Besitz zurücklässt, um mir
zu folgen, wird dies alles hundertfach zu-
rückerhalten und das ewige Leben emp-
fangen.

30 Viele, die jetzt einen großen Namen
haben, werden dann unbedeutend sein.
Und andere, die heute die Letzten sind,
werden dort zu den Ersten gehören.«

Das Gleichnis von den Arbeitern im Weinberg

20 »Mit der neuen Welt Gottes ist es
wie mit einem Weinbauern, der
frühmorgens Arbeiter für seinen Wein-
berg anwarb. 2 Er einigte sich mit ihnen
auf den üblichen Tageslohn und ließ sie
in seinem Weinberg arbeiten. 3 Ein paar
Stunden später ging er noch einmal über
den Marktplatz und sah dort Leute he-
rumstehen, die arbeitslos waren. 4 Auch
diese schickte er in seinen Weinberg und
versprach ihnen einen angemessenen
Lohn. 5 Zur Mittagszeit und gegen drei
Uhr nachmittags stellte er noch mehr Ar-
beiter ein. 6 Als er um fünf Uhr in die
Stadt kam, sah er wieder ein paar Leute
untätig herumstehen. Er fragte sie: ›Wa-
rum habt ihr heute nicht gearbeitet?‹

---

[a] 2. Mose 20,12–16; 3. Mose 19,18

19,14 18,3 **19,21** 6,19–21; 13,44–46; 16,24 **19,23–24** 13,22 **19,26** 1 Mo 18,14; Jer 32,17 **19,27** 4,18–22; 9,9 **19,28** Lk 22,28–30; 1 Kor 6,2; Offb 3,21 **19,30** Lk 13,30

[7]›Uns wollte niemand haben‹, antworte-
ten sie. ›Geht doch und helft auch noch
in meinem Weinberg mit!‹, forderte er
sie auf.
[8]Am Abend beauftragte er seinen Ver-
walter: ›Ruf die Leute zusammen, und
zahl ihnen den Lohn aus! Fang beim
Letzten an, und hör beim Ersten auf!‹
[9]Zuerst kamen also die zuletzt Einge-
stellten, und jeder von ihnen bekam den
vollen Tageslohn. [10]Jetzt meinten die
anderen Arbeiter, sie würden mehr be-
kommen. Aber sie erhielten alle nur den
vereinbarten Tageslohn.
[11]Da beschwerten sie sich beim Wein-
bauern: [12]›Diese Leute haben nur eine
Stunde gearbeitet, und du zahlst ihnen
dasselbe wie uns. Dabei haben wir uns
den ganzen Tag in der brennenden Sonne
abgerackert!‹
[13]›Mein Freund‹, entgegnete der Wein-
bauer einem von ihnen, ›dir geschieht
doch kein Unrecht! Haben wir uns nicht
auf diesen Betrag geeinigt? [14]Nimm dein
Geld und geh! Ich will den anderen ge-
nauso viel zahlen wie dir. [15]Schließlich
darf ich doch wohl mit meinem Geld ma-
chen, was ich will! Oder ärgerst du dich,
weil ich großzügig bin?‹
[16]Ebenso werden die Letzten einmal
die Ersten sein, und die Ersten die Letz-
ten.«[a]

Jesus spricht zum dritten Mal von seinem Tod
(Markus 10,32–34; Lukas 18,31–34)

[17]Auf dem Weg nach Jerusalem nahm Je-
sus seine Jünger beiseite und sagte ihnen:
[18]»Wir gehen jetzt nach Jerusalem. Dort
wird der Menschensohn den Hohenpries-
tern und Schriftgelehrten ausgeliefert
werden. Man wird ihn zum Tode ver-
urteilen [19]und denen übergeben, die Gott
nicht kennen. Die werden ihn verspotten,
auspeitschen und ans Kreuz schlagen.
Aber am dritten Tag wird er von den To-
ten auferstehen.«

Streit um die besten Plätze
(Markus 10,35–45; Lukas 22,24–27)

[20]Da kam die Frau des Zebedäus mit
ihren Söhnen Jakobus und Johannes zu
Jesus. Sie warf sich vor ihm nieder und
wollte ihn um etwas bitten. [21]»Was willst
du?«, fragte er. Sie antwortete: »Wenn
deine Herrschaft begonnen hat, dann gib
meinen beiden Söhnen die Ehrenplätze
rechts und links neben dir!« [22]Jesus ent-
gegnete: »Ihr wisst ja gar nicht, was ihr da
verlangt. Könnt ihr denn auch das schwe-
re Leiden tragen, das auf mich wartet?«
»Ja, das können wir!«, antworteten sie.
[23]Darauf erwiderte ihnen Jesus: »Ihr
werdet tatsächlich leiden müssen, aber
trotzdem kann ich nicht bestimmen, wer
einmal die Plätze rechts und links neben
mir einnehmen wird. Das hat bereits
mein Vater entschieden.«
[24]Als die anderen zehn Jünger von dem
Wunsch der beiden Brüder hörten, waren
sie empört. [25]Da rief Jesus alle zusammen
und sagte: »Ihr wisst, wie die Machthaber
der Welt ihre Völker unterdrücken. Wer
die Macht hat, nutzt sie rücksichtslos aus.
[26]Aber so darf es bei euch nicht sein. Wer
groß sein will, der soll den anderen die-
nen, [27]und wer der Erste sein will, der soll
sich allen unterordnen. [28]Auch der Men-
schensohn ist nicht gekommen, um sich
bedienen zu lassen. Er kam, um zu die-
nen und sein Leben hinzugeben, damit
viele Menschen aus der Gewalt des Bö-
sen befreit werden.«

Blinde werden geheilt
(Markus 10,46–52; Lukas 18,35–43)

[29]Als Jesus und seine Jünger die Stadt Je-
richo verließen, zog eine große Men-
schenmenge mit ihnen. [30]Zwei blinde

---

[a] Andere Textzeugen fügen hinzu: Denn viele sind berufen, aber wenige sind auserwählt.

20,8 3 Mo 19,13; 5 Mo 24,14–15 **20,15** Röm 9,16 **20,16** 19,30 **20,18–19** 16,21; 17,22–23 **20,21** 19,28 **20,22** 26,39 **20,23** Apg 12,2 **20,26–27** Joh 13,14–15; 1 Kor 9,19 **20,28** Jes 53,10–12; Kol 1,13–14 **20,30–31** Jes 9,6*; Mt 1,1; 12,23; 15,22; 21,9; 22,42–45; Apg 13,23; Röm 1,3–4; Offb 3,7; 22,16

Harte Liebe

Lesen Sie Matthäus 18,15-20

Wenn Menschen nicht auf Gott hören, verletzen sie nicht nur sich selbst, sondern auch andere. Das gilt besonders für die Ehe. Wenn ein Ehepartner auf seinem sündhaften Verhalten beharrt, zerbricht er die Beziehung und verletzt beide Menschen zutiefst. Was soll man tun, wenn der Ehepartner von seinem zerstörerischen Verhalten nicht ablässt? Jesus zeigt drei Schritte auf, wie man den anderen auf heilsame Weise ermahnen soll.

Erstens: Sagen Sie Ihrem Mann oder Ihrer Frau, wie sich das sündhafte Verhalten auf Sie auswirkt. Bitten Sie um Veränderung.

Zweitens: Wenn daraufhin keine Reaktion erfolgt, ziehen Sie eine weitere Person hinzu und sprechen Sie noch einmal mit Ihrem Partner.

Drittens: Wenn Ihr Partner jetzt immer noch nicht umkehrt, teilen Sie Ihr Problem der Gemeindeleitung mit. Die Gemeindeleiter sollen daraufhin das Gespräch mit dem Ehepartner suchen. Wenn auch das nicht zu einer deutlichen Veränderung führt, so sagt Jesus, dann soll die betreffende Person nicht mehr als Christ betrachtet werden, sondern als jemand, der von Gott nichts wissen will. Das zeigt, dass Liebe manchmal hart sein muss. Manche Menschen verstehen und respektieren nur diese Form von Liebe.

Nehmen Sie sich Zeit zum Gebet.

- Danken Sie Gott, dass er seinen Kindern genaue Anweisungen gegeben hat, wie sie sich gegenseitig ermahnen sollen – nämlich so, dass sowohl die verletzte Person als auch der Verursacher wertgeschätzt wird.
- Bitten Sie Gott um Mut und Weisheit, sich gegenseitig offen zu ermahnen, wenn es notwendig ist, und dem anderen weder alles zuzugestehen noch ständig an ihm herumzunörgeln.
- Bitten Sie Gott, dass Ihre Beziehung von einer harten, aber auch geduldigen Liebe durchwirkt ist.

Wenn Sie noch mehr Zeit haben …

Besprechen Sie miteinander folgende Fragen oder denken Sie darüber nach:

- Warum hat Jesus Ihrer Meinung nach seine Aussagen zum Thema Ermahnung zwischen das Gleichnis vom verlorenen Schaf und das Gleichnis vom unbarmherzigen Schuldner eingebettet? Welche Verbindung besteht zwischen diesen drei Texten?
- Warum muss echte Liebe manchmal auch hart sein? Was geschieht, wenn ein Ehepartner sich nicht traut, den anderen zu ermahnen?
- Wie könnte harte Liebe in einer Ehe aussehen?

Lesen Sie auch die folgenden Abschnitte zum Thema Ermahnung:
3. Mose 19,17; Hesekiel 3,16-21; Titus 3,10.

Finanzielle Pläne

Lesen Sie Matthäus 22,15-22

Müssen Sie Ihre Finanzen neu überdenken? Finanzielle Fragen lösen sich nicht von alleine, und ein Ehepaar kann seine Prioritäten auf diesem Gebiet nicht wie von Zauberhand ordnen. Dies alles erfordert reifliche Überlegung, Planung und Gespräche.

Wenn Sie die Frage der Finanzen angehen wollen, lassen Sie sich dabei von den Grundsätzen der Bibel leiten! Zunächst einmal sollte das Wichtigste immer Vorrang haben, und für Christen steht das Reich Gottes an erster Stelle. Dazu gibt es in Matthäus 6,33 eine ganz praktische Verheißung: „Sorgt euch vor allem um Gottes neue Welt, und lebt nach Gottes Willen! Dann wird er euch mit allem anderen versorgen." Wir aber neigen dazu, ganz andere Prioritäten zu setzen. Bei uns kommen Essen, Kleidung, Wohnung und Vergnügen zuerst, und was dann noch übrig ist, geben wir der Gemeinde. Das ist das genaue Gegenteil von dem, was die Bibel lehrt. Gott erbat die ersten – und besten – Früchte der Ernte von den Israeliten und nicht das, was sie übrig gelassen hatten. Salomo sagte die weisen Worte: „Ehre den Herrn mit deinen Opfergaben: Schenke ihm das Beste deiner Ernte. Dann wird er deine Vorratskammern füllen und deine Weinfässer überfließen lassen" (Sprüche 3,9-10). Haben Sie sich schon einmal gefragt, warum Ihre Vorratskammern so leer erscheinen?

Sie sollten Ihr Budget so einrichten, dass die ersten 10 Prozent Ihres Einkommens als Dankopfer an Gott gehen. Immerhin zieht das Finanzamt die Steuer sogar schon ab, bevor Sie Ihren Gehaltsscheck bekommen. Jesus war nicht gegen die Besteuerung, bestand aber darauf, dass wir auch „Gott geben, was ihm gehört" (Matthäus 22,21). Gelegentlich werden Sie vielleicht sogar mehr als 10 Prozent geben wollen, doch der Zehnte sollte das Mindeste sein.

Nehmen Sie sich Zeit, um allein oder als Paar gemeinsam zu beten. Bitten Sie Gott um Hilfe beim Aufstellen eines Finanzplans, damit Sie sich die richtigen Prioritäten setzen. Bitten Sie ihn auch um den Mut und die richtige Sichtweise, *ihm den* ersten und besten Teil Ihres Einkommens zur Verfügung zu stellen. Bitten Sie ihn, Ihre Vorratskammern zu füllen und Sie auf irgendeine Weise reichlich zu segnen.

Wenn Sie noch mehr Zeit haben ...

Besprechen Sie miteinander folgende Fragen oder denken Sie darüber nach:

- Welchen Teil Ihres Einkommens geben Sie als Spende und Dankopfer?
- Legen Sie einen Termin fest, an dem Sie Ihren Haushaltsplan aufstellen oder überdenken und neue Prioritäten festlegen. Wie sollten Sie Ihre Finanzen aufteilen?

Lesen Sie auch die folgenden Abschnitte zum Thema Spenden:
3. Mose 27,30; Maleachi 3,8-10; Matthäus 6,24-34.

Den nächsten Impuls finden Sie auf S. 1110 a

Männer saßen an der Straße. Als sie hörten, dass Jesus vorüberkam, riefen sie: »Herr, du Sohn Davids, hab Erbarmen mit uns!« 31 Die Leute fuhren sie an: »Haltet den Mund!« Aber die Blinden schrien nur noch lauter: »Herr, du Sohn Davids, hab Erbarmen mit uns!« 32 Da blieb Jesus stehen, rief sie zu sich und fragte: »Was soll ich für euch tun?« 33 »Herr«, flehten ihn die Blinden an, »wir möchten sehen können!« 34 Jesus hatte Mitleid mit ihnen und berührte ihre Augen. Im selben Augenblick konnten sie sehen, und sie gingen mit ihm.

Jesus wird als König empfangen
(Markus 11,1–11; Lukas 19,28–38; Johannes 12,12–19)

21 Nachdem Jesus mit seinen Jüngern in die Nähe von Jerusalem gekommen war, erreichten sie Betfage am Ölberg. Jesus schickte zwei Jünger mit dem Auftrag voraus: 2 »Geht in das Dorf da vorne! Gleich am Eingang werdet ihr eine Eselin mit ihrem Fohlen finden, die dort angebunden sind. Bindet sie los und bringt sie zu mir. 3 Sollte euch jemand fragen, was ihr vorhabt, dann sagt einfach: ›Der Herr braucht sie.‹ Man wird euch keine Schwierigkeiten machen.« 4 Damit sollte sich das Prophetenwort erfüllen: 5 »Sagt dem Volk von Jerusalem: ›Dein König kommt zu dir. Und doch kommt er nicht stolz daher, sondern reitet auf einem Esel, ja, auf dem Fohlen einer Eselin.‹[a] «

6 Die beiden Jünger führten aus, was Jesus ihnen gesagt hatte. 7 Sie brachten die Tiere zu ihm, legten ihre Mäntel über sie, und Jesus setzte sich darauf. 8 Viele Leute breiteten ihre Kleider als Teppich vor ihm aus, andere rissen Zweige von den Bäumen und legten sie auf den Weg. 9 Vor und hinter ihm drängten sich die Menschen und riefen: »Gelobt sei der Sohn Davids, ja, gepriesen sei, der im Auftrag des Herrn kommt! Gelobt sei Gott im Himmel!«

10 Als er so in Jerusalem einzog, geriet die ganze Stadt in helle Aufregung. »Wer ist dieser Mann?«, fragten die Leute. 11 »Das ist Jesus, der Prophet aus Nazareth in Galiläa«, riefen die Menschen, die ihn begleiteten.

Jesus jagt die Händler aus dem Tempel
(Markus 11,15–19; Lukas 19,45–46; Johannes 2,13–17)

12 Dann ging Jesus in den Tempel, jagte alle Händler und Käufer hinaus, stieß die Tische der Geldwechsler und die Stände der Taubenhändler um 13 und rief: »Ihr wisst doch, was Gott in der Heiligen Schrift sagt: ›Mein Haus soll ein Ort des Gebets sein‹,[b] ihr aber habt eine Räuberhöhle daraus gemacht!«

14 Da kamen auch schon Blinde und Gelähmte zu ihm, und er heilte sie im Tempel. 15 Als die Hohenpriester und die Schriftgelehrten seine Wundertaten sahen und als sie hörten, wie die Kinder sogar im Tempel riefen: »Gelobt sei der Sohn Davids!«, wurden sie wütend 16 und fragten Jesus: »Hörst du denn nicht, was die Kinder da schreien?« »Ja, ich höre es«, antwortete Jesus. »Habt ihr nie gelesen: ›Aus dem Mund der kleinen Kinder erklingt dein Lob‹[c]?« 17 Damit ließ er sie stehen und ging aus der Stadt nach Betanien, um dort zu übernachten.

Von der Kraft des Glaubens
(Markus 11,12–14.20–24)

18 Als Jesus am nächsten Morgen nach Jerusalem zurückkehrte, bekam er Hunger. 19 Da sah er am Wegrand einen Feigen-

---

a Jesaja 62,11; Sacharja 9,9
b Jesaja 56,7
c Psalm 8,3

21,2–3 26,18 **21,7–8** 1 Kön 1,38–40; 2 Kön 9,13 **21,9** 20,30–31*; Ps 118,26 **21,11** 16,14 **21,12** Sach 14,21 **21,13** Jer 7,11 **21,14** 2 Sam 5,8 **21,15** 20,30–31* **21,19** Jer 29,17; Hos 9,10; Mi 7,1–4

baum. Er ging hin, fand aber nichts als
Blätter an ihm. Da sagte Jesus zu dem
Baum: »Du sollst in Zukunft nie wieder
Feigen tragen!« Im selben Augenblick
verdorrte der Baum.
20 Erstaunt fragten die Jünger: »Wie
kommt es, dass der Feigenbaum so
schnell vertrocknet ist?« 21 Jesus erwider-
te: »Wenn ihr wirklich glaubt und nicht
zweifelt, könnt ihr nicht nur dies tun, son-
dern noch größere Wunder. Ihr könnt so-
gar zu diesem Berg sagen: ›Hebe dich
von der Stelle, und stürze dich ins Meer!‹,
und es wird geschehen. 22 Ihr werdet alles
bekommen, wenn ihr im festen Glauben
darum bittet.«

Die Frage nach der Vollmacht Jesu
(Markus 11,27–33; Lukas 20,1–8)

23 Dann ging Jesus in den Tempel und
sprach zu den Menschen. Sofort stellten
ihn die Hohenpriester und die führenden
Männer des Volkes zur Rede: »Woher
nimmst du dir das Recht, hier so auf-
zutreten? Wer gab dir die Vollmacht da-
zu?«
24 Jesus erwiderte: »Ich will euch eine
Gegenfrage stellen. Wenn ihr die beant-
wortet, werde ich euch sagen, wer mir die
Vollmacht gegeben hat. 25 War Johannes
der Täufer von Gott beauftragt zu taufen
oder nicht?«
Sie überlegten: »Wenn wir antworten:
›Gott hat ihn gesandt‹, dann wird er fra-
gen: ›Warum habt ihr ihm dann nicht ge-
glaubt?‹ 26 Wenn wir aber bestreiten, dass
Gott ihn gesandt hat, bekommen wir Är-
ger mit dem Volk. Denn alle sind davon
überzeugt, dass Johannes ein Prophet
war.« 27 So antworteten sie schließlich:
»Wir wissen es nicht!«
Worauf Jesus entgegnete: »Dann sage
ich euch auch nicht, wer mir die Voll-
macht gegeben hat.«

Das Gleichnis von den beiden Söhnen

28 »Was sagt ihr dazu: Ein Mann hatte
zwei Söhne. Er bat den ersten: ›Mein
Sohn, arbeite heute in unserem Wein-
berg!‹ 29 ›Ich will aber nicht!‹, entgegnete
dieser. Später tat es ihm leid, und er ging
doch an die Arbeit. 30 Auch den zweiten
Sohn forderte der Vater auf, im Weinberg
zu arbeiten. ›Ja, Herr‹, antwortete der.
Doch er ging nicht hin.
31 Wer von den beiden Söhnen hat nun
getan, was der Vater wollte?« Sie antwor-
teten: »Der erste natürlich!«
Da sagte Jesus: »Eins ist sicher: Die be-
trügerischen Zolleinnehmer und Huren
kommen eher in Gottes neue Welt als ihr.
32 Johannes der Täufer zeigte euch den
Weg zu Gott und forderte euch auf, zu
Gott umzukehren. Aber ihr wolltet nichts
von ihm wissen.
Die Betrüger und Huren dagegen
folgten seinem Ruf. Und obwohl ihr das
gesehen habt, kamt ihr nicht zur Besin-
nung und wolltet ihm immer noch nicht
glauben.«

Vom Weinbergbesitzer und den betrügerischen Pächtern
(Markus 12,1–12; Lukas 20,9–19)

33 »Hört ein anderes Gleichnis: Ein
Grundbesitzer legte einen Weinberg an,
zäunte ihn ein, stellte eine Weinpresse
auf und baute einen Wachturm. Dann ver-
pachtete er den Weinberg an einige Wein-
bauern und reiste ins Ausland. 34 Als die
Zeit der Weinlese kam, beauftragte er sei-
ne Knechte, den vereinbarten Anteil an
der Ernte abzuholen. 35 Die Weinbauern
aber schlugen den einen nieder, töteten
den anderen und steinigten den dritten.
36 Da beauftragte der Grundbesitzer
andere Knechte, eine noch größere An-
zahl. Aber ihnen erging es nicht besser.
37 Schließlich sandte er seinen Sohn, weil

21,21 17,20; Lk 17,6 **21,23** 21,12–14 **21,25** Lk 7,29–30 **21,26** 14,5 **21,29–31** 7,21 **21,32** Lk 7,29–30 **21,33–46** Jes 5,1–7* **21,34–36** Jer 7,25–26 **21,35** 22,6

er sich sagte: Vor meinem Sohn werden sie Achtung haben! 38 Als die Weinbauern aber den Sohn kommen sahen, sagten sie zueinander: ›Jetzt kommt der Erbe! Den bringen wir um, und dann gehört der Weinberg endgültig uns.‹ 39 Sie jagten ihn aus dem Weinberg und schlugen ihn tot.

40 Was – meint ihr – wird der Besitzer mit diesen Weinbauern machen, wenn er zurückkehrt?«

41 Sie antworteten: »Er wird diese Verbrecher umbringen und den Weinberg an solche Weinbauern verpachten, die ihm seinen Anteil abliefern.«

42 »Richtig«, sagte Jesus; »ihr wisst doch, was in der Heiligen Schrift steht: ›Der Stein, den die Bauarbeiter weggeworfen haben, weil sie ihn für unbrauchbar hielten, ist nun zum Grundstein des ganzen Hauses geworden. Was keiner für möglich gehalten hat, das tut der Herr vor unseren Augen.‹[a]

43 Deshalb sage ich euch: Die neue Welt Gottes wird euch weggenommen und einem Volk gegeben werden, das Gott gehorcht[b]. 44 Ja, wer auf diesen Stein fällt, wird sich zu Tode stürzen, und auf wen der Stein fällt, der wird zermalmt.«

45 Als die Hohenpriester und die Pharisäer merkten, dass Jesus in diesem Gleichnis von ihnen gesprochen hatte, 46 hätten sie ihn am liebsten auf der Stelle festgenommen. Aber sie hatten Angst vor dem Volk, das Jesus für einen Propheten hielt.

Das Gleichnis vom Hochzeitsfest
(Lukas 14,16–24)

22 Jesus erzählte ihnen noch ein anderes Gleichnis: 2 »Mit der neuen Welt Gottes ist es wie mit einem König, der für seinen Sohn ein großes Hochzeitsfest vorbereitete. 3 Viele wurden zur Hochzeit eingeladen. Als die Vorbereitungen beendet waren, schickte er seine Diener, um die Gäste abzuholen. Aber keiner wollte kommen.

4 Er ließ sie durch andere Diener nochmals bitten: ›Es ist alles fertig, die Ochsen und Mastkälber sind geschlachtet. Das Fest kann beginnen. Kommt!‹ 5 Aber den geladenen Gästen war das gleichgültig. Sie gingen weiter ihrer Arbeit nach. Der eine hatte auf dem Feld zu tun, der andere im Geschäft. 6 Einige wurden sogar handgreiflich, misshandelten und töteten die Diener des Königs.

7 Voller Zorn sandte der König seine Truppen aus, ließ die Mörder umbringen und ihre Stadt in Brand stecken. 8 Dann sagte er zu seinen Dienern: ›Die Hochzeitsfeier ist vorbereitet, aber die geladenen Gäste waren es nicht wert, an diesem Fest teilzunehmen. 9 Geht jetzt auf die Straßen und ladet alle ein, die euch über den Weg laufen!‹ 10 Das taten die Boten und brachten alle mit, die sie fanden: böse und gute Menschen. So füllte sich der Festsaal mit Gästen.

11 Als der König kam, um seine Gäste zu begrüßen, bemerkte er einen Mann, der nicht festlich angezogen war. 12 ›Mein Freund, wie bist du hier ohne Festgewand hereingekommen?‹, fragte er ihn. Darauf konnte der Mann nichts antworten. 13 Da befahl der König: ›Fesselt ihm Hände und Füße, und werft ihn hinaus in die Finsternis! Dort wird es nur Heulen und ohnmächtiges Jammern geben.‹ 14 Denn viele sind berufen, aber nur wenige sind auserwählt.«

Die Frage nach der Steuer
(Markus 12,13–17; Lukas 20,20–26)

15 Nun begannen die Pharisäer zu beraten, wie sie Jesus mit seinen eigenen Worten in eine Falle locken könnten. 16 Sie schickten ein paar von ihren Leuten und einige Anhänger des Königs Herodes zu ihm. Die fragten ihn scheinheilig:

---

[a] Psalm 118,22–23
[b] Wörtlich: das seine Früchte bringt.

21,38 26,3–4 **21,39** Hebr 13,12 **21,41** 22,7 **21,42** Jes 28,16* **21,44** Dan 2,34–35.44–45 **21,46** 21,11; 26,4–5 **22,2** Offb 19,7.9 **22,4** Jes 25,6 **22,6** 21,35–36 **22,7** 21,41; 24,2 **22,9** 28,18–20 **22,11** Eph 4,24; Offb 19,8* **22,13** 8,12 **22,16** Mk 3,6

»Lehrer, wir wissen, dass es dir allein um die Wahrheit geht. Du sagst uns frei heraus, wie wir nach Gottes Willen leben sollen. Du redest den Leuten nicht nach dem Mund – ganz gleich, wie viel Ansehen sie besitzen. 17 Deshalb sage uns: Ist es eigentlich Gottes Wille, dass wir dem römischen Kaiser Steuern zahlen, oder nicht?«

18 Jesus durchschaute ihre Hinterhältigkeit. »Ihr Heuchler!«, rief er. »Warum wollt ihr mir eine Falle stellen? 19 Zeigt mir ein Geldstück!« Sie gaben ihm eine römische Münze. 20 Er fragte sie: »Wessen Bild und Name ist hier eingeprägt?« 21 Sie antworteten: »Das Bild und der Name des Kaisers.« »Nun, dann gebt dem Kaiser, was ihm zusteht, und gebt Gott, was ihm gehört!« 22 Diese Antwort überraschte sie. Sie ließen Jesus in Ruhe und gingen weg.

Werden die Toten auferstehen?
(Markus 12,18–27; Lukas 20,27–40)

23 Am selben Tag kamen einige Sadduzäer zu Jesus. Diese Leute behaupten, es gebe keine Auferstehung der Toten. Sie fragten ihn: 24 »Lehrer, Mose hat bestimmt: Wenn ein verheirateter Mann stirbt und keine Kinder hat, dann muss sein Bruder die Witwe heiraten. Der erste ihrer Söhne soll als Sohn des Verstorbenen gelten.[a] 25 Nun lebten da unter uns sieben Brüder. Der erste heiratete und starb. Weil er keine Nachkommen hatte, heiratete sein Bruder die Witwe. 26 Auch der zweite Bruder starb, und der nächste Bruder nahm sie zur Frau. So ging es weiter, bis die Frau mit allen sieben verheiratet gewesen war. 27 Schließlich starb auch sie. 28 Wessen Frau wird sie nun nach der Auferstehung sein? Schließlich waren ja alle sieben Brüder mit ihr verheiratet.«

29 Jesus antwortete: »Ihr irrt euch, denn ihr kennt weder die Heilige Schrift noch die Macht Gottes. 30 Wenn die Toten auferstehen, werden sie nicht wie hier auf der Erde verheiratet sein, sondern wie die Engel Gottes im Himmel leben. 31 Was nun die Auferstehung der Toten überhaupt betrifft: Habt ihr nicht in der Heiligen Schrift gelesen, wie Gott sagt: 32 ›Ich bin der Gott Abrahams, Isaaks und Jakobs‹[b]? Er ist doch nicht ein Gott der Toten, sondern der Lebenden!«

33 Diese Worte Jesu hinterließen einen tiefen Eindruck bei allen Zuhörern.

Was ist das wichtigste Gebot?
(Markus 12,28–31; Lukas 10,25–28)

34/35 Als die Pharisäer hörten, wie Jesus die Sadduzäer zum Schweigen gebracht hatte, dachten sie sich eine neue Frage aus, um ihm eine Falle zu stellen. Ein Schriftgelehrter fragte ihn: 36 »Lehrer, welches ist das wichtigste Gebot im Gesetz Gottes?« 37 Jesus antwortete ihm: »›Du sollst den Herrn, deinen Gott, lieben von ganzem Herzen, mit ganzer Hingabe und mit deinem ganzen Verstand!‹[c] 38 Das ist das erste und wichtigste Gebot. 39 Ebenso wichtig ist aber das zweite: ›Liebe deinen Mitmenschen wie dich selbst!‹[d] 40 Alle anderen Gebote und alle Forderungen der Propheten sind in diesen Geboten enthalten.«

Wer ist Christus?
(Markus 12,35–37; Lukas 20,41–44)

41 Bei dieser Gelegenheit fragte Jesus die Pharisäer: 42 »Was denkt ihr über den Christus, der zu euch als Retter kommen soll[e]? Wessen Sohn ist er?« Sie antworteten: »Er ist der Sohn Davids.«

43 Da entgegnete Jesus: »Warum aber

---

[a] Vgl. 5. Mose 25,5–6
[b] 2. Mose 3,6
[c] 5. Mose 6,5
[d] 3. Mose 19,18
[e] »der … soll« ist sinngemäß ergänzt.

22,21 Röm 13,7 **22,23** Apg 23,6–8 **22,30** 1 Kor 15,35–44 **22,39** Röm 13,9; Gal 5,14; Jak 2,8 **22,40** 5,17; 7,12 **22,42–45** 20,30–31* **22,42** Jes 9,6*

hat ihn David, geleitet vom Geist Gottes, ›Herr‹ genannt? Denn David sagte: 44 ›Gott sprach zu meinem Herrn: Setze dich auf den Ehrenplatz an meiner rechten Seite, bis ich dir alle deine Feinde unterworfen habe!‹[a] 45 Wenn David ihn also ›Herr‹ nennt, wie kann er dann Davids ›Sohn‹ sein?« 46 Darauf wussten sie keine Antwort. Und von da an wagte niemand mehr, ihm weitere Fragen zu stellen.

Die Heuchelei der Pharisäer und Schriftgelehrten
(Markus 12,38–39; Lukas 20,45–46)

23 Dann sprach Jesus zu der Volksmenge und zu seinen Jüngern: 2 »Die Schriftgelehrten und Pharisäer sind dazu eingesetzt, euch das Gesetz des Mose auszulegen. 3 Richtet euch nach ihren Vorschriften! Folgt aber nicht ihrem Beispiel! Denn sie selber tun nicht, was sie von den anderen verlangen.

4 Sie bürden den Menschen unerträgliche Lasten auf, doch sie selbst rühren keinen Finger, um diese Lasten zu tragen. 5 Mit allem, was sie tun, stellen sie sich zur Schau. Am Arm tragen sie breite Gebetsriemen und an den Gewändern riesige Quasten. 6 Bei euren Festen wollen sie die Ehrenplätze bekommen, und auch in der Synagoge sitzen sie stets in der ersten Reihe. 7 Es gefällt ihnen, wenn man sie auf der Straße ehrfurchtsvoll grüßt und ›Meister‹ nennt.

8 Lasst ihr euch nicht so anreden! Nur Gott ist euer Meister, ihr seid untereinander alle Geschwister. 9 Niemanden auf der Erde sollt ihr ›Vater‹ nennen, denn nur einer ist euer Vater: Gott im Himmel. 10 Ihr sollt euch auch nicht Lehrer nennen lassen, weil ihr nur einen Lehrer habt: Christus. 11 Wer unter euch groß sein will, der soll allen anderen dienen. 12 Alle, die sich selbst ehren, werden gedemütigt werden. Wer sich aber selbst erniedrigt, wird geehrt werden.«

Fromm und doch gottlos
(Lukas 11,39–51)

13 »Wehe euch, ihr Pharisäer und Schriftgelehrten! Ihr seid Heuchler! Durch euch wird anderen der Zugang in die neue Welt Gottes versperrt. Ihr selbst geht nicht hinein, und die hinein wollen, hindert ihr daran.[b]

15 Wehe euch, ihr Scheinheiligen! Ihr reist über das Meer und durchquert jede Wüste, um nur einen einzigen Nichtjuden dafür zu gewinnen, eure Gesetze anzuerkennen. Aber wenn ihr einen gefunden habt, dann wird er durch euch ein Kind der Hölle, das euch an Bosheit noch übertrifft.

16 Wehe euch! Ihr seid selbst blind und wollt doch andere führen. So behauptet ihr: ›Beim Tempel Gottes schwören, das hat nichts zu bedeuten. Aber wer beim Gold im Tempel schwört, der muss seinen Eid halten.‹ 17 Ihr blinden Narren! Was zählt mehr: das Gold oder der Tempel, durch den das Gold erst geheiligt wird?

18 Ihr sagt: ›Ein Eid, beim Altar geschworen, hat keine Bedeutung. Wer aber bei dem Opfer auf dem Altar schwört, der muss sein Versprechen halten.‹ 19 Ihr Verblendeten! Was zählt denn mehr: die Gabe auf dem Altar oder der Altar, der die Gabe erst zum Opfer werden lässt? 20 Wer beim Altar schwört, schwört bei allem, was darauf liegt. 21 Wer beim Tempel schwört, der ruft Gott zum Zeugen an, der dort wohnt. 22 Und wer beim Himmel schwört, schwört bei dem Thron Gottes und damit bei Gott selbst, der auf diesem Thron sitzt.

---

[a] Psalm 110,1

[b] Andere Textzeugen fügen hinzu (Vers 14): Wehe euch, ihr Pharisäer und Schriftgelehrten! Ihr seid Heuchler! Gierig reißt ihr das Vermögen der Witwen an euch, und eure langen Gebete sind nichts als Heuchelei. Dafür wird euch Gottes Urteil besonders hart treffen.

23,3 Röm 2,21–23 **23,4** 11,28–30 **23,5** 6,1; 4 Mo 15,38–39; 5 Mo 6,8 **23,6** Lk 14,7–11 **23,11** 20,25–28 **23,12** 18,4; 1 Petr 5,5–6 **23,16** 15,14 **23,21** 1 Kön 9,3* **23,22** Jes 66,1

23 Wehe euch, ihr Schriftgelehrten und
Pharisäer! Ihr Scheinheiligen! Sogar von
Küchenkräutern wie Minze, Dill und
Kümmel gebt ihr Gott den zehnten Teil.
Aber die viel wichtigeren Forderungen
Gottes nach Gerechtigkeit, Barmherzig-
keit und Glauben sind euch gleichgültig.
Doch gerade darum geht es hier: Das
Wesentliche tun und das andere nicht un-
terlassen. 24 Ihr aber entfernt jede kleine
Mücke aus eurem Essen, doch ganze Ka-
mele schluckt ihr bedenkenlos hinunter.
Andere wollt ihr führen und seid doch
selber blind!

25 Wehe euch, ihr Schriftgelehrten und
Pharisäer! Ihr Heuchler! Ihr poliert eure
Becher und Schüsseln außen auf Hoch-
glanz, so wie das Gesetz es erfordert.
Doch gefüllt sind sie mit dem, was ihr in
eurer maßlosen Gier anderen abgenom-
men habt. 26 Ihr blinden Verführer, reinigt
eure Becher erst einmal von innen, dann
werden sie auch außen sauber sein.

27 Wehe euch, ihr Schriftgelehrten und
Pharisäer! Ihr seid wie die gepflegten
Grabstätten: von außen sauber und ge-
schmückt, aber innen ist alles voll stin-
kender Verwesung. 28 Ihr steht vor den
Leuten als solche da, die Gott ehren,
aber in Wirklichkeit seid ihr voller Bos-
heit und Heuchelei.

29 Wehe euch, ihr Schriftgelehrten und
Pharisäer! Ihr Scheinheiligen! Den Pro-
pheten baut ihr Denkmäler, und die Grä-
ber derer, die nach Gottes Willen lebten,
schmückt ihr. 30 Dazu behauptet ihr noch:
›Wenn wir damals gelebt hätten, wir hät-
ten die Propheten nicht umgebracht wie
unsere Vorfahren.‹ 31 Damit gebt ihr also
zu, dass ihr die Nachkommen der Pro-
phetenmörder seid. 32 Ja, ihr treibt es so-
gar noch schlimmer als sie.

33 Ihr Schlangenbrut! Wie wollt ihr
Gottes Gericht und der Hölle entrinnen?
34 Ich werde euch Propheten, weise Män-
ner und Lehrer schicken, die euch die
Heilige Schrift erklären. Einige von
ihnen werdet ihr töten und kreuzigen.
Andere werdet ihr in den Synagogen aus-
peitschen und sie von Stadt zu Stadt ver-
folgen. 35 Dadurch seid ihr am Tod aller
dieser Menschen schuldig, die nach Got-
tes Willen lebten; angefangen bei Abel
bis zu Secharja, dem Sohn des Berechja,
den ihr zwischen Tempel und Brand-
opferaltar ermordet habt.

36 Das sage ich euch: Das Strafgericht
für all diese Schuld wird noch über diese
Generation hereinbrechen.«

Warnung an Jerusalem
(Lukas 13,34–35)

37 »Jerusalem! O Jerusalem! Du tötest die
Propheten und erschlägst die Boten, die
Gott zu dir schickt. Wie oft schon wollte
ich deine Bewohner um mich sammeln,
so wie eine Henne ihre Küken unter ihre
Flügel nimmt! Aber ihr habt es nicht ge-
wollt! 38 Und nun? Von eurem Tempel
werden nur noch Trümmer bleiben!
39 Und ich sage euch: Mich werdet ihr erst
dann wiedersehen, wenn ihr rufen wer-
det: ›Gelobt sei, der im Namen des Herrn
zu uns kommt!‹«

Die Zukunft der Welt
(Markus 13,1–20; Lukas 21,5–24)

24 Als Jesus den Tempel verließ, ka-
men seine Jünger und wollten ihm
die riesigen Ausmaße der Tempelanlage
zeigen. 2 Da sagte Jesus zu ihnen: »Ja, seht
es euch genau an! Aber ich kann euch
versichern: Kein Stein wird hier auf dem
anderen bleiben. Alles wird nur noch ein
großer Trümmerhaufen sein.« 3 »Wann
wird das geschehen?«, fragten ihn später
seine Jünger, als er mit ihnen am Abhang
des Ölbergs saß. »Welche Ereignisse wer-
den dein Kommen und das Ende der
Welt ankündigen?«

4 Jesus antwortete: »Lasst euch von kei-
nem Menschen täuschen und verführen!

23,23 3 Mo 27,30–33*; Mi 6,8 **23,25** Mk 7,4 **23,28** Lk 16,15 **23,31** 5,12; Apg 7,52 **23,33** 3,7
23,35 1 Mo 4,8; 2 Chr 24,20–21 **23,37** 5,12; 1 Thess 2,15; Hebr 11,37 **23,38** 24,2 **23,39** Ps 118,26
24,2 Lk 19,44; Jer 7,14 **24,4** 2 Thess 2,9–10

5 Denn viele werden auftreten und von sich behaupten: ›Ich bin Christus!‹ Und sie werden viele Menschen in die Irre führen. 6 Wenn ihr von Kriegen und Unruhen hört, achtet darauf, aber erschreckt nicht! Das muss geschehen, doch es bedeutet noch nicht das Ende. 7 Die Völker und Königreiche der Erde werden Kriege gegeneinander führen. In vielen Teilen der Welt wird es Hungersnöte, Seuchen und Erdbeben geben. 8 Das ist aber erst der Anfang – so wie die ersten Wehen bei einer Geburt.

9 Dann werdet ihr gefoltert, getötet und in der ganzen Welt gehasst werden, weil ihr zu mir gehört. 10 Manche werden sich vom Glauben abwenden, einander verraten und hassen. 11 Falsche Propheten werden auftreten und viele verführen. 12 Und weil Gottes Gebote missachtet werden, setzt sich das Böse überall durch. Die Liebe wird bei vielen Menschen erlöschen. 13 Aber wer bis ans Ende durchhält, wird gerettet. 14 Die rettende Botschaft von Gottes neuer Welt wird auf der ganzen Erde verkündet werden, damit alle Völker sie hören. Dann erst wird das Ende kommen.

15 Der Prophet Daniel redet von einer ›abscheulichen Götzenstatue‹[a]. Versucht zu verstehen, was das Geschriebene bedeutet. Wenn ihr diese Götzenstatue im Tempel stehen seht, 16 dann sollen alle Bewohner Judäas ins Gebirge fliehen. 17 Wer sich gerade auf dem Dach seines Hauses aufhält, soll nicht erst im Haus sein Gepäck für die Flucht zusammensuchen. 18 Wer auf dem Feld arbeitet, soll nicht erst nach Hause laufen, um seinen Mantel zu holen. 19 Besonders hart trifft es Schwangere und Mütter mit Säuglingen. 20 Betet deshalb, dass ihr nicht im Winter oder am Sabbat fliehen müsst!

21 Denn es wird eine Zeit der Not kommen, wie sie die Welt in ihrer ganzen Geschichte noch nicht erlebt hat und wie sie auch nie wieder eintreten wird. 22 Wenn diese Leidenszeit nicht verkürzt würde, könnte niemand gerettet werden! Aber den Auserwählten Gottes zuliebe wird diese Zeit begrenzt.«

Warnung vor falschen »Rettern«
(Markus 13,21–23; Lukas 17,23–24)

23 »Wenn dann jemand zu euch sagt: ›Hier ist der Christus!‹ oder: ›Dort ist er!‹, glaubt ihm nicht! 24 Viele werden sich nämlich als ›Christus‹ ausgeben, und es werden falsche Propheten auftreten. Sie vollbringen große Zeichen und Wunder, um – wenn möglich – sogar die Auserwählten Gottes irrezuführen. 25 Deshalb bleibt wachsam! Ich habe euch gewarnt! 26 Wenn euch jemand erzählt: ›Der Retter ist draußen in der Wüste‹, so geht nicht hin. Wenn er sich irgendwo verborgen halten soll, glaubt es nicht. 27 Denn der Menschensohn kommt für alle sichtbar – wie ein Blitz, der von Ost nach West am Himmel aufzuckt. 28 Dies wird so gewiss geschehen, wie sich die Geier um ein verendetes Tier scharen.«

Retter und Richter
(Markus 13,24–27; Lukas 21,25–28)

29 »Unmittelbar nach dieser großen Schreckenszeit wird sich die Sonne verfinstern und der Mond nicht mehr scheinen. Die Sterne werden aus ihrer Bahn geschleudert, und die Kräfte des Weltalls geraten durcheinander. 30 Dann wird das Zeichen des Menschensohnes am Himmel erscheinen. Die Menschen auf der ganzen Erde werden vor Entsetzen jammern und heulen. Alle sehen dann, wie der Menschensohn in großer Macht und Herrlichkeit in den Wolken des Himmels kommt. 31 Mit gewaltigem Posaunenschall wird er seine Engel aussenden,

---

[a] Wörtlich: Gräuel der Verwüstung. Vgl. Daniel 9,27

24,5 1 Joh 2,18 **24,7** Jes 19,2 **24,9–14** 10,17–22 **24,9** 2 Tim 3,12* **24,11** 1 Joh 4,1 **24,12** 2 Tim 3,1–5 **24,13** Offb 2,7.11.17 **24,14** 28,18–20 **24,19** Lk 23,29 **24,21** Dan 12,1 **24,24** 2 Thess 2,9; 2 Petr 2,1; Offb 13,13–14 **24,29** Jes 13,10; 34,4; 2 Petr 3,10 **24,30** 16,1; Dan 7,13 **24,31** 1 Kor 15,52; 1 Thess 4,16–17

und sie werden seine Auserwählten aus
allen Teilen der Welt zu ihm bringen.«

»Seid immer bereit!«
(Markus 13,28–32; Lukas 12,39–40; 17,26–36; 21,29–33)

32 »Der Feigenbaum soll euch dafür ein
Beispiel sein: Wenn seine Zweige saftig
werden und Blätter treiben, dann wisst
ihr, dass es bald Sommer ist. 33 Wenn nun
all diese Ereignisse eintreffen, könnt ihr
sicher sein: Das Kommen des Menschen-
sohnes steht unmittelbar bevor. 34 Ja, ich
sage euch: Dieses Volk[a] wird nicht unter-
gehen, bevor das alles geschieht. 35 Him-
mel und Erde werden vergehen; meine
Worte aber gelten für immer. 36 Niemand
weiß, wann das Ende kommen wird, we-
der die Engel im Himmel noch der Sohn.
Den Tag und die Stunde kennt nur der
Vater.

37 Wenn der Menschensohn kommt,
wird es auf der Erde zugehen wie zur
Zeit Noahs, 38 als die große Flut herein-
brach. Damals dachten die Menschen
auch nur an Essen, Trinken und Hei-
raten. Selbst als Noah in die Arche stieg,
39 glaubten die Leute nicht an das Unheil,
bis die Flut sie alle mit sich riss. So wird
es auch beim Kommen des Menschen-
sohnes sein. 40 Zwei Männer werden auf
dem Feld arbeiten. Der eine wird ange-
nommen, und der andere bleibt zurück.
41 Zwei Frauen werden Getreide mahlen;
die eine wird angenommen, die andere
bleibt zurück.

42 Deshalb seid jederzeit bereit! Denn
ihr wisst nicht, wann euer Herr kommen
wird. 43 Eins ist sicher: Wenn der Haus-
herr wüsste, wann ein Dieb bei ihm ein-
brechen will, würde er wach bleiben und
sich vor dem Einbrecher schützen. 44 Seid
also zu jeder Zeit bereit, denn der Men-
schensohn wird gerade dann kommen,
wenn ihr am wenigsten damit rechnet!«

Der treue Verwalter
(Lukas 12,42–46)

45 »Wie verhält sich denn ein kluger und
zuverlässiger Verwalter?«, fragte Jesus
die Jünger. »Sein Herr hat ihm die Ver-
antwortung für alle Mitarbeiter übertra-
gen; er soll sie zu jeder Zeit mit allem
Nötigen versorgen. 46 Dieser Verwalter
darf sich glücklich nennen, wenn sein
Herr ihn bei der Rückkehr gewissenhaft
bei der Arbeit findet. 47 Das sage ich
euch: Einem so zuverlässigen Mann wird
er die Verantwortung für seinen ganzen
Besitz übertragen.

48 Wenn aber ein Verwalter unzuverläs-
sig ist und im Stillen denkt: ›Ach was, es
dauert bestimmt noch lange, bis mein
Herr kommt‹, 49 und er fängt an, seine
Mitarbeiter zu schlagen und Trinkgelage
zu veranstalten, 50 dann wird die Rück-
kehr seines Herrn ihn völlig überraschen.
Sein Herr kommt, wenn er nicht damit
rechnet. 51 Er wird den unzuverlässigen
Verwalter hart bestrafen[b] und ihm den
Lohn geben, den die Heuchler verdienen.
Er wird ihn hinausstoßen, dorthin, wo es
nur Weinen und ohnmächtiges Jammern
gibt.«

Die zehn Brautjungfern
(Lukas 12,35–38; 13,25–28)

25 »Wenn der Menschensohn seine
Herrschaft antritt, wird es sein
wie bei zehn Mädchen, die bei einer
Hochzeit als Brautjungfern mit ihren
Lampen den Bräutigam abholen sollten.
2–4 Nur fünf von ihnen waren so klug, sich
ausreichend mit Öl für ihre Lampen zu
versorgen. Die anderen dachten über-
haupt nicht daran, genügend Öl mit-
zunehmen.

5 Als sich die Ankunft des Bräutigams
verzögerte, wurden sie alle müde und
schliefen ein. 6 Plötzlich um Mitternacht

---

[a] Oder: Diese Generation.
[b] Wörtlich: in Stücke hauen.

24,34 16,28 **24,35** Jes 40,8; 51,6 **24,36** Apg 1,7; 1 Thess 5,1–2 **24,37–39** 1 Mo 6,11–13; 7,7–13 **24,43–44** Tit 2,13* **24,47** 25,21.23 **24,48** 2 Petr 3,4 **25,1** 22,2

wurden sie mit dem Ruf geweckt: ›Der Bräutigam kommt! Steht auf und geht ihm entgegen!‹

7 Da sprangen die Mädchen auf und bereiteten ihre Lampen vor. 8 Die fünf, die nicht genügend Öl hatten, baten die anderen: ›Gebt uns etwas von eurem Öl! Unsere Lampen gehen aus.‹ 9 Aber die Klugen antworteten: ›Unser Öl reicht gerade für uns selbst. Geht doch in den Laden, und kauft euch welches!‹

10 Da gingen sie los. In der Zwischenzeit kam der Bräutigam, und die Mädchen, die genügend Öl für ihre Lampen hatten, begleiteten ihn in den Festsaal. Dann wurde die Tür verschlossen. 11 Später kamen auch die fünf anderen. Sie standen draußen und riefen: ›Herr, mach uns die Tür auf!‹ 12 Aber er erwiderte: ›Was wollt ihr denn? Ich kenne euch nicht!‹

13 Deshalb seid wach und haltet euch bereit! Denn ihr wisst weder an welchem Tag noch zu welchem Zeitpunkt der Menschensohn kommen wird.«

Beauftragt zu handeln
(Lukas 19,11–27)

14 »Es wird dann so sein wie bei dem Mann, der ins Ausland reisen wollte. Er rief alle seine Verwalter zusammen und beauftragte sie, während seiner Abwesenheit mit seinem Vermögen zu arbeiten. 15 Dem einen gab er fünf Zentner[a] Silberstücke, einem anderen zwei und dem dritten einen Zentner, jedem nach seinen Fähigkeiten. Danach reiste er ab.

16 Der Mann mit den fünf Zentnern Silberstücke war so erfolgreich bei seinen Geschäften, dass er die Summe verdoppeln konnte. 17 Auch der die zwei Zentner bekommen hatte, verdiente zwei hinzu. 18 Der dritte aber vergrub sein Geld an einem sicheren Ort.

19 Nach langer Zeit kehrte der Herr von seiner Reise zurück und forderte seine Verwalter auf, mit ihm abzurechnen.

20 Der Mann, der fünf Zentner Silbergeld erhalten hatte, brachte zehn Zentner. Er sagte: ›Herr, fünf Zentner hast du mir gegeben. Hier, ich habe fünf dazuverdient.‹ 21 Da lobte ihn sein Herr: ›Du warst tüchtig und zuverlässig. In kleinen Dingen bist du treu gewesen, darum werde ich dir größere Aufgaben anvertrauen. Ich lade dich zu meinem Fest ein!‹

22 Danach kam der Mann mit den zwei Zentnern. Er berichtete: ›Herr, auch ich habe den Betrag verdoppeln können.‹ 23 Da lobte ihn der Herr: ›Du warst tüchtig und zuverlässig. In kleinen Dingen bist du treu gewesen, darum werde ich dir größere Aufgaben anvertrauen. Ich lade dich zu meinem Fest ein!‹

24 Schließlich kam der mit dem einen Zentner Silberstücke und erklärte: ›Ich kenne dich als strengen Herrn und dachte: Du erntest, was andere gesät haben; du nimmst dir, was ich verdient habe. 25 Aus Angst habe ich das Geld sicher aufbewahrt. Hier hast du es wieder zurück!‹ 26 Zornig antwortete ihm darauf sein Herr: ›Auf dich ist kein Verlass, und faul bist du auch noch! Wenn du schon der Meinung bist, dass ich ernte, was andere gesät haben, und mir nehme, was du verdient hast, 27 hättest du zumindest mein Vermögen bei einer Bank anlegen können! Dort hätte es wenigstens Zinsen gebracht! 28 Nehmt ihm das Geld weg, und gebt es dem, der die fünf Zentner hatte!

29 Denn wer viel hat, der bekommt noch mehr dazu, ja, er wird mehr als genug haben! Wer aber nichts hat, dem wird selbst noch das Wenige, das er hat, genommen. 30 Und jetzt werft diesen Nichtsnutz hinaus in die Finsternis, wo es nur Weinen und ohnmächtiges Jammern gibt!‹«

---

a Wörtlich: Talente. – Gold- oder Silbertalente waren die größte Münzeinheit. Ein Talent wog in hellenistisch-römischer Zeit ca. 41 kg.

25,12 7,23 **25,14** 21,33 **25,15** Röm 12,6 **25,20–23** 24,45–47 **25,29** 13,12

Das Weltgericht

31 »Wenn der Menschensohn in seiner
ganzen Herrlichkeit, begleitet von allen
Engeln, kommt, dann wird er auf dem
Thron Gottes sitzen. 32 Alle Völker wer-
den vor ihm erscheinen, und er wird die
Menschen in zwei Gruppen teilen, so wie
ein Hirte die Schafe von den Böcken
trennt. 33 Rechts werden die Schafe und
links die Böcke stehen. 34 Dann wird der
König zu denen an seiner rechten Seite
sagen: ›Kommt her! Euch hat mein Vater
gesegnet. Nehmt die neue Welt Gottes in
Besitz, die er seit Erschaffung der Welt
für euch als Erbe bereithält! 35 Denn als
ich hungrig war, habt ihr mir zu essen ge-
geben. Als ich Durst hatte, bekam ich
von euch etwas zu trinken. Ich war ein
Fremder bei euch, und ihr habt mich auf-
genommen. 36 Ich war nackt, ihr habt mir
Kleidung gegeben. Ich war krank, und ihr
habt mich besucht. Ich war im Gefängnis,
und ihr seid zu mir gekommen.‹

37 Dann werden sie, die nach Gottes
Willen gelebt haben, fragen: ›Herr, wann
bist du denn hungrig gewesen und wir ha-
ben dir zu essen gegeben? Oder durstig
und wir gaben dir zu trinken? 38 Wann ha-
ben wir dir Gastfreundschaft gewährt,
und wann bist du nackt gewesen und wir
haben dir Kleider gebracht? 39 Wann
warst du denn krank oder im Gefängnis
und wir haben dich besucht?‹

40 Der König wird ihnen dann antwor-
ten: ›Das will ich euch sagen. Was ihr für
einen meiner geringsten Brüder getan
habt, das habt ihr für mich getan!‹

41 Zu denen an seiner linken Seite aber
wird er sagen: ›Geht mir aus den Augen,
ihr Verfluchten, ins ewige Feuer, das für
den Teufel und seine Helfer bestimmt ist!
42 Denn ich war hungrig, aber ihr habt mir
nichts zu essen gegeben. Ich war durstig,
aber ihr habt mir nichts zu trinken gege-
ben. 43 Ich war ein Fremder unter euch,
aber ihr habt mich nicht aufgenommen.
Ich war nackt, aber ihr wolltet mir nichts
zum Anziehen geben. Ich war krank und
im Gefängnis, aber ihr habt mich nicht
besucht.‹ 44 Dann werden auch sie ihn fra-
gen: ›Herr, wann haben wir dich denn
hungrig oder durstig, ohne Unterkunft,
nackt, krank oder im Gefängnis gesehen
und dir nicht geholfen?‹ 45 Darauf wird
ihnen der König antworten: ›Lasst es
euch gesagt sein: Die Hilfe, die ihr mei-
nen geringsten Brüdern verweigert habt,
die habt ihr mir verweigert.‹ 46 Und sie
werden der ewigen Strafe ausgeliefert
sein. Aber die Gottes Willen getan ha-
ben, erwartet unvergängliches Leben.«

Verschwörung gegen Jesus
(Markus 14,1–2; Lukas 22,1–2; Johannes 11,47–53)

26 Als Jesus diese Rede beendet hat-
te, sagte er zu seinen Jüngern:
2 »Ihr wisst, dass übermorgen das Passah-
fest beginnt. Dann wird der Menschen-
sohn an die Menschen ausgeliefert und
ans Kreuz genagelt werden.«

3 Zu derselben Zeit versammelten sich
die Hohenpriester und die führenden
Männer des Volkes im Palast des Ho-
henpriesters Kaiphas. 4 Sie berieten da-
rüber, wie sie Jesus heimlich festnehmen
und umbringen lassen könnten. 5 Sie wa-
ren sich aber einig: »Es darf auf keinen
Fall während der Festtage geschehen,
damit es nicht zu Unruhen im Volk
kommt.«

Ein Vermögen für Jesus
(Markus 14,3–9; Johannes 12,1–8)

6 Jesus war in Betanien Gast bei Simon,
der früher einmal aussätzig gewesen war.
7 Während der Mahlzeit kam eine Frau
herein. In ihren Händen hielt sie ein
Fläschchen kostbares Öl, mit dem sie sei-
nen Kopf salbte.

8 Als die Jünger das sahen, regten sie
sich auf: »Das ist ja die reinste Verschwen-
dung! 9 Dieses Öl ist ein Vermögen wert!

25,31–32 2 Kor 5,10* **25,35–36** Jes 58,7 **25,40** 10,42 **25,41** Offb 20,10.15 **25,46** Dan 12,2; Joh 5,29 **26,2** 20,18–19; 2 Mo 12,1–14* **26,3** Lk 3,2 **26,4–5** 21,46

Man hätte es verkaufen und das Geld den
Armen geben sollen.«
10 Als Jesus ihren Ärger bemerkte, sag-
te er: »Warum kränkt ihr die Frau? Sie
hat etwas Gutes für mich getan. 11 Arme,
die eure Hilfe nötig haben, wird es immer
geben, ich dagegen bin nicht mehr lange
bei euch.
12 Mit diesem Salböl hat sie meinen
Körper für mein Begräbnis vorbereitet.
13 Und ich sage euch: Überall in der Welt,
wo Gottes rettende Botschaft verkündet
wird, wird man auch von dieser Frau
sprechen und von dem, was sie getan
hat.«

Der Verrat
(Markus 14,10–11; Lukas 22,3–6)

14 Anschließend ging einer der zwölf Jün-
ger, Judas Iskariot, zu den Hohenpries-
tern 15 und fragte: »Was zahlt ihr mir,
wenn ich euch Jesus verrate?« Sie gaben
ihm dreißig Silbermünzen. 16 Von da an
suchte Judas eine günstige Gelegenheit,
um Jesus zu verraten.

Jesus feiert mit seinen Jüngern das Passahmahl
(Markus 14,12–21; Lukas 22,7–14. 21–23; Johannes 13,21–30)

17 Am ersten Tag des Festes der ungesäu-
erten Brote kamen die Jünger zu Jesus
und fragten: »Wo sollen wir für dich das
Passahmahl vorbereiten?« 18 Jesus nannte
den Jüngern einen Namen und befahl:
»Geht in die Stadt zu diesem Mann, und
teilt ihm mit: Unser Lehrer sagt: ›Meine
Zeit ist gekommen. Ich will mit meinen
Jüngern in deinem Haus das Passahmahl
feiern.‹« 19 Die Jünger führten den Auf-
trag aus und bereiteten alles vor.
20 Am Abend dieses Tages nahm Jesus
mit den zwölf Jüngern am Tisch Platz.
21 Beim Essen erklärte er ihnen: »Ich sage
euch: Einer von euch wird mich ver-
raten!« 22 Bestürzt fragte einer nach dem
andern: »Meinst du etwa mich, Herr?«
23 Jesus antwortete: »Der mit mir das Brot
in die Schüssel taucht, der ist es. 24 Der
Menschensohn muss zwar sterben, wie
es in der Heiligen Schrift vorausgesagt
ist. Aber wehe seinem Verräter! Er wäre
besser nie geboren worden.« 25 Judas frag-
te wie die anderen auch: »Meister, du
meinst doch nicht etwa mich?« Da ant-
wortete ihm Jesus: »Doch, du bist es!«

(Markus 14,22–26; Lukas 22,17–20; 1. Korinther 11,23–25)

26 Während sie aßen, nahm Jesus Brot,
sprach das Dankgebet, teilte das Brot
und gab jedem seiner Jünger ein Stück
davon: »Nehmt und esst! Das ist mein
Leib.« 27 Anschließend nahm er einen Be-
cher Wein, dankte Gott und reichte ihn
seinen Jüngern: »Trinkt alle daraus!
28 Das ist mein Blut, mit dem der neue
Bund zwischen Gott und den Menschen
besiegelt wird. Es wird zur Vergebung
ihrer Sünden vergossen. 29 Ich sage euch:
Von jetzt an werde ich keinen Wein mehr
trinken, bis ich ihn wieder in der neuen
Welt meines Vaters mit euch trinken wer-
de.« 30 Nachdem sie das Danklied gesun-
gen hatten, gingen sie hinaus an den Öl-
berg.

Jesus kündigt die Verleugnung des Petrus an
(Markus 14,27–31; Lukas 22,31–34; Johannes 13,36–38)

31 Unterwegs sagte Jesus zu seinen Jün-
gern: »In dieser Nacht werdet ihr euch
alle von mir abwenden. Denn es steht ge-
schrieben: ›Ich werde der Herde den Hir-
ten nehmen, und die Schafe werden aus-
einander laufen.‹[a] 32 Aber nach meiner
Auferstehung werde ich nach Galiläa ge-

---

a Sacharja 13,7

26,11 5 Mo 15,11 **26,14** 10,4 **26,15** Sach 11,12; 2 Mo 21,32 **26,17** 2 Mo 12,15–20* **26,18** 21,2–3 **26,24** Jes 53,8–9 **26,28** 2 Mo 24,8; Jer 31,31–34* **26,29** Lk 22,30 **26,31** 26,56; Joh 16,32 **26,32** 28,7.16

hen, und dort werdet ihr mich wieder-
sehen.«
33 Da beteuerte Petrus: »Wenn dich
auch alle anderen verlassen – ich halte
zu dir!« 34 Doch Jesus erwiderte ihm: »Ich
sage dir: Heute Nacht, noch ehe der
Hahn kräht, wirst du dreimal geleugnet
haben, mich zu kennen.« 35 »Selbst wenn
ich mit dir sterben müsste, würde ich das
nicht tun!«, rief Petrus. Auch die anderen
Jünger beteuerten dies.

Im Garten Gethsemane
(Markus 14,32–42; Lukas 22,39–46; Johannes 18,1)

36 Dann ging Jesus mit seinen Jüngern in
einen Garten, der Gethsemane heißt.
Dort bat er sie: »Setzt euch hier hin, und
wartet auf mich! Ich will ein Stück weiter
gehen und beten.« 37 Petrus, Jakobus und
Johannes nahm er mit. Tiefe Traurigkeit
und Angst überfielen Jesus, 38 und er sag-
te zu ihnen: »Ich zerbreche beinahe unter
der Last, die ich zu tragen habe.[a] Bleibt
bei mir, und wacht mit mir!« 39 Jesus ging
ein paar Schritte weiter, warf sich nieder
und betete: »Mein Vater, wenn es mög-
lich ist, so bewahre mich vor diesem Lei-
den[b]! Aber nicht was ich will, sondern
was du willst, soll geschehen.«
40 Dann kam er zu den drei Jüngern zu-
rück und sah, dass sie eingeschlafen wa-
ren. Er weckte Petrus und rief: »Könnt
ihr denn nicht eine einzige Stunde mit
mir wachen? 41 Bleibt wach und betet, da-
mit ihr der Versuchung widerstehen
könnt. Ich weiß, ihr wollt das Beste, aber
aus eigener Kraft könnt ihr es nicht errei-
chen.[c]«
42 Noch einmal ging er ein Stück weg,
um zu beten: »Mein Vater, wenn mir die-
ses Leiden nicht erspart bleiben kann,
bin ich bereit, deinen Willen zu erfüllen!«
43 Als er zurückkam, schliefen die Jünger
schon wieder; die Augen waren ihnen zu-
gefallen.
44 Er kehrte um und betete zum dritten
Mal mit den gleichen Worten. 45 Dann
kam er zu seinen Jüngern zurück und sag-
te: »Ihr schlaft immer noch und ruht euch
aus? Aber jetzt ist die Stunde gekommen:
Der Menschensohn wird den gottlosen
Menschen ausgeliefert. 46 Steht auf, lasst
uns gehen! Der Verräter ist schon da.«

Verrat und Verhaftung
(Markus 14,43–50; Lukas 22,47–53; Johannes 18,3–11)

47 Noch während Jesus sprach, kam Judas,
einer von seinen Jüngern, zusammen mit
vielen Männern, die mit Schwertern und
Knüppeln bewaffnet waren. Die Hohen-
priester und die führenden Männer des
Volkes hatten sie geschickt. 48 Judas hatte
mit ihnen vereinbart: »Der Mann, den ich
küssen werde, der ist es. Den müsst ihr
festnehmen!«
49 Er ging auf Jesus zu und sagte: »Sei
gegrüßt, Meister!« Dann küsste er ihn.
50 Jesus sah ihn an: »Mein Freund! Warum
bist du gekommen?« Sofort packten ihn
die Männer und nahmen ihn fest.
51 Aber einer der Jünger, die bei Jesus
waren, wollte das verhindern. Er zog sein
Schwert, schlug auf einen der Diener des
Hohenpriesters ein und hieb ihm ein Ohr
ab. 52 Doch Jesus befahl ihm: »Steck dein
Schwert weg! Wer Gewalt anwendet,
wird durch Gewalt umkommen.
53 Ist dir denn nicht klar, dass ich mei-
nen Vater um ein ganzes Heer von Engeln
bitten könnte? Er würde sie mir sofort
schicken. 54 Wie sollte sich aber dann er-
füllen, was in der Heiligen Schrift voraus-
gesagt ist? Es muss alles so geschehen!«
55 Danach wandte sich Jesus an die
Männer, die ihn festgenommen hatten:
»Bin ich denn ein Verbrecher, dass ihr

---

[a] *Wörtlich:* Tief betrübt ist meine Seele bis zum Tod.
[b] Wörtlich: so gehe dieser Kelch (des Leidens) an mir vorüber.
[c] Wörtlich: Der Geist ist zwar willig, das Fleisch aber ist schwach.

26,34 26,74–75 **26,35** Joh 11,16 **26,37** 17,1 **26,39** Joh 6,38; Phil 2,8; Hebr 5,7–8 **26,41** Eph 6,18 **26,45** Joh 12,23; 13,1 **26,52** 1 Mo 9,6 **26,53** 4,11 **26,55** Lk 19,47; 21,37

euch mit Schwertern und Knüppeln be-
waffnet habt, um mich zu verhaften? Je-
den Tag habe ich öffentlich im Tempel
gesprochen. Warum habt ihr mich nicht
dort festgenommen? [56] Aber auch dies ge-
schieht, damit sich die Vorhersagen der
Propheten erfüllen.«

Entsetzt verließen ihn alle Jünger und
flohen.

Jesus vor Gericht
(Markus 14,53–65; Lukas 22,54–55.
63–71; Johannes 18,12–14.19–24)

[57] Die Männer, die Jesus festgenommen
hatten, brachten ihn zu Kaiphas, dem
Hohenpriester und Vorsitzenden des Ho-
hen Rates. Bei ihm waren die Schriftge-
lehrten und die führenden Männer des
Volkes versammelt. [58] In sicherem Ab-
stand folgte ihnen Petrus bis in den In-
nenhof des Palastes. Dort setzte er sich
zu den Dienern, um zu beobachten, was
mit Jesus geschehen würde.

[59] Die Hohenpriester und der ganze Ho-
he Rat suchten Zeugen, die durch ihre fal-
schen Aussagen Jesus so belasten sollten,
dass man ihn zum Tode verurteilen konn-
te. [60] Aber es gelang ihnen nicht, obwohl
viele Zeugen falsche Anschuldigungen
vorbrachten. Schließlich erklärten zwei
Männer: [61] »Dieser Mensch hat behaup-
tet: ›Ich kann den Tempel Gottes abrei-
ßen und in drei Tagen wieder aufbauen.‹«

[62] Da stand der Hohepriester auf und
fragte Jesus: »Warum antwortest du
nicht? Hast du nichts gegen diese An-
schuldigungen zu sagen?« [63] Aber Jesus
schwieg. Darauf sagte der Hohepriester:
»Ich nehme dich vor dem lebendigen
Gott unter Eid: Sag uns, bist du Christus,
der Sohn Gottes?« [64] »Ja, du sagst es«,
antwortete Jesus, »und ich versichere
euch: Von jetzt an werdet ihr den Men-
schensohn an der rechten Seite Gottes
sitzen und auf den Wolken des Himmels
kommen sehen.«

[65] Empört zerriss der Hohepriester sein
Gewand und rief: »Das ist Gotteslässte-
rung! Wozu brauchen wir noch weitere
Zeugen? Ihr habt seine Gotteslästerung
ja selbst gehört! [66] Wie lautet euer Ur-
teil?« Sie schrien: »Er ist schuldig! Er
muss sterben!« [67] Dann spuckten sie Jesus
ins Gesicht, schlugen mit den Fäusten auf
ihn ein und verhöhnten ihn: [68] »Na, du
Messias! Du bist doch ein Prophet! Sag
uns, wer hat dich geschlagen?«

Petrus behauptet, Jesus nicht zu kennen
(Markus 14,66–72; Lukas 22,56–62;
Johannes 18,15–18.25–27)

[69] Petrus war immer noch im Hof. Da trat
eine Dienerin auf ihn zu und sagte: »Du
gehörst doch auch zu Jesus, diesem Gali-
läer!« [70] Aber Petrus bestritt das laut: »Ich
weiß nicht, wovon du redest.« [71] Als er da-
nach in den Vorhof hinausging, bemerkte
ihn eine andere Dienerin und sagte vor al-
len Leuten: »Der da gehört auch zu die-
sem Jesus von Nazareth!« [72] Doch Petrus
behauptete wieder, und diesmal schwor
er sogar: »Ich kenne den Mann gar nicht!«
[73] Kurze Zeit später kamen einige von den
Leuten, die im Hof standen, und sagten zu
Petrus: »Natürlich gehörst du zu seinen
Freunden! Dein Dialekt verrät dich.«
[74] Da rief Petrus: »Ich schwöre euch: Ich
kenne diesen Menschen nicht! Gott soll
mich verfluchen, wenn ich lüge!«

In diesem Augenblick krähte ein
Hahn, [75] und Petrus fielen die Worte ein,
die Jesus gesagt hatte: »Ehe der Hahn
kräht, wirst du dreimal geleugnet haben,
mich zu kennen.« Da ging Petrus hinaus
und weinte voller Verzweiflung.

Jesus wird an die Römer ausgeliefert
(Markus 15,1; Lukas 23,1;
Johannes 18,28–32)

27 Am frühen Morgen fassten alle
Hohenpriester und führenden
Männer des Volkes den Beschluss, Jesus

26,56 26,31 **26,60** 5 Mo 19,15* **26,61** Joh 2,19 **26,63–64** Mk 15,39*; Dan 7,13 **26,65** 3 Mo 24,16; 4 Mo 15,30 **26,67** Jes 50,6 **26,68** 21,11 **26,74–75** 26,34

töten zu lassen. 2 Sie ließen ihn fesseln
und übergaben ihn Pilatus, dem römi-
schen Statthalter.

Judas begeht Selbstmord
(Apostelgeschichte 1,16–19)

3 Als Judas, der Verräter, sah, dass Jesus
zum Tode verurteilt werden sollte, bereu-
te er bitter, was er getan hatte. Er brachte
den Hohenpriestern und den führenden
Männern des Volkes die dreißig Silber-
münzen zurück. 4 »Ich habe eine große
Schuld auf mich geladen und einen Un-
schuldigen verraten!«, bekannte er. »Was
geht uns das an?«, gaben sie ihm zur Ant-
wort. »Das ist deine Sache!«
5 Da nahm Judas das Geld und warf es
in den Tempel. Dann lief er fort und er-
hängte sich. 6 Die Hohenpriester sammel-
ten die Münzen ein, waren aber der Mei-
nung: »Dieses Geld dürfen wir nicht in
den Tempelschatz legen, weil Blut daran
klebt!« 7 Nachdem sie die Sache bespro-
chen hatten, beschlossen sie, eine Ton-
grube zu kaufen als Friedhof für die
Fremden. 8 Noch heute heißt dieser
Friedhof »Blutacker«.
9 Auf diese Weise erfüllte sich das Wort
des Propheten Jeremia: »Sie nahmen die
dreißig Silbermünzen – so viel war er
dem Volk Israel wert – 10 und kauften das
Land von den Töpfern, wie der Herr es
mir befohlen hatte.«[a]

Das Todesurteil
(Markus 15,2–15; Lukas 23,2–5. 17–25; Johannes 18,33 – 19,16)

11 Jesus wurde zu dem römischen Statthal-
ter Pilatus gebracht. Der fragte ihn: »Bist
du der König der Juden?« Jesus antwor-
tete: »Ja, du sagst es!«
12 Als nun die Hohenpriester und die
führenden Männer des Volkes alle mög-
lichen Anklagen gegen ihn vorbrachten,
schwieg Jesus. 13 »Hörst du denn nicht,
wie schwer sie dich beschuldigen?«, frag-
te Pilatus. 14 Aber Jesus erwiderte kein
Wort. Darüber wunderte sich Pilatus
sehr.
15 Der Statthalter begnadigte jedes Jahr
zum Passahfest einen Gefangenen, den
sich das Volk selbst auswählen durfte.
16 In diesem Jahr saß ein berüchtigter Ver-
brecher im Gefängnis. Er hieß Barabbas.
17 Als sich nun die Menschenmenge vor
dem Haus des Pilatus versammelt hatte,
fragte er sie: »Wen soll ich diesmal begna-
digen? Barabbas oder Jesus, euren Mes-
sias?« 18 Denn Pilatus wusste genau, dass
die führenden Männer des jüdischen Vol-
kes das Verfahren gegen Jesus nur aus
Neid angezettelt hatten.
19 Während Pilatus die Gerichtsver-
handlung leitete, schickte ihm seine Frau
eine Nachricht: »Unternimm nichts ge-
gen diesen Mann. Er ist unschuldig! Ich
habe seinetwegen in der letzten Nacht
einen furchtbaren Traum gehabt.«
20 Inzwischen aber hatten die Hohen-
priester und die führenden Männer des
Volkes die Menge aufgewiegelt. Sie soll-
ten von Pilatus verlangen, Barabbas zu
begnadigen und Jesus umzubringen.
21 Als der Statthalter nun seine Frage wie-
derholte: »Wen von den beiden soll ich
freilassen?«, schrie die Menge: »Barab-
bas!«
22 »Und was soll mit Jesus geschehen,
eurem Messias?« Da brüllten sie alle:
»Ans Kreuz mit ihm!« 23 »Was für ein Ver-
brechen hat er denn begangen?«, fragte
Pilatus. Doch ununterbrochen schrie die
Menge: »Ans Kreuz mit ihm!«
24 Als Pilatus sah, dass er so nichts er-
reichte und dass der Tumult nur immer
größer wurde, ließ er eine Schüssel mit
Wasser bringen. Für alle sichtbar wusch
er sich die Hände und sagte: »Ich bin am
Blut dieses Menschen nicht schuldig. Die
Verantwortung dafür tragt ihr!« 25 Die
Menge schrie zurück: »Ja, wir und unsere
Kinder, wir tragen die Folgen!« 26 Da gab

---

[a] Sacharja 11,12–13; Jeremia 32,6–9

27,4 5 Mo 27,25 **27,11** 2,2 **27,12–14** Ps 38,14–16; Jes 53,7 **27,18** Joh 11,47–48 **27,21–23** Apg 3,13–14; 13,27–28 **27,24** 5 Mo 21,6–8 **27,25** Jer 26,15; Apg 5,28

Pilatus ihnen Barabbas frei. Jesus ließ er auspeitschen und zur Kreuzigung abführen.

Jesus wird verhöhnt und misshandelt
(Markus 15,16–20; Johannes 19,2–3)

27 Die Soldaten brachten Jesus in den Hof des Statthalterpalasts und riefen die ganze Truppe zusammen. 28 Dann zogen sie ihm die Kleider aus und hängten ihm einen scharlachroten Mantel um. 29 Aus Dornenzweigen flochten sie eine Krone und drückten sie ihm auf den Kopf. Sie gaben ihm einen Stock in die rechte Hand, knieten vor ihm nieder und riefen höhnisch: »Es lebe der König der Juden!«
30 Sie spuckten ihn an und schlugen ihm mit dem Stock auf den Kopf. 31 Nachdem sie ihn so verspottet hatten, zogen sie ihm den roten Mantel wieder aus und gaben ihm seine eigenen Kleider zurück. Dann führten sie Jesus ab zur Kreuzigung.

Die Kreuzigung
(Markus 15,21–32; Lukas 23,26–43; Johannes 19,16–27)

32 Auf dem Weg zur Hinrichtungsstätte begegnete ihnen ein Mann aus Kyrene, der Simon hieß. Ihn zwangen sie, das Kreuz zu tragen, an das Jesus gehängt werden sollte. 33 So zogen sie aus der Stadt hinaus nach Golgatha, was »Schädelstätte« heißt. 34 Dort gaben die Soldaten Jesus Wein mit einem bitteren Zusatz zur Betäubung. Als Jesus das merkte, wollte er nichts davon trinken.

35 Dann nagelten sie ihn an das Kreuz. Seine Kleider verlosten sie unter sich.[a]
36 Sie setzten sich neben das Kreuz und bewachten Jesus. 37 Über seinem Kopf brachten sie ein Schild an, auf dem stand, weshalb man ihn verurteilt hatte: »Das ist Jesus, der König der Juden!« 38 Mit Jesus wurden zwei Verbrecher gekreuzigt, der eine rechts, der andere links von ihm.

39 Die Leute, die am Kreuz vorübergingen, beschimpften ihn und schüttelten spöttisch den Kopf: 40 »Den Tempel wolltest du zerstören und in drei Tagen wieder aufbauen? Dann rette dich doch selber! Komm vom Kreuz herunter, wenn du wirklich der Sohn Gottes bist!«

41 Auch die Hohenpriester, Schriftgelehrten und führenden Männer des Volkes verhöhnten Jesus: 42 »Anderen hat er geholfen, aber sich selbst kann er nicht helfen. Wenn er wirklich der König Israels ist, soll er doch vom Kreuz heruntersteigen. Dann wollen wir an ihn glauben!
43 Er hat sich doch immer auf Gott verlassen; jetzt wollen wir sehen, ob Gott ihn wirklich liebt und ihm hilft. Hat er nicht gesagt: ›Ich bin Gottes Sohn‹?« 44 Ebenso beschimpften ihn die beiden Verbrecher, die mit ihm gekreuzigt worden waren.

Jesus stirbt am Kreuz
(Markus 15,33–41; Lukas 23,44–49; Johannes 19,28–37)

45 Am Mittag wurde es plötzlich im ganzen Land dunkel. Diese Finsternis dauerte drei Stunden. 46 Gegen drei Uhr rief Jesus laut: »Eli, Eli, lema sabachtani?« Das heißt: »Mein Gott, mein Gott, warum hast du mich verlassen?«[b]

47 Einige von den Umstehenden aber meinten: »Er ruft den Propheten Elia.«
48 Einer von ihnen nahm schnell einen Schwamm, tauchte ihn in Essig und steckte ihn auf einen Stab, um Jesus davon trinken zu lassen. 49 Aber die anderen sagten: »Lass doch! Wir wollen sehen, ob Elia kommt und ihm hilft.« 50 Da schrie Jesus noch einmal laut auf und starb.

51 Im selben Augenblick zerriss im Tempel der Vorhang vor dem Allerheiligsten von oben bis unten. Die Erde beb-

---

[a] Andere Textzeugen fügen hinzu: Dadurch sollte sich erfüllen, was durch den Propheten vorausgesagt wurde: »Meine Kleider haben sie unter sich geteilt und mein Gewand verlost.« Psalm 22,19
[b] Psalm 22,2

27,30 Jes 50,6 **27,34** Ps 69,22 **27,38** Jes 53,12 **27,39** Ps 22,8; 109,25 **27,40** 26,61; Joh 2,19 **27,43** 26,63–64; Ps 22,9 **27,44** Lk 23,39–43 **27,45** Am 8,9 **27,48** Ps 69,22 **27,51** 2 Mo 26,31–33; Hebr 10,19–20

te, und die Felsen zerbarsten. [52]Gräber
öffneten sich, und viele Verstorbene, die
nach Gottes Willen gelebt hatten, er-
wachten vom Tod. [53]Nach der Auferste-
hung Jesu verließen sie ihre Gräber, gin-
gen in die Stadt und erschienen dort
vielen Leuten.

[54]Der römische Hauptmann und die
Soldaten, die Jesus bewachten, erschra-
ken sehr bei diesem Erdbeben und allem,
was sich sonst ereignete. Sie sagten:
»Dieser Mann ist wirklich Gottes Sohn
gewesen!«

[55]Viele Frauen aus Galiläa waren mit
Jesus zusammen nach Jerusalem gekom-
men. Sie hatten für ihn gesorgt, und jetzt
beobachteten sie das Geschehen aus der
Ferne. [56]Unter ihnen waren Maria aus
Magdala und Maria, die Mutter von Ja-
kobus und Joses, sowie die Mutter der
beiden Zebedäussöhne Jakobus und Jo-
hannes.

Jesus wird begraben
(Markus 15,42–47; Lukas 23,50–56; Johannes 19,38–42)

[57]Am Abend kam ein reicher Mann aus
Arimathäa. Er hieß Josef und war ein
Jünger Jesu. [58]Er ging zu Pilatus und bat
ihn um den Leichnam Jesu. Pilatus be-
fahl, diese Bitte zu erfüllen. [59]Josef nahm
den Toten, wickelte ihn in ein neues Lei-
nentuch [60]und legte ihn in das Grab, das
er für sich selbst in einen Felsen hatte
hauen lassen. Dann wälzte er einen gro-
ßen Stein vor den Eingang des Grabes
und ging fort. [61]Maria aus Magdala und
die andere Maria waren auch dabei. Sie
blieben beim Grab sitzen.

Die Wache am Grab

[62]Am nächsten Tag, es war der Sabbat,
kamen die Hohenpriester und Pharisäer
zu Pilatus [63]und sagten: »Herr, uns ist ein-
gefallen, dass dieser Verführer einmal
behauptet hat: ›Drei Tage nach meinem
Tod werde ich auferweckt werden!‹
[64]Lass darum das Grab bis zum dritten
Tag bewachen, sonst stehlen seine Jünger
noch den Leichnam und erzählen jedem,
Jesus sei von den Toten auferstanden.
Das aber wäre ein noch größerer Be-
trug.« [65]»Ich will euch eine Wache ge-
ben«, antwortete Pilatus. »Tut, was ihr
für richtig haltet, und sichert das Grab!«
[66]Da versiegelten sie den Stein und stell-
ten Wachposten auf.

Jesus lebt
(Markus 16,1–8; Lukas 24,1–12; Johannes 20,1–18)

28 Als der Sabbat vorüber war, am
frühen Sonntagmorgen bei Son-
nenaufgang, gingen Maria aus Magdala
und die andere Maria hinaus an das
Grab. [2]Plötzlich fing die Erde an zu be-
ben, und ein Engel Gottes kam vom
Himmel herab, wälzte den Stein vor dem
Grab beiseite und setzte sich darauf. [3]Er
leuchtete hell wie ein Blitz, und sein Ge-
wand war weiß wie Schnee. [4]Die Wach-
posten stürzten vor Schrecken zu Boden
und blieben wie tot liegen.

[5]Der Engel wandte sich an die Frauen:
»Fürchtet euch nicht! Ich weiß, dass ihr
Jesus, den Gekreuzigten, sucht. [6]Er ist
nicht mehr hier. Er ist auferstanden, wie
er es vorhergesagt hat. Kommt und seht
euch die Stelle an, wo er gelegen hat.
[7]Dann beeilt euch, geht zu seinen Jün-
gern und sagt ihnen, dass Jesus von den
Toten auferstanden ist. Er wird euch
nach Galiläa vorausgehen, und dort wer-
det ihr ihn sehen. Diese Botschaft soll ich
euch ausrichten.«

[8]Erschrocken liefen die Frauen vom
Grab weg. Gleichzeitig erfüllte sie unbe-
schreibliche Freude. Sie wollten sofort
den Jüngern alles berichten, was sie er-
lebt hatten. [9]Sie waren noch nicht weit
gekommen, als Jesus plötzlich vor ihnen
stand. »Seid gegrüßt!«, sagte er. Da fielen
sie vor ihm nieder und umklammerten

27,54 Mk 15,39* **27,55–56** Lk 8,2–3 **27,57–58** 5 Mo 21,22–23* **27,63** 12,40 **27,64** 28,12–13 **28,3** Dan 10,5–6; Apg 1,10 **28,6** 16,21; 17,23; 20,19 **28,7** 26,32

Gemeinsame Entscheidungen treffen

Lesen Sie Matthäus 26,36-46

Welche Vorgehensweise empfiehlt die Bibel uns, wenn wir Entscheidungen treffen müssen? Das Gespräch zwischen Jesus und seinem Vater im Garten Gethsemane kurz vor der Kreuzigung zeigt uns das Idealbild. Jesus betet demütig: „Mein Vater, wenn es möglich ist, so bewahre mich vor diesem Leiden! Aber nicht was ich will, sondern was du willst, soll geschehen" (Matthäus 26,39). Folgendes Muster lässt sich erkennen: Vorstellungen und Gefühle werden ausgesprochen – ehrlich und liebevoll –, wobei der Vater klar als der anerkannt wird, der die Entscheidung fällt. Das Ziel des Gespräches ist, in jeder Entscheidung Einigkeit zu erlangen, was dem Vater und dem Sohn perfekt gelingt. Wir sind zwar nur unvollkommene Geschöpfe und werden dieses Ideal kaum erreichen, dennoch sollten wir es als Ziel verfolgen.

Was aber, wenn Sie und Ihr Ehepartner Ihre Meinungen dargelegt haben und sich doch nicht auf ein gemeinsames Vorgehen einigen können? Wenn die Entscheidung noch warten kann, dann sollten Sie warten. Währenddessen beten Sie und suchen nach neuen Informationen, die Ihnen weiterhelfen können. Nach einer gewissen Zeit sprechen Sie wieder darüber. Meistens kann man die Entscheidung so lange aufschieben, und Einigkeit ist besser als Eile.

Wenn jeder Ehepartner das Wohl des anderen im Blick hat, wird keiner absichtlich eine Entscheidung treffen, die dem anderen schadet. Vielmehr wird jeder sich bemühen, einen Weg zu finden, wie er den Partner und auch die gemeinsame Beziehung fördert.

Nehmen Sie sich Zeit, um allein oder als Paar gemeinsam zu beten. Bitten Sie Gott, Ihnen eine wachsende Einigkeit zu schenken, damit Sie gemeinsam weise Entscheidungen treffen können. Bitten Sie ihn, dass Sie Ihren Partner und seine Interessen respektieren und ehren können.

Wenn Sie noch mehr Zeit haben ...

Besprechen Sie miteinander folgende Fragen oder denken Sie darüber nach:

- Welche Entscheidungen sind für Sie so wichtig, dass Sie sie gemeinsam treffen sollten? In welchen Bereichen können Sie die Entscheidung getrost Ihrem Partner überlassen?
- Vor welchen großen Entscheidungen stehen Sie jetzt oder im kommenden Jahr?
- Wie können Sie Ihren Prozess der Entscheidungsfindung noch verbessern?

Lesen Sie auch die folgenden Abschnitte zum Thema Entscheidungen:
Sprüche 3,5-6; 18,2; 1. Petrus 3,1-8.

Zeit allein verbringen

Lesen Sie Markus 1,35-39

Das erste Kapitel des Markusevangeliums zeigt uns, wie ausgefüllt und fruchtbar der Dienst Jesu an den Menschen war. Zwischen den dramatischen Berichten über Predigten und Krankenheilungen findet sich ein stiller, aber sehr aussagekräftiger Vers: „Am nächsten Morgen stand Jesus vor Tagesanbruch auf und zog sich an eine einsam gelegene Stelle zurück, um dort allein zu beten" (Markus 1,35). Egal wie beschäftigt Jesus war und wie sehr die Menschen ihn beanspruchten, er suchte die Einsamkeit, um sich zu erholen und neue Kraft zu schöpfen. Sogar Jesus brauchte eine Auszeit abseits der Menschenmenge.

Paare, die eine gute, intakte, glückliche Ehe führen, verbringen sowohl Zeit gemeinsam als auch getrennt jeder für sich. Wir alle müssen uns gelegentlich aus dem Druck des Familienlebens zurückziehen. Zeit allein zu verbringen, ist nicht egoistisch. Niemand kann tagelang rund um die Uhr „im Dienst" sein, ohne dass er anschließend seelisch und körperlich völlig erschöpft ist – was keiner Ehe guttut. Wir alle müssen Zeit für uns haben, damit wir tief durchatmen und die Gemeinschaft mit Gott suchen können. In dieser Zeit sollten wir etwas Entspannendes oder Belebendes tun. Ob wir Golf spielen, ein Buch lesen, die Schönheit der Natur genießen, fernsehen, einen Spaziergang machen oder ins Fitnessstudio gehen – Hauptsache, es erfrischt Geist und Seele. Vielleicht erfordert es ein Mehr an Planung und Organisation, diese Auszeiten in unseren Alltag einzubauen. Doch wenn wir unseren Terminkalender so gestalten, dass jeder Partner Zeit allein verbringen kann, dann ist das ein wichtiger Baustein, mit dem wir unsere Ehe fördern und erhalten können.

Nehmen Sie sich Zeit, um allein oder als Paar gemeinsam zu beten. Bitten Sie Gott ...

- Ihnen zu zeigen, wie wertvoll die Einsamkeit sein kann;
- *Ihre Seele neu zu erfüllen.*

Wenn Sie noch mehr Zeit haben ...

Besprechen Sie miteinander folgende Fragen oder denken Sie darüber nach:

- Warum ist es für Sie wichtig, sowohl Zeit gemeinsam als auch allein zu verbringen?
- Welche Aktivitäten finden Sie persönlich erholsam und erfrischend?
- Wie können Sie Ihren Terminkalender so gestalten, dass jeder von Ihnen Zeit für sich allein findet?

Lesen Sie auch die folgenden Abschnitte zum Thema Alleinsein:
Markus 6,46; Lukas 5,16; 6,12.

Den nächsten Impuls finden Sie auf S. 1116 a

seine Füße. [10] Jesus beruhigte sie: »Fürch-
tet euch nicht! Geht, sagt meinen Brü-
dern, sie sollen nach Galiläa kommen!
Dort werden sie mich sehen.«

Die Lüge der Wachsoldaten

[11] Nachdem die Frauen das Grab verlas-
sen hatten, liefen einige der Wachsol-
daten zu den Hohenpriestern in die Stadt
und berichteten, was geschehen war.
[12] Diese berieten mit den führenden Män-
nern des Volkes, was sie nun tun sollten.
Schließlich gaben sie den Soldaten viel
Geld [13] und befahlen ihnen: »Erzählt
überall: ›In der Nacht, als wir schliefen,
sind seine Jünger gekommen und haben
den Toten gestohlen.‹« [14] Auch verspra-
chen sie ihnen: »Wenn der Statthalter da-
hinter kommt, werden wir dafür sorgen,
dass euch nichts geschieht.« [15] Die Sol-
daten nahmen das Geld und hielten sich
an den Befehl. So hat sich diese Ge-
schichte bei den Juden weiter verbreitet
und findet noch heute Glauben.

Der Auftrag an die Jünger
(Markus 16,14–18; Lukas 24,36–49; Johannes 20,19–23)

[16] Die elf Jünger gingen nach Galiläa zu
dem Berg, den Jesus ihnen genannt hatte.
[17] Als sie ihn dort sahen, fielen sie vor ihm
nieder. Einige aber zweifelten, ob es
wirklich Jesus war.
[18] Da ging Jesus auf seine Jünger zu und
sprach: »Ich habe von Gott alle Macht im
Himmel und auf der Erde erhalten.
[19] Geht hinaus in die ganze Welt, und ruft
alle Menschen dazu auf, mir nachzufol-
gen! Tauft sie im Namen des Vaters, des
Sohnes und des Heiligen Geistes! [20] Lehrt
sie, so zu leben, wie ich es euch aufgetra-
gen habe. Ihr dürft sicher sein: Ich bin
immer bei euch, bis das Ende dieser Welt
gekommen ist!«

28,10 Hebr 2,11 **28,12–13** 27,64 **28,16** 26,32 **28,18** Dan 7,13–14; Eph 1,22; Phil 2,9–11
28,19 Apg 1,8; 2,38; 8,36; 2 Kor 5,20 **28,20** 18,20; Joh 14,23

Markus berichtet von Jesus

Johannes der Täufer ruft: »Kehrt um zu Gott!«
(Matthäus 3,1–12; Lukas 3,1–18; Johannes 1,19–28)

1 1/2 Dies ist die rettende Botschaft von
Jesus Christus, dem Sohn Gottes.

Alles begann so, wie es der Prophet
Jesaja vorausgesagt hatte: »Gott spricht:
›Ich sende meinen Boten dir voraus, der
dein Kommen ankündigt und die Men-
schen darauf vorbereitet.‹«[a]
3 »Ein Bote wird in der Wüste rufen:
›Macht den Weg frei für den Herrn!
Räumt alle Hindernisse weg!‹«[b]
4 Dieser Bote war Johannes der Täu-
fer. Er lebte in der Wüste, taufte und
verkündete den Menschen, die zu ihm
kamen: »Kehrt um zu Gott, und lasst
euch von mir taufen! Dann wird er euch
eure Sünden vergeben.« 5 Viele Men-
schen aus der ganzen Provinz Judäa und
aus Jerusalem kamen zu ihm. Sie be-
kannten ihre Sünden und ließen sich
von ihm im Jordan taufen.
6 Johannes trug ein aus Kamelhaar
gewebtes Gewand, das von einem Leder-
riemen zusammengehalten wurde. Er
ernährte sich von Heuschrecken und wil-
dem Honig. 7 Johannes rief den Leuten
zu: »Nach mir wird ein anderer kommen,
der viel mächtiger ist als ich. Ich bin nicht
einmal würdig, ihm die Schuhe auszu-
ziehen. 8 Ich taufe euch mit Wasser, aber
er wird euch mit dem Heiligen Geist
taufen.«

Jesus lässt sich taufen
(Matthäus 3,13–17; Lukas 3,21–22; Johannes 1,32–34)

9 In dieser Zeit kam Jesus aus Nazareth,
das in der Provinz Galiläa liegt, an den
Jordan und ließ sich dort von Johannes
taufen. 10 Als Jesus nach der Taufe aus
dem Wasser gestiegen war, sah er, wie
sich der Himmel über ihm öffnete und
der Geist Gottes wie eine Taube auf ihn
herabkam. 11 Gleichzeitig sprach eine
Stimme vom Himmel: »Du bist mein ge-
liebter Sohn, der meine ganze Freude ist.«

Jesus wird auf die Probe gestellt
(Matthäus 4,1–11; Lukas 4,1–13)

12 Kurz darauf führte der Geist Gottes Je-
sus in die Wüste. 13 Vierzig Tage war er
dort den Versuchungen des Satans aus-
gesetzt. Er lebte unter wilden Tieren,
und die Engel Gottes dienten ihm.

Die ersten Jünger
(Matthäus 4,12–22; Lukas 4,14–15)

14 Nachdem Johannes der Täufer von Kö-
nig Herodes verhaftet worden war, kam
Jesus in die Provinz Galiläa, um dort
Gottes Botschaft zu verkünden: 15 »Jetzt
ist die Zeit gekommen, in der Gottes
neue Welt beginnt. Kehrt um zu Gott,
und glaubt an die rettende Botschaft!«
16 Als Jesus am See Genezareth entlang-
ging, sah er die beiden Brüder Simon
und Andreas. Sie waren Fischer und war-
fen gerade ihre Netze aus. 17 Da forderte

---

[a] Maleachi 3,1
[b] Jesaja 40,3

1,1–2 15,39*; Mt 11,10; Lk 1,76 **1,4** Apg 19,4 **1,6** 2 Kön 1,8 **1,8** Apg 1,5 **1,9** Mt 2,23 **1,10** Jes 11,2 **1,11** 9,7; Ps 2,7; Jes 42,1 **1,13** Hebr 2,18; 4,15 **1,14** 6,17–18 **1,15** Gal 4,4

Jesus sie auf: »Kommt mit mir! Ich will
euch zeigen, wie ihr Menschen für Gott
gewinnen könnt.« 18 Sofort ließen die bei-
den Männer ihre Netze liegen und gingen
mit ihm.
19 Nicht weit davon entfernt begegnete
Jesus den Söhnen des Zebedäus, Johan-
nes und Jakobus. Sie saßen im Boot und
flickten ihre Netze. 20 Auch sie forderte er
auf, mit ihm zu gehen. Da verließen sie
ihren Vater mit seinen Arbeitern und
gingen mit Jesus.

Jesus erweist seine Macht
(Lukas 4,31–37)

21 Nun kamen sie in die Stadt Kapernaum.
Am nächsten Sabbat besuchte Jesus die
Synagoge und sprach dort zu den Men-
schen. 22 Die Zuhörer waren sehr beein-
druckt von dem, was er lehrte. Denn
anders als ihre Schriftgelehrten redete
Jesus mit einer Vollmacht, die Gott ihm
verliehen hatte.
23 In der Synagoge war ein Mann, der von
einem bösen Geist beherrscht wurde. Der
schrie: 24 »Was willst du von uns, Jesus von
Nazareth? Du bist doch nur gekommen,
um uns zu vernichten. Ich weiß, dass du
von Gott kommst und zu Gott gehörst[a]!«
25 Jesus befahl dem Dämon: »Schweig und
verlass diesen Menschen!« 26 Da zerrte der
Dämon den Mann hin und her und verließ
ihn mit einem lauten Schrei.
27 Darüber erschraken alle in der Syna-
goge und fragten sich: »Was ist das nur
für eine Lehre? Und welche Macht dieser
Jesus hat! Seinen Befehlen müssen sogar
die bösen Geister gehorchen!« 28 In Win-
deseile wurde in ganz Galiläa bekannt,
was Jesus getan hatte.

Kranke werden geheilt
(Matthäus 8,14–17; Lukas 4,38–41)

29 Nachdem Jesus die Synagoge verlassen
hatte, ging er mit Jakobus und Johannes
in Simons Haus, in dem auch Andreas
wohnte. 30 Dort erfuhr er, dass Simons
Schwiegermutter mit hohem Fieber im
Bett lag. 31 Er ging zu ihr, nahm ihre Hand
und richtete sie auf. Sofort war das Fieber
verschwunden. Sie konnte sogar aufste-
hen und für ihre Gäste sorgen.
32 Am Abend, als die Sonne unterge-
gangen war, brachte man viele Kranke
und von Dämonen beherrschte Men-
schen herbei. 33 Fast alle Bewohner der
Stadt versammelten sich vor Simons
Haus. 34 Jesus heilte viele von ihren
Krankheiten und zwang die Dämonen,
ihre Opfer freizugeben. Dabei verbot er
den bösen Geistern, von ihm zu reden,
denn sie wussten genau, wer er war.

Alle sollen die rettende Botschaft hören
(Lukas 4,42–44)

35 Am nächsten Morgen stand Jesus vor
Tagesanbruch auf und zog sich an eine
einsam gelegene Stelle zurück, um dort
allein zu beten. 36 Petrus und die anderen
suchten ihn. 37 Als sie ihn gefunden hat-
ten, sagten sie: »Alle Leute fragen nach
dir!« 38 Aber er antwortete: »Wir müssen
auch noch in die anderen Dörfer gehen,
um dort die rettende Botschaft zu ver-
künden. Das ist meine Aufgabe.« 39 Jesus
reiste durch die ganze Provinz Galiläa,
predigte in den Synagogen und befrei-
te viele aus der Gewalt dämonischer
Mächte.

Ein Geheilter kann nicht schweigen
(Matthäus 8,2–4; Lukas 5,12–16)

40 Einmal kam ein Aussätziger zu Jesus.
Er fiel vor ihm nieder und bat: »Wenn du
willst, kannst du mich heilen.« 41 Jesus
hatte Mitleid mit dem Mann. Deshalb
streckte er die Hand aus, berührte ihn
und sagte: »Ich will es tun! Sei gesund!«
42 Im selben Augenblick war der Aussatz

---

a Wörtlich: dass du der Heilige Gottes bist.

1,18.20 10,28–31 **1,21** Mt 4,13 **1,22** Mt 7,28–29; Lk 4,32; Joh 7,46 **1,24** 15,39* **1,27** 4,41 **1,30** 1 Kor 9,5 **1,31** 5,41 **1,35** 6,46; 14,32; Lk 5,16* **1,40** 3 Mo 13,45–46

verschwunden und der Mann geheilt.
43/44 »Sag niemandem etwas«, schärfte Je-
sus ihm ein, »sondern geh sofort zum
Priester, und lass dich von ihm unter-
suchen. Bring das Opfer für deine Hei-
lung dar, wie es Mose vorgeschrieben
hat.[a] So werden die Priester sehen, dass
ich im Auftrag Gottes handle.«
45 Doch der Mann erzählte überall, wie
er geheilt worden war, so dass Jesus nicht
länger in der Stadt bleiben konnte. Er
musste sich in eine einsame Gegend zu-
rückziehen. Aber auch dorthin kamen
von überall die Leute zu ihm.

Jesus hat die Macht, Sünden zu vergeben
(Matthäus 9,1–8; Lukas 5,17–26)

2 Nach einigen Tagen kehrte Jesus
nach Kapernaum zurück. Es sprach
sich schnell herum, dass er wieder im
Haus des Simon[b] war. 2 Viele Menschen
strömten zusammen, so dass nicht einmal
mehr vor der Tür Platz war. Ihnen allen
verkündete Jesus Gottes Botschaft.
3 Da kamen vier Männer, die einen Ge-
lähmten trugen. 4 Weil sie wegen der vie-
len Menschen nicht bis zu Jesus kommen
konnten, deckten sie über ihm das Dach
ab. Durch diese Öffnung ließen sie den
Gelähmten auf seiner Trage hinunter.
5 Als Jesus ihren festen Glauben sah,
sagte er zu dem Gelähmten: »Mein Sohn,
deine Sünden sind dir vergeben!«
6 Aber einige der anwesenden Schrift-
gelehrten dachten: 7 »Das ist Gotteslässte-
rung! Was bildet der sich ein! Nur Gott
allein kann Sünden vergeben.« 8 Jesus
durchschaute sie und fragte: »Wie könnt
ihr nur so etwas denken! 9 Ist es leichter
zu sagen: ›Dir sind deine Sünden ver-
geben‹ oder diesen Gelähmten zu hei-
len? 10 Aber ich will euch zeigen, dass
der Menschensohn die Macht hat, hier
auf der Erde Sünden zu vergeben.« Und
er forderte den Gelähmten auf: 11 »Steh
auf, nimm deine Trage, und geh nach
Hause!«
12 Da stand der Mann auf, nahm seine
Trage und ging vor aller Augen hinaus.
Fassungslos sahen ihm die Menschen
nach und riefen: »So etwas haben wir
noch nie erlebt!« Und alle lobten Gott.

Der Zolleinnehmer Levi
(Matthäus 9,9–13; Lukas 5,27–32)

13 Jesus ging an das Ufer des Sees Gene-
zareth und sprach zu den vielen Men-
schen, die sich dort versammelt hatten.
14 Als er weiterging, sah er Levi, den Sohn
des Alphäus, am Zoll sitzen. Jesus forder-
te ihn auf: »Komm, geh mit mir!« Sofort
stand Levi auf und folgte ihm.
15 Später war Jesus mit seinen Jüngern
bei Levi zu Gast. Levi hatte viele Zollein-
nehmer eingeladen und andere Leute mit
schlechtem Ruf. Viele von ihnen waren
zu Freunden Jesu geworden. 16 Als aber
einige Schriftgelehrte, die zur Partei der
Pharisäer gehörten, Jesus in dieser Ge-
sellschaft essen sahen, fragten sie seine
Jünger: »Wie kann sich euer Jesus bloß
mit solchem Gesindel einlassen!« 17 Jesus
hörte das und antwortete: »Die Gesun-
den brauchen keinen Arzt, sondern die
Kranken. Ich bin gekommen, um Men-
schen in die Gemeinschaft mit Gott zu ru-
fen, die ohne ihn leben – und nicht solche,
die sich sowieso an seine Gebote halten.«

Neue Formen für das neue Leben
(Matthäus 9,14–17; Lukas 5,33–39)

18 Die Jünger des Johannes und die Phari-
säer fasteten regelmäßig. Deshalb kamen
einige von ihnen zu Jesus und fragten:
»Warum fasten deine Jünger eigentlich
nicht wie die Jünger des Johannes und
alle Pharisäer?«
19 Jesus antwortete ihnen: »Sollen die

---

[a] Vgl. 3. Mose 14,2–32
[b] Wörtlich: im Haus. Vgl. Kapitel 1,29
1,43–44 7,36* **2,5** Lk 7,48 **2,7** Ps 130,4; Jes 43,25 **2,11–12** Joh 5,8–9 **2,14** 1,16–20 **2,15–16** Mt 11,19; Lk 15,1–2 **2,17** Lk 19,10 **2,18** Lk 18,12 **2,19** Mt 22,2

Hochzeitsgäste etwa fasten, wenn der
Bräutigam bei ihnen ist? Nein, sie wer-
den feiern, solange er da ist! [20]Die Zeit
kommt ohnehin früh genug, dass der
Bräutigam ihnen genommen wird. Dann
werden sie fasten.
[21]Niemand flickt ein altes Kleid mit
neuem Stoff. Der alte Stoff würde an der
Flickstelle doch wieder reißen, und das
Loch würde nur noch größer. [22]Ebenso
füllt niemand jungen, gärenden Wein in
alte, brüchige Schläuche. Sonst platzen
sie, der Wein läuft aus, und die Schläuche
sind unbrauchbar. Nein, jungen Wein
füllt man in neue Schläuche!«

Der Ruhetag ist für den Menschen da
(Matthäus 12,1–8; Lukas 6,1–5)

[23]An einem Sabbat ging Jesus mit seinen
Jüngern durch die Getreidefelder. Unter-
wegs rissen die Jünger Ähren ab und
aßen die Körner. [24]Da beschwerten sich
die Pharisäer bei Jesus: »Sieh dir das an!
Es ist doch verboten, am Sabbat Getreide
zu ernten.«
[25/26]Aber Jesus antwortete ihnen:
»Habt ihr denn nie gelesen, was David
und seine Männer getan haben – damals,
als Abjatar Hoherpriester war? Als sie
hungrig waren, gingen sie in das Haus
Gottes und aßen von dem Brot, das Gott
geweiht war und das nur die Priester es-
sen durften.[a]
[27]Der Sabbat wurde doch für den Men-
schen geschaffen und nicht der Mensch
für den Sabbat. [28]Deshalb hat der Men-
schensohn auch das Recht zu entschei-
den, was am Sabbat erlaubt ist und was
nicht.«

Gesetzlichkeit oder Liebe?
(Matthäus 12,9–14; Lukas 6,6–11)

3 Als Jesus wie gewohnt zur Synagoge
ging, war dort ein Mann mit einer
verkrüppelten Hand. [2]Seine Gegner war-
teten gespannt darauf, wie Jesus sich ver-
halten würde. Sollte er es nämlich wagen,
auch am Sabbat zu heilen, so könnten sie
Anklage gegen ihn erheben.
[3]Jesus rief den Mann mit der verkrüp-
pelten Hand zu sich: »Steh auf und komm
hierher, damit alle dich sehen können!«
[4]Dann fragte er die Anwesenden: »Soll
man am Sabbat Gutes tun oder Böses?
Soll man das Leben eines Menschen ret-
ten, oder soll man ihn zugrunde gehen
lassen?«
Doch er bekam keine Antwort. [5]Zor-
nig sah Jesus einen nach dem anderen
an, traurig über ihre Hartherzigkeit. Zu
dem Mann aber sagte er: »Streck deine
Hand aus!« Er streckte sie aus, und die
Hand war gesund.
[6]Da verließen die Pharisäer die Syna-
goge und trafen sich mit den Freunden
und Anhängern des Königs Herodes. Sie
berieten miteinander, wie sie Jesus töten
könnten.

Jesus heilt am See Genezareth
(Matthäus 12,15–16; Lukas 6,17–19)

[7]Jesus zog sich mit seinen Jüngern wieder
an das Ufer des Sees Genezareth zurück.
Aber die Menschen liefen ihm in Scharen
aus ganz Galiläa nach. Sogar aus Judäa,
[8]Jerusalem, Idumäa, von der anderen
Seite des Jordan und aus Tyrus und Sidon
waren sie gekommen, weil sie von seinen
Taten gehört hatten.
[9]Als immer mehr Menschen dazuka-
men, beauftragte er seine Jünger, ein
Boot bereitzuhalten, wenn ihn die Men-
schen zu sehr bedrängen sollten.
[10]Jesus heilte viele Kranke. Darum
drängten sich die Leute um ihn. Sie woll-
ten wenigstens seine Kleider berühren,
um dadurch gesund zu werden. [11]Von
Dämonen Beherrschte stürzten vor ihm
nieder und schrien: »Du bist der Sohn
Gottes!« [12]Aber Jesus befahl ihnen zu
schweigen.

---

[a] Vgl. 1. Samuel 21,7

2,25–26 3 Mo 24,5–9 **2,27** 5 Mo 5,12–15 **3,2** 12,13 **3,4** Lk 14,5 **3,6** Joh 5,16 **3,10** 5,25–29 **3,11** 15,39* **3,12** 7,36*

Die zwölf Apostel
(Matthäus 10,1–4; Lukas 6,12–16)

13 Danach stieg Jesus auf einen Berg. Einige Männer hatte er aufgefordert mitzukommen; und sie waren mit ihm gegangen. 14/15 Zwölf von ihnen erwählte er zu Aposteln. Sie sollten ständig bei ihm bleiben und von ihm lernen. Er wollte sie mit dem Auftrag aussenden, die Botschaft von Gott zu predigen und Menschen von der Macht der Dämonen zu befreien.

16 Diese zwölf Männer waren: Simon, dem Jesus den Namen Petrus gab; 17 Jakobus und Johannes, die Söhne des Zebedäus – Jesus nannte sie »Donnersöhne« –, 18 Andreas, Philippus, Bartholomäus, Matthäus, Thomas, Jakobus, der Sohn des Alphäus, Thaddäus, Simon, der ehemalige Freiheitskämpfer, 19 und Judas Iskariot, der Jesus später verriet.

Widerstand gegen Jesus
(Matthäus 12,24–32; Lukas 11,15–23; 12,10)

20 Dann kehrte Jesus in das Haus des Simon[a] zurück. Sogleich liefen wieder so viele Menschen zu ihm, dass er und seine Jünger nicht einmal Zeit zum Essen hatten. 21 Als seine Angehörigen das erfuhren, wollten sie ihn unbedingt mit nach Hause nehmen. »Er hat den Verstand verloren!«, sagten sie.

22 Einige der Schriftgelehrten aus Jerusalem behaupteten sogar: »Er hat sich dem Obersten Teufel[b] verschrieben. Nur weil er vom Herrscher über alle Dämonen die Macht bekommen hat, kann er Dämonen austreiben.«

23 Jesus aber rief die Leute zu sich und fragte sie: »Warum sollte denn Satan sich selbst vertreiben? 24 Ein Staat wird untergehen, wenn in ihm verschiedene Herrscher um die Macht kämpfen. 25 Eine Familie, die ständig in Zank und Streit lebt, bricht auseinander. 26 Wenn der Satan also sich selbst bekämpfte, hätte er keine Macht mehr. Das wäre sein Untergang. 27 Niemand kann in das Haus eines starken Mannes eindringen und ihn berauben. Erst wenn er gefesselt ist, kann man sein Haus plündern.

28 Das eine will ich euch sagen: Jede Sünde und jede Gotteslästerung kann den Menschen vergeben werden. 29 Wer aber den Heiligen Geist verlästert, der wird niemals Vergebung finden; seine Sünde lastet für immer auf ihm.«

30 Das sagte er zu den Schriftgelehrten, weil sie behauptet hatten: »Er ist von einem bösen Geist besessen.«

Wer gehört zu Jesus?
(Matthäus 12,46–50; Lukas 8,19–21)

31/32 Noch während Jesus sprach, kamen seine Mutter und seine Geschwister. Aber weil so viele Menschen bei ihm waren, kamen sie nicht an ihn heran. Deshalb baten sie, Jesus auszurichten: »Deine Mutter, deine Brüder und deine Schwestern warten draußen. Sie wollen mit dir reden!« 33 Er gab zur Antwort: »Wer ist meine Mutter, und wer sind meine Geschwister?« 34 Dann sah er seine Zuhörer an und sagte: »Seht diese dort, sie sind meine Mutter und meine Geschwister. 35 Wer Gottes Willen tut, ist für mich Bruder, Schwester und Mutter!«

Das Gleichnis vom Bauern, der Getreide aussät
(Matthäus 13,1–23; Lukas 8,4–15)

4 Wieder kam eine große Menschenmenge zusammen, als Jesus am See sprach. Darum stieg er in ein Boot und redete von dort zu den Menschen am Ufer. 2 Was er ihnen von Gott zu sagen hatte, erklärte er ihnen durch Gleichnisse:

---

[a] Wörtlich: in ein Haus. Vgl. Kapitel 1,29
[b] Wörtlich: Beelzebul.

3,14–15 6,7–13; 16,17 **3,16** Mt 16,18 **3,17** Lk 9,54 **3,19** 14,43–46 **3,21** 6,4 **3,22** Joh 8,48; 10,20 **3,27** Kol 2,15; 1 Joh 4,4 **3,28** 1 Joh 1,9 **3,31–32** 6,3 **3,35** Röm 8,29; Hebr 2,11 **4,1** 2,13; 3,9

Wut

Lesen Sie Markus 3,1-6

Zu oft regen wir uns über Kleinigkeiten auf. Jesus aber zeigt uns, was gerechter, aktiver Zorn ist. Wenn Jesus zornig wurde, dann handelte er auf eine positive, liebevolle Weise, um dem Bösen Einhalt zu gebieten. So war es zum Beispiel auch, als er die Händler aus dem Tempel trieb, damit das Haus seines Vaters wieder zu einem Ort des Gebets wurde (siehe Matthäus 21,12-17).

Auch in Markus 3 werden wir Zeuge, wie Jesus wütend wird. Jesu Feinde kümmerten sich wenig um das Leid der Menschen und viel mehr darum, wie sie ihm eine Falle stellen konnten. „Zornig sah Jesus einen nach dem anderen an, traurig über ihre Hartherzigkeit“ (Markus 3,5). Jesus ärgerte sich über die gesetzliche Einstellung der Pharisäer. Sein Zorn brachte ihn zum Handeln: Er heilte den Kranken vor aller Augen, wies damit die boshaften Gedanken seiner Gegner zurück und zeigte anschaulich, dass der Dienst am Menschen wichtiger ist als das Beachten religiöser Vorschriften. Gott gibt uns damit ein klares Vorbild: Seine Reaktion besteht immer in liebevollem Handeln, mit dem das Böse in die Schranken gewiesen und der Übeltäter erlöst wird. Immer wenn wir auf etwas stoßen, das wir als ungerecht, unfreundlich oder unrecht empfinden, packt uns der Zorn. Nach Gottes Plan soll unsere Wut uns dazu bringen, positiv und liebevoll in Aktion zu treten. Wir sollen das, was falsch lief, wieder in Ordnung bringen, und die Beziehung zum Übeltäter wiederherstellen. Unsere Wut soll uns aber nicht dazu verführen, die Menschen zu vernichten, die an uns schuldig geworden sind. Sie gibt uns nicht das Recht, auf eine zerstörerische Weise gegen unseren Nächsten vorzugehen. Das Ziel unseres Zorns soll sein, uns zu einem positiven, liebevollen Handeln zu bewegen, mit dem wir eine Situation besser hinterlassen, als wir sie angetroffen haben.

Nehmen Sie sich Zeit, um allein oder als Paar gemeinsam zu beten. Bitten Sie Gott, Ihnen zu helfen, damit Sie ...

- Ihren Zorn als das erkennen, was er wirklich ist (gerecht oder kleinlich; berechtigt oder nur Deckmantel für Ängste oder Traurigkeit)
- Ihren gerechten Zorn in liebevolle Taten umwandeln können.

Wenn Sie noch mehr Zeit haben ...

Besprechen Sie miteinander folgende Fragen oder denken Sie darüber nach:

- Formulieren Sie mit eigenen Worten, worin Jesus in seinem Zorn vorbildlich ist.
- Wann waren Sie selbst zornig über etwas Ungerechtes, Unfreundliches oder Unrechtes?
- Wie sollten Sie mit Ihrem Zorn umgehen?

Lesen Sie auch die folgenden Abschnitte zum Thema Zorn:
Psalm 78,38; Römer 12,19; Epheser 4,26.

Ein barmherziger Gott

Die folgenden Fragen können Sie entweder allein oder als Paar gemeinsam durchgehen. Wenn jeder für sich darüber nachdenkt, verabreden Sie sich in der kommenden Woche zu einem Austausch darüber, was Sie herausgefunden haben.

1. Lesen Sie Markus 6,30-34. Warum wollten die Menschen Ihrer Meinung nach gerne mit Jesus und seinen Jüngern zusammen sein?

2. Wie würden Sie Barmherzigkeit definieren? Beschreiben Sie einen barmherzigen Menschen, den Sie kennen.

3. Markus bezeichnet die Menschen als „eine Schafherde ohne Hirte". Was meint er damit?

4. Jesus hatte Mitleid mit den Menschen und begann, ihnen Gottes Botschaft zu erklären. Inwiefern war dies ein Akt der Barmherzigkeit?

5. Denken Sie, es fällt Christen schwer, anderen gegenüber barmherzig zu sein? Wenn ja, warum? Wenn nein, warum nicht?

6. Wie könnte das barmherzige Verhalten der Christen anderen dabei helfen, zu Gott zu finden?

Markus 6,34

„Als Jesus aus dem Boot stieg und die vielen Menschen sah, hatte er großes Mitleid mit ihnen; sie waren wie eine Schafherde ohne Hirte. Deshalb nahm er sich viel Zeit, ihnen Gottes Botschaft zu erklären."

KONKRET:

Kennen Sie jemanden, dem ein Besuch guttun würde? Oder ein Geschenk? Eine selbst gekochte Mahlzeit? Erweisen Sie in dieser Woche jemandem Ihre Barmherzigkeit.

Den nächsten Impuls finden Sie auf S. 1124 a

3 »Hört mir zu! Ein Bauer säte Getrei-
de aus. 4 Dabei fielen ein paar Saatkörner
auf den Weg. Sofort kamen die Vögel und
pickten sie auf. 5/6 Andere Körner fielen
auf felsigen Boden, wo nur wenig Erde
war. Dort ging die Saat zwar schnell auf;
aber als die Sonne heiß brannte, ver-
trockneten die Pflänzchen, weil ihre Wur-
zeln in der dünnen Erdschicht zu wenig
Nahrung fanden. 7 Einige Körner fielen
zwischen die Disteln, doch diese hatten
die junge Saat bald überwuchert, so dass
sie schließlich erstickte. 8 Die übrige Saat
aber fiel auf fruchtbaren Boden, wuchs
heran und brachte das Dreißigfache, das
Sechzigfache, ja sogar das Hundertfache
der Aussaat als Ertrag. 9 Hört genau auf
das, was ich euch sage!«

10 Später, als Jesus mit seinen zwölf
Jüngern und den anderen Begleitern al-
lein war, fragten sie ihn: »Warum erzählst
du solche Gleichnisse?« 11 Er antwortete:
»Euch lässt Gott die Geheimnisse seiner
neuen Welt verstehen. Zu allen anderen
aber rede ich durch Gleichnisse. 12 Denn
›sie sollen sehen, aber nicht erkennen; sie
sollen hören, aber nicht verstehen. Sonst
würden sie zu Gott umkehren, und ihre
Sünde würde ihnen vergeben.‹[a] «

13 Dann sagte er zu seinen Jüngern:
»Aber ich sehe, dass auch ihr diesen
einfachen Vergleich nicht verstanden
habt. Wie wollt ihr dann all die anderen
begreifen?

14 Was der Bauer im Gleichnis aussät,
ist die Botschaft Gottes. 15 Die Menschen,
bei denen die Saat auf den Weg fällt,
haben die Botschaft zwar gehört. Aber
dann kommt der Satan und nimmt ihnen
alles wieder weg.

16 Wie felsiger Boden sind die Men-
schen, die zwar die Botschaft hören und
mit großer Begeisterung annehmen.
17 Aber ihr Glaube hat keine starke Wur-
zel und deshalb keinen Bestand. Wenn
diese Menschen wegen ihres Glaubens
in Schwierigkeiten geraten oder gar ver-
folgt werden, wenden sie sich wieder von
Gott ab.

18 Der von Disteln überwucherte Boden
entspricht den Menschen, die zwar die
Botschaft hören, 19 aber die Sorgen des
Alltags, die Verführung durch den Wohl-
stand und die Gier nach all den Dingen
dieses Lebens ersticken Gottes Botschaft,
so dass keine Frucht wachsen kann.

20 Aber es gibt auch fruchtbaren Bo-
den: Menschen, die Gottes Botschaft hö-
ren und annehmen, so dass sie Frucht
bringen, dreißig-, sechzig- oder hundert-
fach.«

Das Beispiel von der Öllampe
(Lukas 8,16–18)

21 Dann fragte Jesus die Zuhörer: »Zün-
det man etwa eine Öllampe an, um sie
dann unter einen Eimer oder unters Bett
zu stellen? Im Gegenteil! Eine brennen-
de Lampe stellt man so auf, dass sie den
ganzen Raum erhellt. 22 Alles, was jetzt
noch verborgen ist, wird einmal ans Licht
kommen, und was jetzt noch ein Geheim-
nis ist, wird jeder verstehen. 23 Denkt ge-
nau darüber nach, was ich euch gesagt
habe, und richtet euch danach!

24 Eins steht fest: Mit dem Maßstab,
den ihr an andere anlegt, werdet ihr
selbst gemessen werden. Von euch wird
man sogar noch mehr erwarten. 25 Denn
wer viel hat, der bekommt noch mehr da-
zu. Wer aber nichts hat, dem wird selbst
noch das Wenige, das er hat, genommen.«

Das Gleichnis von der aufwachsenden Saat

26 Jesus erklärte weiter: »Die neue Welt
Gottes kann man vergleichen mit einem
Bauern und der Saat, die er auf sein Feld
sät. 27 Nach der Arbeit geht er nach Hau-
se, schläft, steht wieder auf, und das tag-
aus, tagein. Im Laufe der Zeit wächst die
Saat ohne sein Zutun heran. 28 Denn die

---

[a] Vgl. Jesaja 6,9–10

4,11 Mt 11,25 **4,12** Joh 12,38–40; Apg 28,25–27 **4,17** 1 Thess 3,5 **4,19** 10,23–24; 1 Tim 6,9–10 **4,20** Joh 15,5 **4,21** Mt 5,14–16 **4,24** Mt 7,2 **4,25** Mt 13,12; 25,29

Erde lässt die Frucht aufgehen und wachsen. Zuerst kommt der Halm, dann die Ähre und endlich als Frucht die Körner. [29]Wenn aus der Saat das reife Getreide geworden ist, lässt der Bauer es abmähen, denn die Erntezeit ist da.«

Das Gleichnis vom Senfkorn
(Matthäus 13,31–32; Lukas 13,18–19)

[30]Schließlich fragte Jesus: »Womit sollen wir die neue Welt Gottes noch vergleichen? Welches Bild könnte euch helfen, sie zu verstehen? [31]Mit Gottes neuer Welt ist es wie mit einem Senfkorn, das auf ein Feld gesät wird. Es ist der kleinste Same, den es gibt. [32]Wenn er aber in den Boden gesät wird, wächst er schnell heran und wird größer als andere Sträucher. Er bekommt starke Zweige, in denen die Vögel sogar ihre Nester bauen können.«

[33]Jesus benutzte sehr oft Beispiele, damit die Menschen seine Botschaft besser verstehen konnten. [34]Immer wieder gebrauchte er solche Gleichnisse. Wenn er aber später mit seinen Jüngern allein war, erklärte er ihnen die Bedeutung.

Herr über Wind und Wellen
(Matthäus 8,23–27; Lukas 8,22–25)

[35]Am Abend dieses Tages sagte Jesus zu seinen Jüngern: »Lasst uns über den See ans andere Ufer fahren!« [36]Sie schickten die Menschen weg und ruderten mit dem Boot, in dem Jesus saß, auf den See hinaus. Einige andere Boote folgten ihnen.

[37]Da brach ein gewaltiger Sturm los. Hohe Wellen schlugen ins Boot, es lief voll Wasser und drohte zu sinken. [38]Jesus aber schlief hinten im Boot auf einem Kissen. Da rüttelten ihn die Jünger wach und schrien voller Angst: »Herr, wir gehen unter! Merkst du das nicht?«

[39]Sofort stand Jesus auf, bedrohte den Wind und rief in das Toben des Sees: »Sei still und schweig!« Da legte sich der Sturm, und es wurde ganz still.

[40]»Warum hattet ihr solche Angst?«, fragte Jesus seine Jünger. »Habt ihr denn gar kein Vertrauen zu mir?« [41]Voller Entsetzen flüsterten die Jünger einander zu: »Was ist das für ein Mensch! Selbst Wind und Wellen gehorchen ihm!«

Jesus heilt einen Besessenen
(Matthäus 8,28–34; Lukas 8,26–39)

5 Als sie auf der anderen Seite des Sees die Gegend um Gadara erreichten [2]und Jesus aus dem Boot stieg, lief ihnen ein Mann entgegen. Dieser Mensch wurde von Dämonen beherrscht [3]und hauste in Grabhöhlen. Er war so wild, dass er nicht einmal mit Ketten gebändigt werden konnte. [4]Sooft man ihn auch fesselte und in Ketten legte, jedes Mal riss er sich wieder los. Niemand konnte ihn überwältigen. [5]Tag und Nacht hielt er sich in den Grabhöhlen auf oder irrte in den Bergen umher. Dabei tobte er und schlug mit Steinen auf sich ein.

[6]Kaum hatte er Jesus gesehen, warf er sich vor ihm nieder [7]und schrie laut: »Was willst du von mir, Jesus, du Sohn Gottes, des Höchsten? Ich beschwöre dich bei Gott, quäle mich nicht!« [8]Jesus hatte nämlich dem Dämon befohlen: »Verlass diesen Menschen, du teuflischer Geist!« [9]Da fragte ihn Jesus: »Wie heißt du?« Der Dämon antwortete: »Mein Name ist Legion, denn viele von uns beherrschen diesen Menschen.« [10]Immer wieder bat er Jesus: »Vertreibe uns nicht aus dieser Gegend!«

[11]Nicht weit entfernt an einem Abhang wurde eine große Herde Schweine gehütet. [12]»Lass uns in diese Schweine fahren«, bettelten die Dämonen. [13]Jesus erlaubte es ihnen. Jetzt ließen die bösen Geister den Mann frei und bemächtigten sich der Schweine. Die ganze Herde – ungefähr zweitausend Tiere – stürzte den Abhang hinunter in den See und ertrank.

[14]Verstört flohen die Hirten in die Stadt und in die umliegenden Dörfer

---

4,29 Offb 14,14–15 **4,31** Mt 17,20 **4,32** Hes 17,22–23 **4,39** Ps 89,10; 107,23–29; Mk 6,51 **4,41** 1,27 **5,7** 15,39*

und berichteten, was geschehen war. Von
überall her kamen die Leute gelaufen,
um sich selbst zu überzeugen. 15 Sie sahen
den Mann, den die vielen Dämonen
gequält hatten. Er war ordentlich ange-
zogen und saß ganz ruhig neben Jesus.
Da wurde ihnen unheimlich zumute.
16 Diejenigen aber, die alles mit angese-
hen hatten, erzählten, wie der Besessene
geheilt wurde und was mit den Schwei-
nen geschehen war. 17 Daraufhin baten
die Leute Jesus, er möge ihre Gegend
wieder verlassen.

18 Jesus wollte gerade in das Boot stei-
gen, als ihn der Geheilte bat, bei ihm
bleiben zu dürfen. 19 Aber Jesus erlaubte
es ihm nicht. Er sagte: »Geh nach Hause
zu deiner Familie und berichte, welch
großes Wunder der Herr an dir getan hat
und wie barmherzig er zu dir gewesen
ist!« 20 Da wanderte der Mann durch das
Gebiet der Zehn Städte und erzählte je-
dem, was für ein Wunder Jesus an ihm
getan hatte. Und alle staunten.

Macht über Krankheit und Tod
(Matthäus 9,18–26; Lukas 8,40–56)

21 Kaum war Jesus ans andere Ufer zu-
rückgekehrt, als sich dort wieder eine
große Menschenmenge um ihn versam-
melte. 22 Da kam Jaïrus, ein Vorsteher
der jüdischen Gemeinde, und warf sich
vor Jesus nieder. 23 Er flehte ihn an: »Mei-
ne Tochter liegt im Sterben. Komm und
leg ihr die Hände auf, damit sie wieder
gesund wird!« 24 Jesus ging mit Jaïrus,
dicht gefolgt von einer großen Men-
schenmenge.

25 Unter den Leuten war auch eine
Frau, die seit zwölf Jahren an starken
Blutungen litt. 26 Sie hatte sich schon von
vielen Ärzten behandeln lassen und
dabei ihr ganzes Vermögen ausgegeben.
Aber niemand hatte ihr helfen können.
Ihr Leiden war eher schlimmer gewor-
den. 27 Dann hatte sie davon gehört, dass
Jesus Kranke heilte. Deshalb drängte sie
sich durch die Menge an Jesus heran und
berührte von hinten sein Gewand. 28 Da-
bei dachte sie: »Wenn ich wenigstens
seine Kleider berühren kann, werde ich
bestimmt gesund.« 29 Und tatsächlich:
Die Blutung hörte auf. Sie merkte sofort,
dass sie von ihrem Leiden befreit war.

30 Aber auch Jesus spürte, dass heilende
Kraft von ihm ausgegangen war. Deshalb
drehte er sich um und fragte: »Wer hat
mich angefasst?« 31 Seine Jünger antwor-
teten: »Die Leute bedrängen dich von
allen Seiten, und da fragst du, wer dich
angefasst hat?« 32 Aber Jesus blickte sich
weiter um und versuchte herauszufinden,
wer ihn berührt hatte. 33 Die Frau war er-
schrocken und zitterte am ganzen Leib,
denn sie wusste ja, was an ihr geschehen
war. Sie fiel vor ihm nieder und sagte ihm
alles. 34 Jesus sprach zu ihr: »Meine Toch-
ter, dein Glaube hat dir geholfen. Gehe
in Frieden. Du bist geheilt.«

35 Noch während er mit der Frau rede-
te, kamen einige Leute aus dem Haus des
Jaïrus gelaufen und riefen: »Deine Toch-
ter ist gestorben. Es hat keinen Zweck
mehr, den Meister zu holen.« 36 Jesus hör-
te das und sagte zu Jaïrus: »Verzweifle
nicht! Vertrau mir ganz und gar!« 37 Er
wies die Menschen zurück, die ihm fol-
gen wollten. Nur Petrus und die Brüder
Jakobus und Johannes durften ihn be-
gleiten.

38 Als sie im Haus des Jaïrus ankamen,
sah Jesus die vielen Menschen und hörte
ihr Weinen und Jammern. 39 »Weshalb
macht ihr solchen Lärm?«, fragte er sie.
»Warum weint ihr? Das Kind ist nicht tot,
es schläft nur.« 40 Da lachten sie ihn aus.
Jesus schickte sie alle weg; nur die Eltern
und seine drei Jünger gingen mit zum
Bett des Mädchens. 41 Dann fasste er die
Tochter des Jaïrus an der Hand und sagte:
»Talita kum!« Das heißt übersetzt: »Mäd-
chen, steh auf!« 42 Da stand das zwölfjäh-
rige Kind auf und ging im Zimmer um-
her. Ihre Eltern waren fassungslos. Sie
wussten nicht, was sie sagen sollten.

5,20 Mt 4,25 **5,25** 3 Mo 15,25–27 **5,28** 3,10 **5,30** Lk 6,19 **5,34** 10,52; Mt 8,13; Lk 7,50; 17,19; 18,42; Apg 3,16 **5,37** 9,2; 14,33 **5,39** Joh 11,4.11 **5,41** 1,31

43 Jesus verbot ihnen aber nachdrücklich, anderen davon zu erzählen. »Und nun gebt dem Kind etwas zu essen!«, sagte er.

Der Prophet gilt nichts im eigenen Land
(Matthäus 13,53–58; Lukas 4,15–30)

6 Bald darauf verließ Jesus diese Gegend und kehrte mit den Jüngern in seinen Heimatort Nazareth zurück. 2 Am Sabbat ging er in die Synagoge, um dort zu lehren. Die Leute, die ihm zuhörten, staunten über ihn und fragten: »Wie ist so etwas nur möglich? Woher hat er diese Weisheit? Wer gibt ihm die Macht, solche Wunder zu tun? 3 Er ist doch der Zimmermann, Marias Sohn. Wir kennen seine Brüder Jakobus, Joses, Judas und Simon. Und auch seine Schwestern leben alle unter uns.« Sie ärgerten sich über ihn. 4 Da sagte Jesus: »Nirgendwo gilt ein Prophet weniger als in seiner Heimat, bei seinen Verwandten und in seiner eigenen Familie.«

5 So konnte er dort keine Wunder tun. Nur einigen Kranken legte er die Hände auf, und sie wurden gesund. 6 Er wunderte sich über den Unglauben der Leute. Darum ging er in andere Dörfer und sprach dort überall zu den Menschen.

Der Auftrag an die Apostel
(Matthäus 10,1.7–15; Lukas 9,1–6)

7 Jesus rief seine zwölf Jünger zu sich und erteilte ihnen den Auftrag, jeweils zu zweit durch das ganze Land zu ziehen. Er gab ihnen die Vollmacht, böse Geister auszutreiben. 8 Dann befahl er ihnen: »Nehmt nichts mit außer einem Wanderstab! Ihr sollt kein Essen, keine Tasche und kein Geld bei euch haben. 9 Nur Schuhe dürft ihr tragen, aber kein zweites Hemd mitnehmen.

10 Wenn ihr in ein Haus kommt, dann bleibt dort, bis ihr weiterzieht. 11 Seid ihr aber *in einer* Stadt nicht willkommen, und will man eure Botschaft nicht hören, so geht fort und schüttelt den Staub von euren Füßen als Zeichen dafür, dass ihr die Stadt dem Urteil Gottes überlasst!«

12 Dann zogen die Jünger los und forderten die Menschen auf: »Kehrt um zu Gott!« 13 Sie befreiten Menschen, die von bösen Geistern beherrscht waren, und salbten viele Kranke mit Öl. So wurden die Kranken gesund.

Johannes der Täufer wird ermordet
(Matthäus 14,1–12; Lukas 3,19–20; 9,7–9)

14 Überall sprach man von Jesus und dem, was er tat. Auch König Herodes hörte davon. Einige Leute sagten: »Johannes der Täufer ist von den Toten auferstanden. Deshalb kann er solche Wunder tun.« 15 Andere meinten: »Er ist der Prophet Elia.« Wieder andere behaupteten: »Er ist ein Prophet, wie Gott sie schon früher geschickt hat.« 16 Aber Herodes hatte Angst, weil er überzeugt war: »Es ist Johannes, den ich enthaupten ließ. Er ist wieder lebendig geworden.«

17 Herodes hatte Johannes nämlich verhaften und im Gefängnis in Ketten legen lassen. Denn der König hatte Herodias, die Frau seines eigenen Bruders Philippus, geheiratet, 18 und daraufhin hatte Johannes ihm vorgeworfen: »Es ist nicht richtig, dass du die Frau deines Bruders geheiratet hast!« 19 Darum hasste ihn Herodias. Sie wollte Johannes umbringen lassen, aber Herodes war dagegen. 20 Er fürchtete sich nämlich vor Johannes, weil er wusste, dass dieser ein Mann war, der Gott ehrte und ganz zu ihm gehörte. Er hatte Johannes zwar ins Gefängnis sperren lassen, aber er hörte ihm doch gern zu, auch wenn ihn seine Worte sehr beunruhigten.

21 Endlich aber kam die Stunde der Herodias. Herodes hatte zu seinem Geburtstag seine Hofleute, Offiziere und die führenden Männer von Galiläa einge-

---

5,43 7,36* **6,2** Lk 2,47; Joh 7,15 **6,3** Joh 6,42 **6,4** 3,21 **6,7** 3,13–19 **6,11** Apg 13,50–51; 18,6 **6,13** Jak 5,14–15 **6,14–15** 8,28 **6,17–18** 1,14 **6,18** 3 Mo 18,16; 20,21

laden. [22] Bei diesem Festessen tanzte die
Tochter der Herodias. Herodes und seine
Gäste waren begeistert. Der König ver-
sprach ihr deshalb: »Bitte mich, um was
du willst; ich will es dir geben. [23] Ich schwö-
re, dir alles zu geben, was du willst, und
wenn es die Hälfte meines Königreichs
wäre.«
[24] Sie ging zu ihrer Mutter: »Was soll ich
mir denn vom König wünschen?« »Ver-
lange von ihm, dass er Johannes den Täu-
fer enthaupten lässt!«, antwortete die
Mutter. [25] Darauf lief die Tochter zu He-
rodes zurück und forderte: »Ich will, dass
du mir sofort den Kopf von Johannes
dem Täufer auf einem Teller bringen
lässt!«
[26] Der König war bestürzt. Aber weil er
sein Versprechen vor allen Gästen gege-
ben hatte, konnte er die Bitte nicht ab-
schlagen. [27] So befahl er, Johannes töten
zu lassen. Der Henker enthauptete Jo-
hannes [28] und brachte auf einem Teller
den Kopf des Toten. Er überreichte ihn
dem Mädchen, und die gab ihn ihrer
Mutter.
[29] Als die Jünger des Johannes davon
erfuhren, holten sie den Leichnam und
bestatteten ihn.

Fünftausend werden satt
(Matthäus 14,13–21; Lukas 9,11–17;
Johannes 6,1–13)

[30] Die zwölf Jünger kehrten zu Jesus zu-
rück und erzählten ihm, was sie auf ihrer
Reise getan und den Menschen ver-
kündet hatten. [31] »Geht jetzt an einen
einsamen, stillen Platz!«, sagte Jesus zu
ihnen. »Ihr habt Ruhe nötig!« Es waren
nämlich so viele Menschen bei ihnen,
dass sie nicht einmal Zeit zum Essen fan-
den. [32] Deshalb fuhren sie mit dem Boot
an eine einsame Stelle. [33] Aber das hatten
viele Leute beobachtet. Aus allen Dör-
fern liefen sie dorthin und kamen sogar
noch vor Jesus und seinen Jüngern an.
[34] Als Jesus aus dem Boot stieg und die
vielen Menschen sah, hatte er großes
Mitleid mit ihnen; sie waren wie eine
Schafherde ohne Hirte. Deshalb nahm
er sich viel Zeit, ihnen Gottes Botschaft
zu erklären. [35/36] Gegen Abend kamen sei-
ne Jünger zu ihm und sagten: »Es wird
bald dunkel. Schick die Leute weg, damit
sie in die Dörfer oder auf die Höfe in der
Umgebung gehen und etwas zu essen
kaufen können. Hier gibt es doch nichts.«
[37] Aber Jesus forderte sie auf: »Gebt *ihr*
ihnen zu essen!« »Was können wir ihnen
denn geben?«, fragten die Jünger ver-
wundert. »Sollen wir etwa für 200 Silber-
stücke Brot kaufen, um sie alle zu ver-
pflegen?« [38] »Wie viel Brot habt ihr denn
bei euch?«, erkundigte sich Jesus. »Seht
einmal nach!« Kurz darauf kamen sie zu-
rück und berichteten: »Fünf Brote und
zwei Fische haben wir.«
[39] Da ordnete Jesus an, dass sich die
Leute in Gruppen ins Gras setzen sollten.
[40] So bildeten sie Gruppen von jeweils
fünfzig oder hundert Personen. [41] Jetzt
nahm Jesus die fünf Brote und die beiden
Fische, sah zum Himmel auf und dankte
Gott. Er teilte das Brot, reichte es seinen
Jüngern, und die Jünger gaben es an die
Menge weiter. Ebenso ließ er auch die Fi-
sche verteilen. [42] Alle aßen sich satt. [43] Als
man anschließend die Reste einsammel-
te, waren es noch zwölf volle Körbe mit
Brot. Auch von den Fischen war noch et-
was übrig. [44] An der Mahlzeit hatten fünf-
tausend Männer teilgenommen.

Jesus geht auf dem Wasser
(Matthäus 14,22–33;
Johannes 6,16–21)

[45] Gleich danach befahl Jesus seinen Jün-
gern, in ihr Boot zu steigen und über den
See nach Betsaida zu fahren. Er selbst
blieb zurück, um die Leute zu ver-
abschieden.
[46] Dann ging er allein auf einen Berg,
um zu beten. [47] Es wurde Nacht, und die
Jünger waren noch weit draußen auf dem
See. [48] Jesus sah, dass sie kaum noch das
Boot steuern konnten, weil sie gegen

6,30 Lk 10,17 **6,34** Hes 34,5–6.23–24 **6,35–44** 8,1–9 **6,42–44** 2 Kön 4,42–44 **6,46** Lk 5,16*

einen schweren Sturm anzukämpfen hatten. In den frühen Morgenstunden kam er auf dem Wasser zu ihnen. Er war schon beinahe an ihnen vorüber, [49]als die Jünger ihn auf dem Wasser gehen sahen. Sie schrien vor Entsetzen, denn sie hielten ihn für ein Gespenst. [50]Alle sahen ihn und waren zu Tode erschrocken.

Aber Jesus sprach sie sofort an: »Habt keine Angst! Ich bin es doch! Fürchtet euch nicht!« [51]Er stieg zu ihnen ins Boot, und gleich legte sich der Sturm.

Die Jünger aber waren fassungslos und wussten nicht, was sie sagen sollten. [52]Selbst nach dem Wunder mit den Broten hatten sie noch immer nicht begriffen, wer Jesus eigentlich war. Im Grunde ihres Herzens waren sie für seine Botschaft verschlossen.

Heilungen in Genezareth (Matthäus 14,34–36)

[53]Nach ihrer Überfahrt legten sie in Genezareth an. [54]Als sie das Boot verließen, erkannten die Leute Jesus sofort. [55]Von überall holten sie die Kranken, um sie auf ihren Tragen dahin zu bringen, wo sie Jesus gerade vermuteten. [56]Wohin er auch immer kam, in den Dörfern, Städten und draußen auf den Höfen, trug man die Kranken auf die Plätze und Straßen. Die Kranken baten Jesus, wenigstens ein Stück seiner Kleidung berühren zu dürfen; und alle, die das taten, wurden gesund.

Was ist rein – was unrein? (Matthäus 15,1–20)

7 Eines Tages kamen Pharisäer und Schriftgelehrte aus Jerusalem zu Jesus. [2/3]Dabei entdeckten sie, dass einige seiner Jünger die jüdischen Speisevorschriften nicht beachteten. Die Pharisäer und alle Juden essen nämlich erst, wenn sie sich die Hände sorgfältig gewaschen haben, so wie es den Überlieferungen ihrer Gesetzeslehrer entspricht. [4]Auch wenn sie vom Markt kommen, essen sie erst, nachdem sie sich nach bestimmten Vorschriften gewaschen haben. Es gibt noch viele solcher Vorschriften, die sie streng beachten, zum Beispiel bei der Reinigung von Trinkbechern, Krügen und Töpfen.

[5]Deshalb also fragten die Pharisäer und Schriftgelehrten Jesus: »Warum beachten deine Jünger unsere alten Vorschriften nicht und essen mit ungewaschenen Händen?« [6]Jesus antwortete: »Wie Recht hat Jesaja, wenn er von euch Heuchlern schreibt: ›Diese Leute ehren Gott mit den Lippen, aber mit dem Herzen sind sie nicht dabei. [7]Ihr Gottesdienst ist wertlos, weil sie ihre menschlichen Gesetze als Gebote Gottes ausgeben.‹[a] [8/9]Ja, ihr beachtet Gottes Gebote nicht, sondern ersetzt sie durch eure Vorschriften!

Dabei geht ihr sehr geschickt vor. [10]So hat euch Mose das Gebot gegeben: ›Ehre deinen Vater und deine Mutter!‹ Und: ›Wer seinen Vater oder seine Mutter verflucht, der soll sterben!‹[b] [11]Ihr aber behauptet: Wenn jemand seinen hilfsbedürftigen Eltern erklärt: ›Ich kann euch nicht helfen, weil ich mein Vermögen dem Tempel vermacht habe‹, dann hat er nicht gegen Gottes Gebot verstoßen. [12]In Wirklichkeit habt ihr damit aber nur erreicht, dass niemand mehr seinem Vater oder seiner Mutter helfen kann. [13]Ihr setzt also durch eure Vorschriften das Gebot Gottes außer Kraft. Und das ist nur *ein* Beispiel für viele.«

[14]Dann rief Jesus die Menschenmenge zu sich. »Hört, was ich euch sage, und begreift doch: [15]Nicht, was ein Mensch zu sich nimmt, macht ihn unrein, sondern das, was er von sich gibt. [16]Denkt genau darüber nach, was ich euch gesagt habe, und richtet euch danach![c] «

---

[a] Jesaja *29,13*; Jeremia 8,8
[b] 2. Mose 20,12; 21,17
[c] In anderen Textzeugen endet die Rede mit Vers 15.

6,49 Lk 24,37 **6,51** 4,39 **6,52** 8,17–19; Mt 16,9 **6,56** 5,28 **7,2–3** Lk 11,38–39 **7,4** Mt 23,25 **7,13** Jer 8,8

17 Danach ging Jesus in ein Haus und
war mit seinen Jüngern allein. Hier frag-
ten sie ihn, was er mit dieser Rede ge-
meint hatte. 18 »Selbst ihr habt es immer
noch nicht begriffen?«, erwiderte Jesus.
»Wisst ihr nicht, dass alles, was ein
Mensch zu sich nimmt, ihn nicht ver-
unreinigen kann? 19 Denn was ihr esst,
geht nicht in euer Herz hinein; es kommt
in den Magen und wird dann wieder aus-
geschieden.« Damit wollte Jesus sagen,
dass im Grunde jede Nahrung rein ist.
20 Und er fügte noch hinzu: »Was aus
dem Inneren des Menschen kommt, das
lässt ihn unrein werden. 21 Denn aus dem
Inneren, aus dem Herzen der Menschen,
kommen die bösen Gedanken wie: sexu-
elle Zügellosigkeit, Diebstahl, Mord,
22 Ehebruch, Habsucht, Bosheit, Betrüge-
rei, ausschweifendes Leben, Neid, Ver-
leumdung, Überheblichkeit und Unbe-
sonnenheit. 23 Das kommt von innen
heraus, und das macht die Menschen vor
Gott unrein.«

Der unerschütterliche Glaube einer nichtjüdischen Frau (Matthäus 15,21–28)

24 Jesus ging nun mit seinen Jüngern in die
Nähe der Hafenstadt Tyrus. Dort zog er
sich in ein Haus zurück, denn er wollte
unerkannt bleiben. Aber es sprach sich
schnell herum, dass er gekommen war.
25 Davon hatte auch eine Frau gehört, de-
ren Tochter von einem bösen Geist be-
herrscht wurde. Sie kam zu Jesus, warf
sich vor ihm nieder 26 und bat ihn, ihr
Kind aus der Gewalt des Dämons zu be-
freien. Die Frau war keine Jüdin; sie
wohnte in Phönizien.
27 Jesus antwortete ihr: »Zuerst müssen
die Kinder versorgt werden, die Israeli-
ten[a]. Es ist nicht richtig, wenn man den
Kindern das Brot wegnimmt und es den
Hunden vorwirft.« 28 »Ja, Herr«, erwider-
te die Frau, »aber die kleinen Hunde be-
kommen doch auch die Krümel, die den
Kindern vom Tisch fallen.«
29 »Du hast Recht«, antwortete Jesus,
»ich will deiner Tochter helfen. Geh nach
Hause! Der böse Geist hat dein Kind be-
reits verlassen.« 30 Und tatsächlich: Als
die Frau nach Hause kam, lag ihre Toch-
ter friedlich im Bett. Der Dämon hatte
keine Macht mehr über sie.

Ein Taubstummer kann wieder hören und sprechen

31 Von Tyrus aus ging Jesus in die Stadt
Sidon und von dort wieder an den See
von Galiläa in das Gebiet der Zehn Städ-
te. 32 Dort wurde ein Taubstummer zu
ihm gebracht, damit er dem Mann die
Hände auflegte und ihn heilte. 33 Jesus
führte den Kranken von der Menschen-
menge weg. Er legte seine Finger in die
Ohren des Mannes, berührte dessen Zun-
ge mit Speichel, 34 sah auf zum Himmel,
seufzte und sprach: »Öffne dich!«[b] 35 Im
selben Augenblick konnte der Taubstum-
me hören und sprechen.
36 Jesus verbot den Leuten, darüber zu
reden. Aber je mehr er es untersagte, des-
to mehr erzählten sie alles herum.
37 Denn für die Leute war es unfassbar,
was sie gesehen hatten. »Es ist einfach
großartig, was er tut!«, verbreiteten sie
überall. »Selbst Taube können wieder
hören, und Stumme sprechen!«

Viertausend werden satt (Matthäus 15,32–39)

8 In diesen Tagen war wieder einmal
eine große Menschenmenge versam-
melt. Schließlich hatten die Leute nichts
mehr zu essen. Jesus rief seine Jünger zu
sich und sagte: 2 »Die Leute tun mir leid,
sie sind jetzt schon drei Tage bei mir und
haben nichts mehr zu essen. 3 Ich kann

---

[a] »die Israeliten« ist sinngemäß ergänzt.
[b] Wörtlich: »Hefata«, das heißt übersetzt: »Öffne dich!«

7,19 1 Tim 4,4; Tit 1,15 **7,21–22** Gal 5,19–21 **7,27** Mt 10,5–6 **7,33** 8,23 **7,36** 1,43–44; 3,12; 5,43; 8,30; 9,9; Mt 9,30 **7,37** Jes 29,18–19* **8,1–9** 6,35–44 **8,2** 6,34

sie doch nicht hungrig fortschicken. Vie-
le würden den weiten Weg nach Hause
nicht schaffen.« 4 Die Jünger fragten rat-
los: »Aber woher sollen wir hier in dieser
verlassenen Gegend genügend Brot
bekommen, damit sie alle satt werden?«
5 »Wie viele Brote habt ihr denn?«, woll-
te Jesus wissen. Sie antworteten: »Sie-
ben!«

6 Da forderte Jesus die Menschen auf,
sich zum Essen niederzulassen. Er nahm
die sieben Brote und dankte Gott dafür.
Dann teilte er sie und gab sie den Jün-
gern, die sie an die Leute weiterreichten.
7 Sie hatten auch noch einige kleine Fi-
sche bei sich. Wieder dankte Jesus Gott
dafür und ließ dann die Fische verteilen.
8 Nachdem sie alle satt waren, wurden die
Reste eingesammelt: sieben Körbe voll.
9 Etwa viertausend Menschen hatten sich
satt gegessen. Danach gingen sie alle in
ihre Heimatorte zurück.

Die Pharisäer fordern einen Beweis (Matthäus 16,1–4)

10 Jesus stieg mit seinen Jüngern in ein
Boot und kam in die Gegend von Dalma-
nuta.

11 Hier fingen einige Pharisäer mit Je-
sus ein Streitgespräch an und wollten ihn
auf die Probe stellen. Sie verlangten
nämlich von ihm ein Wunder Gottes als
Beweis dafür, dass er wirklich in Gottes
Namen handelte. 12 Jesus seufzte und ent-
gegnete ihnen: »Wie viele Beweise wollt
ihr denn noch haben? Eins steht fest:
Leute wie ihr werden von Gott kein
Wunder zu sehen bekommen.« 13 So ließ
er sie stehen, stieg wieder in das Boot
und fuhr ans andere Seeufer.

Auch die Jünger verstehen Jesus nicht (Matthäus 16,5–12)

14 Seine Jünger hatten vergessen, Brot
mitzunehmen, so dass für alle nur ein
Brot da war. Während sie über den See
fuhren, 15 warnte Jesus seine Jünger: »Hü-
tet euch vor dem Sauerteig des Herodes
und der Pharisäer!«

16 Die Jünger überlegten, was er wohl
damit meinte: »Das sagt er bestimmt,
weil wir das Brot vergessen haben.«

17 Jesus merkte, worüber sie sprachen,
und fragte: »Weshalb macht ihr euch
gleich Sorgen, wenn einmal nicht genug
zu essen da ist? Werdet ihr denn nie ver-
stehen, was ich meine? Könnt ihr gar
nichts begreifen? Ist euer Herz denn
noch immer so hart und unempfänglich?
18 Ihr habt doch Augen. Warum seht ihr
nicht? Und ihr habt Ohren. Warum hört
ihr nicht?

Habt ihr vergessen, 19 dass ich fünftau-
send Menschen mit fünf Broten gesättigt
habe? Wie viel Körbe habt ihr mit Resten
gefüllt?« Sie antworteten: »Zwölf.«

20 »Oder denkt an die sieben Brote, die
ich an viertausend Menschen verteilt ha-
be! Wie viel blieb damals übrig?« Sie ant-
worteten: »Sieben Körbe voll.« 21 »Und
da habt ihr immer noch nichts begrif-
fen?«, fragte sie Jesus.

Ein Blinder wird geheilt

22 In Betsaida brachten die Leute einen
Blinden zu Jesus. Sie baten ihn, den
Mann zu heilen. 23 Jesus nahm den Blin-
den bei der Hand und führte ihn zum
Dorf hinaus. Dann strich er etwas
Speichel auf seine Augen, legte ihm die
Hände auf und fragte: »Kannst du etwas
sehen?«

24 Der Mann blickte auf. »Ja«, sagte er,
»ich sehe Menschen herumlaufen. Aber
ich kann sie nicht klar erkennen. Es
könnten genauso gut Bäume sein.«

25 Da legte Jesus ihm noch einmal die
Hände auf die Augen. Jetzt sah der Mann
deutlich; alles konnte er genau erkennen.
Er war geheilt. 26 Aber Jesus befahl ihm:
»Geh nicht erst in das Dorf zurück, son-
dern geh gleich nach Hause!«

8,11–12 Mt 12,38–40 **8,11** Joh 6,30–31; 1 Kor 1,22 **8,15** Lk 12,1 **8,18** Jer 5,21; Hes 12,2 **8,19** 6,43 **8,20** 8,8 **8,23** 7,33

Vom Umgang mit unseren Eltern

Lesen Sie Markus 7,1-23

Als die Pharisäer den Jüngern Jesu vorwarfen, mit unreinen Händen zu essen, warf Jesus den Pharisäern vor, mit unreinen Herzen zu leben. Jesus war das Innere immer wichtiger als das Äußere, und als besonderes Beispiel dafür wählte er den Umgang der religiösen Anführer mit ihren Eltern (siehe Markus 7,8-13). Hier zeigte sich nämlich ihre geizige, gesetzliche Herzenseinstellung.

Was verrät der Umgang mit unseren Eltern über unser Herz? Unsere Eltern und Schwiegereltern sind ein Teil unseres Lebens, ob wir das als gut oder schlecht ansehen. Gott hat es so bestimmt. Er hat uns das Gebot gegeben, unsere Eltern zu ehren, damit es uns gut geht. Wenn wir heiraten, verlassen wir unsere Eltern und gehen eine neue Bindung ein, was aber nicht heißt, dass wir unsere Eltern im Stich lassen. Wir sollen sie vielmehr weiterhin ehren, also respektieren, sie mit Freundlichkeit und Würde behandeln.

Was bedeutet es aber genau, die Eltern zu verlassen und sie doch weiter zu ehren? Zunächst einmal, dass man sich nicht mehr auf die Eltern stützt, sondern auf den Ehepartner. Man lässt nicht zu, dass die Eltern über das Leben des Ehepaars bestimmen. Man erweist ihnen Respekt, indem man sich ihre Ideen und Vorschläge anhört, aber man trifft eigene Entscheidungen. Man läuft nicht zu ihnen und präsentiert ihnen eine Liste mit den Fehlern des Ehepartners. Man bemüht sich, von ihnen finanziell unabhängig zu sein. Man ist dankbar für das, was sie zum Leben jedes einzelnen Partners beigetragen haben, aber jetzt baut man selbst weiter auf dem Fundament auf, das sie gelegt haben.

Nehmen Sie sich Zeit, um allein oder als Paar gemeinsam zu beten.

- Danken Sie Gott für Ihre Eltern, trotz ihrer Fehler.
- Bitten Sie Gott, Ihnen zu zeigen, ob es Ihnen gut gelingt, Ihre Eltern zu verlassen und sie dennoch zu ehren.
- Bitten Sie Gott um Weisheit, wie Sie in Ihrer derzeitigen Lebensphase Ihren Eltern Ehre, Liebe und Fürsorge erweisen können.

Wenn Sie noch mehr Zeit haben …

Besprechen Sie miteinander folgende Fragen oder denken Sie darüber nach:

- Was verrät Ihr Verhalten gegenüber Ihren Eltern über Ihre Herzenseinstellung?
- In welchen Bereichen sind Sie noch zu abhängig von Ihren Eltern?
- An welchen Punkten sollten Sie Ihre Eltern noch mehr ehren?

Lesen Sie auch die folgenden Abschnitte zum Thema Eltern:
Sprüche 20,20; 23,22;
1. Timotheus 5,4.

Geschenke zum Anfassen

Lesen Sie Markus 9,38-50

Manche Menschen, deren Liebessprache Geschenke sind, machen gerne Geldgeschenke, andere schenken lieber etwas, das die unmittelbaren Bedürfnisse der Menschen in ihrer Umgebung stillt. Jesus sagt, dass selbst ein Schluck Wasser, den man einem Durstigen reicht, ein Ausdruck der Liebe zu Gott ist und dass dies nicht unbemerkt bleiben wird. Das zeigt uns: In Gottes Augen ist kein Geschenk zu klein.

Die Liebe zu Gott findet oft ihren Ausdruck darin, dass man sich um die Grundbedürfnisse anderer Menschen kümmert: Essen, Trinken, Kleidung, Wohnung. Nichts macht manchen Schenkenden mehr Freude, als hier ihren Beitrag zu leisten. Wenn die Tafel in ihrer Stadt um Essenspenden für Bedürftige bittet, sind sie die Ersten, die darauf reagieren. Wenn im Radio zur Hilfe für Flutopfer aufgerufen wird, bieten sie sofort Kleidung und andere praktische Dinge an. Bei Naturkatastrophen oder in humanitären Krisensituationen im Ausland fühlen sie sich angesprochen, die Notlage der Betroffenen zu lindern. Diese Menschen sind das „Salz", von dem Jesus spricht, die friedliebenden Charaktere, denen sein besonderes Lob gilt (Markus 9,50).

Nehmen Sie sich Zeit, um allein oder als Paar gemeinsam zu beten. Bitten Sie Gott ...
- Ihnen die Augen zu öffnen für die ganz konkreten, praktischen Bedürfnisse der Menschen um Sie herum;
- Ihnen zu helfen, dass Sie im Bereich des Gebens noch wachsen können.

Wenn Sie noch mehr Zeit haben ...

Besprechen Sie miteinander folgende Fragen oder denken Sie darüber nach:
- Bei welchen Möglichkeiten des Schenkens und Gebens fühlen Sie sich besonders angesprochen? Was ruft Ihr besonderes Mitgefühl hervor?
- Warum ist ein Glas frisches Wasser in unseren Augen nur eine geringe Gabe, während es für Gott besonders wichtig ist?
- Jesus fordert uns auf: „Achtet darauf, dass man an euch die Wirkung des Salzes sieht. Haltet Frieden untereinander" (Markus 9,50). Inwiefern trifft diese Beschreibung auf Sie zu?

Lesen Sie auch die folgenden Abschnitte zum Thema Geben:
5. Mose 15,7-11; 2. Korinther 8,7; 1. Johannes 3,17-18.

Den nächsten Impuls finden Sie auf S. 1128 a

Wer ist Jesus?
(Matthäus 16,13–20; Lukas 9,18–21)

27 Jesus und seine Jünger kamen nun in
die Dörfer bei Cäsarea Philippi. Auf
dem Weg dorthin fragte er seine Jünger:
»Für wen halten mich die Leute eigent-
lich?« 28 Die Jünger erwiderten: »Einige
meinen, du seist Johannes der Täufer.
Andere halten dich für Elia oder für
einen der Propheten.« 29 »Und für wen
haltet ihr mich?«, fragte er sie. Da ant-
wortete Petrus: »Du bist Christus, der
von Gott gesandte Retter.« 30 Jesus befahl
seinen Jüngern, mit niemandem darüber
zu reden.

Jesus spricht zum ersten Mal von seinem Tod
(Matthäus 16,21–23)

31 An diesem Tag sprach Jesus zum ersten
Mal von seinem Tod: »Der Menschen-
sohn muss viel leiden. Die führenden
Männer des Volkes, die Hohenpriester
und die Schriftgelehrten werden ihn ver-
urteilen und töten. Aber nach drei Tagen
wird er von den Toten auferstehen.« 32 So
offen sprach Jesus mit seinen Jüngern.

Da nahm ihn Petrus beiseite, um ihn
von diesen Gedanken abzubringen.
33 Aber Jesus wandte sich von ihm ab,
schaute die anderen Jünger an und rief:
»Weg mit dir, Satan! Du verstehst Gottes
Gedanken nicht, weil du nur menschlich
denkst!«

Alles hingeben, um alles zu gewinnen
(Matthäus 16,24–28; Lukas 9,23–27)

34 »Hört her!«, rief Jesus seinen Jüngern
und den Menschen zu, die bei ihm waren.
»Wer mir nachfolgen will, der darf nicht
mehr sich selbst in den Mittelpunkt stel-
len, sondern muss sein Kreuz auf sich
nehmen und mir nachfolgen. 35 Wer sich
an sein Leben klammert, der wird es ver-
lieren. Wer aber sein Leben für mich und
für Gottes rettende Botschaft einsetzt,
der wird es für immer gewinnen.

36 Denn was gewinnt ein Mensch, wenn
ihm die ganze Welt zufällt, er selbst aber
dabei Schaden nimmt? 37 Er kann sein
Leben ja nicht wieder zurückkaufen!
38 Wer sich hier vor den gottlosen Men-
schen schämt, sich zu mir und meiner
Botschaft zu bekennen, den wird auch
der Menschensohn nicht kennen, wenn
er mit den heiligen Engeln in der Herr-
lichkeit seines Vaters kommen wird.«

9 Dann sagte Jesus zu seinen Zuhö-
rern: »Das sage ich euch: Einige von
euch, die hier stehen, werden nicht ster-
ben, bevor die neue Welt Gottes in ihrer
ganzen Kraft sichtbar wird.«

Die Jünger erleben Jesu Herrlichkeit
(Matthäus 17,1–13; Lukas 9,28–36)

2 Sechs Tage später ging Jesus mit Petrus,
Jakobus und Johannes auf einen hohen
Berg. Sie waren dort ganz allein. Da wur-
de Jesus vor ihren Augen verwandelt:
3 Seine Kleider glänzten so weiß, wie kein
Mensch auf der Erde sie bleichen könnte.
4 Dann erschienen Elia und Mose und re-
deten mit Jesus.

5 Petrus rief: »Meister, hier gefällt es
uns! Wir wollen gleich drei Hütten bau-
en, für dich, für Mose und für Elia.« 6 Er
wusste aber nicht, was er da redete, denn
die drei Jünger waren völlig verwirrt. 7 Da
fiel der Schatten einer Wolke auf sie, und
aus der Wolke hörten sie eine Stimme:
»Dies ist mein geliebter Sohn! Auf ihn
sollt ihr hören!« 8 Als sich die Jünger
umsahen, waren sie plötzlich mit Jesus
allein.

9 Während sie den Berg hinabstiegen,
befahl ihnen Jesus: »Erzählt keinem, was
ihr gesehen habt, bis der Menschensohn
von den Toten auferstanden ist!« 10 So be-

8,28 6,14–15 **8,29** 14,61–62; Joh 10,24–25; 11,27 **8,30** 7,36* **8,31** 9,30–31; 10,33–34 **8,34–35** Mt 10,38–39 **8,34** 2 Tim 3,12* **8,38** Mt 10,32–33 **9,2–8** 2 Petr 1,16–18 **9,2** 5,37; 14,33 **9,7** 1,11; Ps 2,7; 5 Mo 18,15 **9,9** 7,36*

hielten sie es für sich. Aber als sie allein waren, sprachen sie darüber, was Jesus wohl damit meinte: »von den Toten auferstehen«. 11 Deshalb fragten sie Jesus: »Warum behaupten die Schriftgelehrten, dass zuerst Elia kommen muss?«

12 Jesus antwortete ihnen: »Sie haben Recht! Zuerst kommt Elia, um alles vorzubereiten. Und was sagt die Heilige Schrift über den Menschensohn? Dass er viel leiden muss und von allen verachtet wird! 13 Das eine will ich euch sagen: Elia ist schon gekommen. Sie haben mit ihm gemacht, was sie wollten. Genau das steht schon in der Schrift.«

Wer kann im Auftrag Gottes handeln?
(Matthäus 17,14–21; Lukas 9,37–43)

14 Bei ihrer Rückkehr fanden sie die anderen Jünger zusammen mit einigen Schriftgelehrten mitten in einer großen Volksmenge. Die Schriftgelehrten hatten die Jünger in ein Streitgespräch verwickelt. 15 Als die Leute Jesus sahen, liefen sie ihm aufgeregt entgegen und begrüßten ihn. 16 »Worüber streitet ihr euch denn?«, fragte er sie.

17 Einer aus der Menge antwortete: »Lehrer, ich habe meinen Sohn hergebracht, damit du ihn heilst. Er kann nicht sprechen, weil er von einem bösen Geist beherrscht wird. 18 Wenn dieser Geist Gewalt über ihn gewinnt, wirft er ihn zu Boden. Dann tritt dem Jungen Schaum vor den Mund, er knirscht mit den Zähnen und bleibt schließlich bewusstlos liegen. Ich habe schon deine Jünger angefleht, den bösen Geist auszutreiben; aber sie waren machtlos.«

19 Da rief Jesus: »Warum vertraut ihr Gott so wenig? Wie lange muss ich noch bei euch sein und euch ertragen? Bringt das Kind her zu mir!« 20 Sie brachten es. Als aber der böse Geist Jesus erkannte, zerrte er den Jungen hin und her. Der stürzte zu Boden, wälzte sich umher, und der Schaum stand ihm vor dem Mund.

21 »Wie lange leidet er schon darunter?«, fragte Jesus den Vater. Der antwortete: »Von Kindheit an. 22 Schon oft hat ihn der böse Geist in ein Feuer oder ins Wasser geworfen, um ihn umzubringen. Hab doch Erbarmen mit uns! Hilf uns, wenn du kannst!« 23 »Wenn ich kann?«, fragte Jesus zurück. »Alles ist möglich, wenn du mir vertraust.« 24 Verzweifelt rief der Mann: »Ich vertraue dir ja – hilf mir doch gegen meinen Zweifel!«

25 Als Jesus sah, dass die Menschenmenge immer größer wurde, bedrohte er den bösen Geist: »Du stummer und tauber Geist, ich befehle dir: Verlass dieses Kind, und kehre nie wieder zu ihm zurück.«

26 Da stieß der Dämon einen Schrei aus, zerrte den Jungen heftig hin und her und verließ ihn. Der Junge lag regungslos da, so dass die meisten sagten: »Er ist tot!« 27 Aber Jesus nahm seine Hand und half ihm aufzustehen.

28 Als Jesus mit seinen Jüngern ins Haus gegangen war, fragten sie ihn: »Weshalb konnten wir diesen Dämon nicht austreiben?« 29 Jesus antwortete: »Solche Geister können nur durch Gebet und Fasten[a] vertrieben werden.«

Jesus spricht wieder von seinem Tod
(Matthäus 17,22–23; Lukas 9,43–45)

30/31 Jesus verließ mit seinen Jüngern diese Gegend und zog durch Galiläa. Weil er seinen Jüngern noch viel zu sagen hatte, wollte er mit ihnen allein bleiben. »Der Menschensohn wird bald in der Gewalt der Menschen sein«, sagte Jesus. »Sie werden ihn töten. Aber wenn sie ihn umgebracht haben, wird er nach drei Tagen wieder auferstehen.«

32 Doch die Jünger verstanden kein Wort und trauten sich auch nicht, ihn zu fragen.

---

[a] In einigen Textzeugen wird das Fasten nicht erwähnt.

9,11 Mal 3,23–24 **9,12** Ps 22,7; Jes 53,5 **9,13** Mt 11,14; 1 Kön 19,2.10 **9,19** Lk 24,25 **9,23** 11,23 **9,30–31** 8,31; 10,33–34

Gott hat andere Maßstäbe (Matthäus 18,1–9; Lukas 9,46–50)

33 Sie kamen nach Kapernaum. Als sie im Haus waren, fragte Jesus die Jünger: »Worüber habt ihr unterwegs gesprochen?« 34 Doch sie schwiegen verlegen; denn sie hatten sich darüber gestritten, wer von ihnen der Wichtigste sei. 35 Jesus setzte sich, rief die zwölf Jünger zu sich und sagte: »Wer der Erste sein will, der soll sich allen anderen unterordnen und ihnen dienen.« 36 Er rief ein kleines Kind, stellte es in die Mitte und umarmte es. Dann sagte er: 37 »Wer solch ein Kind mir zuliebe aufnimmt, der nimmt mich auf. Und wer mich aufnimmt, der nimmt damit Gott selbst auf, weil Gott mich gesandt hat.«

Wer nicht gegen uns ist, der ist für uns

38 Johannes sagte zu Jesus: »Lehrer, wir haben einen Mann gesehen, der in deinem Namen Dämonen austrieb. Aber wir haben es ihm verboten, weil er ja gar nicht mit uns geht.« 39 »Das hättet ihr nicht tun sollen!«, erwiderte Jesus. »Wer in meinem Namen Wunder vollbringt, wird nicht gleichzeitig schlecht von mir reden. 40 Wer nicht gegen uns ist, der ist für uns. 41 Erfrischt euch ein Mensch mit einem Schluck Wasser, weil ihr zu Christus gehört, so wird er seinen Lohn erhalten. Darauf könnt ihr euch verlassen!«

Lasst euch nicht zum Bösen verleiten! (Matthäus 18,6–9; Lukas 17,1–2)

42 »Wer in einem Menschen den Glauben, wie ihn ein Kind hat, zerstört, für den wäre es noch das Beste, mit einem Mühlstein um den Hals ins Meer geworfen zu werden.

43 Wenn deine Hand dich zum Bösen verführt, dann hack sie ab! Es ist besser, du gehst verstümmelt in das ewige Leben als mit beiden Händen in das unauslöschliche Feuer der Hölle.[a]

45 Wenn dich dein Fuß auf Abwege führt, dann hack ihn ab! Es ist besser für dich, mit nur einem Fuß zum ewigen Leben zu kommen, als mit beiden Füßen geradewegs in die Hölle zu marschieren.[a]

47 Wenn dich dein Auge zur Sünde verführt, dann reiß es heraus. Es ist viel besser, einäugig in Gottes neue Welt zu gelangen, als mit zwei gesunden Augen schließlich ins Feuer der Hölle geworfen zu werden. 48 Dort wird die Qual nicht enden und das Feuer nicht verlöschen.

49 Niemand kann sich dem Feuer der Prüfung Gottes entziehen. Es gehört zum Leben so wie das Salz zum Opfer.[b] 50 Salz ist gut und notwendig, solange es wirkt. Wenn es aber fade geworden ist, wodurch soll es seine Würzkraft wiedergewinnen? Deshalb achtet darauf, dass man an euch die Wirkung des Salzes sieht. Haltet Frieden untereinander.«

Die Frage nach der Ehescheidung (Matthäus 19,1–9)

10 Dann zog Jesus von Kapernaum nach Judäa und in die Gegend östlich des Jordan. Wie überall strömten auch hier die Menschen zusammen, und wie immer sprach er zu ihnen. 2 Da kamen einige Pharisäer zu Jesus, weil sie ihm eine Falle stellen wollten. Sie fragten ihn: »Darf sich ein Mann von seiner Frau scheiden lassen?«

3 Jesus fragte zurück: »Was hat Mose denn im Gesetz vorgeschrieben?« 4 Sie antworteten: »Mose hat gesagt: ›Wenn

---

[a] Andere Textzeugen fügen hinzu (Vers 44 bzw. 46): Dort wird die Qual nicht enden und das Feuer nicht verlöschen. (Vgl. Vers 48)

[b] Vers 49 wörtlich: Jeder wird mit Feuer gesalzen werden, (einige Textzeugen ergänzen:) und jedes Opfer wird mit Salz gesalzen werden. Vgl. 3. Mose 2,13

9,33 1,29; 2,1 **9,35** 10,43–45; Joh 13,12–17 **9,36** 10,16 **9,37** Mt 10,40; Joh 13,20 **9,38–40** 4 Mo 11,26–29 **9,40** Phil 1,18 **9,41** Mt 10,41–42 **9,43** Mt 5,30 **9,47** Mt 5,29 **9,48** Jes 66,24 **10,2** 8,11

sich ein Mann von seiner Frau trennt, soll er ihr eine Scheidungsurkunde geben.‹«[a]

5 Jesus entgegnete: »Das war nur ein Zugeständnis an euer hartes Herz. 6 Aber Gott hat die Menschen von Anfang an als Mann und Frau geschaffen. 7 ›Darum verlässt ein Mann seine Eltern und verbindet sich so eng mit seiner Frau, 8 dass die beiden eins sind mit Leib und Seele.‹[b] Sie sind also eins und nicht länger zwei voneinander getrennte Menschen. 9 Was Gott zusammengefügt hat, soll der Mensch nicht scheiden.«

10 Als sie wieder im Haus waren, wollten seine Jünger noch mehr darüber hören. 11 Jesus sagte ihnen: »Wenn sich ein Mann von seiner Frau trennt und eine andere heiratet, dann ist das Ehebruch. 12 Auch eine Frau bricht die Ehe, wenn sie sich von ihrem Mann trennt und wieder heiratet.«

Jesus und die Kinder
(Matthäus 19,13–15; Lukas 18,15–17)

13 Einige Eltern brachten ihre Kinder zu Jesus, damit er sie segnete. Die Jünger aber wollten sie wegschicken. 14 Als Jesus das merkte, wurde er zornig: »Lasst die Kinder zu mir kommen, und haltet sie nicht zurück, denn für Menschen wie sie ist Gottes neue Welt bestimmt. 15 Hört, was ich euch sage: Wer sich die neue Welt Gottes nicht wie ein Kind schenken lässt, dem bleibt sie verschlossen.« 16 Dann nahm er die Kinder in seine Arme, legte ihnen die Hände auf und segnete sie.

Die Reichen und die neue Welt Gottes
(Matthäus 19,16–30; Lukas 18,18–30)

17 Als Jesus weitergehen wollte, lief ein Mann auf ihn zu, warf sich vor ihm auf die Knie und fragte: »Guter Lehrer, was muss ich tun, um das ewige Leben zu bekommen?« 18 Jesus entgegnete: »Weshalb nennst du mich gut? Es gibt nur einen, der gut ist, und das ist Gott. 19 Du kennst doch seine Gebote: Du sollst nicht töten! Du sollst nicht die Ehe brechen! Du sollst nicht stehlen! Sag nichts Unwahres über deinen Mitmenschen! Du sollst nicht betrügen! Ehre deinen Vater und deine Mutter!«[c]

20 »Lehrer«, antwortete der junge Mann, »an diese Gebote habe ich mich von Jugend an gehalten.« 21 Jesus sah ihn voller Liebe an: »Etwas fehlt dir noch: Verkaufe alles, was du hast, und gib das Geld den Armen. Damit wirst du im Himmel einen Reichtum gewinnen, der niemals verloren geht. Und dann komm und folge mir nach!« 22 Über diese Forderung war der Mann tief betroffen. Traurig ging er weg, denn er war sehr reich.

23 Da schaute Jesus seine Jünger an und sagte zu ihnen: »Wie schwer ist es doch für die Reichen, in Gottes neue Welt zu kommen!« 24 Er sah, wie entsetzt seine Jünger über diese Worte waren. Deshalb betonte er noch einmal: »Ja, wie schwer ist es doch, in die neue Welt Gottes zu gelangen! 25 Eher geht ein Kamel durch ein Nadelöhr, als dass ein Reicher in Gottes neue Welt kommt!« 26 Darüber erschraken die Jünger noch mehr, und sie fragten sich: »Wer kann dann überhaupt gerettet werden?« 27 Jesus sah sie an und sagte: »Für Menschen ist es unmöglich, aber nicht für Gott. Für ihn ist alles möglich!«

28 Jetzt fragte Petrus: »Aber wie ist es nun mit uns? Wir haben doch alles aufgegeben und sind mit dir gegangen!« 29 Jesus antwortete: »Das sollt ihr wissen: Jeder, der sein Haus, seine Geschwister, seine Eltern, seine Kinder oder seinen Besitz zurücklässt, um mir zu folgen und die rettende Botschaft von Gott weiterzusagen, 30 der wird schon hier alles hundertfach zurückerhalten: Häuser, Ge-

---

[a] *Vgl. 5. Mose 24,1*
[b] 1. Mose 2,24
[c] Vgl. 2. Mose 20,12–16

10,6 1 Mo 1,27 **10,11–12** Mt 5,32; 1 Kor 7,10–11 **10,15** Mt 18,3 **10,21** Mt 6,19–21; Lk 12,33 **10,23** 4,18–19; 1 Tim 6,17–19 **10,27** Hiob 42,2; Jer 32,17 **10,28** 1,18.20 **10,29–30** Mt 10,37

Getrennte Wege

Lesen Sie Markus 10,1-12

Eine Scheidung ist nicht der Idealfall. Am Anfang, als Gott zu Adam und Eva sagte: „Vermehrt euch, bevölkert die Erde" (1. Mose 1,28), gab es nicht den leisesten Hinweis darauf, dass die eheliche Verbindung nicht ein ganzes Leben dauern sollte. Scheidung wird in der Bibel das erste Mal in den Schriften des Mose erwähnt, Hunderte Jahre nach der Schöpfung der Menschheit (siehe 3. Mose 21,14; 22,13; 4. Mose 30,10; 5. Mose 24,1-4). Mose ließ die Scheidung zu, doch Gott selbst ermutigt niemanden zu diesem Schritt. Jesus erklärte den Pharisäern: „Mose erlaubte es, weil er euer hartes Herz kannte. Ursprünglich ist es aber anders gewesen" (Matthäus 19,8). Jesus betont, dass Gott die Ehe als eine lebenslange Verbindung zwischen einem Mann und einer Frau sieht.

In der Lehre Jesu gibt es nur eine einzige Ausnahme, bei der eine Scheidung möglich ist: Untreue. „Jeder, der sich von seiner Frau trennt und eine andere heiratet, bricht die Ehe, es sei denn, seine Frau hat ihn betrogen" (Matthäus 19,9). Dieser Vers wird oft so gedeutet, dass die Scheidung erlaubt ist, wenn ein Partner immer wieder die Ehe bricht und sein Verhalten nicht bereut. Die Trennung soll den betrogenen Partner vor weiteren Verletzungen schützen. Doch selbst in einer so zerrütteten Situation fordert die Scheidung einen hohen Preis. Darum spricht Gott in Bezug auf dieses Thema eine deutliche Sprache: „Ich hasse Ehescheidung. Ich verabscheue es, wenn ein Mann seiner Frau so etwas antut. Darum nehmt euch in Acht, und brecht euren Frauen nicht die Treue!" (Maleachi 2,16).

Nehmen Sie sich Zeit, um allein oder als Paar gemeinsam zu beten. Bitten Sie Gott, dass Sie ...

- sich gegenseitig treu bleiben;
- die Scheidung aus seiner Sicht betrachten können;
- Ihre Ehe als lebenslanges Geschenk von ihm in Ehren halten.

Wenn Sie noch mehr Zeit haben ...

Besprechen Sie miteinander folgende Fragen oder denken Sie darüber nach:

- Warum geht man in unserer Kultur so leichtfertig mit dem Thema Scheidung um?
- Wie denkt Gott über Scheidung?
- Welche ganz praktischen Warnungen finden Sie in Gottes Wort zum Thema Scheidung?
- Wie sollten Sie mit Menschen in Ihrer Umgebung umgehen, die unter den grausamen Folgen einer Trennung leiden?

Lesen Sie auch die folgenden Abschnitte zum Thema Scheidung:
Sprüche 5,18; Maleachi 2,10-16; Matthäus 19,3-12.

Wahre Liebe

Lesen Sie Markus 11,15-25

Liebe ist nicht immer sanft und mild. Sie kann manchmal auch hart und entschlossen sein und trotzdem ist es noch Liebe. Ein anschauliches Beispiel dafür ist die Reaktion Jesu auf die Geldwechsler im Tempel. Aus Betern waren Profitgierige geworden und dabei wollte Jesus nicht tatenlos zusehen. Weil sie aus der Religion ein Betrugsunternehmen gemacht hatten, bestand er darauf, dass sie den Tempel verließen. Dazu gebrauchte er starke Worte: „Ihr wisst doch, was Gott in der Heiligen Schrift sagt: ‚Mein Haus soll für alle Völker ein Ort des Gebets sein', ihr aber habt eine Räuberhöhle daraus gemacht" (Markus 11,17). Zornig trieb er die Händler und Käufer hinaus und warf ihre Tische und Stühle um. Eine harte Aktion? Ja. Liebevoll? Ja! Jesus liebte die Menschen zu sehr, als dass er angesichts ihres moralischen Verfalls einfach hätte schweigen können. Er handelte entschlossen, und das hatte zur Folge, dass die Übeltäter den Tempel verlassen mussten. Ob sie später wohl Reue zeigten, umkehrten und wieder zu Betern wurden? Die Bibel erzählt uns nichts davon. Bestimmt hätte Jesus sich dieses Ergebnis gewünscht. Wie sie reagierten, war ihre Sache, doch in Jesu Handeln zeigte sich sowohl seine Liebe zu ihnen als auch seine Liebe zu seinem Vater im Himmel.

Es gibt Dinge, die man in einer Ehe nicht dulden darf. Wenn es zu Misshandlungen, Untreue, Missbrauch, Alkohol- oder Drogensucht kommt, müssen wir in Aktion treten. Liebe kümmert sich immer um das Wohl des anderen. Ein sündhaftes Verhalten zu dulden und nichts zu unternehmen, kann man nicht als Liebe bezeichnen. Es zerstört die betroffenen Personen und auch die Ehe. Liebe muss den anderen auf seine Sünde hinweisen.

Nehmen Sie sich Zeit, um allein oder als Paar gemeinsam zu beten. Bitten Sie Gott ...

- Ihr Verständnis dessen, was wahre Liebe ist, zu *vertiefen* und zu erweitern;
- Ihnen den Mut zu schenken, sich gegenseitig, wenn nötig, auf Sünde hinzuweisen und damit wahre, wenn auch harte Liebe zu zeigen.

Wenn Sie noch mehr Zeit haben ...

Besprechen Sie miteinander folgende Fragen oder denken Sie darüber nach:

- Warum ist es eigentlich lieblos, das selbstzerstörerische Verhalten des Ehepartners zu dulden und nichts dagegen zu unternehmen?
- Wie kann Liebe demütig und sanft und zugleich hart und durchgreifend sein?
- Wenn in einer Ehe etwas geschieht, was nicht geduldet werden darf, auf welche Weise könnte man dann hart, aber liebevoll reagieren?

Lesen Sie auch die folgenden Abschnitte zum Thema Liebe:
Römer 12,9; Galater 6,1; 1. Petrus 4,8.

Den nächsten Impuls finden Sie auf S. 1132 a

schwister, Eltern, Kinder und Besitz. All
dies wird ihm – wenn auch mitten unter
Verfolgungen – hier auf dieser Erde ge-
hören und außerdem in der zukünftigen
Welt das ewige Leben. 31 Viele, die jetzt
einen großen Namen haben, werden
dann unbedeutend sein. Und andere, die
heute die Letzten sind, werden dort zu
den Ersten gehören.«

Jesus spricht zum dritten Mal von seinem Tod
(Matthäus 20,17–19; Lukas 18,31–34)

32 Auf dem Weg nach Jerusalem ging Je-
sus seinen Jüngern voran. Voller Angst
und Sorge folgten sie ihm. Unterwegs
nahm Jesus seine zwölf Jünger beiseite
und sprach noch einmal darüber, was ihn
erwartete. 33 »Wir gehen jetzt nach Jerusa-
lem. Dort wird der Menschensohn den
Hohenpriestern und Schriftgelehrten
ausgeliefert werden. Man wird ihn zum
Tode verurteilen und denen übergeben,
die Gott nicht kennen. 34 Die werden ihn
verspotten, anspucken, auspeitschen und
töten. Aber nach drei Tagen wird er von
den Toten auferstehen.«

Streit um die besten Plätze
(Matthäus 20,20–28; Lukas 22,24–27)

35 Jakobus und Johannes, die Söhne des
Zebedäus, gingen zu Jesus und sagten:
»Lehrer, wirst du uns eine Bitte erfül-
len?« 36 »Was wollt ihr?«, fragte Jesus.
37 »Wenn deine Herrschaft begonnen hat,
möchten wir gern die Ehrenplätze rechts
und links neben dir einnehmen.«

38 Jesus entgegnete: »Ihr wisst ja gar
nicht, was ihr da verlangt! Könnt ihr denn
auch das schwere Leiden tragen, das auf
mich wartet? Könnt ihr euer Leben hin-
geben, so wie ich es hingeben muss?«[a]
39 »Ja, das können wir!«, antworteten sie.
Darauf erwiderte ihnen Jesus: »Ihr wer-
det tatsächlich leiden und euer Leben
hingeben müssen. 40 Aber trotzdem kann
ich nicht bestimmen, wer einmal die Plät-
ze rechts und links neben mir einnehmen
wird. Das hat bereits Gott entschieden.«

41 Als die anderen zehn Jünger von dem
Wunsch des Johannes und Jakobus hör-
ten, waren sie empört. 42 Da rief Jesus alle
zusammen und sagte: »Ihr wisst, wie die
Machthaber der Welt ihre Völker unter-
drücken. Wer die Macht hat, nutzt sie
rücksichtslos aus. 43 Aber so darf es bei
euch nicht sein! Wer groß sein will, der
soll den anderen dienen, 44 und wer der
Erste sein will, der soll sich allen unter-
ordnen. 45 Auch der Menschensohn ist
nicht gekommen, um sich bedienen zu
lassen. Er kam, um zu dienen und sein
Leben hinzugeben, damit viele Men-
schen aus der Gewalt des Bösen befreit
werden.«

Ein Blinder wird geheilt
(Matthäus 20,29–34; Lukas 18,35–43)

46 Dann kamen Jesus und seine Jünger
nach Jericho. Als sie die Stadt wieder ver-
lassen wollten, folgte ihnen eine große
Menschenmenge. Am Weg saß ein Blin-
der und bettelte. Es war Bartimäus, der
Sohn des Timäus. 47 Als er hörte, dass Je-
sus von Nazareth vorbeikam, begann er
laut zu rufen: »Jesus, du Sohn Davids,
hab Erbarmen mit mir!« 48 Die Leute fuh-
ren ihn an: »Halt den Mund!« Aber er
schrie nur noch lauter: »Du Sohn Davids,
hab Erbarmen mit mir!«

49 Da blieb Jesus stehen: »Ruft ihn her
zu mir.« Ein paar von den Leuten liefen
zu dem Blinden und sagten zu ihm: »Nur
Mut! Komm mit! Jesus ruft dich.« 50 Bar-
timäus ließ sein Gewand zu Boden fallen,
sprang auf und kam zu Jesus. 51 »Was soll
ich für dich tun?«, fragte ihn Jesus.

---

a Wörtlich: Könnt ihr den Becher trinken, den ich trinke, und mit der Taufe getauft werden, mit der ich getauft werde? – Das gleiche Bild wird auch in Vers 39 verwendet.

10,31 Mt 20,16; Lk 13,30 **10,33–34** 8,31; 9,30–31 **10,34** 15,15–20; 16,6 **10,37** 9,33–35 **10,38** 14,35–36; Joh 18,11; Röm 6,3 **10,39** Apg 12,2 **10,43–44** Mt 23,11; Joh 13,12–17 **10,45** 2 Kor 5,18–21*; Kol 1,13–14 **10,47–48** Mt 20,30–31*

»Meister«, flehte ihn der Blinde an, »ich
möchte sehen können!« 52 Darauf antwor-
tete Jesus: »Geh! Dein Glaube hat dir ge-
holfen.« Im selben Augenblick konnte
der Blinde sehen, und er ging mit Jesus.

Jesus wird als König empfangen
(Matthäus 21,1–11; Lukas 19,29–38; Johannes 12,12–19)

11 Jesus und seine Jünger kamen in
die Nähe von Jerusalem. Sie er-
reichten Betfage und Betanien, zwei Ort-
schaften, die am Ölberg liegen. Jesus
schickte zwei Jünger voraus 2 mit dem
Auftrag: »Geht in das Dorf da vorne!
Gleich am Eingang werdet ihr einen jun-
gen Esel finden, der dort angebunden ist.
Auf ihm ist noch nie jemand geritten.
Bindet ihn los und bringt ihn her. 3 Sollte
jemand fragen, was ihr da macht, dann
sagt einfach: ›Unser Herr braucht das
Tier, aber er wird es bald wieder zurück-
schicken.‹«

4 Sie gingen hin und fanden den Esel
draußen auf der Straße an ein Hoftor an-
gebunden. Sie banden ihn los; 5 aber eini-
ge Leute, die dabeistanden, fragten: »Was
macht ihr denn da? Was wollt ihr mit dem
Esel?« 6 Sie antworteten so, wie Jesus es
ihnen gesagt hatte. Da ließ man sie ge-
währen.

7 Die Jünger brachten den jungen Esel,
legten ihre Mäntel auf das Tier, und Jesus
setzte sich darauf. 8 Viele Leute breiteten
ihre Kleider als Teppich vor ihm aus, an-
dere rissen Zweige von den Bäumen und
legten sie auf den Weg. 9 Vor und hinter
ihm drängten sich die Menschen und rie-
fen: »Gelobt sei Gott, und gepriesen sei,
der in seinem Auftrag kommt! 10 Jetzt ist
Davids Reich endlich da! Gelobt sei Gott
im Himmel!«

11 So zog Jesus in Jerusalem ein. Er ging
in den Tempel und sah sich dort aufmerk-
sam um. Am Abend kehrte er mit seinen
Jüngern nach Betanien zurück.

Der Feigenbaum
(Matthäus 21,18–19)

12 Am nächsten Morgen, als sie Betanien
verließen, hatte Jesus Hunger. 13 Schon
von weitem sah er einen Feigenbaum
mit vielen Blättern. Er ging hin, um sich
ein paar Feigen zu pflücken. Aber er fand
nichts als Blätter, denn zu dieser Jahres-
zeit gab es noch keine Feigen. 14 Da hör-
ten die Jünger, wie Jesus zu dem Baum
sagte: »Nie wieder soll jemand von dir
eine Frucht essen!«

Jesus jagt die Händler aus dem Tempel
(Matthäus 21,12–17; Lukas 19,45–48; Johannes 2,13–17)

15 Sie kamen nach Jerusalem, und Jesus
ging in den Tempel. Dort jagte er alle
Händler und Käufer hinaus; die Tische
der Geldwechsler und die Stände der Tau-
benhändler stieß er um. 16 Er duldete noch
nicht einmal, dass jemand irgendetwas
durch den Tempelvorhof trug. 17 »Ihr wisst
doch, was Gott in der Heiligen Schrift
sagt«, rief Jesus der Menschenmenge zu:
»›Mein Haus soll für alle Völker ein Ort
des Gebets sein‹,[a] ihr aber habt eine Räu-
berhöhle daraus gemacht.«

18 Nachdem die Hohenpriester und
Schriftgelehrten von diesen Ereignissen
gehört hatten, stand ihr Entschluss fest,
Jesus umzubringen. Sie fürchteten seinen
Einfluss, denn seine Worte hinterließen
tiefen Eindruck bei den Menschen. 19 Am
Abend verließ Jesus mit seinen Jüngern
die Stadt.

Von der Kraft des Glaubens
(Matthäus 21,20–22)

20 Als sie am nächsten Morgen wieder an
dem Feigenbaum vorbeikamen, sahen
sie, dass er völlig abgestorben war. 21 Pe-
trus erinnerte sich und sagte: »Meister,

---

[a] Jesaja 56,7

10,52 5,34* **11,2** Sach 9,9 **11,3** 14,14 **11,7-8** 1 Kön 1,38–40; 2 Kön 9,13 **11,9** Ps 118,26 **11,10** 12,35–37 **11,12-14** Jer 29,17; Hos 9,10; Mi 7,1–4 **11,15** Sach 14,21 **11,17** Jer 7,11 **11,18** 3,6; 12,12; 14,1–2

sieh doch! Der Baum, den du verflucht
hast, ist vertrocknet.« 22 Da antwortete
Jesus: »Ihr müsst Gott ganz vertrauen!
23 Denn das ist sicher: Wenn ihr glaubt
und nicht im Geringsten daran zweifelt,
dass es wirklich geschieht, könnt ihr zu
diesem Berg hier sagen: ›Hebe dich von
der Stelle, und stürze dich ins Meer!‹, und
es wird geschehen.
24 Ja, ich sage euch: Um was ihr auch
bittet – glaubt fest, dass ihr es schon bekommen habt, und Gott wird es euch geben! 25 Aber wenn ihr ihn um etwas bittet,
sollt ihr vorher den Menschen vergeben,
mit denen ihr nicht zurechtkommt. Dann
wird euch der Vater im Himmel eure
Schuld auch vergeben.[a]«

Die Frage nach der Vollmacht Jesu
(Matthäus 21,33–27; Lukas 20,1–8)

27 Sie gingen wieder nach Jerusalem. Als
Jesus im Tempel war, kamen die Hohenpriester, die Schriftgelehrten und die führenden Männer des Volkes zu Jesus 28 und
stellten ihn zur Rede: »Woher nimmst du
dir das Recht, hier so aufzutreten? Wer
gab dir die Vollmacht dazu?«
29 Jesus erwiderte: »Ich will euch eine
Gegenfrage stellen. Wenn ihr die beantwortet, werde ich euch sagen, wer mir die
Vollmacht gegeben hat. 30 War Johannes
der Täufer von Gott beauftragt zu taufen
oder nicht? Was meint ihr?«
31 Sie überlegten: »Wenn wir antworten: ›Gott hat ihn gesandt‹, dann wird er
fragen: ›Warum habt ihr ihm dann nicht
geglaubt?‹ 32 Wenn wir aber bestreiten,
dass Gott ihn gesandt hat, bekommen
wir Ärger mit dem Volk. Denn alle sind
davon überzeugt, dass Johannes ein Prophet war.«
33 So antworteten sie schließlich: »Wir
wissen es nicht!« Worauf Jesus entgegnete: »Dann sage ich euch auch nicht, wer
mir die Vollmacht gegeben hat.«

Vom Weinbergbesitzer und den betrügerischen Pächtern
(Matthäus 21,33–46; Lukas 20,9–19)

12 Wenn Jesus zu den Menschen redete, gebrauchte er oft Gleichnisse. So erzählte er: »Ein Mann legte einen
Weinberg an, zäunte ihn ein, stellte eine
Weinpresse auf und baute einen Wachturm. Dann verpachtete er den Weinberg
an einige Weinbauern und reiste ins Ausland.
2 Zur Zeit der Weinlese beauftragte er
einen Knecht, den vereinbarten Anteil
an der Ernte abzuholen. 3 Aber die Weinbauern schlugen den Knecht nieder und
jagten ihn mit leeren Händen davon.
4 Da schickte der Besitzer einen zweiten Boten. Auch den beschimpften sie
und schlugen ihm den Kopf blutig. 5 Den
dritten Boten des Weinbergbesitzers
brachten sie um. Immer wieder versuchte
der Besitzer, zu seinem Ernteanteil zu
kommen. Doch alle, die in seinem Auftrag kamen, wurden verprügelt oder
sogar getötet.
6 Nun blieb nur noch einer übrig: sein
einziger Sohn, den er sehr liebte. Ihn
schickte er zuletzt. ›Vor meinem Sohn
werden sie Achtung haben‹, sagte er sich.
7 Aber die Weinbauern waren sich einig:
›Jetzt kommt der Erbe! Den bringen wir
um, und dann gehört der Weinberg endgültig uns.‹ 8 Sie ergriffen ihn, schlugen
ihn tot und warfen ihn vor den Weinberg.
9 Was – meint ihr – wird der Besitzer des
Weinbergs jetzt wohl tun? Er wird selbst
kommen, die Weinbauern töten und seinen Weinberg an andere verpachten.
10 Habt ihr nicht in der Heiligen Schrift
gelesen: ›Der Stein, den die Bauarbeiter
weggeworfen haben, weil sie ihn für unbrauchbar hielten, ist nun zum Grundstein des ganzen Hauses geworden.
11 Was keiner für möglich gehalten hat,
das tut der Herr vor unseren Augen‹[b]?«

---

a Andere Textzeugen fügen hinzu (Vers 26): Wenn ihr ihnen aber nicht vergeben wollt, dann wird euch Gott im Himmel eure Schuld auch nicht vergeben.
b Psalm 118,22–23

11,23 Mt 17,20; Lk 17,6 **11,24** Joh 15,7* **11,25** Mt 5,23–24 **11,28** 11,15–17 **11,32** Mt 14,5; Lk 7,29–30 **12,1** Jes 5,1–7* **12,2–5** Jer 7,25–26 **12,6** 1,11; 9,7

[12]Am liebsten hätten die Hohenpries-
ter, Schriftgelehrten und führenden
Männer des Volkes Jesus gleich fest-
genommen. Sie hatten verstanden, dass
er in diesem Gleichnis von ihnen gespro-
chen hatte. Aber sie wagten sich nicht an
ihn heran, weil sie vor dem Volk Angst
hatten. So ließen sie ihn in Ruhe und gin-
gen weg.

Die Frage nach der Steuer
(Matthäus 22,15–22; Lukas 20,20–26)

[13]Danach schickten sie einige Pharisäer
und Anhänger des Königs Herodes zu Je-
sus, um ihn mit seinen eigenen Worten in
eine Falle zu locken.
[14]»Lehrer«, sagten sie scheinheilig,
»wir wissen, dass es dir allein um die
Wahrheit geht. Du redest den Leuten
nicht nach dem Mund – ganz gleich, wie
viel Ansehen sie besitzen. Nein, du sagst
uns frei heraus, wie wir nach Gottes Wil-
len leben sollen. Deshalb verrate uns: Ist
es eigentlich Gottes Wille, dass wir dem
römischen Kaiser Steuern zahlen? Sollen
wir bezahlen oder nicht?«
[15]Jesus durchschaute ihre Falschheit
und sagte: »Warum wollt ihr mir eine Fal-
le stellen? Zeigt mir ein Geldstück!«
[16]Sie gaben ihm eine römische Münze.
Er fragte sie: »Wessen Bild und Name ist
hier eingeprägt?« Sie antworteten: »Das
Bild und der Name des Kaisers!« [17]»Nun,
dann gebt dem Kaiser, was ihm zusteht,
und gebt Gott, was ihm gehört.« Seine
Zuhörer waren überrascht: Diese Ant-
wort hatten sie nicht erwartet.

Werden die Toten auferstehen?
(Matthäus 22,23–33; Lukas 20,27–38)

[18]Später kamen einige Sadduzäer zu Je-
sus. Diese Leute behaupten, es gebe kei-
ne Auferstehung der Toten. Sie fragten
ihn: [19]»Lehrer, Mose hat uns im Gesetz
gesagt: ›Wenn ein verheirateter Mann
stirbt und seine Frau ohne Kinder hinter-
lässt, muss sein Bruder die Witwe hei-
raten. Der erste ihrer Söhne soll als Sohn
des Verstorbenen gelten.‹[a]
[20]Nun gab es da sieben Brüder. Der
erste heiratete und starb ohne Nachkom-
men. [21]Da heiratete der zweite Bruder
die Witwe. Auch er starb kinderlos, und
der nächste Bruder nahm sie zur Frau.
[22]So ging es weiter, bis die Frau mit allen
sieben verheiratet gewesen war, ohne
dass sie Kinder bekommen hätte.
Schließlich starb auch die Frau. [23]Wessen
Frau wird sie nun nach der Auferstehung
sein? Schließlich waren ja alle sieben
Brüder mit ihr verheiratet.«
[24]Jesus antwortete: »Ihr irrt euch, denn
ihr kennt weder die Heilige Schrift noch
die Macht Gottes. [25]Wenn die Toten auf-
erstehen, werden sie nicht wie hier auf
der Erde verheiratet sein, sondern wie
die Engel im Himmel leben. [26]Was nun
die Auferstehung der Toten überhaupt
betrifft: Habt ihr nicht im Buch des Mose
gelesen, wie Gott am brennenden Dorn-
busch zu ihm sagte: ›Ich bin der Gott
Abrahams, Isaaks und Jakobs‹?[b] [27]Er ist
doch nicht ein Gott der Toten, sondern
der Lebenden. Ihr seid völlig im Irrtum!«

Was ist das wichtigste Gebot?
(Matthäus 22,34–40; Lukas 20,39–40)

[28]Ein Schriftgelehrter hatte zugehört und
war von der Antwort beeindruckt, die Je-
sus den Sadduzäern gegeben hatte. Des-
halb fragte er ihn: »Welches von allen
Geboten Gottes ist das wichtigste?« [29]Je-
sus antwortete: »Dies ist das wichtigste
Gebot: ›Hört, ihr Israeliten! Der Herr ist
unser Gott, der Herr allein. [30]Ihn sollt ihr
von ganzem Herzen lieben, mit ganzer
Hingabe, mit eurem ganzen Verstand
und mit all eurer Kraft.‹[c] [31]Ebenso wich-
tig ist das andere Gebot: ›Liebe deinen

---

[a] *Vgl.* 5. Mose 25,5–6
[b] 2. Mose 3,6
[c] 5. Mose 6,4–5

12,12 11,18; 14,1–2 **12,13** 3,2 **12,17** Röm 13,7 **12,18** Apg 23,6–8 **12,25** 1 Kor 15,35–44 **12,31** Mt 22,39

Gute Gespräche

Lesen Sie Markus 12,28-34

Das Grundgerüst für jede gute Beziehung ist das Gespräch – und zwar eines, das in beide Richtungen verläuft: Ich sage, was ich denke, und du hörst mir zu; du sagst, was du denkst, und ich höre dir zu. Das Ergebnis? Wir verstehen uns gegenseitig. Wenn wir über einen längeren Zeitraum miteinander im Gespräch bleiben, lernen wir uns immer besser kennen. Warum aber ist Kommunikation manchmal so schwierig? Warum sagen 86 Prozent aller Geschiedenen: „Unser größtes Problem war, dass wir nicht mehr miteinander reden konnten"?

Es fängt damit an, dass wir nicht mehr mit Gott sprechen, und zwar lange bevor wir aufhören, miteinander zu reden. Wenn wir jeden Tag mit Gott sprechen, dann beeinflusst er unsere Gedanken und unsere Einstellung zu unserem Partner. Gott möchte, dass wir Jesus immer ähnlicher werden (siehe Römer 8,29). Wenn wir an diesem Prozess mitarbeiten, wird die Kommunikation mit unserem Ehepartner viel leichter fließen. Haben wir aber keinen Draht mehr zu Gott, verschlechtert sich auch unsere Haltung gegenüber unserem Partner.

In Markus 12 sagt Jesus, die wichtigsten Gebote seien: (1) Gott von ganzem Herzen zu lieben und (2) unsere Mitmenschen wie uns selbst zu lieben. Wenn wir Gott lieben und im Einklang mit seinem Willen sind, fällt es uns leichter, andere zu lieben. Viele Kommunikationsprobleme in der Ehe würden sich einfach in Luft auflösen, wenn wir mehr Zeit damit verbringen würden, mit Gott zu sprechen und ihm zuzuhören.

Nehmen Sie sich Zeit, um allein oder als Paar gemeinsam zu beten. Bitten Sie Gott, dass er…

- Sie immer wieder daran erinnert, dass Sie Ihre Beziehung zu ihm und Ihre Ehe am meisten fördern, wenn Sie Zeit mit ihm verbringen und mit ihm sprechen;
- Sie Christus immer ähnlicher werden lässt, während Sie beten und in der Bibel lesen;
- Ihre Kommunikation mit ihm dazu gebraucht, Ihre Einstellung gegenüber Ihrem Ehepartner zu prägen.

Wenn Sie noch mehr Zeit haben …

Besprechen Sie miteinander folgende Fragen oder denken Sie darüber nach:

- Wo sehen Sie eine Verbindung zwischen Ihrem Gebetsleben und der Kommunikation in Ihrer Ehe?
- Woran liegt es, dass Ehepartner sich voneinander entfremden und nicht mehr miteinander reden können?
- Was können Sie tun, um die Kommunikation zwischen Ihnen zu verbessern?

Lesen Sie auch die folgenden Abschnitte zum Thema Kommunikation:

Psalm 19,15; Matthäus 12,37; Epheser 4,29.

Dunkle Gefühle

Die folgenden Fragen können Sie entweder allein oder als Paar gemeinsam durchgehen. Wenn jeder für sich darüber nachdenkt, verabreden Sie sich in der kommenden Woche zu einem Austausch darüber, was Sie herausgefunden haben.

1. Lesen Sie Markus 14,32-52. Welche Gefühle hatte Jesus Ihrer Meinung nach in dieser Situation?

2. Wie ging es Jesus wohl, als er merkte, dass seine Jünger eingeschlafen waren?

3. Wie können andere Menschen uns helfen oder auch alles noch schlimmer machen, wenn wir durch dunkle Zeiten gehen?

4. Wann waren Sie das letzte Mal sehr niedergeschlagen oder entmutigt?

5. Wie ging Jesus mit diesen schwierigen Gefühlen um?

6. Was können Sie aus seinem Beispiel schließen?

Markus 14,34-35

„Er sagte zu ihnen: ‚Ich zerbreche beinahe unter der Last, die ich zu tragen habe. Bleibt bei mir, und wacht mit mir!' Jesus ging ein paar Schritte weiter, warf sich nieder und betete: ‚Mein Vater, wenn es möglich ist, so erspare mir diese schwere Stunde.'"

KONKRET:

Denken Sie an jemanden, der gerade eine schwierige Zeit durchmacht. Welche konkrete Unterstützung und Ermutigung können Sie diesem Menschen in dieser Woche geben? Bieten Sie Ihre Hilfe an.

Den nächsten Impuls finden Sie auf S. 1146 a

Mitmenschen wie dich selbst!‹[a] Kein
anderes Gebot ist wichtiger als diese
beiden.«
32 Darauf meinte der Schriftgelehrte:
»Lehrer, du hast Recht. Es gibt nur einen
Gott und keinen anderen neben ihm.
33 Ihn sollen wir lieben von ganzem Her-
zen, mit unserem ganzen Verstand, mit
ganzer Hingabe und mit aller Kraft. Und
auch unsere Mitmenschen sollen wir so
lieben wie uns selbst. Das ist mehr als alle
Opfer, die wir Gott bringen könnten.«
34 Jesus erkannte, dass dieser Mann ihn
verstanden hatte. Deshalb sagte er zu
ihm: »Du bist nicht weit von Gottes
neuer Welt entfernt.« Danach wagte
niemand mehr, Jesus weitere Fragen zu
stellen.

Wer ist Christus?
(Matthäus 22,41–46; Lukas 20,41–44)

35 Als Jesus später im Tempel redete,
stellte er die Frage: »Wie können eure
Schriftgelehrten behaupten, Christus sei
ein Nachkomme von König David? 36 Da-
vid selbst hat doch, geleitet vom Heiligen
Geist, gesagt: ›Gott sprach zu meinem
Herrn: Setze dich auf den Ehrenplatz an
meiner rechten Seite, bis ich dir alle dei-
ne Feinde unterworfen habe.‹[b] 37 Wenn
David ihn also ›Herr‹ nennt, wie kann er
dann Davids ›Sohn‹ sein?« Alle im Tem-
pel hörten ihm gespannt zu.

Die Heuchelei der Schriftgelehrten
(Matthäus 23,5–7; Lukas 20,45–47)

38 Jesus redete weiter zu ihnen: »Hütet
euch vor den Schriftgelehrten! Sie laufen
gern in langen Gewändern herum und
genießen es, wenn die Leute sie auf der
Straße ehrfurchtsvoll grüßen. 39 In der Sy-
nagoge sitzen sie stets in der ersten Rei-
he, und es gefällt ihnen, wenn sie bei eu-
ren Festen die Ehrenplätze bekommen.
40 Gierig reißen sie den Besitz der Witwen
an sich; dabei tarnen sie ihre bösen Ab-
sichten mit langen Gebeten. Gottes Stra-
fe wird sie besonders hart treffen.«

Viel Geld – aber kein Opfer
(Lukas 21,1–4)

41 Jesus setzte sich nun in die Nähe des
Opferkastens im Tempel und beobachte-
te die Leute, die ihre Gaben einwarfen.
Viele Reiche spendeten hohe Beträge.
42 Dann aber kam eine arme Witwe und
warf zwei der kleinsten Münzen[c] in den
Opferkasten. 43 Jesus rief seine Jünger zu
sich und sagte: »Eines ist sicher: Diese ar-
me Witwe hat mehr gegeben als alle an-
deren. 44 Die Reichen haben nur etwas
von ihrem Überfluss gegeben, aber diese
Frau ist arm und gab alles, was sie hatte –
sogar das, was sie dringend zum Leben
gebraucht hätte.«

Jesus kündigt die Zerstörung des Tempels an
(Matthäus 24,1–2; Lukas 21,5–6)

13 Als Jesus den Tempel verließ,
zeigte einer seiner Jünger begeis-
tert auf die Tempelbauten: »Lehrer, sieh
dir diese Steine und diese gewaltigen
Bauwerke an!« 2 Jesus erwiderte: »Ja, sieh
es dir genau an! Kein Stein wird hier auf
dem anderen bleiben. Alles wird nur
noch ein großer Trümmerhaufen sein.«

Die Zukunft der Welt
(Matthäus 24,3–28; Lukas 21,7–24)

3 Als Jesus am Abhang des Ölbergs saß
und zum Tempel auf der anderen Seite
des Tales hinübersah, kamen Petrus,
Jakobus, Johannes und Andreas zu ihm
und fragten: 4 »Wann wird das alles
geschehen? An welchen Ereignissen
werden wir das Ende erkennen?« 5 Jesus

---

[a] 3. Mose 19,18
[b] Psalm 110,1
[c] Wörtlich: zwei Lepta, das ist ein Quadrans.

12,33 Ps 40,7–9* **12,35–37** Mt 20,30–31* **12,36** Apg 2,34–36; Hebr 1,13 **12,38–39** Lk 11,43; 14,7–11 **12,40** 2 Mo 22,21–22* **12,44** 2 Kor 8,12 **13,2** Lk 19,44; Jer 7,14

antwortete: »Lasst euch von keinem Menschen täuschen und verführen! [6]Denn viele werden auftreten und von sich behaupten: ›Ich bin Christus!‹ Und sie werden viele Menschen in die Irre führen.

[7]Ihr werdet von Kriegen und Unruhen hören. Erschreckt nicht! Das muss geschehen, doch es bedeutet noch nicht das Ende. [8]Die Völker und Königreiche der Erde werden Kriege gegeneinander führen. In vielen Teilen der Welt wird es Erdbeben und Hungersnöte geben. Das ist aber erst der Anfang – so wie die ersten Wehen bei einer Geburt.

[9]Seid wachsam! Man wird euch vor die Gerichte zerren, und in den Synagogen wird man euch auspeitschen. Nur weil ihr zu mir gehört, werdet ihr vor Machthabern und Königen verhört werden. Dort werdet ihr meine Botschaft bezeugen.

[10]Das muss so geschehen, denn alle Völker sollen die rettende Botschaft hören, bevor das Ende kommt. [11]Wenn sie euch verhaften und vor Gericht bringen, braucht ihr euch nicht darum zu sorgen, was ihr aussagen sollt! Denn zur rechten Zeit wird Gott euch das rechte Wort geben. Nicht ihr werdet es sein, die Rede und Antwort stehen, sondern der Heilige Geist wird durch euch sprechen.

[12]In dieser Zeit wird ein Bruder den anderen dem Henker ausliefern. Väter werden ihre eigenen Kinder anzeigen. Kinder werden gegen ihre Eltern vorgehen und sie hinrichten lassen. [13]Alle Welt wird euch hassen, weil ihr euch zu mir bekennt. Aber wer bis zum Ende durchhält, wird gerettet.

[14]Die Heilige Schrift redet von einer ›abscheulichen Götzenstatue‹.[a] Versucht zu verstehen, was das Geschriebene bedeutet! Wenn ihr diese Götzenstatue[b] dort stehen seht, wo sie nicht hingehört – im Tempel –, dann sollen alle Bewohner Judäas ins Gebirge fliehen. [15]Wer sich gerade auf dem Dach seines Hauses aufhält, soll nicht erst im Haus sein Gepäck für die Flucht zusammensuchen. [16]Wer auf dem Feld arbeitet, soll nicht erst nach Hause laufen, um seinen Mantel zu holen. [17]Besonders hart trifft es Schwangere und Mütter mit Säuglingen. [18]Betet deshalb, dass ihr nicht im Winter fliehen müsst.

[19]Denn es wird eine Zeit der Not kommen, wie sie die Welt seit der Schöpfung nicht erlebt hat und wie sie auch nie wieder eintreten wird. [20]Wenn diese Leidenszeit nicht verkürzt würde, könnte niemand gerettet werden. Aber seinen Auserwählten zuliebe hat Gott diese Zeit begrenzt.

[21]Wenn dann jemand zu euch sagt: ›Hier ist der Christus!‹ oder: ›Dort ist er!‹, glaubt ihm nicht! [22]Viele werden sich nämlich als ›Christus‹ ausgeben, und es werden falsche Propheten auftreten. Sie werden Zeichen und Wunder vollbringen, um – wenn möglich – sogar die Auserwählten Gottes irrezuführen. [23]Deshalb bleibt wachsam! Ich habe euch gewarnt!«

Retter und Richter
(Matthäus 24,29–35; Lukas 21,25–33)

[24]»Nach dieser großen Schreckenszeit wird sich die Sonne verfinstern und der Mond nicht mehr scheinen. [25]Die Sterne werden aus ihrer Bahn geschleudert, und die Kräfte des Weltalls geraten durcheinander. [26]Alle sehen dann, wie der Menschensohn in großer Macht und Herrlichkeit in den Wolken des Himmels kommt. [27]Er wird seine Engel aussenden, und sie werden seine Auserwählten aus allen Teilen der Welt zu ihm bringen.

[28]Der Feigenbaum soll euch dafür ein

---

[a] »Die Heilige Schrift … Götzenstatue« ist sinngemäß ergänzt. Zum ganzen Vers vgl. Daniel 9,27.
[b] *Wörtlich: Gräuel der Verwüstung.*

13,8 Jes 19,2 **13,9** Apg 5,40; 7,57–58; 2 Kor 11,24 **13,10** 16,15 **13,11** Lk 12,11–12; Apg 4,8 **13,12** Lk 12,52–53; Mi 7,6 **13,13** Joh 15,18–21 **13,19** Dan 12,1 **13,22** 2 Thess 2,9; 2 Petr 2,1; Offb 13,13–14 **13,24–25** Jes 13,10; 2 Petr 3,10; Offb 6,12–13 **13,26** Dan 7,13–14; Offb 1,7 **13,27** 1 Thess 4,17

Beispiel sein: Wenn seine Zweige saftig
werden und Blätter treiben, dann wisst
ihr, dass es bald Sommer ist.
29 Wenn nun all diese Ereignisse ein-
treffen, könnt ihr sicher sein: Das Kom-
men des Menschensohnes steht unmittel-
bar bevor. 30 Ja, ich sage euch: Dieses
Volk[a] wird nicht untergehen, bevor das
alles geschieht! 31 Himmel und Erde wer-
den vergehen; meine Worte aber gelten
für immer.«

»Seid immer bereit!«
(Matthäus 24,42–44)

32 »Niemand weiß, wann das Ende kom-
men wird, weder die Engel im Himmel
noch der Sohn. Den Tag und die Stunde
kennt nur der Vater. 33 Darum werdet
nicht nachlässig und bleibt wach! Denn
ihr wisst nicht, wann es so weit ist.
34 Es ist genau wie bei einem Mann, der
auf Reisen geht. Bevor er sein Haus ver-
lässt, weist er jedem seiner Knechte eine
bestimmte Arbeit zu und befiehlt dem
Pförtner, wachsam zu sein.
35 Genauso sollt auch ihr wach bleiben.
Ihr wisst ja nicht, wann der Herr kommen
wird, ob am Abend oder um Mitternacht,
im Morgengrauen oder nach Sonnenauf-
gang. 36 Deshalb sollt ihr zu jeder Stunde
auf seine Ankunft vorbereitet sein und
nicht etwa schlafen. 37 Was ich euch sage,
gilt auch für alle anderen Menschen: Ihr
müsst immer wach und bereit sein!«

Verschwörung gegen Jesus
(Matthäus 26,1–5; Lukas 22,1–2)

14 Es waren nur noch zwei Tage bis
zum Passahfest und zum Fest der
ungesäuerten Brote. Die Hohenpriester
und Schriftgelehrten suchten nach einer
günstigen Gelegenheit, bei der sie Jesus
heimlich festnehmen und umbringen las-
sen konnten. 2 Sie waren sich aber einig:
»Es darf auf keinen Fall während der
Festtage geschehen, damit es nicht zu
Unruhen im Volk kommt!«

Ein Vermögen für Jesus
(Matthäus 26,6–13; Johannes 12,1–8)

3 Jesus war in Betanien Gast bei Simon,
der früher einmal aussätzig gewesen war.
Während der Mahlzeit kam eine Frau he-
rein. In ihren Händen hielt sie ein Fläsch-
chen mit reinem, kostbarem Nardenöl.
Sie zerbrach das Gefäß und salbte mit
dem Öl den Kopf Jesu. 4 Darüber regten
sich einige Gäste auf: »Das ist ja die reins-
te Verschwendung! 5 Dieses Öl ist min-
destens 300 Silberstücke wert. Das Geld
hätte man lieber den Armen geben sol-
len!« So machten sie der Frau Vorwürfe.
6 Aber Jesus sagte: »Lasst sie in Ruhe!
Warum kränkt ihr sie? Sie hat etwas Gu-
tes für mich getan. 7 Arme, die eure Hilfe
nötig haben, wird es immer geben. Ihnen
könnt ihr jederzeit helfen. Ich dagegen
bin nicht mehr lange bei euch. 8 Diese
Frau hat getan, was sie konnte. Mit die-
sem Salböl hat sie meinen Körper für
mein Begräbnis vorbereitet. 9 Und ich sa-
ge euch: Überall in der Welt, wo Gottes
rettende Botschaft verkündet wird, da
wird man auch von dieser Frau sprechen
und von dem, was sie getan hat!«

Der Verrat
(Matthäus 26,14–16; Lukas 22,3–6)

10 Anschließend ging Judas Iskariot, einer
von den zwölf Jüngern, zu den Hohen-
priestern, weil er Jesus an sie verraten
wollte. 11 Die Hohenpriester freuten sich
darüber und versprachen ihm eine Be-
lohnung. Von da an suchte Judas eine
günstige Gelegenheit, um Jesus zu ver-
raten.

---

[a] Oder: Diese Generation.

13,31 Jes 40,8 **13,32** Apg 1,7 **13,34–35** Lk 12,35–40 **13,36** Mt 25,1–13 **14,1–2** 3,6; 11,18; 12,12 **14,1** 2 Mo 12,1–14*.15–20* **14,7** 5 Mo 15,11 **14,8** 16,1 **14,10** 3,19 **14,11** Joh 11,57

Vorbereitungen für das Passahfest
(Matthäus 26,17–19; Lukas 22,7–13)

12 Am ersten Tag des Festes der ungesäu-
erten Brote, an dem das Passahlamm
geschlachtet wurde, fragten die Jünger
Jesus: »Wo sollen wir für dich das
Passahmahl vorbereiten?« 13 »Geht in die
Stadt«, beauftragte Jesus zwei von ihnen.
»Dort wird euch ein Mann begegnen, der
einen Wasserkrug trägt. Diesem Mann
folgt, 14 bis er in ein Haus geht. Dem Be-
sitzer des Hauses sollt ihr sagen: ›Unser
Lehrer lässt fragen: Wo ist der Raum, in
dem er mit seinen Jüngern das Passah-
mahl feiern kann?‹ 15 Er wird euch einen
großen Raum im Obergeschoss zeigen,
der mit Polstern ausgestattet und für das
Festmahl hergerichtet ist. Bereitet dort
alles Weitere vor.«
16 Die beiden Jünger gingen in die Stadt
und trafen alles so an, wie Jesus es ihnen
gesagt hatte. Dann bereiteten sie das Pas-
sahmahl vor.

Jesus feiert mit seinen Jüngern das Passahmahl
(Matthäus 26,20–30; Lukas 22,14–23; Johannes 13,21–26)

17 Am Abend kam Jesus mit den zwölf
Jüngern. 18 Beim Essen erklärte er ihnen:
»Ich sage euch: Einer von euch, der jetzt
mit mir isst, wird mich verraten!« 19 Be-
stürzt fragte einer nach dem andern:
»Meinst du etwa mich?«
20 Jesus antwortete: »Es ist einer von
euch Zwölfen, der mit mir das Brot in
die Schüssel taucht. 21 Der Menschensohn
muss zwar sterben, wie es in der Heiligen
Schrift vorausgesagt ist; aber wehe sei-
nem Verräter! Er wäre besser nie gebo-
ren worden.«
22 Während sie aßen, nahm Jesus Brot,
sprach das Dankgebet, teilte das Brot
und gab jedem seiner Jünger ein Stück
davon: »Nehmt und esst! Das ist mein
Leib!« 23 Anschließend nahm er einen
Becher Wein, dankte Gott und reichte
den Becher seinen Jüngern. Sie tranken
alle daraus. 24 Jesus sagte: »Das ist mein
Blut, mit dem der neue Bund zwischen
Gott und den Menschen besiegelt wird.
Es wird zur Vergebung ihrer Sünden ver-
gossen. 25 Ich sage euch: Von jetzt an wer-
de ich keinen Wein mehr trinken, bis ich
ihn wieder mit euch in der neuen Welt
Gottes trinken werde.«
26 Nachdem sie das Danklied gesungen
hatten, gingen sie hinaus an den Ölberg.

Jesus kündigt die Verleugnung des Petrus an
(Matthäus 26,31–35; Lukas 22,31–34; Johannes 13,36–38)

27 Unterwegs sagte Jesus zu den Jüngern:
»Ihr werdet euch alle bald von mir ab-
wenden. Denn es steht geschrieben: ›Ich
werde der Herde den Hirten nehmen,
und die Schafe werden auseinander lau-
fen.‹[a] 28 Aber nach meiner Auferstehung
werde ich nach Galiläa gehen, und dort
werdet ihr mich wiedersehen.«
29 Da beteuerte Petrus: »Wenn dich
auch alle anderen verlassen – ich halte
zu dir!« 30 »Petrus«, erwiderte ihm Jesus,
»ich sage dir: Heute Nacht, noch ehe der
Hahn zweimal kräht, wirst du dreimal ge-
leugnet haben, mich zu kennen.« 31 »Aus-
geschlossen!«, rief Petrus. »Selbst wenn
ich mit dir sterben müsste, würde ich das
nicht tun!« Auch die anderen Jünger be-
teuerten dies.

Im Garten Gethsemane
(Matthäus 26,36–46; Lukas 22,40–46)

32 Dann ging Jesus mit seinen Jüngern in
einen Garten, der Gethsemane heißt.
Dort bat er sie: »Setzt euch hier hin, und
wartet auf mich, bis ich gebetet habe!«

---

[a] Vgl. Sacharja 13,7

14,12 2 Mo 12,3–6 **14,14** 11,3 **14,18** Ps 41,10 **14,21** 8,31 **14,22–24** 1 Kor 10,16; 11,23–25 **14,24** 2 Mo 24,8; Jer 31,31–34* **14,25** Jes 25,6–8 **14,27** 14,50; Joh 16,32 **14,28** 16,7 **14,30** 14,72 **14,31** Joh 11,16 **14,32** 1,35; Lk 5,16*

33 Petrus, Jakobus und Johannes nahm er
mit. Tiefe Traurigkeit und Angst überfie-
len Jesus, 34 und er sagte zu ihnen: »Ich
zerbreche beinahe unter der Last, die ich
zu tragen habe.[a] Bleibt bei mir, und
wacht mit mir!« 35 Jesus ging ein paar
Schritte weiter, warf sich nieder und be-
tete: »Mein Vater, wenn es möglich ist, so
erspare mir diese schwere Stunde, 36 und
bewahre mich vor diesem Leiden[b]! Dir
ist alles möglich. Aber nicht was ich will,
sondern was du willst, soll geschehen.«

37 Dann kam er zu den drei Jüngern zu-
rück und sah, dass sie eingeschlafen wa-
ren. Er weckte Petrus. »Simon«, rief er,
»schläfst du? Kannst du denn nicht eine
einzige Stunde mit mir wachen? 38 Bleibt
wach und betet, damit ihr der Ver-
suchung widerstehen könnt. Ich weiß,
ihr wollt nur das Beste, aber aus eigener
Kraft könnt ihr es nicht erreichen.[c]«
39 Noch einmal ging er ein Stück weg und
bat Gott mit den gleichen Worten um
Hilfe. 40 Als er zurückkam, schliefen die
Jünger schon wieder. Die Augen waren
ihnen zugefallen, und sie wussten vor
Müdigkeit nicht, was sie Jesus sagen soll-
ten. 41 Als er zum dritten Mal zu ihnen zu-
rückkehrte, rief er: »Ihr schlaft immer
noch und ruht euch aus? Genug jetzt!
Die Stunde ist gekommen: Der Men-
schensohn wird den gottlosen Menschen
ausgeliefert. 42 Steht auf, lasst uns gehen!
Der Verräter ist schon da!«

Verrat und Verhaftung
(Matthäus 26,47–56; Lukas 22,47–53; Johannes 18,2–18)

43 Noch während Jesus sprach, kam Judas,
einer von seinen Jüngern, zusammen mit
vielen Männern, die mit Schwertern und
Knüppeln bewaffnet waren. Die Hohen-
priester, Schriftgelehrten und die füh-
renden Männer des Volkes hatten sie
geschickt. 44 Judas hatte mit ihnen verein-
bart: »Der Mann, den ich küssen werde,
der ist es! Den müsst ihr festnehmen.«
45 Er ging auf Jesus zu und sagte: »Sei ge-
grüßt, Meister!« Dann küsste er ihn.
46 Sofort packten die bewaffneten Män-
ner Jesus und nahmen ihn fest.

47 Aber einer von den Männern, die bei
Jesus waren, wollte das verhindern. Er
zog sein Schwert, schlug auf einen der
Diener des Hohenpriesters ein und hieb
ihm ein Ohr ab.

48 Jesus fragte die Leute, die ihn fest-
genommen hatten: »Bin ich denn ein Ver-
brecher, dass ihr euch mit Schwertern und
Knüppeln bewaffnet habt, um mich zu
verhaften? 49 Jeden Tag habe ich öffent-
lich im Tempel gesprochen. Warum habt
ihr mich nicht dort festgenommen? Aber
auch dies geschieht, damit sich die Vor-
hersagen der Heiligen Schrift erfüllen.«

50 Entsetzt verließen ihn alle Jünger
und flohen.

51 Nur ein junger Mann, der ein leichtes
Untergewand aus Leinen trug, folgte Je-
sus. Als die Männer versuchten, auch ihn
festzunehmen, 52 riss er sich los. Sie blie-
ben mit dem Gewand in den Händen zu-
rück, und der junge Mann konnte nackt
entkommen.

Jesus vor Gericht
(Matthäus 26,57–68; Lukas 22,63–71; Johannes 18,19–24)

53 Gleich darauf brachte man Jesus zu dem
Hohenpriester, der in dieser Zeit den Vor-
sitz des Hohen Rates hatte. Bei ihm waren
alle Hohenpriester, Schriftgelehrten und
führenden Männer des Volkes versam-
melt. 54 In sicherem Abstand folgte Petrus
den Männern bis in den Innenhof des Pa-
lastes. Dort setzte er sich zu den Dienern
und wärmte sich am Feuer.

55 Die Hohenpriester und der ganze
Hohe Rat suchten Zeugen, die durch fal-
sche Aussagen Jesus so belasten sollten,

---

[a] Wörtlich: Tief betrübt ist meine Seele bis zum Tod.
[b] Wörtlich: und lass diesen Kelch an mir vorübergehen.
[c] Wörtlich: Der Geist ist zwar willig, aber das Fleisch ist schwach.

14,33 5,37; 9,2 **14,35–36** Joh 6,38; Phil 2,8; Hebr 5,7–8 **14,38** Eph 6,18 **14,49** Lk 19,47; 21,37 **14,50** 14,27

dass man ihn zum Tode verurteilen konn-
te. Aber es gelang ihnen nicht. [56]Viele
Zeugen brachten zwar falsche Anschul-
digungen vor, doch ihre Aussagen wider-
sprachen sich. [57]Schließlich erklärten
einige Männer: [58]»Wir haben gehört, wie
dieser Jesus behauptete: ›Ich will den von
Menschen gebauten Tempel abreißen
und dafür in drei Tagen einen anderen
aufbauen, der nicht von Menschen er-
richtet ist.‹« [59]Doch auch ihre Aussagen
waren voller Widersprüche.
[60]Jetzt erhob sich der Hohepriester,
stellte sich mitten unter die Versammel-
ten und fragte Jesus: »Warum antwortest
du nicht? Hast du nichts gegen diese An-
schuldigungen zu sagen?« [61]Aber Jesus
schwieg. Da stellte ihm der Hohepriester
eine weitere Frage: »Bist du Christus, der
Sohn Gottes?« [62]»Ja, der bin ich«, ant-
wortete Jesus. »Ihr werdet den Men-
schensohn an der rechten Seite Gottes
sitzen und auf den Wolken des Himmels
kommen sehen.«
[63]Empört zerriss der Hohepriester sein
Gewand und rief: »Das genügt! Wozu
brauchen wir noch weitere Zeugen? [64]Ihr
habt ja seine Gotteslästerung selbst ge-
hört. Wie lautet euer Urteil?« Einstim-
mig beschlossen sie: »Er muss sterben.«
[65]Einige von ihnen spuckten Jesus ins
Gesicht, verbanden ihm die Augen und
schlugen mit den Fäusten auf ihn ein.
»Na, du Prophet«, verhöhnten sie ihn,
»sag uns, wer hat dich geschlagen?« Auch
die Männer, die Jesus abführten, schlu-
gen ihn.

Petrus behauptet, Jesus nicht zu kennen
(Matthäus 26,69–75; Lukas 22,54–62; Johannes 18,17.25–27)

[66/67]Petrus war immer noch unten im Hof.
Eine Dienerin des Hohenpriesters sah
ihn am Feuer sitzen und sagte: »Du ge-
hörst doch auch zu diesem Jesus von Na-
zareth!« [68]Doch Petrus behauptete: »Ich
weiß nicht, wovon du redest!« Schnell
ging er hinaus in den Vorhof. Da krähte
ein Hahn.
[69]Aber auch hier erkannte ihn die Die-
nerin und sagte vor allen Leuten: »Das ist
auch einer von denen, die bei Jesus wa-
ren!« [70]Wieder bestritt Petrus es heftig.
Doch nach einer Weile sagten auch die
Umstehenden: »Natürlich gehörst du zu
seinen Freunden; du kommst doch auch
aus Galiläa!« [71]Da rief Petrus: »Ich schwö-
re euch: Ich kenne diesen Menschen über-
haupt nicht, von dem ihr da redet! Gott
soll mich verfluchen, wenn ich lüge!«
[72]In diesem Augenblick krähte der
Hahn zum zweiten Mal, und Petrus fielen
die Worte ein, die Jesus gesagt hatte:
»Ehe der Hahn zweimal kräht, wirst du
dreimal geleugnet haben, mich zu ken-
nen.« Da fing Petrus an zu weinen.

Jesus wird an die Römer ausgeliefert
(Matthäus 27,1–2.11–14; Lukas 22,66 – 23,13; Johannes 18,28–38)

15 Am frühen Morgen schlossen die
Hohenpriester, die führenden
Männer des Volkes, die Schriftgelehrten
und der ganze Hohe Rat ihre Beratungen
ab und trafen ihre Entscheidung. Jesus
wurde gefesselt zu Pilatus, dem römi-
schen Statthalter, gebracht.
[2]Pilatus fragte ihn: »Bist du der König
der Juden?« »Ja, du sagst es«, antwortete
Jesus. [3]Die Hohenpriester brachten noch
andere schwere Anklagen gegen ihn vor.
[4]»Antworte doch!«, forderte ihn Pilatus
auf. »Hörst du denn nicht, wie schwer sie
dich beschuldigen?« [5]Aber Jesus sagte
kein Wort. Darüber wunderte sich Pila-
tus sehr.

Das Todesurteil
(Matthäus 27,15–26; Lukas 23,13–25; Johannes 18,39 – 19,16)

[6]Jedes Jahr zum Passahfest begnadigte
Pilatus einen Gefangenen, den das Volk

14,56 5 Mo 19,15* **14,58** Joh 2,19 **14,61–62** 15,39*; Dan 7,13 **14,64** 3 Mo 24,16; 4 Mo 15,30 **14,65** Jes 50,6 **14,70** 1,14.16 **14,72** 14,30 **15,5** Ps 38,14–16; Jes 53,7

selbst auswählen durfte. 7 Zu dieser Zeit
saß ein Mann namens Barabbas im Ge-
fängnis. Er war zusammen mit den An-
führern eines Aufstandes festgenommen
worden, die einen Mord begangen hat-
ten. 8 Vor dem Palast des Pilatus forderte
jetzt eine große Menschenmenge die
Freilassung eines Gefangenen. 9 Pilatus
rief ihnen zu: »Soll ich euch den ›König
der Juden‹ freigeben?« 10 Denn er wusste
genau, dass die Hohenpriester das Ver-
fahren gegen Jesus nur aus Neid angezet-
telt hatten.
11 Aber die Hohenpriester hetzten das
Volk auf, die Freilassung des Barabbas
zu verlangen. 12 Pilatus fragte zurück:
»Und was soll mit dem Mann geschehen,
den ihr euren König nennt?«
13 Da brüllten sie alle: »Ans Kreuz mit
ihm!« 14 »Was für ein Verbrechen hat er
denn begangen?«, fragte Pilatus. Doch
ununterbrochen schrie die Menge: »Ans
Kreuz mit ihm!« 15 Weil Pilatus die auf-
gebrachte Volksmenge zufrieden stellen
wollte, gab er Barabbas frei. Jesus aber
ließ er auspeitschen und zur Kreuzigung
abführen.

Jesus wird verhöhnt und misshandelt
(Matthäus 27,27–31;
Johannes 19,2–3)

16 Die Soldaten brachten Jesus in den Hof
des Statthalterpalastes und riefen die gan-
ze Truppe zusammen. 17 Sie zogen ihm
einen purpurroten Mantel an, flochten
eine Krone aus Dornenzweigen und
drückten sie ihm auf den Kopf. 18 Dann
grüßten sie ihn voller Hohn: »Es lebe der
König der Juden!« 19 Mit einem Stock
schlugen sie Jesus auf den Kopf, spuckten
ihn an und knieten vor ihm nieder, um ihn
wie einen König zu ehren. 20 Nachdem sie
ihn so verspottet hatten, zogen sie ihm
den roten Mantel wieder aus und gaben
ihm seine eigenen Kleider zurück. Dann
führten sie Jesus ab zur Kreuzigung.

Die Kreuzigung
(Matthäus 27,32–44; Lukas 23,26–43;
Johannes 19,16–27)

21 Unterwegs begegnete ihnen Simon aus
Kyrene, der Vater von Alexander und
Rufus. Simon kam gerade von seinem
Feld zurück. Die Soldaten zwangen ihn,
das Kreuz zu tragen, an das Jesus gehängt
werden sollte.
22 Sie brachten Jesus nach Golgatha;
das bedeutet »Schädelstätte«. 23 Dort
wollten die Soldaten ihm Wein mit Myr-
rhe zur Betäubung geben. Aber Jesus
wollte nichts davon trinken.
24 Dann nagelten sie ihn an das Kreuz.
Seine Kleider verlosten sie unter sich.
25 Es war neun Uhr morgens, als sie ihn
kreuzigten. 26 Über ihm wurde ein Schild
angebracht, auf dem man lesen konnte,
weshalb er verurteilt worden war. Darauf
stand: »Der König der Juden!« 27 Mit Je-
sus wurden zwei Verbrecher gekreuzigt,
einer rechts, der andere links von ihm.[a]
29 Die Leute, die am Kreuz vorübergin-
gen, beschimpften ihn und schüttelten
spöttisch den Kopf: »So! Den Tempel
wolltest du zerstören und in drei Tagen
wieder aufbauen? 30 Dann rette dich doch
selber, und komm vom Kreuz herunter!«
31 Auch die Hohenpriester und Schrift-
gelehrten verhöhnten Jesus: »Anderen
hat er geholfen, aber sich selbst kann er
nicht helfen! 32 Dieser Christus, dieser
König von Israel, soll er doch vom Kreuz
heruntersteigen! Dann wollen wir an ihn
glauben!« Ebenso beschimpften ihn die
beiden Männer, die mit ihm gekreuzigt
worden waren.

Jesus stirbt am Kreuz
(Matthäus 27,45–56; Lukas 23,44–49;
Johannes 19,28–30)

33 Am Mittag wurde es plötzlich im gan-
zen Land dunkel. Diese Finsternis dauer-
te drei Stunden. 34 Gegen drei Uhr rief

---

a Andere Textzeugen fügen hinzu (Vers 28): Damit erfüllte sich die Vorhersage der Heiligen Schrift: »Er wurde zu den Verbrechern gezählt.« Vgl. Jesaja 53,12

15,14 Apg 3,13–14; 13,27–28 **15,19** Jes 50,6 **15,21** Röm 16,13 **15,23** Ps 69,22 **15,24** Ps 22,19 **15,26** 15,2 **15,27** Lk 23,39–43 **15,29–32** Ps 22,8; 109,25 **15,29** Joh 2,19 **15,32** 8,11 **15,33** Am 8,9

Jesus laut: »Eloï, Eloï, lema sabachtani?«
Das heißt: »Mein Gott, mein Gott, wa-
rum hast du mich verlassen?«[a] 35 Einige
von den Umstehenden aber meinten:
»Er ruft den Propheten Elia.« 36 Einer
von ihnen tauchte schnell einen
Schwamm in Essig und steckte ihn auf
einen Stab, um Jesus davon trinken zu
lassen. »Wir wollen doch sehen, ob Elia
kommt und ihn herunterholt!«, sagte er.
37 Aber Jesus schrie laut auf und starb.

38 Im selben Augenblick zerriss im
Tempel der Vorhang vor dem Allerhei-
ligsten von oben bis unten.

39 Der römische Hauptmann, der neben
dem Kreuz stand und mit angesehen hat-
te, wie Jesus starb, rief: »Dieser Mann ist
wirklich Gottes Sohn gewesen!«

40 Einige Frauen hatten das Geschehen
aus der Ferne beobachtet. Unter ihnen
waren Maria aus Magdala und Maria,
die Mutter von Jakobus dem Jüngeren
und von Joses, sowie Salome. 41 Sie waren
schon in Galiläa bei Jesus gewesen und
hatten für ihn gesorgt. Zusammen mit
vielen anderen waren sie mit Jesus nach
Jerusalem gekommen.

Jesus wird begraben
(Matthäus 27,57–61; Lukas 23,50–55; Johannes 19,38–42)

42/43 Am Abend ging Josef aus Arimathäa,
ein geachtetes Mitglied des Hohen Ra-
tes, zu Pilatus. Josef wartete auf das
Kommen der neuen Welt Gottes. Weil
am nächsten Tag Sabbat war, entschloss
er sich, Pilatus schon jetzt um den Leich-
nam Jesu zu bitten.

44 Pilatus wollte nicht glauben, dass Je-
sus schon gestorben war. Darum rief er
den Hauptmann und erkundigte sich:
»Lebt Jesus tatsächlich nicht mehr?«
45 Als der Hauptmann das bestätigte, über-
ließ er Josef aus Arimathäa den Leich-
nam. 46 Josef kaufte ein feines Leinentuch,
nahm Jesus vom Kreuz, wickelte ihn in
das Tuch und legte ihn in ein Grab, das in
einen Felsen gehauen war. Dann wälzte er
einen Stein vor den Eingang des Grabes.
47 Maria aus Magdala und Maria, die
Mutter von Joses, beobachteten, wohin
er Jesus legte.

Jesus lebt
(Matthäus 28,1–10; Lukas 24,1–12; Johannes 20,1–10)

16 Nachdem der Sabbat vorüber war,
kauften Maria aus Magdala, Salo-
me und Maria, die Mutter von Jakobus,
wohlriechende Öle, um den Toten zu sal-
ben. 2 Früh am ersten Wochentag, gerade
als die Sonne aufging, kamen die Frauen
zum Grab. 3 Schon unterwegs hatten sie
sich besorgt gefragt: »Wer wird uns nur
den schweren Stein vor der Grabkammer
zur Seite rollen?« 4 Umso erstaunter wa-
ren sie, als sie merkten, dass der Stein
nicht mehr vor dem Grab lag.

5 Sie betraten die Grabkammer, und da
sahen sie auf der rechten Seite einen jun-
gen Mann sitzen, der ein langes weißes
Gewand trug. Die Frauen erschraken
sehr. 6 Aber der Mann sagte zu ihnen:
»Habt keine Angst! Ihr sucht Jesus von
Nazareth, den Gekreuzigten. Er ist nicht
mehr hier. Er ist auferstanden. Seht her,
an dieser Stelle hat er gelegen. 7 Und nun
geht zu seinen Jüngern und zu Petrus,
und sagt ihnen, dass Jesus euch nach Ga-
liläa vorausgehen wird. Dort werdet ihr
ihn sehen, wie er es euch versprochen
hat.« 8 Da flohen die Frauen aus dem
Grab und liefen davon. Angst und Ent-
setzen hatte sie erfasst. Sie redeten mit
niemandem darüber, so erschrocken wa-
ren sie.

---

[a] Psalm 22,2

15,36 Ps 69,22 **15,38** 2 Mo 26,31–33; Hebr 10,19–20 **15,39** 1,1–2.11; 3,11; 5,7; 9,7; 14,61–62; Joh 1,34*; Apg 9,20; Ps 2,7 **15,40–41** Lk 8,2–3 **15,42–43** 5 Mo 21,22–23* **16,3** 15,46 **16,6** 8,31 **16,7** 14,28

Die Erscheinungen des Auferstandenen[a]
(Matthäus 28,9–10; Lukas 24,13–35; Johannes 20,11–18)

[9]Jesus war frühmorgens am ersten Tag
der Woche von den Toten auferstanden
und erschien zuerst der Maria aus Mag-
dala, die er von sieben Dämonen befreit
hatte. [10]Sie lief zu den Jüngern, die um
Jesus trauerten und weinten, [11]und be-
richtete ihnen: »Jesus lebt! Ich habe ihn
gesehen!« Aber die Jünger glaubten ihr
nicht.
[12]Danach erschien Jesus zwei von
ihnen in einer anderen Gestalt, als sie un-
terwegs waren. [13]Sie kamen voller Auf-
regung nach Jerusalem zurück, um es
den anderen zu berichten. Aber auch
ihnen glaubten die Jünger nicht.

Der Auftrag an die Jünger
(Matthäus 28,18–20; Lukas 24,36–53; Johannes 20,19–23)

[14]Wenig später erschien Jesus den elf Jün-
gern, während sie gemeinsam aßen. Er
wies sie zurecht, weil sie in ihrem Un-
glauben und Starrsinn nicht einmal de-
nen glauben wollten, die ihn nach seiner
Auferstehung gesehen hatten.
[15]Dann sagte er zu ihnen: »Geht hinaus
in die ganze Welt und verkündet allen
Menschen die rettende Botschaft.
[16]Denn wer glaubt und getauft ist, der
wird gerettet werden. Wer aber nicht
glaubt, der wird verurteilt werden.
[17]Die Glaubenden aber werde ich
durch folgende Wunder bestätigen: In
meinem Namen werden sie Dämonen
austreiben und in unbekannten Sprachen
reden. [18]Gefährliche Schlangen und töd-
liches Gift werden ihnen nicht schaden,
und Kranke, denen sie die Hände auf-
legen, werden gesund.«
[19]Nachdem Jesus, der Herr, das gesagt
hatte, wurde er in den Himmel auf-
genommen und nahm den Platz an Got-
tes rechter Seite ein.
[20]Die Jünger aber zogen hinaus und
verkündeten überall die rettende Bot-
schaft. Der Herr war mit ihnen und be-
stätigte ihr Wort durch Zeichen seiner
Macht.

---

a Die Verse 9–20 fehlen bei einigen Textzeugen.

16,9–10 Lk 8,2; Joh 20,14–18 **16,12–13** Lk 24,13–35 **16,14** 1 Kor 15,5 **16,16** Apg 2,38; 16,31 **16,17** 6,7.13; Apg 8,7; 2,4; 1 Kor 12,10; 14,1–40 **16,18** Apg 28,3–6; 5,16; 8,7; Jak 5,14–15 **16,19** Apg 1,9–11; Röm 8,34* **16,20** Hebr 2,4

Lukas berichtet von Jesus

1 Lieber Theophilus! Schon viele ha-
ben versucht, all das aufzuschreiben,
was bei uns geschehen ist, 2 so, wie es die
Augenzeugen berichtet haben, die von
Anfang an dabei waren. Ihnen hat Gott
den Auftrag gegeben, die rettende Bot-
schaft weiterzusagen. 3 Nun habe auch
ich mich sehr darum bemüht, alles von
Anfang an genau zu erfahren. Ich will es
dir, lieber Theophilus, jetzt der Reihe
nach berichten. 4 Du wirst merken, dass
alles, was man dich gelehrt hat, richtig
und wahr ist.

Johannes soll das Kommen des Messias vorbereiten

5 Als Herodes König von Judäa war, lebte
dort der Priester Zacharias. Er gehörte
zur Dienstgruppe Abija. Seine Frau Eli-
sabeth stammte aus der Familie Aarons.
6 Beide lebten so, wie es Gott gefällt. Sie
hielten sich genau an seine Gebote und
Ordnungen. 7 Sie hatten keine Kinder,
denn Elisabeth konnte keine bekommen,
und beide waren inzwischen alt gewor-
den.

8 Wieder einmal hatte die Gruppe Abi-
ja Tempeldienst. 9 Wie üblich wurde aus-
gelost, wer zur Ehre Gottes im Tempel
den Weihrauch anzünden sollte. Das Los
fiel auf Zacharias.

10 Er betrat den Tempel, während die
Volksmenge draußen betete. 11 Plötzlich
stand auf der rechten Seite des Räucher-
opferaltars ein Engel des Herrn. 12 Za-
charias erschrak und fürchtete sich.

13 Doch der Engel sagte zu ihm:
»Fürchte dich nicht, Zacharias! Gott hat
dein Gebet erhört. Deine Frau Elisabeth
wird bald einen Sohn bekommen. Gib
ihm den Namen Johannes! 14 Du wirst
über dieses Kind froh und glücklich sein,
und auch viele andere werden sich über
seine Geburt freuen. 15 Gott wird ihm
eine große Aufgabe übertragen. Er wird
weder Wein noch andere berauschende
Getränke zu sich nehmen. Schon vor sei-
ner Geburt wird er mit dem Heiligen
Geist erfüllt sein, 16 und er wird viele in
Israel zu Gott, ihrem Herrn, zurückbrin-
gen. 17 Entschlossen und stark wie der
Prophet Elia wird er das Kommen des
Messias vorbereiten: Er wird Eltern und
Kinder wieder miteinander versöhnen,
und die Ungehorsamen werden wieder
Gottes Willen erfüllen. So wird er das
ganze Volk darauf vorbereiten, den
Herrn zu empfangen.«

18 »Wie ist so etwas möglich?«, fragte
Zacharias erstaunt den Engel. »Ich bin
ein alter Mann, und auch meine Frau ist
alt!« 19 Der Engel antwortete: »Ich bin
Gabriel und stehe unmittelbar vor Gott
als sein Diener. Er gab mir den Auftrag,
dir diese gute Nachricht zu überbringen.
20 Aber weil du mir nicht geglaubt hast,
sollst du stumm sein, bis geschieht, was
ich gesagt habe. Dann wirst du sehen,
dass alles wahr ist.«

21 Inzwischen wartete die Menschen-
menge draußen auf Zacharias. Alle wun-
derten sich, dass er so lange im Tempel
blieb. 22 Als er endlich herauskam, konnte
er nicht mehr reden. Daran erkannten
sie, dass er im Tempel etwas Außerge-
wöhnliches gesehen haben musste.
Zacharias konnte sich nur noch mit
Handzeichen verständigen; er blieb
stumm. 23 Als die Zeit seines Tempel-
dienstes vorüber war, ging er nach Hause.

24 Nur wenig später wurde seine Frau

1,2 Joh 15,27; 1 Joh 1,1–4 **1,3** Apg 1,1 **1,5** 1 Chr 24,7–19 **1,7** 1 Mo 18,11–14; 25,21 **1,9** 2 Mo 30,7–8 **1,12–13** 1,29–30; 2,9–10 **1,15** 7,33; 4 Mo 6,2–4 **1,17** Mal 3,1.23–24 **1,18** 1 Mo 17,17; 18,11–12 **1,19** Dan 8,16; 9,21; Hebr 1,14

Elisabeth schwanger. Sie blieb fünf Mo-
nate lang in ihrem Haus. 25 »Endlich hat
der Herr an mich gedacht und mir gehol-
fen«, sagte sie. »Nun kann mich niemand
mehr verachten, weil ich keine Kinder
habe.«

Ein Engel kündigt Maria die Geburt Jesu an

26 Elisabeth war im sechsten Monat
schwanger, als Gott den Engel Gabriel
zu einer jungen Frau nach Nazareth
schickte, einer Stadt in Galiläa. 27 Die jun-
ge Frau hieß Maria und war mit Josef,
einem Nachkommen König Davids, ver-
lobt.
28 Der Engel kam zu ihr und sagte: »Sei
gegrüßt, Maria! Gott ist mit dir! Er hat
dich unter allen Frauen auserwählt.«
29 Maria fragte sich erschrocken, was die-
se seltsamen Worte bedeuten könnten.
30 »Hab keine Angst, Maria«, redete der
Engel weiter. »Gott hat dich zu etwas Be-
sonderem auserwählt. 31 Du wirst schwan-
ger werden und einen Sohn zur Welt
bringen. Jesus soll er heißen. 32 Er wird
mächtig sein, und man wird ihn Gottes
Sohn nennen. Gott, der Herr, wird ihm
die Königsherrschaft Davids übergeben,
33 und er wird die Nachkommen Jakobs
für immer regieren. Seine Herrschaft
wird niemals enden.«
34 »Wie kann das geschehen?«, fragte
Maria den Engel. »Ich bin doch gar nicht
verheiratet.« 35 Der Engel antwortete ihr:
»Der Heilige Geist wird über dich kom-
men, und die Kraft Gottes wird sich an
dir zeigen. Darum wird dieses Kind auch
heilig sein und Sohn Gottes genannt wer-
den. 36 Selbst Elisabeth, deine Verwandte,
von der man sagte, dass sie keine Kinder
bekommen kann, ist jetzt im sechsten
Monat schwanger. Sie wird in ihrem ho-
hen Alter einen Sohn zur Welt bringen.
37 Gott hat es ihr zugesagt, und was Gott
sagt, das geschieht!«
38 »Ich will mich dem Herrn ganz zur
Verfügung stellen«, antwortete Maria.
»Alles soll so geschehen, wie du es mir
gesagt hast.« Darauf verließ sie der
Engel.

Maria bei Elisabeth

39 Maria entschloss sich, so schnell wie
möglich Elisabeth zu besuchen, die mit
ihrem Mann Zacharias in einer kleinen
Stadt in den Bergen Judäas wohnte. 40 Sie
betrat das Haus und begrüßte Elisabeth.
41 Als Elisabeth die Stimme Marias hörte,
bewegte sich das Kind in ihr, und – erfüllt
vom Heiligen Geist – 42 rief sie: »Dich hat
Gott gesegnet, mehr als alle anderen
Frauen, dich und dein Kind! 43 Womit ha-
be ich verdient, dass die Mutter meines
Herrn zu mir kommt! 44 Als ich deine
Stimme hörte, hüpfte das Kind in mir
vor Freude. 45 Wie glücklich kannst du
sein, weil du geglaubt hast! Was Gott dir
angekündigt hat, wird geschehen.«

Maria lobt und dankt Gott

46 Da begann Maria, Gott zu loben:
»Von ganzem Herzen preise ich den
Herrn.
47 Ich bin glücklich über Gott, meinen
Retter.
48 Mich, die ich gering und unbedeutend
bin, hat er zu Großem berufen. Zu allen
Zeiten wird man mich glücklich preisen,
49 denn Gott hat große Dinge an mir ge-
tan, er, der mächtig und heilig ist!
50 Die Barmherzigkeit des Herrn bleibt
für immer und ewig, sie gilt allen Men-
schen, die ihn ehren.
51 Er streckt seinen starken Arm aus und
fegt die Hochmütigen mit ihren stolzen
Plänen hinweg.

1,25 1 Mo 21,6–7; 30,23 **1,27** 3,23–31 **1,29–30** 1,12–13; 2,9–10 **1,31** 2,21 **1,32** Mk 15,39*; Mt 20,30–31* **1,33** Dan 2,44* **1,35** Mt 1,18.20 **1,45** 1 Mo 15,6 **1,46–55** 1 Sam 2,1–10 **1,47** Jes 61,10 **1,48–49** Ps 113,7–9; Jes 57,15 **1,50** Ps 103,8.17 **1,51** Jes 2,11–12*

52 Er stürzt Herrscher von ihrem Thron, und Unterdrückte richtet er auf.
53 Die Hungrigen beschenkt er mit Gütern, und die Reichen schickt er mit leeren Händen weg.
54 Seine Barmherzigkeit hat er uns, seinen Dienern, zugesagt, ja, er wird seinem Volk Israel helfen.
55 Er hat es unseren Vorfahren versprochen, Abraham und seinen Nachkommen hat er es für immer zugesagt.«

56 Maria blieb etwa drei Monate bei Elisabeth und kehrte dann nach Hause zurück.

Johannes wird geboren

57 Für Elisabeth kam die Stunde der Geburt, und sie brachte einen Sohn zur Welt. 58 Als Nachbarn und Verwandte hörten, dass Gott so barmherzig zu ihr gewesen war, freuten sie sich mit ihr.

59 Nach acht Tagen wurde das Kind zur Beschneidung gebracht. Dabei sollte es nach seinem Vater Zacharias genannt werden. 60 Doch Elisabeth widersprach: »Nein, er soll Johannes heißen!« 61 »Aber keiner in deiner Verwandtschaft heißt so!«, wandten die anderen ein. 62 Sie winkten dem Vater und fragten ihn: »Wie soll dein Sohn heißen?« 63 Zacharias ließ sich eine Tafel geben und schrieb darauf: »Sein Name ist Johannes.« Darüber wunderten sich alle. 64 Im selben Augenblick konnte Zacharias wieder sprechen, und er lobte Gott.

65 Im ganzen Bergland von Judäa verbreitete sich die Nachricht. Und überall, wo man davon hörte, erschraken die Leute. 66 Nachdenklich fragten sie sich: »Was wird aus diesem Kind noch werden?« Denn alle sahen, dass Gott etwas Besonderes mit ihm vorhatte.

Zacharias sieht den Auftrag des Johannes voraus

67 Erfüllt vom Heiligen Geist, verkündete Zacharias, der Vater von Johannes, was Gott ihm eingegeben hatte:
68 »Gelobt sei der Herr, der Gott Israels! Er ist zu unserem Volk gekommen und hat es befreit.
69 Aus dem Königshaus seines Dieners David hat er uns den starken Retter geschickt.
70 So hatten es seine heiligen Propheten schon vor langer Zeit verkündet:
71 Er wird uns von unseren Feinden erretten und aus der Hand aller Menschen, die uns hassen.
72 Gott war mit unseren Vorfahren barmherzig. Er vergisst seinen heiligen Bund nicht,
73 den Eid, den er unserem Vater Abraham geschworen hat und der auch uns gilt.
74/75 Er befreit uns aus der Hand unserer Feinde, damit wir ihm ohne Furcht unser Leben lang dienen, als Menschen, die ihm gehören und nach seinem Willen leben.
76 Und dich, mein Sohn, wird man einen Propheten des Höchsten nennen. Du wirst vor dem Herrn hergehen und sein Kommen vorbereiten.[a]
77 Seinem Volk wirst du zeigen, dass es durch die Vergebung seiner Sünden gerettet wird.
78 Gott vergibt uns, weil seine Barmherzigkeit so groß ist. Aus der Höhe kommt sein Licht zu uns.
79 Dieses Licht wird allen Menschen leuchten, die in Nacht und Todesfurcht leben; es wird uns auf den Weg des Friedens führen.«

80 Johannes wuchs heran und wurde zu einem verständigen und klugen Mann. Er

---

[a] Vgl. Matthäus 11,7–14; 17,10–13

1,52 Ps 147,6 **1,53** Ps 107,9 **1,54–55** 1 Mo 17,7; Jes 41,14; Mi 7,20 **1,59** 1 Mo 17,9–14* **1,68** 4,18–21; 7,16; Ps 111,9 **1,69** Ps 132,17 **1,70** Röm 1,2; Jes 9,1–6; Mi 5,1–3 **1,71** Ps 18,18 **1,72** 3 Mo 26,42; Ps 105,8; 106,45 **1,73** 1 Mo 22,16–17 **1,74–75** Tit 2,11–14 **1,76** 3,3–6; 7,26–27; Mal 3,1 **1,77** 3,3 **1,78–79** Jes 9,1; 42,6; Joh 1,9; 8,12 **1,80** 3,2

zog sich in die Einsamkeit der Wüste zu-
rück bis zu dem Tag, an dem er öffentlich
vor dem Volk Israel auftrat.

Jesus wird geboren

2 In dieser Zeit befahl Kaiser Augus-
tus, alle Bewohner des römischen
Reiches in Listen einzutragen.
2 Eine solche Volkszählung hatte es
noch nie gegeben. Sie wurde durch-
geführt, als Quirinius Statthalter in Sy-
rien war. 3 Jeder musste in seine Heimat-
stadt gehen, um sich dort eintragen zu
lassen.
4 So reiste Josef von Nazareth in Galiläa
nach Bethlehem in Judäa. Denn er war ein
Nachkomme Davids und in Bethlehem
geboren. 5 Josef musste sich dort ein-
schreiben lassen, zusammen mit seiner
Verlobten Maria, die ein Kind erwartete.
6 In Bethlehem kam für Maria die
Stunde der Geburt. 7 Sie brachte ihr ers-
tes Kind, einen Sohn, zur Welt. Sie wi-
ckelte ihn in Windeln und legte ihn in
eine Futterkrippe im Stall, denn im Gast-
haus hatten sie keinen Platz bekommen.

Die Hirten auf dem Feld

8 In dieser Nacht bewachten draußen auf
dem Feld einige Hirten ihre Herden.
9 Plötzlich trat ein Engel Gottes zu ihnen,
und Gottes Licht umstrahlte sie. Die Hir-
ten erschraken sehr, 10 aber der Engel
sagte: »Fürchtet euch nicht! Ich verkünde
euch eine Botschaft, die das ganze Volk
mit großer Freude erfüllt: 11 Heute ist für
euch in der Stadt, in der schon David ge-
boren wurde, der lang ersehnte Retter
zur Welt gekommen. Es ist Christus, der
Herr. 12 Und daran werdet ihr ihn erken-
nen: Das Kind liegt, in Windeln gewi-
ckelt, in einer Futterkrippe!«
13 Auf einmal waren sie von unzähligen
Engeln umgeben, die Gott lobten: 14 »Eh-
re sei Gott im Himmel! Denn er bringt
der Welt Frieden und wendet sich den
Menschen in Liebe zu.«
15 Nachdem die Engel in den Himmel
zurückgekehrt waren, beschlossen die
Hirten: »Kommt, wir gehen nach Bethle-
hem. Wir wollen sehen, was dort gesche-
hen ist und was der Herr uns verkünden
ließ.«
16 Sie machten sich sofort auf den Weg
und fanden Maria und Josef und das
Kind, das in der Futterkrippe lag. 17 Als
sie es sahen, erzählten die Hirten, was
ihnen der Engel über das Kind gesagt
hatte. 18 Und alle, die ihren Bericht hör-
ten, waren darüber sehr erstaunt.
19 Maria aber merkte sich jedes Wort
und dachte immer wieder darüber nach.
20 Schließlich kehrten die Hirten zu
ihren Herden zurück. Sie lobten und
dankten Gott für das, was sie in dieser
Nacht erlebt hatten. Es war alles so gewe-
sen, wie der Engel es ihnen gesagt hatte.

Jesus wird als Retter erkannt

21 Nach acht Tagen wurde das Kind be-
schnitten und erhielt den Namen Jesus;
den hatte der Engel genannt, noch ehe
Maria das Kind empfangen hatte.
22 Als die Zeit vorüber war, in der laut
dem Gesetz des Mose eine Frau nach der
Geburt als unrein gilt,[a] brachten Josef
und Maria das Kind nach Jerusalem, um
es Gott zu weihen. 23 Denn im Gesetz
heißt es: »Jeder erste Sohn der Familie
und jedes erstgeborene männliche Tier
sollen dem Herrn gehören.«[b] 24 Gleich-
zeitig brachten sie auch das vorgeschrie-
bene Reinigungsopfer für Maria dar:
Man musste zwei Turteltauben oder zwei
andere Tauben opfern.[c]
25 In Jerusalem wohnte ein Mann na-
mens Simeon. Er lebte nach Gottes Wil-
len, hatte Ehrfurcht vor ihm und wartete
voller Sehnsucht auf den Retter Israels.

---

[a] Vgl. 3. Mose 12,4.6
[b] 2. Mose 13,2.11–16
[c] Vgl. 3. Mose 12,8

2,4 1 Sam 17,12; Mi 5,1 **2,9–10** 1,12–13.29–30 **2,11** 2,30; 3,6; Joh 4,42; Apg 5,31; 13,23; Phil 3,20; 2 Petr 1,1; 3,18; 1 Joh 4,14 **2,14** 19,38; Eph 2,14.17 **2,19** 2,51 **2,21** 1,31; Gal 4,4; 1 Mo 17,9–14*

Simeon war erfüllt vom Heiligen Geist.
26 Durch ihn wusste er, dass er nicht ster-
ben würde, bevor er Christus, den Retter,
gesehen hätte. 27 Vom Heiligen Geist
geführt, war er an diesem Tag in den
Tempel gegangen. Als Maria und Josef
das Kind hereinbrachten, um es – wie im
Gesetz vorgeschrieben – Gott zu weihen,
28 nahm Simeon es in seine Arme und
lobte Gott:
29 »Herr, du hast dein Wort gehalten,
jetzt kann ich in Frieden sterben. 30 Ich
habe es mit eigenen Augen gesehen: Du
hast uns Rettung gebracht, 31 die ganze
Welt wird es erfahren. 32 Dein Licht er-
leuchtet alle Völker, und deinem Volk Is-
rael bringt es Größe und Herrlichkeit.«
33 Maria und Josef wunderten sich über
seine Worte. 34 Simeon segnete sie und
sagte dann zu Maria: »Gott hat dieses
Kind dazu auserwählt, die Israeliten vor
die Entscheidung zu stellen: An ihm wird
sich entscheiden, ob man zu Fall kommt
oder gerettet wird. Viele werden sich ihm
widersetzen 35 und so ihre geheimsten
Gedanken offen legen. Der Schmerz da-
rüber wird dir wie ein Schwert durchs
Herz dringen.«
36 An diesem Tag hielt sich auch die al-
te Prophetin Hanna im Tempel auf, eine
Tochter Phanuëls aus dem Stamm Asser.
Sie war nur sieben Jahre verheiratet ge-
wesen, 37 seit langer Zeit Witwe und nun
eine alte Frau von vierundachtzig Jahren.
Hanna verließ den Tempel nur noch sel-
ten. Um Gott zu dienen, betete und fas-
tete sie Tag und Nacht.
38 Während Simeon noch mit Maria
und Josef sprach, trat sie hinzu und be-
gann ebenfalls, Gott zu loben. Allen, die
auf die Befreiung Jerusalems warteten,
erzählte sie von diesem Kind.
39 Nachdem Josef und Maria alle Vor-
schriften des Gesetzes erfüllt hatten,
kehrten sie nach Nazareth in Galiläa zu-
rück. 40 Das Kind wuchs heran, erfüllt mit
göttlicher Weisheit, und Gottes Segen
ruhte auf ihm.

Der zwölfjährige Jesus im Tempel

41 Jahr für Jahr besuchten Josef und Maria
das Passahfest in Jerusalem. 42 Als Jesus
zwölf Jahre alt war, gingen sie wie ge-
wohnt dorthin. 43/44 Nach den Festtagen
machten sich die Eltern wieder auf den
Heimweg. Doch ohne dass sie es bemerk-
ten, blieb Jesus in Jerusalem. Am ersten
Tag ihrer Rückreise vermissten sie ihn
nicht, weil sie dachten: Er wird mit Ver-
wandten oder Freunden gegangen sein.
45 Als sie ihn aber dort nicht fanden, kehr-
ten sie besorgt um und suchten ihn über-
all in Jerusalem.
46 Endlich, nach drei Tagen, entdeckten
sie Jesus im Tempel. Er saß bei den
Schriftgelehrten, hörte ihnen aufmerk-
sam zu und stellte Fragen.
47 Alle wunderten sich über sein Ver-
ständnis und seine Antworten.
48 Die Eltern waren fassungslos, als sie
ihn dort fanden. »Kind«, fragte ihn Ma-
ria, »wie konntest du uns nur so etwas
antun? Dein Vater und ich haben dich
überall verzweifelt gesucht!«
49 »Warum habt ihr mich gesucht?«, er-
widerte Jesus. »Habt ihr denn nicht ge-
wusst, dass ich im Haus meines Vaters
sein muss?« 50 Doch sie begriffen nicht,
was er damit meinte.
51 Dann kehrten sie gemeinsam nach
Nazareth zurück, und Jesus war seinen
Eltern gehorsam. Seine Mutter aber
dachte immer wieder über die Worte
nach, die er gesagt hatte.
52 So wuchs Jesus heran. Sein Wissen
und sein Verständnis nahmen zu, und er
war geliebt von Gott und den Menschen.

Johannes der Täufer ruft: »Kehrt um zu Gott!«

(Matthäus 3,1–12; Markus 1,1–8)

3 Es war im 15. Regierungsjahr des
Kaisers Tiberius. Pontius Pilatus ver-
waltete als Statthalter die Provinz Judäa;
Herodes herrschte über Galiläa, sein

2,30 2,11* **2,32** 1,78–79; Jes 42,6 **2,34** Jes 8,14; Röm 9,33; 1 Kor 1,23 **2,37** 1 Tim 5,5 **2,38** 24,21; Jes 52,9 **2,41** 2 Mo 12,1–14* **2,49** Joh 2,16 **2,51** 2,19 **2,52** 2,40; 1 Sam 2,26

Das wahre Christkind

Lesen Sie Lukas 2,1-21

Die Geschichte von der Geburt Jesu ist uns mittlerweile so vertraut, dass wir über sie hinweglesen, ohne wahrzunehmen, wie erstaunlich und wunderbar sie eigentlich ist. Wenn wir sie aber für abgedroschen halten, wie sollen wir dann den Menschen in unserer Umgebung ihre Bedeutung vermitteln? Unseren Kindern zum Beispiel, die von uns lernen, was an Weihnachten wirklich passiert ist? Oder unseren Freunden und Familienangehörigen, die mit uns feiern, ohne unsere Überzeugungen zu teilen?

Die Weihnachtsgeschichte bietet eine einzigartige Gelegenheit, auf ganz natürliche Weise von Christus zu sprechen. Im Mittelpunkt stehen zwar meist die Geschenke, das Essen und die Familie, aber dahinter verbirgt sich immer noch die Erinnerung, dass es an Weihnachten um Jesus geht. Und wir haben so die Chance, ganz bewusst auf Christus hinzuweisen. Wir können zum Beispiel Lukas 2 gemeinsam laut lesen und über die Wunder staunen, die sich rund um die Geburt Jesu ereigneten. Wir können kurz erklären, wie sich die Geburt Jesu in den großen Plan Gottes zur Rettung der Welt einfügt. Wir können zusammen singen. Viele der traditionellen Weihnachtslieder erzählen auf schöne Weise die Geschichte Jesu und sind vielen Menschen bekannt. An irgendeiner Stelle passt an Weihnachten auch ein gemeinsames Gebet, mit dem wir Christus wieder in den Mittelpunkt unserer Feierlichkeiten rücken.

Nehmen Sie sich Zeit, um allein oder als Paar gemeinsam zu beten. Bitten Sie Gott, Ihnen zu helfen ...
- dass Ihnen das Weihnachts-Wunder neu bewusst wird;
- dass Sie die Liebe Jesu an Weihnachten weitergeben können oder bei anderen Gelegenheiten, wenn Sie auf die Weihnachtsgeschichte stoßen;
- dass Sie Chancen, die sich auf natürliche Weise ergeben (wie z.B. das Weihnachtsfest) nutzen können, um anderen Menschen Ihren Glauben mitzuteilen.

Wenn Sie noch mehr Zeit haben ...

Besprechen Sie miteinander folgende Fragen oder denken Sie darüber nach:
- Welchen Menschen, die religiös wenig interessiert sind, begegnen Sie an den Feiertagen, sodass sich für Sie die Gelegenheit bietet, ihnen von Christus zu erzählen?
- Wie können Sie an Weihnachten das richtige Gleichgewicht finden zwischen der wahren Bedeutung der Feiertage und den eher nebensächlichen Beigaben (Geschenke, Feiern, Traditionen)?
- Was können Sie konkret tun, damit Christus an Weihnachten bei Ihnen im Mittelpunkt steht?

Lesen Sie auch die folgenden Abschnitte, in denen es darum geht, wie wir unseren Glauben weitergeben können:
Kolosser 2,8-9; 4,5-6; 1. Petrus 3,15-16.

Übernatürliche Liebe

Lesen Sie Lukas 6,27-36

Was Jesus in diesen Versen über die Feindesliebe sagt, kommt uns geradezu übernatürlich vor. Und das ist es auch! Der menschliche Maßstab lautet: Liebe, die dich lieben. Aber Jesus entgegnet: „Wollt ihr dafür belohnt werden, dass ihr die Menschen liebt, die euch auch lieben? Das tun selbst die Leute, die von Gott nichts wissen wollen" (Lukas 6, 32). Normalerweise brauchen wir Gottes Hilfe nicht, um einen Ehepartner zu lieben, der uns auch liebt. Das ist etwas ganz Natürliches. Aber Jesus ruft uns dazu auf, sogar unsere Feinde zu lieben. Manchmal fällt es uns vielleicht schwer, unseren Mann oder unsere Frau zu lieben, doch selbst wenn sie geradezu unsere Feinde wären, ist auch hier unsere Verantwortung klar: Wir sollen sie lieben.

Gott möchte seine Liebe durch uns zum Ausdruck bringen. Geben wir ihm die Chance, die Macht der Liebe zu demonstrieren? Lassen Sie Ihre Gefühle beiseite; machen Sie sich keine Vorwürfe, wenn Sie negative Gefühle haben. Bringen Sie durch die Kraft des Heiligen Geistes die Liebe in Wort und Tat zum Ausdruck, und die entsprechenden Gefühle werden sich nach und nach einstellen. Und wenn Ihr Partner Ihre Gefühle zur rechten Zeit erwidert, haben Sie bald vielleicht sogar wieder „Schmetterlinge im Bauch"! Für uns Christen ist die Liebe immer in Reichweite.

Nehmen Sie sich Zeit, um allein oder als Paar gemeinsam zu beten. Bitten Sie Gott ...

- Ihnen zu zeigen, was seine tiefe, übernatürliche Liebe für Sie bedeutet;
- Ihnen zu zeigen, wen Sie lieben sollen;
- Ihnen zu helfen, auch schwierige Menschen zu lieben – sogar Ihre Gegner.

Wenn Sie noch mehr Zeit haben ...

Besprechen Sie miteinander folgende Fragen oder denken Sie darüber nach:

- Was finden Sie an Jesu Anweisungen in diesen Versen am schwierigsten oder schockierendsten?
- Wenn wir uns entschließen, jemanden zu lieben, stellen sich die Gefühle irgendwann ein. Wann haben Sie das selbst erlebt?
- Bei welcher Person fällt es Ihnen am schwersten, sie zu lieben? Wie können Sie hier die übernatürliche Liebe Gottes in die Tat umsetzen?

Lesen Sie auch die folgenden Abschnitte zum Thema Liebe:
Sprüche 10,12; Johannes 13,34; Römer 12,9-10.

Den nächsten Impuls finden Sie auf S. 1160 a

Bruder Philippus über Ituräa und Trachonitis, und Lysanias regierte in Abilene; 2 Hannas und später Kaiphas waren die Hohenpriester. In dieser Zeit sprach Gott zu Johannes, dem Sohn des Zacharias, der in der Wüste lebte.

3 Johannes verließ die Wüste und zog durch das ganze Gebiet am Jordan. Überall forderte er die Leute auf: »Kehrt um zu Gott, und lasst euch von mir taufen. Dann wird euch Gott eure Sünden vergeben!«[a] 4 So erfüllte sich, was im Buch des Propheten Jesaja steht: »Ein Bote wird in der Wüste rufen: ›Macht den Weg frei für den Herrn! Räumt alle Hindernisse weg! 5 Jedes Tal soll aufgefüllt, jeder Berg und Hügel abgetragen werden, krumme Wege sollen begradigt und holprige Wege eben werden! 6 Dann werden alle Menschen sehen, wie Gott Rettung bringt!‹[b] «

7 Die Menschen kamen in Scharen zu Johannes, um sich von ihm taufen zu lassen. Aber er ging mit ihnen hart ins Gericht: »Ihr Schlangenbrut! Wer hat euch eingeredet, dass ihr dem kommenden Zorn Gottes entrinnen werdet? 8 Zeigt erst einmal durch Taten, dass ihr wirklich zu Gott umkehren wollt! Bildet euch nur nicht ein, ihr könntet euch damit herausreden: ›Abraham ist unser Vater!‹ Ich sage euch: Gott kann selbst aus diesen Steinen hier Nachkommen Abrahams hervorbringen.

9 Schon ist die Axt erhoben, um die Bäume an der Wurzel abzuschlagen. Jeder Baum, der keine guten Früchte bringt, wird umgehauen und ins Feuer geworfen.«

10 Da wollten die Leute wissen: »Was sollen wir denn tun?« 11 Johannes antwortete: »Wer zwei Hemden hat, soll dem eins geben, der keins besitzt. Und wer etwas zu essen hat, soll seine Mahlzeit mit Hungrigen teilen.«

12 Es kamen auch Zolleinnehmer, die sich taufen lassen wollten. Sie fragten: »Und wir? Wie sollen wir uns verhalten?« 13 Johannes wies sie an: »Verlangt nur so viel Zollgebühren, wie ihr fordern dürft!«

14 »Und was sollen wir tun?«, erkundigten sich einige Soldaten. »Plündert nicht, und erpresst niemand! Seid zufrieden mit eurem Sold«, antwortete ihnen Johannes.

15 Die Leute ahnten, dass bald etwas geschehen würde, und sie fragten sich, ob nicht Johannes der Christus, der ersehnte Retter, sei. 16 Doch Johannes erklärte öffentlich: »Ich taufe euch mit Wasser, aber nach mir wird ein anderer kommen, der viel mächtiger ist als ich. Ich bin nicht einmal würdig, ihm die Schuhe auszuziehen. Er wird euch mit dem Heiligen Geist und mit Feuer taufen.

17 Schon hat er die Schaufel in der Hand, mit der er die Spreu vom Weizen trennt. Den Weizen wird er in seine Scheunen bringen, die Spreu aber wird er verbrennen, und niemand kann dieses Feuer löschen.«

18 Johannes verkündete den Menschen die rettende Botschaft Gottes und ermahnte sie auf vielerlei Weise. 19 Mit scharfen Worten wies er auch Herodes zurecht, den Herrscher von Galiläa. Herodes lebte mit Herodias, der Frau seines Bruders, zusammen. Er schreckte vor keinem Verbrechen zurück. 20 Schließlich ging er so weit, dass er Johannes ins Gefängnis werfen ließ.

Die Taufe Jesu
(Matthäus 3,13–17; Markus 1,9–11; Johannes 1,32)

21 Als Johannes wieder einmal viele Menschen taufte, kam auch Jesus und ließ sich taufen. Während er betete, öffnete sich der Himmel, 22 und der Heilige Geist kam, wie eine Taube, sichtbar auf ihn he-

---

[a] Wörtlich: Er predigte eine Taufe der Umkehr zur Vergebung der Sünden.
[b] Jesaja 40,3–5

3,3 Apg 19,4 **3,6** 2,11* **3,7** Mt 12,34; 23,33 **3,8** Joh 8,33–39; Röm 2,28–29; 4,12 **3,9** 13,6–9; Mt 7,19 **3,10** Apg 2,37 **3,11** Jak 2,15–17; 1 Joh 3,17 **3,15** Joh 1,8.19–23 **3,16** Apg 1,5 **3,19–20** Mk 6,17–18 **3,22** 9,35; Ps 2,7; Jes 42,1

rab. Gleichzeitig sprach eine Stimme
vom Himmel: »Du bist mein geliebter
Sohn, der meine ganze Freude ist.«

Von Adam bis Jesus
(Matthäus 1,1–17)

23 Jesus trat zum ersten Mal öffentlich auf,
als er ungefähr dreißig Jahre alt war. Die
Leute kannten ihn als den Sohn Josefs.
Josefs Vater war Eli, und dessen Vorfah-
ren waren:
24 Mattat – Levi – Melchi – Jannai – Jo-
sef – 25 Mattitja – Amos – Nahum – Hesli
– Naggai – 26 Mahat – Mattitja – Schimi –
Josech – Joda – 27 Johanan – Resa – Se-
rubbabel – Schealtiël – Neri – 28 Melchi –
Addi – Kosam – Elmadam – Er – 29 Jo-
schua – Eliëser – Jorim – Mattat – Levi –
30 Simeon – Juda – Josef – Jonam – Elja-
kim – 31 Melea – Menna – Mattata – Na-
than – David – 32 Isai – Obed – Boas –
Salmon – Nachschon – 33 Amminadab –
Admin – Arni – Hezron – Perez – Juda –
34 Jakob – Isaak – Abraham – Terach –
Nahor – 35 Serug – Regu – Peleg – Eber –
Schelach – 36 Kenan – Arpachschad –
Sem – Noah – Lamech – 37 Metuschelach
– Henoch – Jered – Mahalalel – Kenan –
38 Enosch – Set. Set war ein Sohn Adams,
und Adam stammte von Gott.

Versuchung und Widerstand
(Matthäus 4,1–11; Markus 1,12–13)

4 Erfüllt vom Heiligen Geist, kam Je-
sus vom Jordan zurück. Der Geist
Gottes führte ihn in die Wüste, wo er sich
vierzig Tage aufhielt. 2 Dort war er den
Versuchungen des Teufels ausgesetzt. Je-
sus aß nichts während dieser ganzen Zeit,
und schließlich quälte ihn der Hunger.
3 Da forderte ihn der Teufel heraus:
»Wenn du Gottes Sohn bist, dann mach
doch aus diesem Stein Brot!« 4 Aber Jesus
wehrte ab: »Nein, denn es steht in der
Heiligen Schrift: ›Der Mensch lebt nicht
allein von Brot, sondern von allem, was
Gott ihm zusagt!‹[a] «
5 Dann führte ihn der Teufel auf einen
hohen Berg, zeigte ihm in einem einzigen
Augenblick alle Reiche der Welt 6 und
bot sie Jesus an: »Alle Macht über diese
Welt und ihre ganze Pracht will ich dir
geben; denn mir gehört die Welt, und ich
schenke sie, wem ich will. 7 Wenn du vor
mir niederkniest und mich anbetest, wird
das alles dir gehören.«
8 Wieder wehrte Jesus ab: »Nein! Denn
es steht in der Heiligen Schrift: ›Bete al-
lein Gott, deinen Herrn, an und diene
nur ihm!‹[b] «
9 Jetzt nahm ihn der Teufel mit nach Je-
rusalem und stellte ihn auf die höchste
Stelle des Tempels. »Spring hinunter!«,
forderte er Jesus auf. »Du bist doch Got-
tes Sohn! 10 Und in der Heiligen Schrift
steht: ›Gott wird seine Engel schicken,
um dich zu beschützen. 11 Sie werden dich
auf Händen tragen, und du wirst dich
nicht einmal an einem Stein verletzen!‹[c] «
12 Aber Jesus wies ihn auch diesmal zu-
rück: »Es steht aber auch in der Schrift:
›Du sollst Gott, deinen Herrn, nicht he-
rausfordern!‹[d] «
13 Da gab der Teufel es auf, Jesus weiter
auf die Probe zu stellen, und verließ ihn
für einige Zeit.

Ein Prophet gilt nichts in seinem Land
(Matthäus 13,53–58; Markus 6,1–6)

14 Mit der Kraft des Heiligen Geistes
erfüllt, kehrte Jesus nach Galiläa zurück.
Schon bald sprach man überall von ihm.
15 Er lehrte die Menschen in den Synago-
gen, und alle redeten mit größter Hoch-
achtung von ihm. 16 Eines Tages kam
Jesus wieder in seine Heimatstadt Naza-

---

a 5. Mose 8,3
b 5. Mose 6,13
c Psalm 91,11–12
d 5. Mose 6,16

3,27 Esr 3,2; 1 Chr 3,17 **3,31–33** Ruth 4,18–22 **3,31** 2 Sam 5,14; 1 Sam 16,13 **3,33–38** 1 Mo 29,35; 25,26; 21,2–3; 11,10–20; 5,1–32 **4,1–2** 2 Mo 34,28; 1 Kön 19,8; Hebr 4,15 **4,6** 9,25

reth. Am Sabbat ging er wie gewohnt in
die Synagoge. Als er aufstand, um aus der
Heiligen Schrift vorzulesen, 17 reichte
man ihm die Buchrolle des Propheten Je-
saja. Jesus öffnete sie, suchte eine be-
stimmte Stelle und las vor: 18 »Der Geist
des Herrn ruht auf mir, weil er mich beru-
fen hat. Er hat mich gesandt, den Armen
die frohe Botschaft zu bringen. Ich rufe
Freiheit aus für die Gefangenen, den Blin-
den sage ich, dass sie sehen werden, und
den Unterdrückten, dass sie bald von
jeder Gewalt befreit sein sollen. 19 Ich rufe
ihnen zu: Jetzt erlässt Gott eure Schuld.«[a]
20 Jesus rollte die Buchrolle zusammen,
gab sie dem Synagogendiener zurück und
setzte sich. Alle blickten ihn erwartungs-
voll an. 21 Er begann: »Heute hat sich die-
se Voraussage des Propheten erfüllt.«
22 Während er sprach, konnte ihm die
ganze Gemeinde nur zustimmen. Sie
staunten alle darüber, wie Jesus Gottes
rettende Gnade verkündete, und fragten
sich ungläubig: »Ist das nicht der Sohn
Josefs, unseres Zimmermanns?«
23 Jesus redete weiter: »Sicher werdet
ihr mir das Sprichwort vorhalten: ›Arzt,
hilf dir selbst! In Kapernaum hast du gro-
ße Wunder getan. Zeig auch hier, was du
kannst!‹ 24 Aber ihr wisst doch: Ein Pro-
phet gilt nichts in seiner Heimatstadt.
25 Denkt an Elia! Damals gab es genug
Witwen in Israel, die Hilfe brauchten;
denn es hatte dreieinhalb Jahre nicht ge-
regnet, und alle Menschen im Land hun-
gerten. 26 Aber nicht zu ihnen wurde Elia
geschickt, sondern zu einer nichtjüdi-
schen Witwe in Zarpat bei Sidon. 27 Oder
erinnert euch an den Propheten Elisa! Es
gab unzählige Aussätzige in Israel, aber
von ihnen wurde keiner geheilt. Naaman,
der Syrer, war der Einzige.«
28 Das war den Zuhörern zu viel. 29 Wü-
tend sprangen sie auf und schleppten Je-
sus aus der Stadt hinaus bis zu dem Steil-
hang des Berges, auf dem ihre Stadt
gebaut war. Dort wollten sie ihn hinun-
terstoßen. 30 Doch Jesus ging ruhig durch
die aufgebrachte Volksmenge weg, ohne
dass jemand ihn aufhielt.

Jesus erweist seine Macht
(Markus 1,21–28)

31 Jesus kam nach Kapernaum in Galiläa
und sprach dort am Sabbat zu den Men-
schen.
32 Die Zuhörer waren sehr beeindruckt
von dem, was er lehrte; denn Jesus redete
mit einer Vollmacht, die Gott ihm verlie-
hen hatte.
33 In der Synagoge war ein Mann, der
von einem Dämon beherrscht wurde.
34 Der schrie laut: »Hör auf! Was willst
du von uns, Jesus von Nazareth? Du bist
doch nur gekommen, um uns zu vernich-
ten. Ich weiß, dass du von Gott kommst
und zu Gott gehörst[b]!«
35 Jesus befahl dem Dämon: »Schweig
und verlass diesen Menschen!« Da
schleuderte der Dämon den Mann mitten
unter sie auf den Boden und verließ ihn,
ohne ihm weiter zu schaden.
36 Darüber erschraken alle in der Syna-
goge und sagten: »Wie redet denn dieser
Mann? In der Kraft Gottes befiehlt er
den bösen Geistern, und sie müssen ge-
horchen!« 37 Bald sprach man in der gan-
zen Gegend über das, was Jesus getan
hatte.

Kranke werden geheilt
(Matthäus 8,14–17; Markus 1,29–34)

38 Nachdem Jesus die Synagoge verlassen
hatte, ging er in Simons Haus. Dessen
Schwiegermutter hatte hohes Fieber.
Man bat Jesus, ihr zu helfen. 39 Er trat an
ihr Bett, beugte sich über sie und befahl
dem Fieber zu weichen. Sofort war sie ge-
sund. Sie stand auf und sorgte für ihre
Gäste.

---

a Wörtlich: Jetzt ist das Erlassjahr des Herrn. Vgl. Jesaja 61,1–2
b Wörtlich: dass du der Heilige Gottes bist.

4,19 3 Mo 25,10 **4,22** 3,23 **4,24** Joh 4,44 **4,25–26** 1 Kön 17,1.8–16 **4,27** 2 Kön 5,1–14 **4,29–30** Joh 8,59; 10,39 **4,31** Mt 4,13 **4,32** Mt 7,28–29; Joh 7,46 **4,34** 8,28 **4,38** 1 Kor 9,5

[40] Später, nach Sonnenuntergang, brachten viele Familien ihre Kranken zu Jesus. Er legte ihnen die Hände auf und heilte sie alle. [41] Viele befreite er auch von Dämonen, die laut schrien: »Du bist der Sohn Gottes!« Aber er bedrohte sie und befahl ihnen zu schweigen; denn sie wussten, dass er Christus, der von Gott gesandte Retter, war.

Alle sollen die rettende Botschaft hören
(Matthäus 4,23; Markus 1,35–39)

[42] Am nächsten Morgen verließ Jesus das Haus und zog sich in eine einsame Gegend zurück. Aber die Leute suchten ihn überall, und als sie ihn endlich gefunden hatten, wollten sie ihn festhalten. Er sollte bei ihnen bleiben. [43] Doch er wies sie ab: »Ich muss die rettende Botschaft von Gottes neuer Welt auch in alle anderen Städte bringen. Das ist mein Auftrag.«

[44] Er ging weiter und predigte in den Synagogen von Galiläa[a].

Jesus beruft seine ersten Jünger
(Matthäus 4,18–22; Markus 1,16–20)

5 Eines Tages drängte sich am See Genezareth eine große Menschenmenge um Jesus. Alle wollten hören, was er von Gott erzählte. [2] Am Ufer lagen zwei leere Boote. Die Fischer hatten sie verlassen und arbeiteten an ihren Netzen.

[3] Da stieg Jesus in das Boot, das Simon gehörte, und bat ihn, ein Stück auf den See hinauszurudern. Vom Boot aus sprach Jesus dann zu den Menschen.

[4] Anschließend sagte er zu Simon: »Fahrt jetzt weiter hinaus auf den See, und werft eure Netze aus!« [5] »Herr«, erwiderte Simon, »wir haben die ganze Nacht gearbeitet und nichts gefangen. Aber weil du es sagst, will ich es wagen.«

[6] Sie warfen ihre Netze aus und fingen so viele Fische, dass die Netze zu reißen anfingen. [7] Deshalb winkten sie den Fischern im anderen Boot, ihnen zu helfen. Bald waren beide Boote bis zum Rand beladen, so dass sie beinahe sanken.

[8] Als Simon Petrus das sah, fiel er erschrocken vor Jesus nieder und rief: »Herr, geh weg von mir! Ich bin ein sündiger Mensch!« [9] Er und alle anderen Fischer waren fassungslos über diesen Fang, [10] auch Jakobus und Johannes, die Söhne des Zebedäus, die Simon bei der Arbeit geholfen hatten. Aber Jesus sagte zu Simon: »Fürchte dich nicht! Du wirst jetzt keine Fische mehr fangen, sondern Menschen für mich gewinnen.« [11] Sie brachten die Boote an Land, verließen alles und gingen mit Jesus.

Ein Aussätziger wird geheilt
(Matthäus 8,1–4; Markus 1,40–45)

[12] In einer der Städte traf Jesus einen Mann, der am ganzen Körper aussätzig war. Als er Jesus sah, warf er sich vor ihm nieder und flehte ihn an: »Herr, wenn du willst, kannst du mich heilen!« [13] Jesus streckte die Hand aus, berührte ihn und sagte: »Ich will es tun! Sei gesund!« Im selben Augenblick war der Mann von seiner Krankheit geheilt.

[14] Jesus befahl ihm, nicht über seine Heilung zu reden. »Geh sofort zum Priester, und lass dich von ihm untersuchen«, forderte er ihn auf. »Bring ein Opfer dar für deine Heilung, wie Mose es vorgeschrieben hat.[b] So werden die Priester sehen, dass ich im Auftrag Gottes handle.«

[15] Aber das Verbot Jesu änderte nichts daran, dass immer mehr Menschen von seinen Wundern sprachen. In Scharen drängten sie sich um ihn. Sie wollten ihn hören und von ihren Krankheiten geheilt werden. [16] Jesus aber zog sich zurück, um in der Einsamkeit zu beten.

---

[a] Andere Textzeugen haben: von Judäa.
[b] Vgl. 3. Mose 14,2–32

4,43 8,1 **5,4–7** Joh 21,6 **5,8** Jes 6,5 **5,10** Mt 28,18–20 **5,11** 18,28–30 **5,12** 3 Mo 13,45–46 **5,14** Mk 7,36* **5,16** 6,12; 9,18.28; 11,1; 22,39–46; Mk 1,35; 6,46

Jesus hat die Macht, Sünden zu vergeben
(Matthäus 9,1–8; Markus 2,1–12)

17 Als Jesus eines Tages Gottes Botschaft
erklärte, saßen unter den Zuhörern
auch Pharisäer und Schriftgelehrte. Sie
waren aus allen Orten Galiläas und Ju-
däas und sogar aus Jerusalem gekom-
men. Gott gab Jesus die Kraft, Kranke
zu heilen.
18 Da brachten einige Männer einen
Gelähmten auf einer Trage. Sie versuch-
ten, sich durch die Menge zu drängen
und den Kranken zu Jesus zu bringen.
19 Aber sie kamen an den vielen Men-
schen nicht vorbei. Kurz entschlossen
stiegen sie auf das Dach, deckten die
Ziegel ab und ließen den Mann auf
seiner Trage durch die Öffnung zu Jesus
hinunter.
20 Als Jesus ihren festen Glauben sah,
sagte er zu dem Gelähmten: »Deine Sün-
den sind dir vergeben!«
21 »Was bildet sich dieser Mensch ei-
gentlich ein?«, entrüsteten sich da die
Pharisäer und Schriftgelehrten. »Das ist
Gotteslästerung! Nur Gott kann Sünden
vergeben!«
22 Jesus durchschaute sie und fragte:
»Wie könnt ihr nur so etwas denken?
23 Ist es leichter zu sagen: ›Dir sind deine
Sünden vergeben‹, oder diesen Gelähm-
ten zu heilen? 24 Aber ich will euch zei-
gen, dass der Menschensohn die Macht
hat, schon hier auf der Erde Sünden zu
vergeben.« Und er forderte den Gelähm-
ten auf: »Steh auf, nimm deine Trage und
geh nach Hause!«
25 Da stand der Mann vor aller Au-
gen auf, nahm seine Trage, ging nach
Hause und dankte dabei Gott. 26 Fas-
sungslos und von Furcht erfüllt sahen
ihm die Leute nach. Doch dann fin-
gen sie an, Gott zu loben, und riefen:
»Wir haben heute Unglaubliches ge-
sehen!«

Der Zolleinnehmer Levi
(Matthäus 9,9–13; Markus 2,13–17)

27 Als Jesus weiterzog, sah er den Zollein-
nehmer Levi am Zoll sitzen. Jesus forder-
te ihn auf: »Komm, geh mit mir!« 28 Ohne
zu zögern, verließ Levi alles und ging mit
ihm. 29 Kurz darauf gab er für Jesus in sei-
nem Haus ein großes Fest und lud dazu
viele Zolleinnehmer und seine anderen
Freunde ein. Jesus und die Jünger aßen
mit ihnen zusammen.
30 Da empörten sich die Pharisäer und
Schriftgelehrten: »Weshalb gebt ihr euch
mit solchem Gesindel ab?«, sagten sie zu
den Jüngern. 31 Jesus antwortete ihnen:
»Die Gesunden brauchen keinen Arzt,
sondern die Kranken! 32 Ich bin gekom-
men, um Menschen in die Gemeinschaft
mit Gott zu rufen, die ohne ihn leben –
und nicht solche, die sich sowieso an sei-
ne Gebote halten.«

Neue Formen für das neue Leben
(Matthäus 9,14–17; Markus 2,18–22)

33 Wieder einmal kamen die Pharisäer zu
Jesus und stellten ihm eine Frage: »Die
Jünger von Johannes dem Täufer fasten
und beten viel, und unsere Jünger halten
es auch so. Warum aber essen und trinken
deine Jünger, ohne sich um die Fasten-
tage zu kümmern?«
34 Da antwortete Jesus: »Wollt ihr viel-
leicht die Hochzeitsgäste hungern lassen,
solange der Bräutigam bei ihnen ist?
35 Die Zeit kommt früh genug, dass der
Bräutigam ihnen genommen wird. Dann
werden sie fasten.«
36 Noch mit einem anderen Beispiel
ging er auf ihre Frage ein: »Niemand zer-
reißt ein neues Kleid, um damit ein altes
zu flicken. Nicht nur, dass es um das neue
Kleid zu schade wäre; sondern der neue
Flicken passt auch gar nicht zum alten
Kleid. 37 Ebenso füllt niemand jungen, gä-
renden Wein in alte, brüchige Schläuche.

5,21 Ps 130,4; Jes 43,25 **5,24–25** Joh 5,8–9 **5,24** Joh 5,36 **5,28** 5,11 **5,29–30** 7,34; 15,1–2 **5,32** 19,10 **5,33** 18,12 **5,34** Mt 22,2

Sonst platzen sie, der Wein läuft aus, und
die Schläuche sind unbrauchbar. 38 Nein,
jungen Wein füllt man in neue Schläuche.
39 Wer aber gern alten Wein trinkt, der
will vom jungen Wein nichts wissen. ›Der
alte Wein ist immer noch der beste‹, wird
er sagen.«

Gesetzlichkeit oder Liebe?
(Matthäus 12,1–14;
Markus 2,23 – 3,6)

6 An einem Sabbat ging Jesus mit sei-
nen Jüngern durch die Getreidefel-
der. Die Jünger rissen einzelne Ähren ab,
zerrieben sie zwischen den Händen und
aßen die Körner. 2 Da beschwerten sich
die Pharisäer: »Was tut ihr da? Es ist doch
verboten, am Sabbat Getreide zu ernten!«
3 Darauf antwortete Jesus: »Habt ihr
denn nie gelesen, was David und seine
Männer getan haben? Als sie hungrig wa-
ren, 4 gingen sie in das Haus Gottes und
aßen von dem Brot, das Gott geweiht
war und das nur die Priester essen durf-
ten.[a] 5 Umso mehr hat der Menschensohn
das Recht zu entscheiden, was am Sabbat
erlaubt ist und was nicht.«
6 Als Jesus an einem anderen Sabbat in
der Synagoge sprach, war dort ein Mann,
dessen rechte Hand verkrüppelt war.
7 Die Schriftgelehrten und Pharisäer war-
teten gespannt darauf, wie Jesus sich ver-
halten würde. Sollte er es nämlich wagen,
auch am Sabbat zu heilen, so könnten sie
Anklage gegen ihn erheben. 8 Jesus wuss-
te, was sie dachten. Er rief den Mann mit
der verkrüppelten Hand zu sich: »Steh auf
und komm hierher, damit dich alle sehen
können!« Der Mann kam nach vorn.
9 Nun wandte sich Jesus an die Anwe-
senden: »Ich will euch etwas fragen: Soll
man am Sabbat Gutes tun oder Böses?
Soll man das Leben eines Menschen ret-
ten, oder soll man ihn zugrunde gehen las-
sen?« 10 Jesus sah einen nach dem anderen
an. Schließlich sagte er zu dem Mann:
»Streck deine Hand aus!« Er streckte sie
aus, und die Hand war gesund.
11 Die Pharisäer und Schriftgelehrten
aber waren wütend. Sie berieten mit-
einander, was sie gegen Jesus unterneh-
men könnten.

Die zwölf Apostel
(Markus 3,13–19; Matthäus 10,1–4)

12 In dieser Zeit stieg Jesus auf einen
Berg, um zu beten. Er betete die ganze
Nacht. 13 Als es hell wurde, rief er seine
Jünger zu sich und wählte zwölf von
ihnen aus, die er Apostel nannte. 14 Es wa-
ren Simon, dem er den Namen Petrus
gab, und Simons Bruder Andreas; dann
Jakobus und Johannes, Philippus, Bar-
tholomäus, 15 Matthäus, Thomas und Ja-
kobus, der Sohn des Alphäus; sowie Si-
mon, der ehemalige Freiheitskämpfer,
16 Judas, der Sohn von Jakobus, und Judas
Iskariot, der Jesus später verriet.

Jesus heilt alle, die zu ihm kommen
(Matthäus 4,23–25; Markus 3,7–12)

17 Als Jesus mit seinen Jüngern den Berg
hinuntergestiegen war, kamen sie zu
einem großen freien Platz. Hier hatte
sich eine riesige Menschenmenge ver-
sammelt, darunter eine große Anzahl
seiner Jünger. Die Leute kamen sogar
aus Judäa, aus Jerusalem und aus den Ha-
fenstädten Tyrus und Sidon. 18 Sie waren
gekommen, um Jesus zu hören und von
ihren Krankheiten geheilt zu werden.
Alle, die von bösen Geistern beherrscht
waren, wurden befreit. 19 Jeder versuchte,
Jesus zu berühren; denn von ihm ging
eine Kraft aus, die sie alle heilte.

Wer darf sich glücklich nennen?
(Matthäus 5,1–12)

20 Jesus sah seine Jünger an und sagte:
»Glücklich seid ihr Armen, denn euch

---

[a] Vgl. 1. Samuel 21,7

6,1 5 Mo 23,26 **6,2** 2 Mo 20,8–11* **6,3–4** 3 Mo 24,5–9 **6,9** 13,15–16 **6,12** 5,16* **6,14** Mt 16,18
6,16 22,47–48 **6,19** 8,43–44 **6,20** Jes 61,1; Jak 2,5

gehört die neue Welt Gottes. 21 Glücklich
seid ihr, die ihr jetzt hungern müsst, denn
Gott wird euren Hunger stillen. Glück-
lich seid ihr, die ihr jetzt weint, denn ihr
werdet lachen!
22 Glücklich seid ihr, wenn euch die
Menschen hassen und aus ihrer Gemein-
schaft ausschließen; wenn sie euch ver-
achten und Schlechtes über euch erzäh-
len, nur weil ihr zu mir gehört. 23 Dann
freut euch! Ja, ihr könnt jubeln, denn im
Himmel werdet ihr dafür reich belohnt
werden. So wie es euch ergeht, ist es auch
schon den Propheten ergangen.
24 Doch wehe euch, ihr Reichen! Ihr
habt euer Glück schon auf Erden genos-
sen. 25 Wehe euch, ihr Satten! Ihr werdet
Hunger leiden. Wehe euch, die ihr jetzt
sorglos lacht! Ihr werdet trauern und wei-
nen. 26 Wehe euch, die ihr jetzt von allen
umschmeichelt werdet, denn die falschen
Propheten waren schon immer beliebt.«

Liebe deine Feinde!
(Matthäus 5, 38–48)

27 »Euch allen sage ich: Liebt eure Feinde
und tut denen Gutes, die euch hassen.
28 Segnet die Menschen, die euch Böses
wünschen, und betet für alle, die euch be-
leidigen.
29 Wenn jemand dir eine Ohrfeige gibt,
dann halte die andere Wange auch noch
hin. Wenn dir einer den Mantel weg-
nimmt, dann weigere dich nicht, ihm
auch noch das Hemd zu geben.
30 Gib jedem, der dich um etwas bittet,
und fordere nicht zurück, was man dir ge-
nommen hat.
31 So wie ihr von anderen behandelt
werden möchtet, so behandelt sie auch.
32 Oder wollt ihr dafür belohnt werden,
dass ihr die Menschen liebt, die euch
auch lieben? Das tun selbst die Leute,
die von Gott nichts wissen wollen. 33 Ist
es etwas Besonderes, denen Gutes zu tun,
die auch zu euch gut sind? Das können
auch Menschen, die Gott ablehnen.
34 Was ist schon dabei, Leuten Geld zu lei-
hen, von denen man genau weiß, dass sie
es zurückzahlen? Dazu braucht man
nichts von Gott zu wissen.
35 Ihr aber sollt eure Feinde lieben und
den Menschen Gutes tun. Ihr sollt ihnen
helfen, ohne einen Dank oder eine Ge-
genleistung zu erwarten. Dann werdet
ihr reich belohnt werden: Ihr werdet Kin-
der des höchsten Gottes sein. Denn auch
er ist gütig zu Undankbaren und Bösen.«

Verurteilt niemanden!
(Matthäus 7, 1–5)

36 »Seid so barmherzig wie euer Vater im
Himmel! 37 Richtet nicht über andere,
dann werdet ihr auch nicht gerichtet wer-
den! Verurteilt keinen Menschen, dann
werdet auch ihr nicht verurteilt! Wenn
ihr bereit seid, anderen zu vergeben,
dann wird auch euch vergeben werden.
38 Gebt, was ihr habt, dann werdet ihr so
reich beschenkt werden, dass ihr gar
nicht alles aufnehmen könnt. Mit dem
Maßstab, den ihr an andere legt, wird
man auch euch messen.«
39 Wenn Jesus zu den Menschen sprach,
gebrauchte er immer wieder Gleichnisse:
»Wie kann ein Blinder einen anderen
Blinden führen? Werden sie nicht beide
in den Abgrund stürzen? 40 Ein Schüler
steht nicht über seinem Lehrer. Im bes-
ten Fall kann er werden wie sein Lehrer,
wenn er alles von ihm gelernt hat.
41 Warum siehst du jeden kleinen Split-
ter im Auge deines Bruders, aber den
Balken in deinem Auge bemerkst du
nicht? 42 Du sagst: ›Mein Bruder, komm
her! Ich will dir den Splitter aus dem Au-
ge ziehen!‹ Dabei erkennst du nicht, dass
du selbst einen Balken in deinem Auge
hast. Du Heuchler! Entferne zuerst den
Balken aus deinem Auge, dann kannst

6,21 Jer 31,25; Offb 7,16–17; 21,4 **6,22** Joh 15,18–19; 1 Petr 4,14 **6,23** Apg 7,52; Hebr 11,35–38; Jak 5,10 **6,24** 16,25; Mt 19,23–24 **6,25** Jak 4,9 **6,26** Jer 5,31; Mi 2,11 **6,27–28** Mt 5,44* **6,29** Röm 12,19.21; 1 Kor 6,7; 1 Thess 5,15 **6,33–35** Eph 2,10* **6,35** 3 Mo 25,35–37 **6,37** Mt 6,14–15; Jak 4,11–12 **6,39** Mt 15,14 **6,40** Mt 10,24–25

du klar sehen, um auch den Splitter aus
dem Auge deines Bruders zu ziehen.«

An den Früchten erkennt man den Baum
(Matthäus 7,15–20; 12,33–35)

43 »Ein guter Baum trägt keine schlechten
Früchte und ein kranker Baum keine gu-
ten. 44 So erkennt man jeden Baum an sei-
nen Früchten. Von Dornbüschen kann
man keine Feigen ernten und von Ge-
strüpp keine Weintrauben.
45 Wenn ein guter Mensch spricht, zeigt
sich, was an Gutem in seinem Herzen ist.
Ein Mensch mit einem bösen Herzen ist
innerlich voller Gift, und alle merken es,
wenn er redet. Denn wovon das Herz er-
füllt ist, das spricht der Mund aus!«

Ein festes Fundament
(Matthäus 7,24–27)

46 »Warum nennt ihr mich dauernd ›Herr!‹,
wenn ihr doch nicht tut, was ich euch sage?
47 Wisst ihr, mit wem ich einen Menschen
vergleiche, der meine Worte hört und da-
nach handelt? 48 Er ist wie ein Mann, der
sich ein Haus bauen wollte. Zuerst hob er
eine Baugrube aus, dann baute er die Fun-
damente seines Hauses auf felsigen
Grund. Als ein Unwetter kam und die Flu-
ten gegen das Haus brandeten, konnten
sie keinen Schaden anrichten, denn das
Haus war auf Felsengrund gebaut.
49 Wer sich meine Worte allerdings nur
anhört und nicht danach lebt, der ist wie
einer, der beim Bauen auf das Fundament
verzichtet und sein Haus auf weichen Bo-
den baut. Bei einem Unwetter unterspü-
len die Fluten sein Haus, es gerät aus allen
Fugen und stürzt krachend ein.«

Ein römischer Hauptmann vertraut Jesus
(Matthäus 8,5–13)

7 Nachdem Jesus zu der Menschen-
menge geredet hatte, ging er nach
Kapernaum. 2 In dieser Stadt lag der Die-
ner eines römischen Hauptmanns im
Sterben. Weil der Hauptmann seinen
Diener sehr schätzte, 3 schickte er einige
angesehene Juden zu Jesus, von dessen
Ankunft er gehört hatte. Sie sollten ihn
bitten, mitzukommen und seinen Diener
zu heilen. 4 So kamen sie zu Jesus und re-
deten eindringlich auf ihn ein: »Du musst
diesem Mann unbedingt helfen! 5 Er liebt
unser Volk und hat den Bau der Synago-
ge bezahlt.«
6 Jesus ging mit ihnen. Aber noch ehe
sie das Haus erreicht hatten, schickte
ihm der Hauptmann einige Freunde ent-
gegen und ließ ihm sagen: »Herr, ich
möchte nicht, dass du selbst in mein Haus
kommst; denn ich bin es nicht wert, dich
zu empfangen. 7 Deshalb bin ich auch
nicht persönlich zu dir gekommen. Sag
nur ein einziges Wort, dann wird mein
Diener gesund. 8 Auch ich habe Vor-
gesetzte, denen ich gehorchen muss, und
ich erteile selbst Befehle an meine Sol-
daten. Wenn ich zu einem sage: ›Geh!‹,
dann geht er. Befehle ich einem anderen:
›Komm!‹, dann kommt er. Und wenn ich
zu meinem Diener sage: ›Tu dies!‹, dann
führt er meinen Auftrag aus.«
9 Als Jesus das hörte, wunderte er sich
sehr über ihn. Er wandte sich der Men-
schenmenge zu, die ihm gefolgt war, und
sagte: »Eins ist sicher: Unter allen Juden
in Israel bin ich keinem Menschen mit
einem so festen Glauben begegnet.«
10 Als die Freunde des Hauptmanns in
das Haus zurückkamen, war der Diener
gesund.

Jesus erweckt ein totes Kind zum Leben

11 Kurz darauf kam Jesus mit seinen Jün-
gern in die Stadt Nain. Wieder folgte ihm
eine große Menschenmenge. 12 Als er sich
dem Stadttor näherte, kam ihm ein Trau-
erzug entgegen. Der Verstorbene war der
einzige Sohn einer Witwe. Viele Trauer-
gäste aus der Stadt begleiteten die Frau.

6,44 Gal 5,19–23 **6,46** Mal 1,6 **6,49** Jak 1,22 **7,6** Mk 1,7; 1 Kor 15,9

[13] Als Jesus, der Herr, sie sah, war er von ihrem Leid tief bewegt. »Weine nicht!«, tröstete er sie. [14] Er ging zu der Bahre und legte seine Hand darauf. Die Träger blieben stehen. Jesus sagte zu dem toten Jungen: »Ich befehle dir: Steh auf!« [15] Da setzte sich der Junge auf und begann zu sprechen. So gab Jesus der Mutter ihr Kind zurück.

[16] Alle erschraken über das, was sie gesehen hatten. Dann aber lobten sie Gott und sagten: »Gott hat uns einen mächtigen Propheten geschickt, er wendet sich seinem Volk wieder zu.«

[17] Bald wusste jeder in ganz Judäa und in den angrenzenden Gebieten, was Jesus getan hatte.

Jesus und Johannes der Täufer (Matthäus 11,2–15)

[18] Von den Taten Jesu erfuhr auch Johannes der Täufer durch seine Jünger. [19] Er schickte zwei von ihnen mit der Frage zu Jesus: »Bist du wirklich der Retter, der kommen soll, oder müssen wir auf einen anderen warten?«

[20] Die beiden kamen zu Jesus und sagten: »Johannes lässt dich fragen: ›Bist du der Retter, der kommen soll, oder müssen wir auf einen anderen warten?‹«

[21] Jesus heilte gerade viele von ihren Krankheiten und Leiden. Er befreite Menschen, die von Dämonen geplagt wurden, und den Blinden schenkte er das Augenlicht wieder. [22] Deshalb antwortete er den Jüngern des Johannes: »Geht zu Johannes zurück und erzählt ihm, was ihr gehört und gesehen habt: Blinde sehen, Gelähmte gehen, Aussätzige werden geheilt, Taube hören, Tote werden wieder lebendig, und den Armen wird die rettende Botschaft verkündet! [23] Und sagt ihm: Glücklich ist jeder, der nicht an mir Anstoß nimmt!«

[24] Als die Jünger des Johannes gegangen waren, wandte sich Jesus an die Menschen, die sich um ihn versammelt hatten, und fragte: »Was habt ihr von Johannes erwartet, als ihr zu ihm in die Wüste hinausgegangen seid? Wolltet ihr ein Schilfrohr sehen, das bei jedem Windhauch hin- und herschwankt? [25] Oder wolltet ihr einen Mann in vornehmer Kleidung sehen, der in Saus und Braus lebt? Dann hättet ihr in die Königspaläste gehen müssen. [26] Oder wolltet ihr einem Propheten begegnen? Ja, Johannes ist ein Prophet, und mehr als das. [27] Er ist der Mann, von dem es in der Heiligen Schrift heißt: ›Ich sende meinen Boten dir voraus, der dein Kommen ankündigt und die Menschen darauf vorbereitet.‹[a] [28] Ja, ich versichere euch: Von allen Menschen, die je geboren wurden, ist keiner bedeutender als Johannes der Täufer. Trotzdem ist der Geringste in Gottes neuer Welt größer als er.

[29] Alle, die Johannes zuhörten, selbst die von allen verachteten Zolleinnehmer, unterwarfen sich dem Urteil Gottes und ließen sich von Johannes taufen. [30] Nur die Pharisäer und Schriftgelehrten lehnten hochmütig Gottes Hilfe ab. Sie ließen sich nicht von Johannes taufen.«

Jesu Urteil über seine Zeitgenossen (Matthäus 11,16–19)

[31] »Wie soll ich die Menschen von heute beschreiben? Wem gleichen sie? [32] Sie sind wie spielende Kinder auf der Straße, die ihren Freunden zurufen: ›Wir haben Hochzeitslieder gespielt, und ihr habt nicht getanzt. Danach haben wir Klagelieder gesungen, und ihr habt nicht geweint!‹ [33] Johannes der Täufer fastete oft und trank keinen Wein. Da habt ihr gesagt: ›Der ist ja von einem bösen Geist besessen!‹ [34] Nun ist der Menschensohn gekommen, isst und trinkt wie jeder andere, und ihr beschimpft ihn: ›Er frisst und säuft, und seine Freunde sind die Zolleinnehmer und anderes Gesindel!‹ [35] Doch wie

---

[a] Maleachi 3,1

7,15 1 Kön 17,22–23; 2 Kön 4,36 **7,16** 1,68–69 **7,19** 3,16 **7,22** Jes 29,18–19* **7,26** 1,76 **7,29–30** Mt 21,32 **7,33** 1,15 **7,34** 5,29–30

Recht die Weisheit Gottes hat, zeigt sich
an denen, die sie annehmen.«

Jesus bei dem Pharisäer Simon

36 Einmal wurde Jesus von einem Pharisä-
er zum Essen eingeladen. Er ging in das
Haus dieses Mannes und setzte sich an
den Tisch. 37 Da kam eine Prostituierte
herein, die in dieser Stadt lebte. Sie hatte
erfahren, dass Jesus bei dem Pharisäer
eingeladen war. In ihrer Hand trug sie
ein Fläschchen mit wertvollem Salböl.
38 Die Frau ging zu Jesus, kniete bei ihm
nieder und weinte so sehr, dass seine Fü-
ße von ihren Tränen nass wurden. Mit
ihrem Haar trocknete sie die Füße, küss-
te sie und goss das Öl darüber.
39 Der Pharisäer hatte das alles beob-
achtet und dachte: »Wenn dieser Mann
wirklich ein Prophet wäre, müsste er
doch wissen, was für eine Frau ihn da be-
rührt. Sie ist doch eine stadtbekannte
Hure!«
40 »Simon, ich will dir etwas erzählen«,
unterbrach ihn Jesus in seinen Gedan-
ken. »Ja, ich höre zu, Lehrer«, antwortete
Simon.
41 »Ein reicher Mann hatte zwei Leuten
Geld geliehen. Der eine Mann schuldete
ihm fünfhundert Silberstücke, der andere
fünfzig. 42 Weil sie das Geld aber nicht zu-
rückzahlen konnten, schenkte er es bei-
den. Welcher der beiden Männer wird
ihm nun am meisten dankbar sein?«
43 Simon antwortete: »Bestimmt der,
dem er die größte Schuld erlassen hat.«
»Du hast Recht!«, bestätigte ihm Jesus.
44 Dann blickte er die Frau an und sag-
te: »Sieh diese Frau, Simon! Ich kam in
dein Haus, und du hast mir kein Wasser
für meine Füße gegeben, was doch sonst
selbstverständlich ist. Aber sie hat meine
Füße mit ihren Tränen gewaschen und
mit ihrem Haar getrocknet. 45 Du hast
mich nicht mit einem Kuss begrüßt. Aber
seit ich hier bin, hat diese Frau immer
wieder meine Füße geküsst. 46 Du hast
meine Stirn nicht mit Öl gesalbt, wäh-
rend sie dieses kostbare Öl sogar über
meine Füße gegossen hat. 47 Ich sage dir:
Ihre große Schuld ist ihr vergeben; und
darum hat sie mir so viel Liebe gezeigt.
Wem aber wenig vergeben wird, der liebt
auch wenig.«
48 Zu der Frau sagte Jesus: »Deine Sün-
den sind dir vergeben.« 49 Da tuschelten
die anderen Gäste untereinander: »Was
ist das nur für ein Mensch! Kann der
denn Sünden vergeben?«
50 Jesus aber sagte zu der Frau: »Dein
Glaube hat dich gerettet! Geh in Frie-
den.«

Frauen um Jesus

8 Bald darauf zog Jesus durch viele
Städte und Dörfer. Überall sprach er
zu den Menschen und verkündete die ret-
tende Botschaft von Gottes neuer Welt.
Dabei begleiteten ihn seine zwölf Jünger
2 und einige Frauen, die er von bösen
Geistern befreit und von ihren Krank-
heiten geheilt hatte. Zu ihnen gehörten
Maria aus Magdala, die er von sieben Dä-
monen befreit hatte, 3 Johanna, die Frau
des Chuzas, eines Beamten von König
Herodes, Susanna und viele andere. Sie
waren vermögend und sorgten für Jesus
und seine Jünger.

Das Gleichnis vom Bauern, der Getreide aussät (Matthäus 13,1–23; Markus 4,1–20)

4 Als wieder einmal eine große Men-
schenmenge aus allen Städten zusam-
mengekommen war, erzählte Jesus dieses
Gleichnis:
5 »Ein Bauer säte Getreide aus. Dabei
fielen ein paar Saatkörner auf den Weg.
Sie wurden zertreten und von den Vögeln
aufgepickt. 6 Andere Körner fielen auf
felsigen Boden. Sie gingen auf, aber weil

7,36 11,37; 14,1 **7,39** Joh 4,17–19 **7,44** 1 Mo 18,3–5 **7,48–49** 5,20–21 **7,50** Mk 5,34* **8,1** 4,43 **8,2** Joh 20,1.11–18

es nicht feucht genug war, vertrockneten
sie. [7]Einige Körner fielen zwischen die
Disteln, in denen die junge Saat bald er-
stickte. [8]Die übrige Saat aber fiel auf
fruchtbaren Boden. Das Getreide wuchs
heran und brachte das Hundertfache der
Aussaat als Ertrag. Hört genau auf das,
was ich euch sage!«

[9]Später fragten ihn seine Jünger, was
er mit diesem Gleichnis sagen wollte.
[10]Jesus antwortete ihnen: »Euch lässt
Gott die Geheimnisse seiner neuen Welt
verstehen. Zu allen anderen aber rede ich
in Gleichnissen. Denn sie sollen sehen,
aber nicht erkennen, sie sollen hören,
aber nicht verstehen.

[11]Euch aber will ich das Gleichnis er-
klären: Die Saat ist Gottes Botschaft.
[12]Der Mensch, bei dem die Saat auf den
Weg fällt, hat die Botschaft zwar gehört.
Aber dann kommt der Teufel und nimmt
ihm die Botschaft aus dem Herzen, damit
dieser Mensch nicht glaubt und gerettet
wird.

[13]Wie felsiger Boden ist ein Mensch,
der die Botschaft hört und mit großer Be-
geisterung annimmt. Aber sein Glaube
hat keine starke Wurzel. Eine Zeit lang
vertraut dieser Mensch Gott, doch wenn
er wegen seines Glaubens in Schwierig-
keiten gerät, wendet er sich wieder von
Gott ab.

[14]Der von Disteln überwucherte Bo-
den entspricht einem Menschen, der die
Botschaft zwar hört, bei dem aber alles
beim Alten bleibt. Denn die Sorgen des
Alltags, die Verführung durch den Wohl-
stand und die Jagd nach den Freuden die-
ses Lebens ersticken Gottes Botschaft, so
dass keine Frucht reifen kann.

[15]Aber es gibt auch fruchtbaren Bo-
den: den Menschen, der Gottes Botschaft
bereitwillig und aufrichtig annimmt. Er
bewahrt sie im Herzen und lässt sich
durch nichts beirren, bis sein Glaube
schließlich reiche Frucht bringt.«

Das Beispiel von der Öllampe
(Markus 4,21–25)

[16]»Niemand zündet eine Öllampe an und
versteckt sie dann unter einem Eimer
oder stellt sie unters Bett. Im Gegenteil!
Man stellt die Lampe so auf, dass jeder,
der hereinkommt, das Licht sieht.

[17]Alles, was jetzt noch verborgen ist,
wird einmal ans Licht kommen, und was
jetzt noch ein Geheimnis ist, wird jeder
verstehen. [18]Entscheidend ist, wie ihr
mir zuhört. Denn wer viel hat, der be-
kommt noch mehr dazu. Wer aber nichts
hat, dem wird selbst noch das Wenige,
was er zu haben meint, genommen.«

Wer gehört zu Jesus?
(Matthäus 12,46–50; Markus 3,31–35)

[19]Einmal wollten Jesu Mutter und seine
Geschwister ihn sprechen. Aber es
drängten sich so viele Menschen um ihn,
dass sie nicht bis zu ihm durchkommen
konnten.

[20]Sie ließen ihm ausrichten: »Deine
Mutter und deine Geschwister stehen
draußen und wollen mit dir reden.«
[21]Aber Jesus antwortete: »Meine Mutter
und meine Geschwister – das sind alle,
die Gottes Botschaft hören und danach
leben.«

Herr über Wind und Wellen
(Matthäus 8,18.23–27; Markus 4,35–41)

[22]Eines Tages stiegen Jesus und seine
Jünger in ein Boot, und er forderte sie
auf: »Lasst uns über den See ans andere
Ufer fahren!« Sie ruderten los. [23]Unter-
wegs schlief Jesus ein. Mitten auf dem
See brach plötzlich ein gewaltiger Sturm
los, und die Wellen schlugen ins Boot. In
höchster Not [24]rüttelten die Jünger Jesus

8,10 Mt 11,25; Jes 6,9–10 **8,13** 1 Thess 3,5 **8,14** 18,24–25; 1 Tim 6,9–10 **8,15** Joh 15,5 **8,17** Röm 2,16; 1 Kor 4,5 **8,18** 19,26 **8,19** Mk 6,3 **8,21** Röm 8,29; Hebr 2,11 **8,24** Ps 89,10; 107,23–29; Mk 6,51

wach: »Herr!«, schrien sie, »Herr, wir ge-
hen unter!« Jesus stand auf und bedrohte
den Wind und die Wellen. Da legte sich
der Sturm, und es wurde ganz still.
[25]»Wo ist denn euer Glaube?«, wollte
Jesus von ihnen wissen. Entsetzt und er-
staunt fragten sich die Jünger untereinan-
der: »Was ist das für ein Mensch? Selbst
Wind und Wellen gehorchen ihm, wenn
er es befiehlt!«

Jesus heilt einen Besessenen
(Matthäus 8,28–34; Markus 5,1–20)

[26]Dann erreichten sie die Gegend von
Gadara auf der anderen Seite des Sees
Genezareth.
[27]Als Jesus aus dem Boot stieg, lief ihm
aus der Stadt ein Mann entgegen, der von
Dämonen beherrscht wurde. Schon seit
langer Zeit trug er keine Kleider mehr
und blieb auch in keiner Wohnung, son-
dern er hauste in Grabhöhlen.
[28]Kaum hatte er Jesus gesehen, fing er
an zu schreien. Er warf sich vor ihm nie-
der und rief laut: »Was willst du von mir,
Jesus, du Sohn Gottes, des Höchsten? Ich
flehe dich an, quäle mich nicht!«
[29]Jesus hatte nämlich dem Dämon be-
fohlen, den Mann endlich freizulassen.

Immer wieder hatte der böse Geist den
Mann überwältigt. Obwohl man ihn an
Händen und Füßen fesselte und einsperr-
te, konnte er seine Ketten zerreißen und
wurde von dem Dämon in die Wüste ge-
trieben.
[30]»Wie heißt du?«, fragte ihn Jesus.
»Legion«, war die Antwort. Denn der
Mann war von vielen Dämonen besessen.
[31]Sie baten Jesus: »Befiehl uns nicht, in
die Hölle zu fahren!« [32]Nicht weit ent-
fernt an einem Abhang wurde eine große
Herde Schweine gehütet. In diese
Schweine wollten die Dämonen fahren,
und Jesus erlaubte es ihnen.
[33]Nun ließen die Dämonen den Mann
frei und bemächtigten sich der Schweine.
Da stürzte die ganze Herde den Abhang
hinunter in den See und ertrank. [34]Ver-
stört flohen die Hirten in die Stadt und
in die umliegenden Dörfer und berichte-
ten, was sich ereignet hatte.
[35]Von überall her kamen die Leute ge-
laufen, um sich selbst zu überzeugen. Sie
sahen den Mann, den Jesus gerade von
den Dämonen befreit hatte. Er war or-
dentlich angezogen und saß ganz ruhig
neben Jesus.

Da wurde ihnen unheimlich zumute.
[36]Diejenigen aber, die alles mit angese-
hen hatten, erzählten, wie der besessene
Mann von Jesus geheilt worden war.
[37]Daraufhin baten die Leute aus Gadara
Jesus, er möge ihre Gegend doch wieder
verlassen, denn sie fürchteten sich sehr.

Jesus stieg in das Boot, um zurück-
zufahren. [38]Der geheilte Mann bat da-
rum, bei ihm bleiben zu dürfen. Aber Je-
sus beauftragte ihn: [39]»Geh nach Hause
und berichte, welch großes Wunder Gott
an dir getan hat.« Da ging der Mann und
erzählte in der ganzen Stadt, was für ein
Wunder Jesus an ihm getan hatte.

Macht über Krankheit und Tod
(Matthäus 9,18–26; Markus 5,21–43)

[40]Ungeduldig wartete auf der anderen
Seite des Sees eine große Menschenmen-
ge auf Jesus. [41]Da kam Jaïrus, ein Vorste-
her der jüdischen Gemeinde, warf sich
vor Jesus nieder und flehte ihn an, in sein
Haus zu kommen; [42]denn sein einziges
Kind, ein zwölfjähriges Mädchen, lag im
Sterben. Jesus ging mit ihm, dicht gefolgt
von einer großen Menschenmenge.
[43]Unter den Leuten war auch eine
Frau, die seit zwölf Jahren an starken
Blutungen litt. Niemand hatte ihr helfen
können, obwohl sie schon von vielen
Ärzten behandelt worden war und dafür
ihr ganzes Geld ausgegeben hatte. [44]Als
sie bis zu Jesus gekommen war, berührte
sie von hinten eine Quaste seines Gewan-
des. Im selben Augenblick hörten die
Blutungen auf.
[45]»Wer hat mich angefasst?«, fragte Je-
sus. Aber niemand wollte es gewesen

8,25 4,36 **8,28** 4,34 **8,43** 3 Mo 15,25–27

sein, und Petrus meinte: »Meister, die
Leute bedrängen dich von allen Seiten,
und da fragst du, wer dich angefasst hat?«
46 Jesus erwiderte: »Jemand hat mich ganz
bewusst berührt. Ich habe gespürt, wie
heilende Kraft von mir ausgegangen ist!«
47 Als die Frau erkannte, dass Jesus alles
bemerkt hatte, fiel sie zitternd vor ihm
auf die Knie. Vor allen Leuten erzählte
sie, weshalb sie ihn berührt hatte und
wie sie sofort geheilt worden war.
48 »Meine Tochter«, sagte Jesus zu ihr,
»dein Glaube hat dir geholfen. Geh in
Frieden!«

49 Noch während er mit der Frau rede-
te, kam jemand aus dem Haus des Jaïrus
gelaufen und rief: »Deine Tochter ist ge-
storben. Es hat keinen Zweck mehr, den
Meister zu holen.«

50 Jesus hörte das und sagte zu dem Va-
ter: »Verzweifle nicht! Vertrau mir ganz
und gar, und deine Tochter wird gerettet!«

51 Als sie das Haus erreichten, erlaubte
er nur Petrus, Johannes, Jakobus und den
Eltern des Mädchens, mit hineinzugehen.
52 Alle klagten und weinten um die Tote,
aber Jesus sagte: »Hört auf zu weinen!
Das Kind ist nicht tot, es schläft nur!«
53 Da lachten sie ihn aus, denn jeder wuss-
te, dass das Mädchen tot war. 54 Jesus
schickte sie alle weg. Dann fasste er die
Tote bei der Hand und rief: »Kind, steh
auf!« 55 Da wurde das Mädchen wieder le-
bendig, stand auf, und Jesus ließ ihr etwas
zu essen bringen. 56 Die Eltern konnten
kaum fassen, was sie erlebt hatten. Doch
Jesus schärfte ihnen ein, mit niemandem
darüber zu reden.

Der Auftrag an die Apostel
(Matthäus 10,1.5–15; Markus 6,7–13)

9 Jesus rief seine zwölf Jünger zusam-
men und gab ihnen die Kraft und die
Macht, alle Dämonen auszutreiben und
Kranke zu heilen. 2 Er beauftragte sie,
überall die Botschaft von Gottes neuer
Welt zu verkünden und die Kranken ge-
sund zu machen.

3 »Nehmt nichts mit auf die Reise«, be-
fahl er ihnen, »weder Wanderstab noch
Tasche, weder Essen noch Geld, nicht
einmal ein zweites Hemd. 4 Wenn ihr in
ein Haus kommt, dann bleibt dort, bis
ihr weiterzieht. 5 Seid ihr aber in einer
Stadt nicht willkommen, dann geht fort
und schüttelt den Staub von euren Füßen
als Zeichen dafür, dass ihr die Stadt dem
Urteil Gottes überlasst.«

6 Die Jünger zogen los und wanderten
von Ort zu Ort. Überall verkündeten sie
die rettende Botschaft und heilten die
Kranken.

Herodes ist ratlos: Wer ist Jesus?
(Matthäus 14,1–2; Markus 6,14–16)

7 Herodes, der Herrscher über Galiläa,
war ratlos, als er erfuhr, was Jesus tat;
denn einige behaupteten: »Johannes der
Täufer ist von den Toten auferstanden.«
8 Andere wieder meinten, Elia sei er-
schienen oder einer von den alten Pro-
pheten sei zurückgekehrt.

9 »Johannes habe ich enthaupten las-
sen!«, überlegte Herodes. »Aber wer ist
dieser Mann, von dem so erstaunliche
Dinge berichtet werden?« Darum wollte
er Jesus unbedingt kennen lernen.

Fünftausend werden satt
(Matthäus 14,13–21; Markus 6,30–44; Johannes 6,1–13)

10 Die zwölf Jünger kehrten zu Jesus zu-
rück und erzählten ihm, was sie auf
ihrer Reise getan hatten. Jesus nahm
sie mit in die Stadt Betsaida. Dort woll-
te er mit ihnen allein sein. 11 Die Men-
schen erfuhren aber schnell, wo Jesus
war, und folgten ihm in Scharen. Er
schickte sie nicht fort, sondern sprach
zu ihnen über die neue Welt Gottes
und heilte die Kranken.

8,46 6,19 **8,48** Mk 5,34* **8,51** 9,28 **8,52** Joh 11,4.11 **8,56** Mk 7,36* **9,1-6** 10,1–12 **9,1** 6,12–16 **9,5** Apg 13,50–51; 18,6 **9,7-8** 9,19 **9,9** Mt 14,6–11; Lk 23,8 **9,10** 10,17

12 Es war spät geworden. Da kamen die
zwölf Jünger zu Jesus und sagten: »Es
wird Zeit, dass die Leute gehen, damit
sie in den umliegenden Dörfern und Hö-
fen übernachten und etwas zu essen kau-
fen können. Hier gibt es doch nichts!«
13 »Gebt *ihr* ihnen zu essen!«, forderte
Jesus sie auf. »Aber wir haben nur fünf
Brote und zwei Fische!«, entgegneten
die Jünger. »Oder sollen wir etwa für all
die Leute Essen besorgen?«
14 Es hatten
sich etwa fünftausend Männer um Jesus
versammelt. »Sagt ihnen, sie sollen sich
in Gruppen von je fünfzig Personen set-
zen!«, ordnete Jesus an.
15 Und so geschah
es.
16 Jesus nahm die fünf Brote und die
zwei Fische, sah zum Himmel auf und
segnete sie. Er teilte Brot und Fische,
reichte sie seinen Jüngern, und die Jünger
gaben sie an die Menge weiter.
17 Alle
aßen sich satt. Als man anschließend die
Reste einsammelte, da waren es noch
zwölf volle Körbe.

Wer ist Jesus?
(Matthäus 16,13–21; Markus 8,27–30)

18 Eines Tages war Jesus allein und betete.
Nur seine Jünger waren bei ihm. Da frag-
te er sie: »Für wen halten mich die Leute
eigentlich?«
19 Die Jünger erwiderten: »Einige hal-
ten dich für Johannes den Täufer oder
den Propheten Elia, andere meinen, einer
der alten Propheten sei auferstanden.«
20 »Und für wen haltet ihr mich?«, frag-
te er sie. Da antwortete Petrus: »Du bist
Christus, der von Gott gesandte Retter!«
21 Jesus befahl seinen Jüngern nachdrück-
lich, mit niemandem darüber zu reden.
22 Dann sagte er: »Der Menschensohn
muss viel leiden. Die führenden Männer
des Volkes, die Hohenpriester und
Schriftgelehrten werden ihn verurteilen
und töten. Aber drei Tage später wird
Gott ihn wieder auferwecken.«

Alles hingeben, um alles zu gewinnen
(Matthäus 16,24–28; Markus 8,34 – 9,1)

23 Danach wandte sich Jesus an alle:
»Wer mir nachfolgen will, darf nicht
mehr sich selbst in den Mittelpunkt stel-
len, sondern muss sein Kreuz täglich auf
sich nehmen und mir nachfolgen.
24 Wer
sich an sein Leben klammert, der wird es
verlieren. Wer aber sein Leben für mich
einsetzt, der wird es für immer gewin-
nen.
25 Denn was gewinnt ein Mensch,
wenn ihm die ganze Welt zufällt, er aber
dabei sich selbst verliert oder Schaden
nimmt?
26 Wer sich schämt, sich zu mir und mei-
ner Botschaft zu bekennen, den wird
auch der Menschensohn nicht kennen,
wenn er in seiner Macht und in der Herr-
lichkeit des Vaters und der heiligen En-
gel kommen wird.
27 Das sage ich euch:
Einige von denen, die hier stehen, wer-
den nicht sterben, bevor die neue Welt
Gottes sichtbar wird.«

Die Jünger erleben Jesu Herrlichkeit
(Matthäus 17,1–9; Markus 9,2–9)

28 Acht Tage später stieg Jesus mit Petrus,
Johannes und Jakobus auf einen Berg,
um zu beten.
29 Als Jesus betete, ver-
änderte sich sein Gesicht, und seine Klei-
der strahlten hell.
30 Plötzlich standen
zwei Männer da und redeten mit ihm:
Mose und Elia.
31 Auch sie waren von hel-
lem Licht umgeben und sprachen mit
Jesus über seinen Tod, den er nach Got-
tes Plan in Jerusalem erleiden sollte.
32 Petrus und die beiden anderen
Jünger waren eingeschlafen. Als sie
aufwachten, sahen sie Jesus von Licht
umstrahlt und die zwei Männer bei ihm.
33 Schließlich wollten die zwei Männer
gehen. Da rief Petrus: »Meister, hier
gefällt es uns. Wir wollen drei Hütten
bauen, für dich, für Mose und für Elia!«

9,18 5,16* **9,19** 9,7–8 **9,20** Joh 10,24–25; 11,27 **9,21** Mk 7,36* **9,22** 9,44; 18,32–33 **9,23** 14,27; 1 Petr 2,21 **9,24** Offb 12,11 **9,25** 12,16–21 **9,26** 2 Tim 1,8; 2,12–13 **9,28–36** 2 Petr 1,16–18 **9,28** 8,51 **9,29** Offb 1,16 **9,31** 24,44–46*

Störungen unerwünscht?

Lesen Sie Lukas 8,40-56

Störungen erlebte Jesus immer wieder. Jeder wollte ein paar Augenblicke Zeit von ihm. Alle wollten im Mittelpunkt seiner Aufmerksamkeit stehen, wenn auch nur für ein paar Sekunden. Die Leute hörten seine Worte und sahen seine Wunder, und nun wollten auch sie etwas von ihm.

Zu ihrer Verteidigung muss man sagen: Sie konnten ja nicht ahnen, dass sie gerade das bedeutendste Werk in der Geschichte der Menschheit unterbrachen. Sie konnten es deshalb nicht wissen, weil Jesus es ihnen gegenüber nie so zum Ausdruck brachte. Als Jaïrus Jesu Reise unterbrach und ihn bat, mit ihm nach Hause zu kommen und seine Tochter zu heilen, da ging Jesus hin. Und als wiederum eine verzweifelte Frau ihn auf dem Weg zu Jaïrus' Haus stoppte, blieb er stehen und sprach mit ihr.

Jesus gestattete die Störungen, weil er diese Begegnungen eben nicht als Störungen betrachtete. Er sah die Not der Menschen. Er verstand, warum diese Leute die gesellschaftlichen Gepflogenheiten missachteten, um ihn anzusprechen. Jesus wurde nicht zornig und ärgerte sich nicht darüber. Stattdessen stellte er seine eigenen Pläne um, damit er die Not der Menschen lindern konnte.

Wie viel könnten wir in unserem Umfeld verändern, wenn wir an diesem Punkt Jesu Beispiel folgen würden?

Hier ist ein Gebet, mit dem Sie allein oder zu zweit auf das eben Gelesene antworten können: Herr, ich möchte gerne erkennen, was du mit mir vorhast, und deshalb auch Störungen und Unterbrechungen als Gelegenheit nehmen, anderen liebevoll zu begegnen.

Wenn Sie noch mehr Zeit haben ...

Besprechen Sie miteinander folgende Fragen oder denken Sie darüber nach:

- In dem gerade gelesenen Bibeltext fallen Jesu Worte und Tonfall auf. Wie spricht er die Menschen an, die ihn unterbrechen?
- Wann wurden Sie in letzter Zeit bei etwas gestört, und wie haben Sie reagiert?
- Was möchten Sie aus dem Vorbild, das Jesus in diesem Text gibt, lernen?

Lesen Sie auch die folgenden Abschnitte zum Thema Nächstenliebe:
3. Mose 19,18; 1. Timotheus 1,5; 1. Johannes 4,11-19.

Gebetsgemeinschaft

Lesen Sie Lukas 11,1-13

Jesus war das Gebet wichtig, doch vielen Paaren fällt es nicht leicht, gemeinsam zu beten. Dafür mag es viele Gründe geben. Wenn die beiden Ehepartner sich gegenseitig zum Beispiel nicht mit Liebe und Respekt begegnen, ist ihnen auch nicht nach einem gemeinsamen Gebet zumute. Andere Paare wiederum haben nie gelernt, zusammen mit anderen zu beten, und diese Praxis darum auch nicht in ihrer Ehe eingeführt.

Egal wie viel Erfahrung Sie mit dem gemeinsamen Gebet mitbringen, versuchen Sie es doch einmal mit der folgenden Übung. Das Gebet kann viele Formen haben, doch diese Übung führt Sie in die sogenannte „Gebetsgemeinschaft" ein. Dabei sprechen die beiden Ehepartner abwechselnd mit Gott über ein bestimmtes Thema. Sie können einmal oder auch mehrere Male für dasselbe Anliegen beten. Wenn keiner mehr einen weiteren Gedanken dazu hat, wendet einer der beiden Partner sich einem anderen Thema zu. Der Prozess wiederholt sich so wie in einem Gespräch mit Freunden. Hier ein kurzes Beispiel für ein gemeinsames, laut gesprochenes Gebet:

Ehemann: „Vater, ich möchte dir danken, dass du mich heute auf dem Weg nach Hause in einer sehr brenzligen Situation bewahrt hast. Danke."

Ehefrau: „Vater, ich danke dir auch für die Bewahrung, die ... erlebt hat. Manchmal kommt mir das so selbstverständlich vor. Ich möchte dir auch danken, dass wir gesund sind, und dich für unsere alten Eltern bitten, dass du sie wieder gesund machst."

Ehemann: „Vater, ich bitte dich auch für meinen Schwiegervater. Bitte leite die Ärzte bei den Untersuchungen, und schenk ihm Ruhe und Frieden, während er auf die Ergebnisse warten muss."

Ehefrau: „Und bitte tröste auch meine Mutter. Lass sie daran denken, dass du ihnen in allem beistehst, was sie jetzt erleben ..."

Das Gebet kann man so lange fortsetzen, wie man möchte. Manche Paare halten die Gebetsgemeinschaft gleich nach einer Mahlzeit. Andere sitzen lieber auf einem bequemen Sofa. Wieder andere beten miteinander, bevor sie schlafen gehen oder bevor sie den Tag beginnen. Finden Sie den Zeitpunkt und Ort, der für Sie beide am besten ist.

Nehmen Sie sich Zeit für eine Gebetsgemeinschaft als Ehepaar.

Wenn Sie noch mehr Zeit haben ...

Besprechen Sie miteinander folgende Fragen oder denken Sie darüber nach:

- Wann ist für Sie beide der ideale Zeitpunkt zum Beten und wo ist der ideale Ort dafür?
- Inwiefern könnte das regelmäßige gemeinsame Gebet Sie als Einzelne und als Paar fördern?

Lesen Sie auch die folgenden Abschnitte zum Thema Gebet:
Psalm 145,18; Matthäus 18,19-20; Apostelgeschichte 1,14.

Den nächsten Impuls finden Sie auf S. 1170 a

Petrus wusste aber gar nicht, was er da
redete.
34 Während er sprach, fiel der Schatten
einer Wolke auf sie. Die Wolke hüllte sie
ein, und sie fürchteten sich; 35 dann hör-
ten sie eine Stimme: »Das ist mein gelieb-
ter Sohn, auf ihn sollt ihr hören!«
36 Dann war Jesus wieder allein. Die
Jünger sprachen lange Zeit nicht über
das, was sie erlebt hatten.

Die Ohnmacht der Jünger und die Vollmacht Jesu
(Matthäus 17,14–20; Markus 9,14–29)

37 Als sie am nächsten Tag vom Berg he-
rabstiegen, kamen ihnen viele Menschen
entgegen. 38 Ein Mann war dabei, der Je-
sus anflehte: »Bitte, Lehrer, sieh dir mei-
nen Sohn an, mein einziges Kind! 39 Oft
packt ihn ein Dämon! Dann schreit der
Junge und windet sich in Krämpfen, bis
der Schaum vor seinem Mund steht. Es
gibt kaum eine Stunde, in der er nicht ge-
quält wird. 40 Ich habe schon deine Jünger
gebeten, den bösen Geist auszutreiben,
aber sie waren machtlos.«
41 Da rief Jesus: »Warum vertraut ihr
Gott so wenig? Warum hört ihr nicht auf
ihn? Wie lange muss ich noch bei euch
sein und euch ertragen? Bring deinen
Sohn her!« 42 Als sie ihn zu ihm brachten,
riss und zerrte der Dämon den Jungen
hin und her. Jesus bedrohte den bösen
Geist, heilte den Jungen und gab ihn sei-
nem Vater wieder. 43 Alle waren erstaunt
und erschrocken über die Macht und
Herrlichkeit Gottes.

Jesus spricht wieder von seinem Tod
(Matthäus 17,22–23; Markus 9,30–32)

Während die Leute noch fassungslos
über diese Tat staunten, sagte Jesus zu
seinen Jüngern:
44 »Vergesst nicht, was ich euch sage:
Der Menschensohn wird bald in der Ge-
walt der Menschen sein.«
45 Aber die Jünger verstanden Jesus
nicht. Die Bedeutung seiner Worte war
ihnen verborgen, und sie trauten sich
auch nicht, ihn zu fragen.

Gott hat andere Maßstäbe
(Matthäus 18,1–5; Markus 9,33–40)

46 Eines Tages verhandelten die Jünger
darüber, welcher von ihnen der Wichtigs-
te sei. 47 Jesus merkte, was sie beschäftig-
te. Er rief ein Kind, stellte es neben sich
48 und sagte: »Wer solch ein Kind mir zu-
liebe aufnimmt, der nimmt mich auf. Und
wer mich aufnimmt, der nimmt damit
Gott selbst auf, weil Gott mich gesandt
hat. Wer der Geringste unter euch allen
ist, der ist wirklich groß.«
49 »Meister«, berichtete Johannes, »wir
haben einen Mann gesehen, der in dei-
nem Namen Dämonen austrieb. Aber
weil er nicht zu uns gehört, haben wir es
ihm verboten.« 50 »Das hättet ihr nicht
tun sollen«, erwiderte Jesus. »Denn wer
nicht gegen euch ist, der ist für euch.«

Ablehnung in Samarien

51 Als die Zeit nah war, dass Jesus wieder
zu Gott zurückkehren sollte, brach er
nach Jerusalem auf. 52 Unterwegs schickte
er Boten voraus, die in einem Dorf in Sa-
marien für eine Unterkunft sorgen soll-
ten. 53 Aber weil Jesus auf dem Weg nach
Jerusalem war, wollte ihn keiner auf-
nehmen.
54 Als seine Jünger Jakobus und Johan-
nes das hörten, waren sie empört: »Herr,
das brauchst du dir doch nicht gefallen zu
lassen! Wenn du willst, lassen wir Feuer
vom Himmel fallen wie damals Elia, da-
mit sie alle verbrennen!«
55 Doch Jesus wies sie scharf zurecht,[a]
56 und sie gingen in ein anderes Dorf.

---

[a] Andere Textzeugen fügen hinzu (Vers 55b): Er sagte: »Habt ihr denn vergessen, von welchem Geist ihr euch leiten lassen sollt? (Vers 56a) Der Menschensohn ist nicht gekommen, das Leben der Menschen zu vernichten, sondern es zu retten.«

9,35 3,22; Ps 2,7; 5 Mo 18,15 **9,44** 9,22; 18,32–33 **9,45** 18,34; 24,45 **9,48** 10,16 **9,50** Phil 1,18 **9,53** Joh 4,9 **9,54** 2 Kön 1,10.12

Nachfolge duldet keinen Aufschub
(Matthäus 8,19–22)

57 Unterwegs wurde Jesus von einem
Mann angesprochen: »Herr, ich will mit
dir gehen, ganz gleich wohin.« 58 Jesus
antwortete ihm: »Die Füchse haben ihren
Bau, die Vögel ihre Nester, aber der
Menschensohn hat keinen Platz, an dem
er sich ausruhen kann.«
59 Einen anderen forderte Jesus auf:
»Komm mit mir!« Er erwiderte: »Ja,
Herr, aber vorher lass mich noch meinen
Vater bestatten.« 60 Da antwortete Jesus:
»Überlass es den Toten, ihre Toten zu be-
graben. Du aber sollst die Botschaft von
Gottes neuer Welt verkünden.«
61 Noch einer sagte zu Jesus: »Ich will
mit dir gehen, Herr. Sobald ich mich von
meiner Familie verabschiedet habe, kom-
me ich mit.« 62 Ihm antwortete Jesus:
»Wer beim Pflügen nach hinten blickt,
den kann Gott in seiner neuen Welt nicht
brauchen.«

Arbeiter für Gottes Ernte
(Matthäus 9,37–38; 10,7–16; 11,20–24; Markus 6,7–13)

10 Danach wählte Jesus siebzig wei-
tere Jünger aus und schickte sie
immer zu zweit in die Städte und Dörfer,
in die er später selbst kommen wollte.
2 Er sagte zu ihnen: »Die Ernte ist groß,
aber es gibt nur wenige Arbeiter. Des-
halb bittet den Herrn, dass er noch mehr
Arbeiter aussendet, die seine Ernte ein-
bringen.
3 Geht nun! Ich schicke euch wie Scha-
fe mitten unter die Wölfe. 4 Nehmt kein
Geld, keine Tasche, keine Schuhe mit,
und wenn ihr unterwegs Leute trefft,
dann führt keine langen Gespräche!
5 Wenn ihr in ein Haus eintretet, dann
sagt: ›Friede sei mit euch allen!‹ 6 Wollen
die Menschen Gottes Frieden annehmen,
wird der Friede, den ihr ihnen bringt, bei
ihnen bleiben. Lehnt man aber eure Frie-
densbotschaft ab, dann wird auch Gottes
Friede nicht in diesem Haus sein. 7 Des-
halb bleibt dort, wo man euch aufnimmt,
esst und trinkt, was man euch anbietet.
Denn weil ihr den Menschen dient, sollen
sie für euch sorgen. Bleibt in dem einen
Haus, und geht in kein anderes.
8 Wenn ihr in eine Stadt kommt, in der
euch die Leute bereitwillig aufnehmen,
dann esst, was man euch anbietet. 9 Heilt
die Kranken, und sagt allen Menschen:
›Jetzt beginnt Gottes neue Welt bei
euch.‹
10 Will man aber irgendwo nichts von
euch wissen, dann verlasst diese Stadt
und sagt den Einwohnern: 11 ›Ihr habt
euch selbst das Urteil gesprochen. Sogar
den Staub eurer Straßen schütteln wir
von unseren Füßen. Doch merkt euch das
eine: Gottes neue Welt hat begonnen!‹
12 Ich sage euch: Den Einwohnern von
Sodom wird es am Tag des Gerichts bes-
ser ergehen als den Menschen einer sol-
chen Stadt. 13 Weh euch, ihr Einwohner
von Chorazin und Betsaida! Wenn die
Wunder, die ich bei euch getan habe, in
den nichtjüdischen Städten Tyrus und Si-
don geschehen wären, ihre Einwohner
hätten längst Trauerkleider angezogen,
sich Asche auf den Kopf gestreut und wä-
ren zu Gott umgekehrt. 14 Am Tag des
Gerichts wird es Tyrus und Sidon besser
ergehen als euch. 15 Und du, Kapernaum,
wirst du etwa zum Himmel erhoben wer-
den? Nein, zur Hölle wirst du fahren!
16 Wer auf euch hört, der hört auf mich.
Und wer euch ablehnt, der lehnt mich ab.
Aber wer mich ablehnt, der lehnt damit
auch Gott ab, der mich gesandt hat.«

Die Rückkehr der siebzig Jünger

17 Als die siebzig Jünger zurückgekehrt
waren, berichteten sie voller Freude:
»Herr, sogar die Dämonen mussten uns
gehorchen, wenn wir deinen Namen

9,58 1 Kor 4,11 **9,59–60** 14,26 **9,61–62** 1 Kön 19,20–21 **9,62** Phil 3,13 **10,1–12** 9,1–6 **10,5–6** 2,14 **10,7** 1 Kor 9,4.14; 1 Tim 5,18 **10,9** Mt 3,2; 4,17 **10,10–11** Apg 13,51; 18,6 **10,12** 1 Mo 19,24–25* **10,13–14** Jes 23,1–16* **10,13** Jona 3,6–9 **10,16** Joh 5,23; 1 Thess 2,13; 4,8

nannten!« 18 Jesus antwortete: »Ich sah
den Satan wie einen Blitz vom Himmel
fallen. 19 Ich habe euch die Macht gege-
ben, auf Schlangen und Skorpione zu tre-
ten und die Gewalt des Feindes zu bre-
chen. Nichts wird euch schaden. 20 Doch
freut euch nicht so sehr, dass euch die
Dämonen gehorchen müssen; freut euch
vielmehr darüber, dass eure Namen im
Himmel aufgeschrieben sind!«

Jesus dankt dem Vater
(Matthäus 11,25–27)

21 Erfüllt vom Heiligen Geist, betete Jesus
nun voller Freude: »Mein Vater, Herr
über Himmel und Erde! Ich danke dir,
dass du die Wahrheit vor den Klugen
und Gebildeten verbirgst und sie den Un-
wissenden enthüllst. Ja, Vater, so ent-
spricht es deinem Willen. 22 Mein Vater
hat mir alle Macht gegeben. Nur der Va-
ter kennt den Sohn. Und nur der Sohn
kennt den Vater und jeder, dem der Sohn
ihn zeigt.«
23 Zu seinen Jüngern sagte Jesus dann:
»Ihr könnt glücklich sein, dass ihr dies al-
les seht und erlebt. 24 Ich sage euch: Viele
Propheten und Könige hätten gern gese-
hen, was ihr seht, und gehört, was ihr
hört. Aber die Zeit war noch nicht da.«

Der barmherzige Samariter – das wichtigste Gebot
(Matthäus 22,34–40; Markus 12,28–34)

25 Da stand ein Schriftgelehrter auf, um
Jesus eine Falle zu stellen. »Lehrer«, frag-
te er scheinheilig, »was muss ich tun, um
das ewige Leben zu bekommen?« 26 Jesus
erwiderte: »Was steht denn darüber im
Gesetz Gottes? Was liest du dort?« 27 Der
Schriftgelehrte antwortete: »Du sollst
den Herrn, deinen Gott, lieben von gan-
zem Herzen, mit ganzer Hingabe, mit all
deiner Kraft und mit deinem ganzen Ver-
stand. Und auch deinen Mitmenschen
sollst du so lieben wie dich selbst.«[a]
28 »Richtig!«, erwiderte Jesus. »Tu das,
und du wirst ewig leben.«
29 Aber der Mann gab sich damit nicht
zufrieden und fragte weiter: »Wer gehört
denn eigentlich zu meinen Mitmen-
schen?«
30 Jesus antwortete ihm mit einer Ge-
schichte: »Ein Mann wanderte von Jeru-
salem nach Jericho. Unterwegs wurde er
von Räubern überfallen. Sie schlugen ihn
zusammen, raubten ihn aus und ließen
ihn halb tot liegen. Dann machten sie
sich davon.
31 Zufällig kam bald darauf ein Priester
vorbei. Er sah den Mann liegen und ging
schnell auf der anderen Straßenseite wei-
ter. 32 Genauso verhielt sich ein Tempel-
diener. Er sah zwar den verletzten Mann,
aber er blieb nicht stehen, sondern mach-
te einen großen Bogen um ihn. 33 Dann
kam einer der verachteten Samariter vor-
bei. Als er den Verletzten sah, hatte er
Mitleid mit ihm. 34 Er beugte sich zu ihm
hinunter, behandelte seine Wunden mit
Öl und Wein und verband sie. Dann hob
er ihn auf sein Reittier und brachte ihn in
den nächsten Gasthof, wo er den Kran-
ken besser pflegen und versorgen konnte.
35 Als er am nächsten Tag weiterreisen
musste, gab er dem Wirt zwei Silberstü-
cke und bat ihn: ›Pflege den Mann ge-
sund! Sollte das Geld nicht reichen, wer-
de ich dir den Rest auf meiner Rückreise
bezahlen!‹
36 Was meinst du?«, fragte Jesus jetzt
den Schriftgelehrten. »Welcher von den
dreien hat an dem Überfallenen als Mit-
mensch gehandelt?« 37 Der Schriftgelehr-
te erwiderte: »Natürlich der Mann, der
ihm geholfen hat.« »Dann geh und folge
seinem Beispiel!«, forderte Jesus ihn auf.

---

[a] 5. Mose 6,5; 3. Mose 19,18

10,18 Jes 14,12; Joh 12,31; Offb 12,8–9 **10,19** Mk 16,18 **10,20** Offb 13,8* **10,21** 1 Kor 1,18–29 **10,22** Joh 1,18 **10,24** Hebr 11,13; 1 Petr 1,10–12 **10,25** 18,18 **10,28** Röm 10,5 **10,31–32** 3 Mo 21,1 **10,33** 9,52–54; Joh 4,9 **10,37** 6,47–48

Jesus bei Maria und Marta

38 Jesus kam mit seinen Jüngern in ein
Dorf, wo sie bei einer Frau aufgenommen
wurden, die Marta hieß. 39 Maria, ihre
Schwester, setzte sich zu Jesu Füßen hin
und hörte ihm aufmerksam zu. 40 Marta
aber war unentwegt mit der Bewirtung
ihrer Gäste beschäftigt.

Schließlich kam sie zu Jesus und fragte:
»Herr, siehst du nicht, dass meine
Schwester mir die ganze Arbeit über-
lässt? Kannst du ihr nicht sagen, dass sie
mir helfen soll?« 41 Doch Jesus antworte-
te ihr: »Marta, Marta, du bist um so vieles
besorgt und machst dir so viel Mühe.
42 Nur eines aber ist wirklich wichtig und
gut! Maria hat sich für dieses eine ent-
schieden, und das kann ihr niemand mehr
nehmen.«

Gott erhört Gebete
(Matthäus 6,9–13; 7,7–11)

11 Eines Tages, als Jesus gebetet hat-
te, bat ihn einer seiner Jünger:
»Herr, sag uns doch, wie wir richtig beten
sollen. Auch Johannes hat dies seine Jün-
ger gelehrt.« 2 Jesus antwortete ihnen:

»So sollt ihr beten:
›Unser Vater im Himmel! Dein heiliger
Name soll geehrt werden. Lass deine
neue Welt beginnen.
3 Gib uns auch heute wieder, was wir zum
Leben brauchen.
4 Vergib uns unsere Schuld, wie wir denen
vergeben, die uns Unrecht getan haben.
Lass uns nicht in Versuchung geraten,
dir untreu zu werden.‹[a] «

5 Dann sagte Jesus zu den Jüngern:
»Stellt euch vor, einer von euch hat einen
Freund. Mitten in der Nacht geht er zu
ihm, klopft an die Tür und bittet ihn:
›Leih mir doch bitte drei Brote. 6 Ich habe
unerwartet Besuch bekommen und nichts
im Haus, was ich ihm anbieten könnte.‹
7 Vielleicht würde der Freund dann ant-
worten: ›Stör mich nicht! Ich habe die
Tür schon abgeschlossen und liege im
Bett. Außerdem könnten die Kinder in
meinem Bett aufwachen. Ich kann jetzt
nicht aufstehen und dir etwas geben.‹

8 Das eine ist sicher: Wenn er schon
nicht aufstehen und dem Mann etwas ge-
ben will, weil er sein Freund ist, so wird er
schließlich doch aus seinem Bett steigen
und ihm alles Nötige geben, weil der an-
dere so unverschämt ist und ihm einfach
keine Ruhe lässt.

9 Darum sage ich euch: Bittet Gott, und
er wird euch geben! Sucht, und ihr wer-
det finden! Klopft an, und euch wird die
Tür geöffnet! 10 Denn wer bittet, der be-
kommt. Wer sucht, der findet. Und wer
anklopft, dem wird geöffnet.

11 Welcher Vater würde seinem Sohn
denn eine Schlange geben, wenn er ihn
um einen Fisch bittet, 12 oder einen Skor-
pion, wenn er ein Ei haben möchte?
13 Wenn schon ihr hartherzigen Menschen
euren Kindern Gutes gebt, wie viel mehr
wird der Vater im Himmel denen den
Heiligen Geist schenken, die ihn darum
bitten.«

»Wer nicht für mich ist, der ist gegen mich«
(Matthäus 12,22–30; Markus 3,22–27)

14 Einmal trieb Jesus einen Dämon aus,
der einen Mann stumm gemacht hatte.
Als der Dämon ihn verlassen hatte,
konnte der Mann wieder sprechen. Die
Leute, die das beobachteten, staunten;
15 aber es gab auch einige, die sagten:
»Er kann nur deshalb die Dämonen aus-
treiben, weil ihm der Oberste Teufel[b],
der über die Dämonen herrscht, die
Macht dazu gibt.« 16 Andere wieder, die
Jesus eine Falle stellen wollten, verlang-
ten von ihm ein Wunder Gottes als Be-

---

a Wörtlich: Führe uns nicht in Versuchung.
b Wörtlich: Beelzebul.

10,38–39 Joh 11,1–2; 12,1–3 **10,41–42** Mt 6,31–33 **11,1** 5,16* **11,2** Jes 29,23 **11,3** 1 Petr 5,7 **11,4** Mt 18,21–35; 1 Kor 10,13 **11,5–10** 18,1–8 **11,9** Jer 29,13–14; Joh 15,7* **11,16** Mt 12,38; Mk 8,11

weis dafür, dass er wirklich in Gottes Na-
men handelte.
[17] Jesus kannte ihre Gedanken und sag-
te: »Ein Staat, in dem verschiedene Herr-
scher um die Macht kämpfen, steht vor
dem Untergang; und eine Familie, die
ständig in Zank und Streit lebt, bricht
auseinander. [18] Wenn nun der Satan sich
selbst bekämpfte, zerstörte er damit nicht
sein eigenes Reich? Ihr behauptet, ich
würde die Dämonen durch die Kraft des
Obersten Teufels[a] austreiben. [19] Wenn
das tatsächlich so wäre: Welche Kraft
nutzen dann eure eigenen Leute, um bö-
se Geister auszutreiben? Sie selbst wer-
den euch das Urteil sprechen. [20] Wenn
ich aber die Dämonen durch Gottes
Macht austreibe, so beginnt Gottes neue
Welt jetzt – mitten unter euch!
[21] Solange ein starker Mann gut be-
waffnet ist und sein Haus bewacht, kann
ihm niemand etwas rauben; [22] es sei denn,
er wird von einem Stärkeren angegriffen
und überwältigt. Dieser nimmt ihm die
Waffen weg, auf die er vertraute, und
reißt seinen ganzen Besitz an sich.
[23] Ich sage euch: Wer nicht für mich ist,
der ist gegen mich, und wer sich nicht für
mich einsetzt, der führt die Menschen in
die Irre.«

Die Gefahr des Rückfalls
(Matthäus 12,43–45)

[24] »Wenn ein Dämon ausgetrieben wird,
irrt er in öden Gegenden umher auf
der Suche nach einem neuen Opfer.
Findet er keins, entschließt er sich:
›Ich will dorthin zurückkehren, woher
ich gekommen bin.‹ [25] Wenn er zurück-
kommt und seine frühere Wohnung sau-
ber und geschmückt vorfindet, [26] dann
sucht er sich sieben andere Geister, die
noch schlimmer sind als er selbst. Zusam-
men ergreifen sie Besitz von dem Men-
schen, der nun schlimmer dran ist als
vorher.«

Wer darf sich glücklich nennen?

[27] Während Jesus das sagte, rief plötzlich
eine Frau aus der Menschenmenge: »Wie
glücklich muss die Frau sein, die dich ge-
boren und gestillt hat!«
[28] Darauf erwiderte Jesus: »Ja, aber
noch glücklicher sind die Menschen, die
Gottes Botschaft hören und danach le-
ben.«

Die Menschen wollen Beweise
(Matthäus 12,38–42)

[29] Von allen Seiten drängten sich die Leu-
te um Jesus. Da sagte er zu ihnen: »Die
Menschen von heute sind voller Bosheit.
Sie verlangen einen Beweis dafür, dass
Gott mich gesandt hat; aber sie werden
nur das Wunder zu sehen bekommen,
das am Propheten Jona geschah. [30] So
wie Jona für die Leute von Ninive ein
Zeichen Gottes wurde, so wird es auch
der Menschensohn für euch sein.
[31] Die Königin aus dem Süden wird am
Gerichtstag Gottes als Zeugin gegen die-
ses Volk auftreten und es verurteilen.
Denn sie kam von weit her, um von der
Weisheit des Königs Salomo zu lernen.
Der aber hier vor euch steht, ist größer
als Salomo!
[32] Auch die Einwohner von Ninive wer-
den euch am Gerichtstag verurteilen,
denn nach Jonas Predigt kehrten sie um
zu Gott. Der hier vor euch steht, ist aber
größer als Jona.«

Licht und Finsternis
(Matthäus 5,15; 6,22–23)

[33] »Niemand zündet eine Öllampe an und
versteckt sie dann oder stellt sie unter
einen Eimer. Im Gegenteil! Man stellt
die Lampe so auf, dass jeder, der herein-
kommt, das Licht sieht.
[34] Das Auge gibt dir Licht. Wenn deine
Augen das Licht einlassen, wirst du auch

---

a Wörtlich: Beelzebul.

11,20 17,21; 1 Joh 3,8 **11,22** Kol 2,15; 1 Joh 4,4 **11,23** 9,50 **11,26** 2 Petr 2,20 **11,28** 6,47–48; Jak 1,22–25 **11,29** Jona 2,1.11 **11,31** 1 Kön 10,1–10 **11,32** Jona 3,5–9 **11,34** Eph 1,18

im Licht leben. Verschließen sich deine
Augen dem Licht, lebst du in Dunkel-
heit. 35 Deshalb achte darauf, dass das
Licht in deinem Innern nicht erlischt!
36 Wenn du es einlässt und keine Finster-
nis in dir ist, dann lebst du im Licht – so,
als würdest du von einer hellen Lampe
angestrahlt.«

Die Heuchelei der Pharisäer
(Matthäus 23,25–28; 23,6–7)

37 Jesus sprach noch mit seinen Zuhörern,
als er von einem Pharisäer zum Mittag-
essen eingeladen wurde. Er ging mit und
nahm am Tisch Platz. 38 Entrüstet be-
merkte der Gastgeber, dass sich Jesus
vor dem Essen nicht die Hände gewa-
schen hatte, wie es bei den Juden vor-
geschrieben war.[a] 39 Da sagte Jesus, der
Herr, zu ihm: »Ihr Pharisäer poliert eure
Becher und Schüsseln außen auf Hoch-
glanz, so wie das Gesetz es erfordert.
Doch gefüllt sind sie mit dem, was ihr in
eurer maßlosen Gier anderen abgenom-
men habt. 40 Ihr Dummköpfe! Ihr wisst
doch ganz genau, dass Gott beides ge-
schaffen hat – Äußeres und Inneres.
41 Eure Schüsseln und Becher sind voll.
Gebt das, was darin ist, den Armen, dann
seid ihr auch vor Gott rein!
42 Wehe euch, ihr Pharisäer! Sogar von
Küchenkräutern wie Minze und Raute
und auch von allen anderen Gewürzen
gebt ihr Gott den zehnten Teil. Aber Ge-
rechtigkeit und die Liebe zu Gott sind
euch gleichgültig! Doch gerade darum
geht es hier: Das Wesentliche tun und
das andere nicht unterlassen!
43 Ich warne euch, ihr Pharisäer! In der
Synagoge sitzt ihr stets in der ersten Rei-
he, und es gefällt euch, wenn man euch
auf der Straße ehrfurchtsvoll grüßt.
44 Wehe euch, ihr Pharisäer! Wer mit euch
zu tun hat, der weiß nicht, dass er sich
verunreinigt. Denn ihr seid wie Gräber,
die vom Gras überwuchert sind und über
die man geht, ohne es zu wissen.«

Fromm und doch gottlos
(Matthäus 23,4.29–36; 23,13–14)

45 »Lehrer«, rief einer der Schriftgelehr-
ten dazwischen, »damit beschimpfst du
auch uns!«
46 Jesus erwiderte: »Ja, ich warne auch
euch, ihr Schriftgelehrten! Ihr bürdet
den Menschen unerträgliche Lasten auf,
doch ihr selbst rührt keinen Finger, um
diese Lasten zu tragen. 47 Wehe euch! Ihr
baut Denkmäler für die Propheten, die
von euren Vorfahren umgebracht wur-
den. 48 Doch damit bestätigt ihr nur, dass
ihr nicht anders seid als eure Vorfahren.
Sie haben die Propheten getötet, und ihr
vollendet ihr Werk durch Denkmäler.
49 Deshalb hat Gott in seiner Weisheit
gesagt: Ich werde ihnen Propheten und
Apostel schicken; doch sie werden einige
von ihnen töten und die anderen verfol-
gen! 50 Ihr werdet zur Rechenschaft gezo-
gen für den Mord an allen Propheten, seit
die Welt besteht: 51 angefangen bei Abel
bis hin zu Secharja, den ihr zwischen
Brandopferaltar und Tempel ermordet
habt. Ja, noch diese Generation wird da-
für die Verantwortung tragen müssen.
52 Wehe euch, ihr Schriftgelehrten!
Denn durch eure Lehren verhindert ihr,
dass die Menschen den Weg zur Wahrheit
finden. Ihr selbst seid nicht in Gottes
neue Welt hineingegangen, und ihr ver-
sperrt auch noch allen, die hineinwollen,
den Zugang.«
53 Seit dieser Zeit verfolgten die Pha-
risäer und Schriftgelehrten Jesus. Sie
stellten ihm hinterhältige Fragen 54 und
warteten nur darauf, dass sie ihn mit sei-
nen eigenen Worten in eine Falle locken
könnten.

---

[a] »wie … vorgeschrieben war« ist sinngemäß ergänzt.

11,36 Joh 8,12; Eph 5,8; 1 Thess 5,5 **11,37** 7,36; 14,1 **11,38** Mk 7,2–4 **11,41** 12,33 **11,42** 3 Mo 27,30; Mi 6,8 **11,43** 14,7–11 **11,46** Mt 11,28–30 **11,47** Apg 7,52 **11,51** 1 Mo 4,8; 2 Chr 24,20–21 **11,52** 6,39

Habt keine Angst vor den Menschen!
(Matthäus 10,26–33)

12 Hunderte, ja Tausende strömten
zusammen, und das Gedränge
wurde bedrohlich. Doch Jesus sprach zu-
nächst nur zu seinen Jüngern: »Hütet
euch vor den Pharisäern und ihrer
Scheinheiligkeit, denn sie ist wie ein Sau-
erteig, der das ganze Brot durchsäuert.
2 Jetzt kommt bald die Zeit, in der das
Verborgene ans Licht kommt und alle
Geheimnisse enthüllt werden. 3 Was ihr
im Geheimen redet, werden alle erfah-
ren, und was ihr hinter vorgehaltener
Hand flüstert, wird alle Welt zu hören be-
kommen.
4 Meine Freunde! Habt keine Angst
vor den Menschen, die euch zwar töten
können, aber nicht mehr. 5 Fürchtet viel-
mehr Gott, denn er kann euch töten und
in die Hölle werfen. Ja, fürchtet ihn al-
lein! 6 Welchen Wert hat schon ein Spatz
auf dem Dach? Man kann fünf von ihnen
für einen Spottpreis kaufen. Und doch
vergisst Gott keinen einzigen von ihnen.
7 Bei euch sind sogar die Haare auf dem
Kopf alle gezählt. Darum habt keine
Angst! Ihr seid Gott mehr wert als ein
ganzer Spatzenschwarm!
8 Das sage ich euch: Wer sich vor den
Menschen zu mir bekennt, zu dem wird
sich auch der Menschensohn vor den En-
geln bekennen. 9 Wer aber vor den Men-
schen nicht zu mir steht, zu dem wird
auch der Menschensohn vor den Engeln
Gottes nicht stehen. 10 Wer den Men-
schensohn beschimpft, dem kann ver-
geben werden. Wer aber den Heiligen
Geist beschimpft, der wird niemals Ver-
gebung finden.
11 Wenn ihr in den Synagogen vor Rich-
tern und Machthabern verhört werdet,
dann sorgt euch nicht darum, was ihr sa-
gen oder wie ihr euch verteidigen sollt!
12 Denn der Heilige Geist wird euch zur
rechten Zeit das rechte Wort geben.«

Der arme Reiche

13 Da rief einer aus der Menge: »Lehrer,
sag doch meinem Bruder, er soll unser
Erbe gerecht mit mir teilen.« 14 Aber Je-
sus wies ihn zurück: »Bin ich etwa euer
Richter oder euer Vermittler in Erbstrei-
tigkeiten?« 15 Dann wandte er sich an al-
le: »Hütet euch vor der Habgier! Wenn
jemand auch noch so viel Geld hat, das
Leben kann er sich damit nicht kaufen.«
16 An einem Beispiel erklärte er seinen
Zuhörern, was er damit meinte:
»Ein reicher Gutsbesitzer hatte eine
besonders gute Ernte. 17 Er überlegte:
›Wo soll ich bloß alles unterbringen?
Meine Scheunen sind voll; da geht nichts
mehr rein.‹ 18 Er beschloss: ›Ich werde die
alten Scheunen abreißen und neue bau-
en, so groß, dass ich das ganze Getreide,
ja alles, was ich habe, darin unterbringen
kann. 19 Dann will ich mich zur Ruhe set-
zen. Ich habe für lange Zeit ausgesorgt.
Jetzt lasse ich es mir gut gehen. Ich will
gut essen und trinken und mein Leben
genießen!‹ 20 Aber Gott sagte zu ihm:
›Du Narr! Noch in dieser Nacht wirst du
sterben. Wer bekommt dann deinen gan-
zen Reichtum, den du angehäuft hast?‹
21 So wird es allen gehen, die auf der Erde
Reichtümer sammeln, aber mit leeren
Händen vor Gott stehen.«

Macht euch keine Sorgen
(Matthäus 6,25–34)

22 Jesus sagte zu seinen Jüngern: »Macht
euch keine Sorgen um euren Lebens-
unterhalt, um Essen und Kleidung. 23 Le-
ben bedeutet mehr als Essen und Trin-
ken, und der Mensch ist wichtiger als
seine Kleidung.
24 Seht euch die Raben an! Sie säen
nichts und ernten nichts, sie haben keine
Vorratskammern und keine Scheunen;
aber Gott versorgt sie doch. Meint ihr
nicht, dass ihr ihm viel wichtiger seid?

12,4–5 Ps 56,5; Hebr 10,31 **12,7** 21,18 **12,8–9** 2 Tim 2,12; Offb 3,5 **12,10** 1 Joh 1,9
12,11–12 Joh 15,26*; Apg 4,8.13; 1 Kor 2,4 **12,15** 9,25; 1 Tim 6,9–10 **12,21** 12,33–34
12,22 Phil 4,6; 1 Petr 5,7 **12,24** 12,6–7; Ps 147,9

25 Und wenn ihr euch noch so viel sorgt,
könnt ihr doch euer Leben um keinen
Augenblick verlängern. 26 Wenn ihr aber
nicht einmal das könnt, was sorgt ihr
euch um all die anderen Dinge? 27 Seht
euch an, wie die Lilien blühen! Sie kön-
nen weder spinnen noch weben. Ich sage
euch, selbst König Salomo war in seiner
ganzen Herrlichkeit nicht so prächtig ge-
kleidet wie eine dieser Blumen. 28 Wenn
Gott sogar das Gras so schön wachsen
lässt, das heute auf der Wiese grünt, mor-
gen aber schon verbrannt wird, wie könn-
te er euch dann vergessen? Vertraut ihr
Gott so wenig?

29 Zerbrecht euch also nicht mehr den
Kopf darüber, was ihr essen und trinken
sollt! 30 Mit solchen Dingen beschäftigen
sich nur Menschen, die Gott nicht ken-
nen. Euer Vater im Himmel weiß doch
genau, dass ihr dies alles braucht. 31 Sorgt
euch vor allem um Gottes neue Welt,
dann wird er euch mit allem anderen ver-
sorgen.

32 Du kleine Herde, du brauchst keine
Angst vor der Zukunft zu haben! Denn
dir will der Vater sein Königreich schen-
ken. 33 Verkauft euren Besitz, und gebt
das Geld den Armen! Sammelt euch auf
diese Weise einen Vorrat, der nicht alt
wird und niemals verderben kann, einen
Schatz im Himmel. Diesen Schatz kann
kein Dieb stehlen und keine Motte zer-
fressen. 34 Wo eure Schätze sind, da wird
auch euer Herz sein.«

Der Herr kommt unerwartet: »Seid bereit!« (Matthäus 24,42–51)

35/36 »Ihr sollt so leben wie Diener, die da-
rauf warten, dass ihr Herr von einer
Hochzeit zurückkommt. Seid wie sie
dienstbereit,[a] und lasst eure Lampen an-
gezündet. Wenn ihr Herr zurückkommt
und klopft, können sie ihm schnell öff-
nen. 37 Ja, freuen können sich alle, die der
Herr bei seiner Rückkehr noch wach an-
trifft! Ich sage euch: Der Herr wird sie
bitten, am Tisch Platz zu nehmen, und er
selbst wird sich eine Schürze umbinden
und sie bedienen.

38 Vielleicht kommt er spät am Abend,
vielleicht auch erst um Mitternacht. Aber
wenn er kommt und seine Diener bereit
antrifft, werden sie allen Grund zur Freu-
de haben.

39 Eins ist sicher: Wenn der Hausherr
wüsste, wann ein Dieb bei ihm einbre-
chen will, würde er wach bleiben und sich
vor dem Einbrecher schützen.

40 Seid also zu jeder Zeit bereit, denn
der Menschensohn wird gerade dann
kommen, wenn ihr am wenigsten damit
rechnet.«

41 Da fragte ihn Petrus: »Herr, gelten
diese Worte nur für uns, oder meinst du
alle Menschen damit?« 42 Jesus, der Herr,
entgegnete: »Wie verhält sich denn ein
kluger und zuverlässiger Verwalter? Sein
Herr hat ihm die Verantwortung für alle
Mitarbeiter übertragen; er soll sie zu
jeder Zeit mit allem Nötigen versorgen.
43 Dieser Verwalter darf sich glücklich
nennen, wenn sein Herr ihn bei der
Rückkehr gewissenhaft bei der Arbeit
findet. 44 Das sage ich euch: Einem so zu-
verlässigen Mann wird er die Verantwor-
tung für seinen ganzen Besitz übertragen.

45 Wenn aber ein Verwalter unzuver-
lässig ist und im Stillen denkt: ›Ach was,
es dauert bestimmt noch lange, bis mein
Herr kommt‹, und er fängt an, seine Mit-
arbeiter zu schlagen, zu schlemmen und
sich zu betrinken, 46 dann wird die Rück-
kehr seines Herrn ihn völlig über-
raschen. Sein Herr kommt, wenn er
nicht damit rechnet. Er wird den unzu-
verlässigen Verwalter hart bestrafen[b]
und ihm den Lohn geben, den die Gott-
losen verdienen.

47 Der Verwalter, der den Willen seines

---

[a] Wörtlich: Lasst eure Lenden umgürtet sein.
[b] Wörtlich: in Stücke hauen.

12,27 2 Chr 9,13–28 **12,31** 1 Kön 3,11–14 **12,32** 22,29–30 **12,35–36** Mt 25,1–13; 1 Petr 1,13
12,39 1 Thess 5,2 **12,44** 19,17.19 **12,45** 2 Petr 3,4 **12,47** Jak 4,17

Herrn kennt, sich aber bewusst nicht da-
nach richtet, wird schwer bestraft wer-
den. 48 Wer dagegen falsch handelt, ohne
es zu wissen, wird mit einer leichteren
Strafe davonkommen. So wird von je-
dem, der viel bekommen hat, auch viel
erwartet; denn wem viel anvertraut wur-
de, von dem verlangt man umso mehr.«

Konsequenzen der Nachfolge
(Matthäus 10,34–36)

49 »Ich bin gekommen, um auf der Erde
ein Feuer zu entfachen. Wie froh wäre
ich, es würde schon brennen! 50 Vorher
muss ich aber noch Schweres erleiden.[a]
Es ist für mich eine große Last, bis alles
vollbracht ist.

51 Meint nur nicht, dass ich gekommen
bin, um Frieden auf die Erde zu bringen!
Nein, ich bringe Auseinandersetzung.
52 Von jetzt an wird man sich in einer Fa-
milie um meinetwillen miteinander ent-
zweien: 53 der Vater mit dem Sohn und
der Sohn mit dem Vater, die Mutter mit
der Tochter und die Tochter mit der Mut-
ter; die Schwiegermutter mit der Schwie-
gertochter und die Schwiegertochter mit
der Schwiegermutter.«

Erkennen, was wichtig ist
(Matthäus 16,2–3; 5,25–26)

54 Dann redete Jesus wieder zu allen:
»Wenn die Wolken von Westen kommen,
sagt ihr: ›Es gibt Regen‹, und das stimmt
auch. 55 Wenn der Wind von Süden weht,
sagt ihr: ›Es wird heiß‹, und ihr habt
Recht. 56 Ihr Heuchler! Das Wetter könnt
ihr aus den Zeichen am Himmel vorher-
sagen. Warum könnt ihr dann nicht be-
urteilen, was heute vor euren Augen
geschieht?

57 Warum weigert ihr euch zu erkennen,
was gut und richtig ist?

58 Wenn man dich vor Gericht stellt,
dann setz alles daran, dich noch auf dem
Weg dorthin mit deinem Gegner zu eini-
gen. Sonst wird dich der Richter verurtei-
len, und der Gerichtsdiener wird dich ins
Gefängnis stecken. 59 Und ich sage dir:
Von dort wirst du nicht eher wieder he-
rauskommen, bis du auch den letzten
Rest deiner Schuld bezahlt hast.«

Die letzte Gelegenheit zur Umkehr

13 Zu dieser Zeit berichtete man Je-
sus, dass Pilatus einige Männer aus
Galiläa während des Opferdienstes im
Tempel hatte niedermetzeln lassen. So
hatte sich ihr Blut mit dem der Opfer-
tiere vermischt. 2 Jesus sagte: »Ihr denkt
jetzt vielleicht, diese Galiläer seien
schlimmere Sünder gewesen als ihre
Landsleute, weil sie so grausam ermordet
wurden. 3 Ihr irrt euch! Wenn ihr euch
nicht zu Gott hinwendet, dann werdet
ihr genauso umkommen.

4 Erinnert euch an die achtzehn Leute,
die starben, als der Turm von Siloah ein-
stürzte. Glaubt ihr wirklich, dass ihre
Schuld größer war als die aller anderen
Leute in Jerusalem? 5 Nein! Wenn ihr
nicht zu Gott umkehrt, wird es euch
ebenso ergehen.«

6 Und dann erzählte Jesus ihnen dieses
Gleichnis: »Ein Mann pflanzte in seinen
Weinberg einen Feigenbaum. Jahr für
Jahr sah er nach, ob der Baum Früchte
trug. Aber vergeblich! 7 Endlich rief er
seinen Gärtner: ›Schon drei Jahre habe
ich gewartet, aber noch nie hing an dem
Baum auch nur eine einzige Feige. Hau
ihn um. Er nimmt nur Platz weg.‹ 8 Aber
der Gärtner bat: ›Lass ihn noch ein Jahr
stehen! Ich will diesen Baum gut düngen
und sorgfältig pflegen. 9 Wenn er dann
Früchte trägt, ist es gut; sonst kannst du
ihn umhauen.‹«

Was gilt mehr: der Mensch oder die Vorschrift?

10 Am Sabbat lehrte Jesus in einer Syna-
goge. 11 Eine Frau hörte ihm zu, die ein

---

a Wörtlich: Ich muss mit einer Taufe getauft werden.

12,50 18,31–33 **12,52–53** 14,26; 21,16 **12,58–59** Mt 6,14–15 **13,2** Joh 9,2 **13,6–9** Mt 21,18–19 **13,7** 3,9

böser Geist krank gemacht hatte: Seit
achtzehn Jahren saß sie gebeugt da und
konnte sich nicht mehr aufrichten. 12 Als
Jesus sie sah, rief er sie zu sich: »Frau, du
sollst von deinem Leiden erlöst sein!«
13 Er legte seine Hände auf sie. Da richte-
te sie sich auf und dankte Gott von gan-
zem Herzen.

14 Aber der Vorsteher der Synagoge
entrüstete sich darüber, dass Jesus die
Frau am Sabbat geheilt hatte. Er sagte
zu den Versammelten: »Die Woche hat
sechs Arbeitstage. An denen könnt ihr
kommen und euch heilen lassen, aber
nicht ausgerechnet am Sabbat!«

15 Doch Jesus, der Herr, erwiderte ihm:
»Ihr Heuchler! Ihr bindet doch eure Och-
sen und Esel auch am Sabbat los und
führt sie zur Tränke. 16 Und mir verbietet
ihr, diese Frau am Sabbat aus der Gefan-
genschaft Satans zu befreien! Achtzehn
Jahre lang war sie krank. Gehört sie nicht
auch zu Gottes auserwähltem Volk?[a]«
17 Darauf konnten seine Gegner nichts er-
widern. Aber alle anderen freuten sich
über die wunderbaren Taten Jesu.

Die Gleichnisse vom Senfkorn und vom Sauerteig
(Matthäus 13,31–33; Markus 4,30–32)

18 Jesus fragte seine Zuhörer: »Womit kann
ich die neue Welt Gottes vergleichen?
19 Sie ist wie ein Senfkorn, das ein Mann
in seinem Garten aussät. Aus dem kleinen
Samenkorn wird ein großer Baum, in dem
die Vögel ihre Nester bauen.«

20 Jesus fragte noch einmal: »Womit soll
ich Gottes neue Welt vergleichen? 21 Sie
ist wie ein Sauerteig, den eine Frau unter
eine große Menge[b] Mehl mischt, bis alles
durchsäuert ist.«

Warum nicht alle in Gottes neue Welt kommen
(Matthäus 7,13–14.22–23; 8,11–12)

22 Jesus zog durch die Städte und Dörfer
des Landes und sprach dort zu den Men-
schen. Auf dem Weg nach Jerusalem
23 fragte ihn ein Mann: »Herr, stimmt es
wirklich, dass nur wenige Menschen ge-
rettet werden?« Jesus antwortete ihm:
24 »Das Tor zu Gottes neuer Welt ist
schmal! Ihr müsst schon alles daranset-
zen, wenn ihr hineinkommen wollt. Viele
versuchen es, aber nur wenigen wird es
gelingen.

25 Hat der Hausherr erst einmal das Tor
verschlossen, werdet ihr draußen stehen.
So viel ihr dann auch klopft und bettelt:
›Herr, mach uns doch auf!‹ – es ist um-
sonst! Er wird euch antworten: ›Was wollt
ihr von mir, ich kenne euch nicht!‹ 26 Ihr
werdet rufen: ›Aber wir haben doch mit
dir gegessen und getrunken! Du hast bei
uns gepredigt!‹

27 Doch der Herr wird euch erwidern:
›Ich habe doch schon einmal gesagt, dass
ich euch nicht kenne. Menschen, die Un-
recht tun, haben hier nichts verloren.
Geht endlich weg!‹

28 Wenn ihr dann draußen seid und
seht, dass Abraham, Isaak, Jakob und alle
Propheten in der neuen Welt Gottes sind,
dann werdet ihr verzweifelt heulen und
schreien.

29 Aus der ganzen Welt, aus Ost und
West, aus Nord und Süd werden die Men-
schen in Gottes neue Welt, zu Gottes Fest
kommen.

30 Vergesst nicht: Viele, die hier nichts
gelten, werden dort hoch geehrt sein,
aber viele, die hier einen großen Na-
men haben, werden dort unbekannt
sein.«

---

[a] Wörtlich: Ist sie nicht auch eine Tochter Abrahams?
[b] Wörtlich: drei Sata (1 Saton entspricht etwa 13 Litern).

13,14 2 Mo 20,8–11* **13,15** 14,5 **13,19** 17,6; Hes 17,22–23 **13,22** 9,51 **13,24** Joh 14,6 **13,27** 2 Tim 2,19 **13,29** Jes 59,19; Mal 1,11

Der Meistergärtner

Lesen Sie Lukas 13,1-9

Im Gleichnis vom Feigenbaum wird der Eigentümer ungeduldig und ist von seinem kahlen Baum enttäuscht. Der Gärtner aber weiß, dass der Baum eine besonders intensive Pflege braucht und dass man ihm Zeit geben muss.

Dasselbe gilt für unsere Seele und für unsere Beziehungen. Wir brauchen eine besondere Pflege und müssen uns Zeit zur Veränderung lassen. Und dann sollten wir Gott vertrauen, dass er das Werk eines Meistergärtners tut. Wir können uns den inneren Frieden nicht selbst erarbeiten, auch wenn wir uns noch so anstrengen. Friede entwickelt sich von selbst, wenn wir unser Leben ganz dem Heiligen Geist überlassen. Dasselbe gilt für all die anderen Früchte des Heiligen Geistes (siehe Galater 5,22-23). Das Geheimnis unseres Wachstums im Glauben ist, dass wir erkennen, wie der Heilige Geist uns führt, und ihm die Leitung in unserem Leben überlassen.

Das geschieht durch den Glauben. Wir brauchen nicht auf ein besonderes Gefühlserlebnis zu warten oder darum zu bitten. Wenn wir unsere Sünden bekannt und den Heiligen Geist um seine Leitung gebeten haben, dann glauben wir einfach daran, dass er in uns wirkt. Wir gehen auf unserem Lebensweg weiter und vertrauen darauf, dass der Heilige Geist uns hilft, unsere Ehe zu pflegen und zu düngen, durch Offenheit, durch das Bekennen von Schuld und durch Opferbereitschaft. Wir glauben ihm, dass er in uns wirkt, dass er unsere Seele und unsere Beziehungen pflegt und düngt, damit wir wie der langsam erblühende Feigenbaum viel Frucht bringen.

Nehmen Sie sich Zeit, um allein oder als Paar gemeinsam zu beten. Bitten Sie Gott …

- dass Sie mit sich selbst und mit Ihrer Beziehung Geduld haben, während Sie auf das Wachstum warten;
- dass er Ihnen zeigt, wie Sie Ihre Ehe pflegen können;
- dass er Ihnen Glauben schenkt und Sie darauf vertrauen können, dass er in Ihnen und in Ihrer Ehe wirkt, auch wenn Sie es noch nicht sehen können.

Wenn Sie noch mehr Zeit haben …

Besprechen Sie miteinander folgende Fragen oder denken Sie darüber nach:

- Wenn Sie auf Ihr Leben zurückblicken, seit Sie Jesus nachfolgen: In welchen Bereichen können Sie sehen, dass Gott Ihnen Wachstum geschenkt hat?
- Denken Sie über die Entwicklung Ihrer Ehe nach. Wo können Sie Gottes Wirken in Ihrer Ehe erkennen?
- Welche Bereiche Ihrer Ehe möchten Sie Gott gern anvertrauen, damit er sie pflegen kann?

Lesen Sie auch die folgenden Abschnitte zum Thema Wachstum:
Johannes 15,1-8; Galater 5,16-26; Philipper 1,6.

Die Kosten überschlagen

Die folgenden Fragen können Sie entweder allein oder als Paar gemeinsam durchgehen. Wenn jeder für sich darüber nachdenkt, verabreden Sie sich in der kommenden Woche zu einem Austausch darüber, was Sie herausgefunden haben.

1. Lesen Sie Lukas 14,28-33. Mit welchen Charaktereigenschaften lassen sich der Erbauer des Turms und der König in diesen Versen am besten beschreiben?

2. Was kann man aus diesen Versen über den Umgang mit Finanzen lernen?

3. Was können Sie aus diesen Versen über das Sparen ableiten?

4. Welche finanziellen Versuchungen könnten Sie davon abhalten, mit Ihrem Geld auszukommen?

5. Jesus wollte mit diesen Beispielen deutlich machen, dass wir vorher überlegen sollten, was es uns kosten wird, ihm nachzufolgen. Was hat es Sie bisher gekostet?

6. Wenn Sie in die Zukunft schauen: Was wird die Nachfolge Christi Sie wahrscheinlich kosten?

Lukas 14,28

„Stellt euch vor, jemand möchte einen Turm bauen. Wird er dann nicht vorher die Kosten überschlagen?“

KONKRET:

Wenn Sie als Ehepaar ein Haus bauen wollten, dann würden Sie sich wahrscheinlich zusammensetzen und besprechen, wie das Haus aussehen soll. Sie würden schätzen, welche Opfer Sie bringen müssten, damit Ihr Traum wahr wird. Haben Sie schon einmal ein ähnliches Gespräch darüber geführt, was es Sie kostet, gemeinsam als Christen zu leben? Wenn nicht, dann führen Sie ein solches Gespräch in dieser Woche.

Den nächsten Impuls finden Sie auf S. 1174 a

Warnung an Jerusalem
(Matthäus 23,37–39)

31 Kurze Zeit später kamen einige Phari-
säer zu Jesus. Sie warnten ihn: »Wenn dir
dein Leben lieb ist, dann sieh zu, dass du
schnell von hier fortkommst. König He-
rodes will dich töten lassen!« 32 Jesus ant-
wortete: »Sagt diesem Fuchs: ›Heute und
morgen treibe ich Dämonen aus und hei-
le Kranke. Aber am dritten Tag werde ich
mein Ziel erreicht haben.‹ 33 Ja, heute,
morgen und übermorgen bin ich noch un-
terwegs. Wo anders als in Jerusalem
könnte denn ein Prophet umgebracht
werden?

34 Jerusalem! O Jerusalem! Du tötest
die Propheten und erschlägst die Boten,
die Gott zu dir schickt. Wie oft schon
wollte ich deine Bewohner[a] um mich
sammeln, so wie eine Henne ihre Küken
unter ihre Flügel nimmt! Aber ihr habt
es nicht gewollt. 35 Und nun? Gott wird
euren Tempel verlassen, und ich sage
euch: Mich werdet ihr erst dann wieder-
sehen, wenn ihr rufen werdet: ›Gelobt
sei, der im Namen des Herrn zu uns
kommt!‹«

Helfen verboten?

14 An einem Sabbat war Jesus bei
einem angesehenen Pharisäer zu
Gast. Scharf wurde er von allen Anwe-
senden beobachtet. 2 Vor ihm stand ein
Mann, der an Wassersucht erkrankt war.
3 Jesus fragte die Schriftgelehrten und
Pharisäer: »Erlaubt es das Gesetz, einen
Menschen am Sabbat zu heilen, oder
nicht?« 4 Als sie ihm keine Antwort ga-
ben, fasste Jesus den Kranken bei der
Hand, heilte ihn und ließ ihn nach Hause
gehen. 5 Dann fragte er die Gäste: »Was
macht ihr, wenn euer Kind oder ein Och-
se am Sabbat in den Brunnen fällt? Zieht
ihr sie nicht sofort heraus?« 6 Darauf
konnten sie nichts antworten.

Wer bekommt die besten Plätze?

7 Als Jesus bemerkte, wie sich die Gäste
nach den besten Plätzen drängten, nahm
er dies als Beispiel und sagte: 8 »Wenn du
zu einer Hochzeit eingeladen wirst, dann
setz dich nicht gleich oben auf den besten
Platz. Es könnte ja noch jemand kom-
men, der angesehener ist als du. 9 Mit
ihm käme dann der Gastgeber zu dir:
›Der Platz war für diesen Mann hier be-
stimmt!‹ Vor allen Gästen müsstest du
dich an das Ende des Tisches setzen.
10 Wäre es nicht besser, du setzt dich
gleich dorthin? Wenn dich dann der
Gastgeber begrüßt, wird er vielleicht zu
dir sagen: ›Mein Freund, für dich habe
ich einen besseren Platz!‹ Du wirst damit
vor allen Gästen geehrt. 11 Jeder, der sich
selbst ehrt, wird gedemütigt werden; aber
wer sich selbst erniedrigt, wird geehrt
werden.«

12 Schließlich sagte Jesus zu seinem
Gastgeber: »Zu einem Essen solltest du
nicht deine Freunde, Geschwister, Ver-
wandten oder die reichen Nachbarn ein-
laden. Sie werden dir danken und dich
wieder einladen. Dann hast du deine Be-
lohnung schon gehabt.

13 Bitte lieber die Armen, Verkrüppel-
ten, Gelähmten und Blinden an deinen
Tisch. 14 Dann wirst du glücklich sein,
denn du hast Menschen geholfen, die sich
dir nicht erkenntlich zeigen können. Gott
wird dich dafür belohnen, wenn er die
von den Toten auferweckt, die nach sei-
nem Willen gelebt haben.«

Gott lädt ein zu seinem Fest
(Matthäus 22,1–10)

15 Als einer von den Gästen das hörte, rief
er: »Was für ein Glück muss das sein, in
der neuen Welt Gottes zum Fest einge-
laden zu werden!« 16 Jesus antwortete
mit einer Geschichte:

»Ein Mann bereitete ein großes Fest-

---

a Wörtlich: deine Kinder.

13,31 Mt 14,5 **13,34** 1 Thess 2,15; Hebr 11,37 **13,35** Ps 118,26 **14,1** 7,36; 11,37 **14,5** 13,15 **14,8–11** Spr 25,6–7 **14,11** 18,14 **14,13** 5 Mo 14,28–29 **14,15** 13,29

essen vor, zu dem er viele Gäste einlud. [17]Als alles fertig war, schickte er seinen Boten zu den Eingeladenen: ›Alles ist vorbereitet, kommt!‹ [18]Aber niemand kam. Jeder hatte auf einmal Ausreden.

Einer sagte: ›Ich habe ein Grundstück gekauft, das muss ich unbedingt besichtigen. Bitte entschuldige mich!‹

[19]Ein anderer: ›Es geht leider nicht. Ich habe mir fünf Gespanne Ochsen angeschafft. Die muss ich jetzt ansehen!‹

[20]Ein dritter entschuldigte sich: ›Ich habe gerade geheiratet. Du wirst verstehen, dass ich nicht kommen kann.‹

[21]Der Bote kehrte zurück und berichtete alles seinem Herrn. Der wurde sehr zornig: ›Geh gleich auf die Straßen, auf alle Plätze der Stadt, und hole die Bettler, Verkrüppelten, Gelähmten und Blinden herein!‹ [22]Der Bote kam zurück und berichtete: ›Es sind viele gekommen, aber noch immer sind Plätze frei!‹

[23]›Geh auf die Landstraßen‹, befahl der Herr, ›und wer auch immer dir über den Weg läuft, den bring her! Alle sind eingeladen. Mein Haus soll voll werden. [24]Aber von denen, die ich zuerst eingeladen habe, wird keiner auch nur einen einzigen Bissen bekommen.‹«

Nachfolge erfordert ganzen Einsatz
(Matthäus 10,37–39)

[25]Wie schon oft wurde Jesus von einer großen Menschenmenge begleitet. Er wandte sich zu ihnen um und sagte: [26]»Wenn einer mit mir gehen will, so muss ich für ihn wichtiger sein als seine Eltern,[a] seine Frau, seine Kinder, seine Geschwister, ja wichtiger als das eigene Leben. Sonst kann er nicht mein Jünger sein. [27]Wer nicht bereit ist, sein Kreuz auf sich zu nehmen und mir nachzufolgen, der kann nicht zu mir gehören.

[28]Stellt euch vor, jemand möchte einen Turm bauen. Wird er dann nicht vorher die Kosten überschlagen? [29]Er wird doch nicht einfach anfangen und riskieren, dass er bereits nach dem Bau des Fundaments aufhören muss. Die Leute würden ihn auslachen [30]und sagen: ›Einen Turm wollte er bauen! Aber sein Geld reichte nur für das Fundament!‹

[31]Oder stellt euch vor, ein König muss gegen einen anderen König in den Krieg ziehen: Wird er dann nicht vorher mit seinen Beratern überlegen, ob seine Armee mit zehntausend Mann die feindlichen Truppen schlagen kann, die mit zwanzigtausend Mann anrücken? [32]Wenn nicht, dann wird er, solange die Feinde noch weit entfernt sind, Unterhändler schicken, um über einen Frieden zu verhandeln.

[33]Überlegt auch ihr vorher, ob ihr wirklich bereit seid, alles für mich aufzugeben und mir nachzufolgen. Sonst könnt ihr nicht meine Jünger sein.

[34]Salz ist lebensnotwendig. Wenn aber das Salz fade geworden ist, wodurch soll es seine Würzkraft wiedergewinnen? [35]Es taugt nicht einmal als Dünger. Man muss es wegwerfen. Hört genau auf das, was ich euch sage!«

Die Gleichnisse vom verlorenen Schaf und von der verlorenen Münze
(Matthäus 18,12–14)

15 Viele Zolleinnehmer und andere verrufene Leute kamen immer wieder zu Jesus, um ihn zu hören. [2]Die Pharisäer und Schriftgelehrten ärgerten sich und schimpften: »Mit welchem Gesindel gibt der sich da ab! Er setzt sich sogar mit ihnen an einen Tisch!«

[3]Da erzählte Jesus ihnen ein Gleichnis:

[4]»Wenn ein Mensch hundert Schafe hat und eins geht verloren, was wird er tun? Lässt er nicht die neunundneunzig in der Wüste zurück, um das verlorene Schaf so lange zu suchen, bis er es gefunden hat? [5]Dann wird er es glücklich auf seinen Schultern nach Hause tragen [6]und

---

[a] Wörtlich: Wenn einer mir nachfolgen will und hasst nicht seine Eltern …

14,26 9,59–60; 12,52–53; 1 Kor 7,29 **14,33** 9,62 **14,34–35** Joh 15,6 **15,1–2** 5,29–30 **15,4** 19,10; Hes 34,11.16

seinen Freunden und Nachbarn zurufen:
›Kommt her, freut euch mit mir, ich habe
mein Schaf wiedergefunden!‹
7 Ich sage euch: So wird man sich auch
im Himmel freuen über *einen* Sünder, der
zu Gott umkehrt – mehr als über neun-
undneunzig andere, die nach Gottes Wil-
len leben und nicht zu ihm umkehren
müssen.
8 Oder nehmt ein anderes Beispiel:
Eine Frau hat zehn Silbermünzen ge-
spart. Als ihr eines Tages eine fehlt, zün-
det sie sofort eine Lampe an, stellt das
ganze Haus auf den Kopf und sucht in al-
len Ecken. 9 Endlich hat sie die Münze
gefunden. Sie ruft ihre Freundinnen und
Nachbarinnen zusammen und erzählt:
›Ich habe mein Geld wieder! Freut euch
mit mir!‹
10 Genau so freuen sich auch die Engel
Gottes, wenn ein einziger Sünder zu Gott
umkehrt.«

Das Gleichnis von den zwei Söhnen

11 »Ein Mann hatte zwei Söhne«, erzählte
Jesus. 12 »Eines Tages sagte der jüngere zu
ihm: ›Vater, ich will jetzt schon meinen
Anteil am Erbe ausbezahlt haben.‹ Da
teilte der Vater sein Vermögen unter
ihnen auf.
13 Nur wenige Tage später packte der
jüngere Sohn alles zusammen, verließ
seinen Vater und reiste ins Ausland. Dort
leistete er sich, was immer er wollte. Er
verschleuderte sein Geld, 14 bis er schließ-
lich nichts mehr besaß. In dieser Zeit
brach eine große Hungersnot aus. Es ging
ihm sehr schlecht. 15 In seiner Verzweif-
lung bettelte er so lange bei einem Bau-
ern, bis der ihn zum Schweinehüten auf
die Felder schickte. 16 Oft quälte ihn der
Hunger so, dass er sogar über das Schwei-
nefutter froh gewesen wäre. Aber nicht
einmal davon erhielt er etwas.
17 Da kam er zur Besinnung: ›Bei mei-
nem Vater hat jeder Arbeiter mehr als
genug zu essen, und ich sterbe hier vor
Hunger. 18 Ich will zu meinem Vater ge-
hen und ihm sagen: Vater, ich bin schul-
dig geworden an Gott und an dir. 19 Sieh
mich nicht länger als deinen Sohn an, ich
bin es nicht mehr wert. Aber kann ich
nicht als Arbeiter bei dir bleiben?‹
20 Er machte sich auf den Weg und ging
zurück zu seinem Vater. Der erkannte
ihn schon von weitem. Voller Mitleid lief
er ihm entgegen, fiel ihm um den Hals
und küsste ihn. 21 Doch der Sohn sagte:
›Vater, ich bin schuldig geworden an Gott
und an dir. Sieh mich nicht länger als dei-
nen Sohn an, ich bin es nicht mehr wert.‹
22 Sein Vater aber befahl den Knechten:
›Beeilt euch! Holt das schönste Gewand
im Haus, und gebt es meinem Sohn.
Bringt auch einen Ring und Sandalen für
ihn! 23 Schlachtet das Mastkalb! Wir wol-
len essen und feiern! 24 Mein Sohn war
tot, jetzt lebt er wieder. Er war verloren,
jetzt ist er wiedergefunden.‹ Und sie be-
gannen ein fröhliches Fest.
25 Inzwischen kam der ältere Sohn nach
Hause. Er hatte auf dem Feld gearbeitet
und hörte schon von weitem die Tanz-
musik. 26 Erstaunt fragte er einen Knecht:
›Was wird denn hier gefeiert?‹ 27 ›Dein
Bruder ist wieder da‹, antwortete er ihm.
›Dein Vater hat sich darüber so gefreut,
dass er das Mastkalb schlachten ließ.
Jetzt feiern sie ein großes Fest.‹
28 Der ältere Bruder wurde wütend und
wollte nicht ins Haus gehen. Da kam sein
Vater zu ihm heraus und bat: ›Komm und
freu dich mit uns!‹ 29 Doch er entgegnete
ihm bitter: ›All diese Jahre habe ich mich
für dich geschunden. Alles habe ich ge-
tan, was du von mir verlangt hast. Aber
nie hast du mir auch nur eine junge Zie-
ge gegeben, damit ich mit meinen Freun-
den einmal richtig hätte feiern können.
30 Und jetzt, wo dein Sohn zurückkommt,
der dein Geld mit Huren durchgebracht
hat, jetzt lässt du sogar das Mastkalb
schlachten!‹
31 Sein Vater redete ihm zu: ›Mein
Sohn, du bist immer bei mir gewesen.
Was ich habe, gehört auch dir. 32 Darum
komm, wir haben allen Grund zu feiern.

15,18 Ps 51,6 **15,22** 1 Mo 41,42 **15,24** Eph 2,4–5; Kol 2,12–13 **15,31** Röm 9,4–5

Denn dein Bruder war tot, jetzt hat er ein
neues Leben begonnen. Er war verloren,
jetzt ist er wiedergefunden!‹«

Der durchtriebene Verwalter

16 Danach erzählte Jesus seinen Jün-
gern folgende Geschichte: »Ein
reicher Mann hatte einen Verwalter. Als
ihm erzählt wurde, dass dieser seinen
Besitz verschleuderte, 2 stellte er ihn zur
Rede: ›Was muss ich von dir hören?
Bring mir deine Abrechnung! Du bist
entlassen!‹
3 Der Verwalter überlegte: ›Was mache
ich jetzt? Meinen Posten bin ich los. Ein
Feld umgraben kann ich nicht, und zum
Betteln bin ich zu stolz. 4 Aber ich weiß,
was ich tue. Ich mache mir Freunde, die
mir weiterhelfen, wenn ich arbeitslos
bin.‹
5 Er ließ alle Männer zu sich rufen, die
bei seinem Herrn Schulden hatten. Den
ersten fragte er: ›Wie viel bist du meinem
Herrn schuldig?‹ 6 Der Mann antwortete:
›Ich muss ihm hundert Fässer Olivenöl
geben.‹ ›Hier ist dein Schuldschein!‹, er-
klärte ihm der Verwalter. ›Trag fünfzig
ein!‹
7 ›Und wie hoch sind deine Schulden?‹,
fragte er einen anderen. ›Ich schulde dei-
nem Herrn hundert Säcke Weizen.‹
›Hier, nimm den Schuldschein und
schreib achtzig!‹, forderte er ihn auf.«
8 Jesus, der Herr, lobte das vorauspla-
nende Handeln des gerissenen Verwal-
ters. Denn im Umgang mit ihresgleichen
sind die Menschen dieser Welt klüger
und geschickter als die, die sich zu Gott
bekennen[a].
9 Jesus erklärte seinen Jüngern: »Ich sa-
ge euch: So klug wie dieser ungerechte
Verwalter sollt auch ihr das Geld einset-
zen. Macht euch Freunde damit! Dann
werdet ihr, wenn euch das Geld nichts
mehr nützen kann, einen Platz im Him-
mel bekommen.
10 Doch bedenkt: Nur wer im Kleinen
ehrlich ist, wird es auch im Großen sein.
Wenn ihr bei kleinen Dingen unzuverläs-
sig seid, werdet ihr es auch bei großen
sein. 11 Geht ihr also schon mit Geld un-
ehrlich um, wer wird euch dann die
Reichtümer des Himmels anvertrauen
wollen? 12 Verwaltet ihr das Geld anderer
Leute nachlässig, wer wird euch dann das
schenken, was euch gehören soll?«

(Matthäus 6,24)

13 »Niemand kann zwei Herren gleichzei-
tig dienen. Wer dem einen richtig dienen
will, wird sich um die Wünsche des ande-
ren nicht kümmern können. Er wird sich
für den einen einsetzen und den anderen
vernachlässigen. Auch ihr könnt nicht
gleichzeitig für Gott und das Geld leben.«

Neue Maßstäbe
(Matthäus 11,12–13; 5,18.32; Markus 10,11–12)

14 Die geldgierigen Pharisäer spotteten
über diese Worte. 15 Deshalb sagte Jesus
zu ihnen: »Ihr legt großen Wert darauf,
dass alle Menschen euch für untadelig
halten. Aber Gott kennt euer Herz. Er
verabscheut, womit ihr die Menschen be-
eindrucken wollt.«
16 Weiter sagte Jesus: »Bis Johannes der
Täufer kam, waren das Gesetz des Mose
und die Lehren der Propheten die
Maßstäbe für alles Handeln. Seit seinem
Auftreten wird die rettende Botschaft
von Gottes neuer Welt verkündet, und al-
le wollen unbedingt hinein.
17 Doch denkt daran: Eher vergehen
Himmel und Erde, als dass auch nur ein
einziger Buchstabe vom Gesetz Gottes
ungültig wird.
18 Wer sich also von seiner Frau schei-
den lässt und eine andere heiratet, der be-
geht Ehebruch; und wer eine geschiedene
Frau heiratet, der begeht auch Ehebruch.«

---

a Wörtlich: klüger als die Kinder des Lichts.

16,9 12,33; Mt 25,35–40 **16,10** 19,17 **16,14** 20,47 **16,15** 18,9–14; 1 Sam 16,7 **16,16** Joh 1,17 **16,18** 1 Kor 7,10–11

Wahrer Reichtum

Lesen Sie Lukas 16,1-17

Wenn wir Gott vertrauen, stellen wir fest, dass so einiges im Leben mehr Bedeutung hat als Geld. Grundsätzlich gilt: Beziehungen sind viel wichtiger als Geld. Für jemanden, der Gott vertraut, liegt jeder finanziellen Entscheidung die Überlegung zugrunde: „Wie wird sie sich auf meine Ehe und Familie auswirken?" Wir müssen lernen, vertrauenswürdig mit weltlichen Gütern umzugehen, damit wir auch die „Reichtümer des Himmels" anvertraut bekommen (Lukas 16,11). Darum dürfen wir nicht zulassen, dass die Liebe zu weltlichen Gütern uns für die wahren Reichtümer untauglich macht.

Kluge Ehepaare machen das Geld zu ihrem Diener. Sie setzen es ein, um ihrer Familie Gutes zu tun und anderen Menschen zu helfen. Niemals lassen sie zu, dass ihr Geld sie beherrscht und ihnen ihre Entscheidungen diktiert. Dieses Thema greift Jesus auf, als er sagt: „Niemand kann zwei Herren gleichzeitig dienen. Wer dem einen richtig dienen will, wird sich um die Wünsche des anderen nicht kümmern können. Er wird sich für den einen einsetzen und den anderen vernachlässigen. Auch ihr könnt nicht gleichzeitig für Gott und das Geld leben" (16,13).

Die Pharisäer waren geldgierig, und deshalb verspotteten sie Jesus (16,14). Weil sie ihr Geld zu sehr liebten, so wirft Jesus ihnen vor, war in ihrem Herzen kein Platz mehr für Gott. Die Liebe zum Geld und die Liebe zu Gott, sagt Jesus, sind nicht miteinander zu vereinbaren.

Nehmen Sie sich Zeit, um allein oder als Paar gemeinsam zu beten. Bitten Sie Gott ...

- Ihnen klarzumachen, ob Sie das Geld lieben, und wenn ja, Sie davon zu befreien;
- Ihnen zu zeigen, wie Sie vertrauenswürdig mit weltlichen Gütern umgehen können, damit Ihnen auch die wahren Reichtümer des Himmels anvertraut werden;
- Ihnen zu helfen, dass Ihnen Ihre Beziehungen wichtiger sind als Geld.

Wenn Sie noch mehr Zeit haben ...

Besprechen Sie miteinander folgende Fragen oder denken Sie darüber nach:

- Haben Sie schon einmal die Erfahrung gemacht, dass die Liebe zum Geld und die Liebe zu Gott unvereinbar sind?
- Inwieweit haben Sie den Eindruck, dass das Geld Ihr Diener ist oder dass es Sie beherrscht?
- Welche finanziellen Entscheidungen müssen Sie treffen, und wie können die Anweisungen Jesu aus Lukas 16 Ihnen dabei eine Hilfe sein?

Lesen Sie auch die folgenden Abschnitte zum Thema Geld:
Psalm 119,36; Hebräer 13,5; 1. Johannes 3,16-18.

Ein Schubs in die richtige Richtung

Lesen Sie Lukas 17,1-10

Jesus beschreibt in Lukas 17,3, wie wir weise mit unserem Ärger umgehen sollen: Wir weisen die Person, die uns Unrecht getan hat, liebevoll auf ihren Fehler hin und bemühen uns um eine Lösung. Jesus spricht hier von Menschen, zu denen wir in einer Beziehung stehen. Die Worte „wenn dein Bruder Schuld auf sich geladen hat" ergänzen viele Übersetzungen noch mit „dir gegenüber". Jesu Anweisungen gelten also für den Bereich unserer persönlichen Beziehungen.

Der Begriff, der hier mit „sag ihm, was er falsch gemacht hat" übersetzt wird, bedeutet wörtlich „auf etwas Gewicht legen". Jemanden zurechtweisen heißt also, ihm eine Sache vorlegen, seine Aufmerksamkeit deutlich darauf lenken. Im Neuen Testament finden wir dazu viele Beispiele. Zurechtweisen hat nichts mit beschimpfen zu tun. Es geht vielmehr darum, mit demjenigen, der unserer Meinung nach uns gegenüber schuldig geworden ist, über den Vorfall zu reden. Wir sollten freundlich und bestimmt sein und immer die Möglichkeit in Betracht ziehen, dass wir die Worte oder das Verhalten des anderen falsch verstanden haben.

Oft ist es hilfreich, die Ermahnung aufzuschreiben, bevor wir sie aussprechen. Das könnte so aussehen: „Etwas hat mich geärgert. Ich bin sogar ziemlich wütend. Vielleicht habe ich die Situation falsch gedeutet, doch wenn du Zeit für mich hast, würde ich gern mit dir darüber sprechen." Wenn wir so offen miteinander kommunizieren und jeder versucht, den anderen zu verstehen, ist das Problem bald gelöst. Entweder erklärt uns der andere die Situation oder er entschuldigt sich. Damit ist das Fundament zur Versöhnung gelegt. Wenn die andere Person ihr Fehlverhalten zugibt und Reue zeigt, dann fordert Jesus uns ganz klar zur Vergebung auf.

Nehmen Sie sich Zeit, um allein oder als Paar gemeinsam zu beten. Bitten Sie Gott ...

- dass er Ihnen den Mut gibt, den anderen direkt auf sein Fehlverhalten anzusprechen, wenn es nötig ist;
- dass er Sie bereit macht, sich ermahnen zu lassen, wenn Sie etwas falsch gemacht haben;
- dass er Ihnen hilft, gern zu vergeben.

Wenn Sie noch mehr Zeit haben ...

Besprechen Sie miteinander folgende Fragen oder denken Sie darüber nach:

- Neigen Sie dazu, die Person, die Ihnen Unrecht getan hat, nicht direkt darauf anzusprechen? Wie sieht Ihre Reaktion aus?
- Wie möchten Sie auf Jesu Aufforderung zur Vergebung in Lukas 17,4 reagieren?
- Gibt es bei Ihnen ungelöste Konflikte, die Sie angehen sollten?

Lesen Sie auch die folgenden Abschnitte zum Thema Konflikte:
Nehemia 13,15-21; Sprüche 17,10; 2. Timotheus 4,2.

Den nächsten Impuls finden Sie auf S. 1188 a

Der Reiche und der Arme

19»Da lebte einmal ein reicher Mann«,
erzählte Jesus. »Er war immer sehr vor-
nehm gekleidet und konnte sich Tag für
Tag jeden Luxus leisten. 20Vor dem
Portal seines Hauses aber lag Lazarus,
bettelarm und schwer krank. Sein Körper
war über und über mit Geschwüren be-
deckt. 21Während er dort um die Abfälle
aus der Küche bettelte, kamen die Hunde
und beleckten seine offenen Wunden.

22Lazarus starb, und die Engel brach-
ten ihn in den Himmel; dort durfte er
den Ehrenplatz an Abrahams Seite ein-
nehmen. Auch der reiche Mann starb
und wurde begraben. 23Als er im Toten-
reich unter Qualen erwachte, blickte er
auf und erkannte in weiter Ferne Abra-
ham, der Lazarus bei sich hatte. 24›Vater
Abraham‹, rief der Reiche laut, ›hab Mit-
leid mit mir! Schick mir doch Lazarus! Er
soll seine Fingerspitze ins Wasser tauchen
und damit meine Zunge kühlen. Ich leide
in diesen Flammen furchtbare Qualen!‹

25Aber Abraham erwiderte: ›Mein
Sohn, erinnere dich! Du hast in deinem
Leben alles gehabt, Lazarus hatte nichts.
Jetzt geht es ihm gut, und du musst lei-
den. 26Außerdem liegt zwischen uns ein
tiefer Abgrund. Niemand kann von der
einen Seite zur anderen kommen, selbst
wenn er es wollte.‹

27›Vater Abraham‹, bat jetzt der Rei-
che, ›dann schick Lazarus doch wenigs-
tens in das Haus meines Vaters 28zu mei-
nen fünf Brüdern. Er soll sie warnen,
damit sie nach ihrem Tod nicht auch an
diesen qualvollen Ort kommen.‹ 29Aber
Abraham entgegnete: ›Deine Brüder sol-
len auf das hören, was sie bei Mose und
den Propheten lesen können.‹

30Der Reiche widersprach: ›Nein, Va-
ter Abraham, erst wenn einer von den
Toten zu ihnen käme, würden sie ihr Le-
ben ändern.‹ 31Doch Abraham blieb da-
bei: ›Wenn sie nicht auf Mose und die
Propheten hören, werden sie sich auch
nicht überzeugen lassen, wenn einer von
den Toten aufersteht.‹«

Führt niemanden in die Irre, und vergebt einander!
(Matthäus 18,6–7.15.21–22; Markus 9,42)

17 »Es wird immer wieder Ver-
suchungen geben, die euch vom
Glauben abbringen wollen«, warnte Je-
sus seine Jünger. »Aber wehe dem, der
daran schuld ist! 2Denn wer in einem
Menschen den Glauben, wie ihn ein Kind
hat, zerstört, für den wäre es noch das
Beste, mit einem Mühlstein um den Hals
ins Meer geworfen zu werden.

3Nehmt euch in Acht! Wenn dein Bru-
der Schuld auf sich geladen hat, dann sag
ihm, was er falsch gemacht hat. Tut es
ihm leid, dann vergib ihm! 4Und wenn er
dir siebenmal am Tag Unrecht tut und
dich immer wieder um Vergebung bittet:
Vergib ihm!«

Die Macht des Glaubens
(Matthäus 17,20)

5Die Jünger baten Jesus, den Herrn:
»Hilf uns, dass unser Glaube größer
wird!« 6Darauf antwortete er: »Selbst
wenn euer Glaube so winzig wäre wie
ein Senfkorn, könntet ihr diesem Maul-
beerbaum befehlen: ›Reiß dich aus der
Erde und verpflanze dich ins Meer!‹ – es
würde sofort geschehen.«

Der selbstverständliche Dienst

7»Wie ist das bei euch?«, fragte Jesus sei-
ne Zuhörer. »Wenn euer Knecht vom
Feld oder von der Herde heimkommt,
sagt ihr dann zu ihm: ›Komm, setz dich
an den Tisch und iss‹? 8Oder werdet ihr
ihm nicht erst den Auftrag geben: ›Zieh
dich um, mach mir etwas zu essen und
deck den Tisch! Wenn ich gegessen habe,
dann kannst du auch essen und trinken.‹

16,25 6,24 **16,29** 2 Tim 3,16 **16,31** Joh 5,46 **17,3–4** Mt 18,21–22 **17,6** Mt 21,21

[9]Kann der Knecht dafür einen beson-
deren Dank erwarten? Ich meine nicht!
Es gehört doch schließlich zu seiner Ar-
beit. [10]Das gilt auch für euch. Wenn ihr in
meinem Dienst alles getan habt, was ich
euch aufgetragen habe, dann sollt ihr sa-
gen: ›Wir sind einfache Knechte und ha-
ben nur unseren Auftrag ausgeführt!‹«

Nur einer dankt

[11]Auf dem Weg nach Jerusalem kamen
Jesus und seine Jünger durch das Grenz-
gebiet zwischen Galiläa und Samarien.
[12]In einem Dorf begegneten ihnen zehn
Aussätzige. Im vorgeschriebenen Ab-
stand blieben sie stehen [13]und riefen: »Je-
sus, Meister! Hab doch Erbarmen mit
uns!« [14]Er sah sie an und forderte sie auf:
»Geht zu den Priestern und zeigt ihnen,
dass ihr geheilt seid!«

Auf dem Weg dorthin wurden sie ge-
sund. [15]Einer von ihnen lief zu Jesus zu-
rück, als er merkte, dass er geheilt war.
Laut lobte er Gott. [16]Er warf sich vor Je-
sus nieder und dankte ihm. Es war ein
Mann aus Samarien.

[17]Jesus fragte: »Habe ich nicht zehn
Männer geheilt? Wo sind denn die ande-
ren neun? [18]Weshalb kommt nur einer
zurück, noch dazu ein Fremder, um sich
bei Gott zu bedanken?« [19]Zu dem Sama-
riter aber sagte er: »Steh wieder auf!
Dein Glaube hat dir geholfen.«

Wann kommt Gottes neue Welt? (Matthäus 24,23–28)

[20]Die Pharisäer wollten von Jesus wissen:
»Wann wird denn die neue Welt Gottes
kommen?« Er antwortete ihnen: »Die
neue Welt Gottes kann man nicht sehen
wie ein irdisches Reich. [21]Niemand wird
euch sagen können: ›Hier ist sie!‹ oder
›Dort ist sie!‹ Die neue Welt Gottes ist
schon jetzt da – mitten unter euch.«

[22]Zu seinen Jüngern aber sagte er:
»Die Zeit wird kommen, wo ihr alles
dafür geben würdet, auch nur einen
einzigen Tag die Herrlichkeit des Men-
schensohnes mitzuerleben. Aber dieser
Wunsch wird sich nicht erfüllen.

[23]Man wird euch zwar einreden wol-
len: ›Hier ist er!‹ oder ›Dort ist er!‹ Geht
niemals dorthin, und lauft solchen Leu-
ten nicht nach! [24]Denn der Menschen-
sohn kommt für alle sichtbar – wie ein
Blitz, der den ganzen Horizont erhellt.
[25]Aber vorher muss der Menschensohn
noch viel leiden und es erdulden, dass
ihn die Menschen dieser Zeit von sich
stoßen.«

(Matthäus 24,37–39.17–18)

[26]»Wenn der Menschensohn kommt, wird
es auf der Erde zugehen wie zur Zeit No-
ahs. [27]Damals dachten die Menschen
auch nur an Essen, Trinken und Hei-
raten. So ging es, bis Noah in die Arche
stieg. Dann kam die Flut, und keiner von
ihnen überlebte.

[28]Es wird genauso sein wie zu Lots Zei-
ten. Die Menschen kümmerten sich nur
ums Essen und Trinken, Kaufen und Ver-
kaufen, Pflanzen und Bauen. [29]So ging es
bis zu dem Tag, an dem Lot die Stadt So-
dom verließ. Da regnete es Feuer und
Schwefel vom Himmel, und alle kamen
in den Flammen um.

[30]Genauso wird es sein, wenn der Men-
schensohn erscheint. [31]Wer sich dann ge-
rade auf dem Dach seines Hauses auf-
hält, der soll nicht mehr ins Haus laufen,
um seine Sachen zu holen. Wer auf dem
Feld arbeitet, soll nicht mehr in sein Haus
zurückkehren. [32]Denkt daran, was mit
Lots Frau geschah!

[33]Wer sich an sein Leben klammert,
der wird es verlieren. Wer aber sein Le-
ben verliert, der wird es für immer ge-
winnen.«

17,10 1 Kor 9,16–17 **17,11** 9,51 **17,12** 3 Mo 13,45–46 **17,14** 3 Mo 14,2–32 **17,16** 9,52–53; Joh 4,9 **17,19** Mk 5,34* **17,20** 19,11 **17,21** 11,20 **17,23** 21,8 **17,25** 9,22.44; 18,32–33 **17,26–27** 1 Mo 6,11–13; 7,7–13 **17,28–29** 1 Mo 19,14.24–25* **17,32** 1 Mo 19,26 **17,33** 9,24

(Matthäus 24,40–41)

34 »Ich sage euch: Zwei schlafen in jener
Nacht in einem Bett, einer wird ange-
nommen, und der andere bleibt zurück.
35 Zwei Frauen werden gemeinsam Ge-
treide mahlen. Die eine wird angenom-
men, und die andere bleibt zurück.«[a]
37 »Herr, wo wird sich das ereignen?«,
fragten die Jünger. Da antwortete ihnen
Jesus: »Das werdet ihr schon sehen.
Auch die Geier erkennen, wo ein ver-
endetes Tier liegt, und sammeln sich
dort.«

Das Gleichnis vom Richter und der Witwe

18 Wie wichtig es ist, Gott unermüd-
lich um alles zu bitten, machte
Jesus durch ein Gleichnis deutlich:
2 »In einer Stadt lebte ein Richter, dem
Gott und die Menschen gleichgültig
waren. 3 Tag für Tag bestürmte ihn eine
Witwe mit ihrer Not: ›Verhilf mir doch
endlich zu meinem Recht!‹ 4 Immer wie-
der stieß sie bei ihm auf taube Ohren,
aber schließlich sagte er sich: ›Mir sind
zwar Gott und die Menschen gleichgül-
tig, 5 aber diese Frau lässt mir einfach
keine Ruhe. Ich muss ihr zu ihrem Recht
verhelfen, sonst wird sie am Ende noch
handgreiflich.‹«
6 Und Jesus, der Herr, fügte hinzu: »Ihr
habt gehört, was dieser ungerechte Rich-
ter gesagt hat. 7 Meint ihr, Gott wird sei-
nen Auserwählten nicht zum Recht ver-
helfen, wenn sie ihn Tag und Nacht
darum bitten? Wird er sie etwa lange
warten lassen? Nein! 8 Ich versichere
euch: Er wird ihnen schnellstens helfen.
Die Frage ist: Wird der Menschensohn,
wenn er kommt, auf der Erde überhaupt
noch Menschen finden, die diesen Glau-
ben haben?«

Das Gleichnis vom Pharisäer und vom Zolleinnehmer

9 Jesus erzählte ein weiteres Gleichnis. Er
hatte dabei besonders die Menschen im
Blick, die selbstgerecht sind und auf an-
dere herabsehen.
10 »Zwei Männer gingen in den Tempel,
um zu beten. Der eine war ein Pharisäer,
der andere ein Zolleinnehmer. 11 Selbst-
sicher stand der Pharisäer dort und bete-
te: ›Ich danke dir, Gott, dass ich nicht so
bin wie andere Leute: kein Räuber, kein
Gottloser, kein Ehebrecher und schon
gar nicht wie dieser Zolleinnehmer da
hinten. 12 Ich faste zweimal in der Woche
und gebe von allen meinen Einkünften
den zehnten Teil für Gott.‹
13 Der Zolleinnehmer dagegen blieb
verlegen am Eingang stehen und wagte
kaum aufzusehen. Schuldbewusst betete
er: ›Gott, vergib mir, ich weiß, dass ich
ein Sünder bin!‹
14 Ihr könnt sicher sein, dieser Mann
ging von seiner Schuld befreit nach Hau-
se, nicht aber der Pharisäer. Denn wer
sich selbst ehrt, wird gedemütigt werden;
aber wer sich selbst erniedrigt, wird ge-
ehrt werden.«

Jesus und die Kinder (Matthäus 19,13–15; Markus 10,13–16)

15 Einige Eltern brachten ihre Kinder zu
Jesus, damit er sie segnete. Als die Jünger
das sahen, wollten sie die Leute wegschi-
cken. 16 Doch Jesus rief die Kinder zu sich
und sagte: »Lasst die Kinder zu mir kom-
men, und haltet sie nicht zurück! Denn
für Menschen wie sie ist Gottes neue
Welt bestimmt. 17 Hört, was ich euch sage:
Wer sich die neue Welt Gottes nicht wie
ein Kind schenken lässt, dem bleibt sie
verschlossen.«

---

a Andere Textzeugen fügen hinzu (Vers 36): Zwei Männer werden auf dem Feld arbeiten. Der eine wird angenommen, der andere bleibt zurück.

18,1–8 11,5–10 **18,1** Röm 12,12; 1 Thess 5,17 **18,7** 11,9–10 **18,9** 15,1–2 **18,12** 5,33; 3 Mo 27,30–33* **18,13** Ps 51,3–5 **18,14** 14,11

Die Reichen und die neue Welt Gottes
(Matthäus 19,16–30;
Markus 10,17–31)

[18]Jesus wurde von einem angesehenen
und reichen Mann gefragt: »Guter Leh-
rer, was muss ich tun, um das ewige Le-
ben zu bekommen?« [19]Jesus entgegnete:
»Weshalb nennst du mich gut? Es gibt
nur einen, der gut ist, und das ist Gott.
[20]Du kennst doch seine Gebote: Du
sollst nicht die Ehe brechen! Du sollst
nicht töten! Du sollst nicht stehlen! Sag
nichts Unwahres über deinen Mitmen-
schen! Ehre deinen Vater und deine
Mutter!«[a]

[21]Der Mann antwortete: »An diese Ge-
bote habe ich mich von Jugend an gehal-
ten.« [22]»Aber etwas fehlt dir noch«, sagte
Jesus. »Verkauf alles, was du hast, und
verteil das Geld an die Armen. Damit
wirst du im Himmel einen Reichtum ge-
winnen, der niemals verloren geht. Und
dann komm und folge mir nach!«

[23]Als der Mann das hörte, wurde er
traurig, denn er war sehr reich.

[24]Jesus merkte es und sagte: »Wie
schwer ist es doch für die Reichen, in
Gottes neue Welt zu kommen! [25]Eher
geht ein Kamel durch ein Nadelöhr, als
dass ein Reicher in Gottes neue Welt
kommt.«

[26]»Wer kann dann überhaupt gerettet
werden?«, fragten ihn seine Zuhörer ent-
setzt.

[27]Er antwortete: »Für Menschen ist es
unmöglich, aber nicht für Gott.«

[28]Jetzt fragte Petrus: »Aber wie ist es
nun mit uns? Wir haben doch alles auf-
gegeben und sind mit dir gegangen!«
[29]Jesus antwortete: »Das sollt ihr wissen:
Jeder, der sein Haus, seine Eltern, seine
Geschwister, seine Frau oder seine Kin-
der zurücklässt, um sich für Gottes neue
Welt einzusetzen, [30]der wird dafür reich
belohnt werden: hier schon, in dieser
Welt, und erst recht in der zukünftigen
Welt mit dem ewigen Leben.«

Jesus spricht zum dritten Mal von seinem Tod
(Matthäus 20,17–19;
Markus 10,32–34)

[31]Jesus nahm seine zwölf Jünger beiseite
und sagte ihnen: »Wir gehen jetzt nach
Jerusalem. Dort wird sich alles erfüllen,
was die Propheten über den Menschen-
sohn geschrieben haben. [32]Man wird ihn
denen übergeben, die Gott nicht kennen.
Die werden ihn verspotten, beschimpfen,
anspucken und [33]schließlich auspeitschen
und töten. Aber am dritten Tag wird er
von den Toten auferstehen.« [34]Die Jün-
ger begriffen nichts. Was Jesus damit sa-
gen wollte, blieb ihnen verborgen, und sie
verstanden es nicht.

Ein Blinder wird geheilt
(Matthäus 20,29–34;
Markus 10,46–52)

[35]Jesus und seine Jünger waren unter-
wegs nach Jericho. In der Nähe der Stadt
saß ein Blinder am Straßenrand und bet-
telte. [36]Er hörte den Lärm der vorbeizie-
henden Menge und fragte neugierig:
»Was ist da los?« [37]Einige riefen ihm zu:
»Jesus von Nazareth kommt nach Jeri-
cho!« [38]Als er das hörte, schrie er laut:
»Jesus, du Sohn Davids, hab Erbarmen
mit mir!« [39]Die Leute fuhren ihn an:
»Halt den Mund!« Er aber schrie nur
noch lauter: »Du Sohn Davids, hab Er-
barmen mit mir!«

[40]Jesus blieb stehen und ließ den Mann
zu sich führen. [41]Dann fragte er ihn: »Was
soll ich für dich tun?« »Herr«, flehte ihn
der Blinde an, »ich möchte sehen kön-
nen!« [42]»Du sollst wieder sehen!«, sagte
Jesus zu ihm. »Dein Glaube hat dir gehol-
fen.« [43]Im selben Augenblick konnte der
Blinde sehen. Er ging mit Jesus und lobte

---

[a] Vgl. 2. Mose 20,12–16

18,18 10,25 **18,22** 12,33; Mt 13,44–46 **18,24–25** 8,14 **18,27** 1 Mo 18,14; Jer 32,17 **18,28** 5,11 **18,29** 14,26 **18,32–33** 9,22.44 **18,34** 9,45; 24,45 **18,38–39** Mt 20,30–31* **18,42** Mk 5,34*

Gott. Zusammen mit ihm lobten und
dankten alle, die seine Heilung miterlebt
hatten.

Jesus bei Zachäus

19 Jesus zog mit seinen Jüngern durch
Jericho. 2 Dort lebte ein sehr rei-
cher Mann namens Zachäus, der oberste
Zolleinnehmer. 3 Zachäus wollte Jesus un-
bedingt sehen; aber er war sehr klein, und
die Menschenmenge machte ihm keinen
Platz. 4 Da rannte er ein Stück voraus und
kletterte auf einen Maulbeerbaum, der
am Weg stand. Von hier aus konnte er al-
les überblicken. 5 Als Jesus dort vorbei-
kam, entdeckte er ihn. »Zachäus, komm
schnell herab!«, rief Jesus. »Ich möchte
heute dein Gast sein!« 6 Eilig stieg Za-
chäus vom Baum herunter und nahm Je-
sus voller Freude mit in sein Haus.

7 Die anderen Leute empörten sich
über Jesus: »Wie kann er das nur tun? Er
lädt sich bei einem Gauner und Betrüger
ein!«

8 Zachäus aber sagte zu Jesus: »Herr,
ich werde die Hälfte meines Vermögens
an die Armen verteilen, und wem ich am
Zoll zu viel abgenommen habe, dem gebe
ich es vierfach zurück.« 9 Da sagte Jesus
zu ihm: »Heute hat Gott dir und allen,
die in deinem Haus leben, Rettung ge-
bracht. Denn auch du bist ein Nachkom-
me Abrahams. 10 Der Menschensohn ist
gekommen, Verlorene zu suchen und zu
retten.«

Beauftragt zu handeln
(Matthäus 25,14–30)

11 Die Leute hörten Jesus aufmerksam zu.
Sie meinten, Gottes neue Welt würde
sichtbar kommen, sobald Jesus in Jerusa-
lem eintraf. Darum erzählte er ihnen
noch ein Gleichnis:

12 »Ein Fürst trat eine weite Reise an.
Er sollte zum König gekrönt werden und
dann wieder in sein Land zurückkehren.
13 Bevor er abreiste, rief er zehn seiner
Knechte zu sich, gab jedem ein Pfund Sil-
berstücke und sagte: ›Setzt dieses Geld
gewinnbringend ein! Ich komme bald zu-
rück!‹

14 Viele Bürger seines Landes aber hass-
ten ihn. Sie schickten eine Gesandtschaft
hinter ihm her mit der Erklärung: ›Diesen
Mann werden wir nicht als König aner-
kennen!‹ 15 Trotzdem wurde er gekrönt
und kam als König in sein Land zurück.
Er befahl die Knechte zu sich, denen er
das Geld gegeben hatte, und wollte wis-
sen: ›Was habt ihr damit gemacht?‹

16 Der erste berichtete: ›Herr, ich habe
das Zehnfache deines Geldes als Gewinn
erwirtschaftet.‹ 17 ›Ausgezeichnet!‹, rief
der König. ›Das hast du gut gemacht!
Du hast dich in dieser kleinen Aufgabe
bewährt. Ich vertraue dir die Verwaltung
von zehn Städten an.‹ 18 Darauf trat der
nächste Mann vor und berichtete:
›Herr, ich habe das Fünffache an Silber-
stücken hinzugewonnen.‹ 19 ›Gut!‹, ant-
wortete sein Herr. ›Du wirst Verwalter
über fünf Städte.‹

20 Nun trat ein anderer Knecht vor und
sagte: ›Herr, hier hast du dein Geld zu-
rück. Ich habe es in ein Tuch eingewickelt
und aufbewahrt! 21 Ich fürchte dich als
strengen Herrn. Denn du nimmst, was
dir nicht gehört, und du erntest, was an-
dere gesät haben.‹ 22 Da rief der König
zornig: ›Du richtest dich mit deinen eige-
nen Worten, du Nichtsnutz! Wenn du
weißt, dass ich ein strenger Herr bin, dass
ich nehme, was mir nicht gehört, und ern-
te, wo ich nicht angebaut habe, 23 warum
hast du das Geld dann nicht zur Bank ge-
bracht? Dann hätte ich wenigstens Zin-
sen dafür bekommen!‹

24 Er forderte die Umstehenden auf:
›Nehmt ihm das Geld ab und gebt es
dem Mann, der zehn Pfund Silberstücke
erwirtschaftet hat.‹ 25 ›Aber Herr‹, wider-
sprachen seine Leute, ›der hat doch
schon genug!‹ 26 Da sagte ihnen der Kö-
nig: ›Ich versichere euch: Wer viel hat,

19,7 15,1–2 **19,8** 3,10–14; 4 Mo 5,6–7; Hes 33,14–16 **19,10** 15,4–7; Hes 34,16 **19,11** 17,20–21; 24,21 **19,16–19** 12,42–44; 16,10 **19,26** 8,18

der bekommt noch mehr dazu. Wer aber nichts hat, dem wird selbst noch das Wenige, das er hat, genommen!

27 Doch jetzt holt meine Feinde her, die mich nicht als König anerkennen wollten: Sie sollen vor meinen Augen hingerichtet werden!‹«

Jesus wird als König empfangen (Matthäus 21,1–11; Markus 11,1–11; Johannes 12,12–19)

28 Nachdem Jesus diese Geschichte erzählt hatte, brach er nach Jerusalem auf.
29 In der Nähe der Dörfer Betfage und Betanien, die beide am Ölberg liegen, schickte er zwei seiner Jünger voraus mit dem Auftrag:
30 »Geht in das Dorf da vorne! Gleich am Eingang werdet ihr einen jungen Esel finden, der dort angebunden ist. Auf ihm ist noch nie jemand geritten. Bindet ihn los und bringt ihn her!
31 Sollte jemand fragen, was ihr da macht, dann sagt einfach: ›Der Herr braucht ihn.‹«

32 Die Jünger fanden den Esel, wie Jesus es ihnen beschrieben hatte.
33 Als sie ihn losbanden, fragten die Besitzer: »Was macht ihr denn da?«
34 Sie antworteten: »Der Herr braucht ihn.«

35 Dann brachten sie den Esel zu Jesus. Einige legten dem Tier ihre Mäntel auf den Rücken, bevor sich Jesus darauf setzte.
36 Auf dem Weg nach Jerusalem breiteten die Menschen ihre Kleider als Teppich vor Jesus aus.

37 Als sie auf der Höhe des Ölbergs angekommen waren, jubelten und sangen die Menschen. Sie dankten Gott für die vielen Wunder, die Jesus getan hatte.
38 Laut sangen sie: »Gelobt sei der König, der im Auftrag des Herrn kommt! Gott hat Frieden mit uns geschlossen. Lob und Ehre dem Allerhöchsten!«

39 Empört riefen da einige Pharisäer aus der Menge: »Lehrer, verbiete das deinen Jüngern!«
40 Er antwortete ihnen nur: »Glaubt mir: Wenn sie schweigen, dann werden die Steine am Weg schreien.«

Tränen über eine Stadt

41 Als Jesus die Stadt Jerusalem vor sich liegen sah, weinte er über sie.
42 »Wenn du doch nur erkannt hättest, was dir Frieden bringt!«, rief er. »Aber jetzt bist du mit Blindheit geschlagen.
43 Der Tag wird kommen, an dem deine Feinde einen Wall um deine Mauern aufschütten und dich von allen Seiten belagern.
44 Deine Mauern werden fallen und alle Bewohner getötet werden. Kein Stein wird auf dem anderen bleiben. Warum hast du die Gelegenheit nicht genutzt, die Gott dir geboten hat?«

Jesus jagt die Händler aus dem Tempel (Matthäus 21,12–17; Markus 11,15–19; Johannes 2,13–16)

45 Kaum hatte Jesus den Tempel betreten, da begann er, die Händler hinauszujagen,
46 und rief: »Ihr wisst doch, was Gott in der Heiligen Schrift sagt: ›Mein Haus soll ein Ort des Gebets sein‹,[a] ihr aber habt eine Räuberhöhle daraus gemacht!«

47 Jeden Tag sprach er im Tempel zu den Menschen, obwohl die Hohenpriester, die Schriftgelehrten und führenden Männer des Volkes nach einer passenden Gelegenheit suchten, ihn umzubringen.
48 Noch konnten sie nichts gegen ihn unternehmen, denn die Menschen folgten Jesus überall hin und achteten auf jedes seiner Worte.

Die Frage nach der Vollmacht Jesu (Matthäus 21,23–27; Markus 11,27–33)

20 An einem dieser Tage sprach Jesus wieder im Tempel zu den Men-

---

[a] Jesaja 56,7

19,30–31 22,10–12 **19,35–38** 1 Kön 1,38–40 **19,36** 2 Kön 9,13 **19,38** 2,14; Ps 118,26 **19,41** Jer 13,17; 14,17 **19,44** 21,6 **19,45** Sach 14,21 **19,46** Jer 7,11 **19,47** Mt 26,55; Joh 18,20 **19,48** 21,38 **20,1** 4,43; 8,1

schen und verkündete ihnen die rettende
Botschaft. Da stellten ihn die Hohen-
priester, die Schriftgelehrten und führen-
den Männer des Volkes zur Rede. [2]»Wo-
her nimmst du dir das Recht, hier so
aufzutreten?«, wollten sie von ihm
wissen. »Wer hat dir die Vollmacht dazu
gegeben?«
[3]Jesus erwiderte: »Ich will euch eine
Gegenfrage stellen. [4]War Johannes der
Täufer von Gott beauftragt zu taufen
oder nicht?«
[5]Sie überlegten: »Wenn wir antworten,
›Gott hat ihn gesandt‹, dann wird er fra-
gen: ›Warum habt ihr ihm dann nicht ge-
glaubt?‹ [6]Wenn wir aber bestreiten, dass
Gott ihn gesandt hat, dann steinigt uns
das Volk; denn alle sind davon überzeugt,
dass Johannes ein Prophet war.«
[7]So antworteten sie schließlich: »Wir
wissen es nicht.« [8]Worauf Jesus entgegne-
te: »Dann sage ich euch auch nicht, wer
mir die Vollmacht gegeben hat.«

Vom Weinbergbesitzer und den betrügerischen Pächtern (Matthäus 21,33–46; Markus 12,1–12)

[9]Nun erzählte Jesus seinen Zuhörern ein
Gleichnis: »Ein Mann legte einen Wein-
berg an. Er verpachtete ihn an einige
Weinbauern und reiste für längere Zeit
ins Ausland. [10]Zur Zeit der Weinlese be-
auftragte er einen Knecht, den vereinbar-
ten Anteil an der Ernte abzuholen. Aber
die Weinbauern schlugen den Knecht
nieder und jagten ihn mit leeren Händen
davon.
[11]Da schickte der Besitzer einen zwei-
ten Boten. Aber auch ihn schlugen und
beschimpften die Weinbauern und jagten
ihn weg. [12]Er sandte einen dritten. Auch
den schlugen sie blutig und vertrieben
ihn.
[13]›Was soll ich machen?‹, fragte sich
der Besitzer. ›Ich werde meinen einzigen
Sohn, den ich sehr liebe, zum Weinberg
schicken. Vor ihm werden sie Achtung
haben!‹ [14]Als die Weinbauern aber den
Sohn kommen sahen, sagten sie zueinan-
der: ›Jetzt kommt der Erbe. Den bringen
wir um, und dann gehört der Weinberg
endgültig uns!‹ [15]Sie jagten ihn aus dem
Weinberg und schlugen ihn tot.
Was – meint ihr – wird der Besitzer des
Weinbergs mit diesen Weinbauern ma-
chen? [16]Er wird selbst kommen, sie töten
und seinen Weinberg an andere ver-
pachten!«
»So etwas darf niemals geschehen!«,
riefen die Zuhörer entsetzt. [17]Da sah
Jesus sie an und fragte: »Was bedeutet
denn dieser Satz aus der Heiligen Schrift:
›Der Stein, den die Bauarbeiter wegge-
worfen haben, weil sie ihn für unbrauch-
bar hielten, ist zum Grundstein des gan-
zen Hauses geworden‹[a]?« [18]Und er fügte
hinzu: »Wer auf diesen Stein fällt, wird
sich zu Tode stürzen, und auf wen der
Stein fällt, der wird zermalmt.«
[19]Am liebsten hätten die Hohenpries-
ter und Schriftgelehrten Jesus gleich fest-
genommen. Sie hatten verstanden, dass
er in diesem Gleichnis von ihnen gespro-
chen hatte. Aber sie wagten sich nicht an
ihn heran, weil sie vor dem Volk Angst
hatten.

Die Frage nach der Steuer (Matthäus 22,15–22; Markus 12,13–17)

[20]Die Hohenpriester und Schriftgelehr-
ten ließen Jesus bespitzeln. Sie schickten
einige Männer zu ihm, die vorgeben soll-
ten, ihnen läge die Erfüllung des Geset-
zes besonders am Herzen. Sie sollten ihn
mit seinen eigenen Worten in die Falle
locken, damit man ihn an den römischen
Statthalter ausliefern konnte.
[21]Die Leute kamen also zu Jesus und
fragten ihn scheinheilig: »Lehrer, wir wis-
sen, dass es dir bei allem, was du sagst,

---

a Psalm 118,22

20,5 7,29–30 **20,6** Mt 14,5 **20,9–19** Jes 5,1–7* **20,15** Hebr 13,12 **20,17** Jes 28,16* **20,18** Dan 2,34–35.44–45 **20,19** 19,47–48

allein um die Wahrheit geht. Du fragst
nicht danach, welches Ansehen die Leute
besitzen, sondern sagst uns frei heraus,
wie wir nach Gottes Willen leben sollen.
22 Deshalb sage uns: Ist es eigentlich Gottes Wille, dass wir dem römischen Kaiser
Steuern zahlen, oder nicht?«
23 Jesus durchschaute ihre Hinterhältigkeit und
sagte:
24 »Zeigt mir ein Geldstück! Wessen Bild und Name ist hier eingeprägt?«
Sie antworteten: »Das Bild und der Name des Kaisers!«

25 »Nun, dann gebt dem Kaiser, was
ihm zusteht«, antwortete Jesus, »und gebt
Gott, was ihm gehört!«

26 So war es ihnen nicht gelungen, Jesus
vor allen Leuten in eine Falle zu locken.
Sie waren von seiner Antwort so überrascht, dass sie schwiegen.

Werden die Toten auferstehen?
(Matthäus 22,23–33.46; Markus 12,18–27.34)

27 Später kamen einige Sadduzäer zu Jesus. Diese Leute behaupten, es gebe keine Auferstehung der Toten.
28 Sie sagten zu ihm: »Lehrer, Mose hat uns im Gesetz
gesagt: ›Wenn ein verheirateter Mann
stirbt und seine Frau ohne Kinder hinterlässt, muss sein Bruder die Witwe heiraten. Der erste ihrer Söhne soll als Sohn
des Verstorbenen gelten.‹[a]

29 Nun gab es da sieben Brüder. Der älteste heiratete und starb kinderlos.
30 Darauf heiratete sein Bruder die Witwe, aber
auch in dieser Ehe wurden keine Kinder
geboren.
31 So ging es weiter, bis alle sieben mit ihr verheiratet gewesen waren.
Kinder aber hatten sie nicht bekommen.
32 Schließlich starb auch die Frau.
33 Wessen Frau wird sie nun nach der Auferstehung sein? Schließlich waren ja alle
sieben Brüder mit ihr verheiratet!«

34 Jesus antwortete: »Die Ehe gibt es
nur in dieser Welt.
35 Wer aber von den
Toten aufersteht und in die zukünftige
Welt kommen darf, der wird nicht mehr
verheiratet sein.
36 Er wird auch nicht
mehr sterben wie die Menschen hier auf
der Erde, sondern wie die Engel ewig leben und zu den Kindern Gottes gehören.
Denn er ist vom Tod zu einem neuen Leben auferstanden.
37 Schon Mose hat angedeutet, dass es eine Auferstehung gibt.
Er beschreibt, wie der Herr ihm im brennenden Dornbusch erschien, und er
nennt ihn den Gott Abrahams, Isaaks
und Jakobs.[b]
38 Gott ist doch nicht ein
Gott der Toten, sondern der Lebenden.
Für ihn sind sie alle lebendig.«
39 Einige Schriftgelehrte stimmten ihm zu: »Das
hast du gut gesagt, Lehrer.«
40 Jetzt wagte
niemand mehr, weitere Fragen zu stellen.

Wer ist Christus?
(Matthäus 22,41–46; Markus 12,35–37)

41 Dann stellte Jesus ihnen eine Frage:
»Wie können die Schriftgelehrten behaupten, Christus sei ein Nachkomme
von König David?
42 David selbst schreibt
doch in den Psalmen: ›Gott sprach zu meinem Herrn: Setze dich auf den Ehrenplatz
an meiner rechten Seite,
43 bis ich dir alle
deine Feinde unterworfen habe, bis du
deinen Fuß auf ihren Nacken setzt.‹[c]
44 Wenn David ihn also ›Herr‹ nennt, wie
kann er dann Davids ›Sohn‹ sein?«

Die Heuchelei der Schriftgelehrten
(Matthäus 23,1–14; Markus 12,38–40)

45 Vor allen Leuten, die sich um sie
versammelt hatten, forderte Jesus seine
Jünger auf:
46 »Hütet euch vor den
Schriftgelehrten! Sie laufen gern in langen Gewändern herum und genießen es,
wenn die Leute sie auf der Straße
ehrfurchtsvoll grüßen. In der Synagoge

---

[a] *Vgl. 5. Mose 25,5–6*
[b] 2. Mose 3,6
[c] Psalm 110,1

20,25 Röm 13,7 **20,27** Apg 23,6–8 **20,36** 1 Kor 15,35–44 **20,38** Röm 14,8 **20,41–44** Mt 20,30–31* **20,46** 14,7–11

sitzen sie stets in der ersten Reihe, und es gefällt ihnen, wenn sie bei euren Festen die Ehrenplätze bekommen. [47] Gierig reißen sie den Besitz der Witwen an sich; dabei tarnen sie ihre bösen Absichten mit langen Gebeten. Gottes Strafe wird sie besonders hart treffen.«

Viel Geld, aber kein Opfer
(Markus 12,41–44)

21 Während Jesus das sagte, konnte er beobachten, wie die Reichen ihre Gaben in den Opferkasten im Tempel legten. [2] Er sah aber auch eine arme Witwe, die zwei der kleinsten Münzen[a] hineinwarf. [3] »Eins ist sicher«, meinte Jesus, »diese arme Witwe hat mehr gegeben als alle anderen. [4] Die Reichen haben nur etwas von ihrem Überfluss gegeben; aber diese Frau ist arm und gab alles, was sie hatte – sogar das, was sie dringend zum Leben gebraucht hätte.«

Jesus kündigt die Zerstörung des Tempels an
(Matthäus 24,1–2; Markus 13,1–2)

[5] Einige sprachen begeistert von der Schönheit des Tempels, den wertvollen Steinen und den kostbaren Weihegeschenken. [6] Aber Jesus erwiderte: »Ja, seht es euch genau an! Es kommt die Zeit, in der hier kein Stein auf dem anderen bleiben wird. Alles wird nur noch ein großer Trümmerhaufen sein.«

Die Zukunft der Welt
(Matthäus 24,3–14; Markus 13,3–13)

[7] Erschrocken wollten die Jünger wissen: »Lehrer, wann wird das geschehen? Woran erkennen wir, dass diese Dinge stattfinden werden?« [8] Jesus antwortete: »Lasst euch von keinem Menschen täuschen und verführen! Denn viele werden auftreten und von sich behaupten: ›Ich bin Christus!‹ Und sie werden verkünden: ›Jetzt ist die Zeit gekommen!‹ Glaubt ihnen nicht! [9] Wenn ihr von Kriegen und Unruhen hört, erschreckt nicht! Das muss geschehen, doch es bedeutet noch nicht das Ende.«

[10] Dann sagte er zu ihnen: »Die Völker und Königreiche der Erde werden Kriege gegeneinander führen. [11] In vielen Teilen der Welt wird es Erdbeben, Hungersnöte und Seuchen geben. Unerklärliche Erscheinungen am Himmel werden alle Menschen in Angst und Schrecken versetzen.

[12] Bevor das alles geschieht, wird man euch verfolgen. Nur weil ihr zu mir gehört, werden sie euch festnehmen und in den Synagogen vor Gericht stellen. Dann werden sie euch ins Gefängnis werfen, ja, vor Machthabern und Königen werdet ihr verhört werden.

[13] Aber dadurch habt ihr Gelegenheit, meine Botschaft zu bezeugen. [14] Prägt es euch ein: Ihr sollt nicht schon vorher darüber nachgrübeln, wie ihr euch vor Gericht verteidigen könnt. [15] Ich selber werde euch Weisheit geben und euch zeigen, was ihr sagen sollt. Dann werden eure Gegner nichts mehr erwidern können.

[16] Selbst eure nächsten Angehörigen, eure Eltern, Geschwister und Freunde werden euch verraten und euch verhaften lassen. Einige von euch wird man töten. [17] Alle Welt wird euch hassen, weil ihr zu mir gehört. [18] Aber ohne Gottes Willen wird euch kein Haar gekrümmt werden. [19] Bleibt standhaft, dann gewinnt ihr das ewige Leben.«

Die Zerstörung Jerusalems
(Matthäus 24,15–21; Markus 13,14–19)

[20] »Wenn die Feinde Israels Jerusalem belagern, dauert es nicht mehr lange, bis

---

[a] Wörtlich: zwei Lepta.

20,47 2 Mo 22,21–22* **21,4** 2 Kor 8,12 **21,6** 19,43–44 **21,8** 2 Thess 2,9–10; 1 Joh 2,18 **21,12** Apg 8,3; 12,1–4; 18,12–17 **21,13** Apg 16,23–34; Phil 1,12–14 **21,14–15** Apg 6,10 **21,16** 12,52–53 **21,17** 2 Tim 3,12* **21,18** 12,7 **21,19** Offb 2,7.11.17

diese Stadt zerstört wird. 21 Dann sollen
alle Bewohner Judäas ins Gebirge flie-
hen. Wer in Jerusalem wohnt, verlasse
die Stadt so schnell wie möglich, und
wer auf dem Land ist, suche in ihr keinen
Schutz. 22 Die Tage des göttlichen Ge-
richts sind gekommen. Jetzt erfüllt sich,
was in der Heiligen Schrift vorausgesagt
ist. 23 Besonders hart trifft es Schwangere
und Mütter mit Säuglingen. Denn überall
wird große Not herrschen, wenn Gottes
Zorn über sein Volk losbricht. 24 Die
Menschen werden niedergemetzelt oder
als Gefangene in die ganze Welt ver-
schleppt. Jerusalem aber wird besetzt
und zerstört sein, bis Gott die Herrschaft
der nichtjüdischen Völker beendet.«

Retter und Richter
(Matthäus 24,29–35; Markus 13,24–31)

25 »Zu dieser Zeit werden Zeichen an
Sonne, Mond und Sternen Unheil ver-
künden. Die Menschen fürchten sich
und wissen nicht mehr weiter, weil
Sturmfluten und Katastrophen über sie
hereinbrechen. 26 Ungewissheit und
Angst treiben sie zur Verzweiflung. Sogar
die Kräfte des Weltalls geraten durch-
einander.

27 Doch dann werden alle Völker se-
hen, wie der Menschensohn in den Wol-
ken mit großer Macht und Herrlichkeit
kommt. 28 Deshalb: Wenn sich dies alles
ereignet, dann seid zuversichtlich – mit
festem Blick und erhobenem Haupt!
Denn eure Befreiung steht vor der Tür.«

29 Dann erzählte Jesus ein Gleichnis:
»Seht euch den Feigenbaum an oder die
anderen Bäume. 30 Wenn ihre Zweige
Blätter treiben, dann wisst ihr, dass es
bald Sommer ist. 31 So könnt ihr sicher
sein, dass Gottes neue Welt nahe ist,
wenn all diese Ereignisse eintreffen. 32 Ja,
ich sage euch: Dieses Volk[a] wird nicht
untergehen, bevor das alles geschieht.
33 Himmel und Erde werden vergehen;
meine Worte aber gelten für immer.«

»Bleibt wachsam und betet!«

34 »Passt auf, dass ihr euch nicht durch ein
ausschweifendes Leben und Trunkenheit
und auch nicht durch die Sorgen des All-
tags vom Ziel ablenken lasst! Sonst wird
dieser Tag euch überraschen 35 so wie
eine Falle, die plötzlich zuschnappt.
Denn er wird für alle Menschen auf die-
ser Welt völlig unerwartet kommen.
36 Bleibt wachsam und betet zu jeder Zeit,
damit ihr dem entfliehen könnt, was auf
euch zukommt. Dann könnt ihr ohne
Furcht vor den Menschensohn treten.«

37 Täglich ging Jesus in den Tempel, um
dort zu lehren. Abends verließ er die
Stadt und verbrachte die Nächte am Öl-
berg. 38 Wenn er am frühen Morgen wie-
der in den Tempel kam, warteten schon
viele Menschen auf ihn, um ihn zu hören.

Verschwörung gegen Jesus
(Matthäus 26,1–5; Markus 14,1–2)

22 Es waren nur noch wenige Tage
bis zum Fest der ungesäuerten
Brote, das auch Passahfest genannt wird.
2 Nach wie vor suchten die Hohenpriester
und Schriftgelehrten nach einer Gelegen-
heit, Jesus umzubringen; sie fürchteten
aber, damit im Volk einen Aufruhr aus-
zulösen.

Der Verrat
(Matthäus 26,14–16; Markus 14,10–11)

3 Zu der Zeit ergriff der Satan Besitz von
Judas Iskariot, einem der zwölf Jünger
Jesu. 4 Judas ging zu den Hohenpriestern
und den Offizieren der Tempelwache
und beriet mit ihnen, wie er Jesus an sie

---

[a] Oder: Diese Generation.

21,22 Joel 1,15* **21,23** 23,29 **21,25–26** Offb 6,12–17 **21,27** Dan 7,13 **21,28** 2 Thess 1,5–10; Jak 5,8 **21,33** Jes 40,8; 51,6 **21,34** 8,14; 12,19–20; 17,26–30 **21,36** Röm 12,12; 1 Petr 4,7; 2 Petr 3,11–13 **21,37** 19,47 **22,1** 2 Mo 12,15–20*.1–14* **22,3** Joh 13,2.27

verraten könnte. 5Hocherfreut verspra-
chen die Hohenpriester ihm eine Beloh-
nung. 6Sie wurden sich einig, und Judas
suchte nach einer Gelegenheit, Jesus
ohne Aufsehen an seine Feinde zu ver-
raten.

Vorbereitungen für das Passahfest (Matthäus 26,17–19; Markus 14,12–16)

7Am ersten Tag des Festes der ungesäu-
erten Brote, an dem das Passahlamm
geschlachtet werden musste, 8gab Jesus
seinen Jüngern Petrus und Johannes den
Auftrag: »Bereitet alles vor, damit wir
gemeinsam das Passahmahl essen kön-
nen.« 9»Wo sollen wir denn das Fest
feiern?«, fragten sie.
10Er antwortete: »Wenn ihr nach Jeru-
salem kommt, wird euch ein Mann be-
gegnen, der einen Wasserkrug trägt.
Geht ihm nach bis zu dem Haus, das er
betritt. 11Sagt dem Hausherrn: ›Unser
Lehrer lässt fragen: Wo ist der Raum, in
dem er mit seinen Jüngern das Passah-
mahl feiern kann?‹ 12Er wird euch im
Obergeschoss einen großen Raum zei-
gen, der mit Polstern ausgestattet ist.
Dort bereitet das Essen zu.« 13Die beiden
Jünger gingen in die Stadt und trafen al-
les so an, wie Jesus es ihnen gesagt hatte.
Dann bereiteten sie das Passahmahl vor.

Jesus feiert mit seinen Jüngern das Passahmahl (Matthäus 26,20–29; Markus 14,17–25; Johannes 13,21–30)

14Als die Stunde für das Passahmahl da
war, nahm Jesus mit den Aposteln an
der Festtafel Platz. 15»Wie sehr habe ich
mich danach gesehnt, mit euch das Pas-
sahmahl zu essen, bevor ich leiden muss«,
sagte er. 16»Ihr sollt wissen: Ich werde das
Passahmahl erst wieder in der neuen
Welt Gottes mit euch feiern. Dann hat
sich erfüllt, wofür das Fest jetzt nur ein
Zeichen ist.«
17Jesus nahm einen Becher mit Wein,
sprach das Dankgebet und sagte: »Nehmt
den Becher und trinkt alle daraus. 18Von
jetzt an werde ich keinen Wein mehr trin-
ken, bis die neue Welt Gottes gekommen
ist.«
19Dann nahm er Brot. Er dankte Gott
dafür, teilte es und gab es ihnen mit den
Worten: »Das ist mein Leib, der für euch
hingegeben wird. Feiert dieses Mahl im-
mer wieder, und denkt daran, was ich für
euch getan habe, sooft ihr dieses Brot
esst.«
20Nach dem Essen nahm er den Becher
mit Wein, reichte ihn den Jüngern und
sagte: »Dies ist mein Blut, mit dem der
neue Bund zwischen Gott und den Men-
schen besiegelt wird. Es wird für euch zur
Vergebung der Sünden vergossen. 21Aber
eins muss ich euch sagen: Bei uns an die-
sem Tisch ist der Mann, der mich ver-
raten wird. 22Es ist der Wille Gottes, dass
der Menschensohn sterben muss. Aber
wehe seinem Verräter!« 23Bestürzt fragte
einer den anderen: »Wer von uns könnte
so etwas tun?«

Wer ist der Wichtigste? (Matthäus 20,25–28; Markus 10,42–45)

24Die Jünger stritten sich darüber, wer
unter ihnen der Wichtigste sei. 25Da sagte
ihnen Jesus: »In dieser Welt unterdrü-
cken die Herrscher ihre Völker, und
rücksichtslose Machthaber lassen sich als
Wohltäter feiern. 26Aber so darf es bei
euch nicht sein. Der Erste unter euch soll
sich allen anderen unterordnen, und wer
euch führen will, muss allen dienen.
27Wer ist denn der Herr? Wer sich bedie-
nen lässt oder wer dient? Doch wohl der-
jenige, der sich bedienen lässt! Ich aber
bin unter euch wie ein Diener.
28Ihr seid mir in diesen Tagen der Ge-
fahr und der Versuchung treu geblieben.

22,7 2 Mo 12,3–6 **22,10–12** 19,30–31 **22,16** 22,30; 13,29 **22,19** 24,30 **22,20** 2 Mo 24,8; Jer 31,31–34* **22,22** Jes 53,8–9 **22,24** 9,46 **22,27** Joh 13,12–15 **22,28** Joh 6,67–69

[29] Deshalb verspreche ich euch: Ihr werdet mit mir zusammen in meinem Reich herrschen, das mein Vater mir übergeben hat. [30] Mit mir sollt ihr am selben Tisch essen und trinken. Ihr werdet auf Thronen sitzen und mit mir über die zwölf Stämme Israels Gericht halten.«

Jesus kündigt die Verleugnung des Petrus an
(Matthäus 26,31–35; Markus 14,27–31; Johannes 13,36–38)

[31] Zu Petrus gewandt, sagte Jesus: »Simon, Simon! Der Satan ist hinter euch her, die Spreu vom Weizen zu trennen. [32] Aber ich habe für dich gebetet, damit du den Glauben nicht verlierst. Wenn du dann zu mir zurückkehrst, so stärke den Glauben deiner Brüder!«

[33] »Herr«, fuhr Petrus auf, »ich bin jederzeit bereit, mit dir ins Gefängnis zu gehen und sogar für dich zu sterben.« [34] Doch Jesus erwiderte: »Petrus, ich sage dir: Noch ehe morgen früh der Hahn kräht, wirst du dreimal geleugnet haben, mich zu kennen.«

Wie wird es weitergehen?

[35] Jesus fragte seine Jünger: »Als ich euch damals ohne Geld, Tasche und Sandalen aussandte, habt ihr da Not leiden müssen?« »Nein, niemals!«, beteuerten sie.

[36] »Jetzt aber nehmt euer Geld und Gepäck«, forderte er sie auf. »Wer kein Schwert besitzt, soll seinen Mantel verkaufen und sich eins beschaffen. [37] Denn jetzt ist die Zeit da, in der sich auch dieses Wort an mir erfüllen muss: ›Man wird ihn wie einen Verbrecher behandeln.‹[a] Alles, was in der Heiligen Schrift von mir geschrieben steht, geht nun in Erfüllung.« [38] »Herr«, riefen die Jünger, »wir haben hier zwei Schwerter.« Doch Jesus unterbrach sie: »Genug damit!«

Im Garten Gethsemane
(Matthäus 26,30.36–46; Markus 14,26.32–42)

[39] Nach dem Festmahl verließ Jesus die Stadt und ging wie gewohnt zum Ölberg hinaus. Seine Jünger begleiteten ihn. [40] Dort angekommen sagte er zu ihnen: »Betet darum, dass ihr der kommenden Versuchung widerstehen könnt!« [41] Nicht weit von seinen Jüngern entfernt kniete Jesus nieder [42] und betete: »Vater, wenn es möglich ist, bewahre mich vor diesem Leiden[b]. Aber nicht was ich will, sondern was du willst, soll geschehen.«

[43] Da erschien ein Engel vom Himmel und gab ihm neue Kraft. [44] Jesus litt Todesängste und betete so eindringlich, dass sein Schweiß wie Blut auf die Erde tropfte. [45] Als er dann zu seinen Jüngern zurückkehrte, schliefen sie, erschöpft von ihren Sorgen und ihrer Trauer. [46] Jesus rüttelte sie wach: »Wie könnt ihr jetzt nur schlafen! Steht auf und betet, damit ihr der Versuchung widersteht!«

Verrat und Verhaftung
(Matthäus 26,47–56; Markus 14,43–49; Johannes 18,2–11)

[47] Noch während Jesus sprach, kam eine große Gruppe Männer auf sie zu. Sie wurden von Judas, einem der zwölf Jünger, angeführt. Judas ging zu Jesus, um ihn mit einem Kuss zu begrüßen. [48] Aber Jesus fragte ihn: »Judas, willst du den Menschensohn mit einem Kuss verraten?«

[49] Jetzt hatten auch die anderen Jünger begriffen, was vor sich ging. Aufgeregt riefen sie: »Herr, sollen wir dich mit dem Schwert verteidigen?« [50] Einer von ihnen zog gleich das Schwert, schlug auf einen der Diener des Hohenpriesters ein und hieb ihm das rechte Ohr ab. [51] Aber Jesus befahl: »Hört auf damit!« Er berührte das Ohr des Mannes und heilte ihn.

---

[a] Jesaja 53,12

[b] Wörtlich: so nimm diesen Kelch (des Leidens) von mir weg.

22,29 12,32 **22,30** 1 Kor 6,2; Offb 3,21 **22,31** 2 Kor 2,11 **22,32** Joh 17,9–15; 21,15 **22,34** 22,60–61 **22,35** 9,2–3; 10,4 **22,39** 21,37 **22,40** 21,36 **22,42** Joh 6,38; Phil 2,8; Hebr 5,7–8 **22,44** Hebr 5,7

52 Dann fragte Jesus die Hohenpriester,
die Offiziere der Tempelwache und die
führenden Männer des Volkes, die alle
mitgekommen waren: »Bin ich denn ein
Verbrecher, dass ihr euch mit Schwertern
und Knüppeln bewaffnet habt, um mich
zu verhaften? 53 Jeden Tag war ich im
Tempel. Warum habt ihr mich nicht dort
festgenommen? Aber jetzt ist eure Stun-
de da. Jetzt hat die Finsternis Macht.«

Petrus behauptet, Jesus nicht zu kennen
(Matthäus 26,57–58.69–75; Markus 14,53–54.66–72; Johannes 18,12–18.25–27)

54 Die Soldaten verhafteten Jesus und
führten ihn zum Palast des Hohenpries-
ters. Petrus folgte ihnen in sicherem Ab-
stand. 55 Im Hof des Palastes zündeten sie
ein Feuer an, um sich zu wärmen. Petrus
setzte sich zu ihnen. 56 Im Schein des Feu-
ers bemerkte ihn eine Dienerin und sah
ihn prüfend an. »Der Mann da war auch
bei Jesus!«, rief sie. 57 Doch heftig wider-
sprach Petrus: »Das ist unmöglich! Ich
kenne ihn überhaupt nicht!«

58 Kurz darauf sah ihn ein anderer und
meinte: »Natürlich, du bist doch einer
von seinen Freunden!« »Ausgeschlossen!
Ich doch nicht!«, wehrte Petrus ab.
59 Nach etwa einer Stunde behauptete
plötzlich wieder einer: »Der hier gehörte
zu den Männern, die bei Jesus waren;
man hört doch gleich, dass er auch aus
Galiläa kommt.« 60 Aber aufgebracht
stieß Petrus hervor: »Wovon redest du?
Was meinst du eigentlich?« In diesem
Augenblick krähte ein Hahn.

61 Jesus wandte sich um und sah seinen
Jünger an. Da fielen Petrus die Worte ein,
die Jesus gesagt hatte: »Ehe der Hahn
kräht, wirst du dreimal geleugnet haben,
mich zu kennen.«

62 Da ging Petrus hinaus und weinte
voller Verzweiflung.

Die Soldaten misshandeln Jesus
(Matthäus 26,67–68; Markus 14,65)

63 Die Soldaten, die Jesus bewachten, ver-
höhnten und schlugen ihn. 64 Sie verban-
den ihm die Augen und spotteten: »Na,
du Prophet! Sag uns, wer hat dich gerade
geschlagen?« 65 In dieser Weise quälten
sie ihn noch lange.

Jesus vor Gericht
(Matthäus 26,59–66; Markus 14,55–64; Johannes 18,19–24)

66 Bei Tagesanbruch kamen die Mitglie-
der des Hohen Rates zusammen: die füh-
renden Männer des Volkes, die Hohen-
priester und die Schriftgelehrten. 67 Sie
fragten Jesus: »Bist du nun der Christus,
der Befreier, der uns versprochen wurde,
oder bist du es nicht?« Er erwiderte: »Ihr
glaubt ja doch nicht, was ich euch sage,
68 und wenn ich euch etwas frage, dann
antwortet ihr mir nicht. 69 Doch von nun
an wird der Menschensohn auf dem Platz
an der rechten Seite Gottes sitzen.«
70 Empört schrien alle: »Willst du damit
etwa sagen, dass du der Sohn Gottes
bist?« Jesus antwortete: »Ihr habt Recht,
ich bin es!« 71 »Wozu brauchen wir da
noch Zeugen?«, riefen jetzt die Ankläger
einstimmig. »Alle haben seine Gottesläs-
terung gehört!«

Jesus wird an die Römer ausgeliefert
(Matthäus 27,2.11–14; Markus 15,1–5; Johannes 18,28–38)

23 Nun erhoben sich die Mitglieder
des Hohen Rates und ließen Jesus
zum römischen Statthalter Pilatus brin-
gen. 2 Dort beschuldigten sie ihn: »Dieser
Mensch hetzt unser Volk auf. Er redet
den Leuten ein, dass sie dem Kaiser
keine Steuern zahlen sollen. Und er be-
hauptet von sich, er sei der Christus, ein
König, den Gott geschickt hat.«

22,53 19,47 **22,61** 22,34 **22,64** Mt 21,11 **22,67** 9,20 **22,69** Ps 110,1; Dan 7,13–14
22,70–71 3 Mo 24,16; 4 Mo 15,30 **23,2** 20,20–26

3 »Stimmt das?«, fragte Pilatus den An-
geklagten. »Bist du wirklich der König
der Juden?« Jesus antwortete: »Ja, du
sagst es!« 4 Pilatus erklärte den Hohen-
priestern und der ganzen Volksmenge:
»Dieser Mann ist doch kein Verbrecher!«
5 Aber sie widersprachen heftig: »In ganz
Judäa hetzt er die Menschen durch seine
Lehre auf. Schon in Galiläa hat er damit
angefangen, und nun ist er bis hierher
nach Jerusalem gekommen!«

Jesus wird von Herodes verhört

6 Pilatus fragte: »Ist der Mann denn aus
Galiläa?« 7 Als sie es bestätigten, befahl
er, Jesus zu König Herodes zu bringen,
der die Provinz Galiläa regierte und sich
während des Passahfestes auch in Jerusa-
lem aufhielt. 8 Herodes freute sich, Jesus
zu sehen. Er wollte ihn schon lange ken-
nen lernen. Denn er hatte viel von ihm
gehört und hoffte, Jesus würde ihm ein
Wunder vorführen. 9 Der König stellte
Frage um Frage, aber Jesus gab ihm keine
einzige Antwort. 10 Umso mehr redeten
die Hohenpriester und Schriftgelehrten,
die mitgekommen waren und ihn immer
heftiger beschuldigten. 11 Auch Herodes
und seine Soldaten ließen Jesus ihre Ver-
achtung spüren und verspotteten ihn. Sie
hängten ihm einen Königsmantel um und
schickten ihn wieder zu Pilatus. 12 Hero-
des und Pilatus waren vorher erbitterte
Feinde gewesen. Aber an diesem Tag
wurden sie Freunde.

Das Todesurteil
(Matthäus 27,15–26; Markus 15,6–15; Johannes 18,38 – 19,16)

13 Vor den Hohenpriestern, den führen-
den Männern des Volkes und der versam-
melten Menge 14 verkündete Pilatus: »Ihr
habt diesen Mann zu mir gebracht und ihn
beschuldigt, dass er die Menschen auf-
hetzt. Ich habe ihn vor euch verhört und
bin zu dem Urteil gekommen: Dieser
Mann ist unschuldig! 15 Herodes ist dersel-
ben Meinung. Deswegen hat er ihn hier-
her zurückgeschickt. Der Angeklagte hat
nichts getan, was mit dem Tod bestraft
werden müsste. 16 Ich werde ihn auspeit-
schen lassen, dann soll er frei sein.« 17 Pila-
tus begnadigte ohnehin in jedem Jahr am
Passahfest einen Gefangenen.[a]

18 Da brach ein Sturm der Entrüstung
los. Wie aus einem Munde schrie das
Volk: »Weg mit diesem Jesus! Lass Ba-
rabbas frei!« 19 Barabbas saß im Gefäng-
nis, weil er sich an einem Aufstand in
Jerusalem beteiligt hatte und wegen Mor-
des angeklagt war.

20 Noch einmal versuchte Pilatus, die
Menge zu überzeugen; denn er wollte Je-
sus gern freilassen. 21 Aber sie schrien nur
noch lauter: »Ans Kreuz mit ihm, ans
Kreuz!«

22 Pilatus versuchte es zum dritten Mal:
»Was für ein Verbrechen hat er denn be-
gangen? Ich finde nichts, worauf die To-
desstrafe steht! Ich werde ihn also aus-
peitschen lassen. Dann soll er frei sein.«

23 Aber die aufgehetzte Menge brüllte
immer lauter: »Kreuzige ihn!«, bis Pilatus
ihrem Schreien nachgab 24 und ihre For-
derung erfüllte.

25 Barabbas ließ er frei, den Mann, der
das Volk aufgehetzt hatte und wegen
Mordes angeklagt war. Jesus aber ver-
urteilte er zum Tod am Kreuz, wie sie es
gefordert hatten.

Auf dem Weg zur Hinrichtung
(Matthäus 27,31–32; Markus 15,20–22; Johannes 19,16–17)

26 Auf dem Weg zur Hinrichtungsstätte
begegnete ihnen Simon, der gerade vom
Feld kam. Er stammte aus Kyrene in
Nordafrika. Ihn zwangen sie, mitzugehen
und für Jesus das Kreuz zu tragen.

27 Unzählige Menschen folgten Jesus
auf dem Weg zur Hinrichtung. In der

---

[a] In anderen Textzeugen steht nach dem 16. Vers unmittelbar Vers 18.

23,3 Joh 18,36–37 **23,5** 4,43; 8,1; 9,51 **23,7** 3,1 **23,8** 9,9 **23,9** Mt 7,6 **23,18–25** Apg 3,13–14; 13,27–28

Worte der Liebe

Lesen Sie Lukas 23,26-43

Jesus kam, um uns die Liebe Gottes zu zeigen, indem er sich selbst als Opfer für die Sünden aller Menschen hingab. Seine Liebe zu uns ist so groß, dass wir sie nicht fassen können. Noch während er gekreuzigt wurde, betete er: „Vater, vergib ihnen, denn sie wissen nicht, was sie tun!" (Lukas 23,34). In diesen Worten zeigt sich ganz klar seine Liebe zu allen Menschen. Seine Liebe war bedingungslos. Er zeigte sie durch sein Handeln und er zeigte sie durch seine Worte.

Warum er in die Welt gekommen war, machte er ganz deutlich, als er sagte: „Ich allein bin die Tür. Wer durch mich zu meiner Herde kommt, der wird gerettet werden. ... Der Dieb kommt, um zu stehlen, zu schlachten und zu vernichten. Ich aber bringe Leben – und dies im Überfluss. Ich bin der gute Hirte. Ein guter Hirte setzt sein Leben für die Schafe ein" (Johannes 10,9-11). Diese opferbereite Liebe lebte er auch.

Vom Anfang bis zum Ende zeigt die Bibel uns einen liebevollen Gott, der seine Liebe durch Worte der Wahrheit, des Trostes und der Erlösung deutlich macht. Lob und Anerkennung sind eine Liebessprache, die Gott fließend beherrscht.

Nehmen Sie sich Zeit, um allein oder als Paar gemeinsam zu beten.

- Danken Sie Gott, dass er Ihnen seine Liebe in reichem Maß durch Worte und Taten zeigt.
- Lesen Sie Johannes 10,9-11 laut und genießen Sie diese Worte der Liebe, die an Sie gerichtet sind.
- Da Sie selbst Gottes bedingungslose Liebe erfahren haben, beten Sie darum, dass Sie diese Liebe auch an andere Menschen verschenken können.

Wenn Sie noch mehr Zeit haben ...

Besprechen Sie miteinander folgende Fragen oder denken Sie darüber nach:

- Lob und Anerkennung sind für viele Menschen eine Sprache der Liebe. Wie wirken Jesu Worte auf Sie?
- Überall in der Bibel finden wir Gottes Worte der Wahrheit, des Trostes und der Erlösung. Was sind Ihre Lieblingsverse?
- Denken Sie über die Worte in Lukas 23,34 nach. Was zeigt Ihnen dieser Vers?

Lesen Sie auch die folgenden Abschnitte zum Thema Liebe Gottes:
2. Mose 34,6; Römer 8,31-39; Epheser 3,17-19.

Geistliches Wachstum

Lesen Sie Johannes 1,1-18

Geistliches Wachstum setzt geistliches Leben voraus. Jesus ist der Sohn Gottes, der Retter der Menschheit, der Lebensspender. Wenn wir Christus als unseren Retter angenommen haben, sind wir Kinder Gottes geworden (siehe Johannes 1,12). Wir haben nun geistliches Leben, weil der Geist Christi in uns lebt. Damit ist die Fähigkeit in uns angelegt, geistlich zu wachsen und Christus ähnlicher zu werden.

Geistliches Wachstum ist dem Wachstum einer Ehe ähnlich. Es erfordert Zeit, offene Gespräche und Einsatz. Geistliches Wachstum ist das Ergebnis eines Zusammenwirkens zwischen uns und dem Heiligen Geist in uns. Wir lassen zu, dass die Haltung Jesu auch unsere wird. Aus eigener Kraft können wir Christus nicht ähnlicher werden. Nur wenn wir dem Geist Gottes die Freiheit lassen, in unserem Leben zu wirken, kann er die Eigenschaften Christi in uns hervorbringen.

Um geistlich optimal wachsen zu können, sollte unser Gebet jeden Tag lauten: „Vater, ich überlasse mein Leben heute dem Wirken deines Geistes, damit er mich Christus ähnlicher machen kann. Lass mich deinen Willen noch deutlicher erkennen, wenn ich in der Bibel lese, und gib mir die Kraft, das zu tun, was Jesus gesagt hat.“ Das ist kein mechanisches Vorgehen. Es ist eine echte, wachsende Beziehung zu Gott, mit der die tiefsten Bedürfnisse des menschlichen Herzens erfüllt werden. Wenn Sie sich um Ihr persönliches geistliches Wachstum kümmern, schaffen Sie auch in Ihrer Ehe ein Klima der geistlichen Nähe und des Vertrauens.

Nehmen Sie sich Zeit, um allein oder als Paar gemeinsam zu beten.

- Fragen Sie Gott, welchen bestimmten Bereich Ihres Herzens/Ihres Lebens er gerne verändern möchte.
- Vertrauen Sie sich heute der Leitung des Heiligen Geistes an, der Sie Jesus ähnlicher machen möchte.

Wenn Sie noch mehr Zeit haben …

Besprechen Sie miteinander folgende Fragen oder denken Sie darüber nach:

- Welchen Anteil haben Sie selbst an Ihrem geistlichen Wachstum, und welchen Anteil hat der Heilige Geist?
- Waren Sie schon einmal frustriert über Ihre mangelnden geistlichen Fortschritte?
- Wann haben Sie deutlich erlebt, wie der Heilige Geist in Ihnen wirkte?

Lesen Sie auch die folgenden Abschnitte zum Thema Geistliches Wachstum:
Psalm 51,11-13;
Apostelgeschichte 2,38;
Römer 8,9-11.

Den nächsten Impuls finden Sie auf S. 1196 a

Menge waren viele Frauen, die laut klag-
ten und um Jesus weinten.
28 Ihnen rief Jesus zu: »Weint nicht über
mich, ihr Frauen von Jerusalem! Weint
über euch und eure Kinder! 29 Die Zeit
wird kommen, in der man sagt: ›Glück-
lich sind die Frauen, die keine Kinder be-
kommen können. Ja, freuen können sich
alle, die niemals ein Kind geboren und
gestillt haben!‹ 30 Die Menschen werden
sich danach sehnen, dass die Berge über
ihnen zusammenstürzen und die Hügel
auf sie fallen, damit ihr Leid ein Ende
hat[a]. 31 Wenn schon das grüne Holz Feuer
fängt, wie schnell brennt dann das tro-
ckene Holz lichterloh!«

Die Kreuzigung
(Matthäus 27,33–44; Markus 15,22–31; Johannes 19,17–24)

32 Mit Jesus wurden zwei Verbrecher vor
die Stadt geführt 33 zu der Stelle, die man
»Schädelstätte« nennt. Dort wurde Jesus
ans Kreuz genagelt und mit ihm die bei-
den Verbrecher, der eine rechts, der an-
dere links von ihm.
34 Jesus betete: »Vater, vergib ihnen,
denn sie wissen nicht, was sie tun![b]« Un-
ter dem Kreuz verlosten die Soldaten sei-
ne Kleider untereinander. 35 Neugierig
stand die Menge dabei. Und die führen-
den Männer des Volkes verhöhnten Je-
sus: »Anderen hat er geholfen! Wenn er
wirklich Christus, der von Gott gesandte
Befreier, ist, dann soll er sich jetzt doch
selber helfen!« 36 Auch die Soldaten ver-
spotteten ihn. Sie gaben ihm Essig zu
trinken 37 und riefen ihm zu: »Wenn du
der König der Juden bist, dann rette dich
doch selbst!«
38 Oben am Kreuz brachten sie ein
Schild an. Damit jeder es lesen konnte,
stand dort auf Griechisch, Hebräisch
und Lateinisch: »Dies ist der König der
Juden!«
39 Auch einer der Verbrecher, die mit
ihm gekreuzigt worden waren, lästerte:
»Bist du nun der Christus? Dann hilf dir
selbst und uns!« 40 Aber der am anderen
Kreuz wies ihn zurecht: »Fürchtest du
Gott nicht einmal jetzt, kurz vor dem
Tod? 41 Wir werden hier zu Recht be-
straft. Wir haben den Tod verdient. Der
hier aber ist unschuldig; er hat nichts
Böses getan.« 42 Zu Jesus sagte er: »Denk
an mich, wenn du in dein Königreich
kommst!« 43 Da antwortete ihm Jesus:
»Ich versichere dir: Noch heute wirst du
mit mir im Paradies sein.«

Jesus stirbt am Kreuz
(Matthäus 27,45–56; Markus 15,33–41; Johannes 19,28–30)

44 Am Mittag wurde es plötzlich im
ganzen Land dunkel. Diese Finsternis
dauerte drei Stunden. 45 Dann zerriss im
Tempel der Vorhang vor dem Allerhei-
ligsten von oben bis unten.
46 Jesus schrie noch einmal laut auf:
»Vater, in deine Hände gebe ich meinen
Geist!« Dann starb er.
47 Der römische Hauptmann, der die
Hinrichtung beaufsichtigt hatte, lobte
Gott und sagte: »Dieser Mann war wirk-
lich unschuldig!« 48 Betroffen kehrten die
Menschen, die ein Schauspiel erleben
wollten, in die Stadt zurück. 49 Die Freun-
de Jesu und die Frauen, die mit ihm aus
Galiläa gekommen waren, hatten aus ei-
niger Entfernung alles mit angesehen.

Jesus wird begraben
(Matthäus 27,57–61; Markus 15,42–47; Johannes 19,38–42)

50–52 Josef, ein Mann aus Arimathäa, einer
Stadt in Judäa, ging zu Pilatus und bat
ihn, den toten Jesus begraben zu dürfen.
Er war Mitglied des Hohen Rates und ein
guter Mensch, der nach Gottes Willen

---

[a] »damit … Ende hat« ist sinngemäß ergänzt.
[b] Dieser Versteil fehlt bei einigen Textzeugen.

23,29 21,23 **23,30** Hos 10,8; Offb 6,16 **23,31** 1 Petr 4,17–18 **23,33** Jes 53,12 **23,34** Mt 5,44*; Ps 22,19 **23,35** Ps 22,8–9 **23,36** Ps 69,22 **23,43** Joh 5,24; 11,25–26 **23,44** Am 8,9 **23,45** 2 Mo 26,31–33; Hebr 10,19–20 **23,46** Ps 31,6

lebte und auf das Kommen der neuen
Welt Gottes wartete. Er hatte nicht zuge-
stimmt, als der Hohe Rat Jesus zum Tode
verurteilt hatte.
53 Er nahm Jesus vom Kreuz, wickelte
den Toten in ein feines Leinentuch und
legte ihn in ein neu angelegtes Grab, das
in einen Felsen gehauen war. 54 Das alles
geschah am späten Freitagnachmittag,
unmittelbar vor Beginn des Sabbats.
55 Mit Josef gingen auch die Frauen, die
Jesus aus Galiläa gefolgt waren. Sie sahen
zu, wie man den Toten in das Grab legte.
56 Dann kehrten sie in die Stadt zurück,
um dort wohlriechende Öle und Salben
für die Einbalsamierung vorzubereiten.
Am Sabbat ruhten sie aus, wie es das
jüdische Gesetz verlangt.

Jesus lebt
(Matthäus 28,1–8; Markus 16,1–8; Johannes 20,1–13)

24 Ganz früh am Sonntagmorgen gin-
gen die Frauen mit den wohlrie-
chenden Ölen, die sie zubereitet hatten,
zum Grab. 2 Der Stein, mit dem man es
verschlossen hatte, war zur Seite gerollt.
3 Als sie die Grabhöhle betraten, fanden
sie den Leichnam Jesu, des Herrn, nicht.
4 Verwirrt überlegten sie, was sie jetzt tun
sollten. Da traten zwei Männer in glän-
zend weißen Kleidern zu ihnen. 5 Die
Frauen erschraken und wagten nicht, die
beiden anzusehen.
»Warum sucht ihr den Lebenden bei
den Toten?«, fragten die Männer. 6 »Er
ist nicht hier; er ist auferstanden! Denkt
doch daran, was er euch in Galiläa gesagt
hat: 7 ›Der Menschensohn muss den gott-
losen Menschen ausgeliefert werden. Sie
werden ihn kreuzigen, aber am dritten
Tag wird er von den Toten auferstehen.‹«
8 Da erinnerten sich die Frauen an
diese Worte Jesu. 9 Sie liefen in die Stadt
zurück, um den elf Jüngern und den
anderen Freunden Jesu zu berichten,
was sie erlebt hatten.
10 Zu diesen Frauen gehörten Maria aus
Magdala, Johanna, Maria, die Mutter von
Jakobus, und noch etliche andere. 11 Aber
die Jünger hielten ihren Bericht für leeres
Gerede und glaubten den Frauen kein
Wort.
12 Doch Petrus sprang auf und lief zum
Grab. Als er hineinschaute, fand er außer
den Leinentüchern nichts. Verwundert
ging er in die Stadt zurück.

Jesus begegnet zwei Jüngern auf dem Weg nach Emmaus
(Markus 16,12–13)

13 Am selben Tag wanderten zwei Jünger
nach Emmaus, einem Dorf ungefähr
zehn Kilometer von Jerusalem entfernt.
14 Unterwegs redeten sie über die Ereig-
nisse der vergangenen Tage. 15 Während
sie miteinander sprachen und nachdach-
ten, kam Jesus und ging mit ihnen. 16 Aber
sie – wie mit Blindheit geschlagen – er-
kannten ihn nicht.
17 »Worüber unterhaltet ihr euch?«,
fragte sie Jesus. Die Jünger blieben trau-
rig stehen, 18 und verwundert bemerkte
Kleopas, einer von den beiden: »Ich glau-
be, du bist der Einzige in Jerusalem, der
nichts von den Ereignissen der letzten
Tage gehört hat.« 19 »Was ist denn gesche-
hen?«, wollte Jesus wissen.
»Hast du etwa nichts von Jesus gehört,
dem Mann aus Nazareth?«, antworteten
die Jünger. »Er war ein Prophet, den
Gott geschickt hatte. Jeder im Volk
konnte das an seinen Worten und Taten
erkennen. 20 Aber unsere Hohenpriester
und die führenden Männer des Volkes
haben ihn an die Römer ausgeliefert. Er
wurde zum Tode verurteilt und dann ans
Kreuz geschlagen. 21 Dabei hatten wir ge-
hofft, dass er der von Gott versprochene
Retter ist, der Israel befreit.
Das war vor drei Tagen. 22 Heute Mor-
gen wurden wir sehr beunruhigt durch
einige Frauen, die zu uns gehören.
Schon vor Sonnenaufgang waren sie

23,55 8,2–3 **23,56** 2 Mo 20,8–11* **24,4** Apg 1,10 **24,5** Offb 1,18 **24,7** 9,22 **24,10** 8,2–3
24,16 Joh 20,14; 21,4 **24,19** 7,16; Apg 2,22 **24,21** 2,38; 19,11

zum Grab gegangen; 23 aber der Leich-
nam Jesu war nicht mehr da. Die Frauen
erzählten, ihnen seien Engel erschienen,
die sagten: ›Jesus lebt!‹ 24 Einige von uns
sind gleich zum Grab gelaufen. Es war
tatsächlich leer, wie die Frauen berichtet
hatten. Aber Jesus haben sie nicht ge-
sehen.«

25 Darauf sagte Jesus zu ihnen: »Wie
wenig versteht ihr doch! Warum be-
greift und glaubt ihr nicht, was die Pro-
pheten gesagt haben? 26 Musste Christus
nicht all dies erleiden, bevor Gott ihn
zum Herrn über alles einsetzt[a]?«
27 Dann erklärte Jesus, was in der Heili-
gen Schrift über ihn gesagt wird – von
den Büchern Mose angefangen bis zu
den Propheten.

28 Inzwischen waren sie kurz vor Em-
maus, und Jesus tat so, als wolle er wei-
tergehen. 29 Deshalb drängten ihn die
Jünger: »Bleib doch über Nacht bei uns!
Es wird ja schon dunkel.« So ging er mit
ihnen ins Haus. 30 Als sie sich zum Essen
niedergelassen hatten, nahm Jesus das
Brot, dankte dafür, teilte es in Stücke
und gab es ihnen. 31 Da plötzlich erkann-
ten sie ihn. Doch er verschwand vor ihren
Augen.

32 Sie sagten zueinander: »Hat es uns
nicht tief berührt, als er unterwegs mit
uns sprach und uns die Heilige Schrift er-
klärte?«

33 Ohne Zeit zu verlieren, liefen sie so-
fort nach Jerusalem zurück. Dort waren
die elf Jünger und andere Freunde Jesu
zusammen. 34 Von ihnen wurden sie mit
den Worten begrüßt: »Der Herr ist tat-
sächlich auferstanden! Simon Petrus hat
ihn gesehen!« 35 Nun erzählten die
beiden, was auf dem Weg nach Emmaus
geschehen war und dass sie ihren Herrn
daran erkannt hatten, wie er das Brot
austeilte.

Der Auferstandene erscheint seinen Jüngern
(Markus 16,14–18; Johannes 20,19–23; Apostelgeschichte 1,4–8)

36 Noch während sie berichteten, stand Je-
sus plötzlich mitten im Kreis der Jünger.
»Friede sei mit euch!«, begrüßte er sie.
37 Die Jünger erschraken furchtbar. Sie
dachten, ein Geist stünde vor ihnen.

38 »Warum habt ihr Angst?«, fragte Je-
sus. »Wieso zweifelt ihr daran, dass ich es
bin? 39 Seht doch die Wunden an meinen
Händen und Füßen! Ich bin es wirklich.
Hier, fasst mich an und überzeugt euch,
dass ich kein Geist bin. Geister sind doch
nicht aus Fleisch und Blut!« 40 Und er
zeigte ihnen seine Hände und Füße.
41 Aber vor lauter Freude konnten sie es
noch immer nicht fassen, dass Jesus vor
ihnen stand. Endlich fragte er sie: »Habt
ihr etwas zu essen hier?« 42 Sie brachten
ihm ein Stück gebratenen Fisch, 43 den er
vor ihren Augen aß.

44 Dann sagte er zu ihnen: »Erinnert
euch daran, dass ich euch oft angekündigt
habe: ›Alles muss sich erfüllen, was bei
Mose, bei den Propheten und in den Psal-
men über mich steht.‹« 45 Nun erklärte er
ihnen die Worte der Heiligen Schrift. 46 Er
sagte: »Es steht doch dort geschrieben:
Der Messias muss leiden und sterben,
und er wird am dritten Tag von den Toten
auferstehen. 47 Alle Völker sollen diese
Botschaft hören: Gott wird jedem, der zu
ihm umkehrt, die Schuld vergeben.

Das soll zuerst in Jerusalem verkündet
werden. 48 Ihr selbst habt miterlebt, dass
Gottes Zusagen in Erfüllung gegangen
sind. Ihr seid meine Zeugen. 49 Ich werde
euch den Heiligen Geist geben, den mein
Vater euch versprochen hat[b]. Bleibt hier
in Jerusalem, bis ihr diese Kraft von oben
empfangen habt!«

---

[a] Wörtlich: und so eingehen in seine Herrlichkeit.
[b] Wörtlich: die Verheißung meines Vaters.

24,24 Joh 20,3–10 **24,27** 24,44–46* **24,30** 22,19 **24,34** 1 Kor 15,5 **24,37** Mt 14,26 **24,41–43** Joh 21,5.10; Apg 10,41 **24,44–46** Ps 22,2.8–9.16.19; Jes 52,13 – 53,12; Hos 6,2; Sach 9,9; 12,10 **24,44** 18,31–33; Joh 5,39.46 **24,45** 9,45; 18,34 **24,46** Apg 3,18; 17,3 **24,47** Apg 2,38; 5,31; 11,18; 20,21 **24,48** Apg 1,8* **24,49** Joh 15,26*; Joel 3,1–2

Jesus kehrt zu seinem Vater zurück (Markus 16,19; Apostelgeschichte 1,9–12)

50 Jesus führte seine Jünger von Jerusalem
nach Betanien. Er segnete sie mit erho-
benen Händen. 51 Noch während er sie
segnete, entfernte er sich von ihnen und
wurde zum Himmel emporgehoben.
52 Die Jünger fielen vor ihm nieder. Da-
nach kehrten sie voller Freude nach Jeru-
salem zurück. 53 Sie gingen immer wieder
in den Tempel, um Gott zu loben und zu
danken.

24,51 9,51; Apg 1,9 **24,52** Joh 16,22 **24,53** Apg 2,46; 5,12

Die Werte eines Mannes

In einer intakten, liebevollen Familie zeigen sich die Werte eines Mannes an seinem Lebensstil. Je näher er mit seinem Leben dem kommt, was er an guten geistlichen und moralischen Werten vertritt, desto mehr wird er von seiner Frau respektiert. Je weiter er sich aber mit seinem Tun von dem entfernt, was er zu glauben vorgibt, desto weniger Respekt kann er erwarten.

Sicherlich fällt es manchen Männern nicht so leicht wie ihren Frauen, offen über das zu sprechen, was ihnen geistlich wichtig ist. Vielleicht bringen sie es lieber auf andere Weise zum Ausdruck – zum Beispiel, indem sie mit anderen Männern zusammen an einem praktischen Projekt in ihrer Gemeinde mitwirken. Es ist deshalb wichtig, das Engagement eines Mannes im geistlichen Bereich nicht nur in besonderen Ritualen wie der Durchführung von Familienandachten zu sehen, sondern hier einen viel weiteren Horizont zu gewinnen. Freundlichkeit, Redlichkeit und Verlässlichkeit sind ebenso Kennzeichen dafür, dass ein Mann seine geistlichen Werte mit Leben füllt.

Auf geistlichem und moralischem Gebiet kann ein Ehemann seiner Rolle als Leiter am besten gerecht werden, wenn er mit gutem Beispiel vorangeht. Das bedeutet nicht, dass er perfekt sein muss. Es heißt vielmehr, dass er sich bewusst bemüht, seine geistlichen und moralischen Überzeugungen in seinem Leben in die Praxis umzusetzen. Wenn ihm das nicht gelingt, muss er bereit sein, seine Fehler zuzugeben und um Vergebung zu bitten. Gerade durch das Bekennen seiner Schuld zeigt er, dass seine Überzeugungen stark und echt sind und er für sein falsches Verhalten keine Ausreden erfindet. Ein liebevoller Ehemann bemüht sich nach Kräften, authentisch zu sein. Diese Wahrhaftigkeit wirkt sich positiv auf seine Frau und die Kinder aus.

Aus christlicher Sicht ist hierbei zu beachten, dass ein authentisches Leben nicht aus eigener menschlicher Kraft verwirklicht werden kann. Es ist nur möglich, wenn wir unser Leben dem Geist Christi öffnen und ihm erlauben, unser Denken und Handeln zu prägen. Wir erreichen diese Wahrhaftigkeit nicht aus eigener Anstrengung. Das ist einer der wichtigsten Unterschiede zwischen dem christlichen Glauben und anderen Weltanschauungen. Ich persönlich fand diese Erkenntnis sehr befreiend.

Den nächsten Artikel zum Thema „Was braucht sie – was braucht er" finden Sie auf S. 1298 a

Die Werte eines Mannes

[illegible]

Johannes berichtet von Jesus

Jesus Christus – Gottes Wort an die Welt

1 Am Anfang war das Wort. Das Wort war bei Gott, und das Wort war Gott selbst.

2 Von Anfang an war es bei Gott.

3 Alles wurde durch das Wort geschaffen, und nichts ist ohne das Wort geworden.

4 Von ihm kam alles Leben, und sein Leben war das Licht für alle Menschen.

5 Es leuchtet in der Finsternis, doch die Finsternis wehrte sich gegen das Licht.

6 Gott schickte einen Boten, einen Mann, der Johannes hieß. 7 Er sollte die Menschen auf das Licht hinweisen, damit alle durch seine Botschaft an den glauben, der das Licht ist.

8 Johannes selbst war nicht das Licht. Er sollte die Menschen nur auf das kommende Licht vorbereiten.

9 Der das wahre Licht ist, kam in die Welt, um für alle Menschen das Licht zu bringen.

10 Doch obwohl er unter ihnen lebte und die Welt durch ihn geschaffen wurde, erkannten ihn die Menschen nicht.

11 Er kam in seine Welt, aber die Menschen nahmen ihn nicht auf.

12 Die ihn aber aufnahmen und an ihn glaubten, denen gab er das Recht, Kinder Gottes zu werden.

13 Das wurden sie nicht, weil sie zu einem auserwählten Volk gehörten, auch nicht durch menschliche Zeugung und Geburt. Dieses neue Leben gab ihnen allein Gott.

14 Das Wort wurde Mensch und lebte unter uns. Wir selbst haben seine göttliche Herrlichkeit gesehen, wie sie Gott nur seinem einzigen Sohn gibt. In ihm sind Gottes vergebende Liebe und Treue zu uns gekommen.

15 Johannes wies immer wieder auf ihn hin. »Diesen habe ich gemeint«, rief er, »wenn ich sagte: ›Es wird einer kommen, der viel bedeutender ist als ich. Denn er war schon da, bevor ich geboren wurde!‹«

16 Aus seinem göttlichen Reichtum hat er uns immer und immer wieder mit seiner grenzenlosen Liebe beschenkt.

17 Durch Mose gab uns Gott das Gesetz mit seinen Forderungen. Aber durch Jesus Christus schenkte er uns seine vergebende Liebe und Treue. 18 Kein Mensch hat jemals Gott gesehen. Doch sein einziger Sohn[a], der in enger Gemeinschaft mit dem Vater lebt, hat uns gezeigt, wer Gott ist.

Johannes weist auf Christus hin (Matthäus 3,1–12; Markus 1,1–8; Lukas 3,1–18)

19 Die führenden Männer der Juden in Jerusalem schickten einige Priester und Leviten zu Johannes. Sie fragten ihn: »Wer bist du?« 20 Da bekannte Johannes und ließ keinen Zweifel offen: »Ich bin nicht Christus, auf den wir alle warten.« 21 »Wer bist du dann?«, fragten sie weiter. »Bist du vielleicht Elia?«[b] Johannes verneinte auch das. »Bist du der Prophet, den Mose

---

[a] Einige Textzeugen haben: der einzige Gott. – Indem Christus hier als Gott bezeichnet wird, soll auf unüberbietbare Weise die Zusammengehörigkeit von Gott und Christus betont werden.
[b] Vgl. Maleachi 3,23

1,1–2 17,5; Phil 2,6 **1,3** 1 Mo 1,3.6.9; 1 Kor 8,6; Kol 1,15–16; Hebr 1,2 **1,4** 5,26; 1 Joh 1,2 **1,5** 3,19 **1,6** Mt 3,1 **1,7** 1,31; 5,33–36 **1,8** 1,20 **1,9** 8,12 **1,12** Röm 8,14–15*; 1 Joh 3,1 **1,13** 3,5–6; 1 Petr 1,23 **1,14** Gal 4,4; Phil 2,7; 1 Joh 4,2 **1,15** 1,30 **1,16** Kol 1,19; 2,9 **1,17** 7,19; Röm 6,14; 10,4 **1,18** 6,46; 14,8–9; 2 Mo 33,20; Mt 11,27 **1,20** 1,8

uns angekündigt hat?«[a] »Nein!«, entgeg-
nete Johannes.
22 »Dann sag uns doch, wer du bist.
Welche Antwort sollen wir denen geben,
die uns hergeschickt haben?« 23 Da sagte
Johannes: »Der Prophet Jesaja hat es
schon angekündigt: ›Ich bin die Stimme,
die in der Wüste ruft: Räumt die Hinder-
nisse aus dem Weg, denn der Herr will
kommen!‹[b]«
24 Unter den Abgesandten waren auch
Pharisäer. 25 Sie fragen Johannes nun:
»Wenn du nicht Christus, nicht Elia und
auch nicht der von Mose angekündigte
Prophet bist, mit welchem Recht taufst
du dann?« 26 Darauf erwiderte Johannes:
»Ich taufe mit Wasser. Aber mitten unter
euch lebt schon der, auf den wir warten.
Ihr kennt ihn nur noch nicht. 27 Er kommt
nach mir – und ich bin nicht einmal wür-
dig, ihm die Schuhe auszuziehen.« 28 Die-
ses Gespräch führten sie in Betanien,
einem Dorf östlich des Jordan, wo Johan-
nes taufte.

Das Opferlamm Gottes (Matthäus 3,13–17; Markus 1,9–11; Lukas 3,21–22)

29 Als Johannes am nächsten Tag bemerk-
te, dass Jesus zu ihm kam, rief er: »Seht,
das ist Gottes Opferlamm, das die Sünde
aller Menschen wegnimmt.[c] 30 Dieser
Mann ist es, von dem ich gesagt habe:
›Es wird einer kommen, der weit über
mir steht. Denn er war schon vor mir da!‹
31 Auch ich wusste vorher nicht, wer er ist.
Aber damit das Volk Israel auf ihn vor-
bereitet wird, taufe ich hier mit Wasser.«
32 Und Johannes berichtete weiter: »Ich
sah den Geist Gottes wie eine Taube vom
Himmel herabkommen und bei ihm blei-
ben. 33 Wer er ist, wusste ich vorher noch
nicht«, wiederholte Johannes, »aber
Gott, der mir den Auftrag gab, mit Was-
ser zu taufen, sagte zu mir: ›Du wirst se-
hen, wie der Geist auf einen Menschen
herabkommt und bei ihm bleibt. Dann
weißt du, dass er es ist, der mit dem Hei-
ligen Geist tauft.‹ 34 Und weil ich das ge-
sehen habe, kann ich euch bezeugen:
Dieser Mann ist Gottes Sohn!«

Die ersten Jünger Jesu

35 Johannes der Täufer und zwei seiner
Jünger waren am nächsten Tag wieder
an dieser Stelle, 36 als Jesus vorüberging.
Da zeigte Johannes auf ihn und sagte:
»Seht, dies ist Gottes Opferlamm!« 37 Als
die beiden Jünger das hörten, folgten sie
Jesus. 38 Jesus drehte sich zu ihnen um,
sah sie kommen und fragte: »Was sucht
ihr?« Sie antworteten: »Wo wohnst du,
Meister[d]?« 39 »Kommt mit und seht
selbst, wo ich wohne!«, sagte Jesus. Es
war ungefähr vier Uhr nachmittags, als
sie mit Jesus gingen; und sie blieben bei
ihm bis zum Abend.
40 Einer der beiden, die Jesus auf das
Wort des Johannes hin gefolgt waren,
hieß Andreas. Er war der Bruder von Si-
mon Petrus. 41 Wenig später traf er seinen
Bruder Simon und erzählte ihm: »Wir ha-
ben den Messias[e] gefunden, den von
Gott versprochenen Retter!« 42 Dann
nahm Andreas seinen Bruder mit zu
Jesus. Der sah ihn an und sagte: »Du bist
Simon, der Sohn des Johannes. Du sollst
Petrus[f] heißen!«

---

[a] Vgl. 5. Mose 18,15.18
[b] Jesaja 40,3
[c] Vgl. 2. Mose 12,3–14
[d] Wörtlich: Rabbi. Im griechischen Grundtext folgt an dieser Stelle unmittelbar die Erklärung des Wortes Rabbi: … das heißt übersetzt: »Lehrer.«
[e] Im griechischen Grundtext folgt an dieser Stelle unmittelbar die Erklärung des Wortes Messias: *»Messias« ist das hebräische* Wort für Christus.
[f] Wörtlich: Kephas. Im griechischen Grundtext folgt an dieser Stelle unmittelbar die Erklärung des Namens Kephas: Das ist der hebräische Name für Petrus und bedeutet »Fels«.

1,29 1,36; Jes 53,7; 1 Kor 5,7; 1 Petr 1,19; 1 Joh 2,2; Offb 5,6 **1,30** 1,15.27 **1,32** Jes 11,2 **1,34** 1,49; 5,19–23; 10,36; 11,27; 20,31; Mk 15,39*; Röm 1,3–4 **1,36** 1,29* **1,40–42** Mk 1,16–18 **1,42** Mt 16,18

Jesus beruft Philippus und überzeugt Nathanael

43 Als Jesus am nächsten Tag nach Galiläa
gehen wollte, traf er unterwegs Philippus.
Auch ihn forderte er auf: »Folge mir!«
44 Philippus stammte wie Andreas und
Petrus aus Betsaida. 45 Kurze Zeit später
begegnete Philippus Nathanael und
erzählte ihm: »Endlich haben wir den ge-
funden, von dem Mose und die Prophe-
ten sprechen. Er heißt Jesus und ist der
Sohn von Josef aus Nazareth.« 46 »Naza-
reth?«, entgegnete Nathanael. »Was kann
von da schon Gutes kommen!« Doch
Philippus antwortete ihm: »Du musst ihn
selbst kennen lernen. Komm mit!«
47 Als Jesus Nathanael erblickte, sagte
er: »Hier kommt ein aufrichtiger Mensch,
ein wahrer Israelit!« 48 Nathanael staunte:
»Woher kennst du mich?« Jesus erwider-
te: »Noch bevor Philippus dich rief, habe
ich dich unter dem Feigenbaum gese-
hen.« 49 »Meister, du bist wirklich Gottes
Sohn!«, rief Nathanael. »Du bist der Kö-
nig Israels!« 50 Jesus sagte: »Das glaubst
du, weil ich dir gesagt habe, dass ich dich
unter dem Feigenbaum sah. Aber du
wirst größere Dinge zu sehen bekom-
men.« 51 Und er fuhr fort: »Ich sage euch
die Wahrheit: Ihr werdet den Himmel of-
fen und die Engel Gottes hinauf- und he-
rabsteigen sehen zwischen Gott und dem
Menschensohn!«

Jesus auf der Hochzeit in Kana

2 Zwei Tage später wurde in dem Dorf
Kana in Galiläa eine Hochzeit gefei-
ert. Maria, die Mutter Jesu, war dort,
2 und auch Jesus hatte man mit seinen
Jüngern eingeladen.
3 Während des Festes ging der Wein aus.
Maria sagte zu ihrem Sohn: »Es ist kein
Wein mehr da!« 4 Doch Jesus antwortete
ihr: »Schreib mir nicht vor, was ich zu tun
habe! Meine Zeit ist noch nicht gekom-
men!« 5 Da sagte seine Mutter zu den Die-
nern: »Was immer er euch befiehlt, das
tut!« 6 Nun gab es im Haus sechs steinerne
Wasserkrüge. Man benutzte sie für die
Waschungen, die das jüdische Gesetz ver-
langt. Jeder von ihnen fasste achtzig bis
hundertzwanzig Liter. 7 Jesus forderte die
Diener auf: »Füllt diese Krüge mit Was-
ser!« Sie füllten die Gefäße bis zum Rand.
8 Dann ordnete er an: »Nun bringt dem
Mann, der für das Festmahl verantwort-
lich ist, eine Kostprobe davon!« 9 Dieser
probierte den Wein, der vorher Wasser
gewesen war. Er wusste allerdings nicht,
woher der Wein kam. Nur die Diener
wussten Bescheid. Da rief er den Bräu-
tigam zu sich 10 und warf ihm vor: »Jeder
bietet doch zuerst den besten Wein an!
Und erst später, wenn alle Gäste schon
betrunken sind, kommt der billigere Wein
auf den Tisch. Aber du hast den besten
Wein bis jetzt zurückgehalten!«
11 Dieses Wunder geschah in Kana.
Dort in Galiläa zeigte Jesus zum ersten
Mal seine göttliche Herrlichkeit, und sei-
ne Jünger glaubten an ihn. 12 Danach ging
er für einige Tage mit seiner Mutter, sei-
nen Brüdern und seinen Jüngern nach
Kapernaum.

Jesus jagt die Händler aus dem Tempel (Matthäus 21,12–13; Markus 11,15–17; Lukas 19,45–46)

13 Kurz vor dem jüdischen Passahfest reis-
te Jesus nach Jerusalem. 14 Dort sah er im
Tempel viele Händler, die Ochsen, Scha-
fe und Tauben als Opfertiere verkauften.
Auch Geldwechsler saßen hinter ihren
Tischen. 15 Jesus knüpfte aus Stricken
eine Peitsche und jagte die Händler mit
all ihren Schafen und Ochsen aus dem
Tempel. Er schleuderte das Geld der
Wechsler auf den Boden und warf ihre
Tische um. 16 Den Taubenhändlern befahl
er: »Schafft das alles hinaus! Das Haus
meines Vaters ist doch keine Markthal-
le!« 17 Seine Jünger aber mussten an das

1,45 5 Mo 18,15; Jes 9,5–6; Jer 23,5 **1,46** 7,41 **1,49** 1,34*; 12,13 **1,51** 1 Mo 28,12 **2,4** 7,6; 12,23 **2,6** Mk 7,2–4 **2,11** 1,14 **2,12** Mt 4,13 **2,13** 6,4; 11,55; 2 Mo 12,1–14* **2,15** Sach 14,21 **2,16** Jer 7,11

Wort in der Heiligen Schrift denken:
»Der Eifer für deinen Tempel wird mich
vernichten!«[a]

Von wem hat Jesus seine Vollmacht?

18 Die führenden Männer der Juden stell-
ten Jesus daraufhin zur Rede: »Woher
nimmst du dir das Recht, die Leute hi-
nauszuwerfen? Wenn du dabei im Auf-
trag Gottes handelst, dann musst du uns
einen eindeutigen Beweis dafür geben!«
19 Jesus antwortete ihnen: »Zerstört die-
sen Tempel! In drei Tagen werde ich ihn
wieder aufbauen.« 20 »Was?«, riefen sie.
»Sechsundvierzig Jahre wurde an diesem
Tempel gebaut, und du willst das in drei
Tagen schaffen?«
21 Mit dem Tempel aber meinte Jesus
seinen Leib. 22 Als er von den Toten auf-
erstanden war, erinnerten sich seine Jün-
ger an diese Worte. Sie vertrauten der
Heiligen Schrift und glaubten, was Jesus
ihnen gesagt hatte. 23 Während des Pas-
sahfestes in Jerusalem erlebten viele
Menschen die Wunder, die Jesus voll-
brachte, und glaubten deshalb an ihn.
24 Aber Jesus vertraute sich ihnen nicht
an, weil er sie genau kannte. 25 Ihm
brauchte niemand etwas über die Men-
schen zu sagen, denn er wusste, was in je-
dem Menschen vor sich geht.

Jesus und der Pharisäer Nikodemus

3 Einer von den Männern des Hohen
Rates war der Pharisäer Nikodemus.
2 Mitten in der Nacht kam er heimlich zu
Jesus: »Meister«, sagte er, »wir wissen,
dass Gott dich als Lehrer zu uns gesandt
hat. Denn niemand kann die Wunder tun,
die du vollbringst, wenn Gott ihn nicht
dazu befähigt.«
3 Darauf erwiderte Jesus: »Ich will dir
etwas sagen, Nikodemus: Wer nicht neu
geboren wird, kann nicht in Gottes neue
Welt kommen.« 4 Verständnislos fragte
der Pharisäer: »Wie kann ein Erwachse-
ner neu geboren werden? Er kann doch
nicht wieder in den Mutterleib zurück
und noch einmal auf die Welt kommen!«
5 »Ich sage dir die Wahrheit!«, entgeg-
nete Jesus. »Nur wer durch Wasser und
durch Gottes Geist neu geboren wird,
kann in Gottes neue Welt kommen! 6 Ein
Mensch kann immer nur menschliches
Leben zur Welt bringen. Wer aber durch
Gottes Geist geboren wird, bekommt
neues Leben.[b] 7 Wundere dich deshalb
nicht, wenn ich dir gesagt habe: Ihr müsst
neu geboren werden. 8 Es ist damit wie
beim Wind: Er weht, wie er will. Du hörst
ihn, aber du kannst nicht erklären, woher
er kommt und wohin er geht. So ist es
auch mit der Geburt aus Gottes Geist.«
9 Nikodemus ließ nicht locker: »Aber
wie soll das nur vor sich gehen?« 10 Jesus
erwiderte: »Du bist doch ein anerkannter
Gelehrter in Israel und müsstest das ei-
gentlich verstehen! 11 Glaube mir: Wir re-
den nur von dem, was wir genau kennen.
Und was wir bezeugen, das haben wir
auch gesehen. Trotzdem nehmt ihr unser
Wort nicht an. 12 Ihr glaubt mir ja nicht
einmal, wenn ich von ganz alltäglichen
Dingen rede! Wie also werdet ihr mir
dann glauben, wenn ich euch erkläre,
was im Himmel geschieht? 13 Es gibt nur
einen, der zum Himmel hinaufsteigt: der
Menschensohn, der vom Himmel herab-
gekommen ist.
14 Du weißt doch, wie Mose in der Wüs-
te eine Schlange aus Bronze an einem
Pfahl aufrichtete, damit jeder, der sie an-
sah, am Leben blieb[c]. Genauso muss
auch der Menschensohn erhöht werden[d].

---

[a] Psalm 69,10

[b] Wörtlich: Was aus dem Fleisch geboren worden ist, das ist Fleisch; was aus dem Geist geboren worden ist, das ist Geist.

[c] *»damit jeder … blieb« ist sinngemäß* ergänzt. Vgl. 4. Mose 21,4–9

[d] Mit dem Wort »erhöhen« spielt Jesus an auf seine Kreuzigung und seine Rückkehr zum Vater, in die Herrlichkeit Gottes.

2,19 Mt 26,61; 27,40; Apg 6,14 **2,22** 12,16; 14,26 **2,23** 1,50; 4,48; 11,45 **3,1** 7,50; 19,39 **3,2** 2,23; 9,33 **3,3** 1,13; 1 Petr 1,23 **3,5** Tit 3,5–6 **3,6** 6,63 **3,13** Eph 4,9

Ein großzügiger Gott

Lesen Sie Johannes 3,1-21

Das Neue Testament zeigt uns den Gott der Liebe, der die Menschen, die ihn lieben, großzügig beschenkt. Viele Ausleger sind sich einig, dass die Botschaft der Bibel sich in einem einzigen Vers zusammenfassen lässt, nämlich in Johannes 3,16: „Gott hat die Menschen so sehr geliebt, dass er seinen einzigen Sohn für sie hergab. Jeder, der an ihn glaubt, wird nicht zugrunde gehen, sondern das ewige Leben haben." Jesus hat diese Worte gesagt, als er sich selbst als Gottes einzigen Sohn zu erkennen gab und seinen Dienst auf der Erde beschrieb.

Die Lehren Jesu sind durchdrungen von dem Gedanken, dass Gott den Menschen, die ihn lieben, gute Gaben schenken möchte. Jesus machte immer wieder deutlich, dass er sterben und nach seiner Auferstehung zu seinem Vater zurückkehren würde, wo er auch vor seiner menschlichen Geburt in Bethlehem gewesen war. Aber er wollte seine Nachfolger auch wissen lassen, dass Gott ihnen weiterhin Gutes schenken würde. Darum sagte er: „Am Tag unseres Wiedersehens werden all eure Fragen beantwortet sein. Ich sage euch die Wahrheit: Wenn ihr den Vater um etwas bittet und euch dabei auf mich beruft, wird er es euch geben. Bisher habt ihr in meinem Namen nichts von Gott erbeten. Bittet ihn, und er wird es euch geben. Dann wird eure Freude vollkommen sein" (Johannes 16,23-24).

Nehmen Sie sich Zeit, um allein oder als Paar gemeinsam zu beten.

- Danken Sie Jesus, dass er nicht gekommen ist, Sie zu verurteilen, sondern Sie zu retten (siehe Johannes 3,16).
- Danken Sie Gott, dass Sie durch Jesus direkten Zugang zu ihm haben (siehe Johannes 16,23).
- Bitten Sie Gott, dass er Ihnen hilft, ins Licht zu treten, und andere Menschen dadurch sehen können, dass Sie Gottes Willen tun (siehe Johannes 3,19-21).

Wenn Sie noch mehr Zeit haben ...

Besprechen Sie miteinander folgende Fragen oder denken Sie darüber nach:

- Worüber war Nikodemus Ihrer Meinung nach am meisten schockiert während dieser geheimen Unterredung mit Jesus?
- Welche guten Gaben möchte Gott seinen Kindern schenken?
- Gibt Jesus Ihnen mit seinen Äußerungen über das Gebet in Johannes 16,23-24 eine Art Blankoscheck, indem er verspricht, Ihnen alles zu geben, worum Sie bitten? Wenn nicht, was lehrt er hier genau über das Gebet?

Lesen Sie auch die folgenden Abschnitte zum Thema Gottes Gaben:
Prediger 3,9-13; Matthäus 7,7-11; 2. Petrus 1,3.

Ein Kennzeichen Gottes

Die folgenden Fragen können Sie entweder allein oder als Paar gemeinsam durchgehen. Wenn jeder für sich darüber nachdenkt, verabreden Sie sich in der kommenden Woche zu einem Austausch darüber, was Sie herausgefunden haben.

1. Lesen Sie Johannes 4,15-26. Warum glaubte die Frau, Jesus sei ein Prophet?

2. Warum glaubten die anderen Dorfbewohner an Jesus?

3. Erzählen Sie sich gegenseitig von einer Begebenheit, bei der jemand Ihnen von seinem Glauben berichtet und Sie damit tief beeindruckt hat.

4. Wie leicht fällt es Ihnen, mit anderen über Ihren Glauben zu sprechen?

5. In Jesaja 41,22 erklärt Gott, dass eine echte Beauftragung von ihm an zwei besonderen Merkmalen zu erkennen ist. Welche sind das?

6. Glauben Sie daran, dass Jesus alles weiß, was in der Vergangenheit geschehen ist und in Zukunft geschehen wird? Wie wirkt sich das auf Ihren Alltag und Ihre Entscheidungen aus?

Johannes 4,39

„Viele Leute aus Sychar glaubten allein deshalb an Jesus, weil die Frau überall erzählt hatte: ‚Dieser Mann weiß alles, was ich getan habe.'"

KONKRET:

Der Bericht der Samariterin führte andere Menschen zu Jesus. Wo stehen Sie, wenn es darum geht, von Jesus weiterzuerzählen? Wenn Sie Schwierigkeiten damit haben, wäre es vielleicht hilfreich, Ihr Glaubenszeugnis einmal aufzuschreiben. Sie könnten es dann Ihrem Ehepartner vorlesen. Wenn Ihnen das leichtfällt, erzählen Sie es Menschen aus Ihrer Gemeinde. Und wenn auch das gut läuft, sprechen Sie in Ihrem Bekanntenkreis darüber, was der Glaube Ihnen bedeutet.

Den nächsten Impuls finden Sie auf S. 1208 a

15 Jeder, der ihm vertraut, wird das ewige
Leben haben.

16 Denn Gott hat die Menschen so sehr
geliebt, dass er seinen einzigen Sohn für
sie hergab. Jeder, der an ihn glaubt, wird
nicht zugrunde gehen, sondern das ewige
Leben haben.

17 Gott hat nämlich seinen Sohn nicht
zu den Menschen gesandt, um über sie
Gericht zu halten, sondern um sie zu ret-
ten. 18 Wer an ihn glaubt, der wird nicht
verurteilt werden. Wer aber nicht an den
einzigen Sohn Gottes glaubt, über den ist
wegen seines Unglaubens das Urteil
schon gesprochen. 19 Und so vollzieht sich
das Urteil: Das Licht ist in die Welt ge-
kommen, aber die Menschen lieben die
Finsternis mehr als das Licht. Denn alles,
was sie tun, ist böse. 20 Wer Böses tut,
scheut das Licht und bleibt lieber im
Dunkeln, damit niemand seine Taten se-
hen kann. 21 Wer aber die Wahrheit Got-
tes liebt und das tut, was er will, der tritt
ins Licht! An ihm zeigt sich: Gott selber
bestimmt sein Handeln.«

Johannes der Täufer tritt hinter Jesus zurück

22 Danach kam Jesus mit seinen Jüngern
in die Provinz Judäa. Dort blieb er einige
Zeit, um zu taufen. 23 Auch Johannes
taufte bei Änon, in der Nähe von Salim,
weil es dort genügend Wasser gab. Immer
wieder kamen Menschen zu Johannes,
um sich von ihm taufen zu lassen. 24 Denn
damals war er noch nicht im Gefängnis.

25 Eines Tages kam es zwischen einigen
Jüngern des Johannes und einem Juden
zum Streit darüber, welche Taufe wichti-
ger sei[a]. 26 Gemeinsam gingen sie schließ-
lich zu Johannes und berichteten ihm:
»Meister, der Mann, der damals am an-
deren Jordanufer zu dir kam und von
dem du gesagt hast, dass er der von Gott
versprochene Retter ist, der tauft jetzt
selber. Alle Leute gehen zu ihm, anstatt
zu uns zu kommen.«

27 Doch Johannes erwiderte: »Kein
Mensch kann auch nur das Geringste tun,
wenn es ihm nicht von Gott gegeben
wird. 28 Ihr selbst könnt doch bezeugen,
dass ich immer wieder gesagt habe: ›Ich
bin nicht Christus, der von Gott gesandte
Retter. Ich soll ihn nur ankündigen, mehr
nicht.‹ 29 Die Braut gehört schließlich
zum Bräutigam! Der Freund des Bräu-
tigams freut sich mit ihm, auch wenn er
nur daneben steht. So geht es mir jetzt.
Meine Freude ist grenzenlos. 30 Christus
soll immer wichtiger werden, und ich will
immer mehr in den Hintergrund treten.

31 Er ist vom Himmel gekommen und
steht deshalb über allen. Wir aber gehö-
ren zur Erde und können nur von irdi-
schen Dingen reden. Christus kommt
vom Himmel 32 und kann bezeugen, was
er dort gesehen und gehört hat. Trotzdem
glaubt ihm keiner! 33 Wer aber auf seine
Botschaft hört, der bestätigt damit: Gott
ist zuverlässig und wahrhaftig. 34 Christus
ist von Gott zu uns gesandt. Er redet
Gottes Worte, weil Gottes Geist ihn ganz
und gar erfüllt. 35 Der Vater liebt den
Sohn und hat ihm alle Macht gegeben.

36 Wer an den Sohn Gottes glaubt, der
hat das ewige Leben. Wer aber nicht auf
ihn hört, wird nie zum Leben gelangen,
sondern Gottes Zorn wird für immer auf
ihm lasten.«

Die Frau am Brunnen

4 1/2 Den Pharisäern war zu Ohren ge-
kommen, dass Jesus noch mehr
Nachfolger gewann und taufte als Johan-
nes – obwohl er nicht einmal selber tauf-
te, sondern nur seine Jünger. Als Jesus,
der Herr, das erfuhr, 3 verließ er Judäa
und kehrte nach Galiläa zurück. 4 Sein
Weg führte ihn auch durch Samarien,
5 unter anderem nach Sychar. Dieser Ort

---

[a] Wörtlich: zum Streit über die Reinigung.

3,15 20,31; Röm 1,16 **3,16** 5,24; 1 Joh 4,9–10 **3,17** 12,47; Lk 19,10 **3,18** 12,48 **3,19** 1,5; 8,12 **3,20** Eph 5,11–13 **3,22** 4,1–2 **3,24** Mt 14,3 **3,27** Hebr 5,4 **3,28** 1,20 **3,29** Mt 9,15 **3,31** 8,23; 1 Kor 15,47 **3,34** Kol 1,19 **3,35** 5,20; 10,17 **3,36** 3,16 **4,1–2** 3,22

liegt in der Nähe des Feldes, das Jakob
seinem Sohn Josef geschenkt hatte.[a]
6 Dort befand sich der Jakobsbrunnen.
Müde von der langen Wanderung setzte
sich Jesus an den Brunnen. Es war gerade
Mittagszeit.
7 Da kam eine Samariterin aus der nahe
gelegenen Stadt zum Brunnen, um Was-
ser zu holen. Jesus bat sie: »Gib mir etwas
zu trinken!« 8 Denn seine Jünger waren in
die Stadt gegangen, um etwas zu essen
einzukaufen.
9 Die Frau war überrascht, denn nor-
malerweise wollten die Juden nichts mit
den Samaritern zu tun haben. Sie sagte:
»Du bist doch ein Jude! Wieso bittest du
mich um Wasser? Schließlich bin ich eine
samaritische Frau!«
10 Jesus antwortete ihr: »Wenn du wüss-
test, was Gott dir geben will und wer dich
hier um Wasser bittet, würdest du mich
um das Wasser bitten, das du wirklich
zum Leben brauchst. Und ich würde es
dir geben.«
11 »Aber Herr«, meinte da die Frau, »du
hast doch gar nichts, womit du Wasser
schöpfen kannst, und der Brunnen ist
tief! Wo willst du denn das Wasser für
mich hernehmen? 12 Kannst du etwa
mehr als Jakob, unser Stammvater, der
diesen Brunnen gegraben hat? Er selbst,
seine Kinder und sein Vieh haben schon
daraus getrunken.«
13 Jesus erwiderte: »Wer dieses Wasser
trinkt, wird bald wieder durstig sein.
14 Wer aber von dem Wasser trinkt, das
ich ihm gebe, der wird nie wieder Durst
bekommen. Dieses Wasser wird in ihm zu
einer Quelle, die bis ins ewige Leben hi-
nein fließt.«
15 »Dann gib mir dieses Wasser, Herr«,
bat die Frau, »damit ich nie mehr durstig
bin und nicht immer wieder herkommen
und Wasser holen muss!« 16 Jesus entgeg-
nete: »Geh und ruf deinen Mann. Dann
kommt beide hierher!« 17 »Ich bin nicht
verheiratet«, wandte die Frau ein. »Das
stimmt«, erwiderte Jesus, »verheiratet
bist du nicht. 18 Fünf Männer hast du ge-
habt, und der, mit dem du jetzt zusam-
menlebst, ist nicht dein Mann. Da hast
du die Wahrheit gesagt.«
19 Erstaunt sagte die Frau: »Ich sehe,
Herr, du bist ein Prophet! 20 Kannst du
mir dann eine Frage beantworten? Unse-
re Vorfahren haben Gott auf diesem
Berg dort[b] angebetet. Warum also be-
hauptet ihr Juden, man könne Gott nur
in Jerusalem anbeten?«
21 Jesus antwortete: »Glaub mir, die
Zeit wird kommen, in der ihr Gott, den
Vater, weder auf diesem Berg noch in Je-
rusalem anbeten werdet. 22 Ihr wisst ja
nicht einmal, wen ihr anbetet. Wir aber
wissen, zu wem wir beten. Denn das Heil
der Welt kommt von den Juden. 23 Doch
es kommt die Zeit – ja, sie ist schon da –,
in der die Menschen den Vater überall
anbeten werden, weil sie von seinem
Geist und seiner Wahrheit erfüllt sind.
Von diesen Menschen will der Vater an-
gebetet werden. 24 Denn Gott ist Geist.
Und wer Gott anbeten will, muss von sei-
nem Geist erfüllt sein und in seiner Wahr-
heit leben.«
25 Die Frau entgegnete: »Ja, ich weiß,
dass einmal der Messias kommen soll,
der auch Christus genannt wird. Er wird
uns schon alles erklären.« 26 Da sagte Je-
sus: »Du sprichst mit ihm. Ich bin der
Messias.«
27 Als seine Jünger aus der Stadt zu-
rückkamen, wunderten sie sich, dass er
mit einer Frau redete. Aber keiner fragte
ihn: »Was willst du von ihr? Warum
sprichst du mit ihr?«
28 Da ließ die Frau ihren Wasserkrug
stehen, lief in die Stadt und rief allen
Leuten zu: 29 »Kommt mit! Ich habe einen
Mann getroffen, der alles von mir weiß!
Vielleicht ist er der Messias!« 30 Neugie-
rig liefen die Leute aus der Stadt zu Jesus.

---

[a] Vgl. 1. Mose 33,19; 48,22

[b] Gemeint ist der Berg Garizim (vgl. Josua 8,30–35 mit 5. Mose 11,26–30 und 27,11–13).

4,9 Lk 9,52–53 **4,10** 7,37–39; Offb 21,6 **4,12** 8,53 **4,13–14** 6,58; Jes 55,1–2 **4,15** 6,34 **4,19** 6,14; 7,40; Lk 7,39 **4,22** Apg 17,23; Jes 2,3 **4,23** Eph 2,18 **4,24** 3,5; 2 Kor 3,17–18 **4,25–26** 9,35–37

31 Inzwischen hatten ihm seine Jünger
zugeredet: »Meister, iss doch etwas!«
32 Aber er sagte zu ihnen: »Ich habe eine
Speise, von der ihr nichts wisst.« 33 »Hat
ihm wohl jemand etwas zu essen ge-
bracht?«, fragten sich die Jünger unter-
einander.

34 Aber Jesus erklärte ihnen: »Ich lebe
davon, dass ich Gottes Willen erfülle und
sein Werk zu Ende führe. Dazu hat er
mich in diese Welt gesandt. 35 Habt ihr
nicht selbst gesagt: ›In vier Monaten be-
ginnt die Ernte‹? Macht doch eure Au-
gen auf und seht euch um! Das Getreide
ist schon reif für die Ernte. 36 Wer sie ein-
bringt, bekommt schon jetzt seinen Lohn
und sammelt Frucht für das ewige Leben.
Beide sollen sich über die Ernte freuen:
wer gesät hat und wer die Ernte ein-
bringt. 37 Hier trifft das Sprichwort zu:
›Einer sät, der andere erntet.‹ 38 Ich habe
euch auf ein Feld geschickt, das ihr nicht
bestellt habt, damit ihr dort ernten sollt.
Andere haben sich vor euch abgemüht,
und ihr erntet die Früchte ihrer Arbeit.«

39 Viele Leute aus Sychar glaubten al-
lein deshalb an Jesus, weil die Frau über-
all erzählt hatte: »Dieser Mann weiß al-
les, was ich getan habe.« 40 Als sie nun zu
Jesus kamen, baten sie ihn, länger bei
ihnen zu bleiben, und er blieb noch zwei
Tage. 41 So konnten ihn alle hören, und
schließlich glaubten noch viel mehr Men-
schen an ihn. 42 Sie sagten zu der Frau:
»Jetzt glauben wir nicht nur deshalb an
Jesus, weil du uns von ihm erzählt hast.
Wir haben ihn jetzt selbst gehört und wis-
sen: Er ist wirklich der Retter der Welt!«

Jesus heilt ein schwer krankes Kind

43 Zwei Tage später zog Jesus weiter nach
Galiläa, 44 *obwohl er selbst einmal* gesagt
hatte, dass ein Prophet in seiner Heimat
nichts gilt. 45 Diesmal aber nahmen ihn
die Galiläer freundlich auf. Sie waren
während des Passahfestes in Jerusalem
gewesen und hatten dort alles miterlebt,
was er getan hatte.

46 Auf seinem Weg durch Galiläa kam
Jesus auch wieder nach Kana, wo er Was-
ser in Wein verwandelt hatte. In Kaper-
naum lebte ein königlicher Beamter, des-
sen Sohn sehr krank war. 47 Als dieser
Mann hörte, dass Jesus aus Judäa nach
Galiläa zurückgekehrt war, ging er zu
ihm und bat: »Komm schnell in mein
Haus, und heile meinen todkranken
Sohn!«

48 »Wenn ihr nicht immer neue Zeichen
und Wunder seht, glaubt ihr nicht«, hielt
Jesus ihm entgegen. 49 Aber der Beamte
flehte ihn an: »Herr, komm doch schnell,
sonst stirbt mein Kind!« 50 »Geh nach
Hause«, sagte Jesus, »dein Sohn ist ge-
sund!« Der Mann glaubte ihm und ging
nach Hause.

51 Noch während er unterwegs war, ka-
men ihm einige seiner Diener entgegen.
»Dein Kind ist gesund!«, riefen sie. 52 Der
Vater erkundigte sich: »Seit wann geht es
ihm besser?« Sie antworteten: »Gestern
Mittag gegen ein Uhr hatte er plötzlich
kein Fieber mehr.« 53 Da erinnerte sich
der Vater, dass Jesus genau in dieser
Stunde gesagt hatte: »Dein Sohn ist ge-
sund!« Seitdem glaubte dieser Mann mit
allen, die in seinem Haus lebten, an Jesus.

54 Dies war das zweite Wunder in Gali-
läa, das Jesus wirkte, nachdem er aus Ju-
däa zurückgekehrt war.

Der Kranke am Teich Betesda

5 Bald darauf feierten die Juden ein
Fest in Jerusalem, und auch Jesus
ging hin. 2 In der Stadt befindet sich nicht
weit vom Schaftor entfernt der Teich Be-
tesda, wie er auf Hebräisch genannt wird.
Er ist von fünf Säulenhallen umgeben.
3 Viele Kranke, Blinde, Gelähmte und
Gebrechliche lagen in diesen Hallen und
warteten darauf, dass sich Wellen auf
dem Wasser zeigten. 4 Von Zeit zu Zeit

4,34 6,38; Mt 4,4; Hebr 10,9–10 **4,35** Mt 9,37 **4,36** 1 Kor 3,6–8 **4,39** 4,29 **4,42** Lk 2,11*
4,44 Mt 13,57 **4,45** 2,23 **4,46** 2,1–11 **4,48** 6,30; 1 Kor 1,22 **4,54** 2,11 **5,2** Neh 3,1.32; 12,39

bewegte nämlich ein Engel Gottes das
Wasser. Wer dann als Erster in den Teich
kam, der wurde gesund; ganz gleich, wel-
ches Leiden er hatte.[a]
5 Einer von den Menschen, die dort
lagen, war schon seit achtunddreißig
Jahren krank. 6 Als Jesus ihn sah und er-
fuhr, dass er schon so lange an seiner
Krankheit litt, fragte er ihn: »Willst du
gesund werden?« 7 »Ach Herr«, entgeg-
nete der Kranke, »ich habe niemanden,
der mir in den Teich hilft, wenn sich das
Wasser bewegt. Versuche ich es aber al-
lein, komme ich immer zu spät.« 8 Da for-
derte ihn Jesus auf: »Steh auf, roll deine
Matte zusammen und geh!« 9 Im selben
Augenblick war der Mann geheilt. Er
nahm seine Matte und ging seines Weges.
Das geschah an einem Sabbat. 10 Einige
der Juden, die den Geheilten sahen, hiel-
ten ihm vor: »Heute ist doch Sabbat! Da
darf man keine Matte tragen!« 11 »Aber
der Mann, der mich heilte, hat es mir aus-
drücklich befohlen«, antwortete er ihnen.
12 »Wer hat dir so etwas befohlen?«, frag-
ten sie nun. 13 Doch das wusste der Mann
nicht, denn Jesus hatte den Teich wegen
der großen Menschenmenge bereits wie-
der verlassen.
14 Später traf Jesus den Geheilten im
Tempel und sagte zu ihm: »Du bist ge-
sund geworden. Sündige nicht mehr, da-
mit du nicht etwas Schlimmeres als deine
Krankheit erlebst!« 15 Da ging der Mann
zu den Juden und berichtete: »Es war Je-
sus, der mich geheilt hat!«
16 Von da an lauerten die Juden Jesus
auf, weil er sogar am Sabbat Kranke heil-
te. 17 Aber Jesus sagte ihnen: »Zu jeder
Zeit tut mein Vater Gutes, und ich folge
nur seinem Beispiel.« 18 Nach dieser Ant-
wort waren die Juden erst recht ent-
schlossen, ihn umzubringen. Denn Jesus
hatte nicht nur ihre Sabbatvorschriften
missachtet, sondern sogar Gott seinen
Vater genannt und sich dadurch Gott
gleichgestellt.

Woher nimmt Jesus das Recht für sein Handeln?

19 Zu dieser Anschuldigung der Juden
sagte Jesus: »Ich sage euch die Wahrheit:
Von sich aus kann der Sohn gar nichts
tun, sondern er tut nur das, was er auch
den Vater tun sieht. Was aber der Vater
tut, das tut auch der Sohn! 20 Denn weil
der Vater den Sohn liebt, zeigt er ihm al-
les, was er selbst tut. Und er wird ihn
noch viel größere Wunder tun lassen, so
dass ihr staunen werdet. 21 So wie der Va-
ter Tote auferweckt und ihnen neues Le-
ben gibt, so hat auch der Sohn die Macht
dazu, neues Leben zu geben, wem er will.
22 Denn nicht der Vater spricht das Urteil
über die Menschen, er hat das Richter-
amt vielmehr dem Sohn übertragen,
23 damit alle den Sohn ehren, genauso
wie den Vater. Wer aber den Sohn nicht
als Herrn anerkennen will, der verachtet
auch die Herrschaft des Vaters, der ja den
Sohn gesandt hat.
24 Ich sage euch die Wahrheit: Wer mei-
ne Botschaft hört und an den glaubt, der
mich gesandt hat, der wird ewig leben.
Ihn wird das Urteil Gottes nicht treffen,
denn er hat die Grenze vom Tod zum Le-
ben schon überschritten.
25 Ich versichere euch: Die Zeit wird
kommen, ja, sie hat schon begonnen, in
der die Toten die Stimme des Sohnes
Gottes hören werden. Und wer diesen
Ruf hört, der wird leben. 26 Denn in Gott
ist das Leben, und nach Gottes Willen
hat auch der Sohn dieses Leben in sich.
27 Er hat ihm die Macht gegeben, die gan-
ze Menschheit zu richten, weil er der
Menschensohn ist.
28 Wundert euch nicht darüber! Der
Tag wird kommen, an dem die Toten in

---

[a] Der zweite Teil von Vers 3 (»und warteten …«) sowie der Vers 4 fehlen bei einigen Textzeugen.

5,8–9 Mk 2,10–12 **5,9** 5,16; 7,21–23; 9,14 **5,10** 2 Mo 20,8–11*; Jer 17,21–22 **5,14** 8,11 **5,18** 10,30–33; 19,7 **5,19–23** 1,34* **5,20** 1,50 **5,21** 5 Mo 32,39; 1 Sam 2,6; Joh 11,25 **5,22** Mt 25,31–32; Apg 10,42 **5,23** Dan 7,13–14; Phil 2,10–11; 1 Joh 2,23 **5,24** 3,16; 6,47; 8,51 **5,26** 1,4 **5,28** 1 Thess 4,16

ihren Gräbern die Stimme des Sohnes
hören werden. 29 Dann werden alle Men-
schen auferstehen: Die Gutes getan ha-
ben, werden ewig leben, die aber Böses
getan haben, werden verurteilt.
30 Dabei kann ich nicht eigenmächtig
handeln, sondern ich entscheide so, wie
Gott es mir sagt. Deswegen ist mein Urteil
auch gerecht. Denn ich verwirkliche nicht
meinen eigenen Willen, sondern erfülle
den Willen Gottes, der mich gesandt hat.«

Glaubwürdige Zeugen für den Sohn Gottes

31 »Wenn ich mein eigener Zeuge wäre,
würde das nicht gelten. 32 Aber ich habe
einen Zeugen. Und ich weiß, dass alles
wahr ist, was er über mich sagt.
33 Ihr seid zwar zu Johannes dem Täu-
fer gegangen, um die Wahrheit über mich
zu hören, und er hat sie euch gesagt.
34 Doch ich brauche keine Zeugenaussage
von Menschen. Nur um euretwillen nen-
ne ich Johannes als Zeugen, damit ihr er-
rettet werdet. 35 Johannes war ein strah-
lendes Licht, ihr aber habt euch damit
zufrieden gegeben, euch eine Zeit lang
daran zu freuen. 36 Doch ich habe noch
wichtigere Zeugen als Johannes: die Ta-
ten nämlich, die ich im Auftrag meines
Vaters vollbringe. Sie beweisen, dass der
Vater mich gesandt hat.
37 Gott selbst, der mich gesandt hat, ist
also mein Zeuge. Aber ihr habt noch nie-
mals seine Stimme gehört, habt ihn nie
gesehen. 38 Ihr lebt nicht nach dem, was
er gesagt hat; sonst würdet ihr den nicht
ablehnen, den Gott zu euch gesandt hat.
39 Ihr lest die Heilige Schrift gründlich,
um ewiges Leben zu finden. Und tatsäch-
lich weist sie auf mich hin. 40 Dennoch
wollt ihr nicht zu mir kommen, um ewi-
ges Leben zu haben.
41 Ich suche nicht die Anerkennung von
Menschen! 42 Ich kenne euch und weiß
genau, dass ihr Gottes Liebe nicht in
euch habt. 43 Mein Vater hat mich zu euch
geschickt, doch ihr lehnt mich ab. Wenn
aber jemand in eigenem Auftrag zu euch
kommt, den werdet ihr aufnehmen.
44 Kein Wunder, dass ihr nicht glauben
könnt! Denn ihr seid doch nur darauf aus,
voreinander etwas zu gelten. Aber euch
ist völlig gleichgültig, ob ihr vor dem ein-
zigen Gott bestehen könnt.
45 Es ist gar nicht nötig, dass ich euch
vor dem Vater anklage: Mose wird euer
Ankläger sein – genau der, auf den ihr
eure ganze Hoffnung setzt! 46 Denn in
Wirklichkeit glaubt ihr Mose gar nicht;
sonst würdet ihr auch mir glauben.
Schließlich hat doch Mose von mir ge-
schrieben. 47 Wenn ihr aber nicht einmal
glaubt, was er geschrieben hat, wie könnt
ihr dann glauben, was ich euch sage?«

Fünftausend werden satt (Matthäus 14,13–21; Markus 6,30–44; Lukas 9,10–17)

6 Danach kam Jesus an das andere
Ufer des Galiläischen Meeres, das
man auch See von Tiberias nennt. 2 Eine
große Menschenmenge folgte ihm, weil
sie gesehen hatten, wie er Kranke heilte.
3 Zusammen mit seinen Jüngern ging Je-
sus auf eine Anhöhe, und dort setzten sie
sich. 4 Das jüdische Passahfest stand kurz
bevor.
5 Als Jesus die vielen Menschen kom-
men sah, fragte er Philippus: »Wo können
wir für alle diese Leute Brot kaufen?«
6 Er fragte dies, um zu sehen, ob Philippus
ihm vertraute; denn er wusste, wie er die
Menschen versorgen würde. 7 Philippus
überlegte: »Wir müssten 200 Silberstücke
ausgeben, wenn wir für jeden auch nur
ein kleines Stückchen Brot kaufen woll-
ten.« 8 Da brachte Andreas, der Bruder
von Simon Petrus, ein Kind zu ihnen:
9 »Hier ist ein Junge, der hat fünf Gers-

5,29 Dan 12,2; Mt 25,31–46; Offb 20,11–15 **5,30** 4,34 **5,33** 1,26–27.32–34 **5,36** 10,25.38; 14,10–11 **5,37** 1,18 **5,39** Lk 24,27.44; 2 Tim 3,15–16; 1 Petr 1,10–11 **5,42** Lk 11,42 **5,43** 1,9–11 **5,44** 12,42–43; Mt 23,5–7 **5,45** 5 Mo 31,26–27 **5,46** 5 Mo 18,15.18 **5,47** Lk 16,31 **6,4** 2,13; 11,55 **6,5** 1,43–44 **6,8** 1,40 **6,9** 2 Kön 4,42–43

tenbrote und zwei Fische mitgebracht.
Aber was ist das schon für so viele Men-
schen!«
10 Jetzt forderte Jesus die Jünger auf:
»Sagt den Leuten, dass sie sich hinsetzen
sollen!« Etwa fünftausend Männer lager-
ten sich auf dem Boden, der dort von
dichtem Gras bewachsen war. 11 Dann
nahm Jesus die fünf Gerstenbrote, dank-
te Gott dafür und ließ sie an die
Menschen austeilen, ebenso die beiden
Fische. Jeder bekam so viel, wie er wollte.
12 Als alle satt waren, sagte Jesus zu
seinen Jüngern: »Sammelt die Reste ein,
damit nichts verdirbt!« 13 Und die Jünger
füllten noch zwölf Körbe mit den Resten.
So viel war von den fünf Gerstenbroten
übrig geblieben.
14 Als die Leute begriffen, was Jesus ge-
tan hatte, riefen sie begeistert: »Das ist
wirklich der Prophet, auf den wir so lange
gewartet haben!«[a] 15 Jesus merkte, dass
sie ihn jetzt unbedingt festhalten und zu
ihrem König ausrufen wollten. Deshalb
zog er sich in die Berge zurück, er ganz
allein.

Jesus geht auf dem Wasser (Matthäus 14,22–33; Markus 6,45–52)

16 Am Abend gingen seine Jünger hinun-
ter an den See. 17 Sie stiegen in ein Boot,
um nach Kapernaum überzusetzen. Die
Nacht brach herein, und Jesus war nicht
bei ihnen. 18 Ein heftiger Sturm kam auf
und schlug hohe Wellen. 19 Die Jünger
waren schon vier bis fünf Kilometer vom
Ufer entfernt, als sie plötzlich Jesus sa-
hen. Er ging über das Wasser auf ihr Boot
zu. Da packte sie die Angst. 20 Doch Jesus
rief ihnen zu: »Fürchtet euch nicht! Ich
bin es!« 21 Sie wollten ihn noch in ihr Boot
nehmen; aber da hatten sie schon die An-
legestelle am Ufer erreicht.

Wo ist Jesus?

22 Am nächsten Morgen erinnerten sich
die Menschen, die auf der anderen Seite
des Sees geblieben waren, dass nur ein
Boot am Ufer gelegen hatte. Sie hatten
gesehen, dass die Jünger mit diesem Boot
weggefahren waren, Jesus aber nicht bei
ihnen gewesen war. 23 Inzwischen legten
mehrere Schiffe aus Tiberias nahe bei
der Stelle an, wo die Menschenmenge
nach dem Dankgebet des Herrn das Brot
gegessen hatte. 24 Weil nun Jesus und sei-
ne Jünger nirgends zu finden waren, stie-
gen alle in diese Schiffe und fuhren hinü-
ber nach Kapernaum, um ihn dort zu
suchen.

Das Brot des Lebens

25 Als sie Jesus auf der anderen Seite des
Sees gefunden hatten, fragten sie ihn:
»Meister, wann bist du denn hierher
gekommen?« 26 Jesus antwortete ihnen:
»Ich weiß, weshalb ihr zu mir kommt:
doch nur, weil ihr von mir Brot bekom-
men habt und satt geworden seid; nicht
weil ihr verstanden hättet, was dieses
Wunder bedeutet! 27 Bemüht euch doch
nicht nur um das vergängliche Brot, das
ihr zum täglichen Leben braucht! Setzt
alles dafür ein, die Nahrung zu bekom-
men, die bis ins ewige Leben reicht. Die-
se wird der Menschensohn euch geben.
Denn Gott, der Vater, hat ihn dazu be-
stimmt und ihm die Macht gegeben.«
28 Da fragten sie ihn: »Was sollen wir
tun, um Gottes Willen zu erfüllen?« 29 Er
erwiderte: »Nur eins erwartet Gott von
euch: Ihr sollt an den glauben, den er ge-
sandt hat.« 30 »Wenn wir an dich glauben
sollen«, wandten sie ein, »musst du uns
schon beweisen, dass du im Auftrag Got-
tes handelst! Kannst du nicht ein Wunder
tun? Vielleicht so eines wie damals, 31 als

---

[a] Vgl. 5. Mose 18,15

6,14 4,19; 7,40 **6,15** 12,13; 18,33–37; 19,19 **6,17** 2,12 **6,23** 6,10–11 **6,24** Mt 4,13 **6,27** 4,14 **6,29** 1 Joh 2,23 **6,30** 4,48

unsere Vorfahren in der Wüste jeden Tag
Brot aßen? Es heißt doch in der Heili-
gen Schrift: ›Er gab ihnen Brot vom
Himmel.‹[a]«

32 Jesus entgegnete: »Ich versichere
euch: Nicht Mose gab euch das Brot vom
Himmel! Das wahre Brot vom Himmel
gibt euch jetzt mein Vater. 33 Und nur die-
ses Brot, das vom Himmel kommt,
schenkt der Welt das Leben.« 34 »Herr,
gib uns jeden Tag dieses Brot!«, baten
ihn alle.

35 »Ich bin das Brot des Lebens«, sagte
Jesus zu ihnen. »Wer zu mir kommt, wird
niemals wieder Hunger leiden, und wer
an mich glaubt, wird nie wieder Durst ha-
ben. 36 Doch ich habe euch ja schon ein-
mal gesagt: Ihr glaubt nicht an mich, ob-
wohl ihr mich mit euren eigenen Augen
seht. 37 Alle Menschen, die mir der Vater
gibt, werden zu mir kommen, und keinen
von ihnen werde ich zurückstoßen.
38 Denn ich bin nicht vom Himmel ge-
kommen, um zu tun, was ich will, sondern
um den Willen des Vaters zu erfüllen, der
mich gesandt hat. 39 Und das ist Gottes
Wille: Kein Einziger von denen, die er
mir anvertraut hat, soll verloren gehen.
Ich werde sie alle am letzten Tag zum Le-
ben erwecken. 40 Denn nach dem Willen
meines Vaters wird jeder, der den Sohn
sieht und an ihn glaubt, für immer leben.
Ich werde ihn am letzten Tag vom Tod
auferwecken.«

41 Weil Jesus behauptet hatte: »Ich bin
das Brot, das vom Himmel gekommen
ist«, riefen die Juden empört: 42 »Was?
Das ist doch Jesus, Josefs Sohn. Wir ken-
nen schließlich seine Eltern. Wie kann er
behaupten: ›Ich bin vom Himmel ge-
kommen‹?«

43 Jesus antwortete auf ihre Vorwürfe:
»Warum empört ihr euch so? 44 Keiner
kann zu mir kommen, wenn nicht der Va-
ter, der mich gesandt hat, ihn zu mir
bringt. Und alle diese Menschen, die er
mir gibt, will ich am letzten Tag zum Le-
ben erwecken.

45 Bei den Propheten heißt es: ›Alle
werden von Gott lernen!‹[b] Wer also auf
den Vater hört und von ihm lernt, der
kommt zu mir. 46 Das bedeutet aber nicht,
dass jemals ein Mensch den Vater gese-
hen hat. Nur einer hat ihn wirklich gese-
hen: der eine, der von Gott gekommen
ist. 47 Ich sage euch die Wahrheit: Wer an
mich glaubt, der hat jetzt schon das ewige
Leben!

48 Ich selbst bin das Brot, das euch die-
ses Leben gibt! 49 Eure Vorfahren haben
in der Wüste das Manna, das Brot vom
Himmel, gegessen und sind doch alle ge-
storben. 50 Aber hier ist das wahre Brot,
das vom Himmel kommt. Wer davon isst,
wird nicht sterben. 51 Ich bin dieses Brot,
das von Gott gekommen ist und euch das
Leben gibt. Jeder, der dieses Brot isst,
wird ewig leben. Dieses Brot ist mein
Leib, den ich hingeben werde, damit die
Welt leben kann.«

52 Nach diesen Worten Jesu kam es un-
ter den Juden zu einer heftigen Aus-
einandersetzung. »Will dieser Mensch
uns etwa seinen Leib zu essen geben?«,
fragten sie.

53 Darauf erwiderte Jesus: »Das eine
steht unumstößlich fest: Wenn ihr den
Leib des Menschensohnes nicht esst und
sein Blut nicht trinkt, habt ihr kein Leben
in euch. 54 Nur wer meinen Leib isst und
mein Blut trinkt, der hat ewiges Leben,
und ihn werde ich am letzten Tag auf-
erwecken. 55 Denn mein Leib ist die le-
bensnotwendige Nahrung und mein Blut
der Leben spendende Trank. 56 Wer mei-
nen Leib isst und mein Blut trinkt, der
bleibt in mir, und ich bleibe in ihm. 57 Ich
lebe durch die Kraft des lebendigen Got-
tes, der mich gesandt hat. Ebenso wird
jeder, der meinen Leib isst, durch mich
leben. 58 Nun wisst ihr, was ich mit dem
Brot meine, das vom Himmel zu euch ge-

---

a Psalm 78,24–25; 2. Mose 16,4.13–15
b Jesaja 54,13; Jeremia 31,33–34

6,34 4,15 **6,35** 6,48–58; 7,37 **6,37** 17,6–9 **6,38** 4,34 **6,39** 10,28–29; 17,12 **6,42** Mt 13,55–56 **6,46** 1,18 **6,47** 3,16; 5,24 **6,49** 2 Mo 16,14–15* **6,51** Lk 22,19 **6,53** 1 Kor 10,16 **6,56** 15,4–7 **6,58** 4,13–14

kommen ist! Eure Vorfahren haben zwar
auch in der Wüste Brot vom Himmel ge-
gessen, aber sie sind trotzdem gestorben.
Doch wer dieses Brot isst, wird für immer
leben.«

Jesus stellt seine Jünger vor die Wahl

59 Dies alles sagte Jesus in der Synagoge
von Kapernaum. 60 Viele von denen, die
ihm bisher gefolgt waren, hörten es und
sagten: »Das ist eine Zumutung! Wer will
sich so etwas anhören?«

61 Jesus wusste, dass selbst seine Jünger
entrüstet waren, und fragte sie deshalb:
»Nehmt ihr schon daran Anstoß? 62 Was
werdet ihr erst sagen, wenn ihr seht, wie
der Menschensohn dahin zurückkehrt,
woher er gekommen ist? 63 Gottes Geist
allein schafft Leben. Ein Mensch kann
dies nicht. Die Worte aber, die ich euch
gesagt habe, sind aus Gottes Geist; des-
halb bringen sie euch das Leben. 64 Aber
einige von euch glauben mir trotzdem
nicht.«

Jesus wusste nämlich von Anfang an,
wer nicht an ihn glaubte und wer ihn spä-
ter verraten würde. 65 »Deshalb«, so er-
klärte er weiter, »habe ich euch gesagt:
Keiner kann zu mir kommen, wenn ihn
nicht der Vater zu mir führt!«

66 Nach dieser Rede wandten sich viele,
die ihm gefolgt waren, von Jesus ab und
gingen nicht mehr mit ihm. 67 Da fragte
Jesus seine zwölf Jünger: »Wollt ihr auch
weggehen und mich verlassen?« 68 »Herr,
zu wem sollten wir denn gehen?«, ant-
wortete Simon Petrus. »Nur deine Worte
schenken ewiges Leben. 69 Wir glauben
und haben erkannt, dass du von Gott
kommst und zu Gott gehörst.«

70 Da sagte Jesus: »Ich selbst habe euch
zwölf ausgewählt – und doch: Einer von
euch ist ein Teufel!« 71 Damit meinte er
Judas, den Sohn von Simon Iskariot,
einen seiner zwölf Jünger. Und Judas war
es dann auch, der Jesus später verriet.

»Zeig, was du kannst!«

7 Danach zog Jesus weiter durch Gali-
läa. In Judäa wollte er sich nicht auf-
halten, weil die führenden Männer der
Juden dort seinen Tod beschlossen hat-
ten. 2 Kurz vor dem Laubhüttenfest aber
3 forderten ihn seine Brüder auf, mit
ihnen nach Judäa zu gehen: »Komm mit
und zeig deinen Anhängern dort, welche
Wunder du tun kannst! 4 Kein Mensch
versteckt sich, wenn er bekannt werden
will. Wenn du schon Wunder vollbringst,
dann zeige sie auch vor aller Welt!« 5 So
konnten seine Brüder nur reden, weil sie
nicht an ihn glaubten.

6 Jesus antwortete ihnen: »Jetzt kann
ich noch nicht dorthin gehen, weil meine
Zeit noch nicht gekommen ist. Ihr könnt
gehen und tun, was ihr wollt. 7 Denn die
Welt hat ja keinen Grund, euch zu has-
sen. Aber mich hasst sie, weil ich ihr bö-
ses Tun beim Namen nenne. 8 Geht ihr
nur zum Fest! Ich komme nicht mit.
Denn die Zeit zum Handeln ist für mich
noch nicht da.« 9 Das sagte er zu seinen
Brüdern und blieb in Galiläa.

Jesus auf dem Laubhüttenfest in Jerusalem

10 Nachdem seine Brüder nach Jerusalem
gereist waren, ging auch Jesus heimlich
dorthin. 11 Die führenden Männer des jü-
dischen Volkes suchten ihn während des
Festes und fragten überall: »Wo ist denn
dieser Jesus?« 12 Auch unter den Fest-
besuchern wurde viel über ihn gespro-
chen. Einige hielten ihn für einen guten
Menschen, andere wieder behaupteten:
»Er verführt das Volk!« 13 Aber keiner
hatte den Mut, frei und offen seine Mei-
nung über ihn zu sagen. Alle fürchteten
sich vor den führenden Männern des jü-
dischen Volkes.

14 Als das Fest zur Hälfte vorüber war,
ging Jesus in den Tempel und lehrte dort

6,62 3,13; 20,17; Lk 24,51 **6,63** 3,6; 1 Kor 15,45; 2 Kor 3,6 **6,64** 2,25 **6,67–69** Mk 8,27–30 **6,70–71** 13,18; 18,2–3 **7,1** 5,18 **7,2** 3 Mo 23,33–43* **7,6** 2,4; 12,23 **7,7** 3,19–20 **7,11** 11,56 **7,12** 7,45–49; 9,16 **7,13** 9,22; 12,42

öffentlich. 15 Die Juden staunten: »Wie kann jemand so viel aus der Heiligen Schrift wissen, obwohl er keinen Lehrer gehabt hat?«

16 Jesus beantwortete ihre Frage: »Was ich euch sage, sind nicht meine eigenen Gedanken. Es sind die Worte Gottes, der mich gesandt hat. 17 Wer von euch bereit ist, Gottes Willen zu tun, der wird erkennen, ob diese Worte von Gott kommen oder ob es meine eigenen Gedanken sind.

18 Wer seine eigene Lehre verbreitet, dem geht es um das eigene Ansehen. Wer aber Anerkennung und Ehre für den sucht, der ihn gesandt hat, der ist vertrauenswürdig und tut nichts, was seinem Auftrag widerspricht. 19 Mose hat euch das Gesetz gegeben; aber keiner von euch lebt nach diesem Gesetz! Mit welchem Recht also wollt ihr mich töten?«

20 Da empörte sich die Menge: »Du bist ja besessen![a] Wer will dich denn umbringen?« 21 Jesus entgegnete: »Ihr ärgert euch darüber, dass ich hier am Sabbat[b] einen Menschen geheilt habe! 22/23 Mose hat angeordnet, dass eure Kinder am achten Tag beschnitten werden sollen.[c] Nach dieser Vorschrift haben sich bereits eure Stammväter vor Mose gerichtet. Auch eure Söhne werden am achten Tag beschnitten, selbst wenn es ein Sabbat ist, damit das Gesetz des Mose nicht übertreten wird. Weshalb also seid ihr so empört darüber, dass ich einen Menschen am Sabbat geheilt habe? 24 Richtet nicht nach dem äußeren Schein, sondern urteilt gerecht!«

Jesus im Widerstreit der Meinungen

25 Da meinten einige Leute von Jerusalem: »Ist das nicht der Mann, den sie töten wollen? 26 Jetzt redet er hier in aller Öffentlichkeit, und keiner verbietet es ihm. Sollten unsere führenden Männer nun etwa davon überzeugt sein, dass er der Messias ist? 27 Aber er kann es doch gar nicht sein! Schließlich kennen wir seine Herkunft. Woher aber der Messias kommt, wird niemand wissen.«

28 Darauf rief Jesus im Tempel, so dass es alle hören konnten: »Kennt ihr mich wirklich, und wisst ihr, woher ich komme? Ich bin nicht im eigenen Auftrag gekommen. Der mich gesandt hat, ist wahrhaftig und zuverlässig. Ihr kennt ihn nicht, 29 aber ich kenne ihn, weil ich von ihm komme und er mich zu euch gesandt hat.«

30 Nach diesen Worten hätten sie ihn am liebsten festgenommen; doch keiner wagte es. Denn Gottes Zeit dafür war noch nicht da. 31 Viele seiner Zuhörer im Tempel aber glaubten an Jesus und sagten: »Was erwartet ihr eigentlich noch von diesem Mann? Mehr Wunder, als er schon getan hat, kann doch auch der Messias nicht tun.«

32 Als die Pharisäer hörten, was die Leute über Jesus redeten, beschlossen sie zusammen mit den Hohenpriestern, Jesus von der Tempelwache festnehmen zu lassen. 33 Währenddessen sagte Jesus zu der Volksmenge: »Ich bleibe nur noch kurze Zeit bei euch. Danach kehre ich zu dem zurück, der mich gesandt hat. 34 Ihr werdet mich überall suchen, aber nicht mehr finden. Wo ich dann sein werde, könnt ihr nicht hinkommen.«

35 »Wo will er denn hin?«, fragten die Juden verwirrt. »Will er etwa außer Landes gehen und den Griechen seine Lehre bringen? 36 Was meint er, wenn er sagt: ›Ihr werdet mich suchen und nicht finden‹ und: ›Wo ich dann sein werde, könnt ihr nicht hinkommen‹?«

Leben spendendes Wasser

37 Am letzten Tag, dem Höhepunkt des großen Festes, trat Jesus wieder vor die

---

a Wörtlich: Du hast einen Dämon!

b »am Sabbat« ist sinngemäß ergänzt.

c Vgl. 1. Mose 17,10–12; 3. Mose 12,3

7,15 Mk 6,2; Lk 2,47 **7,18** 5,41–44; 8,50 **7,19** 1,17; Apg 7,53; Röm 2,17–24 **7,20** 8,48; 10,20 **7,25** 5,18 **7,27** 6,42 **7,28–29** 8,55; 17,25 **7,30** 8,20; 12,23 **7,33** 12,35; 13,33 **7,37** 3 Mo 23,36; Jes 55,1

Menschenmenge und rief laut: »Wer
Durst hat, der soll zu mir kommen und
trinken! [38] Wer mir vertraut, wird erfah-
ren, was die Heilige Schrift sagt: Von
ihm wird Leben spendendes Wasser aus-
gehen wie ein starker Strom.«

[39] Damit meinte er den Heiligen Geist,
den alle bekommen würden, die Jesus
vertrauen. Den Geist bekamen sie erst,
nachdem Jesus in Gottes Herrlichkeit zu-
rückgekehrt war.

[40] Nach diesen Worten waren einige da-
von überzeugt: »Er ist der Prophet, den
Mose uns angekündigt hat.«[a] [41] Andere
wieder sagten: »Nein, er ist der Chris-
tus!« Eine dritte Gruppe schließlich
meinte: »Das kann gar nicht sein! Er
kommt doch aus Galiläa, [42] und in der
Heiligen Schrift heißt es schließlich ein-
deutig, der Christus soll von David ab-
stammen und wie David aus Bethlehem
kommen.«[b]

[43] So waren die Meinungen über Jesus
sehr geteilt. [44] Einige hätten ihn gern fest-
genommen; aber keiner wagte es, gegen
ihn vorzugehen.

Nikodemus spricht für Jesus

[45] So kehrte die Tempelwache zu den
Hohenpriestern und Pharisäern zurück,
ohne Jesus festgenommen zu haben.
»Weshalb bringt ihr ihn nicht mit?«, stell-
ten sie die Soldaten zur Rede. [46] Die
Soldaten entschuldigten sich: »Noch nie
hat ein Mensch so geredet wie dieser
Mann!« [47] Da wurden die Pharisäer ärger-
lich: »Habt ihr euch also auch von ihm
beschwatzen lassen? [48] Gibt es etwa unter
uns führenden Männern auch nur einen
einzigen, der diesem Menschen glaubt?
[49] Nur dieses verfluchte Volk läuft ihm
nach, das keine Ahnung vom Gesetz
hat.«

[50] Doch Nikodemus, der auch zu den
Pharisäern gehörte und Jesus früher ein-
mal heimlich aufgesucht hatte,[c] wider-
sprach ihnen: [51] »Seit wann verurteilt
denn unser Gesetz einen Menschen, ehe
man ihn verhört und ihm seine Schuld
nachgewiesen hat?« [52] Da fragten ihn die
Pharisäer: »Bist du etwa auch aus Gali-
läa? Du brauchst nur in der Heiligen
Schrift nachzulesen. Dann weißt du: Kein
Prophet kommt aus Galiläa!«

[53] Ohne sich geeinigt zu haben, gingen
sie nach Hause.[d]

Jesus vergibt der Ehebrecherin

8 Jesus verließ die Stadt und ging zum
Ölberg. [2] Aber schon früh am nächs-
ten Morgen war er wieder im Tempel.
Viele Menschen drängten sich um ihn.
Er setzte sich und lehrte sie.

[3] Da schleppten die Schriftgelehrten
und Pharisäer eine Frau heran, die beim
Ehebruch überrascht worden war, stie-
ßen sie in die Mitte [4] und sagten zu Je-
sus: »Lehrer, diese Frau wurde auf fri-
scher Tat beim Ehebruch ertappt. [5] Im
Gesetz hat Mose uns befohlen, eine sol-
che Frau zu steinigen. Was meinst du
dazu?«[e]

[6] Sie fragten dies, um Jesus auf die Pro-
be zu stellen und ihn dann anklagen zu
können. Aber Jesus bückte sich nur und
schrieb mit dem Finger auf die Erde. [7] Als
sie nicht locker ließen, richtete er sich auf
und sagte: »Wer von euch noch nie gesün-
digt hat, soll den ersten Stein auf sie wer-
fen!« [8] Dann bückte er sich wieder und
schrieb weiter auf die Erde. [9] Als die
Menschen das hörten, gingen sie einer
nach dem anderen davon – die älteren
zuerst. Schließlich war Jesus mit der
Frau allein.

[10] Da stand er auf und fragte sie: »Wo

---

[a] Vgl. 5. Mose 18,15.18
[b] Vgl. Micha 5,1; 1. Samuel 17,12
[c] *Vgl. Kapitel 3,1–21*
[d] Der Abschnitt Kapitel 7,53 – 8,11 fehlt bei einigen Textzeugen.
[e] Vgl. 3. Mose 20,10; 5. Mose 22,22

7,38 Jes 58,11 **7,39** 14,16–17; 20,22 **7,41** 1,46 **7,45** 7,32 **7,46** Mt 7,28–29 **7,51** 5 Mo 1,16–17; 17,6
8,1–2 Lk 21,37–38 **8,6** Mt 22,15 **8,7** 5 Mo 17,7; Röm 2,1

sind jetzt deine Ankläger? Hat dich denn keiner verurteilt?« 11 »Nein, Herr«, antwortete sie. »Dann verurteile ich dich auch nicht«, entgegnete ihr Jesus. »Geh, aber sündige nun nicht mehr!«

Das Licht, das zum Leben führt

12 Ein anderes Mal sagte Jesus zu den Menschen: »Ich bin das Licht für die Welt. Wer mir nachfolgt, irrt nicht mehr in der Dunkelheit umher, sondern folgt dem Licht, das ihn zum Leben führt.«

13 Da unterbrachen ihn die Pharisäer: »Du bist doch wieder nur dein eigener Zeuge. Das beweist noch lange nicht, dass du die Wahrheit sagst.« 14 Jesus erwiderte ihnen: »Auch wenn ich hier als mein eigener Zeuge auftrete, sage ich die Wahrheit. Denn ich weiß, woher ich komme und wohin ich gehe; aber ihr wisst das alles nicht. 15 Ihr urteilt über mich nach dem äußeren Schein. Ich urteile über niemanden so. 16 Wenn ich aber über jemanden das Urteil spreche, dann ist mein Urteil gerecht. Denn ich richte nicht allein, sondern der Vater, der mich gesandt hat, spricht das Urteil. 17 Nach eurem Gesetz ist vor Gericht eine Aussage glaubwürdig, wenn es dafür mindestens zwei Zeugen gibt.[a] 18 Nun, ich selbst trete für mich als Zeuge auf, und mein Vater, der mich gesandt hat, ist auch mein Zeuge.« 19 »Wo ist denn dein Vater?«, fragten sie daraufhin. Jesus antwortete: »Ihr wisst ja nicht einmal, wer *ich* bin; deshalb kennt ihr meinen Vater erst recht nicht. Wenn ihr mich kennen würdet, wüsstet ihr auch, wer mein Vater ist.«

20 Das alles sagte Jesus an der Stelle des *Tempels, wo das Geldopfer gesammelt* wurde. Aber niemand nahm ihn fest, denn die Zeit dafür war noch nicht gekommen.

»Wo ich sein werde, könnt ihr nicht hingehen«

21 Später sagte Jesus noch einmal zu ihnen: »Ich gehe fort. Ihr werdet mich dann verzweifelt suchen, aber ihr werdet in euren Sünden umkommen. Ihr könnt nicht dorthin gehen, wo ich sein werde.«

22 »Will er sich etwa das Leben nehmen?«, fragten sich die Juden. »Oder was heißt das: ›Ihr könnt nicht dorthin gehen, wo ich sein werde‹?« 23 Dazu sagte ihnen Jesus: »Ihr seid von hier unten; ich komme von oben. Ihr gehört zu dieser Welt; ich gehöre nicht zu dieser Welt. 24 Deshalb habe ich gesagt: Ihr werdet in euren Sünden umkommen. Wenn ihr nicht glaubt, dass ich es bin, gibt es keine Rettung für euch.«

25 »Dann sag uns, wer du bist!«, forderten sie ihn auf. Jesus erwiderte: »Darüber habe ich doch von Anfang an mit euch geredet.«[b] 26 »Ich hätte euch viel vorzuwerfen und viel an euch zu verurteilen. Trotzdem sage ich euch nur, was ich von dem gehört habe, der mich gesandt hat. Er ist wahrhaftig und zuverlässig.«

27 Aber sie verstanden noch immer nicht, dass Jesus von Gott, seinem Vater, sprach. 28 Deshalb erklärte er ihnen: »Wenn ihr den Menschensohn erhöht[c] habt, werdet ihr erkennen, wer ich bin, und einsehen, dass ich nichts von mir aus tue, sondern weitergebe, was mir mein Vater gesagt hat. 29 Er, der mich gesandt hat, ist bei mir und lässt mich nie allein, weil ich immer das tue, was ihm gefällt.« 30 Nach diesen Worten glaubten viele an Jesus.

Wer sündigt, ist ein Gefangener der Sünde

31 Zu den Juden, die nun an ihn glaubten, sagte Jesus: »Wenn ihr an meinen Worten festhaltet und das tut, was ich euch gesagt

---

[a] Vgl. 5. Mose 17,6; 19,15
[b] Oder: Warum soll ich überhaupt noch mit euch darüber reden?
[c] Mit dem Wort »erhöhen« deutet Jesus seinen Kreuzestod an.

8,11 3,17; 5,14 **8,12** Jes 9,1; 42,6; 49,6 **8,14** 7,28–29 **8,18** 1 Joh 5,9 **8,19** 14,7–9 **8,20** 7,30; 12,23 **8,23** 3,31 **8,24** 13,19 **8,28** 3,14; 12,32–34 **8,31** 15,7–8.14

habe, dann gehört ihr wirklich zu mir.
[32] Ihr werdet die Wahrheit erkennen, und
die Wahrheit wird euch befreien!«

[33] »Aber wir sind Nachkommen Abra-
hams und niemals Sklaven gewesen«,
wandten sie ein. »Wovon sollen wir ei-
gentlich befreit werden?«

[34] Jesus erwiderte ihnen: »Ich sage euch
die Wahrheit: Jeder, der sündigt, ist ein
Gefangener der Sünde. [35] Ein Sklave
kann sich nicht darauf verlassen, dass er
immer in dem Haus bleibt, in dem er ar-
beitet. Dieses Recht hat nur der Sohn der
Familie. [36] Wenn euch also der Sohn Got-
tes befreit, dann seid ihr wirklich frei.

[37] Ich weiß natürlich auch, dass ihr
Nachkommen Abrahams seid. Und trotz-
dem wollt ihr mich töten, weil ihr meine
Worte nicht zu Herzen nehmt. [38] Ich spre-
che von dem, was ich bei meinem Vater
gesehen habe. Und ihr tut, was ihr von
eurem Vater gehört habt.«

[39] »Unser Vater ist Abraham«, erklär-
ten sie. »Nein«, widersprach ihnen Jesus,
»wenn er es wirklich wäre, würdet ihr
auch so handeln wie er. [40] Weil ich euch
die Wahrheit sage, die ich von Gott ge-
hört habe, wollt ihr mich töten. Das hätte
Abraham nie getan. [41] Nein, ihr handelt
genau wie euer wirklicher Vater.« »Wir
sind doch schließlich nicht im Ehebruch
gezeugt worden«, wandten sie ein. »Wir
haben nur einen Vater: Gott selbst!«

[42] Doch Jesus entgegnete ihnen: »Wenn
es tatsächlich so wäre, dann würdet ihr
mich lieben; denn ich komme ja von
Gott zu euch; in seinem Auftrag und
nicht aus eigenem Entschluss. [43] Aber
ich will euch sagen, weshalb ihr mich
nicht versteht: weil ihr meine Worte
überhaupt nicht hören könnt! [44] Denn
ihr seid Kinder des Teufels. Und deshalb
handelt ihr so, wie es eurem Vater ge-
fällt. Der war schon von Anfang an ein
Mörder, wollte mit der Wahrheit nichts
zu tun haben und war ihr schlimmster
Feind. Sein ganzes Wesen ist Lüge, er
ist der Lügner schlechthin – ja, der Vater
jeder Lüge.

[45] Mir aber glaubt ihr nicht, weil ich die
Wahrheit sage. [46] Oder kann mir einer
von euch auch nur eine einzige Sünde
nachweisen? Wenn ich euch die Wahrheit
sage, warum glaubt ihr mir dann nicht?
[47] Wer Gott zum Vater hat, der hört, was
Gott sagt. Ihr aber habt Gott nicht zum
Vater, und deshalb hört ihr auch seine
Worte nicht.«

Jesus, ein Gotteslästerer?

[48] »Also hatten wir doch Recht«, schimpf-
ten die Juden. »Du bist ein Samariter,
von bösen Geistern besessen!«

[49] »Nein«, antwortete Jesus, »ich habe
keinen bösen Geist, sondern ich ehre
meinen Vater. Aber ihr zieht meine Ehre
in den Schmutz. [50] Trotzdem suche ich
nicht meine eigene Ehre. Gott will, dass
ihr mich anerkennt. Er wird auch das Ur-
teil über euch sprechen. [51] Ich sage euch
die Wahrheit: Wer meine Botschaft an-
nimmt und danach lebt, wird niemals
sterben.«

[52] Verärgert riefen die Juden: »Jetzt
hast du dich verraten: Du wirst von
einem Dämon beherrscht! Selbst Abra-
ham und die Propheten sind gestorben.
Und da willst du behaupten: ›Wer nach
meiner Botschaft lebt, wird niemals ster-
ben.‹? [53] Bist du etwa mehr als unser Va-
ter Abraham, der doch auch gestorben
ist? Oder willst du mehr sein als die Pro-
pheten, die schließlich alle sterben muss-
ten? Was bildest du dir eigentlich ein?«

[54] Jesus entgegnete: »Würde ich mich
selbst loben, könntet ihr mir zu Recht
misstrauen. Aber mich ehrt mein Vater.
Ihr nennt ihn zwar euren Gott. [55] Doch
ihr kennt ihn überhaupt nicht. Ich kenne
ihn. Wenn ich sagen würde, ich kenne ihn
nicht, dann wäre ich ein Lügner wie ihr.
Doch ich kenne ihn und erfülle seinen
Auftrag. [56] Euer Vater Abraham freute

8,33 Lk 3,8; Röm 4,12 **8,34** Röm 6,16.20; 2 Petr 2,19 **8,36** Röm 6,22; Gal 5,1 **8,41** Jes 63,16 **8,43** 1 Kor 2,14 **8,44** 1 Joh 3,8–10; 1 Mo 3,1–5 **8,46** 2 Kor 5,21; Hebr 4,15; 1 Petr 2,22 **8,48** 10,20 **8,51** 5,24 **8,53** 4,12; Mt 12,41–42 **8,55** 7,28–29 **8,56** Hebr 11,13

Aufbauende Worte

Lesen Sie Johannes 8,1-11

So viel Vergeltungssucht. So viele Ankläger.

Die religiösen Führer Israels schäumten vor selbstgerechter Entrüstung. In ihren Klauen befand sich eine Frau, die des Ehebruchs angeklagt war. Es waren keine falschen Anschuldigungen. Die Frau war schuldig. Sie wusste es. Ihre Ankläger wussten es. Jesus wusste es auch. Nach dem jüdischen Gesetz verdiente sie den Tod durch Steinigung.

In diesem Moment aber ging es Jesus weniger um das, was die Frau verdiente, sondern mehr um das, was sie brauchte. Sie brauchte keine Verurteilung. Ihren Prozess und ihre Verurteilung hatte sie schon gehabt – im Gerichtshof der öffentlichen Meinung. Was sie nun brauchte, war Freundlichkeit.

Jesus weigerte sich, mit den Anklägern an einem Strang zu ziehen. Stattdessen erklärte er nur: „Wer von euch noch nie gesündigt hat, soll den ersten Stein auf sie werfen!" (Johannes 8,7). Weil wir selbst alle Sünder sind, sollten wir uns hüten zu fordern, dass die anderen Sünder das bekommen, was sie „verdienen". Wenn wir Gottes Gnade und Erlösung empfangen haben, können wir dann über Jesu Worte und Taten in Johannes 8 hinwegsehen?

Jesus behandelte die Frau freundlich, trotz ihrer Sünde. Damit gab er allen, die ihm nachfolgen wollen, ein Vorbild. Wir sind nicht dazu aufgerufen, über die Taten anderer hinwegzusehen, aber wir sind aufgerufen, diesen Menschen Gottes Freundlichkeit und Liebe zu zeigen.

Nehmen Sie sich Zeit, um allein oder als Paar gemeinsam zu beten. Bitten Sie Gott ...

- dass Sie andere weniger verurteilen und mehr Barmherzigkeit zeigen;
- dass Sie starke Worte der Freundlichkeit und Liebe finden, vor allem für die Menschen, die machtlos sind;
- dass er Ihnen die Augen öffnet, damit Sie die Gelegenheit zur Verurteilung als Chance zur Erlösung sehen.

Wenn Sie noch mehr Zeit haben ...

Besprechen Sie miteinander folgende Fragen oder denken Sie darüber nach:

- Wann haben Sie schon einmal von anderen die Barmherzigkeit erfahren, die Jesus hier zeigt?
- Wie hat diese Erfahrung Sie verändert?
- Wer in Ihrer Umgebung braucht dringend ein aufbauendes, freundliches Wort?

Lesen Sie auch die folgenden Abschnitte zum Thema Aufbauende Worte:

Psalm 15,1-5; Sprüche 10,32; Jakobus 4,11-12.

Liebe lernen

Lesen Sie Johannes 10,11-18

Liebe ist die stärkste Waffe, mit der man Gutes in der Welt erreichen kann. Jesus beschreibt diese mächtige, opferbereite Liebe in Johannes 10 – eine Liebe, die alles hingibt, ohne dafür eine Gegenleistung zu erwarten.

Viele Paare, die sich in einer Krise befinden, beklagen einen oft jahrelangen Mangel an Liebe, Zuneigung und Wertschätzung vonseiten ihres Partners. Ihr Liebestank ist leer, und sie hungern nach Liebe. Wie schmerzlich! Liebe ist das tiefste seelische Bedürfnis des Menschen. Das Problem in einer krisengeschüttelten Ehe besteht darin, dass die Partner eher darauf aus sind, Liebe zu empfangen, statt Liebe zu geben. Viele Männer klagen: „Wenn sie nur ein bisschen liebevoller zu mir wäre, dann würde ich ihre Gefühle erwidern. Aber sie schenkt mir keine Zuneigung, und deshalb gehe ich auf Distanz."

Liebe ist die stärkste Waffe, mit der man Gutes in der Welt erreichen kann – besonders in der Ehe. Viele Eheleute halten Liebe für ein Gefühl. Aber in Wirklichkeit ist Liebe eine innere Einstellung, die sich in einem angemessenen Verhalten zeigt. Liebe wirkt sich zwar auf unsere Gefühle aus, aber sie selbst ist kein Gefühl. Die Liebe entschließt sich, das Wohl des anderen im Blick zu haben. Liebe zeigt sich durch unser Verhalten.

Wenn die Liebe eine Einstellung und kein Gefühl ist, dann bedeutet das: Sie können Ihren Partner auch dann lieben, wenn Sie keine warmen Gefühle für ihn hegen. Paulus fordert die Männer auf: „Liebt eure Frauen so, wie Christus seine Gemeinde liebt, für die er sein Leben gab" (Epheser 5,25). Die älteren Frauen weist er an, die jungen Frauen dazu anzuleiten, „dass sie ihre Männer und Kinder lieben" (Titus 2,4). Weil Liebe kein Gefühl ist, kann man sie lernen.

Nehmen Sie sich Zeit, um allein oder als Paar gemeinsam zu beten. Bitten Sie Gott ...

- *dass Sie durch* die Kraft der opferbereiten Liebe Ihre Ehe zum Guten verändern können;
- dass Sie sich für die Liebe entscheiden, auch wenn Ihre Gefühle Ihnen etwas anderes sagen.

Wenn Sie noch mehr Zeit haben ...

Besprechen Sie miteinander folgende Fragen oder denken Sie darüber nach:

- Warum geraten Paare in eine Pattsituation, in der keiner bereit ist, den ersten Schritt zu tun und Liebe zu üben?
- Nach dem, was Sie oben gelesen haben, und nach Ihrer eigenen Erfahrung: Ist Liebe ein Gefühl, eine innere Einstellung, eine Entscheidung oder eine Kombination von Verschiedenem?
- Wie sieht opferbereite Liebe in der Ehe aus?

Lesen Sie auch die folgenden Abschnitte zum Thema Liebe:
Kolosser 3,12; 1. Thessalonicher 4,9; 1. Johannes 3,18-19.

Den nächsten Impuls finden Sie auf S. 1218 a

sich auf den Tag, an dem ich kommen
würde. Er hat mein Kommen gesehen
und war froh darüber.«
57 »Was?«, fragten die Juden befremdet.
»Du bist noch nicht einmal fünfzig Jahre
alt und willst Abraham gesehen haben?«
58 Jesus entgegnete ihnen: »Ich sage euch
die Wahrheit: Lange bevor Abraham
überhaupt geboren wurde, war ich da.[a]«
59 Zornig griffen sie nach Steinen, um Je-
sus zu töten. Aber er entkam ihnen und
verließ den Tempel.

Jesus heilt einen Blinden

9 Unterwegs sah Jesus einen Mann, der
von Geburt an blind war. 2 »Meister«,
fragten die Jünger, »wer ist schuld daran,
dass dieser Mann blind ist? Hat er selbst
Schuld auf sich geladen oder seine El-
tern?« 3 »Weder noch«, antwortete Jesus.
»Vielmehr soll an ihm die Macht Gottes
sichtbar werden. 4 Ich muss die Aufgaben,
die Gott mir gegeben hat, erfüllen, solan-
ge es Tag ist. Bald kommt die Nacht, in
der niemand mehr etwas tun kann.
5 Doch solange ich in der Welt bin, werde
ich für diese Welt das Licht sein.«
6 Er spuckte auf die Erde, rührte mit
dem Speichel einen Brei an und strich
ihn auf die Augen des Blinden. 7 Dann
forderte er ihn auf: »Geh jetzt zum Teich
Siloah, und wasch dich dort.« (Siloah
heißt: »Der Gesandte.«) Der Blinde ging
hin, wusch sich, und als er zurückkam,
konnte er sehen.
8 Seine Nachbarn und andere Leute,
die ihn als blinden Bettler kannten, frag-
ten erstaunt: »Ist das nicht der Mann, der
immer an der Straße saß und bettelte?«
9 Einige meinten: »Er ist es.« Aber andere
konnten es einfach nicht glauben und be-
haupteten: »Das ist unmöglich! Er sieht
ihm nur sehr ähnlich.« »Doch, ich bin es«,
bestätigte der Mann selbst. 10 Da fragten
sie ihn: »Wie kommt es, dass du plötzlich
sehen kannst?«
11 Er berichtete: »Der Mann, der Jesus
heißt, machte einen Brei und strich ihn
auf meine Augen. Dann schickte er mich
zum Teich Siloah. Dort sollte ich den
Brei abwaschen. Das habe ich getan, und
jetzt kann ich sehen!« 12 »Wo ist denn die-
ser Jesus?«, fragten sie weiter. »Das weiß
ich nicht«, gab er ihnen zur Antwort.

Das Verhör der Pharisäer

13 Sie brachten den von seiner Blindheit
geheilten Mann zu den Pharisäern. 14 Es
war nämlich gerade Sabbat, als Jesus den
Brei gemacht und den Blinden geheilt
hatte. 15 Die Pharisäer fragten ihn: »Wie
kommt es, dass du jetzt sehen kannst?«
Der Mann erzählte: »Jesus strich einen
Brei auf meine Augen. Ich habe mich
dann gewaschen, und nun kann ich
sehen.« 16 Einige der Pharisäer meinten:
»Von Gott kann dieser Mann nicht
kommen, denn er hält sich nicht an die
Sabbatgebote.« Andere aber wandten
ein: »Wie kann ein sündiger Mensch sol-
che Taten vollbringen?« So gingen ihre
Meinungen auseinander.
17 Dann erkundigten sich die Pharisäer
noch einmal bei dem Mann, der blind
gewesen war: »Durch ihn kannst du jetzt
also sehen? Was meinst denn du, wer
dieser Mann ist?« »Er ist ein von Gott
gesandter Prophet«, antwortete er.
18 Doch die Pharisäer wollten nicht glau-
ben, dass er überhaupt blind gewesen
war. Sie ließen deshalb seine Eltern ho-
len 19 und verhörten sie: »Ist das euer
Sohn? Stimmt es, dass er von Geburt an
blind war? Wie kommt es, dass er jetzt
sehen kann?«
20 Die Eltern antworteten: »Ja, das ist
unser Sohn, und er war von Geburt an
blind. Das wissen wir genau. 21 Aber wie
es kommt, dass er sehen kann, wissen wir
nicht. Wir haben auch keine Ahnung, wer
ihn geheilt hat. Fragt ihn doch selbst! Er
ist alt genug und kann euch am besten

---

[a] Wörtlich: Ehe Abraham war, bin ich. Vgl. 2. Mose 3,14

8,58 1,1–2 **8,59** Mt 23,37 **9,2** 2 Mo 20,5; Hes 18,20; Lk 13,2 **9,3** 11,4 **9,4** 5,17 **9,5** 8,12 **9,6** Mk 8,23 **9,14** 5,9 **9,16** 9,31.33; 3,2

Auskunft geben.« 22 Diese ausweichende
Antwort gaben die Eltern, weil sie vor
den führenden Männern der Juden Angst
hatten. Denn die hatten beschlossen, je-
den aus der Synagoge auszuschließen,
der Jesus als den versprochenen Retter
anerkannte. 23 Nur deshalb hatten die El-
tern gesagt: »Er ist alt genug. Fragt ihn
selbst.«

24 Die Pharisäer verhörten den Geheil-
ten zum zweiten Mal. Sie versuchten, ihn
einzuschüchtern: »Bekenne dich zu Gott,
und sag die Wahrheit! Wir wissen, dass
dieser Jesus ein sündiger Mensch ist.«
25 »Ob er ein Sünder ist oder nicht, das
weiß ich nicht«, antwortete der Mann.
»Ich weiß nur eins: Ich war blind, und
jetzt kann ich sehen!« 26 »Aber was hat er
denn gemacht? Wie hat er dich geheilt?«,
versuchten sie erneut herauszube-
kommen.

27 Verärgert erwiderte der Mann: »Das
habe ich euch doch schon gesagt, habt ihr
nicht zugehört? Warum soll ich alles
noch einmal erzählen? Wollt ihr etwa
auch seine Jünger werden?« 28 Da wur-
den sie zornig und schrien ihn an: »*Du*
bist sein Jünger! *Wir* sind Moses Jünger.
29 Von Mose wissen wir, dass Gott zu ihm
geredet hat. Aber von diesem Menschen
wissen wir noch nicht einmal, wo er her-
kommt.«

30 »Das ist ja merkwürdig!«, entgegnete
der Mann. »Er hat mich von meiner
Blindheit geheilt, und ihr wisst nicht, wo-
her er kommt? 31 Wir wissen doch alle,
dass Gott die Gebete der Sünder nicht
erhört. Aber wer nach seinem Willen
lebt, den erhört er. 32 Noch nie, seit die
Welt besteht, hat jemand einem von Ge-
burt an Blinden das Augenlicht ge-
schenkt. 33 Wenn dieser Mann nicht von
Gott käme, könnte er das doch gar nicht
tun.« 34 Wütend schrien sie ihn an: »Du
bist doch schon von Geburt an ein Sün-
der und willst uns belehren?« Dann
schlossen sie ihn aus der jüdischen Ge-
meinschaft aus.

Die Blindheit der Sehenden

35 Jesus hörte, dass sie den Geheilten aus
der Synagoge ausgeschlossen hatten. Als
er den Mann wieder traf, fragte er ihn:
»Glaubst du an den Menschensohn?«
36 »Sag mir, wer es ist, damit ich an ihn
glauben kann!«, erwiderte der Geheilte.
37 »Du hast ihn schon gesehen, und in die-
sem Augenblick spricht er mit dir!«, gab
sich Jesus zu erkennen. 38 »Ja, Herr«, rief
jetzt der Mann, »ich glaube!« Und er
warf sich vor Jesus nieder.

39 Jesus sagte: »Ich bin in diese Welt ge-
kommen, damit sich an mir die Geister
scheiden. Blinde sollen sehen können;
aber alle Sehenden sollen blind werden.«
40 Einige Pharisäer standen dabei und
fragten ihn: »Soll das etwa heißen, dass
wir blind sind?« 41 Jesus antwortete:
»Wärt ihr tatsächlich blind, dann träfe
euch keine Schuld. Aber ihr sagt ja: ›Wir
sehen.‹ Deshalb kann euch niemand eure
Schuld abnehmen.«

Der gute Hirte

10 Weiter sagte Jesus: »Ich sage euch
die Wahrheit: Wer nicht durch die
Tür in den Schafstall geht, sondern heim-
lich einsteigt, der ist ein Dieb und Räu-
ber. 2 Der Hirte geht durch die Tür zu sei-
nen Schafen. 3 Ihm öffnet der Wächter
die Tür, und die Schafe erkennen ihn
schon an seiner Stimme. Dann ruft der
Hirte jedes mit seinem Namen und führt
sie auf die Weide. 4 Wenn seine Schafe
den Stall verlassen haben, geht er vor
ihnen her, und die Schafe folgen ihm,
weil sie seine Stimme kennen. 5 Einem
Fremden würden sie niemals folgen. Ihm
laufen sie davon, weil sie seine Stimme
nicht kennen.«

6 Die Leute, denen Jesus dieses Gleich-
nis erzählte, verstanden nicht, was er da-
mit meinte. 7 Deshalb erklärte er ihnen:
»Ich sage euch die Wahrheit: Ich selbst
bin die Tür, die zu den Schafen führt.

9,22 12,42; 19,38 **9,24** 8,46 **9,29** 4 Mo 12,7–8 **9,31** Ps 66,18; 145,19; Spr 15,29 **9,37** 4,26
9,39 Mt 11,25; 13,11–17 **9,41** 15,22 **10,7** Mt 7,13

[8]Alle, die sich vor mir als eure Hirten ausgaben, waren Diebe und Räuber. Aber die Schafe haben nicht auf sie gehört. [9]Ich allein bin die Tür. Wer durch mich zu meiner Herde kommt, der wird gerettet werden. Er kann durch diese Tür ein- und ausgehen, und er wird saftig grüne Weiden finden. [10]Der Dieb kommt, um zu stehlen, zu schlachten und zu vernichten. Ich aber bringe Leben – und dies im Überfluss.

[11]Ich bin der gute Hirte. Ein guter Hirte setzt sein Leben für die Schafe ein. [12]Anders ist es mit einem, dem die Schafe nicht gehören und der nur wegen des Geldes als Hirte arbeitet. Er wird fliehen, wenn der Wolf kommt, und die Schafe sich selbst überlassen. Der Wolf wird über die Schafe herfallen und die Herde auseinander jagen. [13]Einem solchen Mann liegt nichts an den Schafen. [14]Ich aber bin der gute Hirte und kenne meine Schafe, und sie kennen mich; [15]genauso wie mich mein Vater kennt und ich den Vater kenne. Ich gebe mein Leben für die Schafe.

[16]Zu meiner Herde gehören auch Schafe, die jetzt noch in anderen Ställen sind. Auch sie muss ich herführen, und sie werden wie die übrigen meiner Stimme folgen. Dann wird es nur noch eine Herde und einen Hirten geben.

[17]Der Vater liebt mich, weil ich mein Leben hingebe, um es neu zu empfangen. [18]Niemand nimmt mir mein Leben, ich gebe es freiwillig. Ich habe die Macht und die Freiheit, es zu geben und zu nehmen. Das ist der Auftrag, den mir mein Vater gegeben hat.«

[19]Da fingen die Juden wieder an, sich über Jesus zu streiten. [20]Die meisten sagten: »Er ist von einem bösen Geist besessen! Er ist wahnsinnig! Weshalb hört ihr ihm überhaupt noch zu?« [21]Andere aber meinten: »So spricht doch kein Besessener! Kann denn ein böser Geist einen Blinden heilen?«

Jesus im Kreuzverhör

[22]Es war Winter. In Jerusalem feierte man das Fest der Tempelweihe. [23]Jesus hielt sich gerade im Tempel auf, in der Halle Salomos, [24]als die Juden ihn umringten und fragten: »Wie lange lässt du uns noch im Ungewissen? Wenn du Christus bist, dann sag uns das ganz offen!«

[25]»Ich habe es euch schon gesagt, aber ihr wollt mir ja nicht glauben«, antwortete Jesus. »All das, was ich im Auftrag meines Vaters getan habe, sollte als Beweis genügen. [26]Aber ihr glaubt mir nicht, denn ihr gehört nicht zu meiner Herde. Das habe ich euch bereits gesagt. [27]Meine Schafe erkennen meine Stimme; ich kenne sie, und sie folgen meinem Ruf. [28]Ihnen gebe ich das ewige Leben, und sie werden niemals umkommen. Niemand kann sie aus meiner Hand reißen. [29]Mein Vater hat sie mir gegeben, und er ist stärker als alle anderen Mächte. Deshalb kann sie auch keiner der Hand meines Vaters entreißen. [30]Ich und der Vater sind eins.«

[31]Wütend griffen da die Juden wieder nach Steinen, um ihn zu töten. [32]Jesus aber sagte: »In Gottes Auftrag habe ich viele gute Taten vollbracht. Für welche wollt ihr mich töten?« [33]»Nicht wegen einer guten Tat sollst du sterben«, antworteten sie, »sondern weil du nicht aufhörst, Gott zu lästern. Du bist nur ein Mensch und behauptest trotzdem, Gott zu sein!«

[34]Jesus entgegnete: »Heißt es nicht in eurem Gesetz: ›Ich habe zu euch gesagt: Ihr seid Götter‹[a]? [35]Gott nennt die schon Götter, an die er sein Wort richtet. Und ihr wollt doch nicht etwa die Heilige Schrift für ungültig erklären? [36]Wie könnt ihr den, der von Gott selbst auserwählt und in die Welt gesandt wurde, als Gotteslästerer beschimpfen, nur weil

---

[a] Psalm 82,6

10,9 Ps 23,1–2; Hes 34,14 **10,11–16** Hes 34,11–16* **10,11** Mt 18,12–14; 1 Joh 3,16 **10,14** 2 Tim 2,19 **10,15** Mk 10,45 **10,16** 11,51–52; Jes 56,8; Hes 34,23–24 **10,18** 14,31 **10,21** 9,6–7 **10,23** Apg 3,11 **10,25** 5,36 **10,26** 8,45.47 **10,27** 10,3–4 **10,28–29** 6,39; Röm 8,38–39 **10,33** 3 Mo 24,16; Mt 26,65–66 **10,36** 1,34*

er sagt: ›Ich bin Gottes Sohn‹? 37 Wenn
ich nicht das tue, was mein Vater will,
braucht ihr mir nicht zu glauben. 38 Tue
ich es aber, dann glaubt doch wenigstens
diesen Taten, wenn ihr schon mir nicht
glauben wollt! Dann werdet ihr endlich
erkennen und glauben, dass der Vater in
mir ist und ich im Vater bin!«

39 Da versuchten sie wieder, Jesus fest-
zunehmen, aber er konnte ihnen entkom-
men. 40 Er ging auf die andere Seite des
Jordan zurück und hielt sich dort auf, wo
Johannes früher getauft hatte. 41 Viele
Menschen folgten ihm. »Johannes hat
zwar keine Wunder getan«, meinten sie
untereinander, »aber alles, was er von
diesem Mann gesagt hat, ist wahr!« 42 So
glaubten dort viele an Jesus.

Die Auferweckung des Lazarus

11 Ein Mann namens Lazarus, der in
Betanien wohnte, war schwer er-
krankt. Im selben Dorf wohnten auch sei-
ne Schwestern Maria und Marta. 2 Maria
war es gewesen, die mit kostbarem Salböl
die Füße des Herrn übergossen und sie
mit ihrem Haar getrocknet hatte. Weil
ihr Bruder Lazarus so krank war, 3 ließen
die beiden Schwestern Jesus mitteilen:
»Herr, dein Freund Lazarus ist schwer er-
krankt!« 4 Als Jesus das hörte, sagte er:
»Diese Krankheit führt letztlich nicht
zum Tod, sondern durch sie soll die
Macht Gottes sichtbar werden, und auch
der Sohn Gottes wird dadurch geehrt.«

5 Jesus liebte Marta, ihre Schwester
Maria und Lazarus. 6 Aber obwohl er
nun wusste, dass Lazarus schwer krank
war, wartete er noch zwei Tage. 7 Erst da-
nach sagte er zu seinen Jüngern: »Wir
wollen wieder nach Judäa gehen.« 8 Doch
seine Jünger wandten ein: »Meister, vor
kurzem haben die Leute in Judäa ver-
sucht, dich umzubringen. Und jetzt willst
du wieder dorthin?« 9 Jesus antwortete:
»Zwölf Stunden am Tag ist es hell. Wer
sicher laufen will, muss diese Zeit nutzen;
denn nur bei Tageslicht sieht er den Weg.
10 Wer nachts unterwegs ist, stolpert in
der Dunkelheit, weil das Licht nicht bei
ihm ist.«

11 Nachdem er das seinen Jüngern ge-
sagt hatte, meinte er: »Unser Freund La-
zarus ist eingeschlafen, aber ich will hin-
gehen und ihn aufwecken!« 12 Die Jünger
erwiderten: »Wenn er schläft, wird er
bald wieder gesund sein.« 13 Sie glaubten
nämlich, Jesus hätte vom gewöhnlichen
Schlaf gesprochen, aber er redete vom
Tod des Lazarus.

14 Deshalb sagte Jesus ihnen offen: »La-
zarus ist tot! 15 Doch euretwegen bin ich
froh, dass ich nicht bei ihm gewesen bin.
Denn nun könnt ihr lernen, was Glauben
heißt. Wir wollen jetzt gemeinsam zu ihm
gehen!« 16 Thomas, den man auch den
Zwilling nannte, sagte zu den anderen
Jüngern: »Ja, lasst uns mit Jesus nach Ju-
däa gehen und dort mit ihm sterben.«

17 Als sie in Betanien ankamen, lag La-
zarus schon vier Tage im Grab. 18 Beta-
nien ist weniger als drei Kilometer von
Jerusalem entfernt. 19 Deswegen waren
viele Juden zu Maria und Marta gekom-
men, um die beiden zu trösten. 20 Als
Marta hörte, dass Jesus auf dem Weg zu
ihnen war, lief sie ihm entgegen. Maria
aber blieb zu Hause.

21 Marta sagte zu Jesus: »Herr, wärst du
hier gewesen, würde mein Bruder noch
leben. 22 Aber auch jetzt weiß ich, dass
Gott dir alles geben wird, worum du ihn
bittest.« 23 »Dein Bruder wird auferste-
hen!«, versicherte ihr Jesus. 24 »Ja, ich
weiß«, sagte Marta, »am letzten Tag, am
Tag der Auferstehung.«

25 Darauf erwiderte ihr Jesus: »Ich bin
die Auferstehung, und ich bin das Leben.
Wer mir vertraut, der wird leben, selbst
wenn er stirbt. 26 Und wer lebt und mir
vertraut, wird niemals sterben. Glaubst
du das?« 27 »Ja, Herr«, antwortete ihm
Marta. »Ich glaube, dass du Christus bist,

10,38 5,36 **10,40** 1,28 **10,41** 1,29–34; 3,27–28 **11,1** Lk 10,38–39 **11,2** 12,3 **11,4** 9,3 **11,8** 10,31 **11,10** 12,35 **11,11** Mk 5,39 **11,16** Mk 14,31 **11,24** Jes 26,19; Dan 12,2 **11,25** 5,21.24 **11,27** 1,34*; Mt 16,16

der Sohn Gottes, auf den wir so lange ge-
wartet haben.«
28 Jetzt lief Marta zu ihrer Schwester
Maria. Ohne dass die übrigen Trauergäs-
te es merkten, flüsterte sie ihr zu: »Unser
Lehrer ist da und will dich sprechen!«
29 Maria stand sofort auf und lief ihm ent-
gegen. 30 Jesus hatte das Dorf noch nicht
erreicht, sondern war dort geblieben, wo
Marta ihn getroffen hatte. 31 Als Maria
aufsprang und eilig das Haus verließ,
meinten die Juden, die Maria trösten
wollten: »Sie will am Grab weinen.« Da-
rum standen sie auf und folgten ihr.
32 Aber Maria lief zu Jesus. Sie fiel vor
ihm nieder und rief: »Herr, wenn du da
gewesen wärst, würde mein Bruder noch
leben!«
33 Jesus sah, wie sie und die Trauergäste
weinten. Da war er tief bewegt und er-
schüttert. 34 »Wo habt ihr ihn hingelegt?«,
fragte er.
Sie antworteten: »Komm, Herr, wir
zeigen es dir!« 35 Auch Jesus kamen die
Tränen. 36 »Seht«, sagten die Juden, »er
muss ihn sehr lieb gehabt haben!«
37 Doch einige meinten: »Einen Blinden
hat er sehend gemacht. Hätte er nicht
verhindern können, dass Lazarus starb?«
38 Da war Jesus erneut tief bewegt. Er
trat an das Grab. Es war eine Höhle, die
man mit einem großen Stein verschlossen
hatte. 39 »Hebt den Stein weg!«, befahl Je-
sus. Aber Marta, die Schwester des Ver-
storbenen, sagte: »Herr, der Geruch wird
unerträglich sein! Er ist doch schon vier
Tage tot!«
40 »Habe ich dir nicht gesagt«, entgeg-
nete ihr Jesus, »du wirst die Herrlichkeit
Gottes sehen, wenn du nur glaubst?«
41 Sie schoben den Stein weg. Jesus sah
zum Himmel auf und betete: »Vater, ich
danke dir, dass du mein Gebet erhört
hast! 42 Ich weiß, dass du mich immer er-
hörst, aber ich sage es wegen der vielen
Menschen, die hier stehen. Sie sollen al-
les miterleben und glauben, dass du mich
gesandt hast.«
43 Dann rief er laut: »Lazarus, komm
heraus!« 44 Und Lazarus kam heraus.
Hände und Füße waren mit Grabtüchern
umwickelt, und auch sein Gesicht war
mit einem Tuch verhüllt. »Nehmt ihm
die Tücher ab«, forderte Jesus die Leute
auf, »und lasst ihn gehen.«

Einer soll für alle sterben

45 Viele von den Juden, die bei Maria ge-
wesen waren, glaubten an Jesus, nach-
dem sie gesehen hatten, was er tat.
46 Aber einige liefen schnell zu den Phari-
säern und berichteten ihnen alles.
47 Darauf beriefen die Hohenpriester
und Pharisäer eine Sitzung des Hohen
Rates ein. Sie fragten sich: »Was sollen
wir bloß tun? Dieser Jesus vollbringt vie-
le Wunder, 48 und wenn wir nichts gegen
ihn unternehmen, wird bald das ganze
Volk an ihn glauben. Dann werden die
Römer eingreifen, und schließlich haben
wir keinen Tempel mehr und auch keine
Macht über das Volk.«
49 Einer von ihnen, Kaiphas, der in die-
sem Jahr Hoherpriester war, sagte: »Ihr
begreift gar nichts! 50 Überlegt doch ein-
mal: Für uns alle ist es besser, wenn einer
für das Volk stirbt, als dass ein ganzes
Volk zugrunde geht.« 51 Kaiphas sprach
damit etwas aus, was nicht aus ihm selbst
kam. Er war in diesem Jahr Hoherpries-
ter, und Gott hatte ihm diese Worte in
den Mund gelegt. Denn Jesus sollte für
das Volk sterben – 52 aber nicht allein für
das jüdische Volk. Alle Kinder Gottes
aus allen Völkern sollten durch ihn zu-
sammengeführt werden.
53 Von dem Tag an waren die führenden
Männer der Juden fest entschlossen, Je-
sus zu töten. 54 Deshalb vermied es Jesus,
sich in der Öffentlichkeit sehen zu lassen.
Er zog sich nach Ephraim zurück, eine
Stadt am Rand der Wüste. Dort blieb er
mit seinen Jüngern.
55 Es war kurz vor dem jüdischen Pas-
sahfest. Aus dem ganzen Land zogen die

11,37 9,6–7 **11,38** Mt 27,59–60 **11,42** 12,30 **11,43** 5,25.28 **11,47–48** Mt 26,3–5 **11,49–50** 18,14
11,52 10,16; Eph 2,14–18 **11,55** 2,13; 6,4; 2 Chr 30,17–18

Leute nach Jerusalem, um schon vor Beginn des Festes die Reinigungsvorschriften zu erfüllen. [56] Sie alle wollten Jesus gern sehen und suchten ihn. Als sie im Tempel zusammenstanden, fragte einer den anderen: »Was meint ihr, wird er wohl zum Fest kommen?« [57] Inzwischen hatten die Hohenpriester und Pharisäer nämlich den Befehl erlassen, dass jeder Jesus sofort anzeigen musste, der seinen Aufenthaltsort kannte; denn sie wollten ihn unbedingt festnehmen.

Ein Vermögen für Jesus (Matthäus 26,6–13; Markus 14,3–9)

12 Sechs Tage vor Beginn des Passahfestes kam Jesus wieder nach Betanien, wo er Lazarus von den Toten auferweckt hatte. [2] Jesus zu Ehren hatte man dort ein Festmahl vorbereitet. Marta half beim Bedienen, während Lazarus unter den Gästen war, die mit Jesus aßen. [3] Da nahm Maria ein Fläschchen[a] mit reinem, kostbarem Nardenöl, goss es über die Füße Jesu und trocknete sie mit ihrem Haar. Der Duft des Öls erfüllte das ganze Haus.

[4] Aber einer von seinen Jüngern, Judas Iskariot, der ihn später verriet, meinte entrüstet: [5] »Das Öl hätte man besser für dreihundert Silberstücke verkauft und das Geld den Armen gegeben.« [6] In Wirklichkeit ging es ihm aber nicht um die Armen, sondern um das Geld. Er verwaltete die gemeinsame Kasse und hatte schon oft etwas für sich selbst daraus genommen. [7] Jesus erwiderte: »Lass sie doch! Maria hat damit nur die Salbung für mein Begräbnis vorweggenommen. [8] Arme, die eure Hilfe nötig haben, wird es immer geben, ich dagegen bin nicht mehr lange bei euch.«

[9] Als sich herumgesprochen hatte, wo Jesus war, liefen viele Menschen nach Betanien. Sie kamen nicht nur, um Jesus zu sehen, sondern auch wegen Lazarus, den Jesus von den Toten auferweckt hatte. [10] Da beschlossen die Hohenpriester, auch Lazarus zu töten; [11] denn seinetwegen glaubten viele Juden an Jesus.

Jesus wird als König empfangen (Matthäus 21,1–11; Markus 11,1–10; Lukas 19,28–40)

[12] Am nächsten Tag verbreitete sich unter der Volksmenge, die zum Passahfest gekommen war, die Nachricht: Jesus ist auf dem Weg nach Jerusalem. [13] Da nahmen die Menschen Palmenzweige, liefen Jesus entgegen und riefen ihm begeistert zu: »Gepriesen sei Gott! Gelobt sei, der in Gottes Auftrag kommt, der König von Israel!« [14] Jesus ritt auf einem Eselfohlen in die Stadt. Damit erfüllte sich das Prophetenwort: [15] »Fürchte dich nicht, du Stadt auf dem Berg Zion! Dein König kommt! Er reitet auf einem Eselfohlen.«[b] [16] Doch das verstanden seine Jünger damals noch nicht. Erst nachdem Jesus in Gottes Herrlichkeit zurückgekehrt war, begriffen sie, dass sich an diesem Tag die Voraussage der Heiligen Schrift erfüllt hatte.

[17] Alle, die dabei gewesen waren, als Jesus Lazarus aus dem Grab gerufen und wieder zum Leben erweckt hatte, hatten es weitererzählt. [18] Deswegen liefen Jesus auch so viele Menschen entgegen. Sie wollten den Mann sehen, der solche Wunder vollbrachte. [19] Nur die Pharisäer warfen sich gegenseitig vor: »Nun seht ihr, dass ihr so nichts erreicht! Alle Welt rennt ihm hinterher!«

»Wir möchten Jesus kennen lernen!«

[20] Unter den Festbesuchern waren auch einige Griechen. [21] Sie kamen zu Philippus, der aus Betsaida in Galiläa stammte, und baten ihn: »Herr, wir möchten Jesus kennen lernen!« [22] Philippus sprach mit

---

[a] Wörtlich: ein Litra. – Dieses Hohlmaß entsprach ca. 320 g.
[b] Sacharja 9,9

11,56 7,11 **12,1** 11,1.43–44 **12,2** Lk 10,40 **12,3** Lk 7,37–38 **12,4** 18,2–3 **12,7** 19,39–40 **12,8** 5 Mo 15,11 **12,9–11** 11,43–45 **12,13** Ps 118,26 **12,16** 2,22; 14,26 **12,21** Lk 19,3; 23,8

Andreas darüber, dann gingen sie ge-
meinsam zu Jesus.
23 Er sagte ihnen: »Die Stunde ist ge-
kommen. Jetzt soll der Menschensohn
gerühmt und geehrt werden. 24 Ich sage
euch die Wahrheit: Ein Weizenkorn, das
nicht in den Boden kommt und stirbt,
bleibt ein einzelnes Korn. In der Erde
aber keimt es und bringt viel Frucht, ob-
wohl es selbst dabei stirbt. 25 Wer an sei-
nem Leben festhält, wird es verlieren.
Wer aber sein Leben loslässt, wird es für
alle Ewigkeit gewinnen. 26 Wer mir die-
nen will, der soll mir folgen. Denn wo
ich bin, soll er auch sein. Und wer mir
dient, den wird mein Vater ehren.«

Jesus spricht von seinem nahen Tod

27 »Jetzt habe ich große Angst. Soll ich
deshalb beten: Vater, bewahre mich vor
dem, was bald auf mich zukommt? Nein,
denn ich bin in die Welt gekommen, um
diese Stunde zu durchleiden. 28 Vater, lass
deinen Namen gerühmt und geehrt wer-
den!« Da erklang eine Stimme vom Him-
mel: »Das habe ich bisher schon getan,
und ich werde ihn wieder zu großer Ehre
bringen!«
29 Die Menschen um Jesus hatten die
Stimme gehört und meinten: »Es hat ge-
donnert!« Andere behaupteten: »Ein En-
gel hat mit ihm geredet.« 30 Doch Jesus
entgegnete: »Diese Stimme hat euch ge-
golten, nicht mir. 31 Jetzt wird über diese
Welt Gericht gehalten; jetzt wird der
Teufel, der Herrscher dieser Welt, ent-
machtet. 32 Wenn ich aber erhöht sein
werde, werde ich dafür sorgen, dass alle
bei mir sind.« 33 Auf diese Weise deutete
Jesus seinen Tod am Kreuz an.
34 Viele der Versammelten wandten
ein: »Aus dem Gesetz wissen wir doch,
dass Christus für immer bei uns bleiben
wird. Wie kannst du dann sagen: ›Der
Menschensohn muss erhöht werden‹?
Wer ist eigentlich dieser Menschen-
sohn?« 35 Jesus erwiderte: »Das Licht ist
nur noch kurze Zeit bei euch. Nutzt diese
Zeit, macht euch auf den Weg, bevor
euch die Dunkelheit überfällt. Wer im
Dunkeln geht, kann weder Weg noch
Ziel erkennen. 36 Vertraut euch dem Licht
an, solange ihr es habt, dann werdet ihr
im Licht leben.«

Nur wenige glauben

Nach diesen Worten verließ Jesus die
Menge und versteckte sich vor den Leu-
ten. 37 Trotz aller Wunder, die er getan
hatte, glaubten die Menschen nicht an
ihn. 38 So sollte sich erfüllen, was der Pro-
phet Jesaja vorhergesagt hatte: »Herr,
wer glaubt denn unserer Botschaft? Wer
erkennt, dass Gott es ist, der diese mäch-
tigen Taten vollbringt?«[a] 39 Jesaja hat
auch den Grund genannt, weshalb sie
nicht glauben konnten: 40 »Gott hat ihre
Augen geblendet und ihre Herzen ver-
schlossen. Deshalb sehen sie nicht und
sind nicht einsichtig. Sie wollen nicht zu
mir umkehren, darum kann ich ihnen
nicht helfen und sie heilen.«[b] 41 Jesaja
konnte so reden, weil er die Herrlichkeit
des Christus gesehen hatte.
42 Und doch gab es unter den führen-
den Männern des Volkes viele, die an Je-
sus glaubten. Aber aus Angst vor den
Pharisäern bekannten sie sich nicht öf-
fentlich zu ihm. Denn sie wollten nicht
aus der Gemeinschaft des jüdischen Vol-
kes ausgeschlossen werden. 43 Ihnen be-
deutete die Zustimmung der Menschen
mehr als das Ansehen bei Gott.
44 Laut verkündete Jesus: »Wer an mich
glaubt, der glaubt in Wahrheit an den, der
mich gesandt hat. 45 Und wenn ihr mich
seht, dann seht ihr den, der mich gesandt
hat! 46 Ich bin als das Licht in die Welt
gekommen, damit jeder, der an mich
glaubt, nicht länger in der Dunkelheit le-

---

[a] Jesaja 53,1
[b] Jesaja 6,9–10

12,23 2,4; 7,6.30; 8,20; 13,1 **12,25** Mt 16,25 **12,26** 14,3; 17,24 **12,27** Mt 26,38–39 **12,31** 14,30; 16,11 **12,32** 3,14; 18,32 **12,34** Ps 110,4; Jes 9,6*; Dan 7,13–14 **12,35** 8,12 **12,36** Eph 5,8; 1 Thess 5,5 **12,42** 9,22 **12,45** 14,7–9 **12,46** 8,12

ben muss. [47] Wenn jemand auf meine Botschaft hört und nicht danach handelt, so werde ich ihn nicht verurteilen. Denn ich bin nicht als Richter der Welt gekommen, sondern als ihr Retter.

[48] Wer mich ablehnt und nicht nach meiner Botschaft lebt, der hat schon seinen Richter gefunden. Was ich verkündet habe, wird ihn am Tag des Gerichts verurteilen. [49] Denn ich habe nicht eigenmächtig zu euch geredet. Der Vater hat mich gesandt und mir gesagt, was ich reden und verkünden soll. [50] Und das ist gewiss: Was er mir aufgetragen hat, euch zu sagen, führt euch zum ewigen Leben! Deshalb gebe ich euch alles so weiter, wie der Vater es mir gesagt hat.«

Jesus dient seinen Jüngern

13 Am Vorabend des Passahfestes wusste Jesus, dass nun die Zeit gekommen war, diese Welt zu verlassen und zum Vater zurückzukehren. Er hatte die Menschen geliebt, die zu ihm gehörten, und er hörte nicht auf, sie zu lieben. [2] An diesem Abend aß Jesus zusammen mit seinen Jüngern. Der Teufel hatte Judas, den Sohn von Simon Iskariot, schon zum Verrat an Jesus verführt. [3] Jesus aber wusste, dass der Vater ihm alles in die Hand gegeben hatte, dass er von Gott gekommen war und zu ihm zurückkehren würde. [4] Da stand er vom Tisch auf, legte sein Obergewand ab und band sich ein Tuch aus Leinen um. [5] Er goss Wasser in eine Schüssel und begann, seinen Jüngern die Füße zu waschen und mit dem Tuch abzutrocknen.

[6] Als er zu Simon Petrus kam, wehrte dieser ab: »Herr, wie kommst du dazu, mir die Füße zu waschen!« [7] Jesus antwortete ihm: »Das verstehst du jetzt noch nicht. Aber später wirst du es verstehen.« [8] Doch Petrus blieb dabei: »Niemals sollst du mir die Füße waschen!« Worauf Jesus erwiderte: »Wenn ich dir nicht die Füße wasche, gehörst du nicht zu mir.« [9] Da sagte Petrus: »Herr, dann wasch mir nicht nur die Füße, sondern auch die Hände und das Gesicht!« [10] Jesus antwortete: »Wer gebadet hat, der ist ganz rein. Ihm braucht man nur noch den Straßenstaub von den Füßen zu waschen. Ihr seid alle rein – außer einem.« [11] Jesus wusste nämlich, wer ihn verraten würde. Deshalb sagte er: »Ihr seid nicht alle rein.«

[12] Nachdem Jesus ihnen die Füße gewaschen hatte, zog er sein Obergewand wieder an, kehrte zu seinem Platz am Tisch zurück und fragte seine Jünger: »Versteht ihr, was ich eben getan habe? [13] Ihr nennt mich Meister und Herr. Das ist auch richtig so, denn ich bin es. [14] Wie ich, euer Meister und Herr, euch jetzt die Füße gewaschen habe, so sollt auch ihr euch gegenseitig die Füße waschen. [15] Ich habe euch damit ein Beispiel gegeben, dem ihr folgen sollt. Handelt ebenso! [16] Ich sage euch die Wahrheit: Ein Diener steht niemals höher als sein Herr, und ein Botschafter untersteht dem, der ihn gesandt hat. [17] Wenn ihr das begreift und danach handelt, wird man euch glücklich schätzen.

[18] Jetzt spreche ich nicht von euch allen; denn ich weiß, welche ich als meine Jünger ausgewählt habe. Aber was in der Heiligen Schrift vorausgesagt ist, muss sich erfüllen: ›Einer, der mit mir zusammen das Brot isst, tritt mich mit Füßen.‹[a] [19] Schon jetzt kündige ich es euch an, damit ihr auch dann, wenn es geschieht, ganz sicher wisst: Ich bin der, den Gott gesandt hat. [20] Ich sage euch die Wahrheit: Wer einen Menschen aufnimmt, den ich senden werde, der nimmt mich auf. Und wer mich aufnimmt, der nimmt den Vater auf, der mich gesandt hat.«

---

[a] Psalm 41,10

12,47–48 3,17–18 **12,49** 7,16–17 **13,1** 7,30; 8,20; 12,23 **13,2** 13,27; Lk 22,3 **13,3** 3,35 **13,4** Mt 20,28; Lk 12,37 **13,6** Mt 3,14 **13,10** 15,3 **13,11** 6,64.70–71 **13,13** Mt 23,8–10 **13,14–15** 1 Joh 2,6; 3,16 **13,19** 14,29 **13,20** Mt 10,40–42

»Einer von euch wird mich verraten«
(Matthäus 26,21–25;
Markus 14,18–21; Lukas 22,21–23)

21 Nachdem Jesus dies gesagt hatte, war er
sehr erschüttert und bestätigte: »Ja, es ist
wahr: Einer von euch wird mich ver-
raten!« 22 Die Jünger sahen sich fragend
an und rätselten, wen er meinte.
23 Ganz nah bei Jesus hatte der Jünger
seinen Platz, den Jesus am meisten liebte.
24 Petrus winkte ihn zur Seite und sagte:
»Frag du ihn, wen er meint!« 25 Da beugte
der Jünger sich zu Jesus hinüber und frag-
te leise: »Herr, wer von uns ist es?« 26 Je-
sus antwortete ihm: »Es ist der, dem ich
das Brot geben werde, das ich jetzt in die
Schüssel eintauche.«
Darauf tauchte er das Brot ein und gab
es Judas, dem Sohn des Simon Iskariot.
27 Von diesem Augenblick an hatte Satan
den Judas ganz in seiner Gewalt. »Beeil
dich, Judas! Erledige bald, was du tun
willst!«, forderte Jesus ihn auf.
28 Keiner von den anderen am Tisch
verstand, was Jesus mit diesen Worten
meinte. 29 Manche dachten, Jesus hätte
Judas hinausgeschickt, um alles Nötige
für das Fest einzukaufen oder den Armen
etwas zu geben. Denn Judas verwaltete
das Geld Jesu und seiner Jünger. 30 Nach-
dem Judas das Brot genommen hatte, eil-
te er hinaus in die Nacht.

Das neue Gebot der Liebe

31 Als Judas fort war, sagte Jesus: »Jetzt
zeigt Gott, wer der Menschensohn wirk-
lich ist, und dadurch wird auch die Herr-
lichkeit Gottes sichtbar. 32 Wenn der
Menschensohn erst Gottes Herrlichkeit
gezeigt hat, dann wird auch Gott die
Herrlichkeit des Menschensohnes sicht-
bar machen. Und das geschieht bald!
33 Denn bei euch, meine lieben Kinder,
werde ich nur noch kurze Zeit sein. Ihr
werdet mich suchen. Doch was ich den
Juden gesagt habe, muss ich jetzt auch
euch sagen: Wohin ich gehen werde, da-
hin könnt ihr mir nicht folgen. 34 Heute
gebe ich euch ein neues Gebot: Liebt ei-
nander! So wie ich euch geliebt habe, so
sollt ihr euch auch untereinander lieben.
35 An eurer Liebe zueinander wird jeder
erkennen, dass ihr meine Jünger seid.«

Jesus kündigt die Verleugnung des Petrus an
(Matthäus 26,31–35;
Markus 14,27–31; Lukas 22,31–34)

36 Da fragte ihn Petrus: »Herr, wohin
gehst du?« Jesus antwortete ihm: »Dies-
mal kannst du nicht mit mir kommen.
Aber du wirst mir später folgen.« 37 »Lass
mich doch jetzt bei dir bleiben«, bat ihn
Petrus und beteuerte: »Ich wäre sogar be-
reit, für dich zu sterben!«
38 Da antwortete Jesus: »Du willst für
mich sterben? Petrus, ich versichere dir:
Ehe morgen früh der Hahn kräht, wirst
du dreimal geleugnet haben, mich zu
kennen!«

Ohne Jesus kommt niemand zu Gott

14 »Seid nicht bestürzt, und habt kei-
ne Angst!«, ermutigte Jesus seine
Jünger. »Vertraut Gott, und vertraut mir!
2 Denn im Haus meines Vaters gibt es vie-
le Wohnungen. Sonst hätte ich euch nicht
gesagt: Ich gehe hin, um dort alles für
euch vorzubereiten. 3 Und wenn alles be-
reit ist, werde ich kommen und euch zu
mir holen. Dann werdet auch ihr dort
sein, wo ich bin. 4 Den Weg dorthin kennt
ihr ja.«
5 »Nein, Herr«, widersprach ihm Tho-
mas, »wir wissen nicht einmal, wohin du
gehst! Wie sollen wir dann den Weg dort-
hin finden?« 6 Jesus antwortete: »Ich bin
der Weg, ich bin die Wahrheit, und ich
bin das Leben! Ohne mich kann niemand
zum Vater kommen. 7 Kennt ihr mich,

13,23 19,26; 20,2; 21,7.20.24 **13,29** 12,6 **13,32** 17,1–5 **13,33** 7,34–36 **13,34–35** Röm 12,10*
13,34 15,12.17; Gal 6,2; 1 Joh 2,7–8; 3,16–18; 4,9–11; 2 Joh 5 **13,36** 21,18–19 **13,38** 18,27
14,2 2 Kor 5,1; Hebr 11,16 **14,3** 1 Thess 4,17 **14,6** Röm 5,1–2; Eph 3,11–12; Hebr 10,20

dann kennt ihr auch meinen Vater. Von jetzt an kennt ihr ihn; ja, ihr habt ihn schon gesehen!«

8 Da bat Philippus: »Herr, zeig uns den Vater, dann sind wir zufrieden!« 9 Jesus entgegnete ihm: »Ich bin nun schon so lange bei euch, und du kennst mich noch immer nicht, Philippus? Wer mich gesehen hat, der hat auch den Vater gesehen. Wie also kannst du bitten: ›Zeig uns den Vater‹? 10 Glaubst du nicht, dass ich im Vater bin und der Vater in mir ist? Was ich euch sage, habe ich mir nicht selbst ausgedacht. Mein Vater, der in mir lebt, handelt durch mich. 11 Glaubt mir doch, dass der Vater und ich eins sind. Und wenn ihr schon meinen Worten nicht glaubt, dann glaubt doch wenigstens meinen Taten!

12 Ich sage euch die Wahrheit: Wer an mich glaubt, wird die gleichen Taten vollbringen wie ich – ja, sogar noch größere; denn ich gehe zum Vater. 13 Worum ihr in meinem Namen bitten werdet, das werde ich tun, damit durch den Sohn die Herrlichkeit des Vaters sichtbar wird. 14 Was ihr also in meinem Namen erbitten werdet, das werde ich tun.«

Vom Geist der Wahrheit

15 »Wenn ihr mich liebt, werdet ihr so leben, wie ich es euch gesagt habe. 16 Dann werde ich den Vater bitten, dass er euch an meiner Stelle einen Helfer gibt, der für immer bei euch bleibt. 17 Dies ist der Geist der Wahrheit. Die Welt kann ihn nicht aufnehmen, denn sie ist blind für ihn und erkennt ihn deshalb nicht. Aber ihr kennt ihn, denn er wird bei euch bleiben und in euch leben.

18 Nein, ich lasse euch nicht allein zurück. Ich komme wieder zu euch. 19 Schon bald werde ich nicht mehr auf dieser Welt sein, und niemand wird mich mehr sehen. Nur ihr, ihr werdet mich sehen. Und weil ich lebe, werdet auch ihr leben. 20 Dann werdet ihr erkennen, dass ich eins bin mit meinem Vater und dass ihr in mir seid und ich in euch bin. 21 Wer meine Gebote annimmt und danach lebt, der liebt mich. Und wer mich liebt, den wird mein Vater lieben. Auch ich werde ihn lieben und mich ihm zu erkennen geben.«

22 Da fragte ihn Judas (nicht Judas Iskariot): »Herr, weshalb willst du dich nur uns, deinen Jüngern, zu erkennen geben, warum nicht der ganzen Welt?« 23 Ihm antwortete Jesus: »Wer mich liebt, richtet sich nach dem, was ich ihm gesagt habe. Auch mein Vater wird ihn lieben, und wir beide werden zu ihm kommen und immer bei ihm bleiben. 24 Wer mich aber nicht liebt, der lebt auch nicht nach dem, was ich sage. Meine Worte kommen nicht von mir, sondern von meinem Vater, der mich gesandt hat.

25 Ich sage euch dies alles, solange ich noch bei euch bin. 26 Der Heilige Geist, den euch der Vater an meiner Stelle als Helfer senden wird, er wird euch an all das erinnern, was ich euch gesagt habe, und euch meine Worte erklären.

27 Auch wenn ich nicht bei euch bleibe, sollt ihr doch Frieden haben. Meinen Frieden gebe ich euch; einen Frieden, den euch niemand auf der Welt geben kann. Seid deshalb ohne Sorge und Furcht!

28 Ihr habt gehört, was ich euch gesagt habe: Ich gehe jetzt, aber ich komme wieder. Wenn ihr mich wirklich lieben würdet, dann würdet ihr euch darüber freuen, dass ich jetzt zum Vater gehe; denn er ist größer als ich. 29 Ich sage euch das alles, bevor es geschieht, damit ihr an mich glaubt, wenn es eintrifft. 30 Ich habe nicht mehr viel Zeit, mit euch zu reden, denn der Teufel, der Herrscher dieser Welt, hat sich schon auf den Weg gemacht. Er hat zwar keine Macht über mich, 31 aber die Welt soll erfahren, dass ich den Vater liebe. Deswegen werde

14,9 1,18; 2 Kor 4,4.6; Hebr 1,3 **14,10** 12,49 **14,11** 5,36 **14,12** Mt 17,20 **14,13–14** 15,7* **14,15** 1 Joh 2,5; 5,3 **14,16** 15,26* **14,17** 1 Kor 2,14–15 **14,19** 20,19–20.26 **14,20** 17,21–23 **14,23** 2 Kor 6,16; Offb 3,20 **14,26** 15,26* **14,27** 16,33; Röm 5,1; Phil 4,7; Kol 3,15 **14,29** 13,19 **14,30** 12,31 **14,31** Mt 26,46

Ein Zeichen wahrer Größe

Lesen Sie Johannes 13,1-17

Wenn wir erwachsen und unabhängig geworden sind, entwickeln wir oft eine echte Dienstbereitschaft anderen gegenüber. Erwachsene entscheiden sich, Kinder zu bekommen, obwohl sie wissen, dass dies bedeutet: 24 Monate lang Windeln wechseln, monatelang stillen oder die Flasche geben, 308 Pflaster aufkleben (bei manchen Kindern sind es in einem einzigen Jahr so viele), an mindestens 220 Sportturnieren als Zuschauer teilnehmen, unzählige Mahlzeiten zubereiten, finanzielle Opfer für das Studium bringen und tausend andere Dinge. Trotzdem entscheiden wir uns – freiwillig – für Kinder. Und wer keine leiblichen Kinder bekommen kann, entschließt sich oftmals zur Adoption eines Kindes.

Anderen zu dienen, das ist der höchste Gipfel, den die Menschheit erreichen kann. Jesus stand auf diesem Gipfel und zeigte seine wahre Größe, als er eine Schüssel holte, sich eine Schürze umband und die niedere Aufgabe übernahm, seinen Jüngern die Füße zu waschen. Er fegte jeden Zweifel über seine Motive hinweg, als er sagte: „Wie ich, euer Meister und Herr, euch jetzt die Füße gewaschen habe, so sollt auch ihr euch gegenseitig die Füße waschen. Ich habe euch damit ein Beispiel gegeben, dem ihr folgen sollt. Handelt ebenso! ... Wenn ihr das begreift und danach handelt, wird man euch glücklich schätzen“ (Johannes 13,14-15.17).

Jesus beschreibt hier etwas ganz Widersprüchliches: Der Weg nach oben führt nach unten. „Wer groß sein will, der soll den anderen dienen“ (Markus 10,43). Wahre Größe zeigt sich im Dienen, nicht im Herrschen. Dienen ist ein Zeichen wahrer Größe.

Nehmen Sie sich Zeit, um allein oder als Paar gemeinsam zu beten.

- Danken Sie Jesus für seine Bereitschaft, Ihre von Schuld befleckte Seele zu reinigen, so wie er seinen Jüngern die schmutzigen Füße gewaschen hat.
- Bitten Sie Gott, Ihnen zu zeigen, wem Sie dienen können und wie.

Wenn Sie noch mehr Zeit haben ...

Besprechen Sie miteinander folgende Fragen oder denken Sie darüber nach:

- Was nennt Jesus wahre Größe?
- Beschreiben Sie eine Begebenheit, bei der Sie bewundert haben, wie jemand dem Beispiel Jesu folgte und einen demütigen Dienst verrichtete.
- Die Botschaft aus Johannes 13 lautet nicht, dass wir den alten Brauch des Füßewaschens wiedereinführen sollen, sondern dass wir einander in alltäglichen, niedrigen Aufgaben dienen sollen. Welche bescheidenen Dienste könnten Sie übernehmen?

Lesen Sie auch die folgenden Abschnitte zum Thema Dienen:
Jesaja 58,10; Matthäus 20,26-28; Galater 5,13.

Fremdsprachen

Lesen Sie Johannes 15,1-17

Ein Problem kommt in der Ehe recht häufig vor: Die Liebessprache des einen Partners ist dem anderen nicht vertraut. Seine Liebessprache ist Zärtlichkeit, doch ihr ist diese Sprache nicht geläufig. Oder er mag Geschenke, aber für sie sind sie nicht so wichtig. Ihre Sprache ist Zweisamkeit, doch auf dem Sofa zu sitzen und sich zwanzig Minuten zu unterhalten, ist für ihn der reinste Albtraum. Er braucht Lob und Anerkennung, aber ihr fallen nicht immer die richtigen Worte ein. Oder sie fühlt sich geliebt, wenn sie Hilfe bekommt, aber er findet keine Erfüllung darin, das Haus ordentlich zu halten.

Worin besteht die Lösung? Lernen Sie die Liebessprache Ihres Partners. Wenn Ihnen das schwerfällt, ist das ein noch größerer Liebesbeweis, denn es erfordert Anstrengung und Lernbereitschaft. Vielleicht ist es für Ihren Partner auch nicht einfach, Ihre Sprache zu sprechen. Er muss sich dann umgekehrt genauso anstrengen wie Sie. Das ist ein Kennzeichen wahrer Liebe. Jesus hat uns das Gebot gegeben: „Liebt einander, wie ich euch geliebt habe" (Johannes 15,12) – und das erfordert höchste Opferbereitschaft. Nur wenige von uns sind dazu berufen, ihr Leben für andere im wörtlichen Sinn zu opfern, doch wir alle sind aufgefordert, unser Leben Tag für Tag im übertragenen Sinn hinzugeben, indem wir zum Beispiel unsere Liebe in einer Sprache zum Ausdruck bringen, die dem anderen viel bedeutet.

Nehmen Sie sich Zeit, um allein oder als Paar gemeinsam zu beten.

- Danken Sie Jesus dafür, dass er uns die größte Liebe erwiesen hat.
- Bitten Sie Gott, dass er in Ihnen die Demut und die Bereitschaft weckt, Ihr Leben für Ihren Ehepartner hinzugeben – auch in kleinen Dingen, indem Sie zum Beispiel die Liebessprache Ihres Mannes/Ihrer Frau erlernen.

Wenn Sie noch mehr Zeit haben ...

Besprechen Sie miteinander folgende Fragen oder denken Sie darüber nach:

- Was ist Ihre natürliche Liebessprache?
- Wie würden Sie den folgenden Satz vervollständigen? „Ich fühle mich geliebt, wenn du ________________. Schreiben Sie jeder zehn Antworten auf, und dann tauschen Sie sich darüber aus.

Lesen Sie auch die folgenden Abschnitte zum Thema Liebe:
Epheser 5,1-2.25-33; 1. Petrus 1,22-23; 1. Johannes 3,16.

Den nächsten Impuls finden Sie auf S. 1226 a

ich das ausführen, was Gott mir aufge-
tragen hat.
Und nun kommt, wir wollen gehen!«

Der Weinstock und die Reben

15 »Ich bin der wahre Weinstock, und
mein Vater ist der Weingärtner.
2 Alle Reben am Weinstock, die keine
Trauben tragen, schneidet er ab. Aber
die Frucht tragenden Reben beschneidet
er sorgfältig, damit sie noch mehr Frucht
bringen. 3 Ihr seid schon gute Reben, weil
ihr meine Botschaft gehört habt. 4 Bleibt
fest mit mir verbunden, und ich werde
ebenso mit euch verbunden bleiben!
Denn so wie eine Rebe nur am Wein-
stock Früchte tragen kann, so werdet
auch ihr nur Frucht bringen, wenn ihr
mit mir verbunden bleibt.
5 Ich bin der Weinstock, und ihr seid die
Reben. Wer bei mir bleibt, so wie ich bei
ihm bleibe, der trägt viel Frucht. Denn
ohne mich könnt ihr nichts ausrichten.
6 Wer ohne mich lebt, wird wie eine un-
fruchtbare Rebe abgeschnitten und weg-
geworfen. Die verdorrten Reben werden
gesammelt, ins Feuer geworfen und
verbrannt. 7 Wenn ihr aber fest mit mir
verbunden bleibt und euch meine Worte
zu Herzen nehmt, dürft ihr von Gott er-
bitten, was ihr wollt; ihr werdet es erhal-
ten. 8 Wenn ihr viel Frucht bringt und
euch so als meine Jünger erweist, wird
die Herrlichkeit meines Vaters sichtbar.
9 Wie mich der Vater liebt, so liebe ich
euch. Bleibt in meiner Liebe! 10 Wenn ihr
nach meinen Geboten lebt, wird meine
Liebe euch umschließen. Auch ich richte
mich nach den Geboten meines Vaters
und lebe in seiner Liebe. 11 Das alles sage
ich euch, damit meine Freude euch ganz
erfüllt und eure Freude dadurch voll-
kommen wird. 12 Und so lautet mein Ge-
bot: Liebt einander, wie ich euch geliebt
habe.
13 Niemand liebt mehr als einer, der
sein Leben für die Freunde hingibt.
14 Und ihr seid meine Freunde, wenn ihr
tut, was ich euch aufgetragen habe. 15 Ich
nenne euch nicht mehr Knechte; denn
einem Knecht sagt der Herr nicht, was
er vorhat. Ihr aber seid meine Freunde;
denn ich habe euch alles anvertraut, was
ich vom Vater gehört habe. 16 Nicht ihr
habt mich erwählt, sondern ich euch, da-
mit ihr euch auf den Weg macht und
Frucht bringt, die bleibt. Dann wird euch
der Vater alles geben, worum ihr ihn in
meinem Namen bittet. 17 Ich sage euch
noch einmal: Liebt einander!«

Womit Jünger Jesu rechnen müssen

18 »Wenn die Menschen euch hassen,
dann vergesst nicht, dass man mich schon
vor euch gehasst hat. 19 Diese Welt würde
euch lieben, wenn ihr zu ihr gehören wür-
det. Doch ihr gehört nicht mehr dazu. Ich
selbst habe euch aus der Welt heraus-
gerufen. Darum hasst sie euch. 20 Erin-
nert euch daran, dass ich gesagt habe:
›Ein Knecht steht niemals höher als sein
Herr!‹ Deshalb werden sie euch verfol-
gen, wie sie mich verfolgt haben. Und
wenn sie auf das gehört haben, was ich
gesagt habe, werden sie auch auf euch
hören.
21 Das alles wird mit euch geschehen,
weil ihr zu mir gehört; denn die Welt
kennt Gott nicht, der mich gesandt hat.
22 Wäre ich nicht in diese Welt gekommen
und hätte die Menschen alles über Gott
gelehrt, wären sie nicht schuldig. Aber
jetzt gibt es keine Entschuldigung mehr
dafür, dass sie Gott den Rücken kehren.
23 Denn wer mich hasst, der hasst auch
meinen Vater. 24 Wenn ich nicht vor aller
Augen Gottes Wunder vollbracht hätte,
die kein anderer tun kann, wären sie
ohne Schuld. Aber nun haben sie alles
miterlebt, und trotzdem hassen sie mich

15,1 Ps 80,9–12; Jer 2,21 **15,2** Mt 3,10 **15,3** 13,10 **15,5** 2 Kor 3,5; 4,7 **15,6** Hes 15,1–8; Mt 7,19 **15,7** 14,13–14; 16,23–24; Mt 7,7; Mk 11,24; 1 Joh 3,22; 5,14–15 **15,8** Mt 5,16 **15,10** 14,15 **15,11** 16,22; 17,13 **15,12** 13,34* **15,13** 10,11; Mk 10,45 **15,14** Mt 12,50 **15,15** 8,31–36 **15,16** 15,7* **15,18–20** 2 Tim 3,12* **15,18–19** 17,14; 1 Joh 3,13 **15,20** Mt 10,24 **15,22** 9,41 **15,23** Lk 10,16; 1 Joh 2,23

und auch meinen Vater. 25 Dies geschieht,
damit sich die Voraussage der Heiligen
Schrift erfüllt: ›Sie hassen mich ohne je-
den Grund!‹[a]
26 Wenn ich beim Vater bin, will ich
euch jemanden senden, der euch zur Sei-
te stehen wird, den Geist der Wahrheit.
Er wird vom Vater kommen und bezeu-
gen, wer ich bin. 27 Und auch ihr werdet
meine Zeugen sein, denn ihr seid von
Anfang an bei mir gewesen.«

16 »Ich sage euch das alles, damit ihr
nicht an mir zu zweifeln beginnt
und aufgebt. 2 Denn man wird euch aus
der Gemeinschaft des jüdischen Volkes
ausschließen. Ja, es wird so weit kom-
men, dass man meint, Gott einen Dienst
zu erweisen, wenn man euch tötet. 3 Zu
all dem werden Menschen fähig sein,
weil sie meinen Vater und mich nicht
kennen.«

Jesus lässt seine Jünger nicht allein zurück

4 »Ich sage euch das, damit ihr nicht über-
rascht seid, wenn dies alles eintrifft. Bis-
her war es nicht nötig, davon zu reden,
weil ich ja bei euch war. 5 Jetzt aber gehe
ich zu dem, der mich gesandt hat. Keiner
von euch fragt mich, wohin ich gehe,
6 denn ihr seid voller Trauer über das,
was ich euch gesagt habe. 7 Doch ich sage
euch die Wahrheit: Es ist besser für euch,
wenn ich gehe. Sonst käme der nicht, der
euch an meiner Stelle helfen soll. Wenn
ich nicht mehr bei euch bin, werde ich
ihn zu euch senden. 8 Und ist er erst
gekommen, wird er den Menschen die
Augen für ihre Sünde öffnen, für Gottes
Gerechtigkeit und sein Gericht. 9 Ihre
Sünde ist, dass sie nicht an mich glauben.
10 Gottes Gerechtigkeit zeigt sich darin,
dass er sich zu mir bekennt und ich zum
Vater gehe, wenn ihr mich dann auch
nicht mehr sehen werdet. 11 Und Gottes
Gericht werden die Menschen daran er-
kennen, dass der Teufel, der Herrscher
dieser Welt, bereits verurteilt ist.
12 Ich hätte euch noch viel mehr zu
sagen, aber jetzt würde es euch überfor-
dern. 13 Wenn aber der Geist der Wahr-
heit kommt, hilft er euch dabei, die
Wahrheit vollständig zu erfassen. Denn
er redet nicht in seinem eigenen Auftrag,
sondern wird nur das sagen, was er
gehört hat. Auch was euch in Zukunft
erwartet, wird er euch verkünden. 14 So
wird er meine Herrlichkeit sichtbar ma-
chen; denn alles, was er euch zeigt,
kommt von mir. 15 Was der Vater hat, ge-
hört auch mir. Deshalb kann ich mit
Recht sagen: Alles, was er euch zeigt,
kommt von mir.«

»Eure Freude wird vollkommen sein«

16 »Ich werde nur noch kurze Zeit bei
euch sein. Bald nach meinem Weggehen
aber werdet ihr mich wiedersehen.«
17 »Was meint er bloß damit?«, fragten
sich die Jünger. »Was heißt: ›Ich werde
nur noch kurze Zeit bei euch sein! Aber
bald darauf werdet ihr mich wieder-
sehen‹? Und was bedeutet es, wenn er
sagt: ›Ich gehe zum Vater‹? 18 Und was
meint er mit ›nur noch kurze Zeit‹? Wir
verstehen das nicht.«
19 Jesus merkte, dass sie ihn fragen
wollten, und sagte: »Macht ihr euch darü-
ber Gedanken, dass ich angekündigt ha-
be: ›Ich werde nur noch kurze Zeit bei
euch sein, aber bald darauf werdet ihr
mich wiedersehen‹? 20 Ich sage euch die
Wahrheit: Ihr werdet weinen und klagen,
und die Menschen in dieser Welt werden
sich darüber freuen. Ihr werdet traurig
sein, doch eure Traurigkeit soll sich in
Freude verwandeln!
21 Es wird so sein wie bei einer Frau, die
ein Kind bekommt: Sie hat große
Schmerzen, doch sobald ihr Kind gebo-

---

[a] Psalm 69,5

15,26 14,16.26; 16,7–8.13–15; Lk 24,49; Apg 1,4–5; 2,4; 1 Joh 3,24; 5,6 **15,27** Apg 1,8* **16,2** 9,22; Apg 8,1; 17,5–6; 23,12 **16,7–8** 15,26* **16,9** 3,18 **16,11** 12,31 **16,13–15** 15,26* **16,13** 14,26; 1 Joh 2,27 **16,15** 17,10 **16,16** 14,19

ren ist, sind Angst und Schmerzen vergessen. Sie ist nur noch glücklich darüber, dass ihr Kind zur Welt gekommen ist. [22] Auch ihr seid jetzt sehr traurig, aber ich werde euch wiedersehen. Dann werdet ihr froh und glücklich sein, und diese Freude kann euch niemand mehr nehmen. [23] Am Tag unseres Wiedersehens werden all eure Fragen beantwortet sein.

Ich sage euch die Wahrheit: Wenn ihr den Vater um etwas bittet und euch dabei auf mich beruft, wird er es euch geben. [24] Bisher habt ihr in meinem Namen nichts von Gott erbeten. Bittet ihn, und er wird es euch geben. Dann wird eure Freude vollkommen sein.«

Lasst euch nicht entmutigen!

[25] »Bisher habe ich alles, was ich euch sagen wollte, anhand von Beispielen erklärt. Aber schon bald wird das nicht mehr nötig sein. Dann werde ich euch ohne Bilder und Umschreibungen zeigen, wer der Vater ist. [26] Von diesem Tag an werdet ihr euch auf mich berufen, wenn ihr zu ihm betet. Und dann muss ich den Vater nicht mehr bitten, euer Gebet zu erhören. [27] Denn der Vater liebt euch, weil ihr mich liebt und daran glaubt, dass ich von Gott gekommen bin. [28] Ja, ich war beim Vater und bin in die Welt gekommen, und jetzt verlasse ich sie wieder, um zum Vater zurückzukehren.«

[29] Seine Jünger erwiderten: »Jetzt redest du klar und deutlich zu uns, ohne Gleichnisse und Bilder. [30] Wir haben nun erkannt, dass du alles weißt, noch ehe wir dich fragen. Darum glauben wir dir, dass du von Gott gekommen bist.«

[31] »Glaubt ihr wirklich?«, fragte Jesus. [32] »Ihr sollt nämlich wissen: Die Zeit wird kommen – ja, sie ist schon da –, in der man euch auseinander treibt. Ihr werdet euch in Sicherheit bringen und mich allein lassen. Aber auch dann werde ich nicht allein sein, denn der Vater ist bei mir.

[33] Dies alles habe ich euch gesagt, damit ihr durch mich Frieden habt. In der Welt habt ihr Angst, aber lasst euch nicht entmutigen: Ich habe die Welt besiegt.«

Jesus betet für seine Jünger

17 Nach diesen Worten sah Jesus zum Himmel auf und betete: »Vater, die Zeit ist gekommen! Lass jetzt die Herrlichkeit deines Sohnes erkennbar werden, damit dein Sohn deine Herrlichkeit sichtbar macht. [2] Du hast ihm Macht über die Menschen gegeben, damit er allen ewiges Leben schenkt, die du ihm anvertraut hast. [3] Und das allein ist ewiges Leben: dich, den einen wahren Gott, zu erkennen, und Jesus Christus, den du gesandt hast. [4] Ich habe hier auf der Erde den Menschen gezeigt, wie herrlich du bist. Ich habe deinen Auftrag erfüllt. [5] Und nun, Vater, gib mir wieder Anteil an der Herrlichkeit, die ich bei dir hatte, bevor die Welt erschaffen wurde.

[6] Ich habe den Menschen gezeigt, wer du bist, und zwar allen, die du aus der Welt herausgerufen und mir anvertraut hast. Dir gehörten sie schon immer, und du hast sie mir gegeben. Sie haben sich deine Worte zu Herzen genommen, [7] und jetzt wissen sie, dass alles, was ich habe, von dir ist. [8] Denn was du mir gesagt hast, habe ich ihnen weitergegeben. Sie haben deine Botschaft angenommen und erkannt, dass ich von dir herkomme; sie glauben daran, dass du mich gesandt hast.

[9] Für sie bitte ich dich jetzt: für die Menschen, die du mir anvertraut hast und die zu dir gehören; nicht für die ganze Welt. [10] Denn alles, was ich habe, das gehört dir, und was du hast, das gehört auch mir. An ihnen zeigt sich meine Herrlichkeit. [11] Ich verlasse jetzt die Welt und komme zu dir. Sie aber bleiben zu-

16,22 20,19–20.26 **16,23–24** 15,7* **16,25** Mt 13,34 **16,26** 14,13–14 **16,30** 2,25 **16,32** Mt 26,31.56; Sach 13,7 **16,33** 14,27 **17,1** 12,23; 13,31–32 **17,2** 6,37–39 **17,3** 1 Joh 5,20 **17,4** 4,34 **17,5** 1,1–2; Phil 2,6 **17,9** Hebr 7,25 **17,11** 10,30

rück. Heiliger Vater, erhalte sie in der
Gemeinschaft mit dir, damit sie eins wer-
den wie wir. 12 Solange ich bei ihnen war,
habe ich sie in der Gemeinschaft mit dir[a]
erhalten, alle, die du mir anvertraut hast.
Ich habe sie bewahrt, und keiner von
ihnen ist verloren gegangen – außer dem
einen, der verloren gehen musste, damit
sich die Voraussage der Heiligen Schrift
erfüllte.

13 Jetzt komme ich zu dir zurück. Aber
dies alles wollte ich noch sagen, solange
ich bei ihnen bin, damit meine Freude
auch sie ganz erfüllt. 14 Ich habe ihnen
deine Botschaft weitergegeben, und die
Welt hasst sie deswegen, weil sie ebenso
wie ich nicht zu ihr gehören. 15 Ich bitte
dich nicht, sie aus der Welt zu nehmen,
aber schütze sie vor der Macht des Bö-
sen! 16 Sie gehören ebenso wenig zur Welt
wie ich. 17 Lass ihnen deine Wahrheit
leuchten, damit sie in immer engerer Ge-
meinschaft mit dir leben! Dein Wort ist
die Wahrheit! 18 Wie du mich in die Welt
gesandt hast, so sende ich sie in die Welt.
19 Für sie gebe ich mein Leben hin, damit
ihr Leben ganz dir gehört.[b]

20 Ich bitte aber nicht nur für sie, son-
dern für alle, die durch ihre Worte von
mir hören werden und an mich glauben.
21 Sie alle sollen eins sein, genauso wie du,
Vater, mit mir eins bist. So wie du in mir
bist und ich in dir bin, sollen auch sie in
uns fest miteinander verbunden sein.
Dann wird die Welt glauben, dass du
mich gesandt hast. 22 Deshalb habe ich
ihnen auch die Herrlichkeit gegeben, die
du mir anvertraut hast, damit sie die glei-
che enge Gemeinschaft haben wie wir.
23 Ich bleibe in ihnen, und du bleibst in
mir. Genau so sollen auch sie ganz eins
sein. Und die Welt wird erkennen, dass
du mich gesandt hast und dass du meine
Jünger liebst, wie du mich liebst.

24 Vater, ich möchte, dass alle, die du
mir gegeben hast, bei mir bleiben. Sie sol-
len an meiner Herrlichkeit teilhaben. Du
hast mir die Herrlichkeit gegeben; denn
du hast mich geliebt, längst bevor die
Welt geschaffen wurde. 25 Guter und treu-
er Vater! Wenn die Welt dich auch nicht
kennt, ich kenne dich, und diese hier ha-
ben erkannt, dass du mich gesandt hast.
26 Ich habe ihnen gezeigt, wer du bist.
Das werde ich auch weiter tun, damit dei-
ne Liebe zu mir auch sie erfüllt, ja, damit
ich selbst in ihnen lebe.«

Jesus stellt sich seinen Gegnern (Matthäus 26,47–56; Markus 14,43–50; Lukas 22,47–53)

18 Nach diesem Gebet überquerte
Jesus mit seinen Jüngern den Bach
Kidron. Auf der anderen Seite lag ein
Garten. Dorthin ging Jesus mit seinen
Jüngern. 2 Judas, der Verräter, kannte
diese Stelle, denn Jesus hatte sich oft mit
seinen Jüngern dort aufgehalten. 3 Nun
erschien Judas mit einem Trupp römi-
scher Soldaten und Männern, die ihm
die Hohenpriester und Pharisäer mit-
gegeben hatten. Sie trugen Fackeln und
Lampen und waren bewaffnet.

4 Jesus wusste, was jetzt geschehen wür-
de. Er ging ihnen entgegen und fragte:
»Wen sucht ihr?« 5 »Jesus von Nazareth«,
war die Antwort. »Ich bin es!«, erklärte
Jesus. Judas, sein Verräter, stand mitten
unter den Soldaten. 6 Als Jesus klar und
offen sagte: »Ich bin es«, wichen die Be-
waffneten erschrocken zurück und fielen
zu Boden. 7 Jesus fragte noch einmal:
»Wen sucht ihr denn?« »Jesus von Naza-
reth!«, antworteten sie wieder. 8 »Ich ha-
be euch doch schon gesagt, dass ich es
bin«, entgegnete Jesus. »Wenn ihr also
nur mich sucht, dann lasst die anderen
hier gehen!« 9 Damit sollte sich erfüllen,
was Jesus früher gesagt hatte: »Ich habe
keinen von denen verloren, die du mir
anvertraut hast.«

---

[a] *Wörtlich: in deinem* Namen, den du mir gegeben hast.

[b] Wörtlich: Ich heilige mich selbst für sie, damit auch sie Geheiligte sind durch die Wahrheit.

17,12 6,39; 10,28–29 **17,13** 15,11 **17,14** 15,18–19 **17,15** Mt 6,13; 1 Joh 5,18 **17,17** Ps 119,160 **17,18** 20,21 **17,19** Hebr 10,10 **17,20** 17,9; Röm 10,17 **17,21** 10,30; Gal 3,28 **17,24** 12,26; 1 Joh 3,2 **17,25** 8,55; Mt 11,27 **18,1** Mt 26,36 **18,2–3** 6,70–71 **18,2** Lk 21,37 **18,9** 6,39; 17,12

[10]Simon Petrus hatte ein Schwert da-
bei. Plötzlich zog er es und schlug damit
Malchus, einem Diener des Hohenpries-
ters, das rechte Ohr ab. [11] Aber Jesus be-
fahl Petrus: »Steck dein Schwert weg!
Soll ich denn dem Leiden aus dem Weg
gehen, das ich nach dem Willen meines
Vaters auf mich nehmen muss?«

[12]Der römische Offizier befahl seinen
Soldaten und den Dienern des Hohen-
priesters, Jesus festzunehmen und zu fes-
seln. [13]Dann brachten sie ihn zu Hannas,
dem Schwiegervater von Kaiphas, der in
diesem Jahr Hoherpriester war. [14]Kai-
phas hatte früher den führenden Män-
nern der Juden geraten: »Es ist für uns
alle besser, wenn dieser eine Mann für
das ganze Volk stirbt!«

Petrus behauptet, Jesus nicht zu kennen (Matthäus 26,69–70; Markus 14,66–68; Lukas 22,55–57)

[15]Simon Petrus und ein anderer Jünger
folgten Jesus, als er abgeführt wurde.
Weil dieser andere Jünger mit dem Ho-
henpriester bekannt war, ließ man ihn
bis in den Innenhof des Palastes gehen.
[16]Petrus blieb draußen vor dem Tor. Da
kam der andere Jünger wieder zurück,
redete mit der Pförtnerin und verschaffte
Petrus Zutritt. [17]Schon die Pförtnerin
fragte Petrus: »Gehörst du nicht auch zu
den Jüngern dieses Mannes?« »Nein, ich
nicht!«, antwortete er. [18]Die Wachmann-
schaft und die Diener des Hohenpriesters
hatten ein Kohlenfeuer angezündet. Sie
standen um das Feuer herum und wärm-
ten sich, denn es war kalt. Petrus ging zu
ihnen, um sich auch zu wärmen.

Das Verhör vor dem Hohenpriester (Matthäus 26,59–66; Markus 14,55–64; Lukas 22,66–71)

[19]Drinnen im Palast begann das Verhör.
Der Hohepriester Hannas fragte Jesus
nach seinen Jüngern und nach seiner
Lehre. [20]Jesus antwortete: »Was ich ge-
lehrt habe, ist überall bekannt. Denn ich
habe in aller Öffentlichkeit gepredigt, in
den Synagogen und im Tempel, wo es
jeder hören konnte. Niemals habe ich im
Geheimen etwas anderes gelehrt. [21]Wes-
halb fragst du mich also? Frag doch alle,
die mich gehört haben! Sie wissen, was
ich gesagt habe.«

[22]Da schlug ihm einer von den Wäch-
tern, die neben ihm standen, ins Gesicht
und rief: »Redet man so mit dem Hohen-
priester?« [23]Jesus antwortete ihm: »Wenn
ich etwas Böses gesagt habe, dann weise
es mir nach! Habe ich aber die Wahrheit
gesagt, weshalb schlägst du mich?« [24]Da
ließ Hannas Jesus in Fesseln zum Hohen-
priester Kaiphas bringen.

Petrus verleugnet Jesus noch einmal (Matthäus 26,71–75; Markus 14,69–72; Lukas 22,58–62)

[25]Petrus stand noch immer am Feuer und
wärmte sich. Da fragte ihn jemand: »Bist
du nicht auch einer von seinen Jüngern?«
»Nein, ich bin es nicht«, widersprach er.
[26]Aber ein Diener des Hohenpriesters,
ein Verwandter des Mannes, dem Petrus
das Ohr abgehauen hatte, meinte: »Ich
habe dich doch im Garten bei ihm gese-
hen!« [27]Wieder stritt Petrus ab, Jesus zu
kennen. Und im selben Augenblick kräh-
te ein Hahn.

Jesus wird von Pilatus verhört (Matthäus 27,2.11–26; Markus 15,1–15; Lukas 23,1–25)

[28]In den frühen Morgenstunden brachten
sie Jesus von Kaiphas zum Palast des
Statthalters. Die Juden selbst betraten
dieses Gebäude nicht, denn sie wollten
nicht unrein werden. Dann hätten sie
nicht das Passahmahl essen dürfen.

[29]Deshalb ging Pilatus zu ihnen hinaus
und fragte: »Welche Anklage erhebt ihr

18,10 Lk 22,38 **18,11** Mt 26,39 **18,14** 11,49–52 **18,20** 6,59; 7,14.28; Lk 19,47 **18,22** 2 Mo 22,27 **18,25** 18,18 **18,26** 18,10 **18,27** 13,38

gegen diesen Mann? Was hat er getan?«
30 Sie antworteten: »Wenn er kein Ver-
brecher wäre, hätten wir ihn nicht zu dir
gebracht.« 31 »Dann nehmt ihn mit, und
verurteilt ihn nach eurem Gesetz!«, ent-
gegnete Pilatus. »Aber wir dürfen doch
niemanden hinrichten«, wandten sie ein.
32 So sollten sich die Worte Jesu erfüllen,
mit denen er vorausgesagt hatte, wie er
sterben würde.

33 Pilatus kam nun in den Gerichtssaal
zurück, ließ Jesus vorführen und fragte
ihn: »Bist du der König der Juden?«
34 Jesus entgegnete: »Fragst du als römi-
scher Statthalter, oder stecken die Juden
dahinter?« 35 »Bin ich etwa ein Jude?«,
fragte Pilatus. »Die führenden Männer
deines eigenen Volkes und die Hohen-
priester haben dich hergebracht, damit
ich dich verurteile. Was also hast du ge-
tan?«

36 Jesus antwortete: »Mein Königreich
gehört nicht zu dieser Welt. Wäre ich ein
weltlicher Herrscher, dann hätten meine
Leute für mich gekämpft, damit ich nicht
in die Hände der Juden falle. Aber mein
Reich ist von ganz anderer Art.« 37 Da
fragte ihn Pilatus: »Dann bist du also
doch ein König?« Jesus antwortete: »Ja,
du hast Recht. Ich bin ein König. Und da-
zu bin ich Mensch geworden und in diese
Welt gekommen, um ihr die Wahrheit zu
bezeugen. Wer bereit ist, auf die Wahr-
heit zu hören, der hört auf mich.«
38 »Wahrheit? Was ist das überhaupt?«,
erwiderte Pilatus.

Dann ging er zu den Juden hinaus
und sagte ihnen: »Meiner Meinung nach
ist der Mann unschuldig. 39 Ich will euch
wie üblich auch in diesem Jahr am Pas-
sahfest einen Gefangenen freigeben.
Wenn ihr wollt, lasse ich diesen König
der Juden frei.« 40 Aber sie schrien laut:
»Nein! Nicht den! Wir wollen Barab-
bas!« Barabbas aber war ein Verbre-
cher.

Das Todesurteil
(Matthäus 27,26–31; Markus 15,15–20)

19 Da befahl Pilatus, Jesus abzufüh-
ren und ihn auszupeitschen. 2 Die
Soldaten flochten eine Krone aus Dor-
nenzweigen und setzten sie ihm auf den
Kopf. Dann hängten sie ihm einen pur-
purroten Mantel um, 3 stellten sich vor
ihn hin und spotteten: »Sei gegrüßt, du
König der Juden!« Und sie schlugen ihm
ins Gesicht.

4 Pilatus ging erneut zu den Juden hi-
naus und sagte: »Ich will ihn euch noch
einmal vorführen, damit ihr erkennt, dass
er unschuldig ist!« 5 Dann kam Jesus he-
raus. Er trug die Dornenkrone und den
roten Mantel. Und Pilatus forderte die
Menge auf: »Seht ihn euch an, was für
ein Mensch!«

6 Aber kaum hatten die Hohenpriester
und die Tempeldiener Jesus erblickt, fin-
gen sie an zu schreien: »Ans Kreuz! Ans
Kreuz mit ihm!« Daraufhin rief Pilatus:
»Dann nehmt ihr ihn doch selbst und
kreuzigt ihn! Denn ich bin überzeugt: Er
ist unschuldig!« 7 Die Juden entgegneten:
»Wir haben ein Gesetz, an das wir uns
halten; und nach dem Gesetz muss er
sterben, denn er hat sich als Sohn Gottes
ausgegeben.«

8 Als Pilatus das hörte, bekam er noch
mehr Angst. 9 Er ging wieder in den Pa-
last zurück und fragte Jesus: »Woher
kommst du?« Doch Jesus antwortete
nichts. 10 »Redest du nicht mehr mit
mir?«, fragte Pilatus. »Hast du vergessen,
dass es in meiner Macht steht, dich frei-
zugeben oder dich ans Kreuz nageln zu
lassen?« 11 Jetzt antwortete Jesus: »Du
hättest keine Macht über mich, wäre sie
dir nicht von Gott gegeben. Deswegen
haben die Leute größere Schuld auf sich
geladen, die mich dir ausgeliefert haben.«

12 Da versuchte Pilatus noch einmal, Je-

18,32 3,14 **18,36** 6,15; 8,23 **18,37** 1 Tim 6,13 **18,39–40** Apg 3,13–14 **19,3** 12,13 **19,4** 18,38 **19,6** 18,31 **19,7** 5,18; 3 Mo 24,16 **19,11** 3,27; Apg 2,23 **19,12** Lk 23,2; Apg 17,7

sus freizulassen. Aber die Juden schrien: »Wenn du den laufen lässt, bist du kein Freund des Kaisers; denn wer sich selbst zum König macht, lehnt sich gegen den Kaiser auf.«

13 Als Pilatus das hörte, ließ er Jesus hinausführen. Er selbst setzte sich auf den Richterstuhl, an die Stelle, die man »Steinpflaster« nannte, auf Hebräisch:
»Gabbata«. 14 Es war um die Mittagszeit, am Tag vor dem Passahfest, an dem alle mit Vorbereitungen beschäftigt waren. Pilatus sagte zu den Juden: »Hier ist euer König!«

15 »Weg mit ihm!«, brüllten sie. »Ans Kreuz mit ihm!« »Soll ich wirklich euren König kreuzigen lassen?«, fragte Pilatus noch einmal. Die Hohenpriester riefen: »Wir haben keinen König, nur den Kai-
ser!« 16 Da gab Pilatus nach und befahl, Jesus zu kreuzigen.

Die Kreuzigung
(Matthäus 27,32–44; Markus 15,21–32; Lukas 23,26–43)

Die Soldaten packten Jesus und führten
ihn aus Jerusalem hinaus. 17 Sein Kreuz musste er selbst tragen, vom Richtplatz bis hin zur »Schädelstätte«. Auf Hebrä-
isch heißt dieser Ort »Golgatha«. 18 Dort schlugen sie ihn ans Kreuz. Rechts und links von ihm wurden zwei andere Männer gekreuzigt.

19 Pilatus ließ ein Schild an das Kreuz Jesu nageln, auf dem die Worte standen: »Jesus von Nazareth, der König der Ju-
den!« 20 Die Stelle, an der Jesus gekreuzigt worden war, lag nahe bei der Stadt. Und so lasen viele Juden diese Inschrift, die in hebräischer, lateinischer und grie-
chischer Sprache abgefasst war. 21 Da kamen die Hohenpriester zu Pilatus und verlangten von ihm: »Lass das ändern. Es darf nicht heißen: ›Der König der Juden‹, sondern: ›Er hat behauptet: Ich bin der König der Juden.‹« 22 Pilatus aber weigerte sich: »Es bleibt genau so stehen, wie ich es geschrieben habe!«

23 Als die Soldaten Jesus gekreuzigt hatten, teilten sie seine Kleider unter sich auf, so dass jeder der vier Soldaten etwas davon bekam. Das Untergewand war in einem Stück gewebt, ohne jede Naht.
24 Deshalb beschlossen sie: »Dieses Untergewand wollen wir nicht aufteilen. Wir werden darum losen.« Damit sollte sich die Vorhersage der Heiligen Schrift erfüllen: »Meine Kleider haben sie unter sich aufgeteilt und um mein Gewand gelost.«[a] Genauso geschah es auch.

25 Unter dem Kreuz, an dem Jesus hing, standen seine Mutter und ihre Schwester, außerdem Maria, die Frau von Klopas,
und Maria aus Magdala. 26 Als Jesus nun seine Mutter sah und neben ihr den Jün-
ger, den er lieb hatte, sagte er zu ihr: »Er
soll jetzt dein Sohn sein!« 27 Und zu dem Jünger sagte er: »Sie ist jetzt deine Mutter.« Da nahm der Jünger sie zu sich in sein Haus.

»Es ist vollbracht!«
(Matthäus 27,45–56; Markus 15,33–41; Lukas 23,44–49)

28 Jesus wusste, dass nun sein Auftrag erfüllt war. Er sagte: »Ich habe Durst!« Damit sollte sich die Vorhersage der Heili-
gen Schrift erfüllen.[b] 29 In der Nähe stand ein Krug mit Essigwasser. Die Soldaten tauchten einen Schwamm hinein, steckten ihn auf einen Ysopstängel und hielten Jesus den Schwamm an den Mund. 30 Als
Jesus davon getrunken hatte, rief er: »Es ist vollbracht!« Dann ließ er den Kopf sinken und starb.

31 Das alles geschah am Tag vor dem Passahfest. Damit die Toten nicht an diesem hohen Feiertag am Kreuz hängen blieben, gingen die führenden Männer der Juden zu Pilatus und baten ihn, er sol-

---

[a] Psalm 22,19
[b] Vgl. Psalm 22,16; 69,22

19,20 Hebr 13,12–13 **19,25** Mk 15,40–41; Lk 8,2–3 **19,26** 13,23* **19,31** 5 Mo 21,22–23*

le den Gekreuzigten die Beine brechen
und sie vom Kreuz abnehmen lassen.
32 Pilatus schickte Soldaten, und sie bra-
chen den beiden mit Jesus gekreuzigten
Verbrechern die Beine. 33 Als sie zu Jesus
kamen, stellten sie fest, dass er bereits tot
war. Deshalb brachen sie ihm nicht die
Beine. 34 Aber einer der Soldaten stieß
ihm eine Lanze in die Seite. Sofort flos-
sen Blut und Wasser aus der Wunde.

35 Dies alles bezeugt ein Mann, der es
mit eigenen Augen gesehen hat. Sein Be-
richt ist zuverlässig und wahr; ihm könnt
ihr glauben. 36 Auch das ist geschehen,
damit das Wort der Heiligen Schrift in
Erfüllung geht: »Kein Knochen soll ihm
zerbrochen werden.«[a] 37 Ebenso erfüllte
sich die andere Voraussage: »Sie wer-
den auf den sehen, den sie durchbohrt
haben.«[b]

Jesus wird begraben
(Matthäus 27,57–61; Markus 15,42–47; Lukas 23,50–56)

38 Nachdem das alles geschehen war, bat
Josef aus Arimathäa um die Erlaubnis,
den toten Jesus vom Kreuz abnehmen zu
dürfen. Er glaubte insgeheim an Jesus,
doch hatte er das bisher aus Angst vor
den Juden verschwiegen. Pilatus erlaubte
es ihm, und so ging er zum Kreuz und
nahm den Leichnam ab. 39 Auch Nikode-
mus, der Jesus einmal nachts aufgesucht
hatte, kam und brachte etwa dreißig Ki-
logramm einer Mischung aus Myrrhe und
Aloe. 40 Mit diesen wohlriechenden Salb-
ölen wickelten sie den Leichnam Jesu in
Leinentücher ein. So war es beim Be-
gräbnis von Juden üblich.

41 In der Nähe der Hinrichtungsstätte
lag ein Garten. Dort gab es ein in den
Fels gehauenes, noch nicht benutztes
Grab. 42 In dieses nahe gelegene Grab
legten sie Jesus, denn sie hatten es eilig,
weil bald der Sabbat begann.

Jesus lebt
(Matthäus 28,1–8; Markus 16,1–8; Lukas 24,1–12)

20 Am ersten Tag nach dem Sabbat,
noch vor Sonnenaufgang, ging
Maria aus Magdala zum Grab. Da sah sie,
dass der Stein nicht mehr vor dem Ein-
gang des Grabes lag. 2 Sofort lief sie zu
Simon Petrus und dem anderen Jünger,
den Jesus liebte. Aufgeregt berichtete sie
ihnen: »Sie haben den Herrn aus dem
Grab geholt, und wir wissen nicht, wohin
sie ihn gebracht haben!«

3 Da beeilten sich Petrus und der andere
Jünger, um möglichst schnell zum Grab zu
kommen. 4 Gemeinsam liefen sie los, aber
der andere war schneller als Petrus und
kam zuerst am Grab an. 5 Ohne hinein-
zugehen, schaute er in die Grabkammer
und sah die Leinentücher dort liegen.
6 Dann kam auch Simon Petrus. Er ging in
das Grab hinein und sah ebenfalls die Lei-
nentücher 7 zusammen mit dem Tuch, das
den Kopf Jesu bedeckt hatte. Es lag nicht
zwischen den Leinentüchern, sondern zu-
sammengefaltet an der Seite. 8 Jetzt ging
auch der andere Jünger, der zuerst ange-
kommen war, in die Grabkammer. Er sah
sich darin um, und nun glaubte er, dass Je-
sus von den Toten auferstanden war.[c]
9 Denn bis zu diesem Zeitpunkt hatten sie
die Heilige Schrift noch nicht verstanden,
in der es heißt, dass Jesus von den Toten
auferstehen wird. 10 Die Jünger gingen
nach Hause zurück.

Jesus begegnet Maria aus Magdala
(Matthäus 28,9–10; Markus 16,9–11)

11 Inzwischen war auch Maria zum Grab
zurückgekehrt und blieb voll Trauer da-
vor stehen. Weinend schaute sie in die
Kammer 12 und sah plötzlich zwei weiß
gekleidete Engel an der Stelle sitzen, wo
Jesus gelegen hatte; einen am Kopfende,

---

[a] *2. Mose 12,46; 4. Mose 9,12*
[b] Sacharja 12,10
[c] Wörtlich: Er sah und kam zum Glauben.

19,34 20,25 **19,35** 21,24 **19,37** Offb 1,7 **19,38** 9,22; 12,42 **19,39** 3,1–21 **20,2** 13,23* **20,9** 2,22; Lk 24,25–27.44–46; 1 Kor 15,4

Die Kraft zu lieben

Lesen Sie Johannes 20,1-10

„Liebt einander." Dieses Gebot hat Jesus seinen Jüngern in Johannes 13,34 gegeben. War das zu viel verlangt? Für uns unvollkommene Menschen schon. Die Art von Liebe, zu der Jesus uns aufruft, liegt jenseits unserer menschlichen Fähigkeiten. Unser Hang zu Eifersucht, Kleinlichkeit, Neid und Rache hält uns davon ab, unser Herz für andere ganz zu öffnen und ihr Wohl über das unsere zu stellen.

Jesus wusste das. Er kannte unsere Grenzen und Schwächen durchaus, und doch zeigte er uns seine Liebe, indem er für uns starb, von den Toten auferstand und damit sicherstellte, dass alle, die an ihn glauben, für immer leben. Unser Glaube an ihn bringt uns jedoch nicht nur das ewige Leben. Er beschenkt uns auch mit der Gegenwart des Heiligen Geistes in unserem Leben. Mit dem Heiligen Geist bekommen wir die Fähigkeit, andere so zu lieben, wie Jesus es möchte.

Durch unsere eigene Kraft können wir andere Menschen nicht lieben. Es geht nur durch die übernatürliche Kraft des Heiligen Geistes. Er wirkt in uns und hilft uns, negative und egoistische Einstellungen zu überwinden. Er lässt uns die Kraft Jesu auf eine lebensverändernde Weise erfahren, damit wir diese Liebe auch an andere weitergeben können.

Nehmen Sie sich Zeit, um allein oder als Paar gemeinsam zu beten.

- Danken Sie Gott für seine unerschöpfliche Kraft und Liebe, die er durch die Auferstehung erwiesen hat.
- Bekennen Sie ihm, dass Sie nicht die Kraft haben, sich selbst zu retten, und auch nicht die Kraft, andere zu lieben.
- Bitten Sie Gott, Sie mit seiner Liebe zu erfüllen, damit Sie diese an andere Menschen weitergeben können.

Wenn Sie noch mehr Zeit haben …

Besprechen Sie miteinander folgende Fragen oder denken Sie darüber nach:

- Lesen Sie kurz die Begegnungen Jesu in Johannes 20 nach. Wo sehen Sie bei den betreffenden Personen Hilflosigkeit?
- Jesus zeigt in Johannes 20 nicht nur seine Macht. Welche anderen Eigenschaften von ihm werden in den Begegnungen sichtbar?
- Was ist der Unterschied, wenn wir Menschen aus eigener Kraft lieben oder aus der übernatürlichen Kraft Gottes?

Lesen Sie auch die folgenden Abschnitte zum Thema Liebe:
Psalm 26,2-3; Galater 5,22-23; Epheser 3,16-19.

Mit anderen teilen

Die folgenden Fragen können Sie entweder allein oder als Paar gemeinsam durchgehen. Wenn jeder für sich darüber nachdenkt, verabreden Sie sich in der kommenden Woche zu einem Austausch darüber, was Sie herausgefunden haben.

1. Inwiefern könnte man sagen, dass letztendlich Gott der Geber aller Gaben ist?

2. Auf welche Weise war Gott Ihnen gegenüber großzügig?

3. Nennen Sie ein paar Beispiele, wie Sie von anderen Zeit, Geld, Aufmerksamkeit und Fürsorge geschenkt bekommen haben.

4. Inwiefern hat die Großzügigkeit anderer Sie dazu bewogen, selbst großzügig zu sein? Was hat Gottes Großzügigkeit in Ihnen bewirkt?

5. Wie hat die Einstellung zum Geben die frühe Gemeinde verändert?

6. Viele Christen sind der Auffassung, dass Gott uns dazu auffordert, zehn Prozent unseres Einkommens zu spenden (siehe 4. Mose 18,23-31; Matthäus 23,23). Stimmen Sie damit überein? Wenn ja, warum; wenn nein, warum nicht?

Apostelgeschichte 2,45

„Wer ein Grundstück oder anderen Besitz hatte, verkaufte ihn und half mit dem Geld denen, die in Not waren."

KONKRET:

Suchen Sie nach Möglichkeiten, wie Sie als Paar in der nächsten Woche anderen dienen können. Vielleicht könnten Sie in einer Obdachloseneinrichtung helfen oder eine Familie in Not bei der Haus- oder Gartenarbeit unterstützen? Oder Sie könnten Ihre Gaben und Talente so einsetzen, dass Sie anderen damit zum Segen werden. Entwickeln Sie gemeinsam einen Plan, wie Sie Ihre Gaben zum Nutzen anderer gebrauchen können.

Den nächsten Impuls finden Sie auf S. 1238 a

den anderen am Fußende. 13 »Warum
weinst du?«, fragten die Engel. »Sie ha-
ben meinen Herrn weggenommen, und
ich weiß nicht, wo sie ihn hingebracht ha-
ben«, antwortete Maria aus Magdala.
14 Als Maria sich umblickte, sah sie Je-
sus vor sich stehen. Aber sie erkannte ihn
nicht. 15 Er fragte sie: »Warum weinst du,
und wen suchst du?« Maria hielt Jesus für
den Gärtner und fragte deshalb: »Hast du
ihn weggenommen? Dann sag mir doch,
wohin du ihn gebracht hast. Ich will ihn
holen.«
16 »Maria!«, sagte Jesus nun. Sie wand-
te sich ihm zu und rief: »Rabbuni!« Das
ist Hebräisch und heißt: »Mein Meister.«
17 Jesus sagte: »Halte mich nicht fest![a]
Denn ich bin noch nicht zu meinem Vater
zurückgekehrt. Geh aber zu meinen Brü-
dern und sag ihnen: Ich gehe zurück zu
meinem Vater und zu eurem Vater, zu
meinem Gott und zu eurem Gott!« 18 Ma-
ria aus Magdala lief nun zu den Jüngern
und berichtete ihnen: »Ich habe den
Herrn gesehen!« Und sie erzählte alles,
was ihr Jesus gesagt hatte.

Der Auferstandene erscheint seinen Jüngern (Matthäus 28,16–20; Markus 16,14–18; Lukas 24,36–49)

19 An diesem Sonntagabend hatten sich
alle Jünger versammelt. Aus Angst vor
den Juden ließen sie die Türen fest ver-
schlossen. Plötzlich war Jesus bei ihnen.
Er trat in ihre Mitte und grüßte sie: »Frie-
de sei mit euch!« 20 Dann zeigte er ihnen
die Wunden in seinen Händen und an sei-
ner Seite. Als die Jünger ihren Herrn sa-
hen, freuten sie sich sehr.
21 Und Jesus sagte noch einmal: »Friede
sei mit euch! Wie mich der Vater gesandt
hat, so sende ich euch!« 22 Dann hauchte
er sie an und sprach: »Empfangt den Hei-
ligen Geist! 23 Wem ihr die Sünde erlasst,
dem ist sie erlassen. Und wem ihr die
Schuld nicht vergebt, der bleibt schuldig.«
24 Thomas, einer der zwölf Jünger, der
auch Zwilling genannt wurde, war nicht
dabei. 25 Deshalb erzählten die Jünger
ihm später: »Wir haben den Herrn gese-
hen!« Doch Thomas zweifelte: »Das
glaube ich nicht! Ich glaube es erst, wenn
ich seine durchbohrten Hände gesehen
habe. Mit meinen Fingern will ich sie füh-
len, und meine Hand will ich in die Wun-
de an seiner Seite legen.«
26 Acht Tage später hatten sich die Jün-
ger wieder versammelt. Diesmal war
Thomas bei ihnen. Und obwohl sie die
Türen wieder abgeschlossen hatten,
stand Jesus auf einmal in ihrer Mitte und
grüßte sie: »Friede sei mit euch!« 27 Dann
wandte er sich an Thomas: »Leg deinen
Finger auf meine durchbohrten Hände!
Gib mir deine Hand und leg sie in die
Wunde an meiner Seite! Zweifle nicht
länger, sondern glaube!« 28 Thomas ant-
wortete: »Mein Herr und mein Gott!«
29 Jesus sagte zu ihm: »Du glaubst, weil
du mich gesehen hast. Wie glücklich kön-
nen erst die sein, die mich nicht sehen
und trotzdem glauben!«

Der Zweck dieses Buches

30 Die Jünger erlebten noch viele andere
Wunder Jesu, die nicht in diesem Buch
geschildert werden. 31 Aber die hier auf-
gezeichneten Berichte wurden geschrie-
ben, damit ihr glaubt, dass Jesus der ver-
sprochene Retter und der Sohn Gottes
ist. Wenn ihr ihm vertraut, habt ihr durch
ihn das ewige Leben.

Jesus begegnet den Jüngern am See von Tiberias

21 Später erschien Jesus seinen Jün-
gern noch einmal am See von Ti-
berias. Das geschah so: 2 Simon Petrus,

---

[a] Wörtlich: Berühre mich nicht!

20,14 21,4; Lk 24,15–16 **20,17** Mt 12,50; Hebr 2,11–12 **20,19–20** 16,22 **20,19** 9,22 **20,21** 17,18 **20,22** 7,39; Apg 2,1–4 **20,23** Mt 18,18 **20,25** 19,34 **20,27** Lk 24,39 **20,29** Hebr 11,1 **20,30** 21,25 **20,31** 1,34*; 3,16 **21,2** 1,41–42; 20,24; 1,45–49; Mk 1,19–20

Thomas, der Zwilling genannt wurde, Na-
thanael aus Kana in Galiläa, die beiden
Söhne des Zebedäus und zwei andere Jün-
ger waren dort zusammen. 3 Simon Petrus
sagte: »Ich gehe jetzt fischen!« »Wir kom-
men mit«, meinten die anderen. Sie stie-
gen ins Boot und fuhren hinaus auf den
See. Aber während der ganzen Nacht fin-
gen sie keinen einzigen Fisch.
4 Im Morgengrauen stand Jesus am
Ufer. Doch die Jünger erkannten ihn
nicht. 5 Jesus rief ihnen zu: »Kinder, habt
ihr ein paar Fische zu essen?« »Nein«,
antworteten sie. 6 Da forderte er sie auf:
»Werft das Netz auf der rechten Seite
des Bootes aus, dann werdet ihr einen gu-
ten Fang machen!« Sie folgten seinem
Rat und fingen so viele Fische, dass sie
das Netz nicht mehr einholen konnten.
7 Jetzt sagte der Jünger, den Jesus liebte,
zu Petrus: »Das ist der Herr!« Kaum hatte
Simon Petrus das gehört, zog er sein
Obergewand an, das er während der Ar-
beit abgelegt hatte, sprang ins Wasser und
schwamm an das Ufer. 8 Die anderen Jün-
ger waren noch etwa hundert Meter vom
Ufer entfernt. Sie folgten Petrus mit dem
Boot und zogen das gefüllte Netz hinter
sich her. 9 Als sie aus dem Boot stiegen,
sahen sie ein Kohlenfeuer, auf dem Fische
brieten. Auch Brot lag bereit.
10 Jesus bat die Jünger: »Bringt ein paar
von den Fischen her, die ihr gerade ge-
fangen habt!« 11 Simon Petrus ging zum
Boot und zog das Netz an Land. Es war
gefüllt mit hundertdreiundfünfzig großen
Fischen. Und obwohl es so viele waren,
zerriss das Netz nicht.
12 »Kommt her und esst!«, sagte Jesus.
Keiner von den Jüngern wagte zu fragen:
»Wer bist du?« Aber sie alle wussten: Es
ist der Herr. 13 Jesus ging auf sie zu, nahm
das Brot und verteilte es an sie, ebenso
die Fische.
14 Dies war das dritte Mal, dass Jesus
sich seinen Jüngern zeigte, nachdem er
von den Toten auferstanden war.

»Liebst du mich?«

15 Nach dem Essen fragte Jesus Simon Pe-
trus: »Simon, Sohn des Johannes, liebst
du mich mehr als die anderen hier?« »Ja,
Herr«, antwortete ihm Petrus, »du weißt,
dass ich dich lieb habe.« »Dann hüte mei-
ne Lämmer«, sagte Jesus.
16 Jesus wiederholte seine Frage: »Si-
mon, Sohn des Johannes, liebst du
mich?« »Ja, Herr, du weißt doch, dass
ich dich liebe«, antwortete Petrus noch
einmal. Erneut sagte Jesus: »Dann hüte
meine Schafe!«
17 Und zum dritten Mal fragte Jesus:
»Simon, Sohn des Johannes, hast du
mich wirklich lieb?« Jetzt wurde Petrus
traurig, weil Jesus ihm nun zum dritten
Mal diese Frage stellte. Deshalb antwor-
tete er: »Herr, du weißt alles. Du weißt
doch auch, wie sehr ich dich liebe!« Da-
rauf sagte Jesus: »Dann hüte meine
Schafe!
18 Ich sage dir die Wahrheit: Als du jung
warst, hast du dir selbst den Gürtel umge-
bunden und bist gegangen, wohin du
wolltest. Im Alter aber wirst du deine
Hände ausstrecken; ein anderer wird dir
den Gürtel darumbinden und dich dort-
hin führen, wo du nicht hingehen willst.«
19 Damit deutete Jesus an, durch welchen
Tod Petrus einmal Gott ehren würde.
Dann forderte Jesus ihn auf: »Folge mir
nach!«
20 Petrus wandte sich um und sah hin-
ter sich den Jünger, den Jesus liebte. Es
war derselbe, der beim letzten Abend-
essen seinen Platz ganz nah bei Jesus ge-
habt und ihn gefragt hatte: »Herr, wer
von uns wird dich verraten?« 21 Petrus
fragte nun: »Herr, was wird denn aus
ihm?« 22 Jesus erwiderte: »Wenn ich will,
dass er so lange lebt, bis ich wiederkom-
me, was geht es dich an? Folge du mir
nach!«
23 So entstand unter denen, die sich zu
Jesus bekannten, das Gerücht: »Dieser

21,4 20,14 **21,6** Lk 5,4–7 **21,7** 13,23* **21,13** 6,11; Apg 10,41 **21,14** 20,19.26 **21,15–17** Apg 20,28; 1 Petr 5,2–4 **21,17** 13,38 **21,18–19** 13,36; 2 Petr 1,14 **21,20** 13,23*

Jünger wird nicht sterben.« Aber das hatte Jesus nicht gesagt, sondern: »Wenn ich will, dass er so lange lebt, bis ich wiederkomme, was geht es dich an?«

[24] Eben dieser Jünger ist es, der all das bezeugt und hier aufgeschrieben hat. Und wir wissen, dass alles, was er bezeugt, wahr ist.

Schlusswort

[25] Noch vieles mehr hat Jesus getan. Aber wollte man das alles eins nach dem anderen aufschreiben – mir scheint, es wäre wohl auf der ganzen Welt nicht genügend Platz für die vielen Bücher, die dann noch geschrieben werden müssten.

21,24 19,35 **21,25** 20,30

Die Taten der Apostel

1 Lieber Theophilus! In meinem ersten
Bericht[a] habe ich von allem geschrie-
ben, was Jesus getan und gelehrt hat; und
zwar von Anfang an 2 bis zu seiner Rück-
kehr zu Gott. Bevor aber Jesus in den
Himmel aufgenommen wurde, gab er
den Männern, die er als seine Apostel be-
rufen hatte, durch den Heiligen Geist
Anweisungen für die Zukunft. 3 Diesen
Männern hat er sich auch nach seinem
Leiden und Sterben gezeigt und damit
bewiesen, dass er tatsächlich auferstan-
den ist. Vierzig Tage lang sahen sie ihn,
und er sprach mit ihnen über Gottes neue
Welt. 4 Als sie an einem dieser Tage mit-
einander aßen, sagte Jesus zu seinen Jün-
gern: »Verlasst Jerusalem nicht! Bleibt so
lange hier, bis in Erfüllung gegangen ist,
was euch der Vater durch mich verspro-
chen hat. 5 Denn Johannes hat mit Wasser
getauft; ihr aber werdet bald mit dem
Heiligen Geist getauft werden.«

Jesus kehrt zu Gott zurück

6 Bei dieser Gelegenheit fragten sie ihn:
»Herr, wirst du jetzt Israel wieder zu
einem freien und mächtigen Reich ma-
chen?« 7 Darauf antwortete Jesus: »Die
Zeit dafür hat allein Gott der Vater be-
stimmt. Euch steht es nicht zu, das zu wis-
sen. 8 Aber ihr werdet den Heiligen Geist
empfangen und durch seine Kraft meine
Zeugen sein in Jerusalem und Judäa, in
Samarien und auf der ganzen Erde.«
9 Nachdem er das gesagt hatte, nahm
Gott ihn zu sich. Eine Wolke verhüllte
ihn vor ihren Augen, und sie sahen ihn
nicht mehr. 10 Noch während sie über-
rascht nach oben blickten, standen auf
einmal zwei weiß gekleidete Männer bei
ihnen. 11 »Ihr Galiläer«, sprachen sie die
Jünger an, »was steht ihr hier und seht
zum Himmel? Gott hat Jesus aus eurer
Mitte zu sich in den Himmel genommen;
aber eines Tages wird er genauso zurück-
kehren.«

Matthias wird zum Apostel gewählt

12 Da gingen sie vom Ölberg nach Jeru-
salem zurück, das ungefähr einen Kilo-
meter entfernt liegt. 13 Sie kamen im obe-
ren Stockwerk des Hauses zusammen, wo
sie sich von nun an trafen. Es waren Pet-
rus, Johannes, Jakobus, Andreas, Philip-
pus, Thomas, Bartholomäus, Matthäus,
Jakobus, der Sohn des Alphäus, Simon,
der ehemalige Freiheitskämpfer, und
Judas, der Sohn des Jakobus. 14 Zu ihnen
gehörten auch einige Frauen, unter ande-
rem Maria, die Mutter Jesu, und außer-
dem seine Brüder. Sie alle trafen sich
regelmäßig an diesem Ort, um gemein-
sam zu beten.
15 An einem dieser Tage waren etwa
hundertzwanzig Menschen dort zusam-
mengekommen. Da stand Petrus auf
und sagte: 16 »Liebe Brüder! Die Voraus-
sage der Heiligen Schrift über Judas, der
Jesus an seine Feinde verriet, musste sich
erfüllen. Es ist so gekommen, wie es der
Heilige Geist durch David vorhergesagt
hat. 17 Judas gehörte zu uns, auch ihn hat-
te Jesus zu seinem Dienst berufen.
18 Doch Judas wurde zum Verräter. Von
dem Geld, das er dafür bekam, kaufte er
sich ein Stück Land. Aber er hat ein
schreckliches Ende gefunden: Kopfüber
stürzte er zu Tode, sein Körper wurde

---

[a] *Gemeint ist der Bericht des Lukas über Jesus (Lukasevangelium).*

1,1 Lk 1,1–4 **1,2–4** Lk 24,36–49; Mt 28,18–20 **1,5** Lk 3,16; Joh 15,26* **1,8** 2,32; 3,15; 5,32; 10,39; 13,31; 22,15; 23,11; Lk 24,48 **1,9** Lk 24,50–51; Mk 16,19; 1 Tim 3,16 **1,11** Lk 21,27; Mt 26,64 **1,12** Lk 24,52 **1,13** Lk 6,13–16; Mt 10,2–4 **1,14** Lk 8,1–3; 23,49.55; Mt 13,55; Joh 7,3–5 **1,16** Ps 41,10 **1,17** Joh 13,18–19 **1,18–19** Lk 22,3–6; Mt 26,14–16; 27,3–10

zerschmettert, so dass die Eingeweide
heraustraten. 19 Das weiß jeder in Jerusa-
lem, und deshalb nennt man diesen
Acker auf Aramäisch ›Hakeldamach‹,
das heißt ›Blutacker‹. 20 Schon in den
Psalmen steht: ›Sein Besitz wird ver-
öden, und niemand wird darin wohnen!‹[a]
An einer anderen Stelle heißt es: ›Seine
Aufgabe soll ein anderer übernehmen.‹[b]
21 Deshalb muss für Judas ein Nachfolger
gefunden werden. Es muss ein Mann
sein, der die ganze Zeit bei Jesus war;
22 angefangen von dem Tag, an dem Jesus
von Johannes getauft wurde, bis zu dem
Tag, an dem Gott ihn zu sich nahm.
Denn zusammen mit uns soll er bezeu-
gen, dass Jesus auferstanden ist.«

23 Sie stellten zwei Männer zur Wahl:
Josef Justus, der auch Barsabbas genannt
wurde, und Matthias. 24 Dann beteten sie
alle: »Herr, du kennst jeden Menschen
ganz genau. Zeig uns, welcher von diesen
beiden nach deinem Willen 25 den Dienst
und das Apostelamt des Judas überneh-
men soll. Denn Judas hat seinen Auftrag
nicht erfüllt. Er ist jetzt an dem Platz, der
ihm zukommt.« 26 Danach losten sie, und
das Los fiel auf Matthias. Seit dieser Zeit
gehörte er zu den zwölf Aposteln.

Pfingsten: Der Heilige Geist kommt

2 Zum Beginn des jüdischen Pfingst-
festes waren alle Jünger wieder bei-
einander. 2 Plötzlich kam vom Himmel
her ein Brausen wie von einem gewalti-
gen Sturm und erfüllte das ganze Haus,
in dem sie sich versammelt hatten. 3 Zu-
gleich sahen sie etwas wie züngelndes
Feuer, das sich auf jedem Einzelnen von
ihnen niederließ. 4 So wurden sie alle mit
dem Heiligen Geist erfüllt und redeten in
fremden Sprachen, jeder so, wie der
Geist es ihm eingab.

5 Zum Fest waren viele fromme Juden
aus aller Welt nach Jerusalem gekom-
men. 6 Als sie das Brausen hörten, liefen
sie von allen Seiten herbei. Fassungslos
hörte jeder die Jünger in seiner eigenen
Sprache reden. 7 »Wie ist das möglich?«,
riefen sie außer sich. »Alle diese Leute
sind doch aus Galiläa, 8 und nun hören
wir sie in unserer Muttersprache reden;
9 ganz gleich, ob wir Parther, Meder oder
Elamiter sind. Andere von uns kommen
aus Mesopotamien, Judäa, Kappadozien,
Pontus und der Provinz Asia, 10 aus Phry-
gien, Pamphylien und aus Ägypten, aus
der Gegend von Kyrene in Libyen und
selbst aus Rom. Wir sind Juden oder An-
hänger des jüdischen Glaubens, 11 Kreter
und Araber. Doch jeder von uns hört die-
se Männer in seiner eigenen Sprache von
Gottes großen Taten reden!« 12 Bestürzt
und ratlos fragte einer den anderen: »Was
soll das bedeuten?« 13 Einige aber spotte-
ten: »Die haben doch nur zu viel ge-
trunken!«

Petrus verkündet: Jesus ist der von Gott versprochene König

14 Da erhob sich Petrus mit den anderen
elf Aposteln und rief der Menge zu:
»Hört her, ihr jüdischen Männer und ihr
Einwohner von Jerusalem. Ich will euch
erklären, was hier geschieht.

15 Diese Männer sind nicht betrunken,
wie einige von euch meinen. Es ist ja erst
neun Uhr morgens. 16 Nein, hier erfüllt
sich, was Gott durch den Propheten Joel
vorausgesagt hat. Bei ihm heißt es:

17 ›In den letzten Tagen, spricht Gott,
will ich die Menschen mit meinem Geist
erfüllen. Eure Söhne und Töchter wer-
den aus göttlicher Eingebung reden, eure
jungen Männer werden Visionen haben
und die alten Männer bedeutungsvolle
Träume. 18 Allen Männern und Frauen,
die mir dienen, will ich meinen Geist ge-
ben, und sie werden in meinem Auftrag
prophetisch reden. 19 Am Himmel und

---

[a] Psalm 69,26
[b] Psalm 109,8

1,21–22 10,37–43; Joh 15,27 **2,1** 1,13–15 **2,4** 4,31; 10,44–46; 19,2–6; Joh 15,26*; 1 Kor 14
2,7 Lk 23,49 **2,19–20** Lk 21,25

auf der Erde werdet ihr Wunderzeichen
sehen: Blut, Feuer und Rauch. 20 Die Son-
ne wird sich verfinstern und der Mond
blutrot scheinen, bevor der große Tag
kommt, an dem ich Gericht halte. 21 Wer
dann den Namen des Herrn anruft, wird
gerettet werden.‹[a]

22 Hört her, ihr Männer Israels! Wie ihr
alle wisst, hat Jesus von Nazareth in Got-
tes Auftrag mitten unter euch mächtige
Taten, Zeichen und Wunder gewirkt. Ja,
Gott selbst hat durch ihn gehandelt und
so seinen Auftrag bestätigt. 23 Aber Jesus
wurde durch Verrat an euch ausgeliefert,
und ihr habt ihn mit Hilfe der heid-
nischen Römer ans Kreuz genagelt und
umgebracht. Doch genau so war es von
Gott gewollt und vorausbestimmt.

24 Diesen Jesus hat Gott auferweckt
und damit die Macht des Todes gebro-
chen. Wie hätte auch der Tod über ihn
Gewalt behalten können! 25 David sprach
schon von Jesus, als er sagte: ›Ich sehe
immer auf den Herrn. Er steht mir zur
Seite, damit ich nicht falle. 26 Darüber
freue ich mich so sehr, dass ich es nicht
für mich behalten kann. Selbst wenn ich
sterbe, hoffe ich auf dich, Herr! 27 Denn
du wirst mich nicht dem Tod und der Ver-
wesung überlassen, ich gehöre ja zu dir.
28 Du zeigst mir den Weg, der zum Leben
führt. Du beschenkst mich mit Freude,
denn du bist bei mir.‹[b]

29 Liebe Brüder! Lasst mich ganz offen
zu euch sprechen: Unser Vorfahre David
ist gestorben, und er wurde begraben.
Sein Grab kann man heute noch sehen.
30 Gott hatte David aber zugesagt, einer
seiner Nachkommen werde als König re-
gieren. Weil David ein Prophet war, 31 hat
er die Auferstehung des Christus voraus-
gesehen. Von ihm sagte er: Er wird nicht
bei den Toten bleiben, und sein Leib wird
nicht verwesen.

32 Das ist mit Jesus geschehen: Gott hat
ihn von den Toten auferweckt. Wir alle
können es bezeugen. 33 Nun hat Gott ihn
zum Herrscher eingesetzt und ihm den
Ehrenplatz an seiner rechten Seite gege-
ben. Jesus empfing vom Vater den Heili-
gen Geist, wie es vorausgesagt war, und
gab ihn uns. Ihr seht und hört jetzt selbst,
dass es in Erfüllung gegangen ist. 34 Nicht
David ist zum Himmel aufgefahren, denn
er sagt: ›Gott, der Herr, sprach zu mei-
nem Herrn: Setze dich auf den Ehren-
platz an meiner rechten Seite, 35 bis ich
dir alle deine Feinde unterworfen habe,
bis du deinen Fuß auf ihren Nacken
setzt.‹[c]

36 Ganz Israel soll wissen: Gott hat Je-
sus, den ihr gekreuzigt habt, zum Herrn
und Retter gemacht.« 37 Als die Leute
das hörten, waren sie von dieser Bot-
schaft tief betroffen. Sie fragten Petrus
und die anderen Apostel: »Brüder, was
sollen wir tun?«

38 »Kehrt um zu Gott!«, forderte Petrus
sie auf. »Jeder von euch soll sich auf den
Namen Jesu Christi taufen lassen, damit
euch Gott eure Sünden vergibt und ihr
den Heiligen Geist empfangt. 39 Das alles
ist euch, euren Nachkommen und den
Menschen in aller Welt zugesagt, die der
Herr, unser Gott, in seinen Dienst beru-
fen wird.«

40 Petrus sprach noch lange mit ihnen
und forderte sie eindringlich auf: »Lasst
euch retten vor dem Gericht Gottes, das
über diese gottlose Generation herein-
brechen wird.« 41 Viele Zuhörer glaubten,
was Petrus ihnen sagte, und ließen sich
taufen. Etwa dreitausend Menschen wur-
den an diesem Tag in die Gemeinde auf-
genommen.

Die erste Gemeinde

42 Alle in der Gemeinde ließen sich regel-
mäßig von den Aposteln im Glauben

---

[a] Joel 3,1–5
[b] *Psalm 16,8–11*
[c] Psalm 110,1

2,22 Lk 24,19 **2,23** Lk 22,47–53; 23,32–38 **2,24** Lk 24,1–7; Hebr 2,14; Offb 1,18 **2,31** Ps 16,10 **2,32** 1,22; 3,15; 4,33 **2,33** Lk 22,69–70 **2,36** 5,31; Lk 2,11* **2,37** 16,30; Lk 3,10 **2,38** Lk 24,47.49 **2,42** Lk 22,14–20; 1 Kor 11,23–27

unterweisen und lebten in enger Gemein-
schaft, feierten das Abendmahl[a] und be-
teten miteinander. 43 Eine tiefe Ehrfurcht
vor Gott erfüllte sie alle. Er wirkte durch
die Apostel viele Zeichen und Wunder.
44 Die Gläubigen lebten wie in einer gro-
ßen Familie. Was sie besaßen, gehörte
ihnen gemeinsam. 45 Wer ein Grundstück
oder anderen Besitz hatte, verkaufte ihn
und half mit dem Geld denen, die in Not
waren. 46 Täglich kamen sie im Tempel
zusammen und feierten in den Häusern
das Abendmahl. In großer Freude und
mit aufrichtigem Herzen trafen sie sich
zu gemeinsamen Mahlzeiten. 47 Sie lobten
Gott und waren im ganzen Volk geachtet
und anerkannt. Die Gemeinde wuchs mit
jedem Tag, weil Gott viele Menschen ret-
tete.

Gottes Wunder an einem Gelähmten

3 An einem Nachmittag gegen drei
Uhr gingen Petrus und Johannes wie
gewohnt zum Tempel. Sie wollten dort
am gemeinsamen Gebet teilnehmen.
2 Zur selben Zeit brachte man einen Ge-
lähmten und setzte ihn an eine der Tem-
peltüren, an das so genannte Schöne Tor.
Der Mann war seit seiner Geburt krank
und bettelte dort wie an jedem Tag.
3 Als Petrus und Johannes den Tempel
betreten wollten, bat er auch sie um
Geld. 4 Sie blieben stehen, richteten den
Blick auf ihn, und Petrus sagte: »Schau
uns an!« 5 Erwartungsvoll sah der Mann
auf: Würde er etwas von ihnen bekom-
men? 6 Doch Petrus sagte: »Geld habe
ich nicht. Aber was ich habe, will ich dir
geben. Im Namen Jesu Christi von Naza-
reth: Steh auf und geh!« 7 Dabei fasste er
den Gelähmten an der rechten Hand und
richtete ihn auf. In demselben Augen-
blick konnte der Kranke Füße und Ge-
lenke gebrauchen. 8 Er sprang auf, lief ei-
nige Schritte hin und her und ging dann
mit Petrus und Johannes in den Tempel.
Außer sich vor Freude rannte er umher,
sprang in die Luft und lobte Gott.
9 So sahen ihn die anderen Tempel-
besucher. 10 Sie erkannten, dass es der
Bettler war, der immer an dem Schönen
Tor des Tempels gesessen hatte. Fas-
sungslos starrten sie den Geheilten an.
Wieso konnte er jetzt laufen? 11 Alle
drängten aufgeregt in die Halle Salomos.
Dort umringten sie Petrus, Johannes und
den Geheilten, der nicht von der Seite
der Apostel wich.

Petrus predigt im Tempel

12 Als Petrus die vielen Menschen sah,
sprach er zu ihnen: »Ihr Männer aus Isra-
el! Warum wundert ihr euch? Und wes-
halb staunt ihr uns an? Glaubt ihr denn,
wir hätten diesen Gelähmten aus eigener
Kraft geheilt oder weil wir so fromm
sind?
13 Nein, es ist der Gott Abrahams,
Isaaks und Jakobs, der Gott unserer Vor-
fahren, der uns mit dieser Wundertat die
Macht und Ehre seines Gesandten Jesus
gezeigt hat. Diesen Jesus habt ihr ver-
raten und verleugnet, obwohl Pilatus ent-
schlossen war, ihn freizulassen. 14 Für den,
der ganz zu Gott gehörte und ohne jede
Schuld war, habt ihr das Todesurteil ver-
langt, aber den Mörder habt ihr begna-
digt. 15 Ihr habt den getötet, von dem alles
Leben kommt. Aber Gott hat ihn von
den Toten auferweckt. Das können wir
bezeugen. 16 Das Vertrauen auf Jesus hat
diesen Mann hier geheilt. Ihr alle kennt
ihn und wisst, dass er gelähmt war. Doch
nun ist er gesund geworden, weil er an
Jesus geglaubt hat. 17 Ich weiß, liebe Brü-
der, euch war nicht klar, was ihr damals
getan habt, und auch eure führenden
Männer wussten es nicht. 18 Doch so hat
Gott erfüllt, was er durch alle Propheten
angekündigt hatte: Der versprochene
Retter musste leiden.
19 Jetzt aber kehrt um und wendet euch

---

a Wörtlich: brachen das Brot.

2,43 4,16; 5,12 **3,1** Lk 24,53 **3,13–14** Lk 23,14–25 **3,14** Lk 23,41.47 **3,15** 1,8*; 2,32; 4,33; Lk 24,1–7 **3,16** Mk 5,34* **3,18** Lk 24,25–27.44–47; Jes 53,5 **3,19** 2,38

Gott zu, damit er euch die Sünden ver-
gibt. Dann wird auch die Zeit kommen,
in der Gott sich euch freundlich zuwen-
det. 20 Er wird euch Jesus senden, den
Retter, den er für euch bestimmt hat.
21 Jetzt herrscht Jesus unsichtbar im
Himmel, aber die Zeit wird kommen, in
der alles neu wird. Davon hat Gott schon
immer durch seine auserwählten Prophe-
ten gesprochen. 22 Bereits Mose hat ge-
sagt: ›Einen Propheten wie mich wird
der Herr, euer Gott, zu euch senden,
einen Mann aus eurem Volk. Ihr sollt al-
les befolgen, was er euch sagt. 23 Wer aber
nicht auf ihn hört, der soll aus dem Volk
verstoßen werden.‹[a]
24 Ebenso haben Samuel und alle Pro-
pheten nach ihm diese Tage angekündigt.
25 Was diese Männer gesagt haben, gilt
auch für euch. Ihr habt Anteil an dem
Bund, den Gott mit euren Vorfahren ge-
schlossen hat. Denn Gott sprach zu
Abraham: ›Durch deine Nachkommen
sollen alle Völker der Erde gesegnet
werden.‹[b]
26 Gott hat Jesus zu euch geschickt und
ihn beauftragt, euch zu segnen. Er wird
euch helfen, umzukehren und euer Le-
ben zu ändern.«

Petrus und Johannes werden verhört

4 Noch während Petrus und die ande-
ren Apostel zu den Leuten sprachen,
kamen einige Priester, der Hauptmann
der Tempelwache und ein paar Sadduzä-
er auf sie zu. 2 Sie waren empört, weil Pet-
rus und Johannes in aller Öffentlichkeit
lehrten, dass es eine Auferstehung der
Toten gebe, wie an Jesus deutlich gewor-
den sei. 3 Sie ließen die beiden Apostel
verhaften und über Nacht ins Gefängnis
sperren, weil es inzwischen Abend ge-
worden war. 4 Aber viele von den Zuhö-
rern begannen durch die Predigt der
Apostel an Jesus zu glauben, so dass nun
etwa fünftausend Männer zur Gemeinde
gehörten.
5 Am nächsten Morgen versammelte
sich der Hohe Rat in Jerusalem. Dazu
gehörten die führenden Männer der
Stadt, die Schriftgelehrten und 6 der Ho-
hepriester Hannas, außerdem Kaiphas,
Johannes, Alexander und andere aus der
Verwandtschaft des Hohenpriesters. 7 Sie
ließen Petrus und Johannes hereinbrin-
gen und fragten sie: »Wer hat euch für
das, was ihr getan habt, den Auftrag und
die Vollmacht gegeben?«
8 Erfüllt vom Heiligen Geist antwortete
ihnen Petrus: »Ihr führenden Männer und
Ältesten unseres Volkes! 9 Wir werden
heute vor Gericht gestellt, weil wir einem
Kranken geholfen haben. Auf die Frage,
wie der Mann hier gesund geworden ist,
10 gibt es nur eine Antwort, und die wollen
wir euch und dem ganzen Volk Israel gern
geben: Dass dieser Mann geheilt wurde,
geschah allein im Namen Jesu Christi
von Nazareth. Er ist es, den ihr gekreuzigt
habt und den Gott von den Toten auf-
erweckte. 11 Jesus ist der Stein, von dem
in der Heiligen Schrift gesprochen wird[c]:
›Ihr Bauleute habt ihn als unbrauchbar
weggeworfen. Nun aber ist er zum
Grundstein des ganzen Hauses gewor-
den.‹[d] 12 Nur Jesus kann den Menschen
Rettung bringen. Nichts und niemand
sonst auf der ganzen Welt rettet sie.«
13 Die Mitglieder des Hohen Rates
wunderten sich darüber, wie mutig Petrus
und Johannes redeten; wussten sie doch,
dass es einfache Leute ohne besondere
Bildung waren. Aber sie erkannten die
beiden als Jünger Jesu wieder; 14 und die
Heilung selbst konnten sie nicht bestrei-
ten, denn der Geheilte stand vor ihnen.
15 Deshalb ließen sie zunächst einmal
die Angeklagten aus dem Sitzungssaal
führen.

---

a 5. Mose 18,15
b *1. Mose 22,18*
c »von dem … wird« ist sinngemäß ergänzt.
d Psalm 118, 22

3,21 1,11; Kol 3,1 **3,25** Lk 1,72–73 **4,2** 23,6–8; Lk 20,27 **4,5–6** Lk 3,2; Joh 18,12–13 **4,7** Lk 20,2 **4,8** Lk 21,14–15 **4,10** 3,6 **4,12** 15,11; Mt 1,21; 1 Kor 3,11; 6,11; 1 Tim 2,5 **4,14** 3,7–8

[16]»Was sollen wir nur mit diesen Leuten anfangen?«, fragten sie sich. »Dass sie in Jerusalem ein Wunder gewirkt haben, können wir nicht bestreiten. Schließlich haben das viele mit eigenen Augen gesehen. [17]Damit ihr Einfluss auf das Volk aber nicht noch größer wird, sollten wir ihnen streng verbieten, jemals wieder zu predigen und sich dabei auf diesen Jesus zu berufen.« [18]Nachdem sie die Apostel wieder in den Sitzungssaal gerufen hatten, verboten sie ihnen nachdrücklich, noch einmal als Lehrer aufzutreten und in der Öffentlichkeit von Jesus zu reden. [19]Aber Petrus und Johannes antworteten nur: »Urteilt selbst: Ist es vor Gott recht, euch mehr zu gehorchen als ihm? [20]Wir können unmöglich verschweigen, was wir gesehen und gehört haben!« [21]Da verwarnte der Hohe Rat die Apostel noch einmal, ließ sie jedoch frei, weil er Unruhe im Volk befürchtete. Denn alle Menschen in Jerusalem lobten Gott, der durch Petrus und Johannes ein solches Wunder vollbracht hatte. [22]Immerhin war der Mann, an dem dieses Wunder geschah, über vierzig Jahre lang gelähmt gewesen.

Die Apostel berichten der Gemeinde

[23]Kaum waren Petrus und Johannes frei, gingen sie zu der versammelten Gemeinde und berichteten, was ihnen die Hohenpriester und die führenden Männer des Volkes angedroht hatten. [24]Da beteten alle gemeinsam zu Gott: »Herr, du hast den Himmel, die Erde und das Meer erschaffen und dazu alles, was lebt. [25]Es sind deine Worte, die unser Vater David, dein Diener, durch den Heiligen Geist gesprochen hat: ›Warum geraten die Völker in Aufruhr? Weshalb schmieden sie Pläne, die doch zu nichts führen? [26]Die Mächtigen dieser Welt rebellieren. Sie verschwören sich gegen Gott und den König, den er eingesetzt hat.‹[a] [27]Genau das ist in dieser Stadt geschehen. Sie haben sich verbündet: Herodes und Pontius Pilatus, Menschen aus anderen Völkern und ganz Israel. Sie sind eins geworden im Kampf gegen Jesus, deinen heiligen Sohn, den du erwählt und gesandt hast. [28]Doch sie erfüllen nur, was du in deiner Macht schon seit langem beschlossen hast. [29]Und nun, Herr, höre ihre Drohungen! Hilf allen, die an dich glauben, deine Botschaft ohne Angst weiterzusagen. [30]Zeig deine Macht! Lass Heilungen, Zeichen und Wunder geschehen durch den Namen deines heiligen Sohnes Jesus, den du gesandt hast!«

[31]Als sie gebetet hatten, bebte das Haus, in dem sie zusammengekommen waren. Sie wurden alle mit dem Heiligen Geist erfüllt und verkündeten furchtlos die Botschaft Gottes.

Die Gemeinde wächst

[32]Alle in der Gemeinde waren ein Herz und eine Seele. Niemand betrachtete sein Eigentum als privaten Besitz, sondern alles gehörte ihnen gemeinsam. [33]Mit großer Überzeugungskraft berichteten die Apostel von der Auferstehung Jesu, und alle erlebten Gottes Güte. [34]Keinem in der Gemeinde fehlte etwas; denn wer Häuser oder Äcker besaß, verkaufte seinen Besitz [35]und übergab das Geld den Aposteln. Die verteilten es an die Bedürftigen. [36]Zur Gemeinde gehörte auch der Levit Josef aus Zypern. Die Apostel nannten ihn Barnabas, das heißt »der Tröster«. [37]Josef verkaufte seinen Acker und gab das Geld den Aposteln.

Hananias und Saphira betrügen Gott

5 Ein Mann namens Hananias verkaufte zusammen mit seiner Frau Saphira ein Grundstück. [2]Sie beschlossen aber,

---

[a] Psalm 2,1–2. Das griechische Wort heißt »Christus« (= der gesalbte König).

4,19 5,29–32 **4,20** 1 Kor 9,16; 2 Kor 4,13 **4,27** Lk 23,1–12 **4,29** Eph 6,19–20; Kol 4,3–4* **4,31** 2,4 **4,32** 2,44–45; 2 Kor 8,12–15 **4,33** 1,22; 2,32; 3,15 **4,36** 9,27; 11,22–25; 13,1–3; 14,23; 15,36–40; 1 Kor 9,6; Gal 2,9.13 **5,1** 4,32–37

heimlich einen Teil des Geldes für sich zu behalten. Den Rest brachte Hananias zu den Aposteln. 3 Aber Petrus durchschaute ihn. »Hananias«, fragte er, »warum hast du es zugelassen, dass der Satan von dir Besitz ergreift? Warum hast du den Heiligen Geist betrogen und einen Teil des Geldes unterschlagen? 4 Niemand hat dich gezwungen, das Land zu verkaufen. Es war dein Eigentum. Sogar das Geld hättest du behalten können. Wie konntest du nur so etwas tun! Du hast nicht Menschen betrogen, sondern Gott selbst.«

5 Nach diesen Worten brach Hananias tot zusammen. Alle, die davon hörten, waren entsetzt. 6 Einige junge Männer bedeckten den Toten mit einem Tuch und trugen ihn hinaus, um ihn zu begraben.

7 Etwa drei Stunden später kam seine Frau Saphira. Sie wusste noch nicht, was geschehen war. 8 Petrus fragte sie: »Ist das hier die ganze Summe gewesen, die ihr für euren Acker bekommen habt?« »Ja«, antwortete sie, »das war alles.« 9 Da erwiderte Petrus: »Warum habt ihr beiden beschlossen, den Geist des Herrn herauszufordern? Sieh doch, die Männer, die deinen Mann begraben haben, kommen gerade zurück. Sie werden auch dich hinaustragen.« 10 Im selben Augenblick fiel Saphira tot zu Boden. Als die jungen Männer hereinkamen und sahen, dass sie tot war, trugen sie Saphira hinaus und begruben sie neben ihrem Mann. 11 Die ganze Gemeinde aber und alle, die davon hörten, erschraken zutiefst.

Gott bekennt sich zu seiner Gemeinde

12 In Gottes Auftrag vollbrachten die Apostel viele Zeichen und Wunder. Die ganze Gemeinde traf sich immer wieder im Tempel in der Halle Salomos, fest vereint im Glauben. 13 Die anderen, die nicht zur Gemeinde gehörten, wagten nicht, sich ihnen anzuschließen; sie sprachen aber mit Hochachtung von ihnen. 14 Immer mehr glaubten an Jesus, den Herrn, viele Männer und Frauen. 15 Sogar die Kranken auf Betten und Bahren trug man an die Straße, damit wenigstens der Schatten des vorübergehenden Petrus auf sie fiel. 16 Selbst aus den umliegenden Städten Jerusalems strömten die Menschen herbei. Sie brachten ihre Kranken und von Dämonen Besessenen, und alle wurden gesund.

Erneute Verfolgung der Apostel

17 Der Hohepriester aber und seine Freunde aus der Partei der Sadduzäer waren neidisch auf die ständig wachsende Gemeinde Christi und beschlossen deshalb, nicht länger tatenlos zuzusehen. 18 Kurzerhand ließen sie die Apostel festnehmen und ins Gefängnis werfen.

19 Aber in der Nacht öffnete ein Engel des Herrn die Gefängnistüren und führte die Apostel hinaus. 20 »Geht in den Tempel«, sagte er, »und verkündet dort allen die Botschaft vom neuen Leben durch Jesus!« 21 Also gingen die Apostel frühmorgens in den Tempel und lehrten dort in aller Öffentlichkeit.

Zur selben Zeit berief der Hohepriester mit seinen Gesinnungsgenossen den Hohen Rat und alle führenden Männer des Volkes zu einer Sitzung ein. Dann ließen sie die Apostel zum Verhör holen. 22 Aber die waren nicht mehr im Gefängnis. So kehrten die Beauftragten des Hohenpriesters zurück und meldeten: 23 »Die Gefangenen sind fort. Die Türen des Gefängnisses waren sorgfältig verschlossen, und die Wachen standen davor. Aber als wir die Türen öffneten, war niemand in der Zelle.« 24 Der Befehlshaber der Tempelwache und der Hohepriester waren ratlos. Wie sollte das alles noch enden?

25 In diesem Augenblick kam jemand mit der Nachricht herein: »Die Männer, die ihr ins Gefängnis geworfen habt, sind schon wieder im Tempel und lehren

---

5,4 2 Kor 8,8–9.12–15 **5,12** 3,11; 6,8 **5,15–16** 19,12; Mt 14,35–36 **5,17–18** 4,1–3 **5,19** 12,7–8

dort!« 26 Sofort zog der Befehlshaber der
Tempelwache mit seinen Männern zum
Tempel und holte die Apostel. Allerdings
wendeten sie keine Gewalt an, weil sie
sonst fürchten mussten, vom Volk gestei-
nigt zu werden.
27 Die Apostel wurden in den Gerichts-
saal vor den Hohen Rat gebracht, wo der
Hohepriester sie verhörte. 28 »Haben wir
euch nicht streng verboten, jemals wieder
von diesem Jesus zu reden?«, begann er.
»Und doch spricht inzwischen ganz Jeru-
salem davon. Ihr wollt uns sogar für den
Tod dieses Menschen verantwortlich ma-
chen!«
29 Petrus und die anderen Apostel erwi-
derten: »Man muss Gott mehr gehorchen
als den Menschen! 30 Der Gott unserer
Vorfahren hat Jesus, den ihr ans Kreuz
geschlagen und getötet habt, von den To-
ten auferweckt. 31 Gott hat ihn durch sei-
ne Macht zum Herrscher und Retter er-
hoben, damit das Volk Israel zu Gott
umkehren kann und ihm seine Sünden
vergeben werden. 32 Das werden wir im-
mer bezeugen und auch der Heilige
Geist, den Gott allen gibt, die ihm ge-
horchen.«
33 Diese Worte versetzten die Mitglie-
der des Hohen Rates in maßlose Wut,
und sie beschlossen, die Apostel töten zu
lassen.

Gamaliels weiser Rat

34 Da stand Gamaliel auf, ein Pharisäer
und hoch angesehener Schriftgelehrter.
Er ließ die Apostel für kurze Zeit hinaus-
bringen; 35 dann wandte er sich an die
Versammelten: »Ihr Männer von Israel,
seid vorsichtig und überlegt euch genau,
was ihr gegen diese Leute unternehmt.
36 Schon früher glaubten manche Männer,
etwas Besonderes zu sein, wie Theudas
zum Beispiel. Etwa vierhundert Männer
konnte er als Anhänger gewinnen. Aber
er wurde getötet, und von seinen Leuten
ist keiner mehr zu finden. Niemand
spricht mehr von ihnen. 37 Zur Zeit der
Volkszählung unternahm Judas aus Gali-
läa einen Aufstand. Viele Leute schlos-
sen sich ihm an. Aber auch er kam um,
und von seiner Bewegung spricht kein
Mensch mehr. 38 Deshalb rate ich euch:
Lasst diese Männer in Ruhe! Wenn es
ihre eigenen Ideen und Taten sind, für
die sie sich einsetzen, werden sie schei-
tern. 39 Steht aber Gott dahinter, könnt
ihr ohnehin nichts dagegen unterneh-
men. Oder wollt ihr als Leute dastehen,
die gegen Gott kämpfen?«
Das überzeugte alle. 40 Man rief die
Apostel wieder herein, ließ sie auspeit-
schen und verbot ihnen noch einmal,
von Jesus zu reden. Dann wurden sie frei-
gelassen. 41 Die Apostel aber verließen
den Hohen Rat voller Freude darüber,
dass Gott sie dazu auserwählt hatte, für
Jesus Verachtung und Schmerzen zu er-
tragen. 42 Sie lehrten weiter jeden Tag öf-
fentlich im Tempel und auch in Häusern
und verkündeten, dass Jesus der Christus
ist, der schon lange erwartete Retter.

Die Wahl der sieben Diakone

6 In dieser Zeit wuchs die Gemeinde
rasch. Dabei kam es zu Schwierigkei-
ten zwischen den Juden, die griechisch
sprachen, und denen mit hebräischer
Muttersprache. Die griechischen Juden
beklagten sich darüber, dass ihre Witwen
bei der täglichen Versorgung benachtei-
ligt würden. 2 Deshalb riefen die zwölf
Apostel die ganze Gemeinde zusammen.
»Es ist nicht richtig«, sagten sie, »dass wir
Lebensmittel verteilen müssen, statt
Gottes Botschaft zu verkünden. 3 Darum,
liebe Brüder und Schwestern, sucht in
der Gemeinde nach sieben Männern mit
gutem Ruf, die ihr Leben ganz vom Hei-
ligen Geist bestimmen lassen und wissen,
was zu tun ist. Sie sollen diese Aufgabe
übernehmen. 4 Wir selbst aber wollen

5,26 Lk 20,19 **5,28** 4,18 **5,29** 4,19–20 **5,30** 3,15; 13,28–31; Röm 4,25; 1 Kor 15,3–4 **5,31** Lk 2,11*; 22,69; Apg 2,36 **5,32** 1,8* **5,33** Lk 19,47 **5,40** 4,18 **5,41** Mt 5,10–12; Phil 1,29; 2 Tim 3,12*
6,1 1 Tim 5,3 **6,3** 1 Tim 3,7–12

nach wie vor alle Zeit dafür einsetzen, zu beten und Gottes Botschaft zu verkünden.« 5 Mit diesem Vorschlag waren alle einverstanden. Zuerst wählten sie Stephanus, einen Mann mit festem Glauben und erfüllt mit dem Heiligen Geist; danach Philippus, Prochorus, Nikanor, Timon, Parmenas und Nikolaus von Antiochia; er war früher einmal zum jüdischen Glauben übergetreten. 6 Diese sieben Männer wurden vor die Apostel gestellt, die für sie beteten und ihnen segnend die Hände auflegten.

7 Die Botschaft Gottes aber wurde immer mehr Menschen verkündet. Vor allem in Jerusalem wuchs die Zahl der Gläubigen ständig. Unter ihnen waren viele jüdische Priester, die zum Glauben an Jesus gefunden hatten.

Stephanus vor Gericht

8 Stephanus vollbrachte öffentlich durch Gottes Gnade und Kraft große Zeichen und Wunder. 9 Eines Tages verwickelten ihn Anhänger einer jüdischen Gemeinde, die sich die »Freigelassenen« nannten, in ein Streitgespräch. Auch Leute aus Kyrene, Alexandria, Zilizien und der Provinz Asia beteiligten sich daran. 10 Aber keiner von ihnen hatte der Weisheit und dem Geist des Stephanus etwas entgegenzusetzen. 11 Deshalb hetzten sie ein paar Leute auf, die behaupten sollten: »Er hat Gott und Mose beleidigt. Wir haben es selbst gehört.« 12 Dadurch gelang es ihnen, das Volk, seine führenden Männer und die Schriftgelehrten so aufzuwiegeln, dass sie über Stephanus herfielen und ihn vor den Hohen Rat schleppten.

13 Dort traten Zeugen gegen Stephanus auf, die man vorher bestochen hatte. »Dieser Mensch«, so behaupteten sie, »zieht fortwährend den heiligen Tempel und das Gesetz Gottes in den Dreck. 14 Wir haben selbst gehört, dass er gesagt hat: ›Jesus von Nazareth wird den Tempel zerstören und die Ordnungen ändern, die Mose uns gegeben hat.‹«

15 Die Mitglieder des Hohen Rates blickten gespannt auf Stephanus, und jedem fiel auf, dass sein Gesicht aussah wie das eines Engels.

Die Verteidigungsrede des Stephanus

7 Der Hohepriester fragte Stephanus: »Stimmt es, was die Männer hier von dir behaupten?« 2 Stephanus antwortete: »Hört mich an, liebe Brüder und Väter! Gott, dem alle Ehre zukommt, erschien unserem Vater Abraham in Mesopotamien, noch ehe Abraham nach Haran gezogen war. 3 Gott forderte ihn auf: ›Verlass deine Heimat und deine Verwandten, und zieh in das Land, das ich dir zeigen werde!‹[a] 4 So verließ Abraham das Land der Chaldäer und wohnte in Haran, bis sein Vater starb. Dann brachte Gott ihn hierher, wo ihr jetzt wohnt. 5 Zwar gab Gott ihm keinen Fußbreit eigenes Land, doch sagte er ihm zu, dass ihm und seinen Nachkommen alles Land gehören würde. Zu der Zeit aber hatte Abraham noch keine Kinder! 6 Gott sagte zu ihm: ›Deine Nachkommen werden in einem fremden Land heimatlos sein. Vierhundert Jahre wird man sie ausbeuten, und sie werden viel leiden müssen.‹ 7 Aber Gott versprach Abraham auch: ›Ich werde das Volk bestrafen, das euch so lange unterdrückt hat. Dann werden deine Nachkommen das fremde Land verlassen und mir hier dienen.‹[b]

8 Damals schloss Gott mit Abraham den Bund, dessen Zeichen die Beschneidung ist. Als später Isaak geboren wurde, beschnitt ihn sein Vater Abraham am achten Tag nach der Geburt. Auch Isaak und sein Sohn Jakob hielten an dieser Ordnung fest, ebenso Jakobs zwölf Söh-

---

[a] 1. Mose 12,1
[b] 1. Mose 15,13–14

6,6 13,3; 14,23 **6,8** 5,12 **6,13** Mt 26,59–61 **7,2–4** 1 Mo 11,31 – 12,4 **7,5** 1 Mo 11,29–30; 12,7* **7,8** 1 Mo 17,9–14*

Der Weg zur Vergebung

Lesen Sie Apostelgeschichte 6,7

Am Pfingstfest, zehn Tage nachdem Jesus in den Himmel zurückgekehrt war, stand der Apostel Petrus vor einer großen Menschenmenge und hielt eine denkwürdige Predigt. Mehr als dreitausend der jüdischen Zuhörer reagierten auf das, was er gesagt hatte, und nahmen Christus als ihren Retter an (siehe Apostelgeschichte 2,41). Unter ihnen waren auch solche, die an der Kreuzigung Jesu beteiligt gewesen waren. Die Apostelgeschichte erzählt in den folgenden Kapiteln von zahlreichen weiteren Menschen, die zum Glauben an Christus fanden. In Apostelgeschichte 6,7 heißt es: „Die Botschaft Gottes aber wurde immer mehr Menschen verkündet. Vor allem in Jerusalem wuchs die Zahl der Gläubigen ständig. Unter ihnen waren viele jüdische Priester, die zum Glauben an Jesus gefunden hatten."

Nach Pfingsten erkannten viele von denen, die Jesus gekreuzigt hatten, dass er der Messias war, und sie erfuhren Gottes Vergebung. Das Gebet Jesu am Kreuz: „Vater, vergib ihnen, denn sie wissen nicht, was sie tun!" (Lukas 23,34) zeigt seine Bereitschaft und seinen tiefen Wunsch, dass diese Menschen die Vergebung seines Vaters empfangen sollten. Doch diejenigen, für die er gebetet hatte, erhielten die Vergebung erst, als sie ihre Taten bereuten.

Beides gilt auch für eine christliche Ehe. Jesu Bereitschaft zur Vergebung sollte auch für uns ein Vorbild sein, wenn unser Ehepartner einen Fehler gemacht hat. Andererseits kann derjenige, der Unrecht getan hat, nur dann Vergebung erfahren, wenn er zur Umkehr bereit ist.

Nehmen Sie sich Zeit, um allein oder als Paar gemeinsam zu beten. Danken Sie Gott für die Vergebung, die er Ihnen schenkt. Bitten Sie ihn um die Kraft, seinem Vorbild zu folgen und einander oder auch anderen Menschen, die Ihnen Unrecht getan haben, zu vergeben.

Wenn Sie noch mehr Zeit haben …

Besprechen Sie miteinander folgende Fragen oder denken Sie darüber nach:

- Gibt es in der Ehe Sünden, die man nicht vergeben kann? Wenn ja, welche sind das? Wenn nein, warum nicht?
- Woran erkennen Sie, dass Ihr Ehepartner es wirklich ernst meint, wenn er um Vergebung bittet?
- Warum sind wir versucht, unseren Partner zu bestrafen, bevor wir ihm vergeben?

Lesen Sie auch die folgenden Abschnitte zum Thema Vergebung:
Matthäus 6,14-15; 18,21-22; Apostelgeschichte 7,54-60.

Frei, wir selbst zu sein

Lesen Sie Apostelgeschichte 7,32-42

Nach der Hochzeit hat jeder Partner bestimmte Erwartungen an den anderen. In einer intakten Ehe werden diese Erwartungen nach und nach an die tatsächliche Persönlichkeit des Partners angepasst.

Wenn Ihre Sicht dessen, was Ihr Partner tun oder wie er sein sollte, nicht mit seiner Sicht übereinstimmt, müssen Sie ihn in seiner Besonderheit annehmen und ihm die Freiheit geben, andere Gedanken, Träume und Ansichten zu haben als Sie. Schließlich verhält Gott sich uns gegenüber auch nicht anders. Er gibt uns die Freiheit, unsere eigenen Gedanken zu denken und eigene Entscheidungen zu treffen, auch wenn sie nicht mit den seinen übereinstimmen. Das bedeutet nicht, dass unsere Gedanken mit seinen gleichwertig sind. Es bedeutet nur, dass Gott die Freiheit des Menschen wichtig ist und er uns nicht wie Roboter behandeln will.

Genauso großzügig sollten wir auch gegenüber unseren heranwachsenden Kindern sein. Eltern, die eine echte Beziehung zu ihren Kindern haben möchten, sollten immer wieder bedenken: Jede Person hat ihre besonderen Ansichten, und sie hat das Recht, ihre eigenen Entscheidungen zu treffen. Wie unsere Kinder die Zukunft sehen und welche Entscheidungen sie in der Zukunft fällen, ist allein ihre Sache. Wir sollten ihre Wahl respektieren, auch wenn unsere Kinder mitunter die Folgen falscher Entscheidungen tragen müssen.

Nehmen Sie sich Zeit, um allein oder als Paar gemeinsam zu beten.

- Danken Sie Gott, dass er jeden von Ihnen als einzigartige Persönlichkeit geschaffen hat.
- Sprechen Sie mit ihm über die besonderen Eigenschaften Ihres Ehepartners und Ihrer Kinder, für die Sie besonders dankbar sind.
- Bitten Sie ihn, dass er Ihnen hilft, Ihre Erwartungen an Ihren Partner und die Kinder loszulassen und diese Menschen so anzunehmen, wie sie sind.

Wenn Sie noch mehr Zeit haben …

Besprechen Sie miteinander folgende Fragen oder denken Sie darüber nach:

- Was dachten Sie, wie Ihr Mann/Ihre Frau sei, als Sie geheiratet haben?
- An welchen Punkten fällt es Ihnen am schwersten, den anderen so anzunehmen, wie er wirklich ist?
- Gibt es Bereiche, in denen Sie Ihren Ehepartner oder Ihre Kinder immer noch gerne verändern würden?

Lesen Sie auch die folgenden Abschnitte, in denen es um unsere Einzigartigkeit als Person geht:
1. Mose 1,27; Psalm 139,13-16; Jeremia 1,5.

Den nächsten Impuls finden Sie auf S. 1248 a

ne, unsere Stammväter. 9 Weil aber Jakobs Söhne auf ihren Bruder Josef neidisch waren, verkauften sie ihn als Sklaven nach Ägypten. Doch Gott verließ Josef nicht, 10 sondern half ihm jedes Mal, wenn er in Not geriet. Josef konnte die Gunst des ägyptischen Königs, des Pharaos, gewinnen. Wegen der ungewöhnlichen Weisheit, die Gott ihm gegeben hatte, wurde Josef vom Pharao schließlich zum Verwalter über ganz Ägypten und den Königshof eingesetzt.

11 Dann aber brach in Ägypten und Kanaan eine Hungersnot aus. Die Not war so groß, dass auch unsere Vorfahren nichts mehr zu essen hatten. 12 Als Jakob erfuhr, dass es in Ägypten noch Getreide gab, schickte er seine Söhne in dieses Land. 13 Bei ihrer zweiten Reise nach Ägypten gab sich Josef seinen Brüdern zu erkennen. Nun erfuhr der Pharao noch mehr über Josefs Familie. 14 Josef ließ seinen Vater Jakob und alle seine Verwandten nach Ägypten kommen, insgesamt fünfundsiebzig Menschen. 15 So kam Jakob nach Ägypten. Er und alle unsere Vorfahren lebten dort bis zu ihrem Tod. 16 Später wurden ihre Gebeine nach Sichem überführt und in dem Grab beigesetzt, das Abraham von den Nachkommen Hamors erworben hatte.

17 Dann kam die Zeit, in der Gott das Versprechen erfüllen wollte, das er Abraham gegeben hatte. Die Nachkommen Josefs und seiner Brüder waren in Ägypten zu einem großen Volk geworden. 18 Ein neuer Pharao kam an die Macht, der von Josef nichts mehr wusste. 19 Grausam und voller Hinterlist unterdrückte er unser Volk. Er zwang unsere Vorfahren, ihre neugeborenen Kinder auszusetzen, damit sie starben.

20 In dieser Zeit wurde Mose geboren; er war ein sehr schönes Kind. Drei Monate lang versteckten ihn seine Eltern in ihrem Haus. 21 Als er dann doch ausgesetzt werden musste, fand ihn die Tochter des Pharaos. Sie nahm ihn bei sich auf und erzog ihn wie ihren eigenen Sohn. 22 Mose wurde in allen Wissenschaften der Ägypter gründlich ausgebildet, und alles, was er sagte oder tat, brachte ihm hohes Ansehen.

23 Als Mose vierzig Jahre alt war, beschloss er, sich um seine Brüder, die Israeliten, zu kümmern. 24 Eines Tages musste er mit ansehen, wie ein Israelit von einem Ägypter misshandelt wurde. Ohne zu zögern, griff er ein und schlug den Ägypter tot. 25 Mose meinte, seine Landsleute müssten jetzt erkennen, dass Gott ihn zur Befreiung seines Volkes geschickt hatte. Doch sie erkannten es nicht. 26 Am nächsten Tag sah Mose, wie sich zwei Israeliten stritten. Er versuchte, den Streit zu schlichten, und sagte zu ihnen: ›Ihr gehört doch zu ein und demselben Volk, warum schlagt ihr euch?‹ 27 Aber der mit dem Streit angefangen hatte, stieß ihn zurück und schrie: ›Wer hat dich eigentlich zu unserem Herrn und Richter gemacht? 28 Willst du mich etwa auch umbringen, wie du gestern den Ägypter getötet hast?‹ 29 Mose erschrak über diese Worte. Er verließ Ägypten und floh nach Midian, wo er als Ausländer lebte. Dort bekam seine Frau zwei Söhne. 30 Vierzig Jahre vergingen. Da erschien ihm in der Wüste am Berg Sinai ein Engel im Feuer eines brennenden Dornbusches. 31 Mose sah die Flamme und wunderte sich über die seltsame Erscheinung. Als er aber näher herantrat, um genau hinzuschauen, hörte er die Stimme des Herrn:

32 ›Ich bin der Gott deiner Vorfahren, der Gott Abrahams, Isaaks und Jakobs.‹ Mose zitterte vor Angst und wagte nicht hinzusehen. 33 Aber der Herr sprach weiter zu ihm: ›Zieh deine Sandalen aus; denn du stehst auf heiligem Boden. 34 Ich habe gesehen, wie mein Volk in Ägypten

---

7,9 1 Mo 37,4.11–28; 39,2 **7,10** 1 Mo 39,21–23; 41,14–46 **7,11** 1 Mo 41,53–57 **7,12** 1 Mo 42,1–5 **7,13–14** 1 Mo 45,1–16; 46,26–27 **7,16** 1 Mo 33,19; 50,24–25*; Jos 24,32 **7,17–19** 2 Mo 1,7–16.22 **7,20–21** 2 Mo 2,1–10; Hebr 11,23 **7,23–29** 2 Mo 2,11–22; 18,3–4; Hebr 11,24–27 **7,30–34** 2 Mo 3,1–10; 2,23–25*

leiden muss, und sein Weinen und Klagen habe ich gehört. Nun bin ich gekommen, um es zu befreien. Geh deshalb zurück nach Ägypten!‹[a] 35 Gott sandte also gerade den Mann als Anführer und Befreier zu den Israeliten, den sie mit den Worten abgewiesen hatten: ›Wer hat dich zu unserem Herrn und Richter gemacht?‹ Ihn erwählte Gott durch den Engel im brennenden Dornbusch zu ihrem Befreier, 36 und Mose führte unser Volk aus Ägypten. Überall vollbrachte er Zeichen und Wunder: in Ägypten, am Roten Meer und während der vierzig Jahre in der Wüste.

37 Mose war es auch, der zum Volk Israel sagte: ›Einmal wird euch der Herr, euer Gott, einen Propheten wie mich senden, einen Mann aus eurem Volk.‹[b] 38 Dieser Mose wurde zum Vermittler zwischen unserem Volk und dem Engel, der ihm auf dem Berg Sinai das Gesetz Gottes gab. Mose sollte uns Gottes Weisungen übermitteln, die allen das Leben bringen. 39 Aber unsere Vorfahren wollten nicht auf ihn hören. Sie trauerten dem Leben in Ägypten nach und lehnten sich sogar gegen Mose auf, als er auf dem Berg Sinai war. 40 Von seinem Bruder Aaron verlangten sie: ›Mach uns Götzenfiguren. Wir wollen sie vor uns hertragen, damit sie uns führen. Mose hat uns zwar aus Ägypten herausgeführt. Aber jetzt weiß niemand von uns, was aus ihm geworden ist.‹

41 Sie machten sich ein Stierkalb, das ihr Gott sein sollte. Als es fertig war, freuten sie sich über ihren Götzen und brachten ihm ihre Opfer. 42 Da wandte sich Gott von ihnen ab und überließ sie ihrem Schicksal. So kam es, dass sie zur Sonne, dem Mond und den Sternen beteten, wie es im Buch der Propheten steht: ›Ihr Israeliten, als ihr vierzig Jahre in der Wüste umhergezogen seid, habt ihr mir da Opfertiere und Schlachtopfer dargebracht? 43 Nein, ihr habt das Zelt des Götzen Moloch und den Stern des Götzen Räfan vor euch hergetragen. Diese Götter habt ihr euch selbst gemacht, um sie anzubeten. Deshalb werde ich euch in die Gefangenschaft führen, noch weit über Babylon hinaus.‹[c] 44 Während ihrer ganzen Wanderung durch die Wüste trugen unsere Vorfahren ein Zelt mit sich, das ihnen als Tempel diente. Gott selbst hatte ihnen befohlen, ein solches Zelt zu bauen, und zwar genau so, wie er es Mose gezeigt hatte. 45 Die folgende Generation übernahm das Zelt. Und als Josua später das Land eroberte, aus dem die heidnischen Völker von Gott vertrieben wurden, nahmen die Israeliten das Zelt mit in ihre neue Heimat. Dort blieb es noch bis zur Zeit des Königs David.

46 Diesem König wandte sich Gott immer wieder in Liebe zu. David war es auch, der den Gott Israels bat, ihm einen Tempel bauen zu dürfen. 47 Doch erst Salomo verwirklichte diesen Plan. 48 Aber der höchste Gott wohnt ohnehin nicht in Häusern, die ihm Menschen bauen. So sagt schon der Prophet Jesaja: 49 ›Der Himmel ist mein Thron und die Erde mein Fußschemel. Und da wollt ihr mir, dem Herrn, ein Haus bauen? An welchem Ort soll ich mich denn niederlassen? 50 Ich habe doch Himmel und Erde geschaffen!‹«[d] 51 »Ihr seid wirklich unbelehrbar!«, fuhr Stephanus fort. »Ihr habt eure Ohren für Gottes Botschaft verschlossen, und auch euer Herz gehört ihm nicht. Wie eure Vorfahren widersetzt ihr euch ständig dem Heiligen Geist. 52 Nennt mir einen einzigen Propheten, den eure Vorfahren nicht verfolgt haben. Sie haben alle umgebracht, die vom Kommen eures Retters sprachen. Ihr

---

[a] 2. Mose 3,5–10
[b] 5. Mose 18,15
[c] *Amos 5,25–27*
[d] Jesaja 66,1–2

7,35 2 Mo 2,14 **7,36** 2 Mo 7,9 – 12,30; 14,21–22*; 4 Mo 14,33–34; 5 Mo 4,34* **7,38** 2 Mo 20,18–21; 31,18 **7,39–40** 2 Mo 16,2–3; 32,1–2 **7,41** 2 Mo 32,4–6 **7,44** 2 Mo 25,9 **7,45** Jos 18,1; 1 Chr 21,29 **7,46–47** 2 Sam 7,2–13; 1 Kön 6,1–38 **7,51** 2 Mo 32,9; Jes 63,10 **7,52** Lk 11,47–51; 13,34

aber seid die Verräter und Mörder dieses
Unschuldigen! 53 Gott hat euch durch sei-
ne Engel das Gesetz gegeben, aber ihr
habt euch nie danach gerichtet.«

Der Märtyrertod des Stephanus

54 Über diese Worte des Stephanus gerie-
ten seine Zuhörer in maßlose Wut. 55 Ste-
phanus aber blickte, erfüllt vom Heiligen
Geist, zum Himmel auf und sah dort Gott
in seiner Herrlichkeit und Jesus an seiner
rechten Seite. 56 »Ich sehe den Himmel
offen!«, rief Stephanus, »und Jesus, den
Menschensohn, auf dem Ehrenplatz an
der rechten Seite Gottes stehen!« 57 Jetzt
schrien sie ihn nieder, hielten sich die
Ohren zu, um seine Worte nicht länger
hören zu müssen, und stürzten sich auf
ihn. 58 Sie zerrten ihn aus der Stadt und
steinigten ihn. Die Zeugen, die an der
Steinigung beteiligt waren, legten ihre
Obergewänder ab und gaben sie einem
jungen Mann, der Saulus hieß.

59 Als sie Stephanus steinigten, betete
er laut: »Herr Jesus, nimm meinen Geist
zu dir!« 60 Er kniete nieder und rief:
»Herr, vergib ihnen diese Schuld!« Mit
diesen Worten starb er.

Die Gemeinde in Jerusalem wird verfolgt

8 Saulus war mit der Steinigung des
Stephanus einverstanden. Noch am
selben Tag setzte eine schwere Verfol-
gung der Gemeinde in Jerusalem ein.
Alle außer den Aposteln flohen in die
Landbezirke Judäas und Samariens.
2 Stephanus wurde von einigen frommen
Männern begraben, die für ihn die Toten-
klage hielten.

3 Saulus aber setzte alles daran, die Ge-
meinde Jesu auszurotten. Er schleppte
Männer und Frauen aus ihren Häusern
und ließ sie ins Gefängnis werfen.

Die rettende Botschaft in Samaria

4 Doch die aus Jerusalem geflohenen
Gläubigen verkündeten überall die Wor-
te und Taten Jesu. 5 Einer von ihnen war
Philippus. Er kam in die Stadt Samaria
und sprach dort von Christus. 6 Die Ein-
wohner hörten ihm bereitwillig zu und
sahen die Wunder, die er wirkte. 7 Böse
Geister wurden ausgetrieben und ließen
mit lautem Geschrei von ihren Opfern
ab. Ebenso heilte Philippus viele Men-
schen, die gelähmt waren und andere
körperliche Gebrechen hatten. 8 Darüber
herrschte große Freude in Samaria.

Gottes Geschenk lässt sich nicht kaufen

9 In Samaria lebte auch Simon, ein Mann,
der seit vielen Jahren Zauberei getrieben
und durch seine Künste viele in Erstau-
nen versetzt hatte. Er behauptete, etwas
Besonderes zu sein. 10 Alle Leute, die sei-
ne Zauberei miterlebt hatten, waren sei-
ne begeisterten Anhänger und sagten:
»In diesem Mann wirkt Gottes große
Kraft!« 11 Sie standen ganz in seinem
Bann, weil er sie jahrelang mit seinen
Zauberkünsten beeinflusst hatte.

12 Aber nun glaubten viele an die ret-
tende Botschaft von Gottes neuer Welt
und von Jesus Christus, wie Philippus es
ihnen verkündet hatte. Männer und Frau-
en ließen sich taufen, 13 unter ihnen auch
der Zauberer Simon. Nach seiner Taufe
begleitete er Philippus überallhin und
sah dabei voller Staunen die großen Zei-
chen und Wunder, die geschahen.

14 Als nun die Apostel in Jerusalem da-
von hörten, dass die Leute in Samaria
Gottes Botschaft angenommen hatten,
schickten sie Petrus und Johannes dort-
hin. 15 Die beiden Apostel kamen nach
Samaria und beteten für die Gläubigen,
dass Gott ihnen seinen Heiligen Geist

7,54 5,33 **7,55–56** Lk 22,69; Röm 8,34* **7,58** 5 Mo 17,7; Apg 22,20 **7,59** Lk 23,46 **7,60** Mt 5,44*; Lk 23,34 **8,1** 7,58; 11,19; Mt 10,23 **8,3** 9,1–2.13–14.21.26; 22,4–5; 26,9–11; 1 Kor 15,9; Gal 1,13–14; Phil 3,6 **8,4** 11,19 **8,5** 6,5 **8,7** Lk 9,1–2

schenken möge. 16 Denn bisher hatte keiner von ihnen den Geist empfangen, obwohl sie auf den Namen des Herrn Jesus getauft worden waren. 17 Als ihnen aber die Apostel die Hände auflegten, empfingen sie den Heiligen Geist.

18 Simon hatte gesehen, dass den Gläubigen der Heilige Geist gegeben wurde, als die Apostel ihnen die Hände auflegten. Da bot er Petrus und Johannes Geld an 19 und sagte: »Verhelft auch mir dazu, dass jeder, dem ich die Hände auflege, den Heiligen Geist bekommt.«

20 Doch Petrus wies ihn zurecht: »Fahr zur Hölle mit deinem Geld! Denkst du wirklich, dass man Gottes Geschenk kaufen kann? 21 Für dich gibt es Gottes Gaben nicht, denn du bist ihm gegenüber nicht aufrichtig. 22 Bereu deine Bosheit, und kehr um zu Gott! Bitte ihn, dass er dir diese abscheulichen Gedanken vergibt. 23 Denn ich sehe, dass du voller Gift und Galle bist. Du bist in deiner Schuld gefangen.« 24 Da rief Simon erschrocken: »Betet für mich, damit mir erspart bleibt, was ihr mir angedroht habt!«

25 Nachdem sie in Samaria gepredigt hatten, dass Jesus der Herr ist, kehrten Petrus und Johannes nach Jerusalem zurück. Unterwegs verkündeten sie auch in vielen Dörfern Samariens die rettende Botschaft von Jesus.

Philippus und der äthiopische Hofbeamte

26 Ein Engel des Herrn forderte Philippus auf: »Geh in Richtung Süden, und zwar auf die einsame Straße, die von Jerusalem nach Gaza führt.« 27/28 Philippus machte sich sofort auf den Weg.

Zur selben Zeit war auf dieser Straße auch ein Mann aus Äthiopien mit seinem Wagen unterwegs. Er war ein Hofbeamter der Königin von Äthiopien, die den Titel Kandake führte, und verwaltete ihr Vermögen. Eben kehrte er von Jerusalem zurück, wo er als Pilger im Tempel Gott angebetet hatte. Während der Fahrt las er im Buch des Propheten Jesaja.

29 Da sprach der Heilige Geist zu Philippus: »Geh zu diesem Wagen, und bleib in seiner Nähe.« 30 Philippus lief hin und hörte, dass der Mann laut aus dem Buch Jesaja las. Er fragte den Äthiopier: »Verstehst du eigentlich, was du da liest?« 31 »Nein«, erwiderte der Mann, »wie soll ich das denn verstehen, wenn es mir niemand erklärt!« Er bat Philippus, einzusteigen und sich neben ihn zu setzen.

32 Gerade hatte er die Sätze gelesen: »Wie ein Schaf, das geschlachtet werden soll, hat man ihn abgeführt. Und wie ein Lamm, das sich nicht wehrt, wenn es geschoren wird, hat er alles widerspruchslos ertragen. 33 Er wurde gedemütigt, nicht einmal ein gerechtes Urteil war er seinen Peinigern wert. Niemand glaubte, dass er noch eine Zukunft haben würde. Denn man hat sein Leben auf dieser Erde vernichtet.«[a] 34 Der Äthiopier fragte Philippus: »Von wem spricht hier der Prophet? Von sich selbst oder von einem anderen?« 35 Da begann Philippus, ihm die rettende Botschaft von Jesus anhand dieses Prophetenwortes zu erklären.

36 Als sie bald darauf an einer Wasserstelle vorüberfuhren, sagte der äthiopische Hofbeamte: »Dort ist Wasser! Spricht etwas dagegen, dass ich jetzt gleich getauft werde?«[b] 38 Er ließ den Wagen halten. Gemeinsam stiegen sie ins Wasser, und Philippus taufte ihn. 39 Nachdem sie aus dem Wasser gestiegen waren, entrückte der Geist des Herrn den Philippus. Der Äthiopier sah ihn nicht mehr, aber er reiste mit frohem Herzen weiter. 40 Philippus wurde danach in Aschdod gesehen. Von dort aus zog er von Stadt zu Stadt und predigte überall die rettende Botschaft von Jesus, selbst im entfernten Cäsarea.

---

[a] *Jesaja 53,7–8*

[b] Einige Textzeugen fügen hinzu (Vers 37): »Wenn du von ganzem Herzen an Christus glaubst, kann ich es tun«, erwiderte Philippus. »Ich glaube, dass Jesus Christus der Sohn Gottes ist«, bekannte der Hofbeamte.

8,17 19,6 **8,20** Mt 10,8 **8,35** Lk 24,44–46*

Saulus begegnet Christus

9 Saulus verfolgte noch immer mit
grenzenlosem Hass alle, die an den
Herrn glaubten, und drohte ihnen an, sie
hinrichten zu lassen. 2 Er ging zum Ho-
henpriester und ließ sich von ihm Briefe
für die jüdischen Gemeinden in Damas-
kus mitgeben. Sie ermächtigten ihn, auch
in diesem Gebiet die Gläubigen auf-
zuspüren und sie – ganz gleich, ob Män-
ner oder Frauen – als Gefangene nach
Jerusalem zu bringen.

3 Kurz vor Damaskus umgab Saulus
plötzlich ein blendendes Licht vom Him-
mel. 4 Er stürzte zu Boden und hörte eine
Stimme: »Saul, Saul, warum verfolgst du
mich?« 5 »Wer bist du, Herr?«, fragte Sau-
lus. »Ich bin Jesus, den du verfolgst!«,
antwortete die Stimme. 6 »Steh auf und
geh in die Stadt. Dort wird man dir sagen,
was du tun sollst.« 7 Die Begleiter des
Saulus standen sprachlos da, denn sie
hatten zwar die Stimme gehört, aber nie-
manden gesehen. 8 Als Saulus aufstand
und die Augen öffnete, konnte er nicht
mehr sehen. Da nahmen sie ihn an der
Hand und führten ihn nach Damaskus.
9 Drei Tage lang war er blind und wollte
weder essen noch trinken.

10 In Damaskus wohnte ein Jünger Jesu,
der Hananias hieß. Dem erschien der
Herr in einer Vision. »Hananias«, sagte
er zu ihm. »Ja, Herr, hier bin ich«, erwi-
derte der Mann. 11 Der Herr forderte ihn
auf: »Geh zur Geraden Straße in das
Haus des Judas, und frag dort nach einem
Saulus von Tarsus. Er betet gerade 12 und
hat in einer Vision einen Mann gesehen,
der Hananias heißt. Dieser kam zu ihm
und legte ihm die Hände auf, damit er
wieder sehen kann.« 13 »Aber Herr«,
wandte Hananias ein, »ich habe schon
von so vielen gehört, wie grausam dieser
Saulus deine Gemeinde in Jerusalem ver-
folgt. 14 Außerdem haben wir erfahren,
dass er eine Vollmacht der Hohenpries-
ter hat, auch hier alle gefangen zu neh-
men, die an dich glauben.« 15 Doch der
Herr sprach zu Hananias: »Geh nur! Ich
habe diesen Mann dazu auserwählt, mich
bei allen Völkern und Herrschern der Er-
de, aber auch bei den Israeliten bekannt
zu machen. 16 Dabei wird er erfahren, wie
viel er um meinetwillen leiden muss.«

17 Hananias gehorchte. Er ging in das
Haus des Judas, fand dort Saulus und leg-
te ihm die Hände auf. »Lieber Bruder
Saulus«, sagte er, »Jesus, der Herr, der
dir unterwegs erschienen ist, hat mich zu
dir geschickt, damit du mit dem Heiligen
Geist erfüllt wirst und wieder sehen
kannst.« 18 Im selben Moment fiel es Sau-
lus wie Schuppen von den Augen, und er
konnte wieder sehen. Er stand auf und
ließ sich taufen. 19 Nachdem er gegessen
hatte, erholte er sich schnell.

Aus dem Verfolger wird ein Verfolgter

Einige Tage blieb Saulus bei der Gemein-
de in Damaskus. 20 Gleich nach seiner
Taufe begann er, in den Synagogen zu
predigen und zu verkünden, dass Jesus
der Sohn Gottes ist.

21 Seine Zuhörer waren fassungslos.
Ungläubig fragten sie: »Ist das nicht der,
von dem alle in Jerusalem, die sich zu
Jesus bekennen, so erbarmungslos ver-
folgt wurden? Und ist er nicht hierher
gekommen, um auch die Gläubigen in
Damaskus zu verhaften und an die
Hohenpriester in Jerusalem auszulie-
fern?« 22 Saulus aber konnte immer über-
zeugender beweisen, dass Jesus der
versprochene Retter ist, so dass die Juden
in Damaskus schließlich keine Einwände
mehr vorbringen konnten.

23 Deshalb beschlossen sie nach einiger
Zeit, Saulus zu töten. 24 Der aber erfuhr
von ihren Plänen; Tag und Nacht be-
wachten sie die Stadttore, damit er ihnen
nicht entkam. 25 Da ließen einige aus der

9,1 8,3* **9,2–19** 22,5–16; 26,12–18 **9,5** 1 Kor 15,8 **9,15** 22,21; 23,11; 27,24; Röm 1,5; 11,13; 15,15–21; Gal 1,15–16; 2,7–9; Eph 3,2; 1 Tim 2,7 **9,20** Mk 15,39* **9,21** 8,1–3; 9,2 **9,22** 18,28; Lk 24,25–27.44–46* **9,23** 20,3; 23,12 **9,24–25** 2 Kor 11,32–33

Gemeinde ihn nachts in einem Korb die
Stadtmauer hinunter.

Saulus bei der Gemeinde in Jerusalem

26 Nachdem Saulus in Jerusalem ange-
kommen war, versuchte er, sich dort der
Gemeinde anzuschließen. Aber alle hat-
ten Angst vor ihm, weil sie nicht glauben
konnten, dass er sich wirklich zu Jesus be-
kannte.
27 Endlich nahm sich Barnabas seiner
an. Er brachte ihn zu den Aposteln und
berichtete dort, wie Saulus auf der Reise
nach Damaskus den Herrn gesehen
hatte. Er erzählte, dass Jesus zu Saulus
geredet und dieser dann in Damaskus
furchtlos im Auftrag Jesu die rettende
Botschaft verkündet hatte.
28 Nun erst wurde Saulus von der Ge-
meinde in Jerusalem herzlich aufgenom-
men. Er ging bei ihnen aus und ein und
predigte unerschrocken im Namen des
Herrn. 29 Mit den Griechisch sprechenden
Juden führte er Streitgespräche. Bald
trachteten auch sie ihm nach dem Leben.
30 Als die anderen Gläubigen davon er-
fuhren, brachten sie Saulus nach Cäsarea.
Von dort reiste er in seine Heimatstadt
Tarsus.
31 Die Gemeinden in Judäa, Galiläa
und Samarien hatten nun Frieden. Sie
wuchsen und lebten in Ehrfurcht vor
Gott. Durch das Wirken des Heiligen
Geistes schlossen sich immer mehr Men-
schen diesen Gemeinden an.

Petrus in Lydda und Joppe

32 Auf einer seiner vielen Reisen durch
das ganze Land kam Petrus auch zu der
Gemeinde in der Stadt Lydda. 33 Dort traf
er Äneas, einen Mann, der schon acht
Jahre lang gelähmt im Bett lag. 34 Petrus
sagte zu ihm: »Äneas, Jesus Christus heilt
dich. Steh auf, und pack deine Sachen zu-
sammen!« Tatsächlich stand der Gelähm-
te auf und konnte gehen. 35 Als die Ein-
wohner von Lydda und den umliegenden
Orten in der Scharon-Ebene den Geheil-
ten sahen, begannen sie, an Jesus, den
Herrn, zu glauben.
36 In der Stadt Joppe lebte eine Frau,
die sich zu Jesus bekannte. Sie hieß Tabi-
ta. Der Name bedeutet »Gazelle«. Tabita
tat viel Gutes und half den Armen. 37 Als
Petrus in Lydda war, wurde sie plötzlich
krank und starb. Man wusch die Tote und
bahrte sie in einer Dachkammer auf.
38 Joppe liegt nicht weit von Lydda. Die
Gemeinde in Joppe schickte deshalb zwei
Männer mit der dringenden Bitte zu Pet-
rus: »Komm, so schnell du kannst, zu uns
nach Joppe!«
39 Petrus ging sofort mit ihnen. Als er
angekommen war, führte man ihn in die
Kammer, in der die Tote lag. Dort hatten
sich viele Witwen eingefunden, denen
Tabita in ihrer Not geholfen hatte. Wei-
nend zeigten sie Petrus Kleider und Rö-
cke, die Tabita ihnen genäht hatte.
40 Doch Petrus schickte sie alle hinaus. Er
kniete nieder und betete. Dann sagte er
zu der Toten: »Tabita, steh auf!« Sofort
öffnete sie die Augen, sah Petrus an und
richtete sich auf. 41 Petrus gab ihr die
Hand und half ihr aufzustehen. Dann rief
er die Gläubigen und die Witwen herein,
die mit eigenen Augen sehen konnten,
dass Tabita lebendig vor ihnen stand.
42 Bald wusste ganz Joppe, was geschehen
war, und viele glaubten deswegen an den
Herrn. 43 Petrus blieb danach noch länge-
re Zeit in Joppe im Haus des Gerbers
Simon.

Der römische Hauptmann Kornelius

10 In Cäsarea lebte damals ein römi-
scher Hauptmann, der Kornelius
hieß und das Italienische Regiment führ-
te. 2 Er war ein Mann, der Gott ehrte und
sich mit allen, die in seinem Haus lebten,
zu ihm bekannte. Er tat viel für die Ar-
men und betete regelmäßig zu Gott.
3 Dieser Mann hatte gegen drei Uhr nach-
mittags eine Vision. Er sah deutlich, wie

9,27 4,36 **9,30** 11,25 **10,1–2** Lk 7,1–5

ein Engel Gottes bei ihm eintrat. »Kornelius!«, rief der Engel. 4 Erschrocken sah Kornelius auf und fragte: »Was willst du, Herr?« Da antwortete ihm der Engel: »Gott hat deine Gebete gehört und kennt deine guten Taten. 5/6 Deshalb schick ein paar Leute nach Joppe. Sie sollen sich dort nach einem Simon Petrus erkundigen, der am Meer im Haus des Gerbers Simon wohnt. Dieser Simon Petrus soll zu dir kommen!«

7 Gleich nachdem der Engel gegangen war, rief Kornelius zwei seiner Diener zu sich, außerdem einen Soldaten, der wie Kornelius dem jüdischen Glauben nahe stand und zu seinem persönlichen Schutz eingesetzt war. 8 Ihnen berichtete er alles und sandte sie nach Joppe.

Petrus hat eine Vision

9 Als sich die Boten am folgenden Tag schon der Stadt Joppe näherten, stieg Petrus auf das flache Dach des Hauses, um dort ungestört zu beten. Es war gerade um die Mittagszeit, 10 und Petrus hatte Hunger. Während man sein Essen zubereitete, hatte er eine Vision:

11 Petrus sah etwas vom Himmel herabkommen. Es sah aus wie ein großes Leinentuch, das – an seinen vier Ecken zusammengehalten – auf die Erde heruntergelassen wurde. 12 In dem Tuch waren alle möglichen Arten von vierfüßigen Tieren und Kriechtieren, aber auch von Vögeln. Alle diese Tiere sind für Juden »unrein« und dürfen deshalb nicht gegessen werden.[a] 13 Dann hörte Petrus eine Stimme, die ihn aufforderte: »Petrus, steh auf, schlachte diese Tiere und iss davon!« 14 »Niemals, Herr!«, entgegnete Petrus. »Noch nie in meinem Leben habe ich etwas Unreines oder Verbotenes gegessen.« 15 Da rief die Stimme zum zweiten Mal: »Wenn Gott etwas für rein erklärt, dann nenne du es nicht unrein.« 16 Das geschah dreimal. Dann wurde das Tuch wieder in den Himmel gehoben.

17 Petrus verstand nicht, was diese Erscheinung bedeuten sollte. Aber während er noch überlegte, klopften die Boten des Kornelius an die Haustür. 18 »Wohnt hier ein Mann, der Simon Petrus heißt?«, erkundigten sie sich.

19 Petrus dachte noch immer über die Vision nach, als der Heilige Geist zu ihm sprach: »Es sind drei Männer zu dir gekommen. 20 Geh hinunter und reise mit ihnen. Du brauchst keine Bedenken zu haben, denn ich habe sie gesandt.« 21 Petrus ging hinunter. »Ich bin der, den ihr sucht«, sagte er. »Warum seid ihr hierher gekommen?« 22 Sie erwiderten: »Der Hauptmann Kornelius schickt uns. Er ist ein guter Mann, der Gott ehrt und von allen Juden hoch geachtet wird. Durch einen heiligen Engel erhielt er von Gott den Auftrag, dich in sein Haus einzuladen und darauf zu hören, was du ihm zu sagen hast.« 23 Petrus ließ die Männer in das Haus eintreten, und sie übernachteten dort. Bereits am nächsten Tag aber ging er mit ihnen nach Cäsarea, wobei ihn einige aus der Gemeinde von Joppe begleiteten.

24 Als sie am folgenden Tag dort ankamen, wurden sie schon von Kornelius erwartet. Alle seine Verwandten und Freunde waren bei ihm. 25 Noch bevor Petrus das Haus betreten hatte, kam ihm Kornelius entgegen und fiel ehrerbietig vor ihm auf die Knie. 26 Doch Petrus wehrte ab: »Steh auf, ich bin auch nur ein Mensch!«, und half ihm wieder auf. 27 Während sie noch miteinander redeten, betraten sie das Haus. Petrus sah die vielen Menschen, die auf ihn warteten.

28 »Ihr wisst ebenso wie ich«, begann er, »dass es einem Juden streng verboten ist, in das Haus eines Nichtjuden zu gehen oder sich auch nur mit ihm zu treffen. Aber Gott hat mir gezeigt: Ich darf keinen Menschen für unrein halten und ihm darum die Gemeinschaft verweigern. 29 Deshalb bin ich auch gleich zu euch gekommen, als ihr mich gerufen habt. Aber

---

[a] »Alle diese … gegessen werden« ist sinngemäß ergänzt. Vgl. 3. Mose 11; 20,25

10,11–16 15,7 **10,26** Offb 19,10 **10,28** 10,15; 11,3–4

was wollt ihr nun von mir?« 30 Kornelius
antwortete: »Vor vier Tagen betete ich
nachmittags in meinem Haus. Es war drei
Uhr, ungefähr dieselbe Zeit wie heute.
Da stand plötzlich ein Mann in einem
leuchtenden Gewand vor mir 31 und sag-
te: ›Kornelius, Gott hat deine Gebete ge-
hört. Er weiß, wie oft du den Armen ge-
holfen hast. 32 Deshalb beauftragt er dich,
Leute nach Joppe zu schicken, die Simon
Petrus zu dir bringen sollen. Er wohnt am
Meer im Haus des Gerbers Simon.[a]‹
33 Ich habe meine Boten sofort zu dir ge-
schickt, und ich freue mich, dass du ge-
kommen bist. Nun sind wir alle hier in
Gottes Gegenwart versammelt und wol-
len hören, was du uns im Auftrag des
Herrn zu sagen hast.«

Gott liebt jeden Menschen

34 Da begann Petrus zu sprechen: »Jetzt
erst habe ich richtig verstanden, dass Gott
niemanden wegen seiner Herkunft bevor-
zugt oder benachteiligt. 35 Alle Menschen
sind ihm willkommen, ganz gleich, aus
welchem Volk sie stammen, wenn sie nur
Ehrfurcht vor ihm haben und so leben,
wie es ihm gefällt. 36 Ihr kennt die Frie-
densbotschaft Gottes, die er dem Volk Is-
rael durch Jesus Christus mitgeteilt hat,
und er ist ja der Herr über alle.

37 Ihr wisst auch, was in Judäa gesche-
hen ist, nachdem Johannes der Täufer
die Menschen in Galiläa dazu aufgerufen
hatte, zu Gott umzukehren und sich tau-
fen zu lassen. 38 Jesus aus Nazareth ist von
Ort zu Ort gezogen. Er hat überall Gutes
getan und alle befreit, die der Teufel ge-
fangen hielt, denn Gott selbst hatte ihm
seine Macht und den Heiligen Geist ge-
geben. Gott stand ihm bei.

39 Wir Apostel sind Augenzeugen für
alles, was er in Israel und in Jerusalem
unter den Juden getan hat. Diesen Jesus
haben sie an das Kreuz genagelt und ge-
tötet. 40 Aber schon drei Tage später hat
Gott ihn wieder zum Leben erweckt. Da-
nach ist er als Auferstandener erschie-
nen, 41 zwar nicht dem ganzen Volk, aber
uns, seinen Jüngern, die Gott als Zeugen
bestimmt hatte. Ja, wir haben nach seiner
Auferstehung sogar mit ihm gegessen
und getrunken. 42 Jesus gab uns den Auf-
trag, allen Menschen zu sagen und zu be-
zeugen, dass Gott ihn als Richter über die
Lebenden und die Toten eingesetzt hat.
43 Schon die Propheten haben in ihren
Schriften vorausgesagt, dass durch Jesus
allen Menschen die Sünden vergeben
werden, wenn sie an ihn glauben.[b]«

Menschen aus anderen Völkern werden in die Gemeinde aufgenommen

44 Petrus hatte seine Rede noch nicht be-
endet, da wurden alle, die zuhörten, mit
dem Heiligen Geist erfüllt. 45 Die Juden
aus der Gemeinde in Joppe, die mit Pet-
rus gekommen waren, konnten es kaum
fassen, dass Gott auch Nichtjuden den
Heiligen Geist schenkte. 46 Denn sie hör-
ten, wie die Menschen in fremden Spra-
chen redeten und Gott lobten.

Petrus aber sagte: 47 »Wer könnte ihnen
jetzt noch die Taufe verweigern, wo sie
genau wie wir den Heiligen Geist emp-
fangen haben?« 48 Und er ließ alle auf
den Namen Jesu Christi taufen. Danach
baten sie Petrus, er möge noch einige Ta-
ge bei ihnen bleiben.

Petrus rechtfertigt die Taufe von Nichtjuden

11 Bald darauf erfuhren die Apostel
und die anderen Gläubigen in Ju-
däa, dass nun auch Nichtjuden Gottes
Botschaft angenommen hatten.

2 Als Petrus nach Jerusalem zurück-
kehrte, warfen ihm die jüdischen Gemein-
deglieder vor: 3 »Du hast das Haus von

---

[a] *Andere Textzeugen fügen hinzu:* Er hat dir etwas zu sagen.
[b] Vgl. Jesaja 53,5–6; Jeremia 31,34

10,34–35 Joh 10,16; Röm 2,10–11 **10,36** 5,31; Lk 2,14; Eph 2,17 **10,37** Lk 3,3–17 **10,38** Lk 3,21–22 **10,39** 1,8*; Lk 24,32–33 **10,40–43** Lk 24,1–7.36–43; 1 Kor 15,4–8 **10,42** 1,8*; Lk 24,47 **10,43** Lk 24,44–46* **10,44** 11,15 **10,45** 2,38–39 **10,46** 2,4 **10,47–48** 8,36; 11,16–17 **11,2–3** 10,28–29

Nichtjuden betreten und sogar mit ihnen
gegessen!« 4 Nun berichtete ihnen Petrus
der Reihe nach, was geschehen war:
5 »In der Stadt Joppe zeigte mir Gott
während des Gebets ein riesiges Tuch,
das an seinen vier Ecken vom Himmel
herabgelassen wurde. 6 Als ich genau hin-
sah, entdeckte ich die unterschiedlichs-
ten Arten von vierfüßigen und wilden
Tieren, von Kriechtieren und Vögeln.
7 Ich hörte eine Stimme, die mich auffor-
derte: ›Petrus, steh auf, schlachte diese
Tiere und iss davon!‹ 8 ›Niemals, Herr‹,
widersprach ich. ›Bisher habe ich noch
nie etwas gegessen, was im Gesetz des
Mose als unrein bezeichnet wird und ver-
boten ist.‹ 9 Aber die Stimme vom Him-
mel sprach noch einmal: ›Wenn Gott et-
was für rein erklärt hat, dann nenne du es
nicht unrein.‹
10 Dreimal wiederholte sich dieser Vor-
gang. Dann wurde das Tuch wieder in
den Himmel gehoben. 11 Genau in diesem
Augenblick standen drei Männer vor
dem Haus, in dem ich wohnte. Sie kamen
aus Cäsarea und waren zu mir geschickt
worden. 12 Der Heilige Geist befahl mir,
ohne Bedenken mit diesen Männern zu
gehen, und diese sechs Brüder hier aus
der Gemeinde in Joppe begleiteten mich.
Bald trafen wir im Haus des Mannes ein,
der die Boten geschickt hatte. 13 Er be-
richtete uns, dass ihm ein Engel erschie-
nen war, der ihm befohlen hatte: ›Schick
Boten nach Joppe und lass Simon Petrus
holen. 14 Der wird dir sagen, wie du mit
allen, die zu dir gehören, gerettet werden
kannst.‹ 15 Ich war noch gar nicht lange
bei ihnen und hatte gerade zu reden an-
gefangen, da kam der Heilige Geist auf
sie, genauso wie es bei uns am Pfingsttag
gewesen war.
16 In diesem Augenblick fiel mir ein,
was uns der Herr einmal gesagt hatte:
›Johannes hat mit Wasser getauft, ihr
aber sollt mit dem Heiligen Geist getauft
werden.‹ 17 Gott schenkte diesen Nicht-
juden dieselbe Gabe wie vorher uns, als
wir begannen, an den Herrn Jesus Chris-
tus zu glauben. Wer bin ich, dass ich Gott
daran hätte hindern können?«
18 Diese Worte überzeugten sie. Sie
lobten Gott und verkündeten: »Gott hat
allen Menschen den Weg zur Umkehr ge-
zeigt, den einzigen Weg, der zum Leben
führt.«

Gründung der Gemeinde in Antiochia

19 Die Gläubigen, die wegen der begin-
nenden Verfolgung nach dem Tod des
Stephanus aus Jerusalem geflohen waren,
kamen bis nach Phönizien, Zypern und
Antiochia. Sie erzählten aber nur den Ju-
den von Jesus. 20 Lediglich ein paar Män-
ner aus Zypern und Kyrene, die jetzt in
Antiochia lebten, verkündeten auch den
Griechen die rettende Botschaft von Je-
sus, dem Herrn. 21 Der Herr aber war mit
ihnen, und so begannen viele Menschen
dort an ihn zu glauben.
22 Als die Gemeinde in Jerusalem da-
von erfuhr, schickte sie Barnabas nach
Antiochia. 23 Der kam in die Stadt und er-
kannte voller Freude, was Gott getan hat-
te. Barnabas ermutigte die Gläubigen,
fest und entschlossen in ihrem Glauben
an den Herrn zu bleiben. 24 Er war ein
vorbildlicher Mann, erfüllt vom Heiligen
Geist und stark im Glauben. So began-
nen damals viele Menschen Jesus, dem
Herrn, zu vertrauen.
25 Von Antiochia reiste Barnabas nach
Tarsus, um Saulus aufzusuchen. 26 Er traf
ihn, und gemeinsam gingen sie nach An-
tiochia zurück. Dort blieben beide ein
ganzes Jahr, um viele Menschen im Glau-
ben zu unterweisen. In Antiochia wurden
die Nachfolger Jesu auch zum ersten Mal
»Christen« genannt.
27 In diesen Tagen kamen Propheten
aus Jerusalem nach Antiochia. 28 Wäh-
rend des Gottesdienstes sagte einer von
ihnen – er hieß Agabus – eine große Hun-
gersnot voraus. Sie würde sich über die
ganze Welt erstrecken. So hatte es ihm
der Heilige Geist gezeigt. Tatsächlich trat

11,18 10,34–35; Röm 2,10–11 **11,19** 8,1.4 **11,22** 4,36* **11,25** 9,30 **11,28** 21,10

diese Hungersnot während der Re-
gierungszeit des Kaisers Klaudius ein.
29 Deshalb beschloss die Gemeinde in
Antiochia, den Christen in Judäa zu hel-
fen. Jeder in der Gemeinde gab, so viel er
nur konnte, 30 und das Geld wurde dann
von Barnabas und Saulus den Leitern
der Gemeinde in Jerusalem überbracht.

Die Verhaftung des Petrus und seine Befreiung

12 In dieser Zeit ließ König Herodes
einige Christen in Jerusalem ver-
haften und foltern. 2 Jakobus, der Bruder
des Johannes, wurde enthauptet. 3 Als
Herodes merkte, dass er dadurch bei den
führenden Männern der Juden Ansehen
gewann, ließ er noch während des Festes
der ungesäuerten Brote Petrus gefangen
nehmen. 4 Man warf den Apostel ins Ge-
fängnis. Dort bewachten ihn ununterbro-
chen vier Soldaten, die alle sechs Stun-
den abgelöst wurden. Herodes wollte
nach dem Passahfest Petrus öffentlich
den Prozess machen. 5 Aber die Gemein-
de in Jerusalem hörte nicht auf, Gott um
Hilfe für den Gefangenen zu bitten. 6 In
der letzten Nacht vor dem Prozess schlief
Petrus angekettet zwischen zwei Sol-
daten, während zwei andere vor der Zel-
le Wache hielten. 7 Plötzlich betrat ein
Engel des Herrn die Zelle, und Licht er-
füllte den Raum. Der Engel weckte Pet-
rus, indem er ihn anstieß, und sagte zu
ihm: »Steh schnell auf!« Sofort fielen Pet-
rus die Ketten von den Handgelenken.
8 »Binde deinen Gürtel um, und zieh dei-
ne Sandalen an«, befahl ihm der Engel.
»Nimm deinen Mantel, und folge mir!«

9 Petrus ging hinter dem Engel aus der
Zelle. Aber die ganze Zeit über konnte er
nicht glauben, dass all dies wirklich ge-
schah. Er meinte, er hätte eine Vision.
10 Doch sie passierten die erste Wache, die
zweite und kamen schließlich an das
schwere Eisentor, das zur Stadt führte. Es
öffnete sich vor ihnen. Nun hatten sie das
Gefängnis verlassen und bogen in eine
schmale Straße ein. Da verschwand der
Engel, 11 und erst jetzt begriff Petrus: »Der
Herr hat mir tatsächlich seinen Engel ge-
schickt, um mich aus der Gewalt des He-
rodes zu retten. Die Juden werden ver-
geblich auf meine Hinrichtung warten.«

12 Petrus überlegte und ging dann zu
dem Haus, in dem Maria wohnte, die
Mutter von Johannes Markus. Dort hat-
ten sich viele Christen aus der Gemeinde
zusammengefunden, um zu beten.

13 Als Petrus an die Haustür klopfte,
kam ein Mädchen, das Rhode hieß, und
wollte hören, wer da war. 14 Sie erkannte
Petrus sofort an der Stimme, vergaß aber
vor lauter Freude die Tür zu öffnen und
lief ins Haus zurück. »Petrus steht drau-
ßen vor der Tür!«, rief sie. 15 »Du musst
dich irren!«, meinten die anderen. Aber
sie blieb bei ihrer Behauptung. Jetzt ver-
muteten einige: »Vielleicht ist es sein
Engel!«

16 Petrus hörte nicht auf, an die Tür zu
klopfen. Als sie ihm endlich öffneten und
Petrus erkannten, gerieten sie vor Freude
außer sich. 17 Mit einer Handbewegung
brachte er sie zur Ruhe, und dann berich-
tete er, wie ihn der Herr aus dem Gefäng-
nis befreit hatte. »Sagt das auch Jakobus
und den anderen«, bat er zum Schluss.
Dann trennten sie sich, und Petrus ver-
ließ Jerusalem, um sich in Sicherheit zu
bringen.

18 Am nächsten Morgen entdeckten die
Soldaten voller Entsetzen, dass Petrus
nicht mehr da war. Sie konnten es sich
einfach nicht erklären. 19 Als Herodes
den Gefangenen vorführen lassen wollte,
er aber nirgendwo zu finden war, ließ der
König die Wachen verhören und hinrich-
ten. Anschließend verließ Herodes Judäa
und blieb längere Zeit in Cäsarea.

Das Ende des Herodes

20 In dieser Zeit lag Herodes im Streit mit
den Städten Tyrus und Sidon. Um den

11,29–30 12,25; Gal 6,10 **12,2** Mt 4,21–22; 10,2; 20,20–23 **12,5** Mt 18,19; Lk 18,1–8; Joh 15,7*
12,7 5,19 **12,17** 15,13*

Keine Ungleichbehandlung!

Lesen Sie Apostelgeschichte 10,34-35

Die Hackordnung ist ein unerwünschtes Nebenprodukt unserer Wettbewerbsgesellschaft. Sie beruht auf der Ansicht, dass einige Menschen wichtiger seien als andere. Egal in welcher Umgebung wir uns gerade befinden, die Wahrscheinlichkeit ist groß, dass es dort eine solche Rangfolge gibt – und dass wir unseren Platz darin erkennen werden (oder man uns darauf hinweist).

Manchmal ist die Hackordnung ganz offensichtlich. In einem Unternehmen wird sie in der Regel durch den Berufstitel bestimmt, vom Vorstandsvorsitzenden abwärts. In anderen Umgebungen – zum Beispiel in einem Klassenzimmer – erkennt man sie nicht auf den ersten Blick, aber vorhanden ist sie trotzdem.

Zur Hackordnung gehört die Erwartung, dass manche Menschen bevorzugt werden sollten. Wer ganz oben ist, will von „denen da unten" auf eine ganz bestimmte Weise behandelt werden. Wer sich weiter unten befindet, hat nicht so große Erwartungen. Wenn unser Denken von solchen Hierarchien bestimmt ist, geraten wir leicht in Versuchung, im Umgang mit anderen gewisse Personen zu bevorzugen.

Als Christen haben wir jedoch nicht die Freiheit, einigen Menschen mehr Freundlichkeit und Respekt zu erweisen als anderen. Apostelgeschichte 10,34 macht uns deutlich, dass Gott niemanden bevorzugt. Bei ihm gibt es keine Hackordnung. Er nimmt jeden an, der zu ihm kommt. Wie können wir als seine Diener es dann anders machen?

Nehmen Sie sich Zeit, um allein oder als Paar gemeinsam zu beten. Danken Sie Gott, dass er Ihnen ein Vorbild darin gegeben hat, Menschen nicht aufgrund ihrer gesellschaftlichen Stellung unterschiedlich zu behandeln. Bitten Sie ihn, dass in Ihrem Haus und in Ihrer Familie jeder Mensch gleich willkommen ist.

Wenn Sie noch mehr Zeit haben …

Besprechen Sie miteinander folgende Fragen oder denken Sie darüber nach:

- In welchen Situationen neigen Sie dazu, sich anderen überlegen zu fühlen?
- Wann haben Sie folglich jemanden nicht mit der angemessenen Höflichkeit behandelt?
- Was können Sie tun, damit Ihr Zuhause – und Ihre Familie – in dieser Hinsicht einladender werden?

Lesen Sie auch die folgenden Abschnitte zum Thema Ungleichbehandlung:
Römer 2,11; Galater 3,26-29; Jakobus 2,8-9.

Ein ermutigendes Wort

Lesen Sie Apostelgeschichte 15,32

Die ermutigenden Worte von Judas und Silas in Apostelgeschichte 15 haben das Leben von Menschen verändert. Auch Ihre Worte der Ermutigung können sich in ähnlicher Weise auf das Leben Ihres Ehepartners auswirken.

Vielleicht hat Ihr Mann oder Ihre Frau brachliegende Talente in einem oder mehreren Lebensbereichen. Hier sind Ihre mutmachenden Worte gefragt. Wenn wir unseren Partner ermutigen wollen, müssen wir uns in ihn hineinversetzen und die Welt mit seinen Augen betrachten. Zunächst müssen wir lernen, was ihm oder ihr wichtig ist. Erst dann können wir die richtigen Worte finden. Wenn wir dem anderen Mut zusprechen, vermitteln wir ihm damit: „Ich weiß Bescheid. Es ist mir wichtig. Ich bin bei dir. Wie kann ich dir helfen?" Wir versuchen unserem Partner zu zeigen, dass wir ihm und seinen Fähigkeiten etwas zutrauen. Wir schenken ihm Anerkennung und loben ihn.

Die meisten von uns haben so viele Gaben und Talente, dass wir sie gar nicht alle ausbauen können. Meistens fehlt uns dafür der Mut. Wenn wir aber einen liebevollen Ehepartner haben, kann er oder sie für uns regelrecht zu einem Motor werden. Vielleicht fallen Ihnen ermutigende Worte gar nicht so leicht, weil es nicht Ihre Muttersprache der Liebe ist. Es braucht dann viel Anstrengung, diese Fremdsprache zu lernen – vor allem, wenn Sie eher zu Kritik und Verurteilung neigen –, aber die Mühe lohnt sich auf jeden Fall.

Nehmen Sie sich Zeit, um allein oder als Paar gemeinsam zu beten.

- Danken Sie Gott für die Ermutigung, die er Ihnen durch sein Wort und durch andere Menschen schenkt.
- Sprechen Sie mit ihm über Ihre Gefühle als jemand, der sowohl Ermutigung schenkt als auch empfängt.
- Bitten Sie ihn, dass Sie für Ihren Mann oder Ihre Frau zu einer beständigen Quelle der Ermutigung werden.

Wenn Sie noch mehr Zeit haben …

Besprechen Sie miteinander folgende Fragen oder denken Sie darüber nach:

- Was ist das Ermutigendste, das Ihnen jemals gesagt wurde? Warum war das für Sie so wichtig?
- Sind Sie jemand, der andere ermutigt? Würde Ihr Mann/Ihre Frau das genauso sehen?
- Wie können Sie Ihrem Ehepartner die Ermutigung geben, die er/sie braucht?

Lesen Sie auch die folgenden Abschnitte zum Thema Ermutigung:
5. Mose 31,6; Zefanja 3,17; Philipper 4,6-7.

Den nächsten Impuls finden Sie auf S. 1262 a

König zum Frieden zu bewegen, schick-
ten die Städte eine Abordnung zu ihm.
Dieser Abordnung gelang es, Blastus,
den Verwalter der königlichen Schatz-
kammer, für sich zu gewinnen. So hofften
sie, zu einer Einigung zu gelangen, denn
sie waren auf die Lieferung von Lebens-
mitteln aus dem Herrschaftsbereich des
Herodes angewiesen. 21 Nach dem Ab-
schluss der Verhandlungen zog Herodes
sein königliches Prachtgewand an und
hielt von seinem Thron aus eine öffent-
liche Ansprache. 22 Begeistert jubelte
ihm das Volk zu: »So spricht nur Gott
und kein Mensch!« 23 Im selben Augen-
blick strafte ein Engel des Herrn den Kö-
nig, weil er sich als Gott verehren ließ. Er
wurde von Würmern zerfressen und starb
unter Qualen. 24 An Gottes Botschaft
aber glaubten immer mehr Menschen.
25 Barnabas und Saulus hatten inzwischen
ihre Aufgabe in Jerusalem erfüllt und
kehrten zusammen mit Johannes Markus
nach Antiochia zurück.

Saulus und Barnabas werden als Missionare ausgesandt

13 In der Gemeinde von Antiochia
gab es mehrere Propheten und
Lehrer: Barnabas, Simeon, genannt »der
Schwarze«, Luzius von Kyrene, Manaën,
der zusammen mit dem Herrscher Hero-
des erzogen worden war, und Saulus.
2 Als diese Männer während einer Zeit
des Fastens gemeinsam beteten, sprach
der Heilige Geist zu ihnen: »Gebt Barna-
bas und Saulus für die Aufgabe frei, zu
der ich sie berufen habe!« 3 Da fasteten
und beteten sie, legten Barnabas und
Saulus die Hände auf und sandten sie
zum Missionsdienst aus.

Auf Zypern: Erster Widerstand – erster Erfolg

4 Auf diese Weise vom Heiligen Geist
selbst ausgesandt, kamen Barnabas und
Saulus zuerst nach Seleuzia und von dort
mit einem Schiff nach Zypern. 5 Gleich
nachdem sie in der Stadt Salamis ange-
kommen waren, verkündeten sie in den
Synagogen die Botschaft Gottes. Johan-
nes Markus hatten sie als Gehilfen bei
sich.

6 So kamen sie an das andere Ende der
Insel, bis nach Paphos. Dort trafen sie
einen Juden, der sich mit Zauberei abgab.
Er hieß Barjesus und war ein falscher
Prophet. 7 Dieser Jude war mit dem römi-
schen Statthalter Sergius Paulus befreun-
det, einem klugen und sehr verständigen
Mann. Der Statthalter lud Barnabas und
Saulus zu sich ein, weil er von ihnen Got-
tes Botschaft hören wollte. 8 Aber Ely-
mas, wie der Name des Zauberers auf
Griechisch hieß, wollte mit allen Mitteln
verhindern, dass der Statthalter zum
Glauben an Christus kam.

9 Saulus aber, der sich auch Paulus
nannte, sah den Zauberer durchdringend
an und, erfüllt vom Heiligen Geist, 10 sag-
te er: »Du Sohn der Hölle, voller List und
Bosheit! Du bist ein Feind von allem, was
gut ist und Gott gefällt. Wann endlich
wirst du aufhören, Gottes Wahrheit in
Lüge zu verdrehen? 11 Der Herr wird dich
dafür strafen: Du sollst blind werden und
einige Zeit die Sonne nicht sehen kön-
nen.« In demselben Augenblick erblinde-
te der Mann. Er tappte hilflos umher und
brauchte jemanden, der ihn an der Hand
führte. 12 Der Statthalter hatte dies alles
mit angesehen und begann, an den Herrn
zu glauben. Er war beeindruckt von dem,
was Paulus ihn über Jesus lehrte.

Missionsarbeit in Antiochia/Pisidien

13 Danach verließen Paulus und seine Ge-
fährten Paphos. Mit einem Schiff fuhren
sie nach Perge in Pamphylien, wo sich
Johannes Markus von ihnen trennte und
nach Jerusalem zurückkehrte. 14 Barna-
bas und Paulus zogen allein weiter nach
Antiochia in Pisidien. Am Sabbat gingen

12,25 12,12; 13,5.13; 15,37–39; Kol 4,10; 2 Tim 4,11 **13,1** 4,36* **13,2** 9,15* **13,3** 6,6; 14,23
13,5 12,25* **13,13** 15,37–39 **13,14** 13,5; 14,1; 17,1–2.10.17; 18,4.19; 19,8

sie dort in die Synagoge. 15 Nach der üblichen Lesung aus den Büchern des Mose und der Propheten ließen ihnen die Synagogenvorsteher ausrichten: »Liebe Brüder, wenn ihr etwas lehren wollt, was der Gemeinde nützt, dann redet nur!«

16 Da erhob sich Paulus, bat mit einer Handbewegung um Ruhe und begann: »Ihr Männer Israels, aber auch ihr andern alle, die ihr an den Gott Israels glaubt, hört mir zu! 17 Der Gott des Volkes Israel hat unsere Vorfahren auserwählt und sie in Ägypten zu einem großen Volk werden lassen. Mit großer Macht führte er unser Volk von dort weg. 18 Vierzig Jahre lang erhielt er sie auf ihrem Weg durch die Wüste. 19 Und als Gott sieben Völker in Kanaan vernichtet hatte, konnten sie dieses Land in Besitz nehmen. 20 Dies geschah etwa 450 Jahre, nachdem unsere Vorfahren nach Ägypten gekommen waren. Nun erwählte Gott Männer, die das Volk führen sollten; der letzte war Samuel, ein Prophet Gottes.

21 Als das Volk einen König haben wollte, gab Gott ihnen Saul, den Sohn Kischs aus dem Stamm Benjamin.

Saul regierte vierzig Jahre. 22 Dann wandte sich Gott von ihm ab und erwählte David zum König über Israel, von dem er sagte: ›Ich habe David, den Sohn Isais, gefunden, einen Mann, der mir Freude macht. Bei allem, was er tut, wird er auf mich hören.‹[a] 23 Ein Nachkomme Davids ist Jesus, der von Gott versprochene Retter Israels. 24 Er kam, nachdem Johannes das ganze Volk Israel aufgerufen hatte, zu Gott umzukehren und sich taufen zu lassen. 25 Johannes hatte seinen Auftrag erfüllt, als er sagte: ›Ich bin nicht der, für den ihr mich haltet. Aber nach mir wird einer kommen, und ich bin nicht einmal würdig, ihm die Schuhe auszuziehen.‹[b]

26 Euch, liebe Brüder, die ihr von Abraham abstammt, und euch, die ihr an Gott glaubt und ihn ehrt, gilt diese rettende Botschaft. 27 Die Einwohner Jerusalems und ihre führenden Männer haben nicht verstanden, wer Jesus ist. Sie haben ihn verurteilt, und damit erfüllten sie die Vorhersagen der Propheten, die jeden Sabbat vorgelesen werden. 28 Denn obwohl sie Jesus nicht das geringste Vergehen nachweisen konnten, verlangten sie von Pilatus, ihn hinzurichten. 29 Als sie alles getan hatten, was in der Heiligen Schrift vorausgesagt ist, nahmen sie ihn vom Kreuz herunter und legten ihn in ein Grab. 30 Aber Gott hat ihn von den Toten auferweckt. 31 Danach ist Jesus noch viele Tage seinen Jüngern erschienen, die mit ihm von Galiläa nach Jerusalem gekommen waren. Sie sind jetzt vor dem Volk Israel die Zeugen für seine Auferstehung.

32 Euch verkünden wir nun diese rettende Botschaft: Die Zusage, die Gott unseren Vorfahren gab, 33 hat er für uns jetzt erfüllt, indem er Jesus von den Toten auferweckte. So heißt es im zweiten Psalm: ›Du bist mein Sohn. Heute setze ich dich zum König ein.‹[c] 34 Dass er Jesus von den Toten auferwecken und nicht verwesen lassen würde, hat er in der Heiligen Schrift vorausgesagt: ›Ich will euch die Gnade erweisen, die ich David versprochen habe.‹[d] 35 An einer anderen Stelle heißt es noch deutlicher: ›Du wirst den, der zu dir gehört, nicht der Verwesung überlassen.‹[e]

36 Das bezog sich nicht etwa auf David. Der starb, nachdem er den Menschen seiner Zeit nach Gottes Willen gedient hatte. Er wurde bei seinen Vorfahren begraben und verweste. 37 Aber der, den Gott von den Toten auferweckt hat, der ist nicht verwest. 38 So sollt ihr nun wissen,

---

[a] Vgl. Psalm 89,21
[b] Lukas 3,16
[c] Wörtlich: Heute habe ich dich gezeugt. Vgl. Psalm 2,7
[d] *Jesaja 55,3*
[e] Psalm 16,10

13,17 2 Mo 1,7; 12,51 **13,18** 4 Mo 14,33; 5 Mo 29,4–5 **13,19** 5 Mo 7,1 **13,20** 2 Mo 12,40–41; 1 Sam 7,15–17 **13,21** 1 Sam 10,20–24 **13,23** Mt 20,30–31*; Lk 2,11* **13,24–25** Lk 3,3–17 **13,27** 3,17; Joh 16,3; Apg 15,21 **13,28–31** 1 Kor 15,3–8 **13,38** 10,43; Röm 5,17; 2 Kor 5,18–21*

liebe Brüder, dass es Jesus ist, durch den
ihr Vergebung der Sünden erlangt.
39 Jeder, der an ihn glaubt, wird frei von
seinen Sünden. Das Gesetz des Mose
konnte ihn davon nicht lossprechen.
40 Seht euch also vor, dass auf euch nicht
zutrifft, was in den Propheten geschrie-
ben steht: 41 ›Ihr Verächter der Wahrheit!
Wacht auf aus eurer Gleichgültigkeit und
erschreckt zu Tode. Was ich noch zu eu-
ren Lebzeiten geschehen lasse, würdet
ihr nicht für möglich halten, wenn andere
es euch erzählten.‹«[a]
42 Als Paulus und Barnabas den Gottes-
dienst verließen, wurden sie gebeten, am
nächsten Sabbat wiederzukommen, um
noch einmal über das Gesagte zu spre-
chen. 43 Viele Juden, aber auch andere,
die zum Judentum übergetreten waren,
begleiteten Paulus und Barnabas. Die
Apostel ermahnten alle diese Menschen,
Gottes Gnade anzunehmen und immer
an ihr festzuhalten.

Konflikt mit den Juden

44 Am folgenden Sabbat waren fast alle
Einwohner der Stadt zusammengekom-
men, um die Botschaft Gottes zu hören.
45 Als die Juden die vielen Menschen in
der Synagoge sahen, wurden sie neidisch.
Sie widersprachen Paulus und spotteten.
46 Doch Paulus und Barnabas ließen sich
nicht beirren. Ruhig und fest erklärten
sie: »Zuerst musste euch Juden die Bot-
schaft Gottes verkündet werden. Ihr aber
wolltet sie nicht hören und habt damit
selbst gezeigt, dass ihr unwürdig seid,
das ewige Leben zu empfangen. Darum
wenden wir uns jetzt an die nichtjüdi-
schen Völker. 47 Denn der Herr hat uns
befohlen: ›Ich habe dich zum Licht für
alle Völker gemacht, damit du der gan-
zen Welt die Rettung bringst.‹«[b]
48 Als die Nichtjuden das hörten, freu-
ten sie sich sehr und lobten Gott für seine
Botschaft. Und alle, die zum ewigen Le-
ben bestimmt waren, begannen zu glau-
ben. 49 So wurde die Botschaft des Herrn
in der ganzen Umgebung bekannt. 50 Den
Juden aber gelang es, fromme, angesehe-
ne Frauen und einflussreiche Männer der
Stadt gegen Paulus und Barnabas auf-
zuhetzen und beide aus der Stadt zu ver-
treiben. 51 Da schüttelten sie den Staub
von ihren Füßen als Zeichen dafür, dass
sie die Stadt Gottes Urteil überließen,[c]
und reisten weiter nach Ikonion. 52 Die in
Antiochia gebliebenen Jünger aber wa-
ren erfüllt vom Heiligen Geist und voller
Freude.

Reise nach Ikonion

14 In Ikonion gingen Paulus und Bar-
nabas zuerst wieder in die Synago-
ge und predigten dort so überzeugend,
dass viele – Juden wie Griechen – zu glau-
ben begannen. 2 Aber die Juden, die von
Gottes Botschaft nichts wissen wollten,
verleumdeten die junge Gemeinde bei
der nichtjüdischen Bevölkerung. 3 Trotz-
dem blieben Paulus und Barnabas länge-
re Zeit dort und predigten furchtlos in al-
ler Öffentlichkeit, denn sie vertrauten auf
die Hilfe des Herrn. Er bestätigte die
Botschaft von seiner Liebe durch Zei-
chen und Wunder, die durch Paulus und
Barnabas geschahen.
4 Die Meinung der Bevölkerung war ge-
teilt. Manche hielten zu den führenden
Männern der Juden, andere zu den Apos-
teln. 5 Dann aber schlossen sich die jüdi-
schen und nichtjüdischen Gegner der
Apostel zusammen. Gemeinsam mit den
führenden Männern der Stadt wollten sie
Paulus und Barnabas misshandeln und
steinigen. 6 Als die Apostel davon erfuh-
ren, flohen sie in die Provinz Lykaonien,
in die Städte Lystra und Derbe. 7 Dort und
in der ganzen Umgebung verkündeten sie
die rettende Botschaft von Jesus Christus.

---

[a] Habakuk 1,5
[b] Jesaja 49,6
[c] »als Zeichen … überließen« ist sinngemäß ergänzt.

13,39 Röm 3,22; 8,3 **13,45** 5,17; 17,5 **13,46–47** 3,25–26; Röm 11,11–12 **13,50** 14,19 **13,51** 18,6; Lk 9,5 **14,1** 13,14* **14,2** 13,50; 14,19; 1 Thess 2,15–16 **14,6** Mt 10,23

Heilung eines Gelähmten in Lystra

8 In Lystra lebte ein Mann, dessen Füße
von Geburt an gelähmt und kraftlos wa-
ren. Noch nie hatte er einen Schritt gehen
können. 9 Dieser Mann hörte Paulus re-
den. Paulus wurde auf ihn aufmerksam
und sah, dass der Mann glaubte, er könne
geheilt werden. 10 Laut rief er ihm zu:
»Steh auf, stell dich auf deine Füße!« Da
sprang der Mann auf und konnte gehen.
11 Als die Leute erkannten, was Paulus
getan hatte, riefen sie in ihrer Mutter-
sprache: »Die Götter sind als Menschen
zu uns herabgekommen!« 12 Sie nannten
Barnabas »Zeus« und Paulus »Hermes«,
weil er der Wortführer war. 13 Der Pries-
ter des Zeustempels vor den Toren der
Stadt brachte Stiere und Kränze zum
Stadttor, um den Aposteln vor dem
ganzen Volk ein Opfer zu bringen. 14 Als
Paulus und Barnabas begriffen, was die
Leute vorhatten, zerrissen sie ihre Klei-
der, liefen unter die Menge und riefen
entsetzt: 15 »Was macht ihr da, Männer!
Wir sind nur Menschen aus Fleisch und
Blut wie ihr. Mit unserer Predigt wollen
wir doch gerade erreichen, dass ihr euch
von diesen toten Götzen abwendet und
an den lebendigen Gott glaubt. Er hat
das Weltall, die Erde, das Meer und alles,
was darin ist, erschaffen! 16 Bisher hat er
die Völker ihre eigenen Wege gehen las-
sen. 17 Aber er zeigte ihnen immer wieder,
dass er lebt; denn er hat euch viel Gutes
getan. Ihm verdankt ihr den Regen und
die guten Ernten; er gibt euch zu essen
und macht euch glücklich.«

18 Mit diesen Worten konnten Paulus
und Barnabas die Leute nur mit Mühe
davon abhalten, ihnen zu opfern. 19 Dann
aber kamen Juden aus Antiochia und
Ikonion. Sie hetzten die Volksmenge ge-
gen die Apostel so sehr auf, dass Paulus
gesteinigt wurde.

Weil die Leute Paulus für tot hielten,
schleiften sie ihn zur Stadt hinaus. 20 Doch
als die Jünger ihn umringten, kam Paulus
wieder zu sich, stand auf und ging in die
Stadt zurück. Am folgenden Tag zog er
mit Barnabas weiter nach Derbe.

Paulus und Barnabas kehren nach Antiochia in Syrien zurück

21 Nachdem Paulus und Barnabas in Der-
be die rettende Botschaft gepredigt
hatten und viele dort Christen geworden
waren, kehrten die beiden Apostel nach
Lystra, Ikonion und Antiochia zurück.
22 Dort ermutigten sie die jungen Chris-
ten, im Glauben festzubleiben, und erin-
nerten sie noch einmal: »Der Weg in
Gottes neue Welt führt durch viel Leid.«

23 Paulus und Barnabas setzten in jeder
Gemeinde Leiter ein. Für sie fasteten
und beteten die Apostel und stellten sie
unter den Schutz des Herrn, auf den sie
ihr Vertrauen gesetzt hatten.

24 Dann reisten sie durch die Provinzen
Pisidien und Pamphylien 25 und verkün-
deten in der Stadt Perge die rettende
Botschaft. Von der Hafenstadt Attalia
aus 26 segelten sie wieder nach Antiochia.
Dort hatte man sie am Beginn ihrer Rei-
se der Gnade Gottes anvertraut und
ihnen den Auftrag gegeben, den sie nun
ausgeführt hatten.

27 Unmittelbar nach ihrer Ankunft rie-
fen sie die Gemeinde zusammen und be-
richteten, was Gott durch sie getan hatte
und wie er auch den Nichtjuden den Weg
zum Glauben gezeigt hatte. 28 Paulus und
Barnabas blieben längere Zeit bei den
Christen in Antiochia.

Das Apostelkonzil in Jerusalem

15 Eines Tages kamen Gläubige aus
Judäa in die Gemeinde von Antio-
chia. Sie lehrten öffentlich: »Wer sich
nicht beschneiden lässt, so wie es im Ge-
setz des Mose vorgeschrieben ist, kann
nicht gerettet werden.« 2 Paulus und
Barnabas widersprachen, und es kam
zu einer heftigen Auseinandersetzung.

14,15 10,26; 1 Thess 1,9 **14,17** Röm 1,19–20 **14,19** 13,50; 14,2; 2 Kor 11,25 **14,22** 2 Tim 3,12* **14,23** 6,6; 13,3 **14,26** 13,2–3 **15,1–2** Gal 2,12.21; 5,2

Schließlich beschlossen die Christen in
Antiochia, dass Paulus und Barnabas mit
einigen anderen aus der Gemeinde zu den
Aposteln und Gemeindeleitern nach Je-
rusalem gehen sollten, um diese Streitfra-
ge zu klären.
3 Nachdem die Gemeinde sie ver-
abschiedet hatte, zogen sie durch die Pro-
vinzen Phönizien und Samarien. Überall
berichteten sie, wie auch die Nichtjuden
zu Gott umgekehrt waren, und alle freu-
ten sich darüber. 4 In Jerusalem wurden
sie von der Gemeinde, den Aposteln und
den Leitern herzlich aufgenommen. Dort
erzählten sie ebenfalls, was Gott durch
sie unter den Nichtjuden getan hatte.
5 Aber auch hier verlangten einige der
Gläubigen, die früher zu den Pharisäern
gehört hatten: »Man muss die Nichtjuden
beschneiden und von ihnen verlangen,
dass sie das Gesetz des Mose befolgen.«

»Gott hat längst entschieden«

6 Daraufhin setzten sich die Apostel und
die Leiter zusammen, um diese Frage zu
klären. 7 Nach heftigen Wortwechseln
stand schließlich Petrus auf und sagte:
»Liebe Brüder! Ihr wisst doch, dass Gott
mir schon vor langer Zeit aufgetragen
hat, die rettende Botschaft auch denen
zu verkünden, die keine Juden sind, denn
auch sie sollen Gott vertrauen. 8 Und
Gott, der jedem von uns ins Herz sieht,
hat sich zu ihnen bekannt, als er den
Nichtjuden genauso wie uns den Heiligen
Geist gab. 9 Ja, Gott machte keinen Un-
terschied zwischen uns und ihnen: Er be-
freite sie von aller Schuld, als sie an ihn
glaubten. 10 Warum wollt ihr jetzt Gott
herausfordern und diesen Brüdern eine
Last aufbürden, die weder wir noch unse-
re Vorfahren tragen konnten? 11 Wir glau-
ben, dass wir allein durch die Gnade Jesu,
des Herrn, gerettet werden. Dasselbe gilt
auch für die Nichtjuden.«
12 Alle schwiegen und hörten Barnabas
und Paulus gespannt zu, als sie berichte-
ten, wie viele Zeichen und Wunder Gott
durch sie unter den Nichtjuden getan
hatte.

Der Vorschlag des Jakobus

13 Dann stand Jakobus auf: »Liebe Brü-
der!«, sagte er. 14 »Simon Petrus hat eben
erzählt, wie Gott selbst begonnen hat,
unter den Nichtjuden ein Volk zu sam-
meln, das ihm gehört. 15 Das sagen ja
schon die Propheten, denn es heißt bei
ihnen: 16 ›Danach werde ich, der Herr,
mich meinem Volk wieder zuwenden
und das Reich König Davids wieder auf-
bauen. Jetzt gleicht es zwar einem zer-
störten Haus, doch dann richte ich die
umgestürzten Wände wieder auf. 17 Alle
Überlebenden sollen mich suchen, auch
alle Nichtjuden, die zu mir gehören. Ja,
ich, der Herr, 18 habe das alles schon lange
beschlossen!‹[a]
19 Ich meine deshalb«, erklärte Jako-
bus, »wir sollten den Nichtjuden, die zu
Gott umgekehrt sind, keine unnötigen
Lasten aufbürden und ihnen nicht die jü-
dischen Gesetze aufzwingen[b]. 20 Wir soll-
ten von ihnen allerdings verlangen, kein
Fleisch zu essen, das Götzen geopfert
worden ist, keine verbotenen sexuellen
Beziehungen einzugehen, kein Fleisch
von Tieren zu essen, die nicht völlig aus-
bluteten, oder gar das Blut selber zu ver-
zehren. 21 Denn diese Gebote des Mose
sind seit alter Zeit überall bekannt. Sie
werden an jedem Sabbat in allen Synago-
gen vorgelesen.«

Judas und Silas in Antiochia

22 Am Ende der Beratungen beschlossen
die Apostel und die Leiter zusammen
mit der ganzen Gemeinde, einige Män-
ner auszuwählen und sie mit Paulus und

---

[a] Amos 9,11–12
[b] »und ihnen … aufzwingen« ist sinngemäß ergänzt.
15,3–4 13,48 **15,7** 10,15.28.34 **15,8** 10,44–45 **15,11** 4,12; Gal 2,16; Eph 2,4–9 **15,13** 12,17; 21,18; 1 Kor 15,7; Gal 2,12; Jak 1,1 **15,20** 15,29; 21,25; 1 Kor 8,1–13* **15,21** 13,15; 21,25 **15,22** 15,30.40

Barnabas nach Antiochia zu schicken.
Man wählte Judas, der auch Barsabbas
genannt wurde, und Silas. Beide waren
führende Männer in der Gemeinde.
23 Man gab ihnen folgenden Brief mit:
»Wir, die Apostel und Gemeindeleiter
in Jerusalem, senden brüderliche Grüße
an alle Christen in Antiochia, Syrien und
Zilizien, die nicht aus dem Judentum
stammen. 24 Wir haben gehört, dass euch
einige Leute aus unserer Gemeinde –
ohne von uns beauftragt zu sein – durch
ihre Lehren beunruhigt und verunsichert
haben. 25 Deshalb beschlossen wir ein-
stimmig, zwei Männer aus unserer Ge-
meinde auszuwählen und sie zu euch zu
senden, zusammen mit unseren lieben
Brüdern Barnabas und Paulus, 26 die ihr
Leben für unseren Herrn Jesus Christus
eingesetzt haben. 27 Unsere Abgesandten
Judas und Silas werden selbst noch be-
richten, was wir in der strittigen Frage
entschieden haben. 28 Geleitet durch den
Heiligen Geist kamen wir zu dem Ent-
schluss, euch außer den folgenden Re-
geln keine weitere Last aufzuerlegen:
29 Ihr sollt kein Fleisch von Tieren essen,
die den Götzen geopfert wurden, außer-
dem kein Fleisch von Tieren, die nicht
völlig ausbluteten, und ihr sollt auch kein
Blut verzehren. Hütet euch vor verbote-
nen sexuellen Beziehungen. Wenn ihr da-
nach handelt, verhaltet ihr euch richtig.
Herzliche Grüße an euch alle.« 30 Judas
und Silas wurden von der Gemeinde ver-
abschiedet und gingen nach Antiochia.
Dort beriefen sie eine Gemeindever-
sammlung ein und übergaben das Schrei-
ben. 31 Als man es vorgelesen hatte, freute
sich die ganze Gemeinde über diese Er-
mutigung.
32 Judas und Silas – beide hatten pro-
phetische Gaben – stärkten und ermutig-
ten die Christen durch ihre Predigten.
33 Begleitet von den besten Wünschen
der Gemeinde kehrten sie erst einige
Zeit später nach Jerusalem zurück.[a]
35 Paulus und Barnabas blieben noch län-
ger in Antiochia. Sie verkündeten und
lehrten zusammen mit vielen anderen
die Botschaft des Herrn.

Aufbruch zur zweiten Missionsreise

36 Nach einiger Zeit forderte Paulus Bar-
nabas auf: »Lass uns noch einmal alle die
Orte aufsuchen, in denen wir die rettende
Botschaft verkündet haben, damit wir se-
hen, wie es unseren Brüdern und Schwes-
tern dort geht.« 37 Barnabas wollte auch
Johannes Markus mitnehmen. 38 Aber
Paulus war dagegen, weil Johannes Mar-
kus sie damals in Pamphylien im Stich
gelassen hatte. 39 Sie stritten so heftig mit-
einander, dass sie sich schließlich trenn-
ten. Während Barnabas mit Markus nach
Zypern hinüberfuhr, 40 wählte Paulus als
seinen Reisebegleiter Silas. Die Gemein-
de vertraute ihn der Gnade Gottes an,
und so begann er seine Reise. 41 Zunächst
zog er durch Syrien sowie durch Zilizien
und ermutigte dort die Gemeinden im
Glauben.

Paulus gewinnt Timotheus als Mitarbeiter

16 Nachdem Paulus die Stadt Derbe
besucht hatte, erreichte er schließ-
lich Lystra. Dort traf er Timotheus, einen
jungen Christen. Seine Mutter, auch eine
Christin, war jüdischer Abstammung,
sein Vater ein Grieche. 2 In der Gemeinde
von Lystra und Ikonion war Timotheus
als zuverlässig bekannt und geschätzt.
3 Ihn nahm Paulus als weiteren Begleiter
mit auf die Reise. Um auf die jüdischen
Christen in diesem Gebiet Rücksicht zu
nehmen, ließ Paulus ihn beschneiden.
Denn alle wussten, dass der Vater des Ti-
motheus ein Grieche war.
4 In jeder Stadt, durch die sie reisten,

---

[a] *Andere Textzeugen fügen hinzu* (Vers 34): Silas aber erschien es gut, vorerst noch in Antiochia zu bleiben.

15,24 Gal 1,7; 2,12 **15,29** 15,20; 21,25; 1 Kor 8,1–13* **15,32** 11,27; 13,1 **15,36** 13,2–3 **15,37** 12,25* **15,38** 13,13 **15,39** 13,4 **15,40** 15,22 **15,41** 15,23 **16,1–3** 17,15; 18,5; 19,22; 1 Kor 16,10–11; 2 Kor 1,1; Phil 1,1; 2,19–23; Kol 1,1; 2 Tim 1,2–6; Hebr 13,23 **16,4** 15,28–29 berichteten sie den Gemeinden über den Beschluss der Apostel und Gemeindeleiter von Jerusalem; alle Christen sollten sich danach richten.

5 So wurden die Gemeinden im Glauben immer fester, und die Zahl der Gemeindeglieder nahm täglich zu.

Der Heilige Geist weist Paulus den Weg nach Europa

6 Nach ihrem Aufenthalt in Lystra zogen sie durch die Provinzen Phrygien und Galatien. Aber der Heilige Geist ließ sie erkennen, dass sie in der Provinz Asia Gottes Botschaft noch nicht verkünden sollten. 7 Auch als sie in die Nähe von Mysien kamen und weiter nach Norden in die Provinz Bithynien reisen wollten, erlaubte es ihnen der Geist Jesu nicht.

8 So zogen sie an Mysien vorbei und erreichten die Hafenstadt Troas. 9 Dort sprach Gott nachts in einer Vision zu Paulus. Der Apostel sah einen Mann aus Mazedonien, der ihn bat: »Komm nach Mazedonien herüber und hilf uns!« 10 Da war uns klar, dass Gott uns gerufen hatte, in Mazedonien die rettende Botschaft zu verkünden. Wir suchten sofort nach einer Gelegenheit zur Überfahrt.

In Philippi entsteht die erste Gemeinde in Europa

11 Wir gingen in Troas an Bord eines Schiffes und segelten auf dem kürzesten Weg zur Insel Samothrake, am nächsten Tag weiter nach Neapolis, 12 und von dort gingen wir nach Philippi, der bedeutendsten römischen Garnisonsstadt in diesem Teil Mazedoniens. Hier blieben wir einige Tage.

13 Am Sabbat verließen wir die Stadt und kamen an das Flussufer, wo sich – wie wir annahmen – eine kleine jüdische Gemeinde zum Gebet versammelte. Wir setzten uns und sprachen mit den Frauen, die sich dort eingefunden hatten. 14 Zu ihnen gehörte Lydia, die zum jüdischen Glauben übergetreten war. Sie stammte aus Thyatira und handelte mit Purpurstoffen. Der Herr selbst ließ sie erkennen, dass Paulus die Wahrheit verkündete. 15 Mit allen, die in ihrem Haus lebten, ließ sie sich taufen. Danach forderte sie uns auf: »Wenn ihr davon überzeugt seid, dass ich an den Herrn glaube, dann kommt und wohnt in meinem Haus.« Sie gab nicht eher Ruhe, bis wir einwilligten.

Paulus und Silas im Gefängnis

16 Auf dem Weg zur Gebetsstätte begegnete uns eines Tages eine Sklavin, die von einem Dämon besessen war. Sie konnte die Zukunft voraussagen und brachte auf diese Weise ihren Besitzern viel Geld ein. 17 Die Frau lief hinter Paulus und uns anderen her und schrie: »Diese Männer sind Diener des höchsten Gottes und zeigen euch den Weg zum Heil!«

18 Das wiederholte sich an mehreren Tagen, bis Paulus es nicht mehr ertragen konnte. Er wandte sich zu der Frau um und befahl dem Dämon: »Im Namen Jesu Christi, verlasse diese Frau!« In demselben Augenblick verließ der Dämon die Sklavin.

19 Als aber ihre Besitzer merkten, dass sie mit ihr nichts mehr verdienen konnten, packten sie Paulus und Silas und schleppten die Apostel auf den Marktplatz zur Stadtbehörde. 20 »Diese Männer bringen unsere Stadt in Aufruhr«, beschuldigte man sie vor den obersten Beamten der Stadt. »Es sind Juden! 21 Sie wollen hier Sitten einführen, die gegen das römische Recht verstoßen!«

22 Da stellte sich die aufgehetzte Menschenmenge drohend gegen Paulus und Silas, und die obersten Beamten der Stadt ließen den beiden die Kleider vom Leib reißen und sie auspeitschen. 23 Nachdem sie so misshandelt worden waren, warf man sie ins Gefängnis und gab dem Aufseher die Anweisung, die Gefangenen besonders scharf zu bewachen. 24 Also sperrte er sie in die sicherste

---

16,9 9,12; 18,9 **16,18** 19,13–16 **16,22** 2 Kor 11,25

Zelle und schloss zusätzlich ihre Füße in
einen Holzblock ein.
25 Gegen Mitternacht beteten Paulus
und Silas. Sie lobten Gott laut, und die
übrigen Gefangenen hörten ihnen zu.
26 Da erschütterte plötzlich ein gewaltiges
Erdbeben das ganze Gefängnis bis in die
Grundmauern; alle Türen sprangen auf,
und die Ketten der Gefangenen zerbra-
chen.

Die Bekehrung des Gefängnisaufsehers

27 Aus dem Schlaf gerissen sah der Ge-
fängnisaufseher, dass die Zellentüren of-
fen standen. Voller Schrecken zog er sein
Schwert und wollte sich töten, denn er
dachte, die Gefangenen seien geflohen.
28 »Töte dich nicht!«, rief da Paulus
laut. »Wir sind alle hier.« 29 Der Gefäng-
nisaufseher ließ sich ein Licht geben und
stürzte in die Zelle, wo er sich zitternd
vor Paulus und Silas niederwarf. 30 Dann
führte er die beiden hinaus und fragte sie:
»Ihr Herren, was muss ich tun, um geret-
tet zu werden?«
31 »Glaube an den Herrn Jesus, dann
werden du und alle, die in deinem Haus
leben, gerettet«, erwiderten Paulus und
Silas. 32 Sie verkündeten ihm und allen in
seinem Haus die rettende Botschaft
Gottes.
33 Der Gefängnisaufseher kümmerte
sich noch in derselben Stunde um Paulus
und Silas, er reinigte ihre Wunden und
ließ sich mit allen, die zu ihm gehörten,
taufen.
34 Dann führte er sie hinauf in sein
Haus und bewirtete sie. Er freute sich zu-
sammen mit allen, die bei ihm lebten,
dass sie zum Glauben an Gott gefunden
hatten. 35 Bei Tagesanbruch schickten die
obersten Beamten die Gerichtsdiener
mit dem Befehl zu ihm: »Lass die Leute
gehen!« 36 Der Gefängnisaufseher teilte
das Paulus mit: »Die führenden Männer
lassen euch sagen, dass ihr frei seid.
Ihr könnt jetzt unbesorgt die Stadt
verlassen.«
37 Doch Paulus widersprach: »Sie haben
uns in aller Öffentlichkeit geschlagen
und ohne jedes Gerichtsverfahren ins
Gefängnis geworfen, obwohl wir römi-
sche Bürger sind. Und jetzt wollen sie
uns auf bequeme Weise loswerden! Aber
damit bin ich nicht einverstanden. Die
Männer, die dafür verantwortlich sind,
sollen persönlich kommen und uns aus
dem Gefängnis führen.« 38 Mit dieser
Nachricht kehrten die Gerichtsdiener zu-
rück. Als die führenden Männer hörten,
dass Paulus und Silas römische Bürger
waren, erschraken sie 39 und liefen sofort
zum Gefängnis. Unter vielen Entschuldi-
gungen geleiteten sie Paulus und Silas hi-
naus und baten die beiden höflich, die
Stadt zu verlassen.
40 Sie aber gingen zunächst in das Haus
der Lydia. Dort hatte sich die ganze Ge-
meinde versammelt. Nachdem die Apos-
tel sie ermutigt hatten, im Glauben fest-
zubleiben, verabschiedeten sie sich und
verließen die Stadt.

Paulus und Silas in Thessalonich

17 Paulus und Silas reisten über Am-
phipolis und Apollonia nach Thes-
salonich. In dieser Stadt gab es eine
Synagoge. 2 Wie gewohnt ging Paulus
zunächst dorthin und sprach an drei Sab-
baten zu den Leuten. Er las ihnen aus den
Heiligen Schriften vor 3 und zeigte ihnen,
dass der versprochene Retter leiden und
sterben und danach von den Toten auf-
erstehen musste. »Und dieser verspro-
chene Retter«, so betonte er, »ist der Je-
sus, von dem ich euch berichtet habe.«
4 Einige Juden ließen sich überzeugen
und unterstützten Paulus und Silas. Dazu
kamen noch viele Griechen, die zum jü-
dischen Glauben übergetreten waren, so-
wie eine große Zahl der vornehmsten
und angesehensten Frauen der Stadt.
5 Dies weckte Neid und Eifersucht bei

16,30 2,37 **16,31** Eph 2,8 **16,37** 22,25–28 **16,40** 16,14–15 **17,1–2** 13,14* **17,3–4** 9,22; 18,28; Lk 24,44–46*; Röm 1,2 **17,5** 5,17; 13,45; 19,23

den Juden. Mit Hilfe gewalttätiger Män-
ner, die sie von der Straße holten, zettel-
ten sie einen Tumult an und brachten die
ganze Stadt in Aufruhr. Dann zogen sie
vor das Haus des Jason, in dem Paulus
und Silas wohnten, drangen dort ein und
wollten die beiden vor die aufgebrachte
Menge zerren. [6]Die Apostel waren aber
nicht im Haus, und deshalb schleppte
man Jason und einige andere Christen
vor die führenden Männer der Stadt.
»Diese Kerle, die das ganze Land aufwie-
geln«, schrien sie, »sind jetzt auch hierher
gekommen [7]und haben sich bei Jason
einquartiert. Sie verstoßen gegen die Ge-
setze des Kaisers und behaupten, ein an-
derer sei König, nämlich Jesus.« [8]Die
Volksmenge und die führenden Männer
waren außer sich. [9]Erst nachdem Jason
und die anderen Christen eine Kaution
bezahlt hatten, ließ man sie wieder frei.

Neue Schwierigkeiten in Beröa

[10]Noch in derselben Nacht sorgte die
Gemeinde in Thessalonich dafür, dass
Paulus und Silas nach Beröa abreisen
konnten. Auch dort gingen die beiden
gleich wieder in die Synagoge. [11]Die Ju-
den in Beröa waren eher bereit, Gottes
Botschaft anzunehmen, als die in Thessa-
lonich. Sie hörten sich aufmerksam an,
was Paulus und Silas lehrten, und forsch-
ten täglich nach, ob dies mit der Heiligen
Schrift übereinstimmte. [12]Viele von
ihnen begannen zu glauben, außer den
Juden auch zahlreiche angesehene grie-
chische Frauen und Männer.

[13]Bald darauf erfuhren die Juden in
Thessalonich, dass Paulus auch in Beröa
Gottes Botschaft verkündete. Deshalb
kamen sie dorthin und wiegelten auch
hier die Leute auf. [14]Doch die Christen
in Beröa schickten Paulus sofort aus der
Stadt und begleiteten ihn auf dem Weg
zur Küste. Silas und Timotheus blieben
zurück. [15]Die Brüder, die Paulus beglei-
teten, brachten ihn bis nach Athen, dann
kehrten sie nach Beröa zurück. Paulus
ließ durch sie ausrichten, dass Silas und
Timotheus so schnell wie möglich nach-
kommen sollten.

Paulus in Athen

[16]Während Paulus in Athen auf Silas und
Timotheus wartete, wurde er zornig über
die vielen Götterstatuen in der Stadt.
[17]Er sprach in der Synagoge zu den Juden
und den Griechen, die zum jüdischen
Glauben übergetreten waren. Außerdem
predigte er an jedem Tag auf dem Markt-
platz zu den Menschen, die gerade
vorbeikamen. [18]Bei einer solchen Gele-
genheit kam es zu einem Streitgespräch
mit einigen Philosophen, und zwar mit
Epikureern und Stoikern. Einige von
ihnen meinten: »Dieser Mann ist doch
ein Schwätzer!«, andere sagten: »Er
scheint von fremden Göttern zu erzäh-
len.« Denn Paulus hatte von Jesus und
seiner Auferstehung gesprochen. [19]Weil
die Philosophen mehr über die neue Leh-
re erfahren wollten, nahmen sie den
Apostel mit vor den Areopag, den Ge-
richtshof von Athen. [20]»Was wir von dir
hören, ist alles neu und fremd für uns«,
erklärten sie Paulus. »Wir möchten gern
mehr davon wissen.« [21]Denn sowohl die
Athener als auch die Fremden in dieser
Stadt beschäftigten sich am liebsten
damit, Neuigkeiten zu erfahren und wei-
terzuerzählen.

[22]Da stellte sich Paulus vor alle, die auf
dem Areopag versammelt waren, und
rief: »Athener! Mir ist aufgefallen, dass
ihr euren Göttern mit großer Hingabe
dient; [23]denn ich habe in eurer Stadt viele
Heiligtümer gesehen. Auf einem Altar
stand: ›Dem unbekannten Gott.‹ Von
diesem Gott, den ihr verehrt, ohne ihn
zu kennen, spreche ich.

[24]Es ist der Gott, der die Welt und al-
les, was in ihr ist, geschaffen hat. Dieser

17,6 16,20 **17,7** Lk 23,2 **17,10** 13,14* **17,11** Lk 24,44–46*; Joh 5,39 **17,13** 17,5 **17,15** 16,1–3*
17,17 13,14* **17,24** 7,47–50

Herr des Himmels und der Erde wohnt
nicht in Tempeln, die Menschen gebaut
haben. 25 Er braucht auch nicht die Hilfe
und Unterstützung irgendeines Men-
schen. Er, der allen das Leben gibt und
was zum Leben notwendig ist, 26 er hat
den *einen* Menschen geschaffen, von
dem alle Völker auf der ganzen Erde ab-
stammen. Er hat auch bestimmt, wie lan-
ge und wo jeder Einzelne von ihnen le-
ben soll. 27 Das alles hat er getan, weil er
wollte, dass die Menschen ihn suchen. Sie
sollen ihn spüren und finden können.
Und wirklich, er ist jedem von uns ja so
nahe! 28 Durch ihn allein leben und han-
deln wir, ja, ihm verdanken wir alles, was
wir sind. So wie es einige eurer Dichter
gesagt haben: ›Wir sind seine Kinder.‹[a]
29 Weil wir nun von Gott abstammen, ist
es doch unsinnig zu glauben, dass wir
Gott in Statuen aus Gold, Silber oder be-
hauenen Steinen darstellen könnten.
Diese sind doch nur Gebilde unserer
Kunst und unserer Vorstellungen. 30 Bis-
her haben die Menschen das nicht er-
kannt, und Gott hatte Geduld mit ihnen.
Aber jetzt befiehlt er allen Menschen auf
der ganzen Welt, zu ihm umzukehren.
31 Denn der Tag ist schon festgesetzt, an
dem Gott alle Menschen richten wird; ja,
er wird ein gerechtes Urteil sprechen
durch den *einen* Mann, den er selbst
dazu bestimmt hat. Das hat Gott be-
wiesen, indem er ihn von den Toten auf-
erweckte.«

32 Als Paulus von der Auferstehung der
Toten sprach, begannen einige zu spot-
ten, andere aber meinten: »Darüber wol-
len wir später noch mehr hören.« 33 Pau-
lus verließ jetzt die Versammlung.
34 Einige Leute, die durch seine Rede zu
glauben begonnen hatten, gingen mit
ihm. Darunter waren Dionysius, ein Mit-
glied des Gerichtshofes, eine Frau, die
Damaris hieß, und manche andere.

Ein vielversprechender Anfang in Korinth

18 Bald darauf verließ Paulus Athen
und reiste nach Korinth. 2 Dort
lernte er den Juden Aquila kennen, der
aus der Provinz Pontus stammte. Er war
vor kurzem mit seiner Frau Priszilla aus
Italien nach Korinth übergesiedelt, weil
Kaiser Klaudius alle Juden aus Rom aus-
gewiesen hatte. 3 Paulus wohnte bei ih-
nen, und schließlich arbeiteten sie zusam-
men, denn beide waren wie Paulus von
Beruf Zeltmacher.

4 Paulus lehrte an jedem Sabbat in der
Synagoge, und was er sagte, überzeugte
Juden wie Griechen. 5 Als dann Silas und
Timotheus aus Mazedonien eintrafen,
nutzte Paulus seine ganze Zeit, um Got-
tes Botschaft zu verkünden und den Ju-
den zu bezeugen, dass Jesus der von Gott
versprochene Retter ist.

6 Doch die Juden widersprachen ihm
und spotteten über seine Lehre. Da
schüttelte Paulus den Staub von seinen
Kleidern als Zeichen dafür, dass er sie
Gottes Urteil überließ[b]. »Ich bin nicht
schuld an eurem Tod und Verderben«[c],
sagte er. »Von jetzt an werde ich den
nichtjüdischen Völkern Gottes Botschaft
verkünden.«

7 Danach wohnte er bei Titius Justus.
Dieser Mann glaubte an Gott, obwohl er
kein Jude war. Sein Haus stand direkt
neben der Synagoge. 8 Schließlich kam
sogar Krispus, der Vorsteher der Synago-
ge, zum Glauben an den Herrn, zusam-
men mit allen, die in seinem Haus lebten.
Und noch viele Korinther, die Paulus
gehört hatten, begannen zu glauben und
ließen sich taufen.

9 Eines Nachts sprach der Herr in einer
Vision zu Paulus: »Hab keine Angst! Pre-
dige weiter und schweige nicht! 10 Ich bin
bei dir, und niemand soll es wagen, dir

---

[a] Wörtlich: Denn wir sind auch seines Geschlechts.
[b] *»als Zeichen … überließ«* ist sinngemäß ergänzt.
[c] Wörtlich: Euer Blut komme auf euer Haupt.

17,27 Jes 55,6 **17,29** 19,26; Jes 40,18–22 **17,31** 2 Kor 5,10* **17,32–34** 1 Kor 1,22–25 **18,2–3** 18,18–19.26; Röm 16,3; 1 Kor 16,19 **18,3** 1 Kor 9,11–12 **18,4** 13,14* **18,5** 16,1–3* **18,6** 13,51; Lk 9,5; 1 Kor 1,22–24 **18,9–10** 9,12; 16,9

etwas anzutun. Denn viele Menschen in dieser Stadt werden an mich glauben.« 11 So blieb Paulus noch anderthalb Jahre in Korinth. Er unterwies dort die Menschen und erklärte ihnen die Botschaft Gottes. 12 Als aber Gallio Statthalter von Achaja wurde, schlossen sich die Juden zusammen und verklagten Paulus. Sie brachten ihn vor Gericht 13 und beschuldigten ihn: »Dieser Mann verführt die Leute, Gott in einer Weise zu dienen, die im Widerspruch zum Gesetz steht.«

14 Noch ehe Paulus etwas erwidern konnte, wandte sich Gallio an die Juden: »Wenn es sich um ein Verbrechen oder sonst ein schweres Vergehen handelte, müsste ich euch Juden anhören. 15 Weil ihr aber über Lehrfragen, irgendwelche Personen und religiösen Gesetze streitet, müsst ihr euch schon selbst einigen. Ich jedenfalls werde darüber nicht entscheiden.« 16 Damit wies er die Ankläger aus dem Gerichtssaal. 17 Jetzt fielen die Zuhörer über den neuen Synagogenleiter Sosthenes her und verprügelten ihn noch im Gerichtssaal. Doch Gallio kümmerte sich überhaupt nicht darum.

Rückkehr nach Antiochia und Aufbruch zur dritten Missionsreise

18 Paulus blieb noch einige Zeit in Korinth. Dann verabschiedete er sich von den Christen, und zusammen mit Priszilla und Aquila fuhr er mit dem Schiff in Richtung Syrien. Vorher hatte er in Kenchreä ein Gelübde abgelegt und sich deswegen – wie es bei den Juden üblich war – die Haare abschneiden lassen. 19 Nach ihrer Ankunft in Ephesus blieben Priszilla und Aquila in der Stadt, während Paulus in die Synagoge ging. Dort sprach er mit den Juden. 20 Und obwohl sie ihn baten, länger bei ihnen zu bleiben, 21 verabschiedete er sich mit den Worten: »Wenn Gott es will, werde ich später wiederkommen.« Dann verließ er Ephesus auf einem Schiff. 22 Von Cäsarea aus ging er nach Jerusalem. Dort besuchte er die Gemeinde, um schließlich nach Antiochia weiterzuziehen.

23 Aber auch hier blieb er nicht lange, sondern durchquerte ganz Galatien und Phrygien. Er besuchte alle Gemeinden und ermutigte sie, in ihrem Glauben festzubleiben.

Apollos in Ephesus und Korinth

24 In der Zwischenzeit war Apollos, ein Jude aus Alexandria, nach Ephesus gekommen. Er kannte sich in der Heiligen Schrift gut aus und war ein gewandter Redner. 25 Von der christlichen Botschaft hatte er schon gehört, und er sprach voller Begeisterung von Jesus. Zuverlässig lehrte er, was Jesus gesagt und getan hatte. Dennoch kannte er lediglich die Taufe des Johannes. 26 Dieser Apollos begann unerschrocken in der Synagoge zu predigen. Unter seinen Zuhörern waren auch Priszilla und Aquila. Sie nahmen ihn als Gast in ihrem Haus auf, um ihm dort Gottes Weg zur Erlösung genauer zu erklären. 27 Als Apollos plante, in die griechische Provinz Achaja zu reisen, gaben ihm die Christen von Ephesus ein Empfehlungsschreiben an die Gemeinde in Korinth mit, in dem sie darum baten, ihn dort freundlich aufzunehmen. In Achaja war Apollos mit seiner Begabung den Christen eine große Hilfe. 28 Denn in öffentlich geführten Streitgesprächen widerlegte er die Einwände der Juden und wies anhand der Heiligen Schrift nach, dass Jesus der versprochene Retter ist.

Paulus in Ephesus

19 Während Apollos in Korinth war, reiste Paulus durch das kleinasiatische Hochland und kam nach Ephesus. Dort traf er einige Jünger. 2 Er fragte sie:

18,12–13 21,28 **18,14–15** 23,29; 25,18–20 **18,18** 15,41 **18,19** 13,14* **18,21** Jak 4,15 **18,23** 16,6 **18,24–28** 19,1; 1 Kor 3,4–6; 16,12; Tit 3,13 **18,28** 9,22; Lk 24,44–46*; Joh 5,39 **19,1** 18,27 **19,2** 10,44–45

»Habt ihr den Heiligen Geist empfangen,
als ihr begonnen habt zu glauben?« –
»Nein«, erwiderten sie, »wir haben noch
nicht einmal gehört, dass es einen Heili-
gen Geist gibt.«
3 »Welche Taufe habt ihr denn empfan-
gen?«, wollte Paulus jetzt wissen. »Die
Taufe des Johannes«, war die Antwort.
4 Da erklärte Paulus: »Wer sich von Jo-
hannes taufen ließ, bekannte damit, dass
er zu Gott umkehren will. Johannes hat
aber immer gesagt, dass man an den glau-
ben muss, der nach ihm kommt, nämlich
Jesus.«
5 Nachdem sie das gehört hatten, ließen
sie sich auf den Namen des Herrn Jesus
taufen. 6 Und als Paulus ihnen die Hände
auflegte, empfingen sie den Heiligen
Geist. Sie beteten in anderen Sprachen
und redeten, was Gott ihnen eingab. 7 Es
waren etwa zwölf Männer.
8 Paulus ging darauf in die Synagoge.
Drei Monate lang predigte er dort uner-
schrocken von Gottes neuer Welt und
überzeugte viele Menschen. 9 Es gab aber
auch einige, die davon nichts wissen woll-
ten und schließlich in aller Öffentlichkeit
über die rettende Botschaft spotteten.
Da verließ Paulus mit den anderen Chris-
ten die Synagoge. Von nun an predigte er
täglich im Lehrsaal eines Mannes, der Ty-
rannus hieß. 10 Das tat er zwei Jahre lang,
so dass alle in der Provinz Asia, Juden
wie Griechen, die Botschaft des Herrn
hörten.
11 Gott ließ durch Paulus erstaunliche
Wunder geschehen. 12 Die Leute legten
sogar Tücher, mit denen Paulus sich den
Schweiß abgewischt hatte, und Klei-
dungsstücke von ihm auf die Kranken.
Dadurch wurden sie gesund, und die Dä-
monen verließen sie.

Geisterbeschwörer missbrauchen den Namen Jesus

13 Im ganzen Land gab es jüdische Geis-
terbeschwörer, die umherzogen und böse
Geister austrieben. Einige von ihnen ver-
suchten Dämonen dadurch auszutreiben,
dass sie über den Besessenen den Namen
Jesu aussprachen. Sie sagten: »Wir be-
schwören euch bei dem Jesus, den Paulus
predigt!«
14 So trieben es auch die sieben Söhne
des jüdischen Hohenpriesters Skevas.
15 Doch der Dämon verhöhnte sie: »Jesus
kenne ich, und von Paulus habe ich ge-
hört. Aber wer seid ihr?« 16 Dann stürzte
sich der Besessene auf sie, warf sie zu Bo-
den und überwältigte sie, so dass sie
schließlich alle nackt und verwundet aus
dem Haus fliehen mussten.
17 Bald wusste ganz Ephesus – Juden
wie Griechen – von diesem Vorfall. Alle
waren zutiefst erschrocken, und der Na-
me des Herrn Jesus wurde nun überall
gelobt. 18 Zahlreiche Christen bekannten
jetzt offen, was sie früher getan hatten.
19 Viele von ihnen brachten ihre Zauber-
bücher und verbrannten sie in aller Öf-
fentlichkeit. Man schätzte den Wert auf
50000 Silberstücke. 20 So erwies die Bot-
schaft des Herrn ihre Macht, und immer
mehr Menschen glaubten daran.
21 Danach beschloss Paulus, über Maze-
donien und Achaja nach Jerusalem zu
reisen und von dort aus nach Rom. 22 Er
schickte zwei seiner Mitarbeiter, Timo-
theus und Erastus, voraus nach Mazedo-
nien, während er selber noch einige Zeit
in der Provinz Asia blieb.

Aufruhr der Silberschmiede von Ephesus

23 Etwa zur selben Zeit kam es in Ephesus
zu heftigen Unruhen wegen der Lehre,
die Paulus verkündete. 24 In der Stadt leb-
te ein Silberschmied mit Namen Deme-
trius, der kleine Nachbildungen des Tem-
pels der griechischen Göttin Artemis
herstellte. Nicht nur er selber, sondern
auch die anderen Kunsthandwerker in
der Stadt verdienten sehr gut daran. 25 Ei-
nes Tages rief Demetrius diese Künstler

19,3–4 Lk 3,15–17 **19,8** 13,14* **19,9** 1 Kor 1,22–25 **19,12** 5,15 **19,13–16** 16,18; Lk 9,49 **19,22** 16,1–3*; 2 Tim 4,20

und alle, die für sie arbeiteten, zusammen und sagte:

»Ihr wisst ebenso gut wie ich, dass unser Wohlstand von den kleinen Nachbildungen des Tempels abhängt. [26] Wie ihr sicher schon gehört habt, behauptet nun dieser Paulus, von Menschen angefertigte Götter seien nichts wert. Das verbreitet er nicht nur in Ephesus, sondern in der ganzen Provinz Asia, und viele Leute glauben ihm schon. [27] Aber es geht ja nicht nur darum, dass unsere Arbeit nicht mehr anerkannt wird! Auch der Tempel der herrlichen Göttin Artemis, die man nicht nur in Kleinasien, sondern in der ganzen Welt verehrt, wird bedeutungslos werden; ja, sie selbst wird in Vergessenheit geraten!« [28] Wutentbrannt schrien jetzt die Zuhörer: »Groß ist die Artemis der Epheser!« [29] In kürzester Zeit war die Bevölkerung der ganzen Stadt auf den Beinen. Das Volk rottete sich zusammen und drängte ins Amphitheater. Dorthin schleppten sie auch die beiden Mazedonier Gajus und Aristarch, die Paulus begleitet hatten.

[30] Paulus wollte nun selbst im Amphitheater Rede und Antwort stehen, aber die anderen Christen ließen das nicht zu. [31] Auch einige hohe Beamte der Provinzverwaltung, die Paulus schätzten, warnten ihn eindringlich davor, sich in der Öffentlichkeit zu zeigen.

[32] Bei der versammelten Volksmenge herrschte das größte Durcheinander; der eine schrie dies, der andere das. Die meisten wussten nicht einmal, warum sie sich überhaupt versammelt hatten. [33] Die Juden drängten Alexander nach vorn. Er sollte bezeugen, dass sie mit der Sache nichts zu tun hätten. Alexander versuchte, die Menschen mit einer Handbewegung *zum Schweigen zu bringen.* [34] Doch als sie merkten, dass er Jude war, schrien sie zwei Stunden lang in Sprechchören: »Groß ist die Artemis der Epheser!« [35] Schließlich gelang es einem der höchsten Beamten der Stadt, die Menge zu beruhigen und sich verständlich zu machen. »Leute von Ephesus!«, rief er. »Jeder hier weiß doch, dass unsere Stadt die Hüterin des Tempels der großen Artemis ist und ihres vom Himmel gefallenen Bildes. [36] Das ist eine Tatsache, und dem wird niemand widersprechen. Deshalb bleibt ruhig, und tut nichts Unüberlegtes. [37] Ihr habt diese Männer hierher geschleppt, obwohl sie weder den Tempel beraubt noch über unsere Göttin gelästert haben. [38] Sollten Demetrius und die anderen Kunsthandwerker irgendwelche Anklagen gegen sie vorbringen wollen, so gibt es dafür ordentliche Gerichte und Behörden. Sollen sie dort ihren Streit austragen! [39] Und wenn ihr noch andere Anliegen habt, die über die Anklage des Demetrius hinausgehen, dann müssen sie in der ordentlichen Volksversammlung vorgebracht werden. [40] Ich fürchte nämlich, dass uns die römische Regierung sonst wegen dieses Aufruhrs zur Rechenschaft ziehen wird, und wir können wirklich keinen triftigen Grund dafür nennen.« Danach löste er die Versammlung auf.

Paulus verlässt Ephesus und reist nach Griechenland

20 Nachdem der Tumult vorüber war, rief Paulus die ganze Gemeinde zusammen, um sie zu ermutigen und sich von ihr zu verabschieden. Dann begann er seine Reise nach Mazedonien. [2] Unterwegs besuchte er alle Gemeinden und nahm sich viel Zeit, sie im Glauben zu stärken. So erreichte er Griechenland, [3] wo er drei Monate lang blieb. Er bereitete sich gerade auf die Überfahrt nach Syrien vor, als er davon erfuhr, dass die Juden ihn auf dieser Reise umbringen wollten. Deshalb entschloss er sich, auf dem Landweg über Mazedonien zurückzukehren.

[4] Mit ihm reisten Sopater aus Beröa, der Sohn des Pyrrhus, Aristarch und Sekundus aus Thessalonich, Gajus aus Derbe und Timotheus; außerdem Tychikus

19,26 17,29; Jes 40,18–22 **19,29** 27,2

und Trophimus, die aus der Provinz Asia
stammten. 5 Sie waren schon voraus-
gereist und warteten in Troas auf uns.
6 Wir anderen verließen nach dem Fest
der ungesäuerten Brote Philippi und er-
reichten mit einem Schiff in fünf Tagen
Troas. Dort blieben wir eine Woche.

Besuch in Troas

7 Am Sonntagabend[a] kamen wir zusam-
men, um das Abendmahl zu feiern,[b] und
Paulus predigte. Weil er schon am nächs-
ten Tag weiterreisen wollte, nahm er sich
viel Zeit und sprach bis Mitternacht.
8 Der Raum im Obergeschoss, in dem wir
uns befanden, war durch viele Öllampen
erhellt. 9 Ein junger Mann – er hieß Euty-
chus – saß auf der Fensterbank. Während
der langen Predigt des Paulus wurde er
vom Schlaf überwältigt. Dabei verlor er
das Gleichgewicht und fiel durch das of-
fene Fenster drei Stockwerke tief. Als die
Männer ihn aufhoben, war er tot. 10 Pau-
lus lief hinunter, beugte sich über den To-
ten und nahm ihn in seine Arme. Dann
sagte er zu den Leuten: »Seid ruhig! Er
lebt.« 11 Paulus ging wieder hinauf; er
brach das Brot, und sie feierten gemein-
sam das Abendmahl. Er sprach noch lan-
ge mit ihnen, bevor er sie dann bei Tages-
anbruch verließ. 12 Eutychus brachten sie
unversehrt nach Hause, und alle waren
glücklich darüber, dass er wieder am Le-
ben war.

Reise nach Milet

13 Wir anderen hatten inzwischen ein
Schiff bestiegen und waren nach Assos
gesegelt. Paulus hatte darauf bestanden,
bis dorthin zu Fuß zu gehen. 14 In Assos
nahmen wir ihn dann an Bord und segel-
ten weiter nach Mitylene. 15 Am nächsten
Tag kamen wir bis in die Nähe von Chios,
tags darauf legten wir in Samos an, und
einen Tag später erreichten wir Milet.
16 Um keine Zeit zu verlieren, hatte sich
Paulus entschlossen, nicht nach Ephesus
zu reisen. Wenn irgend möglich, wollte er
nämlich zum Pfingstfest in Jerusalem
sein.

Abschied von den Christen in Ephesus

17 Von Milet aus schickte Paulus einen
Boten mit der Nachricht nach Ephesus,
dass er gern mit den Leitern der Gemein-
de sprechen würde. 18 Als sie alle gekom-
men waren, sagte er zu ihnen: »Ihr wisst,
wie ich mich in der Provinz Asia vom ers-
ten Tag an bis heute bei euch verhalten
habe. 19 Ohne an mich selbst zu denken,
habe ich dem Herrn gedient, oft unter
Tränen und obwohl die Juden mich ver-
folgten.

20 Ihr wisst auch, dass ich nichts ver-
schwiegen habe. Ich habe euch alles ge-
predigt und gelehrt, was eurer Rettung
dient – öffentlich, aber auch in euren
Häusern. 21 Juden wie Griechen habe ich
klargemacht, dass sie zu Gott umkehren
und an unseren Herrn Jesus Christus
glauben sollen.

22 Jetzt folge ich dem Willen des Heili-
gen Geistes, wenn ich nach Jerusalem ge-
he. Was dort mit mir geschehen wird, weiß
ich nicht. 23 Nur dies eine weiß ich, dass
mich Gefangenschaft und Leiden erwar-
ten. Denn so sagt es mir der Heilige Geist
in allen Gemeinden, die ich besuche.
24 Aber mein Leben ist mir nicht wichtig.
Vielmehr will ich den Auftrag ausführen,
den mir Jesus Christus gegeben hat: die
rettende Botschaft von Gottes Gnade
und Liebe zu verkünden. 25 Ich weiß, dass
keiner von euch, denen ich von Gottes
neuer Welt gepredigt und bei denen ich
gelebt habe, mich wiedersehen wird.
26 Deshalb erkläre ich euch heute: Ich bin
nicht schuld daran, wenn einer von euch

---

[a] Wörtlich: Am ersten Tag der Woche.
[b] Wörtlich: um das Brot zu brechen.

20,6 2 Mo 12,15–20*; 2 Kor 2,12–13 **20,16** 18,21 **20,19** 20,31; 2 Kor 11,23–25 **20,20–21** 19,8–10 **20,23–24** 9,15–16; 2 Tim 3,12*

Nicht bedient werden, sondern dienen

Lesen Sie Apostelgeschichte 20,32-35

Die wichtigste Zutat für ein gesundes Familienleben ist eine dienende Haltung. Die Bibel stellt hier ganz klar fest: „Geben macht glücklicher als Nehmen" (Apostelgeschichte 20,35). Und in Markus 10,45 wird es auf den Punkt gebracht: Jesus „ist nicht gekommen, um sich bedienen zu lassen. Er kam, um zu dienen." Wenn wir uns also Christen nennen, dann erklären wir uns damit zu Menschen, die Jesus und seinem Vorbild nachfolgen.

Was wäre, wenn jeder Ehemann und jede Ehefrau das beherzigen würde? Dann würde es nicht lange dauern, bis auch die Kinder begriffen haben, dass es im Leben darum geht, anderen zu dienen. Papa hilft Mama. Mama hilft Papa. Gemeinsam helfen sie ihren Kindern, und wenn die Kinder älter werden, lernen sie, ihren Eltern und sich gegenseitig zu helfen. Als Familie helfen und dienen sie alle gemeinsam Menschen außerhalb der Familie.

Das Problem ist, dass wir uns von Natur aus um uns selbst drehen. In der Familie erwarten wir, dass die anderen für uns da sind und uns bedienen. Wenn sie das nicht tun, beklagen wir uns und es geht bergab mit unserem Familienleben. Wenn eine solche Einstellung in Ihrer Familie herrscht, versuchen Sie doch einmal, ein Element des Dienens in Ihre täglichen Abläufe einzubauen. Es mag eine Weile dauern, bis es Fuß fasst, doch dann werden Sie in Ihren Beziehungen eine deutliche Veränderung spüren.

Nehmen Sie sich Zeit, um allein oder als Paar gemeinsam zu beten. Danken Sie Gott für die Menschen in Ihrem Leben, die Ihnen ein Vorbild des Dienens gegeben haben. Bitten Sie ihn um Hilfe, damit Sie die Unsicherheit und den falschen Stolz ablegen können, die Sie daran hindern, Ihrem Partner, Ihrer Familie und anderen Menschen zu dienen.

Wenn Sie noch mehr Zeit haben …

Besprechen Sie miteinander folgende Fragen oder denken Sie darüber nach:

- Wie können Sie Ihrem Partner Ihre Anerkennung zeigen für die Bereiche, in denen er oder sie Ihnen dient?
- Wie können Sie Ihrem Mann/Ihrer Frau besser helfen und dienen?
- Welche konkreten Schritte können Sie beide unternehmen, damit eine dienende Haltung in Ihrer Familie gefördert wird?

Lesen Sie auch die folgenden Abschnitte zum Thema Dienen:
Markus 9,35; Johannes 13,12-17; Römer 12,9-13.

Die Sprache des Partners lernen

Die folgenden Fragen können Sie entweder allein oder als Paar gemeinsam durchgehen. Wenn jeder für sich darüber nachdenkt, verabreden Sie sich in der kommenden Woche zu einem Austausch darüber, was Sie herausgefunden haben.

1. Nehmen Sie einmal an, Sie wollen jemanden verstehen, der eine andere Sprache spricht. Was können Sie tun, um herauszufinden, was diese Person gerade sagt?

2. Was sagt Paulus in unserem Leitvers über die Ohren seiner Zuhörer?

3. Warum konnten diese Menschen Paulus nicht verstehen?

4. Welche Gründe könnten dafür gesorgt haben, dass die jüdischen Zuhörer bei dieser Begegnung das Evangelium nicht hören wollten?

5. Manchmal können auch wir unseren Ehepartner „nicht hören". Welche Gründe könnte es dafür geben?

6. Beschreiben Sie eine Situation, in der Sie Ihrem Mann oder Ihrer Frau bewusst nicht zuhören wollten, weil Sie Ihre Meinung oder Ihre Einstellung nicht ändern wollten.

Apostelgeschichte 28,27

„Denn das Herz dieses Volkes ist hart und gleichgültig. Sie sind schwerhörig und verschließen die Augen. Deshalb sehen und hören sie nicht. Sie sind nicht einsichtig und wollen nicht zu mir umkehren, darum kann ich ihnen nicht helfen und sie heilen!"

KONKRET:

Worauf können Sie in dieser Woche verzichten, damit Sie sich gegenseitig Ihre ungeteilte Aufmerksamkeit schenken können? Vielleicht lassen Sie Ihre Lieblingssendung im Fernsehen ausfallen oder schalten Ihr Handy während des Essens aus. Bringen Sie beide in dieser Woche ein kleines Opfer, damit Sie Ihrem Partner besser zuhören können.

Den nächsten Impuls finden Sie auf S. 1282 a

verloren geht. 27 Denn ich habe nichts ver-
schwiegen, sondern euch den ganzen Plan
Gottes zur Rettung der Welt verkündet.
28 Von jetzt an müsst ihr auf euch selbst
achten und auf die ganze Gemeinde, für
die euch der Heilige Geist als Hirten ein-
setzte. Ihr sollt die Gemeinde Gottes hü-
ten, die er sich durch das Blut seines Soh-
nes erworben hat. 29 Denn ich weiß: Wenn
ich nicht mehr da bin, werden falsche
Lehrer wie reißende Wölfe über euch
herfallen, und sie werden die Herde nicht
schonen. 30 Sogar unter euch wird es Män-
ner geben, die nur deshalb die Wahrheit
verfälschen, weil sie Menschen für sich
gewinnen wollen. 31 Seid also wachsam!
Denkt daran, dass ich drei Jahre lang un-
ermüdlich jedem von euch Tag und
Nacht, manchmal sogar unter Tränen,
den rechten Weg gewiesen habe. 32 Und
nun vertraue ich euch Gottes Schutz an
und der Botschaft von seiner Gnade. Sie
allein hat die Macht, euren Glauben
wachsen zu lassen und euch das Erbe zu
geben, das Gott denen zugesagt hat, die
zu ihm gehören. 33 Niemals habe ich von
euch Geld oder Kleidung verlangt. 34 Ihr
wisst selbst, dass ich den Lebensunterhalt
für mich und meine Begleiter mit meinen
eigenen Händen verdient habe. 35 Damit
wollte ich euch zeigen, wie man arbeiten
muss, um den Armen zu helfen und das
zu erfüllen, was unser Herr Jesus selbst
gesagt hat: Geben macht glücklicher als
Nehmen.«
36 Nun knieten alle nieder, und Paulus
betete mit ihnen. 37 Sie küssten und
umarmten Paulus zum Abschied; viele
weinten laut, 38 weil er ihnen gesagt hatte,
sie würden ihn nicht wiedersehen. Dann
begleiteten sie ihn zum Schiff.

Paulus reist nach Jerusalem

21 Als wir uns schweren Herzens von
den Gemeindeleitern aus Ephesus
verabschiedet hatten, segelte unser Schiff
direkt nach Kos. Am folgenden Tag er-
reichten wir Rhodos und dann Patara.
2 Dort gingen wir an Bord eines anderen
Schiffes, das nach Phönizien segeln sollte.
3 Bald sahen wir in der Ferne die Insel Zy-
pern, segelten aber südlich an ihr vorbei
zur syrischen Hafenstadt Tyrus, wo die
Ladung des Schiffes gelöscht wurde. 4 In
Tyrus besuchten wir die Gemeinde und
blieben eine Woche dort. Diese Christen
warnten Paulus mehrmals davor, nach Je-
rusalem zu reisen, denn so hatte es ihnen
der Heilige Geist aufgetragen. 5 Aber am
Ende der Woche gingen wir dann doch zu
unserem Schiff. Dabei begleiteten uns al-
le – samt Frauen und Kindern – bis vor
die Stadt. Am Strand knieten wir nieder
und beteten. 6 Nachdem wir uns ver-
abschiedet hatten, gingen wir an Bord
des Schiffes, und sie kehrten in die Stadt
zurück.
7 Von Tyrus kamen wir dann nach Pto-
lemaïs. Auch dort besuchten wir die
Christen, blieben aber nur einen Tag bei
ihnen.
8 Von Ptolemaïs ging es zu Fuß weiter
nach Cäsarea. Dort wohnten wir im Haus
des Evangelisten Philippus, einem der
sieben Diakone. 9 Die vier Töchter des
Philippus waren unverheiratet geblieben
und redeten in Gottes Auftrag prophe-
tisch.
10 Wir waren schon einige Tage bei Phi-
lippus, als Agabus aus Judäa kam. Er war
ein Prophet. 11 Mit dem Gürtel des Paulus
fesselte er sich Hände und Füße. Dann
erklärte er: »Der Heilige Geist sagt: Ge-
nauso wird der Besitzer dieses Gürtels in
Jerusalem von den Juden gefesselt und an
Menschen ausgeliefert werden, die Gott
nicht kennen.« 12 Da bestürmten wir und
die anderen Christen der Gemeinde Pau-
lus, nicht nach Jerusalem zu gehen. 13 Er
aber antwortete nur: »Warum weint ihr
und macht mir das Herz schwer? Ich bin
nicht nur bereit, mich in Jerusalem fes-
seln und ins Gefängnis werfen zu lassen,

20,28 Eph 4,11; 2 Kor 5,18–21* **20,29–30** Mt 7,15; 2 Kor 11,13–15; 2 Petr 2,1 **20,31** 1 Thess 2,11–12 **20,32** Röm 1,16; 1 Kor 1,18 **20,33–35** 1 Kor 9,4–18; 2 Kor 11,7–9; 2 Thess 3,8 **20,36** 21,5 **21,1** 20,17–18 **21,4** 20,23 **21,5** 20,36 **21,8** 6,5; 8,26–40 **21,10** 11,28 **21,13** 20,24

ich bin auch bereit, dort für Jesus, den
Herrn, zu sterben.« [14] Weil er sich nicht
umstimmen ließ, bedrängten wir ihn
schließlich nicht länger und sagten: »Der
Wille des Herrn soll geschehen!«

Paulus soll seine Gesetzestreue beweisen

[15] Bald darauf reisten wir nach Jerusalem.
[16] Einige Brüder aus Cäsarea begleiteten
uns. Sie führten uns zu Mnason, der aus
Zypern stammte und einer der ersten
Christen war. In seinem Haus sollten wir
übernachten. [17] Von der Gemeinde in Je-
rusalem wurden wir herzlich aufgenom-
men. [18] Am Tag nach unserer Ankunft
ging Paulus zu Jakobus; auch alle Leiter
der Gemeinde hatten sich bei ihm ver-
sammelt.

[19] Paulus begrüßte sie alle und berichte-
te ausführlich, was Gott durch seine Ar-
beit unter den Nichtjuden getan hatte.
[20] Darüber waren alle froh; sie lobten
und dankten Gott. Dann aber sagten sie:

»Du weißt, lieber Bruder, dass Tausen-
de von Juden zum Glauben an Jesus ge-
kommen sind, und jeder von ihnen be-
folgt streng die Gesetze des Mose. [21] Man
hat nun von dir berichtet, du würdest die
Juden außerhalb Israels lehren, nicht
mehr nach dem Gesetz zu leben. Sie soll-
ten zum Beispiel ihre Kinder nicht mehr
beschneiden lassen und die Ordnungen
unseres Volkes missachten. [22] Was sollen
wir jetzt tun? Sie werden auf jeden Fall
erfahren, dass du in Jerusalem bist. [23] Wir
möchten dir deshalb Folgendes raten:
Hier sind vier Männer, die ein Gelübde
einlösen müssen. [24] Schließe dich ihnen
an, und erfülle alle vom Gesetz geforder-
ten Reinigungsvorschriften, wozu ja auch
gehört, dass sie sich die Haare schneiden
lassen. Wenn du dafür die Kosten über-
nimmst, werden alle sehen, dass an den
Gerüchten über dich nichts Wahres ist
und du gewissenhaft das Gesetz befolgst.
[25] *Wie die nichtjüdischen* Christen leben
sollen, haben wir ja schriftlich geregelt.
Wir haben damals entschieden, dass sie
kein Fleisch von Tieren essen dürfen, die
Götzen geopfert wurden; sie sollen kein
Blut verzehren und kein Fleisch von Tie-
ren, die nicht völlig ausbluteten. Außer-
dem sollen sie keine verbotenen sexuel-
len Beziehungen eingehen.«

Paulus wird in Jerusalem verhaftet

[26/27] Paulus nahm ihren Vorschlag an. Am
nächsten Tag erfüllte er die Reinigungs-
vorschriften und ging dann zusammen
mit den Männern in den Tempel. Dort
meldeten sie dem Priester, dass sie ihr
Gelübde erfüllt hatten. Nach der vor-
geschriebenen Zeit von sieben Tagen
sollte dann für jeden von ihnen ein Opfer
dargebracht werden. Die sieben Tage wa-
ren fast vorüber, als einige Juden aus der
Provinz Asia Paulus im Tempel wieder-
erkannten. Sie wiegelten das Volk gegen
ihn auf, packten ihn [28] und schrien:

»Helft uns, ihr Männer aus Israel! Das
ist er, der überall gegen unser Volk, ge-
gen das Gesetz und gegen diesen Tempel
hetzt! Und nicht genug damit! Er hat so-
gar Griechen in den Tempel gebracht
und dadurch diese heilige Stätte ent-
weiht!« [29] Sie hatten nämlich Paulus zu-
sammen mit dem Griechen Trophimus
aus Ephesus in der Stadt gesehen, und
nun vermuteten sie, Paulus habe ihn auch
mit in den Tempel genommen. [30] Ganz Je-
rusalem geriet in Aufruhr. Die Menschen
liefen zusammen, sie griffen Paulus und
zerrten ihn aus dem Tempel, dessen Tü-
ren man eilig schloss.

[31] Die Menge war nahe daran, Paulus
umzubringen, als dem Kommandanten
der römischen Garnison gemeldet wurde:
»Die ganze Stadt ist in Aufruhr!« [32] Mit
einem Trupp Soldaten und einigen Offi-
zieren lief er sofort zum Tempelplatz. Als
die Menge den Kommandanten und die
Soldaten sah, hörte sie auf, Paulus zu
schlagen.

21,18 15,13* **21,19** 11,4 **21,20** 11,18 **21,21** 18,13 **21,23–24** 18,18; 4 Mo 6,2.5.13–18 **21,25** 15,20.29; 1 Kor 8,1–13* **21,26–27** 1 Kor 9,20 **21,28** 18,13; 25,8

33 Der Kommandant nahm Paulus fest und ließ ihn mit zwei Ketten fesseln. Anschließend fragte er die aufgebrachte Menge, wer dieser Mann sei und was er getan habe. 34 Aber die einen schrien dies, die anderen das, und der Tumult war so groß, dass er letztlich überhaupt nichts erfuhr. Deshalb befahl der Kommandant, Paulus in die Festung zu bringen. 35 Auf den Treppenstufen dorthin mussten die Soldaten Paulus tragen, um ihn vor der wütenden Menge zu schützen. 36 Die Leute tobten: »Weg mit dem! Bringt ihn um!« 37 Als man Paulus gerade in die Festung bringen wollte, sagte er zu dem Kommandanten: »Kann ich kurz mit dir sprechen?« – »Du sprichst Griechisch?«, fragte dieser überrascht. 38 »Dann bist du also nicht der Ägypter, der vor einiger Zeit in der Wüste viertausend bewaffnete Rebellen um sich sammelte und einen Aufstand anzettelte?« 39 »Nein«, erwiderte Paulus, »ich bin ein Jude aus Tarsus und ein Bürger dieser bekannten Stadt in Zilizien. Bitte erlaube mir, zu den Leuten zu reden.« 40 Der Kommandant willigte ein. Paulus blieb auf der obersten Treppenstufe stehen und gab dem Volk mit der Hand ein Zeichen, dass er etwas sagen wollte. Nachdem sie sich beruhigt hatten, sprach er auf Hebräisch zu ihnen:

Paulus rechtfertigt sich vor den Juden

22 »Ihr Männer, liebe Brüder und Väter! Hört euch an, was ich zu meiner Verteidigung sagen möchte.« 2 Als die Juden merkten, dass Paulus auf Hebräisch zu ihnen redete, wurden sie noch stiller, und er konnte ungehindert weitersprechen: 3 »Ich bin Jude, geboren in Tarsus, einer Stadt in Zilizien. Erzogen wurde ich hier in Jerusalem. Als Schüler Gamaliels habe ich gelernt, streng nach dem Gesetz unserer Vorfahren zu leben. Ebenso wie ihr wollte ich nichts anderes, als Gottes Gebote erfüllen. 4 Deshalb habe ich die neue Lehre der Christen auch bis auf den Tod bekämpft. Männer und Frauen ließ ich festnehmen und ins Gefängnis werfen. 5 Das können der Hohepriester und der ganze Hohe Rat bezeugen. Von ihnen bekam ich Empfehlungsschreiben für die jüdische Gemeinde in Damaskus. Sie gaben mir die Vollmacht, die Christen in jener Stadt gefesselt hierher nach Jerusalem zu bringen und zu bestrafen. 6 Als ich auf meiner Reise Damaskus schon fast erreicht hatte, umgab mich zur Mittagszeit plötzlich vom Himmel her ein strahlend helles Licht. 7 Ich fiel zu Boden und hörte eine Stimme: ›Saul, Saul, warum verfolgst du mich?‹ 8 Voller Schrecken fragte ich: ›Wer bist du, Herr?‹, und hörte als Antwort: ›Ich bin Jesus von Nazareth, den du verfolgst.‹ 9 Meine Begleiter sahen genauso wie ich das Licht, aber sie hörten nicht, was gesagt wurde. 10 ›Was soll ich tun, Herr?‹, fragte ich nun, und der Herr antwortete mir: ›Steh auf! Geh nach Damaskus. Dort wird man dir sagen, welche Aufgabe du übernehmen sollst.‹ 11 Von dem hellen Licht war ich so geblendet, dass ich nicht mehr sehen konnte und meine Begleiter mich nach Damaskus führen mussten.

12 Dort lebte ein Mann, der Hananias hieß. Er war fromm und erfüllte die Gebote des Gesetzes so genau, dass er bei allen Juden in Damaskus hoch angesehen war. 13 Dieser Mann kam zu mir und sagte: ›Lieber Bruder Saul, du sollst wieder sehen können!‹ Sofort wurden meine Augen geöffnet, und ich sah ihn vor mir stehen. 14 Dann erklärte er mir: ›Der Gott unserer Vorfahren hat dich erwählt, seinen Willen zu erkennen, seinen Sohn zu sehen und ihn zu hören. 15 So wirst du vor allen Menschen sein Zeuge sein, weil du ihn selber gesehen und gehört hast. 16 Zögere also nicht länger! Lass dich taufen und von deinen Sünden reinigen, indem du zu Jesus, dem Herrn, betest.‹

17 Später kehrte ich nach Jerusalem zurück. Eines Tages betete ich im Tempel. Da erschien mir der Herr in einer Vision

---

21,34 19,32 **21,36** 22,22 **22,3–16** 9,1–19; 26,9–20 **22,3** 8,3*; Gal 1,13–14

18 und sagte: ›Beeil dich und verlasse Je-
rusalem so schnell wie möglich, denn nie-
mand wird dir glauben, was du von mir
sagst.‹ 19 ›Herr‹, antwortete ich, ›jeder
hier weiß, dass ich alle, die an dich glaub-
ten, ins Gefängnis werfen und in den Sy-
nagogen auspeitschen ließ. 20 Als dein
Zeuge Stephanus getötet wurde, stand
ich dabei; ich hatte in die Steinigung ein-
gewilligt und bewachte die Kleider seiner
Mörder.‹ 21 Doch der Herr befahl: ›Geh,
denn ich will dich weit weg zu den Völ-
kern senden, die mich nicht kennen.‹«

Paulus beruft sich auf sein römisches Bürgerrecht

22 Bis dahin hatten alle Paulus ruhig ange-
hört. Doch nun begannen sie zu toben:
»Weg mit ihm! Er darf nicht länger le-
ben!« 23 Voller Empörung zerrissen sie
ihre Kleider und wüteten, dass der Staub
hoch aufwirbelte. 24 Da ließ der Komman-
dant Paulus in die Festung bringen und
befahl, ihn auszupeitschen und zu ver-
hören. Auf diese Weise wollte er erfah-
ren, weshalb die Menge so erregt den
Tod des Paulus forderte. 25 Man hatte
den Apostel bereits zum Auspeitschen
festgebunden, als Paulus den dabeiste-
henden Offizier fragte: »Seit wann ist es
bei euch erlaubt, einen römischen Bürger
auszupeitschen, noch dazu ohne Urteil?«
26 Der Offizier lief zum Kommandan-
ten: »Der Mann ist ein römischer Bürger!
Was willst du jetzt tun?« 27 Da ging der
Kommandant selbst zu Paulus und fragte
ihn: »Stimmt es, dass du ein römischer
Bürger bist?« – »Ja, das stimmt«, erwider-
te Paulus. 28 Der Kommandant erklärte:
»Ich habe für dieses Bürgerrecht ein Ver-
mögen gezahlt.« »Ich aber wurde schon
als römischer Bürger geboren«, erwider-
te Paulus. 29 Sofort banden die Soldaten
den Apostel los, denn der Kommandant
fürchtete, Schwierigkeiten zu bekom-
men, weil er befohlen hatte, einen römi-
schen Bürger auszupeitschen.

Paulus vor dem Hohen Rat

30 Der Kommandant wollte endlich genau
wissen, was die Juden Paulus eigentlich
vorwarfen. Deswegen befahl er am
nächsten Tag den Hohenpriestern und
dem Hohen Rat, zu einer Sitzung zu
kommen, und nachdem man Paulus aus
dem Gefängnis geholt und ihm die Fes-
seln abgenommen hatte, wurde auch er
dorthin gebracht.

23 Ruhig blickte Paulus die Mitglie-
der des Hohen Rates an und sagte:
»Ihr Männer, liebe Brüder! Ich habe bis
zum heutigen Tag Gott gedient, und zwar
mit gutem Gewissen.« 2 Aufgebracht be-
fahl daraufhin der Hohepriester Hanani-
as den dabeistehenden Dienern, Paulus
auf den Mund zu schlagen. 3 Der aber
rief: »Du Heuchler, Gott wird dich dafür
strafen. Du willst hier nach dem Gesetz
Recht sprechen, aber brichst selber das
Gesetz und lässt mich schlagen!«
4 Da empörten sich einige: »Du wagst
es, den Hohenpriester Gottes zu beleidi-
gen?« 5 »Ich wusste nicht, Brüder, dass er
der Hohepriester ist«, lenkte Paulus ein,
»denn natürlich ist mir bekannt, dass es
in der Heiligen Schrift heißt: ›Das Ober-
haupt deines Volkes sollst du nicht belei-
digen.‹[a] «
6 Paulus wusste, dass unter den An-
wesenden sowohl Sadduzäer als auch
Pharisäer waren. Deshalb rief er laut:
»Brüder, ich bin ein Pharisäer wie viele
meiner Vorfahren[b], und nun stehe ich
hier vor Gericht, weil ich an die Auferste-
hung der Toten glaube.«
7 Diese Worte lösten einen heftigen
Streit zwischen den Pharisäern und Sad-
duzäern aus, und die Versammlung spal-
tete sich in zwei Lager. 8 Denn im Gegen-
satz zu den Pharisäern behaupten die

---

a 2. Mose 22,27
b Wörtlich: und ein Sohn von Pharisäern.

22,20 7,58; 8,1 **22,21** 9,15*; 13,2 **22,22** 21,36 **22,25–28** 16,37; 23,27 **23,1** 24,16; 2 Kor 1,12
23,6 Phil 3,5 **23,7–9** 4,1–2; Lk 20,27–40

Sadduzäer: Es gibt keine Auferstehung
und weder Engel noch Geister. 9 Immer
lauter wurde der Streit. Aufgeregt spran-
gen einige Schriftgelehrte der Pharisäer
auf und riefen: »An dem Mann ist doch
nichts, wofür er verurteilt werden könnte.
Vielleicht hat ja wirklich ein Geist oder
Engel zu ihm geredet.« 10 Der Tumult
nahm solche Formen an, dass der römi-
sche Kommandant fürchtete, Paulus vor
der aufgebrachten Menge nicht länger
schützen zu können. Deshalb ließ er Sol-
daten kommen, die Paulus holten und ihn
wieder in die Festung zurückbrachten.
11 In der folgenden Nacht trat der Herr
zu Paulus und sagte: »Sei unbesorgt! So
wie du in Jerusalem mein Zeuge gewesen
bist, sollst du auch in Rom mein Zeuge
sein!«

Mordpläne gegen Paulus

12 Bei Tagesanbruch kamen einige Juden
zusammen. Feierlich schworen sie sich,
weder zu essen noch zu trinken, bis es
ihnen gelungen wäre, Paulus zu beseiti-
gen. 13 Mehr als vierzig Männer waren an
dieser Verschwörung beteiligt. 14 Sie
gingen zu den Hohenpriestern und füh-
renden Männern des Volkes, um ihnen
mitzuteilen: »Wir haben geschworen,
nichts zu essen und zu trinken, bis wir
diesen Paulus getötet haben. 15 Sorgt nun
im Auftrag des Hohen Rates dafür, dass
der Kommandant ihn noch einmal zum
Verhör bringen lässt. Sagt, ihr wolltet die
Angelegenheit genauer untersuchen. Al-
les andere überlasst uns: Er wird nicht bei
euch ankommen.« 16 Ein Neffe des Paulus
erfuhr von diesem Anschlag. Er lief zur
Festung und berichtete ihm alles. 17 Da
rief der Apostel einen der Hauptleute zu
sich und bat: »Bring diesen jungen Mann
zum Kommandanten; er hat eine wichti-
ge Mitteilung für ihn!« 18 Der Hauptmann
führte den Verwandten des Paulus zum
Kommandanten und meldete: »Der Ge-
fangene Paulus hat mich rufen lassen
und darum gebeten, diesen jungen Mann
zu dir zu bringen. Er soll dir etwas mit-
teilen.«
19 Da führte der Kommandant den jun-
gen Mann beiseite und fragte: »Was hast
du mir zu melden?« 20 Eilig begann der zu
berichten: »Die Juden werden dich
bitten, Paulus morgen noch einmal dem
Hohen Rat vorzuführen. Angeblich wol-
len sie den Fall genauer untersuchen.
21 Glaube ihnen nicht, denn vierzig Män-
ner lauern ihm auf, um ihn zu ermorden.
Sie haben sich geschworen, nichts zu
essen und zu trinken, bis er tot ist. Jetzt
warten sie nur auf deine Zusage.«
22 Der junge Mann verließ die Festung,
nachdem der Kommandant ihm einge-
schärft hatte, dass niemand von ihrem
Gespräch erfahren dürfte.

Paulus wird nach Cäsarea gebracht

23 Gleich darauf ließ der Kommandant
zwei Hauptleute zu sich kommen. Ihnen
gab er den Auftrag: »Stellt für heute
Abend neun Uhr zweihundert Soldaten
zum Marsch nach Cäsarea bereit, dazu
noch siebzig Reiter und zweihundert
Leichtbewaffnete. 24 Kümmert euch auch
um Reittiere für den Gefangenen, und
bringt ihn sicher zum Statthalter Felix.«
25 Dann schrieb er diesen Brief:
26 »Klaudius Lysias grüßt seine Exzel-
lenz, den Statthalter Felix. 27 Diesen
Mann hier hatten die Juden ergriffen.
Sie wollten ihn gerade töten, als ich ihn
mit Gewalt aus ihren Händen befreite;
denn ich hatte erfahren, dass er römi-
scher Bürger ist. 28 Weil ich wissen wollte,
was er getan hat, brachte ich ihn vor
ihren Hohen Rat. 29 Dort stellte sich he-
raus, dass er nichts getan hat, wofür er
die Todesstrafe verdient hätte oder wofür
man ihn auch nur hätte gefangen nehmen
dürfen. Es handelt sich lediglich um
Streitfragen des jüdischen Gesetzes. 30 In-
zwischen habe ich von einem neuen
Mordanschlag gegen ihn erfahren, und

23,11 18,9–10; 28,30–31 **23,12** 9,23 **23,15** 25,2–3 **23,27** 21,30–33; 22,24–29 **23,28** 22,30
23,29 18,14–15; 25,18–20

deshalb schicke ich ihn zu dir. Seine Kläger habe ich angewiesen, bei dir Anklage gegen ihn zu erheben.« 31 Wie man es ihnen befohlen hatte, brachten die Soldaten Paulus noch in derselben Nacht bis nach Antipatris. 32 Am folgenden Tag kehrten die Fußtruppen nach Jerusalem zurück, während die Berittenen mit Paulus weiterzogen. 33 In Cäsarea übergaben sie das Schreiben dem Statthalter und lieferten ihm den Gefangenen aus.

34 Nachdem der Statthalter den Brief gelesen hatte, fragte er Paulus, aus welcher Provinz er stamme. »Aus Zilizien«, antwortete Paulus. 35 »Wenn sich deine Ankläger hier eingefunden haben«, entschied nun der Statthalter, »werde ich deine Angelegenheit klären.« Auf Befehl des Felix wurde Paulus im Palast des Königs Herodes weiter gefangen gehalten.

Anklage gegen Paulus

24 Fünf Tage später erschienen der Hohepriester Hananias, einige führende Männer des Volkes und der Anwalt Tertullus, um Anklage gegen Paulus zu erheben. 2 Nachdem man Paulus hereingerufen hatte, begann Tertullus: 3 »Verehrter Felix! Voller Dankbarkeit erkennen wir Juden an, dass wir durch dich endlich Ruhe und Frieden genießen und es unserem Volk durch deine Fürsorge so gut geht wie selten zuvor. 4 Um aber deine kostbare Zeit nicht unnötig in Anspruch zu nehmen, bitten wir dich, uns kurz anzuhören. 5 Wir wissen, dass dieser Mann gefährlich ist wie die Pest. Überall im Römischen Reich zettelt er unter den Juden Aufstände an. Und er selbst ist der Anführer der Nazarener-Sekte. 6 Als er versuchte, den Tempel zu entweihen, haben wir ihn gefasst.[a] 8 Wenn du ihn verhörst, wirst du feststellen, dass unsere Beschuldigungen wahr sind.«

9 Die anderen Juden unterstützten die Anklagerede in allen Punkten und erklärten, dass sie die reine Wahrheit enthielte.

Paulus verteidigt sich vor Felix

10 Auf einen Wink des Statthalters stand Paulus auf und sagte: »Weil ich weiß, dass du seit vielen Jahren Richter für dieses Volk bist, will ich mich gern vor dir verantworten. 11 Wie du leicht nachprüfen kannst, bin ich erst vor zwölf Tagen nach Jerusalem gekommen, um im Tempel zu beten. 12 Dabei habe ich weder im Tempel noch in den Synagogen oder in der Öffentlichkeit mit jemandem gestritten oder gar einen Aufstand unter dem Volk angezettelt. 13 Deshalb gibt es auch keinerlei Beweise für die Anklagen, die gegen mich vorgebracht wurden.

14 Dies eine bekenne ich allerdings offen: Ich diene dem Gott unserer Vorfahren, und zwar nach der Glaubensrichtung, die sie für eine Sekte halten. Ich glaube alles, was im Gesetz des Mose und in den Propheten steht. 15 Wie meine Ankläger habe ich die Hoffnung, dass Gott alle Menschen vom Tod auferwecken wird – sowohl die Menschen, die ihm gedient haben, als auch die anderen, die nichts von ihm wissen wollten. 16 Deshalb bemühe ich mich auch, immer ein reines Gewissen vor Gott und den Menschen zu haben.

17 Nachdem ich viele Jahre nicht in Jerusalem gelebt habe, bin ich nun zurückgekehrt, um mit einer Geldspende meinem Volk zu helfen und um Gott im Tempel ein Opfer darzubringen. 18 Als ich gerade – unauffällig und ohne jedes Aufsehen – das Reinigungsopfer brachte, erkannten mich 19 einige Juden aus der Provinz Asia. Sie müssten eigentlich hier als Ankläger auftreten, wenn wirklich etwas

---

[a] Einige Textzeugen fügen hinzu: 6b Wir wollten ihn nach unseren Gesetzen aburteilen. 7 Aber der *Kommandant Lysias kam dazu* und ließ ihn durch seine Soldaten abführen. 8a Außerdem befahl er, die Anklage gegen ihn bei dir vorzubringen.

23,34 22,3 **24,1** 23,2 **24,5** 17,6 **24,6** 21,28–29 **24,11** 21,15 **24,14** 26,22–23; Röm 3,31; 7,1–6 **24,15** 4,2; 23,6; 24,21; 1 Kor 15,23–25; 1 Thess 4,14; Dan 12,2 **24,16** 23,1; 2 Kor 1,12 **24,17** Gal 2,10*; 1 Kor 9,20 **24,18–19** 21,26–27

gegen mich vorzubringen wäre! [20]Oder
lass dir von den hier Anwesenden sagen,
welche Verbrechen sie mir vorwerfen
konnten, als ich vor dem Hohen Rat
stand. [21]Es kann lediglich der Satz gewe-
sen sein, den ich allen Versammelten zu-
rief: ›Weil ich an die Auferstehung der
Toten glaube, werde ich heute ange-
klagt!‹«

[22]Felix, der über den Glauben der
Christen viel wusste, vertagte daraufhin
die Verhandlung und sagte: »Wenn der
Kommandant Lysias hier ist, werde ich
die Sache entscheiden!« [23]Paulus blieb
weiter in Haft. Aber Felix wies den ver-
antwortlichen Hauptmann an, die Haft
zu mildern. Außerdem durften Angehö-
rige und Freunde Paulus versorgen.

Felix will sich nicht entscheiden

[24]Nach einigen Tagen ließen Felix und
seine jüdische Frau Drusilla den Gefan-
genen Paulus zu sich rufen. Sie wollten
mehr über den Glauben an Jesus Christus
hören. [25]Aber als Paulus von einem Le-
ben, das Gott gefällt, von Selbstbeherr-
schung und dem künftigen Gericht Got-
tes sprach, erschrak Felix und sagte
schnell: »Für heute reicht es! Wenn ich
mehr Zeit habe, werde ich dich wieder
rufen lassen.« [26]Insgeheim hoffte er, von
Paulus Bestechungsgelder zu bekommen.
Deshalb ließ er ihn häufig zu sich holen
und unterhielt sich mit ihm.

[27]Nach zwei Jahren wurde Felix von
Porzius Festus abgelöst. Um den Juden
am Ende seiner Amtszeit noch einen Ge-
fallen zu tun, ließ er Paulus als Gefange-
nen zurück.

Die Verhandlung vor Festus

25 Drei Tage nachdem Festus sein
Amt angetreten hatte, reiste er
von Cäsarea nach Jerusalem. [2]Dort ka-
men die Hohenpriester und die einfluss-
reichsten Juden zu ihm, um Paulus erneut
anzuklagen. [3]Als ein Zeichen seines
Wohlwollens baten sie Festus darum,
Paulus nach Jerusalem bringen zu lassen.
In Wirklichkeit wollten sie den Gefange-
nen unterwegs überfallen und töten.
[4]Aber Festus lehnte den Vorschlag ab:
»Paulus bleibt in Cäsarea«, entschied er.
»Ich reise bald wieder zurück. [5]Wenn er
tatsächlich etwas Unrechtes getan hat,
können eure Anklagevertreter mitkom-
men und ihn verklagen.«

[6]Nach etwa acht bis zehn Tagen kehrte
Festus nach Cäsarea zurück. Schon am
folgenden Tag setzte er die Verhandlung
an und ließ Paulus vorführen. [7]Kaum hat-
te man ihn hereingebracht, da drängten
sich die Juden aus Jerusalem um Paulus
und beschuldigten ihn schwer. Aber sie
konnten nichts beweisen. [8]Paulus vertei-
digte sich mit den Worten: »Ich habe we-
der gegen das Gesetz der Juden versto-
ßen noch den Tempel entweiht oder die
Gesetze des Kaisers übertreten.«

Paulus beruft sich auf den Kaiser

[9]Festus wollte den Juden einen Gefallen
tun und fragte Paulus: »Bist du damit ein-
verstanden, dass wir deinen Prozess un-
ter meinem Vorsitz in Jerusalem weiter-
führen?« [10]Paulus erwiderte: »Für mich
ist das Gericht des Kaisers zuständig.
Wie du weißt, habe ich das jüdische
Recht nicht verletzt. [11]Sollte ich ein Un-
recht begangen haben, das mit dem Tod
bestraft werden muss, dann bin ich bereit
zu sterben. Wenn die Beschuldigungen
der Juden aber unbegründet sind, darf
mich auch niemand an sie ausliefern. Ich
fordere, dass meine Angelegenheit vor
dem Kaiser in Rom verhandelt wird!«
[12]Nachdem Festus sich mit seinen Bera-
tern besprochen hatte, entschied er: »Du
hast dich auf den Kaiser berufen; man
wird dich also vor den Kaiser bringen.«

Festus berät sich mit König Agrippa

[13]Einige Tage später kamen König Agrip-
pa und seine Schwester Berenike nach

24,21 23,6 **24,25** 23,26 **25,2–3** 23,12–15 **25,8** 24,10–21 **25,9** 24,27 **25,11–12** 25,25; 26,31–32

Cäsarea, um Festus offiziell zu begrüßen.
14 Während ihres mehrtägigen Aufenthal-
tes sprach Festus mit dem König über
Paulus. »Von meinem Vorgänger Felix«,
so erklärte Festus, »habe ich einen Ge-
fangenen übernommen, dessen Fall noch
nicht entschieden wurde. 15 Kurz nach
meiner Ankunft in Jerusalem erschienen
seinetwegen die Hohenpriester und die
führenden Männer der Juden bei mir.
Sie verlangten seine Verurteilung. 16 Ich
antwortete ihnen aber, dass die Römer
einen Menschen erst verurteilen, wenn
er sich in einem ordentlichen Gerichts-
verfahren vor seinen Anklägern persön-
lich verteidigen konnte. 17 Nachdem sie
hierher gekommen waren, zögerte ich
nicht und setzte schon am nächsten Tag
die Gerichtsverhandlung an, bei der ich
den Gefangenen vorführen ließ. 18 Doch
ein Verbrechen, wie ich es vermutet
hatte, konnten ihm seine Ankläger nicht
vorwerfen. 19 Es ging lediglich um Streit-
fragen ihrer Religion und um irgend-
einen verstorbenen Jesus, von dem Pau-
lus behauptet, dass er am Leben ist.
20 Nun kenne ich mich auf diesem Gebiet
sehr wenig aus. Deshalb schlug ich Paulus
vor, die Verhandlung in Jerusalem fort-
zuführen. 21 Doch Paulus verlangte, vor
den Kaiser gebracht zu werden, und for-
derte dessen Entscheidung. So befahl ich,
ihn weiter in Haft zu halten, bis ich ihn
vor den Kaiser bringen kann.«

22 »Diesen Mann würde ich gern selber
einmal hören!«, erwiderte Agrippa.
»Morgen hast du die Möglichkeit dazu«,
antwortete Festus. 23 Am folgenden Tag
zogen Agrippa und Berenike mit ihrem
ganzen Hofstaat in den Gerichtssaal ein.
Sie wurden von hohen Offizieren und
den vornehmsten Bürgern der Stadt be-
gleitet. Auf einen Befehl des Festus
brachte man Paulus herein.

24 Festus begann: »König Agrippa! Ver-
ehrte Anwesende! Vor euch steht der
Mann, dessen Hinrichtung alle Juden in
Jerusalem wie auch hier lautstark gefor-
dert haben. 25 Aus meiner Sicht hat er al-
lerdings nichts getan, was die Todesstrafe
rechtfertigen würde. Weil er sich aber
selbst auf den Kaiser berufen hat, werde
ich ihn nach Rom bringen lassen. 26 Doch
ich weiß nicht, was ich dem Kaiser als
Anklageschrift vorlegen soll. Deshalb
habe ich ihn euch vorführen lassen, be-
sonders dir, König Agrippa, damit ich
nach dem Verhör weiß, was ich schreiben
soll. 27 Denn es wäre doch unsinnig, einen
Gefangenen vor den Kaiser zu bringen,
ohne sagen zu können, was gegen ihn
vorliegt.«

Die Verteidigungsrede des Paulus

26 Nun sagte Agrippa zu Paulus: »Du
darfst dich jetzt selbst verteidi-
gen.« Paulus hob die Hand und begann:
2 »Ich bin sehr froh, König Agrippa, dass
ich mich wegen der Anschuldigungen der
Juden vor dir rechtfertigen kann; 3 denn
du kennst ja die jüdischen Sitten und
Lehren sehr genau. Darum bitte ich dich,
mich geduldig anzuhören. 4 Zunächst:
Weil ich seit meiner Jugend in Jerusalem
lebte, bin ich allen Juden dort sehr gut
bekannt. 5 Wenn sie es nur wollten, könn-
ten sie bezeugen, dass ich von Anfang an
zur strengsten jüdischen Glaubensrich-
tung, zu den Pharisäern, gehört habe.
6 Heute stehe ich nun vor Gericht, weil
ich an die Zusagen glaube, die Gott unse-
ren Vorfahren gab. 7 Auf ihre Erfüllung
warten die zwölf Stämme Israels, die
Gott Tag und Nacht dienen. Und trotz-
dem, König Agrippa, werde ich wegen
dieser Hoffnung von den Juden ange-
klagt! 8 Warum erscheint es euch denn so
unglaublich, dass Gott Tote auferweckt?

9 Zwar meinte auch ich zunächst, man
müsste den Glauben an Jesus von Naza-
reth mit allen Mitteln bekämpfen. 10 Und
das habe ich in Jerusalem auch getan. Ich
ließ mir eine Vollmacht des Hohenpries-
ters geben und brachte viele Christen ins
Gefängnis. Wenn sie zum Tode verurteilt

25,14 24,27 **25,15** 25,2 **25,18–20** 18,14–15; 23,29 **25,21** 25,11–12 **25,25** 21,36; 26,31 **26,5** 23,6; Phil 3,5 **26,6–8** Dan 12,2; Joh 5,28; 1 Kor 15,23–25; 1 Thess 4,14 **26,9–11** 8,3*

werden sollten, stimmte ich dafür. 11 In den Synagogen quälte ich sie so lange, bis sie Christus verleugneten. In meinem maßlosen Hass verfolgte ich sie schließlich sogar bis ins Ausland.

12 Aus diesem Grund reiste ich im Auftrag der Hohenpriester und mit ihrer Vollmacht versehen nach Damaskus. 13 Plötzlich umstrahlte mich und meine Begleiter mitten am Tag, o König, ein Licht vom Himmel, das heller als die Sonne war. 14 Wir stürzten zu Boden, und ich hörte eine Stimme in hebräischer Sprache: ›Saul, Saul, warum verfolgst du mich? Dein Kampf gegen mich ist sinnlos.‹[a]

15 Ich fragte: ›Herr, wer bist du?‹, worauf er antwortete: ›Ich bin Jesus, den du verfolgst! 16 Aber steh jetzt auf; denn ich bin dir erschienen, damit du mir dienst. Du sollst bezeugen, was du heute erlebt hast und was ich dir in Zukunft zeigen werde. 17 Ich will dich behüten vor deinem Volk und vor den Völkern, die nichts von mir wissen. Zu ihnen sende ich dich. 18 Du sollst ihnen die Augen öffnen, damit sie sich von der Finsternis dem Licht zuwenden und aus der Herrschaft des Satans zu Gott kommen. Dann werde ich ihnen die Sünden vergeben, und weil sie an mich glauben, haben sie einen Platz unter denen, die zu mir gehören.‹

19 Was diese Erscheinung vom Himmel mir aufgetragen hat, habe ich befolgt, König Agrippa. 20 Zuerst habe ich in Damaskus und Jerusalem gepredigt, dann in Judäa und bei den übrigen Völkern. Überall habe ich verkündet, die Menschen sollten sich von der Sünde abwenden, zu Gott umkehren und durch ihr Leben zeigen, dass sie sich geändert haben.

21 Allein deswegen haben mich die Juden im Tempel ergriffen, und deswegen *wollen sie mich umbringen.* 22 Aber Gott hat mich bewahrt, so dass ich noch heute vor allen, den Machthabern wie dem einfachen Volk, bezeugen kann, was schon die Propheten und Mose vorhergesagt haben: 23 Christus, der versprochene Retter, muss leiden und wird als Erster von den Toten auferstehen, um den Juden, aber auch allen anderen Völkern das Licht zu bringen.«

24 An dieser Stelle unterbrach ihn Festus erregt: »Du bist wahnsinnig, Paulus! Vor lauter Studieren hast du den Verstand verloren!« 25 Doch Paulus erwiderte: »Ich bin nicht wahnsinnig, verehrter Festus. Meine Worte sind wahr, und ich weiß, was ich sage. 26 Der König, zu dem ich in aller Offenheit spreche, kann das bestätigen. Ich bin überzeugt, dass er davon erfahren hat, denn schließlich ist das nicht in irgendeinem verborgenen Winkel der Welt geschehen. 27 Glaubst du den Propheten, König Agrippa? Du glaubst ihnen! Ich weiß es.« 28 Jetzt sagte Agrippa: »Es fehlt nicht viel, und du überredest mich noch, ein Christ zu werden!« 29 »Ich bete zu Gott«, entgegnete Paulus, »dass nicht nur du, sondern alle hier über kurz oder lang Christen würden wie ich – allerdings ohne Fesseln!«

30 Da erhoben sich der König, der Statthalter, Berenike und alle anderen. 31 Nach der anschließenden Beratung erklärten sie einstimmig: »Dieser Mann hat nichts getan, wofür er die Todesstrafe oder Haft verdient hätte.« 32 »Wir könnten diesen Mann freilassen«, meinte Agrippa zu Festus, »hätte er sich nicht auf den Kaiser berufen.«

Auf dem Weg nach Rom

27 Nachdem feststand, dass wir nach Italien segeln sollten, wurde Paulus mit einigen anderen Gefangenen dem Hauptmann Julius vom kaiserlichen Regiment übergeben. 2 Wir gingen an Bord eines Schiffes, das aus Adramyttion kam und verschiedene Häfen der Provinz Asia anlaufen sollte. Dann stachen wir in See. Uns begleitete auch der Mazedonier Aristarch aus Thessalonich. 3 Am nächs-

---

[a] Wörtlich: Schwer ist es für dich, gegen den Stachel auszuschlagen.

26,12–18 9,1–16 **26,19–20** 20,21; Gal 1,16–17 **26,22–23** 3,18; 17,2–3; Lk 24,44–46*; 1 Kor 15,20 **26,26** Joh 18,20 **26,31** 21,36; 25,25 **26,32** 25,11–12 **27,2** 19,29; Kol 4,10 **27,3** 24,23; 28,16

ten Tag legten wir in Sidon an. Der
Hauptmann Julius war sehr freundlich
zu Paulus und gestattete ihm, seine
Freunde zu besuchen, die ihn mit allem
Nötigen versorgten. 4 Wegen des ungüns-
tigen Windes blieben wir in Küstennähe
und segelten im Schutz der Insel Zypern
weiter. 5 Nachdem unser Schiff das offene
Meer vor Zilizien und Pamphylien durch-
quert hatte, erreichten wir Myra in der
Provinz Lyzien. 6 Dort fand unser Haupt-
mann ein Schiff aus Alexandria, das nach
Italien segelte. Mit diesem Schiff setzten
wir unsere Reise fort.

7 Wir kamen sehr langsam voran und
erreichten nur mit Mühe Knidos. Weil
der Wind immer noch ungünstig war, se-
gelten wir südwärts nach Kreta und im
Schutz dieser Insel in Richtung Salmone.
8 Langsam trieben wir an der Küste ent-
lang und erreichten einen Ort, der Guter
Hafen heißt; ganz in der Nähe lag die
Stadt Lasäa.

9 Inzwischen war viel Zeit vergangen.
Das Fasten im Herbst war bereits vorü-
ber, und die Seefahrt begann gefährlich
zu werden. Deshalb warnte Paulus:
10 »Ihr Männer, wenn wir weitersegeln,
sehe ich große Gefahren und Schwierig-
keiten, und zwar nicht nur für das Schiff
und seine Ladung, sondern auch für un-
ser Leben.«

11 Doch der Hauptmann gab mehr auf
das Urteil des Kapitäns, zumal auch der
Besitzer des Schiffes zur Weiterfahrt riet.
12 Weil sich außerdem der Hafen zum
Überwintern schlecht eignete, bestanden
die meisten darauf, weiterzufahren.
Wenn irgend möglich, wollte man den
Hafen Phönix erreichen. Er liegt eben-
falls auf der Insel Kreta und ist nach
Nordwesten und Südwesten offen; des-
halb kann man dort gut überwintern.

Eine gefährliche Überfahrt

13 Als Südwind aufkam, fühlte sich die
Schiffsbesatzung in ihrem Plan bestärkt.
Sie lichteten die Anker und segelten
dicht an der Küste Kretas entlang.
14 Doch schon bald schlug das Wetter
um: Der gefürchtete Nordoststurm kam
auf 15 und trieb das Schiff auf das offene
Meer hinaus. Vergeblich versuchte die
Mannschaft Kurs zu halten. Wir trieben
dahin, Wind und Wogen ausgeliefert.

16 Im Schutz der kleinen Insel Kauda
versuchten wir, das Rettungsboot ein-
zuholen. Es gelang nur mit Mühe. 17 Um
den Rumpf des Schiffes zu verstärken
und zu sichern, banden die Seeleute
dicke Taue um das Schiff. Außerdem war-
fen sie den Treibanker aus, weil sie fürch-
teten, sonst auf die Sandbänke vor der
afrikanischen Küste zu geraten. Dann
ließen sie das Schiff dahintreiben. 18 Der
Sturm wurde so stark, dass die Besatzung
am nächsten Tag einen Teil der Ladung
über Bord warf, 19 tags darauf sogar die
Schiffsausrüstung. 20 Tagelang sahen wir
weder Sonne noch Sterne, und der Orkan
tobte so heftig weiter, dass schließlich
keiner mehr an eine Rettung glaubte.

21 Während dieser ganzen Zeit hatte
niemand etwas gegessen. Da sagte Paulus
zu der Schiffsbesatzung: »Ihr Männer! Es
wäre besser gewesen, ihr hättet auf mich
gehört und in Kreta überwintert. Dann
wären uns allen diese Ängste und Schwie-
rigkeiten erspart geblieben. 22 Doch jetzt
bitte ich euch eindringlich: Gebt nicht
auf! Keiner von uns wird umkommen,
nur das Schiff ist verloren. 23 In der letz-
ten Nacht stand neben mir ein Engel des
Gottes, dem ich gehöre und dem ich die-
ne. 24 Er sagte: ›Fürchte dich nicht, Pau-
lus. Du wirst vor den Kaiser gebracht
werden, und auch alle anderen auf dem
Schiff wird Gott deinetwegen am Leben
lassen.‹ 25 Deshalb habt keine Angst! Ich
vertraue Gott. Es wird sich erfüllen, was
er mir gesagt hat. 26 Wir werden auf einer
Insel stranden.« 27 Wir trieben schon die
vierzehnte Sturmnacht im Adriatischen
Meer. Gegen Mitternacht meinten die
Matrosen, dass sich das Schiff einer Küs-
te näherte. 28 Deshalb warfen sie ein Lot
aus und maßen eine Wassertiefe von etwa

27,9–10 2 Kor 11,25–26 **27,23–24** 8,26; 18,9

vierzig Metern. Kurz darauf waren es nur noch etwa dreißig Meter. 29 Da bekamen sie Angst, auf ein Küstenriff aufzulaufen. Sie warfen am Heck vier Anker aus und warteten sehnsüchtig darauf, dass es hell würde.

30 Noch in der Dunkelheit versuchten die Matrosen, das Schiff heimlich zu verlassen. Unter dem Vorwand, sie müssten auch vom Bug aus Anker auswerfen, wollten sie das Rettungsboot zu Wasser lassen. 31 Doch Paulus machte dem Hauptmann und den Soldaten klar: »Wenn die Besatzung nicht auf dem Schiff bleibt, sind wir alle verloren.« 32 Da kappten die Soldaten die Haltetaue, und das Rettungsboot stürzte in die Tiefe.

33 Im Morgengrauen forderte Paulus alle auf, endlich etwas zu essen. »Ihr habt vierzehn Tage lang gehungert«, sagte er. 34 »Wenn ihr überleben wollt, müsst ihr jetzt etwas essen! Und ihr dürft sicher sein: Euch wird nichts passieren. Keinem von euch wird auch nur ein Haar gekrümmt werden!« 35 Nachdem Paulus das gesagt hatte, nahm er ein Brot, dankte Gott laut und vernehmlich, so dass alle es hören konnten, und begann zu essen. 36 Da fassten alle neuen Mut und aßen ebenfalls. 37 Insgesamt waren wir 276 Mann an Bord. 38 Als alle gegessen hatten, warfen sie die restliche Ladung Getreide über Bord, damit das Schiff leichter wurde.

Rettung in letzter Minute

39 Bei Tagesanbruch wusste keiner der Seeleute, welche Küste vor ihnen lag. Sie entdeckten aber eine Bucht mit flachem Strand. Dahin wollten sie das Schiff treiben lassen. 40 Sie kappten sämtliche Ankertaue, ließen die Anker im Meer zurück und machten die Steuerruder klar. Schließlich hissten sie das Vorsegel und hielten mit dem Wind auf das Land zu. 41 Kurz darauf lief das Schiff auf eine Sandbank auf. Während der Bug fest gerammt war, wurde das Heck des Schiffes von der Brandung zertrümmert.

42 Jetzt wollten die Soldaten alle Gefangenen töten, damit keiner von ihnen an Land schwamm und entkam. 43 Doch der Hauptmann Julius hinderte sie daran, weil er Paulus retten wollte. Er befahl zunächst allen Schwimmern, über Bord zu springen und so das Ufer zu erreichen. 44 Dann sollten die Nichtschwimmer versuchen, auf Brettern und Wrackteilen an Land zu kommen. Auf diese Weise konnten sich alle retten.

Auf der Insel Malta

28 Als wir in Sicherheit waren, erfuhren wir, dass die Insel Malta hieß. 2 Ihre Bewohner waren sehr freundlich. Sie zündeten ein Feuer an und nahmen uns bei sich auf; denn es hatte zu regnen begonnen, und es war sehr kalt. 3 Paulus sammelte trockenes Reisig und warf es ins Feuer. Von der Hitze aufgescheucht, fuhr plötzlich eine Schlange heraus und biss sich an seiner Hand fest. 4 Die Inselbewohner sahen die Schlange an seiner Hand und riefen entsetzt: »Das muss ein Mörder sein. Er ist dem Meer entkommen, und nun straft ihn die Göttin der Rache!« 5 Aber Paulus schleuderte das Tier ins Feuer, ohne dass ihm etwas geschehen wäre. 6 Gespannt warteten die Leute darauf, dass sein Arm anschwellen oder Paulus plötzlich tot umfallen würde. Doch als sie auch nach langer Zeit nichts Ungewöhnliches beobachten konnten, änderten sie ihre Meinung. Jetzt sagten sie: »Er muss ein Gott sein!« 7 Ganz in der Nähe der Küste lag das Landgut, das dem Statthalter der Insel gehörte. Er hieß Publius. Von ihm wurden wir freundlich aufgenommen, und wir blieben drei Tage dort. 8 Während dieser Zeit bekam der Vater des Publius Fieber und erkrankte an der Ruhr. Paulus ging zu ihm, betete, legte ihm die Hände auf, und der Kranke war wieder gesund. 9 Als das bekannt wurde, kamen auch alle an-

28,5 Mk 16,18 **28,6** 14,11 **28,8–9** 19,11–12

deren Kranken der Insel und ließen sich
heilen. 10 Sie beschenkten uns überreich,
und bei unserer Abfahrt versorgten sie
uns mit allem, was wir brauchten.

Ankunft in Rom

11 Drei Monate später segelten wir mit
einem Schiff weiter, das aus Alexandria
kam und in Malta überwintert hatte.
Man konnte es an seinen Gallionsfigu-
ren, den »Zwillingen«[a], erkennen. 12 Wir
liefen Syrakus an und blieben drei Tage
dort. 13 In Küstennähe ging es von da wei-
ter nach Rhegion. Weil schon nach einem
Tag ein günstiger Südwind aufkam, er-
reichten wir in nur zwei Tagen Puteoli.
14 Dort begegneten wir Christen. Sie lu-
den uns ein, eine Woche bei ihnen zu
bleiben. Und dann brachen wir auf nach
Rom.
15 Die Christen in Rom hatten schon
von uns gehört und kamen uns bis zum
Forum des Appius und Tres-Tabernae
entgegen. Als Paulus sie sah, dankte er
Gott und blickte mit neuem Mut in die
Zukunft.

Paulus in Rom

16 In Rom erlaubte man Paulus, eine eige-
ne Wohnung zu nehmen, in der er von
einem Soldaten bewacht wurde. 17 Drei
Tage nach seiner Ankunft lud er die füh-
renden Männer der jüdischen Gemeinde
zu sich ein. Als sich alle versammelt hat-
ten, sagte er:
»Liebe Brüder! Ich habe nichts gegen
unser Volk und nichts gegen die Überlie-
ferungen unserer Vorfahren getan. Trotz-
dem hat man mich in Jerusalem gefangen
genommen und an die Römer ausgelie-
fert. 18 Sie haben mich verhört, und weil
sie nichts fanden, was die Todesstrafe ge-
rechtfertigt hätte, wollten sie mich frei-
lassen. 19 Aber die Juden waren dagegen.
Nur deshalb musste ich mich auf den
Kaiser berufen; nicht etwa, weil ich die
Absicht habe, mein Volk in irgendeiner
Weise anzuklagen. 20 Um euch das zu sa-
gen, habe ich euch hergebeten, denn ich
trage diese Ketten, weil ich an den Mes-
sias glaube, auf den ganz Israel hofft.«
21 Darauf sagten die Juden zu Paulus:
»Wir haben bisher aus Judäa weder in
einem Brief noch von irgendwelchen Ab-
gesandten etwas Nachteiliges über dich
gehört. 22 Wir würden aber gern erfahren,
was du zu sagen hast, denn uns ist von
dieser Glaubensrichtung bisher nur be-
kannt, dass sie sehr umstritten ist.«
23 An einem festgesetzten Tag kamen
viele Juden in die Wohnung des Paulus.
Er sprach zu ihnen über Gottes neue
Welt und erklärte ihnen alles. Vom Mor-
gen bis zum Abend erzählte er ihnen von
Jesus und zeigte ihnen, wie bereits das
Gesetz des Mose und die Bücher der Pro-
pheten auf Jesus hingewiesen hatten.
24 Einige ließen sich auch überzeugen, an-
dere aber wollten nichts davon wissen.
25 Zerstritten und uneinig verließen sie
Paulus, als er sagte: »Der Heilige Geist
hatte Recht, als er euren Vorfahren
durch den Propheten Jesaja sagen ließ:
26 ›Geh zu diesem Volk und sprich: Ihr
werdet hören und nicht verstehen, sehen
und nicht erkennen. 27 Denn das Herz
dieses Volkes ist hart und gleichgültig.
Sie sind schwerhörig und verschließen
die Augen. Deshalb sehen und hören sie
nicht. Sie sind nicht einsichtig und wollen
nicht zu mir umkehren, darum kann ich
ihnen nicht helfen und sie heilen!‹[b] «
28 »Das sollt ihr wissen«, fügte Paulus
hinzu: »Diese Rettung, die Gott schenkt,
wird jetzt anderen Völkern gebracht, und
sie werden sie annehmen!«[c]

---

a Wörtlich: Dioskuren (die Zeus-Söhne Kastor und Pollux).
b Jesaja 6,9–10
c Andere Textzeugen fügen hinzu (Vers 29): Als Paulus dies gesagt hatte, gingen die Juden heftig streitend aus dem Haus.

28,17 21,26–33 **28,18** 25,18–19; 26,31–32 **28,19** 25,11–12 **28,23** 17,2–3; Lk 24,44–46*; Röm 1,2 **28,26–27** 2 Kor 3,14–16 **28,28** Röm 11,17–24

[30] Paulus blieb zwei Jahre in seiner
Wohnung. Jeder durfte zu ihm kommen,
[31] und niemand hinderte ihn daran, in al-
ler Offenheit über Gottes neue Welt und
über den Herrn Jesus Christus zu predi-
gen und zu lehren.

Der Brief des Paulus an die Christen in Rom

Anschrift und Gruß

1 Diesen Brief schreibt Paulus, der Jesus Christus dient und von ihm zum Apostel berufen worden ist.

In Gottes Auftrag verkündet er die rettende Botschaft. 2 Gott hat sie in der Heiligen Schrift schon lange durch seine Propheten angekündigt. 3/4 Es ist die Botschaft von seinem Sohn Jesus Christus, unserem Herrn. Als Mensch aus Fleisch und Blut ist er ein Nachkomme König Davids. Durch die Kraft des Heiligen Geistes wurde er von den Toten auferweckt, und so bestätigte Gott ihn als seinen Sohn.

5 Ich habe seine Liebe erfahren und bin als sein Apostel beauftragt, in seinem Namen bei allen Völkern Menschen für Gott zu gewinnen, damit sie an ihn glauben und auf ihn hören. 6 Auch euch hat Jesus Christus zum Glauben gerufen, ihr gehört jetzt zu ihm.

7 Diesen Brief schreibe ich an alle in Rom, die von Gott geliebt und dazu berufen sind, ganz zu ihm zu gehören. Ich wünsche euch Gnade und Frieden von Gott, unserem Vater, und unserem Herrn Jesus Christus!

Paulus will die Christen in Rom kennen lernen

8 Zunächst danke ich meinem Gott durch Jesus Christus dafür, dass man von eurem Glauben überall in der Welt nur Gutes hört. 9 Und wie oft ich an euch denke, dafür ist Gott mein Zeuge. Ihm diene ich von ganzem Herzen, indem ich die rettende Botschaft von seinem Sohn verkünde.

10 Gott weiß auch, dass ich im Gebet immer und immer wieder darum bitte, euch endlich einmal besuchen zu können, wenn es sein Wille ist. 11 Denn ich möchte euch sehr gern persönlich kennen lernen und euren Glauben stärken, indem ich etwas von dem weitergebe, was mir Gottes Geist geschenkt hat. 12 Aber auch ihr würdet mir neuen Mut geben; so würden wir uns alle in unserem gemeinsamen Glauben gegenseitig ermuntern.

13 Ihr könnt euch gar nicht vorstellen, liebe Brüder und Schwestern, wie oft ich schon zu euch kommen wollte. Bis jetzt war das nicht möglich. Nur allzu gern würde ich auch bei euch wie bei anderen Völkern Menschen für Christus gewinnen. 14 Denn ich fühle mich allen verpflichtet, ob sie nun eine hohe Kultur haben oder nicht, ob sie gebildet oder ungebildet sind. 15 Soweit es an mir liegt, möchte ich auch bei euch in Rom die rettende Botschaft verkünden.

Gottes Botschaft hat große Kraft

16 Ich schäme mich nicht für die rettende Botschaft. Sie ist eine Kraft Gottes, die alle befreit, die darauf vertrauen; zuerst die Juden, aber auch alle anderen Menschen. 17 Durch sie zeigt Gott, wie er ist: Er sorgt dafür, dass unsere Schuld gesühnt wird und wir mit ihm Gemeinschaft haben können. Dies geschieht, wenn wir uns allein auf das verlassen, was Gott für

---

1,1 Apg 9,15* **1,2** 3,21; 16,25–26; Lk 1,70; 24,44–46; 1 Petr 1,10–12 **1,3–4** Mk 15,39*; Gal 4,4; 1 Tim 3,16; Hebr 4,14–15; Mt 20,30–31*; Joh 1,34*; Apg 13,32–33 **1,5** Apg 9,15* **1,8** 16,19 **1,10–13** 15,22–24.32; Apg 19,21 **1,14** 1 Kor 9,19–23 **1,16** Mk 8,38; 1 Kor 1,24; 2,5; 2 Tim 1,8 **1,17** 1,3–4; 3,21–22; 10,10–11; 1 Kor 15,1–4; Gal 3,11; Phil 3,9; 2 Tim 1,10

uns getan hat. So heißt es schon in der
Heiligen Schrift: »Nur der wird Gottes
Anerkennung finden und leben, der ihm
vertraut.«[a]

Gottes Gericht über alle, die ohne ihn leben wollen

18 Gott lässt aber auch seinen Zorn sicht-
bar werden. Vom Himmel herab trifft er
alle Menschen, die sich gegen Gott auf-
lehnen und so die Wahrheit mit Füßen
treten. Sie führen ein Leben ohne Gott
und tun, was ihm missfällt. 19 Dabei wis-
sen sie ganz genau, dass es Gott gibt, er
selbst hat ihnen dieses Wissen gegeben.
20 Gott ist zwar unsichtbar, doch an seinen
Werken, der Schöpfung, haben die Men-
schen seit jeher seine göttliche Macht
und Größe sehen und erfahren können.
Sie haben also keine Entschuldigung.
21 Denn obwohl sie schon immer von Gott
wussten, wollten sie ihn nicht anerken-
nen und ihm nicht danken. Stattdessen
kreisten ihre Gedanken um Belangloses,
und da sie so unverständig blieben, wur-
de es schließlich in ihren Herzen finster.
22 Sie wähnten sich besonders klug und
waren die größten Narren. 23 Statt den
ewigen Gott in seiner Herrlichkeit anzu-
beten, verehrten sie Götzenstatuen von
sterblichen Menschen, von Vögeln und
von vierfüßigen und kriechenden Tieren.
24 Deshalb hat Gott sie all ihren Trieben
und Leidenschaften überlassen, so dass
sie sogar ihre eigenen Körper entwürdig-
ten. 25 Sie haben Gottes Wahrheit ver-
dreht und ihrer eigenen Lüge geglaubt.
Sie haben die Schöpfung angebetet und
nicht den Schöpfer. Ihm allein aber gehö-
ren Lob und Ehre bis in alle Ewigkeit.
Amen.

26 Weil die Menschen Gottes Wahrheit
mit Füßen traten, gab Gott sie ihren ab-
scheulichen Leidenschaften preis: Ihre
Frauen haben die natürliche Sexualität
aufgegeben und gehen gleichgeschlecht-
liche Beziehungen ein. 27 Ebenso haben
die Männer die natürliche Beziehung zur
Frau mit einer unnatürlichen vertauscht:
Männer begehren Männer und lassen
ihrer Lust freien Lauf. So erfahren sie
die gerechte Strafe für ihren Götzen-
dienst am eigenen Leib.

28 Gott war ihnen gleichgültig; sie ga-
ben sich keine Mühe, ihn zu erkennen.
Deshalb überlässt Gott sie einer inneren
Haltung, die ihr ganzes Leben verdirbt:
29 Sie sind voller Unrecht und Nieder-
tracht, Habgier, Bosheit und Neid, ja so-
gar Mord; voller Streit, Hinterlist und
Verlogenheit, Klatsch 30 und Verleum-
dung. Sie hassen Gott, sind gewalttätig,
anmaßend und überheblich. Beim Bösen
sind sie sehr erfinderisch. Sie verachten
ihre Eltern, 31 haben weder Herz noch
Verstand, lassen Menschen im Stich und
sind erbarmungslos. 32 Dabei wissen sie
ganz genau, dass sie nach dem Urteil
Gottes dafür den Tod verdient haben.
Trotzdem machen sie so weiter wie bis-
her, ja, sie freuen sich sogar noch, wenn
andere es genauso treiben.

Niemand kann sich dem Urteil Gottes entziehen

2 Aber auch ihr anderen – wer immer
ihr seid – könnt euch nicht heraus-
reden. Ihr spielt euch als Richter über al-
le auf, die Unrecht begehen, und sprecht
euch damit euer eigenes Urteil. Ihr klagt
bei anderen an, was ihr selbst tut. 2 Wir
wissen, dass Gott über alle, die so han-
deln, ein gerechtes Urteil fällen wird.
3 Meint ihr etwa, ihr könntet dem Gericht
Gottes entgehen, wenn ihr genauso wie
die handelt, die ihr verurteilt? 4 Für wie
armselig haltet ihr denn Gottes unend-
lich reiche Güte, Geduld und Treue?
Seht ihr denn nicht, dass gerade diese
Güte euch zur Umkehr bewegen will?

---

[a] Habakuk 2,4

1,18 2,5–6; 5,9–10; 1 Thess 1,10; 2 Thess 1,7–10; Ps 76,8–10 **1,19–20** Apg 14,17; Ps 19,2–5 **1,21–22** 1 Kor 1,19–29; Eph 4,17–18 **1,23** 2 Mo 20,3–5* **1,26–27** 3 Mo 18,22; 20,13; 1 Kor 6,9 **1,28–31** 3,10–18; 1 Mo 6,5*; Gal 5,19–21 **1,32** 6,23 **2,1** 14,10; Mt 7,1–2; Jak 4,11–12 **2,4** Apg 17,30; Mk 1,15

5 Ihr aber weigert euch hartnäckig, zu Gott zu kommen und euer Leben zu ändern. Es ist allein eure Schuld, wenn euch Gottes Zorn am Tag des Gerichts mit ganzer Härte trifft. Wenn Gott sich als der Richter zeigt, 6 wird jeder bekommen, was er verdient hat.

7 Ewiges Leben in Herrlichkeit und Ehre wird er denen geben, die sich danach sehnen und die mit großer Ausdauer Gutes tun.

8 Gottes unversöhnlicher Zorn aber wird die treffen, die aus Selbstsucht Gottes Wahrheit leugnen, sich ihr widersetzen und dafür dem Unrecht[a] gehorchen. 9 Angst und Not werden über alle kommen, die Böses tun; zuerst über die Juden, dann aber auch über alle anderen. 10 Aber jedem, der Gutes tut, wird Gott seine Herrlichkeit, Ehre und Frieden schenken, zuerst den Juden, dann auch allen anderen. 11 Denn vor Gott sind alle Menschen gleich.

12 Wer also Gottes Willen nicht beachtet und gegen seine Gebote handelt, wird sein Leben auf ewig verlieren, auch wenn er Gottes geschriebenes Gesetz gar nicht kannte. Und wer vom Gesetz wusste und dennoch dagegen verstieß, wird von Gott nach dem Gesetz gerichtet werden. 13 Entscheidend ist nämlich nicht, ob man Gottes Gebote kennt. Nur wenn man auch danach handelt, wird man von Gott angenommen.

14 Freilich gibt es unter den Völkern Menschen, die Gottes Gebote gar nicht kennen und doch danach leben, weil ihr Gewissen ihnen das vorschreibt. 15 Durch ihr Handeln beweisen sie, dass Gottes Gesetz in ihre Herzen geschrieben ist, denn ihr Gewissen und ihre Gedanken klagen sie entweder an oder sprechen sie frei. 16 Was heute noch in den Menschen verborgen ist, wird einmal sichtbar und offenkundig werden, und zwar an dem Tag, an dem Gott durch Jesus Christus die Menschen richten wird. So bezeugt es die rettende Botschaft, die ich verkünde.

Wer gehört wirklich zum Volk Gottes?

17 Du nennst dich Jude und verlässt dich darauf, dass du Gottes Gesetz kennst, du bist stolz auf deinen Gott 18 und auf dein besonderes Verhältnis zu ihm. Denn du hast Gottes Gebote gelernt und weißt genau, wie man sich verhalten soll. 19 Deshalb traust du dir zu, Blinde führen zu können und für alle, die im Dunkeln tappen, das Licht zu sein. 20 Du willst die Unverständigen erziehen und die Unwissenden belehren, denn du kennst ja das Gesetz, in dem alles über Gott und seine Wahrheit steht.

21 Doch wenn du die anderen so gut belehren kannst, weshalb nimmst du selbst keine Lehre an? Du predigst, dass man nicht stehlen soll, und stiehlst selber? 22 Du sagst den Leuten, dass sie nicht die Ehe brechen sollen, und tust es selbst? Von anderen verlangst du, keine Götzen anzubeten, und dabei bereicherst du dich an ihren Tempelschätzen. 23 Du bist stolz darauf, dass Gott euch seine Gebote gegeben hat, und dennoch lebst du nicht nach seinen Geboten und bringst ihn so in Verruf. 24 Aber das steht ja schon in der Heiligen Schrift: »Euretwegen werden die Völker Gottes Ehre in den Schmutz ziehen.«[b]

25 Sicher ist es ein ganz besonderer Vorzug, ein Jude zu sein, wenn du Gottes Gebote befolgst. Tust du dies aber nicht, dann bist du mit denen gleichzustellen, die niemals beschnitten worden sind. 26 Alle, die nach Gottes Geboten leben, gelten vor ihm als beschnitten. 27 Ja, solche Menschen werden sogar über euch

---

[a] Wörtlich: der Ungerechtigkeit.
[b] *Jesaja 52,5*

2,5–6 Joh 3,19; 2 Kor 5,10* **2,7** Kol 3,3; 1 Tim 1,16 **2,9–10** 2 Kor 5,10* **2,11** 5 Mo 1,16–17; Apg 10,34; 1 Petr 1,17 **2,12–16** 3,19–20 **2,13** Mt 7,21–23; Jak 1,22 **2,16** 1 Kor 4,5; 2 Kor 5,10*; 2 Tim 4,1; Ps 26,2* **2,17–18** 3,9; Mt 3,9; Phil 3,4–6 **2,21–24** Ps 50,16–21; Mt 7,3–5; 23,2–4 **2,23** 3,19 **2,25** Mt 3,8–9

Juden Richter sein; denn ihr habt zwar
Gottes Gebote, lebt aber nicht danach.
28 Die jüdische Abstammung und die Be-
schneidung sind nur äußerlich und lassen
noch niemanden wirklich zum Juden wer-
den. 29 Jude ist man im tiefsten Inneren,
wenn die Beschneidung mehr bedeutet
als die Erfüllung toter Buchstaben. Was
wirklich zählt, ist die Beschneidung, die
vom Heiligen Geist kommt und einen
Menschen völlig verändert. In den Augen
der Menschen mag das nicht viel bedeu-
ten, wohl aber bei Gott.

Gott steht zu seinem Wort

3 Welchen Vorteil hat man also davon,
ein Jude zu sein, und was nützt die
Beschneidung? 2 Das hat durchaus Vor-
teile! Als Erstes: Gott hat dem jüdischen
Volk sein Wort anvertraut. 3 Zwar sind ei-
nige ihre eigenen Wege gegangen, aber
was ändert das? Kann die Untreue dieser
Menschen etwa Gottes Treue aufheben?
4 Niemals! Gott steht auf jeden Fall zu
seinem Wort, auch wenn alle Menschen
Lügner sind. Es heißt ja schon in der Hei-
ligen Schrift: »Deine Worte, Gott, wer-
den sich als wahr erweisen, und du wirst
siegen, wenn man dich verurteilen will.«[a]
5 Ist es nicht aber so, fragen manche
Menschen, dass wir Gott untreu sein
müssen, damit Gottes Treue erst richtig
zur Geltung kommt? Und ist es eigent-
lich gerecht von Gott, wenn er uns dann
wegen unserer Schuld bestraft? 6 Nein,
Gott ist nicht ungerecht! Könnte er denn
sonst Richter über uns Menschen sein?
7 Aber fragen wir noch einmal: Wie kann
Gott mich als Sünder ansehen und ver-
urteilen, wenn doch erst durch meine
Falschheit seine Wahrheit in ihrer ganzen
Größe aufstrahlt? 8 Wäre es dann nicht
viel besser, nach dem Motto zu leben:
»Lasst uns das Böse tun, denn es kommt
ja letztlich das Gute dabei heraus!«? Das
legen mir einige in den Mund und ver-
leumden mich damit. Sie alle bekommen
von Gott ihre gerechte Strafe.

Vor Gott sind alle Menschen schuldig

9 Haben wir Juden nun irgendeinen Vor-
zug vor den anderen Menschen? Ich
sage: Nein! Denn eben habe ich allen
Menschen – ob Juden oder Nichtjuden –
bewiesen, dass sie unter der Herrschaft
der Sünde leben. 10 Dasselbe sagt schon
die Heilige Schrift: »Es gibt keinen, auch
nicht einen Einzigen, der ohne Sünde ist.
11 Es gibt keinen, der einsichtig ist und
nach Gott fragt. 12 Alle haben sich von
ihm abgewandt und sind dadurch für
Gott unbrauchbar geworden. Da ist wirk-
lich keiner, der Gutes tut, kein Einziger.[b]
13 Ihre Worte bringen Tod und Verderben.[c]
Durch und durch verlogen ist all ihr Re-
den, und was über ihre Lippen kommt, ist
bösartig und todbringend wie Schlangen-
gift.[d] 14 Ihr Mund ist voller Flüche und
Gehässigkeiten.[e] 15 Sie sind schnell be-
reit, Blut zu vergießen. 16 Sie hinterlassen
eine Spur der Verwüstung und des
Elends. 17 Den Weg zum Frieden kennen
sie nicht,[f] 18 denn sie haben keine Ehr-
furcht vor Gott.«[g]
19 Nun wissen wir: Das Gesetz Gottes
gilt gerade für die, denen es gegeben wur-
de. Deshalb kann sich keiner heraus-
reden. Alle Menschen auf der Welt sind
vor Gott schuldig. 20 Denn kein Mensch
wird jemals vor Gott bestehen, indem er

---

a Psalm 51,6
b Psalm 14,1–3; 53,2–4
c Wörtlich: Ein geöffnetes Grab ist ihr Schlund.
d Psalm 5,10; 140,4
e Psalm 10,7
f Jesaja 59,7–8
g Psalm 36,2

2,28–29 4,12; 1 Kor 7,19; Gal 5,6; Phil 3,3; Kol 2,11 **3,2** 9,4 ; Ps 147,19–20 **3,3–4** 11,28–29; 2 Tim 2,13 **3,6** 2 Kor 5,10*; Ps 7,12* **3,7–8** 6,1–2 **3,9** 2,25–26 **3,10–18** 1 Mo 6,5*; Pred 7,20 **3,20** 5,20; 7,7; Gal 2,16*; 3,19

die Gebote erfüllt. Das Gesetz zeigt uns
vielmehr unsere Sünde auf.

Wen spricht Gott von seiner Schuld frei?

[21] Jetzt aber hat Gott uns gezeigt, wie wir
vor ihm bestehen können, nämlich unab-
hängig vom Gesetz. Dies ist sogar schon
im Gesetz und bei den Propheten be-
zeugt. [22] Gott spricht jeden von seiner
Schuld frei und nimmt jeden an, der an
Jesus Christus glaubt. Nur diese Gerech-
tigkeit lässt Gott gelten.

Denn darin sind die Menschen gleich:
[23] Alle sind Sünder und haben nichts auf-
zuweisen, was Gott gefallen könnte.[a]
[24] Aber was sich keiner verdienen kann,
schenkt Gott in seiner Güte: Er nimmt
uns an, weil Jesus Christus uns erlöst hat.
[25] Um unsere Schuld zu sühnen, hat Gott
seinen Sohn am Kreuz für uns verbluten
lassen. Das erkennen wir im Glauben,
und darin zeigt sich, wie Gottes Gerech-
tigkeit aussieht.

Bisher hat Gott die Sünden der Men-
schen ertragen; [26] er hatte Geduld mit ih-
nen. Jetzt aber vergibt er ihnen ihre
Schuld und erweist damit seine Gerech-
tigkeit. Gott allein ist gerecht und spricht
den von seiner Schuld frei, der an Jesus
Christus glaubt.

[27] Bleibt uns denn nichts, womit wir uns
vor Gott rühmen können? – Nein, gar
nichts! Woher wissen wir das? Etwa
durch das Gesetz, das unsere eigene Leis-
tung verlangt? Nein! Nur durch den
Glauben, der uns geschenkt ist.[b]

[28] Also steht fest: Nicht wegen meiner
guten Taten werde ich von meiner Schuld
freigesprochen, sondern erst, wenn ich
mein Vertrauen allein auf Jesus Christus
setze.

[29] Gilt dies vielleicht nur für die Juden,
weil Gott ein Gott der Juden ist? Oder
gilt das auch für die anderen Völker? Na-
türlich gilt das auch für sie, denn Gott ist
für alle Menschen da. [30] Es ist ein und der-
selbe Gott, der Juden wie Nichtjuden
durch den Glauben an Jesus von ihrer
Schuld befreit. [31] Bedeutet das etwa, dass
wir durch den Glauben das Gesetz Got-
tes abschaffen? Nein, im Gegenteil! Wir
bringen es neu zur Geltung.

Abraham: ein Mensch, der vor Gott bestehen kann

4 Ich möchte das jetzt noch deutlicher
machen. Wodurch konnte Abraham,
der Stammvater des jüdischen Volkes,
vor Gott bestehen? [2] Bestimmt nicht we-
gen seiner guten Taten! Damit hätte er
zwar bei den Menschen Ruhm und Anse-
hen gewinnen können, nicht aber bei
Gott. [3] In der Heiligen Schrift heißt es:
»Abraham setzte sein ganzes Vertrauen
auf Gott, und so fand er Gottes Anerken-
nung.«[c]

[4] Es ist doch so: Wenn ich eine Arbeit
leiste, habe ich Anspruch auf Lohn. Er ist
kein Geschenk, sondern ich habe ihn mir
verdient. [5] Aber bei Gott ist das anders.
Bei ihm werde ich nichts erreichen, wenn
ich mich auf meine Taten berufe. Nur
wenn ich Gott vertraue, der den Gott-
losen von seiner Schuld freispricht, kann
ich vor ihm bestehen. [6] Davon hat schon
König David gesprochen, als er den Men-
schen glücklich nannte, der von Gott
ohne jede Gegenleistung angenommen
wird. David sagte:

[7] »Glücklich sind alle, denen Gott ihr
Unrecht vergeben und ihre Schuld zuge-
deckt hat! [8] Glücklich ist der Mensch,
dem Gott seine Sünden nicht anrech-
net.«[d]

[9] Für uns ergibt sich hier die Frage:

---

[a] Wörtlich: (Alle) entbehren der Herrlichkeit Gottes.
[b] Wörtlich: Durch das Gesetz des Glaubens.
[c] *1. Mose 15,6*
[d] Psalm 32,1–2

3,21–22 1,16–17; 8,1–4; Apg 10,43 **3,23** 1 Mo 6,5* **3,24** 5,1; Gal 2,16*; Eph 2,8–9 **3,25** 4,25; 5,8–10; 2 Kor 5,18–21* **3,27** 1 Kor 1,29–31; Offb 4,11; Eph 2,8–9 **3,28** Gal 2,16* **3,29–30** 4,11.16; 10,12–13; Eph 2,14.18 **3,31** 7,1–6; 10,4; Mt 5,17; 2 Kor 3,6 **4,3** Gal 3,6–7 **4,5** 3,28; 11,6; Gal 2,16*

Gelten Davids Worte nur für die Juden oder auch für alle anderen? Wie gesagt, es heißt in der Heiligen Schrift: »Abraham setzte sein ganzes Vertrauen auf Gott, und so fand er Gottes Anerkennung.«

10 Aber nun müssen wir genauer fragen: Wann fand Abraham die Anerkennung Gottes? War es vor oder nach seiner Beschneidung? Wir wissen, dass es vorher war. 11 Denn Abrahams Beschneidung war ja gerade das äußere Zeichen dafür, dass er durch seinen Glauben Anerkennung bei Gott gefunden hatte. Und diese Anerkennung fand er, noch ehe er beschnitten war! Auf diese Weise ist Abraham zum Stammvater für alle Unbeschnittenen geworden, die allein wegen ihres Glaubens von Gott angenommen sind.

12 Doch Abraham ist ebenso der Vater der Beschnittenen. Allerdings genügt die Beschneidung nicht, um zu seinen Nachkommen gezählt zu werden. Entscheidend ist vielmehr, dass wir denselben Glauben haben, den unser Vater Abraham schon vor seiner Beschneidung hatte.

Gesetz und Glaube

13 Gott hatte Abraham versprochen, dass er und seine Nachkommen die ganze Welt zum Besitz erhalten würden. Aber dieses Versprechen gab Gott nicht, weil Abraham das Gesetz erfüllte, sondern weil Abraham Gott unerschütterlich vertraute. Damit fand er Gottes Anerkennung. 14 Würde dagegen die Zusage für die gelten, die sich auf die Erfüllung des Gesetzes verlassen, dann wäre der Glaube außer Kraft gesetzt und Gottes Versprechen würde aufgehoben.

15 Tatsächlich bringt uns das Gesetz nichts als den Zorn Gottes ein. Nur da, wo es kein Gesetz gibt, wird niemand schuldig. 16 Deshalb gilt Gottes Zusage allein dem, der glaubt. Denn was Gott versprochen hatte, sollte ja ein Geschenk sein. Nur so bleibt die Zusage überhaupt gültig, und zwar für alle Nachkommen Abrahams. Das sind nicht nur die Juden, die nach dem Gesetz leben, sondern auch alle anderen Menschen, die Gott so vertrauen wie Abraham. Deshalb ist Abraham der Vater aller.

17 So sagt Gott schon in der Heiligen Schrift zu Abraham: »Ich habe dich zum Stammvater vieler Völker bestimmt!«[a] Und Abraham vertraute dem Gott, der die Toten lebendig macht und der aus dem Nichts ins Leben ruft. 18 Gott versprach Abraham: »Deine Nachkommen werden so zahlreich wie die Sterne am Himmel sein, und du sollst zum Stammvater vieler Völker werden.«[b]

Abraham glaubte diesen Worten, obwohl alles dagegen sprach. 19 Denn er selbst war fast hundert Jahre alt, und auch seine Frau Sara konnte in ihrem hohen Alter nach menschlichem Ermessen keine Kinder mehr bekommen. Doch sein Glaube wurde nicht erschüttert, 20 er zweifelte nicht und vertraute Gottes Zusage. Sein Glaube wurde dadurch gestärkt, er gab Gott die Ehre 21 und war fest davon überzeugt, dass Gott sein Versprechen erfüllen würde. 22 Deshalb fand er Gottes Anerkennung.

23 Dass er durch seinen Glauben vor Gott bestehen konnte, ist nicht nur seinetwegen aufgeschrieben worden, 24 sondern auch für uns. Auch wir sollen Gottes Anerkennung finden, denn wir vertrauen ihm, der unseren Herrn Jesus Christus von den Toten auferweckt hat. 25 Jesus musste sterben, um unsere Sünden zu tilgen; er wurde auferweckt, damit wir vor Gott bestehen können.

---

a 1. Mose 17,4–5

b 1. Mose 15,5

4,11 1 Mo 17,1–16; Gal 3,9 **4,12** 2,28; Mt 3,8–9 **4,13** 1 Mo 12,3*; Gal 3,18 **4,14** Gal 3,10–14 **4,15** 5,13; 7,8–10 **4,16** 3,29–30 **4,19–22** 1 Mo 17,17; 18,1–15; 21,1–7, Hebr 11,11 **4,25** 8,34; 14,9; 1 Kor 15,3–4; 2 Kor 5,18–21*

Mit Gott versöhnt

5 Nachdem wir durch den Glauben von unserer Schuld freigesprochen sind, haben wir Frieden mit Gott durch unseren Herrn Jesus Christus. [2]Wir können ihm vertrauen, er hat uns die Tür zu diesem neuen Leben geöffnet. Im Vertrauen haben wir dieses Geschenk angenommen. Und mehr noch: Wir werden einmal an Gottes Herrlichkeit teilhaben. Diese Hoffnung erfüllt uns mit Freude und Stolz.

[3]Doch nicht nur dafür sind wir dankbar. Wir danken Gott auch für die Leiden, die wir wegen unseres Glaubens auf uns nehmen müssen. Denn Leid macht geduldig, [4]Geduld aber vertieft und festigt unseren Glauben, und das wiederum gibt uns Hoffnung. [5]Und diese Hoffnung geht nicht ins Leere. Denn uns ist der Heilige Geist geschenkt, und durch ihn hat Gott unsere Herzen mit seiner Liebe erfüllt.

[6]Schon damals, als wir noch hilflos der Sünde ausgeliefert waren, ist Christus zur rechten Zeit für uns gottlose Menschen gestorben. [7]Kaum jemand von uns würde für einen anderen Menschen sterben, selbst wenn er schuldlos wäre. Es mag ja vorkommen, dass einer sein Leben für einen ganz besonders gütigen Menschen opfert. [8]Gott aber hat uns seine große Liebe gerade dadurch bewiesen, dass Christus für uns starb, als wir noch Sünder waren.

[9]Wenn wir jetzt von Gott angenommen sind, weil Jesus sein Blut für uns vergossen hat, dann werden wir erst recht am kommenden Gerichtstag vor Gottes Zorn gerettet. [10]Als wir noch seine Feinde waren, hat Gott uns durch den Tod seines Sohnes mit sich selbst versöhnt. Wie viel mehr werden wir, da wir jetzt Frieden mit Gott haben, am Tag des Gerichts bewahrt bleiben, nachdem ja Christus auferstanden ist und lebt[a].

[11]Doch das ist nicht der einzige Grund, Gott zu loben und ihm zu danken: Schon jetzt sind wir ja durch unseren Herrn Jesus Christus mit Gott versöhnt.

Adam brachte den Tod – Christus bringt das Leben

[12]Durch einen einzigen Menschen ist die Sünde in die Welt gekommen und als Folge davon der Tod. Weil nun alle Menschen gesündigt haben, sind sie alle dem Tod ausgeliefert. [13]Demnach war die Sünde schon da, lange bevor Gott durch Mose das Gesetz gab. Aber wo kein Gesetz ist, kann auch keine Schuld angerechnet werden. [14]Dennoch waren alle Menschen von Adam bis zu Mose ebenfalls dem Tod verfallen, auch wenn sie nicht wie Adam bewusst gegen Gottes Willen handelten. Adams Schuld hatte Folgen für alle Menschen. Insofern ist er das genaue Gegenbild zu Christus, der uns erlöst hat.[b]

[15]Freilich lässt sich die Erlösung, die uns Christus geschenkt hat, nicht mit der Sünde Adams vergleichen. Denn durch die Sünde des einen wurde die gesamte Menschheit dem Tod ausgeliefert; durch Jesus Christus aber erfuhren wir in überreichem Maß Gottes Barmherzigkeit und Liebe. [16]Man kann also die Erlösung durch Christus und die Sünde Adams nicht auf eine Stufe stellen. Gottes Urteilsspruch brachte wegen der einen Sünde Adams die Verdammnis; was Christus getan hat, brachte trotz unzähliger Sünden den Freispruch.

[17]Hat aber der Ungehorsam eines einzigen Menschen zur Herrschaft des Todes geführt, um wie viel mehr werden dann alle, die Gottes überreiche Barm-

---

[a] Wörtlich: gerettet werden durch sein Leben.

[b] *Wörtlich: Dieser (Adam)* ist das Gegenbild des Kommenden.

5,1 Joh 16,33; Gal 5,5; Jes 53,5–6 **5,2** Joh 10,9; 14,6; Tit 2,13* **5,3** 2 Kor 4,17; Kol 1,24.27; 2 Tim 3,12* **5,6–8** Joh 10,11.15; 1 Petr 3,18 **5,9–10** 1,18; 3,25; Kol 1,19–22; 2 Kor 5,18–21*; Tit 2,13* **5,11** Joh 5,24 **5,12** 6,23; 1 Kor 15,46–49; 1 Mo 2,16–17; 3,11–12.19 **5,13** 4,15; 7,7 **5,17** 1 Kor 6,2–4; 2 Tim 2,12

Was nach dem Schmerz kommt

Lesen Sie Römer 5,5

Leid gibt es in fast jeder Beziehung; es ist unvermeidlich. Doch wenn der Schmerz (scheinbar absichtlich) vom Ehepartner verursacht wird, kann das verheerende Auswirkungen haben. Manchmal sagen Menschen zu mir: „Mein Partner hat mich so tief verletzt, dass ich ihn nie mehr lieben kann." Das ist eine verständliche Reaktion. Wenn der Schmerz tief sitzt und unser Zorn sich noch nicht gelegt hat, kommt es uns so vor, als könnten wir nicht mehr lieben. Doch dann sollten wir daran denken, dass Gott uns schon geliebt hat, „als wir noch Sünder waren", und Christus gesandt hat, damit er sein Leben für uns gab (Römer 5,8).

Vielleicht sind wir versucht zu sagen: „Gott kann das wohl, aber ich nicht." Doch wenn wir Christen sind, können wir es und sollen es auch. Sehen wir uns Römer 5,5 einmal genauer an. Durch den Heiligen Geist ist unser Herz mit Gottes Liebe erfüllt. Wir haben die Liebe Gottes empfangen, und nun können wir sie an andere weitergeben. Wenn Ihr Tank leer ist und Sie keine Liebe in sich selbst haben, dann können Sie aus den Reserven des Heiligen Geistes schöpfen. Mit seiner Hilfe füllt sich Ihr eigener Tank wieder auf und Sie finden einen Weg, Ihren Partner wieder zu lieben.

Bis dahin können Sie Ihrem Partner Gottes Liebe in Wort und Tat zeigen, egal wie Ihre Gefühle aussehen. Wenn Sie andere lieben, spiegelt sich in Ihnen Gottes Wesen wider.

Nehmen Sie sich Zeit, um allein oder als Paar gemeinsam zu beten. Danken Sie Gott, dass er Ihnen den Heiligen Geist als Quelle der Liebe geschenkt hat. Wenn Sie sich von Ihrem Partner verletzt fühlen, bitten Sie Gott um die richtige *Sicht, wie Sie damit umgehen sollen.*

Wenn Sie noch mehr Zeit haben …

Besprechen Sie miteinander folgende Fragen oder denken Sie darüber nach:

- Was ist Ihre erste Reaktion, wenn jemand Sie tief verletzt?
- Wie können Sie die Gefühle für Ihren Partner wiederherstellen, wenn Sie von ihm oder ihr verletzt wurden?
- Welchen Rat würden Sie einem frisch verheirateten Paar geben, das gerade seinen ersten großen Streit hinter sich hat?

Lesen Sie auch die folgenden Abschnitte zum Thema Schmerz überwinden:
Johannes 16,33; Römer 12,21; Offenbarung 21,4.

Perfekt in allen Liebessprachen

Lesen Sie Römer 6,23

Das Kreuz ist auf der ganzen Welt bekannt als Symbol für Gottes Liebe. Die Kreuzigung Jesu war der Punkt, an dem Gott eindeutig alle fünf Sprachen der Liebe gesprochen hat:

Am Kreuz sagte Jesus: „Vater, vergib ihnen, denn sie wissen nicht, was sie tun!" (Lukas 23,34). Es gibt wohl kaum Worte, die eine tiefere Liebe zum Ausdruck bringen.

Durch seinen Tod zeigte Jesus die größte Hilfsbereitschaft, denn er versöhnte die in Sünde gefangene Menschheit wieder mit Gott.

Er gab uns Geschenke von unschätzbarem Wert: die Vergebung der Sünden und das ewige Leben (siehe Römer 6,23).

Durch diese Gaben eröffnete er uns Menschen den Weg zu einer persönlichen Beziehung mit Gott. Wir dürfen mit Gott, unserem Schöpfer, zusammen sein und Zeit mit ihm verbringen, jetzt und für alle Ewigkeit.

Am Kreuz berührte Gott die Menschheit, als ihre Not am größten war, und sagte: „Ich liebe dich!" Hier erfüllte Jesus sein Versprechen: „Ich bin der gute Hirte. Ein guter Hirte setzt sein Leben für die Schafe ein" (Johannes 10,11).

Sobald wir uns für Gottes Liebe öffnen und verstehen, in wie vielen verschiedenen Sprachen er zu uns spricht, lernen auch wir allmählich diese Sprachen. Egal welche Liebessprache Ihnen am liebsten ist: Mögen Sie eine immer tiefere Erfüllung darin finden, diese Sprache in Ihrer Beziehung zu Gott, zu Ihrem Partner und zu anderen Menschen einzusetzen.

Nehmen Sie sich Zeit, um *allein* oder als Paar gemeinsam zu beten. Danken Sie Gott, dass er seinen Sohn geopfert hat, um uns das ewige Leben zu schenken; bitten Sie ihn, Ihnen zu zeigen, was Sie davon abhält, Jesu Tod am Kreuz ganz zu verstehen und darüber zu sprechen; bitten Sie ihn um Weisheit, damit Sie die Bedeutung des *Opfers Jesu anderen so erklären* können, dass sie es verstehen.

Wenn Sie noch mehr Zeit haben …

Besprechen Sie miteinander folgende Fragen oder denken Sie darüber nach:

- In welcher Liebessprache können Sie am besten über das sprechen, was Jesus durch seinen Tod am Kreuz bewirkt hat? Welche Liebessprache ist Ihnen am wenigsten vertraut? Erläutern Sie Ihre Gedanken.
- Wie können Sie als Paar mehr gemeinsame Zeit mit Ihrem Schöpfer verbringen?

Lesen Sie auch die folgenden Abschnitte zum Thema Gottes Liebe:
Römer 5,8; Galater 2,20; 1. Johannes 4,7-12.

Den nächsten Impuls finden Sie auf S. 1288 a

herzigkeit und seine Vergebung erfahren haben, durch Jesus Christus leben und einmal mit ihm herrschen[a].

[18] Es steht also fest: Durch die Sünde *eines* Menschen sind alle Menschen in Tod und Verderben geraten. Aber durch die Erlösungstat *eines* Menschen sind alle mit Gott versöhnt und bekommen neues Leben. [19] Oder anders gesagt: Durch Adams Ungehorsam wurden alle Menschen vor Gott schuldig; aber weil Jesus Christus gehorsam war, werden sie von Gott freigesprochen.

[20] Das Gesetz aber kam später hinzu, um die Wirkung der Sünde zu vergrößern. Denn wo sich die ganze Macht der Sünde zeigte, da erwies sich auch Gottes Barmherzigkeit in ihrer ganzen Größe. [21] Wo bisher die Sünde über alle Menschen herrschte und ihnen den Tod brachte, dort herrscht jetzt Gottes Gnade. Gott spricht uns von unserer Schuld frei und schenkt uns ewiges Leben durch Jesus Christus, unseren Herrn.

Das neue Leben

6 Was bedeutet das nun für uns? Sollen wir etwa weitersündigen, damit Gott Gelegenheit hat, uns seine Barmherzigkeit in ihrer ganzen Größe zu zeigen? [2] Natürlich nicht! Als Christen sind wir für die Sünde tot. Wie könnten wir da noch länger mit ihr leben? [3] Ihr wisst doch, was bei der Taufe geschehen ist: Wir sind auf den Namen Jesu Christi getauft worden und haben damit auch Anteil an seinem Tod. [4] Durch die Taufe sind wir also mit Christus gestorben und begraben. Und wie Christus durch die Herrlichkeit und Macht seines Vaters von den Toten auferweckt wurde, so sollen auch wir ein neues Leben führen.

[5] Denn wie wir seinen Tod mit ihm geteilt haben, so haben wir auch Anteil an seiner Auferstehung. [6] Damit steht fest: Unser früheres Leben endete mit Christus am Kreuz. Unser von der Sünde beherrschtes Wesen ist vernichtet, und wir müssen nicht länger der Sünde dienen. [7] Wer gestorben ist, kann nicht mehr beherrscht werden – auch nicht von der Sünde.

[8] Sind wir aber mit Christus gestorben, dann werden wir auch mit ihm leben – davon sind wir überzeugt. [9] Wir wissen ja, dass Christus von den Toten auferweckt worden ist und nie wieder sterben wird. Der Tod hat keine Macht mehr über ihn. [10] Mit seinem Tod hat Christus ein für alle Mal beglichen, was die Sünde fordern konnte. Jetzt aber lebt er, und er lebt für Gott. [11] Das gilt genauso für euch, und daran müsst ihr festhalten: Ihr seid tot für die Sünde und lebt nun für Gott, der euch durch Jesus Christus das neue Leben gegeben hat.

[12] Achtet darauf, dass euer vergänglicher Leib nicht von der Sünde, von seinen Begierden beherrscht wird. [13] Nichts, keinen einzigen Teil eures Körpers sollt ihr der Sünde als Werkzeug für das Böse zur Verfügung stellen. Dient vielmehr Gott mit allem, was ihr seid und habt. Weil ihr mit Christus gestorben seid und er euch neues Leben schenkte, sollt ihr jetzt Werkzeuge in Gottes Hand sein, damit er euch für seine Ziele einsetzen kann. [14] Die Sünde hat ihre Macht über euch verloren. Denn ihr seid nicht länger an das Gesetz gebunden, sondern ihr lebt von der Barmherzigkeit Gottes.

Befreit, um Gott zu dienen

[15] Soll das nun etwa heißen, dass wir einfach Schuld anhäufen können, weil ja Gottes Barmherzigkeit zählt und wir das Urteil des Gesetzes nicht mehr zu fürchten brauchen?

Nein, so ist das nicht gemeint! [16] Wisst ihr nicht, dass ihr dem Herrn gehorchen

---

a Wörtlich: im Leben herrschen durch den einen, Jesus Christus.

5,18 1 Kor 15,21–22 **5,20** 3,20; 7,7.13; Gal 3,19 **5,21** 3,21–26; 6,23 **6,1** 5,20 **6,2** Kol 3,3 **6,3** 2 Kor 5,14; Gal 2,19 **6,4** 1,3–4; Kol 2,12 **6,6** Gal 5,24 **6,8** Gal 2,20; 2 Tim 2,11 **6,9** 2 Tim 1,10; 1 Thess 4,14 **6,10** 8,1–3; Hebr 10,14*; 1 Petr 3,18; 2 Kor 5,18–21* **6,11** Gal 2,19–20 **6,13** 12,1; 1 Petr 2,24 **6,14** 5,21; 7,1–6; Gal 5,18; 1 Joh 3,6 **6,15** 6,1 **6,16** 5,21; Mt 6,24 müsst, dem ihr euch verpflichtet habt? Und das heißt: Entweder entscheidet ihr euch für die Sünde und werdet sterben, oder ihr hört auf Gott, und er wird euch annehmen.

[17] Aber Gott sei Dank! Ihr seid nicht mehr hilflos der Sünde ausgeliefert, sondern ihr hört von ganzem Herzen auf das, was euch gelehrt worden ist. [18] Denn nachdem ihr von der Herrschaft der Sünde wirklich frei geworden seid, könnt ihr jetzt Gott dienen und das tun, was ihm gefällt.

[19] Weil ihr das so schwer verstehen könnt, will ich es euch an einem bekannten Beispiel deutlich machen, dem Sklavendienst: Früher habt ihr der Zügellosigkeit und dem Unrecht wie Sklaven gedient. Jetzt aber sollt ihr uneingeschränkt Gott dienen; lebt so, wie es ihm gefällt, denn ihr gehört zu ihm! [20] Als Sklaven der Sünde wart ihr zwar frei, allerdings nur vom Guten. [21] Und was kam dabei heraus? Bei dem Gedanken daran könnt ihr euch heute nur schämen, denn ihr hattet dafür nichts anderes als den Tod verdient.

[22] Aber jetzt seid ihr frei von der Sünde und dient Gott als seine Knechte. Ihr gehört zu ihm und tut, was ihm gefällt, und schließlich schenkt er euch das ewige Leben.

[23] Denn die Sünde wird mit dem Tod bezahlt. Gott aber schenkt uns in der Gemeinschaft mit Jesus Christus, unserem Herrn, ewiges Leben.

Die Grenzen des Gesetzes

7 Meine lieben Brüder und Schwestern! Ihr kennt doch das Gesetz. Eigentlich solltet ihr dann wissen, dass Gesetze für uns nur Gültigkeit haben, solange wir leben.

[2] Was bedeutet das? Eine verheiratete Frau zum Beispiel ist an ihren Mann durch das Gesetz so lange gebunden, wie er lebt. Stirbt der Mann, dann ist sie von diesem Gesetz frei und kann wieder heiraten. [3] Hätte diese Frau zu Lebzeiten ihres Mannes einen anderen Mann gehabt, wäre sie eine Ehebrecherin gewesen. Nach dem Tod ihres Mannes aber ist sie frei von den Verpflichtungen des Ehegesetzes. Niemand wird sie eine Ehebrecherin nennen, wenn sie als Witwe einen anderen Mann heiratet.

[4] Genauso wart auch ihr gebunden, an das Gesetz. Aber ihr seid davon befreit worden, als Christus am Kreuz für euch starb. Und jetzt gehört ihr nur noch ihm, der von den Toten auferweckt wurde. Nur so werden wir für Gott Frucht bringen, das heißt leben, wie es ihm gefällt.

[5] Von Natur aus waren wir einst der Gewalt der Sünde ausgeliefert und wurden von unseren selbstsüchtigen Wünschen beherrscht. Durch das Gesetz wurde die Sünde in uns erst geweckt, so dass wir taten, was letztendlich zum Tod führt. [6] Aber jetzt sind wir von diesen Zwängen frei, denn für das Gesetz sind wir tot. Deswegen können wir Gott durch seinen Heiligen Geist in einer völlig neuen Weise dienen und müssen es nicht mehr wie früher durch die bloße Erfüllung toter Buchstaben tun.

Der Mensch und Gottes Gesetz

[7] Soll das alles nun etwa bedeuten, dass Gottes Gesetz sündig ist? Natürlich nicht! Aber es ist doch so: Ohne die Gebote Gottes hätte ich nie erfahren, was Sünde ist. Würde es dort nicht heißen: »Du sollst nicht begehren …«[a], so wüsste ich nicht, dass meine Leidenschaften Sünde sind. [8] Die Sünde aber gebrauchte dieses Gebot des Gesetzes, um in mir alle möglichen Leidenschaften zu wecken. Denn ohne das Gesetz ist die Sünde tot.

[9] Früher habe ich ohne das Gesetz ge-

---

[a] Vgl. 2. Mose 20,17

6,17 8,7–9; 2 Kor 5,21 **6,18** Joh 8,32; 1 Petr 2,16 **6,23** 5,21; 1 Joh 5,11–12; 1 Mo 2,17; 3,19 **7,2** 1 Kor 7,39 **7,4** Gal 2,19 **7,5** 1 Kor 15,56 **7,6** 6,2; 8,1–2; 2 Kor 3,6 **7,7** 3,20; Gal 3,19 **7,8** 4,15 **7,9–10** 5,13–14; 3 Mo 18,5; Gal 3,21

lebt. Erst seit ich das Gesetz mit seinen Geboten kenne, wurde auch die Sünde in mir lebendig, [10]und darum bewirkte das Gesetz meinen Tod. So hat mich Gottes Gebot, das den Weg zum Leben zeigen sollte, letztlich dem Tod ausgeliefert. [11]Denn die Sünde benutzte das Gebot und betrog mich, indem sie statt des versprochenen Lebens den Tod brachte.

[12]Das Gesetz selbst aber entspricht Gottes Willen; jedes einzelne Gebot ist heilig, gerecht und gut. [13]Kann aber etwas, das gut ist, meinen Tod bewirken? Nein, ganz und gar nicht. Aber gerade dadurch, dass die Sünde das Gute benutzte, um mir den Tod zu bringen, hat sie sich als Sünde entlarvt; erst durch das Gebot ist sie in ihrer ganzen Abscheulichkeit sichtbar geworden.

[14]Das Gesetz ist von Gottes Geist bestimmt. Das wissen wir genau. Ich aber bin nur ein Mensch und der Herrschaft der Sünde ausgeliefert. [15]Ich verstehe ja selber nicht, was ich tue. Das Gute, das ich mir vornehme, tue ich nicht; aber was ich verabscheue, das tue ich. [16]Bin ich mir aber bewusst, dass ich falsch handle, dann gebe ich damit zu, dass Gottes Gesetz gut ist. [17]Das aber bedeutet: Nicht ich selbst tue das Böse, sondern die Sünde, die in mir wohnt, treibt mich dazu.

Die Herrschaft der Sünde

[18]Ich weiß wohl, dass in mir nichts Gutes wohnt. Deshalb werde ich niemals das Gute tun können, so sehr ich mich auch darum bemühe. [19]Ich will immer wieder Gutes tun und tue doch das Schlechte; ich verabscheue das Böse, aber ich tue es dennoch. [20]Wenn ich also immer wieder gegen meine Absicht handle, dann ist klar: *Nicht ich selbst bestimme* über mich, sondern die Sünde in mir verführt mich zu allem Bösen.

[21]Ich mache immer wieder dieselbe Erfahrung: Das Gute will ich tun, aber ich tue das Böse. [22]Ich wünsche mir nichts sehnlicher, als Gottes Gesetz zu erfüllen. [23]Dennoch handle ich nach einem anderen Gesetz, das in mir wohnt. Dieses Gesetz kämpft gegen das, was ich innerlich als richtig erkannt habe, und macht mich zu seinem Gefangenen. Es ist das Gesetz der Sünde, das mein Handeln bestimmt. [24]Ich unglückseliger Mensch! Wer wird mich jemals aus dieser Gefangenschaft[a] befreien? [25]Gott sei Dank! Durch unseren Herrn Jesus Christus bin ich bereits befreit.

So befinde ich mich in einem Zwiespalt: Mit meinem Denken und Sehnen folge ich zwar dem Gesetz Gottes, mit meinen Taten aber dem Gesetz der Sünde.

Leben durch Gottes Geist

8 Wer nun mit Jesus Christus verbunden ist, wird von Gott nicht mehr verurteilt. [2]Denn für ihn gilt nicht länger das Gesetz der Sünde und des Todes. Es ist durch ein neues Gesetz aufgehoben, nämlich durch das Gesetz des Geistes Gottes, der durch Jesus Christus das Leben bringt.

[3]Wie ist es dazu gekommen? Das Gesetz konnte uns nicht helfen, so zu leben, wie es Gott gefällt, weil wir, an die Sünde versklavt, zu schwach sind, es zu erfüllen. Deshalb sandte Gott seinen Sohn zu uns. Er wurde Mensch und war wie wir der Macht der Sünde ausgesetzt. An unserer Stelle nahm er Gottes Verurteilung der Sünde auf sich.

[4]So erfüllt sich in unserem Leben der Wille Gottes, wie es das Gesetz schon immer verlangt hat; denn jetzt bestimmt Gottes Geist und nicht mehr die sündige menschliche Natur unser Leben. [5]Wer seinen selbstsüchtigen Wünschen folgt, der bleibt seiner sündigen Natur ausgeliefert. Wenn aber Gottes Geist in uns

---

a Wörtlich: aus diesem Todesleib.

7,11 3 Mo 18,5; Gal 3,10–13 **7,12** 1 Tim 1,8 **7,13** 1 Kor 15,56; Gal 3,19.23 **7,14** Ps 51,7 **7,18** 8,7–8; Phil 2,13; 1 Mo 6,5* **7,20** Gal 2,20 **7,21–23** Gal 5,17 **7,24–25** 6,17–18; 1 Kor 15,57 **8,1** 8,33–34; Joh 5,24 **8,2** 2 Kor 3,17; Hebr 7,18 **8,3** Gal 4,4–5; Hebr 2,17–18; 4,15; 2 Kor 5,21 **8,4–5** Gal 5,16.25

wohnt, wird auch unser Leben von sei-
nem Geist bestimmt. 6 Was unsere alte,
sündige Natur will, bringt den Tod. Re-
giert uns aber Gottes Geist, dann schenkt
er uns Frieden und Leben.

7 Von unserem Wesen her lehnen wir
Menschen uns gegen Gott auf, weil wir
seine Gebote nicht erfüllen und auch gar
nicht erfüllen können. 8 Deshalb kann
Gott an denen, die so selbstsüchtig leben,
kein Gefallen finden. 9 Nun aber seid ihr
nicht länger eurem selbstsüchtigen We-
sen ausgeliefert, denn Gottes Geist be-
stimmt euer Leben – schließlich wohnt
er ja in euch! Seid euch darüber im Kla-
ren: Wer den Geist Christi nicht hat, der
gehört auch nicht zu ihm.

10 Wenn Christus in euch lebt, dann ist
zwar euer Körper wegen eurer Sünde
noch dem Tod ausgeliefert. Doch Gottes
Geist schenkt euch ein neues Leben, weil
Gott euch angenommen hat.[a] 11 Ist der
Geist Gottes in euch, so wird Gott, der
Jesus von den Toten auferweckt hat, auch
euren sterblichen Leib wieder lebendig
machen; sein Geist wohnt ja in euch.

12 Darum, liebe Brüder und Schwes-
tern, sind wir nicht mehr unserer alten
menschlichen Natur verpflichtet und
müssen nicht länger ihren Wünschen
und ihrem Verlangen folgen. 13 Denn wer
ihr folgt, ist dem Tod ausgeliefert. Wenn
ihr aber mit der Kraft des Geistes eure
selbstsüchtigen Wünsche tötet, werdet
ihr leben.

14 Alle, die sich vom Geist Gottes regie-
ren lassen, sind Kinder Gottes. 15 Denn
der Geist Gottes, den ihr empfangen
habt, führt euch nicht in eine neue Skla-
verei, in der ihr wieder Angst haben
müsstet. Er macht euch vielmehr zu Got-
tes Kindern. Jetzt können wir zu Gott
kommen und zu ihm sagen: »Vater, lieber
Vater!« 16 Gottes Geist selbst gibt uns die
innere Gewissheit, dass wir Gottes Kin-
der sind. 17 Als seine Kinder aber sind
wir – gemeinsam mit Christus – auch sei-
ne Erben. Und leiden wir jetzt mit Chris-
tus, werden wir einmal auch seine Herr-
lichkeit mit ihm teilen.

Hoffnung für die ganze Schöpfung

18 Ich bin ganz sicher, dass alles, was wir
zurzeit erleiden, nichts ist, verglichen
mit der Herrlichkeit, die Gott uns einmal
schenken möchte. 19 Darum wartet die
ganze Schöpfung sehnsüchtig und voller
Hoffnung auf den Tag, an dem Gott seine
Kinder in diese Herrlichkeit aufnimmt.

20 Ohne eigenes Verschulden sind alle
Geschöpfe der Vergänglichkeit ausgelie-
fert, weil Gott es so bestimmt hat. Aber
er hat ihnen die Hoffnung gegeben,
21 dass sie zusammen mit den Kindern
Gottes einmal von Tod und Vergänglich-
keit erlöst und zu einem neuen, herr-
lichen Leben befreit werden. 22 Wir wis-
sen ja, dass die gesamte Schöpfung leidet
und stöhnt wie eine Frau in den Geburts-
wehen.

23 Aber auch wir selbst, denen Gott
bereits jetzt seinen Geist als Anfang des
neuen Lebens gegeben hat, warten voller
Sehnsucht darauf, dass Gott uns als seine
Kinder zu sich nimmt und auch unseren
Leib von aller Vergänglichkeit befreit.

24 Darauf können wir zunächst nur hof-
fen und warten, obwohl wir schon geret-
tet sind. Hoffen aber bedeutet: noch
nicht haben. Denn was einer schon hat
und sieht, darauf braucht er nicht mehr
zu hoffen. 25 Hoffen wir aber auf etwas,
das wir noch nicht sehen können, dann
warten wir zuversichtlich darauf.

26 Dabei hilft uns der Geist Gottes in all
unseren Schwächen und Nöten. Wissen
wir doch nicht einmal, wie wir beten sol-
len, damit es Gott gefällt! Deshalb tritt
der Geist Gottes für uns ein, er bittet für

---

[a] Wörtlich: Der Geist jedoch ist Leben um der Gerechtigkeit willen.

8,6 *6,21; 5,1; 2 Kor 3,6; Gal 6,8* **8,9** 1 Kor 3,16; Gal 5,24 **8,10** Gal 2,20; Joh 1,12 **8,11** 1 Kor 6,14; 15,35–49 **8,12–13** 6,6–11 **8,14–15** Joh 1,12; Gal 4,7; Eph 5,1; Hebr 2,10–12; 1 Petr 1,2; 1 Joh 3,2; 5,1 **8,15** Kol 3,12; Hebr 10,22; 1 Joh 4,18 **8,16–17** Gal 4,6–7 **8,18** Mk 13,9; 2 Tim 3,12* **8,20–22** 1 Mo 3,16–19; Eph 1,10; 2 Petr 3,13 **8,23–25** 2 Kor 5,1–8; Hebr 11,1 **8,26–27** 1 Kor 2,10–11; Jud 20

uns mit einem Seufzen, wie es sich nicht
in Worte fassen lässt. 27 Und Gott, der un-
sere Herzen ganz genau kennt, weiß, was
der Geist für uns betet. Denn der Geist
vertritt uns im Gebet, so wie Gott es für
alle möchte, die zu ihm gehören.
28 Das eine aber wissen wir: Wer Gott
liebt, dem dient alles, was geschieht, zum
Guten. Dies gilt für alle, die Gott nach
seinem Plan und Willen zum neuen Le-
ben erwählt hat. 29 Wen Gott nämlich aus-
erwählt hat, der ist nach seinem Willen
auch dazu bestimmt, seinem Sohn ähn-
lich zu werden, damit dieser der Erste ist
unter vielen Brüdern und Schwestern.
30 Und wen Gott dafür bestimmt hat, den
hat er auch in seine Gemeinschaft beru-
fen; wen er aber berufen hat, den hat er
auch von seiner Schuld befreit. Und wen
er von seiner Schuld befreit hat, der hat
schon im Glauben Anteil an seiner Herr-
lichkeit.

Gottes grenzenlose Liebe

31 Kann man wirklich noch mehr erwar-
ten? Wenn Gott für uns ist, wer kann
dann gegen uns sein? 32 Gott hat seinen
eigenen Sohn nicht verschont, sondern
ihn für uns alle dem Tod ausgeliefert.
Sollte er uns da noch etwas vorenthalten?
33 Wer könnte es wagen, die von Gott
Auserwählten anzuklagen? Niemand,
denn Gott selbst hat sie von aller Schuld
freigesprochen. 34 Wer wollte es wagen,
sie zu verurteilen? Keiner, denn Christus
ist für sie gestorben, ja noch mehr: Er ist
vom Tod auferweckt worden und hat sei-
nen Platz an Gottes rechter Seite einge-
nommen. Dort tritt er jetzt vor Gott für
uns ein.
35 Was also könnte uns von Christus
und seiner Liebe trennen? Leiden und
Angst vielleicht? Verfolgung? Hunger?
Armut? Gefahr oder gewaltsamer Tod?
36 Man geht wirklich mit uns um, wie es
schon in der Heiligen Schrift beschrie-
ben wird: »Weil wir zu dir, Herr, ge-
hören, werden wir überall verfolgt und
getötet – wie Schafe werden wir ge-
schlachtet!«[a]
37 Aber dennoch: Mitten im Leid trium-
phieren wir über alles durch die Verbin-
dung mit Christus, der uns so geliebt hat.
38 Denn ich bin ganz sicher: Weder Tod
noch Leben, weder Engel noch Dämo-
nen[b], weder Gegenwärtiges noch Zu-
künftiges, noch irgendwelche Gewalten,
39 weder Hohes noch Tiefes[c] oder sonst
irgendetwas können uns von der Liebe
Gottes trennen, die er uns in Jesus Chris-
tus, unserem Herrn, schenkt.

Israel, das von Gott erwählte Volk

9 Christus ist mein Zeuge, und der Hei-
lige Geist bestätigt es mir in meinem
Gewissen, dass es wahr ist, wenn ich euch
versichere: 2 Ich bin voller Trauer und
empfinde tiefen Schmerz, 3 wenn ich an
Israel denke. Käme es meinen Brüdern
und Schwestern, meinem eigenen Volk,
zugute, ich würde es auf mich nehmen,
verflucht und von Christus getrennt zu
sein. 4 Gott hat doch die Israeliten dazu
auserwählt, seine Kinder zu sein. Er hat
sich diesem Volk in seiner Macht und
Herrlichkeit offenbart. Immer wieder
hat er mit ihnen Bündnisse geschlossen,
er hat ihnen seine Gebote gegeben. Sie
dienen Gott im Tempel, und ihnen gelten
seine Zusagen. 5 Abraham, Isaak und Ja-
kob sind ihre Vorfahren, und Christus
selbst stammt aus ihrem Volk. Ihn, der
Gott ist und über alles regiert, preisen
wir in alle Ewigkeit. Amen.

---

[a] Psalm 44,23
[b] Wörtlich: Mächte.
[c] Wörtlich: weder Höhe noch Tiefe.

8,28 Eph 1,11 **8,29–30** Eph 1,4–5; Hebr 2,10–12; 1 Petr 1,2 **8,33–34** Jes 50,8–9; Hebr 7,25; 1 Joh 2,1–2 **8,34** Mk 16,19; Lk 22,69; Apg 7,55–56; Eph 1,19–23; Kol 3,1; Hebr 8,1; 10,12; 12,2; 1 Petr 3,22 **8,38–39** 5,5; Kol 2,14–15; 1 Petr 3,22; 1 Joh 4,9–10 **9,3** 2 Mo 32,32 **9,4** 5 Mo 7,6–8; 2 Mo 19,5–6*; 24,7–8* **9,5** Mt 1,1–2

Wer gehört zu Gottes Volk?

6 Gottes Zusagen haben nach wie vor ihre Gültigkeit, auch wenn nicht alle aus dem Volk Israel zu Gottes auserwähltem Volk gehören. 7 Nicht alle Nachkommen Abrahams sind auch wirklich seine Kinder. Denn Gott hatte zu Abraham gesagt: »Nur die Nachkommen deines Sohnes Isaak werden das auserwählte Volk sein.«[a] 8 Das bedeutet: Nicht alle, die auf natürliche Weise von Abraham abstammen, gehören zu Gottes Volk und damit zu seinen Kindern. Nur der zählt dazu, wer – so wie Isaak – Gottes Zusage hat. 9 Denn das hatte Gott Abraham zugesagt: »Nächstes Jahr um diese Zeit komme ich wieder zu euch, und dann wird Sara einen Sohn haben.«[b]

10 Aber nicht nur Abrahams Frau Sara erging es so. Rebekka war von unserem Stammvater Isaak mit Zwillingen schwanger. 11/12 Noch ehe ihre Söhne Esau und Jakob geboren waren, das heißt, noch ehe sie etwas Gutes oder Böses getan haben konnten, hatte Gott zu ihr gesagt: »Der Ältere wird dem Jüngeren dienen.«[c] Damit gab Gott ganz klar zu erkennen, dass seine Zusagen ausschließlich auf seinem Willen beruhen; sie sind also unverdientes Geschenk und nicht von den Leistungen des Menschen abhängig. 13 So sagt Gott ausdrücklich: »Ich habe nur Jakob geliebt, aber Esau gehasst.«[d]

Kein Anspruch auf Gottes Barmherzigkeit

14 Bedeutet das etwa, dass Gott ungerecht ist? Auf keinen Fall! 15 Denn Gott hat einmal zu Mose gesagt: »Ich erweise meine Güte, wem ich will. Und über wen ich mich erbarmen will, über den werde ich mich erbarmen.«[e] 16 Entscheidend ist also nicht, wie sehr sich jemand anstrengt und müht, sondern dass Gott sich über ihn erbarmt. 17 Wie erging es dem Pharao? Die Heilige Schrift berichtet, dass Gott zu ihm sagte: »Ich habe dich nur deshalb als König über Ägypten eingesetzt, um durch dich meine Macht zu zeigen und meinen Namen in der ganzen Welt bekannt zu machen.«[f] 18 Gott schenkt also seine Barmherzigkeit, wem er will, aber er macht Menschen auch hart und gleichgültig, wenn er es will.

19 Sicher werdet ihr mich jetzt fragen: »Wie kann Gott dann noch von unserer Schuld sprechen? Wer kann denn etwas gegen Gottes Willen unternehmen?« 20 Darauf kann ich nur antworten: Wer seid ihr denn eigentlich, ihr Menschen, dass ihr meint, Gott zur Rechenschaft ziehen zu können? Glaubt ihr wirklich, dass ein Gefäß aus Ton den Töpfer fragt: »Warum hast du mich so gemacht?« 21 Der Töpfer hat schließlich die Freiheit, aus ein und demselben Klumpen Lehm zwei verschiedene Gefäße zu machen: ein kostbares zum Schmuck und ein gewöhnliches für den Abfall.

22 Genauso wollte Gott an denen, die für das Verderben bestimmt sind, seinen Zorn und seine Macht sichtbar werden lassen. Und obwohl sie ihrem Untergang nicht entgehen konnten, hat er große Geduld mit ihnen gehabt. 23 An den Menschen, die an seiner Herrlichkeit teilhaben sollen, wollte er dagegen seine Barmherzigkeit beweisen. So möchte er an ihnen in reichem Maße seine Herrlichkeit zeigen.

24 Zu diesen Menschen gehören auch wir. Und er hat uns nicht nur aus dem jüdischen Volk, sondern aus allen Völkern

---

a 1. Mose 21,12
b 1. Mose 18,10.14
c 1. Mose 25,23
d *Maleachi 1,2–3*
e 2. Mose 33,19
f 2. Mose 9,16

9,6 2,28–29 **9,7–9** Gal 3,6–9.16.26–29; 4,23 **9,16** Eph 2,8–9 **9,18** 2 Mo 9,12* **9,20–21** Jes 45,9*; Jer 18,6

Freispruch

Lesen Sie Römer 8,1-4

„Die Liebe ist nicht nachtragend" (1. Korinther 13,5). Das ist für viele Paare in der Eheberatung eine überraschende Erkenntnis. Manche können Ereignisse, die sich vor fünfzehn Jahren zutrugen, bis in die kleinste Einzelheit hinein wiedergeben. Jedes Mal, wenn sie das Geschehene wieder abspulen, durchlaufen sie dieselben Gefühle wie damals. Die Verletzung, der Schmerz, die Enttäuschung – das alles fühlt sich an, als sei es erst gestern gewesen. Doch ist das wirklich sinnvoll? Sicherlich ist es gut, solche Erlebnisse einmal mit einem Berater durchzusprechen, doch sie jeden Tag im Kopfkino wieder ablaufen zu lassen, ist nicht nur nutzlos, sondern geradezu zerstörerisch.

Jeder von uns hat Fehler, die unser Partner nutzen könnte, um uns zu vernichten. Doch die große Botschaft der Bibel lautet Vergebung. „Wer nun mit Jesus Christus verbunden ist, wird von Gott nicht mehr verurteilt" (Römer 8,1). Vergebung bedeutet, dass Gott uns unsere Sünden nicht nachträgt. Er hält uns die Fehler der Vergangenheit niemals vor.

Im Umgang mit unserem Ehepartner sollten wir dem Vorbild Gottes folgen. Wenn unser Partner seine Fehler bekennt und um Vergebung bittet, sollten wir die Vergangenheit nie wieder zur Sprache bringen. Unser Wohlergehen wird nicht von der Vergangenheit bestimmt, sondern von dem, was wir in der Zukunft anfangen. Die Vergangenheit ruhen zu lassen, ist der Schlüssel, der uns das Tor in die Zukunft öffnet und die Versöhnung zwischen uns und unserem Ehepartner herbeiführt.

Nehmen Sie sich Zeit, um allein oder als Paar gemeinsam zu beten. Bekennen Sie Gott, wo Sie Probleme damit haben, Ihrem Partner Fehler aus der Vergangenheit zu vergeben. Bitten Sie Gott, in Ihrem Herzen zu wirken, damit Sie Ihrem Partner mit derselben Liebe und Fürsorge begegnen können, wie Gott Ihnen begegnet.

Wenn Sie noch mehr Zeit haben ...

Besprechen Sie miteinander folgende Fragen oder denken Sie darüber nach:

- Sind Sie ein eher nachtragender Mensch?
- An welchen Stellen sind Sie besonders verletzlich? Erläutern Sie die Gründe dafür.
- Was hindert Sie am meisten daran, Fehler und Verletzungen aus der Vergangenheit ruhen zu lassen?

Lesen Sie auch die folgenden Abschnitte zum Thema Versöhnung:
Matthäus 18,15-17;
2. Korinther 5,16-21; Epheser 4,32.

Rache ist nicht süß

Lesen Sie Römer 12,17-21

Gefühle der Bitterkeit, die wir nicht mehr unter Kontrolle haben, fördern die Rache. Wenn wir dem Drang, es dem anderen „heimzuzahlen", nachgeben, haben wir die Heilige Schrift gegen uns. Paulus schreibt: „Liebe Freunde, verschafft euch nicht selbst Recht. Überlasst vielmehr Gott das Urteil" (Römer 12,19). Auch wenn unser Ehepartner uns Unrecht getan hat, liegt es nicht in unserer Verantwortung, ihn zu bestrafen. Er muss mit seiner Sünde Gott gegenübertreten, und Gott ist ein gerechter Richter.

Paulus gibt den Christen in Thessalonich den Rat: „Keiner von euch soll Böses mit Bösem vergelten; bemüht euch vielmehr darum, einander wie auch allen anderen Menschen Gutes zu tun" (1. Thessalonicher 5,15). Das Wohl des Ehepartners zu suchen, bedeutet aber nicht, über seine Sünden hinwegzusehen. Es ist nicht gut, einen verantwortungslosen, sündhaften Lebensstil des Partners dauerhaft zu dulden.

Auch hier sollen wir uns um sein Wohl bemühen, jedoch nicht mit wütenden Drohungen, sondern mit freundlichen Ermahnungen. Probleme müssen angesprochen, Konflikte gelöst werden. Mit einer großen Portion Wut im Bauch werden wir allerdings kaum eine Lösung finden.

Wegen unserer Gefühle von Wut und Zorn brauchen wir uns keine Vorwürfe zu machen. Dieses Gefühl zeigt nur, dass wir innerlich sehr bewegt sein können über etwas, das uns äußerst wichtig ist. Unsere Sorge sollte uns aber zu positiven Taten bewegen. Am besten gestehen wir Gott und vielleicht einem Freund oder einer Freundin gegenüber unsere Wut ein. Dann bitten wir sie, dass sie uns dabei helfen, kreativ auf die Situation zu reagieren.

Nehmen Sie sich Zeit, um allein oder als Paar gemeinsam zu beten. Danken Sie Gott, dass er nicht zornig über Sie bleibt, wenn Sie etwas falsch gemacht haben. Bitten Sie ihn, dass Sie *Ihrem Ehepartner* dieselbe Freundlichkeit erweisen können.

Wenn Sie noch mehr Zeit haben …

Besprechen Sie miteinander folgende Fragen oder denken Sie darüber nach:

- Was ist der Unterschied zwischen einem Zorn, der aufbaut, und einem, der zerstört?
- Woran erkennen Sie, ob Sie die Grenze vom Aufbauen zum Zerstören überschritten haben?
- Bei welchem Freund oder welcher Freundin würden Sie sich am ehesten Rat holen, wenn Sie mit Wut zu kämpfen haben?

Lesen Sie auch die folgenden Abschnitte zum Thema Zorn:
Sprüche 14,16-17; 19,11; Prediger 7,9.

Den nächsten Impuls finden Sie auf S. 1302 a

berufen. 25 Schon im Buch des Propheten
Hosea sagt Gott: »Einmal werde ich die
mein Volk nennen, die bisher nicht dazu-
gehörten; und ich werde die auserwählen,
die bisher nicht meine Auserwählten wa-
ren.«[a] 26 Und wo ihnen gesagt wurde: »›Ihr
seid nicht mein Volk‹, da werden sie ›Kin-
der des lebendigen Gottes‹ heißen.«[b]
27 Und der Prophet Jesaja sagte über Is-
rael: »Selbst wenn es so viele Israeliten
wie Sand am Meer gibt, werden doch
nur wenige von ihnen gerettet. 28 Denn
der Herr wird sein Urteil auf der Erde
bald vollstrecken.«[c] 29 So hat es Jesaja
schon vorher gesagt: »Hätte der Herr,
der allmächtige Gott, nicht einen kleinen
Rest von uns gerettet, dann wären wir al-
le umgekommen wie damals die Leute
von Sodom und Gomorra.«[d]

Der falsche Weg

30 Was will ich nun damit sagen? Men-
schen aller Völker, die sich nicht darum
bemüht haben, bei Gott Anerkennung
zu finden, wurden von ihm angenommen,
und zwar durch ihren Glauben an Jesus
Christus. 31 Israel aber, das sich so sehr
bemühte, Gottes Gebote zu erfüllen, um
dadurch vor Gott bestehen zu können,
hat dieses Ziel nicht erreicht. 32 Warum
eigentlich nicht? Weil die Israeliten nicht
durch den Glauben an Christus, sondern
durch ihre eigenen Leistungen Anerken-
nung bei Gott finden wollten. Deshalb
wurde ihnen Christus zum Stein des
Anstoßes. 33 So steht es schon in der Hei-
ligen Schrift: »Seht her, ich lege in Jeru-
salem einen Stein, über den man stolpern
wird, und einen Fels, über den sie stürzen
werden. Wer aber an ihn glaubt, steht fest
und sicher.«[e]

Christus hat die Herrschaft des Gesetzes beendet

10 Liebe Brüder und Schwestern, ich
wünsche mir sehnlichst und bitte
Gott inständig, dass auch mein Volk ge-
rettet wird. 2 Denn ich kann bezeugen,
dass die Israeliten Gott dienen wollen,
mit viel Eifer, aber ohne Einsicht. 3 Sie
haben nämlich nicht erkannt, wie sie
Gottes Anerkennung finden können,
und versuchen immer noch, durch eigene
Leistungen vor ihm zu bestehen. Deshalb
lehnen sie ab, was Gott ihnen schenken
will. 4 Christus hat das Gesetz erfüllt und
damit die Herrschaft des Gesetzes been-
det. Wer ihm vertraut, wird von Gott an-
genommen.
5 Wer dennoch durch das Gesetz vor
Gott bestehen will, für den gilt, was Mo-
se geschrieben hat: »Wer alle Forderun-
gen des Gesetzes erfüllt, wird dadurch
leben.«[f]
6 Aber wer den Weg zu Gott durch den
Glauben an Christus gefunden hat, über
den sagt die Heilige Schrift: »Du brauchst
nicht länger darüber nachzudenken, wie
du in den Himmel steigen willst« – um
Christus herabzuholen. 7 Ebenso brauchst
du nicht mehr zu fragen: »Wer will hinab-
steigen zu den Toten?« – um Christus von
dort heraufzuholen. 8 Stattdessen heißt es:
»Gottes Wort ist dir ganz nahe; es ist in
deinem Mund und in deinem Herzen.«[g]
Das ist nämlich das Wort vom Glauben,
das wir verkünden.
9 Denn wenn du mit deinem Mund be-
kennst: »Jesus ist der Herr!«, und wenn
du von ganzem Herzen glaubst, dass Gott
ihn von den Toten auferweckt hat, dann
wirst du gerettet werden. 10 Wer also von
Herzen glaubt, wird von Gott angenom-

---

a Vgl. Hosea 2,25
b Hosea 2,1
c Vgl. Jesaja 10,22–23
d Jesaja 1,9
e Vgl. Jesaja 8,14; 28,16
f 3. Mose 18,5
g Vgl. 5. Mose 30,11–14

9,29 1 Mo 19,24–25* **9,30–31** 10,11–13.20–21; 11,7 **9,32** Gal 2,16* **10,1–2** Apg 22,3 **10,3** 9,32; Phil 3,9 **10,4** 3,31; 7,1–6; Gal 2,16*; 3,23–25 **10,5** Gal 3,10–14 **10,9** Mt 10,32 men; und wer seinen Glauben auch bekennt, der findet Rettung. 11 So heißt es schon in der Heiligen Schrift: »Wer auf ihn vertraut, steht fest und sicher.«[a] 12 Da gibt es auch keinen Unterschied zwischen Juden und anderen Völkern: Gott ist ein und derselbe Herr, der aus seinem Reichtum alle beschenkt, die ihn darum bitten. 13 »Denn jeder, der den Namen des Herrn anruft, der wird von ihm gerettet.«[b]

Israel nimmt Gottes Angebot nicht an

14 Wie aber sollen die Menschen zu Gott beten, wenn sie nicht an ihn glauben? Wie sollen sie zum Glauben an ihn kommen, wenn sie nie von ihm gehört haben? Und wie können sie von ihm hören, wenn ihnen niemand Gottes Botschaft verkündet? 15 Wer aber soll Gottes Botschaft verkünden, ohne dazu beauftragt zu sein? Gerade dies ist schon in der Heiligen Schrift vorausgesagt: »Was für ein herrlicher Augenblick, wenn ein Bote kommt, der eine gute Nachricht bringt!«[c] 16 Aber nicht jeder hört auf diese rettende Botschaft. So klagte schon der Prophet Jesaja: »Herr, wer glaubt schon unserer Botschaft?«[d]

17 Doch es bleibt dabei: Der Glaube kommt aus dem Hören der Botschaft; und diese gründet sich auf das, was Christus gesagt hat. 18 Wie ist das nun bei den Juden? Haben sie etwa Gottes Botschaft nicht zu hören bekommen? Doch, natürlich! Es heißt ja in der Heiligen Schrift: »Auf der ganzen Erde hört man diese Botschaft, sie erreicht noch die fernsten Länder.«[e]

19 Ich frage nun: Hat Israel sie vielleicht nicht verstanden? Doch! Denn schon bei Mose heißt es: »Ich will mein Volk eifersüchtig machen auf Menschen, die bisher nicht zu mir gehörten, und ihr werdet zornig sein auf ein Volk, das mich jetzt noch nicht kennt.«[f] 20 Später wagte Jesaja sogar ganz offen zu sagen: »Die mich gar nicht gesucht haben, die haben mich gefunden, und ich habe mich denen gezeigt, die niemals nach mir fragten.«[g] 21 Aber zu seinem eigenen Volk muss Gott sagen: »Den ganzen Tag habe ich meine Hände nach dem Volk ausgestreckt, das sich nichts sagen lässt und gegen meinen Willen handelt!«[h]

Hat Gott sein Volk aufgegeben?

11 Ich frage jetzt: Will Gott von seinem Volk nichts mehr wissen? Davon kann keine Rede sein! Auch ich bin ja ein Israelit, ein Nachkomme Abrahams aus dem Stamm Benjamin. 2 Wie könnte Gott sein Volk, das er sich einmal erwählt hat, einfach aufgeben? Oder habt ihr vergessen, was in der Heiligen Schrift berichtet wird? Elia beklagte sich bei Gott über Israel: 3 »Herr, alle deine Propheten haben sie ermordet, und deine Altäre haben sie niedergerissen. Nur ich bin übrig geblieben, ich allein, und nun trachten sie auch mir nach dem Leben.«[i]

4 Und was antwortete Gott damals? »Mit dir lasse ich noch 7000 Menschen in Israel am Leben, die nicht vor dem Götzen Baal auf die Knie gefallen sind.«[j] 5 So war es damals, und so ist es auch noch heute. In seiner Barmherzigkeit hat Gott einen Teil des Volkes Israel auserwählt

---

[a] Jesaja 28,16
[b] Joel 3,5
[c] Jesaja 52,7
[d] Jesaja 53,1
[e] Psalm 19,5
[f] 5. Mose 32,21
[g] Jesaja 65,1
[h] *Jesaja 65,2*
[i] 1. Könige 19,10
[j] 1. Könige 19,18

10,12–13 3,29–30; Apg 15,9; Gal 3,28–29; 5,6 **10,17** 16,26; Joh 17,20 **10,19** 11,11 **10,20** Röm 9,30 **11,1** Phil 3,5 **11,2** Jer 31,37 **11,5** 9,27–28

und gerettet. 6 Wenn das aber ein unverdientes Geschenk war, dann hatte es nichts mit eigenen Leistungen zu tun. Sonst wäre ja sein Geschenk nicht mehr unverdient.

7 Was heißt das also? Israel hat nicht erreicht, worum es sich mit aller Kraft bemühte. Das wurde nur einem kleinen, von Gott auserwählten Teil des Volkes geschenkt. Alle übrigen aber sind verhärtet und taub für Gottes Botschaft. 8 Von ihnen sagt die Heilige Schrift: »Gott hat einen Geist über sie kommen lassen, der sie wie in tiefen Schlaf versetzt hat. Mit ihren Augen sehen sie nichts, mit ihren Ohren hören sie nichts – und das bis auf den heutigen Tag.«[a] 9 Auch König David sagt: »Ihre Opferfeste sollen ihnen zu einer Falle werden, in der sie sich selbst fangen und der Strafe Gottes ausliefern. 10 Lass sie blind werden, damit sie nichts mehr sehen können, und beuge für immer ihren Rücken unter der schweren Last.«[b]

Warnung vor Überheblichkeit

11 War es nun Gottes Absicht, dieses Volk fallen zu lassen, weil er sich endgültig von ihm abwenden wollte? Nie und nimmer! Weil das Volk Israel die rettende Botschaft abgelehnt hat, wurde der Weg bereitet, um den übrigen Völkern diese Botschaft zu bringen. Ihrem Beispiel soll Israel nun nacheifern. 12 Bedenken wir aber, welchen Segen schon die ablehnende Haltung und die Schuld Israels allen anderen Völkern brachte, wie groß wird erst der Segen sein, wenn das ganze Israel für Christus gewonnen ist!

13 Euch, die ihr keine Juden seid, möchte ich sagen: Gott hat mich gerade zu euch geschickt, um euch die rettende Botschaft zu verkünden. Darauf bin ich stolz. 14 Vielleicht eifern dadurch auch einige aus meinem Volk eurem Beispiel nach, so dass sie doch noch gerettet werden. 15 Denn kam es schon zur Versöhnung der Völker mit Gott, als er sich von Israel abwandte, wie herrlich muss es werden, wenn Gott sich seinem Volk wieder zuwendet! Dann werden alle vom Tod zu neuem Leben erwachen. 16 Mit dem ersten Brot, das Gott zum Opfer gebracht wird, ist nämlich die ganze Ernte Gott geweiht; und sind die Wurzeln eines Baumes gut[c], dann sind es auch die Zweige.

17 Einige Zweige dieses Baumes sind herausgebrochen worden. An ihrer Stelle wurdet ihr als Zweige eines wilden Ölbaums aufgepfropft. So lebt ihr von den Wurzeln und Säften des edlen Ölbaums. 18 Bildet euch aber deshalb nicht ein, besser als die herausgebrochenen Zweige zu sein! Denn nicht ihr tragt die Wurzel, sondern die Wurzel trägt euch.

19 Freilich könnte jemand einwenden: »Man hat die Zweige doch herausgebrochen, damit ich dort Platz habe.« 20 Das ist richtig, sie wurden herausgebrochen, weil sie nicht glaubten. Und ihr seid an ihrer Stelle, weil ihr glaubt. Seid deshalb nicht hochmütig, sondern passt auf, dass es euch nicht genauso ergeht[d]. 21 Denn hat Gott die Zweige des edlen Ölbaums nicht verschont, wird er euch erst recht nicht schonen.

22 Zweierlei sollt ihr daran erkennen: Gottes Güte und seine Strenge. Gottes Strenge seht ihr an denen, die ihm untreu geworden sind. Gütig aber ist er zu euch, wenn ihr euch immer auf seine Güte verlasst. Sonst werdet auch ihr wie jene Zweige herausgebrochen. 23 Umgekehrt werden alle aus dem Volk Israel wieder eingepfropft, die den Glauben nicht länger ablehnen. Gott hat die Macht dazu. 24 Immerhin hat er euch als Zweige eines wilden Ölbaumes dem guten Ölbaum aufgepfropft, was sonst niemand tun wür-

---

[a] Jesaja 29,10; 5. Mose 29,3
[b] Psalm 69,23–24
[c] Wörtlich: heilig.
[d] Wörtlich: sondern fürchtet euch.

11,6 4,4–5 **11,7** 9,31 **11,11** 11,29; 10,19 **11,13** 1,5; 1 Kor 9,19–21 **11,16** 4 Mo 15,17–21 **11,18** Joh 4,22 **11,20** Eph 2,11–13; 1 Kor 10,12 **11,22** Joh 15,1–4

de. Wie viel mehr wird Gott bereit sein,
die Juden als die herausgebrochenen
Zweige wieder auf den Ölbaum zu pfropfen, auf den sie ursprünglich gehörten.

Gott hält seine Zusagen

25 Damit ihr nicht auf die Juden herab-
seht, liebe Brüder und Schwestern,
möchte ich euch ein Geheimnis anver-
trauen: Ein Teil des jüdischen Volkes ist
verhärtet und verschlossen für die retten-
de Botschaft. Aber das wird nur so lange
dauern, bis die volle Zahl von Menschen
aus den anderen Völkern den Weg zu
Christus gefunden hat. 26 Danach wird
ganz Israel gerettet, so wie es in der Hei-
ligen Schrift heißt: »Aus Jerusalem[a] wird
der Retter kommen. Er wird die Nach-
kommen Jakobs von ihrem gottlosen Le-
ben befreien. 27 Und das ist der Bund, den
ich, der Herr, mit ihnen schließe: Ich wer-
de ihnen ihre Sünden vergeben.«[b]

28 Indem sie die rettende Botschaft
ablehnen, sind viele Juden zu Feinden
Gottes geworden. Aber gerade dadurch
wurde für euch der Weg zu Christus frei.
Doch Gott hält seine Zusagen, und weil
er ihre Vorfahren erwählt hat, bleiben sie
sein geliebtes Volk. 29 Denn Gott fordert
weder seine Gaben zurück, noch wider-
ruft er die Zusage, dass er jemanden aus-
erwählt hat.

30 Früher habt *ihr* Gott nicht gehorcht.
Aber weil die Juden Christus ablehnten,
hat Gott euch seine Barmherzigkeit er-
fahren lassen. 31 Jetzt wollen die *Juden*
nicht glauben, dass Gott jedem Men-
schen durch Christus barmherzig ist, ob-
wohl sie es doch an euch sehen. Aber
auch sie sollen schließlich Gottes Barm-
herzigkeit erfahren. 32 Denn Gott hat alle
Menschen ihrem Unglauben überlassen,
weil er allen seine Barmherzigkeit schenken will.

Gott ist unbegreiflich groß

33 Wie groß ist doch Gott! Wie unendlich
sein Reichtum, seine Weisheit, wie tief
seine Gedanken! Wie unbegreiflich für
uns seine Entscheidungen[c] und seine
Pläne! 34 Denn »wer könnte jemals Got-
tes Absichten erkennen? Wer könnte ihn
beraten?«[d] 35 »Wer hätte Gott jemals et-
was gegeben, das er nun von ihm zurück-
fordern könnte?«[e] 36 Denn alles kommt
von ihm, alles lebt durch ihn, alles vollendet sich in ihm. Ihm sei Lob und Ehre
für immer und ewig! Amen.

Das ganze Leben – ein Gottesdienst

12 Weil ihr Gottes Barmherzigkeit
erfahren habt, fordere ich euch
auf, liebe Brüder und Schwestern, mit eurem ganzen Leben für Gott da zu sein.
Seid ein lebendiges Opfer, das Gott dargebracht wird und ihm gefällt. Ihm auf
diese Weise zu dienen ist die angemessene Antwort auf seine Liebe. 2 Passt euch
nicht dieser Welt an, sondern ändert
euch, indem ihr euch von Gott völlig neu
ausrichten lasst. Nur dann könnt ihr beurteilen, was Gottes Wille ist, was gut und
vollkommen ist und was ihm gefällt.

3 In der Vollmacht,[f] die mir Gott als
Apostel gegeben hat, warne ich euch:
Überschätzt euch nicht, sondern bleibt
bescheiden. Keiner von euch soll sich et-
was anmaßen, was über die Kraft des
Glaubens hinausgeht, die Gott ihm ge-
schenkt hat.

4 Unser Körper besteht aus vielen Tei-

---

a Wörtlich: Zion.
b Jesaja 59,20–21; Jeremia 31,34
c Wörtlich: Gerichte.
d Jesaja 40,13
e *Hiob 41,3*
f Wörtlich: Durch die Gnade.

11,28 5 Mo 7,8 **11,29** 4 Mo 23,19; 1 Sam 15,29; Mal 3,6; Hebr 6,18 **11,33** 16,25–26; Eph 3,6–12
11,36 1 Kor 8,6; Kol 1,15–17 **12,1** 6,13; 1 Petr 2,5 **12,2** Eph 4,17–24; Kol 3,10; 1 Thess 5,21–22
12,3 2 Kor 10,8; 1 Kor 12,4–6 **12,4–8** 1 Kor 12,12–31; 1 Petr 4,10–11

len, die ganz unterschiedliche Aufgaben
haben. 5 Ebenso ist es mit uns Christen.
Gemeinsam bilden wir alle den Leib
Christi, und jeder Einzelne ist auf die an-
deren angewiesen.

6 Gott hat jedem von uns unterschiedli-
che Gaben geschenkt. Hat jemand die
Gabe, in Gottes Auftrag prophetisch zu
reden, dann muss dies mit der Lehre un-
seres Glaubens übereinstimmen. 7 Wem
Gott einen praktischen Dienst über-
tragen hat, der soll ihn gewissenhaft aus-
führen. Wer die Gemeinde im Glauben
unterweist, soll diesem Auftrag gerecht
werden. 8 Wer andere ermutigen kann,
der nutze diese Gabe. Wer beauftragt ist,
die Armen zu versorgen, soll das gerecht
und unparteiisch tun. Wer eine Gemein-
de zu leiten hat, der setze sich ganz für sie
ein. Wer Kranke und Alte zu pflegen hat,
der soll es gern tun.[a]

Ermutigung zu einem Leben aus Gottes Geist

9 Eure Liebe soll aufrichtig sein. Und wie
ihr das Böse hassen müsst, sollt ihr das
Gute lieben. 10 Seid in herzlicher Liebe
miteinander verbunden, gegenseitige
Achtung soll euer Zusammenleben be-
stimmen. 11 Bewältigt eure Aufgaben mit
Fleiß, und werdet nicht nachlässig. Lasst
euch ganz von Gottes Geist durchdrin-
gen, und dient Gott, dem Herrn. 12 Seid
fröhlich in der Hoffnung darauf, dass
Gott seine Zusagen erfüllt. Seid stand-
haft, wenn ihr verfolgt werdet. Und lasst
euch durch nichts vom Gebet abbringen.

13 Helft anderen Christen, die in Not
geraten sind, und seid gastfreundlich!
14 Bittet Gott um seinen Segen für alle,
die euch verfolgen, ja, betet für sie, an-
statt sie zu verfluchen. 15 Freut euch mit
den Fröhlichen! Weint aber auch mit den
Trauernden! 16 Seid einmütig untereinan-
der! Strebt nicht hoch hinaus, und seid
euch auch für geringe Aufgaben nicht zu
schade. Hütet euch vor Selbstüberschät-
zung und Besserwisserei.

17 Vergeltet niemals Unrecht mit neu-
em Unrecht. Euer Verhalten soll bei
allen Menschen als ehrbar gelten. 18 So-
weit es irgend möglich ist und von euch
abhängt, lebt mit allen Menschen in Frie-
den. 19 Liebe Freunde, verschafft euch
nicht selbst Recht. Überlasst vielmehr
Gott das Urteil[b], denn er hat ja in der
Heiligen Schrift gesagt: »Es ist allein mei-
ne Sache, euch zu rächen. Ich, der Herr,
werde ihnen alles vergelten.«[c]

20 Handelt so, wie es die Heilige Schrift
von euch verlangt: »Wenn dein Feind
hungrig ist, dann gib ihm zu essen; ist er
durstig, gib ihm zu trinken. So wirst du
ihn beschämen.«[d] 21 Lass dich nicht vom
Bösen besiegen, sondern besiege das Bö-
se durch das Gute.

Der Christ und die staatliche Ordnung

13 Jeder soll sich den bestehenden
staatlichen Gewalten unterord-
nen. Denn es gibt keine staatliche Macht,
die nicht von Gott kommt; jede ist von
Gott eingesetzt. 2 Wer sich also den Re-
gierenden widersetzt, handelt gegen die
von Gott eingesetzte Ordnung und wird
dafür von ihm verurteilt werden.

3 Wer gut und richtig handelt, braucht
die staatliche Macht ohnehin nicht zu
fürchten; das muss nur, wer Böses tut.
Wollt ihr also ohne Angst vor Bestrafung
leben, dann tut, was richtig und gut ist,

---

a Wörtlich: Wer Barmherzigkeit übt, der tue dies mit Freude.
b Wörtlich: das Zorngericht.
c 5. Mose 32,35
d Wörtlich: So wirst du glühende Kohlen auf sein Haupt häufen. Vgl. Sprüche 25,21–22

12,7 1 Petr 4,11 **12,9** Am 5,15 **12,10** Joh 13,34–35; Gal 5,13–15; Eph 4,2–3; Phil 2,1–5; Kol 3,12–15; 1 Thess 4,9; Hebr 13,1; 2 Petr 1,7 **12,11** Kol 3,23–24; 1 Thess 5,19 **12,12** 5,3–5; 1 Thess 5,16–18 **12,13** 2 Kor 8,12–14; Gal 6,10; 1 Petr 4,9* **12,14** Mt 5,44*; Lk 6,27–28 **12,15** 1 Kor 12,26 **12,16** Phil 2,2–5; Spr 26,12 **12,17–18** Eph 2,10*; 1 Thess 5,15; Hebr 12,14; 1 Petr 3,9–12 **12,19** 1 Kor 6,1–7 **12,20–21** Mt 5,44*; 2 Mo 23,4–5; 2 Kön 6,21–23; Lk 6,27 **13,1–7** Joh 19,11; Apg 5,27–29; Tit 3,1; 1 Petr 2,13–17

und euer Verhalten wird Anerkennung
finden. 4 Die öffentliche Gewalt steht im
Dienst Gottes zum Nutzen jedes Einzel-
nen. Wer aber Unrecht tut, muss sie
fürchten, denn Gott hat ihr nicht ohne
Grund die Macht übertragen, Strafen zu
verhängen. Sie handelt im Auftrag Got-
tes, wenn sie alle bestraft, die Böses tun.
5 Es sind also zwei Gründe, weshalb ihr
euch der staatlichen Macht unterordnen
müsst: Zum einen ist es das drohende Ur-
teil Gottes, zum anderen aber auch euer
Gewissen.

6 Und weil die Vertreter des Staates
ihren Dienst im Auftrag Gottes ausüben,
zahlt ihr Steuern. 7 Gebt also jedem, was
ihr ihm schuldig seid. Zahlt die Steuern,
die man von euch verlangt, ebenso den
Zoll. Unterstellt euch der staatlichen
Macht, und erweist denen, die Anspruch
darauf haben, den notwendigen Respekt.

Das wichtigste Gebot

8 Bleibt keinem etwas schuldig! Eine Ver-
pflichtung allerdings könnt ihr nie ein für
alle Mal erfüllen: eure Liebe untereinan-
der. Nur wer seine Mitmenschen liebt,
der hat Gottes Gesetz erfüllt. 9 Die Gebo-
te: »Du sollst nicht die Ehe brechen; du
sollst nicht töten; du sollst nicht stehlen;
begehre nicht, was anderen gehört«[a] und
alle anderen Gebote lassen sich in einem
Satz zusammenfassen: »Liebe deinen
Mitmenschen wie dich selbst.«[b] 10 Denn
wer seinen Mitmenschen liebt, tut ihm
nichts Böses. So wird durch die Liebe
das ganze Gesetz erfüllt.

Leben im Licht Gottes

11 Liebt also eure Mitmenschen, denn ihr
wisst doch, dass es Zeit ist, aus aller
Gleichgültigkeit aufzuwachen. Unserer
endgültigen Erlösung sind wir jetzt näher
als zu Beginn unseres Glaubens. 12 Bald
ist die Nacht vorüber, und der Tag bricht
an. Deshalb wollen wir uns von den fins-
teren Taten der Nacht trennen und uns
stattdessen mit den Waffen des Lichts
rüsten. 13 Lasst uns ein gutes Leben füh-
ren, so wie es zum hellen Tag passt, ohne
Fressgelage und Saufereien, ohne sexuel-
le Zügellosigkeit und Ausschweifungen,
ohne Streit und Eifersucht. 14 Jesus Chris-
tus soll der Herr eures Lebens sein.[c]
Passt auf, dass sich nicht alles um eure
Wünsche und Begierden dreht!

Einander annehmen

14 Nehmt auch den ohne Vorbehalte
an, dessen Glaube noch schwach
ist. Verwirrt ihn nicht noch dadurch, dass
ihr über unterschiedliche Ansichten
streitet. 2 So essen die einen guten Gewis-
sens alles, während andere meinen, kein
Fleisch essen zu dürfen. 3 Niemand sollte
deswegen auf die verächtlich herabschau-
en, die bestimmte Speisen meiden. Diese
wiederum dürfen niemanden verurteilen,
weil er das Fleisch der Opfertiere isst.
Denn Gott hat den einen wie den ande-
ren in seine Gemeinschaft aufgenom-
men. 4 Du bist nicht der Herr deines Mit-
menschen. Mit welchem Recht willst du
ihn also verurteilen? Ob er im Glauben
standfest bleibt oder ob er fällt, ist eine
Sache zwischen ihm und Gott, seinem
Herrn. Und er wird im Glauben festblei-
ben, denn der Herr hält ihn.

5 Für manche Leute sind bestimmte Ta-
ge von besonderer Bedeutung. Für ande-
re wieder sind alle Tage gleich. Jeder soll
nach seiner Überzeugung leben. 6 Wer
nämlich Fastentage einhält, der will da-
mit Gott, den Herrn, ehren. Und wer an
solchen Tagen isst, der ehrt auch Gott,

---

[a] 2. Mose 20,13–17
[b] 3. Mose 19,18
[c] *Wörtlich: Zieht den Herrn* Jesus Christus an.

13,5 2,15 **13,7** Mt 22,16–21 **13,8–10** Joh 13,34–35; 1 Kor 13,1–13; Gal 6,9–10; 1 Tim 1,5 **13,9** Mt 22,34–40 **13,11–14** Eph 2,10*; 1 Kor 7,29–31; 1 Thess 5,1–11; Eph 5,6–11; 6,10–17 **13,14** 1 Kor 9,27; Gal 5,16 **14,1–3** 14,14–23; 1 Kor 8,1–13* **14,4** Lk 6,36–38; Jak 4,12 **14,5–6** Kol 2,16–17; 3,17

denn im Gebet dankt er ihm für das Es-
sen. Fastet aber jemand an diesen Tagen,
dann fastet er aus Liebe zu Gott, und
auch er dankt Gott im Gebet und erweist
ihm dadurch die Ehre.

7 Niemand von uns lebt für sich selbst,
und niemand stirbt für sich selbst. 8 Leben
wir, dann leben wir für den Herrn, und
sterben wir, dann sterben wir für den
Herrn. Ganz gleich also, ob wir leben
oder sterben: Wir gehören dem Herrn.
9 Denn Christus ist gestorben und zu neu-
em Leben auferstanden, um der Herr der
Toten und der Lebenden zu sein.

10 Mit welchem Recht verurteilst du al-
so einen anderen Christen? Und warum
schaust du auf ihn herab, nur weil er sich
anders verhält? Wir werden alle einmal
vor Gott stehen, und er wird über uns ur-
teilen. 11 So steht es in der Heiligen
Schrift: »So wahr ich lebe, spricht der
Herr: Vor mir werden alle niederknien,
und alle werden bekennen, dass ich der
Herr bin!«[a] 12 So wird also jeder für sich
selbst vor Gott Rechenschaft ablegen
müssen.

Füreinander verantwortlich

13 Deshalb wollen wir uns nicht länger ge-
genseitig verurteilen. Keiner soll durch
sein Verhalten den anderen in Gewis-
sensnot bringen oder in seinem Glauben
verunsichern. 14 Ich weiß, und Jesus, der
Herr, bestätigt es mir, dass uns keine
Speise von Gott trennt, weil sie unrein
wäre. Wer aber etwas für unrein hält, für
den ist es tatsächlich unrein.

15 Wenn du aber durch das, was du isst,
einen anderen Christen verwirrst oder
ihn sogar dazu verführst, gegen sein Ge-
wissen zu handeln, dann bist du lieblos.
Wegen irgendwelcher Speisen dürft ihr
auf keinen Fall den Glauben eines ande-
ren gefährden, für den doch Christus
auch gestorben ist. 16 Was Gott euch ge-
schenkt hat, soll nicht in Verruf geraten.
17 Wo Gottes neue Welt beginnt, geht es
nicht mehr um Essen und Trinken. Es
geht darum, dass wir gut und richtig mit-
einander umgehen und dass Gott uns
durch seinen Heiligen Geist mit Frieden
und Freude erfüllt. 18 Wer Christus in die-
ser Weise dient, über den freut sich Gott
und den achten die Menschen. 19 Deshalb
wollen wir uns mit allen Kräften darum
bemühen, in Frieden miteinander zu le-
ben und einander im Glauben zu stärken.
20 Gott hat eure Gemeinde aufgebaut.
Zerstört nicht sein Werk wegen irgend-
welcher Speisevorschriften. Zwar sind in
Gottes Augen alle Speisen rein. Manche
Christen aber kommen in Gewissens-
nöte, wenn sie bestimmte Speisen essen.
Damit schaden sie sich selbst.

21 Deswegen isst du besser kein Fleisch,
trinkst keinen Wein und vermeidest über-
haupt alles, was einen anderen Christen
zu Fall bringt.

22 Wovon du persönlich überzeugt bist,
ist eine Sache zwischen dir und Gott.
Glücklich ist, wer mit seiner Überzeu-
gung vor dem eigenen Gewissen beste-
hen kann und sich nicht selbst verurteilen
muss.

23 Wer aber beim Essen zweifelt, ob es
richtig ist, was er tut, der ist schon ver-
urteilt. Denn er handelt nicht im Vertrau-
en auf Christus. Alles aber, was wir nicht
in diesem Vertrauen tun, ist Sünde.

Das Vorbild: Jesus Christus

15 Wir, die einen starken Glauben
haben, sind dazu verpflichtet, auf
die Schwachheit der anderen Rücksicht
zu nehmen und nicht an uns selbst zu
denken. 2 Jeder von uns soll sich so ver-
halten, dass er seinen Mitmenschen zum
Guten ermutigt und ihn im Glauben
stärkt.

3 Auch Christus lebte nicht für sich

---

[a] Jesaja 45,23

14,7–9 2 Kor 5,15; Gal 2,19–20; Phil 1,21–23 **14,10–12** 2,16; 2 Kor 5,10*; Gal 6,5 **14,11** Phil 2,10–11 **14,13** Jak 4,12; 1 Kor 8,9 **14,14–23** 14,1–3; 1 Kor 8,1–13* **14,19** 12,18; 15,2; Hebr 12,14 **14,21** 1 Kor 10,24 **14,23** 14,14 **15,1** 14,1; Gal 6,2 **15,2** 1 Kor 11,1*; Hebr 6,12

selbst. Von ihm heißt es: »Die Anfein-
dungen, die dir, Gott, galten, haben mich
getroffen.«[a] 4 Und aus dem, was in der
Heiligen Schrift vorausgesagt wurde, sol-
len wir lernen. Sie ermutigt und tröstet
uns, damit wir unsere Hoffnung auf ihre
Zusagen setzen und daran festhalten.
5 Gott aber, der uns immer wieder neu-
en Mut und Trost schenkt, helfe euch, ein-
mütig zu sein, so wie es euch Jesus Chris-
tus gezeigt hat. 6 Dann könnt ihr alle wie
aus einem Mund Gott, den Vater unseres
Herrn Jesus Christus, loben und preisen.

Alle Völker werden Gott loben

7 Nehmt einander an, so wie Christus
euch angenommen hat. Auf diese Weise
wird Gott geehrt. 8 Christus kam doch in
diese Welt, um seinem Volk Israel zu die-
nen. Er zeigte ihnen, wie treu Gott seine
Zusagen hält, die er ihren Vorfahren ge-
geben hat. 9 Auch die anderen Völker
können Gott für seine Barmherzigkeit
danken. So steht es schon in der Heiligen
Schrift: »Ich will dich loben, alle Völker
sollen es hören. Zu deiner Ehre will ich
singen.«[b] 10 Ebenso heißt es: »Jubelt, ihr
Völker, zusammen mit seinem Volk Isra-
el!«[c] 11 An einer anderen Stelle können
wir lesen: »Lobt den Herrn, alle Völker;
preist ihn, alle Nationen!«[d] 12 Und Jesaja
prophezeite: »Der Trieb, der aus der
Wurzel Davids[e] hervorsprießt, wird groß
werden und über die Völker herrschen.
Er wird ihre einzige Hoffnung sein.«[f]
13 Deshalb wünsche ich für euch alle,
dass Gott, der diese Hoffnung schenkt,
euch in eurem Glauben mit großer Freu-
de und vollkommenem Frieden erfüllt,
damit eure Hoffnung durch die Kraft des
Heiligen Geistes wachse.

Paulus beschreibt seinen Auftrag

14 Liebe Brüder und Schwestern! Ich bin
fest davon überzeugt, dass ihr aufrichtig
und gütig seid, weil ihr selbst wisst, wie
viel Gott euch geschenkt hat. Deshalb
könnt ihr euch auch gegenseitig ermah-
nen. 15 Trotzdem habe ich mir die Freiheit
genommen, euch an einige Dinge zu erin-
nern, wobei ich stellenweise sehr deutlich
geworden bin. Das habe ich getan, weil
Gott mich beauftragt hat, 16 als Diener Je-
su Christi allen Menschen die rettende
Botschaft zu verkünden. Wie ein Priester
im Tempel Gott dient und ihm opfert, so
sehe ich meinen Auftrag. Durch den Hei-
ligen Geist sollen Menschen aus allen
Völkern zu Gott gehören und so eine Op-
fergabe werden, die ihm gefällt.
17 Ich bin vor Gott stolz auf alles, was
Jesus Christus durch mich getan hat.
18 Hätte nicht er es bewirkt, dass Men-
schen aus vielen Völkern zum Glauben
gekommen und Gott gehorsam gewor-
den sind, würde ich es nicht wagen, auch
nur davon zu reden. So aber wirkte Gott
durch meine Predigt und meinen Einsatz
19 und bestätigte dies alles durch Zeichen
und Wunder seines Geistes. Von Jerusa-
lem bis hin zur Provinz Illyrien habe ich
die rettende Botschaft von Christus ver-
breitet und ihr Geltung verschafft. 20 Da-
bei war es mein großes Anliegen, nur
dort zu predigen, wo man noch nichts
von Jesus Christus gehört hatte. Denn
ich wollte nicht auf einem Fundament
aufbauen, das jemand anders gelegt hat-
te. 21 Ich folgte damit den Worten der
Heiligen Schrift: »Gerade die sollen ihn
sehen, denen er nicht angekündigt war,
und die noch nichts von ihm gehört ha-
ben, werden ihn begreifen.«[g]

---

[a] Psalm 69,10
[b] Psalm 18,50
[c] 5. Mose 32,43
[d] Psalm 117,1
[e] *Im Griechischen steht hier der* Name von Davids Vater Isai.
[f] Jesaja 11,10
[g] Jesaja 52,15

15,4 2 Tim 3,15–17 **15,7–8** 14,1; Mt 20,25–28 **15,15–16** 1,5; Gal 2,9 **15,18–19** 1 Kor 1,31; 2 Kor 3,5 **15,20** 1 Kor 3,10–11

Reisepläne

22 Weil ich damit so beschäftigt war, bin
ich auch bisher noch nicht bei euch gewe-
sen. 23 Aber jetzt habe ich meine Arbeit
hier beendet, und wie ich es mir schon
seit Jahren sehnlichst wünsche, möchte
ich nun zu euch kommen. 24 Ich habe vor,
nach Spanien zu reisen, und bei dieser
Gelegenheit hoffe ich, euch in Rom per-
sönlich kennen zu lernen. Wenn ich dann
in der Gemeinschaft mit euch neue Kraft
geschöpft habe, könntet ihr mich viel-
leicht auf meiner Weiterreise begleiten.

25 Im Augenblick bin ich auf dem Weg
nach Jerusalem, um der Gemeinde dort
zu helfen. 26 Denn die Christen in den
Provinzen Mazedonien und Achaja ha-
ben für die Armen der Gemeinde von Je-
rusalem Geld gesammelt. 27 Sie haben das
gern getan, weil sie gerade dieser Ge-
meinde viel Dank schulden. Denn von
Jerusalem aus hat sie die rettende Bot-
schaft erreicht, und insofern ist es nur
recht und billig, dass sie jetzt der Jerusa-
lemer Gemeinde in ihrer Not helfen.
28 Sobald man mir dort bestätigt hat, dass
ich das Geld ordnungsgemäß abgeliefert
habe, kann ich auf dem Weg nach Spa-
nien zu euch kommen. 29 Ich weiß, dass
ich euch dann den reichen Segen Jesu
Christi weitergeben werde.

30 Liebe Brüder und Schwestern, im
Namen Jesu Christi und weil wir in der
Liebe des Heiligen Geistes miteinander
verbunden sind, bitte ich euch: Helft mir
bei meinem Kampf, indem ihr für mich
betet. 31 Bittet Gott, dass er mich vor de-
nen in Judäa bewahrt, die nicht auf die
rettende Botschaft hören wollen. Und
betet darum, dass meine Hilfe von den
Christen in Jerusalem dankbar angenom-
men wird. 32 Dann erst kann ich frohen
Herzens zu euch kommen und – so Gott
will – mich über die Gemeinschaft mit
euch freuen. 33 Gott aber, von dem aller
Friede kommt, sei mit euch allen. Amen.

Grüße

16 Unserer Schwester Phöbe, die im
Dienst der Gemeinde von Kench-
reä steht, dürft ihr vertrauen. 2 Nehmt sie
freundlich auf, wie es für Christen selbst-
verständlich ist. Ihr tut es ja für den Herrn.
Steht ihr bei, wo immer sie eure Hilfe
braucht. Sie selbst hat auch vielen gehol-
fen, die in Not waren, nicht zuletzt mir.

3 Grüßt Priszilla und Aquila, die mit
mir zusammen Jesus Christus dienen.
4 Sie haben ihr Leben für mich gewagt,
und ich bin nicht der Einzige, der ihnen
zu Dank verpflichtet ist. Auch die nicht-
jüdischen Gemeinden verdanken ihnen
viel. 5 Grüßt die ganze Gemeinde von
mir, die sich in ihrem Haus versammelt.

Grüßt meinen lieben Epänetus, der als
Erster in der Provinz Asia zum Glauben
an Jesus Christus kam. 6 Grüßt Maria von
mir, die sich so viel Mühe um euch ge-
macht hat. 7 Herzliche Grüße auch an
Andronikus und Junia, meine jüdischen
Landsleute, die mit mir wegen ihres
Glaubens im Gefängnis waren. Beide
sind ja noch vor mir Christen geworden
und sind als Apostel hoch angesehen[a].

8 Grüßt Ampliatus, mit dem ich mich
im Glauben verbunden weiß, 9 unseren
Mitarbeiter Urbanus sowie den lieben
Stachys. 10 Grüßt ebenso Apelles, diesen
im Glauben bewährten Mann. Meine
besten Wünsche gelten denen, die im
Haus des Aristobul leben. 11 Grüßt mei-
nen Landsmann Herodion und die Chris-
ten im Haus des Narzissus.

12 Viele Grüße auch an Tryphäna und
Tryphosa sowie meine liebe Persis, die al-
le so unermüdlich für den Herrn arbei-
ten. 13 Grüßt Rufus, den der Herr zu sei-
nem Dienst auserwählt hat, und seine
liebe Mutter, die auch mir eine Mutter
gewesen ist. 14 Herzliche Grüße außer-
dem an Asynkritus, Phlegon, Hermes,
Patrobas, Hermas und die anderen Chris-
ten bei ihnen.

---

a Oder: und sind bei den Aposteln hoch angesehen.

15,22–23 1,10–13; Apg 19,21 **15,25** Apg 19,21 **15,26–27** Gal 2,10* **15,30** Kol 4,3–4*
15,31 Apg 21,17–20 **16,3–5** Apg 18,2–3.18–19; 1 Kor 16,19 **16,13** Mk 15,21

[15]Schließlich möchte ich noch Philolo-
gus, Julia, Nereus und dessen Schwester
grüßen sowie Olympas und alle Christen,
die bei ihnen sind. [16]Grüßt einander mit
dem Friedenskuss. Alle Gemeinden hier
lassen euch grüßen.

Abschließende Ermahnung

[17]Zum Schluss, meine lieben Brüder und
Schwestern, muss ich euch noch vor Leu-
ten warnen, die eure Gemeinde spalten
und durcheinander bringen. Sie verbrei-
ten eine andere Lehre und widersprе-
chen dem, was ihr gelernt habt. Mit
solchen Leuten sollt ihr nichts zu tun
haben. [18]Denn sie dienen nicht unserem
Herrn Christus. Es geht ihnen nur um die
Erfüllung ihrer persönlichen Wünsche
und Begierden. Mit schönen Worten und
Schmeicheleien verführen sie ihre arg-
losen Zuhörer.

[19]Von euch allerdings hört man nur
Gutes. Jeder weiß, dass ihr tut, was Gott
von euch möchte. Darüber freue ich
mich. Ich wünsche, dass ihr auch in Zu-
kunft voller Weisheit beim Guten bleibt
und euch nicht vom Bösen verderben
lasst. [20]Denn Gott, von dem aller Friede
kommt, wird bei euch den Satan bald
endgültig besiegt haben. Die Gnade un-
seres Herrn Jesus Christus sei mit euch!

[21]Mein Mitarbeiter Timotheus und
meine Landsleute Luzius, Jason und Sosi-
pater schicken euch viele Grüße.

[22]Auch ich, Tertius, möchte euch als
meine Mitchristen herzlich grüßen. Pau-
lus hat mir diesen Brief an euch dik-
tiert.

[23]Gajus lässt ebenfalls herzlich grüßen.
Ich bin sein Gast, und die ganze Gemein-
de trifft sich hier in seinem Haus. Erastus,
der Stadtkämmerer, und unser Freund
Quartus schicken euch viele Grüße.
[24]Die Gnade unseres Herrn Jesus Chris-
tus sei mit euch allen! Amen.[a]

Lob Gottes

[25]Gott sei gelobt! Er gibt euch Kraft und
Stärke durch die rettende Botschaft von
Jesus Christus. Durch meine Predigt habt
ihr davon gehört, und nun lässt diese Bot-
schaft euch erkennen, was seit ewigen
Zeiten verborgen war. [26]Schon die Pro-
pheten haben in den Heiligen Schriften
davon gesprochen, und nach dem Willen
des ewigen Gottes sollen nun Menschen
aus allen Völkern die rettende Botschaft
hören, Gott vertrauen und tun, was ihm
gefällt. [27]Dem allein weisen Gott, den wir
durch Jesus Christus kennen, ihm ge-
hören Lob und Ehre in alle Ewigkeit.
Amen!

---

[a] In anderen Textzeugen steht nach dem 23. Vers unmittelbar Vers 25.

16,17 Mt 7,15–16; Kol 2,8; Tit 3,10–11; 2 Joh 10 **16,18** Phil 3,17–19; Kol 2,8 **16,19** 1,8 **16,21** Apg 16,1–3* **16,25–26** 1,5; Eph 3,2–12 **16,27** 1 Tim 1,17

Offenheit

Frauen haben den tiefen Wunsch, ihren Mann zu kennen. Wenn er über seine Gedanken, Gefühle und Wünsche spricht, hat sie den Eindruck, dass er sie in sein Leben hineinlässt. Wenn ein Mann lange Zeit nicht über seine Gefühle spricht, denkt sie, er schließe sie aus, und sie fühlt sich isoliert.

Unser Zusammenleben basiert vor allem auf unserer Kommunikation mit Worten, und das gilt besonders für unser Innenleben. Eine Frau kann zwar mitunter am Verhalten ihres Mannes ablesen, was in ihm vorgeht, doch es ist letztendlich nur Spekulation. Die Redensart „Er ist für mich wie ein offenes Buch" stimmt nur, wenn ein Paar jahrelang lebendige, gute Gespräche geführt hat, und selbst dann gilt es nur in begrenztem Maß.

Bei manchen Paaren, die ich beraten habe, hörte der Mann auf, seiner Frau seine innersten Gedanken mitzuteilen, weil er ihre kritischen Bemerkungen dazu fürchtete. „Ich kann keinen einzigen Gedanken äußern, den sie nicht sofort kritisch durchleuchtet", sagte mir ein Mann. „Ich würde ihr gern sagen, was ich denke, wenn sie es nur stehen lassen könnte." Nach mehreren Gesprächen stellte sich heraus, dass seine Abwehrreaktion ein Teil des Problems war. Kritische Frauen, empfindliche Männer: Dieses Muster kommt in vielen Ehen vor. Und es trägt nicht gerade zu einer gesunden Kommunikation bei.

Ehepaare können es sich nicht leisten, dass das Gespräch in ihrer Ehe zum Erliegen kommt oder zu einem Schlachtfeld wird, auf dem sie ihre Differenzen austragen. Eine positive, offene, freie Kommunikation ist für eine gesunde Beziehung unabdingbar. Der Mann sollte als liebevoller Leiter die Initiative ergreifen, damit diese Art der Kommunikation zu einem Lebensstil wird.

Den nächsten Artikel zum Thema „Was braucht sie – was braucht er" finden Sie auf S. 1334 a

Der erste Brief des Paulus an die Christen in Korinth

Anschrift und Gruß

1 Paulus, den Gott zum Apostel Jesu Christi berufen hat, und sein Mitarbeiter Sosthenes schreiben diesen Brief [2] an die Gemeinde Gottes in Korinth, an alle, die durch Jesus Christus zu Gott gehören.

Gott hat euch dazu berufen, so zu leben, wie es ihm gefällt. Unser Brief richtet sich auch an alle anderen, die Jesus Christus auf der ganzen Welt als unseren gemeinsamen Herrn anbeten. [3] Ich wünsche euch Gnade und Frieden von Gott, unserem Vater, und unserem Herrn Jesus Christus.

Dank für Gottes Geschenk

[4] Immer wieder danke ich Gott dafür, dass er euch durch Jesus Christus seine unverdiente Güte geschenkt hat. [5] Durch ihn seid ihr in allem reich geworden, er hat euch in reichem Maß befähigt, seine Botschaft zu verkünden und zu verstehen. [6] Die Botschaft von Christus ist der feste Grund eures Glaubens. [7] Darum fehlt bei euch keine der Gaben, die Gottes Geist den Glaubenden schenkt.

So wartet ihr darauf, dass Jesus Christus, unser Herr, für alle sichtbar kommt. [8] Er wird euch die Kraft geben, im Glauben festzubleiben und das Ziel zu erreichen, so dass ihr vor ihm bestehen könnt, wenn er kommt. [9] Darauf könnt ihr euch verlassen, denn Gott steht zu seinem Wort. Er selbst hat euch ja zur Gemeinschaft mit seinem Sohn, unserem Herrn Jesus Christus, berufen.

Warnung vor Spaltungen

[10] Liebe Brüder und Schwestern, im Auftrag unseres Herrn Jesus Christus möchte ich euch aber bitten: Hört auf, euch zu streiten! Duldet keine Spaltungen in der Gemeinde, sondern steht fest zusammen, seid einig in allem, was ihr glaubt und entscheidet! [11] Von Leuten aus dem Haus der Chloë habe ich erfahren, dass ihr Streit miteinander habt. [12] Es soll einige bei euch geben, die sagen: »Wir gehören zu Paulus«, während andere erklären: »Wir halten uns an Apollos!« Die Nächsten meinen: »Nur was Petrus sagt, ist richtig!«; und die letzte Gruppe behauptet schließlich: »Wir gehören allein zu Christus!«

[13] Was soll das? Wollt ihr etwa Christus zerteilen? Bin denn ich, Paulus, für euch gekreuzigt worden? Oder wurdet ihr auf meinen Namen getauft? [14] Ich danke Gott dafür, dass ich außer Krispus und Gajus niemanden von euch getauft habe. [15] Sonst würdet ihr vielleicht noch behaupten, ich hätte euch getauft, damit ihr *mir* nachfolgt[a]! [16] Da fällt mir ein, dass ich auch Stephanas getauft habe und alle, die in seinem Haus leben. Von anderen aber weiß ich nichts.

[17] Christus hat mich nicht beauftragt, die Menschen zu taufen, sondern die rettende Botschaft zu verkünden. Dabei geht es mir nun wirklich nicht darum,

---

a Wörtlich: ihr wäret auf meinen Namen getauft.

1,1 Apg 9,15* **1,2** Eph 3,6 **1,4** Eph 2,8–9 **1,5** 2 Kor 8,9 **1,6** 1,23; 3,11 **1,7** 12,4–11; Tit 2,13* **1,8** Phil 1,6.9–11; 1 Thess 3,13 **1,9** Röm 8,38–39; 1 Thess 5,24; Hebr 10,23 **1,10** 11,18–19; Phil 2,1–5 **1,12** 3,3–8.22; Apg 18,24–28* **1,13** Gal 3,27 **1,14** Apg 18,8 **1,16** 16,15–18 **1,17** Apg 9,15–16; 1 Kor 2,2

meine Zuhörer durch menschliche Weisheit zu beeindrucken. Denn sonst wäre die Botschaft, dass Christus am Kreuz für uns starb, nicht mehr der Mittelpunkt unseres Glaubens.

Die Botschaft vom Kreuz und die menschliche Weisheit

18 Dass Jesus Christus am Kreuz für uns starb, muss freilich all denen, die verloren gehen, unsinnig erscheinen. Wir aber, die gerettet werden, erfahren gerade durch diese Botschaft vom Kreuz die ganze Macht Gottes.

19 Denn Gott spricht in der Heiligen Schrift: »Bei mir zählt nicht die Weisheit der Welt, nicht die Klugheit der Klugen. Ich werde sie verwerfen.«[a] 20 Was aber haben sie dann noch zu sagen, all diese Philosophen, die Kenner der heiligen Schriften, die redegewandten Leute dieser Welt? Hat Gott ihre Weisheiten nicht als Unsinn entlarvt? 21 Denn Gott in seiner Weisheit hat es den Menschen unmöglich gemacht, mit Hilfe ihrer eigenen Weisheit Gott zu erkennen. Stattdessen beschloss er, alle zu retten, die einer scheinbar so unsinnigen Botschaft glauben.

22 Die Juden wollen Wunder sehen, und die Griechen suchen nach Weisheit. 23 Wir aber sagen den Menschen, dass Christus am Kreuz für uns sterben musste, auch wenn das für die Juden eine Gotteslästerung ist und für die Griechen blanker Unsinn. 24 Und dennoch erfahren alle, die von Gott berufen sind – Juden wie Griechen –, dass sich gerade in diesem gekreuzigten Christus Gottes Kraft und Gottes Weisheit zeigen. 25 Was Gott getan hat, übersteigt alle menschliche Weisheit, auch wenn es unsinnig erscheint; und was bei ihm wie Schwäche aussieht, übertrifft alle menschliche Stärke.

26 Schaut euch selbst an, liebe Brüder und Schwestern! Sind unter euch, die Gott berufen hat, wirklich viele, die man als gebildet und einflussreich bezeichnen könnte oder die aus einer vornehmen Familie stammen? 27 Nein, denn Gott hat sich die aus menschlicher Sicht Törichten ausgesucht, um so die Klugen zu beschämen. Gott nahm sich der Schwachen dieser Welt an, um die Starken zu demütigen. 28 Wer von Menschen geringschätzig behandelt, ja verachtet wird, wer bei ihnen nichts zählt, den will Gott für sich haben. Aber alles, worauf Menschen so großen Wert legen, das hat Gott für null und nichtig erklärt. 29 Vor Gott kann sich niemand etwas auf sein Können einbilden.

30 Auch ihr verdankt alles, was ihr seid, der Gemeinschaft mit Jesus Christus. Er ist Gottes Weisheit für uns. Durch ihn haben wir Anerkennung vor Gott gefunden, durch ihn können wir ein Leben führen, wie es Gott gefällt, und durch ihn sind wir auch befreit von unserer Schuld.[b] 31 So trifft nun zu, was die Heilige Schrift sagt: »Wenn jemand stolz sein will, soll er auf das stolz sein, was Gott für ihn getan hat!«[c]

Erste Predigt in Korinth

2 Liebe Brüder und Schwestern! Als ich zu euch kam und euch Gottes Botschaft brachte, die bisher noch nicht bekannt war, habe ich das nicht mit geschliffener Rede und menschlicher Weisheit getan. 2 Ich wollte von nichts anderem sprechen als von Jesus Christus und seinem Tod am Kreuz. 3 Dabei war ich schwach und elend und zitterte vor Angst. 4 Was ich euch sagte und predigte,

---

[a] Jesaja 29,14
[b] Wörtlich: … Jesus Christus, der uns geworden ist von Gott: Weisheit, Gerechtigkeit, Heiligkeit, Erlösung.
[c] *Jeremia 9,23*

1,18 2 Kor 4,3 **1,19–21** Röm 1,21–22 **1,22** Mt 12,38; Apg 17,19–21 **1,23** 2,14; Mt 26,65; Gal 5,11 **1,24** 2,5; Röm 1,16; Kol 2,2–3 **1,25** 2 Kor 13,4 **1,26** Jak 2,1–5 **1,29–31** Röm 3,27; 15,17–18; 2 Kor 3,5; Eph 2,8–10 **1,30** Röm 1,17; 2 Kor 5,21 **2,2** 1,17–18; Gal 6,14 **2,3** Gal 4,13–14 **2,4–5** 4,20; 1 Thess 1,5

geschah nicht mit ausgeklügelter Überredungskunst, durch mich sprach Gottes Geist und wirkte seine Kraft. 5 Denn euer Glaube sollte sich nicht auf Menschenweisheit gründen, sondern auf Gottes rettende Kraft.

Gottes Weisheit

6 Dennoch erkennt jeder im Glauben gereifte Christ, wie wahr und voller Weisheit diese Botschaft ist, auch wenn diese Welt und ihre Machthaber das nicht als Weisheit gelten lassen wollen. Aber die Welt mit all ihrer Macht wird untergehen. 7 Die Weisheit, die wir verkünden, ist Gottes Weisheit. Sie bleibt ein Geheimnis und vor den Augen der Welt verborgen. Und doch hat Gott, noch ehe er die Welt schuf, beschlossen, uns an seiner Weisheit und Herrlichkeit teilhaben zu lassen. 8 Von den Herrschern dieser Welt hat das keiner erkannt. Sonst hätten sie Christus, den Herrn der Herrlichkeit, nicht ans Kreuz geschlagen. 9 Es ist vielmehr das eingetreten, was schon in der Heiligen Schrift vorausgesagt ist: »Was kein Auge jemals sah, was kein Ohr jemals hörte und was sich kein Mensch vorstellen kann, das hält Gott für die bereit, die ihn lieben.«[a]

10 Uns aber hat Gott durch seinen Geist sein Geheimnis enthüllt. Denn der Geist Gottes weiß alles, er kennt auch Gottes tiefste Gedanken. 11 So wie jeder Mensch nur ganz allein weiß, was in ihm vorgeht, so weiß auch nur der Geist Gottes, was Gottes Gedanken sind. 12 Wir haben nicht den Geist dieser Welt bekommen, sondern den Geist Gottes. Und deshalb können wir auch erkennen, was Gott für uns getan hat.

13 Was wir euch verkünden, kommt nicht aus menschlicher Klugheit, sondern wird uns vom Geist Gottes eingegeben. Und so können wir Gottes Geheimnisse verstehen, weil wir uns von seinem Geist leiten lassen. 14 Der Mensch kann mit seinen natürlichen Fähigkeiten nicht erfassen, was Gottes Geist sagt. Für ihn ist das alles Unsinn, denn Gottes Geheimnisse erschließen sich nur durch Gottes Geist. 15 Der von Gottes Geist erfüllte Mensch kann alles beurteilen, er selbst aber ist keinem menschlichen Urteil unterworfen. 16 Es steht ja schon in der Heiligen Schrift: »Wer kann die Gedanken des Herrn erkennen, oder wer könnte gar Gottes Ratgeber sein?«[b] Nun, wir haben den Geist Christi empfangen und können ihn verstehen.[c]

Einer ist so notwendig wie der andere

3 Liebe Brüder und Schwestern! Ich konnte allerdings zu euch nicht wie zu Menschen reden, die sich vom Geist Gottes leiten lassen[d] und im Glauben erwachsen sind. Ihr wart noch wie kleine Kinder, die ihren eigenen Wünschen folgen.[e] 2 Darum habe ich euch nur Milch und keine feste Nahrung gegeben, denn die hättet ihr gar nicht vertragen. Selbst jetzt vertragt ihr diese Nahrung noch nicht; 3 denn ihr lebt immer noch so, als würdet ihr Christus nicht kennen[f]. Beweisen Neid und Streit unter euch nicht, dass ihr immer noch wie alle anderen Menschen denkt und lebt?

4 Wenn die einen unter euch sagen: »Ich gehöre zu Paulus!«, und andere: »Ich zu Apollos!«, dann benehmt ihr euch, als hätte Christus euch nicht zu

---

[a] Jesaja 64,3; vgl. Jesaja 65,17
[b] Jesaja 40,13
[c] Wörtlich: Wir aber haben den Sinn Christi.
[d] Wörtlich: wie zu Geistbegabten.
[e] Wörtlich: (Ihr wart noch) Fleischliche.
[f] Wörtlich: denn ihr seid noch fleischlich.

2,6–7 1,24–25; Mt 11,25; Röm 16,25; Eph 1,4–5 **2,8** Joh 7,47–49 **2,10–11** Kol 1,26–27 **2,12** Joh 16,13 **2,15** 12,10; 14,29; 1 Thess 5,21 **2,16** Röm 8,16 **3,1–2** Hebr 5,11–14; 1 Petr 2,2 **3,3** 1,10–11; 11,18; Jak 3,14–18 **3,3–5** 1,10–13

neuen Menschen gemacht. 5 Wer ist denn
schon Apollos oder Paulus, dass ihr euch
deshalb streitet? Wir sind doch nur Die-
ner Gottes, durch die ihr zum Glauben
gekommen seid. Jeder von uns hat ledig-
lich getan, was ihm von Gott aufgetragen
wurde. 6 Ich habe gepflanzt, Apollos hat
begossen, aber Gott hat euren Glauben
wachsen lassen. 7 Es ist nicht so wichtig,
wer pflanzt und wer begießt; wichtig ist
allein Gott, der euren Glauben wachsen
lässt. 8 Von Gottes Mitarbeitern ist einer
so notwendig wie der andere, ob er nun
das Werk beginnt oder weiterführt. Jeder
wird von Gott den gerechten Lohn für
seine Arbeit bekommen.

Jeder Mitarbeiter ist Gott verantwortlich

9 Wir sind Gottes Mitarbeiter, ihr aber
seid Gottes Ackerland und sein Bau-
werk. 10 Gott hat mir in seiner Gnade
den Auftrag und die Fähigkeit gegeben,
wie ein guter Bauleiter das Fundament
zu legen. Doch andere bauen nun darauf
weiter. Und jeder muss darauf achten,
dass er wirklich sorgfältig arbeitet. 11 Das
Fundament, das bei euch gelegt wurde,
ist Jesus Christus. Niemand kann ein
anderes oder gar besseres Fundament
legen.

12 Nun kann man mit den unterschied-
lichsten Materialien weiterbauen. Man-
che verwenden Gold, Silber, kostbare
Steine, andere nehmen Holz, Schilf oder
Stroh. 13 Doch an dem Tag, an dem Chris-
tus sein Urteil spricht, wird sich zeigen,
womit jeder gebaut hat. Dann nämlich
wird alles im Feuer auf seinen Wert ge-
prüft, und es wird sichtbar, wessen Arbeit
dem Feuer standhält. 14 Hat jemand fest
und dauerhaft auf dem Fundament Chris-
tus weitergebaut, wird Gott ihn beloh-
nen. 15 Verbrennt aber sein Werk, wird er
alles verlieren. Er selbst wird zwar geret-
tet werden, aber nur mit knapper Not, so
wie man jemanden aus dem Feuer zieht.

16 Denkt also daran, dass ihr Gottes
Tempel seid und dass Gottes Geist in
euch wohnt! 17 Wer diesen Tempel zer-
stört, den wird Gott richten. Denn Gottes
Tempel ist heilig, und dieser Tempel seid
ihr!

Warnung vor Überheblichkeit

18 Macht euch doch nichts vor! Wer sich
einbildet, in dieser Welt besonders klug
und weise zu sein, der muss den Mut auf-
bringen, als töricht zu gelten. Nur dann
wird er wirklich weise. 19 Denn alle Weis-
heit dieser Welt ist in den Augen Gottes
blanker Unsinn. So steht es schon in der
Heiligen Schrift: »Er fängt die Klugen
mit ihrer eigenen List.«[a] 20 Und außer-
dem heißt es: »Der Herr durchschaut die
menschlichen Gedanken und weiß: Sie
sind oberflächlich und hohl.«[b]

21 Merkt ihr, wie unsinnig es ist, sich auf
das Können von Menschen etwas ein-
zubilden? Euch gehört doch ohnehin al-
les: 22 Paulus, Apollos und Petrus, ja die
ganze Welt, das Leben wie der Tod, die
Gegenwart wie die Zukunft – alles gehört
euch! 23 Ihr selbst aber gehört Christus,
und Christus gehört Gott.

Überlasst das Urteil Gott!

4 Seht in uns Diener Christi und Boten,
die Gottes Geheimnisse verkünden.
2 Von solchen Boten verlangt man vor al-
lem Zuverlässigkeit. 3 Wie es bei mir da-
mit steht? Mir ist es nicht so wichtig, wie
ihr oder irgendein menschliches Gericht
in diesem Punkt über mich urteilen. Ich
maße mir auch über mich selbst kein Ur-
teil an. 4 Zwar bin ich mir keiner Schuld
bewusst, aber damit bin ich noch nicht
freigesprochen. Entscheidend ist allein
Gottes Urteil. 5 Deshalb urteilt niemals

---

[a] *Hiob 5,13*
[b] Psalm 94,11

3,6 16,12; Apg 19,1 **3,8** Eph 4,11–12 **3,9** Eph 2,20–22 **3,10** Apg 18,1–8 **3,11** 1,6; Apg 4,11–12 **3,13** 4,5 **3,14** 3,8; 4,5; 15,58 **3,16** 6,19; Röm 8,9 **3,18–19** 1,19–21 **3,21** 1,31 **3,22** 1,12 **4,1** 3,5–8 **4,2** Mt 25,21 **4,5** Röm 2,16; 2 Kor 5,10; Ps 26,2*; 1 Kor 3,8

Als Team im Einsatz

Lesen Sie 1. Korinther 3,1-23

Die Reaktion des Paulus auf die Auseinandersetzung in 1. Korinther 3 gibt uns einen Einblick in seine Haltung gegenüber seinen Mitarbeitern. Für ihn waren sie Teammitglieder, die ihre jeweiligen Gaben einsetzten, um dasselbe Ziel zu erreichen wie er: den Aufbau der Gemeinde. Die gemeinsame Teamarbeit war eine wichtige Grundlage für diese Gemeinde. Dasselbe gilt auch für die Ehe.

Weil wir alle einzigartig sind, haben wir unterschiedliche Gedanken, Gefühle und Wünsche. Obwohl jeder von uns eine ganz eigene Persönlichkeit ist, sehnen wir uns doch nach einer vertrauensvollen Gemeinschaft. Die Ehe soll dieses Bedürfnis erfüllen. Mann und Frau finden in ihrer Unterschiedlichkeit zueinander und bilden ein Team, in dem jeder seine Stärken einsetzt, um dem anderen zu helfen. Gemeinsam nutzen sie ihre Gaben, um die Welt zu verbessern.

Konflikte eröffnen uns die Möglichkeit, uns gegenseitig unsere Liebe, unseren Respekt und unsere Bewunderung zu zeigen. Wenn wir Konflikte als einen normalen Bestandteil unseres Zusammenwirkens als Team akzeptieren, schaffen wir uns Räume, in denen wir uns gegenseitig zuhören. Gemeinsam finden wir Lösungen, die es uns ermöglichen, als Team zusammenzuarbeiten und uns gegenseitig zu unterstützen. Wir lassen es nicht zu, dass unsere Meinungsverschiedenheiten uns auseinanderbringen.

Nehmen Sie sich Zeit, um allein oder als Paar gemeinsam zu beten. Bitten Sie Gott, dass er Ihnen hilft …

- Ihre Rolle in Ihrem „Team“ zu finden;
- Ihren Ehepartner im Team zu ergänzen;
- die Kommunikation innerhalb Ihres Teams zu verbessern.

Wenn Sie noch mehr Zeit haben …

Besprechen Sie miteinander folgende Fragen oder denken Sie darüber nach:

- Inwiefern handeln Sie wie ein Team – als Ehepartner und als Eltern?
- In welchen Bereichen sollte sich Ihr Team noch verbessern?
- Wie können Sie Ihrem Partner Liebe zeigen, wenn Sie einen Konflikt miteinander haben?

Lesen Sie auch die folgenden Abschnitte zum Thema Teamarbeit:
Sprüche 27,17; Prediger 4,9-12; Römer 15,5.

„Falsche“ Christen

Die folgenden Fragen können Sie entweder allein oder als Paar gemeinsam durchgehen. Wenn jeder für sich darüber nachdenkt, verabreden Sie sich in der kommenden Woche zu einem Austausch darüber, was Sie herausgefunden haben.

1. Lesen Sie 1. Korinther 5,9-13. Warum weist Paulus die Korinther an, keine Gemeinschaft mehr mit „falschen“ Gläubigen zu haben – mit Menschen, die behaupten, Christen zu sein, es aber gar nicht sind?

2. Überlegen Sie gemeinsam, ob die Anweisung des Paulus heute noch von Christen befolgt wird.

3. Wie würden Sie „habgierig“ definieren?

4. Paulus sagt, die Christen sollen über diejenigen innerhalb der Gemeinde ein Urteil sprechen, die von ihrem sündigen Verhalten nicht ablassen wollen. Wie aber sollen die Gläubigen hier vorgehen? Haben Sie das schon einmal miterlebt?

5. Warum sagt Paulus, es sei in Ordnung, wenn man mit sündigen Menschen außerhalb der Gemeinde Gemeinschaft hat?

6. Inwiefern ist es ein Akt der Liebe, wenn über „falsche“ Gläubige das Urteil gesprochen wird, sie aus der Gemeinschaft auszuschließen?

1. Korinther 5,11

„Ich meinte, dass ihr euch von all denen trennen sollt, die sich Christen nennen und trotzdem verbotene sexuelle Beziehungen eingehen, Götzen anbeten, die geldgierig sind, Gotteslästerer, Trinker oder Diebe. Mit solchen Leuten sollt ihr keinerlei Gemeinschaft haben.“

KONKRET:

Zeit mit jemandem zu verbringen, der Gott nicht kennt, kann eine gute Gelegenheit sein, diesem Menschen etwas von Gott zu erzählen. Überlegen Sie, wer aus Ihrem Bekanntenkreis Gott noch nicht kennt, und laden Sie diese Person zum Essen ein. Bemühen Sie sich, mit ihm oder ihr Freundschaft zu schließen bzw. diese Freundschaft wieder aufleben zu lassen.

Den nächsten Impuls finden Sie auf S. 1312 a

voreilig! Wenn Christus kommt, wird er
alles ans Licht bringen, auch unsere ge-
heimsten Wünsche und Gedanken. Dann
wird Gott jeden so loben, wie er es ver-
dient hat.
6 Liebe Brüder und Schwestern, ich
habe jetzt nur von Apollos und mir ge-
sprochen. An unserem Beispiel sollt ihr
lernen, was der Satz bedeutet: »Geht
nicht über das hinaus, was in der Heiligen
Schrift steht.« Seid nicht überheblich,
und spielt darum nicht einen von uns ge-
gen den anderen aus! 7 Woher nimmst du
dir das Recht dazu? Bist du etwas Beson-
deres? Alles, was du besitzt, hat Gott dir
doch geschenkt. Hat er dir aber alles ge-
schenkt, wie kannst du dann damit prah-
len, als wäre es dein eigenes Verdienst?

Noch nicht am Ziel

8 Aber ihr seid ja so satt und selbstzufrie-
den. Ihr haltet euch für so reich, dass ihr
anscheinend nichts mehr braucht. Ihr bil-
det euch ein, schon jetzt herrschen zu
können, als ob Christus bereits wiederge-
kommen wäre. Uns braucht ihr dabei
nicht.[a] Ich wünschte, ihr würdet wirklich
schon mit Christus herrschen. Dann wä-
ren auch wir am Ziel unseres Glaubens
und könnten mit euch regieren. 9 Doch
ich meine, dass Gott uns, seine Apostel,
auf den letzten Platz verwiesen hat, dem
Tod näher als dem Leben. Wie in einer
Arena kämpfen wir vor den Augen der
ganzen Welt. Menschen und Engel be-
obachten gespannt, wie dieser Kampf
ausgehen wird. 10 Uns hält man für Nar-
ren, weil wir an Christus glauben; euch
aber hält man aus dem gleichen Grund
für klug. Wir sind schwach; ihr aber seid
stark. Ihr werdet geachtet und geehrt;
wir aber werden ausgelacht.
11 Bis heute leiden wir Hunger und
Durst, und unsere Kleider sind kaum
mehr als Lumpen. Wir werden geschla-
gen und herumgestoßen, nirgendwo ha-
ben wir ein Zuhause. 12 Wir arbeiten hart
für unseren Lebensunterhalt. Wenn man
uns beleidigt, dann segnen wir. Verfolgt
man uns, wehren wir uns nicht dagegen;
13 und wenn man uns verhöhnt, antworten
wir freundlich. Wir waren schon immer
die Sündenböcke für die ganze Welt, der
Müllhaufen, auf dem jeder seinen Unrat
ablädt.
14 Ich schreibe das alles nicht, um euch
zu beschämen. Vielmehr möchte ich
euch, meine geliebten Kinder, ermahnen
und wieder auf den rechten Weg bringen.
15 Selbst wenn ihr zehntausend Erzieher
hättet, die euch im Glauben unterweisen,
so habt ihr doch nicht viele Väter. Denn
ich habe euch die rettende Botschaft von
Jesus Christus gebracht, und dadurch
habt ihr das Leben empfangen.[b] 16 Da-
rum bitte ich euch: Folgt meinem Bei-
spiel!
17 Weil mir so viel daran liegt, habe ich
Timotheus zu euch geschickt. Durch den
Glauben ist er mir ein lieber und treuer
Sohn geworden. Er wird euch daran erin-
nern, wie ich in der Verbindung mit
Christus lebe. So lehre ich es auch in allen
anderen Gemeinden.
18 Einige von euch behaupten lautstark,
ich würde es gar nicht mehr wagen, selbst
nach Korinth zu kommen. 19 Aber ich
werde bald bei euch sein, wenn der Herr
es zulässt! Dann interessieren mich nicht
die großen Sprüche dieser aufgeblasenen
Leute, sondern was dahinter steckt[c].
20 Denn Gott gründet seine neue Welt
nicht auf Worte, sondern auf seine Kraft.
21 Entscheidet also selbst: Soll ich den
Stock bei euch gebrauchen oder mit Lie-
be und Freundlichkeit zu euch kommen?

Missstände in der Gemeinde

5 Ich habe gehört, dass ihr in eurer Ge-
meinde Leute duldet, die verbotene

---

[a] Wörtlich: Ohne uns seid ihr zur Herrschaft gekommen.
[b] Wörtlich: Ich habe euch gezeugt in Christus Jesus durch das Evangelium.
[c] Wörtlich: sondern die Kraft.

4,6–7 Röm 12,3 **4,8** Offb 3,17.21 **4,9–13** 2 Kor 4,9–11; 11,23–29; 1 Thess 2,9 **4,12** 9,13–15 **4,15** 1 Tim 1,2 **4,16** 11,1* **4,17** Apg 16,1–3* **4,19** 16,5–8 **4,20** 2,4–5 **4,21** 2 Kor 2,4 **5,1** 3 Mo 18,7–8

sexuelle Beziehungen eingegangen sind,
und zwar soll einer von euch mit seiner
Stiefmutter zusammenleben. So etwas ist
nicht einmal bei den Menschen erlaubt,
die Gott nicht kennen! 2 Ihr aber seid
auch noch eingebildet. Müsstet ihr nicht
stattdessen traurig und beschämt diesen
Mann aus der Gemeinde ausschließen?
3 Ich selbst bin zwar nicht persönlich, aber
doch im Geist bei euch. Und so habe ich –
als wäre ich mitten unter euch – bereits
mein Urteil über den Schuldigen gefällt.

4 Wenn ihr im Namen Jesu Christi zu-
sammenkommt, werde ich im Geist bei
euch sein. Dann wollen wir gemeinsam
in der Kraft unseres Herrn Jesus 5 diesen
Mann dem Satan ausliefern. Er soll die
zerstörende Macht des Bösen an seinem
Leib erfahren, damit sein Geist am Tag
des Gerichts gerettet werden kann.

6 Ihr habt wirklich nicht den geringsten
Grund zur Überheblichkeit. Wisst ihr
nicht, dass schon ein wenig Sauerteig ge-
nügt, um den ganzen Teig zu durchsäu-
ern? 7 Entfernt jeden Rest des alten Sau-
erteigs, damit ihr ein neuer, ungesäuerter
Teig werdet. Ihr seid doch rein, weil Jesus
Christus als unser Passahlamm geopfert
wurde. 8 Darum lasst uns das Passahfest
feiern: nicht mit Brot aus dem alten Sau-
erteig von Sünde und Bösem, sondern
mit ungesäuertem Brot der Reinheit und
Wahrhaftigkeit.

9 Ich habe euch schon einmal geschrie-
ben, dass ihr nichts mit Leuten zu tun ha-
ben sollt, die sexuell zügellos leben.
10 Damit habe ich freilich nicht alle auf
der Welt gemeint, die zügellos leben,
habgierig sind, die Götzen anbeten oder
stehlen. Sonst müsstet ihr ja die Welt ver-
lassen. 11 Nein, ich meinte, dass ihr euch
von all denen trennen sollt, die sich
Christen nennen und trotzdem verbotene
sexuelle Beziehungen eingehen, Götzen
anbeten, die geldgierig sind, Gotteslässte-
rer, Trinker oder Diebe. Mit solchen Leu-
ten sollt ihr keinerlei Gemeinschaft ha-
ben[a]. 12/13 Es ist nicht unsere Aufgabe,
Leute zu verurteilen, die nicht zur Ge-
meinde gehören. Das wird Gott tun.
Aber für das, was in der Gemeinde ge-
schieht, tragt ihr die Verantwortung.
»Entfernt den Bösen aus eurer Mitte!«,
heißt es schon bei Mose.[b]

Rechtsstreit unter Christen?

6 Wie ist es möglich, dass ihr als Chris-
ten eure Streitigkeiten vor ungläubi-
gen Richtern austragt, statt die Gemein-
de um Rat zu bitten! 2 Wisst ihr denn
nicht, dass wir als Christen einmal über
die Welt richten werden? Dann müsstet
ihr doch auch diese Kleinigkeiten unter
euch selbst regeln können. 3 Habt ihr ver-
gessen, dass wir sogar die Engel richten
werden? Müsstet ihr dann nicht erst recht
eure alltäglichen Streitigkeiten schlich-
ten können? 4 Aber ihr lauft damit zu
Richtern, die in der Gemeinde nichts zu
sagen haben.[c]

5 Traurig, dass ich darüber reden muss!
Gibt es denn in der ganzen Gemeinde
keinen Einzigen, der Streit zwischen
euch schlichten kann? 6 Stattdessen zieht
ein Christ den anderen vor Gericht und
verklagt ihn vor den Ungläubigen.

7 Schlimm genug, dass ihr überhaupt
Streit miteinander habt! Weshalb ertragt
ihr nicht lieber Unrecht, und warum
nehmt ihr nicht eher Nachteile in Kauf,
anstatt auf euer Recht zu pochen? 8 Doch
ihr tut selbst Unrecht und betrügt andere;
sogar eure Brüder und Schwestern in der
Gemeinde!

9 Habt ihr vergessen, dass für Men-
schen, die Unrecht tun, in Gottes neuer
Welt kein Platz sein wird? Täuscht euch
nicht: Wer verbotene sexuelle Beziehun-
gen eingeht, andere Götter anbetet, die

---

[a] Wörtlich: nicht einmal zusammen essen.
[b] *5. Mose 13,6*
[c] Oder: Dabei könnte jeder in der Gemeinde ein besserer Richter sein als sie.

5,3–5 1 Tim 1,20; 1 Kor 3,15; 11,31–32 **5,6–7** Röm 16,17; Tit 3,10–11; 2 Mo 12,15; Joh 1,29* **5,9–11** Eph 5,5–7; 1 Thess 5,22; 2 Thess 3,6 **6,2–3** Röm 5,17; 2 Tim 2,12 **6,7** Mt 5,38–41; Röm 12,19; 1 Thess 5,15 **6,9–10** Gal 5,19–21; Eph 5,5; 1 Tim 6,9–10; Offb 22,15; 3 Mo 18,22

Ehe bricht, wer sich von seinen Begier-
den treiben lässt und homosexuell ver-
kehrt, wird nicht in Gottes neue Welt
kommen; 10 auch kein Dieb, kein Ausbeu-
ter, kein Trinker, kein Gotteslästerer
oder Räuber. 11 Und all das sind einige
von euch gewesen. Aber jetzt sind eure
Sünden abgewaschen. Ihr gehört nun
ganz zu Gott; durch Jesus Christus und
durch den Geist unseres Gottes seid ihr
freigesprochen.

Unser Körper gehört Gott

12 »Es ist alles erlaubt«, sagt ihr[a]. Das mag
stimmen, aber es ist nicht alles gut für
euch. Mir ist alles erlaubt, aber ich will
mich nicht von irgendetwas beherrschen
lassen. 13 Wenn ihr schreibt: »Das Essen
ist für den Bauch, und der Bauch für das
Essen«, dann ist das schon richtig. Und
ebenso gewiss hat Gott beides – das Es-
sen wie den Bauch – zur Vergänglichkeit
bestimmt. Aber das bedeutet nicht, dass
Gott uns den Körper gab, damit wir sexu-
ell zügellos leben! Vielmehr wurde auch
unser Körper zum Dienst für den Herrn
geschaffen. Deshalb ist es Gott nicht
gleichgültig, wie wir damit umgehen.
14 Denn Gott wird uns durch seine Kraft
vom Tod zum ewigen Leben auferwe-
cken, so wie er Christus auferweckt hat.

15 Wisst ihr denn nicht, dass auch euer
Körper zum Leib Jesu Christi gehört?
Wollt ihr wirklich den Leib Christi mit
dem einer Hure vereinigen? Niemals!
16 Denn wer sich mit einer Hure einlässt,
der wird ein Leib mit ihr. So heißt es
schon in der Heiligen Schrift von Mann
und Frau: »Die zwei werden eins sein
mit Leib und Seele.«[b] 17 Wenn ihr dage-
gen in enger Verbindung mit dem Herrn
lebt, werdet ihr mit ihm eins sein durch
seinen Geist. 18 Deshalb warne ich euch
eindringlich vor jeder verbotenen sexuel-
len Beziehung! Denn mit keiner anderen
Sünde vergeht man sich so sehr am eige-
nen Körper wie mit sexueller Zügellosig-
keit.[c] 19 Oder habt ihr etwa vergessen,
dass euer Körper ein Tempel des Heili-
gen Geistes ist, der in euch wohnt und
den euch Gott gegeben hat? Ihr gehört
also nicht mehr euch selbst. 20 Gott hat
euch freigekauft, damit ihr ihm gehört;
nun dient auch mit eurem Körper dem
Ansehen Gottes in der Welt.

Heiraten oder ledig bleiben?

7 Nun zu der Frage, die ihr mir in eu-
rem Brief gestellt habt. Ihr sagt[d]:
»Es ist gut für einen Mann, überhaupt
nicht zu heiraten.« 2 Ja, aber damit nie-
mand zu einem sexuell zügellosen Leben
verleitet wird, ist es besser, wenn jeder
Mann seine Frau und jede Frau ihren
Mann hat. 3 Der Mann soll seine Frau
nicht vernachlässigen, und die Frau soll
sich ihrem Mann nicht entziehen, 4 denn
weder die Frau noch der Mann dürfen
eigenmächtig über ihren Körper ver-
fügen; sie gehören einander. 5 Keiner soll
sich dem Ehepartner verweigern, außer
beide wollen eine Zeit lang verzichten,
um für das Gebet frei zu sein. Danach
kommt wieder zusammen, damit euch
der Satan nicht in Versuchung führen
kann, weil ihr euch nicht enthalten könnt.

6 Ich sage euch dies als Rat, nicht als Be-
fehl. 7 Ich wünschte zwar, jeder würde wie
ich ehelos leben. Aber jeder hat von Gott
eine besondere Gabe bekommen: Die
einen leben nach seinem Willen in der
Ehe, die anderen bleiben unverheiratet.

8 Den Unverheirateten und Verwitwe-
ten rate ich, lieber ledig zu bleiben, wie

---

[a] »sagt ihr« ist sinngemäß ergänzt, ebenso »Wenn ihr schreibt« in Vers 13.
[b] 1. Mose 2,24
[c] Wörtlich: Jede Sünde, die der Mensch tut, ist außerhalb seines Leibes. Wer aber hurt, sündigt gegen seinen eigenen Leib.
[d] »Ihr sagt« ist sinngemäß ergänzt.

6,11 Tit 3,4–7; 1 Petr 4,3–4 **6,12** 10,23–24 **6,13** Röm 12,1 **6,14** Röm 8,11; 1 Kor 15,35–49 **6,15–18** 5,9; 12,27; Röm 8,9–13 **6,19** 3,16 **6,20** 7,23; Mt 20,28; Gal 2,20 **7,1** Mt 19,10 **7,2** 6,13; 1 Thess 4,3–5; Hebr 13,4 **7,7** Mt 19,11–12

ich es bin. 9 Wenn ihnen das Alleinsein aber zu schwer fällt, sollen sie heiraten. Denn das ist besser, als von unerfülltem Verlangen beherrscht zu werden.

Über die Ehescheidung

10 Was ich jetzt den Verheirateten sage, ist kein persönlicher Rat, sondern ein Gebot unseres Herrn: Keine Frau darf sich von ihrem Mann scheiden lassen. 11 Hat sie sich aber doch von ihm getrennt, soll sie unverheiratet bleiben oder sich wieder mit ihrem Mann versöhnen. Dasselbe gilt für den Mann.

12 Für alle anderen Fälle gibt es keinen ausdrücklichen Befehl des Herrn. Deshalb rate ich: Wenn ein Christ eine ungläubige Frau hat, die bei ihm bleiben will, soll er sich nicht von ihr trennen. 13 Und wenn eine Christin einen ungläubigen Mann hat, der bei ihr bleiben will, soll sie ihn nicht verlassen. 14 Denn der ungläubige Mann steht durch seine gläubige Frau unter dem Einfluss Gottes, ebenso die ungläubige Frau durch ihren gläubigen Mann. Sonst würden ja auch eure Kinder fern von Gott sein. Doch auch sie stehen unter Gottes Segen.

15 Wenn aber der ungläubige Partner auf einer Trennung besteht, dann willigt in die Scheidung ein. In einem solchen Fall ist der christliche Partner nicht länger an den anderen gebunden. Denn Gott will, dass ihr in Frieden lebt. 16 Es ist ja nicht sicher, ob du als Frau deinen Mann zu Christus führen kannst oder ob du als Mann deiner Frau zum Glauben verhelfen wirst.

Jeder an seinem Platz

17 Grundsätzlich möchte ich sagen: Jeder soll in der Lebensform bleiben, in der er lebte, als er Christ wurde. So ordne ich es in allen Gemeinden an.

18 Darum soll jemand, der nach jüdischem Gesetz beschnitten wurde, sich auch als Christ zu seiner Beschneidung bekennen. Wurde er aber nicht beschnitten, soll er die Beschneidung auch nicht nachholen. 19 Denn Gott kommt es nicht darauf an, ob wir beschnitten sind oder nicht. Bei ihm zählt allein, ob wir nach seinen Geboten leben.

20 Jeder soll Gott an dem Platz dienen, an dem ihn Gottes Ruf erreichte. 21 Bist du als Sklave ein Christ geworden? Mach dir deswegen keine Sorgen! Kannst du aber frei werden, dann nutze die Gelegenheit.[a] 22 Wer als Sklave Christus gehört, der ist von ihm aus der Sklaverei der Sünde freigekauft worden. Ein freier Mann aber, der dem Herrn gehört, ist dadurch ein Sklave Christi. 23 Christus hat euch freigekauft; ihr gehört jetzt allein ihm. Lasst euch nicht wieder von Menschen versklaven!

24 Deshalb, liebe Brüder und Schwestern, soll jeder an dem Platz bleiben, an dem er war, als Gott ihn zum Glauben rief. Dort soll er ihm dienen.

Verliert euch nicht an diese Welt!

25 Für die Unverheirateten hat der Herr keine ausdrückliche Anweisung gegeben. Aber ich bin vom Herrn in seiner Gnade dazu bestimmt worden, vertrauenswürdig zu sein. Darum möchte ich euch meine Meinung sagen.

26 Wenn ich daran denke, welch schwere Zeiten uns bevorstehen, scheint es mir das Beste zu sein, wenn man unverheiratet bleibt. 27 Hast du dich allerdings schon an eine Frau gebunden, dann sollst du diese Bindung nicht lösen. Bist du aber noch frei, dann suche nicht nach einer Frau. 28 Wenn du heiratest, begehst du jedoch keine Sünde. Das gilt für Männer wie für Frauen. Nur werdet ihr als Verheiratete besonderen Belastungen

---

[a] *Andere Übersetzungsmöglichkeit:* Selbst wenn du frei werden kannst, lebe lieber als Sklave weiter, und mach das Beste daraus.

7,9 1 Tim 5,14 **7,10–11** 7,39–40; Mt 19,1–9 **7,15** Röm 12,18 **7,16** 1 Petr 3,1–2 **7,18–19** Röm 2,28–29; Gal 5,2–6; 6,15; Kol 2,11 **7,21** Gal 3,28; Phlm 16 **7,22** Eph 6,5–9 **7,23** 6,20; Mt 20,28 **7,26** Mt 24,19 **7,28** 7,2

ausgesetzt sein, und das würde ich euch
gern ersparen.
29 Denn eins steht fest, Brüder und
Schwestern: Wir haben nicht mehr viel
Zeit. Deshalb soll von nun an für die Ver-
heirateten ihr Partner nicht das Wichtigs-
te im Leben sein. 30 Wer weint, soll sich
von seiner Trauer nicht gefangen nehmen
lassen, und wer sich freut, lasse sich da-
durch nicht vom Wesentlichen abbrin-
gen. Wenn ihr etwas kauft, betrachtet es
so, als könntet ihr es nicht behalten.[a]
31 Verliert euch nicht an diese Welt, auch
wenn ihr in ihr lebt. Denn diese Welt mit
allem, was wir haben, wird bald ver-
gehen.
32 Ich möchte euch unbelastet und ohne
Sorgen wissen. Wer unverheiratet ist,
kann sich uneingeschränkt darum küm-
mern, wie er dem Herrn gefällt. 33 Ist aber
jemand verheiratet, so kümmert er sich
um viele Dinge und will seiner Frau ge-
fallen. 34 Darum ist seine Aufmerksam-
keit geteilt.

Eine unverheiratete Frau sorgt sich un-
eingeschränkt darum, mit Leib und Seele
zum Herrn zu gehören. Aber eine verhei-
ratete Frau sorgt sich um menschliche
Belange und will ihrem Mann gefallen.
35 Ich sage dies alles nicht, um euch
durch irgendwelche Vorschriften ein-
zuengen, sondern um euch zu helfen. Ich
möchte, dass ihr ein vorbildliches Leben
führt und unbeirrt nur das eine Ziel ver-
folgt, beim Herrn zu bleiben. 36 Wenn
aber jemand meint, es sei Unrecht, seine
Braut nicht zu heiraten, und wenn sein
Verlangen nach ihr zu stark ist, so soll er
tun, was er für richtig hält. Die beiden
können heiraten, es ist keine Sünde.
37 Wer aber die innere Bereitschaft zur
Ehelosigkeit aufbringt, wer sich selbst
beherrschen kann und fest entschlossen
ist, nicht zu heiraten, der tut gut daran.
38 Wer also heiratet, der handelt richtig;
wer nicht heiratet, handelt besser.
39 Solange ein Mann lebt, ist seine Frau
an ihn gebunden. Wenn er aber stirbt,
darf sie wieder heiraten, wen sie will.
Nur sollte sie darauf achten, dass sie da-
bei im Einklang mit Gottes Willen han-
delt. 40 Allerdings bliebe sie besser allein
und würde nicht noch einmal heiraten.
Dies ist kein Befehl, sondern ein Rat,
doch ich habe schließlich auch Gottes
Geist empfangen.

Grenzen christlicher Freiheit

8 Nun wolltet ihr wissen, ob wir das
Opferfleisch essen dürfen, das den
Göttern geweiht wurde. Wir wissen zwar,
dass wir alle die Fähigkeit haben zu er-
kennen, was richtig ist. Doch richtige Er-
kenntnis allein führt leicht zum Hoch-
mut, Liebe dagegen baut die Gemeinde
auf. 2 Wenn sich einer also einbildet, alles
zu wissen, so weiß er gerade nicht, worauf
es ankommt. 3 Wer aber Gott liebt, dem
wendet sich Gott in Liebe zu[b].
4 Dürfen wir also Opferfleisch essen
oder nicht? Wir wissen doch alle, dass es
außer dem *einen* Gott gar keine anderen
Götter gibt. 5 Und wenn auch so genannte
Götter im Himmel und auf der Erde le-
ben – und es gibt ja tatsächlich viele
Mächte und Gewalten –, 6 so haben *wir*
doch nur *einen* Gott, den Vater, der alles
erschaffen hat und für den wir leben.
Und wir haben auch nur *einen* Herrn,
Jesus Christus, durch den alles geschaffen
wurde. Durch ihn sind wir zu neuen Men-
schen geworden.[c] 7 Einige Christen ha-
ben das aber noch nicht erkannt. Bisher
waren sie davon überzeugt, dass es wirk-
lich Götter gibt. Wenn sie nun vom Op-

---

[a] Wörtlich: Von nun an sollen die, die Frauen haben, so sein, als hätten sie keine; und die weinen, als weinten sie nicht; und die sich freuen, als freuten sie sich nicht; und die kaufen, als behielten sie es nicht.

[b] Wörtlich: der ist von ihm erkannt.

[c] Wörtlich: durch den alles (ist) und wir durch ihn.

7,29 Röm 13,11; Lk 14,26–27 **7,30–31** 1 Joh 2,15–17 **7,36–38** 7,2; Mt 19,11–12 **7,39–40** 7,10–11; Röm 7,2–3; 1 Tim 5,11–14 **8,1–13** 10,25 – 11,1; Mt 15,11; Apg 15,29; Röm 14,1–3.14–23; 1 Tim 4,2–5; Hebr 13,9 **8,4** 5 Mo 4,35* **8,5–6** 10,19–20; Eph 1,21; Kol 1,15–17

ferfleisch essen, fürchten sie, damit die Götter anzuerkennen, und bekommen ein schlechtes Gewissen.

8 Was wir essen, entscheidet nicht darüber, wie wir vor Gott dastehen. Vor ihm sind wir weder besser noch schlechter, ob wir nun das Fleisch essen oder nicht. 9 Trotzdem solltet ihr darauf achten, dass ihr mit eurer neu gewonnenen Freiheit dem nicht schadet, dessen Glaube noch schwach ist. 10 Angenommen, du isst in einem heidnischen Tempel Opferfleisch, weil du erkannt hast, dass der Genuss einer Speise dich nicht von Gott trennen kann[a]. Wenn nun dein Bruder, dessen Glaube noch schwach ist, dich dabei sieht – wird er dann nicht ermutigt, es dir nachzumachen, obwohl er dabei gegen sein Gewissen handelt? 11 Und so würde an deiner durchaus richtigen Erkenntnis dein im Glauben schwacher Bruder zugrunde gehen, für den doch Christus gestorben ist. 12 Wenn ihr euch euren Brüdern gegenüber so verhaltet und ihr Gewissen verletzt, so versündigt ihr euch an Christus. 13 Darum: Wenn ich befürchten muss, dass mein Bruder zur Sünde verführt wird, weil ich bedenkenlos Opferfleisch esse, dann will ich lieber mein Leben lang überhaupt kein Fleisch mehr essen, als ihm das anzutun!

Nur ein Starker kann verzichten

9 Wie halte ich es denn selbst in solchen Dingen? Bin ich nicht ein freier Mann? Habe ich nicht unseren Herrn Jesus mit eigenen Augen gesehen? Hat er mich denn nicht zu seinem Apostel berufen? Dass ihr Christen geworden seid, zeigt deutlich, dass ich für den Herrn gearbeitet habe. 2 Mögen die anderen auch behaupten, ich sei kein Apostel Christi, ihr könnt das nicht sagen! Denn ihr seid zum Glauben an Jesus Christus gekommen, und das ist die Bestätigung für meinen Dienst.

3 Denen, die meine Vollmacht in Frage stellen, habe ich dies zu sagen: 4 Hätten meine Mitarbeiter und ich nicht das Recht, uns auf Kosten der Gemeinde versorgen zu lassen? 5 Dürften nicht auch wir eine Ehefrau mit auf die Reise nehmen, wie es die anderen Apostel tun, die Brüder des Herrn und auch Petrus[b]? 6 Müssen etwa nur Barnabas und ich unseren Lebensunterhalt selbst verdienen? 7 Wo zahlt je ein Soldat seinen eigenen Sold, und wer würde einen Weinberg anlegen, ohne die Trauben auch zu ernten? Oder welcher Hirte würde nicht von der Milch seiner Tiere trinken?

8 Das ist nicht nur allgemein so üblich; das verlangt auch das Gesetz des Mose. 9 Dort heißt es doch: »Wenn ihr mit einem Ochsen Getreide drescht, dann bindet ihm nicht das Maul zu!«[c] Hat Gott dies etwa angeordnet, weil er sich um die Ochsen sorgt? 10 Ohne Frage dachte er dabei an uns! Denn wir sind gemeint, wenn es dort heißt, dass alle, die pflügen und das Getreide dreschen, ihren Anteil an der Ernte erwarten dürfen.

11 Wir haben nun unter euch die geistliche Saat ausgesät – die Botschaft von Jesus Christus[d]. Wäre es wirklich zu viel von euch verlangt, uns dafür mit dem zu versorgen, was wir zum Leben brauchen? 12 Ihr unterstützt doch auch noch andere Prediger, und das ist richtig so. Aber hätten wir nicht ein größeres Anrecht darauf? Dennoch haben wir dieses Recht nie eingefordert. Wir haben darauf verzichtet, um der Botschaft von Jesus Christus keine Steine in den Weg zu legen.

13 Ihr wisst doch genau, dass alle, die im Tempel Dienst tun, etwas von den Tem-

---

a »dass … kann« ist sinngemäß ergänzt. Wörtlich: weil du Erkenntnis hast.
b Wörtlich: Kephas.
c *5. Mose 25,4*
d »die … Christus« ist sinngemäß ergänzt.

8,8 Röm 14,17 **8,9** Röm 14,13 **8,11–12** 8,1; Röm 14,15.23; 15,1–2 **8,13** Röm 14,21
9,1 Apg 9,3–5.15* **9,2** 4,15; 2 Kor 12,12 **9,4–15** Lk 10,7; Apg 20,33–35; Gal 6,6; 2 Thess 3,7–10
9,9 1 Tim 5,17–18 **9,13** 4 Mo 18,8–19*.21–24*

pelgaben bekommen. Und wer am Altar
den Opferdienst übernimmt, erhält auch
einen Teil von den Opfertieren. [14]Ebenso
hat der Herr angeordnet: Wer die retten-
de Botschaft verkündet, soll von diesem
Dienst auch leben können. [15]Trotzdem
habe ich darauf verzichtet und nie auch
nur eine Kleinigkeit von euch verlangt.
Ich schreibe das nicht, weil ich in Zukunft
etwas von euch haben möchte. Lieber
würde ich verhungern, als dass ich mir
meinen Grund, mich zu rühmen, von ir-
gendjemandem nehmen ließe.

[16]Dass ich die rettende Botschaft
verkünde, ist allerdings kein Anlass, mich
zu loben; ich muss es tun! Dieser Auf-
gabe kann ich mich unmöglich entziehen.
Sonst würde Gottes Strafe mich treffen.
[17]Hätte ich die Aufgabe freiwillig über-
nommen, so könnte ich dafür Lohn bean-
spruchen. Doch Gott hat mich dazu
beauftragt, ich habe keine andere Wahl.
[18]Aber worin besteht denn nun mein
Lohn? Darin, dass ich jedem die Bot-
schaft von Jesus verkünde, und zwar
ohne Bezahlung und ohne auf meine
Rechte zu pochen.

Kompromissloser Einsatz

[19]Ich bin also frei und von niemandem
abhängig. Aber um möglichst viele für
Christus zu gewinnen, habe ich mich
zum Sklaven aller Menschen gemacht.
[20]Damit ich die Juden für Christus gewin-
ne, lebe ich wie ein Jude: Wo man alle
Vorschriften des jüdischen Gesetzes
genau befolgt, lebe ich auch danach, ob-
wohl sie für mich nicht mehr gelten.
Denn ich möchte auch die Leute gewin-
nen, die sich dem Gesetz unterworfen
haben. [21]Bin ich aber bei Menschen, die
ohne *diese Gesetze leben*, dann passe
ich mich ihnen genauso an, um sie für
Christus zu gewinnen. Das bedeutet aber
nicht, dass ich mich gegen Gottes Gebote
stelle. Ich befolge das Gesetz, das Chris-
tus uns gegeben hat.

[22]Wenn ich bei Menschen bin, deren
Glaube noch schwach und unsicher ist,
achte ich sorgfältig darauf, ihnen nicht
zu schaden. Ich möchte mich allen gleich-
stellen, um auf jede erdenkliche Weise
wenigstens einige Menschen zu retten
und für Christus zu gewinnen. [23]Dies
alles tue ich für die rettende Botschaft,
damit auch ich Anteil an dem Segen
erhalte, den sie verspricht.

[24]Ihr kennt das doch: Von allen Läu-
fern, die im Stadion zum Wettlauf star-
ten, gewinnt nur einer den Siegeskranz.
Lauft so, dass ihr ihn gewinnt! [25]Wer im
Wettkampf siegen will, setzt dafür alles
ein. Ein Athlet verzichtet auf vieles, um
zu gewinnen. Und wie schnell ist sein Sie-
geskranz verwelkt! Wir dagegen kämp-
fen um einen unvergänglichen Preis.
[26]Ich weiß genau, wofür ich kämpfe. Ich
laufe nicht irgendeinem ungewissen Ziel
entgegen. Wenn ich kämpfe, geht mein
Schlag nicht ins Leere. [27]Ich gebe alles
für diesen Sieg und hole das Letzte aus
meinem Körper heraus. Er muss sich
meinem Willen fügen. Denn ich will nicht
andere zum Kampf des Glaubens auffor-
dern und selbst untauglich sein.

Israel als warnendes Beispiel

10 Liebe Brüder und Schwestern, er-
innert euch daran, was unsere Vor-
fahren während ihrer Wüstenwanderung
erlebten. Ihnen zog eine Wolke voraus,
und so leitete Gott sie sicher durch das
Rote Meer. [2]Alle wurden im Meer und
unter der Wolke auf Mose getauft. [3]Gott
gab ihnen allen dasselbe Brot vom Him-
mel zu essen [4]und dasselbe Wasser aus
einem Felsen zu trinken. Dieser Felsen
hatte eine besondere Bedeutung: Er

9,14 Lk 10,7 **9,15** Apg 20,33–35 **9,16** Apg 4,20 **9,17** Apg 9,15* **9,19** Röm 15,1; 1 Kor 10,33 **9,20** 10,33; Apg 16,3; Röm 11,13–14 **9,21** Gal 6,2 **9,22** 8,13; 2 Kor 11,29 **9,24–27** Phil 3,12–16; 1 Tim 6,12; 2 Tim 4,7–8 **10,1** 2 Mo 13,21–22*; 14,19–22 **10,3** 2 Mo 16,14–15* **10,4** 2 Mo 17,6; 4 Mo 20,7–11

kam mit ihnen, und durch ihn war Chris-
tus selbst bei ihnen.[a] 5 Aber es gefiel Gott
nicht, wie die meisten von ihnen lebten.
Deshalb kamen sie in der Wüste um.
6 Das soll uns eine Warnung sein, damit
wir uns nicht wie sie vom Bösen beherr-
schen lassen.

7 Werdet nicht zu Menschen, die Göt-
zen anbeten, so wie manche von ihnen.
Die Heilige Schrift berichtet: »Sie ließen
sich nieder, um zu essen und zu trinken,
und dann feierten sie ein rauschendes,
ausschweifendes Fest.«[b] 8 Lasst euch auch
nicht wie sie zu sexueller Zügellosigkeit
verleiten, sondern denkt daran, dass an
einem einzigen Tag dreiundzwanzigtau-
send Menschen dafür mit dem Tod be-
straft wurden. 9 Stellt die Güte und Ge-
duld des Herrn nicht auf die Probe. Sie
taten es damals, wurden von Schlangen
gebissen und starben. 10 Lehnt euch nicht
gegen Gott auf wie einige von ihnen. Gott
vernichtete sie durch seinen Todesengel.

11 Alle diese Ereignisse sind uns als
Beispiel gegeben. Sie wurden nieder-
geschrieben, damit wir gewarnt sind;
denn das Ende der Welt ist nahe. 12 Des-
halb seid vorsichtig! Gerade wer meint,
er stehe besonders sicher, muss auf-
passen, dass er nicht fällt. 13 Was eurem
Glauben bisher an Prüfungen zugemutet
wurde, überstieg nicht eure Kraft. Gott
steht zu euch. Er lässt nicht zu, dass die
Versuchung größer ist, als ihr es ertragen
könnt. Wenn euer Glaube auf die Probe
gestellt wird, schafft Gott auch die Mög-
lichkeit, sie zu bestehen.

Abendmahl oder Götzendienst

14 Darum, liebe Freunde, hütet euch vor
jedem Götzendienst! 15 Als Christen wisst
ihr doch, worum es geht. Überlegt einmal
selbst: 16 Haben wir durch den Abend-
mahlskelch, über dem wir das Dankgebet
sprechen, nicht Anteil am Blut, das
Christus für uns vergossen hat? Haben
wir durch das Brot, das wir brechen und
gemeinsam essen, nicht Anteil an seinem
Leib?

17 Es gibt beim Abendmahl nur *ein*
Brot. Und obwohl wir so viele sind, sind
wir doch *ein* Leib, weil wir alle von dem
einen Brot essen. 18 Seht euch doch ein-
mal an, wie das Volk Israel Gott verehrt!
Alle haben Gemeinschaft mit Gott, weil
sie gemeinsam vom Fleisch der Opfertie-
re essen.[c]

19 Was will ich damit sagen? Dass es
doch Götter gibt oder dass die Opfer,
die ihnen gebracht werden, irgendeine
Bedeutung haben? 20 Natürlich nicht!
Was die Götzenanbeter auf dem Altar
darbringen, opfern sie den Dämonen,
nicht etwa Gott.[d] Ich will aber nicht, dass
ihr Gemeinschaft mit dämonischen
Mächten habt.

21 Ihr könnt unmöglich aus dem Kelch
des Herrn und zugleich aus dem Kelch
der Dämonen trinken. Ihr könnt nicht
Gäste am Tisch des Herrn sein und auch
noch am Tisch der Dämonen essen.
22 Oder wollen wir etwa den Herrn he-
rausfordern? Bilden wir uns wirklich ein,
stärker zu sein als er?

---

a Verse 3 und 4 wörtlich: Sie aßen alle dieselbe geistliche Speise und tranken alle denselben geistlichen Trank. Sie tranken nämlich aus einem geistlichen Felsen, der ihnen folgte. Der Fels aber war Christus.

b 2. Mose 32,6

c *Wörtlich: Sind nicht* die Opfer Essenden die Anteilhabenden des Altars?

d Vgl. 5. Mose 32,17

10,5 4 Mo 26,64–65 **10,7–8** 4 Mo 25,1–9 **10,9** 4 Mo 21,4–9 **10,10** 4 Mo 14,35–37 **10,12** Gal 6,1 **10,13** 2 Petr 2,9; Hebr 4,14–16 **10,14** Kol 3,5; 1 Joh 5,21 **10,16** 11,23–25; Mt 26,26–28 **10,17** 12,27; Röm 12,5 **10,18** 5 Mo 12,17–18; 27,7 **10,19–20** 8,4–7; 3 Mo 17,7 **10,21** Mt 6,24; 2 Kor 6,14–17

Rücksicht auf das Gewissen der andern

23 Ihr lebt nach dem Grundsatz:[a] »Alles
ist erlaubt!« Ich antworte darauf: Aber
nicht alles, was erlaubt ist, ist auch gut.
Alles ist erlaubt, aber nicht alles baut die
Gemeinde auf. 24 Denkt bei dem, was ihr
tut, nicht nur an euch. Denkt vor allem an
die anderen und daran, was für sie gut ist.
25 Kauft unbesorgt das Fleisch, das auf
dem Markt angeboten wird, und macht
euch kein Gewissen daraus, ob es von
Opfertieren stammt. 26 Denn »die Erde
und alles, was auf ihr lebt, gehört dem
Herrn.«[b] 27 Lädt euch jemand, der kein
Christ ist, zum Essen ein und ihr wollt
hingehen, so esst, was aufgetragen wird,
ohne eine Gewissensfrage daraus zu ma-
chen, wo es herkommt. 28 Sollte euch aber
jemand ausdrücklich sagen: »Dieses
Fleisch stammt vom Götzenopfer!«,
dann esst es seinetwegen nicht, damit ihr
das Gewissen nicht belastet. 29 Es geht da-
bei nicht um euer eigenes Gewissen, son-
dern um das des anderen.

Nun mag jemand einwenden:[c] »Wes-
halb soll ich denn meine persönliche
Freiheit vom Gewissen eines anderen
einengen lassen? 30 Wenn ich an einem
Festmahl teilnehme und Gott für das Es-
sen danke, warum wird mir mein Verhal-
ten dann zum Vorwurf gemacht? Schließ-
lich habe ich Gott doch für die Speise
gedankt!«

31 Darauf will ich antworten: Was im-
mer ihr tut, was ihr auch esst oder trinkt,
alles soll zur Ehre Gottes geschehen.
32 Seid für niemanden ein Hindernis zum
Glauben, weder für die Juden noch für
die Nichtjuden und auch nicht für die
Mitchristen in der Gemeinde. 33 Das ist
auch mein Grundsatz. Ich versuche, allen
in jeder Beziehung gerecht zu werden.
Dabei geht es nicht um mich, sondern da-
rum, dass möglichst viele Menschen ge-
rettet werden.

11 Folgt meinem Beispiel, so wie ich
dem Vorbild folge, das Christus
uns gegeben hat.

Verhalten der Frauen im Gottesdienst

2 Ich freue mich darüber, dass ihr immer
an mich denkt und euch nach den Anwei-
sungen richtet, die ich euch weiterge-
geben habe.

3 Ich will aber, dass ihr auch Folgendes
wisst: Jeder Mann untersteht Christus,
die Frau dem Mann, und Christus unter-
steht Gott. 4 Ein Mann entehrt Christus,
wenn er im Gottesdienst öffentlich betet
oder im Auftrag Gottes prophetisch re-
det und dabei eine Kopfbedeckung trägt.
5 Trägt dagegen eine Frau keine Kopf-
bedeckung, wenn sie im Gottesdienst be-
tet oder im Auftrag Gottes prophetisch
redet, dann entehrt sie sich selbst. Das
wäre genauso, als wenn sie kahl gescho-
ren herumliefe. 6 Will eine Frau ihren
Kopf nicht bedecken, kann sie sich auch
gleich die Haare abschneiden lassen.
Aber weil es jede Frau entehrt, wenn ihr
das Haar kurz geschnitten oder der Kopf
kahl geschoren ist, soll sie ihren Kopf be-
decken.

7 Ein Mann aber soll im Gottesdienst
keine Kopfbedeckung tragen, denn er ist
nach Gottes Bild und zu seiner Ehre ge-
schaffen, die Frau dagegen zur Ehre des
Mannes. 8 Denn Adam, der erste Mensch,
wurde nicht aus einer Frau erschaffen,
aber Eva, die erste Frau, wurde aus dem
Mann erschaffen. 9 Der Mann wurde auch
nicht für die Frau geschaffen, sondern die
Frau für den Mann. 10 Deshalb soll sie im
Gottesdienst eine Kopfbedeckung tragen

---

a »Ihr lebt nach dem Grundsatz« ist sinngemäß ergänzt, ebenso »Ich antworte darauf«.
b Psalm 24,1
c »Nun mag jemand einwenden« ist sinngemäß ergänzt.

10,23 6,12 **10,24** 8,13; Röm 15,2; Phil 2,3–4; Kol 3,13–14 **10,25–11,1** 8,1–13* **10,30** 1 Tim 4,4 **10,31** Kol 3,17 **10,32** Röm 14,13; Kol 4,5; 1 Petr 3,15–16 **10,33** 9,19–23 **11,1** 4,16; Röm 15,2; Phil 3,17; 4,9; 1 Thess 1,6–7; 2 Tim 3,10; Tit 2,7; 1 Petr 5,3 **11,3** 1 Mo 3,16; Eph 5,21–24 **11,7** 1 Mo 1,27 **11,8–9** 1 Mo 2,20–23

als Zeichen dafür, dass sie dem Mann un-
tersteht. Auch wegen der Engel, die über
Gottes Ordnungen wachen,[a] sollte sie
dies tun.
[11] Vor dem Herrn sind jedoch Mann
und Frau gleichermaßen füreinander da.
[12] Denn obwohl Eva aus Adam geschaf-
fen wurde, so werden doch alle Männer
von Frauen geboren. Beide aber, Mann
und Frau, sind Geschöpfe Gottes.
[13] Urteilt doch selbst: Gehört es sich für
eine Frau, ohne Kopfbedeckung öffent-
lich zu beten? [14] Lehrt euch nicht schon
die Natur, dass lange Haare für den
Mann eine Schande sind, [15] aber eine Eh-
re für die Frau? Das lange Haar ist ihr als
Schleier gegeben. [16] Doch wer es darüber
zum Streit kommen lassen will, dem
möchte ich nur sagen: *Wir* kennen die Sit-
te nicht, dass Frauen ohne Kopfbede-
ckung am Gottesdienst teilnehmen, und
die anderen Gemeinden Gottes auch
nicht.

Wie Christen das Abendmahl feiern sollen

[17] Was ich euch jetzt noch zu sagen habe,
ist kein Lob. Wie ihr eure Gottesdienste
feiert, kann ich wirklich nicht gutheißen.
Sie scheinen eurer Gemeinde mehr zu
schaden als zu nützen. [18] Zunächst höre
ich da von Uneinigkeit bei euren Ver-
sammlungen. Etwas Wahres muss wohl
daran sein. [19] Allerdings muss es auch zu
Spaltungen unter euch kommen, denn
nur so wird sichtbar, wer sich im Glauben
bewährt hat.
[20] Was ihr in euren Gottesdiensten fei-
ert, ist gar nicht das Mahl des Herrn.
[21] Weil jeder das isst und trinkt, was er
mitgebracht hat, bleibt der eine hungrig
und durstig, während der andere sich be-
trinkt. [22] Könnt ihr denn nicht zu Hause
essen und trinken? Oder bedeutet euch
die Gemeinde so wenig, dass ihr diejeni-
gen geringschätzig behandelt, die arm
sind und kein Essen mitbringen konnten?
Soll ich euch dafür auch noch loben? Da-
rauf könnt ihr lange warten!
[23] Denn Folgendes habe ich vom Herrn
empfangen und euch überliefert:
In der Nacht, in der unser Herr Jesus
verraten wurde, nahm er das Brot,
[24] dankte Gott dafür, brach es und sprach:
»Das ist mein Leib, der für euch hingege-
ben wird. So oft ihr dieses Brot esst,
denkt an mich und an das, was ich für
euch getan habe!«
[25] Nach dem Essen nahm er den Kelch
und sprach: »Dieser Kelch ist der neue
Bund zwischen Gott und euch, der durch
mein Blut besiegelt wird. So oft ihr aus
diesem Kelch trinkt, denkt an mich und
an das, was ich für euch getan habe!«
[26] Denn jedes Mal, wenn ihr dieses Brot
esst und aus diesem Kelch trinkt, verkün-
det ihr, was der Herr durch seinen Tod
für uns getan hat, bis er kommt. [27] Wer
aber gedankenlos und leichtfertig[b] von
diesem Brot isst und aus dem Kelch des
Herrn trinkt, der wird schuldig am Leib
und am Blut unseres Herrn.
[28] Darum soll sich jeder prüfen, ehe er
von dem Brot isst und aus dem Kelch
trinkt. [29] Denn wer davon nimmt, ohne
zu bedenken, dass es hier um den Leib
Christi geht, der liefert sich selbst dem
Gericht Gottes aus. [30] Deshalb sind so
viele von euch schwach und krank, und
etliche sind schon gestorben. [31] Wenn wir
uns selbst prüfen, wird Gott uns nicht auf
diese Weise bestrafen. [32] Straft uns aber
der Herr, so will er uns erziehen, damit
wir nicht zusammen mit der gottlosen
Welt verurteilt werden.
[33] Darum, meine Brüder und Schwes-
tern, wartet aufeinander, wenn ihr zu-
sammen das Abendmahl feiert. [34] Wer
hungrig ist, soll vorher zu Hause etwas
essen; sonst bringt euch dieses Mahl nicht
Gottes Segen, sondern seine Strafe. Alles

---

[a] *»die … wachen« ist sinngemäß ergänzt.* Die Deutung dieses Satzes ist umstritten.
[b] Wörtlich: unwürdig (auf unwürdige Weise). Vgl. Verse 20–22

11,11 Gal 3,28 **11,18–19** 1,10–12; 1 Joh 2,19 **11,21** Jud 12–13 **11,22** Jak 2,5–6 **11,23–25** 10,16–17; Mt 26,26–28; Mk 14,22–24; Lk 22,19–20 **11,25** 2 Mo 24,8; Jer 31,31–34*; 2 Kor 3,6; Hebr 8,6–13 **11,26** Mt 26,29 **11,29** 10,16

Unterwegs zum Einswerden

Lesen Sie 1. Korinther 7,1-7

Die sexuelle Erfüllung zu finden, ist für viele Paare nur noch ein ferner Traum. Die körperliche Liebe, die Gott als tiefsten Ausdruck des Einsseins gedacht hat, ist bei ihnen zur Quelle des Konflikts und der Zwietracht geworden. Viele Frauen fühlen sich ausgenutzt und viele Männer zurückgewiesen. Die sexuelle Freude, von der sie dachten, sie käme in der Ehe von selbst, scheint unerreichbar.

Das sexuelle Einswerden, bei dem Mann und Frau zu echter Erfüllung gelangen, stellt sich nicht automatisch ein. Es ist das Ergebnis von fragen, zuhören und lernen. Viele junge Paare möchten sich gegenseitig wirklich gerne in diesem Bereich Erfüllung schenken, doch sie wissen nicht, dass man diesen Prozess erlernen muss.

In 1. Korinther 7 werden Eheleute aufgefordert, sich ihre sexuellen Bedürfnisse gegenseitig zu erfüllen. Sie werden auch davor gewarnt, sich gegenseitig in diesem Bereich ihrer Ehe zu betrügen. Christliche Ehepaare sollten die Verantwortung zur gegenseitigen sexuellen Befriedigung also ernst nehmen. Zunächst muss man die grundlegenden Unterschiede zwischen den sexuellen Bedürfnissen und Reaktionen von Mann und Frau verstehen. Man muss auch herausfinden, welche besonderen Gefühle und Wünsche der Ehepartner hat. Das geht nur über ein offenes Gespräch. Wenn Sie einfach nur das tun, was Ihnen in den Sinn kommt, gelangen Sie nie zum sexuellen Einssein.

Nehmen Sie sich Zeit, um allein oder als Paar gemeinsam zu beten. Danken Sie Gott für das Geschenk der Sexualität. Bitten Sie ihn, dass Sie dieses Geschenk voll und ganz genießen können. Vertrauen Sie ihm Ihre Sorgen in diesem Bereich an und bitten Sie ihn um Weisheit, wie Sie zum sexuellen Einssein gelangen können.

Wenn Sie noch mehr Zeit haben ...

Besprechen Sie miteinander folgende Fragen oder denken Sie darüber nach:

- Inwiefern ist Ihr Denken über Sexualität von einer christlichen Sicht bestimmt?
- Welche Information zum Thema Sexualität hätten Sie gerne gehabt, bevor Sie geheiratet haben?
- Welche Schritte können Sie unternehmen, damit die sexuelle Einheit in Ihrer Ehe wachsen kann?

Lesen Sie auch die folgenden Abschnitte zum Thema Sexualität:
1. Korinther 6,18-20;
1. Thessalonicher 4,3-8; Hebräer 13,4.

Das Allergrößte

Lesen Sie 1. Korinther 13,1-13

In 1. Korinther 13,4-8 finden wir eine wunderbare Beschreibung der Liebe. Dieser Text wird oft bei Hochzeiten vorgelesen, denn er beeindruckt mit seiner Schönheit und Poesie auch Menschen, die dem Glauben fernstehen. Nur wenige aber erkennen seine ganz praktische Bedeutung.

„Liebe ist geduldig und freundlich. Sie ist nicht verbissen, sie prahlt nicht und schaut nicht auf andere herab. Liebe verletzt nicht den Anstand und sucht nicht den eigenen Vorteil, sie lässt sich nicht reizen und ist nicht nachtragend. Sie freut sich nicht am Unrecht, sondern freut sich, wenn die Wahrheit siegt. Liebe ist immer bereit zu verzeihen, stets vertraut sie, sie verliert nie die Hoffnung und hält durch bis zum Ende. Die Liebe wird niemals vergehen."

Dieser Abschnitt ist so stark, dass man ihn kaum mit einem Mal verdauen kann. Am besten nimmt man sich bei jeder Beschäftigung mit ihm ein paar wenige Grundgedanken vor. Die Liebe braucht Zeit; sie ist nicht besserwisserisch; sie ist verständnisvoll, höflich und nicht so schnell beleidigt; sie bemüht sich, gute Lösungen zu finden. All diese Eigenschaften sind auf das Wohlergehen des geliebten Menschen gerichtet.

Doch erfordert eine solche Haltung „warme Gefühle" gegenüber dem geliebten Menschen? Wie warm müssen Ihre Gefühle sein, damit Sie freundlich oder geduldig sein können? Die Liebe, die in 1. Korinther 13 beschrieben wird, betont nicht das Gefühl, sondern die innere Einstellung und das Verhalten – und beides liegt keinesfalls außerhalb unseres Einflussbereichs.

Nehmen Sie sich Zeit, um allein oder als Paar gemeinsam zu beten.

- Danken Sie Gott dafür, dass er Sie nach seinem Ebenbild geschaffen hat, als eine Person, die Liebe schenken und empfangen kann.
- Benennen Sie ihm gegenüber Bereiche in Ihrer Beziehung, die nicht mit der Beschreibung *in 1. Korinther 13* übereinstimmen.
- Bitten Sie Gott, dass er Ihnen hilft, in diesen Bereichen besser zu werden, damit Sie ihm mit Ihrer Beziehung Ehre bereiten.

Wenn Sie noch mehr Zeit haben …

Besprechen Sie miteinander folgende Fragen oder denken Sie darüber nach:

- Welche Eigenschaft der Liebe aus 1. Korinther 13 ist für Sie am schwersten zu erreichen? Warum?
- Warum sind Gefühle kein guter Maßstab, mit dem sich die Qualität unserer Beziehung messen lässt?
- Wenn die Liebe niemals vergeht, warum gibt es dann Ehescheidungen?

Lesen Sie auch die folgenden Abschnitte zum Thema Liebe:
Hoheslied 8,6-7; Epheser 4,2-3; Philipper 2,1-4.

Den nächsten Impuls finden Sie auf S. 1328 a

andere werde ich klären, wenn ich bei euch bin.

Gott gibt jedem seine Gabe

12 Nun möchte ich euch, liebe Brüder und Schwestern, nicht länger im Unklaren lassen über die Gaben, die der Geist Gottes schenkt.

2 Ihr wisst, dass es euch mit unwiderstehlicher Gewalt zu den stummen Götzen gezogen hat, als ihr noch keine Christen wart. 3 Ich erkläre euch aber ausdrücklich: Wenn in einem Menschen der Geist Gottes wirkt, kann er nicht mehr sagen: »Verflucht sei Jesus!« Und keiner kann bekennen: »Jesus ist der Herr!«, wenn er nicht den Heiligen Geist hat.

4 So verschieden die Gaben auch sind, die Gott uns gibt, sie stammen alle von ein und demselben Geist. 5 Und so unterschiedlich auch die Aufgaben in der Gemeinde sind, so dienen wir doch alle dem einen Herrn. 6 Es gibt verschiedene Wirkungen des Geistes Gottes; aber in jedem Fall ist es Gott selbst, der alles bewirkt.

7 Wie auch immer sich die Gaben des Geistes bei jedem Einzelnen von euch zeigen, sie sollen der ganzen Gemeinde nützen. 8 Dem einen schenkt er im rechten Augenblick das richtige Wort. Ein anderer kann durch den Geist die Weisheit Gottes klar erkennen und weitersagen. 9 Wieder anderen schenkt Gott durch seinen Geist unerschütterliche Glaubenskraft und dem Nächsten die Gabe, Kranke zu heilen. 10 Manchen ist es gegeben, Wunder zu wirken. Einige sprechen in Gottes Auftrag prophetisch; andere sind fähig zu unterscheiden, was vom Geist Gottes kommt und was nicht. Einige reden *in unbekannten Sprachen*, und manche schließlich können das Gesagte für die Gemeinde auslegen.

11 Dies alles bewirkt ein und derselbe Geist. Und so empfängt jeder die Gabe, die der Geist ihm zugedacht hat.

Jeder wird gebraucht

12 So wie unser Leib aus vielen Gliedern besteht und diese Glieder einen Leib bilden, so besteht auch die Gemeinde Christi aus vielen Gliedern und ist doch ein einziger Leib. 13 Wir haben alle denselben Geist empfangen und gehören durch die Taufe zu dem einen Leib Christi, ganz gleich, ob wir nun Juden oder Griechen, Sklaven oder Freie sind; alle sind wir mit demselben Geist erfüllt.

14 Nun besteht ein Körper aus vielen einzelnen Gliedern, nicht nur aus einem einzigen. 15 Selbst wenn der Fuß behaupten würde: »Ich gehöre nicht zum Leib, weil ich keine Hand bin!«, er bliebe trotzdem ein Teil des Körpers. 16 Und wenn das Ohr erklären würde: »Ich bin kein Auge, darum gehöre ich nicht zum Leib!«, es gehörte dennoch dazu. 17 Angenommen, der ganze Körper bestünde nur aus Augen, wie könnten wir dann hören? Oder der ganze Leib bestünde nur aus Ohren, wie könnten wir dann riechen?

18 Deshalb hat Gott jedem einzelnen Glied des Körpers seine besondere Aufgabe gegeben, so wie er es wollte. 19 Was für ein sonderbarer Leib wäre das, der nur *einen* Körperteil hätte! 20 Aber so ist es ja auch nicht, sondern viele einzelne Glieder bilden gemeinsam den einen Leib.

21 Darum kann das Auge nicht zur Hand sagen: »Ich brauche dich nicht!« Und der Kopf kann nicht zu den Füßen sagen: »Ihr seid überflüssig!« 22 Vielmehr sind gerade die Teile des Körpers, die schwach und unbedeutend erscheinen, besonders wichtig. 23 Wenn uns an unserem Körper etwas nicht gefällt, dann geben wir uns die größte Mühe, es schöner zu machen; und was uns anstößig erscheint, das kleiden wir besonders sorgfältig. 24 Denn was nicht anstößig ist, muss auch nicht besonders bekleidet werden. Gott aber hat unseren Leib so zusam-

---

12,2 Gal 4,8; 1 Thess 1,9 **12,3** Röm 10,9; 1 Joh 4,2–3 **12,4–6** Röm 12,4–6 **12,7–11** 12,28; 14,26; Röm 12,7–8; Eph 4,7 **12,12–13** Gal 3,26–28

mengefügt, dass die unwichtig erschei-
nenden Glieder in Wirklichkeit beson-
ders wichtig sind.
25 Unser Leib soll eine Einheit sein, in
der jeder einzelne Körperteil für den
anderen da ist. 26 Leidet ein Teil des Kör-
pers, so leiden alle anderen mit, und
wird ein Teil geehrt, freuen sich auch
alle anderen.
27 Ihr alle seid der *eine* Leib Christi, und
jeder Einzelne von euch gehört als ein
Teil dazu.
28 Jedem hat Gott seine ganz bestimmte
Aufgabe in der Gemeinde zugeteilt. Da
sind zunächst die Apostel, dann die Pro-
pheten, die verkünden, was Gott ihnen
eingibt, und drittens diejenigen, die Got-
tes Botschaft lehren. Dann gibt es Chris-
ten, die Wunder tun, und solche, die
Kranke heilen oder Bedürftigen helfen.
Einige leiten die Gemeinde, andere
reden in unbekannten Sprachen.
29 Sind sie nun etwa alle Apostel, Pro-
pheten oder Lehrer? Oder kann jeder
von uns Wunder tun? 30 Kann jeder Kran-
ke heilen, in unbekannten Sprachen re-
den und das Gesagte erklären? 31 Natür-
lich nicht. Aber jeder Einzelne soll sich
um die Gaben bemühen, die der Gemein-
de am meisten nützen.[a] Und jetzt zeige
ich euch den einzigartigen Weg dahin.

Das Wichtigste ist die Liebe

13 Wenn ich in allen Sprachen der
Welt, ja, mit Engelszungen reden
kann, aber ich habe keine Liebe, so bin
ich nur wie eine dröhnende Pauke oder
ein lärmendes Tamburin.
2 Wenn ich in Gottes Auftrag prophe-
tisch reden kann, alle Geheimnisse Got-
tes weiß, seine Gedanken erkennen kann
und einen Glauben habe, der Berge ver-
setzt, aber ich habe keine Liebe, so bin
ich nichts.
3 Selbst wenn ich all meinen Besitz an
die Armen verschenke und für meinen
Glauben das Leben opfere[b], aber ich ha-
be keine Liebe, dann nützt es mir gar
nichts.
4 Liebe ist geduldig und freundlich. Sie
ist nicht verbissen, sie prahlt nicht und
schaut nicht auf andere herab. 5 Liebe
verletzt nicht den Anstand und sucht
nicht den eigenen Vorteil, sie lässt sich
nicht reizen und ist nicht nachtragend.
6 Sie freut sich nicht am Unrecht, sondern
freut sich, wenn die Wahrheit siegt. 7 Lie-
be ist immer bereit zu verzeihen, stets
vertraut sie, sie verliert nie die Hoffnung
und hält durch bis zum Ende.
8 Die Liebe wird niemals vergehen.
Einmal wird es keine Prophetien mehr
geben, das Reden in unbekannten Spra-
chen wird aufhören, und auch Erkenntnis
wird nicht mehr nötig sein. 9 Denn unsere
Erkenntnis ist bruchstückhaft, ebenso
wie unser prophetisches Reden. 10 Wenn
aber das Vollkommene da ist, wird alles
Vorläufige vergangen sein.
11 Als Kind redete, dachte und urteilte
ich wie ein Kind. Jetzt bin ich ein Mann
und habe das kindliche Wesen abgelegt.
12 Jetzt sehen wir nur ein undeutliches
Bild wie in einem trüben Spiegel. Einmal
aber werden wir Gott von Angesicht zu
Angesicht sehen. Jetzt erkenne ich nur
Bruchstücke, doch einmal werde ich alles
klar erkennen, so deutlich, wie Gott mich
jetzt schon kennt. 13 Was bleibt, sind
Glaube, Hoffnung und Liebe. Die Liebe
aber ist das Größte.

Gottes Geist schafft Klarheit

14 Die Liebe soll euer höchstes Ziel
sein. Strebt nach den Gaben, die
der Geist Gottes gibt; vor allem danach,
in Gottes Auftrag prophetisch zu reden.
2 Wenn nämlich jemand in unbekannten

---

a Wörtlich: Strebt aber nach den höheren Gaben!
b *Andere Textzeugen schreiben*: opfere, um mich zu rühmen.

12,25–26 Röm 12,13–16; 2 Kor 11,29 **12,27** 10,16–17; Eph 2,16 **12,28–31** 12,7–10; Röm 12,3; Eph 4,11–12; 1 Petr 4,10–11 **13,1–13** Joh 13,34–35; Röm 13,8–10; 1 Tim 1,5 **13,2** Mt 7,22 **13,3** Mk 10,21 **13,5** 10,24; Phil 2,4 **13,7** Mt 18,21–22 **13,12** 2 Mo 33,20–23*; 2 Kor 5,7–8 **13,13** 1 Thess 5,8; 1 Joh 4,16 **14,1** 12,4–11; 2 Joh 5–6

Sprachen redet, dann spricht er nicht zu
Menschen, denn niemand versteht ihn.
Er spricht zu Gott, und was er durch Got-
tes Geist redet, ist ein Geheimnis. 3 Wer
aber eine prophetische Botschaft von
Gott empfängt, kann sie an andere Men-
schen weitergeben. Er hilft ihnen, er
tröstet und ermutigt sie. 4 Wer in unbe-
kannten Sprachen redet, stärkt seinen
persönlichen Glauben. Wer aber in Got-
tes Auftrag prophetisch spricht, stärkt die
ganze Gemeinde. 5 Ich will schon, dass ihr
alle in unbekannten Sprachen redet.
Aber noch besser wäre, ihr könntet alle
in Gottes Auftrag prophetisch sprechen.
Das ist wichtiger, als in unbekannten
Sprachen zu reden, es sei denn, das Ge-
sprochene wird erklärt, damit die ganze
Gemeinde einen Gewinn davon hat.

6 Stellt euch doch einmal vor, liebe
Brüder und Schwestern, ich komme zu
euch und rede in einer Sprache, die nie-
mand kennt. Davon hättet ihr gar nichts.
Ich will euch lieber klar sagen, was Gott
mir offenbart hat; ich möchte euch hel-
fen, seinen Willen zu erkennen, ich will
in Gottes Auftrag prophetisch reden und
euch unterweisen. 7 Es ist genauso wie bei
Musikinstrumenten. Bei einer Flöte etwa
oder einer Harfe muss man unterschied-
liche Töne hören können, sonst erkennt
keiner die Melodie. 8 Wenn der Trompe-
ter nicht ein klares Signal gibt, wird sich
kein Soldat auf den Kampf vorbereiten.

9 Genauso ist es beim Reden in unbe-
kannten Sprachen. Wenn ihr unverständ-
lich redet, wird euch niemand verstehen.
Ihr redet nur in den Wind. 10 Es gibt auf
der Welt unzählige Sprachen, und alle
haben ihren Sinn. 11 Wenn ich aber die
Sprache eines anderen Menschen nicht
kenne, können wir uns nicht verständi-
gen. 12 So ist es auch mit euch: Wenn ihr
euch schon so eifrig um die Gaben be-
müht, die der Heilige Geist schenkt, dann
setzt auch alles daran, dass die ganze Ge-
meinde etwas davon hat.

13 Wer also in einer unbekannten Spra-
che redet, der soll den Herrn darum bit-
ten, dass er sie auch auslegen kann.
14 Denn wenn ich in solchen Sprachen
aus meinem Innersten heraus zu Gott be-
te, verstehe ich nicht, was ich rede.

15 Wie verhalte ich mich nun richtig?
Ich will beten, was Gottes Geist mir
eingibt; aber ich will beim Beten auch
meinen Verstand gebrauchen. Ich will
Loblieder singen, die Gottes Geist mir
schenkt, aber ebenso will ich beim Singen
meinen Verstand einsetzen. 16 Wenn du
Gott nur in unbekannten Sprachen an-
betest, die sein Geist dir eingibt, wie soll
jemand, der diese Sprache nicht versteht,
dein Gebet mit einem »Amen« bekräfti-
gen? Er weiß doch gar nicht, was du
gesagt hast! 17 Da kann dein Gebet noch
so gut und schön sein, dem anderen nützt
es überhaupt nichts.

18 Ich bin Gott dankbar, dass ich in un-
bekannten Sprachen reden kann, und
zwar mehr als ihr alle! 19 In der Gemeinde
aber will ich lieber fünf Worte mit Ver-
nunft reden, damit ich die Zuhörer unter-
weisen kann, als zehntausend Worte in
einer Sprache, die keiner versteht.

20 Liebe Brüder und Schwestern, seid,
was eure Vernunft betrifft, doch nicht
wie kleine Kinder, die nicht verstehen,
was man ihnen erklärt! Im Bösen, darin
sollt ihr unerfahren sein wie Kinder; in
eurer Vernunft aber sollt ihr reife, er-
wachsene Menschen sein. 21 In der Heili-
gen Schrift heißt es: »Ich will zu diesem
Volk in fremden, unbekannten Sprachen
reden. Aber sie wollen nicht auf mich hö-
ren, spricht der Herr.«[a] 22 Das Reden in
unbekannten Sprachen ist also ein Zei-
chen Gottes, allerdings nicht für die
Gläubigen, sondern für die Ungläubigen.
Das prophetische Reden in Gottes Auf-
trag dagegen ist kein Zeichen für die Un-
gläubigen, sondern für die Gläubigen.

23 Stellt euch vor, die Gemeinde ver-
sammelt sich, und jeder redet in einer
anderen, unbekannten Sprache. Nun
kommt jemand dazu, der das nicht kennt,

---

[a] Jesaja 28,11–12

14,5 14,27–28 **14,12** 10,23–24; 14,26 **14,20** Eph 4,13–14 **14,23** Apg 2,13

oder einer, der noch kein Christ ist. Wird
er nicht sagen: »Ihr seid alle verrückt!«?
24 Wenn ihr dagegen alle in verständli-
chen Worten prophetisch redet und ein
Ungläubiger oder Fremder kommt dazu,
wird ihn dann nicht alles, was ihr sagt,
von seiner Schuld überzeugen und in sei-
nem Gewissen treffen? 25 Was er bis dahin
sich selbst nie eingestanden hat, wird ihm
jetzt plötzlich klar. Er wird auf die Knie
fallen, Gott anbeten und bekennen:
»Gott ist wirklich mitten unter euch!«

Regeln für den Gottesdienst

26 Was bedeutet das nun für euch, liebe
Brüder und Schwestern? Wenn ihr zu-
sammenkommt, hat jeder etwas beizutra-
gen: Einige singen ein Loblied, andere
unterweisen die Gemeinde im Glauben.
Einige geben weiter, was Gott ihnen of-
fenbart hat, andere reden in unbekann-
ten Sprachen, und wieder andere legen
das Gesprochene für alle aus. Wichtig ist,
dass alles die Gemeinde aufbaut.

27 Während eines Gottesdienstes sollen
höchstens zwei oder drei in unbekannten
Sprachen reden, und zwar einer nach
dem anderen. Was sie gesagt haben, soll
gleich für alle erklärt werden. 28 Wenn da-
für niemand da ist, sollen die Betreffen-
den schweigen. Sie können ja für sich al-
lein beten; Gott wird sie hören.

29 Auch von den Propheten, die Gottes
Botschaften empfangen, sollen zwei oder
drei sprechen; die anderen sollen das
Gesagte deuten und beurteilen. 30 Der
Prophet, der eine Botschaft von Gott be-
kommen hat, soll seine Rede unterbre-
chen, wenn Gott einem der Anwesenden
eine neue Botschaft eingibt. 31 Ihr könnt
doch alle der Reihe nach in Gottes Auf-
trag reden, damit alle lernen und alle er-
mutigt werden. 32 Wer eine Botschaft von
Gott bekommt, hat sich dabei völlig in
der Gewalt. 33 Denn Gott will keine Un-
ordnung, er will Frieden.

Wie in allen Gemeinden 34 sollen auch
bei euch die Frauen in den Gottesdiens-
ten schweigen und dort nicht das Wort
ergreifen. Stattdessen sollen sie sich un-
terordnen, wie es schon das Gesetz vor-
schreibt. 35 Wenn sie etwas wissen wollen,
können sie zu Hause ihren Mann fragen.
Denn es gehört sich nicht, dass Frauen in
der Gemeinde das Wort führen.

36 Ihr seid anderer Meinung? Bildet ihr
euch etwa ein, Gottes Botschaft sei von
euch in die Welt ausgegangen? Oder
glaubt ihr, die Einzigen zu sein, die sie ge-
hört haben? 37 Wenn einer meint, Gott re-
de durch ihn oder er sei von Gottes Geist
erfüllt, dann muss er auch erkennen, dass
alles, was ich hier anordne, dem Willen
des Herrn entspricht. 38 Wer das aber nicht
erkennt, den kennt auch Gott nicht.

39 Also, meine Brüder und Schwestern,
setzt alles daran, in Gottes Auftrag pro-
phetisch zu sprechen, und hindert keinen,
in unbekannten Sprachen zu reden.
40 Aber sorgt dafür, dass alles einwandfrei
und geordnet vor sich geht.

Christus ist auferstanden

15 Liebe Brüder und Schwestern! Ich
möchte euch an die rettende Bot-
schaft erinnern, die ich euch verkündet
habe. Ihr habt sie angenommen und da-
rauf euer Leben gegründet. 2 Ganz gewiss
werdet ihr durch diese Botschaft gerettet
werden, vorausgesetzt, ihr bewahrt sie
genau so, wie ich sie euch überliefert ha-
be. Sonst glaubt ihr vergeblich und er-
reicht das Ziel nicht.

3 Zuerst habe ich euch weitergegeben,
was ich selbst empfangen habe: Christus
ist für unsere Sünden gestorben. Das ist
das Wichtigste, und so steht es schon in
der Heiligen Schrift. 4 Er wurde begraben
und am dritten Tag vom Tod auferweckt,
wie es in der Heiligen Schrift voraus-
gesagt ist. 5 Er hat sich zuerst Petrus ge-
zeigt und später allen zwölf Jüngern.

14,26 10,23–24; 14,12 **14,29** 1 Thess 5,19–21 **14,34–35** 11,5.13; 1 Tim 2,11–12 **14,37** 1 Joh 4,6 **15,1** 4,15 **15,2** 2 Kor 11,4 **15,3–4** Jes 53,4–12; Hos 6,2; Lk 24,44–46*; Apg 13,28–31; Röm 4,25; 8,34; 2 Kor 5,18–21* **15,5** Lk 24,34–36; Mt 28,16–17; Apg 1,21–22; 10,40–41

6 Dann haben ihn mehr als fünfhundert
Brüder zur gleichen Zeit gesehen, von
denen die meisten noch heute leben; ei-
nige sind inzwischen gestorben. 7 Später
ist er Jakobus und schließlich allen Apos-
teln erschienen.

8 Zuletzt hat er sich auch mir gezeigt,
der ich es am wenigsten verdient hatte[a].
9 Ich bin der unbedeutendste unter den
Aposteln und eigentlich nicht wert,
Apostel genannt zu werden; denn ich ha-
be die Gemeinde Gottes verfolgt. 10 Al-
les, was ich bin, bin ich allein durch Got-
tes vergebende Gnade. Und seine Gnade
hat er mir nicht vergeblich geschenkt. Ich
habe mich mehr als alle anderen einge-
setzt, aber das war nicht meine Leistung,
sondern Gott selbst hat alles in seiner
Gnade bewirkt. 11 Doch ganz gleich, ob
die anderen Apostel oder ich: Wir alle
haben diese eine rettende Botschaft ver-
kündet, und dadurch seid ihr zum Glau-
ben gekommen.

Auch wir werden auferstehen

12 Wenn wir nun gepredigt haben, dass
Gott Christus von den Toten auferweckt
hat, wie können da einige von euch be-
haupten: »Eine Auferstehung der Toten
gibt es nicht!«

13 Wenn es keine Auferstehung der To-
ten gibt, dann kann ja auch Christus nicht
auferstanden sein. 14 Wäre aber Christus
nicht auferstanden, so hätte unsere ganze
Predigt keinen Sinn, und euer Glaube hät-
te keine Grundlage. 15 Mit Recht könnte
man uns dann vorwerfen, wir seien Lüg-
ner und keine Zeugen Gottes. Denn wir
behaupten doch: Gott hat Christus auf-
erweckt. Das kann ja gar nicht stimmen,
wenn mit dem Tod alles aus ist!

16 Wie schon gesagt, wenn die Toten
nicht auferstehen, dann ist auch Christus
nicht auferstanden. 17 Wenn aber Christus
nicht von den Toten auferweckt wurde,
ist euer Glaube nichts als Selbstbetrug,
und ihr seid auch von eurer Schuld nicht
frei. 18 Ebenso wären auch alle verloren,
die im Glauben an Christus gestorben
sind. 19 Wenn der Glaube an Christus uns
nur für dieses Leben Hoffnung gibt, sind
wir die bedauernswertesten unter allen
Menschen.

20 Tatsächlich aber ist Christus als Ers-
ter von den Toten auferstanden. So kön-
nen wir sicher sein, dass auch die übrigen
Toten auferweckt werden. 21 Der Tod ist
durch die Schuld eines einzigen Men-
schen in die Welt gekommen. Ebenso
kommt auch durch einen einzigen die
Auferstehung. 22 Alle Menschen müssen
sterben, weil sie Nachkommen Adams
sind. Ebenso werden alle durch die Ver-
bindung mit Christus zu neuem Leben
auferweckt.

23 Die Auferstehung geht in einer be-
stimmten Reihenfolge vor sich: Als Ers-
ter ist Christus auferstanden. Wenn er
kommt, werden alle auferstehen, die zu
ihm gehören. 24 Danach kommt das Ende:
Christus wird alles vernichten, was Ge-
walt und Macht für sich beansprucht,
und wird Gott, seinem Vater, die Herr-
schaft über diese Welt übergeben.
25 Denn Christus wird so lange herrschen,
bis er alle Feinde unterworfen hat.

26 Als letzten Feind wird er den Tod
vernichten, 27 denn es heißt in der Heili-
gen Schrift: »Alles hat Gott ihm zu Füßen
gelegt.«[b] Wenn nun Christus der Herr
über alles ist, dann bedeutet dies natür-
lich nicht, dass er auch Herr über Gott ist,
von dem ja alle Macht ausgeht. 28 Wenn
aber zuletzt Christus der Herr über alles
ist, dann wird er als der Sohn Gottes sich
seinem Vater unterordnen, der ihm die-
sen Sieg geschenkt hat. So wird Gott der
Herr sein, der durch alles und in allem
wirkt[c].

---

[a] Wörtlich: mir, der Fehlgeburt (oder: Frühgeburt). Vgl. Apostelgeschichte 9,1–9
[b] Psalm 8,7
[c] Wörtlich: damit Gott alles in allem sei.

15,7 Apg 15,13* **15,8** 9,1; Apg 9,3–6 **15,9–10** Eph 3,8; Apg 8,3* **15,11** Gal 2,6–9 **15,18–20** Kol 1,18; 1 Thess 4,14 **15,21–22** 1 Mo 3,17–19; 1 Kor 15,45–49; Röm 5,12–19 **15,23** 1 Thess 4,15–17 **15,24–25** Mt 22,41–44 **15,26** Offb 20,14; 21,4 **15,28** 3,23

29 Bei euch haben sich einige stellver-
tretend für Menschen taufen lassen, die
schon gestorben sind. Welchen Sinn hätte
das, wenn die Toten gar nicht auferste-
hen? 30 Und warum begeben wir uns im-
mer wieder in Gefahr, wenn wir Gottes
Botschaft weitergeben? 31 Tag für Tag ris-
kiere ich mein Leben. So gewiss ihr zum
Glauben gekommen seid, kann ich vor
Jesus Christus, unserem Herrn, stolz auf
euch sein.

32 Hätte ich mich wohl in Ephesus in
Lebensgefahr begeben, wenn ich nicht
an die Auferstehung glauben würde?
Wenn die Toten nicht auferstehen, dann
haben alle Recht, die sagen: »Lasst uns
essen und trinken, denn morgen sind wir
tot!« 33 Hütet euch vor solchen Sprüchen,
denn: »Schlechter Umgang verdirbt gute
Sitten!« 34 Kommt endlich zur Besinnung,
und sündigt nicht länger. Denn zu eurer
Schande muss ich feststellen, dass einige
von euch Gott im Grunde noch gar nicht
kennen.

Wie werden wir einmal auferstehen?

35 Vielleicht werdet ihr jetzt fragen: »Wie
werden die Toten denn auferstehen? Was
für einen Körper werden sie haben?«

36 Wisst ihr das denn immer noch nicht?
Jedes Samenkorn, das gesät wird, muss
vergehen, ehe neues Leben daraus
wächst. 37 Und was wir säen, ist ja nicht
schon die fertige Pflanze, sondern es sind
nur Körner, sei es Weizen oder anderes
Saatgut.

38 Aus jedem Samenkorn lässt Gott eine
Pflanze wachsen, die so aussieht, wie er es
gewollt hat, und diese Pflanzen sind alle
ganz verschieden. 39 Unterscheiden sich
nicht auch alle Lebewesen in ihrem Aus-
sehen? Menschen sehen anders aus als
Tiere, Vögel anders als Fische. 40 Die Ster-
ne am Himmel sind ganz anders beschaf-
fen als die Geschöpfe auf der Erde; doch
jeder Stern und jedes Lebewesen ist auf
seine Weise schön. 41 Die Sonne hat ihren
eigenen Glanz, anders als das Leuchten
des Mondes oder das Glitzern der Sterne.
Selbst die Sterne unterscheiden sich in
ihrer Helligkeit voneinander.

42 Genauso könnt ihr euch die Auferste-
hung der Toten vorstellen. Unser irdi-
scher Körper ist wie ein Samenkorn, das
einmal vergeht. Wenn er aber auferstehen
wird, ist er unvergänglich. 43 Was begraben
wird, ist unansehnlich und schwach, was
aufersteht, ist herrlich und voller Kraft.
44 Begraben wird unser irdischer Körper;
aber auferstehen werden wir mit einem
Körper, der von unvergänglichem Leben
erfüllt ist. Denn wie es einen sterblichen
Körper gibt, so gibt es auch einen unsterb-
lichen. 45 In der Heiligen Schrift heißt es
ja, dass der erste Mensch, Adam, irdisches
Leben in sich trug.[a] Aber der letzte Adam
war erfüllt vom Geist Gottes, der unver-
gängliches Leben schenkt.[b]

46 Zuerst kommt der irdische Körper,
und dann erst der unvergängliche – nicht
umgekehrt. 47 Adam, den ersten Men-
schen, erschuf Gott aus Erde; aber der
neue Mensch, Christus, kommt vom
Himmel. 48 Als Nachkommen Adams ha-
ben wir jetzt alle einen irdischen Körper.
Nach der Auferstehung werden wir dann
wie Christus einen himmlischen Leib ha-
ben. 49 Jetzt gleichen wir alle dem ersten
Menschen, der aus Erde gemacht wurde.
Aber einmal werden wir Christus glei-
chen, der vom Himmel gekommen ist.

Der Tod ist besiegt

50 Eins steht fest, liebe Brüder und
Schwestern: Menschen aus Fleisch und
Blut können nicht in Gottes neue Welt
kommen. Nichts Vergängliches wird in
Gottes neuer Welt Platz haben. 51 Ich
möchte euch aber ein Geheimnis anver-
trauen: Wir werden nicht alle sterben,

---

[a] *1. Mose 2,7*
[b] *Wörtlich:* Der erste Mensch, Adam, wurde zu einer lebendigen Seele, der letzte Adam wurde zu einem Leben schaffenden Geist.

15,30–31 2 Kor 11,23–33 **15,32** 2 Kor 1,8–10; Jes 22,13 **15,43–44** Phil 3,21; **15,47** 1 Mo 2,7; 3,19; Joh 1,1–2; 3,12–13 **15,50** Offb 21,4 **15,51–53** 2 Kor 5,4; Phil 3,21; 1 Thess 4,15–17; Mk 13,26–27

aber Gott wird uns alle verwandeln.
[52]Das wird ganz plötzlich geschehen, von
einem Augenblick zum anderen, wenn
die Posaune das Ende ankündigt. Dann
werden die Toten zum ewigen Leben auf-
erweckt, und auch wir Lebenden werden
verwandelt.
[53]Denn das Vergängliche muss mit Un-
vergänglichkeit und das Sterbliche mit
Unsterblichkeit überkleidet werden.
[54]Wenn aber dieser vergängliche und
sterbliche Körper unvergänglich und un-
sterblich geworden ist, dann erfüllt sich,
was die Propheten vorausgesagt haben:
»Das Leben hat den Tod überwunden!
[55]Tod, wo ist dein Sieg? Tod, wo bleibt
nun deine Macht[a]?«
[56]Der Tod hat Macht durch die Sünde,
und die Sünde hat ihre Kraft durch das
Gesetz. [57]Aber gelobt sei Gott, der uns
den Sieg schenkt durch Jesus Christus,
unseren Herrn!
[58]Meine lieben Brüder und Schwes-
tern, bleibt fest und unerschütterlich in
eurem Glauben! Setzt euch mit aller
Kraft für den Herrn ein, denn ihr wisst:
Nichts ist vergeblich, was ihr für ihn tut.

Geld für die Gemeinde in Jerusalem

16 Zum Schluss will ich noch etwas
zur Geldsammlung für die Chris-
ten in Jerusalem sagen. Führt sie so
durch, wie ich es auch für die Gemeinden
in Galatien angeordnet habe. [2]An jedem
Sonntag soll jeder von euch dafür so viel
Geld zurücklegen, wie es ihm möglich ist.
Dann braucht ihr mit dem Sammeln nicht
erst anzufangen, wenn ich komme.
[3]Gleich nach meiner Ankunft sollen
dann ausgewählte, zuverlässige Männer
aus eurer Gemeinde das Geld nach Jeru-
salem bringen. Die erforderlichen Be-
glaubigungsschreiben werde ich ihnen
mitgeben. [4]Sollte es nötig sein, werde ich
selbst mit ihnen reisen.

Weitere Reisepläne

[5]Ich werde zu euch kommen, sobald ich
die Gemeinden in der Provinz Mazedo-
nien besucht habe. Dort will ich mich
nicht länger aufhalten; [6]aber bei euch
möchte ich eine Zeit lang bleiben, viel-
leicht sogar den ganzen Winter über. Es
wäre gut, wenn mich dann einige von
euch für die Weiterreise versorgen könn-
ten. [7]Diesmal möchte ich euch nicht nur
kurz auf der Durchreise besuchen. Wenn
der Herr es zulässt, hoffe ich, einige Zeit
bleiben zu können. [8]Bis Pfingsten bleibe
ich noch in Ephesus. [9]Hier hat mir Gott
große Möglichkeiten gegeben, die retten-
de Botschaft zu verkünden; allerdings
sind auch viele Gegner da.
[10]Wenn Timotheus zu euch kommt,
sorgt bitte dafür, dass er sich bei euch
wohl fühlt. Ermutigt ihn, denn er arbei-
tet wie ich für den Herrn. [11]Niemand
darf ihn herablassend behandeln. Seht
zu, dass er sich dann in Frieden von
euch verabschieden kann und unbe-
schwert wieder zu mir zurückkommt,
denn wir alle erwarten ihn hier. [12]Unse-
ren Mitarbeiter Apollos habe ich immer
wieder gebeten, euch mit den anderen
Brüdern zu besuchen, aber er meinte,
es sei jetzt nicht angebracht. Sobald sich
eine andere Gelegenheit bietet, wird er
kommen.

Grüße und Segenswünsche

[13]Bleibt wachsam, und steht fest im Glau-
ben! Seid entschlossen und stark! [14]Bei
allem, was ihr tut, lasst euch von der Lie-
be leiten.
[15]Noch eins, liebe Brüder und Schwes-
tern: Ihr kennt doch Stephanas und alle,
die bei ihm leben. Sie waren die ersten
Christen in der Provinz Achaja und ha-
ben sich ganz für den Dienst in der Ge-
meinde zur Verfügung gestellt. [16]Hört

---

[a] Wörtlich: dein Stachel. Vgl. Jesaja 25,8; Hosea 13,14

15,52 Mt 24,31 **15,56** Röm 6,23; 7,7–13 **15,58** 3,8; 16,13; Kol 1,23; 2,7 **16,1–4** Gal 2,10* **16,5–7** 2 Kor 1,15–24 **16,8–9** Apg 19,1.8–10 **16,10–11** Apg 16,1–3* **16,12** Apg 18,24–28* **16,13** 15,58; Kol 1,23; 2,7 **16,14** Röm 12,9–16; Phil 2,1–5; Kol 3,14 **16,15** 1,16

auf solche Leute und auf alle anderen,
die mitarbeiten und ihr Bestes geben.
17 Ich freue mich, dass Stephanas, Fortu-
natus und Achaikus zu mir gekommen
sind. Sie haben mir darüber hinweg-
geholfen, dass ich nicht bei euch sein
konnte. 18 Ja, sie haben uns neuen Mut ge-
geben, so wie sie auch euch ermutigt ha-
ben. Nehmt euch diese Männer zum Vor-
bild!
19 Die Gemeinden der Provinz Asia
senden euch herzliche Grüße. Aquila
und Priszilla lassen euch im Namen Je-
su ebenfalls grüßen, zusammen mit der
Gemeinde, die sich in ihrem Haus ver-
sammelt.
20 Auch die Brüder und Schwestern
hier haben mich gebeten, euch zu grüßen.
Grüßt euch mit dem Friedenskuss!
21 Und hier noch mein Gruß an euch,
den ich, Paulus, mit eigener Hand schrei-
be.
22 Wer den Herrn nicht liebt, den soll
Gottes Strafe treffen! Unser Herr,
komm! 23 Die Gnade unseres Herrn Jesus
soll immer mit euch sein!
24 In seiner Liebe bleibe ich mit euch
verbunden.

16,18 11,1* **16,19** Apg 18,2–3* **16,21** Gal 6,11

Der zweite Brief des Paulus an die Christen in Korinth

Anschrift und Gruß

1 Paulus, ein Apostel Jesu Christi, von
Gott berufen, und sein Mitarbeiter
Timotheus schreiben diesen Brief an die
Gemeinde Gottes in Korinth und an alle
in der Provinz Achaja, die zu Gott ge-
hören.
2 Ich wünsche euch Gnade und Frieden
von Gott, unserem Vater, und unserem
Herrn Jesus Christus.

Dank für Gottes Hilfe

3 Gepriesen sei Gott, der Vater unseres
Herrn Jesus Christus, der Vater voller
Barmherzigkeit, der Gott, der uns in
jeder Not tröstet! 4 In allen Schwierigkei-
ten ermutigt er uns und steht uns bei, so
dass wir auch andere trösten können, die
wegen ihres Glaubens leiden müssen.
Wir trösten sie, wie Gott auch uns getrös-
tet hat. 5 Weil wir Christus gehören und
ihm dienen, müssen wir viel leiden, aber
in ebenso reichem Maße erfahren wir
auch seine Hilfe. 6 Deshalb kommt es
euch zugute, wenn wir leiden; und wenn
wir ermutigt werden, dann geschieht
auch das zu eurem Besten. Das gibt euch
Kraft, die gleichen Leiden wie wir gedul-
dig zu ertragen.
7 Darum sind wir zuversichtlich und ha-
ben keine Angst um euch. Denn ihr wer-
det zwar leiden müssen wie wir, aber ihr
werdet auch von Gott getröstet werden.
8 Liebe Brüder und Schwestern! Ich mei-
ne, ihr solltet wissen, dass wir in der Pro-
vinz Asia Schweres erdulden mussten.
Wir waren mit unseren Kräften am Ende
und hatten schon mit dem Leben abge-
schlossen. 9 Unser Tod schien unaus-
weichlich. Aber Gott wollte, dass wir uns
nicht auf uns selbst verlassen, sondern
auf ihn, der die Toten zu neuem Leben
erweckt. 10 Und tatsächlich hat Gott uns
vor dem Tod gerettet und wird es auch
in Zukunft tun. Wir vertrauen fest darauf,
dass er uns immer wieder aus Todes-
gefahr befreit. 11 Denn auch ihr betet ja
für uns. Und so werden nicht nur wir,
sondern viele Gott dafür danken, dass er
uns gnädig ist und uns bewahrt hat.

Paulus wehrt sich gegen falsche Anschuldigungen

12 Wenn es etwas gibt, worauf wir stolz
sein können, dann ist es unser gutes Ge-
wissen: Wir leben so, wie Gott es will; wir
haben euch nichts vorgemacht. Nicht ei-
gensüchtige Überlegungen haben unser
Handeln bestimmt, sondern allein Gottes
Barmherzigkeit. So haben wir uns überall
verhalten, und ganz besonders bei euch.
13 Auch unsere Briefe wollen nichts ande-
res sagen, als was ihr schwarz auf weiß
lesen könnt. Ich hoffe, ihr werdet einmal
voll und ganz verstehen, was ich meine.
14 Wenigstens zum Teil habt ihr schon ver-
standen, dass ihr auf uns stolz sein könnt,
genauso wie wir auf euch, wenn Jesus, un-
ser Herr, kommen wird.
15 In dieser Zuversicht wollte ich zuerst
zu euch kommen. Gerne hätte ich euch
zweimal besucht und euch beide Male
Gottes Liebe nahe gebracht – 16 sowohl
auf dem Weg nach Mazedonien als auch
auf der Rückreise von dort. Einige von

1,1 Apg 9,15*; 16,1–3* **1,3** Eph 1,3 **1,4** 7,6 **1,5** 4,9–11.17; 2 Tim 3,12* **1,6** 4,15 **1,8** 1 Kor 15,32 **1,10–11** Kol 4,3–4* **1,12** 2,17; 1 Kor 4,4 **1,14** 5,12; 1 Kor 15,31 **1,15–16** 1 Kor 16,5–7

euch hätten mich dann nach Judäa be-
gleiten können. 17 Bin ich denn nun
leichtfertig gewesen, als ich diese Reise
plante? Entscheide ich etwa so, wie ich
selbst es für richtig halte, ohne nach Got-
tes Willen zu fragen? Oder gehöre ich zu
den unzuverlässigen Leuten, die »Ja« sa-
gen, wenn sie »Nein« meinen?

18 Gott ist mein Zeuge, dass wir niemals
etwas anderes sagen, als wir wirklich mei-
nen. 19 Auch Jesus Christus, der Sohn
Gottes, den Silvanus, Timotheus und ich
euch verkündet haben, war nicht gleich-
zeitig »Ja« und »Nein«. Er selbst ist in sei-
ner Person das Ja Gottes zu uns, 20 denn
alle Zusagen Gottes haben sich in ihm er-
füllt. Und auf das, was Christus für uns
getan hat, antworten wir zur Ehre Gottes
mit Amen.

21 Gott selbst hat unser und euer Leben
auf ein festes Fundament gestellt, auf
Christus, und uns mit seinem Geist er-
füllt[a]. 22 So drückte er uns sein Siegel auf,
wir sind sein Eigentum geworden. Das
Geschenk des Geistes in unseren Herzen
ist Gottes sicheres Pfand dafür, dass er
uns noch viel mehr schenken wird.

23 Warum bin ich dann doch nicht wie
geplant nach Korinth gekommen? Nur
um euch zu schonen, mit Rücksicht auf
euch! Ich rufe Gott als Zeugen an; er soll
mich strafen, wenn das nicht die Wahr-
heit ist. 24 Denn wir möchten nicht über
euch und euren Glauben herrschen, son-
dern helfen, dass ihr euch freuen könnt.
Im Glauben steht ihr ja bereits fest.

2 Ein Besuch bei euch schien mir nicht
sinnvoll zu sein, weil er uns allen nur
neuen Kummer gebracht hätte. 2 Denn
wenn ich euch nur traurig mache, bleibt
ja niemand, der mich wieder froh stim-
men könnte. 3 Deshalb schrieb ich euch
den letzten Brief, damit ihr eure Angele-
genheiten in Ordnung bringt,[b] ehe ich zu
euch komme. Ich wollte nämlich nicht
über euch traurig sein, sondern mich über
euch freuen. Denn ich hoffe doch, dass
auch ihr euch freut, wenn ich mich freuen
kann. 4 In großer Sorge, mit schwerem
Herzen und unter Tränen hatte ich euch
geschrieben. Aber ich wollte euch damit
nicht verletzen. Im Gegenteil! Ihr solltet
vielmehr erkennen, wie sehr ich gerade
euch liebe.

Vergebung für einen Bestraften

5 Wer anderen Kummer bereitet hat, der
hat nicht nur mich traurig gemacht, son-
dern euch alle – oder doch fast alle, um
nicht zu übertreiben. 6 Die meisten von
euch haben sein Verhalten bestraft, da-
mit soll es gut sein. 7 Jetzt müsst ihr ihm
vergeben und ihn ermutigen, denn er soll
nicht verzweifeln. 8 Zeigt ihm deshalb eu-
re Liebe. 9 Der Zweck meines Briefes ist
ja erreicht: Ich wollte sehen, ob ihr euch
bewährt und meine Anweisungen be-
folgt. 10 Wem ihr vergebt, dem vergebe
ich auch. Wenn ich etwas zu vergeben
hatte, dann habe ich es um euretwillen
vor Christus längst getan. 11 Denn wir
kennen die Absichten Satans nur zu ge-
nau und wissen, wie er uns zu Fall bringen
möchte. Aber das soll ihm nicht gelingen.

Mit Christus siegen

12 Als ich nach Troas kam, um dort die
rettende Botschaft von Christus zu ver-
künden, machte der Herr die Menschen
sehr offen für diese Botschaft. 13 Trotz-
dem war ich beunruhigt, weil ich meinen
Mitarbeiter Titus nicht antraf. Darum
verabschiedete ich mich bald wieder von
den Christen in Troas und reiste ihm nach
Mazedonien entgegen. 14 Von ganzem
Herzen danke ich Gott dafür, dass er uns
überall im Triumphzug Christi mitführt.
Wohin wir auch kommen, verbreitet sich

---

[a] *Wörtlich: und uns gesalbt.*
[b] »damit … bringt« ist sinngemäß ergänzt.

1,17 Jak 4,13–15; 5,12 **1,20** Lk 24,44–46*; Apg 17,3; 18,5; Offb 3,14 **1,22** 5,5; Röm 8,11.23; Eph 1,13–14 **1,23** 13,2; 1 Kor 16,5–7 **1,24** 4,5; 1 Petr 5,3 **2,1** 12,21 **2,3** 13,10; Phil 2,17–18 **2,4** 1 Kor 4,21 **2,7** Kol 3,13 **2,9** 7,12.15 **2,11** 1 Thess 2,18; 1 Petr 5,8 **2,12** Apg 16,8 **2,13** Tit 1,4*

die Erkenntnis Gottes wie ein angeneh-
mer Duft, dem sich niemand entziehen
kann. 15 Ob die Menschen nun die Bot-
schaft annehmen und gerettet werden
oder sie ablehnen und verloren gehen:
Durch Christus sind wir ein Wohlgeruch
für Gott. 16 Für die einen ist es ein Ver-
wesungsgeruch, der ihnen den Tod
bringt; für die anderen aber ein angeneh-
mer Duft, der ihnen neues Leben gibt.
Wer aber ist für diese große Aufgabe
geeignet? 17 Nun, wir machen jedenfalls
mit Gottes Botschaft keine Geschäfte
wie so manche andere. Wir reden in aller
Aufrichtigkeit und in Gottes Auftrag,
weil wir mit Christus eng verbunden sind
und uns Gott verantwortlich wissen.

Alter und neuer Bund – Gesetz und Heiliger Geist

3 Wollen wir damit etwa schon wieder
für uns selbst werben? Sollen wir
euch etwa, wie es gewisse Leute tun,
Empfehlungsschreiben vorzeigen oder
uns solche von euch geben lassen? 2 Ihr
selbst seid doch der beste Empfehlungs-
brief für uns. Er ist in unser Herz ge-
schrieben und kann von allen gelesen
werden. 3 Jeder weiß, dass ihr selbst ein
Brief Christi seid, den wir in seinem Auf-
trag geschrieben haben; nicht mit Tinte,
sondern mit dem Geist des lebendigen
Gottes; nicht auf steinerne Gesetzes-
tafeln wie bei Mose, sondern in mensch-
liche Herzen.
4 Das wagen wir nur deshalb zu sagen,
weil wir Gott vertrauen, der uns durch
Christus beauftragt hat. 5 Wir bilden uns
nicht ein, aus eigener Kraft irgendetwas
tun zu können; nein, Gott hat uns Kraft
gegeben. 6 Nur durch ihn können wir die
rettende Botschaft verkünden, den neu-
en Bund, den Gott mit uns Menschen ge-
schlossen hat. Wir verkünden nicht län-
ger die Herrschaft des geschriebenen
Gesetzes, sondern das neue Leben durch
Gottes Geist. Denn der Buchstabe tötet,
Gottes Geist aber schenkt Leben.
7 Schon das Gesetz, das in Stein gehau-
en war und den Tod brachte, ließ etwas
von Gottes Herrlichkeit erkennen. Nach-
dem Gott Mose das Gesetz gegeben
hatte, lag da nicht ein Glanz auf Moses
Gesicht – so stark, dass die Israeliten es
nicht ertragen konnten? Doch wie
schnell war dieser Glanz erloschen! 8 Wie
viel herrlicher muss es dann sein, die ret-
tende Botschaft von Christus zu verkün-
den, denn sie führt die Menschen durch
Gottes Geist zum Leben! 9 Wenn schon
der Auftrag, der schließlich alle zum Tod
verurteilte, so sichtbar Gottes Herrlich-
keit ausstrahlte, wie viel herrlicher ist
dann der Auftrag, durch den die Men-
schen von ihrer Schuld vor Gott frei-
gesprochen werden!
10 Die Herrlichkeit des Gesetzes ver-
blasst vor der Herrlichkeit der Botschaft
von Jesus Christus. 11 Wenn schon das Ge-
setz, das doch nur für eine bestimmte
Zeit galt, Gottes Herrlichkeit erstrahlen
ließ, um wie viel mehr wird sich Gottes
Herrlichkeit durch die Botschaft von Je-
sus Christus offenbaren, die ewig gilt!
12 Weil wir diese Hoffnung haben, können
wir die rettende Botschaft voller Zuver-
sicht verkünden. 13 Und wir brauchen
auch nicht unser Gesicht mit einem Tuch
zu verhüllen, wie Mose es getan hat, da-
mit die Israeliten nicht sahen, wie der
Glanz Gottes auf seinem Gesicht wieder
erlosch. 14 Aber nicht nur das, sie sind ver-
schlossen für Gottes Botschaft. Bis zum
heutigen Tag ist das Alte Testament für
sie wie mit einem Tuch verhüllt. Sie lesen
es zwar, aber seinen Sinn verstehen sie
nicht. Dieses Tuch wird erst dann weg-
genommen, wenn sie an Christus glau-
ben. 15 Bis heute liegt es auf ihren Herzen,
wenn aus den Büchern des Mose vorgele-
sen wird. 16 Aber wie es bei Mose war, so

2,15 Röm 10,16; 1 Kor 1,18 **2,17** 1,12; 4,2; Gal 1,10; 1 Tim 6,5 **3,1–2** Apg 9,2; 2 Kor 10,12.18 **3,3** 2 Mo 24,12; Jer 31,33 **3,5** Röm 15,18–19; Phil 2,13 **3,6** Röm 7,6; 1 Kor 11,25; Hebr 8,7–13 **3,7** 2 Mo 34,29–30 **3,9** 1 Kor 15,56; Gal 3,10; Hebr 10,28 **3,10–11** Röm 5,20–21; 10,4; Hebr 7,18 **3,13** 2 Mo 34,33 **3,14** Apg 28,26–27; Röm 11,25 **3,16** 2 Mo 34,34

ist es auch bei ihnen: Wenn sich Israel dem Herrn zuwendet, wird das Tuch weggenommen.

17 Mit dem »Herrn« ist Gottes Geist gemeint. Und wo der Geist des Herrn ist, da ist Freiheit. 18 Wir alle aber stehen mit unverhülltem Gesicht vor Gott und spiegeln seine Herrlichkeit wider. Der Herr verändert uns durch seinen Geist, damit wir ihm immer ähnlicher werden und immer mehr Anteil an seiner Herrlichkeit bekommen.

Zeitliche Leiden – ewige Herrlichkeit

4 Weil Gott uns in seiner Barmherzigkeit die Aufgabe übertragen hat, seine Botschaft überall zu verkünden, verlieren wir nicht den Mut. 2 Wir halten uns fern von allen Heimlichkeiten, über die wir uns schämen müssten, wir täuschen niemanden und verfälschen auch nicht Gottes Botschaft. Im Gegenteil, wir sind Gott verantwortlich und verkünden frei und unverfälscht seine Wahrheit. Das ist unsere Selbstempfehlung! Jeder, der ehrlich ist zu sich selbst, wird mir Recht geben. 3 Die Botschaft, dass Jesus Christus unsere Rettung ist, bleibt nur für die dunkel, die verloren sind. 4 Diese Ungläubigen hat der Satan, der Herrscher dieser Welt,[a] so verblendet, dass sie das helle Licht dieser Botschaft und die Herrlichkeit Christi nicht sehen können. Und doch erkennen wir Gott selbst nur durch Christus, weil Christus Gottes Ebenbild ist. 5 Nicht wir sind der Mittelpunkt unserer Predigt, sondern Christus, der Herr! Wir sind nur eure Diener, aus Liebe zu Jesus.

6 Denn so wie Gott einmal befahl: »Licht soll aus der Dunkelheit hervorbrechen!«, so hat sein Licht auch unsere Herzen erhellt. Durch uns sollen nun alle Menschen Gottes Herrlichkeit erkennen, die in Jesus Christus aufstrahlt. 7 Diesen kostbaren Schatz tragen wir in uns, obwohl wir nur zerbrechliche Gefäße sind. So wird jeder erkennen, dass die außerordentliche Kraft, die in uns wirkt, von Gott kommt und nicht von uns selbst. 8 Die Schwierigkeiten bedrängen uns von allen Seiten, und doch werden wir nicht von ihnen überwältigt. Wir sind oft ratlos, aber nie verzweifelt.

9 Von Menschen werden wir verfolgt, aber bei Gott finden wir Zuflucht. Wir werden zu Boden geschlagen, aber wir kommen dabei nicht um. 10 Tagtäglich erfahren wir am eigenen Leib etwas vom Sterben, das Jesus durchlitten hat. So wird an uns auch etwas vom Leben des auferstandenen Jesus sichtbar. 11 Unser Leben lang sind wir um Jesu willen ständig dem Tod ausgeliefert; aber an unserem sterblichen Leib wird auch immer wieder sein Leben sichtbar. 12 Uns bringt der Dienst für Jesus ständig in Todesgefahr, euch dagegen hat er neues Leben gebracht. 13 Wir haben Gottes Geist, der uns auf Gott vertrauen lässt. Wie der Beter in der Heiligen Schrift können wir sagen: »Ich vertraue auf Gott, deshalb rede ich!«[b] Weil wir also an Jesus Christus glauben, müssen wir von ihm reden. 14 Wir wissen: Gott, der Jesus vom Tod auferweckt hat, wird auch uns auferwecken. Dann werden wir mit euch gemeinsam vor Gott stehen.

15 Alle Entbehrungen aber ertragen wir für euch. Denn je mehr Menschen das unverdiente Geschenk der Güte Gottes annehmen, umso mehr werden Gott danken und ihn über alles ehren.

16 Darum geben wir nicht auf. Wenn auch unsere körperlichen Kräfte aufgezehrt werden, wird doch das Leben, das Gott uns schenkt, von Tag zu Tag erneuert. 17 Was wir jetzt leiden müssen, dauert nicht lange und ist leicht zu ertra-

---

[a] Wörtlich: Diese Ungläubigen hat der Gott dieser Welt …

[b] Psalm 116,10

3,17 Lk 4,18; Röm 8,1–2 **3,18** 4,6; Röm 8,29 **4,2** 2,17; 1 Thess 2,3–6 **4,3** 1 Kor 1,18 **4,4** Joh 14,7–10; Kol 1,15; Hebr 1,3 **4,5** 1,24; 1 Kor 2,1–2 **4,6** 1 Mo 1,3; 1 Petr 2,9 **4,7** 5,1; 12,9 **4,9–11** 11,23–29; 1 Kor 4,9; 15,31; 2 Tim 3,12* **4,12** 1 Kor 4,10 **4,13** Apg 4,20; 1 Kor 9,16 **4,14** Röm 6,8; 8,11; 1 Kor 6,14; 15,20 **4,15** 1,6 **4,16** 1 Kor 9,27; Eph 3,16 **4,17–18** Röm 8,17–22; 2 Tim 3,12*

gen in Anbetracht der unendlichen, un-
vorstellbaren Herrlichkeit, die uns erwar-
tet. 18 Deshalb lassen wir uns von dem,
was uns zurzeit so sichtbar bedrängt,
nicht ablenken, sondern wir richten unse-
ren Blick auf Gottes neue Welt, auch
wenn sie noch unsichtbar ist. Denn das
Sichtbare vergeht, doch das Unsichtbare
bleibt ewig.

Hoffnung auf eine neue Heimat

5 Das wissen wir: Wenn unser Leib
einmal zerfällt wie ein Zelt, das abge-
brochen wird, erhalten wir einen neuen
Leib, eine Behausung, die nicht von
Menschen errichtet ist. Gott hält sie im
Himmel für uns bereit, und sie wird ewig
bleiben. 2 Voll Verlangen sehnen wir uns
danach, den neuen Leib anzuziehen wie
ein Kleid, 3 damit wir nicht nackt, son-
dern bekleidet sind, wenn wir unseren
irdischen Körper ablegen müssen. 4 So-
lange wir in diesem Körper leben, liegt
eine schwere Last auf uns. Wir wünschen
uns nicht etwa den Tod herbei, sondern
wir möchten den neuen Leib überziehen,
damit alles Vergängliche vom Leben
überwunden wird. 5 Darauf hat uns Gott
vorbereitet, indem er uns als sicheres
Pfand dafür schon jetzt seinen Geist
gegeben hat.

6 Deshalb sind wir jederzeit zuversicht-
lich, auch wenn wir in unserem irdischen
Leib noch nicht bei Gott zu Hause sind.
7 Jetzt glauben wir an ihn, auch wenn wir
ihn noch nicht sehen können. 8 Aber wir
rechnen fest damit und würden am liebs-
ten diesen Leib verlassen, um endlich zu
Hause beim Herrn zu sein.

9 Ganz gleich, ob wir nun bei ihm sind
oder noch auf dieser Erde leben, möch-
ten wir *in jedem* Fall tun, was Gott ge-
fällt. 10 Denn einmal werden wir uns alle
vor Christus als unserem Richter verant-
worten müssen. Dann wird jeder das be-
kommen, was er für sein Tun auf dieser
Erde verdient hat, mag es gut oder
schlecht gewesen sein.

Friede mit Gott

11 Weil ich weiß, dass ich mich einmal vor
Gott verantworten muss, will ich mög-
lichst viele für Christus gewinnen. Gott
weiß, dass ich nur dies eine will, und ich
hoffe, auch ihr unterstellt mir keine ande-
ren Absichten.

12 Das sage ich nun wirklich nicht, um
mich selbst zu loben. Ich will euch nur
ein paar Gründe nennen, warum ihr stolz
auf mich sein dürft. Dann könnt ihr sie
denen entgegenhalten, für die äußere
Vorzüge wichtiger sind als innere Über-
zeugung. 13 Wenn ich, ergriffen vom Geist
Gottes,[a] in Ekstase gerate, dann ge-
schieht dies nur zur Ehre Gottes. Euch
gegenüber rede ich dagegen immer mit
Vernunft, und das kommt euch zugute.

14 Was wir auch tun, wir tun es aus der
Liebe, die Christus uns geschenkt hat –
sie lässt uns keine andere Wahl. Wir sind
davon überzeugt: Weil *einer* für *alle* Men-
schen starb, sind sie alle gestorben. 15 Und
Christus ist deshalb für alle gestorben,
damit alle, die leben, nicht länger für sich
selbst leben, sondern für Christus, der für
sie gestorben und auferstanden ist.

16 Wir beurteilen auch niemanden mehr
nach rein menschlichen Maßstäben.
Selbst wenn wir Christus früher danach
beurteilt haben, so gelten diese Maßstäbe
jetzt nicht mehr. 17 Gehört jemand zu
Christus, dann ist er ein neuer Mensch.
Was vorher war, ist vergangen, etwas
Neues hat begonnen. 18 All dies verdan-

---

[a] »ergriffen vom Geist Gottes« ist sinngemäß ergänzt.

5,1–4 Röm 8,23–25; 1 Kor 15,51–54; Phil 3,21 **5,5** 1,21–22; Eph 1,4; 4,30 **5,6** Hebr 11,13 **5,7–8** 2 Mo 33,20–23*; 1 Kor 13,12; Phil 1,23; 1 Petr 1,8–9 **5,10** Mt 25,31–32; Joh 5,22; 12,47–48; Röm 2,16; 14,10–12; 1 Kor 4,5; Phil 1,10–11; 2 Tim 4,8 **5,11** 1 Kor 9,19–23; Phil 1,18 **5,12** 1,14 **5,13** 1 Kor 14,19 **5,14** Röm 6,3; Gal 2,16*; 2 Kor 5,18–21* **5,15** Röm 14,7–9; Gal 2,19–20; Phil 1,21–23 **5,17** Röm 6,4; Gal 2,20; Eph 4,22–24 **5,18–21** 5,14; Mk 10,45; Lk 24,44–46*; Röm 3,21–26; 4,25; 5,8–10; 1 Kor 15,3; Kol 1,19–22; 1 Tim 2,5–6; Hebr 9,12–14; 1 Joh 2,1–2; Jes 52,13–15; 53,4–12

ken wir Gott, der durch Christus mit uns
Frieden geschlossen hat. Er hat uns be-
auftragt, diese Botschaft überall zu ver-
künden. 19 Denn Gott ist durch Christus
selbst in diese Welt gekommen und hat
Frieden mit ihr geschlossen, indem er
den Menschen ihre Sünden nicht länger
anrechnet. Gott hat uns dazu bestimmt,
diese Botschaft der Versöhnung in der
ganzen Welt zu verbreiten. 20 Als Bot-
schafter Christi fordern wir euch deshalb
im Namen Gottes auf: Lasst euch mit
Gott versöhnen! Wir bitten euch darum
im Auftrag Christi. 21 Denn Gott hat
Christus, der ohne jede Sünde war, mit
all unserer Schuld beladen und verurteilt,
damit wir freigesprochen sind und Men-
schen werden, die Gott gefallen.

Bewährung im Dienst für Gott

6 Als Gottes Mitarbeiter bitten wir
euch: Lasst die Gnade, die Gott euch
geschenkt hat, in eurem Leben nicht
ohne Auswirkung bleiben. 2 Denn Gott
hat gesagt: »Ich will dein Gebet erhören.
Es wird eine Zeit der Gnade für dich ge-
ben, einen Tag, an dem du meine Hilfe
erfährst!«[a] Genau diese Zeit ist jetzt da,
der Tag der Rettung ist nun gekommen.
3 Niemand soll uns persönlich etwas
Schlechtes nachsagen können, damit
nicht unser Auftrag in Verruf gerät. 4 In
allem empfehlen wir uns als Gottes Mit-
arbeiter: Wir bleiben standhaft in Be-
drängnissen, in Not und Angst, 5 auch
wenn man uns schlägt und einsperrt,
wenn wir aufgehetzten Menschen aus-
geliefert sind, bis zur Erschöpfung arbei-
ten, uns kaum Schlaf gönnen und auf
Nahrung verzichten. 6 Wir lassen uns
nichts zuschulden kommen und erken-
nen Gottes Willen; wir sind geduldig und
freundlich, Gottes Heiliger Geist wirkt
durch uns, und wir lieben jeden Men-
schen aufrichtig. 7 Wir verkünden Gottes
Wahrheit und leben aus seiner Kraft.
Zum Angriff wie zur Verteidigung
gebrauchen wir die Waffen Gottes: das
richtige Verhalten vor Gott und den
Menschen. 8 Dabei lassen wir uns nicht
beirren: weder durch Lob noch Verach-
tung, weder durch gute Worte noch böses
Gerede. Man nennt uns Lügner, und wir
sagen doch die Wahrheit. 9 Für die Welt
sind wir Unbekannte, aber Gott kennt
uns. Wir sind Sterbende, und dennoch le-
ben wir. Wir werden geschlagen und
kommen doch nicht um. 10 In allen Trau-
rigkeiten bleiben wir fröhlich. Wir sind
arm und beschenken doch viele reich.
Wir haben nichts und besitzen doch alles.
11 Ihr lieben Christen in Korinth! Wir
haben sehr offen zu euch gesprochen
und euch dabei in unser Herz blicken las-
sen. 12 Der Platz in unserem Herzen ist
euch sicher, auch wenn ihr euch uns ge-
genüber verschließt. 13 Ich rede zu euch
wie ein Vater zu seinen Kindern. Schenkt
mir doch dasselbe Vertrauen, das ich
euch entgegenbringe, und öffnet mir eure
Herzen!

Warnung vor falschen Wegen

14 Zieht nicht an einem Strang mit Leu-
ten, die nicht an Christus glauben. Was
haben denn Gottes Gerechtigkeit und
die Gesetzlosigkeit dieser Welt miteinan-
der zu tun? Wie passen Licht und Finster-
nis zusammen? 15 Was hat Christus mit
dem Teufel gemeinsam? Oder was ver-
bindet einen Glaubenden mit einem
Ungläubigen? 16 Was haben die Götzen-
figuren mit dem Tempel Gottes zu tun?
Vergesst nicht: Wir selbst sind der
Tempel des lebendigen Gottes. So hat
Gott gesagt: »Ich will mitten unter ihnen
leben. Ich will ihr Gott sein, und sie sol-
len mein Volk sein!«[b] 17 Darum befiehlt

---

[a] Jesaja 49,8
[b] *3. Mose 26,12*

5,20 Lk 24,47; Röm 10,15–16; 1 Tim 2,7; 2 Tim 1,1; Jes 53,1 **5,21** Röm 8,34 **6,3** 1 Tim 3,7 **6,4–10** 4,8–13; 11,23–29; 1 Kor 4,9–13; 2 Tim 3,12* **6,5** 1 Kor 9,27 **6,7** 4,6–7 **6,9** Apg 14,19–20 **6,10** Phil 4,11–13; 1 Tim 6,6–8 **6,11–13** Phil 1,8; 1 Kor 4,15 **6,14–17** Mt 6,24; 1 Kor 10,21; Eph 5,6–11

Gott: »Verlasst sie, und trennt euch von ihnen! Rührt nichts Unreines an! Dann will ich euch annehmen. 18 Ich werde euer Vater sein, und ihr werdet meine Söhne und Töchter sein. So spricht der Herr, der allmächtige Gott.«[a]

7 Meine lieben Freunde! All dies hat uns Gott versprochen. Darum wollen wir uns auch von allem trennen, was unseren Körper oder unseren Geist verunreinigt. In Ehrfurcht vor Gott wollen wir immer mehr so leben, wie es ihm gefällt.

Bitte um Vertrauen

2 Vertraut uns doch! Wir haben ja keinem von euch Unrecht getan. Wir haben niemanden zugrunde gerichtet und keinen von euch betrogen. 3 Ich sage das nicht, um euch zu verurteilen. Denn ich habe euch ja vorhin gesagt, wie sehr ich euch liebe. Wir sind untrennbar miteinander verbunden, im Leben und im Sterben. 4 Ich vertraue euch in jeder Beziehung und bin sogar stolz auf euch. Trotz aller Schwierigkeiten bin ich getröstet, und meine Freude ist unbeschreiblich groß.

Umkehr einer Gemeinde

5 Als wir nach Mazedonien kamen, waren wir sehr beunruhigt. Überall gab es Schwierigkeiten. Wir mussten alle möglichen Anfeindungen ertragen und waren zudem selber voller Angst und Sorgen. 6 Aber Gott hilft den Mutlosen. Er hat uns durch die Ankunft des Titus getröstet; 7 und das nicht nur, weil Titus endlich wieder bei uns war. Noch mehr haben wir uns darüber gefreut, dass Titus bei euch so viel Gutes erfahren hat. Er hat mir davon berichtet, wie sehr ihr auf meinen Besuch wartet, wie leid euch das Geschehene tut und mit welchem Eifer ihr euch für mich einsetzt. Ich kann euch gar nicht sagen, wie sehr ich mich darüber gefreut habe.

8 Jetzt bereue ich auch nicht, dass ich euch den Brief geschrieben habe, der euch so erschüttert hat. Zwar dachte ich schon, ich hätte ihn gar nicht abschicken sollen – eben weil ihr wegen des Briefes traurig gewesen seid, 9 doch jetzt bin ich froh, dass ich ihn geschrieben habe. Natürlich nicht, weil ihr traurig gewesen seid, sondern weil euch dies zum Nachdenken und zur Umkehr gebracht hat. Genau das war Gottes Absicht, und deshalb hat euch unser Brief auch nicht geschadet. 10 Denn die von Gott bewirkte Traurigkeit führt zur Umkehr und bringt Rettung. Und wer sollte das jemals bereuen! Nur die Traurigkeit, die nicht zur Umkehr führt, bewirkt den Tod. 11 Bedenkt doch nur, was Gott alles durch eure Traurigkeit erreicht hat! Wie viel guten Willen zeigt ihr jetzt, wie bereitwillig habt ihr euch entschuldigt, und wie sehr bemüht ihr euch zu beweisen, dass ihr euch nicht mitschuldig machen wollt! Jetzt seid ihr über das Vorgefallene empört, wie groß ist eure Furcht vor den Folgen! Ihr wünscht euch sehr, mich wiederzusehen. Eure Entschlossenheit hat dazu geführt, dass der Schuldige bestraft wurde. Ihr habt damit bewiesen, dass diese Sache bereinigt ist.

12 Ich habe euch meinen Brief nicht geschrieben, weil es mir um den ging, der Unrecht getan hat, oder den, dem Unrecht geschehen ist. Es kam mir allein darauf an, dass ihr vor Gott zeigen konntet, wie sehr ihr euch für uns einsetzt. 13 Deshalb sind wir nun getröstet, und das umso mehr, als mir Titus voller Freude berichtete, wie er von euch ermutigt worden ist. 14 Ich hatte ihm so viel Gutes von euch erzählt, und ihr habt mich nicht enttäuscht. So wie ich euch gegenüber immer die Wahrheit gesagt habe, so konnte mir Titus nun auch bestätigen, dass ich zu Recht auf euch stolz bin. 15 Er liebt euch

---

[a] Jesaja 52,11; 2. Samuel 7,14; Jesaja 43,6

7,1 Phil 2,12; 1 Petr 1,17 **7,2–4** 6,11–13 **7,5–6** 2,13; Apg 20,1 **7,7–9** 2,1–4 **7,11** 2,5 **7,12** 2,9 **7,14** 8,24

jetzt noch mehr, denn er hat eure Bereitschaft zum Gehorsam gesehen, nachdem ihr ihn voller Angst und Bangen aufgenommen habt. [16]Ich freue mich, dass ich euch so ganz und gar vertrauen kann.

Mit anderen teilen

8 Nun will ich euch berichten, was Gott in seiner Güte in den Gemeinden der Provinz Mazedonien bewirkt hat. [2]Die Christen dort haben wegen ihres Glaubens viele Schwierigkeiten standhaft ertragen. Und doch waren sie voller Freude und haben trotz ihrer großen Armut reichlich für andere gegeben. [3]Ich kann bezeugen, dass sie von sich aus gaben, was sie nur konnten, und sogar mehr als das. [4]Sie haben es sogar als ein Vorrecht angesehen, sich an der Hilfe für die Christen in Jerusalem beteiligen zu dürfen. [5]Sie haben sehr viel mehr getan, als wir jemals erwarten konnten, denn sie schenkten sich geradezu selbst, zuerst dem Herrn, danach auch uns. So gehorchten sie Gott.

[6]Nach dieser Erfahrung habe ich Titus zugeredet, dass er auch bei euch die Sammlung, mit der er bereits begonnen hat, zum Abschluss bringt. [7]Ihr seid in so vielem überaus reich gesegnet: in eurem Glauben, in der Predigt und dem Verständnis der Botschaft Gottes, in eurem Einsatz für den Herrn und durch die Liebe, die wir in euch geweckt haben. Lasst diesen Reichtum nun auch sichtbar werden, indem ihr der Gemeinde in Jerusalem helft.

[8]Natürlich will ich euch nichts befehlen. Aber angesichts der Opferbereitschaft der anderen würde ich gern sehen, wie echt eure Liebe ist. [9]Denkt daran, was unser Herr Jesus Christus in seiner Liebe für euch getan hat. Er war reich und wurde doch arm, um euch durch seine Armut reich zu machen. [10]Nach meiner Meinung kann es nur gut für euch sein, wenn ihr die Sammlung durchführt. Ihr habt sie euch ja vor einem Jahr vorgenommen und auch schon damit begonnen. [11]Nur solltet ihr diesmal die Sache auch tatsächlich zu Ende bringen, damit es nicht bei guten Vorsätzen bleibt. Gebt so viel, wie es euren Möglichkeiten entspricht!

[12]Wenn ihr etwas geben wollt, dann wird eure Gabe dankbar angenommen, sei es viel oder wenig – entsprechend dem, was ihr habt. [13]Ihr sollt nicht selbst in Not geraten, weil ihr anderen aus der Not helft. Es geht nur um einen gewissen Ausgleich. [14]Heute habt ihr so viel, dass ihr ihnen helfen könnt. Ein andermal werden sie euch von ihrem Überfluss abgeben, wenn es nötig ist. Das meine ich mit Ausgleich. [15]Erinnert euch daran, was die Heilige Schrift dazu sagt: »Wer viel eingesammelt hatte, der hatte nicht zu viel; und wer nur wenig aufgelesen hatte, dem fehlte nichts.«[a]

Gewissenhafter Umgang mit Geld

[16]Ich danke Gott, dass er Titus dazu bereitgemacht hat, sich für euch einzusetzen. [17]Er war gleich einverstanden, zu euch zu reisen, ohne dass ich ihn erst lange darum bitten musste. [18]Mit ihm kommt noch ein anderer Bruder, den alle Gemeinden sehr schätzen, weil er die rettende Botschaft verkündet. [19]Die Gemeinden haben ihn ausdrücklich dazu bestimmt, gemeinsam mit uns das gesammelte Geld nach Jerusalem zu bringen. Das war auch unser Wunsch, damit alles zur Ehre Gottes geschieht. [20]So soll allen Verdächtigungen vorgebeugt werden – es handelt sich immerhin um eine recht hohe Geldsumme. [21]Wir wollen uns nämlich nicht nur Gott, sondern auch den Menschen gegenüber gewissenhaft verhalten.

[22]Zusammen mit den beiden schicken wir noch einen anderen Bruder zu euch. Wir haben ihn bei vielen Gelegenheiten

---

[a] 2. Mose 16,18

8,1–15 9,1–15; Gal 2,10* **8,4** Gal 6,10 **8,7** 1 Kor 1,5 **8,9** Phil 2,6–7 **8,12** Mk 12,41–44 **8,17** 8,6 **8,18** 12,18 **8,19–20** 9,1–15; Gal 2,10*

Eine doppelte Verwandlung

Lesen Sie 2. Korinther 5,17

Mit einem Partner zusammen zu sein, der einen verantwortungslosen Lebensstil pflegt, macht sicherlich keine große Freude. Wenn wir jedoch beobachten dürfen, wie ein solcher Mensch sich verändert, dann ist das eine große Freude. Wünschen Sie sich eine Veränderung bei Ihrem Mann oder Ihrer Frau? Dann fangen Sie am besten bei sich selbst an. Sie wissen – und Ihr Partner weiß es auch –, dass Sie nicht perfekt sind. Wenn Sie vor sich selbst, vor Gott und schließlich auch vor Ihrem Partner Ihre Schuld bekennen, ebnen Sie damit den Weg für Ihr Wachstum als Paar. Der Apostel Paulus macht in 2. Korinther 5,17 deutlich, dass die Menschen, die zu Christus gehören, ein neues Leben beginnen dürfen. Vergessen Sie nie, dass Gott die Macht besitzt, nicht nur Ihr eigenes Herz zu verändern, sondern auch das Ihres Ehepartners. Wenn Sie dort beginnen, wo Sie Einfluss nehmen können – nämlich bei sich selbst –, und Gott um Veränderung bitten, dann ist die Veränderung Ihres Partners auch nicht mehr weit.

Überlegen Sie, ob Sie nicht Folgendes zu Ihrem Mann oder Ihrer Frau sagen können: „Ich weiß, dass ich dich oft kritisiert habe. Ich habe bemerkt, dass ich in vielerlei Hinsicht nicht so mit dir umgegangen bin, wie es ein christlicher Ehepartner eigentlich tun sollte. Ich habe dir nicht immer die Ermutigung gegeben, die du gebraucht hättest. Hoffentlich kannst du mir das verzeihen. Ich möchte, dass es in Zukunft anders ist." Wenn Sie so mit Ihrem Partner sprechen, verändern Sie sofort die Atmosphäre zwischen Ihnen beiden. Sie haben die Tür zum Wachstum Ihrer Ehe geöffnet.

Nehmen Sie sich Zeit, um allein oder als Paar gemeinsam zu beten.

- *Danken Sie Gott dafür, dass er das Leben von* Menschen verändern kann.
- Bitten Sie ihn, dass er in Ihnen eine Veränderung bewirkt.
- Bitten Sie ihn auch, Ihnen zu zeigen, wie Sie ein besserer Ehepartner werden können.

Wenn Sie noch mehr Zeit haben …

Besprechen Sie miteinander folgende Fragen oder denken Sie darüber nach:

- Welche eine Sache haben Sie bei sich selbst erkannt, die Sie verändern sollten?
- Wie würde Ihr Mann oder Ihre Frau reagieren, wenn Sie ihm oder ihr gegenüber diesen Fehler bekennen?
- Was hindert Sie daran, dies zu tun?

Lesen Sie auch die folgenden Abschnitte zum Thema Veränderung:
Römer 12,2; 2. Korinther 3,16-18; 1. Johannes 3,1-3.

Gefangene Gedanken

Lesen Sie 2. Korinther 10,5

Jeder von uns hat von Zeit zu Zeit impulsive Gedanken oder Gefühle. Manche davon sind so unbedacht, dass wir sie andern besser nicht mitteilen sollten. Einmal erzählte ein Mann in der Eheberatung, er sei eines Tages, etwa drei Monate nach der Hochzeit, nach Hause gekommen und habe zu seiner Frau gesagt: „Ich habe heute im Restaurant eine Kellnerin gesehen, die ich schon im College getroffen habe. Ehrlich gesagt hatte ich den Wunsch, mich mit ihr zu verabreden." Die Ehefrau war zutiefst verletzt. Sie schloss aus dem Bekenntnis ihres Mannes, dass er sie nicht mehr liebte, wenn er einer anderen Frau gegenüber solche Gefühle hatte. Er beteuerte, es sei doch nur ein vorübergehender Gedanke gewesen und die Kellnerin bedeute ihm gar nichts – doch es hatte keinen Zweck. Ein paar Monate später waren die beiden getrennt.

Manche Gedanken sollten wir nur Gott gegenüber aussprechen. In 2. Korinther 10,5 heißt es, wir sollen „alles menschliche Denken gefangen nehmen und es Christus unterstellen, weil wir ihm gehorchen wollen". Wenn wir Gott unsere Gedanken mitgeteilt haben, können wir unser Leben unter seiner Führung wieder positiv angehen.

Die Gedanken unserem Partner gegenüber auszusprechen, kann unsere Ehe zerstören. Andererseits sollten wir unsere Gedanken und Wünsche auch nicht insgeheim hegen und pflegen, denn auch das kann unsere Beziehung untergraben. Viel besser ist es, diese Gedanken vor Gott zu bringen, sie seiner Autorität zu unterwerfen und uns von ihnen abzuwenden, wenn sie schädlich sind. Und dann danken wir Gott dafür, dass sie uns nicht mehr beherrschen können.

Nehmen Sie sich Zeit, um allein oder als Paar gemeinsam zu beten. Sprechen Sie mit Gott darüber, wo Sie sich unruhig oder unbehaglich bei dem Gedanken fühlen, Ihrem Partner bestimmte *Dinge mitzuteilen.* Bitten Sie ihn um Weisheit für die Entscheidung, was Sie Ihrem Mann/Ihrer Frau sagen sollen und was nicht.

Wenn Sie noch mehr Zeit haben …

Besprechen Sie miteinander folgende Fragen oder denken Sie darüber nach:

- Wann schießen Ihnen am ehesten negative Gedanken durch den Kopf? Wenn Sie unter Druck sind? Müde? Gelangweilt?
- Welches Risiko besteht, wenn Sie diese verrückten Gedanken ganz für sich behalten?
- Woran erkennen Sie, welche Gedanken Sie Ihrem Mann oder Ihrer Frau mitteilen sollten?

Lesen Sie auch die folgenden Abschnitte zum Thema Austausch von Gedanken:
Römer 7,7-25; Epheser 4,15-16; Jakobus 5,16.

Den nächsten Impuls finden Sie auf S. 1330 a

als überaus tatkräftigen und zuverlässi-
gen Christen kennen gelernt. Weil er
schon so viel Gutes von euch gehört hat,
kommt er besonders gern zu euch. [23] Titus
ist mein Freund und Mitarbeiter, die
beiden anderen Brüder wurden von den
Gemeinden für diese Aufgabe aus-
gewählt und machen mit ihrem Leben
Christus alle Ehre. [24] Nehmt sie deshalb
in Liebe auf, und beweist damit vor allen
Gemeinden, dass wir euch zu Recht so
sehr gelobt haben.

9 Über die Sammlung für die Gemein-
de in Jerusalem brauche ich wohl kei-
ne weiteren Worte zu verlieren. [2] Eure
Bereitschaft zu helfen ist mir ja bekannt.
Ich habe euch deswegen in den mazedo-
nischen Gemeinden schon gelobt und
berichtet, dass ihr in der Provinz Achaja
bereits im vorigen Jahr mit der Samm-
lung begonnen habt. Euer Beispiel hat
viele angespornt. [3] Ihr könnt jetzt bewei-
sen, dass ich eure Hilfsbereitschaft richtig
eingeschätzt habe. Damit eure Samm-
lung auch wirklich abgeschlossen wird,
wie ich es überall erzählt habe, schicke
ich diese Männer zu euch. [4] Dann brau-
che ich den Leuten aus Mazedonien,
wenn sie mit mir nach Korinth kommen,
nicht beschämt einzugestehen, dass wir
uns geirrt haben, weil es mit eurer Opfer-
bereitschaft nicht weit her ist. Doch im
Grunde müsstet ihr euch dann schämen.
[5] Deshalb habe ich lieber die Brüder vo-
rausgeschickt, damit sie dafür sorgen,
dass die von euch zugesagte Spende auch
wirklich bereitliegt. Es soll doch eine rei-
che Gabe sein und kein Almosen von
Geizhälsen.

Wie Christen geben sollen

[6] Ich bin davon überzeugt: Wer wenig sät,
der wird auch wenig ernten; wer aber viel
sät, der wird auch viel ernten. [7] So soll
jeder für sich selbst entscheiden, wie viel
er geben will, und zwar freiwillig und
nicht aus Pflichtgefühl. Denn Gott liebt
den, der fröhlich gibt. [8] Er wird euch da-
für alles schenken, was ihr braucht, ja
mehr als das. So werdet ihr nicht nur
selbst genug haben, sondern auch noch
anderen von eurem Überfluss weiterge-
ben können. [9] Schon in der Heiligen
Schrift heißt es ja von dem Mann, den
Gott reich beschenkt hat: »Großzügig
schenkt er den Bedürftigen, was sie brau-
chen; auf seine barmherzige Liebe kann
man immer zählen.«[a]

[10] Gott aber, der dem Sämann Saat und
Brot schenkt, wird auch euch Saatgut
geben. Er wird es wachsen lassen und da-
für sorgen, dass eure Opferbereitschaft
Früchte trägt. [11] Ihr werdet alles so reich-
lich haben, dass ihr unbesorgt weiterge-
ben könnt. Wenn wir dann eure Gabe
überbringen, werden viele Menschen
Gott dafür danken.

[12] Eure Gabe hätte demnach zwei gute
Auswirkungen: Sie wäre nicht nur eine
Hilfe für die notleidenden Christen in
Jerusalem, sie würde auch bewirken,
dass viele Menschen Gott danken.
[13] Durch eure Unterstützung zeigt sich,
wie sich euer Glaube bewährt. Dann
werden die Beschenkten Gott loben,
weil ihr euch so treu zur rettenden Bot-
schaft von Christus bekennt und so be-
reitwillig mit ihnen und mit allen ande-
ren teilt. [14] Sie werden für euch beten
und wären gern mit euch zusammen,
weil sich an euch die Gnade Gottes auf
so wunderbare Weise gezeigt hat. [15] Wir
aber danken Gott für seine unaussprech-
lich große Gabe.

Abwehr persönlicher Angriffe

10 Ich, Paulus, möchte mit euch noch
eine persönliche Angelegenheit
klären, im Geist der Liebe und Güte
Christi. Einige von euch sagen mir nach,
ich sei feige und ängstlich, solange ich bei
euch bin, aber mutig und zu allem ent-

---

[a] Wörtlich: Seine Gerechtigkeit bleibt in Ewigkeit. Psalm 112,9

8,24 7,14–15 **9,1–15** 8,1–15.19.20; Gal 2,10* **9,2** 8,19 **9,3** 8,23 **9,7** 8,8; Phlm 14 **9,8** Phil 4,19 **9,11** 1,11; 4,15 **9,13** 8,8 **10,1** 1 Kor 2,1–5

schlossen, wenn ich mich nur weit genug
von euch entfernt habe. [2]Zwingt mich
bitte nicht dazu, tatsächlich hart durch-
greifen zu müssen, wenn ich zu euch
komme. Auf jeden Fall werde ich ent-
schieden gegen alle vorgehen, die mir all-
zu menschliche Absichten unterstellen.
[3]Natürlich bin auch ich nur ein
Mensch, aber ich kämpfe nicht mit
menschlichen Mitteln. [4]Ich setze nicht
die Waffen dieser Welt ein, sondern die
Waffen Gottes. Sie sind mächtig genug,
jede Festung zu zerstören, jedes mensch-
liche Gedankengebäude niederzureißen,
[5]einfach alles zu vernichten, was sich
stolz gegen Gott und seine Wahrheit er-
hebt. Alles menschliche Denken nehmen
wir gefangen und unterstellen es Chris-
tus, weil wir ihm gehorchen wollen. [6]In
diesem Sinn werden wir auch jeden Un-
gehorsam strafen, aber zuerst müsst ihr
als Gemeinde zum Gehorsam bereit sein.
[7]Seht doch den Tatsachen ins Auge! Ist
jemand davon überzeugt, zu Christus zu
gehören, dann soll er uns das nicht ab-
sprechen. [8]Immerhin könnte ich noch
für mich in Anspruch nehmen, dass Gott
mir als Apostel besondere Vollmacht ge-
geben hat. Damit würde ich nicht einmal
übertreiben. Doch mein Auftrag ist, euch
zu helfen, nicht euch zu schaden.
[9]Ihr sollt aber nicht denken, ich wollte
euch mit meinen Briefen einschüchtern.
[10]Das könnte man fast annehmen, wenn
ihr sagt: »In seinen Briefen gebraucht er
große Worte, doch bei uns ist er ängstlich
und zaghaft. Und wen beeindruckt schon,
was er sagt?« [11]Wer das von mir behaup-
tet, der soll wissen: Genauso wie ich in
meinen Briefen mit euch rede, werde ich
handeln, wenn ich bei euch bin.
[12]Wir würden es natürlich niemals wa-
gen, uns mit denen zu vergleichen, die
sich überall selbst empfehlen, oder uns
gar auf eine Stufe mit ihnen zu stellen.
Wie unverständig sie doch sind! Sie stel-
len ihre eigenen Maßstäbe auf, um sich
dann selbst daran zu messen. [13]Wir dage-
gen überschätzen uns nicht so maßlos.
Wir möchten ausschließlich mit Gottes
Maß gemessen werden, und dazu gehört
auch unsere Arbeit bei euch. [14]Wir sind
bis zu euch gekommen und haben euch
die rettende Botschaft von Christus ge-
bracht; daher sind wir auch nicht maßlos,
wenn wir uns rühmen. [15]Dabei schmü-
cken wir uns keineswegs mit fremden Fe-
dern. Wenn ihr erst einmal im Glauben
fest und stark geworden seid, hoffen wir
sogar, unsere Missionsarbeit noch weiter
ausdehnen zu können[a]. [16]Denn wir wol-
len auch den Menschen die rettende Bot-
schaft bringen, die jenseits eurer Gren-
zen leben. Sonst würden wir uns ja mit
einer Arbeit brüsten, die andere bereits
getan haben.
[17]Es heißt doch: »Wer sich rühmen will,
der rühme das, was Gott getan hat.«[b]
[18]Niemand ist schon deshalb ein bewähr-
ter Diener Gottes, weil er sich selbst
empfiehlt. Entscheidend ist, dass Gott
ihm ein gutes Zeugnis ausstellt.

Paulus verteidigt sich gegen falsche Apostel

11 Ihr gestattet mir sicher, dass ich
mich jetzt auch einmal töricht ver-
halte. [2]Ich werbe geradezu eifersüchtig
um euch, so wie Gott um euch wirbt.
Wie ein Vater seine Tochter einem ein-
zigen Mann anvertraut, so möchte ich
euch mit Christus verloben, damit ihr
ihm allein gehört. [3]Zur Zeit aber fürchte
ich, dass mir dies nicht gelingt. Denn wie
schon am Anfang die Schlange Eva mit
ihrer List verführte, so könntet auch ihr
davon abgebracht werden, einzig und al-
lein Christus zu lieben und an ihn zu glau-
ben. [4]Ihr lasst euch leicht verführen.
Wenn jemand daherkommt und etwas
anderes über Jesus sagt, als wir euch ge-

---

[a] *Wörtlich:* groß *zu* werden nach unserem Maßstab bis zum Übermaß.
[b] Vgl. Jeremia 9,22–23

10,2 13,1–2; 1 Kor 4,21 **10,4–5** 6,7; Eph 6,10–17 **10,8** 13,10; Röm 12,3 **10,9–11** 1 Kor 2,1–5 **10,14** 1 Kor 9,2 **10,16** Röm 15,20 **10,18** 1 Kor 4,4 **11,1** 10,12 **11,2** Eph 5,24–27 **11,3** 1 Mo 3,1–6 **11,4** 1 Kor 15,1–2; Gal 1,6–9

Ein quälendes Leiden

Lesen Sie 2. Korinther 11,22-12,10

Paulus war der größte Leiter der frühen christlichen Gemeinde. Trotzdem hatte auch er damit zu kämpfen, dass er ein körperliches Leiden ertragen musste. Dreimal flehte er Gott um Heilung an, doch Gott heilte ihn nicht, sondern antwortete: „Meine Gnade ist alles, was du brauchst! Denn gerade wenn du schwach bist, wirkt meine Kraft ganz besonders an dir" (2. Korinther 12,9).

Paulus dachte über diese Worte nach und kam zu dem Schluss: Die Krankheit sollte ihn davor bewahren, sich etwas auf die großen Offenbarungen einzubilden, die Gott ihm geschenkt hatte. In seiner körperlichen Erkrankung erkannte Paulus Gottes gut gemeinte, liebevolle Zurechtweisung. Darum konnte er sagen: „Ich trage alles, was Christus mir auferlegt hat – alle Misshandlungen und Entbehrungen, alle Verfolgungen und Ängste. Denn ich weiß: Gerade wenn ich schwach bin, bin ich stark" (2. Korinther 12,10).

Am Ende seines Lebens schrieb Paulus: „Ich habe mit vollem Einsatz gekämpft; jetzt ist das Ziel erreicht, und ich bin im Glauben treu geblieben" (2. Timotheus 4,7). Gottes liebevolle Zurechtweisung hatte ihren Zweck erfüllt, und Paulus reagierte darauf mit reiner Dankbarkeit.

Wenn Gott uns zurechtweist, ziehen wir uns am Anfang vielleicht voller Schmerz zurück und fragen uns, was er damit beabsichtigt. Doch wenn wir seiner Stimme weiterhin aufmerksam zuhören, erkennen wir wahrscheinlich, dass wir gerade in diesen Augenblicken tiefsten Schmerzes Gottes Liebe am intensivsten erfahren.

Nehmen Sie sich Zeit, um allein oder als Paar gemeinsam zu beten.

- Bekennen Sie Gott, dass Sie seine Wege nicht immer verstehen.
- Bitten Sie ihn um Weisheit, damit Sie seinen Willen erkennen.
- Versprechen Sie ihm, dass Sie ihm vertrauen wollen, egal was es Sie kostet.

Wenn Sie noch mehr Zeit haben ...

Besprechen Sie miteinander folgende Fragen oder denken Sie darüber nach:

- Inwiefern können wir Christus besser bezeugen, wenn wir leiden?
- Wie lange sollte man um Heilung beten, wenn Gott nicht zu antworten scheint?
- Was möchten Sie gerne am Ende Ihres Lebens sagen können?

Lesen Sie auch die folgenden Abschnitte zum Thema Leid:

2. Chronik 7,14; Psalm 30,3; Matthäus 4,23.

Bereit zu dienen

Die folgenden Fragen können Sie entweder allein oder als Paar gemeinsam durchgehen. Wenn jeder für sich darüber nachdenkt, verabreden Sie sich in der kommenden Woche zu einem Austausch darüber, was Sie herausgefunden haben.

1. Lesen Sie 2. Korinther 12,5-10. Worin besteht die Demut von Paulus?

2. Lesen Sie Markus 10,35-45. Was ist der Unterschied zwischen der Haltung von Paulus und der von Jakobus und Johannes?

3. In welcher Hinsicht war Paulus ein Dienender?

4. In welcher Hinsicht sind Sie ein dienender Mensch?

5. Wie sehen eine demütige Haltung und Dienstbereitschaft in der Ehe konkret aus?

6. Welche Art von Hilfsbereitschaft schätzt Ihr Ehepartner am meisten?

2. Korinther 12,9

„Er hat zu mir gesagt: ‚Meine Gnade ist alles, was du brauchst! Denn gerade wenn du schwach bist, wirkt meine Kraft ganz besonders an dir.' Darum will ich vor allem auf meine Schwachheit stolz sein. Dann nämlich erweist sich die Kraft Christi an mir."

KONKRET:

Überlegen Sie zwei Möglichkeiten, wie Sie Ihrem Ehepartner in dieser Woche helfen können. Suchen Sie nach Gelegenheiten, Ihre eigenen Interessen hintanzustellen und dienstbereit zu sein – auch wenn es für Sie unbequem ist.

Den nächsten Impuls finden Sie auf S. 1338 a

lehrt haben, dann schenkt ihr ihm bereit-
willig Glauben. Ihr empfangt einen ande-
ren Geist als den Geist Gottes und nehmt
eine andere Botschaft an als die, die wir
euch gebracht haben. 5 Ich stehe diesen
großartigen Aposteln, vor denen ihr sol-
chen Respekt habt, in nichts nach. Das
weiß ich. 6 Vielleicht bin ich kein beson-
ders geschickter Redner, aber was meine
Erkenntnis der rettenden Botschaft be-
trifft, nehme ich es gern mit ihnen auf.
Das habe ich in aller Öffentlichkeit zu
jeder Zeit bewiesen.
7 Habe ich etwa ein Unrecht begangen,
als ich euch die rettende Botschaft
verkündet habe, ohne etwas für meinen
Lebensunterhalt zu erwarten? Zu euren
Gunsten habe ich auf alles verzichtet.
8 Um euch ungehindert dienen zu kön-
nen, habe ich andere Gemeinden gerade-
zu beraubt und Geld von ihnen genom-
men. 9 Auch als ich während meines
Aufenthaltes bei euch in Not geriet, habt
ihr nichts für mich zahlen müssen. Ver-
sorgt haben mich die Gemeinden aus
Mazedonien, so dass ich euch niemals
zur Last gefallen bin. Und dabei wird es
auch in Zukunft bleiben. 10 So wahr
Christus in mir lebt und die Wahrheit ist:
Niemand in der ganzen Provinz Achaja
wird mir diesen Ruhm nehmen können!
11 Sage ich dies etwa, weil ich euch nicht
liebe? Gott weiß, wie sehr ich euch liebe!
12 Trotzdem will ich auch in Zukunft kein
Geld von euch annehmen. Keiner von
diesen anderen soll sich länger als Apos-
tel ausgeben dürfen. Wir unterscheiden
uns in vielen Dingen! 13 Denn sie sind fal-
sche Apostel, Betrüger, die lediglich be-
haupten, sie seien Apostel Christi.
14 Aber das ist nicht weiter verwunder-
lich! Gibt sich nicht sogar der Satan als
Engel Gottes aus? 15 Kein Wunder, wenn
auch seine Helfer als Diener Gottes auf-
treten! Doch sie werden ihr verdientes
Ende finden.

Leiden für die rettende Botschaft

16 Ich sage es noch einmal: Niemand soll
mich für einen Narren halten. Wenn ihr
es aber doch tut, dann lasst mich auch
den Narren spielen, damit ich ein wenig
prahlen kann. 17 Was ich jetzt sage, ist al-
lerdings nicht im Sinn unseres Herrn. Ich
bin mir bewusst, dass ich damit wie ein
Narr rede. Aber ich sage es trotzdem,
wenn wir schon einmal beim Prahlen
sind. 18 Wie die anderen dauernd ihre gu-
ten Seiten herausstellen, will ich es auch
einmal tun. 19 Ihr seid ja so klug, dass ihr
bereitwillig hinter jedem Narren herlauft.
20 Und ihr habt ja nichts dagegen, wenn
man euch schindet und ausnutzt, wenn
man euch einfängt, euch von oben herab
behandelt oder gar ins Gesicht schlägt.
21 Zu meiner Schande muss ich gestehen:
Im Vergleich zu diesen großartigen
Aposteln waren wir geradezu Schwäch-
linge!
Aber da ich mich nun einmal ent-
schlossen habe, wie ein Narr zu reden:
Womit diese Leute sich brüsten, damit
kann ich schon lange dienen. 22 Sie sind
Hebräer? Das bin ich auch! Sie sind Is-
raeliten? Das bin ich auch! Sie sind Nach-
kommen Abrahams? Ich etwa nicht?
23 Sie sind Diener Christi? Was ich jetzt
entgegne, kann wirklich nur noch ein
Narr sagen: Ich habe Christus weit mehr
gedient und viel mehr auf mich genom-
men als sie. Ich bin öfter im Gefängnis
gewesen und häufiger ausgepeitscht wor-
den. Unzählige Male hatte ich den Tod
vor Augen.
24 Fünfmal habe ich von den Juden
die neununddreißig Schläge[a] erhalten.
25 Dreimal wurde ich von den Römern
ausgepeitscht, und einmal hat man mich
gesteinigt. Dreimal habe ich Schiffbruch
erlitten; einmal trieb ich sogar einen Tag
und eine ganze Nacht hilflos auf dem
Meer. 26 Auf meinen vielen Reisen bin

---

[a] Vgl. 5. Mose 25,1–3

11,5 10,12 **11,6** Eph 3,4 **11,7–9** 12,13; Apg 20,33–35; Phil 4,15–17; 1 Thess 2,9 **11,12–15** 2,17; Apg 20,29–30; Phil 3,2; Offb 2,2 **11,16** 12,6 **11,20** 1 Kor 7,23 **11,22** Röm 11,1 **11,23–33** 4,9–12; 6,4–10; 1 Kor 4,11–13; 15,30–32 **11,25** Apg 16,22; 14,19

ich immer wieder in Gefahr geraten
durch reißende Flüsse und durch Räuber.
Gefahr drohte mir von meinem eigenen
Volk ebenso wie von den Nichtjuden. In
den Städten wurde ich verfolgt, in der
Wüste und auf dem Meer bangte ich um
mein Leben. Und wie oft wollten mich
falsche Brüder verraten!
27 Mein Leben bestand aus Mühe und
Plage, aus durchwachten Nächten, aus
Hunger und Durst. Ich habe oft gefastet
und war schutzlos der Kälte ausgesetzt.
28 Aber das ist noch längst nicht alles. Tag
für Tag lässt mich die Sorge um alle Ge-
meinden nicht los. 29 Wenn einer schwach
ist, dann trage ich ihn mit; wird jemand
zum Bösen verführt, versuche ich ihm un-
ter Einsatz aller meiner Kraft zu helfen.
30 Wenn ich mich also schon selbst loben
muss, dann will ich mit meinen Leiden
prahlen. 31 Gott weiß, dass dies alles wahr
ist. Ihm, dem Vater unseres Herrn Jesus
Christus, sei Lob und Ehre in Ewigkeit.
32 Einmal, es war in Damaskus, ließ der
Statthalter des Königs Aretas die Stadt-
tore bewachen, um mich festzunehmen.
33 Dort hat man mich in einem Korb
durch eine Luke in der Stadtmauer hi-
nuntergelassen, und nur so konnte ich
entkommen.

Gottes Kraft und unsere Schwachheit

12 Freilich ist solches Eigenlob im
Grunde Unsinn und nützt nieman-
dem. Trotzdem muss ich jetzt diese Ge-
danken zu Ende führen und von Visionen
und Offenbarungen berichten, die der
Herr schenkt. 2 Ich kenne einen Men-
schen, der mit Christus eng verbunden
ist. Vor vierzehn Jahren wurde er in den
dritten Himmel entrückt. Gott allein
weiß, ob dieser Mensch leibhaftig oder
mit seinem Geist dort war. 3 Und wenn
ich auch nicht verstehe, wie er dorthin
kam – auch das weiß allein Gott –, 4 er
war im Paradies und hat dort Worte ge-
hört, die für Menschen unaussprechlich
sind. 5 Was dieser Mensch erlebt hat, das
will ich rühmen. Bei mir selbst aber lobe
ich nur meine Schwachheit. 6 Doch auch
wenn ich mich selbst loben würde, wäre
ich noch lange nicht verrückt, schließlich
sage ich die Wahrheit. Ich verzichte aber
darauf, denn ihr sollt mich nicht über-
schätzen, sondern mich nur nach dem be-
urteilen, was ihr an meinem Leben sehen
und aus meinen Worten hören könnt.
7 Gott selbst hat dafür gesorgt, dass ich
mir auf die unbeschreiblichen Offen-
barungen, die ich gesehen habe, nichts
einbilde. Deshalb hat er mir ein quälen-
des Leiden auferlegt.[a] Es ist, als ob ein
Engel des Satans mich mit Fäusten
schlägt, damit ich nicht überheblich wer-
de. 8 Dreimal schon habe ich Gott ange-
fleht, mich davon zu befreien. 9 Aber er
hat zu mir gesagt: »Meine Gnade ist alles,
was du brauchst! Denn gerade wenn du
schwach bist, wirkt meine Kraft ganz be-
sonders an dir.« Darum will ich vor allem
auf meine Schwachheit stolz sein. Dann
nämlich erweist sich die Kraft Christi an
mir. 10 Und so trage ich alles, was Christus
mir auferlegt hat – alle Misshandlungen
und Entbehrungen, alle Verfolgungen
und Ängste. Denn ich weiß: Gerade
wenn ich schwach bin, bin ich stark.

Paulus wirbt um Vertrauen

11 Ihr habt mich gezwungen, mich wie ein
Narr aufzuführen. Denn nicht ich sollte
mich loben, sondern ihr solltet es tun.
Obwohl ich ein »Nichts« bin, kann ich es
mit euren großartigen Aposteln aufneh-
men. 12 Durch meine unermüdliche Ar-
beit bei euch und durch Zeichen, Wunder
und andere machtvolle Taten habe ich
bewiesen, dass ich wirklich ein Apostel
bin. 13 Habe ich euch etwa schlechter be-

---

[a] Wörtlich: Deshalb ist mir ein Dorn ins Fleisch gegeben worden.

11,27 6,5; 1 Thess 2,9 **11,28** Apg 20,31 **11,29** 1 Kor 9,22; 12,25–26; Gal 6,2 **11,30** 12,5
11,32–33 Apg 9,23–25 **12,1** Apg 26,16 **12,5** 11,30 **12,9** 4,7; Phil 4,13; Jes 40,29–31 **12,11** 11,5
12,12 1 Kor 4,15; 9,2 **12,13–14** 11,7–9; Apg 20,33–35

handelt als andere Gemeinden, nur weil
ich euch kein Geld abnahm? Dann ver-
zeiht mir dieses »Unrecht«!
14 Ich werde jetzt zum dritten Mal zu
euch kommen, und auch diesmal nicht
auf eure Kosten leben. Schließlich geht es
mir nicht um euer Geld, sondern um euch
selbst. Außerdem versorgen in der Regel
nicht die Kinder ihre Eltern, sondern die
Eltern ihre Kinder. 15 Für euch würde ich
alles hingeben, sogar mein Leben. Sollte
ich tatsächlich von euch weniger geliebt
werden, weil ich euch so sehr liebe?
16 Nun gut, ich habe von euch kein Geld
genommen. Aber vielleicht denkt ihr so-
gar, ich sei ganz besonders listig gewesen
und hätte euch auf hinterhältige Weise
ausgenutzt. 17 Haben euch meine Mit-
arbeiter ausgebeutet, die ich zu euch
schickte? 18 Titus etwa, den ich selbst be-
auftragt habe, oder der von den Gemein-
den entsandte Bruder? Natürlich nicht,
das ist ausgeschlossen! Denn in dieser Sa-
che sind wir vollkommen einer Meinung
und gehen denselben Weg. 19 Ihr meint
wohl, wir wollen uns vor euch nur vertei-
digen. Ganz und gar nicht; denn als
Christen sind wir allein Gott verantwort-
lich. Mit allem, was wir euch gesagt
haben, liebe Brüder und Schwestern,
wollen wir euch doch nur weiterhelfen.
20 Denn ich befürchte, dass ich euch bei
meiner Ankunft nicht so antreffen werde,
wie ich es erhoffe. Und dann – fürchte ich
– werdet auch ihr von mir enttäuscht sein.
Hoffentlich erwarten mich bei euch nicht
wieder Streit, Neid, Zorn und hässliche
Auseinandersetzungen! Hoffentlich gibt
es nicht wieder Verleumdung und bös-
artiges Gerede, Hochmut und Unfrieden!
21 Ich habe Angst, dass Gott mich aufs
Neue bei euch demütigen könnte und
ich über viele von euch traurig sein müss-
te, die nicht bereit waren, von ihrem zü-
gellosen, ausschweifenden Leben umzu-
kehren.

Abschließende Bitte und Grüße

13 Jetzt werde ich zum dritten Mal zu
euch kommen. Denkt daran: »Je-
der Streitfall soll durch die Aussage von
zwei oder drei Zeugen entschieden wer-
den.«[a] 2 Schon bei meinem zweiten Be-
such habe ich euch gewarnt. Ich sage es
jetzt in diesem Brief noch einmal unmiss-
verständlich: Ich werde, wenn ich wieder
bei euch bin, ohne Nachsicht gegen alle
vorgehen, die Schuld auf sich geladen
haben.
3 Ihr selbst wollt ja den Beweis, dass
Christus durch mich spricht. Nun, Chris-
tus ist euch gegenüber nicht schwach,
sondern stark und mächtig. 4 Als er ge-
kreuzigt wurde, war er schwach; aber
jetzt lebt er aus der Kraft Gottes. Auch
wir sind schwach, weil wir mit Christus
verbunden sind; doch euch gegenüber
wird sich zeigen, dass wir mit Christus
aus der Kraft Gottes leben.
5 Prüft euch! Stellt selbst fest, ob euer
Glaube noch lebendig ist! Oder ist bei
euch nichts mehr davon zu merken, dass
Jesus Christus unter euch lebt? Dann al-
lerdings hättet ihr diese Prüfung nicht be-
standen. 6 Ich hoffe aber, ihr werdet er-
kennen, dass wir diese Probe bestanden
haben.
7 Wir beten zu Gott, dass ihr nichts
Böses tut; und zwar nicht, damit wir be-
stätigt werden, sondern allein damit ihr
das Gute tut, selbst wenn man uns für
Versager hält. 8 Gegen Gottes Wahrheit
können wir ohnehin nichts ausrichten,
wir können nur für sie eintreten. 9 Gern
wollen wir schwach sein, wenn ihr nur
stark seid. Darum beten wir, dass ihr im-
mer mehr so lebt, wie es Gott gefällt.
10 Ich habe euch das alles aus der Ferne
geschrieben, ehe ich zu euch komme, da-
mit ich nicht zu streng mit euch sein
muss, wenn ich bei euch bin. Denn Gott
hat mir seine Vollmacht gegeben, um

---

a Vgl. 5. Mose 19,15

12,15 1 Thess 2,8 **12,17–18** 7,2; 8,18–19 **12,19** 3,1 **12,21** 2,1–2 **13,1** 1 Tim 5,19 **13,2** 10,2 **13,4** 1 Kor 1,25; Hebr 2,9 **13,5** Röm 8,9 **13,9** 7,1; Kol 1,9–10 **13,10** 10,8; Röm 12,3; 1 Kor 4,21

euch aufzubauen, nicht um euch zu zer-
stören.
11 Zum Schluss, meine lieben Brüder
und Schwestern, noch einmal meine Bit-
te: Freut euch! Kehrt von euren falschen
Wegen um! Hört auf alles, was ich euch
geschrieben habe. Haltet fest zusammen,
und lebt in Frieden miteinander. Dann
wird Gott, der ein Gott der Liebe und
des Friedens ist, bei euch sein. 12 Grüßt
euch mit dem Friedenskuss. Die Gemein-
de hier lässt euch grüßen.
13 Die Gnade unseres Herrn Jesus
Christus, die Liebe Gottes und die Ge-
meinschaft des Heiligen Geistes sei mit
euch allen.

13,11 Phil 3,1; 4,4; Röm 15,5

Das Wichtigste zuerst

Wenn wir verheiratet sind, wird unsere Aufmerksamkeit von vielem beansprucht – von unserem Beruf, der Hausarbeit und den Finanzen, von Kindern egal welchen Alters, von der Gemeinde oder anderen ehrenamtlichen Tätigkeiten und vielleicht auch von der Pflege der eigenen Eltern. Oftmals begegnen wir diesen zueinander in Konkurrenz stehenden Verpflichtungen, indem wir ihnen in Gedanken den Vorrang einräumen. Wir halten diese Prioritäten nicht schriftlich fest – aber wir zeigen durch unser Verhalten, wie wichtig sie uns geworden sind. Fragen Sie sich doch einmal selbst: „Wie verbringe ich meine Zeit? Wofür gebe ich mein Geld aus? Wo setze ich meine Kraft ein?" – und schon haben Sie die Antwort auf die Frage: „Was sind meine Prioritäten?"

Wenn ein Paar kleine Kinder hat, bekommt der Mann manchmal den Eindruck, seine Frau habe ihn durch die Kinder ersetzt. Er kritisiert sie, weil er sich von ihr vernachlässigt fühlt. Die Sorge ist berechtigt, denn oft investiert eine Mutter mehr Kraft in ihr kleines Kind oder ihre Kinder, weil deren Bedürfnisse viel offensichtlicher und dringender sind als die ihres Mannes.

Es kann allerdings auch passieren, dass der Mann mehr Zeit und Kraft für seine Kinder aufbringt, weil er das Gefühl hat, seine Frau erfülle seine seelischen Bedürfnisse nicht und die Kinder verhielten sich ihm gegenüber viel positiver. Diese Verschiebung der Prioritäten gibt es auch in intakten Ehen. Der Mann beschäftigt sich vorwiegend mit seiner Karriere oder ist mit dem Hausbau oder einer Renovierung so beschäftigt, dass kaum Zeit für die Partnerschaft bleibt. Er meint: „Meine Frau ist ja sowieso immer da, für sie kann ich mir ein anderes Mal Zeit nehmen."

Wenn der Ehemann diese schädliche Tendenz in seinem eigenen Verhalten erkennt, wird er sofort Schritte unternehmen, um seine Zeit und Energie wieder auf die Bedürfnisse seiner Frau zu konzentrieren. Er wird ihr auch dabei helfen, seinen eigenen Bedürfnissen entgegenzukommen.

Den nächsten Artikel zum Thema „Was braucht sie – was braucht er" finden Sie auf S. 1366 a

Das Wichtigste zuerst

[illegible]

Der Brief des Paulus an die Christen in Galatien

Botschaft und Gruß

1 Diesen Brief schreibt Paulus, der Apostel. Ich bin weder von Menschen berufen noch durch sie ausgesandt worden. Jesus Christus selbst hat mich zu seinem Apostel bestimmt und Gott, unser Vater, der Jesus von den Toten auferweckte. [2] Im Namen aller Brüder und Schwestern, die hier bei mir sind, grüße ich die Gemeinden in Galatien.

[3] Euch allen wünschen wir Gnade und Frieden von Gott, unserem Vater, und dem Herrn Jesus Christus. [4] Er hat sein Leben für unsere Sünden hingegeben. Er hat uns davon befreit, so leben zu müssen, wie es in dieser vergänglichen, vom Bösen beherrschten Welt üblich ist. Damit erfüllte er den Willen Gottes, unseres Vaters. [5] Ihn wollen wir in alle Ewigkeit loben und ehren. Amen.

Es gibt nur einen Weg zu Gott

[6] Ich wundere mich sehr über euch. Gott hat euch doch in seiner Gnade das neue Leben durch Jesus Christus geschenkt, und ihr seid so schnell bereit, ihm wieder den Rücken zu kehren. Ihr meint, einen anderen Weg zur Rettung gefunden zu haben? [7] Doch es gibt keinen anderen! Es gibt nur gewisse Leute, die unter euch Verwirrung stiften, indem sie die Botschaft von Christus verfälschen.

[8] Wer *euch aber einen* anderen Weg zum Heil zeigen will als die rettende Botschaft, die wir euch verkündet haben, den wird Gottes Urteil treffen – auch wenn wir selbst das tun würden oder gar ein Engel vom Himmel. [9] Ich sage es noch einmal: Wer euch eine andere Botschaft verkündet, als ihr angenommen habt, den wird Gottes Urteil treffen!

[10] Rede ich den Menschen nach dem Munde, oder geht es mir darum, Gott zu gefallen? Erwarte ich, dass die Menschen mir Beifall klatschen? Dann würde ich nicht länger Christus dienen.

Paulus – von Gott selbst berufen

[11] Ihr könnt sicher sein, liebe Brüder und Schwestern: Die rettende Botschaft, die ich euch gelehrt habe, ist keine menschliche Erfindung. [12] Ich habe sie ja auch von keinem Menschen übernommen, und kein Mensch hat sie mich gelehrt. Jesus Christus selbst ist mir erschienen und hat mir seine Botschaft offenbart. [13] Ihr wisst sicherlich, wie ich als strenggläubiger Jude gelebt habe, dass ich die Christen überall mit glühendem Hass verfolgte und ihre Gemeinden zerstören wollte. [14] Mein Einsatz für den jüdischen Glauben übertraf den aller meiner Altersgenossen in unserem Volk. Mehr als alle anderen setzte ich mich dafür ein, dass die überlieferten Gesetze unserer Vorfahren buchstabengetreu erfüllt würden.

[15] Aber Gott hatte mich in seiner Gnade schon vor meiner Geburt dazu bestimmt, ihm einmal zu dienen. Als die Zeit dafür gekommen war, [16] ließ er mich seinen Sohn erkennen. Die anderen Völker sollten durch mich von ihm erfahren. Ohne Zögern habe ich diesen Auftrag angenommen und keinen Menschen um Rat gefragt. [17] Ich bin nicht einmal nach

---

1,1 1,11–12; Apg 9,15* **1,4** Mt 26,27–28; Hebr 2,17; 2 Kor 5,18–21*; Röm 12,2; 1 Joh 5,19
1,7 2,4–5; 5,10; Apg 15,1–2 **1,8–9** 1 Kor 15,1–2; 2 Kor 11,4; Phil 4,9 **1,10** 1 Thess 2,4–6
1,11 1 Thess 2,13 **1,12** Apg 9,3–6; 26,13–19 **1,13–14** Apg 8,3* **1,15** Jer 1,5 **1,16** Apg 9,15*; Röm 1,5

Jerusalem gereist, um die nach ihrer Mei-
nung zu fragen, die schon vor mir Apos-
tel waren. Nein, ich bin sofort nach Ara-
bien gezogen und von dort wieder nach
Damaskus zurückgekehrt.
18 Erst drei Jahre später kam ich nach
Jerusalem, weil ich Petrus[a] kennen ler-
nen wollte. Fünfzehn Tage bin ich damals
bei ihm geblieben. 19 Von den anderen
Aposteln habe ich bei diesem Aufenthalt
keinen gesehen, außer Jakobus, den Bru-
der unseres Herrn. 20 Gott weiß, dass alles
wahr ist, was ich euch schreibe.
21 Danach bin ich in den Gebieten von
Syrien und Zilizien gewesen. 22 Die christ-
lichen Gemeinden in Judäa haben mich
damals noch nicht persönlich gekannt.
23 Nur vom Hörensagen wussten sie: »Der
Mann, der uns früher verfolgt hat, ruft
jetzt selbst zu dem Glauben auf, den er
einst so erbittert bekämpfte.« 24 Und sie
dankten Gott für alles, was er an mir ge-
tan hat.

Paulus – von den anderen Aposteln anerkannt

2 Erst vierzehn Jahre später bin ich
zusammen mit Barnabas wieder
nach Jerusalem gekommen. Auch Titus
nahm ich mit. 2 Gott selbst hatte sich
mir offenbart und mir den Auftrag zu
dieser Reise gegeben. In Jerusalem habe
ich erklärt, welche Botschaft ich den
Menschen aus anderen Völkern verkün-
de. Ich trug dies der versammelten
Gemeinde vor und in einem weiteren
Gespräch ihren führenden Männern.
Denn ich wollte vermeiden, dass meine
Arbeit abgelehnt wird und alle meine
Mühe vergeblich ist. 3 Alle Verantwort-
lichen stimmten meiner Arbeit zu.[b]
Nicht einmal von Titus, meinem grie-
chischen Reisebegleiter, verlangte man,
sich beschneiden zu lassen.
4 Die Frage der Beschneidung wäre
überhaupt nicht zum Problem geworden,
hätten sich da nicht einige so genannte
Christen hinter meinem Rücken in die
Gemeinde eingeschlichen. Sie hegten ein
tiefes Misstrauen gegenüber der Freiheit,
die uns Christus schenkt, und wollten uns
wieder dem jüdischen Gesetz unterwer-
fen. 5 Aber wir haben ihnen keinen Au-
genblick nachgegeben und ihnen in kei-
nem einzigen Punkt zugestimmt. Denn
für uns ist nur eins wichtig: dass euch die
Wahrheit der rettenden Botschaft erhal-
ten bleibt.
6 Die verantwortlichen Männer in der
Gemeinde haben mir jedenfalls keine
Vorschriften gemacht – im Übrigen ist es
mir ganz unwichtig, was sie früher einmal
waren. Denn Gott schaut nicht auf Rang
und Namen. 7 Diesen Leitern der Ge-
meinde ist klar geworden, dass Gott mir
den Auftrag gegeben hat, den nicht-
jüdischen Völkern[c] die Botschaft von
Christus zu verkünden, so wie er Petrus
aufgetragen hat, sie den Juden[d] zu brin-
gen. 8 Denn alle konnten sehen, dass mei-
ne Arbeit als Apostel ebenso von Gott
bestätigt wurde wie die des Petrus.
9 Jakobus, Petrus und Johannes, die als
die Säulen der Gemeinde gelten, hatten
erkannt, dass Gott mir diesen besonde-
ren Auftrag gegeben hat. Da gaben sie
mir und Barnabas die Hand zum Zeichen
unserer Gemeinschaft. Wir einigten uns,
dass sie die rettende Botschaft weiter un-
ter den Juden verkünden sollten und wir
unter den anderen Völkern. 10 Nur um
eins haben sie uns gebeten: Wir sollten
die Armen in der Gemeinde von Jerusa-
lem nicht vergessen. Und dafür habe ich
mich auch immer eingesetzt.

---

[a] Wörtlich: Kephas.
[b] »Alle … zu.« ist sinngemäß ergänzt.
[c] *Wörtlich: den Unbeschnittenen.*
[d] Wörtlich: der Beschneidung.

1,19 Mt 13,55; Apg 15,13* **1,21** Apg 9,30; 11,25 **2,1–10** Apg 15,1–29 **2,3** Tit 1,4* **2,4** 1,7; Apg 15,1.24 **2,7** Apg 9,15*; Röm 1,5 **2,10** Apg 24,17; Röm 15,25–28.31; 1 Kor 16,1–4; 2 Kor 8,1–15.19–20; 9,1–15

Auseinandersetzung zwischen Paulus und Petrus

11 Als aber Petrus später nach Antiochia
kam, musste ich ihm vor allen widersprechen, denn er hatte sich eindeutig falsch
verhalten. 12 Zunächst hatte er ohne Bedenken mit den Christen, die keine Juden waren, an den gemeinsamen Mahlzeiten teilgenommen. Als aber einige jüdische Christen aus dem Kreis um Jakobus dazukamen, zog er sich zurück und wollte nicht mehr wie bisher mit allen zusammen sein. Er fürchtete nämlich die Vorwürfe der jüdischen Christen.

13 So wie Petrus handelten auch die anderen Juden in der Gemeinde gegen ihre Überzeugung, und schließlich verleiteten sie sogar Barnabas dazu, den gemeinsamen Mahlzeiten fernzubleiben.

14 Als ich merkte, dass sie nicht ehrlich waren und von der Wahrheit der rettenden Botschaft abwichen, stellte ich Petrus vor der ganzen Gemeinde zur Rede: »Obwohl du als Jude geboren wurdest, befolgst du jetzt das jüdische Gesetz nicht mehr, weil du Christ geworden bist. Weshalb verlangst du dann von den Christen, die aus den nichtjüdischen Völkern stammen, dass sie nach den Regeln des jüdischen Gesetzes leben sollen?

15 Zwar sind wir beide durch unsere Geburt Juden und stammen nicht aus einem anderen Volk, das Gott nicht
kennt. 16 Trotzdem wissen wir inzwischen sehr genau, dass wir nicht durch Taten, wie das Gesetz sie von uns fordert, vor Gott bestehen können, sondern allein durch den Glauben an Jesus Christus. Wir sind doch deshalb Christen geworden, weil wir davon überzeugt sind, dass wir allein durch den Glauben an Christus von unserer Schuld freigesprochen werden; nicht aber, weil wir die Forderungen des Gesetzes erfüllen. Denn wie die Heilige Schrift sagt, findet kein Mensch durch gute Werke Gottes Anerkennung.«[a]

17 Wenn aber auch wir Juden allein durch den Glauben an Christus Anerkennung bei Gott finden wollen, dann sind wir ebenso wie die Menschen aus anderen Völkern, nämlich ohne jedes Gesetz.[b] Bedeutet dies nun, dass Christus zum Komplizen[c] der Sünde wird, wenn durch den Glauben an ihn das Gesetz aufgehoben ist[d]? Auf gar keinen Fall! 18 Nicht
Christus, sondern ich selbst bin ein Komplize der Sünde, wenn ich dem Gesetz wieder Geltung verschaffen will, das ich vorher als nutzlos erkannt habe.

19 Durch das Gesetz nämlich war ich zum Tode verurteilt. So bin ich nun für das Gesetz tot, damit ich für Gott leben kann. Mein altes Leben ist mit Christus
am Kreuz gestorben. 20 Darum lebe nicht
mehr ich, sondern Christus lebt in mir! Mein vergängliches Leben auf dieser Erde lebe ich im Glauben an Jesus Christus, den Sohn Gottes, der mich geliebt und
sein Leben für mich gegeben hat. 21 Niemals werde ich dieses unverdiente Geschenk Gottes ablehnen. Könnte ich nämlich durch das Befolgen des Gesetzes von Gott angenommen werden, dann hätte Christus nicht zu sterben brauchen.

Gesetz oder Glaube?

3 Warum wollt ihr Christen in Galatien das denn nicht endlich begreifen! Wer konnte euch bloß so durcheinander bringen? Habe ich euch das Sterben Jesu Christi am Kreuz nicht so geschildert, als hättet ihr alles mit eigenen Augen gese-
hen? 2 Beantwortet mir nur diese eine

---

[a] Vgl. Psalm 143,2
[b] Wörtlich: Wenn aber auch wir selbst durch Christus gerechtfertigt werden möchten, dann sind wir Sünder.
[c] Wörtlich: Diener.
[d] »wenn … aufgehoben ist« ist sinngemäß ergänzt.

2,12 Apg 10,10–43; 11,1–4 **2,13** 2,1; Apg 4,36* **2,15** 2 Kor 11,22 **2,16** 3,10–14; Röm 3,20.28; 4,5; 9,32; 10,4; Eph 2,8–9; 2 Kor 5,18–21* **2,17** 3,10–11; Apg 15,10–11 **2,19–20** Röm 6,3–11; 7,4; 8,10; 2 Kor 5,14–15; 2 Tim 2,11 **3,1** 1 Kor 2,2 **3,2** 4,6–7; Eph 1,13–14

Frage: Wodurch habt ihr den Geist Gottes empfangen? Indem ihr die Forderungen des Gesetzes erfüllt habt oder weil ihr die Botschaft des Glaubens gehört und angenommen habt?

[3]Wie könnt ihr nur so blind sein! Wollt ihr jetzt etwa aus eigener Kraft zu Ende führen, was Gottes Geist in euch begonnen hat? [4]Ihr habt doch so Großes mit Gott erfahren. Soll das wirklich alles vergeblich gewesen sein? Das kann ich einfach nicht glauben! [5]Ich frage euch darum noch einmal: Warum schenkt Gott euch seinen Geist und lässt Wunder bei euch geschehen? Weil ihr das Gesetz erfüllt oder weil ihr von Christus gehört habt und an ihn glaubt?

[6]Erinnert euch einmal daran, was von Abraham gesagt wird: »Abraham glaubte Gott, und so fand er bei ihm Anerkennung.«[a] [7]Das bedeutet doch: Die wirklichen Nachkommen Abrahams sind alle, die glauben. [8]Die Heilige Schrift selbst hat schon längst darauf hingewiesen, dass Gott auch die anderen Völker durch den Glauben retten wird. Gott verkündete schon Abraham die gute Botschaft: »Durch dich sollen alle Völker gesegnet werden.«[b] [9]Mit Abraham, der unerschütterlich Gott vertraute, werden alle gesegnet, die ebenso glauben wie er.

[10]Wer dagegen darauf vertraut, von Gott angenommen zu werden, weil er das Gesetz erfüllt, der steht unter einem Fluch. Die Heilige Schrift sagt ganz klar: »Jeden soll der Fluch treffen, der nicht in allen Punkten Gottes Gesetz erfüllt.«[c] [11]Dass aber niemand durch das Gesetz Anerkennung bei Gott finden kann, ist ebenfalls klar. Denn schon der Prophet Habakuk sagt: »Nur wer Gott vertraut, wird leben.«[d] [12]Das Gesetz aber fragt nicht nach dem Glauben. Hier gilt: »Nur wer seine Forderungen erfüllt, wird leben.«[e]

[13]Von diesem Fluch des Gesetzes hat uns Christus erlöst. Als er am Kreuz starb, hat er diesen Fluch auf sich genommen, wie es vorausgesagt war: »Wer so aufgehängt wird, ist von Gott verflucht.«[f] [14]Der Segen, den Gott Abraham zugesagt hatte, sollte durch den Tod Jesu am Kreuz allen Völkern geschenkt werden. Und durch den Glauben an Christus werden wir alle den Geist Gottes empfangen, wie Gott es versprochen hat.

Das Gesetz und die Zusagen Gottes

[15]Liebe Brüder und Schwestern! Ich möchte einmal ein ganz alltägliches Beispiel gebrauchen. Ist ein Testament einmal ausgefertigt und rechtsgültig, dann kann niemand etwas hinzufügen oder gar das Testament selbst für ungültig erklären. [16]So ist es auch mit den Zusagen Gottes an Abraham. Betrachten wir sie genauer, dann stellen wir fest: Gott gab sein Versprechen Abraham und seinem Nachkommen. Es heißt nicht: »Abraham und seinen Nachkommen«, als ob viele gemeint wären. Gott sagt ausdrücklich: »deinem Nachkommen«, also einem einzigen. Dieser eine ist Christus.

[17]Ich will damit sagen: Gottes Versprechen an Abraham ist rechtsgültig wie ein Testament, und das Gesetz des Mose, das erst 430 Jahre später gegeben wurde, ändert daran nichts. Gottes Versprechen wird deshalb nicht ungültig. [18]Würde Gott jetzt seine Zusage von der Erfüllung des Gesetzes abhängig machen, so wäre sein früheres Versprechen aufgehoben. Aber Gott hat Abraham seine Zusage ausdrücklich ohne jede Bedingung gegeben.

---

[a] 1. Mose 15,6
[b] 1. Mose 12,3; 18,18
[c] 5. Mose 27,26
[d] *Wörtlich:* Der Gerechte wird durch den Glauben leben. Habakuk 2,4
[e] 3. Mose 18,5
[f] *Wörtlich:* Verflucht ist jeder, der am Holz hängt. Vgl. 5. Mose 21,22–23

3,6–9 Röm 4,9–12.16 **3,10** Hebr 10,28; Jak 2,10 **3,11** Röm 1,17 **3,12** Röm 4,15; 10,5
3,13 1 Kor 15,56; 2 Kor 5,18–21* **3,14** 3,2.5 **3,17** 2 Mo 12,40 **3,18** Röm 4,13

Die Kunst der Auseinandersetzung

Lesen Sie Galater 2,11-21

Wenn in der Ehe oder der Gemeinde ein Konflikt auftritt, sollte unser Ziel immer die Versöhnung sein. Natürlich geht der Versöhnung meistens eine Auseinandersetzung voraus. Wenn diese fair geführt wird, kann sie in einer Beziehung Wunder wirken.

Andere auf ihre Fehler hinzuweisen, sollte allerdings nie in der Absicht geschehen, den anderen zu verurteilen, sondern mit dem Ziel, die Beziehung wiederherzustellen und eine aufrichtige, offene und liebevolle Verbindung zueinander zu schaffen. Wenn es in der Ehe Meinungsverschiedenheiten gibt, muss die Atmosphäre erst gereinigt werden, damit wir die Gemeinschaft als Mann und Frau wieder leben können. Wird Schuld bekannt, sollen wir vergeben, und die Beziehung ist wiederhergestellt. Der Apostel Paulus berichtet in Galater 2,11-21 über seine Auseinandersetzung mit Petrus, weist aber darauf hin, dass wir eines nicht vergessen sollten: Wir selbst könnten die Nächsten sein, die Schuld auf sich laden.

Eine liebevolle Ermahnung fällt den meisten Menschen nicht leicht. Wir sind nicht geübt darin und haben nur wenig Erfahrung, was diese Art von Umgang mit unserem Zorn betrifft. Viel einfacher ist es für uns, entweder unserem Ärger Luft zu machen oder ihn in uns hineinzufressen, doch beides hat zerstörerische Auswirkungen. Eine liebevolle Auseinandersetzung mit dem Ziel der Versöhnung ist die beste Vorgehensweise, vor allem, wenn es sich bei der anderen Person um diejenige handelt, der wir versprochen haben, den Rest unseres Lebens mit ihr zu verbringen.

Nehmen Sie sich Zeit, um allein oder als Paar gemeinsam zu beten. Bitten Sie Gott ...

- Ihnen die Konflikte aus der Vergangenheit zu vergeben, bei denen Sie sich falsch verhalten haben;
- Ihr Herz zu erforschen und Sie auf aktuelle Konflikte aufmerksam zu machen, die Sie angehen sollten;
- Ihnen Weisheit und Geduld zu schenken, damit Sie mit zukünftigen Konflikten so umgehen können, dass Gott dadurch geehrt wird.

Wenn Sie noch mehr Zeit haben ...

Besprechen Sie miteinander folgende Fragen oder denken Sie darüber nach:

- Wann sind Sie das letzte Mal mit einem Konflikt so umgegangen, dass Sie es später bereut haben?
- Wann sind Sie das letzte Mal auf positive Weise mit einem Konflikt fertiggeworden?
- An welchem Punkt sollte ein Dritter, zum Beispiel ein Pastor oder ein Berater, bei einem Konflikt hinzugezogen werden?

Lesen Sie auch die folgenden Abschnitte zum Thema Konfliktlösung:
Sprüche 15,1; Matthäus 5,9; Epheser 4,31-32.

Einander dienen

Lesen Sie Galater 5,1-15

„Durch Christus wurde euch die Freiheit geschenkt, liebe Brüder und Schwestern! Das bedeutet aber nicht, dass ihr jetzt tun und lassen könnt, was ihr wollt. Dient vielmehr einander in Liebe" (Galater 5,13). Diese Worte des Apostels Paulus sind an die Gemeinde gerichtet, sie gelten aber genauso für die Ehe – ebenso wie seine Warnung zwei Verse später: „Wenn ihr aber wie die Wölfe übereinander herfallt, dann passt nur auf, dass ihr euch dabei nicht gegenseitig fresst!"

Wir alle haben die Freiheit, andere Menschen, einschließlich unseres Ehepartners, so zu behandeln, wie wir wollen. Leider missbrauchen wir diese Freiheit manchmal. Das Bild von zwei Menschen, die verbal „übereinander herfallen und sich gegenseitig fressen", ist manchen Ehepaaren nur allzu vertraut, wenn sie sich in lautstarken, langwierigen Auseinandersetzungen gegenseitig zerlegt haben. Wie viele Ehen sind schon durch harte, verurteilende Worte in die Brüche gegangen? Wenn wir uns gegenseitig herunterputzen, helfen wir dem Satan, unsere Ehen zu zerstören. Nichts gefällt ihm besser.

Statt uns gegenseitig fertigzumachen, sollten wir lieber der biblischen Strategie folgen und einander in Liebe dienen. Wenn wir unserem Ehepartner dienen – aktiv seine Bedürfnisse herausfinden und sie erfüllen –, dann schaffen wir ein angenehmes Gefühlsklima, in dem wir frei über unsere Probleme reden und Lösungen finden können. Dienen Sie Ihrem Ehepartner heute und Sie werden sehen, wie sich die Atmosphäre in Ihrer Ehe verändert.

Nehmen Sie sich Zeit, um allein oder als Paar gemeinsam zu beten.

- Danken Sie Gott für Ihren Ehepartner.
- Bitten Sie Gott um Hilfe, damit Sie Ihrem Mann/Ihrer Frau im Geist der Demut begegnen können.
- Bitten Sie Gott auch, dass er Ihnen eine dienende Herzenshaltung gegenüber Ihrem Partner schenkt.

Wenn Sie noch mehr Zeit haben ...

Besprechen Sie miteinander folgende Fragen oder denken Sie darüber nach:

- Inwiefern hindert der Stolz Sie am Dienen?
- Wie schwer fällt es Ihnen, Ihre Zunge im Zaum zu halten, wenn Sie mit jemandem einen Konflikt haben?
- Was hält Sie davon ab, offen mit Ihrem Partner zu sprechen?

Lesen Sie auch die folgenden Abschnitte zum Thema Dienen:
Markus 10,44-45;
Apostelgeschichte 20,35;
1. Petrus 4,10.

Den nächsten Impuls finden Sie auf S. 1342 a

Welche Aufgabe hat das Gesetz?

[19] Was aber soll dann noch das Gesetz? Gott hat es zusätzlich gegeben, damit wir das Ausmaß unserer Sünden erkennen. Dieses Gesetz – von den Engeln durch den Vermittler Mose zu uns gebracht – sollte auch nur so lange gelten, bis der Nachkomme Abrahams da wäre, an dem Gott sein Versprechen erfüllen wollte. [20] Bei dieser Zusage war kein Vermittler notwendig, sondern Gott, der Eine, hat selbst zu Abraham gesprochen.

[21] Soll man nun daraus schließen, dass die Zusagen Gottes und das Gesetz einander widersprechen? Auf keinen Fall! Es gibt ja schließlich kein Gesetz, das uns neues Leben schenkt. Nur dann käme unsere Anerkennung vor Gott tatsächlich aus dem Gesetz. [22] Aber in der Heiligen Schrift heißt es eindeutig, dass wir alle Gefangene der Sünde sind und dass wir allein durch den Glauben an Jesus Christus befreit werden. Denn in Christus hat sich Gottes Versprechen erfüllt.

[23] Bevor aber der Glaube kam, hielt das Gesetz uns gefangen. Das dauerte so lange, bis die Zeit da war, in der der Glaube an Christus uns befreien sollte. [24/25] Bis dahin hatte das Gesetz für uns die Aufgabe eines strengen Erziehers. Seit Christus aber finden wir durch den Glauben die Anerkennung Gottes und sind dem Gesetz, diesem strengen Erzieher, nicht mehr unterstellt. [26] Denn durch den Glauben an Jesus Christus seid ihr nun alle zu Kindern Gottes geworden. [27] Ihr gehört zu Christus,[a] weil ihr auf seinen Namen getauft seid. [28] Jetzt ist es nicht mehr wichtig, ob ihr Juden oder Griechen, Sklaven oder Freie, Männer oder Frauen seid: In Christus seid ihr alle eins. [29] Gehört ihr aber zu Christus, dann seid auch ihr Nachkommen Abrahams. Als seine Erben bekommt ihr alles, was Gott ihm zugesagt hat.

Nicht mehr Gefangene des Gesetzes, sondern Kinder Gottes

4 Überlegt einmal: Solange der Erbe noch nicht volljährig ist, besteht zwischen ihm und einem Sklaven kein Unterschied, obwohl ihm als Erben schon alles gehört. [2] Bis zu dem vom Vater festgesetzten Zeitpunkt bestimmen sein Vormund und seine Vermögensverwalter über den Besitz.

[3] Genauso ging es auch uns. Wie Unmündige waren wir allen Mächten und Zwängen dieser Welt ausgeliefert. [4] Aber zu der von Gott festgesetzten Zeit sandte er seinen Sohn zu uns. Christus wurde wie wir als Mensch geboren und den Forderungen des Gesetzes unterstellt. [5] Er sollte uns befreien, die wir Gefangene des Gesetzes waren, damit Gott uns als seine Kinder annehmen konnte.

[6] Weil ihr nun seine Kinder seid, schenkte euch Gott seinen Geist, denselben Geist, den auch der Sohn hat. Deshalb dürft ihr jetzt im Gebet zu Gott sagen: »Lieber Vater!« [7] Ihr seid nicht länger Gefangene des Gesetzes, sondern Kinder Gottes. Und als Kinder Gottes seid ihr auch seine Erben, euch gehört alles, was Gott versprochen hat.

Paulus sorgt sich um seine Gemeinden

[8] Als ihr von Gott noch nichts wusstet, habt ihr so genannten Göttern gedient, die in Wirklichkeit gar keine sind. [9] Nachdem ihr nun aber Gott kennt und liebt – genauer gesagt, nachdem Gott euch kennt und liebt –, wie ist es da möglich, dass ihr euch diesen armseligen und kümmerlichen Vorstellungen wieder zuwendet und sogar sklavisch danach lebt? [10] Oder warum sonst legt ihr so großen Wert auf die Einhaltung bestimmter Tage, Monate, Feste und Jahre? [11] Ich

---

[a] Wörtlich: Ihr habt Christus angezogen.

3,19 Röm 3,20; 5,20; 7,7–9; Apg 7,53; Hebr 2,2; 5 Mo 5,5 **3,21** Röm 7,10; 8,1–4 **3,23–25** Röm 7,1–6; 10,4 **3,26–28** Joh 1,12; Röm 8,14–15*; 6,3–4; 10,12–13; 1 Kor 12,12–13; Kol 3,11 **3,29** 3,7–9; Röm 9,7–8 **4,4–5** Joh 1,14; Röm 8,3; Eph 1,9–11; Phil 2,5–8 **4,6–7** 3,2; Röm 8,14–15* **4,8** 1 Kor 12,2; 8,4 **4,10** Kol 2,16.20–23

mache mir Sorgen um euch! Ist denn
meine ganze Arbeit bei euch sinnlos ge-
wesen?
12 Liebe Brüder und Schwestern, ich
bitte euch: Folgt meinem Beispiel, erwar-
tet eure Rettung nicht vom Gesetz[a].
Denn auch ich habe mich nach euch ge-
richtet, und ihr habt mich bisher noch nie
gekränkt. 13 Ihr erinnert euch sicherlich
daran, als ich das erste Mal bei euch war
und euch die rettende Botschaft ver-
kündete. Damals wurde ich krank, 14 und
obwohl meine Krankheit für euch nicht
leicht zu ertragen war, habt ihr mich
weder verachtet noch abgewiesen. Im
Gegenteil, ihr habt mich wie einen En-
gel Gottes aufgenommen, ja, wie Jesus
Christus selbst. 15 Wie glücklich und
dankbar wart ihr doch damals! Und heu-
te? Ich bin sicher, zu der Zeit hättet ihr
sogar eure Augen für mich hergegeben.
16 Bin ich jetzt euer Feind geworden, weil
ich euch die volle Wahrheit sage?
17 Vielleicht liegt es an den Leuten, die
euch zurzeit so umschmeicheln. Doch sie
meinen es nicht ehrlich mit euch. Sie wol-
len nur erreichen, dass ihr euch von mir
abwendet und ihnen nacheifert. 18 Nun
habe ich gar nichts dagegen, wenn ihr an-
dere zum Vorbild nehmt. Besser wäre es
allerdings, ihr würdet mir nacheifern, und
das nicht nur, wenn ich bei euch bin.
19 Euretwegen, meine lieben Kinder,
leide ich noch einmal alle Schmerzen
und Ängste, wie sie eine Mutter bei der
Geburt ihres Kindes auszustehen hat.
Wenn man doch endlich an euch erken-
nen könnte, dass Christus euer Herr ist
und euer Leben bestimmt! 20 Könnte ich
doch nur bei euch sein und mit meinen
Worten euer Herz erreichen! Ich weiß
wirklich nicht, was ich noch mit euch ma-
chen soll!

Das Beispiel von Hagar und Sara

21 Ihr wollt also nach dem Gesetz leben.
Wisst ihr denn eigentlich, was im Gesetz
steht? 22 Dort heißt es, dass Abraham
zwei Söhne hatte: einen von der Sklavin
Hagar und einen von seiner Frau Sara,
die als Freie geboren war. 23 Der Sohn
der Sklavin wurde geboren, weil Abra-
ham endlich einen Sohn haben wollte,
der Sohn der Freien dagegen, weil Gott
ihn versprochen hatte.[b]
24 Am Beispiel dieser beiden Frauen
will uns Gott zeigen, wie verschieden sei-
ne beiden Bündnisse mit den Menschen
sind. Den einen Bund, für den Hagar
steht, schloss Gott auf dem Berg Sinai
mit dem Volk Israel, als er ihm das Ge-
setz gab. Dieses Gesetz aber versklavt
uns. 25 Hagar weist auf den Berg Sinai in
Arabien hin. Er entspricht dem Jerusa-
lem unserer Zeit, denen, die am Gesetz
festhalten und deshalb nie frei werden.
26 Die andere Frau aber, von der wir ab-
stammen, ist frei. Sie weist auf das neue
Jerusalem im Himmel hin. 27 Von ihr
spricht schon der Prophet Jesaja: »Sei
fröhlich, du Unfruchtbare, auch wenn du
nie ein Kind geboren hast. Juble und
jauchze, du Kinderlose. Denn du, die du
allein bist, wirst mehr Kinder haben als
die Frau, die einen Mann hat.«[c] 28 Liebe
Brüder und Schwestern, ihr verdankt eu-
er Leben wie Isaak der Zusage Gottes.
29 Allerdings verfolgte schon damals
der Sohn der Sklavin – der geboren wur-
de, weil Menschen es so wollten – den
Sohn der Freien, der geboren wurde, weil
Gott es wollte. Genauso ist es auch noch
heute. 30 Aber was sagt die Heilige Schrift
dazu? »Jag die Sklavin und ihren Sohn
fort! Denn nicht er, sondern der Sohn
der Freien soll dein Erbe sein!«[d] 31 Wir

---

[a] »erwartet … Gesetz« ist sinngemäß ergänzt.
[b] Wörtlich: Doch der Sohn der Sklavin wurde nach dem Fleisch gezeugt, der Sohn der Freien aber durch das Versprechen.
[c] *Jesaja 54,1*
[d] 1. Mose 21,10

4,12 2,21; 1 Kor 11,1* **4,17** 1,7; 2,4–5; 6,12 **4,18** 1 Kor 11,1* **4,19** Röm 8,4; 2 Thess 3,5
4,22 1 Mo 16,15; 21,1–3 **4,23** Röm 9,7–9; 1 Mo 16,1–2; 17,15–16 **4,24** 2 Mo 24,1–8
4,26 Hebr 12,22; Offb 21,2 **4,29** 1 Mo 21,9

aber, meine lieben Brüder und Schwestern, sind nicht die Kinder der Sklavin, sondern der Freien!

Bewahrt die Freiheit, die Christus euch schenkt!

5 Durch Christus sind wir frei geworden, damit wir als Befreite leben.
Jetzt kommt es darauf an, dass ihr euch
nicht wieder vom Gesetz versklaven
lasst.
2 Ich, Paulus, sage euch deshalb in aller
Deutlichkeit: Wenn ihr euch beschneiden
lasst, ist alles nutzlos, was Christus für
euch getan hat. 3 Und noch einmal erklä-
re ich jedem Einzelnen von euch: Wer
sich beschneiden lässt, der muss das gan-
ze Gesetz mit allen seinen Forderungen
befolgen. 4 Wenn ihr aber durch das Ge-
setz vor Gott bestehen wollt, dann habt
ihr euch von Christus losgesagt und Got-
tes Gnade verspielt.
5 Wir aber vertrauen darauf, dass wir
durch den Glauben an Jesus Christus
von Gott angenommen werden. Er hat
uns ja durch seinen Geist diese Hoffnung
geschenkt.[a] 6 Wenn wir mit Jesus Christus
verbunden sind, ist es völlig gleich, ob wir
beschnitten oder unbeschnitten sind. Bei
ihm gilt allein der Glaube, der sich in Ta-
ten der Liebe zeigt.
7 Es hat so gut mit euch angefangen!
Wer konnte euch nur so beeinflussen,
dass ihr der Wahrheit nicht mehr folgen
wollt? 8 Gott bestimmt nicht! Er hat euch
ja auf diesen Weg des Glaubens geführt!
9 Wie ihr wisst, genügt schon ein wenig
Sauerteig, um den ganzen Teig zu durch-
säuern. 10 Aber ich verlasse mich auf den
Herrn; und ich vertraue euch, dass ihr in
dieser Frage mit mir übereinstimmen
werdet. Wer euch aber im Glauben
durcheinander bringt, wird seiner Strafe
nicht entgehen, wer er auch sein mag.

11 Liebe Brüder und Schwe tern! Man-
che Leute behaupten, ich se bst würde
alle Christen dazu drängen, si beschnei-
den zu lassen. Würden mic die Juden
dann aber noch verfolgen? D n brauch-
te auch niemand mehr Anst daran zu
nehmen, dass ein Gekreuzig er der von
Gott versprochene Retter t. 12 Wenn
diese Leute euch so hartnäc ig die Be-
schneidung aufdrängen wolle , dann sol-
len sie sich doch gleich kastri en lassen!

Leben durch die Kraft de Geistes

13 Durch Christus wurde euch ie Freiheit
geschenkt, liebe Brüder und hwestern!
Das bedeutet aber nicht, dass r jetzt tun
und lassen könnt, was ihr llt. Dient
vielmehr einander in Liebe. Denn wer
dieses eine Gebot befolgt: »L be deinen
Mitmenschen wie dich selbs [b], der hat
das ganze Gesetz erfüllt. 15 W n ihr aber
wie die Wölfe übereinand herfallt,
dann passt nur auf, dass ihr ch dabei
nicht gegenseitig fresst!
16 Darum rate ich euch: La euer Le-
ben von Gottes Geist bestim en. Wenn
er euch führt, werdet ihr alle elbstsüch-
tigen Wünschen widersteh können.
17 Denn, selbstsüchtig wie wir d, wollen
wir immer das Gegenteil v dem, was
Gottes Geist will. Doch der ist Gottes
duldet unsere Selbstsucht t. Beide
kämpfen gegeneinander, so s ihr das
Gute, das ihr doch eigentlic ollt, nicht
ungehindert tun könnt. 18 W ihr aber
aus der Kraft des Geistes , seid ihr
den Forderungen des Gese nicht län-
ger unterworfen.
19 Gebt ihr dagegen euren bstsüchti-
gen Wünschen nach, ist o sichtlich,
wohin das führt: zu sexuelle ügellosig-
keit, einem sittenlosen und a chweifen-
den Leben, 20 zur Götzenanbe ng und zu
abergläubischem Vertrauen uf über-

---

[a] Wörtlich: Denn wir erwarten durch den Geist aus Glauben die erhoffte Gerechtig
[b] 3. Mose 19,18

5,1 2,4; 4,5 **5,2** 2,21; Apg 15,1–2 **5,3** 3,10; Hebr 10,28; Jak 2,10 **5,5** Röm 5 **5,6** 6,15; Röm 2,28–29; 1 Kor 7,19; Phil 3,3 **5,9** 1 Kor 5,6–7 **5,11** 6,12; 1 Kor 1,18.23 **12** Phil 3,2 **5,13–14** Röm 12,10*; 15,1; Phil 2,1–5 **5,16** Röm 8,4–5 **5,17** Röm 7,21–23 **5,18** R 6,14; 7,1–6 **5,19–21** 1 Kor 6,9–10; Eph 5,5; Kol 3,5; Offb 22,15

sinnliche Kräfte. Feindseligkeit, Streitsucht, Eifersucht, Wutausbrüche, Intrigen, Uneinigkeit und Spaltungen bestimmen dann das Leben ebenso [21] wie Neid, Trunksucht, üppige Gelage und vieles andere. Ich habe es schon oft gesagt und warne euch hier noch einmal: Wer so lebt, wird niemals in Gottes neue Welt kommen.

[22] Dagegen bringt der Geist Gottes in unserem Leben nur Gutes hervor: Liebe und Freude, Frieden und Geduld, Freundlichkeit, Güte und Treue, [23] Besonnenheit und Selbstbeherrschung. Ist das bei euch so? Dann kann kein Gesetz mehr etwas von euch fordern!

[24] Es ist wahr: Wer zu Christus gehört, der hat sein selbstsüchtiges Wesen mit allen Leidenschaften und Begierden ans Kreuz geschlagen. [25] Durch Gottes Geist haben wir neues Leben, darum lasst uns jetzt auch unser Leben in der Kraft des Geistes führen! [26] Wir wollen nicht mit unseren vermeintlichen Vorzügen prahlen und dadurch Kränkungen und Neid hervorrufen.

Tragt die Lasten gemeinsam!

6 Brüder und Schwestern, wenn einer von euch vom richtigen Weg abkommt, dann sollt ihr, die von Gottes Geist geleitet werden, ihn liebevoll wieder zurechtbringen. Seht aber zu, dass ihr dabei nicht selbst zu Fall kommt. [2] Jeder soll dem anderen helfen, seine Last zu tragen. Auf diese Weise erfüllt ihr das Gesetz, das Christus uns gegeben hat. [3] Wer sich einbildet, besser zu sein als die anderen, der betrügt sich selbst. [4] Darum soll jeder sich selbst genau prüfen. Dann wird er sich über seine guten Taten freuen können, aber keinen Grund zur Überheblichkeit haben. [5] Denn jeder ist für sein eigenes Tun vor Gott verantwortlich. Das ist schon schwer genug!

[6] Wer in der Heiligen Schrift unterwiesen wird, soll auch zum Lebensunterhalt seines Lehrers beitragen, so gut er kann.

[7] Glaubt nur nicht, ihr könntet euch über Gott lustig machen! Ihr werdet genau das ernten, was ihr gesät habt. [8] Wer sich nur auf sich selbst verlässt, den erwartet der ewige Tod. Wer sich aber durch den Geist Gottes führen lässt, dem wird Gott das ewige Leben schenken.

[9] Werdet nicht müde, Gutes zu tun. Es wird eine Zeit kommen, in der ihr eine reiche Ernte einbringt. Gebt nur nicht vorher auf! [10] Solange uns noch Zeit bleibt, wollen wir allen Menschen Gutes tun; vor allem aber denen, die mit uns an Jesus Christus glauben.

Alles durch Christus!

[11] Wie ihr an den großen Buchstaben sehen könnt, schreibe ich diesen Brief eigenhändig zu Ende.

[12] Leute, denen es nur um ihr Ansehen und ihre Geltung vor Menschen geht, bedrängen euch, ihr müsstet euch noch beschneiden lassen. Dabei haben sie nur Angst, verfolgt zu werden, wenn sie sich einzig und allein zum gekreuzigten Jesus Christus bekennen. [13] Doch obwohl sie selbst beschnitten sind, erfüllen sie die Forderungen des Gesetzes nicht. Sie wollen nur damit prahlen, dass sie euch zur Beschneidung überredet haben.

[14] Ich aber kenne nur *einen* Grund zum Rühmen: das Kreuz unseres Herrn Jesus Christus. Weil er starb, starb auch diese Welt für mich, und ich bin tot für ihre Ansprüche und Forderungen. [15] Vor Gott ist es vollkommen gleichgültig, ob wir beschnitten oder unbeschnitten sind. Wichtig ist allein, dass wir durch Christus neue Menschen geworden sind. [16] Wer sich daran hält, dem möge Gott seinen Frieden und seine Barmherzigkeit schenken –

5,22–23 *2 Kor 6,6*; Eph 5,9–11; Phil 1,11; 1 Tim 6,11 **5,25** 5,16; Röm 8,4–5 **5,26** Phil 2,3 **6,1–2** Mt 18,15; Kol 4,6; 1 Thess 5,14–15; 2 Thess 3,11–15 **6,3** Phil 2,3 **6,4** 1 Kor 4,7 **6,5** Röm 14,12 **6,6** Lk 10,7; Apg 20,33–35; 1 Kor 9,4–15 **6,8** Röm 8,6 **6,9** 2 Thess 3,13; Eph 2,10* **6,10** Joh 13,34–35; Röm 12,13; 2 Kor 8,12–14 **6,11** Kol 4,18; 2 Thess 3,17 **6,12** 5,11 **6,13** 5,3 **6,14** 2,19; Röm 6,11; 1 Kor 1,29–31 **6,15–16** 3,26–28; 1 Kor 12,12–13; 2 Kor 5,17

Die Last des anderen mittragen

Lesen Sie Galater 6,2

Der Apostel Paulus hat für Paare einen hohen Maßstab gesetzt, als er uns aufforderte: „Jeder soll dem anderen helfen, seine Last zu tragen. Auf diese Weise erfüllt ihr das Gesetz, das Christus uns gegeben hat" (Galater 6,2).

Die meisten Paare haben den Wunsch, sich offener miteinander über ihren geistlichen Weg austauschen zu können. Wie oft sprechen wir über seelische oder körperliche Vertrautheit und wie selten über geistliche Vertrautheit! Doch gerade letztere wirkt sich auf alle anderen Bereiche unserer ehelichen Beziehung aus.

So wie seelische Vertrautheit entsteht, wenn wir über unsere Gefühle sprechen, entsteht geistliche Vertrautheit, wenn wir über unser Leben mit Gott sprechen. Wir müssen keine geistlichen Helden sein, um als Ehepaar geistliche Gemeinschaft zu erfahren. Wir müssen nur bereit sein, miteinander darüber zu reden, wo wir geistlich gerade stehen.

Wenn ein Mann sagt: „Ich fühle mich Gott heute nicht besonders nahe", dann mag das bei seiner Frau zwar keine große Freude hervorrufen, doch immerhin gibt er ihr damit Anteil an seiner geistlichen Erfahrung. Wenn sie ihm antwortet: „Erzähl mir noch mehr darüber", fördert sie damit die geistliche Vertrautheit. Entgegnet sie ihm aber: „Wenn du dich Gott nicht nahe fühlst, dann rate mal, wer sich hier von wem entfernt hat?", verhindert sie das Gespräch, und ihr Mann geht mit dem Gefühl weg, verurteilt worden zu sein.

Zu den Lasten, die Sie miteinander teilen, gehören oft auch geistliche Probleme und Wüstenzeiten. Geistliche Vertrautheit in der Ehe entsteht, wenn Sie bereit sind, sich gegenseitig zuzuhören, ohne den anderen anzupredigen.

Nehmen Sie sich Zeit, um allein oder als Paar gemeinsam zu beten. Bitten Sie Gott um den Mut, mit Ihrem Mann oder Ihrer Frau über Ihr geistliches Leben zu sprechen. Bitten Sie ihn auch, Ihnen beiden zu helfen, damit Sie sich gegenseitig wohlwollend zuhören und die Lasten des anderen mittragen.

Wenn Sie noch mehr Zeit haben ...

Besprechen Sie miteinander folgende Fragen oder denken Sie darüber nach:

- Auf welche Weise haben Sie Ihren Partner in letzter Zeit in Bezug auf sein geistliches Leben mit Wort oder Tat ermutigt?
- Haben Sie auch Dinge gesagt oder getan, die den anderen geistlich entmutigen könnten?
- Was ist für Sie als Paar Ihr größtes Hindernis für die geistliche Vertrautheit? Mit welchen konkreten Schritten können Sie es überwinden?

Lesen Sie auch die folgenden Abschnitte zum Thema Geistliche Vertrautheit:

1. Mose 2,18; Epheser 5,23-32; 1. Petrus 3,1-7.

Ausfällig geworden

Lesen Sie Epheser 4,25-32

Haben Sie einen Partner, der leicht ausfällig wird? Vielleicht geht es Ihnen wie dem Mann, der mir anvertraute: „Meine Frau hat mich einen Jammerlappen von Ehemann genannt und meinte, sie hätte lieber nicht geheiratet – und das nur, weil ich die Tonne nicht rechtzeitig an die Straße gestellt habe, als die Müllabfuhr kam. So ist es schon, seit wir verheiratet sind. Ich weiß nicht, was ich noch machen soll."

Zunächst einmal sollten wir die Ursache verstehen: Wer ausfällig wird, hat oft kein gesundes Selbstwertgefühl. Die meisten Menschen, die andere beschimpfen, sind selbst beschimpft worden. Wenn Sie Ihrem Partner helfen wollen, müssen Sie seine Not verstehen, aber sein Verhalten zurückweisen. Sie sollten Beschimpfungen nie als etwas Normales akzeptieren, aber auch nicht zur Selbstverteidigung zurückschlagen. Stellen Sie sicher, dass Sie Gott mit Ihren Worten ehren; wie der Beter im Psalm sollten Sie entschlossen sein, mit dem, was Sie sagen, nicht zu sündigen. Sie könnten in etwa Folgendes erwidern: „Du musst ziemlich frustriert sein, um so etwas zu mir zu sagen. Ich würde dir gern helfen, aber deine Worte haben mich sehr verletzt. Vielleicht können wir alles noch einmal besprechen, wenn wir uns beruhigt haben." Es ist gut, wenn Sie das Bedürfnis Ihres Partners nach Wertschätzung, Liebe und Annahme bejahen, aber Sie sollten Ihre Verletzungen auch ehrlich zur Sprache bringen. Suchen Sie nicht den Sieg über den anderen, sondern eine gemeinsame Lösung.

Nehmen Sie sich Zeit, um allein oder als Paar gemeinsam zu beten. Bitten Sie Gott darum, dass Sie beide weise und freundlich sind. Bitten *Sie ihn um Hilfe*, damit Sie Ihrem Ehepartner mit Ihren Worten Respekt entgegenbringen und negative Verhaltensweisen, die sich eingeschlichen haben, ablegen können.

Wenn Sie noch mehr Zeit haben ...

Besprechen Sie miteinander folgende Fragen oder denken Sie darüber nach:

- Wenn jemand Sie für ausfällig hält, wie könnte derjenige Sie darauf aufmerksam machen, sodass Sie für ein Gespräch offen wären?
- Mit welchen Worten hat Ihr Partner Sie verletzt, auch wenn er oder sie es nicht beabsichtigt hat?
- Wenn Sie sich als Paar in Ihrer unterschiedlichen Persönlichkeit betrachten: Was ist für Sie der beste Weg, um mit verletzenden Auseinandersetzungen in Ihrer Ehe umzugehen? Wie können Sie eine Situation entschärfen und das Problem trotzdem besprechen, sobald Ihr Ärger abgekühlt ist?

Lesen Sie auch die folgenden Abschnitte, in denen es darum geht, was zu tun ist, wenn jemand ausfällig wird:
Psalm 34,12-15; Matthäus 12,36-37; Jakobus 1,19.

Den nächsten Impuls finden Sie auf S. 1348 a

ihm und allen, die zu Gottes auserwähl-
tem Volk gehören.
[17] Bitte belastet mich nicht noch mehr!
Im Dienst für Jesus habe ich genug gelit-
ten, wie die Narben an meinem Körper
zeigen. [18] Die Gnade unseres Herrn Jesus
Christus sei mit euch allen[a], liebe Brüder
und Schwestern. Amen!

[a] Wörtlich: mit eurem Geist.

6,17 2 Kor 4,10

Der Brief des Paulus an die Christen in Ephesus

Anschrift und Gruß

1 Paulus, ein Apostel Jesu Christi, von Gott berufen, schreibt diesen Brief an alle in Ephesus, die an Jesus Christus glauben und ganz zu Gott gehören. 2 Ich wünsche euch Gnade und Frieden von Gott, unserem Vater, und unserem Herrn Jesus Christus.

Dank für Gottes Erlösung

3 Lob und Dank sei Gott, dem Vater unseres Herrn Jesus Christus! Er hat uns mit seinem Geist reich beschenkt, und durch Christus haben wir Zugang zu Gottes himmlischer Welt erhalten.[a]

4 Schon vor Beginn der Welt, von allem Anfang an, hat Gott uns, die wir mit Christus verbunden sind, auserwählt. Wir sollten zu ihm gehören, befreit von aller Sünde und Schuld. Aus Liebe zu uns 5 hat er schon damals beschlossen, dass wir durch Jesus Christus seine eigenen Kinder werden sollten. Dies war sein Plan, und so gefiel es ihm.

6 Darum wollen wir Gottes herrliche, unverdiente Güte preisen, die wir durch seinen geliebten Sohn erfahren haben. 7 Denn durch sein Blut, das er am Kreuz vergossen hat, sind wir erlöst, sind unsere Sünden vergeben. Und das verdanken wir allein Gottes unermesslich großer Gnade. 8 In seiner Liebe beschenkte er uns mit Weisheit und Erkenntnis seines Willens. 9 Er hat uns seinen Plan für diese Welt gezeigt. Was bis dahin geheim war, wollte er durch Christus ausführen. 10 So soll, wenn die Zeit dafür gekommen ist, alles im Himmel und auf der Erde unter der Herrschaft Christi vereint werden. 11 Weil wir nun zu Christus gehören, hat Gott uns schon im Voraus als seine Erben eingesetzt; denn was Gott einmal beschlossen hat, das führt er auch aus.

12 Jetzt sollen wir mit unserem Leben Gottes Herrlichkeit für alle sichtbar machen, wir, die wir schon lange auf unseren Retter gewartet haben. 13 Das gilt aber auch für euch, die ihr erst jetzt das Wort der Wahrheit gehört habt, die gute Botschaft von eurer Rettung. Nachdem ihr diese Botschaft im Glauben angenommen habt, gehört ihr nun Gott. Er hat euch sein Siegel aufgedrückt, als er euch den Heiligen Geist schenkte, den er jedem Glaubenden zugesagt hat. 14 Diesen Geist hat Gott uns als ersten Anteil an unserem himmlischen Erbe gegeben. Er verbürgt uns das vollständige Erbe, die vollkommene Erlösung. Und dann werden wir Gott in seiner Herrlichkeit loben und preisen.

Christus, der Herr über alles

15 Seitdem ich von eurem Glauben an den Herrn Jesus und von eurer Liebe zu allen Christen gehört habe, höre ich nicht auf, 16 Gott dafür zu danken und für euch zu beten. 17 Ihn, den Gott unseres Herrn Jesus Christus, den Vater, dem alle Herrlichkeit gehört, bitte ich darum, euch durch seinen Geist Weisheit zu geben, dass ihr ihn immer besser erkennt und er euch seinen Plan zeigt. 18 Er öffne euch

---

[a] *Wörtlich: der uns gesegnet* hat mit allem geistlichen Segen in den himmlischen Bereichen in Christus.

1,3 2,6; 1 Petr 1,3–5 **1,4** 3,11; 2 Thess 2,13–14; 2 Petr 1,10–11 **1,5** Joh 1,12; Röm 8,14–15*; 1 Joh 3,1–3 **1,7** 2,8; 2 Kor 5,18–21* **1,9–11** Gal 4,4; 1 Petr 1,20–21 **1,10** Röm 8,19–22 **1,13–14** 4,30; 2 Kor 1,22; 5,5; Gal 3,2 **1,17** Kol 1,9–10 **1,18** Hebr 9,15

die Augen, damit ihr seht, wozu ihr beru-
fen seid, worauf ihr hoffen könnt und
welch unvorstellbar reiches Erbe auf alle
wartet, die zu Gott gehören.
[19] Ihr sollt erfahren, mit welch uner-
messlich großer Kraft Gott in uns, den
Glaubenden, wirkt. Ist es doch dieselbe
Kraft, [20] mit der er Christus von den To-
ten auferweckte und ihm den Ehrenplatz
an seiner rechten Seite gab! [21] Mit ihr hat
Gott ihn zum Herrscher eingesetzt über
alle Mächte und Gewalten, über alle
Kräfte und Herrschaften dieser und der
zukünftigen Welt. [22] Alles hat Gott ihm
zu Füßen gelegt und ihn zum Haupt sei-
ner Gemeinde gemacht. [23] Sie ist sein
Leib: Der Schöpfer und Vollender aller
Dinge lebt in ihr mit seiner ganzen Fülle.

Das neue Leben

2 Aber wie sah euer Leben früher aus?
Ihr wart Gott ungehorsam und woll-
tet von ihm nichts wissen. In seinen Au-
gen wart ihr tot. [2] Ihr habt gelebt, wie es
in dieser Welt üblich ist, und wart dem
Satan verfallen, der seine Macht ausübt
zwischen Himmel und Erde. Sein böser
Geist beherrscht auch heute noch das Le-
ben aller Menschen, die Gott nicht ge-
horchen. [3] Zu ihnen haben wir früher
auch gehört, damals, als wir eigensüchtig
unser Leben selbst bestimmen wollten.
Wir haben den Leidenschaften und Ver-
lockungen der Sünde nachgegeben, und
wie alle anderen Menschen waren wir
dem Zorn Gottes ausgeliefert.
[4/5] Aber Gottes Barmherzigkeit ist
groß. Wegen unserer Sünden waren wir
in Gottes Augen tot. Doch er hat uns so
sehr geliebt, dass er uns mit Christus neu-
es Leben schenkte. Denkt immer daran:
Alles verdankt ihr allein der Gnade Got-
tes. [6] Durch den Glauben an Christus sind
wir mit ihm auferstanden und haben
einen Platz in Gottes neuer Welt[a]. [7] So
will Gott in seiner Liebe zu uns, die in
Jesus Christus sichtbar wurde, für alle
Zeiten die Größe seiner Gnade zeigen.
[8] Denn nur durch seine unverdiente
Güte seid ihr vom Tod errettet worden.
Ihr habt sie erfahren, weil ihr an Jesus
Christus glaubt. Dies alles ist ein Ge-
schenk Gottes und nicht euer eigenes
Werk. [9] Durch eigene Leistungen kann
man bei Gott nichts erreichen. Deshalb
kann sich niemand etwas auf seine guten
Taten einbilden. [10] Gott hat etwas aus uns
gemacht: Wir sind sein Werk, durch Jesus
Christus neu geschaffen, um Gutes zu
tun. Damit erfüllen wir nur, was Gott
schon im Voraus für uns vorbereitet hat.

Versöhnt mit Gott und miteinander

[11] Vergesst nie, dass ihr früher verächtlich
»Unbeschnittene« genannt wurdet, weil
ihr zu den nichtjüdischen Völkern gehört.
Die Juden wollten sich als »Beschnitte-
ne« von euch unterscheiden, obwohl ihre
Beschneidung nur von Menschen durch-
geführt wird. [12] Ihr habt damals ohne
Christus gelebt und wart ausgeschlossen
von Gottes Volk. Darum galten für euch
die Zusagen nicht, die Gott seinem Volk
gab, als er seinen Bund mit ihnen schloss.
Ohne jede Hoffnung und ohne Gott habt
ihr in dieser Welt gelebt. [13] Aber weil Je-
sus Christus am Kreuz sein Blut vergos-
sen hat, gehört ihr jetzt zu ihm. Ihr seid
ihm jetzt nahe, obwohl ihr vorher so weit
von ihm entfernt lebtet.
[14] Durch Christus haben wir Frieden.
Er hat Juden und Nichtjuden in seiner
Gemeinde vereint und die Mauer zwi-
schen ihnen niedergerissen. Durch sein
Sterben [15] hat er das jüdische Gesetz mit
all seinen Geboten und Forderungen
endgültig außer Kraft gesetzt. Durch
Christus leben wir nicht länger voneinan-

---

[a] Wörtlich: und sind in die Himmel versetzt in Christus Jesus.

1,19–20 Röm 8,34*; Kol 3,1–2; 1 Petr 3,22 **1,21–22** Mt 28,18; Phil 2,9–11 **1,22–23** 4,15–16 **2,1** 4,17–19; Kol 2,13 **2,2–3** Röm 1,18; 5,9–10; 1 Thess 1,10; 1 Petr 3,12 **2,7** 1,7 **2,8–9** Röm 3,24; 9,16; Tit 3,4–6; Gal 2,16* **2,10** Röm 12,17; Gal 6,9–10; 1 Thess 5,15; Tit 3,14; Hebr 13,16; 1 Petr 4,19; Mt 6,1; Lk 6,33–35 **2,11–12** Gal 6,15–16; Röm 9,4 **2,13** Offb 5,9 **2,14** Röm 3,29–30; 4,10–11; 10,12–13 **2,15** Hebr 7,18–19; Gal 3,28

der getrennt, der eine als Jude, der ande-
re als Nichtjude. Als Christen sind wir
eins.[a] So hat er zwischen uns Frieden ge-
stiftet. [16]Christus ist für alle Menschen
am Kreuz gestorben, damit wir alle Frie-
den mit Gott haben. In seinem neuen
Leib, der Gemeinde Christi, können wir
nun als Versöhnte miteinander leben.
[17]Christus ist gekommen und hat seine
Friedensbotschaft allen gebracht: euch,
die ihr fern von Gott lebtet, und allen,
die nahe bei ihm waren. [18]Durch Christus
dürfen jetzt alle, Juden wie Nichtjuden,
vereint in *einem* Geist, zu Gott, dem Va-
ter, kommen.
[19]So seid ihr nicht länger Fremde und
Heimatlose; ihr gehört jetzt als Bürger
zum Volk Gottes, ja sogar zu seiner Fami-
lie. [20]Als Gemeinde Jesu Christi steht ihr
auf dem Fundament der Apostel und
Propheten. Doch der Stein, der dieses
Gebäude trägt und zusammenhält, ist Je-
sus Christus selbst. [21]Durch ihn sind die
Bauteile untereinander fest verbunden
und wachsen zu einem Tempel des Herrn
heran. [22]Weil ihr zu Christus gehört, seid
auch ihr ein Teil dieses Baus, in dem Got-
tes Geist wohnt.

Gottes Auftrag für Paulus

3 Weil ich, Paulus, euch Nichtjuden
diese rettende Botschaft verkündete,
bin ich nun im Gefängnis. Als Gefange-
ner Jesu Christi bete ich für euch. [2]Sicher
wisst ihr, dass Gott mir den Auftrag gege-
ben hat, gerade euch, den Menschen aus
anderen Völkern, von seiner Gnade zu
erzählen. [3]Gott selbst hat mir dieses Ge-
heimnis offenbart. Ich habe es eben
schon kurz erwähnt, [4]und wenn ihr mei-
nen Brief lest, werdet ihr merken, welche
Einsichten in das Geheimnis Christi mir
Gott gegeben hat. [5]Kein Mensch wusste
früher etwas von diesem Geheimnis; jetzt
aber ist es seinen berufenen Aposteln
und Propheten durch seinen Geist offen-
bart worden. [6]Durch Christus bekom-
men die nichtjüdischen Völker zusam-
men mit den Juden Anteil an dem Erbe,
das Gott uns versprochen hat; sie gehö-
ren zur Gemeinde Jesu Christi, und auch
für sie gelten die Zusagen, die Gott sei-
nem auserwählten Volk gab. Das ist die
rettende Botschaft.
[7]Dieser Botschaft diene ich, weil Gott
mir in seiner großen Gnade und unbe-
grenzten Macht einen Auftrag gegeben
hat. [8]Ausgerechnet ich, der geringste un-
ter allen Christen, darf anderen Völkern
verkünden, welch unermesslichen Reich-
tum Christus für jeden von uns bereithält.
[9]Allen darf ich erklären, was Gott, der
das Weltall geschaffen hat, von Anfang
an mit uns Menschen vorhatte und was
bisher verborgen blieb. [10]Jetzt sollen alle
Mächte und Gewalten der himmlischen
Welt an der Gemeinde die unendliche
Weisheit Gottes erkennen.
[11]Alle sollen nun wissen, dass Gott sei-
nen ewigen Plan durch unseren Herrn Je-
sus Christus verwirklicht hat. [12]Jetzt kön-
nen wir zu jeder Zeit furchtlos und voller
Zuversicht zu Gott kommen, weil wir an
ihn glauben. [13]Darum bitte ich euch:
Werdet durch meine Gefangenschaft
nicht mutlos. Was ich hier für euch leide,
soll euch zugute kommen[b].

Fürbitte und Anbetung

[14]Darum knie ich nieder vor Gott, dem
Vater, und bete ihn an, [15]ihn, dem alle
Geschöpfe im Himmel und auf der Er-
de ihr Leben verdanken und den sie als
Vater zum Vorbild haben. [16]Ich bitte
Gott, dass er euch aus seinem uner-
schöpflichen Reichtum Kraft schenkt,
damit ihr durch seinen Geist innerlich
stark werdet [17]und Christus durch den

---

[a] Wörtlich: dass er die zwei (Juden und Nichtjuden) in ihm zu *einem* neuen Menschen schaffe.
[b] *Wörtlich: soll* zu eurer Verherrlichung dienen.

2,16 1 Kor 12,12–13 **2,19** 3,6; Phil 3,20; Hebr 12,22–23 **2,20–22** 1 Kor 3,9–17; 1 Petr 2,4–8
3,1 4,1; Phil 1,7; Kol 4,18 **3,2** Apg 9,15* **3,5–6** 2,18–19; Röm 16,25–26; Hebr 12,22–23
3,7 2 Tim 1,11 **3,8** 1 Kor 15,9–10; Apg 9,1–2 **3,9–10** 1,21–22; Kol 1,15–16 **3,11** 1,4–10; Kol 1,26–27
3,12 2,18; Röm 8,15; Hebr 4,16; 10,19 **3,16** Phil 4,13 **3,17–19** 5,2; Kol 2,2

Glauben in euch lebt. In seiner Liebe
sollt ihr fest verwurzelt sein; auf sie sollt
ihr bauen. [18] Denn nur so könnt ihr mit
allen anderen Christen das ganze Aus-
maß seiner Liebe erfahren, [19] die wir
doch mit unserem Verstand niemals fas-
sen können. Dann wird diese göttliche
Liebe euch immer mehr erfüllen.

[20] Gott aber kann viel mehr tun, als wir
jemals von ihm erbitten oder uns auch
nur vorstellen können. So groß ist seine
Kraft, die in uns wirkt. [21] Deshalb wollen
wir ihn mit der ganzen Gemeinde durch
Jesus Christus ewig und für alle Zeiten
loben und preisen. Amen.

Die Einheit der Gemeinde und die Vielfalt der Aufgaben

4 Vergesst nicht, dass ich für den Herrn
im Gefängnis bin. Als sein Gefange-
ner bitte ich euch: Lebt so, wie Gott es
von denen erwartet, die er zu seinen Kin-
dern berufen hat. [2] Überhebt euch nicht
über andere, seid freundlich und gedul-
dig! Geht in Liebe aufeinander ein!
[3] Setzt alles daran, dass die Einheit, wie
sie der Geist Gottes schenkt, bestehen
bleibt durch den Frieden, der euch ver-
bindet.

[4] Gott hat uns in seine Gemeinde beru-
fen. Darum sind wir *ein* Leib. In uns wirkt
ein Geist, und uns erfüllt ein und dieselbe
Hoffnung. [5] Wir haben *einen* Herrn, *einen*
Glauben und *eine* Taufe. [6] Und wir haben
einen Gott. Er ist der Vater, der über uns
allen steht, der durch uns alle und in uns
allen wirkt.

[7] Jedem Einzelnen von uns aber hat
Christus besondere Gaben geschenkt, so
wie er sie in seiner Gnade jedem zuge-
dacht hat. [8] Nicht ohne Grund heißt es
von Christus: »Er ist in den Himmel
hinaufgestiegen, er hat Gefangene im
Triumphzug mitgeführt und den Men-
schen Gaben geschenkt.«[a] [9] Wenn es aber
heißt: »Er ist in den Himmel hinauf-
gestiegen«, so bedeutet dies doch, dass
er vorher zu uns auf die Erde gekommen
ist. [10] Der zu uns herabkam, ist derselbe,
der auch wieder hinaufgestiegen ist. Jetzt
ist er Herr über den Himmel und erfüllt
das ganze Weltall mit seiner Macht.

[11] Einige hat er zu Aposteln gemacht,
einige reden in Gottes Auftrag prophe-
tisch, und andere gewinnen Menschen
für Christus. Wieder andere leiten die
Gemeinde oder unterweisen sie im Glau-
ben. [12] Sie alle sollen die Christen für
ihren Dienst ausrüsten, damit die Ge-
meinde Jesu aufgebaut und vollendet
wird. [13] Dadurch werden wir im Glauben
immer mehr eins werden und den Sohn
Gottes immer besser kennen lernen. Wir
sollen zu mündigen Christen heranreifen,
zu einer Gemeinde, in der Christus mit
der ganzen Fülle seiner Gaben wirkt.

[14] Dann sind wir nicht länger wie un-
mündige Kinder, die sich von jeder belie-
bigen Lehrmeinung aus der Bahn werfen
lassen und die leicht auf geschickte Täu-
schungsmanöver hinterlistiger Menschen
hereinfallen. [15] Stattdessen wollen wir die
Wahrheit in Liebe leben und zu Christus
hinwachsen, dem Haupt der Gemeinde.
[16] Er versorgt den Leib und verbindet die
Körperteile miteinander. Jedes Einzelne
leistet seinen Beitrag. So wächst der Leib
und wird aufgebaut in Liebe.

Wie Christen leben sollen

[17] Darum hat mir der Herr aufgetragen,
euch zu sagen: Lebt nicht länger wie Men-
schen, die Gott nicht kennen! Ihr Denken
ist verkehrt und führt ins Leere, [18] ihr Ver-
stand ist verdunkelt. Sie wissen nicht, was
es bedeutet, mit Gott zu leben, und ihre
Herzen sind hart und gleichgültig. [19] Ihr
Gewissen ist abgestumpft, deshalb leben
sie ihre Leidenschaften aus. Sie sind zü-
gellos und in ihrer Habgier unersättlich.

---

[a] Psalm 68,19

3,20 1,19 **4,1** 3,1; Röm 12,1; 1 Thess 2,11–12 **4,2–3** Röm 12,10*; Phil 2,2–5 **4,4–6** 1 Kor 8,5–6; 12,4–6.12–13 **4,7** 1 Kor 12,7 **4,8** Kol 2,15; Apg 2,33 **4,9–10** Joh 1,14–15; Gal 4,4 **4,11–12** 1 Kor 12,28–31 **4,13** Kol 1,28 **4,14** 1 Kor 14,20 **4,15–16** 1,22–23

[20] Aber ihr habt gelernt, dass solch ein
Leben mit Christus nichts zu tun hat.
[21] Was Jesus wirklich von uns erwartet,
habt ihr gehört – ihr seid es ja gelehrt
worden: [22] Ihr sollt euer altes Leben wie
alte Kleider ablegen. Folgt nicht mehr
euren Leidenschaften, die euch in die Ir-
re führen und euch zerstören. [23] Gottes
Geist will euch durch und durch erneu-
ern. [24] Zieht das neue Leben an, wie ihr
neue Kleider anzieht. Ihr seid neue Men-
schen geworden, die Gott selbst nach sei-
nem Bild geschaffen hat. Ihr gehört zu
Gott und lebt so, wie es ihm gefällt.

[25] Belügt einander also nicht länger,
sondern sagt die Wahrheit. Wir sind doch
als Christen die Glieder eines Leibes, der
Gemeinde Jesu. [26] Wenn ihr zornig seid,
dann ladet nicht Schuld auf euch, indem
ihr unversöhnlich bleibt. Lasst die Sonne
nicht untergehen, ohne dass ihr einander
vergeben habt. [27] Gebt dem Teufel keine
Gelegenheit, Unfrieden zu stiften. [28] Wer
früher von Diebstahl lebte, der soll sich
jetzt eine ehrliche Arbeit suchen, damit
er auch noch Notleidenden helfen kann.
[29] Redet nicht schlecht voneinander. Was
ihr sagt, soll für jeden gut und hilfreich
sein, eine Wohltat für alle. [30] Beleidigt
nicht den Heiligen Geist. Als Gott ihn
euch schenkte, hat er euch sein Siegel
aufgedrückt. Er ist doch euer Bürge da-
für, dass der Tag der Erlösung kommt.

[31] Mit Bitterkeit, Jähzorn und Wut sollt
ihr nichts mehr zu tun haben. Schreit ei-
nander nicht an, redet nicht schlecht über
andere, und vermeidet jede Feindselig-
keit. [32] Seid vielmehr freundlich und
barmherzig, und vergebt einander, so
wie Gott euch durch Jesus Christus ver-
geben hat.

Leben im Licht

5 Ihr seid Gottes geliebte Kinder, da-
her sollt ihr in allem seinem Vorbild
folgen. [2] Geht liebevoll miteinander um,
so wie auch Christus euch seine Liebe er-
wiesen hat. Aus Liebe hat er sein Leben
für uns gegeben. Und Gott hat dieses Op-
fer angenommen.

[3] Ihr gehört zu Gott. Da passt es selbst-
verständlich nicht mehr, sexuell zügellos
zu leben, über die Stränge zu schlagen
oder alles haben zu wollen. Ihr sollt nicht
einmal darüber reden! [4] Genauso wenig
ist Platz für Klatsch, Sticheleien und
zweideutiges Gerede. Vielmehr sollt ihr
Gott danken und ihn loben. [5] Denn eins
ist klar: Wer ein ausschweifendes, scham-
loses Leben führt, für den ist kein Platz in
der neuen Welt, in der Gott und Christus
herrschen werden. Das gilt auch für alle,
die von Habgier besessen sind; denn sol-
che Menschen beten ihre eigenen Götzen
an.

[6] Lasst euch von niemandem verfüh-
ren, der euch durch sein leeres Ge-
schwätz einreden will, dass dies alles
harmlos sei. Gottes Zorn wird alle tref-
fen, die ihm nicht gehorchen. [7] Darum
meidet solche Leute! [8] Früher habt auch
ihr in Dunkelheit gelebt; aber heute ist
das anders: Durch den Herrn seid ihr im
Licht. Darum lebt nun auch wie Kinder
des Lichts! [9] Ein solches Leben führt zu
aufrichtiger Güte, Gerechtigkeit und
Wahrheit. [10] Prüft in allem, was ihr tut,
ob es Gott gefällt. [11] Lasst euch auf keine
finsteren Machenschaften ein, die keine
gute Frucht hervorbringen; im Gegenteil:
helft sie aufzudecken.

[12] Denn was manche im Verborgenen
treiben, ist so abscheulich, dass man nicht
einmal davon reden soll. [13] Doch wenn
das Licht Gottes auf diese Dinge fällt,
werden sie erst richtig sichtbar. [14] Was
Gott ans Licht bringt, wird hell. Deshalb
heißt es auch: »Erwache aus deinem
Schlaf! Erhebe dich von den Toten! Und
Christus wird dein Licht sein.« [15] Achtet
also genau darauf, wie ihr lebt: nicht wie

***4,21–22** Röm 8,12–13; Kol 3,9* **4,23** 1 Thess 5,19–22 **4,24** Kol 3,10 **4,25** Sach 8,16; Röm 12,5 **4,26** Mt 5,20–26; Jak 1,19–20 **4,28** 2 Mo 20,15; 1 Thess 4,11–12 **4,29** 5,4; Mt 12,33–37 **4,30** 1,13–14 **4,32** Kol 3,12–15; Phil 2,2–5 **5,1** Röm 8,14–15* **5,3–5** Kol 3,5–6 **5,4** 4,29 **5,5** 1 Kor 6,9–11; 1 Tim 6,9–10 **5,6–7** Phil 3,17–20 **5,8** 1 Thess 5,5 **5,9–11** 1 Thess 5,19–22; 2 Kor 6,14 **5,12–14** Joh 3,19–21; Röm 13,12–14 **5,14** Joh 8,12

Liebe für die nicht Liebenswerten

Lesen Sie Epheser 5,25

In Epheser 5,25 lesen wir: „Ihr Männer, liebt eure Frauen so, wie Christus seine Gemeinde liebt, für die er sein Leben gab." Wie verhielt sich die Gemeinde denn Christus gegenüber, als er sich selbst für sie opferte? Waren die Menschen, die er liebte, freundlich, aufmerksam und geduldig? Im Gegenteil – selbst seine Freunde verleugneten ihn mit den Worten: „Ich kenne diesen Menschen nicht!" (Matthäus 26,74). In Römer 5,8 erfahren wir, wie Gott uns seine Liebe erwiesen hat: Schon als wir noch von Sünde beschmutzt, selbstsüchtig und voller Hass waren, starb Christus für uns.

Gott hat uns geliebt, als wir nicht liebenswürdig waren. Folglich werden die Ehemänner dazu aufgefordert, ihre Frauen auch dann zu lieben, wenn sie nicht gerade liebenswert sind. Reagiert ein Mann auf die Unliebenswürdigkeit seiner Frau mit Freundlichkeit, Verständnis, Geduld und Höflichkeit, dann macht er es ihr damit so leicht wie möglich, sich genauso wie er zu verhalten.

Das bedeutet aber nicht, dass seine Frau zwangsläufig seine Liebe erwidert. Sie besitzt die Freiheit, nicht zu lieben. Darum kann das Gelingen einer Ehe letztendlich nicht von einem Partner allein erreicht werden. Um eine erfüllende Beziehung zu leben, sind zwei liebende Menschen nötig. Wenn Sie aber allein die Entscheidung treffen, Ihren Partner zu lieben, wird sich die Situation trotzdem verbessern. Sie haben immer die Möglichkeit, Ihre Ehe positiv zu verändern, und die Liebe ist dabei Ihre stärkste „Waffe".

Nehmen Sie sich Zeit, um allein oder als Paar gemeinsam zu beten. Sprechen Sie mit Gott ganz offen über ...

- Bereiche, in denen Sie von Ihrem Ehepartner frustriert sind;
- Ihr Gefühl, als liebender Ehemann oder liebende Ehefrau versagt zu haben;
- Ihren Wunsch, Ihrem Ehepartner Liebe zu zeigen, egal ob diese erwidert wird oder nicht.

Wenn Sie noch mehr Zeit haben ...

Besprechen Sie miteinander folgende Fragen oder denken Sie darüber nach:

- Denken Sie an eine Zeit zurück, in der jeweils einer von Ihnen nicht liebenswürdig war. Wie hat der andere Partner sich in dieser Zeit verhalten?
- Welche Rolle spielt Freundlichkeit in einer intakten Beziehung? Wie wichtig ist Verständnis? Geduld? Höflichkeit?
- Hatten Sie schon einmal das Gefühl, die ganze Last allein zu tragen, als es darum ging, das Feuer Ihrer Liebe am Brennen zu halten? Erläutern Sie Ihre Gedanken.

Lesen Sie auch die folgenden Abschnitte zum Thema Unbeirrbare Liebe:

Sprüche 10,12; 17,9; Hoheslied 2,16.

Kraft von oben

Die folgenden Fragen können Sie entweder allein oder als Paar gemeinsam durchgehen. Wenn jeder für sich darüber nachdenkt, verabreden Sie sich in der kommenden Woche zu einem Austausch darüber, was Sie herausgefunden haben.

1. Lesen Sie Epheser 5,18. Wenn man diesen Vers im Licht der nachfolgenden Worte liest: Warum fordert Paulus Eheleute dazu auf, sich vom Heiligen Geist erfüllen zu lassen?

2. Wie wirkt es sich auf Ihre Ehe aus, wenn Sie vom Heiligen Geist erfüllt sind?

3. Schreiben Sie auf, welche Anweisungen Paulus den Ehefrauen gibt, und sprechen Sie miteinander darüber.

4. Schreiben Sie auf, welche Anweisungen Paulus den Ehemännern gibt, und sprechen Sie miteinander darüber.

5. Was bedeuten die Begriffe „unterordnen" und „lieben" in diesem Zusammenhang?

6. Was können Sie in Ihrem Alltag ändern, um die Anweisungen von Paulus besser in die Tat umzusetzen?

Epheser 5,22-26

„Ihr Frauen, ordnet euch euren Männern unter, so wie ihr euch dem Herrn unterordnet. Denn wie Christus als Haupt für seine Gemeinde verantwortlich ist, die er erlöst hat, so ist auch der Mann für seine Frau verantwortlich. Und wie sich die Gemeinde Christus unterordnet, so sollen sich auch die Frauen in allem ihren Männern unterordnen. Ihr Männer, liebt eure Frauen so, wie Christus seine Gemeinde liebt, für die er sein Leben gab, damit sie ihm ganz gehört. Durch sein Wort und durch das Wasser der Taufe hat er sie von aller Schuld gereinigt."

KONKRET:

Machen Sie sich mit den „fünf Sprachen der Liebe" vertraut. Finden Sie in dieser Woche heraus, welche Liebessprache Ihr Partner spricht und versteht, und dann versuchen Sie, mit ihm oder ihr in dieser Sprache zu kommunizieren.

Den nächsten Impuls finden Sie auf S. 1352 a

unwissende, sondern wie weise Men-
schen. [16] Dient Gott, solange ihr es noch
könnt, denn wir leben in einer schlimmen
Zeit. [17] Seid nicht verbohrt; sondern be-
greift, was der Herr von euch will! [18] Be-
trinkt euch nicht; das führt nur zu einem
ausschweifenden Leben. Lasst euch viel-
mehr von Gottes Geist erfüllen. [19] Singt
miteinander Psalmen, und lobt den
Herrn mit Liedern, wie sie euch sein
Geist schenkt. Singt für den Herrn, und
jubelt aus vollem Herzen! [20] Im Namen
unseres Herrn Jesus Christus dankt Gott,
dem Vater, zu jeder Zeit, überall und für
alles!

Die christliche Ehe

[21] Ordnet euch einander unter; so ehrt ihr
Christus.

[22] Ihr Frauen, ordnet euch euren Män-
nern unter, so wie ihr euch dem Herrn
unterordnet. [23] Denn wie Christus als
Haupt für seine Gemeinde verantwort-
lich ist, die er erlöst hat, so ist auch der
Mann für seine Frau verantwortlich.
[24] Und wie sich die Gemeinde Christus
unterordnet, so sollen sich auch die Frau-
en in allem ihren Männern unterordnen.

[25] Ihr Männer, liebt eure Frauen so, wie
Christus seine Gemeinde liebt, für die er
sein Leben gab, [26] damit sie ihm ganz ge-
hört. Durch sein Wort und durch das
Wasser der Taufe[a] hat er sie von aller
Schuld gereinigt. [27] Wie eine Braut soll
seine Gemeinde sein: schön und makel-
los, ohne Flecken, Falten oder einen an-
deren Fehler, weil sie allein Christus ge-
hören soll.

[28] Darum sollen auch die Männer ihre
Frauen lieben wie ihren eigenen Körper.
Wer nun seine Frau liebt, der liebt sich
selbst. [29] Niemand hasst doch seinen eige-
nen Körper. Vielmehr hegt und pflegt er
ihn. So sorgt auch Christus für seine Ge-
meinde; [30] denn wir sind Glieder seines
Leibes. [31] Erinnert euch an das Wort:
»Ein Mann verlässt seine Eltern und ver-
bindet sich so eng mit seiner Frau, dass
die beiden eins sind mit Leib und Seele.«[b]
[32] Das ist ein großes Geheimnis. Ich deute
dieses Wort auf die Verbindung zwischen
Christus und seiner Gemeinde. [33] Es gilt
aber auch für euch: Ein Mann soll seine
Frau so lieben wie sich selbst. Und die
Frau soll ihren Mann achten.

Eltern und Kinder

6 Ihr Kinder, gehorcht euren Eltern!
So erwartet es der Herr von euch.
[2] »Ehre deinen Vater und deine Mutter!«
Dies ist das erste Gebot, das Gott mit
einer Zusage verbunden hat: [3] »… damit
es dir gut geht und du lange auf dieser
Erde lebst.«[c]

[4] Ihr Väter, behandelt eure Kinder
nicht ungerecht! Sonst fordert ihr sie nur
zum Widerspruch heraus. Eure Erzie-
hung soll sie vielmehr in Wort und Tat
zu Gott, dem Herrn, hinführen.

Sklaven und Herren

[5] Ihr Sklaven, gehorcht euren Herren,
ehrt und achtet sie! Dient ihnen so auf-
richtig, wie ihr Christus dient. [6] Tut dies
nicht nur vor ihren Augen, um von ihnen
anerkannt zu werden. Ihr sollt vielmehr
als Diener Christi bereitwillig und gern
den Willen Gottes erfüllen. [7] Arbeitet
mit Freude als Christen, die nicht den
Menschen dienen, sondern dem Herrn.
[8] Er wird jedem den verdienten Lohn ge-
ben, ganz gleich, ob jemand Sklave ist
oder frei. [9] Auch ihr Herren, behandelt
eure Sklaven, wie es Gott gefällt. Schüch-
tert sie nicht mit Drohungen ein. Denkt

---

[a] Wörtlich: durch das Wasserbad im Wort.
[b] 1. Mose 2,24
[c] 5. Mose 5,16

5,16 Kol 4,5 **5,19–20** Kol 3,16–17 **5,21** Mt 20,26–28 **5,22–24** Kol 3,18; 1 Petr 3,1–6 **5,23** 1,22 **5,26–27** 1,4; 2 Kor 11,2; Kol 1,22 **5,28–33** Kol 3,19; 1 Thess 4,4; 1 Petr 3,7 **5,30** 1 Kor 12,12 **5,32** Offb 19,7 **6,1–3** Kol 3,20; Lk 2,51 **6,4** Kol 3,21 **6,5–8** Kol 3,22–25; 1 Tim 6,1–2; Tit 2,9–10; 1 Petr 2,18 **6,9** Kol 4,1; Röm 3,23

immer daran, dass ihr denselben Herrn
im Himmel habt wie sie. Vor ihm sind alle
Menschen gleich.

Ausgerüstet zum Kampf

10 Für euch alle gilt: Werdet stark, weil ihr
mit dem Herrn verbunden seid, mit sei-
ner Macht und seiner Stärke! 11 Greift zu
den Waffen Gottes, damit ihr alle heim-
tückischen Anschläge des Teufels abweh-
ren könnt! 12 Denn wir kämpfen nicht
gegen Menschen, sondern gegen Mächte
und Gewalten des Bösen, die über diese
gottlose Welt herrschen und im Unsicht-
baren ihr unheilvolles Wesen treiben.
13 Darum nehmt die Waffen Gottes! Nur
gut gerüstet könnt ihr den Mächten des
Bösen widerstehen, wenn es zum Kampf
kommt. Nur so könnt ihr das Feld be-
haupten und den Sieg erringen.
14 Rüstet euch gut für diesen Kampf!
Die Wahrheit ist euer Gürtel und Ge-
rechtigkeit euer Brustpanzer. 15 Macht
euch auf den Weg, und verkündet überall
die rettende Botschaft, dass Gott Frieden
mit uns geschlossen hat. 16 Verteidigt
euch mit dem Schild des Glaubens, an
dem die Brandpfeile des Teufels wir-
kungslos abprallen. 17 Die Gewissheit,
dass euch Jesus Christus gerettet hat, ist
euer Helm, der euch schützt. Und nehmt
das Wort Gottes. Es ist das Schwert, das
euch sein Geist gibt.
18 Hört nie auf, zu bitten und zu beten!
Gottes Geist wird euch dabei leiten.
Bleibt wach und bereit. Bittet Gott in-
ständig für alle Christen. 19 Betet auch
für mich, damit Gott mir zur rechten Zeit
das rechte Wort gibt und ich überall das
Geheimnis der rettenden Botschaft frei
und offen verkünden kann. 20 Auch hier
im Gefängnis will ich das tun. Betet da-
rum, dass ich auch in Zukunft diese Auf-
gabe mutig erfülle, so wie Gott sie mir
aufgetragen hat.

Grüße und Segenswünsche

21 Ich möchte gern, dass ihr auch erfahrt,
wie es mir ergangen ist. Tychikus, mein
lieber Bruder und treuer Mitarbeiter im
Dienst für den Herrn, wird euch von mir
berichten. 22 Ich schicke ihn zu euch, da-
mit ihr wisst, wie es uns geht. Er soll euch
ermutigen.
23 Gott schenke euch seinen Frieden,
meine lieben Brüder und Schwestern. Er
gebe euch Liebe und bewahre euren
Glauben an ihn, den Vater, und unseren
Herrn Jesus Christus. 24 Gottes Gnade sei
mit allen, die unseren Herrn Jesus Chris-
tus lieben, und schenke ihnen unvergäng-
liches Leben.

6,10 1,19–20; 1 Joh 2,14 **6,11–13** Röm 13,11–12; 8,38–39; Kol 2,14–15 **6,14–17** Jes 59,17; 1 Thess 5,8 **6,17** Hebr 4,12; Lk 4,1–13 **6,18** Mk 14,38; Röm 8,26–27 **6,19–20** Kol 4,3–4* **6,21–22** Kol 4,7*

Der Brief des Paulus an die Christen in Philippi

Anschrift und Gruß

1 Diesen Brief schreiben Paulus und
Timotheus, die Jesus Christus dienen,
an alle in Philippi, die an Jesus Christus
glauben und ganz zu Gott gehören, an die
Leiter der Gemeinde und die Diakone.
2 Wir wünschen euch Gnade und Frie-
den von Gott, unserem Vater, und unse-
rem Herrn Jesus Christus.

Ich bete für euch

3 Immer bin ich meinem Gott dankbar,
wenn ich an euch denke, 4 und das tue
ich in jedem meiner Gebete mit großer
Freude. 5 Denn ihr habt euch vom ersten
Tag an bis heute mit mir für die rettende
Botschaft eingesetzt. 6 Deshalb bin ich
auch ganz sicher, dass Gott sein Werk,
das er bei euch begonnen hat, zu Ende
führen wird, bis zu dem Tag, an dem Je-
sus Christus kommt.
7 Es ist ja nicht erstaunlich, dass ich so
von euch denke, denn ihr liegt mir ganz
besonders am Herzen. Daran ändert sich
nichts, auch wenn ich jetzt im Gefängnis
bin und vor Gericht die Wahrheit der ret-
tenden Botschaft verteidigen und bezeu-
gen muss. Ihr alle habt Anteil an der
Gnade, die Gott mir damit erweist.
8 Gott allein weiß, wie sehr ich mich
nach euch allen sehne; liebe ich euch doch
so, wie auch Jesus Christus euch liebt.
9 Ich bete darum, dass eure Liebe im-
mer reicher und tiefer wird und dass ihr
immer mehr Weisheit und Einsicht er-
langt. 10 So lernt ihr entscheiden, wie ihr
leben sollt, um am Gerichtstag Jesu
Christi untadelig und ohne Schuld vor
euren Richter treten zu können. 11 Alles
Gute, was Christus in einem von Schuld
befreiten Leben schafft, wird dann bei
euch zu finden sein. Und das alles zu
Gottes Ehre und zu seinem Lob!

Jeder soll erfahren, wer Christus ist!

12 Meine lieben Brüder und Schwestern!
Ihr sollt wissen, dass meine Gefangen-
schaft die Ausbreitung der rettenden
Botschaft nicht hinderte. Im Gegenteil!
13 Allen meinen Bewachern hier und auch
den übrigen Prozessteilnehmern ist in-
zwischen klar geworden, dass ich nur des-
wegen eingesperrt bin, weil ich an Chris-
tus glaube. 14 Außerdem haben durch
meine Gefangenschaft viele Christen
neuen Mut und Zuversicht gewonnen.
Furchtlos und ohne Scheu predigen sie
jetzt Gottes Botschaft.
15 Zwar verkünden manche nur deswe-
gen die Botschaft von Christus, weil sie
neidisch sind und mir eine erfolgreiche
Missionsarbeit nicht gönnen; andere aber
lassen sich bei ihrer Predigt von den bes-
ten Absichten leiten. 16 Sie handeln aus
Liebe, weil sie wissen, dass ich im
Gefängnis bin, um für die rettende Bot-
schaft einzutreten. 17 Die anderen aber
reden von Jesus Christus nur aus Eigen-
nutz. Sie meinen es nicht ehrlich und
wollen mir noch zusätzlich Kummer
bereiten.
18 Doch was macht das schon! Wichtig
ist allein, dass die rettende Botschaft von
Jesus Christus verbreitet wird; mag das
nun mit Hintergedanken oder in ehr-

1,1 2,19; Apg 16,1–3* **1,6** 2,13; 3,12–16 **1,7** Eph 3,1; Kol 4,18 **1,8** 2 Kor 6,11–13
1,9 Röm 12,2; Phlm 6 **1,10** 1 Kor 1,8; 2 Kor 5,10* **1,11** Joh 15,8 **1,12** Apg 9,15–16 **1,13** 2 Tim 2,8–9
1,15 2 Kor 2,17

licher Absicht geschehen. Wenn nur
jeder erfährt, wer Jesus Christus ist! Da-
rüber freue ich mich, und ich werde mich
auch in Zukunft darüber freuen!
19 Weil ihr für mich betet und Jesus
Christus mir durch seinen Geist beisteht,
vertraue ich darauf, dass hier alles zum
Besten[a] für mich ausgehen wird. 20 Ich
hoffe und bin zuversichtlich, dass ich
während meiner Gefangenschaft nicht
schwach werde und versage, sondern dass
Jesus Christus wie bisher, so auch jetzt
durch mich bekannt gemacht und geehrt
wird, sei es durch mein Leben oder durch
meinen Tod.
21 Denn Christus ist mein Leben und
das Sterben für mich nur Gewinn. 22 Weil
ich aber mehr für Christus erreichen
kann, wenn ich am Leben bleibe, weiß
ich nicht, was ich mir wünschen soll.
23 Beides erscheint mir verlockend:
Manchmal würde ich am liebsten schon
jetzt sterben, um bei Christus zu sein.
Gibt es etwas Besseres? 24 Andererseits
habe ich bei euch noch eine wichtige Auf-
gabe zu erfüllen. 25 Deshalb bin ich auch
davon überzeugt, dass ich am Leben blei-
ben und zu euch zurückkommen werde.
Dann will ich euch helfen, damit euer
Glaube wächst und eure Freude noch
größer wird. 26 Wenn ich erst wieder bei
euch bin, werdet ihr noch mehr loben
und danken können für alles, was Jesus
Christus durch mich getan hat.

Das Vorrecht, für Christus zu leiden

27 Vor allem ist wichtig, dass ihr als ganze
Gemeinde so lebt, wie es der rettenden
Botschaft entspricht. Ob ich nun bei euch
sein kann und es mit eigenen Augen sehe
oder ob ich nur davon höre, ich möchte,
dass ihr alle durch Gottes Geist verbun-
den seid und einmütig für die Ausbrei-
tung dieser Botschaft kämpft. 28 Lasst
euch auf keinen Fall von euren Gegnern
einschüchtern! Euer Mut wird ihnen zei-
gen, dass sie verloren sind, ihr aber von
Gott gerettet werdet. 29 Ihr habt nicht
nur das Vorrecht, an Christus zu glauben,
ihr dürft sogar für ihn leiden. 30 Damit
kämpft ihr nun denselben Kampf wie ich.
Und wie dieser Kampf aussieht, habt ihr
ja früher selbst mit angesehen. Jetzt kann
ich euch davon nur berichten.

Seht auf Jesus Christus!

2 Es gibt über euch so viel Gutes zu be-
richten: Ihr ermutigt euch als Chris-
ten gegenseitig und seid zu liebevollem
Trost bereit. Man spürt bei euch etwas
von der Gemeinschaft, die der Geist Got-
tes bewirkt, und herzliche, mitfühlende
Liebe verbindet euch. 2 Darüber freue
ich mich sehr. Vollkommen aber ist mei-
ne Freude, wenn ihr euch ganz einig seid,
in der einen Liebe miteinander verbun-
den bleibt und fest zusammenhaltet.
3 Weder Eigennutz noch Streben nach
Ehre sollen euer Handeln bestimmen.
Im Gegenteil, seid bescheiden, und ach-
tet den anderen mehr als euch selbst.
4 Denkt nicht an euren eigenen Vorteil,
sondern habt das Wohl der anderen im
Auge. 5 Seht auf Jesus Christus:
6 Obwohl er in göttlicher Gestalt war,
hielt er nicht selbstsüchtig daran fest,
Gott gleich zu sein.
7 Nein, er verzichtete darauf und wurde
einem Sklaven gleich: Er nahm mensch-
liche Gestalt an und wurde wie jeder an-
dere Mensch geboren.
8 Er erniedrigte sich selbst und war Gott
gehorsam bis zum Tod, ja, bis zum
schändlichen Tod am Kreuz.
9 Darum hat ihn Gott erhöht und ihm den
Namen gegeben, der über allen Namen
steht.
10 Vor Jesus werden einmal alle auf die

---

[a] *Wörtlich: zum Heil.*

1,19 Kol 4,3–4* **1,20** 2,17 **1,21** Röm 14,9; 2 Kor 5,15 **1,23** 2 Kor 5,7–9 **1,25** 2,24 **1,27** 4,9; Röm 12,10*; 1 Kor 1,10 **1,28** 2 Thess 1,4–5 **1,29–30** 2 Tim 3,12* **2,1–5** Röm 12,10*.13–16; 1 Kor 10,24; Gal 5,13–16 **2,3** Gal 5,26 **2,5–6** Joh 1,14; 17,5 **2,7** Röm 8,3; 2 Kor 8,9; Gal 4,4 **2,8** Mt 26,39; Hebr 5,8 **2,9–11** Mt 28,18; Eph 1,21–22; Hebr 1,3; Röm 14,11

Mir selbst die Wahrheit sagen

Lesen Sie Philipper 1,6

In einer Ehekrise geben Menschen mit Minderwertigkeitsgefühlen sich oft selbst die Schuld für die entstandenen Schwierigkeiten und flehen Ihren Partner an, ihnen eine zweite Chance zu geben. Wenn sie zurückgewiesen werden, versinken sie in tiefe Depressionen. Sie lassen zu, dass ihre Minderwertigkeitsgefühle ihr Handeln bestimmen.

Gibt es einen Ausweg aus diesem Teufelskreis? Psalm 15,2 fordert uns dazu auf, durch und durch ehrlich zu sein, also auch uns selbst gegenüber die Wahrheit zu vertreten. Hier ein paar Wahrheiten, die auch für Sie gelten: Sie sind nach Gottes Ebenbild geschaffen worden. Sie sind unschätzbar wertvoll. Sie haben viele Fähigkeiten. Sie besitzen unzählige Eigenschaften, die andere an Ihnen bewundern. Natürlich haben Sie auch Versagen erlebt. Wer hat das nicht? Aber das bedeutet nicht, dass Sie ein Versager sind. Sie sind nur dann ein Versager, wenn Sie bewusst versagen wollen. Doch wenn Sie sich für das Gelingen entscheiden, kann nichts Sie von Ihrem Ziel abbringen.

Vergessen Sie nie, dass Gott Sie nicht aufgibt. Der Apostel Paulus schreibt: „Ich bin ganz sicher, dass Gott sein Werk, das er bei euch begonnen hat, zu Ende führen wird, bis zu dem Tag, an dem Jesus Christus kommt“ (Philipper 1,6). Trotz Ihres Versagens hat Gott immer noch einen guten Plan für Ihr Leben. Sagen Sie sich selbst die Wahrheit und verhalten Sie sich entsprechend.

Nehmen Sie sich Zeit, um allein oder als Paar gemeinsam zu beten. Danken Sie Gott für die Weisheit, die er Ihnen in seinem Wort gibt. Bitten Sie ihn, dass Sie während Krisenzeiten den seelischen Zustand Ihres Partners erkennen. Bitten Sie ihn, dass Sie in solchen Zeiten auf Ihr Selbstbild achten lernen.

Wenn Sie noch mehr Zeit haben …

Besprechen Sie miteinander folgende Fragen oder denken Sie darüber nach:

- Welche Lügen erzählen Sie sich selbst, wenn Sie niedergeschlagen sind?
- Welche Wahrheit müssen Sie selbst am dringendsten hören? Warum?
- Wie können Sie Ihrem Partner mitten in einem ernsten Konflikt mit liebevoller Fürsorge begegnen?

Lesen Sie auch die folgenden Abschnitte zum Thema Selbstbild:
Psalm 139,13-14; Jeremia 29,11; Römer 12,3.

Die Macht der Gedanken

Lesen Sie Philipper 4,4-9

Negative Gedanken bringen oftmals nur weitere negative Gedanken hervor. Wenn Sie immer daran denken, wie schrecklich eine Situation ist, wird sie nur noch schlimmer. Doch wenn Sie Ihren Blick auf etwas Gutes an dieser Situation richten, dann finden Sie auch noch weitere positive Dinge. Selbst im Dunkel einer tiefen Ehekrise flackert immer noch ein kleines Licht. Wenn Sie auf dieses Licht schauen, wird es irgendwann den ganzen Raum erhellen.

Die Aufforderung zu einer positiven inneren Einstellung ist kein moderner Gedanke. Schon der Apostel Paulus schrieb: „Macht euch keine Sorgen! Ihr dürft Gott um alles bitten. Sagt ihm, was euch fehlt, und dankt ihm! Und Gottes Friede, der all unser Verstehen übersteigt, wird eure Herzen und Gedanken im Glauben an Jesus Christus bewahren. Schließlich, meine lieben Brüder und Schwestern, orientiert euch an dem, was wahrhaftig, gut und gerecht, was redlich und liebenswert ist und einen guten Ruf hat, an dem, was auch bei euren Mitmenschen als Tugend gilt und Lob verdient" (Philipper 4,6-8).

Für unsere innere Haltung sind wir selbst verantwortlich. Das zu verstehen, ist deshalb so wichtig, weil unsere innere Haltung unser Handeln beeinflusst. Wenn wir pessimistisch, mutlos und negativ eingestellt sind, zeigt sich das in negativen Worten und Taten. Statt zur Lösung des Problems beizutragen, werden wir zu einem Teil des Problems.

Folgen wir aber dem Rat des Paulus, können wir große Veränderungen in unserem Leben und in unserer Ehe herbeiführen.

Nehmen Sie sich Zeit, um allein oder als Paar gemeinsam zu beten. Bitten Sie Gott um Hilfe, damit …

- Sie erkennen, welche innere Haltung Sie ausstrahlen;
- *Sie Ihre Einstellung*, wo es nötig ist, verändern können;
- Sie einen positiven Einfluss auf Ihren Ehepartner und Ihre Familie ausüben.

Wenn Sie noch mehr Zeit haben …

Besprechen Sie miteinander folgende Fragen oder denken Sie darüber nach:

- Wie haben sich negative innere Einstellungen in Ihrer Familie ausgewirkt?
- Wie können Sie vermeiden, dass Sie ständig negative Gedanken mit sich herumtragen?
- Wie können Sie Ihrem Partner helfen, dass er oder sie nicht bei negativen Gedanken stehen bleibt?

Lesen Sie auch die folgenden Abschnitte zum Thema Innere Einstellung:
Sprüche 17,22; Matthäus 12,33-37; Epheser 4,31-32.

Den nächsten Impuls finden Sie auf S. 1360 a

Knie fallen: alle im Himmel, auf der Erde
und im Totenreich.
11 Und jeder ohne Ausnahme soll zur Eh-
re Gottes, des Vaters, bekennen: Jesus
Christus ist der Herr!

Viel Grund zur Freude

12 Meine lieben Freunde! Ihr habt immer
befolgt, was ich euch geraten habe. Hört
aber nicht nur auf mich, wenn ich bei
euch bin, sondern erst recht während
meiner Abwesenheit. Arbeitet mit
Furcht und Zittern an eurer Rettung.
13 Und doch ist es Gott allein, der beides
in euch bewirkt: Er schenkt euch den
Willen und die Kraft, ihn auch so aus-
zuführen, wie es ihm gefällt.
14 Bei allem, was ihr tut, hütet euch vor
Nörgeleien und Zweifel. 15 Dann wird eu-
er Leben hell und makellos sein, und ihr
werdet als Gottes vorbildliche Kinder
mitten in dieser verdorbenen und dunk-
len Welt leuchten wie Sterne in der
Nacht. 16 Dazu müsst ihr unerschütterlich
an der Botschaft Gottes festhalten, die
euch das Leben bringt. Wenn Jesus Chris-
tus dann kommt, kann ich stolz auf euch
sein, dass ich nicht umsonst zu euch ge-
kommen bin und mich nicht vergeblich
um euch gemüht habe.
17 Und selbst wenn ich sterben muss
und mein Blut wie Opferblut vergossen
wird im Dienst für euren Glauben, so
bin ich doch voller Freude. Ja, ich freue
mich mit euch allen. 18 Freut ihr euch
ebenso, freut euch mit mir!

Zuverlässige Mitarbeiter

19 Im Vertrauen auf unseren Herrn Jesus
hoffe ich, dass ich Timotheus bald zu
euch schicken kann. Könnte er mir doch
endlich berichten, wie es euch geht, denn
das würde auch mir neuen Mut geben!
20 Mit niemandem bin ich im Glauben so
verbunden wie mit Timotheus, und kein
anderer wird sich so aufrichtig um euch
kümmern wie er. 21 Alle anderen beschäf-
tigen sich mit ihren eigenen Angelegen-
heiten und nicht mit dem, was Jesus
Christus will. 22 Aber ihr wisst ja selbst,
wie zuverlässig Timotheus ist. Wie ein
Kind seinem Vater hilft, so hat er sich
eingesetzt und mit mir die rettende Bot-
schaft verkündet. 23 Ich will ihn zu euch
schicken, sobald ich weiß, wie es hier mit
mir weitergeht. 24 Im Übrigen hat mir der
Herr die Zuversicht geschenkt, dass ich
bald selbst zu euch kommen kann.
25 Ich hielt es für notwendig, Epaphro-
ditus zu euch zurückzuschicken. Er hat
mir eure Gaben überbracht und hat mir
beigestanden. Nun, er ist mir wirklich
ein Bruder, ein guter Mitarbeiter und
Mitkämpfer geworden. 26 Inzwischen
aber hat er große Sehnsucht nach euch
allen. Es hat ihn sehr beunruhigt, dass
ihr von seiner Krankheit erfahren habt.
27 Tatsächlich war er todkrank, aber Gott
hatte Erbarmen mit ihm und auch mit
mir. Er wollte mir zusätzliche Trauer er-
sparen.
28 Jetzt soll Epaphroditus so schnell wie
möglich zu euch zurückkehren. Ihr sollt
ihn gesund wiedersehen und euch über
ihn freuen. Dann werde auch ich eine
Sorge weniger haben. 29 Nehmt ihn voller
Freude als euren Bruder auf. Menschen
wie ihn sollt ihr achten und ehren.
30 Denn als er die Botschaft von Jesus
Christus verkündete, setzte er sein Leben
aufs Spiel. Weil ihr nichts für mich tun
konntet, hat er mir an eurer Stelle gehol-
fen und wäre dabei selbst fast gestorben.

Was Christus getan hat, das zählt

3 Was auch immer geschehen mag,
meine lieben Brüder und Schwestern:
Freut euch, weil ihr zum Herrn gehört!
Ich werde nicht müde, euch das immer
und immer wieder zu sagen; weiß ich
doch, dass es euch Gewissheit gibt.

2,12 2 Kor 7,1; 1 Petr 1,17 **2,13** 1,6; 2 Thess 1,11 **2,15** Mt 5,14; Eph 5,8–9; Röm 8,14–15*
2,16 1 Thess 2,19–20 **2,17** 1,21–22; 2 Tim 4,6–8 **2,18** 3,1; 4,4 **2,19–23** 1,1; Apg 16,1–3*
2,21 Gal 5,16–17 **2,24** 1,25 **2,25** 4,18 **3,1** 2,18; 4,4

2 Hütet euch aber vor allen, die eure
Gemeinde zerstören wollen. Sie sind
wie bösartige Hunde, diese falschen
Lehrer, die euch einreden wollen, dass
ihr euch beschneiden lassen müsst.
3 Nicht durch die Beschneidung sind wir
Gottes Volk, sondern weil Gott uns sei-
nen Geist geschenkt hat und wir ihm
dienen. Wir verlassen uns auf Jesus
Christus und nicht länger auf das, was
wir selbst tun können.

4 Ich selbst könnte mich mit größerem
Recht als manch anderer auf diese Vor-
züge berufen, wenn es wirklich auf die
Beschneidung ankäme. 5 Ich wurde acht
Tage nach meiner Geburt beschnitten,
wie es das Gesetz vorschreibt. Ich stam-
me aus dem Volk Israel und sogar aus
dem Stamm Benjamin. Von Geburt an
bin ich Hebräer wie schon alle meine
Vorfahren. Außerdem gehörte ich zu
den Pharisäern, der Gruppe, die am
strengsten darauf achtet, dass Gottes Ge-
setz eingehalten wird. 6 Ich habe die
christliche Gemeinde mit fanatischem
Eifer verfolgt und die Regeln des Geset-
zes bis in alle Einzelheiten erfüllt. Ge-
messen an dem, was das Gesetz fordert,
brauchte ich mir nichts vorzuwerfen.

7 Aber seit ich Christus kenne, ist für
mich alles wertlos, was ich früher für so
wichtig gehalten habe. 8 Denn das ist mir
klar geworden: Gegenüber dem unver-
gleichlichen Gewinn, dass Jesus Christus
mein Herr ist, hat alles andere seinen
Wert verloren. Ja, alles andere ist für
mich nur noch Dreck, wenn ich bloß
Christus habe. 9 Zu ihm will ich gehören.
Durch meine Leistung kann ich vor Gott
nicht bestehen, selbst wenn ich das Ge-
setz genau befolge. Was Gott durch
Christus für mich getan hat, das zählt.
Darauf will ich vertrauen. 10 Um Christus
allein geht es mir. Ihn will ich immer bes-
ser kennen lernen und die Kraft seiner
Auferstehung erfahren, aber auch seine
Leiden möchte ich mit ihm teilen und sei-
nen Tod mit ihm sterben. 11 Dann werde
ich auch mit allen, die an Christus glau-
ben, von den Toten auferstehen.

Unterwegs zum Ziel

12 Dabei ist mir klar, dass ich dies alles
noch lange nicht erreicht habe, dass ich
noch nicht am Ziel bin. Doch ich setze
alles daran, das Ziel zu erreichen, damit
der Siegespreis einmal mir gehört, wie
ich jetzt schon zu Jesus Christus gehöre.
13 Wie gesagt, meine lieben Brüder und
Schwestern, ich weiß genau: Noch habe
ich den Preis nicht in der Hand. Aber eins
steht fest: Ich will alles vergessen, was
hinter mir liegt, und schaue nur noch auf
das Ziel vor mir. 14 Mit aller Kraft laufe
ich darauf zu, um den Siegespreis zu ge-
winnen, das Leben in Gottes Herrlich-
keit. Denn dazu hat uns Gott durch Jesus
Christus berufen.

15 Wir alle, die wir auf dem Weg zum
Ziel sind,[a] wollen uns so verhalten. Wenn
ihr in dem einen oder anderen Punkt
nicht meiner Meinung seid, wird Gott
euch noch Klarheit und Einsicht schen-
ken. 16 Doch an dem, was ihr schon er-
reicht habt, müsst ihr auf jeden Fall fest-
halten. Bleibt nicht auf halbem Wege
stehen!

17 Liebe Brüder und Schwestern,
nehmt euch ein Beispiel an mir und an
den Menschen, die so leben wie ich.
18 Ich habe es euch schon oft gesagt, und
jetzt beschwöre ich euch unter Tränen:
Hütet euch vor allen, die sich Christen
nennen, aber durch ihr Leben erkennen
lassen, dass sie Feinde des Kreuzes Jesu
Christi sind.

19 Ihr Weg führt unausweichlich ins
Verderben. Im Grunde leben sie nur für
ihre Triebe und Begierden, und statt sich
dafür zu schämen, sind sie auch noch
stolz darauf. Sie denken an nichts ande-

---

[a] Wörtlich: die vollkommen sind.

3,2 Gal 5,12 **3,3** Röm 3,28–29; Gal 5,6 **3,4–5** 3 Mo 12,3; Apg 22,3; 23,6; Röm 11,1 **3,6** Apg 8,3*; Gal 1,14 **3,7–8** Mt 16,25–26 **3,9** Röm 9,32; 10,3–4; Gal 2,16*; Eph 2,8–9 **3,10–11** Röm 8,17; 2 Kor 4,10–11 **3,12–14** 1 Kor 9,24–27; 1 Tim 6,12 **3,17** 1 Kor 11,1* **3,18** Eph 5,6–7 **3,19** Röm 16,18

res als an das Leben auf dieser Erde.
[20] Wir dagegen haben unsere Heimat im
Himmel. Von dort erwarten wir auch Je-
sus Christus, unseren Retter. [21] Dann wird
unser hinfälliger, sterblicher Leib ver-
wandelt und seinem auferstandenen, un-
vergänglichen Leib gleich werden. Denn
Christus hat die Macht, alles seiner Herr-
schaft zu unterwerfen.

Wie Christen leben sollen

4 Meine lieben Brüder und Schwes-
tern, ich habe große Sehnsucht nach
euch, denn ihr seid meine ganze Freude,
die Krönung meiner Arbeit. Bleibt nur
fest in eurem Glauben an den Herrn!
[2] Evodia und Syntyche sollen sich wie-
der vertragen. Sie glauben doch beide an
den Herrn Jesus Christus. [3] Vielleicht
kannst du, Syzygus, mein treuer Mitarbei-
ter, den Frauen dabei helfen! Schließlich
haben die beiden gemeinsam mit Kle-
mens und meinen anderen Mitarbeitern
für die Verbreitung der rettenden Bot-
schaft gekämpft. Gott hat ihre Namen in
das Buch des Lebens eingetragen.
[4] Freut euch Tag für Tag, dass ihr zum
Herrn gehört. Und noch einmal will ich
es sagen: Freut euch! [5] Alle Menschen
sollen eure Güte und Freundlichkeit er-
fahren. Der Herr kommt bald! [6] Macht
euch keine Sorgen! Ihr dürft Gott um al-
les bitten. Sagt ihm, was euch fehlt, und
dankt ihm! [7] Und Gottes Friede, der all
unser Verstehen übersteigt, wird eure
Herzen und Gedanken im Glauben an
Jesus Christus bewahren.
[8] Schließlich, meine lieben Brüder und
Schwestern, orientiert euch an dem, was
wahrhaftig, gut und gerecht, was redlich
und liebenswert ist und einen guten Ruf
hat, an dem, was auch bei euren Mitmen-
schen als Tugend gilt und Lob verdient.
[9] Haltet an der Botschaft fest, die ihr von
mir gehört und angenommen habt. Rich-
tet euch nach dem, was ich euch gelehrt
habe, und lebt nach meinem Vorbild.
Dann wird Gott bei euch sein und euch
seinen Frieden schenken.

Dank für die Hilfe der Philipper

[10] Ich habe mich sehr gefreut und bin dem
Herrn von Herzen dankbar, dass es euch
wieder möglich war, mich finanziell zu un-
terstützen. Ihr wart zwar immer dazu be-
reit, aber wurdet in letzter Zeit durch die
ungünstigen Umstände daran gehindert.
[11] Ich sage das nicht, um euch auf mei-
ne Not aufmerksam zu machen. Schließ-
lich habe ich gelernt, in jeder Lebens-
lage zurechtzukommen. [12] Ob ich nun
wenig oder viel habe, beides ist mir
durchaus vertraut, und so kann ich mit
beidem fertig werden: Ich kann satt sein
und hungern; ich kann Mangel leiden
und Überfluss haben. [13] Alles kann ich
durch Christus, der mir Kraft und Stär-
ke gibt.
[14] Trotzdem war es sehr freundlich von
euch, mir in meiner Notlage zu helfen.
[15] Ihr wisst ja, dass ich mich von keiner
anderen Gemeinde als von euch in Phi-
lippi habe unterstützen lassen. Gleich
von Anfang an, als ich von Mazedonien
weiterzog, um die rettende Botschaft zu
verkünden, wart ihr die Einzigen, von de-
nen ich als Gegenleistung für meinen
Dienst Geld annahm. [16] Ihr habt schon
an meinen Lebensunterhalt gedacht, als
ich in Thessalonich war, und danach habt
ihr mir noch mehrmals geholfen. [17] Dabei
geht es mir gar nicht um das Geschenk,
sondern um die Frucht, die daraus er-
wächst: Gott wird euch für eure Liebe
und Fürsorge belohnen.
[18] Ich habe alles bekommen, was mir

3,20 Joh 14,2–3; Eph 2,19; Kol 3,2; Hebr 12,22–23; Tit 2,13* **3,21** 1 Kor 15,51–53 **4,1** 1 Thess 2,20 **4,2** 2,2; Röm 12,16 **4,3** Offb 13,8* **4,4** 2,18; 3,1 **4,5** Mt 24,44; Röm 13,11–12; 1 Thess 5,2; Hebr 10,25; Offb 22,20 **4,6** Mt 6,25–34; 1 Petr 5,7 **4,7** Joh 14,27; Kol 3,15 **4,9** Gal 1,8–9; 1 Kor 11,1* **4,10** 2,25 **4,11–12** 2 Kor 6,10; 1 Tim 6,6–8 **4,13** Eph 3,16 **4,14–16** 2 Kor 11,9 **4,18** 2,25

Epaphroditus von euch überbrachte. Nun
habe ich alles, was ich brauche, ja, mehr
als das! Eure Gabe ist wie ein wohlrie-
chendes Opfer, das Gott gefällt.
19 Aus
seinem Reichtum wird euch Gott, dem
ich gehöre, durch Jesus Christus alles ge-
ben, was ihr zum Leben braucht.
20 Gott,
unserem Vater, sei Lob und Ehre in
Ewigkeit. Amen.

Herzliche Grüße

21 Grüßt alle Christen in Philippi von mir.
Herzliche Grüße von den Brüdern, die
bei mir sind.
22 Auch alle anderen Chris-
ten hier grüßen euch, besonders die im
kaiserlichen Dienst.
23 Die Gnade unseres Herrn Jesus
Christus sei mit euch allen!

Der Brief des Paulus an die Christen in Kolossä

Anschrift und Gruß

1 Paulus, ein Apostel Jesu Christi, von
Gott berufen, und sein Mitarbeiter
Timotheus 2 senden diesen Brief an die
Brüder und Schwestern in Kolossä, die
zu Gott gehören und mit denen wir im
Glauben verbunden sind. Wir wünschen
euch Gnade und Frieden von Gott, unse-
rem Vater.

Wir beten für euch

3 Jedes Mal wenn wir für euch beten, dan-
ken wir Gott, dem Vater unseres Herrn
Jesus Christus. 4 Wir haben von eurem
Glauben an Jesus Christus gehört und da-
von, wie ihr allen Christen in Liebe ver-
bunden seid. 5 Dazu seid ihr fähig, weil ihr
wisst, dass sich eure Hoffnung im Him-
mel erfüllen wird. Von dieser Hoffnung
habt ihr gehört, als man euch das Wort
der Wahrheit, die rettende Botschaft von
Jesus Christus, verkündete.

6 Diese Botschaft wird nicht nur bei
euch, sondern auch in der ganzen Welt
verbreitet. Immer mehr Menschen hören
sie, nehmen sie an, und so trägt sie reiche
Frucht. Auch bei euch ist es vom ersten
Tag an so gewesen, als ihr erkannt habt,
wie barmherzig Gott ist. 7 Euch brachte
unser lieber Mitarbeiter Epaphras diese
rettende Botschaft. Wir wissen, dass er
Christus dient und dass er euch ein treuer
und guter Lehrer war. 8 Er hat uns auch
davon berichtet, welche Liebe unter-
einander der Geist Gottes in euch ge-
weckt hat.

9 Seitdem haben wir nicht aufgehört,
für euch zu beten und Gott darum zu bit-
ten, dass ihr seinen Willen erkennt und
sein Geist euch mit Weisheit und Einsicht
erfüllt. 10 Dann nämlich könnt ihr so le-
ben, dass der Herr dadurch geehrt wird.
Er hat Gefallen daran, wenn ihr immer
mehr Gutes tut. Ihr sollt ihn immer bes-
ser kennen lernen 11/12 und seine göttliche
Kraft erfahren, damit ihr geduldig und
ausdauernd euren Weg gehen könnt.

Ihr habt wirklich allen Grund, Gott,
dem Vater, voll Freude dafür zu danken,
dass ihr einmal mit allen anderen Chris-
ten bei ihm sein dürft, in seinem Reich
des Lichts. 13 Er hat uns aus der Gewalt
der Finsternis befreit, und nun leben wir
in der neuen Welt seines geliebten Soh-
nes Jesus Christus. 14 Durch ihn sind wir
erlöst, unsere Sünden sind vergeben.

Christus, der Ursprung allen Lebens

15 Christus ist das Ebenbild des unsicht-
baren Gottes, er war als Erster vor Be-
ginn der Schöpfung da.

16 Durch ihn ist alles erschaffen, was im
Himmel und auf der Erde ist: Sichtbares
und Unsichtbares, Königreiche und
Mächte, Herrscher und Gewalten. Alles
ist durch ihn und für ihn geschaffen.

17 Denn Christus war vor allem ande-
ren; und alles besteht durch ihn.

18 Er ist das Haupt der Gemeinde, die
sein Leib ist. Er ist der Ursprung allen
Lebens, der auch als Erster von den To-
ten zu neuem Leben auferstand, damit er
in jeder Hinsicht der Erste sei.

19 Denn Gott hat beschlossen, mit sei-
ner ganzen Fülle in ihm zu wohnen.

1,1 Apg 16,1–3* **1,3** Röm 1,8 **1,5** 1,27; 1 Petr 1,3–4 **1,6** Mk 13,10 **1,7** Phlm 23 **1,9–10** Eph 1,15–17; Phil 1,9 **1,11–12** Hebr 12,28 **1,13** 2,15; Apg 26,18; Eph 1,21–23 **1,14** Eph 1,7 **1,15–17** Röm 11,36; 1 Kor 8,6; Hebr 1,2–3 **1,15** 2 Kor 4,4 **1,16** Offb 3,14 **1,18** Eph 1,19–23; 4,15–16; Offb 1,5 **1,19–20** 2,9; 2 Kor 5,18–21*

20 Alles im Himmel und auf der Erde
sollte durch Christus mit Gott wieder ver-
söhnt werden, alles hat Frieden gefun-
den, als er am Kreuz sein Blut vergoss.
21 Auch ihr wart einmal weit weg von
Gott, ihr wart seine Feinde durch alles
Böse, das ihr gedacht und getan habt.
22 Durch seinen Tod hat euch Christus
mit Gott versöhnt. Jetzt steht ihr ohne
Sünde und ohne jeden Makel vor Gott.
23 Bleibt nur fest und unerschütterlich in
eurem Glauben, und lasst euch durch
nichts davon abbringen! Keine Macht
der Erde soll euch die Hoffnung dieser
rettenden Botschaft rauben, die ihr ge-
hört habt und die überall in der Welt
verkündet worden ist. Im Auftrag Got-
tes sage ich, Paulus, diese Botschaft
weiter.

Paulus verkündet die Botschaft im Auftrag Gottes

24 Was ich auch immer für euch erleiden
muss, nehme ich gern auf mich; ich freue
mich sogar darüber. Das Maß der Lei-
den, die ich für Christus auf mich nehmen
muss, ist noch nicht voll. Und ich leide für
seinen Leib, für seine Gemeinde. 25 Gott
hat mir aufgetragen, seiner Gemeinde zu
dienen und euch seine Botschaft ohne
Abstriche zu verkünden. 26 Ihr habt erfah-
ren, was von Anfang der Welt, was allen
Menschen vor euch verborgen war: ein
Geheimnis, das jetzt allen Christen ent-
hüllt worden ist. 27 Ihnen wollte Gott zei-
gen, wie unbegreiflich und wunderbar
dieses Geheimnis ist, das allen Menschen
auf dieser Erde gilt: Christus lebt mitten
unter euch. Er hat euch die Hoffnung auf
die Herrlichkeit Gottes geschenkt.
28 Diesen Christus verkünden wir euch.
Mit aller Weisheit, die Gott mir gegeben
hat, ermahne ich die Menschen und un-
terweise sie im Glauben, damit jeder Ein-
zelne durch die Verbindung mit Christus
reif und mündig wird. 29 Das ist das Ziel
meiner Arbeit, dafür kämpfe ich, und da-
für mühe ich mich ab. Christus, der mit
seiner Macht in mir wirkt, schenkt mir
die Kraft dazu.

2 Ihr sollt wissen, wie sehr ich um euch
kämpfe, auch um die Gemeinde in
Laodizea und um all die anderen, die
mich persönlich noch gar nicht kennen.
2 Gott möge euch Mut und Kraft geben
und euch in der Liebe Christi zusammen-
halten. Er schenke euch tiefes Verstehen,
damit ihr die ganze Größe seines Ge-
heimnisses erkennt. Dieses Geheimnis
ist Christus. 3 In ihm sind alle Schätze der
Weisheit und Erkenntnis verborgen.
4 Ich sage das, damit ihr euch von nie-
mandem durch wohlklingende Worte auf
einen falschen Weg bringen lasst. 5 Zwar
bin ich weit von euch entfernt, aber im
Geist bin ich mit euch allen verbunden.
Ich bin glücklich, wenn ich sehe, wie fest
ihr zusammensteht und wie unerschütter-
lich ihr an Christus glaubt.

Bleibt mit Christus verbunden

6 Ihr habt Jesus Christus als euren Herrn
angenommen; nun lebt auch in der Ge-
meinschaft mit ihm. 7 Wie ein Baum in
der Erde, so sollt ihr in Christus fest ver-
wurzelt bleiben, und nur er soll das Fun-
dament eures Lebens sein. Haltet fest an
dem Glauben, den man euch lehrte. Für
das, was Gott euch geschenkt hat, könnt
ihr gar nicht dankbar genug sein.
8 Fallt nicht auf Weltanschauungen und
Hirngespinste herein. All das haben sich
Menschen ausgedacht; aber hinter ihren
Gedanken stehen dunkle Mächte und
nicht Christus. 9 Nur in Christus ist Gott
wirklich zu finden, denn in ihm lebt er in
seiner ganzen Fülle. 10 Deshalb lebt Gott
auch in euch, wenn ihr mit Christus ver-
bunden seid. Er ist der Herr über alle
Mächte und Gewalten.

1,21–22 Röm 1,18; 5,9–10; Tit 2,14 **1,23** 2,7; 1 Kor 15,58 **1,24** Mk 13,9; Phil 1,29–30; 2 Tim 3,12* **1,26** Eph 3,11 **1,27** 2,2; Joh 14,6; Tit 2,13* **1,28** Eph 4,13 **2,2** 1,26–27; Eph 3,17–19; 5,2; 1 Tim 3,16 **2,3** 1 Kor 1,23–25.30 **2,4** Röm 16,17–18 **2,6–7** 1,23; Eph 3,17 **2,8** Mt 7,15; Röm 16,17; Tit 3,10–11 **2,9** 1,19; Joh 1,14 **2,10** Eph 1,21; Phil 2,9–11

11 Durch euren Glauben an Christus
habt ihr euer altes, sündiges Leben auf-
gegeben, seid auch ihr Beschnittene.
Zwar nicht durch eine Beschneidung,
wie sie der Priester im Tempel durch-
führt, sondern durch die Beschneidung,
wie ihr sie durch Christus erfahren habt.

12 Denn durch die Taufe ist euer altes
Leben beendet; ihr wurdet mit Christus
begraben. Aber ihr seid auch mit ihm zu
einem neuen Leben auferweckt worden
durch den Glauben an die Kraft Gottes,
der Christus von den Toten auferstehen
ließ. 13 Früher wart ihr unbeschnitten,
denn eure Schuld trennte euch von Gott.
In seinen Augen wart ihr tot, aber er hat
euch mit Christus lebendig gemacht und
alle Schuld vergeben.

14 Gott hat den Schuldschein, der uns
mit seinen Forderungen so schwer belas-
tete, eingelöst und auf ewig vernichtet,
indem er ihn ans Kreuz nagelte. 15 Auf
diese Weise wurden die finsteren dämo-
nischen Mächte entmachtet und in ihrer
Ohnmacht bloßgestellt, als Christus über
sie am Kreuz triumphierte.

Freiheit durch Christus

16 Darum lasst euch keine Vorschriften
machen über eure Ess- und Trinkge-
wohnheiten oder bestimmte Feiertage,
über den Neumondtag und über das, was
man am Sabbat tun darf oder nicht. 17 Das
alles sind nur schwache Abbilder, ein
Schatten von dem, was in Christus Wirk-
lichkeit geworden ist.

18 Lasst euch deshalb durch niemanden
von eurem Ziel abbringen. Schon gar
nicht von solchen Leuten, die sich in
falsch verstandener Demut gefallen, zu
Engeln beten und sich dabei stolz auf ihre
Visionen berufen! Diese Menschen ha-
ben nicht den geringsten Grund, sich der-
art aufzuspielen. Sie drehen sich ja doch
nur um sich selbst 19 und halten sich nicht
mehr an Christus, der doch das Haupt der
Gemeinde ist. Denn nur von ihm her
kann die Gemeinde als sein Leib zusam-
mengehalten werden und so wachsen und
gedeihen, wie Gott es will[a].

20 Wenn ihr nun mit Christus gestorben
seid, dann habt ihr euch auch vom Wesen
dieser Welt und ihren Mächten losgesagt.
Weshalb unterwerft ihr euch dann von
neuem ihren Forderungen und lebt so,
als wäre diese Welt für euch maßgebend?
21 Weshalb lasst ihr euch vorschreiben:
»Du darfst dieses nicht anfassen, jenes
nicht essen und ganz bestimmte Dinge
nicht berühren«? 22 Sie alle sind doch da-
zu da, dass man sie für sich nutzt und ver-
zehrt. Warum also lasst ihr euch noch
Vorschriften von Menschen machen?
23 Möglich, dass manche, die danach le-
ben, den Anschein von Weisheit erwe-
cken, zumal sie fromm wirken, sich be-
scheiden geben und bei asketischen
Übungen ihren Körper nicht schonen.
Doch das alles bringt uns Gott nicht nä-
her, sondern es dient ausschließlich
menschlichem Ehrgeiz und menschlicher
Eitelkeit.

3 Wenn ihr nun mit Christus zu einem
neuen Leben auferweckt worden
seid, dann richtet euer ganzes Leben
nach ihm aus. Seht dahin, wo Christus ist,
auf dem Ehrenplatz an Gottes rechter
Seite. 2 Richtet eure Gedanken auf Got-
tes unsichtbare Welt und nicht auf das,
was die irdische Welt zu bieten hat.
3 Denn für sie seid ihr gestorben, aber
Gott hat euch mit Christus bereits ewiges
Leben geschenkt, auch wenn das jetzt
noch verborgen ist. 4 Doch wenn Christus,
unser Leben, erscheinen wird, dann wird
in Herrlichkeit sichtbar werden, dass ihr
mit ihm lebt.

---

[a] Wörtlich: und – gestützt durch Gelenke und Bänder – so wachsen und gedeihen, wie Gott es will.

2,11 Röm 2,29 **2,12** Röm 6,3–4; Kol 3,1 **2,13** Eph 2,1 **2,14–15** 1 Petr 2,24; 1 Joh 4,9–10; Röm 8,38–39 **2,16–17** Röm 14,1–6; Gal 4,9–11; Hebr 9,10 **2,19** 1,18 **2,20–21** Gal 4,9–11 **2,22** Mk 7,14–15 **2,23** 1 Tim 4,8 **3,1** 2,12; Röm 8,34*; Eph 1,19–20 **3,2–3** Röm 2,7; 6,2; Gal 2,19–20 **3,4** 1 Joh 3,2

Wie Christen leben sollen

5 Also trennt euch ganz entschieden von
allen selbstsüchtigen Wünschen, wie sie
für diese Welt kennzeichnend sind!
Trennt euch von sexueller Zügellosigkeit
und von ausschweifendem Leben, von
Leidenschaften und Lastern, aber auch
von der Habgier, die den Besitz für das
Wichtigste hält und ihn zu ihrem Gott
macht! 6 Wer diese Dinge in seinem Le-
ben duldet, wird Gottes Zorn zu spüren
bekommen.

7 Auch ihr habt früher so gelebt. 8 Aber
jetzt ist es Zeit, das alles abzulegen. Lasst
euch nicht mehr von Zorn und Hass
beherrschen. Schluss mit aller Bosheit!
Redet nicht schlecht übereinander, und
beleidigt niemanden! 9 Hört auf, euch ge-
genseitig zu belügen. Ihr habt doch euer
früheres Leben mit allem, was dazuge-
hörte, wie alte Kleider abgelegt. 10 Jetzt
habt ihr neue Kleider an, denn ihr seid
neue Menschen geworden. Gott hat euch
erneuert, und ihr entsprecht immer mehr
dem Bild, nach dem er euch geschaffen
hat. So habt ihr Gemeinschaft mit Gott
und versteht immer besser, was ihm
gefällt. 11 Dann ist unwichtig, ob einer
Grieche oder Jude ist, beschnitten oder
unbeschnitten, ob er aus einem Volk
ohne hohe Kultur kommt, ob er aus
einem Nomadenvolk stammt, ob er ein
Sklave oder Herr ist. Wichtig ist einzig
und allein Christus, der in allen lebt.

12 Ihr seid von Gott auserwählt und sei-
ne geliebten Kinder, die zu ihm gehören.
Darum sollt ihr euch untereinander auch
herzlich lieben mit Barmherzigkeit, Gü-
te, Bescheidenheit, Nachsicht und Ge-
duld. 13 Ertragt einander, und seid bereit,
einander zu vergeben, selbst wenn ihr
glaubt, im Recht zu sein. Denn auch
Christus hat euch vergeben. 14 Wichtiger
als alles andere ist die Liebe. Wenn ihr
sie habt, wird euch nichts fehlen. Sie ist
das Band, das euch verbindet. 15 Und der
Friede, den Christus schenkt, soll euer
ganzes Leben bestimmen. Gott hat euch
dazu berufen, als Gemeinde Jesu in die-
sem Frieden ein Leib zu sein. Dankt Gott
dafür!

16 Lasst die Botschaft von Christus
ihren ganzen Reichtum bei euch entfal-
ten. Unterweist und ermahnt euch gegen-
seitig mit aller Weisheit, und dankt Gott
von ganzem Herzen mit Psalmen, Lobge-
sängen und Liedern, die euch Gottes
Geist schenkt. Ihr habt doch Gottes Gna-
de erfahren![a] 17 All euer Tun – euer Re-
den wie euer Handeln – soll zeigen, dass
Jesus euer Herr ist. Weil ihr mit ihm ver-
bunden seid, könnt ihr Gott, dem Vater,
für alles danken.

18 Ihr Frauen, ordnet euch euren Män-
nern unter. So erwartet es Christus, der
Herr, von euch. 19 Ihr Männer, liebt eure
Frauen und kränkt sie nicht. 20 Ihr Kinder,
seid euren Eltern in allen Dingen gehor-
sam; denn das gefällt dem Herrn. 21 Ihr
Väter, behandelt eure Kinder nicht zu
streng, damit sie nicht ängstlich und mut-
los werden.

22 Ihr Sklaven, gehorcht in allem euren
Herren! Tut dies nicht nur, wenn sie euch
dabei beobachten und ihr von ihnen
anerkannt werden wollt. Verrichtet eure
Arbeit aufrichtig und in Ehrfurcht vor
Gott. 23 Denkt bei allem daran, dass ihr
für den Herrn und nicht für die Men-
schen arbeitet. 24 Als Lohn dafür wird
Gott euch das Erbe geben, das er ver-
sprochen hat. Das wisst ihr ja. Denn Jesus
Christus ist euer wahrer Herr! 25 Wer al-
lerdings Unrecht tut, wird auch dafür den
entsprechenden Lohn bekommen. Gott
beurteilt alle Menschen gleich, egal, wel-
ches Ansehen sie genießen.

4 Ihr Herren, behandelt eure Sklaven
gerecht und anständig. Denkt immer

---

[a] Wörtlich: die euch Gottes Geist schenkt, in Gnade. Oder: mit Danksagung.

***3,5–6** Eph 5,3–5* **3,8** Eph 4,29–32 **3,9–10** Röm 12,2; Gal 1,4; Eph 4,21–24; 1 Thess 5,21–22 **3,11** Röm 3,29–30; 10,12–13 **3,12** Röm 8,14–15*; 1 Joh 4,19–21 **3,13–14** Röm 12,9–16; 1 Kor 10,24; Eph 4,1–3; Phil 2,2–5 **3,15** Joh 14,27; 16,33; Phil 4,7 **3,16–17** Eph 5,19–20 **3,18** Eph 5,22–23; 1 Petr 3,1–6 **3,19** Eph 5,28–33; 1 Thess 4,4; 1 Petr 3,7 **3,20** 2 Mo 20,12*; Lk 2,51; Eph 6,1–3 **3,21** Eph 6,4 **3,22–24** Eph 6,5–8; 1 Tim 6,1–2; Tit 2,9–10; 1 Petr 2,18 **3,25** 2 Kor 5,10* **4,1** Eph 6,9

Was Unterordnung wirklich bedeutet

Lesen Sie Kolosser 3,18

Viele Frauen zucken zusammen, wenn ihr Pastor sagt: „Schlagen Sie in Ihrer Bibel Kolosser 3,18 auf." Sie wissen schon, was jetzt kommt. „Ihr Frauen, ordnet euch euren Männern unter. So erwartet es Christus, der Herr, von euch."

Du kennst meinen Mann nicht, denken sie.

„Du verstehst nicht, was Unterordnung bedeutet", antwortet Gott.

Unterordnung beruht auf Gegenseitigkeit. Weder der Mann noch die Frau können ihren eigenen Kopf durchsetzen und gleichzeitig eine glückliche Ehe führen. Darum hat Gott die Männer angewiesen, ihre Frauen zu lieben, „wie Christus seine Gemeinde liebt" (Epheser 5,25). Er spricht hier von einer selbstlosen Liebe, die das Wohl des geliebten Menschen sucht. Unterordnung ist das Gegenteil von sich durchsetzen, und das wird sowohl vom Mann als auch von der Frau erwartet.

Unterordnung heißt nicht, dass die Frau nicht ihre Meinung sagen darf. Warum hat Gott wohl der Frau die Fähigkeit gegeben, sich eine eigene Meinung zu bilden, wenn sie diese nicht äußern soll? Als Frau sind Sie dazu aufgerufen, Ihren Mann zu unterstützen. Wie aber sollten Sie das tun, wenn Sie Ihre klugen Gedanken nicht mit ihm teilen? Schweigen ist nicht der Weg zur Einigkeit. Sie brauchen vielleicht Taktgefühl und Weisheit für den richtigen Zeitpunkt und die richtige Art und Weise, sich zu äußern, aber Sie sollen den Verstand, den Gott Ihnen gegeben hat, durchaus gebrauchen.

Nehmen Sie sich Zeit, um allein oder als Paar gemeinsam zu beten. Bitten Sie Gott um Weisheit, Geduld und die Bereitschaft, die Rolle anzunehmen, die er Ihnen jeweils zugedacht hat. Bitten Sie ihn, dass er Sie vor einer negativen Einstellung gegenüber Ihrer Rolle bewahrt, die Ihre Ehe beeinträchtigen könnte.

Wenn Sie noch mehr Zeit haben ...

Besprechen Sie miteinander folgende Fragen oder denken Sie darüber nach:

- Wie leicht fällt es Ihnen, den Gedanken der Unterordnung in Ihrer Ehe anzunehmen? Führen Sie Ihre Meinung näher aus.
- Wie wird der Gedanke der Unterordnung manchmal verdreht und missbraucht?
- Welche Hindernisse stehen der Unterordnung in Ihrer Ehe im Weg?

Lesen Sie auch die folgenden Abschnitte zum Thema Eheliche Beziehung:

1. Mose 1,27-28; 1. Korinther 7,2; Epheser 5,22-25.

Worte und Taten

Lesen Sie 1. Thessalonicher 5,16-18

Die innere Einstellung beeinflusst das Verhalten. Wenn Sie eine pessimistische, mutlose Haltung haben, wird sich das in negativen Worten und Taten äußern. Auf Ihre Umgebung haben Sie manchmal keinen Einfluss. Vielleicht haben Sie schwierige Situationen erlebt wie Krankheit, einen alkoholabhängigen Ehepartner, einen drogensüchtigen Teenager, eine Mutter, die Sie verlassen hat, einen Vater, der Sie missbraucht hat, einen Ehepartner, der verantwortungslos lebt, pflegebedürftige Eltern und so weiter. Jede dieser Situationen kann zu einer unerträglichen Last werden. Dennoch ist es wichtig zu erkennen, dass Sie für das verantwortlich sind, was Sie in einer solchen Situation tun. Und Ihre innere Einstellung wird Ihr Verhalten maßgeblich beeinflussen.

In 1. Thessalonicher 5,16-18 erfahren wir, auf welche Weise wir zu einer positiven Einstellung gelangen können: „Freut euch zu jeder Zeit! Hört niemals auf zu beten. Dankt Gott für alles."

Wenn wir unsere eigene Einstellung erkennen wollen, brauchen wir uns nur unsere Worte und Taten anzusehen. Sind unsere Worte kritisch und negativ, dann haben wir eine negative Einstellung. Versuchen wir, unseren Partner zu kränken und uns an ihm zu rächen, dann spricht das für eine negative Haltung. Paulus gibt uns in Philipper 2,14 einen klaren Ratschlag: „Bei allem, was ihr tut, hütet euch vor Nörgeleien und Zweifel." Wenn Sie diesem Rat folgen und auf Ihre innere Einstellung achten, haben Sie damit zwei kraftvolle Instrumente, mit denen Sie Ihr Verhalten verändern und Ihre Ehe positiv beeinflussen können.

Nehmen Sie sich Zeit, um allein oder als Paar gemeinsam zu beten. Bitten Sie Gott um Hilfe, damit Sie negative Einstellungen überwinden können. Nehmen Sie sich vor, Nörgeleien und *Zweifel zu vermeiden.* Bitten Sie Gott, Ihnen zu helfen, damit Sie sich freuen, beten und dankbar sind.

Wenn Sie noch mehr Zeit haben ...

Besprechen Sie miteinander folgende Fragen oder denken Sie darüber nach:

- Glauben andere eher, dass Sie positiv eingestellt sind oder negativ? Erläutern Sie Ihre Meinung.
- Welche Ereignisse aus der Vergangenheit haben Ihre Einstellung und Ihre Sicht der Dinge geprägt?
- Können Sie und Ihr Ehepartner sich mit Ihrer jeweiligen Einstellung meistens gegenseitig ergänzen oder geraten Sie in Konflikte? Wie wirkt sich das auf Ihre Beziehung aus?

Lesen Sie auch die folgenden Abschnitte zum Thema Innere Einstellung:
Galater 5,19-23; Epheser 4,23-24; Philipper 2,1-5.

Den nächsten Impuls finden Sie auf S. 1364 a

daran, dass ihr denselben Herrn im Him-
mel habt wie sie.

Für andere leben

2 Lasst euch durch nichts vom Gebet ab-
bringen, und vergesst dabei nicht, Gott
zu danken. 3 Betet auch für uns, damit
Gott uns eine Möglichkeit gibt, sein Ge-
heimnis zu verkünden: die Botschaft von
Christus, für die ich hier im Gefängnis sit-
ze. 4 Und betet, dass ich frei und offen von
dem reden kann, was mir aufgetragen
wurde.

5 Verhaltet euch klug und besonnen de-
nen gegenüber, die keine Christen sind.
Nutzt die wenige Zeit, die euch noch
bleibt! 6 Redet mit jedem Menschen
freundlich; alles, was ihr sagt, soll gut
und hilfreich sein[a]. Bemüht euch darum,
für jeden die richtigen Worte zu finden.

Persönliche Grüße und Wünsche

7 Unser lieber Bruder Tychikus wird euch
ausführlich berichten, wie es mir geht. Er
ist mein treuer Mitarbeiter und dient
dem Herrn. 8 Ich schicke ihn gerade des-
halb zu euch, damit ihr erfahrt, wie es uns
geht, und damit er euch ermutigt und
weiterhilft. 9 Mit ihm zusammen schicke
ich Onesimus, der ja zu euch gehört.
Auch ihn schätze ich als treuen und lie-
ben Bruder. Beide werden euch alles er-
zählen, was hier geschehen ist.

10 Aristarch, der zusammen mit mir im
Gefängnis ist, lässt euch grüßen, ebenso
Markus, der Vetter von Barnabas. Seinet-
wegen hatte ich euch ja schon geschrie-
ben. Ich bitte euch noch einmal, ihn
freundlich aufzunehmen, wenn er zu
euch kommt. 11 Auch Jesus Justus schickt
euch seine Grüße. Diese drei Männer
sind die einzigen Christen jüdischer Her-
kunft, die sich mit mir für Gottes neue
Welt einsetzen. Sie sind mir Trost und
Hilfe zugleich.

12 Epaphras, der zu euch gehört, grüßt
euch ebenfalls sehr herzlich. Er dient Je-
sus Christus und lässt nicht nach, für euch
zu beten. Inständig bittet er Gott darum,
dass ihr reife Christen werdet und bereit,
in allen Dingen Gottes Willen zu erfül-
len. 13 Ich kann bezeugen, wie viel Mühe
er auf sich nimmt für euch, für die Chris-
ten in Laodizea und die in Hierapolis.
14 Freundliche Grüße auch von dem Arzt
Lukas, den wir alle sehr schätzen, und
von Demas. 15 Grüßt alle Christen in Lao-
dizea von mir, vor allem Nympha und al-
le, die sich in ihrem Haus versammeln.

16 Wenn ihr diesen Brief gelesen habt,
dann gebt ihn an die Gemeinde in Laodi-
zea weiter. Lest auch den Brief, den ich
dorthin geschrieben habe. 17 Und sagt Ar-
chippus: Erfüll den Auftrag, den dir der
Herr gegeben hat, treu und gewissenhaft!

18 Und hier noch mein persönlicher
Gruß an euch; ich, Paulus, schreibe ihn
mit eigener Hand. Vergesst nicht, dass
ich im Gefängnis bin!

Gottes Gnade sei mit euch!

---

a Wörtlich: mit Salz gewürzt sein.

4,2 Joh 15,7*; Röm 8,26–27; Phil 4,6; 1 Thess 5,17 **4,3–4** Röm 15,30; 2 Kor 1,11; Eph 6,19–20; Phil 1,19; 1 Thess 5,25; 2 Thess 3,1–2; Hebr 13,18–19 **4,5** Eph 5,15–16; 1 Thess 4,12 **4,6** Eph 4,29; 1 Petr 3,15–16 **4,7** Apg 20,4; Eph 6,21–22; 2 Tim 4,12; Tit 3,12 **4,9** Phlm 10–12 **4,10** Apg 19,29; 27,2; 12,25*; 15,37–40 **4,12** Phlm 23 **4,13** 2,1 **4,14** 2 Tim 4,10 **4,18** Eph 3,1; 4,1; Phil 1,7; Gal 6,11

Der erste Brief des Paulus an die Christen in Thessalonich

Anschrift und Gruß

1 Paulus, Silvanus und Timotheus
schreiben diesen Brief an die Ge-
meinde in Thessalonich, die sich zu Gott,
dem Vater, und dem Herrn Jesus Christus
bekennt. Gott möge euch seine Gnade
und seinen Frieden schenken.

Vorbildlicher Glaube

2 Wir danken Gott von ganzem Herzen
für euch alle, jedes Mal wenn wir für euch
beten. 3 Vor Gott, unserem Vater, werden
wir daran erinnert, mit welcher Selbstver-
ständlichkeit ihr euren Glauben in die
Tat umsetzt, mit welcher Liebe ihr für an-
dere sorgt und mit welcher Hoffnung und
Geduld ihr auf das Kommen unseres
Herrn Jesus Christus wartet. 4 Wir wissen,
liebe Brüder und Schwestern, dass Gott
euch liebt und auserwählt hat.

5 Denn wir haben euch die rettende
Botschaft verkündet, nicht allein mit
Worten, sondern Gottes Macht wirkte
durch uns. Sein Heiliger Geist stand uns
bei, und so hatten wir große Überzeu-
gungskraft. Ihr wisst selbst, wie wir uns
verhielten, während wir bei euch waren:
Alles, was wir getan haben, geschah für
euch.

6 Nun seid ihr unserem Beispiel und
dem unseres Herrn gefolgt. Und obwohl
ihr deswegen viel leiden musstet, habt ihr
Gottes Botschaft mit einer solchen Freu-
de aufgenommen, wie sie nur der Heilige
Geist schenken kann. 7 So seid ihr für die
Christen in ganz Mazedonien und in der
Provinz Achaja zum Vorbild geworden.

8 Aber nicht nur dort hat sich die Bot-
schaft des Herrn durch euch verbreitet,
auch an vielen anderen Orten spricht
man von eurem Glauben, so dass wir da-
rüber nichts mehr berichten müssen. 9 Im
Gegenteil! Überall erzählt man, wie
freundlich ihr uns aufgenommen habt,
dass ihr nicht länger die toten Götzensta-
tuen anbetet, sondern zu dem lebendi-
gen, wahren Gott umgekehrt seid und
ihm allein dient. 10 Jeder weiß auch, wie
sehr ihr auf Gottes Sohn wartet, auf Je-
sus, den er von den Toten auferweckt hat
und der für alle sichtbar kommen wird.
Er allein rettet uns vor Gottes Zorn im
kommenden Gericht.

Wie alles angefangen hat

2 Ihr wisst ja selbst, liebe Brüder und
Schwestern, dass unsere Mühe nicht
vergeblich war, als wir zum ersten Mal
Gottes Botschaft bei euch verkündeten.
2 Und ihr wisst auch, dass wir vorher in
Philippi viel zu leiden hatten und miss-
handelt worden waren. Aber Gott hat
uns den Mut und die Kraft gegeben, euch
seine rettende Botschaft zu verkünden –
trotz aller Widerstände, mit denen wir
fertig werden mussten. 3 Wir erzählen
euch keine Märchen, machen euch nichts
vor und führen niemanden hinters Licht.
4 Im Gegenteil, Gott selbst hält uns für
würdig, die rettende Botschaft zu verkün-
den – deshalb und nur deshalb reden wir.
Wir wollen nicht Menschen damit gefal-
len, sondern Gott. Ihn können wir nicht
täuschen, denn er kennt unser Herz.

5 Ihr wisst auch, dass wir euch niemals

1,1 Apg 17,1–10 **1,3** 5,8; 1 Kor 13,13 **1,4** 2 Thess 2,13; Eph 1,4 **1,5** 2,8–12; 1 Kor 2,4–5; 4,20 **1,6–7** 1 Kor 11,1* **1,8** Röm 1,8 **1,9** 1 Kor 12,2 **1,10** Tit 2,13*; 1 Thess 5,9–10 **2,1** 1,5 **2,2** Apg 16,16–24 **2,3–4** 2 Kor 4,1–2 **2,5** 2 Thess 3,8

mit Schmeicheleien einfangen wollten
und dass es uns nicht um unseren eigenen
Vorteil ging. Dafür ist Gott unser Zeuge.
6 Niemals wollten wir bei euch oder ande-
ren Leuten persönliches Ansehen ge-
winnen.
7 Als Apostel Jesu Christi hätten wir
bei euch auf unsere besondere Autorität
pochen können; stattdessen waren wir
liebevoll zu euch wie eine stillende Mut-
ter zu ihrem Kind. 8 Aus Liebe zu euch
waren wir nicht nur dazu bereit, euch
Gottes rettende Botschaft zu verkünden,
sondern auch uns selbst, unser ganzes Le-
ben mit euch zu teilen. So sehr hatten wir
euch lieb gewonnen.
9 Liebe Brüder und Schwestern, erin-
nert euch doch nur einmal daran, wie
hart wir damals für unseren Lebensunter-
halt gearbeitet haben! Tag und Nacht ha-
ben wir uns geplagt; denn wir wollten
euch Gottes rettende Botschaft bringen,
ohne jemandem zur Last zu fallen. 10 Gott
weiß es, und ihr wisst es auch, wie sehr
wir in der Gemeinde darauf geachtet ha-
ben, so zu leben, wie es Gott gefällt; wir
waren vorbildlich und ließen uns nichts
zuschulden kommen. 11 Denkt ihr noch
daran, dass ich für euch gesorgt habe wie
ein Vater für seine Kinder? Dass ich je-
den Einzelnen von euch ermahnt und er-
mutigt, 12 ja, beschworen habe, so zu le-
ben, dass Gott geehrt wird? Denn als
seine Kinder hat er euch dazu berufen,
in seiner neuen Welt zu leben und seine
Herrlichkeit mit ihm zu teilen.

Gottes Kraft wirkt

13 Immer wieder danken wir Gott dafür,
dass ihr unsere Predigt[a] nicht als Men-
schenwort aufgenommen und verstanden
habt, sondern als das, was sie ja tatsäch-
lich ist, als Gottes Wort. Dieses Wort
verändert jeden, der daran glaubt. 14 Ihr,
liebe Brüder und Schwestern, wurdet we-
gen eures Glaubens genauso verfolgt wie
die Christen in Judäa. Sie hatten von den
Juden dasselbe zu erleiden wie ihr von eu-
ren Landsleuten. 15 Die Juden haben Jesus
Christus getötet, wie sie vorher schon ihre
Propheten töteten, und jetzt verfolgen sie
auch uns. So missfallen sie Gott. Mit aller
Welt sind sie verfeindet, 16 und auch uns
wollen sie mit allen Mitteln daran hin-
dern, den Nichtjuden die rettende Bot-
schaft von Jesus Christus zu verkünden.
Das Maß ihrer Sünden ist voll; Gottes
Zorn lässt sich nicht mehr abwenden. Er
wird sie in ganzer Härte treffen.
17 Liebe Brüder und Schwestern, auch
wenn wir uns eine Zeit lang nicht sehen
konnten, waren wir in Gedanken doch
immer bei euch. Weil wir euch aber unbe-
dingt wiedersehen wollten, haben wir al-
les Mögliche unternommen, um zu euch
zu reisen. 18 Ich, Paulus, versuchte es so-
gar mehrmals. Aber bisher hat der Satan
alle diese Pläne durchkreuzt. 19 Doch wir
werden nicht aufgeben. Denn seid ihr
nicht unsere Hoffnung und Freude, der
Siegespreis, auf den wir stolz sein kön-
nen, wenn Jesus, unser Herr, kommt?
20 Ja, ihr seid wirklich unser Stolz und un-
sere Freude!

Besuch des Timotheus in Thessalonich

3 Wir hielten es einfach nicht länger
aus, ohne Nachricht von euch zu sein.
Deswegen entschlossen wir uns, allein in
Athen zu bleiben 2 und unseren Bruder
Timotheus zu euch zu schicken. Er dient
ja Gott, indem er die rettende Botschaft
von Christus verkündet. Timotheus nun
sollte euch ermutigen und in eurem
Glauben stärken, 3 damit ihr bei allem,
was ihr augenblicklich erleiden müsst,
standhaft bleibt. Ihr wisst ja selbst, dass
wir als Christen leiden müssen. 4 Das ha-
ben wir euch schon gesagt, als wir bei

---

[a] Wörtlich: das Wort, das aus dem Hören (auf Gott) kommt.

2,9 Apg 18,3; 2 Thess 3,7–9 **2,10–12** Röm 12,1–2; Eph 4,1–32 **2,13** Gal 1,11–12 **2,14** Apg 17,4–9 **2,15** Mt 23,37; Apg 7,52; Röm 11,28 **2,16** Apg 13,44–45; 14,2 **2,17–18** 3,10; Röm 1,13 **2,19–20** Phil 2,16; 4,1 **3,2** Apg 16,1–3* **3,3–4** Apg 14,22; 2 Tim 3,12*

euch waren. Und jetzt wisst ihr es aus ei-
gener Erfahrung.
[5]Nun wollte ich aber genau wissen, wie
es euch geht, und darum habe ich Timo-
theus zu euch geschickt. Er sollte mir be-
richten, ob euer Glaube all diesen An-
griffen standgehalten hat oder ob euch
der Versucher zu Fall bringen konnte.
Dann allerdings wäre all unsere Arbeit
vergeblich gewesen.
[6]Doch jetzt ist Timotheus zurück-
gekehrt. Er hat uns gute Nachrichten
von eurem Glauben und eurer Liebe ge-
bracht und uns erzählt, dass ihr uns nicht
vergessen habt, ja, dass ihr euch ein Wie-
dersehen ebenso sehnlich wünscht wie
wir. [7]Von eurem Glauben zu hören hat
uns in unserer eigenen Not und Bedräng-
nis getröstet. [8]Jetzt haben wir wieder
neuen Lebensmut, weil ihr unbeirrt beim
Herrn bleibt. [9]Wie sollen wir Gott nur
dafür danken, dass er uns durch euch so
viel Freude schenkt! [10]Tag und Nacht bit-
ten wir ihn um ein Wiedersehen mit euch.
Denn wie gern würden wir euch helfen,
dass ihr im Glauben weiter vorankommt.
[11]So warten wir jetzt darauf, dass Gott,
unser Vater, und Jesus, unser Herr, uns
recht bald zu euch führen. [12]Euch aber
schenke der Herr immer größere Liebe
zueinander und zu allen anderen Men-
schen; eine Liebe, wie wir sie auch für
euch empfinden. [13]So werdet ihr inner-
lich stark, ihr lebt ganz für Gott, unseren
Vater, und könnt frei von aller Schuld vor
ihn treten, wenn Jesus, unser Herr,
kommt mit allen, die zu ihm gehören.

Wie Christen leben sollen

4 Um eins möchte ich euch noch bitten,
liebe Brüder und Schwestern. Wir ha-
ben euch bereits gesagt, wie ihr leben
sollt, damit Gott Freude an euch hat. Wir
wissen auch, dass ihr unseren Anweisun-
gen folgt. Doch nun bitten wir euch ein-
dringlich im Namen unseres Herrn Jesus:
Gebt euch mit dem Erreichten nicht zu-
frieden, sondern macht noch mehr Fort-
schritte! [2]Ihr kennt ja die Gebote, die wir
euch in seinem Auftrag gegeben haben.
[3]Gott will, dass ihr ganz und gar ihm ge-
hört. Deshalb soll niemand unerlaubte se-
xuelle Beziehungen eingehen. [4]Jeder soll
mit seiner Ehefrau so zusammenleben,
wie es Gott gefällt, und auf sie Rücksicht
nehmen.[a] [5]Ungezügelte Leidenschaft ist
ein Kennzeichen der Menschen, die Gott
nicht kennen. [6]Keiner von euch darf sei-
nen Mitmenschen betrügen oder auf ir-
gendeine Weise übervorteilen. Denn wir
haben es euch bereits mit allem Nach-
druck gesagt: Wer so etwas tut, wird in
Gott einen unbestechlichen Richter fin-
den. [7]Gott hat uns nicht zu einem aus-
schweifenden Leben berufen, sondern
wir sollen ihn mit unserem Leben ehren.
[8]Wer sich darüber hinwegsetzt, der ver-
achtet nicht Menschen; er verachtet Gott,
dessen Heiliger Geist in euch wohnt.
[9]Dass ihr als Christen einander lieben
sollt, brauchen wir euch nicht mehr zu sa-
gen. Gott selbst hat euch gezeigt, wie ihr
einander lieben sollt. [10]Ihr beweist diese
Liebe ja auch an euren Brüdern und
Schwestern in ganz Mazedonien. Trotz-
dem, gebt euch damit nicht zufrieden;
denn eure Liebe kann nie groß genug
sein. [11]Achtet darauf, dass ihr ruhig und
besonnen lebt. Kümmert euch um eure
eigenen Angelegenheiten, und sorgt
selbst für euren Lebensunterhalt, so wie
wir es euch schon immer aufgetragen
haben. [12]Auf diese Weise seid ihr von
niemandem abhängig, und die Menschen
außerhalb der Gemeinde werden euch
achten und euch vertrauen.

Hoffnung über den Tod hinaus

[13]Und nun, liebe Brüder und Schwestern,
möchten wir euch nicht im Unklaren da-

---

[a] Wörtlich: Jeder von euch soll sein eigenes Gefäß in Heiligkeit und in Ehren halten.

3,7 2 Kor 7,13 **3,12–13** 4,9–10; Kol 1,10–12; 2 Thess 1,10 **4,1** 4,10 **4,3** 1 Kor 6,13 **4,4** Kol 3,19; 1 Petr 3,7 **4,5** 1 Petr 1,14–16 **4,6–8** Röm 14,10–12; 2 Kor 5,9–10; 1 Kor 6,19–20 **4,9** Joh 13,34–35; Röm 12,10*; Phil 2,1–5 **4,11** Eph 4,28; 2 Thess 3,6–8 **4,12** Kol 4,5

Eine heilige Berufung

Lesen Sie 2. Thessalonicher 3,10-12

Für Christen ist die Arbeit eine heilige Berufung. Jeder von uns hat bestimmte Neigungen und Fähigkeiten. Gott möchte, dass wir diese zum Nutzen anderer und letzten Endes zu seiner Ehre einsetzen. Jede gute Arbeit ist ein Dienst für Gott und somit heilig. Durch ihre Arbeit versorgen Eltern ihre Kinder mit dem, was sie brauchen.

Wer nicht so gern arbeitet, den bezeichnen wir als faul. Faulheit wird in der Bibel als Sünde angesehen. „Beobachte die Ameisen, du Faulpelz! Nimm dir ein Beispiel an ihnen: Kein Vorgesetzter treibt sie an; trotzdem arbeiten sie den ganzen Sommer über fleißig, und im Herbst haben sie einen Vorrat für den Winter angelegt. Wie lange willst du noch im Bett bleiben, du Faulpelz? Wann stehst du endlich auf?" (Sprüche 6,6-9).

Auch der Apostel Paulus bietet in 2. Thessalonicher 3,10-12 ein Gegenmittel für Faulheit an: „Schon damals haben wir euch den Grundsatz eingeschärft: Wer nicht arbeiten will, der soll auch nicht essen. Trotzdem haben wir gehört, dass einige von euch ein ungeordnetes Leben führen, nicht arbeiten und sich nur herumtreiben. Sie alle fordern wir im Namen Jesu Christi auf, einer geregelten Arbeit nachzugehen und für ihren Lebensunterhalt selbst zu sorgen."

Nehmen Sie sich Zeit, um allein oder als Paar gemeinsam zu beten.

- Danken Sie Gott für die Gaben und Talente, die er Ihnen beiden geschenkt hat.
- Bitten Sie ihn, Ihr Leben zu prüfen und sicherzustellen, dass Sie Ihre Fähigkeiten zu seiner Ehre einsetzen.
- Bitten Sie ihn auch um Hilfe, damit Sie Ihren Partner ermutigen können, seine Gaben richtig zu gebrauchen.

Wenn Sie noch mehr Zeit haben ...

Besprechen Sie miteinander folgende Fragen oder denken Sie darüber nach:

- Wie würden Sie Ihre Einstellung zur Arbeit beschreiben?
- Worin unterscheidet sich Ihre Arbeitsmoral von der Ihres Ehepartners?
- Wie können Sie Ihrem Partner dabei helfen, seine Gaben und Fähigkeiten sinnvoll und zur Ehre Gottes einzusetzen?

Lesen Sie auch die folgenden Abschnitte zum Thema Arbeit:
1. Mose 2,15; Sprüche 12,11; 21,25.

Geduld mit den Fehlern anderer

Die folgenden Fragen können Sie entweder allein oder als Paar gemeinsam durchgehen. Wenn jeder für sich darüber nachdenkt, verabreden Sie sich in der kommenden Woche zu einem Austausch darüber, was Sie herausgefunden haben.

1. Lesen Sie 1. Timotheus 1,12-17. Inwiefern ist Paulus mit seiner eigenen Unzulänglichkeit gut umgegangen?

2. Welche Vor- und Nachteile hat es, wenn wir die Sichtweise des Paulus übernehmen?

3. Worin ist Gott geduldig mit Ihnen gewesen?

4. Inwiefern könnte es Ihnen helfen, mit den Unzulänglichkeiten anderer Menschen geduldiger zu sein, wenn Sie die Geduld Gottes besser verstehen?

5. Gott ist vollkommen, heilig und gerecht. Dennoch bombardiert er uns, seine Kinder, nicht mit Argumenten, die beweisen, dass er recht hat und wir nicht. Warum ist das Ihrer Meinung nach so?

6. Was können wir aus dem Vorbild Gottes lernen, wenn wir in bestimmten Situationen dem anderen am liebsten sagen würden, wie „recht" wir haben?

1. Timotheus 1,15

„Das steht unumstößlich fest, darauf dürfen wir vertrauen: Jesus Christus ist auf diese Welt gekommen, um uns gottlose Menschen zu retten. Ich selbst bin der Schlimmste von ihnen."

KONKRET:

Überlegen Sie, mit wem Sie leicht ungeduldig werden. Versuchen Sie, diesem Menschen in der kommenden Woche mit so viel Geduld zu begegnen, wie Gott sie Ihnen gegenüber hat.

Den nächsten Impuls finden Sie auf S. 1374 a

rüber lassen, was mit den Christen ist, die
schon gestorben sind. Ihr sollt nicht trau-
ern wie die Menschen, denen die Hoff-
nung auf das ewige Leben fehlt. 14 Wir
glauben doch, dass Jesus gestorben und
auferstanden ist. Darum vertrauen wir
auch darauf, dass Gott alle, die im Glau-
ben an Jesus Christus gestorben sind, auf-
erwecken wird. Wenn er kommt, werden
sie dabei sein.

15 Denn das hat uns der Herr ganz ge-
wiss zugesagt: Wir, die beim Kommen des
Herrn noch am Leben sind, werden ge-
genüber den Toten nichts voraushaben.
16 Auf den Befehl Gottes werden die
Stimme des höchsten Engels und der
Schall der Posaune ertönen, und Christus,
der Herr, wird vom Himmel herabkom-
men. Als Erste werden die auferstehen,
die im Glauben an Christus gestorben
sind. 17 Dann werden wir, die wir zu die-
sem Zeitpunkt noch leben, mit ihnen zu-
sammen unserem Herrn auf Wolken ent-
gegengeführt, um ihm zu begegnen. So
werden wir für immer bei ihm sein.
18 Tröstet euch also gegenseitig mit dieser
Hoffnung.

Wir warten auf Christus

5 Wann das alles sein wird, zu welcher
Zeit und Stunde, brauchen wir euch,
liebe Brüder und Schwestern, nicht zu
schreiben. 2 Ihr wisst ja, dass der Tag, an
dem der Herr kommt, so unerwartet ein-
treffen wird wie ein Dieb in der Nacht.
3 Wenn sich die Leute in Sicherheit wie-
gen und sagen werden: »Überall ist Ruhe
und Frieden«, wird sie das Ende so plötz-
lich überfallen wie die Wehen eine
schwangere Frau. Es wird für niemanden
mehr einen Ausweg geben.

4 Doch ihr, liebe Brüder und Schwes-
tern, lebt ja nicht in der Finsternis. Also
kann euch der Tag, an dem der Herr
kommt, auch nicht wie ein Dieb in der
Nacht überraschen. 5 Als Christen sind
wir Kinder des Lichts, Kinder des hel-
len Tages; wir gehören nicht zur Nacht
mit ihrer Finsternis. 6 Darum lasst uns
nicht schlafen wie die anderen! Wir
wollen hellwach und nüchtern bleiben!
7 Denn die Müden schlafen in der
Nacht, und die Säufer feiern nachts ihre
Trinkgelage.

8 Wir aber haben uns für den Tag ent-
schieden und wollen wach, nüchtern und
kampfbereit sein. Dazu brauchen wir als
Brustpanzer den Glauben und die Liebe.
Die Hoffnung auf Erlösung wird uns wie
ein Helm schützen. 9 Denn Gott will uns
nicht seinem Zorn und Gericht ausset-
zen; wir sollen vielmehr durch unseren
Herrn Jesus Christus gerettet werden.
10 Christus ist für uns gestorben, damit
wir – ganz gleich, ob wir nun leben oder
schon gestorben sind – mit ihm ewig le-
ben. 11 So ermutigt und tröstet einander,
wie ihr es ja auch bisher getan habt.

Anweisungen für die Gemeinde

12 Liebe Brüder und Schwestern! Ich bitte
euch darum, all die besonders zu achten
und anzuerkennen, die sich für euch ein-
setzen, die eure Gemeinde leiten und
euch vor falschen Wegen bewahren wol-
len. 13 Für ihre Mühe sollt ihr sie lieben
und ihnen dankbar sein. Vor allem aber
lebt in Frieden miteinander.

14 Außerdem, ihr Lieben, weist die zu-
recht, die ihr Leben nicht ordnen. Baut
die Mutlosen auf, helft den Schwachen,
und bringt für jeden Menschen Geduld
und Nachsicht auf. 15 Keiner von euch soll
Böses mit Bösem vergelten; bemüht euch
vielmehr darum, einander wie auch allen
anderen Menschen Gutes zu tun. 16 Freut
euch zu jeder Zeit! 17 Hört niemals auf zu
beten. 18 Dankt Gott für alles. Denn das
erwartet Gott von euch, weil ihr zu Jesus
Christus gehört.

4,14 Röm 4,25; 1 Kor 15,3–5; Röm 8,11; Joh 11,25 **4,15–17** Mk 13,26–27; 1 Kor 15,51–52 **5,1–4** Mt 24,42–44; Mk 13,32–37; Phil 4,5; Offb 22,20; Tit 2,13* **5,2** Mt 24,44 **5,5–7** Röm 13,11–14; Eph 5,8–11 **5,8** 1,3; Jes 59,17; Eph 6,10–17 **5,9** 1,10 **5,10** 4,14; Röm 14,8–9 **5,11** Hebr 3,13 **5,12–13** 1 Tim 5,17; Hebr 13,17 **5,14** Gal 6,1; 2 Thess 3,11–15 **5,15** Röm 12,17–18; Eph 2,10*; Hebr 12,14; 1 Petr 3,9–12 **5,16** Phil 4,4 **5,17–18** Eph 5,20; Phil 4,6; Kol 4,2

[19]Lasst den Geist Gottes ungehindert
wirken! [20]Wenn jemand unter euch in
Gottes Auftrag prophetisch redet, so
weist ihn nicht ab. [21]Prüft alles, und be-
haltet das Gute! [22]Das Böse aber – ganz
gleich in welcher Form – sollt ihr mei-
den.

Herzliche Grüße

[23]Möge Gott euch mit seinem Frieden er-
füllen und euch helfen, ohne jede Ein-
schränkung ihm zu gehören. Er bewahre
euch, damit ihr fehlerlos seid an Geist,
Seele und Leib, wenn unser Herr Jesus
Christus kommt. [24]Gott hat euch ja dazu
auserwählt; er ist treu, und was er ver-
spricht, das hält er auch.

[25]Betet auch in Zukunft für uns, liebe
Brüder und Schwestern, [26]und grüßt alle
in der Gemeinde mit dem Friedenskuss.
[27]Im Namen unseres Herrn bitte ich euch
dringend, diesen Brief allen in der Ge-
meinde vorzulesen.

[28]Die Gnade unseres Herrn Jesus
Christus sei mit euch.

5,19 Röm 12,11 **5,20** 1 Kor 14,29–33 **5,21–22** Röm 12,2; Kol 3,10 **5,25** Kol 4,3–4*

Liebe, die sich selbst verschenkt

„Der Mann ist das Haupt der Frau." Das bedeutet aber nicht, dass der Mann mehr wert ist als die Frau. Beide sind nach Gottes Ebenbild geschaffen worden und sind unendlich wertvoll. Der Mann soll kein Diktator sein, der seiner Frau sagt, was sie zu tun hat. Gott hat nicht beabsichtigt, dass der Mann alle Entscheidungen alleine trifft. Die Frau soll ihm ja eine Hilfe sein. Doch wie kann sie ihm helfen, wenn er sie nicht einmal zu Rate zieht? Was wir heute dringender denn je brauchen, sind christliche Leiter, keine Diktatoren.

Unterordnung beruht auf Gegenseitigkeit. Weder der Mann noch die Frau können ihren eigenen Kopf durchsetzen und zugleich eine glückliche Ehe führen. Darum hat Gott die Männer angewiesen, ihre Frauen zu lieben, „wie Christus seine Gemeinde liebt" (Epheser 5,25). Das Wort, das hier mit „lieben" übersetzt wird, bezeichnet eine selbstlose Liebe, die das Wohl des geliebten Menschen sucht.

Ein Mann könnte zum Beispiel zu einer Party mitkommen, obwohl er keine Lust dazu hat; denn er weiß, dass diese Feier seiner Frau viel bedeutet. Umgekehrt könnte die Frau ihren Mann zu einem Fußballspiel begleiten, auch wenn es sie schrecklich langweilt und sie nichts von Fußball versteht; denn so nimmt sie Anteil an dem, was ihm Freude macht. Unterordnung ist das Gegenteil von Eigenwilligkeit, und sie wird von beiden Ehepartnern verlangt (Epheser 5,21).

Viele Paare müssen daran erinnert werden, dass sie im selben Team sind. Zu oft leben sie in Konkurrenz zueinander, jeder verteidigt seine eigenen Vorstellungen und Interessen. Nichts könnte törichter sein. „Wir meinen, wir denken, wir entscheiden" – das ist die Sprache der Einigkeit.

Den nächsten Artikel zum Thema „Was braucht sie – was braucht er" finden Sie auf S. 1402 a

Liebe, die sich selbst verschenkt

[illegible]

Der zweite Brief des Paulus an die Christen in Thessalonich

Anschrift und Gruß

1 Paulus, Silvanus und Timotheus
schreiben diesen Brief an die Ge-
meinde in Thessalonich, die sich zu Gott,
unserem Vater, und zu unserem Herrn
Jesus Christus bekennt.
2 Wir wünschen euch Gnade und Frie-
den von Gott, dem Vater, und dem Herrn
Jesus Christus.

Christus, der Retter und Richter

3 Liebe Brüder und Schwestern! Immer
wieder müssen wir Gott für euch danken;
wir können gar nicht anders, denn euer
Glaube wächst ständig, ebenso eure Lie-
be zueinander. 4 Wir sind stolz auf euch
und stellen euch den anderen Gemein-
den als leuchtendes Vorbild hin. Wie treu
und standhaft ertragt ihr doch alle Ver-
folgungen und Leiden! 5 Sie sind ein Vor-
zeichen für das kommende Gericht. Gott
ist ein gerechter Richter. Er wird euch in
seine neue Welt aufnehmen, für die ihr
hier leidet.
6 Ja, Gottes Urteil ist gerecht. Deshalb
wird er alle bestrafen, die euch jetzt ver-
folgen. 7 Er wird eure Not beenden, und
auch wir werden nicht länger leiden müs-
sen, wenn Jesus als der Herr mit allen sei-
nen mächtigen Engeln vom Himmel
kommen wird. 8 Wie ein vernichtendes
Feuer wird sein Urteil alle treffen, die
von Gott nichts wissen wollen und die
rettende Botschaft von Jesus, unserem
Herrn, ablehnen. 9 Sie werden dem ewi-
gen Verderben ausgeliefert sein; für im-
mer von unserem Herrn getrennt, aus-
geschlossen aus seinem herrlichen Reich.
10 Die aber zu ihm gehören, werden ihn
an jenem Tag anbeten, und alle, die an
ihn glauben, werden ihm voller Freude
zujubeln. Und auch ihr werdet dabei sein,
weil ihr der Botschaft vertraut habt, die
wir euch gebracht haben.

Wir beten für euch

11 Deshalb beten wir immer wieder für
euch, dass ihr so lebt, wie man es von
Menschen erwarten kann, die von Gott
auserwählt sind. Wir bitten Gott, dass es
nicht bei eurem guten Willen bleibt,
sondern dass ihr auch Taten folgen lasst.
Alles, was ihr im Glauben begonnen
habt, sollt ihr durch Gottes Kraft auch
vollenden. 12 Dann wird durch euch der
Name unseres Herrn Jesus gerühmt und
geehrt. Und ebenso gelangt ihr auch bei
ihm zu Ehren, denn unser Gott und unser
Herr Jesus Christus haben euch Barm-
herzigkeit erwiesen.

Der Feind Gottes

2 Ihr wisst, liebe Brüder und Schwes-
tern, dass unser Herr Jesus Christus
kommen wird und wir für alle Zeiten bei
ihm sein werden. Wir bitten euch nun
aber: 2 Lasst euch nicht verwirren und er-
schrecken, wenn Leute behaupten, der
Tag, an dem der Herr kommt, sei schon
da. Sie werden euch von angeblichen Of-
fenbarungen Gottes erzählen. Glaubt
ihnen nicht, selbst wenn sie euch Briefe
mit derartigen Behauptungen zeigen, die
wir geschrieben haben sollen.

1,1 1 Petr 5,12; Apg 16,1–3* **1,4–5** 1 Thess 1,7; Phil 1,28–30; 2 Tim 3,12* **1,6** Röm 12,19 **1,7** Mt 25,31–33; Tit 2,13*; Offb 21,3–4 **1,8–9** 1 Petr 4,17–19; 2 Petr 3,7 **1,10** 1 Thess 3,12–13; 1 Joh 3,2–3; Offb 7,9–10 **1,11** 1 Thess 1,3; 2,11–12; Phil 1,6; 2,13 **2,1** 1 Thess 4,15–18 **2,2** Mt 24,4–6

3 Lasst euch von niemandem so etwas
einreden! Denn bevor Christus kommt,
werden sich sehr viele Menschen von
Gott abwenden. Dann wird ein Mann
auftreten, der die Gebote Gottes mit Fü-
ßen tritt. Doch er ist dem Untergang ge-
weiht. 4 Er ist der Feind Gottes und wähnt
sich größer als jeder Gott und alles, was
als heilig verehrt wird. Ja, er wird sich in
den Tempel Gottes setzen und sich selbst
als Gott verehren lassen.
5 Erinnert ihr euch nicht daran, dass ich
euch das alles schon gesagt habe, als ich
noch bei euch war? 6 Ihr wisst doch auch,
was den Feind Gottes daran hindert,
schon jetzt zu erscheinen, noch vor seiner
Zeit. 7 Zwar spüren wir schon überall, wie
sich die Mächte des Bösen regen, aber
noch werden sie von dem einen aufgehal-
ten. Doch dann macht der Feind Gottes
den Weg für sie frei 8 und erscheint in al-
ler Öffentlichkeit. Wenn aber Jesus, der
Herr, kommt, wird er diesen Mann ver-
nichten. Ein Hauch seines Mundes ge-
nügt.
9 Vorher wird der Feind Gottes mit Hil-
fe des Satans machtvolle Taten, Zeichen
und Wunder vollbringen. Und doch ist al-
les durch und durch verlogen. 10 Mit sei-
nen Verführungskünsten wird er alle auf
seine Seite bringen, die verloren sind.
Denn sie wollten die Wahrheit nicht an-
erkennen, die ihre Rettung gewesen wä-
re. 11 Deshalb lässt Gott sie auf diesen Irr-
tum hereinfallen, und sie werden der
Lüge Glauben schenken. 12 So wird jeder
gerichtet, der nicht an die Wahrheit
glaubt, sondern das Böse liebt.

Bleibt fest im Glauben!

13 Euch aber, vom Herrn geliebte Brüder
und Schwestern, hat Gott von Anfang an
dazu bestimmt, gerettet zu werden. Da-
für müssen wir ihm immer wieder dan-
ken. Durch den Geist Gottes führt ihr
nun euer Leben nach Gottes Willen, und
ihr glaubt an die Wahrheit. 14 Dazu seid
ihr von Gott berufen durch die rettende
Botschaft, die wir euch gebracht haben.
Ihr sollt an der Herrlichkeit unseres
Herrn Jesus Christus teilhaben. 15 Bleibt
also standhaft, liebe Brüder und Schwes-
tern. Haltet euch an die Überlieferungen,
die wir euch mündlich und schriftlich ge-
lehrt haben.
16 Unser Herr Jesus Christus aber und
Gott, unser Vater, der uns seine Liebe ge-
schenkt und in seiner Barmherzigkeit
einen Trost und eine Hoffnung für alle
Zeiten gegeben hat, 17 er ermutige euch
und gebe euch Kraft, Gutes zu tun in
Wort und Tat.

Betet für uns

3 Außerdem, liebe Brüder und Schwes-
tern, betet bitte für uns, damit die
Botschaft des Herrn sich verbreitet und
überall mit Dank gegen Gott angenom-
men wird – wie schon bei euch. 2 Bittet
Gott auch darum, er möge uns vor den
Angriffen niederträchtiger und boshafter
Menschen schützen; denn nicht jeder will
dem Herrn vertrauen.
3 Gott aber ist treu. Er wird euch Mut
und Kraft geben und euch vor allem Bö-
sen bewahren. 4 Im Glauben an den
Herrn vertrauen wir darauf, dass ihr euch
jetzt und in Zukunft an alle unsere An-
weisungen haltet. 5 Wir beten zum Herrn,
dass die Liebe zu Gott euer Leben be-
stimmt und dass ihr standhaft im Glau-
ben an Christus bleibt.

Wer nicht arbeiten will, der soll auch nicht essen

6 Liebe Brüder und Schwestern! Im Na-
men unseres Herrn Jesus Christus for-
dern wir euch noch einmal auf: Trennt
euch von all den Menschen in eurer Ge-
meinde, die ihre Arbeit vernachlässigen
und nicht so leben, wie wir es euch ge-

2,3 1 Tim 4,1 **2,8–10** Offb 19,15–21; Mt 24,24 **2,10–11** 2 Kor 4,3–4; 2 Tim 4,3–4 **2,12** Joh 12,48 **2,13–14** Eph 1,4; 3,11; 1 Thess 1,4; 2 Petr 1,10–11 **2,16** 1 Petr 5,10 **3,1–2** Kol 4,3–4* **3,4** 2,15 **3,6** 1 Kor 5,11; Gal 6,1; 1 Thess 5,14

lehrt und aufgetragen haben. [7]Ihr wisst
doch genau, dass ihr auch darin unserem
Beispiel folgen sollt. Denn wir haben uns
nicht vor der Arbeit gedrückt. [8]Oder
haben wir jemals auf Kosten anderer
gelebt? Im Gegenteil: Tag und Nacht
haben wir gearbeitet und uns abgemüht,
um niemandem von euch zur Last zu
fallen. [9]Wir hätten zwar von euch Unter-
stützung verlangen können, doch wir
wollten euch ein Vorbild sein, dem ihr
folgen sollt. [10]Schon damals haben wir
euch den Grundsatz eingeschärft: Wer
nicht arbeiten will, der soll auch nicht
essen.
[11]Trotzdem haben wir gehört, dass
einige von euch ein ungeordnetes Leben
führen, nicht arbeiten und sich nur
herumtreiben. [12]Sie alle fordern wir im
Namen Jesu Christi auf, einer geregelten
Arbeit nachzugehen und für ihren Le-
bensunterhalt selbst zu sorgen.
[13]Euch aber, liebe Brüder und Schwes-
tern, bitten wir: Werdet nicht müde, Gu-
tes zu tun! [14]Sollte sich jemand unter
euch weigern, den Anweisungen in die-
sem Brief zu folgen, dann brecht jede
Verbindung mit ihm ab, damit er sich
schämt. [15]Doch behandelt ihn nicht als
euren Feind, sondern ermahnt ihn als
Bruder.

Abschließende Grüße

[16]Unser Herr, von dem aller Friede
kommt, schenke euch seinen Frieden im-
mer und überall. Er sei mit euch allen!
[17]Und hier noch mein Gruß an euch,
den ich, Paulus, mit eigener Hand schrei-
be. So schließe ich alle meine Briefe, da-
mit ihr erkennt, dass sie auch wirklich
von mir sind.
[18]Die Gnade unseres Herrn Jesus
Christus sei mit euch allen!

3,7–8 1 Thess 2,9–10; Apg 18,3; 1 Kor 4,12 **3,9** 1 Kor 9,6–15; Apg 20,33–35 **3,10** 1 Thess 4,11 **3,13** Gal 6,9; Eph 2,10* **3,14** Tit 3,10 **3,15** 1 Thess 5,14; Mt 18,15–17; Jak 5,19–20 **3,17** Gal 6,11; Kol 4,18

Der erste Brief des Paulus an Timotheus

Anschrift und Gruß

1 Diesen Brief schreibt Paulus, ein
Apostel Jesu Christi. Von Gott, unse-
rem Retter, und Jesus Christus, der unse-
re Hoffnung ist, bin ich zum Apostel be-
rufen.
2 Ich grüße dich, lieber Timotheus. Du
bist durch mich zum Glauben gekommen
und stehst mir deshalb so nahe wie ein
Sohn. Ich wünsche dir Gnade, Barmher-
zigkeit und Frieden von Gott, unserem
Vater, und unserem Herrn Jesus Christus.

Warnung vor falschen Lehren

3 Als ich nach Mazedonien reiste, bat ich
dich, in Ephesus zu bleiben. Du solltest
verhindern, dass dort bestimmte Leute
falsche Lehren verbreiten. 4 Sie sollen
endlich mit diesem sinnlosen Nachfor-
schen in Legenden und Abstammungs-
tafeln aufhören; das führt zu nichts als zu
nutzlosem Gerede und Streit. Es lenkt
uns ab von der Aufgabe, die Gott uns ge-
geben hat und die wir im Glauben aus-
führen. 5 Die Unterweisung in der Lehre
unseres Glaubens hat nur das eine Ziel:
die Liebe, die aus einem reinen Herzen,
einem guten Gewissen und einem unge-
heuchelten Glauben kommt. 6 Doch es
gibt Leute, die das bestreiten und sich lie-
ber mit nutzlosem Geschwätz abgeben.
7 Sie bilden sich ein, Lehrer des Gesetzes
zu sein; dabei verstehen sie nicht einmal
das, was sie selbst reden, und haben keine
Ahnung von dem, was sie so kühn be-
haupten.
8 Wir dagegen wissen: Das Gesetz des
Mose ist gut, wenn es nur richtig ge-
braucht wird. 9 Aber für wen gilt denn
das Gesetz? Doch nicht für Menschen,
die nach Gottes Willen leben, sondern
für solche, die gegen das Recht verstoßen
und sich gegen Gott und seine Gebote
auflehnen: Es gilt für Menschen, die von
Gott nichts wissen wollen und Schuld auf
sich laden, für Niederträchtige und Ge-
wissenlose, für Leute, die Vater und
Mutter töten, 10 unerlaubte sexuelle Be-
ziehungen eingehen, homosexuell ver-
kehren, für Menschenhändler, für solche,
die lügen und Meineide schwören oder in
irgendeiner anderen Weise gegen die ge-
sunde Lehre unseres Glaubens versto-
ßen. 11 So lehrt es die rettende Botschaft,
die Gott mir anvertraut hat und die Got-
tes Herrlichkeit zeigt.

Gottes unverdiente Güte

12 Ich danke unserem Herrn Jesus Chris-
tus immer wieder, dass er gerade mich für
vertrauenswürdig erachtet hat, ihm zu
dienen, und dass er mir dafür auch die
Kraft schenkte. 13 Früher habe ich ihn ver-
höhnt, ich habe Christus und seine Ge-
meinde mit blindem Hass verfolgt und
bekämpft. Aber Gott hat sich über mich
erbarmt und mir alles vergeben. Denn in
meinem Unglauben wusste ich nicht, was
ich tat. 14 Umso reicher habe ich dann die
unverdiente Güte des Herrn erfahren. Er
hat mir den Glauben und die Liebe ge-
schenkt, wie sie nur in der Gemeinschaft
mit Jesus Christus zu finden sind.
15 Denn das steht unumstößlich fest,
darauf dürfen wir vertrauen: Jesus Chris-
tus ist auf diese Welt gekommen, um uns
gottlose Menschen zu retten. Ich selbst

1,2 Apg 16,1–3* **1,3** Apg 20,1 **1,5** Joh 13,34–35; Röm 12,10* **1,5–7** 6,3–5 **1,8–10** Röm 7,12; Gal 5,22–23 **1,11** 2 Kor 3,10–12 **1,13** Apg 8,3* **1,15** Lk 19,10; Röm 5,8

bin der Schlimmste von ihnen. [16]Doch gerade deshalb war Gott mir ganz besonders barmherzig. An mir wollte Jesus Christus zeigen, wie groß seine Geduld mit uns Menschen ist. An meinem Beispiel soll jeder erkennen, dass wirklich alle durch den Glauben an Christus ewiges Leben finden können. [17]Gott aber, der ewige König, der unsterblich und unsichtbar ist, dieser einzig wahre Gott möge bis in alle Ewigkeit gelobt und geehrt werden. Amen!

[18]Mein lieber Timotheus! Du bist für mich wie ein eigener Sohn. Dir vertraue ich jetzt diese Botschaft an. So ist es dir früher schon durch Prophetien gesagt worden, damit du tapfer und unerschrocken kämpfen kannst. [19]Bleib in deinem Glauben fest, und bewahr dir ein reines Gewissen. Denn wie du weißt, haben einige ihr Gewissen zum Schweigen gebracht, und deshalb hat ihr Glaube Schiffbruch erlitten. [20]Hymenäus und Alexander gehören zu ihnen. Ich habe sie dem Satan ausgeliefert, damit sie zur Besinnung kommen und Gott nicht länger verhöhnen.

Betet für alle Menschen!

2 Am wichtigsten ist, dass die Gemeinde nicht aufhört zu beten. Betet für alle Menschen; bringt eure Bitten, Wünsche, eure Anliegen und euren Dank für sie vor Gott. [2]Betet besonders für alle, die in Regierung und Staat Verantwortung tragen, damit wir in Ruhe und Frieden leben können, ehrfürchtig vor Gott und aufrichtig unseren Mitmenschen gegenüber. [3]So soll es sein, und so gefällt es Gott, unserem Retter. [4]Denn er will, dass alle Menschen gerettet werden und seine Wahrheit erkennen.

[5]Es gibt nur einen einzigen Gott und nur einen Einzigen, der zwischen Gott und den Menschen vermittelt und Frieden schafft. Das ist der Mensch Jesus Christus. [6]Er hat sein Leben hingegeben, um uns alle aus der Gewalt des Bösen zu befreien. Diese Botschaft soll nun verkündet werden, denn die Zeit, die Gott festgelegt hat, ist gekommen. [7]Und mich hat Gott zu seinem Apostel und Botschafter berufen. Das ist die Wahrheit, ich lüge nicht. Ich soll die Nichtjuden im Glauben unterweisen und ihnen Gottes Wahrheit verkünden.

[8]Ich will, dass die Männer in allen Gemeinden beten, mit reinem Gewissen; sie sollen gegen niemanden Groll hegen und nicht im Streit leben. [9]Die Frauen sollen unauffällig und schlicht gekleidet zum Gottesdienst kommen. Sie sollen sich weder durch besondere Frisuren noch durch Goldschmuck, Perlen oder auffällige Kleider hervortun. [10]Der wahre Schmuck der Frauen ist es, Gutes zu tun. Damit zeigen sie, dass sie Gott lieben und ehren.

[11]Die Frau soll lernen, sich in der Gemeinde unterzuordnen und still zuzuhören. [12]Einer Frau erlaube ich nicht, öffentlich zu lehren oder sich über den Mann zu erheben. Sie soll vielmehr still und zurückhaltend sein. [13]Denn Gott hat zuerst Adam geschaffen, den Mann, und danach Eva, die Frau. [14]Außerdem ließ sich nicht Adam von der Schlange verführen, sondern Eva. Sie hat Gottes Gebot übertreten. [15]Doch auch sie wird gerettet werden, wenn sie ihre Aufgabe als Frau und Mutter erfüllt, vorausgesetzt, sie vertraut auf Gott, bleibt in seiner Liebe und tut besonnen seinen Willen.

Wer eine Gemeinde leiten kann

3 Das ist wahr: Wer eine Gemeinde leiten will, der ist bereit, eine schöne und große Aufgabe zu übernehmen. [2]Allerdings muss ein solcher Mann ein vorbildliches Leben führen; das heißt, er soll

---

1,16 Joh 6,37; Apg 13,38–39; Röm 10,16 **1,17** 6,15–16; Röm 16,27 **1,18** 4,14; 2 Tim 1,6–7 **1,19** 1,5; 3,9; Eph 4,19 **1,20** 2 Tim 2,17 **2,1** Eph 5,20; Phil 4,6; Kol 4,2; 1 Thess 5,17–18 **2,2** Jer 29,7 **2,4** 4,10; Mt 28,19; Tit 1,1; 2 Petr 3,9 **2,5–6** Mk 10,45; Lk 24,44–46; 2 Kor 5,18–21*; Hebr 8,6–7 **2,7** Apg 9,15*; 2 Kor 5,20; 2 Tim 1,1 **2,9–10** 1 Petr 3,3–6 **2,11–12** 1 Kor 14,34–35 **2,14** 1 Mo 3,13 **2,15** 5,14; Tit 2,3–5 **3,1–7** Apg 20,28–31; Tit 1,5–9; 1 Petr 5,1–4 **3,2** 1 Petr 4,9*

nur *eine* Frau haben, nüchtern und besonnen sein und keinen Anstoß erregen. Ihn muss Gastfreundschaft auszeichnen, und er soll andere gut im Glauben unterweisen können. 3 Außerdem darf er weder ein Trinker sein noch gewalttätig oder streitsüchtig; vielmehr soll er gütig und friedfertig seine Arbeit tun und nicht am Geld hängen.

4 Sein Familienleben soll geordnet sein, die Kinder sollen ihn achten und auf ihn hören. 5 Denn wie kann jemand, dem schon seine eigene Familie über den Kopf wächst, die Gemeinde Gottes leiten? 6 Er soll nicht erst vor kurzem Christ geworden sein; er könnte sonst schnell überheblich werden, und so hätte der Teufel ihn dahingebracht, dass Gott sein Urteil über ihn sprechen muss. 7 Ein Gemeindeleiter soll auch bei Nichtchristen in einem guten Ruf stehen, damit er nicht ins Gerede kommt und der Teufel ihn so zu Fall bringen kann.

Wer Diakon werden kann

8 Auch die Diakone in der Gemeinde sollen geachtete Leute sein, ehrlich und glaubwürdig in ihrem Reden; sie sollen nicht zu viel Wein trinken und sich nicht auf Kosten anderer bereichern. 9 Denn das Geheimnis, das ihnen mit dem Glauben anvertraut wurde, können sie nur in einem reinen Gewissen bewahren. 10 Auch die Diakone müssen sich zuerst bewähren. Nur wenn an ihnen nichts auszusetzen ist, darf man sie zum Dienst zulassen. 11 Ebenso sollen die Diakoninnen[a] vorbildlich leben, keine Klatschmäuler sein, sondern besonnen und in allen Dingen zuverlässig. 12 Auch Diakone sollen nur mit *einer* Frau verheiratet sein und müssen ein vorbildliches Familienleben führen. 13 Wer sich aber in seinem Dienst als Diakon bewährt, den wird die Gemeinde achten, und er selbst wird die Zuversicht und Freude ausstrahlen, wie sie der Glaube an Jesus Christus schenkt.

Das Geheimnis des Glaubens

14 Ich habe dir, lieber Timotheus, das alles geschrieben, obwohl ich hoffe, bald selbst zu dir zu kommen. 15 Aber falls sich mein Besuch noch hinauszögern sollte, weißt du nun, wie man sich im Haus Gottes, in seiner Gemeinde, zu verhalten hat. Die Gemeinde des lebendigen Gottes ist der tragende Pfeiler und das Fundament der Wahrheit.

16 Eins steht ohne jeden Zweifel fest: Groß und einzigartig ist das Geheimnis unseres Glaubens:

In die Welt kam Christus als ein Mensch, und der Geist Gottes bestätigte seine Würde. Er wurde gesehen von den Engeln und gepredigt den Völkern der Erde. In aller Welt glaubt man an ihn, und er wurde aufgenommen in Gottes Herrlichkeit.

Warnung vor falsch verstandener Frömmigkeit

4 Gottes Geist sagt uns ausdrücklich, dass sich in Zukunft manche von Gott abwenden werden, weil sie falschen Propheten hinterherlaufen und teuflischen Lehren glauben. 2 Diese Verführer sind durch und durch verlogen, ihr Gewissen haben sie zum Schweigen gebracht[b]. 3 Sie verbieten, zu heiraten oder bestimmte Speisen zu essen. Dabei hat Gott doch alles geschaffen, damit jeder, der an ihn glaubt und seine Wahrheit erkannt hat, auch diese Dinge dankbar von ihm annimmt. 4 Denn alles, was Gott geschaffen hat, ist gut; und nichts ist schlecht, für das wir Gott danken. 5 Durch das Wort Gottes und das Gebet wird alles rein; nichts kann uns da von Gott trennen.

---

[a] Oder: Auch ihre Frauen sollen …

[b] Wörtlich: ihr Gewissen ist mit einem Brandmal versehen.

3,8 Apg 6,3 **3,9** 1,19 **3,10** Lk 16,10 **3,11** 5,13; Jak 1,26 **3,12** 3,2; Tit 1,6 **3,16** Gal 4,4; Joh 1,14; Apg 1,9; Mk 16,19 **4,1** 2 Thess 2,3 **4,3–5** Mt 15,17–20; 1 Kor 8,1–13*; Kol 2,20–23

Ratschläge für den Dienst

6 Wenn du, lieber Timotheus, der Ge-
meinde das alles so weitergibst, bist du
ein guter Diener Jesu Christi. Du lebst
nach der Botschaft des Glaubens und
richtest dich nach der wahren Lehre, zu
der du dich schon immer bekannt hast.
7 Gib dich nicht mit dem gottlosen Ge-
schwätz dieser falschen Prediger ab, son-
dern diene Gott mit ganzer Kraft. 8 Wie
ein Asket zu leben ist ganz gut und schön,
aber auf Gott zu hören ist besser. Denn
damit werden wir dieses und das zukünf-
tige Leben gewinnen. 9 Das steht unum-
stößlich fest, darauf dürfen wir vertrauen.
10 Für nichts anderes arbeiten und kämp-
fen wir. Auf den lebendigen Gott haben
wir unsere Hoffnung gesetzt. Er ist der
Retter aller Menschen, besonders derje-
nigen, die an ihn glauben. 11 Das alles
sollst du die Gemeinde lehren.

12 Niemand hat ein Recht, auf dich he-
rabzusehen, weil du noch so jung bist. Al-
lerdings musst du in jeder Beziehung ein
Vorbild sein: in allem, was du sagst und
tust, in der Liebe, im Glauben und in
Selbstbeherrschung. 13 Solange ich nicht
wieder bei euch bin, lies du in der Ge-
meinde aus der Heiligen Schrift vor, er-
mutige die Christen und unterweise sie
im Glauben. 14 Setz die Gabe ein, die Gott
dir schenkte. Er hat dich ja durch eine
Prophetie für diese Aufgabe bestimmt,
und die Leiter der Gemeinde haben dir
die Hände aufgelegt und dich gesegnet.
15 Gebrauch deine Gabe und übe dich da-
rin, dann wird jeder erkennen, wie du
Fortschritte machst. 16 Achte auf dich
selbst; sieh zu, dass du die Lehre von Je-
sus Christus rein und unverfälscht weiter-
gibst. Lass dich auf keinen Fall davon ab-
bringen. Dann wirst du selbst gerettet
und alle, die auf dich hören.

5 Einen älteren Mann fahre nicht hart
an, wenn du ihn ermahnen musst,
sondern rede mit ihm wie mit einem
Vater. Die jungen Männer behandle als
deine Brüder. 2 Sei zu den älteren Frauen
wie zu deiner Mutter und zu den jünge-
ren wie zu Schwestern, aufrichtig und
zurückhaltend.

Wie die Gemeinde für ihre Witwen sorgen soll

3 Sorge für die Witwen, wenn sie keine
Angehörigen haben, die sie unterstützen.
4 Sind aber Kinder oder Enkel da, dann
sollen diese lernen, zuerst in der eigenen
Familie Gottes Willen zu tun und ihre
Angehörigen zu versorgen. Es gefällt
Gott, wenn sie auf diese Weise ihre
Dankbarkeit zeigen für das, was sie von
ihnen empfangen haben. 5 Eine Witwe
dagegen, die ganz allein ist, hat gelernt,
ihre Hoffnung auf Gott zu setzen und
Tag und Nacht zu ihm zu flehen und zu
beten. 6 Andere wieder wollen sich nur
noch vergnügen. Sie sind schon tot, auch
wenn sie noch leben. 7 Davor sollst du die
Witwen warnen, damit man ihnen nichts
nachsagen kann. 8 Wer sich aber weigert,
seine Angehörigen zu versorgen – vor al-
lem die eigenen Familienmitglieder –,
der verleugnet damit seinen Glauben; er
ist schlimmer als einer, der von Gott
nichts wissen will.

9 Eine Frau sollte erst dann in die Liste
der Witwen eingetragen und von der Ge-
meinde versorgt werden, wenn sie min-
destens sechzig Jahre alt ist und nur *einen*
Mann hatte. 10 Außerdem sollte sie dafür
bekannt sein, dass sie viel Gutes getan
hat. Hat sie ihre Kinder gut erzogen?
War sie gastfreundlich? Hat sie anderen
Christen selbstlos geholfen und Notlei-
denden beigestanden? Hat sie sich auch
sonst überall eingesetzt, um anderen zu
helfen?

11 Junge Witwen dürfen nicht in die Lis-
te aufgenommen werden. Denn wenn
ihre Leidenschaft groß ist und sie eines
Tages doch wieder heiraten wollen, hal-

4,6 2 Tim 2,15 **4,7** 6,20; 2 Tim 2,16–18 **4,8** Kol 2,21–23 **4,12** 1 Kor 16,10–11; 2 Tim 2,22; Tit 2,7.15 **4,14–15** 2 Tim 1,6 **4,16** Apg 20,28–32 **5,1** 3 Mo 19,32; Tit 2,2 **5,3** Jak 1,27 **5,4** 5,16 **5,5** Lk 2,37 **5,8** Tit 1,16; 2 Mo 20,12* **5,10** 1 Petr 4,9*

ten sie ihr Versprechen nicht, Christus al-
lein zu dienen. 12 Auf ihnen lastet dann
der Vorwurf, ihr Versprechen Christus
gegenüber gebrochen zu haben. 13 Außer-
dem gewöhnen sie sich daran, bei ande-
ren Leuten herumzusitzen und träge und
geschwätzig zu werden. Neugierig be-
schäftigen sie sich mit Dingen, die sie
überhaupt nichts angehen.

14 Deshalb möchte ich, dass die jungen
Witwen wieder heiraten, Kinder bekom-
men und sich um ihren eigenen Haushalt
kümmern. Dann wird keiner unserer
Gegner an ihrem Lebenswandel etwas
aussetzen können. 15 Leider aber haben
sich schon einige von Christus abgewandt
und folgen jetzt dem Satan.

16 Wenn aber eine Christin in ihrer Ver-
wandtschaft Witwen hat, dann soll sie für
diese sorgen. Auf keinen Fall darf die
Gemeinde damit belastet werden. Denn
die Gemeinde soll sich nur um die Wit-
wen kümmern, die gar keine Angehöri-
gen haben.

Die Leiter der Gemeinde

17 Alle, die der Gemeinde als Leiter ver-
antwortungsvoll dienen, sollen nicht nur
gut versorgt, sondern auch hoch geachtet
werden; vor allem, wenn sie Gottes Bot-
schaft verkünden und die Gemeinde im
Glauben unterweisen. 18 Denn in der Hei-
ligen Schrift heißt es: »Wenn ihr mit
einem Ochsen Getreide drescht, dann
bindet ihm nicht das Maul zu!«,[a] und an
anderer Stelle: »Wer arbeitet, soll auch
seinen Lohn bekommen.«[b]

19 Nimm eine Klage gegen einen Ge-
meindeleiter nur an, wenn mindestens
zwei oder drei Zeugen sie bestätigen.
20 Sollte sich einer tatsächlich etwas zu-
schulden kommen lassen, dann weise ihn
vor allen anderen[c] zurecht, damit auch
sie gewarnt sind. 21 Vor Gott, dem Herrn
Jesus Christus und seinen heiligen En-
geln ermahne ich dich: In solchen Fällen
musst du ohne jedes Vorurteil und unpar-
teiisch handeln.

22 Leg niemandem vorschnell die Hän-
de auf, um ihm eine wichtige Aufgabe in
der Gemeinde zu übertragen[d]. Sonst
machst du dich mitschuldig, wenn er sich
in Sünden verstrickt. Dulde auch keine
Sünde in deinem eigenen Leben.

23 Nun gebe ich dir noch einen persön-
lichen Rat: Trink nicht länger nur Wasser.
Du bist so oft krank, und da würde etwas
Wein deinem Magen gut tun.

24 Im Übrigen erinnere dich daran: Die
Sünden mancher Menschen kann jeder
sehen; sie sind schon vor dem Gerichts-
tag Gottes allen offenkundig. Die Sün-
den anderer wieder bleiben uns verbor-
gen und werden erst später aufgedeckt.
25 Genauso ist es auch mit den guten
Taten der Menschen: Manche sind schon
jetzt für jedermann sichtbar, während wir
andere überhaupt nicht erkennen. Doch
auch sie werden nicht für immer verbor-
gen bleiben.

Anweisungen für Sklaven

6 Wer sich als Sklave seinem Herrn un-
terordnen muss, der soll ihn achten,
damit der Name Gottes und die Lehre
unseres Glaubens nicht durch sein
schlechtes Verhalten in Verruf geraten.
2 Das gilt auch, wenn der Herr selbst ein
Christ ist. Der Sklave soll sich nicht mit
ihm auf eine Stufe stellen, nur weil sie
durch den Glauben Brüder sind. Im Ge-
genteil, er soll ihm umso bereitwilliger
dienen. Weil der Herr an Christus glaubt
und von ihm geliebt wird, ist er auch be-

---

[a] 5. Mose 25,4
[b] Lukas 10,7; 1. Korinther 9,9
[c] *Wahrscheinlich: vor allen Gemeindeleitern*
[d] »um … übertragen« ist sinngemäß ergänzt.

5,13 2 Thess 3,11; Jak 1,26 **5,14** 2,15 **5,16** 5,3–4 **5,17–18** 1 Kor 9,11–14; 1 Thess 5,12–13
5,19 5 Mo 19,15 **5,20** Mt 18,15–17; Gal 2,14 **5,22** 3,10; 4,14; 2 Tim 1,6; Apg 6,6; 13,3
6,1–2 Eph 6,5–8; Kol 3,22–25; Tit 2,9–10; 1 Petr 2,18

Den alten Eltern Ehre erweisen

Lesen Sie 1. Timotheus 5,1-25

Als Christen sind wir dazu aufgerufen, unsere Eltern und Schwiegereltern zu „ehren". Paulus erklärt: „Einen älteren Mann fahre nicht hart an, wenn du ihn ermahnen musst, sondern rede mit ihm wie mit einem Vater" (1. Timotheus 5,1). Wir sollen verständnisvoll und einfühlsam sein. Natürlich sollen wir auch die Wahrheit sagen, aber immer in Liebe (siehe Epheser 4,15).

Die Gebote aus Epheser 4,31-32 gelten auch für unsere Beziehung zu den Eltern: „Mit Bitterkeit, Jähzorn und Wut sollt ihr nichts mehr zu tun haben. Schreit einander nicht an, redet nicht schlecht über andere, und vermeidet jede Feindseligkeit. Seid vielmehr freundlich und barmherzig, und vergebt einander, so wie Gott euch durch Jesus Christus vergeben hat." Ein weiterer Hinweis darauf, wie wir unsere Eltern ehren sollen, findet sich in 1. Timotheus 5,4: „Sind aber Kinder oder Enkel da, dann sollen diese lernen, zuerst in der eigenen Familie Gottes Willen zu tun und ihre Angehörigen zu versorgen. Es gefällt Gott, wenn sie auf diese Weise ihre Dankbarkeit zeigen für das, was sie von ihnen empfangen haben."

Als wir jung waren, sorgten unsere Eltern für uns. Jetzt, wo unsere Eltern älter werden, tun wir dasselbe für sie. Wenn es nötig wird, haben wir die Verantwortung, für ihre Bedürfnisse zu sorgen. Durch unser Handeln bekennen wir unseren Glauben an Christus und erweisen unseren Eltern Ehre.

Nehmen Sie sich Zeit, um allein oder als Paar gemeinsam zu beten. Danken Sie Gott für die Rolle, die Ihre Eltern in Ihrem Leben gespielt haben. Bitten Sie ihn um Weisheit, Geduld und Kraft, damit Sie im Blick auf Ihre älter werdenden Eltern Entscheidungen treffen können, mit denen Sie Ihre Eltern – und Gott – ehren.

Wenn Sie noch mehr Zeit haben ...

Besprechen Sie miteinander folgende Fragen oder denken Sie darüber nach:

- Wie sind Ihre Eltern mit ihren Eltern umgegangen? Wie hat ihr Vorbild Sie beeinflusst?
- Denken Sie, dass Ihre Eltern sich von Ihnen und Ihrem Partner geehrt fühlen? Erläutern Sie Ihre Meinung.
- In welchen Bereichen sollten Sie Ihren Eltern mehr Ehre erweisen?

Lesen Sie auch die folgenden Abschnitte, in denen es darum geht, unsere Eltern zu ehren:
Sprüche 20,20; 23,22; Epheser 6,1-3.

Vom Geldverdienen

Lesen Sie 1. Timotheus 6,6-19

Die meisten Paare denken, sie wären glücklicher, wenn sie jeden Monat ein paar Hundert Euro mehr verdienen würden. Doch die wahre Befriedigung findet man nicht im Geld, sondern wenn man das Richtige tut, Gott dient, ihm vertraut, sich in Liebe, Geduld und Freundlichkeit übt – mit anderen Worten: mit Gott und nach seinen Wertvorstellungen lebt (siehe 1. Timotheus 6,11). Sich richtig verhalten, mit anderen so umgehen, wie Gott es tun würde, Liebe üben, mit den Unzulänglichkeiten anderer geduldig sein und sich selbst realistisch einschätzen – all das schenkt uns in der Ehe die wahre Erfüllung.

Natürlich sollen wir die Armut nicht verklären. Ein ständiger Mangel und Kampf ums Überleben sind für unsere Seele genauso schädlich, und viele wohlhabende Ehepaare dienen Gott von ganzem Herzen. Dennoch sollten wir dies alles aus der richtigen Perspektive betrachten, denn Jesus ermahnt uns: „Sorgt euch vor allem um Gottes neue Welt, und lebt nach Gottes Willen! Dann wird er euch mit allem anderen versorgen" (Matthäus 6,33). „Alles andere" beinhaltet Nahrung, Kleidung und Wohnung (siehe Matthäus 6,25).

Die meisten Menschen leben von ihrer Arbeit, und das ist auch der Weg, wie Gott normalerweise für uns sorgt. Doch unsere Arbeit ist nur eine Möglichkeit, „das Richtige" zu tun. Es gibt noch viele andere, wie zum Beispiel Gott dienen, ihm vertrauen, sich in Liebe, Geduld und Freundlichkeit üben. Sie dürfen nicht zulassen, dass das Geldverdienen diese noch wichtigeren Bereiche in den Hintergrund drängt.

Nehmen Sie sich Zeit, um allein oder als Paar gemeinsam zu beten. Bitten Sie Gott …

- Ihnen die Augen zu öffnen für falsche Motive oder eine falsche Einstellung gegenüber dem Geld;
- Ihnen und Ihrem Mann/Ihrer Frau Weisheit zu schenken, damit Sie dem Geld den richtigen Platz in der Rangordnung geben – nicht zu weit oben, nicht zu weit unten;
- Ihnen zu helfen, damit Sie finanzielle Entscheidungen treffen, die ihn ehren.

Wenn Sie noch mehr Zeit haben …

Besprechen Sie miteinander folgende Fragen oder denken Sie darüber nach:

- Was ist im Augenblick Ihr größtes finanzielles Problem?
- Wie sind Sie bisher damit umgegangen?
- Was können Sie in Ihrem Umgang mit diesem Problem verändern, um Gott mehr Ehre zu erweisen?

Lesen Sie auch die folgenden Abschnitte zum Thema Geld:
Prediger 5,10; Philipper 4,11-13; Hebräer 13,5.

Den nächsten Impuls finden Sie auf S. 1380 a

reit, Gutes zu tun. Das sollst du lehren, und daran sollst du alle erinnern.

Warnung vor geldgierigen Irrlehrern

3 Wer aber etwas anderes behauptet, wer sich nicht an die heilsamen Worte unseres Herrn Jesus Christus hält und die Lehre unseres Glaubens in den Wind schlägt, 4 der nimmt nur sich selbst wichtig, weiß aber überhaupt nichts. Solche Leute sind aufgeblasen und zetteln fruchtlose Streitgespräche an. So entstehen Neid, Zank, böses Gerede und gemeine Verdächtigungen. Ja, diese Leute sind wie von einer Seuche befallen. 5 Ständig sind sie in Streitereien verwickelt. Man könnte meinen, sie hätten den Verstand verloren und die Wahrheit nie gehört; sie versuchen sogar, mit dem Glauben an Jesus Christus Geschäfte zu machen. 6 Dabei ist doch jeder reich, der an Gott glaubt und mit dem zufrieden ist, was er hat. 7 Denn wir sind ohne Besitz auf diese Welt gekommen, und genauso werden wir sie auch wieder verlassen. 8 Wenn wir zu essen haben und uns kleiden können, sollen wir zufrieden sein. 9 Wie oft erliegen Menschen, die um jeden Preis reich werden wollten, den Versuchungen des Teufels, wie oft verfangen sie sich in seinen Netzen! Solche unsinnigen und schädlichen Wünsche stürzen die Menschen in den Untergang und ins Verderben. 10 Denn alles Böse wächst aus der Habgier. Schon so mancher ist ihr verfallen und hat dadurch seinen Glauben verloren. Wie viel Not und Leid hätte er sich ersparen können!

Seelsorgerliche Ratschläge

11 Du aber, mein lieber Timotheus, gehörst Gott und dienst ihm. Deshalb meide all diese Dinge. Bemüh dich vielmehr mit aller Kraft darum, das Richtige zu tun, Gott zu dienen, ihm zu vertrauen und deine Mitmenschen von ganzem Herzen zu lieben. Begegne ihnen mit Geduld und Freundlichkeit. 12 Kämpfe den guten Kampf des Glaubens! Erringe so das ewige Leben. Dazu hat dich Gott berufen, und das hast du vor vielen Zeugen bekannt.

13 Vor Gott, der alles Leben gibt, und vor Christus Jesus, der sich vor Pontius Pilatus zu Gott bekannte, ermahne ich dich nun eindringlich: 14 Führ deinen Auftrag so aus, dass niemand etwas daran auszusetzen hat, bis unser Herr Jesus Christus kommt. 15 Die Zeit dafür bestimmt Gott selbst, der einzige und allmächtige Gott, der König aller Könige, der Herr aller Herren. 16 Er allein ist unsterblich, er lebt in einem Licht, das niemand sonst ertragen kann, kein Mensch hat ihn je gesehen. Ihm allein gehören Ehre und ewige Herrschaft. Amen.

17 Den Reichen musst du unbedingt einschärfen, sich nichts auf ihren irdischen Besitz einzubilden oder sich auf etwas so Unsicheres wie den Reichtum zu verlassen. Sie sollen vielmehr auf Gott hoffen, der uns mit allem reich beschenkt, damit wir es genießen können. 18 Sie sollen Gutes tun und gern von ihrem Reichtum abgeben, um anderen zu helfen. So werden sie wirklich reich sein 19 und sich ein gutes Fundament für die Zukunft schaffen, um das wahre Leben zu gewinnen.

20 Lieber Timotheus, bewahre sorgfältig, was Gott dir anvertraut hat! Halte dich fern von allem gottlosen Geschwätz und dem leeren Gerede von Leuten mit ihrer angeblich so neuen Erkenntnis. 21 Manche sind schon vom Glauben abgekommen, weil sie sich darauf eingelassen haben.

Gottes Gnade sei mit euch allen!

6,3–5 1,5–7; 2 Tim 2,23; Tit 3,10–11; 2 Petr 2,2–3 **6,6–8** 4,8; 2 Kor 6,10; Phil 4,11–13; Hebr 13,5; Spr 30,7–9 **6,9–10** Mt 13,22; Lk 12,15–21; Eph 5,5 **6,11** 2 Tim 2,22 **6,12** 2 Tim 4,7–8; 1 Kor 9,24–27; Phil 3,12–14 **6,15** Mt 24,36 **6,16** 2 Mo 33,20–23*; Joh 1,18; 1 Joh 1,5 **6,17** Mt 6,19–21; Lk 12,15–21; Jak 1,10–11 **6,18** Lk 16,9; Eph 2,10* **6,20–21** 4,7; 2 Tim 2,16–18.23

Der zweite Brief des Paulus an Timotheus

Anschrift und Gruß

1 Diesen Brief schreibt Paulus, ein
Apostel Jesu Christi, von Gott beru-
fen. In Gottes Auftrag verkünde ich das
Leben, wie es uns durch Jesus Christus ge-
schenkt wird. [2]Ich grüße dich, lieber Ti-
motheus. Du bist mir lieb wie ein eigener
Sohn, und ich wünsche dir Gnade, Barm-
herzigkeit und Frieden von Gott, unserem
Vater, und unserem Herrn Jesus Christus.

Gott hat uns viel gegeben

[3]Immer wenn ich für dich bete, danke ich
Gott. Ihm diene ich mit reinem Gewissen
wie schon meine Vorfahren. Tag und
Nacht denke ich an dich in meinen Gebe-
ten. [4]Wenn ich mich an deine Abschieds-
tränen erinnere, dann sehne ich mich da-
nach, wieder bei dir zu sein. Darüber
würde ich mich sehr freuen. [5]Ich weiß,
wie aufrichtig du glaubst; genauso war es
schon bei deiner Großmutter Lois und
deiner Mutter Eunike. Ich bin überzeugt,
dass dieser Glaube auch in dir lebt.

[6]Darum bitte ich dich: Lass Gottes Ga-
be voll in dir wirksam werden. Du hast
sie bekommen, als ich dir segnend die
Hände auflegte. [7]Denn Gott hat uns kei-
nen Geist der Furcht gegeben, sondern
sein Geist erfüllt uns mit Kraft, Liebe
und Besonnenheit.

Bekenntnis zu Christus auch im Leiden

[8]Schäm dich also nicht, dich in aller Öf-
fentlichkeit zu unserem Herrn Jesus
Christus zu bekennen. Halte auch weiter
zu mir, obwohl ich jetzt für ihn im Ge-
fängnis bin. Sei auch du bereit, für die
rettende Botschaft zu leiden. Gott wird
dir die Kraft dazu geben. [9]Er hat uns ge-
rettet und uns dazu berufen, ganz zu ihm
zu gehören. Nicht etwa, weil wir das ver-
dient hätten, sondern aus Gnade und
freiem Entschluss. Denn noch ehe diese
Welt bestand, war es Gottes Plan, uns in
seinem Sohn Jesus Christus seine erbar-
mende Liebe zu schenken. [10]Das ist jetzt
Wirklichkeit geworden, denn unser Ret-
ter Jesus Christus ist gekommen. Das ist
die rettende Botschaft: Er hat dem Tod
die Macht genommen und das Leben –
unvergänglich und ewig – ans Licht ge-
bracht. [11]Diese Botschaft soll ich bekannt
machen, in Gottes Auftrag verkünden
und lehren.

[12]Darum hat man mich auch ins Ge-
fängnis geworfen. Aber ich schäme mich
nicht, denn ich weiß genau, an wen ich
glaube. Ich bin ganz sicher, dass Christus
mich und all das, was er mir anvertraut
hat, bis zum Tag seines Kommens bewah-
ren wird. [13]Halte dich genau an die Leh-
re, wie du sie von mir gehört hast. Halte
dich an den Glauben und die Liebe, die
wir in Jesus Christus haben. [14]Bewahr
diese kostbare Gabe, die dir anvertraut
ist. Die Kraft dazu wird dir der Heilige
Geist geben, der in uns wohnt.

[15]Wie du weißt, haben mich alle Chris-
ten aus der Provinz Asia im Stich gelas-
sen, sogar Phygelus und Hermogenes.
[16]Ich bitte den Herrn darum, dass er
Onesiphorus und allen in seinem Haus
barmherzig ist. Denn Onesiphorus hat

1,1 1 Tim 2,7; Apg 9,15* **1,2** Apg 16,1–3* **1,4** 4,9 **1,6** 1 Tim 4,14–15 **1,7** Röm 8,15; 1 Joh 4,18 **1,8** Mt 10,32–33; Röm 1,16; 2 Tim 3,12*; 1 Petr 4,16 **1,9** Tit 3,5–6; Eph 1,4–11 **1,10** Röm 6,9–10; Hebr 2,14 **1,11** Apg 9,15*; Eph 3,7 **1,12** 2,9 **1,13** 3,14 **1,15** 4,16 **1,16–18** 4,19; Mt 25,36

mir immer wieder geholfen. Er hielt treu
zu mir, obwohl ich im Gefängnis war.
[17] Als er nach Rom kam, ließ er nichts un-
versucht, bis er mich fand. [18] Der Herr
möge ihm am Tag des Gerichts sein Er-
barmen schenken. Gerade du weißt ja,
wie viel er auch in Ephesus für mich ge-
tan hat.

Für Christus kämpfen und leiden

2 Mein lieber Timotheus! Werde stark
im Glauben durch die Kraft, die Jesus
Christus dir schenkt. [2] Was du von mir in
Gegenwart vieler Zeugen gehört hast,
das gib jetzt an zuverlässige Christen wei-
ter, die fähig sind, auch andere im Glau-
ben zu unterweisen.
[3] Als ein guter Kämpfer Jesu Christi
musst du so wie ich bereit sein, auch für
ihn zu leiden. [4] Kein Soldat, der in den
Krieg zieht, darf sich von seinen alltägli-
chen Sorgen ablenken lassen, wenn sein
Befehlshaber mit ihm zufrieden sein soll.
[5] Ein Sportler kann einen Siegeskranz nur
gewinnen, wenn er sich an die Wett-
kampfregeln hält. [6] Ein Bauer, der schwer
arbeitet, darf als Erster die Früchte sei-
ner Arbeit genießen. [7] Denk darüber
nach, was das heißt. Im Übrigen wird dir
der Herr in allen Dingen die richtige Ein-
sicht geben.
[8] Vergiss nie: Jesus Christus, ein Nach-
komme Davids, wurde durch Gott von
den Toten auferweckt.
Das ist die rettende Botschaft, die ich
verkünde. [9] Dafür leide ich, und allein
deswegen hat man mich wie einen Ver-
brecher ins Gefängnis geworfen. Aber
Gottes Botschaft lässt sich nicht einsper-
ren. [10] Doch ich nehme die Gefangen-
schaft gerne auf mich für alle, die Gott
auserwählt hat, *damit sie durch* Jesus
Christus gerettet werden und für immer
in Gottes Herrlichkeit sein dürfen. [11] Das
steht unwiderruflich fest:
Sind wir mit Christus gestorben, wer-
den wir auch mit ihm leben.
[12] Leiden wir hier mit ihm, werden wir
auch mit ihm herrschen. Verleugnen wir
ihn, wird er uns auch verleugnen.
[13] Sind wir untreu, bleibt er treu, denn
er kann sich selbst nicht untreu werden.

Warnung vor Irrlehrern

[14] An dieses Bekenntnis sollst du alle im-
mer wieder erinnern. Weise sie vor Gott
eindringlich darauf hin, dass sie endlich
mit diesen sinnlosen Streitereien um
Worte aufhören, was keinem nützt, aber
viele durcheinander bringt. [15] Setz alles
daran, dass du in deiner Arbeit zuverläs-
sig bist und dich für nichts schämen
musst. Sorg dafür, dass Gottes wahre
Botschaft richtig und klar verkündet
wird.
[16] Beteilige dich nicht an dem heillosen,
leeren Geschwätz gewisser Leute. Sie
entfernen sich dadurch nur immer weiter
von Gott. [17] Wie ein todbringendes
Krebsgeschwür breitet sich ihre falsche
Lehre aus. Zu ihnen gehören auch Hyme-
näus und Philetus. [18] Sie setzen sich über
die Wahrheit einfach hinweg und be-
haupten, die Auferstehung sei schon ge-
schehen. Auf diese Weise haben sie schon
manchen vom Glauben abgebracht.
[19] Aber das feste Fundament, das Gott ge-
legt hat, können sie nicht erschüttern. Es
trägt die Aufschrift: »Der Herr kennt al-
le, die zu ihm gehören«, und ebenso:
»Wer sich zum Herrn bekennt, der darf
nicht länger Unrecht tun.«
[20] Nun gibt es selbst in einem reichen
Haushalt nicht nur goldene und silberne
Gefäße, sondern auch solche aus Holz
oder Ton. Während die einen bei Festen
und großen Feiern auf den Tisch kom-
men, gebraucht man die anderen für den
Abfall. [21] Wer sich von diesen Schwätzern
fern hält, der wird wie eins der edlen Ge-

2,1 Eph 6,10 **2,3–5** 1,8; 3,12*; 4,5–8; 1 Tim 6,12; 1 Kor 9,24–27 **2,6** 1 Kor 9,7–10 **2,8–9** Mt 1,1*; Phil 1,13 **2,10** Kol 1,24 **2,11** Röm 5,2; 6,8 **2,12** Röm 8,17; 1 Kor 6,2–4; Mt 10,32–33 **2,13** Röm 3,3–4; 11,29 **2,15** 1 Tim 4,6; Tit 2,8 **2,16–17** 2,23; 1 Tim 4,7; 6,20–21 **2,19** Mt 7,22–23; Joh 10,14 **2,21** Ps 1,1; 2 Kor 6,17–18

fäße sein: rein und wertvoll, nützlich für
den Hausherrn, geeignet für alles, was
gut ist und Gott gefällt.
22 Widerstehe den Verlockungen und
Leidenschaften, die jungen Menschen zu
schaffen machen. Setz vielmehr alles da-
ran, dass du das Richtige tust, dass dein
Glaube fest wird und du in Liebe und
Frieden mit allen lebst, die den Herrn
aufrichtig anbeten. 23 Lass dich nicht auf
törichte und nutzlose Auseinanderset-
zungen ein. Du weißt ja, dass sie nur zu
Streit führen. 24 Wer Gott dienen will, soll
sich nicht herumstreiten, sondern allen
Menschen freundlich begegnen, ein ge-
duldiger Lehrer sein, bereit, auch Böses
zu ertragen.
25 Er soll versuchen, alle, die sich der
rettenden Botschaft widersetzen, mit Gü-
te auf den richtigen Weg zu bringen.
Denn vielleicht führt Gott sie ja zur Ein-
sicht, dass sie umkehren und die Wahr-
heit erkennen. 26 Dann können sie wieder
frei werden von den Schlingen des Teu-
fels, in denen sie sich verfangen hatten
und sich von ihm für seine Zwecke miss-
brauchen ließen.

Zeichen der letzten Zeit

3 Das eine sollst du noch wissen: In den
letzten Tagen dieser Welt werden
schreckliche Zeiten kommen. 2 Dann wer-
den die Menschen nur sich selbst und ihr
Geld lieben. Sie werden sich wichtig tun
und sich selbst überschätzen, einander
verleumden und sich gegen die Eltern auf-
lehnen, weder Dank noch Ehrfurcht ken-
nen. 3 Lieblos und unversöhnlich werden
sie sein, ihre Mitmenschen verleumden
und hemmungslos leben, brutal und rück-
sichtslos. Sie hassen alles Gute, 4 Verräter
sind sie, unbeherrscht und aufgeblasen;
nur ihr Vergnügen haben sie im Kopf und
wollen von Gott nichts wissen. 5 Nach au-
ßen tun sie zwar fromm, aber von der
Kraft des wirklichen Glaubens wissen sie
nichts. Hüte dich vor solchen Menschen!
6 Einige gehen sogar von Haus zu Haus
und versuchen dort vor allem gewisse
Frauen auf ihre Seite zu ziehen. Diese
Frauen sind mit Sünden beladen und wer-
den nur von ihren Leidenschaften getrie-
ben, 7 sie wollen jederzeit etwas Neues
hören, sind aber unfähig, die Wahrheit
zu erkennen.
8 So wie sich die ägyptischen Zauberer
Jannes und Jambres gegen Mose auflehn-
ten, so widersetzen sich diese falschen
Lehrer der Wahrheit. Ihre Ansichten sind
verdreht und wirr, ihr Glaube hält keiner
Prüfung stand. 9 Auf die Dauer werden
sie aber ihr Unwesen nicht treiben kön-
nen. Mit der Zeit wird jeder ihre Dumm-
heit durchschauen. Genauso ist es den
beiden ägyptischen Zauberern ergangen.

Wer glaubt, muss mit Widerstand rechnen

10 Du aber, Timotheus, bist bei dem ge-
blieben, was ich dich gelehrt habe. Du
hast dir mein Leben, mein Ziel, meinen
Glauben zum Vorbild genommen, dazu
auch meine Geduld, meine Liebe und
Ausdauer. 11 Du weißt, welche Verfolgun-
gen und Leiden ich in Antiochia, in
Ikonion und Lystra ertragen musste. Wie
unerbittlich hat man mich dort verfolgt!
Aber der Herr hat mich aus allen Gefah-
ren gerettet. 12 Doch vergiss nicht: Jeder,
der an Jesus Christus glaubt und so leben
will, wie es Gott gefällt, muss mit Verfol-
gung rechnen. 13 Die Verführer aber und
die Betrüger werden sich immer stärker
in die Sünde verstricken. Sie verführen
andere und werden auch selbst verführt.
14 Darum bitte ich dich: Halte am Glau-
ben fest, so wie du ihn kennen gelernt
hast. Von seiner Wahrheit bist du ja über-
zeugt. Schließlich weißt du genau, wer
deine Lehrer waren. 15 Außerdem bist du

2,22 1 Tim 4,12; 6,11 **2,23** 1 Tim 4,7 **3,2–5** Mt 10,21; Tit 1,16; Jud 18–19 **3,8–9** 2 Mo 7,11–12.22; 8,14–15 **3,10** 1 Kor 11,1* **3,11** Apg 13,50–51; 14,5–6.19 **3,12** Mk 8,34–35; 13,9.13; Joh 15,18–20; Apg 14,22; Röm 5,3; 8,18; 2 Kor 4,17; Phil 1,29–30; Kol 1,24; 1 Thess 3,3–4; 2 Thess 1,4–5; 1 Petr 4,1 **3,14** 1,13 **3,15–16** 1,5; Joh 5,39; Röm 15,4; 2 Petr 1,19–21

von frühester Kindheit an mit der Heili-
gen Schrift vertraut. Sie zeigt dir den ein-
zigen Weg zur Rettung, den Glauben an
Jesus Christus. [16]Denn die ganze Heilige
Schrift ist von Gott eingegeben. Sie soll
uns unterweisen; sie hilft uns, unsere
Schuld einzusehen, wieder auf den richti-
gen Weg zu kommen und so zu leben, wie
es Gott gefällt. [17]So werden wir reife
Christen und als Diener Gottes fähig, in
jeder Beziehung Gutes zu tun.

Der Auftrag und das Vermächtnis des Paulus

4 Vor Gott und vor unserem Herrn Je-
sus Christus, der kommen wird, um
über die Lebenden und die Toten Ge-
richt zu halten und seine Herrschaft an-
zutreten, bitte ich dich eindringlich:
[2]Verkünde den Menschen Gottes Bot-
schaft. Setz dich dafür ein, ob es den
Menschen passt oder nicht! Rede ihnen
ins Gewissen, weise sie zurecht, und er-
mutige sie, wo es nötig ist. Lehre sie in
aller Geduld.

[3]Denn es wird eine Zeit kommen, in
der die Menschen von der gesunden Leh-
re nichts mehr wissen wollen. Sie werden
sich nach ihrem eigenen Geschmack
Lehrer aussuchen, die ihnen nur nach
dem Munde reden. [4]Und weil ihnen die
Wahrheit nicht gefällt, folgen sie allen
möglichen Legenden. [5]Doch du sollst
wachsam und besonnen bleiben! Sei be-
reit, für Christus zu leiden. Predige uner-
schrocken die rettende Botschaft, und
führ deinen Dienst treu und gewissenhaft
aus.

[6]Ich sage dir das, weil ich mit dem To-
desurteil rechnen muss[a] und mein Leben
nun bald für Gott geopfert wird. [7]Doch
ich habe mit vollem Einsatz gekämpft;
jetzt ist das Ziel erreicht, und ich bin im
Glauben treu geblieben. [8]Nun hält der
Herr für mich auch den Siegespreis be-
reit. Er, der gerechte Richter, wird mir
den Preis am Tag des Gerichts geben;
aber nicht mir allein, sondern allen, die
wie ich voller Sehnsucht auf sein Kom-
men warten.

Persönliche Bitten und Anliegen

[9]Nun bitte ich dich: Komm doch so
schnell wie möglich zu mir! [10]Demas hat
mich im Stich gelassen und ist nach Thes-
salonich gereist, weil ihm die Dinge die-
ser Welt wichtiger waren. Kreszens ist in
Galatien und Titus in Dalmatien. [11]Nur
Lukas ist bei mir geblieben. Wenn du
kommst, bring Markus mit, denn er
könnte mir hier viel helfen. [12]Tychikus
habe ich nach Ephesus geschickt. [13]Bring
mir aus Troas meinen Mantel mit, den ich
bei Karpus zurückgelassen habe, ebenso
die Bücher, vor allem aber die Per-
gamentrollen.

[14]Der Schmied Alexander hat mir
viel Böses angetan. Er wird dafür vom
Herrn die gerechte Strafe erhalten.
[15]Hüte dich vor ihm, denn er hat unse-
re Botschaft von Jesus Christus erbit-
tert bekämpft.

[16]Bei meiner ersten Gerichtsverhand-
lung stand mir niemand bei. Alle ließen
mich im Stich. Gott möge ihnen verzei-
hen. [17]Der Herr aber war bei mir. Er hat
mir Kraft gegeben, dass ich selbst an die-
sem Ort die rettende Botschaft von Jesus
verkünden konnte und Menschen aus al-
ler Welt sie hörten. Er hat mich vor dem
sicheren Tod[b] bewahrt. [18]Auch in Zu-
kunft wird mich der Herr vor allen bösen
Angriffen schützen und in seine neue
Welt im Himmel aufnehmen. Ihm gehört
für immer alle Ehre. Amen.

[19]Grüß bitte Priszilla und Aquila und
alle im Haus des Onesiphorus. [20]Erastus
ist in Korinth geblieben, und Trophimus

---

[a] Wörtlich: Die Zeit meines Todes ist da.
[b] Wörtlich: aus dem Rachen des Löwen.

4,1 Joh 5,22–23; Apg 17,31; Röm 2,16 **4,2** Apg 4,20 **4,3–4** 2 Kor 4,3–4; 2 Thess 2,9–11 **4,5** 2,2–3; 3,12* **4,6** Apg 20,24; Phil 1,21–22; 2,17 **4,7** 1 Tim 6,12 **4,8** 1 Kor 9,24–27; Phil 3,12–14; Kol 2,18; Jak 1,12; 2 Kor 5,10* **4,10** Kol 4,14; Tit 1,4* **4,11** Apg 12,25* **4,12** Kol 4,7* **4,16** 1,15 **4,19** Apg 18,2–3*; 2 Tim 1,16–18 **4,20** Apg 19,22; 20,4; 21,29

habe ich krank in Milet zurücklassen
müssen. 21 Beeil dich, dass du noch vor
Beginn des Winters hier bist.
Eubulus lässt dich herzlich grüßen,
ebenso Pudens, Linus, Klaudia und alle
anderen Brüder und Schwestern hier.
22 Unser Herr Jesus Christus sei mit dir
und seine Gnade mit euch allen!

Füreinander da sein

Lesen Sie 2. Timotheus 4,11

In 2. Timotheus 4,11 bekommen wir die menschliche Seite von Paulus zu sehen. Er bittet um Gemeinschaft, denn er weiß, wie ermutigend das Zusammensein mit anderen sein kann.

Es genügt nicht, sich nur im selben Raum mit jemandem aufzuhalten. Wenn wir unserem Ehepartner echte Zweisamkeit schenken wollen, dann sollten wir ihm unsere ungeteilte Aufmerksamkeit widmen. Manche Eheleute meinen, sie hätten Zeit zusammen verbracht, wenn sie sich in Wirklichkeit nur in der Nähe voneinander aufgehalten haben. Sie befinden sich zwar zur selben Zeit im selben Haus, aber sie sind nicht zusammen. Ein Partner, der eine SMS schreibt, während der andere mit ihm reden will, schenkt keine Zweisamkeit, denn er ist bei dem Gespräch nicht wirklich bei der Sache.

Unserem Partner kostbare Zeit zu schenken, heißt, etwas gemeinsam zu tun und dem anderen unsere ganze Aufmerksamkeit zu widmen. Was wir unternehmen, ist nicht so wichtig. Es kommt darauf an, dass wir bewusst Zeit miteinander verbringen, denn das baut uns seelisch auf. Die gemeinsame Aktivität ist nur ein Mittel, mit dem wir ein Gefühl der Zusammengehörigkeit fördern. Die gemeinsam verbrachte Zeit und die gemeinsame Aktivität zeigen uns, dass wir uns gegenseitig wichtig sind, dass wir unser Zusammensein genießen und gerne etwas miteinander unternehmen.

Nehmen Sie sich Zeit, um allein oder als Paar gemeinsam zu beten. Danken Sie Gott, dass er Sie mit dem Bedürfnis nach Gemeinschaft geschaffen hat. Bitten Sie ihn um Hilfe, damit Sie dieses Bedürfnis bei anderen Menschen erfüllen können – zunächst bei Ihrem Ehepartner und Ihrer Familie, dann auch bei anderen.

Wenn Sie noch mehr Zeit haben …

Besprechen Sie miteinander folgende Fragen oder denken Sie darüber nach:

- Welche drei großen Ablenkungen halten Sie und Ihren Partner davon ab, voll und ganz füreinander da zu sein?
- Was können Sie tun, um diese Ablenkungen in Grenzen zu halten?
- Wie verbringen Sie am liebsten die kostbare gemeinsame Zeit mit Ihrem Partner?

Lesen Sie auch die folgenden Abschnitte zum Thema Gemeinschaft:
1. Mose 2,18; Sprüche 18,22;
1. Timotheus 5,8.

Die begabte Gemeinde

Lesen Sie Titus 2,1-15

Immer wieder hat Gott sich in der Geschichte offenbart als der eine Gott, der die Menschen liebt, die ihn anerkennen. Er wiederum bringt seine Liebe dadurch zum Ausdruck, dass er den Menschen Gaben schenkt. Manchmal sind das materielle Dinge, die man anfassen und schmecken kann: zum Beispiel Essen, Kleidung und Wohnung. Und manchmal kommen seine Gaben aus dem geistlichen Bereich: ewiges Leben, unendliche Liebe, innerer Frieden und ein sinnvolles Leben.

Geistliche Gaben erhielt auch die christliche Gemeinde im ersten Jahrhundert, vor allem die Gabe des Leitens. Mit diesen Gaben wurde das Volk Gottes ausgestattet, damit das Werk Christi auf der Erde weitergehen konnte. In Titus 2 ermutigt der Apostel Paulus die älteren Gemeindeglieder, ihre Gaben zum Wohl der jüngeren einzusetzen. Auf diese Weise – doch nicht nur – zeigt Gott seiner Gemeinde seine Liebe in der Sprache des Schenkens.

Seit dieser Anfangszeit der christlichen Gemeinde hat jeder, der an Christus glaubt, jeweils eigene „Geistesgaben" erhalten, Fähigkeiten, mit denen er bestimmte Aufgaben innerhalb des Leibes Christi erfüllen kann. Dazu gehören die Gaben der Weisheit, der Erkenntnis, des Glaubens, der Heilung, der Prophetie, der Geisterunterscheidung und der geistlichen Leitung. Auf diese Weise waren die Nachfolger Christi in der Lage, das Werk ihres Herrn zweitausend Jahre lang weiterzuführen.

Nehmen Sie sich Zeit, um allein oder als Paar gemeinsam zu beten.
- Danken Sie Gott für die geistlichen Gaben, die er Ihnen geschenkt hat.
- Danken Sie ihm auch für die Gaben, die er anderen Menschen geschenkt hat und durch die Ihr Leben verändert wurde.
- *Bitten Sie ihn um Hilfe,* damit Sie Ihre geistlichen Gaben zum Wohl des Leibes Christi einsetzen können.

Wenn Sie noch mehr Zeit haben ...

Besprechen Sie miteinander folgende Fragen oder denken Sie darüber nach:
- Welche geistlichen Gaben erkennt Ihr Mann/Ihre Frau bei Ihnen? Sehen Sie das genauso?
- Welche geistlichen Gaben erkennen Sie bei Ihrem Mann/Ihrer Frau? Wie sollte er/sie diese Ihrer Meinung nach einsetzen?
- Was hindert Sie daran, Ihre Gaben zu entfalten und einzusetzen?

Lesen Sie auch die folgenden Abschnitte zum Thema Geistliche Gaben:
Römer 12,3-8; 1. Korinther 12,1-11; Epheser 4,11-13.

Den nächsten Impuls finden Sie auf S. 1384 a

Der Brief des Paulus an Titus

Anschrift und Gruß

1 Diesen Brief schreibt Paulus, ein Diener Gottes und Apostel Jesu Christi. Ich habe den Auftrag, alle, die Gott auserwählt hat, im Glauben zu stärken. Viele Menschen sollen noch die Wahrheit erkennen und so leben, wie es Gott gefällt. [2]Wir hoffen auf das ewige Leben, das Gott uns vor allen Zeiten zugesagt hat. Und Gott lügt nicht. [3]Jetzt ist die Zeit gekommen, dass alle Menschen von seiner Zusage erfahren sollen. Gott, unser Retter, hat mir deshalb den Auftrag gegeben, diese Botschaft überall zu verkünden.

[4]Ich grüße dich, lieber Titus. Durch unseren gemeinsamen Glauben bist du mir lieb wie ein eigener Sohn. Ich wünsche dir Gnade und Frieden von Gott, unserem Vater, und unserem Retter Jesus Christus.

Wer eine Gemeinde leiten kann

[5]Ich habe dich auf Kreta zurückgelassen, damit du die Arbeit zu Ende führst, die wir dort gemeinsam begonnen haben. Vor allem sollst du in den einzelnen Städten geeignete Männer als Leiter der Gemeinden einsetzen. [6]Es müssen Männer sein, die ein vorbildliches Leben führen. Sie dürfen nur *eine* Frau haben. Ihre Kinder sollen an Jesus Christus glauben und nicht als zügellos und ungehorsam bekannt sein.

[7]Ein Gemeindeleiter muss tatsächlich in jeder Beziehung vorbildlich leben, denn er trägt die Verantwortung für die Gemeinde Gottes. Darum darf er weder rechthaberisch noch jähzornig oder gewalttätig sein, kein Trinker, und er soll nicht darauf aus sein, sich durch unehrliche Geschäfte zu bereichern. [8]Vielmehr soll er gastfreundlich sein, das Gute lieben und besonnen sein, gerecht urteilen, ganz für Gott da sein und sich selbst beherrschen können. [9]Außerdem muss er sich an die zuverlässige Botschaft Gottes halten, so wie sie ihm gelehrt worden ist. Denn nur so kann er die Gemeinde im Glauben festigen und andere, die einer falschen Lehre verfallen sind, von ihrem Irrweg abbringen.

Dulde keine Irrlehre!

[10]Denn es gibt viele, die sich gegen Gott auflehnen, Schwätzer und Verführer, besonders unter getauften Juden. [11]Man muss ihnen unbedingt das Maul stopfen; denn es ist ihnen schon gelungen, ganze Familien vom rechten Glauben abzubringen. Sie verbreiten ihre falschen Lehren und lassen sich auch noch teuer dafür bezahlen!

[12]Einer von ihren Landsleuten muss geradezu ein Prophet gewesen sein, als er sagte: »Alle Leute auf Kreta lügen. Sie sind faul und gefräßig und benehmen sich wie wilde Tiere.« [13]Dieser Mann hat die Wahrheit gesagt. Darum weise sie scharf zurecht, damit sie wieder zu einem gesunden Glauben zurückfinden. [14]Keiner soll diese jüdischen Legenden glauben und sich nach den Vorschriften von Leuten richten, die der Wahrheit den Rücken gekehrt haben.

1,1 Apg 9,15*; Eph 1,4; 2 Petr 3,9 **1,2–3** 1 Petr 1,3–5; Röm 3,4 **1,4** 2 Kor 2,13; 7,6–7; 8,16–17.23; Gal 2,1.3; 2 Tim 4,10 **1,5–9** 1 Tim 3,1–7; 1 Petr 5,1–4; Apg 20,28–31 **1,6** 1 Tim 3,2.12 **1,8** 1 Petr 4,9* **1,11** 1 Tim 6,5; 1 Petr 5,2

15 Wen Gott von seiner Schuld rein ge-
macht hat, für den ist alles rein. Wer aber
noch mit Schuld beladen ist und nicht auf
Gott hören will, für den ist nichts rein.
Sein ganzes Denken und Fühlen ist be-
schmutzt. 16 Zwar behaupten diese Leute,
Gott zu kennen, aber ihr Leben beweist
das Gegenteil. Sie widersetzen sich Got-
tes Weisungen und sind zu nichts Gutem
fähig. Was sie tun, kann man nur ver-
abscheuen.

Wie Christen leben sollen

2 Du aber sollst dich in allem, was du
sagst, nach der unverfälschten Lehre
richten. 2 Den älteren Männern sag, dass
sie maßvoll, ehrbar und besonnen leben
sollen; dabei treu in ihrem Glauben, vol-
ler Liebe und Geduld. 3 Von den älteren
Frauen verlange, dass sie ein Leben füh-
ren, wie es Gott Ehre macht. Sie sollen
nicht klatschen und tratschen noch sich
betrinken, sondern in allen Dingen mit
gutem Beispiel vorangehen. 4 So können
sie die jungen Frauen dazu anleiten, dass
sie ihre Männer und Kinder lieben, 5 be-
sonnen und anständig sind, ihren Haus-
halt gut versorgen, sich liebevoll und gü-
tig verhalten und sich ihren Männern
unterordnen, damit Gottes Botschaft
durch sie nicht in Verruf gerät. 6 Ebenso
musst du die jungen Männer ermahnen,
beherrscht und maßvoll zu leben. 7 Vor
allem sei du ihnen in jeder Hinsicht ein
gutes Vorbild. Die Lehre sollst du unver-
fälscht und mit Würde weitergeben. 8 Was
immer du sagst, soll wahr und überzeu-
gend sein. Nur so werden unsere Gegner
beschämt und können nichts Nachteiliges
gegen uns vorbringen. 9 Sag den Sklaven,
dass sie sich ihren Herren in jeder Bezie-
hung unterordnen, und zwar freiwillig
und nicht widerstrebend. 10 Sie sollen
nichts unterschlagen, sondern zuverlässig
sein, damit ihr Beispiel die Menschen
von der Botschaft Gottes, unseres Ret-
ters, überzeugt.

Im Alltag für Gott leben

11 Denn Gottes Barmherzigkeit ist sicht-
bar geworden, mit der er alle Menschen
retten will. 12 Sie bringt uns dazu, dass wir
uns von aller Gottlosigkeit und allen
selbstsüchtigen Wünschen trennen, dafür
besonnen und rechtschaffen leben, wie es
Gott gefällt. 13 Denn wir warten darauf,
dass sich unsere Hoffnung bald erfüllt:
dass unser großer Gott und Retter Jesus
Christus in seiner ganzen Herrlichkeit er-
scheinen wird. 14 Er hat sein Leben für
uns gegeben und uns von aller Schuld be-
freit. So sind wir sein Volk geworden; be-
reit, von ganzem Herzen Gutes zu tun.
15 Das sollst du lehren; ermahne und
weise mit ganzer Autorität zurecht. Nie-
mand darf auf dich herabsehen.

Der Christ in Staat und Gesellschaft

3 Erinnere die Christen daran, dass sie
sich dem Staat und allen Regieren-
den unterzuordnen haben. Sie sollen die
Gesetze des Staates befolgen und sich
tatkräftig für die Menschen einsetzen.
2 Kein Christ darf gehässig über andere
reden oder gar Streit suchen. Er soll viel-
mehr jedem freundlich und liebevoll be-
gegnen.
3 Vergessen wir nicht: Auch wir wuss-
ten es früher nicht besser. Wir waren
Gott ungehorsam, kannten den richtigen
Weg nicht und wurden von allen mögli-
chen Wünschen und Leidenschaften be-
herrscht. Bosheit und Neid bestimmten
unser Leben. Wir hassten alle, und alle
hassten uns.
4 Aber dann wurde die Liebe und Güte
Gottes, unseres Befreiers, sichtbar. 5 Er

1,15 Mt 15,11; Röm 14,14 **1,16** 2 Tim 3,2–5; Jud 18–19 **2,1** 2 Tim 1,13 **2,2** 3 Mo 19,32; 1 Tim 5,1 ***2,3–5*** *1 Tim 5,14; 1 Petr 3,1–6* **2,6** 1 Tim 2,8; 1 Petr 3,7 **2,7** 1 Kor 11,1* **2,8** 2 Tim 2,15; 1 Petr 2,12.15 **2,9–10** Eph 6,5–8; Kol 3,22–25; 1 Tim 6,1–2; 1 Petr 2,18 **2,11** 3,4 **2,13** Mt 24,43–44; Röm 5,9–10; 1 Kor 1,7–8; Phil 3,20; 1 Thess 1,10; 5,2–4; 2 Petr 3,13–14 **2,14** 1 Tim 2,5–6; Kol 1,21–22; Eph 2,10*; 2 Tim 3,17 **2,15** 1 Tim 4,12 **3,1** Röm 13,1–7* **3,2** Phil 4,5; Kol 4,6 **3,3** Eph 2,1–3 **3,4–6** Röm 3,24; 9,16; Eph 2,4–10; 2 Tim 1,9

rettete uns – nicht, weil wir etwas geleistet hätten, womit wir seine Liebe verdienten; nein, seine Barmherzigkeit hat uns durch eine neue Geburt und die Taufe[a] zu neuen Menschen gemacht. Das wirkte der Heilige Geist, 6 den Gott uns durch unseren Retter Jesus Christus in reichem Maße geschenkt hat.

7 So sind wir allein durch seine unverdiente Güte von aller Schuld befreit und warten voller Hoffnung auf das ewige Leben, das wir als seine Kinder erben werden. 8 Darauf können wir vertrauen.

Irrlehrer in der Gemeinde

Ich will, dass du dies alles mit Nachdruck weitergibst. Denn alle, die zum Glauben an Gott gekommen sind, sollen sich darum bemühen, Gutes zu tun. Das ist nützlich und hilfreich für alle Menschen. 9 Wo aber nur leeres Stroh gedroschen wird und man völlig sinnlos über Abstammungslinien und Geschlechtsregister streitet, da hast du nichts zu suchen. Beteilige dich nicht an dem Gezänk über bestimmte religiöse Vorschriften. Das führt zu nichts und hat gar keinen Wert.

10 Wer falsche Lehren verbreitet, den sollst du ein- oder zweimal zurechtweisen. Kommt er trotzdem nicht zur Einsicht, dann trenn dich von ihm. 11 Du weißt doch: Den Menschen, die ihre Sünde nicht einsehen wollen, kann man nicht helfen. Sie sprechen sich selbst das Urteil.

Bitten und Grüße

12 Sobald Artemas oder Tychikus bei dir sind, komm so schnell wie möglich zu mir nach Nikopolis. Dort will ich den ganzen Winter über bleiben. 13 Den Rechtsanwalt Zenas und auch Apollos rüste mit allem aus, was sie für die Reise brauchen, damit ihnen unterwegs nichts fehlt. 14 Alle, die sich zu Jesus Christus bekennen, müssen lernen, überall da zu helfen, wo es nötig ist. Denn sonst bleibt ihr Glaube fruchtlos.

15 Meine Mitarbeiter lassen dich herzlich grüßen. Viele Grüße an alle Christen, die uns in Liebe verbunden sind.

Die Gnade Gottes sei mit euch allen!

---

[a] Wörtlich: durch das Bad der Wiedergeburt.

3,7 2,13*; Röm 5,9–10; 8,14–15*.24–25 **3,8** Eph 2,10* **3,9** 1 Tim 1,4; 2 Tim 2,14
3,10–11 Mt 7,15–16; Röm 16,17; 1 Kor 5,9–11; Kol 2,8; 2 Thess 3,14–15; 2 Joh 10 **3,12** Kol 4,7*
3,13 Apg 18,24–28* **3,14** Eph 2,10*

Der Brief des Paulus an Philemon

Anschrift und Gruß

Paulus, der im Gefängnis ist, weil er die rettende Botschaft von Jesus Christus verkündet, und der Bruder Timotheus schreiben diesen Brief an ihren lieben Freund und Mitarbeiter Philemon, [2] an unsere Schwester Aphia, an Archippus, der sich wie wir mit aller Kraft für die rettende Botschaft einsetzt, und an alle anderen Christen, die sich in Philemons Haus treffen. [3] Wir wünschen euch allen Gnade und Frieden von Gott, unserem Vater, und unserem Herrn Jesus Christus.

Ein Glaube, der ermutigt

[4] Lieber Philemon! Ich danke meinem Gott immer wieder, wenn ich an dich denke und für dich bete. [5] Denn ich habe erfahren, mit welcher Liebe du allen Christen begegnest und wie fest du an unseren Herrn Jesus glaubst. [6] Ich bete, dass der Glaube, der uns miteinander verbindet, in dir weiter wächst und du immer mehr erkennst, wie reich uns Jesus Christus beschenkt hat. [7] Durch deine Liebe habe ich viel Freude und Ermutigung erfahren, denn ich weiß, wie oft du andere Christen in ihrem Glauben gestärkt hast.

Fürsprache für einen geflohenen Sklaven

[8] Aus diesem Grund möchte ich dich jetzt um etwas bitten, was ich als Apostel Jesu Christi auch mit gutem Recht von dir verlangen könnte. [9] Doch um der Liebe willen möchte ich dir nichts befehlen, sondern dich schlicht und einfach bitten als ein alter Mann, den man ins Gefängnis geworfen hat, weil er die rettende Botschaft von Jesus Christus verkündet.

[10] Es geht um deinen Sklaven Onesimus, der hier durch mich zum Glauben an Christus gefunden hat und für mich wie ein Sohn geworden ist. [11] Möglich, dass er früher seinem Namen keine Ehre gemacht hat und für dich nicht besonders nützlich war.[a] Aber wie viel Nutzen kann er nun dir und mir bringen!

[12] Ich schicke ihn jetzt zu dir zurück und mit ihm mein eigenes Herz. [13] Wie gern hätte ich ihn noch bei mir behalten, solange ich für die rettende Botschaft im Gefängnis sein muss. Er hätte mir helfen können, so wie du selbst es tun würdest. [14] Aber ich wollte ihn nicht ohne deine Einwilligung hier behalten. Denn eine gute Tat sollte nicht erzwungen sein, sondern freiwillig geschehen.

[15] Vielleicht ist dir Onesimus nur deshalb für eine kurze Zeit genommen worden, damit er für immer zu dir zurückkehrt. [16] Nun kommt er nicht nur als dein Sklave wieder, du wirst viel mehr an ihm haben: einen geliebten Bruder. Das ist er für mich gewesen. Wie viel mehr wird er es für dich sein; er gehört ja zu dir – als Mensch und nun auch als Christ.

[17] Wenn ich also dein Freund und Bruder bin, dann nimm Onesimus auf, als würde ich selbst zu dir kommen. [18] Sollte dir durch seine Flucht irgendein Schaden entstanden sein, oder sollte er dir etwas schulden, dann stell es mir in Rechnung. [19] Ich werde es bezahlen. Dafür bürge ich hier mit meiner Unterschrift. Was du mir

---

[a] Onesimus bedeutet »der Nützliche«.

1 1,9; Eph 3,1; Phil 1,7.13; Apg 16,1–3* **2** Kol 4,17 **5** Phil 2,1–5; Hebr 6,10 **6** Eph 1,3 **10** Kol 4,9; 1 Tim 1,2 **14** 2 Kor 9,7

Wie man Veränderungen herbeiführt

Lesen Sie Philemon 4-22

In seinem kurzen Brief an Philemon wendet der Apostel Paulus eine geniale Strategie an, um Philemons Haltung zu verändern. Zwar hätte Paulus genauso gut seine Autorität ins Feld führen und die Änderung einfach verlangen können. Doch stattdessen appelliert er an Philemons guten Willen. Damit kann er auch für uns in Ehekonflikten ein Vorbild sein.

„Wenn ein Löffelchen voll Zucker bitt're Medizin versüßt" – davon wusste schon Mary Poppins ein Lied zu singen. Mit Komplimenten versüßt, lässt sich die Bitte um Veränderung leichter hinunterschlucken. Am besten im Verhältnis drei zu eins. Sagen Sie Ihrem Partner also drei Dinge, die Sie an ihm mögen, und dann nennen Sie eine einzige Sache, bei der Sie sich eine Veränderung wünschen.

Wenn ein Mann einmal pro Woche eine Bitte seiner Frau aufnimmt und daran arbeitet, so gut er kann, wird er nach drei Monaten feststellen, dass er sich erstaunlich verändert hat. Dasselbe gilt für die Frau, die sich pro Woche eine Bitte ihres Mannes zu Herzen nimmt und sich um Veränderung bemüht.

Wenn Sie Ihren Partner um etwas gebeten haben und er daran arbeitet, dann vergessen Sie nicht, seine Anstrengungen wahrzunehmen und ihn dafür zu loben. Ohne Komplimente klingen unsere Bitten wie Nörgeleien. Wenn wir aber das Bemühen unseres Partners um Verbesserung anerkennen und ihn für seine positiven Eigenschaften loben, wird ihn das beflügeln, noch weitere Veränderungen in Angriff zu nehmen.

Nehmen Sie sich Zeit, um allein oder als Paar gemeinsam zu beten.

- Danken Sie Gott für Ihren Ehepartner.
- Nennen Sie mehrere Eigenschaften, die Sie an Ihrem Mann/Ihrer Frau schätzen.
- Bitten Sie Gott um Weisheit, Umsicht und Geduld, wenn Sie versuchen, in bestimmten Bereichen bei Ihrem Partner eine Veränderung herbeizuführen.

Wenn Sie noch mehr Zeit haben ...

Besprechen Sie miteinander folgende Fragen oder denken Sie darüber nach:

- Wie haben Sie sich Ihrem Partner zuliebe verändert? Wie hat Ihr Partner sich Ihnen zuliebe verändert? Nennen Sie jeweils mindestens ein Beispiel.
- Nach welchen Gesichtspunkten unterscheiden Sie, mit welchen Unzulänglichkeiten Sie leben können und wo Sie sich eine Veränderung bei Ihrem Partner wünschen?
- Was sollte Ihr Partner wissen, wenn es um eine Veränderung Ihres Verhaltens geht?

Lesen Sie auch die folgenden Abschnitte zum Thema Konfliktlösung: Sprüche 15,1; Philipper 2,4; Jakobus 1,19.

Jesus kennt unser Leid

Die folgenden Fragen können Sie entweder allein oder als Paar gemeinsam durchgehen. Wenn jeder für sich darüber nachdenkt, verabreden Sie sich in der kommenden Woche zu einem Austausch darüber, was Sie herausgefunden haben.

1. Lesen Sie Hebräer 2,14-18. Warum kann Jesus uns so gut helfen, wenn wir leiden oder in Versuchung sind?

2. Wenn Menschen mit etwas zu kämpfen haben, dann suchen sie oft Unterstützung bei jemandem, der etwas Ähnliches erlebt hat. Warum ist das Ihrer Meinung nach so?

3. Beschreiben Sie eine Situation, in der Sie von jemandem Hilfe erfahren haben, der ähnliche Probleme hatte wie Sie.

4. Was heißt es, sich in seinem Leid an Jesus zu wenden? Wie geht das genau?

5. Warum lässt Gott Leid in unserem Leben zu?

6. Leiden Sie im Augenblick oder sind Sie einer Versuchung ausgesetzt? Besprechen Sie die Situation mit Ihrem Partner.

Hebräer 2,18

„Weil er selbst gelitten hat und denselben Versuchungen ausgesetzt war wie wir Menschen, kann er uns in allen Versuchungen helfen."

KONKRET:

Haben Sie in Ihrem Leben schon schwere Zeiten durchgemacht und gut bewältigt? Dann helfen Sie doch jemandem, der jetzt gerade in solch einer Phase steckt. Waren Sie im Gefängnis? Dann möchten Sie vielleicht Gefangene besuchen. Oder waren Sie ungeplant schwanger? Dann könnten Sie in einer Einrichtung für Schwangere in Konflikten helfen. Haben Sie die Schule abgebrochen? Dann könnten Sie gefährdete Jugendliche unterstützen. Nutzen Sie Ihre Erfahrungen, um anderen Gutes zu tun.

Den nächsten Impuls finden Sie auf S. 1392 a

allerdings schuldest, weil du durch mich
zum Glauben an Jesus Christus gefunden
hast, davon will ich hier gar nicht reden.[a]
20 Lieber Philemon! Bereite mir doch die-
se Freude und sei mir von Nutzen! Erfül-
le meine Bitte, weil wir beide an den
Herrn glauben und durch Jesus Christus
verbunden sind.
21 Ich schreibe dir im Vertrauen darauf,
dass du dich nach mir richten wirst. Ja, ich
bin sicher, du wirst noch mehr tun, als ich
von dir erbitte.
22 Übrigens rechne ich damit, dass Gott
eure Gebete erhört und ich bald zu euch
kommen kann. Dann halte bitte eine Un-
terkunft für mich bereit.

Herzliche Grüße

23 Epaphras lässt dich herzlich grüßen. Er
ist mit mir für Jesus Christus im Gefäng-
nis. 24 Herzliche Grüße auch von meinen
Mitarbeitern Markus, Aristarch, Demas
und Lukas.
25 Die Gnade unseres Herrn Jesus
Christus sei mit euch!

---

[a] Wörtlich: Ich, Paulus, schreibe es mit eigener Hand: Ich werde es bezahlen – um dir nicht zu sagen, dass du mir dich selbst schuldest.

22 Phil 1,25; 2,24 **23** Kol 1,7; 4,12 **24** Apg 12,25*; 19,29; 2 Tim 4,10; Kol 4,14; 2 Tim 4,11

Der Brief an die Hebräer

Gott spricht durch seinen Sohn

1 Immer wieder hat Gott schon vor un-
serer Zeit auf vielfältige Art und Wei-
se durch die Propheten zu unseren Vor-
fahren gesprochen. 2 Doch jetzt, in dieser
letzten Zeit, sprach Gott durch seinen
Sohn zu uns. Durch ihn schuf Gott Him-
mel und Erde, und ihn hat er auch zum
Erben über alles eingesetzt. 3 In dem Sohn
zeigt sich die göttliche Herrlichkeit seines
Vaters, denn er ist ganz und gar Gottes
Ebenbild. Sein Wort ist die Kraft, die das
Weltall zusammenhält. Durch seinen Tod
hat er uns von der Last unserer Schuld be-
freit und nun den Ehrenplatz im Himmel
eingenommen, an der rechten Seite Got-
tes, dem alle Macht gehört.

Christus – höher als die Engel

4 Gott hat Christus seinen Sohn genannt
und ihn damit weit über alle Engel ge-
stellt. 5 Zu welchem Engel hätte Gott
wohl jemals gesagt: »Du bist mein Sohn.
Heute setze ich dich zum König ein«?[a]
Und zu keinem Engel hat Gott je gesagt:
»Ich werde sein Vater sein, und er wird
mein Sohn sein.«[b] 6 Als Gott seinen erst-
geborenen Sohn in diese Welt sandte, er-
füllte sich das Wort: »Alle Engel sollen
ihn anbeten.«[c]
7 Von den Engeln heißt es in der Heili-
gen Schrift: »Gottes Engel sind Boten,
die schnell sind wie der Wind, und seine
Diener sind wie die Flammen eines Feu-
ers.«[d] 8 Von dem Sohn aber heißt es:
»Gott, deine Herrschaft bleibt immer
und ewig bestehen. In deinem Reich
herrscht die Gerechtigkeit. 9 Denn du
liebst das Recht und hasst das Unrecht.
Darum hat dich dein Gott als Herrscher
eingesetzt und mehr als alle anderen mit
Freude beschenkt.«[e]
10 Christus ist gemeint, wenn gesagt
wird: »Am Anfang hast du, Herr, alles ge-
schaffen. Die Erde und der Himmel, alles
ist das Werk deiner Hände. 11 Sie werden
vergehen, du aber bleibst. Wie alte Klei-
der werden sie zerfallen, 12 wie ein abge-
tragenes Gewand wirst du sie zur Seite le-
gen und sie wie alte Kleidung durch neue
auswechseln. Du aber bleibst ein und der-
selbe, du wirst immer und ewig leben.«[f]
13 Oder hat Gott jemals zu einem Engel
gesagt: »Setze dich auf den Ehrenplatz an
meiner rechten Seite, bis ich dir alle dei-
ne Feinde unterworfen habe, bis du dei-
nen Fuß auf ihren Nacken setzt«[g]? 14 Alle
Engel sind nur Wesen, die Gott dienen.
Er sendet sie aus, damit sie allen helfen,
denen er Rettung schenken will.

Verfehlt nicht das Ziel!

2 Deshalb müssen wir umso mehr auf
das achten, was wir gehört haben.
Sonst verfehlen wir noch das Ziel! 2 Denn

---

a Wörtlich: Heute habe ich dich gezeugt. – »Gezeugt« ist ein bildlicher Ausdruck für die Einsetzung des Königs in sein Amt. Psalm 2,7
b 2. Samuel 7,14
c Psalm 97,7
d Psalm 104,4
e Psalm 45,7–8
f Psalm 102,26–28
g *Psalm 110,1*

1,2 Joh 1,3; 1 Kor 8,6; Kol 1,16; Röm 8,17 **1,3** Joh 14,7–10; 2 Kor 4,4; Kol 1,15; 2 Kor 5,18–21*; Hebr 9,12–14; 10,22; Ps 110,1; Mk 16,19; Eph 1,20–21 **1,4** Mt 3,17; Phil 2,9 **1,5** 5,5 **1,6** Joh 3,16 **1,14** Ps 34,8; 91,11–12; Mt 4,11 **2,1** 4,1.11; 6,9.11; 12,1–2; Phil 1,6; 1 Petr 1,9 **2,2** 10,28; Apg 7,53; Gal 2,19; 3,19

schon das Gesetz, das die Engel Mose
überbrachten, war für alle verbindlich;
und jeder, der diese Gebote Gottes über-
trat, erhielt seine gerechte Strafe. [3]Wie
viel weniger werden wir der Strafe ent-
kommen, wenn wir Gottes unvergleichli-
ches Rettungsangebot ausschlagen! Jesus
Christus selbst hat es zuerst bekannt ge-
macht, und es wurde uns von Zeugen be-
stätigt, die unseren Herrn mit eigenen
Ohren gehört haben. [4]Darüber hinaus
hat Gott diese Botschaft beglaubigt
durch Zeichen und Wunder, durch seine
machtvollen Taten und durch die Gaben
des Heiligen Geistes, die er nach seinem
Willen austeilt.

Christus führt zu Gott

[5]Über die zukünftige Welt, von der wir
hier reden, werden keine Engel herr-
schen. [6]An einer Stelle der Heiligen
Schrift heißt es dazu: »Was ist schon der
Mensch, dass du an ihn denkst? Und was
ist der Menschensohn, dass du dich so um
ihn kümmerst? [7]Für eine kurze Zeit hast
du ihm zwar eine niedrige Stellung gege-
ben – niedriger als die Engel. Aber dann
hast du ihn mit Ruhm und Ehre gekrönt.
[8]Alles hast du ihm zu Füßen gelegt.«[a]

Wenn Gott aber seinen Sohn zum
Herrscher eingesetzt hat, dann hat er
ihm die Herrschaft über alles gegeben –
ohne jede Ausnahme. Freilich können
wir das jetzt noch nicht in vollem Umfang
sehen. [9]Aber wir sehen, dass Gott seinen
Sohn Jesus, der für eine kurze Zeit nied-
riger war als die Engel, mit Ruhm und
Ehre gekrönt hat. Dies war der Lohn für
sein Sterben am Kreuz. Denn Gott hat
die Menschen so sehr geliebt, dass Jesus
für alle den Tod erlitten hat.

[10]So ist es auch kein Widerspruch, dass
Gott – für den alles geschaffen wurde
und durch den alles ist – seinen Sohn
durch das Leiden am Kreuz zur Voll-
endung gelangen ließ. Dadurch hat Jesus
den Weg für viele Menschen gebahnt, die
er als Gottes Kinder in sein herrliches
Reich führt. [11]Jetzt haben sie alle den
einen Vater: sowohl Jesus, der die Men-
schen in die Gemeinschaft mit Gott
führt, als auch die Menschen, die durch
Jesus zu Gott geführt werden. Darum
schämt sich Jesus auch nicht, sie seine
Brüder und Schwestern zu nennen,
[12]wenn er sagt:

»Ich will meinen Brüdern deinen Na-
men bekannt machen, vor der ganzen
Gemeinde will ich dich loben und eh-
ren.«[b] [13]Er sagt auch: »Gott allein will
ich vertrauen!« Und weiter: »Hier bin
ich, und hier sind die Kinder, die Gott
mir gegeben hat.«[c]

[14]Die Kinder aber sind wir, Menschen
aus Fleisch und Blut. Christus ist nun
auch ein Mensch geworden wie wir, um
durch seinen Tod dem Teufel – als dem
Herrscher über den Tod – die Macht zu
entreißen. [15]So hat er alle befreit, die
aus Furcht vor dem Tod ihr ganzes Le-
ben hindurch Gefangene des Teufels
waren.

[16]Denn Jesus geht es ja nicht um die
Engel. Ihm geht es um die Menschen,
um die Nachkommen Abrahams. [17]Des-
halb musste er uns, seinen Brüdern und
Schwestern, auch in allem gleich sein.
Dadurch konnte er ein barmherziger
und zuverlässiger Hoherpriester für uns
werden und sich selbst als Sühneopfer
für unsere Sünden Gott darbringen.
[18]Denn weil er selbst gelitten hat und
denselben Versuchungen ausgesetzt war
wie wir Menschen, kann er uns in allen
Versuchungen helfen.

---

[a] Psalm 8,5–7
[b] Psalm 22,23
[c] Jesaja 8,17–18

2,3 10,29; 12,25; Gal 2,21; Apg 1,21–22 **2,4** Apg 2,22; 5,12; 2 Kor 12,2; 1 Kor 12,7–11 **2,6–7** Dan 7,13–14 **2,8** 1 Kor 15,27 **2,9–10** 2 Kor 5,18–21*; 13,4; Phil 2,6–11 **2,11–12** Joh 17,20–21; Röm 8,29–30; Eph 1,4–5; 1 Petr 1,2 **2,14–15** Mk 10,45; Apg 2,24; 2 Tim 1,10; 1 Joh 3,8; Offb 1,18 **2,17–18** 4,14–15; Röm 8,3; Gal 4,4–5

Christus – höher als Mose

3 Euch, meine lieben Brüder und
Schwestern, hat Gott dazu bestimmt,
ihm zu gehören. Seht deshalb auf Jesus,
den Gesandten Gottes und Hohenpries-
ter, zu dem wir uns bekennen. 2 Er ist sei-
nem Vater, der ihn dazu beauftragt hat,
ebenso treu gewesen wie Mose dem Volk
Gottes treu gedient hat. 3 Und doch ist
Christus viel höher zu ehren als Mose;
ein Baumeister genießt ja auch ein größe-
res Ansehen als das Haus selbst. 4 Jedes
Haus hat seinen Baumeister. Gott aber
ist der Baumeister, der alle Dinge ge-
schaffen hat.
5 Mose war Gottes treuer *Diener* im
Volk Israel, dem Haus, das ihm der Herr
anvertraut hatte. So wurde er zum Hin-
weis für die Botschaft, die jetzt verkün-
det wird. 6 Christus dagegen ist Gottes
treuer *Sohn* in seinem eigenen Haus.
Dieses Haus sind wir, seine Gemeinde,
wenn wir bis zum Ende entschlossen und
freudig auf Christus vertrauen und uns
durch nichts von der Hoffnung abbringen
lassen, die unser Glaube uns schenkt.

Verschließt euch nicht vor Gott!

7 Deshalb fordert uns der Heilige Geist
auf: »Heute, wenn ihr meine Stimme
hört, 8/9 dann verschließt eure Herzen
nicht, wie es eure Vorfahren getan haben;
damals, als sie mich in der Wüste heraus-
forderten und sich erbittert gegen mich
auflehnten. Vierzig Jahre lang haben sie
jeden Tag erlebt, dass ich sie führte. Und
trotzdem haben sie immer wieder neue
Beweise meiner Macht von mir verlangt.
10 Voller Zorn über dieses Volk habe ich
deshalb gesagt: ›Ihr ganzes Wünschen
und Wollen ist verkehrt und führt sie in
die Irre. Die Wege, die ich sie führen will,
verstehen sie nicht.‹ 11 Ich habe geschwo-
ren in meinem Zorn: ›Niemals sollen sie
in das verheißene Land kommen, nie
die Ruhe finden, die ich ihnen geben
wollte.‹«[a]
12 Achtet deshalb darauf, liebe Brüder
und Schwestern, dass ihr euch nicht eben-
so durch eure Widerspenstigkeit zum
Unglauben verleiten lasst und euch – wie
eure Vorfahren – von dem lebendigen
Gott abwendet. 13 Ermahnt und ermutigt
einander immer wieder, solange jenes
»Heute« gilt und Gott zu euch redet.
Nur so seid ihr sicher, dass ihr euch nicht
vor ihm verschließt und die Sünde euch
nicht betrügen kann. 14 Denn nur wenn
wir wirklich bis zuletzt an der Zuversicht
festhalten, die der Glaube uns schenkt,
gehören wir zu Christus. 15 Darum gilt,
was Gott gesagt hat: »Heute, wenn ihr
meine Stimme hört, dann verschließt eu-
re Herzen nicht wie eure Vorfahren, als
sie sich erbittert gegen mich auflehnten.«
16 Wer hat denn Gottes Worte gehört
und sich trotzdem gegen ihn aufgelehnt?
Es waren doch dieselben Leute, die Mose
aus Ägypten geführt hatte! 17 Und wer
forderte vierzig Jahre lang Gottes Zorn
heraus? Waren es nicht dieselben, die
sich gegen Gott auflehnten und deshalb
in der Wüste so elend umkamen? 18 Wem
hatte Gott geschworen, dass sie niemals
in das verheißene Land gelangen und
zur Ruhe kommen sollten? Doch nur de-
nen, die nicht auf ihn hören wollten.
19 Das alles zeigt uns ganz klar: Sie konn-
ten ihr Ziel, das von Gott verheißene
Land, nicht erreichen, weil sie Gott nicht
vertrauen wollten.

Gott will uns Ruhe schenken

4 Deshalb müssen wir alles daranset-
zen, das Ziel nicht zu verfehlen.
Denn Gottes Zusage, uns seine Ruhe zu
schenken, ist noch nicht erfüllt. 2 Auch
uns gilt ja diese gute Botschaft, die Gott
unseren Vorfahren gab. Ihnen freilich
nutzte dies nichts; denn sie haben Gottes
Zusage zwar gehört, aber sie vertrauten

---

[a] Psalm 95,8–11

3,1 4,14 **3,2** 4 Mo 12,7; Mt 26,39 **3,6** 10,21; 1 Petr 2,5–6 **3,8–9** 2 Mo 14,11–12* **3,11** 4 Mo 14,29–35 **3,12** 12,25 **3,13** 1 Thess 5,11 **3,14** 6,11–12; Jak 1,12; Offb 2,10 **3,16–17** 1 Kor 10,1–6 **3,18** 4 Mo 14,22–24.29–30 **3,19** 4,6 **4,1** 2,1* **4,2** 3,19

Gott nicht. 3 Doch wir, die wir ihm vertrauen, werden in sein Reich des Friedens kommen.

Gott hat gesagt: »In meinem Zorn über ihren Unglauben habe ich geschworen: Niemals sollen sie in das verheißene Land kommen, nie die Ruhe finden, die ich ihnen geben wollte.«[a] Und das sagte Gott, obwohl es diese Ruhe von allem Anfang an gab, als Gott die Welt geschaffen hatte. 4 Es heißt doch vom siebten Schöpfungstag: »Nachdem Gott alles geschaffen hatte, ruhte er am siebten Tag von seiner Arbeit.«[b] 5 Dennoch schwört Gott: »Niemals sollen sie in das verheißene Land kommen, nie die Ruhe finden, die ich ihnen geben wollte.« 6 Das bedeutet: Gottes Angebot, uns in sein Reich des Friedens aufzunehmen, besteht auch heute noch. Zuerst galt dieses Versprechen ja unseren Vorfahren. Doch sie haben seine Erfüllung nicht erlebt, weil sie sich Gottes Willen widersetzten. 7 Darum hat Gott einen neuen Tag festgesetzt, an dem er sein Versprechen erfüllen will. Dieser Tag heißt *Heute*. Lange Zeit später ließ er durch König David sagen: »Heute, wenn ihr meine Stimme hört, dann verschließt eure Herzen nicht.«[c] 8 Hätte Josua unsere Vorfahren tatsächlich zum Ort der Ruhe geführt, würde Gott später nicht von einem anderen Tag sprechen.

9 Gottes Volk erwartet also bis heute die Zeit der Ruhe, den wahren Sabbat. 10 Wer zu dieser Ruhe gefunden hat, wird von aller seiner Arbeit ausruhen können, so wie Gott am siebten Schöpfungstag von seinen Werken ruhte. 11 Darum lasst uns alles daransetzen, zu dieser Ruhe Gottes zu gelangen, damit niemand durch Ungehorsam das Ziel verfehlt. Unsere Vorfahren sind uns *darin* ein warnendes Beispiel.

12 Gottes Wort ist voller Leben und Kraft. Es ist schärfer als die Klinge eines beidseitig geschliffenen Schwertes; dringt es doch bis in unser Innerstes, bis in unsere Seele und unseren Geist, und trifft uns tief in Mark und Bein. Dieses Wort ist ein unbestechlicher Richter über die Gedanken und geheimsten Wünsche unseres Herzens. 13 Gottes Augen bleibt nichts verborgen; vor ihm ist alles sichtbar und offenkundig. Jeder Mensch muss Gott Rechenschaft geben.

Christus ist der einzig wahre Hohepriester

14 Lasst uns also unerschütterlich an unserem Bekenntnis zu Jesus Christus festhalten, denn in ihm haben wir einen großen Hohenpriester, der vor Gott für uns eintritt. Er, der Sohn Gottes, ist durch den Himmel bis zu Gottes Thron gegangen. 15 Doch er gehört nicht zu denen, die unsere Schwächen nicht verstehen und zu keinem Mitleiden fähig sind. Jesus Christus musste mit denselben Versuchungen kämpfen wie wir, doch im Gegensatz zu uns hat er nie gesündigt. 16 Er tritt für uns ein, daher dürfen wir mit Zuversicht und ohne Angst zu Gott kommen. Er wird uns seine Barmherzigkeit und Gnade zuwenden, wenn wir seine Hilfe brauchen.

5 Jeder Mensch, der zum Hohenpriester ernannt wird, ist zum Dienst für Gott eingesetzt: Stellvertretend für alle Menschen muss er Gott Gaben und Opfer darbringen, um die Schuld zu sühnen. 2 Und weil er selbst ein Mensch ist mit all seinen Schwächen, kann er die Menschen verstehen, die unwissend sind und Irrwege gehen. 3 Doch gerade deshalb muss er nicht nur für die Sünden anderer opfern, sondern auch für seine eigenen. 4 Niemand kann sich selbst zum Hohen-

---

[a] Wörtlich: Wie ich schwor in meinem Zorn, sie sollen nicht zu meiner Ruhe eingehen. Psalm 95,11
[b] 1. Mose 2,2
[c] Psalm 95,8

4,6 Röm 11,28–30 **4,7** 3,7–9 **4,8** 5 Mo 31,7; Jos 21,43–44 **4,9–10** Phil 1,23; Offb 14,13 **4,11** 2,1*; 1 Kor 1,8 **4,12** Eph 6,17; Jer 23,29 **4,13** Ps 26,2*; Mk 4,22 **4,14** 6,19–20 **4,15** 2,17–18; 1 Kor 10,13; 2 Petr 2,9 **4,16** 10,19; Röm 8,15; Eph 2,18; 3,12 **5,1** 2,17; 3 Mo 16,32 **5,2** 7,28 **5,3** 7,27; 9,7; 3 Mo 16,11.17 **5,4** 2 Mo 28,1

priester ernennen. Gott beruft in diese
Aufgabe, so wie er es mit Aaron getan
hat. 5 Auch Christus hat sich nicht die
Würde des Hohenpriesters angemaßt. In
diese Aufgabe hat Gott ihn berufen, als
er zu ihm sprach: »Du bist mein Sohn,
heute setze ich dich zum König ein.«[a]
6 Oder wie Gott an anderer Stelle sagt:
»In alle Ewigkeit sollst du ein Priester
sein, so wie es Melchisedek war.«[b] 7 Als
Jesus unter uns Menschen lebte, schrie
er unter Tränen zu Gott, der ihn allein
vom Tod retten konnte. Und Gott erhör-
te sein Gebet, weil Jesus den Vater ehrte
und ihm gehorsam war. 8 Dennoch muss-
te auch Jesus, der Sohn Gottes, durch sein
Leiden Gehorsam lernen. 9 Nachdem er
zu Gottes Thron zurückgekehrt ist, ist er
für alle, die ihm gehorsam sind, zum Ret-
ter und Erlöser geworden. 10 Gott selbst
hat ihn für uns zum Hohenpriester einge-
setzt, so wie Melchisedek.

Werdet endlich im Glauben erwachsen!

11 Darüber hätten wir euch noch sehr viel
mehr zu sagen. Aber weil ihr so wenig
hinhört, ist es schwer, euch etwas zu
erklären. 12 Eigentlich müsstet ihr es in
eurem Glauben schon zum Meister
gebracht haben und andere unterweisen.
Tatsächlich aber seid ihr erst wie Lehrlin-
ge, denen man die allerersten Grund-
lagen von Gottes Botschaft beibringen
muss. Wie Säuglingen kann man euch
nur Milch geben, weil ihr feste Nahrung
noch nicht vertragt. 13 Wer noch Milch
braucht, ist ein kleines Kind und versteht
nicht, was die Erwachsenen reden. 14 Ein
Erwachsener kann feste Nahrung zu sich
nehmen. Nur wer seine Urteilsfähigkeit
geschult hat, der kann auch zwischen
Gut und Böse unterscheiden.

6 Darum wollen wir jetzt aufhören,
euch immer wieder in den einfachs-
ten Grundlagen eures Glaubens an
Christus zu unterweisen. Wir möchten
vielmehr darüber sprechen, was Christen
wissen müssen, die in ihrem Glauben er-
wachsen sind. Es geht jetzt also nicht
mehr darum, das alte Leben hinter sich
zu lassen, das letztlich zum Tod führt;
auch nicht darum, wie notwendig es ist,
zu Gott umzukehren und ihm zu vertrau-
en. 2 Ebenso wenig wollen wir euch leh-
ren über die Taufe[c], die Handauflegung,
die Auferstehung der Toten und über
Gottes letztes Gericht. 3 Wenn Gott es
will, dann wollen wir lieber Schritte nach
vorn tun.

4 Doch dies eine möchte ich euch jetzt
noch sagen: Für alle, die Gott schon mit
seinem hellen Licht erleuchtet hat, die an
sich selbst erfahren haben, wie herrlich
Gottes himmlische Gaben sind, und de-
nen der Heilige Geist geschenkt wurde,
5 die Gottes gute Botschaft aufnahmen
und dadurch etwas von der Kraft der ewi-
gen Welt spürten, – 6 für all diese Men-
schen ist es unmöglich, wieder zu Gott
zurückzukehren, wenn sie sich bewusst
von ihm abgewendet haben und ihm un-
treu geworden sind. Ihre Untreue würde
nichts anderes bedeuten, als dass sie den
Sohn Gottes noch einmal ans Kreuz
schlagen und ihn dem Spott seiner Feinde
ausliefern.

7 Wer für Gott ein guter Acker ist, der
wird von ihm gesegnet. Er nimmt den
Regen auf, der immer wieder über ihm
niedergeht und nützliche Pflanzen wach-
sen lässt. Schließlich bringt er eine gute
Ernte. 8 Wer aber einem schlechten
Acker gleicht, dem droht Gottes Fluch.
Auf ihm wachsen nichts als Dornen und
Disteln, und am Ende wird er abge-
brannt. 9 Das mussten wir euch, liebe

---

[a] Wörtlich: Heute habe ich dich gezeugt. »Gezeugt« ist ein bildlicher Ausdruck für die Einsetzung des Königs in sein Amt. Psalm 2,7

[b] *Psalm 110,4*

[c] Wörtlich: Taufen (oder: Waschungen).

5,5 1,5 **5,6** 7,1–10 **5,7–8** Mt 26,36–46; Phil 2,8 **5,10** 7,1–10; Ps 110,4 **5,11–14** 1 Kor 3,1–2; Eph 4,13–14; 1 Petr 2,2; 1 Thess 5,21–22 **6,4–6** 10,26–31; Gal 2,21; 2 Tim 2,11–13; 2 Petr 2,20–22; 1 Joh 5,10–12 **6,7** Mt 13,8.23 **6,8** Mt 13,30 **6,9** 2,1*

Freunde, ganz offen und unmissverständ-
lich sagen. Trotzdem sind wir überzeugt,
dass ihr gerettet werdet und das Ziel er-
reicht. 10 Denn Gott ist nicht ungerecht.
Er vergisst nicht, was ihr getan habt und
wie ihr aus Liebe zu ihm anderen Chris-
ten geholfen habt und immer noch helft.

11 Wir haben nur einen Wunsch: Jeder
von euch soll mit diesem Eifer an der
Hoffnung festhalten, dass sich einmal al-
les erfüllt, was Gott versprochen hat. Ja,
haltet daran fest, bis ihr das Ziel erreicht!
12 Werdet in eurem Glauben nicht träge
und gleichgültig, sondern folgt dem Bei-
spiel der Christen, die durch ihr Vertrau-
en zum Herrn standhaft geblieben sind
und alles erhalten werden, was Gott zu-
gesagt hat.

Gott hält, was er verspricht

13 Als Gott Abraham sein Versprechen
gab, da bekräftigte er seine Zusage mit
einem Eid. Und weil niemand über Gott
steht und diesen Eid Gottes beglaubigen
konnte, schwor Gott bei seinem eigenen
Namen. 14 Er versprach Abraham: »Du
kannst dich fest darauf verlassen: Ich will
dich mit Segen überschütten, und du sollst
viele Nachkommen haben.«[a] 15 Abraham
wartete geduldig; und schließlich ging in
Erfüllung, was Gott ihm versprochen
hatte.

16 Menschen schwören einen Eid, um
ihre Aussage zu bekräftigen und um mög-
liche Zweifel auszuräumen. Dabei beru-
fen sie sich auf eine Autorität über ihnen.
17 Auch Gott hat sein Versprechen mit
einem Eid bekräftigt. So haben wir, denen
seine Zusagen gelten, die unumstößliche
Gewissheit, dass er sie auch einlöst. 18 Und
weil Gott niemals lügt, haben wir jetzt
zwei Tatsachen, auf die wir uns verlassen
können. Gottes Zusage und sein Eid er-
mutigen und stärken alle, die an der von
Gott versprochenen Hoffnung festhalten.
19 Diese Hoffnung ist für uns ein sicherer
und fester Anker, der hineinreicht in den
himmlischen Tempel, bis ins Allerheiligs-
te hinter dem Vorhang. 20 Dorthin ist uns
Jesus vorausgegangen. Er ist unser
Hoherpriester für alle Zeiten – wie es
Melchisedek war.

Melchisedek und das jüdische Priestertum

7 Melchisedek war König von Salem
und ein Priester des höchsten Gottes.
Als Abraham aus der Schlacht gegen die
Könige siegreich zurückkehrte, ging ihm
Melchisedek entgegen und segnete ihn.[b]
2 Abraham gab ihm damals den zehnten
Teil seiner ganzen Kriegsbeute. Melchi-
sedek bedeutet eigentlich »König der
Gerechtigkeit.« Er heißt aber auch König
von Salem, das bedeutet »König des Frie-
dens.« 3 Weder der Vater noch die Mutter
Melchisedeks sind bekannt, auch keiner
seiner Vorfahren. Man weiß nicht, wann
er geboren, auch nicht, wann er gestor-
ben ist; sein Leben war gewissermaßen
ohne Anfang und ohne Ende. Er gleicht
dem Sohn Gottes und bleibt Priester für
alle Zeit.

4 Wie mächtig muss dieser König und
Priester gewesen sein, dem Abraham, der
Stammvater Israels, den zehnten Teil sei-
ner Siegesbeute übergab! 5 Zwar haben
die jüdischen Priester als Nachkommen
Levis ein Anrecht darauf, von den Ange-
hörigen ihres Volkes den zehnten Teil
vom Ernteertrag zu bekommen; und das,
obwohl sie ihre Brüder sind und wie diese
von Abraham abstammen. 6 Melchisedek
aber gehörte gar nicht zu Abrahams Volk.
Dennoch nahm er den zehnten Teil der
Beute an und segnete Abraham, dem
Gott seine Zusagen gegeben hatte.

7 Nun steht ohne jede Frage der Seg-
nende über dem, der den Segen emp-
fängt. 8 Die jüdischen Priester, die den

---

[a] 1. Mose 22,17
[b] Vgl. 1. Mose 14,17–20

6,10 10,32–34; Gal 6,10; Phlm 5 **6,11** 2,1* **6,12** Röm 15,2; 1 Kor 11,1* **6,13** 1 Mo 22,16 **6,18** 4 Mo 23,19; 1 Sam 15,29; Röm 11,29 **6,19–20** 4,14–16; 3 Mo 16,2–3.12–13 **7,3** 5,6; Ps 110,4 **7,5** 1 Mo 28,22; 3 Mo 27,30–33*; 4 Mo 18,21–24*; Mal 3,8–10

zehnten Teil der Ernte erhalten, sind
sterbliche Menschen. Mit Melchisedek
aber nahm einer den zehnten Teil ent-
gegen, von dem die Heilige Schrift be-
zeugt, dass er weiterlebt. 9 Indem Abra-
ham dem Melchisedek ein Zehntel der
Beute gab, hat dies sozusagen auch Levi
getan, obwohl er als Priester doch selbst
den zehnten Teil empfängt. 10 Zwar war
Levi damals noch gar nicht geboren, aber
bei der Begegnung Abrahams mit Mel-
chisedek stand schon fest, dass Levi zu
Abrahams Nachkommen zählen würde.
11 Das Priestertum der Leviten – über das
im Gesetz klare Bestimmungen vorliegen
– konnte uns offensichtlich nicht ans Ziel
bringen und mit Gott versöhnen. Sonst
hätte Gott doch nicht einen ganz anderen
Priester vom Rang Melchisedeks zu uns
schicken müssen. Dann hätte auch ein
Priester vom Rang Aarons genügt.

Christus, der Hohepriester des neuen Bundes

12 Setzt Gott nun aber ein anderes Pries-
tertum ein, dann muss auch das Gesetz
geändert werden. 13 Immerhin kommt ja
Christus, von dem hier die Rede ist, aus
einem Stamm unseres Volkes, von dem
nie einer als Priester am Altar Gottes ge-
dient hat. 14 Denn wie jeder weiß, gehört
unser Herr Jesus Christus zum Stamm Ju-
da, obwohl Mose nie gesagt hat, dass aus
diesem Stamm Priester kommen werden.
15 Schickt Gott also einen anderen
Priester, einen vom Rang des Melchise-
dek zu uns, dann wird ganz klar, dass er
damit eine besondere Absicht verfolgt.
16 Denn Christus ist nicht aufgrund
menschlicher Verordnungen und Geset-
ze Hoherpriester geworden, sondern weil
in ihm unzerstörbares, ewiges Leben ist.
17 So heißt es ja von Christus: »In alle
Ewigkeit sollst du ein Priester sein, so
wie es Melchisedek war.«[a]

18 Die alte Ordnung ist damit ungültig
geworden; sie war wirkungslos und
brachte keinen Nutzen. 19 Das Gesetz, so
wie es uns von Mose übergeben wurde,
konnte uns nicht ans Ziel bringen und
mit Gott versöhnen. Doch jetzt haben
wir die Gewissheit, dass wir wirklich zu
Gott kommen dürfen.
20 Gott hat das neue Priestertum durch
einen Eid bekräftigt; die Leviten aber
sind ohne Schwur Priester geworden.
21 Nur zu Christus hat Gott gesagt: »Der
Herr hat es geschworen, und diesen
Schwur wird er niemals bereuen: ›In alle
Ewigkeit sollst du Priester sein!‹«[b] 22 So
wurde Jesus für uns zum Bürgen eines
neuen, besseren Bundes mit Gott. 23 Zur
Zeit des alten Bundes musste es außer-
dem viele Priester geben, denn sie waren
alle sterbliche Menschen. 24 Christus aber
lebt in alle Ewigkeit; sein Priesteramt
wird nie von einem anderen eingenom-
men. 25 Und weil Jesus Christus ewig lebt
und für uns bei Gott eintritt, wird er auch
alle endgültig retten, die durch ihn zu
Gott kommen.
26 Er allein ist der Hohepriester, den
wir brauchen: Er ist heilig und ohne jede
Schuld, rein und ohne Fehler, von Gott
hoch erhoben auf den Ehrenplatz im
Himmel. 27 Christus muss nicht – wie die
anderen Hohenpriester – an jedem Tag
zuerst wegen der eigenen Sünden für
sich selbst ein Opfer darbringen, ehe er
für sein Volk opfert. Als Jesus Christus
am Kreuz für unsere Schuld starb, hat
er ein Opfer dargebracht, das ein für alle
Mal gilt. 28 Das Gesetz des Mose be-
stimmte Menschen mit all ihren Schwä-
chen und Fehlern zu Hohenpriestern.
Doch dieses Gesetz gilt nicht mehr, seit
Gott seinen eigenen Sohn mit einem
Schwur als unseren Hohenpriester ein-
gesetzt hat. Und das wird er bleiben –
für alle Zeiten in göttlicher Vollkom-
menheit.

---

a Psalm 110,4
b Psalm 110,4

7,14 Mt 1,3; Offb 5,5 **7,18–19** Röm 8,2; 10,4; Eph 2,15 **7,22** 8,6–7; 12,24; Mt 26,28; 2 Kor 3,6
7,25 Röm 8,34*; 1 Tim 2,5–6; 1 Joh 2,1–2 **7,26** 9,7; 3 Mo 16,11.17 **7,27** 10,14*

Ein Ort der Ruhe

Lesen Sie Hebräer 4,8

Nachdem die Israeliten vierzig Jahre in der Wüste umhergezogen waren, führte Josua sie in das Land, das Gott ihnen versprochen hatte. Doch wie Hebräer 4,8 deutlich macht, war dieses Land letztendlich nicht Josuas Ort der Ruhe. Wirkliche Ruhe würde er erst in Gottes Reich finden, was alle Gläubigen zum Teil schon heute erfahren dürfen.

Jesus bietet in Matthäus 11,28 jedem Menschen Ruhe an, der erschöpft oder mit Schuld, Zorn, Feindseligkeit oder Angst belastet ist. Jesus bittet uns nicht, unsere Last abzulegen und dann zu ihm zu kommen. Wir sollen einfach kommen, wie wir sind. Jesus fordert uns nicht auf, unsere Probleme selber zu lösen, und er verspricht auch nicht, uns von allen Problemen zu befreien, aber er verspricht uns Ruhe.

Die Bibel lehrt uns, dass Gott nur für die Menschen, die durch Jesus Christus, seinen Sohn, zu ihm kommen, der Vater ist. Doch er ist der Freund aller, die ihn lieben. Gott wünscht sich nichts mehr, als unser Leben mit uns zu teilen, uns dessen Sinn und Zweck zu zeigen und uns Antworten auf unsere Probleme zu geben – ob in unseren Beziehungen oder in einem anderen Bereich. Mitten im Leid ist es manchmal schwer zu glauben, dass Gott etwas für uns tun kann. Doch gerade bei ihm finden wir in schweren Zeiten Ruhe.

Nehmen Sie sich Zeit, um allein oder als Paar gemeinsam zu beten. Danken Sie Gott, dass er für Sie ein Vater und ein Freund ist. Bitten Sie ihn, Ihnen den Sinn und Zweck Ihres Lebens zu zeigen. Bitten Sie ihn auch, dass er Ihnen Kraft und Einsicht schenkt, damit Sie schwere Zeiten in Ihrer Beziehung durchstehen können.

Wenn Sie noch mehr Zeit haben ...

Besprechen Sie miteinander folgende Fragen oder denken Sie darüber nach:

- Welche Umstände oder Situationen können dazu führen, dass Sie geistlich erschöpft sind?
- Wie sieht eine solche geistliche Erschöpfung aus?
- Wie könnte die Ruhe, die Gott schenkt, Ihnen in der Beziehung zu Ihrem Ehepartner helfen?

Lesen Sie auch die folgenden Abschnitte zum Thema Ruhe:
Psalm 95,1-11; Matthäus 11,28; Römer 8,32.

Den Anfang machen

Lesen Sie Hebräer 9,22

Vergebung ist nicht so einfach zu bekommen. Hebräer 9,22 macht das unmissverständlich deutlich. Ohne Vergebung kann jedoch keine Beziehung gelingen. Wenn unsere Ehe besser werden soll, müssen wir erkennen, wo Vergebung nötig ist. Der erste Schritt dazu wäre, sich Zeit allein mit Gott zu nehmen und ihn zu bitten: „Herr, du weißt, in welcher Situation ich lebe, und du weißt, wie ich behandelt werde. Mir ist klar, dass auch ich nicht perfekt bin. Darum möchte ich dich bitten, mir zu zeigen, was ich in meiner Ehe falsch gemacht habe. Was sage und tue ich, das nicht richtig ist? Was unterlasse und verschweige ich, obwohl ich es tun oder sagen sollte?"

Dieses Gebet wird Gott beantworten. Er wird Ihnen zeigen, was Sie falsch gemacht haben. Vielleicht möchten Sie diese Fehler aufschreiben, wenn Gott Sie darauf aufmerksam macht.

Bekennen Sie Gott Ihre Schuld: „Herr, ich weiß, das ist falsch. Danke, dass Christus für diese Sünden bezahlt hat. Ich bitte dich um Vergebung."

Die Bibel bezeugt, dass uns in dem Moment, in dem wir unsere Sünden bekennen, vergeben wird. Danken Sie Gott für seine Vergebung. Dann beten Sie: „Herr, hilf mir, heute mit meinem Leben etwas Gutes anzufangen." Wenn Sie Ihre Sünde bekennen und Vergebung empfangen, haben Sie einen Anfang gemacht und die ersten Schritte zur positiven Veränderung Ihrer Ehe unternommen.

Nehmen Sie sich Zeit, um allein oder als Paar gemeinsam zu beten.

- Danken Sie Gott aufrichtig für die Vergebung, die Sie empfangen haben.
- Bitten Sie ihn, dass er Ihnen die Gedanken, inneren Einstellungen, Worte und Taten zeigt, für die Sie Vergebung brauchen.
- Bekennen Sie Ihre Schuld und bitten Sie ihn *um Vergebung.*

Wenn Sie noch mehr Zeit haben …

Besprechen Sie miteinander folgende Fragen oder denken Sie darüber nach:

- Welche Rolle spielt der Stolz in Ihren ungelösten Konflikten mit Ihrem Partner?
- Wie können Sie dem entgegenwirken?
- Was können Sie im Moment konkret tun, um die Beziehung zu Ihrem Mann/Ihrer Frau zu verbessern?

Lesen Sie auch die folgenden Abschnitte zum Thema Schuldbekenntnis:

Psalm 32,5; Jakobus 5,16; 1. Johannes 1,9.

Den nächsten Impuls finden Sie auf S. 1400 a

Christus, der Vermittler des neuen Bundes

8 Das Wichtigste aber ist: Wir haben
einen Hohenpriester, der auf dem
Ehrenplatz rechts neben dem Thron des
allmächtigen Gottes sitzt. 2 Er dient dort
als Priester in dem einzig wahren Heilig-
tum, das vom Herrn selbst und nicht von
Menschen errichtet worden ist.

3 So wie jeder Hohepriester dazu ein-
gesetzt ist, Gott Opfer und Gaben dar-
zubringen, muss auch Christus etwas
haben, was er opfern kann. 4 Freilich, hier
auf der Erde könnte Christus kein Pries-
ter sein; denn hier gibt es schon genügend
Priester, die den Opferdienst nach dem
Gesetz leisten.

5 Sie dienen allerdings in einem Tem-
pel, der nur eine schwache Nachbildung,
ein unvollkommenes Abbild des himm-
lischen Heiligtums ist. Als Mose das hei-
lige Zelt errichten sollte, befahl ihm
Gott: »Achte genau darauf, dass alles
nach dem Vorbild angefertigt wird, das
ich dir hier auf dem Berg gezeigt habe.«[a]

6 Nun hat Christus eine viel größere
Aufgabe erhalten als alle anderen Pries-
ter auf der Erde. Deshalb hat er auch als
Vermittler zwischen Gott und uns Men-
schen einen weitaus besseren Bund ge-
schlossen, der außerdem auf festeren Zu-
sagen beruht als der alte Bund. 7 Wenn
dieser alte Bund vollkommen gewesen
wäre, hätte ein neuer Bund nicht ge-
schlossen werden müssen. 8 Es lag doch
ein starker Tadel darin, als Gott zu sei-
nem Volk sagte: »Es kommt die Zeit, in
der ich mit dem Volk Israel und dem
Volk von Juda einen neuen Bund schlie-
ße. 9 Er ist nicht mit dem zu vergleichen,
den ich damals mit ihren Vorfahren
schloss, als ich sie mit starker Hand aus
Ägypten befreite. Denn sie haben sich
nicht an meinen Bund gehalten. Deshalb
habe ich mich von ihnen abgewandt«,
spricht der Herr. 10 »Aber nach dieser
Zeit werde ich mit dem Volk Israel einen
neuen Bund schließen. Und der wird
ganz anders aussehen: Ich schreibe mein
Gesetz in ihr Herz, es soll ihr ganzes
Denken und Handeln bestimmen. Ich
werde ihr Gott sein, und sie werden mein
Volk sein. 11 Niemand muss dann den an-
deren noch belehren, keiner braucht sei-
nem Bruder mehr zu sagen: ›Erkenne
doch den Herrn!‹ Denn alle – vom
Kleinsten bis zum Größten – werden er-
kennen, wer ich bin. 12 Ich vergebe ihnen
ihre Schuld und denke nicht mehr an ihre
Sünden.«[b]

13 Gott selbst hat hier von einem neuen
Bund gesprochen. Das bedeutet, dass der
erste Bund nicht mehr gilt. Was aber alt
und überholt ist, wird bald nicht mehr be-
stehen.

Das Opfer im alten Bund

9 Auch im ersten Bund gab es Regeln
und Vorschriften für den Gottes-
dienst und das Heiligtum, das Menschen
hier auf der Erde für Gott errichtet hat-
ten. 2 Im vorderen Teil des Heiligtums
standen ein Leuchter und ein Tisch mit
den Broten, die Gott geweiht waren. Die-
sen Teil des Zeltes nannte man das Heili-
ge. 3 Dahinter lag ein zweiter Raum,
durch einen Vorhang abgetrennt. Dies
war das Allerheiligste. 4 Hier befanden
sich der goldene Räucheropferaltar und
eine rundum mit Gold beschlagene Tru-
he, die so genannte Bundeslade. Darin la-
gen der goldene Krug mit dem Manna,
der Stab Aarons, der Knospen getrieben
hatte, und die Steintafeln mit den Zehn
Geboten. 5 Über der Bundeslade breite-
ten die Cherub-Engel, die auf Gottes
Herrlichkeit hinweisen, ihre Flügel aus
und bedeckten so diese Stätte der Ver-
gebung und Versöhnung. Doch nun ge-
nug von diesen Einzelheiten. 6 Das Hei-

---

[a] 2. Mose 25,40
[b] Jeremia 31,31–34

8,1 10,12; 12,2; Röm 8,34* **8,5** Kol 2,17 **8,6** 7,22; 12,24; 1 Tim 2,5 **8,7–13** 9,15; 10,14–18; 2 Mo 24,7–8; Jer 31,31–34*; 1 Kor 11,25; 2 Kor 3,6 **8,13** Röm 10,4 **9,1–7** 2 Mo 26,31–37 **9,2** 2 Mo 25,23–31 **9,4** 2 Mo 30,1–6; 25,10–16; 16,32–34 **9,5** 2 Mo 25,17–22

ligtum besteht also aus zwei Räumen: In
dem ersten Raum verrichten die Priester
täglich ihren Dienst. 7 Den anderen
Raum, das Allerheiligste, darf aber nur
der Hohepriester betreten, und auch das
nur ein einziges Mal im Jahr. Hier bringt
er das Blut eines Tieres als Opfer dar, da-
mit Gott ihm seine eigene Schuld und
auch die Sünden seines Volkes vergibt.

8 Der Heilige Geist wollte auf diese
Weise sichtbar werden lassen: Solange
das irdische Heiligtum noch steht, bleibt
uns der Zugang zum Allerheiligsten, zu
Gott, verschlossen. 9 Das irdische Heilig-
tum ist nichts anderes als ein Bild für un-
sere gegenwärtige Zeit. Dort werden
zwar Gaben und Opfer dargebracht, aber
nichts davon kann uns vollkommen mit
Gott versöhnen und uns ein gutes Gewis-
sen schenken. 10 Denn in einem solchen
Gottesdienst werden doch nur Vorschrif-
ten befolgt, die das äußere Leben regeln.
Es geht dabei um Essen und Trinken
oder bestimmte Reinigungsvorschriften.
Diese Anordnungen galten aber nur so-
lange, bis Gott die neue Ordnung in
Kraft setzte.

Christus – das einmalige Opfer

11 Seit Christus gilt diese neue Ordnung.
Er ist der Hohepriester, durch den sich
Gottes Zusagen an uns erfüllt haben. Sei-
nen Dienst verrichtet er in einem Heilig-
tum – größer und vollkommener als jedes
andere, das je von Menschen betreten
wurde. Dieses Heiligtum ist nicht von
Menschenhand errichtet, es gehört nicht
zu dieser Welt. 12 Christus opferte auch
nicht das Blut von Böcken und Kälbern
für unsere Sünden. Vielmehr opferte er
im Allerheiligsten sein eigenes Blut ein
für alle Mal. Damit hat er uns für immer
und ewig von unserer Schuld vor Gott be-
freit.

13 Schon nach den Regeln des alten
Bundes wurde jeder, der nach den reli-
giösen Vorschriften unrein geworden
war, wieder äußerlich rein, wenn er mit
dem Blut von Böcken und Stieren oder
mit der Asche einer geopferten Kuh be-
sprengt wurde. 14 Wie viel mehr wird das
Blut Jesu Christi uns innerlich erneuern
und von unseren Sünden reinwaschen![a]
Erfüllt von Gottes ewigem Geist, hat er
sich selbst für uns als fehlerloses Opfer
Gott dargebracht. Darum sind unsere
Sünden vergeben, die letztlich nur zum
Tod führen, und unser Gewissen ist gerei-
nigt. Jetzt sind wir frei, dem lebendigen
Gott zu dienen.

Der neue Bund zwischen Gott und den Menschen

15 So hat Christus den neuen Bund zwi-
schen Gott und uns Menschen vermittelt:
Er starb, damit die Sünden aufgehoben
werden, die unter dem alten Bund ge-
schehen sind. Nun können alle, die Gott
berufen hat, das von Gott zugesagte un-
vergängliche Erbe empfangen, das ewige
Leben bei Gott. 16 Beim neuen Bund ist
es wie bei einem Testament: Ein Testa-
ment wird erst eröffnet, wenn der Tod
seines Verfassers nachgewiesen ist. 17 So-
lange er lebt, ist es ohne jede Rechts-
kraft. Erst durch seinen Tod wird es gül-
tig. 18 So wurde auch schon der alte Bund
erst rechtskräftig, nachdem er mit Blut
besiegelt war. 19 Als Mose dem Volk Isra-
el alle Gebote des Gesetzes mitgeteilt
hatte, nahm er das Blut von Kälbern und
Böcken, vermengte es mit Wasser und
besprengte mit Hilfe von Ysopzweigen
und roter Wolle das Gesetzbuch und das
ganze Volk. 20 Dann sagte er: »Dieses
Blut besiegelt den Bund, den Gott mit
euch geschlossen hat.«[b] 21 Ebenso be-
sprengte Mose das heilige Zelt und alle

---

[a] *Wörtlich: Wie viel mehr* wird das Blut des Christus … unser Gewissen reinigen von toten Werken.
[b] 2. Mose 24,8

9,7 2 Mo 30,10; 3 Mo 16,11.17 **9,8** 10,20 **9,9** 7,19; 10,1–4 **9,10** Kol 2,16–17 **9,12** 10,14*; 2 Kor 5,18–21* **9,13** 3 Mo 17,11; 4 Mo 19,1–20 **9,14** 2 Kor 5,18–21*; 1 Petr 3,18; 1 Joh 1,7; 2,1–2 **9,15** 8,6; 12,24; Eph 1,18; 1 Tim 2,5–6 **9,18–22** 2 Mo 24,4–8 **9,21** 3 Mo 8,15; 4 Mo 7,1

Gefäße und Werkzeuge für den Opfer-
dienst. [22] Nach den Bestimmungen des al-
ten Bundes wird fast alles mit Blut gerei-
nigt. Denn ohne Blut ist eine Vergebung
der Schuld nicht möglich.

Christus setzt sich für uns ein

[23] Deshalb musste das heilige Zelt, das als
Abbild des himmlischen Heiligtums hier
auf der Erde stand, durch das Blut von
Tieren gereinigt werden. Als es aber um
das himmlische Heiligtum ging, war ein
besseres Opfer nötig. [24] Schließlich ging
Christus nicht in ein von Menschen er-
bautes Heiligtum, das ja nur ein Abbild
des wahren Heiligtums ist. Er betrat den
Himmel selbst, um sich bei Gott für uns
einzusetzen. [25] Christus brauchte sich nur
ein einziges Mal zu opfern. Der Hohe-
priester dagegen muss jedes Jahr aufs
Neue ins Allerheiligste gehen und Gott
das Blut eines Tieres opfern. [26] Wie oft
hätte Christus dann seit Beginn der Welt
schon leiden müssen! Aber er ist jetzt, am
Ende der Zeit, erschienen, um ein für alle
Mal durch seinen Opfertod die Sünden
zu tilgen. [27] Jeder Mensch muss einmal
sterben und kommt danach vor Gottes
Gericht. [28] So ist auch Christus ein ein-
ziges Mal gestorben, um alle Menschen
von ihren Sünden zu erlösen. Wenn er
zum zweiten Mal kommen wird, dann
nicht, um uns noch einmal von unserer
Schuld zu befreien. Dann kommt er, um
alle, die auf ihn warten, in seine neue
Welt aufzunehmen.

Ein für alle Mal von Gott angenommen

10 Das Gesetz des alten Bundes war
lediglich ein matter Abglanz und
Vorgeschmack all dessen, was Gott für
uns bereithält. Es brachte uns noch nicht
in eine enge Gemeinschaft mit Gott.
Denn die Opfer der alten Ordnung konn-
ten keinen Menschen für immer von sei-
ner Schuld befreien. Jahr für Jahr musste
man erneut Opfer bringen. [2] Niemand
hätte mehr ein Opfer gebracht, wenn alle
schon nach dem ersten Opfer von ihren
Sünden befreit worden wären. Dann hät-
te ja auch die Schuld ihr Gewissen nicht
länger belastet. [3] Aber gerade durch diese
Opfer werden sie Jahr für Jahr aufs Neue
an ihre Sünde und Schuld erinnert. [4] Da-
bei können wir durch das Blut von Stie-
ren und Böcken unmöglich von unserer
Schuld befreit werden.

[5] Deshalb sprach Christus zu Gott, als
er in die Welt kam: »Schlachtopfer und
andere Gaben wolltest du nicht. Aber du
hast mir einen Leib gegeben; er soll das
Opfer sein. [6] Dir gefällt nicht, dass man
dir Tiere schlachtet und zur Sühne auf
dem Altar verbrennt. [7] Deshalb habe ich
gesagt: ›Ich komme, um deinen Willen,
mein Gott, zu erfüllen. So heißt es von
mir bereits in der Heiligen Schrift.‹«[a]
[8] Obwohl das Gesetz diese Opfer verlang-
te, hat Christus gesagt: »Schlachtopfer
und andere Gaben hast du nicht gewollt.
Sie gefallen dir so wenig wie die Brand-
opfer und die Sündopfer.« [9] Außerdem
sagte er: »Ich komme, mein Gott, um dei-
nen Willen zu erfüllen.« So hebt Christus
die alte Ordnung auf und setzt eine neue
in Kraft. [10] Er hat mit seinem Tod am
Kreuz diesen Willen Gottes erfüllt; und
deshalb gehören wir durch sein Opfer
ein für alle Mal zu Gott.

[11] Der Priester aber muss jeden Tag neu
den Altardienst verrichten und Gott im-
mer wieder Opfer darbringen. Dennoch
können diese Opfer keinen Menschen
für immer von seiner Schuld befreien.
[12] Jesus Christus dagegen hat ein einziges
Opfer für alle Sünden gebracht. Jetzt sitzt
er für immer auf dem Ehrenplatz an der
rechten Seite Gottes. [13] Dort wartet er,
bis ihm alle seine Feinde unterworfen
sind und er seinen Fuß auf ihren Nacken
setzt. [14] Für immer und ewig hat Christus

---

[a] Psalm 40,7–9

9,22 3 Mo 17,11 **9,23** 8,5 **9,24** 9,11 **9,25–26** 7,27; 9,12; 10,14* **9,27** 2 Kor 5,10* **9,28** 10,12.14*; 1 Kor 15,23; 1 Thess 4,15–17 **10,1** 9,9; Kol 2,16–17 **10,10** Joh 17,19 **10,12** 9,25–27; Röm 8,34* **10,14** 7,27; 9,12.25–28; Röm 6,10; 1 Petr 3,18

mit dem einen Opfer alle Menschen, die
zu Gott gehören sollen, in eine vollkom-
mene Gemeinschaft mit ihm gebracht.
15 Das bezeugt uns auch der Heilige
Geist. Denn nachdem der Herr gesagt
hatte: 16 »Dies ist der Bund, den ich mit
meinem Volk Israel schließen werde«,
sprach er: »Ich schreibe mein Gesetz in
ihr Herz, es soll ihr ganzes Denken und
Handeln bestimmen. 17 Ich vergebe ihnen
ihre Schuld und denke nicht mehr an ihre
Sünden.«[a] 18 Sind aber die Sünden ver-
geben, dann ist kein Opfer mehr nötig.

Haltet an der Hoffnung fest!

19 Und so, liebe Brüder und Schwestern,
können wir jetzt durch das Blut, das Jesus
Christus am Kreuz für uns vergossen hat,
frei und ungehindert in Gottes Heiligtum
eintreten. 20 Christus hat sein Leben ge-
opfert und damit den Vorhang nieder-
gerissen, der uns von Gott trennte. So
hat er uns einen neuen Weg gebahnt, der
zum Leben führt. 21 Er ist unser Hoher-
priester und herrscht nun über das Haus
Gottes, seine Gemeinde. 22 Darum wollen
wir uns Gott nähern mit aufrichtigem
Herzen und im festen Glauben; denn das
Blut Jesu Christi hat uns von unserem
schlechten Gewissen befreit, und unser
Körper wurde mit reinem Wasser von al-
ler Schuld reingewaschen. 23 Haltet an
dieser Hoffnung fest, zu der wir uns be-
kennen, und lasst euch durch nichts da-
von abbringen. Ihr könnt euch felsenfest
auf sie verlassen, weil Gott sein Wort
hält.
24 Lasst uns aufeinander achten! Wir
wollen uns zu gegenseitiger Liebe ermu-
tigen und einander anspornen, Gutes zu
tun. 25 Versäumt nicht die Zusammen-
künfte eurer Gemeinde, wie es sich
einige angewöhnt haben. Ermahnt euch
gegenseitig dabeizubleiben. Ihr seht ja,
dass der Tag nahe ist, an dem der Herr
kommt.
26 Wir haben in Christus die Wahrheit
erkannt. Sündigen wir aber auch jetzt
noch mutwillig weiter, gibt es kein Opfer
mehr, das uns von unseren Sünden be-
freien kann. 27 Dann bleibt nichts als das
schreckliche Warten auf das Gericht, in
dem Gottes verzehrendes Feuer alle sei-
ne Feinde vernichten wird.
28 Wenn jemand gegen das Gesetz des
Mose verstößt und dieses Vergehen von
zwei oder drei Zeugen bestätigt wird,
kann er keine Gnade erwarten. Er muss
sterben! 29 Was meint ihr, um wie viel här-
ter die Strafe für den sein wird, der den
Sohn Gottes gleichsam mit Füßen tritt,
dem das Blut des neuen Bundes nichts
mehr bedeutet, durch das er doch Ge-
meinschaft mit Gott haben konnte! Ein
solcher Mensch beleidigt Gottes Geist,
von dem er nichts als Gnade und Barm-
herzigkeit erfahren hat. 30 Wir alle ken-
nen doch den, der gesagt hat: »Ich werde
Rache nehmen und Vergeltung üben!«
Von ihm heißt es auch: »Der Herr wird
über sein Volk das Urteil sprechen.«[b]
31 Wie furchtbar wird es allen ergehen,
die dem lebendigen Gott in die Hände
fallen!

Glaube muss sich bewähren

32 Erinnert euch nur einmal an die Zeit,
kurz nachdem ihr die Wahrheit kennen
gelernt habt und Christen geworden seid.
Damals musstet ihr euch in einem schwe-
ren und leidvollen Kampf bewähren.
33 Viele von euch wurden in aller Öffent-
lichkeit verspottet und gequält; andere
halfen denen, die so leiden mussten. 34 Ihr
habt mit den Gefangenen gelitten, und
ihr habt es sogar mit Freuden ertragen,
wenn man euch euer Hab und Gut weg-
nahm. Denn ihr wisst, dass ihr durch

---

[a] Jeremia 31,33–34
[b] *Vgl. 5. Mose 32,35–36*

10,19–20 9,8; Mt 27,51; Röm 5,1–2 **10,22** 4,16; Röm 8,15 **10,23** 4,14; 1 Kor 1,9; 1 Thess 5,24
10,24 13,1; Eph 2,10* **10,25** Röm 13,11–12 **10,26–27** 6,9–10; 2 Tim 2,11–13; 1 Joh 5,10–13
10,28 1 Kor 15,56; Jak 2,10 **10,29** 2,3; 12,25 **10,31** 10,22; 12,29 **10,32–34** 2 Tim 3,12*
10,34 Mt 6,19–21; Phil 3,7

Christus etwas viel Besseres besitzt,
einen bleibenden Wert.
35 Werft nun euer Vertrauen nicht weg!
Es wird sich erfüllen, worauf ihr hofft.[a]
36 Aber ihr müsst standhaft bleiben und
tun, was Gott von euch erwartet. Er wird
euch alles geben, was er zugesagt hat.
37 Denn das steht fest: »Schon bald wird
der kommen, der angekündigt ist. Er
wird nicht mehr lange auf sich warten
lassen. 38 Nur wer mir, Gott, vertraut,
wird leben. Wer aber zurückweicht und
aufgibt, an dem werde ich keinen Gefal-
len finden.«[b] 39 Doch wir gehören nicht
zu denen, die zurückweichen und ver-
loren gehen. Wir gehören zu denen, die
am Glauben festhalten und das ewige
Leben gewinnen.

Vorbilder des Glaubens

11 Der Glaube ist der tragende
Grund für das, was man hofft: Im
Vertrauen zeigt sich jetzt schon, was man
noch nicht sieht. 2 Unsere Vorfahren leb-
ten diesen Glauben. Deshalb hat Gott sie
als Vorbilder für uns hingestellt.
3 Durch unseren Glauben verstehen
wir, dass die ganze Welt durch Gottes
Wort geschaffen wurde; dass alles Sicht-
bare aus Unsichtbarem entstanden ist.
4 Weil *Abel* an Gott glaubte, war sein
Opfer besser als das seines Bruders Kain.
Gott nahm sein Opfer an, und Abel fand
Gottes Anerkennung.[c] Obwohl Abel
schon lange tot ist, zeigt er uns noch heu-
te, was es heißt, Gott zu vertrauen.
5 Weil *Henoch* glaubte, musste er nicht
sterben. Gott nahm ihn zu sich; er war
plötzlich nicht mehr da. Die Heilige
Schrift bestätigt, dass Henoch so gelebt
hat, wie es Gott gefiel.[d] 6 Denn Gott hat
nur an den Menschen Gefallen, die ihm
fest vertrauen. Ohne Glauben ist das un-
möglich. Wer nämlich zu Gott kommen
will, muss darauf vertrauen, dass es ihn
gibt und dass er alle belohnen wird, die
ihn suchen.
7 Auch *Noah* glaubte Gott und befolgte
gehorsam seine Anweisungen. Er baute
ein großes Schiff, obwohl weit und breit
keine Gefahr zu sehen war. Deshalb wur-
de er mit seiner ganzen Familie gerettet.
Durch seinen Glauben wurde der Un-
glaube der anderen Menschen erst richtig
deutlich. Und durch diesen Glauben fand
Noah auch Gottes Anerkennung.[e]
8 Auch *Abraham* glaubte fest an Gott
und hörte auf ihn. Als Gott ihm befahl,
in ein Land zu ziehen, das ihm erst viel
später gehören sollte, verließ er seine
Heimat.[f] Dabei wusste er überhaupt
nicht, wohin er kommen würde. 9 Er ver-
traute Gott. Das gab ihm die Kraft, als
Fremder in dem Land zu leben, das Gott
ihm versprochen hatte. Wie Isaak und Ja-
kob, denen Gott dieselbe Zusage gege-
ben hatte, wohnte er nur in Zelten.
10 Denn Abraham wartete auf die Stadt,
die wirklich auf festen Fundamenten
steht und deren Gründer und Erbauer
Gott selbst ist.
11 Und *Sara*, Abrahams Frau, die ei-
gentlich unfruchtbar war, glaubte uner-
schütterlich an Gottes Zusage, dass sie
noch ein Kind bekommen würde. Sie
wusste, dass Gott alle seine Zusagen ein-
hält. Und tatsächlich wurde sie schwan-
ger, obwohl sie dafür schon viel zu alt
war.[g] 12 So erhielt Abraham, der eigent-
lich schon gar keine Kinder mehr zeugen
konnte, Nachkommen so zahlreich wie
der Sand am Meer und die Sterne am
Himmel.

---

a Wörtlich: Werft nun eure Zuversicht nicht weg, die ja einen großen Lohn hat.
b Vgl. Habakuk 2,3–4
c Vgl. 1. Mose 4,3–10
d Vgl. 1. Mose 5,21–24
e Vgl. 1. Mose 6,13–22; 1. Petrus 3,20
f Vgl. 1. Mose 12,1–2
g Vgl. 1. Mose 17,19; 18,11–14; 21,1–2

10,36–39 2,1*; Mt 16,26; Lk 21,19; Offb 22,12 **11,1** Röm 8,24–25; 2 Kor 4,18; 5,6–8
11,2 1 Kor 11,1* **11,3** 1 Mo 1,1 – 2,4; Ps 33,6–9; Jes 48,13 **11,9** 1 Mo 26,2–3 **11,10** 13,14
11,11 1 Mo 11,30 **11,12** 1 Mo 12,2*; 15,5; Röm 4,18–22

[13] Alle, die hier erwähnt wurden, haben
sich ganz auf Gott verlassen. Doch sie
starben, ohne dass sich Gottes Zusage zu
ihren Lebzeiten erfüllte. Lediglich aus
der Ferne haben sie etwas davon gesehen
und sich darüber gefreut; denn sie spra-
chen darüber, dass sie auf dieser Erde
nur Gäste und Fremde seien. [14] Wer aber
zugibt, hier nur ein Fremder zu sein, der
sagt damit auch, dass er seine wirkliche
Heimat noch sucht. [15] Unsere Vorfahren
betrachteten das Land, aus dem sie weg-
gezogen waren, nicht als ihre Heimat;
dorthin hätten sie ja jederzeit zurückkeh-
ren können. [16] Nein, sie sehnten sich nach
einer besseren Heimat, nach der Heimat
im Himmel. Deshalb bekennt sich Gott
zu ihnen und schämt sich nicht, ihr Gott
genannt zu werden; denn für sie hat er
seine Stadt im Himmel gebaut.

Glaube, der Mut verleiht

[17] *Abraham* glaubte so unerschütterlich
an Gott, dass er sogar bereit war, seinen
einzigen Sohn Isaak zu opfern, als Gott
ihn auf die Probe stellte.[a] Und das, ob-
wohl ihm Gott ein Versprechen gegeben
[18] und gesagt hatte: »Von Isaak wird deine
gesamte Nachkommenschaft abstam-
men.«[b] [19] Abraham traute es Gott zu,
dass er Isaak sogar von den Toten auf-
erwecken könnte, und bildlich gespro-
chen hat Gott Isaak das Leben ja auch
noch einmal geschenkt.

[20] Auch *Isaak* vertraute Gott. Darum
segnete er seine Söhne Jakob und Esau
im Blick auf die Zukunft.[c]

[21] *Jakob* segnete kurz vor seinem Tod in
festem Glauben die beiden Söhne Josefs.
Auf seinen Stab gestützt, betete er Gott
an.[d]

[22] Weil *Josef* an Gottes Zusagen glaub-
te, konnte er vor seinem Tod voraus-
sagen, dass die Israeliten Ägypten eines
Tages wieder verlassen würden. Er rech-
nete so fest damit, dass er anordnete, sie
sollten bei ihrem Weggang seine Gebeine
mitnehmen.[e]

[23] Weil die *Eltern des Mose* unerschüt-
terlich an Gott glaubten, hatten sie keine
Angst, gegen den Befehl des Pharaos zu
handeln: Sie hatten ein schönes Kind be-
kommen und versteckten es drei Monate
lang.[f]

[24] Auch *Mose* vertraute Gott. Denn als
er erwachsen war, weigerte er sich, noch
länger als Sohn der Pharaonentochter zu
gelten. [25] Lieber wollte er gemeinsam mit
Gottes Volk Unterdrückung und Verfol-
gung erleiden, als für kurze Zeit das gott-
lose Leben am Königshof zu genießen.[g]
[26] Für ihn waren alle Schätze Ägyptens
nicht so viel wert wie Schimpf und Schan-
de, die er für Christus auf sich nahm.
Denn er wusste, wie reich Gott ihn beloh-
nen würde.

[27] Im Vertrauen auf Gott verließ er spä-
ter Ägypten, ohne den Zorn des Königs
zu fürchten. Er rechnete so fest mit Gott,
als könnte er ihn sehen. Deshalb gab er
nicht auf.[h]

[28] Weil er Gott glaubte, hielt Mose die
Passahfeier und ließ die Türpfosten mit
dem Blut eines Lammes bestreichen. So
blieben alle Israeliten am Leben, als der
Todesengel die ältesten Söhne der Ägyp-
ter tötete.[i] [29] Auch das *Volk Israel* bewies
seinen Glauben, als es durch das Rote
Meer wie über trockenes Land ging. Das

---

[a] Vgl. 1. Mose 22,1–19
[b] 1. Mose 21,12
[c] Vgl. 1. Mose 27,27–40
[d] Vgl. 1. Mose 47,31 – 48,20
[e] Vgl. 1. Mose 50,24–25; 2. Mose 13,19
[f] Vgl. 2. Mose 1,22; 2,2
[g] *Vgl. 2. Mose 2,10–12*
[h] Vgl. 2. Mose 12,41
[i] Vgl. 2. Mose 12,1–14

11,13 1 Mo 23,4; 47,9; 2 Kor 5,6 **11,14–16** 13,14; Ps 39,13; Phil 3,20; 1 Petr 2,11
11,22 1 Mo 50,24–25* **11,24–25** Apg 7,20–23 **11,28** 2 Mo 12,29* **11,29** 2 Mo 14,21–22*.23–29

ägyptische Heer verfolgte die Israeliten
und versank in den Fluten.[a]
30 Allein der Glaube des Volkes Israel
war es, der die Mauern Jerichos einstür-
zen ließ, nachdem die Israeliten sieben
Tage lang um die Stadt gezogen waren.[b]
31 Nur weil die Prostituierte *Rahab*
Gott vertraute und die Kundschafter Is-
raels freundlich aufnahm, wurde sie nicht
getötet wie alle anderen Bewohner Jeri-
chos, die sich Gottes Willen widersetzt
hatten.[c]

Glaube, der zum Ziel führt

32 Es wären noch viele andere zu nennen.
Nur würde die Zeit wohl nicht ausrei-
chen, wollte ich sie alle aufzählen: Gide-
on und Barak, Simson, Jeftah, David,
Samuel und die Propheten. 33 Weil sie
Gott vertrauten, konnte er Großes durch
sie tun. Sie bezwangen Königreiche, sorg-
ten für Recht und Gerechtigkeit und
erlebten, wie sich Gottes Zusagen erfüll-
ten. Vor dem Rachen des Löwen wurden
sie bewahrt, 34 und selbst das Feuer konn-
te ihnen nichts anhaben. Sie entgingen
dem Schwert ihrer Verfolger. Als sie
schwach waren, gab Gott ihnen neue
Kraft. Weil sie sich auf Gott verließen,
vollbrachten sie wahre Heldentaten und
schlugen die feindlichen Heere in die
Flucht. 35 Und einige Frauen erlebten,
wie ihre verstorbenen Angehörigen von
Gott auferweckt wurden.

Andere, die auch Gott vertrauten, wur-
den gequält und zu Tode gefoltert. Sie
verzichteten lieber auf ihre Freiheit, als
ihren Glauben zu verraten. Die Hoff-
nung auf ihre Auferstehung gab ihnen
Kraft. 36 Wieder andere wurden verhöhnt
und misshandelt, weil sie an Gott fest-
hielten. Man legte sie in Ketten und warf
sie ins Gefängnis. 37 Sie wurden gestei-
nigt, mit der Säge qualvoll getötet oder
mit dem Schwert hingerichtet. Heimat-
los, nur mit einem Schafpelz oder
Ziegenfell bekleidet, zogen sie umher,
hungrig, verfolgt und misshandelt. 38 Sie
irrten in Wüsten und im Gebirge umher
und mussten sich in einsamen Tälern und
Höhlen verstecken – Menschen, zu scha-
de für diese Welt.
39 Sie alle haben Gott vertraut, deshalb
hat er sie als Vorbilder für uns hingestellt.
Und doch erfüllte sich die Zusage Gottes
zu ihren Lebzeiten noch nicht. 40 Denn
Gott hatte einen besseren Plan: Sie soll-
ten mit uns zusammen ans Ziel kommen.

Gott erzieht seine Kinder

12 Da wir nun so viele Zeugen des
Glaubens um uns haben, lasst uns
alles ablegen, was uns in dem Wettkampf
behindert, den wir begonnen haben –
auch die Sünde, die uns immer wieder
fesseln will. Mit zäher Ausdauer wollen
wir auch noch das letzte Stück bis zum
Ziel durchhalten. 2 Dabei wollen wir
nicht nach links oder rechts schauen, son-
dern allein auf Jesus. Er hat uns den
Glauben geschenkt und wird ihn bewah-
ren, bis wir am Ziel sind. Weil große
Freude auf ihn wartete, erduldete Jesus
den verachteten Tod am Kreuz. Jetzt hat
er als Sieger den Platz an der rechten Sei-
te Gottes eingenommen. 3 Vergesst nicht,
wie viel Hass und Anfeindung er von
gottlosen Menschen ertragen musste, da-
mit auch ihr in Zeiten der Verfolgung
nicht den Mut verliert und aufgebt. 4 Bis
jetzt hat euch der Kampf gegen die Sün-
de noch nicht das Letzte abverlangt, es
ging noch nicht um Leben und Tod.
5 Trotzdem werdet ihr schon mutlos. Ihr

---

[a] Vgl. 2. Mose 14,21–30
[b] Vgl. Josua 6
[c] Vgl. Josua 2; 6,20–25

11,31 Jak 2,25 **11,32** Ri 6,14; 4,6–7; 13,3–5.24; 11,4–6; 2 Sam 8,1–15; 1 Sam 3,19–21 **11,33** Dan 6,1–24 **11,34** Dan 3,1–27 **11,35** 1 Kön 17,17–24; 2 Kön 4,18–37 **11,36** 1 Kön 22,27–28; Jer 20,1–3; 37,15–16 **11,37** 2 Chr 24,20–22 **11,38** 1 Kön 17,1–5; 18,3–4 **12,1–2** 2,1*; 1 Kor 9,24; Eph 5,6; Phil 3,12–14 **12,2** 8,1; 10,12; Röm 8,34*; 2 Kor 5,18–21*; Phil 2,8 **12,3** Mt 26,67–68; 2 Tim 3,12*

habt wohl vergessen, was Gott euch als
seinen Kindern sagt: »Mein Sohn, wenn
der Herr dich zurechtweist, dann sei
nicht entrüstet, sondern nimm es an,
6 denn darin zeigt sich seine Liebe. Wie
ein Vater seinen Sohn erzieht, den er
liebt, so schlägt der Herr jeden, den er
als sein Kind annimmt.«[a]

7 Wenn ihr also leiden müsst, dann will
Gott euch erziehen. Er behandelt euch
als seine Kinder. Welcher Sohn wird von
seinem Vater nicht streng erzogen und
auch einmal bestraft? 8 Viel schlimmer
wäre es, wenn Gott anders mit euch um-
ginge. Dann nämlich wärt ihr gar nicht
seine rechtmäßigen Kinder. 9 Außerdem:
Haben wir nicht unsere leiblichen Väter
geachtet, die uns auch gestraft haben?
Wie viel mehr müssten wir dann die Er-
ziehung unseres göttlichen Vaters[b] an-
nehmen, der uns ja auf das ewige Leben
vorbereitet. 10 Unsere leiblichen Väter
haben uns eine bestimmte Zeit nach bes-
tem Wissen und Gewissen erzogen. Gott
aber weiß wirklich, was zu unserem Bes-
ten dient. Denn wir sind seine Kinder
und sollen ganz zu ihm gehören. 11 Natür-
lich freut sich niemand darüber, wenn er
gestraft wird; denn Strafe tut weh. Aber
später zeigt sich, wozu das alles gut war.
Wer nämlich auf diese Weise Ausdauer
gelernt hat, der tut, was Gott gefällt, und
ist von seinem Frieden erfüllt.

Lasst uns neu beginnen!

12 Darum heißt es: »Stärkt die kraftlosen
Hände! Lasst die zitternden Knie wieder
fest werden!«[c] 13 Bleibt auf dem geraden
Weg, damit die Schwachen nicht fallen,
sondern neuen Mut fassen und wieder
gesund werden.

14 Setzt alles daran, mit jedem Men-
schen Frieden zu haben und mit eurem
ganzen Leben Gott zu gehören. Sonst
werdet ihr den Herrn niemals sehen.
15 Achtet darauf, dass keiner von euch an
Gottes Gnade gleichgültig vorübergeht,
damit sich das Böse nicht bei euch breit
macht und die ganze Gemeinde vergiftet.
16 Keiner von euch soll ein zügelloses Le-
ben führen wie Esau, der Gott den Rü-
cken gekehrt hatte. Für ein Linsengericht
verschleuderte er das Vorrecht, als ältes-
ter Sohn das Erbe und den besonderen
Segen seines Vaters zu erhalten. 17 Später
wollte er alles wieder rückgängig machen
und flehte seinen Vater unter Tränen um
diesen Segen an. Doch da war es zu
spät.[d]

18 Ihr habt noch Größeres erlebt als
damals die Israeliten. Der Berg Sinai, zu
dem sie gekommen waren, war ein irdi-
scher Berg. Sie sahen ihn im Feuer
lodern, als Mose von Gott die Gebote
erhielt. Dann wurde es finster wie in der
Nacht, ein Sturm brach los, 19 und nach
einem lauten Fanfarenstoß hörten die Is-
raeliten eine mächtige Stimme wie das
Rollen des Donners. Erschrocken bat
das Volk, diese Stimme nicht länger hö-
ren zu müssen.[e] 20 Sie konnten nicht er-
tragen, dass Gott ihnen befahl: »Jedes
Tier, das diesen Berg auch nur berührt,
soll gesteinigt werden.«[f] 21 Was sich vor
ihren Augen und Ohren ereignete, war
so furchterregend, dass sogar Mose be-
kannte: »Ich zittere vor Angst und Schre-
cken!«[g] 22 Ihr dagegen seid zum himm-
lischen Berg Zion gekommen und in die
Stadt des lebendigen Gottes. Das ist das
himmlische Jerusalem, wo ihr Gott zu-
sammen mit seinen vielen tausend En-
geln bei einem großen Fest anbetet. 23 Ihr

---

[a] Sprüche 3,11–12
[b] Wörtlich: unseres Vaters der Geister.
[c] Jesaja 35,3
[d] Vgl. 1. Mose 25,29–34; 27,30–40
[e] *Vgl. 2. Mose 19,16; 20,18–19*
[f] 2. Mose 19,13
[g] 5. Mose 9,19

12,7 5 Mo 8,5–6 **12,11** Jak 1,12 **12,14** Röm 12,17–18; 14,19; 1 Thess 5,15; 1 Petr 3,9–12 **12,15** 10,25 **12,22** Gal 4,26; Offb 21,2 **12,23** 2,10; Röm 8,14–17; Eph 3,5–6; Phil 3,20; 1 Petr 1,2

Uns zum Guten

Lesen Sie Hebräer 12,4-11

In Hebräer 12,4 wird deutlich: Weil Gott uns liebt, lässt er nicht zu, dass wir uns einfach durchs Leben treiben lassen. Er möchte uns erziehen, damit wir sein Ziel für unser Leben erreichen. Diese Erziehung geschieht nicht im Zorn, sondern dient uns zum Guten.

Wir Menschen erziehen unsere Kinder, damit sie sich an das halten, was unserer Meinung nach für sie das Beste ist. Doch wir als Eltern sind unvollkommen und machen Fehler. Gott aber ist heilig und vollkommen. Seine Erziehung dient uns immer zum Besten. Zwar ist es selten angenehm, wenn er uns erzieht; ja, manchmal ist es sogar schmerzhaft. Aber Gottes Ziel besteht immer darin, uns auf den Weg der Gerechtigkeit und des Friedens zurückzuführen.

Diese beiden Worte, Gerechtigkeit und Frieden, dürfen niemals voneinander getrennt werden. Die meisten von uns sehnen sich nach „innerem Frieden" – einem Leben ohne Angst. Wir möchten, dass unsere Gefühle, Gedanken, Wünsche und Taten miteinander harmonieren. Wir wünschen uns auch Frieden in unseren zwischenmenschlichen Beziehungen. Allerdings kann es in keinem dieser Bereiche Frieden geben, wenn wir nicht nach dem Plan unseres Schöpfers leben.

Die Bibel ruft uns dazu auf, gerecht zu leben, indem wir den richtigen Weg wählen und uns an Gottes Regeln halten. Wenn wir in Gerechtigkeit leben, erfahren wir Frieden. Das ist schon immer Gottes Wunsch gewesen, und seine Erziehung soll uns näher an dieses hohe Ideal heranführen.

Nehmen Sie sich Zeit, um allein oder als Paar gemeinsam zu beten. Danken Sie Gott dafür, dass er Sie erzieht, auch wenn es manchmal wehtut. Bitten Sie ihn, dass er Ihnen zeigt, weswegen er Sie erziehen muss und was Sie ändern sollen.

Wenn Sie noch mehr Zeit haben …

Besprechen Sie miteinander folgende Fragen oder denken Sie darüber nach:

- Wie zeigen Sie Liebe mitten in erzieherischen Maßnahmen?
- Wie sieht die Erziehung durch Gott aus? Erläutern Sie Ihre Gedanken.
- Was steht dem Frieden und der Harmonie in der Beziehung zu Ihrem Ehepartner im Weg?

Lesen Sie auch die folgenden Abschnitte zum Thema Erziehung:
Hiob 5,17-18; Psalm 119,67-75; Sprüche 3,11-12.

Verständnisvoll zuhören

Lesen Sie Jakobus 1,19-27

Jakobus 1,19 bietet uns drei Perlen der Weisheit: „Seid immer sofort bereit, jemandem zuzuhören; aber überlegt genau, bevor ihr selbst redet. Und hütet euch vor unbeherrschtem Zorn!" Wie harmonisch wären unsere Beziehungen, wenn wir diese Ratschläge befolgen würden! Durch Zuhören erweisen wir dem Partner unseren Respekt.

Verständnisvolles Zuhören beginnt, wenn uns bewusst wird, wie wichtig unsere eheliche Beziehung ist. Im Fall eines Konflikts können wir eine Lösung anstreben, indem wir unser Ziel formulieren: „Ich möchte dir zuhören, denn ich weiß, es ist dir wichtig, und unsere Beziehung ist für mich sehr wertvoll." Schreiben Sie sich diesen Satz auf eine Karteikarte und lernen Sie ihn auswendig. Wenn ein Konflikt auftritt, können Sie Ihr Ziel dann sofort in Worte fassen. Indem Sie Ihre Ehe ernst nehmen, entscheiden Sie sich bewusst für die Rolle des verständnisvollen Zuhörers, der die Gedanken und Gefühle seines Gegenübers entdecken will. Wenn Sie sich nicht bewusst daran erinnern, dass Sie zuhören wollen, fallen Sie leicht wieder in die Rolle eines Streitenden zurück.

Die meisten Menschen müssen das Zuhören üben, denn von Natur aus fällt uns das Reden leichter. Eine Studie hat herausgefunden, dass ein Mensch durchschnittlich nur 17 Sekunden zuhört, bevor er den anderen unterbricht.

Nehmen Sie sich Zeit, um allein oder als Paar gemeinsam zu beten. Bitten Sie Gott, dass Sie lernen zuzuhören, überlegen, bevor Sie reden, und sich vor unbeherrschtem Zorn hüten.

- Bitten Sie den Heiligen Geist, Ihnen zu zeigen, wenn Sie aktiv und verständnisvoll zuhören sollen, und hören Sie vor allem ihm zu.
- Hiobs Freunde waren zwar schlechte Tröster, aber immerhin verbrachten sie die erste Woche schweigend mit ihm in der Asche. Bitten Sie Gott, dass er eine solche Weisheit in Ihnen *reifen lässt.*
- Beten Sie über dem Vers aus Sprüche 14,29 und bitten Sie Gott, dass Sie diese Lektion verinnerlichen.

Wenn Sie noch mehr Zeit haben ...

Besprechen Sie miteinander folgende Fragen oder denken Sie darüber nach:

- Mit welchem der drei Ratschläge haben Sie am meisten zu kämpfen: „sofort bereit sein, jemandem zuhören; genau überlegen, bevor man selbst redet; sich vor unbeherrschtem Zorn hüten"?
- Wie können Sie Ihrem Partner deutlich machen, dass Sie aktiv zuhören: z.B. Augenkontakt, eigene Tätigkeiten unterbrechen, wiederholen, was gesagt wurde („Habe ich dich richtig verstanden: Du meinst, ...")?
- Wie können Sie beide sich gegenseitig in der Hitze des Gefechts helfen, verständnisvoll zuzuhören?

Lesen Sie auch die folgenden Abschnitte zum Thema Zuhören:
5. Mose 13,4; Sprüche 10,19; 18,13.

Den nächsten Impuls finden Sie auf S. 1406 a

gehört zu seinen Kindern, die er beson-
ders gesegnet hat[a] und deren Namen im
Himmel aufgeschrieben sind. Ihr habt eu-
re Zuflucht zu Gott genommen, der alle
Menschen richten wird. Ihr gehört zu
derselben großen Gemeinde wie alle die-
se Vorbilder des Glaubens, die bereits am
Ziel sind und Gottes Anerkennung ge-
funden haben.[b]

24 Ja, ihr seid zu Jesus selbst gekommen,
der als Vermittler zwischen Gott und uns
Menschen den neuen Bund in Kraft ge-
setzt hat. Um euch von euren Sünden zu
reinigen, hat Christus am Kreuz sein Blut
vergossen. Das Blut Abels, der von sei-
nem Bruder umgebracht wurde, schrie
nach Rache, aber das Blut Christi spricht
von der Vergebung.[c]

25 Hört also auf den, der jetzt zu euch
redet. Weigert euch nicht – wie damals
das Volk Israel –, auf seine Stimme zu
hören. Sie sind ihrer Strafe nicht entgan-
gen, weil sie am Berg Sinai Gott nicht ge-
horchen wollten. Uns wird die Strafe
noch viel härter treffen, wenn wir den zu-
rückweisen, der jetzt vom Himmel her zu
uns spricht. 26 Damals hat seine Stimme
nur die Erde erbeben lassen. Doch jetzt
kündigt er an: »Noch einmal werde ich
die Erde erschüttern und auch den Him-
mel!«[d] 27 Dieses »Noch einmal« bedeu-
tet: Alles, was Gott geschaffen hat, wird
er dann von Grund auf verändern. Blei-
ben wird allein das Ewige, das nicht
erschüttert werden kann. 28 Auf uns war-
tet also eine neue Welt, die niemals
erschüttert wird. Dafür wollen wir Gott
von Herzen danken und ihm voller Ehr-
furcht dienen, damit er Freude an uns
hat. 29 Denn unser Gott ist wie ein Feuer,
dem nichts standhalten kann.

Wie Christen leben sollen

13 Liebt einander weiter als Brüder
und Schwestern. 2 Vergesst nicht,
Gastfreundschaft zu üben! Denn ohne es
zu wissen haben manche auf diese Weise
Engel bei sich aufgenommen. 3 Kümmert
euch um alle, die wegen ihres Glaubens
gefangen sind. Sorgt für sie wie für euch
selbst. Steht den Christen bei, die verhört
und misshandelt werden. Leidet mit ih-
nen, als würden die Schläge euch treffen.
4 Achtet die Ehe, und haltet euch als Ehe-
partner die Treue. Gott wird jeden ver-
urteilen, der sexuell zügellos lebt und die
Ehe bricht. 5 Seid nicht hinter dem Geld
her, sondern seid zufrieden mit dem, was
ihr habt. Denn Gott hat uns versprochen:
»Ich lasse dich nicht im Stich, nie wende
ich mich von dir ab.«[e] 6 Deshalb können
wir voller Vertrauen bekennen: »Der
Herr hilft mir, und ich brauche mich vor
nichts und niemandem zu fürchten. Was
kann mir ein Mensch schon antun?«[f]

7 Denkt an die Leiter eurer Gemein-
den, die euch Gottes Botschaft weiter-
sagten! Vergesst nicht, wie sie Gott bis
zu ihrem Lebensende die Treue gehalten
haben. Nehmt euch ihren Glauben zum
Vorbild. 8 Jesus Christus ist und bleibt
derselbe, gestern, heute und für immer.
9 Darum lasst euch nicht durch alle mög-
lichen Lehren in die Irre führen. Es ist
das Größte, wenn jemand seine ganze
Hoffnung auf Gottes Gnade setzt und
sich durch nichts davon abbringen lässt.
Fest im Glauben wird man nicht, indem
man auf bestimmte Speisen verzichtet.
Das hat noch niemandem genützt. 10 Wir
haben einen Altar, das Kreuz, an dem
Jesus seinen Leib als Opfer darbrachte.

---

[a] Wörtlich: zur Gemeinde der Erstgeborenen.
[b] Wörtlich: (Ihr seid gekommen) zu den Geistern der vollendeten Gerechten.
[c] Wörtlich: (Ihr seid gekommen) zum Blut der Reinigung, das da besser redet als das Blut Abels.
[d] Haggai 2,6
[e] Josua 1,5; 5. Mose 31,6
[f] Psalm 118,6

12,24 1 Tim 2,5–6; 1 Mo 4,8–10; Lk 22,20 **12,25** 2,3; 10,29 **12,27–28** Kol 1,11–12; 1 Petr 1,3–4 **12,29** 2 Mo 24,16–17; 5 Mo 4,24 **13,1** Joh 13,34–35; Röm 12,10*; Phil 2,1–5; 2 Petr 1,7 **13,2** 1 Petr 4,9* **13,3** 10,34; Mt 25,36 **13,4** 1 Kor 7,2–4; 1 Thess 4,3–8 **13,5** 2 Kor 6,10; Phil 4,11–13; 1 Tim 6,6–8; Spr 30,7–9 **13,7** 1 Kor 11,1* **13,8** Offb 1,8.17–18; 22,13 **13,9** 1 Kor 8,1–13*

Daran haben die keinen Anteil, die ihre Rettung von den Opfern im jüdischen Heiligtum erwarten.[a] 11 Einmal im Jahr – am großen Versöhnungstag – bringt der Hohepriester das Blut von Opfertieren in das Allerheiligste, um die Sünden des Volkes zu sühnen. Die Tiere selbst werden aber außerhalb der Stadt verbrannt. 12 So starb auch Jesus außerhalb der Stadt, um durch sein Blut die Menschen von ihrer Schuld zu befreien. 13 Lasst uns zu ihm hinausgehen und die Verachtung mittragen, die ihn getroffen hat. 14 Denn auf dieser Erde gibt es keine Stadt, in der wir für immer zu Hause sein können. Sehnsüchtig warten wir auf die Stadt, die im Himmel für uns erbaut ist. 15 Wir wollen nicht aufhören, Gott im Namen Jesu zu loben und ihm zu danken. Das sind unsere Opfer, mit denen wir uns zu Gott bekennen. 16 Und vergesst nicht, Gutes zu tun und mit anderen zu teilen. An solchen Opfern hat Gott Freude.

17 Hört auf die Leiter eurer Gemeinden und folgt ihrem Rat. Sie müssen einmal Rechenschaft über euch ablegen, denn sie sind für euch verantwortlich. Macht ihnen das nicht zu schwer; sie sollen doch ihre Aufgabe mit Freude tun und sie nicht als eine bedrückende Last empfinden. Dies würde euch nur selber schaden.

18 Betet für uns! Wir haben ein gutes Gewissen, denn wir wollen in jeder Weise ein Leben führen, das Gott gefällt. 19 Betet vor allem darum, dass ich bald wieder zu euch kommen kann.

Segenswunsch und Grüße

20/21 Ich wünsche euch nun von Herzen, dass Gott selbst euch hilft, das Gute zu tun und seinen Willen zu erfüllen. Er ist es ja, der uns seinen Frieden schenkt. Er hat unseren Herrn Jesus Christus von den Toten auferweckt. Ihn, durch dessen Blut der neue und ewig gültige Bund geschlossen wurde, ihn hat er zum wahren Hirten seiner Herde gemacht. Jesus Christus wird euch die Kraft geben, das zu tun, was Gott gefällt. Ihn wollen wir bis in alle Ewigkeit loben und ehren. Amen.

22 Ich bitte euch, liebe Brüder und Schwestern: Lasst euch von meinem Brief ermahnen und ermutigen! Ich habe euch ja nur kurz geschrieben.

23 Zum Schluss möchte ich euch noch mitteilen, dass unser Bruder Timotheus freigelassen worden ist. Sobald er kommt, wollen wir euch gemeinsam besuchen.

24 Viele Grüße sende ich an eure Gemeinden und an alle ihre Leiter. Die Christen aus Italien lassen euch grüßen.

25 Gottes Gnade sei mit euch allen!

---

[a] Wörtlich: Wir haben einen Altar, von dem diejenigen nicht essen dürfen, die dem Zelt dienen.

13,11 3 Mo 16,27 **13,12** Mt 27,33 **13,14** 12,22–23; Joh 14,2–3; Eph 2,19; Phil 3,20; Tit 2,13* **13,15** Eph 5,20; Kol 3,16–17 **13,16** Eph 2,10* **13,17** 13,7; 1 Thess 5,12 **13,18–19** Kol 4,3–4* **13,20–21** Eph 2,10*; Hebr 7,22; 8,6; 12,24; Joh 10,11 **13,23** Apg 16,1–3*

Die Gegenkultur der Liebe

Was bedeutet es für einen Mann, bedingungslos zu lieben? Es bedeutet, dass er seine Frau liebt und sich um ihr Wohlergehen bemüht, egal wie sie ihm gegenüber reagiert.

Das entspricht ganz und gar nicht unserer Kultur. Moderne Vorstellungen von Liebe lauten in etwa: „Ich liebe dich, wenn du mich liebst." Selbst in der Ehe neigen wir zum Egoismus. Es geht uns vor allem darum, dass unsere eigenen Bedürfnisse gestillt werden. Und teilweise hat die moderne Psychologie dazu beigetragen, indem sie dieses Verhalten für normal erklärte. Manche Fachleute gingen sogar so weit, zu behaupten, unser ganzes Verhalten anderen gegenüber sei durch unsere eigenen Interessen bestimmt.

Die bedingungslose Liebe dagegen hat vor allem das Wohl des anderen im Blick. In der Ehe will der Mann für seine Frau das Beste. Er unterstützt sie in ihren Unternehmungen, auch wenn er nicht so sehr begeistert davon ist. Er hilft ihr, ihre Ziele und Wünsche zu verwirklichen, weil er sie als Person wertschätzt.

Wir alle hätten es gern, wenn jemand uns bedingungslos lieben würde. Das Kind sehnt sich nach dieser Art Liebe von seiner Eltern, und auch Mann und Frau wünschen sich voneinander bedingungslose Liebe. Am Traualtar haben sie sich gegenseitig versprochen, „in guten wie in bösen Tagen" zueinander zu stehen, „bis dass der Tod uns scheidet". Das ist eine Verpflichtung zur bedingungslosen Liebe. Und in einer intakten Ehe können wir diese tatsächlich erleben.

Allerdings erwarten zu viele Ehemänner, dass ihre Frauen den ersten Schritt in diese Richtung tun. Sie lehnen sich zurück und sagen: „Wenn sie anfängt, an meine Bedürfnisse zu denken, dann fange ich an, sie zu lieben." Doch ein guter Ehemann wird selbst die Initiative ergreifen. Und da das Bedürfnis nach bedingungsloser Liebe so wichtig für unsere seelische Gesundheit ist, werden die meisten Frauen positiv darauf reagieren.

Den nächsten Artikel zum Thema „Was braucht sie – was braucht er" finden Sie auf S. 1426 a

Die Gegenkultur der Liebe

Der Brief des Jakobus

Anschrift und Gruß

1 Jakobus, der Gott und unserem
Herrn Jesus Christus dient, grüßt mit
diesem Brief die zwölf Stämme Israels,
die über die ganze Welt zerstreut in der
Fremde leben.

Durch Bewährungsproben wird der Glaube stark

[2] Liebe Brüder und Schwestern! Betrach-
tet es als Grund zur Freude, wenn euer
Glaube immer wieder hart auf die Probe
gestellt wird. [3] Denn durch solche Bewäh-
rungsproben wird euer Glaube fest und
unerschütterlich. [4] Bis zuletzt sollt ihr so
unerschütterlich festbleiben, damit ihr in
jeder Beziehung zu reifen Christen wer-
det und niemand euch etwas vorwerfen
kann oder etwas an euch zu bemängeln
hat. [5] Wenn es jemandem von euch an
Weisheit fehlt, soll er Gott darum bitten,
und Gott wird sie ihm geben. Ihr wisst
doch, dass er niemandem seine Unwis-
senheit vorwirft und dass er jeden reich
beschenkt. [6] Betet aber in großer Zuver-
sicht, und zweifelt nicht; denn wer zwei-
felt, gleicht den Wellen im Meer, die vom
Sturm hin- und hergetrieben werden.
[7] Ein solcher Mensch kann nicht erwar-
ten, dass Gott ihm etwas gibt. [8] In allem,
was er tut, ist er unbeständig und hin- und
hergerissen.

Der Reichtum der Armen

[9] Wer arm ist und wenig beachtet wird,
soll sich darüber freuen, dass er vor Gott
hoch angesehen ist. [10] Ein Reicher dage-
gen soll niemals vergessen, wie wenig
sein irdischer Besitz vor Gott zählt.[a] Wie
eine Blume auf dem Feld wird er samt
seinem Reichtum vergehen. [11] In der glü-
henden Mittagshitze verdorrt das Gras,
die Blüten fallen ab, und alle Schönheit
ist dahin. Ebenso wird es den Reichen er-
gehen. All ihre Geschäftigkeit bewahrt
sie nicht vor Tod und Verderben.

Was unseren Glauben gefährdet

[12] Glücklich ist, wer die Bewährungspro-
ben besteht und im Glauben festbleibt.
Gott wird ihn mit dem Siegeskranz, dem
ewigen Leben, krönen. Das hat er allen
versprochen, die ihn lieben. [13] Niemand,
der in Versuchung gerät, kann behaup-
ten: »Diese Versuchung kommt von
Gott.« Denn Gott kann nicht vom Bösen
verführt werden, und er verführt auch
niemanden zum Bösen. [14] Es sind viel-
mehr unsere eigenen selbstsüchtigen
Wünsche, die uns immer wieder zum Bö-
sen verlocken. [15] Geben wir ihnen nach,
dann haben wir das Böse empfangen
und bringen die Sünde zur Welt. Sie aber
führt unweigerlich zum Tod. [16] Lasst euch
also nichts vormachen, liebe Brüder und
Schwestern! [17] Alles, was Gott uns gibt,
ist gut und vollkommen. Er, der Vater
des Lichts, ändert sich nicht; niemals
wechseln bei ihm Licht und Finsternis.
[18] Es war sein Wille, dass er uns durch
das Wort der Wahrheit, durch die retten-
de Botschaft, neues Leben geschenkt hat.
So sind wir der Anfang einer neuen
Schöpfung geworden.

---

[a] Wörtlich (Vers 9 und 10a): Es rühme sich aber der Bruder, der arm ist, seiner Höhe, der Reiche aber seiner Niedrigkeit.

1,1 Apg 15,13* **1,2–4** Apg 5,41; 2 Tim 3,12*; 1 Petr 1,6–7; 4,12–13 **1,5** Spr 1,7*; 2,2–6 **1,6–8** Mt 7,11; Mk 11,24; Joh 15,7* **1,9** 2,5 **1,10–11** Mt 6,19–21; Lk 12,15–21; 1 Tim 6,17–19; 1 Petr 1,24; Ps 39,5–7* **1,12** 1 Kor 9,24–27; Phil 3,12–14; Kol 2,18; 1 Petr 5,4 **1,13** 1 Kor 10,13 **1,14–15** Mk 7,20–23; 1 Joh 2,16–17 **1,17** 1 Tim 6,16; 1 Joh 1,5; Offb 22,5 **1,18** 2 Kor 5,17

Echte und falsche Frömmigkeit

[19] Denkt daran, liebe Brüder und Schwes-
tern: Seid immer sofort bereit, jemandem
zuzuhören; aber überlegt genau, bevor
ihr selbst redet. Und hütet euch vor un-
beherrschtem Zorn! [20] Denn im Zorn tun
wir niemals, was Gott gefällt. [21] Deshalb
trennt euch von aller Schuld und allem
Bösen. Nehmt vielmehr bereitwillig Got-
tes Botschaft an, die er wie ein Samen-
korn in euch gelegt hat. Sie hat die Kraft,
euch zu retten. [22] Allerdings genügt es
nicht, seine Botschaft nur anzuhören; ihr
müsst auch danach handeln. Alles andere
ist Selbstbetrug! [23] Wer Gottes Botschaft
nur hört, sie aber nicht in die Tat umsetzt,
dem geht es wie einem Mann, der in den
Spiegel schaut. [24] Er betrachtet sich, geht
wieder weg und hat auch schon verges-
sen, wie er aussieht. [25] Ganz anders ist es
dagegen bei dem, der nicht nur hört, son-
dern immer wieder danach handelt. Er
beschäftigt sich gründlich mit Gottes Ge-
setz, das vollkommen ist und frei macht.
Er kann glücklich sein, denn Gott wird
alles segnen, was er tut.

[26] Wer sich für fromm hält, aber seine
Zunge nicht zügeln kann, der macht sich
selbst etwas vor. Seine Frömmigkeit ist
nichts wert. [27] Witwen und Waisen in ihrer
Not zu helfen und sich vom gottlosen
Treiben dieser Welt nicht verführen zu
lassen: das ist wirkliche Frömmigkeit,
mit der man Gott, dem Vater, dient.

Falsche Maßstäbe

2 Liebe Brüder und Schwestern! Wenn
ihr an den Herrn Jesus Christus
glaubt, dem allein alle Herrlichkeit zu-
steht, dann lasst euch nicht vom Rang
und Ansehen der Menschen beeindru-
cken! [2] Stellt euch einmal vor, in eure Ge-
meinde kommt ein vornehm gekleideter
Mann mit einem goldenen Ring am Fin-
ger. Zur selben Zeit kommt einer, der
arm und schäbig gekleidet ist. [3] Wie wür-
det ihr euch verhalten? Ihr würdet euch
von dem Reichen beeindrucken lassen
und ihm eilfertig anbieten: »Hier ist noch
ein guter Platz für Sie!« Aber zu dem Ar-
men würdet ihr sicherlich sagen: »Bleib
stehen, oder setz dich neben meinem
Stuhl auf den Fußboden.« [4] Habt ihr da
nicht mit zweierlei Maß gemessen und
euch in eurem Urteil von menschlicher
Eitelkeit leiten lassen?

[5] Hört mir gut zu, liebe Brüder und
Schwestern: Hat Gott nicht gerade die er-
wählt, die vor der Welt arm sind? Sie sol-
len im Glauben reich werden, und Gott
wird sie in seine neue Welt aufnehmen,
die er allen zugesagt hat, die ihn lieben.
[6] Ihr dagegen behandelt die Armen ge-
ringschätzig. Habt ihr denn noch nicht
gemerkt, dass es gerade die Reichen sind,
die euch unterdrücken und vor die Ge-
richte schleppen? [7] Wie oft sind gerade
sie es, die Jesus Christus verhöhnen, auf
dessen Namen ihr getauft seid![a]

[8] Lebt nach dem wichtigsten Gebot in
Gottes neuer Welt: »Liebe deinen Mit-
menschen wie dich selbst!«[b] Wenn ihr
das in die Tat umsetzt, handelt ihr rich-
tig. [9] Beurteilt ihr dagegen Arme und
Reiche nach unterschiedlichen Maßstä-
ben, dann verstoßt ihr gegen Gottes Ge-
bot und werdet schuldig. [10] Es hilft dann
nichts, wenn ihr alle anderen Gebote
Gottes genau einhaltet. Wer nämlich
auch nur gegen ein einziges seiner Gebo-
te verstößt, der hat das ganze Gesetz
übertreten.

[11] Denn Gott, der gesagt hat: »Du sollst
nicht ehebrechen!«, der hat auch be-
stimmt: »Du sollst nicht töten!« Wenn
du nun zwar nicht die Ehe brichst, aber
einen Menschen tötest, so hast du Gottes
Gesetz übertreten.

---

[a] Wörtlich: Sind nicht sie es, die den guten Namen lästern, der über euch angerufen wurde?
[b] *3. Mose 19,18*

1,19–20 Spr 29,20; Mt 12,36; 5,21–26; Eph 4,26 **1,21** Eph 4,29–32; Kol 3,8; 1 Petr 2,1 **1,22–24** Mt 7,21–23; Röm 2,13; Eph 2,10* **1,25** 2,12 **1,26** 1 Petr 3,10 **1,27** 1 Tim 5,3; 2 Mo 22,21–22* **2,1–6** Mt 5,3; 1 Kor 1,26–27 **2,8** Mt 22,34–40 **2,9** 3 Mo 24,22*; 2 Chr 19,7; Röm 2,11; Eph 6,9 **2,10** Gal 3,10; Hebr 10,28 **2,11** 2 Mo 20,13–14

12 Maßstab eures Redens und Handelns
soll das Gesetz Gottes sein, das euch
Freiheit schenkt. Danach werdet ihr ein-
mal gerichtet. 13 Ohne Gnade wird dann
über den das Urteil gesprochen, der
selbst kein Erbarmen gehabt hat. Wer
aber barmherzig ist, braucht das Gericht
nicht zu fürchten.

Der Glaube muss sich durch die Tat beweisen

14 Liebe Brüder und Schwestern! Wel-
chen Wert hat es, wenn jemand behaup-
tet, an Christus zu glauben, aber an sei-
nen Taten ist das nicht zu erkennen!
Kann ihn ein solcher Glaube vor Gottes
Urteil retten? 15 Stellt euch vor, in eurer
Gemeinde sind einige in Not. Sie haben
weder etwas anzuziehen noch genug zu
essen. 16 Wenn nun einer von euch zu
ihnen sagt: »Ich wünsche euch alles Gu-
te! Hoffentlich bekommt ihr warme Klei-
der und könnt euch satt essen!«, was
nützt ihnen das, wenn ihr ihnen nicht
gebt, was sie zum Leben brauchen? 17 Ge-
nauso nutzlos ist ein Glaube, der sich
nicht in der Liebe zum Mitmenschen be-
weist: Er ist tot.

18 Nun könnte jemand sagen: »Der eine
glaubt, und der andere tut Gutes.« Ihm
müsste ich antworten: »Zeig doch einmal
deinen Glauben her, der keine guten Ta-
ten hervorbringt! Meinen Glauben kann
ich dir zeigen. Du brauchst dir nur anzu-
sehen, was ich tue.« 19 Du glaubst, dass es
nur einen einzigen Gott gibt? Gut und
schön. Aber das glauben sogar die Dämo-
nen – und zittern vor Angst.

20 Wann endlich wirst du törichter
Mensch einsehen, dass der Glaube nichts
wert ist, wenn wir nicht auch *tun*, was
Gott von uns will? 21 Erinnert euch an
Abraham, unseren Stammvater! Sogar
er fand vor Gott erst Anerkennung,
nachdem er getan hatte, was Gott von
ihm verlangt hatte. Er war bereit, seinen
Sohn Isaak als Opfer auf den Altar zu le-
gen. 22 Hier wird ganz deutlich: Bei ihm
gehörten Glaube und Tun zusammen;
und erst durch sein gehorsames Handeln
wurde sein Glaube vollkommen. 23 Das
meint auch die Heilige Schrift, wenn sie
sagt: »Abraham glaubte Gott, und so
fand er seine Anerkennung.«[a] Ja, er wur-
de sogar der »Freund Gottes«[b] genannt.
24 Ihr seht also: Wir werden nur dann von
Gott angenommen, wenn unser Glaube
auch Taten hervorbringt. Der Glaube
allein genügt nicht.

25 Auch die Prostituierte Rahab ist da-
für ein Beispiel. Sie fand bei Gott Aner-
kennung, weil sie die Kundschafter der
Israeliten bei sich versteckte und ihnen
auf einem sicheren Weg die Flucht er-
möglichte.[c] 26 So wie der Körper ohne
den Geist tot ist, so auch der Glaube
ohne Taten.

Warnung vor Geschwätzigkeit

3 Liebe Brüder und Schwestern! Es
sollten sich nicht so viele in der Ge-
meinde danach drängen, andere im Glau-
ben zu unterweisen. Denn ihr wisst ja:
Wer andere lehrt, wird von Gott nach be-
sonders strengen Maßstäben beurteilt.
2 Und machen wir nicht alle immer wieder
Fehler? Wem es freilich gelingt, nie ein
verkehrtes Wort zu sagen, den kann man
als vollkommen bezeichnen. Denn wer
seine Zunge im Zaum hält, der kann auch
seinen ganzen Körper beherrschen. 3 So
legen wir zum Beispiel den Pferden das
Zaumzeug ins Maul und beherrschen sie
damit. 4 Und selbst die großen Schiffe, die
nur von starken Winden vorangetrieben
werden können, lenkt der Steuermann
mit einem kleinen Ruder, wohin er will.

5 Genauso ist es mit unserer Zunge. So

---

[a] 1. Mose 15,6
[b] 2. Chronik 20,7; Jesaja 41,8
[c] Vgl. Josua 2

2,12–13 1,25; Mt 5,7; 18,23–35; 25,31–46; 2 Kor 5,10* **2,14–17** Mt 7,21–23; 25,31–46; 1 Joh 3,17 **2,20–24** Joh 8,39; Hebr 11,17–19; Röm 3,28; Gal 2,16*; Eph 2,10* **2,25** Jos 6,22–25; Hebr 11,31 **2,26** 2,17 **3,2** Spr 10,19

klein sie auch ist, so groß ist ihre Wirkung! Ein kleiner Funke setzt einen ganzen Wald in Brand. 6 Mit einem solchen Feuer lässt sich auch die Zunge vergleichen. Sie kann eine ganze Welt voller Ungerechtigkeit und Bosheit sein. Sie vergiftet uns und unser Leben, sie steckt unsere ganze Umgebung in Brand, und sie selbst ist vom Feuer der Hölle entzündet.

7 Die Menschen haben es gelernt, wilde Tiere, Vögel, Schlangen und Fische zu zähmen und unter ihre Gewalt zu bringen. 8 Aber seine Zunge kann kein Mensch zähmen. Ungebändigt verbreitet sie ihr tödliches Gift.

9 Mit unserer Zunge loben wir Gott, unseren Herrn und Vater, und mit derselben Zunge verfluchen wir unsere Mitmenschen, die doch nach Gottes Ebenbild geschaffen sind. 10 Segen und Fluch kommen aus ein und demselben Mund. Aber genau das, meine lieben Brüder und Schwestern, darf es bei euch nicht geben! 11 Fließt denn aus einer Quelle gleichzeitig frisches und ungenießbares Wasser? 12 Kann man Oliven von Feigenbäumen pflücken oder Feigen vom Weinstock? Ebenso wenig kann man aus einer salzigen Quelle frisches Wasser schöpfen.

Wirkliche Weisheit

13 Hält sich jemand von euch für klug und weise? Dann soll das an seinem ganzen Leben abzulesen sein, an seiner Freundlichkeit und Güte. Sie sind Kennzeichen der wahren Weisheit. 14 Seid ihr aber voller Neid und Streitsucht, dann braucht ihr euch auf eure angebliche Weisheit nichts einzubilden. In Wirklichkeit verdreht ihr so die Wahrheit. 15 Eine solche Weisheit kann niemals von Gott kommen. Sie ist irdisch, ungeistlich, ja teuflisch. 16 Wo Neid und Streitsucht herrschen, da gerät alles in Unordnung; da wird jeder Gemeinheit Tür und Tor geöffnet.

17 Die Weisheit aber, die von Gott kommt, ist vor allem aufrichtig; außerdem sucht sie den Frieden, sie ist freundlich, bereit nachzugeben und lässt sich etwas sagen. Sie hat Mitleid mit anderen und bewirkt Gutes; sie ist unparteiisch, ohne Vorurteile und ohne alle Heuchelei. 18 Nur wer selber Frieden schafft, wird die Gerechtigkeit ernten, die dort aufgeht, wo Frieden herrscht.

Freundschaft mit der Welt – Feindschaft mit Gott

4 Wieso gibt es denn bei euch so viel Kämpfe und Streitigkeiten? Kommt nicht alles daher, dass ihr euren Leidenschaften und Trieben nicht widerstehen könnt? 2 Ihr wollt alles haben und werdet nichts bekommen. Ihr seid voller Neid und tödlichem Hass; doch gewinnen werdet ihr dadurch nichts. Eure Streitigkeiten und Kämpfe nützen euch gar nichts. Solange ihr nicht Gott bittet, werdet ihr nichts empfangen. 3 Wenn ihr freilich Gott nur darum bittet, eure selbstsüchtigen Wünsche zu erfüllen, wird er euch nichts geben.

4 Ihr Treulosen! Ist euch denn nicht klar, dass Freundschaft mit der Welt zugleich Feindschaft mit Gott bedeutet? Wer also ein Freund dieser Welt sein will, der wird zum Feind Gottes. 5 Oder meint ihr, die Heilige Schrift sagt ohne jeden Grund: »Leidenschaftlich wünscht sich Gott, dass der Geist, den er in uns wohnen lässt, ganz ihm gehört«?[a] 6 Aber was Gott uns schenken will, ist noch viel mehr. Darum heißt es auch: »Die Hochmütigen weist Gott von sich; aber er hilft denen, die wissen, dass sie ihn brauchen.«[b]

7 Unterstellt euch Gott, und widersetzt

---

[a] Oder: Der Geist, der in uns wohnt, will uns ganz allein besitzen. – Vermutlich stammt das Zitat *aus einer uns unbekannten Schrift.*

[b] Sprüche 3,34

3,6 Ps 52,6; Spr 16,27; Mt 12,36–37 **3,8** Mt 15,11.18 **3,12** Mt 7,16–20 **3,14–18** Spr 1,7*; 1 Kor 1,18–21; Gal 5,19–23 **4,1–3** 1 Kor 3,3; 6,9–11; Eph 5,5; 1 Petr 2,11 **4,4** Mt 6,24; 1 Joh 2,15 **4,7** 1 Petr 5,8–9

Egoistische Gebete?

Lesen Sie Jakobus 4,1-10

Wie erstaunlich, dass der ewige Gott uns Menschen auffordert, ihn um etwas zu bitten – und doch lehrt Jesus genau dies (siehe Matthäus 7,7-11). Das bedeutet allerdings nicht, dass Gott uns immer genau das gibt, worum wir ihn gebeten haben. Kluge Eltern geben ihrem Kind nicht drei Tafeln Schokolade, auch wenn das Kind noch so sehr darum bettelt. Gott verspricht, dass er uns auf unser Bitten hin „Gutes" schenken wird (Matthäus 7,11). Eltern würden einem Kind nie etwas geben, das ihm schaden könnte, selbst wenn das Kind eindringlich darum bittet. Ebenso ist es bei Gott. Er würde so etwas nie tun, denn er liebt uns zu sehr.

Jakobus nennt noch einen anderen Grund, warum Gott uns nicht immer genau das gibt, worum wir ihn gebeten haben: „Wenn ihr freilich Gott nur darum bittet, eure selbstsüchtigen Wünsche zu erfüllen, wird er euch nichts geben" (Jakobus 4,3). Egoistische Bitten, die sich nur um das eigene Vergnügen drehen, werden von Gott nicht erfüllt. Er lässt nicht zu, dass wir unser Leben auf einer falschen Grundlage aufbauen, denn dazu liebt er uns zu sehr. Wenn wir in einer gesunden Beziehung zu Gott stehen, wünschen wir uns von ihm solche Gaben, die es uns ermöglichen, anderen etwas zu geben. Ein Pastor bittet um Weisheit, damit er seine Gemeinde richtig leiten kann; Eltern bitten um seelische und körperliche Kraft, damit sie ihre Kinder unterstützen können. Wenn wir um materielle Güter beten (was in der Bibel nicht verboten ist), dann mit dem Ziel, diese im Dienst für andere Menschen einzusetzen. Um Materielles zu beten, nur damit man es besitzen kann, ist der biblischen Auffassung von Liebe fremd. Wer Jesus aufrichtig nachfolgt, wird sich immer die Frage stellen: „Wie kann ich das, was Gott mir gibt, im Dienst für andere nutzen?"

Nehmen Sie sich Zeit, um allein oder als Paar gemeinsam zu beten. Bitten Sie Gott ...

- Ihr Herz so zu verändern, dass Sie um Gaben bitten, die es Ihnen ermöglichen, andere Menschen zu lieben und ihnen zu dienen;
- Ihnen das zu geben, was für Sie das Beste ist – nicht einfach nur das, was Sie wollen.

Wenn Sie noch mehr Zeit haben ...

Besprechen Sie miteinander folgende Fragen oder denken Sie darüber nach:

- Um welche Dinge bitten Sie Gott normalerweise?
- Sehen Sie in Gott einen großzügigen Vater, der seinen Kindern gern etwas schenkt, oder betrachten Sie ihn eher als geizig? Warum ist das so? Was lernen Sie aus Matthäus 7,7-11 über Gott?
- Jakobus spricht von „Freundschaft mit der Welt" (4,4). Was meint er damit?

Lesen Sie auch die folgenden Abschnitte zum Thema Gebet:
Psalm 66,19; Matthäus 7,7-8; 1. Johannes 3,22.

Sind Sie vertrauenswürdig?

Die folgenden Fragen können Sie entweder allein oder als Paar gemeinsam durchgehen. Wenn jeder für sich darüber nachdenkt, verabreden Sie sich in der kommenden Woche zu einem Austausch darüber, was Sie herausgefunden haben.

1. Welcher Grundsatz der Kommunikation findet sich in Jakobus 5,12?

2. Was für einen Charakter braucht man, um nach Jakobus 5,12 leben zu können?

3. Haben Sie schon einmal Ja gesagt, als Sie eigentlich Nein meinten? Warum?

4. Was hindert Sie daran, in jeder Situation klar und ehrlich zu sprechen?

5. Weiter vorne im Brief fordert Jakobus Sie auf, „sofort bereit zu sein, jemandem zuzuhören; genau zu überlegen, bevor man selbst redet; sich vor unbeherrschtem Zorn zu hüten". Wie lässt sich dieser Rat in Gesprächen zwischen Ehepartnern umsetzen?

6. Was bedeutet es für Sie, „sofort bereit zu sein, jemandem zuzuhören"?

Jakobus 5,12

„Um eines möchte ich euch vor allem noch bitten, meine Brüder und Schwestern: Schwört nicht; weder beim Himmel noch bei der Erde, noch bei sonst etwas! Wenn ihr ‚Ja' sagt, dann muss man sich darauf verlassen können. Und wenn ihr ‚Nein' sagt, dann steht auch dazu. Sonst müsst ihr euch vor Gottes Gericht dafür verantworten."

KONKRET:

Wenn Sie Ihrem Partner ein Ja oder Nein zur Antwort geben, kann er sich dann darauf verlassen? Suchen Sie nach Wegen, wie Sie Ihre Verlässlichkeit in dieser Woche verbessern können. Wenn Sie zum Beispiel gesagt haben, dass Sie zu einer bestimmten Uhrzeit zu Hause sind, dann seien Sie pünktlich. Wenn Sie eine gemeinsame Unternehmung versprochen haben, halten Sie sich den Termin unbedingt frei.

Den nächsten Impuls finden Sie auf S. 1412 a

euch dem Teufel. Dann muss er von euch
fliehen. [8]Sucht die Nähe Gottes, dann
wird er euch nahe sein. Wascht die
Schuld von euren Händen, ihr Sünder,
und lasst Gott allein in euren Herzen
wohnen, ihr Unentschiedenen! [9]Seht
doch endlich ein, wie groß eure Schuld
ist; erschreckt und trauert darüber! Dann
werdet ihr nicht mehr lachen, sondern
weinen; und aus eurer Freude wird Trau-
rigkeit. [10]Beugt euch vor dem Herrn!
Erst dann wird Gott euch aufrichten.

Nicht über andere urteilen!

[11]Redet nicht schlecht übereinander, lie-
be Brüder und Schwestern! Denn wer je-
mandem Schlechtes nachsagt oder ihn
verurteilt, der verstößt gegen Gottes Ge-
setz. Anstatt es zu befolgen, spielt er sich
als Richter auf. [12]Gott allein ist beides:
Gesetzgeber und Richter. Nur er kann
verurteilen oder von Schuld freisprechen.
Woher nimmst du dir also das Recht, dei-
ne Mitmenschen zu verurteilen?

Falsche Sicherheit

[13]Noch etwas will ich euch sagen. Man-
che von euch kündigen an: »Heute oder
morgen wollen wir hier- und dorthin
reisen. Wir wollen dort ein Jahr bleiben,
gute Geschäfte machen und viel Geld
verdienen.« [14]Dabei wisst ihr nicht ein-
mal, was morgen geschieht! Was ist denn
schon euer Leben? Nichts als ein leiser
Hauch, der – kaum ist er da – auch schon
wieder verschwindet. [15]Darum sollt ihr
lieber sagen: »Wenn der Herr will und
wir leben, wollen wir dieses oder jenes
tun.« [16]Ihr aber seid stolz auf eure Pläne
und gebt damit an. Eine solche Über-
heblichkeit ist verwerflich. [17]Wer Ge-
legenheit hat, Gutes zu tun, und tut
es trotzdem nicht, der wird vor Gott
schuldig.

Gottes Urteil über die Reichen

5 Nun zu euch, ihr Reichen! Weint und
klagt über all das Elend, das über
euch hereinbrechen wird! [2]Euer Reich-
tum verrottet, und die Motten zerfressen
eure kostbaren Kleider. [3]Euer Gold und
Silber verrostet. All das wird euch ankla-
gen. Ihr selbst werdet vergehen wie euer
Reichtum.[a] Warum seid ihr – so kurz vor
dem Ende dieser Welt – nur auf Reich-
tum aus gewesen? [4]Der Herr, der all-
mächtige Gott, hat den Schrei eurer Ern-
tearbeiter gehört, die ihr um ihren
verdienten Lohn betrogen habt. [5]Euch
dagegen ist es auf dieser Erde gut ergan-
gen, ihr habt in Saus und Braus gelebt
und euch doch nur für den Schlachttag
gemästet. [6]Unschuldige habt ihr ver-
urteilt und umgebracht, und sie haben
sich nicht gegen euch gewehrt.

Lasst euch nicht entmutigen!

[7]Meine Brüder und Schwestern, wartet
geduldig, bis der Herr kommt. Muss nicht
auch der Bauer mit viel Geduld abwar-
ten, bis er die Ernte einfahren kann? Er
weiß, dass die Saat dazu den Herbstregen
und den Frühlingsregen braucht. [8]Auch
ihr müsst geduldig sein und dürft nicht
mutlos werden, denn der Herr kommt
bald. [9]Klagt nicht übereinander, liebe
Brüder und Schwestern! Sonst wird Gott
euch verurteilen. Bedenkt: Der Richter
steht schon vor der Tür.

[10]Nehmt euch ein Beispiel an den Pro-
pheten, die im Auftrag des Herrn gespro-
chen haben. Wie vorbildlich und mit wel-
cher Geduld haben sie alle Leiden
ertragen! [11]Menschen, die so standhaft
waren, sind wirklich glücklich zu nennen.
Denkt doch nur an Hiob! Ihr habt alle
schon gehört, wie geduldig er sein Leiden
ertragen hat. Und ihr wisst, dass der Herr
in seiner Barmherzigkeit und Liebe alles

---

[a] Wörtlich: Und ihr Rost wird Zeugnis gegen euch geben und euer Fleisch fressen wie Feuer.

4,10 1 Petr 5,6 **4,11–12** Lk 6,36–38; Röm 14,4.13; 1 Kor 8,9; Ps 7,12* **4,13–15** Ps 39,5–7*; Lk 12,18–20; Apg 18,21; 2 Kor 1,17 **4,17** Lk 12,47; Eph 2,10* **5,1–3** Mt 6,19–21; Lk 6,24–25; 12,32–34 **5,4** 3 Mo 19,13; 5 Mo 24,14–15 **5,5** Lk 16,25 **5,7–8** Tit 2,13*; Röm 13,11; Hebr 10,35–36 **5,9** 4,11–12 **5,10** Mt 5,12 **5,11** Hiob 1,21–22; 2,10

zu einem guten Ende führte. 12 Um eines
möchte ich euch vor allem noch bitten,
meine Brüder und Schwestern: Schwört
nicht; weder beim Himmel noch bei der
Erde, noch bei sonst etwas! Wenn ihr
»Ja« sagt, dann muss man sich darauf ver-
lassen können. Und wenn ihr »Nein«
sagt, dann steht auch dazu. Sonst müsst
ihr euch vor Gottes Gericht dafür verant-
worten.

Gebet für die Kranken

13 Leidet jemand unter euch? Dann soll er
beten! Hat einer Grund zur Freude?
Dann soll er Gott Loblieder singen.
14 Wenn jemand von euch krank ist, soll
er die Gemeindeleiter zu sich rufen, da-
mit sie für ihn beten und ihn im Namen
des Herrn mit Öl salben. 15 Wenn sie im
festen Vertrauen beten, wird der Herr
dem Kranken helfen. Er wird ihn aufrich-
ten und ihm vergeben, wenn er Schuld
auf sich geladen hat.

16 Bekennt einander eure Sünden und
betet füreinander, damit ihr geheilt wer-
det. Denn das Gebet eines Menschen,
der nach Gottes Willen lebt, hat große
Kraft. 17 Elia war ein Mensch wie wir. Er
betete inständig, es möge nicht regnen,
und tatsächlich fiel dreieinhalb Jahre
kein Wassertropfen auf das Land. 18 Dann
betete er um Regen. Da regnete es, und
alles Land wurde grün und brachte wie-
der Früchte hervor.[a]

19 Liebe Brüder und Schwestern! Wenn
einer von euch vom rechten Weg ab-
kommt, dann sollt ihr ihn zur Umkehr
bewegen. 20 Ihr müsst nämlich wissen:
Wer einen Sünder von seinem falschen
Weg abbringt, der hat diesen Menschen
vor dem sicheren Verderben gerettet,
denn Gott hat ihm seine Sünden ver-
geben.

---

[a] Vgl. 1. Könige 17,1; 18,41–45

5,12 Mt 5,34–37 **5,14** Mk 6,13 **5,15** Ps 17,6*; Joh 15,7* **5,16** Ps 145,18–19 **5,19–20** Mt 18,15–17; 1 Thess 5,14; 2 Thess 3,14–15

Der erste Brief des Petrus

Anschrift und Gruß

1 Diesen Brief schreibt Petrus, den Je-
sus Christus zu seinem Apostel beru-
fen hat, an alle Christen, die als Fremde
überall in den Provinzen Pontus, Gala-
tien, Kappadozien, Asia und Bithynien
mitten unter Menschen leben, die nicht
an Christus glauben.
[2] Ihr seid Gottes Kinder geworden,
weil Gott, unser Vater, euch von Anfang
an dazu auserwählt hat. Durch die Kraft
des Heiligen Geistes könnt ihr jetzt Jesus
Christus als euren Herrn anerkennen,
weil er am Kreuz sein Blut für euch ver-
gossen und euch von eurer Schuld befreit
hat. Gott schenke euch immer mehr sei-
ne Gnade und seinen Frieden.

Die Hoffnung der Christen

[3] Gelobt sei Gott, der Vater unseres
Herrn Jesus Christus! In seinem grenzen-
losen Erbarmen hat er uns neues Leben
geschenkt. Weil Jesus Christus von den
Toten auferstanden ist, haben wir die
Hoffnung auf ein neues, ewiges Leben.
[4] Es ist die Hoffnung auf ein ewiges, von
keiner Sünde beschmutztes und unzer-
störbares Erbe, das Gott im Himmel für
euch bereithält. [5] Bis dahin wird euch
Gott durch seine Kraft bewahren, weil
ihr ihm vertraut. Aber dann, am Ende
der Zeit, werdet ihr selbst sehen, wie
herrlich das unvergängliche Leben ist,
das Gott schon jetzt für euch bereithält.
[6] Darüber freut ihr euch von ganzem
Herzen, auch wenn ihr jetzt noch für eine
kurze Zeit auf manche Proben gestellt
werdet und viel erleiden müsst. [7] So wird
sich euer Glaube bewähren und sich
wertvoller und beständiger erweisen als
pures Gold, das im Feuer vollkommen
gereinigt wurde. Lob, Preis und Ehre
werdet ihr dann an dem Tag empfangen,
an dem Christus für alle sichtbar kommt.
[8] Ihr habt ihn nie gesehen und liebt ihn
doch. Ihr glaubt an ihn, obwohl ihr ihn
auch jetzt nicht sehen könnt, und eure
Freude ist grenzenlos, [9] denn ihr kennt
das Ziel eures Glaubens: die Rettung für
alle Ewigkeit.
[10] Schon die Propheten haben nach die-
ser Rettung gesucht und geforscht, und
sie haben vorausgesagt, wie reich Gott
euch beschenken würde. [11] In ihnen wirk-
te bereits der Geist Christi. Er zeigte
ihnen, dass Christus leiden müsste und
danach Ruhm und Herrlichkeit empfan-
gen würde. Daraufhin forschten die Pro-
pheten, wann und wie dies geschehen
sollte. [12] Gott ließ sie wissen, dass diese
Offenbarungen nicht ihnen selbst galten,
sondern euch. Nun sind sie euch verkün-
det worden, und zwar von denen, die
euch die rettende Botschaft gebracht
haben. Gott erfüllte sie dazu mit dem
Heiligen Geist, den er vom Himmel zu
ihnen sandte. Diese Botschaft ist so ein-
zigartig, dass selbst die Engel gern mehr
davon erfahren würden.

Ein neues Leben

[13] Darum seid bereit und stellt euch ganz
und gar auf das Ziel eures Glaubens ein.
Lasst euch nichts vormachen, seid nüch-
tern und richtet all eure Hoffnung auf
Gottes Barmherzigkeit, die er euch in
vollem Ausmaß an dem Tag erweisen
wird, wenn Jesus Christus für alle sicht-
bar kommt. [14] Weil ihr Gottes Kinder

1,2 Röm 8,14–15*; Eph 1,4–5; 2 Kor 5,18–21* **1,3–5** Kol 1,5; 3,3–4; Tit 2,13* **1,6–7** 4,12–13; 1 Kor 1,8–9; 2 Kor 1,3–5; 2 Tim 3,12*; Jak 1,2–4 **1,8** Joh 20,27–29; 2 Kor 5,7–8 **1,9** Hebr 2,1* **1,10–12** Lk 1,70; 10,24; 24,44–46*; Röm 1,2 **1,13** Lk 12,35–37; 1 Thess 5,4–6 **1,14–16** Röm 6,6–7. 12–13; Eph 4,17–20; 1 Thess 4,5

seid, gehorcht ihm und lebt nicht mehr wie früher, als ihr euch von euren Leidenschaften beherrschen ließt und Gott noch nicht kanntet. [15]Der heilige Gott hat euch schließlich dazu berufen, ganz zu ihm zu gehören. Danach richtet euer Leben aus! [16]Genau das meint Gott, wenn er sagt: »Ihr sollt heilig sein, denn ich bin heilig.«[a]

[17]Ihr betet zu Gott als eurem Vater und wisst, dass er jeden von euch nach seinem Verhalten richten wird; er bevorzugt oder benachteiligt niemanden. Deswegen führt euer Leben in Ehrfurcht vor Gott, solange ihr als Fremde mitten unter den Menschen lebt, die nicht an Christus glauben. [18]Denkt daran, was es Gott gekostet hat, euch aus der Sklaverei der Sünde zu befreien, aus einem sinnlosen Leben, wie es schon eure Vorfahren geführt haben. Christus hat euch losgekauft, aber nicht mit vergänglichem Silber oder Gold, [19]sondern mit seinem eigenen kostbaren Blut, das er wie ein unschuldiges, fehlerloses Lamm für uns geopfert hat.

[20]Schon bevor Gott die Welt erschuf, hatte er beschlossen, Christus zu euch zu schicken. Aber erst jetzt, in dieser letzten Zeit, ist Christus euretwegen in die Welt gekommen. [21]Durch ihn habt ihr zum Glauben an Gott gefunden. Gott hat Jesus Christus von den Toten auferweckt und ihm seine göttliche Herrlichkeit gegeben, damit ihr an ihn glaubt und eure ganze Hoffnung auf ihn setzt.

[22]Ihr habt euch nun der Wahrheit, die Christus brachte, zugewandt und habt ihm gehorcht. Darum seid ihr fähig geworden, einander aufrichtig zu lieben. So handelt auch danach, und liebt einander von ganzem Herzen. [23]Ihr seid ja neu geboren worden. Und das verdankt ihr nicht euren Eltern, die euch das irdische Leben schenkten; nein, Gott selbst hat euch durch sein lebendiges und ewiges Wort neues, unvergängliches Leben geschenkt.[b] [24]Ja, es stimmt: »Die Menschen sind wie das Gras, und ihre Schönheit gleicht den Blumen: Das Gras verdorrt, die Blumen verwelken. [25]Aber das Wort des Herrn bleibt gültig für immer und ewig.«[c] Und genau dieses Wort ist die rettende Botschaft, die euch verkündet wurde.

Christen – das Volk Gottes

2 Hört auf mit aller Bosheit und allem Betrug! Heuchelei, Neid und Verleumdung darf es bei euch nicht länger geben. [2]Wie ein neugeborenes Kind nach Milch schreit, so sollt ihr nach der unverfälschten Lehre unseres Glaubens verlangen. Dann werdet ihr im Glauben wachsen und das Ziel, eure endgültige Rettung, erreichen. [3]Ihr habt ja selbst erfahren, wie gut der Herr ist.

[4]Zu ihm dürft ihr kommen. Er ist der lebendige Stein, den die Menschen weggeworfen haben. Aber in Gottes Augen ist er wertvoll und kostbar. [5]Lasst auch ihr euch als lebendige Steine zu einem Haus aufbauen, das Gott gehört. Darin sollt ihr als seine Priester dienen, die ihm als Opfer ihr Leben zur Verfügung stellen. Um Jesu willen nimmt Gott diese Opfer an.

[6]Es steht ja schon in der Heiligen Schrift: »Einen ausgewählten, kostbaren Grundstein werde ich in Jerusalem legen. Wer auf ihn baut und ihm vertraut, steht fest und sicher.«[d]

[7]Ihr habt durch euren Glauben er-

---

[a] 3. Mose 19,2

[b] Wörtlich: Ihr seid neu geboren worden, nicht aus vergänglichem, sondern aus unvergänglichem Samen.

[c] Jesaja 40,6–8

[d] Jesaja 28,16

1,17 2 Kor 5,10*; 7,1 **1,18–19** Röm 3,25–26; 1 Kor 6,20; 2 Kor 5,18–21*; Joh 1,29* **1,20** Gal 4,4; Eph 1,9–11 **1,21** Röm 4,24–25 **1,22** Joh 13,34; 15,12; Röm 12,10* **1,23** Joh 1,12–13; 3,3–8 **1,24–25** Jak 1,10–11 **2,1** Röm 13,12–14; Eph 4,22–23; Kol 3,8–9 **2,2** 1 Kor 3,1–2 **2,4–8** Ps 118,22; Mt 21,42; Apg 4,11 **2,5** Röm 6,13; 12,1; 1 Kor 3,16–17; Eph 2,21–22

kannt, wie wertvoll dieser Grundstein ist.
Für alle aber, die nicht glauben, gilt das
Wort: »Der Stein, den die Bauleute weg-
warfen, weil sie ihn für unbrauchbar hiel-
ten, ist zum Grundstein des ganzen Hau-
ses geworden.[a] [8] Er ist ein Stein, an dem
sich die Menschen stoßen, ja, der sie zu
Fall bringt.[b]« Denn sie stoßen sich nur
deshalb daran, weil sie nicht auf Gottes
Botschaft hören. Gott selbst hat sie dazu
bestimmt.

[9] Ihr aber seid ein von Gott auserwähl-
tes Volk, seine königlichen Priester, ihr
gehört ganz zu ihm und seid sein Eigen-
tum. Deshalb sollt ihr die großen Taten
Gottes verkünden, der euch aus der Fins-
ternis befreit und in sein wunderbares
Licht geführt hat. [10] Früher habt ihr nicht
zu Gottes Volk gehört. Aber jetzt seid ihr
Gottes Volk! Früher kanntet ihr Gottes
Barmherzigkeit nicht; doch jetzt habt ihr
sie erfahren.[c]

Christen als Staatsbürger

[11] Meine lieben Freunde! Ihr wisst, dass
ihr in dieser Welt Fremde seid; sie ist
nicht eure Heimat. Deshalb bitte ich
euch eindringlich: Gebt den Angeboten
und Verlockungen dieser Welt nicht
nach. Es geht in diesem Kampf um euren
Glauben! [12] Lebt stattdessen so vorbild-
lich, dass die Menschen, die Gott nicht
kennen, darauf aufmerksam werden.
Durch euer Verhalten sollen selbst die
überzeugt werden, die euch bösartig ver-
leumden. Wenn Gott ihnen eines Tages
die Augen öffnet, werden auch sie ihn
noch ehren.

[13] Denkt daran: Der Herr will, dass ihr
euch den menschlichen Ordnungen und
Gesetzen fügt. Ordnet euch dem Kaiser
unter, der das Land regiert, [14] und auch
seinen Statthaltern. Denn sie haben den
Auftrag, diejenigen zu bestrafen, die Ge-
setze übertreten, und die zu belohnen,
die Gutes tun. [15] Gott will, dass ihr durch
euer vorbildliches Verhalten alle über-
zeugt, die euch aus Unwissenheit oder
Dummheit verleumden. [16] Das könnt ihr
tun, weil ihr freie Menschen geworden
seid. Aber missbraucht diese Freiheit
nicht als Ausrede für euer eigenes Fehl-
verhalten! Denn ihr seid frei geworden,
damit ihr Gott dient. [17] Achtet alle Men-
schen, und liebt eure Brüder und Schwes-
tern! Habt Ehrfurcht vor Gott, und
bringt dem Kaiser den schuldigen Res-
pekt entgegen.

Unser Vorbild

[18] Ihr Sklaven, ordnet euch euren Herren
mit der notwendigen Achtung unter,
nicht nur den guten und freundlichen,
sondern auch den ungerechten. [19] Es ist
ein besonderes Geschenk Gottes, wenn
jemand deshalb Böses erträgt und Un-
recht erduldet, weil er in seinem Gewis-
sen an Gott gebunden ist. [20] Kann denn
jemand stolz darauf sein, wenn er die ge-
rechte Strafe für sein böses Handeln auf
sich nimmt? Erträgt aber jemand Leid,
obwohl er nur Gutes getan hat, dann ist
das ein Geschenk Gottes. [21] Dazu hat
euch Gott berufen.

Denn auch Christus hat für euch gelit-
ten, und er hat euch ein Beispiel gegeben,
dem ihr folgen sollt. [22] Er hat keine Sünde
getan; keine Lüge ist je über seine Lippen
gekommen. [23] Beschimpfungen ertrug er
ohne Widerspruch, gegen Misshandlun-
gen wehrte er sich nicht; lieber vertraute
er sein Leben Gott an, der ein gerechter
Richter ist. [24] Christus hat unsere Sünden
auf sich genommen und sie selbst zum

---

[a] Psalm 118,22
[b] Jesaja 8,14
[c] Vgl. Hosea 2,25

2,9 2 Kor 4,6; Eph 5,8–9 **2,10** Röm 9,24–26; Gal 3,7.26–29; 6,15–16 **2,11** Eph 2,19; Phil 3,20; Hebr 12,22–23 **2,12** Mt 5,16 **2,13–17** Röm 13,1–7* **2,16** Röm 6,18 **2,17** Röm 12,10* **2,18** Eph 6,5–8; Kol 3,22–25; 1 Tim 6,1–2; Tit 2,9–10 **2,20** 3,14; 4,14; Mt 5,10–12 **2,21** Mt 20,25–28; Joh 13,15 **2,22–23** 3,18; Jes 53,7–9 **2,24** Röm 6,13; Kol 2,14–15; 2 Kor 5,18–21*

Kreuz hinaufgetragen. Das bedeutet, dass wir für die Sünde tot sind und jetzt leben können, wie es Gott gefällt. Durch seine Wunden hat Christus uns geheilt. [25] Früher seid ihr herumgeirrt wie Schafe, die sich verlaufen hatten. Aber jetzt habt ihr zu eurem Hirten zurückgefunden, zu Christus, der euch auf den rechten Weg führt und schützt.

Mann und Frau in der Ehe

3 Ihr Frauen, ordnet euch euren Männern unter! Auch ohne viele Worte sollt ihr allein durch euer Vorbild eure Männer für Christus gewinnen, wenn sie bisher nicht auf seine Botschaft hören wollten. [2] Euer Vorbild und eure Ehrfurcht vor Gott überzeugen mehr als tausend Worte. [3] Nicht der äußerliche Schmuck – wie kunstvolle Frisuren, goldene Ketten oder aufwendige Kleidung – soll für euch Frauen wichtig sein. [4] Eure Schönheit soll von innen kommen! Schmückt euch mit Unvergänglichem wie Freundlichkeit und Güte. Das gefällt Gott. [5] So haben sich auch die gläubigen Frauen zur Zeit unserer Vorfahren geschmückt: Sie setzten ihre ganze Hoffnung auf Gott und ordneten sich ihren Männern unter. [6] Sara vertraute sich Abrahams Führung an und nannte ihn ihren Herrn. Ihr könnt euch als ihre Töchter betrachten, wenn ihr wie Sara das Gute tut und euch durch nichts davon abbringen lasst.

[7] Ihr Männer, nehmt Rücksicht auf eure Frauen, so wie sie es als die Schwächeren brauchen; achtet und ehrt sie. Vergesst nicht, dass Gott in seiner Gnade allen das ewige Leben schenkt, Männern wie Frauen. Nichts soll zwischen euch stehen, das euch am Beten hindert.

Vergeltet nicht Böses mit Bösem!

[8] Und noch etwas möchte ich euch sagen: Haltet fest zusammen! Nehmt Anteil am Leben des anderen, und liebt einander wie Geschwister! Geht barmherzig miteinander um, und seid nicht überheblich. [9] Vergeltet nicht Böses mit Bösem, bleibt freundlich, auch wenn man euch beleidigt, und bittet Gott um seinen Segen für den anderen. Denn ihr wisst ja, dass Gott auch euch dazu berufen hat, seinen Segen zu empfangen. [10] Es heißt doch in der Heiligen Schrift:

»Wer sich am Leben freuen und gute Tage erleben will, der achte auf das, was er sagt. Keine Lüge, kein gemeines Wort soll über seine Lippen kommen. [11] Vom Bösen soll er sich abwenden und das Gute tun. Er setze sich unermüdlich und mit ganzer Kraft für den Frieden ein. [12] Denn Gott sieht mit Freude auf solche Menschen und wird ihre Gebete erhören. Wer aber Böses tut, wird Gottes Zorn zu spüren bekommen.«[a]

[13] Und wer sollte euch Böses tun, wenn ihr euch mit ganzer Kraft für das Gute einsetzt? [14] Doch selbst wenn ihr leiden müsst, weil ihr nach Gottes Willen lebt, kann man euch glücklich nennen. Darum fürchtet euch nicht vor dem Leid, das euch die Menschen zufügen, und lasst euch von ihnen nicht einschüchtern. [15] Christus, der Herr, soll der Mittelpunkt eures Lebens sein.[b] Seid immer dazu bereit, denen Rede und Antwort zu stehen, die euch nach eurem Glauben und eurer Hoffnung fragen. [16] Begegnet ihnen freundlich und mit Respekt. Ihr sollt ein gutes Gewissen haben! Dann nämlich werden alle, die Lügen über euch verbreitet haben, beschämt sein. Sie werden erkennen, dass sie Menschen verleumdet

---

[a] Psalm 34,13–17
[b] *Wörtlich: Den Herrn* Christus heiligt in euren Herzen.

2,25 Jes 53,6; Joh 10,11–14 **3,1–6** Eph 5,22–24; Kol 3,18; 1 Tim 2,9–10; Tit 2,3–5 **3,7** Eph 5,25–28; Kol 3,19; 1 Thess 4,4; Gal 3,28 **3,8** Röm 12,10* **3,9–12** Mt 5,44*; Röm 12,17–18; 1 Thess 5,15; Hebr 12,14 **3,13–14** 2,20; 4,14; Mt 5,10–12 **3,15** Mt 10,28; Lk 12,11–12; Apg 4,20 **3,16** 2,12.15–17; 1 Kor 10,32; Kol 4,5–6

Eigene Fehler eingestehen

Lesen Sie 1. Petrus 1,13-25

Von Natur aus neigen wir dazu, unserem Partner die Schuld zu geben. Wir meinen, wenn er oder sie sich ändern würde, dann käme unsere Ehe wieder in Ordnung. Jesus aber sagt, dass wir uns zuerst mit unseren eigenen Sünden beschäftigen sollen (siehe Matthäus 7,3-5). Gott „bevorzugt oder benachteiligt niemanden" und sieht sowohl die Sünden unseres Partners als auch unsere (1. Petrus 1,17). Ob unsere Sünde groß oder klein ist, spielt keine Rolle; es ist die einzige Sünde, die wir bekennen können. Wenn wir unsere eigenen Fehler eingestehen, können wir unserem Ehepartner auch besser mit seinen Fehlern helfen.

Werden wir gegenüber unserem Mann oder unserer Frau schuldig, sind wir auch Gott gegenüber schuldig, denn er hat uns geboten, „einander aufrichtig zu lieben. So handelt auch danach, und liebt einander von ganzem Herzen" (1. Petrus 1,22). Der einzig wahre Weg, wie wir unsere Liebe zu Gott äußern können, ist die Liebe zueinander. Wenn wir darin versagen, versagen wir auch in unserer Liebe zu Gott. Die aufrichtige, tiefe Liebe zu Gott ist eng verknüpft mit der Liebe zu anderen Menschen. Der erste, reinste Akt der Liebe, mit dem wir den anderen gewinnen können, ist das Eingestehen unserer Schuld. Wenn wir unser Versagen und das Versagen unserer Ehe Gott bekennen, bereiten wir uns selbst und unsere Ehe auf eine ehrliche Veränderung vor.

Nehmen Sie sich Zeit, um allein oder als Paar gemeinsam zu beten. Bitten Sie Gott …

- Ihnen Ihre eigenen Sünden zu zeigen;
- Ihnen den Mut zu schenken, dass Sie Ihre Fehler schnell und offen zugeben können;
- Ihre Liebe zu ihm und zueinander zu vertiefen.

Wenn Sie noch mehr Zeit haben …

Besprechen Sie miteinander folgende Fragen oder denken Sie darüber nach:

- Warum ist die Liebe zu Gott so eng mit der Liebe zu anderen Menschen verknüpft?
- Lesen Sie Matthäus 7,3-5. Warum fixieren Sie sich so leicht auf den Splitter im Auge Ihres Partners?
- Befreit das Bekennen Ihrer Schuld auch Ihren Ehepartner von seinen Fehlern?
- Wenn ein Partner seine Sünden rasch bekennt und seine Fehler zugibt, inwiefern verändert das die Dynamik in einer Ehe?

Lesen Sie auch die folgenden Abschnitte zum Thema Liebe:
Sprüche 10,12; Römer 13,8; 1. Petrus 4,8.

Gleichwertige Partner

Lesen Sie 1. Petrus 3,1-12

Ist Gott der Vater wertvoller als Gott der Sohn? Nein. Gott der Vater und Gott der Sohn sind in jeder Hinsicht gleichwertig, aber Gleichwertigkeit heißt nicht, dass es keine Unterschiede zwischen ihnen gibt. Der Sohn starb am Kreuz, nicht der Vater. Sind Männer und Frauen gleichwertig? Ja! Die Bibel nimmt hierzu ganz klar Stellung. Mann und Frau wurden nach Gottes Ebenbild geschaffen und sind gleichwertig und zugleich verschieden, aber ihre Unterschiedlichkeit ist kein Mangel.

Der biblische Gedanke, dass der Mann das „Haupt der Frau" ist (Epheser 5,23), ist der wohl am häufigsten missbrauchte Abschnitt der ganzen Bibel. Christliche Ehemänner haben voller Eigenwillen jeden erdenklichen Unsinn von ihren Frauen verlangt. Aber das Haupt zu sein, ist nicht gleichbedeutend mit Diktatur. Wenn Gott den Mann dazu auffordert, das Haupt der Frau zu sein, hat er damit nur die Ordnung für eine Beziehung unter Gleichwertigen geschaffen, denen er „in seiner Gnade allen das ewige Leben schenkt" (1. Petrus 3,7). Würde Gott der Vater den Sohn jemals zwingen, etwas gegen seinen Willen zu tun? Nein! Würde Gott der Sohn jemals seinen eigenen Kopf durchsetzen und den Vater gar nicht erst fragen? Undenkbar! So sollen wir in unserer Ehe dem Vorbild Gottes folgen.

Nehmen Sie sich Zeit, um allein oder als Paar gemeinsam zu beten.

- Für die Frauen: Bitten Sie Gott, Ihnen das Geheimnis der inneren Schönheit zu zeigen, damit Sie „vorbildlich und in Ehrfurcht vor Gott" leben können (1. Petrus 3,2-4).
- Für die Männer: Bitten Sie Gott, Ihnen zu zeigen, wie Sie Ihre Frau mit Liebe und Demut als eine gleichwertige Partnerin behandeln können (siehe 1. Petrus 3,7-8).
- Bitten Sie Gott, dass Ihre Ehe die Beziehung zwischen Gott dem Vater und seinem Sohn Jesus widerspiegelt.

Wenn Sie noch mehr Zeit haben ...

Besprechen Sie miteinander folgende Fragen oder denken Sie darüber nach:

- Manche Christen betonen zu sehr das Hauptsein des Mannes und drängen die Männer in der Ehe dazu, zu viel Macht an sich zu reißen. Worin besteht die Gefahr dieser Haltung?
- Andere Christen wiederum betonen zu sehr die Gleichartigkeit der beiden Geschlechter und behaupten, es gebe keine Unterschiede zwischen Mann und Frau. Worin besteht die Gefahr dieser Haltung?
- Wie wirkt sich das Vorbild der Beziehung zwischen Gott dem Vater und dem Sohn auf Ihre Ehe aus?

Lesen Sie auch die folgenden Abschnitte zum Thema Gleichwertigkeit:

1. Mose 1,27; Sprüche 30,4; Galater 3,26-29.

Den nächsten Impuls finden Sie auf S. 1418 a

haben, die in der Verbundenheit mit Christus ein vorbildliches Leben führen. 17 Es ist doch besser – wenn Gott es so will –, für das Gute zu leiden als für etwas Schlechtes.

Gelegenheiten zur Umkehr

18 Vergesst nicht, wie viel Christus für unsere Sünden leiden musste! Er, der frei von jeder Schuld war, starb für uns schuldige Menschen, und zwar ein für alle Mal. So hat er uns zu Gott geführt; sein Körper wurde am Kreuz getötet, der Geist Gottes aber erweckte ihn zu neuem Leben. 19 So ist er auch zu den Geistern in die Totenwelt[a] gegangen, um ihnen die Botschaft der Befreiung zu verkünden. 20 Er ging zu denen, die zur Zeit Noahs gelebt hatten und Gott ungehorsam gewesen waren. Geduldig hatte Gott gewartet, ob sie noch zu ihm umkehren würden, während Noah schon die Arche baute. Aber nur acht Menschen wurden in der Arche vor der Wasserflut gerettet.

21 So wie diese acht Menschen damals erfahrt ihr heute eure Rettung in der Taufe. Denn in der Taufe soll ja nicht der Schmutz von eurem Körper abgewaschen werden. Vielmehr bitten wir Gott darum, uns ein reines Gewissen zu schenken. Und das ist möglich geworden, weil Jesus Christus auferstanden ist. 22 Er ist jetzt bei Gott im Himmel und hat den Ehrenplatz an seiner rechten Seite eingenommen. Alle Engel, alle Mächte und Gewalten unterstehen seiner Herrschaft.

Alle müssen sich vor Gott verantworten

4 Weil Christus gelitten hat, sollt auch ihr bereit sein, Leiden auf euch zu nehmen. Wer körperlich leiden musste, weil er zu Christus gehört, über den verliert die Sünde ihre Macht. 2 Solange ihr noch auf der Erde lebt, lasst euch nicht von menschlichen Leidenschaften, sondern von Gottes Willen leiten. 3 Lange genug habt ihr früher ein Leben in Saus und Braus geführt wie alle anderen, die Gott nicht kennen. Ihr habt euch gehen lassen, euch betrunken und rauschende Feste gefeiert, und ihr habt beim abscheulichen Götzendienst mitgemacht. 4 Natürlich können eure alten Freunde nicht verstehen, weshalb ihr von diesem haltlosen Leben auf einmal nichts mehr wissen wollt. Und deshalb verspotten sie euch. 5 Doch dafür werden sie sich verantworten müssen vor dem, der bald sein Urteil über alle Menschen sprechen wird, über die Lebenden wie über die Toten. 6 Denn auch den Toten ist die Botschaft der Rettung verkündet worden. Was sie getan hatten, brachte ihnen – wie allen Menschen – den Tod. Ihr Körper war gestorben, aber Gott wollte, dass ihr Geist ewig lebt.

Jeder soll Gott mit seiner Gabe dienen

7 Bald wird das Ende dieser Welt kommen. Deshalb seid wachsam und nüchtern, werdet nicht müde zu beten. 8 Vor allem aber lasst nicht nach, einander zu lieben. Denn »Liebe sieht über Fehler hinweg«[b]. 9 Seid gastfreundlich, und klagt nicht über die vermehrte Arbeit. 10 Jeder soll dem anderen mit der Begabung dienen, die ihm Gott gegeben hat. Wenn ihr die vielen Gaben Gottes in dieser Weise gebraucht, setzt ihr sie richtig ein. 11 Bist du dazu berufen, vor der Gemeinde zu reden, dann soll Gott durch dich sprechen. Hat jemand in der Gemeinde die Aufgabe übernommen, anderen Menschen zu helfen, dann arbeite er in der

---

a Wörtlich: ins Gefängnis.

b Sprüche 10,12

3,17 2,20 **3,18** Röm 5,6–8; 6,10; Hebr 10,14* **3,19–20** 4,6; 1 Mo 7,5–23; 2 Petr 2,5 **3,21** 1 Kor 6,11; Hebr 10,22 **3,22** Röm 8,34*.38–39; Kol 2,14–15; 3,1–2 **4,1** 1,6; 2 Tim 3,12* **4,2–4** 1 Kor 6,11; Tit 3,3–6 **4,5** 2 Kor 5,10* **4,6** 3,19 **4,7** Eph 5,20; Phil 4,6; Kol 4,2; 1 Thess 5,17 **4,8** Röm 12,10* **4,9** Röm 12,13; 1 Tim 3,2; Tit 1,8; 3 Joh 5–8; Hebr 13,2 **4,10–11** Röm 12,4–8; 1 Kor 12,12–31; Eph 4,11–13

Kraft, die Gott ihm gibt. So ehren wir
Gott mit allem, was wir sind und haben.
Jesus Christus hat uns dies ermöglicht.
Gott gehört alle Ehre und alle Macht für
immer und ewig. Amen.

Leiden gehört zum Christsein

12 Meine lieben Freunde! Wundert euch
nicht über die heftigen Anfeindungen,
die ihr jetzt erfahrt. Sie sollen euren
Glauben prüfen und festigen und sind
nichts Außergewöhnliches. 13 Freut euch
vielmehr darüber, dass ihr mit Christus
leidet; dann werdet ihr auch jubeln und
euch mit ihm freuen, wenn er in all seiner
Herrlichkeit erscheint.

14 Ihr dürft euch glücklich nennen,
wenn man euch angreift und verhöhnt,
nur weil ihr Christen seid. Daran zeigt
sich nämlich, dass der Geist Gottes, der
Geist seiner Herrlichkeit, bei euch ist.
15 Freilich soll keiner von euch leiden,
weil er als Mörder, Dieb oder wegen an-
derer Verbrechen bestraft werden musste
oder weil er sich Rechte anmaßt, die ihm
nicht zustehen. 16 Wer dagegen leidet,
weil er ein Christ ist, der braucht sich
nicht zu schämen. Er soll Gott dafür dan-
ken, dass er zu Christus gehört.

17 Denn es ist Zeit für das Gericht Got-
tes, und es beginnt bei denen, die zu ihm
gehören. Wenn aber schon wir gerichtet
werden, welches Ende werden dann die
nehmen, die Gottes rettende Botschaft
ablehnen! 18 Wenn schon der nur mit
knapper Not gerettet wird, der nach Got-
tes Willen lebt, wie wird es erst denen er-
gehen, die von Gott nichts wissen wollen
und seine Gebote mit Füßen treten?
19 Wer nach Gottes Willen leiden muss,
der soll sich nicht davon abbringen las-
sen, Gutes zu tun und seinem treuen
Schöpfer sein Leben anzuvertrauen.

Die Gemeinde und ihre Leiter

5 Jetzt noch ein Wort an die Leiter eu-
rer Gemeinden. Ich selbst habe die
gleiche Aufgabe wie ihr, bin ein Zeuge
der Leiden Christi und werde auch an sei-
ner Herrlichkeit Anteil haben, wenn er
kommt. Deshalb möchte ich euch bitten:
2 Versorgt die Gemeinde gut, die euch
Gott anvertraut hat. Hütet die Herde
Gottes als gute Hirten, und das nicht nur
aus Pflichtgefühl, sondern aus freien
Stücken. Das erwartet Gott. Seid nicht
darauf aus, euch zu bereichern, sondern
arbeitet gern, auch ohne Gegenleistung.
3 Spielt euch nicht als die Herren eurer
Gemeinde auf, sondern seid ihre Vor-
bilder. 4 Nur dann werdet ihr den un-
vergänglichen, herrlichen Siegeskranz
erhalten, wenn Christus kommt, der ja
der oberste Hirte seiner Gemeinde ist.

5 Den jungen Leuten unter euch sage
ich: Ordnet euch den Leitern eurer Ge-
meinden[a] unter! Und für euch alle gilt:
Hütet euch vor Hochmut! Denn »die
Hochmütigen weist Gott von sich; aber
er hilft denen, die wissen, dass sie ihn
brauchen«[b]. 6 Deshalb beugt euch unter
Gottes mächtige Hand. Gott wird euch
aufrichten, wenn seine Zeit da ist.

7 Ladet alle eure Sorgen bei Gott ab,
denn er sorgt für euch. 8 Bleibt besonnen
und wachsam! Denn der Teufel, euer
Todfeind, läuft wie ein brüllender Löwe
um euch herum. Er wartet nur auf ein
Opfer, das er verschlingen kann. 9 Stark
und fest im Glauben sollt ihr seine An-
griffe abwehren. Und denkt daran, dass
alle Christen in der Welt diese Leiden er-
tragen müssen.

10 Gott aber, von dem ihr so viel unver-
diente Güte erfahrt, hat euch durch Jesus
Christus zugesagt, dass er euch nach die-
ser kurzen Leidenszeit in seine ewige

---

a Oder: den Älteren.
b Sprüche 3,34

4,12–16 *1,6; 2,20–21;* 3,14; Apg 5,40–41; Phil 1,29; 2 Tim 3,12* **4,17–18** 2 Kor 5,10*; 2 Thess 1,8–10 **4,19** Eph 2,10* **5,1** Lk 24,48; Röm 8,17; 2 Kor 1,7 **5,2** Joh 10,12; 21,15–17; Apg 20,28; 1 Tim 3,1–7; 6,5 **5,3** 1 Kor 11,1*; 2 Kor 1,24 **5,4** Jak 1,12; Offb 3,11 **5,5** Eph 5,21; Mt 23,12; Jak 4,6 **5,6** Jak 4,10 **5,7** Ps 55,23; Mt 6,25–34; Phil 4,6 **5,8** Lk 22,31; 2 Kor 2,11; 1 Thess 2,18; 5,6 **5,9** Röm 13,11–12; Eph 6,11; Jak 4,7; 2 Tim 3,12* **5,10** 1,5–6

Herrlichkeit aufnimmt. Er wird euch ans Ziel bringen, euch Kraft und Stärke geben, so dass ihr fest und sicher steht. 11 Ihm allein gehört alle Macht für immer und ewig. Amen.

Grüße und Segenswünsche

12 Silvanus, den ich als treuen Bruder sehr schätze, hat mir geholfen, diesen kurzen Brief an euch zu schreiben. Damit wollte ich euch Mut machen und euch bezeugen, dass Gott barmherzig ist und euch wirklich liebt. Daran haltet fest!

13 Die Gemeinde hier in Babylon[a], die genauso von Gott auserwählt ist wie ihr, sendet euch Grüße, ebenso Markus, den ich wie einen Sohn liebe. 14 Grüßt euch untereinander mit dem Kuss, der eure Liebe zueinander zeigt. Gottes Friede sei mit euch allen, die ihr mit Christus verbunden seid!

---

a Babylon ist vielleicht eine verschlüsselte Bezeichnung für Rom.

5,12 2 Thess 1,1 **5,13** Apg 12,25*

Der zweite Brief des Petrus

Anschrift und Gruß

1 Diesen Brief schreibt Simon Petrus,
ein Diener und Apostel Jesu Christi,
an alle, die denselben Glauben haben wie
wir. Dieser kostbare Glaube wurde uns
geschenkt, weil wir durch Jesus Christus,
unseren Retter, von Gott angenommen
sind.
2 Ich wünsche euch, dass Gottes Gnade
und sein Friede euch immer mehr erfül-
len. Das wird geschehen, wenn ihr Gott
und unseren Herrn Jesus Christus immer
besser kennen lernt.

Bewährung im Glauben

3 Gott hat uns alles geschenkt, was wir
brauchen, um zu leben, wie es ihm gefällt.
Denn wir haben ihn kennen gelernt; er
hat uns in seiner Macht und Herrlichkeit
zu einem neuen Leben berufen. 4 Da-
durch hat er uns das Größte und Wert-
vollste überhaupt geschenkt: Er hat euch
zugesagt, dass ihr an seinem ewigen
Wesen und Leben Anteil haben werdet.
Denn ihr seid dem Verderben entronnen,
das durch die menschlichen Leidenschaf-
ten und Begierden in die Welt gekom-
men ist. 5 Deshalb setzt alles daran, Gott
zu vertrauen, und zeigt das durch ein vor-
bildliches Leben. Jeder soll sehen, dass
ihr Gott kennt. 6 Diese Erkenntnis Gottes
zeigt sich in eurer Selbstbeherrschung.
Selbstbeherrschung erfordert Ausdauer,
und aus der wiederum erwächst wahre
Liebe zu Gott. 7 Wer Gott liebt, wird auch
seine Brüder und Schwestern lieben, und
schließlich werden alle Menschen diese
Liebe zu spüren bekommen.
8 Wenn ihr diesen Weg geht und dabei
weiter vorankommt, wird euer Glaube
nicht leer und wirkungslos bleiben, son-
dern ihr werdet unseren Herrn Jesus
Christus immer besser kennen lernen.
9 Wer aber nicht auf diesem Weg ist, der
tappt wie ein Blinder im Dunkeln, denn
er hat vergessen, dass er von seiner
Schuld befreit wurde.
10 Deshalb sollt ihr euch mit aller Kraft
in dem bewähren, wozu Gott euch beru-
fen und auserwählt hat. Dann werdet ihr
nicht vom richtigen Weg abkommen,
11 und die Tür zur ewigen Welt unseres
Herrn und Retters Jesus Christus wird
euch weit offen stehen. 12 Ich will euch
immer wieder an all dies erinnern, selbst
wenn ich euch damit nichts Neues sage.
Ihr seid ja längst davon überzeugt und in
der Wahrheit gefestigt, die euch verkün-
det wurde. 13 Trotzdem halte ich es für
meine Pflicht, euch immer wieder daran
zu erinnern und euch wach zu halten, so-
lange ich lebe. 14 Durch unseren Herrn Je-
sus Christus weiß ich aber, dass ich diese
Erde bald verlassen muss. 15 Deswegen
sorge ich dafür, dass ihr euch das alles
auch nach meinem Tod in Erinnerung ru-
fen könnt.

Zeugen der Wahrheit

16 Wir haben doch keine schönen Mär-
chen erzählt, als wir euch von der Macht
unseres Herrn Jesus Christus und von sei-
nem Erscheinen berichteten. Mit unseren
eigenen Augen haben wir ihn in seiner
ganzen Größe und Herrlichkeit ja selbst
schon gesehen. 17/18 Gott, der Vater, hat
ihm diese Ehre und Macht gegeben. Als
Jesus mit uns auf dem Berg war, haben
wir selber die Stimme des höchsten Got-

1,1 Mt 4,18–20; 10,2; Lk 2,11* **1,3** 1 Tim 6,12 **1,5** Mt 5,16; 1 Petr 2,12.15 **1,6** Gal 5,22 **1,7** Joh 13,34–35; Röm 12,10* **1,8** Joh 15,4 **1,9** 1 Joh 2,9–11 **1,10–11** Röm 2,7; 2 Thess 2,13–15; Hebr 12,28 **1,14** Joh 21,18–19

tes vom Himmel gehört: »Das ist mein
geliebter Sohn, an dem ich meine Freude
habe.«[a]

19 Umso fester verlassen wir uns jetzt
auf das, was Gott durch seine Propheten
zugesagt hat. Auch ihr tut gut daran,
wenn ihr darauf hört. Denn Gottes Zusa-
gen leuchten wie ein Licht in der Dunkel-
heit, bis der Tag anbricht und der auf-
gehende Morgenstern in eure Herzen
scheint.

20 Doch vergesst nicht: Kein Mensch
kann jemals die prophetischen Worte
der Heiligen Schrift aus eigenem Wissen
deuten. 21 Denn niemals haben sich die
Propheten selbst ausgedacht, was sie ver-
kündeten. Immer trieb sie der Heilige
Geist dazu, das auszusprechen, was Gott
ihnen eingab.

Gottes Gericht über die Irrlehrer

2 Doch schon damals hat es im Volk
Israel falsche Propheten gegeben.
Solche Leute werden auch bei euch auf-
treten und Lehren verbreiten, die euch
ins Verderben stürzen sollen. Damit ver-
leugnen sie Christus, den Herrn, der sie
doch von ihren Sünden freigekauft hat.
Aber sie sollen ein schnelles Ende
finden! 2 Trotzdem werden viele auf sie
hören und sich ihrem zügellosen Leben
anschließen. Diese Leute bringen unse-
ren Glauben, den wahren Weg zu Gott,
in Verruf. 3 Sie können nie genug bekom-
men und werden euch belügen und be-
trügen, um euch das Geld aus der Tasche
zu ziehen. Doch das Urteil über sie ist
längst gefällt; sie werden ihrem Unter-
gang nicht entgehen. 4 Gott hat nicht ein-
mal die Engel, die sich gegen ihn auflehn-
ten, vor der Strafe verschont, sondern sie
in den tiefsten Abgrund gestoßen. Dort
müssen sie – gefesselt in der Finsternis –
auf den Gerichtstag warten. 5 Ebenso
wenig hat er die Menschen[b] zu Noahs
Zeiten geschont. Als die große Flut über
die Gottlosen hereinbrach, kamen alle
um; nur acht wurden gerettet: Noah, der
die Menschen zur Umkehr aufrief, und
sieben andere aus seiner Familie. 6 Auch
die Städte Sodom und Gomorra hat Gott
in Schutt und Asche sinken lassen und
damit sein Urteil an ihnen vollstreckt.
Dies sollte ein warnendes Beispiel für
die Menschen aller Zeiten sein, die von
Gott nichts wissen wollen. 7 Nur Lot hat
er gerettet, der so lebte, wie es Gott
gefällt, und durch das ausschweifende
Leben der Bewohner Sodoms viel erlei-
den musste. 8 Für ihn, der nach Gottes
Willen lebte, war es eine Qual, die Bos-
heit dieser Menschen Tag für Tag hören
und sehen zu müssen.

9 Denkt daran: Gott weiß genau, wie er
alle, die nach seinem Willen leben, aus
Versuchungen und Gefahren rettet. Aber
ebenso gewiss lässt er alle, die seinen Wil-
len missachten, ihre Strafe am Tag des
Gerichts erwarten. 10 Sein Gericht wird
vor allem die treffen, die sich von ihren
Trieben und Leidenschaften beherrschen
lassen und so tun, als gäbe es keinen
Herrn, der sie zur Rechenschaft zieht.

Gefährliche Folgen der Irrlehre

Diese frechen und überheblichen Irrleh-
rer schrecken nicht davor zurück, höhere
Mächte zu verspotten. 11 Das wagen nicht
einmal die Engel, die doch viel stärker
und mächtiger sind. Niemals würden sie
diese Mächte vor Gott, dem Herrn, lä-
cherlich machen und verurteilen.

12 Diese falschen Lehrer haben genauso
wenig Verstand wie das Vieh, das nur
zum Fangen und Schlachten geboren
wird. Sie verspotten, was sie gar nicht
verstehen, aber ihre Bosheit wird ihnen
zum Verhängnis werden. 13 Sie werden

---

[a] Matthäus 17,5
[b] Wörtlich: die frühere Welt.

1,19 Röm 13,12; Offb 10,7; Ps 119,105 **1,20–21** Röm 15,4; 2 Tim 3,15–16 **2,1** Mt 7,15; 24,11; Apg 20,29–30; 2 Kor 11,13–15 **2,2–3** 1 Tim 6,3–5; Jud 11 **2,4** Jud 6 **2,5** 1 Petr 3,19–20; 4,6; 1 Mo 7,5–23 **2,6** 1 Mo 19,24–25* **2,7–8** 1 Mo 19,1–22 **2,9** 1 Kor 10,13; Hebr 2,17–18; 4,14–16 **2,10–11** Jud 8–9 **2,12** Jud 10 **2,13** Jud 12

für ihren Unglauben und ihre Verdorben-
heit bezahlen müssen. Besteht doch ihr
ganzes Vergnügen darin, von früh bis
spät die üppigsten Gelage zu veranstal-
ten. Ein Schandfleck sind sie in eurer Ge-
meinde; denn sie verbreiten selbst dann
noch ihre betrügerischen Irrlehren, wenn
sie mit euch zusammen essen.
14 Ständig machen sie Frauen schöne
Augen, die zum Seitensprung bereit sind.
Unersättlich geben sie sich der Sünde
hin. Sie verführen alle, die leicht zu be-
einflussen sind. Habgier hat alles andere
aus ihrem Herzen verdrängt. Gottes
Fluch wird sie treffen. 15 Den richtigen
Weg haben sie verlassen und gehen in
die Irre; genauso wie Bileam, der Sohn
Beors. Er war bereit, für Geld Unrecht
zu tun. 16 Aber Bileam wurde von seinem
Unrecht überführt. Ein Esel war es, der
mit menschlicher Stimme zu ihm sprach
und den Propheten hinderte, sein wahn-
witziges Unternehmen auszuführen.
17 Diese falschen Lehrer sind wie Brun-
nen ohne Wasser, wie Wolken, die vom
Wind vertrieben werden, ohne den er-
sehnten Regen zu bringen. In der tiefsten
Finsternis werden sie einmal für ihre Bos-
heit büßen müssen. 18 Sie schwingen gro-
ße Reden, doch es ist nichts als hohles
Geschwätz. Noch schlimmer ist, dass sie
mit ihrem zügellosen Leben alle wieder
in die Sünde hineinreißen, die gerade erst
den falschen Weg verlassen haben und
mit knapper Not entkommen sind. 19 Sie
versprechen anderen die Freiheit, sind
aber selbst Gefangene ihrer Leidenschaf-
ten. Denn von wem ich mich überwälti-
gen lasse, dessen Gefangener werde ich.
20 Viele haben Jesus Christus als ihren
Herrn und Retter kennen gelernt und
sich von der Verdorbenheit dieser Welt
getrennt. Wenn sie sich aber dann wieder
von der Sünde überwinden und gefangen
nehmen lassen, so sind sie schlimmer
dran als je zuvor. 21 Es wäre besser, sie
hätten nie etwas von Christus[a] erfahren!
Denn so haben sie ihn zwar kennen ge-
lernt, sich dann aber doch wieder von
den heiligen Geboten, die sie empfangen
haben, abgewandt. 22 Ihr kennt sicher das
Sprichwort: »Der Hund frisst noch ein-
mal, was er eben herausgewürgt hat.«
Oder das andere: »Auch ein gewaschenes
Schwein wälzt sich wieder im Dreck.«
Nichts anderes tun diese Menschen.

Christus kommt wieder

3 Das ist nun mein zweiter Brief an
euch, liebe Freunde. Ich wollte euch
wieder an so manches erinnern, damit ihr
auch in Zukunft aufrichtig und standhaft
bleibt. 2 Vergesst nicht, was schon die
Propheten Gottes vor langer Zeit gesagt
haben! Erinnert euch an die Weisungen
unseres Herrn und Retters Jesus Chris-
tus, die euch die Apostel weitergegeben
haben.
3 Vor allen Dingen müsst ihr wissen,
dass in dieser letzten Zeit Menschen auf-
treten werden, denen nichts heilig ist.
Über alles machen sie sich lustig und las-
sen sich nur von ihren Begierden treiben.
4 Spöttisch werden sie euch fragen: »Wo
ist denn nun euer Christus? Hat er nicht
versprochen, dass er wieder kommt?
Schon unsere Vorfahren haben vergeb-
lich gewartet. Sie sind längst gestorben,
und alles ist so geblieben, wie es von An-
fang an war!« 5/6 Dabei wollen sie nicht
wahrhaben, dass Gott schon einmal
durch eine große Flut diese Erde zerstör-
te, die er durch sein Wort am Anfang der
Welt aus dem Wasser erschaffen hatte[b].
7 Auch unser Himmel und unsere Erde
werden nur so lange bestehen, wie Gott
es will. Dann aber, am Tag des Gerichts,
wird er sein Urteil über alle Gottlosen
sprechen, und auf sein Wort hin wird das
Feuer Himmel und Erde vernichten.
8 Doch eins dürft ihr dabei nicht ver-

[a] *Wörtlich: vom Weg der Gerechtigkeit.*
[b] Wörtlich: eine Erde aus Wasser und im Wasser bestehend.

2,14 Mt 5,27–28; Eph 5,5; 1 Tim 6,10 **2,15** 4 Mo 22,5* **2,16** 4 Mo 22,28–30 **2,17** Jud 12–13 **2,19** Joh 8,34; Röm 6,16 **2,20–22** 1 Joh 5,10–12 **2,22** Spr 26,11 **3,3–4** Mt 24,23–24; 1 Tim 4,1–2; Jud 18–19 **3,5–6** 1 Mo 7,5–23 **3,7** 1 Petr 4,17–19; Offb 21,1 **3,8** Ps 90,4

Er sorgt für uns

Lesen Sie 2. Petrus 1,3-11

Jesus nennt Gott beständig seinen Vater. Doch in Matthäus 7,9-11 stellt er uns Gott auch als unseren Vater vor: „Würde jemand von euch seinem Kind einen Stein geben, wenn es um ein Stück Brot bittet? Oder eine giftige Schlange, wenn es um einen Fisch bittet? Wenn schon ihr hartherzigen Menschen euren Kindern Gutes gebt, wie viel mehr wird euer Vater im Himmel denen Gutes schenken, die ihn darum bitten!"

Wenn Sie Gottes Rolle als Vater in wenigen Worten zusammenfassen sollten, welche Formulierung würden Sie dafür wählen? Vielleicht wäre es passend zu sagen: Er sorgt für uns. Genau wie Jesus es in Matthäus 7 beschreibt, schenkt Gott seinen Kindern großzügig gute Gaben, und er hat auch für alles gesorgt, was wir brauchen, „um zu leben, wie es ihm gefällt" (2. Petrus 1,3). Er hat uns nicht nur das Leben geschenkt, sondern er erhält es auch und stillt unsere Bedürfnisse.

Das bedeutet allerdings nicht, dass wir nicht selbst tätig werden und Verantwortung für die Versorgung unserer Familie übernehmen. Wir sollen Gott vertrauen und uns auf ihn verlassen, aber damit endet unsere Aufgabe nicht. Als Paar stehen wir vor der Herausforderung, gemeinsam die beste Strategie dafür zu entwickeln, wie wir unsere Familie versorgen können. Unser Ziel lautet nicht nur, die Rechnungen zu bezahlen, sondern auch eine liebevolle, fürsorgliche und fördernde Atmosphäre zu schaffen, in der wir als Familie und im Glauben an Christus wachsen können. Das ist eine große Aufgabe, doch wir können es schaffen, wenn wir gemeinsam an einem Strang ziehen.

Nehmen Sie sich Zeit, um allein oder als Paar gemeinsam zu beten.

- Danken Sie Gott, dass er für Sie sorgt und Ihnen alles gibt, was Sie brauchen, „um zu leben, wie es ihm gefällt" (2. Petrus 1,3).
- Bitten Sie Gott, dass Sie als Team zusammenarbeiten und für die Bedürfnisse Ihrer Familie sorgen können.
- Bitten Sie Gott, dass Sie Ihre besondere Rolle in diesem Team annehmen können.

Wenn Sie noch mehr Zeit haben ...

Besprechen Sie miteinander folgende Fragen oder denken Sie darüber nach:

- Denken Sie an eine Zeit in Ihrer Ehe zurück, in der Sie ganz auf Gott vertrauen mussten, um Ihre täglichen Bedürfnisse zu erfüllen.
- Welche Probleme treten auf, wenn vor allem ein Partner für das finanzielle Einkommen der Familie verantwortlich ist?
- Wie sind in Ihrer Ehe die Aufgaben im Blick auf die finanzielle Versorgung und die Fürsorge für Angehörige verteilt?

Lesen Sie auch die folgenden Abschnitte zum Thema Rollenverteilung:

1. Mose 2,18; Epheser 5,22-23; 1. Petrus 3,1-7.

Innere Reinigung

Lesen Sie 1. Johannes 1,1-10

Es ist nicht schwer für uns, die Sünden unseres Partners zu erkennen und aufzulisten, doch viel wichtiger wäre es, die eigenen Sünden zu sehen und zu bekennen. Als ersten Schritt können wir ganz einfach fragen: „Herr, was sind meine Fehler?" Dieses Gebet wird Gott erhören. Wenn er Ihnen dann behutsam Ihre Sünden aufzeigt, schreiben Sie diese auf. Zum Beispiel könnte er Sie auf verborgene Sünden wie die folgenden hinweisen:

Die Sünde der Bitterkeit, die in Epheser 4,31 erwähnt wird: „Mit Bitterkeit, Jähzorn und Wut sollt ihr nichts mehr zu tun haben. Schreit einander nicht an, redet nicht schlecht über andere, und vermeidet jede Feindseligkeit." Vielleicht hat Ihr Partner diese negative Haltung bei Ihnen ausgelöst; dennoch sind Sie dafür verantwortlich, dass die Bitterkeit in Ihnen wachsen konnte.

Die Sünde der Unfreundlichkeit, mit der das Gebot in Epheser 4,32 verletzt wird: „Seid vielmehr freundlich und barmherzig, und vergebt einander, so wie Gott euch durch Jesus Christus vergeben hat." Egal ob Ihr Partner Ihnen gegenüber freundlich ist oder nicht, mangelnde Freundlichkeit ist für Christen immer falsch.

Ein Mangel an Liebe gegenüber Ihrem Partner. Die Liebe, wie sie in 1. Korinther 13 beschrieben wird, ist eher ein Verhalten oder eine innere Einstellung als ein Gefühl. Wenn es Ihnen nicht gelingt, Ihrem Partner mit Liebe zu begegnen, haben Sie gesündigt.

Vielleicht macht der Heilige Geist Sie auf viele Sünden aufmerksam. Schreiben Sie diese nacheinander auf, bis Ihnen keine mehr in den Sinn kommt. Dann lesen Sie 1. Johannes 1,9 und bekennen Gott gegenüber, dass diese Verhaltensweisen in Ihrem Leben falsch sind.

Nehmen Sie sich Zeit, um allein oder als Paar gemeinsam zu beten. Bitten Sie Gott ...
- Ihnen Ihre Sünden aufzuzeigen;
- Ihnen Ihre Sünden zu vergeben;
- *dass Sie Ihrem Partner* barmherzig gegenübertreten können, wie Jesus es bei Ihnen tat;
- dass er Ihnen zeigt, wie man wahre Liebe gemäß 1. Korinther 13 lebt.

Wenn Sie noch mehr Zeit haben ...

Besprechen Sie miteinander folgende Fragen oder denken Sie darüber nach:
- Lesen Sie 1. Korinther 13 gemeinsam. Wo erkennen Sie, dass die Liebe als eine Entscheidung, eine innere Haltung oder ein Handeln beschrieben wird und weniger als ein Gefühl?
- Wie gehören Sündenbekenntnis und Vergebung zusammen? Ist das eine abhängig vom anderen?

Lesen Sie auch die folgenden Abschnitte zum Thema Sündenbekenntnis:
Psalm 32,3-5; Sprüche 28,13; Hosea 14,2-3.

Den nächsten Impuls finden Sie auf S. 1422 a

gessen, liebe Freunde: Was für uns ein
Tag ist, das ist für Gott wie tausend Jahre;
und was für uns tausend Jahre sind,
das ist für ihn wie ein Tag. 9 Wenn manche
also behaupten, Gott würde seine
Zusage nicht einhalten, dann stimmt das
einfach nicht. Gott kann sein Versprechen
jederzeit einlösen. Aber er hat Geduld
mit euch und will nicht, dass auch
nur einer von euch verloren geht. Jeder
soll Gelegenheit haben, zu Gott umzukehren.

Ein neuer Himmel und eine neue Erde

10 Doch der Tag, an dem der Herr sein Urteil
spricht, wird so plötzlich und unerwartet
da sein wie ein Dieb. Krachend
werden dann die Himmel zerbersten, die
Elemente werden sich auflösen und im
Feuer verglühen, und die Erde wird verbrennen
mit allem, was auf ihr ist[a].
11 Wenn aber alles in dieser Weise zugrunde
gehen wird, müsst ihr euch erst recht
darauf vorbereiten, das heißt, ihr müsst
ein Leben führen, das Gott gefällt und
allein auf ihn ausgerichtet ist.

12 So erwartet ihr diesen Tag, an dem
Gott kommt, und tut alles dazu, dass er
nicht mehr lange auf sich warten lässt.
Dann werden die Himmel im Feuer verbrennen
und die Elemente in der Glut
zerschmelzen. 13 Wir alle aber warten auf
den neuen Himmel[b] und die neue Erde,
die Gott uns zugesagt hat. Wir warten auf
diese neue Welt, in der es endlich Gerechtigkeit gibt.

Ermahnungen und Segenswünsche

14 Ich weiß, dass ihr, meine Freunde, voller
Hoffnung darauf wartet, deshalb ermahne
ich euch: Lebt so, dass ihr dem
Herrn ohne Schuld und mit einem reinen
Gewissen im Frieden gegenübertreten
könnt. 15 Erkennt doch: Der Herr bringt
euch so viel Geduld entgegen, damit ihr
gerettet werdet! Das hat euch ja auch
schon unser lieber Bruder Paulus gesagt,
dem Gott in all diesen Fragen viel Weisheit
geschenkt hat. 16 Er schreibt in seinen
Briefen mehrfach darüber. Allerdings ist
manches davon nur schwer zu verstehen.
Und deshalb haben Leute, die entweder
unwissend oder im Glauben noch nicht
gefestigt sind, vieles verdreht und verfälscht.
So machen sie es ja auch mit den
anderen Heiligen Schriften und stürzen
sich damit selbst ins Verderben. 17 Ihr
aber, meine Lieben, wisst nun, wie gefährlich
diese Irrlehrer sind. Hütet euch
vor ihnen! Lasst euch nicht von eurem
festen Glauben abbringen, und geht nicht
mit ihnen in die Irre. 18 Ich wünsche euch
vielmehr, dass ihr in eurem Leben immer
mehr die unverdiente Liebe unseres
Herrn und Retters Jesus Christus erfahrt
und ihn immer besser kennen lernt. Denn
ihm allein gehört alle Ehre – jetzt und in
Ewigkeit! Amen.

---

[a] Verschiedene Textzeugen geben den griechischen Text unterschiedlich wieder. Am besten bezeugt ist: »und die Erde mit allem, was auf ihr ist, wird gefunden werden.« Unter Berücksichtigung des Zusammenhanges (Verse 7 und 12) wurde diese Übersetzung gewählt.

[b] Wörtlich: auf neue Himmel.

3,9 1 Tim 2,4; Tit 1,1 **3,10** 1 Thess 5,2; Mt 24,29; Offb 20,11; 21,1 **3,13** Röm 8,20–22; Eph 1,10 **3,14** Tit 2,13* **3,15** 3,9; Röm 2,4 **3,17** 1 Kor 10,12 **3,18** Lk 2,11*

Der erste Brief des Johannes

Das Wort, das zum Leben führt

1 Das Wort, das zum Leben führt, war
von Anfang an da. Wir haben es
selbst gehört. Ja, wir haben es sogar mit
unseren eigenen Augen gesehen und mit
unseren Händen berührt. 2 Dieses Leben
hat sich uns gezeigt. Wir haben es gese-
hen und können es bezeugen. Deshalb
verkünden wir die Botschaft vom ewigen
Leben. Es ist von Gott, dem Vater, ge-
kommen, und er hat es uns gezeigt.
3 Was wir nun selbst gesehen und gehört
haben, das geben wir euch weiter, damit
ihr mit uns im Glauben verbunden seid.
Gemeinsam gehören wir zu Gott, dem
Vater, und zu seinem Sohn Jesus Christus.
4 Wir schreiben euch das, damit wir uns
von ganzem Herzen freuen können[a].

Leben im Licht Gottes

5 Das ist die Botschaft, die wir von
Christus gehört haben und die wir euch
weitersagen: Gott ist Licht. Bei ihm gibt
es keine Finsternis. 6 Wenn wir also be-
haupten, dass wir zu Gott gehören, und
dennoch in der Finsternis leben, dann
lügen wir und widersprechen mit unse-
rem Leben der Wahrheit. 7 Leben wir
aber im Licht, so wie Gott im Licht ist,
dann haben wir Gemeinschaft miteinan-
der. Und das Blut, das sein Sohn Jesus
Christus für uns vergossen hat, befreit
uns von aller Schuld.
8 Wenn wir behaupten, sündlos zu sein,
betrügen wir uns selbst. Dann ist kein
Fünkchen Wahrheit in uns. 9 Wenn wir
aber unsere Sünden bekennen, dann er-
füllt Gott seine Zusage treu und gerecht:
Er wird unsere Sünden vergeben und uns
von allem Bösen reinigen. 10 Doch wenn
wir behaupten, wir hätten gar nicht ge-
sündigt, dann machen wir Gott zum Lüg-
ner und zeigen damit nur, dass seine Bot-
schaft in uns keinen Raum hat.

Woran man einen Christen erkennt

2 Meine geliebten Kinder, ich schreibe
euch, damit ihr nicht länger sündigt.
Sollte aber doch jemand Schuld auf sich
laden, dann tritt einer beim Vater für uns
ein, der selbst ohne jede Sünde ist: Jesus
Christus. 2 Denn Christus hat unsere Sün-
den, ja, die Sünden der ganzen Welt auf
sich genommen; er hat sie gesühnt.
3 Wenn wir uns an Gottes Gebote hal-
ten, zeigt uns dies, dass wir Gott kennen.
4 Wenn jemand behauptet: »Ich kenne
Gott«, hält sich aber nicht an seine Gebo-
te, so ist er ein Lügner; die Wahrheit ist
nicht bei ihm zu finden. 5 Doch wer nach
dem lebt, was Gott gesagt hat, an dem
zeigt sich Gottes ganze Liebe. Daran ist
zu erkennen, ob wir wirklich mit Christus
verbunden sind. 6 Wer von sich sagt, dass
er zu Christus gehört, der soll auch so le-
ben, wie Christus gelebt hat.

Das alte und das neue Gebot

7 Was ich euch jetzt schreibe, meine Lie-
ben, ist kein neues Gebot, sondern die
Botschaft Gottes, die ihr von Anfang an
gehört habt. 8 Und trotzdem ist dieses
Gebot neu, weil Christus es verwirklicht
hat und ihr jetzt danach lebt. Denn die
Finsternis schwindet, weil das wahre
Licht für uns leuchtet.

---

[a] Andere Textzeugen schreiben: damit ihr euch von ganzem Herzen freuen könnt.

1,1 Joh 1,1–2 **1,2** Joh 1,4.14; 15,27 **1,3** Joh 20,31 **1,4** Joh 15,11 **1,5** Joh 8,12; 1 Tim 6,16 **1,6** 2,4.9; Joh 3,21 **1,7** Hebr 9,14; 1 Petr 1,18–19 **1,9** Ps 32,1–5 **2,1** Röm 6,1–2; 8,34; Hebr 7,24–25 **2,2** Joh 1,29* **2,4** 1,6 **2,5** 5,3; Joh 14,15 **2,6** Joh 13,15 **2,7–8** Joh 13,34*

9 Wenn nun jemand behauptet, in diesem Licht zu leben, hasst aber seinen Bruder oder seine Schwester, dann lebt er in Wirklichkeit immer noch in der Finsternis. 10 Nur wer seine Geschwister liebt, der lebt wirklich im Licht. An ihm lässt sich nichts Anstößiges finden.[a] 11 Wer dagegen seinen Bruder oder seine Schwester hasst, der lebt ganz und gar in der Finsternis und weiß nicht, wohin er geht. Er ist wie ein Blinder, der nichts sehen kann in all der Dunkelheit, die ihn umgibt.

12 Dies schreibe ich euch, meine geliebten Kinder, weil ich weiß, dass eure Schuld durch Jesus Christus vergeben ist. 13 Euch Vätern schreibe ich, weil ihr den kennt, der von Anfang an da gewesen ist. Ich schreibe aber auch euch, ihr jungen Leute; denn ihr habt den Bösen besiegt. 14 Euch Kindern schreibe ich, weil ihr den Vater kennt; ebenso habe ich euch Vätern geschrieben, weil ihr den kennt, der von Anfang an da war. Und euch, ihr jungen Leute, habe ich geschrieben, weil ihr in eurem Glauben stark geworden seid. Gottes Wort wohnt in euch, und ihr habt den Bösen besiegt. 15 Liebt nicht diese Welt, und hängt euer Herz nicht an irgendetwas, das zu dieser Welt gehört. Denn wer die Welt liebt, kann nicht zugleich Gott, den Vater, lieben. 16 Was gehört nun zum Wesen dieser Welt? Selbstsüchtige Wünsche, die Gier nach allem, was einem ins Auge fällt, Selbstgefälligkeit und Hochmut. All dies kommt nicht von Gott, unserem Vater, sondern gehört zur Welt. 17 Die Welt aber mit ihren Verlockungen wird vergehen. Nur wer tut, was Gott gefällt, wird ewig leben.

Nichts soll euch von Christus trennen

18 Das Ende dieser Welt ist nahe, meine geliebten Kinder! Ihre letzte Stunde ist angebrochen. Ihr wisst, dass zu dieser Zeit der Feind Christi, der Antichrist, kommen wird. Schon jetzt sind viele Antichristen aufgetreten. Daran können wir erkennen, dass die Welt ihrem Ende entgegengeht. 19 Diese Feinde Christi kommen zwar aus unseren eigenen Reihen, in Wirklichkeit aber haben sie nie zu uns gehört. Denn wären sie wirklich Christen gewesen, hätten sie sich niemals so weit von uns entfernt. Nun aber ist für jedermann sichtbar geworden, dass sie gar nicht zu uns gehören.

20 Doch euch hat Christus seinen Heiligen Geist gegeben, und deshalb kennt ihr die Wahrheit. 21 Ich schreibe euch also nicht, weil ich meinte, ihr müsstet die Wahrheit über Gott erst noch erfahren. Ihr kennt diese Wahrheit sehr gut und wisst auch, dass aus ihr keine verlogene Irrlehre kommen kann.

22 Wenn nun jemand behauptet, Jesus sei gar nicht Christus, der von Gott gesandte Retter, muss der nicht ein Lügner sein? Wer den Vater und den Sohn leugnet, ist ohne jeden Zweifel ein Antichrist. 23 Denn wer sich gegen den Sohn stellt, der stellt sich auch gegen den Vater. Doch wer sich zum Sohn bekennt, der hat auch Gemeinschaft mit dem Vater.

24 Lasst euch also nicht von dem abbringen, was ihr von Anfang an gehört habt. Wenn ihr daran festhaltet, dann werdet ihr für immer mit Gott, dem Vater, und mit seinem Sohn Jesus Christus verbunden sein. 25 Denn genau das hat uns Gott zugesagt: ewiges Leben bei ihm.

26 Das müsst ihr über diese Leute wissen, die euch vom richtigen Weg abbringen wollen. 27 Doch der Heilige Geist[b], den euch Christus gegeben hat, er bleibt in euch. Deshalb braucht ihr keine anderen Lehrer, der Heilige Geist selbst ist euer Lehrer. Was er euch sagt, ist wahr und ohne Lüge. Haltet also an dem fest, was euch der Geist lehrt, und bleibt bei Christus.

---

[a] Oder: In ihm gibt es nichts, wodurch er (selbst) zu Fall kommen könnte.
[b] Wörtlich: die Salbung; oder: das Salböl.

2,9 4,20 **2,13** 1,1; Joh 1,1–2 **2,15** Jak 4,4 **2,16** Röm 13,14; Gal 5,19–21 **2,17** 1 Kor 7,31 **2,18** Mt 24,24; 1 Petr 4,7 **2,19** Apg 20,30 **2,20** Joh 15,26* **2,23** Joh 5,23 **2,24** 2,7–8; 3,11 **2,25** Joh 11,25 **2,27** Joh 16,13

[28] Meine Kinder, lasst euch durch
nichts von Christus trennen. Dann wer-
den wir ihm voll Zuversicht entgegen-
gehen und brauchen sein Urteil nicht zu
fürchten, wenn er kommt. [29] Ihr wisst,
dass Christus so gelebt hat, wie es Gott
gefällt. Also könnt ihr davon ausgehen,
dass jeder, der ebenso lebt, zu seinen
Kindern gehört.

Was es bedeutet, Gottes Kind zu sein

3 Seht doch, wie groß die Liebe ist, die
der Vater uns schenkt! Denn wir dür-
fen uns nicht nur seine Kinder nennen,
sondern wir sind es wirklich. Als seine
Kinder sind wir Fremde für diese Welt,
weil Gott für sie ein Fremder ist. [2] Meine
Lieben! Wenn wir schon jetzt Kinder
Gottes sind, was werden wir erst sein,
wenn Christus kommt! Dann werden wir
ihm ähnlich sein, denn wir werden ihn se-
hen, wie er wirklich ist. [3] Wer diese Hoff-
nung hat, der meidet jede Schuld, so wie
Christus ohne Schuld war.

[4] Wer sündigt, lehnt sich gegen Gott
und seine Gebote auf, denn sündigen
heißt: Gottes Gebote missachten. [5] Doch
ihr wisst ja, dass Christus Mensch wurde,
um uns von unseren Sünden zu befreien,
und er selbst war ohne jede Sünde. [6] Wer
mit Christus verbunden bleibt, der wird
nicht länger sündigen. Wer aber weiter
sündigt, der weiß nichts von Christus
und kennt ihn nicht.

[7] Meine geliebten Kinder! Lasst euch
durch niemanden vom richtigen Weg ab-
bringen! Ihr dürft nur dem vertrauen, der
wie Christus ein Leben führt, das Gott
gefällt. [8] Wer sich aber gegen Gott auf-
lehnt, gehört dem Teufel. Denn der Teu-
fel hat sich von Anfang an gegen Gott
aufgelehnt. Doch der Sohn Gottes ist ge-
rade deswegen zu uns gekommen, um die
Werke des Teufels zu zerstören.

[9] Wer von Gott neues Leben bekom-
men hat und zu seinen Kindern gehört,
der sündigt nicht; denn Gott hat ihm sei-
ne Kraft geschenkt, die in ihm wirkt[a].
Weil er ein Kind Gottes ist, kann er nicht
länger als Sünder leben. [10] Daran kann al-
so jeder erkennen, wer ein Kind Gottes
oder wer ein Kind des Teufels ist. Alle,
die Unrecht tun und ihren Bruder oder
ihre Schwester nicht lieben, sind niemals
Gottes Kinder.

Der Maßstab für unsere Liebe

[11] Von Anfang an habt ihr gehört: Wir sol-
len einander lieben. [12] Nicht Kain darf un-
ser Vorbild sein. Er war ein Kind des
Teufels und tötete seinen Bruder Abel.
Und warum hat er ihn ermordet? Weil
seine eigenen Taten böse waren, aber
das Leben seines Bruders Gott gefiel.

[13] Genau aus demselben Grund hasst
euch die Welt. Wundert euch also nicht
darüber, liebe Brüder und Schwestern.
[14] Wir wissen, dass wir vom ewigen Tod
gerettet wurden und jetzt neues Leben
haben. Das zeigt sich an der Liebe zu un-
seren Brüdern und Schwestern. Wer
nicht liebt, der bleibt dem Tod ausgelie-
fert. [15] Jeder, der seinen Bruder oder sei-
ne Schwester hasst, ist ein Mörder. Und
das wisst ihr: Ein Mörder hat das ewige
Leben nicht. [16] Die Liebe Christi haben
wir daran erkannt, dass er sein Leben für
uns opferte. Ebenso müssen auch wir be-
reit sein, unser Leben für unsere Ge-
schwister hinzugeben. [17] Denn wie kann
Gottes Liebe in einem Menschen blei-
ben, dem die Not seines Bruders oder
seiner Schwester gleichgültig ist, obwohl
er selbst alles im Überfluss besitzt?

Gott ist größer als unser Gewissen

[18] Deshalb, meine Kinder, lasst uns einan-
der lieben: nicht mit leeren Worten, son-
dern mit tatkräftiger Liebe und in aller

---

[a] *Wörtlich: weil sein (Gottes)* Samen in ihm bleibt.

2,28 3,21; 4,17 **2,29** 3,7–10 **3,1** Joh 1,12; Röm 8,16; Gal 3,26 **3,2** Röm 8,17; Phil 3,21; Kol 3,4 **3,5** Joh 8,46; 2 Kor 5,21 **3,6** 1,9; Röm 6,11.14 **3,8** Joh 8,44; 12,31 **3,9** 5,18 **3,11** Joh 13,34* **3,12** 1 Mo 4,8 **3,13** Joh 15,18–20 **3,14** Joh 5,24 **3,15** Mt 5,21–22 **3,16** Joh 10,11; 15,13 **3,17** Jak 2,15–17

Liebe in Aktion

Lesen Sie 1. Johannes 3,11-24

Wie anders würde es in unseren Ehen aussehen, wenn wir den Rat des Johannes wirklich beherzigen würden: „Meine Kinder, lasst uns einander lieben: nicht mit leeren Worten, sondern mit tatkräftiger Liebe und in aller Aufrichtigkeit" (1. Johannes 3,18)!

Wie können wir das, was wir sagen, mit unseren Taten unterstreichen? Liebe ist geduldig. Wenn wir also tatkräftig lieben wollen, müssen wir ein geduldiges Verhalten an den Tag legen – nicht unruhig hin und her gehen, während unsere Frau sich zum Ausgehen fertig macht. Wir können uns entscheiden, Geduld zu haben.

Liebe ist freundlich. Freundliche Taten sprechen Bände. Ein Strauß Tulpen an einem trostlosen Tag vermittelt der Ehefrau „Ich liebe dich". Eine SMS mitten am Arbeitstag mit der Botschaft „Du bist der tollste Ehemann der Welt" hat eine ähnliche Wirkung. Ein überraschender Restaurantbesuch zeigt der Ehefrau, die jeden Tag für ihre Familie kocht: „Du bist ganz besonders." In einem Liebesbrief können wir übrigens so manches schreiben, was wir uns in alltäglichen Gesprächen nicht sagen können. Die schlichte, freundliche Geste, einen Liebesbrief pro Monat zu schreiben, hält die Ehe lebendig und lässt sie wachsen. Warum setzen Sie sich in puncto Freundlichkeit nicht ein paar neue Ziele?

Denken Sie sich neue Möglichkeiten aus, wie Sie Ihrem Mann oder Ihrer Frau Ihre Liebe durch Taten zeigen können, und sagen Sie auch immer wieder mit Worten: „Ich liebe dich!" Seien Sie nicht wie der Mann, der erklärt: „Als ich meiner Frau einen Heiratsantrag gemacht habe, da habe ich ihr gesagt, dass ich sie liebe. Sollte ich je meine Meinung ändern, werde ich es sie wissen lassen." Liebe ist keine pauschale Erklärung, sondern ein Lebensstil.

Nehmen Sie sich Zeit, um allein oder als Paar gemeinsam zu beten. Bitten Sie Gott ...

- dass Sie sich gegenseitig Ihre Liebe durch Ihr praktisches Verhalten zeigen können;
- Ihnen Kreativität und die Bereitschaft zu schenken, dass Sie immer neue Wege für den Ausdruck Ihrer Liebe finden.

Wenn Sie noch mehr Zeit haben ...

Besprechen Sie miteinander folgende Fragen oder denken Sie darüber nach:

- Der 1. Johannesbrief ist voller Kontraste: Licht und Dunkelheit, Leben und Tod, Liebe und Hass. Wo kommen diese Themen in unserem Abschnitt vor?
- Inwiefern fördern wir gemäß 1. Johannes 3,19 unsere Beziehung zu Gott, indem wir andere aktiv lieben?
- Verbringen Sie etwas Zeit allein, um sich neue, einfache Möglichkeiten zu überlegen, wie Sie Ihrem Partner Ihre Liebe durch Freundlichkeit zeigen können.

Lesen Sie auch die folgenden Abschnitte zum Thema Liebe:
Sacharja 7,8-10; Kolosser 3,12-14; Hebräer 6,10-11.

Ein Liebesbeweis

Die folgenden Fragen können Sie entweder allein oder als Paar gemeinsam durchgehen. Wenn jeder für sich darüber nachdenkt, verabreden Sie sich in der kommenden Woche zu einem Austausch darüber, was Sie herausgefunden haben.

1. Lesen Sie 1. Johannes 4,7-21. Was ist nach Vers 19 die Motivation für unsere Liebe zu Gott und zu anderen Menschen?

2. Lesen Sie Matthäus 22,36-40. Warum, denken Sie, hat Jesus die Liebe zu Gott und danach die Liebe zu unseren Mitmenschen als die wichtigsten Gebote bezeichnet?

3. Wir würden nicht so gern zu einem Freund oder einer Freundin sagen: „Wenn du mich liebst, tust du, was ich sage." Warum ist das beim Gebot Jesu anders?

4. Wie zeigt sich gemäß dem Johannesbrief, ob wir Gott wirklich lieben?

5. Das Wort Liebe (agape im Griechischen) bedeutet, sich ganz und gar um das Wohl eines anderen zu kümmern. Wo haben Sie in dieser Woche eine solche biblische Liebe erfahren?

6. Auf welche sinnvolle, wenn vielleicht auch nicht herkömmliche Art und Weise könnten Sie Ihrem Ehepartner zeigen, dass Sie sich um sein Wohl kümmern?

1. Johannes 4,20

„Sollte nun jemand behaupten: ‚Ich liebe Gott', und dabei seinen Bruder oder seine Schwester hassen, dann ist er ein Lügner."

KONKRET:

Einen Blumenstrauß besorgen, den Abwasch erledigen oder eine nette kleine Notiz hinterlassen, sind recht gängige Möglichkeiten, wie wir unserem Mann oder unserer Frau unsere Liebe zeigen können. Überraschen Sie Ihren Partner in den nächsten 24 Stunden mit einem ganz unerwarteten Liebesbeweis.

Den nächsten Impuls finden Sie auf S. 1428 a

Aufrichtigkeit. [19]Daran zeigt sich, dass
die Wahrheit unser Leben bestimmt. So
können wir mit einem guten Gewissen
vor Gott treten. [20]Doch auch wenn unser
Gewissen uns schuldig spricht, dürfen wir
darauf vertrauen, dass Gott größer ist als
unser Gewissen. Er kennt uns ganz ge-
nau. [21]Kann uns also unser Gewissen
nicht mehr verurteilen, meine Lieben,
dann dürfen wir voller Freude und Zu-
versicht zu Gott kommen. [22]Er wird uns
geben, worum wir ihn bitten; denn wir
richten uns nach seinen Geboten und le-
ben, wie es ihm gefällt. [23]Und so lautet
Gottes Gebot: Wir sollen seinem Sohn
Jesus Christus vertrauen und einander so
lieben, wie Christus es uns aufgetragen
hat. [24]Wer sich an seine Gebote hält, der
bleibt mit Gott verbunden, und Gott
bleibt in ihm wohnen. Wir wissen, dass
Gott in uns lebt; das bestätigt der Geist,
den er uns geschenkt hat.

Der Geist der Wahrheit und der Geist der Lüge

4 Meine Lieben! Glaubt nicht jedem,
der behauptet, dass er Gottes Geist
hat. Prüft vielmehr genau, ob er wirklich
von Gottes Geist erfüllt ist. Es hat in die-
ser Welt schon viele falsche Propheten
gegeben. [2]Den Geist Gottes erkennt ihr
daran: Er bekennt, dass Jesus Christus als
Mensch aus Fleisch und Blut zu uns ge-
kommen ist. [3]Ein Geist, der das leugnet,
ist nicht der Geist Gottes, sondern der
Geist des Antichristen. Dass dieser kom-
men wird, habt ihr schon gehört, ja er ist
schon jetzt in der Welt.

[4]Doch ihr, meine geliebten Kinder, ge-
hört zu Gott. Ihr habt diese Lügenpro-
pheten durchschaut und besiegt. Denn
der *Geist Gottes, der in euch wirkt*, ist
stärker als der Geist der Lüge, von dem
die Welt beherrscht wird. [5]Die falschen
Propheten gehören ganz zu dieser Welt.
Deshalb verbreiten sie nichts als mensch-
liche Vorstellungen und Gedanken, und
alle Welt hört auf sie. [6]Wir dagegen gehö-
ren zu Gott. Jeder, der Gott kennt, wird
auf uns hören. Wer aber nicht zu Gott ge-
hört, wird uns ablehnen. Daran erkennen
wir den Geist der Wahrheit und den
Geist der Täuschung.

Gottes Liebe und die Liebe zum Mitmenschen

[7]Meine Freunde! Lasst uns einander lie-
ben, denn die Liebe kommt von Gott.
Wer liebt, ist ein Kind Gottes und kennt
Gott. [8]Wer aber nicht liebt, der weiß
nichts von Gott; denn Gott ist Liebe.
[9]Gottes Liebe zu uns ist für alle sichtbar
geworden, als er seinen einzigen Sohn in
die Welt sandte, damit wir durch ihn le-
ben können. [10]Das Einzigartige an dieser
Liebe ist: Nicht wir haben Gott geliebt,
sondern er hat uns seine Liebe geschenkt.
Er gab uns seinen Sohn, der alle Schuld
auf sich nahm, um uns von unserer
Schuld freizusprechen.

[11]Meine Freunde, wenn uns Gott so
sehr liebt, dann müssen auch wir einan-
der lieben. [12]Niemand hat Gott jemals
gesehen. Doch wenn wir einander lieben,
bleibt Gott in uns und seine Liebe erfüllt
uns ganz.

[13]Ich sage es noch einmal: Dass wir mit
Gott verbunden bleiben und er mit uns,
wissen wir, weil er uns seinen Geist gege-
ben hat. [14]Wir haben es selbst erlebt, und
darum bezeugen wir: Gott, der Vater, hat
seinen Sohn in diese Welt gesandt, um sie
zu retten. [15]Wer bekennt, dass Jesus der
Sohn Gottes ist, der bleibt in Gott und
Gott in ihm. [16]Das haben wir erkannt,
und wir vertrauen fest auf Gottes Liebe.
Gott ist Liebe, und wer in dieser Liebe
bleibt, der bleibt in Gott und Gott in ihm.

[17]Wenn Gottes Liebe uns ganz erfüllt,
können wir dem Tag des Gerichts voller
Zuversicht entgegengehen. Denn wir
leben in dieser Welt so, wie Christus es

3,20 Jes 55,7–9 **3,21** Hebr 4,16 **3,22** Joh 15,7* **3,23** Joh 6,29; 13,34* **3,24** 4,13; Röm 8,9
4,1 Mt 24,24; 1 Thess 5,21 **4,2** Joh 1,14; Gal 4,4 **4,3** 2,18.22 **4,4** Lk 11,21–22 **4,6** Joh 8,47
4,9–10 Joh 3,16 **4,11** Joh 13,34* **4,13** 3,24 **4,14** 1,1–2; Joh 3,17 **4,16** 3,24 **4,17** 3,21

getan hat. Wirkliche Liebe ist frei von Angst. [18]Ja, wenn die Liebe uns ganz erfüllt, vertreibt sie sogar die Angst. Wer sich also fürchtet und vor der Strafe zittert, der kennt wirkliche Liebe noch nicht.

[19]Wir lieben, weil Gott uns zuerst geliebt hat. [20]Sollte nun jemand behaupten: »Ich liebe Gott«, und dabei seinen Bruder oder seine Schwester hassen, dann ist er ein Lügner. Wenn er schon seine Geschwister nicht liebt, die er sehen kann, wie will er dann Gott lieben, den er nicht sieht? [21]Vergesst nicht, dass Christus selbst uns aufgetragen hat: Wer Gott liebt, der muss auch seinen Bruder und seine Schwester lieben.

Ein Glaube, der Widerstände überwindet

5 Wer glaubt, dass Jesus der von Gott versprochene Retter ist, der ist ein Kind Gottes. Kinder aber, die ihren Vater lieben, die lieben auch ihre Brüder und Schwestern. [2]Dass wir wirklich Gottes Kinder lieben, erkennen wir an unserer Liebe zu Gott und daran, dass wir nach seinen Geboten leben. [3]Denn Gott lieben heißt nichts anderes als seine Gebote befolgen; und seine Gebote sind nicht schwer. [4]Jedes Kind Gottes kann den Sieg erringen über alles, was sich in dieser Welt Gott widersetzt. Ja, unser Glaube hat diese Welt bereits besiegt. [5]Denn nur wer daran glaubt, dass Jesus der Sohn Gottes ist, kann diesen Sieg erringen.

Drei Zeugen für Jesus Christus

[6]Jesus Christus kam zu uns. Er wurde getauft und hat sein Blut für uns am Kreuz vergossen. Nicht allein das Wasser seiner Taufe, sondern auch sein Blut bestätigen ihn als Sohn Gottes.[a] Das bezeugt auch Gottes Geist. Und Gottes Geist ist die Wahrheit. [7]Für Jesus Christus als den Sohn Gottes sprechen also drei Zeugen: [8]Gottes Geist, das Wasser der Taufe und das Blut, das Jesus am Kreuz vergossen hat. Alle drei Zeugen stimmen in ihrer Aussage völlig überein.

[9]Wenn wir schon den Zeugenaussagen von Menschen Glauben schenken, wie viel mehr müssen wir dann dem vertrauen, was Gott selbst bezeugt. Und Gott hat bezeugt, dass Jesus Christus sein Sohn ist. [10]Wer an den Sohn Gottes glaubt, der ist in seinem Innersten von der Wahrheit dieser Aussage überzeugt. Wer Gott nicht glaubt, stellt ihn als Lügner hin; denn er behauptet ja, Gottes Aussage über Jesus Christus sei falsch. [11]Gott aber hat ganz eindeutig bezeugt, dass er uns das ewige Leben schenkt, und zwar nur durch seinen Sohn. [12]Wer also dem Sohn vertraut, der hat das Leben; wer aber dem Sohn nicht vertraut, der hat auch das Leben nicht. [13]Ich weiß, dass ihr an den Sohn Gottes glaubt. Mein Brief sollte euch noch einmal versichern, dass ihr das ewige Leben habt.

Gott erhört unsere Gebete

[14]Wir dürfen uns darauf verlassen, dass Gott unser Beten erhört, wenn wir ihn um etwas bitten, was seinem Willen entspricht. [15]Und weil Gott solche Gebete ganz gewiss erhört, dürfen wir auch darauf vertrauen, dass er uns gibt, worum wir ihn bitten.

[16]Wenn jemand von euch merkt, dass ein anderer Christ eine Sünde begeht, die nicht zum Tod führt, soll er für ihn beten. Dann wird Gott diesem Menschen das Leben schenken. Das gilt aber nicht für die Sünde, die den Tod zur Folge hat. Wenn jemand diese Schuld auf sich lädt, sollt ihr nicht für ihn beten. [17]Natürlich ist jedes Unrecht Sünde. Aber nicht jede Sünde führt in den Tod.

---

[a] *Wörtlich:* Dieser ist es, der gekommen ist durch Wasser und Blut: Jesus Christus; nicht im Wasser allein, sondern im Wasser und im Blut.

4,18 Röm 8,15 **4,20** 2,4.9 **4,21** Mt 22,37–39 **5,1** Röm 10,9–10 **5,3** Mt 11,30; Joh 14,15 **5,4** Joh 16,33 **5,5** Röm 8,37–39 **5,6** Mt 3,16–17; Joh 19,34–35 **5,9** Joh 5,31–38 **5,10** Röm 8,16 **5,11** Joh 5,24 **5,12** Joh 3,36 **5,14** Joh 15,7*

[18] Wir wissen: Wer ein Kind Gottes ist,
der sündigt nicht, weil der Sohn Gottes
ihn bewahrt. Darum kann der Teufel ihn
nicht zu Fall bringen. [19] Wir gehören zu
Gott, auch wenn die ganze Welt um uns
herum vom Teufel beherrscht wird.

[20] Doch wir wissen, dass der Sohn Gottes zu uns gekommen ist, damit wir durch ihn Gott kennen lernen, der die Wahrheit ist. Nun sind wir eng mit dem wahren Gott verbunden, weil wir mit seinem Sohn Jesus Christus verbunden sind. Ja, Jesus Christus ist selbst der wahre Gott. Er ist das ewige Leben.
[21] Darum, meine Kinder, hütet euch davor, anderen Göttern nachzulaufen!

5,18 3,9; Joh 17,15 **5,19** Gal 1,4; Kol 1,13 **5,20** Joh 1,18; 17,3 **5,21** 1 Kor 10,14

Der zweite Brief des Johannes

Anschrift und Gruß

Als verantwortlicher Leiter wende ich
mich heute an eure von Gott erwählte
Gemeinde und an jeden Einzelnen von
euch.[a] Ich liebe euch in aller Aufrichtig-
keit; aber nicht nur ich, sondern auch alle
anderen, die in Christus die Wahrheit er-
kannt haben. 2 Diese Wahrheit bleibt in
uns und wird für immer und ewig mit
uns sein. 3 Gnade, Erbarmen und Frieden
wird uns geschenkt von Gott, unserem
Vater, und seinem Sohn Jesus Christus;
so bleiben wir in Gottes Wahrheit und in
seiner Liebe.

Aufrichtiger Glaube und die Liebe zum Mitmenschen

4 Ich freue mich sehr, dass ich in eurer
Gemeinde einige kennen gelernt habe,
die ihren Glauben aufrichtig leben, so
wie Gott es uns geboten hat. 5 Eure ganze
Gemeinde möchte ich jetzt an das wich-
tigste Gebot erinnern: Wir sollen einan-
der lieben. Ihr wisst ja, dass ich damit
nichts Neues sage, sondern nur wieder-
hole, was Gott uns von Anfang an
aufgetragen hat. 6 Diese Liebe zeigt sich
darin, dass wir nach Gottes Geboten
leben. Von Anfang an ist euch das gesagt
worden, damit ihr euer Leben danach
ausrichtet.

Warnung vor falschen Lehrern

7 Überall begegnen wir Menschen, die in
der ganzen Welt ihre Irrlehren verbrei-
ten. Sie behaupten, dass Jesus Christus
nicht als Mensch aus Fleisch und Blut zu
uns gekommen ist. Diese Leute sind
Werkzeuge des größten Verführers und
schlimmsten Feindes Christi, des Anti-
christen. 8 Seht euch vor, dass ihr nicht al-
les verliert, wofür ihr euch bisher einge-
setzt habt[b], sondern dass ihr von Gott
den vollen Lohn für eure Arbeit erhaltet.
9 Wer über das hinausgeht, was Christus
uns gelehrt hat, der wendet sich von Gott
ab. Nur wer sich an die Lehre von Christus
hält, bleibt mit dem Vater und mit dem
Sohn verbunden. 10 Sollte also jemand zu
euch kommen, der euch etwas anderes er-
zählen will, den nehmt nicht bei euch auf
und wünscht ihm auch nicht Gottes Se-
gen. 11 Denn wer diesen Verführern auch
nur Gutes wünscht, unterstützt ihre bösen
Absichten und macht sich mitschuldig.
12 Ich habe noch so vieles auf dem Her-
zen, aber das möchte ich euch lieber per-
sönlich sagen und nicht schreiben. Ich
hoffe, bald bei euch zu sein. Dann kön-
nen wir alles miteinander besprechen,
und nichts wird unsere Freude trüben.
13 Alle, die hier zu der von Gott erwähl-
ten Gemeinde gehören, lassen euch herz-
lich grüßen.[c]

---

[a] *Wörtlich:* Der Älteste an die auserwählte Herrin und ihre Kinder.
[b] Andere Textzeugen schreiben: wofür wir uns eingesetzt haben.
[c] Wörtlich: Es grüßen dich die Kinder deiner auserwählten Schwester.

1 3 Joh 1 **3** 1 Tim 1,2; 2 Tim 1,2 **4** 3 Joh 3–4 **5** Joh 13,34* **6** Joh 14,15; 1 Joh 5,3 **7** 1 Joh 4,1–3 **9** Joh 7,16; 12,49; 1 Joh 2,23 **10** Röm 16,17 **12** 3 Joh 13–14

Ein tieferer Sinn

Warum hat Gott die Ehe geschaffen?

Was ist der eigentliche Sinn der Ehe? Sie ist Gottes Antwort auf das größte Bedürfnis des Menschen: nach einer lebenslangen Verbindung. Gott meinte, es sei „nicht gut", dass Adam allein sei, und so schuf er Eva, „eine Gefährtin, die zu ihm passt". Die Bibel sagt von Adam und Eva, sie seien „eins mit Leib und Seele".

Wenn man die Geschichte der Menschheit aus psychologischer Sicht betrachtet, zeigt sich in ihr immer wieder der Wunsch des Menschen nach Verbundenheit. Meiner Meinung nach ist die Ehe die tiefste Beziehung, die ein Mensch eingehen kann. Mann und Frau teilen ihr Leben miteinander, in geistiger, seelischer, körperlicher und geistlicher Hinsicht. Ihre Verbundenheit geht so tief, dass man tatsächlich sagen kann, sie seien eins mit Leib und Seele. Das bedeutet nicht, dass ein verheiratetes Paar seine Individualität verliert. Es bedeutet, dass die beiden ein intensives Gefühl der Einigkeit besitzen.

Eine solche Verbindung gelingt nur in einer tiefen, dauerhaften Hingabe. Entgegen dem, was manche Menschen glauben, ist die Ehe kein juristischer Vertrag; sie ist auch keine gesellschaftliche Einrichtung, die nur der Versorgung von Kindern dient. Und sie ist keine psychologische Klinik, in der wir den seelischen Beistand bekommen, den wir brauchen. Die Ehe ist auch nicht einfach dazu da, einen bestimmten gesellschaftlichen Status oder wirtschaftliche Sicherheit zu erlangen. Ihr eigentliches Ziel ist noch nicht einmal dann erreicht, wenn sie der Förderung von Liebe und Gemeinschaft dient, so wertvoll das auch ist.

Der Sinn der Ehe besteht vielmehr darin: Ein Mann und eine Frau verbinden sich miteinander in allen Bereichen ihres Lebens auf der tiefsten Ebene, die möglich ist, und dies bringt dem Paar die größte Erfüllung und dient dazu, dass Gottes Plan für ihr Leben zum Ziel kommt.

Der dritte Brief des Johannes

Anschrift und Gruß

1 Als verantwortlicher Gemeindeleiter
schreibe ich an meinen Freund Gajus,
den ich in aller Aufrichtigkeit liebe. 2 Lie-
ber Gajus! Ich hoffe, dass es dir gut geht
und du an Leib und Seele so gesund bist
wie in deinem Glauben.

Vorbildliches Verhalten

3 Ich habe mich sehr gefreut, als einige
Brüder zu mir kamen und berichteten,
wie aufrichtig dein Glaube ist und wie du
dein Leben nach ihm ausrichtest. 4 Für
mich gibt es keine größere Freude, als zu
hören, dass alle, die durch mich Christen
geworden sind, ihren Glauben aufrichtig
leben.

5 Mein lieber Freund! Es ist gut, dass du
dich für die Brüder, die eure Gemeinde
besuchen, so tatkräftig einsetzt. 6 Sie
selbst haben uns vor der ganzen Gemein-
de deine Liebe bestätigt. Es ist gut und
richtig, wenn du ihnen alles gibst, was sie
für ihre Weiterreise benötigen, so wie es
ihnen als Dienern Gottes zusteht. 7 Denn
sie wagen diese Reisen, um die Botschaft
von Jesus Christus zu verkünden. Sie
wollen auf keinen Fall von denen, die
nicht an Gott glauben, etwas für ihren
Lebensunterhalt annehmen. 8 Darum ist
es unsere Aufgabe, diese Männer zu
unterstützen. So helfen wir mit, dass Got-
tes Wahrheit weitergetragen wird.

Ein schlechtes Beispiel

9 Ich habe bereits an eure Gemeinde ge-
schrieben. Aber Diotrephes, der bei
euch gern die führende Rolle spielen
möchte, will nicht auf uns hören. 10 Wenn
ich zu euch komme, muss ich seine Ma-
chenschaften aufdecken; denn er bringt
uns mit seinen Verdächtigungen und Lü-
gen überall in Verruf. Doch damit noch
nicht genug: Er ist auch nicht bereit,
durchreisende Brüder aufzunehmen, ja,
er schließt sogar die Leute aus der Ge-
meinde aus, die das tun. 11 Doch du, mein
lieber Freund, sollst diesem schlechten
Beispiel nicht folgen, sondern dem gu-
ten. Denn nur wer das Gute tut, ist ein
Kind Gottes. Wer das Böse tut, kennt
Gott nicht.

12 Von Demetrius aber hört man über-
all nur Gutes, und das entspricht voll und
ganz der Wahrheit. Auch wir können dies
bestätigen. Und wie du weißt, ist unsere
Empfehlung gut und richtig.

13 Es gibt noch so vieles, was ich dir
gern mitteilen würde. Aber ich möchte
es nicht schriftlich tun. 14 Ich hoffe, dich
bald zu sehen, und dann können wir über
alles ausführlich sprechen.

15 Ich wünsche dir Frieden. Die Freun-
de von hier lassen dich grüßen. Grüße
auch du bitte jeden Einzelnen unserer
Freunde!

---

1 2 Joh 1 **3–4** 2 Joh 4 **6** 1 Kor 9,4.9–10; Tit 3,13 **8** Mt 10,40; Hebr 13,2 **11** 1 Joh 2,29; 3,10
13–14 2 Joh 12

Der Brief des Judas

Anschrift und Gruß

Judas, der Jesus Christus dient, ein Bruder des Jakobus, schreibt diesen Brief an alle, die Gott zum Glauben berufen hat. Gott, der Vater, liebt euch alle, und Jesus Christus wird euch sicher ans Ziel bringen. 2 Ich wünsche euch, dass Gottes Barmherzigkeit, sein Friede und seine Liebe euch immer mehr erfüllen.

Warnung vor falschen Lehren

3 Liebe Freunde! Eigentlich wollte ich euch über die Rettung schreiben, die Gott uns gemeinsam geschenkt hat. Das liegt mir sehr am Herzen. Doch nun muss ich in meinem Brief ermahnen und warnen. Setzt euch entschlossen für den Glauben ein, wie er denen, die zu Gott gehören, ein für alle Mal überliefert ist.

4 Bei euch haben sich einige Leute eingeschlichen, über die schon längst das Urteil gefällt wurde. Sie wollen von Gott nichts wissen und missbrauchen seine Gnade als Freibrief für ihr zügelloses Leben; ja, sie verraten Jesus Christus, der doch allein unser Herr und Herrscher ist.

5 Was ich jetzt sage, ist euch allen längst bekannt. Und doch möchte ich euch daran erinnern: Zwar befreite Gott das ganze Volk Israel aus Ägypten. Trotzdem vernichtete er später alle, die sich von ihm abgewandt hatten. 6 Gott bestrafte auch die Engel, die ihren Auftrag missachtet und den Platz verlassen hatten, der ihnen von Gott zugewiesen war. Bis zum Tag des letzten Gerichts hält er sie mit unlösbaren Ketten in der Finsternis eingeschlossen. 7 Vergesst auch nicht Sodom und Gomorra und die umliegenden Städte. Sie verhielten sich ähnlich wie jene Engel. Denn auch sie führten ein Leben voll sexueller Zügellosigkeit und wollten sich mit Wesen anderer Art einlassen. Sie sind ein warnendes Beispiel: Jetzt müssen sie die Qualen des ewigen Feuers erleiden.

8 Genauso lassen sich in euren Gemeinden Leute von falschen Visionen leiten und vergehen sich am eigenen Körper. Sie leugnen Gott als ihren Herrn und lästern alle höheren Mächte. 9 Das wagte nicht einmal Michael, und er ist doch ein Fürst der Engel. Als der Teufel ihm den Leichnam des Mose streitig machen wollte, sagte er nur: »Der Herr soll dich bestrafen!« Er beschimpfte und verurteilte den Teufel nicht. 10 Diese Leute aber spotten über Dinge, die sie überhaupt nicht kennen. Ohne jede Vernunft, wie die Tiere, folgen sie nur ihren Trieben. Damit richten sie sich selbst zugrunde. 11 Wehe ihnen! Sie folgen dem Beispiel Kains, der seinen Bruder umbrachte. Wie Bileam sind sie für Geld zu allem bereit. Und wie Korach gehen sie an ihrer Aufsässigkeit zugrunde. 12 Wenn ihr euch zu euren Mahlzeiten versammelt, schlagen sie sich hemmungslos die Bäuche voll. Ein Schandfleck sind sie für eure Gemeinde! Sie sind wie Wolken, die der Wind vor sich hertreibt, ohne dass sie den ersehnten Regen bringen; wie verdorrte Bäume, auf denen man zur Erntezeit die Früchte vergeblich sucht. Sie sind vollkommen tot und entwurzelt. 13 Sie sind wie die wilden Meereswogen, die ihren Schmutz und Unrat ans Ufer werfen. Sie gleichen Sternen, die aus der Bahn geraten sind, und werden in der ewigen Finsternis versinken.

---

1 Mt 13,55; Jak 1,1; 1 Kor 1,2; Hebr 2,1* **4** Mt 7,15–16; 2 Petr 2,1–3 **5** 4 Mo 14,27–35 **6** 2 Petr 2,4 **7** 1 Mo 19,24–25*; 6,1–4 **8–9** 2 Petr 2,10–11 **10** 2 Petr 2,12 **11** 1 Tim 6,3–5; 2 Petr 2,2–3; 1 Mo 4,8; 4 Mo 16,1–35; 22,5* **12–13** 1 Kor 11,20–22; 2 Petr 2,13.17

Streiten ist (k)eine Option

Lesen Sie 2. Johannes 3

Der Friede, den der Apostel Johannes seinen Freunden in 2. Johannes 3 wünscht, ist eine tiefe, dauerhafte Gemeinschaft – eine, die nicht durch kleinliche Streitereien zermürbt wird. Diese Art von Frieden sollten wir auch als Ehepartner anstreben.

Streit schafft eine Atmosphäre der Gegnerschaft; das liegt in der Natur der Sache. Eheleute werden zu Feinden statt zu Freunden. Selten führt ein Streit unter Ehepartnern in die Harmonie. Oft jedoch in verfahrene Situationen.

Konflikte lassen sich in der Ehe nicht vermeiden. Streit ist durchaus eine Option – allerdings eine ungesunde. Mit Streit lässt sich kein Konflikt lösen, er wird nur noch schlimmer. Ungelöste Konflikte, die sich über Monate oder Jahre hinziehen, haben schon viele Paare zu dem Schluss geführt, dass sie einfach nicht zusammenpassen. Sie meinen, wenn sie zusammenpassen würden, dann hätten sie nicht so viele Konflikte und könnten sie leichter lösen.

Konflikte in der Ehe können gelöst werden, doch dazu ist es nötig, dass man von seinem hohen Ross herunterkommt und sich gegenseitig als menschliche Wesen betrachtet, die einzigartig nach Gottes Ebenbild geschaffen sind. Mann und Frau können ein starkes Team bilden, wenn sie zusammenarbeiten und ihre Unterschiede als Stärken erkennen, mit denen sie sich gegenseitig helfen und ermutigen können. Als Team nutzen sie ihre Fähigkeiten, um in ihrer Familie und ihrer Umgebung Gutes zu bewirken.

Nehmen Sie sich Zeit, um allein oder als Paar gemeinsam zu beten. Sprechen Sie mit Gott über Konflikte in Ihrer Ehe. Bekennen Sie ihm, wo Sie mit solchen Konflikten falsch umgegangen sind. Bitten Sie ihn, Ihnen dabei zu helfen, dass Sie auf Konflikte liebevoll und positiv reagieren können.

Wenn Sie noch mehr Zeit haben …

Besprechen Sie miteinander folgende Fragen oder denken Sie darüber nach:

- Wie denken Sie über Streit? Erläutern Sie Ihre Meinung.
- Was führt Sie bei einem Streit zu der Ansicht, die eigene Meinung sei die richtige?
- Wie können Sie gemeinsam mit Ihrem Mann/Ihrer Frau Konflikte gut lösen?

Lesen Sie auch die folgenden Abschnitte zum Thema Konfliktlösung: Matthäus 18,15-17; Römer 12,17-21; Jakobus 1,19.

Was der Mensch wert ist

Lesen Sie Judas 1-25

Überall in der Bibel wird betont, wie wertvoll der Mensch ist. Die moderne Weltanschauung des Nihilismus behauptet zwar, der Mensch sei nichts wert und das Leben sinnlos, doch das ist nicht die Botschaft der Bibel. Schon auf den ersten Seiten der Heiligen Schrift bezeugt der Schöpfungsbericht die besondere Bedeutung der Menschheit: „Dann sagte Gott: ‚Jetzt wollen wir den Menschen machen, unser Ebenbild, das uns ähnlich ist. Er soll über die ganze Erde verfügen: über die Tiere im Meer, am Himmel und auf der Erde.' So schuf Gott den Menschen als sein Ebenbild, als Mann und Frau schuf er sie" (1. Mose 1,26-27). Mit diesen Worten stellt Gott den Menschen höher als die Tiere und gibt ihm die Fähigkeit, mit ihm in Beziehung zu treten.

Der Gedanke, dass der Mensch wertvoll ist, zieht sich wie ein roter Faden durch die Bibel. Gott hat die Menschen nur wenig „niedriger als die Engel" gestellt und sie „mit Ruhm und Ehre gekrönt" (Hebräer 2,7). Selbst die Gebote Gottes sollen uns deutlich machen, dass Gott uns alle liebt und Jesus Christus uns „sicher ans Ziel bringen" wird (Judas 1). Jedes einzelne Gebot im Alten und Neuen Testament betont unseren Wert, entspringt aus Gottes Liebe und soll uns einem höheren Ziel entgegenführen. Manche Menschen empfinden die Gebote Gottes zwar als eine Einschränkung und lehnen sich dagegen auf, doch wer Gott kennt, der weiß: Seine Verbote sind dazu gedacht, uns zu schützen (siehe Judas 21) und uns das Beste im Leben erfahren zu lassen. In den Worten aus Judas 24 spiegelt sich Gottes Liebe zu uns: „Gott allein kann uns davor bewahren, dass wir vom rechten Weg abirren. So können wir von Schuld befreit und voller Freude vor ihn treten."

Nehmen Sie sich Zeit, um allein oder als Paar gemeinsam zu beten.

- Danken Sie Gott dafür, dass er Sie liebt und Sie *durch Jesus Christus* „sicher ans Ziel bringt" (Judas 1).
- Bitten Sie ihn, dass Sie „das ganze Ausmaß seiner Liebe erfahren" (Epheser 3,18).

Wenn Sie noch mehr Zeit haben ...

Besprechen Sie miteinander folgende Fragen oder denken Sie darüber nach:

- Inwiefern empfinden Sie Gottes Gebote als Einschränkung und inwiefern als Befreiung?
- Wodurch bestätigt Judas 24, dass Sie als einzelner Mensch in Gottes Augen wertvoll sind?
- Wenn Sie Gottes Liebe zu jedem einzelnen Menschen immer besser verstehen, wie verändert das Ihr Selbstwertgefühl? Wie verändert es Ihre Haltung gegenüber anderen Menschen?

Lesen Sie auch die folgenden Abschnitte zum Thema Selbstwertgefühl:
Psalm 139,1-18; Micha 7,18; Matthäus 10,29-31.

Den nächsten Impuls finden Sie auf S. 1432 a

[14]Henoch, der in der siebten Generation nach Adam lebte, hatte schon damals über solche Leute vorausgesagt: »Seht, der Herr kommt mit vielen tausend heiligen Engeln, [15]um über alle Menschen Gericht zu halten. Alle, die von Gott nichts wissen wollen und sich gegen ihn auflehnen, wird er dann verurteilen. Ja, sie bekommen ihre Strafe für ihr gottloses Treiben und ihr höhnisches Geschwätz.« [16]Diese Leute sind ständig unzufrieden und beklagen voller Selbstmitleid ihr Schicksal. Sie lassen sich von ihren Begierden antreiben, schwingen einerseits große Reden und kriechen andererseits vor den Leuten, wenn sie nur irgendeinen Vorteil davon haben.

Lasst euch im Glauben nicht beirren!

[17]Ihr aber, meine lieben Freunde, sollt daran denken, was euch die Apostel unseres Herrn Jesus Christus schon vor langer Zeit gesagt haben. [18]Sie warnten euch davor, dass in den letzten Tagen dieser Welt Spötter auftreten werden, die von Gott nichts wissen wollen und sich nur von ihren selbstsüchtigen Begierden leiten lassen. [19]Sie spalten die Gemeinde. Ihr ganzes Tun und Denken ist auf diese Welt ausgerichtet; aber Gottes Geist ist nicht in ihnen.

[20]Doch für euch, meine lieben Freunde, ist der Glaube, den Gott euch selbst geschenkt hat,[a] wie ein festes Fundament: Baut euer Leben darauf! Betet in der Kraft des Heiligen Geistes! [21]Bleibt fest in der Liebe Gottes, und wartet geduldig auf den Tag, an dem euch unser Herr Jesus Christus in seiner Barmherzigkeit zum ewigen Leben führen wird. [22]Kümmert euch liebevoll um alle, die im Glauben Zweifel haben. [23]Helft ihnen, und reißt sie aus den Flammen des Gerichts. Auch allen anderen Menschen sollt ihr mit Güte begegnen. Aber nehmt euch in Acht, dass ihr euch nicht von ihrer Zügellosigkeit anstecken lasst.[b]

Lob Gottes

[24]Gott allein kann uns davor bewahren, dass wir vom rechten Weg abirren. So können wir von Schuld befreit und voller Freude vor ihn treten.

[25]Ihm, dem einzigen Gott, der uns durch Jesus Christus, unseren Herrn, gerettet hat, gehören Ehre, Ruhm, Macht und Herrlichkeit. So war es schon immer, so ist es jetzt und wird es in alle Ewigkeit sein. Amen.

---

[a] Wörtlich: euer heiligster Glaube.

[b] Wörtlich: Aber hasst sogar das vom Fleisch befleckte Kleid.

14 1 Mo 5,21–24 **18** Mt 7,15–16; Röm 16,17–18; Kol 2,8; 2 Tim 3,1–5 **19** 1 Kor 1,10; 2 Tim 3,2–5 **20** 1 Kor 3,9–11; Röm 8,26–27 **21** Jak 5,7

Die Offenbarung an Johannes

Gott offenbart die Zukunft

1 In diesem Buch enthüllt Jesus Chris-
tus die Zukunft. Gott gab ihm den
Auftrag, seinen Dienern zu zeigen, was
schon bald geschehen wird. Christus
schickte seinem Diener Johannes einen
Engel, der ihm alles übermitteln sollte.
2 Alles, was er gesehen und gehört hat,
gibt Johannes hier weiter. Er bezeugt,
was Gott gesagt und Jesus Christus ihm
gezeigt und bestätigt hat. 3 Glücklich ist,
wer die prophetischen Worte dieses Bu-
ches liest, auf sie hört und danach han-
delt. Denn schon bald wird dies alles in
Erfüllung gehen.

Grüße an sieben Gemeinden

4 Dies schreibt Johannes an die sieben
Gemeinden in der Provinz Asia: Ich wün-
sche euch Gnade und Frieden von Gott,
der immer da ist, der von Anfang an war
und der kommen wird; Gnade und Frie-
den auch von den sieben Geistern vor
Gottes Thron 5 und von Jesus Christus,
der uns zuverlässig Gottes Wahrheit be-
zeugt. Er ist als Erster von den Toten auf-
erstanden und herrscht über alle Könige
dieser Erde. Er liebt uns und hat sein
Blut für uns vergossen, um uns von unse-
rer Schuld zu befreien, 6 er gibt uns Anteil
an seiner Herrschaft und hat uns zu
Priestern gemacht, die Gott, seinem Va-
ter, dienen. Ihm gehören Ehre und alle
Macht für immer und ewig. Amen!
7 Seht! Jesus Christus wird in den Wol-
ken kommen. Alle Menschen werden ihn
sehen, auch die, die ihn ans Kreuz ge-
schlagen haben. Dann werden alle Völ-
ker dieser Erde jammern und klagen.
Das ist ganz sicher. Amen!
8 Gott, der Herr, spricht: »Ich bin der
Anfang, und ich bin das Ziel, das A und
O.«[a] Ja, er ist immer da, von allem An-
fang an, und er wird kommen: der Herr
über alles!

»Schreib alles auf!«

9 Ich bin Johannes, euer Bruder, und teile
mit euch Bedrängnis und Verfolgung.
Wie ihr warte auch ich geduldig und
standhaft darauf, dass Jesus Christus
kommt; dann werde ich mit euch an sei-
ner neuen Welt teilhaben. Weil ich Got-
tes Botschaft verkündet und Jesus öffent-
lich bezeugt habe, wurde ich auf die Insel
Patmos verbannt.
10 An einem Sonntag ergriff mich
Gottes Geist. Ich hörte hinter mir eine
gewaltige Stimme, durchdringend wie
eine Posaune: 11 »Schreib alles auf, was
du siehst, und sende das Buch an die sie-
ben Gemeinden: nach Ephesus, Smyrna
und Pergamon, nach Thyatira, Sardes,
Philadelphia und Laodizea.«
12 Ich drehte mich um, weil ich sehen
wollte, wer zu mir sprach. Da sah ich sie-
ben goldene Leuchter. 13 Mitten zwischen
ihnen stand einer, der wie ein Mensch[b]
aussah. Er hatte ein langes Gewand an,
und um die Brust trug er einen goldenen
Gürtel. 14 Seine Haare waren so hell wie
reine Wolle, ja leuchtend weiß wie
Schnee. Seine Augen glühten wie die
Flammen eines Feuers, 15 die Füße glänz-
ten wie flüssiges Gold im Schmelzofen,

---

[a] »A und O« stehen für Alpha und Omega, den ersten und den letzten Buchstaben des griechischen Alphabetes.
[b] Wörtlich: Menschensohn.

1,1–3 22,6–7 **1,4** 4,8; 11,17; 16,5; 2 Mo 3,14 **1,5** Kol 1,18; Hebr 9,14 **1,6** 5,10; 1 Petr 2,9 **1,7** Dan 7,13; Sach 12,10; Mt 24,30 **1,8** Jes 44,6* **1,10** Mk 16,2.6 **1,13** 14,14; Dan 7,13 **1,14** 2,18; 19,12; Dan 7,9 **1,15** Hes 1,24 und seine Stimme dröhnte wie ein tosender Wasserfall. 16 In seiner rechten Hand hielt er sieben Sterne, und aus seinem Mund kam ein scharfes, doppelschneidiges Schwert. Sein Gesicht leuchtete strahlend hell wie die Sonne.

17 Als ich das sah, fiel ich wie tot vor seinen Füßen nieder. Aber er legte seine rechte Hand auf mich und sagte: »Fürchte dich nicht! Ich bin der Erste und der Letzte, 18 und ich bin der Lebendige. Ich war tot, doch nun lebe ich für immer und ewig, und ich habe Macht über den Tod und das Totenreich.

19 Schreib alles auf, was du gesehen hast, was jetzt geschieht und was in Zukunft geschehen wird.

20 Die sieben Sterne in meiner Hand und die sieben goldenen Leuchter, die du gesehen hast, haben folgende Bedeutung: Die sieben Sterne sind die Engel der sieben Gemeinden, und die sieben Leuchter sind diese Gemeinden selbst.«

Der Brief an die Gemeinde in Ephesus

2 »Schreib an den Engel[a] der Gemeinde in *Ephesus:*

Der in seiner rechten Hand die sieben Sterne hält und zwischen den sieben goldenen Leuchtern umhergeht, der lässt dieser Gemeinde sagen: 2 Ich weiß, wie viel Gutes du tust, weiß von all deiner Arbeit, und ich kenne auch deine Standhaftigkeit. Es ist gut, dass du die Bösen in eurer Mitte nicht duldest und die als Lügner entlarvst, die sich als Apostel ausgeben und es doch nicht sind. 3 Geduldig hast du für mich Schweres ertragen und niemals aufgegeben.

4 Aber das eine habe ich gegen dich: Deine Liebe ist nicht mehr so stark wie früher. 5 Erinnere dich daran, mit welcher Hingabe du einmal begonnen hast. Was ist davon geblieben? Kehre um, und handle wieder so wie zu Beginn.[b] Sonst werde ich kommen und deinen Leuchter von seinem Platz stoßen. 6 Eins aber will ich dir zugute halten: Dir ist das Treiben der Nikolaïten[c] ebenso verhasst wie mir.

7 Hört genau hin, und achtet darauf, was Gottes Geist den Gemeinden sagt. Denn wer durchhält und den Sieg erringt, dem will ich die Früchte vom Baum des Lebens zu essen geben, der in Gottes Paradies steht.«

Der Brief an die Gemeinde in Smyrna

8 »An den Engel der Gemeinde in *Smyrna* schreibe:

Diese Botschaft kommt von dem, der zugleich der Erste und der Letzte ist, der tot war und nun wieder lebt.

9 Ich kenne alle deine Leiden und weiß, in welcher Armut du lebst; doch in Wirklichkeit bist du reich. Mir ist auch nicht entgangen, wie bösartig euch die Leute verleumden, die sich als fromme Juden ausgeben, in Wirklichkeit aber Gehilfen des Satans sind. 10 Fürchte dich nicht vor dem, was dir noch bevorsteht. Der Teufel wird einige von euch ins Gefängnis bringen, um euch auf die Probe zu stellen. Zehn Tage lang werdet ihr leiden müssen. Doch wenn du mir treu bleibst bis zum Tod, werde ich dir als Siegespreis das ewige Leben geben.

11 Hört genau hin, und achtet darauf, was Gottes Geist den Gemeinden sagt. Wer durchhält und den Sieg erringt, dem wird der zweite, der ewige Tod nichts anhaben können.«

---

a Das griechische Wort kann auch »Bote« bedeuten.

b Wörtlich: Gedenke nun, von welcher Höhe du gefallen bist, und kehre um, und tue wieder die ersten Werke.

c Irrlehrer, deren Oberhaupt wohl Nikolaus hieß.

1,16 2,12.16; 19,15.21; Hebr 4,12 **1,17** 1,8; Dan 8,18 **1,18** 1 Kor 15,25–26.55 **2,1** 1,13.16.20; Eph 1,1 **2,2** 2 Kor 11,13; 1 Joh 4,1 **2,4** 1 Joh 4,16 **2,6** 2,15 **2,7** 22,2; 1 Mo 2,8–9; 3,22 **2,8** 1,17–18 **2,9** Lk 6,20; 2 Kor 6,10; Jak 2,5 **2,10** Mt 10,28; Jak 1,12 **2,11** 20,6.14; 21,8

Der Brief an die Gemeinde in Pergamon

12 »Schreib an den Engel der Gemeinde in
Pergamon:
Das lässt dir der sagen, der das scharfe,
doppelschneidige Schwert trägt. 13 Ich
weiß, dass du in einer Stadt wohnst, die
vom Satan regiert wird. Trotzdem be-
kennst du dich treu zu mir und hast dei-
nen Glauben nicht widerrufen; selbst
dann nicht, als Antipas, mein treuer Zeu-
ge, in dieser Hochburg des Satans getötet
wurde.
14 Und doch habe ich etwas an dir aus-
zusetzen: Du duldest in eurer Mitte Leu-
te, die an der Lehre Bileams festhalten.
Aber Bileam brachte Balak dazu, das
Volk Israel ins Verderben zu stürzen. Er
verführte sie, das Fleisch von Götzen-
opfern zu essen, und verleitete sie zu se-
xueller Zügellosigkeit. 15 Es gibt unter
euch Leute, die den Nikolaïten und ihrer
Irrlehre folgen.[a] 16 Kehr zu mir um, sonst
werde ich sehr schnell zu dir kommen
und gegen diese Leute mit dem Schwert
aus meinem Mund kämpfen.
17 Hört genau hin, und achtet darauf,
was Gottes Geist den Gemeinden sagt.
Wer durchhält und den Sieg erringt, wird
Brot vom Himmel[b] essen. Als Zeichen
des Sieges werde ich ihm einen weißen
Stein geben. Darauf steht ein neuer Na-
me, den nur der kennt, der ihn erhält.«

Der Brief an die Gemeinde in Thyatira

18 »Schreib an den Engel der Gemeinde in
Thyatira:
Dies sagt dir der Sohn Gottes, dessen
Augen wie die Flammen eines Feuers
glühen und dessen Füße wie flüssiges
Golderz glänzen. 19 Ich sehe alles, was du
tust. Ich weiß, mit welcher Liebe du mir
dienst und mit welcher Treue du am
Glauben festhältst. Ich kenne deinen
Dienst für andere und deine Geduld.
Und heute setzt du dich noch mehr ein
als früher.
20 Trotzdem habe ich etwas an dir aus-
zusetzen: Du unternimmst nichts gegen
Isebel, die sich als Prophetin ausgibt.
Durch ihre Lehre verführt sie die Gläubi-
gen zu sexueller Zügellosigkeit und er-
muntert sie, ohne Bedenken das Fleisch
der Götzenopfer zu essen. 21 Diese Frau
hat genug Zeit gehabt, ihr Leben zu än-
dern. Aber sie weigert sich, zu mir umzu-
kehren. 22 Darum werfe ich sie aufs Bett,
zusammen mit all ihren Liebhabern.
Dort werden sie leiden müssen, wenn sie
nicht ihr böses Treiben beenden. 23 Ise-
bels Kinder werde ich dem Tod aus-
liefern. Dann werden alle Gemeinden
wissen, dass ich die Menschen durch und
durch kenne, selbst ihre geheimsten
Gedanken und Wünsche. Und jeder wird
den Lohn von mir bekommen, den er
verdient.
24 Allen anderen in Thyatira, die der
Irrlehre nicht gefolgt sind und sich auf
diese so genannten tiefen Erkenntnisse
über den Satan nicht eingelassen haben,
will ich keine zusätzlichen Lasten auf-
erlegen. 25 Haltet nur unerschütterlich an
dem fest, was ihr habt, bis ich komme.
26 Denn wer durchhält und den Sieg er-
ringt, wer bis zuletzt nach meinem Willen
lebt und handelt, dem werde ich Macht
über die Völker der Erde geben. 27 Mit ei-
serner Strenge wird er über sie herrschen
und sie zerschlagen wie Tongefäße.
28 Und wie mein Vater mir Macht und
Herrschaft gab, will ich sie auch jedem
geben, der im Glauben festbleibt. Als
Zeichen der Macht schenke ich ihm den
Morgenstern.
29 Hört genau hin, und achtet darauf,
was Gottes Geist den Gemeinden sagt.«

---

[a] Vgl. Kapitel 2,6
[b] Wörtlich: von dem verborgenen Manna. Vgl. 2. Mose 16; 4. Mose 11

2,12 1,16 **2,14** 4 Mo 31,16; 25,1–3 **2,18** 1,14–15 **2,19** Hebr 6,10 **2,20** 1 Kön 16,31; 2 Kön 9,22 **2,23** Ps 7,10; Mt 16,27 **2,25** 3,11 **2,26–27** Ps 2,8–9 **2,28** 22,16

Nicht mehr so wie am Anfang

Lesen Sie Offenbarung 2,1-7

Der kurze Brief an die Gemeinde in Ephesus ist voller Lob, enthält aber auch Kritik. Jesus freut sich über die harte Arbeit der Gemeinde, das geduldige Ausharren, die Liebe zur Wahrheit und die Bereitschaft zum Leiden. Aber die Liebe der Epheser zu Jesus und zueinander war nicht mehr so stark wie am Anfang.

Ist das nicht eine Versuchung, der wir alle leicht erliegen? In den Mühlen des Alltags, belastet mit harter Arbeit und Leid – verliert unsere Liebe da nicht etwas von ihrem Glanz und ihrer Leidenschaft? Statt die Menschen von Ephesus zu kritisieren, sollten wir uns lieber selbst hinterfragen. Ist unsere Liebe noch so stark wie früher? Wenn Sie auf das zurückliegende Jahr schauen, sind Sie dann zufrieden damit, wie Sie Ihre Zeit und Ihre Kraft eingesetzt haben? Sollten Sie etwas an Ihrem Lebensstil verändern? Was würde Ihnen helfen, diese ursprüngliche Liebe zu Gott und zu anderen Menschen zu bewahren?

Familie, Gemeinde, Beruf und Freunde – das alles ist wichtig, aber in einem ausgewogenen Maß. Die größte Erfüllung finden wir, wenn wir unser Leben in andere Menschen investieren. Allerdings dürfen wir uns selbst dabei nicht aus den Augen verlieren. Gesunde Ernährung, ausreichend Schlaf und Erholung helfen unserem Körper, stark zu bleiben. Eine tägliche Zeit der Stille mit Gott und ein wöchentliches Treffen mit anderen Christen stärken unseren Geist. Könnte eine kleine Veränderung in Ihrem Lebensstil vielleicht dazu führen, dass Sie am Ende sehr viel mehr erreichen? Wenn Sie eine kräfteraubende Aktivität streichen und dafür eine erfrischende hinzunehmen, würden Sie dann wieder eine so starke Liebe empfinden wie am Anfang? „Kehre um", fordert Jesus uns auf (Offenbarung 2,5).

Nehmen Sie sich Zeit, um allein oder als Paar gemeinsam zu beten. Bitten Sie Gott, dass er Ihnen hilft, die Stimme seines Geistes zu hören (siehe Offenbarung 2,7), damit Sie seine Botschaft verstehen. Bitten Sie ihn auch, dass Sie die starke Liebe, die Sie am Anfang zu Jesus und zu anderen Menschen hatten, wiedergewinnen und bewahren. Bitten Sie ihn, Ihnen zu zeigen, was Sie an Ihrem Lebensstil verändern sollten.

Wenn Sie noch mehr Zeit haben …

Besprechen Sie miteinander folgende Fragen oder denken Sie darüber nach:

- Welche Aktivitäten in Ihrem Leben kosten Sie die meiste Kraft?
- Welche Aktivitäten stärken Sie und machen es Ihnen leichter, Gott und Ihre Mitmenschen zu lieben?
- In welchen Bereichen sollten Sie Ihren Lebensstil verändern?

Lesen Sie auch die folgenden Abschnitte zum Thema Liebe zu Gott:
5. Mose 10,12; Joel 2,13;
Matthäus 22,37-40.

Ein neues Lied

Lesen Sie Offenbarung 5,6-14

In Offenbarung 5,9 hören wir von einem „neuen Lied", das ganz anders ist als alle Lieder, die wir kennen. Sein Text inspirierte den jungen britischen Komponisten Isaac Watts, den Vater des modernen Kirchenliedes, zu einem ganz eigenen neuen Lied.

Dreihundert Jahre nach ihm schreiben die Isaac Watts von heute Anbetungslieder, die im Takt und Rhythmus ihrer Herzen erklingen wollen. Wer die alten Choräle gewohnt ist, sollte dem Vorbild von Watts' Gemeinde folgen und sich von der jungen Generation zu einem neuen Ausdruck des Lobpreises Gottes führen lassen. Wenn wir diese jungen Menschen gewähren lassen, können ihre Lieder für die nächsten dreihundert Jahre zum Segen der Gemeinden werden.

Das Lob Gottes kommt auf viele verschiedene Weisen zum Ausdruck; es ist nicht an bestimmte Formen gebunden, sondern ist eine Herzenssache. Das eigene Lob Gottes lebendig und echt zu erhalten – dieser Wunsch erklärt vielleicht, warum viele junge Menschen sich zu eher liturgisch geprägten Gottesdiensten hingezogen fühlen, obwohl sie mit freien Gottesdienstformen aufgewachsen sind, die keiner bestimmten äußeren Gestaltung folgen. Die Liturgie mag jemandem, der sie dreißig Jahre lang immer wiederholt hat, wie ein Ritual vorkommen. Für einen jungen Menschen aber, der sie nie zuvor gehört hat, ist sie wie frisches Wasser.

Statt Stile und Formen zu kritisieren, mit denen wir nicht vertraut sind, sollten wir lieber darauf achten, dass unser eigenes Lob Gottes echt bleibt. Wir sollten nach Ausdrucksweisen suchen, die für uns vielleicht neu sind, die unser Gott aber kennt und versteht. Denn ihn wollen wir ja preisen.

Nehmen Sie sich Zeit, um allein oder als Paar gemeinsam zu beten. Bitten Sie Gott ...

- Sie daran zu erinnern, dass das Lob Gottes nicht an bestimmte Formen gebunden, sondern eine Herzenssache ist;
- dass Sie besser verstehen lernen, welches Lob ihm gefällt;
- dass Sie offen sind für neue Ausdrucksweisen des Lobes Gottes in der Gemeinde Christi.

Wenn Sie noch mehr Zeit haben ...

Besprechen Sie miteinander folgende Fragen oder denken Sie darüber nach:

- Was macht Ihr Lob für Gott wohlgefällig?
- Welcher Anbetungsstil ist Ihnen vertraut und angenehm?
- Wie kann eine neue Erfahrung der Anbetung Gottes Ihnen helfen, damit Ihr Lob lebendig und echt bleibt?

Lesen Sie auch die folgenden Abschnitte zum Thema Lob Gottes:
1. Chronik 28,9; Psalm 40,4; Johannes 4,23-24.

Den nächsten Impuls finden Sie auf S. 1450 a

Der Brief an die Gemeinde in Sardes

3 »Schreib an den Engel der Gemeinde
in *Sardes:*
Das sagt der, dem die sieben Geister
Gottes dienen und der die sieben Sterne
in seiner Hand hält.
Ich weiß alles, was du tust. Du giltst als
lebendige Gemeinde, aber in Wirklich-
keit bist du tot. 2 Wach auf und stärke die
wenigen, deren Glaube noch lebendig ist,
bevor auch ihr Glaube stirbt. Denn so, wie
du bisher gelebt hast, kannst du vor Gott
nicht bestehen. 3 Hast du denn ganz ver-
gessen, wie du Gottes Botschaft gehört
und aufgenommen hast? Besinn dich wie-
der darauf, und kehr um zu Gott. Wenn du
nicht wach wirst, werde ich plötzlich da
sein, unerwartet wie ein Dieb. Und du
wirst nicht wissen, wann ich komme.
4 Aber auch bei euch in Sardes sind ei-
nige, denen der Schmutz dieser Welt
nichts anhaben konnte. Sie werden im-
mer bei mir sein und weiße Kleider tra-
gen; denn sie sind es wert.
5 Wer durchhält und den Sieg erringt,
der wird solch ein weißes Kleid tragen.
Ich werde seinen Namen nicht aus dem
Buch des Lebens streichen, sondern mich
vor meinem Vater und seinen Engeln zu
ihm bekennen.
6 Hört genau hin, und achtet darauf,
was Gottes Geist den Gemeinden sagt!«

Der Brief an die Gemeinde in Philadelphia

7 »Schreib an den Engel der Gemeinde in
Philadelphia:
Das sagt dir der eine, der heilig und
wahrhaftig ist. Er allein hat als Nachkom-
me Davids den Schlüssel zum Heil. Wo er
aufschließt, kann niemand mehr zuschlie-
ßen; wo er aber zuschließt, kann niemand
mehr öffnen.
8 Ich weiß, was du getan und geleistet
hast. Sieh, ich habe dir eine Tür geöffnet,
die niemand verschließen kann. Deine
Kraft ist klein; doch du hast an dem, was
ich gesagt habe, festgehalten und dich un-
erschrocken zu mir bekannt. 9 Achte jetzt
auf alles, was geschehen wird: Es werden
Leute zu dir kommen, die sich als fromme
Juden ausgeben. Aber sie lügen; in Wirk-
lichkeit sind sie Anhänger des Satans.
Diese Männer werde ich dazu bewegen,
dass sie vor dir auf die Knie fallen; denn
sie sollen erkennen, dass ich dich liebe.
10 Du hast meine Aufforderung befolgt,
geduldig auszuhalten. Deshalb will ich
dich auch in der schweren Prüfung be-
wahren, die über die ganze Erde kom-
men wird, um alle Menschen auf die Pro-
be zu stellen. 11 Ich komme schnell und
unerwartet. Darum halte fest, was du
hast, damit dir niemand deinen Sieges-
preis nehmen kann.
12 Denn wer durchhält und den Sieg er-
ringt, den werde ich zu einer Säule im
Tempel meines Gottes machen; er wird
dort immer bleiben. Und er soll den Na-
men meines Gottes tragen und wird ein
Bürger des neuen Jerusalem sein, der
Stadt, die Gott vom Himmel herabkom-
men lässt. Auch meinen eigenen neuen
Namen wird er erhalten.
13 Hört genau hin, und achtet darauf,
was Gottes Geist den Gemeinden sagt.«

Der Brief an die Gemeinde in Laodizea

14 »An den Engel der Gemeinde in *Laodi-
zea* schreibe:
Dies sagt dir der eine, der die Erfül-
lung aller Zusagen Gottes ist.[a] Christus
ist Gottes treuer und wahrhaftiger Zeu-
ge. Er ist der Ursprung von allem, was
Gott geschaffen hat.
15 Ich kenne dich genau und weiß alles,
was du tust. Du bist weder kalt noch heiß.
Ach, wärst du doch das eine oder das an-

---

a Wörtlich: So spricht, der Amen heißt.

3,1 1,4.16 **3,3** 16,15; Mt 24,43–44; 1 Thess 5,2 **3,4** 6,11 **3,5** 13,8*; Mt 10,32 **3,7** 5,5; 22,16; Jes 22,22 **3,9** 2,9; Jes 49,23; 60,14 **3,10** 2 Petr 2,9 **3,11** 2,25; 22,7; 1 Kor 9,24–25 **3,12** 14,1; 22,4; 21,2 **3,14** 2 Kor 1,20; Kol 1,15–16

dere! 16 Aber du bist lau, und deshalb werde ich dich ausspucken. 17 Du bildest dir ein: ›Ich bin reich und habe alles, was ich brauche!‹ Da machst du dir selbst etwas vor! Du merkst gar nicht, wie jämmerlich du in Wirklichkeit dran bist: arm, blind und nackt. 18 Darum solltest du dich endlich um den wahren Reichtum bemühen, um das reine Gold, das im Feuer geläutert wurde. Nur dieses Gold macht dich reich, und nur von mir kannst du es bekommen. Lass dir auch die weißen Kleider von mir geben, damit du nicht länger nackt und bloß dastehst. Kauf dir Augensalbe, die deine blinden Augen heilt. 19 Bei allen, die ich liebe, decke ich die Schuld auf und erziehe sie mit Strenge. Nimm dir das zu Herzen, und kehr um zu Gott!

20 Merkst du es denn nicht? Noch stehe ich vor deiner Tür und klopfe an. Wer jetzt auf meine Stimme hört und mir die Tür öffnet, zu dem werde ich hineingehen und Gemeinschaft mit ihm haben[a].

21 Wer durchhält und den Sieg erringt, wird mit mir auf meinem Thron sitzen, so wie auch ich mich als Sieger auf den Thron meines Vaters gesetzt habe.

22 Hört genau hin, und achtet darauf, was Gottes Geist den Gemeinden sagt.«

Gottes Thron

4 Danach, als ich aufblickte, sah ich am Himmel eine offene Tür. Dieselbe Stimme, die schon vorher zu mir gesprochen hatte, gewaltig wie der Schall einer Posaune, sagte: »Komm herauf! Ich will dir zeigen, was in Zukunft geschehen wird.« 2 Sofort ergriff mich Gottes Geist, und dann sah ich: Im Himmel stand ein Thron, auf dem jemand saß. 3 Die Gestalt leuchtete wie ein Edelstein, wie ein Jaspis oder Karneol. Und um den Thron strahlte ein Regenbogen, schimmernd wie lauter Smaragde.

4 Dieser Thron war von vierundzwanzig anderen Thronen umgeben, auf denen vierundzwanzig Älteste saßen. Sie trugen weiße Gewänder und auf dem Kopf goldene Kronen. 5 Blitze, Donner und gewaltige Stimmen gingen von dem Thron aus. Davor brannten sieben Fackeln: Das sind die sieben Geister Gottes.[b] 6 Gleich vor dem Thron war so etwas wie ein Meer, durchsichtig wie Glas, klar wie Kristall.

In der Mitte und um den Thron herum standen vier mächtige Lebewesen, die überall Augen hatten. 7 Die erste dieser Gestalten sah aus wie ein Löwe, die zweite glich einem Stier; die dritte hatte ein Gesicht wie ein Mensch, und die vierte glich einem fliegenden Adler. 8 Jede dieser Gestalten hatte sechs Flügel. Auch die Flügel waren innen und außen voller Augen. Unermüdlich, Tag und Nacht, rufen sie: »Heilig, heilig, heilig ist der Herr, der allmächtige Gott, der schon immer war, der heute da ist und der kommen wird!«

9 Diese vier Lebewesen loben und preisen den, der vor ihnen auf dem Thron sitzt und immer und ewig leben wird. 10 Und jedes Mal fallen die vierundzwanzig Ältesten dabei vor ihm nieder und beten den an, dem alle Macht gegeben ist und der ewig lebt. Sie legen ihre Kronen vor seinem Thron nieder und rufen:

11 »Dich, unseren Herrn und Gott, beten wir an. Du allein bist würdig, dass wir dich ehren und rühmen, uns deiner Macht unterordnen. Denn du hast alles erschaffen. Nach deinem Willen entstand die Welt und alles, was auf ihr lebt.«

Das Buch mit sieben Siegeln

5 Ich sah, dass der auf dem Thron in seiner rechten Hand eine Buchrolle hielt. Sie war innen und außen beschrie-

---

[a] Wörtlich: zu dem werde ich hineingehen und mit ihm essen und er mit mir.
[b] Vgl. Kapitel 1,4; 3,1

3,17 1 Kor 4,8 **3,18** 19,8* **3,19** Spr 3,11–12; 1 Kor 11,32; Hebr 12,5–6 **3,20** Lk 12,35–36; Joh 14,23 **3,21** Mt 19,28; Hebr 12,2 **4,1** 1,10 **4,2** 20,11; Jes 6,1; Hes 1,26 **4,4** Jes 24,23; Offb 19,8* **4,5** 2 Mo 19,16; Hes 1,13–14 **4,6** 15,2 **4,7** Hes 1,10; Offb 6,1.3.5.7 **4,8** Jes 6,2–3; Hes 10,12–13 **5,1** 4,2–3; Hes 2,9–10

ben und mit sieben Siegeln verschlossen.
2 Und ich sah einen mächtigen Engel, der
mit gewaltiger Stimme rief: »Wer ist wür-
dig, dieses Buch zu öffnen und seine Sie-
gel zu brechen?« 3 Doch es war niemand
da, der es öffnen und hineinsehen konn-
te; niemand im Himmel, niemand auf der
Erde und auch niemand im Totenreich.
4 Da weinte ich sehr, weil niemand da
war, der würdig gewesen wäre, das Buch
zu öffnen und hineinzusehen. 5 Doch
einer von den Ältesten sagte zu mir:
»Weine nicht! Einer hat gesiegt; er kann
das Buch öffnen und seine sieben Siegel
brechen. Es ist der Löwe aus dem Stamm
Juda, der Nachkomme König Davids.«

6 Und dann sah ich es: In der Mitte vor
dem Thron, umgeben von den vier mäch-
tigen Gestalten und den Ältesten, stand
ein Lamm, das aussah, als ob es ge-
schlachtet wäre. Es hatte sieben Hörner
und sieben Augen. Das sind die sieben
Geister Gottes, die in die ganze Welt aus-
gesandt worden sind. 7 Das Lamm ging zu
dem, der auf dem Thron saß, und emp-
fing das Buch aus dessen rechter Hand.
8 Im selben Augenblick fielen die vier Ge-
stalten und die vierundzwanzig Ältesten
vor dem Lamm nieder. Jeder von ihnen
hatte eine Harfe und goldene Schalen
voller Weihrauch. Das sind die Gebete
aller, die zu Gott gehören. 9 Und alle san-
gen ein neues Lied:

»Du allein bist würdig, das Buch zu nehmen, nur du darfst seine Siegel brechen. Denn du bist als Opfer geschlachtet worden, und mit deinem Blut hast du Menschen für Gott freigekauft; Menschen aller Stämme und Sprachen, aus allen Völkern und Nationen.

10 Durch dich sind sie jetzt Könige und
Priester unseres Gottes, und sie werden
über die ganze Erde herrschen.«

11 Danach sah ich viele Tausende und
Abertausende von Engeln, eine unzähl-
bare Menge, und ich hörte, wie sie ge-
meinsam etwas riefen. Sie standen um
den Thron, um die vier Gestalten und
um die Ältesten. 12 Gewaltig ertönte ihre
Stimme:

»Allein dem Lamm, das geopfert wurde, gehören alle Macht und aller Reichtum. Ihm allein gehören Weisheit und Kraft, Ehre, Herrlichkeit und Anbetung!«

13 Dann hörte ich, wie auch alle an-
deren Geschöpfe einstimmten. Alle im
Himmel und auf der Erde, die Toten
unter der Erde wie die Geschöpfe des
Meeres, sie alle riefen:

»Lob und Ehre, alle Herrlichkeit und Macht gehören dem, der auf dem Thron sitzt, und dem Lamm für immer und ewig!«

14 Die vier Gestalten bekräftigten dies
mit ihrem »Amen«. Und die vierund-
zwanzig Ältesten fielen nieder und be-
teten Gott an.

Die ersten sechs Siegel

6 Nun sah ich, wie das Lamm das erste
der sieben Siegel aufbrach. Da hörte
ich eine der vier Gestalten mit Donner-
stimme rufen: »Los!« 2 Und als ich mich
umsah, erblickte ich ein weißes Pferd.
Sein Reiter trug einen Bogen und erhielt
die Krone des Siegers. Er kam als Sieger,
um erneut zu siegen.

3 Als das Lamm das zweite Siegel auf-
brach, hörte ich die zweite der mächtigen
Gestalten sagen: »Los!« 4 Diesmal kam
ein Reiter auf einem feuerroten Pferd.
Ihm wurde ein großes Schwert gegeben.
Damit sollte er den Frieden von der Erde
nehmen. Erbarmungslos würden sich die
Menschen gegenseitig umbringen.

5 Dann brach das Lamm das dritte Sie-
gel auf, und ich hörte die dritte Gestalt
sagen: »Los!« Und nun sah ich ein
schwarzes Pferd. Sein Reiter hielt eine
Waage in der Hand. 6 Da rief eine der vier
Gestalten: »Für den Lohn eines ganzen
Arbeitstages gibt es nur noch ein Kilo

5,5 1 Mo 49,9–10; Jes 11,1 **5,6** 7,14.17; 12,11; 13,8; Joh 1,29* **5,8** 8,3–4 **5,9** Ps 40,4*; 1 Petr 1,18–19 **5,10** 1,6; 1 Petr 2,9 **5,11–12** 7,11–12; Dan 7,10; Hebr 12,22 **5,13** 7,10; Phil 2,10 **5,14** 4,9–10; 19,4 **6,2–8** Sach 1,8; 6,1–7 **6,2** 19,11–16

Weizen oder drei Kilo Gerste. Nur Öl
und Wein gibt es zum alten Preis!«
7 Nachdem das vierte Siegel aufgebro-
chen war, hörte ich die vierte Gestalt sa-
gen: »Los!« 8 Da sah ich ein Pferd von
aschfahler Farbe. Sein Reiter hieß Tod,
und ihm folgte das ganze Totenreich. Sie
hatten die Macht über ein Viertel der
Erde, um die Menschen durch Kriege,
Hungersnöte, Seuchen und wilde Tiere
dahinzuraffen.
9 Jetzt brach das Lamm das fünfte Sie-
gel auf. Ich sah unten am Altar all die
Menschen, die man getötet hatte, weil
sie sich treu an Gottes Wort gehalten
und bis zuletzt ihren Glauben bekannt
hatten. 10 Laut riefen sie: »Du heiliger
und wahrhaftiger Gott! Wann endlich
sprichst du dein Urteil über all die Men-
schen auf der Erde, die uns verfolgt und
getötet haben? Wann wirst du sie dafür
bestrafen?« 11 Jeder von ihnen bekam ein
weißes Gewand, und ihnen wurde gesagt:
»Wartet noch so lange, bis sich das
Schicksal eurer Geschwister und Lei-
densgefährten auf der Erde erfüllt hat,
die auch noch getötet werden müssen.«
12 Als das Lamm das sechste Siegel öff-
nete, gab es ein gewaltiges Erdbeben. Die
Sonne wurde schwarz wie ein Trauer-
kleid und der Mond rot wie Blut. 13 Und
die Sterne fielen vom Himmel auf die Er-
de, so wie der Feigenbaum seine reifen
Früchte abwirft, wenn er vom Sturm ge-
schüttelt wird. 14 Der Himmel ver-
schwand vor meinen Augen wie eine
Buchrolle, die man zusammenrollt. Die
Berge wankten und stürzten in sich zu-
sammen, und die Inseln versanken.
15 Angst und Schrecken ergriff die Mäch-
tigen und Herrscher der Erde, die Heer-
führer, die Reichen und die Starken, die
Herren ebenso wie ihre Sklaven. Sie alle
suchten Schutz in Höhlen und zwischen
den Felsen der Berge. 16 Und alle schrien
zu den Bergen: »Stürzt doch auf uns he-
rab! Verbergt uns vor den Augen dessen,
dem alle Macht gehört! Bewahrt uns vor
dem Zorn des Lammes! 17 Der Tag, an
dem sie Gericht halten, ist jetzt gekom-
men. Wer kann da bestehen?«

Wer trägt das Zeichen Gottes?

7 Dann sah ich in jeder der vier Him-
melsrichtungen einen Engel stehen.
Sie hielten die Winde und Stürme zurück.
Kein Lufthauch war zu spüren, weder auf
der Erde noch auf dem Meer; nicht ein
Blättchen raschelte an den Bäumen.
2 Aus dem Osten, da wo die Sonne auf-
geht, sah ich einen anderen Engel herauf-
steigen; der trug das Siegel des lebendi-
gen Gottes. Den vier Engeln, die von
Gott die Macht erhalten hatten, das Ver-
derben über Land und Meer zu bringen,
rief er mit lauter Stimme zu: 3 »Wartet!
Bringt noch kein Unheil über das Land,
das Meer und die Bäume. Erst wollen wir
allen, die zu Gott gehören und ihm die-
nen, sein Siegel auf die Stirn drücken.«
4 Dann hörte ich, wie viele dieses Zeichen
erhielten. Es waren 144 000; sie kamen
aus allen Stämmen Israels: 5–8 je zwölftau-
send aus den Stämmen Juda, Ruben,
Gad, Asser, Naftali, Manasse, Simeon,
Levi, Issaschar, Sebulon, Josef und Ben-
jamin.

Die Auserwählten aus allen Völkern

9 Jetzt sah ich eine riesige Menschenmen-
ge, so groß, dass niemand sie zählen
konnte. Die Menschen kamen aus allen
Nationen, Stämmen und Völkern; alle
Sprachen der Welt waren zu hören. Sie
standen vor dem Thron und vor dem
Lamm. Alle hatten weiße Gewänder an
und trugen Palmenzweige in der Hand.
10 Mit lauter Stimme riefen sie: »Heil und
Rettung kommen allein von unserem
Gott, der auf dem Thron sitzt, und von
dem Lamm!« 11 Alle Engel standen um
den Thron, um die Ältesten und die vier

6,8 Jer 15,2–3; Hes 14,21 **6,9** 1,9; 20,4 **6,10** 19,2; Ps 79,10 **6,11** 19,8*; Hebr 11,40
6,12 Hes 38,19–20; Joel 2,10 **6,13–14** Jes 34,4 **6,15** Jes 2,19.21 **6,16** Lk 23,30 **6,17** Joel 1,15*
7,3 9,4; Hes 9,4.6 **7,4** 14,1.3 **7,9** 19,8* **7,10** 5,13 **7,11–12** 5,11–12

mächtigen Gestalten. Sie fielen vor dem
Thron nieder und beteten Gott an. 12 »Ja,
das steht fest«, sagten sie, »Anbetung und
Herrlichkeit, Weisheit und Dank, Ehre,
Macht und Kraft gehören unserem Gott
für immer und ewig. Amen!«
13 Da fragte mich einer der Ältesten:
»Weißt du, wer diese Menschen mit den
weißen Kleidern sind und wo sie her-
kommen?« 14 »Nein, Herr«, antwortete
ich, »aber du weißt es. Sag es mir doch!«
Da antwortete er mir: »Sie kommen aus
Verfolgung, Leid und Bedrängnis. Im
Blut des Lammes haben sie ihre Kleider
rein gewaschen. 15 Deshalb stehen sie
hier vor dem Thron Gottes und dienen
ihm Tag und Nacht in seinem Tempel.
Gott, der auf dem Thron sitzt, wird bei
ihnen wohnen! 16 Sie werden nie wieder
Hunger oder Durst leiden; keine Son-
nenglut oder sonst etwas wird sie jemals
wieder quälen. 17 Denn das Lamm, das
vor dem Thron steht, wird ihr Hirte sein.
Er wird sie zu den Quellen führen, aus
denen das Wasser des Lebens entspringt.
Und Gott wird ihnen alle Tränen ab-
wischen!«

Das siebte Siegel

8 Als das Lamm das siebte Siegel auf-
brach, wurde es im Himmel ganz still,
etwa eine halbe Stunde lang. 2 Ich sah die
sieben Engel vor Gott stehen, und sie er-
hielten sieben Posaunen. 3 Dann kam ein
anderer Engel. Mit einem goldenen
Weihrauchgefäß trat er vor den Altar.
Ihm wurde viel Weihrauch gereicht; er
sollte ihn auf dem Altar vor Gottes
Thron als Opfer darbringen, zusammen
mit den Gebeten der Menschen, die zu
Gott gehören. 4 Und so geschah es auch.
Der Duft des Weihrauchs stieg aus der
Hand des Engels zu Gott auf, zusammen
mit den Gebeten der Menschen. 5 Jetzt
füllte der Engel das Weihrauchgefäß mit
Feuer vom Altar und schleuderte es auf
die Erde. Da begann es zu blitzen und zu
donnern, und die Erde bebte.

Die ersten vier Posaunen

6 Nun machten sich die sieben Engel be-
reit, die sieben Posaunen zu blasen. 7 Als
die Posaune des ersten Engels ertönte,
fielen Hagel und Feuer, mit Blut ver-
mischt, auf die Erde. Ein Drittel der Er-
de, ein Drittel der Bäume und alles grüne
Gras verbrannte.
8 Jetzt blies der zweite Engel seine Po-
saune. Etwas, das wie ein großer feuer-
glühender Berg aussah, stürzte brennend
ins Meer. Da wurde ein Drittel des Mee-
res zu Blut, 9 ein Drittel aller Lebewesen
im Meer starb, und ein Drittel aller Schif-
fe wurde zerstört. 10 Dann ertönte die Po-
saune des dritten Engels. Ein riesiger
Stern fiel wie eine brennende Fackel
vom Himmel. Er stürzte auf ein Drittel
aller Flüsse und Quellen. 11 Dieser Stern
heißt »Bitterkeit«. Er vergiftete ein
Drittel des Wassers auf der Erde. Viele
Menschen starben, nachdem sie von dem
bitteren Wasser getrunken hatten.
12 Jetzt hörte ich die Posaune des vier-
ten Engels. Schlagartig erloschen ein
Drittel der Sonne und des Mondes; auch
ein Drittel aller Sterne verfinsterte sich.
Das Licht des Tages wurde um ein Drittel
schwächer, und die Finsternis der Nacht
nahm um ein Drittel zu.
13 Ich blickte auf und bemerkte einen
Adler, der hoch oben am Himmel flog
und laut schrie: »Wehe! Wehe euch Men-
schen auf der Erde! Bald werden die drei
anderen Engel ihre Posaune blasen. Und
dann wird Furchtbares geschehen!«

Die fünfte Posaune

9 Da stieß der fünfte Engel in seine Po-
saune. Ich sah einen Stern, der vom

7,14 5,6; 22,14; 1 Joh 1,7 **7,15** 21,3 **7,16–17** Jes 49,9–10 **7,17** Hes 34,11–16*; Offb 21,6.4
8,1 Hab 2,20; Zef 1,7 **8,2** Mt 24,31 **8,3** 2 Mo 30,1–7 **8,5** 3 Mo 16,12 **8,7** 2 Mo 9,23–25
8,8 2 Mo 7,20–21 **8,10** Jes 14,12 **8,12** 2 Mo 10,21–23 **9,1** 20,1

Himmel auf die Erde gefallen war. Die-
sem Stern wurde der Schlüssel zum Ab-
grund der Hölle gegeben. 2 Er öffnete
den Abgrund, und heraus quollen Rauch
und beißender Qualm wie aus einem rie-
sigen Schmelzofen. Die Luft war vom
Rauch so verpestet, dass man die Sonne
nicht mehr sehen konnte.
3 Aus dem Rauch quollen Heuschre-
cken und überfielen die Erde. Ihre Sti-
che waren giftig wie die von Skorpio-
nen. 4 Doch sie durften weder dem Gras
noch den Bäumen oder irgendeiner
Pflanze auf der Erde Schaden zufügen.
Sie sollten nur die Menschen quälen,
die nicht das Siegel Gottes auf ihrer
Stirn trugen. 5 Aber sie durften die Men-
schen nicht töten, sondern sie mussten
ihnen fünf Monate lang qualvolle
Schmerzen zufügen, wie sie der Stich
eines Skorpions hervorruft. 6 In dieser
Zeit werden sich die Menschen verzwei-
felt den Tod wünschen, aber er wird sie
nicht erlösen. Sie wollen nur noch ster-
ben, aber der Tod wird vor ihnen flie-
hen.
7 Die Heuschrecken sahen aus wie
Streitrosse, die in den Kampf ziehen.
Auf ihren Köpfen glänzte es, als würden
sie goldene Kronen tragen, und ihre
Gesichter hatten menschliche Züge.
8 Sie hatten eine Mähne wie Frauenhaar
und Zähne wie Löwen. 9 Brustschilde
hatten sie wie Eisenpanzer, und ihre
Flügelschläge dröhnten wie Streitwagen,
die mit vielen Pferden bespannt in die
Schlacht ziehen. 10 Sie hatten Schwänze
und Stacheln wie Skorpione. Mit ihrem
Gift konnten sie die Menschen fünf Mo-
nate lang quälen. 11 Als König herrschte
über sie ein Engel der Hölle. Die Juden
nennen ihn Abaddon, bei den Griechen
heißt er Apollyon. Das bedeutet: Zer-
störer.
12 Aber das ist noch nicht alles. Diesem
ersten Unheil werden noch zwei weitere
folgen.

Die sechste Posaune

13 Jetzt blies der sechste Engel seine Po-
saune. Ich hörte eine Stimme von allen
vier Hörnern des goldenen Altars, der
vor dem Thron Gottes steht. 14 Diese
Stimme forderte den sechsten Engel auf:
»Befrei die vier Engel, die am Euphrat-
strom gefangen sind!« 15 Und die vier
Engel wurden befreit. Auf dieses Jahr,
diesen Monat, diesen Tag, ja, genau auf
diese Stunde hatten sie gewartet, um ein
Drittel der Menschheit zu töten. 16 Sie
führten ein riesiges Heer. Ich hörte, dass
es zweihundert Millionen Reiter waren.
17 Und dann sah ich diese Vision: Die
Pferde trugen ebenso wie ihre Reiter feu-
errot, himmelblau und schwefelgelb glän-
zende Rüstungen. Mächtig wie Löwen-
köpfe waren die Köpfe der Pferde.
Feuer, Rauch und brennender Schwefel
schossen aus ihren Mäulern. 18 Mit diesen
drei Waffen töteten sie ein Drittel der
Menschheit. 19 Aber nicht nur aus ihren
Mäulern kamen Tod und Zerstörung,
auch mit ihren Schwänzen konnten sie
die Menschen umbringen. Denn ihre
Schwänze sahen aus wie Schlangen. Sie
bissen zu und töteten.
20 Doch trotz all dieser entsetzlichen
Katastrophen dachten die Überlebenden
nicht daran, sich zu ändern und zu Gott
umzukehren. Nach wie vor beteten sie
die Dämonen an und ihre selbst gemach-
ten Götzen aus Gold, Silber, Bronze,
Stein oder Holz, die weder hören noch
sehen, noch laufen können. 21 Ja, die
Menschen kehrten nicht um. Sie hörten
nicht auf, einander umzubringen, Zaube-
rei zu treiben, sexuell zügellos zu leben
und einander zu bestehlen.

Das kleine Buch

10 Dann sah ich einen anderen mäch-
tigen Engel vom Himmel herab-
kommen. Eine Wolke umgab ihn, und

9,2 1 Mo 19,28 **9,3** 2 Mo 10,12–15 **9,4** 7,2–3 **9,6** 6,16 **9,7–9** Joel 1,6; 2,4–5 **9,13** 8,3 **9,14–16** 16,12 **9,15** 8,7–12 **9,20–21** 16,9.11; Am 4,6.8–11 **9,20** Ps 115,4–7 **9,21** 2 Mo 20,13–15; 5 Mo 18,10 **10,1** 5,2; 8,3

über seinem Kopf wölbte sich ein Regen-
bogen. Sein Gesicht leuchtete wie die
Sonne, und seine Beine glichen lodern-
den Feuersäulen. [2]In seiner Hand hielt
er ein kleines, aufgeschlagenes Buch. Sei-
nen rechten Fuß setzte er auf das Meer,
seinen linken auf das Land. [3]Wie Löwen-
gebrüll dröhnte seine Stimme, und laut
krachend antworteten ihm sieben Don-
nerschläge. [4]Doch als ich aufschreiben
wollte, was ich hörte, rief mir eine Stim-
me vom Himmel zu: »Schreib nicht auf,
was die sieben Donner geredet haben.
Behalt es für dich!«

[5]Jetzt erhob der Engel, den ich mit
einem Fuß auf dem Meer und mit dem
anderen auf dem Land stehen sah, seine
rechte Hand zum Himmel. [6]Und er
schwor bei dem, der immer und ewig
lebt, der den Himmel, die Erde, das Meer
und alles Leben geschaffen hat: »Die
Zeit geht zu Ende! [7]Denn wenn der sieb-
te Engel seine Posaune bläst, wird Gott
seinen geheimen Plan vollenden, so wie
er es seinen Dienern, den Propheten, zu-
gesagt hat.«

[8]Noch einmal sprach die Stimme vom
Himmel zu mir und forderte mich auf:
»Geh und nimm das aufgeschlagene
Buch aus der Hand des Engels, der auf
dem Meer und auf dem Land steht!«
[9]Da ging ich zu dem Engel und bat ihn
um das kleine Buch. Er antwortete mir:
»Nimm das Büchlein, und iss es auf! Es
schmeckt süß wie Honig, aber du wirst
Magenschmerzen davon bekommen.«
[10]So nahm ich das kleine Buch aus seiner
Hand und aß es. Es schmeckte wirklich
süß wie Honig; aber dann lag es mir
schwer im Magen.

[11]Da sagte mir jemand: »Gott wird dir
noch einmal zeigen, was er mit den Völ-
kern, Nationen, Stämmen und ihren
Herrschern vorhat. Das sollst du auch
noch bekannt machen!«

Der Auftrag der beiden Zeugen

11 Nun erhielt ich einen Messstab,
der wie ein langes Rohr aussah,
und jemand forderte mich auf: »Steh auf
und miss den Tempel Gottes aus und den
Altar. Zähl alle, die dort beten. [2]Nur den
Vorhof draußen vor dem Tempel sollst
du nicht messen. Denn ihn werden die
Nichtjuden besetzen, wenn sie Gottes
heilige Stadt zweiundvierzig Monate lang
belagern und zerstören. [3]Ich werde ihnen
meine zwei Zeugen schicken. Sie kom-
men in Trauerkleidung und werden in
diesen 1260 Tagen verkünden, was Gott
ihnen eingegeben hat.«

[4]Diese beiden Zeugen sind die zwei
Ölbäume und die zwei Leuchter, die vor
dem Herrn der Welt stehen. [5]Wer es
wagt, sie anzugreifen, wird durch Feuer
aus ihrem Mund getötet. Ja, wer sich an
ihnen vergreift, der wird sterben. [6]Sie ha-
ben die Macht, den Himmel zu verschlie-
ßen, damit es nicht regnet, solange sie im
Auftrag Gottes sprechen. Ebenso liegt es
in ihrer Macht, jedes Gewässer in Blut zu
verwandeln und Unheil über die Erde zu
bringen, so oft sie wollen.

[7]Wenn sie Gottes Auftrag ausgeführt
haben, wird aus dem Abgrund der Hölle
ein Tier heraufsteigen und gegen sie
kämpfen. Es wird siegen und die beiden
Zeugen töten. [8]Ihre Leichen wird man
auf dem Platz der großen Stadt zur Schau
stellen, in der auch ihr Herr gekreuzigt
wurde. Diese Stadt ist wie ein neues »So-
dom« oder »Ägypten«. [9]Menschen aus
allen Völkern, Stämmen, Sprachen und
Nationen werden die Toten sehen, die
dort dreieinhalb Tage lang liegen. Denn
man wird es nicht erlauben, die Toten zu
bestatten. [10]Alle Menschen auf der Erde
werden über den Tod der beiden Zeugen
so erleichtert sein, dass sie Freudenfeste
feiern und sich gegenseitig Geschenke

10,3 Jer 25,30–31 **10,4** Dan 12,4.9 **10,6** 1,4; Dan 12,7 **10,7** 11,15; Am 3,7; Apg 3,21 **10,9–10** Hes 2,8 – 3,3 **11,1** Hes 40,3.5; 41,22; 42,15; Sach 2,5–6 **11,2** Lk 21,24; Dan 7,25; 12,7 **11,3** 12,6 **11,4** Sach 4,1–3.11–14 **11,6** 1 Kön 17,1; 2 Mo 7,20–21 **11,7** 13,1–8 **11,8** Lk 13,33–34; 1 Mo 18,20

machen. Denn diese beiden Propheten
haben großes Leid über die Menschen
auf der ganzen Welt gebracht.
11 Nach dreieinhalb Tagen aber gab
Gottes Geist ihnen neues Leben, und
sie standen wieder auf! Alle, die das sa-
hen, waren wie gelähmt vor Angst und
Schrecken. 12 Dann forderte eine gewalti-
ge Stimme vom Himmel die beiden
Zeugen auf: »Kommt herauf!« Vor den
Augen ihrer Feinde wurden sie in einer
Wolke zum Himmel hinaufgehoben. 13 In
demselben Augenblick gab es ein schwe-
res Erdbeben. Ein Zehntel der Stadt
stürzte ein, und siebentausend Menschen
kamen ums Leben. Die Überlebenden
waren entsetzt. Sie fürchteten sich und
unterwarfen sich endlich der Herrschaft
Gottes.
14 Aber das Unheil ist noch immer nicht
vorüber. Der zweiten Schreckenszeit
wird sehr bald eine dritte folgen.

Die siebte Posaune

15 Jetzt ertönte die Posaune des siebten
Engels. Und im Himmel erklangen
mächtige Stimmen: »Von jetzt an gehört
die Herrschaft über die Welt unserem
Herrn und seinem Sohn Jesus Christus.
Sie werden für immer und ewig herr-
schen!« 16 Die vierundzwanzig Ältesten,
die vor Gott auf ihren Thronen sitzen,
warfen sich vor ihm nieder. Sie lobten
Gott 17 und beteten:
»Wir danken dir, Herr, du großer, all-
mächtiger Gott, der du bist und immer
warst. Du hast deine große Macht bewie-
sen und die Herrschaft übernommen.
18 Die Völker haben sich im Zorn von
dir abgewandt. Darum trifft sie jetzt dein
Zorn. Die Zeit des Gerichts ist gekom-
men, und die Toten wirst du richten. Al-
len wirst du ihren Lohn geben: deinen
Dienern, den Propheten, allen, die dir ge-
hören und Ehrfurcht vor dir haben, den
Großen wie den Kleinen. Ohne Ausnah-
me wirst du alle vernichten, die unsere
Erde ins Verderben gestürzt haben.«
19 Da öffnete sich der Tempel Gottes
im Himmel, und die Bundeslade war zu
sehen. Blitze zuckten über den Himmel,
und Donner, gewaltige Stimmen, Erdbe-
ben und schwere Hagelstürme erschüt-
terten die Erde.

Die Frau und der Drache

12 Am Himmel sah man jetzt eine ge-
waltige Erscheinung: eine Frau,
die mit der Sonne bekleidet war und den
Mond unter ihren Füßen hatte. Auf dem
Kopf trug sie eine Krone aus zwölf Ster-
nen. 2 Sie war hochschwanger und schrie
unter den Geburtswehen vor Schmerz.
3 Dann gab es noch eine Erscheinung am
Himmel: Plötzlich sah ich einen großen,
feuerroten Drachen mit sieben Köpfen,
sieben Kronen und zehn Hörnern. 4 Mit
seinem Schwanz fegte er ein Drittel aller
Sterne vom Himmel und schleuderte sie
auf die Erde. Der Drache stellte sich vor
die Frau; denn er wollte ihr Kind ver-
schlingen, sobald es geboren war. 5 Die
Frau brachte einen Sohn zur Welt, der
einmal mit eiserner Strenge über die Völ-
ker der Erde herrschen sollte. Das Kind
wurde von Gott aufgenommen und vor
seinen Thron gebracht. 6 Die Frau aber
floh in die Wüste, wo Gott selbst einen
Zufluchtsort für sie vorbereitet hatte.
1260 Tage sollte sie dort versorgt werden.
7 Dann brach im Himmel ein Kampf
aus: Michael und seine Engel griffen den
Drachen an. Der Drache schlug mit sei-
nem Heer von Engeln zurück; 8 doch er
verlor den Kampf und durfte nicht länger
im Himmel bleiben. 9 Der große Drache
ist niemand anders als der Teufel oder
Satan, der als listige Schlange schon im-
mer die ganze Welt zum Bösen verführt
hat. Er wurde mit allen seinen Engeln aus
dem Himmel auf die Erde hinunter-
gestürzt.

11,11 Hes 37,5.10 **11,12** Apg 1,9 **11,15** 10,7; Dan 2,44* **11,16** 4,4.10 **11,18** Ps 2,1.5 **11,19** 1 Kön 8,1.6
12,3–4 Dan 7,7; 8,10 **12,5** 19,15; Ps 2,8–9 **12,6** 11,3 **12,7** Dan 10,13; 12,1; Jud 9
12,9 1 Mo 3,1.14; Lk 10,18

[10] Jetzt hörte ich eine gewaltige Stimme
im Himmel rufen:
»Nun hat Gott den Sieg errungen, er
hat seine Stärke gezeigt und seine Herr-
schaft aufgerichtet! Alle Macht liegt in
den Händen seines Sohnes Jesus Chris-
tus. Denn der Ankläger ist endgültig ge-
stürzt, der unsere Brüder und Schwestern
Tag und Nacht vor Gott beschuldigte.
[11] Sie haben ihn besiegt durch das Blut
des Lammes und weil sie sich zu Gott be-
kannt haben. Sie haben ihr Leben für Gott
eingesetzt und den Tod nicht gefürchtet.
[12] Darum freut euch nun, ihr Himmel
und alle, die ihr darin wohnt! Aber wehe
euch, Erde und Meer! Der Teufel wurde
auf euch losgelassen. Er schnaubt vor
Wut; denn er weiß, dass ihm nicht mehr
viel Zeit bleibt.«
[13] Als der Drache merkte, dass er auf
der Erde war, verfolgte er die Frau, die
den Sohn geboren hatte. [14] Doch Gott
gab der Frau die starken Flügel eines Ad-
lers. So konnte sie an ihren Zufluchtsort
in der Wüste fliehen. Dreieinhalb Jahre
wurde sie hier versorgt und war vor den
Angriffen des Drachens, der bösen
Schlange, sicher. [15] Doch die Schlange
gab nicht auf. Eine gewaltige Wasserflut
schoss aus ihrem Rachen, und die Frau
geriet in große Gefahr. [16] Aber die Erde
half der Frau. Sie öffnete sich und ver-
schlang das Wasser, das der Drache aus-
spuckte. [17] Darüber wurde der Drache so
wütend, dass er jetzt alle anderen Nach-
kommen dieser Frau bekämpfte. Das
sind die Menschen, die nach Gottes Ge-
boten leben und sich zu Jesus bekennen.
[18] Und der Drache begab sich an den
Strand des Meeres.

Das Tier aus dem Meer: der Antichrist

13 Ich sah ein Tier aus dem Meer
auftauchen. Es hatte sieben Köp-
fe und zehn Hörner; auf jedem Horn
trug es eine Krone. Auf den Köpfen
standen Namen, die Gott beleidigten.
[2] Das Tier sah aus wie ein Panther, aber
es hatte die Tatzen eines Bären und den
Rachen eines Löwen. Der Drache gab
ihm seine ganze Macht, setzte es auf
den Herrscherthron und übertrug ihm
alle Befehlsgewalt. [3] An einem Kopf des
Tieres sah ich eine tödliche Wunde; aber
diese Wunde wurde geheilt. Alle Welt
lief dem Tier voller Bewunderung nach.
[4] Und die Menschen fielen vor dem Dra-
chen nieder und beteten ihn an, weil er
seine Macht dem Tier gegeben hatte.
Auch das Tier beteten sie an und riefen:
»Wo auf der ganzen Welt ist jemand, der
sich mit ihm vergleichen kann? Wer
wagt es, den Kampf mit ihm aufzuneh-
men?«
[5] Das Tier wurde ermächtigt, große Re-
den zu schwingen und dabei Gott zu läs-
tern. Zweiundvierzig Monate lang durfte
es seinen Einfluss ausüben. [6] Wenn das
Tier sein Maul aufriss, beleidigte es Gott.
Es verhöhnte seinen Namen, sein Heilig-
tum und alle, die im Himmel wohnen.
[7] Nichts und niemand hinderte das Tier
daran, gegen die Menschen zu kämpfen,
die zu Gott gehören, und sie sogar zu be-
siegen. Das Tier herrschte uneinge-
schränkt über alle Völker und Stämme,
über die Menschen aller Sprachen und
Nationen. [8] Und alle Menschen auf der
Erde werden das Tier verehren und an-
beten: alle, deren Namen nicht schon seit
Beginn der Welt im Lebensbuch des ge-
schlachteten Lammes stehen.
[9] Hört genau hin und achtet darauf:
[10] Wer dazu bestimmt ist, ins Gefängnis
zu kommen, der wird auch gefangen ge-
nommen. Und wer durch das Schwert
sterben soll, der wird auch mit dem
Schwert getötet. Hier muss sich die
Standhaftigkeit und die Treue aller be-
währen, die zu Christus gehören.

12,10 11,15; Hiob 1,9–11; Sach 3,1 **12,11** 5,6; Röm 8,37; 1 Joh 1,7 **12,12** Jes 49,13 **12,17** 11,7; 13,7
13,1 11,7; Dan 7,3.7 **13,2** 12,3; Lk 4,5–6; 2 Thess 2,9 **13,3** 17,8 **13,4** Jer 10,6–7 **13,5–6** Dan 7,8.25
13,7 11,7; Dan 7,21 **13,8** 3,5; 17,8; 20,12.15; 21,27; 2 Mo 32,32; Lk 10,20; Phil 4,3 **13,10** 12,17; 14,12

Das zweite Tier: der Lügenprophet

[11] Aus der Erde sah ich dann ein anderes
Tier aufsteigen. Es hatte zwei Hörner wie
ein Lamm und eine Stimme wie ein Dra-
che. [12] Dieses Tier übte dieselbe Macht
aus wie das erste und erhielt von ihm sei-
ne Aufträge. Es brachte alle Bewohner
der Erde dazu, das erste Tier, dessen töd-
liche Wunde geheilt war, wie einen Gott
zu verehren und anzubeten.
[13] Dieses zweite Tier vollbrachte große
Wunder. Vor den Augen der Menschen
ließ es sogar Feuer vom Himmel auf die
Erde fallen. [14] Und immer wenn das erste
Tier dabei war, verführte das zweite die
Menschen durch solche Wunder. Es for-
derte sie auf, eine Statue zu Ehren des
ersten Tieres zu errichten, das durchs
Schwert tödlich getroffen und dann wie-
der lebendig geworden war. [15] Doch das
war noch nicht alles. Es gelang ihm sogar,
der Statue Leben einzuhauchen. Sie be-
gann zu sprechen und verlangte, dass
jeder getötet werden sollte, der sie nicht
verehrte und anbetete. [16] Jeder – ob groß
oder klein, reich oder arm, ob Herr oder
Sklave – wurde gezwungen, auf der rech-
ten Hand oder der Stirn ein Zeichen zu
tragen. [17] Ohne dieses Zeichen konnte
niemand etwas kaufen oder verkaufen.
Und dieses Zeichen war nichts anderes
als der Name des Tieres, in Buchstaben
geschrieben oder in Zahlen ausgedrückt.
[18] Doch um das zu ergründen, ist Gottes
Weisheit nötig. Wer Einsicht und Ver-
stand hat, wird herausfinden, was die
Zahl des Tieres bedeutet. Hinter ihr ver-
birgt sich ein Mensch. Es ist die Zahl 666.

Das Lied der Befreiten

14 Ich sah das Lamm auf dem Berg
Zion stehen, umgeben von 144 000
Menschen. Auf ihrer Stirn stand sein Na-
me und der Name seines Vaters. [2] Jetzt
hörte ich Stimmen vom Himmel – gewal-
tig wie ein rauschender Wasserfall und
wie heftige Donnerschläge und doch so
zart und schön wie Harfenspiel. [3] Vor
dem Thron Gottes, vor den vier Gestal-
ten und den vierundzwanzig Ältesten
sangen sie ein neues Lied. Aber nur die
144 000, die das Lamm durch sein Opfer
von der Erde losgekauft hat, können die-
ses Lied singen. [4] Sie sind ihrem Herrn
treu geblieben und haben sich nicht
durch Götzendienst verunreinigt.[a] Sie
sind rein und folgen dem Lamm überall-
hin. Als erste von allen Menschen sind sie
von ihrer Schuld freigekauft und ganz
Gott und dem Lamm geweiht. [5] Weder
Lüge noch Falschheit gibt es bei ihnen;
sie sind ohne Tadel, und niemand kann
ihnen etwas vorwerfen.

Drei Engel verkünden das Gericht

[6] Jetzt sah ich einen Engel hoch am Him-
mel fliegen. Er hatte die Aufgabe, allen
Menschen auf der Erde, allen Stämmen
und Völkern, den Menschen aller Spra-
chen und Nationen eine ewig gültige ret-
tende Botschaft zu verkünden. [7] Laut rief
er: »Fürchtet Gott und gebt ihm die
Ehre! Denn jetzt wird er Gericht halten.
Betet den an, der alles geschaffen hat:
den Himmel und die Erde, das Meer und
die Wasserquellen.«
[8] Diesem Engel folgte ein zweiter. Er
rief: »Babylon ist gefallen, die große
Stadt! Sie hat alle Völker der Erde be-
trunken gemacht mit ihrem Wein der
Verführung. Die Menschen konnten
nicht genug davon bekommen.« [9] Nun
kam ein dritter Engel. Er rief: »Wehe al-
len, die das Tier aus dem Meer und seine
Statue verehren und anbeten, die das
Kennzeichen des Tieres an ihrer Stirn
oder Hand tragen![b] [10] Denn sie werden
den Kelch, der mit Gottes Zorn gefüllt
ist, bis zur bitteren Neige leeren müssen.

---

[a] Wörtlich: Sie haben sich nicht mit Frauen befleckt, denn sie sind jungfräulich.
[b] Vgl. Kapitel 13,15–18

13,12 13,3 **13,13** Mt 24,24; 2 Thess 2,9 **13,14** 19,20; 20,4 **13,15** Dan 3,5–6 **13,16–17** 14,9–11; 16,2; 19,20; 20,4 **14,1** Jes 4,5; Joel 3,5; Hebr 12,22; Offb 7,1–8 **14,3** 4,4.6; 5,9; Ps 40,4* **14,4** Joh 10,4 **14,8** 18,2; Jes 21,9; Jer 51,7–8 **14,10** 16,19; Jer 25,15*

In Gegenwart der heiligen Engel und vor
den Augen des Lammes werden sie in
Feuer und Schwefel qualvoll leiden.
11 Dieses Feuer wird niemals verlöschen;
immer und ewig steigt sein Rauch auf.
Niemals werden die Ruhe finden, die
das Tier und seine Statue angebetet und
sein Zeichen angenommen haben. 12 Hier
müssen alle, die zu Gott gehören, ihre
Standhaftigkeit beweisen; denn nur die
können bestehen, die nach Gottes Gebo-
ten leben und dem Glauben an Jesus treu
bleiben.«
13 Dann hörte ich eine Stimme vom
Himmel, die mich aufforderte: »Schreib:
Ab jetzt kann sich jeder freuen, der im
Vertrauen auf den Herrn stirbt!« »Ja«,
antwortete der Geist, »sie dürfen von
ihrer Arbeit und ihrem Leiden ausruhen.
Der Lohn für all ihre Mühe ist ihnen ge-
wiss!«

Gottes Ernte

14 Danach sah ich eine weiße Wolke. Da-
rauf saß einer, der wie ein Mensch aus-
sah. Er trug eine goldene Krone auf dem
Kopf und hielt in der Hand eine scharfe
Sichel. 15 Nun kam ein Engel aus dem
Tempel und rief ihm zu: »Nimm deine Si-
chel, und fang an zu ernten! Denn die
Erntezeit ist gekommen, und die Erde
ist reif dafür.« 16 Und der auf der Wolke
saß, schwang seine Sichel über die Erde,
und die Ernte wurde eingebracht. 17 Ein
anderer Engel trat aus dem Tempel im
Himmel. Auch er hatte eine scharfe Si-
chel. 18 Dazu kam noch ein Engel vom Al-
tar, der Gewalt über das Feuer hatte. Er
rief dem Engel mit der Sichel zu: »Nimm
deine scharfe Sichel, und schneide die
Trauben vom Weinstock der Erde; sie
sind reif.« 19 Da schleuderte der Engel sei-
ne Sichel auf die Erde und erntete die
Trauben. Er warf sie in die große Wein-
presse des Zornes Gottes. 20 Draußen vor
der Stadt wurde der Saft aus den Trauben
gekeltert. Ein riesiger Blutstrom ergoss
sich aus der Weinpresse: dreihundert Ki-
lometer weit und so hoch, dass er den
Pferden bis an die Zügel reichte.

Die sieben letzten Katastrophen

15 Danach sah ich am Himmel eine
andere große und gewaltige Er-
scheinung: Sieben Engel waren dort, und
jeder brachte eine neue Katastrophe auf
die Erde. Erst damit sollte Gottes Ge-
richt zu Ende gehen. 2 Ich sah so etwas
wie ein Meer, durchsichtig wie Glas und
leuchtend wie Feuer. An seinem Ufer
standen alle, die Sieger geblieben waren
über das Tier, die seine Statue nicht an-
gebetet und die Zahl seines Namens
nicht angenommen hatten[a]. In ihren
Händen hielten sie Harfen, die Gott
ihnen gegeben hatte. 3 Sie sangen das Sie-
geslied, das schon Mose, der Diener Got-
tes, gesungen hatte, und das Lied des
Lammes:
»Groß und wunderbar sind deine
Taten, Herr, du allmächtiger Gott! Ge-
recht und zuverlässig sind deine Wege,
du König aller Völker!
4 Wer sollte dich, Herr, nicht aner-
kennen, und wer deinen Namen nicht
rühmen und ehren? Nur du allein bist
heilig! Alle Völker werden kommen und
dich anbeten, denn alle werden deine
Gerechtigkeit erkennen!«
5 Dann sah ich, wie im Himmel der
Tempel, das heilige Zelt, weit geöffnet
wurde. 6 Aus dem Tempel kamen die sie-
ben Engel, die sieben Katastrophen über
die Erde bringen sollten. Sie trugen
strahlend weiße Leinengewänder und
ein goldenes Band um die Brust. 7 Eine
von den vier mächtigen Gestalten gab
den sieben Engeln sieben goldene Scha-
len. Jede von ihnen war gefüllt mit dem
Zorn des Gottes, der ewig lebt. 8 Die Wol-
ke der Herrlichkeit und Macht Gottes er-
füllte den Tempel. Und niemand konnte

---

[a] Vgl. Kapitel 13,15–18

14,11 19,3 **14,12** 13,10 **14,13** Phil 1,23; Hebr 4,9–10 **14,14** 1,13; Dan 7,13 **14,15** Joel 4,13 **14,19–20** 19,15; Jes 63,1–6 **15,1** 16,1 **15,2** 4,6; 13,14–16 **15,3** 2 Mo 15,1–18; Ps 111,2; 145,17 **15,4** Jes 45,22–24* **15,5** 11,19 **15,7** 4,6 **15,8** 2 Mo 40,34–35; 1 Kön 8,10–11; Hes 44,4

den Tempel betreten, bevor die sieben
Engel die sieben Katastrophen zum Ab-
schluss gebracht hatten.

Die Schalen mit dem Zorn Gottes

16 Jetzt hörte ich, wie eine gewaltige
Stimme aus dem Tempel den sie-
ben Engeln zurief: »Geht und überschüt-
tet die Erde mit den sieben Schalen des
Zornes Gottes.«
2 Da ging der erste Engel und goss sei-
ne Schale auf die Erde. Sofort bildeten
sich bösartige und schmerzhafte Ge-
schwüre bei allen Menschen, die das Zei-
chen des Tieres trugen und seine Statue
angebetet hatten. 3 Der zweite Engel goss
seine Schale in das Meer. Da wurde das
Wasser zu Blut. Es war wie das Blut von
einem Toten. Und alle Lebewesen im
Meer verendeten.
4 Der dritte Engel goss seine Schale
über die Flüsse und Quellen. Alles wurde
zu Blut. 5 Dabei hörte ich, wie der Engel,
der über das Wasser herrscht, sagte: »Du
hast dein Urteil gesprochen, du heiliger
Gott, der du bist und immer warst. Dein
Urteil ist richtig und gerecht. 6 Sie haben
alle getötet, die an dich glaubten, und sie
haben das Blut deiner Propheten vergos-
sen. Deshalb hast du ihnen dieses Blut zu
trinken gegeben. Das haben sie ver-
dient!« 7 Und ich hörte, wie eine Stimme
vom Altar her sagte: »Ja, Herr, du all-
mächtiger Gott! Deine Urteile sind wahr
und gerecht.« 8 Dann goss der vierte En-
gel seine Schale über die Sonne. Von nun
an quälte sie die Menschen mit ihrem
Feuer. 9 Alle Menschen litten unter der
sengenden Glut. Doch keiner kehrte um
und erkannte Gott als den Herrn an. Sie
verfluchten vielmehr seinen Namen und
lehnten sich weiter gegen ihn auf, der sie
mit solch schrecklichen Katastrophen
heimsuchte. 10 Der fünfte Engel schüttete
seine Schale über dem Thron des Tieres
aus. Da versank das Reich des Tieres in
tiefste Finsternis. Die Menschen dort zer-
bissen sich vor Schmerzen die Zunge.
11 Aber auch sie bereuten nichts und kehr-
ten nicht um, sondern verfluchten Gott,
weil sie solche Schmerzen und qualvollen
Geschwüre ertragen mussten.
12 Der sechste Engel goss seine Schale
in den großen Fluss, den Euphrat. Der
Fluss trocknete aus, so dass die Könige
aus dem Osten ungehindert mit ihren Ar-
meen in das Land eindringen konnten.
13 Ich sah, wie aus dem Maul des Drachen,
des Tieres und des falschen Propheten
drei unreine Geister krochen, die wie
Frösche aussahen. 14 Es sind dämonische
Geister, die Wunder vollbringen und die
Herrscher dieser Erde für sich gewinnen
wollen. Alle sollen sich mit ihnen zum
Kampf gegen den allmächtigen Gott ver-
bünden, wenn der große Tag der Ent-
scheidung kommt.
15 »Doch vergiss nicht«, sagt Christus,
»ich komme plötzlich und unerwartet
wie ein Dieb! Nur wer wach bleibt und
bereit ist, wird an diesem Tag glücklich
sein. Nur wer seine Kleider griffbereit
hat, muss dann nicht nackt umherlaufen
und sich schämen.«
16 Die dämonischen Geister versam-
melten die Heere der Welt an dem Ort,
der auf Hebräisch »Harmagedon« heißt.
17 Der siebte Engel schüttete seine
Schale in die Luft. Da erklang vom Thron
des Tempels im Himmel eine gewaltige
Stimme: »Es ist geschehen!« 18 Blitze
zuckten über den Himmel, der Donner
krachte, und gewaltige Stimmen dröhn-
ten. Die Erde bebte so heftig wie noch
nie seit Menschengedenken. 19 Die große
Stadt Babylon zerbrach in drei Teile, und
die Städte der Welt sanken in Trümmer.
Gott hatte Babylon und ihre Sünden
nicht vergessen. Nun musste auch sie
den Kelch, der mit Gottes Zorn gefüllt
ist, bis zur bitteren Neige leeren. 20 Die
Inseln versanken, und die Berge stürzten
in sich zusammen. 21 Riesige zentner-

16,1 15,1 **16,2** 13,14–16; 2 Mo 9,10 **16,3–4** 8,8–9; 2 Mo 7,17–21 **16,6** 18,24; Ps 79,10; Jes 49,26 **16,7** 19,2 **16,9** 9,20–21 **16,10** 13,1–2; 2 Mo 10,21–22 **16,12** 9,14–16; Jes 44,27 **16,13** 12,3; 13,1.11 **16,14** 13,13; 19,19 **16,15** 3,3; Mt 24,43–44 **16,19** 14,8.10 **16,21** 2 Mo 9,22–23; Offb 16,9.11

schwere Hagelbrocken fielen vom Him-
mel auf die Menschen. Sie verfluchten
Gott wegen dieser furchtbaren Kata-
strophe.

Babylon – die große Hure

17 Nun kam einer von den sieben En-
geln, die sieben Schalen erhalten
hatten, zu mir und sagte: »Komm mit,
ich will dir zeigen, wie Gott die große
Hure straft, die an den vielen Wasserläu-
fen so sicher thront. 2 Die Mächtigen die-
ser Welt haben sich mit ihr eingelassen.
Alle Menschen waren berauscht von
dem Wein der Verführung, den sie ihnen
eingoss.«
3 Jetzt nahm mich der Engel und ver-
setzte mich im Geist in die Wüste. Dort
sah ich eine Frau auf einem grellroten
Tier, das sieben Köpfe und zehn Hörner
hatte. Es war überall beschrieben mit Be-
leidigungen Gottes. 4 Die Frau trug pur-
pur- und scharlachrote Kleider, dazu
kostbaren, goldenen Schmuck mit wert-
vollen Edelsteinen und Perlen. In ihrer
Hand hielt sie einen Becher aus Gold,
der bis an den Rand gefüllt war mit ihrer
Bosheit, ihrer Verführung und ihrem
Götzendienst. 5 Auf ihrer Stirn stand ein
geheimnisvoller Name: »Die große Ba-
bylon, die Mutter aller Verführung und
allen Götzendienstes auf der Erde!«
6 Und ich sah, wie sie sich berauschte an
dem Blut all der Menschen, die Gott ge-
hörten und getötet wurden, weil sie Jesus
die Treue hielten. Ich war tief erschüttert
von all dem, was ich sah. 7 »Warum bist du
so fassungslos?«, fragte mich der Engel.
»Ich will dir erklären, wer diese Frau ist
und was das Tier mit den sieben Köpfen
und den zehn Hörnern bedeutet, auf dem
sie sitzt. 8 Das Tier, das du gesehen hast,
war einmal da, *auch wenn es jetzt* ver-
schwunden ist. Aber es wird aus dem Ab-
grund aufsteigen, und dann führt sein
Weg in den endgültigen Untergang. Und
den Menschen auf der Erde, deren Na-
men nicht schon seit Beginn der Welt im
Buch des Lebens stehen, wird es beim
Anblick dieses Tieres die Sprache ver-
schlagen. Sie werden sich wundern, dass
es zuerst da war, dann verschwand und
plötzlich wieder auftauchte.
9 Um das zu begreifen, ist Weisheit und
Verständnis nötig: Die sieben Köpfe be-
deuten sieben Hügel, von denen aus die
Frau ihre Macht ausübt. Zugleich sind sie
auch ein Bild für sieben Könige. 10 Fünf
von ihnen sind schon gefallen. Der sechs-
te regiert jetzt, und der siebte wird noch
kommen. Aber seine Regierungszeit wird
nur kurz sein. 11 Das Tier, das früher da
war und jetzt nicht da ist, dieses Tier ist
ein achter König; und er gehört zu den
sieben anderen. Auch sein Weg führt in
den Untergang.
12 Die zehn Hörner, die du gesehen
hast, bedeuten zehn Könige, die noch
nicht an die Macht gekommen sind. Aber
wie Könige werden sie mit dem Tier herr-
schen, wenn auch nur für kurze Zeit[a].
13 Sie ziehen an einem Strang, haben ein
gemeinsames Ziel und stellen sich mit
ihrer Macht und ihrem Einfluss dem Tier
zur Verfügung. 14 Gemeinsam werden sie
gegen das Lamm kämpfen. Aber das
Lamm wird sie besiegen. Denn es ist der
Herr über alle Herren, der König über
alle Könige. Und mit ihm siegen alle, die
von ihm berufen und auserwählt wurden
und ihm treu sind.«
15 Weiter sprach der Engel zu mir: »Die
Wasserläufe, die du gesehen hast und an
denen die Hure sitzt, sind ein Bild für die
Völker aller Rassen, Nationen und Spra-
chen. 16 Das Tier und seine zehn Hörner,
die du auch gesehen hast, werden die Hu-
re hassen. Sie werden sie völlig ausplün-
dern, so dass sie nackt und bloß dasteht.
Ihr Fleisch werden sie fressen und alles
andere im Feuer verbrennen. 17 Damit
aber erfüllen sie nur die Absicht Gottes.
Er sorgt dafür, dass sie alles gemeinsam

---

a Wörtlich: für eine Stunde.

17,1 16,1; Jer 51,13 **17,2** 14,8; 18,3 **17,3** 13,1–2 **17,4** 18,16 **17,6** 18,24 **17,8** 13,8* **17,9** 13,18
17,12 Dan 7,24 **17,14** 19,17–21 **17,16** 18,8

tun und ihre ganze Macht und ihren ganzen Einfluss dem Tier überlassen, bis alles erfüllt ist, was Gott gesagt hat. 18 Die Frau, die du gesehen hast, ist die große Stadt, die über alle Könige der Erde herrscht.«

Das Ende Babylons

18 Danach sah ich, wie ein anderer Engel vom Himmel herabkam. Er hatte besondere Macht, und von seinem Glanz erstrahlte die ganze Erde. 2 Mit gewaltiger Stimme rief er: »Gefallen ist Babylon, die große Stadt! Ja, sie ist gefallen! Dämonen und böse Geister hausen jetzt dort, in ihren Ruinen leben abscheuliche Vögel, die als unrein gelten. 3 Alle Völker haben sich mit ihrem Wein der Verführung betrunken. Sie konnten gar nicht genug bekommen! Auch die Herrscher dieser Erde haben sich mit ihr eingelassen. Und durch ihren Reichtum sind die Händler auf der ganzen Welt reich geworden.«

4 Dann hörte ich eine andere Stimme vom Himmel her rufen: »Verlass diese Stadt, du mein Volk! Sonst wirst du mit hineingezogen in ihre Sünden, und dann wird Gottes Gericht auch dich treffen. 5 Denn ihre Sünden reichen bis an den Himmel. Aber Gott hat nicht eine einzige ihrer Schandtaten vergessen. 6 Gebt ihr zurück, was sie euch angetan hat. Ja, zahlt es ihr doppelt heim! Gab sie euch *einen* Kelch ihres Weines zu trinken, so schenkt ihr doppelt ein! 7 So wie sie einst in Saus und Braus gelebt hat, soll sie jetzt Qual und Leid ertragen. Insgeheim denkt sie noch: ›Ich bin Königin und werde weiter herrschen. Ich bin keine hilflose Witwe; Not und Trauer werde ich niemals erfahren. Ich doch nicht!‹ 8 Aber an einem einzigen Tag wird alles über sie hereinbrechen: Hunger, Trauer und Tod. Im Feuer wird sie verbrennen. Denn Gott, der Herr, der mit ihr abrechnet, ist *stark und mächtig.*

9 All die Mächtigen der Erde, die ihr nachgelaufen sind und sich mit ihr eingelassen haben, werden jammern und klagen, wenn sie den Rauch der brennenden Stadt sehen. 10 Zitternd vor Angst werden sie aus großer Entfernung alles mit ansehen und laut schreien: ›Ach, Babylon! Du großes, du starkes Babylon! Von einem Augenblick zum anderen ist das Gericht über dich hereingebrochen!‹

11 Auch die Kaufleute der Erde weinen und trauern; denn niemand kauft mehr ihre Waren: 12 all das Gold und Silber, die Edelsteine und Perlen, feine Leinwand, Seide, purpur- und scharlachrote Stoffe; edle Hölzer, Gefäße aus Elfenbein, kostbare Schnitzereien, Kupfer, Eisen und Marmor; 13 Zimt, duftende Salben, Räucherwerk, Myrrhe und Weihrauch, Wein und Olivenöl, feinstes Mehl und Weizen, Rinder und Schafe, Pferde und Wagen, ja sogar Menschen. 14 Auch die Früchte, die du so sehr liebtest, gibt es nicht mehr. Aller Glanz und alle Pracht sind dahin. Nie mehr wird dieser Reichtum wiederkehren.

15 So werden die Kaufleute, die durch ihren Handel mit Babylon reich geworden sind, alles von ferne mit ansehen, weil sie Angst haben vor den Qualen dieser Stadt. Weinend und jammernd 16 werden sie rufen: ›Welch ein Elend hat dich getroffen, du mächtige Stadt! Wo sind all deine Schätze, die kostbare Leinwand, die Purpur- und Scharlachstoffe? Du strahltest doch in goldenem Glanz und warst geschmückt mit Gold, Edelsteinen und Perlen! 17 Und in einem Augenblick ist alles vernichtet!‹

Auch Kapitäne und Steuermänner mit ihren Schiffsbesatzungen schauten von weitem zu. 18 Als sie den Rauch der brennenden Stadt sahen, riefen sie: ›Was auf der Welt konnte man mit dieser Stadt vergleichen?‹ 19 In ihrer Trauer streuten sie sich Staub auf den Kopf und klagten laut weinend: ›Welch ein Jammer um diese mächtige Stadt! Durch ihre Schätze

---

18,1 17,1 **18,2** Jes 21,9 **18,3** 17,2 **18,4** 1 Mo 19,12–13; Jes 48,20; Jer 51,6; 2 Kor 6,17
18,5 1 Mo 18,20–21 **18,6** Ps 137,8; Jer 50,15.29 **18,7–8** Jes 49,7–9 **18,16** 17,4

sind alle reich geworden, die Schiffe auf
dem Meer haben. Und so schnell ist sie
nun zerstört worden!‹
20 Doch du, Himmel, freu dich darüber!
Freut euch, die ihr Gott vertraut! Freut
euch, ihr Apostel und Propheten! Gott
hat sein Urteil an ihr vollstreckt für alles
Unrecht, das ihr erleiden musstet.«
21 Dann hob ein mächtiger Engel einen
Stein auf, so groß wie ein Mühlstein. Den
warf er ins Meer und rief: »So wie dieser
Stein wird auch das große Babylon unter-
gehen. Nichts wird davon übrig bleiben.
22 Nie wieder wird dort Musik erklingen:
keine Harfen, keine Sänger, weder Flö-
ten noch Trompeten. Nie mehr wird ein
Handwerker in dieser Stadt arbeiten, und
ihre Getreidemühlen werden für immer
stillstehen. 23 Alle Lichter werden ver-
löschen, und die fröhlichen Hochzeitsfes-
te sind für alle Zeiten vorbei.
Du hattest die besten Kaufleute, sie
beherrschten die ganze Erde. Durch dei-
ne Zauberei hast du alle Völker verführt.
24 Du bist schuldig am Tod der Propheten
und der Menschen, die zu Gott gehörten.
Ja, du bist verantwortlich für den Tod al-
ler Menschen, die auf der Erde umge-
bracht wurden.«

Siegesjubel im Himmel

19 Da hörte ich im Himmel viele
Stimmen wie von einer großen
Menschenmenge. Sie riefen:
»Halleluja! Lobt den Herrn! In ihm al-
lein ist alles Heil, ihm gehören alle Herr-
lichkeit und Macht!
2 Er ist der unbestechliche und gerech-
te Richter. Denn er hat sein Urteil über
die große Hure vollstreckt, die mit ihrem
verlockenden Zauber[a] die ganze Welt
verführte. Für das Blut seiner Diener,
das sie vergossen hatte, zog er sie zur Re-
chenschaft.«
3 Immer wieder riefen sie: »Halleluja!
Lobt den Herrn! Für alle Zeiten wird
der Rauch dieser brennenden Stadt zum
Himmel aufsteigen.« 4 Da fielen die vier-
undzwanzig Ältesten und die vier mäch-
tigen Gestalten vor dem Thron Gottes
nieder. Sie beteten Gott an und riefen
laut: »Amen! Lobt den Herrn. Hallelu-
ja!«
5 Jetzt erklang vom Thron eine Stimme:
»Rühmt unseren Gott! Alle, ob groß
oder klein, die ihr zu ihm gehört und
ihm dient!«
6 Und wieder hörte ich viele Stimmen
wie von einer großen Menschenmenge:
mächtig wie Wassermassen, die zu Tal
stürzen, und wie das Grollen des Don-
ners. Sie riefen:
»Halleluja! Lobt den Herrn! Denn der
allmächtige Gott, unser Herr, hat seine
Herrschaft angetreten.
7 Wir wollen uns darüber freuen, jubeln
und Gott ehren. Jetzt ist der große Hoch-
zeitstag des Lammes gekommen; seine
Braut ist bereit!
8 In feines, strahlend weißes Leinen
durfte sie sich kleiden.« Das Leinen ist
ein Bild für die gerechten Taten der Men-
schen, die zu Gott gehören.
9 Dann befahl mir der Engel: »Schreib:
›Glücklich, wer zum Hochzeitsfest des
Lammes eingeladen ist!‹« Und er fügte
hinzu: »Gott selber hat das gesagt, und
seine Worte sind zuverlässig!« 10 Da fiel
ich vor dem Engel nieder und wollte ihn
anbeten. Aber er wehrte ab und sagte:
»Nein, tu das nicht! Ich bin nichts ande-
res als du und deine Brüder, ein Diener,
der von Jesus beauftragt wurde. Bete al-
lein Gott an! Wenn wir die Botschaft von
Jesus verkünden, dann schenkt uns sein
Geist prophetische Worte.«

Der Reiter auf dem weißen Pferd

11 Da öffnete sich der Himmel vor meinen
Augen, und ich sah ein weißes Pferd. Der

---

a Wörtlich: mit ihrer Hurerei.

18,20 Jer 51,48 **18,21** Jer 51,63–64 **18,22** Jes 24,8; Jer 25,10 **18,24** 17,6; 19,2; Ps 79,10 **19,2** 6,10; 17,6 **19,3** 14,11 **19,4** 4,4.6; 5,14 **19,7** 21,2.9; Mt 22,2 **19,8** 3,4–5.18; 4,4; 6,11; 7,9.13–14; 15,6; 16,15; 19,14 **19,9** Lk 14,15; Jes 25,6 **19,10** 22,8–9; Apg 10,25–26; 14,15 **19,11** 6,2; 3,14

darauf saß, heißt: »der Treue und Wahr-
haftige«. Es ist der gerechte Richter, der
für die Gerechtigkeit kämpft! 12 Seine
Augen leuchteten wie flammendes Feu-
er, und sein Kopf war mit vielen Kronen
geschmückt. Der Reiter trug einen Na-
men, den nur er selber kannte.
13 Sein Gewand war voller Blut, und
man nannte ihn: »Das Wort Gottes.«
14 Die Heere des Himmels folgten ihm
auf weißen Pferden. Sie alle trugen Ge-
wänder aus reinem, strahlend weißem
Leinen. 15 Aus dem Mund des Reiters
kam ein scharfes Schwert, mit dem er
die Völker besiegt. Er wird sie mit eiser-
ner Strenge regieren. Und wie beim
Keltern der Saft aus den Trauben ge-
presst wird, so wird er sie zertreten, und
sie werden den furchtbaren Zorn des all-
mächtigen Gottes zu spüren bekommen.
16 Auf seinem Gewand, an der Hüfte,
stand der Name: »König über alle Köni-
ge! Herr über alle Herren!«
17 Dann sah ich einen Engel, umstrahlt
vom Sonnenlicht. Mit lauter Stimme rief
er allen Vögeln zu, die am Himmel flo-
gen: »Kommt her! Versammelt euch zum
großen Schlachtfest Gottes. 18 Stürzt euch
auf das Fleisch der Könige, der Heerfüh-
rer und aller Mächtigen dieser Erde.
Fresst das Fleisch der Pferde und ihrer
Reiter, das Fleisch der Herren und der
Sklaven, der Großen und der Kleinen.«
19 Und ich sah das Tier und die Herr-
scher der Erde. Mit ihren Armeen waren
sie angetreten, um gegen den Reiter auf
dem weißen Pferd und gegen sein Heer
zu kämpfen. 20 Doch das Tier wurde er-
griffen und mit ihm der Lügenprophet.
Der hatte im Auftrag des Tieres die Wun-
der getan und damit alle verführt, die das
Zeichen des Tieres angenommen und sei-
ne Statue angebetet hatten. Bei lebendi-
gem Leib wurden beide – das Tier und
der Lügenprophet – in einen See voller
brennendem Schwefel geworfen. 21 Die
anderen wurden mit dem Schwert getö-
tet, das aus dem Mund des Reiters auf
dem weißen Pferd kam. Und alle Vögel
fraßen sich satt an ihrem Fleisch.

Die tausendjährige Herrschaft

20 Danach sah ich einen Engel vom
Himmel herabkommen. In seiner
Hand hielt er den Schlüssel zum Abgrund
und eine schwere Kette. 2 Er ergriff den
Drachen, die alte Schlange – sie ist nichts
anderes als der Teufel oder Satan –, und
legte ihn für tausend Jahre in Fesseln.
3 Der Engel warf ihn in den Abgrund, ver-
schloss den Eingang und versiegelte ihn.
Nun konnte der Satan die Völker nicht
mehr verführen, bis die tausend Jahre vo-
rüber waren. Nach dieser Zeit muss er
noch einmal für kurze Zeit freigelassen
werden.
4 Und ich sah mehrere Thronsessel.
Auf ihnen nahmen alle Platz, die den
Auftrag hatten, über andere Gericht zu
halten. Ich sah die Seelen der Menschen,
die man enthauptet hatte, weil sie sich
treu zu Jesus und zu Gottes Botschaft be-
kannt hatten. Sie hatten das Tier und sei-
ne Statue nicht angebetet, hatten sein
Zeichen nicht auf ihrer Stirn oder Hand
getragen. Jetzt lebten sie mit Christus
und herrschten mit ihm tausend Jahre
lang. 5 Dies ist die erste Auferstehung.
Die anderen Toten wurden erst wieder
lebendig, nachdem die tausend Jahre vo-
rüber waren. 6 Glücklich und von Gott
angenommen sind alle, die an der ersten
Auferstehung teilhaben. Über sie hat der
zweite Tod[a] keine Macht. Als Priester
Gottes und Christi werden sie tausend
Jahre mit ihm herrschen.

Der Sieg über den Satan

7 Wenn die tausend Jahre vorüber sind,
wird der Satan für kurze Zeit aus sei-

---

[a] Vgl. Verse 12–15

19,12 1,14; 3,12 **19,13** Jes 63,1–3; Joh 1,1 **19,14** 19,8* **19,15** 1,16; Ps 2,9; Joel 4,13 **19,16** 17,14 **19,17–18** Hes 39,17–20 **19,19** 16,14; 17,12–14; Ps 2,2 **19,20** 13,1–2.11–15; 2 Thess 2,8 **19,21** 1,16 **20,1** 9,1 **20,2** 12,9; 1 Mo 3,1 **20,4** 13,14–16; Mt 19,28; 1 Kor 6,2–3 **20,6** 21,8

nem Gefängnis freigelassen. 8 Dann wird
er alle Völker der Welt, Gog und Ma-
gog,[a] zum Kampf anstiften und aufmar-
schieren lassen. So zahlreich wie der
Sand am Meer werden sie sein. 9 Sie zo-
gen herauf, überrannten die ganze Erde
und umzingelten das Lager des Gottes-
volkes und die geliebte Stadt Gottes.
Doch da fiel Feuer vom Himmel und
vernichtete die Heere des Satans. 10 Er
selbst, der sie verführt hatte, wurde nun
auch in den See mit brennendem Schwe-
fel geworfen zu dem Tier und dem Lü-
genpropheten. Immer und ewig müssen
sie dort Tag und Nacht schreckliche
Qualen erleiden.

Das letzte Gericht

11 Ich sah einen großen, weißen Thron
und den, der darauf saß. Erde und Him-
mel konnten seinen Blick nicht ertra-
gen, sie verschwanden im Nichts. 12 Und
ich sah alle Toten vor dem Thron Got-
tes stehen: die Mächtigen und die Na-
menlosen. Nun wurden Bücher geöffnet,
auch das Buch des Lebens. Über alle
Menschen wurde das Urteil gesprochen,
und zwar nach ihren Taten, wie sie in
den Büchern beschrieben waren. 13 Das
Meer gab seine Toten zurück, ebenso
der Tod und sein Reich. Alle, ohne jede
Ausnahme, wurden entsprechend ihren
Taten gerichtet. 14 Der Tod und das
ganze Totenreich wurden in den See
aus Feuer geworfen. Das ist der zweite
Tod. 15 Und alle, deren Namen nicht im
Buch des Lebens aufgeschrieben waren,
wurden ebenfalls in den Feuersee ge-
worfen.

Die neue Welt Gottes

21 Dann sah ich einen neuen Himmel
und eine neue Erde. Denn der vo-
rige Himmel und die vorige Erde waren
vergangen, und auch das Meer war nicht
mehr da. 2 Ich sah, wie die Stadt Gottes,
das neue Jerusalem, von Gott aus dem
Himmel herabkam: festlich geschmückt
wie eine Braut an ihrem Hochzeitstag.
3 Eine gewaltige Stimme hörte ich vom
Thron her rufen: »Hier wird Gott mitten
unter den Menschen sein! Er wird bei
ihnen wohnen, und sie werden sein Volk
sein. Ja, von nun an wird Gott selbst in
ihrer Mitte leben. 4 Er wird alle ihre Trä-
nen trocknen, und der Tod wird keine
Macht mehr haben. Leid, Klage und
Schmerzen wird es nie wieder geben; denn
was einmal war, ist für immer vorbei.«
5 Der auf dem Thron saß, sagte: »Sieh,
ich schaffe alles neu!« Und mich forderte
er auf: »Schreib auf, was ich dir sage, alles
ist zuverlässig und wahr.« 6 Und weiter
sagte er: »Alles ist in Erfüllung gegangen.
Ich bin der Anfang, und ich bin das Ziel,
das A und O[b]. Allen Durstigen werde ich
Wasser aus der Quelle des Lebens schen-
ken. 7 Wer durchhält und den Sieg erringt,
wird dies alles besitzen. Ich werde sein
Gott sein, und er wird mein Kind sein.
8 Furchtbar aber wird es denen ergehen,
die mich feige verleugnen und mir den
Rücken gekehrt haben, den Mördern
und denen, die sexuell zügellos leben, al-
len, die Zauberei treiben und anderen
Göttern nachlaufen, den Lügnern und
Betrügern. Sie alle werden in den See
aus brennendem Schwefel geworfen.
Das ist der zweite, der ewige Tod.«

---

a Schon die Propheten des Alten Testaments haben das Erscheinen des Königs Gog angekündigt, der mit seinem Volk Magog die ganze Erde mit Krieg überziehen wird. Vgl. Hesekiel 38 und 39

b »A und O« stehen für Alpha und Omega, den ersten und den letzten Buchstaben des griechischen Alphabetes.

20,10 19,20 **20,11** 4,2; Mt 25,31; 2 Petr 3,10.12 **20,12** 3,5; Dan 7,10 **20,13** Joh 5,28–29 **20,14** Jes 25,8; 1 Kor 15,26.54–55 **20,15** 13,8* **21,1** 20,11; Jes 65,17; 66,22; 2 Petr 3,13 **21,2** Gal 4,26; Hebr 11,16; 12,22 **21,3** 3 Mo 26,11–12; Hes 37,27; 43,7; 2 Kor 6,16 **21,4** Jes 25,8; 35,10 **21,5** 4,2–3; Jes 43,18–19 **21,6** 1,8; Joh 7,37; Offb 22,1 **21,7** 2 Sam 7,14* **21,8** 22,15; Eph 5,5

Die neue Stadt Gottes

9 Dann kam einer der sieben Engel, die in
ihren Schalen die letzten sieben Kata-
strophen gebracht hatten, zu mir und sag-
te: »Komm, ich will dir die Braut zeigen,
die Frau des Lammes!« 10 Gottes Geist
ergriff mich und führte mich auf einen
großen, hohen Berg. Dort zeigte er mir
die heilige Stadt Jerusalem, wie sie von
Gott aus dem Himmel herabkam. 11 Die
Stadt erstrahlte im Glanz der Herrlich-
keit Gottes. Sie leuchtete wie ein Edel-
stein, wie ein kristallklarer Jaspis.
12 Die hohe und breite Mauer rund um
die Stadt hatte zwölf Tore, die von zwölf
Engeln bewacht wurden. An den Toren
standen die Namen der zwölf Stämme
Israels. 13 Auf jeder Seite – im Norden,
Süden, Osten und Westen – gab es drei
Tore. 14 Die Mauer ruhte auf zwölf
Grundsteinen, auf denen standen die Na-
men der zwölf Apostel des Lammes.
15 Der Engel, der mit mir redete, hielt
in seiner Hand einen goldenen Messstab,
um die Stadt, ihre Tore und Mauern aus-
zumessen. 16 Die Stadt hatte die Form
eines Vierecks und war ebenso lang wie
breit. Mit seinem Messstab hatte der En-
gel gemessen, dass die Stadt etwa zwei-
tausendvierhundert Kilometer[a] lang,
breit und hoch ist. 17 Dann maß er auch
die Mauer der Stadt. Nach unseren heuti-
gen Maßen war sie siebzig Meter hoch[b]
18 und bestand ganz und gar aus Jaspis.
Die Stadt war aus reinem Gold gebaut,
klar und durchsichtig wie Glas.
19 Die Grundsteine der Stadtmauer
schmückten die verschiedensten Edel-
steine. Der erste Grundstein war ein Jas-
pis, der zweite ein Saphir, der dritte ein
Chalzedon, der vierte ein Smaragd, 20 der
fünfte ein Sardonyx, der sechste ein Kar-
neol, der siebte ein Chrysolith, der achte
ein Beryll, der neunte ein Topas, der
zehnte ein Chrysopras, der elfte ein Hya-
zinth und der zwölfte ein Amethyst.
21 Die zwölf Tore bestanden aus zwölf
Perlen, jedes Tor aus einer einzigen Perle.
Und die Straßen waren aus reinem Gold,
klar und durchsichtig wie Glas.
22 Nirgendwo in der Stadt sah ich einen
Tempel. Ihr Tempel ist der Herr selbst,
der allmächtige Gott, und mit ihm das
Lamm. 23 Die Stadt braucht als Lichtquel-
le weder Sonne noch Mond, denn in ihr
leuchtet die Herrlichkeit Gottes und das
Licht des Lammes. 24 In diesem Licht
werden die Völker der Erde leben, und
die Herrscher der Welt werden kommen
und ihre Reichtümer in die Stadt bringen.
25 Weil es keine Nacht gibt, werden die
Tore niemals geschlossen; sie stehen im-
mer offen. 26 Die Völker werden all ihre
Schätze und Kostbarkeiten in die Stadt
bringen. 27 Doch wer Böses tut und die
Sünde liebt, wer lügt und betrügt, der
darf diese Stadt niemals betreten. Nur
wer im Lebensbuch des Lammes steht,
wird eingelassen.

22 Nun zeigte mir der Engel den
Fluss, in dem das Wasser des Le-
bens fließt. Er entspringt am Thron Got-
tes und des Lammes, und sein Wasser ist
so klar wie Kristall. 2 An beiden Ufern
des Flusses, der neben der großen Straße
der Stadt fließt, wachsen Bäume des
Lebens. Sie tragen zwölfmal im Jahr
Früchte, jeden Monat aufs Neue. Mit
den Blättern dieser Bäume werden die
Völker geheilt. 3 In der Stadt wird nichts
und niemand mehr unter dem Fluch Got-
tes stehen. Denn der Thron Gottes und
des Lammes steht in ihr, und alle Ein-
wohner werden Gott dienen. 4 Sie werden
Gott von Angesicht zu Angesicht sehen,
und seinen Namen werden sie auf ihrer
Stirn tragen. 5 Dort wird es keine Nacht

---

[a] Wörtlich: zwölftausend Stadien.

[b] Wörtlich: einhundertvierundvierzig Ellen nach Menschenmaß, das auch das Maß der Engel ist.

21,9 16,1; 19,7 **21,10** 21,2; Hes 40,2 **21,11** Jes 60,1–3.19 **21,12** 7,5–8; Hes 48,30–35 **21,14** Hebr 11,10; Eph 2,20 **21,16** Hes 48,16–17 **21,18–21** Jes 54,11–12 **21,23** 22,5; Jes 60,19–20 **21,24** Jes 60,3.5 **21,25** Jes 60,11; Sach 14,7 **21,27** 22,15; 1 Kor 6,9–10; Offb 13,8* **22,1** Hes 47,1–12; Sach 14,8 **22,2** 2,7; 1 Mo 2,8–9; 3,22 **22,3** Sach 14,11; Gal 3,13 **22,4** 2 Mo 33,20; Ps 17,15; Mt 5,8 **22,5** 21,22–25; Jes 60,19; Dan 7,18.27

Gott ist mit uns

Lesen Sie Offenbarung 21,1-7

Am Ende der Zeit, wenn die Geschichte der Menschheit auf den letzten Seiten der Bibel ihren Höhepunkt erreicht, was wird Gott da tun?

Zeit mit seinen Kindern verbringen. Bei ihnen wohnen. Mit ihnen zusammen sein.

Die Vorstellung, dass der ewige Gott mit seinen Geschöpfen kostbare Zeit verbringen will, gibt es nur im Christentum. Die falschen Götter, die der menschlichen Fantasie entspringen, sind immer schon weit entfernt vom Alltag der Menschen gewesen. Die Götter aus der antiken griechischen und römischen Mythologie musste man beschwichtigen oder fürchten. Eine persönliche, enge Beziehung zu diesen Gottheiten war undenkbar.

Jesus aber betont, dass alle drei Personen der Dreieinigkeit – Gott der Vater, Gott der Sohn und Gott der Heilige Geist – es sich wünschen, bei den Menschen zu sein, die auf Gottes Liebe antworten, und bei ihnen zu wohnen (siehe Johannes 14,23). Jesus hat versprochen, seine Nachfolger niemals zu verlassen; er versicherte ihnen, immer bei ihnen zu sein. In einem seiner Gebete sagt er: „Vater, ich möchte, dass alle, die du mir gegeben hast, bei mir bleiben. Sie sollen an meiner Herrlichkeit teilhaben. Du hast mir die Herrlichkeit gegeben; denn du hast mich geliebt, längst bevor die Welt geschaffen wurde“ (Johannes 17,24). Hier wird deutlich, dass Jesus den Menschen, die seine Liebe erwidern, nahe sein und intensiv Zeit mit ihnen verbringen will.

Nehmen Sie sich Zeit, um allein oder als Paar gemeinsam zu beten.

- Danken Sie Gott, dass er Sie dazu einlädt, ihm nahe zu sein: „Sucht die Nähe Gottes, dann wird er euch nahe sein“ (Jakobus 4,8).
- Danken Sie ihm, dass er immer bei Ihnen ist.
- Bitten Sie ihn, dass Sie sich seiner Gegenwart immer mehr bewusst werden.

Wenn Sie noch mehr Zeit haben ...

Besprechen Sie miteinander folgende Fragen oder denken Sie darüber nach:

- Offenbarung 21 gibt uns einen kleinen Einblick in den Himmel. Was fasziniert oder tröstet Sie an dieser Beschreibung am meisten?
- Gott ist Ihnen persönlich nahe und möchte Zeit mit Ihnen verbringen. Auf welche Weise haben Sie diese Wahrheit in Ihrem Leben erfahren?
- Welche „Renovierungs-Arbeiten“ müssten Sie durchführen, damit Ihre Seele als Wohnung für Gott besser geeignet ist?

Lesen Sie auch die folgenden Abschnitte, in denen es um Ihre Beziehung zu Gott geht:
Psalm 103,13; Hosea 13,4; 1. Johannes 5,20.

Das Wasser des Lebens

Die folgenden Fragen können Sie entweder allein oder als Paar gemeinsam durchgehen. Wenn jeder für sich darüber nachdenkt, verabreden Sie sich in der kommenden Woche zu einem Austausch darüber, was Sie herausgefunden haben.

1. Lesen Sie Offenbarung 22. Wie sieht es innerhalb der Stadt aus, wie außerhalb?

2. Wären Sie lieber in der Stadt oder außerhalb? Warum?

3. Wie erhält man nach Vers 14 das Recht, die Stadt zu betreten?

4. Was bedeutet es, seine „Kleider rein gewaschen" zu haben?

5. Was sagen der Geist und die Braut zu denen, die gern die Stadt betreten und vom Wasser des Lebens trinken möchten?

6. Wenn Sie jetzt sterben müssten, würden Sie die Ewigkeit dann in der Stadt oder außerhalb von ihr verbringen? Woher wissen Sie die Antwort?

Offenbarung 22,17

„Der Geist und die Braut sagen: ‚Komm!' Und wer das hört, soll auch rufen: ‚Komm!' Wer durstig ist, der soll kommen. Jedem, der es haben möchte, wird Gott das Wasser des Lebens schenken."

KONKRET:

Lernen Sie in dieser Woche Offenbarung 22,17 auswendig, damit Sie sich in Zeiten des Zweifelns an Gottes Einladung für Sie erinnern können.

geben, und man braucht weder Lampen
noch das Licht der Sonne. Denn Gott,
der Herr, wird ihr Licht sein, und sie wer-
den immer und ewig mit ihm herrschen.

Jesus Christus kommt

6 Danach sprach der Engel[a] zu mir:
»Diesen Worten kannst du vertrauen;
sie sind zuverlässig und wahr. Gott, der
Herr, dessen Geist durch den Mund der
Propheten spricht, hat seinen Engel ge-
schickt; durch ihn sollen alle, die Gott
dienen, erfahren, was bald geschehen
muss. 7 Jesus sagt: Macht euch bereit!
Ich komme bald. Wirklich glücklich ist,
wer sich an die prophetischen Worte die-
ses Buches hält!« 8 Dies alles habe ich,
Johannes, gehört und gesehen. Ich fiel
vor dem Engel, der mir alles gezeigt hat-
te, nieder und wollte ihn anbeten. 9 Aber
er wehrte ab und sagte: »Nein, tu es
nicht! Ich diene Gott ebenso wie du und
deine Brüder, die Propheten, und wie all
die anderen, die nach den Worten dieses
Buches leben. Gott allein sollst du anbe-
ten!« 10 Dann sagte Jesus zu mir: »Halte
die prophetischen Worte nicht geheim,
die du aufgeschrieben hast, denn bald
wird alles in Erfüllung gehen. 11 Wer den-
noch weiter Unrecht tun will, der soll es
tun. Wer mit Schuld beladen bleiben
will, der soll es bleiben. Doch wer ein
Leben führt, wie es Gott gefällt, der soll
weiterhin so leben. Und wer Gott ge-
hört, der soll bei ihm bleiben. 12 Macht
euch bereit! Ich komme schnell und un-
erwartet und werde jedem den verdien-
ten Lohn geben. 13 Ich bin der Erste und
der Letzte, der Anfang und das Ziel, das
A und das O[b]. 14 Glücklich werden alle
sein, die ihre Kleider rein gewaschen ha-
ben. Sie dürfen durch die Tore in die
Stadt hineingehen und die Früchte von
den Bäumen des Lebens essen. 15 Drau-
ßen vor den Toren der Stadt müssen alle
Feinde Gottes bleiben: alle, die sich mit
Zauberei abgeben, die sexuell zügellos
leben, die Mörder, alle, die anderen Göt-
tern nachlaufen, die gerne lügen und
betrügen.

16 Ich, Jesus, habe meinen Engel zu dir
gesandt, damit du den Gemeinden alles
mitteilst. Ich bin die Wurzel und der
Nachkomme aus der Familie Davids. Ich
bin der helle Morgenstern.«

17 Der Geist und die Braut sagen:
»Komm!« Und wer das hört, soll auch
rufen: »Komm!« Wer durstig ist, der soll
kommen. Jedem, der es haben möchte,
wird Gott das Wasser des Lebens
schenken.

18 Wer auch immer die prophetischen
Worte dieses Buches hört, den warne ich
nachdrücklich: Wer diesen Worten etwas
hinzufügt, dem wird Gott all das Unheil
zufügen, das in diesem Buch beschrieben
wurde. 19 Und wer etwas von diesen pro-
phetischen Worten wegnimmt, dem wird
Gott auch seinen Anteil an den Bäumen
des Lebens und an der heiligen Stadt
wegnehmen, die in diesem Buch be-
schrieben sind.

20 Der alle diese Dinge bezeugt, der
sagt: »Ja, ich komme bald!« Amen! Ja,
komm, Herr Jesus!

21 Möge unser Herr Jesus euch allen
seine Gnade schenken!

---

[a] Wörtlich: Und er sprach zu mir.

[b] »A und O« stehen für Alpha und Omega, den ersten und den letzten Buchstaben des griechischen Alphabetes.

22,6–7 1,1–3 **22,8–9** 19,10 **22,10** Dan 12,4 **22,11** Hes 3,27; Dan 12,10 **22,12** 20,12–13; Röm 2,6 **22,13** 1,8; Jes 44,6* **22,14** 7,13–14; Ps 118,19–20 **22,15** 21,27; Eph 5,5 **22,16** 5,5; Jes 11,1; Lk 1,78 **22,17** Jes 55,1; Joh 7,37 **22,18–19** 5 Mo 4,2 **22,19** 2,7 **22,20** 1 Kor 16,22

Sacherklärungen

Abendmahl Das Abendmahl geht zurück auf die letzte Mahlzeit Jesu mit seinen Jüngern während der Passahfeier (↗Passahfest) in Jerusalem. Jesus selbst hat die Bedeutung des Abendmahls erklärt: Indem er seinen Jüngern Brot und Wein reichte, gab er ihnen Anteil an seinem Leib und Blut, als Zeichen der Besiegelung des Neuen ↗Bundes (Matthäus 26,26–30). Christen feiern dieses Mahl auch heute, um zu bezeugen, dass Jesus für unsere Sünden gelitten hat und gestorben ist (1. Korinther 11,23–26).

Abendopfer / Morgenopfer Am heiligen ↗Zelt in der Wüste, später am Heiligtum in Silo und danach am ↗Tempel in Jerusalem wurde täglich am frühen Morgen und abends vor Einbruch der Dunkelheit ein Brandopfer (↗Opfer) dargebracht (2. Mose 29,38–42).

Abib ↗Monate

Achaja bezeichnet eine römische Provinz im Gebiet des heutigen Griechenland. Die damalige Hauptstadt war Korinth.

Alabaster Gelblich schimmerndes Kalkgestein.

Allerheiligstes Der innerste Raum des heiligen Zeltes bzw. des Jerusalemer Tempels. In ihm stand die ↗Bundeslade. Das Allerheiligste hatte keine Fenster und war vom davor liegenden Raum, dem so genannten Heiligen, durch einen Vorhang abgetrennt. Am ↗Versöhnungstag durfte der Hohepriester es betreten. Er hatte die Aufgabe, das Allerheiligste, das durch die Sünde des Volkes verunreinigt und entheiligt worden war, zu reinigen, indem er den Raum mit dem Blut eines Opfertieres besprengte (3. Mose 16).

Aloe Ein wohlriechendes Harz, das man aus dem Saft des in Indien heimischen Aloebaumes gewann. Es wurde verwendet, um in Grabstätten den Leichengeruch zu überdecken. Nach jüdischer Sitte wurde der Leichnam zusammen mit Aloe und anderen wohlriechenden Stoffen in Tücher gewickelt.

Alraune Wild wachsendes Kraut aus der Familie der Nachtschattengewächse, das im Frühjahr duftende, gelbe, apfelähnliche Früchte bringt. Ihnen wurde fruchtbarkeitsfördernde Wirkung zugeschrieben.

Altar In allen Religionen des Alten Orients gab es Altäre. Sie waren Stätten der Gottesverehrung und dienten zur Darbringung verschiedener ↗Opfer. Es gab mehrere Arten von Altären: Man schüttete Erde auf, schichtete unbehauene Steine übereinander oder gebrauchte große Felsblöcke. Oft stand der Altar in der Nähe eines Heiligtums. Als das Volk Israel durch die Wüste zog, begleiteten zwei tragbare Altäre das heilige ↗Zelt: Der eine stand vor dem Heiligtum; auf ihm wurden ↗Opfer verbrannt (2. Mose 27, 1–8). Der zweite stand im heiligen Zelt und war für das Räucheropfer bestimmt (2. Mose 30,1–10). Später ließ Salomo zwei Altäre am Tempel in Jerusalem aufstellen, einen für die verschiedenen Feueropfer (2. Chronik 4,1), den anderen für das Räucheropfer (1. Könige 7,48).

Ältester Im Alten Testament werden Älteste als Vorsteher von Sippen, Ortschaften oder Stämmen erwähnt. Sie vertraten deren politische und rechtliche Interessen. In der Königszeit wurde ihr Einfluss durch die Hofbeamten zurückgedrängt. Während und nach der Zeit der Gefangenschaft der Israeliten in Babylonien (↗Verbannung) gewann das Ältestenamt wieder neue Bedeutung. Im 3./2. Jahrhundert v. Chr. übernahm dann der ↗Hohe Rat die politische und richterliche Funktion der Ältesten.
In den ersten christlichen Gemeinden wurden nach dem Vorbild des Alten Testaments Männer eingesetzt, die Leitungsaufgaben wahrnahmen.

Amen Das Wort »Amen« ist aus der hebräischen Sprache übernommen und bedeutet »gewiss«, »wahrhaftig«, »so ist es!«. In der Bibel bekräftigt das Wort »Amen« eine Aussage, einen Eid, einen Bundesschluss oder ein Gebet.

Amethyst ↗Edelsteine

Apostel Das Wort »Apostel« ist aus der griechischen Sprache übernommen und bedeutet »Gesandter«. Der Gesandte kommt im Auftrag seines Herrn und spricht in dessen Namen. Als Apostel werden zunächst die zwölf Jünger bezeichnet, die mit Jesus gelebt haben und die er selbst berufen hat (Matthäus 10,1–4). Er hat sie beauftragt, seine rettende ↗Botschaft auf der ganzen Welt zu verkünden (Matthäus 28,18–20). Später wählten die Christen in Jerusalem Matthias zum Apostel als Nachfolger von Judas, der Jesus verraten und sich das Leben genommen hatte (Apostelgeschichte 1,12–26). In den ersten christlichen Gemeinden gab es außerdem noch einige wenige Apostel, die von Jesus selbst berufen wurden. Auch Paulus betont in vielen seiner Briefe, von Christus selbst beauftragt zu sein (Römer 1,1; 1. Korinther 1,1; Galater 1,1.15–17; vgl. Apostelgeschichte 9,1–19).

Aramäisch Das Aramäische gehört zum westlichen Zweig der semitischen Sprachen. Es ist dem Hebräischen verwandt. Seit dem 9. Jahrhundert v. Chr. diente das Aramäische im neuassyrischen, neubabylonischen und persischen Reich auch als Diplomaten- und Handelssprache. Im Alten Testament sind Daniel 2,4 – 7,28 und einige Abschnitte des Buches Esra in aramäischer Sprache geschrieben. Zur Zeit Jesu sprach die Bevölkerung in Palästina einen aramäischen Dialekt.

Areopag Ein Felshügel unterhalb der Akropolis von Athen. Hier traf sich der Gerichtshof der Stadt, der über Fragen der Bildung und der Religion *zu entscheiden* hatte. An dieser Stelle hielt Paulus seine Rede, die in Apostelgeschichte 17,16–34 überliefert ist. Heute ist diese Rede auf einer Bronzeplatte am Areopag in Athen eingraviert.

Artemis Der Name einer Göttin, die in Griechenland verehrt wurde; die Römer nannten sie Diana. Man stellte sich vor, dass sie die Herrscherin über Wald, Feld, Sümpfe und Quellen sei. Sie wurde auch als die Göttin der menschlichen Fruchtbarkeit angesehen.
Die Artemis von Ephesus (Apostelgeschichte 19,23–40) hatte eine besondere Rolle: Sie wurde als Muttergöttin betrachtet und mit vielen Brüsten dargestellt. Ihre Statue stand in einem Tempel in Ephesus, der als eines der sieben Weltwunder galt.

Aschera Eine in Phönizien und Kanaan verehrte Fruchtbarkeitsgöttin; sie galt als Gattin ↗Baals. Grüne Bäume oder Holzpfähle wurden als Erscheinungsform der Göttin betrachtet und darum auch »Aschera« genannt. Die Verehrung dieser Göttin war oft mit sexueller Ausschweifung verbunden.

Astarte Westsemitische Fruchtbarkeitsgöttin, in Babylonien unter dem Namen Ischtar bekannt. Ihre Verehrung war mit sexueller Ausschweifung und Prostitution an besonderen Orten (»Höhenheiligtümer«) verbunden.

Auferstehung Der Tod wird schon im Alten Testament nicht als bloßes Naturereignis betrachtet, sondern gilt als Auswirkung von Gottes Zorn (Psalm 90,7–9). Doch weil Gott Macht über Leben und Tod hat, besteht auch die Hoffnung auf eine Überwindung des Todes (Jesaja 25,8).
Im Neuen Testament wird diese Hoffnung Wirklichkeit: Durch die Auferstehung Jesu von den Toten besiegt Gott den Tod und schafft neues, unzerstörbares Leben (Matthäus 28,1–10). Wer Jesus vertraut, hat bereits Anteil an diesem neuen Leben, auch wenn er noch sterben muss (Johannes 11,21–27). Der Apostel Paulus geht in seinem ersten Brief an die Korinther in einem großen Abschnitt auf Fragen zur Auferstehung ein (1. Korinther 15). Im letzten Buch der Bibel wird von der zukünftigen Auferstehung aller Menschen berichtet. Dann wird der Tod endgültig überwunden sein (Offenbarung 20,11 – 21,4).

Aussatz Ein Sammelbegriff für schwere Hauterkrankungen, die in Form von Geschwüren und Schuppen, evtl. auch in Form von Fäulnis auftraten. Der Kranke galt als unrein (↗rein / unrein) und musste sich von der Gemeinschaft der Gesunden fern halten. Von einer Behandlung Aussätziger berichtet die Bibel nichts. Wenn ein Kranker geheilt war, musste er sich dem Priester zeigen, der dieses zu bestätigen hatte (3. Mose 13–14). Als Aussatz wird auch Schimmel oder Pilzbefall an Häusern und anderen Gegenständen bezeichnet.

Baal Das Wort »Baal« bedeutet »Herr« oder »Besitzer«. Doch ist es seit dem 2. Jahrtausend v. Chr. auch der Name einer syrisch-kanaanäischen Wetter- und Fruchtbarkeitsgottheit. Mit Ortsnamen verbunden konnte Baal auch eine örtlich verehrte Gottheit bezeichnen, z. B. »Baal-Peor« (»Herr von Peor«), »Baal-Sebub« (»Herr der Fliegen«). Nach ihrer Einwanderung in Kanaan ließen die Israeliten sich immer wieder dazu verführen, außer Gott, dem Herrn und Schöpfer, auch noch Baal zu verehren (Hosea 2,9–10).

Babylon Die Hauptstadt des babylonischen Reiches, das im Vorderen Orient im 6. Jahrhundert v. Chr. die mächtigste Nation war und Nachbarvölker unterwarf. Der babylonische König Nebukadnezar II. eroberte und zerstörte 587/6 v. Chr. Jerusalem und verschleppte die Israeliten nach Babylonien (↗Verbannung). Im Neuen Testament wurde der Name der Stadt Babylon zum Symbol der Menschen und Mächte, die sich gegen Gott auflehnen (Offenbarung 17).

Balsam Ein aromatisches Harz; es wurde als Salbe zur Schönheitspflege, Wundbehandlung oder Balsamierung von Toten verwendet. Ein besonders kostbares Balsamharz ist das Bedellion.

Bedellion *↗Balsam*

Bel Name oder Titel der babylonischen Hauptgottheit Marduk.

Beryll ↗Edelsteine

Beschneidung Die Beschneidung, d. h. die Abtrennung der Vorhaut am männlichen Glied, wurde nicht nur im Volk Israel durchgeführt. Auch einige Nachbarvölker Israels kannten sie. Für Israel war sie das Zeichen des Bundes zwischen Gott und seinem Volk (1. Mose 17,10–14). Die Beschneidung sollte beim neugeborenen Kind am 8. Tag vollzogen werden.
Im Neuen Testament vertraten einige Judenchristen die Auffassung, dass Nichtjuden, die Christen werden wollten, sich vorher beschneiden lassen und so Glieder des jüdischen Bundesvolkes werden sollten. Auf dem Apostelkonzil in Jerusalem wurde dies von Petrus, Paulus und Jakobus abgelehnt: Wer zum Neuen ↗Bund gehören wollte, musste nicht zuvor die Gesetze Israels erfüllen (Apostelgeschichte 15).

Blut Dem Blut kommt im Alten Testament eine besondere Bedeutung zu: »Im Blut ist das Leben« (5. Mose 12,23). Deshalb durfte es nicht verzehrt werden, ebenso wenig das Fleisch von Tieren, die bei der Schlachtung nicht ausgeblutet waren. Blut durfte nur im Zusammenhang mit dem Opferdienst verwendet werden. Das Blut der Opfertiere bewirkte ↗Sühne für die Sünde der Menschen, es stellte die Gemeinschaft mit Gott wieder her (3. Mose 5,5–10).
Von daher wird deutlich, welche Bedeutung das Blut Christi im Neuen Testament hat: War der Bund des Volkes Israel auf das Blut von Opfertieren angewiesen, so wurde der Neue Bund gestiftet durch das Blut Jesu. Es hat reinigende und sühnende Kraft (Epheser 1,7). Dass Gott Menschen vergibt, ist möglich durch das Kreuz, an dem das Blut Jesu vergossen wurde. Dies wird besonders im Hebräerbrief hervorgehoben (Hebräer 9,12).

Blutrache Sie wird im Alten Testament auf die Weisung Gottes an Noah zurückgeführt: »Wer einen Menschen tötet, darf selbst nicht am Leben bleiben; er soll hingerichtet werden. Denn ich

habe den Menschen als mein Ebenbild geschaffen« (1. Mose 9,6). Ein Mord durfte nicht ungestraft bleiben, wenn der Mörder bekannt war. Der nächste männliche Verwandte des Ermordeten hatte die Pflicht, den Täter zu töten und so den Mord zu rächen (4. Mose 35,16–18). In einer Stammesgesellschaft ohne zentrale staatliche Rechtsinstanz diente das Gesetz der Blutrache dazu, ein wahlloses Töten von Angehörigen des Mörders zu vermeiden. Um die Blutrache einzudämmen und Menschen zu schützen, die versehentlich jemanden getötet hatten, wurden in Israel Zufluchtsstädte eingerichtet (4. Mose 35,10–13).
In der Bergpredigt wendet Jesus sich gegen jede Form von Rache (Matthäus 5,38–48). Auch der Apostel Paulus fordert die Christen dazu auf, das Böse durch das Gute zu besiegen (Römer 12,17–21).

Botschaft, rettende Die rettende Botschaft spricht von dem, was Jesus Christus getan hat: Gottes Sohn kam als Mensch in diese Welt, um uns durch seinen Tod am Kreuz und durch seine Auferstehung von unserer Schuld zu befreien. Jesus selbst hat diese Botschaft den Menschen in Israel, die sich um ihn versammelten, verkündet und viele Kranke geheilt (Matthäus 9,35). Er hat auch seine Jünger mit der Weitergabe der rettenden Botschaft beauftragt (Matthäus 10,1–8). Der Apostel Paulus wurde von Gott dazu berufen, den nichtjüdischen Völkern die Botschaft von Jesus Christus zu verkünden (Galater 2,7).

Brautpreis Eine Zahlung, die der Vater des Bräutigams oder dieser selbst dem Vater der Braut zu entrichten hatte. Sie konnte in Geld, Edelmetallen oder als Arbeitsleistung erfolgen (1. Mose 34,11–12). Der Brautpreis ist nicht als Kaufpreis zu verstehen, sondern einerseits als Gegenleistung zur Mitgift der Brauteltern und andererseits als Sicherheit im Falle einer Scheidung. Er zeigt, dass die Ehe im Alten Testament als öffentliche, rechtliche Beziehung betrachtet wurde.

Bund Der Bund ist ein Rechtsverhältnis zwischen zwei Parteien und beinhaltet gegenseitige Verpflichtungen. Weil Gott beim Schließen eines Bundes als Zeuge angerufen wurde, galt jede Übertretung als Sünde gegen Gott.
Auf dem Berg Sinai schloss Gott selbst einen Bund mit Israel (2. Mose 24). Obwohl Israel sich oft aus der Gemeinschaft und der Beziehung mit Gott entfernte, erneuerte er immer wieder seinen Bund. Die Propheten kündigten an, dass Gott einen neuen Bund schließen werde (Jeremia 31, 31–34), der dann in Jesus Christus Wirklichkeit geworden ist. Durch seinen Tod hat er den Neuen Bund eingesetzt. Nun gilt dieser Bund nicht mehr Israel allein, sondern allen, die Jesus Christus vertrauen (Hebräer 12,24).

Bundeslade Ein Kasten aus Akazienholz, der mit Gold überzogen war. An den Seiten waren Ringe befestigt, durch die Tragstangen geschoben wurden. Der Deckel bestand aus einer Goldplatte, an deren Stirnseiten je eine Engelfigur aufragte (2. Mose 25,10–22).
In der Lade wurden die Tafeln mit dem Bundesgesetz aufbewahrt. Während der Wüstenwanderung führten die Israeliten die Bundeslade mit sich als ein sichtbares Zeichen der Gegenwart Gottes. Nachdem die Israeliten das Land Kanaan eingenommen hatten, stand sie längere Zeit in Silo. David ließ sie später nach Jerusalem überführen (2. Samuel 6), wo sie unter der Herrschaft Salomos einen Platz im ↗Allerheiligsten des Tempels bekam. Die Bundeslade ist möglicherweise bei der Eroberung Jerusalems durch Nebukadnezar 587/6 v. Chr. zerstört worden.

Chalzedon ↗Edelsteine

Cherub-Engel Engelwesen, die bewachen und schützen (1. Mose 3,24; Psalm 99,1). Sie werden im Unterschied zu anderen Engeln mit Flügeln dargestellt. Die beiden Engelfiguren an der ↗Bundeslade waren als Cherub-Engel gestaltet.

Christus Das griechische Wort Christus bedeutet wie das hebräische Wort Messias »Gesalbter«. In Israel wurden Könige und Priester durch eine ↗Salbung in ihr Amt eingesetzt, indem man Öl über ihren Kopf goss.
Die Propheten kündigten einen Messias an, der Priester und König in einer Person sein und dauerhaften Frieden bringen würde (Psalm 110; Jesaja 11,1–10).
Jesus von Nazareth hat durch sein Reden und Handeln gezeigt, dass er dieser im Alten Testament versprochene Messias ist. Daher trägt er auch den Namen Christus (Matthäus 11,2–6).

Chrysolith ↗Edelsteine

Chrysopras ↗Edelsteine

Dämon Die Bibel versteht unter Dämonen unsichtbare, personhafte Wesen, die sich mit dem ↗Satan gegen Gott stellen. In den Evangelien wird häufig von Menschen erzählt, die von einem bösen Geist, einem Dämon, besessen sind. Jesus hat Macht über die Dämonen und gibt auch seinen Nachfolgern Vollmacht, in seinem Namen Dämonen auszutreiben (Lukas 10,17–20).

Diakon Diakone waren zusammen mit den Gemeindeleitern für eine Gemeinde verantwortlich. Die Diakone wurden wohl in erster Linie mit praktischen Aufgaben betraut wie z.B. mit der Versorgung der Witwen und dem Tischdienst bei gemeinsamen Mahlzeiten der Gemeinde (Apostelgeschichte 6,1–7). Wer Diakon werden wollte, musste ein vorbildliches Leben führen (1. Timotheus 3,8–13).

Drache Im Alten Testament hat das hebräische Wort für »Drache« mehrere Bedeutungen: Es kann eine Schlange, ein Krokodil oder auch ein gefräßiges Tier meinen. Es symbolisiert immer einen Feind Gottes oder einen Feind des Volkes Israel. Im Neuen Testament berichtet die Offenbarung an Johannes von einem Drachen, der ein Bild für den ↗Satan ist (Offenbarung 12,9).

dreschen Das Dreschen von Getreide dient der Trennung des Korns von der Schale oder Hülse (Spreu). Auf einer Tenne, einem festen und glatten Untergrund, breitete man das Getreide aus. Dann wurde eine Walze oder ein Dreschschlitten, ein mit scharfkantigen Steinen versehenes Brett, darüber gezogen, um das Korn aus der Ähre zu lösen. Mit einer Schaufel warf man das Getreide in die Luft, damit der Wind die leichtere Spreu fortwehen konnte. So blieb nur das Weizenkorn zurück.

Edelsteine Die längste Liste von (Halb-)Edelsteinen im Alten Testament findet sich in der Beschreibung der Brusttasche des Hohenpriesters (2. Mose 28,17–20). Im Neuen Testament werden zwölf Edelsteine erwähnt, die das Fundament des himmlischen Jerusalem schmücken (Offenbarung 21,19–20). Viele der genannten Steinarten kommen in mehr als einer Farbe vor. Manche Steine lassen sich nicht genau bestimmen. Auch ist die damalige Bezeichnung nicht immer mit der heutigen deckungsgleich.
Achat: durchscheinender Halbedelstein mit verschiedenfarbigen Bändern.
Amethyst: violetter Halbedelstein.
Beryll: entspricht wohl dem ↗Chrysolith.
Chalzedon: im Altertum ein grünlicher Edelstein. Heute Bezeichnung für ein bläuliches oder weißgraues Mineral in vielen Varianten.
Chrysolith: entspricht dem heutigen Topas.
Chrysopras: wahrscheinlich eine Unterart des Chalzedon.
Hyazinth: im Altertum ein blauer Stein.
Jaspis: durchscheinender grüner Stein.
Karneol: durch Eisenoxide rot bis gelb gefärbter Schmuckstein.
Lapislazuli: blauer Schmuckstein (↗Saphir).
Nephrit: grünlich durchscheinender Stein.
Onyx: wahrscheinlich durchscheinender Achat.

Rubin: roter Edelstein.
Saphir: die antike Bezeichnung für Lapislazuli, ein tiefblauer, wertvoller Stein. Der heutige Saphir war im Altertum wohl unbekannt.
Sarder: roter Edelstein, eine Art Karneol.
Sardonyx: gebänderter Edelstein, eine Art Achat.
Smaragd: leuchtend grüner durchsichtiger Edelstein.
Topas: wahrscheinlich gelber Bergkristall oder Chrysolith.

Engel sind Wesen, die bei Gott leben und ihm dienen. Sie sind seine Boten und begleiten Menschen in Schwierigkeiten (Psalm 91,11), sie kündigen Ereignisse an und richten Zusagen Gottes aus. Der Ausdruck »Engel des Herrn« kann entweder einen Boten Gottes bezeichnen oder an einigen Stellen auch Gott selbst, der sich in menschlicher Art und Weise offenbart (1. Mose 18,1–5.9–10). Die Bibel berichtet auch von Engeln, die sich von Gott losgesagt haben und dem ↗Satan nachfolgen (Judas 6).

Epikureer Der griechische Philosoph Epikur gründete im 4. Jahrhundert v. Chr. in Athen eine Philosophenschule. Die Epikureer hatten ein festes ethisches System, dessen höchstes Ziel ein ruhiges, ungestörtes Leben war. In die Natur und die Geschichte glaubte man nicht eingreifen zu können. Götter spielten bei ihnen keine große Rolle. Als hohes Ideal für ein gemeinsames Zusammenleben galt die Freundschaft. Paulus begegnete den Epikureern in Athen (Apostelgeschichte 17,18).

Erbe Besitz an Grund und Boden, der dem Einzelnen nur als Teil der Sippe gehörte. Darum durfte der Besitz nicht an Außenstehende verkauft werden, weil sonst die Lebensgrundlage des Sippenverbandes geschmälert würde. Der älteste Sohn erbte doppelt so viel wie jeder seiner jüngeren Brüder (5. Mose 21,15–17).
Im Neuen Testament ist der Anteil an der Auferstehung und an der neuen Welt Gottes fest zugesagter Erbbesitz der Menschen, die Christus vertrauen. Doch solange sie dieses Erbe noch nicht empfangen haben, gilt: »[Seinen] Geist hat Gott uns als ersten Anteil an unserem himmlischen Erbe gegeben. Er verbürgt uns das vollständige Erbe, die vollkommene Erlösung. Und dann werden wir Gott in seiner Herrlichkeit loben und preisen« (Epheser 1,14).

Erlassjahr In jedem 50. Jahr sollte in Israel ein allgemeiner Schuldenerlass durchgeführt werden (3. Mose 25, 8–55): Wer seinen Grund und Boden verpfändet hatte, bekam ihn wieder zurück, und wer wegen hoher Schulden zum ↗Sklaven geworden war, wurde wieder freigelassen. Begründet wurde dies mit dem Hinweis, dass nicht die Israeliten Eigentümer des Landes waren, sondern Gott, der Herr, allein (3. Mose 25,23).

Erlösung Dieses Wort bedeutet im Alten Testament so viel wie »Loskauf« oder »Freikauf«. Sklaven konnten freigekauft, Eigentum konnte wieder zurückerworben werden. Israels große Erlösung war die Rettung aus der Sklaverei in Ägypten. Als die Israeliten Ägypten verlassen hatten und Gott mit ihnen am Berg Sinai einen ↗Bund schloss, wurden sie zu Gottes Volk (2. Mose 20,2; 24,1–8).
Im Neuen Testament wird die Befreiung aus Ägypten als Bild für die Erlösung durch Jesus Christus gesehen. Durch seinen Tod am Kreuz hat er uns von unserer Schuld erlöst (Epheser 1,7). Mit der Auferstehung von den Toten und dem Leben in der neuen Welt Gottes wird die Erlösung vollkommen sein (Römer 8,20–23).

Erstgeborener Jeder älteste Sohn einer Familie und jedes erstgeborene männliche Tier waren Gott geweiht. Wenn es sich um ein Tier handelte, wurde es als Opfer Gott dargebracht. Anstelle des ältesten Sohnes wurde ein fehlerloses Tier geopfert (2. Mose 13,11–16). Der älteste Sohn hatte eine bevorzugte

Stellung innerhalb der Familie. Er war auch der Haupterbe des väterlichen Besitzes (1. Mose 25,29–34).

Essig Der in der Bibel erwähnte Essig war ein mit Wasser verdünnter saurer Wein, der gut den Durst stillte. Er war daher das bevorzugte Getränk der Arbeiter und Soldaten.

ewig / Ewigkeit bedeutet in der Bibel eine lange oder eine unbegrenzte Zeit. Meistens ist es der Ausdruck für einen nicht begrenzten Zeitraum, der sowohl in die Vergangenheit als auch in die Zukunft reicht. Gott ist ewig: Er war schon immer da und wird es auch immer sein, er ist unvergänglich (Jesaja 40,28). Das ewige Leben, von dem die Bibel redet, bedeutet ein Teilhaben an Gottes Ewigkeit und ↗Herrlichkeit. Dies beginnt damit, dass Menschen Jesus Christus kennen lernen (Johannes 17,3); es wird aber erst in Gottes neuer Welt vollendet.

Fasten heißt, aus religiösen Gründen für eine begrenzte Zeit auf Essen oder Trinken zu verzichten. Fasten kann Ausdruck eines Sündenbekenntnisses, aber auch ein Zeichen der Trauer sein (Jona 3,6–9).

Als wichtigster Fastentag galt in Israel der »Jom Kippur«, der große ↗Versöhnungstag, an dem der Priester im Heiligtum Opfer für die Sünden des ganzen Volkes darbrachte (3. Mose 16,29–31).

Fluch ↗Segen

Freiheitskämpfer gehörten zu einer jüdischen Partei, die sich aus religiösen Gründen der Unterwerfung durch die Römer widersetzte. Deshalb lehnten sie z.B. die Entrichtung von Steuern ab. Sie kämpften mit Waffengewalt für die Freiheit Israels und hofften, auf diese Weise dem ↗Messias den Weg zu bereiten. Mindestens einer der zwölf Jünger Jesu war ein ehemaliger Freiheitskämpfer (Lukas 6,15).

Friede *bezeichnet zunächst Wohlbefinden*, Wohlstand sowie gute mitmenschliche Beziehungen. Solcher Friede ist eine Gabe Gottes (Jesaja 48,18). Friede bedeutet dann auch ein heiles und ungestörtes Verhältnis zu Gott. Im Alten Testament hatte Gott den Menschen die Möglichkeit gegeben, durch Opfer immer wieder neu den Frieden mit ihm herzustellen. Dort findet sich aber auch die Erwartung eines vollkommenen und endgültigen Friedens (Jesaja 9,5–6). Sie erfüllt sich im Neuen Testament: »Denn Gott ist durch Christus selbst in diese Welt gekommen und hat Frieden mit ihr geschlossen, indem er den Menschen ihre Sünden nicht länger anrechnet. Gott hat uns dazu bestimmt, diese Botschaft der Versöhnung in der ganzen Welt zu verbreiten. Als Botschafter Christi fordern wir euch deshalb im Namen Gottes auf: Lasst euch mit Gott versöhnen! Wir bitten euch darum im Auftrag Christi« (2. Korinther 5,19–20).

Fronarbeit Unbezahlte Arbeit, die man seinem Herrn oder König zu leisten hatte. Zeitweise wurden große Bauvorhaben wie z.B. der Jerusalemer Tempel mit Hilfe von Fronarbeit ausgeführt, zu der jeder Bürger herangezogen werden konnte (1. Könige 5,27–31).

Gabriel Der Engel Gabriel begegnet im Alten Testament dem Propheten Daniel. Er deutet seine Visionen und erklärt ihm eine Prophetie Jeremias (Daniel 8,16; 9,21). Im Neuen Testament kündigt er die Geburt Johannes des Täufers und die Geburt Jesu an (Lukas 1,19.26).

Galbanum Ein Harz, das aus dem Milchsaft eines in Syrien, Persien und Afghanistan heimischen Strauches gewonnen wurde. Man gab es der im heiligen Zelt verwendeten Weihrauchmischung bei (2. Mose 30,34–35). Es diente im Altertum auch als Heilmittel.

Gebetsriemen Zur Zeit Jesu pflegten die Pharisäer den Brauch, vier Abschnitte aus dem Gesetz des Mose auf kleine Pergamentstücke zu schreiben. Diese wurden dann in Kapseln verschlossen und mit Riemen an die Arme und um die Stirn gebunden. Die Pharisäer wollten damit die Anweisungen aus 5. Mose 6,8 und 11,18 wörtlich befolgen. Jesus aber machte ihnen den Vorwurf, ihre Gebetsriemen extra breit anzufertigen, um ihre Gesetzestreue zur Schau zu stellen (Matthäus 23,5).

Gedenkstein / Steinsäule Gedenksteine dienten zur Erinnerung an besondere Ereignisse (1. Mose 28,18; 31,51). Die Nachbarvölker Israels richteten Steinsäulen auf und verehrten dort ihre Götter. Gott befahl den Israeliten, sich davon fern zu halten (3. Mose 26,1).

Geist, böser ↗Dämon

Geist Gottes / Heiliger Geist Das hebräische und griechische Wort für »Geist« bedeutet ursprünglich »Wind« und »Hauch«. Es bezeichnet die schöpferische Kraft Gottes, die den Menschen Lebensatem und Lebenskraft gibt. Der Geist Gottes bewirkt Verständigkeit und Weisheit, Kraft und Mut und rüstet mit besonderen Fähigkeiten aus (Nehemia 9,20). Im Alten Testament wurde bereits angekündigt, dass Gott seinen Geist einmal seinem ganzen Volk geben werde (Joel 3,1–2).

Das Neue Testament berichtet, dass Jesus vom Geist Gottes erfüllt war und ihn allen, die an ihn glaubten und ihm gehorchten, versprach (Johannes 14,15–17). Am Pfingsttag hat sich diese Verheißung erfüllt (Apostelgeschichte 2,4). Der Heilige Geist bewegt Menschen dazu, zu Gott umzukehren und ihm zu vertrauen. Er gibt Christen die Gewissheit, dass Jesus Christus bei ihnen ist, und wirkt ein neues, veränderte Leben (Galater 5,22–23). Er stärkt sie in Zweifeln und steht ihnen in Schwierigkeiten bei. Durch den Heiligen Geist ist Jesus Christus selbst in seiner Gemeinde anwesend. Der Heilige Geist wird wie Gott und Jesus als »der Herr« bezeichnet (2. Korinther 3,17–18).

Geldwechsler Die Geldwechsler hatten im Judentum ihren festen Platz im Vorhof des Tempels. Sie tauschten die offizielle Währung gegen tyrische Schekel ein, mit denen die ↗Tempelsteuer bezahlt werden musste.

Gelübde bezeichnet ein Gott freiwillig gegebenes Versprechen. Man konnte Gott eine Gabe versprechen, wenn er eine Bitte erhören oder aus einer Not retten würde (1. Samuel 1,10–11). Ein Israelit konnte auch das Gelübde ablegen, sich selbst für eine gewisse Zeit Gott zu weihen (4. Mose 6,1–21). Da die Gelübde in jedem Fall bindend waren, wird in der Bibel vor unüberlegten Versprechen gewarnt (5. Mose 23,22–24).

Gerechtigkeit Wenn im Alten Testament von Gottes Gerechtigkeit geredet wird, steht dahinter der Gedanke an den ↗Bund Gottes mit Israel: Gott ist gerecht, indem er das Recht vorgibt, das die Grundlage des Bundes ist, und indem er sich an die Zusagen seines Bundes hält. Gottes Gerechtigkeit ist also zugleich seine Treue gegenüber den Menschen (5. Mose 32,4). Entsprechend bezieht sich die Gerechtigkeit des Menschen auf sein Verhältnis zu Gott: Gott nimmt den Menschen an, nicht weil er vollkommen ist, sondern weil er Gott vertraut und sich zu ihm hält (1. Mose 15,6).

Auch im Neuen Testament beschreibt Gerechtigkeit das rechte Verhältnis von Mensch und Gott. Dieses Verhältnis gründet sich auf den Glauben an Jesus Christus. Wer ihm vertraut, den spricht Gott von aller ↗Schuld frei, weil Jesus sie gesühnt hat: »Um unsere Schuld zu sühnen, hat Gott seinen Sohn am Kreuz für uns verbluten lassen. Das erkennen wir im Glauben, und darin zeigt sich, wie Gottes Gerechtigkeit aussieht« (Römer 3,25). Nun kann der Mensch in einer neuen, heilen Beziehung zu Gott leben. Er ist nicht aus sich selbst heraus gerecht, sondern durch den ↗Glauben an Jesus Christus.

Gericht Im Alten Testament heißt »richten« in seiner Grundbedeutung »das Recht wiederherstellen«. Wenn einem Menschen Unrecht geschehen war,

mussten die ↗Ältesten ihm in einer Gerichtsversammlung Recht verschaffen. Immer wieder griff auch Gott selbst ein, um Einzelnen oder seinem ganzen Volk zum Recht zu verhelfen (Psalm 119,84).
Weil die Menschen durch ihre ↗Sünde das Recht Gottes verletzen, fordern sie Gottes Gericht heraus. Aus dieser Lage können sie sich nicht selbst befreien. Darum hat Gott gehandelt: Er hat die Sünde der Menschen verurteilt und gerichtet, indem er Jesus am Kreuz sterben ließ (Johannes 5,24). Dadurch ist Rettung aus dem Gericht möglich für alle, die sich mit Gott versöhnen lassen. Die Bibel kennt ein letztes Gericht Gottes, in dem sich jeder Mensch vor ihm verantworten muss (Apostelgeschichte 17,31). Aus diesem Gericht wird gerettet, wer Jesus Christus vertraut.

Gesetz Das Gesetz spielte im Alten Testament eine wichtige Rolle. Es war den Israeliten durch Mose von Gott gegeben und stellte die Ordnung dar, nach der Gottes Volk leben sollte (2. Mose 19–20). Im Lauf der Geschichte wurde das Gesetz von den ↗Pharisäern und ↗Schriftgelehrten mit vielen Zusatzordnungen versehen. Dem widerspricht Jesus deutlich und stellt das Gesetz in seiner ursprünglichen Klarheit wieder her. Kein Mensch kann es vollkommen erfüllen. Das Gesetz zeigt ihm, dass er ein Sünder (↗Sünde) ist und ↗Erlösung braucht. Paulus betont, dass Menschen nicht durch die Erfüllung des Gesetzes vor Gott bestehen können. Allein durch den ↗Glauben an Jesus Christus finden sie Gottes Anerkennung (Römer 3,27–28).

Glaube Der Glaube ist im Alten Testament die Antwort des Menschen auf einen Ruf oder eine Zusage Gottes. So folgte Abraham dem Ruf Gottes, seine Heimat zu verlassen und in ein unbekanntes Land zu ziehen (1. Mose 12,4). Er glaubte der Zusage Gottes, dass er und seine Frau in ihrem hohen Alter noch einen Sohn bekommen würden (1. Mose 15,1–6). Glauben bedeutet also nicht nur ein Für-wahr-Halten, dass es Gott gibt, sondern die vertrauensvolle Zuwendung zu ihm.
Dies gilt auch für das Neue Testament: Wer glaubt, hat erkannt, dass Jesus der ↗Christus ist, der im Alten Testament angekündigte Retter (Matthäus 16, 13–17). Er schenkt Jesus sein Vertrauen und lässt sein Leben von ihm bestimmen. Paulus betont, dass die Rettung und die Befreiung von ↗Schuld nicht durch das Erfüllen des ↗Gesetzes zu erreichen sind, sondern allein durch das Vertrauen auf Jesus Christus (Römer 1,16–17).

Gleichnis Eine kurze Erzählung, die anhand einer alltäglichen Situation eine Botschaft an die Hörer weitergeben will. Das Gleichnis greift Bilder des täglichen Lebens auf und nimmt dabei oft eine überraschende Wendung.
Wenn Jesus über die neue ↗Welt Gottes sprach, verwendete er häufig Gleichnisse, um seine Zuhörer zu einer eigenen Stellungnahme herauszufordern (Matthäus 13,2–3).

Gnade Im Alten Testament wird der Begriff Gnade in verschiedenen Bedeutungen gebraucht. Zum einen bezeichnet er die Hilfe und Zuwendung Gottes gegenüber seinem Volk, das durch den ↗Bund zu ihm gehört (Jesaja 63,7). Zum anderen bedeutet Gnade das unverdiente Erbarmen Gottes (Psalm 40,12). Diese zweite Bedeutung liegt meistens vor, wenn im Neuen Testament von Gnade gesprochen wird: Durch die Erfüllung des ↗Gesetzes kann man Gottes Anerkennung nicht erlangen. Dass Gott dem Menschen Rettung aus dem ↗Gericht anbietet und der Mensch diese im ↗Glauben annehmen kann, ist allein Gottes unverdientes Geschenk. Die Gnade steht im Gegensatz zur Erfüllung des Gesetzes: Was der Mensch nicht leisten kann, wird ihm durch Gottes Gnade gegeben (Epheser 2,4–5).

Gottessöhne sind ↗Engel, die Gott wie ein himmlischer Hofstaat umgeben

(Hiob 1,6; Psalm 29,1). Die in 1. Mose 6,1–4 erwähnten Gottessöhne waren möglicherweise Engel, die entgegen der göttlichen Ordnung in den Lebensbereich der Menschen eindrangen.

Granatäpfel wachsen in Israel an strauchähnlichen, viel verzweigten Bäumen. Die Frucht hat eine lederähnliche Haut, unter der in Fächern Reihen von rötlichen Beeren sitzen. In der israelitischen Kunst waren Nachbildungen von Granatäpfeln sehr verbreitet.

Hebräer Mit diesem Namen bezeichneten Ausländer die Israeliten oder diese sich selbst im Umgang mit Ausländern (1. Mose 39,14; 2. Mose 3,18). Die Israeliten sprachen bis zur babylonischen Gefangenschaft hebräisch (↗Verbannung). Das Alte Testament ist überwiegend in dieser Sprache abgefasst.

Heil bedeutet Rettung, Befreiung und Sieg. Wer zur Zeit des Alten Testaments Gott vertraute, verließ sich darauf, dass Gott in allen Situationen helfen kann, sowohl dem Einzelnen (Psalm 7,2) als auch dem ganzen Volk Israel (2. Mose 14,30). Die Glaubenden erhofften aber noch mehr: Sie vertrauten auf die Zusage, dass Gott das zerbrochene Verhältnis zwischen ihm und den Menschen heilen würde. Dies ist auch die Botschaft des Neuen Testaments. Durch das Leben, das Sterben und die Auferstehung Jesu hat Gott das versprochene Heil geschenkt: Er hat das zerbrochene Verhältnis zwischen Gott und Mensch geheilt und die ↗Sünde vergeben. Wer Jesus vertraut, erfährt schon jetzt das Heil Gottes (Galater 1,4). Er erwartet, dass Gott sein Heil vollendet, indem er einen neuen Himmel und eine neue Erde schafft (Offenbarung 7,9–10).

heilig / Heiligkeit Gott ist heilig. Sein Wesen unterscheidet sich völlig von dem des Menschen. Der Mensch kann ihm nicht ohne weiteres begegnen (2. Mose 15,11). Alles, was zu Gott gehört, wird in der Bibel als heilig bezeichnet: das Volk Gottes, der ↗Tempel, die ↗Bundeslade, die ↗Opfer und anderes mehr. Auch einzelne Menschen, die in besonderer Weise Gott dienen (↗Hoherpriester), werden heilig genannt.
Doch bleibt immer ein Abstand zwischen dem Menschen und Gott. Gottes Gebot »Ihr sollt heilig sein« kann der Mensch von sich aus nicht erfüllen. Durch Jesus aber kommt Gott selbst in seiner Heiligkeit den Menschen nahe. Wer sein Leben Jesus anvertraut und ihm glaubt, hat Gemeinschaft mit dem heiligen Gott. Die Bibel bezeichnet einen solchen Menschen als heilig (1. Petrus 1,15–16; 2,9). Er ist nicht sündlos, aber er erfährt, dass Gott ihn angenommen hat und ihn zunehmend verändert.

Heilige Schrift Wenn die Verfasser des Neuen Testaments die Begriffe »Heilige Schrift«, »Schriften« oder »Schrift« verwendeten, meinten sie damit das Alte Testament oder Teile davon. Das Alte Testament gliedert sich in drei große Teile: die geschichtlichen, die dichterischen und die prophetischen Bücher.
In den christlichen Kirchen gilt auch das Neue Testament selbst als Heilige Schrift. Es lässt sich ebenfalls in drei Abschnitte teilen: die vier Evangelien sowie die Apostelgeschichte als Geschichtsbücher, die Briefe und das prophetische Buch der Offenbarung. Die Heilige Schrift des Alten und Neuen Testaments hat viele Verfasser, die aber eines gemeinsam haben: Sie alle schrieben unter der Leitung des Heiligen Geistes (↗Geist Gottes). Das bedeutet: In der Heiligen Schrift spricht Gott zu uns (2. Timotheus 3,16). Aus diesem Grund ist sie zuverlässig und wahr.

Hermes In der griechischen Sage der Götterbote des Zeus. Die Römer nannten ihn Merkur. Paulus wurde wegen seiner Redegabe in Lystra für Hermes gehalten (Apostelgeschichte 14,12).

Herr Der Titel »Herr« wird in der Bibel gelegentlich als höfliche Anrede für höher gestellte Personen verwendet. In der überwiegenden Zahl der Fälle bezieht er sich jedoch auf Gott. Zur Zeit Jesu war es im Judentum üblich, beim Lesen alttestamentlicher Texte den Gottesnamen »Jahwe« aus Ehrfurcht nicht auszusprechen, sondern stattdessen »der Herr« zu sagen. Der Name »Jahwe« wird in 2. Mose 3, 13–15 vom hebräischen Wort »sein« hergeleitet und bedeutet demgemäß: »Ich bin.«

Auch die griechische Übersetzung des Alten Testaments, die im 3. Jahrhundert v. Chr. entstand, gibt »Jahwe« mit »der Herr« wieder. In den meisten deutschen Übersetzungen des Alten Testaments wird »Jahwe« ebenfalls mit »der Herr« wiedergegeben. Die Verfasser des Neuen Testaments verfuhren auf die gleiche Weise, wenn sie das Alte Testament zitierten oder selbst von Gott sprachen. Im Neuen Testament bezieht sich der Titel »Herr« in gleicher Weise auf Gott wie auch auf Jesus (1. Korinther 12,3) und den Heiligen Geist (↗Geist Gottes; 2. Korinther 3,17–18).

Herrlichkeit Herrlichkeit Gottes bedeutet in der Bibel seine Hoheit, Majestät und Macht. Sie spiegelt sich in der Schöpfung wider: Gott hat alles herrlich geschaffen (Psalm 8,2). Die Israeliten erlebten Gottes Herrlichkeit, als er sich ihnen am Sinai offenbarte.

Im Neuen Testament wird von Jesus berichtet: »Im Sohn zeigt sich die göttliche Herrlichkeit seines Vaters« (Hebräer 1,3). Jesu Wirken, sein Sterben und seine Auferstehung machen die Herrlichkeit und Macht Gottes sichtbar. Gottes Herrlichkeit wird in ihrer ganzen Größe offenbar, wenn Jesus Christus kommt (Matthäus 16,27).

Himmelskönigin Fruchtbarkeitsgöttin, die wohl mit der babylonischen Ischtar gleichzusetzen ist. Ihre Verehrung war unter den Juden während der babylonischen Gefangenschaft (↗Verbannung) verbreitet (Jeremia 7,18).

Hoffnung bezeichnet nicht eine unbestimmte Erwartung, sondern ein begründetes Vertrauen auf die kommende neue ↗Welt Gottes. Diese Hoffnung stützt sich auf die Zusagen Gottes, dass wir durch den Glauben an Jesus Christus von Gott angenommen werden (Galater 5,5). Sie umfasst auch die Erwartung auf das ewige Leben, weil Jesus von den Toten auferstanden ist (1. Petrus 1,3).

Hoherpriester Der Hohepriester bekleidete das höchste religiöse Amt in Israel: Er vertrat das Volk vor Gott. Er hatte strenge Reinheitsvorschriften zu beachten, die seinem besonderen Verhältnis zu Gott entsprachen; er durfte am großen ↗Versöhnungstag als Einziger das ↗Allerheiligste betreten und sich Gott nähern (3. Mose 16).

Als ersten Hohenpriester berief Gott Aaron, den Bruder des Mose (2. Mose 28,1). Das Amt wurde weitervererbt: Wenn der Vater gestorben war, erhielt der älteste Sohn die Würde des Hohenpriesters. In der Zeit der Makkabäer legten sich die Hohenpriester auch gleichzeitig die Königswürde zu. Als die Römer Israel erobert hatten, verlor der Hohepriester jedoch einige Vorrechte: Das Amt wurde nicht mehr auf Lebenszeit verliehen und konnte auch nicht mehr an den Sohn vererbt werden. Der Hohepriester war gleichzeitig der Vorsitzende des ↗Hohen Rates. Wenn die Evangelien von »den Hohenpriestern« reden, ist eine führende Gruppe des Hohen Rates gemeint.

Hoher Rat Zur Zeit des Neuen Testaments die oberste Behörde im Judentum. Der Vorsitzende dieses aus 71 Männern bestehenden Rates war der ↗Hohepriester. Die weiteren Mitglieder des Rates kamen aus den Reihen der ↗Priester und ↗Schriftgelehrten.

Unter der römischen Besatzung waren die Vollmachten des Rates eingeschränkt: Politische Entscheidungen durften nur begrenzt getroffen werden, Todesurteile bedurften der Genehmigung durch die römische Verwaltung.

Nur in religiösen Fragen hatte der Hohe Rat volle Autorität.

Hölle Wenn das Neue Testament von Hölle spricht, ist ein Ort gemeint, an dem der Mensch für immer von Gott getrennt ist. Wer zu Lebzeiten von Gott nichts wissen will, der wird auch nach dem Tod von ihm getrennt sein.

Holzblock Ein Holzgestell, in das ein Sträfling mit den Füßen, den Händen und dem Kopf eingespannt wurde (Jeremia 20,2).

Horeb ↗Sinai

Hyazinth ↗Edelsteine

Israel lautet der Ehrenname, den Jakob nach seinem Kampf mit Gott am Jabbok erhielt (1. Mose 32,29). Der Name bedeutet »Gotteskämpfer«. Israel werden auch die zwölf Stämme genannt, die von den zwölf Söhnen Jakobs abstammen. Später wurde das ganze Königreich mit diesem Namen bezeichnet. Nach der Teilung des Reiches trugen die zehn Nordstämme den Namen Israel, während man das Südreich Juda nannte.

Jaspis ↗Edelsteine

Jesus Der Name Jesus ist die lateinische Fassung des hebräischen Wortes »jehoschua« oder »jeschua«. Es bedeutet »Der Herr (ist die) Rettung« (↗Sohn Gottes, ↗Christus).

Joch Ein Holzbalken, mit dem zwei Tiere vor den Pflug oder Wagen gespannt wurden. Das Joch ruhte quer auf dem Nacken der Zugtiere, wurde mit einem Strick am Hals befestigt und mit einer Zugdeichsel verbunden. »Joch« wird in der Sprache der Bibel zum Bild für die Herrschaft, der sich jemand freiwillig oder gezwungen beugt (Jeremia 27,1–8).

Juda Einer der zwölf Söhne Jakobs. Auf ihn geht der Stamm Juda zurück, dessen Gebiet von Jerusalem nach Süden bis in den Negev reichte. Nach der Teilung des Reiches bezeichnete Juda den südlichen Teil Israels mit Jerusalem als Hauptstadt. Dort regierten die Nachkommen Davids. In römischer Zeit war »Judäa« eine Provinz, deren Bewohner, die »Juden«, unter römischer Verwaltung standen.

Jünger Im Judentum war es üblich, dass erfahrene und gelehrte Männer eine Gruppe von jüngeren Männern um sich sammelten, um sie in der ↗Heiligen Schrift zu unterweisen. Diese gelehrten Männer nannte man »Rabbi«, d.h. Lehrer oder Meister, die Schüler wurden als Jünger bezeichnet.

Auch Johannes der Täufer und Jesus hatten Jünger. Unter den Jüngern, die Jesus nachfolgten, mit ihm lebten und von ihm lernten, befanden sich im Gegensatz zur sonstigen jüdischen Praxis auch einige Frauen (Lukas 8,2).

In den ersten christlichen Gemeinden wurden dann alle Menschen als Jünger bezeichnet, die an Jesus glaubten.

Kalmus bezeichnet eine aus Vorderindien stammende Schilfart, die zur Herstellung wohlriechender Öle verwendet wird. Kalmus war ein Bestandteil des heiligen Salböls (2. Mose 30,23), mit dem der Hohepriester gesalbt und die Gefäße und Werkzeuge des Heiligtums besprengt wurden.

Kanaan bedeutet wahrscheinlich »Land des Purpurs«. Es bezeichnete ursprünglich die phönizische Küste und das dazugehörige Hinterland. In der Bibel ist es das Land, das die Israeliten von seinen ursprünglichen Bewohnern, den Kanaanitern, übernahmen.

Karneol ↗Edelsteine

Kassia Getrocknete Blüten und Blätter des aus Ostasien stammenden Zimtbaumes. Sie wurden als Gewürz zur Herstellung des heiligen Salböls verwendet (2. Mose 30,24).

Kelter In den Felsen gehauene Wanne, in der Weintrauben mit den Füßen zertreten wurden. Der Saft floss durch eine Rinne in ein tiefer gelegenes Becken und wurde von dort in Krüge gefüllt. »Die Kelter treten« wird in der Bibel oft als Bild für das Gericht Gottes verwendet (Jesaja 63,1–3; Offenbarung 14,19–20).

Kemosch Hauptgottheit der Moabiter. Der judäische König Josia beseitigte ein Höhenheiligtum des Kemosch östlich von Jerusalem, das Salomo errichtet hatte (1. Könige 11,7; 2. Könige 23,13).

Kewan Assyrisch-babylonische Sterngottheit, die wie ↗Sakkut Saturn verkörpert. Nach Amos 5,26 verehrten die Israeliten diese Gottheit bereits in der Zeit, als sie in der Wüste umherzogen.

Kreuz Das Wort »Kreuz« ist besonders in den neutestamentlichen Briefen ein zentraler Begriff. Paulus bezeichnet die ganze rettende ↗Botschaft von Christus im Kern als »die Botschaft vom Kreuz« (1. Korinther 1,18): Gottes Sohn ist am Kreuz gestorben, damit Menschen von Sünde und Tod frei werden können. Durch den Tod Jesu am Kreuz sind wir mit Gott versöhnt (Epheser 2,16). Noch heute erinnert das Zeichen des Kreuzes in den Kirchen an das Sterben Jesu.

Ladanum ist wie Mastix und Tragakant ein Gewürzstoff, der aus dem Saft von Bäumen und Sträuchern gewonnen und der Weihrauchmischung für das Heiligtum beigegeben wurde.

Laubhüttenfest Im Herbst, nach Abschluss der Ernte, feierten die Israeliten sieben Tage lang das Laubhüttenfest. Während dieser Zeit wohnten sie in Hütten aus Laub und Zweigen. Dieses fröhliche Erntefest erinnerte zugleich daran, dass sie während ihres Auszugs aus Ägypten in provisorischen Hütten aus Zweigen gewohnt hatten (3. Mose 23,33–44).
Das Laubhüttenfest war – zusammen mit dem ↗Passah- und dem ↗Wochenfest – ein Wallfahrtsfest, an dem die Israeliten zum Heiligtum zogen.

Legion Eine Abteilung der römischen Armee. Sie umfasste 10 Kohorten zu je 400–600 Mann, das heißt 4000–6000 Soldaten. An mehreren Stellen im Neuen Testament wird der Begriff im *übertragenen Sinn gebraucht und* bezeichnet dann eine sehr große Menge.

Leviatan Ein drachenartiges Ungeheuer. Es steht als Bild für gottfeindliche Mächte (Psalm 74,14). In Hiob 40,25–32 bezeichnet Leviatan wahrscheinlich ein Krokodil.

Leviten Die Nachkommen des Stammvaters Levi, eines Sohnes Jakobs. Die Leviten hatten eine besondere Aufgabe unter den zwölf Stämmen Israels: Sie dienten Gott am Tempel, einige von ihnen, Aarons Nachkommen, auch als Priester. Gott selbst hatte die Leviten zu seinem besonderen Eigentum erwählt und zu ihrem Dienst beauftragt (4. Mose 3).

Lose, heilige ↗Tummim

Manna Die Nahrung der Israeliten in der Wüste, mit der Gott sein Volk auf wunderbare Weise versorgte. Die Israeliten konnten das körnige Manna jeden Morgen aufsammeln und daraus Brot und andere Speisen zubereiten (2. Mose 16).

Marduk ↗Bel

Mastix ↗Ladanum

Melchisedek Priester und König der Stadt Salem (Jerusalem). Er begegnete Abraham (1. Mose 14,18–20). Sein Priesteramt wird im Hebräerbrief als prophetisches Bild für das Priesteramt Jesu Christi gedeutet (Hebräer 7).

Menschensohn Im Alten Testament wird dieser Begriff gelegentlich als Umschreibung für »Mensch« gebraucht.
Jesus verwendet den Ausdruck häufig, wenn er von sich selbst redet. Er macht damit deutlich, dass er ein wirklicher Mensch ist. Indem er dies aber betont, weist er zugleich darauf hin, dass damit noch nicht alles über ihn gesagt ist. Schon das Alte Testament spricht von »einem, der aussieht wie ein Menschensohn«, aber doch mehr ist als ein gewöhnlicher Mensch, nämlich der ↗Messias, der ewig die ganze Welt regieren wird (Daniel 7,13–14). Diese Prophetie bezieht Jesus auf sich (Matthäus 26,64). Durch das Kommen des Menschensohnes in diese Welt lässt Gott seine neue ↗Welt beginnen.

Messias ↗Christus

Michael Ein Engelfürst (↗Engel), der in Gottes Auftrag für Israel kämpft

(Daniel 10,13). Michael und seine Engel stürzen den ↗Satan aus dem Himmel (Offenbarung 12,7–9).

Milkom Gottheit der Ammoniter.

Moloch Eine bei den Nachbarvölkern Israels verehrte Gottheit, der man Kinderopfer darbrachte. In 3. Mose 18,21; 20,1–5 wird den Israeliten die Verehrung des Moloch untersagt.

Monate Nur vier der althebräischen Monatsnamen sind bekannt:

Etanim: Herbstmonat, im September/Oktober;

Bul: Regenmonat, im Oktober/November;

Abib: Ährenmonat, im März/April;

Siw: Blumenmonat, im April/Mai.

Israel richtete seinen Kalender nach dem Mondjahr, d.h. es gab 12 Monate von wechselnd 29 und 30 Tagen. Weil das Mondjahr um 11 Tage hinter dem Sonnenjahr zurückblieb, mussten in unregelmäßiger Folge Schalttage oder -monate eingefügt werden. Das Jahr hat – ausgehend von der Landwirtschaft – wohl ursprünglich im Herbst begonnen (2. Mose 23,16). Nachdem die Israeliten Ägypten verlassen hatten, wurde der Beginn des gottesdienstlichen Jahres auf das Frühjahr verlegt (2. Mose 12,2; 13,4).

Von der späten Königszeit an wurden die Monate mehr und mehr mit den babylonischen Namen bezeichnet:

1. Nisan, im März/April;
2. Ijar, im April/Mai;
3. Siwan, im Mai/Juni;
4. Tammuz, im Juni/Juli;
5. Ab [Tab], im Juli/August;
6. Elul, im August/September;
7. Tischri, im September/Oktober;
8. Marcheschwan, im Oktober/November;
9. Kislew, im November/Dezember;
10. Tebet, im Dezember/Januar;
11. Schebat, im Januar/Februar;
12. Adar, im Februar/März;
13. We-Adar war der Name des Schaltmonats.

Morgenopfer ↗Abendopfer

Morgenstern Der Planet Venus. In der Bibel dient er als Bild für den König von Babylonien, der als vom Himmel herabgestürzter Morgenstern bezeichnet wird (Jesaja 14,12). Er symbolisiert aber auch Christus, der in Macht und Herrlichkeit wiederkommen wird (Offenbarung 22,16).

Myrrhe Das Harz eines immergrünen Baumes. Es eignete sich gut zur Herstellung von Parfüm und Salböl. Man konnte es mit Öl mischen und so eine wohlriechende Salbe gewinnen. Man verwendete es auch in Gräbern, um den Leichengeruch zu überdecken. Als Zugabe in den Wein steigerte es die berauschende Wirkung des Alkohols.

Myrte Ein in Palästina und Syrien wild oder kultiviert an feuchten Stellen wachsender Strauch mit immergrünen, dunkel glänzenden Blättern. Nach Nehemia 8,15 sollten die Israeliten unter anderem Myrtenzweige zum Bau der Hütten beim Laubhüttenfest verwenden.

Name Gottes Gott offenbarte sich dem Volk Israel mit seinem Namen »Jahwe« (↗Herr). Er gab ihnen damit die Möglichkeit, zu ihm zu rufen und ihn anzureden. Der Name gibt auch einen Hinweis auf Gottes Wesen: Gott offenbart sich als ewiger Gott, der immer für sein Volk da ist (2. Mose 3,13–15).

Name Jesu Christi Jesus hat seinen Namen von Gott empfangen (Matthäus 1,21; Philipper 2,9). Nachdem er von den Toten auferstanden war, übertrug Gott ihm die Herrschaft über die ganze Welt (Hebräer 2,8–9). Wird etwas »im Namen Jesu« getan, dann ist Jesus Christus selbst am Werk. Im Neuen Testament werden Menschen im Namen Jesu getauft (↗Taufe). Damit gehören sie ganz zu Jesus Christus.

Narde Aus der Wurzel der in Indien heimischen Nardenpflanze, einem Baldriangewächs, bereitete man das kostbare, duftende Nardenöl. Es wurde in kleinen Fläschchen aufbewahrt und gern zur Balsamierung von Toten verwendet. Im Altertum war Tarsus ein wichtiges Zentrum der Nardengewinnung.

Nebo 1. Babylonische Gottheit, die als Sohn ↗Bels galt; 2. Berg in Moab, von dem aus Mose das Land Kanaan sehen durfte (5. Mose 32,49); 3. Stadt in Moab (4. Mose 32,38); 4. Stadt in Juda (Esra 2,29).

Neumond(fest) Im Alten Orient wurde der Tag, an dem sich die Sichel des zunehmenden Mondes erstmals zeigte (Neumond), als Feiertag begangen (Psalm 81,4; 1. Samuel 20,5). Der Neumondtag war als Monatsanfang für die Berechnung der Feste und Feiertage wichtig.

Offenbarung Wenn die Bibel von Offenbarung spricht, so bedeutet dies: Gott, der verborgen ist, gibt sich zu erkennen. Das geschieht auf vielerlei Art und Weise:

Gott offenbart sich in seiner Schöpfung. Weil Gott alles herrlich geschaffen hat, haben die Menschen schon immer seine göttliche Macht und Größe sehen können (Römer 1,20).

Gott offenbart sich auch durch sein Handeln in der Geschichte. Seine Taten zeigen, wer er ist (Psalm 105).

Gott teilte Mose und dem Volk Israel seinen ↗Namen mit und offenbarte sich dadurch (2. Mose 3,13–15).

In den Geboten, die Gott Mose und den Israeliten gab, offenbarte er seinen Willen (2. Mose 20,1–20).

Später redete er durch die Worte der Propheten (Jeremia 1,4–5).

Vor allem aber offenbarte sich Gott durch seinen Sohn, in ihm wurde er ein Mensch. In Jesus zeigt Gott seine ganze Liebe und Barmherzigkeit und damit sich selbst (Hebräer 1,1–3).

Die Verborgenheit Gottes wird am Ende der Zeit aufhören. Jesus Christus wird sichtbar als Herr dieser Welt wiederkommen (Matthäus 24,30). Im letzten Buch der Bibel, der »Offenbarung an Johannes«, wird dargestellt, was vor und nach seinem Kommen geschieht.

Öl Wenn nicht anders bezeichnet, handelt es sich um Olivenöl. Man erntete die Oliven im Spätsommer, presste sie in einer Ölkelter und filterte das Öl. Es war für die Ernährung in Israel der wichtigste Fettlieferant, wurde außerdem für Lampen, als Beigabe zu Opfern, für Kosmetik oder Medizin verwendet. Der Name des Gartens Gethsemane (»Ölkelter«) kommt von den Steinpressen, die es dort gab. In dichterischer Sprache rufen die Worte Öl und Wein den Beiklang der Freude und Festlichkeit hervor.

Ölberg Der Ölberg gehört zu einem Höhenzug, der Jerusalem von Norden und Osten umgibt. Er liegt etwa einen Kilometer von Jerusalem entfernt.

Onyx ↗Edelsteine

Opfer haben in den Religionen der Völker seit jeher eine wichtige Rolle gespielt. Man wollte durch sie Götter ehren, ihre Gunst gewinnen und Strafe oder Unheil abwenden.

Die Bibel berichtet, dass Opfer seit frühester Zeit dargebracht wurden: Kain opferte Feldfrüchte (1. Mose 4,3), Abel und Noah opferten Tiere (1. Mose 4,4; 8,20).

Auch im Leben des Volkes Israel spielten die Opfer eine wichtige Rolle. Ausführlich sind sie in 3. Mose 1–7 beschrieben. Man opferte auf einem ↗Altar, der sich in der Nähe des Heiligtums befand. Es gab unblutige Opfer: Gaben wie Früchte, Mehl, Brot, Öl, Wein und Weihrauch. Bei einem blutigen Opfer wurde ein ↗reines Tier geschlachtet und ganz oder teilweise auf dem Altar verbrannt. Als Opfertiere waren Rind, Kalb, Schaf, Ziege oder Taube erlaubt.

Die einzelnen Opfer unterschieden sich in ihrer Art und Bedeutung voneinander:

Beim *Brandopfer* (3. Mose 1) wurde ein fehlerloses Tier geschlachtet und auf dem Altar völlig verbrannt. Es symbolisierte die ganze Hingabe des Opfernden an Gott. Am Heiligtum sollte seit der Zeit des Mose täglich morgens und abends ein Brandopfer dargebracht werden.

Das *Speiseopfer* (3. Mose 2) bestand aus Mehl, Öl und Weihrauch. Ein Teil davon wurde auf dem Altar verbrannt, den Rest bekamen die Priester. Das Speiseopfer wurde meistens als Ergänzung zum Brandopfer dargebracht.

Das *Dankopfer* (3. Mose 3) geschah aus Dankbarkeit über die Gemeinschaft mit Gott: Ein reines Tier wurde geschlachtet, Blut und Fett gehörten ganz Gott und mussten am Altar ausgegossen, bzw. auf dem Altar verbrannt werden. Das Fleisch wurde vom Opfernden und seinen Angehörigen bei einem fröhlichen Festmahl verzehrt.

Das *Sündopfer* (3. Mose 4) – ebenfalls ein Tier – diente der ↗Sühne für Sünden, die nicht vorsätzlich, sondern versehentlich begangen worden waren.

Das *Schuldopfer* (3. Mose 5) glich dem Sündopfer. Auch hier wurde Sünde gesühnt (↗Sühne). Jedoch war der Opfernde verpflichtet, den Schaden, den er Gott oder seinem Nächsten zugefügt hatte, wieder gutzumachen.

Im Neuen Testament bezeugt besonders der Hebräerbrief, dass alle diese Opfer mit dem Tod Jesu hinfällig geworden sind. Weil Jesus am Kreuz unsere Schuld getragen hat, vergibt Gott unsere Sünde (Hebräer 9,14). »Sind aber die Sünden vergeben, dann ist kein Opfer mehr nötig« (Hebräer 10,18).

Orakel Ein Wahrsagespruch, in dem man den Willen der Götter zu erkennen glaubte. In der Umwelt Israels wurde der Wille der Götter auf vielfältige Weise erfragt: Man betrachtete die Leber frisch geschlachteter Tiere, achtete auf Vogelstimmen oder deutete hingeworfene Pfeile.

Orion Auch in unseren Breiten ein markantes Sternbild. Es ist an den drei Gürtelsternen gut zu erkennen (Hiob 38,31).

Paradies Das Wort stammt aus der persischen Sprache. Es bedeutet so viel wie »Park«, »eingezäunter Raum«. Die griechische Übersetzung des Alten Testaments gebrauchte es für den Garten Eden, in dem Gott die ersten Menschen wohnen ließ. Im Neuen Testament wird mit Paradies ein Ort der himmlischen Welt bezeichnet (Lukas 23,43; 2. Korinther 12,4; Offenbarung 2,7).

Passahfest Das Passahfest soll an die Befreiung des Volkes Israel aus Ägypten erinnern. In der Nacht, bevor die Israeliten aus dem Land zogen, ließ Gott alle ältesten Söhne der Ägypter sterben. Die Israeliten aber entgingen diesem Gericht Gottes, weil sie auf seinen Befehl hin das Blut eines Böckchens an die Türpfosten ihrer Häuser gestrichen hatten (2. Mose 12). Von da an wurde das Passahfest als Erinnerung an diese Geschehnisse jährlich gefeiert. Zum Fest gehörte das Passahmahl, bei dem ein Lamm oder ein Böckchen geschlachtet und verzehrt wurde. Das Passahfest war wie das ↗Wochen- und ↗Laubhüttenfest ein Wallfahrtsfest, an dem die Israeliten zum Heiligtum zogen.

An das Passahfest schloss sich das siebentägige »Fest der ungesäuerten Brote« an. Dieses erinnerte daran, dass die Israeliten Ägypten schnell verlassen mussten und keine Zeit mehr hatten, den Teig ihrer Brote durchsäuern zu lassen. Darum aßen die Israeliten an diesem Fest eine Woche lang nur Brot, das ohne ↗Sauerteig gebacken wurde.

Pfahl, geweihter ↗Aschera

Pfingstfest Das israelitische Pfingstfest wurde nach Abschluss der Getreideernte gefeiert, am 50. Tag nach dem Passahfest. Der Name Pfingsten bedeutet »fünfzig« und stammt aus der griechischen Sprache. In Israel nannte man das Pfingstfest auch »Wochenfest«, weil seit dem Passahfest und dem Beginn der Getreideernte sieben Wochen vergangen waren.

An dem ersten Wochenfest nach der Auferstehung Jesu empfingen die Jünger den Heiligen Geist (Apostelgeschichte 2; ↗Geist Gottes). Seitdem feiern Christen das Pfingstfest als Erinnerung an dieses Ereignis.

Pharisäer Der Name bedeutet wohl »die Abgesonderten«. Es handelte sich dabei um eine große und einflussreiche Gruppe jüdischer Gelehrter und Laien. Seit dem 3./2. Jahrhundert v. Chr. waren sie die stärkste religiöse Partei in Israel. Ihre größten Konkurrenten waren die ↗Sadduzäer. Die Pharisäer wachten mit großem Eifer über die Einhaltung des Gesetzes, um das Kommen des ↗Messias vorzubereiten. Nicht nur das Gesetz des Mose, sondern auch die ergänzenden Gebote und Regeln der jüdischen Ausleger sollten bis ins kleinste Detail beachtet werden.

Diese Haltung der Pharisäer gegenüber dem Gesetz war nach den Worten Jesu oft verbunden mit Selbstgerechtigkeit, Stolz und Heuchelei. Jesus hat demgegenüber auf den wahren Willen Gottes verwiesen. Er warf den Pharisäern vor, dass sie sich trotz aller Frömmigkeit hinter einer Mauer aus Vorschriften versteckten und nicht mehr nach dem eigentlichen Sinn der Gebote fragten, nämlich nach Gerechtigkeit, Barmherzigkeit und Glauben (Matthäus 23,23).

Unter den Pharisäern gab es jedoch auch aufrichtige Menschen. Einige von ihnen suchten den Kontakt zu Jesus und begannen, ihm zu glauben (Johannes 3).

Priester Im Alten Testament bestimmte Gott die Nachkommen Aarons aus dem Stamm Levi zu Priestern (2. Mose 28,1). Zu ihren Aufgaben gehörte es, im Tempel die ↗Opfer der Israeliten darzubringen, das Volk zu segnen, es im Gesetz des Mose zu unterweisen sowie die Einhaltung der Reinheitsvorschriften (↗rein / unrein) zu überwachen. Oberhaupt der Priester war der ↗Hohepriester.

In der neutestamentlichen Gemeinde gibt es keinen Unterschied mehr zwischen Priestern und Laien. Jesus Christus ist der Hohepriester, der ein für alle Mal sich selbst als Opfer hingegeben hat (Hebräer 9,11; 10,10). Alle Gläubigen sind zu Priestern berufen und aufgefordert, Gott und den Menschen mit ihren unterschiedlichen Gaben zu dienen (1. Petrus 2,9; 4,10).

Prophet Propheten sind Menschen, die Gott dazu beruft, Botschaften von ihm weiterzusagen (Jesaja 6). Prophetie bezieht sich dabei nicht nur auf zukünftige Ereignisse. Sie kann sehr vielfältig sein: Propheten decken Schuld auf, fordern dazu auf, zu Gott umzukehren, und warnen vor Gottes Gericht (2. Samuel 12,1–15); sie ermutigen Menschen in Not und kündigen Gottes Hilfe an (Jesaja 40,1–11). Ihre Botschaften können auf Visionen oder andere Formen göttlicher Eingebung zurückgehen. In allem, was sie sagen, werden sie vom Heiligen Geist (↗Geist Gottes) geleitet.

In der Zeit, als in Israel und Juda Könige regierten, bildeten die Propheten einen eigenen Berufsstand. Viele von ihnen passten sich den politischen Verhältnissen an und wurden so zu falschen Propheten. Immer gab es jedoch auch wahre Propheten, die kompromisslos dem Götzendienst, der sozialen Ungerechtigkeit und verkehrten politischen Entscheidungen widersprachen (Amos 5,7–17). Oft kam es zu scharfen Auseinandersetzungen zwischen ihnen und den Berufspropheten (Jeremia 28).

Die größte Zusage Gottes, die von den Propheten des Alten Testaments weitergegeben wurde, war: Gott werde eines Tages durch seinen ↗Messias aller Ungerechtigkeit ein Ende bereiten und ein ewiges Friedensreich schaffen (Jesaja 11,1–10).

Auch im Neuen Testament wird gesagt, dass es in den Gemeinden Propheten gibt (Epheser 4,11). Sie geben in konkreten Situationen eine Botschaft Gottes weiter, um die Gemeinde zu ermutigen, zu trösten und ihr zu helfen (1. Korinther 14,3.31). Wie die Propheten im Alten Testament decken auch die neutestamentlichen Propheten Schuld auf und sagen zukünftige Ereignisse voraus (1. Korinther 14,24–25; Apostelgeschichte 21,10–11).

Quasten Aus Wollfäden geknüpfte Zipfel an den vier Enden des Obergewandes, das aus einem rechteckigen Stück Tuch bestand. Sie sollten den Träger an die Gebote Gottes erinnern (4. Mose 15,38–39).

Räfan Eine Sterngottheit, die in Israel zeitweilig verehrt wurde (Apostelgeschichte 7,43).

Rahab Seeungeheuer als Verkörperung gottfeindlicher Mächte (Hiob 26,12; Psalm 89,11), manchmal auch bildhaft für Ägypten verwendet (Psalm 87,4; Jesaja 30,7).

rein / unrein Wer zur Zeit des Alten Testaments mit Gott reden oder ihm im Gottesdienst begegnen wollte, musste rein sein. Die Reinheit des Menschen sollte der ↗Heiligkeit Gottes entsprechen. Man konnte sich in vielerlei Weise verunreinigen, so durch Berührung mit Gegenständen, die von Schimmelpilz befallen waren (3. Mose 14, 33–47), durch ↗Aussatz, durch Berührung von Aussätzigen oder Leichen (3. Mose 13,1–44; 4. Mose 19,14–16), durch den Verzehr von unreinen Tieren wie z. B. dem Schwein (3. Mose 11) und durch vieles andere mehr. Das Gesetz bestimmte, wie man Unreinheit vermeiden oder die Reinheit wiedererlangen konnte.

Im Gottesdienst und beim Opfer mussten sowohl die Priester als auch die Opfertiere besondere Voraussetzungen erfüllen: Die Priester sollten körperlich gesund und unversehrt sein (3. Mose 21,17–24); die Opfertiere mussten ein bestimmtes Alter haben und durften nicht krank oder schwächlich sein (4. Mose 28,3–4).

In späterer Zeit wurden die Reinheitsvorschriften von jüdischen Gelehrten verschärft und ausgeweitet. Jesus wendet sich gegen diese Haltung und betont: »Nicht, was ein Mensch zu sich nimmt, macht ihn unrein, sondern das, was er von sich gibt« (Markus 7,15).

Reinigungsopfer Wer aus irgendeinem Grund unrein geworden war (↗rein / unrein), musste zunächst bestimmte Reinigungsvorschriften erfüllen und zum Abschluss das Reinigungsopfer darbringen. Erst dann galt er wieder als rein (3. Mose 14). Wenn etwa ein Aussätziger von seiner Krankheit geheilt worden war, musste er sich dem Priester zeigen und dieses Opfer darbringen, um wieder am Gottesdienst teilnehmen zu können (Markus 1, 43–44).

Richter Die Rechtspflege lag in Israel seit alter Zeit in den Händen der ↗Ältesten, die im ↗Tor Recht sprachen. Als höchster irdischer Richter wurde der König betrachtet, dessen wichtigste Aufgabe in der Wahrung des Rechts bestand (1. Könige 3,16–28).

Bevor es in Israel Könige gab, nahmen die so genannten »Richter« Aufgaben der Leitung und Rechtsprechung wahr. Ihr Einflussbereich war meist auf einzelne Stammesgebiete begrenzt. Einige der Richter – wie Gideon, Jefta und Simson – führten das Volk im Kampf gegen fremde Unterdrücker an. Die Richter entstammten keiner Herrscherfamilie, sondern wurden von Gott berufen (Richter 6,11–24).

Rimmon (»Donnerer«), Bezeichnung des Wetter-Gottes Hadad, der von den Syrern verehrt wurde (2. Könige 5, 17–18).

Sabbat bedeutet wörtlich »Ruhe«; der Sabbat ist der siebte Tag der Woche. Das Alte Testament berichtet, dass Gott selbst diesen Tag als Ruhetag für den Menschen bestimmt hat (1. Mose 2,2–3; 2. Mose 20,8–11). Der Sabbat war ein wesentliches Unterscheidungsmerkmal Israels von den anderen Völkern. Mit der ↗Beschneidung gehörte er zu den sichtbaren Zeichen des ↗Bundes, den Gott mit Israel geschlossen hatte. Dadurch wurde der Sabbat zu einem Gott geweihten Tag (2. Mose 31,12–17).

Nachdem die Israeliten aus der Gefangenschaft in Babylonien zurückgekehrt waren, wurde das Sabbatgebot von jüdischen Gesetzeslehrern ausgebaut und mit vielen Zusätzen versehen. Sie legten genau fest, welche Tätigkeiten am Sabbat verboten und welche erlaubt waren. Jesus ist mehrfach mit ↗Pharisäern in Konflikt geraten, weil er die Sabbatgesetze übertrat, um Menschen zu helfen. Denn »der Sabbat wurde doch für den Menschen geschaffen und nicht der Mensch für den Sabbat« (Markus 2,27). So stellte Jesus Gottes Absicht, dem Menschen Ruhe und Gemeinschaft mit ihm zu ermöglichen, den Gesetzen der jüdischen Gelehrten entgegen.

Sadduzäer Die Sadduzäer bildeten etwa seit dem 2. Jahrhundert v. Chr. eine religiöse Partei in Israel. Ihr gehörten überwiegend einflussreiche und höher gestellte Familien, Priester und Adlige an. Sie waren politisch tätig und der hellenistischen Kultur gegenüber offen. Im Gegensatz zu den ↗Pharisäern betrachteten sie nur die fünf Bücher Mose als verbindliche ↗Heilige Schrift. Sie kümmerten sich wenig um die zusätzlichen Verordnungen, die von jüdischen Gesetzeslehrern aufgestellt worden waren. Sie glaubten – ebenfalls im Unterschied zu den Pharisäern – nicht an die Auferstehung von den Toten und an ein Weiterleben nach dem Tod (Matthäus 22,23–33). Im Neuen Testament erscheinen Pharisäer und Sadduzäer oft als gemeinsame Gegner Jesu (Matthäus 16,1).

Safran Wahrscheinlich die aus Indien stammende Gelbwurzel. Sie wurde zu Farbstoff, Gewürz oder Parfüm verarbeitet.

Sakkut Assyrisch-babylonische Sterngottheit, die wie ↗Kewan den Saturn verkörperte.

Salbe / Salbung In Israel schätzte man wohlriechende Salben zur täglichen Körperpflege. Salben wurden meist aus Olivenöl unter Zusatz verschiedener Duftstoffe hergestellt.
Wenn ein Mensch für eine besondere Aufgabe geweiht werden sollte, wurde heiliges Salböl über seinen Kopf gegossen. Könige, Priester und Propheten setzte man so in ihr Amt ein (1. Samuel 16,12–13; 2. Mose 28,41; 1. Könige 19,15–16).
Zur Zeit des Neuen Testaments ehrte man besondere Gäste, indem man Öl über ihren Kopf goss (Lukas 7,44–46; Matthäus 26,6–7).

Samaria / Samarien 722 v. Chr. eroberten die Assyrer das Nordreich Israel mit der Hauptstadt Samaria. Einen Teil der Bewohner verschleppten sie nach Assyrien, Israel wandelten sie in die Provinz Samarien um. Sie siedelten dort Menschen aus Assyrien an, die sich mit den restlichen Israeliten vermischten (2. Könige 17,24–41). Diese so genannten Samariter wurden von den Bewohnern Judäas (↗Juda) nie als vollwertige Israeliten anerkannt. Zur Zeit Jesu betrachteten die Juden sie als Abtrünnige, denn sie ließen nur die fünf Bücher Mose als ↗Heilige Schrift gelten und bestritten, dass der Tempel in Jerusalem das alleinige Heiligtum Gottes war. Sie verehrten den Herrn auch auf dem Berg Garizim bei Sichem, den sie für heilig hielten.
Auch unter den Samaritern gab es Menschen, die offen waren für die rettende ↗Botschaft von Jesus Christus (Lukas 17,11–19; Johannes 4,1–42). Sie gehörten zu den ersten nichtjüdischen Christen (Apostelgeschichte 8,4–8; 9,31).

Saphir ↗Edelsteine

Sardonyx ↗Edelsteine

Satan »Satan« ist ein aus der hebräischen Sprache übernommenes Wort und bedeutet »Feind«, »Widersacher«. Es bezeichnete ursprünglich den Ankläger vor Gericht, aber auch jeden, der anderen nachstellte und sie verleumdete. Die gleiche Bedeutung hat das griechische Wort »Diabolos«, von dem das deutsche Wort »Teufel« abgeleitet ist.
In der Bibel bezeichnen diese Begriffe den Feind und Widersacher Gottes, der sich an die Stelle Gottes setzen will. Der Satan ist damit auch ein

Feind aller Glaubenden (1. Petrus 5,8). Er stiftet zum Bösen an, er verklagt und verleumdet und versucht, die Verbreitung der rettenden Botschaft zu verhindern. Dabei versteht er es meisterhaft, sich zu verstellen (2. Korinther 11,14). Sein Schicksal ist durch die Auferstehung Jesu von den Toten bereits entschieden: Er hat nur noch die Macht, die Gott ihm lässt. Wenn Gottes Herrlichkeit und Macht für alle sichtbar wird, ist der Satan machtlos und wird im letzten ↗Gericht verurteilt (Offenbarung 20,7–10).

Sauerteig Beim Brotbacken setzte man dem Teig aus frischem Mehl jeweils etwas alten, gegorenen Teig hinzu, den man vom letzten Backen übrig behalten und in Wasser aufbewahrt hatte. Er wirkte als Treibmittel, durchsäuerte den ganzen Teig und machte das Brot locker. So wurde der Sauerteig zum Bild für eine durchdringende Wirkung, im Bösen wie im Guten (Matthäus 13,33; 16,6). Zur Erinnerung an die Befreiung des Volkes Israel aus Ägypten, bei der keine Zeit mehr blieb, den Teig durchsäuern zu lassen, musste am ↗Passahfest aller Sauerteig aus den Häusern entfernt werden.

Schriftgelehrte Jüdische Rechtsgelehrte, die das Gesetz des Mose verbindlich auslegen und in Strafprozessen anwenden durften. Sie mussten ein langjähriges Studium durchlaufen. In den letzten Jahrhunderten vor Christi Geburt ergänzten die Schriftgelehrten die biblischen Gebote mit vielen zusätzlichen Vorschriften. Auf diese Weise wollten sie bereits im Vorfeld verhindern, dass Gottes Gesetz übertreten wurde. Die Schriftgelehrten gehörten in der Mehrzahl zur Gruppe der ↗Pharisäer. Viele von ihnen waren Mitglieder des ↗Hohen Rates. Im Neuen Testament werden sie bis auf wenige Ausnahmen als Gegner Jesu geschildert (Matthäus 23,1–36).

Schuld ist das Ergebnis einer zerstörten Beziehung zwischen Gott und Mensch. Wer von Gott nichts wissen will, auf dem lastet Schuld (Römer 3,10–19). Durch seinen Tod am Kreuz nahm Jesus die Schuld der Menschen auf sich. »Gott hat den Schuldschein, der uns mit seinen Forderungen […] belastete, eingelöst und auf ewig vernichtet, indem er ihn ans Kreuz nagelte« (Kolosser 2,14). Darum kann Schuld vergeben und das Verhältnis zu Gott geheilt werden. Jesus lehrt seine Jünger beten: »Vergib uns unsere Schuld, wie wir denen vergeben, die uns Unrecht getan haben« (Matthäus 6,12) (↗Sünde).

Segen und Fluch Wenn ein Mensch gesegnet wird, bewirkt der Segen, dass Gott diesen Menschen reich beschenkt. Die Kraft des Segens wird durch Wort und Handauflegung vermittelt (1. Mose 27,27–29; 48,14–16). Gott schenkt Glück und Gelingen, Wohlstand, Frieden und ein gutes Verhältnis zu den Mitmenschen. Der Fluch bewirkt genau das Gegenteil: Er bringt Unheil über Menschen.

Segen und Fluch waren wichtige Bestandteile des alttestamentlichen Gesetzes: Wer sich an Gottes Gebote hielt, dem versprach Gott seinen Segen (5. Mose 28,1–2). Der Fluch traf jeden, der sich darüber hinwegsetzte (5. Mose 28,15).

Gott berief Menschen, die in seinem Namen segnen sollten. Im Alten Testament sprach z. B. der ↗Priester den Segen über das Volk Israel (4. Mose 6,22–27).

Das Neue Testament sagt, dass alle Menschen auf Grund der ↗Sünde unter dem Fluch Gottes stehen. Diesen Fluch hat Jesus durchbrochen: »Als er am Kreuz starb, hat er diesen Fluch auf sich genommen, wie es vorausgesagt war: ›Wer so aufgehängt wird, ist von Gott verflucht.‹ Der Segen, den Gott Abraham zugesagt hatte, sollte durch den Tod Jesu am Kreuz allen Völkern geschenkt werden« (Galater 3,13–14). Jesus ruft seine Jünger dazu auf, andere Menschen zu segnen, sogar ihre Feinde (Lukas 6,27–28).

sexuelle Zügellosigkeit Mit diesem Begriff bezeichnet die Bibel verbotene sexuelle Beziehungen: geschlechtliche Beziehungen unter Blutsverwandten, homosexuelle Handlungen, Ehebruch, Verkehr mit Tieren, Vergewaltigung, Verkehr mit einer Hure und Prostitution (3. Mose 18,1–23). An manchen Stellen in der Bibel wird Götzendienst als »Ehebruch« bezeichnet, weil dabei der Mensch Gott die Treue bricht (Hosea 2,6–10). Auch war Götzendienst oft mit sexueller Ausschweifung verbunden.
Im Neuen Testament wird häufig vor sexueller Zügellosigkeit gewarnt (Römer 13,13; 1. Korinther 6,13).

Siegel Das Siegel war eine Art Stempel aus Stein oder Halbedelstein, der Muster, Bildszenen, Schriftzeichen oder Namen in weiches Material einprägte. Ein Siegel hatte rechtliche Bedeutung. Es galt z.B. als Unterschrift (1. Könige 21,8), auch wurden mit ihm Urkunden verschlossen. Auf Gegenständen kennzeichnete es unmissverständlich den Besitzer.
Im Neuen Testament wird der Begriff Siegel gelegentlich im Zusammenhang mit dem Geschenk des Heiligen Geistes (↗Geist Gottes) gebraucht. Damit soll bildlich ausgedrückt werden, dass die Glaubenden ganz zu Gott gehören. So bestätigt Gott ihre ↗Erlösung (2. Korinther 1,21–22; Epheser 1,13).

Sinai Der Berg in der gleichnamigen Wüste, an dem sich Gott seinem Volk zur Zeit Moses geoffenbart und einen ↗Bund mit ihnen geschlossen hat (siehe 2. Mose 19,1.18–20; 24,1–18). In 5. Mose wird er Horeb genannt. Die genaue Identifizierung des Berges ist nicht möglich, doch spricht manches für die alte christliche Tradition, dass es sich um einen Berg auf dem Südteil der Sinaihalbinsel handelte, z.B. den Dschebel Musa oder den Dschebel Katarina.

Sklave Wie im ganzen Alten Orient gab es auch in Israel Sklaven. Sie wurden in Israel in der Regel besser behandelt als bei den Nachbarvölkern. Sie gehörten zwar zum Besitz, nahmen jedoch am Familienleben sowie am religiösen Leben teil. Die Sklaven standen unter dem Schutz ihres Herrn. Wenn sie Israeliten waren, mussten sie nach sechs Jahren freigelassen werden (2. Mose 21,2).
Im Neuen Testament gehören Sklaven und freie Bürger gleichberechtigt zur Gemeinde (Galater 3,28). Der Brief des Paulus an Philemon zeigt, dass Christen, auch wenn sie Herren und Sklaven sind, einander als Geschwister betrachten sollen.

Smaragd ↗Edelsteine

Sohn Gottes Im Alten Testament wird das Volk Israel »Sohn Gottes« genannt (2. Mose 4,22; Hosea 11,1), weil es in einem besonders engen Verhältnis zu Gott steht. Im gleichen Sinn wird der von Gott erwählte König als Sohn Gottes bezeichnet (2. Samuel 7,14).
Das Neue Testament nennt Jesus den »einzigen« Sohn Gottes. Er war von Anfang an bei Gott und war eins mit ihm (Johannes 1,1–3.14; Kolosser 1,15–20). Jesus tat, was Gott der Vater wollte: Gottes Plan war es, durch Jesu Tod am Kreuz allen Menschen den Weg zur Vergebung zu öffnen, damit sie wie Söhne und Töchter wieder zu ihrem Vater im Himmel zurückkehren können (Lukas 15,11–24).

Sprachen, unbekannte Reden in unbekannten Sprachen wird im Neuen Testament als Gabe des Heiligen Geistes (↗Geist Gottes) bezeichnet. Zum ersten Mal wurde diese Gabe der ersten Gemeinde in Jerusalem geschenkt, die sich zum Beginn des jüdischen Pfingstfestes versammelt hatte (Apostelgeschichte 2,1–13). Beim Reden in unbekannten Sprachen kann es sich um Fremdsprachen handeln, die auf dieser Erde gesprochen werden, oder um überirdische Sprachen (1. Korinther 13,1). Meistens können weder der Redende selbst noch seine Zuhörer das Gesagte verstehen (1. Korinther 14,2.9). Darum fordert Paulus die Korinther dazu auf, dafür zu beten, dass Gott dem Redenden oder einer anderen Person die Auslegung schenkt (1. Korinther 14,13.26–27). Das Reden in unbekannten Sprachen dient der Stärkung des persönlichen Glaubens. Wenn es ausgelegt wird, hat die ganze Gemeinde einen Gewinn davon (1. Korinther 14,4–5).

Stakte Ein Harz, das zu den Bestandteilen der Weihrauchmischung gehörte (2. Mose 30,34). Seine Herkunft ist nicht geklärt.

Statthalter Ein römischer Beamter. Er vertrat den römischen Staat und führte in Palästina den Titel Prokurator. Seine Aufgabe bestand vor allem darin, das Steuerwesen zu überwachen. Er verfügte über Truppen und war höchster Richter des Landes. Der Sitz des Statthalters war Cäsarea.

Steinigung Eine in Israel gebräuchliche Art der Hinrichtung, die bei schweren Vergehen wie z. B. der Gotteslästerung ausgeübt wurde (5. Mose 17,2–7). Zur Zeit des Neuen Testaments wurde der Verurteilte dabei rückwärts von einem Felsen oder einer Mauer gestoßen. Wenn er nach dem Sturz noch nicht tot war, wurden schwere Steine auf ihn herabgeworfen.

Im Neuen Testament erscheint die Steinigung als eine häufige Form von Lynchjustiz (Johannes 10,31–33; Apostelgeschichte 7,58).

Sterndeuter Im alten Babylonien war die Sterndeutung weit verbreitet. Man glaubte, aus dem Stand der Sterne und Planeten das Schicksal ablesen und vorhersagen zu können. Die Propheten des Alten Testaments warnten davor, die Sterne als Götter zu verehren *und das eigene Schicksal* von ihnen abhängig zu machen (Jesaja 47,12–14; Hesekiel 8,16–17).

Die babylonischen Sterndeuter, die Maria und Josef und das Kind in der Krippe aufsuchten, interpretierten möglicherweise das besonders dichte Zusammenstehen von Jupiter und Saturn im Jahr 6 v. Chr. dahingehend, dass ein besonderer König geboren sein müsse (Matthäus 2,1–11). Sie ließen sich davon leiten und fanden das Kind in der Krippe.

Stoiker Mitglieder einer Philosophenschule, die ca. 300 v. Chr. begründet wurde. Der Name Stoiker ist abgeleitet von einem Säulengang (Stoa) in Athen, wo der Gründer dieser Philosophenschule, Zenon von Kition, lehrte. Im Vordergrund der Philosophie stand die Ethik: Durch gutes und sittliches Handeln erreicht man ein glückliches Leben. Zum guten Handeln gehören Selbstbeherrschung, Gerechtigkeit, Mut und Pflichterfüllung. Diese stoischen Ideale wurden von Wanderlehrern in aller Welt verbreitet. Paulus begegnet den Stoikern in Athen (Apostelgeschichte 17,18).

Streitwagen bildeten seit der Mitte des 2. Jahrtausends v. Chr. einen immer wichtigeren Teil des Heeres im Orient. Die Wagen waren zweirädrig, hinten offen und wurden von zwei oder mehr Pferden gezogen. Sie hatten in der Regel drei Mann Besatzung: einen Wagenlenker, einen Schützen mit Bogen oder Speer und einen Schildträger.

Sühne ist die Leistung, mit der eine Schuld bezahlt und ein zerbrochenes Verhältnis wiederhergestellt wird (↗Opfer).

Mit seinem Tod am Kreuz hat Jesus ein für alle Mal das vollbracht, was kein Mensch tun kann: Er hat die Schuld aller Menschen gesühnt, er hat für ihre ↗Sünde bezahlt, ihre Schuld beglichen. Er trug die Strafe, die sie verdient hatten (Römer 3,25 ↗Versöhnung).

Sünde Der Begriff »Sünde« bezeichnet das zerstörte Verhältnis des Menschen zu Gott. Sünde ist Auflehnung gegen Gott und seinen Willen. Sie besteht nicht nur in der einzelnen Tat, sondern ganz grundsätzlich im Leben ohne ihn. Sünde ist eine Macht, die den Menschen bestimmt. Ihre Folge ist der Tod (Römer 6,19–23).

Das Neue Testament sagt, dass Jesus Christus durch seinen Tod die Strafe für unsere Sünde erlitten und so die Macht der Sünde und des Todes gebrochen hat (2. Korinther 5,21). Wer Jesus vertraut, ist der zwingenden Gewalt der Sünde nicht mehr unterworfen (Römer 6,5–8). Dies bedeutet aber nicht, dass der Glaubende sündlos ist: Er bleibt im Gegenteil immer auf die ↗Vergebung angewiesen (1. Johannes 1,8–10).

Synagoge Das Versammlungshaus der jüdischen Gemeinde. Hier wurde am ↗Sabbat der Gottesdienst gehalten, in dem man betete, aus dem Gesetz vorlas und es auslegte. An den Wochentagen diente die Synagoge als Schule. Sie ist erst in der Zeit nach der Gefangenschaft der Israeliten in Babylonien entstanden. Bis heute feiern die Juden dort am Sabbat ihren Gottesdienst.

Tamburin Ein Rhythmusinstrument, das hauptsächlich für den Tanz verwendet wurde. Man spannte eine Membran aus Tierhaut über einen runden oder rechteckigen Holzrahmen und schlug darauf mit der Hand den Takt.

Tammuz Eine Gottheit; sie verkörperte die jährlich vergehende und wieder auflebende Vegetation.

Taufe »Taufen« bedeutet ursprünglich »untertauchen«. Religiöse Waschungen und Tauchbäder waren im Judentum verbreitet. Johannes der Täufer knüpfte daran an, als er die Menschen aufforderte, sich zum Zeichen ihrer Umkehr zu Gott im Jordan untertauchen zu lassen (Matthäus 3,1–6).
Nachdem Jesus von den Toten auferstanden war, gab er seinen Jüngern den Auftrag, die rettende ↗Botschaft zu verkünden, Menschen in seine Nachfolge zu rufen und sie im Namen des Vaters, des Sohnes und des Heiligen Geistes (↗Geist Gottes) zu taufen (Matthäus 28,19). Seither übte die christliche Gemeinde die Taufe zum Zeichen der Aufnahme in die Gemeinschaft der Gläubigen aus. Der Täufling sprach ein Bekenntnis, dass Christus sein Herr sei. Dann wurde er auf den Namen Jesu Christi bzw. auf den Namen des Vaters, des Sohnes und des Heiligen Geistes getauft, indem er im Wasser untergetaucht wurde.
Die Berührung mit dem Wasser ist Zeichen der Reinigung von allen Sünden (Apostelgeschichte 22,16). Paulus legt im Römerbrief dar, dass die Taufe nicht nur ein Bekenntnis des Menschen ist, sondern ein Handeln Gottes. Der Vorgang des Untertauchens symbolisiert Begräbnis und Auferstehung, Ende des alten und Beginn eines neuen Lebens. Durch die Taufe ist der Täufling »mit Christus gestorben und begraben. Und wie Christus durch die Herrlichkeit und Macht seines Vaters von den Toten auferweckt wurde, so sollen auch wir ein neues Leben führen. Denn wie wir seinen Tod mit ihm geteilt haben, so haben wir auch Anteil an seiner Auferstehung« (Römer 6,4–5).

Tempel In der Bibel bezeichnet das Wort »Tempel« in der Regel das Heiligtum Gottes in Jerusalem. Gott wollte mitten unter seinem Volk wohnen. Bereits David hatte Baupläne entworfen und Material heranschaffen lassen. Sein Sohn Salomo führte den Bau innerhalb von sieben Jahren durch (1. Könige 6). Das Gebäude teilte sich in drei Räume auf: Die Vorhalle, das Heilige und das Allerheiligste. Nur einmal im Jahr durfte der ↗Hohepriester das ↗Allerheiligste betreten, wo die ↗Bundeslade stand. Der Salomonische Tempel wurde bei der Eroberung Jerusalems im Jahre 587/6 v. Chr. von den Babyloniern zerstört. Nach der Rückkehr der Juden aus der babylonischen Gefangenschaft (↗Verbannung) erlaubte der Perserkönig Kyros den Wiederaufbau. Unter dem Perserkönig Darius wurde der neue Tempel dann vollendet und 515 v. Chr. eingeweiht. Herodes der Große ließ den Tempel ab 31 v. Chr. umbauen und prachtvoll ausstatten. Die Bauarbeiten dauerten mehrere Jahrzehnte. Als die Römer im Jahr 70 n. Chr. Jerusalem eroberten, wurde der Tempel vollständig zerstört. Nach der

Einnahme Jerusalems durch die Araber im 7. Jahrhundert n. Chr. errichtete man an der Stelle, an der früher der Tempel stand, die Omar-Moschee (Felsendom).

Tempelsteuer Jeder Jude war seit der Zeit Nehemias aufgefordert, eine jährliche Steuer zu entrichten, die für den Unterhalt des ↗Tempels in Jerusalem bestimmt war (Nehemia 10,33–34). Die Tempelsteuer betrug zur Zeit des Neuen Testaments etwa zwei Tageslöhne. Sie war in tyrischen Schekeln zu bezahlen. Aus diesem Grund gab es im ↗Vorhof des Tempels ↗Geldwechsler, die die Landeswährung gegen tyrische Schekel eintauschten.

Teufel ↗Satan

Topas ↗Edelsteine

Tor Die Gassen der Städte im Alten Orient waren in der Regel eng. Nur vor dem Stadttor gab es genügend Platz. Dort spielte sich das öffentliche Leben ab: Man traf sich, um zu handeln, zu erzählen und zu beraten.
Das Stadttor war ein Gebäudekomplex mit mehreren Räumen. Dort fanden auch die Gerichtsverhandlungen statt.

Totenklage Die Trauer um einen Verstorbenen war in Israel in feste Rituale eingebunden. Man kleidete sich in Sackleinen, stieß Klagerufe aus, schlug sich an Brust und Hüften und streute sich Erde auf den Kopf (Hiob 2, 12–13). Die eigentliche Leichenklage bei der Trauerfeier führten so genannte Klageweiber aus.

Totenreich / Totenwelt Die Israeliten stellten sich das Totenreich als Ort unter der Erde vor, an den die Verstorbenen kamen (Hiob 26,5–6). Die Totenwelt wird als trostloser, dunkler Ort geschildert (Hiob 10,21–22). Es gibt dort »weder Tun noch Denken, weder Erkenntnis noch Weisheit« (Prediger 9,10). Die Verstorbenen in der Totenwelt sind von Gott verlassen (Psalm 88,6).
Die Hoffnung auf Überwindung des Todes leuchtet bereits bei den Propheten auf (Jesaja 25,8; 26,19). Im Neuen Testament wird bezeugt, dass Jesus den Toten die rettende Botschaft verkündet hat, um sie aus der Gewalt des Todes zu befreien (1. Petrus 3,19; 4,6). Durch die Auferstehung Jesu Christi wurde die Macht des Todes endgültig gebrochen: »Er hat dem Tod die Macht genommen und das Leben – unvergänglich und ewig – ans Licht gebracht« (2. Timotheus 1,10). Darum glauben Christen: »Als Erster ist Christus auferstanden. Wenn er kommt, werden alle auferstehen, die zu ihm gehören« (1. Korinther 15,23).

Tragakant ↗Ladanum

Tummim Zur Amtskleidung des ↗Hohenpriesters gehörte eine Brusttasche aus Leinen, in der sich zwei Lose befanden. Sie wurden Urim und Tummim genannt, üblicherweise mit »Licht« und »Recht« übersetzt (2. Mose 28, 29–30). Durch das Werfen der Lose sollte in schwierigen Fällen Gottes Willen erfragt, also »Licht« in eine dunkle Sache gebracht und in Zweifelsfällen »das Rechte« erkannt werden (1. Samuel 23,9–12).

ungesäuertes Brot Ein Brot, das ohne Beigabe von Sauerteig gebacken wurde (↗Sauerteig; ↗Passahfest).

Urim ↗Tummim

Verbannung Im Vorderen Orient waren die Assyrer die Ersten, die ganze Bevölkerungsschichten besiegter Nationen gefangen nahmen. Sie verschleppten die Oberschicht und einen Teil des Volkes in ferne Gebiete ihres Reiches und brachten im Gegenzug von dort Volksgruppen in die eroberten Länder. Auf diese Weise versuchten sie, die von ihnen beherrschten Nationen zu entwurzeln und zu schwächen.
Seit dem 8. Jahrhundert v. Chr. musste Israel ständig die leidvolle Erfahrung machen, dass ganze Städte und Landstriche von Feinden erobert und die Bewohner verschleppt wurden. 722 v. Chr. nahmen die Assyrer Samaria ein und machten das Nordreich Israel zur assyrischen Provinz ↗Samarien

(2. Könige 17,5–6). Ein Teil der Bevölkerung wurde nach Nordsyrien verbannt; dafür wurden Bewohner aus Medien und Elam (heute Iran) in Samarien angesiedelt (2. Könige 17, 23–24). 587/6 v. Chr. eroberten die Babylonier Juda und seine Hauptstadt Jerusalem und verschleppten einen Teil der Bevölkerung in den Großraum von Babylon. Dieses Ereignis ist als die »Babylonische Gefangenschaft« bekannt (2. Chronik 36,11–21). Die Verbannten wohnten in gemeinsamen Siedlungen und mussten für die Babylonier arbeiten; in gewissen Grenzen führten sie ein selbständiges Leben: Sie trieben Handel und konnten ihre Religion ausüben. Ein Brief des Propheten Jeremia an die Juden in Babylon wirft ein Licht auf die dortige Situation (Jeremia 29,1–23).

Vergebung Wenn die Bibel von Vergebung spricht, meint sie die Heilung des zerbrochenen Verhältnisses zwischen Gott und Mensch. Vergebung gewährt Gott jedem, der ihn darum bittet. Im Alten Testament war die Vergebung von ↗Schuld an ein ↗Opfer gebunden (3. Mose 5,5–6).

Mit Jesus brach eine neue Zeit an: Er suchte die Gemeinschaft mit Menschen, die Schuld auf sich geladen hatten, und vergab ihnen ihre ↗Sünden, weil Gott ihm die Macht dazu verliehen hatte. Während zur Zeit des Alten Testaments für jedes Vergehen wieder ein neues Opfer nötig wurde, hat Jesus Christus dagegen durch seinen Tod am ↗Kreuz ein einziges Opfer für alle Sünden gebracht. Damit ist die Sünde ein für alle Mal vergeben (Hebräer 9,26; 10,11–12) Wer von Gott Vergebung empfangen hat, der soll auch bereit sein, seinem Mitmenschen, der an ihm schuldig wird, zu vergeben (Matthäus 6,12).

Versöhnung bedeutet, dass eine vorhandene ↗Schuld wieder gutgemacht wird. Der Mensch, der durch seine ↗Sünde von Gott getrennt ist, kann jedoch seine Schuld nicht selbst begleichen. Im Alten Testament war dazu immer wieder ein ↗Opfer nötig: Ein fehlerloses Tier musste für den schuldigen Menschen sterben (↗Versöhnungstag). Das Neue Testament spricht von einer Versöhnung, die ein für alle Mal geschehen ist: »Als wir noch seine Feinde waren, hat Gott uns durch den Tod seines Sohnes mit sich selbst versöhnt« (Römer 5,10). Der Apostel Paulus fordert Menschen dazu auf: »Lasst euch mit Gott versöhnen! Wir bitten euch darum im Auftrag Christi« (2. Korinther 5,20).

Versöhnungstag Der höchste Feiertag im Judentum, »Jom Kippur« genannt. Er wird jeweils am 10. Tag des Monats Tischri (September/Oktober) begangen. Nach dem Alten Testament war vorgeschrieben, dass der ↗Hohepriester an diesem Fastentag bestimmte ↗Opfer darbringen musste. Nur so konnten seine eigenen ↗Sünden und die des ganzen Volkes von Gott vergeben werden (3. Mose 16).

Durch den Tod Jesu Christi hat Gott die Welt ein für alle Mal mit sich versöhnt (↗Versöhnung). Darum ist der alttestamentliche Opferdienst zum Ziel gekommen und aufgehoben (Hebräer 9,12).

Vorhof Ein abgegrenzter Bereich um das heilige ↗Zelt bzw. später um den ↗Tempel. Dort durften sich die Israeliten während des Gottesdienstes und des Opferns aufhalten. In neutestamentlicher Zeit hatte der Tempel mehrere Vorhöfe. Nichtjuden durften nur den äußeren betreten.

Weihrauch Ein durchsichtiges Harz, das aus Baumrinde gewonnen wird. Das flüssige Harz wird nach einiger Zeit fest, so dass es zu kleinen Kugeln zusammengedrückt werden kann. Diese Weihrauchklümpchen verbreiten beim Verbrennen einen angenehmen Geruch. Weihrauch war ein wichtiger Bestandteil verschiedener ↗Opfer (2. Mose 30,34–38; 3. Mose 2,1–16).

Welt Gottes, neue Mit der neuen Welt Gottes beschreibt die Bibel den Herr-

schaftsbereich Gottes: Schon die Propheten zur Zeit des Alten Testaments haben verkündet, dass der ↗Messias, ein Nachkomme König Davids, ein ewiges Friedensreich schaffen werde (Jesaja 11,1–10).
Dieser Messias ist Jesus. Mit ihm hat die neue Welt Gottes begonnen (Lukas 17,21). Wer ihm vertraut, lebt bereits unter Gottes guter Herrschaft. In dieser neuen Welt gelten neue Maßstäbe (Matthäus 5,1–12). Jesus hat die neue Welt Gottes in vielen ↗Gleichnissen beschrieben, zum Beispiel in Matthäus 13.
Doch erst in der Zukunft, wenn Jesus Christus wiederkommt, wird Gottes neue Welt ganz verwirklicht sein (Offenbarung 11,15).

Wochenfest ↗Pfingstfest

Ysop Wenn in der Bibel Ysop erwähnt wird, handelt es sich bei diesem Gewürzkraut wahrscheinlich nicht um den eigentlichen Ysop, sondern um eine Art Majoran. Ysopbüschel wurden im alttestamentlichen Opferdienst verwendet, um Blut oder Wasser zu versprengen (3. Mose 14,49–51). Bei der Kreuzigung Jesu wurde ein mit ↗Essigwasser getränkter Schwamm um einen Ysopstängel gelegt und ihm an den Mund gehalten (Johannes 19,29).

Zauberei und Wahrsagerei werden in der Bibel als Umgang mit magischen, dämonischen und übernatürlichen Kräften geschildert. Im alttestamentlichen Gesetz werden diese Praktiken streng verboten, weil das Vertrauen auf solche Kräfte das erste Gebot missachtet: »*Ich bin der Herr, dein Gott; ich habe dich aus der Sklaverei in Ägypten befreit. Du sollst außer mir keine anderen Götter verehren*« (2. Mose 20,2–3; 5. Mose 18,9–13). Auch das Neue Testament berichtet von der Auseinandersetzung der Jünger und Apostel mit Zauberei und bezeugt die Macht Gottes über die ↗Dämonen (Apostelgeschichte 8, 9–24; 13,6–12).

Zehn Städte Der Begriff bezeichnet einen Verband von zehn Städten im Ostjordanland. Dieser Städtebund war seit der Zeit Alexanders des Großen nach griechischem Vorbild organisiert. Die Bevölkerung war überwiegend nichtjüdisch.

Zehntel / zehnter Teil Der zehnte Teil von allem, was man erarbeitete oder erntete, sollte nach alttestamentlichem Gebot Gott gehören (3. Mose 27,30). Er wurde zum Unterhalt der ↗Leviten, des Heiligtums und der Armen verwendet (4. Mose 18,20–21).

Zelt, heiliges Das Heiligtum der Israeliten während der Zeit, als sie in der Wüste umherzogen. Sie hatten es am ↗Sinai errichtet, so wie Gott es ihnen befohlen hatte (2. Mose 26). Es handelte sich um eine zusammenlegbare Holzkonstruktion, über die ein Zeltdach gespannt wurde. Das heilige Zelt war der Ort, an dem Gott mitten unter seinem Volk wohnte (2. Mose 29, 43–46). Die Israeliten kamen dort zusammen und brachten ihre Opfer dar. Im ↗Allerheiligsten redete Gott mit Mose. Nachdem die Israeliten Kanaan eingenommen hatten, wurde das heilige Zelt in Silo, etwa 35 km nördlich von Jerusalem, aufgestellt (Josua 18,1). Zur Zeit Salomos ersetzte der ↗Tempel das Zelt.

Zeltmacher Paulus arbeitete auf seinen Missionsreisen als Zeltmacher, um sich seinen Lebensunterhalt zu verdienen. Er stellte Decken und Zelttuch her (Apostelgeschichte 18,3).

Zepter Verzierter Stab aus Stein oder Edelmetall als Zeichen der Würde und Macht eines Herrschers.

Zeus Oberste Gottheit in der griechischen Religion. Die Römer nannten ihn Jupiter.

Zimbel Musikalisches Begleitinstrument, das z.B. in der Tempelmusik verwendet wurde. Es bestand aus tellerförmigen, kupfernen Becken, die gegeneinander geschlagen wurden.

Zion Als David die Stadt Jerusalem von den Jebusitern erobert hatte, wurde sie Stadt Davids oder Zion genannt (2. Samuel 5,6–10). Später wurde der

Name auch für den Tempelberg gebraucht.
Zion war für die Israeliten zugleich der Inbegriff der Stadt Gottes.

Zolleinnehmer bildeten zur Zeit des Neuen Testaments einen Berufsstand, der mit den Römern zusammenarbeitete. Die Zolleinnehmer konnten einen Bezirk pachten und für die Römer Zölle eintreiben. Da sie nicht kontrolliert wurden, nahmen sie oft das Vielfache des angemessenen Betrags und ließen es in die eigene Tasche fließen. Die Zolleinnehmer besaßen aus diesem Grund den gleichen Ruf wie Diebe und Räuber (Matthäus 5,46; 9,9–13).

Zeittafel

Von der Patriarchenzeit bis zur Gründung des israelitischen Königtums

Zeit	Palästina	Zeitgeschichte
	um 2800 entstehen Stadtstaaten in Kanaan	2900–2200 Ägypten: Altes Reich
2000	Abraham kommt ins Land Kanaan Isaak Jakob Josef Israel lebt in Ägypten	2050–1950 3. Dynastie von Ur in Mesopotamien 2200–1990 1. Zwischenperiode in Ägypten 1990–1775 Ägypten: Mittleres Reich 1775–1570 2. Zwischenperiode
1300	um 1300 Auszug Israels aus Ägypten[a]; Wüstenwanderung; ab 1260 Eroberung Kanaans unter Josua; teilweise Vertreibung der kanaanitischen Bevölkerung; Ansiedlung	1570–1150 Ägypten: Neues Reich; ab 1300 kommen die Philister nach Kanaan und siedeln sich in der Küstenebene an; Eisenmonopol
1200	ca. 1240–1050 Richterzeit in Israel: Deborah, Gideon, Simson; um 1050 Samuel	

Vom Beginn des Königtums bis zur Zerstörung Jerusalems

Zeit	Palästina	Zeitgeschichte
	um 1020 Saul wird erster König Israels	
1000	1012 David wird König, Ausdehnung Israels 970–931 Salomo	Philisterkämpfe
950	967–961 Salomos Tempelbau 931 Teilung des Reiches[b]	

Zeit	Reich Juda		Reich Israel	
	Rehabeam	931–913	Jerobeam I.	931–910
	Abija	913–911	Nadab	910–909
900	Asa	911–870	Bascha	909–886
			Ela	886–885
			Simri	885
			Tibni	885–880
			Omri	880–874

[a] Einige Forscher datieren den Auszug früher (um 1450). Dann muss die Patriarchenzeit entsprechend früher angesetzt werden, ebenso die Zeit der Richter.

[b] Die Angaben ab dem Zeitpunkt der Reichsteilung richten sich nach der so genannten »langen Chronologie« von Thiele/Anderson. Andere datieren die Reichsteilung auf das Jahr 926 v. Chr. Entsprechend ändern sich dann die Regierungszeiten der Könige von David an bis zum Untergang Jerusalems.

Zeit	Reich Juda		Reich Israel		Zeitgeschichte
850	Joschafat	870–848	Ahab	874–853	
			Elia[a]		
	Joram	848–841	Ahasja	853–852	
	Ahasja	841	Joram	852–841	
	Obadja (?)		*Elisa*		
	Atalja	841–835	Jehu	841–814	
800	Joasch	835–796	Joahas	814–798	
	Joel (?)		Joasch	798–782	
	Amazja	796–767	*Jona, Hosea, Amos*		
	Asarja (Usija)	767–740	Jerobeam II.	782–753	
			Sacharja	753–752	
			Schallum 752 (1 Monat)		
750	Jotam	740–736	Menahem	752–742	
			Pekachja	742–740	
	Ahas	736–716	Pekach	740–732	734–732 Tiglat-Pileser III. (Pul)
	Micha		Hoschea	732–722	722–705 Sargon II. von Assyrien
	Jesaja		722 Eroberung Samarias durch Sargon II., Ende des Nordreichs Israel		
700	Hiskia	716–697			701 Sanherib von Assyrien belagert Jerusalem
	Manasse	697–643			
	Nahum				
650	Amon	643–641			
	Zefania				
	Josia	641–609			
	Jeremia				612 Die Babylonier erobern Ninive, die Hauptstadt des Assyrerreiches
	Joahas	609			605–562 Nebukadnezar von Babylonien
	Jojakim	609–598			
	Habakuk				
600	605 erste Belagerung Jerusalems durch Nebukadnezar				
	Jojachin	598–597			
	Zedekia	597–586			
	Hesekiel				
	597 erste Einnahme Jerusalems durch Nebukadnezar				
	588 Beginn der zweiten Belagerung Jerusalems				
	587/6 Eroberung Jerusalems, Zerstörung des Tempels, Deportation der Bevölkerung nach Babylonien				
	Daniel				

[a] Die kursiv gedruckten Namen sind die Namen der Propheten. Sie erscheinen in dieser Zeittafel entsprechend dem ungefähren Beginn ihrer Wirksamkeit.

Juda in persischer Zeit

Zeit	Palästina	Zeitgeschichte
550	seit 586 Babylonische Gefangenschaft des Volkes Israel	559 Kyrus begründet das persische Reich
	538 Erlass des Kyrus: Erste Heimkehr der Juden	539 Kyrus erobert Babylon
500	520–516 Wiederaufbau des Tempels *Haggai, Sacharja*	ab 525 Ägypten unter persischer Herrschaft; 521–486 Darius I. 486–465 Xerxes I. (Ahasveros) um 479/8 Esther Königin
450	458 Esra kehrt mit weiteren Verbannten zurück	464–424 Artaxerxes II. (Artasata)
	445 Nehemia Statthalter in Juda, Wiederaufbau der Mauern Jerusalems *Maleachi*	

Die Zeit zwischen Altem und Neuem Testament

Zeit	Palästina	Zeitgeschichte
400		400–320 Goldenes Zeitalter Griechenlands: Plato, Sokrates, Aristoteles
	332 Alexander der Große zieht in Jerusalem ein; Palästina unter griechischer Herrschaft	336 Alexander der Große ist König von Mazedonien
	323–301 Palästina unter der Herrschaft der Nachfolger Alexanders	323–301 Machtkämpfe der Nachfolger Alexanders: Ptolemäer (Ägypten) gegen Seleukiden (Syrien)
300	301–198 Palästina unter ägyptischer Herrschaft (Ptolemäer)	nach 250 Das Alte Testament wird ins Griechische übersetzt (Septuaginta)
200	198 Palästina wird syrisches Herrschaftsgebiet (Seleukiden)	
	167 Makkabäeraufstand unter Judas Makkabäus	175–164 Antiochus Epiphanes IV. von Syrien unterdrückt die jüdische Religion
150	164 Friedensschluss, Reinigung und Wiedereinweihung des Tempels	
	142 syrische Besatzung wird vertrieben, Israel wird politisch selbständig	
100	141–63 Dynastie der Hasmonäer, Nachkommen der Makkabäer	
	63 Pompejus, römischer Feldherr, bringt Palästina unter römische Herrschaft	

Die Zeit des Neuen Testaments

Zeit	Palästina	Zeitgeschichte
	37–4 Herodes der Große	
	um 5 v. Chr. Geburt Jesu	30 v. Chr. – 14 n. Chr. Kaiser Augustus
25	um 26 n. Chr. Auftreten Johannes' des Täufers	14–37 n. Chr. Kaiser Tiberius
	um 26 Auftreten Jesu	
	30 Kreuzigung Jesu	26–36 Pilatus Statthalter in Judäa
	37 (32?) Bekehrung des Paulus	37–41 Kaiser Caligula
	Verfolgung der Gemeinde in Jerusalem	
	44 Hinrichtung des Apostels Jakobus	41–54 Kaiser Klaudius
	47/48 erste Missionsreise des Apostels Paulus	
	49 Zusammenkunft der Apostel in Jerusalem	48 Juden aus Rom vertrieben
50	49–52 zweite Missionsreise des Paulus mit Aufenthalt in Korinth	52–60 Antonius Felix, Statthalter von Judäa
	52–57 dritte Missionsreise des Paulus	54–68 Kaiser Nero
	57 Paulus in Jerusalem verhaftet, Gefangenschaft in Cäsarea	60 Porcius Festus wird Nachfolger von Antonius Felix
	59/60 Paulus wird nach Rom gebracht	64 Brand Roms, Christenverfolgung
	66–72 jüdischer Aufstand gegen die römische Besatzung	69–79 Kaiser Vespasian
	70 Zerstörung Jerusalems durch den römischen Feldherrn Titus	
100	132–135 Bar-Kochba-Aufstand, niedergeschlagen unter Hadrian	117–138 Kaiser Hadrian

Themenverzeichnis

In diesem Verzeichnis finden Sie die Themen, die in den Impulsen vorkommen. Darüber hinaus enthält es Querverweise, die es Ihnen ermöglichen, das jeweilige Thema noch weiter zu vertiefen.

H

K

W

Notizen

Notizen

Notizen

Notizen

Notizen

Notizen

Notizen

Chronik

der Familie

Ehemann

Name:

geboren am: in:

getauft am: in:

Taufpaten:

Ehefrau

Name:

geboren am: in:

getauft am: in:

Taufpaten:

Trauung

standesamtlich am: in:

kirchlich am: in:

Pfarrer/Pastor:

Trauspruch:

Trauzeugen

Eltern des Ehemanns

Vater:

geboren am: in:

Mutter:

geboren am: in:

getraut am: in:

Großeltern des Ehemanns

Großvater väterlicherseits:

geboren am: in:

Großmutter väterlicherseits:

geboren am: in:

getraut am: in:

Großvater mütterlicherseits:

geboren am: in:

Großmutter mütterlicherseits:

geboren am: in:

getraut am: in:

Geschwister des Ehemanns

Eltern der Ehefrau

Vater:

geboren am: in:

Mutter:

geboren am: in:

getraut am: in:

Großeltern der Ehefrau

Großvater väterlicherseits:

geboren am: in:

Großmutter väterlicherseits:

geboren am: in:

getraut am: in:

Großvater mütterlicherseits:

geboren am: in:

Großmutter mütterlicherseits:

geboren am: in:

getraut am: in:

Geschwister der Ehefrau

Kind

Name:

geboren am: in:

getauft am: in:

von:

Taufpaten:

Konfirmation/Kommunion/Firmung:

verheiratet mit:

geboren am: in:

getraut am: in:

Enkel

Kind

Name:

geboren am: in:

getauft am: in:

von:

Taufpaten:

Konfirmation/Kommunion/Firmung:

verheiratet mit:

geboren am: in:

getraut am: in:

Enkel

Kind

Name:

geboren am: in:

getauft am: in:

von:

Taufpaten:

Konfirmation/Kommunion/Firmung:

verheiratet mit:

geboren am: in:

getraut am: in:

Enkel

Kind

Name:

geboren am: in:

getauft am: in:

von:

Taufpaten:

Konfirmation/Kommunion/Firmung:

verheiratet mit:

geboren am: in:

getraut am: in:

Enkel